JN438012

새학설 · 판례 · 민법용어 · 쟁점사항
조문분석해설 · 관련법조문표시

민법총칙 물권 라이브러리

편저 : 이 기 옥

최신법률·신설된 개정 법률까지 완전 수록
로스쿨 시험 및 각종시험 준비, 공무원임용 등 각 VIP시험 대비!

대한민국 법률지식의 중심
법문북스

머 리 말

민법총칙 물권 라이브러리는 실무와 이론을 적용할 수 있도록 대법원예규·규칙·판례를 포함하는 등 나름대로의 형식으로 정리해 본 것이다. 끝없는 학문의 길을 걸었던 우리로서는 이제 그간의 연구를 한번쯤 정리해 내놓을 시기도 된 듯싶고, 기존의 책들과는 조금 다른 형태의 책을 쓰고 싶은 마음에서 책 쓰기를 시작하게 되었다.

민법전은 민법의 명칭을 가진 법전을 말하는데, 민법전은 총 5편(총칙, 물권, 채권, 친족, 상속)으로 되어 있다. 각 편은 장·절 등으로 편집된 본문 제1118조와 부칙 28조 및 개정부칙으로 구성되어 있다. 그 중 맨 처음 나오는 총칙은 권리의 주체가 되는 사람, 객체가 되는 물건, 권리득실의 주원인이 되는 행위 등에 관하여 규정하고 있다. 총칙은 민법전 전체에 걸치는 기본적이고 원칙적인 내용을 다루고 있어 나머지 4편(물권, 채권, 친족, 상속)의 안내자 역할을 한다고 볼 수 있다.

물권은 특정한 물건(또는 재산권)을 직접, 배타적으로 지배하여 이익을 향수하는 것을 내용으로 하는 권리이다. 목적물을 직접 지배하는 권리로서, 권리의 실현을 위하여 타인의 행위를 필요로 하지 않는다. 그리고 물권은 배타적인 권리로서 동일물에 관하여 2개 이상의 물권이 동시에 존재할 수 없다(일물일권주의). 따라서 제3자를 해하지 않도록 엄격한 공시를 필요로 한다. 또한 물권은 채권과 함께 재산권의 주류를 이루고 있다. 물권과 채권의 차이는 물권은 물건에 대한 지배권을 갖는데 반하여 채권은 사람에 대한 청구권으로서 배타성이 없다. 따라서 동일한 물건에 물권과 채권이 성립하면 물권이 우선한다.

지금껏 민법총칙, 물권과 관련된 판례 및 대법원예규·규칙도 양적으로 많이 누적되었고, 질적인 변화가 뒤따랐으며 학계의 활동도 상당히 활발하여 많은 논문과 저술이 발표되고 있다. 이 책은 이러한 학계와 법조계의 성과 및 대법원예규·규칙 및 판례들을 조문별로 종합적·체계적으로 알기 쉽게 정리하여 서술한 책이다.

그리고 이러한 의도에서 법학도에게는 법적이론의 토대를 마련해주고, 법조인에게는 실무상의 여러 문제를 인식할 수 있고, 또 그러한 실무적 문제가 법원에서 어떻게 해결되었는가를 알 수 있게끔 책을 엮어 보았다. 이 책은 법률실무분야 종사자를 주 대상으로 하였지만 변호사시험이나 공무원임용 및 승진시험 등 시험 준비를 하는 수험생들에게도 많은 도움이 되리라고 생각한다.

이 책에서는 민법총칙, 물권의 정확한 조문해석을 한 것이 중심이 되지만 거기에 부가하여 대법원예규 및 규칙, 중요한 판례를 많이 수록하여 해당되는 조문의 이해를 효율적으로 성취할 수 있도록 배려하였다. 특히 중요한 전원합의체 판결에 대해서는 그 전문을 실어 충분히 이해할 수 있도록 하였다.

해설서인 교과서에서는 조문의 개별적인 의미를 등한시하고, 주석서에서는 입체적인 실무중심의 이해력을 잃어버릴 염려가 있다. 이 점을 고려하여 이 책에서는 각조문의 이론적인 의미를 정확히 함으로써 해석을 정확하게 할 수 있고, 각 조문마다 판례 및 대법원예규·규칙을 수록, 정리하여 이론과 실무의 가교적 역할을 꾀하려고 하였다. 그리고 각 법조문의 해설에 앞서 이와 관련한 핵심사항들을 정리 하여 그 핵심을 파악할 수 있도록 하였다. 이러한 취지에서 법률실무에 종사하는 분, 법학을 공부하는 분, 그리고 각종시험에 대비하는 모든 분들에게 도움이 될 수 있게 발간한 것이다.

끝으로 참신한 맛과 변화적인 기획, 편찬으로 태어난 이 민법총칙 물권 라이브러리가 어느 법률문제에도 대응할 수 있는 최상의 민법총칙·물권서로 활용되기를 바라며 이 책의 출판을 위하여 여러 가지 조언과 자료 등 지원을 아끼지 않으신 편찬위원께 감사드리고 법문북스 김현호 대표님을 비롯한 이 책 편집요원 여러분께도 감사드린다.

2020. 2.

편저자 드림

차 례

제 1 편 민법총칙

서 론

제 1 장 통 칙

제 2 장 인(人)

제 3 장 법 인

제 4 장 물 건

제 5 장 법률행위

제 6 장 기 간

제 7 장 소멸시효

제 2 편 물 권

제 1 장 총 칙

◆ 물권을 당사자가 임의로 창설할 수 있는지 여부

◆ 법률행위에 의한 부동산물권변동의 효력발생 요건

제 2 장 점유권

제 3 장 소유권

제 4 장 지상권

제 5 장 지역권

제 6 장 전세권

제 7 장 유치권

제 8 장 질 권

제 9 장 저당권

제1편 민법총칙

제 1 편 민법총칙

Ⅰ. 민법개요

민법은 사람의 재산관계 및 신분관계를 규정하는 일반사법이다. 이를 나누어 설명하면, 우선 민법은 사법에 속한다. 법을 공법과 사법으로 구분하는 것은 일반적으로 승인되고 있는 것이지만 종래 그 구별의 기준에 대하여는 논의가 있다. ① 법이 보호하여야 할 이익이 공익인가 사익인가를 기준으로 하여야 한다는 이익설, ② 법률관계의 한편의 주체가 국가 기타의 공공단체인 경우가 공법이고 그 반대의 경우가 사법이라고 하는 주체설, ③ 권력복종의 관계를 규정하는 법이 공법이고 평등관계를 규정하는 법이 사법이라고 하는 성질설, ④ 국민으로서의 생활관계를 규율하면 공법관계이고, 인류로서의 생활관계를 규율하면 사법관계로 이해하는 생활관계설 등이 그것이다.

다음으로 민법은 사법 가운데에서도 이른바 일반사법에 속하는 법이다. 즉 상사관계를 제외한 인간으로서의 생활관계를 규율하는 법이 민법이다. 이러한 민법의 내용은 재산관계를 규율하는 부분(이른바 재산법)과 신분관계를 규율하는 부분(이른바 신분법 또는 가족법)으로 구성되어 있다. 결국 민법은 사람들의 일반적인 생활관계를 규율하는 법률인 것이다.

현행민법은 1958년에 제정되어 26차례의 개정을 거쳐 오늘에 이르고 있다. 그 구성으로 제1편 총칙은 권리의 주체(인), 객체(물), 법률행위, 대리, 조건, 기한, 기간 및 시효 등에 관하여 규정하고 있다. 총칙은 민법전반의 통칙을 정하고 있는 것이지만 실제로는 재산법의 총칙으로서 신분법에는 적용되지 않는 경우가 많다. 제2편은 물권으로 이른바 물권법정주의를 취하고 물권변동에 관하여 형식주의를 규정하여 소유권, 점유권, 용익물권 및 담보물권에 관하여 규정하고 있다. 제3편 채권편에서는 채권의 일반효력을 규정한 총칙과 채권발생의 원인인 계약, 사무관리, 부당이득 및 불법행위에 관하여 규정하고 있는 각칙으로 나누어져 있다. 그밖에 제4편, 제5편에서는 신분관계에 관한 부분인 친족, 상속에 관하여 규정하고 있다.

II. 민법의 연혁 및 어원

민법은 독일어로 burgerliches Recht나 Zivilrecht라 부르며, 불어로는 droit civil이라고 부른다. 그러나 용어는 모두 로마법 ius civile를 번역한 것에 불과하다. 원래 ius civile(시민법)는 로마시민권을 가진 자에게만 적용되는 법체계로서 로마시민권이 없는 자와의 법률관계를 규율하는 법체계인 ius gentium(구민법)과 대립하는 것이었다. 그 후 ius civile가 점차 확대적용되었으며 A.D.212년에 제국내의 모든 자연인에게 시민권이 부여되면서 모든 국민에게 적용되는 법체계가 되었다. 그러나 그 내용은 로마의 법학자들이 ius privatum이라 부르던 개인과 그의 가족에 관한 사법에 제한되었던 것이다. 그 후 근세초에 이르러 로마법이 계수되면서 공·사법의 구별을 알지 못하던 게르만법체계에 공·사법의 구별을 가져왔다. 그리하여 ius civile는 사법(Privatrecht)에 부합하는 법률술어가 되었으며 18세기 이래로 제정된 여러 사법전은 iuscivile를 번역한 용어로 불리우게 되었다. 이 용어가 퍼져가는데 가장 큰 역할을 한 것은 프랑스민법전(Code Civil)과 독일민법전(Burgerliches Gesetzbuch)이다. 우리가 쓰고 있는 「민법」이라는 말은 일본인이 네덜란드어 Burgerlyk Regt를 번역한 것이라고 한다.

III. 민법의 개념

1. 민법은 사법이며 일반법이다.

(1) 민법은 사법이다 : 공법과 사법의 구별에 대해서는 여러 가지 학설이 있다. 그 하나는 이익설로서 공익의 보호를 목적으로 하는 법이 공법이고, 사익을 보호하는 것이 사법이라고 한다. 이 외에 법이 규율하는 법률관계의 성질을 표준으로 하는 견해(성질설), 법이 규율하는 생활관계의 주체를 표준으로 하는 견해(주체설) 등이 있다. 이러한 공법과 사법의 구별은 역사적이며 상대적인 것이지만, 근대의 인류생활관계를 「국민으로서의 국가생활관계」와 「인류로서 사회생활관계」로 구분할 때 전자를 규율하는 법이 공법이고 후자를 규율하는 법이 사법이라고 할 수가 있다(생활관계설). 그러므로 민법은 사법이다.

(2) 민법은 일반사법이다 : 민법은 개인의 일반적 사회생활관계를 규율하는 법이므로 사법의 일반법(보통법)이다. 사회정책적 색채를 띤 부동산등기

법, (구)호적법, 이자제한법과 자본적 형태의 소유를 중심으로 하는 상법·노동법 등은 특별생활관계를 규율하는 법이므로 일반법으로서의 민법에 대하여 특별법이 된다. 그리고 특별법은 일반법에 우선하기 때문에 특정사항에 대해 특별법이 있는 경우에는 특별법을 적용하고, 특별법에 규정이 없는 경우에만 민법이 적용된다.

2. 민법은 재산법과 가족법을 포함하는 일반법이다.

사회생활관계에는 두 가지 상이한 분야가 있다. 하나는 소유를 중심으로 한 재산관계이고, 다른 하나는 친자·부부 등 신분을 중심으로 한 가족관계이다. 민법은 이 두 분야의 사회생활관계를 규율하는 법이다.

근대시민사회는 개개인에게 사유를 허용하는 기초위에서 성립된 사회이기 때문에, 오직 소유관계만을 중심으로 하는 사회생활관계가 있다. 그 소유를 중심으로 한 사회생활관계를 규율하는 법이 재산법이다. 또 시민사회에서의 모든 인간은 평등한 인격자로 존재한다.

민법 제3조는「사람은 생존하는 동안 권리와 의무의 주체가 된다」고 규정하여 어떠한 인간도 소유의 객체, 즉 노예로 되는 것을 허용하지 않는다. 고대 또는 봉건시대와는 달리, 처나 자도 가장의 소유의 객체가 아닌 대등한 인격자이다. 그러나 부모로서의 지위, 부의 지위, 처의 지위 등의 사회적 지위는 법률에 의해 확정되어진다.

민법은 이런 재산법과 가족법을 포함하는 일반법이다.

3. 민법은 행위규범인 동시에 재판규범이다.

민법은 사회의 불특정 일반인에 대한 준칙이다. 그러므로 민법은 시민생활을 영위함에 있어서 개개인이 반드시 준수하여야 할 규범(행위규범)이다. 그러나 이러한 규범이 지켜지지 않은 결과 개인 상호간에 분쟁이 발생한 때에는, 법원에 소송을 제기하여 판결을 청구할 수 있다. 이 경우 민법은 법원에서 판결을 내리기 위한 기준이 된다. 이러한 의미에서 민법은 법관을 구속하는 규범(재판규범)이기도 하다.

4. 민법은 실체법이다.

근대시민사회를 규율하는 법은 공법과 사법으로 대별되나, 사법상의 법률관계라 하더라도 궁극적으로는 공법에 의해 보장된다. 민법은 실체법으로서 사회생활관계 그 자체를 규율하는 법이지만, 종국에 있어서 그 법적 질서를 보장하는 것은 재판에 의해 보장된다.

그러나 실체법이 규정한 내용을 실현하기 위해서는 법원 기타 공적 기관에 의한 일정한 절차가 요구되며, 이러한 절차를 규정한 민사소송법 등을 실체법으로서의 민법에 대해 절차법이라 한다. 따라서 민법은 실체법이지만, 결국에 있어서는 절차법을 통해서만 그 실효를 거둘 수 있다.

5. 실질적 민법과 형식적 민법

사법 중에서 특별사법을 제외한 부분, 즉 일반사법을 실질적 민법이라 하고, 민법전만을 형식적 민법이라 한다. 이 경우 실질적 민법은 행위규범으로서의 민법이며, 형식적 민법은 재판규범으로서의 민법이라 해도 무방할 것이다.

6. 민법전의 내용

민법의 존재형식(법원)으로는 문자로 규정된 성문법과 문자화되지 않은 불문법이 있다. 우리 민법은 성문법의 형식에 따른다. 이것이 민법전이다.

민법의 구성 내지 편별에는 로마식(Institutionensystem)과 독일식(Panadektensystem)이 있다. 로마식은 로마의 법률가인 Gaius가 법학제요(Institutiones)에서 사법을 인법(iuspersonarum)과 물법(ins reirim)으로 나누고 이에 소송법(ius actionum)을 첨가한데서 유래한다. 동로마의「유스티니아누스」황제는 이를 모법으로 법률편찬사업을 전개하여「법학제요」(institutiones)라는 법전을 만들었다. 이 법계에 속하는 것은 프랑스·이탈리아·스페인·포르투칼과 라틴제국의 민법전 등이다. 독일식은 독일의 사법학자가 로마법대전의 학설휘찬(Pandectae)에서 인용한 것이며 1863년의 Sachsen 민법에서 비로소 채용하였는데 현행 독일민법전은 Bayern 민법초안식에 의하여 총칙·채권·물권·친족·상속의 순위로 배열되고 있다. 이 법계에 속하는 것은 스위스민법과 동채무법, 네덜란드·오스트레일리아·터어키·중국·일본 등의 민법전이 있다. 우리 민법전은 독일식에 따르고 있다.

Ⅳ. 민법의 효력

민법의 효력이라 함은 법으로서의 민법의 효력이 미치는 범위, 즉 민법이 적용되는 범위를 말한다. 민법의 효력은 (1) 적용되는 생활관계의 범위(효력이 미치는 범위), (2) 때에 관한 효력, (3) 사람에 관한 효력, (4) 장소에 관한 효력 등이 있다.

1. 적용되는 생활관계의 범위

민법은 국민의 일상 생활관계를 규제하는 일반사법이므로, 그 적용되는 생활관계의 범위는 소유를 중심으로 한 재산법관계와 가족을 중심으로 하는 가족법관계이다. 그러나 실질적 민법은 사회정책적 색채를 갖는 집합건물의 소유 및 관리에 관한 법률이나 이자제한법 등과 같은 특별법을 포함하지만, 민법은 영리의 목적을 가지고 반복·계속적인 상행위를 행하여 자본적 소유의 조작 및 그 활동을 취급하는 상법 내지 기업법은 포함하지 않는다.

상법 및 기업법은 민법에 대하여 특별법의 지위를 갖는다. 그리고 민법은 재산법의 일반법으로서 기업법의 기초를 이루지만, 기업법은 민법에서 분리된 독립된 법분야이다. 노동법도 이와 같다.

2. 때에 관한 효력

때(時)에 관한 효력으로서 모든 법률은 효력이 발생한 때부터 그 후에 발생한 사실에 관해서만 적용된다는 것이 법률불소급의 원칙이다. 이 원칙은 형법에 있어서는 엄격하게 적용되지만(헌법 제13조 1항), 민법에 있어서는 법률불소급 원칙의 예외를 인정하여도 법적안정성을 해하는 경우가 적다.

따라서 민법 부칙 제2조에서「본법은 특별한 규정이 있는 경우 외에는 본법 시행일전의 사항에 대하여도 이를 적용한다」고 규정하여 소급효를 원칙으로 하고 있다. 그러나 민법 부칙 제2조 단서에서는「이미 구법에 의하여 생긴 효력에 영향을 미치지 아니한다」고 규정하여 기득권의 존중도 꾀하고 있다.

3. 사람에 관한 효력

민법은 국민에 대해 국내외 어디에 있음을 묻지 아니하고, 모든 국민에게 적용된다(속인주의). 동시에 평등주의의 원칙에 입각하여 국내에 거주하는 외국인에 대해서도 국민과 동일한 지위를 인정한다(헌법 제6조 2항). 다만 섭외관계를 조정하기 위하여 그 준거법은 국제사법 제2조 이하에서 규정하고 있다.

4. 장소에 관한 효력

민법은 장소적 적용범위에 대해 특별한 제한규정이 없으므로 영토 전체에 적용된다는 일반원칙에 따른다.

Ⅴ. 민법의 기본원리

1. 근대 시민사회의 지도이념

근대시민사회의 지도이념은 프랑스혁명의 인권선언이 제창한 자유·평등·박애의 3원칙이었다. 그러나 시민사회는 개인에게 사유를 인정한 후에 이 3대원칙을 관철했기 때문에 그것은 개인주의·영리주의·자유주의의 3대원칙으로 바뀌었다.

2. 개인주의·영리주의·자유주의의 의의

개인주의란 보편주의(전체주의)에 대비된 사상으로서, 사회의 근원적·제1차적 집단은 개인이므로 개인본위적 사회질서를 존중하려는 것이다. 영리주의라고 하는 것은, 개인은 선천적으로 영리심·이기심이라는 본능을 가지고 있기 때문에 이러한 영리심의 무한한 발동을 허용하는 질서이다. 그리고 자유주의라 함은 봉건국가로부터의 자유를 뜻하며, 개인의 자유의사에 의한 행동에 대하여 국가가 간섭할 수 없다는 국가의 불간섭을 의미한다. 이것이 곧 사적자치의 원칙이다.

3. 개인·영리·자유주의와 헌법

앞에서 밝힌 바와 같이 근대민법은 개인주의·영리주의·자유주의의 입장에 입각해서 개인의 자유와 평등을 강조한다. 헌법은 제10조에서「모든 국민은 인간으로서의 존엄과 가치를 가지며, 행복을 추구할 권리를 가진다. 국가는 개인이 가지는 불가침의 기본적 인권을 확인하고 이를 보장할 의무를 진다」고 규정하여 개인의 존엄과 가치를 선언하고 있다.

민법에서도 사람은 누구나 태어나면서 권리능력을 갖는다. 즉 사람은 모두 태어나면서 법적인격을 향유하는 자로서 평등하고 자유독립적인 입장이 주어짐을 인정하고 있다(민법 제3조).

근대시민사회는 개인에게 사유를 인정하는 사유재산불가침제도의 기반위에서 개인주의·영리주의·자유주의의 3대원칙을 관철하는 태도를 취했다. 여기서 나타난 법적 지도원리가 바로 권리의 자유와 법률행위의 자유와 과실책임의 원칙이다.

(1) 권리의 자유 : 권리의 자유는 권리귀속의 자유와 권리행사의 자유를 포함한다. 소유권이 가장 기초적·전형적인 권리이므로 권리의 자유를 보통 소유권자유의 원칙이라고도 한다.

(2) 법률행위의 자유 : 법률행위 가운데 가장 전형적인 법률행위는 계약이다. 따라서 법률행위의 자유의 원칙을 흔히 계약자유의 원칙이라고도 한다. 즉 개인은 자기의 법률관계를 형성함에 있어서 자기의 자유로운 의사에 의거할 수 있으므로 사적자치의 원칙이라고도 불리워진다. 사적자치의 원칙에는 유언의 자유도 포함된다. 계약자유의 원칙의 내용은 ① 계약체결의 자유, ② 계약 상대방 선택의 자유, ③ 계약내용 결정의 자유, ④ 계약내용변경의 자유, ⑤ 계약방식의 자유 등이다.

시민사회는 사유재산제도를 기반으로 한 사회이며 상품생산 사회이다. 즉 자급자족의 사회가 아니므로 서로서로 소유물을 교환하여 생활하지 않으면 안된다. 이러한 상품교환을 상호간의 자유로운 의사결정에 위임하는 것이 계약자유의 원칙, 즉 사적자치의 원칙이다.

(3) 과실책임의 원칙 : 과실책임의 원칙이라 함은 고의·과실에 의거하지 아니하는 한, 누구도 책임을 부담하지 아니한다는 원칙이다. 사법상의 책임은 공법과 달리 손해배상의무를 부담하는 책임인 것이다. 즉 고의·과실이 없는 한 타인에게 손해를 가했다하더라도 손해배상책임을 부담하지 아니한다는 원칙이다. 손해배상은 원칙적으로 금전배상이다(민법 제394조).

고의란 자기행위를 인식하면서 그 행위를 감행하는 것이며, 과실이란 부주의로 인하여 그 행위를 인식하지 못한 것이다. 과실책임의 원칙은 계약자유의 원칙의 다른 한면이라고 하여도 좋을 것이다.

4. 근대민법의 지도원리가 초래한 폐해와 신지도이념의 요청

민법의 기본원리인 소유권의 자유·계약의 자유·과실책임의 3대원칙은 자본제 경제조직의 토대와 원동력이 되어 자본제 경제를 발전시키는 데 공헌하였다.

그러나 자본제 경제가 극도로 발전된 결과 빈부의 격차가 현저해짐으로써, 경제적 강자와 약자의 계급적 대립이 나타나, 구체적인 생활관계에서의 인간은 결코 자유·평등한 존재가 아님이 명확하게 되었다. 이와같은 3대원칙의 폐해는 어느 것이나 근대시민법이 인간을 자유·평등한 추상적인 법적 인격자로서 파악함에 기인한 것이다. 그러나 인간을 구체적으로 사회생활의 현실에서 볼 때에는 사회적·경제적으로 커다란 차이가 있다.

이러한 차이는 자본제사회의 발달과 함께 증대하여 사회적 불안을 초래하였다. 구체적인 인간은 결코 자유·평등한 인격이 아니라는 것이 명백하게 되어 국가는 현실적인 불평등을 직시하고, 실질적인 자유와 평등을 이룩하기 위하여 적극적인 관여를 하게 되었다. 즉 헌법 제34조 1항의 「모든 국민은 인간다운 생활을 할 권리를 가진다」고 규정한 것은 새로운 지도원리를 구현하기 위한 헌법상의 보장이라 할 수 있다.

5. 근대민법의 지도이념을 시정한 신지도이념

소유권의 자유, 계약의 자유, 과실책임의 3대원칙은 공공복리의 원칙, 신의성실의 원칙, 권리남용금지의 원칙, 공서양속의 원칙 등에 의해 시정받게 되었다. 그러나 이 3대원칙은 결국 민법을 지배하는 1차적 기본원칙인 것이다. 민법이 자유경제의 기초위에 세워진 법적장치인 한 이 3대원칙은 민법을 지배하는 기본원칙이다.

인간은 고립하여 생활할 수 없고 사회속에서 타인과 더불어 생활하여야 하므로, 개인으로서 존중된다 하더라도 자연히 사회적 제약이 따르게 된다. 헌법은 제37조 2항에서 「국민의 모든 자유와 권리는 국가안전보장, 질서유지, 공공복리를 위하여 필요한 경우에는 제한할 수 있다」고 규정하고 있다.

근대시민사회는 사유재산제도를 기초로 한 사회이기 때문에 개인상호간에 그 사유를 존중하는 것이 공공복리의 원칙에 적합하게 된다고 함은 개인주의를 관철하려는 사고방식이다. 이에 반하여, 공공복리의 원칙, 신의성실의 원칙, 권리남용금지의 원칙, 공서양속의 원칙 등은 사회생활의 조화라는 면에서 요청된 원칙으로서 이것은 사회란 단체를 기초로 성립한다는 사고에 의한 것이다.

인간에게 실질적인 자유와 평등을 보장함으로써 인간다운 생활을 실현한다는 것이 새로운 지도원리로서 요청되게 되었다. 그리하여 공공의 복리가 현대사법의 최고이념으로 등장하여 그 실질적 원리로서 거래안전, 사회질서, 신의성실, 권리남용금지 등이 근대민법의 3대원칙보다 고차원적인 기본원리로 승격되어, 3대원칙은 위와같은 실질적 원리의 제한 안에서 승인되게 되었으며 그 수정이 불가피하게 되었다.

(1) 사유재산권 존중의 원칙의 시정 : 공공복리의 원칙, 신의성실의 원칙, 권리남용금지의 원칙이 사유재산존중의 원칙을 시정하는 역할을 달성하는 것이다.

공공복리의 원칙과 신의성실의 원칙은 서로 다른 원칙이 아니다. 어느 것이나 사회생활의 조화라는 단체주의 입장에서의 지도원리인 것으로서 공공복리의 원칙은 보다 넓은 입장에서의 종합적인 사회생활이 조화라는 면에서 채택한 이념이며 신의성실의 원칙은 오히려 윤리적·도의적인 의미로서 다소 협소한 입장에서 본 이념이다.

이제, 소유권의 행사는 절대적 자유로는 되지 아니하며, 사회적·국가적인 견지에서 필요한 각종의 제한과 구속을 받는 것이 일반화되고 적극적으로는 공공복리에 의한 제한이 증대되어 가고 있다.

(2) 계약자유의 원칙의 시정 : 계약자유의 원칙에 대하여서도 신의성실의 원칙(민법 제2조 1항) 및 공서양속의 원칙(민법 제103조)이 계약자유의 원칙을 시정하는 역할을 담당하고 있다. 민법 제2조 1항은「권리의 행사 및 의무의 이행은 신의에 좇아 성실히 하여야 한다」고 규정하고 있다.

신의성실의 원칙은 채권법 분야에만 적용되는 지도원칙이라고는 할 수 없지만, 채권법 분야에서는 특히 강하게 요구되는 지도원칙이다.

신의성실의 원칙은 프랑스민법에서는 계약이행의 원칙으로 언급되어 있고(프랑스민법 제1134조 3항, 제1135조), 독일민법에서는 계약이행의 원칙 외에 계약내용결정 및 해석의 원칙으로도 되어 있다(독일민법 제242조, 제157조). 더욱이 스위스민법에서는 모든 권리의 행사 및 의무의 이행에 대한 원칙으로 되어 있다(스위스민법 제2조 1항).

신의성실의 원칙의 이념의 추이는, 프랑스민법에서 독일민법으로, 다시 스위스민법에로의 발전을 통하여 잘 나타나 있다. 법은 외부에서 인간의 「행위」를 규제하는 규범이므로「내심적」규범은 윤리적 규범이다. 이러한 의미에서 신의칙은 윤리적 규범이다. 법분야에서 어떻게 이러한 윤리적 규범이 받아들여졌는가 하는 것은 계약자유의 원칙과의 상관관계에서 검토해 볼 필요가 있다. 계약의 이행을 임의로 행할 것을 원칙으로 하므로, 내심적 규범에 따라 계약의 이행을 준수할 필요가 있다. 그런데도 근대사회에서는 계약당사자 사이에 경제적 지위의 우열이 있다. 계약자유의 원칙은 이와 같은 경제적·사회적 지위의 차등에 의해 오히려 대등관계를 무시하는 계약내용이 결정될 위험이 있다. 그러므로 계약내용의 결정에 대해서도 윤리적 규범이 요청되기에 이르렀다.

이러한 사회 정책적 요청은 당초 인도주의적 입장에서 배려되었다. 독일민법이 계약의 이행뿐만 아니라 계약내용의 결정에 대해서도 신의칙을 언급한 것은 이러한 근대의 사회 정책적 사조에 따른 것이라 할 수 있다. 그 후 신의칙은 계약원리일 뿐만 아니라 모든 권리의 행사 및 의무의 이행에 대한 지도원리로 확대되었다.

소유권의 행사에 있어서도 권리남용금지의 원칙에 의한 제약외에 윤리적 성격을 지는 신의칙에 의한 구속을 요청함에 이르렀다. 법과 도덕이 융합된 형태에서 모든 권리의 행사 및 의무의 이행은 이러한 규범에 의해 구속됨에 따라 경제적·사회적으로 불평등한 사람들 사이의 사회적 조화를 유지하려고 한 것이다.

(3) 과실책임의 원칙의 시정 : 과실책임의 원칙에 대해서는 특별위험이 존재하는 특수한 생활관계에서 무과실 책임의 원칙이 인정되기에 이르렀

다. 무과실 책임의 원칙을 어떻게 인정할 것인가에 대해서는 여러 가지 이론이 제창되었다.

대륙법에서는 위험책임론(Gegahrdungshaftung), 영미법에서는 엄격책임론(Strict Liability)이 확립되었다. 운송수단 및 시설의 위험, 에너지 공급 및 관리에 관한 위험, 환경침해 위험, 원자력 위험, 동물위험, 산업재해 위험 등의 분야에 무과실책임이 도입되고 있다.

6. 신지도 원칙이 차지하는 지위

공공복리의 원칙, 신의성실의 원칙, 공서양속의 원칙은 민법상 제1차적 기본원칙으로서, 이 원칙의 범위내에 있어서만 사유재산 존중의 원칙, 계약의 자유, 과실책임의 원칙을 적용한다는 견해도 있다. 그러나 자유경제주의를 채택하고 있는 자본주의사회에서는 이러한 원칙은 제2차적 시정원칙이라고 보고 있다.

그리하여 이 시정원칙을 제1차적 원칙과 평면적·대립적으로 받아들일 것인가, 입체적·내면적으로 받아들인 것인가의 서로 다른 입장이 대립하여 왔으나, 입체적·내면적인 변증법적대립원칙이라고 이해함이 타당하다. 즉 소유권자유의 원칙, 계약자유의 원칙, 과실책임의 원칙이 제1차적「정」의 원칙이라고 한다면 공공복리의 원칙 등은 제2차적「반」의 원칙이고, 이러한 정과 반을 통합한「합」의 소유의 상태가 타당한 소유권의 상태라고 할 수 있다.

7. 가족법상의 기본원칙

가족법상의 기본원칙은 남녀의 본질적 평등과 모든 인간에게 인격을 인정하는 것이다. 우리 민법은 이러한 입장에서 신분법 내지 가족법을 규율하고 있다. 즉 혼인의 자유를 보장하며, 처의 무능력자제도의 폐지, 친권의 공동행사, 부부재산제도의 평등, 재산상속에 대한 남녀평등, 부부간의 정조의무의 평등, 부부동거청구권의 평등, 기타의 규율에 의한 남녀의 평등의 원칙을 인정한 법제를 확립했다.

그러나 경제적·사회적 지위에서 보면 아직 남녀는 불평등한 채로 있으므로, 이 경제적·사회적 지위에 대한 남녀평등이 확립되지 않는한 민법에서의 남녀의 본질적 평등은 단순히 형식적인 것에 불과하다. 그래서 남녀의 실질적 평등을 보장하기 위하여 가족법개정운동이 전개되어 왔고, 1977년과 1990년에 폭넓은 개정이 이루어졌다.

VI. 한국민법전의 성립과 개정

1. 한국민법전의 편찬

한국에서는 1948년 7월 17일 헌법제정에 이어 정부가 수립되고, 법전 편찬사업에 착수하여 동년 9월 15일 대통령령 제4호로써 법전편찬위원회직제를 공포하고, 조·야의 법조인과 소수의 법률학교수를 위원에 위촉하였다. 실무자를 중심으로 발족한 동위원회가 민법전의 기초에 착수한 것은 1948년 12월 15일이었다. 그러나 바로 초안작성에 들어가지는 않고, 먼저 그 기초로서「민법전편찬요강」과「민법친족상속편편찬요강」을 작성하였으며, 이것을 토대로 하여 구체적으로 초안작성을 시작하였다.

6·25동란의 돌발에도 불구하고 사업의 계속에 노력하여 마침내 1953년 7월에 초안의 기초를 끝냈다.

이 법전편찬위원회의 민법전초안은 곧 정부에 제출되어 국무회의의 의결을 거쳐(1945년 9월 30일) 1954년 10월 26일에 정부제출법률안으로서 국회에 제출되었다.

국회는 법사위에서 소위원회를 구성하여 예비심사를 완료했다. 예비심의를 한 후에 이 수정안이 초안과 함께 1957년 9월 국회본회의에 회부되어 동년 12월 17일 상당한 수정을 가하여 통과하였다. 5편 1111개조(본문)와 부칙 제28조에 달하는 대법전이다. 통과된 민법은 정부로 이송되어 1958년 2월 22일 법률 제471호로 공포되었고 1960년 1월 1일부터 시행되었으며, 이것이 우리의 현행 민법전이다.

2. 한국민법전의 성격

일제강점하에서는 일본민법전이 의용되었는데 이러한 상황은 8. 15해방으로 일본의 정치적 지배를 벗어난 후에도 현행민법전이 제정될 때까지 상당히 오랫동안 계속되었다.

민법전의 제정당시에 초안작성과 심의 등에 있어서는 독일민법전을 비롯하여 많은 외국의 민법전을 참고로 하였다고 하지만, 그 내용을 살펴보면, 근본적으로는 구민법, 즉 현행 일본민법을 기초로 하고 있다.

일제하에서는 조선에 일본민법이 시행되었는데 그것은 위에서 본 바와 같이 프랑스민법과 독일민법 제1초안을 절충하여 제정한 것이다. 일본 학자들은 절충적인 민법해석에 있어서 그 뒤에 제정된 독일민법의 제도에 접근시켜 이론을 세웠다.

현행민법의 제정에 있어서 독일법계의 제도를 많이 받아들인 것은 아마도 독일법학을 수입하였고, 또한 그것에 의하여 지배되어온 일본법학의 영향의 결과라고 생각된다.

따라서 한국민법의 성격은 재산법에 있어서는 일본민법과 독일민법을 계수한 것이라고 말할 수 있으나, 가족법의 분야에서는 일본민법이나 다른 근대민법의 영향이 매우 적다. 그 이유는 제정시에 현대의 민주적 가족법원리를 받아들이는 길을 택하지 않고서, 우리 나라의 전통적 관습과 민주주의이념을 어떻게 조화시키느냐에 주로 노력한 때문이었다. 따라서 가족법의 분야에서는 새로운 시대의 흐름을 흡수하는데 있어서 대단히 소극적이어서 후진성을 벗어나지 못했던 것이 사실이다. 위와 같은 규정은 지금까지 열 두 차례 대폭적인 개정이 있었으나, 아직도 미흡한 점이 있음은 물론이다.

3. 한국민법전의 개정

그 동안의 개정내용을 살펴보면 다음과 같다.

(1) 제1차 개정(1962년 12월 29일 법률 제1237호)

제1차 개정은 강제분가에 관한 민법 제789조를 개정하여 법정분가에 관한 1개항을 신설해서 이를 제1항으로 하고, 종래의 강제분가에 관한 규정을 동조 제2항으로 옮겼으며, 이 개정은 1963년 3월 1일부터 시행하고 있다.

(2) 제2차 개정(1962년 12월 31일 법률 제1250호)과 제3차 개정(1964년 12월 31일 법률 제1668호)

제2차 개정과 제3차 개정은 모두 부칙 제10조 1항이 정하는 등기기간을 연장한 것이며, 각각 1963년 1월 1일과 1965년 1월 1일부터 시행하고 있다.

(3) 제4차 개정(1970년 6월 18일 법률 제2200호)

제4차 개정은 부칙규정의 개정이다. 즉 일자확정을 청구하는 경우의 수수료에 관한 부칙 제3조 3항의 개정이며, 공포일로부터 시행하고 있다.

(4) 제5차 개정(1977년 12월 31일 법률 제3051호)

제5차 개정은 가족법(친족편·상속편)에 관한 상당히 큰 규모의 것이며, 민법의 제정 후 가장 중요한 개정이다. 이 개정의 요점을 들어보면 다음과 같다.

① 제808조를 개정하여 성년자의 혼인에는 부모의 동의가 필요없는 것으로 하였다.

② 제826조 다음에 「제826조의2」를 신설하여, 미성년자가 혼인을 한 때에는 성년자로 보아 버리는 이른바 성년의제제도를 새로 마련하였다.

③ 제830조 2항을 개정하여 부부의 소속불분명재산을 부부의 공유재산으로 추정하기로 하였다.

④ 제836조 1항을 개정하여 이른바 협의이혼의 경우 가정법원의 확인을 얻도록 하였다.

⑤ 제909조 1항과 2항을 개정하여 자에 대한 친권은 원칙적으로 부모가 공동으로 행사하여야 하는 것으로 하였다.

⑥ 제1008조 특별수익자의 상속분의 단서를 삭제하였다.

⑦ 제1009조 1항과 3항을 개정하여 여자, 특히 유처의 법정상속분을 유리하게 조절하였다.

⑧ 이른바 유류분제도를 도입하여 상속편 제4장에서 이를 규정하였다. 이 개정으로 제1112조 내지 제1118조의 7개조가 민법에 새로이 부가되었다.

(5) 제6차 개정(1984년 4월 10일 법률 제3723호, 1984년 9월 1일 시행)

제6차 개정에서는 특별실종에 관하여 개정하고 물권법 중 지상권·전세권부분이 개정되었다.

① 특별실종기간 3년을 1년으로 단축하고 항공기에 의한 실종을 특별실종에 추가하였다(제27조 2항).

② 구분지상권의 규정을 신설하였다(동법 제289조의2, 제290조 2항).

㉠ 지하 또는 지상의 공간도 상하의 범위를 정하여 지상권의 목적으로 할 수 있도록 하였다(동법 제289조의2, 1항 전단).

㉡ 구분지상권 설정의 경우, 설정행위로써 지상권의 행사를 위하여 토지의 사용에 제한을 가할 수 있도록 하였다(동법 제289조의2, 1항 후단).

㉢ 구분지상권이 설정된 경우, 당해 토지를 사용·수익할 권리를 가진 제3자에게도 그 지상권의 행사를 방해하여서는 아니될 의무를 지게 하였다(동법 제289조의2 2항).

㉣ 구분지상권의 존속기간, 양도, 임대, 갱신청구권, 공작물 등 매수청구권, 지료증감청구권 등에 관하여 일반지상권규정을 준용하도록 하였다(동법 제290조 2항).

③ 전세권에 우선변제적 효력을 인정하여 전세권자의 투하자금 회수를 보장하였다(동법 제303조 1항).

④ 건물전세권의 최단존속기간을 1년으로 법 정하여 건물전세권자의 지위의 안정성을 보장하였다(동법 제312조 2항).

⑤ 건물전세권의 법정갱신제도를 신설함(제312조 4항) : 전세권의 존속기간 만료전 6월부터 1월까지 사이에 갱신거절의 통지가 없으면, 전세권은 전전세권과 동일한 조건으로 갱신된 것으로 본다. 이 경우 전세권은 그 존속기간이 없는 것으로 본다.

⑥ 당사자에게 전세금증감청구권을 인정하여 증액의 경우에는 대통령령으로 기준과 비율을 규정할 수 있도록 하였다(제312조의2)

(6) 제7차 개정(1990년 1월 13일 법률 제4199호, 1991년 1월 1일 시행)

제7차 개정의 주요내용은 다음과 같다.

① 친족의 범위를 합리적으로 조정하였다.

㉠ 부계혈족 모계혈족은 각각 8촌 이내로 하고, 인척은 4촌 이내로 함(제777조).

㉡ 자매의 직계비속을 혈족에 포함되도록 함(제769조).

㉢ 인척중 「혈족의 배우자의 혈족」을 삭제함(제769조).

㉣ 배우자의 일방이 사망한 경우 생존배우자가 재혼하면 인척관계가 소멸되도록 함(제775조 2항).

② 호주제도를 존치하되 호주상속제도를 호주승계제도로 하고 유명무실한 호주권과 남녀불평등 조항을 대폭 삭제하였다.

㉠ 호주상속을 호주승계로 함(제980조).

㉡ 호주 상속비용(제983조), 호주상속에 있어서 태아의 지위(제988조), 대습상속(제990조), 분묘 등의 승계(제996조) 규정을 삭제함.

㉢ 호주승계권은 포기할 수 있도록 함(제991조).

㉣ 여호주의 가에 그 가의 계통을 승계할 남자가 입적하더라도 호주승계가 개시되지 아니하도록 함(제980조 4호).

㉤ 호주의 한정치산 선고청구권과 입적동의권을 삭제하고(제9조, 제784조 1항). 호주의 직계비속 장남자의 거가금지(제790조), 호주의 가족에 대한 거소지정권(제798조), 호주의 사고와 그 직무대행(제799조), 호주의 부양의무(제797조)를 삭제하고, 가족의 불명재산에 대한 가족의 공유추정규정(제796조 2항) 등을 둠으로써, 호주의 권리의무에 관한 규정을 대폭 정리함.

㉥ 호주의 변경과 여호주 규정(제792조)을 삭제함으로써 여호주는 그 가의 계통을 승계할 남자가 그 가에 입적하더라도 가족의 지위로 격하되는 것을 방지하고 혼인의 취소나 이혼시 또는 부가 사망한 때에 처와 부의 혈족 아닌 직계비속은 친가에 복적하거나 일가를 창립할 수 있도록 함(제787조).

③ 적모서자관계와 계모자관계를 시정하였다.

법정친자관계로서의 계모자관계·적모서자관계는 폐지하여 인척관계

로 함(제773조 및 제774조)

④ 약혼해제사유를 일부 개정하였다.

㉠ 약혼해제사유 중「폐병」을 삭제하고, 새로이「불치의 정신병」을 삽입함(제804조 3호).

㉡ 약혼해제사유 중「2년 이상의 생사불명」을「1년 이상의 생사불명」으로 함(제804조 6호).

⑤ 부부동거장소규정을 개정하여 부부의 동거장소는 부부의 협의에 의하여 정하도록 하고 협의불성립시 가정법원이 정하도록 하였다(제826조 2항).

⑥ 부부공동생활비용을 부부가 공동부담하도록 하였다(제833조).

⑦ 이혼시 자녀의 양육책임규정을 시정하고, 면접교섭권을 신설하였다.

㉠ 이혼시 자녀의 양육에 관한 사항을 부모가 협의하여 정하도록 함(제837조 1항).

㉡ 이혼후 자를 직접 양육하지 아니하는 부모 중 일방은 면접교섭권을 가지도록 함(제837조의2, 1항).

㉢ 가정법원은 자의 복리를 위하여 필요한 때에는 당사자의 청구에 의하여 면접교섭권을 제한하거나 배제할 수 있도록 함(제837조의2, 2항).

⑧ 이혼배우자의 재산분할청구권을 신설하였다.

㉠ 이혼의 경우 배우자의 일방은 다른 일방에 대하여 기여도에 따라 재산분할을 청구할 수 있도록 함(제839조의2 1항).

㉡ 재산분할에 대하여 협의되지 아니할 때에는 가정법원이 관여하도록 함(제839조의2 2항).

⑨ 입양제도를 조정하였다.

㉠ 미성년자의 입양에 대하여서는 후견인이 동의함에 있어 가정법원의 허가를 받도록 함(제871조 단서).

㉡ 후견인이 피후견인을 양자로 하는 경우에는 가정법원의 허가를 받도록 함(제872조).

㉢ 부부공동입양제도를 부부평등하게 하도록 함(제874조).

㉣ 부부의 일방이 양자가 될 때에는 다른 일방의 동의를 얻도록 함(제874조).

⑩ 가를 위한 양자제도를 폐지하였다.

㉠ 사후양자제도를 폐지함(제867조).

㉡ 호주의 직계비속장남자의 입양폐지규정을 삭제함(875조).

㉢ 서양자제도를 폐지함(제876조).

㉣ 유언양자제도를 폐지함(제880조).

⑪ 부모의 친권행사를 조정하였다.

혼인외의 자가 인지된 경우와 부모와 이혼한 경우에는 부모의 협의로 친권을 행사할 자를 정하고 협의가 이루어지지 아니하는 경우에는 당사자의 청구에 의하여 가정법원이 정함(제909조 4항).

⑫ 기혼자의 후견인의 순위규정을 조정하였다.

기혼자가 금치산 또는 한정치산의 선고를 받은 경우 배우자가 후견인이 되고 배우자도 금치산 또는 한정치산의 선고를 받은 경우에는 제933조의 순위에 의함(제934조).

⑬ 상속제도를 합리적으로 조정하였다.

㉠ 상속인의 범위를 4촌 이내의 방계혈족으로 축소시킴(제1000조 1항).

㉡ 배우자의 일방이 사망한 경우 직계비속이 없는 때에는 사망배우자의 직계존속과 공동상속하도록 함(제100조 1항).

㉢ 직계비속간 상속분의 차등을 없애고 균등하게 상속하며, 배우자의 상속분은 직계비속의 상속분에 5할을 가산하도록 함(제1009조 1·2항).

㉣ 공동상속인 중에 피상속인의 재산의 유지 또는 증가에 특별히 기여

한 자가 있을 때에는 상속개시 당시의 재산가액에서 공동상속인의 협의로 정한 그 자의 기여분을 공제한 것을 상속재산으로 보도록 함(제1008조의2 1항).

㉤ 상속인 없는 재산의 청산의 경우 소정의 기간내에 상속권을 주장하는 자가 없는 때에는 가정법원은 피상속인과 생계를 같이하고 있던 자 등 피상속인과 특별한 연고가 있던 자의 청구에 의하여 상속재산을 분여할 수 있도록 함(제1057조의2).

㉥ 재산상속인이 동시에 호주상속을 할 경우에 고유의 상속분에 그 5할을 가산하도록 한 현행제도를 폐지함(제1009조 1항 단서).

(7) 제8차 개정(1997. 12. 13, 법률 제5431호)

국적법의 개정에 따른 개정이다.

(8) 제9차 개정(1997. 12. 13, 법률 제5454호)

'조산원, 간호원'을 '조산사, 간호사'로 하고, '계리사 및 사법서사'를 각각 '공인회계사 및 법무사'로, '경매법'을 각각 '민사소송법'으로 용어를 수정하는 개정이다.

(9) 제10차 개정(2001. 12. 29, 법률 제6544호)

① 이사의 직무집행을 정지하거나 직무대행자를 선임하는 가처분 등을 하는 경우에는 주사무소와 분사무소가 있는 곳의 등기소에서 이를 등기하도록 하는 규정을 신설하였다(제52조의2).

② 이사의 직무대행자는 가처분명령에 다른 정함이 있는 경우 외에는 법인의 통상사무에 속하지 아니하는 행위를 하지 못하도록 하는 규정을 신설하였다(제60조의2).

(10) 제11차 개정(2002. 1. 14. 법률 제6591호)

① 상속회복청구권의 행사기간을 연장하여, 종전의 '침해를 안 날부터 3년, 상속이 개시된 날부터 10년'을 , '침해를 안 날부터 3년 , 상속권의 침해행위가 있은 날부터 10년'으로 하였다(제999조 2항).

② 단순승인으로 의제되는 경우에도 상속인이 상속채무가 상속재산을 초

과하는 사실을 중대한 과실 없이 상속개시가 있음을 안 날부터 3년 내에 알지 못하고 단순승인을 한 경우에는 그 사실을 안 날로부터 3월 내에 단순승인을 할 수 있도록 하였다(제1019조 3항).

(11) 제12차 개정(2005. 3. 31. 법률 제7427호)

① 호주제도를 2008. 1. 1.부터 폐지함으로써 호주승계제도도 폐지하였다(제778조, 제980조~제982조).

② 동성동본 금혼제도를 근친혼금지제도로 전환하였다(제809조).

③ 자는 부의 성과 본을 따르고 부가에 입적하도록 한 종전 규정을 개정하여, 자는 부의 성과 본을 따르되 부모가 혼인신고시에 모의 성과 본을 따르기로 협의한 경우에는 모의 성과 본을 따르도록 하였다.

④ 친생부인의 소의 제소권자를 확대하고, 제소기간을 연장하여 부 또는 처가 다른 일방 또는 자를 상대로 하여 그 사유가 있음을 안 날부터 2년 내에 제기할 수 있도록 하였다(제847조, 제848조).

⑤ 친양자제도를 도입하였다(제908조의2~제908조의8).

(12) 제13차 개정(2005. 3. 31. 법률 제7428호)

「채무자 회생 및 파산에 관한 법률」의 개정에 따른 용어 수정이다.

(13) 제14차 개정(2005. 12. 29. 법률 제7765호)

2002년 1월 14일에 신설된 「민법」 제1019조 제3항, 이른바 특별한정승인제도(단순승인을 하거나 단순승인으로 간주된 후 한정승인을 할 수 있는 제도)는 동법 부칙 제3항에서 그 소급적용의 범위를 "1998년 5월 27일부터 이 법 시행(2002. 1. 14.)전까지 상속개시가 있음을 안 자"로 제한하고 있는데, 이러한 부칙 제3항은 1998년 5월 27일전에 상속개시가 있음을 알았으나 그 이후에 상속채무가 상속재산을 초과하는 사실을 안 자를 포함하는 소급적용에 관한 경과규정을 두지 아니하는 한 헌법에 위반된다는 헌법재판소의 결정(2004. 1. 29. 2002헌가22 등)이 있어 이에 해당하는 자에게도 특별한정승인의 기회를 부여하려는 것임.

(14) 제15차 개정(2007. 5. 17. 법률 제8435호)

「가족관계의 등록 등에 관한 법률」의 제정에 따른 용어 수정이다.

(15) 제16차 개정(2007. 12. 21. 법률 제8720호)

① 기간계산 규정의 정비(법 제161조)

국민의 권리행사 및 의무이행이 용이하도록 기간의 말일이 토요일 또는 공휴일에 해당하는 경우에는 기간은 그 익일로 만료하도록 함.

② 남녀의 약혼연령 및 혼인적령 규정 정비(법 제801조 및 제807조)

㉠ 현행 민법은 약혼연령 및 혼인적령에 관하여 남자는 만 18세, 여자는 만 16세로 달리 규정하고 있으나 이는 불합리한 차별로서 남녀평등에 반한다는 비판이 있음.

㉡ 약혼연령 및 혼인적령을 남녀 모두 만 18세로 조정함.

㉢ 헌법상의 양성평등 원칙이 구현될 것으로 기대됨.

③ 이혼숙려기간 도입(법 제836조의2제2항 및 제3항 신설)

㉠ 현행 협의이혼제도는 당사자의 이혼의사 합치, 가정법원의 확인, 가족관계법에 의한 신고 등 간편한 절차만으로도 이혼의 효력이 발생함으로써 혼인의 보호보다는 자유로운 해소에 중점을 두고 있다는 문제점이 있음.

㉡ 협의이혼 당사자는 일정 기간(양육하여야 할 자녀가 있는 경우는 3개월, 양육하여야 할 자녀가 없는 경우는 1개월)이 경과한 후 가정법원으로부터 이혼의사 확인을 받아야만 이혼이 가능하도록 함.

㉢ 신중하지 아니한 이혼이 방지될 것으로 기대됨.

④ 협의이혼시 자녀 양육사항 및 친권자 지정 합의 의무화(법 제836조의2제4항 신설)

㉠ 현행 협의이혼제도는 당사자 사이에 자녀 양육사항 및 친권자 지정에 관한 합의 없이도 이혼이 가능함에 따라 이혼가정 자녀의 양육환경이 침해되는 문제가 있음.

㉡ 협의이혼하고자 하는 부부에게 양육자의 결정, 양육비용의 부담, 면접교섭권의 행사여부 및 그 방법 등이 기재된 양육사항과 친권자결정에 관한 협의서 또는 가정법원의 심판정본을 이혼 확인시 의무적으로 제출하도록 함.

㉢ 이혼 가정 자녀의 양육환경이 향상될 것으로 기대됨.

⑤ 자녀의 면접교섭권 인정(법 제837조의2제1항)

㉠ 현행법은 부모에게만 면접교섭권을 인정하고 있어 자녀는 면접교섭권의 객체로 인식되는 문제가 있음.

㉡ 자녀에게도 면접교섭권을 인정함.

㉢ 유엔아동권리협약상 "아동이익 최우선의 원칙"을 실현함과 아울러 아동의 권리가 강화될 것으로 기대됨.

⑥ 재산분할청구권 보전을 위한 사해행위취소권 신설(법 제839조의3 신설)

㉠ 재산분할청구권이 구체적으로 확정되기 전에 재산분할청구권을 피보전권리로 하는 사해행위취소권이 인정되는지 여부에 대하여 다툼이 있었음.

㉡ 부부의 일방이 상대방 배우자의 재산분할청구권 행사를 해함을 알고 사해행위를 한 때에는 상대방 배우자가 그 취소 및 원상회복을 법원에 청구할 수 있도록 재산분할청구권을 보전하기 위한 사해행위취소권을 인정함.

㉢ 재산 명의자가 아닌 배우자의 부부재산에 대한 잠재적 권리 보호가 강화될 것으로 기대됨.

(16) 제17차 개정(2009. 5. 8. 법률 제9650호)

이혼시 양육비를 효율적으로 확보하기 위해 양육비의 부담에 대하여 당사자가 협의하여 그 부담내용이 확정된 경우, 가정법원이 그 내용을 확인하는 양육비부담조서를 작성하도록 하였다.

(17) 제18차 개정(2011. 3. 7. 법률 제10429호)

무능력자와 후견에 관한 민법총칙과 친족법 규정이 개정되었다.

① 성년 연령의 하향(제4조)

청소년의 조숙화에 따라 성년연령을 낮추는 세계적 추세와 「공직선거법」 등의 법령 및 사회·경제적 현실을 반영하여 성년에 이르는 연령을 만 20세에서 만 19세로 낮춤.

② 성년후견·한정후견·특정후견제도의 도입(제9조 및 제12조, 제14조의2 신설)

획일적으로 행위능력을 제한하는 문제점을 내포하고 있는 기존의 금치산·한정치산제도 대신 더욱 능동적이고 적극적인 사회복지시스템인 성년후견·한정후견·특정후견제도를 도입하고 기존 금치산·한정치산 선고의 청구권자에 '후견감독인'과 '지방자치단체의 장'을 추가하여 후견을 내실화하고 성년후견 등을 필요로 하는 노인, 장애인 등에 대한 보호를 강화함.

③ 제한능력자 능력의 확대(제10조 및 제13조)

성년후견을 받는 사람의 법률행위 중 일용품의 구입 등 일상생활에 필요한 행위이거나 후견개시의 심판에서 달리 정한 것은 취소할 수 없도록 하고, 한정후견을 받는 사람의 법률행위는 가정법원에서 한정후견인의 동의 사항으로 결정한 것이 아닌 이상 확정적으로 유효한 법률행위로 인정되며, 특정후견을 받는 사람의 법률행위는 어떠한 법적 제약이 따르지 않도록 함.

④ 후견을 받는 사람의 복리, 치료행위, 주거의 자유 등에 관한 신상보호 규정의 도입(제947조, 제947조의2 신설)

피후견인의 복리에 대한 후견인의 폭넓은 조력이 가능하도록 하되, 피후견인의 신상에 관한 결정권은 본인에게 있다는 원칙과 후견인의 임무 수행에 있어서 피후견인의 의사 존중 의무를 명시하는 등 피후견인의 복리를 실질적으로 보장할 수 있도록 함.

⑤ 복수(複數)·법인(法人) 후견 도입 및 동의권·대리권의 범위에 대한 개별적 결정(제930조 및 제938조, 제959조의4 및 제959조의11 신설)

후견인의 법정순위를 폐지하고, 가정법원이 피후견인의 의사 등을 고려하여 후견인과 그 대리권·동의권의 범위 등을 개별적으로 결정하도록 하며, 복수(複數)·법인(法人) 후견인도 선임할 수 있도록 함.

⑥ 후견감독인제도의 도입(제940조의2부터 제940조의7까지, 제959조의5 및 제959조의10 신설)

친족회를 폐지하고 그 대신 가정법원이 사안에 따라 후견감독인을 개별적으로 선임할 수 있도록 함으로써 후견인의 임무 해태, 권한 남용에 대한 실질적인 견제가 가능하도록 함.

⑦ 후견계약 제도의 도입(제959조의14부터 제959조의20까지 신설)

후견을 받으려는 사람이 사무를 처리할 능력이 부족한 상황에 있거나 부족하게 될 상황에 대비하여 재산관리 및 신상보호에 관한 사무의 전부 또는 일부를 자신이 원하는 후견인에게 위탁하는 내용의 계약을 체결할 수 있도록 하는 한편, 후견계약은 공정증서에 의하여 체결하도록 하고, 그 효력발생 시기를 가정법원의 임의후견감독인 선임 시로 하는 등 피후견인의 권익을 보호할 수 있는 제도적 장치를 마련함.

⑧ 제3자 보호를 위하여 성년후견을 등기를 통하여 공시(제959조의 15, 제959조의 19, 및 제959조의 20 신설)

거래의 안전을 보호하고 피성년후견인과 거래하는 상대방인 제3자를 보호하기 위하여 후견계약 등을 등기하여 공시하도록 함.

(18) 제19차 개정(2011. 5. 19. 법률 제10645호)

친권제도를 개선하였다. 즉, 이혼 등으로 단독 친권자로 정해진 부모의 일방이 사망하거나 친권을 상실하는 등 친권을 행사할 수 없는 경우에 가정법원의 심리를 거쳐 친권자로 정해지지 않았던 부모의 다른 일방을 친권자로 지정하거나 후견이 개시되도록 하고, 입양이 취소되거나 파양된 경우 또는 양부모가 사망한 경우에도 가정법원의 심리를 거쳐 친생부모 또는 그 일방을 친권자로 지정하거나 후견이 개시되도록 하여 부적격의 부 또는 모가 당연히 친권자가 됨으로써 미성년자의 복리에 악영향을 미치는 것을 방지하고, 이혼 등으로 단독 친권자로 정해진 부모의 일방이 유언으로 미성년자의 후견인을 지정한 경우라도 미성년자의 복리를 위하여 필요하다고 인정되면 후견을 종료하고 친권자로 정해지지 않았던 부모의 다른 일방을 친권자로 지정할 수 있게 하여 미성년자의 복리를 증진시키려는 것이다.

(19) 제20차 개정(2012. 2. 10. 법률 제11300호)

미성년자의 입양(入養)과 파양(罷養)은 시·읍·면의 장에 대한 신고만으로 가능하기 때문에 아동학대의 습벽이 있는 사람 등도 손쉽게 입양을 할 수 있고 그 결과 미성년자의 복리에 악영향을 끼치는 사례가 자주 발생하고 있었다. 이에 이를 방지하기 위하여 미성년자를 입양할 때에는 가정법원의 허가를 받도록 하고, 미성년자에 대한 파양은 재판으로만 할 수 있도록 하며, 부모의 소재를 알 수 없는 등의 경우에는 부모의 동의 없이도 입양이 가능하게 하는 등 입양제도를 개선하였다. 또한 친양자 입양 가능 연령을 15세 미만에서 미성년자로 현실에 맞게 완화하였고, 중혼에 대한 취소청구권자에 직계비속을 추가하는 등 현행 제도의 운영상 나타난 미비점을 개선·보완하였다.

(20) 제21차 개정(2013. 4. 5. 법률 제11728호)

유실물에 대하여 공고 후 1년 내에 소유자가 권리를 주장하지 않으면 습득자가 소유권을 가진다고 규정하고 있으나, 20년 전 최초로 유실물 규정이 제정된 때와는 달리 현재는 교통·통신망의 발달로 유실물이 소유자에게 반환되는 기간이 짧아지고 있으며, 유실물 중 고가의 전자기기 등은 시간이 지날수록 가치가 하락하므로 습득자의 권리를 보다 빨리 인정할 필요가 있는 점을 고려하여 유실물의 소유권이 습득자에게 귀속되는 기간을 1년에서 6개월로 단축하였다.

(21) 제22차 개정(2014. 10. 15. 법률 제12777호)

부모의 학대나 개인적 신념 등으로 자녀의 생명·신체 등에 위해가 발생하는 경우에도 자녀의 보호를 위하여 친권의 상실 선고 외에는 활용할 수 있는 제도가 없다는 문제가 있었다. 이에 친권을 일정한 기간 동안 제한하거나 친권의 일부만을 제한하는 제도 등을 마련함으로써 구체적인 사안별로 자녀의 생명 등을 보호하기 위하여 필요 최소한도의 친권 제한 조치가 가능하도록 하였다.

(22) 제23차 개정(2014. 12. 30. 법률 제12881호)

'가름'이라는 단어를 '갈음'으로 바로잡기 위한 용어 수정이었다.

(23) 제24차 개정(2015. 2. 3. 법률 제13124호)

「가족관계의 등록 등에 관한 법률」의 개정에 따른 용어 수정이다.

(24) 제25차 개정(2015. 2. 3. 법률 제13125호)

보증에 관한 기존 민법 규정만으로는 보증인의 보호에 불충분하고, 「보증인 보호를 위한 특별법」은 그 적용 범위가 아무런 대가 없이 호의(好意)로 이루어지는 보증으로 제한되어 있으므로 일반 보증인을 보호하기 위하여 보증 방식 및 근보증(根保證)에 관한 규정 등을 마련하였다 또한 생활 속에 대중화·보편화되어 계속적으로 증가하는 추세인 여행과 관련하여 여러 가지 법적 문제가 발생하고 있으나 민법상 이를 직접 규율하는 법령이 없어 여행자 보호에 취약한 부분이 있으므로 이를 보완하기 위하여 여행계약의 의의, 해제·해지, 담보책임에 관한 사항을 정하는 등 여행계약에 관한 기본적인 사항을 규정하였다.

(25) 제26차 개정(2016. 1. 6. 법률 제13710호)

견고한 건물 등의 소유 또는 식목(植木) 등을 목적으로 하는 토지임대차를 제외한 모든 임대차의 존속기간은 20년을 넘지 못한다고 규정한 제651조 제1항은 그 입법취지가 불분명하고 계약의 자유를 침해하므로 헌법에 위반된다는 헌법재판소의 결정(2011헌바234, 2013. 12. 26. 선고)을 반영하여 임대차 존속기간에 제한을 둔 관련 규정을 폐지하였다. 한편, 제651조 제2항은 임대차 존속기간의 갱신 및 갱신기간의 상한을 규정한 것으로서 임대차 존속기간의 제한을 폐지하는 경우에는 별도로 존치할 필요가 없으므로, 제651조 전부를 삭제하였다.

(26) 제27차 개정(2016. 12. 2. 법률 제14278호)

민법에서는 부부가 이혼하는 경우 자녀를 직접 양육하지 아니하는 부모 일방과 자녀의 상호 면접교섭권을 인정하고 있다. 그러나 자녀를 직접 양육하지 아니하는 부모 일방이 사망하거나 자녀를 직접 양육하지 아니하는 부모 일방이 중환자실 입원, 군복무, 교도수 수감 등 피치 못할 사정으로 면접교섭권을 행사할 수 없는 경우에는 자녀가 오로지 친가나 외가 중 한쪽 집안과 교류하게 되어 양쪽 집안간의 균형 있는 유대를 상실하는 경우가 많이 발생하였다. 이는 자녀의 심리적 안정과 건전한 성장에도 부정적인 영향을 미치게 될 것인바, 이러한 경우에는 조부모의 면접교섭권을 인정하여 최소한의 교류를 이어나갈 수 있게 할 필요가 있다는 지적이 있었다. 이에 자녀를 직접 양육하지 아니하는 부모 일방이 사망하거나 자녀를 직접 양육하지 아니하는 부모 일방이 피치 못할 사정으로 면접교섭권을 행사할 수 없을 때 그 부모의 직계존속이 가정법원의 허가를 받아 손자녀와 면접교섭이 가능하도록 개정하였다. 이 규정은 공포 후 6개월이 경과한 2017년 6월 3일부터 시행된다.

(27) 제28차 개정(2016. 12. 20. 법률 제14409호)

제937조제8호에서는 "피후견인을 상대로 소송을 하였거나 하고 있는 자 또는 그 배우자와 직계혈족"을 후견인의 결격사유로 규정하고 있었다. 이에 따라 피후견인의 배우자가 피후견인을 상대로 이혼 청구 소송 등을 하였거나 하고 있다는 이유만으로 피후견인의 직계비속은 후견인이 될 수 없게 되어 사안에 따라 구체적 타당성에 맞지 아니하는 측면이 있었다. 따라서 피후견인의 직계비속은 그 직계혈족이 피후견인을 상대로 소송을 하였거나 하고 있더라도 후견인 결격사유에 해당되지 않도록 개정하였다.

Ⅶ. 민법의 상화

1. 의 의

경제생활의 발전에 수반하여 종래 상법상의 특수한 원리였던 것이, 민법상의 일반원칙으로 도입되어짐과 동시에 종래 민법에 속했던 제도 내지 법률관계가 상법에 속하게 되는 현상을 민법의 상화라 한다. 예컨대 거래에 있어서 관습고려의 요청과 계약자유의 원칙, 법률행위방식자유의 원칙은 원래 상법의 영역에 속하였으나 나중에 민법에도 채택되어졌다. 그리고 상행위이외의 영리행위를 목적으로 하는 사단(민사회사)이 회사로 간주되는 것은 민법영역에 속하는 것을 상법의 영역에 속하게 한 예이다.

후자는 형식적으로나 실질적으로나 상법이 민법을 지배한 경우이다. 이것에 대해 전자는 외형상 민법이 상법의 영역을 침해한 것으로 보이나 실질적으로는 상법에 의한 민법의 지배이다.

학자에 따라 이 민법의 상화현상의 근거로서, 상법이 일반사법처럼 되고, 민법이 일반 보통인을 위한 특별사법처럼 된 것으로 설명하여 민·상 2법 통일론을 주장한 일이 있다. 민법의 상화(Kommerizialistirung des bugerlichen Rechts)는 독일에서 처음으로 주장된 것이다.

2. 장래의 전망

그러나 상법이 적용되는 기회가 많다고 해서 그것이 특별법에서 일반법으로 전환되는 일은 있을 수 없다. 그것은 단순히 적용의 빈도에 의해 구별되는 것이 아니고 체계적, 원리적인 관계에 기초를 두는 것이기 때문이다. 또 민법의 상화에 따라 민법과 상법은 서로 침투되었으나 일반적 생활관계중에는 상화에 적당하지 못한 것, 예컨대 신분관계, 고용관계, 물권법에 의해 지배되는 분야 등이 있다.

민법의 상화에도 한계가 있을 뿐만 아니라 경제생활의 진전은 끊임없이 새로운 제도를 창출하여 상법의 내용이 풍부해져 가고 있으므로, 민법과 상법과는 서로 그 경계를 이동해 가면서 여전히 병존하고 있는 것으로 생각함이 좋을 것이다.

Ⅷ. 사권의 의의

1. 사법관계와 권리 · 의무

사법상의 권리를 사권이라 한다. 사회생활관계 중 법에 의해 규율되는 생활관계를 법률관계라고 한다. 일반적으로 사인으로서의 생활관계, 즉 재산과 신분에 관한 사회적 상호관계를 규율하는 법을 사법이라 하고 사법에 의해 규율되는 생활관계를 사법관계라 한다.

근대사법제도는 개인을 사회구성의 단위로 간주하여 개인을 기초로 모든 사법관계를 규율한다. 따라서 사법관계의 당사자 일방을 중심으로 볼 때 사법은 그 개인의 행위를 일면 허용하고, 일면 구속하게 된다. 이 구속은 적극적으로 행해져야 하는 구속이기도 하고 소극적으로 행해서는 안되는 금지의 구속이기도 하다. 사법에 의해 허용된 개인의 자유범위가 권리이고 사법에 의해 과해진 일정한 구속이 의무이다. 이리하여 사법관계는 개인간의 권리의무관계로서 구성된다.

그런데 법제도의 진화과정에서 보면, 처음에는 개인에게 의무만을 인정하는 것으로 사법관계를 구성했다. 그러나 근대에 이르러 프랑스혁명이 개인을 봉건제도의 속박에서 해방시키고 개인의 존엄을 강조하여 개인의 자유와 의사를 중시하였다. 그후 사법관계도 자유주의적 · 개인주의적 법사상의 영향을 받아, 특정개인에게 권리를 주고 다른 자에게 그것을 존중할 의무를 과함에 따라 사법적 질서를 유지하려고 했던 것이다. 그래서 사법관계는 권리를 중심으로 하고 부수적으로 의무를 인정하는 권리의무의 관계로 되었다. 즉 권리본위의 방침이 취해졌다. 그런데 20세기에 와서 자유주의적 개인주의에 대한 반동으로서, 다시 의무를 강조하게 되었다.

2. 사권의 본질

권리, 특히 사권의 개념 내지 본질에 대해서는 여러 가지 학설이 있다. 법에 의하여 주어진 개인의 의사의 힘 또는 의사의 지배를 권리의 본질로 생각한 「의사설」과, 법에 의하여 보호되는 이익이야말로 권리의 본질이라고 보는 「이익설」이 대립적으로 주장되었으나 어느 것이나 불완전하여 비판을 받는다. 즉 의사설에 대하여는 의사능력없는 자도 권리를 가지는 이유를 설명하지 못한다는 비난이 있다. 또 이익설에 대하여는 권리자에게 아무런 이익이 없는 권리(친권의 경우)도 있다는 비난이 있다. 그리하여 오늘날에는 그 절충설이라고도 할 수 있는「법력설」이 통설적 지위를 차지하게 되었다.

법력설에서는 권리란 일반적인 사회생활상의 이익을 향수하는 힘이라고 설명하다. 즉 인류가 사회공동생활을 영위함에 있어서 행복을 추구하고 발전을 꾀하기 위해서는 자기인격의 존엄을 확인함과 동시에, 재산과 신분관계에서도 각종 이익을 향수할 수 있어야 한다.

따라서 근대국가는 개인에 대하여 그 사회적 이익의 독점적 향수를 보장하여야만 한다. 그것을 위한 수단으로 개인에게 일정한 범위에서의 자유로운 의사지배 또는 이익향수의 가능성을 법이 허용한다. 이것이 권리이다. 이와같은 가능성을 사회적으로 보면 하나의 잠재적인 힘으로 관념되어진다. 따라서 권리는 법의 구체화에 의해 개인에게 주어진 힘, 즉 법상의 힘(力)이라고 하는 것이다. 이 법력설에 의거하면 의사설과 이익설의 결함은 해소된다.

Ⅸ. 사권의 종류

사법은 일반적으로 그 작용·내용·성질에 따라 다음과 같이 분류된다.

1. 사권의 작용에 의한 분류

권리를 그 작용하는 법상의 힘(권리자가 할 수 있는 행위)을 표준으로 ① 지배권, ② 청구권, ③ 형성권, ④ 항변권으로 분류할 수 있다.

(1) 지배권 : 권리의 객체를 직접배타적으로 지배하는 권리이다. 권리의 내용인 이익을 실현하는 데 타인의 협력을 요하지 않는다. 직접 권리자 자신의 의사로써 실현할 수가 있고 국가의 협력을 필요로 하지 않는 점에서 청구권과 다르다. 물권, 무체재산권, 친권, 후견권 등이 이에 속한다.

(2) 청구권 : 특정인이 특정타인에 대하여 일정한 행위(작위 또는 부작위)를 요구할 수 있는 권리다. 권리실현을 위해서 그 타인의 행위가 필요한 점에서 지배권과 다르다. 또 타인의 행위는 직접 권리자 자신의 의사로 실현하는 것을 허용하지 않는다. 따라서 타인이 청구에 응하지 않을 때는 권리의 실현을 위하여 국가의 조력을 얻어야 하는 점에서도 지배권과 다르다. 채권·물상청구권, 신분상의 청구권(부부간의 동거·협력·부양

청구권·친족의 부양청구권 등) 등이 이에 속한다. 주의할 점은, 청구권은 물권·채권·무체재산권·친족권·상속권 등과 같은 기본적 권리와 같은 견지에 있어서의 권리는 아니라는 것이다. 청구권은 이를 기본적 권리의 내용·효력으로서 그 권리에 내포되어 있거나, 그 권리로부터 파생되는 것이다.

(3) 형성권 : 권리자의 일방적인 의사표시에 의하여 새로운 법률관계가 형성, 즉 권리의 발생, 변경, 소멸이란 일정한 법률효과를 발생시키는 권리다. 권리자가 일방적으로 권리변경을 발생케 할 수 있는 가능성을 가졌다는 의미에서 가능권이라고도 한다. 취소권, 해제권, 추인권, 동의권, 인지권 등이 이에 속한다. 뿐만 아니라 소송(판결)의 형식을 취한 형성권이 있다. 채권자취소권, 재판상이혼권, 친생부인권 등이 이것이다.

이러한 것들은 의사표시만으로도 충분하지 않고 그 의사표시가 옳다는 것이 재판에 의해 확인되어야 비로소 효력을 발생한다. 또 법문에「청구할 수 있다」고 규정되어 있어 청구권처럼 보이는 것이라도, 매매대금감액청구권(제572조) 유류분 보전청구권(제1115조) 등은 실질적으로 형성권이라고 해석되는 것에 주의하여야 한다.

(4) 항변권 : 타인의 청구권 행사를 저지할 수 있는 권리다. 권리의 행사에 대한 방어란 의미에서 반대권이라고도 할 수 있다. 보증인의 최고·검색의 항변권(제437조), 동시이행의 항변권(제536조) 등이 이에 속한다. 이것은 상대방의 권리를 부인하거나, 변경, 소멸케하는 것이 아니고, 상대방의 권리는 승인하면서, 그 권리의 작용에 일방적인 변경을 발생시키는 점에서 특수한 형성권이다.

항변권에는 일시이행을 거절하여 청구권의 효력을 일시적으로 저지하는 연기적 항변권과, 영구적으로 이행을 거부하여 청구권의 효력을 저지하는 영구적 항변권(상속인의 한정승인의 항변권 : 제1028조)이 있다. 또 상대방의 소송상의 청구권을 부인하기 위하여 반대사실을 주장하는 소송상의 항변은 실체법상의 항변권과 구별하여야 한다.

2. 사권의 내용에 의한 분류

사권을 그 내용이 되는 생활상의 이익을 표준으로 하여 (1) 인격권, (2) 신분권(가족권), (3) 재산권, (4) 사원권으로 분류할 수 있다.

(1) 인격권 : 권리자 자신의 인격과 분리할 수 없는 개성적인 생활상의 이익을 내용으로 한 권리이다.

생명권, 신체권, 자유권, 명예권(제751조) 외에 정조권, 성명권, 프라이버시권 등이 이에 속한다.

이는 지배권의 일종이며, 권리자의 인격에서 유래하는 것이므로 일신전속권이다. 인격권은 개인에 대하여 특정의무를 부과하고, 스스로 일정한 주장을 적극적으로 한다는 내용은 적다.

다만, 부당한 침해에 대하여 그 배제를 청구하고 발생된 손해의 배상을 청구할 수 있을 뿐이다.

(2) 가족권(신분권) : 친과 자, 부와 처, 친족과 같은 가족간의 신분에 따른 생활상의 이익을 내용으로 하는 권리이다. 원칙적으로 본인이 아니면 행사할 수 없고 대리도 허용되지 않는다. 임의양도 그 밖의 처분도 불가능한 일신전속적 성질을 갖는다. 이점에서 재산권과 다르고 인격권과 유사하며, 권리보다 의무적 색채가 강하다.

① 가족권 중 친족권은 일정한 신분관계에 따른 신분적 이익을 내용으로 하는 것으로 친권(제909조~제927조), 배우자권(제826조~제833조), 부양청구권(제974조) 등이 이에 속한다.

② 가족권 중 상속권은 일정한 신분관계에 의거하여 상속인의 지위를 취득함에 의해 발생한다. 상속개시전에는 기대권으로서, 상속개시후에는 지배권으로서의 성격을 갖는다.

(3) 재산권 : 재화가 인간에게 주는 사회적 생활이익을 내용으로 한 권리이다. 시민적 사회생활관계에서 가장 기본적인 권리이며, 권리자의 인격이나 신분과 무관하게 존재하고, 양도성(비일신전속성)을 갖는 것이 원칙이다. 재산권에는 다음과 같은 것들이 있다.

① 일정한 물건을 직접배타적으로 지배하여, 그 물건으로부터 특정한 사회생활상의 이익을 향수하는 권리로서의 물권.

② 특정인이 다른 특정인에 대하여 일정한 재산적 행위를 청구할 수 있

는 권리로서의 채권.

③ 사람의 지능적 창조물을 독점적으로 이용할 것을 내용으로 하는 특허권, 저작권, 상표권, 의장권, 실용신안권 등의 무체재산권.

(4) 사원권 : 단체구성원인 지위에 따르는 생활상의 이익을 내용으로 한 권리이다. 주식회사에서의 주주권, 민법의 사단법인에서의 사원의 권리 등이 여기에 속한다. 사원권에 포함된 여러 가지 권능을 대별하면 다음과 같다.

① 의결권, 업무집행권, 감독권 등과 같은 법인 기타 단체의 운영에 참여하는 것을 내용으로 하는 소위 공익권.

② 이익배당청구권, 잔여재산분배청구권 등 구성원 개인이 향수하는 이익을 내용으로 하는 이른바 자익권.

3. 사권의 성질에 의한 분류

사권은 그 성질에 따라 ① 절대권과 상대권으로, ② 일신전속권과 비일신전속권으로 분류할 수 있다.

(1) 절대권·상대권 : 이것은 권리의 대외적 효력이 사회일반인에게 대하여 절대적으로 미치는가, 그렇지 않으면 특정인에 대하여서만 상대적으로 미치는가에 의한 구별이다. 절대권은 만인을 의무자로 하여 대항할 수 있는 권리이기 때문에 대세권이라고도 하며, 물권, 인격권, 무체재산권과 같은 지배권이 그 전형이다. 상대권은 권리의 내용이 특정인에게 일정한 행위를 하게 하는 것이다. 따라서 그 특정인만을 의무자로 하여 대항할 수 있는 권리이다. 대인권이라고도 한다. 채권과 같은 청구권이 그 전형이다. 그러나 오늘날에는 채권도 채무자 이외의 제3자에 의해 침해될 수 있음이 판례법상 인정되고 있어서 절대권과 상대권의 구별은 반드시 정확하다고는 할 수 없다.

(2) 일신전속권·비전속권 : 이것은 권리가 그 귀속 또는 행사됨에 있어서, 특정의 권리주체에게 전속되는가에 의한 구별이다. 일신전속권에 대해서 특정의 권리주체만이 향유하는 권리를 귀속상의 전속권 또는 향유전속권이라 하고, 권리주체만이 행사할 수 있는 것을 행사상의 전속권 또는 행사전속권이라 한다. 인격권, 신분권은 일반적으로 일신전속권이고 재

산권은 원칙적으로 비전속권이다.

X. 권리(청구권)의 경합

1. 의 의

권리의 경합이란, 하나의 생활사실이 수개의 법규가 정하는 요건을 충족하여 그 결과 수개의 권리가 발생하는 경우에, 그 수개의 권리가 동일한 목적을 가지며 그 행사로 같은 결과를 가져오는 경우를 말한다. 이러한 권리의 경합은 청구권, 형성권, 동일한 청구권에 대한 수개의 항변권 또는 동일한 채권을 담보하는 담보물권 사이에서 볼 수 있다. 이 중 문제가 되는 것이 청구권의 경합인데, 동일한 경제적 목적을 가진 수개의 청구권이 병존하는 것을 말한다. 동일한 생활사실이 수개의 법규에 의해 청구권 성립요건을 충족시킨 경우에, 일방의 법규가 타방의 법규에 대하여 일반법, 특별법의 관계에 있는 때에는, 관념적 혹은 상상적으로는 청구권의 경합을 일으킨다. 그러나 특별법은 일반법에 우선하기 때문에 현실적으로는 특별법에 의한 청구권만이 성립될 뿐이고, 청구권의 경합은 발생되지 않는다. 이러한 경우를 법조경합 또는 법규경합이라고 말할 수 있다. 반대로 수개의 법규가 일반법, 특별법의 관계에 있지 않는 경우에는, 각각의 법규에 의한 수개의 청구권이 성립하고, 여기에 청구권이 경합한다고 볼 수 있는가하는 문제가 제기된다.

2. 청구권의 경합이 문제되는 경우

(1) 동일한 목적을 가진 수개의 청구권의 요건이 각각 개개의 사실에 의하여 충족된 경우에는 그 청구권은 경합이 발생한다는 것에 대해서는 이론이 없다. 예컨대 매매에 의해 대금채무가 발생되고, 다시 그것에 기하여 약속어음이 발행된 경우와 같은 것이다.

(2) 동일한 사실이 수개의 당사자 사이에 각각 청구권의 요건을 충족시키는 경우에도 원칙적으로 청구권의 경합이 생긴다. 예를 들면 공동불법행위, 또는 물건의 훼손이 채무불이행임과 동시에, 채권자 아닌 소유자에 대한 불법행위로 되는 것과 같다.

(3) 이와는 달리 청구권의 경합이란 관념이 특히 문제되는 것은, 동일한 당사자 사이에서 동일한 생활사실이 수개의 동일한 목적을 가진 청구권의

요건을 충족시킨 경우이다. 그 주된 경우로는 첫째, 물권적 청구권과 채권적 청구권이 경합한 경우, 예컨대 임차인이 임대차종료 후 임차물을 반환하지 않을 때에 소유권에 의거한 반환청구권과 임대차에 의한 반환청구권이 경합한 경우다. 둘째, 수개의 물권적 청구권이 경합한 경우, 예컨대 소유자가 점유를 빼앗긴 경우의 소유권에 의한 반환청구권과 점유권에 의한 점유회복 청구권(점유회복의 소)이 경합한 경우다. 셋째, 수개의 채권적 청구권이 경합한 경우 예를 들면, 철도회사가 종업원의 과실로써 열차사고를 일으켜 승객을 사상케 한 경우의 채무불이행에 의한 손해배상청구권과 불법행위에 의한 손해배상청구권이 경합한 경우다.

이러한 경우에 각각의 청구권이 독립하여 수개 성립한다고 보아야 하는가(청구권의 경합을 인정하는 견해), 당사자간의 관계나 행위의 태양 등으로 미루어 판단하여 어느 한쪽만 성립한다고 보아야 하는가(청구권의 경합을 인정하지 않는 견해)가 대립된다.

3. 종래의 통설 : 경합을 인정하는 입장

종래의 판례나 다수설은 상술한 경우에도 청구권의 경합을 인정한다(청구권 경합설). 즉 하나의 생활사실이 청구권을 발생시키는 수개의 법규의 요건을 충족시키는 경우에는, 각각의 법규에 따라서 독립된 청구권이 성립하고, 이러한 청구권은 경합하는 것으로 본다.

경합의 효과로서 권리자는 자기의사에 따라 자기에게 가장 유리한 청구권을 선택하여 행사할 수도 있고, 또는 동시에 수개의 청구권을 합하여 주장할 수도 있다. 그러나 수개의 청구권이 동일한 이익을 목적으로 한 것인한(예컨대 채무불이행에 의한 손해배상청구권과 불법행위에 의한 손해배상청구권), 그 범위에서는 내부적으로 서로 관련되어 있다. 따라서 하나의 청구권이 만족된 때에는 그 범위에서 다른 청구권은 그 존재의 목적을 잃고 소멸한다.

그러나 하나의 청구권의 내용이 다른 청구권으로 만족되어진 이상의 내용을 가지고 있는 때에는(예컨대 채무불이행에 의해서는 원칙적으로 정신적 손해배상을 청구할 수 없지만, 불법행위로 이유로 하면 청구할 수 있다고 해석된다), 그 이상의 부분에 대해서는 아직 청구권이 잔존하고 있으므로 권리자는 다시 그 청구권을 행사할 수 있다. 또 일방의 청구권이 시효에 의해 소멸하여도 타방의 청구권이 존속하고 있으면, 그 존속되어 있는 청구권을 행사하여 만족을 꾀할 수 있다.

이와 같은 청구권경합설에는 수개의 청구권은 시종 독립된 청구권으로 구성된다. 그러나 경합하는 수개의 청구권 중 하나에 관하여, 법률 혹은 계약에서 책임조건을 경감하는 경우 등에는 다른 청구권을 어떻게 취급할 것인가가 문제된다.

4. 이에 대한 비판 : 경합을 인정하지 않는 입장

근자에 와서는 청구권의 경합을 인정하지 않는 유력한 학설도 대두되고, 이를 주장하는 학자도 증가해 가고 있으나 아직은 그 이론이 충분히 확립되지는 않았다.

그 중 지금까지 청구권의 경합이라고 생각된 경우에 대해서도 청구권의 발생을 인정하는 법규의 논리적관계를 검토하여, 적용할 하나의 법조를 결정하여야 된다는 설을 법조경합설이라 한다. 그러나 법조경합설과 기타의 청구권 경합을 인정하지 않는 학설이라 하더라도, 종래 청구권 경합설의 토대에서 획일적으로 청구권경합을 인정한 많은 경우에 관해서 법조경합 기타의 이론을 정립함으로써 청구권이 경합하는 경우를 완전히 부정하는 것은 아니다.

따라서 문제는 청구권이 경합하는 것 자체나, 경합의 효과에 있는 것이 아니라 어떠한 경우에 청구권경합이 인정되는가, 즉 청구권경합의 요건에 문제가 있다고 할 수 있다.

XI. 민법에서의 공공복리의 원칙

1. 이 원칙을 만들어 낸 기초

근대개인주의적 법사상하에서는 사권, 특히 개인의 자유와 재산에 관한 사권은 개인의 천부적인 권리이며 개인을 위하여 존재한다고 생각되었다. 개인의 봉건적 굴레로부터의 해방을 근대의 출발점이라고 한다면, 사권은 그 해방된 개인을 위한 권리라고 해석되기 때문이다. 게다가 사권은 절대불가침의 권리로서 법 이전의 천부불가양의 것으로 취급되었던 것이다.

따라서 사권이 권리인 한, 권리자에게는 그 자유의사에 따른 권리의 행사여부가 허용되므로, 그 결과가 사회에 어떠한 영향을 미치는가는 원칙적으로 권리자가 관여할 바는 아니라고 하는 것이다. 이러한 사고방식은 봉건제도를 타파하고 개인의 존엄을 확인하기 위해서는 역사적으로 커다란 공헌을 하였으나, 19C말부터 20C에 걸쳐 반성을 촉구당하게 되었다,

사권의 절대불가침성하에서 그 행사 또는 불행사의 절대성을 인정할 때 그 결과 일어나는 사회적 영향을 그대로 방치할 수 없는 현실에 당면하지 않을 수 없게 된 때문이다. 예를 들면 토지소유권자는 토지에 대한 전면적 지배권이 있으므로 그 토지를 어떻게 사용하든 자유라고 할 때, 권리자에게 아무런 현실적 이익이 없음에도 불구하고 이웃의 통풍·채광을 현저하게 해하는 높은 담을 자기의 소유지 위에 건설했을 때, 이것을 당연한 것으로 방치해도 좋을 것인가라는 의문이 제기되기 시작함에 이른 것이다.

이리하여 사권의 본질에 대한 근본적인 반성이 요구되고 여기에 사권의 사회성·공익성이 새삼스럽게 확인되게 되었다. 사권은 원래 권리자의 개인적 이익향수를 가능케 하기 위해서 인정되었다 하더라도 그 개인은 사회공동생활에서 완전히 단절되어진 고립된 존재는 아니다.

인간은 무릇「사회적인 동물」로서 사회의 일원으로서만 개인은 존재할 수 있다. 따라서 사권이 개인을 위해서 인정되었다 하더라도 이것은 사회일원으로서만 생존할 수 있는 개인을 위해 인정된 것으로서, 개인적 입장에서 사회를 무시하는 것은 허용되지 않는다. 사회질서를 준수하고, 사회일반의 행복·이익을 중시하지 않으면 안된다. 그렇다고 한다면 이와같이 개인에게 인정된 사권도 또, 결국에 사회질서를 보지하고, 사회일반의 행복증진에 일익을 담당해야 하고 적어도 그것에 위배되지 않아야 한다는 사회적 제약이 있는 것은 당연하다고 하지 않을 수 없다.

이것을 법적 입장에서 본다면, 사권은 사법에 의해 인정된 것이고, 사법이 사권을 인정하는 것은 권리자 개인의 이익을 위할 뿐만 아니라 동시에 사회공동생활의 질서를 유지하는 데에 너욱더 필요하고 적당하다고 할 수 있다.

그렇다면 사권은 처음부터 절대적인 것이 아니고, 공공의 행복·이익, 즉 공공복리와 조화하는 한에 있어서만 그 존재를 인정할 수 있는 것이라고 말하지 않으면 안되게 되었다.

이러한 사고방식은 특히 근대법에서 신성불가침의 권리로 인식된 소유권에 대해서, 그것이 자본주의 사회에서 자본의 절대란 형태로 사회적 모순을 낳은 것을 통감함에 이르렀을 때, 20세기 헌법의 선구가 된 바이므로 헌법에서「소유권은 의무를 수반한다」(제153조 3항)란 문언으로 성문화되어 소유권의 사회성이 강조되게 되었다.

우리 헌법도 이와같은 사상의 흐름을 타고 제23조 2항에서「재산권의 행사는 공공복리에 적합하도록 하여야 한다」고 규정하고 있다. 또한 권리의 사회성은 재산권에만 한정되는 것이 아니라, 일반적 권리에 내재하는 본질이라고 한다면 그 취지는 모든 권리에 미치게 하도록 해야 할 것이다. 따라서 헌법 제23조 2항은 사권의 사회성·공공성을 시사한 이른바 공공복리의 원칙을 성문화한 것이라고 할 수 있다.

2. 이 원칙의 의의

「재산권은 공공복리에 따른다」란 규정은 상술한 바와같이 사권의 본질적 성격 내지 요청을 나타내고 있으나 그 규정자체 만으로는 개개의 사권이 어떠한 내용을 갖게 되는가 하는 것을 그렇게 간단히 도출해 낼 수는 없다. 게다가 공공복리라고 하는 것은 공서양속이라든가 안녕질서 등의 표현과 동일하고 사회생활에서는 추상적 이념형식을 나태내고 있을 뿐이므로 여기에 어떤 내용을 갖는가는 그때 그때의 역사적 현실에 입각하여 구체적으로 정할 수 밖에 없다. 따라서 공공복리에 관한 구체적 내용이 지켜짐에 따라서는 사권이 권리자 개개인을 위해서 인정되어 있음에 대해 커다란 제한을 가할 수 있다. 그러므로 개개의 권리가 권리자에게 인정된 구체적인 권리범위가 현저하게 축소되는 일도 있을 수 있는 이유이다.

그러나「재산권은 공공복리에 따른다」란 사권의 절대성을 부정하고, 공공복리에 따르는 한계에 있어서 사권으로서의 가치가 인정된다는 사권의 상대성을 표명한 것이므로, 사권 자체를 부정하는 것은 아니다. 공공복리는 개인을 초월한 곳에 존재하는 것은 아니고, 사회의 구성원인 모든 인간의 존엄이 확보된 곳에서 존재한다. 모든 개인의 사권의 내용 및 행사에 제약을 가하게 되었다.

XII. 자력구제

1. 의 의

자력구제는 권리자가 국가의 힘(사법적절차)에 의하지 않고 사력에 의하여 타인을 강제하여 자기의 권리실현을 꾀하는 것을 말한다. 예컨대 도둑이 훔친 물건을 소지하고 있는 것을 다시 빼앗는다거나 임대차종료후 퇴거하지 않는 임차인을 소유자가 실력으로 퇴거시키거나, 음식점 주인이 무전취식한 자를 억류한다거나 하는 것이다. 이것을 자조행위라고도 한다.

2. 자력구제금지의 원칙

사회의 법제도가 구비되지 않고 국가의 권력이 발달되지 않은 시대에는, 권리자가 그 권리의 실현을 위하여 자력구제에 의지할 수 밖에 없었다.

그러나 법제도가 정비되고, 국가권력이 발달해 가면서 권리는 점차 국가권력에 의해 실현되는 것으로 되어 자력구제가 인정되는 범위는 축소되었다. 모든 사람이 평등한 주체인 근대사회의 법제도하에서는 권리의 실현을 위한 원칙으로서 국가기관인 법원에 소를 제기하여 국가권력의 조력을 받아야만 하고, 자력구제는 일반적으로 허용되지 않는 것으로 된다. 왜냐하면, 자력구제를 의욕하는 자는 자기의 정당성을 확신한다 해도, 반면에 상대방도 그에 상당한 이유가 있는 경우가 많기 때문이다. 따라서 양자가 주장하는 바의 충돌을 합리적으로 해결하는 것이 선결문제인데도 불구하고 일방적인 주장에 기인한 자력구제를 인정해 버리는 것은 시비를 불문하고 힘이 강한 자가 항상 승리할 우려가 있어서 이에 따른다면 사회의 평화가 유지될 수 없다. 따라서 권리의 실현이 침해되었다고 주장하는 자는 재판에 의해서 자기의 주장이 옳다는 것을 밝히고 그것을 기초로 한 판결로써 침해된 권리를 회복한다.

이것에도 여전히 상대방이 따르지 않을 경우에는 국가권력에 의해 판결로써 명해진 강제적실현(강제집행)을 통하여 침해된 권리를 회복하게 되는 것이다. 이리하여 자력구제는 원칙적으로 허용되지 않는 것으로 하고 만일 자력구제가 행해지면 각각의 요건에 따라서 불법행위로도 되고, 또 범죄로도 되는 것을 원칙으로 한 것이다.

3. 자력구제금지의 예외

그렇지만 자력구제를 완전히 부정해 버리는 것은 근대국가에서도 불가능하다. 권리의 침해에 대한 긴급한 사정이 있고, 국가의 보호를 기다릴 틈이 없어, 즉시 권리의 실현을 꾀하지 않으면 권리의 실현이 불가능하던가, 또는 현저히 곤란해질 우려가 있는 경우에는 권리행사의 기본원칙에 반하지 않는 한, 필요한 한도에서 자력구제는 마땅히 허용되어야 할 것이다.

그렇지 않으면, 권리의 보호가 유명무실하게 되어 결국 사법적 질서가 유지되지 않기 때문이다. 그리하여 근대국가에서도 입법상 또는 해석상 자력구제 금지의 원칙에 대한 예외를 인정하게 되었다.

예컨대, 독일민법에는「자조의 목적으로 물건을 수거, 파괴 또는 훼손한 자, 혹은 도주의 위험이 있는 의무자를 억류한 자, 또는 인용의 의무있는 행위에 대한 의무자의 저항을 제거한 자의 가해행위는 적당한 시기에 국가의 구조를 요청할 수가 없는 한편, 즉시 그것을 행하지 않으면 청구권의 실현을 불능 또는 곤란하게 할 우려가 있는 경우에는, 이것을 위법으로 하지 않는다」(독일민법 제229조)와 같은 자력구제에 관한 규정을 볼 수 있다. 또 프랑스민법에서는 명문규정을 두고 있지 않으나, 학설·판례가 일반적으로 자력구제를 인정하고 있다.

그러나 우리민법은 정당방위와 긴급피난이 불법행위를 구성하지 않는다는 규정을 두고 있을 뿐이고, 자력구제에 관한 일반규정은 없다. 다만 점유의 침탈에 관하여서만 자력구제를 인정하고 있을 뿐이다(제209조).

생각건대, 민법의 해석상 점유침탈 이외의 경우에도 정당한 자력구제는 인정하는 것이 옳을 것이다. 그러나 어떠한 경우에 어느 정도까지 자력구제를 허용할 것인가에 대해서 지금까지의 판례는 아직 명확한 기준을 제시하고 있지 않다. 구체적인 경우에 있어서, 또 권리의 종류에 따라 당해행위가 공공질서, 선량한 풍속을 표준으로 하여 이것에 반하는 일이 없는가를 판단하여 허용될 수 있는 자력구제인가를 결정하는 수밖에 없다. 여전히 불법인 자력구제는 손해배상책임과 원상회복의무를 지게 된다.

XIII 민법의 해석

1. 의 의

민법의 각종 법원에 대해서 그 의미 내용을 명확하게 하는 것을 민법의 해석이라 한다. 불문법인 관습법과 판례법에 관해서도 해석은 필요하나, 문자로서 표현된 성문법규의 해석은, 성문법주의를 채용한 우리나라에서는 무엇보다도 중요하다. 민법의 해석에 있어서도 주로 성문법규의 해석이 문제된다.

법규는 법의 발현형식으로서 법을 문장화한 것이고, 법은 원래 사회생활을 올바로 규율하기 위한 규범이므로, 법규의 해석은 단순히 문장의 문서적 또는 문법적 의미만을 찾는 것에 그치지 않고 법의 목적, 사명에 적합하도록 구체적 내용에서 법을 발견하는 것이어야 한다.

성문법규는 일단 제정되면 그 문자, 문장은 고정화되나, 법 그 자체는 고정화되지 않고, 또 고정화되어서는 아니된다. 그리하여 「법규의 해석은 입법자가 생각한 것을 후에 입법자보다도 현명하게 추상화하는 것이다」 라고 말할 수도 있다. 이러한 이유에서 여러 가지 해석방법이 존재한다.

널리 법의 해석이라 함은, 유권해석과 학리해석을 포함한다. 유권해석이란 법규의 특정용어의 뜻을 다른 법규로써 확정하는 것을 말한다. 이러한 해석은 절대적 구속력을 가진다. 학리해석은 법원에서 행하는 해석 또는 재판을 예측해서 또는 재판을 지도하려는 의도하에 행하여지는 해석을 일컫는다. 보통 법의 해석이라 하면 학리해석을 말하는 것이다. 여기서 논하여지는 것도 물론 학리해석에 관한 것이다.

2. 해석방법

법규의 해석방법은 ① 문리해석, ② 논리해석, ③ 목적론적 해석으로 대별된다.

(1) 문리해석 : 문리해석은 법정의 문언의 어의나 문법에 의거하여 규정된 문언대로의 의미를 명확하게 하는 것이다.

이것이 법규해석의 기본이지만 법규에는 내용을 정확하게 표현하기 위해 법령에 특유의 의미로서 사용된 관용어적 법령용어가 있고, 이러한 것들은 법령특유의 의미로 해석되어야 하는 것으로 주의하여야 한다.

(2) 논리해석 : 논리해석은 문리에 의거하면서도 반드시 거기에 집착하는 것은 아니고, 법전전체의 구조, 다른 규정과의 관계, 규정의 위치, 특히 입법의 연혁 및 정신, 적용결과의 타당성을 고려하고 논리의 법칙에 따라서, 즉 논리에 의해 규정의 내용을 정하는 것이다. 이를 위한 논리해석에는 여러 가지 방법이 사용되고 있다.

① 반대해석 : 유사한 갑·을 두 개의 사실 중 갑에 대해서만 규정이 있는 경우에, 을에 대해서는 갑에 관한 규정과 반대의 취지로 해석하는 방법이다.

② 유추해석 : 같은 경우에 을에 의해서도 갑에 대한 규정을 유추하여, 같은 취지로 해석하는 방법이다.

③ 확장해석 : 규정 중에 사용된 문언의 의미를 문리해석으로 이해할 수 있는 것보다 넓게 확장하여 해석하는 방법이다.

④ 축소해석 : 같은 경우에 좁게 축소하여 해석하는 방법이다.

⑤ 변경해석 : 규정 중에 사용된 문언의 문리해석에 의해 이해할 수 있는 의미가 명확히 불합리하다던가, 모순되는 경우에 그것을 변경하고 수정하여 합리적인 의미로 해석하는 방법이다.

(3) 목적론적 해석 : 법을 해석할 때에 문리해석이나 논리해석만으로는 타당하고 완전한 결론을 얻지 못할 경우가 생긴다. 이런 경우에는 목적론적 해석에 의거한다. 목적론적 해석이란 법의 목적, 즉 법의 정신 또는 취지에 좇아서 해석하는 것을 말한다.

이에는 법의 목적에 대한 해석의 차이에 따라 입법자의사설과 법률의사설로 나누어진다. 전자는 입법 당시에 입법자의 의사가 법의 목적이라 하여, 법률의 문언이 명백하지 않을 때에는 입법자의 의사에 좇은 해석을 하여야 한다는 것이다. 후자는 법의 해석은 입법자의 의사에 따를 것이 아니라, 법률 자신의 의사에 좇아서 행하여 한다는 것이다.

3. 해석의 기본적 태도

상술한 바와 같이, 법규의 해석에는 여러 가지 방법이 있고 그 어느 것에 의거할 것인가에 따라서 반대의 결과를 낳는 일도 있다.

그러나 이렇게 다양한 해석방법이 생긴 것은, 성문법주의하에서의 본래의 해석방법인 문리해석에만 의거할 때는 명문규정을 결하고 있는 경우와, 한 가지 해석에 의해서는 구체적 타당성을 결하게 되는 경우에 오히려 입법정신에 반하여 법적 안정을 훼손하는 일이 있기 때문이다.

이것은 민법의 해석에 두가지 사명이 동시에 존재하는 것을 의미한다. 그 하나는 민법법규가 인에 적용되건 물건에 적용되건 그 결과가 다르지 않게 하기 위해 법적 안정성을 부여하는 것이다. 왜냐하면 근대에서의 법치주의는 자의에 의한 지배를 배척하고 성문법주의를 발생시킨 것이며, 객관적 기준으로서의 법규에 형식적 획일성이 기대되고 있는 이상, 민법의 해석에 있어서도 법적 안정성이 요청된 것은 당연한 것이기 때문이다. 다른 하나는 민법법규에 대하여 각각의 경우를 적용하여 타당한 결과를 초래하도록 구체적인 타당성을 가진 내용을 부여하는 것이다. 왜냐하면 법은 회사생활을 올바로 규율하여야 하는 규범이며, 그 때문에 법의 규율은 가능한 한 구체적으로 타당한 것이어야 하기 때문이다.

이 법적 안정성과 구체적 타당성은 법규범이 갖는 2대 사명이지만 민법과 같이 일반적인 사회생활을 규율하는 법률에는 특히 중요한 것이다. 그러나 이 두 개의 사명은 용이하게 조화되는 것은 아니다. 그렇지만 동시에 함께 필요하다. 따라서 이 양자의 조화를 도모하는 것, 즉 법적 안정성을 위태롭게 하지 않고 구체적 타당성을 최대한으로 발휘하는 것을 민법해석의 기본적 태도로 하여야 한다.

XIV. 민법총칙편의 구성

우리 민법전은 제1편 총칙 · 제2편 물권 · 제3편 채권 · 제4편 친족 · 제5편 상속으로 되어 있으며, 그 밖에 부칙을 가지고 있다. 제2편 · 제3편은 재산관계를 규율하는 순전한 재산법이고, 제4 · 5편은 가족관계를 규율하는 가족법이다. 그리고 제1편 총칙은「형식적」으로는 전편에 통하는, 즉 민법 전체에 걸치는 원칙적 규정들을 두고 있다.

총칙편은 통칙 · 인 · 법인 · 물건 · 법률행위 · 기간 · 소멸시효의 7장을 두고 있으며, 184개조로 되어 있다. 제1장 통칙에서는 민법의 법원과 민법의 정신 내지 이상을 선언하고 있다. 제2장 이하의 장별을 이론적으로 재편성한다면, 권리의 주체(제2장 인과 제3장 법인) · 권리의 객체(제4장 물건) · 권리의 득실변경, 즉 권리의 변동에 중요한 관계가 있는 일반적 사유(제5장 법률행위 · 제6장 기간 · 제7장 소멸시효)로 나눌 수 있다.

총칙편은 형식적으로는 민법 전체의, 나아가서는 사법 전체의 통칙이며, 또한 사실상 그러한 규정들도 있다. 예컨대, 제1장「통칙」의 두 조문은 명실공히 민법 전체에 통하는 원칙적 규정이다. 또한 주소(제18조~21조) · 부재와 실종(제22조~30조) · 물건(98조~102조) · 기간(제155조~161조) 등에 관한 규정들도 민법 전체에 걸치는 통칙으로서의 성질을 가진다.

그러나 그밖의 총칙편의 대부분은 반드시 민법 전체에 대한 총칙, 즉 원칙적 규정으로서의 실질을 가지는 것은 아니다. 즉 재산법(물권 · 채권)과 가족법(친족 · 상속)은, 이론에 있어서나 또는 실제에 있어서나 같은 원칙으로 지배할 수 없는 국면이 많으며, 총칙편의 규정 가운데에는 재산법만을 생각해서 만들어졌다고 생각되는 규정이 많다. 그러므로 총칙편의 대부분은 실질적으로는 재산법에 대한 총칙인 데 지나지 않으며, 가족법에 대한 총칙으로서의 성격은 대단히 희박하다. 예컨대 행위능력에 관한 총칙편의 규정은 가족법상 혼인 · 이혼 · 양자 · 유언 등에 관하여 특별규정이 있기 때문에(제801조, 제802조, 제807조, 제808조, 제835조, 제866조, 제869조, 제870조, 제871조, 제873조, 제899조, 제900조, 제902조, 제1061조, 제1062조, 제1063조 등), 그러한 특별규정이 없는 경우에 보충적인 적용이 생각될 수 있을 뿐이다. 또한 허위표시 · 사기 · 착오 · 대리 등의 법률행위에 관한 여러 규정도 가족법상의 행위에는, 특칙이 있거나 또는 성질상 적용할 수 없는 경우가 많다(제815조, 제816조, 제838조, 제854조, 제861조, 제883조, 제884조, 제904조 등 참조). 시효의 규정에 관하여서도 마찬가지이다. 그러므로 총칙편의 규정은 친족편 · 상속편의 규정에 의하여 명시적으로 그 적용이 배제되어 있지 않은 경우라고 하더라도, 당연히는 이들 두 편에 그 적용이 없다고 보아야 할 것이며, 개개의 규정마다 그대로 두 편에 적용할 것인가 또는 수정해서 적용할 것인가를 그때 그때 검토하여야 함을 유의하여야 한다.

[민법전의 구성]

총 칙	권리의 주체가 되는 사람, 객체가 되는 물건, 권리득실의 주원인이 되는 행위 등에 관하여 규정하고 있다.
재 산 법	**물 권** : 물건을 직접적으로(사람의 행위를 매개하지 않고서) 동시에 배타적으로(일물일권주의의 원칙) 지배하여 이익을 얻을 권리(점유권·소유권·지상권등의 용익물권·질권·저당권등의 담보물권)를 규정하고 있다.
	채 권 : 채권자가 채무자에게 일정한 행위(채무의 이행)를 청구하는 권리를 규정하고 있다. 특히 채권의 발생원인인 계약, 불법행위등을 규정
가 족 법	**친족법** : 가족·부부·친생자·친족등의 신분적협동체에 관하여 규정하고 있다.
	상속법 : 사망으로 인한 유산의 배우자·자나 손·부모·형제자매등으로의 이전과 유언에 관하여 규정하고 있다.

제 1 장 통 칙

제1장 통칙에서는 총칙에서 기술한 각 사항을 포괄하여 전법률관계에 관한 추상적인 대원칙을 규정하고 있다. 즉 민법의 법원과 민법의 정신 내지 이상을 선언하고 있다.

(1) 민법의 법원(source of civil law : Zivilrechtsquelle : source de droit civil)

법원이란 ① 법의 존재형식이나 현상형태, ② 법을 형성하는 원동력, ③ 법이 규범으로서의 가치가 인정될 수 있는 근원을 말한다. 법은 처음에 관습과 판례로 발달하여 불문법으로 존재하지만 문자로 기록되면서 통일적인 성문법이 제정되었다. 관습법과 판례법을 주요법원으로 하는 것이 불문법주의이고, 문자로 기록한 법전을 주요법원으로 하는 것이 성문법주의이다.

불문법주의는 탄력적이어서 사회변동에 잘 대처할 수 있지만 법의 존재와 내용이 불명확하다. 성문법주의는 법의 존재와 내용이 명확하지만 법이 경직되어 사회변동에 잘 대처하기 어렵다. 우리 민법의 법원으로는 국가가 제정한 제정법으로서의 민법전 기타 특별민법제법규등의 성문민법과 관습법·판례법·조리 등의 불문민법을 들 수 있다. 이러한 법원의 다양성으로 인한 혼란을 방지하기 위하여 우리 민법 제1조는 민사에 관하여 법률에 규정이 없으면 관습법에 의하고, 관습법이 없으면 조리에 의한다고 규정하고 있다.

(2) 신의성실의 원칙(Treu und Glauben : bonne foi)

권리의 행사와 의무의 이행은 신의에 좇아 성실히 하여야 한다(제2조 1항). 이것을 신의성실의 원칙 또는 신의칙이라고 한다. 신의성실이란 사회공동생활의 일원으로서 상대방의 신뢰를 헛되이 하지 않도록 성의를 가지고 행동하는 것이다. 이 원칙은 로마법에서 기원하였으며 특히 당사자의 신뢰관계를 기반으로 하는 채권법의 영역에서 채권행사와 채무이행에서 발생·발전한 법리이다. 근대사법에 있어서는 프랑스민법에서 처음으로 규정하였다. 그 근본사고방식은 권리남용의 법리와 공통된 점이 많이 있다. 즉 권리의 행사가 신의성실에 반하는 경우에는 권리남용이 되는 것이 보통이며, 의무의 이행이 신의성실에 반하는 경우에는 의무불이행의 책임을 지게 된다. 그 밖에 권리의 남용도 실질적으로 신의성실에 반하는 경우에는 신의성실의 원칙의 적용을 받아야 하며 또한 공공의 질서와 선량한 풍속의 내용을 정하는 데에도 신의성실의 원칙을 적용한다. 신의나 성실의 구체적인 내용은 때나 장소가 변함에 따라 변화하는 것으로 결국 그 사회의 상식이나 일반통념에 따라 결정된다. 따라서 사정변경의 원칙과 실효의 원칙과 같은 원칙이 파생된다. 그러나 그 중심은 권리의 공공성·사회성을 존중하려고 하는 데 있다.

(3) 권리남용금지의 원칙(Verbot der Rechtsmissbrauch)

권리는 남용하지 못한다(제2조 2항). 권리는 사회공동생활의 향상 발전을 위하여 인정되는 것이므로 그 행사는 신의성실에 좇아서 행하여져야 하고 그렇지 않을 경우에는 불법한 것으로서 금지되어야 한다는 원칙이다. 권리자유의 원칙을 근본적으로 수정하는 진정한 권리남용금지가 확립된 것은 권리의 공공성·사회성이 인정되면서 부터이다. 즉 권리자의 주관적 의사(가해의 의사나 목적)를 표준으로 하는 시카아네(Schikane)금지의 법리와는 달리 객관적 입장에서 권리가 본래의 사회적 목적을 벗어난 행사가 있었는지의 여부를 표준으로 권리남용을 인정할 수 있게 되었기 때문이다.

◈ 민법의 법원

제 1 조【법 원】

민사에 관하여 법률에 규정이 없으면 관습법에 의하고 관습법이 없으면 조리에 의한다.

■ § 1. 민법의 법원

- 법원이란? : 법을 인식할 수 있는 법의 존재형식(민법에서의 법원)
- 성문법주의와 불문법주의 :
  대륙법계 : 법치국가적 경향, 법적안정성 확보→성문법 완비경향(성문법주의)
  영미법계 : 구체적 타당성, 실질적 정의확보→불문법을 법원으로서 강조(불문법주의)
- 성 문 법 : 법률(민법전, 민사특별법)명령, 대법원규칙, 조약, 자치법규(조례, 규칙)
- 불 문 법 : 관습법, 판례, 조리
- 민법 제1조 : 민사에 관하여 법률에 규정이 없으면 관습법에 의하고 관습법 없으면 조리에 의한다.
- 관련법조 : 상법 §1[상관습법], §185[물권관계 관습법], §106[사실인관습], §224, §229③, §234, §237③, §242, §302[민법상관습]

법원이라 함은 법이 법으로서 형성된 형식 또는 법의 성립 내지 존재형태를 말한다. 즉 법을 인식할 수 있는 타당성근거를 말한다. 최초의 법은 관습과 판례로서 발달한, 문자화되지 않은 불문법이었다. 그 후, 국가가 성립됨으로써 문자화된 통일된 성문법이 제정되었다.

영국·미국과 같이 관습법과 판례법을 주요한 법원으로 하는 주의를 불문법주의라 하고, 일본·독일·프랑스 등과 같이 법원을 문자·문장의 형식으로 표현하는 주의를 성문법주의라 한다.

성문법주의와 불문법주의를 비교하여 볼 때 각각 장·단점을 가지고 있어서 그 우열을 비교할 수 없다. 장·단점을 도시하면 다음과 같다.

사 항	성 문 법 주 의	장 단	불 문 법 주 의	장 단
1. 법의 통일정비	용이하다	장점	곤란하다	단점
2. 법적질서의 안정	확정적이다	〃	부동적이다	〃
3. 법의 명확화	용이하다	〃	반드시 용이하지는 않다.	〃
4. 법의 경화	경화하기 쉽다	단점	경화하기 어렵다.	장점
5. 사회사정의 변천에 대한 적응성	곧 적응하기 어렵다.	〃	곧 적응할 수 있다.	〃
6. 법적질서의 부동성	저해하는수가 있다.	〃	저해하는 것이 적다.	〃

성문법주의를 취하고 있는 우리 민법은, 본조에서 법원에 관하여 「민사에 관하여 법률에 규정이 없으면 관습법에 의하고 관습법이 없으면 조리에 의한다」라고 규정하고 있다. 즉 민법은 법원으로서 성문민법, 관습법, 조리를 들고 있다.

1. 성문민법

성문민법은 민법전을 말하며, 이는 국회를 통하여 제정된 민법을 말한다. 여기서 민법전 이외에 제정후의 사회정세의 변천에 대처하기 위하여 특별한 사항에 관하여 제정된 특별 민사법률도 많다는 점을 간과해서는 안된다. 성문법은 국회에서 제정하는 법률뿐만 아니라, 법률의 위임에 의한 위임명령, 법률을 집행하기 위한 집행명령, 대법원규칙, 조약, 자치법(조례, 규칙) 등을 포함한다.

(1) 법 률

가. 민법전 : 민법전은 민법의 법원이다. 민법전은 법률 가운데 가장 중요한 법이지만 실질적으로는 민법에 속하지 않는 규정도 있다. 예컨대 법인의 이사등의 벌칙(제97조)과 같은 넓은 의미의 형벌법규와 채권의 강제집행방법(제389조)과 같은 민사소송법규를 포함하고 있다.

나. 민법전 이외의 성문민법 : 민법전에 규정되어 있는 실질적인 민법법규를 구체화하기 위한 절차를 규정한 각종 민법부속법규와 민법전 제정이후, 사회정세의 변천에 대처하기 위한 특별사항에 관하여 제정된 많은 특별민법법규가 있다. 이러한 특별민법법규는 민법전에 대하여 우선적으로 적용된다.

민법부속법규로서 주요한 법률에는 부동산등기법, 유실물법, 가족관계의 등록 등에 관한 법률 등이 있고, 특별민법법규로서는 집합건물의 소유 및 관리에 관한 법, 제조물책임법, 부동산실권리자 등기명의에 관한 법률, 공장저당법, 자동차저당법, 건설기계저당법, 광업재단저당법, 항공기저당법 등이 있다.

특히 특허법, 저작권법, 광업법, 산림법, 하천법, 도로법, 국토이용관리법, 환경정책기본법 등과 같은 공법에 속하는 법률 가운데에도 민법법규에 관련된 규정이 산재하고 있을 뿐만 아니라, 민사소송법, 비송사건절차법, 가사소송법, 채무자회생 및 파산에 관한 법률 등과 같은 절차법도 그의 실체법인 민법의 적용과 깊이 관련되어 있다.

(2) 명 령

입법기관인 국회의 의결을 거치지 않고 다른 국가기관에 의하여 제정된 법규를 명령이라고 한다. 이에는 법률에 의하여 위임된 사항을 정하는 위임명령과, 법률의 규정을 집행하기 위한 집행명령이 있다. 이러한 명령도 그것이 민사에 관하여 규정하고 있으면 그것 또한 민법의 법원이 된다. 명령에 의해 형식적인 법률을 고칠 수 없는 것이 원칙이다.

(3) 대법원규칙

대법원은 법률에 저촉되지 않은 범위 내에서 소송에 관한 절차, 법원의 내부규율과 사무처리에 관한 규칙을 제정할 수 있다(헌법 제108조).

대법원규칙 중 민사에 관한 것은 민법의 법원이 된다.

주요한 대법원규칙으로서는 부동산등기법시행규칙 · 입목등기처리규칙 · 가사소송규칙 등이 있다.

(4) 조 약

문서에 의한 국가간의 합의가 조약인데, 헌법에 의해 체결 · 공포된 조약과 일반적으로 승인된 국제법규는 국내법과 같은 효력을 가진다(헌법 제6조 1항). 따라서 비준 · 공포된 조약으로서 민사에 관한 것은 민사법의 법원이 된다.

(5) 자치법규

지방자치단체가 법률의 범위 내에서 그의 사무에 관하여 규정하는「조례」·「규칙」속에 민사법규를 포함하는 경우에는 그것도 민법의 법원이 된다. 다만 이러한 자치법규는 법률에 대하여 보충적 효력을 가질 뿐이다(헌법 제117조 1항).

2. 관습법

(1) 관습법과 관행의 구별

관습법은 사실상의 관행에 의해 성립된다. 이 관행은 마땅히 장래에 대해서도 행위규범으로서의 의미를 가지고 있는 법규범이다. 다시 말하면, 이러한 관행은 법적 명제로서 타당하여야 된다는 취지, 즉 효과의사가 그 속에 나타나 있어야만 된다는 것이다. 이 점에 있어서 관습법과 관행은 구별된다.

관습법이 성립되기 위해서는 단지 법이라는 일반국민의 확신만으로 무방하다는 확신설도 있다. 그렇지만 법으로서 타당하여야 된다는 의미의 효과의사를 바탕으로 하여 규범화된 관습이어야 한다.

【쟁점사항】

<사회의 관행이 관습법으로서의 효력을 인정받기 위한 요건>

사회의 거듭된 관행으로 생성한 어떤 생활규범이 법적규범으로 승인되기에 이르렀다고 하기 위하여는 그 사회생활규범은 헌법을 최상위 규범으로 하는 전체 법질서에 반하지 아니하는 것으로서 정당성과 합리성이 있다고 인정될 수 있는 것이어야 하고, 그렇지 아니한 사회생활규범은 비록 그것이 사회의 거듭된 관행으로 생성된 것이라고 할지라도 이를 법적 규범으로 삼아 관습법으로서의 효력을 인정할 수 없다(대판 2003. 7. 24, 2001다48781).

(2) 관습법의 효력

관습법은 관행의 존재, 즉 당위이다. 관습민법도 민법의 법원의 하나가 된다. 여기서 관습법과 성문법과의 사이에 그 효력의 우열문제가 제기된다.

민법 제1조는「민사에 관하여 법률에 규정이 없으면 관습법에 의하라」라고 하여 관습법의 성문법에 대한 보충적 지위를 규정하고, 법령에서 특히 관습에 따르도록 규정하고 있는 경우도 있다(제224조, 제229조 3항, 제

234조, 제237조 3항 등).

사회생활이 끊임없이 발전하고 관습법은 자연적으로 부단히 발생하므로 성문법이 아무리 완비되었다 하더라도 이를 막을 수 없는 사회적 사실을 중시할 때에는, 민법 제1조의 규정에도 불구하고 관습법을 성문법과 대등한 지위 내지 개폐하는 효력을 인정하여야만 하는 경우도 있다. 또한 법령에 어떠한 규정도 없는 사항에 관한 관습에 대하여, 법률과 동일한 효력을 갖는다는 뜻을 규정하고 있는 경우도 있다.

민법 제1조의 규정을 형식적 의미로 파악하면 관습법은 성문법에 우선하지 아니하나, 상관습법은 성문상법에는 우선하지 않지만 성문민법에 대해서는 변경적 효력을 갖는다(상법 제1조). 또한 민법 제106조의「사실인 관습」은 법률행위의 내용인 규범으로서 임의법규에 대해 우선하므로 관습법을 성문법의 하위에 둘 수만은 없을 것이다.

따라서 민법 제1조는 그 의의의 대부분을 상실하고 있다고 볼 수 있다. 사적자치가 인정된 범위에서는 사실인 관습과 관습법과의 구별은 거의 실익이 없다. 특히 성문법은 경직화하여 변화되어 가는 사회형태에 적응할 수가 없고, 동시에 성문법은 관습법을 성문화한 것에 지나지 않는 까닭에, 관습법의 효력을 성문법의 하위에 둘 필요는 없다. 관습법의 효력은 성문법과 동순위로 해석하고 성문법에 대한 변경적 효력을 갖는다고 해석하는 편이 무방하다.

(3) 민법상 관습법으로 인정되는 것

가. 수목의 집단 및 미분리과실의 소유권이전에 관한 명인방법

수목의 집단이나 미분리의 과실을 토지와는 독립하여 거래하고자 할 때, 그 공시방법으로 명인방법이 있다. 명인방법은 수목의 집단 또는 미분리의 과실의 소유권이 누구에게 귀속하고 있다는 것을 제3자가 명백하게 인식할 수 있도록 공시하는 방법으로, 예컨대 논·밭의 주위에 새끼줄을 둘러치고 소유자의 성명을 표시한 표찰을 세우는 방법 등이 이에 해당한다.

나. 관습법상의 법정지상권

토지와 건물이 동일한 소유자에게 속하였다가 매매 기타의 원인으로 양자의 소유자가 다르게 된 때, 그 건물을 철거하기로 하는 합의가 없는 한 건물소유자는 토지소유자에 대하여 그 건물을 위한 관습법상의 법정지상권을 취득한다.

다. 양도담보

양도담보는 담보의 목적으로 권리이전의 형태를 취하는 비전형 담보제도이다. 종전에는 이에 관해 신탁적 소유권이전을 중심으로 판례법이 형성되었지만 현재는 가등기 담보 등에 관한 법률의 규율을 받는다.

라. 분묘기지권

타인의 토지에 분묘를 설치한 자는 일정한 요건을 갖추면 그 분묘기지에 대하여 지상권과 유사한 분묘기지권을 취득한다.

마. 사실혼

사실상 혼인생활을 하고 있지만, 혼인신고를 하지 않아 법률상 혼인으로 인정되지 않는 부부관계인 사실혼에는 신고를 전제로 하여 발생되는 효과(친족관계·중혼 등)는 인정되지 않지만, 그 외에는 대체로 혼인에 준하는 효과를 부여한다.

▣ 핵심판례 ▣

■ 1. 제정민법이 시행되기 전에 존재하던 "상속회복청구권은 상속이 개시된 날부터 20년이 경과하면 소멸한다."는 관습에 관습법으로의 효력을 인정할 수 있는지 여부(소극)

사회의 거듭된 관행으로 생성한 어떤 사회생활규범이 법적 규범으로 승인되기에 이르렀다고 하기 위하여는 그 사회생활규범은 헌법을 최상위 규범으로 하는 전체 법질서에 반하지 아니하는 것으로서 정당성과 합리성이 있다고 인정될 수 있는 것이어야 하고, 그렇지 아니한 사회생활규범은 비록 그것이 사회의 거듭된 관행으로 생성된 것이라고 할지라도 이를 법적 규범으로 삼아 관습법으로서의 효력을 인정할 수 없는 바, 제정민법이 시행되기 전에 존재하던 관습 중 "상속회복청구권은 상속이 개시된 날부터 20년이 경과하면 소멸한다."는 내용의 관습은 이를 적용하게 되면 20년의 경과 후에 상속권 침해가 있을 때에는 침해행위와 동시에 진정상속인은 권리를 잃고 구제를 받을 수 없는 결과가 되므로 소유권은 원래 소멸시효의 적용을 받지 않는다는 권리의 속성에 반할 뿐 아니라 진정상속인으로 하여금 참칭상속인에 의한 재산권 침해를 사실상 방어할 수 없게 만드는 결과로 되어 불합리하고, 헌법을 최상위 규범으로 하는 법질서 전체의 이념에도 부합하지 아니하여 정당성이 없으므로, 위 관습에 법적 규범인 관습법으로서의 효력을 인정할 수 없다(대판 2003. 7. 24, 2001다48781).

2. **종중 구성원의 자격을 성년 남자만으로 제한하는 종래의 관습법의 효력**

종원의 자격을 성년 남자로만 제한하고 여성에게는 종원의 자격을 부여하지 않는 종래 관습에 대하여 우리 사회 구성원들이 가지고 있던 법적 확신은 상당부분 흔들리거나 약화되어 있고, 무엇보다도 헌법을 최상위 규범으로 하는 우리의 전체 법질서는 개인의 존엄과 양성의 평등을 기초로 한 가족생활을 보장하고, 가족 내의 실질적인 권리와 의무에 있어서 남녀의 차별을 두지 아니하며, 정치·경제·사회·문화 등 모든 영역에서 여성에 대한 차별을 철폐하고 남녀평등을 실현하는 방향으로 변화되어 왔으며, 앞으로도 이러한 남녀평등의 원칙은 더욱 강화될 것인 바, 종중은 공동선조의 분묘수호와 봉제사 및 종원 상호간의 친목을 목적으로 형성되는 종족단체로서 공동선조의 사망과 동시에 그 후손에 의하여 자연발생적으로 성립하는 것임에도, 공동선조의 후손 중 성년 남자만을 종중의 구성원으로 하고 여성은 종중의 구성원이 될 수 없다는 종래의 관습은, 공동선조의 분묘수호와 봉제사 등 종중의 활동에 참여할 기회를 출생에서 비롯되는 성별만에 의하여 생래적으로 부여하거나 원천적으로 박탈하는 것으로서, 위와 같이 변화된 우리의 전체 법질서에 부합하지 아니하여 정당성과 합리성이 있다고 할 수 없으므로, 종중 구성원의 자격을 성년 남자만으로 제한하는 종래의 관습법은 이제 더 이상 법적 효력을 가질 수 없게 되었다(대판(전합) 2005. 7. 21, 2002다1178).

3. 판례법

판례민법은 계속된 판례가 하나의 관습법을 구성하고, 이것이 법원으로 된 것이라고 해석함이 무난하다. 영국·미국에서와 같이「법률상」판례가 명확하게 자기 또는 동급 및 하급법원을 구속하는 재판제도를 채용하고 있는 국가에서는 판례법은 중요한 법원이 된다. 그러나 우리나라에서는 판결은 구체적 사건에 대해서 구체적인 재판규범을 선언함에 그치고, 법원은 자기 또는 동급 혹은 하급의 타 법원의 판례에 의해 법률상 구속을 받지 않는다. 다만 대법원이 이전에 한 판결과 상이한 판결을 하게 되는 경우에는 대법원 대법관 전원의 3분의 2 이상의 합의체에서 판결을 하여야만 한다(법원조직법 제7조 1항 3호). 그러나 법원은 상당한 이유가 없는 한, 반복되어온 판례와 상이한 재판은 할 수가 없고, 또 대법원의 판례와 다른 판결은 파기될 우려가 있으므로 대법원의 판례는 사실상 구속력을 갖는다. 그 결과 대법원에서 유사한 판결이 반복되면 거기에 자연히 추상적인 원칙이 확립되고, 그 내용이 합리적인 때에는 사람들도 또 그것을 법으로 인정하고 그에 따라 행동하게 되는 것이다. 여기에서 판례법이 성립한다. 그러므로 판례법은 법원의 판례에 의해 성립된 관습법이라고 할 수 있다.

4. 조 리

조리는 법규의 해석기준이다. 법의 해석과 적용은 조리에 따라서 하지 않으면 안되며, 또 계약의 해석도 조리에 좇아야 한다.

조리라 함은 이성에 기인한 여러 가지 사물의 당연한 도리이므로, 조리에 의한 재판이라 할 경우의 조리는 법관이 자신의 정신활동에 의해 현실의 생활관계 중에서 재판규범으로 구성한 것이다.

시민사회생활을 영위함에 있어서 개인 상호간에 분쟁이 발생한 때에는 법원에서 재판을 받을 수 있는 권리가 보장되어 있다(헌법 제27조).

그러나 분쟁사건에 대하여 적용하여야 할 제정법도 판례법도 없는 경우가 발생할 수 있는데, 이러한 경우 법관은 법에 규정이 없다는 이유로 재판을 거절할 수는 없다.

이러한 경우에는 자기가 입법자였더라면 규정하였을 것, 즉 조리에 좇을 수 밖에 없으므로 제1조는 재판의 본질상 당연한 것을 규정한 것이라고 할 수 있다.

스위스민법 제1조「문자상 또는 해석상 이 법률에 규정이 있는 법률문제에 대해서는 모두 이 법률을 적용한다. 이 법률에 규정이 없는 경우에 법관은 관습법을 따르고, 관습법도 존재하지 않는 경우에는 자기가 입법자라면 법률로서 정립하였을 것에 따라 재판하여야 한다. 전2항의 경우에 법관은 확정된 학설 및 선례에 준거하지 않으면 안된다」라고 규정한 것과 같은 취지이다.

이러한 의미에서 조리도 법원에서 적용하는 법원으로서 인정하는 견해가 지배적이다. 그러나 조리를 곧 법원으로 보는 것은 바람직하지 않다. 이 경우 법원에서는 조리를 단지 재판의 기준으로 적용하고 있을 뿐이며「법률」로서 적용하는 것은 아니기 때문이다. 그러나 조리에 의거한 판례가 관습법을 구성할 수 있다는 점에서 조리도 법원이 되는 것이라고 할 수 있다.

▣ 핵심판례 ▣

■ **섭외적 사건에 적용될 외국법규에 흠결이 있거나 그 내용의 확인이 불가능한 경우의 재판의 준거법 : 조리**

섭외적 사건에 관하여 적용될 외국법규의 내용을 확정하고 그 의미를 해석함에 있어서는 그 외국법이 그 본국에서 현실로 해석·적용되고 있는 의미·내용대로 해석·적용되어야 하는 것인데, 소송과정에서 적용될 외국법규에 흠결이 있거나 그 존재에 관한 자료가 제출되지 아니하여 그 내용의 확인이 불가능한 경우 법원으로서는 법원(法源)에 관한 민사상의 대원칙에 따라 외국 관습법에 의할 것이고, 외국 관습법도 그 내용의 확인이 불가능하면 조리에 의하여 재판할 수 밖에 없다(대판 2003. 1. 10, 2000다70064).

[법의 단계]

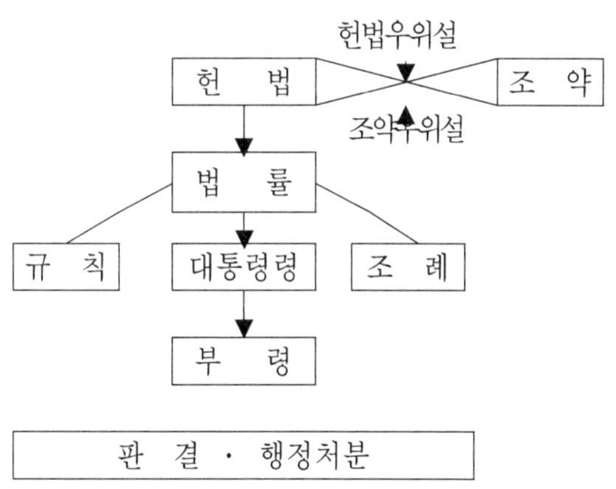

[공법·사법·사회법]

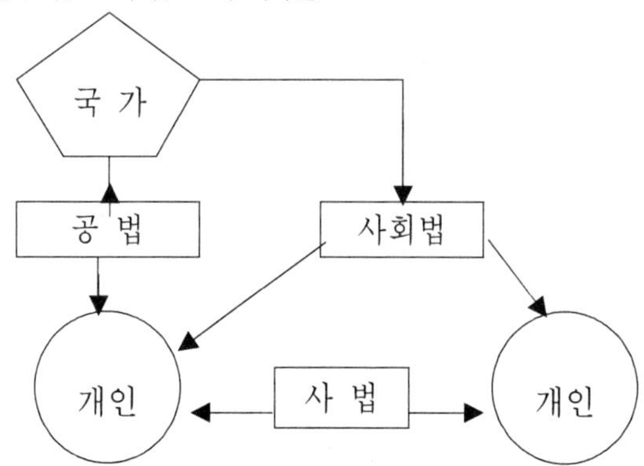

▣ 핵심판례 ▣

■ 가. 호주 아닌 가족의 사망의 경우 호주가 그 가족의 분묘에 관한 권리를 당연취득하는지 여부

민법 제996조의 규정은 호주 아닌 가족의 사망의 경우에는 그 적용이 없고, 호주라고 하여 그 가족이 사망하였을 경우에 그 가족의 제사상속인으로서 분묘 등에 관하여 당연히 그 권리가 귀속된다고 할 근거도 없다.

나. 관습법과 사실인 관습의 차이

관습법이란 사회의 거듭된 관행으로 생성한 사회생활규범이 사회의 법적 확신과 인식에 의하여 법적 규범으로 승인·강행되기에 이른 것을 말하고, 사실인 관습은 사회의 관행에 의하여 발생한 사회생활규범인 점에서 관습법과 같으나 사회의 법적 확신이나 인식에 의하여 법적 규범으로서 승인된 정도에 이르지 않은 것을 말하는 바, 관습법은 바로 법원으로서 법령과 같은 효력을 갖는 관습으로서 법령에 저촉되지 않는 한 법칙으로서의 효력이 있는 것이며, 이에 반하여 사실인 관습은 법령으로서의 효력이 없는 단순한 관행으로서 법률행위의 당사자의 의사를 보충함에 그치는 것이다.

다. 관습법과 사실인 관습의 주장입증책임

법령과 같은 효력을 갖는 관습법은 당사자의 주장 입증을 기다림이 없이 법원이 직권으로 이를 확정하여야 하고 사실인 관습은 그 존재를 당사자가 주장 입증하여야 하나, 관습은 그 존부자체도 명확하지 않을 뿐만 아니라 그 관습이 사회의 법적 확신이나 법적 인식에 의하여 법적 규범으로까지 승인되었는지의 여부를 가리기는 더욱 어려운 일이므로, 법원이 이를 알 수 없는 경우 결국은 당사자가 이를 주장입증할 필요가 있다.

라. 사실인 관습의 효력범위

사실인 관습은 사적 자치가 인정되는 분야, 즉 그 분야의 제정법이 주로 임의규정일 경우에는 법률행위의 해석기준으로서 또는 의사를 보충하는 기능으로서 이를 재판의 자료로 할 수 있을 것이나 이 이외의 즉, 그 분야의 제정법이 주로 강행규정일 경우에는 그 강행규정 자체에 결함이 있거나 강행규정 스스로가 관습에 따르도록 위임한 경우등 이외에는 법적 효력을 부여할 수 없다.

마. 가정의례준칙 제13조의 규정과 상치되는 관습법의 효력을 인정할 수 있는지의 여부

가정의례준칙 제13조의 규정과 배치되는 관습법의 효력을 인정하는 것은 관습법의 제정법에 대한 열후적, 보충적 성격에 비추어 민법 제1조의 취지에 어긋나는 것이다.

바. 가정의례준칙 제13조의 규정과 상치되는 사실인 관습의 효력인정요건

가정의례준칙 제13조의 규정과 배치되는 사실인 관습의 효력을 인정하려면 그와 같은 관습을 인정할 수 있는 당사자의 주장과 입증이 있어야 할 뿐만 아니라 이 관습이 사적 자치가 인정되는 임의규정에 관한 것인지 여부를 심리판단하여야 한다(1983. 6. 14, 제1부 판결 80다3231 분묘이장).

<판례전문(1983. 6. 14, 제1부 판결 80다3231)>

[원고, 상고인] 김형조·(소송대리인 변호사 강안희)

[피고, 피상고인] 이병우

[원심판결] 광주고등법원 1980. 11. 26 선고, 78나610판결

[주　　문] 원심판결을 파기하여, 사건을 광주고등법원에 환송한다.

[이　　유] 상고이유 제1점 및 제3점을 함께 모아 판단한다.

1. 원심판결 이유기재에 의하면, 원심은 원래 분묘의 소유권은 관습상 제사상속인에 전속하는 권리이고 민법 제996조의 규정에 의하더라도 분묘에 속한 1정보 이내의 금양임야와 600평 이내의 모토인 농지, 족보와 제구의 소유권은 호주상속인이 이를 승계한다고 되어 있으므로 본소와 같이 분묘의 철거 및 묘역에 해당하는 임야부분의 인도를 청구함에 있어서는 위 분묘에 대한 대외적 관계에서의 처분권한을 가지는 호주상속인 겸 제사상속인을 상대로 하여야 할 것인바, 원고가 철거를 구하는 이 사건 분묘는 피고의 어머니인 소외 망 박분금의 묘임이 당사자 사이에 다툼이 없고 을 제2호증 호적등본의 기재에 의하면, 피고와 동일 가적에 있는 아버지인 소외 이인창이 일가의 호주로서 생존하여 있음이 인정되므로 피고는 위 민법 법조에 의한 호주 및 제사상속인이 될 수 없음이 명백할 뿐더러 처가 먼저 사망한 경우에는 그 부(夫)가 망실(亡室)의 제사를 통제하는 제주(祭主)가 되는 것이 관습인 만큼 피고가 비록 위 망 박분금의 장남으로서 위 망인의 분묘를 사실상 설치하고 이를 수호관리하였다고 하더라도 이러한 사정만으로는 피고에게 위 분묘의 소유권 또는 처분권한이 귀속된다고 할 수 없다하여 이 사건 분묘의 소유권이나 처분권한이 없는 피고를 상대로 분묘의 철거 및 묘역의 인도를 구하는 이 사건 소는 부적법한 것이라고 판시하였다.

2. 민법 제996조의 규정은 호주상속에 관하여 호주상속의 효력으로 분묘에 속한 1정보 이내의 금양임야와 600평 이내의 모토인 묘지 족보와 제구의 소유권은 호주상속인이 이를 승계한다는 것으로 호주상속과 관계없는 가족의 사망의 경우에는 그 적용이 없고 호주라고 하여 그 가족이 사망하였을 경우에도 그 가족의 제사상속인으로서 분묘 등에 관하여 당연히 그 권리가 귀속된다고 할 근거가 없으므로 피고의 아버지인 소외 이인창이 호주이므로 호주로서 그 가족의 분묘에

관한 권리를 당연히 취득하는 것이라고 할 수 없다.

3. 민법 제1조는 민사에 관하여 법률에 규정이 없으면 관습법에 의하고 관습법이 없으면 조리에 의한다고 규정하여 관습법 및 조리의 법원(法源)으로서의 근거를 천명하고 있으며 한편 같은법 제106조는 법령 중의 선량한 풍속 기타 사회질서에 관계없는 규정과 다른 관습이 있는 경우에 당사자의 의사가 명확하지 아니한 때에는 그 관습에 의한다고 규정하여 사실인 관습의 효력을 정하고 있다.

관습법이란 사회의 거듭된 관행으로 생성한 사회생활규범이 사회의 법적 확신과 인식에 의하여 법적규범으로 승인 강행되기에 이르른 것을 말하고 사실인 관습은 사회의 관행에 의하여 발생한 사회생활규범인 점에서는 관습법과 같으나 다만 사실인 관습은 사회의 법적확신이나 인식에 의하여 법적 규범으로서 승인될 정도에 이르지 않은 것을 말하며 관습법은 바로 법원으로서 법령과 같은 효력을 갖는 관습으로서 법령에 저촉되지 않는 한 법칙으로서의 효력이 있는 것이며 이에 반하여 사실인 관습은 법령으로서의 효력이 없는 단순한 관행으로서 법률행위의 당사자의 의사를 보충함에 그치는 것이다.

일반적으로 볼 때 법령과 같은 효력을 갖는 관습법은 당사자의 주장 입증을 기다림이 없이 법원이 직권으로 이를 확정하여야 하나 이와 같은 효력이 없는 사실인 관습은 그 존재를 당사자가 주장 입증하여야 한다고 파악할 것이나 그러나 사실상 관습의 존부 자체도 명확하지 않을 뿐만 아니라 그 관습이 사회의 법적 확신이나 법적 인식에 의하여 법적 규범으로까지 승인된 것이냐 또는 그에 이르지 않은 것이냐를 가리기는 더욱 어려운 일이므로 법원이 이를 알 수 없을 경우 결국은 당사자가 이를 주장 입증할 필요에 이르게 될 것이다.

한편 민법 제1조의 관습법은 법원으로서의 보충적 효력을 인정하는데 반하여 같은법 제106조는 일반적으로 사법자치가 인정되는 분야에서의 관습의 법률행위의 해석기준이나 의사보충적 효력을 정한 것이라고 풀이할 것이므로 사법자치가 인정되는 분야, 즉 그 분야의 제정법이 주로 임의규정일 경우에는 위와 같은 법률행위의 해석 기준으로서 또는 의사를 보충하는 기능으로서 이를 재판의 자료로 할 수 있을 것이나 이 이외의, 즉 그 분야의 제정법이 주로 강행규정일 경우에는 그 강행규정 자체에 결함이 있건 강행규정 스스로가 관습에 따르도록 위임한 경우등 이외에는 그 관습에 법적 효력을 부여할 수 없다고 할 것인바, 가정의례에 관한 법률에 따라 제정된 가정의례준칙(1973. 5. 17. 대통령령 제6680호) 제13조는 사망자의 배우자와 직계비속이 상제가 되고 주상은 장자가 되나 장자가 없는 경우에는 장손이 된다고 정하고 있으므로 원심인정의 관습이 관습법이라는 취지라면(원심판시의 취지로 보아 관습법이라고 보여지나 반드시 명확하지는 않다) 관습법의 제정법에 대한 열후적, 보충적 성격에 비추어 그와 같은 관습법의 효력을 인정하는 것은 관습법의 법원으로서의 효력을 정한 위 민법 1조의 취지에 어긋나는 것이라고 할 것이고 이를 사실인 관습으로 보는 취지라면 우선 그와 같은 관습을 인정할 수 있는 당사자의 주장과 입증이 있어야 할 것일 뿐만 아니라 사실인 관습의 성격과 효력에 비추어 이 관습이 사법자치가 인정되는 임의규정에 관한 것이어야만 비로서 이를 재판의 자료로 할 수 있을 따름이므로 이 점에 관하여도 아울러 심리판단하였어야 할 것이므로, 따라서 원심인정과 같은 관습을 재판의 자료로 하려면 그 관습이 관습법인지 또는 사실인 관습인지를 먼저 가려 그에 따라 그의 적용여부를 밝혔어야 할 것이다.

4. 결국 원심은 민법 제996조 호주상속의 효력에 관한 법리를 오해하여 호주상속인만이 분묘에 관한 처분권한을 갖는다고 그릇 판단하였을 뿐만 아니라 관습법 및 사실인 관습의 효력과 그 성격에 관한 법리를 오해하여 심리를 다하지 아니하고 사실을 그릇인정하였다고 할 것이므로 이를 탓하는 상고논지는 그 이유가 있다 하겠으므로 상고이유 제2점에 대한 판단의 필요없이 원심판결은 파기를 면할 수 없다고 할 것이다.

그러므로 원심판결을 파기하여 사건을 광주고등법원에 환송하기로 관여법관의 의견이 일치하여 주문과 같이 판결한다.

재판장 대법원판사 이 일 규
대법원판사 이 성 렬
대법원판사 전 상 석
대법원판사 이 회 창

◆ 신의성실의 원칙과 권리남용의 금지의 원칙

제 2 조【신의성실】

① 권리의 행사와 의무의 이행은 신의에 좇아 성실히 하여야 한다.

② 권리는 남용하지 못한다.

■ § 2. ① 신의성실의 원칙

- 의　　의 : 신의성실→사회공동생활의 일원으로서 상대방의 신뢰를 헛되이 하지 않도록 성의를 가지고 행동하는 것
- 연　　혁 : 기원-로마법　처음규정→불란서민법　독일민법-채권법상의 최고원칙　스위스민법-민법 전체에 걸치는 최고원리
- 적용대상 : 채권・물권・가족관계에 모두 적용
- 파생적 원칙 : 사정변경의 원칙, 실효의 원칙
- 관련법조 : 헌법 §23②[재산권행사와 공공복리], 국가를 당사자로 하는 계약에 관한 법률 §5[계약의 원칙], §390, §460[변제 제공의 방법]

■ § 2. ② 권리남용금지의 원칙

- 의　　의 : 외형상으로는 권리의 행사인 것과 같이 보이나, 구체적인 경우에 실질적으로 검토할 때는 권리본래의 사회적 목적을 벗어난 것이어서 정당한 권리의 행사로 시인할 수 없는 행위는 금지된다는 원칙
- 연　　혁 : 로마법-개인주의적
  불란서 초기판례-독일민법→시카네금지(Schikane)
  스위스민법 §2 ①-주관적 목적 제거
- 적용범위 : 원래 소유권제한에 중점, 제왕조항, 물권, 채권, 신분권, 형성권, 무체재산권, 소권 모두 적용받음
- 관련법조 : §750[권리남용과 불법행위], §924[친권남용과 실권]

<참고사항>

※ 신의칙을 바라보는 두가지 관점

(1) 규범설(다수설, 판례)

신의칙은 추상적인 일반적 형평규범이다. 따라서 법의 미비가 있는 경우에 법관은 신의칙을 통해 법의 미비를 보완할 수 있다. 다시말해, 법관이 신의칙을 적용해야 할 사안에서 신의칙을 적용하지 않는 경우에 그 판결은 위법한 것이 된다.

(2) 이익형량설

신의칙은 규범성이 없으므로 법의 미비를 신의칙으로 보완할 수는 없다. 따라서 법의 미비를 다른 법의 유추해석을 통해서 보완해야 하는데 그 경우에 이익형량 수단으로서 신의칙이 유추해석 등 해석의 준칙으로 작용한다.

1. 신의성실의 원칙

(1) 이 원칙이 근대법에서 차지하는 의의

본조 제1항은 「권리의 행사와 의무의 이행은 신의에 좇아 성실히 하여야 한다」 라고 규정하여 이른바 신의성실의 원칙(信義則)을 명문화하고 있다.

즉 권리의 행사 및 의무의 이행이 어떤 방법으로 행해져야 하는가에 대해서 윤리적 색채를 띤, 신의성실이라는 사회적인 실천규범의 이념형식을 규정했다. 이것은 지금까지 학설과 판례로서 이미 확립되어진 것을 명문화한 것으로서 스위스민법의 「누구라도 권리의 행사와 의무의 이행은 신의성실에 좇아 이것을 행사하여야 한다」 (스위스민법 제2조 1항)라고 규정한 것을 따른 것이라고 생각된다.

그러나 신의칙의 연혁에서 보면 고대 로마법이래, 주로 채권법의 영역에서 주장된 것으로서 근대민법의 선구인 프랑스민법은 「계약은 성실하게 이행되어야 한다」 (프랑스민법 제1134조 3항)라고 규정하여 채무이행에 대한 신의칙을 표명했다. 뒤이어 독일민법은 「채무자는 거래관행을 고려하여 신의성실에 맞도록 급부를 하여야 할 의무를 부담한다」 (독일민법 제242조) 라고 규정하고 있다. 그 위에 다시 「계약은 거래상의 관행을 고려하여 신의성실이 요구하는 바에 따라서 해석하여야 한다」 (독일민법 제157조)라고 규정하여 채무의 이행 외에 계약의 해석에 대해서도 신의성실이 요구된다. 그리고 독일의 학설, 판례는 이러한 규정에서 채권법 전체를 지배하는 최고원칙으로, 신의성실의 원칙을 분명하게 내세웠다. 그러나 이 원칙은 굳이 채권·채무관계에만 한정될 이유는 없다. 일반적으로 모든 권리·의무의 관계에 대해서도 당연히 그렇게 인정되어야 했던 것이다. 이러한 의미에서 스위스민법이 상술한 바와 같이 적용범위를 확대하여 신의성실의 원칙을 규정함에 이르렀다.

(2) 신의성실의 원칙의 의의

신의성실이란 사회공동생활의 일원으로서 서로 상대방의 신뢰를 배신하지 않으려는 성의를 가지고 행동하는 것이다. 이것은 윤리적인 색채를 띤 이념형식이며 그 구체적 내용은, 때와 장소에 따라서 경제적·사회적 제배경에 입각하여 결정하는 수밖에 없다. 권리의 행사는 법률상 허용되어진 권리내용을 실현하는 과정으로서의 사람의 용태이지만, 그것은 언제나 타인의 생활에 직접적이든 간접적이든 영향을 미치지 않을 수 없다.

즉 권리의 행사는 권리자와 타인과의 관계에서 생활변동을 초래하는 것이므로, 거기에 어떠한 제약이 가해져야 하는 것은 당연하다.

근대법은 권리본위의 법제도를 채용하여「자기의 권리를 행사하는 자는 누구에 대해서도 불법을 행하는 것은 아니다」라는, 로마법 이래의 전통적인 생각이 근저에 흐르고 있었기 때문에, 권리의 행사인 한 그것은 정당하다고 보았다. 그래서 여기에는 어떠한 한계 등이 있어서는 안된다는 경향이 강했다. 그러나 권리는 원래 절대적인 것이 아니고 공공복리에 따르는 한 비로소 권리일 수 있다는 이른바 권리의 사회성·공공성의 자각이 일게 되었고, 또한 권리의 행사에 있어서도 무제한적인 것이 아니라 사회적으로 제약되어야 한다는 관념을 가지게 되었다. 이것은 특히 대인적인 권리로서의 채권관계에서 더욱 절실한 것이었으므로 신의성실이란 대인관계에 있어서의 윤리적인 관념형식이 권리행사의 사회적 제약으로 주장되고 확인되도록 한 것이다.

또 의무는 사법의 영역에서는 많은 경우 권리에 대응하는 법률상의 구속으로 나타나고, 의무의 이행이라고 하는 것은 이러한 구속의 내용에서 요구되고 있는 것을 현실화하는 과정으로서의 사람의 용태이다. 그리하여 의무의 이행은 당연히 타인(많은 경우에 권리자)과의 관계에서 성립되고 타인의 생활에 영향을 미치므로, 여기에 사회적인 제약이 인정되어야 할 이유가 있다. 즉 의무의 이행도 신의에 좇아 성실히 하여야 한다는 것과 같은 윤리·도덕과 기초를 같이하는 실천상의 사회적 제약을 받게 되는 것이다.

그런데 의무의 이행이 대인관계에 있어서 명백히 나타나는 것은 채권자와 채무자가 직접적으로 일방은 채무자로서 다른 일방은 채권자로서 서로 대립하는 권리관계에 있어서이다. 따라서 의무의 이행이 곧 채권자에게, 채무자의 이익과 상반하는 의미에서의 이해득실에 영향을 미치기 때문에 채권자가 오직 자기만의 입장에서 자기만의 사정을 고려하여 행위하여서는 안된다고 하는 요청이 강하게 인정되지 않을 수 없었던 것이다.

요컨대, 권리행사에 있어서도 의무의 이행에 있어서도 그것은 다만 권리자나 의무자만의 입장에서만 행할 것이 아니다. 언제나 타인과의 관계에서 고려되어야 할 요소가 존재하므로, 신의성실이라고 하는 공동생활을 성립시키는 윤리적 이념에 따라서 행하여야 한다는 것이다.

(3) 신의성실의 원칙의 적용의 효과

민법상 신의성실의 원칙은, 법률관계의 당사자는 상대방의 이익을 배려하여 형평에 어긋나거나 신뢰를 저버리는 내용 또는 방법으로 권리를 행사하거나 의무를 이행하여서는 아니된다는 추상적 규범으로서 법률관계의 한쪽 당사자가 상대방에게 신의를 공여하였거나 객관적으로 보아 상대방이 신의를 가짐이 정당한 상태에 있음에도 이러한 상대방의 신의에 반하여 권리를 행사하는 것이 정의관념에 비추어 용인될 수 없는 정도의 상태에 이르른 경우에는, 신의성실의 원칙 위배를 이유로 그 일방의 권리행사를 부정할 수 있다.

또한 형식적으로 의무의 이행이라 하더라도 신의성실에 반하면 의무를 이행한 효과가 인정되지 않는다.

현실의 법률관계의 내용이나 그 실현방법은 당사자간의 구체적 사정이 어떠한가에 따라서 무한히 다양하다. 그 하나하나를 예상하여 어떠한 권리행사가 신의성실에 따른 것으로 유효한가, 또 어떠한 의무의 이행이 신의성실에 좇아 유효한가를 미리 규정하는 것은 입법자나 계약당사자로서는 도저히 할 수 없는 것이며, 또 원래 불가능하다. 게다가 현실적으로 서로 대립하는 당사자의 이기심을 이용하여 상대방의 희생으로 자기의 이익을 도모하려고 하는 것도 피하기 어렵다.

이러한 구체적인 경우에 관해서 우선 사실을 형식적·기계적으로 판단할 것이 아니라, 실질적인 정의·형평에 따라서 입법자라면 이 경우에 어떠한 입법을 하려고 할 것인가를 표준으로 하여 그 관계를 결정하여야 한다는 것이 신의성실의 원칙인 것이다.

신의성실의 원칙은 권리의 사회성 및 공공성을 시사하는 공공복리의 원칙의 동태면으로서의 작용을 하는 것으로서, 제2조 1항에 규정되어 민법의 최고 원칙의 하나로 작용하고 있다.

(4) 관련 사례

1). 신의칙에 위반되는 사례

가. 기존회사의 채무면탈을 목적으로 설립된 회사가 기존회사와 별개의 법인격임을 내세워 그 책임을 부정하는 경우

① 기존회사가 채무를 면탈할 목적으로 기업의 형태·내용이 실질적으로 동일한 신설회사를 설립하였다면, 신설회사의 설립은 기존회사의 채무면탈이라는 위법한 목적달성을 위하여 회사제도를 남용한 것이므로, 기존회사의 채권자에 대하여 위 두 회사가 별개의 법인격을 갖고 있음을 주장하는 것은 신의성실의 원칙상 허용될 수 없다 할 것이어서 기존회사의 채권자는 위 두 회사 어느 쪽에 대하여서도 채무의 이행을 청구할 수 있다.

② 기존회사의 채무면탈을 목적으로 기업의 형태와 내용이 실질적으로 동일하게 설립된 신설회사가 기존회사와 별개의 법인격임을 내세워 그 책임을 부정하는 것은 신의성실에 반하거나 법인격을 남용하는 것으로서 허용될 수 없다(대판 2004. 11. 12, 2002다66892).

나. 국가기관의 내부적인 사정으로 매매계약을 지체한 후 그 지체기간 동안의 임료 상당의 부당이득 반환을 구하는 경우

국가가 도시계획사업에 필요한 주차장 부지를 도시계획 사업자에게 매도하기로 하는 전제로 그 지상의 국유건물의 철거를 조건으로 그 건물을 우선 매도하여 그 소유권 이전등기를 하여 주고 나서 국가기관의 내부적인 사정으로 주차장 부지의 매매계약을 지체하고 있다가 상당한 기간이 경과한 다음 도시계획 사업자에게 부지 매매계약을 체결하고 소유권 이전등기를 넘겨준 후 도시계획 사업자를 상대로 그가 건물에 관한 소유권 이전등기를 경료한 때로부터 부지에 관한 소유권 이전등기를 경료한 때까지 부지 점유·사용으로 인한 임료 상당의 부당이득 반환을 구하는 것은 신의칙에 반한다(대판 2002. 3. 15, 2000다13856).

다. 지방자치단체가 행정재산을 매도하였으나 그 후 공용이 폐지된 경우 매매 당시 그것이 행정재산이었음을 이유로 그 매매가 무효라고 주장하는 경우

지방자치단체가 그 행정재산인 토지를 매도하였더라도 그 후 공용폐지가 되었다면 지방자치단체가 위 토지에 관하여 소유권 이전등기의 말소등기절차 이행을 구하는 것은 그 재산을 회수하여 공공의 용도에 사용하려는 데 그 목적이 있는 것도 아니며, 한편 매도인인 지방자치단체는 특단의 사정이 없는 한 매매행위 당시에 동 토지가 행정재산임을 알고 있었다고 보아야 할 것이고 매수인들로서도 동 처분행위가 적법하다고 믿어 동 매매계약을 체결하였을 것이므로 처분행위 후 20년 가까이 경과하고 공용폐지까지 된 이제와서 당해 토지가 매매 당시에 행정재산임을 내세워 무효라고 주장하는 것은 신의칙에 반하는 권리행사에 해당되어 허용될 수 없다(대판 1986. 10. 14, 86다카204).

라. 취득시효 완성 후 그 사실을 모르고 권리를 주장하지 않기로 하였다가 후에 시효주장을 하는 경우

취득시효 완성 후에 그 사실을 모르고 당해 토지에 관하여 어떠한 권리도 주장하지 않기로 하였다 하더라도 이에 반하여 시효주장을 하는 것은 특별한 사정이 없는 한 신의칙상 허용되지 않는다(대판 1998. 5. 22, 96다24101).

마. 근저당권자가 담보로 제공된 건물에 대한 담보가치를 조사할 당시 대항력을 갖춘 임차인이 그 사실을 부인하고 임차보증금에 대한 권리주장을 않겠다는 내용의 확인서를 작성해준 경우, 그 후 그 건물에 대한 경매절차에 참가하여 배당요구를 하는 경우

근저당권자가 담보로 제공된 건물에 대한 담보가치를 조사할 당시 대항력을 갖춘 임차인이 그 임대차 사실을 부인하고 임차보증금에 대한 권리주장을 않겠다는 내용의 확인서를 작성해 준 경우, 그 후 그 건물에 대한 경매절차에서 이를 번복하여 대항력 있는 임대차의 존재를 주장함과 아울러 근저당권자보다 우선적 지위를 가지는 확정일자부 임차인임을 주장하여 그 임차보증금 반환채권에 대한 배당요구를 하는 것은 특별한 사정이 없는 한 금반언 및 신의칙에 위반되어 허용될 수 없다(대판 1997. 6. 27, 97다12211).

바. 대리권한 없이 타인의 부동산을 매도한 자가 그 부동산을 상속한 후 소유자의 지위에서 자신의 대리행위가 무권대리로 무효임을 주장하여 등기말소 등을 구하는 경우

갑이 대리권 없이 을 소유 부동산을 병에게 매도하여 부동산소유권 이전등기 등에 관한 특별조치법에 의하여 소유권 이전등기를 마쳐주었다면 그 매매계약은 무효이고 이에 터잡은 이전등기 역시 무효가 되나, 갑은 을의 무권대리인으로서 민법 제135조 제1항의 규정에 의하여 매수인인 병에게 부동산에 대한 소유권 이전등기를 이행할 의무가 있으므로 그러한 지위에 있는 갑이 을로부터 부동산을 상속받아 그 소유자가 되어 소유권 이전등기 이행의무를 이행하는 것이 가능하게 된 시점에서 자신이 소유자라고 하여 자신으로부터 부동산을 전전매수한 정에게 원래 자신의 매매행위가 무권대리행위여서 무효였다는 이유로 정 앞으로 경료된 소유권 이전등기가 무효의 등기라고 주장하여 그 등기의 말소를 청구하거나 부동산의 점유로 인한 부당이득금의 반환을 구하는 것은 금반언의 원칙이나 신의성실의 원칙에 반하여 허용될 수 없다(대판 1994. 9. 27, 94다20617).

2) 신의칙에 위반되지 않는 사례

가. 강행법규에 위반하여 무효인 수익보장 약정의 체결을 제의한 투자신탁회사가 그 약정의 무효를 주장하는 경우

강행법규에 위반하여 무효인 수익보장 약정이 투자신탁회사가 먼저 고객에게 제의를 함으로써 체결된 것이라고 하더라도, 이러한 경우에 강행법규를 위반한 투자신탁회사 스스로가 그 약정의 무효를 주장함이 신의칙에 위반되는 권리의 행사라는 이유로 그 주장을 배척한다면, 이는 오히려 강행법규에 의하여 배제하려는 결과를 실현시키는 셈이 되어 입법취지를 완전히 몰각하게 되므로, 달리 특별한 사정이 없는 한 위와 같은 주장이 신의성실의 원칙에 반하는 것이라고 할 수 없다(대판 1999. 3. 23, 99다4405).

나. 법령에 위반되어 무효임을 알고서도 그 법률행위를 한 자가 강행법규 위반을 이유로 무효를 주장하는 경우

신의성실의 원칙에 위배된다는 이유로 그 권리의 행사를 부정하기 위하여는 상대방에게 신의를 공여하였다거나, 객관적으로 보아 상대방이 신의를 가짐이 정당한 상태에 있어야 하고, 이러한 상대방의 신의에 반하여 권리를 행사하는 것이 정의관념에 비추어 용인될 수 없는 정도의 상태에 이르러야 하며, 또한 특별한 사정이 없는 한, 법령에 위반되어 무효임을 알고서도 그 법률행위를 한 자가 강행법규 위반을 이유로 무효를 주장한다하여 신의칙 또는 금반언의 원칙에 반하거나 권리남용에 해당한다고 볼 수는 없다(대판 2003. 8. 22, 2003다19961).

다. 학력을 속여 학교법인으로부터 편입학 허가 등을 받은 자에 대한 입학취소

대학교수에게는 항상 누구에게나 사표(師表)가 될 품성과 자질은 물론 대학생에게 지도적 자격을 도야시켜야 할 고도의 윤리성도 함께 갖출 것을 요구하고 있으므로 오랫동안 교수직에 있었다거나 학술적인 공헌이 크더라도 학력을 속여 편입학 허가 등을 받았다면 그 취소가 신의칙에 위반된다고 할 수 없고, 당사자로서도 그것이 위법하게 이루어진 것임을 알고 있어 언젠가는 취소될 것도 예상하고 있었을 터이므로 학교법인이 미리 그와 같은 흠을 발견하지 못하였다거나 오랜 시간이 흐른 후 취소에 이르렀음을 탓하여 신뢰의 이익을 원용할 수도 없다(대판 1989. 4. 11, 87다카131).

라. 해고된 근로자가 퇴직금 등을 수령하면서 아무런 이의의 유보나 조건을 제기하지 아니하였다가 오랜 기간이 지난 후에 해고의 효력을 다투는 소를 제기하는 경우(대판 2000. 4. 25, 99다34475).

(5) 신의칙의 파생원칙

신의성실의 원칙에서 다음과 같은 원칙이 파생한다.

1) 사정변경의 원칙

가. 의 의

법률행위당시의 그 기초가 된 사정 또는 사회적 사정에 그후 현저한 변동이 발생하여, 당초의 계약 기타의 법률행위의 효과를 유지·강제하는 것이 부당한 결과를 초래할 경우가 있다. 이때 불이익을 받는 당사자가 신의칙에 맞게 그 변경을 청구하거나 계약을 해제·해지할 수 있다는 원칙이다.

우리 민법은 이를 직접 규정하는 일반규정은 없고, 다만 이 원칙에 기한 개별규정(제218조, 제286조, 제557조, 제627조, 제628조, 제661조, 제689조 등)이 있을 뿐이다.

나. 요 건

이른바 사정변경으로 인한 계약해제는 계약성립 당시 당사자가 예견할 수 없었던 현저한 사정의 변경이 발생하였고 그러한 사정의 변경이 해제권을 취득하는 당사자에게 책임 없는 사유로 생긴 것으로서, 계약내용대로의 구속력을 인정한다면 신의칙에 현저히 반하는 결과가 생기는 경우에 계약준수 원칙의 예외로서 인정되는 것이고, 여기에서 말하는 사정이라 함은 계약의 기초가 되었던 객관적인 사정으로서, 일방당사자의 주관적 또는 개인적인 사정을 의미하는 것은 아니다. 또한, 계약의 성립에 기초가 되지 아니한 사정이 그 후 변경되어 일방당사자가 계약 당시 의도한 계약목적을 달성할 수 없게 됨으로써 손해를 입게 되었다 하더라도 특별한 사정이 없는 한 그 계약내용의 효력을 그대로 유지하는 것이 신의칙에 반한다고 볼 수도 없다(대판 2007. 3. 29, 2004다31302).

【쟁점사항】

<지방자치단체로부터 매수한 토지가 공공용지에 편입된 것이 사정변경에 해당하는지 여부>

지방자치단체로부터 매수한 토지가 공공용지에 편입되어 매수인이 의도한 음식점 등의 건축이 불가능하게 되었더라도 이는 매매계약을 해제할 만한 사정변경에 해당하지 않고, 매수인이 의도한 주관적인 매수 목적을 달성할 수 없게 되어 손해를 입었다 하더라도 매매계약을 그대로 유지하는 것이 신의칙에 반한다고 볼 수 없다(대판 2007. 3. 29, 2004다31302).

2) 실효의 원칙

이 원칙은 권리자가 장기간 권리를 행사하지 않은 결과 상대방이 이젠 그 권리를 행사하지 않을 것으로 믿을 만한 정당한 사유가 있는 때에는, 이제와서 새삼스럽게 권리를 행사한다는 것은 신의칙에 반한다는 것이다. 또 그 행사는 권리의 남용으로서 용인되지 않는다고 한다.

이는 영미법상의 금반언(estoppel)의 원칙과 그 취지를 같이 하며, 독일 판례에서는 이를 실권(Verwirkung)의 원칙이라 한다.

일반적으로 권리의 행사는 신의에 좇아 성실히 하여야 하고 권리는 남용하지 못하는 것이므로 권리자가 실제로 권리를 행사할 수 있는 기회가 있어서 그 권리행사의 기대가능성이 있었음에도 불구하고 상당한 기간이 경과하도록 권리를 행사하지 아니하여 의무자인 상대방으로서도 이제는 권리자가 권리를 행사하지 아니할 것으로 신뢰할 만한 정당한 기대를 가지게 된 다음에 새삼스럽게 그 권리를 행사하는 것이 법질서 전체를 지배하는 신의성실의 원칙에 위반하는 것으로 인정되는 결과가 될 때에는, 이른바 실효의 원칙에 따라 그 권리의 행사가 허용되지 않는다고 보아야 할 것이다(대판 1992. 1. 21, 91다30118).

2. 권리남용금지의 원칙

(1) 의 의

공공복리의 원칙・신의성실의 원칙과 함께 본조 제2항은「권리는 남용하지 못한다」고 규정하여 권리남용금지의 원칙을 명문화하고 있다.

권리의 내용이나 그 작용은 개개의 권리마다 형식적·획일적으로 정해져 있으므로 그 권리를 현실화하는 권리행사의 구체적인 경우에 관해서 보면, 그것이 외형상 권리행사로 보이는 경우에도 권리로 인정된 본래의 목적을 벗어나 사회윤리관념에 반하는 부당한 결과로 되는 일이 있다. 이와 같은 경우를 권리의 남용이라고 하여 권리의 정당한 행사와 구별하여 취급한다.

따라서 권리남용의 금지란 권리 그 자체를 문제로 하는 것이 아니고 종래의 법률에 의해 인정된 권리는 그대로 두고, 다만 권리가 행사된 경우에 그 권리가 인정된 본래의 사명에 비추어 적법한 행사인가 위법한 행사인가를 검토하여 후자의 경우를 권리남용으로서 배척하는 것이다.

(2) 권리남용금지 원칙의 연혁

근대법은 최초로「자기의 권리를 행사하는 자는 누구에 대하여도 불법을 행하는 것은 아니다」라는 로마법 이래의 법언에 의해 제시된 권리행사절대의 원칙을 인정하고 있다. 그러나 이러한 사고방식은 법이 본질적으로 사회규범인 점, 따라서 법에 의해 인정된 권리도 사회적 제약을 받는다는 것을 잊고 있다고 말할 수 있다. 예컨대 소유권에 대해서 보더라도 이것이 물건에 대한 전면적 지배를 내용으로 한 권리라고 하는 것은 소유자가 타인의 이해를 전혀 고려하지 않고 자기의 이기적 입장만을 내세워 소유권을 어떠한 형태로든 행사할 수 있다는 것을 허용한 것이라고는 말할 수 없다.

대체로 권리는 사회생활에서 개인과 개인의 관계를 규율하기 위해서 인정된 것이므로, 권리의 행사에 임해서도 권리자 이외의 자의 이해를 전혀 고려하는 일 없이 권리자가 사회로부터 떨어져 고립된 존재인 양 행동하는 것은 허용되지 않는다. 특히 권리자가 자기에게 아무런 이익이 초래되지 않는데도 불구하고 다만 타인에게 고통을 줄 목적으로 권리를 행사하는 것을 시카아네(Schikane)라 하는데, 시카아네를 인정하는 경우, 권리행사절대의 폐해가 극심했다.

그리하여 19세기 중엽부터 프랑스와 벨기에 등에서는 판례법에서 권리의 남용을 인정하여 그 효과를 부인했으며, 또한 독일과 스위스 등에서는 권리의 남용을 금지하도록 입법화하게 되었다. 예컨대 독일민법에서「권리의 행사가 타인에게 손해를 가할 목적만 가진 때에는 허용되지 않는다」(독일

민법 제226조), 스위스민법은「권리의 명백한 남용은 법률의 보호를 받지 못한다」(스위스민법 제2조 1항)라고 규정하고 있다.

판례는「권리의 남용이라고 하려면 오직 상대방에게 고통이나 손해를 주려는 것이어야 한다」(대판 1962. 9. 27, 62다456)고 판시하고 있다.

(3) 권리남용금지 원칙의 적용요건

어떠한 경우에 권리행사가 남용으로 되는가, 권리의 정당한 행사와 남용과의 한계를 어디에서 찾을 것인가에 관해서는 개개의 권리의 존재의의 내지 존재이유가 동일하지 않기 때문에, 모든 경우에 공통되는 남용 기준을 설정하는 것은 불가능하므로 구체적 사실에 입각하여 결정하는 수 밖에 없다. 그러나 지금까지의 판례나 입법례로 미루어 볼 때, 대체로 두 가지로 나뉜다. 첫째는 독일민법과 같이「타인에게 손해를 가할 목적」과 같은 주관적인 표식에 의한 것이고, 둘째는 스위스민법처럼「명백한 남용」과 같은 객관적 표식에 의한 것이다. 처음에는 주관적인 표식이 중시되었으나 오늘날의 학설은 대체로 객관적 표식을 중시하고 있다.

즉, 객관적인 입장에서 권리자가 권리행사로 인하여 얻고자 하는 이익과 그로 말미암아 타인에게 주는 손해를 비교고려하여 그 권리의 본래적 존재의의에 비추어 판단하여야 한다. 주관적 표식은 권리남용인정의 하나의 자료에 불과하므로 그것을 결하여도, 객관적 입장에서 권리남용을 인정하는 것을 방해할 수 없다고 해석한다.

【쟁점사항】

<권리행사가 권리남용에 해당하기 위한 요건 및 판단방법>

권리의 행사가 주관적으로 오직 상대방에게 고통을 주고 손해를 입히려는 데 있을 뿐 이를 행사하는 사람에게는 아무런 이익이 없고, 객관적으로 사회질서에 위반된다고 볼 수 있으면, 그 권리의 행사는 권리남용으로서 허용되지 아니하고, 그 권리의 행사가 상대방에게 고통이나 손해를 주기 위한 것이라는 주관적 요건은 권리자의 정당한 이익을 결여한 권리행사로 보여지는 객관적인 사정에 의하여 추인할 수 있으며, 어느 권리행사가 권리남용이 되는가의 여부는 개별적이고 구체적인 사안에 따라 판단되어야 한다(대판 2003. 11. 27, 2003다40422).

(4) 권리남용의 효과

권리의 남용이 인정된 경우에 어떠한 효과가 발생하는가는 일률적으로 결정할 수 없다. 권리의 남용이 허용되지 않는다는 것은 권리행사로서의 법률효과는 발생하지 않는다는 것이지만, 구체적인 경우에 있어서 그 권리의 종류가 무엇이고 또 남용의 결과로서 현실적으로 발생한 상태가 어떠한가에 따라서 그 효과도 동일하지는 않기 때문이다. 그 주요한 효과를 보면 다음과 같다.

권리는 그 침해행위를 배척하는 힘을 갖지만, 그 배척이 권리남용으로 보여지는 경우에는 개인의 형식적인 침해행위를 배척할 수 없게 된다. 예컨대 토지소유권의 효력은 토지의 상하에 미친다(제212조). 그러므로 소유지의 지상 또는 지하에 정당한 권한에 의거하지 않은 개인의 시설물이 있는 경우에는 그 제거를 청구할 수 있으나, 그 시설물이 토지 소유자의 토지이용에 관계없는 지저나 경사면에 불과한 황무지에 있는 경우, 그 시설물 제거 청구는 권리남용이 된다. 다만 권리자에 손해가 발생되면 그 손해배상청구나 부당이득반환청구 등은 인정된다.

권리의 행사로 인하여 개인에게 손해를 가하더라도 그것은 위법성을 결한 것으로서, 불법행위로 되지 않는 것이 원칙이지만 그 권리의 행사가 남용으로 인정될 때는 위법한 행위로서 손해배상책임이 발생한다.

권리의 행사로서 새로운 법률관계를 발생시키는 형성권 같은 권리인 경우 그 행사가 남용으로 인정되는 경우에는, 그 법률효과는 발생하지 않는다. 예컨대 민법 제914조에서는 친권자에게 그 자에 대한 거소지정권을 인정하고 있는데, 그 거소지정권이 남용으로 인정되는 경우에는 그 효력은 발생하지 않는다. 임대차계약에 있어서 임대인의 해지권행사가 남용으로 인정되는 예가 많다.

권리의 남용이 심한 때에는 그 권리를 박탈하는 경우가 있다. 친권남용의 경우가 그것이다(제924조). 이것은 특히 법률이 규정하고 있는 것으로서 권리남용의 효과로서는 특별한 경우이다.

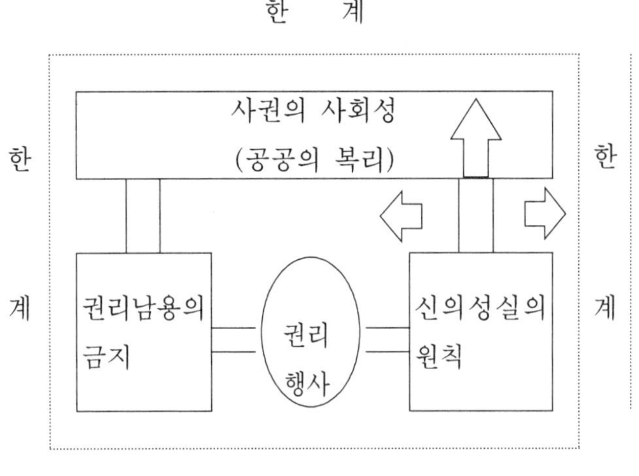

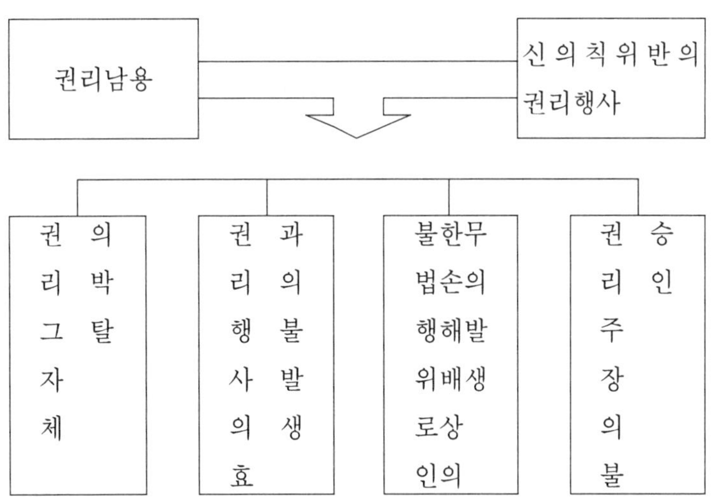

(5) 관련 사례

1) 권리남용에 해당하는 사례

가. 송전선로 철거에 막대한 비용과 손실이 예상되는 반면 송전선이 철거되지 않더라도 토지이용에 지장이 없는 경우

송전선로 철거소송에 이르게 된 과정, 계쟁토지가 51m2에 불과한 점, 위 송전선을 철거하여 이설하기 위하여는 막대한 비용과 손실이 예상되는 반면 송전선이 철거되지 않더라도 토지를 이용함에 별다른 지장이 없는 점 등에 비추어 농로 위로 지나가는 송전선의 철거를 구하는 청구는 권리남용에 해당한다(대판 2003. 11. 27, 2003다40422).

나. 채무자가 시효완성 전에 채권자가 권리행사나 시효중단을 불가능하게 하는 행위 등을 한 후 소멸시효의 완성을 주장하는 경우

채무자의 소멸시효에 기한 항변권의 행사도 우리 민법의 대원칙인 신의성실의 원칙과 권리남용금지의 원칙의 지배를 받는 것이어서, 채무자가 시효완성 전에 채권자의 권리행사나 시효중단을 불가능 또는 현저히 곤란하게 하였거나, 그러한 조치가 불필요하다고 믿게 하는 행동을 하였거나, 객관적으로 채권자가 권리를 행사할 수 없는 장애사유가 있었거나, 또는 일단 시효완성 후에 채무자가 시효를 원용하지 아니할 것 같은 태도를 보여 권리자로 하여금 그와 같이 신뢰하게 하였거나, 채권자 보호의 필요성이 크고, 같은 조건의 다른 채권자가 채무의 변제를 수령하는 등의 사정이 있어 채무이행의 거절을 인정함이 현저히 부당하거나 불공평하게 되는 등의 특별한 사정이 있는 경우에는 채무자가 소멸시효의 완성을 주장하는 것이 신의성실의 원칙에 반하여 권리남용으로서 허용될 수 없다(대판 2005. 5. 13, 2004다71881).

다. 확정판결에 기한 집행이 현저히 부당하고 집행을 수인하도록 하는 것이 정의에 반함이 명백한 경우

확정판결의 내용이 실체적 권리관계에 배치되는 경우 그 판결에 의하여 집행할 수 있는 것으로 확정된 권리의 성질과 그 내용, 판결의 성립경위 및 판결성립 후 집행에 이르기까지의 사정, 그 집행이 당사자에게 미치는 영향 등 제반 사정을 종합하여 볼 때, 그 확정판결에 기한 집행이 현저히 부당하고 상대방으로 하여금 그 집행을 수인하도록 하는 것이 정의에 반함이 명백하여 사회생활상 용인할 수 없다고 인정되는 경우에는 그 집행은 권리남용으로서 허용되지 않는다(대판 2001. 11. 13, 99다32899).

라. 공매절차에서 점유자의 유치권 신고 사실을 알고 부동산을 매수한 자가 그 점유를 침탈하여 유치권을 소멸시키고 나아가 고의적인 점유이전으로 유치권자의 확정판결에 기한 점유회복조차 곤란하게 하였음에도, 유치권자를 상대로 적극적으로 유치권부존재확인을 구하는 경우

공매절차에서 점유자의 유치권 신고 사실을 알고 부동산을 매수한 자가 그 점유를 침탈하여 유치권을 소멸시키고 나아가 고의적인 점유이전으로 유치권자의 확정판결에 기한 점유회복조차 곤란하게 하였음에도 유치권자가 현재까지 점유회복을 하지 못한 사실을 내세워 유치권자를 상대로 적극적으로 유치권부존재확인을 구하는 것은, 자신의 불법행위로 초래된 상황을 자기의 이익으로 원용하면서 피해자에 대하여는 불법행위로 인한 권리침해의 결과를 수용할 것을 요구하고, 나아가 법원으로부터는 위와 같은 불법적 권리침해의 결과를 승인받으려는 것으로서, 이는 명백히 정의 관념에 반하여 사회생활상 도저히 용인될 수 없는 것으로 권리남용에 해당하여 허용되지 않는다(대판 2010. 4. 15. 2009다96953).

2) 권리남용에 해당하지 않는 사례

가. 신축중인 건물부지를 경락받은 자가 완공된 건물의 철거를 구하는 경우(대판 2003. 2. 14, 2002다62319·62336)

나. 전보처분을 함에 있어서 본인과 성실한 협의절차를 거치지 않은 경우

전보처분 등을 함에 있어서 근로자 본인과 성실한 협의절차를 거쳤는지의 여부는 정당한 인사권의 행사인지의 여부를 판단하는 하나의 요소라고는 할 수 있으나, 그러한 절차를 거치지 아니하였다는 사정만으로 전보처분 등이 권리남용에 해당하여 당연히 무효가 된다고는 볼 수 없다(대판 1999. 7. 22, 97다18165).

다. 공익사업으로서 공중의 편의를 위하여 매설한 상수도관을 철거 또는 이설할 마땅한 장소가 없는 경우의 대지소유자의 철거 청구

대지소유자가 그 소유권에 기하여 그 대지의 불법점유자인 시에 대하여 권원없이 그 대지의 지하에 매설한 상수도관의 철거를 구하는 경우에 공익사업으로서 공중의 편의를 위하여 매설한 상수도관을 철거할 수 없다거나 이를 이설할 만한 마땅한 다른 장소가 없다는 이유만으로써는 대지소유자의 위 철거청구가 오로지 타인을 해하기 위한 것으로서 권리남용에 해당한다고 할 수는 없다(대판 1987. 7. 7. 85다카1383).

▣ 핵심판례 ▣

■ [신의성실의 원칙]

1. 경매목적이 된 부동산의 소유자가 배당기일에 자신의 배당금을 이의 없이 수령하고 경락인에게 부동산을 임의로 명도해 준 후 경매절차가 무효라고 주장하는 것이 신의성실에 위반된다고 한 사례

경매목적이 된 부동산의 소유자가 경매절차가 진행중인 사실을 알면서도 그 경매의 기초가 된 근저당권 내지 채무명의인 공정증서가 무효임을 주장하여 경매절차를 저지하기 위한 조치를 취하지 않았을 뿐만 아니라 배당기일에 자신의 배당금을 이의없이 수령하고 경락인으로부터 이사비용을 받고 부동산을 임의로 명도해 주기까지 하였다면 그 후 경락인에 대하여 위 근저당권이나 공정증서가 효력이 없음을 이유로 경매절차가 무효라고 주장하여 그 경매목적물에 관한 소유권이전등기의 말소를 청구하는 것은 금반언의 원칙 및 신의칙에 위반되는 것이어서 허용될 수 없다(1993. 12. 24. 제3부 판결 93다42603 소유권이전등기말소).

2. 가. 매매계약체결 후 토지법래허가를 잠탈하려고 증여를 원인으로 소유권이전등기를 한 경우 매매계약의 효력

매수인들이 국토이용관리법상의 규제지역에 속하는 임야를 매수하였음에도 관할관청으로부터 토지법래허가를 받은 바 없이 위 임야에 관하여 증여를 원인으로 소유권이전등기를 경료하였다면, 적어도 매수인들이 토지법래허가를 받지 아니하고 이를 잠탈하기 위하여 증여를 원인으로 소유권이전등기를 하기로 한 때로부터는 매매계약은 확정적으로 무효로 되었고, 이에 터잡은 매수인들 명의의 소유권이전등기 역시 원인이 없게 되어 무효라고 보아야 한다.

나. 국토이용관리법 제21조의3 제1항을 위반한 자가 스스로 무효를 주장하는 것과 신의칙

강행법규인 국토이용관리법 제21조의3 제1항, 제7항을 위반하였을 경우에 있어서 위반한 자 스스로가 무효를 주장함이 신의성실의 원칙에 위배되는 권리의 행사라는 이유로서 이를 배척한다면 투기거래계약의 효력발생을 금지하려는 국토이용관리법의 입법취지를 완전히 몰각시키는 결과가 되므로, 거래당사자 사이의 약정내용과 취득목적대로 관할관청이 토지법래허가신청을 하였을 경우에 그 신청이 국토이용관리법 소정의 허가기준에 적합하여 허가를 받을 수 있었으나 다른 급박한 사정으로 이러한 절차를 회피하였다고 볼만한 특단의 사정 엿보이지 아니하는 한, 그러한 주장이 신의성실의 원칙에 반한다고는 할 수 없다(1993. 12. 24. 제3부 판결, 93다44319 소유권이전등기말소, 44326(반소) 토지거래허가신청동의).

3. 가. 감원을 위한 해고가 정리해고의 요건을 갖추지 못하여 무효라고 한 사례

감원을 위한 해고가 정리해고의 요건을 갖추지 못하여 무효이다.

나. 해고된 근로자가 이의없이 퇴직금을 수령하고 상당한 기간이 경과한 후 해고무효확인의 소를 제기하는 것과 신의칙

사용자로부터 해고된 근로자가 퇴직금을 수령하면서 아무런 이의의 유보나 조건을 제시하지 않았다면, 특별한 사정이 없는 한, 해고의 효력을 인정하였다고 할 것이고, 그로부터 상당한 기간이 경과하였기 때문에 사용자로서도 이제는 해고된 근로자가 권리를 행사하지 아니할 것으로 신뢰할 만한 정당한 기대를 가지게 된 다음에 뒤늦게 해고의 무효를 주장하여 소를 제기하는 것은 신의칙에 위배되어 허용될 수 없다(1993. 12. 28. 제2부 판결, 92다34858 해고무효확인).

4. 증권회사가 고객의 주식을 처분하여 신용융자금에 충당하는 경우 주식을 처분할 수 있었던 최초의 시점에 처분하여야 할 주의의무가 있는지 여부

고객이 신용융자금이나 주식매수대금을 증권회사에 납부하지 아니하여 증권회사가 매수주식을 처분하여 그 처분대금을 신용융자금이나 미수대금에 충당하는 경우에 있어서 증권회사로서는 고객의 손실을 최소한도에 그치도록 하여야 할 신의칙상의 주의의무가 있다고 하더라도, 증권회사가 매수주식을 처분할 수 있었던 최초의 시점에 처분하지 않았다고 하여도 당시 주식가격이 허락하는 경향이 뚜렷하여 가격상승을 기대할 수 없는 특별한 사정이 인정된다면 모르되 그렇지 않는 한 그 시점에 처분하는 것이 반드시 고객의 손실을 최소화하는 것이라고 단정할 수 없는 것이므로, 증권회사가 미리 고객으로부터 위와 같은 시점에 매수주식을 처분하여 줄 것을 위임받았다는 등 특별한 사정이 없는 한 증권회사가 위와 같은 시점에 매수주식을 지체없이 처분하지 않았다고 하여 주의의무를 위반하였다고 볼 수 없다(1994. 1. 14. 제3부 판결, 93다30150 대여금).

5. 도로 이외의 용도로 사용하기 어려운 토지의 시의 취득시효기간이 완성된 후 취득한 자의 토지인도 청구가 신의칙상 허용될 수 없다고 한 사례

이 사건 토지는 시내 중심가 부근의 상업지대에 위치한 노폭 약 12m의 도로부지로서 교통이 비교적 번잡한 곳이어서 도로 이외의 용도로는 사용하기에 어려우며, 원고들이 그러한 사실과 이 사건 토지에 관한 시의 취득시효기간이 완성되었다는 점을 알면서 그 기간 완성 후에 소유권이전등기를 넘겨받았다면 원고들이 그 토지 자체의 인도를 청구하는 것은 신의성실의 원칙상 허용될 수 없다(1994. 1. 25, 제1부 판결, 92다19378 토지인도등).

6. 가. 자경·자영의사 없는 농지매수인이 농지소유권을 취득할 수 있는지 여부

농지개혁법상 자경 또는 자영의 의사가 없는 농지의 매수인은 농지매매증명의 발급 여부나 그 증명의 행정처분으로서의 효력 유무에 불구하고 농지에 대한 소유권을 취득할 수 없다.

나. 농지매매증명을 얻은 농지매수인은 자경·자영의사가 추정되는지 여부

농지매매증명을 얻은 매수인은 자경 또는 자영의 의사가 있었다고 추정되나, 반증에 의하여 자경 또는 자영의 의사가 없었음이 입증되면 그 추정은 번복된다.

다. 위장전입의 방법으로 농지매매증명을 얻는 등 자경·자영의사의 추정이 번복된 비농가인 농지매수인의 소유권이전등기청구의 가부 및 그 농지매수인 앞으로 경료된 소유권이전등기의 효력

비농가인 매수인이 위장전입의 방법으로 농지매매증명을 얻는 등 자경·자영의사가 없었다고 인정되어 이 점에 관한 농지매매증명의 추정이 번복되면 매수인은 매도인에 대하여 소유권이전등기절차의 이행을 청구할 수 없고, 이미 소유권이전등기가 마쳐졌다 하더라도 이는 다른 사정이 없는 한 원칙적으로 원인무효로서 비농가인 매수인은 농지개혁법상의 농지소유에 필요한 요건을 구비하지 못한 셈이 되어 농지의 소유권을 취득할 수 없다.

라. 매도인과 매수인이 공동명의로 농지매매증명을 발급받은 경우 매도인의 상속인들이 그 농지매매증명의 효력을 다투는 것이 신의칙에 반하는지 여부

농지매수인에게 자경·자영의사가 있었다고 볼 수 없고 아직 매수인 앞으로 매매를 원인으로 한 소유권이전등기도 경료되지 아니한 경우, 매도인과 매수인이 공동명의로 농지매매증명의 발급신청을 하여 이를 발급받았다는 사정만으로 매도인의 상속인들이 그 농지매매증명의 효력을 다투는 것이 신의칙이나 금반언의 원칙에 반한다고 보기 어렵다(1994. 9. 13. 제1부 판결, 93다52501 가등기에 기한 본등기).

<판례전문(1994. 9. 13. 제1부 판결, 93다52501)>

[원고, 상고인] 한동훈·소송대리인 법무법인 을지합동법률사무소 담당변호사 이완희 외1인

[피고, 피상고인] 이광희 외 7인·피고들 소송대리인 변호사 정기승 외 1인

[원심판결] 대전지방법원 1993. 9. 22. 선고, 93나1556 판결

[주　　문] 상고를 기각한다.

상고비용은 원고의 부담으로 한다.

[이 유] 상고이유를 본다(상고이유보충서는 제출기간이 도과한 뒤의 것이므로 상고이유를 보충하는 범위 내에서 보다).

1. 소론이 지적하는 점, 즉 원고는 소외 망 곽거부로부터 이 사건 토지를 매수한 후 단지 주민등록만을 이 사건 토지 인근의 충남 아산군 배방면 공수리 68의 16으로 이전하였을 뿐이고 그곳에 실제로 거주한 사실이 없음에도 불구하고, 농지위원드레게 마치 원고가 위 주소지에서 6개월 이상 실제로 거주한 것처럼 기망하여 이에 속은 농지위원들로부터 농지매매증명 발급요건을 확인받고 이를 이용하여 농지매매증명을 발급받았다는 점에 관한 원심의 사실인정은 원심판결이 설시한 증거관계에 비추어 정당한 것으로 수긍이 가고, 그 과정에 소론과 같이 채증법칙을 위반한 위법이 있다고 볼 수 없다.

원심이 위 사실인정의 증거로 채용한 증거들 중 을제8호증의 5, 6, 7은 원심의 송부촉탁에 따라 온양경찰서장이 원심에 송부하여 온 진정사건기록에 편철되어 있는 서류들로서 그 외관, 체제, 형식, 내용 등 변론의 전취지에 의하여 그 진정성립을 인정할 수 있으므로, 원심이 위 각 서증을 사실판단의 자료로 삼은 조치에 위법이 없다. 논지는 이유가 없다.

2. 기록에 의하면, 피고들 소송대리인이 원심 제3차 변론기일에 진술된 1993. 6. 15.자 준비서면을 통하여 원고는 자경할 의사없이 위장전입의 방법으로 농지매매증명을 얻었으니 이 사건 토지에 대한 소유권이전등기청구를 할 수 없다고 주장한 이래, 원고와 피고들 쌍방이 모두 이 사건 토지가 농지임을 전제로 하여, 원고는 자경의 의사로 이 사건 토지를 매수하였고 또 위 공수리 68의 16에 실제 거주하였다는 점을, 반대로 피고들은 원고가 자경의 의사 없이 사위의 방법으로 농지매매증명을 얻었다는 점을 각 입증해 오다가, 원심 제6차 변론기일에 이르러서는 쌍방이 "이 사건 토지의 매매에 농지매매증명이 필요한 점에 대하여 다툼이 없다"고 진술하였음이 분명하다.

그렇다면 원고와 피고들 사이에는 이 사건 토지가 그 매매에 소재지 관서의 증명을 요하는 농지라는 점에 관하여 쌍방이 일치되는 진술을 함으로써 재판상 자백이 성립되었다고 할 것이므로, 같은 취지의 원심판결은 정당하고 거기에 재판상 자백에 관한 법리를 오해한 위법이 없다.

그리고 이 사건 토지 일부의 현황이 농지가 아니라는 점은 원심에서 한 바가 없는 새로운 주장으로서, 이를 전제로 하여 원심이 이 사건 토지 중 농지매매증명이 필요한 범위에 관하여 심리를 미진한 위법이 있다는 소론은 적법한 상고이유가 되지 아니하므로, 논지는 이유가 없다.

3. 농지개혁법상 자경 또는 자영의 의사가 없는 농지의 매수인은 농지매매증명의 발굴여부나 증명의 행정처분으로서의 효력 유무에 불구하고 농지에 대한 소유권을 취득할 수 없는 것이다. 농지매매증명을 얻은 매수인은 자경 또는 자영의 의사가 있었다고 추정되나, 반증에 의하여 자경 또는 자영의 의사가 없었음이 입

증되면 그 추정은 번복되는 것이어서 이때에는 농지의 매수인이 매도인에 대하여 소유권이전등기절차의 이행을 청구할 수 없고, 이미 소유권이전등기가 마쳐졌다 하더라도 이는 다른 사정이 없는 한 원칙적으로 원인무효라고 보아야 할 것이다.

이 사건의 경우, 원고가 이 사건 토지를 매수하고 농지매매증명을 얻게 된 경위가 원심이 확정한 바와 같다면 비농가인 원고에게는 자경 또는 자영의 의사가 없었다고 보기에 충분하고, 그렇다면 이 점에 관한 농지매매증명의 추정은 번복되었다고 할 것이므로, 원고는 농지개혁법상의 농지 소유에 필요한 요건을 구비하지 못한 셈이 되어 이 사건 토지의 소유권을 취득할 수 없는 것이다.

따라서 원심이 원고가 매도인인 위 망 곽거부의 재산을 공동상속한 피고인들에게 소유권이전등기를 구할 수 없다고 본 조치는 그 이유설시에 다소 적절하지 못한 점이 있기는 하나 결론에 있어서 정당하고, 거기에 서론과 같은 법리오해의 위법이 있다 할 수 없다.

소론이 들고 있는 당원의 판례는 매수인에게 자경 또는 자영의 의사가 없음이 반증에 의하여 분명하게 드러난 이 사건과는 사안을 달리하여 이 사건에 원용하기에 적절하지 아니하고, 또 원고에게 자경의 의사가 있었음을 전제로 하여 비농가에 대한 농지매매증명의 발급요건을 규정한 농지임대차관리법시행규칙(1993. 8. 3. 농림수산부령 제1124호로서 개정되기 전의 것) 제9조 제3항이 위임입법의 한계를 벗어난 것으로서 무효이거나 행정기관 내부의 업무처리지침에 불과하고, 따라서 원고가 발급받은 농지매매증명이 위 시행규칙 조항이 정한 요건에 위배된 점이 있다 하더라도 그 증명의 효력을 부인할 수 없다는 취지의 소론은 그 전제가 그릇된 것이어서 더 나아가 살펴볼 필요 없이 받아들일 수 없는 주장이라 할 것이므로, 논지는 이유가 없다.

4. 피고들이 원고에 대하여 소유권이전등기를 해주는 대가로 근거 없는 돈의 지급을 더 요구하면서 이를 관철할 의도하에 이 사건 농지매매증명의 효력을 다투고 있다는 점은 이를 인정할 증거가 없으며, 또 앞서 본 바와 같이 원고에게 자경 또는 자영의 의사가 있었다고 볼 수 없고, 아직 원고 앞으로 매매를 원인으로 한 소유권이전등기도 경료되지 아니한 이 사건에 있어서, 위 망 곽거부가 원고와 공동명의로 농지매매증명의 발급신청을 하여 이를 발급받았다는 사정만으로 망인의 상속인인 피고들이 그 농지매매증명의 효력을 다투는 것이 신의칙이나 금반언의 원칙에 반한다고 보기 어려우므로, 이 점에 관한 논지도 이유가 없다.

5. 그러므로 상고를 기각하고 상고비용은 패소자의 부담으로 하여 관여법관의 일치된 의견으로 주문과 같이 판결한다.

대법관 정귀호(재판장) 김석수

이돈희 이임수(주심)

▣ 핵심판례 ▣

■ 1. **직권면직된 후 재심청구를 하지 아니하고 그로부터 2년6개월이 지난후에 해임처분무효확인의 소송을 제기하고 그 전에 명시적인 조건의 유보없이 퇴직금을 수령한 경우라도 이 소제기는 신의칙 또는 금반언 원칙에 반하지 아니한다.**

원고가 직권면직된 후 재심청구를 하지 아니하고 그로부터 2년 6개월이 지난후인 1994년 7월 27일 이 사건 해임처분무효확인의 소송을 제기하고 그 전인 같은 해 6월 29일 명시적인 조건의 유보없이 퇴직금을 수령하였으나, 한편 원고는 이 사건 직권면직처분을 통지받고 이틀 후에 당시 피고법인의 직무대행자에게 항의문을 발송하고 그로부터 약 5개월동안 간헐적으로 학교 서무과를 찾아가 자신의 복직을 요구하고, 동료해고자의 소송을 지켜보며 행동통일을 하다가 같은해 6월 2일 서울시교육청에 감사청원서를 제출한 다음 같은 달 29일 퇴직금을 수령하였고, 그로부터 1개월만에 이 사건 소송을 제기한 점등을 비추어 보면, 원심이 원고의 이 사건 소제기가 신의칙 또는 금반언원칙에 반하지 아니한다고 판단한 것은 정당하다(1996. 3. 8. 판결, 95다51847 해임처분무효확인)

2. **불법행위로 상해를 입은 피해자가 상실된 노동능력의 회복을 위하여 수술을 받을 의무가 있는지 여부**

일반적으로 불법행위의 피해자로서는 신의칙과 손해부담의 공평이라는 손해배상제도의 이념에 비추어 불법행위로 인한 손해의 확대를 방지하거나 경감하기 위하여 상당한 노력을 하여야 할 의무가 있다고 할 것이나, 피해자가 교통사고로 말미암아 상해를 입은 경우에 상실된 노동능력의 회복을 위하여 수술을 받아야 할 의무가 있다고 인정하기 위하여는 그 수술을 받기 전에 장애상태, 수술을 받는 경우 완치되거나 상당히 호전될 가능성이 있는가의 여부, 수술에 따르는 위험, 피해자의 나이, 경력, 직업 등 여러 사정 등을 종합적으로 고려하여 판단하여야 한다(1996. 1. 23. 선고, 95다45620 손해배상(자)).

3. **가. 권리행사가 권리남용에 해당하기 위한 요건**

권리의 행사가 권리의 남용에 해당한다고 할 수 있으려면 주관적으로 그 권리행사의 목적이 오직 상대방에게 고통을 주고 손해를 입히려는 데 있을 뿐 행사하는 사람에게 아무런 이익이 없을 경우여야 하고, 객관적으로는 그 권리행사가 사회질서에 위반된다고 볼 수 있어야 하는 것이며 이와 같은 경우에 해당하지 않는 한 비록 그 권리행사에 의하여 권리행사가 얻는 이익보다 상대방이 잃을 손해가 현저히 크다 하여도 그러한 사정만으로는 권리남용이라 할 수 없다.

나. 계쟁토지가 기간산업도로의 4차선 아스팔트 포장도로에 편입되어 있다는 사유만으로 소유권에 기한 인도청구가 권리남용이라고 할 수 없다고 본 사례

계쟁토지가 기간산업도로의 4차선 아스팔트 포장도로에 편입되어 있다는 사유만으로 기한 인도청구가 권리남용이라고 할 수 없다(1991. 3. 27. 제1부 판결, 90다13055 손해배상(기)).

4. 해고통지를 받은 후 동종업체에 취업하고 있으며 퇴직금까지 수령하고 8개월이 지난 뒤에 제기한 해고무효확인청구소송의 금반언의 원칙 위배 여부(적극)

노동자가 해고통지를 받은 후 동종업체에 취업하여 종전회사에서와 같은 액수의 월급을 받고 있으며 종전회사로부터 퇴직금까지 수령하였다면 해고처분을 유효한 것으로 인정하였다고 봄이 상당하고 그후 8개월이 지난 뒤에 해고무효확인청구소송 등을 제기한 것은 금반언의 원칙에 위배되어 위법하다(1991. 5. 28. 제1부 판결, 91다9275 해고무효확인등).

5. 갑남과 을녀 사이의 이혼심판이 확정되었다가 재심에 의해 취소된 경우 그전에 새로이 이루어진 갑남과 병녀 사이의 혼인의 효력(=중혼) 및 이 경우 을녀가 실제로는 혼인생활을 계속할 의사가 없다든가, 위 이혼심판을 믿고 혼인한 선의의 제3자인 병녀가 그 자녀들의 이익이 크게 침해된다는 등의 사유만으로 중혼취소심판청구가 권리남용이 되는지 여부(소극)

갑남이 처 을녀를 상대로 한 이혼심판을 청구하여 승소 확정되자 다시 병녀와 결혼하여 혼인신고를 하였으나 그후 위 이혼심판을 을녀의 허위주소신고에 기한 부적법 공시송달을 이유로 한 재심청구에 의하여 그 취소심판이 확정되었다면 갑남과 병녀 사이의 혼인은 민법 제810조가 금하는 중혼에 해당하고, 을녀가 실제로는 혼인생활을 계속할 의사가 없다든가, 위 이혼심판을 믿고 혼인한 선의의 제3자인 병녀가 그 자녀들의 이익이 크게 침해된다는 등의 사유만으로는 중혼의 취소를 구하는 심판청구가 권리남용이라고 할 수 없다(1991. 5. 28. 제2부 판결, 89므211 혼인취소).

6. 가. 실권 또는 실효의 법리의 의미

실권 또는 실효의 법리는 법의 일반원리인 신의성실의 원칙에 바탕을 둔 파생원칙인 것으로서, 이는 본래 권리행사의 기회가 있음에도 불구하고 권리자가 장기간에 걸쳐 그의 권리를 행사하지 아니하였기 때문에 의무자인 상대방은 이미 그의 권리를 행사하지 아니할 것으로 믿을 만한 정당한 사유가 있게 되거나 행사하지 아니할 것으로 추인케 할 경우에 새삼스럽게 그 권리를 행사하는 것이 신의성실의 원칙에 반하는 결과가 될 때 그 권리행사를 허용하지 않는 것을 의미하다.

나. 약한 의미의 양도담보에 있어 위 "가"항의 법리에 따른 장기간에 걸친 정산금청구권 불행사 여부를 판단하기 위한 기준시점

약한 의미의 양도담보에서는 채무의 변제기가 도과된 이후라 할지라도 채권자가 그 담보권을 실행하여 정산을 하기 전에는 채무자는 언제든지 채무를 변제하고 그 채무담보목적의 가등기 및 가등기에 기한 본등기의 말소를 구할 수 있고, 양도담보설정자의 정산금청구는 담보부동산이 환가되어야 비로소 그 권리행사가 가능한 것이므로 금원차용일이나 소유권이전본등기시로부터 환가시까지 오랜 기간이 경과되었다 하더라도 이를 이유로 그 권리행사를 허용하지 않을 수 없는 것이고, 위 법리에 따른 장기간에 걸친 권리 불행사 여부를 판단함에 있어서는 담보부동산의 환가시를 그 시점으로 삼아야 한다(1991. 7. 26. 제3부 판결, 90다15488 정산금).

7. 가. 군 산하 관계공무원의 종용에 의한 정차지 외 정차의 위반행위에 대한 도지사의 과징금 부과처분이 신의칙에 위반되지 아니한다고 본 사례

군 산하 관계공무원의 종용에 의한 시외버스운송사업자의 정차지 외 정차의 위반행위에 대한 도지사가 과징금 부가처분을 한 것이 신의칙에 위반되지 아니한다.

나. 자동차운전사업법은 제31조 제1항 위반행위에 대한 사업정지처분 또는 과징금부과처분이 재량권의 남용 내지 일탈에 해당하는 경우

자동차운전사업법 제31조 제1항 위반행위가 그 내용 등에 비추어 사안이 극히 경미하거나 특히 참작할 만한 사유가 있어 같은 항 또는 같은 법 제31조의2 제1항의 사업정지처분 또는 과징금 부과처분을 하는 것이 사회통념상 현저하게 타당성을 잃었다고 보여지는 경우에는 그러한 처분은 재량권을 남용 내지 일탈한 것이 되어 위법하다고 할 것이다.

다. 시외버스운송사업자의 정차지 외 정차행위가 관계공무원의 적극적인 권유에 따라 위의 위반행위에 이르렀다는 등의 사정 등을 고려하면, 그에 대한 과징금 부과처분이 재량권의 남용 내지 일탈에 해당한다고 본 사례

시외버스운송사업자인 원고의 정차지 외 정차행위가 자동차운전사업법 제31조의2 제1항 제1호 소정의 과징금 부과사유에 해당한다 하더라도 관계공무원의 적극적인 권유에 따라 위의 위반행위에 이르렀고 그 때의 상황에 미루어 이를 거부하기를 기대하기도 어려웠으며 그 위반행위도 비교적 단기간에 그쳤을 뿐만 아니라 위반행위를 종용한 공무원은 아무런 불이익을 입지 아니한 사실 등을 고려하면, 원고에 대한 과징금 부과처분은 너무 가혹하여 사회통념상 현저하게 타당성을 결한 것으로서 재량권을 남용 내지 일탈한 것이라고 본다(1991. 7. 23. 제2부 판결, 90누5306 과징금부과처분취소).

8 가. 농지가 갑으로부터 을을 거쳐 병에게 순차 매매된 경우에 있어 농지매매증명

갑 소유이던 농지가 소외 을을 거쳐 병에게 순차 매도되었고 위 을이 재일교포로서 농지개혁법 제19조 제2항 소정의 농지매매증명을 받지 못한 채 사망하였다면 위 매매는 무효라 할 것이다.

나. 위 "가"항의 경우 갑이 재일동포인 을에게 중간생략등기의 약정 아래 농지를 매도한 다음 농지매매증명을 구비하지 못하였음을 내세워 그 매매계약이 무효라고 항변하는 것이 신의칙에 위반되는지 여부(소극)

위 "가"항의 경우 갑이 위 을이 재일동포로서 농지매매증명을 받을 수 없음을 잘 알고 그에게 이 사건 농지를 매도하면서 중간생략등기의 약정을 한 다음 대금까지 모두 받고나서 이제야 농지매매증명을 구비하지 못하였음을 내세워 그 매매계약이 무효라고 항변하는 것은 신의칙에 위반되지 아니한다(1991. 9. 10. 제2부 판결, 91다19432 소유권이전등기).

9 가. 취중에 군용트럭을 운전하다가 교통사고를 일으킨 육군부대 소속수송관에게 국가배상법 제2조 제2항의 중과실이 있다고 인정한 사례

육군부대 소속 수송관이 취중에 군용트럭을 운전하고 통행인이 많은 주택가 비포장도로의 삼거리에서 좌회전하다가 수도관 매설공사가 마무리되지 아니하여 지반이 다져지지 않은 지점에 빠지면서 길가 담벽에 붙어 서있던 통행인을 충격 사망케 한 사고에 대하여 국가배상법 제2조 제2항 소정의 중과실로 인한 사고라고 본다.

나. 위 "가"항의 경우 국가의 구상금청구가 신의성실의 원칙상 대폭감액되어야 한다는 항변이 배척된 사례

피고가 장기간 작업군인으로 충실히 복무하여 원고에게 커다란 기여를 하였음을 전제로 하여 이익과 손해의 형평부담의 원칙이나 신의성실의 원칙상 이 사건 사고로 인한 손해전부를 피고에게 책임지우는 것은 부당함을 이유로 하여 주장하는, 원고의 이 사건 구상금 청구는 전부 부인되거나 대폭 감액되어야 한다는 피고의 항변을 배척한 원심의 조처도 정당하고, 이 사건 구상금 청구 때문에 피고의 생계에 중대한 영향을 미친다는 피고의 주장은 원심이 인정하지 아니한 것이며, 거기에 정당한 권리행사에 관한 법리를 오해하거나 심리마진의 위법이 있다고 할 수 없다. 논지도 이유없다(1991. 9. 10. 제1부 판결, 91다20302 구상금).

10. 가. 대지에 관하여 매매계약을 체결하면서 매수인들에게 대지사용승낙을 한 경우에 주된 계약인 매매계약이 적법하게 해제된 이상 대지사용승낙의 약정도 그와 함께 실효되었다고 본 사례

대지에 관하여 매매계약을 체결하면서 매수인들에게 한 대지사용승낙은 그들 간에 매매계약이 유효하게 존속하고 있음을 전제로 이에 터잡은 부수적인 사용대차계약이라고 보아 주된 계약인 매매계약이 적법하게 해제된 이상 부수적인 사용대차계약인 대지사용승낙의 약정도 그와 함께 실효되었다고 본다.

나. 위 "가"항의 경우 대지소유자가 건물을 신축하게 한 원인행위자라면 대지사용승낙을 신뢰하여 견고한 건물을 건축한 제3자에게 건물철거를 구하는 것을 신의성실의 원칙에 위배된다고 본 사례

위 "가"항의 경우 대지소유자가 건물을 신축하게 한 원인행위자라면 그와 같은 대지사용승낙을 신뢰하여 대지매수인과 건물의 신축에 관한 도급계약을 체결하고 적법하게 건축한 제3자 소유의 견고한 건물을, 그것이 적법하게 준공된 후에 대지에 대한 매수인과의 매매계약이 해제되었음을 이유로 하여 철거를 요구하는 것은, 비록 그것이 대지의 소유권에 기한 것이라고 하더라도 사회적, 경제적 측면에서는 물론이고, 신의성실의 원칙에 비추어서도 용인할 만한 것이 못된다(1991. 9. 24. 제1부 판결, 91다9756, 6763(반소) 토지인도등).

11. 해고되어 아무런 이의의 유보나 조건없이 퇴직금을 수령하고 난 후 여러 달이 지난 시점에 해고의 효력을 다투는 소를 제기하는 것이 신의칙이나 금반언의 원칙에 위배되는 것인지 여부

사용자로부터 해고된 근로자가 퇴직금 등을 수령하면서 아무런 이의의 유보나 조건을 제기하지 않았다면 특별한 사정이 없는 한 해고처분을 유효한 것으로 인정하였다고 할 것이므로 그로부터 여러 달이 지난 후 해고의 효력을 다투는 소를 제기하는 것은 신의칙이나 금반언의 원칙에 위반된다(1991. 10. 25. 제3부 판결, 90다20428 해고무효확인).

12. 가. 권리남용의 의의와 판단방법

권리남용이라 함은, 권리자가 그 권리를 행사함으로 인하여 사회적, 경제적으로 얻는 이익보다 상대방에게 과대한 손해를 입히는 결과가 됨에도 불구하고, 권리자가 권리행사라는 구실로 상대방에게 손해를 가할 것만을 목적으로 하거나 또는 객관적으로 우리의 통념상 도저히 용인될 수 없는 부당한 결과를 자아내는 등 공공복리를 위한 권리의 사회적 기능을 무시하고, 신의성실의 원칙과 국민의 건전한 권리의식에 반하는 행위를 하는 것을 뜻한다고 할 것으로서 어느 권리행사가 권리남용이 되는가의 여부는 각 개별적이고 구체적인 사안에 따라 판단되어야 한다.

나. 구거나 설치된 토지의 소유자가 자신의 토지 위에 설치된 수로의 폐쇄를 뜻하는 방법으로 소유권을 행사하는 것이 그로 인하여 발생하는 손익, 공공복리의 원칙 등에 비추어 권리남용에 해당한다고 본 사례

토지소유자가 다른 방법으로는 몰라도 자신의 토지 위에 설치된 수로의 폐쇄를 뜻하는 방법으로 소유권을 행사하는 것은 자신에게는 큰 이익이 없는 반면에 농지개량조합에게는 새로운 수로개설을 위한 막대한 시간과 비용이 필요하여 그 피해가 극심할 뿐만 아니라 재산권의 행사는 공공복리에 적합하게 행사해야 한다는 기본원칙에도 반하므로 권리남용에 해당한다(1991. 10. 25. 제3부 판결, 91다27273 구거철거 및 토지인도등).

13. 가. 실효의 법리

실효의 법리란 본래 권리행사의 기회가 있음에도 불구하고 권리자가 장기간에 걸쳐 그의 권리를 행사하지 아니하였기 때문에 의무자인 상대방은 그가 권리를 행사하지 아니할 것으로 믿게 되고 그렇게 믿는 데 있어 정당한 사유가 있거나, 권리를 행사하지 아니할 것으로 추인되는 경우에 새삼스럽게 그 권리를 행사하는 것이 신의칙에 반하는 결과가 되어 그 권리행사를 허용하지 아니하는 것을 말한다.

나. 매매계약 체결 후 잔금 지급만을 지체한 상태에서 장기간이 경과되었을 뿐, 매수인으로서의 권리를 행사하지 아니할 것으로 믿거나 행사하지 아니할 것으로 추인케하는 어떠한 사유를 찾아볼 수 없어 실효의 법리가 작용되지 않는다고 한 사례

매매계약 체결 후 이미 중도금까지 지급한 후 잔금 지급만을 지체하였고, 상대방으로서도 그 이행기일이 지나도 소유권이전등기에 필요한 서류를 제공하지 아니하여 쌍방이 각 그 이행을 지체한 상태에서 장기간이 경과되었을 뿐, 매수인으로서의 권리를 행사하지 아니할 것으로 믿거나 행사하지 아니할 것으로 추인케 하는 어떠한 사유를 찾아볼 수 없어 위 매매계약에 관하여 실효의 법리가 적용되지 않는다(1992. 2. 28. 제3부 판결, 91다28221 소유권이전등기).

14. 가. 변호사가 소송위임사무처리에 대한 약정보수액 중 상당하다고 인정되는 범위 내의 보수액만을 청구할 수 있는 경우

변호사의 소송위임사무처리에 대한 보수의 액에 관하여 의뢰인과 사이에 약정이 있는 경우에 위임사무를 완료한 변호사는 특별한 사정이 없는 한 약정된 보수액을 전부 청구할 수 있는 것이 원칙이기는 하지만, 의뢰인과의 평소부터의 관계·사건 수임의 경위·착수금의 액·사건 처리의 경과와 난이도·노력의 정도·소송물가액·의뢰인이 승소로 인하여 얻게 된 구체적 이익과 소속 변호사회의 보수규정등 기타 변론에 나타난 제반 사정에 비추어, 약정된 보수액이 부당하게 과다하여 신의성실의 원칙이나 형평의 원칙에 반한다고 볼 만한 특별한 사정이 있는 경우에는, 예외적으로 위와 같은 제반 사정을 고려하여 상당하다고 인정되는 범위 내의 보수액만을 청구할 수 있다고 보아야 할 것이다.

나. 변호사보수기준에 관한 규칙에 의한 성공보수액, 사건의 위임 경위 등 제반 사정에 비추어 변호사의 약정성공보수금 총액이 부당히 과다하여 이를 감액하고 그 금액을 초과하는 보수금의 약정은 신의성실의 원칙에 반하여 무효라고 한 사례

소송이 특별히 복잡·중대하여 장기간 소요되었다거나 변호사가 유난히 많은 정성을 들었다고 볼 만한 사정이 없는 반면, 변호사보수기준에 관한 규칙에 의한 성공보수액은 금 6,790,000원이고, 변호사보수의 소송비용산입에 관한 규칙에 의하여 소송비용에 산입되는 변호사의 보수는 금 3,460,000원에 불과할 뿐 아니라, 의뢰인은 변호사가 친구의 아버지여서 사건을 위임하게 된 것으로서, 일부 피고에 대하여는 의제자백으로 승소하였으나 그는 소재불명이고 가압류하여 놓은 재산도 없어서 집행가능성이 희박한 데다가 부동산을 가압류하여 놓았던 피고들에 대하여는 모두 패소한 점 등 제반 사정을 참작하여 보면 금 30,000,000원의 약정성공보수금은 부당히 과다하고 그 보수액은 금 11,000,000원이 상당하다고 할 것이므로, 그 금액을 초과하는 보수금의 약정은 신의성실의 원칙에 반하여 무효이다(1992. 3. 31, 제2부 판결, 91다29804 보수금).

15. 가. 소유권보존등기가 된 종전건물의 소유자가 이를 헐어 내고 건물을 신축한 경 우에 있어 종전 건물에 관하여 마쳐진 원인무효의 소유권이전등기 등의 말소를 구할 소의 이익이 있는지 여부(적극)

소유권보존등기가 되었던 종전건물의 소유자가 이를 헐어 내고 건물을 신축한 경우에 있어 종전건물에 대한 멸실등기를 하고 새 건물에 대한 소유권보존등기를 하기 위하여 종전건물에 대한 소유권보존등기에 터잡아 마쳐진 원인무효의 소유권이전등기등의 말소를 청구할 소의 이익이 있다.

나. 위 "가"항과 같이 건물을 신축한 자가 위 근저당권설정등기의 효력이 새 건물에 미친다고 합의하고, 경매절차에서 위 등기의 효력을 인정하여 이의를 제기하지 않기로 한 바 있다하더라도 무효인 등기의 말소청구가 신의성실의 원칙이나 금반언의 원칙에 위배되지 않는다고 한 사례

위 "가"항과 같이 건물을 신축한 자가 다른 소송에서 건물이 증·개축되었다고 자인한 바 있고, 또한 종전건물에 대한 근저당권설정등기의 효력이 새 건물에 미치는 것으로 하기로 합의한 바 있으며, 위 근저당권설정등기에 터잡은 경매절차가 진행중이던 때에 위 등기의 효력을 인정하고 경매절차에서 이의를 제기하지 아니하기로 약정한 바 있었다고 하더라도, 그와 같은 사유들만으로써는 무효인 등기의 말소를 구하는 청구가 신의성실의 원칙이나 금반언의 원칙에 위배되지 않는다(1992. 3. 31. 제1부 판결, 91다39184 토지소유권이전등기말소).

16. 은행이 예금거래약정시 고객에게 적색거래처 지정에 관한 설명을 하여 준비가 없다는 등의 이유만으로는 적색거래처 지정행위와 은행연합회의 통보행위 등 규제조치가 약정의 규제에 관한 법률이나 신의성실의 원칙에 반하는 것이 아니라고 한 사례

은행의 가계수표를 부도낸 고객에 대한 적색거래처(불량거래처) 지정행위 및 전국은행연합회의 위 규제조치의 각 금융기관에의 통보행위는 위 고객과 은행 사이의 가계종합예금거래약정에 따른 제재로서, 은행이 위 예금거래약정을 할 때 그 고객에게 적색거래처 지정에 관하여 설명을 하여 준 바 없다거나 그 고객이 어음교환소 규약 등을 쉽게 접하여 볼 수 없었다는 등의 이유만으로는 은행과 전국은행연합회의 위 규제조치가 약정의 규제에 관한 법률이나 신의성실의 원칙에 반하는 것이라고 볼 수 없다(1992. 3. 31. 제2부 판결, 92다2554 손해배상(기)).

17. 권리의 행사가 민법 제2조와 민사소송법 제1조의 규정에 비추어 부인되어야 할 경우

사회적 공동생활에 있어서는 공동생활자 상호간 이해관계가 서로 경합되므로 모든 권리행사에는 필연적으로 일정한 한계가 있어야 하기 때문에 민법 제2조는 “권리의 애사는 신의에 좇아 성실히 하여야 하고, 권리는 남용하지 못한다”고 규정하고, 민사소송법 제1조도 “법원은 소송절차가 공정, 신속하고 경제적으로 진행되도록 노력하여야 하며, 당사자와 관계인의 신의에 좇아 성실하게 이에 협력하여야 한다”고 규정하여, 권리의 사회성과 적법성을 명백히 하고 있는바, 따라서 형식적으로 권리행사라 하여도 그것이 권리의 사회성과 적법성의 관념에 비추어 도저히 허용할 수 없는 정도의 것이라면 그 권리의 행사는 부인되어야 할 것이다(1992. 6. 9. 제2부 결정, 91마500 재경매명령취소에 대한 의미).

18. 가. 하천구역 아닌 토지부분에 대하여 국가가 등기부를 폐쇄하고 소유권보존등기를 마쳤다면 그 부분의 점유를 선의, 무과실로 보기 어렵고, 그 부분이 제내지가 되었다고 점유의 태양이 달라지는 것도 아니라고 하여 위 토지부분에 대한 등기부취득시효 주장을 배척한 사례

하천구역이라고 볼 수 없는 토지부분에 대하여까지 국가가 종전등기를 폐쇄하고 소유권보존등기를 마친 것이라면 설사 이 부분에 대한 점유가 있었다 하더라도 그 점유가 선의, 무과실이라고 보기 어렵고 제방 축조로 토지가 제내지가 되었다 하여 그 점유의 태양이 달라지는 것도 아니라고 하여 위 토지부분에 대한 등기부취득시효의 주장을 배척한다.

나. 위 “가”항의 경우 원소유자가 법률 제3782호 하천법중 개정법률부칙 제2조의 규정에 의한 하천편입토지보상에 관한 규정에 따라 보상청구를 한 후의 소제기가 신의칙 내지 금반언의 원칙에 위배된다거나 또는 권리남용에 해당된다고 할 수 없다고 한 사례

위 "가"항의 경우 원소유자가 법률 제3782호 하천법중 개정법률부칙 제2조의 규정에 의한 하천편입토지보상에 관한 규정(대통령령 제11919호)에 따라 보상청구를 하였다 하더라도 그가 보상청구를 한 것은 국가 등 명의의 소유권이전등기에 대하여 다투는 방법이 있는지 여부를 알지 못하여 그 보상금마저 못 받을지 모른다는 우려 때문에 그 보상청구를 한 것이지 소유권 등 그 밖의 권리를 포기할 의사가 아니라면 원소유자의 보상청구 후의 소제기가 신의칙 내지 금반언의 원칙에 위배된다거나 또는 권리남용에 해당된다고 할 수 없다(1992. 6. 9. 제2부 판결, 91다43640 소유권확인등).

19. 해고되어 아무런 이의의 유보나 조건 없이 퇴직금을 수령한 때로부터 오랜 기간이 지난 후에 해고의 효력을 다투는 소를 제기하는 것이 신의칙이나 금반언의 원칙에 위배되는지 여부

사용자로부터 해고된 노동자가 퇴직금 등을 수령하면서 아무런 이의의 유보나 조건을 제기하지 않았다면 특별한 사정이 없는 한 해고처분을 유효한 것으로 인정하였다고 할 것이고 따라서 그로부터 오랜 기간이 지난 후에 해고의 효력을 다투는 소를 제기하는 것은 신의칙이나 금반언의 원칙에 위배된다(1992. 7. 10. 제3부 판결, 92다3809 해고무효확인)

20. 무효인 공정증서상 집행채무자로 표시된 자가 그 공정증서를 채무명의로 한 경매절차가 진행되는 동안 이를 방치하고, 오히려 변제를 주장하여 경락허가결정에 대한 항고절차를 취하고 경락대금까지 배당받은 후 경락인에 대하여 공정증서의 무효를 이유로 이에 기한 강제경매도 무효라고 주장함의 당부

무효인 공정증서상에 집행채무자로 표시된 자가 그 공정증서를 채무명의로 한 경매절차가 진행되고 있는 동안에 공정증서의 무효를 주장하여 경매절차를 저지할 수 있었음에도 불구하고 그러한 주장을 일체 하지 않고 이를 방치하였을 뿐 아니라. 오히려 공정증서가 유효임을 전제로 변제를 주장하여 경락허가결정에 대한 항고절차를 취하였고 경락허가결정확정 후에 경락대금까지 배당받았다면, 특별한 사정이 없는한 집행채무자로 표시된 자는 경락인에 대하여 그 공정증서가 유효하다는 신뢰를 부여한 것으로서 객관적으로 보아 경락인으로서는 이와 같은 신뢰를 갖는 것이 상당하다고 할 것이므로, 그 후 집행채무자로 표시된 자가 경락인에 대하여 공정증서의 무효임을 이유로 이로 기하여 이루어진 강제경매도 무효라고 주장하는 것은 금반언 및 신의칙에 위반되는 것이라고 보아야 한다(1992. 7. 28. 제1부 판결, 92다7726 소유권이전등기말소).

21. 토지 소유자가 그 소유권에 기하여 침범된 건축물의 철거와 토지의 인도를 구하는 것이 권리남용에 해당한다고 한 사례

갑이 도로로 사용되어 오다가 세금의 체납으로 공매되게 된 토지가 도로 이외의 용도로는 사용하기 어려움을 잘 알고 있었고 그래서 공매가격이 싼데도 원매자가 나타나지 아니하자 감정시가보다도 더 싸게 위 토지를 매수한 다음 곧바로 원소유자 등을 상대로 통행금지와 부당이득금청구 및 매수청구 등의 소송을 제기하였으나 주위토지통행권이 인정되는 바람에 통행금지청구부분은 패소되고 그 무렵 위 토지를 침범한 건축물의 철거와 그 부분 토지의 인도를 구하는 소를 제기하였으며, 위 토지의 면적이 264평방미터임에 비하여 철거를 구하는 건축물의 침범부분은 약 11.6평방미터에 불과하다면 위 토지의 현황과 이용실태, 위 토지를 취득하게 된 경우, 소송을 통하여 이루려는 목적 및 침범된 부분의 면적과 침범건축물의 형태 등에 비추어 토지 소유자가 침범부분의 토지에 대한 부당이득을 구함을 별론으로 하고 그 소유권에 기하여 침범된 건축물의 철거와 그 부분 토지의 인도를 구하는 것은 권리남용에 해당한다(1992. 7. 28. 제2부 판결, 92다16911 도로통행금지등, 16928(반소) 토지인도등).

22. 해고되어 아무런 이의의 유보나 조건 없이 퇴직금을 수령한 때로부터 오랜 기간이 지난 후에 해고의 효력을 다투는 소를 제기하는 것이 신의칙이나 금반언의 원칙에 위배되는지 여부

사용자로부터 해고된 노동자가 그 해고 이후에 퇴직금 등을 수령하면서 아무런 이의의 유보나 조건을 제기하지 않았다면 특별한 사정이 없는 한 해고처분의 효력을 인정하였다고 할 것이고 따라서 그로부터 오랜 기간이 지난 후에 그 해고의 효력을 다투는 소를 제기하는 것은 신의칙이나 금반언의 원칙에 위배되어 허용될 수 없다(1992. 8. 14. 제3부 판결, 91다29811 면직무효처분확인).

23. 갑이 사실상 1인회사의 주식 전부를 을에게 양도하고, 대표이사직을 사임함과 동시에 위 회사를 어떠한 형태로 처리하여도 이의하지 않기로 하였다면 그 후 갑이 상법 제389조 등에 의하여 대표이사의 권리의무를 보유하고 있다는 이유로 주주총회나 이사회의 결의에 대하여 부존재확인을 구하는 것은 신의성실의 원칙에 반한다고 한 사례

갑이 을에게 사실상 1인회사인 주식회사의 주식 전부를 양도한 다음, 그 대표이사직을 사임함과 동시에 을이 위 회사를 인수함에 있어 어떠한 형태로 처리하더라도 이의를 제기하지 않기로 하였다면 갑으로서는 그 이후에 위 회사의 주주총회결의나 이사회결의에 대하여 상법 제389조, 제386조 제1항에 의하여 그 대표이사로서의 권리의무를 계속 보유하고 있다는 이유로 부존재확인을 구하는 것은 신의성실의 원칙에 반한다(1992. 8. 14. 제3부 판결, 91다45141 주주총회결의무효확인등).

24. 징발된 토지가 10년 전에 군사상 필요없게 되었음에도 불구하고, 국가가 피징발자에게 그와 같은 사실을 통지하여 환매권을 행사하도록 조치를 취하지 아니하고 있다가 10년이 경과한 뒤에 환매권이 소멸되었다고 주장하는 것이 신의칙에 반한다고 볼 수 없다고 한 사례

징발된 토지가 10년 전에 군사상 필요없게 되었음에도 불구하고, 국가가 피징발자에게 그와 같은 사실을 통지하여 환매권을 행사하도록 조치를 취하지 아니하고 있다가 10년이 경과한 뒤에 환매권이 소멸되었다고 주장하는 것이 신의칙에 반한다고 볼 수 없다(1992. 8. 18. 제2부 판결, 92다21180 소유권이전등기).

25. 가해자의 보험자의 지위에서 피해자의 입원치료비 지급을 보증하였다가 철회한 보험회사가 가해자를 대리하여 피해자와의 사이에서 화해계약을 체결함에 있어 미지급된 피해자의 치료비가 있다는 사실을 고지하여야 할 의무가 있다고 볼 수 없다고 한 사례

가해자의 보험자의 지위에서 피해자의 입원치료비 지급을 보증하였다가 철회한 보험회사가 가해자를 대리하여 피해자와의 사이에서 화해계약을 체결함에 있어 미지급된 피해자의 치료비가 있다는 사실을 고지하여야 할 의무가 있다고 볼 수 없다(1992. 9. 22. 제1부 판결, 92다19897 진료비).

26. 근로자가 징계해임에 대하여 아무런 이의를 한 바 없이 퇴직금을 수령하였고, 유사한 비위사실로 징계해임되거나 의원면직된 다른 근로자들 중 일부가 소송을 제기하여 일부는 승소하였는데도 소송을 제기하지 않다가 퇴직금을 수령한 때로부터 12년 8개월이 지난 후 징계의 효력을 다투는 것은 신의성실의 원칙상 허용될 수 없다고 본 사례

근로자가 징계해임에 대하여 아무런 이의를 한 바 없이 퇴직금을 수령하였고, 유사한 비위사실로 징계해임되거나 의원면직된 다른 근로자들 중 일부가 소송을 제기하여 일부는 승소하였는데도 소송을 제기하지 않다가 퇴직금을 수령한 때부터 12년 8개월이 지난 후 징계의 효력을 다투는 것은 신의성실의 원칙상 허용될 수 없다(1992. 10. 13. 제1부 판결, 92다24462 해임결의무효확인).

27. 계쟁토지가 학교의 교사부지 등으로 사용되는 사정을 알면서 양수한 후 20년 가까이 인도청구를 하지 않았다면 부당이득반환청구는 몰라도 토지 자체의 인도청구는 신의성실의 원칙상 허용할 수 없다고 한 사례

계쟁토지가 학교의 교사부지 등으로 사용되는 사정을 알면서 양수한 후 20년 가까이 인도청구를 하지 않았다면 부당이득반환청구는 몰라도 토지 자체의 인도청구는 신의성실의 원칙상 허용할 수 없다(1992. 11. 10. 제1부(아) 판결, 92다20170 토지인도등).

28. 면직 후 10년 가까이 법적 구제절차를 취한 일이 없고, 1980년 해직공무원의 보상 등에 관한 특별조치법에 의한 보상금을 수령하고 8개월이 지난 후 면직무효확인의 소와 임금 또는 상금 상당 손해배상청구의 소를 제기하는 것은 신의칙에 반한 것이어서 실효의 원칙에 따라 권리행사가 허용되지 않는다고 본 사례

면직 후 10년 가까이 법적 구제철자를 취한 일이 없고, 1980년 해직공무원의 보상 등에 관한 특별조치법에 의한 보상금을 수령하고 8개월이 지난 후 면직무효확인의 소와 임금 또는 임금 상당 손해배상청구의 소를 제기하는 것은 신의칙에 반한 것이어서 실효의 원칙에 따라 권리행사가 허용되지 않는다(1992. 11. 13. 제3부(다) 판결, 92다13080 면직처분무효확인등).

29. 토지소유자가 허위의 보존등기명의자로부터 그 명의 등기지분을 반환하겠다는 약정을 받았다면 그 후 전전취득자들에 대하여 권리를 행사하지 아니한 채 10년 남짓 지나 사망하였다 하여도 그 재산상속인의 소유권이전등기말소청구가 정의관념에 반한다고 할 수 없다 한 사례

토지소유자가 허위의 보존등기명의자로부터 그 명의 등기지분을 반환하겠다는 약정을 받았다면 그 후 전전취득자들에 대하여 권리를 행사하지 아니한 채 10년 남짓 지나 사망하였다 하여도 그 재산상속인의 소유권이전등기말소청구가 정의관념에 반한다고 할 수 없다(1993. 2. 9. 제2주(라) 판결, 92다9364 소유권이전등기말소).

30. 가. 소송위임사무에 대하여 변호사가 청구할 수 있는 보수액

변호사의 소송위임사무처리에 대한 보수의 액에 관하여 의뢰인과 사이에 약정이 있는 경우에 위임사무를 완료한 변호사는 특별한 사정이 없는 한 약정된 보수액을 전부 청구할 수 있는 것이 원칙이기는 하지만 의뢰인과의 평소부터의 관계, 사건수임의 경위, 착수금의 액, 사건처리의 경과와 난이도, 노력의 정도, 소송물가액, 의뢰인이 승소로 인하여 얻게 된 구체적 이익과 소속 변호사회의 보수규정, 변호사 보수의 소송비용산입에 관한 규칙 등 제반 사정에 비추어 약정된 보수액이 부당하게 과다하여 신의성실의 원칙이나 형평의 원칙에 반한다고 볼만한 특별한 사정이 있는 경우에는 예외으로 상당하다고 인정되는 범위 내의 보수액만을 청구할 수 있다.

나. 승소사례금으로 금 50,000,000 원을 지급한 사건에서 당사자간의 화해에 따른 취하로 가처분이의사건은 항소심 계속중에, 본안소송사건은 제1심 계속중에 각 종료된 사정 등을 이유로 금 20,000,000 원이 상당하다고 한 사례

승소사례금으로 금 50,000,000원을 지급한 사건에서 당사자간의 화해에 따른 취하로 가처분이의사건은 항소심 계속중에, 본안소송사건은 제1심 계속중에 각 종료된 사정 등을 이유로 금 20,000,000원이 상당하다(1993. 2. 9. 제1부(자) 판결, 92다30382 보관금등).

31. 징계해고를 당한 근로자가 불복할 의사를 분명히 하면서 퇴직금의 일부를 지급받고 구제명령을 받은 후 나머지 퇴직금을 수령한 사실만으로 해고의 효력을 다투는 소의 제기를 신의칙에 위배된다고 볼 수 없다고 한 사례

징계해고를 당한 근로자가 불복할 의사를 분명히 하면서 퇴직금의 일부를 지급받고 구제명령을 받은 후 나머지 퇴직금을 수령한 사실만으로 해고의 효력을 다투는 소의 제기를 신의칙에 위배된다고 볼 수 없다(1993. 2. 12. 제3부(사) 판결, 92누10654 부당해고구제재심판정취소).

32. 가. 증권관리위원회가 제정한 구 증권회사의 미수금정리절차 등에 관한 규정(1990. 9. 20. 개정되기 전의 것)이 증권회사에게 고객에 대한 관계에서 직접적인 의무를 부과하고 있는지 여부(소극)

증권관리위원회가 제정한 구 증권회사의 미수금정리절차 등에 관한 규정(1990. 9. 20. 개정되기 전의 것)은 증권회사로 하여금 미수금을 신속히 회수하도록 하여 증권회사의 경영내실화를 도모함으로써 과도한 투기거래를 방지하고 공익 또는 투자자보호에 기여하려는데에 목적이 있는 것으로서, 이 규정에 의하여 증권회사가 감독기관인 증권관리위원회의 감독상 규제를 받는 것은 변론으로 하고 당해 고객과의 관계에서 매수유가증권을 지체 없이 처분하여야 할 의무를 진다고 볼 수 없다.

나. 고객이 주식매수대금을 납부하지 아니하여 증권회사가 매수주식을 처분하여 미수대금에 충당하는 경우 매수주식의 가격에 미수대금과 같아지는 시점에 매수주식을 지체없이 처분할 신의칙상의 주의의무를 부담하는지 여부(한정소극)

고객이 주식매수대금을 증권회사에 납부하지 아니하여 증권회사가 매수주식을 처분하여 처분대금을 주식대금에 충당하는 경우에 있어서 증권회사로서는 고객의 손실을 최소한도에 그치도록 하여야 할 신의칙상의 주의의무가 있다고 하더라도, 증권회사가 미리 고객으로부터 매수주식의 가격이 미수대금과 같은 시점에 매수주식을 처분하여 줄 것을 위임받았다는 등 특별한 사정이 없는 한 증권회사가 위와 같은 시점에 매수주식을 지체 없이 처분하지 않았다고 하여 주의의무를 위반하였다고 볼 수는 없다(1993. 2. 23. 제1부(나) 판결, 92다35004 대여금).

33. 가. 노동조합으로부터 제명징계된 조합원이 명시적인 이의를 유보함이 없이 퇴직금 등을 수령하였지만 징계의 효력을 다투고 있었다고 볼 수 있는 객관적인 사정이 있었던 경우 제명징계의 효력을 인정하였다고 볼 것인지 여부(소극)

노동조합으로부터 제명징계된 조합원이 퇴직금 등을 수령하면서 아무런 이의의 유본 조건을 제기하지 아니하였다면 특별한 사정이 없는 한 징계를 유효한 것으로 인정하였다고 보는 것이 상당하다 할 것이나 이러한 경우라도 징계의 효력을 인정하지 아니하고 이를 다투고 있었다고 볼 수 있는 객관적인 사정이 있다거나 그 이외에 상당한 이유가 있는 상황하에서 이를 수령하는 등 반대의 사정이 있음이 엿보이는 때에는 명시적인 이의를 유보함이 없어 퇴직금 등을 수령한 경우라도 하여도 일률적으로 제명징계의 효력을 인정하였다고 보아서는 안된다.

나. 조합원이 노동조합으로부터 제명의 징계를 받은 후 퇴직충당금을 수령하였으나 그 이후 징계무효확인의 소를 제기할 때까지의 제반 사정 등에 비추어 퇴직금수령시 징계처분의 효력을 다툴 의사를 포기하였다고 볼 수 없다 한 사례

조합원이 노동조합으로부터 제명의 징계를 받은 후 퇴직충당금을 수령하였으나 그 이후 징계무효확인의 소를 제기할 때까지의 제반사정 등에 비추어 퇴직금수령시에 징계처분의 효력을 다툴 의사를 포기하였다고 볼 수 없다(1993. 3. 9. 제2부(차) 판결, 92다29429 징계무효확인등).

34. 회사의 대표이사 개인의 어음거래행위에 대한 담보조로 발행한 개인 명의의 백지수표에 보증의 의미로 회사 명의의 배서를 한 데 대하여 신의칙상 회사의 책임을 제한할 수 있는 경우

회사의 대표이사 개인의 어음거래행위에 대한 담보조로 발행한 개인 명의의 백지수표에 보증의 의미로 회사 명의의 배서를 한 경우 배서를 하게 된 동기와 목적, 어음거래행위의 내용, 배서할 당시의 대표이사의 위치, 권한, 배서 이후의 상황의 변동 등 제반 사정에 비추어 회사의 배서인으로서의 책임을 합리적인 범위내로 제한함이 상당하다고 인정되는 경우에는 신의칙상 상당한 범위로 그 책임이 제한된다(1993. 4. 9. 제3부 판결, 92다46172 보증채무금).

35. 징계해고 후 6일만에 다른 회사에 입사하였고 다른 회사에서의 부수도 해고된 회사보다 현저하게 낮다고 볼 수 없고, 또 복직의사가 없을 뿐만 아니라 복직이 현실적으로 어려운 상태에서 징계해고 후 9개월이 넘어 해고무효의 소를 제기하는 것은 신의성실의 원칙 내지는 실효의 원칙에 비추어 허용될 수 없다고 한 사례

징계해고 후 6일만에 다른 회사에 입사하였고 다른 회사에서의 보수도 해고된 회사보다 현저히 낮다고 볼 수 없고, 또 복직의 의사가 없을 뿐만 아니라 복직이 현실적으로 어려운 상태에서 징계해고 후 9개월이 넘어 해고무효의 소를 제기하는 것은 신의성실의 원칙 내지는 실효의 원칙에 비추어 허용될 수 없다(1993. 4. 13. 제1부 판결, 92다49171 해고무효확인).

36. 명의신탁자에게 소유권이전등기를 청구할 수 있는 지위에 있는 자에 대하여 명의수탁자가 자신이 소유자임을 내세워 토지인도를 구할 수 있는지 여부(소극)

매수인 갑은 매도인 을에 대한 소유권이전등기청구권을 보전하기 위하여 을을 대위하여 을과 병 사이의 명의신탁자계약을 해지하고 명의수탁자 병에 대하여 토지 소유 명의를 명의신탁자인 을 앞으로 이전할 것을 청구할 수 있음과 아울러 을에 대하여는 다시 갑 앞으로 소유권이전등기절차를 이행할 것을 청구할 수 있는 지위에 있으므로 이러한 지위에 있는 갑에 대하여 병이 소유자임을 내세워 토지상의 각 시설물의 철거와 산업폐기물의 수거 및 토지의 인도를 구함은 신의성실의 원칙상 허용될 수 없다(1993. 5. 11. 제1부 판결, 91다31685 건물철거등).

37. 10층 아파트 건물 중 12.9㎡ 및 그 필수적인 부대시설인 분뇨탱크, 관리실, 출입통로 등에 대한 토지소유자의 철거청구 및 인도청구가 권리남용에 해당되어 허용되지 아니한다고 한 사례

10층 아파트 건물 중 12.9㎡ 및 그 필수적인 부대시설인 분뇨탱크, 관리실, 출입통로 등에 대한 토지소유자의 철거청구 및 인도청구가 권리남용에 해당되어 허용되지 아니한다(1993. 5. 11. 제1부 판결, 93다3264 건물철거등).

38. 토지를 수용당한 후 20년이 넘도록 수용재결의 실효를 주장하지 아니한 채 보상요구를 한 적도 있다가 수용보상금 중 극히 일부가 미지급되었음을 이유로 수용재결의 실효를 주장하는 것은 신의칙에 비추어 허용될 수 없다 한 사례

토지를 수용당한 후 20년이 넘도록 수용재결의 실효를 주장하지 아니한 채 보상요구를 한 적도 있다가 수용보상금 중 극히 일부가 미지급되었음을 이유로 수용재결의 실효를 주장하는 것은 신의칙에 비추어 허용될 수 없다(1993. 5. 14. 제3부 판결, 92다51433 부당이득금).

39 가. 권리행사가 권리용에 해당하기 위한 요건

권리의 행사가 주관적으로 오직 상대방에게 고통을 주고 손해를 입히려는 데 있을 뿐 이를 행사하는 사람에게는 아무런 이익이 없고 객관적으로 사회질서에 위반된다고 볼 수 있으면 그 권리의 행사는 권리남용으로서 허용되지 아니한다고 할 것이고, 권리의 행사가 상대방에게 고통이나 손해를 주기 위한 것이라는 주관적 요건은 권리자의 정당한 이익을 결여한 권리행사로 보여지는 객관적인 사정에 의하여 추인할 수 있다.

나. 건물철거소송에 이른 사정, 계쟁토지가 0.3㎡에 불과한 점, 철거에 상당한 비용이 들고 철구 후에도 잔존 2층 건물의 효용이 크게 감소되리라는 점 등에 비추어 권리남용에 해당하지 않는다는 원심판결을 심리미진을 이유로 파기한 사례

건물철거소송에 이른 사정, 계쟁토지가 0.3㎡에 불과한 점, 철거에 상당한 비용이 들고 철거 후에도 잔존 2층건물의 효용이 크게 감소되리라는 점 등에 비추어 권리남용에 해당하지 않는다는 원심판결을 심리미진을 이유로 파기한다(1993. 5. 14. 제3부 판결, 93다4366 건물철거등).

40. 이의의 유보나 조건의 제기 없이 퇴직금 등을 수령하고 해임 및 의뢰면직된 후 9년이 지나 제기된 해고무효확인소송이 신의칙이나 금반언의 원칙에 위배된다고 한 사례

이의의 유보나 조건의 제기 없이 퇴직금 등을 수령하고 해임 및 의뢰면적된 후 9년이 지나 제기된 해고무효확인소송이 신의칙이나 금반언의 원칙에 위배된다(1993. 5. 25. 제1부 판결, 91다41750 해고무효확인).

41. 가. 신의칙위배를 이유로 권리행사를 부정하기 위한 요건

신의성실의 원칙에 위배된다는 이유로 그 권리행사를 부정하기 위하여는 상대방에게 신의를 공여하였다거나 객관적으로 보아 상대방이 신의를 가짐이 정당한 상태에 이르러야 하고 이와 같은 상대방의 신의에 반하여 권리를 행사하는 것이 정의관념에 비추어 용인될 수 없는 정도의 상태에 이르러야 한다.

나. 법인의 전청산인에 의한 토지처분행위가 정관에 위배되어 무효이지만 현청산인에 의한 토지소유권이전등기말소청구는 신의칙상 허용되지 아니한다고 한 원심판결을 법리오해 및 심리미진의 위법이 있다는 이유로 파기한 사례

법인의 전청산인에 의한 토지처분행위가 정관에 위배되어 무효이지만 현청산인에 의한 토지소유권이전등기말소청구는 신의칙상 허용되지 아니한다고 한 원심판결을 법리오해 및 심리미진의 위법이 있다는 이유로 파기한다(1993. 6. 11. 제3부 판결, 92다42330 토지소유권이전등기말소).

42. 대지소유자의 사용승낙에 기하여 건축한 건물을 분양받은 자들에게 그 철거를 구하는 것이 신의성실의 원칙에 위배된다고 본 사례

갑이 그 소유의 토지에 관하여 을로 하여금 건물을 신축하는데 사용하도록 승낙하였고 을이 이에 따라 건물을 신축하여 병 등에게 분양하였다면 갑은 위 건물을 신축하게 한 원인을 제공하였다 할 것이므로 이를 신뢰하고 136세대에 이르는 규모로 견고하게 신축한 건물 중 각 부분을 분양받은 병 등에게 위 토지에 대한 을과의 매매계약이 해제되었음을 이유로 하여 그 철거를 요구하는 것은 비록 그것이 위 토지에 대한 소유권에 기한 것이라 하더라도 성의성실의 원칙에 비추어 용인될 수 없다(1993. 7. 27. 제2부 판결, 93다20986 건물명도등 20993(병합)).

43. 가. 정부투자기관의 이사나 감사가 지급받는 보수 및 퇴직금에 관하여 근로기준법상의 임금채권의 시효에 관한 규정이 적용되는지 여부

정부투자기관의 이사 또는 감사들이 사장의 지휘, 감독하에 담당직무를 수행하여 오면서 매월 보수규정에 미리 정하여진 일정 금액의 금원을 보수명목으로 지급받아 왔다면 그들은 임금을 목적으로 노무를 제공하는 근로자의 위치에 있다 할 것이어서 그들이 지급받은 보수 및 퇴직금은 근로기준법상의 임금에 해당하고 따라서 그에 관하여는 위 법 소정의 임금채권의 시효에 관한 규정이 적용된다.

나. 해직된 정부투자기관의 직원에게는 1980년 해직공무원의 보상 등에 관한 특별조치법의 규정에 의하여 보상을 하여 주고 임원에게는 보상을 하여 주지 않는 것과 신의칙

1980년 해직공무원의 보상 등에 관한 특별조치법의 규정에 따른 정부의 행정지도에 의하여 해직된 정부투자기관의 직원들에게는 보상을 하여 주고 임원들에게는 보상을 하지 않았다고 하더라도 이를 들어 신의칙에 어긋난다고 볼 수 없다(1993. 8. 24. 제2부 판결, 92다923 퇴직금).

44. 가. 언론사에서 해고된 후 정당에 가입한 언론인의 동 해고무효확인을 구할 이익 유무

정당법 제17조는 언론인 등이 정당인이 되는 것을 금지하고 있고 이를 위반하였을 경우에는 같은 법 제46조 소정의 벌칙을 적용하는 등으로 제재할 수 있도록 규정되어 있기는 하나, 그렇다고 하여 언론인이 정당에 가입하면 당연히 언론인의 신분이 상실된다는 의미로 볼 수 없을 뿐만 아니라, 해고로 언론인의 지위가 사실상 박탈된 이후에 정당원이 되었다하여 이미 행하여진 해고의 무효확인과 부당해고로 인한 손해배상을 구할 이익이 없게 된다고 할 수 없고, 언론인으로 복직한 후에도 정당원의 신분을 유지하면 그때 가서 비로소 이를 문제로 삼을 수 있음에 불과하다.

나. 퇴직금 수령 후 10년후에 해고무효확인의 소를 제기하였으나 신의칙에 위반되지 않는다고 본 사례

퇴직금 수령 후 10년 후에 해고무효확인의 소를 제기하였으나 신의칙에 위반되지 않는다고 본다(1993. 8. 24. 제1부 판결, 92다55480 해고무효확인).

45. 대지매수인의 대금지급채무의 이행지체를 이유로 매매계약해제를 주장하면서 건물철거를 청구하는 것이 신의칙에 위배된다고 한 원심판결을 파기한 사례

대지매수인의 대금지급채무의 이행지체를 이유로 매매계약해제를 주장하면서 건물철거를 청구하는 것이 신의칙에 위배된다고 한 원심판결을 파기한다(1993. 8. 24. 제2부 판결, 93다9729 대지인도).

46. 가. 실효 또는 실권의 법리의 의미

실효 또는 실권의 법리라 함은 권리자가 장기간에 걸쳐 그의 권리를 행사하지 아니하였기 때문에 의무자인 상대방이 이미 그의 권리를 행사하지 아니할 것으로 믿을 만한 정당한 사유를 갖게 되었거나 그 권리를 행사하지 아니할 것으로 추인하게 된 경우에 새삼스럽게 그 권리를 행사하는 것이 신의성실의 원칙에 반하는 결과가 될 때 그 권리행사를 허용하지 아니하는 것을 의미한다.

나. 중혼 성립후 10여년 동안 혼인취소청구권을 행사하지 아니하였다 하여 권리가 소멸되었다고 할 수 없으나 그 행사가 권리남용에 해당한다고 본 사례

중혼 성립후 10여년 동안 혼인취소청구권을 행사하지 아니하였다 하여 권리가 소멸되었다고 할 수 없으나 그 행사가 권리남용에 해당한다고 본다(1993. 8. 24. 제1부 판결, 92므907 혼인취소).

47. 이의유보 없이 퇴직금을 수령한 경우 해고의 효력을 인정하였다고 볼 수 있는지 여부

사용자로부터 해고된 근로자가 퇴직금 등을 수령하면서 아무런 이의의 유보나 조건을 제기하지 않았다면 특별한 사정이 없는 한 그 해고의 효력을 인정하였다고 할 것이고, 따라서 그로부터 오랜 기간이 지난 후에 그 해고의 효력을 다투는 소를 제기하는 것은 신의칙이나 금반언의 원칙에 위배되어 허용될 수 없으나, 다만 이와 같은 경우라도 해고의 효력을 인정하지 아니하고 이를 다투고 있었다고 볼 수 있는 객관적인 사정이 있다거나 그 외에 상당한 이유가 있는 상황하에서 이를 수령하는 등 반대의 사정이 있음이 엿보이는 때에는 명시적인 이의를 유보함이 없이 퇴직금을 수령한 경우라고 하여도 일률적으로 해고의 효력을 인정하였다고 보아서는 안된다(1993. 9. 24. 제3부 판결, 93다21736 해고무효확인등).

48. 건축설계계약에 있어서 설계자가 발주자와의 협의로 설계의 속행 여부를 결정하여야 할 사정이 있음에도 설계를 강행한 경우 보수액을 30% 감액한 원심의 조치를 정당하다고 본 사례

발주자가 건설회사와 신축공사도급 및 분양위임계약을 체결함에 따라 설계비부담을 면할 수 있다는 사정을 기초로 설계자와 설계계약을 체결하였는데 그 후 건설회사와의 공사도급계약의 체결이 확정적으로 결렬되었고 건축부지 중 타인소유부분의 건축부지 제공이 불분명한 사정을 설계자가 알게 된 이상 설계자로서는 발주자와의 협의로 설계의 속행 여부를 결정하여야 함에도 설계를 강행한 경우 설계보수 전액을 발주자에게 지급책임을 지우는 것이 신의성실의 원칙이나 형평의 원칙에 비추어 불합리하므로 위와 같은 여러 사정을 참작하여 계약상의 보수액을 30퍼센트 정도 감액한 조치는 정당하다(1993. 9. 24. 제3부 판결, 93다33272 설계대금).

49. 피상속인의 처가 가출하여 재혼을 하고 피상속인의 처로 기재된 호적까지 말소한 경우 피상속인 사망 후에 상속인임을 주장하는 청구가 신의칙상 허용될 수 없다고 한 사례

피상속인의 처가 가출하여 재혼을 하고 피상속인의 차로 기재된 호적까지 말소한 경우 피상속인 사망 후에 상속인임을 주장하는 청구가 신의칙상 허용될 수 없다(1993. 9. 28. 제1부 판결, 93다26007 소유권이전등기말소).

50. 주민들이 공로로 출입하는 통행로로 사용하는 토지의 소유자의 통행금지 청구가 신의칙에 어긋난다고 한 사례

주민들이 공로로 출입하는 통행로로 사용하는 토지의 소유자의 통행금지 청구가 신의칙에 어긋난다(1993. 9. 28. 제1부 판결, 93다26076 토지통행금지).

51. 보험계약자 통상의 주의의무를 다하였음에도 운전자의 무면허사실을 알 수 없었던 경우 무면허운전면책약관의 적용 여부

무면허운전자의 구체적인 운전행위 그 자체는 보험계약자 또는 피보험자 등의 명시적 승인 내지 지시에 의하여 이루어졌다고 하더라도 보험계약자 또는 피보험자가 차량의 관리자 내지 운전자의 사용자로서 그에게 요구되는 통상의 주의의무를 다하였음에도 운전자의 무면허 사실을 알 수 없었던 특별한 사정이 있는 경우에까지 면책조항이 적용된다고 한다면, 이는 보험계약자의 정당한 이익과 합리적인 기대에 어긋나는 것으로서 고객에게 부당하게 불리하고 보험자가 부담하여야 할 담보책임을 상당한 이유 없이 배제하는 것이어서 현저하게 형평을 잃은 것이라고 하지 않을 수 없으므로, 위 면책조항은 신의성실의 원칙에 반하여 공정을 잃은 조항으로서 약관의 규제에 관한 법률 제6조 제1항 및 제2항, 제7조 제2호 및 제3호의 각 규정에 비추어 그 한도 내에서는 무효라고 볼 수 밖에 없고, 따라서 위 면책조항은 그와 같은 경우에는 적용되지 않는 것으로 수정해석하는 범위내에서 유효한 조항으로 유지될 수 있다(1993. 11. 23. 제2부 판결, 93다41549 구상금).

52. 가. 무면허운전면책조항이 구 상법 제659조 제2항(1991. 12. 31. 법률 제4470호로 삭제)에 위반되는지 여부

구 상법 제659조 제2항(1991. 12. 31. 법률 제4470호로 삭제)의 규정은 사망 또는 상해를 보험사고로 하는 인보험의 경우에 한하여 적용되는 것이고 보험사고로 인하여 발생하는 피보험자의 재산상의 손해를 보상하는 손실보험의 경우에는 적용되지 않는 것이며, 전국화물자동차운송사업조합연합회의 대물 및 대인공제사업은 그 조합원이 자동차의 운행으로 인한 사고로 타인에게 손해배상책임을 부담함으로써 입을 손해를 보상하기 위한 것으로서 성질상 손실보험과 유사한 것이므로, 통합공제약관 소정의 "자동차의 운전자가 무면허운전을 하였을 때 생긴 사고로 인한 손해에 대하여는 보상하지 아니한다"는 무면허운전면책조항이 위 구 상법 제659조 제2항 및 제663조(1991. 12. 31. 법률 제4470호로 개정되기 전의 것)에 위반된다는 이유로 무효가 될 수는 없다.

나. 무면허운전면책조항의 적용범위

무면허운전면책조항이 공제조합원의 지배 또는 관리가능성이 없는 무면허운전의 경우에까지 적용된다고 보는 경우에는 그 조항은 신의성실의 원칙에 반하는 공정을 잃은 조항으로서 약관의 규제에 관한 법률 제6조 제1, 2항, 제7조 제2, 3호의 각 규정에 비추어 무효라고 볼 수 밖에 없기 때문에 위 무면허운전면책조항은 위와 같은 무효의 경우를 제외하고 무면허운전이 공제조합원의 지배 또는 관리가능한 상황에서 이루어진 경우에 한하여 적용되는 조항으로 수정해석할 필요가 있으며 무면허운전이 공제조합원의 지배 또는 관리가능한 상황에서 이루어진 경우라 함은 구체적으로는 무면허운전이 공제조합원의 명시적 또는 묵시적 승인하에 이루어진 경우를 말한다.

다. 승낙피보험자가 제3자의 무면허운전을 승인한 경우 보험자의 면책 여부

기명피보험자의 승낙을 받아 자동차를 사용하거나 운전하는 가로서 보험계약상 피보험자로 취득되는 자(이른바 승낙피보험자)의 승인만이 있는 경우는 위 "나"항의 무면허운전이 공제조합원의 지배 또는 관리가능한 상황에서 이루어진 경우에 해당하지 않는다(1993. 12. 21. 제1부 판결, 91다36420 공제금).

53. 건물을 매도한 자가 그 건물을 전전매수한 자에 대하여 건물의 철거 등을 구하는 것이 신의성실의 원칙에 위배된다고 한 사례

갑이 을에게 대지 중 국가 소유지분에 대한 연고권을 얻을 수 있도록 할 목적으로 건물을 매도한 것은 을이 건물의 부지를 점유하는 것도 허용한 것이라고 봄이 상당하므로 스스로 건물의 처분권한을 양도한 갑이 을, 병을 거쳐 이를 승계취득한 을에 대하여 건물의 철거와 그 부지의 인도를 구하는 것이 신의성실의 원칙에 위배된다고 한 사례(1994. 4. 29, 제3부 판결, 93다46889 건물철거 등).

54. 가. 실권 또는 실효의 법리의 의미

실권 또는 실효의 법리는 신의성실의 원칙에 바탕을 둔 파생적인 원리로서 이는 본래 권리행사의 기회가 있음에도 불구하고 권리자가 장기간에 걸쳐 그 권리를 행사하지 아니하였기 때문에 의무자인 상대방은 이미 그의 권리를 행사하지 아니할 것으로 믿을 만한 정당한 사유가 있게 되거나 행사하지 아니할 것으로 추인케 할 경우에 새삼스럽게 그 권리를 행사하는 것이 신의성실의 원칙에 반하는 결과가 될 때 그 권리행사를 허용하지 않는 것을 의미한다.

나. 1983. 4. 설립된 회사에 대하여 1991. 1.에 이르러 상호사용중지를 구하는 소를 제기한 것이 신의칙에 위배되지 않는다고 한 사례

1983. 4. 설립된 회사에 대하여 1991. 1.에 이르러 상호사용중지를 구하는 소를 제기한 것이 신의칙에 위배되지 않는다고 한 사례(1994. 6. 28. 제2부 판결, 93다26212 손해배상(기)).

55. 신의성실의 원칙위반을 이유로 권리행사를 부정하기 위한 요건

민법상의 신의성실의 원칙은 법률관계의 당사자는 상대방의 이익을 배려하여 형평에 어긋나거나 신뢰를 저버리는 내용 또는 방법으로 권리를 행사하거나 의무를 이행하여서는 아니된다는 추상적 규범을 말하는 것으로서, 신의성실의 원칙에 위배된다는 이유로 그 권리의 행사를 부정하기 위하여는 상대방에게 신의를 공여하였다거나 객관적으로 보아 상대방이 신의를 가짐이 정당한 상태에 이르러야 하고, 이와 같은 상대방의 신의에 반하여 권리를 행사하는 것이 정의관념에 비추어 용인될 수 없는 정도의 상태에 이르러야 한다(1996. 5. 10. 판결, 95다12217 추심으로 인한 소유권이전등기).

56. 부수적 주의의무의 근거로서 신의칙

가. 환자가 병원에 입원하여 치료를 받는 경우에 있어서, 병원은 진료뿐만 아니라 환자에 대한 숙식의 제공을 비롯하여 간호, 보호 등 입원에 따른 포괄적 채무를 지는 것인 만큼, 병원은 병실에의 출입자를 통제·감독하든가 그것이 불가능하다면 최소한 입원환자에게 휴대품을 안전하게 보관할 수 있는 시정장치가 있는 사물함을 제공하는 등으로 입원환자의 휴대품 등의 도난을 방지함에 필요한 적절한 조치를 강구하여 줄 신의칙상의 보호의무가 있다고 할 것이고, 이를 소홀히 하여 입원환자와는 아무런 관련이 없는 자가 입원환자의 병실에 무단출입하여 입원환자의 휴대품 등을 절취하였다면 병원은 그로 인한 손해 **배상책임을 면하지 못한다.**

나. 입원환자에게 귀중품 등 물건보관에 관한 주의를 촉구하면서 도난시에는 병원이 책임질 수 없다는 설명을 한 것만으로는 병원의 과실에 의한 손해배상책임까지 면제되는 것이라고 할 수 없다(2003. 4. 11. 선고 2002다63275 판결).

57. 시효완성의 주장이 권리남용에 해당하는 경우

채무자가 시효완성 전에 스스로 채권자의 권리행사나 시효중단을 불가능 또는 현저히 곤란하게 한 결과, 채권자가 그러한 조치를 할 수 없었던 경우에 채무자가 소멸시효의 완성을 주장하는 것은 신의성실의 원칙에 반하는 권리남용으로서 허용될 수 없다.(2003. 7. 25. 선고 2001다60392 판결).

58. 형성권의 남용

일반적으로 당사자 사이에 상계적상이 있는 채권이 병존하고 있는 경우에는 이를 상계할 수 있는 것이 원칙이고, 이러한 상계의 대상이 되는 채권은 상대방과 사이에서 직접 발생한 채권에 한하는 것이 아니라, 제3자로부터 양수 등을 원인으로 하여 취득한 채권도 포함한다 할 것인바, 이러한 상계권자의 지위가 법률상 보호를 받는 것은, 원래 상계제도가 서로 대립하는 채권, 채무를 간이한 방법에 의하여 결제함으로써 양자의 채권채무관계를 원활하고 공평하게 처리함을 목적으로 하고 있고, 상계권을 행사하려고 하는 자에 대하여는 수동채권의 존재가 사실상 자동채권에 대한 담보로서의 기능을 하는 것이어서 그 담보적 기능에 대한 당사자의 합리적 기대가 법적으로 보호받을 만한 가치가 있음에 근거하는 것이므로 당사자가 상계의 대상이 되는 채권이나 채무를 취득하게 된 목적과 경위, 상계권을 행사함에 이른 구체적·개별적 사정에 비추어, 그것이 위와 같은 상계 제도의 목적이나 기능을 일탈하고, 법적으로 보호받을 만한 가치가 없는 경우에는, 그 상계권의 행사는 신의칙에 반하거나 상계에 관한 권리를 남용하는 것으로서 허용되지 않는다고 함이 상당하고, 상계권 행사를 제한하는 위와 같은 근거에 비추어 볼 때 일반적인 권리 남용의 경우에 요구되는 주관적 요건을 필요로 하는 것은 아니다(2003. 4. 11. 선고 2002다59481 판결).

59. 등록상표권자의 상표권의 행사가 권리남용에 해당하기 위한 요건

상표권자가 당해 상표를 출원·등록하게 된 목적과 경위, 상표권을 행사하기에 이른 구체적·개별적 사정 등에 비추어, 상대방에 대한 상표권의 행사가 상표사용자의 업무상의 신용유지와 수요자의 이익보호를 목적으로 하는 상표제도의 목적이나 기능을 일탈하여 공정한 경쟁질서와 상거래 질서를 어지럽히고 수요자 사이에 혼동을 초래하거나 상대방에 대한 관계에서 신의성실의 원칙에 위배되는 등 법적으로 보호받을 만한 가치가 없다고 인정되는 경우에는, 그 상표권의 행사는 비록 권리행사의 외형을 갖추었다 하더라도 등록상표에 관한 권리를 남용하는 것으로서 허용될 수 없고, 상표권의 행사를 제한하는 위와 같은 근거에 비추어 볼 때 상표권 행사의 목적이 오직 상대방에게 고통을 주고 손해를 입히려는 데 있을 뿐 이를 행사하는 사람에게는 아무런 이익이 없어야 한다는 주관적 요건을 반드시 필요로 하는 것은 아니다(2007. 1. 25. 선고 2005다67223 판결).

제 2 장 인(人)

사람(인)이라 함은 권리·의무의 주체 중 자연인을 말하며, 법인을 포함하지 않음은 제3장의 제목이 법인으로 되어 있는데서 명백하다. 그러나 우리 민법에서는 「인」이란 말로써 양자를 포함시켜 사용하는 수가 많다. 예컨대 본인, 타인, 경매인, 매도인, 매수인, 보증인. 임대인, 임차인, 도급인, 수급인, 위임인, 수임인, 임치인, 수치인 등에서의 「인」은 모두 자연인과 법인의 양자를 포함하는 개념이다.

자연인(natural person : natürliches Person)이란 법이 권리능력을 인정하는 자연적 생활체로서의 인간을 말한다. 재단이나 사단인 법인에 대립하여 개인을 가리키는 데 쓰이는 개념이다. 옛날 노비와는 달리 근대법에서 자연인은 출생부터 사망에 이르기까지 완전한 권리능력(인격)을 인정받는다(제3조). 그러나 외국인에 대해서는 예외적으로 권리능력을 제한할 수 있다. 반면에 태아는 자연인이 아님에도 불구하고 예외로 권리능력을 인정받을 수 있다(제762조).

제 1 절 능 력

권리의 주체가 될 수 있는 지위 또는 자격을 가리켜 권리능력 또는 인격이라고 한다. 권리능력에 대응하여 의무의 주체가 될 수 있는 지위를 의무능력이라고 한다. 또한 자기의 행위의 의미나 결과를 합리적으로 예견할 수 있는 정신적인 능력 내지 지능을 의사능력이라고 하고, 단독으로 완전한 법률행위를 할 수 있는 능력을 행위능력이라고 한다. 행위능력은 객관적·획일적 기준에 의하여 의사능력을 객관적으로 획일화한 것이라고 할 수 있다.

행위능력과 관련하여 민법은 행위능력이 제한되는 자로서 보호가 필요한 자를 규정하고 있는데, 미성년자·피성년후견인·피한정후견인이 이에 해당하며, 이들을 '제한능력자'라고 표현한다.

◆ 권리능력의 발생시기와 소멸시기

제 3 조【권리능력의 존속기간】

사람은 생존한 동안 권리와 의무의 주체가 된다.

■ § 3. 권리능력

- 권리능력의 의의 : 권리의 주체가 될 수 있는 지위 또는 자격
- 권리능력의 주체 : (1) 자연인 : 모든 사람. 권리능력 평등원칙
  (2) 법인 : 법에 의해 권리능력이 부여된 사단 또는 재단
- 권리능력의 시기, 종기 : 시기는 출생, 종기는 사망 시. 출생 시기는 전부노출설이 통설, 사망 시기는 호흡종지설이 통설
- 관련법조 : 헌법 §10[인간존엄], 헌법 §11[인간평등], 헌법 §23[재산권의 보장], 신탁법 §7[재산권 향유제한], 민법 §762, §1000③, §1064[태아와 권리능력], 군인연금법 §3④, 사학연금법 §2④, 공무원연금법 §2③, 선원법시행령 §30③, 외국인토지법 §2, 특허법 §25, 실용신안법 §3, 디자인보호법 §27[외국인 권리능력제한]

1. 권리능력의 의의 및 주체

현대에 있어서 사법관계는 사회구성원간의 권리관계로서 받아들여진다. 이와 같은 의미에서의 사회구성원, 즉 권리관계의 주체로 될 수 있는 지위 또는 자격을 권리능력(또는 법인격 혹은 인격)이라고 한다.

권리의 주체가 될 수 있는 자는 동시에 또 의무를 부담할 수 있는 자이기 때문에, 정확하게는 권리의무능력이라고 해야 할 것이다. 그러나 근대법은 법률관계를 주로 권리면에서 취급하고 표현하므로 권리능력이란 말이 일반적으로 사용된다.

(1) 자연인

권리능력자인 살아 있는 사람을 자연인이라고 한다. 모든 사람은 성·연령·계급의 구분 없이 평등하게 권리능력자로서 인정되고 있다.

본조는「사람은 생존한 동안 권리와 의무의 주체가 된다」라고 규정하고 있다. 이것은 직접적으로는 자연인의 권리능력의 시기에 관한 규정이지만, 간접적으로는 인간은 태어나면서 당연히 권리능력을 인정받는다는 권리능력평등의 대원칙을 선언한 것이라고 설명하는 것이 보통이다. 즉, 노예와 같이 생물학적으로는 사람이면서 법률상 사람이 아닌(다시 말해서 법률상으로는 가축과 같은 물건이다) 존재를 인정한 고대법에서부터, 오랜 역사의 발전과정을 거쳐 近代法에 이르러 비로소 평등한 권리능력으로 확립된 것이다. 오늘날 이것은 이미 너무나도 자명한 일이다.

(2) 법 인

자연인이 아니면서 법에 의하여 권리능력이 인정되어 있는 사단과 재단이 법인이다.

법인은 원칙적으로 모든 법률관계에 대하여 자연인과 같은 권리능력을 갖는다. 다만, 친족법상의 권리의무 등에 대해 권리능력을 갖지 않는 것은 법인의 성질상 당연한 제한이고, 상속권에 대해서는 — 이론상 당연히 불가능한 것은 아니지만 — 민법은 법인의 권리능력을 인정하지 않는다. 그 외에도 법인은 법의 규정에 의해 권리능력이 인정된 것이므로, 법률에 의하여 그 권리능력이 제한될 수 있다(제34조 참조). 명령에 의하여 제한하는 나라도 있다(일본).

2. 권리능력의 시기

(1) 출생의 시기

본조는「사람은 생존한 동안 권리와 의무의 주체가 된다」라고 규정하고 있다. 따라서 자연인의 권리능력의 시기는 출생한 때이다. 그런데 법률상 출생의 시기를 출산과정중의 어느 시점으로 볼 것인가가 문제된다. 이에 관한 학설로서는, 진통설(형법에서의 통설), 일부노출설(구형법에서의 통설), 전부노출설, 독립호흡설(소수설) 등이 있다. 우리 민법에 있어서는 출생의 완료, 즉 태아가 모체로부터 전부 노출한 시기를 출생으로 보는 전부노출설이 통설이다.

(2) 태아의 권리능력

사람은 출생한 때로부터 권리능력을 가진다(제3조). 그러면 출생전의 태아는 전혀 권리능력을 갖지 못하게 되는데, 태아의 권리능력을 전적으로 배제하는 것은 부당하므로 민법 제3조와 관련하여 태아의 권리능력을 인정할 것인지, 또 어느 범위에서 이를 인정할 것인지가 문제된다.

우리 민법상 태아가 이미 출생한 것으로 보아 권리능력이 인정되는 경우는 다음의 4가지이다.

가. 불법행위에 의한 손해배상청구

태아는 손해배상 청구권에 관하여는 이미 출생한 것으로 본다(제762조). 본조는 태아 자신이 불법행위의 피해자가 되는 경우에 관한 것으로 직계존속의 생명침해에 대하여 태아 자신이 위자료를 청구하는 경우, 태아자신이 입은 불법행위에 대하여 손해배상을 청구하는 경우에 적용된다.

【쟁점사항】

<태아의 위자료청구권을 인정한 사례>

부의 사망 당시 아직 태아인 상태이어서 정신적 고통에 대한 감수성이 없었다고 하더라도 장래 이를 감수할 것임이 합리적으로 기대할 수 있는 경우에는 태아 자신이 가해자에 대해 위자료청구권을 가진다(대판 1962. 3. 15, 4252 민상 903).

나. 상 속

태아는 상속 순위에 관하여 이미 출생한 것으로 본다(제1000조 3항)

다. 유 증

유증에 관해서는 상속에서의 태아의 권리능력에 관한규정(제1000조 3항)이 준용된다(제1064조). 유증은 유언자가 사망한 때로부터 그 효력이 생기는 것이므로 (제 1073조 1항), 유증자의 사망 시까지 포태되어 있으면 되고 유언 시에 포태되어 있을 필요는 없다.

라. 인 지

부(父)는 포태 중에 있는 자에 대하여도 인지할 수 있다.(제858조) 인지란 혼인 외의 자에 대하여 생부 또는 생모가 자기의 자로서 승인하여 법률상 친자관계를 생기게 하는 단독행위이다.

(3) 태아의 법적 지위(권리능력이 인정될 경우에만 문제됨)

가. 정지조건설(판례, 인격소급설)

살아서 출생할 것을 정지조건으로 사건 발생 시로 소급하여 권리능력 인정

① 거래의 안정을 우선시 하는 입장이다.

② 법정대리 불가능

③ 태아인 동안에는 권리능력이 인정되지 않기 때문에 이미 상속이 개시된 때에는 태아가 살아서 출생한 때 상속회복청구(제999조) 또는 상속재산분할 후의 피인지자 등의 청구권에 관한 규정이나 제1014조를 유추적용하여 상속분에 상당한 가액의 지급을 청구할 수 있다. 단 상속인의 불확정을 이유로 태아출생시까지 상속재산분할을 연기하여야 한다는 견해가 지배적이다.

나. 해제조건설(다수설, 제한적인격설)

사산을 해제조건으로 사건 발생시 곧바로 권리능력 인정

① 태아 보호를 우선시 하는 입장이다.

② 사산율이 낮다는 점 고려

③ 법정대리 가능(단, 법정대리권은 관리, 보전행위로 한정되어야 한다는 견해가 일반적)

④ 태아도 법정대리인을 통하여 상속재산분할에 참가할 수 있다. 다만 태아의 법정대리인인 모가 공동상속인으로서 상속재산분할을 하는 경우에는 태아와 이해상반행위가 되기 때문에 특별대리인을 선임하여야 한다.

다. 양 학설의 공통점

① '사산'한 경우에는 결론이 같다(권리능력을 취득한 적이 없는 것으로).

② '권리능력취득시기'는 결론에 있어서 같다(문제가 된 사건 발생시).

3. 권리능력의 종기

사람의 생활기능이 절대적으로 종지하는 것을 사망이라 한다. 자연인의 권리능력은 사망에 의해 종료한다. 과거에는 살아있는 사람도 권리능력을 상실하거나 제한되는 경우가 있었다. 그러나 오늘날에 있어서는 오직 사망만이 권리능력의 소멸을 가져온다.

능력의내용 / 종류	의 미	구체적인 표준	능력이 있는 경우의 사례	능력이 없는 경우의 효과
의사능력	사물을 판단하고, 이에 따라 의사결정을 할 수 있는 능력	만7세정도, 개별적으로 판단	7세정도라도 증여를 받을 수가 있다.	행위는 성립하지 않고 무효
행위능력	재산법상의 권리나 의무를 질수 있는 행위(법률행위)를 혼자서 유효히 할 수 있는 능력	미성년(19세미만)·피성년후견인·피한정후견인 등 제한능력자를 법정. 법인은 정해진 목적의 범위내	19세가 되면 일체의 재산거래행위가 가능하다. 법인도 목적의 범위내에서라면 가능하다.	행위를 취소할 수 있으며, 취소되면 처음부터 무효가 된다.
신분행위 능력	신분법상의 행위능력	순신분적행위에 대해서는 의사능력과 동일하다.	의사능력이 있으면 자의 인지가 가능함. 입양의 승낙	무효, 또는 재판에 의한 취소가 가능하도록 한 것이 많다.
불법행위 (책임)능력	행위의 책임을 변식할 수 있는 정신적 능력	법원은 대체로 12세를 전후하여 책임능력을 갖추는 것으로 판단하나 개별적인 사정을 고려함	본인이 손해배상 등의 책임을 직접 부담한다.	본인은 책임이 없으며 감독의무를 게을리 한 법정감독의무자가 손해배상 등의 책임을 부담 한다.
권리능력	권리나 의무의 주체가 될 수 있는 지위나 자격	자연인(경우에 따라서는 출생전의 태아도)과 법인이 가진다.	권리를 가지며 의무를 부담한다.	권리를 갖지 못하며 또한 의무도 부담하지 않는다.

▣ 핵심판례 ▣

■ [권리능력의 존속기간]

가. 태아의 수증능력 유무 및 법정대리인에 의한 수증행위의 가부(소극)

의용 민법이나 구 관습하에서 태아에게는 일반적으로 권리능력이 인정되지 아니하고 손해배상청구권 또는 상속 등 특별한 경우에 한하여 제한된 권리능력을 인정하였을 따름이므로 증여에 관하여는 태아의 수증능력이 인정되지 아니하였고, 또 태아인 동안에는 법정대리인이 있을 수 없으므로 법정대리인에 의한 수증행위도 할 수 없다.

나. 증여를 원인으로 한 소유권이전등기청구권의 상속과 증여자의 상속인의 소유권이전등기의무

소외망인이 그 소유 부동산을 갑에게 증여한 경우에 망인의 상속인은 갑의 상속인에 대하여 위 증여를 원인으로 한 소유권이전등기의무는 있을지언정 갑의 사망으로 개시된 상속을 원인으로 한 이전등기의무는 없다.

다. 시효취득의 주장 속에 시효소멸의 주장이 포함되었다고 볼 수 있는가(소극)

증여를 원인으로 한 부동산소유권이전등기청구에 대하여 피고가 시효취득을 주장하였다고 하여도 그 주장 속에 원고의 위 이전등기청구권이 시효소멸 하였다는 주장까지 포함되었다고 할 수 없다(1982. 2. 9. 제1부 판결, 81다534 토지소유권이전등기말소등기등).

■ [모체와 같이 사망한 태아에게 손해배상청구권을 인정할 수 있는지 여부]

태아가 특정한 권리에 있어서 이미 태어난 것으로 본다는 것은 살아서 출생한 때에 출생시기가 문제의 사건의 시기까지 소급하여 그 때에 태아가 출생한 것과 같이 법률상 보아 준다고 해석하여야 상당하므로 그가 모체와 같이 사망하여 출생의 기회를 못가진 이상 배상청구권을 논할 여지 없다(대법원 1976. 9. 14. 선고 76다1365 판결).

◆ 성년의 기준

제 4 조【성년기】

사람은 19세로 성년에 이르게 된다.

■ § 4. 성년기

- 만19세-가족관계부기재 : 추정자료
- 미성년완화제도 : 스위스-성년선고, 프랑스-자치산
  독일-Heirat macht mündig, 우리-성년의제(§826의2)
- 관련법조 : §826의2〔혼인과 성년의제〕, §156~§160, 부칙 §27[연령계산], 국제사법 § 13[행위능력]

만 19세가 되면 성년으로 되는데, 성년에 이르지 않은 자가 미성년자다. 기존에는 만 20세를 기준으로 하였으나, 2011년 3월 7일 민법 개정시 만 19세를 성년의 기준으로 하는 것으로 변경되었다. 청소년의 조숙화에 따라 성년연령을 낮추는 세계적 추세와 「공직선거법」 등의 법령 및 사회·경제적 현실을 반영하여 성년에 이르는 연령을 만 20세에서 만 19세로 낮춘 것이다. 제한능력자인 미성년자가 법률행위를 하기 위해서는 원칙적으로 법정대리인의 동의를 필요로 하고(제5조 1항 본문), 동의없이 단독으로 한 법률행위는 무효는 아니지만 완전히 유효한 것도 아니므로 미성년자 또는 그 법정대리인이 취소할 수 있게 하고 있다(제5조 2항). 취소의 효과는 행위를 처음부터 무효이었던 것으로 한다(제141조).

▣ 핵심판례 ▣

■ [성년기]

가. 법률의 규정에 의하여 권리·의무가 승계되는 경우 소송상 지위의 승계 여부

법인의 권리의무가 법률의 규정에 의하여 새로 설립된 법인에게 승계되는 경우에는 특단의 사유가 없는 한 계속 중인 소송에 있어서 그 법인의 법률상의 지위도 새로 설립된 법인에게 승계된다.

나. 소송수계신청에 대한 재판의 요부(소극)

소송수계신청의 적법여부는 법원의 직권조사사항으로서 조사결과 수계가 이유 없다고 인정한 경우에는 이를 기각하여야 하나 이유 있을 때에는 별도의 재판을 할 필요 없이 그대로 소송절차를 진행할 수 있는 것이다.

다. 재판에서 소송수계인을 권리승계참가인으로 표시한 위법이 있는 경우 사건에 미치는 영향

전당사자인 정읍군의 권리의무를 승계한 정주시가 소송수계신청한 후 법원이 정주시를 당사자로 취급하여 소송을 진행한 이상 판결에 전당사자를 표시한 후 정주시를 권리승계참가인으로 표시하였다고 하여도 이는 당사자 표시를 잘못한데 불과하고, 종전 당사자의 2회 불출석으로 항소가 취하되는 것은 아니다.

라. 성년인 자를 위하여 모가 법정대리한 행위의 효력

피고의 모가 1935. 5. 2.생인 피고의 법정대리인의 자격으로 피고 소유의 본건 토지를 소외 회사에 매도한 1956. 11. 9.에는 피고가 이미 성년이었으므로 위 매매계약은 무권대리행위에 불과하고, 그 효력이 당연히 피고에게 미친다고 할 수 없다.(1984. 6. 12. 선고, 제3부 판결, 83다카1409 원인무효에 인한 소유권이전등기말소등)

◆ 미성년자가 법률행위를 하기 위한 요건

제 5 조【미성년자의 능력】

① 미성년자가 법률행위를 함에는 법정대리인의 동의를 얻어야 한다. 그러나 권리만을 얻거나 의무만을 면하는 행위는 그러하지 아니하다.

② 전항의 규정에 위반한 행위는 취소할 수 있다.

■ § 5. 미성년자의 행위능력

- 원칙 : 법정대리인의 동의-위반하면-취소
- 예외 : (1) 단순히 권리만 얻거나 의무만 면하는 행위
  (2) 처분이 허락된 재산처분
  (3) 영업의 허락
  (4) 혼인한 미성년자행위
  (5) 대리행위
  (6) 유언행위 - 만17세
  (7) 근로계약과 임금청구
- 동의와 허락의 취소-소급효 없는 철회
- 관련법조 : 민법 §4 §826의2, 선원 §90②, 특허 §3①, 신안 §3, 디자인보호법 §4[성년], 민법 §911 §928 §938[법정대리인], §801 §808① §870 §910 §948 §1061 §1062[미성년자와 신분행위], §112 §117, 민소§51 §55, 근로기준법 §64 §65[기타 행위 시 미성년자 능력], 민법 §140~146 [취소와 추인], §950③, §15~§17 [제한능력자의 상대방 보호]

미성년자의 법률행위에 법정대리인의 동의를 필요로 하는 것은 미성년자의 이익을 특히 보호하기 위한 것이기 때문에, 미성년자에 대한 행위능력의 제한도 그 목적에 필요 충분한 한도 내에 한정되어야 한다. 따라서 미성년자에게 불이익을 줄 우려가 없는 경우와 그 제한이 오히려 미성년자에게 불이익이 되는 때에는 미성년자에게도 의사능력이 있는 한, 단독으로 유효한 법률행위를 할 수 있다고 하여야 한다. 이러한 이유에서 다음과 같은 경우에는 미성년자는 법정대리인의 동의 없이도 단독으로 유효한 법률행위를 할 수 있다.

즉, 권리만을 얻거나 의무만을 면하는 행위, 예컨대 부담 없는 단순한 증여를 받는 행위, 또는 채무면제의 청약에 대한 승낙 등에 관해서는 법정대리인의 동의를 요하지 않는다.

그러나 이익을 얻을 뿐만 아니라 의무도 부담하는 행위, 예컨대 상속승인행위·부담부증여를 받는 행위 등은 단독으로 할 수 없다. 또 기존 채권에 대한 변제(준법률행위)의 수령행위도 역시 마찬가지다. 왜냐하면, 본조에서 규정하고 있는 동의를 요하는 것은 법률행위에 한하지 않고 준법률행위에 준용된다고 해석되기 때문이다.

- 미성년자가 부동산을 매도하는데 부(父)인 친권자가 동의하는 서식의 예

미성년자의 법률행위에 대한 동의증서

주 소

미성년자 김 규 완

서기 년 월 일생

위 김규완의 소유 도 군 면 리 번지

1. 대지 평(㎡) 매도대금 원

2. 목조와즙평가건 평(㎡)1동 매도대금 원

위 김규완이 전기 대금으로써 매도함을 동의함.

서기 년 월 일

주 소

위 김규와의 친권자 父 김 영 학 ㊞

[제한능력자 제도]

내용 종류	요건	보호자	보호자의 권한	동의 없이 할 수 있는 행위	관련법조
미성년자	만19세에 달하지 아니한 자	· 친권자-부모 · 후견인 (친권자가 없을 때)	· 동의권 · 대리권 · 취소권	· 단순히 권리만을 얻거나 의무를 면하는 행위 · 처분이 허락된 재산의 처분행위 · 영업이 허락된 미성년자의 그 영업에 관한 행위 · 혼인 후의 행위 · 대리행위 · 유언행위	민법 제5,6,8조, 제911~938조
피한정후견인	질병, 장애, 노령, 그 밖의 사유로 인한 정신적 제약으로 사무를 처리할 능력이 부족한 사람으로서 가정법원으로부터 한정후견개시의 심판을 받은 자	후견인	상 동	· 원칙적으로 종국적 · 확정적으로 유효하게 법률행위를 할 수 있다. · 다만, 가정법원이 피한정후견인으로 하여금 한정후견인의 동의를 받아야 할 행위의 범위를 정한 경우에는 한정후견인의 동의가 필요하다. 이 때 피한정후견인이 동의 없이 하였을 때에는 그 법률행위는 취소할 수 있다. 그러나 일용품의 구입 등 일상생활에 필요하고 그 대가가 과도하지 않은 법률행위는 취소할 수 없다.	민법 제12~14조, 제959조의2 · 959조의4
피성년후견인	질병, 장애, 노령, 그 밖의 사유로 인한 정신적 제약으로 사무를 처리할 능력이 지속적으로 결여된 사람으로서 가정법원으로부터 성년후견개시의 심판을 받은 자	후견인	· 대리권 · 취소권	· 피성년후견인은 가정법원이 다르게 정하지 않는 한 원칙적으로 종국적 · 확정적으로 유효하게 법률행위를 할 수 없다. 따라서 피성년후견인의 법률행위는 원칙적으로 취소할 수 있다. · 다만, 가정법원은 취소할 수 없는 피성년후견인의 법률행위의 범위를 정할 수 있으며, 일용품의 구입 등 일상생활에 필요하고 그 대가가 과도하지 않은 법률행위는 성년후견인이 취소할 수 없다.	민법 제9~11조, 제929 · 938조

▣ 핵심판례 ▣

■ [미성년자의 능력]

1. 미성년자가 신용카드 거래 후 신용카드 이용계약을 취소한 경우의 법률관계

미성년자가 신용카드 발행인과 사이에 신용카드 이용계약을 체결하여 신용카드 거래를 하다가 신용카드 이용계약을 취소하는 경우 미성년자는 그 행위로 인하여 받은 이익이 현존하는 한도에서 상환할 책임이 있는 바. 신용카드 이용계약이 취소됨에도 불구하고 신용카드 회원과 해당 가맹점 사이에 체결된 개별적인 매매계약은 특별한 사정이 없는 한 신용카드 이용계약 취소와 무관하게 유효하게 존속한다 할 것이고, 신용카드 발행인이 가맹점들에 대하여 그 신용카드 사용대금을 지급한 것은 신용카드 이용계약과는 별개로 신용카드 발행인과 가맹점 사이에 체결된 가맹점 계약에 따른 것으로서 유효하므로, 신용카드 발행인의 가맹점에 대한 신용카드 이용대금의 지급으로써 신용카드 회원은 자신의 가맹점에 대한 매매대금 지급채무를 법률상 원인 없이 면제받는 이익을 얻었으며, 이러한 이익은 금전상의 이득으로서 특별한 사정이 없는 한 현존하는 것으로 추정된다(대판 2005. 4. 15, 2003다60297).

2. 미성년자의 신용카드 사용 사건

가. 행위무능력자 제도는 사적자치의 원칙이라는 민법의 기본이념, 특히, 자기책임 원칙의 구현을 가능케 하는 도구로서 인정되는 것이고, 거래의 안전을 희생시키더라도 행위무능력자를 보호하고자 함에 근본적인 입법 취지가 있는바, 행위무능력자 제도의 이러한 성격과 입법 취지 등에 비추어 볼 때, 신용카드 가맹점이 미성년자와 신용구매계약을 체결할 당시 향후 그 미성년자가 법정대리인의 동의가 없었음을 들어 스스로 위 계약을 취소하지는 않으리라고 신뢰하였다 하더라도 그 신뢰가 객관적으로 정당한 것이라고 할 수 있을지 의문일 뿐만 아니라, 그 미성년자가 가맹점의 이러한 신뢰에 반하여 취소권을 행사하는 것이 정의관념에 비추어 용인될 수 없는 정도의 상태라고 보기도 어려우며, 미성년자의 법률행위에 법정대리인의 동의를 요하도록 하는 것은 강행규정인데, 위 규정에 반하여 이루어진 신용구매계약을 미성년자 스스로 취소하는 것을 신의칙 위반을 이유로 배척한다면, 이는 오히려 위 규정에 의해 배제하려는 결과를 실현시키는 셈이 되어 미성년자 제도의 입법 취지를 몰각시킬 우려가 있으므로, 법정대리인의 동의 없이 신용구매계약을 체결한 미성년자가 사후에 법정대리인의 동의 없음을 사유로 들어 이를 취소하는 것이 신의칙에 위배된 것이라고 할 수 없다.

나. 미성년자가 법률행위를 함에 있어서 요구되는 법정대리인의 동의는 언제나 명시적이어야 하는 것은 아니고 묵시적으로도 가능한 것이며, 미성년자의 행

위가 위와 같이 법정대리인의 묵시적 동의가 인정되거나 처분허락이 있는 재산의 처분 등에 해당하는 경우라면, 미성년자로서는 더 이상 행위무능력을 이유로 그 법률행위를 취소할 수 없다.

다. 미성년자의 법률행위에 있어서 법정대리인의 묵시적 동의나 처분허락이 있다고 볼 수 있는지 여부를 판단함에 있어서는, 미성년자의 연령·지능·직업·경력, 법정대리인과의 동거 여부, 독자적인 소득의 유무와 그 금액, 경제활동의 여부, 계약의 성질·체결경위·내용, 기타 제반 사정을 종합적으로 고려하여야 할 것이고, 위와 같은 법리는 묵시적 동의 또는 처분허락을 받은 재산의 범위 내라면 특별한 사정이 없는 한 신용카드를 이용하여 재화와 용역을 신용구매한 후 사후에 결제하려는 경우와 곧바로 현금구매하는 경우를 달리 볼 필요는 없다.

라. 만 19세가 넘은 미성년자가 월 소득범위 내에서 신용구매계약을 체결한 사안에서, 스스로 얻고 있던 소득에 대하여는 법정대리인의 묵시적 처분허락이 있었다고 보아 위 신용구매계약은 처분허락을 받은 재산범위 내의 처분행위에 해당한다고 본 사례(2007. 11. 16. 선고 2005다71659, 71666, 71673 판결).

3. 가. 미성년자가 그의 생모와 함께 부제소합의를 한 경우 성년이 된 후 그 합의를 취소한 것이 적법하다고 본 사례

갑이 그의 생모인 을이 병과의 사이에 계쟁부동산지분에 관하여 민·형사상의 이의를 제기하지 않기로 하는 취지의 약정을 하였더라도 약정 당시 갑은 미성년자로서 행위무능력자이고 을은 이미 재혼하여 친권을 상실한 자였다면 설사 을이 갑에 대한 후견인의 지위에서 피후견인인 갑의 위 부동산지분에 관한 권리의 득실변경을 목적으로 하는 행위를 동의하거나 대리한 취지로 위 부제소합의를 하게 된 것이더라도 이에 관하여 친족회의 동의를 얻지 못한 이상 갑이 성년에 달한 후 3년 이내에 위 부제소합의를 취소한 것은 적법하다.

나. 수긍할 만한 이유 없이 진정성립이 인정되는 처분문서의 증명력을 배척한 위법 등 채증법칙에 위반한 잘못이 있다고 본 사례

수긍할만한 이유 없이 진정 성립이 인정되는 처분문서의 증명력을 배척한 위법 등 채증법칙에 위반한 잘못이 있다고 본 사례(1989. 10. 10. 제1부 판결, 89다카1602, 1619(병합) 보관금반환)

4. 미성년자의 법률행위에 대한 법정대리인의 동의가 묵시적으로도 가능한지 여부(적극)

미성년자가 법률행위를 함에 있어서 요구되는 법정대리인의 동의는 언제나 명시적이어야 하는 것은 아니고 묵시적으로도 가능한 것이며, 미성년자의 행위가 위와 같이 법정대리인의 묵시적 동의가 인정되거나 처분허락이 있는 재산의 처분 등에 해당하는 경우라면, 미성년자로서는 더 이상 행위무능력을 이유로 그 법률행위를 취소할 수 없다(대법원 2007. 11. 16. 선고 2005다71659 판결).

◈ 미성년자가 임의로 재산을 처분할 수 있는 경우

제 6 조【처분을 허락한 재산】

법정대리인이 범위를 정하여 처분을 허락한 재산은 미성년자가 임의로 처분할 수 있다.

■ § 6. 처분이 허락된 재산처분

• 범위 : 사용목적과 상관없이 임의처분가능

본조는 미성년자가 임의로 재산을 처분할 수 있는 경우를 규정한 것이다. 법정대리인이 범위를 정하여 처분을 허락한 재산은 미성년자가 임의로 처분할 수 있다. 또 만약 특별한 목적을 정하여 처분을 허락한 재산이면, 그 목적의 범위 내에서 미성년자는 스스로 관리·처분을 할 수 있다. 재산의 범위를 정하여 처분을 허락한 경우는 물론이고, 비록 처분을 허락한 재산에 사용목적(예 : 등록금, 여비 등)이 정해져 있더라도, 미성년자는 그 목적과 상관없이 임의로 처분할 수 있다고 이해된다(다수설). 이에 관하여 소수설은 사용목적을 정하여 재산의 처분을 허락한 경우에는 그 사용목적의 범위 내에서만 처분할 수 있다고 한다. 이 견해는 무능력자제도의 취지에 따라 미성년자의 보호에 중점을 두고 있다(방순원, 김·안).

그러나 이처럼 법정대리인이 범위를 정하여 재산의 처분을 허락한 경우에는, 미성년자 한 개인의 이익의 보호보다는 사회의 거래안전에 역점을 두어 보호하여야 할 것이다. 따라서 다수설의 입장이 타당하다(이영섭, 장경학, 김용한, 곽윤직).

이렇게 해석하더라도, 미성년자의 모든 재산의 처분을 허락하는 것과 같이 포괄적인 처분을 허락하는 것은 허용되지 않는다. 왜냐하면, 그것은 무능력자보호라는 제도의 취지에 반하기 때문이다. 한편, 「처분」에는 사용·수익도 포함된다고 본다.

▣ 핵심판례 ▣

■ 법정대리인의 동의를 얻었다는 점에 대한 입증책임의 귀속

미성년자가 토지매매행위를 부인하고 있는 이상, 미성년자가 그 법정대리인의 동의를 얻었다는 점에 관한 입증책임은 미성년자에게 없고 이를 주장하는 상대방에게 있다(대판 1970. 2. 24, 69다1568).

◈ 미성년자의 법률행위에 대한 법정대리인의 동의와 재산처분 허락의 취소

제 7 조【동의와 허락의 취소】

법정대리인은 미성년자가 아직 법률행위를 하기 전에는 전2조의 동의와 허락을 취소할 수 있다.

■ § 7. 동의와 허락의 취소

• 소급효 없는 철회에 불과

법정대리인은 미성년자가 동의를 얻은 법률행위 또는 처분을 허락받은 재산의 처분행위를 하기 전에는 그 동의와 허락을 취소할 수 있다.

이는 미성년자를 보호하기 위한 것이다. 여기에서의「취소」는 미성년자가 법률행위를 하기 이전에 그 법률행위를 하지 못하게 하는 데 있는 것이므로, 소급효가 없는 철회를 의미한다.

취소의 상대방은 미성년자 또는 그 상대방이다. 이 취소로써는 선의의 제3자에게는 대항할 수 없다고 해석하는 것이 통설이나, 이때는 거래안전을 중시하는 영업의 경우(제8조)와 다르다는 이유로 반대하는 견해도 있다(지원림 70쪽).

◈ 법정대리인으로부터 허락을 얻은 특정한 영업에 관한 미성년자의 행위능력

제 8 조【영업의 허락】

① 미성년자가 법정대리인으로부터 허락을 얻은 특정한 영업에 관하여는 성년자와 동일한 행위능력이 있다.

② 법정대리인은 전항의 허락을 취소 또는 제한할 수 있다. 그러나 선의의 제3자에게 대항하지 못한다.

■ § 8. 영업의 허락

- 법정대리인의 대리권 소멸
- 관련법조 : 상 §6, §8, §37, 선원 §90

본조는 미성년자가 허락을 받은 특정한 영업에 관한 행위를 규정한 것이다. 미성년자가 법정대리인으로부터 허락을 얻은 특정한 영업에 관하여는 성년자와 동일한 행위능력이 있다.

(1) 여기서 「영업」이라 함은 널리 영리를 목적으로 하는 사업을 말하며, 반드시 상업에 한정되지 않는다(통설). 영업을 허락할 때에는 반드시 그 종류를 특정하여야 한다. 이는 하나의 단위가 되는 영업을 특정하여 허락하여야 한다는 것이다. 따라서 영업의 일부만을 허락하거나 또는 이를 제한하는 것은 허용되지 않는다.

(2) 허락의 방법은 명시·묵시를 불문한다. 다만 허락받은 영업이 상업인 경우에는 상업등기를 하여야 한다(상법 제6조). 또한 허락이 있었다는 입증책임은 그 허락이 있었다는 것을 이유로 법률행위의 유효를 주장하는 자에게 있다고 본다.

(3) 영업의 허락을 받은 미성년자는 그 영업에 관하여 성년자와 동일한 행위능력을 가진다. 「영업에 관하여」라는 것은, 그 영업을 하는 데 필요한 직접·간접의 일체의 행위를 말한다. 또한 이 범위에서는 미성년자는 성년자와 동일한 행위능력을 가지므로, 법정대리인의 법정대리권은 소멸한다.

이 점은 처분을 허락한 재산의 처분의 경우(제6조)와 다르다.

(4) 법정대리인은 그가 한 영업의 허락을 취소 또는 제한할 수 있다(제8조2항).

여기서 취소는 장래에 향하여 허락이 없었던 것으로 하는 철회의 뜻이므로, 이미 행하여진 영업행위는 그대로 유효하다. 그리고 영업의 제한이란 예컨대 두 개 이상의 단위의 영업을 허락하였는데, 그 중 어느 하나의 것을 장래에 향하여 허락이 없었던 것으로 하는 것이다.

한편, 이러한 취소·제한하는 때에는 지체 없이 등기를 말소하거나 변경등기를 하여야 하며, 이러한 등기가 있기 전에는 선의의 제3자는 보호된다(상법 제37조, 제40조).

미성년자에 대한 영업허락증서

주 소

미성년자 김 종 진

서기 년 월 일생

1. 미곡매매
2. 회사의 무한책임사원(합명회사, 합자회사의 무한책임사원)이 되는 것

미성년자 김종진이 년 월 일부터 전기의 영업을 하는 것을 허락함.

서기 년 월 일

주 소

위 미성년자의 친권자 父 김 윤 식 ㊞

◈ 성년후견개시의 심판 요건 및 청구권자

제 9 조【성년후견개시의 심판】

① 가정법원은 질병, 장애, 노령, 그 밖의 사유로 인한 정신적 제약으로 사무를 처리할 능력이 지속적으로 결여된 사람에 대하여 본인, 배우자, 4촌 이내의 친족, 미성년후견인, 미성년후견감독인, 한정후견인, 한정후견감독인, 특정후견인, 특정후견감독인, 검사 또는 지방자치단체의 장의 청구에 의하여 성년후견개시의 심판을 한다.

② 가정법원은 성년후견개시의 심판을 할 때 본인의 의사를 고려하여야 한다.

■ § 9. 피성년후견인

- 성년후견개시 심판 대상 : 심신박약, 재산낭비로 생활을 궁박하게 할 염려 있는 자에 대하여 선고 질병·장애·노령·그 밖의 사유로 인한 정신적 제약으로 사무를 처리할 능력이 지속적으로 결여된 사람
- 청구권자 : 본인, 배우자, 4촌 이내의 친족, 미성년후견인, 미성년후견감독인, 한정후견인, 한정후견감독인, 특정후견인, 특정후견감독인, 검사 또는 지방자치단체의 장
- 청구절차 : 가정법원의 심판
- 관련법조 : [선고절차] 가사소송법 §2①, 가사소송규칙 §32~§38의6, [성년후견종료 심판] §11

1. 피성년후견인의 의의

피성년후견인은 질병·장애·노령·그 밖의 사유로 인한 정신적 제약으로 사무를 처리할 능력이 지속적으로 결여된 사람으로서 일정한 자의 청구에 의하여 가정법원으로부터 성년후견개시의 심판을 받은 자를 말한다.

2. 성년후견개시 심판의 요건

성년후견개시 심판의 요건은, 첫째로 질병·장애·노령·그 밖의 사유로 인한 정신적 제약으로 사무를 처리할 능력이 지속적으로 결여된 사람이어야 한다.

우선 질병·장애·노령·그 밖의 사유로 인한 '정신적 제약'이 있어야 하고,

신체적 장애는 성년후견개시의 사유로 되지 않는다.

다음으로 사무를 처리할 능력이 지속적으로 결여된 사람이어야 한다. 즉, 정신적 제약만 있는 것으로 충분하지 않으며, 이로 인하여 사무를 처리할 능력이 결여되었어야 하는 것이다. 사무처리 능력이 지속적으로 결여된 사람이어야 한다는 점에서 뒤에서 살펴볼 사무처리 능력이 부족한 사람에 대한 한정후견과도 차이가 있다.

가정법원은 성년후견 개시의 심판을 할 경우에는 피성년후견인이 될 사람의 정신상태에 관하여 의사에게 감정을 시켜야 한다(가사소송법 제45조의2 제1항 본문). 다만, 피성년후견인이 될 사람의 정신상태를 판단할 만한 다른 충분한 자료가 있는 경우에는 그러하지 아니하다(가사소송법 제45조의2 제1항 단서). 그러나 이는 그 감정에 의하여 정신상태를 결정하라는 것은 아니다. 다만, 그 감정을 기초로 사건을 심판하라는 것에 불과하다.

성년후견개시 심판의 두 번째의 요건은, 본인·배우자·4촌 이내의 친족·미성년후견인·미성년후견감독인·한정후견인·한정후견감독인, 특정후견인·특정후견감독인, 검사 또는 지방자치단체의 장의 청구가 있어야 한다.

3. 성년후견개시 심판의 절차

(1) 정신상태의 감정

가정법원은 성년후견 개시의 심판을 할 경우에는 피성년후견인이 될 사람의 정신상태에 관하여 의사에게 감정을 시켜야 한다(가사소송법 제45조의2 제1항 본문). 다만, 피성년후견인이 될 사람의 정신상태를 판단할 만한 다른 충분한 자료가 있는 경우에는 그러하지 아니하다(가사소송법 제45조의2 제1항 단서).

(2) 후견인의 선임

가정법원의 성년후견개시심판이 있는 경우에는 그 심판을 받은 사람의 성년후견인을 두어야 한다(민법 제929조). 이에 따른 성년후견인은 가정법원이 직권으로 선임한다(민법 제936조 제1항). 가정법원이 성년후견인을 선임할 때에는 피성년후견인의 의사를 존중하여야 하며, 그 밖에 피성년후견인의 건강, 생활관계, 재산상황, 성년후견인이 될 사람의 직업과 경험, 피성년후견인과의 이해관계의 유무(법인이 성년후견인이 될 때에는 사업의 종류와 내용, 법인이나 그 대표자와 피성년후견인 사이의 이해관계의 유무를 말한다) 등의 사정도 고려하여야 한다(민법 제936조 제4항).

【서식】 성년후견개시 심판 청구서의 예

성년후견개시 심판청구

청 구 인 김 준 남 (전화)
주민등록번호 -
주 소
등록기준지
사건본인과의 관계

인 지

사건본인 김 영 식
주민등록번호 -
주 소
등록기준지

청 구 취 지

1. 사건본인에 대하여 성년후견을 개시한다.
2. 사건본인의 성년후견인으로 ○○○(주민등록번호, 주소)를 선임한다.

라는 심판을 구합니다.

청 구 원 인

1. 청구인은 사건본인의 아들로서 자영업을 영위하면서 청구인이 사건본인을 모시고 있습니다.
2. 사건본인은 약 5년 전부터 노인성 치매로 OO병원에서 요양 중인데 현재 사건본인은 일상생활을 혼자 힘으로 영위할 능력이 없습니다.
3. 청구인은 이 사건 심판을 통하여 성년후견인이 되어 사건본인의 부동산을 관리하고 그 수익을 사건본인에 대한 치료비로 사용하고자 합니다.
4. 따라서 청구인은 사건본인의 성년후견인으로 지정받고자 이 사건 심판 청구에 이르렀습니다.

첨 부 서 류

1. 가족관계증명서 및 기본증명서(청구인, 사건본인, 후견인후보자) 1통
1. 주민등록등본(사건본인) 1통

1. 사건본인 및 후견인후보자의 후견등기사항전부증명서
   (말소 및 폐쇄사항 포함)
   (후견등기사항이 없는 경우 후견등기사항부존재증명서) 1통
1. 진단서 1통
1. 사전현황설명서
1. 기타(소명자료)

년 월 일

위 청구인 김 준 남 ㊞

○○가정법원 귀중

◇ 유의사항 ◇

·인지액 : 사건본인 수×5,000원(☞가사소송 및 비송사건수수료표)
·송달료 : 청구인 수×3,700원(우편료)×10회분
·제출법원 : 사건본인의 주소지 가정법원
·청구권자 : 본인, 배우자, 4촌 이내의 친족, 미성년후견인, 미성년후견감독인, 한정후견인, 한정후견감독인, 특정후견인, 특정후견감독인, 검사 또는 지방자치단체의 장

◆ 피성년후견인의 행위와 취소

제 10 조【피성년후견인의 행위와 취소】

① 피성년후견인의 법률행위는 취소할 수 있다.

② 제1항에도 불구하고 가정법원은 취소할 수 없는 피성년후견인의 법률행위의 범위를 정할 수 있다.

③ 가정법원은 본인, 배우자, 4촌 이내의 친족, 성년후견인, 성년후견감독인, 검사 또는 지방자치단체의 장의 청구에 의하여 제2항의 범위를 변경할 수 있다.

④ 제1항에도 불구하고 일용품의 구입 등 일상생활에 필요하고 그 대가가 과도하지 아니한 법률행위는 성년후견인이 취소할 수 없다.

■ § 10. 피성년후견인의 행위능력

- 보호자 : 성년후견인
- 보호기능 : 대리권
- 관련법조 : [성년후견개시 심판] §9, [선고취소 성년후견종료 심판] §11

피성년후견인은 가정법원이 다르게 정하지 않는 한 원칙적으로 종국적·확정적으로 유효하게 법률행위를 할 수 없다. 즉, 피성년후견인의 법률행위는 원칙적으로 취소할 수 있다. 법정대리인의 동의를 얻지 않고 한 행위뿐만 아니라 동의를 얻고서 한 행위도 취소할 수 있다.

다만, 재산행위에 관하여 다음과 같은 예외가 있다.

첫째, 가정법원은 취소할 수 없는 피성년후견인의 법률행위의 범위를 정할 수 있다(제10조 제2항). 또한 가정법원은 본인·배우자·4촌 이내의 친족·성년후견인·성년후견감독인·검사 또는 지방자치단체의 장의 청구에 의하여 그 범위를 변경할 수 있다(제10조 제3항). 이와 같이 취소할 수 없는 범위를 정한 경우에는 피성년후견인의 법률행위라도 취소할 수 없다.

둘째, 일용품의 구입 등 일상생활에서 필요하고 그 대가가 과도하지 않은 법률행위는 성년후견인이 취소할 수 없다(제10조 제4항).

친족법상 행위와 관련하여 피성년후견인은 약혼·혼인·협의이혼·인지·입양·협의 파양 등을 성년후견인의 동의를 얻어서 스스로 할 수 있다. 또한 만17세가 되었다면 의사능력이 회복된 때에 한하여 단독으로 유언을 할 수도 있다.

◆ 성년후견종료의 심판

제 11 조【성년후견종료의 심판】

성년후견개시의 원인이 소멸된 경우에는 가정법원은 본인, 배우자, 4촌 이내의 친족, 성년후견인, 성년후견감독인, 검사 또는 지방자치단체의 장의 청구에 의하여 성년후견종료의 심판을 한다.

■ § 11. 성년후견종료의 심판

- 종료사유 : 성년후견개시의 원인이 소멸한 때
- 취소권자 : 본인, 배우자, 4촌 이내의 친족, 성년후견인, 성년후견감독인, 검사 또는 지방자치단체의 장
- 취소의 효력 : 불소급
- 관련법조 : [종료심판절차] 가사소송규칙 §38

본조는 성년후견종료의 심판에 관하여 규정하고 있다. 성년후견개시 심판의 요건이 구비되면 가정법원은 반드시 성년후견개시의 심판을 하여야 한다(제9조). 즉, 선고는 필연적이다.

한편, 성년후견개시의 원인이 소멸한 때에는 가정법원은 청구권자의 청구에 의하여 한정치산선고를 취소하여야 성년후견종료의 심판을 한다. 성년후견종료의 심판도 그 요건이 갖추어지면 반드시 행하여져야 한다. 성년후견종료의 심판이 있으면 피성년후견인은 행위능력을 회복한다. 그 시기는 심판이 내려진 때부터이며, 소급하지 않는다. 성년후견종료 심판의 청구권자는 본인, 배우자, 4촌 이내의 친족, 성년후견인, 성년후견감독인, 검사 또는 지방자치단체의 장이다.

◈ 한정후견개시의 심판 요건 및 청구권자

제 12 조【한정후견개시의 심판】

① 가정법원은 질병, 장애, 노령, 그 밖의 사유로 인한 정신적 제약으로 사무를 처리할 능력이 부족한 사람에 대하여 본인, 배우자, 4촌 이내의 친족, 미성년후견인, 미성년후견감독인, 성년후견인, 성년후견감독인, 특정후견인, 특정후견감독인, 검사 또는 지방자치단체의 장의 청구에 의하여 한정후견개시의 심판을 한다.

② 한정후견개시의 경우에 제9조제2항을 준용한다.

■ § 12. 피한정후견인

- 한정후견개시 심판 대상 : 질병·장애·노령·그 밖의 사유로 인한 정신적 제약으로 사무를 처리할 능력이 부족한 사람
- 청구권자 : 본인, 배우자, 4촌 이내의 친족, 미성년후견인, 미성년후견감독인, 성년후견인, 성년후견감독인, 특정후견인, 특정후견감독인, 검사 또는 지방자치단체의 장
- 청구절차 : 가정법원의 심판
- 관련법조 : [선고절차] 가사소송법 §2①, 가사소송규칙 §32~§38의6, [한정후견종료 심판] §14

피한정후견인은 질병·장애·노령·그 밖의 사유로 인한 정신적 제약으로 사무를 처리할 능력이 부족한 사람으로서 일정한 자의 청구에 의하여 가정법원으로부터 한정후견 개시의 심판을 받은 자를 말한다.

한정후견개시 심판의 요건은, 첫째로 질병·장애·노령·그 밖의 사유로 인한 정신적 제약으로 사무를 처리할 능력이 부족한 사람이어야 한다. 이는 성년후견의 경우와 유사하나, 사무처리 능력이 지속적으로 결여된 것이 아니라 부족한 사람이어야 한다는 점에서 차이가 있다. 가정법원은 한정후견 개시의 심판을 할 경우에는 피한정후견인이 될 사람의 정신상태에 관하여 의사에게 감정을 시켜야 한다(가사소송법 제45조의2 제1항 본문). 다만, 피한정후견인이 될 사람의 정신상태를 판단할 만한 다른 충분한 자료가 있는 경우에는 그러하지 아니하다(가사소송법 제45조의2 제1항 단서).

두 번째의 요건은 본인, 배우자, 4촌 이내의 친족, 미성년후견인, 미성년후견감독인, 성년후견인, 성년후견감독인, 특정후견인, 특정후견감독인, 검사 또는 지방자치단체의 장의 청구가 있어야 한다.

◆ 피한정후견인의 행위와 동의

제 13 조【피한정후견인의 행위와 동의】

① 가정법원은 피한정후견인이 한정후견인의 동의를 받아야 하는 행위의 범위를 정할 수 있다.

② 가정법원은 본인, 배우자, 4촌 이내의 친족, 한정후견인, 한정후견감독인, 검사 또는 지방자치단체의 장의 청구에 의하여 제1항에 따른 한정후견인의 동의를 받아야만 할 수 있는 행위의 범위를 변경할 수 있다.

③ 한정후견인의 동의를 필요로 하는 행위에 대하여 한정후견인이 피한정후견인의 이익이 침해될 염려가 있음에도 그 동의를 하지 아니하는 때에는 가정법원은 피한정후견인의 청구에 의하여 한정후견인의 동의를 갈음하는 허가를 할 수 있다.

④ 한정후견인의 동의가 필요한 법률행위를 피한정후견인이 한정후견인의 동의 없이 하였을 때에는 그 법률행위를 취소할 수 있다. 다만, 일용품의 구입 등 일상생활에 필요하고 그 대가가 과도하지 아니한 법률행위에 대하여는 그러하지 아니하다.

■ § 13. 피한정후견인의 행위능력

- 원칙 : 원칙적으로 종국적·확정적으로 유효하게 법률행위를 할 수 있다.
- 예외 : 가정법원이 한정후견인의 동의를 받아야 할 행위의 범위를 정한 경우에 피한정후견인이 한정후견인의 동의 없이 법률행위를 하였을 때에는 취소할 수 있다. 다만, 일용품의 구입 등 일상생활에 필요하고 그 대가가 과도하지 않은 법률행위는 취소할 수 없다.
- 관련법조 : [피한정후견인 행위능력] 특허 §3①, 신안 §3, 디자인 §4, 민소 §51, §55

피한정후견인은 원칙적으로 종국적·확정적으로 유효하게 법률행위를 할 수 있다. 즉, 원칙적으로 행위능력을 가진다. 다만, 가정법원은 피한정후견인이 한정후견인의 동의를 받아야 하는 행위의 범위를 정할 수 있는데 이러한 범위에서 피한정후견인의 행위능력이 제한된다.

가정법원은 본인, 배우자, 4촌 이내의 친족, 한정후견인, 한정후견감독인, 검사 또는 지방자치단체의 장의 청구에 의하여 한정후견인의 동의를 받아야만 할 수 있는 행위의 범위를 변경할 수 있다.

또한 한정후견인의 동의를 필요로 하는 행위에 대하여 한정후견인이 피한정후견인의 이익이 침해될 염려가 있음에도 그 동의를 하지 않는 때에는, 가정법원은 피한정후견인의 청구에 의하여 한정후견인의 동의를 갈음하는 허가를 할 수 있다.

만약 한정후견인의 동의가 필요한 법률행위를 피한정후견인이 한정후견인의 동의 없이 하였을 때에는 그 법률행위를 취소할 수 있다. 다만, 일용품의 구입 등 일상생활에 필요하고 그 대가가 과도하지 아니한 법률행위에 대하여는 취소할 수 없다.

한편, 피한정후견인의 가족법상의 행위와 관련하여, 민법은 약혼·혼인·협의이혼·인지·입양·협의파양 등에 관하여 미성년자와 피성년후견인에 대하여만 규정하고, 피한정후견인에 대하여는 별도의 규정을 두고 있지 않다. 이에 대하여 다수의 견해는 피한정후견인은 어또한 제한 없이 단독으로 유효하게 할 수 있다고 한다.

【서식】 한정후견개시 심판 청구서의 예

한정후견개시 심판청구

청구인(사건본인의 모) 박 영 자 (전화)
주민등록번호 -
주 소
등록기준지

사건본인 이 귀 일
주민등록번호 -
주 소
등록기준지

청 구 취 지

1. 사건본인에 대하여 한정후견을 개시한다.
2. 사건본인의 한정후견인으로 박영자(주민번호 : ○○○○○○ - ○○○○○○○, 주소 : ○○시 ○○구 ○○로 ○○)를 선임한다.

라는 심판을 구합니다.

청 구 원 인

1. 청구인은 사건본인의 모(母)이며, 사건본인은 201○. ○. ○. 경과로 성년이 되었습니다. 그러나 사건본인은 정신지체장애인으로서, 약 10년의 기간 동안 정신병원에서 치료를 받아오고 있으며, 위와 같은 정신적 제약으로 인해 스스로 사무를 처리할 능력이 부족하므로 후견인의 조력을 받을 필요성이 있습니다.
2. 청구인은 사건본인의 모로서, ○○시 공무원으로 재직 중에 있고, 매월 ○○○원의 소득을 올리고 있어 사건본인을 부양할 경제적 능력이 충분합니다. 특히 2005년경 사건본인의 부가 사망한 이후로 홀로 현재 사건본인을 부양하고 있고, 이후에도 청구인이 지속적으로 사건본인을 돌보아야 하므로, 청구인이 사건본인의 한정후견인으로서 지정될 필요가 있다고 할 것입니다.
3. 한편, 사건본인이 한정후견인의 동의를 받아야 하는 행위 및 한정후견인의 대리권의 범위, 한정후견인이 사건본인의 신상에 관하여 결정할 수 있는 권한의 범위는 별지 기재와 같이 지정해주시기 바랍니다.
4. 이상과 같은 이유로 청구인은 사건본인의 후견인으로 선임되고자 이 사건 청구에 이르렀습니다.

첨 부 서 류

1. 기본증명서(청구인, 사건본인) 각 1통
1. 가족관계증명서(청구인, 사건본인) 각 1통
1. 진단서 1통
1. 진술서 1통
1. 진술인의 인감증명서 1통
1. 주민등록등·초본(청구인, 사건본인) 각 1통

2010○년 월 일

위 청구인 박 영 자 ㊞

○○가정법원 귀중

◇ 유의사항 ◇

·인지액 : 사건본인 수×5,000원(☞가사소송 및 비송사건수수료표)

·송달료 : 청구인 수×3,700원(우편료)×10회분

·제출법원 : 사건본인의 주소지 가정법원

·청구권자 : 본인, 배우자, 4촌 이내의 친족, 미성년후견인, 미성년후견감독인, 성년후견인, 성년후견감독인, 특정후견인, 특정후견감독인, 검사 또는 지방자치단체의 장

◆ 한정후견종료의 심판

제 14 조【한정후견종료의 심판】

한정후견개시의 원인이 소멸된 경우에는 가정법원은 본인, 배우자, 4촌 이내의 친족, 한정후견인, 한정후견감독인, 검사 또는 지방자치단체의 장의 청구에 의하여 한정후견종료의 심판을 한다.

■ § 14. 한정후견종료의 심판

- 종료사유 : 한정후견개시의 원인이 소멸한 때
- 취소권자 : 본인, 배우자, 4촌 이내의 친족, 한정후견인, 한정후견감독인, 검사 또는 지방자치단체의 장
- 취소의 효력 : 불소급
- 취소절차 : 가정법원 심판사건
- 관련법조 : [종료심판절차] 가사소송규칙 §38

한정후견종료의 심판은 가정법원의 심판사건으로서 가사소송법에 의하여 처리한다(가사소송법 2조 1항 라류사건). 한정후견종료의 요건이 구비된 때는 반드시 한정후견종료의 심판을 하여야 한다. 한정후견종료의 심판이 있으면 피한정후견인은 행위능력을 제한받고 있었더라도 행위능력을 회복한다. 그 효력은 소급하지 않는다.

◈ 특정후견의 심판

제 14 조의 2【특정후견의 심판】

① 가정법원은 질병, 장애, 노령, 그 밖의 사유로 인한 정신적 제약으로 일시적 후원 또는 특정한 사무에 관한 후원이 필요한 사람에 대하여 본인, 배우자, 4촌 이내의 친족, 미성년후견인, 미성년후견감독인, 검사 또는 지방자치단체의 장의 청구에 의하여 특정후견의 심판을 한다.

② 특정후견은 본인의 의사에 반하여 할 수 없다.

③ 특정후견의 심판을 하는 경우에는 특정후견의 기간 또는 사무의 범위를 정하여야 한다.

■ § 14의2. 특정후견의 심판

• 특정후견 심판 대상 : 질병·장애·노령·그 밖의 사유로 인한 정신적 제약으로 일시적 후원 또는 특정한 사무에 관한 후원이 필요한 사람

• 청구권자 : 본인, 배우자, 4촌 이내의 친족, 미성년후견인, 미성년후견감독인, 검사 또는 지방자치단체의 장

• 청구절차 : 가정법원의 심판

• 관련법조 : [선고절차] 가사소송법 §2①, 가사소송규칙 §32~§38의6, [보호조치] §959의8, [특정후견인 선임] §959의9

1. 피특정후견인의 의의

피특정후견인은 질병·장애·노령·그 밖의 사유로 인한 정신적 제약으로 일시적 후원 또는 특정한 사무에 관한 후원이 필요한 사람으로서 일정한 자의 청구에 의하여 가정법원으로부터 특정후견의 심판을 받은 자를 말한다. 피특정후견인은 1회적·특정적으로 보호를 받는 다는 점에서 피성년후견인·피한정후견인과 차이가 있다. 이러한 특정후견제도는 2011년 3월 7일 민법 개정시 도입되어, 2013년 7월 1일부터 시행되고 있는 제도이다.

2. 특정후견 심판의 요건

첫째로 질병·장애·노령·그 밖의 사유로 인한 정신적 제약으로 일시적 후원 또는 특정한 사무에 관한 후원이 필요한 사람이어야 한다. 정신적 제약이

필요한 점은 피성년후견인이나 피한정후견인과 동일하나, 사무를 처리할 능력이 있는지를 묻지 않는다는 점에서 구분된다. 가정법원은 특정후견의 심판을 할 경우에는 의사나 그 밖에 전문지식이 있는 사람의 의견을 들어야 하고, 이 경우 의견을 말로 진술하게 하거나 진단서 또는 이에 준하는 서면으로 제출하게 할 수 있다(가사소송법 제45조의2 제2항).

둘째로 본인, 배우자, 4촌 이내의 친족, 미성년후견인, 미성년후견감독인, 검사 또는 지방자치단체의 장의 청구가 있어야 한다. 청구권자와 관련하여 성년후견인, 한정후견인이 청구권자에 포함되어 있지 않은데, 이는 계속적인 보호가 필요한 피성년후견인, 피한정후견인에 대하여 특정후견의 심판을 청구하는 것은 부적당하기 때문이다.

셋째, 특정후견은 본인의 의사에 반하여 할 수 없다.

3. 특정후견 심판의 내용과 보호조치

특정후견 심판의 내용과 관련하여 가정법원은 특정후견의 심판을 하는 경우 특정후견의 기간 또는 사무의 범위를 정하여야 한다. 이는 특정후견은 성년후견이나 한정후견과 달리 1회적·특정적 보호제도이므로 후견의 개시와 종료를 별도로 심판할 필요가 없기 때문이다.

가정법원은 피특정후견인의 후원을 위하여 필요한 처분을 명할 수 있으며(제959조의8), 이에 따른 처분으로 피특정후견인을 후원하거나 대리하기 위한 특정후견인을 선임할 수 있다(제959조의9). 또한 피특정후견인의 후원을 위하여 필요하다고 인정하면 가정법원은 기간이나 범위를 정하여 특정후견인에게 대리권을 수여하는 심판을 할 수 있다(제959조의11).

4. 피특정후견인의 행위능력

특정후견의 심판이 있더라도 피특정후견인은 행위능력에 영향을 받지 않는다. 또한 특정한 법률행위를 위하여 특정후견인이 선임되고 법정대리권이 부여된 경우에도 피특정후견인의 행위능력이 제한되는 것은 아니다. 즉, 특정후견인의 동의가 없더라도 피특정후견인이 직접 법률행위를 할 수 있다.

【서식】 특정후견 심판 청구서의 예

특정후견 심판청구

청 구 인 ○ ○ ○ (주민등록번호)
○○시 ○○구 ○○길 ○○(우편번호)
전화·휴대폰번호:
팩스번호, 전자우편(e-mail)주소:
사건본인과의 관계

사건본인 ○ ○ ○ (주민등록번호)
○○시 ○○구 ○○길 ○○(우편번호)
등록기준지(국적)

청 구 취 지

1. 사건본인에 대하여 특정후견을 한다.
2. 사건본인의 특정후견인으로 ○ ○ ○(주민번호 : ○○○○○○ - ○○○○○○○, 주소 : ○○시 ○○구 ○○로 ○○)를 선임한다.

라는 심판을 구합니다.

청 구 원 인

1. 사건본인은 노령으로 인하여 .... 합니다.
2. 특정후견을 필요로 하는 기간 및 사무는 다음과 같습니다.
   가. 기간 :
   나. 사무 :
3. 이와 같이 사건본인에게 후원이 필요하여 이건 청구에 이르렀습니다.
4. 청구인은 사건본인의 특정후견인으로 다음과 같은 사람을 추천합니다.

특정후견인 후보자	성명	
	주소	
	주민등록번호	
	직업	
	사건본인과의 관계	

첨 부 서 류

1. 가족관계증명서 및 기본증명서(청구인, 사건본인, 후견인후보자) 각 1통
2. 주민등록등본 (사건본인) 1통
3. 사건본인 및 후견인후보자의 후견등기사항전부증명서 각 1통
4. 청구인 및 후견인후보자와 사건본인과의 관계를 밝혀줄 자료 각 1통
5. 진단서 1통
6. 기타(소명자료)

201○년 월 일

위 청구인 ○ ○ ○ ㊞

○○가정법원 귀중

◇ 유의사항 ◇

·인지액 : 사건본인 수×5,000원(☞가사소송 및 비송사건수수료표)

·송달료 : 청구인 수×3,700원(우편료)×10회분

·제출법원 : 사건본인의 주소지 가정법원

·청구권자 : 본인, 배우자, 4촌 이내의 친족, 미성년후견인, 미성년후견감독인, 검사 또는 지방자치단체의 장

◆ 심판 사이의 관계

제 14 조의 3【심판 사이의 관계】

① 가정법원이 피한정후견인 또는 피특정후견인에 대하여 성년후견개시의 심판을 할 때에는 종전의 한정후견 또는 특정후견의 종료 심판을 한다.

② 가정법원이 피성년후견인 또는 피특정후견인에 대하여 한정후견개시의 심판을 할 때에는 종전의 성년후견 또는 특정후견의 종료 심판을 한다.

■ § 14의3. 심판 사이의 관계

- 피한정후견인, 피특정후견인에 대하여 성년후견개시 심판시 : 종전의 한정후견, 특정후견의 종료 심판을 한다.
- 피성년후견인, 피특정후견인에 대하여 한정후견개시 심판시 : 종전의 성년후견, 특정후견의 종료 심판을 한다.

가정법원이 피한정후견인에 대하여 성년후견개시의 심판을 할 때에는 종전의 한정후견의 종료 심판을 한다. 마찬가지로 피성년후견인에 대하여 한정후견개시의 심판을 할 때에는 종전의 성년후견의 종료 심판을 한다.

특정후견의 경우 성년후견이나 한정후견과 달리 1회적·특정적 보호제도이므로 후견으로 처리되어야 할 사무의 성질에 따라 그 존속기간이 정해진다. 따라서 민법은 가정법원이 특정후견의 심판을 하는 경우에 특정후견의 기간 또는 사무의 범위를 정하도록 규정하고 있는 것이다. 즉, 별도로 특정후견의 개시와 종료를 심판할 필요가 없다. 다만, 가정법원이 피특정후견인에 대하여 성년후견개시의 심판을 하거나 한정후견개시의 심판을 할 때에는 종전의 특정후견의 종료심판을 하도록 규정하고 있다.

◆ 제한능력자와 거래한 상대방을 불확정한 법률상태로부터 구제하기 위한 제도

제 15 조【제한능력자의 상대방의 확답을 촉구할 권리】

① 제한능력자의 상대방은 제한능력자가 능력자가 된 후에 그에게 1개월 이상의 기간을 정하여 그 취소할 수 있는 행위를 추인할 것인지 여부의 확답을 촉구할 수 있다. 능력자로 된 사람이 그 기간 내에 확답을 발송하지 아니하면 그 행위를 추인한 것으로 본다.

② 제한능력자가 아직 능력자가 되지 못한 경우에는 그의 법정대리인에게 제1항의 촉구를 할 수 있고, 법정대리인이 그 정하여진 기간 내에 확답을 발송하지 아니한 경우에는 그 행위를 추인한 것으로 본다.

③ 특별한 절차가 필요한 행위는 그 정하여진 기간 내에 그 절차를 밟은 확답을 발송하지 아니하면 취소한 것으로 본다.

■ § 15. 상대방의 확답촉구권(=최고권)

- 준법률행위의 일종인 의사통지 :
  형성권의 일종→상대방의 일방적 행위(추인여부 확답촉구)에 의해서 법률관계의 변동을 일으키는 권리
- 요건 : ① 취소할 수 있는 행위의 적시. ② 1개월 이상 유예기간. ③ 추인여부 확답요구
- 확답촉구의 상대방 : 확답촉구를 수령할 능력+취소 또는 추인할 수 있는 자
- 확답촉구의 효과 :
  유예기간 내 확답 있는 경우→확답대로 효과발생(확답촉구 자체의 효과×)
  유예기간 내 확답 없는 경우
  ① 능력자가 된 제한능력자에 확답촉구→추인간주
  ② 법정대리인에 확답촉구
  단독추인가능시→추인간주, 특별절차 요구시→취소간주(후견감독인의 동의)
- 관련법조 : [제한능력자와 취소] §5, §10, §13, [취소와 추인]§17, §111, §140, §146, [법정대리인]§911, §938, [후견인]§928, §929, §931, §938, §948①, §949,[특별절차를 요하는 행위]§950, [본조준용]§952

본조는 제한능력자의 상대방의 확답촉구권에 관하여 규정한 것이다. 2011년 3월 7일 개정시 「최고」라는 용어를 「확답촉구」로 개정하였다.

제한능력자의 상대방은 본인 또는 그 법정대리인 등에 대하여 1월 이상의 기간을 정하여 그 취소를 할 수 있는 행위의 추인여부의 확답을 촉구할 수 있다.

(1) 제한능력자가 능력자로 된 후에 확답촉구를 받고 그 기간 내에 확답을 발송하지 아니한 때에는 그 행위를 추인한 것으로 본다.

(2) 제한능력자가 아직 능력자가 되지 못한 때에는 제한능력자의 상대방은 법정대리인에게 확답촉구를 하여야 한다. 그 결과 법정대리인이 위의 기간 내에 확답을 발하지 않을 경우에, 그 효과는 두 경우로 나뉜다. 먼저, 법정대리인이 단독으로 추인할 수 있는 때에는 그 행위를 추인한 것으로 본다. 그러나 법정대리인이 특별한 절차를 밟아 추인해야할 경우에는 그 행위를 취소한 것으로 본다. 여기서「특별한 절차」를 요하는 행위라 함은 법정대리인인 후견인이 민법 제950조의 후견감독인의 동의를 요하는 경우를 말한다.

미성년자의 행위추인 확답촉구서

년 월 일 미성년자 김정길과 본인과의 사이에 증여의 계약을 체결하였던바, 김정길은 미성년자이며 또 당해 계약을 함에 관하여 법정대리인인 귀하의 동의를 구하지 않았으므로, 귀하께서 당해 계약의 추인여부를 이 서면 도착의 일자로부터 ○○기간 내에 (1개월 이상의 기간임을 요함) 확답해 주시기 바라며, 만약 기간 내에 확답을 발하지 않을 때에는 당해 계약을 추인한 것으로 볼 것임을 민법 제15조에 의하여 최고합니다.

년　월　일

주 소

최고자　박 상 원 ㊞

주 소

김정길의 법정대리인 김종성 귀하

미성년자의 행위추인 확답촉구에 대한 답서

년 월 일 귀하와 미성년자 김정길이 체결한 증여계약에 관하여 당해 계약을 한 김정길은 미성년자로서 또한 그 법정대리인인 본인의 동의를 얻지 않았으므로 위 김정길의 법정대리인인 본인에게 당해 계약을 추인하는 가에 대하여 확답할 것을 요구하는 년 월 일의 확답촉구서의 취지를 정확히 양지하고 본인은 이것을 추인할 것을 확답합니다.

년 월 일

주 소

김정길의 법정대리인 김종성 ㊞

주 소

박 상 원 귀하

◆ 제한능력자의 상대방이 그 법률행위의 효력발생을 원하지 않는 경우 계약의 구속으로부터 벗어날 수 있는 방법

제 16 조【제한능력자의 상대방의 철회권과 거절권】

① 제한능력자가 맺은 계약은 추인이 있을 때까지 상대방이 그 의사표시를 철회할 수 있다. 다만, 상대방이 계약 당시에 제한능력자임을 알았을 경우에는 그러하지 아니하다.

② 제한능력자의 단독행위는 추인이 있을 때까지 상대방이 거절할 수 있다.

③ 제1항의 철회나 제2항의 거절의 의사표시는 제한능력자에게도 할 수 있다.

■ § 16. 상대방의 철회권과 거절권

- 철회권 : 계약
  상대방 계약체결시 악의일 땐 ×
  철회의사표시의 상대방→법정대리인, 수령능력 없는 제한능력자에게도 가능
- 거절권 : 상대방 있는 단독행위
  상대방이 표의자가 제한능력자임을 계약체결시 알고 있었어도 거절가능 (다수설)
- 관련법조 : [제한능력자와 취소]§5, §10, §13, [취소와 추인]§17, §111, §140~§146, [제한능력자의 의사표시 수령]§112

본조는 제한능력자의 상대방의 철회권 및 거절권에 관하여 규정한 것이다. 전조의 확답촉구권만으로는 제한능력자의 상대방 보호에 부족하다. 여기서 우리 민법은 독일민법과 같이 그 상대방이 적극적으로 불안정한 상태에서 벗어날 수 있도록 하고 있다. 이것이 제한능력자의 상대방의 철회권·거절권이다.

(1) 철회권 : 제한능력자와 체결한 계약에 있어서, 제한능력자측에서 이를 추인하기 전에는 제한능력자의 상대방은 그 의사표시를 철회할 수 있다.

그러나 상대방이 계약 당시에 제한능력자임을 알았을 때에는 철회권은 인정되지 않는다.

이 철회의 의사표시는 법정대리인뿐만 아니라 제한능력자에 대하여도 할 수 있다.

(2) 거절권 : 제한능력자의 단독행위에 있어서도 제한능력자측에서 이를 추인하기 전에는 제한능력자의 상대방은 이를 거절할 수 있다. 이 거절의 의사표시는 법정대리인뿐만 아니라 제한능력자에 대하여도 할 수 있다.

제한능력자의 상대방은 단독행위의 의사표시를 수령할 당시에 그 표의자가 무능력자임을 알았을 때에도 이를 거절할 수 있다(통설). 왜냐하면, 계약과는 달리 단독행위에 있어서는 그 상대방은 의사표시를 수령하는 데 불과하므로, 비록 제한능력자의 상대방이 악의의 경우라 하더라도 그에게 책임이 있다고 볼 수 없기 때문이다.

◈ 제한능력자가 한 행위를 취소할 수 없는 경우

제 17 조【제한능력자의 속임수】

① 제한능력자가 속임수로써 자기를 능력자로 믿게 한 경우에는 그 행위를 취소할 수 없다.

② 미성년자나 피한정후견인이 속임수로써 법정대리인의 동의가 있는 것으로 믿게 한 경우에도 제1항과 같다.

■ § 17. 취소권의 배제

- 능력자 오신→미성년자, 피성년후견인, 피한정후견인
  법정대리인 동의 오신→미성년자, 피한정후견인에 한정, 피성년후견인은 제외
- 속임수 : 기망수단
- 효과 : 제한능력자측의 취소권은 배제됨→행위는 확정적 유효
- 관련법조 : [제한능력자] §5, §10, §13, [사기에 의한 의사표시] §110

제한능력자가 상대방으로 하여금 자기가 능력자임을 오신하게 하려고 속임수를 이용한 경우에 그 제한능력자는 보호되지 않는다. "제한능력자가 속임수로써 능력자로 믿게 한 때"에 있어서의 속임수를 쓴 것이라 함은 적극적으로 사기수단을 쓴 것을 말하는 것이고 단순히 자기가 능력자라 사언함은 속임수를 쓴 것이라고 할 수 없다는 것이 판례이다(대판 1971. 12. 14, 71다2045).

이 경우 상대방의 구제로는 사기에 의한 의사표시로써 자기의 행위를 취소하거나(제110조) 불법행위를 이유로 하여 손해배상을 청구하는 것(제750조)을 생각할 수 있으나, 어느 것도 상대방의 보호로서는 충분하지 않다. 민법은 이러한 경우에는 제한능력자의 행위를 취소할 수 없는 것으로 하여 상대방이 당초 예기한 대로의 효과를 발생시킨다. 이것이 본조의 입법이유이다.

또한 미성년자나 피한정후견인이 속임수로써 법정대리인의 동의가 있는 것으로 믿게 한 경우에도 이와 같다. 주의할 것은 이 경우 피성년후견인은 제외된다는 것이다. 피성년후견인은 법정대리인의 동의가 있어도 원칙적으로 단독으로 법률행위를 하지 못하기 때문이다.

▣ 핵심판례 ▣

■ **미성년자가 사술을 썼다고 주장하는 경우 그 입증책임의 귀속**

미성년자와 계약을 체결한 상대방이 미성년자의 취소권을 배제하기 위하여 민법 제17조 소정의 미성년자가 사술을 썼다고 주장하는 때에는 그 주장자인 상대방측에 그에 대한 입증책임이 있다(대판 1971. 12. 14, 71다2045).

제 2 절 주 소

주소라 함은 「생활의 근거되는 곳」을 말하며, 거소는 다소의 기간 계속하여 거주하는 장소이고, 현재지는 일시적으로 신체를 두는 장소를 말한다. 민법 기타 법률이 규정하고 있는 주소의 일정한 법률효과는 다음과 같다.

(1) 부재 및 실종의 표준(제22조, 제27조)
(2) 변제의 장소(제467조)
(3) 상속개시지(제998조)
(4) 어음행위의 장소(어음법 제2조③, 제4조, 제21조, 제76조③, 수표법 제8조)
(5) 재판관할의 표준(민소 제2조, 가소 제13조 · 제22조 · 제26조 · 제30조 등, 비소 제32조 · 제72조)
(6) 민사소송법상의 부가기간(민소 제172조)
(7) 국제사법상 준거법을 결정하는 표준(국제사법 제2조)
(8) 귀화 및 국적회복의 요건(국적법 제5조 내지 제7조, 제14조)

◆ 주소의 결정기준

제 18 조 【주소】

① 생활의 근거되는 곳을 주소로 한다.

② 주소는 동시에 두 곳 이상 있을 수 있다.

■ § 18. 주 소

- 생활의 근거되는 곳
- 객관주의, 실질주의, 복수주의
- 관련법조 :[주소]§19~§21, [공법관계의 주소] 주민등록법 §23, [법인주소]§36, 상법 §171②, [주소지법]국제사법 §2, [각종법률관계와 주소]수표법 §2②, §8, 민소 §2, 비송 §2, §32, §39, §46, §68, §247, 민소 §3, 국적법 §5-1, §6, §7, §14

1. 주소의 의의

주소란 각인의 「생활의 근거되는 곳」을 말한다. 「생활의 근거」라 함은 사람의 일반적인 생활관계에서 그 중심이 되는 장소를 말한다. 결국 사람의 생활중심지이다.

그런데 민법에서는 주소의 개념을 「생활의 근거」라 하여 추상적으로 표현하고 있어 특히 주소의 표준에 관해서 해석상 논란이 있다. 즉 어느 장소가 생활관계의 중심지인가, 정주라는 객관적 사실이 있으면 족한가(객관주의), 혹은 그 정주의 사실 외에 정주하려고 하는 의사를 필요로 하는가(주관주의)에 관해서 학설상의 논쟁이 있다.

2. 주소와 구별되는 개념

(1) 본적 또는 등록기준지

종래 호주제 아래에서 가의 소재지로서 호적이 존재하였으나(구 호적법 제15조), 현재 개인 및 가족의 출생, 혼인, 사망 등 가족관계의 발생 및 변동사항에 관한 등록과 그 증명에 관한 사항을 규정하는 준거로서 등록기준지가 결정되어야 한다(가족관계의 등록 등에 관한 법률 제10조).

(2) 주민등록지

30일 이상 거주할 목적으로 일정한 장소에 주소 또는 거소를 가진 자가 주민등록법의 규정에 의하여 등록한 장소이다(주민등록법 제6조). 주민등록지는 반드시 주소와 일치하지는 않으나 주소로 인정될 수 있는 중요한 자료가 되며, 반증이 없는 한 주소로 추정된다.

(3) 사무소 · 영업소

① 사무소 : 사람이 사무를 집행하는 장소를 사무소라고 한다.

민법은 법인에 대해서만 사무소라는 용어를 쓴다(제40조, 제49조, 제51조). 법인의 주소는 그 주된 사무소의 소재지에 있는 것으로 한다.

② 영업소 : 영업소는 상법상의 용어로, 영업을 하는 장소를 말한다. 상업등기는 영업소의 소재지를 관할하는 법원에 하여야 하고(상법 제34조), 이를 본점 또는 지점이라 한다.

3. 주소의 개수

주소는 1개에 한하는가, 복수라도 상관이 없는가에 관해서 민법은 주소는 동시에 두 곳 이상 있을 수 있다고 규정하여 복수주의를 취하고 있다.

오늘날의 복잡한 생활관계에서는 생활의 장소적 중심지가 1개에 한정되지 않고 복수일 수 있다는 복수주의를 주장함에 이르렀다. 오늘날의 지배적인 견해이다. 주소를 형식적 표준에서가 아닌 실질적 표준에서, 또 주관주의에 의하지 않고 객관주의에 의거하여 파악하려는 것은 이론상 당연한 귀결이다.

▣ 핵심판례 ▣

■ [주 소]

피상속인이 해외이주허가를 받아 출국함으로써 주민등록이 말소되었으나 사망 당시의 생활 근거지가 국내에 있었던 경우, 상속세 인적공제여부 등을 결정함에 있어서 국내에 주소를 둔 자로 볼 것인지 여부(적극)

국내에 주소지가 둘 이상인 자에 대하여 주민등록법의 규정에 의하여 등록된 곳을 상속세법이 규정하는 주소지로 본다고 한 상속세법시행령 제1조의 2는 국내에 주민등록지가 있는 경우에 관한 규정이라고 해석되고, 주소를 결정함에 있어 주민등록이 중요한 자료가 되기는 하지만 그것만으로 주소가 결정되는 것은 아니므로 원고들의 피상속인인 갑이 1980. 6. 21. 해외이주허가를 받아 출국함으로써 그 주민등록이 말소되었더라도 1980. 12. 17. 귀국하고, 1981. 6. 13. 다시 출국하였다가 1981. 10. 10. 귀국하여 1982. 1. 29. 사망할 때까지 국내에 거주하였고, 국내의 재산보유상황과 국내에서 중기 부속품 판매업 등을 경영한 사정, 가족관계 및 그 구성원의 출입국 정황과 국내 거주사실 등을 고려할 때 갑이 사망 당시 실제 거주하였고 원고들이 그의 주소지라고 신고한 곳을 사망 당시의 생활근거지로 봄이 상당하다면, 갑이 해외이주허가를 받아 "출국한"자라거나 해외 거주자가 사업상, 일신상의 사유로 "일시"국내에 체재하고 있었다고는 볼 수 없으므로, 갑을 국내에 주소를 둔 자로 보고 상속세과세가액에서 상속세법이 정하는 인적공제 등의 적용 여부를 결정하여야 한다(1990. 8. 14. 제2부 판결, 89누8064 상속세등부과처분취소).

◆ 주소를 알 수 없는 경우의 법률효과

제 19 조【거 소】

주소를 알 수 없으면 거소를 주소로 본다.

■ § 19. 거 소

- 다소의 기간 계속하여 거주하는 장소
- 관련법조 : [준거법] 국제사법 §2, [각종 법률관계와 거소]민소 §3 단서, 형소 §4①, 주민등록법 §16

(1) 거 소

거소는 사람이 계속하여 거주하지만 생활과의 관계의 정도가 주소에 비해 약간 가벼운 곳이다. 예컨대 공사를 이유로 산중에 장기 체류하는 경우이다.「주소를 알 수 없을 경우」와「국내에 주소를 갖고 있지 않는 자」에 관해서는 거소가 주소로 간주된다.

(2) 현재지

사람과 장소와의 관계가 거소보다 더 엷은 곳을 거소와 구별하여 현재지라고 한다. 예컨대 여행 중 투숙한 호텔이 여기에 해당한다. 일반적으로 민법 제19조와 제20조의 거소에는 현재지를 포함하는 것으로 해석된다. 그러나 거소에 언제나 현재지가 포함된다는 것은 아니며, 구체적인 경우에 따라 개별적으로 판단하여야 한다.

◈ 국내에 주소가 없는 경우 주소로 간주되는 장소

제 20 조 【거 소】

국내에 주소가 없는 자에 대하여는 국내에 있는 거소를 주소로 본다.

■ § 20. 거 소

- 국내에 주소 없는 자 : 내외국인 불문하고 그 거소를 주소로 본다.
- 관련법조 : [주소] §18, [국제사법 특별규정] 국제사법 §2, §3, §14, §25②

제18조의 예외로서 국내에 주소를 가지지 않는 자는 내외국인을 묻지 않고 그 거소를 주소로 볼 것을 규정한 것이다. 즉 본조는 거소가 주소로 간주되는 두 번째 경우로서, 그 법률상 효과는 전조와 같다.

◈ 가주소를 정할 수 있는 경우

제 21 조【가주소】

어느 행위에 있어서 가주소를 정한 때에는 그 행위에 관하여는 이를 주소로 본다.

■ § 21. 가주소

- 당사자의 의사에 의거하여 거래의 편의를 위하여 인정된 것
- 관련법조 : [주소] §18

본조는 가주소에 관한 규정이다.

어떤 거래에 관하여 당사자가 일정한 장소를 임의로 선택하여 그 거래에 관한 주소로 대신할 수 있다. 당사자의 의사에 의거하여 거래의 편의를 위하여 인정된 것이다.

제 3 절 부재와 실종

사람이 그의 주소를 떠나서 단시일 내에 돌아올 가망이 없는 경우에는, 그의 잔류재산의 후폐를 방지하거나 또는 잔존배우자나 상속인 등의 이익을 보호하기 위하여, 어떠한 조치를 강구한다는 것이 필요하게 된다. 즉 민법은 주소나 거소를 채무 이행지 또는 재판적의 표준으로 하고 있기 때문에, 부재자가 있는 경우에는 그 자와 법률관계에 서 있는 자는 그 법률관계를 언제까지나 결제하지 못하는 등 곤란을 받는다. 또한 잔류재산을 관리하지 않고서 내버려 둔다면, 재산의 가치는 감소하고, 도난·산일되어 부재자 본인을 위하여 불이익할 뿐만 아니라, 부재자의 채권자도 손실을 받는 결과가 된다. 한편 사람의 권리능력은 오직 사망에 의하여서만 소멸한다는 원칙을 관철한다면, 부재자의 생사불명의 상태가 아무리 장기간에 걸치더라도, 사망의 증명이 없는 한, 부재자를 중심으로 하는 법률관계는 언제까지나 확정되지 못한다. 특히 친족·상속관계에 중대한 영향을 미치게 된다. 즉 잔존배우자는 재혼을 할 수 없고, 상속인은 상속을 할 수 없게 된다. 여기서 민법은 우선 제1단계의 조치로서, 부재자가 아직 생존하고 있는 것으로 추측하여 그의 재산을 관리해 주면서 돌아오기를 기다리는 부재자의「재산관리제도」를 두고 있다. 이어서 제2단계의 조치로서는, 부재자의 생사불명상태가 일정기간 계속하고 생존의 가능성이 적게 된 때에, 그 자를 일응 사망한 것으로 보고, 그 자를 중심으로 하는 법률관계를 확정·종결케 하는「실종선고제도」를 두고 있다.

부재자에 대하여 어떠한 조치를 강구하는 것은 이미 로마법에서도 볼 수 있는 것이며, 현대 각국은 다소의 차이는 있지만 모두 부재자에 관한 제도를 가지고 있다. 대륙법에서는 대체로 프랑스민법 주의와 독일민법 주의가 있다. 프랑스민법은 부재자가 돌아올 가망이 적어져 감에 따라서 점차로 잔존자의 권리를 증대시키기는 하나, 끝까지 부재자에 관하여 사망을 선고하지 않는 주의이다(프랑스민법 제112조 내지 제143조). 이에 대하여 독일민법은 일정한 조건하에 사망을 선고하는 주의이다(독일민법은 1911조에서 부재자관리인(Abwesen- heitspfleger)에 관하여서만 규정하고, 사망선고(Todeserklärung)에 관하여는 특별법인

실종법이 이를 규율하고 있다). 서서민법도 독일민법과 같은 주의를 취하고 있다(스위스민법 제393조 · 제35조 내지 제38조. 스위스민법은 사망선고라고 하지 않고 실종선고(Verschollenheitserklarung)라고 한다). 우리 민법은 독일민법 주의에 따르고 있으며, 부재자재산관리제도와 실종선고제도를 두고 있음은 위와 같다.

◈ 종래의 주소나 거소를 떠난 자가 재산관리인을 정하지 아니한 때의 재산관리 방법

제 22 조 【부재자의 재산의 관리】

① 종래의 주소나 거소를 떠난 자가 재산관리인을 정하지 아니한 때에는 법원은 이해관계인이나 검사의 청구에 의하여 재산관리에 관하여 필요한 처분을 명하여야 한다. 본인의 부재중 재산관리인의 권한이 소멸한 때에도 같다.

② 본인이 그 후에 재산관리인을 정한 때에는 법원은 본인, 재산관리인, 이해관계인 또는 검사의 청구에 의하여 전항의 명령을 취소하여야 한다.

■ § 22. 부재자

- 제도의 필요성 : 부재자 재산관리제도
- 관련법조 : [선임관리인] §23~§26, [대리권소멸 · 종료]§127, §128

1. 부재자의 의의

부재자란 종래의 주소·거소를 떠나 용이하게 돌아올 가망이 없는 결과 종래의 주소·거소에 있는 그의 재산이 관리되지 못하는 상태에 놓여 있는 자를 말한다.

부재자는 행방불명 또는 생사불명임을 요하지 않는다. 생사불명인 자도 실종선고를 받지 않고 있는 한, 부재자에 해당한다.

2. 제도의 필요성

이와 같은 부재자가 있을 때에는 일면 그 잔여재산의 유실을 방지하고, 그 잔존배우자와 상속인의 이익을 도모하기 위해서도 무엇인가의 조치를 강구할 필요가 있다. 만약 재산을 관리하지 않고 그대로 장기간 방치해 두면 재산의 가치는 감소하거나 또는 재산이 유실되어, 부재자 본인에 대해서 불이익할 뿐만 아니라 부재자와 법률관계에 놓여 있는 자(예를 들면 상속인, 채권자 등)는 그 법률관계를 언제까지나 결제할 수 없어 불측의 손실을 받는 결과가 된다. 나아가 국민경제 전체의 입장에서도 바람직하지 못하다. 이리하여 부재자에 관해서 일정한 조치를 로마법 이래 각국의 법률이 취하고 있다.

민법에서도 부재자가 있는 때에는 그것을 2기로 나누어, 제1기에서는 부재자 본인의 생존을 추측하여 잔류재산의 관리를 꾀하며 돌아올 날을 기다리는 것이고, 제2기에서는 그 자의 사망을 추측하여 그 법률관계를 일단 확정시키고, 후일 돌아온 경우에 종래의 법률관계를 부활 환원하는 방법을 정했다. 전자가 본 조 이하의 부재자 재산관리제도이고, 후자는 제27조 이하의 실종선고 제도이다.

▣ 핵심판례 ▣

■ [부재자의 재산의 관리]

1. 부재자가 재산관리인 선임결정 이전에 사망하였음이 밝혀진 경우 재산관리인의 권한의 소멸 여부

법원에 의하여 일단 부재자의 재산관리인 선임결정이 있었던 이상, 가령 부재자가 그 이전에 사망하였음이 위 결정 후에 확실하여졌다 하더라도 법에 정하여진 절차에 의하여 결정이 취소되지 않는 한 선임된 부재자 재산관리인의 권한이 당연히는 소멸되지 아니한다 함이 당원의 판례로 하는 견해이며, 위 결정 이후에 이르러 취소된 경우에도 그 취소의 효력은 장래에 향하여서만 생기는 것이며 그간의 그 부재자 재산관리인의 적법한 권한행사의 효과는 이미 사망한 그 부재자의 재산상속인에게 미친다 할 것이다(대판 1970. 1. 27, 69다719).

2. 가. 부재자 재산관리인이 허가를 얻어 실종신고기간 만료 후에 한 권한초과행위의 효력(유효)

부재자 재산관리인으로서 권한초과행위의 허가를 받고 그 선임결정이 취소되기 전에 위 권한에 의하여 이루어진 행위는 부재자에 대한 실종 선고기간이 만료된 뒤에 이루어졌다고 하더라도 유효하다.

나. 재심을 제기할 판결이 그보다 늦게 선고된 확정판결과 저촉하는 경우와 민사소송법 제 422조 제1항 제10호 해당 여부(소극)

민사소송법 제422조 제1항 제10호 소정의 재심을 제기할 판결 이전에 선고한 확정판결과 저촉하는 때라 함은 재심대상이 된 확정판결의 기판력이 그보다 전에 선고한 확정판결의 기판력과 서로 저촉하는 경우를 말하므로 재심을 제기할 판결이 그 보다 늦게 선고 확정된 판결과 저촉되는 경우는 이에 해당하지 아니한다(1981. 7. 28. 제1부 판결, 80다2668 대표사원 및 사원변경등기말소).

◈ 부재자가 재산관리인을 정한 경우에 재산관리인의 개임

제 23 조 【관리인의 개임】

부재자가 재산관리인을 정한 경우에 부재자의 생사가 분명하지 아니한 때에는 법원은 재산관리인, 이해관계인 또는 검사의 청구에 의하여 재산관리인을 개임할 수 있다.

■ § 23. 관리인의 개임

- 부재자의 생사불명인 때
- 가정법원 : 재산관리인, 이해관계인 또는 검사의 청구

본조는 부재자의 재산관리에 관하여 규정한 것이다.

민법이 부재자에 관한 규정을 둔 이유는 오직 재산을 관리하기 위함이다. 따라서 부재자의 친권자 또는 후견인 등과 같은(제920조, 제949조) 법률상의 재산관리인이 있는 경우에는, 법정의 재산관리인이 각각 적당하게 부재자의 재산을 관리할 수 있기 때문에 총칙 편에서 특별한 조치를 강구할 필요가 없다. 그러나 다음의 경우에는 가정법원의 간섭을 받는다.

부재자의 생사가 분명하지 않게 된 때에는 본인의 감독이 미치지 못하므로 법원이 간섭하게 된다. 즉 법원은 재산관리인이나 이해관계인 혹은 검사의 청구에 의하여 재산관리인을 개임할 수 있다. 부재자의 생사불명의 상태가 일정기간 계속되면 실종선고를 할 수 있게 된다.

◆ 법원이 선임한 재산관리인의 권리와 의무

제 24 조【관리인의 직무】

① 법원이 선임한 재산관리인은 관리할 재산목록을 작성하여야 한다.

② 법원은 그 선임한 재산관리인에 대하여 부재자의 재산을 보존하기 위하여 필요한 처분을 명할 수 있다.

③ 부재자의 생사가 분명하지 아니한 경우에 이해관계인이나 검사의 청구가 있는 때에는 법원은 부재자가 정한 재산관리인에게 전2항의 처분을 명할 수 있다.

④ 전3항의 경우에 그 비용은 부재자의 재산으로써 지급한다.

■ § 24. 관리인의 직무

- 재산목록작성, 재산의 보존에 필요한 처분, 상당한 담보제공
- 관련법조 : [본조준용] §918④, §994④, §1023②, §1047②, §1053②, [필요한 처분]§26①

재산관리에 필요한 처분에는 재산관리인의 선임(가사소송규칙 제41조), 매각(가소규 제49조) 등이 있으나 가장 중요한 것은 재산관리인의 선임(가소규 제41조)이다.

재산관리인은 재산목록작성의무가 있으며, 가정법원은 재산관리인에게 재산의 보관에 필요하다고 인정하는 처분을 명할 수 있고, 필요하면 상당한 담보를 제공하게 할 수 있다.

부재자의 생사가 분명하지 아니한 때에는 재산관리인, 이해관계인 또는 검사의 청구에 의하여 가정법원은 별도의 관리인(선임관리인)을 선임할 수도 있고 종래의 관리인을 유임시켜 가정법원의 감독하게 두고 선임관리인과 같은 권리의무를 갖게 할 수도 있다.

◆ 법원이 선임한 재산관리인이 할 수 있는 법률행위

제 25 조【관리인의 권한】

법원이 선임한 재산관리인이 제118조에 규정한 권한을 넘는 행위를 함에는 법원의 허가를 얻어야 한다. 부재자의 생사가 분명하지 아니한 경우에 부재자가 정한 재산관리인이 권한을 넘는 행위를 할 때에도 같다.

■ § 25. 관리인의 권한

- 이용 · 개량행위
- 처분행위 : 가정법원의 허가 필요
- 관련법조 : [본조준용] §918④, §994②, §1023②, §1047②, §1053②

관리인은 부재자의 재산을 현상 그대로 유지하여 보전하기 위한 보존행위, 대리의 목적인 물건이나 권리의 성질을 변하지 아니하는 범위에서 이로부터 이익을 거두는 이용행위 또는 그 경제적 가치를 증가시키는 개량행위는 할 수 있다(제118조). 그러나 재산의 처분행위를 할 때에는 가정법원의 허가를 얻어야 한다. 그러한 허가없이 한 처분은 무효다(대판 1970. 1. 27, 69다 1820).

(1) 관리행위

가. 의 의

재산관리인의 권한은 법원의 명령에 의해 정해지지만, 그러한 정함이 없는 경우에는 제118조에서 정한 관리행위만을 할 수 있는 것이 원칙이다. 즉 보존행위와 물건이나 권리의 성질을 변하지 아니하는 범위 내에서 그 이용 또는 개량하는 행위만을 할 수 있다.

나. 관리행위에 해당하는 사례

① 부재자 재산에 대한 차임 청구

② 부재자 재산에 대한 불법행위로 인한 손해배상 청구, 등기청구 또는 물건의 인도청구

③ 부재자를 위한 소송비용으로 금원을 차용하면서 그 돈을 임대보증금으로 하여 부재자 재산을 채권자에게 임대하는 경우(대판 1980. 11. 11, 79다2164).

【쟁점사항】

<부재자 재산관리인이 권한을 초과하여 체결한 부동산 매매계약에 관하여 허가 신청절차를 이행할 것을 약정한 경우, 그 이행을 소구할 수 있는지 여부>

법원의 선임에 의한 부재자 재산관리인이 권한을 초과하여서 체결한 부동산 매매계약에 관하여 허가신청절차를 이행할 것을 약정하는 것은 관리권한행위에 해당한다고 할 것이고, 이러한 약정을 이행하지 아니하는 경우 매수인으로서는 재산관리인을 상대로 하여 그 이행을 소구할 수 있다(대판 2002. 1. 11, 2001다4197).

(2) 처분행위

1) 의 의

재산관리인이 처분행위를 하려면 법원의 허가를 얻어야 한다. 재산관리인이 허가 없이 처분행위를 하거나 허가를 얻었더라도 부재자의 이익과 무관한 용도로 처분한 경우에는 그 한도에서는 무권대리가 된다. 다만, 재산관리인은 관리의 면에서는 법정대리권을 가지므로 그 권한 초과의 행위에 대해서는 재산관리인과 거래한 제3자에 대한 관계에서는 권한을 넘은 표현대리가 성립할 여지는 있다.

2) 관련문제

가. 매각허가를 받은 재산을 담보로 제공할 때 다시 허가를 얻어야 하는지 여부

재산의 매각에 관해 허가를 얻은 경우, 그 재산을 담보로 제공할 때에 다시 허가를 얻어야 하는 것은 아니다(대판 1957. 3. 23, 4289민상677).

2) 부재자 재산관리인의 권한초과 행위에 대하여 법원의 허가를 받게 되면 다시 그 매매계약에 기한 소유권 이전등기청구의 소를 제기할 수 있는지 여부

부재자 재산관리인의 부재자 소유 부동산에 대한 매매계약에 관하여 부재자 재산관리인이 권한을 초과하여서 체결한 것으로 법원의 허가를 받지 아니하여 무효라는 이유로 소유권 이전등기절차의 이행청구가 기각되어 확정되었다고 하더라도, 패소판결의 확정 후에 위 권한초과행위에 대하여 법원의 허가를 받게 되면 다시 위 매매계약에 기한 소유권 이전등기청구의 소를 제기할 수 있다(대판 2002. 10. 11, 2001다41971).

다. 허가는 이미 한 처분행위를 추인하는 의미로도 할 수 있는지 여부

법원의 재산관리인의 초과행위 허가의 결정은 그 허가받은 재산에 대한 장래의 처분행위를 위한 경우뿐만 아니라 기왕의 처분행위를 추인하는 행위로도 할 수 있다고 봄이 상당하므로, 부재자의 재산관리인이 법원의 초과행위 허가결정을 받아 그 허가결정등본을 매수인에게 교부한 때에는 그 이전에 한 부재자 소유의 주식매매계약을 추인한 것으로 볼 수 있다(대판 1982. 9. 14, 80다3063).

라. 허가결정이 취소될 경우 그 취소에 소급효가 있는지 여부

허가를 얻어 처분행위를 한 후 그 허가결정이 취소되었다고 하더라도 그 취소는 소급효가 없으며, 따라서 이미 한 처분행위는 그대로 유효하다(대판 1960. 2. 4, 4291민상636).

마. 재산관리인이 매각처분 허가를 얻은 경우 부재자와 아무 관계가 없는 채무의 담보만을 위하여 부재자 재산에 근저당권을 설정할 수 있는지 여부

부재자 재산관리인이 법원의 매각처분 허가를 얻었다 하더라도 부재자와 아무런 관계가 없는 남의 채무의 담보만을 위하여 부재자 재산에 근저당권을 설정하는 행위는 통상의 경우 객관적으로 부재자를 위한 처분행위로서 당연하다고는 경험칙상 볼 수 없다(대판 1976. 12. 21, 75마551).

▣ 핵심판례 ▣

■ [관리인의 권한]

1. 가. 부재자의 재산관리인이 무권대리인으로부터 부재자 소유의 부동산을 매수한 자에게 이전등기에 소요되는 인감증명을 교부한 경우 매매계약의 추인에 해당하는지 여부

부재자의 모가 적법한 권한 없이 원고와 사이에 부재자소유 부동산에 관한 매매계약을 체결하였으나, 그 후 소외(갑)이 부재자의 재산관리인으로 선임된 후에 위 매매계약에 기한 소유권 이전등기를 위하여 자기의 인감증명서를 원고에게 교부하였다면 위 매매계약을 추인한 것으로 볼 것이다.

나. 부재자의 재산관리인의 권한 없는 추인행위 후에 법원의 재산관리인의 초과행위결정이 있는 경우 추인의 효력 유무

부재자의 재산관리인에 의한 부재자소유 부동산매각행위의 추인행위가 법원의 허가를 얻기 전이어서 권한없이 행하여진 것이라고 하더라도, 법원의 재산관리인의 초과행위결정의 효력은 그 허가받은 재산에 대한 장래의 처분행위뿐만 아니라 기왕의 처분행위를 추인하는 행위로도 할 수 있는 것이므로 그 후 법원의 허가를 얻어 소유권이전등기절차를 경료케 한 행위에 의하여 종전에 권한없이 한 처분행위를 추인한 것으로 할 것이다.

다. 독립당사자 참가의 요건

독립당사자참가는 소송목적의 전부나 일부가 자기의 권리임을 주장하거나 소송의 결과에 의하여 권리침해를 받을 것을 주장하는 제3자가 당사자로서 소송에 참가하여 3당사자 사이에 서로 대립하는 권리 또는 법률관계를 하나의 판결로서 서로 모순 없이 일시에 해결하려는 것이므로, 참가인은 우선 참가하려는 소송의 원, 피고에 대하여 본소청구와 양립할 수 없는 별개의 청구를 해야 하고 또 비록 형식상 별개의 청구가 있다 하더라도 그 어느 한편에 대하여 소가 부적법한 때에는 당사자 참가를 할 수 없다고 할 것이며, 또한 참가이유가 소송의 결과에 의하여 권리침해를 받을 것을 주장하는 경우에는 원, 피고간의 소송이 참가인의 권리를 침해하는 사해소송임을 인정할 수 있는 것이라야 한다.

라. 본소청구와 독립당사자 참가인의 청구가 합일확정을 필요로 하는 권리관계가 아니라고 본 사례

원고의 피고에 대한 본소청구인 1975. 7. 4. 매매를 원인으로 한 소유권이전등기절차 이행청구와 참가인의 피고에 대한 청구인 1977. 9. 10. 취득시효완성을 원인으로 한 소유권이전등기절차 이행청구는 합일확정을 필요로 하는 동일한 권리관계에 관한 것이 아니어서 서로 양립될 수 있으므로 독립당사자참가는 부적법하다.

마. 처분금지가처분등기의 말소등기절차이행의 소의 적부(소극)

법원의 가처분결정에 기하여 그 가처분집행의 방법으로 이루어진 처분금지가처분등기는 집행법원의 가처분결정의 취소나 집행취소의 방법에 의해서만 말소될 수 있는 것이어서 처분금지가처분등기의 말소등기절차이행을 소구할 수는 없는 것이다(1982. 12. 14. 제3부 판결, 91다11810 토지소유권이전등기말소등기등).

2. 생사불명의 부재자가 사망간주되는 시점 이후 실종신고가 있기 이전에 재산관리인의 처분행위에 기하여 경료된 등기의 적법추정력 유무(적극)

사망한 것으로 간주된 자가 그 이전에 생사불명의 부재자로서 그 재산관리에 관하여 법원으로부터 재산관리인이 선임되어 있었다면 재산관리인은 그 부재자의 사망을 확인했다고 하더라도 선임결정이 취소되지 아니하는 한 계속하여 권한을 행사할 수 있다 할 것이므로 재산관리인에 대한 선임결정이 취소되기 전에 재산관리인의 처분행위에 기하여 경료된 등기는 법원의 처분허가 등 모든 절차를 거쳐 적법하게 경료된 것으로 추정된다(1991. 11. 26. 제1부 판결, 91다11810 토지소유권이전등기말소등기등).

3. 법원이 부재자 재산의 매각허가에 아무런 제한을 하지 않을 경우 재산관리인이 매각방법을 임의로 정할 수 있는지 여부(적극)

부재자 재산관리인이 부재자의 재산을 매각하려면 법원의 허가를 요하는 것이고 법원이 허가를 함에 있어서는 매각의 방법에 관하여는 경매법에 의한 매각을 명할 수도 있고 경매의 방법에 의하지 않고 임의 매각하는 권한을 부여할 수도 있는 것이므로 법원이 허가함에 있어 매각방법에 관하여 하등 제한이 없는 경우에는 재산관리인은 임의매각도 할 수 있다 해석함이 타당할 것이다(대판 1956. 2. 25, 4288민상455).

◈ 재산관리인의 담보제공과 보수 지급

제 26 조【관리인의 담보제공, 보수】

① 법원은 그 선임한 재산관리인으로 하여금 재산의 관리 및 반환에 관하여 상당한 담보를 제공하게 할 수 있다.

② 법원은 그 선임한 재산관리인에 대하여 부재자의 재산으로 상당한 보수를 지급할 수 있다.

③ 전2항의 규정은 부재자의 생사가 분명하지 아니한 경우에 부재자가 정한 재산관리인에 준용한다.

■ § 26. 관리인의 담보제공, 보수

- 상당한 담보제공
- 보수지급 : 부재자의 재산으로
- 관련법조 : [본조준용]§918④, §994②, §1047②, §1053②, [수임인 의무]§684, §685, [위임과 보수]§686

(1) 관리인은 모두가 타인의 재산을 관리하고 항상 금전의 출납을 취급하는 일을 하기 때문에 앞으로 있을 것으로 예상되는 사고를 미연에 방지하기 위하여 사전에 그 관리 및 반환에 관하여 상당한 담보를 제공하게 할 수 있도록 규정한 것이다.

(2) 가정법원은 관리인과 부재자와의 관계, 기타의 사정에 의해 부재자의 재산으로 상당한 보수를 관리인에게 지급할 수 있다.

◈ 실종 선고를 하여야 하는 경우

제 27 조【실종의 선고】

① 부재자의 생사가 5년간 분명하지 아니한 때에는 법원은 이해관계인이나 검사의 청구에 의하여 실종선고를 하여야 한다.

② 전지에 임한 자, 침몰한 선박 중에 있던 자, 추락한 항공기중에 있던 자, 기타 사망의 원인이 될 위난을 당한 자의 생사가 전쟁종지 후 또는 선박의 침몰, 항공기의 추락 기타 위난이 종료한 후 1년간 분명하지 아니한 때에도 제1항과 같다.

■ § 27. 실종선고의 요건

- 부재자의 생사불명
- 실종기간의 경과 : ① 보통실종(5년)기산점 : 최후소식 있었을 때
  ② 특별실종(1년)기산점 : 전쟁의 종지→항복선언 또는 종전 휴전선언
- 청구권자의 청구 : 이해관계인, 배우자, 상속인, 채권자, 검사
- 공시최고 : 6개월 이상
- 관련법조 : [외국인 실종선고] 국제사법 §8, [실종선고절차] 가소규 §53~§59, [사망의 간주와 추정] §28, §30

1. 실종선고의 의의

부재자의 생사불명의 상태가 계속되면 그 배우자에게는 재혼이 허용되지 않으며 상속인은 상속할 수 없어 신분상·재산상의 법률관계가 미확정인 채 계속되게 되므로, 이들 이해관계인은 불이익을 받게 된다. 그러므로 부재자를 사망한 것으로 간주하여 잔존배우자에게 재혼가능성을 주고, 상속인의 상속을 인정하는 등, 신분상·재산상의 법률관계를 확정시킬 필요가 있다. 실종선고란 부재자의 생사가 일정기간 분명하지 아니한 때에 일정한 절차에 따라 법원이 그 부재자에 대해 실종선고를 하여 그를 사망한 것으로 간주하는 제도를 말한다. 실종선고를 받은 사람을 '실종자'라 한다.

각국의 법률은 실종선고 또는 사망선고라는 제도를 규정하고 있다. 민법도

사망의 개연성을 기초로 한 실종선고제도를 규정하여 생사불명자를 사망한 것으로 간주함으로 그 자를 중심으로 한 법률관계를 확정하는 것으로 했다(제27조~제29조). 사망에 대한 일종의 법적증거제도이다.

2. 실종선고의 요건

실종선고는 가정법원의 심판에 의해 이루어진다(가사소송법 제2조 1항 라류 3호, 제44조 1호).

가정법원은 다음의 요건을 구비한 때에는 반드시 실종선고를 하여야 한다.

(1) 실질적 요건

① 부재자의 생사가 분명하지 않을 것.

생사불명이란 생존의 증명도 사망의 증명도 할 수 없는 것을 말한다.

② 생사불명의 상태가 일정기간(실종기간) 계속될 것.

실종선고에는 보통실종과 특별실종이 있다. 보통실종에 있어서는 그 기간은 5년이다. 실종기간의 기산점에 대해서 특별한 규정은 없으나 부재자의 생존을 확인할 수 있었던 최후의 시점이라고 해석하여야 한다(통설). 대체로 최후의 소식이 있었던 때로 해야 할 것이다.

특히 사망의 추측을 곤란하게 하는 사변으로 생사불명이 된 경우를 민법은 특별실종이라 하여 그 기간을 1년으로 단축하고 있다.

특별실종으로는 전쟁실종, 선박실종, 항공실종, 위난실종이 있다. 1년의 실종기간의 기산일은 이러한 사변이 끝났을 때이다. 따라서 전쟁실종은 전쟁의 사실이 종료된 때, 선박실종은 선박이 침몰한 때, 항공실종은 항공기가 추락한 때, 위난실종은 그 위난이 종료한 때이다.

(2) 형식적 요건

① 이해관계인이나 검사가 가정법원에 실종선고의 청구를 할 것(가사소송법 제2조 1항 라류 3호).

이해관계인이라 함은 부재자의 법률상 사망으로 인하여 직접적으로 신분상 또는 경제상의 권리를 취득하거나 의무를 면하게 되는 사람만을 뜻한다(대판 1986. 10. 10, 86스20). 예컨대 그 자의 배우자·상속인·법정대리인·재산관리인 등이다.

【쟁점사항】

(1) 실종선고를 청구할 수 있는 이해관계인

ㄱ) 배우자

ㄴ) 제1순위 법정상속인

ㄷ) 부재자의 사망으로 권리를 취득하거나 의무를 면하는 자 : 보험금 수익자, 종신정기금 채무자 등

(2) 실종선고를 청구할 수 없는 자

ㄱ) 부재자의 상속인의 내연의 처로부터 재산을 매수한 자(대판 1961. 11. 23, 4294민재항1)

ㄴ) 부재자의 자매로서 제2순위 상속인에 불과한 자

부재자의 자매로서 제2순위 상속인에 불과한 자는 부재자에 대한 실종선고의 여부에 따라 상속분에 차이가 생긴다고 하더라도 이는 부재자의 사망간주시기에 따른 간접적인 영향에 불과하고, 부재자의 실종선고 자체를 원인으로 한 직접적인 결과는 아니므로 부재자에 대한 실종선고를 청구할 이해관계인이 될 수 없다고 한다(대판 1986. 10. 10, 86스20).

ㄷ) 부재자의 채권자나 채무자

부재자의 채권자나 채무자는 부재자 재산관리인을 상대로 채권을 행사하거나 채무를 면제하면 되므로 실종선고를 청구할 수 없다고 할 것이다.

② 공시최고를 할 것.

가정법원은 선고하기 전에 6개월 이상의 공시최고기간을 정하여 그 기간 내에 부재자 및 부재자의 생사를 아는 자에게 신고를 최고하고 신고가 없는 경우에 비로소 실종선고를 하여야 한다(가소규 제54조·제55조·제26조 참조).

【서식】 가출자가 5년 이상 소식이 없으므로 이해관계인이 실종선고를 청구하는 서식의 예

실 종 선 고 청 구

청 구 인 서 인 만 (전화)
주민등록번호 -
주 소
등록기준지

인 지

사건본인(부재자) 서 길 주
주민등록번호 -
주 소
등록기준지

청 구 취 지

부재자 서길주에 대하여 실종선고의 심판을 구함.

청 구 원 인

1. 청구인은 부재자의 장자로서 본건 청구를 함에 적격자입니다.
2. 부재자는 최후주소에 거주하였는데 서기 년 월 일 무단가출한 후 계속 생사가 불명인 채 오늘에 이르고 있습니다.
3. 청구인은 부재자의 가출 후 여러 번 그의 행방을 수색하였었으나 전혀 알 길이 없었으며, 그리고 가출당시 부재자는 신병으로 비관하고 있었으므로 가출 후 어디서 사망한 것으로 생각되오나 그가 사망한 사실을 확인할 아무 증거가 없으므로 청구취지와 같이 심판을 구하는 바입니다.

첨 부 서 류

1. 가족관계증명서 1통(부재자, 신청인의 부)

2. 수색원수리증명서 1통
3. 부재자 증명서 1통
4. 주민등록표등본 1통
5. 납부서 1통

서기 년 월 일

위 청구인 서 인 만 ㊞

○○가정법원 귀중

◇ 유의사항 ◇

소장에는 수입인지 5,000원을 붙여야 합니다.
송달료는 당사자수×3,700원(우편료)×4회분을 송달료취급은행에 납부하고 영수증을 첨부하여야 합니다.
관할법원은 사건본인의 주소지의 가정법원입니다.

▣ 핵심판례 ▣

■ [실종의 선고]

가. 부재자에 대하여 실종선고를 청구할 수 있는 이해관계인의 의의

부재자에 대하여 실종선고를 청구할 수 있는 이해관계인은 그 실종선고로 인하여 일정한 권리를 얻고 의무를 면하는 등의 신분상 또는 재산상의 이해관계를 갖는 자에 한한다고 할 것이다.

나. 부재자가 사망할 경우 제1순위의 상속인이 따로 있어 제2순위의 상속인에 불과한 부재자의 종손자 는 특별한 사정이 없는 한 위 부재자에 대하여 실종선고를 청구할 수 있는 이해관계를 가진 자가 아니라고 한 사례

부재자의 종손자로서, 부재자가 사망할 경우 제1순위의 상속인이 따로 있어 제2순위의 상속인에 불과한 청구인은 특별한 사정이 없는 한 위 부재자에 대하여 실종선고를 청구할 수 있는 신분상 또는 경제상의 이해관계를 가진 자라고 할 수 없다(1992. 4. 14. 제2부 결정, 92스4, 5, 6, 실종선고).

◆ 실종선고의 효과

제 28 조【실종선고의 효과】

실종선고를 받은 자는 전조의 기간이 만료한 때에 사망한 것으로 본다.

■ § 28. 실종선고의 효과

- 실종자는 사망자로 본다.
- 사망의 효과가 생기는 시기 : 선고시주의, 최후소식 또는 위험발생시주의, 실종기간 중간시주의, 실종기간 만료시주의(우리)
- 관련법조 : [사망효과]§127, §690, §717, §725, §980-1, §997, §1073①

실종선고를 받은 자는 실종기간이 만료한 때에 사망한 것으로 본다(간주주의). 따라서 본인의 생존 기타의 반증을 들어서 선고의 효과를 다투지 못하며, 사망의 효과를 뒤집으려면 실종선고를 취소하여야 한다.

본조는 실종선고의 효과에 관하여 "사망한 것으로 본다"고 규정하고 있으며 사망간주 시기와 간주 효과는 다음과 같다.

(1) 사망으로 확정되는 시기

실종자의 사망인정시기에 관해서는 다음과 같이 입법례가 나뉘어 있다.

① 최후의 소식 또는 위난 발생시(스위스 민법 제38조 2항, 위난실종의 경우 독일실종법 제9조 3항)

② 실종선고시(독일민법 제1조안)

③ 실종기간만료시(실종법이 제정되기 전에 독일 민법은 보통실종에 관하여 채용)

④ 실종기간의 중간시(보통실종의 경우 독일실종법 제9조 3항)의 4가지가 있다.

민법은 실종기간 만료시주의를 채용하고 있다. 그런데 사망의 효과가 기간 만료시까지 소급하여 발생하고 실종기간 만료 후 선고 전에 법률행위를 행한 제3자는 불측의 손해를 받는다는 결함이 있다. 따라서 선의의 제3자를 보호하는 제도가 필요하다.

(2) 사망으로 간주되는 범위

① 실종선고를 받은 자는 사망한 것으로 본다. 종래 실종자에 관해서 신분상, 재산상의 사법적 법률관계는 실종기간만료시를 표준으로 사망한 경우와 동일하게 취급한다. 따라서 설사 본인의 생존 기타 반증이 있다 하더라도 선고 자체가 취소되지 않는 한 사망의 효과는 이전과 같이 존속한다.

② 실종선고는 사망의 효과를 발생시키기는 하지만, 사망에서와 같이 권리능력이 종국적·절대적으로 소멸하는 것은 아니다. 즉 실종선고를 받은 자의 권리능력을 박탈하는 제도는 아니다. 따라서 실종자가 타지에서 생활하는 경우에는 여기에 실종선고의 효과가 미치지 않으며, 실종자가 후에 실종 전의 주소로 귀환한 경우에도 귀환 후의 새로운 법률관계는 선고를 취소하지 않아도 유효하게 성립한다.

▣ 핵심판례 ▣

■ [실종선고의 효과]

1. 실종기간이 구민법 시행기간 중에 만료되었으나 그 실종이 현행민법 시행일 후에 선고된 경우 재산상속관계

법원이 현행 민법 시행일 후에 피상속인에 대하여 실종선고를 하였다면, 민법 부칙 제25조 제2항에 의하며 그 실종기간이 구민법 시행기간 중에 만료하였더라도 그로 인한 상속순위, 상속분 기타 상속에 관하여는 현행 민법의 규정을 적용하여야 하므로, 사망한 것으로 볼 피상속인의 처자 등 민법 규정에 따른 재산상속인들이 공동으로 상속을 할 것이고 민법이 시행되기 전의 구 관습법에 따라 장남만이 단독으로 상속하는 것은 아니다(1992. 2. 25. 제2부 판결, 91다44605 소유권이전등기말소).

2. 가. 실종자를 당사자로 한 판결이 확정된 후에 실종선고가 확정되어 그 사망 간주의 시점이 소 제기 전으로 소급하는 경우 위 판결이 소급하여 무효로 되는지 여부(소극)

실종선고의 효력이 발생하기 전에는 실종기간이 만료된 실종자라 하여도 소송상 당사자능력을 상실하는 것은 아니므로 실종선고 확정 전에는 실종기간이 만료된 실종자를 상대로 하여 제기된 소도 적법하고 실종자를 당사자로 하여 선고된 판결도 유효하며 그 판결이 확정되면 기판력도 발생하다고 할 것이고, 이처럼 판결이 유효하게 확정되어 기판력이 발생한 경우에는 그 판결이 해제조건부로 선고되었다는 등의 특별한 사정이 없는 한 그 효력이 유지되어 당사자로서는 그 판결이 재심이나 추완항소 등에 의하여 취소되지 않는 한 그 기판력에 반하는 주장을 할 수 없는 것이 원칙이라 할 것이며, 비록 실종자를 당사자로 한 판결이 확정된 후에 실종선고가 확정되어 그 사망간주의 시점이 소 제기 전으로 소급하는 경우에도 위 판결 자체가 소급하여 당사자능력이 없는 사망한 사람을 상대로 한 판결로서 무효가 된다고는 볼 수 없다.

나. 실종자에 대하여 공시송달의 방법으로 소송서류가 송달되어 실종자를 피고로 하는 판결이 확정된 경우 실종자의 상속인이 소송행위의 추완에 의한 상소를 제기할 수 있는지 여부(적극)

실종자에 대하여 공시송달의 방법으로 소송서류가 송달된 끝에 실종자를 피고로 하는 판결이 확정된 경우에는 실종자의 상속인으로서는 실종선고 확정 후에 실종자의 소송수계인으로서 위 확정판결에 대하여 소송행위의 추완에 의한 상소를 하는 것이 가능하다(1992. 7. 14. 제1부 판결, 92다2455 토지소유권이전등기말소).

3. 실종선고의 취소사유가 있다는 사정만으로 실종선고로 인하여 개시된 상속의 효력을 부인 할 수 있는지 여부

실종선고를 받은 자는 실종기간이 만료한 때에 사망한 것으로 간주되는 것이므로, 실종선고로 인하여 실종기간 만료시를 기준으로 하여 상속이 개시된 이상 설사 이후 실종선고가 취소되어야 할 사유가 생겼다고 하더라도 실제로 실종선고가 취소되지 아니하는 한, 임의로 실종기간이 만료하여 사망한 때로 간주되는 시점과는 달리 사망시점을 정하여 이미 개시된 상속을 부정하고 이와 다른 상속관계를 인정할 수는 없다(1994. 9. 27. 제1부판결, 94다21542 소유권보존등기말소).

◈ 실종선고에 의하여 사망한 것으로 간주되는 법률효과를 번복하기 위한 절차

제 29 조【실종선고의 취소】

① 실종자의 생존한 사실 또는 전조의 규정과 상이한 때에 사망한 사실의 증명이 있으면 법원은 본인, 이해관계인 또는 검사의 청구에 의하여 실종선고를 취소하여야 한다. 그러나 실종선고 후 그 취소 전에 선의로 한 행위의 효력에 영향을 미치지 아니한다.

② 실종선고의 취소가 있을 때에 실종의 선고를 직접원인으로 하여 재산을 취득한 자가 선의인 경우에는 그 받은 이익이 현존하는 한도에서 반환할 의무가 있고 악의인 경우에는 그 받은 이익에 이자를 붙여서 반환하고 손해가 있으면 이를 배상하여야 한다.

■ § 29. 실종선고와 취소

- 취소의 요건 : 생존사실, 실종기간 만료 시와 다른 시기에 사망한 사실, 실종기간 기산점 이후의 어떤 시기에 생존하고 있었던 사실, 본인, 이해관계인, 검사의 청구, 단 공시최고는 필요치 않음
- 취소의 효과 : 소급적 무효
- 생존 : 가족관계, 재산관계는 선고 전 상태로 회복
- 실종기간 기산점 이후의 생존 : 선고 전 상태로 회복
- 이득의 직접 취득자의 반환의무의 범위 : 부당이득의 반환범위와 같다
- 관련법조 : [선고취소와 호적] , [재산반환의무] §741

(1) 실종선고 취소의 의의

민법에서는 실종선고를 받은 자는 사망자로 간주되므로 비록 실종자의 생존 기타 반증이 있더라도 이것만으로는 사망이란 선고의 효과를 번복시킬 수는 없다. 실종선고를 번복시키기 위해서는 특히 가정법원에서 실종선고취소의 절차를 거쳐야 한다.

(2) 실종선고취소의 요건

① 실질적 요건

㉠ 실종자가 생존할 것

㉡ 실종기간 만료 시와 상이한 때에 사망했을 것

㉢ 실종기간의 기산점 이후 어느 시기에 생존해 있었을 것 중에서 어느 하나가 증명될 것.

② 절차적 요건

본인 또는 이해관계인, 검사의 청구가 있을 것.

이상의 요건을 구비한 때는 가정법원은 실종선고를 취소하여야 한다.

(3) 취소의 효과

① 원칙 : 취소의 심판이 확정되면 처음부터 실종선고가 없었던 것과 같은 효과가 발생한다.

㉠ 생존을 이유로 한 경우에는 그 신분관계 및 재산관계는 선고 전의 상태로 부활하고,

㉡ 타확정시기에 사망한 것을 이유로 한 경우에는 그 시기를 표준으로 하여 바로잡은 사망 시에 의거한 법률관계가 확정된다.

㉢ 실종기간 기산점 이후의 생존을 이유로 한 경우에는 역시 선고 전의 상태로 복귀하고 만약 이해관계인이 원한다면 새로운 실종선고를 하여야 한다.

② 예외 : 그러나 실종선고는 잔존자의 이해관계를 확정하는 제도이기 때문에 선고를 신뢰한 생존자들이 선고에 의해 불측의 손해를 받아서는 이 제도의 취지를 달성할 수 없다. 그리하여 민법은 이 원상회복의 원칙에 대하여 다음 두 가지의 예외를 인정한다.

㉠ 실종선고 후 그 취소 전에 선의로 한 행위는 그 효과에 변함이 없다(제29조 제1항 단서). 즉, 실종선고 후 그 취소 전에 선의로 한 행위에는 실종선고 취소가 영향을 미치지 않는 것으로 규정하고 있으므로 종전의 법률관계는 회복되지 않는다. 다만, 거래안전, 신분관계의 안정과 실종자의 이익이라는 두 가지 상반되는 이익형량과 관련하여 동조에서 규정한 선의자의 범위가 문제된다. 법

조항을 보면 단순히 '선의로 한 행위'라고 규정되어 있기 때문에 쌍방이 선의이어야 하는지, 아니면 제3자만 선의이면 충분한 것인지와 관련하여 다음과 같이 견해가 대립한다.

i) 단독행위의 경우

단독행위는 단독행위자가 선의이기만 하면 그 효과는 유효하다는 것이 통설적 입장이다. 다만, 단독행위의 상대방이 악의인 때 그로 인한 수익이 있으면 악의의 수익자로서 책임이 있다는 견해도 있다(김기선, 김상용).

ii) 재산상 계약의 경우

제29조의 문리해석상 당사자 전부가 선의일 때만 단서가 적용되어 보호를 받고, 당사자 중 1인이라도 악의인 경우에는 실종선고 취소의 소급효 원칙에 따라 물권변동이 소급적으로 무효가 되어 취득한 물건 또는 이익을 실종선고를 취소 받은 자에게 반환하여야 한다는 견해(쌍방선의설)가 다수설이다. 반면, 각 당사자별로 개별적, 상대적으로 판단하여 어느 당사자가 선의라면 보호되고, 악의자는 취득한 물건 또는 이득을 반환하여야 한다는 견해(상대적 효력설)와 당사자 일방의 선의로 족하다는 점에서는 상대적 효력설의 입장과 동일하나, 일단 선의의 자에게 재산이 귀속된 이상 그 이후의 전득자는 악의이더라도 그는 선의자로부터 완전한 소유권을 승계한 것이므로 소유권을 취득한다는 견해(절대적 효력설)도 있다. 실종선고를 직접원인으로 하여 재산을 취득한 자로부터 최초로 양수한 자가 선의이기만 하면, 제29조1항 단서가 적용되어 최초의 양수인은 확정적으로 소유권을 취득하고 그 후의 전득자는 악의라도 유효하게 권리를 취득한다는 것이다. 다만 전전득자가 악의적으로 선의의 전득자를 개입시킨 경우에는 신의칙상 그 적용을 배제하여야 한다고 한다(고상룡, 김준호).

iii) 신분행위의 경우

제29조 1항 단서의 행위에는 신분행위도 포함된다는 것을 전제로, 당사자 쌍방이 선의인 경우에만 보호받는다는 견해(쌍방선의설)가 통설적 입장이다. 따라서 후혼의 당사자 쌍방이 선의이면 전혼은 부활하지 않고 후혼만 완전히 유효한 것으로 남게 되나, 일방 또는 쌍방이 악의이면 전혼이 부활해서 후혼은 중혼이 되어 혼인에 취소사유(제816조 1호)가 있게 되고, 전혼에는 이혼사유(제840조)가 있게 된다고 본다. 반면, 당사자 쌍방이 선의인 경우에

만 보호를 받을 수 있다는 점에서는 통설과 같으나 보호받을 수 없는 경우의 효과에 있어서는 통설과 달리 전혼은 부활하고 후혼은 무효가 된다는 견해가 있고(김증한, 김학동), 신분행위에는 제29조 1항 단서가 적용되지 않는다고 하면서, 실종선고가 취소되면 후혼 당사자의 선의, 악의를 불문하고 전혼은 부활하며, 후혼은 언제나 중혼이 되는데 어느 혼인을 유지할 것인지는 먼저 그들의 협의에 맡기고, 협의가 이루어지지 않으면 혼인해소의 가사심판에 의해 해결해야 한다는 견해도 있다(고상룡).

㉡ 재산의 직접취득자의 보호 : 실종선고에 의해 재산을 직접취득한 자는 악의라면 선고가 취소됨에 의해 권리를 잃고 당해 재산을 반환하여야 하지만, 그가 선의인 때는 현존하는 이익의 한도 내에서 그 재산을 반환하면 된다. 재산의 직접취득자란 예컨대 상속인·수유자·생명보험금수취인 등이다. 또 현존하는 이익의 한도는 전부 반환하는 것이 아니라 취득재산의 잔존부분에 한하여 반환하면 된다는 것이다. 그 범위는 제748조 「이익이 현존하는 한도」와 같은 의미이다.

그러나 악의의 경우에는 받은 이익에 이자를 붙여서 반환하고 손해가 있으면 이를 배상해야 한다.

실종선고로 취득한 재산이 취득시효 등의 요건을 갖추거나, 또는 면한 채무가 소멸시효의 요건을 갖춘 경우에는 선고가 취소되더라도 아무 영향을 받지 않는다.

▣ 핵심판례 ▣

■ 실종선고의 취소사유가 있다는 사정만으로 실종선고로 인하여 개시된 상속의 효력을 부인할 수 있는지 여부

실종선고를 받은 자는 실종기간이 만료한 때에 사망한 것으로 간주되는 것이므로, 실종선고로 인하여 실종기간 만료시를 기준으로 하여 상속이 개시된 이상 설사 이후 실종선고가 취소되어야 할 사유가 생겼다고 하더라도 실제로 실종선고가 취소되지 아니하는 한, 임의로 실종기간이 만료하여 사망한 때로 간주되는 시점과는 달리 사망시점을 정하여 이미 개시된 상속을 부정하고 이와 다른 상속관계를 인정할 수는 없다(대판 1994. 9. 27, 94다21542)

◈ 2인 이상이 동일한 위난으로 사망한 경우 사망의 선후 문제

제 30 조【동시사망】

2人 이상이 동일한 위난으로 사망한 경우에는 동시에 사망한 것으로 추정한다.

■ § 30. 동시사망

- 동일한 위난으로 사망한 경우의 효력
- 연소자 생존추정주의, 동시사망 추정(우리)
- 관련법조 : [동시사망효과] §997, §1001, §1089①

(1) 동시사망의 의의

본조는 동일한 위난으로 사망한 경우의 효력에 관한 규정인데, 동시사망이란 동일한 위난에 의하여 사망한 수인의 사망자 중 사망의 전후를 증명할 수 없을 때에는 이들이 동시에 사망한 것으로 추정함을 말한다. 태풍이나 화재·교통사고 등에는 종종 이러한 문제가 일어난다. 이 경우에 사망시기의 전후는 상속관계에 있어서 중요한 문제이나, 누가 먼저 사망하였는지 증명하기 곤란하다. 예컨대 남편과 그 외아들이 항공기 사고로 함께 사망했다고 하면 남편의 유산은 유처와 남편의 부모가 공동상속하게 된다. 그러나 만약에 남편이 먼저 사망했다는 것을 증명할 수 있으면 남편의 유산은 유처와 아들에게 상속되며, 다시 그 아들이 죽은 후에는 그 모에게 상속되기 때문에 결국 전체 유산이 처에게 돌아가게 되지만, 동시사망의 경우에는 유처와 남편의 부모가 유산을 공동상속하게 된다. 입법예를 살펴보면, 프랑스는 어느 쪽인가 살아남은 것으로 추정하는 연소자생존추정주의를 취하며(프랑스민법 제720조), 독일과 스위스는 동시에 사망한 것으로 추정한다(독일민법 제11조②, 스위스민법 제32조②). 우리민법은 동시사망으로 추정한다.

(2) 동시사망의 추정을 번복하기 위한 입증책임의 내용 및 정도

본조는 동시사망을 추정한 규정이기 때문에 반대사실의 입증이 있으면 그 추정은 번복된다. 판례는 “민법 제 30조에 의하면, 2인 이상이 동일한 위난으로 사망한 경우에는 동시에 사망한 것으로 추정하도록 규정하고 있는 바, 이 추정은 법률상 추정으로서 이를 번복하기 위하여는 동일한 위난으로 사망하였다는 전제사실에 대하여 법원의 확신을 흔들리게 하는 반증을 제출하거나 또는 각자 다른 시각에 사망하였다는 점에 대하여 법원에 확신을 줄 수 있는 본증을 제출하여야 되는데, 이 경우 사망의 선후에 의하여 관계인들의 법적 지위에 중대한 영향을 미치는 점을 감안할 때 충분하고도 명백한 입증이 없는 한 위 추정은 깨어지지 아니한다고 보아야 한다"고 하였다(대판 1998. 8. 21, 98다8974).

▣ 핵심판례 ▣

1. 가. 동시사망으로 추정되는 경우 대습상속의 가능여부(적극)

원래 대습상속제도는 대습자의 상속에 대한 기대를 보호함으로써 공평을 꾀하고 생존 배우자의 생계를 보장하여 주려는 것이고, 또한 동시사망 추정규정도 자연과학적으로 엄밀한 의미의 동시사망은 상상하기 어려운 것이나 사망의 선후를 입증할 수 없는 경우 동시에 사망한 것으로 다루는 것이 결과에 있어 가장 공평하고 합리적이라는 데에 그 입법취지가 있는 것인 바, 상속인이 될 지계비속이나 형제자매(피대습자)의 직계비속 또는 배우자(대습자)는 피대습자가 상속개시 전에 사망한 경우에는 대습상속을 하고, 피대습자가 상속개시 후에 사망한 경우에는 피대습자를 거쳐 피상속인의 재산을 본위상속을 하므로 두 경우 모두 상속을 하는데, 만일 피대습자가 피상속인의 사망, 즉 상속개시와 동시에 사망한 것으로 추정되는 경우에만 그 직계비속 또는 배우자가 본위상속과 대습상속의 어느 쪽도 하지 못하게 된다면 동시사망 추정 이외의 경우에 비하여 현저히 불공평하고 불합리한 것이라 할 것이고, 이는 앞서 본 대습상속 제도 및 동시사망 추정규정의 입법취지에도 반하는 것이므로, 민법 제 1001조의 '상속인이 될 직계비속이 상속개시 전에 사망한 경우'에는 '상속인이 될 직계비속이 상속개시와 동시에 사망한 것으로 추정되는 경우'도 포함하는 것으로 합목적적으로 해석함이 상당하다.

나. 피상속인의 자녀가 상속개시 전에 전부 사망한 경우 피상속인의 손자녀의 상속의 성격(대습상속)

피상속인의 자녀가 상속개시 전에 전부 사망한 경우 피상속인의 손자녀는 본위상속이 아니라 대습상속을 한다(대판 2001. 3. 9, 99다13157).

2. 채권자 대위소송에서, 95세의 고령인 피대위자의 생존추정 여부 및 이에 대한 입증책임

채권자 대위소송에 있어 피대위자가 1938년에 함경북도로 전적한 후 호적, 주민등록 등 생존을 입증할 증거가 없다 하더라도 그가 허무인이 아닌 실존인물임이 명백하고, 또한 오늘날에 있어서 사람이 95세까지 생존한다는 것이 매우 희귀한 예에 속한다고도 할 수 없는 것이어서, 특별한 사정이 없는 한 현재 생존하고 있는 것으로 추정된다 할 것이고, 오히려 그가 사망하였다는 점은 상대방이 이를 적극적으로 입증하여야 한다(대판 1995. 7. 28, 94다42679)

제 3 장 법 인

법인이라 함은 자연인 이외의 것으로서 법인격(권리능력)이 인정된 것, 즉 권리·의무의 주체가 될 수 있는 것을 말한다. 현행법상 일정한 목적과 조직하에 사람의 단체(사단 또는 조합)와 일정한 목적에 바쳐진 재산(재단)이라는 실체에 대하여 법인격이 부여되는 때에 법인이 된다. 법인격 있는 사단을「사단법인」(Verein)이라고 하고, 법인격 있는 재단은 이를「재단법인」(Stiftung)이라고 한다.

법인은 이를 크게 내국법인과 외국법인으로 나눌 수 있다. 내국법인은 이를 공법인과 사법인으로 구별하고, 사법인은 다시 민법상의 법인과 상법상의 법인으로 구별된다.

민법상의 법인은 또다시 재단법인과 사단법인으로 나뉘어지고 사단법인은 다시 영리적 사단법인과 비영리적 사단법인으로 나눌 수 있다.

제 1 절 총 칙

◆ 사단이나 재단에 법인격을 부여하는 기준

제 31 조【법인성립의 준칙】

법인은 법률의 규정에 의함이 아니면 성립하지 못한다.

■ § 31. 법인설립에 관한 입법주의

- 특허주의 : 국책은행, 각종의 공사
- 허가주의 : 비영리법인
- 인가주의 : 변호사회, 이사회, 상공회의소, 농협
- 준칙주의 : 영리법인, 노동조합
- 강제주의 : 변호사회, 약사회
- 자유설립주의
- 관련법조 : [법인성립을 인정하는 법률] 상법 §169, §171, 변호사법 §40, 지방자치법 §3, 대한적십자사조직법 §2, 노동조합 및 노동관계조정법 §6①, 농업협동조합법 §4①, 대한민국재향군인회법 §2, 엽연초생산협동조합법 §3, 약사법 §11②, 상공회의소법 §2, 한국은행법 §2, 한국산업은행법 §2, 중소기업은행법 §3, 은행법 §4, 대한석탄공사법 §2, 한국조폐공사법 §2, 수산업협동조합법 §4, 중소기업협동조합법 §4, 한국해운조합법 §4, 대외무역법 §29, 공인회계사법 §41, 세무사법 §18, 변리사법 §9, 향교재산법 §3, 한국마사회법 §19, 의료법 §28②, 사립학교법 §2, §5 내지 §48, 건설업법 §42②, 건축사법 §31②, 한국관광공사법 §2 등

1. 법인성립에 관한 입법주의

법인의 설립이라는 것은 법인이 법률상의 인격자로서 존재함에 이르기까지의 절차이다.

그런데 법인의 설립주의는 여러 가지가 있고 시대적으로 변천해옴과 동시에

현재에도 법인의 종류 또는 성질에 따라 각종의 설립주의가 채용되고 있다. 이 설립주의의 주요한 것은 다음과 같다.

(1) 특허주의 : 개개의 법인설립에 관하여 특별한 법률의 제정을 요하는 주의이다. 이 주의는 단체가 국가의 재정, 금융, 산업 등에 관한 국가정책에 중요한 영향이 있기 때문에 특별법에 의해 법인을 설립하려고 한다. 이 종류의 법인에는 여러 가지 특혜가 주어짐과 동시에 국가의 특별한 감독에 복종한다는 특징이 있다.

이에 의한 것은 대한석탄공사 · 대한주택공사 · 한국산업은행 · 한국은행 · (구)한국주택은행 · 한국마사회 등이다.

(2) 허가주의 : 법인의 설립을 허가할 것인가의 여부를 주무관청의 자유재량에 맡기는 주의이다. 이에 의한 것은 민법상의 비영리법인 · 학교법인(사립학교법) · 증권거래소(증권거래법) 등이다.

(3) 인가주의 : 법률이 정한 요건을 구비하고 주무관청의 인가를 얻음으로써 법인이 설립되게 하는 주의이다. 허가주의와 다른 것은 법률요건을 구비하면 주무관청은 반드시 인가를 하여야 하는 점에서 구별된다. 이에 의한 것은 상공회의소 · 의사회 · 변호사회 · 수산업협동조합 · 수출조합 · 농협협동조합 · 해운조합 등이 있다.

(4) 준칙주의 : 법인의 설립 요건을 미리 법률에서 정해두고 그 요건을 구비하면 당연히 법인이 되는 주의이다.

이 주의를 취하는 경우에는 통상 그 조직내용을 공시하기 위하여 등기를 성립요건으로 하는 것이 보통이다. 따라서 회사는 그 조직, 재산, 구조를 거래 상대방에게 알려야 하기 때문에 이 주의가 적합하다.

이에 의한 것은 상사회사, 민사회사, 노동조합 등이다.

(5) 강제주의 : 국가가 직접 · 간접으로 국가사회일반의 이해에 중대한 관계가 있는 특수한 단체에서 법인의 설립을 강제하고(변호사법 제31조 · 제50조 · 제62조 참조) 일정한 지역 내지 지위에 있는 자가 조합을 결성한 경우에 그 조합에의 가입을 강제하는 주의이다.

이에 의한 것은 상공회의소 · 약사회 · 변호사회 · 수의사회 · 변리사회 등이다.

(6) 자유설립주의 : 이는 법인으로서의 실체만 갖추고 있으면 당연히 법인격을 인정하는 주의이다. 스위스민법의 비영리법인인 경우를 제외하고는 이 주의를 취하는 입법례는 거의 없다(스위스민법 제60조).

2. 우리 민법의 태도

민법은 법인의 설립에 관해서 자유설립주의를 취하지 않고 모든 법인은 민법 기타 법률의 규정에 의해서만 설립될 수 있도록 했다.

· 법인설립에 관한 입법주의

인가주의 (주무관청의 인가요함)	① 조합-농협,축협,수협,중소기업협,건설공제조합, 수출,엽연초 등 ② 회-상공회의소,약사회,의사회
특허주의 (특별법 제정요함)	① 은행-한은,산은,기은,주은 ② 공사-마사회,주공,석공,도공,무공,한전
준칙주의 (법인설립요건 충족후 허가)	노동조합,인사회사,상사공사
허가주의 강제주의 (가입의 강제)	증권거래소,학교법인,비영리법인 변호사회,의사회,약사회

▣ 핵심판례 ▣

■ [법인성립의 준칙]

1. 가. 고유 의미의 종중의 의의 및 그 판단 기준

유 의미의 종중이란 공동선조의 후손 중 성년 이상의 남자를 종원으로 하여 구성되는 자연발생적인 종족 집단체로서 그 성립을 위하여 특별한 조직행위를 필요로 함이 없이 관습상 당연히 성립하는 것으로, 고유 의미의 종중에 해당하는지의 여부는 종중의 목적, 그 성립과 조직의 경위, 구성원의 범위와 자격 기준, 종중 규약의 내용 등을 종합하여 판단하여야 하므로, 이미 성립된 종중의 종원 중 일부가 주동이 되어 중종 회칙을 마련하고 총회를 소집하여 대표자를 선출하였다는 사정만으로 종중과는 별개의 단체를 구성하였다고 단정할 수는 없다.

나. 종중 회칙의 일부 규정이 종중의 본질에 반한다 하여 그 종중이 고유 의미의 종중이 아니라고 추단할 수 있는지 여부(소극)

고유 의미의 종중이라면 일부 종원의 자격을 임의로 제한하였거나 확장한 종중 회칙은 종중의 본질에 반하여 무효이므로, 그 종중의 회칙규정이 종중의 본질에 반한다 하여 고유 의미의 종중이 아니라고 추단할 수는 없다.

다. 원고 종중이 이전부터 내려오던 종중을 조직화한 것이라는 주장을 배척하고 종중 유사의 단체라고 본 원심판결을 파기한 사례

원고 종중이 이전부터 내려오던 종중을 조직화한 것이라는 주장을 배척하고 종중 유사의 단체라고 본 원심판결을 파기한 사례(1996. 2. 13. 판결, 95다34842 소유권이전등기)

2. 공동선조와 성과 본을 같이 하는 후손은 성별의 구별 없이 성년이 되면 당연히 종중의 구성원이 되는지 여부(적극) 및 그 근거

종중이란 공동선조의 분묘수호와 제사 및 종원 상호간의 친목 등을 목적으로 하여 구성되는 자연발생적인 종족집단이므로, 종중의 이러한 목적과 본질에 비추어 볼 때 공동선조와 성과 본을 같이 하는 후손은 성별의 구별 없이 성년이 되면 당연히 그 구성원이 된다고 보는 것이 조리에 합당하다(대판(전합) 2005. 7. 21, 2000다1178).

3. 공동주택 입주자대표회의의 법적 성격(=비법인사단) 및 입주자대표회의가 적법하게 구성된 이후의 후임 동별대표자 선출절차가 위법하여 효력이 없는 경우, 입주자대표회의 구성원의 지위를 가지는 사람(=종전 동별 대표자)

공동주택의 입주자대표회의는 동별세대수에 비례하여 선출되는 동별대표자를 구성원으로 하는 법인 아닌 사단이고, 그 동별대표자는 각 동별 입주자가 선출하는 것이므로, 동별대표자가 적법하게 선출되어 입주자대표회의가 적법하게 구성된 이후에 있어서는, 후임 동별대표자를 선출하는 것은 비법인사단으로서의 입주자대표회의가 동일성을 잃지 아니한 채 그대로 존속하면서 단순히 그 구성원을 변경하는 것에 지나지 아니하므로, 새로운 동별대표자의 선출절차가 위법하여 효력이 없다면 그 동별대표자는 입주자대표회의 구성원으로서의 지위를 취득할 수 없고 종전의 동별대표자가 여전히 입주자대표회의 구성원으로서의 지위를 가지고, 동별대표자 또는 입주자대표회의의 회장 등이 변경될 때마다 종전과는 별개, 독립의 새로운 비법인사단이 구성, 성립된 것으로 볼 것은 아니며, 입주자대표회의가 비법인사단인 이상 그 존속기간의 정함이 있는 것으로 볼 수도 없다(대판 2007. 6. 15, 2007다6307).

4. 중계지구철거민주택조합과 중계철거민 건축조합이 주택조합설립인가신청을 했다가 반려된 경우 위 각 주택조합의 조합원이자 대표자들은 그 반려처분의 취소를 구할 당사자 적격이나 제소의 이익이 없다

이 사건 각 주택조합설립인가신청은 비법인사단인 소외 중계지구철거민주택조합과 소외 중계철거민건축조합이 하였고 위 신청의 반려처분의 상대방도 위 각 주택조합임이 명백하므로 원고들이 위 각 주택조합의 조합원이자 대표자로서 위 각 신청행위를 하였고 피고가 이를 반려하였다고 하더라도 원고들이 직접 이 사건 처분을 받을바 없을 뿐만 아니라 그 처분으로 인하여 권리의 침해나 법률상의 불이익을 받았다고도 할 수 없으므로 원고들은 이 사건 반려처분의 취소를 구할 당사자적격인 제소의 이익이 없다(1196. 3. 8. 판결, 94누12847 주택조합설립인가신청반려처분취소).

5. 종단에 사찰 등록을 마친 일반 사찰의 법적 지위 및 사찰 재산에 대한 점유권의 귀속 주체

사설 사암이나 사설 사찰이 아닌 한국불교 태고종에 등록된 일반적인 사찰은 독자적인 권리능력과 당사자능력을 가진 법인격 없는 사단이나 재단이라 할 것이므로, 그 사찰의 토지 및 건물을 점유하고 있는 자는 사찰 자신이고, 그 주지의 지위에 있는 자가 그 토지와 건물을 점유하는 것은 아니다(1996. 1. 26. 판결, 94다45562 토지인도등)

6. 자연부락의 비법인사단으로서의 존재사실과 고유재산소유사실을 인정하기 위한 심리사정 및 대표자의 선정방법

법인 아닌 사단이나 재단도 대표자 또는 관리인이 있으면 민사소송의 당사자가 될 수 있으므로 자연부락이 부락주민을 구성원으로 하여 고유목적을 가지고 의사결정기관과 집행기관인 대표자를 두어 독자적인 활동을 하는 사회조직체라면 비법인사단으로서의 권리능력이 있다고 할 것이나, 이와 같이 자연부락이 비법인사단으로서 존재하고 나아가 고유재산을 소유하고 있다는 사실을 인정하려면 자연부락의 구성원의 범위와 자연부락의 고유업무, 자연부락의 의사결정기관인 부락총회와 대표자의 조부 및 조직과 운영에 관한 규약이나 관습이 있었는지 여부, 고유재산을 소유하게 된 경위와 관리형태 등을 확정하여야 할 것이고, 집행기관인 대표자의 선정은 규약에 정함이 있거나 관습이 있다면 그에 따를 것이지만 그렇지 아니한 경우에는 부락을 구성하는 가구의 대표자 과반수의 출석과 출석 가구주의 과반수찬성에 의하여 선임된다(1993. 3. 9. 제1부(아) 판결, 92다 339532 소유권보존등기말소등).

7. 가. 소집권한 없는 자에 의하여 소집된 중종 총회에 연고항존자가 참석하여 총회소집이나 대표자선임에 관하여 이의하지 아니한 사실만으로 총회가 연고항존자의 동의에 의하여 소집된 것이라거나 소집절차상의 하

자가 치유되어 적법하게 될 것인지 여부(소극)

종중에 평소 종장이 선임되어 있지 아니하고 선임에 관한 규약이나 일반관례가 없으면 현존하는 연고항존자가 종장이나 문장이 되어 종회의 소집권한을 갖는다고 할 것이고, 소집권한이 없는 자에 의한 총회소집이라고 하더라도 연고항존자가 소집에 동의하여 그로 하여금 소집하게 한 것이라면 그와 같은 총회소집을 권한없는 자의 소집이라고 볼 수 없는 것이긴 하나, 소집권한 없는 자에 의한 총회에 연고항존자가 참석하고 총회소집이나 대표자선임에 관하여 이의를 하지 아니하였다고 하여 이것만 가지고 총회가 연고항존자의 동의에 의하여 소집된 것이라거나 총회의 소집절차상의 하자가 치유되어 적법하게 된다고 할 수 없다.

나. 종원에 관한 새로운 세보가 발간되면 이에 의하여 총회소집통지종원의 범위를 확정하여야지 종전의 세보에 의하면 부적법하다 한 사례

종원에 관한 새로운 세보가 발간되면 이에 의하여 총회소집통지종원의 범위를 확정하여야지 종전의 세보에 의하면 부적법하다(1993. 3. 9. 제1부(아) 판결, 92다42439 소유권이전등기등).

8. 종회의 적법한 소집권자가 종중원들의 정당한 소집요구에 불응하는 경우 차석의 임원 또는 발기인(종회의 소집을 요구한 발의자들)이 소집권자를 대신하여 종회를 소집할 수 있는지 여부(적극)

종중원들이 종중 재산의 관리 또는 처분 등에 관하여 대표자를 새로이 선정할 필요가 있어 종중의 규약에 따라 적법한 소집권자에게 종중의 임시총회의 소집을 요구하였으나 그 소집권자가 정당한 이유없이 이에 응하지 아니하는 경우에는 차석의 임원 또는 발기인(총회의 소집을 요구한 발의자들)이 소집권자를 대신하여 총회를 소집할 수 있다(1993. 3. 12. 제31부(카) 판결, 92다 51372 토지소유권이전등기).

9. 가. 종합토지세의 성질

종합토지세가 수익세로서의 성격을 가진다 하더라도 연혁적으로 토지분 재산세에서 출발하였다는 점과 현행법상 토지의 가액 즉 과세시가 표준액을 과세표준으로 한다는 점(지방세법 제 234조의 15 제2항)에 비추어 기본적으로 재산세이다.

나. 신탁법상의 신탁재산에 대한 종합토지세 부과대상자(=수탁자)

위탁자가 수탁자에게 토지의 소유권을 이전하여 당사자 사이에 신탁법상의 신탁관계가 설정되면 단순한 명의 신탁과는 달리 신탁재산은 수탁자에게 귀속되고 이로서 수탁자는 신탁의 목적에 따라 신탁재산을 관리·처분할 수 있는 권능을 가지게 되므로 신탁재산에 대한 종합토지세의 부과는 신탁재산을 보유하는 수탁자를 상대로 하여야 한다.

다. "구의동연합직장주택조합"의 법적 성격(=비법인사단)

"구의동연합직장주택조합"은 구의동 지역에서 조합아파트의 건축을 추진하고 있던 15개의 직장주택조합들이 설립한 연합체로서 공동주택 건설사업이라는 단체 고유의 목적을 가지고 활동하고 있으며, 규약 및 단체로서의 조직을 갖추고 구성원의 가입 탈퇴에 따른 변경에 관계없이 단체 자체가 존속하는 등 단체로서의 주요사항이 확정되어 있어 비법인사단에 해당한다(1993. 4. 27. 제1부 판결, 92누8163 종합토지세등부과처분취소).

10. 원고 "용산학구 노인회"는 등기부상의 "용산학"이라는 표시와 동일성이 없다는 전제에서 법인 아닌 사단으로서 실체를 갖추지 못하여 소송상 당사자능력이 없다고 한 사례

원고 "용산학구 노인회"는 등기부상의 "용산학"이라는 표시와 동일성이 없다는 전제에서 법인이 아닌 사단으로서 실체를 갖추지 못하여 소송상 당사자능력이 없다(1993. 5. 25. 제1부 판결, 92다35950 소유권이전등기말소).

11. 가. 고유의미의 종중 외에 공동선조의 후손 중 일정한 범위의 종족집단이 단체로서의 실체를 가질 수 있는지 여부(적극)

본래 종중은 공동선조의 후손들에 의하여 선조의 분묘수호와 제사 및 후손 상호간의 친목을 목적으로 형성되는 자연발생적인 종족단체로서 선조의 사망과 동시에 자손에 의하여 성립되는 것이므로 후손 중 특정지역 거주자나 특정범위 내의 자들만으로 구성된 종중이란 있을 수 없지만, 다만 특정지역 거주자나 특정범위 내의 자들만으로 분묘수호와 제사 및 친목도모를 위한 조직체를 구성하여 활동하고 있어 단체로서의 실체를 인정할 수 있을 경우에는 본래의 의미의 종중은 아니나 권리능력 없는 사단으로서의 단체성을 인정할 여지가 있다.

나. 구민법상 적자가 없어 서자가 상속한 경우 그 후 사후양자의 선정이 있다면 이미 발생한 서자의 상속권이 박탈되는지 여부(소극)

구민법 시행 당시 우리나라의 관습에 의하면 피상속인에게 적자가 없고 서자가 있는 때에는 서자가 상속권을 갖는 것이고 피상속인을 위하여 사후양자를 할 여지가 없어 일단 적자가 없어 서자가 상속한 후에는 사후양자의 선정이 있더라도 효력이 없고 이미 발생한 서자의 상속권이 박탈되는 것이 아니다(1993. 5. 27. 제3부 판결, 92다34193소유권이전등기말소).

12. 가. 종중 총회의 소집에 있어서 회의의 목적사항 기재의 정도

종중 총회를 소집함에 있어 회의의 목적사항을 기재하도록 하는 취지는 종중원이 결의를 할 사항이 사전에 무엇인가를 알아 회의에의 참석 여부나 결의사항에 대한 찬반의사를 미리 준비하게 하는데 있으므로 회의의 목적사항은 종중원이 의안이 무엇인가를 알기에 족한 정도록 구체적으로 기재하면 족하다.

나. 법원의 소집허가에 의하여 개최된 종중 임시총회에서 결의할 수 있는 사항의 범위

법원의 소집허가에 의하여 개최된 종중 임시회의에서는 법원의 소집허가결정 및 소집통지서에 기재된 회의목적사항과 이에 관련된 사항에 관하여 결의할 수 있다.

다. 일부 종중원이 법원의 허가에 의하여 임시총회를 소집한 경우, 종중대표자가 같은 기일에 다른 임시총회를 소집할 권한이 있는지 여부

종중 정관 규정에 따른 소수 대의원이 법원의 허가를 받아 임시총회를 소집한 경우 종중의 기관으로서 소집하는 것으로 보아야 할 것이고 종중의 대표자라도 위 소수의 대의원이 법원의 허가를 받아 소집한 임시총회의 기일과 같은 기일에 다른 임시총회를 소집할 권한은 없게 된다고 보아야 한다.

라. 비법인사단의 총회결의취소를 구하는 소의 적부

비법인사단의 총회에 절차상의 하자가 있으면 원칙적으로 총회결의무효 사유가 된다고 할 것이고 따로 총회결의취소의 소를 인정할 근거는 없다(1993. 10. 12, 92다50799).

13. 소집권한 없는 자에 의하여 소집된 종중총회에 소집권자가 참석하여 총회소집에 관하여 이의를 하지 아니한 것만으로 소집절차상의 하자가 치유되는지 여부

소집권한 없는 자에 의한 총회소집이라고 하더라도 소집권자가 소집에 동의하여 그로 하여금 소집하게 한 것이라면 그와 같은 총회소집을 권한 없는 자의 소집이라고 볼 수 없으나 단지 소집권한 없는 자에 의한 총회에 소집권자가 참석하여 총회소집이나 대표자선임에 관하여 이의를 하지 아니하였다고 하여 이것만 가지고 총회가 소집권자의 동의에 의하여 소집된 것이라거나 그 총회의 소집절차상의 하자가 치유되어 적법하게 된다고는 할 수 없다(1994. 1. 11. 제1부 판결 92다40402 토지소유권이전등기말소).

14. 가. 종중이 실체를 갖춘 단체로서 존재한 시기에 대하여 심리미진의 위법이 있다고 한 사례

종중이 실체를 갖춘 단체로서 존재한 시기에 대하여 심리미진의 위법이 있다고 한 사례.

나. 종중 재산의 처분이 종중규약에 따라 이루어졌다거나 종중총회의 결의가 있었다는 점에 대한 입증의 방법

종중 재산의 증여는 종중 재산의 처분행위에 해당하고, 종중 재산의 처분에 관하여 종중규약에 정한 바가 있으면 그에 따라야 하며 그러한 규약이 없다면 이에 관한 적법한 종중총회의 결의가 있어야 하는 것이지만, 종중 재산의 처분이 종중규약에 정한 바에 따라 이루어졌다거나 이에 관한 적법한 종중총회의 결의가 있었다는 점에 대한 입증은 반드시 종중총회결의서 등 그러한 사실을 직접적으로 증명할 수 있는 증거에 의하여만 할 수 있는 것은 아니고, 그러한 종중총회의 결의가 있었다는 점 등을 확인할 수 있는 간접사실의 입증을 통하여도 할 수 있다. (1994. 1. 14. 제3부 판결, 92다28716 소유권 보존등기말소등)

15. 타가에 출계하였으나 그 입양이 무효인 경우 생부 종중의 종원자격상실 여부

타가에 출계한 자는 생부의 선조를 시조로 하는 종중에는 속하지 않는다 할 것이나 입양이 무효인 경우에는 그 입양에 의하여 생부의 선조를 시조로 하는 종중의 종원 자격을 상실하지 않는 다고 할 것이고 사실상 양자로 행세한 것만으로 생부의 시조로 하는 종중의 종원 자격을 상실한다고 할 수 없다(1994. 4. 26, 93다32446 배분금).

16. 민법상 조합의 명칭을 가지고 있는 단체가 비법인사단으로서의 실체를 가지는 경우

민법상 조합의 명칭을 가지고 있는 단체라 하더라도 고유의 목적을 가지고 사단적 성격을 가지는 규약을 만들어 이에 근거하여 의사결정기관 및 집행기관인 대표자를 두는 등 조직을 갖추고 있고, 구성원의 가입, 탈퇴 등으로 인한 변동에 관계없이 단체 그 자체가 존속되고, 그 조직에 의하여 대표의 방법, 총회나 이사회 등의 운영, 재산의 관리 기타 단체로서의 주요사항이 확정되어 있는 경우에는 비법인사단으로서의 실체를 가진다(1994. 4. 26. 제1부 판결, 93다51591 건물소유권이전등기말소).

17. 가. 원고 문중을 고유 의미의 종중이 아니라 종중 유사의 단체로 본 원심판결이 잘못이라고 본 사례

원고 문중을 고유 의미의 종중이 아니라 종중 유사의 단체로 본 원심판결이 잘못이라고 본 사례

나. 고유 의미의 종중으로 확정된 원고 문중의 성격을 종중 유사의 단체로 변경하는 주장의 가부

원고의 주장이 이미 고유의 의미의 종중인 것으로 확정된 원고 문중의 성격을 종중 유사의 단체로 변경하는 결과가 된다면 이는 당사자의 변경을 가져오는 것으로서 허용될 수 없다.

다. 원고 문중에의 증여사실을 인정한 원심판결을 파기한 사례

원고 문중에의 증여사실을 인정한 원심판결을 파기한 사례(1994. 5. 10. 제2부 판결, 93다10866 승계집행문부여)

18. 가. 종중회의 소집권자가 정당한 이유없이 소집을 거부하는 경우 종중회의를 소집할 수 있는 자

종중원들이 종중재산의 관리 또는 처분 등에 관하여 대표자를 선정할 필요가 있어 적법한 소집권자에게 종중회의의 소집을 요구하였으나 소집권자가 적당한 이유 없이 이를 소집하지 아니할 때에는 차석 또는 발기인이 회의를 소집할 수 있다.

나. 소집권한 없는 자에 의한 종중총회 소집에 소집권자가 동의한 경우 소집절차의 적법 여부

소집권한 없는 자에 의한 총회소집이라고 하더라도 소집권자가 소집에 동의하여 그로 하여금 소집하게 한 경우에는 이를 권한 없는 자의 소집이라고 볼 수 없다.

다. 종원에 관한 세보가 발간되어 있는 경우 종중회의 소집통지대상이 되는 종원의 범위의 확정 기준

종원에 관한 세보가 발간되었다면 그 세보 기재가 잘못 되었다는 등의 특별한 사정이 없는 한 그 세보에 의하여 종중회의의 소집통지대상이 되는 종원의 범위를 확정함이 상당하다(1994. 5. 10. 제2부 판결 93다51454 토지소유권이전등기).

19. 가. 원고 종중이 고유의 의미의 종중으로서의 실체를 가지지 않았고 종중 유사의 단체도 아니라고 하여 당사자능력을 부정한 원심판결이 위법이라고 한 사례

원고 종중이 고유의 의미의 종중으로서의 실체를 가지지 않았고 종중 유사의 단체도 아니라고 하여 당사자능력을 부정한 원심판결이 위법이라고 한 사례.

나. 종중이 원고로 된 경우 당사자능력 여부 결정을 위하여 법원이 취할 조치

원래 당사자능력의 문제는 법원의 직권조사사항에 속하는 것이므로 그 당사자능력 판단의 전제가 되는 사실에 관하여는 법원이 당사자의 주장에 구속될 필요 없이 직권으로 조사하여야 하고, 따라서 종원이 원고로 된 경우에 그 종중의 당사자능력 여부가 고유의 의미의 종중인가 아니면 종중 유사의 단체인가 하는 점에 따라 차이를 가져오는 경우에는 법원으로서는 직권으로 그 종중의 실체를 파악하여 그에 따라 결정하여야 한다.

다. 고유의 의미의 종중으로 확정된 원고 종중의 성격을 종중 유사의 단체로 변경하는 주장의 가부

원고의 주장이 이미 고유의 의미의 종중인 것으로 확정된 원고 종중의 성격을 종중 유사의 단체로 변경하는 결과가 된다면 이는 당사자의 변경을 가져오는 것으로서 허용될 수 없다.

라. 원고가 등기말소를 명한 확정판결의 원고와 동일인인지 여부가 명백하지 아니하여 승계집행문 부여의 소 외에 별소로 소유권이전등기의 말소를 구할 권리보호의 이익을 부정할 수 없다고 한 사례

피고들이 시종 원고가 등기말소를 명한 확정판결의 원고와는 동일성이 인정되지 않는다고 다투고 있을 뿐만 아니라 기록상 원고가 위 확정판결의 원고와 동일성이 명확하다고 보이지 아니하여 민사소송법 제481조의 규정에 의하여 법원사무관 등으로부터 승계집행문을 부여받기는 어려운 것으로 보이고 또 승계집행문부여의 소를 제기하더라도 패소될 경우도 생길 수 있고 그와 같은 경우라면 원고가 피고들을 상대로 한 별도의 소송으로 피고들 명의의 등기의 말소를 구할 권리보호의 이익을 부정할 수 없다(1994. 5. 10. 제2부 판결, 93다53955 소유권이전등기말소).

20. 산제치성 목적을 위한 마을 주민들의 결합체인 도선동동민회가 비법인사단에 해당된다고 본 사례

100여년 전부터 왕십리의 동쪽 끝마을(동단지)이라고 불리어 오던 서울 성동구 도선동 360 부근 마을 주민들이 그 마을에서 가정 높은 구릉지대인 위 도선동 360의 일부인 3.86평을 산제치성터로 정하고 매년 음력 10. 1. 마을의 길운과 무재앙을 기원하는 산제치성제를 올리면서 주민들의 친목과 마을의 관심사를 논의하는 주민들의 모임이 자연발생적으로 형성되어 옴으로써 산제치성이라는 목적을 위한 위 마을주민들의 결합체가 존재하여 오던 중 위 동쪽 끝마을에 해당하는 현재의 서울 성동구 도선동에 거주하는 주민들의 대다수가 위 결합체의 의사를 결정하고 업무를 집행할 기관 및 대표자를 정한 성문화된 규약의 필요성을 느껴 1988. 11. 10.경 그가 소속된 통의 통장을 자신의 대표자로 위임하고, 각 통장들은 같은 해 12. 22. 원고 동민회의 정관과 명칭을 제정하고 집행기관으로 총회 및 이사회를 두고 대표자로 박승헌을 선임한 사실을 인정할 수 있고 달리 반증이 없는바, 위 인정사실에 의하면 원고는 일정한 목적하에 이루어진 다수인의 결합체로서 그 결합체의 의사를 결정하고 목적달성을 위한 업무를 집행할 기관들에 관한 정함이 있으며 외부에 대하여 그 결합체를 대표할 대표자 또는 관리인의 정함이 있는 법인 아닌 단체로서 비법인사단에 해당한다(1991. 5. 28. 제1부 판결, 91다7750 소유권이전등기말소등).

21. 원고종중은 공동선조의 분묘수호 등을 목적으로 하여 그 후손들로 구성된 자연적 집단으로 보기가 어려워 단체로서의 실체를 인정할 수 없으므로 당사자능력이 없다고 본 원심의 조치를 수긍한 사례

원고종중은 공동선조의 분묘수호 등을 목적으로 하여 그 후손들로 구성된 자연적 집단으로 보기가 어려워 단체로서의 실체를 인정할 수 없으므로 당사자능력이 없다고 본 원심의 조치는 수긍된다(1991. 6. 25. 제1부 판결, 91다4287 손해배상(기)).

22. 가. 권리능력 없는 사단으로서의 자연부락의 존재 및 자연부락의 고유재산 소유사실을 인정하기 위한 심리사항

권리능력 없는 사단으로서의 자연부락이 존재하고 나아가 자연부락이 그 고유재산을 소유하고 있다는 사실을 인정하려면 먼저 그 자연부락의 구성원의 범위와 자연부락의 고유업무, 자연부락의 의사결정기관인 부락총회와 대표자의 존부 및 그 조직과 운영에 관한 규약이나 관습이 있었는지의 여부, 그 고유재산을 소유하게 된 경위와 관리형태 등에 관하여 심리확정하여야 한다.

나. 권리능력 없는 사단으로서의 자연부락의 의사결정방법

권리능력 없는 사단으로서의 자연부락에 있어서는 그 부락에 입주함에 동시에 그 구성원이 되고 다른 곳에 이주함으로써 그 구성원의 자격을 상실하게 된다고 보아야 하므로, 그 사단의 의사결정에 있어서는 그에 관한 규약이나 관습이 없는 한 일반적으로 사단에서의 결의방법에 따라서 결의 당시 그 부락을 구성하는 가구의 대표자 과반수의 출석과 출석자 과반수의 찬성에 의하여야 한다(1991. 7. 26. 제3부 판결, 90다카25765 소유권보존등기말소등).

23. 종중의 성립요건

종중은 공동선조의 후손들에 의하여 그 선조의 분묘수호 및 봉제사와 후손 상호간의 친목을 목적으로 형성되는 자연발생적인 종족집단으로서 특별한 조직행위나 성문의 규약을 필요로 하지 아니한다(1991. 9. 13. 제3부 판결, 91다14062 소유권이전등기).

24. 종중의 의의

종중은 공동선조의 후손 중 성년 이상의 남자들이 구성원이 되어 공동선조의 분묘수호와 봉제사 및 상호간의 친목을 목적으로 하는 자연적 종족집단체로서 특별한 조직행위를 필요로 하는 것은 아니고 서면화한 성문의 규약이 있어야 하는 것도 아니다(1991. 10. 11. 제3부 판결, 91다24663 소유권이전등기).

25. 가. 불교 신도회가 조직을 갖추고 회장을 중심으로 법회 및 포교활동을 해왔다면 사찰과는 별개의 독립된 단체로서 비법인사단이라고 본

사례

불교신도들이 모여 법회 등을 열어오다가 규약을 제정하여 시행함과 동시에 그 규약에 따라 소집된 신도회에서 회장과 부회장 및 그 외의 운영위원들을 선출하여 조직을 갖추고 그 때부터 회장을 중심으로 법회 및 포교활동을 해 왔다면 이 신도회는 사찰과는 별개의 독립된 단체로서 비법인사단이라고 본다.

나. 위 "가"항의 경우 그 신도들이 사찰 아닌 위 신도회에 한 시주금에 의하여 대지를 매수하고 건물을 신축한 경우 위 부동산 소유권의 귀속

사찰의 불교신도가 하는 보시는 특별한 사정이 없는 한 당해 사찰에 대하여 하는 것이고 이 돈으로 취득하거나 건축한 토지나 그 지상의 종교시설은 당해 사찰의 소유로 귀속되는 것이 원칙이나, 신도회가 사찰과 별개로 독립하여 활동해 오던 단체이고 그 신도들이 사찰 아닌 위 신도회에 한 시주금에 의하여 대지를 매수하고 그 지상에 건물을 신축하였다는 등 특별한 사정이 인정된다면 위 부동산은 사찰의 소유라고 할 수 없다(1991. 10. 22. 제1부 판결, 91다26072 소유권이전등기말소).

26. 가. 사찰이 권리능력의 주체로 됨에 있어 사찰로서의 등록이 요건인지 여부(소극)

사찰이 권리능력의 주체로 됨에 있어 사찰로서의 등록이 반드시 그 요건으로 되는 것은 아니라 할 것이다.

나. 사찰이 등록은 되어 있지 않았으나 권리능력의 주체로서의 실체를 갖추고 있어서 주지 갑이 위 사찰의 대표자로서 임야를 매수하여 갑 개인에게 명의신탁하여 이전등기를 하였다가 을의 취득시효가 완성된 이후 사찰 명의로 소유권이전등기를 경료하였다면 을의 점유승계인은 위 사찰에 대하여 시효취득을 주장할 수 있다고 한 사례

갑이 계쟁임야를 매입할 당시에 사찰이 등록은 되어 있지 않았으나 권리능력의 주체인 사찰로서의 실체를 갖추고 있어서 주지 갑이 사찰의 대표자로서 위 임야를 매수하여 갑 개인에게 명의신탁하여 이전등기를 하였다가 을의 취득시효가 완성된 이후 사찰의 명의로 소유권이전등기를 경료하였다면 을의 점유승계인은 위 사찰에 대하여 시효취득을 주장할 수 있다(1992. 6. 12. 제3부 판결, 92다12018 건물철거등 12025(병합)).

27. 영연방아동구호재단 공공직업훈련소가 위 재단의 산하기관에 불과하다고 하여도 국내에 있는 위 훈련소가 비법인사단이나 재단에 해당하는지 여부는 국내법에 따라 판단하여야 하고 위 훈련소 명의로 토지가 등기된 점에 비추어 위 훈련소는 비법인사단이나 재단으로서의 실체를 갖추고

있었다고 추정할 수 있다고 한 사례

영연방아동구호재단 공공직업훈련소가 위 재단의 산하기관에 불과하다고 하여도 국내에 있는 위 훈련소가 비법인사단이나 재단에 해당하는지 여부는 국내법에 따라 판단하여야 하고 위 훈련소 명의로 토지가 등기된 점에 비추어 위 훈련소는 비법인사단이나 재단으로서의 실체를 갖추고 있었다고 추정할 수 있다(1992. 6. 23. 제1부 판결, 92다12933 건물수거등).

28. 가. 민법상의 조합과 비법인사단의 구별기준

민법상의 조합과 법인격은 없으나 사단성이 인정되는 비법인사단을 구별함에 있어서는 일반적으로 그 단체성의 강약을 기준으로 판단하여야 하는바, 조합은 2인 이상이 상호간에 금전 기타 재산 또는 노무를 출자하여 공동사업을 경영할 것을 약정하는 계약관계에 의하여 성립하므로(민법 제703조) 어느 정도 단체성에서 오는 제약을 받게 되는 것이지만 구성원의 개인성이 강하게 드러나는 인적 결합체인데 비하여 비법인사단은 구성원의 개인성과는 별개로 권리의무의 주체가 될 수 있는 독자적 존재로서의 단체적 조직을 가지는 특성이 있다 하겠는데 민법상 조합의 명칭을 가지고 있는 단체라 하더라도 고유의 목적을 가지고 사단적 성격을 가지는 규약을 만들어 이에 근거하여 의사결정기관 및 집행기관인 대표자를 두는 등의 조직을 갖추고 있고, 기관의 의결이나 업무집행방법이 다수결의 원칙에 의하여 행해지며, 구성원의 가입, 탈퇴 등으로 인한 변경에 관계없이 단체 그 자체가 존속되고, 그 조직에 의하여 대표의 방법, 총회나 이사회 등의 운영, 자본의 구성, 재산의 관리 기타 단체로서의 주요사항이 확정되어 있는 경우에는 비법인사단으로서의 실체를 가진다고 할 것이다.

나. 비법인사단인 선어중매조합의 대표자의 위임에 따른 어음행위로 인한 어음금의 지급책임이 독립한 권리의무의 주체인 위 조합에 귀속되는 것이지 그 구성원들이 이를 부담하는 것은 아니라고 한 사례

비법인사단인 선어중매조합의 대표자의 위임에 따른 어음행위로 인한 어음금의 지급책임이 독립한 권리의무의 주체인 위 조합에 귀속되는 것이지 그 구성원들이 이를 부담하는 것은 아니다(1992. 7. 10. 제3부 판결, 92다2431 약속어음금).

29. 가. 갑이 사찰의 주지가 되기 전에, 그 절터가 임야대장상 사찰 명의로 등재되어 있었고, 이미 여러명의 주지가 거쳐갔다면 위 사찰은 갑이 세운 개인사찰이었다고는 할 수 없다고 한 사례

갑이 사찰의 주지가 되기 전에, 그 절터가 임야대장상 사찰 명의로 등재되어 있었고, 이미 여러명의 주지가 거쳐갔다면 위 사찰은 갑이 세운 개인사찰이었다고는 할 수 없다.

나. 종단 소속 사찰의 경우 신도들의 의사와 전혀 관계없이 그 주지 한 사람의 의사만에 의하여 소속종단을 변경할 수 있는지 여부(소극)

어느 사찰이 개인사찰이 아니고 종단 소속의 사찰이라면 주지가 신도들의 의사와 전혀 관계없이 그 주지 한 사람의 의사만에 의하여 소속종단을 함부로 변경할 수 없다(1992. 7. 14. 제2부 판결, 89다카15151 소유권보존등기말소등).

30. 가. 원고가 주장하는 원고 종중의 성격이 고유의미의 종중이므로 원심으로서는 원고 종중의 실재 여부와 종중 대표자의 대표자격 유무를 판단하여, 만일 종중이 실재하지 아니하거나 대표자의 자격이 인정되지 아니하면 소를 각하하여야 할 것이라고 한 사례

원고가 주장하는 원고 종중의 성격이 고유의미의 종중이므로 원심으로서는 이와 같은 의미의 원고 종중이 실재하는지, 그 대표자에게 원고 종중의 대표자격이 있는 것인지 여부를 판단하여야 할 것이고, 만일 그와 같은 의미의 종중이 실재하지 아니하거나 대표자의 자격이 인정되지 아니하면 소를 부적법한 것으로서 각하하여야 할 것이다.

나. 종중의 의미와 고유의미의 종중외에 공동선조의 후손 중 일정한 범위의 종족집단이 단체로서의 실체를 가지는 경우

고유의미의 종중이란 공동선조의 분묘수호와 제사 및 종중원 상호간의 친목 등을 목적으로 하는 자연발생적인 관습상의 종족집단체로서 특별한 조직행위를 필요로 하는 것이 아니고, 공동선조의 후손 및 성년 이상의 남자는 당연히 그 구성원(종원)이 되는 것이며, 그 중 일부 종원을 임의로 그 구성원에서 배제할 수 없고, 고유의미의 종중 외에 공동선조의 후손 중 일정한 범위의 종족집단이 사회적 조직체로서 성립하여 고유의 재산을 소유·관리하면서 독자적인 활동을 하고 있다면 단체로서의 실체를 부인할 수 없다고 할 것이나 이는 고유의미의 종중과는 다른 것이다.

다. 고유의미의 종중이 모임을 조직화할 필요성이 있어서 명칭을 소종중회로 한 성문규약을 제정하였다 하여 본래의 종중과는 별개의 소종중이 존재하거나 새로 조직되었다고 볼 수 없고, 종중규약의 제정으로 별도의 소종중이 조직된 것이라 하더라도 본래의 종중 소유 토지가 당연히 소종중의 소유로 된다고 할 수도 없다고 한 사례

공동선조의 자손들이 일정한 지역에 근거를 두고 살아 왔고, 그 일대에 거주하는 세대주인 성년남자들이 조상들의 분묘를 수호하고 별다른 소집절차 없이 매년 시향일에 공동선조의 묘소에 모여 중요사항을 결정하여 왔으며, 이 종중을 죽산안씨 산음공파종중회 또는 소종중회라고 불러 왔고, 종중의 종사를 종중원들에게 명의신탁하였는데, 종중원들 중 일부가 이 재산을 처분하는 불상사가 발생하자 정식으로 종중을 조직화할 필요성이 있어 임시총회를 열어 명칭을 죽산안씨 산음공파소종중회로 한 성문의 규약을 작성한 것이라면 원래의 종중의 실체는 고유의미의 종중이었다고 봄이 상당하고, 위와 같은 성문의 규약이 제정되었다고 하여 고유의미의 종중과는 별개의 소종중이 존재해 왔거나 새로이 조직되었다고 볼 수 없으며, 만일 이 종중 규약의 제정으로 별도의 소종중이 조직된 것이라 하더라도 고유의미의 종중 소유의 토지가 당연히 소종중의 소유로 귀속된다고 할 수도 없다(1992. 9. 22. 제1부 판결, 92다15048 소유권이전등기).

31. 가. 일부 종원에 대한 소집통지를 결여한 채 개최된 종중총회 결의의 효력 및 그 결의가 통지 가능한 종원 중 과반수의 찬성을 얻은 경우 유효한 것으로 인정될 수 있는지 여부

종중총회의 소집통지는 종중의 규약이나 관례가 없는 한 통지 가능한 모든 종원에게 소집통지를 함으로써 각자가 회의의 토의와 의결에 참여할 수 있는 기회를 주어야 하고 일부 종원에게 이러한 소집통지를 결여한 채 개최된 종중총회의 결의는 그 효력이 없고, 이는 그 결의가 통지 가능한 종원 중 과반수의 찬성을 얻은 것이라 하여 달리 볼 수 없다.

나. 전소의 소송판결의 기판력이 미친다고 본 원심판단이 잘못이라고 본 사례

원심은 이 사건 소가 대표권 없는 자에 의하여 제기되어 부적법하다고 하면서도, 이 사건 소는 확정된 종전의 소각하판결에서 판시된 대표권흠결의 하자를 그대로 둔 채 거듭 제기된 것이기 때문에 종전의 확정판결의 기판력에 저촉되어 기각을 면치 못한다고 하고 있는바, 소송판결도 그 판결에서 확정한 소송요건의 흠결에 관하여 기판력이 발생함은 물론이나, 이 사건에서 종전 소송의 원고 종중 대표자로서 소를 제기한 자는 자신이 종전 소송판결의 확정 후에 소집된 종중총회에서 새로이 대표자로 선임되었음을 들어 대표권을 주장하는 것이어서 종전 확정판결의 기판력이 미칠 여지가 없다(1994. 6. 14. 제1부 판결, 93다45015 소유권이전등기말소)

<판례전문(1994. 6. 14, 93다45015)>

[원고, 상고인] 진주유씨창원공파종중 소송대리인 변호사 배병근

[피고, 피상고인] 백운근 소송대리인 변호사 이영수

[원심판결] 서울민사지방법원 1993. 7. 21. 선고, 91나26576 판결

[주 문] 상고를 기각한다.

상고비용은 유강섭의 부담으로 한다.

[이 유] 상고이유를 판단한다.

1. 종중총회의 소집통지는 종중의 규약이나 관례가 없는 한 통지 가능한 모든 종원에게 소집통지를 함으로써 각자가 회의의 토의와 의결에 참여할 수 있는 기회를 주어야 하고 일부 종원에게 이러한 소집통지를 결여한 채 개최된 종중총회의 결의는 그 효력이 없고, 이는 그 결의가 통지 가능한 종원중 과반수의 찬성을 얻은 것이라 하여 달리 볼 수 없는 것이다(당원 1992. 11. 27. 선고, 92다34124 판결 : 1992. 3. 10. 선고, 91다43862 판결 : 1991. 6. 25. 선고, 91다9466 판결 등 참조).

원심은 그 거시증거에 의하여, 원고 종중은 진주유씨 시조 대승공(大丞公)의 24세손인 창원공 시번(昌原公 時蕃)을 중시조로 하여 그 후손들로 구성된 종중으로서, 소외 유응섭이 종중재산인 이 사건 부동산을 임의로 매도하였다고 주장하면서 서울지방법원 의정부지원 89가단19347호로 소유권이전등기말소청구소송을 제기하였다가 원고 종중 대표자로서 소를 제기한 유강섭이 적법한 대표자가 아니라는 이유로 1990. 9. 28. 소각하판결을 받고 원고 종중이 항소하였으나 항소기각되어 동 판결이 확정되자, 대표자 선임을 위한 종중총회를 새로이 소집함에 있어, 연고항존자인 소외 유명섭이 1991. 3. 20. 종원 중 30명에게 종중총회 소집 통지서를 발송하고 그 다음날 일간지인 세계일보와 광고란에 종중총회 소집공고를 한 후 같은 해 4. 7. 종중 사무실에서 종원 25명이 참석하고 그 과반수 결의로 위 유강섭을 원고 종중의 대표자인 회장으로 다시 선출하였으나, 당시 종원인 위 유응섭에 대하여는 연락이 가능하였음에도 동인이 종원이 아니라고 보아 종중총회 소집통지를 하지 아니함으로써 동인이 종중총회에 출석하지 못한 사실을 인정하고, 이에 의하면 위 종중총회에서 대표자로 선출된 위 유강섭에 의하여 제기된 이 사건 소는 대표권 없는 자에 의하여 제기된 것으로서 부적법하다고 판시하였는바, 기록에 비추어 살표보면, 원심의 사실인정과 판단은 옳은 것으로 수긍되고, 이에 소론과 같은 종중운영에 관한 법리오해나 심리미진, 이유불비 등의 위법이 있다 할 수 없다.

원심판결에 다소 부적절한 설시부분이 없지 아니하나, 이는 원심의 결론에 영향을 미칠만한 사유가 되지 못하는 것으로 보인다. 상고논지는 이유 없음에 귀착된다.

2. 그런데 원심은 위에서 본 바와 같이 이 사건 소가 대표권 없는 자에 의하여 제기되어 부적법하다고 하면서도, 이 사전 소는 확정된 서울지방법원 의정부지원 89가단19347호 소각하판결에서 판시된 대표권흠결의 하자를 그대로 둔 채 거듭 제기된 것이기 때문에 위 확정판결의 기판력에 저촉되어 기각을 면치 못한다는 설시를 덧붙이면서, 제1심판결을 취소하고 원고의 청구를 기각하고 있는바, 소송판결도 그 판결에서 확정한 소송요건의 흠결에 관하여 기판력이 발생함은 물론이나, 이 사건에서 위 유강섭은 자신이 위 소송판결의 확정 후에 소집된 종중총회에서 새로이 대표자로 선임되었음을 들어 대표권을 주장하는 것이어서 위 확정판결의 기판력이 미칠 여지가 없으며, 뿐만 아니라 위 확정판결의 기판력은 소송요건에 대한 것이므로 위 확정판결의 기판력이 미치는 경우라도 청구기각판결이 아니라 소각하판결을 선고함이 옳다 할 것이다.

원심이 원고 청구를 기각한 것은 잘못이라 할 것이나, 이러한 경우에도 이 사건 청구의 본안에 대하여 기판력이 발생하는 것은 아니므로 원심의 위와 같은 잘못은 원심판결 파기 사유는 아니라 할 것이다(당원 1993. 7. 13. 선고, 92다48857 판결 : 1992. 11. 24. 선고, 91다29026 판결 : 1992. 10. 9. 선고, 92다11046 판결 등 참조).

3. 그러므로 상고를 기각하고 상고비용은 유강섭의 부담으로 하기로 하여 관여 법관의 일치된 의견으로 주문과 같이 판결한다.

대법관 김주한(재판장) 배만운
김석수 정귀호(주심)

32. 종중총회 소집권자가 지파 또는 거주지별 대표자에게 총회소집을 알리는 것만으로 총회소집이 적법하게 통지되었다고 볼 수 있는지 여부

종중총회의 소집통지는 이에 관한 종중의 규약이나 관례가 없는 경우, 소집권자가 총회에 참석할 자격이 있는 종원 중 국내에 거주하고, 소재가 분명하여 연락통지가 가능한 종원에게 적당한 방법으로 통지하여야 하고, 소집권자가 지파 또는 거주지별 대표자에게 총회소집을 알리는 것만으로는 총회소집이 적법하게 통지되었다고 볼 수 없다(1994. 6. 14. 제1부 판결, 93다45244 소유권이전등기)

<판례전문(1994. 6. 14, 93다45244)>

[원고, 피상고인] 전주이씨오원군파종중 소송대리인 변호사 강해룡

[피고, 상고인] 이완주

[원심판결] 서울고등법원 1993. 8. 11. 선고, 92나33574 판결

[주 문] 원심판결을 파기하고, 사건을 서울고등법원에 환송한다.

[이 유] 먼저 상고이유 제1점에 관하여 본다.

원심판결 이유에 의하면, 원심은 원고 종중의 대표자이던 소외 이구하가 이광주에게 임시총회의 소집을 위임하고, 이광주가 전화로 각 소파별 연락책임자들에게 그 소파별 종원 중 연락가능한 종원에게 통지하게 하고, 자기가 속한 소파의 연락 가능한 종원에게는 직접 통지하는 방법으로 소집통지를 하였다고 인정하여, 이 사건 원고 종중의 대표자로 기재된 이광주를 종중의 대표자로 선출한 임시총회의 소집절차가 적법하다고 판단하고 있다.

종중총회의 소집통지는 이에 관한 종중의 규약이나 관례가 없는 경우, 소집권자가 총회에 참석할 자격이 있는 종원 중 국내에 거주하고, 소재가 분명하여 연락통지가 가능한 종원에게 적당한 방법으로 통지하여야 하고, 소집권자가 지파 또는 거주지별 대표자에게 총회소집을 알리는 것만으로는 총회소집이 적법하게 통

지되었다고 볼 수 없다고 할 것이다(당원 1982. 5. 11. 선고, 81다609 판결 참조).

기록에 의하면, 이 사건 임시총회 이전까지는 임시총회가 전혀 개최된 바 없어 임시총회의 소집에 관한 관례가 없었고, 이 사건 임시총회 소집 당시 연락가능한 종원의 수, 나아가 원심이 설시하고 있는 각 소파별 종원의 수가 얼마나 되는지 명백하지 아니한 것으로 보이고, 한편 원심이 채택한 증거를 보더라도 증인 이은수의 증언은 막연히 각 소파의 이사들이 이광주로부터 연락을 받고 그 소속 종원들에게 통지한 것으로 안다는 것에 불과하여 실제로 그 각 소파의 이사들이 그 소속 종원들에게 통지를 하였다고 인정하기에는 부족하고, 증인 이은호의 증언이나 이광주의 본인신문결과도 그들이 실제로 그 소속 종원들에게 통지를 하였는지는 모른다는 것이며, 그 밖에 원심설시의 연락책임자들이 그 소속 종원들에게 실제로 소집통지를 하였다고 인정할 자료는 기록상 전혀 보이지 아니한다. 그러므로 원심으로서는 마땅히 위 임시총회의 소집통지 당시 그 소파별 이사 또는 연락책임자들이 그 각 소속 종원 중 연락 가능한 종원들에게 실제로 소집통지를 하였는지 여부를 심리하여야 할 것이다.

그럼에도 이러한 점에 관하여 제대로 심리를 하지 아니한 채 이광주가 전화로 각 소파별 연락 책임자들에게 그 소파별 종원 중 연락 가능한 종원에게 통지하게 하고, 자기가 속한 소파의 연락가능한 종원에게는 직접 통지하는 방법으로 소집통지를 하였다고 하여 이 사건 임시총회의 소집통지가 적법하게 이루어진 것이라고 판단하고 말았으니, 원심에는 필경 증거없이 사실을 인정하였거나 심리를 다하지 아니한 위법이 있다고 할 것이고, 이는 판결결과에 영향을 미쳤다고 할 것이므로 원심판결은 나머지 상고이유를 살필 것 없이 이 점에서 파기를 면할 수 없다.

그러므로 원심판결을 파기하고 사건을 서울고등법원에 환송하기로 하여 관여법관의 일치된 의견으로 주문과 같이 판결한다.

대법관 김주한(재판장) 배만운
김석수 정귀호(주심)

33. 주택건설촉진법상의 주택조합의 법적 성질

무주택 주민들이 조합원이 되어 조합원들의 공동주택을 건립하기 위하여 설립한 지역조합인 주택조합이 공동주택건설사업이라는 단체고유의 목적을 가지고 활동하고 있고, 규약 및 단체로서의 조직을 갖추고, 구성원의 가입탈퇴에 따른 변경에 관계없이 단체 그 자체가 존속하는 등 단체로서의 주요사항이 확정되어 있다면, 이는 이른바 비법인사단에 해당한다(1994. 6. 28. 제2부 판결, 92다 36052 소유권확인등).

<판례전문(1994 .6. 28, 92다36052)>

[원고, 상고인] 이강진 외 1인 원고들 소송대리인 변호사 천정배 외 2인

[피고, 피상고인] 원현식 외 1인

[원심판결] 서울고등법원 1992. 6. 30. 선고, 90나40493 판결

[주 문] 상고를 모두 기각한다.

상고 비용은 원고들의 부담으로 한다.

[이 유] 원고들 소송대리인의 상고이유(상고이유서 제출기간이 지난 뒤에 제출된 각 상고이유보충서에 기재된 보충상고이유는 상고이유를 보충하는 한도 내에서)에 대하여 판단한다.

기록에 의하면, 원고들은 이 사건 청구원인으로서 원고들은 원고들 및 피고 원현식을 포함한 이 사건 주택조합원들 102명이 소외 송원국민주택조합(이 뒤에서는 이 사건 주택조합이라고 한다)을 결성하여 피고 원현식을 조합장으로 선출하고 피고 주식회사 기산을 시공업자로 선정하여 원심판결의 별지 제1, 2목록 기재 부동산 위에 연립주택 102세대 및 근린 생활시설(상가)의 건립을 추진하던 중, 피고 원현식의 사기 또는 착오에 기하여 이 사건 주택조합원들의 합유인 위 제2목록 기재 부동산에 대한 각 7,990분의 1,989.442지분에 관하여 피고 원현식에게 소유권을 이전하여 주기로 약정하고 이에 따라 피고 원현식의 명의의 소유권이전등기를 경료하여 주었는데, 그 후 위 사기 또는 착오를 이유로 위 약정이 취소되었고, 위 제2목록 기재 제2부동산은 송탄시에 수용되었으므로, 위 취소로 인하여 위 조합원들의 합유로 복귀한 지분소유권에 기한 물권적 청구로서 원고들의 합유지분권에 기하여 보존행위로서 위 제2목록 기재 제1부동산에 대한 위 지분에 관하여는 소유권이전등기의 말소등기절차의 이행을 구하고, 위 제2목록 기재 제2부동산에 대한 위 지분에 관하여는 위 토지수용에 따른 보상금청구권이 이 사건 주택조합원들에게 있다는 확인을 구하며, 또는 위 제2목록 기재 제1부동산에 대한 위 지분에 관하여는 위 약정 당시 피고 원현식이 그 특정부분의 분할이 불능할 때에는 소유권을 환원한다는 특약을 하였으므로 그 특약에 기하여 역시 원고들의 합유지분권에 기하여 보존행위로서 지분소유권이전등기의 말소등기절차의 이행을 구하며, 원심판결의 별지 제3목록 기재 부동산은 신축으로 인하여 원시취득한 이 사건 조합원들의 소유임에도 피고 원현식이 이에 관하여 아무런 원인없이 자신 명의의 소유권보존등기를 경료하고 나아가 피고 주식회사 기산 명의의 근저당권설정등기를 경료하여 주었으므로 피고 원현식 명의의 위 소유권보존등기와 피고 주식회사 기산 명의의 위 근저당권설정등기의 각 말소절차의 이행 및 위 제3목록 기재 부동산이 이 사건 주택조합원들의 소유임의 확인을 구하고, 또한 선택적으로 이 사건 주택조합원들에 대하여, 위 제3목록 기재 부동산에 관하여는 1987. 1. 20.자 법률행위의 취소 및 해약에 의하여 복귀한 이 사건 주택조합원들의 소유권에 기한 물권적 청구로서 원상회복의 방법으로 원고들의 합유지분권에 기하여 보존행위로서 위 취소

및 해약에 기한 진정한 등기명의의 회복을 원인으로 하는 소유권이전 등기절차의 이행을 구하며, 위 제2목록 기재 제1부동산에 대한 위 지분에 관하여는 1985. 9. 2.자 특약을 원인으로 하는 소유권이전등기절차의 이행을 구한다고 주장하고 있다.

그러나 기록에 의하면, 이 사건 주택조합은 원래 송탄시 및 그 주변에 거주하는 무주택 주민들인 피고 원현식 등 78명이 조합원이 되어 조합원들의 공동주택을 건립하기 위하여 1983. 7. 8. 설립한 지역조합으로서 같은 해 9. 28. 다른 주택조합(조합원 24명)을 합병하여 그 조합원이 원고들을 포함하여 102명에 달하게 된 사실 및 이 사건 주택조합은 공동주택건설사업이라는 단체고유의 목적을 가지고 활동하고 있고, 규약 및 단체로서의 조직을 갖추고 구성원의 가입 탈퇴에 따른 변경에 관계없이 단체 그 자체가 존속하는 등 단체로서의 주요 사항이 확정되어 있는 사실이 인정되므로 이 사건 주택조합은 이른바 비법인사단에 해당한다고 할 것이고, 따라서 이 사건 주택조합이 민법상의 조합임을 전제로 하는 원고들의 이 사건 청구는 그 이유 없다고 할 것이다. 원심은 그 이유를 달리하였지만 원고의 이 사건 청구를 배척한 결론은 정당하므로 논지는 모두 받아들일 수 없다.

그러므로 상고를 모두 기각하고 상고비용은 패소자들의 부담으로 하기로 관여법관의 의견이 일치되어 주문과 같이 판결한다.

대법관 김용준(재판관) 안우만
천경송 안용득(주심)

◆ 비영리법인의 설립조건

제 32 조 【비영리법인의 설립과 허가】

학술, 종교, 자선, 기예, 사교 기타 영리아닌 사업을 목적으로 하는 사단 또는 재단은 주무관청의 허가를 얻어 이를 법인으로 할 수 있다.

■ § 32. 사단법인의 설립

- 목 적 : 비영리사업(학술, 종교, 자선, 기예, 사교 기타 영리아닌 사업
- 주무관청의 허가
- 관련법조 : [법인설립방법] 상 §172, 노동조합법 §11③, [설립준칙] 각부처소관 비영리법인의 설립 및 감독에 관한 규칙

본조는 비영리법인의 설립요건 가운데 목적의 비영리성 및 주무관청의 허가에 관하여 규정한 것이다. 비영리법인이란「학술, 종교, 자선, 기예, 사교 기타 영리아닌 사업을 목적으로 하는」사단법인 또는 재단법인을 말한다. 비록 영리행위를 하더라도, 그것이 비영리법인의 목적달성에 필요하며 그 본질에 반하지 않는 정도의 것이라면 상관없다.

여기서 주무관청의 허가는 법인이 목적으로 하는 사업을 주관하는 행정관청의 허가를 말한다. 예컨대, 학술·기예에 관해서는 교육과학기술부장관, 통상·산업에 관해서는 지식경제부의 허가를 요한다.

그 사업이 두 개 이상의 관청의 관할에 속하는 경우에는 그에 해당하는 관청 전부의 허가를 얻어야 한다. 만약 그 중 어느 한 관청의 허가를 얻지 못한 경우에는 법인은 설립되지 못한다. 허가는 행정관청의 자유재량이기 때문에 거절하더라도 행정소송을 제기할 수 없다.

▣ 핵심판례 ▣

■ [비영리법인의 설립과 허가]

비영리재단법인의 정관변경을 불허가한 처분이 행정소송의 대상이 되는 행정처분인지 여부(소극)

비영리재단법인의 설립이나 정관변경에 관하여 허가주의를 채용하고 있는 제도 아래에서는 비영리재단법인의 설립이나 정관변경에 관한 주무관청의 허가는 그 본질상 주무관청의 자유재량에 속하는 행위로서 그 허가여부에 대하여 다툴 수 없는 법리이므로 비영리재단법인의 정관변경을 불허가한 처분은 행정소송의 대상이 되는 행정처분이 아니다(1985. 8. 20. 제3부 판결, 84누509 정관변경불허가처분취소).

◈ 법인의 성립요건

제 33 조 【법인설립의 등기】

법인은 그 주된 사무소의 소재지에서 설립등기를 함으로써 성립한다.

■ § 33. 법인의 설립등기

- 설립등기 : 성립요건
- 기타등기 : 대항요건
- 관련법조 : [등기사항] 상 §317, §614②③, [등기절차] 비송 §127~§135, [설립등기로써 성립하는 법인례] 상 §172, 농협 §21①, §117, §127, §163

법인의 조직, 사원, 재산상태 등의 법인의 내부사정은 법인과 거래한 자나 법인과 이해관계를 가진 일반 제3자에게 있어서 극히 중요성을 갖는 것임에도 불구하고 이를 아는 것은 비교적 곤란한 일이다. 그리하여 민법은 일정한 조직을 구비하였는가를 감독하고 동시에 조직내용을 일반 제3자에게 알림으로써 그 거래의 안전을 꾀하기 위하여 법인 등기제도를 규정하여 일정한 사항을 등기하도록 했다. 여기에 법인등기의 존재이유가 있다.

법인 등기의 효력에 관하여는 두 가지 입장이 있다. 첫째는 등기를 대항요건으로 하는 주의이고(구민법 제45조②), 둘째는 성립요건으로 하는 주의이다.

민법은 설립등기만을 법인의 성립요건으로 하고, 기타의 등기는 제3자에 대한 대항요건으로 하고 있다(제54조 1항).

법률관계가 명확하다는 점에서 후자 쪽이 우수하다. 또 이렇게 하기 위하여서는 종된 사무소에서 하는 것보다 법인의 사무활동을 지배·총괄하는 수뇌부가 위치하는 주된 사무소에서 설립등기를 하는 것이 효과적이다.

[권리능력 없는 사단]

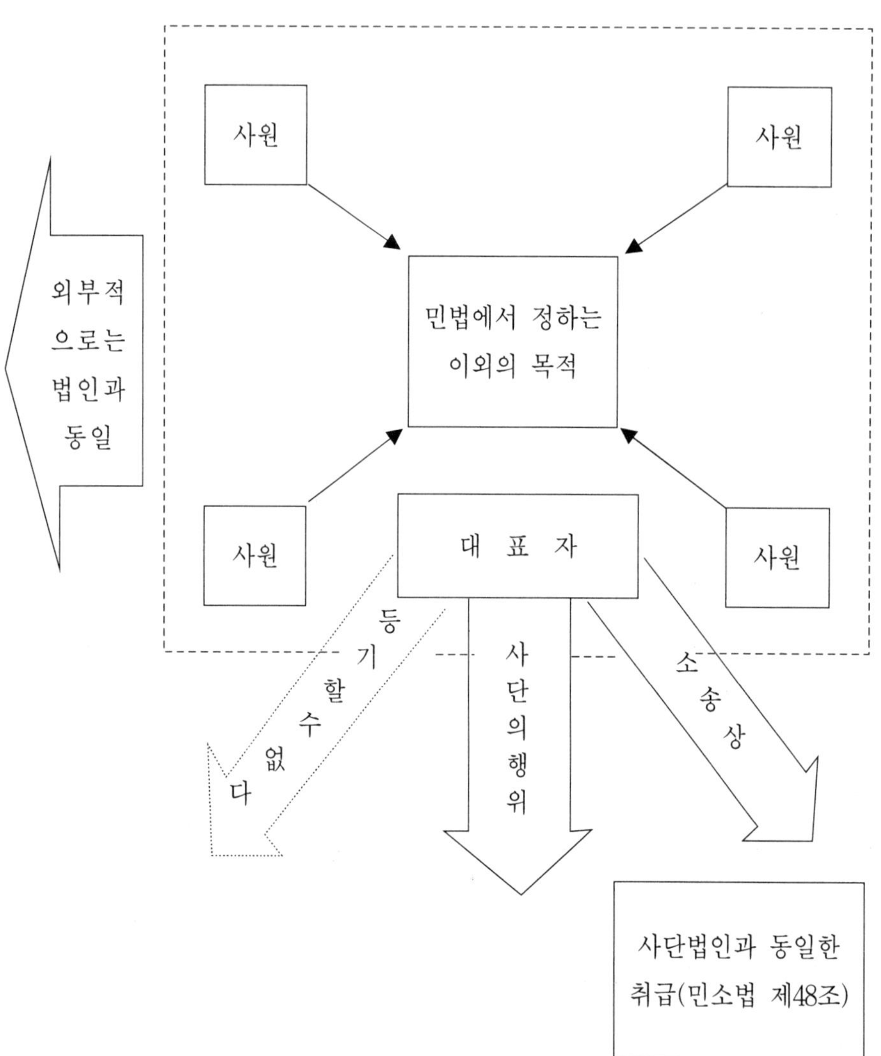
사원
사원
외부적
으로는
법인과
동일
민법에서 정하는
이외의 목적
사원
대 표 자
사원
등
기
할
수
없
다
사
단
의
행
위
소
송
상
사단법인과 동일한
취급(민소법 제48조)

▣ 핵심판례 ▣

■ [법인설립의 등기]

1. 일시적으로 사찰재산의 일부에 관하여 사찰을 명의인으로 한 등기가 마쳐졌을 뿐 사찰의 창건주가 사찰재산을 사찰 자체에 귀속시키는 등의 절차를 거치지 아니한 경우, 위 사찰이 법인 아닌 재단으로서 단체성을 취득하는지 여부(소극)

불교신도나 승려 등 개인이 토지를 매수하여 그 지상에 사찰건물을 건립한 다음 주지를 두고 그 곳에서 불교의식을 행하는 경우 위 사찰의 창건주가 특정 종단에 가입하여 그 소속 사찰로 등록을 하고 사찰의 부지와 건물에 관하여 그 사찰 명의로 등기를 마침으로써 사찰재산을 창건주 개인이 아닌 사찰 자체에 귀속시키는 등의 절차를 거쳤다면 이로써 그 사찰은 법인 아닌 재단 또는 사단으로서 독립된 권리주체가 되었다고 할 것이나, 이에 이르지 못한 경우에는 창건주의 개인사찰로서 불교목적시설에 불과하다고 할 것이고, 일시적으로 사찰재산의 일부에 관하여 사찰을 명의인으로 한 등기가 마쳐졌다는 사정만으로 위 사찰이 법인 아닌 재단으로서 단체성을 취득하는 것은 아니다(대판 2005. 6. 24, 2003다54971)

2. 재단법인 설립의 수임자가 설립과정에서 목적의 범위를 넓히고 임원구성을 함부로 하는 등 배임적 행위를 한 것이 설립되어 활동중인 재단법인의 설립행위 자체를 무효로 할 사유가 되는지 여부(소극)

공익사업을 목적으로 하는 재단법인을 설립하기 위하여 소유 임야를 출연하고 제3자 등과 합의하여 정관을 작성하고 주무관청의 인가를 받아 법인을 설립하였다면 위 제3자가 설립자의 위임을 받아 설립업무를 수행하는 과정에서 설립목적의 범위를 넓히고 또 임원구성을 함부로 하는 등 배임적인 행위를 하였다 하더라도 이미 재산의 출연과 정당한 절차를 밟아 설립되어 활동중인 재단법인의 설립행위 자체를 무효로 할 사유가 될 수는 없다(1993. 4. 13. 제1부 판결, 91다29064 재단법인설립무효확인등).

◈ 법인의 권리능력의 범위

제 34 조【법인의 권리능력】

법인은 법률의 규정에 좇아 정관으로 정한 목적의 범위 내에서 권리와 의무의 주체가 된다.

■ § 34. 법인의 권리능력

- 성질에 의한 제한 : 부인- 생명권, 친권 등
  인정- 재산권, 명예권, 신용권, 성명권
- 법률에 의한 제한 : §81
- 목적에 의한 제한 : 정관으로 정한 목적 범위내에서 권리능력을 가짐
- 관련법조 : [회사의 권리능력 제한] 상법 §173

1. 법인의 권리능력의 제한

법인도 자연인과 같이 법에 의해 법인격이 부여된 존재이기 때문에 권리능력을 향유하는 것이라고 말하지 않을 수 없다. 그러나 법인은 자연인과는 달리 법인격이 부여되어 실체를 달리하며, 또 법률상의 일정한 요건하에서 법인격이 인정된 것이기 때문에 그 권리능력의 범위에도 한계가 있다.

(1) 성질에 의한 제한

법인은 친권, 생명권 등의 성, 연령, 친족관계에 관한 권리의무를 향유할 수 없다. 또 우리 민법은 상속에 관하여 상속인을 자연인에 한정하기 때문에 법인은 상속권을 향유할 수 없으나 유증에 대해서는 제한이 없으므로 수유자가 될 수는 있다.

이상에서 살펴본 이외의 권리는 재산권뿐만 아니라 인격권(성명권, 명예권 등)까지도 향유할 수 있다. 법인의 명예권이 침해된 경우에 민법 제751조 1항은 재산 이외의 손해(무형손해)로서의 금전배상청구권을 인정하고 있다.

(2) 법률에 의한 제한

권리주체가 권리능력을 갖는 것은 법률의 규정에 의거한 것이다. 따라서 그 권리능력의 범위에 대해서도 법률의 제한에 따라야 하는 것은 당연하

다. 이 근본이론에 관해서는 자연인과 법인 사이에 아무런 차이도 없다.

현행법상 일반적으로 법인의 권리능력을 제한하는 법률은 없고, 개개의 이유에 의거한 개별적 제한이 있을 뿐이다(제81조, 상법 제173조).

(3) 목적에 의한 제한

일반적으로 자연인은 자기목적적 존재이기 때문에 목적에 의한 제한은 없고 일반적으로 권리능력을 평등하게 향유하지만 법인은 일정한 목적하에서 통일된 목적적 존재이므로 그 권리능력도 목적에 의하여 제한될 수 있다. 우리 민법 제34조는「정관으로 정한 목적의 범위내」에서 법인의 권리능력을 인정하고 있다.

「목적의 범위」에 관해 비영리법인에 대해서는 엄격하게(대판 1962.4. 18, 4294 민상 1054, 대판 1966. 7. 5, 66누 57 등 참조) 영리법인에 대해서는 이 제한을 완화하는 경향을 보이고 있다 하겠다. 즉「목적의 범위내」라는 것은 정관에 열거된 목적 자체에 한하는 것이 아니라고 한다(이설 없음). 그런데 어떠한 것이「목적의 범위내」에 해당하는가에 관하여는 견해를 달리한다. 소수설은 적극적으로 정관에서 정한 목적을 달성하기에 필요 또는 상당한 범위내가「목적의 범위내」라고 한다(이영섭, 김증한). 이에 반하여 다수설은「목적의 범위내」를 넓게 해석하여 그 목적에 위반하지 않는 범위내라고 한다(김기선, 장경학, 방순원, 김현태, 곽윤직 등).

그러나 판례는 상사회사의 경우에 소수설과 같은 입장을 취하고 있다(대판 1968. 5. 21. 68다 461, 대판 1974. 11. 26. 74다 310 공보② 1975, 8169 등).

생각건대, 법인의 권리능력의 범위는 그 법인이 담당하는 사회적 작용을 수행하기 위하여 필요한 행위전체에 미쳐야 하므로 이 이론은 법인의 종류에 따라 좌우되는 것은 아니다. 비영리법인도 독립된 경제적 주체로서 거래사회에 나타나고 그 사회적 기능은 실질적으로 영리법인과 큰 차이가 없는 것이므로, 영리법인과 마찬가지로 목적의 범위를 다수설처럼 넓게 해석하여야 할 것이다.

2. 법인의 권리능력에 해당하는지가 문제되는 경우

(1) 학교건물을 대물변제로 제공하는 행위

학교경영을 목적으로 하는 재단법인도 형편에 따라 교육목적 달성에 수반하는 채무를 부담할 수 있으므로, 동 채무에 대하여 학교 건물을 대물변제로 제공하는 행위는 법인의 목적 범위 내에 속한다(대판 1957. 11. 28, 4290민상613).

(2) 건설공제조합의 출장소장이 조합원이 아닌 자가 돈을 차용하는데 보증을 한 경우

건설공제조합의 도 출장소장이 조합원이 아닌 자가 타인으로부터 돈을 차용하는데 보증한 것은 동 조합의 목적범위를 이탈한 것으로서 무효이다(대판 1972. 7. 11, 72다 801).

[회사의 권리능력]

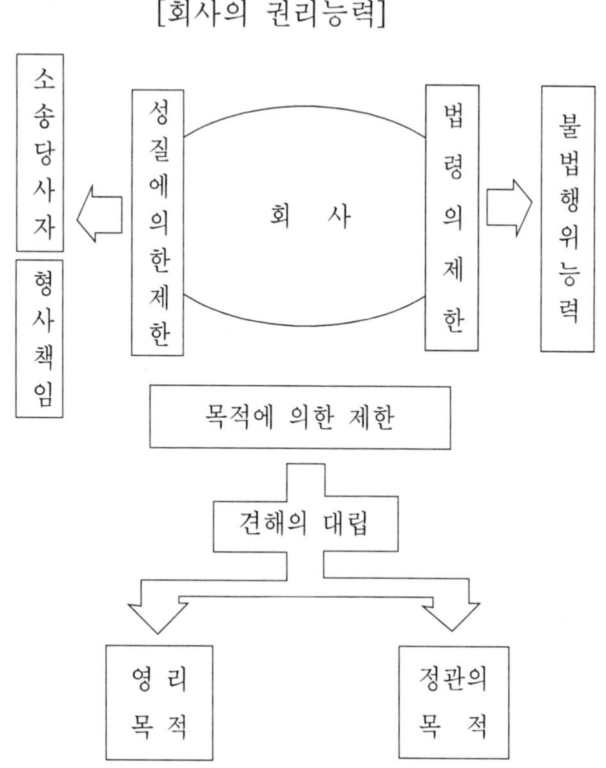

▣ 핵심판례 ▣

■ [법인의 권리능력]

1. 중소기업협동조합법에 의하여 설립된 조합의 약속어음발행 행위가 그 사업능력 범위내에 속하는지의 여부

중소기업협동조합법에 의하여 설립된 조합은 동법 제31조 제1항 제1호 소정의 생산, 판매, 구매 등의 사업을 행할 수 있으므로 그에 부수되는 구매자금의 선급이나 이를 위한 약속어음의 발행도 그 사업능력 범위내에 속한다(1981. 1. 13. 제3부 판결, 80다1049, 1050 약속어음금).

2. 회사의 권리능력 제한의 기준이 되는 '목적'의 범위

회사의 권리능력은 회사의 설립근거가 된 법률과 회사의 정관상의 목적에 의하여 제한되나, 그 목적범위 내의 행위라 함은 정관에 명시된 목적 자체에 국한되는 것이 아니라, 그 목적을 수행하는 데 있어서 직접 또는 간접으로 필요한 행위는 모두 포함되고, 목적수행에 필요한지의 여부도 행위의 객관적 성질에 따라 추상적으로 판단할 것이지 행위자의 주관적·구체적 의사에 따라 판단할 것이 아니다(대판 1987. 12. 8, 86다카1230).

◈ 법인의 대표기관이 타인에게 손해를 준 경우 법인이 손해배상책임을 지는지 여부

제 35 조【법인의 불법행위능력】

① 법인은 이사 기타 대표자가 그 직무에 관하여 타인에게 가한 손해를 배상할 책임이 있다. 이사 기타 대표자는 이로 인하여 자기의 손해배상책임을 면하지 못한다.

② 법인의 목적범위 외의 행위로 인하여 타인에게 손해를 가한 때에는 그 사항의 의결에 찬성하거나 그 의결을 집행한 사원, 이사 및 기타 대표자가 연대하여 배상하여야 한다.

■ § 35. 법인의 불법행위능력

- 불법행위의 요건 : 대표기관의 행위, 직무에 관하여 타인에게 손해를 주었을 것, 불법행위의 일반요건을 갖출 것
- 기관개인의 책임 : 피해자(선택) → 배상청구 : 법인 또는 대표기관
- 법인의 구상권 행사: 대표기관 → 선량한 관리자의 주의의무 위반
법　　인 → 기관에 대하여 구상권 행사
- 관련법조 : [본조준용] 사립학교법 §9, [손해배상의 책임] 상법 §219, §269, §567

본조는 법인의 대표기관이 타인에게 손해를 준 경우에 법인 자신의 손해배상책임을 인정할 수 있을 것인가의 문제에 관한 규정이다.

법인은 이사 그밖의 대표자가 그 직무에 관하여 타인에게 가한 손해를 배상할 책임을 면하지 못한다. 법인의 행위능력을 부정하는 법인의제설의 입장에서는 법인의 불법행위를 인정하지 않는다. 그러나 법인에 대한 오늘날의 통설인 법인실재설의 입장에 따른 책임설에 의하여, 법인이 불법행위에 대하여 책임을 지는 경우도 점차 확장되는 경향이 있다.

1. 불법행위의 요건

불법행위의 요건은 다음과 같다.

(1) 대표기관의 행위이어야 한다. 즉, 이사 기타 대표자란 결국 대표기관이란 의미이다. 이사 이외의 대표자로는 임시이사(제63조), 특별대리인(제64조), 청산인(제82조, 제83조)이 있다. 대표기관이 아닌 지배인이나 임의대리인의 불법행위에 대해서는 법인은 제35조의 책임이 아닌 제756조에 의한 사용자 책임을 부담한다(통설).

(2) 직무에 관하여 타인에게 손해를 가해야 한다. 대표기관은 그가 담당하는 직무행위의 범위 내에서만 법인을 대표한다. '직무에 관하여' 라고 하는 말도 널리 외관상 법인의 기관의 행위라고 인정되는 행위이면 진정한 직무행위가 아니라도 이에 해당되며, 또 이와 적당한 상호관계가 있는 것이라면 족하다고 해석된다.

▣ 핵심판례 ▣

■ 법인 대표자 개인의 사리를 도모하기 위한 것이라도 '직무에 관한 행위'라고 볼 수 있는지 여부

법인이 그 대표자의 불법행위로 인하여 손해배상의무를 지는 것은 그 대표자의 직무에 관한 행위로 인하여 손해가 발생한 것임을 요한다 할 것이다. 그 '직무에 관한 것'이라는 의미는 행위의 외형상 법인의 대표자의 직무행위라고 인정할 수 있는 것이라면 설사 그것이 대표자 개인의 사리를 도모하기 위한 것이었거나 혹은 법령의 규정에 위배된 것이었다 하더라도 위의 직무에 관한 행위에 해당한다고 보아야 한다(대판 2004. 2. 27, 2003다15280).

■ 대표자의 행위가 직무에 해당하지 아니함을 피해자가 알았거나 중대한 과실로 알지 못한 경우, 법인에게 손해배상책임을 물을 수 있는지 여부(소극) 및 이 때 '중대한 과실'의 의미

법인의 대표자의 행위가 직무에 관한 행위에 해당하지 아니함을 피해자 자신이 알았거나 또는 중대한 과실로 인하여 알지 못한 경우에는 법인에게 손해배상책임을 물을 수 없다고 할 것이고, 여기서 중대한 과실이라 함은 거래의 상대방이 조금만 주의를 기울였더라면 대표자의 행위가 그 직무권한 내에서 적법하게 행하여진 것이 아니라는 사정을 알 수 있었음에도 만연히 이를 직무권한 내의 행위라고 믿음으로써 일반인에게 요구되는 주의의무에 현저히 위반하는 것으로 거의 고의에 가까운 정도의 주의를 결여하고, 공평의 관점에서 상대방을 구태여 보호할 필요가 없다고 봄이 상당하다고 인정되는 상태를 말한다(대법원 2009. 11. 26. 선고 2009다57033 판결).

(3) 불법행위에 관한 일반적인 요건을 충족하여야 한다. 즉 고의나 과실이 있어야 하고, 가해행위가 위법해야 하며, 피해자가 손해를 입어야 한다. 이사의 행위에 의하여 법인이 불법행위의 책임을 지는 경우에 이사 자신이 책임을 지는 것은 물론이며 법인도 이사와 함께 부진정 연대채무를 지게 된다. 또한 공무원이「그 직무를 집행함에 당하여」불법행위를 하면 국가나 지방자치단체가 배상책임을 진다(국가배상법 제2조). 적어도 외형상으로 공무원의 직무행위라고 보여지는 것에는 국가 등에서 책임을 지는 것은 민법의 경우와 같으나 고의 또는 중과실이 없는 한 공무원 자신은 책임을 지지 않는 점이 다르다.

2. 불법행위의 효과

(1) 법인의 책임

법인의 불법행위의 요건이 성립하면, 법인은 피해자에게 손해를 배상하여야 한다.

(2) 대표기관 자신의 책임

가. 법인의 불법행위가 성립하는 경우

법인의 불법행위가 성립하는 경우에도 대표기관은 그 자신의 손해배상책임을 면하지 못한다. 따라서 피해자는 법인과 대표기관 개인에 대해 손해배상을 청구할 수 있고, 이 양자의 채무는 부진정 연대채무에 해당된다. 다만 법인이 피해자에게 손해를 배상한 때에는, 법인은 대표기관에게 구상권을 행사할 수 있다.

나. 법인의 불법행위가 성립하지 않는 경우

이 경우에는 대표기관 자신만이 제750조에 의해 불법행위 책임을 질 것이지만, 민법은 피해자를 보호하기 위하여, 그 사항의 의결에 찬성하거나 또는 그 의결을 집행한 사원·이사 기타 대표자가 공동불법행위(제750조)의 성립여부를 묻지 않고서 언제나 연대하여 배상책임을 지도록 하였다(제35조 2항).

[법인의 불법행위]

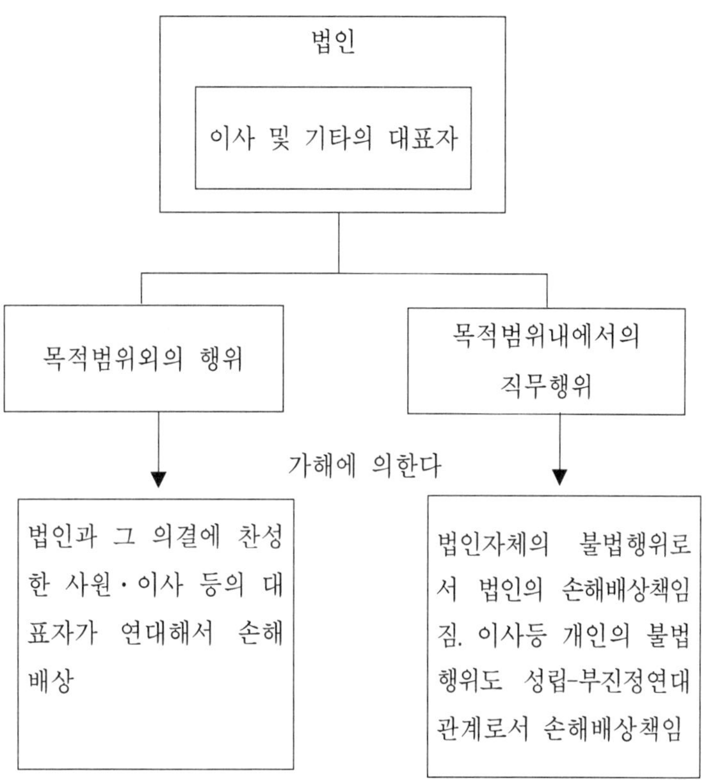

▣ 핵심판례 ▣

■ [법인의 불법행위능력]

1. 대표자가 시공회사의 채무를 연대보증하였으나 조합원총회 등의 결의를 거치지 아니하여 무효로 된 경우, 법인의 불법행위책임이 인정되는지 여부

토지구획정리조합의 대표자가 구획정리사업 시공회사의 원활한 자금운용 등을 위하여 시공회사의 채무를 연대보증하였으나 조합원총회 등의 결의를 거치지 아니함으로써 연대보증행위가 무효로 된 경우, 민법 제35조 제1항에 의하여 조합의 불법행위책임이 인정된다(대판 2004. 2. 27, 2003다15280).

2. 비법인사단의 대표자의 행위가 대표자 개인의 사리를 도모하기 위한 것이었거나 법령의 규정에 위배된 경우, 민법 제35조 제1항의 '직무에 관한 행위'에 해당하는지 여부(한정 적극)

주택조합과 같은 비법인사단의 대표자가 직무에 관하여 타인에게 손해를 가한 경우 그 사단은 민법 제35조 제1항의 유추적용에 의하여 그 손해를 배상할 책임이 있으며, 비법인사단의 대표자의 행위가 대표자 개인의 사리를 도모하기 위한 것이었거나 혹은 법령의 규정에 위배된 것이었다 하더라도 외관상 객관적으로 직무에 관한 행위라고 인정할 수 있는 것이라면 민법 제35조 제1항의 직무에 관한 행위에 해당한다.

비법인사단의 경우 대표자의 행위가 직무에 관한 행위에 해당하지 아니함을 피해자 자신이 알았거나 또는 중대한 과실로 인하여 알지 못한 경우에는 비법인사단에게 손해배상책임을 물을 수 없다고 할 것이고, 여기서 중대한 과실이라 함은 거래의 상대방이 조금만 주의를 기울였더라면 대표자의 행위가 그 직무권한 내에서 적법하게 행하여진 것이 아니라는 사정을 알 수 있었음에도 만연히 이를 직무권한 내의 행위라고 믿음으로써일반인에게 요구되는 주의의무에 현저히 위반하는 것으로 거의 고의에 가까운 정도의 주의를 결여하고, 공평의 관점에서 상대방을 구태여 보호할 필요가 없다고 봄이 상당하다고 인정되는 상태를 말한다(대판 2003. 7. 25. 2002다27088).

3. 가. 노동쟁의조정법에 의하여 민사상의 배상책임이 면제되는 쟁의행위의 범위

노동쟁의 조정법 제8조에 의하여 민사상 배상책임이 면제되는 손해는 정당한 쟁의행위로 인한 손해에 국한된다고 풀이하여야 할 것이고, 정당성이 없는 쟁의행위는 불법행위를 구성하고 이로 말미암아 손해를 입은 사용자는 노동조합이나 근로자에 대하여 그 손해배상을 청구할 수 있다.

나. 불법쟁의행위로 인하여 손해배상책임을 부담하는 주체

노동조합의 간부들이 불법쟁의행위를 기획, 지시, 지도하는 등으로 주도할 경우에 이와 같은 간부들의 행위는 조합의 집행기관으로서의 행위라 할 것이므로 이러한 경우 민법 제35조 제1항의 유추적용에 의하여 노동조합은 그 불법쟁의행위로 인하여 사용자가 입은 손해를 배상할 책임이 있고, 한편 조합간부들의 행위는 일면에 있어서는 노동조합 단체로서의 행위라고 할 수 있는 외에 개인의 행위라는 측면도 아울러 지니고 있고, 일반적으로 쟁의행위가 개개 근로자의 노무정지를 조직하고 집단화하여 이루어지는 집단적 투쟁행위라는 그 본질적 특징을 고려하여 볼 때 노동조합의 책임 외에 불법쟁의행위를 기획, 지시, 지도하는 등으로 주도한 조합의 간부들 개인에 대하여도 책임을 지우는 것이 상당하다(1994. 3. 25. 제3부 판결, 93다32828 손해배상(기) 32835(병합)).

4. 종중의 대표자가 종중 소유의 부동산을 개인 소유라 하여 매도하고 계약금과 중도금을 지급 받은 후 잔대금지급 이전에 매수인이 종중 소유임을 알고 항의하자 종중의 결의가 없는데도 종중 대표자로서 그 이전을 약속하고 종중총회 결의서 등을 위조하여 등기이전을 해주고 잔금을 받은 경우 종중의 불법행위를 인정하고 매수인이 지급한 잔대금 상당액을 배상할 의무가 있다고 한 사례

종중의 대표자가 종중 소유의 부동산을 개인소유라 하여 매도하고 계약금과 중도금을 지급받은 후 잔대금지급 이전에 매수인이 종중 소유임을 알고 항의하자 종중의 결의가 없는데도 종중 대표자로서 그 이전을 약속하고 종중총회결의서 등을 위조하여 등기이전을 해주고 잔금은 받았는데 그 후 종중이 소송으로 부동산을 되찾아간 경우 종중의 불법행위를 인정하고 매수인이 지급한 잔대금 상당액을 배상할 의무가 있다고 한 사례 (1994. 4. 12. 제1부 판결, 92다 49300 손해배상(기)).

5. 법인 내부의 사원총회 등에서 의결에 참여한 사원 등이 불법행위책임을 부담하는지 여부의 판단 기준

법인의 대표자가 그 직무에 관하여 타인에게 손해를 가함으로써 법인에 손해배상책임이 인정되는 경우에, 대표자의 행위가 제3자에 대한 불법행위를 구성한다면 그 대표자도 제3자에 대하여 손해배상책임을 면하지 못하며(민법 제35조 제1항), 또한 사원도 위 대표자와 공동으로 불법행위를 저질렀거나 이에 가담하였다고 볼 만한 사정이 있으면 제3자에 대하여 위 대표자와 연대하여 손해배상책임을 진다. 그러나 사원총회, 대의원 총회, 이사회의 의결은 원칙적으로 법인의 내부행위에 불과하므로 특별한 사정이 없는 한 그 사항의 의결에 찬성하였다는 이유만으로 제3자의 채권을 침해한다거나 대표자의 행위에 가공 또는 방조한 자로서 제3자에 대하여 불법행위책임을 부담한다고 할 수는 없다. 이 때 의결에 참여한 사원 등이 대표자와 공동으로 불법행위를 저질렀거나 이에 가담하였다고 볼 수 있는지 여부는, 그 의결에 참여한 법인의 기관이 당해 사항에 관하여 의사결정권한이 있는지 여부 및 대표자의 집행을 견제할 위치에 있는지 여부, 그 사원이 의결과정에서 대표자의 불법적인 집행행위를 적극적으로 요구하거나 유도하였는지 여부 및 그 의결이 대표자의 업무 집행에 구체적으로 미친 영향력의 정도, 침해되는 권리의 내용, 의결 내용, 의결행위의 태양을 비롯한 위법성의 정도를 종합적으로 평가하여 법인 내부행위를 벗어나 제3자에 대한 관계에서 사회상규에 반하는 위법한 행위라고 인정될 수 있는 정도에 이르러야 한다(대법원 2009. 1. 30. 선고 2006다37465 판결).

◆ 법인의 주소로 되는 장소

제 36 조 【법인의 주소】

법인의 주소는 그 주된 사무소의 소재지에 있는 것으로 한다.

■ § 36. 법인의 주소

- 법인의 주소 : 주된 사무소의 소재지
- 사무소를 이전한 경우 이를 등기하여야만 제3자에 대항
- 정관에 기재된 주사무소와 사실상의 주소기능을 하고 있는 장소 불일치의 경우 사무소가 이전되었다고 보는 것이 통설
- 관련법조 : [주소] 사립학교법 §7, [회사의 사무소] 상법 §171②

본조는 법인의 주소를 정한 규정으로서 법인의 주소는 법인의 주된 사무소가 있는 곳으로 정한다는 것이다.

권리주체의 법률관계는 그 근거지를 중심으로 하여 형성되는 것이 보통이다. 그리하여 민법은 자연인에 대하여는 생활의 근거되는 곳을 주소로 하여 그 법률관계를 규율하고 있다. 그러나 법인은 관념적인 존재이므로 「생활」이란 것이 존재하지 않는다. 여기서 민법은 법인의 활동의 중심인 「주된 사무소의 소재지」를 주소로 하고 있다.

「주된 사무소」란 법인의 통상활동을 행하는 최고수뇌부가 있는 곳을 말한다. 그러나 보통은 정관에 주된 사무소로 기재된 장소를 말한다. 이 정관에서의 주된 사무소의 소재지와 사실상의 주된 사무소의 기능을 하고 있는 장소가 불일치하는 경우에는 후자로 사무소가 이전되었다고 보는 것이 통설이다.

주된 사무소의 소재지에서 법인의 설립등기를 하여야 한다 (제49조 1항). 그리고 사무소를 이전하는 경우에는 이를 등기하여야만 제3자에게 대항할 수 있다 (제54조 1항).

[법인의 목적과 권리능력 · 행위능력 · 불법행위능력]

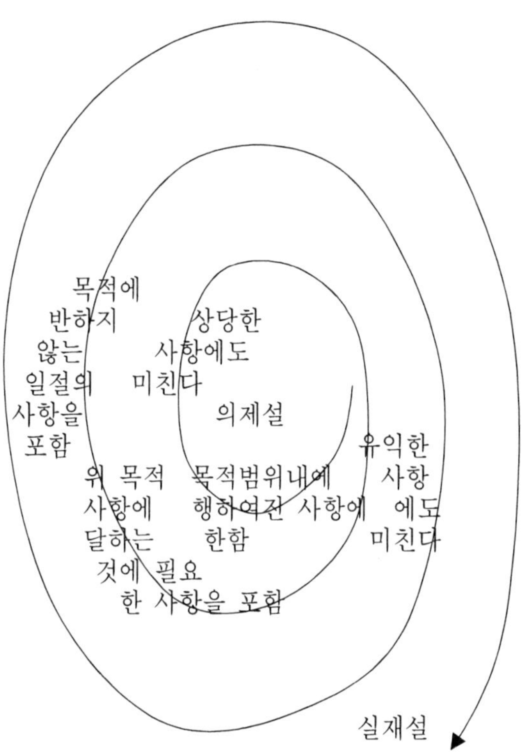

◆ 법인의 최고감독기관

제 37 조【법인의 사무의 검사, 감독】

법인의 사무는 주무관청이 검사, 감독한다.

■ § 37. 법인의 감독

- 업무감독 : 주무관청
- 해산 · 청산의 감독 : 법원
- 관련법조 : [주무관청감독] 사립학교법 §45, 공익법인의 설립 · 운영에 관한 법률 §14 · 17, [법원의 감독] 비송 §35, 상법 §176 · §277②, §298~§300, §366②, §408①, §467, §481, §482, §483②, §490, §491③, §496, §497, §531②, §532, §533②, §536②, §539②, §541②, §542②, §619, §620

본조는 법인의 최고감독기관을 정한 것인데, 법인의 최고감독기관은 주무관청이다.

법인의 업무에 관하여는 주무관청이 이를 감독한다. 법인이 목적이외의 사업을 하거나 설립허가의 조건에 위반하거나 기타 공익을 해하는 행위를 한 때에는 주무관청은 그 허가를 취소할 수 있다(제38조). 이처럼 주무관청이 법인의 업무를 감독하는 것은 법인의 목적에 따라 업무가 적정히 행하여지도록 하는 데 있다.

한편 법인의 해산 · 청산에 대한 감독권자는 법원이다(제95조). 이처럼 법인에 대한 감독기관이 양분되어 있다. 즉 법인의 업무는 법인의 목적에 의하여 각각의 주무관청에 감독시키고 있다. 그러나 해산 · 청산은 모든 법인의 재산관계의 정리인 것이며 제3자의 이해관계와 밀접한 관련이 있으므로 일률적으로 법원에게 감독권을 부여한 것이다.

▣ 핵심판례 ▣

■ [법원의 사무의 검사, 감사]

종전의 직무를 수행중인 민법상 법인의 구이사의 임무위반을 이유로 한 취임인가취소 가부

민법상의 법인에 있어서 이사의 전원 또는 일부의 임기가 만료되었음에도 불구하고 후임 이사의 선임이 없는 경우 임기만료된 구이사로 하여금 법인의 업무를 수행케 함이 부적당하다고 인정할 만한 특별한 사정이 없는 한 구이사는 신임이사가 선임될 때까지 종전의 직무를 수행할 수 있고, 종전의 직무를 수행하는 한 구이사의 선임에 대하여 취임인가를 한 감독관청으로서는 여전히 그러한 자의 임무위반이 있을 경우 그 취임인가를 취소할 수 있다(1993. 8.27. 제3부 판결, 93누593 향교재단원취임인가신청반려등처분취소).

◆ 법인의 설립허가를 취소할 수 있는 경우

제 38 조【법인의 설립허가의 취소】

법인이 목적 이외의 사업을 하거나 설립허가의 조건에 위반하거나 기타 공익을 해하는 행위를 한 때에는 주무관청은 그 허가를 취소할 수 있다.

■ § 38. 법인의 설립허가 취소

- 취소요건 : 법인이 목적이외의 사업을 하거나 설립허가조건에 위반하거나 기타 공익을 해하는 행위를 한 때
- 취소절차 : 주무관청의 취소
- 소급효 없음
- 관련법조 : 공익법인의 설립·운영에 관한 법률 §16, [학교법인 해산명령] 사립학교법 §47, [회사해산명령] 상법 §176

본조는 법인의 설립허가를 취소할 수 있는 경우를 규정한 것인데, 민법의 법인 중에서 특히 비영리법인은 사회공익에 중대한 영향이 있으므로 이에 대한 철저한 감독의 필요성이 요청되며, 따라서 최고감독기관인 주무관청에 그 취소권을 인정한 것이다. 그러나 주무관청의 강력한 감독권의 발동으로 인하여 법인설립의 허가를 취소할 수 있다고 하더라도 함부로 그 권한행사를 할 수는 없다. 따라서 본조는「법인이 목적 이외의 사업을 하거나 설립허가의 조건에 위반하거나, 기타 공익을 해하는 행위를 한 때」에만 취소를 할 수 있도록 하여 법인의 권리를 보호하고 있다.

따라서 주무관청이 정당한 이유없이 허가를 취소한 경우에는 법인은 관할고등법원에 행정소송을 제기할 수 있다. 그리고 설립허가의 취소와 동시에 법인은 해산되어 청산절차에 들어가게 된다.

▣ 핵심판례 ▣

■ [법인의 설립허가의 취소]

1. 가. 비영리법인의 설립허가취소사유

비영리법인이 설립된 이후에 있어서의 그 법인에 대한 설립허가의 취소는 민법 38조에 해당하는 경우에 한하여 가능하다.

나. 비영리법인이 공익을 행하는 행위를 한 때의 의미

원심이 민법 제38조에서 말하는 비영리법인이 공익을 행하는 행위를 한 때라 함은 법인의 기관이 공익을 침해하는 행위를 하거나 그 사원총회가 그러한 결의를 한 경우를 의미한다고 전제한 후 원고 법인설립 후 그 회장선거 및 운영을 둘러싸고 일부 회원 사이에 불미한 사실이 있었거나 그것이 원고 법원인 기관의 행위이었거나 사원총회의 결의내용이었다고 볼 증거가 없고, 달리 원고 법인에 설립허가취소사유 및 해산명령사유가 없으므로 피고의 이 사건 설립허가취소 및 해산명령은 취소되어야 할 것이라고 판시하였는바 원심의 위와 같은 조치는 기록에 비추어 적법히 수긍된다(1982. 10. 26, 제2부 판결 81누363 사단법인설립허가취소처분취소).

◆ 영리목적 법인의 설립 절차

제 39 조【영리법인】

① 영리를 목적으로 하는 사단은 상사회사설립의 조건에 좇아 이를 법인으로 할 수 있다.

② 전항의 사단법인에는 모두 상사회사에 관한 규정을 준용한다.

■ § 39. 영리법인

- 영리를 목적으로 하는 사단법인
- 공공사업을 목적으로 하는 것이라도 사원의 이익을 목적으로 하는 것
- 상법상의 회사
- 관련법조 : [상사회사] 상법 §169, [상사회사설립조건] 상법 §172

영리법인이라 함은 영리를 목적으로 하는 사단법인을 말한다. 즉 구성원이 법인의 기업이윤의 획득 내지 분배에 관여하는 것을 목적으로 하는 법인이다. 영리재단법인은 이론상 있을 수 없으며, 민법도 이를 인정하지 않는다.

영리법인은 상행위를 할 것을 업으로 하는 상사회사와 상행위 이외의 영리행위(광업, 어업 등)를 업으로 하는 민사회사로 구별된다. 그러나 민사회사는 설립 기타 모든 사항에 관하여 상사회사의 규정에 따른다. 상법은 민사회사를 상사회사로 간주하기 때문에(상법 제169조) 현행법상 상사회사와 민사회사를 구별할 실익이 없다.

[민사회사와 상사회사]

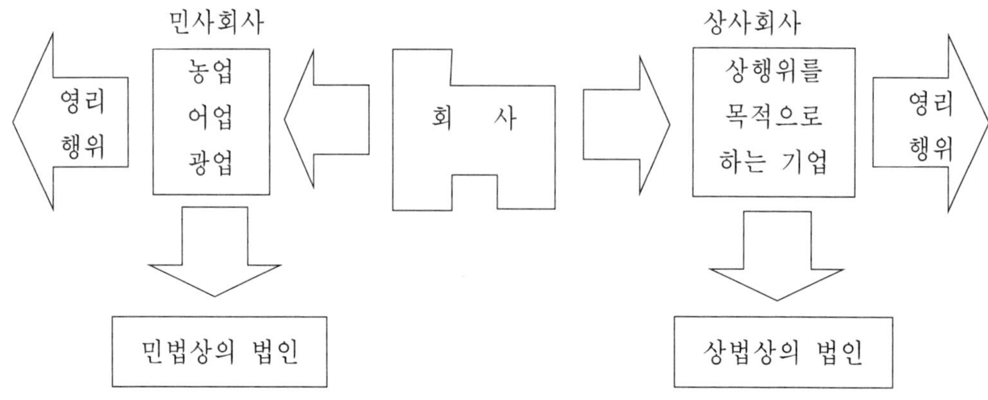

제 2 절 설 립

◆ 사단법인의 정관의 필요적 기재사항

제 40 조【사단법인의 정관】

사단법인의 설립자는 다음 각호의 사항을 기재한 정관을 작성하여 기명날인하여야 한다.

1. 목 적
2. 명 칭
3. 사무소의 소재지
4. 자산에 관한 규정
5. 이사의 임면에 관한 규정
6. 사원자격의 득실에 관한 규정
7. 존립시기나 해산사유를 정하는 때에는 그 시기 또는 사유

■ § 40. 정관의 작성

- 설립행위 : 합동행위
- 정관의 필요적 기재사항 : 목적, 명칭, 사무소, 자산에 관한 규정, 이사의 임면에 관한 규정, 사원자격의 득실에 관한 규정, 존립시기, 해산사유
- 관련법조 : 공익법인의 설립·운영에 관한 법률 §3, [회사정관] 상법 §179·§270·§289·§543, 보험업법 §41

2인 이상의 자가 그 근본규칙인 정관을 작성하고 여기에 법인의 목적, 명칭, 사무소의 소재지, 자산에 관한 규정, 이사의 임면에 관한 규정, 사원자격의 득실에 관한 규정, 존립시기나 해산사유를 정하는 때에는 그 시기 또는 사유 등 소정의 제사항을 반드시 기재하고 기명날인하여야 한다. 이것을 필요적 기재사항이라 하고, 이 중 하나만 결여하여도 정관은 무효이다. 또, 기명날인이 없는 정관도 마찬가지로 무효다.

정관에는 위의 필요적 기재사항 이외에 근본규칙을 정하여도 무방하다. 이것을 임의적 기재사항이라 한다. 예컨대 총회소집 절차, 이사회 조직, 감사의 임면 등을 규정하는 경우이다. 임의적 기재사항도 일단 기재되면 정관으로서의 효력을 갖는다.

이처럼 2인 이상의 설립자가 사단법인의 근본규칙인 정관을 작성하는 행위가 사단법인의 설립행위다. 정관은 서면으로 작성할 것을 요하므로 설립행위는 요식행위이다.

▣ 핵심판례 ▣

■ [사단법인의 정관]

1. 특정지역 내에 거주하는 일부 종중원에 한하여 의결권을 주고 그 외의 지역에 거주하는 종중원의 의결권을 박탈할 개연성이 많은 종중규약의 효력 유무(소극)

고유의미의 종중에 관한 규약을 만들면서 일부 구성원의 자격을 임의로 배제할 수 없는 것이며, 특정지역 내에 거주하는 일부 종중원에 한하여 의결권을 주고 그 밖의 지역에 거주하는 종중원의 의결권을 박탈할 개연성이 많은 종중규약은 종중의 본질에 반하여 무효이다(1992. 9. 22. 제1부 판결, 92다15048 소유권이전등기).

2. 사단법인의 정관의 법적 성질(=자치법규) 및 정관의 규범적인 의미 내용과는 다른 해석이 사원총회의 결의에 의하여 표명된 경우, 그 결의에 의한 해석이 구속력을 갖는지 여부(소극)

사단법인의 정관은 이를 작성한 사원뿐만 아니라 그 후에 가입한 사원이나 사단법인의 기관 등도 구속하는 점에 비추어 보면 그 법적 성질은 계약이 아니라 자치법규로 보는 것이 타당하므로, 이는 어디까지나 객관적인 기준에 따라 그 규범적인 의미 내용을 확정하는 법규해석의 방법으로 해석되어야 하는 것이지, 작성자의 주관이나 해석 당시의 사원의 다수결에 의한 방법으로 자의적으로 해석될 수는 없다 할 것이어서, 어느 시점의 사단법인의 사원들이 정관의 규범적인 의미 내용과 다른 해석을 사원총회의 결의라는 방법으로 표명하였다 하더라도 그 결의에 의한 해석은 그 사단법인의 구성원인 사원들이나 법원을 구속하는 효력이 없다(대법원 2000. 11. 24. 선고 99다12437 판결).

◈ 이사의 대표권의 제한과 대항요건

제 41 조 【이사의 대표권에 대한 제한】

이사의 대표권에 대한 제한은 이를 정관에 기재하지 아니하면 그 효력이 없다.

■ § 41. 이사의 대표권 제한

- 정관, 사원총회 결의
- 정관기재 : 유효요건
- 등기 : 대항요건
- 관련법조 : §59, §125, §126, §129, §135, §40②-9, §60

이사는 법인의 일체의 사무에 대해 법인을 대표하며, 이사가 수인인 경우에도 각 이사는 각각 대표권을 갖는다(제59조 1항), 이사는 각자 법인을 대표하므로 이사의 대표권은 단독대표를 원칙으로 한다. 대표의 방식에 관하여는 대리에 관한 규정을 준용한다(제59조 2항). 이사의 대표권은 정관, 또는 사원총회의 결의로써 제한할 수 있다(제59조 1항 단서). 정관에 의한 대표권의 제한은 정관에 기재하여야 그 효력이 있다. 또 이 제한은 등기하지 아니하면 제3자에게 대항할 수 없다(제60조). 여기서 우리 민법 제60조는 단지「제3자」라고 규정하고 있어 악의 제3자에 대하여도 이사의 대표권에 대한 제한을 등기하지 않으면 대항하지 못한다는 견해가 있다(무제한설). 그러나 악의의 제3자를 보호하여야 할 필요는 없으며 따라서 악의의 제3자에 대해서는 등기없이도 대항할 수 있다고 하는 견해가 팽팽하게 대립되고 있다(제한설)(대판 1962. 1. 11, 4294 민상473). 한편, 판례는 종래의 태도를 변경하였다. 종래의 판례는 제한설의 태도를 취하였는데, 그러나 최근의 판례에 따르면 「채무를 부담할 때 이사회의 결의를 얻도록 한 규정은 대표권의 제한규정이므로 이를 등기하지 않는 한, 악의냐 선의냐를 묻지 않고 제3자에게 대항할 수 없다」고 판시하여 무제한설의 태도를 취한다(대판 1992. 2. 14, 91다24564).

마지막으로, 이사의 대표권에 대한 제한으로서 복임권의 제한이 있다.

이사는 법인의 활동을 대표하는 책임자이므로 그 대표권을 포괄적으로 타인에게 위임하는 것은 허용되지 아니한다. 그러나 민법은 이사는 정관 또는 총회의 결의에 의하여 금지하지 않은 특정행위에 대해서만 타인으로 하여금 대리하게 할 수 있다고 했다(제62조). 이사의 이 권한은 대리인의 복임권에 있어서 그 범위와 관련하여 임의대리인과 법정대리인의 중간적 형태이다(제120조, 제122조).

이사가 선임한 대리인은 법인의 기관의 지위를 갖지는 않는다. 또 이사는 이 대리인의 선임기관으로서의 책임을 부담하여야 한다(제121조 1항 참조).

▣ 핵심판례 ▣

■ [정관에 의한 대표권의 제한]

도시 및 주거환경정비법 시행 전 조합설립인가를 받았다가 같은 법 시행 후 부칙 제10조 제1항에 따라 설립등기를 마친 재건축조합의 조합규약에서 조합장이 조합원의 부담이 될 계약을 체결하기 위하여는 총회의 결의를 거치도록 규정하고 있는 경우, 이로써 제3자에 대항하기 위한 요건

도시 및 주거환경정비법(이하 '도시정비법'이라 한다) 부칙(2002. 12. 30.) 제10조 제1항 본문은 '조합의 설립에 관한 경과조치'라는 표제로 "종전 법률에 의하여 조합 설립의 인가를 받은 조합은 본칙 제18조 제2항의 규정에 의하여 주된 사무소의 소재지에 등기함으로써 이 법에 의한 법인으로 설립된 것으로 본다."라고 규정하고 있는데, 위 규정의 내용과 취지에 비추어 보면 행정청이 종전 법률인 구 주택건설촉진법(2003. 5. 29. 법률 제6916호 주택법으로 전부 개정되기 전의 것)에 의하여 재건축조합에 대하여 조합설립인가처분을 하였더라도 도시정비법이 시행되고 해당 재건축조합이 도시정비법 부칙(2002. 12. 30.) 제10조 제1항에 따라 설립등기를 마친 후에는 그 재건축조합을 공법인으로 보게 된다. 나아가 이러한 재건축조합에는 도시정비법 제27조에 의하여 민법 제60조가 준용되므로, 재건축조합의 조합장이 조합원의 부담이 될 계약을 체결하기 위하여는 총회의 결의를 거치도록 조합규약에 규정되어 있다 하더라도 이는 법인 대표권을 제한한 것으로서 그러한 제한은 등기하지 아니하면 제3자에게 그의 선의·악의에 관계없이 대항할 수 없다(대법원 2014. 9. 4. 선고 2011다51540 판결).

◈ 정관변경의 의결정족수와 그 효력 요건

제 42 조【사단법인의 정관의 변경】

① 사단법인의 정관은 총사원 3분의 2 이상의 동의가 있는 때에 한하여 이를 변경할 수 있다. 그러나 정수에 관하여 정관에 다른 규정이 있는 때에는 그 규정에 의한다.

② 정관의 변경은 주무관청의 허가를 얻지 아니하면 그 효력이 없다.

■ § 42. 사단법인의 정관변경

- 사원총회결의(2/3)
- 허 가 : 유효요건
- 등 기 : 대항요건
- 관련법조 : 공익법인의 설립·운영에 관한 법률 §11②, [회사정관변경]상법 §204, §269, §316①, §433①, §434, §584, §585

본조는 정관의 변경에 관한 규정이다.

(1) 사단법인의 정관변경은 원칙적으로 인정된다. 비록 정관에서 정관의 변경을 금지하고 있더라도, 사단법인의 성질상 사원 전부의 동의를 얻어 변경할 수 있다(통설). 또 정관에서 정하고 있는「목적」의 변경도 할 수 있다(통설, 독일민법 제33조). 그러나「목적」의 변경에는 한계가 있다. 즉 법인의 동일성을 상실하는 경우, 예컨대 민법의 비영리법인이 그 목적을 변경하여 영리법인으로 하는 것은 불가능하다.

(2) 사단법인에 있어서 그 정관을 변경하기 위해서는, 먼저 사원총회에서 총사원의 3분의 2이상의 동의가 있어야 한다. 그러나 이 특별결의의 정수는 정관에서 다르게 규정할 수 있다.

여기서 주의해야 할 것은 사단법인의 정관변경은 사원총회의 전권사항이기 때문에, 총회의 결의없이 기타의 다른 방법으로 변경할 수 있다고 정관에 정해져 있더라도 그 규정은 무효라는 점이다.

이처럼 사원총회의 결의가 있더라도 주무관청의 허가를 얻지 못하면 정관의 변경은 그 효력이 없다.

한편, 총회의 결의와 주무관청의 허가를 갖추면 그것으로써 정관변경의 효력이 생긴다. 따라서 정관이라는 서면의 변경을 요하지 아니한다. 변경사항이 등기사항인 때에는, 그 변경사항을 등기하지 않으면 정관의 변경으로써 제3자에게 대항할 수 없다(제54조).

◈ 재단법인의 설립과 정관의 필요적 기재사항

제 43 조 【재단법인의 정관】

재단법인의 설립자는 일정한 재산을 출연하고 제40조 제1호 내지 제5호의 사항을 기재한 정관을 작성하여 기명날인하여야 한다.

■ § 43. 재단법인의 정관의 작성

- 사단법인과 동일
- 사원자격의 득실에 관한 규정과 존립시기 및 해산사유는 제외됨
- 유언으로 설립하는 경우 정관의 작성외에 유언의 방식에 따를 것
- 관련법조 : 사립학교법 §10, 공익법의 설립·운영에 관한 법률 §3

본조는 재단법인의 정관작성을 규정한 것인데, 재단법인을 설립함에는 일정한 비영리적 목적을 위하여 재산을 출연하고 법인의 근본규칙인 정관을 작성하여야 한다.

사단법인의 설립의 경우와 다른 점은, 재단법인에 있어서는 사원자격의 득실에 관한 규정, 법인의 존립시기나 해산사유가 필요적 기재사항이 아니라는 점이다.

정관은 필요적 기재사항 전부를 기재하여야만 효력이 발생하는데, 설립자가 위 중에서 가장 중요한「목적」과「자산에 관한 규정」만을 정하고 사망한 경우에는 어떻게 되는가? 민법은 이런 경우에 정관을 보충하여 법인을 성립시키도록 하고 있다(제44조).

◈ 재단법인을 설립코자 하는 자가 목적과 자산만을 정하고 사망한 경우의 정관작성

제 44 조【재단법인의 정관의 보충】

재단법인의 설립자가 그 명칭, 사무소의 소재지 또는 이사임면의 방법을 정하지 아니하고 사망한 때에는 이해관계인 또는 검사의 청구에 의하여 법원이 이를 정한다.

■ § 44. 정관의 보충

- 정관의 보충 → 설립자(목적, 자산) + 법원(보충)
- 관련법조 : [학교법인의 정관보충] 학교사립법 §11, [관할]비송 §32

본조는 재단법인의 정관을 보충하는데 대한 규정이다.

재단법인은 그 정관의 필요적 기재사항인 근본원칙을 정하여야 한다. 재단법인을 설립하고자 하는 자가 가장 중요한 사항인 목적과 자산만을 정하고 사망한 때에는 그 명칭, 사무소, 이사임면의 규정과 같은 비교적 경미한 사항은 설립자의 같은 뜻을 달성시키는 것이 공사를 통하여 이익이 되므로 이 경우에는 이해관계인 또는 검사의 청구에 의하여 법원이 그 부분을 보충하여 법인을 성립시키기로 한 것이며, 법원이 이를 정함에 있어서는 비송사건절차법 제32조의 규정에 의한다.

【서식】 재단법인의 설립자가 그 명칭, 사무소소재지 또는 이사임면의 방법을 정하지 않고 사망한 때에 이해관계인이 법원에 그것을 신청하는 서식의 예

재단법인의 명칭(또는 사무소) 선정신청

청구인(이해관계인) 황 선 일 (전화)
주민등록번호 -
주 소
등록기준지

인 지

사건본인 도 지 운
주민등록번호 -
주 소
등록기준지

청 구 취 지

위 설립자 도지운의 설립에 관한 재단법인의 명칭(또는 사무소)의 선정을 구함.

청 구 원 인

신청인은 별지 결정등본과 같이 설립자의 유언집행자로서 선임된 자인바, 설립자는 별지공정증서등본과 같이 금품을 기부하고 학교설립의 의사가 있음에도 불구하고 유언서에는 학교의 명칭(또는 사무소)를 정하지 않고 사망하였으므로 이의 선정을 구하기 위하여 본신청을 하게 되었습니다.

1. 명칭(또는 사무소)를 아래와 같이 정하기를 희망합니다.
   ○○중고등학교

첨 부 서 류

1. 유언집행자선임결정서등본 1통
2. 공정증서등본 1통

서기 년 월 일

위 청구인 황 선 일 ㊞

○○가정법원 귀중

◈ 재단법인의 정관변경의 요건

제 45 조【재단법인의 정관변경】

① 재단법인의 정관은 그 변경방법을 정관에 정한 때에 한하여 변경할 수 있다.

② 재단법인의 목적달성 또는 그 재산의 보전을 위하여 적당한 때에는 전항의 규정에도 불구하고 명칭 또는 사무소의 소재지를 변경할 수 있다.

③ 제42조 제2항의 규정은 전2항의 경우에 준용한다.

■ § 45. 재단법인의 정관변경

- 원칙 : 변경금지
- 예외 : 설립자가 정관에 변경방법을 규정한 때
  목적달성, 재산보전을 위한 명칭, 사무소의 변경, 목적달성불능
- 관련법조 : 공익법인의 설립·운영에 관한 법률 §11②, [본조준용] 사립학교법 §45①

본조는 재단법인의 정관의 변경에 관한 규정이다.

재단법인은 설립시부터 설립자에 의하여 그 목적과 조직이 정관에 확정되어 있는 타율적인 법인이다. 따라서 원칙적으로 그 정관의 변경은 불가능하다. 그러나 민법은 일정한 경우에 한하여 정관의 변경을 인정하고 있다.

(1) 먼저 재단법인의 정관에 그 변경방법을 정하고 있는 경우에는 이에 의한 정관의 변경은 할 수 있다. 그러나 이는 정관내용의 실행에 불과한 것이며 본래의 정관의 변경은 아니라고 생각한다.

(2) 또 정관에 그 변경방법에 관한 규정이 없더라도 재단법인의 목적달성, 또는 그 재산의 보전을 위하여 적당한 때에는 법인의 명칭 또는 사무소의 소재지를 변경할 수 있다.

위의 정관의 변경은 주무관청의 허가를 얻어야 그 효력이 있다. 위의 정관의 변경이 있을 때에, 그 변경된 사항이 등기사항이면 등기하여야 제3자에게 대항할 수 있다.

▣ 핵심판례 ▣

■ [재단법인의 정관변경]

1. 재단법인의 기본재산에 편입한 명의신탁부동산의 반환을 위한 이전등기를 함에 있어 주무관청의 허가를 요하는지 여부(적극)

재단법인의 기본재산에 관한 사항은 정관의 기재사항으로서 기본재산의 변경은 정관의 변경을 초래하기 때문에 주무장관의 허가를 받아야하고 따라서 기존의 기본재산을 처분하는 행위는 물론 새로이 기본재산으로 편입하는 행위도 주무장관의 허가가 있어야 유효하고, 또 일단 주무장관의 허가를 얻어 기본재산에 편입하여 정관 기재사항의 일부가 된 경우에는 비록 그것이 명의신탁관계에 있었던 것이라 하더라도 이것을 처분(반환)하는 것은 정관의 변경을 초래하는 점에 있어서는 다를 바 없으므로 주무장관의 허가없이 이를 이전등기할 수는 없다(1991. 5. 28. 제1부 판결, 90다8558 소유권이전등기).

2. 가. 영연방아동구호재단 공공직업훈련소가 위 재단의 산하기관에 불과하다고 하여도 국내에 있는 위 훈련소가 비법인사단이나 재단에 해당하는지 여부는 국내법에 따라 판단하여야 하고, 위 훈련소 명의로 토지가 등기된 점에 비추어 위 훈련소는 비법인사단이나 재단으로서의 실체를 갖추고 있었다고 추정할 수 있다고 한 사례

영연방아동구호재단 공공직업훈련소가 위 재단의 산하기관에 불과하다고 하여도 국내에 있는 위 재단 산하의 위 훈련소가 국내법상의 비법인사단이나 재단에 해당하는지 여부는 국내법에 따라 독자적으로 판단하여야 할 것이고, 위 훈련소 명의로 토지가 등기된 점에 비추어 위 훈련소는 비법인사단이나 재단으로서의 실체를 갖추고 있었다고 추정할 수 있다.

나. 위 "가"항의 훈련소가 사회복지법인이나 재단법인이 아니라면 그 소유 토지의처분에 주무관청 등의 허가를 받아야 한다든가 그 허가가 없으면 무효라고 할 수 없고, 위 훈련소 명의의 등기에 터잡아 이루어진 등기는 적법하게 이루어진 것으로 추정된다고 한 사례

위 "가"항의 훈련소가 사회복지법인이나 재단법인이 아니라면 그 소유의 토지를 처분하는데 보건사회부장관 등의 허가를 받아야 한다든가 그 허가가 없으면 무효라고 할 수 없고, 위 훈련소 명의의 등기에 터잡아 이루어진 등기는 적법하게 이루어진 것으로 추정된다(1992. 6. 23. 제1부 판결, 92다12933 건물수리등).

3. 공원묘지의 유지관리를 목적사업으로 하는 재단법인이 그 묘역 일부에 대한 분양권을 공사비채무에 갈음하여 양도하는 내용의 대물변제계약을 체결함에 있어서 주무관청의 허가를 요하는지 여부

공원묘지의 유지관리를 목적사업으로 하는 재단법인의 그 묘역 일부에 대한 분양권을 공사비채무의 변제에 갈음하여 양도하는 내용의 대물변제계약은 재단법인의 기본재산의 처분으로서 정관을 변경하는 행위에 해당하여 주무관청의 허가가 없는 한 무효이다 (1994. 4. 12. 제2부 판결, 93다52747 묘지분양권확인).

4. 재단법인 명의로 소유권 이전등기가 경료된 부동산이 재단법인의 기본재산이라고 하기 위하여 주무부장관의 허가가 있었다는 점을 입증하여야 하는지 여부(적극)

재단법인의 기본재산에 관한 사항은 정관의 기재사항으로서 기본재산의 변경은 정관의 변경을 초래하기 때문에 주무부장관의 허가를 받아야 하고 따라서 기존의 기본재산을 처분하는 행위는 물론 새로이 기본재산으로 편입하는 행위도 주무부장관의 허가가 있어야만 유효하다 할 것이므로 재단법인 명의로 소유권 이전등기가 경료된 부동산이 재단법인의 기본재산에 편입되었다고 인정하기 위해서는 그 편입에 관한 주무부장관의 허가가 있었음이 먼저 입증되어야 한다(대판 1982. 9. 28, 82다카499).

5. 기본재산의 의미와 처분허가신청권자

재단법인의 기본재산은 바로 법인의 실체인 동시에 법인의 목적을 수행하기 위한 가장 기본적인 수단으로서 이를 처분한다는 것은 재단법인의 실체가 없어지는 것을 의미하므로 재단법인의 기본재산은 이를 함부로 처분할 수 없는 것이고, 재단법인이 정관의 변경을 초래하는 기본재산의 처분을 위하여 주무관청의 허가를 신청할 것인지의 여부는 특별한 사정이 없는 한 재단법인의 의사에 맡겨져 있다고 할 것이므로, 채무자인 재단법인에 다른 재산이 없어 기본재산을 처분하지 않고는 채무의 변제가 불가능하다고 하더라도, 재단법인으로부터 기본재산을 양수한 자도 아니고 금전채권자에 불과한 자에게는 강제이행청구권의 실질적인 실현을 위하여 필요하다는 사유만으로 기본재산의 처분을 희망하지도 않는 재단법인을 상대로 주무관청에 대하여 기본재산에 대한 처분허가신청절차를 이행할 것을 청구할 권한이 없다(대판 1998. 8. 21, 98다 19202)

6. 기본재산으로 되기 전에 설정된 담보권의 실행

관할 관청의 처분허가 유무에 관계없이 처분할 수 없는 사립학교법상의 기본재산이라 하더라도 사립학교에 해당하는 유치원이 설립되기 전에 설정된 담보권은 이미 적법하게 성립된 것이므로 그 담보권의 실행은 금지되거나 새삼스럽게 감독청의 처분허가가 필요한 것은 아니다(대결 2004. 7. 5, 2004마97).

7. 재단법인의 기본재산에 대하여 집합건물의 소유 및 관리에 관한 법률상의 매도청구가 있는 경우, 그 기본재산에 대한 매매계약의 성립뿐만 아니라 기본재산의 변경을 내용으로 하는 재단법인의 정관변경까지도 강제되는지 여부(적극)

집합건물의 소유 및 관리에 관한 법률 제48조 제4항에 정한 매도청구권은 재건축사업의 원활한 진행을 위하여 같은 법이 재건축 불참자의 의사에 반하여 그 재산권을 박탈할 수 있도록 특별히 규정한 것으로서, 그 실질이 헌법 제23조 제3항의 공용수용과 같다고 볼 수 있는데, 재단법인의 기본재산에 대하여 집합건물의 소유 및 관리에 관한 법률에 의하여 매도청구를 하는 경우에도 위 기본재산을 취득하기 위해서는 재단법인의 정관변경이 별도로 필요하다고 보면, 재단법인이 스스로 그 기본재산을 처분하는 내용으로 정관변경을 하지 않는 이상 매도청구를 한 사람이 재단법인의 기본재산을 취득할 수 없게 되어 매도청구 대상자의 의사에 반하여 그 재산권을 박탈하도록 한 매도청구권의 본질에 반하게 된다. 따라서 재단법인의 기본재산에 대하여 집합건물의 소유 및 관리에 관한 법률상의 매도청구가 있는 경우에는 그 기본재산에 대한 매매계약의 성립뿐만 아니라 기본재산의 변경을 내용으로 하는 재단법인의 정관의 변경까지 강제된다(대법원 2008. 7. 10. 선고 2008다12453 판결).

◆ 재단법인의 목적 기타 정관의 규정의 변경의 가부

제 46 조【재단법인의 목적 기타의 변경】

재단법인의 목적을 달성할 수 없는 때에는 설립자나 이사는 주무관청의 허가를 얻어 설립의 취지를 참작하여 그 목적 기타 정관의 규정을 변경할 수 있다.

■ § 46. 재단법인의 정관의 변경

- 목적을 달성할 수 없게 되었을 것
- 주무관청의 허가를 얻을 것
- 변경사항은 목적을 비롯하여 정관의 모든 규정에 걸친다.
- 변경은 설립자나 이사가 할 수 있다.
- 변경은 등기하여야 제3자에게 대항할 수 있다.
- 관련법조: §43, §45

(1) 재단법인이 그 목적을 달성할 수 없게 된 때에는 해산하여야 한다. 그러나 이러한 경우에 민법은 해산시키지 않고, 설립자나 이사가 주무관청의 허가를 얻어 설립의 취지를 참작하여 그 목적 기타 정관의 규정을 변경할 수 있도록 하고 있다. 이렇게 하는 것이 사회경제적으로 유리할 것이며 설립자의 의사에 부합되기 때문이다.

그리고 위의 정관의 변경이 있을 때에, 그 변경된 사항이 등기사항이면 등기하여야 제3자에게 대항할 수 있다(제54조 1항, 제49조 2항).

(2) 재단법인의 정관변경과 관련하여 문제가 되는 것은 재단법인의 기본적인 재산에 대한 처분여부이다.

재단법인의 기본재산(출연재산)은 법인의 실체이며, 법인의 목적을 달성하기 위한 기본적인 수단이다. 그러므로 그 기본재산의 처분은 곧 재단법인의 실체가 소멸한다는 것을 의미한다. 따라서 재단법인의 기본재산은 처분할 수 없다고 하여야 한다.

그러면, 정관에서 정한 절차에 의한 이사의 재단법인의 기본재산에 관한 처분행위는 유효한 것인가?

재단법인의 기본재산의 처분은 곧 그 법인의 정관변경을 가져오게 된다. 따라서 정관의 변경이 선행되지 않는 한 재단법인의 기본재산에 관한 처분행위는 그 효력이 없다고 본다. 아울러 정관의 변경은 주무관청의 허가를 얻지 못하면 그 효력이 없다고 한다. 이것이 판례의 기본입장이다(대판 1966. 11. 29. 66다 1668).

이 점은 재단법인의 기본재산을 감소·증가시키는 경우에도 마찬가지로 이해하고 있다(대판 1969. 7. 22. 67다 568, 1978. 7. 25. 78다783 공보④ 1978·11002).

◆ 재단법인 설립에 있어서 재산을 출연하는 경우 적용되는 규정

제 47 조 【증여, 유증에 관한 규정의 준용】

① 생전처분으로 재단법인을 설립하는 때에는 증여에 관한 규정을 준용한다.

② 유언으로 재단법인을 설립하는 때에는 유증에 관한 규정을 준용한다.

■ § 47. 재단법인 설립과 민법의 규정

- 생전처분으로 설립하는 경우: 증여에 관한 규정적용
- 유언으로 설립하는 경우: 유증에 관한 규정적용
- 관련법조: 사립학교법 §13

본조는 재단법인에 있어서의 자산출연의 효력을 규정한 것인데, 그 설립행위는 증여 또는 유증과 같이 상대방이 있는 것은 아니다.

재단법인의 설립행위는 증여 또는 유증과 같이 상대방이 있는 것은 아니다. 무상으로 재산을 처분하고 기타 채권자 및 상속인에 미치는 영향 등은 증여 또는 유증의 관계와 동일하므로 그 규정은 준용하기로 한 것이다. 그러므로 그 재산의 출연행위는 서면으로 하지 아니한 때에는 그 설립자가 주무관청의 허가가 있을 때까지는 언제든지 이를 취소할 수 있다. 또 유언으로써 재산의 출연행위를 할 때에는 유언의 형식을 필요로 하고, 또 설립자가 사망하기까지 언제든지 이를 취소할 수 있는 것이다.

◈ 재단법인 설립시 출연재산이 재단에 귀속되는 시기

제 48 조【출연재산의 귀속시기】

① 생전처분으로 재단법인을 설립하는 때에는 출연재산은 법인이 성립된 때로부터 법인의 재산이 된다.

② 유언으로 재단법인을 설립하는 때에는 출연재산은 유언의 효력이 발생한 때로부터 법인에 귀속한 것으로 본다.

■ § 48. 재단법인 설립에 있어서 출연재산의 귀속시기

• 재산의 귀속시기에 관한 학설 : ① 설립등기시 또는 설립자 사망시설(다수설)
② 물권변동의 등기를 갖춘 때로 보는 설 (소수설)
• 재산의 출연행위 : 생전처분 또는 유언으로 할 수 있다.
• 관련법조 : 사립학교법 §13

본조는 출연한 재산은 언제부터 법인의 재산으로 되는가에 관한 규정이다.

(1) 설립자가 출연하는 재산은 그 종류를 묻지 않으며 확실한 것이면 된다. 채권도 무방하다.

(2) 재산의 출연행위는 생전처분으로, 또는 유언으로 할 수 있다.

먼저 생전처분으로 재단법인을 설립하는 경우에는 증여에 관한 규정이 준용된다(제47조 1항). 이 경우에 출연시기와 법인설립허가일과의 사이에 간격이 있을 경우에는 그 출연재산은 법인이 성립한 때로부터 법인에게 귀속된다. 한편 유언으로 재단법인을 설립하는 경우에는 유증에 관한 규정을 준용한다(제47조 2항). 이 경우의 출연재산은 유언의 효력이 발생한 때로부터, 즉 유언자 사망시 법인에 귀속된다. 유언에 의한 설립행위에 관하여도 생전처분의 경우처럼 출연재산이 법인성립시에 법인에 귀속한다고 한다면, 유언자의 사망후 법인의 성립 전까지는 일단 상속재산으로서 상속인에게 귀속하게 된다. 이에 따른 불합리를 제거하기 위해 본조 제2항을 두고 있는 것이다.

(3) 한편 출연재산의 귀속시기에 문제되는 것은 물권변동에 관한 형식주의(제

186조, 제188조)와 채권양도에 관한 원칙(제508조, 제523조)과의 관계에 있어서 그 해석문제이다.

· 재산의 귀속시기에 관한 학설

물권의 경우	㉠물권적 귀속설(다수설) i) 논 지 : 제48조를 제186조 · 제188조의 예외규정으로 보고, 특히 부동산의 경우는 제48조를 제187조가 말하는「기타의 법률의 규정」으로 보아 등기나 인도없이 물권은 당연히 설립등기를 한 때(생전처분) 또는 설립자의 사망시(유언)에 법인에 귀속한다고 한다. ii) 논 거 : 첫째, 출연재산이 부동산인 경우 이전등기를 할 때까지 실질적으로 재산없는 재단법인이 있게 되는데 이는 재단법인의 본질에 반한다. 둘째, 제48조를 구민법의 답습이라고 하여 전적으로 무시하는 것은 부당하다. 셋째, 출연행위는 그 재산을 직접 법인에게 양도하는 것을 내용으로 하는 의사표시이므로 그 의사에 합당하다. 넷째, 제48조는 재단법인을 보호하는 특칙이다. ㉡ 채권적 귀속설(소수설) i) 논 지 : 부동산 · 동산 등 물권의 출연행위는 물권행위인 바, 물권변동에 관한 형식주의를 취하는 우리 민법에서는 제186조와 제188조에 의하여 부동산은 등기, 동산은 인도를 각각 그 효력발생 요건으로 하고 있으므로, 물권행위만으로는 물권변동이 일어나지 않고, 등기나 인도를 갖춘 때에 그 출연재산은 비로소 법인에 귀속한다고 한다. ii) 논거 : 첫째, 재단법인의 설립행위는 법률행위이므로 그 출연재산의 이전에 제186조 · 제188조에 따라 등기 또는 인도를 갖추는 것은 당연하다. 둘째, 제48조는 의사주의를 취하였던 구민법의 규정(제42조)을 그대로 답습한 것으로, 우리 민법이 취하고 있는 형식주의에 반한다. 셋째, 법인의 성립 또는 설립자의 사망시에 법인에게 출연재산의 이전청구권이 생기므로 재산없는 재단법인이 성립되는 것은 아니다.
채권의 경우	㉠ 지명채권의 경우 : 이는 제48조가 정한 시기에 법인에게 귀속한다고 학설은 일치하고 있어 아무런 문제가 없다. ㉡ 지시채권과 무기명채권의 경우 i) 다수설은 제48조를 제508조 · 제523조의 특별규정 또는 예외규정으로 보아 배서 · 교부없이 제48조가 정하는 시기에 당연히 법인에게 귀속한다고 한다. ii) 소수설은 지시채권의 경우에는 배서 · 교부를(제508조), 무기명채권은 교부(제523조)를 하여야만 각각 법인에게 귀속한다고 한다.

출연재산의 귀속시기에 관한 본조는 제187조의「기타의 법률의 규정」에 해당하여, 부동산물권은 등기·인도 없이 당연히 법인성립시 또는 유언의 효력발생시에 법인에 귀속한다고 본다. 동산과 채권의 경우에도 마찬가지로 본조가 정한 시기에 법인에 귀속되며 다른 행위를 요하지 않는다고 본다. 이렇게 이해하는 것이 지배적인 견해다.

그러나 소수설은 물권의 경우에는 제186조·제188조의 원칙에 의하여 등기·인도시에 법인에 귀속한다고 한다.

채권의 경우에 지명채권은 본조가 정한 시기에 법인에 귀속한다고 하고, 지시채권은 제508조에 의한 배서·교부에 의해, 무기명채권은 제523조에 의한 교부에 의해 법인에 귀속한다고 한다.

판례의 태도는 처음에는 다수설을 따랐으나(대판 1976. 5. 11, 75다1656), 현재는 다음과 같은 입장을 취하고 있다. 즉 출연자와 법인 사이에는 다수설처럼 등기없이도 부동산은 법인성립시에 법인에 귀속하고, 법인이 제3자에 대항하려면 제186조에 따라 등기를 해야 한다고 한다(대판 <전원합의> 1979. 12. 11, 78다481, 482 공보⑤ 1980, 12479). 이러한 소수설·판례의 주장은 민법의 해석상 부당하다.

▣ 핵심판례 ▣

■ [출연재산의 귀속시기]

가. 출연재산의 재단법인에의 귀속과 등기

민법 제48조는 재단법인 성립에 있어서 재산출연자와 법인과의 관계에 있어서의 출연재산의 귀속에 관한 규정이고, 이 규정은 그 기능에 있어서 출연재산의 귀속에 관하여 출연자와 법인과의 관계를 상대적으로 결정함에 있어서의 기준이 되는 것에 불과하여, 출연재산은 출연자와 법인과의 관계에 있어서 그 출연행위에 터잡아 법인이 성립되면 그로써 출연재산은 민법의 위 조항에 의하여 법인성립시에 법인에게 귀속되어 법인의 재산이 되는 것이고, 출연재산이 부동산인 경우에 있어서도 위 양당사자간의 관계에 있어서는 위 요건(법인의 성립) 외에 등기를 필요로 하는 것이 아니나, 제3자에 대한 관계에 있어서는 출연행위가 법률행위이므로 출연재산의 법인에의 귀속에는 부동산의 권리에 관해서는 법인성립 외에 등기를 필요로 한다.

나. 유언에 의한 재단법인설립의 경우 출연재산의 귀속과 등기

유언으로 재단법인을 설립하는 경우에도 제3자에 대한 관계에서는 출연재산이 부동산인 경우는 그 법인에의 귀속에는 법인의 설립 외에 등기를 필요로 하는 것이므로, 재단법인이 그와 같은 등기를 마치지 아니하였다면 유언자의 상속인의 한 사람으로부터 부동산의 지분을 취득하여 이전등기를 마친 선의의 제3자에 대하여 대항할 수 없다(1993. 9. 14. 제1부 판결, 93다8054 소유권이전등기말소).

◆ 법인이 등기하여야 할 사항

제 49 조【법인의 등기사항】

① 법인설립의 허가가 있는 때에는 3주간 내에 주된 사무소소재지에서 설립등기를 하여야 한다.

② 전항의 등기사항은 다음과 같다.

1. 목 적
2. 명 칭
3. 사무소
4. 설립허가의 연월일
5. 존립시기나 해산사유를 정한 때에는 그 시기 또는 사유
6. 자산의 총액
7. 출자의 방법을 정한 때에는 그 방법
8. 이사의 성명, 주소
9. 이사의 대표권을 제한한 때에는 그 제한

■ § 49. 법인의 등기사항

• 설립등기 : 3주간 내에 주된 사무소의 소재지에서 설립등기를 하여야 한다.
• 등기사항 : ① 목적. ② 명칭. ③ 사무소. ④ 설립허가 연월일.
⑤ 존립시기나 해산사유를 정한 때에는 그 시기 또는 사유
⑥ 자산의 총액. ⑦ 출자의 방법.
⑧ 이사의 성명, 주소. ⑨ 이사의 대표권 제한
• 관련법조 : [설립등기] 상법 §180, §271, §317, §549, [변경등기] 상법 §40, §183, §317③, [해산등기]비송 §65

법인은 본조의 등기가 있음으로써 비로소 성립하는 것이다. 그리고 법률은 성립하는 법인의 조직·재산 기타 중요사항을 분명히 함으로써 그 신용을 유지하고 사회일반의 이익을 보호하게 한 것이다. 그러므로 법인설립의 허가가 있는

때에는 3주간 내에 주된 사무소의 소재지에서 설립등기를 하여야 할 것이다.

등기공무원의 심사권에 관해서는 형식적 심사주의와 실질적 심사주의가 대립되고 있으나 현재의 등기실무 경향은 형식적 심사주의에 기울고 있다.

◆ 법인이 분사무소를 설치한 경우의 등기사항 및 등기기간

제 50 조【분사무소설치의 등기】

① 법인이 분사무소를 설치한 때에는 주사무소소재지에서 3주간 내에 분사무소를 설치한 것을 등기하고, 그 분사무소소재지에서는 동기간내에 전조 제2항의 사항을 등기하고 다른 분사무소소재지에서는 동기간 내에 그 분사무소를 설치한 것을 등기하여야 한다.

② 주사무소 또는 분사무소의 소재지를 관할하는 등기소의 관할구역 내에 분사무소를 설치한 때에는 전항의 기간 내에 그 사무소를 설치한 것을 등기하면 된다.

■ § 50. 분사무소설치의 등기

- 주사무소 소재지 : 3주간 내에 분사무소설치의 등기
  분사무소 소재지 : 3주간 내에 분사무소 설립사항 등기
  다른 분사무소 소재지 : 그 신설하였음을 등기
- 주사무소 또는 기존의 분사무소 소재 관할등기소 관할구역내 : 3주간 내에 그 분사무소 설치등기만을 하면 되고, 설립등기사항(제49조②)은 등기할 필요없다.
- 관련법조 : 상업 §181, §269, §317③, §549③, [본조준용] 사립학교법 §13

법인은 그 목적을 달성하기 위하여 수개의 분사무소를 필요로 할 경우가 있는데, 분사무소는 본사무소에 종속하여 그 지휘명령을 받아 활동하고 본사무소에 종속하면서도 일정한 등기기간은 모두 3주간 내에 하여야 하나, 등기사항은 각 경우에 따라서 다르다. 즉 주사무소소재지에서는 분사무소를 설치할 것만을 등기하면 되는 것이고, 그 분사무소소재지에서는 제49조 2항 1호부터 제9호까지의 사항을 등기하여야 한다. 그러나 새로이 설치되는 분사무소가 주사무소와 동일한 관할구역 내에 있는 때에는 그 주사무소 설치를 등기한 때에는 제49조 2항의 사항이 등기되어 있으므로 법률은 중복된 등기를 피하고 당사자의 편의를 도모하기 위하여 단지 분사무소 설치의 취지만을 등기하면 된다. 만약 본조의 규정을 이행하지 않는 이사는 제97조에 의하여 벌칙의 제재를 받게 된다.

◈ 법인이 사무소를 이전한 경우의 등기사항 및 등기기간

제 51 조【사무소이전의 등기】

① 법인이 그 사무소를 이전하는 때에는 구소재지에서는 3주간 내에 이전등기를 하고 신소재지에서는 동기간 내에 제49조 제2항에 게기한 사항을 등기하여야 한다.

② 동일한 등기소의 관할구역 내에서 사무소를 이전한 때에는 그 이전한 것을 등기하면 된다.

■ § 51. 사무소이전의 등기

- 구소재지 : 3주간 내에 이전등기
  신소재지 : 3주간 내에 설립등기사항 등기
- 동일한 등기소의 관할구역내 : 그 이전한 것을 등기
- 관련법조 : 상법 §182, §269, §317, §549, [본조준용] 사립학교법 §13

본조의 등기를 경우에 따라서 나누면 구소재지에서는 이전의 취지만을 등기하면 되는 것이나 신소재지에서는 아직 그 등기소관할의 일반인이 법인의 내용을 알지 못하고 있으므로 이에 관한 제49조 제2항의 사항을 등기하도록 하여 일반거래의 안전을 기하였다. 그러나 신사무소소재지가 구사무소소재지와 동일한 등기소의 관할구역 내인 때에는 그 필요가 없으므로 단지 사무소 이전의 취지만을 등기하면 된다. 그리고 등기기간은 사무소의 구소재지·신소재지 모두 3주간 내이다.

◆ 법인의 등기사항 중 변경이 있을 때의 등기

제 52 조【변경등기】

제49조 제2항의 사항 중에 변경이 있는 때에는 3주간 내에 변경등기를 하여야 한다.

■ § 52. 변경등기

- 설립등기의 등기사항에 변경이 있는 때
- 등기기간 : 3주간 내에
- 관련법조 : 구민법 §46②, [등기절차] 비송 §131, [본조준용] 사립학교법 §13

(1) 본조는 만약 법인의 등기사항 가운데 자산이나 이사의 대표권, 기타 등기에 관하여 변경이 있을 때에 등기를 하지 않는 이상 법인의 내부에 관하여 사회일반은 알 수 없고 이와 거래하는 제3자는 예상하지 않는 손해를 받을 것이므로 이를 보호하기 위하여 법인의 등기사항의 변경은 3주간 내에 등기를 하여야 한다고 규정한 것이다.

(2) 등기사항에 변경이 있는 때라는 것은 수정 및 새로운 사항의 추가, 등기사항의 전부 또는 일부의 소멸(기존 사무소의 폐지), 형식적 변경(자구수정) 등이 모두 포함된다고 본다.

▣ 핵심판례 ▣

■ 합자회사의 유한책임사원을 대표사원으로 등기한 경우의 효력

합자회사의 대표사원의 등기를 할 때에는 유한책임사원의 신분으로 그 등기를 한 흠이 있어도 그 유한책임사원을 무한책임사원으로 변경등기를 한 이상 그는 이 변경등기를 한 때에 그 대표사원자격의 흠결은 소멸된다(1972. 5. 9, 선고 72다8 판결).

◆ 직무집행정지 등 가처분의 등기

제 52 조의 2 【직무집행정지 등 가처분의 등기】

이사의 직무집행을 정지하거나 직무대행자를 선임하는 가처분을 하거나 그 가처분을 변경·취소하는 경우에는 주사무소와 분사무소가 있는 곳의 등기소에서 이를 등기하여야 한다(본조신설 2001. 12. 29.).

■ § 52의2. 가처분의 등기

- 가처분의 등기 : 이사의 직무집행 정지 가처분, 직무대행자 선임 가처분, 가처분의 변경·취소
- 관할 등기소 : 주사무소와 분사무소가 있는 곳의 등기소

상법의 경우 주식회사 및 유한회사의 이사·감사·청산인에 관하여는 그 선임결의 무효의 소 등을 제기하면서 직무집행정지·직무대행자 선임가처분을 신청할 수 있고, 그 명령이 발령된 때에는 이를 등기하도록 규정하고 있다. 그러나 2002년 7월 1일 시행 전 민법에서는 민법상 법인 및 권리능력 없는 사단법인에 관하여 이러한 명문 규정이 없었다. 이에 2001년 12월 29일 민법 일부 개정을 통하여 이에 관한 규정을 신설하였다. 즉, 이사의 직무집행을 정지하거나 직무대해자를 선임하는 가처분을 하거나 그 가처분을 변경·취소하는 경우에는 주사무소와 분사무소가 있는 곳의 등기소에서 이를 등기하도록 하였다(법 제52조의2 신설).

가처분으로 직무집행이 정지된 이사의 직무집행행위는 절대적으로 무효이다.

◈ 주무관청의 허가를 요하는 사항의 등기에 대한 기산점

제 53 조 【등기기간의 기산】

전3조의 규정에 의하여 등기할 사항으로 관청의 허가를 요하는 것은 그 허가서가 도착한 날로부터 등기의 기간을 기산한다.

■ § 53. 등기기간

- 기간의 기산점 : 주무관청의 허가서가 도착한 날로부터
- 등기기간 : 3주간
- 설립등기, 분사무소설치등기, 사무소이전의 등기, 변경등기가 이에 해당한다.

주무관청의 허가를 요하는 것은 이사의 성명, 출자의 방법 등 정관 중의 사항을 변경할 경우에 생긴다. 그리하여 본조는 이들 허가를 요하는 사항에 관하여 그 허가를 받지 않으면 등기할 수 없기 때문에 기타의 사항은 보통의 기간에 의하여 기산하고, 그 중 허가를 필요로 하는 것만이 허가서가 도착한 날로부터 등기의 기간을 기산하도록 한 것이다. 만약 이 경우도 보통의 경우와 동일하게 취급하면 법인의 이사는 주무관청의 허가의 지연에 의하여 심히 곤란을 받을 뿐만 아니라 등기기간을 넘었을 때에는 벌칙의 적용을 받게 되어 공평을 기할 수 없다. 따라서 본조와 같이 규정한 것이다.

◆ 설립등기를 제외한 법인에 관한 등기의 효력

제 54 조【설립등기 이외의 등기의 효력과 등기사항의 공고】

① 설립등기 이외의 본절의 등기사항은 그 등기 후가 아니면 제3자에게 대항하지 못한다.

② 등기한 사항은 법원이 지체없이 공고하여야 한다.

■ § 54. 등기의 효력과 등기사항의 공고

- 대항요건 : 분사무소설치등기, 사무소이전등기, 변경등기
- 등기사항 : 법원이 지체없이 공고하여야 한다.
- 관련법조 : [회사등기]상법 §36, §37, [본조준용] 사립학교법 §13

설립등기 이외의 본절의 등기사항은 등기함으로써 비로소 그 효력을 주장할 수 있고, 그 전에는 주장할 수 없는 것이다. 그러나 제3자 아닌 당사자 간에는 등기가 없어도 그 효력을 주장할 수 있는데, 그것은 본조는 선의의 제3자를 보호하기 위한 규정이기 때문이다. 그리고 법인과 거래하는 제3자나 사회의 일반인의 보호를 위하여 이미 등기한 사항은 지체없이 이를 공고하여야 한다고 규정한 것이다.

◈ 법인의 재산목록과 사원명부의 작성

제 55 조 【재산목록과 사원명부】

① 법인은 성립한때 및 매년 3월 내에 재산목록을 작성하여 사무소에 비치하여야 한다. 사업년도를 정한 법인은 성립한 때 및 그 연도말에 이를 작성하여야 한다.

② 사단법인은 사원명부를 비치하고 사원의 변경이 있는 때에는 이를 기재하여야 한다.

■ § 55. 재산목록과 사원명부

- 재산목록 : 법인의 적극, 소극의 총재산의 명세서
- 비 치 : 사업소에 비치하여 열람에 공여
- 사원명부 : 이사가 작성, 사업소에 비치, 사원의 변경시 정정할 것
- 의무위반, 부정기재시 : 과태료의 처분
- 관련법조 : [재산목록] 상법 §30, 사립학교법 §32, 공익법인의 설립·운영에 관한 법률 §11, [주주명부] 상법 §352, §396, §557, §566

본조는 재산의 남용을 방지하고 내부의 조직을 명백히 하여 신용을 유지하고 그 감독증명의 편의를 위하여 규정한 것이다. 재산목록은 일정한 기간에 있어서의 법인의 사업재산에 대하여 개별적으로 가액을 붙인 명세표이며, 사업재산인 한 동산·부동산·채권 등의 적극재산 외에 채무와 같은 소극재산도 기재함을 요한다.

사원은 일반적으로 사단법인의 구성원이며 이를 명부에 기재하여 비치함은 법인의 조직을 명백히 하려는 것이다. 만약 이것을 태만히 하거나 부정의 기재를 한 때에는 법률상의 제재를 받게 되는 것이다(제97조).

◈ 사단법인의 사원의 지위는 양도 또는 상속의 가부

제 56 조【사원권의 양도, 상속금지】

사단법인의 사원의 지위는 양도 또는 상속할 수 없다.

■ § 56. 사원권

- 사원권의 내용: 공익권, 자익권
- 양도, 상속의 허용여부 : 영리법인-허용
  비영리법인-부인
- 관련법조 : [합명회사의 사원지분양도] 상법 §197, [합자회사의 유한책임사원 지분양도] 상법 §276, [주식양도] 상법 §335, [유한회사의 사원 지분양도] 상법 §556

(1) 사원권의 의의

사원은 그 구성하는 사단법인에 대하여 사원으로서의 자격에 의거하여 각종의 권리를 갖고 의무를 부담하는데, 이러한 권리·의무를 포괄한 지위 혹은 권리를 사원권이라 칭하고 있다. 예컨대, 주식회사에 있어서 주주권은 그 현저한 예이다. 사원권은 사원이 갖는 단순한 채권이라고 관념된 때도 있었으나, 현재에는 단체내부에서의 사원의 특수한 지위에 의거한 특수한 권리라고 생각되고 있다.

(2) 사원권의 성질·내용

사원권은 사원이 사단의 통제에 복종하는 범위로 제한되고, 또 각 사원이 갖는 사원권은 평등한 것이 원칙이다. 그리고 사단법인의 경우에는 사원된 지위를 분리, 독립하여 양도·상속할 수 없다. 여기에 사원권의 단체적 특수성이 있다. 그러나 영리법인에 있어서는 사원권의 양도·상속이 인정된다(상법 제335조). 사원권은 그 내용을 크게 두 가지로 나눌 수 있는데, 그것은 공익권과 자익권이다.

공익권은 법인이 담당하는 사회적 작용을 달성하기 위하여 그 사업에 참여하는 일에 관계되는 권리로서 의결권, 소수사원권, 업무집행권 등이 그 중요한 것이다.

자익권은 사원의 일원인 점에 의하여 사원개인이 향수하는 권리로서 영리법인에 있어서는 이익배당청구권, 잔여재산 분배청구권 등이 그 예이다. 비영리법인에 있어서는 사단의 설비를 이용하는 권리 등이 자익권에 해당한다. 영리법인에서는 자익권이 강하고 비영리법인에서는 공익권이 강하다.

(3) 사원권의 법률구성

사원권이란 개념을 어떻게 구성하는가에 대하여는 견해가 나뉘어진다.

즉 사원권은 사원으로서 소유하고 부담하는 권리의무의 단순한 집합물이라고 해석하기도 하고(제1설), 사원권은 1개의 단일 권리로서 자익권과 공익권에 속하는 각종의 권리는 1개의 권리에서 파생된 권능에 불과하다고 해석하거나(제2설), 또 사원이 사단에 대한 지위 그 자체라고 해석하는 견해(제3설) 등으로 구분된다. 이 중에서 제2설, 제3설이 유력하다.

그런데 최근에는 사원권 부인론이 대두한다. 그것은 공익권의 행사로 인하여 추구되는 이익은 개인의 이익이 아닌 단체의 이익이어야 한다는 입장에 의거하여 공익권은 사원이 사원으로서의 자격에서가 아닌 기관의 자격에서 갖는 권리에 불과하다든가, 국가에 있어서의 공권과 비슷하다고 한다. 이러한 이유에서 공익권과 자익권과는 성질이 다른 것이라고 설명하고, 사원권이 포괄적인 권리라는 것을 부정하는 것이다.

제 3 절 기 관

자연적인 생활체가 아닌 법인이 독립한 인격자로서 사회적으로 활동하기 위하여서는, 법인의 의사를 결정하고, 그 의사에 기하여 외부에 대하여서 행동하고, 내부의 사무를 처리하는 일정한 조직을 필요로 한다. 이 조직을 이루는 것이 즉 법인의 기관이다. 대표기관·사무집행기관·의사기관·감독기관 등이 그것이다. 기관과 법인과의 관계에 관하여서도 실재설과 의제설은 그 견해를 달리한다. 의제설 또는 법인부인설에 의하면, 기관은 법인의 외부에서 법인과 대립하는 별개의 인격이며, 그것은 의제인인 법인의 대리인이라고 한다. 즉 대리인과 구별되는 기관이라는 개념은 인정되지 않는다. 이에 반하여 실재설에 의하면, 기관은 마치 자연인에 있어서의 두뇌나 수족과 같이 법인이라는 조직체의 구성부분이며, 법인의 의사를 결정하고, 법인의 행위를 담당하는 것이다. 대리인과 구별되는 기관이라는 개념은 법인실재설을 취하는 경우에 비로소 인정되는 것이다.

법인의 기관으로서는 의사결정기관·의사집행기관·감독기관이 있을 수 있으나, 법인의 종류에 따라 반드시 일정하지 않다. 기관에는 법률상 반드시 두어야만 하는 기관, 즉 필요기관과, 둘 수도 있는 기관 즉 임의기관이 있다. 대표기관 및 집행기관으로서의「이사」는 모든 법인에게 필요한 반드시 두어야만 하는 필요기관이다. 이사의 감독기관인「감사」는 민법상의 법인에서는 임의기관이나 (그러나 이른바「공익법인」에서는 필요기관임을 주의.「공익법인」의 설립·운영에 관한 법률 참조), 상법의 주식회사에 있어서는 필요기관이다(상법 제312조·제409조 이하 참조). 법인의 최고의사결정기관인「사원총회」는, 자율적 법인인 사단법인에 있어서는 필요기관이나, 사원이 없는 타율적 법인인 재단법인에는 있을 수가 없다.

민법은 비영리법인만을 규율의 대상으로 하고 있기 때문에, 그의 기관에 관한 규정은, 영리법인에 관한 상법의 규정에 비하여 훨씬 간단하다. 비영리법인에 있어서는 법인·기관·구성원간의 이해의 대립이 날카롭지 않다는 것과 행정관청의 감독이 있다는 것을 그 이유로 한다.

◈ 이사가 법인의 필수기관인지 여부

제 57 조【이 사】

법인은 이사를 두어야 한다.

■ § 57. 이 사

- 법인을 대표하고 대내적으로 법인의 업무를 집행하는 필요적 상설기관
- 이사가 될 수 있는 것은 자연인에 한한다. 자격상실이나 자격정지의 선고를 받은 자는 이사가 될 수 없다.
- 관련법조 : [이사임면] 상법 §382, §385, §567, 사립학교법 §20①, 공익법인의 설립·운영에 관한 법률 §5, §14②, [이사결격자]형법 §43① 4호, 사립학교법 §21①~③

사단법인, 재단법인 모두에게 집행기관인 이사는 법인의 필요기관이다. 이사는 자연인에 한한다. 그러나 자격상실 내지 자격정지의 형을 받은 자는 이사가 될 수 없다(형법 제43조). 또한 파산은 위임의 종료사유가 되기 때문에(제690조), 파산자는 이사가 될 수 없는 것으로 해석된다. 집행기관인 이사는 외부에 대해서는 법인을 대표하고 내부에 있어서는 법인의 사무를 집행한다(제 58조 1항, 제59조). 이 밖에 임시이사(제63조), 특별대리인(제64조), 청산인(제82조)도 그 직무가 각기 제한되어 있기는 하지만 법인의 집행기관이며 대표기관이다.

[법인의 행위와 관계]

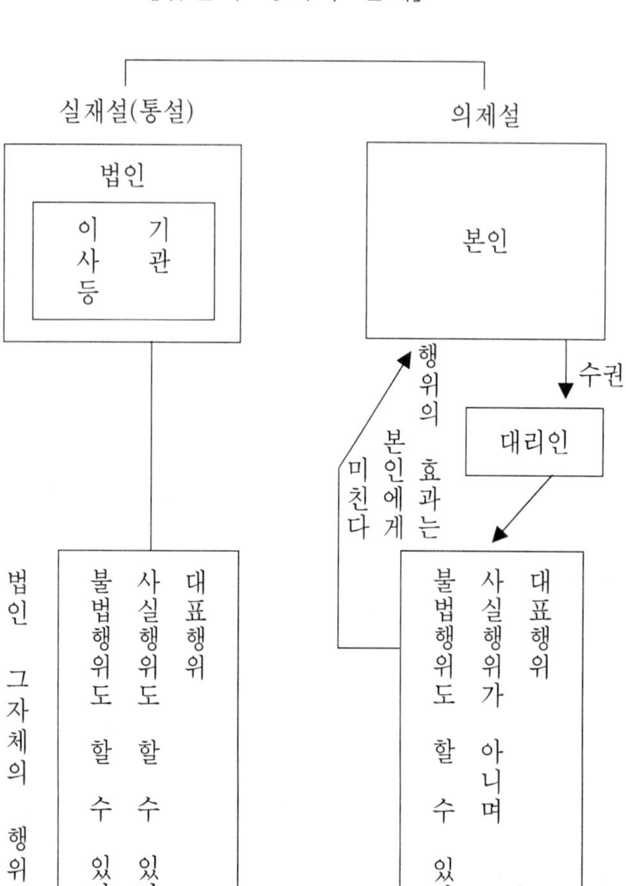

▣ 핵심판례 ▣

■ [이사]

1. 민법상 법인의 이사 전원 또는 그 일부의 임기가 만료되었거나 사임한 경우, 후임 이사가 선임될 때가지 종전 직무를 계속 수행할 수 있는지 여부(한정 적극)

민법상 법인의 이사 전원 또는 그 일부의 임기가 만료되었거나 사임하였음에도 불구하고 그 후임 이사의 선임이 없거나 또는 그 후임 이사의 선임이 있었다고 하더라도 그 선임결의가 무효이고, 남아 있는 다른 이사만으로는 정상적인 법인의 활동을 할 수 없는 경우, 임기가 만료되거나 사임한 구 이사로 하여금 법인의 업무를 수행케 함이 부적당하다고 인정할 만한 특별한 사정이 없는 때에는, 구 이사는 후임이사가 선임될 때까지 종전의 직무를 수행할 수 있다(대판 2005. 3. 25, 2004다65336).

2. 가. 주택건설촉진법에 의하여 설립된 재건축조합의 법적 성질

주택건설촉진법에 의하여 설립된 재건축조합은 민법상의 비법인 사단에 해당한다.

나. 임기 만료 또는 사임한 법인의 이사가 선임 이사의 선임시까지 직무를 계속 수행할 수 있는지 여부

민법상 법인과 그 기관인 이사와의 관계는 위임자와 수임자의 법률관계와 같은 것으로서 이사의 임기가 만료되면 일단 그 위임관계는 종료되는 것이 원칙이나, 그 후임 이사 선임시까지 이사가 존재하지 않는다면 기관에 의하여 행위를 할 수밖에 없는 법인으로서는 당장 정상적인 활동을 중단하지 않을 수 없는 상태에 처하게 되고, 이는 민법 제691조에 규정된 급박한 사정이 있는 때와 같이 볼 수 있으므로, 임기 만료되거나 사임한 이사라고 할지라도 그 임무를 수행함이 부적당하다고 인정할 만한 특별한 사정이 없는 한 신임 이사가 선임될 때까지 이사의 직무를 계속 수행할 수 있다.

다. 사임한 재건축조합장이 조합장 변경 인가나 직무대행자 선임이 되지 않은 상태에서 정관상 규정에 따라 행한 총회소집이 적법하다고 한 원심판결을 수긍한 사례

사임한 재건축조합장이 조합장 변경 인가나 직무대행자 선임이 되지 않은 상태에서 정관상 규정에 따라 행한 총회소집이 적법하다고 한 원심판결을 수긍한 사례(1996. 1. 26, 판결 95다40915 건물명도단행가처분)

3. 재단법인의 이사가 사임을 함에 있어 사임의 의사표시 외에 법인의 승낙을 요하는지 여부(소극)

재단법인의 이사는 법인에 대한 일방적인 사임의 의사표시에 의하여 법률관계를 종료시킬 수 있고, 그 의사표시가 수령권한 있는 기관에 도달됨으로써 효력을 발생하는 것이며, 법인의 승낙이 있어야만 효력이 있는 것은 아니다(1992. 7. 24. 제3부 결정, 92다749 이사회결의무효확인)

4. 가. 재단법인 이사를 사임하는 행위의 법적성질

재단법인의 이사를 사임하는 행위는 상대방 있는 단독행위라 할 것이어서 그 의사표시가 상대방에게 도달함과 동시에 그 효력을 발생하고 그 의사표시가 효력을 발생한 후에는 마음대로 이를 철회할 수 없다.

나. 재단법인 이사를 사임하는 의사표시가 완료되지 않았다고 본 사례

재단법인의 이사이던 갑이 이사회에 즈음하여 정당한 이사인 을과 병에게 이사직 사임서를 제시하고 이사직에서 사임할 뜻을 밝혔으나 을의 묵시적인 동의 아래 병의 철회권유를 받고 곧바로 개최된 이사회에 참여하였다가 그 회의가 끝난 후 사임서를 다시 제출하고 재단을 떠난 이상 그 이사직을 사임한다는 의사표시의 표시행위는 위 이사회결의가 끝난 때까지는 완료되지 아니하였다고 봄이 상당하다(1993. 9. 14. 제2부 판결, 93다2799 이사회결의무효확인).

◈ 법인의 사무집행기관 및 그 방법

제 58 조【이사의 사무집행】

① 이사는 법인의 사무를 집행한다.

② 이사가 수인인 경우에는 정관에 다른 규정이 없으면 법인의 사무집행은 이사의 과반수로써 결정한다.

■ § 58. 이사의 사무집행

- 이사의 법인 업무 집행 : 이사는 법인의 모든 내부적 사무를 집행할 권한 있음
- 이사가 수인 존재 하는 경우 : 정관에 다른 규정이 없으면 이사의 과반수로써 결정

이사는 법인사무의 전체를 처리한다. 이사가 수인인 때에는 정관에서 별도의 정함이 없는 한 법인의 사무집행은 이사의 과반수로써 결정한다.

이사의 주요사무로는 법인의 설립등기·변경등기(제49조, 제52조), 재산목록작성(제55조 1항), 사원명부의 작성(제55조 2항), 총회의 소집(제69조), 총회의사록의 작성(제76조), 파산신청(제79조), 청산인이 되는 것(제82조) 등이 있다.

▣ 핵심판례 ▣

■ [이사의 사무집행]

1. 재단법인의 정식이사 중 국내에 유일하게 있던 이사가 소집한 임시이사회에 임시이사가 모두 출석하여 그 이사 전원이 소집절차의 적법성을 문제삼지 않기로 하였다면 위 임시이사회에서 한 대표이사 선임결의 또는 위 결의에 따라 대표이사가 소집한 임시이사회의 소집절차가 위법한 것이라고 할 수는 없다고 한 사례

재단법인의 이사 1인이 임시이사회를 소집할 당시 그 법인의 정식이사로서 국내에 있는 사람은 그밖에 없었고, 그가 소집한 임시이사회에 그와 법원에 의하여 선임된 임시이사가 모두 출석하여 출석한 이사 전원이 소집절차의 적법성 여부를 문제삼지 않기로 하였다면 정관규정에 불구하고 위 임시이사회에서 한 대표이사 선임결의 또는 위 결의에 따라 위 대표이사가 소집한 임시이사회의 소집절차가 위법한 것이라고 할 수는 없다(1992. 7. 3. 제2부 결정, 91마730 임시이사개임신청).

2. 비영리재단법인에 있어 정관에 규정된 이사들에 대한 소집통지에 관한 절차를 거치지 아니한 채, 이사회를 개최하지도 않았으면서 의사록만 작성하거나 일부 이사들만이 모여 이사회를 개최한 경우 이사회결의의 효력 유무(소극)와 적법한 소집통지를 받지 못한 이사의 표결이 이사회결의의 성립에 영향이 없었다는 사정

민법상 비영리 재단법인의 정관에 이사회를 개최하기에 앞서 미리 일정한 기한을 두고 회의 안건 등을 기재한 소집통지서를 발송하도록 하고 있음에도 불구하고 이러한 소집통지에 관한 절차를 거치지 아니한 관계로 그 소집통지를 받지 못한 이사가 참석하지 아니하였고, 이사회를 개최하지도 아니하였으면서 일부 이사들이 이를 개최한 양 의사록만 작성하거나 일부 이사들만이 모여 이사회를 개최하였다면 이러한 이사회의 결의는 존재하지 아니하는 것이거나 당연무효라고 보아야 할 것이며, 이 경우 적법한 소집통지를 받지 못한 이사가 출석하여 반대의 표결을 하였다 한들 이사회결의의 성립에 영향이 없었다고 하더라도 그 이사회결의가 당연무효라고 하는 결론에 지장을 주지 아니한다(1992. 7. 24. 제3부 판결, 92다749 이사회결의무효확인),

◈ 법인을 대외적으로 대표하는 기관

제 59 조【이사의 대표권】

① 이사는 법인의 사무에 관하여 각자 법인을 대표한다. 그러나 정관에 규정한 취지에 위반할 수 없고, 특히 사단법인은 총회의 의결에 의하여야 한다.

② 법인의 대표에 관하여는 대리에 관한 규정을 준용한다.

■ § 59. 법인의 대표권

• 법인의 사무에 대하여 이사는 각자 대표, 대리에 관한 규정이 준용
• 제 한 : 정관, 총회의 결의, 이익상반의 경우 대리권의 제한
• 관련법조 : [이사회의 의결사항] 공익법인의 설립·운영에 관한 법률 §7, [이사의 대표권] 상법 §207~§209, §269, §278, §389, §562, §567, [제2항 준용] 사립학교법 §27, §42②

이사는 법인을 대표하여 일체의 업무를 집행하는 자이기 때문에 이에 필요한 권한을 보유하여야 한다. 여기서 대표란 다음과 같은 경우를 말한다.

법인이나 단체의 기관이 기관으로서 행위하였을 때 그 기관을 법인 또는 단체의 대표라고 한다. 즉 이사나 대표이사의 행위는 대외적으로 비영리법인이나 회사의 행위로서 인정된다. 대리와 유사하지만, 대리가 서로 대등한 두 인격자간의 관계인데 반하여 기관은 법인과 대립되는 지위에 있는 것이 아니고 기관의 행위 자체를 법인의 행위로 간주하는 점에서 대리와 구별된다. 대표행위는 법인의 행위 그 자체이므로 반드시 의사표시에 한하지 않고 불법행위와 사실행위에 대해서도 존재할 수 있다.

▣ 핵심판례 ▣

■ [이사의 대표권]

1. 가. 학교법인의 기본재산처분행위에 표현대리규정의 준용여부(소극)

학교법인을 대표하는 이사장이라 하더라도 이사회의 심의, 결정을 거쳐야 하

는 이와 같은 재산의 처분 등에 관하여는 법률상 그 권한이 제한되어 이사회이 심의, 결정없이는 이를 대리하여 결정할 권한이 없는 것이라 할 것이므로 이사장이 한 학교법인의 기본재산 처분행위에 관하여는 민법 제126조의 표현대리에 관한 규정이 준용되지 아니한다.

나. 위의 경우에 있어서의 소극적 해석과 헌법상 평등

헌법 제10조가 규정하는 법 앞에서의 평등은 모든 국민을 절대적으로 평등하게 대우하여야 한다는 것은 아니고 불합리한 차별대우를 금지한다는 취지라 할 것이므로 학교법인의 기본재산처분행위에 표현대리에 관한 민법 제126조의 규정이 준용되지 않는다는 해석이 헌법에 위배되고 사회적 특수계급을 창설하려는 것이라고는 할 수 없다(1983. 12. 27. 제3부 판결, 83다548 가처분이의).

2. 대표이사가 회사의 권리능력 범위 내에서 대표권한을 초과하여 행한 행위의 제3자에 대한 효력 및 대표권의 범위 내에서 개인적인 이익을 위하여 그 권한을 남용한 행위의 효력

가. 대표이사의 대표권한 범위를 벗어난 행위라 하더라도 그것이 회사의 권리능력의 범위 내에 속한 행위이기만 하면 대표권의 제한을 알지 못하는 제3자가 그 행위를 회사의 대표행위라고 믿은 신뢰는 보호되어야 하고, 대표이사가 대표권의 범위 내에서 한 행위는 설사 대표이사가 회사의 영리목적과 관계없이 자기 또는 제3자의 이익을 도모할 목적으로 그 권한을 남용한 것이라 할지라도 일단 회사의 행위로서 유효하고, 다만 그 행위의 상대방이 대표이사의 진의를 알았거나 알 수 있었을 때에는 회사에 대하여 무효가 되는 것이며, 이는 민법상 법인의 대표자가 대표권한을 남용한 경우에도 마찬가지이다.

나. 법인의 대표자의 행위가 직무에 관한 행위에 해당하지 아니함을 피해자 자신이 알았거나 또는 중대한 과실로 인하여 알지 못한 경우에는 법인에게 손해배상책임을 물을 수 없다고 할 것이고, 여기서 중대한 과실이라 함은 거래의 상대방이 조금만 주의를 기울였더라면 대표자의 행위가 그 직무권한 내에서 적법하게 행하여진 것이 아니라는 사정을 알 수 있었음에도 만연히 이를 직무권한 내의 행위라고 믿음으로써 일반인에게 요구되는 주의의무에 현저히 위반하는 것으로 거의 고의에 가까운 정도의 주의를 결여하고, 공평의 관점에서 상대방을 구태여 보호할 필요가 없다고 봄이 상당하다고 인정되는 상태를 말한다(대판 2004. 3. 26, 2003다34045).

◈ 이사의 대표권제한의 제3자에 대한 대항요건

제 60 조【이사의 대표권에 대한 제한의 대항요건】

이사의 대표권에 대한 제한은 등기하지 아니하면 제3자에게 대항하지 못한다.

■ § 60. 이사의 대표권 제한의 대항요건

• 정관에 의한 제한: 정관에 기재+등기→제3자 대항 가능

(1) 보통법인의 이사대표권에 대한 어떠한 제한도 이것을 등기하지 않는 동안은 당사자간에만 효력이 생길 뿐이며 제3자에게까지 그 효력을 주장할 수 없는 것이다.

이것은 법률이 제3자를 보호하고 거래를 안전하게 하기 위하여 이와 같이 규정한 것이다.

(2) 여기에 「제3자」의 의미와 관련하여, 악의의 제3자에 대하여도 이사의 대표권에 대한 제한을 등기하지 않으면 대항하지 못한다는 견해(이영섭, 김증한, 김용한 판례)와 악의의 제3자는 보호할 필요가 없으므로 악의의 제3자에 대해서도 등기 없이는 대항할 수 있다는 견해(방순원, 김현태, 곽윤직)로 대립된다.

▣ 핵심판례 ▣

■ [이사의 대표권에 대한 제한의 대항요건]

1. 비법인사단의 대표자가 정관에 위반하여 사원총회의 결의 없이 체결한 거래행위의 효력 및 대표권 제한사실에 대한 상대방의 악의에 관한 주장·입증책임의 소재(=재건축조합)

비법인사단의 경우에는 대표자의 대표권 제한에 관하여 등기할 방법이 없어 민법 제60조의 규정을 준용할 수 없고, 비법인사단의 대표자가 정관에서 사원총회의 결의를 거쳐야 하도록 규정한 대외적 거래행위에 관하여 이를 거치지 아니한 경우라도, 이와 같은 사원총회 결의사항은 비법인사단의 내부적 의사결정에 불과하다 할 것이므로, 그 거래 상대방이 그와 같은 대표권 제한사실을 알았거나 알 수 있었을 경우가 아니라면 그 거래행위는 유효하다고 봄이 상당하고, 이 경우 거래의 상대방이 대표권 제한사실을 알았거나 알 수 있었음은 이를 주장하는 비법인

사단측이 주장·입증하여야 한다(대판 2003. 7. 22. 2002다64780).

2. 가. 재단법인의 대표자가 그 법인의 채무를 부담하는 계약을 함에 있어서 이사회의 결의를 거쳐 노회와 설립자의 승인을 얻고 주무관청의 인가를 받도록 정관에 규정되어 있으나 등기는 되어 있지 아니한 경우 제3자에 대한 대항력 유무(소극)

재단법인의 대표자가 그 법인의 채무를 부담하는 계약을 함에 있어서 이사회의 결의를 거쳐 노회와 설립자의 승인을 얻고 주무관청의 인가를 받도록 정관에 규정되어 있다면 그와 같은 규정은 법인 대표권의 제한에 관한 규정으로서 이러한 제한은 등기하지 아니하면 제3자에게 대항할 수 없다.

나. 법인 대표권의 제한에 관한 규정이 등기되어 있지 않은 경우 위 대표권 제한으로써 대항할 수 없는 제3자의 범위

법인의 정관에 법인 대표권의 제한에 관한 규정이 있으나 그와 같은 취지가 등기되어 있지 않다면 법인은 그와 같은 정관의 규정에 대하여 선의냐 악의냐에 관계없이 제3자에 대하여 대항할 수 없다(1992. 2. 14. 제3부 판결, 91다24564 물품대금).

3. 가. 재단법인의 대표자가 그 법인의 채무를 부담하는 계약을 함에 있어서 이사회의 결의를 거쳐 노회와 설립자의 승인을 얻고 주무관청의 인가를 받도록 정관에 규정되어 있으나 등기는 되어 있지 아니한 경우 제3자에 대한 대항력 유무(소극)

재단법인의 대표자가 그 법인의 채무를 부담하는 계약을 함에 있어서 이사회의 결의를 거쳐 노회와 설립자의 승인을 얻고 주무관청의 인가를 받도록 정관에 규정되어 있다면 그와 같은 규정은 법인 대표권의 제한에 관한 규정으로서 이러한 제한은 등기하지 아니하면 제3자에게 대항할 수 없다.

나. 법인 대표권의 제한에 관한 규정이 등기되어 있지 않은 경우 위 대표권 제한으로써 대항할 수 없는 제3자의 범위

법인의 정관에 법인 대표권의 제한에 관한 규정이 있으나 그와 같은 취지가 등기되어 있지 않다면 법인은 그와 같은 정관의 규정에 대하여 선의냐 악의냐에 관계없이 제3자에 대하여 대항할 수 없다(대법원 1992.2.14. 선고 91다24564 판결).

◈ 직무대행자의 권한

제 60 조의 2 【직무대행자의 권한】

① 제52조의 2의 직무대행자는 가처분 명령에 다른 정함이 있는 경우 외에는 법인의 통상사무에 속하지 아니한 행위를 하지 못한다. 다만, 법원의 허가를 얻은 경우에는 그러하지 아니하다.

② 직무대행자가 제1항의 규정에 위반한 행위를 한 경우에도 법인은 선의의 제3자에 대하여 책임을 진다(본조신설 2001. 12. 29.).

■ § 60의2. 직무대행자의 권한

- 원칙 : 가처분 명령에 다른 정함이 없는 한 통상사무에 속하는 행위만을 할 수 있음.
- 예외 : 법원의 허가를 얻은 경우 통상 사무가 안니 행위도 할 수 있음

상법의 경우 주식회사 및 유한회사의 이사·감사·청산인에 관하여는 그 선임결의 무효의 소 등을 제기하면서 직무집행정지·직무대행자 선임가처분을 신청할 수 있고, 그 명령이 발령된 때에는 이를 등기하도록 규정하고 있으며, 이사와 청산인의 경우에는 가처분명령에서 정함이나 법원의 허가가 있어야만 통상사무를 벗어난 행위를 할 수 있도록 규정하고 있다. 그러나 2002년 7월 1일 시행된 개정 민법 이전에는 민법상 법인 및 권리능력 없는 사단법인에 관하여 이러한 명문의 규정이 없었다. 이에 2001년 12월 29일 민법 일부 개정을 통하여 이에 관한 규정을 신설하였다.

즉, 직무대행자는 가처분명령에 다른 정함이 있는 경우와 법원의 허가를 얻은 경우를 제외하고는 법인의 통상사무에 속하지 아니한 행위를 하지 못하도록 명문으로 규정한 것이다(법 제60조의2 신설).

◆ 이사의 선량한 관리자로서의 주의 의무

제 61 조【이사의 주의의무】

이사는 선량한 관리자의 주의로 그 직무를 행하여야 한다.

■ § 61. 법인과 이사와의 관계

- 위임에 유사한 계약
- 선량한 관리자로서의 직무수행
- 채무불이행을 이유로 손해배상책임
- 관련법조 : [회사와 이사관계] 상법 §382②, §567, [취임승인의 최소] 공익법익의 설립·운영에 관한 법률 §14②

법인과 이사와의 관계는 위임에 유사한 계약이다. 그러므로 이사는 선량한 관리자의 주의로 그 직무를 행하여야 한다. 여기서 선량한 관리자의 주의라 함은 보통의 주의력을 가진 자가 구체적인 상황에서 통상 가져야할 주의의 정도를 말한다. 이 선관주의의무를 위반한 경우에는 법인에 대하여 채무불이행으로 인한 손해배상책임을 진다(제390조). 이때 이사가 수인인 경우에는 법인에 대하여 연대하여 손해배상의 책임이 있다(제65조).

이사의 직무권한은 대외적인 대표권과 대내적인 사무집행권으로 나뉜다.

▣ 핵심판례 ▣

■ [이사의 주의의무]

1. 임원들이 법률해석을 잘못한 감독관청의 명령을 따른 것이 선관주의의무를 위반한 것이 되는지 여부

선량한 관리자의 주의라 함은 보통의 주의력을 가진 행위자가 구체적인 상황에서 통상 가져야 할 주의의 정도를 말하는 것이므로, 관할관청의 지휘감독을 받는 법인의 임원들은 감독관청의 법률해석을 신뢰하여 그 명령에 따를 수밖에 없을 것이고, 설사 감독관청의 법률해석이 틀린 것이라 하더라도 그 명령을 거부하거나 적법한 행위로 바꾸어 시행한다는 것은 보통의 주의력을 가진 법인의 임원에게는 기대하기 어려운 일이라고 할 것이므로, 위 임원들이 법률해석을 잘못한 감독관청의 명령을 따른 데에 선량한 관리자의 주의의무를 위반한 잘못이 있다고 보기 어렵다(대판 1986. 3. 26, 84다카1923).

2. 임기만료되거나 사임한 비법인사단의 이사가 신임 이사 선임시까지 직무를 계속 수행할 수 있는지 여부(한정 적극)

민법상 법인과 그 기관인 이사의 관계는 위임자와 수임자의 법률관계와 같은 것으로서 이사의 임기가 만료하면 일단 그 위임관계는 종료되는 것이 원칙이나, 그 후임 이사 선임시까지 이사가 존재하지 않는다면 기관에 의하여 행위를 할 수밖에 없는 법인으로서는 당장 정상적인 활동을 중단하지 않을 수 없는 상태에 처하게 되고, 이는 민법 제691조에 규정된 급박한 사정이 있는 때와 같이 볼 수 있으므로 임기만료되거나 사임한 이사라고 할지라도 그 임무를 수행함이 부적당하다고 인정할 만한 특별한 사정이 없는 한 그 급박한 사정을 해소하기 위하여 필요한 범위 내에서 신임 이사가 선임될 때까지 이사의 직무를 계속 수행할 수 있고, 이러한 법리는 법인 아닌 사단에서도 마찬가지이다 (대판 2007. 6. 15, 2007다6307).

3. 이사회에서 사임당한 이사장이 복귀투쟁을 벌인 결과 법인활동에 지장을 주었으나 동인이 직무수행에 부적당하지 않다고 본 사례

이사회에서 이사장직을 사임당한 자가 이사장 복귀투쟁을 벌인 일이 결과적으로 그 법인의 활동에 장애를 주었더라도 그가 이사장 지위를 상실하게 된 위 이사회의 결의가 그 소집절차상의 하자로 말미암아 부존재 또는 무효인 이상 위와 같은 결과만을 가지고 그로 하여금 그 직무를 수행케 하는 것이 부적당 또는 불가능한 경우에 해당한다고 할 수 없다(1989. 9. 26. 제2부 판결, 87다카2256 이사회결의부존재확인).

◆ 이사가 자기의 이름으로 대리인을 선임할 수 있는지 여부

제 62 조【이사의 대리인선임】

이사는 정관 또는 총회의 결의로 금지하지 아니한 사항에 한하여 타인으로 하여금 특정한 행위를 대리하게 할 수 있다.

■ § 62. 이사의 복임권의 제한

- 원칙적으로 자신이 대표권 행사, 예외적으로 정관 또는 총회의 결의로 금지하지 않은 사항에 한해 특정행위를 타인으로 하여금 대리하게 할 수 있다
- 포괄적 복임권 금지, 이사가 선임한 대리권, 법인의 기관은 아니다
- 관련법조 : [본조준용] 사립학교법 §27. §42②

(1) 이사는 법인의 활동을 대표하는 책임자이므로 이 대표권을 포괄적으로 타인에게 위임하는 것은 허용되지 아니한다.
이사의 이 권한은 대리권의 복임권에 있어서 그 범위는 임의대리인과 법정대리인의 중간적인 형태이다(제120조, 제122조).
이사가 선임한 대리인은 법인의 기관으로서의 지위를 갖지 않는다. 또 이사는 이 대리인의 선임기관으로서의 책임을 부담하여야 한다(제121조 1항 참조).

(2) 이사가 선임한 대리인은 법인의 기관이 아니므로 대리인(복대리인)의 불법행위에 대해서는 제35조의「법인의 불법행위능력」에 관한 규정이 적용될 것이 아니라 사용자책임에 관한 제756조가 적용되어야 한다.

◈ 임시이사의 선임요건 및 절차

제 63 조【임시이사의 선임】

이사가 없거나 결원이 있는 경우에 이로 인하여 손해가 생길 염려가 있는 때에는 법원은 이해관계인이나 검사의 청구에 의하여 임시이사를 선임하여야 한다.

■ § 63. 임시이사

- 이사가 없거나 결원이 있는 경우 법인 또는 타인에게 손해가 생길 염려가 있는 때
- 이해관계인 또는 검사의 청구
- 정식이사가 임명되면 임시이사의 권한은 당연히 소멸
- 관련법조 : [임시이사] 사립학교법 §25, [이사결원] 상법 §386, §567

이사가 없거나 정원에 결원이 생긴 경우에 법인이나 이해관계인에게 손해가 생길 염려가 있는 때에는, 법원은 이해관계인 또는 검사의 청구에 의하여 임시이사를 선임하여야 한다. 임시이사는 일시적 기관이지만 그 권한은 이사와 동일하다. 이사가 보충되면 그 권한도 당연히 소멸한다. 임시이사의 선임절차는 비송사건절차법에 의한다.

【서식】 이사가 없거나 결원이 있는 경우에 이로 인하여 손해가 생길 염려있는 때에 이해관계인이 법원에 임시이사의 선임을 신청하는 서식의 예

임 시 이 사 선 임 신 청

청구인(사건본인의 모) 서 진 영 (전화)
주민등록번호 -
주 소
등록기준지

인 지

사건본인 ○○ 중고등학교
주민등록번호 -
주 소
등록기준지

신 청 취 지

시 구 동 번지 교장 이효남과 시 구 동 번지 시의원 지상복을 ○○중고등학교의 임시이사로 선임한다.
라는 재판을 구함.

신 청 원 인

청구인은 사건의 본인인 ○○중고등학교의 신축을 도급하고 계약취지에 따라 기한대로 년 월 일에 완료하였고 그 신축비는 공사인도 후 즉시 지급받을 계약이었으나, 동학교 이사 전부는 서기 년 월 일로서 만기퇴직하여 현재는 후임자의 선임이 없으므로 공사의 인도가 불능하며, 따라서 신축비도 청구할 수 없어 제종의 비용지급이 매우 곤란하므로 임시이사를 선임하고자 신청취지와 같이 재판을 구하는 바입니다.

첨 부 서 류

1. 계약서등본 1통
2. 이사의 선임 없음을 증명하는 서면 1통
3. 박탈공권 정지공권자가 아닌 증명서 1통

서기 년 월 일

위 청구인 서 진 영 ㊞

○○가정법원 귀중

▣ 핵심판례 ▣

■ [임시이사의 선임]

1. 법원이 민법 제63조에 의한 임시이사 선임결정을 한 후 이를 취소 또는 변경할 수 있는지 여부(적극)

민법 제63조에 의한 임시이사의 선임은 비송사건절차법의 규제를 받는 것인바, 법인은 임시이사 선임결정을 한 후에 사정변경이 생겨 그 선임결정이 부당하다고 인정될 때에는 이를 취소 또는 변경할 수 있다(1992. 7. 3. 제2부 판결, 91마730 임시이사개임신청).

2. 구 사립학교법상의 임시이사에게 정식이사를 선임할 권한이 있는지 여부(소극)

학교법인의 기본권과 구 사립학교법(2005. 12. 29. 법률 제7802호로 개정되기 전의 것)의 입법목적, 그리고 같은 법 제25조가 민법 제63조에 대한 특칙으로서 임시이사의 선임사유, 임무, 재임기간 그리고 정식이사로의 선임제한 등에 관한 별도의 규정을 두고 있는 점 등에 비추어 보면, 구 사립학교법 제25조 제1항에 의하여 교육인적자원부장관이 선임한 임시이사는 이사의 결원으로 인하여 학교법인의 목적을 달성할 수 없거나 손해가 생길 염려가 있는 경우에 임시적으로 그 운영을 담당하는 위기관리자로서, 민법상의 임시이사와는 달리 일반적인 학교법인의 운영에 관한 행위에 한하여 정식이사와 동일한 권한을 가지는 것으로 제한적으로 해석하여야 하고, 따라서 정식이사를 선임할 권한은 없다고 봄이 상당하다(대법원 2007.5.17. 선고 2006다19054 전원합의체 판결).

3. [1] 임시이사 선임에 관한 민법 제63조의 규정을 법인 아닌 사단 또는 재단에도 유추 적용할 수 있는지 여부(적극)

민법 제63조는 법인의 조직과 활동에 관한 것으로서 법인격을 전제로 하는 조항이 아니고, 법인 아닌 사단이나 재단의 경우에도 이사가 없거나 결원이 생길 수 있으며, 통상의 절차에 따른 새로운 이사의 선임이 극히 곤란하고 종전 이사의 긴급처리권도 인정되지 아니하는 경우에는 사단이나 재단 또는 타인에게 손해가 생길 염려가 있을 수 있으므로, 민법 제63조는 법인 아닌 사단이나 재단에도 유추 적용할 수 있다.

[2] 민법 제63조에 따라 임시이사의 선임을 신청할 수 있는 '이해관계인'의 범위

임시이사의 선임을 신청할 수 있는 '이해관계인'이라 함은 임시이사가 선임되는 것에 관하여 법률상의 이해관계가 있는 자로서 그 법인의 다른 이사, 사원 및 채권자 등을 포함한다.

[3] 민법 제63조에서 임시이사 선임의 요건으로 정하고 있는 '이사가 없거나 결원이 있는 경우'와 '이로 인하여 손해가 생길 염려가 있는 때'의 의미

민법 제63조에서 임시이사 선임의 요건으로 정하고 있는 '이사가 없거나 결원이 있는 경우'라 함은 이사가 전혀 없거나 정관에서 정한 인원수에 부족이 있는 경우를 말하고, '이로 인하여 손해가 생길 염려가 있는 때'라 함은 통상의 이사선임절차에 따라 이사가 선임되기를 기다릴 때에 법인이나 제3자에게 손해가 생길 우려가 있는 것을 의미한다.

[4] 민법 제63조에 따라 법원이 종교단체의 임시이사를 선임함에 있어서 헌법이 보장하는 종교의 자유와 관련하여 고려해야 할 사항

헌법 제20조는 종교의 자유를 보장하고 종교와 국가기능의 엄격한 분리를 선언하고 있으므로, 종교의 자유에 속하는 종교적 집회·결사의 자유는 그 성질상 일반적인 집회·결사의 자유보다 광범위한 보장을 받으며, 이에 따라 종교적 집회·결사의 자유를 실현하기 위하여 설립된 종교단체에 대하여는 그 조직과 운영에 관한 자율성이 최대한 보장되어야 한다. 따라서 법원이 종교단체에서 이사의 결원으로 발생하는 장해를 방지하기 위하여 임시이사의 형태로 그 조직과 운영에 관여하게 될 때에도 헌법상 종교단체에 보장되는 종교활동의 자유와 자율성이 침해되지 않도록 그 선임요건과 필요성을 인정함에 신중을 기하여야 하며, 특히 그 선임요건으로 '손해가 생길 염려가 있는 때'를 판단할 때에는, 이사의 결원에 이르게 된 경위와 종교단체가 자율적인 방법으로 그 결원을 해결할 수 있는지 여부를 살피고, 아울러 임시이사의 부재(불재)로 인하여 혼란이 초래되어 임시이사를 선임하지 아니하는 것이 현저히 정의관념에 반하고 오히려 자유로운 종교활동을 위한 종교단체의 관리·운영에 심각한 장해를 초래하는지 여부 등의 사정을 종합적으로 참작하여야 한다.

[5] 당해 종단의 신도 아닌 사람을 종단 대표자의 결원으로 인한 임시이사로 선임할 수 있는지 여부

종교단체에서 임시이사의 선임요건에 관한 심사 결과 당해 종교단체에 장래 발생이 염려되는 손해를 방지하기 위한 조치로서 임시이사의 선임이 불가피한 경우에도, 결원이 된 당해 이사가 지니는 지위, 권한 및 직무내용과 임시이사가 실제로 수행하여야 하는 업무나 역할 등 당해 종교단체에 관한 구체적 사정에 따라서는 종교단체의 종교적인 활동 및 그 자율성에 장해를 주지 않도록 선임자격이나 그 구체적 권한 내지 직무내용을 제한함이 상당하다. 특히, 교의의 통일 등을 위하여 단위 종교단체의 상위 단체로 조직한 포괄적인 종교단체인 종단의 대표자는 법률적으로 종단을 대표하는 권한을 가지고, 종단의 규약이 정한 임명권 등을 통하여 종단의 업무 조직을 구성하는 포괄적인 권한을 가지는 한편, 종교적 권능을 통하여 대내외적으로 당해 종단의 정체성을 표창하고 신도들의 신앙적 일체감을 지지(지지)·통합하는 구심점인 역할을 수행하는 지위에 있다. 이와 같이 종교적인 영역에서 차지하는 종단 대표자의 지위나 역할의 중요성을 감안하면 그 종단의 신도가 아니어서 신앙적 동일성이 인정되지 않는 외부의 제3자로 하여금 신앙공동체인 종단의 대표자 업무를 담당하도록 하는 것은 특별한 사정이 없는 한 종교단체의 자율성과 본질에 어긋나므로 원칙적으로 허용되지 않는다. 다만, 종단 내부의 총체적 분규와 전체적 대립 양상으로 인하여 당해 종단의 신도 중에서는 중립적인 지위에서 종단의 대표자 업무를 적정하게 수행할 수 있는 적임자를 도저히 찾을 수 없는 예외적 사정이 존재하는 경우에는 신도 아닌 사람도 임시이사로 선임할 수 있으나, 이 경우에도 그 직무범위나 권한을 비종교적(비종교적) 영역 내에서 선임의 필요성에 상응한 최소한의 범위로 제한함으로써, 종단의 정체성을 보존하고 그 자율적 운영에 대한 제약도 최소화될 수 있도록 하여야 한다(대법원 2009. 11. 19. 자 2008마699 전원합의체 결정).

◈ 법인과 이사의 이익이 상반되는 사항에 관해 이사의 대표권이 있는지 여부

제 64 조【특별대리인의 선임】

법인과 이사의 이익이 상반하는 사항에 관하여는 이사는 대표권이 없다. 이 경우에는 전조의 규정에 의하여 특별대리인이 선임하여야 한다.

■ § 64. 특별대리인

- 법인과 이사의 이익상반: 특별대리인
- 관련법조 : [쌍방대리] 상법 §398, §564③, [이사에 대한 소] 상법 §394

(1) 특별대리인의 선임

이사는 법인의 대표자로서 법인을 대표하여 대외적으로 업무를 하지만 경우에 따라서는 이사 자신이 법인과 거래를 하는 경우도 있게 된다. 이런 경우 법인과 이사의 이익이 상반하는 사항에 대해서는 이사는 대표권이 없다.

예컨대 법인과 이사 개인 사이에 거래가 행해진 경우나 이사가 법인의 채무자인 제3자의 보증인인 것과 같은 경우이다. 이러한 때에는 다른 이사가 있으면 그 이사가 법인을 대표하여도 지장이 없지만, 민법은 특히 이 문제를 처리하기 위하여 특별대리인제도를 마련하여 특별대리인이 법인을 대표하는 것으로 규정했다. 따라서 본조는 자기계약(제124조)에 대한 특례가 된다. 특별대리인은 이해관계인 또는 검사의 청구에 의하여 법원이 선임하지만(비송 제33조), 그 권한은 당해사항에 한정된다. 그러나 그 사항에 관해서는 이사와 동일한 대표기관이다.

(2) 본조에 위반하여 한 행위의 효력

본조에 위반하여 이사가 대표행위를 한 때에는 그것은 무권대리행위가 된다(제59조 2항 참조). 따라서 법인이 추인하지 않으면 법인에 대해 그 효력이 없다(제130조).

(3) 수인의 이사 중 일부의 이사와 법인의 이익이 충돌하는 경우에도 특별대리인을 선임하여야 하는지 여부

이사가 수인 있는데 그 중 일부의 이사와 법인의 이익이 상반하는 경우에는 다른 이사가 법인을 대표하면 될 것이므로 특별대리인을 선임할 필요가 없다는 것이 통설이다.

◆ 이사의 임무해태시의 책임

제 65 조【이사의 임무해태】

이사가 그 임무를 해태한 때에는 그 이사는 법인에 대하여 연대하여 손해배상의 책임이 있다.

■ § 65. 이사의 손해배상책임

- 이사가 임무를 게을리한 때
- 법인에 대하여 연대하여 손해배상의 책임이 있다
- 선관주의의무위반 배상책임
- 관련법조 : [취임승인취소] 공익법인의 설립운영에 관한 법률 §14②

민법은 특히 법인의 이익을 보호하려는 의도 하에서 이사가 그 임무를 게을리한 때에는 그 이사는 법인에 대하여 연대하여 손해배상의 책임이 있다고 규정 하고 있다. 따라서 어떤 직무의 수행에 있어서 선관주의의무를 다하지 않았기 때문에 법인에게 손해를 준 이사가 수인 있는 경우에는 그 이사들은 연대하여 손해배상책임을 지게 된다.

◆ 감사가 법인의 필수기관인지 여부

제 66 조【감 사】

법인은 정관 또는 총회의 결의로 감사를 둘 수 있다.

■ § 66. 감 사

- 이사에 대한 감독기관
- 정관 또는 총회의 결의
- 임의기관
- 등기사항이 아니다
- 관련법조 : [강제] 공익법인의 설립운영에 관한 법률 §5①, [감사직무] 상법 §405~§415, §568~§570, [감사결격자] 형법 §43① 4호, 사립학교법 §21④

감사는 이사의 감독기관으로서 정관, 또는 총회의 결의에 의하여 감사를 둘 수 있다. 즉 감사는 법인의 필수기관이 아닌 임시기관이다.

이사의 성명·주소는 법인의 등기사항이지만, 감사의 그것은 등기사항이 아니다. 그리고 감사의 자격·선임행위의 성질·해임·퇴임 등에 관한 것은 이사의 경우와 동일하다.

◈ 감사의 직무권한

제 67 조【감사의 직무】

감사의 직무는 다음과 같다.

1. 법인의 재산상황을 감사하는 일
2. 이사의 업무집행의 상황을 감사하는 일
3. 재산상황 또는 업무집행에 관하여 부정, 불비한 것이 있음을 발견한 때에는 이를 총회 또는 주무관청에 보고하는 일
4. 전호의 보고를 하기 위하여 필요있는 때에는 총회를 소집하는 일

■ § 67. 감사의 직무권한

- 법인의 재산상황감사
- 이사의 업무집행상황감사
- 재산상황 또는 업무집행에 관해 부정, 불비한 것이 있을 때 총회, 주무관청에 보고
- 위의 사항을 보고하기 위해 필요있는 때에 총회소집
- 감사가 이사의 감독기관으로서 그의 직무를 다하기 위해 필요한 경우 그밖의 행위도 할 수 있다고 본다
- 관련법조 : 사립학교법 §19④, 공익법인의 설립운영에 관한 법률 §10, [감사권한] 상법 §412, §413, §569, §570

감사는 법인의 내부에서 이사의 사무집행을 감독하는 데 그치며, 법인을 대표하는 권한은 가지고 있지 않다. 감사의 직무권한으로서 주요한 것은 다음과 같다.

① 법인의 재산상황을 감사하는 일.

② 이사의 업무집행상황을 감사하는 일.

③ 재산상황 또는 업무집행에 관하여 부정·불비한 것이 있음을 발견한 때에는 이를 총회 또는 주무관청에 보고하는 일.

④ 이러한 사항의 보고를 하기 위하여 필요한 때에는 총회를 소집하는 일 등이다.

그러나 감사의 직무는 상기의 것에 한정되는 것은 아니다. 감사 자신의 직무 수행을 위하여 필요한 경우에는 상기의 사항 이외의 행위도 할 수 있다고 본다.

한편 감사는 이러한 직무를 행함에 있어서 명문의 규정은 없지만, 이사와 마찬가지로 선량한 관리자의 주의로서 사무를 처리하여야 할 것이다. 이 선관의무를 위반한 때에는 채무불이행으로서 손해배상책임을 부담하여야 한다. 그러나 감사가 수인인 경우에 이사와는 달라서 연대하여 배상할 책임은 없다(제65조 참조).

그리고 감사가 수인인 경우에 감독기관으로서의 성질상 각자 단독으로 그 직무를 행한다(통설).

◈ 사단법인의 필요적 최고의사결정기관

제 68 조【총회의 권한】

사단법인의 사무는 정관으로 이사 또는 기타 임원에게 위임한 사항 외에는 총회의 결의에 의하여야 한다.

■ § 68. 사원총회

- 최고의 의사결정기관
- 의결기관, 필요기관
- 사단법인에만 있음. 재단법인에는 없음
- 권한 : 정관 및 이사 기타 임원에게 위임한 사항을 제외한 법인 사무 전부의 결의권을 가진다. 정관의 변경 및 임무해산은 총회의 전권사항

(1) 사원총회의 지위 : 사원총회는 사단법인의 최고의사결정기관이다. 사원총회는 총사원으로써 구성되는 법인의 필수기관이며, 의결기관이다. 재단법인은 사원을 그 구성요소로 하지 않기 때문에 사원총회란 것이 존재하지 아니한다.

(2) 사원총회의 권한 : 사원총회는 정관으로 이사 기타의 임원에게 위임한 것을 제외하고 법인의 운영에 관한 모든 사항을 총회의 결의에 의하여 행할 수 있다. 정관의 변경(제42조) 및 임의해산(제77조 2항)은 총회의 전권사항이기 때문에 특별결의에 의해서만 할 수 있다. 따라서 정관에 의하여서도 총회의 이 권한을 박탈할 수 없다.

그리고 사원의 고유권, 예컨대 소수사원권(제70조 2항), 결의권(제 73조) 등은 그 사원의 동의 없이는 총회의 결의로써 박탈할 수 없다(예, 독일민법 제35조).

이처럼 총회는 의결기관이므로 법인을 대표할 수도 없고 업무에 관한 집행권도 없다.

▣ 핵심판례 ▣

■ **단체구성원에 대한 제명처분이 법원의 효력심사 대상이 되는지 여부**

사단법인 부산시 개인택시여객운송연합회와 같은 단체의 구성원인 조합원에 대한 제명처분은 조합원의 의사에 반하여 그 조합원인 지위를 박탈하는 것이므로 조합의 이익을 위하여 불가피한 경우에 최종적인 수단으로서만 인정되어야 할 것이고, 또 조합이 조합원을 제명처분한 경우에 법원은 그 제명사유의 존부와 결의내용의 당부 등을 가려 제명처분의 효력을 심사할 수 있다(1994. 5. 10. 제1부 판결, 93다21750 제명처분무효확인).

<판례전문(1994. 5. 10. 판결, 93다21750)>

[원고, 피상고인] 김성한 외 2인

[피고, 상고인] 사단법인 부산시개인택시여객운송사업조합

소송대리인 변호사 손홍익 외 1인

[원심판결] 부산고등법원 1993. 3. 31. 선고, 92나5232판결

[주　　문] 상고를 기각한다.

상고비용은 피고의 부담으로 한다.

[이　　유] 상고이유를 본다.

원심판결 이유에 의하면, 원심은 거시증거에 의하여 원고들이 피고 조합의 공제사업의 성질을 가진 자차, 자손상조회사업 등에 대하여 그 판시와 같이 조직적인 반대운동을 벌인 사실을 인정하고서, 그와 같은 반대운동은 피고 조합이 법적 근거 없이 보험업법에 위반한 채 실질적으로 보험사업에 해당하는 위 상조회사업을 무리하게 영위함에 따른 문제점을 지적하고 올바른 여론형성에 기여함과 아울러 조합의 건전한 발전을 도모하기 위하여 한 평화적인 비판활동이고, 그 과정에서 피고 조합의 상조회비를 상품이 다른 대물공제의 요율과 비교하여 비난한 점이 있다 하더라도 이는 악의적 목적에 의한 비난이 아니므로, 원고들의 행위는 조합정관 제10조와 같은 제11조 소정의 제명사유인 조합원으로서의 의무를 성실히 준수하지 않거나 조합의 발전 및 사업자의 업권보호에 저해되는 행위에 해당되지 않고, 오히려 그 수단이나 정도로 보아 단체의 구성원으로서 그 집행기관에 대하여 행하는 정당한 비판활동에 해당하는 것이므로, 피고 조합이 원고들에 대하여 한 이 사건 제명처분은 무효라고 판단하였다.

기록에 비추어 보면, 원고들의 행위가 제명사유에 해당되지 않는다고 본 원심의 사실인정과 판단은 정당한 것으로 수긍할 수 있고 거기에 어떤 위법이 있다 할 수 없다.

피고 조합과 같은 단체의 구성원인 조합원에 대한 제명처분이라는 것은 조합원의 의사에 반하여 그 조합원인 지위를 박탈하는 것이므로 조합의 이익을 위하여

불가피한 경우에 최종적인 수단으로서만 인정되어야 할 것이고, 또 조합이 조합원을 제명처분한 경우에 법원은 그 제명사유의 존부와 결의내용의 당부 등을 가려 제명처분의 효력을 심사할 수 있다 할 것이다. 이와 반대의 견해에서 조합원의 제명은 조합의 자치영역에 속하는 것으로서 법원의 심사대상이 될 수 없다고 하는 소론주장은 받아들일 수 없다.

또 원심이 그 설시와 같은 이유로 피고 조합이 재무부장관의 허가를 받지 아니하고 기타 다른 법령의 근거도 없이 영위하는 상조회사업은 보험업법에 저촉된다고 판단한 것은 부가적인 것에 불과할 뿐 아니라 기록에 비추어 보면 그 판단은 정당하고 거기에 소론이 지적하는 바와 같은 법리오해의 위법이 없다. 논지는 모두 이유 없다.

그러므로 상고를 기각하고 상고비용은 패소자의 부담으로 하기로 하여 관여법관의 일치된 의견으로 주문과 같이 판결한다.

대법관 김주한(재판장) 배만운
김석수 정귀호(주심)

참조판례

대법원 1981. 3. 24. 선고, 80다2052판결(공1981, 13842)

◆ 통상총회소집

제 69 조 【통상총회】

사단법인의 이사는 매년 1회 이상 통상총회를 소집하여야 한다.

■ § 69. 통상총회

- 매년 1회 이상 일정한 시기에 소집되는 사원총회
- 소집시기 : 정관→총회의 결의→이사
- 관련법조 : [회사통상총회] 상법 §365①②, §571, §576

사단법인의 사원은 통상 그 사무의 집행을 이사에게 일임하고 있으므로 정기적으로 이사로부터 사무집행의 보고를 받는 등 중요사항에 관하여 사단의 의사를 결정할 필요가 있기 때문에 매년 적어도 1회 이상 통상총회를 개최하도록 한 것이다.

소집시기는 정관에서 정하고 있는 것이 보통이나 정관의 규정이 없으면 총회의 결의로 정할 수 있고, 총회의 결의도 없는 경우에는 이사가 임의로 결정할 수 있다.

◈ 임시총회의 소집절차

제 70 조【임시총회】

① 사단법인의 이사는 필요하다고 인정한 때에는 임시총회를 소집할 수 있다.

② 총사원의 5분의 1이상으로부터 회의의 목적사항을 제시하여 청구한 때에는 이사는 임시총회를 소집하여야 한다. 이 정수는 정관으로 증감할 수 있다.

③ 전항의 청구있는 후 2주간 내에 이사가 총회소집의 절차를 밟지 아니한 때에는 청구한 사원은 법원의 허가를 얻어 이를 소집할 수 있다.

■ § 70. 임시총회

- 소집시기 : 이사 또는 감사가 필요하다고 인정하는 때, 총사원의 5분의 1이상으로부터 회의의 목적사항을 제시하여 청구하는 때
- 총사원의 5분의 1 이상 정수는 정관으로 증감할 수 있다
- 위의 청구 있는 후, 2주간 내에 이사가 총회소집절차 밟지 아니한 때에는 청구한 사원은 법원의 허가를 얻어 소집가능
- 관련법조 : [회사의 임시총회] 상법 §365③, §571, §578, [소수주주에 의한 총회소집청구] 상법 §366, §572, [법원의 허가] 상법 §366②, §572③

총회에는 이사가 적어도 매년 1회 개최하는 통상총회(제69조)와 필요에 따라 개최되는 임시총회(제70조)가 있다. 임시총회는 다음과 같은 경우에 소집된다.

① 이사는 자신이 필요하다고 인정한 때에는 임시총회를 소집할 수 있다.
② 감사가 법인의 재산상황 또는 이사의 업무집행에 관하여 부정·불비한 것이 있음을 발견한 때에 이를 총회 또는 주무관청에 보고하기 위하여 필요한 때에는 임시총회를 소집할 수 있다(제67조 4호).
③ 총사원의 5분의 1이상으로부터 회의의 목적사항을 제시하여 청구한 때에는 이사는 임시총회를 소집하여야 한다.

총회의 소집권한을 이사에게만 부여한다면, 사원이 임시·긴급의 경우에 사원총회를 열어 법인의 의사결정을 하려고 해도 이사의 동의가 없으면 할 수 없다.

특히 이사에게 불이익한 사항이 문제로 될 때에는 총회의 소집은 더욱 불가능하다.

그래서 이러한 불합리한 점을 해소하기 위하여 본조 제2항처럼 사원에게 이사에 대한 총회소집요구권을 인정한 것이다. 이 권리를 소수사원권이라고 하며, 총사원의 5분의 1이라는 정수는 정관으로 증감할 수 있다. 그러나 사원의 총회소집요구권을 박탈할 수 없다.

이러한 소집청구가 있은 후 2주간 내에 이사가 총회소집의 절차를 밟지 않을 때에는 청구한 사원이 법원의 허가를 얻어 직접 총회를 소집할 수 있다. 한편 총회의 소집은 적어도 개최 1주일 전에 그 회의의 목적사항을 기재한 통지를 발하고 기타 정관에 정한 방법에 의하여야 한다(제71조).

▣ 핵심판례 ▣

■ [임시총회]

종중산하 문중의 대의원에 대한 종중회의의 적법성을 인정하기 위한 요건

종중에 대의원에 의한 종회구성에 관하여 규약에 특별한 정함이나 관례가 없는 경우 그 산하 문중의 대의원에 의한 종중회의의 적법성을 인정하려면 먼저 그 종중 산하 문중의 수와 그 중 소집통지가 가능한 문중을 가려낸 다음 이들 문중에 대하여 종중회의의 소집통지가 적법하게 이루어졌는지, 종중회의에 참석한 대의원들이 어느 문중에서 선출되어 온 자들인지 하는 점이 밝혀져야 한다(1989. 3. 14. 제2부 판결, 86다카671 가등기말소등).

◆ 총회의 소집절차

제 71 조【총회의 소집】

총회의 소집은 1주간 전에 그 회의의 목적사항을 기재한 통지를 발하고 기타 정관에 정한 방법에 의하여야 한다.

■ § 71. 사원총회의 소집절차

- 1주간 전에 회의의 목적사항 기재한 통지를 발하고, 기타 정관에 정한 방법에 의한다.
- 통지의 방법 : 개별적 통지, 신문광고, 기관잡지에의 기재

본조는 총회소집의 절차에 관한 규정이다.

(1) 소집권자 : 사원총회는 소집권자에 의하여 소집되어야 하며 정당한 권한이 없는 자가 소집하여 한 결의는 무효이다.

(2) 소집장소 : 소집장소에 대하여는 특별한 규정이 없고 정관으로 이를 정하는 것이 관행이다.

(3) 소집방법 : 통지방법에 대해서는 민법에 아무런 규정이 없으므로 정관의 정함에 따라야 할 것이지만 실제는 서면통지를 하거나 신문공고의 방법을 택하는 경우가 많다. 또 소집의 통지는 회일의 1주일 전에 하여야 하는데, 이는 사원에게 회의의 목적사항에 관한 조사·검토의 여유를 주기 위한 것이다.

▣ 핵심판례 ▣

■ [총회의 소집]

1. 종중총회가 20여명의 전체종원 중 통지가능한 5명의 종원에게 그 소집통지를 하지 아니한 위법이 있어 그 종중대표자 선임결의가 부적법하다고 본 사례

종중총회가 20여명의 전체종원 중 통지가능한 5명의 종원에게 그 소집통지를 하지 아니한 위법이 있어 그 종중대표자 선임결의가 부적법하다(1991. 6. 25. 제1부 판결, 91다9466 소유권이전등기말소).

2. 종중의 규약이나 관례에 의하여 종중원이 정기적으로 회합하여 종중의 대소사를 처리하기로 미리 약정이 되어 있는 경우에 있어 소집 통지를 하지 아니한 회의 결의의 효력

종중의 총회를 개최함에 있어서는 일반적으로 대표자나 소집권자가 그 총회의 소집을 알리는 통지를 종중원에게 하는 것이 원칙이라고 할 것이나, 종중의 규약이나 관례에 의하여 종중원이 매년 1회씩 일정한 일시에 일정한 장소에서 정기적으로 회합하여 종중의 대소사를 처리하기로 미리 약정이 되어 있는 경우에는 따로 위와 같은 소집 통지나 의결사항 통지를 하지 아니하였다 하여 그 회의 의결을 무효라 할 수는 없다(1991. 10. 11. 제3부 판결, 91다24663 소유권이전등기).

3. 가. 법인이나 법인 아닌 사단에서 총회소집권자가 이미 소집한 총회의 개최를 연기하거나 소집을 철회·취소할 수 있는 경우

법인이나 법인 아닌 사단의 총회에 있어서, 소집된 총회가 개최되기 전에 당초 그 총회의 소집이 필요하거나 가능하였던 기초 사정에 변경이 생겼을 경우에는, 특별한 사정이 없는 한 그 소집권자는 소집된 총회의 개최를 연기하거나 소집을 철회·취소할 수 있다.

나. 법인이나 법인 아닌 사단의 총회소집권자가 총회의 소집을 철회·취소함에 있어 반드시 소집과 동일한 방법으로 구성원들에게 통지하여야 하는지 여부(소극)

법인이나 법인 아닌 사단의 총회에 있어서 총회의 소집권자가 총회의 소집을 철회·취소하는 경우에는 반드시 총회의 소집과 동일한 방식으로 그 철회·취소를 총회 구성원들에게 통지하여야 할 필요는 없고, 총회 구성원들에게 소집의 철회·취소결정이 있었음이 알려질 수 있는 적절한 조치가 취하여지는 것으로써 충분히 그 소집 철회·취소의 효력이 발생한다(대판 2007. 4. 12, 2006다77593).

4. 문중의 규약이나 관례에 의하여 문중원이 매년 1회씩 정기적으로 회합하여 문중의 대소사를 처리하기로 되어 있는 경우 소집절차의 적법 여부를 문제삼을 수 있는지 여부(소극)

문중의 총회를 개최함에 있어서는 일반적으로 대표자나 소집권자가 그 총회의 소집을 알리는 소집통지를 문중원에게 하는 것이 원칙이라 할 것이나, 문중의 규약 또는 관례에 의하여 문중원이 매년 1회씩 일정한 일시에 일정한 장소에서 정기적으로 회합하여 문중의 대소사를 처리하기로 되어 있는 경우에는 따로 소집할 필요가 없는 것이어서 소집절차의 적법여부도 문제될 여지가 없다(1992. 5. 8. 제3부 판결, 92다3885 소유권이전등기).

5. 종중의 규약이나 관례에 의하여 종중원이 매년 1회씩 정기적으로 회합하여 종중의 대소사를 처리하기로 되어 있는 경우에도 소집절차의 적법 여부가 문제되는지 여부(소극)

종중의 총회를 개최함에 있어서는 일반적으로 대표자나 소집권자가 총회의 소집을 알리는 소집통지를 종중원에게 하는 것이 원칙이라 할 것이나, 종중의 규약 또는 관례에 의하여 종중원이 매년 1회씩 일정한 일시에 일정한 장소에서 정기적으로 회합하여 종중의 대소사를 처리하기로 되어 있는 경우에는 따로 소집의 필요가 없는 것이어서 소집절차의 적법 여부도 문제될 여지가 없다(1993. 5. 25. 제2부 판결, 92다47694 소유권보존등기말소).

6. 종회의 소집권자가 정당한 이유없이 종회의 소집을 거부하는 경우 종회를 소집할 수 있는 자

종중원들이 종중재산의 관리 또는 처분 등에 관하여 대표자를 선정할 필요가 있어 적법한 소집권자에게 종중회의의 소집을 요구하였으나 소집권자가 정당한 이유없이 이를 소집하지 아니할 때에는 차석 또는 발기인이 회의를 소집할 수 있다(1993. 8. 24. 제1부 판결, 92다54180 소유권이전등기말소등).

◆ 총회가 결의할 수 있는 사항

제 72 조【총회의 결의사항】

총회는 전조의 규정에 의하여 통지한 사항에 관하여서만 결의할 수 있다. 그러나 정관에 다른 규정이 있는 때에는 그 규정에 의한다.

■ § 72. 총회의 결의사항

- 정관에 다른 규정이 없는 한 그 총회를 소집할 때에 통지한 사항에 관하여서만 결의할 수 있다.
- 총회의 권한내의 사항, 사회질서나 강행법규에 위반하지 않는 것

(1) 본조의 취지 : 이는 소집의 통지에 회의의 목적사항을 표시하도록한 제71조의 실효성을 살리기 위한 것이다. 그러나 중요하지 않은 목적사항의 경우에 일일이 구체적으로 통지를 하도록 하는 것은 오히려 도움이 되지 않으므로 법인의 성질, 규모 또는 사항의 경중에 따라 미리 통지하지 아니한 사항에 관해서도 결의할 수 있다는 뜻을 정관으로 정할 수 있다는 것이 본조단서의 취지이다.

(2) 본조위반결의의 효력 : 이 규정에 위반하여 한 총회의 결의는 무효이다. 다만 본조는 사원의 이익보호만을 목적으로 하는 규정이므로 사원이 그 이익을 포기하였다고 인정되는 한 하자는 치유되어 결의도 유효하게 된다.

◈ 사원의 결여권의 행사방법

제 73 조 【사원의 결의권】

① 각 사원의 결의권은 평등으로 한다.

② 사원은 서면이나 대리인으로 결의권을 행사할 수 있다.

③ 전2항의 규정은 정관에 다른 규정이 있는 때에는 적용하지 아니한다.

■ § 73. 결의권

- 결의권 평등의 원칙
- 결의권은 서면이나 대리인으로 행사 가능
- 위의 규정은 정관으로 변경가능
- 관련법조 : [주주의결권] 상법 §369, [유한회사원의결권] 상법 §575, [의결권 행사] 상법 §368③, §575

결의권은 사원이 사원총회에 출석하여 사단의 의사형성에 참가할 수 있는 권리를 말하며 각 사원은 사원평등의 원칙에 의하여 1개의 결의권을 갖는다.
주식회사의 경우에 주식 1주마다 1개의 결의권이 주어지는 것과 대조를 보이는 것이고, 이 사원의 결의권은 사원의 고유한 권리로서 그 사원의 동의없이는 박탈하지 못한다. 그러나 법인과 어느 사원과의 관계사항을 의결하는 경우에는 그 사원은 결의권이 없다(제74조).

이러한 결의권의 행사는 정관에 다른 규정이 없으면 서면으로도 할 수 있고 대리인에 의하여 행사할 수도 있다.

▣ 핵심판례 ▣

■ [사원의 결의권]

사단법인의 총회에 관한 민법 제73조 제2항, 제75조 제2항의 규정이 권리능력 없는 사단의 경우에 준용되는지 여부

민법 제73조 제2항은 사단법인의 사원은 서면이나 대리인으로 결의권을 행사할 수 있다고 규정하고, 제75조 제2항은 사원총회의 결의방법에 있어 제73조 제2항의 경우에는 당해 사원은 출석한 것으로 본다고 규정하고 있는바, 이러한 사단법인의 총회에 관한 규정은 정관에 다른 규정이 없으면 종중과 같은 권리능력 없는 사단의 경우에도 준용된다(1992. 9. 14. 제3부 판결, 91다46830 소유권이전등기말소).

◆ 사원의 결의권이 상실되는 경우

제 74 조 【사원이 결의권 없는 경우】

사단법인과 어느 사원과의 관계사항을 의결하는 경우에는 그 사원은 결의권이 없다.

■ § 74. 사원의 결의권 상실되는 경우

- 법인과 어느 사원과의 관계에 관하여 의결하는 경우 그 사원은 결의권이 없다.
- 관련법조 : [주주총회의 경우] 상법 §368④, [유한회사원 총회의 경우] 상법 §578

사단과 어느 사원과의 사이에 이해관계의 충돌이 예상되는 경우에 그 사원은 개인적 입장에서 결의권을 행사할 가능성이 있어 결의권의 공정행사를 기대할 수 없으므로 그러한 사원을 결의에 참가할 수 없게 함으로써 결의에 공정을 기하려고 하는 것이다.

본조에 위반하여 결의권을 행사하면 그 결의권행사는 무효이나 전체로서의 결의가 무효가 되는 것이 아니고 그 사원의 표를 제외하고도 그 결의의 성립에 필요한 다수가 확보되는 경우에는 그 결의 자체는 유효하다.

◆ 총회의 의결정족수

제 75 조【총회의 결의방법】

① 총회의 결의는 본법 또는 정관에 다른 규정이 없으면 사원과반수의 출석과 출석사원의 결의권의 과반수로써 한다.

② 제73조 제2항의 경우에는 당해 사원은 출석한 것으로 본다.

■ § 75. 총회의 결의성립

- 결의의 성립에 필요한 정수 : 정관 → 사원 과반수의 출석과 출석사원의 결의권의 과반수
- 정관변경, 임의해산 : 각각 총사원의 2/3, 3/4
- 서면과 대리인에 의해 결의권 행사하는 사원 : 출석한 것으로 본다
- 관련법조: §73, §42①, §78

본조는 회의를 하는데 필요한 수(의사정족수)가 아니라 결의를 하는데 필요한 수를 말한다.

의사정족수에 관해서는 민법에 명문규정이 없는데, 통설은 정관에 다른 규정이 없는 한 2인 이상이 출석하면 되는 것으로 해석한다.

의결방법은 정관에 다른 규정이 없으면 원칙적으로 사원과반수의 출석과 출석사원의 결의권 과반수에 의한다. 다만 정관의 변경 및 임의해산에 관해서는 정관에 다른 규정이 없는 한 각각 총사원의 3분의 2와 4분의 3이상의 다수를 요한다(제42조 1항, 제78조). 서면이나 대리인에 의하여 결의권을 행사한 사원도 출석한 것으로 한다.

총회의 의사에 관하여는 의사록을 작성하고, 주된 사무소에 비치하여야 한다(제76조).

▣ 핵심판례 ▣

■ [총회의 결의방법]

1. 종중이 특별한 소집절차 없이 정기적으로 총회를 열어 문중재산관리에 관하여 결의를 하여온 경우 그 결의의 효력

종중이 매년 정해진 날짜의 시제에 특별한 소집절차 없이 정기적으로 총회를 열어 문중재산관리에 관하여 결의를 하여 왔다면 위 결의는 종중의 관례에 따른 것으로서 유효한 것으로 보아야 할 것이다(1993. 7. 16. 제3부 판결, 92다53910 소유권보존등기말소).

2. 민법상 사단법인 총회의 표결 및 집계방법

민법상 사단법인 총회의 표결 및 집계방법에 관하여는 법령에 특별한 규정이 없으므로, 정관에 다른 정함이 없으면 개별 의안마다 표결에 참석한 사원의 성명을 특정할 필요는 없고, 표결에 참석한 사원의 수를 확인한 다음 찬성·반대·기권의 의사표시를 거수, 기립, 투표 기타 적절한 방법으로 하여 집계하면 된다(대법원 2011. 10. 27. 선고 2010다88682 판결).

◈ 총회의 의사록 작성

제 76 조【총회의 의사록】

① 총회의 의사에 관하여는 의사록을 작성하여야 한다.

② 의사록에는 의사의 경과, 요령 및 결과를 기재하고 의장 및 출석한 이사가 기명날인하여야 한다.

③ 이사는 의사록을 주된 사무소에 비치하여야 한다.

■ § 76. 의사록의 작성

- 사원총회의 의사에 관해 작성
- 이사의 경과 요령 및 결과기재, 출석한 이사가 기명날인
- 이사는 의사록을 주된 사무소에 비치
- 벌칙 : 이사가 의사록의 작성, 비치에 관한 의무에 위반한 때 과태료의 처분을 받는다
- 관련법조 : [주주총회의사록] 상법 §373, [유한회사사원총회] 상법 §578

총회의 의사에 관한 의사록의 작성은 주무관청의 업무집행감독을 위하여 적절한 증거자료가 되므로 법률은 이 작성을 의무로 강제하고, 이 작성의무를 태만히 한 이사에 대해서는 그 제재로써 과태료의 벌칙을 적용한다(제97조 5호).

▣ 핵심판례 ▣

■ [총회의 의사록]

가. 법인의 총회 또는 이사회의 의사록의 증명력

법인의 총회 또는 이사회의 의사에는 의사록을 작성하여야 하고 의사록에는 의사의 경과, 요령 및 결과 등을 기재하고 이와 같은 의사의 경과요령 및 결과 등은 의사록을 작성하지 못하였다든가 또는 이를 분실하였다는 등의 특단의 사정이 없는 한 이 의사록에 의하여서만 증명된다.

나. 새로운 증거조사없이 환송 전 원심에서 제출조사된 자료만에 의거하여 한 환송 전 원심과 동일한 사실인정과 환송판결의 기속력 위반

환송판결의 취지가 원고 종약회의 상임이사회의 결의 외에는 이 사건 토지를 매

각처분하기로 하는 원고 종약회의 규약상 적법한 결의가 없었다는 것임에도 불구하고, 새로운 자료 등에 대하여 심리조사한 바 없이 환송전 원심에서 제출조사된 자료만에 의하여 증거없이 총회결의가 있었다는가 또는 임원연석회의의 결의로서 이사회의 결의와 최고회의의 인준도 있었던 것으로 간주하여 따로 그 절차를 밟지 않기로 하고 다만 총회의 추인은 차기총회에서 받도록 하였다는 등 전후 모순된 사실을 인정한 원심판단은 환송판결의 기속적 판단에 반한 것이다(1984. 5. 15. 제1부 판결, 83다카1565 소유권이전등기말소).

제 4 절 해 산

법인의 소멸이라 함은, 자연인에 있어서의 사망과 마찬가지로 법인이 그의 권리능력을 상실하는 것을 말한다. 그런데 법인의 경우에는 자연인의 사망의 경우와 달라서 상속이라는 것이 없으므로, 재산관계를 정리하기 위하여 법인의 소멸은 일정한 절차를 거쳐 단계적으로 행하여진다. 즉 먼저「해산」을 하고, 이어서「청산」의 단계에 들어간다. 해산이라 함은 법인이 본래의 적극적 활동을 정지하고 청산절차(잔무의 처리·재산의 정리)에 들어가는 것을 말하며, 청산은 해산한 법인의 재산관계를 정리하는 절차이다. 따라서 해산으로 법인의 권리능력이 곧 전적으로 소멸하지는 않으며, 청산에 필요한 한도로 제한될 뿐이다. 바꾸어 말하면, 해산 후 청산종결시까지 법인은 제한된 범위에서 권리능력을 가진다. 이 권리능력이 제한되는 법인, 즉 해산 후 청산종결까지 존속하는 법인을 일컬어「청산법인」이라고 한다. 청산법인은 해산전의 본래의 법인과는 다른 별개의 인격자는 아니며, 동일성을 가지는 것이다. 청산의 종결로 법인은 완전히 소멸한다.

청산법인의 성격에 관하여 의제설과 실재설은 그 견해를 달리한다. 의제설에 의하면 해산으로 법인은 소멸하고, 그 후에는 법률의 규정(제81조)에 의하여 해산 전의 법인과 동일성을 가지면서 존속하는 것으로 의제되는 데 지나지 않는다고 한다. 이에 반하여 실재설에 의하면, 해산으로 법인은 그 목적이 청산의 범위 내에 제한될 뿐이고, 해산 전의 법인과 청산법인은 동일성을 가지면서 당연히 존속한다고 한다. 비록 사원이 한 사람도 없게 되어 해산하게 되는 경우에도(제77조 참조), 역시 동일성은 유지된다고 해석하는 것이 통설이다.

◈ 법인의 해산사유

제 77 조【해산사유】

① 법인은 존립기간의 만료, 법인의 목적의 달성 또는 달성의 불능 기타 정관에 정한 해산사유의 발생, 파산 또는 설립허가의 취소로 해산한다.

② 사단법인은 사원이 없게 되거나 총회의 결의로도 해산한다.

■ § 77. 법인의 해산

• 해산사유 ① 사단법인과 재단법인에 공통되는 해산사유 : 존립기간의 만료, 법인의 목적달성, 달성의 불능, 파산, 설립허가의 취소
② 사단법인에 특유한 해산사유: 사원이 없게 된 때, 총회의 결의

• 관련법조 : [해산사유] 상법 §227, §269, §285①, §517, §609①, 사립학교법 34, [해산등기] 비송 §65, [설립허가취소] 공익법인의 설립운영에 관한 법률 §16, [해산명령] 상법 §176, 비송 §92, 사립학교법 §34①-5, §47

(1) 법인의 해산 의의 : 법인이 그 본래의 적극적 활동을 계속할 수 없을 것이 확정되고 그 목적을 달성할 수 없게 된 때에는 법인은 소멸할 수밖에 없다. 법인의 소멸이란 그의 권리능력의 상실을 말한다.

이와 같은 경우 법인에게는 자연인과 같은 상속인이 없기 때문에 재산관계를 정리하고 그 잔여 재산을 일정한 자에게 귀속시킬 절차가 필요하게 된다. 따라서 법인의 소멸에 대해서는 해산과 청산을 생각하지 않으면 안된다.

① 해 산 : 해산은 법인의 적극적인 목적활동을 정지하고 그 재산관계의 정리(청산)과정으로 들어가는 것으로써 청산이 종료할 때까지 존속하는 상태의 것을 말한다.

② 청 산 : 청산은 해산한 법인의 재산관계를 정리하는 절차이다.

해산은 법인의 권리능력을 전면적으로 소멸시키는 것이 아니라 다만 그 범위를 제한하는 것이다. 이 권리능력을 제한한 법인을 「청산법인」이라 한다. 즉 해산한 후 재산의 정리중에 있는 법인인 것이다. 청산의 종결로써 법인은 완전히 소멸한다.

(2) 해산사유 : 해산사유를 열거하면 다음과 같다.

가. 사단법인과 재단법인 쌍방에 공통되는 해산사유

① 존립기간의 만료 기타 정관에서 정한 해산사유의 발생

② 법인의 목적의 달성 또는 달성의 불능

③ 파 산 : 법인이 채무를 완제하지 못하게 된 때에는 이사가 할 수 있다(채무자회생 및 파산에 관한 법률 제295조 1항). 여기서의 파산원인은 채무초과, 즉 부채의 총액이 자신의 총액을 초과하는 경우이다. 자연인의 경우처럼 지급불능을 요하지 않는다(동법 제 306조). 파산선고의 결정이 있으면 그 선고한 때에 법인은 즉시 해산되고, 이때부터 민법의 규정에 따른 청산절차가 이루어지는 것이 아니라 채무자회생 및 파산에 관한 법률에 따라 엄격한 파산절차가 행하여 진다. 다만, 파산절차가 종료된 후에 적극재산이 남은 때에는 민법의 규정에 의한 청산절차를 밟아야 한다(대판 1989. 11. 24. 89다카2483).

④ 설립허가의 취소 : 법인이 목적 이외의 사업을 하거나, 설립허가의 조건에 위반하거나, 기타 공익을 해하는 행위를 한 때에는 주무관청은 그 허가를 취소할 수 있다(제38조).

나. 사단법인에 특유한 해산사유

① 총회의 의결 : 이에 의한 해산을 임의해산이라고 한다. 이는 총회의 전권사항이라서 그 권한을 박탈할 수 없다. 이 해산결의는 총사원 4분의 3이상의 동의를 요하는 특별결의에 의하여야 한다(제78조). 다만, 제3자를 해할 염려가 있는 기한부·조건부의 해산결의는 할 수 없다고 본다(통설).

② 사원이 없게 된 때: 사단법인의 성질상 당연한 해산사유다.

[설립무효와 취소]

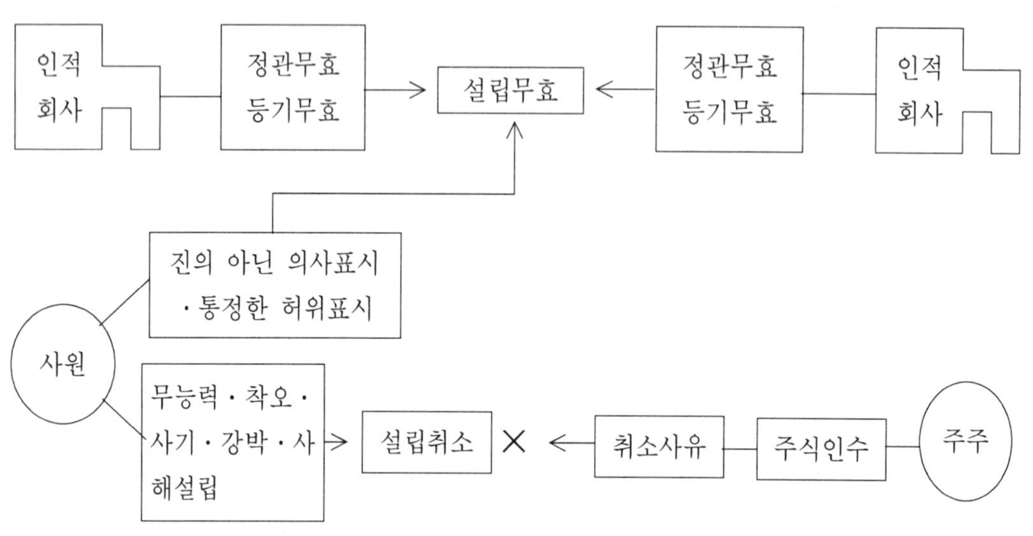

▣ 핵심판례 ▣

■ [해산사유]

구성원이 없게 된 법인 아닌 사단의 소송상 당사자능력의 소멸시점(=청산사무완료시)

법인 아닌 사단에 대하여는 사단법인에 관한 민법규정 가운데서 법인격을 전제로 하는 것을 제외하고는 이를 유추적용하여야 할 것인바, 사단법인에 있어서는 사원이 없게 된다고 하더라도 이는 해산사유가 될 뿐 막바로 권리능력이 소멸하는 것이 아니므로 법인 아닌 사단에 있어서도 구성원이 없게 되었다 하여 막바로 그 사단이 소멸하여 소송상의 당사자능력을 상실하였다고 할 수는 없고 청산사무가 완료되어야 비로소 그 당사자능력이 소멸하는 것이다(1992. 10. 9. 제3부 판별, 92다23087 동산인도).

◆ 사단법인의 해산결의의 정족수

제 78 조 【사단법인의 해산결의】

사단법인은 총사원 4분의 3이상의 동의가 없으면 해산을 결의하지 못한다. 그러나 정관에 다른 규정이 있는 때에는 그 규정에 의한다.

■ § 78. 사단법인의 해산결의

- 총사원의 3/4 이상의 동의가 있는 경우에 한해서
- 정관에 다른 규정이 있는 때에는 그 규정에 따른다
- 관련법조 : [결의로 인한 해산] 상법 §227-2~§269, §517-2, §609①-2

사단법인은 총사원의 4분의 3이상의 동의가 있는 경우에 한해서 법인의 해산이 가능하게 된다. 그러나 정관에 다른 규정이 있는 때에는 그 규정에 따른다. 해산결의를 하면 사단법인은 그 목적사업수행을 위한 적극적인 활동을 마치고 청산절차가 개시된다. 따라서 해산결의에 의해서 사단법인은 즉시 소멸하여 권리능력이 상실되는 것이 아니고 이른바 청산법인으로 존속하여 청산목적의 범위 내에서 권리능력을 갖게 된다.

[해산 · 청산등기]

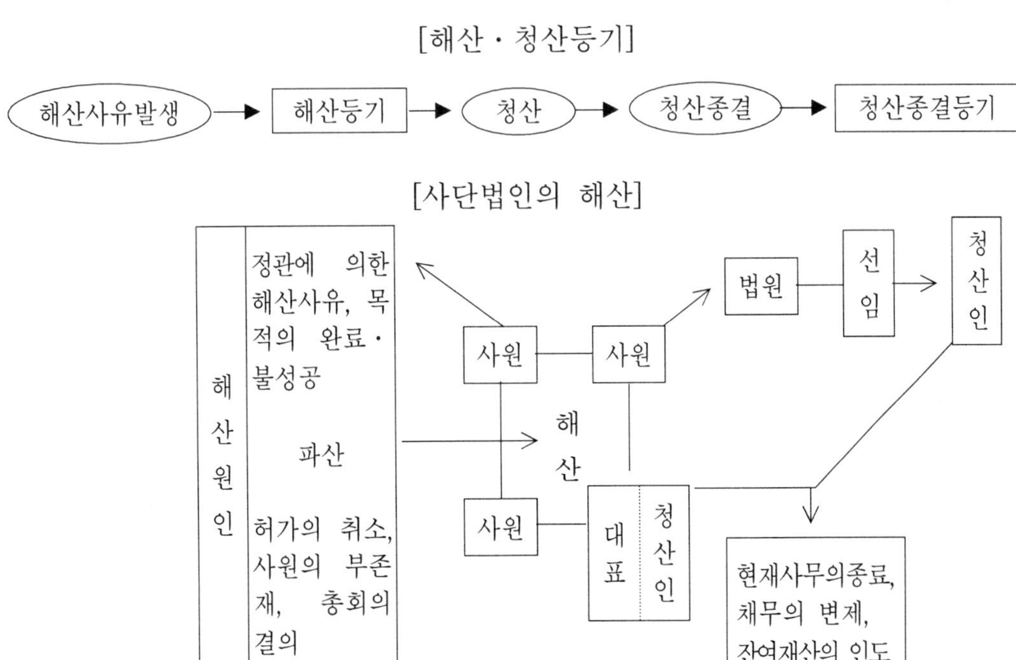

◆ 법인의 파산의 원인 및 파산신청권자

제 79 조【파산신청】

법인이 채무를 완제하지 못하게 된 때에는 이사는 지체 없이 파산신청을 하여야 한다.

■ § 79. 법인의 파산

- 채무를 완제하지 못한 때 이사가 지체없이 파산신청을 하여야 한다
- 관련법조 : [파산선고절차] 채무자회생 및 파산에 관한 법률 §305~§315, [신청권자] 채무자회생 및 파산에 관한 법률 §295, 사립학교법 §42①

본조는 법인의 파산에 관한 규정이다.

파산이란 채무자가 경제적으로 파탄하여 그의 변제능력으로써는 총채권자의 채무를 완제할 수 없는 상태에 이르렀을 때에 다수경합된 전채권자에게 공평한 만족을 주기 위하여 행하여지는 채무자의 재산에 대한 포괄적(일반적) 강제집행이다.

(1) 파산원인 : 법인의 파산원인은 법인이 채무를 완제하지 못하게 된 때, 즉 채무초과의 경우이다.

파산원인은 파산선고의 실질적 요건으로서, 채무자가 총채권자에게 그 채무의 전부를 이행할 수 없는 상태, 즉 법률이 파산을 필요로 할 정도로 채무자의 경제상태가 악화되었다고 인정되는 경우이다. 이러한 파산원인을 정하는 방법으로는 대륙법계의 개괄주의와 영미법계의 열거주의의 대립이 있다. 후자는「파산행위」라 하는 수개유형의 행위를 열거하여 채무자에게 그 중 어느 하나에 해당하는 행위가 있는 경우에 파산선고를 하게 하는 것이고, 전자는 파산원인을 일정한 포괄적 개념(지급불능, 지급정지, 채무초과)을 가지고 정하는 입장이다. 상인파산주의를 취하는 프랑스법에서는 지급정지를 파산원인으로 하는 데 대해, 독일법을 따라 일반파산주의를 취하고 있는 우리 채무자 회생 및 파산에 관한 법률은 지급불능을 파산원인으로 하고, 지급정지는 이를 추정하는 것에 그친다. 법인에

있어서는 지급불능과 함께 채무초과도 파산원인으로 하고, 상속재산에 있어서는 채무초과만을 파산원인으로 한다.

(2) 파산선고의 절차 : 파산절차의 개시를 명하는 파산법원의 재판(결정)이다. 파산신청권자는 채권자·재무자, 법인에 있어서는 그 기관, 상속재산에 있어서는 상속채권자, 수유자 이외의 상속인, 상속재산관리인, 유언집행자 등이다(채무자 회생 및 파산에 관한 법률 제294조~제296조). 파산절차에 관한 신청·진술 및 항고는 서면 또는 구술로 이를 할 수 있다. 그 절차는 채무자 회생 및 파산에 관한 법률의 규정에 따른다.

(3) 파산선고의 효력 : 파산은 선고를 한 때로부터 효력이 생기므로(채무자 회생 및 파산에 관한 법률, 제311조), 파산선고의 결정이 있으면 그의 형식적 확정을 기다릴 것도 없이 그 선고일자 또는 그 결정서를 사무관 또는 서기에게 교부한 때에 즉시 해산된다.

◆ 해산법인의 잔여재산의 귀속권자

제 80 조【잔여재산의 귀속】

① 해산한 법인의 재산은 정관으로 지정한 자에게 귀속한다.

② 정관으로 귀속권리자를 지정하지 아니하거나 이를 지정하는 방법을 정하지 아니한 때에는 이사 또는 청산인은 주무관청의 허가를 얻어 그 법인의 목적에 유사한 목적을 위하여 그 재산을 처분할 수 있다. 그러나 사단법인에 있어서는 총회의 결의가 있어야 한다.

③ 전2항의 규정에 의하여 처분되지 아니한 재산은 국고에 귀속한다.

■ § 80. 해산법인의 잔여재산

- 귀속권자 : 정관으로 지정한 자→이사, 청산인(사단법인의 경우: 총회의 결의)이 주무관청의 허가 얻어 법인의 목적에 유사한 목적 위하여 처분→처분되지 아니한 재산은 국고에 귀속
- 관련법조 : 사립학교법 §35, 공익법인의 설립운영에 관한 법률 §13, [조합회사의 경우] §724②, 상법 §241①

법인의 잔여재산은 귀속권자에게 인도하지 않으면 안된다. 귀속권자는 정관으로 지정한 자이다. 정관에서 지정한 자가 없거나 지정방법을 정하지 않은 경우에는 이사 또는 청산인은 주무관청의 허가를 얻어 법인의 목적에 유사한 목적을 위하여 그 재산을 처분할 수 있다. 그러나 사단법인의 경우에는 총회의 결의를 요한다.

그리고 위의 방법에 의해서도 처분되지 않은 재산은 국고에 귀속한다. 결국 비영리법인에 있어서는 그 구성원에게 당연히 분배할 수 없는 것이다.

▣ 핵심판례 ▣

■ [잔여재산의 귀속]

1. 가. 조세법률관계에 있어서 신의칙 적용요건

신의칙 내지 금반언의 원칙은 합법성의 원칙을 희생하여서라도 납세자의 신뢰를 보호함이 정의에 부합하는 것으로 인정되는 특별한 사정이 있을 경우에 한하여 적용된다고 할 것인바, 그 적용을 위하여는 첫째, 과세관청이 납세자에게 신뢰의 대상이 되는 공적인 견해표명을 하였을 것, 둘째, 과세관청의 견해표명이 정당하다고 신뢰한 데 대하여 납세자에게 귀책사유가 없을 것, 셋째, 납세자가 그 견해표명을 신뢰하고, 그에 따라 행위를 하였을 것, 넷째, 과세관청이 위 견해에 반하는 처분을 함으로써 납세자의 이익이 침해되는 결과가 초래되었을 것 등의 요건이 모두 충족되어야 한다.

나. 법인의 청산절차에 관한 민법 제80조 제1항, 제81조, 제87조가 강행규정인지 여부(적극)

민법 제81조는 해산한 법인은 청산의 목적범위 내에서만 권리가 있고 의무를 부담한다고 규정하고, 제87조는 청산사무를 현존사무의 종결, 채권의 추심과 채무의 변제, 잔여재산의 인도 및 위 사무를 행하기 위하여 필요한 행위로 규정하며, 특히 제80조의 제1항은 해산한 법인의 재산은 정관으로 지정한 자에게 귀속한다고 규정하고 있는바, 이러한 청산절차에 관한 규정은 모두 제3자의 이해관계에 중대한 영향을 미치기 때문에 이른바 강행규정이다.

다. 세법이 정한 의무의 해태에 정당한 사유가 있는 경우에도 가산세를 부과할 수 있는지 여부(소극)

가산세는 개별 세법이 과세의 적정을 기하기 위하여 정한 의무의 이행을 확보할 목적으로 그 의무 위반에 대하여 세금의 형태로 가하는 행정법의 성질을 가진 제재이므로 그 의무해태에 정당한 사유가 있는 경우에는 이를 부과할 수 없다(1992. 4. 28. 제2부 판결, 91누9848 증여세등부과처분취소).

2. 강행규정인 민법 제80조와 다른 정관의 효력

민법 제80조 제1항과 제2항의 각 규정 내용을 대비하여 보면, 법인 해산시 잔여재산의 귀속권리자를 직접 지정하지 아니하고 사원총회나 이사회의 결의에 따라 이를 정하도록 하는 등 간접적으로 그 귀속권리자의 지정방법을 정해 놓은 정관 규정도 유효하다(대법원 1995.2.10. 선고 94다13473 판결).

◈ 청산법인의 권리능력

제 81 조【청산법인】

해산한 법인은 청산의 목적범위 내에서만 권리가 있고 의무를 부담한다.

■ § 81. 청산법인

• 능 력 : 청산목적의 범위내에서만 권리, 의무가 있다.
• 관련법조 : [본조준용] 사립학교법 §42①

청산법인의 능력은 그 본질상「청산목적의 범위내」에 한정되기 때문에 법인 본래의 목적인 사업을 영위할 수 없고, 청산의 목적과 관계없는 행위는 무효이다. 그러나 그 청산목적의 범위는 법인의 본질과 청산의 성질에 비추어 넓게 해석하여야 한다. 판례는「부당하게 박탈된 귀속재산의 임차권을 회복하여 관리당국과 다시 임대차계약을 체결하는 행위는 그 청산의 목적범위를 일탈하는 것이 아니다」라고 하고 있다(대판 1957. 1. 11, 4289 행상 70).

그러나 저당권실행을 위하여 신청한 경매에서 부동산을 경락한 것은 청산목적의 범위외에 해당한다고 하였다(대판 1959. 5. 6, 4299 민재항 8). 이에 반하여 일본판례에서 그것은 채무변제를 위한 자력을 충실하기 위하여 하는 채권추심의 방법으로서 하는 행위로서 청산의 목적범위내에 해당한다고 하였다(일대판 1925. 7. 11.). 아울러 청산중에 회사의 공로자에게 공로금을 증여한 것도 청산의 목적범위내라고 하였다(일대판 1914. 7. 9. 민록19집 619면).

◈ 청산법인의 기관

제 82 조【청 산】

법인이 해산한 때에는 파산의 경우를 제외하고는 이사가 청산인이 된다. 그러나 정관 또는 총회의 결의로 달리 정한 바가 있으면 그에 의한다.

■ § 82. 청산인의 선임

- 정관 또는 총회의 결의→이사(파산의 경우 제외)
- 관련법조 : [청산인] 상법 §251, §287, §531①, §613, [청산인결격] 형법 §43①-4, [청산절차등] 비송 §37

법인이 해산하게 되면 이사가 청산인이 된다. 이사 가운데 청산인이 될 자가 없거나 청산인의 결원으로 손해가 생길 염려가 있는 때에는 법원은 이해관계인이나 검사의 청구에 의하여 청산인을 선임할 수 있다(제83조). 청산인은 청산법인의 집행기관으로서 계속중인 사무를 끝내게 하고 채권을 회수하며 채무를 변제하며, 그 결과 잔여재산이 남는 경우에는 이것을 정관에 지정한 사람에게 주며, 정관에 지정된 자가 없거나 이를 지정하지 않은 때에는 주무관청의 허가를 얻어서(사단법인인 경우에는 총회결의도 필요하다), 그 법인의 목적과 같은 목적을 위하여 처분하며, 그것도 없거나 이를 지정하지 않은 때에는 국고에 귀속시킨다(제80조). 이 청산의 완료에 의하여 법인은 소멸하게 된다(제81조). 또한 법인이 채무를 변제할 수 없는 때에는 파산선고를 신청하고 이를 공고하여야 한다(제70조, 제93조).

▣ 핵심판례 ▣

■ 비법인사단인 교회의 교인이 존재하지 않게 된 경우 청산법인에 관한 민법 규정이 유추적용되는지 여부(적극)

① 비법인사단에 대하여는 사단법인에 관한 민법 규정 중 법인격을 전제로 하는 것을 제외한 규정들을 유추적용하여야 할 것이므로 비법인사단인 교회의 교인이 존재하지 않게 된 경우 그 교회는 해산하여 청산절차에 들어가서 청산의 목적범위 내에서 권리·의무의 주체가 되며, 이 경우 해산 당시 그 비법인사단의 총회에서 향후 업무를 수행할 자를 선정하였다면 민법 제82조 제1항을 유추하여 그 선임된 자가 청산인으로서 청산 중의 비법인사단을 대표하여 청산업무를 수행하게 된다.

② 비법인사단인 교회의 교인들이 예배를 중단하고 다른 교회로 나가기로 결의한 후 교인 중 한 사람인 갑이 교회의 재산을 보관·관리하여 오다가 교회건물에 대하여 보상금이 책정된 경우, 위 교회의 보상금처리를 위한 청산업무를 수행할 자는 해산 당시 교인들에 의하여 묵시적인 방법으로 청산인으로 선임된 갑이다(대판 2003. 11. 14, 2001다32687).

◈ 법원이 청산인을 선임하는 경우

제 83 조【법원에 의한 청산인의 선임】

전조의 규정에 의하여 청산인이 될 자가 없거나 청산인의 결원으로 인하여 손해가 생길 염려있는 때에는 법원은 직권 또는 이해관계인이나 검사의 청구에 의하여 청산인을 선임할 수 있다.

■ § 83. 법원에 의한 청산인의 선임

- 해산시 청산인이 될 자 없는 경우, 또는 청산인의 결원으로 손해가 생길 염려있는 때
- 직권 또는 이해관계인이나 검사의 청구에 의하여
- 법원이 선임
- 관련법조 : [청산인] 상법 252, 269, 531②, 613①, [선임절차] 비송 37, [청산결격] 형법 43①-4

해산시에 청산인이 될 자가 없는 경우 또는 청산인의 결원으로 인하여 손해를 발생시킬 우려가 있는 경우에는 법원은 이해관계인 혹은 검사의 청구에 의하여, 또는 직권으로써 청산인을 선임할 수 있다.

이 점, 임시이사의 선임과 비슷하지만 직권으로써 선임할 수 있는 점으로 미루어 보아 법원의 권한이 보다 크다(제63조, 본조).

◈ 법원에 의한 청산인의 해임절차

제 84 조【법원에 의한 청산인의 해임】

중요한 사유가 있는 때에는 법원은 직권 또는 이해관계인이나 검사의 청구에 의하여 청산인을 해임할 수 있다.

■ § 84. 법원에 의한 청산인의 해임

- 중요한 사유가 있는 때
- 직권 또는 이해관계인이나 검사의 청구에 의하여
- 법원이 해임
- 관련법조 : 비송 §37, 상법 §261, §262, §269, §539, §613②

중대한 사유가 있는 때에는 법원은 이해관계인 혹은 검사의 청구에 의하여, 또는 직권으로써 청산인을 해임할 수 있다. 법원의 관여를 강하게 한 것은 청산인 제3자의 이해에 영향을 미치는 바가 크기 때문이다.

◈ 해산등기사항과 청산인의 등기

제 85 조【해산등기】

① 청산인은 파산의 경우를 제하고는 그 취임 후 3주간 내에 해산의 사유 및 연월일, 청산인의 성명 및 주소와 청산인의 대표권을 제한한 때에는 그 제한을 주된 사무소 및 분사무소소재지에서 등기하여야 한다.

② 제52조의 규정은 전항의 등기에 준용한다.

■ § 85. 해산등기

- 등기사항 : 해산사유, 연월일, 청산인의 성명 및 주소, 청산인의 대표권을 제한한 때 그 제한
- 주된 사무소 또는 분사무소 소재지
- 벌 칙 : 청산인이 게을리하면 과태료 처분
- 관련법조 : 비송 §65, 상업 §228, §233, §253, §269, §285③, §530①, §542①, §613①

청산인은 파산의 경우를 제외하고는 그 취임 후 3주간 내에 해산의 사유 및 연월일, 청산인의 성명 및 주소, 청산인의 대표권을 제한한 때에는 그 제한을 주된 사무소 및 분사무소소재지에서 등기하여야 한다.

해산등기의 신청인은 신청서에 해산사유를 증명하는 서면으로 해산결의를 한 사원총회의 의사록과 이사가 청산인이 아닌 경우에는 청산인의 자격을 증명하는 서면을 첨부하여야 한다. 법인의 해산등기는 대항요건이므로 청산인이 이를 게을리하면 과태료의 처벌을 받게 된다.

◆ 청산인이 하여야 하는 해산신고사항과 그 기간

제 86 조【해산신고】

① 청산인은 파산의 경우를 제외하고 그 취임 후 3주간 내에 전조 제1항의 사항을 주무관청에 신고하여야 한다.

② 청산중에 취임한 청산인은 그 성명 및 주소를 신고하면 된다.

■ § 86. 해산신고

- 신고사항 : 해산의 사유, 연월일, 청산인의 성명, 주소, 청산인의 대표권을 제한한 때에는 그 제한
- 주무관청에 청산인이 신고하여야 한다
- 예　　외 : 파산(법원이 직권으로 등기촉탁하여 주무관청에 통지함)
- 관련법조 : 상법 §228, §233, §238, §243, §285, §528, §530, §603, §613

청산인은 파산의 경우를 제외하고 그 취임 후 3주간 내에 해산의 사유 및 연월일, 청산인의 성명·주소와 청산인의 대표권을 제한한 때에는 그 제한을 주된 사무소 및 분사무소의 소재지에서 등기하여야 하며(제84조 1항), 또 이것을 주무관청에 신고하여야 한다. 또 청산중에 취임한 청산인도 마찬가지로 취임 후 그 성명, 주소를 주무관청에 신고하지 않으면 안된다. 파산에 의한 청산의 경우에는 법원이 직권으로써 등기소에 등기촉탁하고(채무자 회생 및 파산에 관한 법률 제23조 1항 1호), 또 주무관청에 통지하므로(동법 제314조 1항), 청산인은 등기신청이나 신고를 할 필요가 없다.

◆ 청산인의 직무권한의 범위

제 87 조 【청산인의 직무】

① 청산인의 직무는 다음과 같다.

1. 현존사무의 종결
2. 채권의 추심 및 채무의 변제
3. 잔여재산의 인도

② 청산인은 전항의 직무를 행하기 위하여 필요한 모든 행위를 할 수 있다.

■ § 87. 청산인의 직무

- 등기 및 신고
- 현존사무의 종결
- 채권의 추심 및 채무의 변제
- 파산신청
- 청산종결의 등기, 신고
- 관련법조 : 상법 §254, §269, §542, §613

(1) 해산등기와 해산신고 : 청산인은 파산의 경우를 제외하고 그 취임 후 3주간 내에 해산의 사유 및 연월일, 청산인의 성명·주소와 청산인의 대표권을 제한한 때에는 그 제한을 주된 사무소 및 분사무소의 소재지에서 등기하여야 하며(제84조 1항), 또 이것을 주무관청에 신고하여야 한다(제86조 1항). 청산중에 취임한 청산인도 마찬가지로 취임후 그 성명, 주소를 주무관청에 신고하지 않으면 안된다(제86조 2항). 파산에 의한 청산의 경우에는 법원이 직권으로써 등기소에 등기촉탁하고(채무자회생 및 파산에 관한 법률, 제23조 1항 1호), 또 주무관청에 통지한다(동법 제314조 1항). 따라서 청산인은 등기신청이나 신고를 할 필요가 없다.

(2) 현존사무의 종결 : 현재 계속중인 사무를 완결시키는 것이다. 법인 재산에 관한 가처분 취소를 구하는 신청도 이에 포함된다는 판례(일대판 1919. 1. 25. 민록25집 891면)가 있다.

(3) 채권의 추심 : 변제기에 달하지 아니한 채권이나 조건부 채권은 즉시 추심할 수 없기 때문에 청산에서 필요하면 양도, 기타의 환가처분을 하지 않으면 안된다.

(4) 채무의 변제 : 민법은 청산절차를 조속히 진행시킬 것과 채무자의 이익을 고려하여 자세한 규정을 두고 있다.

먼저 청산인은 취임일로부터 2월 내에 3회 이상의 공고로 채권자에 대하여 일정한 기간내에 그 채권을 신고할 것을 최고하여야 하며, 그 기간은 2월 이상이어야 한다(제88조 1항). 또 이 공고에는 채권자가 그 기간내에 신고하지 않으면 청산으로부터 제외된다는 것을 표시하여야 한다(동조 2항). 이러한 공고는 청산인이 알지 못하는 일반채권자에게 채권신고를 독촉하기 위한 것이다. 청산인이 알고 있는 채권자에 대하여는 개별적으로 채권을 신고할 것을 최고하여야 한다(제89조 본문).

한편 청산인은 위의 채권신고기간 내에는 채권자에 대하여 변제하지 못한다(제90조 본문). 그러나 법인은 위의 신고기간중에 변제기가 도래한 채권자에 대하여는 지연손해배상을 하여야 한다(동조 2항).

그리고 위의 채권신고기간내에 신고하지 않아 청산에서 제외된 채권자는 법인의 채무를 변제한 후 귀속권리자에게 인도하지 않은 재산에 대하여서만 변제를 청구할 수 있다(제92조). 그러나 청산인이 알고 있는 채권자에 대하여는 위의 신고가 없더라도 청산에서 제외하지 못한다(제89조 단서).

(5) 잔여재산의 인도 : 법인의 잔여재산은 귀속권자에게 인도하지 않으면 안된다. 귀속권자는 정관으로 지정한 자이다(제80조 1항). 그 지정은 직접적인 지정뿐만 아니라, 이사회의 결의에 의해 잔여재산을 처분하도록 하는 간접적인 지정, 즉 지정하는 방법을 정한 경우도 포함된다(대판 1995. 2. 10, 94다2030). 정관에서 지정한 자가 없거나 지정방법을 정하지 않은 경우에는 이사 또는 청산인은 주무관청의 허가를 얻어 법인의 목적에 유사한 목적을 위하여 그 재산을 처분할 수 있다(제80조 2항). 그러나 사단법인의 경우에는 총회의 결의를 요한다. 이에 위반하여 한 잔여재산의 처분행위는 무효이다(대판 1980. 4. 8, 79다2030).

그리고 위의 방법에 의해서도 처분되지 않은 재산은 국고에 귀속한다(동조

3항). 결국 비영리법인에 있어서는 그 구성원에게 당연히 분배할 수 없는 것이다.

(6) 파산신청(제93조) : 청산중 법인의 재산이 그 채무를 완제하기에 부족한 것이 분명하게 될 때에는 청산인은 지체없이 파산선고를 신청하고 이를 선고하여야 한다. 법인이 파산하게 되면 청산인은 파산관재인에게 그 사무를 인계함으로써 그 임무가 종료한다. 여기서 청산인이 파산관재인에게 인계하는 사무는 파산재산에 관한 것이고, 그 밖의 사무에 관하여는 여전히 청산인이 담당한다.

(7) 청산종결의 등기·신고(제94조) : 청산이 종결한 때에는 청산인은 3주간 내에 이를 등기하고 주무관청에 신고하여야 한다.

◈ 청산인이 하는 채권신고의 공고절차

제 88 조【채권신고의 공고】

① 청산인은 취임한 날로부터 2월 내에 3회 이상의 공고로 채권자에 대하여 일정한 기간 내에 그 채권을 신고할 것을 최고하여야 한다. 그 기간은 2월 이상이어야 한다.

② 전항의 공고에는 채권자가 기간 내에 신고하지 아니하면 청산으로부터 제외될 것을 표시하여야 한다.

③ 제1항의 공고는 법원의 등기사항의 공고와 동일한 방법으로 하여야 한다.

■ § 88. 채권신고의 공고

- 채권신고 : 취임일로부터 2월 이내 3회 이상의 공고로 채권신고 최고
- 이 공고에는 채권자가 신고하지 않으면 청산으로부터 제외된다는 것을 표시
- 공　　고 : 법원의 등기사항의 공고와 동일한 방법으로 한다.

본조는 청산사무중에 채권자의 권익을 보호함과 동시에 청산사무를 가능한 한 신속히 종결시키는 것을 목적으로 규정하고 있다.

먼저, 청산인은 취임일로부터 2월 내에 3회 이상의 공고로 채권자에 대하여 일정한 기간내에 그 채권을 신고할 것을 최고하여야 하며, 그 기간은 2월 이상이어야 한다. 또 이 공고에는 채권자가 그 기간내에 신고하지 않으면 청산으로부터 제외된다는 것을 표시하여야 한다. 이러한 공고는 청산인이 알지 못하는 일반채권자에게 채권신고를 독촉하기 위한 것이다.

◈ 청산인이 알고 있는 채권에 대한 채권신고의 최고

제 89 조【채권신고의 최고】

청산인은 알고 있는 채권자에게 대하여는 각각 그 채권신고를 최고하여야 한다. 알고 있는 채권자는 청산으로부터 제외하지 못한다.

■ § 89. 채권신고의 최고

- 알고 있는 채권자에 대하여 개별적으로 채권신고할 것을 최고
- 알고 있는 채권자는 채권신고가 없어도 청산에서 제외하지 못한다
- 최고의 방법 : 서면, 구술로도 가능
- 관련법조 : 상법 §535, §613

청산인은 법인의 장부등을 통해서도 알 수 없는 채권자에 대해서는 채권신고를 공고하여야 하고, 알고 있는 채권자에 대하여는 개별적으로 채권을 신고할 것을 최고하여야 한다. 그러나 청산인이 알고 있는 채권자에 대하여는 위의 신고가 없더라도 청산에서 제외하지 못한다. 최고는 서면에 의한 경우가 많겠으나 구술로 하여도 무방하다.

◈ 청산인이 법인의 채권자에게 변제를 할 수 없는 기간

제 90 조【채권신고기간내의 변제금지】

청산인은 제88조 제1항의 채권신고기간 내에는 채권자에 대하여 변제하지 못한다. 그러나 법인은 채권자에 대한 지연손해배상의 의무를 면하지 못한다.

■ § 90. 채권신고기간내의 변제금지

- 청산인은 채권신고 기간내에 채권자에게 변제하지 못한다. 그러나 변제기가 도래한 채권자에 대하여 지연손해배상을 해야 한다.
- 본조위반의 효과 : 과태료의 제재
- 관련법조 : 상법 §536, §613

청산인은 제88조에서 말한 채권신고기간 내에는 채권자에 대하여 변제하지 못한다. 그러나 그 기간 중에 법인이 채무의 변제를 유예받는 것이 아니므로 법인은 채권신고기간중에 변제기가 도래한 채권자에 대하여는 지연손해배상을 하여야 한다.

청산인이 본조의 규정에 위반한 경우에는 과태료의 제재를 받는다. 또한 경우에 따라서는 손해배상책임까지 발생한다.

◈ 청산법인의 채권변제의 특례

제 91 조【채권변제의 특례】

① 청산중의 법인은 변제기에 이르지 아니한 채권에 대하여도 변제할 수 있다.

② 전항의 경우에는 조건있는 채권, 존속기간의 불확정한 채권, 기타 가액의 불확정한 채권에 관하여는 법원이 선임한 감정인의 평가에 의하여 변제하여야 한다.

■ § 91. 채권변제의 특례

- 청산중의 법인은 변제기에 이르지 않은 채권에 대하여도 변제가능
- 감정인의 평가 : 조건있는 채권, 존속기간의 불확정한 채권, 기타 가액의 불확정한 채권
- 관련법조 : [이자계산] 상법 §259②③, §269, §542①, §613①

청산중의 법인은 변제기에 이르지 아니한 채권에 대하여는 기한의 이익을 포기하여 변제할 수 있다. 다만 조건있는 채권, 존속기간이 불확정한 채권, 기타 가액이 불확정한 채권에 관하여는 법원이 선임한 감정인의 평가에 의하여 변제하여야 한다. 그러나 이로 인하여 채권자에게 손해가 있는 때에는 청산법인이 배상하여야 한다.

◈ 채권신고기간 후에 신고한 채권자가 변제를 청구할 수 있는 재산

제 92 조【청산으로부터 제외된 채권】

청산으로부터 제외된 채권자는 법인의 채무를 완제한 후 귀속권리자에게 인도하지 아니한 재산에 대하여서만 변제를 청구할 수 있다.

■ § 92. 청산으로부터 제외된 채권

- 채권신고 기간내에 신고하지 않은 채권자: 청산에서 제외
- 제외된 채권자 : 법인의 채무를 완제한 후 귀속권리자에게 인도하지 않은 재산에 대해서만 변제청구 가능
- 관련법조 : 상법 §267②, §269, §537, §613①

채권신고기간 내에 신고하지 않아 청산에서 제외된 채권자는 법인의 채무를 변제한 후 귀속권리자에게 인도하지 않은 재산에 대하여서만 변제를 청구할 수 있다. 따라서 잔여재산이 있더라도 귀속권리자에게 인도한 후에는 청구하지 못한다. 그러므로 채권신고기간은 제척기간인 것이다.

◆ 청산인이 파산선고를 신청하여야 하는 경우

제 93 조【청산중의 파산】

① 청산중 법인의 재산이 그 채무를 완제하기에 부족한 것이 분명하게 된 때에는 청산인은 지체없이 파산선고를 신청하고 이를 공고하여야 한다.

② 청산인은 파산관재인에게 그 사무를 인계함으로써 그 임무가 종료한다.

③ 제88조 제3항의 규정은 제1항의 공고에 준용한다.

■ § 93. 파산선고 신청

- 청산절차를 밟고 있는 도중에 법인의 재산이 채무를 완제하기에 부족하다는 것이 분명하게 된 때
- 청산인이 지체없이 파산선고를 신청하고 이를 공고하여야 한다
- 벌　　칙 : 파산신청을 게을리하거나 공고, 해태, 부정공고를 하면 과태료의 처분을 받는다
- 법인이 파산하게 되면 청산인은 파산관재인에게 사무를 인계함으로써 그 임무가 종료된다
- 관련법조 : 채무자회생 및 파산에 관한 법률 §295

청산중 법인의 재산이 그 채무를 완제하기에 부족한 것이 분명하게 된 때에는 청산인은 지체없이 파산선고를 신청하고 이를 공고하여야 한다.

법인이 파산하게 되면 청산인은 파산관재인에게 그 사무를 인계함으로써 그 임무가 종료된다. 여기서 청산인이 파산관재인에게 인계하는 사무는 파산재산에 관한 것이고, 그 밖의 사무에 관하여는 여전히 청산인이 담당한다.

【서식】 파산선고신청

파 산 선 고 신 청

신청인(청산인) 박 명 구 (전화)
주민등록번호 –
주 소

인 지

사건본인(법인의 명칭) ○
주민등록번호 –
주 소

청 구 취 지

○○(법인의 명칭)에 대하여 파산을 선고함.
이라는 재판을 구함.

청 구 원 인

1. 위 ○○(법인의 명칭)은 ○○의 사유로 년 월 일 해산하고 신청인 등은 그 청산인으로 년 월 일 취임하여 년 월 일 채권자에 대하여 그 채권청구신고의 최고를 하였던 바 그 신고기간까지 채권청구의 신청액이 합계 원에 달하였습니다.
2. 그러나 ○○(법인의 명칭)이 소유하는 재산을 정사하니 동산·부동산 및 채권을 합하여 겨우 원에 불과하므로 도저히 그 재산으로서는 채권을 완제하기 부족함이 분명하므로 ○○법인에 대하여 이에 파산선고를 구하여 위하여 신청취지와 같이 재판을 구하는 바입니다.

첨 부 서 류

1. 제1호증 재산계산서 1통
2. 조사보고서 1통
3. 채무자등기부등본 1통

서기 년 월 일

위 청구인(청산인) 박 명 구 ㊞

○○법원 귀중

◈ 청산종결 후에 등기하여야 할 사항 및 등기기간

제 94 조【청산종결의 등기와 신고】

청산이 종결한 때에는 청산인은 3주간 내에 이를 등기하고 주무관청에 신고하여야 한다.

■ § 94. 청산종결의 등기와 신고

- 청산이 종결하면 청산인은 3주간내에 이를 등기하고 주무관청에 신고하여야 한다.
- 관련법조 : 상법 §264, §269, §540, §542①, §613①

(1) 청산종결의 등기

청산을 종결한 때에는 3주간 내에 이를 등기하여야 한다. 청산인이 위 등기의무를 해태한 때에는 과태료의 처분을 받는다. 이 등기는 일반상업등기와 같이 사실을 공시하는 효력은 있으나 사실을 창설하는 효력은 없다.

(2) 청산종결의 신고

민법상 법인은 주무관청의 허가를 받아 설립된 것이므로 청산절차가 완결되어 법인이 소멸되면 그 뜻을 주무관청에 신고하는 것은 당연하다. 신고기간은 청산이 종결된 때로부터 3주간 내이다.

【쟁점사항】

<청산종결등기가 법인의 소멸을 위한 성립요건인지 여부>

법인이 소멸하는 것은 청산종결등기가 된 때가 아니라 청산사무가 사실상 종결된 때이다. 그러므로 청산종결의 등기가 되었더라도 청산사무가 종결되지 않은 때에는 그 한도에서는 청산법인으로 존속한다(대판 1980. 4. 8, 79다2030). 즉 청산종결등기는 법인의 소멸을 위한 성립요건이 아니라 대항요건에 불과하다.

◈ 법인의 해산 및 청산의 감독기관

제 95 조【해산, 청산의 검사, 감독】

법인의 해산 및 청산은 법원이 검사, 감독한다.

■ § 95. 법인의 해산, 청산의 감독권자

- 법인에 대한 감독기관 : ① 법인의 업무 - 주무관청
② 법인의 해산, 청산 - 법원
- 벌 칙 : 청산인이 법원의 검사, 감독을 방해한 때
- 관련법조 : 비송 §33②, §36, §37, 사립학교법 §42

법인의 해산·청산에 대한 감독권자는 법원이다(제95조). 이처럼 법인에 대한 감독기관이 2분되어 있다. 즉 법인의 업무는 법인의 목적에 의하여 각각의 주무관청에 감독시키고 있으나 해산·청산은 모든 법인의 재산관계의 정리인 것이며 제3자의 이해관계와 밀접한 관련이 있으므로 일률적으로 법원에게 감독권을 부여한 것이다. 청산인이 법원의 검사, 감독을 방해한 때에는 과태료에 처한다.

◈ 이사에 관한 규정 중 청산인에게 준용되는 규정

제 96 조 【준용규정】

제58조 제2항, 제59조 내지 제62조, 제64조, 제65조 및 제70조의 규정은 청산인에 이를 준용한다.

■ § 96. 청산인에 준용되는 규정

- 이사에 관련된 규정은 청산인에게 준용됨
- 관련법조 : 이사의 사무집행방법(§58②), 대표권(§59), 대표권에 대한 제한의 대항력(§60), 주의의무(§61), 대리인선임(§62), 특별대리인선임(§64), 임무해태(§65), 임시총회의 소집(§70)

청산인은 청산법인에 있어서 마치 이사와 같은 지위에 있는 기관이다. 즉 이사에 상당하는 청산법인의 필수기관이다. 청산인은 청산법인의 목적인 청산의 직무를 수행하기 위하여 필요한 일체의 행위를 할 수 있는 권한을 갖는다(제87조 2항). 즉 청산인은 청산법인의 능력범위 내에 있어서 내부의 사무를 집행하고, 외부에 대해서는 법인을 대표한다.

이사의 직무집행의 방법, 대표권, 대표권에 대한 제한, 주의의무, 대리인선임, 특별대리인의 선임, 임무해태, 임시총회의 소집 등에 관한 규정은 청산법인에 준용된다(제96조).

청산인이 될 자는 정관에서 정한 자 또는 총회의 결의로써 선임한 자이다(제82조 단서). 이와 같은 자가 없는 때에는 원칙적으로 이사가 계속 청산인이 된다(제92조 본문).

제 5 절 벌 칙

법인의 감독을 완전하게 하기 위하여 설립허가를 취소하고 청산인을 해임할 수 있는 권한을 감독기관에게 주고 있으나, 민법은 그 밖에도 벌칙을 두고 있다. 즉 법인의 이사·감사 또는 청산인이 그의 직무를 충실하게 다하지 않는 경우에는 이들에게 과태료의 제재를 과한다. 상사법인의 경우에는 과태료뿐만 아니라 징역·벌금까지 과하고 있으나(상법 제622조 이하 참조), 민법은 500만원 이하의 과태료에 처하는 데 그치고 있다(제97조). 민법의 비영리법인보다도 상법의 영리법인의 활동이 훨씬 일반 제3자의 이해관계와 절실한 관련을 가지기 때문이다.

과태료는 일종의 질서벌이며, 형사벌이 아니다. 따라서 과태료에 처하는 절차는 형사소송법에 의하지 아니하고, 비송사건절차법(제247조 이하)에 의한다. 과태료사건의 관할은 그 처분을 받게 될 자의 주소지의 지방법원의 관할에 속한다. 그 절차는 당사자의 진술을 청취하고 검사의 의견을 들어「결정」의 형식으로 재판한다. 이 결정에 대하여는 즉시항고를 할 수 있다. 과태료의 재판은 검사의 명령으로 이를 집행한다.

◈ 이사, 감사, 청산인에 대한 벌칙

제 97 조【벌 칙】

법인의 이사, 감사 또는 청산인은 다음 각호의 경우에는 500만원 이하의 과태료에 처한다.

1. 본장에 규정한 등기를 해태한 때
2. 제55조의 규정에 위반하거나 재산목록 또는 사원명부에 부정기재를 한 때
3. 제37조, 제95조에 규정한 검사, 감독을 방해한 때
4. 주무관청 또는 총회에 대하여 사실 아닌 신고를 하거나 사실을 은폐한 때
5. 제76조와 제90조의 규정에 위반한 때
6. 제79조, 제93조의 규정에 위반하여 파산선고의 신청을 해태한 때
7. 제88조, 제93조에 정한 공고를 해태하거나 부정한 공고를 한 때

■ § 97. 과태료의 처분을 할 수 있는 사항

- 법인에 관한 등기 해태
- 재산목록 또는 사원명부의 작성, 비치에 관한 의무위반, 부정기재
- 주무관청 또는 법원의 검사, 감독방해
- 총회의사록의 작성, 비치의무위반, 청산인의 채권신고기간 내에 변제를 한 때
- 청산인이 채권신고의 공고나 파산선고신청의 공고를 해태하거나 부정공고를 한 때
- 관련법조 : 공익법인의 설립운영에 관한 법률 §19, [과태료사건] 비송 §247~§250, [회사와 과태료사건] 상법 §635

과태료는 민사상의 질서유지를 위한 민사상의 질서벌이다. 이를 과하는 절차는 비송사건절차법에 의한다.

벌칙이 부과되는 경우는 다음과 같다.

(1) 법인에 관한 등기를 해태한 때

(2) 재산목록 또는 사원명부의 작성, 비치에 관한 의무(제55조)에 위반하거나 또는 부정기재를 한 때

(3) 주무관청 또는 법원의 검사·감독을 방해한 때(제37조, 제95조)

(4) 주무관청 또는 총회에 대하여 사실 아닌 신고를 하거나 사실을 은폐한 때
(5) 총회의사록의 작성, 비치의무(제76조)에 위반하거나 또는 청산인이 채권신고기간 내에 변제를 한 때(제90조)
(6) 파산선고의 신청을 해태한 때(제79조, 제93조)
(7) 청산인이 채권신고의 공고(제88조)나 또는 파산선고신청의 공고(제93조 1항)를 해태하거나 부정한 공고를 한 때이다.

제 4 장 물 건

권리는 일정한 사회적 이익을 향수할 수 있는 법률상의 힘이다. 이 일정한 사회적 이익은 이를 권리의 내용 또는 목적이라고 한다. 이 권리의 내용 또는 목적이 성립하기 위하여서는 일정한 대상을 필요로 하며, 이를 권리의 객체라고 한다. 바꾸어 말하면, 권리는 이익의 향수를 위하여 법률에 의하여 권리주체에게 주어진 법률상의 힘이므로 이 힘의 대상, 즉 이익발생의 대상이 권리의 객체이다. 예컨대, 물권은 일정한 물건을 직접 지배하는 것이 그의 목적 또는 내용이며, 일정한 물건은 그 객체인 것이다. 또한 채권은 채권자가 채무자에게 특정의 행위(급부)를 할 것을 청구해서 그 행위에 의한 이익을 향수할 수 있는 권리이다. 따라서 채무자의 행위, 즉 급부가 채권의 객체인 것이다.

위와 같은 의미에 있어서의 권리의 객체는 권리의 목적·내용 또는 종류에 따라서 다르다. 물권에 있어서는 물건, 채권에 있어서는 특정인(채무자)의 행위(급부·급여), 형성권에 있어서는 법률관계, 무체재산권에 있어서는 저작·발명 등의 정신적 산물, 인격권에 있어서는 권리주체 자신, 친족권에 있어서는 친족법상의 지위, 상속권에 있어서는 상속재산 등이 각각 권리의 객체이다.

상술한 바와 같이, 권리의 객체는 각종의 권리에 따라 여러 가지가 있으나, 민법은 그 가운데에서,「물건」에 관하여서만 통칙적 규정을 두고 있다. 이것은 권리의 객체 전부에 걸치는 일반적 규정을 둔다는 것이 곤란하고, 물건은 물권의 객체로서 물건에 관하여서만 규정하고 있는 것이다.

그러나 물건이 가장 중요성을 가지는 것은 역시 물권리론에서이다. 물권과 채권이 이론상 대립되는 판덱텐체계에 있어서는 물건에 관한 규정을 총칙편에 둘 것이 아니라 물권편에서 규정하여야 한다는 논의가 있게 된다. 독일민법 제1조안과 스위스민법에서는 물권편에 규정하고 있다. 이론적으로는 스위스민법의 태도가 옳을 것이다.

◆ 민법상의 물건의 의의

제 98 조【물건의 정의】

본법에서 물건이라 함은 유체물 및 전기 기타 관리할 수 있는 자연력을 말한다.

■ § 98. 물 건

- 유체물이거나 관리가능한 자연력
- 지배가능할 것
- 외계의 일부(비인격성)
- 독립한 물건
- 관련법조 : 형법 §346

1. 유체물 및 관리가능한 자연력일 것

민법은「물건이라 함은 유체물 및 전기 기타 관리할 수 있는 자연력」이라고 규정하고 있다. 유체물이란 물리학상의 의미, 즉 공간의 일부를 차지하며 유형적 존재를 갖고 있는 것이다. 유체물과 함께 무체물을 법률상의 물건으로 인정할 것인가에 대해서는 로마법 이래 입법례가 나뉘어져 있다. 프랑스 민법(제517조 이하)은 이것을 포함하고 있으나 독일 민법(제90조)은 이것을 배척한다. 스위스 민법은「법률상 지배할 수 있는 자연력」도 물건으로 인정한다.

과학의 발달로 인력으로 관리가능한 자연력인 무체물이 거래의 객체가 되고 있으므로, 우리 민법이 관리가능한 자연력을 물건에 포함시킨 것은 타당한 입법이라 할 수 있다.

2. 지배가능할 것

유체물이더라도 물권의 객체가 되기 위해서는 그 물건의 지배가 가능하여야 한다. 따라서 태양, 달, 별, 바다 등은 법률상의 물건이 아니다. 그러나 바다는 행정행위 등에 의하여 일정한 범위를 구획하면 지배가 가능하게 되므로 그 위에 권리가 성립한다. 예컨대 어업권, 공유수면매립권 등이 그것이다. 무체물에 관여하는 민법이 전기 기타 관리할 수 있는 자연력이라고 명문으로 규정하고 있다.

3. 외계의 일부일 것

물건은 외계의 일부일 것을 요한다. 사람 또는 인체의 일부는 물건이 아니다. 타인의 신체에 물권을 성립시키는 것은 노예를 인정하는 것으로 허용되지 않는다. 자기의 신체에도 인격권은 성립되지만 소유권은 성립되지 않는다. 그러나 분리된 신체의 일부, 예를 들면 치아나 모발은 물건으로 분리 전의 사람의 소유에 속한다. 사체도 물건이라고 보는 것이 일반적인 견해이다.

또한, 사체가 소유권의 객체가 된다고 보며, 다만 보통의 소유권과는 달리 매장·제사 등을 할 수 있는 기능과 의무가 따르는 특수한 소유권이라고 한다(다수설: 이영섭, 김기선, 김현태, 김증한). 이 견해에 따르게 되면 시체에 대한 권리는 호주승계인에게 있는 것으로 된다.

이에 반하여 소수설은 사체는 소유권의 객체가 될 수 없으며, 사체에 대한 권리는 매장·제사 등만을 행할 수 있는 관습법상의 관리권에 불과하다고 본다. 이에 의하면 사체에 대한 권리는 관습상 상주에게 속한다(곽윤직). 사체를 물건으로 보는 이상 특수한 소유권이라고 봄이 옳을 것이다(동지, 방순원).

또 사체의 처분행위는 위의 어느 설에 의하든간에 사회질서에 반하는 것으로서 무효라고 하여야 할 것이다.

4. 독립한 물건일 것

권리의 객체인 물건은 하나의 물건으로 생각되는 독립물이어야 한다. 독립물 여부는 물리적 관찰에만 의할 것은 아니고, 사회통념 또는 거래관념에 의거하여 결정하여야 할 것이다.

이러한 물건의 독립성은 특히 물권관계에서 중요하게 나타난다. 즉 하나의 물건에는 하나의 물권을 인정하는 일물일권주의의 원칙에서이다. 그런데 이 원칙에는 아래와 같은 예외가 인정된다.

(1) 물건의 일부 : 일물일권주의의 원칙에 비추어 물건의 일부는 권리의 객체가 될 수 없다. 그러나 부동산의 일부는 용익물권의 객체로 된다. 또 미분리의 천연과실과 수목의 집단은 명인방법이라는 관습법상의 공시방법을 갖춘 때에는 독립한 부동산으로서 소유권의 객체로 된다.

(2) 단일물·합성물·집합물 : 단일물이란 형태상 단일한 일체를 이루고 각

구성부분이 개성을 잃고 있는 물건, 예를 들면 소, 말, 책과 같은 물건이다. 이것은 법률상 하나의 물건으로서만 취급되고, 그 일부분에 다른 독립한 권리는 성립되지 않는다.

합성물이란 형태상으로 말하면 단일한 일체를 이루고 있으나 실제는 수개의 물건이 결합된 것이므로 구성부분이 개성을 잃지 않고 있는 물건이다. 예를 들면 가옥, 보석, 반지 같은 것이다. 이것은 단일물과 같이 법률상 하나의 물건으로만 취급되고 각 구성부분에 별도의 권리가 성립될 수 없다. 따라서 부합과 같이 수개의 물건이 결합하여 합성물이 되고, 그 때문에 종래의 물건 위에 존재하던 권리가 소멸하는 일도 있을 수 있다(제257조).

집합물이란 개개의 물건이 집합하여 경제적으로 단일한 가치를 가지고, 거래상으로도 일체로서 다루어지는 것을 말한다. 집합으로만 경제적 가치가 있는 것(예컨대, 한 켤레의 구두, 곡물)과 특수한 목적하에 결합한 것으로서 특별법에 의한 등기·등록 등의 공시방법을 갖춘 재단(예컨대, 공장재단, 광업재단), 장소가 특정된 양도담보의 목적물(점포에 진열된 상품-변동동산이라 함)이 하나의 물건으로 취급되는 것에는 문제가 없다. 더욱이 이러한 것 이외의 경우, 특히 기업을 하나의 물건으로 볼 것인가에 관해서는 다툼이 있지만 점차 하나의 물건으로 인정되어져 가는 경향이다(예컨대, 기업담보).

<참고사항>

※ 집합물에 관한 양도담보(또는 집합동산 양도담보)

1. 개 념

거래계에서 동산의 집합체에 양도담보를 설정하여 자금을 융통하는 경우가 있는데 이를 집합동산 양도담보라 한다. 집합물에 대한 양도담보가 유효하다는 데에는 이견이 없고, 다만 일물일권주의 원칙과의 조화를 위해 그 유효성에 관한 논증방법이 다를 뿐이다.

2. 집합물 양도담보와 일물일권주의와의 관계(집합물 개념의 인정 여부)

(1) 집합물설(통설, 판례)

집합물개념을 인정하면서 집합동산이 객관적으로 단일한 경제적 가치를 가지고 거래상 일체로 다루어지는 경우에는 이를 개별동산과 독립한 물권의 객체로 할 사회적 필요가 있으며 또한 공시방법 등을 갖추어 특정이 가능하다면 집합물을 양도담보의 객체로 하는 것을 부정할 이유가 없다는 견해이다.

(2) 집합물 부정설(양창수)

이 견해는 우리민법은 집합물이라는 개념을 인정하고 있지 않으며, 담보설정자가 새로이 취득한 개개의 동산에 대하여는 담보권의 효력이 미치게 되는 근거를 이른바 '포괄적 사전점유개정 약정' 이라는 개념을 사용해 새로이 취득하는 개개의 동산이 별도의 절차 없이도 양도담보의 목적물이 될 수 있다고 한다.

(3) 판례

① 일단의 증감 변동하는 동산을 하나의 물건으로 보아 이를 채권담보의 목적으로 삼는 이른바 유동집합물에 대한 양도담보설정계약의 경우에, 양도담보의 효력이 미치는 범위를 명시하여 제3자에게 불측의 손해를 입지 않도록 하고 권리관계를 미리 명확히 하여 집행절차가 부당히 지연되지 않도록 하기 위하여 그 목적물을 특정할 필요가 있으므로, 담보목적물은 담보설정자의 다른 물건과 구별될 수 있도록 그 종류, 소재하는 장소 또는 수량의 지정 등의 방법에 의하여 외부적·객관적으로 특정되어 있어야 하고, 목적물의 특정 여부 및 목적물의 범위는 목적물의 종류, 장소, 수량 등에 관한 계약의 전체적 내용, 계약 당사자의 의사, 목적물 자체가 가지는 유기적 결합의 정도, 목적물의 성질, 담보물 관리와 이용방법 등 여러 가지 사정을 종합하여 구체적으로 판단하여야 한다(대법원 2003. 3. 14. 선고 2002다72385 판결).

② 성장을 계속하는 어류일지라도 특정 양만장 내의 뱀장어 등 어류 전부에 대한 양도담보계약은 그 담보목적물이 특정되었으므로 유효하게 성립하였다고 할 것이다(대법원 1990. 12. 26. 선고 88다카20224 판결).

③ 집합물에 대한 양도담보권설정계약이 이루어지면 그 집합물을 구성하는 개개의 물건이 변동되거나 변형되더라도 한 개의 물건으로서 동일성을 잃지 아니하므로 양도담보권의 효력은 항상 현재의 집합물 위에 미치는 것이고, 따라서 양도담보권자가 담보권설정계약 당시 존재하는 집합물을 점유개정의 방법으로 그 점유를 취득하면 그 후 양도담보설정자가 그 집합물을 이루는 개개의 물건을 반입하였다 하더라도 그때마다 별도의

양도담보권설정계약을 맺거나 점유개정의 표시를 하여야 하는 것은 아니다(대법원 1990. 12. 26. 선고 88다카20224).

▣ 핵심판례 ▣

■ [물건의 정의]

1. 가. 도시계획구역 내의 농지는 농지매매증명없이 경락을 허가할 수 있는지 여부(적극)

지목이 농지라도 도시계획구역 내에 있는 토지라면 농지매매증명 없이 경락을 허가할 수 있다.

나. 경매대상 건물인 1동의 주택 및 창고와 부속건물 4동이 한 개의 건물로 등기되어 있고 미등기인 창고 2동이 있는데 부속건물 중 3동만을 따로 떼어 경락허가한 조치의 적부(소극)

1동의 건물은 그 전체를 경락허가의 대상으로 삼아야 할 것이고 그 일부분을 분리하여 따로 경락허가의 대상으로 삼을 수는 없는 것인바, 이 사건에서 경매의 대상이 된 건물인 1동의 주택 및 창고와 부속건물 4동이 한 개의 건물로 등기되어 있고 미등기인 창고 2동이 있는데 경매법원이 위 등기된 건물 중 원채의 주택 및 창고와 부속건물 중 1동을 제외한 부속건물 3동을 따로 떼어 경락허가한 것은 일물일권주의에 위반되어 위법하고, 미등기인 창고 2동은 그것이 위 등기된 건물에 부속된 것이라면 같은 이유로 위법하고 따로이 독립된 건물이라면 경매신청이 없는데 경락을 허가한 허물이 있다(1990. 10. 11. 제3부 결정, 90마679 경락허가결정).

2. 유동집합물이 독립된 물권의 객체가 되기 위한 요건과 특정방법

일단의 증감 변동하는 동산을 하나의 물건으로 보아 이를 채권담보의 목적으로 삼는 이른바 유동집합물에 대한 양도담보설정계약의 경우에, 양도담보의 효력이 미치는 범위를 명시하여 제3자에게 불측의 손해를 입지 않도록 하고 권리관계를 미리 명확히 하여 집행절차가 부당히 지연되지 않도록 하기 위하여 그 목적물을 특정할 필요가 있으므로, 담보목적물은 담보설정자의 다른 물건과 구별될 수 있도록 그 종류, 소재하는 장소 또는 수량의 지정 등의 방법에 의하여 외부적·객관적으로 특정되어 있어야 하고, 목적물의 특정 여부 및 목적물의 범위는 목적물의 종류, 장소, 수량 등에 관한 계약의 전체적 내용, 계약 당사자의 의사, 목적물 자체가 가지는 유기적 결합의 정도, 목적물의 성질, 담보물 관리와 이용방법 등 여러 가지 사정을 종합하여 구체적으로 판단하여야 한다(대법원 2003. 3. 14. 선고 2002다72385 판결).

3. 유동집합물의 공시방법

제강회사가 제품생산에 필요하여 반입하는 원자재를 일정기간 계속하여 채권담보의 목적으로 삼으려는 소위 집합물양도담보권설정계약에 있어서는 목적동산의 종류와 수량의 범위가 지정되고 그 소재장소가 특정되어 있으면 그 전부를 하나의 재산권으로 보아 담보권의 설정이 가능하다고 보아야 할 것이고 그러한 경우 양도담보권자는 담보권설정계약 당시 존재하는 원자재를 점유개정에 의하여 그 점유를 취득하면 제3자에 대하여 그 동산의 소유권(담보권)을 주장할 수 있는 것이며 그후 새로이 반입되는 개개의 물건에 대하여 그때마다 점유개정의 표시가 있어야 하는 것은 아니다(대법원 1988.10.25. 선고 85누941 판결).

4. 집합물 양도담보의 효력이 미치는 범위

(1) 가. 일반적으로 일단의 증감 변동하는 동산을 하나의 물건으로 보아 이를 채권담보의 목적으로 삼으려는 이른바 집합물에 대한 양도담보설정계약체결도 가능하며 이 경우 그 목적 동산이 담보설정자의 다른 물건과 구별될 수 있도록 그 종류, 장소 또는 수량지정 등의 방법에 의하여 특정되어 있으면 그 전부를 하나의 재산권으로 보아 이에 유효한 담보권의 설정이 된 것으로 볼 수 있다.

나. 양도담보계약서 중 양도물건목록에 소재지, 보관창고명과 목적물이 양만장 내 뱀장어, 수량 약 백만 마리라고 기재되어 있을 뿐이고 특별히 위 양만장 내의 뱀장어 중 1,000,000마리로 그 수량을 지정하여 담보의 범위를 제한한 사실이 인정되지 않는다면 위 양도담보계약서에 기재된 수량은 단순히 위 계약 당시 위 양만장 내에 보관하고 있던 뱀장어 등의 수를 개략적으로 표시한 것에 불과하고 당사자는 위 양만장 내의 뱀장어 등 어류전부를 그 목적으로 하였다고 봄이 당사자의 의사에 합치된다고 할 것이다.

다. 성장을 계속하는 어류일지라도 특정 양만장 내의 뱀장어 등 어류 전부에 대한 양도담보계약은 그 담보목적물이 특정되었으므로 유효하게 성립하였다고 할 것이다.

라. 집합물에 대한 양도담보권설정계약이 이루어지면 그 집합물을 구성하는 개개의 물건이 변동되거나 변형되더라도 한 개의 물건으로서 동일성을 잃지 아니하므로 양도담보권의 효력은 항상 현재의 집합물 위에 미치는 것이고, 따라서 양도담보권자가 담보권설정계약 당시 존재하는 집합물을 점유개정의 방법으로 그 점유를 취득하면 그 후 양도담보설정자가 그 집합물을 이루는 개개의 물건을 반입하였다 하더라도 그때마다 별도의 양도담보권설정계약을 맺거나 점유개정의 표시를 하여야 하는 것은 아니다(대법원 1990.12.26. 선고 88다카20224 판결).

(2) 가. 돈사에서 대량으로 사육되는 돼지를 집합물에 대한 양도담보의 목적물로

삼은 경우, 그 돼지는 번식, 사망, 판매, 구입 등의 요인에 의하여 증감 변동하기 마련이므로 양도담보권자가 그 때마다 별도의 양도담보권설정계약을 맺거나 점유개정의 표시를 하지 않더라도 하나의 집합물로서 동일성을 잃지 아니한 채 양도담보권의 효력은 항상 현재의 집합물 위에 미치게 되고, 양도담보설정자로부터 위 목적물을 양수한 자가 이를 선의취득하지 못하였다면 위 양도담보권의 부담을 그대로 인수하게 된다는 원심의 판단을 수긍한 사례.

나. 돈사에서 대량으로 사육되는 돼지를 집합물에 대한 양도담보의 목적물로 삼은 경우, 위 양도담보권의 효력은 양도담보설정자로부터 이를 양수한 양수인이 당초 양수한 돈사 내에 있던 돼지들 및 통상적인 양돈방식에 따라 그 돼지들을 사육·관리하면서 돼지를 출하하여 얻은 수익으로 새로 구입하거나 그 돼지와 교환한 돼지 또는 그 돼지로부터 출산시켜 얻은 새끼돼지에 한하여 미치는 것이지 양수인이 별도의 자금을 투입하여 반입한 돼지에까지는 미치지 않는다고 한 사례.

다. 유동집합물에 대한 양도담보계약의 목적물을 선의취득하지 못한 양수인이 그 양도담보의 효력이 미치는 목적물에다 자기 소유인 동종의 물건을 섞어 관리함으로써 당초의 양도담보의 효력이 미치는 목적물의 범위를 불명확하게 한 경우에는 양수인으로 하여금 그 양도담보의 효력이 미치지 아니하는 물건의 존재와 범위를 입증하도록 하는 것이 공평의 원칙에 부합한다(대법원 2004. 11. 12. 선고 2004다22858 판결).

◆ 동산과 부동산의 구별기준

제 99 조 【부동산, 동산】

①토지 및 그 정착물은 부동산이다.

② 부동산 이외의 물건은 동산이다.

■ § 99. 부동산, 동산

- 부 동 산 : ① 토지
  ② 토지의 정착물 : 건물, 입목, 미분리의 과실, 농작물
- 동 산 : ① 부동산 이외의 물건
  ② 특수한 동산 : 화폐 - 금전은 동산이기는 하나, 보통의 동산과 달리 그것이 나타내는 추상적인 가치(금액)만이 의미가 있음
- 관련법조 : [부동산으로 간주] 공장 및 광업재단 저당법 §12①, §54, 입목법 §3①, [부동산규정준용] 광업법 §10①, 유료도로법 §11, [토지규정준용] 수산업법 §16②, 내수면어업법 §7② , [동산] 민집 §188, [동산물과 공시방법] 자동차 등 특정동산 저당법 §5

1. 부동산

(1) 토 지

토지는 사람의 지배 및 이용이 가능한 범위 내에서 그 지면 및 상·하를 포함하는 입체적 존재물이다. 토지는 무한히 연속되어 있으므로 편의상 인위적으로 구분한 것에 의해 권리의 객체가 된다. 구분된 하나의 토지를 일필이라 하고 그 필마다 지번을 붙여 등기부에 표시한다.

일필의 토지의 일부분만을 분필절차를 밟기 전에 양도하거나, 이에 제한물권을 설정하거나, 시효취득하지 못한다고 하는 것이 통설·판례이다(대판 1963. 2. 15. 4297 민상 662 참조).

이는 우리 민법이 독일민법과 같이 물권변동에 관하여 형식주의를 채용하여 부동산 물권변동은 등기를 효력발생요건으로 하므로 토지의 일부에 대한 등기는 인정되지 못하기 때문이라 할 수 있다(제186조 참조). 그러나 용익물

권은 분필절차 없이도 일필의 토지의 일부 위에 설정할 수 있다(부동산등기법 제136조, 137조, 제139조 참조).

토지에 포함된 암석, 토사, 토지 위에서 성장하고 있는 초목, 토지에 부착된 동상, 철관 등도 토지의 구성부분이다. 다만 미채굴의 광물은 광업권의 객체가 되므로(광업법 제2조, 제3조: 이것을 채굴하고 취득하는 기능은 국가만이 갖는다) 토지소유권에 포함되지 않는다.

건물, 입목법의 적용을 받는 입목, 독립된 거래가치가 있는 입목, 입도, 지하수, 특히 온천은 토지로부터 독립된 물건으로 취급된다. 토지는 자본주의 사회에서 자본, 노동과 함께 중요한 요소가 되었다. 토지소유권은 법률의 제한 내에서 자유롭게 사용, 수익, 처분할 수 있는 권능을 포함하며(제211조), 법률의 제한 내에서 토지의 상·하에 미친다(제212조). 그리고 근대에는 토목건축공학의 발달로 인하여 타인의 토지의 지하 또는 지상의 공간의 상·하 범위를 정하여 공작물을 소유하기 위하여 물권적 사용권의 설정이 요청됨에 따라(지하철·지하상가 등) 1984년 민법의 개정으로 제289조의 2가 신설되어 공중·지하만을 대상으로 하는 구분지상권이 인정되게 되었다.

토지는 또 부동산으로서 동산과 다른 점을 제외하고는 용익물권의 설정이 가능하고 인지와의 사이에 상린관계를 발생시키는 점에서 건물과도 다르다.

(2) 토지의 정착물

가. 토지의 일부로 보는 것 : 교량·돌담·도랑·도로의 포장 등

토지의 정착물이란 계속적으로 토지에 부착된 상태에서 사용되는 것이 거래의 성질로 인정된 물건이다. 건물 등이 그 적절한 예이다.

식재되어 있는 수목도 정착물이지만 가식중에 있는 것은 그렇지 않다. 또 공장내에 설치된 기계는 대규모의 기초공사에 의해 토지에 고착되어 있으면 정착물이나, 사용함에 있어 동요되지 않도록 건물의 일부나 기초공사에 굵은 나사못이나 스파이크 등으로 고정한 것만으로는 토지의 정착물로 인정되지 아니한다.

더욱이 토지에 비료가 주어져 있다거나 종자가 파종되어 있는 경우에는 정착물이 아닌 토지의 구성성분이 된다고 해석된다. 토지의 정착물은 모두 부동산이지만, 그 취급은 토지와 분리된 부동산으로 취급되는 경우와 토지의 일부로 취급되는 경우의 두 가지로 대별된다.

후자의 예로는 교량, 도랑, 돌담 등이고, 전자, 즉 현행법상 토지와는 별개의 독립한 부동산으로 취급되는 부동산에는 다음과 같은 것이 있다.

나. 토지와 별개의 독립한 부동산이 되는 것

토지와 별개의 독립한 부동산	주 의 할 점
① 건물	건물등기부, 구분소유인정
② 입목법의 적용을 받는 수목집단	소유권 양도와 저당권설정 가능
③ 명인방법에 의하여 공시된 수목집단	소유권 양도와 양도담보설정 가능
④ 명인방법에 의하여 공시된 미분리과실	소유권 양도와 양도담보설정 가능
⑤ 농작물	권원없이 타인의 토지에서 재배하여도 재배자의 소유라는 것이 판례의 태도

① 건 물 : 건물은 언제나 토지에서 독립된 별개의 부동산으로 취급된다. 등기도 토지와 별개로 한다(부동산등기법 제14조 1항). 그 권리의 득실변경은 등기하여야 그 효력이 생기는 것이 원칙이다(제186조, 제187조).

건축중인 건물은 어느 정도에 달한 때부터 법률상의 건물이라고 할 수 있는가에 관해서는 양도·차압 등의 관계에 있어서 주요한 문제를 일으킨다. 독립된 부동산으로서의 건물이라고 하기 위하여는 최소한의 기둥과 지붕 그리고 주벽이 이루어지면 된다(대판 2003. 5. 30, 2002다21592·21608).

건물은 토지와 별개로 취급된다. 어떠한 경우에도 그 토지의 소유권 기타의 권리에 흡수되는 일은 없다. 동일인이 토지와 그 토지 위에 건물을 소유하는 경우에도 토지와 건물과는 별개로 소유권의 객체가 된다. 따라서 그 일방의 처분은 특약이 없으면 타방에 미치지 않는다. 또 타인의 토지에 건물을 건조한 경우에 설사 토지를 이용할 권리가 없는 자라 하더라도 건물의 소유권을 잃지 않는다(제256조 참조).

▣ 핵심판례 ▣

■ **독립된 부동산으로서의 건물의 요건**

신축건물이 경락대금 납부 당시 이미 지하 1층부터 지하 3층까지 기둥, 주벽 및 천장 슬라브 공사가 완료된 상태였을 뿐만 아니라 지하 1층의 일부 점포가 일반에 분양되기까지 하였다면, 비록 토지가 경락될 당시 신축건물의 지상층 부분이 골조공사만 이루어진 채 벽이나 지붕 등이 설치된 바가 없다 하더라도, 지하층 부분만으로도 구분소유권의 대상이 될 수 있는 구조라는 점에서 신축건물은 경락 당시 미완성 상태이기는 하지만 독립된 건물로서의 요건을 갖추었다(대판 2003. 5. 30, 20002다21592 · 21608).

② 입 목 : 입목법에 의해 등기된 수목의 집단은 언제나 독립한 부동산으로 취급된다(입목법 제1조, 제2조 참조). 입목법에 의한 등기가 없더라도 토지는 팔지 않고 입목만 판다든가 입목을 보유한 토지만 양도한다든가 하는 경우에는 그 생육하는 토지로부터 분리된 독립한 물건이 되고 당사자간에 소유권의 이동이 발생한다. 이때에는 명인방법의 공시방법을 갖춘 경우에만 토지로부터 독립된 부동산으로서 거래의 목적으로 되나 오직 소유권의 객체가 될 뿐이고 다른 물권의 객체는 되지 못한다.

③ 미분리 과실 및 농작물 : 미분리의 과실도 명인방법을 갖추고 있는 때에는 토지로부터 독립한 부동산으로서 거래의 목적으로 할 수 있다.

토지에서 재배되는 농작물은 토지의 일부로서 독립한 물건으로 되지 않는 것이 원칙이다. 그러나 제256조(부합) 단서에 따르면, 정당한 권원에 의하여 타인의 토지 위에서 재배되는 농작물은 그 토지에 부합하지 않고 토지로부터 독립한 부동산처럼 취급된다. 그러나 판례는 제256조 본문에도 불구하고, 아무런 권원없이 위법하게 타인의 토지위에서 재배되는 농작물은 언제나 경작자에게 속하고, 토지와는 별개의 독립한 부동산으로 보고 있다(대판 1970. 11. 30, 68다 1995).

2. 동 산

(1) 의 의

앞에서 본 부동산 이외의 물건은 모두 동산이다. 그러므로 전기 기타 관리할 수 있는 자연력도 동산에 속한다. 또 토지에 부착된 물건이라도 정착물이 아닌 경우라면 그것도 동산이다.

한편 선박 · 자동차 · 항공기 · 일정한 건설기계 등도 동산에 속하나, 그 경제적 가치로 인해 법률상 부동산과 같이 취급되고 있다.

(2) 특수한 동산(화폐)

화폐가 물건인가에 대해 화폐는 물건으로서는 전혀 개성이 없고, 상품의 가치기준으로서 지불수단 내지 유통수단이며 교환가치 그 자체이다. 따라서 화폐는 특수한 동산으로서 보통의 동산과는 달리 취급된다. 즉 화폐에 대해서는 물권적 반환청구권을 인정할 여지가 없고 타인의 점유에 속한 화폐에 대해서는 항상 채권적 청구권(부당이득반환 청구권)밖에 인정되지 않는다. 어떤 특정화폐의 반환을 청구하는 것은 전혀 의미가 없기 때문이다. 화폐에 관한 물권적 반환청구권이 없다는 것은 화폐의 경우 소유와 점유가 일치하기 때문이다.

3. 동산과 부동산의 취급상의 차이

① 공시의 원칙	모두 적용. 단 공시방법은 다르다(등기 vs. 인도 · 점유)
② 공신의 원칙	동산만 인정(선의취득 제249조)
③ 무주물 선점	동산→선점자의 소유, 부동산→국유(제252조)
④ 첨 부	①부합→제256조 · 제257조 ② 혼화 · 가공→동산에만 적용
⑤ 용익물권	부동산에만 인정
⑥ 담보물권	① 유치권→동산 · 부동산 ② 질권→동산 · 채권 ③ 저당권→부동산
⑦ 상린관계	부동산에만 인정
⑧ 채무이행장소	제467조
⑨ 환매기간	부동산→5년, 동산→3년(제591조)
⑩ 재판관할과 강제집행	부동산에 관해서는 특별재판적(민소 제20조)이 있고, 강제집행 절차와 방법이 다르다.

(1) 물권변동의 공시방법에 있어서 부동산의 경우에는 등기(제186조)를, 동산의 경우에는 인도, 즉 점유의 이전(제188조)을 요한다.

(2) 동산의 점유에는 공신력을 인정하지만(제249조), 부동산의 등기에는 이를 인정하지 않는다.

(3) 무주물선점(제252조)·부합(제256조, 제257조) 등의 경우에 법률효과가 다르다.

(4) 용익물권은 부동산에 관하여서만 설정되고, 동산에는 유치권·질권 등이 설정된다.

(5) 시효에 의한 소유권취득의 모습이 서로 다르다(제245조, 제246조).

(6) 부동산에 한하여 재판관할에 관한 특별규정이 있다(민사소송법 제20조). 또 강제집행의 절차와 방법에 있어서 서로 차이를 나타낸다(민사집행법 제78조, 제188조).

[동산·부동산의 법률상의 차이]

구 분	부 동 산	동 산
용익물권의 설정	할 수 있다	할 수 없다
질권의 실행	경매규정에 의한다	질물을 직접 변제에 충당하는 경우(제 338조 ②)도 있다.
저당권의 설정	할 수 있다	원칙상은 할 수 없다
공시방법	등 기	점 유
대 항 력	등 기	점유의 이전
공 신 력	(등기부에) 없다	(점유에) 있다

▣ 핵심판례 ▣

■ [부동산, 동산]

1. 공장건물과 인접하여 설치된 저유조가 건물인지 여부

공장 울안에 공장건물과 인접하여 설치된 저유조가 그 설치된 장소에서 손쉽게 이동시킬 수 있는 구조물이 아니고 그 토지에 견고하게 부착시켜 그 상태로 계속 사용할 목적으로 축조된 것이며 거기에 저장하려고 하는 원유, 혼합유 등을 풍우 등 자연력으로부터 보호하기 위하여 둥그런 철근 콘크리트 및 철판 벽면과 삿갓 모양의 지붕을 갖추고 있는 경우, 그 저유조는 유류창고로서의 기능을 가진 독립된 건물로 보아야 한다(대판 1990. 7. 27. 90다카6160).

2. 가. 사회통념상 독립한 건물이라고 볼 수 있는 미완성건물을 인도받아 나머지 공사를 마치고 완공한 경우 소유권의 원시취득자(=원래의 건축자)

건축주의 사정으로 건축공사가 중단되었던 미완성의 건물을 인도받아 나머지 공사를 마치고 완공하였다고 하더라도 공사가 중단된 시점에서 사회통념상 독립한 건물이라고 볼 수 있는 형태와 구조를 갖추고 있었다면 원래의 건축주가 이를 원시취득하였다고 봄이 상당하다.

나. 지하 1층 지상 2층 건물공사에서 지상 1층 일부와 2층 벽 및 지붕공정 등이 완성되지 않은 미완성건물이지만 사회통념상 독립한 건물이라고 한 사례

지하 1층 지상 2층 건물공사에서 지상 1층 일부와 2층 벽 및 지붕공정 등이 완성되지 않은 미완성건물이지만 사회통념상 독립한 건물이라고 본다(1993. 4. 23. 제3부 판결, 93다1527 건물명도 1534(반소) 소유권이전등기말소).

◈ 주물과 종물의 의의 및 그 상호간의 법률관계

제 100 조 【주물, 종물】

① 물건의 소유자가 그 물건의 상용에 공하기 위하여 자기소유인 다른 물건을 이에 부속하게 한 때에는 그 부속물은 종물이다.

② 종물은 주물의 처분에 따른다.

■ § 100. 주물, 종물

• 의의 : 물건의 소유자가 그 물건의 상용에 공하기 위하여 자기소유인 다른 물건을 이에 부속하게 한 때, 그 물건을「주물」이라고 하고, 주물에 부속된 다른 물건을「종물」이라 한다.

• 종물의 요건 : ① 주물의 상용에 이바지할 것
② 독립한 물건일 것
③ 주물, 종물 모두 동일소유자에게 속할 것

• 종물의 효과 : ① 종물은 주물과 법률적 운명을 같이함
② 저당권의 효력 - 저당권설정당시뿐 아니라 설정후의 종물에도 주물에 대한 저당권의 효력이 미침
③ 비강행규정 - 당사자의 특약 → 종물만의 처분도 가능(독립한 물건)
④ 강행규정상의 문제-채권자는 특별한 사정없이 종물만에 대해 강제집행할 수 있는가? - 부정하는 것이 타당

• 관련법조 : 상법 §742, §787②

1. 의 의

어떤 물건의 소유자가 그 물건의 상용에 공하기 위하여 자기소유의 다른 물건을 이에 부속하게 한 경우, 부속하게 한 물건을 주물이라 하고, 주물에 부속된 다른 물건을 종물이라고 한다. 예컨대 가옥과 덧문, 배와 노, 시계와 시계줄, 자물쇠와 열쇠 등을 들 수 있다.

2. 종물의 요건

주물과 종물의 요건은 다음과 같다.

(1) 종물은 주물의 상용에 이바지할 것 : 사회관념상 계속하여 주물의 효용을 돕기 위한 기능을 가지고 있다고 인정되어야 한다. 어느 건물이 주된 건물의 종물이기 위하여는 주된 건물의 경제적 효용을 보조하기 위하여 계속적으로 이바지되어야 하는 관계가 있어야 한다(대판 1988. 2. 23, 87다카600).

(2) 종물은 특정한 물건에 부속되었다고 인정될 정도의 장소적 관계에 있을 것.

(3) 주물·종물은 모두 독립한 물건으로 인정될 것 : 주물·종물은 모두 동산·부동산이건 불문한다.

(4) 주물·종물은 모두 동일한 소유자에게 속할 것 : 법률적 운명을 함께 함으로 인하여 제3자의 권리를 침해하는 일이 없도록 하려는 취지이다. 개인의 권리의 보호를 절대시하는 사상에서 보면 주물소유자의 처분에 의하여 타인소유의 종물이 강제적으로 처분당하는 것을 인정할 수 없기 때문이다. 단지 제3자의 권리를 해하지 않는 범위 내에서는 물건 상호간의 경제적 효용을 중시하여 본조 제1항의 취지를 확장함으로써 다른 소유자에게 속하는 물건 간에도 주물·종물의 관계를 인정하려는 경향이 있다. 또 제3자의 권리를 침해함이 없는 채권적 효과는 타인의 소유에 속하는 종물에도 미침과 동시에 선시취득의 요건이 구비되면 물권적 효과도 미친다고 해석된다.

(5) 주물의 소유자가 부속시켰음을 요하지 않는다. 본조 제1항은 주물·종물 소유자가 동일할 것을 요구한 것에 불과하다고 해석된다.

【쟁점사항】

<주물인지 종물인지 여부가 문제되는 경우>

ㄱ) 주유소의 주유기

주유소의 주유기가 비록 독립된 물건이기는 하나 유류저장탱크에 연결되어 유류를 수요자에게 공급하는 기구로서 주유소 영업을 위한 건물이 있는 토지의 지상에 설치되었고 그 주유기가 설치된 건물은 당초부터 주유소 영업을 위한 건물로 건축되었다는 점 등을 종합하여 볼 때, 그 주유기는 계속해서 주유소 건물 자체의 경제적 효용을 다하게 하는 작용을 하고 있으므로 주유소 건물의 상용에 공하기 위하여 부속시킨 종물이다(대판 1995. 6. 29, 94다6345).

ㄴ) 농지에 부속한 양수시설

농지에 부속한 양수시설은 농지의 종물이다(대판 1967. 3. 7, 66누176).

ㄷ) 생선을 보관하기 위하여 신축한 수족관 건물

횟집으로 사용할 점포 건물에 붙여서 생선을 보관하기 위하여 신축한 수족관 건물은 점포 건물의 종물이다(대판 1993. 2. 12, 92도3234).

ㄹ) 백화점 건물의 지하 2층 기계실에 설치된 전화교환설비

백화점 건물의 지하 2층 기계실에 설 치되어 있는 전화교환설비는 백화점의 효용과 기능을 다하기에 필요불가결한 시설들로서 위 건물의 상용에 제공된 종물이라 할 것이다(대판 1993. 8. 13, 92다43142).

ㅁ) 호텔건물에 설치된 냉장고, TV, 전화기 등은 호텔의 경제적 효용에 직접 이바지하지 아니하므로 호텔의 종물이라고 할 수 없다(대판 1985. 3. 26, 84다카269).

3. 종물의 법률적 효과

종물은 주물의 처분에 따른다. 주물에 대하여 매매, 임대차 기타 채권계약이 체결된 때는 반대의 의사표시가 없는 한 그 계약이 종물을 포함하는 것은 물론이다.

주물에 관한 물권적 처분이 행해진 경우에도 그 효과는 당연히 종물에도 미친다. 즉 주물의 소유권이 이전하면 종물의 소유권도 원칙적으로 이전하고, 주물 위에 저당권이 설정되면 그 저당권의 효력은 종물에도 미친다(제358조). 그러나 법률에 특별한 규정이 있거나 설정행위에 다른 약정이 있을 때에는 그 효력이 미치지 않는다(동조 단서). 그러나 저당권설정후에 부속시킨 종물도 여기에 포함시킬 것인가 하는 문제가 있다.

생각건대, 종물이 주물과 운명을 함께 한다는 근거를 소유자의 주관적 의사에서 찾는다면 주물의 처분 후에 생긴 종물을 그전에 행한 처분에 따르게 함에는 소유자의 적극적 의사를 필요로 한다. 또한 법률적 운명을 함께 하는 것은 물건의 객관적인 경제적 결합에 기초를 두고 있다는 점과 저당권이 존속하는 동안 끊임없이 목적물을 그때 그때의 상태에서 지배한다는 점을 고려하여야 할 것이다.

그리하여 저당권설정 후의 종물에도 저당권의 효력이 미친다는 데에 학설은

일치하고 있다.

이 견해는 부동산소유권의 양도 및 압류 등에도 적합하다. 다만 질권에 대해서는 종물의 점유가 이전되는가에 따라 결정된다(제330조). 본조 제2항은 강행규정은 아니다. 따라서 당사자가 반대의 특약을 하는 것은 무방하다. 또 당사자가 종물만을 처분하는 것도 무방하다. 그러나 채권자가 종물만에 대하여 강제집행을 할 수 있는가는 의문이다. 이러한 행위는 소유자의 의사에 반하여 물건의 경제적 결합을 파괴하게 되나, 이를 금지하더라도 개인의 권리를 부당하게 제한하는 것은 아니기 때문이다.

주물·종물의 이론은, 요컨대 경제적 관계에 대한 물건의 주종적 결합체에 관해서 개인의 권리를 부당하게 침해하지 않는 범위에서 동일한 법률적 운명에 따르도록 하려는 것이다. 그 결합을 파괴하지 않도록 하는 것은 물건의 사회적·경제적 존재로서의 의미를 달성시키려 함이다. 최근에 기업조직을 객관화함에 있어서 객관적인 기업조직 그 자체를 단일화하여 법률적으로 파악할 필요가 점점 고조되고 있는데, 이때 종물이론은 집합체의 관념과 함께 중요한 의의를 갖는다고 할 수 있다.

더구나 주물·종물은 물건 사이의 관계이지만 권리 사이에도 같은 관계가 성립한다. 이 경우에는 본조의 취지를 유추하여야 한다. 예컨대 원본채권의 전부명령 또는 양도의 효력은 이자채권에도 미치고 건물의 양도는 대지의 임차권의 양도를 수반한다.

[주물과 종물]

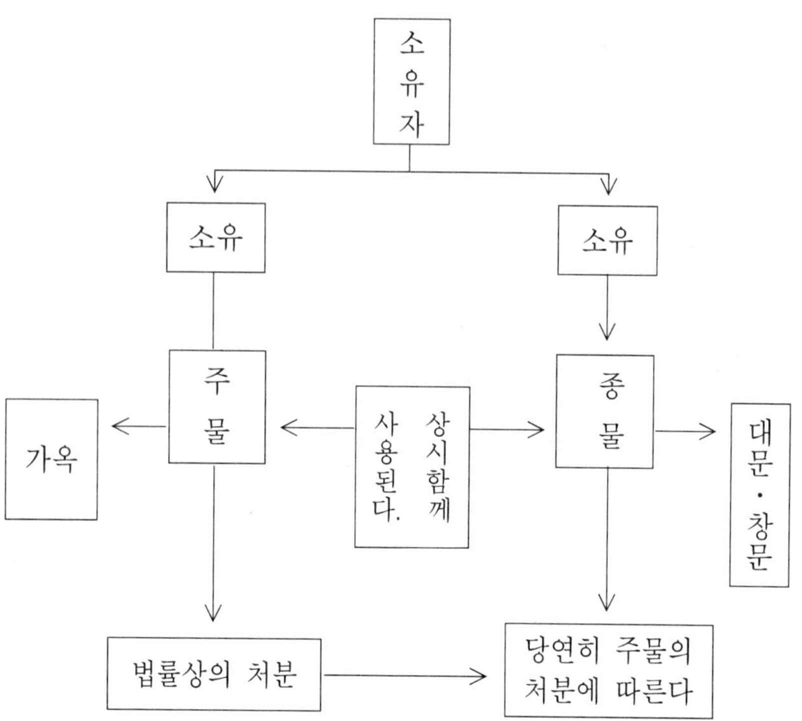

▣ 핵심판례 ▣

■ [주물, 종물]

1. 공장의 건물이나 토지에 대하여 공장저당권이 아닌 민법상의 일반저당권이 설정된 경우, 그 저당권의 효력이 미치는 범위

공장저당법에 의한 공장저당을 설정함에 있어서는 공장의 토지, 건물에 설치된 기계, 기구 등은 같은 법 제7조 소정의 기계, 기구 목록에 기재하여야만 공장저당의 효력이 생기나, 이와는 달리 공장건물이나 토지에 대하여 민법상의 일반저당권이 설정된 경우에는 공장저당법과는 상관이 없으므로 같은 법 제7조에 의한 목록의 작성이 없더라도 그 저당권의 효력은 민법 제358조에 의하여 당연히 그 공장건물이나 토지의 종물 또는 부합물에까지 미친다(대판 1995. 6. 29, 94다6345).

2. 건물에 대한 저당권의 효력이 그 건물의 소유를 목적으로 한 지상권에도 미치는지 여부(적극), 및 그 건물양도시 지상권도 함께 양도되는지 여부(적극)

저당권의 효력이 저당부동산에 부합된 물건과 종물에 미친다는 민법 제358조 본문을 유추하여 보면 건물에 대한 저당권의 효력은 그 건물에 종된 권리인 소유를 목적으로 하는 지상권에도 미치게 되므로, 건물에 대한 저당권이 실행되어 경락인이 그 건물의 소유권을 취득하였다면 경락 후 건물을 철거한다는 등의 매각조건에서 경매되었다는 등 특별한 사정이 없는 한, 경락인은 건물 소유를 위한 지상권도 민법 제187조의 규정에 따라 등기 없이 당연히 취득하게 되고, 한편 이 경우에 경락인이 건물을 제3자에게 양도한 때에는, 특별한 사정이 없는 한 민법 제100조 제2항의 유추적용에 의하여 건물과 함께 종된 권리인 지상권도 양도하기로 한 것으로 봄이 상당하다(대판 1996. 4. 26, 95다52864).

3. 독립된 건물을 경매신청 건물의 부합물이나 종물로 오인하여 진행된 경우 그 독립된 건물에 대한 경락의 효력

경매법원이 기존건물의 종물이라거나 부합된 부속건물이라고 볼 수 없는 건물에 대하여 경매신청된 기존 건물의 부합물이나 종물로 보고서 경매를 같이 진행하여 경락허가를 하였다 하더라도 그 독립된 건물에 대한 경락은 당연무효이고 따라서 그 경락인은 위 독립된 건물에 대한 소유권을 취득할 수 없다(대판 1988. 2. 23, 87다카600).

4. 증축된 건물부분의 기존건물에 부합 여부의 판단기준

건물이 증축된 경우에 증축부분의 기존건물에 부합 여부는 증축부분이 기존건물에 부착된 물리적 구조뿐만 아니라 그 용도와 기능의 면에서 기존건물과 독립한 경제적 효용을 가지고 거래상 별개의 소유권의 객체가 될 수 있는지의 여부 및 증축하여 이를 소유하는 자의 의사 등을 종합하여 판단하여야 한다(대판 1988. 2. 23, 87다카600).

5. 가. 백화점 건물의 지하 2층 기계실에 설치된 전화교환설비를 백화점 건물의 종물로 본 사례

백화점 건물의 지하 2층 기계실에 설치되어 있는 전화교환설비가 건물의 원소유자가 설치한 부속시설이며, 위 건물은 당초부터 그러한 시설을 수용하는 구조로 건축되었고, 위 시설들은 볼트와 전선 등으로 위 건물에 고정되어 각 층, 각 방실까지 이어지는 전선 등에 연결되어 있을 뿐이어서 과다한 비용을 들이지 않고도 분리할 수 있고, 분리하더라도 독립한 동산으로서 가치를 지니며, 그 자리에 다른 것으로 대체할 수 있는 것이라면, 위 전화교환설비는 독립한 물건이기는 하나, 그 용도, 설치된 위치와 그 위치에 해당하는 건물의 용도, 건물의 형태, 목적, 용도에 대한 관계를 종합하여 볼 때, 위 건물에 연결되거나 부착하는 방법으로 설치되어 위 건물인 10층 백화점의 효용과 기능을 다하기에 필요불가결한 시설들로서 위 건물의 상용에 제공된 종물이라 할 것이다.

나. 저당권의 실행에 의한 경매절차에서 부동산을 경락받은 자 및 그 승계인과 그 저당권이 설정된 이후에 종물에 대하여 강제집행을 한 자 간의 권리관계

부동산의 종물은 주물의 처분에 따르고, 저당권은 그 목적 부동산의 종물에 대하여도 그 효력이 미치기 때문에, 저당권의 실행으로 개시된 경매절차에서 부동산을 경락받은 자와 그 승계인은 종물의 소유권을 취득하고, 그 저당권이 설정된 이후에 종물에 대하여 강제집행을 한 자는 위와 같은 경락인과 그 승계인에게 강제집행의 효력을 주장할 수 없다(1993. 8. 13. 제3부 판결, 92다43142 제3자이의).

6. 가. 정화조를 건물의 구성부분으로 본 사례

정화조는 건물의 구성부분으로 본다.

나. 건물의 경락에 따라 그 건물의 소유를 위한 관습상의 법정지상권을 취득한 자에 대한 건물철거청구의 가부

갑이 을로부터 건물을 매수하면서 인접한 을 소유 대지 지하에 매설된 위 건물의 일부인 정화조를 철거하기로 한 특약이 없었다면 그 대지에 위 건물의 소유를 위한 관습상의 법정지상권을 취득하였다 할 것이고, 그 후 병이 위 건물을 경락취득함으로써 특별한 사정이 없는 한 민법 제100조 제2항의 유추적용에 의하여 건물과 함께 종된 권리인 법정지상권도 양도되었다고 봄이 상당하므로, 갑을 대위하여 을에게 지상권설정등기를 청구할 수 있는 병에게 위 정화조의 철거를 구함은 신의칙상 허용될 수 없다(1993. 12. 10. 제3부 판결, 93다42399 정화조사용금지).

7. 주물을 처분할 때에 특약으로 종물을 제외하거나 종물만을 별도로 처분할 수 있는지 여부(적극)

종물은 주물의 처분에 수반된다는 민법 제100조 제2항은 임의규정이므로, 당사자는 주물을 처분할 때에 특약으로 종물을 제외할 수 있고 종물만을 별도로 처분할 수도 있다(대법원 2012. 1. 26. 선고 2009다76546).

◈ 천연과실과 법정과실의 구별

제 101 조【천연과실, 법정과실】

① 물건의 용법에 의하여 수취하는 산출물은 천연과실이다.

② 물건의 사용대가로 받는 금전 기타의 물건은 법정과실로 한다.

■ § 101. 원물과 과실

- 과실(Früchte) : 물건으로부터 생기는 경제적 수익
- 원물(Muttersache) : 과실을 생기게 하는 물건
- 과 실 : ① 천연과실
  ② 법정과실 : 물건의 과실만 인정, 특허권 사용료, 주식배당금 같은 권리의 과실은 해당안됨

1. 의 의

과실이란 원물에서 발생한 경제적 수익이며 과실을 낳게 한 물건이 원물이다. 과실은 수익권자의 수입에 속하는 것이지만 과실로서 다루어지는 범위, 과실이 발생하기까지 소유권의 변동이 있은 경우 과실의 분배 등에 관하여 다툼이 생길 우려가 있다. 따라서 민법은 과실의 개념과 귀속의 범위를 정하고 있다.

과실에는 물건의 용법에 따름으로써 얻어지는 산출물과 물건의 사용대가로서 받는 금전 기타 물건의 2종이 있다. 전자를 천연과실, 후자를 법정과실이라 한다.

2. 천연과실

천연과실에는 과일·동물의 새끼·우유·양털·야채·광구에서 채굴된 광물 등이 있다.

3. 법정과실

법정과실에는 가옥사용의 대가인 임차료, 금전사용의 대가인 이자 등이

있다.

원물과 과실은 모두 물건이어야 하므로 노동의 대가인 임금·권리사용의 대가인 특허권사용료 등은 법정과실이 아니다. 또 원물 사용의 대가를 받을 수 있는 권리도 법정과실이 아니다.

[원물과 과실]

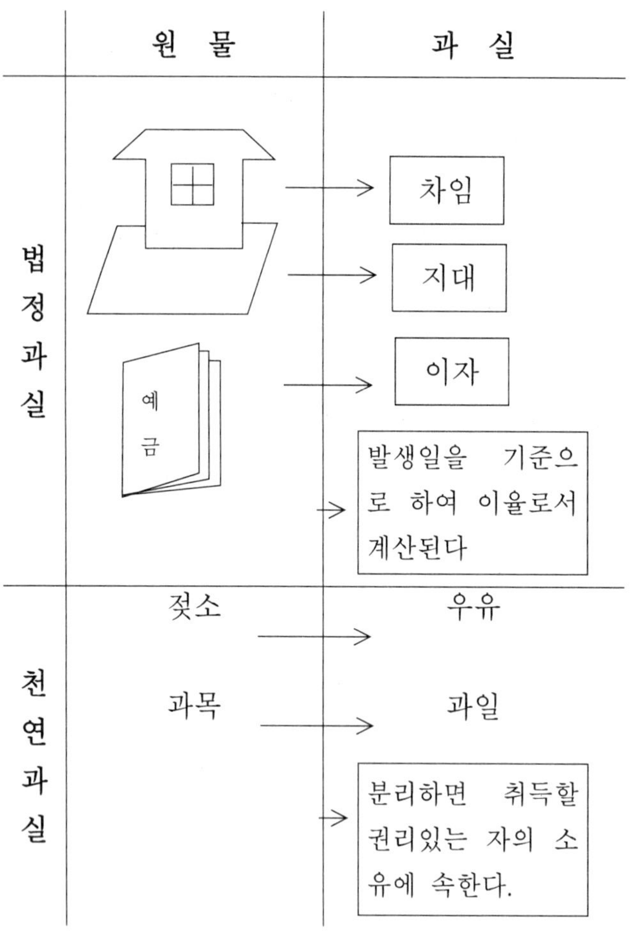

◆ 천연과실과 법정과실의 귀속시기 및 귀속권자

제 102 조【과실의 취득】
① 천연과실은 그 원물로부터 분리하는 때에 이를 수취할 권리자에게 속한다.
② 법정과실은 수취할 권리의 존속기간일수의 비율로 취득한다.

■ § 102. 과실과 귀속

- 천연과실 : ① 원칙 – 원물의 소유자(원물주의)
  ② 예외 – 선의의 점유자, 지상권자, 전세권자, 유치권자, 질권자, 저당권자, 매도인, 사용차주, 임차인, 친권자, 수유자, 임치인
  ③ 농작물(판례) – 생산주의(우리민법과 상치되는 판례)
- 법정과실 : 수취할 권리의 존속기간 일수의 비율로 취득

(1) 천연과실의 귀속

천연과실은 원물로부터 분리한 때에 이를 수취할 권리자인 수취권자에게 귀속한다. 즉 우리민법은 로마법의 분리주의 내지 원물주의를 취하고 있다. 본조 제1항은 임의규정이다. 누가 수취권자인가에 관해서는 총칙편 외에서 규정하고 있다. 그 주된 것으로 원물의 소유자(제211조), 지상권자(제279조), 임차권자(제618조) 등이다.

물건을 현실적으로 이용하는 것도 과실수취와 비슷하다. 미분리의 천연과실은 보통 원물의 일부로서 독립된 물건은 아니다. 따라서 일반적으로 독립된 물권의 객체가 될 수 없다. 그러나 거래상, 특히 미분리인채 독립된 객체로 할 필요가 있는 것은 그 범위에서 독립성을 인정하여 타인의 물권의 객체가 될 수 있다.

판례는 적법한 경작권 없이 타인의 토지를 경작하였더라도 그 경작한 입도가 독립한 물건으로서의 존재를 갖추었으면 그 입도의 소유권은 경작자에게 귀속한다는 것이 대법원의 굳은 견해이다(대판 1969. 2. 18, 68도906). 이는 게르만법의 생산주의에 따른 것이다.

(2) 법정과실의 귀속

법정과실은 취득할 권리의 존속기간에 따라 일수의 비율로 취득한다. 임대가옥의 소유자, 소비대차의 채권자가 변경될 경우에는 임차료, 이자 등은 그 권리의 존속기간에 따라 일수의 비율로 분배하는 것이 가장 적절하기 때문이다. 임차료, 이자 등의 계산을 년 또는 월로서 하는 경우에도 같다. 본조 제2항은 임의규정이다.

▣ 핵심판례 ▣

1. 돼지를 양도담보의 목적으로 하여 소유권을 양도하되 점유개정의 방법으로 양도담보설정자가 계속 점유·관리하는 경우 원물인 돼지가 출산한 새끼 돼지의 귀속권자

돼지를 양도담보의 목적물로 하여 소유권을 양도하되 점유개정의 방법으로 양도담보설정자가 계속하여 점유·관리하면서 무상으로 사용·수익하기로 약정한 경우, 양도담보 목적물로서 원물인 돼지가 출산한 새끼 돼지는 천연과실에 해당하고, 그 천연과실의 수취권은 원물인 돼지의 사용·수익을 가지는 양도담보설정자에게 귀속되므로, 다른 특별한 사정이 없는 한 천연과실인 새끼 돼지에 대하여는 양도담보의 효력이 미치지 않는다 (대판 1996. 9. 10, 96다25463).

2. 법률상 원인없이 건물을 사용하여 얻은 이익과 법정과실규정의 유추적용

가. 민법 제201조 제1항에 의하면 선의의 점유자는 점유물의 과실을 취득한다고 규정하고 있는바, 건물을 사용함으로써 얻는 이득은 그 건물의 과실에 준하는 것이므로, 선의의 점유자는 비록 법률상 원인 없이 타인의 건물을 점유·사용하고 이로 말미암아 그에게 손해를 입혔다고 하더라도 그 점유·사용으로 인한 이득을 반환할 의무는 없다.

나. 점유자가 선의로 인정될 여지가 있다고 하여, 건물의 점유·사용으로 얻은 이득의 반환을 명한 원심판결을 심리미진 등을 이유로 파기한 사례(대판 1996. 1. 26, 95다44290).

제 5 장 법률행위

법률행위(Rechtsgeschaft)라 함은 일정한 법률효과의 발생을 목적으로 하는 하나 또는 수개의 의사표시를 불가결의 요소로 하는 법률요건이다. 그것은 이른바 적법행위이며, 법률요건 가운데서 가장 중요한 것이다. 법률행위는 다음과 같은 성질을 가진다.

(1) 법률행위는 사적 자치를 실현하기 위한 법률상의 수단이 되는 법률요건이다. 근대사법은 개인의 창의를 존중하여, 그가 원하는 데에 따라서 법률관계를 형성하게 된다. 여기서 법률은 개인의 일정한 사법상의 법률효과를 원하는 의사의 표시행위를 법률요건으로 하여 그가 원하는 대로의 법률효과를 인정하는 것이다.

(2) 법률행위는 의사표시를 불가결의 요소로 한다. 의사표시가 법률행위의 유일한 요건은 아니며, 의사표시 이외의 법률사실을 필요로 하는 것도 있다. 예컨대, 물건의 인도와 같이 법률사실이 요구되는 법률행위도 있고, 관청의 협력(법인의 설립에 있어서의 주무관청의 허가는 그 예)을 요하는 법률행위도 있다. 그러나 법률행위라고 할 만한 것이 있기 위하여서는, 반드시 언제나 하나 또는 둘 이상의 의사표시가 있어야만 하며, 의사표시 없는 법률행위는 있을 수 없다. 이런 의미에서 법률행위는 의사표시를 불가결의 요소로 하는 것이다.

(3) 법률행위는 행위자, 즉 표의자가 원한대로의 일정한 사법상의 효과를 발생케 한다. 행위자가 의도한 행위의 사법상의 효과를 법률이 시인하고, 그의 달성에 조력하는 데에 법률행위의 본질이 있다. 그러므로 행위자가 원한대로의 효과가 생기지 않는 것은 법률행위가 아니다. 행위자가 원한대로의 효과가 아니라 다른 법률효과가 생기는 적법행위는 이를 「법률적 행위」 또는 「준법률행위」 라고 한다. 예컨대 상대방의 이행을 원하여 이행의 청구(이행청구는 이른바 「의사의 통지」 로서 준법률행위의 일종이다)를 하여도 당연히 이행(변제)이라는 법률효과는 생기지 않으며, 시효의 중단이라는 법률효과가 생기는 것과 같다.

법률행위는 위와 같이 법률적 행위(준법률행위)와 구별되나, 한편으로는 「호의행위」(친절행위)(Gefälligkeit) 또는「사교행위」(Geschäft auf der gesellschaftlichen Ebene)라고 일컬어지는 것과도 구별되어야 한다. 호의행위는 급부자에게 법률적 의무가 없음에도 불구하고 무상으로 급부를 하는데 특징이 있으며, 따라서 그러한 급부를 거절하여도 상대방의 이행청구권은 성립하지 않는다. 예컨대 지나가는 차를 세워서 무료승차를 부탁하는 이른바「힛치하이커」(hitchhiker; Anhalter)를 동승시키는 행위(이를 Gefälligkeitsfahrt, 즉「호의동승」이라고 함)·사교적 파티나 식사에의 초대·자기 아이와 놀고 있는 이웃아이를 그의 부모의 외출 중 돌보아주겠다는 약속 등이 그 예이다. 이러한 호의관계 내지 친절관계(Gefälligkeitsverhältnis)와 계약관계는 그 구별이 때로는 매우 어렵다. 보통 일반적으로는「법률적 구속을 받으려는 의사」(Rechtsbindungswille)가 없을 때에는 호의관계에 지나지 않는다고 설명한다. 주의할 것은 무상성이 호의관계를 계약관계로부터 구별하는 기준은 아니라는 점이다(계약 중에서도 증여·사용대차 등의 무상행위는 있기 때문이다). 호의행위로 불법행위책임이 문제되는 경우(예컨대 호의동승에 있어서 운전자의 과실로 동승자에게 손해을 준 경우)에 이를 어떻게 처리하느냐는 어려운 문제이다.

제 1 절 총 칙

본절은 법률행위의 요건을 설명하고 있다.

성립요건	일반적 성립요건	① 당사자 ② 목적 ③ 의사표시
	특별성립요건	각개의 법률행위에 관하여 그의 성립에 필요한 요건을 말하며, 법률의 규정에 의하여 정하여진다. ex) 요물계약에 있어서 물건의 인도, 혼인신고
효력요건 (유효요건)	일반적 효력요건	① 당사자가 능력을 가지고 있을 것 ② 법률행위의 목적이 가능하고, 적법하고, 사회적 타당성을 가지며, 확정할 수 있어야 한다. ③ 의사표시에 관하여 의사와 표시가 일치하고, 의사표시에 하자가 없어야 한다.
	특별효력요건	각개의 법률행위에 특유한 효력요건으로서 이를 결하면 그 법률행위로서 효력이 생기지 않는 요건-대리행위에 있어서 대리권의 존재, 조건부·기한부 법률행위에 있어서의 조건의 성취, 기한의 도래, 유언에 있어서 유언자의 사망 등은 그 예이다.
민법총칙 상의 효력요건	일반적 효력요건	① 당사자에 관한 요건(권리능력·행위능력·의사능력) ② 법률행위의 목적에 관한 요건(가능·적법·사회적타당·확정) ③ 의사표시에 관한 요건
	특별효력요건	① 대리행위에 있어서의 대리권의 존재 ② 조건부·기한부 법률행위에 있어서의 조건의 성취 기한의 도래

◆ 선량한 풍속, 사회의 질서에 반하는 사항을 목적으로 하는 법률행위의 효력

제 103 조【반사회질서의 법률행위】

선량한 풍속 기타 사회질서에 위반한 사항을 내용으로 하는 법률행위는 무효로 한다.

■ § 103. 사회질서 위반의 법률행위

- 선량한 풍속 : 사회의 일반적 도덕관념-모든 국민에게 요구되는 최소한도의 도덕률
  사회질서-국가사회의 공공적 질서 내지 일반적 이익
- 구체적 내용 : ① 정의의 관념에 반하는 행위
  ② 인륜에 반하는 행위
  ③ 개인의 자유를 심하게 제한하는 행위
  ④ 생존의 기초가 되는 재산의 처분행위
  ⑤ 지나치게 사행적인 행위
  ⑥ 성도덕을 문란시키는 행위
- 위반의 효과 : ① 일반적으로 무효, 일부무효의 법리
  ② 불법원인 급여의 문제
  ③ 무효행위의 추인, 전환
  ④ 2중매매
- 관련법조 : [선량한 풍속등] 국제사법 §10, [법률행위 준거법] 국제사법 §25, [불공정거래의 금지] 독점규제 및 공정거래에 관한 법률 §15, §16

1. 반사회적 법률행위의 판단기준

선량한 풍속이란 사회의 일반적 도덕이나 윤리관념으로서 모든 국민에게 요구되는 최소한도의 도덕률을 말한다. 사회질서란 국가사회의 일반적 이익인 공공적 질서를 말한다. 양자는 그 내용과 범위가 대부분 일치하므로 이론상 구별하기 곤란하다. 따라서 민법은 사회질서를 중심개념으로 기초시키고 선량한 풍속은 그 한 부분으로 파악하고 있다. 사회질서란 사회적 타당성 내지는

사회성을 의미한다. 법률은 사회질서와 융합할 것을 이상으로 하고 사회질서를 유지하기 위한 수단이기 때문에 반사회적이라고 보여지는 행위를 인정하지 않는다.

따라서 사인의 행위가 법률적으로 승인되기 위하여는 사회질서에 위반하지 않는 것을 요건으로 하여야 한다. 즉 개개의 강행규정에 위반하지 않더라도 사회질서에 위반한 사항을 내용으로 하는 법률행위는 무효이며, 사회질서에 반하는 방법으로 타인에게 손해를 가한 자는 불법행위의 책임을 지며, 권리의 행사도 사회질서에 반할 때에는 권리남용으로 된다. 그밖에 자구행위 · 사기 · 강박 등의 사법상 행위가 위법인지 여부가 문제될 경우에 그 위법여부를 결정하는 표준은 사회질서에서 구하게 된다. 또한 범죄의 위법성도 실질에 있어서는 그 행위가 사회질서에 반하는 것을 실질적 요건으로 한다. 어떠한 행위가 반사회적인지를 상세히 설명하기는 곤란하나 대체로 그 기준은 다음과 같다.

(1) 정의관념에 반하는 행위

가. 반사회적 법률행위에 해당하는 경우

① 밀수입의 자금으로 사용하기 위한 소비대차 또는 그를 목적으로한 출자행위(대판 1956. 1. 26, 4288민상96)

② 공무원의 직무에 관한 사항에 대하여 특별한 청탁을 하고 그에 대한 보수를 지급키로 하는 약정(대판 1971. 10. 11, 71다1645).

③ 사용자가 노동조합 간부에게 조합원의 임금인상 등의 요구가 있을 때에 이를 적당히 무마하여 달라는 부탁을 하면서 그에 대한 보수를 지급키로 하는 약정(대판 1956. 5. 10, 4289 민상 115).

④ 입찰의 담합행위

⑤ 증언의 대가로 급부를 제공받기로 한 약정(대판 1994. 3. 11, 93다40522)

⑥ 범죄행위 내지 불법행위를 하지 않는 조건으로 금전을 지급하기로 하는 약정

⑦ 매도인이 타인에게 매도한 부동산임을 알면서 매도인의 배임행위에 적극가담하여 증여받거나(대판 1983. 4. 26, 83다카57), 근저당권을 설정하는 행위(대판 1997. 7. 25, 97다362)

⑧ 금전 소비대차계약의 당사자 사이의 경제력 차이로 인하여 이율이 사회통념상 허용되는 한도를 초과하여 현저하게 고율로 정해진 경우, 그 부분 이자 약정(대판 2007. 2. 15, 2004다50426 전원합의체 판결)

나. 반사회적 법률행위에 해당하지 않는 경우

① 강제집행을 면할 목적으로 부동산에 허위의 근저당권 설정등기를 경료하는 행위는 민법 제103조의 선량한 풍속 기타 사회질서에 위반한 사항을 내용으로 하는 법률행위로 볼 수 없다(대판 2004. 5. 28, 2003다70041).

② 법률행위의 성립과정에서 불법적인 방법에 사용됨에 불과한 경우

단지 법률행위의 성립과정에 강박이라는 불법적인 방법이 사용된 데에 불과한 때에는 강박에 의한 의사표시의 하자나 의사의 흠결을 이유로 효력을 논의할 수는 있을지언정 반사회질서의 법률행위로서 무효라고 할 수 없다(대판 2002. 12. 27. 2000다47361).

③ 상속인이 상속세를 면탈할 목적으로 명의신탁등기를 하는 경우(대판 1964. 7. 21, 64다554)

④ 매수인이 주택건설을 목적으로 하는 주식회사를 설립하여 여기에 출자하는 형식을 취하면 양도소득세가 부과되지 않을 것이라고 제의하여 매도인이 이를 믿고 그러한 형식의 매매계약을 체결한 경우(대판 1981. 11. 10, 80다2745)

⑤ 양도소득세의 일부를 회피할 목적으로 매매계약서에 실제로 거래한 가액보다 낮은 금액을 매매대금으로 기재한 것 : 소득세법령의 규정에 의하여 당해 자산의 양도 당시의 기준시가가 아닌 양도자와 양수자간에 실제로 거래한 가액을 양도가액으로 하는 경우, 양도소득세의 일부를 회피할 목적으로 매매계약서에 실제로 거래한 가액을 매매대금으로 기재하지 아니하고 그보다 낮은 금액을 매매대금으로 기재하였다 하여, 그것만으로 그 매매계약이 사회질서에 반하는 법률행위로서 무효로 된다고 할 수는 없다(대판 2007. 6. 14, 2007다3285)

(2) 인륜에 반하는 행위

가. 반사회적 법률행위에 해당하는 경우

① 첩계약은 처의 동의 유무에 관계없이 무효이다(대판 1967. 10. 6, 67다1134).

② 혼인 예약 후 동거거부시 금전을 지급하기로 한 약정(대판 1963. 11. 7, 63다587)

③ 처의 사망 또는 이혼시에 혼인하기로 하는 예약(대판 1955. 7. 14, 4288민상156)

④ 장래의 부첩계약의 사전 승인(대판 1967. 10. 6, 67다1134)

⑤ 자가 부모와 동거하지 않겠다는 계약(제826조, 913조, 914조 참조)

나. 반사회적 법률행위에 해당하지 않는 경우

첩에게 재산을 증여하는 경우에 그것이 불륜관계의 계속을 위해서가 아니라 첩의 생존을 유지하고 출생한 자녀의 양육을 보장하기 위한 것인 때에는 유효하다(대판 1980. 6. 24. 80다458)

(3) 개인의 자유를 극도로 제한하는 행위

가. 반사회적 행위에 해당하는 경우

① 일생동안 혼인하지 않겠다는 계약

② 어떤 일이 있더라도 이혼하지 않겠다는 각서를 배우자의 한 쪽이 다른 쪽에 교부한 경우(대판 1969. 8. 19, 69민8)

③ 영리를 목적으로 윤락행위를 하도록 권유·유인·알선 또는 강요하거나 이에 협력하는 것(대판 2004. 9. 3, 2004다27488 판결)

나. 반사회적 행위에 해당하지 않는 경우

① 해외파견된 근무자 귀국일로부터 3년간 회사에 근무하여야 하고, 이를 위반한 경우에는 해외파견에 소요된 경비를 배상하여야 한다는 회사의 내규(대판 1982. 6. 22, 82다카90)

② 부정행위를 용서받는 대가로 처에게 부동산을 양도하되, 부부관계는 유지되는 동안에는 처가 임의로 처분할 수 없다는 제한을 붙인 약정(대판

1992. 10. 27, 92므204 · 211).

(4) 생존의 기초가 되는 재산의 처분행위

자기가 장차 취득하게 될 전재산을 양도한다는 계약은 무효이다.

(5) 도박 등 지나치게 사행적인 행위

도박계약 등과 같이 현저하게 사행적인 행위를 목적으로 하는 것은 무효이다.

【쟁점사항】

<도박과 관련된 모든 법률행위가 반사회적 행위로서 무효인지 여부>

(1) 반사회적 법률행위에 해당하는 경우

ㄱ) 도박자금을 대여하는 행위(대판 1959. 7. 16, 4291민상260)

ㄴ) 도박으로 인한 채무의 변제로 토지를 양도하는 계약(대판 1959. 10. 15, 4291민상262)

ㄷ) 도박채무 부담행위 및 그 변제약정(대판 1995. 7. 14, 94다40147)

(2) 반사회적 법률행위에 해당하지 않는 경우

도박채무의 변제를 위하여 채무자로부터 부동산의 처분을 위임받은 채권자가 그 부동산을 제3자에게 매도한 경우, 도박채무 부담행위 및 그 변제약정이 민법 제103조에 위반되어 무효라 하더라도, 그 무효는 변제약정의 이행행위에 해당하는 위 부동산을 제3자에게 처분한 대금으로 도박채무의 변제에 충당한 부분에 한정되고, 위 변제약정의 이행행위에 직접 해당하지 아니하는 부동산 처분에 관한 대리권을 도박채권자에게 수여한 행위 부분까지 무효라고 볼 수 없으므로, 위와 같은 사정을 알지 못하는 거래 상대방인 제3자가 도박채권자를 통하여 위 부동산을 매수한 행위까지 무효가 된다고 할 수는 없다(대판 1995. 7. 14, 94다40147).

2. 반사회적 법률행위의 효과

사회질서에 반하는 사항을 내용으로 하는 법률행위는 무효이다(제103조).

(1) 이행 전

사회질서에 반하는 법률행위는 무효이므로, 아직 이행하지 않는 경우에는 그 이행을 할 필요가 없고, 상대방도 그 이행을 청구할 수 없다.

(2) 이행 후

반사회적 법률행위에 기해 이미 이행이 된 경우 법률행위가 무효이므로 무효의 일반원칙에 따라 그 반환을 청구할 수 있도록 하여야 할 것이다. 그러나 이것을 인정하게 되면, 제103조에서 반사회적 법률행위를 무효로 하면서도 그것을 행한 자를 법률이 보호해 주게 되는 자기모순에 빠지게 된다. 따라서 민법 제746조는 '불법의 원인으로 인하여 재산을 급여하거나 노무를 제공한 때에는 그 이익의 반환을 청구하지 못한다. 그러나 그 불법원인이 수익자에게만 있는 때에는 그러하지 아니하다'고 규정하여 그 반환청구를 원칙적으로 인정하지 않는다. 제746조 본문은 제103조와 표리관계에 있는 것으로서 소극적으로 법적 정의를 유지하려는데 그 취지가 있다.

▣ 핵심판례 ▣

■ [반사회질서의 법률행위]

1. 단지 법률행위의 성립과정에 불법적인 방법이 사용됨에 불과한 경우 반사회적 법률행위로서 무효인지 여부(소극)

제103조에 의하여 무효로 되는 반사회질서 행위는 법률행위의 목적인 권리·의무의 내용이 선량한 풍속 기타 사회질서에 위반되는 경우뿐 아니라 그 내용 자체는 반사회질서적인 것이 아니라고 하여도 법률적으로 이를 강제하거나 법률행위에 반사회질서적인 조건 또는 금전적 대가가 결부됨으로써 반사회질서적 성질을 띠게 되는 경우 및 표시되거나 상대방에게 알려진 법률행위의 동기가 반사회질서적인 경우를 포함하나, 이상의 각 요건에 해당하지 아니하고 단지 법률행위의 성립과정에 강박이라는 불법적 방법이 사용된 데에 불과한 때에는 강박에 의한 의사표시의 하자나 의사의 흠결을 이유로 효력을 논할 수는 있을지언정 반사회질서의 법률행위로서 무효라고 할 수는 없다(대판 2002. 12. 27, 2000다47361)

2. 제2매수인이 배임행위에 적극 가담으로써 반사회적 법률행위로 무효인 경우 그에 따른 효력의 범위

가. 부동산의 제2매수인이 매도인의 배임행위에 적극 가담한 결과 제2매매계약이 반사회적 법률행위에 해당하여 무효인 경우에, 그 무효인 제2매매계약을 원인으로 하는 제2매수인 앞으로의 소유권 이전등기가 확정판결에 따라 마쳐졌다 하더라도, 그 확정판결의 기판력에 저촉되지 않는 범위에서는 제1매수인이 위 소유권 이전등기의 무효를 주장할 수 있다.

나. 당초의 매도인이 사망하고 상속이 이루어진 후에 공동상속인 중 1인으로서 다른 공동상속인들의 대리인임을 자칭하는 자와 제2매수인 사이에 부동산 전부에 관하여 제2매매인이 체결되었는데 그 제2매매계약이 제2매수인이 그 공동상속인의 배임행위에 적극 가담한 결과 반사회적 법률행위에 해당하여 무효인 경우라면, 제2매매계약에 직접 관여한 공동상속인의 상속분에 관하여뿐만 아니라 부동산 전부에 관하여 그 매매계약 및 그에 기한 소유권 이전등기가 무효인 것으로 보아야 한다(대판 2002. 4. 26, 2001다8097·8103).

3. 매매계약 체결 후 그 목적물이 범죄행위로 취득된 것을 알게 된 경우에 그 계약의 이행을 구하는 것이 선량한 풍속 기타 사회질서에 반하는 것인지 여부(한정 소극)

전통사찰이 주지직을 거액의 금품을 대가로 양도·양수하기로 하는 약정이 있음을 알고도 이를 묵인 혹은 방조한 상태에서 한 종교법인의 주지임명행위는 민법 제103조 소정의 반사회질서의 법률행위에 해당되지 않는다(대판 2001. 11. 9, 2001다44987).

4. 증권회사 직원이 확실한 투자정보가 있다면서 고객으로 하여금 주식을 대량으로 매수하도록 유도하고 그 후 거듭된 매도 요청에도 불구하고 손실을 보전해 주겠다는 각서까지 써 주면서 이를 거부한 것은 고객에 대한 보호의무를 위반한 불법행위에 해당한다고 판단한 사례

증권회사 직원이 자신만이 알고 있으나 이를 밝힐 수 없는 확실한 투자정보가 있다면서 고객으로 하여금 주식을 대량으로 매수하도록 유도하고, 그 후 거듭된 매도 요청에도 불구하고 손실을 보전해 주겠다는 각서까지 써 주면서 이를 거부한 것은, 증권회사의 직원으로서 고객에게 과대한 위험을 수반하는 거래를 적극적으로 권유하면서 그에 수반되는 위험성에 대한 인식을 방해한 행위, 즉 고객에 대한 보호의무를 위반한 행위에 해당한다고 할 것이므로 불법행위를 구성한다(대판 2003. 1. 24, 2001다2129).

5. 해상보험증권 아래에서 야기되는 일체의 책임문제는 영국의 법률 및 관습법에 의하여야 한다는 영국법준거약관은 우리나라의 공익규정 또는 공서양속에 반하는 것이라거나 보험계약자의 이익을 부당하게 침해하는 것이라고 볼 수 없어 유효

해상보험증권 아래에서 야기되는 일체의 책임문제는 영국의 법률 및 관습법에 의하여야 한다는 영국법준거약관은 오랜 기간 동안에 걸쳐 해상보험업계의 중심이 되어 온 영국의 법률과 관습에 따라 당사자간의 거래관계를 명확하게 하여는 것으로서 우리나라의 공익규정 또는 공서양속에 반하는 것이라거나 보험계약자의 이익을 부당하게 침해하는 것이라고 볼 수 없으므로 유효하고, 따라서 이 사건 선박보험계약에 있어서 고시의무위반을 이유로 한 보험계약의 해지에 관하여는 영국해상보험법 제18조, 제17조가 적용되고 동법 소정의 고지의무위반을 이유로 한 보험계약의 해지는 우리 상법 제651조 소정의 그것과는 그 요건과 효과를 달리하고 있어 이에 대하여 상법 제655조의 인과관계에 관한 규정은 적용될 여지가 없다(1996. 3. 8. 판결, 95다28779 보험금).

6. 상소심판결에 의하여 기집행선고의 효력이 소멸되거나 집행채권의 존재가 부정되는 경우 이미 완료된 집행절차나 이에 기한 경락인의 소유권취득의 효력에 영향을 미치는지 여부

가집행선고 있는 판결에 기한 강제집행은 확정판결에 기한 경우와 같이 본집행이므로 상소심의 판결에 의하여 가집행선고의 효력이 소멸되거나 집행채권의 존재가 부정된다 하더라도 그에 앞서 이미 완료된 집행절차나 이에 기한 경락인의 소유권취득의 효력에는 아무런 영향을 미치지 아니한다 할 것이고, 다만 강제경매가 반사회적 법률행위의 수단으로 이용된 경우에는 그러한 강제경매의 결과를 용인할 수 없다(1993. 4. 23. 제3부 판결, 93다31165 소유권이전등기말소).

7. 가. 국토이용관리법상의 신고의무에 위반한 거래계약의 사법상 효력(=유효)

국토관리법 소정의 신고구역에 관한 규정은 단속법규에 속하고 신고의무에 위반한 거래계약의 사법적 효력까지 부인되는 것은 아니다.

나. 투기목적의 미등기전매계약이 반사회질서의 법률행위인지 여부(소극)

양도소득세의 회피 및 투기의 목적으로 자신 앞으로 소유권이전등기를 하지 아니하고 미등기인 채로 매매계약을 체결하였다 하여 그것만으로 그 매매계약이 사회질서에 반하는 법률행위로서 무효로 된다고 할 수 없다.

다. 매도인이 부담할 공과금을 매수인이 부담하기로 하는 약정이 불법조건이거나 반사회질서의 법률행위인지 여부(소극)

매매계약에서 매도인에게 부과될 공과금을 매수인이 책임진다는 취지의 특약을 하였다 하더라도 이는 공과금이 부과되는 경우 그 부담을 누가 할 것인가에 관한 약정으로서 그 자체가 불법조건이라고 할 수 없고 이것만 가지고 사회질서에 반한다고 단정하기도 어렵다(1993. 5. 25. 제1부 판결, 93다296 약정금).

8. 가. 건설부장관으로부터 학교부지조성 및 기타 부대사업의 시행자로 지정을 받고 토지에 대한 매수협의를 한 이후 문교부장관으로부터 대학설립을 승인하지 아니한다는 통보를 받았음에도 계속 나아가 그에 기한 협의취득(소유권이전등기)행위를 마쳤다는 사정만으로 반사회질서적이거나 탈법행위가 된다고 할 수 없다고 한 사례

건설부장관으로부터 학교부지 조성 및 기타 부대사업의 시행자로 지정을 받고 토지에 대한 매수협의를 한 이후 문교부장관으로부터 대학설립을 승인하지 아니한다는 통보를 받았음에도 계속 나아가 그에 기한 협의취득(소유권이전등기)행위를 마쳤다는 사정만으로 반사회질서적이거나 탈법행위가 된다고 할 수 없다.

나. 구 산업기지계발촉진법(1990. 1. 13 법률 제4216호로 폐지)상의 사업시행자가 사업시행을 위하여 필요한 토지 등을 협의취득하는 법률관계의 준거법(=공공용지의 취득 및 손실 보상에 관한 특례법)

구 산업기지계발촉진법(1990. 1. 13 법률 제4216호로 폐지)상의 사업시행자가 사업시행을 위하여 필요한 토지 등을 토지수용법에 정한 절차에 의하지 아니하고 협의에 의하여 취득하는 것은 공공용지의 취득 및 손실보상에 관한 특례법상의 공공사업을 위하여 토지 등을 취득하는 것이 되므로 토지에 관한 등기부상 소유권취득원인이 무엇이든지 간에 그 법률관계는 위 특례법으로 규율되어야 할 것이다.

다. 환매할 토지가 생겼을 경우 기업자로 하여금 원소유자 등에게 지체없이 통지하거나 공고하도록 규정한 토지수용법 규정의 성질 및 기업자가 그 통지나 공고의무에 위배하여 환매의 목적이 될 토지를 제3자에게 처분한 행위가 원소유자에 대하여 불법행위를 구성하는지 여부(적극)

토지수용법 제72조의 규정이 환매할 토지가 생겼을 때에는 기업자(특례법상의 사업시행자)가 지체 없이 이를 원소유자 등에게 통지하거나 공고하도록 규정한 취지는 공익목적에 필요없게 된 토지가 있을 때에는 먼저 원소유자에게 그 사실을 알려주어 환매할 것인지의 여부를 최고하도록 하고 그러한 기회를 부여한 후에도 환매의 의사가 없을 때에 비로소 원소유자 아닌 제3자에게 전매할 가능성을 가지도록 한다는 것으로서 이는 법률상 당연히 인정되는 환매권 행사의 실효성을 보장하기 위한 것이라고 할 것이므로 위 규정은 단순한 선언적인 것이 아니라 기업자(사업시행자)의 법적인 의무를 정한 것이라고 보아야 할 것이고, 기업자(사업시행자)가 원소유자의 환매가능성이 존속하고 있는데도 이러한 의무에 위배한 채 환매의 목적이 될 토지를 제3자에게 처분한 경우 처분행위 자체는 유효하다 하더라도 적어도 원소유자에 대한 관계에서는 법률에 의하여 인정되는 환매권 자체를 행사함이 불가능하도록 함으로써 환매권 자체를 상실시킨 것으로 되어 불법행위를 구성한다(1993. 5. 27. 제3부 판결, 92다34667 토지소유권이전등기).

9. 가. 민법 제103조에 의하여 무효로 되는 반사회질서행위의 의미

민법 제103조에 의하여 무효로 되는 반사회질서행위는 법률행위의 목적인 권리의무의 내용이 선량한 풍속 기타 사회질서에 위반되는 경우뿐만 아니라 그 내용 자체는 반사회질서적인 것이 아니라고 하여도 법률적으로 이를 강제하거나 법률행위에 반사회질서적인 조건 또는 금전적 대가가 결부됨으로써 반사회질서적 성질을 띠게 되는 경우 및 표시되거나 상대방에게 알려진 법률행위의 동기가 반사회질서적인 경우를 포함한다.

나. 소송에서 사실대로 증언하여 줄 것을 조건으로 어떠한 급부를 할 것을 약정한 경우 반사회질서행위가 되는지 여부

어떠한 사실을 알고 있는 사람과의 사이에서 소송에서 사실대로 증언하여 줄 것을 조건으로 어떠한 급부를 할 것을 약정한 경우, 증인은 법률에 의하여 증언거부권이 인정되지 않는 한 진실을 진술할 의무가 있는 것이고, 이러한 당연한 의무의 이행을 조건으로 상당한 정도의 급부를 받기로 하는 약정은 증인에게 부당하게 이익을 부여하는 것이라고 할 것이고, 그러한 급부의 내용이 통상적으로 용인될 수 있는 수준(예컨대 증인에게 일당 및 여비가 지급되기는 하지만 증인이 증언을 위하여 법원에 출석함으로써 입게 되는 손해에는 미치지 못하는 경우 그러한 손해를 전보하여 주는 경우 정도)을 넘어서, 어느 당사자가 그 증언에 필요함을 기화로 증언하여 주는 대가로 용인될 수 있는 정도를 초과하는 급부를 제공하기로 한 약정은 반사회질서적인 금전적 대가가 결부된 경우로 그러한 약정은 민법 제103조 소정의 반사회질서행위에 해당하여 무효로 된다(1994. 3. 11. 제3부 판결, 93다40522 토지소유권이전등기).

10. 부동산의 이중매매가 반사회적 법률행위로서 무효가 되는 경우

부동산의 이중매매가 반사회적 법률행위로서 무효가 되기 위하여는 매도인의 배임행위와 매수인이 매도인의 배임행위에 적극 가담한 행위로 이루어진 매매로서, 그 적극가담하는 행위는 매수인이 다른 사람에게 매매목적물이 매도된 것을 안다는 것만으로는 부족하고, 적어도 그 매도사실을 알고도 매도를 요청하여 매매계약에 이르는 정도가 되어야 한다(1994. 3. 11. 제3부 판결, 93다55289 소유권이전등기말소).

11. 가집행선고부판결에 기한 강제경매 후에 위 가집행선고부판결이 상소심에서 취소된 경우 중 경락인의 소유권 취득의 효력이 부정되는 경우

가집행선고부판결에 강제집행은 확정판결에 기한 경우와 같이 본집행이므로 상소심의 판결에 의하여 가집행선고의 효력이 소멸되거나 집행채권의 존재가 부정된다고 할지라도 그에 앞서 이미 완료된 집행절차나 이에 기한 경락인의 소유권 취득의 효력에는 아무런 영향을 미치지 아니한다고 할 것이나 이중매매의 매수인이 매도인과 직접 매매계약을 체결하는 대신에 매도인이 채무를 부담하고 있는 것처럼 거짓으로 꾸며 가장채권에 기한 채무명의를 만들고 그에 따른 강제매매절차에서 매수인이 경락취득하는 방법을 취하는 경우와 같이 강제경매가 반사회적 법률행위의 수단으로 이용되는 그러한 강제경매의 결과는 용인할 수 없는 것이어서 경락인의 소유권취득의 효력은 부정된다(1991. 2. 8. 제3부 판결, 90다16177 소유권이전등기말소).

12. 위 세입자입주권의 매매계약에 있어 매도자는 어떠한 경우에도 현 거주지에서 세입자카드가 발급될 때까지 살아야 한다는 조건의 효력 유무(적극)

위 세입자입주권의 매매계약에 있어 매도자는 어떠한 경우에도 현 거주지에서 세입자카드가 발급될 때까지 살아야 한다는 조건을 붙였다고 하더라도 그 계약상의 조건이 계약 당사자의 자유로운 의사에 기하여 약정된 것인 이상 그러한 조건이 거주이전의 자유를 제한하는 약정으로서 헌법에 위반되고 사회질서에 반하는 약정으로서 무효로 된다고 할 수 없다(1991. 5. 28. 제2부 판결, 90다19770 입주권명의변경).

13. 종래의 관습인 소목지서에 반하여 재종손자를 사후양자로 선정하는 행위의 공서양속에 위배 여부(소극)

민법은 존속 또는 연장자를 양자로 하지 못하도록 규정하고 있을 뿐 소목지서를 요구하고 있지는 아니하므로 재종손자를 사후양자로 선정하는 행위가 위법하다고 할 수 없고, 사후양자가 소목지서에 어긋나는 것이 우리의 종래의 관습에 어긋난다고 하여도 민법은 위와 같이 양자의 요건을 완화하고 있으므로 이것이 공서양속에 위배되어 무효라고 할 수 없다(1991. 5. 28. 제1부 판결, 90므347 친생자관계부본재확인).

14. 가. 무권대리행위를 추인하였거나 추인한다는 취지가 포함되어 있다고 본 사례

피고 갑, 을이 원고에게 그들의 공동소유인 토지에 관하여 취득시효완성으로 인한 소유권이전등기의무를 부담하게 되자 피고 갑이 피고 을의 동의나 승낙없이 위 토지 전부에 대하여 병에게 채무담보를 위한 가등기 및 본등기를 경료한 경우, 병 명의의 각 등기가 경료됨으로써 위 소유권이전등기의무가 이행불능되었다는 피고들의 주장에는 피고 을이 피고 갑의 무권대리행위를 추인하였거나 추인한다는 취지가 포함되어 있다고 보아야 한다.

나. 부동산소유권이전등기의무자가 그 부동산 상에 제3자에게 채무담보를 위한 가등기 및 본등기를 경료한 경우 제3자가 적극적으로 가담한 바 없다면 그 법률행위가 사회질서에 반한다고 할 수 없다고 본 사례

위 “가”항의 경우 피고들이 원고에게 소유권이전등기의무가 있다는 사정만으로 그 법률행위가 사회질서에 반한다고 할 수 없다(1991. 7. 26. 제3부 판결, 91다8104 소유권이전등기).

15. 양도소득세를 회피하기 위한 방법으로 부동산을 명의신탁한 것이 민법 제103조의 반사회적 법률행위로서 무효인지 여부(소극)

양도소득세를 회피하기 위한 방법으로 부동산을 명의신탁한 것이라 하더라도 그러한 이유 때문에 민법 제103조의 반사회적 법률행위로서 위 명의신탁한 무효라고 할 수 없다 (1991. 9. 13. 제3부 판결, 91다16334, 16341 (반소)소유권이전등기등).

16. 가. 불교 신도회가 조직을 갖추고 회장을 중심으로 법회 및 포교활동을 해왔다면 사찰과는 별개의 독립된 단체로서 비법인사단이라고 본 사례

불교신도들이 모여 법회 등을 열어오다가 규약을 제정하여 시행함과 동시에 그 규약에 따라 소집된 신도회에서 회장과 부회장 및 그 외의 운영위원들을 선출하여 조직을 갖추고 그 때부터 회장을 중심으로 법회 및 포교활동을 해 왔다면 이 신도회는 사찰과는 별개의 독립된 단체로서 비법인사단이라고 본다.

나. 위 "가"항의 경우 그 신도들이 사찰 아닌 위 신도회에 한 시주금에 의하여 대지를 매수하고 건물을 신축한 경우 위 부동산 소유권의 귀속

사찰의 불교신도가 하는 보시는 특별한 사정이 없는 한 당해 사찰에 대하여 하는 것이고 이 돈으로 취득하거나 건축한 토지나 그 지상의 종교시설은 당해 사찰의 소유로 귀속되는 것이 원칙이나, 신도회가 사찰과 별개로 독립하여 활동해 오던 단체이고 그 신도들이 사찰 아닌 위 신도회에 한 시주금에 의하여 대지를 매수하고 그 지상에 건물을 신축하였다는 등 특별한 사정이 인정된다면 위 부동산은 사찰의 소유라고 할 수 없다.

다. 위 "가"항의 신도회가 위 "나"항의 부동산을 주지에게 명의신탁하였다고 이를 해지하였음에도 위 주지가 이러한 사실을 알면서 사찰에게 증여한 경우 이 증여행위가 민법 제103조 소정의 반사회적 법률행위로서 무효인지 여부(적극)

위 "가"항의 신도회가 위 "나"항의 부동산을 사찰의 주지에게 명의신탁하였다가 이 명의신탁을 해지하는 뜻이 담긴 소장부본을 송달하는데, 위 사찰의 주지가 이러한 사실을 알면서 그 자신이 주지로 있는 위 사찰에게 이를 증여하여 소유권이전등기를 하였다면 주지와 사찰 사이의 증여는 사실상 동일인에 의한 행위와 마찬가지로 보아야 할 것이며 반사회적 법률행위로서 무효이다(1991. 10. 22. 제1부 판결, 91다26072 소유권이전등기말소).

17. 가. 부동산의 취득자가 명의수탁자의 범죄적인 처분행위에 적극 가담하여 처분이 이루어진 경우, 그 취득행위의 효력 유무(소극)

부동산의 명의수탁자가 실질소유자 몰래 처분하는 경우, 부동산의 취득자가 명의수탁자의 범죄적인 처분행위에 적극 가담하여 처분이 이루어진 것이라면 그 취득자의 취득행위는 정의관념에 반하는 반사회적 행위로서 무효라 할 것이다.

나. 위 "가"항의 '취득자가 수탁자의 범죄행위에 적극 가담하는 행위'의 의미

위 "가"항의 '취득자가 수탁자의 범죄행위에 적극 가담하는 행위'란 수탁자가 단순히 등기명의만 수탁받았을 뿐 그 부동산을 처분할 권한이 없는 줄을 잘 알면서 수탁자에게 실질소유자 몰래 수탁재산을 불법처분하도록 적극적으로 요청하거나 유도하는 등의 행위를 의미한다(1992. 3. 31. 제2부 판결, 92다1148 소유권이전등기말소).

18. 가. 명의수탁자로부터 신탁재산을 매수한 제3자가 명의수탁자의 명의신탁자에 대한 배신행위에 적극 가담한 경우 명의수탁자와 제3자 사이의 매매계약의 효력 유무(소극)

일반적으로 명의신탁자는 신탁재산을 유효하게 제3자에게 처분할 수 있고 제3자가 명의신탁사실을 알았다 하여도 그의 소유권취득에 영향이 없는 것이기는 하지만, 특별한 사정이 있는 경우, 즉 명의수탁자로부터 신탁재산을 매수한 제3자가 명의수탁자의 명의신탁자에 대한 배신행위에 적극 가담한 경우에는 명의수탁자와 제3자 사이의 계약은 반사회적인 법률행위로서 무효라고 할 것이고, 따라서 명의수탁받은 부동산에 관한 명의수탁자와 제3자 사이의 매매계약은 무효로 보아야 할 것이다.

나. 위 "가"항의 경우 제3자가 명의수탁자에 대하여 매매계약이 유효함을 전제로 그 계약불이행을 이유로 하는 손해배상을 청구할 수 있는지 여부(소극)

위 "가"항의 경우 명의수탁자와 제3자 사이의 매매계약이 반사회적인 법률행위로서 무효라고 한다면 이는 제3자와 명의신탁자 사이에서만 상대적으로 효력이 없는 것이라고는 할 수 없고 제3자와 명의수탁자 사이에서도 무효인 것으로 보아야 하는 것이므로 제3자가 명의수탁자에 대하여 위 매매계약이 유효함을 전제로 하여 그 불이행을 이유로 하는 손해배상을 청구할 수는 없는 것이다(1992. 6. 9. 제2부 판결, 91다29842 손해배상(기)).

19. 가. 농성기간 중의 행위에 대하여 근로자들에게 일체의 책임을 묻지 않기로 노사간에 합의한 경우 그 면책합의의 취지와 그 면책합의 이전의 농성행위 등으로 인하여 면책합의 이후에 처벌을 받고 그로 인하여 결근한 행위가 형식상 회사의 인사규정 등으로 징계해고사유에 해당한다 하여 이를 이유로 한 징계해고의 적부

농성기간 중의 행위에 대하여 근로자들에게 민·형사상의 책임이나 신분상 불이익처분 등 일체의 책임을 묻지 않기로 노사간에 합의를 한 경우에 그 취지는 위 농성중의 행위와 일체성을 가지는 행위 또는 위 농성중의 행위와 필연적으로 연속되는 행위로서 불가분적 관계에 있는 행위 또는 위 농성중의 행위와 필연적으로 연속되는 행위로서 불가분적 관계에 있는 행위에 대해서도 면책시키기로 한 것이라고 보아야 하므로, 면책합의 이전의 농성행위 등으로 인하여 면책합의 이후에 처벌을 받고 그로 인하여 결근한 행위가 형식상 회사의 인사규정 등의 징계해고사유에 해당한다고 하더라도 이를 이유로 징계해고한 것은 위 면책합의에 반한다고 할 것이다.

나. 위 "가"항의 면책합의가 압력 등에 의하여 궁지에 몰린 회사가 어쩔 수 없이 응한 것이라고 하여 민법 제103조 소정의 반사회질서행위에 해당하는지 여부(소극)

위 "가"항의 면책합의가 압력 등에 의하여 궁지에 몰린 회사가 어쩔 수 없이 응한 것이라고 하여도 그것이 민법 제104조 소정의 요건을 충족하는 경우에 불공정한 위법행위로서 무효라고 봄은 별문제로 하고 민법 제103조 소정의 반사회질서행위라고 보기는 어려우며, 또 위 면책합의는 회사의 근로자들에 대한 민·형사상 책임 추궁이나 고용계약상의 불이익처분을 하지 않겠다는 취지이지 회사에게 권한이 없는 법률상 책임의 면제를 약속한 취지는 아니어서 선량한 풍속 기타 사회질서에 위반한 내용이라고 볼 수 없다.

다. 단체협약 등에서 조합원의 징계시 사전통지의 진술권 부여를 의무조항으로 규정하고 있는 경우에 있어 징계사유의 내용이 객관적으로 명확하다거나 징계대상자가 다른 절차에서 자신의 위의 정당성을 이미 주장한 바 있다거나 징계대상자가 구속중이라고 하여 사전통지를 결한 채 한 징계의 효력 유무(소극)

단체협약 등에서 조직원의 징계시 사전통지와 진술권 부여를 의무조항으로 규정하고 있다면 이는 징계의 객관성과 공정성을 확보하기 위한 것으로서 징계의 유효요건이라고 할 것이므로, 그 징계사유의 내용이 객관적으로 명확하다거나 징계대상자가 다른 절차에서 자신의 행위의 정당성을 이미 주장한 바 있다고 하여도 사전통지를 결한 이상 그 징계는 무효라고 할 것이고, 또 징계대상자가 구속중이라고 하여도 서면 또는 대리인을 통하여 징계절차에서 변명을 하고 소명자료를 제출할 이익이 있는 것이므로 사전통지를 하지 아니함으로써 이러한 기회가 박탈되었다면 그 징계는 효력이 없다고 볼 수밖에 없다(1992. 7. 28. 제1부 판결 92다 14786 해고무효 확인 등).

20. 증여의 성립과정에 불법이 개재된 경우 반사회질서행위로서 무효가 되는지 여부(소극)

증여의 성립과정에 불법이 개재된 경우 의사의 흠결 내지 하자 있는 의사표시의 문제로서 효력이 있는지 여부를 논하는 것은 별론으로 하고 그 법률행위가 반사회질서행위에는 해당되지 않는다(1993. 3. 23. 제2부 판결, 92다52238 주주

확인등).

21. 가. 주택공급에 관한 규칙 제4조 제1항 단서 소정의 "무주택세대주" 해당여부에 대한 판단준거

구 주택건설촉진법(1992. 12. 8, 법률 제4530호로 개정되기 전의 것) 제1조, 제24조, 제44조 제1항, 제44조의 2, 제47조 제1항·제2항, 제51조 제6호 및 같은 법 제32조의 규정에 의하여 제정된 주택공급에 관한 규칙 제4조, 제11조, 제15조 제3항, 제17조 등 관계법령의 규정 내용에 의하면, 같은 규칙 제4조 제1항 단서 소정의 "무주택세대주"인지의 여부는 특별한 사정이 없는 한 건물등기부에 주택을 소유한 것으로 기재되어 있는지의 여부에 의하여 결정된다.

나. 직장주택조합 조합원의 자격 요건

구 주택건설추진법 제3조 제9호와 주택공급에 관한 규칙 제4조, 제17조 등 관계법령의 규정에 비추어 보면 직장조합의 조합원이 되기 위하여는 적어도 주택조합설립인가가 되어 조합원이 될 때부터 입주시까지는 무주택세대주일 것이 요구된다.

다. 무자격조합원에 대하여 아파트 배정까지 마친 후 제명한 경우 신의칙위배 여부

주택조합이 무자격조합원을 상당 기간 조합원으로 취급하고 아파트를 완공하여 동·호수를 배정한 후에 제명하였다고 하여 신의성실의 원칙에 위배되거나 권리를 남용한 경우에 해당한다고 단정할 수 없다.

라. 무자격조합원에 대한 임의분양약정이 통정에 의한 단속규정위반의 행위로서 선량한 풍속 기타 사회질서에 위반되어 무효라고 한 사례

구 주택건설촉진법 제3조 제9호나 주택공급에 관한 규칙 제4조 제1항 등이 당사자의 의사에 의하여 그 규정의 적용을 배제할 수 없는 강행법규라고 하더라도 그 규정을 위반한 거래행위를 반드시 무효라고 볼 수는 없으므로 그 규정은 효력규정이 아닌 단속규정으로 보아야 하나, 당사자가 통정하여 단속규정을 위반하는 법률행위를 한 경우에는 선량한 풍속 기타 사회질서에 위반한 사항을 내용으로 하는 법률행위로 보아야 할 것이므로, 주택조합이 무자격조합원을 제명하면서 그 제명의 효력과는 관계없이 무자격조합원에게 아파트를 임의분양하기로 한 약정은 무자격조합원과 주택조합이 통정하여 단속규정을 위반하기로 한 반사회질서의 법률행위로서 무효이다(1993. 7. 27. 제2부 판결, 93다2926 아파트배정권리확인).

22. 민법 제103조위반의 효과와 불법성비교론

가. 금전 소비대차계약과 함께 이자의 약정을 하는 경우, 양쪽 당사자 사이의 경

제력의 차이로 인하여 그 이율이 당시의 경제적·사회적 여건에 비추어 사회통념상 허용되는 한도를 초과하여 현저하게 고율로 정하여졌다면, 그와 같이 허용할 수 있는 한도를 초과하는 부분의 이자 약정은 대주가 그의 우월한 지위를 이용하여 부당한 이득을 얻고 차주에게는 과도한 반대급부 또는 기타의 부당한 부담을 지우는 것이므로 선량한 풍속 기타 사회질서에 위반한 사항을 내용으로 하는 법률행위로서 무효이다.

나. 선량한 풍속 기타 사회질서에 위반하여 무효인 부분의 이자 약정을 원인으로 차주가 대주에게 임의로 이자를 지급하는 것은 통상 불법의 원인으로 인한 재산 급여라고 볼 수 있을 것이나, 불법원인급여에 있어서도 그 불법원인이 수익자에게만 있는 경우이거나 수익자의 불법성이 급여자의 그것보다 현저히 커서 급여자의 반환청구를 허용하지 않는 것이 오히려 공평과 신의칙에 반하게 되는 경우에는 급여자의 반환청구가 허용되므로, 대주가 사회통념상 허용되는 한도를 초과하는 이율의 이자를 약정하여 지급받은 것은 그의 우월한 지위를 이용하여 부당한 이득을 얻고 차주에게는 과도한 반대급부 또는 기타의 부당한 부담을 지우는 것으로서 그 불법의 원인이 수익자인 대주에게만 있거나 또는 적어도 대주의 불법성이 차주의 불법성에 비하여 현저히 크다고 할 것이어서 차주는 그 이자의 반환을 청구할 수 있다(대판 2007. 2. 15, 2004다50426 전원합의체 판결).

<판례전문(2007. 2. 15. 2004다50426 전합)>

[원고, 피상고인] 원고 (소송대리인 변호사 유홍준외 1인)

[피고, 상고인] 피고 1외 1인

[원심판결] 서울중앙지법 2004. 8. 5. 선고 2003나56006 판결

[주 문] 원심판결 중 피고들 패소 부분을 파기하고, 이 부분 사건을 서울중앙지방법원 합의부로 환송한다.

[이 유] 상고이유를 판단한다.

1. 상고이유 제1점에 대하여

채무의 면제는 반드시 명시적인 의사표시만에 의하여야 하는 것은 아니고 채권자의 어떠한 행위 내지 의사표시의 해석에 의하여 그것이 채무의 면제라고 볼 수 있는 경우에도 이를 인정하여야 할 것이기는 하나, 이와 같이 인정하기 위하여는 당해 권리관계의 내용에 따라 이에 대한 채권자의 행위 내지 의사표시의 해석을 엄격히 하여 그 적용 여부를 결정하여야 한다(대법원 1987. 3. 24. 선고 86다카1907, 1908 판결 등 참조).

원심이, 2001. 3. 29. 원고가 피고들에 대한 대여금채권을 피보전권리로 하여 피고 1 소유 부동산에 가압류 집행을 하였다가 2001. 5. 14. 그 가압류를 해제한 사실,

2001. 6. 8. 피고 2가 국세청으로부터 "원고가 이사로 있는 주식회사 (명칭 생략)에 대한 채무내역을 밝혀달라."는 내용의 우편을 받은 사실만으로는 피고들 주장과 같이 피고들이 주식회사 (명칭 생략)을 국세청에 신고하지 않는 대가로 원고가 피고들의 채무를 모두 면제한 것으로 볼 수 없다고 판단한 것은 위 법리에 비추어 보면 정당하고, 거기에 채무 면제에 관한 법리를 오해하여 판결에 영향을 미친 위법은 없으며, 그에 관한 원심의 증거취사와 사실인정을 다투는 주장은 적법한 상고이유가 되지 못한다.

2. 상고이유 제2점에 대하여

가. 금전 소비대차계약과 함께 이자의 약정을 하는 경우, 양쪽 당사자 사이의 경제력의 차이로 인하여 그 이율이 당시의 경제적·사회적 여건에 비추어 사회통념상 허용되는 한도를 초과하여 현저하게 고율로 정하여졌다면, 그와 같이 허용할 수 있는 한도를 초과하는 부분의 이자 약정은 대주가 그의 우월한 지위를 이용하여 부당한 이득을 얻고 차주에게는 과도한 반대급부 또는 기타의 부당한 부담을 지우는 것이므로 선량한 풍속 기타 사회질서에 위반한 사항을 내용으로 하는 법률행위로서 무효라 할 것이다.

이와 같이 선량한 풍속 기타 사회질서에 위반하여 무효인 부분의 이자 약정을 원인으로 차주가 대주에게 임의로 이자를 지급하는 것은 통상 불법의 원인으로 인한 재산 급여라고 볼 수 있을 것이나, 불법원인급여에 있어서도 그 불법원인이 수익자에게만 있는 경우이거나 수익자의 불법성이 급여자의 그것보다 현저히 커서 급여자의 반환청구를 허용하지 않는 것이 오히려 공평과 신의칙에 반하게 되는 경우에는 급여자의 반환청구가 허용된다고 해석되므로(대법원 1993. 12. 10. 선고 93다12947 판결 등 참조), 대주가 사회통념상 허용되는 한도를 초과하는 이율의 이자를 약정하여 지급받은 것은 그의 우월한 지위를 이용하여 부당한 이득을 얻고 차주에게는 과도한 반대급부 또는 기타의 부당한 부담을 지우는 것으로서 그 불법의 원인이 수익자인 대주에게만 있거나 또는 적어도 대주의 불법성이 차주의 불법성에 비하여 현저히 크다고 할 것이어서 차주는 그 이자의 반환을 청구할 수 있다고 봄이 상당하다.

나. 그럼에도 불구하고, 원심이 1999. 9. 17.부터 2000. 10. 30.까지 사이에 원고로부터 차용한 돈에 대하여 지급한 이자 중 정당한 이율 범위를 초과하는 부분은 부당이득으로서 피고들에게 반환되어야 한다는 피고들의 상계항변을 판단함에 있어서, 위에서 본 법리와는 달리 당사자 사이에 약정된 이율의 일부가 사회질서에 반하는 것으로서 일부 무효가 된다 하더라도 채무자가 그 이율에 따라 이자를 임의로 지급한 경우에는 그 반환을 구할 수 없다고 보아 상계항변을 배척한 데에는 사회질서에 반하여 고율로 약정된 이자의 지급으로 인한 부당이득 내지 불법원인급여 반환에 관한 법리를 오해한 결과 그 무효 사유를 판단하지 아니하여 판결에 영향을 미친 위법이 있다. 이와 같은 점을 지적하는 취지의 상고이유는 이유 있으므로 이를 받아들이기로 한다.

3. 결 론

그러므로 원심판결 중 피고들 패소 부분을 파기하고, 이 부분 사건을 다시 심리·판단하게 하기 위하여 원심법원에 환송하기로 하여 주문과 같이 판결한다. 이 판결에는 상고이유 제2점에 대한 판단에 관하여 대법관 고현철, 대법관 김황식, 대법관 박일환, 대법관 안대희의 반대의견이 있는 외에는 관여 법관들의 의견이 일치하였다.

4. 대법관 고현철, 대법관 김황식, 대법관 박일환, 대법관 안대희가 밝힌 반대의견은 다음과 같다.

가. 다수의견은, 금전 소비대차계약과 함께 이자의 약정을 하는 경우, 양쪽 당사자 사이의 경제력의 차이로 인하여 그 이율이 당시의 경제적·사회적 여건에 비추어 사회통념상 허용되는 한도를 초과하여 현저하게 고율로 정하여졌다면, 그 한도를 초과하는 부분의 이자 약정은 선량한 풍속 기타 사회질서에 위반한 사항을 내용으로 하는 법률행위로서 무효로 되고, 차주가 그 한도를 초과하는 이자를 임의로 지급하였다고 하더라도 오로지 대주에게만 불법성이 있거나 적어도 대주의 불법성이 차주의 불법성에 비하여 현저히 크다고 보아야 하므로, 차주의 반환청구가 허용되어야 한다고 하고 있다.

나. 그러나 차주가 임의로 지급한 이자의 반환을 구할 수 있다고 본 다수의견에는 다음과 같은 이유에서 찬성할 수 없다.

(1) 금전 소비대차 약정 당시의 경제적·사회적 여건이나 당사자의 경제적 지위 등에 비추어 지나치게 고율의 이자 약정을 한 경우 사회통념상 허용될 수 있는 한도를 초과하는 부분의 이자 약정이 일정한 요건하에 민법 제103조에 위반된 법률행위로서 무효로 평가될 수 있음은 다수의견이 지적하는 바와 같다. 그러나 사회통념상 허용될 수 있는 한도란 약정 당시의 경제적·사회적 여건의 변화에 따라 유동적일 수밖에 없을 뿐만 아니라 법률적인 평가나 가치판단이 개입되어야만 비로소 그 구체적인 범위를 확정할 수 있어, 당사자로서는 무효의 기준과 범위를 명확하게 인식할 수 없다는 문제가 있다.

종래에는 이자제한법에 의해 무효로 되는 이자 약정의 범위를 명확하게 인식할 수 있었지만, 당사자 사이의 이율 결정은 자유로운 시장경제 기능에 맡기는 것이 타당하다는 고려에서 1998. 1. 13. 이자제한법이 폐지된 만큼, 더 이상 이를 기준으로 삼을 수는 없게 되었으며, 다수의견도 구체적으로 무효로 되는 기준과 범위를 제시하지는 못하고 있다. 원심은 이 사건 소비대차 이후에 시행된 대부업의 등록 및 금융이용자보호에 관한 법률 소정의 제한이율을 일응의 기준으로 삼아 이를 초과하는 이자 약정을 무효로 본 것으로 이해되나, 위 법률 소정의 제한이율이 절대적인 기준이 될 수는 없다 할 것이며, 나아가 사회통념상 허용될 수 있는 적정이율(이하 편의상 '적정이율'이라고 한다)이란 오로지 이율만을 기준으로 판단할 문제가 아니라 당시의 경제적·사회적 여건이나 당사자의 경제적 지위,

소비대차에 이르게 된 경위 등을 종합적으로 고려하여 판단해야 할 문제인 만큼, 이자제한법이 폐지된 현 상황에서 오로지 이율만을 기준으로 적정이율 여부를 판단하는 것은 결코 타당하다고 할 수 없다.

결국, 일정한 경우 고율의 이자 약정이 무효로 평가될 수 있다 하더라도, 무효의 기준과 범위, 즉 어느 범위 내에서 이자 약정이 무효로 되며 대주가 받아서는 아니 될 이자가 과연 얼마인지에 관하여 대주에게 예측가능성이 있다고 보기는 어려우며, 따라서 대주가 차주로부터 적정이율을 초과하는 이자를 지급받았다고 하더라도 대주가 명확하게 불법성을 인식했다고 평가하기는 어렵다 할 것이다.

(2) 다수의견은 차주가 적정이율을 초과하여 지급한 이자는 불법원인급여에 해당하는 것으로 볼 수 있다고 하면서도, 그 불법성이 오로지 대주에게만 있거나 대주의 불법성이 차주의 불법성에 비하여 현저히 크기 때문에 이 경우 차주의 반환청구는 허용되어야 한다고 하고 있다.

그러나 적정이율을 초과하는 이자 약정이 민법 제103조에 위반되어 무효라고 보더라도 당사자 사이의 약정에 따라 이자가 지급된 것인 이상 그 불법원인은 대주와 차주 쌍방 모두에게 있다고 볼 수밖에 없고, 일반적으로 차주가 대주보다 경제적으로 열악한 지위에 있다는 점을 감안하더라도 앞서 본 바와 같이 대주가 불법성을 명확하게 인식했다고 평가하기는 어렵다는 점에 비추어 보면, 일률적으로 대주의 불법성이 차주의 그것에 비해 현저히 크다고 단정할 수만은 없다고 할 것이다.

특히, 이 사건과 같이 금융기관과 사이의 거래가 아닌 사인 간에 거래를 함에 있어 아무런 물적 담보 없이 차주나 보증인의 신용만을 담보로 금원을 대여하는 경우 대주로서는 차주의 파산이나 도피, 사망 등의 사유로 인해 채권을 회수할 수 없게 되는 위험을 감수하는 대가로 고율의 이자를 요구하는 것이 일반적이고, 반면 차주로서는 금융기관으로부터 대출을 받을 경우에 비해 고율의 이자를 부담해야 하지만 만약 이러한 부담을 감수하지 않는다면 달리 마땅한 자금 융통의 수단이 없기 때문에 다소 고율의 이자를 부담하더라도 그것이 경제적으로 보아 유리하다는 판단 아래 금원을 차용하게 될 것이다. 이와 같이 대주로서는 고수익을 올릴 수 있는 대신 그만큼 고위험의 부담을 안을 수밖에 없는 점, 차주의 경제적 필요에 의해 금전거래가 이루어진다고 볼 수 있는 점 등을 감안하여 볼 때, 오로지 대주에게만 불법성이 있다고 보거나 대주의 불법성만을 지나치게 강조하는 것은 결코 적절치 않다고 할 것이다.

과거 이자제한법이 적용되던 사안에 관하여 대법원은 이자제한법 소정의 제한이율을 초과한 이자를 임의로 지급한 경우 이는 불법원인급여에 해당하고, 그 불법원인이 대주와 차주 쌍방에게 있어 차주는 지급된 이자의 반환을 구할 수는 없다고 판시하여 왔는바(대법원 1961. 7. 20. 선고 4293민상617 판결, 1988. 9. 27. 선고 87다카422, 423 판결, 1994. 8. 26. 선고 94다20952 판결 등 참조), 명확한 무효의 기준이 없어진 현 상황에서 오히려 대주의 불법성을 강조하는 것은 균형이 맞지 않는 해석이라 아니할 수 없다.

임의로 이자를 지급함으로써 이미 거래가 종료된 상황에서 다시 차주의 반환청구를 허용한다면 법적 안정성을 해칠 우려도 있다.

(3) 결국, 차주가 적정이율을 초과한 이자를 임의로 지급한 경우, 오로지 대주에게만 불법성이 있다거나 대주의 불법성이 차주의 불법성보다 현저히 크다고 보기는 어렵다고 할 것이고, 따라서 민법 제746조 본문에 따라 차주의 반환청구는 허용될 수 없다고 봄이 상당하다.

다. 같은 취지에서 피고들의 상계 주장을 배척한 원심의 조치는 정당한 것으로 수긍할 수 있고, 거기에 상고이유로 주장하는 바와 같은 부당이득반환에 관한 법리오해 등의 위법이 있다고 볼 수는 없으므로, 상고를 기각함이 상당하다.

대법원장 이용훈(재판장) 고현철 김용담 김영란 양승태 김황식 박시환 김지형 이홍훈 박일환 김능환 전수안(주심) 안대희

23. 반사회성 여부가 논의되는 당해 법률행위와 관련이 있는 다른 일정한 법률행위에 관하여 그 효력을 명문으로 배제하는 강행법규가 있는 경우, 당해 법률행위가 사회질서에 위배되는지 여부를 판단할 때 고려할 사항

반사회성 여부가 논의되는 당해 법률행위와 관련이 있는 다른 일정한 법률행위에 관하여 그 효력을 명문으로 배제하는 강행법규가 있는 경우에는, 그 강행법규가 어떠한 취지에서 나온 것인지, 이들 두 법률행위가 일정한 구체적 생활관계의 맥락에서 일정한 내용으로 사회적·경제적인 연관을 가져서 강행법규에 의한 금지의 취지를 반사회질서의 법률행위라는 법구성을 통하여 다른 법률행위에도 미치게 하는 것이 적절하지 아니한지, 당해 법률행위에 대하여 그 규범내용이 명확하지 아니한 일반조항인 민법 제103조에 기하여 이를 무효로 함으로 인하여 거래에 부당한 부담을 지우거나 당사자들의 정당한 기대를 저버리게 되는 것은 아닌지 등을 당해 법률행위가 사회질서에 위배되는지 여부를 판단함에 있어서 고려할 수 있고 또 고려하여야 한다(대판 2009. 9. 10, 2009다37251 판결).

24. 부동산 이중매매에서 제2양수인의 행위가 공서양속에 반한다고 하기 위한 요건 및 판단 기준

어떠한 부동산에 관하여 소유자가 양도의 원인이 되는 매매 기타의 계약을 하여 일단 소유권 양도의 의무를 짐에도 다시 제3자에게 매도하는 등으로 같은 부동산에 관하여 소유권 양도의 의무를 이중으로 부담하고 나아가 그 의무의 이행으로, 그러나 제1의 양도채권자에 대한 양도의무에 반하여, 소유권의 이전

에 관한 등기를 그 제3자 앞으로 경료함으로써 이를 처분한 경우에, 소유자의 그러한 제2의 소유권양도의무를 발생시키는 원인이 되는 매매 등의 계약이 소유자의 위와 같은 의무위반행위를 유발시키는 계기가 된다는 것만을 이유로 이를 공서양속에 반하여 무효라고 할 것이 아님은 물론이다. 그것이 공서양속에 반한다고 하려면, 다른 특별한 사정이 없는 한 상대방에게도 그러한 무효의 제재, 보다 실질적으로 말하면 나아가 그가 의도한 권리취득 자체의 좌절을 정당화할 만한 책임귀속사유가 있어야 한다. 제2의 양도채권자에게 그와 같은 사유가 있는지를 판단함에 있어서는, 그가 당해 계약의 성립과 내용에 어떠한 방식으로 관여하였는지(당원의 많은 재판례가 이 문제와 관련하여 제시한 '소유자의 배임행위에 적극 가담하였는지' 여부라는 기준은 대체로 이를 의미한다)를 일차적으로 고려할 것이고, 나아가 계약에 이른 경위, 약정된 대가 등 계약내용의 상당성 또는 특수성, 그와 소유자의 인적 관계 또는 종전의 거래상태, 부동산의 종류 및 용도, 제1양도채권자의 점유 여부 및 그 기간의 장단과 같은 이용현황, 관련 법규정의 취지·내용 등과 같이 법률행위가 공서양속에 반하는지 여부의 판단에서 일반적으로 참작되는 제반 사정을 여기서도 종합적으로 살펴보아야 할 것이다(대판 2013. 10. 11, 2013다52622 판결).

◈ 당사자의 궁박, 경솔 또는 무경험을 이용하여 현저하게 공정을 잃은 법률행위의 효력

제 104 조【불공정한 법률행위】

당사자의 궁박, 경솔 또는 무경험으로 인하여 현저하게 공정을 잃은 법률행위는 무효로 한다.

■ § 104. 불공정한 법률행위(폭리행위)

- 자기의 급부에 비해 현저하게 균형 잃은 반대급부를 받음으로써 부당한 재산적 이익 얻는 행위
- 구민법시대 : 판례 - 반사회질서로 처리
  현행민법: 독일민법 제138조 2항 계수
- 요　　건 : ① 객관적 요건: 급부와 반대급부의 현저한 불균형
  ② 주관적 요건: 피해자의 궁박, 경솔, 무경험, 상대방의 악의
- 효　　과 : ① 무효
  ② 무효인 폭리행위가 이행된 경우-§746 단서 적용, 피해자는 반환청구 가능
  ③ 법률행위 일부의 폭리-§137의 일부무효로 처리
  ④ 무효주장자에 대한 인적제한은 없다
- 관련법조 : 근로기준법 §20

1. 의 의

거래관계에 있어서는 당사자가 자유로운 판단하에 활동할 것이며(사적자치), 상호간에 교환가치가 거의 동등한 지급을 할 것(등가교환)을 이상으로 하고 있다. 여기서 자신의 급부에 비하여 현저하게 균형을 잃은 반대급부를 하게 하여 부당한 재산적 이익을 얻는 행위를 불공정한 법률행위 또는 폭리행위라고 한다.

본조는「당사자의 궁박·경솔 또는 무경험으로 인하여 현저하게 공정을 잃은 법률행위는 무효로 한다」라고 하여 폭리행위를 금지하고 있다. 이는 종래의 판례상 반사회적 행위로서 다루어지던 것을 명문화한 것이다. 또 유질계약의 금지(제339조)·대물반환의 예약(제607조, 제608조)·이자제한법 등은 모두

폭리행위를 금지하는 취지의 것이다.

이러한 본조의 폭리행위는 제103조의 반사회질서의 법률행위의 하나의 예시라고 해석된다(통설 · 판례). 따라서 본조의 요건을 충족하지 못한 행위라도 제103조의 반사회적 행위로 되는 수가 있다. 폭리행위는 금전소비대차에 한하지 않고 모든 재산상의 유상행위에 적용된다.

2. 요 건

(1) 객관적 요건

급부와 반대급부 사이에 현저한 불균형이 있어야 한다. 어느 정도의 차이가 있을 때에 현저한 불균형이 있다고 할 것인가에 관하여는 구체적인 경우에 따라서 법관의 재량으로 결정될 문제이다. 이에는 제103조의 공서양속이 그 추상적 기준이 될 것이다.

그리고 현저한 불균형의 존재여부는 당사자의 주관적 가치에 의할 것이 아니라 객관적 가치에 의거하여 판단되어야 할 것이다. 급부 사이의 불균형 여부를 판단하는 시기에 대하여 통설은 법률행위 당시(계약을 체결한 때)라고 한다. 판례 역시 통설과 같은 태도이다(대판 1965. 6. 15, 65다610, 대판 2013. 9. 26, 2013다26746).

(2) 주관적 요건

가. 피해자가 궁박·경솔 또는 무경험의 상태에 있을 것

피해자의 궁박 · 경솔 또는 무경험을 이용하였어야 한다. 궁박이란 반드시 경제적인 것일 필요는 없고, 또한 계속적일 필요도 없으며 일시적인 것이라도 상관없다.

경솔은 의사를 결정할 때 그 행위의 결과나 장래에 관하여 통상인이 하는 고려를 결하는 심리상태를 말한다. 무경험은 일반적인 생활경험의 부족을 말한다. 이러한 궁박, 경솔, 무경험은 모두 구비하여야 하는 것은 아니고 이 중 어느 하나만 있으면 된다(대판 1993. 10. 12, 93다19924)

나. 폭리자에게 피해자의 사정을 이용하려는 폭리행위의 악의가 있을 것

피해 당사자가 궁박 · 경솔 또는 무경험의 상태에 있었다고 하더라도 그 상대방 당사자에게 위와 같은 피해 당사자 측의 사정을 알면서 이를 이용하려는 의사, 즉 폭리행위의 악의가 없었다면 불공정 법률행위는 성립하지 않는다(대판 1997. 7. 25. 97다15371).

【쟁점사항】

<'궁박'과 '무경험'의 의미>

제104조에 규정된 불공정한 법률행위는 객관적으로 급부와 반대급부 사이에 현저한 불균형이 존재하고, 주관적으로 그와 같이 균형을 잃은 거래가 피해 당사자의 궁박, 경솔 또는 무경험을 이용하여 이루어진 경우에 성립하는 것으로서, 약자적 지위에 있는 자의 궁박, 경솔 또는 무경험을 이용한 폭리행위를 규제하려는 데에 그 목적이 있고, 불공정한 법률행위가 성립하기 위한 요건인 궁박, 경솔, 무경험은 모두 구비되어야 하는 요건이 아니라 그 중 일부만 갖추어져도 충분한데, 여기서 '궁박'이라 함은 '급박한 곤궁'을 의미하는 것으로서 경제적 원인에 기인할 수도 있고 정신적 또는 심리적 원인에 기인할 수도 있으며, '무경험'이라 함은 일반적인 생활체험의 부족을 의미하는 것으로서 어떤 특정영역에 있어서의 경험부족이 아니라 거래일반에 대한 경험부족을 뜻하고, 당사자가 궁박 또는 무경험의 상태에 있었는지 여부는 그의 나이와 직업, 교육 및 사회경험의 정도, 재산상태 및 그가 처한 상황의 절박성의 정도 등 제반 사정을 종합하여 구체적으로 판단하여야 하며, 한편 피해 당사자가 궁박, 경솔 또는 무경험의 상태에 있었다 하더라도 그 상대방 당사자에게 그와 같은 피해 당사자측의 사정을 알면서 이를 이용하려는 의사, 즉 폭리행위의 악의가 없었다거나 또는 객관적으로 급부와 반대급부 사이에 현저한 불균형이 존재하지 아니한다면 불공정 법률행위는 성립하지 않는다(대판 2002. 10. 22, 2002다38927).

3. 효 과

불공정한 법률행위 또는 폭리행위가 위에서와 같은 요건을 모두 구비하고 있는 경우에는 그 행위는 무효이다. 폭리행위의 무효를 주장하려면, 주장하는 자가 위의 사실을 입증하여야 한다(대판 1970. 11. 24, 70다 2065).

무효로 된 폭리행위가 이행된 경우에는 불법원인은 폭리자에게만 있으므로 제746조 단서가 적용되어 피해자는 급부한 것의 반환을 청구할 수 있다.

▣ 핵심판례 ▣

■ [불공정한 법률행위]

1. 전 소유자의 체납전기요금이 있는 것을 알고 공장을 경락받은 자가 한국전력공사와의 사이에 체납전기요금 납부약정을 하고 이를 납부한 경우 그 약정이 불공정행위나 강박에 의한 행위에 해당하는지 여부(소극)

공장경락인이 공장을 경락취득함에 있어 전 소유자의 체납전기요금이 있는 것을 알고 경락한 것이라면 공장을 가동하기 위하여는 그 전기요금의 승계납부가 불가피하다는 것도 알고 경락한 것이라고 보아야 할 것이고 경락 후 체납전기요금 납부약정을 하고 이를 납부하였다면 다른 특단의 사정이 없는 한 그 납부약정을 궁박한 상태를 이용한 불공정행위이거나 강박에 의한 행위라 할 수는 없다(1991. 3. 27. 제2부 판결, 90다카26560 부당이득금).

2. 가. 이른바 세입자입주권 15매를 투기의 목적으로 매수한 것이 사회질서에 반하는 법률행위로서 무효로 되는지 여부(소극)

주택개량사업구역 내에 주택에 거주하는 세입자가 주택개량개발조합으로부터 장차 신축될 아파트의 방 1간을 분양받을 수 있는 피분양권(이른바 세입자입주권)을 15매나 매수하였고 또 그것이 투기의 목적으로 행하여진 것이라 하여 그것만으로 그 피분양권매매계약이 사회질서에 반하는 법률행위로서 무효로 된다고 할 수 없다.

나. 매도인 측에서 매매계약이 불공정한 법률행위로 되기 위한 요건 및 주장입증책임

매도인측에서 매매계약이 불공정한 법률행위로서 무효라고 하려면 객관적으로 매매가격이 실제가격에 비하여 현저하게 헐값이고 주관적으로 매도인이 궁박, 경솔, 무경험 등의 상태에 있었으며, 매수인측에서 위와 같은 사실을 인식하고 있었다는 점을 주장입증하여야 한다.

다. 위 세입자입주권의 매매계약에 있어 매도자가 그 입주권을 향후 어떠한 가치를 가질지 예측할 만한 경험도 없었으며 가진 것이 없이 경솔하게 입주권을 매도한 것이라는 등의 사실만으로는 그 계약이 불공정한 법률행위에 해당되어 무효로 된다고 할 수는 없다고 본 사례

위 세입자입주권의 매매계약에 있어 매도자가 그 입주권이 향후 어떠한 가치를 가질지 예측할 만한 경험도 없었으며 가진 것도 없이 경솔하게 입주권을 양도한 것이라는 등의 사실만으로는 그 계약이 불공정한 법률행위에 해당되어 무효로 된다고 할 수는 없다고 본다(1991. 5. 28. 제2부 판결, 90다19770 입주권명의변경).

3. 대리인에 의하여 법률행위가 이루어진 경우 불공정한 법률행위에 해당하는지 여부의 판단기준

대리인에 의하여 법률행위가 이루어진 경우 그 법률행위가 민법 제104조의 불공정한 법률행위에 해당하는지 여부를 판단함에 있어서 경솔과 무경험은 대리인을 기준으로 하여 판단하고, 궁박은 본인의 입장에서 판단하여야 한다(대판 2002. 10. 22, 2002다38927).

4. 불공정한 법률행위의 성립요건

민법 제104조에 규정된 불공정한 법률행위는 객관적으로 급부와 반대급부 사이에 현저한 불균형이 존재하고 주관적으로 이와 같은 균형을 잃은 거래가 피해당사자의 궁박, 경솔 또는 무경험을 이용하여 이루어진 경우에 한하여 성립하는 것으로서, 약자적 지위에 있는 자의 궁박, 경솔 또는 무경험을 이용한 폭리행위를 규제하려는 데에 그 목적이 있으므로 피해당사자가 궁박, 경솔 또는 무경험의 상태에 있었다고 하더라도 그 상대방 당사자에게 위와 같은 피해당사자측의 사정을 알면서 이를 이용하려는 의사, 즉 폭리행위의 악의가 없었다면 불공정한 법률행위는 성립하지 않는다(1991. 7. 9. 제1부 판결, 91다5907 토지소유권이전등기말소).

5. 79세된 노인으로부터 감정가격의 30%에도 못미치는 가격으로 토지를 매수하는 등 매매계약의 내용이 이례적인 점 등에 비추어 불공정한 법률행위로 볼 여지가 있음에도 이를 인정하지 아니한 원심판결에 심리미진이나 이유불비의 위법이 있다 하여 이를 파기한 사례

농촌에 거주하는 79세된 노인으로부터 한국감정원의 감정가격의 30%에도 미치지 못하는 가격으로 토지를 매수하고, 계약금으로 매매대금의 3분의 1 이상을 지급하였으며, 매매계약 다음날 중도금을 지급하여 계약금과 중도금을 합한 액수가 매매대금의 80%에 이르는 등 매매계약의 내용이 이례적인 점 등에 비추어 불공정한 법률행위로 볼 여지가 있음에도 이를 인정하지 아니한 원심판결에 심리미진이나 이유불비의 위법이 있다 하여 이를 파기한다(1992. 2. 25. 제1부 판결, 91다40351 소유권이전등기).

6. 무상증여가 불공정한 법률행위로서 무효로 될 수 있는지 여부(소극)

민법 제104조가 규정하는 현저히 공정을 잃은 법률행위라 함은 자기의 급부에 비하여 현저하게 균형을 잃은 반대급부를 하게 하여 부당한 재산적 이익을 얻는 행위를 의미하는 것이므로 기부행위와 같이 아무런 대가관계 없이 당사자 일방이 상대방에게 일방적인 급부를 하는 법률행위는 그 공정성 여부를 운위할 수 있는 성질의 법률행위가 아니다(1993. 3. 23. 제2부 판결, 92다52238 주주확인등).

7. 당사자 일방의 급부만 있는 경우에 그것이 불공정한 법률행위가 될 수 있는지 여부

불공정한 법률행위에 해당하기 위하여는 급부와 반대급부와의 사이에 현저히 균형을 잃을 것이 요구되므로 증여와 같이 상대방에 의한 대가적 의미의 재산관계의 출연이 없이 당사자 일방의 급부만 있는 경우에는 급부와 반대급부 사이의 불균형의 문제는 발생하지 않는다(1993. 7. 16. 제3부 판결, 92다41528 소유권이전등기말소, 41535 (병합)).

8. 민법 제104조의 불공정한 법률행위의 성립요건

민법 제104조의 불공정한 법률행위가 성립하기 위하여는 법률행위의 당사자 일방이 궁박, 경솔 또는 무경험의 상태에 있고, 상대방이 이러한 사정을 알고서 이를 이용하려는 의사가 있어야 하며, 나아가 급부와 반대급부 사이에 현저한 불균형이 있어야 하는바, 위 당사자 일방의 궁박, 경솔, 무경험은 모두 구비하여야 하는 요건이 아니고 그중 어느 하나만 갖추어져도 충분하다(1993. 10. 12. 제1부 판결, 92다19924 소유권이전등기말소).

9. 가. 공무원이 강박으로 사인 소유의 방송사 주식을 국가에 증여하게 한 것을 수용으로 볼 수 있는지 여부

수용이라 함은 공권력의 행사에 의한 행정처분의 일종인데, 비록 증여계약의 체결과정에서 국가공무원의 강박행위가 있었다 하더라도 그것만으로 증여계약의 체결이나 그에 따른 주식의 취득이 국가의 공권력의 행사에 의한 행정처분에 해당한다고 볼 수는 없고 어떤 법률관계가 불평등한 것이어서 민법의 규정이 배제되는 공법적 법률관계라고 하기 위하여는 그 불평등이 법률에 근거한 것이라야 할 것이고, 당사자간의 불평등이 공무원의 위법한 강박행위에 기인한 것일 때에는 이러한 불평등은 사실상의 문제에 불과하여 이러한 점만을 이유로 당사자 사이의 관계가 민법의 규정이 배제되는 공법적 법률관계라고 할 수는 없다.

나. 증여계약이 불공정한 법률행위가 될 수 있는지 여부

민법 제104조가 규정하는 현저히 공정을 잃은 법률행위라 함은 자기의 급부에 비하여 현저하게 균형을 잃은 반대급부를 하게 하여 부당한 재산적 이익을 얻은 행위를 의미하는 것이므로 증여계약과 같이 아무런 대가관계 없이 당사자 일방이 상대방에게 일방적인 급부를 하는 법률행위는 그 공정성 여부를 논의할 수 있는 성질의 법률행위가 아니다.

다. 1980. 6. 말경의 비상계엄 당시 국군보안사령부 정보처장이 언론통폐합조치의 일환으로 사인 소유의 방송사 주식을 강압적으로 국가에 증여하게 한 것이 수용유사행위에 해당되지 않는다고 한 사례

수용유사적 침해의 이론은 국가 기타 공권력의 주체가 위법하게 공권력을 행사하여 국민의 재산권을 침해하였고 그 효과가 실제에 있어서 수용과 다름없을 때에는 적법한 수용이 있는 것과 마찬가지로 국민이 그로 인한 손실의 보상을 청구할 수 있다는 것인데, 1980. 6. 말경의 비상계엄 당시 국군보안사령부 정보처장이 언론통폐합조치의 일환으로 사인 소유의 방송사 주식을 강압적으로 국가에 증여하게 한 것이 위 수용유사행위에 해당되지 .않는다(1993. 10. 26. 제1부 판결, 93다6409 주주확인등).

10. 불공정한 법률행위로서 무효인 경우 추인에 의하여 유효로 되는지 여부

불공정한 법률행위로서 무효인 경우에는 추인에 의하여 무효인 법률행위가 유효로 될 수 없다(1994. 6. 24. 제3부 판결, 94다10900 토지소유권이전등기).

<판례전문(1994. 6. 24, 94다10900)>

[원고, 상고인] 김영권

[소송대리인 변호사] 권세진

[피고, 피상고인] 주식회사 서남건설

[원심판결] 광주지방법원 1994. 1. 13. 선고, 93나1988 판결

[주 문] 상고를 기각한다.

상고비용은 원고의 부담으로 한다.

[이 유] 상고이유, 제1, 2점을 함께 본다.

민법 제104조의 불공정한 법률행위가 성립하기 위하여는 법률행위의 당사자 일방이 궁박, 경솔 또는 무경험의 상태에 있고, 상대방이 이러한 사정을 알고서 이를 이용하려는 의사가 있어야 하며, 나아가 급부와 반대급부 사이에 현저한 불균형이 있어야 하는바, 위 당사자 일방의 궁박, 경솔, 무경험은 모두 구비하여야 하는 요건이 아니고 그중 어느 하나만 갖추어져도 충분하다 할 것이다(당원 1993. 12. 12. 선고 93다19924 판결 : 1993. 5. 25. 선고, 93다296 판결 : 1992. 10. 23. 선고, 92다29337 판결 등 참조).

원심판결 이유를 기록과 대조하여 살펴본바, 원심이 그 거시증거에 의하여 설시와 같은 사실인정 끝에, 위와 같은 취지에서 이 사건 매매계약은 원고가 피고회사의 궁박한 처지를 이용하여 이 사건 토지를 그 시가의 5분의 1에도 못미치는 현저히 저렴한 가격으로 취득하고자 한 불공정한 법률행위로서 무효라고 판단한 조치는 정당한 것으로 수긍이 가고, 거기에 소론과 같은 채증법칙위배로 인한 사실오인, 불공정한 법률행위에 관한 법리오해, 이유 불비 내지 판단유탈, 입증책임 전도의 위법이 있다 할 수 없다. 논지는 모두 이유 없다.

상고이유 제3점을 본다.

불공정한 법률행위로서 무효인 경우에는 추인에 의하여 그 무효인 법률행위가 유효로 될 수 없다고 할 것이므로, 같은 취지에서 법정추인에 관한 원고의 주장을 배척한 원심의 조치는 정당하고, 거기에 소론과 같은 추인에 관한 법리오해의 위법이 있다 할 수 없다. 논지도 이유없다.

그러므로 상고를 기각하고 상고비용은 패소자의 부담으로 하여 관여법관의 일치된 의견으로 주문과 같이 판결한다.

대법관 박준서(재판장) 김상원
윤영철(주심)

11. 부정행위에 대한 고소, 고발과 궁박

일반적으로 부정행위에 대한 고소·고발은 그것이 부정한 이익을 목적으로 하는 것이 아닌 때에는 정당한 권리행사가 되어 위법하다고 할 수 없는 것인바, 간통으로 고소하지 않기로 하는 등의 대가로 금 170,000,000원의 합의금을 받게 된 경우, 상간자의 배우자가 부정한 이익을 목적으로 위법한 강박행위를 한 것으로 볼 수 없다(대판 1997. 3. 25, 96다47951).

12. 단독행위(채권포기행위)의 불공정행위 여부

가. 민법 제104조 소정의 "궁박"이라 함은 "급박한 곤궁"을 의미하는 것이고 이는 경제적 원인에 기인 할 수도 있고, 정신적 또는 심리적 원인에 기인할수도 있으며, 당사자가 궁박의 상태에 있었는지 여부는 그의 신분과 재산상태 및 그가 처한 상황의 절박성의 정도 등 제반 상황을 종합하여 구체적으로 판단하여야 한다.

나. 계와 관련되어 갑으로부터 사문서변조죄로 고소되어 수사를 받다가 15일 간 삼청교육대의 교육을 받고 퇴소한 을녀가 그로부터 4일 후 갑의 인척이 다시 계관계로 고소하여 경찰서로부터 조사를 위한 소환을 받게 되었다면 을로서는 이미 삼청교육대에 다녀왔는데 갑측으로부터 제기된 새로운 고소에 따라 또 다시 삼청교육대에 갈지 모른다는 급박한 정신적 압박을 받고 있었을 것임을 쉽사리 알 수 있고 따라서 을로서는 이러한 궁박상태 아래에서 고소를 취하시켜서 삼청교육대에 가는 것을 회피할 생각으로 경솔하게 청산합의에 응하였을 것으로 보지 못할 바 아니며, 또 을이 갑에게 금 1,300만 원 이상의 채권이 있었음에도 이것과 현금 45만 원 및 부채 216만 원을 인수시키고 그 나머지 금 1,000만 원 이상의 채권을 포기하는 약정을 맺은 것은 을에게 일방적으로 불리한 것이어서 현저히 불공정한 법률행위에 해당된다(대판 1992. 4. 14, 91다23660).

13. 불공정한 법률행위에 해당하는지 판단하는 기준 시기(=법률행위 시) 및 계약이 체결 당시 기준으로 불공정하지 않은 경우 사후 외부적 환경의

급격한 변화에 따라 계약당사자 일방에게 큰 손실이 발생하고 상대방에게 그에 상응하는 이익이 발생할 수 있는 구조라고 하여 당연히 불공정한 계약에 해당하는지 여부(소극)

어떠한 법률행위가 불공정한 법률행위에 해당하는지는 법률행위 시를 기준으로 판단하여야 한다. 따라서 계약 체결 당시를 기준으로 전체적인 계약 내용을 종합적으로 고려한 결과 불공정한 것이 아니라면 사후에 외부적 환경의 급격한 변화로 인하여 계약당사자 일방에게 큰 손실이 발생하고 상대방에게는 그에 상응하는 큰 이익이 발생할 수 있는 구조라고 하여 그 계약이 당연히 불공정한 계약에 해당한다고 말할 수 없다(대판 2013. 9. 26, 2013다26746 전원합의체 판결).

◆ 당사자의 의사가 법률의 규정보다 우선하는 경우

제 105 조【임의규정】

법률행위의 당사자가 법령중의 선량한 풍속 기타 사회질서에 관계없는 규정과 다른 의사를 표시한 때에는 그 의사에 의한다.

■ § 105. 목적의 적법성

• 법률행위의 목적은 적법하여야 한다.
　적법, 부적법문제 → 유·무효 문제
• 강행법규 : 선량한 풍속 기타 사회질서에 관한 규정 → 위반시 무효
　　　　　당사자의사에 의한 배제가부 : 변경불가 → 사적자치한계
• 임의법규 : 선량한 풍속 기타 사회질서와 무관한 규정 → 위반시 유효
　　　　　당사자의사에 의한 배제가부 : 변경가능 → 사적자치 보충
　　　　　적법 ⇒ 선량한 풍속 기타 사회질서에 적합의미

1. 의 의

임의법규(규정)라고 하는 것은 강행법규에 대립하는 개념이며, 강행법규가 당사자의 의사에 관계없이 적용되는 것인데 대하여 임의법규는 당사자의 의사에 의하여 배제시킬 수 있는 것이다.

다시 말해서 임의법규는 사회질서와 관계없는 규정이라고 할 수 있다. 상술한 바와 같이 의사표시의 내용이 임의법규에 반하는 때에는 임의법규는 배척되지만 그 이외의 경우에 있어서 임의법규는 법률행위 해석의 기준이 된다. 그 기능은 다음과 같이 두 가지로 나누어 생각할 수 있다.

(1) 의사표시의 내용에 부족한 부분이 있는 경우에 이를 보충하는 기능을 갖는다(보충규정). 예컨대, 제42조, 제358조, 제394조에서「다른 규정이 없는 때에는」, 또는「다른 의사표시가 없으면」이라고 하는 것이다.

(2) 의사표시가 불명확한 경우에는 이를 일정한 의미로 해석하는 기능을 갖는다(해석기준). 예컨대, 제398조 4항 등에 있는「추정한다」는 것처럼 문자로 표시한 것이 많다.

그러나 의사표시의 불완전한 부분을 보충한다거나 불명료한 부분을 해석한다고 하여도 결국 그 구별은 정도문제에 불과하다. 따라서 임의법규는 법률행위의 내용을 완전·명료하게 하는 것이므로 보충기능과 해석기능으로 특별히 구별하는 것은 거의 불가능하고 구별의 실익도 거의 없다. 결국 양자는 모호한 관계일 뿐이다.

2. 임의규정과 강행법규의 구별

그러면 어떤 규정이 임의규정인가? 강행규정과 임의규정의 구별은 중요한 문제이다. 그러나 그 판단은 극히 곤란하고 좀처럼 그 일반적 원칙을 내세울 수도 없으므로 결국 규정의 취지를 고려하여 개인의 의사에 따라 배척할 것을 허용할 것인가를 판단하여 결정하는 것 외에 방법이 없다. 다만, 사회에서 경제적 강자와 약자의 대립이 심해질수록 임의법규는 점차 강행법규화하는 경향을 띄게 됨에 주목하지 않으면 안된다. 왜냐하면 경제적 강자는 아무런 특별한 이유없이 임의법규를 배척하는 정관을 경제적 약자에게 강요하고 경제적 약자는 그것에 복종하여야 하기 때문이다. 이 경우에는 그 임의법규를 배척할 수 없다고 하는 편이 보다 합리적인 것이다.

임의법규와 강행법규의 구별은 꽤 곤란한 것이기는 하지만 전체로서 민법을 볼 때에는 계약자유의 원칙이 가장 명료하게 행해지는 채권편 제2장의 계약에 관한 규정은 거의 임의규정이고, 이에 반하여 신분법적 질서에 관한 규정, 획일적으로 정할 필요가 있는 법률관계(예: 이자제한법 등) 등은 강행법규라고 할 수 있다. 또 공법은 그 대부분이 강행규정이라는 것은 말할 필요도 없다.

▣ 핵심판례 ▣

■ [임의규정]

1. 문언의 객관적 의미가 명확하지 않은 경우 계약내용의 해석 방법

계약당사자간에 어떠한 계약내용을 처분문서인 서면으로 작성한 경우 그 문언의 객관적인 의미가 명확하다면 특별한 사정이 없는 한 그 문언대로의 의사표시의 존재와 내용을 인정하여야 할 것이지만, 그 문언의 객관적인 의미가 명확하게 드러나지 않는 경우에는 당사자의 내심적 의사의 여하에 관계없이 그 문언의 내용과 그 계약이 이루어지게 된 동기 및 경위, 당사자가 그 계약에 의하여 달성하려고 하는 목적과 진정한 의사, 거래의 관행 등을 종합적으로 고찰하여 사회정의와 형평의 이념에 맞도록 논리와 경험의 법칙, 그리고 사회일반의 상식과 거래의 통념에 따라 당사자 사이의 계약의 내용을 합리적으로 해석하여야 하는 것이고 특히 당사자 일방이 주장하는 계약의 내용이 상대방에게 중대한 책임을 부과하게 되는 경우에는 그 문언의 내용을 더욱 엄격하게 해석하여야 한다 (1993. 10. 26. 제2부 판결, 93다3103 물품대금).

2. 교통사고 피해자 유족과 가해자와의 합의를 청구권일부포기약정이 아니라 불집행의 약정이라고 본 사례

교통사고 피해자 유족과 가해자와의 합의를 청구권일부포기약정이 아니라 불집행의 약정이라고 본다(1993. 12. 10. 제3부 판결, 93다42979 손해배상(자)).

3. 제3자의 무면허운전이 피보험자의 지배 또는 관리가능한 상황하에서 이루어진 것이라 하여 무면허면책조항에 따라 보험자의 책임이 없다고 본 사례

제3자의 무면허운전이 피보험자의 지배 또는 관리가능한 상황하에서 이루어진 것이라 하여 무면허면책조항에 따라 보험자의 책임이 없다(1993. 12. 28. 제2부 판결, 93다3997 보험금).

4. 승낙피보험자가 제3자의 무면허운전을 승인한 경우 무면허운전면책조항에 해당하는지 여부

자동차 종합보험계약 약관 소정의 무면허운전면책조항은 무면허운전이 보험계약자나 피보험자의 지배 또는 관리가능한 상황에서 이루어진 경우에 한하여 적용된다 할 것이므로, 무면허운전이 보험계약자나 기명피보험자의 명시적 또는 묵시적 승인하에 이루어진 경우에는 위 경우에 해당하나, 기명피보험자의 승낙을 받아 자동차를 사용하거나 운전하는 자로서 보험계약상 피보험자로 취급되는 자, 이른바 승낙피보험자의 승인만이 있는 경우는 이에 해당하지 아니한다(1994. 1. 25. 제2부 판결, 93다37991 보험금).

5. 피보험자의 피용자의 무면허운전이 자동차보험약관상의 무면허운전면책조항에 해당하지 않는다고 한 사례

피보험자의 피용자의 무면허운전이 자동차보험약관상의 무면허운전면책조항에 해당하지 않는다(1994. 5. 24. 제1부 판결, 93다41211 손해배상(자)).

6. 매매계약상의 양도의 목적물을 인정함에 있어 심리미진의 위법이 있다 하여 원심판결을 파기한 사례

매매계약상의 양도의 목적물을 인정함에 있어 심리미진의 위법이 있다 하여 원심판결을 파기한다(1994. 5. 24. 제1부 판결, 93다58332 소유권이전등기).

7. 승낙피보험자가 제3자의 무면허운전을 승낙한 경우 무면허운전면책조항에 해당하는지 여부

업무용자동차종합보험보통약관 소정의 무면허운전책임조항은 무면허운전이 보험계약자나 피보험자의 지배 또는 관리 가능한 상황에서 이루어진 경우에 한하여 적용된다 할 것이므로, 무면허운전이 보험계약자나 기명피보험자의 명시적 또는 묵시적 승인 하에 이루어진 경우에는 위 경우에 해당하나 이른바 승낙피보험자의 승인만이 있는 경우에는 이에 해당하지 아니한다(1994. 5. 24. 제2부 판결, 94다11019 보험금).

8. 가. 법률행위의 해석의 의의 및 당사자가 표시한 문언에 의하여 그 객관적인 의미가 명확하게 드러나지 않은 경우의 법률행위의 해석방법

법률행위의 해석이란 당사자가 그 표시행위에 부여한 객관적인 의미를 명확하게 확정하는 것으로서, 서면에 사용된 문구에 구애받을 것은 아니지만 어디까지나 당사자의 내심적 의사의 여하에 관계없이 그 서면의 기재 내용에 의하여 당사자가 그 표시행위에 부여한 객관적 의미를 합리적으로 해석하여야 하는 것이고, 당사자가 표시한 문언에 의하여 그 객관적인 의미가 명확하게 드러나지 않는 경우에는 그 문언의 내용과 그 법률행위가 이루어진 동기 및 경위, 당사자가 그 법률행위에 의하여 달성하려는 목적과 진정한 의사, 거래의 관행 등을 종합적으로 고려하여 사회정의와 형평의 이념에 맞도록 논리와 경험의 법칙, 그리고 사회일반의 상식과 거래의 통념에 따라 합리적으로 해석하여야 한다.

나. 어떠한 의무를 부담하는 내용의 기재가 있는 문면에 "최대 노력하겠습니다"라고 기재한 경우 그 객관적인 의미

어떠한 의무를 부담하는 내용의 기재가 있는 문면에 "최대 노력하겠습니다"라고 기재되어 있는 경우, 특별한 사정이 없는 한 당사자가 위와 같은 문구를 기재한 객관적인 의미는 문면 그 자체로 볼 때 그러한 의무를 법적으로 부담할 수 없지만 사정이 허락하는 한 그 이행을 사실상 하겠다는 취지로 해석함이 상당하다(1994. 3. 25. 제3부 판결, 93다32668 임금등).

9. 용지편입승낙서 작성제출을 소유권 자체의 증여가 아니라고 한 사례

리 주민들이 마을 총회를 개최하여 기존의 농로를 확장하는 방식으로 도로를 개설하고 결의하기로 도로부지에 편입되는 토지의 소유자들로부터 용지편입승낙서를 발급받아 군에 제출함으로써 도로가 개설되기에 이르렀다고 하더라도 이는 토지소유자가 자기 소유의 토지에 대한 독점적이고 배타적인 사용수익권을 포기하고 그 위에 도로를 개설하여 주민들이 무상으로 통행할 수 있는 권한을 부여하는 취지에 불과하고 이로써 그 소유권 자체를 증여하기로 하였다고 할 수 없다(1994. 4. 26. 제1부 판결, 93다56060 소유권이전등기말소).

10. 처분문서의 해석을 그르쳤다는 이유로 원심판결을 파기한 사례

처분문서의 해석을 그르쳤다는 이유로 원심판결을 파기한 사례(1994. 4. 29. 제3부 판결, 94다6772 매매대금반환).

<판례전문(1994. 4. 29. 94다6772)>

[원고, 상고인] 성삼모

[소송대리인 변호사] 이상건

[피고, 피상고인] 한광수 원심판결

서울고등법원 1993. 12. 15. 선고, 93나11700 판결

[주 문] 원심판결을 파기하고 그 사건을 서울고등법원에 환송한다.

[이 유] 상고이유 제1점에 대하여

1. 원심은, 원고가 1992. 1. 11. 피고를 대리한다는 소외 윤용균으로부터 피고가 건축한 서울 은평구 역촌동 61의 50 금성빌라 301호와 302호를 양도받는 대신, 위 윤용균에게 전남 구례군 관전면 삼신리 산 122 임야를 양도함과 아울러 금 120,000,000원을 추가로 지급하기로 하는 내용의 계약(이하 이 사건 계약이라 한다)을 체결하고 위 윤용균에게 위 금액 중 금 35,000,000원을 지급한 사실을 인정한 후, 원고의 주장 즉, "위 윤용균은 피고로부터 위 금성빌라의 분양에 관한 권한을 위임받아 피고의 대리인으로서 이 사건 계약을 체결하였으므로 피고에게 이 사건 계약상 책임이 있다"는 데 대하여, 이에 부합하는 갑 제8호증, 제1심 증인 정용현의 증언 부분은 믿지 아니하고, 갑 제6호증의 기재와 피고의 본인 신문결과에 변론의 전취지를 더하여, 피고는 위 윤용균과 사이에 위 윤용균이 위 금성빌라의 분양업무를 대행하되, 다만, 분양계약을 체결하고 영수증을 발행할 때에는 반드시 피고의 이름과 인장으로 작성하며, 피고의 인장으로 작성되지 아니한 계약서나 영수증에 대하여는 피고가 그 책임을 지지 아니한다는 내용의 분양업무대행약정을 한 사실은 인정할 수 있으나, 이러한 분양업무대행약정은 그 내용으로 보아 위 윤용균에게 단순히 위 금성빌라의 분양을 위한 광고를 하거나 그 매수인을 물색하여 분양계약의 체결을 중개하는 등 피고가 위 금성빌라를 그 이름으로 분양하는데 사실상 조력할 수 있도록 함에 그치는 것일 뿐, 위 윤용균에게 피고를 대리하여 위 금성빌라를 처분할 수 있는 권한을 부여하였다고 보기에 부족하다 하여 이를 배척하였다.

2. 그러나 피고와 위 윤용균 외 1인 간의 위 금성빌라에 대한 분양업무대행약정서인 위 갑 제6호증에는, '① 위 윤용균 외 1인(이하, 분양대행자라고 한다)은 건축주인 피고에게 위 금성빌라의 지하실 31평은 평당 금 4,5000,000, 지상 134.5평은 평당 금 5,500,000원으로 계산한 합계 금 876,500,000원("팔억 육천만 원"은 오기로 보인다)을 입금한다. ② 분양대행자는 분양에 필요한 홍보 및 제 비용을

자체 부담한다. ③ 분양대행자는 건축주에게 계약 즉시 계약금을 지불하고 중도금, 잔금도 즉시 즉시 지불한다(계약금 10%, 중도금 40%를 엄수한다).④ 분양을 완매하는 조건으로 계약금은 50,000,000원으로 하고, 중도금은 3차에 걸쳐 금 100,000,000원씩을 지불하고 잔금은 같은 해 4. 30.을 초과할 수 없되, 계약을 이행치 못할 시에는 분양을 포기하고, 계약금 50,000,000원을 무효로 하며 민, 형사상이나 어떠한 명분으로도 이의를 제기치 못한다. ⑤ 건축주는 은행융자를 책임지되 이 약정 외에 일반적으로 분양가를 올리거나 내리지 못한다. ⑥ 분양대행자는 건축주의 인장으로 분양계약을 체결하거나 또는 분양대금을 영수하여야 하며 임의의 기명날인한 것은 민, 형사상 건축주는 책임을 지지 않는다. ⑦ 매매계약서상 금액은 건축주의 요구에 의한다.'고 기재되어 있는바, 이러한 계약의 내용을 건축주인 피고 자신의 진술을 기재한 을 제 5호증의 6(진술조서, 특히 129쪽)과 을 제5호증의 7(진술서, 특히 139쪽)의 진술내용 및 특히 분양대행자가 분양에 필요한 홍보 및 제 비용을 자체 부담하기로 한 점에 비추어 보면, 이는 결국 분양대행자가 피고에게 금 876,500,000원을 지급하기만 하면, 위 분양에 소요될 것으로 예상되는 광고비를 포함한 제반 비용과 자신들의 수익 등을 고려하여 분양가를 책정하고, 분양희망자를 물색한 후 구체적인 대금납입방법 등을 정하여 피고의 이름으로 분양계약을 체결할 수 있는 권한을 위임받은 것이라고 해석함이 상당하고 위 분양업무대행약정의 내용 중 ③항, ⑥항 및 ⑦항이 위와 같은 기본적인 성격의 해석에 영향을 미치는 것은 아니라고 보인다.

그런데도, 원심은 위 갑 제6호증의 작성경위 및 그 기재 내용에 대하여 좀 더 심리하지 아니한 채, 위 분양업무대행약정의 내용 중 위 ⑥항만을 전면에 내세워, 위 윤용균으로서는 피고의 분양행위를 사실상 조력할 수 있을 뿐, 피고를 대리하고 위 빌라의 처분권을 부여받았다고 보기에 부족하다고 판단하였으니, 결국 원심판결에는 심리를 다하지 아니하거나 처분문서의 해석을 그르침으로써 판결결과에 영향을 미친 위법이 있고, 이 점을 지적하는 논지는 이유가 있다.

3. 그러므로 나머지 상고이유에 대한 판단을 생략한 채 원심판결을 파기하고 사건을 다시 심리·판단하게 하기 위하여 원심법원에 환송하기로 관여법관의 의견이 일치되어 주문과 같이 판결한다.

대법관 김상원(재판관) 윤영철
박만호(주심) 박준서

11. 가. 무면허운전면책조항의 적용범위

자동차종합보험약관 제10조 제1항 제6호 소정의 무면허운전면책조항은 무면허운전이 보험계약자나 피보험자의 지배 또는 관리가 가능한 상황에서 이루어진 경우에 한하여 적용되는 조항이라고 할 것인바, 여기서 무면허운전이 보험계약자나 피보험자의 지배 또는 관리가능한 상황에서 이루어진 경우라 함은 보험계약자나 피보험자의 명시적 또는 묵시적 승인하에 이루어진 경우를 말한다.

나. 보험계약자나 피보험자의 무면허운전에 대한 묵시적 승인 여부의 판단 기준

무면허운전이 보험계약자나 피보험자의 묵시적 승인하에 이루어졌는지 여부는 보험계약자나 피보험자와 무면허운전자의 관계, 평소의 차량의 운전 및 관리상황, 당해 무면허운전이 가능하게 된 경우와 그 운전목적, 평소 무면허운전자의 운전에 관하여 보험계약자나 피보험자가 취해 온 태도 등 사정을 미루어 판단할 수밖에 없다.

다. 법인의 피용자의 무면허운전에 관하여 법인의 묵시적 승인이 없었다고 본 사례

법인의 피용자의 무면허운전에 관하여 법인의 묵시적 승인이 없었다고 본 사례 (1994. 5. 10. 제2부 판결, 93다20313 보험금).

12. 전국은행연합회 산하 여신전문위원회에서 무역어음인수제도 실시에 즈음하여 사원은행 사이에 무역어음거래표준약정서안을 결의하고 무역어음제도 실시안내 광고안을 원안대로 이사회에 부의하기로 한 결의에 어느 한 은행이 무역어음을 인수한 경우 그 발행의 근거가 된 신용장에 기한 수출환어음은 무역어음을 인수하지 아니한 타은행에서는 매입하지 않기로 한다는 묵시적인 결의도 포함되어 있었다고 본 사례

전국은행연합회 산하 여신전문위원회에서 무역어음인수제도 실시에 즈음하여 사원은행 사이에 무역어음거래표준약정서안을 결의하고 무역어음제도 실시안내 광고안을 원안대로 이사회에 부의하기로 한 결의에 어느 한 은행이 무역어음을 인수한 경우 그 발행의 근거가 된 신용장에 기한 수출환어음은 무역어음을 인수하지 아니한 타은행에서는 매입하지 않기로 한다는 묵시적인 결의도 포함되어 있었다고 본 사례(1994. 5. 13. 제3부 판결, 93다58141 손해배상(기))

13. 제3자를 위한 계약의 의의 및 그 판별 기준

제3자를 위한 계약이라 함은 통상의 계약이 그 효력을 당사자 사이에서만 발생시킬 의사로 체결되는 것과는 달리 계약 당사자가 자기명의로 체결한 계약에 의하여 제3자로 하여금 직접 계약 당사자의 일방에 대하여 권리를 취득하게 하는 것을 목적으로 하는 계약인바, 어떤 계약이 제3자를 위한 계약에 해당하는지 여부는 당사자의 의사가 그 계약에 의하여 제3자에게 직접 권리를 취득하게 하려는 것인지에 관한 의사 해석의 문제로서, 이는 계약 체결의 목적, 계약에 있어서의 당사자의 행위의 성질, 계약으로 인하여 당사자 사이 또는 당사자와 제3자 사이에 생기는 이해득실, 거래 관행, 제3자를 위한 계약 제도가 갖는 사회적 기능

등 제반 사정을 종합하여 계약 당사자의 합리적 의사를 해석함으로써 판별할 수 있다(1996. 1. 26. 판결, 94다54481 소유권이전등기).

14. 가. 공유수면에 대한 매립면허를 받아 그 공사완공 후에 소유권을 취득하는 토지 중 일부를 양도하기로 한 약정을 원인으로 하여 사실심 변론종결일 현재 준공인가되지 아니한 상태에서 그 소유권이전등기절차이행을 구하는 소송의 적부(소극)

공유수면매립법 제12조 및 제14조에 의하면 공유수면매립면허자는 매립공사를 준공하여 관계당국으로부터 준공인가를 받아야 비로소 공용 또는 공공의 용에 사용되기 위하여 필요한 매립지를 제외한 매립지 중 준공인가신청시에 면허자가 원하는 위치의 매립지로서 그 매립에 소요되는 사업비에 상당하는 매립지의 소유권과 그 밖의 잔여매립지 중 국가에 귀속되는 것 등을 제외한 잔여매립지에 대한 소유권을 취득한다고 규정되어 있어 준공인가되기 이전의 상태에서는 매립자가 소유권을 취득하게 될 토지의 위치와 면적이 특정되어 있지 아니하므로, 공유수면에 대한 매립허가를 받아 그 공사완공 후에 소유권을 취득하는 토지 중 일부를 양도하기로 한 약정을 원인으로 하여 사실심 변론종결일 현재 준공인가되지 아니한 상태에서 그 소유권이전등기절차이행을 구하는 소송은 그 청구를 특정하여 인용할 수 없으니 결국 권리보호의 요건을 결여한 부적법한 것이라 아니할 수 없다.

나. 위 "가"항의 약정 속에 그와 같이 양도할 부분에 대하여 공유수면매립면허신청인 명의를 변경신고하는 절차를 이행하기로 하는 약정이 포함되어 있는지 여부(소극)

위 "가"항의 약정 속에 그와 같이 양도할 부분에 대하여 공유수면매립허가신청인 명의를 변경신고하는 절차를 이행하기로 하는 약정이 포함되어 있다고 할 수 없다 (1991. 6. 25. 제2부 판결, 90다17040 토지소유권이전등기).

15. 지방자치단체(서울특별시)가 주택개량재개발조합에게 도시계획도로의 예정지가 포함된 주택개량 재개발사업구역 내의 사유지를 매각하면서 "현황도로 및 지구경계 분할측량이 확정되어 면적증감이 있을 때에는 계약체결 후라도 차액을 정산한다"고 한 특약의 취지

지방자치단체의 소유로서 도시계획도로에 필요한 토지는 도시재개발법 제65조 제1항, 도시계획법 제82조, 제2조 제1항 제1호 나목 등의 규정에 의하여 당해 도시계획으로 정하여진 목적 이외의 목적으로 매각하거나 양도할 수 없게 되어 있는 점 등에 비추어보면, 지방자치단체(서울특별시)가 주택개량재개발조합에게 도시계획도로의 예정지가 포함된 주택개량재개발사업구역 내의 시유지를 매각하면서 "현황도로 및 지구경계 분할측량이 확정되어 면적 증감이 있을 때에는 계약체결 후라는 차액을 정산한다"고 한 특약의 취지는 매매대상토지 중 도시계획도로에 해당하는 부분의 면적이 측량에 의하여 확정되면 그 부분에 해당하는 매매대금은 반환한다는 취지도 포함된 것으로 해석함이 상당하다 (1991. 6. 28. 제3부 판결, 90다14508 부당이득금).

16. 자동차종합보험계약상의 특별약관에 보험계약자가 분할납입할 보험료를 제때에 납입하지 아니하면 일단 계약이 실효되고 그 후 계약의 부활을 청구하고 미납된 보험료를 납입하면 계약은 유효하게 계속되나 실효 후 미납 보험료 영수일까지 사이에 생긴 사고에 대하여는 보상하지 아니하기로 되어 있는 경우에도, 보험회사가 위 계약실효 후에 발생한 사고에 대하여 보험금지급의무가 있다고 본 사례

자동차종합보함계약상의 특별약관에 보험계약자가 분할납입할 보험료를 제때에 납입하지 아니하면 일단 계약이 실효되고 그 후 계약의 부활을 청구하고 미납된 보험료를 납입하면 계약은 유효하게 계속되나 실효 후 미납 보험료 영수일까지 사이에 생긴 사고에 대하여는 보상하지 아니하기로 되어 있는 경우에도, 보험회사가 타사에 비하여 높게 잘못 책정함으로써 다툼이 있어 보험계약자가 그 보험료를 납입기일 내에 납입하지 아니하였고 그 후 보험회사의 영업부장이 시정된 보험료를 납입받으면서 그 영수증에 위 보험의 유효기간을 소급하여 기하여 주었다면 보험회사는 위 계약실효 후에 발생한 사고에 대하여 보험금지급의무가 있다고 본다(1991. 7. 9. 제1부 판결, 91다12875 보험금).

17. 가. 처분문서의 기재내용과 다른 약정이 인정될 경우 그 처분문서의 증명력과 처분문서 작성자의 법률행위의 해석

처분문서의 진정성립이 인정되는 이상 법원은 반증이 없는 한 그 문서기재내용에 따른 의사표시의 존재 및 내용을 인정하여야 하나, 처분문서라 할지라도 그 기재내용과 다른 특별한 명시적, 묵시적 약정이 있는 사실이 인정될 경우에는 그 기재내용과 다른 사실을 인정할 수도 있고, 또 작성자의 법률행위를 해석함에 있어서도 경험칙과 논리칙에 어긋나지 않는 범위 내에서 자유로운 심증으로 판단할 수 있다.

나. 손수운전 자동차 대여업자의 대여 자동차에 대한 운행지배관계가 존재한다고 본 사례

손수운전 자동차 대여약정에 임차인이 자동차운전면허증을 소지한 자라야 하고, 사용기간 등을 밝혀서 임료를 선불시키고 임차인은 자동차 대여 전에 정비를 하여 인도해야 하고, 임차인은 계약기간을 준수해야 하며 제3자에게 운전을 시킬 수 없도록 되어 있고, 특히 그 사용기간이 1일밖에 되지 않는다면 대여업자는 임차인에 대한 인적관리와 대여차량에 대한 물적관리를 하고 있음을 부정할 수 없어 대여업자와 임차인 사이에는 그 차량에 대하여 대여업자의 운영지배가 직접적이고 현재적으로 존재한다.

다. 호의동승자의 자동차의 보유자성

차량의 운행자가 아무런 대가를 받음이 없이 동승자의 편의와 이익을 위해서 동승을 제공하고 동승자로서도 그 자신의 편의와 이익을 위해서 이를 제공받은 경우라 하더라도 동승자에게 바로 자동차손해배상보장법 제3조에서 말하는 자동차의 보유자성을 인정하기 어렵다.

라. 제3자가 손수운전 자동차를 임차함에 있어 그 명의를 대여해준 후 그 차량에 호의동승한 피해자의 자동차의 보유자성을 부인한 사례

제3자가 손수운전 자동차를 임차함에 있어 그 명의를 대여해준 후 그 차량에 호의동승한 피해자의 자동차의 보유자성을 부인한다(1991. 7. 12. 제3부 판결 91다8418 채무부존재확인).

18. 가. 피해자에 대한 판결이 확정되면 피해자가 직접 보험회사에 대하여 보험금의 지급을 구할 수 있도록 한 자동차종합보험약관 제16조 제1항 제1호의 판결에 의제자백에 의한 판결도 포함되는지 여부(적극)

자동차종합보험약관 제16조 제1항 제1호에 의하면 피보험자가 피해자에게 지는 손해배상액에 관하여 판결이 확정된 때에는 피해자는 보험회사에 대하여 직접 보험금의 지급을 청구할 수 있도록 되어 있는바 그 판결에는 의제자백으로 선고 확정된 판결도 포함된다.

나. 위 "가"항의 약관에 따른 보험자의 피해자에 대한 보상범위

위 "가"항의 약관에 따라 판결확정 후 그에 기하여 피해자가 보험회사에게 직접 보험금을 청구하는 경우에는 보험자의 보상범위는 피보험자의 피해자에 대한 법률상의 손해배상책임액을 그 한도로 한다(1991. 9. 10. 제1부 판결, 91다18170 보험금).

19. 토지의 소유자와 그 지상건물의 소유자가 대지와 건물을 함께 매도하여 일정액씩 나누어 갖기로 합의한 바가 있다고 하여 대지소유자가 건물의 철거 등을 요구하지 않기로 하는 묵시적인 합의가 이루어진 것이라고는 볼 수 없다고 한 사례

토지의 소유자인 원고와 그 지상 건물의 소유자인 피고가, 위 토지와 건물을 함께 대금 125,000,000원에 타에 매도하되 그 토지대금을 금 75,000,000원으로, 그 건물대금을 금 50,000,000원으로 하여 이를 나누어 갖기로 합의한 사실은 인정되지만, 위 합의의 경위 등에 비추어 보면 이와 같은 합의로써 원고가 피고에 대하여 위 건물의 철거 등을 요구하지 않기로 하는 묵시적인 합의까지 이루어진 것이라고는 볼 수 없다(1991. 9. 24. 제2부 판결, 91다21299 건물철거 및 토지인도).

20. 가. 정기용선계약의 계약 내용에 비추어 정기용선자에게 선박임차인에 관한 상법 제766조의 유추적용에 의해 선하증권상의 운송인으로서의 책임이 있다고 판시한 사례

당사자간에 체결된 정기용선계약이 그 계약 내용에 비추어 선박에 대한 점유권이 용선자에게 이전되는 것은 아니지만 선박임대차와 유사하게 용선자가 선박의 자유사용권을 취득하고 그에 선원의 노무공급계약적인 요소가 수반되는 것이라면 이는 해상기업활동에서 관행적으로 형성 발전된 특수한 계약관계라 할 것으로서 이 경우 정기용선자는 그 대외적인 책임관계에 있어서 선박임차인에 관한 상법 제766조의 유추적용에 의하여 선박소유자와 동일한 책임을 지는 것이라 할 것이므로 정기용선자는 선장이 발행한 선하증권상의 운송인으로서의 책임을 부담한다 할 것이다.

나. 위 "가"항의 정기용선계약에 있어 그 "계약이 선박임대차로 해석되지 않는다"는 계약규정의 의의

위 "가"항의 정기용선계약에 있어 그 "계약이 선박임대차로 해석되지 않는다"는 내용의 기재가 있어도 이는 용선계약의 표준약관의 일부로 포함되어 있는 것으로서 그 규정만으로 용선계약의 성질이 확정되는 것이 아니며 이는 선박소유자와 용선자 사이의 계약 내용을 규율함에 있어 해석의 기준이 될 수 있을 뿐 제3자의 보호를 주안으로 하는 정기용선계약의 해석론에는 별다른 영향을 미치는 것이 아니다(1992. 2. 25. 제1부 판결 91다14215 구상금).

21. 주택건설촉진법상 전매금지규정 및 국민주택사업주체와의 전매금지약정에 위반하여 체결한 매매계약의 효력 유무(적극)

주택건설촉진법 제38조의 3 제1항에 의하면 국민주택에 관하여는 최초로 공급한 날로부터 일정기간 동안 전매행위가 금지되어 있고 이에 위반하여 그 전매행위를 매도인을 처벌하는 규정은 있어도 위 규정에 위반한 전매의 효력에 관하여는 아무런 정함이 없고, 같은 조 제3에서는 위 규정에 위반한 전매가 있는 경우 그 매수인에게 국민주택사업주체가 일정한 금액을 지급한 때에는 그 지급한 날에 국민주택사업주체가 당해 국민주택을 취득한 것으로 본다고 규정하고 있는 점 등에 비추어 볼 때 위 전매금지규정은 단속규정에 불과하고 효력규정은 아니라고 할 것이므로, 위 전매금지규정을 위반한 매매계약이 무효라고 할 수 없고, 또한 국민주택사업주체에 대하여 전매가 금지되는 시기까지 국민주택을 전매하지 않기로 약정하고 그 약정이 등기까지 되었는데 그 전매금지약정을 위반하여 매매계약을 체결하였다고 하더라도, 국민주택사업주체에 대하여 채무불이행의 책임을 지는 것은 별론으로 하고, 그 매매계약이 무효가 된다고 할 수 없다(1992. 2. 25. 제2부 판결, 91다44544 소유권이전등기).

22. 은행거래약관의 구속력의 근거

은행거래약관도 다른 일반거래약관과 마찬가지로 그 본질은 계약의 초안, 즉 예문에 불과하므로 그것이 계약당사자에 대하여 구속력을 가지려면 계약당사자 사이에서 계약내용에 포함시키기로 하는 합의가 있어야 할 것이지만, 일반적으로 계약당사자 사이에 약관을 계약내용에 포함시킨 계약서가 작성된 경우에는 계약당사자가 그 약관의 내용을 알지 못하는 경우에도 그 약관의 구속력을 배제할 수 없다(1992. 7. 28. 제2부 판결, 91다5624 예금).

23. 국유토지 위에 점포 건물과 수족관을 신축하여 나라에 기부채납함과 동시에 이를 대부받으면서 "대부기간이 만료될 경우 대부재산을 원상으로 회복하여 반환한다"고 한 약정의 취지

국유토지 위에 점포 건물과 수족관을 신축하여 나라에 기부채납함과 동시에 이를 대부받으면서 "대부기간이 만료될 경우 대부재산을 원상으로 회복하여 반환한다"고 약정하였다면, 그 뜻을 대부기간이 만료되었을 때 대부기간 중 대부목적물에 임의로 시설물을 만들어 놓았다면 이를 철거하여 위 토지 및 점포 건물과 수족관을 대부받았을 때의 현상 그대로 만들어서 반환하여야 한다는 취지이지, 대부목적물인 수족관 건물을 철거하여 공터로 이 토지를 반환하여야 한다는 뜻으로 해석할 수는 없다(1993. 2. 12. 제3부(마) 판결, 92도3234 국유재산법위반).

24. 가. 자가운전자동차종합보험약관 제10조 제1항 제6호 소정의 무면허운전 면책규정의 효력 유무(한정적극)

자가운전자동차종합보험약관 제10조 제1항 제6호의 자동차의 운전자가 무면허운전을 하였을 때에 생긴 사고로 인한 손해에 대하여는 보상하지 아니한다는 규정은 무면허운전의 주체가 누구이든 제한이 없는 것이나, 무면허운전에 대한 보험계약자나 피보험자의 지배 또는 관리가능성이 없는 경우까지 위 규정이 적용된다고 보는 경우에는 위 규정은 신의성실의 원칙에 반하여 공정을 잃은 조항으로서 약관의 규제에 관한 법률 제6조 제1·2항, 제7조 제2·3호의 각 규정에 비추어 무효라고 볼 수밖에 없으나, 다만 무면허운전이 보험계약자나 피보험자 등의 명시적 또는 묵시적 승인하에 이루어진 경우에 한하여 보험자의 면책을 정한 규정이라고 해석하는 한도 내에서는 유효하다.

나. 운전면허정지기간 중의 운전이 위 면책규정상의 무면허운전에 해당되는지 여부(적극)

무면허운전면책조항은 사고발생의 원인이 무면허운전에 있음을 이유로 한 것이 아니라 사고발생시에 무면허운전중이었다는 법규위반상황을 중시하여 이를 보험자의 보험대상에서 제외하는 사유로 규정한 것이므로 도로교통법 제40조, 제109조 제1호나 위 보험약관조항 부속의 용어풀이에서 운전면허의 효력정지기간 중의 운전도 무면허운전으로 규정하거나 풀이하고 있는 것에 따라 운전면허의 효력정지기간 중의 운전도 위 면책규정상의 무면허운전에 해당된다.

다. 보험계약을 체결하면서 보통보험약관이 계약내용에 포함된 경우 보험계약자가 무면허운전면책약관의 내용을 알지 못하였다면 약관의 구속력을 배제할 수 있는지 여부(소극)

보험계약을 체결함에 있어서 보통보험약관을 계약내용에 포함시킨 계약서가 작성된 이상 보험계약자가 무면허운전면책약관의 내용을 알지 못한 경우에도 그 약관의 구속력을 배제할 수 없는 것이 원칙이다(1993. 3. 9. 제1부(자) 판결, 92다38928 보험금등).

25. 가. 집합건물의 소유 및 관리에 관한 법률 제20조의 시행일(1986. 4. 10.) 이전에 건물에 대하여만 근저당권설정등기가 경료된 경우, 위 근저당권의 실행에 의한 경락인이 대지지분에 대하여도 권리를 취득할 수 있는지 여부(소극)

집합건물의 소유 및 관리에 관한 법률 제20조의 시행일(1986. 4. 10.) 이전에 건물 및 대지지분을 분양받았으나 건물에 대하여만 소유권이전등기를 경료한 소유자로부터 근거당권설정등기를 경료받았다면, 그 후 위 법 시행일 이후에 근저당권이 실행되었다 하더라도 경락인은 위 건물에 대하여만 권리를 취득할 수 있을 뿐 대지지분에 대하여는 아무런 권리를 취득할 수 없다.

나. 아파트분양계약에서 "…수분양자는 대지지분을 건물과 분리하여 처분할 수 없다"는 특약의 의미내용

아파트분양계약에서 "…수분양자는 대지지분을 건물과 분리하여 처분할 수 없다"고 한 특약의 실질적 내용은 일반적으로 구분건물의 경우 대지지분도 함께 거래가 이루어지는 것이 통상적일 뿐 아니라 건물과 대지지분의 소유자가 달라질 경우 일어날 복잡한 법률관계 등을 고려하여 볼 때, 형식적인 문언과 같이 대지지분만을 분리하여 처분하는 것을 금지함에 그치는 것이 아니라 건물만을 분리하여 처분하는 것도 아울러 금지하는 내용을 포함하는 것으로서, 만약 수분양자가 이에 위반하여 건물만을 타인에게 양도하는 경우 분양자로서는 최후의 건물소유자에게 대지지분에 대한 이전등기를 해 줌으로써 자신의 의무는 다하는 것으로 된다고 볼 수 있다.

다. 수분양자가 위 "나"항의 약정에 위배하여 건물만을 양도하자 분양자가 최후의 건물소유자에게 대지지분에 대한 이전등기를 해 준 경우 분양자는 수분양자에게 대지지분이전등기의무이행불능으로 인한 손해배상책임이 있다고 하기는 어렵다고 한 사례

수분양자가 위 "나"항의 약정에 위배하여 건물만을 양도하자 분양자가 최후의 건물소유자에게 대지지분에 대한 이전등기를 해 준 경우 분양자는 수분양자에게 대지지분이전등기의무이행불능으로 인한 손해배상책임이 있다고 하기 어렵다(1993. 3. 9. 제2부(가) 판결, 92다 52917 손해배상(기)).

26. 가. 신용보증기금과 은행 사이에 신용보증계약을 체결하면서 은행은 피보증인이 융자된 시설자금에 의하여 시설을 설치하는 즉시 이에 대하여 공정증서에 의한 양도담보권을 취득하기로 하되 은행이 이에 위반하였을 때에는 신용보증기금의 보증채무를 면제하기로 하는 특약을 한 경우 특약의 목적 및 은행의 주의의무의 범위

신용보증기금과 은행 사이에 신용보증계약을 체결하면서, 은행은 피보증인이 융자된 시설자금에 의하여 시설을 설치하는 즉시 이에 대하여 공정증서에 의한 양도담보권을 취득하기로 약정하고 은행이 이에 위반하여 관리자금을 지급하였을 경우에는 신용보증기금의 보증채무를 면제하기로 하는 특약을 하였다면, 이는 신용보증기금이 보증채무를 이행함에 따라 주채무자에 대하여 가지게 될 구상권을 확보하기 위한 것이라 할 것이므로, 은행으로서는 선량한 관리자로서의 주의의무를 다하여 설치시설이 시설자금에 의하여 설치된 피보증인의 소유인지, 나아가 위 시설에 이미 제3자의 담보권이 설정되어 있는지 여부를 조사하여, 신용보증기금이 보증채무의 이행에 따른 구상권을 확보할 수 있도록 적법한 양도담보권을 취득하여야 할 의무를 부담한다.

나. 위 "가"항의 신용보증하에서 신용보증기금이 피보증인에 대한 신용조사를 소홀히 하였다 할지라도 이를 보증채무의 면책범위를 정함에 참작할 수 없다 한 사례

위 "가"항의 신용보증하에서 신용보증기금이 피보증인에 대한 신용조사를 소홀히 하였다 할지라도 이를 보증채무의 면책범위를 정함에 참작할 수 없다(1993. 4. 27. 제1부 판결, 92다49942 보증채무금).

27. 회사와 노동조합 사이에 쟁의행사중에 발생한 구속 및 고소, 고발자에 대하여 "징계를 하지 않는다"라는 문구 대신 "최대한 선처하겠다"라고 합의한 경우, 이는 회사가 구속자에 대한 형사처벌이 감경되도록 노력하겠다는 취지로 해석되고 구속자들을 징계하지 않겠다는 내용의 합의로는 볼 수 없다고 한 사례

회사와 노동조합 사이에 쟁의행위중에 발생한 구속 및 고소, 고발자에 대하여 "징계를 하지 않는다"라는 문구 대신 "최대한 선처하겠다"라고 합의한 경우, 이는 회사가 구속자에 대한 형사처벌이 감경되도록 노력하겠다는 취지로 해석되고 구속자들을 징계하지 않겠다는 내용의 합의로는 볼 수 없다(1993. 5. 11. 제2부 판결, 93다1503 해고무효확인).

28. 신문사 광고외동원이 회사에 제출한 미납광고료납부에 관한 각서가 자신이 미납광고료를 납입할 책임을 부담하겠다는 내용의 처분문서라고 해석한 사례

신문사 광고외동원이 회사에 제출한 미납광고료납부에 과한 각서가 자신이 미납광고료를 납입할 책임을 부담하겠다는 내용의 처분문서라고 해석된다(1993. 6. 8. 제1부 판결, 92다3267 해고처분무효등).

29. 가. 표시문언에 의하여 객관적 의미가 명확하게 드러나지 않는 경우의 법률행위의 해석방법

의사표시의 해석은 당사자가 표시행위에 부여한 개관적 의미를 명확하게 확정하는 것으로서, 당사자가 표시한 문언에 의하여 객관적 의미가 명확하게 드러나지 않는 경우에는 문언의 내용과 의사표시가 이루어진 동기 및 경위, 당사자가 의사표시에 의하여 달성하려고 하는 목적과 진정한 의사 등을 종합적으로 고찰하여 사회정의와 형평의 이념에 맞도록 논리와 경험의 법칙, 그리고 사회일반의 상식에 따라 합리적으로 해석하여야 한다.

나. 소외 회사 대표이사 개인이 아닌 소외 회사를 농지개량사업계획승인신청인으로 본 원심판결을 의사표시의 해석을 잘못하였다는 이유로 파기한 사례

소외 회사 대표이사 개인 아닌 소외 회사를 농지개량사업계획승인신청인으로 본 원심판결을 의사표시의 해석을 잘못하였다는 이유로 파기한다(1993. 6. 8. 제2부 판결, 92누18009 농지개량사업기본계획승인신청반려처분취소).

30. 신용보증기금이 작성 교부한 신용보증서 전면 특약란의 "본 보증서에 의한 보증한도는 구 보증서에 의한 보증잔액을 포함하여 운용하실 것"이라는 기재의 해석

신용보증기금이 일정한 보증한도 및 보증기간을 정하여 회사가 은행으로부터 수출실적기준금융에 따른 대출을 받아 부담하는 은행에 대한 원리금상환채무를 근보증함에 있어, 회사를 통하여 은행에게 교부한 신용보증서 전면의 특약란에 "본 보증서에 의한 보증한도는 구보증서 88-114, 88-310, 88-358호에 의한 보증잔액을 포함하여 운용하실 것"이라는 문언의 기재가 있다면, 그 문언은 '신용보증기금이 회사에 대하여 가한 신용보증공여한도를 초과하여 보증책임을 부담하는 경우가 없도록 하기 위하여 신용보증기금이 위 신용보증서 이전에 회사를 위하여 발행한 구보증서들에 의하여 은행에게 보증책임을 이행할 채무가 남아 있는 경우에는 위 신용보증서상의 보증한도액에서 구보증서에 의하여 신용보증기금이 부담할 잔존피보증채무액을 제한 나머지 금액에 한하여 보증책임을 진다'는 의미로 해석된다(1993. 6. 29. 제1부 판결, 92다46455 보증채무금).

31. 의사결정능력 상실자가 한 동의의사표시의 효력

갑이 의사를 결정할 능력이 없었다면 그가 자신의 소유 부동산에 대한 처분현장에 있었다거나 거기에서 동의의 의사를 표시한 것으로 볼 만한 어떤 몸짓이 있었다 하더라도 이를 동의 또는 승낙으로 볼 여지는 없다(1993. 7. 27. 제2부 판결, 93다8986 소유권이전등기말소).

32. 가. 처분문서에 나타난 당사자 의사의 해석방법

문서가 소송과정에서 증거로 제출되었을 때 그것이 처분문서로 인정되고 또 진정성립이 인정되면 당사자가 거기에 기재된 법률상의 행위를 한 것이 직접 증명된다 하겠으나, 그때에도 처분문서에 나타난 당사자의 의사를 어떻게 해석할 것인가 하는 것은 별도의 판단문서로서 그 문언의 내용, 그와 같은 약정이 이루어진 동기와 경위, 그 약정에 의하여 달성하려고 하는 목적, 당사자의 진정한 의사 등을 종합적으로 고찰하여 논리와 경험칙에 따라 합리적으로 해석하여야 한다.

나. 입원서약서에서 환자 등이 부담하기로 한 "입원료 차액"에 병원측의 판단으로 환자를 고급 병실로 옮긴 경우의 입원료 차액은 포함되지 않는다고 한 사례

입원서약서에서 환자 등이 부담하기로 한 "입원료 차액"에 병원측의 판단으로 환자를 고급 병실로 옮긴 경우의 입원료 차액은 포함되지 않는다(1993. 8. 24. 제1부 판결, 92다47236 의료비등).

33. 토지의 매수인이 사후 자신의 분묘를 설치하게 한 경우 그 토지의 상속관계에 관한 동인의 의사

토지매수인이 그 토지에 사후 자신의 분묘를 설치하게 한 경우에는 후손 중 1인이 개인의 자금으로 분묘지를 단독 매수하여 조상의 분묘를 설치한 경우와는 달리 장손에게 단독 상속시켜 후에 용이하게 처분할 수 있게 하기보다는 오히려 자신을 공동선조로 하는 종중의 총유재산으로 하여 자손들로 하여금 영구 보존하게 할 의사였다고 봄이 우리의 전통적 사고에 부합한다(1993. 8. 24. 제1부 판결, 92다54180 소유권이전등기말소등).

34. 공사도급계약을 체결하면서 공사대금과 별도로 도급인이 부가가치세를 지급하기로 한 경우 그 부가가치세액은 매출세액 상당액이라고 한 사례

공사도급계약을 체결하면서 공사대금과 별도로 도급인이 부가가치세를 지급하기로 한 경우 그 부가가치세액은 매출세액 상당액이다(1993. 9. 14. 제2부 판결, 92다29986 공사대금).

35. 토지개발공사가 체결한 토지매매계약서상 "계약체결일로부터 3년 이내에 토지를 지정용도에 사용하지 아니하거나 다른 목적으로 사용한 때에는 계약을 해제할 수 있다"고 한 약정해제권 유보의 의미

법률행위의 해석에 있어 특히 계약을 체결한 당사자의 일방에게만 특별한 의무를 지게 하는 계약조항을 해석함에 있어서는 그 문언의 내용을 엄격하게 해석하여야 하는바, 한국토지개발공사법 제1조에 규정된 토지개발공사의 설립목적, 토지개발공사가 토지의 매각조건을 점차 매수인에게 유리하도록 변경하다가 호텔·업무용빌딩의 적지라는 신문광고까지 하여 매각하게 된 경위, 토지개발공사가 계약체결일로부터 3년이 자나도록 매수인이 토지를 지정용도에 사용하지 아니하였음에도 계약을 해제하지 아니한 채 대금을 모두 지급받고 매수인의 명의로 소유권이전등기를 하여 주었다가 뒤늦게 계약을 해제한 점, 토지개발공사와 매수인이 위 매매계약을 체결함에 있어서 토지개발공사가 약정해제권에 의하여 계약을 해제할 경우 매수인으로부터 받은 매매대금 중 계약보증금을 공제한 금액만을 반환하며 계약보증금은 당연히 토지개발공사에게 귀속되도록 약정하였으므로 매수인이 책임 없는 사유로 계약체결일로부터 3년 이내에 토지를 지정용도에 사용지 못한 경우에도 계약이 해제되면 계약보증금도 반환받지 못하게 되는 점 등을 종합하여 보면, 토지개발공사가 토지매매계약을 체결함에 있어서 "매수인이 계약체결일로부터 3년 이내에 토지를 지정용도에 사용하지 아니하거나 다른 목적으로 사용한 때에는 계약을 해제할 수 있다"고 한 약정의 의미는 계약체결일로부터 3년 이내에 정당한 이유 없이 토지를 지정용도에 사용하지 아니한 경우에만 매매계약을 해제할 수 있기로 약정을 한 취지로 해석하는 것이 상당하다(1994. 6. 28. 제2부 판결, 94다6048 소유권이전등기말소).

<판례전문(1994. 6. 28. 94다6048)>

[원고, 상고인] 한국토지개발공사

[소송대리인 변호사] 박우동 외 2인

[피고, 피상고인] 현대산업개발주식회사

소송대리인 법무법인 화백

업무담당변호사 조언 외 5인

[원심판결] 서울고등법원 1993. 12. 8. 선고, 93나8087 판결

[주 문] 상고를 기각한다.

상고비용은 원고의 부담으로 한다.

[이 유] 원고소송대리인들의 상고이유에 대하여(상고이유서 제출기간이 지난 뒤에 제출된 상고이유보충서에 기재된 보충상고 이유는 상고이유를 보충하는 한도 내에서) 판단한다.

1. 주위적 청구에 관한 원심판결의 이유의 요지

원심은, 원고 한국토지개발공사(이 뒤에는 원고공사라고 약칭한다)는 1986. 4. 10. 피고회사와 사이에 서울 강남구 역삼동 737 대 13,156.7㎡(이 뒤에는 이 사건 토지라고 약칭한다)에 관하여 대금 16,482,000,000원에 매매계약을 체결함에 있어서 피고회사가 계약체결일로부터 3년 이내에 이 사건 토지를 지정용도(업무용지)에

사용하지 아니하거나 다른 목적으로 사용한 때에는 아무런 최고 없이 계약을 해제할 수 있기로 특약을 한 사실, 원고 공사는 1991. 2. 25. 피고 회사에 대하여 피고 회사가 계약체결일로부터 3년이 지나도록 이 사건 토지를 그 지정용도인 업무용으로 사용하지 아니하였음을 이유로 매매계약을 해제한다는 의사를 표시한 사실, 한편 피고 회사는 이 사건 토지를 매수한 후 위 토지상에 지상 32층 지하 5층 규모인 건축연면적 157,291㎡의 강남 현대사옥을 신축할 계획을 세우고, 건축허가를 받기 위하여 서울특별시장에게 수도권정비계획법에 따른 수도권정비심의위원회의 심의에 추천하여 주도록 건의하였고, 서울특별시장은 2회에 걸쳐 건설부장관에게 위 건축계획의 심의를 요청하였으나 1987. 5. 18. 및 1989. 8. 16. 서울시내 업무용빌딩의 과다공급에 따른 국민경제상 투자효율의 저하 또는 국민경제발전을 위하여 부득이한 경우에 해당하지 아니한다는 등의 이유로 각 반려되었다가, 서울특별시장이 세 번째로 위 건축계획의 심의를 요청하자 건설부장관은 1991. 3. 28. 서울특별시장에게 위 건축계획에 대하여 관계부처와의 협의결과 및 보완사항에 대한 확정적인 통보가 없어 관계서류 일체를 반송하니 실무위원회에서 논의된 보류사유(정부가 추진하고 있는 기업 소유의 비업무용부동산에 대한 매각처분 대상의 판정기준이 확정된 후 재심의하기로)에 대한 조치가 완전히 이루어진 후 재상정 여부를 검토하도록 하라는 통보를 한 사실 등을 인정한 다음, 위 인정사실들을 종합하면 위 매매계약에서 약정해제권을 유보한 취지는 피고 회사가 이 사건 토지를 업무용 등으로 사용하지 아니하고 전매차익만을 차지하기 위하여 전매하거나 나대지의 상태로 보유하는 것을 방지하여 토지의 이용도를 증진시키고 토지자원의 효율적 이용을 도모하고자 함에 있다고 할 것인바, 위 매매계약 당사 피고 회사가 계약체결일로부터 3년 이내에 이 사건 토지를 지정용도에 사용하지 아니한 경우에는 계약을 해제할 수 있기로 한 약정은, 피고 회사가 지정용도에 사용하지 아니한 경우에는 그 이유가 무엇인지를 묻지 아니하고 계약을 해제할 수 있다는 취지가 아니라, 피고 회사가 계약체결일로부터 3년 이내에 "정당한 이유 없이" 지정용도에 사용하지 아니한 경우에만(지정용도에 사용하지 아니하는 것이 피고 회사의 책임영역의 범위 내에 속하는 경우에만) 위 매매계약을 해제할 수 있다고 해석하는 것이, 용도를 지정한 원고 공사와 피고 회사의 의사에 부응하는 합리적인 해석이라고 할 것이고, 피고 회사가 계약체결일로부터 3년 이내에 이 사건 토지를 지정용도에 사용하지 못한 것은 수도권 정비계획법 등 관계법률상의 각종 제한과 행정절차의 지연에서 비롯된 것으로서 정당한 이유가 있다고 할 것이어서 위 약정 해제권의 발생의 장애사유가 있다고 할 것이므로, 원고 공사의 위 매매계약 해제의 의사표시는 효력을 발생할 수 없는 것이라고 판단하였다.

2. 약정해제권의 발생사유에 관하여

법률행위의 해석은 당사자가 그 표시행위에 부여한 객관적인 의미를 명확하게 확정하는 것으로서 당사자가 표시한 문언의 내용과 그 법률행위가 이루어진 동기 및 경위, 당사자가 그 법률행위에 의하여 달성하려고 하는 목적과 진정한 의사,

거래의 관행 등을 종합적으로 고찰하여 사회정의와 형평의 이념에 맞도록 논리와 경험의 법칙, 그리고 사회일반의 상식과 거래의 통념에 따라 합리적으로 해석하여야 하고(당원 1990. 12. 21. 선고, 90다6583 판결; 1992. 5. 26. 선고, 91다35571 판결 등 참조), 특히 계약을 체결한 당사자의 일방에게만 특별한 의무를 지게 하는 계약조항을 해석함에 있어서는 그 문언의 내용을 엄격하게 해석하여야 할 것인바(당원 1992. 4. 28. 선고, 91다46885 판결; 1993. 10. 26. 선고, 93다3103 판결 등 참조), 원심이 인정한 사실관계, 특히 한국토지개발공사법 제1조에 규정된 원고 공사의 설립목적, 원고 공사가 이 사건 토지의 매각조건을 점차 매수인에게 유리하도록 변경하다가 호텔·업무용빌딩의 적지라는 신문광고까지 하여 매각하게 된 경위, 원고 공사가 계약체결일로부터 3년이 지나도록 피고회사가 이 사건 토지를 지정용도에 사용하지 아니하였음에도 계약을 해제하지 아니한 채 대금을 모두 지급받고 1990. 7. 18. 피고 회사의 명의로 소유권 이전등기를 하여 주었다가 뒤늦게 계약을 해제한 점, 원심이 채용한 갑 제2호증의 기재에 의하면 원고 공사와 피고 회사가 위 매매계약을 체결함에 있어서 원고 공사가 약정해제권에 의하여 계약을 해제할 경우 피고 회사로부터 받은 매매대금 중 계약보증금을 공제한 금액만을 반환하며 계약보증금은 당연히 원고 공사에게 귀속되도록 약정하였음을 인정할 수 있으므로, 피고 회사가 책임 없는 사유로 계약체결일로부터 3년 이내에 이 사건 토지를 지정용도에 사용하지 못한 경우에도 계약이 해제되면 계약보증금도 반환받지 못하게 되는 점등을 종합하여 보면, 원고 공사와 피고 회사가 위 매매계약을 체결함에 있어서 피고회사가 계약체결일로부터 3년 이내에 정당한 이유없이 이 사건 토지를 지정용도에 사용하지 아니한 경우에만 원고 공사가 위 매매계약을 해제할 수 있기로 약정을 한 취지로 해석하는 것이 상당하다고 본 원심의 판단은 정당한 것으로 수긍이 되고, 원심판결에 소론과 같이 계약의 해제에 관한 법리를 오해하거나 약정해제권의 발생에 관한 당사자의 의사를 잘못 해석한 위법이 있다고 볼 수 없다.

3. 정당한 이유가 있었는지의 여부에 관하여

구 수도권정비계획법(1994. 1. 7. 법률 제4721호로 전문 개정되기 전의 것) 제9조와 같은 법시행령 제3조 제1항 제5호, 제7호에 의하면, 서울특별시장은 이전촉진권역 안에서는 원칙적으로 연면적이 25,000㎡ 이상인 업무용시설과 판매용시설 등 인구집중유발시설의 신설을 허가할 수 없고, 다만 건설부장관이 국가안보 또는 국민경제발전을 위하여 부득이하다고 인정하여 대통령령이 정하는 바에 따라 수도권정비심의위원회의 심의를 거쳐 협의 또는 승인을 하는 경우에는 예외적으로 허가할 수 있도록 규정되어 있고, 원고 공사와 피고 회사가 위 매매계약을 체결할 당시 작성한 매매계약서 제15조에 “이 계약체결일 이후에 천재지변 기타 불가항력인 사유로 인하여 목적토지의 일부 또는 전부가 멸실·훼손 및 유실된 경우에는 물론 공용징수, 도시계획의 변경, 건축제한, 도로편입 등 일체의 공법상의 부담이 부과되었을 경우 또는 행정처분으로 인한 모든 책임을 을(피고 회사)의

부담으로 한다"고 규정되어 있음이 소론과 같다고 하더라도, 원심판결이 설시한 증거관계에 비추어 보면, 피고 회사가 이 사건 토지에 강남 현대사옥을 신축할 계획에 관하여 건설부장관이 승인을 하지 아니한 경위 등에 관한 원심의 사실인정은 정당한 것으로 수긍이 되고, 사실관계가 원심이 확정한 바와 같다면, 원심이 건설부장관의 승인이 보류되고 있는 사유를 행정절차의 지연 때문이라고 설시한 이유에 소론과 같이 다소 잘못된 점이 있다고 하더라도, 피고 회사가 계약체결일로부터 3년 이내에 이 사건 토지를 지정용도에 사용하지 못한 데에 정당한 이유가 있다고 판단한 원심의 결론은 정당하고, 원심판결에 소론과 같이 수도권정비계획법 및 당사자의 의사해석에 관한 법리를 오해한 위법이 있다고 볼 수 없다.

4. 이 사건 토지의 매각을 위임한 점에 관하여

관계증거와 기록에 의하면, 국세청이 피고 회사가 이 사건 토지를 취득한 후 1년이 경과될 때까지 법인의 업무에 직접 사용하지 아니하였다는 이유로 비업무용부동산으로 판정함에 따라, 한국은행 은행감독원이 피고 회사의 주거래은행인 한국외환은행을 통하여 이 사건 토지를 처분하도록 통지하여 피고 회사가 매각예외인정신청을 하였으나, 한국외환은행은 위 매각예외인정신청을 받아들이지 아니하고 피고 회사에게 이 사건 토지를 처분하지 아니하면 계열기업군에 대한 여신관리시행세칙에 따라 금융상의 제재를 가하겠다고 통보하자, 피고 회사는 이 사건 토지에 관하여 원고 공사의 신청에 따라 1991. 2. 19.자로 처분금지가 처분등기가 경료되어 있는 등의 이유로 이 사건 토지의 매각이 현실적으로 불가능하니 금융상의 제재를 유예하여 달라고 다시 요청하였으나, 한국외환은행이 이를 묵살한 채 1991. 5. 3. 피고 회사에게 이 사건 토지를 5. 7.까지 처분하지 아니하면 5. 8.부터 대출금 및 지급 보증금의 잔액을 동결하고 5. 31.까지 처분하지 아니하면 현대그룹의 주력업체를 1개의 업체로 제한하는 조치를 취하겠다는 취지의 최후통첩을 하여, 피고 회사는 위와 같은 금융상의 제재를 피하기 위하여 5. 4. (이 사건 소송이 이미 계속 중이었음) 한국외환은행에게 이 사건 토지를 성업공사에 매각의뢰하여 주도록 위임하였는데, 그 뒤 이 사건 토지가 비업무용 부동산이라는 이유로 피고 회사에 대하여 법인세 등의 세금이 중과되자 피고 회사는 이 사건 토지가 비업무용 부동산이 아니라고 주장하여 위 과세처분의 취소를 청구하는 소송을 제기한 사실을 인정할 수 있는바, 피고 회사가 이 사건토지의 매각을 의뢰하게 된 경위, 매각을 의뢰한 시기, 현실적으로 매각될 가능성(원고 공사가 처분금 지가처분을 함에 따라 사실상 매각될 가능성이 거의 없었던 것으로 보인다)등이 이와 같다면, 피고 회사가 이 사건 소송이 계속되어 있는 중에 이 사건 토지의 매각을 의뢰한 것은 이 사건 토지를 지정용도에 사용한 것을 포기하고 제3자에게 전매하려는 의도로 한 것이 아니라, 피고 회사를 비롯한 현대그룹에 대한 금융상의 제재를 모면하기 위하여 불가피하게 취한 조치로 이해되므로, 이와 같은 사정만으로는 소론과 같이 피고 회사가 이 사건 토지를 지정용도에 사용할 것을 포기하고 제3자에 전매하려는 의사를 대외적으로 표시한 것으로 보기는 어렵다고 할 것이고, 따라서 피고 회사가 이 사건 토지의 매각을 의뢰한 것이 별개의 약정해제사유에 해당한다는 취지의 논지도 받아들일 수 없다.

5. 그러므로 원고의 상고를 기각하고 상고비용은 패소자인 원고의 부담으로 하기로 관여 법관의 의견이 일치되어 주문과 같이 판결한다.

대법관 안용득(재판장) 안우만

김용준(주심) 천경송

참조판례

대법원 1992. 4. 28. 선고, 91다46885판결(공1992. 1713)

1992. 5. 26. 선고, 91다35571판결(공1992, 1997)

1993. 10.26. 선고, 93다3103판결(공1993하, 3167)

36. "피보증인이 거래를 시작한 후 고의 또는 과오로써 사고를 발생케 하거나 재산상 손해를 입히게 할 시에는 보증인이 그 책임을 부담한다"는 재정보증서 문서의 의미

"피보증인이 원고와 거래를 시작한 후 고의 또는 과오로써 사고를 발생케 하거나 재산상 손해를 입히게 할 시에는 파고들이 그 책임을 부담한다"는 내용의 재정보증서의 문언은 피고인들이 피보증인이 원고와 거래를 시작한 날부터 장래 원고에 대하여 부담하게 될 채무를 보증하겠다는 의미라고 해석함이 상당하므로 위 재정보증서의 내용에 의하여서는 피고들이 피보증인이 인수한 소외인의 원고에 대한 기존 미수금채무까지 연대보증하였다고 볼 수는 없다(1994. 7. 29. 제3부 판결, 94다12944 보증채무금).

<판례전문(1994. 7. 29. 94다12944)>

[원고, 피상고인] 박효준

[피고, 상고인] 임창운 외 1인

[원심판결] 서울민사지방법원 1994. 1. 28. 선고, 93나40293 판결

[주 문] 원심판결을 파기하고 사건을 서울민사지방법원 합의부에 환송한다.

[이 유] 피고들이 상고이유를 본다.

원심판결 이유에 의하면 원심은, 소외 이 선호가 1992. 4. 20. 비디오테이프 공급업자인 원고와의 사이에 원고로부터 비디오테이프를 공급받아 이를 거래처(비

디오점)에 판매하여 오던 소외 박병길의 거래처 및 거래처에 대한 외상미수금채권을 함께 인수하여 자신이 원고로부터 비디오테이프를 공급받아 이를 위 거래처에 판매하기로 하고, 아울러 위 박병길이 당시 원고에 대하여 부담하고 있던 금 18,356,000원의 미수금채무도 함께 인수하여 이를 변제하기로 약정한 사실, 한편 위 거래약정시 원고는 위 선호에 대하여 동인이 위 거래약정에 따라 원고에게 부담하게 되는 채무에 대하여 보증을 세울 것을 요구하자 위 이선호는 자신의 매형과 외삼촌인 피고들에게 그 보증을 부탁하였고 이에 따라 피고들은 같은 해 4. 25. 원고에게 "위 이선호가 원고의 비디오백화점과 거래를 시작한 후 고의 또는 과오로서 사고를 발생케 하거나 재산상 손해를 입히게 할 시에는 피고들이 그 책임을 부담한다"는 내용의 재정보증서를 작성하여 준 사실 등을 인정한 다음, 위에서 인정한 바와 같은 피고들이 보증하게 된 경위나 위 보증서의 기재내용 등에 의하면 피고들은 위 이선호가 원고로부터 새로 공급받은 비디오테이프에 대한 대금채무는 물론 위 이선호 위 거래약정에 따라 인수하게 된 위 박병길의 기존 미수금채무까지 함께 연대보증하였다고 보아야 할 것이라고 판단하였으나, 아래에서 보는 바와 같이 원심의 위 판단은 수긍하기 어렵다.

위 재정보증서의 문언은 피고들이 위 이선호가 원고와 거래를 시작한 날인 1992. 4. 20.부터 장래 원고에 대하여 부담하게 될 채무를 보증하겠다는 의미라고 해석함이 상당하므로 위 재정보증서의 내용에 의하여서는 피고들이 위 이선호가 인수한 위 박병길의 원고에 대한 기존 미수금채무(이 이를 '기존 미수금채무'라 한다)까지 연대보증하였다고 볼 수는 없다.

또한 원심이 인정한 바와 같이 위 거래약정시 원고가 위 이선호에 대하여 동인이 위 거래약정에 따라 원고에게 부담하게 된 위 기존 미수금채무에 대하여 보증을 세울 것을 요구하였다고 하더라도 이와 같은 사정만으로는 피고들이 위 기존 미수금채무를 보증하였다고 볼 수는 없으며 기록에 의하여 살펴보아도 원심이 채용한 증거로서는 피고들이 위 이선호로부터 위 기존 미수금채무까지 보증하여 달라는 부탁을 받고 이를 승낙하였다고 인정하기에 부족하며 달리 피고들이 위 기존 매수금채무를 보증하였다고 볼 만한 뚜렷한 증거를 찾을 수 없다.

따라서 피고들이 위 기존 미수금채무까지 보증하였다는 원심의 위 판단에는 위 재정보증서의 문언의 의미를 잘못 인정하였거나 채증법칙에 위배하여 사실을 잘못 인정한 위법이 있다고 할 것이고, 이와 같은 위법은 판결에 영향을 미쳤음이 명백하므로, 이 점을 지적하는 논지는 이유 있다.

그러므로 나머지 상고이유에 대한 판단을 생략하고 원심판결을 파기환송하기로 하여 관여법관의 일치된 의견으로 주문과 같이 판결한다.

대법관 지창권(재판장) 천경송(주심)

안용득 신성택

37. 가. 자동차대여업자가 위조된 운전면허증의 복사본만 제시받고 운전면허 없는 운전자에게 자동차를 대여하였다 하여도 무면허운전을 묵시적으로 승인한 것으로 볼 수 없다고 한 사례

자동차대여업자의 직원으로서는 운전면허 없는 운전자가 위조된 운전면허증의 복사본을 제시하였기 때문에 그를 운전면허를 받은 사람으로 오인하였고 특단의 사정이 없는 한 그가 무면허운전자임을 알았더라면 자동차를 대여하지는 아니하였을 것이므로 비록 그 원본 또는 주민등록증의 제시를 요구하는 등 이를 확인하는 조치를 취한 바 없었다고 하더라도 보험계약자인 자동차대여업자가 그의 무면허운전행위를 묵시적으로 승인한 것으로 보기는 어렵다고 하여 자동차종합보험약관상의 무면허운전면책조항을 적용할 수 없다고 한 사례.

나. 자동차대여업자가 자동차를 대여함에 있어 운전면허증 사본을 제시받고 그 원본이나 주민등록증을 확인하지 아니하였다면 중대한 과실이 있다고 본 사례

자동차운전자가 자동차대여업자로부터 자동차를 대여받음에 있어 도로교통법 제77조에 의하여 운전하는 때에 반드시 지녀야 할 운전면허증이나 이에 갈음하는 증명서가 아닌 운전면허증 사본을 제시한다는 것은 극히 이례적인 일이라고 할 것이므로 자동차대여업자로서는 조금만 주의를 기울여 그 원본이나 주민등록증의 제시를 요구하는 등의 방법으로 확인하였더라면 쉽게 그 진위를 가려볼 수 있었을 것인데도 이를 태만히 한 것은 중대한 과실에 속한다고 보아 상법 제659조 제1항에 의한 보험회사의 면책항변을 받아들인 사례(1994. 8. 26. 제2부 판결, 94다4073 보험금).

<판례전문(1994. 8. 26. 94다4073)>

[원고, 상고인] 김오원 외 8인

[원고들] 소송대리인 변호사 이종석

[피고, 피상고인] 안국화재해상보험주식회사

[소송대리인 변호사] 송두환

[원심판결] 서울고등법원 1993. 12. 9. 선고, 93나10158 판결

[주 문] 상고를 모두 기각한다.

상고비용은 원고들의 부담으로 한다.

[이 유] 원고들 소송대리인의 상고이유를 판단한다.

원심판결과 원심이 인용한 제1심판결의 이유에 의하면 원심은, 소외 현대렌트카주식회사가 1990. 1. 11. 보험회사인 피고와 사이에 위 소외 회사 소유의 서울 1허3104호 프라이드 승용차에 관하여 피보험자를 소외 회사, 보험기간을 그날로부터 1991. 1. 11.까지로 정하여 자동차종합보험계약(대인배상 등)을 체결한 사실, 위 차량이 가입된 위 보험의 대인배상은 위 차량운행으로 인한 사고로 남을 죽게 하거나 다치게 하여 피보험자가 법률상 손해배상책임을 짐으로써 입은 손해를 보상하는 것인데, 그 보험의 보통약관 제16조에 의하면 피보험자가 손해배상청구권자에게 법률상의 손해배상책임을 지는 사고가 생긴 경우 그 손해배상액에 관하여 대한민국 법원에 의한 판결이 확정되면 손해배상청구권자는 피고에 대하여 직접 보험금의 지급을 청구할 수 있다고 규정되어 있는 사실, 소외 김경호는 1990. 8. 25. 14:00경 자신이 같은 해 7. 20.경 습득하여 가지고 있던 소외 김호영의 자동차운전면허증 전자복사본의 사진란에 자신의 사진을 붙인 다음 이를 다시 전자복사하여 자동차운전면허증사본을 위조하고 같은 해 8. 25. 23:00경 위 소외 회사의 담당직원인 소외 김원수에게 자동차운전면허가 없음에도 마치 자신이 위 김호영이고 자동차운전면허가 있는 것처럼 위 위조한 자동차운전면허증사본을 제시하고 보험에 가입된 위 승용차를 대여받은 사실, 한편 위 김원수는 위 김경호에게 위 승용차를 대여할 당시 위 김경호로부터 자동차운전면허증의 사본만을 제시받고도 그 원본 또는 주민등록증의 제시를 요구하지 아니한 사실, 위 김경호는 자동차운전면허 없이 1990. 8. 26. 19:30 경 위 승용차를 운전 중 강원 삼척군 도계읍 홍전1리 15반 앞 급우회전커브길에서 핸들조작미숙으로 중앙선을 침범하여 반대차선으로 회전하다가 마침 반대차선에서 마주오던 원고 김오원 운전의 강원 태백 가7555호 오토바이를 충격하여 위 원고에게 고관절염좌 등의 상해를, 위 오토바이 위에 타고 있던 원고 노미숙에게 하악골절 등의 상해를 각 입힌 사실, 위 원고들 및 그들의 처자 등인 나머지 원고들은 위 소외 회사를 상대로 서울민사지방법원 90가합81664호의 손해배상청구소송을 제기하여 위 법원이 1991. 11. 21. 소외 회사는 원고들에게 청구취지 기재 각 금원을 지급하라는 내용의 판결을 선고하였고, 그 판결은 그 시경 확정된 사실 등을 인정하고 그렇다면 특별한 사정이 없는 한 피고는 원고들에게 보험금으로 청구취지 기재의 각 해당금액을 직접 지급할 의무가 있다고 전제한 다음을 제1호증의 기재에 의하면 위 자동차종합보험약관 제11조는 "피고는 피보험자동차의 운전자가 무면허운전을 하였을 때에 생긴 사고로 인한 손해에 대하여는 보상하지 아니한다"고 규정하고 있는바, 위 무면허운전면책조항은 무면허운전의 모든 경우에 아무런 제한 없이 적용되는 것은 아니고 무면허운전이 보험계약자나 피보험자의 지배 또는 관리가능한 상황에서 이루어진 경우에 한하여 적용되는 것으로서 무면허운전이 보험계약자나 피보험자의 지배 또는 관리가능한 상황에서 이루어진 경우라고 함은 구체적으로는 무면허운전이 보험계약자나 피보험자 등의 명시적 또는 묵시적 승인하에 이루어진 경우를 말한다고 할 것이고, 위에서 본 바와 같이 자동차대여업을 전문으로 하는 소외 회사의 담당직원인 위 김원수가 위 김경호로부터 자동차운전면허증의 사본만을 제시받았다면 운전자가 자동차운전면허증의 사본을 소지하고 다닌다는 것은 극히 이례적이라 할 것이므로 그 원본 또는 주민등록증의 제시를 요구하거나, 운전면허증의 사본만을 소지한 이유 등을 가려 보아야 할 것임에도 그러한 조치 없이 위 자동차를 대여한 결과 위 김경호의 운전능력 미숙으로 인하여 이 사건 사고가 발생한 점 등에 비추어 보면 이 사건 무면허운전은 피보험자인 소외 회사가 위 김경호의 무면허운전행위를 묵시적으로 승인한 것으로 보아야 할 것이고, 따라서 위 김경호의 무면허운전행위는 소외 회사의 지배 또는 관리가능한 상황하에서 이루어진 것으로 봄이 상당하다고 할 것이므로 피고의 위 면책주장은 이유 있다고 판단하는 한편 피고의 위 무면허운전면책조항에 의한 면책주장이 이유 없을 경우의 예비적 판단으로 제1심판결의 이유 중 피보험자의 중과실로 인한 면책주장에 대한 다음과 같은 설시부분을 인용하여 원고의 이 사건 청구를 배척하였다. 즉 위 소외 회사의 직원인 김원수가 위 김경호에게 그 승용차를 대여할 당시 위 김경호로부터 자동차운전면허증의 사본만을 제시받고도 그 원본 또는 주민등록증의 제시를 요구하지 아니하여 이 사건 사고가 위 김경호의 운전미숙으로 인하여 발생한 것인 이상 자동차대여업소의 직원으로 종사하는 위 김원수로서는 위와 같이 위 김경호가 자동차운전면허를 받은 자인지의 여부를 운전면허증 사본만으로 확인한 것은 중대한 과실이라고 할 것이므로 결국 이 사건 보험사고는 피보험자 등의 중대한 과실로 생긴 것이라 할 것이어서 상법 제659조 제1항에 의하여 보험자인 피고는 이 사건 보험금을 지급할 책임이 없다고 판단하였다.

살피건대 이 사건 자동차종합보험약관의 무면허운전면책조항은 무면허운전이 보험계약자나 피보험자의 지배 또는 관리가능한 상황에서 이루어진 경우에 한하여 적용되는 것이고 그러한 상황에서 이루어진 경우라 함은 구체적으로 무면허운전이 보험계약자나 피보험자 등의 명시적 또는 묵시적 승인하에 이루어진 경우를 말한다고 할 것임은 원심이 설시함과 같다고 할 것이나 원심이 확정한 앞의 사실관계에서 위 소외 회사의 직원인 김원수로서는 위 김경호가 위조된 운전면허증의 복사본을 제시하였기 때문에 그를 운전면허를 받은 사람으로 오인하였고, 특단의 사정이 없는 한 그가 무면허운전자임을 알았더라면 위 승용차를 대여하지는 아니하였을 것이므로 위 김원수가 비록 이를 확인하는 과정에서 원심판시와 같은 조치를 취한 바 없었다고 하더라도 보험계약자인 위 소외 회사가 위 김경호의 무면허운전행위를 묵시적으로 승인한 것으로 보기는 어렵다고 할 것임에도 불구하고 위와 같은 사실관계에서 위 소외 회사가 위 김경호의 이 사건 무면허운전을 묵시적으로 승인한 것으로 본 원심판결에는 논지가 지적하는 바와 같이 위 무면허운전면책조항에 관한 법리를 오해한 위법이 있다고 할 것이지만, 원심이 적법히 확정한 위 사실관계에 의하면 자동차대여업을 전문으로 하는 위 소외 회사의 담당직원인 위 김원수가 위 김경호로부터 자동차운전면허증의 사본만을 제시받고 별다른 확인조치 없이 그에게 이 사건 차량을 대여하였다는 것인바, 자동차운전자가 자동차대여업자로부터 차량을 대여받음에 있어 도로교통법 제77조에 의하여 운전하는 때에 반드시 지녀야 할 운전면허증이나 이에 갈음하는 증명서가 아닌 운전면허증사본을 제시한다는 것은 극히 이례적인 일이라고 할 것이므로 위 김원수로서는 조금만 주의를 기울여 그 원본이나 주민등록증의 제시를 요구하는 등 방법으로 확인하였더라면 쉽게 그 진위를 가려볼수 있었을 것인데도 이를 태만히 한 것은 중대한 과실에 속한다 할 것이니 이와 같은 취지에서 예비적으로 피고의 상법 제659조 제1항에 의한 면책 항변을 받아들여 원고의 이 사건 청구를 기각한 원심판결의 결론은 결국 정당하고 논지는 이유없음에 귀착된다.

그러므로 상고를 모두 기각하고 상고비용은 패소자들의 부담으로 하여 관여법관의 일치된 의견으로 주문과 같이 판결한다.

대법원 박만호(재판장) 박준서
김형선(주심) 이용훈

참조판례

대법원 1991. 12. 24. 선고, 90다카23899 전원합의체판결(공1992, 652)
1993. 3. 9. 선고, 92다38928 판결(공1993상, 1147)
1993. 11. 23. 선고, 93다41549 판결(공1994상, 187)

◆ 공서양속에 반하지 않는 임의규정과 이와 다른 관습이 있는 경우 적용의 우선순위

제 106 조 【사실인 관습】

법령중의 선량한 풍속 기타 사회질서에 관계없는 규정과 다른 관습이 있는 경우에 당사자의 의사가 명확하지 아니한 때에는 그 관습에 의한다.

■ § 106. 사실인 관습과 관습법

- 관 습 법 : 민법상 불문법원으로서의 관습법 → 관행의 존재와 사회의 법적 확신에 의해 법규범화
- 사실인관습 : 법률행위 해석기준으로서 사실인관습 → 당사자목적 - 관습-임의법규-신의성실원칙 : 사회적 법적확신에 의해 지지될 정도에 달하지 못한 것 ⇒ 법의 순위면에서 모순
- 관련법조 : 구민법 §92

1. 관습법과 사실인 관습의 구별

관습법이란 사회의 거듭된 관행으로 생성된 사회생활규범이 사회의 법적 확신과 인식에 의하여 법적규범으로 승인·강행되기에 이르른 것을 말하고, 사실인 관습은 사회의 관행에 의하여 발생한 사회생활규범인 점에서 관습법과 같으나 사회의 법적 확신이나 인식에 의하여 법적 규범으로서 승인된 정도에 이르지 않는 것을 말하는 바, 관습법은 바로 법원으로서 법령과 같은 효력을 갖는 관습으로서 법령에 저촉되지 않는 한 법칙으로서의 효력이 있는 것이며, 이에 반하여 사실인 관습은 법령으로서의 효력이 없는 단순한 관행으로서 법률행위의 당사자의 의사를 보충함에 그치는 것이다(대판 1983. 6. 14. 80다3231).

양자는 다음의 두가지 점에서 구별된다.

(1) 관습법은 당사자의 의사에 관계없이 법규로서의 효력을 갖지만 사실인 관습은 당사자의 의사를 해석하는 표준이 되어 법률행위의 내용을 결정함에 따라 비로소 효력을 갖게 된다. 사실인 관습은 사적 자치가 인정되는 분야, 즉 그 분야의 제정법이 주로 임의규정일 경우에는 법률행위의 해석기준으로서 또는 의사를 보충하는 기능으로서 이를 재판의 자료로

할 수 있을 것이나 이 이외의, 즉 그 분야의 제정법이 주로 강행규정일 경우에는 그 강행규정 자체에 결함이 있거나 강행규정 스스로가 관습에 따르도록 위임한 경우 등 이외에는 법적 효력을 부여할 수 없다(대판 1983. 6. 14. 80다3231).

(2) 관습법은 임의규정이 존재하는 경우에는 성립할 수 없지만 사실인 관습은 법률행위의 해석을 통하여 임의규정을 배제할 수 있다.

제1조에 의하면 법의 적용의 순위는 강행법규→임의법규→관습법의 순서로 되지만 본조에 의하면 강행법규→사실인 관습→임의법규→관습법의 순위가 되어 사실인 관습은 임의법규에 우선하지만 관습법은 임의법규의 하위에 있게 된다는 차이가 생기게 된다.

사실인 관습이 법률행위의 해석기준이 된다고 하는 것은 법률행위에 사용된 문자는 물론이고 법률행위의 전내용, 또는 당사자가 속해 있는 계급, 장소에 존재하는 관습, 혹은 거래관습에 따라 결정되어야 한다는 것을 의미하고 있는 것이다.

본조는 사실인 관습을 적용할 수 있는 요건으로서 그 관습이 사회질서와 선량한 풍속에 반하지 않을 뿐 아니라 이른바 강행법규에도 반하지 않아야 함을 규정하고 있다. 당사자가 관습에 의한다는 의사나 의하지 않는다는 의사를 명확하게 표시하지 않아야 한다.

2. 주장 · 입증 책임

법령과 같은 효력을 갖는 관습법은 당사자의 주장 · 입증을 기다림이 없이 직권으로 이를 확정하여야 하고 사실은 관습은 그 존재를 당사자가 주장 · 입증하여야 하나, 관습은 그 존부 자체도 명확하지 않을 뿐만 아니라 그 관습이 사회의 법적 확신이나 법적 인식에 의하여 법적 규범으로까지 승인되었는지의 여부를 가리기는 더욱 어려운 일이므로, 법원이 이를 알 수 없는 경우 결국은 당사자가 이를 주장 · 입증할 필요가 있다(대판 1983. 6. 14, 80다3231).

▣ 핵심판례 ▣

■ [사실인 관습]

1. 가. 보세운송업자가 운송 후 통관절차가 끝날 때까지 보세장치장에 둔 샷시의 사용에 관한 사실상의 관습

우리나라 보세운송업계에 있어서는 보세운송업자가 콘테이너에 적재된 수입화물을 하주의 보세장치장까지 운송하였을 때 즉시 화물반출작업이 가능한 경우를 제외하고는 통관절차와 화물반출작업으로 소요되는 시간을 일반적으로 3일 정도로 보아 콘테이너와 콘데이너를 실은 샷시를 보세장치장에 둔 채 견인차만 회송하여 갔다가 하주가 3일이내에 화물의 통관절차를 마치고 화물을 반출하였을 때에는 별도로 사용료를 받지 아니하나, 3일이 경과하였을 때에는 시간에 따라 운송료 외에 별도로 샷시의 사용료를 받는 사실상의 관습이 있다.

나. 위 "가"항의 샷시에 관하여 보세운송업자와 하주 사이에 사용대차와 임대차계약이 묵시적으로 성립되었다고 보아 통관절차가 끝나기 전에 보세장치장에서 발생한 화재로 위 샷시가 소실된 경우, 하주에게 위 샷시의 반환불능으로 인한 손해배상책임을 인정한 사례

위 "가"항의 샷시에 관하여는 하주가 3일 동안은 무상으로, 3일이 초과될 때에는 유상으로 사용하기로 하는 사용대차와 임대차계약이 묵시적으로 성립되었다 할 것이므로, 통관절차를 마치고 화물반출작업이 끝났을 때에는 보세운송업자에게 위 샷시를 반환할 의무가 있는데 통관 절차가 끝나기 전에 보세장치장에서 발생한 화재로 인하여 위 샷시가 소실되어 이를 반환할 수 없게 되었다면 특별한 사정이 없는 한 그 반환불능으로 인한 손해를 배상할 의무가 있다(1991. 4. 26. 제3부 판결, 91다1523 손해배상).

2. 가정의례준칙의 규정과 배치되는 관습법의 효력의 인정 여부(소극)

가족의례준칙 제13조의 규정과 배치되는 관습법의 효력을 인정하는 것은 관습법의 제정법에 대한 열후적, 보충적 성격에 비추어 민법 제1조의 취지에 어긋나는 것이다(대판 1983. 6. 14. 80다3231).

■ [헌법과 관습법]

제정민법이 시행되기 전에 존재하던 '상속회복청구권은 상속이 개시된 날부터 20년이 경과하면 소멸한다.'는 관습에 관습법으로의 효력을 인정할 수 있는지 여부(소극)

[다수의견]

사회의 거듭된 관행으로 생성한 어떤 사회생활규범이 법적 규범으로 승인되기에

이르렀다고 하기 위하여는 그 사회생활규범은 헌법을 최상위 규범으로 하는 전체 법질서에 반하지 아니하는 것으로서 정당성과 합리성이 있다고 인정될 수 있는 것이어야 하고, 그렇지 아니한 사회생활규범은 비록 그것이 사회의 거듭된 관행으로 생성된 것이라고 할지라도 이를 법적 규범으로 삼아 관습법으로서의 효력을 인정할 수 없는바, 제정 민법이 시행되기 전에 존재하던 관습 중 "상속회복청구권은 상속이 개시된 날부터 20년이 경과하면 소멸한다."는 내용의 관습은 이를 적용하게 되면 20년의 경과 후에 상속권침해가 있을 때에는 침해행위와 동시에 진정상속인은 권리를 잃고 구제를 받을 수 없는 결과가 되므로 소유권은 원래 소멸시효의 적용을 받지 않는다는 권리의 속성에 반할 뿐 아니라 진정상속인으로 하여금 참칭상속인에 의한 재산권침해를 사실상 방어할 수 없게 만드는 결과로 되어 불합리하고, 헌법을 최상위 규범으로 하는 법질서 전체의 이념에도 부합하지 아니하여 정당성이 없으므로, 위 관습에 법적 규범인 관습법으로서의 효력을 인정할 수 없다(대법원 2003. 7. 24. 선고 2001다48781 전원합의체 판결).

<판례전문(2003. 7. 24. 2001다48781 전합)>

[원고,상고인] 서분이 외 3인 (소송대리인 변호사 여한수 외 1인)

[피고,피상고인] 윤영학

[원심판결] 대구지법 2001. 6. 20. 선고 2000나11858 판결

[주 문] 원심판결을 파기하고, 사건을 대구지방법원 본원 합의부에 환송한다.

[이 유] 상고이유를 판단한다.

1. 원심은, 그 채택 증거들을 종합하여 판시사실을 인정한 다음, 원고들이 이 사건 각 토지의 진정한 상속인임을 전제로 하여 소외 서정숙, 서정복, 김미화, 서상우, 서상희, 서수경이 허위의 호적부상 기재와 호적정정허가결정에 터잡아 상속을 원인으로 하여 이 사건 각 토지 중 4,050분의 2,100 지분에 관하여 각 소유권이전등기를 마친 후 그 지분에 관하여 피고에게 소유권이전등기를 하였으므로, 피고 명의의 위 소유권이전등기가 원인무효라고 주장하면서 피고에 대하여 진정명의회복을 원인으로 한 소유권이전등기절차의 이행을 구함에 대하여, 서정숙의 아버지인 소외 서길수가 소외 서선춘의 사후양자로 입양된 사실이 없음에도 서선춘의 처인 장만산이 생존 중에 서길수를 사후양자로 선정한 것처럼 사후양자로 입양신고가 되어 이 사건 각 토지의 피상속인인 소외 장만산의 호적에 양자로 입적되었고, 당시 장만산에 대한 사망신고가 되어 있지 아니하여 호적부상 장만산이 생존한 것으로 되어 있어 결과적으로 장만산의 딸 및 외손자인 원고들과 함께 이 사건 각 토지를 공동상속한 것으로 오인될 만한 외관을 갖추게 되자, 서길수의 상속인들인 서정숙, 서정복, 김미화, 서상우, 서상희, 서수경이 장만산의 상속인이라고 참칭하여 상속재산인 이 사건 각 토지의 일부 지분에 관하여 상속을 원인으로 하여 소유권이전등기까지 마치게 된 것이므로, 서정숙, 서정복, 김미화, 서상우, 서상희, 서수경은 참칭상속인에 해당하고, 따라서 원고들

이 위와 같이 상속재산인 이 사건 각 토지의 진정한 상속인임을 전제로 하여, 재산상속으로 인한 소유권 또는 지분권 등 재산권의 귀속을 주장하면서 참칭상속인인 서정숙, 서정복, 김미화, 서상우, 서상희, 서수경으로부터 이 사건 각 토지를 전득한 피고를 상대로 이 사건 각 토지 중 피고의 지분에 해당하는 부분에 관하여 진정명의회복을 원인으로 하여 소유권이전등기절차의 이행을 구하는 이 사건 소는, 그 소유권 또는 지분권의 귀속을 내세우는 주장이 위와 같이 상속을 원인으로 하는 것인 이상 그 청구원인 여하에 불구하고 민법이 정하는 상속회복청구의 소에 해당한다고 보아야 할 것이라고 판단한 다음, 장만산의 실제 사망일은 민법 시행 전이므로 민법 시행 전의 상속회복청구권의 소멸기간에 관한 관습법이 적용되어야 하고, 그에 따르면 상속회복청구권은 상속이 개시된 날로부터 20년이 경과하면 소멸되었다고 보아야 할 것인데, 그 상속이 개시된 6·25 사변 무렵으로부터 20년이 경과한 후 이 사건 소가 제기되었고, 가사 장만산의 사망일을 호적에 기재된 1974. 4. 16.로 보더라도 민법상 상속회복청구권의 제척기간인 10년이 이미 경과한 뒤인 1998. 3. 18. 이 사건 소가 제기되었으므로, 이 사건 소는 부적법하다는 이유로 이를 각하하였다.

2. 가. 관습법이란 사회의 거듭된 관행으로 생성한 사회생활규범이 사회의 법적 확신과 인식에 의하여 법적 규범으로 승인·강행되기에 이른 것을 말하고, 그러한 관습법은 바로 법원(법원)으로서 법령과 같은 효력을 가져 법령에 저촉되지 아니하는 한 법칙으로서의 효력이 있는 것인바(대법원 1983. 6. 14. 선고 80다3231 판결 참조), 사회의 거듭된 관행으로 생성한 어떤 사회생활규범이 법적 규범으로 승인되기에 이르렀다고 하기 위하여는 그 사회생활규범은 헌법을 최상위 규범으로 하는 전체 법질서에 반하지 아니하는 것으로서 정당성과 합리성이 있다고 인정될 수 있는 것이어야 하고, 그렇지 아니한 사회생활규범은 비록 그것이 사회의 거듭된 관행으로 생성된 것이라고 할지라도 이를 법적 규범으로 삼아 관습법으로서의 효력을 인정할 수 없다고 할 것이다.

그런데 제정 민법(1958. 2. 22. 법률 제471호로 공포되어 1960. 1. 1.부터 시행된 것)이 시행되기 전에 존재하던 관습 중 "상속회복청구권은 상속이 개시된 날부터 20년이 경과하면 소멸한다."는 내용의 관습은 이를 적용하게 되면 위 20년의 경과 후에 상속권 침해행위가 있을 때에는 침해행위와 동시에 진정상속인은 권리를 잃고 구제를 받을 수 없는 결과가 되므로 진정상속인은 모든 상속재산에 대하여 20년 내에 등기나 처분을 통하여 권리확보를 위한 조치를 취하여야 할 무거운 부담을 떠안게 되는데, 이는 소유권은 원래 소멸시효의 적용을 받지 않는다는 권리의 속성에 반할 뿐 아니라 진정상속인으로 하여금 참칭상속인에 의한 재산권침해를 사실상 방어할 수 없게 만드는 결과로 되어 불합리하고, 헌법을 최상위 규범으로 하는 법질서 전체의 이념에도 부합하지 아니하여 정당성이 없으므로, 위 관습에 법적 규범인 관습법으로서의 효력을 인정할 수 없다고 할 것이다.

그럼에도 불구하고, 위 관습에 법적 규범인 관습법으로서의 효력을 인정하고 이를 적용하여 원고들의 이 사건 청구가 상속개시일로부터 20년이 경과됨으로써 소멸되었다고 판단한 원심판결에는 관습법에 관한 법리를 오해하여 판결에 영향을 미친 위법이 있다고 할 것이다.

이와 달리, 위 관습을 법적 규범인 관습법으로서의 효력이 있는 것으로 보아 이를 적용할 수 있다고 판시한 대법원 1981. 1. 27. 선고 80다1392 판결, 1991. 4. 26. 선고 91다5792 판결, 1998. 4. 24. 선고 96다8079 판결 등은 이 판결의 견해에 배치되는 범위 내에서 이를 모두 변경하기로 한다.

나. 나아가 헌법재판소는 2001. 7. 19. 선고 99헌바9·26·84, 2000헌바11, 2000헌가3, 2000헌가23(병합) 결정에 의하여, 구 민법(2002. 1. 14. 법률 제6591호로 개정되기 전의 것) 제999조 제2항 중 "상속이 개시된 날부터 10년" 부분과 구 민법(1990. 1. 13. 법률 제4199호로 개정되기 전의 것) 제999조에 의하여 준용되는 제982조 제2항 중 "상속이 개시된 날로부터 10년" 부분은 헌법에 위반된다는 결정을 하였는바, 헌법재판소의 위헌결정의 효력은 위헌제청을 한 당해 사건, 위헌결정이 있기 전에 이와 동종의 위헌 여부에 관하여 헌법재판소에 위헌여부심판제청을 하였거나 법원에 위헌여부심판제청신청을 한 경우만이 아니라 따로 위헌제청신청은 하지 아니하였지만 당해 법률 또는 법률의 조항이 재판의 전제가 되어 법원에 계속중인 사건과 위헌결정 이후에 위와 같은 이유로 제소된 일반 사건에도 미치는 것이다(대법원 1993. 1. 15. 선고 92다12377 판결, 1994. 2. 22. 선고 93다58295 판결, 1996. 3. 12. 선고 95다40755 판결, 2000. 2. 25. 선고 99다54332 판결, 2001. 8. 24. 선고 2000다17605 판결 등 참조).

그럼에도 불구하고, 원심은 위헌결정으로 효력을 상실한 구 민법 제999조 제2항 중 "상속이 개시된 날로부터 10년" 부분을 이 사건에 적용하여 판단하고 있으니 이러한 원심 판단 역시 위법하다고 할 것이다. 이 점을 지적하는 상고이유의 주장은 이유 있다.

3. 그러므로 다른 상고이유에 대한 판단을 생략한 채 원심판결을 파기하고, 사건을 다시 심리 판단하게 하기 위하여 원심법원에 환송하기로 주문과 같이 판결하는바, 이 판결에 대하여는 대법관 서성, 조무제, 유지담, 윤재식, 배기원의 반대의견이 있는 외에는 관여 대법관들의 의견이 일치되었다.

4. 다수의견에 대한 대법관 서성, 조무제, 유지담, 윤재식, 배기원의 반대의견은 다음과 같다.

가. 관습법이란 다수의견이 지적한 바와 같이 사회의 거듭된 관행으로 생성한 사회생활규범이 사회의 법적 확신과 인식에 의하여 법적 규범으로 승인 강행되기에 이른 것으로 바로 법원(법원)으로서 법령과 같은 효력을 갖고 법령에 저촉되지 않는 한 법칙으로서의 효력이 있는 것이므로, 법원으로서는 관습법이 다른 법령에 의하여 변경·폐지되거나 그와 모순·저촉되는 새로운 내용의 관습법이 확인되기 전까지는 이에 기속되어 이를 적용하여야 하고, 만일 관습법이 헌법에 위반된다면 그 이유로 이를 적용하지 아니할 수 있을 뿐이지 막연히 불합리하다거나

정당성이 없다는 등의 사유를 이유로 판례변경을 통하여 그 적용을 배제할 수는 없다 할 것이다.

민법의 시행 전에 "상속회복청구권은 상속이 개시된 날로부터 20년이 경과하면 소멸한다."는 내용의 관습(이하 '이 사건 관습'이라 한다)이 존재하였음은 다수의견도 인정하는 바이고, 법원은 대법원 1981. 1. 27. 선고 80다1392 판결에 의해 이 사건 관습이 사회의 법적 확신과 인식에 의하여 법적 규범으로 승인·강행되기에 이르러 관습법으로 성립하여 존재하고 있음을 확인·선언한 이래 여러 차례에 걸쳐 이를 재확인하여 왔으며, 한편 민법 시행 전의 폐지된 조선민사령은 상속에 관한 사항은 관습에 의한다고 규정하였고, 민법은 부칙 제25조 제1항에서 "이 법 시행 전에 개시된 상속에 관하여는 이 법 시행일 후에도 구법의 규정을 적용한다."라고 규정하였으며, 1977. 12. 31. 법률 제3051호로 개정된 민법 부칙 제5항 및 1990. 1. 13. 법률 제4199호로 개정된 민법 부칙 제12조 제1항에서도 각각 같은 내용의 경과규정을 두고 있으므로, 위 관습법이 다른 법령에 의하여 변경·폐지되거나 그와 모순·저촉되는 새로운 내용의 관습법이 확인되지 아니한 이상 법원으로서는 민법 시행 전에 있어서의 상속에 관한 법률관계에 해당하는 상속회복청구에 대하여 위 관습법을 적용할 수밖에 없다고 할 것이다 .

그럼에도 불구하고, 이 사건 관습이 불합리하고, 헌법을 최상위 규범으로 하는 법질서 전체의 이념에도 부합하지 아니하여 정당성이 없어 법적 규범인 관습법으로서의 효력을 인정할 수 없다고 하여 이 사건 관습을 법적 규범인 관습법으로 확인·선언한 판례들을 변경하는 방법으로 위 관습법의 효력을 부인하여 이를 적용하지 아니하고자 하는 다수의견에는 찬성할 수 없다.

그리고 조선민사령이 상속에 관한 사항은 관습에 의한다고 규정하고, 민법 부칙이 민법 시행 전에 있어서의 상속에 관한 법률관계에 관하여 민법 시행일 후에도 구법의 규정을 적용한다고 규정하고 있는 것은 민법 시행 전에 있어서의 상속에 관한 법률관계에 관하여 적용할 관습이 존재하고, 그것이 법적 규범인 관습법으로서의 효력이 있음을 전제로 하고 있다고 할 것이므로, 다수의견이 이 사건 관습이 민법 시행 전에도 불합리하고 정당성이 없어 법적 규범인 관습법으로서의 효력을 인정할 수 없다고 하는 것이라면 이는 민법 부칙의 규정 취지에 정면으로 반하는 것이어서 받아들일 수 없고, 이 사건 관습에 대하여 민법 시행 후 어느 시점부터 법적 규범인 관습법으로서의 효력을 인정할 수 없다고 하는 것이라면, 이 또한 민법 부칙이 민법 시행 전에 있어서의 상속에 관한 법률관계에 관하여 민법 시행 후에도 구법의 규정을 적용한다고 규정하고 있는 점에 비추어 민법 부칙의 규정 취지에 반하는 것이라 할 것이어서 찬성할 수 없다.

나. 다수의견이 이 사건 관습이 불합리하고 정당성이 없어 법적 규범인 관습법으로서의 효력을 인정할 수 없다고 판단한 것은 개정 전의 민법 제999조 제2항(이하 '개정 전 조항'이라 한다)의 "상속이 개시된 날로부터 10년" 부분을 위헌이라고 한 헌법재판소의 결정을 염두에 둔 것으로 보인다.

그러나 헌법재판소가 개정 전 조항을 위헌으로 판단한 것은 개정 전 조항이 10년이라는 너무 짧은 기간을 제척기간으로 규정하여 진정상속인의 권리를 심히 제한함으로써 오히려 참칭상속인을 보호하는 역할을 하고 있음을 그 기본적인 전제로 하고 있다 할 것인바{ 헌법재판소 2001. 7. 19. 선고 99헌바9·26·84, 2000헌바11, 2000헌가3, 2001헌가23(병합) 결정 참조}, 이 사건 관습에 의하면 상속회복청구권은 상속이 개시된 날로부터 20년이 경과한 때에라야 시효로 인하여 소멸하게 되므로 그 기간이 2배나 되어 개정 전 조항과 같이 진정상속인의 권리를 심히 제한하고 있다고 보기 어려울 뿐더러(개정 전 조항의 기간이 제척기간인 데 비하여 이 사건 관습상의 기간은 소멸시효 기간인 점도 상속인에게 유리한 것이다), 민법이 시행된지 이미 40여 년이 경과하여 이 사건 관습을 적용하여야 할 경우는 거의 없는 반면에 이를 적용하지 아니할 경우 오히려 뒤에서 보는 바와 같이 거래의 안전을 해하는 등의 부작용만이 더 커질 우려가 있다고 보이는 점을 감안하면, 헌법재판소가 개정 전 조항을 위헌이라고 결정하였다고 하여 이 사건 관습도 똑같은 위헌성이 있다고 볼 필요나 이유가 있는지 의문이 생기지 않을 수 없다.

그리고 다수의견은 이 사건 관습을 적용하게 되면 위 20년의 기간이 경과한 후에 상속권 침해행위가 있을 때에는 침해행위와 동시에 진정상속인은 권리를 잃고 구제를 받을 수 없는 결과가 되므로 진정상속인은 모든 상속재산에 대하여 20년 내에 등기나 처분을 통하여 권리확보를 위한 조치를 취하여야 할 무거운 부담을 떠안게 되는데, 이는 소유권은 원래 소멸시효의 적용을 받지 않는다는 권리의 속성에 반할 뿐 아니라 진정상속인으로 하여금 참칭상속인에 의한 재산권침해를 사실상 방어할 수 없게 만드는 결과로 되어 불합리하고, 헌법을 최상위 규범으로 하는 법질서 전체의 이념에도 부합하지 아니하여 정당성이 없다고 하나, 일반적으로 상속제도나 상속권의 구체적 내용은 입법자가 입법 재량의 범위 내에서 입법정책적으로 결정할 사항인 점, 다른 나라의 입법례를 보더라도 독일의 경우 상속회복청구권은 일반의 채권과 같이 30년의 소멸시효에 걸리는 것으로 하고 있고, 스위스나 프랑스 민법상의 상속회복소권은 일반 소권과 마찬가지로 30년의 경과로 소멸시효가 완성되는 것으로 하고 있으며, 일본 민법은 상속회복청구권이 상속개시의 때로부터 20년의 경과로 소멸시효가 완성되는 것으로 규정하고 있는 점, 진정한 소유자라도 일정한 경우 취득시효의 반사적 효과로서 그 소유권을 상실하는 결과에 이를 수 있는 것인바, 상속회복청구권은 상속이 개시된 날로부터 20년이 경과하면 소멸한다는 이 사건 관습 역시 그와 유사한 성질의 것으로 볼 수 있는 점, 상속인이 상속에 기한 소유권을 주장하는 모든 경우에 있어서가 아니라 참칭상속인에 대하여 상속에 기한 소유권을 주장하는 한정된 경우에 있어서 상속에 관한 법률관계를 조속히 확정시켜 거래의 안전을 도모한다고 하는 공익적 목적을 달성하기 위하여 상속재산을 침해당한 진정한 상속인의 상속재산에 대한 추급권의 행사를 기간의 면에서 제한한다 하더라도 위에서 본 바와 같이 그 기간이 합리적이라고 볼 수 있는 정도의 기간인 점 등을 감안하여 보면, 이 사건 관습을 적용할 경우 위 20년의 기간이 경과한 후에 상속권 침해행위가 있을 때에는 침해행위와 동시에 진정상속인이 권리를 잃게 되는 결과가 된다 하더라도 이 사건 관습이 소유권의 속성에 반하고 진정한 상속인으로 하여금 참칭상속인에 의한 권리침해를 사실상 방어할 수 없게 만든다는 이유로 불합리하다거나 정당성이 없다고 할 수는 없을 것이다.

다. 민법이 상속회복청구권의 제척기간을 규정한 취지는, 조속한 기간 내에 상속재산에 관련된 법률관계의 불안을 해소하고 거래의 안전을 도모하려는 데 있으므로(대법원 1994. 10. 21. 선고 94다18249 판결 참조), 민법 시행 후 장구한 세월이 경과한 지금에 이르러 새삼스럽게 이 사건 관습을 관습법으로 승인하기 어렵다고 보아 법적 규범으로서의 효력을 부정하게 되면 민법 시행 전에 개시된 상속재산에 관한 분쟁을 장기간의 세월에 걸쳐 행하는 것을 용인하는 결과가 되고, 위 관습법에 따라 상속회복청구권이 이미 소멸된 것을 전제로 하여 이루어진 모든 법률관계를 복멸시킴으로써 거래의 안전이 심각하게 훼손되는 부당한 결과를 피할 수 없게 되어 민법이 상속회복청구권에 대하여 제척기간을 두고 있는 취지에 배치되는 것이 될 것이라는 점에서도 다수의견은 선뜻 수긍할 수 없다.

라. 뿐만 아니라 과거의 법률에 대한 위헌 여부의 심사가 가능하다 하더라도 그 법률에 기초하여 일정한 법률관계가 형성되어 그것이 오랜 세월이 지나는 동안 사회적 승인을 얻어 하나의 법적 질서로서 확립되었을 경우에는 이미 형성된 과거의 법률관계에 대한 판단을 위하여 그 법률에 대한 위헌 여부를 심사하는 것은 신중을 기하여야 할 것이다. 예컨대, 대한민국의 헌법이 제정 공포된 이후에도 민법의 시행 이전의 상속에 관한 법률관계에 대하여는 구 관습법의 적용이 있게 되고, 구 관습법에 의하면 장자 상속으로 되어 있으나 이는 헌법상의 평등의 원칙에 위배된다고 할 것인바, 만일 민법 시행 이전의 상속에 관한 법률관계에 대한 판단을 함에 있어 위 구 관습법에 대하여 지금의 잣대로 재단하여 그것이 위헌이라는 이유로 이를 적용하지 아니할 경우를 상정하여 본다면 그 부당함은 명백하다 할 것이다.

마. 나아가 원심이 인정한 사실관계에 의하면, 피상속인 장만산은 6·25 사변 무렵에 사망하였고 그 상속재산인 이 사건 토지에 관하여 사후양자로 호적상 등재되었던 서길수의 상속인들의 명의로 재산상속을 원인으로 한 소유권이전등기가 경료된 것은 1994. 4. 6.이라는 것이므로 그사이에 40여 년 이상이 경과하였고, 서길수를 장만산의 사후양자로 입양신고한 것은 장만산의 딸로서 공동상속인 중의 1인인 서길남이었으며, 한편 이 사건 토지에 관하여는 이미 장만산이나 서길수의 상속인들과는 관계없는 피고 앞으로 소유권이전등기가 경료되어 있음을 알 수 있는바, 사정이 이와 같다면 장만산의 상속인인 원고들로 하여금 상속회복청구를 할 수 있도록 허용하는 것이 과연 구체적 타당성에 부합하는 것인지도 의문이라고 하지 않을 수 없다.

바. 결국, 이 사건 상속회복청구권이 상속개시일로부터 20년이 경과함으로써 소멸되었다고 한 원심의 판단은 정당한 것으로 수긍이 가고, 이를 탓하는 상고이유는 받아들일 수 없으므로, 원고들의 상고는 모두 기각되어야 할 것이며, 다수의견이 변경하려는 판결들은 그대로 유지되어야 마땅하다 할 것이다.

5. 대법관 조무제의 반대의견에 대한 보충의견은 다음과 같다.

이 의견은 대법원 1981. 1. 27. 선고 80나1392 판결, 1991. 4. 26. 선고 91다5792 판결, 1998. 4. 24. 선고 96다8079 판결 등이 변경될 수 없다는 반대 견해의 논거를 보충하고자 한다.

관습법은 성문법률을 보충하는 효력을 가지는 것이기는 하지만 법률의 효력을 가지는 것이어서, 그러한 관습법에 위헌적 요소가 있는 경우, 우리의 성문법률 위헌심사제도 아래에서는 헌법재판소를 통한 위헌선언이 이루어질 길이 없고 법원에 의하여 위헌성이 판정되고 그의 적용이 배제되어야 할 터이므로 그렇게 되면 실질상 위헌법률선언과 같은 결과를 낳을 것인 바, 그 경우에는 헌법상의 법치주의 원칙에서 나온 법적 안정성 내지 신뢰보호원칙에 바탕을 둔 위헌결정의 불소급효원칙(헌법재판소법 제47조 제2항)의 정신에 따라 그 선언이 있는 날 이후로만 그 관습법의 효력이 상실되도록 함이 상당하다 .

다수의견도 판시하다시피, 관습법은 사회의 거듭된 관행으로 생성된 사회생활규범이 사회의 법적 확신에 의하여 법적규범으로 승인, 강행되기에 이른 것을 말하므로, 관습법이 법원으로서 성립, 존속하기 위하여는 사실인 관습의 생성, 존속이라는 요건 외에 법적 확신의 구체적 표현 방법으로서의 법원의 판결이 필수적인 요건이 되기에, 그러한 판결이 처음부터 없었거나 있었더라도 후에 그 판결의 효력이 부정되면 그 사실인 관습의 존속이라는 요건만 남게 될 뿐 법적인 확신의 존속이라는 요건이 흠결되어 그 관습법은 성립, 존속의 근거를 잃게 되고 만다.

이러한 결과는 특정한 성문법상의 법리에 관한 대법원의 판결이 사후에 변경되었을 경우와는 달라서 판결의 존속이 법규 자체의 성립존속과 직결되는 관습법 존립상의 특수성에 기인하는 것이라 하겠다.

따라서 "상속회복청구권은 상속이 개시된 날로부터 20년이 경과되면 소멸한다."는 사실인 관습은 그에 법적 확신을 부여한 위의 판결들이 선고 존속됨으로써 관습법으로서 성립 존속되어 왔는데, 그 판결들이 변경된다면 이제부터 그 관습법은 소급적으로 존재하지 아니하는 결과로 되어 법적 안정성 내지 신뢰보호의 원칙을 해치게 되는 것이다.

이 사건에서, 그 관습에 위헌적 요소가 있음이 확인된다고 하더라도 향후로는 그에게 법적 확신을 부여하지 아니하기로 판단하는 것만으로도 다수의견이 의도하는 바의 그 관습법에 관한 법적 처리는 달성되는 것이지, 더 나아가 그 관습법을 생성시킨 그 판결들의 효력을 모조리 상실시켜 종래의 그 관습법의 성립근거를 소급적으로 박탈하는 결과까지 낳게 하여서는 안될 것이다.

결국, 그 관습법의 존립의 근거가 된 그 판결들은 위헌법률불소급효원칙의 정신에 비추어 변경됨이 없이 그대로 유지되어야 옳다고 하겠다.

대법원장 최종영(재판장) 서성 조무제 변재승 유지담 윤재식 이용우 배기원 강신욱(주심) 이규홍 손지열 박재윤 고현철

제 2 절 의사표시

의사표시는 일정한 법률효과의 발생을 원하는 내적 의사(이른바 효과의사)를 외부에 나타내어 보이는(바꾸어 말해서, 발표 또는 표명하는) 행위이며, 법률행위의 불가결의 요소가 되는 법률사실이다. 이 의사표시가 단독으로 또는 다른 의사표시 기타의 법률사실과 결합하여 하나의 법률행위를 형성하면, 표의자가 원한 대로의 법률효과가 발생하는 것을 법률이 인정하게 된다. 이와 같이 사람이 자기의 법률관계를 스스로 형성할 수 있다는 점에 의사표시의 중요성이 있다.

어떤 의사표시는 그것만으로 법률행위가 되는 수가 있고, 또는 다른 의사표시 기타의 법률사실과 합해서 법률행위를 이루기도 한다.

◆ 의사와 표시가 일치하지 않는 경우의 의사표시의 효력 여부

제 107 조【진의 아닌 의사표시】

① 의사표시는 표의자가 진의아님을 알고 한 것이라도 그 효력이 있다. 그러나 상대방이 표의자의 진의아님을 알았거나 이를 알 수 있었을 경우에는 무효로 한다.

② 전항의 의사표시의 무효는 선의의 제3자에게 대항하지 못한다.

■ § 107. 비진의 의사표시

- 의사와 표시가 일치하지 않는다는 것을 표의자 스스로 알면서 하는 의사표시
- 비진의 표시는 원칙적으로 의사표시의 효력에 영향을 미치지 않는다.
- 상대방이 표의자의 진의 아님을 알았거나 이를 알 수 있었을 경우에는 무효이다. 그 무효는 선의의 제3자에게 대항하지 못한다.
- 관련법조 : [1항 단서의 비적용] 상법 §302③(주식인수의 청약), §425(신주의 발행)

1. 의 의

표의자가 표시와 진의(내심의 의사)와의 불일치를 알면서 한 의사표시를 말한다. 돈을 줄 의사가 없는데도 불구하고 농담으로 돈을 주겠다고 하는 것과 같다. 여기서 진의란 '특정한 내용의 의사표시를 하고자 하는 표의자의 생각'을 말하는 것이지, 표의자가 진정으로 마음 속에서 바라는 사항을 뜻하는 것은 아니다(대판 2003. 4. 25, 2002다11458). 비진의 표시는 본인이 의사와 표시의 불일치를 안다는 점에서 허위표시와 같고 상대방과 통정하지 않았다는 점에서 이것과 다르다. 허위표시를 통정허위표시라고 하는데 대응하여 심리유보는 단독허위표시라고 한다.

2. 효 과

심리유보는 원칙적으로 표시대로 유효하다. 표의자를 보호할 필요는 전혀 없고 오히려 상대방의 보호를 도모하여야 하기 때문이다. 다만 상대방이 표의자의 주의를 알았거나(농담 등이 그것이다), 일반인으로서의 주의를 기울이면

알 수 있는 경우에는 상대방을 보호할 필요가 없으므로 차라리 본인의 진의를 존중하여 당해 의사표시를 무효로 한다. 그런데 심리유보가 예외적으로 무효로 되는 경우에 그 무효는 선의의 제3자에게 대항할 수 없다.

【쟁점사항】

<비진의 의사표시에 해당하는지 여부가 문제되는 경우>

(1) 비진의 표시에 해당하는 경우

ㄱ) 사용자의 지시 내지 강요에 의해 근로자가 사직서를 낸 경우

이 경우 그 사직의 의사표시는 비진의 표시에 해당하고, 그 사정을 사용자도 안 것으로 볼 수 있으므로 그 사직의 의사표시는 제107조 1항 단서에 해당하여 무효이다(대판 1992. 5. 26, 92다3670).

ㄴ) 근로자가 사직서를 제출하고 퇴직금 수령 후 즉시 재입사하는 형식을 취하는 경우

근로자가 공무원으로 입사하였다가 사직서를 제출하고 퇴직금까지 수령한 후 퇴사, 재입사의 형식을 취하였으나 그 사직서의 제출이나 퇴직금 수령에 사직의 의사표시가 담겨져 있었다 하더라도 이는 진의 아닌 의사표시로서 회사도 이를 알고 있어서 무효이다(대판 1992. 9. 14, 92다18238).

(2) 비진의표시에 해당하지 않는 경우

ㄱ) 사용자측의 지시 내지 강요가 없었지만 스스로 사직서를 낸 경우

사립대학의 조교수가 사직의 의사가 없었으면서도 사태수습의 방안으로 스스로 사직서를 낸 경우 사용자측의 지시 내지 강요가 없었던 때에는, 그것은 비진의표시이지만 학교법인이 그 사정을 알았거나 알 수 없었으므로 그 표시대로 사직의 효과가 발생한다(대판 1980. 10. 14, 79다2168).

ㄴ) 대출절차상 편의를 취하여 명의를 빌려준 행위

법률상 또는 사실상의 장애로 자기 명의로 대출받을 수 없는 자를 위하여 대출금 채무자로서의 명의를 빌려준 자에게 그와 같은 채무부담의 의사가 없는 것이라고는 할 수 없으므로 그 의사표시를 비진의표시에 해당한다고 볼 수 없고, 설령 명의대여자의 의사표시가 비진의표시에 해당한다고 하더라도 그 의사표시의 상대방인 상호신용금고로서는 명의대여자가 전혀 채무를 부담할 의사 없이 진의에 반한 의사표시를 하였다는 것까지 알았다거나 알 수 있었다고 볼 수도 없으므로, 그 명의대여자는 표시행위에 나타난 대로 대출금채무를 부담한다(대판 1996. 9. 10, 96다18182).

3. 적용범위

다음에는 본조가 적용되는 범위가 문제된다. 본조는 상대방 있는 의사표시뿐만 아니라 상대방 없는 의사표시에도 적용된다. 가족법상의 행위에 관해서는 본인의 진의에 따를 것을 절대적으로 필요로 하므로 심리유보는 적용되지 않는다. 혼인 등은 그 예로서 민법은 특별한 규정을 하고 있다(제815조 1호, 제883조 1호).

따라서 본조단서를 적용할 것도 없이 언제나 무효이다. 이것과 반대로 주식인수청약 같은 단체행위에 대해서는 언제나 절대적 효력을 인정할 필요가 있다. 상법은 주식인수청약에 관하여 이를 규정했다(상법 제302조 3항).

본조 단서의 정신은 대리인이나 대표자가 권리를 남용한 경우, 상대방이 악의인 경우에 적용하고 본인에게 효력을 발생시키지 않는다고 보아야 한다.

[의사와 표시의 불일치]

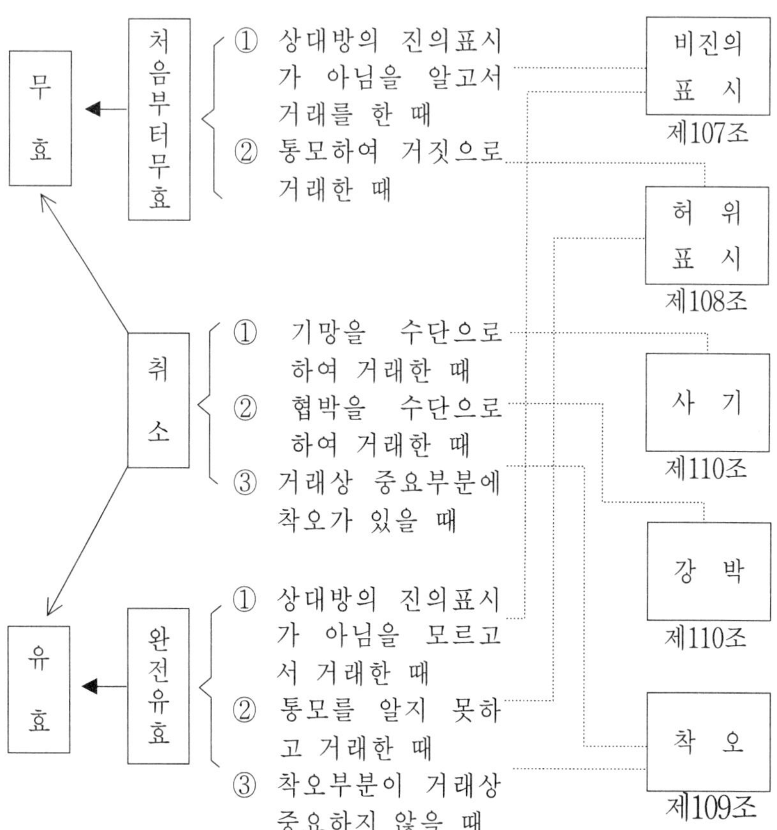

▣ 핵심판례 ▣

■ [진의 아닌 의사표시]

1. 표의자의 진정한 의사를 알 수 없는 경우, 의사표시의 요소가 되는 효과의사(=표시상의 효과의사)

의사표시 해석에 있어서 당사자의 진정한 의사를 알 수 없다면, 의사표시의 요소가 되는 것은 표시행위로부터 추단되는 효과의사, 즉 표시상의 효과의사이고 표의자가 가지고 있던 내심적 효과의사가 아니므로, 당사자의 내심의 의사보다는 외부로 표시된 행위에 의하여 추단된 의사를 가지고 해석함이 상당하다(대판 2002. 2. 26, 2000다48265).

2. 진의 아닌 의사표시에서 '진의'의 의미

가. 표의자가 의사표시의 내용을 진정으로 바라지는 아니하였으나 그것을 최선이라고 판단하여 의사표시를 한 경우 진의 아닌 의사표시에 해당하는지 여부(소극)

진의 아닌 의사표시에 있어서의 '진의'란 특정한 내용의 의사표시를 하고자 하는 표의자의 생각을 말하는 것이지 표의자가 진정으로 마음 속에서 바라는 사항을 뜻하는 것은 아니므로 표의자가 의사표시의 내용을 진정으로 마음 속에서 바라지는 아니하였다고 하더라도 당시의 상황에서는 그것이 최선이라고 판단하여 그 의사표시를 하였을 경우에는 이를 내심의 효과의사가 결여된 진의 아닌 의사표시라고 할 수 없다.

나. 명예퇴직 신청 후 사용자의 승낙이 있기 전에 근로자가 임의로 그 의사표시를 철회할 수 있는지 여부(적극)

명예퇴직은 근로자가 명예퇴직의 신청(청약)을 하면 사용자가 요건을 심사한 후 이를 승인(승낙)함으로써 합의에 의하여 근로관계를 종료시키는 것으로, 명예퇴직의 신청은 근로계약에 대한 합의해지의 청약에 불과하여 이에 대한 사용자의 승낙이 있어 근로계약이 합의해지되기 전에는 근로자가 임의로 그 청약의 의사표시를 철회할 수 있다(대판 2003. 4. 25, 2002다11458).

3. 배임적 대리행위에 대한 민법 제107조 제1항의 유추적용 여부 등

가. 배임적 대리행위에 대한 민법 제107조 제1항의 유추적용 여부(적극) 및 상대방의 악의·과실 여부의 판단기준

진의 아닌 의사표시가 대리인에 의하여 이루어지고 그 대리인의 진의가 본인의 이익이나 의사에 반하여 자기 또는 제3자의 이익을 위한 배임적인 것임을 그 상대방이 알았거나 알 수 있었을 경우에는 민법 제107조 제1항 단서의 유추해석상 그 대리인의 행위에 대하여 본인은 아무런 책임을 지지 않는다고

보아야 하고, 그 상대방이 대리인의 표시의사가 진의 아님을 알았거나 알 수 있었는가의 여부는 표의자인 대리인과 상대방 사이에 있었던 의사표시 형성 과정과 그 내용 및 그로 인하여 나타나는 효과 등을 객관적인 사정에 따라 합리적으로 판단하여야 한다.

나. 증권회사 직원이 고객으로부터 채권과 채권매수대금을 교부받아 임의로 운용한 사안에서 민법 제107조 제1항 단서를 유추적용하여 고객과 증권회사 사이의 채권 및 채권매수대금 위탁계약의 성립을 부인한 사례

증권회사 직원이 고객으로부터 채권과 채권매수대금을 교부받아 증권회사의 계좌에 입금하지 아니하고 임의로 운용한 경우에, 일반적인 채권 또는 양도성 예금증서와는 달리 세금공제 후의 확정이자가 지급되었고, 고객은 그 직원을 통하여만 증권회사와 거래하였을 뿐만 아니라 고객 명의의 종합통장의 잔고는 없어지고 다만 그 직원으로부터 잔액증명서나 보관증만을 교부받았고, 이 잔액증명서나 보관증으로 그 직원을 통하지 아니하고는 증권회사로부터 현금 또는 채권으로 인출할 수 없었다면, 고객으로서는 증권회사 직원의 의사가 증권회사를 위한 것이 아님을 알았다고 할 수는 없을 지라도 적어도 통상의 주의만 기울였던들 이를 알 수 있었을 것이라고 보는 것이 상당하므로 고객과 증권회사 사이에 채권이나 채권매수자금에 대한 위탁계약이 성립되었다고 볼 수 없다(대판 2001. 1. 19, 2000다20694).

4. 근로자의 사직서 제출행위가 회사에서 근속년수의 기산점은 원래대로 놓아둔 채 재입사조치 후의 퇴직금지급율을 누진제에서 단수제로 변경하려는 방침하에 중간퇴직금을 지급하는 제도가 있으니 그 제도에 의하여 중간퇴직금을 받겠다고 하는 내심의 의사에 기한 것이지 나아가서 기존의 근로계약관계를 해지하려거나 근속년수를 제한하려는 내심의 의사에 기한 것이라고는 보기 어렵다고 한 사례

근로자의 사직서 제출행위가 회사에서 근속년수의 기산점은 원래대로 놓아둔 채 재입사조치 후의 퇴직금지급율을 누진제에서 단수제로 변경하려는 방침하에 중간퇴직금을 지급하는 제도가 있으니 그 제도에 의하여 중간퇴직금을 받겠다고 하는 내심의 의사에 기한 것이지 나아가서 기존의 근로계약관계를 해지하려거나 근속년수를 제한하려는 내심의 의사에 기한 것이라고는 보기 어렵다(1991. 5. 24. 제3부 판결, 90다13222퇴직금).

5. 가. 근로자가 사용자의 지시를 좇아 일괄하여 사직서를 작성 제출함에 있어 그 사직서에 기하여 의원면직 처리될지 모른다는 점을 인식하였다는 사정만으로 그의 내심에 사직의 의사가 있는 것이라고 할 수 있는지 여부(소극)

진의 아닌 의사표시인지의 여부는 효과의사에 대응하는 내심의 의사가 있는지 여부에 따라 결정되는 것인바, 근로자가 사용자의 지시에 좇아 일괄하여

사직서를 작성 제출할 당시 그 사직서에 기하여 의원면직 처리될지 모른다는 점을 인식하였다고 하더라도 이것만으로 그의 내심에 사직의 의사가 있는 것이라고 할 수 없다.

나. 사용자가 근로자로부터 사직서를 제출받고 이를 수리하는 의원면직의 형식을 취하여 근로계약관계를 종료시키는 경우와 부당해고의 성부

사용자가 근로자로부터 사직서를 제출받고 이를 수리하는 의원면직의 형식을 취하여 근로계약관계를 종료시킨다고 할지라도, 사직의 의사없는 근로자로 하여금 어쩔 수 없이 사직서를 작성 제출하게 한 경우에는 실질적으로 사용자의 일방적 의사에 의하여 근로계약관계를 종료시키는 것이어서 해고에 해당하고, 정당한 이유 없는 해고조치는 부당해고에 다름없는 것이다(1991. 7. 12. 제2부 판결, 90다11544 해고무효확인등).

6. 의원면직의 형식을 취하였으나 사직의 의사 없는 근로자로 하여금 어쩔 수 없이 사직서를 제출하게 한 경우 해고에 해당하는지 여부(적극)

사용자가 근로자로부터 사직서를 제출받고 이를 수리하는 의원면직의 형식을 취하여 근로계약관계를 종료시킨다고 할지라도 사직의 의사 없는 근로자로 하여금 어쩔 수 없이 사직서를 제출하게 한 경우에는 실질적으로는 사용자의 일방적 의사에 의하여 근로계약관계를 종료시키는 것이어서 해고에 해당하고, 정당한 이유 없는 해고조치는 부당해고라 할 것이다(1992. 7. 10. 제3부 판결, 92다3809 해고무효확인).

7. 근로자들이 근로계약관계를 종료시키고자 하는 내심의 의사 없이 일괄적으로 사직원을 제출하였고, 사용자도 이러한 사정을 알고서 사직원을 수리한 경우 위 근로자들의 사직의사표시의 효력 유무(소극)

근로자들이 일괄적으로 사직원을 제출할 때 근로계약관계를 종료시키고자 하는 내심의 의사가 없었고, 사용자 또는 이러한 사정을 알고서 사직원을 수리하였다면 위 근로자들의 사직의사표시는 무효라고 할 것이다(1992. 8. 14. 제3부 판결, 92다21036 면직처분).

8. 일괄사표의 제출과 선별수리의 형식으로 이루어진 공무원에 대한 의원면직처분의 효력(유효)

일괄사표를 제출하였다가 선별수리하는 형식으로 의원면직되었다고 하더라도 공무원들이 임용권자 앞으로 일괄사표를 제출한 경우 그 사직원의 제출은 제출 당시 임용권자에 의하여 수리 또는 반려 중 어느 하나의 방법으로 처리되리라는 예측이 가능한 상태에서 이루어진 것으로서 그 사직원에 따른 의원면직은 그 의사에 반하지 아니하고, 비록 사직원 제출자의 내심의 의사가 사직할 뜻이 아니었다 하더라도 그 의사가 외부에 객관적으로 표시된 이상 그 의사는 표시된 대로 효력을 발하는 것이며, 민법 제107조는 그 성질상 사인의 공법행위에 적용되지 아니하므로 사직원제출을 받아들여 의원면직처분한 것을 당연무효라고 할 수 없다

(1992. 8. 14. 제3부 판결, 92누909 퇴직처분무효확인).

9. 가. 해외근로자가 업무상 재해의 치료를 위하여 중도 귀국함에 있어 회사의 강요에 의하여 제출한 사직의 뜻이 담긴 귀국청원서에 기하여 한 의원면직처분이 부당해고에 해당하는지 여부

해외근로자가 업무상 재해의 치료를 위하여 중도 귀국함에 있어 미리 사직의 뜻이 담긴 귀국청원서를 제출하지 아니하면 귀국시켜 줄 수 없다는 회사의 강요에 어쩔 수 없이 본의에 반하여 귀국청워서를 제출한 것이라며, 그 사직의 의사표시는 진의 아닌 의사표시이고 당시 회사도 그러한 정을 잘 알고 있었다고 보아야 하므로 무효이고, 따라서 그에 따른 회사의 의원면직처분은 실질상 해고에 해당되어 달리 정당한 이유가 있다는 주장·입증이 없는 한 부당해고로서 무효라고 할 것이다.

나. 업무상 재해로 인한 요양 때문에 계약기간의 정함이 있는 근로계약의 잔여기간의 진행이 중단되거나 요양을 위한 휴업기간 중의 해고금지를 규정한 근로기준법 제27조 제2항에 의하여 근로계약이 그 기간의 만료로써 종료될 수 없는지 여부(소극)

업무상 재해로 인한 요양 때문에 당초 계약기간의 정함이 있는 근로계약의 잔여계약기간의 진행이 중단된다거나 요양을 위한 휴업기간 중의 해고금지를 규정한 근로기준법 제27조 제2항에 의하여 근로계약이 그 기간의 만료로써 종료될 수 없는 것도 아니다(1992. 9. 1. 제2부 판결, 92다26260 해고무효확인).

10 근로자가 자의로 사직서를 제출하여 한 중간퇴직의 의사표시가 진의 아닌 의사로서 무효인지 여부(소극)와 근로자의 선택에 따라 근로자를 중간퇴직처리한 뒤 중간퇴직금을 지급한 행위가 근로기준법상의 퇴직금규정에 위배되는 탈법행위로서 무효인지 여부(소극)

근로자가 자의로 사직서를 제출하여 중간퇴직한 이상 적어도 퇴직금 계산의 기초가 되는 근로관계에 관한 한 그때까지의 근로계약관계는 위 퇴직일로써 일단 종료되었다고 봄이 상당하고, 위 퇴직의 의사표시를 진의 아닌 의사표시로서 퇴직금 산정에 있어서 무효라고 볼 수 없으며, 중간퇴직을 할 것이냐의 여부가 기본적으로 근로자의 자유로운 선택에 맡겨져 있는 이상 이러한 근로자의 선택에 따라 근로자를 중간퇴직처리한 뒤 그 중간퇴직금을 지급한 행위를 근로기준법상의 퇴직금규정에 위배되는 탈법행위로서 무효라고 할 수도 없다(1992. 9. 14. 제3부 판결, 92다17754 퇴직금).

11. 근로자들이 사직서를 제출하거나 중간퇴직금을 수령한 것이 근속년수의 기산점은 원래대로 놓아 둔 채 퇴직금지급율을 누진제에서 단수제로 변경함에 따라 중간퇴직금을 받겠다는 내심의 의사에 기인한 것이지 기존의 근로관계를 해지하거나 퇴직금 산정에 있어 근속년수를 제한하려는

내심의 의사에 기한 것으로는 볼 수 없다고 한 사례

근로자들이 회사에 사직서를 제출하거나 회사로부터 중간퇴직금을 수령한 것이 근속년수의 기산점은 원래대로 놓아 둔 채 퇴직금지급율을 누진지급제에서 단수지급제로 변경하는 제도에 따라 중간퇴직금을 받겠다는 내심의 의사에 기한 것이지 기존의 근로관계를 해지하거나 퇴직금 산정에 있어 근속년수를 제한하려는 내심의 의사에 기한 것으로는 볼 수 없다(1992. 9. 14. 제3부 판결, 92다18238 퇴직금).

12. 가. 근로자가 사직원을 제출하고 퇴직금 수령 후 퇴사, 재입사의 형식을 취하였으나 사직원이나 퇴직금 수령에 담겨진 사직의 의사표시는 진의 아닌 의사표시로서 무효이고, 회사가 퇴직의 의사표시를 수리하는 형식을 취하였다고 하여 근로계약이 해지되어 종료되었다고 할 수 없으며, 근로자들이 퇴직금을 수령하였어도 마찬가지라고 한 사례

근로자가 공원으로 입사하였다가 사직원을 제출하고 퇴직금까지 수령한 후 퇴사, 재입사의 형식을 취하였으나 그 사직원 제출이나 퇴직금 수령에 사직의 의사표시가 담겨져 있었다 하더라도 이는 진의 아닌 의사표시로서 회사도 이를 알고 있어서 무효이고, 회사가 퇴직의 의사표시를 수리하는 형식을 취하였다고 하여 회사와의 근로계약이 해지되어 종료되고 소멸되었다고 할 수 없으며, 근로자가 퇴직금을 수령하였다고 하여도 마찬가지이다.

나. 소득의 수급자의 원천납세의무가 성립하지 않는 경우 지급자의 원천징수의무의 성부(소극)

소득세법상 소득금액의 지급자가 원천징수납부의무를 부담하는 것은 수급자의 원천납세의무부담이 전제되어 있는 것으로서 수급자의 원천납세의무가 성립하지 아니한 경우는 이를 전제로 한 지급자의 원천징수의무도 성립할 수 없다.

다. 지급자가 소득금액의 지급시기 전에 원천세액을 징수, 공제할 수 있는지 여부(소극) 및 원천징수대상이 되는 소득의 범위가 당연히 원천세액만큼 감축되는지 여부(소극)

국세기본법 제21조 제2항 제1호에 의하여 원천징수하는 소득세 등에 대한 징수의무자의 납부의무는 원칙적으로 그 소득금액을 지급하는 때에 성립하는 것이고 이에 대응하는 수급자의 수인의무의 성립시기도 같다고 할 것이므로 지급자가 위 소득금액의 지급시기 전에 미리 원천세액을 징수, 공제할 수 없는 것이며, 원천징수의 대상이 되는 소득이라고 하여 소득의 범위 그 자체가 당연히 원천세액만큼 감축되는 것이라고 할 수 없다.

라. 소송에서 소득세 등의 원천징수의무자에게 원천징수세액을 공제하지 아니한 퇴직금의 지급을 명한 경우 그 원천징수의무자가 소득세 등을 원천징수할 수 있는 방법

소송에서 소득세 등의 원천징수의무자에게 원천징수세액을 공제하지 아니한 퇴직금의 지급을 명한 경우 그 원천징수의무자로서는 그 판결이 확정되어 그에 따라 퇴직금을 지급하는 단계에서 소득세 등을 원천징수하면 될 것이고, 만일 소득의 수급자가 원천징수세액을 공제한 퇴직금의 수령을 거절하면 변제공탁하면 될 것이며, 이렇게 하는 것이 소득세법 제182조 제1항에 위반된다고 할 수 없다(1992. 9. 22. 제1부 판결, 91다40931 퇴직금).

13. 사직서가 진의에 의하여 제출되는 것이 아님을 알면서도 의원면직처리한 것이 부당해고로서 무효라고 본 사례

사직서가 진의에 의하여 제출되는 것이 아님을 알면서도 의원면직처리한 것이 부당해고로서 무효라고 본다(1993. 5. 25. 제1부 판결, 91다41750 해고무효확인).

14. 강박에 의하여 의사표시를 한 것과 비진의의사표시

비진의의사표시에 있어서의 진의란 특정한 내용의 의사표시를 하고자 하는 표의자의 생각을 말하는 것이지 표의자가 진정으로 마음속에서 바라는 사항을 뜻하는 것이 아니라고 할 것이므로, 비록 재산을 강제로 뺏긴다는 것이 표의자의 본심으로 잠재되어 있었다 하여도 표의자가 강박에 의하여서나마 증여를 하기로 하고 그에 따른 증여의 의사표시를 한 이상 증여의 내심의 효과의사가 결여된 것이라고 할 수는 없다(1993. 7. 16. 제3부 판결, 92다41528 소유권이전등기말소, 41535(병합)).

15. 가. 여군 단기복무하사관이 복무연장지원서와 함께 전역지원서를 동시에 제출한 경우 전역지원의 의사는 조건부 의사표시로서 유효하다고 한 사례

군인사정책상 필요에 의하여 복무연장지원서와 전역(여군의 경우 면역임) 지원서를 동시에 제출하게 한 방침에 따라 위 양 지원서를 함께 제출한 이상, 그 취지는 복무연장지원의 의사표시를 우선으로 하되, 그것이 받아들여지지 아니하는 경우에 대비하여 원에 의하여 전역하겠다는 조건부 의사표시를 한 것이므로 그 전역지원의 의사표시도 유효한 것으로 보아야 한다.

나. 진의 아닌 의사표시의 무효에 관한 민법 규정이 사인의 공법행위에도 적용되는지 여부

위 전역지원의 의사표시가 진의 아닌 의사표시라 하더라도 그 무효에 관한 법리를 선언한 민법 제107조 제1항 단서의 규정은 그 성질상 사인의 공법행위에는 적용되지 않는다 할 것이므로 그 표시된 대로 유효한 것으로 보아야 한다(1994. 1. 11. 제1부 판결, 93누10057 면역처분취소).

16. 가. 대표이사의 지시에 의한 일괄사직서 제출에 따른 의원면직이 해고에 해당한다고 한 사례

회사의 대표이사가 부장급 이상 간부들에게 공제회이사장에게 재신임을 묻겠다고 하면서 일괄하여 사직서를 제출하도록 지시를 하여 간부들은 모두 사직할 의사 없이 일괄하여 사직서를 제출하였는데 회사의 대표이사가 의원면직 처리하였다면 이는 실질적으로 대표이사의 일방적 의사에 의하여 근로계약관계를 종료시킨 것으로서 해고에 해당한다.

나. 인정된 징계사유 및 근로자의 회사 내에서의 지위 등에 비추어 근로자에 대한 면직처분이 부당하다고 한 사례

인정된 징계사유 및 근로자의 회사 내에서의 지위 등에 비추어 근로자에 대한 면직처분이 부당하다고 한 사례(1994. 4. 29. 제3부 판결, 93누16185 부당해고구제재심판정취소).

17. 가. 사직서의 유·무효의 판단 기준과 근로관계 소멸 통지의 성질

근로자가 사직서를 작성하여 사용자에게 제출한 경우에 있어서는 그 사직서에 사직의 의사표시라고 볼 수 없는 단순한 농담만을 기재한 것으로 인정되는 등의 특별한 사정이 없는 한 그 사직서는 사용자와의 근로계약관계를 해지하는 의사표시를 담고 있는 것이므로, 사용자가 사직의 의사 없는 근로자로 하여금 어쩔 수 없이 사직서를 작성·제출하게 한 후 이를 수리하는 이른바 의원면직의 형식을 취하여 근로계약관계를 종료시키는 경우처럼 근로자의 사직서 제출이 진의 아닌 의사표시에 해당하는 등으로 무효이어서 사용자의 그 수리행위를 실질적으로 사용자의 일방적 의사에 의하여 근로계약관계를 종료시키는 해고라고 볼 수 있는 경우가 아닌 한, 당사자 사이의 근로계약관계는 사용자가 그 사직서 제출에 따른 사직의 의사표시를 수락하여 합의해지(의원면직)가 성립하거나 민법 제660조 소정의 일정 기간의 경과로 그 사직서 제출에 따른 해지의 효력이 발생함으로써 종료되고, 이와 같은 경우 사용자의 근로자에 대한 근로계약관계의 소멸 통지는 관념의 통지에 불과하여 이를 근로기준법상의 해고라고 할 수 없다.

나. 사직서의 작성이 근로자의 진의에 의한 것으로서 사직서를 근거로 이루어진 근로관계 소멸의 통지가 근로기준법상의 해고가 아니라고 본 사례

사직서의 기재 내용이나 근로자가 사직서와 관련하여 취한 태도 등을 종합하면 사직서의 작성·제출이 근로자의 진의에 의한 것이 아니라고 단정할 수 없고 회사측의 강요나 강박에 의하여 이루어진 것으로 볼 수도 없으므로, 그 사직서 제출에 따른 사직의 의사표시는 민법 제660조 제3항 소정의 기간의 경과로 그 해지의 효력이 발생하여 근로자와 회사 사이의 근로관계가 유효하게 소멸하였다는 이유로, 회사가 근로자에게 사직을 종용하는 부당한 행위를 하여 근로자로 하여금 어쩔수 없이 사직서를 내게 하고 그 사직서를 근거로 근로관계가 소멸되었다고 통보한 것은 실질적으로 근로자를 해고한 것이라고 본 원심판결을 파기한 사례(1996. 7. 30. 판결, 95누7765 부당해고구체재심판정취소).

◈ 상대방과 통정한 허위의 의사표시의 효력 여부

제 108 조【통정한 허위의 의사표시】

① 상대방과 통정한 허위의 의사표시는 무효로 한다.

② 전항의 의사표시의 무효는 선의의 제3자에게 대항하지 못한다.

■ § 108. 허위표시

- 상대방과 통정(통모)하여서 하는 진의 아닌 허위의 의사표시
- 효　　과 : ① 당사자 사이에서는 언제나 무효이다.
  ② 제3자에 대한 관계에 있어서는 허위표시의 무효는 선의의 제3자에게 대항하지 못한다.
- 적용범위 : 계약에 한하지 않고 상대방 있는 단독행위(채무면제)에도 적용된다. 본인의 진의를 절대로 존중하는 가족법상의 행위에 관여하는 허위표시는 언제나 무효이다.
- 은닉행위와 구별

1. 의 의

표의자가 상대방과 통정한 것으로 진의아닌 의사표시를 말한다. 압류를 모면하기 위하여 행한 가장의 소유권이전행위가 그것이다. 그러나 표시의 진의가 일치하지 않는다는 것은 법률적 효과에 관한 불일치로서, 의사표시의 법률적 효과와 이것에 의해 달성하려고 하는 경제적 목적이 서로 모순되어도 허위표시로는 되지 않는다. 예를 들어 양도담보는 허위표시는 아니다. 왜냐하면 소유권 양도에 관한 경제적 목적은 다르다 하더라도 그 목적을 달성시키기 위하여 여하튼 당해행위의 법률적 효과를 발생시키려는 의사가 있기 때문이다.

허위표시는 표의자가 의사와 표시의 불일치를 알고 있다는 점에서 심리유보와 같고 상대방과 통정하고 있는 점에서는 심리유보와 다르다. 따라서 통정허위표시라고도 한다.

2. 효 과

(1) 당사자간의 효력

허위표시는 당사자간에는 언제나 무효이다. 이것에 대해 법률효과를 인정하여야 할 아무런 이유도 없기 때문이다. 따라서 그 이행을 하고 있지 않으면 이행할 필요가 없고, 이행한 후이면 부당이득반환의무를 지게 된다. 다만 허위표시는 그 자체는 불법이 아니기 때문에, 허위표시만을 이유로 해서는 불법원인급여로 인한 반환청구의 금지에 관한 제746조를 적용할 수 없다.

(2) 제3자에 대한 효력

허위표시의 무효는 선의의 제3자에게 대항하지 못한다(제108조 2항). 즉, 통정한 허위의 의사표시는 허위표시의 당사자와 포괄승계인 이외의 자로서 그 허위표시에 의하여 외형상 형성된 법률관계를 토대로 실질적으로 새로운 법률상 이해관계를 맺은 선의의 제3자를 제외한 누구에 대하여서도 무효이고, 또한 누구든지 그 무효를 주장할 수 있다(대판 2003. 3. 28, 2002다72125). 대항할 수 없다고 하는 것은 선의의 제3자에게 무효를 주장할 수 없다는 의미이며 선의의 제3자로부터라면 유효·무효의 어느 쪽을 주장하여도 방해할 수 없다는 것이다. 그 결과 선의의 제3자는 전례에서 소유권을 취득할 수 있다.

등기에 공신력을 인정하고 있지 않는 우리 법제에서는 특히 중요하다. 여기에서 제3자라 함은 전술한 바의 허위표시의 외형에 대해 새로운 이해관계를 형성한 자이다. 전술한 바와 같은 가장양수인으로부터 다시 양도받은 자, 그 위에 저당권을 취득한 자, 가장채권의 양수인 등이 그 예이다. 이에 반해 1번저당권이 가장으로 방기되어 순위가 상승된 오신의 2번저당권자 등은 제3자가 아니다.

그리고 본조의 제3자는 선의이면 족하고 무과실을 요하지 않는다(대판 2004. 5. 28. 2003다70041). 또, 제3자는 특별한 사정이 없는 한 선의로 추정되므로 허위표시를 한 부동산 양도인이 제3자에 대하여 소유권을 주장하려면 제3자가 악의임을 입증하여야 한다(대판 1970. 9. 29. 70다466).

【쟁점사항】

<민법 제108조 2항의 '제3자'에 해당하는지 여부가 문제되는 경우>

(1) 통정허위표시에 의한 채권을 가압류한 자

통정한 허위표시에 의하여 외형상 형성된 법률관계로 생긴 채권을 가압류한 경우, 그 가압류권자는 허위표시에 기초하여 새로운 법률상 이해관계를 가지게 되므로 민법 제108조 제2항의 제3자에 해당한다고 봄이 상당하다.(대판 2004.5.28. 2003다70041)

(2) 보증인이 주채무자의 기망행위에 의하여 주채무자와 보증계약을 체결한 다음 그에 따라 보증채무자로서 그 채무까지 이행한 경우의 보증인

보증인이 주채무자의 기망행위에 의하여 주채무가 있는 것으로 믿고 주채무자와 보증계약을 체결한 다음 그에 따라 보증채무자로서 그 채무까지 이행한 경우, 그 보증인은 주채무자에 대한 구상권 취득에 관하여 법률상의 이해관계를 가지게 되었고 그 구상권 취득에는 보증의 부종성으로 인하여 주채무가 유효하게 존재할 것을 필요로 한다는 이유로 결국 그 보증인은 주채무자의 채권자에 대한 채무부담행위라는 허위표시에 기초하여 구상권 취득에 관한 법률상 이해관계를 가지게 되었다고 보아 민법 제108조 제2항 소정의 '제3자'에 해당한다(대판2000. 7. 6. 99다51258).

(3) 가장소비대차의 대주가 파산선고를 받은 경우의 파산관재인

파산자가 파산선고시에 가진 모든 재산은 파산재단을 구성하고, 그 파산재단을 관리 및 처분할 권리는 파산관재인에게 속하므로, 파산관재인은 파산자의 포괄승계인과 같은 지위를 가지게 되지만, 파산이 선고되면 파산채권자는 파산절차에 의하지 아니하고는 파산채권을 행사할 수 없고, 파산관재인이 파산채권자 전체의 공동의 이익을 위하여 선량한 관리자의 주의로써 그 직무를 행하므로, 파산관재인은 파산선고에 따라 파산자와 독립하여 그 재산에 관하여 이해관계를 가지게 된 제3자로서의 지위도 가지게 된다(대법원 2003. 6. 24. 2002다48214).

3. 적용범위

본조는 계약에 한하지 않고 상대방 있는 단독행위(예: 채무면제)에도 적용된다. 그러나 상대방 없는 단독행위에는 적용되지 않는다. 한편, 신분상의 행위에서 허위표시를 무효로 하여야 하는 것은 가족법의 특질로 미루어 당

연하므로 본조의 적용을 가다릴 것까지도 없다. 제2항도 같은 이유에서 적용되지 않는다.

4. 은닉행위와의 구별

여기에서 주목하지 않으면 안되는 것이 은닉행위란 것이 있다. 허위표시를 함에 있어서 진실은 다른 행위를 할 의사를 가지고 있는 것을 말하는 것이다. 증여의 의사를 은닉하고 매매를 가장하는 것과 같은 경우이다. 은닉행위의 효력은 그 타종의 행위자체가 의사표시나 법률행위로서의 요건을 구비하였는가의 여부에 따라서 결정하여야만 한다. 은닉행위란 이유만으로 당연히 무효인 것은 아니다.

<참고사항>

※ 제108조 2항 유추적용론

1. 문제점

허위표시가 성립하지 않음에도 불구하고 진정한 권리자의 귀책사유에 의하여 성립된 허위의 외관을 믿고 거래한 제3자가 있는 경우에, 거래안전을 보호하기 위하여 제108조 2항을 유추적용할 수 있는지 견해가 대립된다.

2. 학 설

(1) 궁정설(양창수, 김상용, 김학동)

허위표시가 없는 경우에도 거래의 안전을 보호하기 위하여 진실과 다른 외관이 작출되는 데 있어 진정권리자에게 귀책이 있는 경우에는 제108조 2항을 유추적용 해야 한다는 견해이다.

(2) 부정설

제108조 2항을 유사한 경우까지 유추적용 한다면 법률상 등기에 공신력을 인정하는 것과 동일한 결과를 낳게 하고, 이는 우리민법의 기본적 태도와 배치되므로 제108조 2항의 유추적용을 반대하는 견해이다.

3. 판 례

을이 갑으로부터 부동산에 관한 담보권설정의 대리권만 수여받고도 그 부동산에 관하여 자기 앞으로 소유권이전등기를 하고 이어서 병에게 그 소유권이전등기를 경료한 경우, 병은 을을 갑의 대리인으로 믿고서 위 등기의 원인행위를 한 것도 아니고, 갑도 을 명의의 소유권이전등기가 경료된 데 대하여 이를 통정·용인하였거나 이를 알면서 방치하였다고 볼 수 없다면 이에 민법 제126조나 제108조 제2항을 유추할 수는 없다(대법원 1991. 12. 27. 선고 91다3208 판결).

⇒ 판례의 태도에 대하여 일반적으로는 부정설을 취한다고 평가한다. 다만, 판례의 태도를 긍정설로 평가하는 견해도 존재한다.

[허위표시]

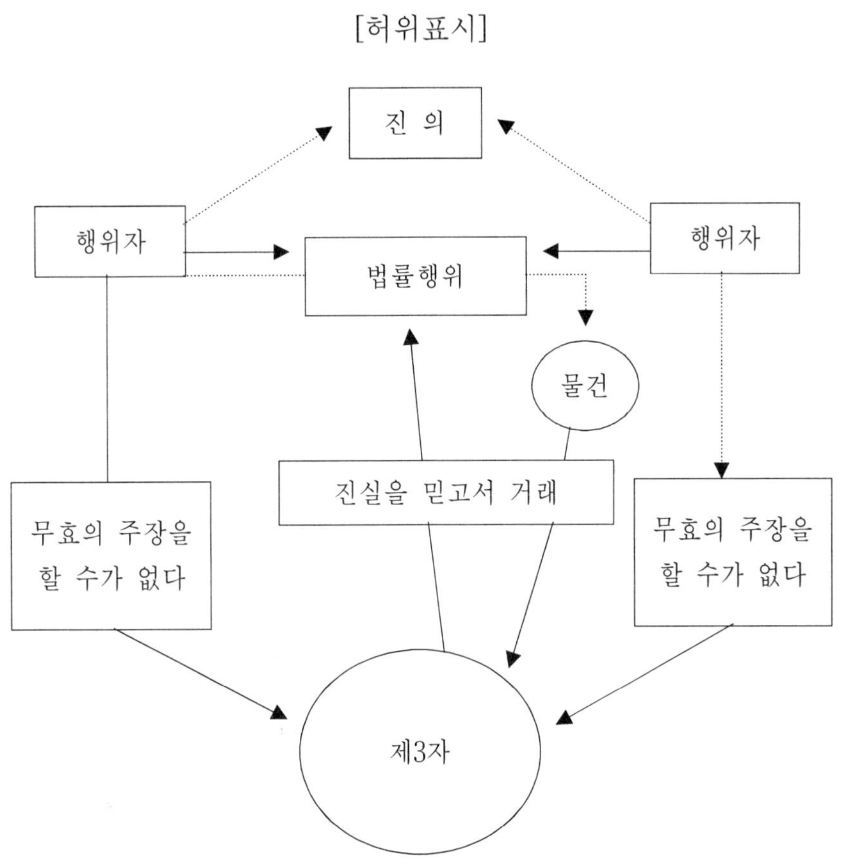

▣ 핵심판례 ▣

■ [통정한 허위의 의사표시]

1. 구 상호신용금고법상의 동일인 대출한도를 회피하기 위하여 상호신용금고의 양해하에 형식상 제3자 명의를 빌려 체결된 대출약정의 효력(무효)

동일인에 대한 대출액 한도를 제한한 구 상호신용금고법(1995. 1. 5. 법률 제4867호로 개정되기 전의 것) 제12조의 적용을 회피하기 위하여 실질적인 주채무자가 실제 대출받고자 하는 채무액에 대하여 제3자를 형식상의 주채무자로 내세우고, 상호신용금고도 이를 양해하여 제3자에 대하여는 채무자로서 책임을 지우지 않을 의도 아래 제3자 명의로 대출관계서류를 작성받은 경우, 제3자는 형식상의 명의만을 빌려 준 자에 불과하고 그 대출계약의 실질적인 당사자는 상호신용금고와 실질적 주채무자이므로, 제3자 명의로 되어 있는 대출약정은 상호신용금고의 양해 아래 그에 따른 채무부담의 의사 없이 형식적으로 이루어진 것에 불과하여 통정허위표시에 해당하는 무효의 법률행위이다(대판 2002. 10. 11, 2001다7445).

2. 갑이 타인의 토지를 매수하면서 을과 합의하에 을 명의로 소유권 이전등기를 경료한 다음 갑 앞으로 가등기를 경료한 경우, 그 가등기 약정은 통정허위표시가 아니라고 한 사례

갑이 을과의 합의하에 제3자로부터 토지를 을의 이름으로 매수하여 매매대금을 완납하고 을의 명의로 소유권 이전등기를 경료한 다음, 을에 대한 다른 채권자들이 그 토지에 대하여 압류, 가압류, 가처분을 하거나 을이 갑의 승낙 없이 토지를 임의로 처분해 버릴 경우의 위험에 대비하기 위하여 갑 명의로 소유권 이전등기 청구권 보전을 위한 가등기를 경료하였다면, 갑은 을에게 그 토지를 명의신탁한 것이라고 보여지고, 또한 그 가등기는 장래에 그 명의신탁 관계가 해소되었을 때 가등기에 기한 본등기를 경료함으로써 장차 가등기 경료 이후에 토지에 관하여 발생할지도 모르는 등기상의 부담에서 벗어나 갑이 완전한 소유권을 취득하기 위한 법적 장치로서 갑과 을 사이의 별도의 약정에 의하여 경료된 것이라고 할 것이므로, 위 가등기를 경료하기로 하는 갑과 을 사이의 약정이 통정허위표시로서 무효라고 할 수는 없고, 나아가 갑과 을 사이에 실제로 매매예약의 사실이 없었다고 하여 그 가등기가 무효가 되는 것도 아니다(대판 1995. 12. 26, 95다29888).

3. 통정한 허위의 가등기 및 본등기로 인해 소유권 이전등기를 말소당한 자가, 그 본등기에 터잡아 부동산을 양수한 선의의 제3자에 대하여 허위표시의 무효를 주장할 수 있다고 한 원심판결을 파기한 사례

통정허위표시를 원인으로 한 부동산에 관한 가등기 및 그 가등기에 기한 본등기로 인하여 갑의 소유권 이전등기가 말소된 후 다시 그 본등기에 터잡아 을이 부동산을 양수하여 소유권 이전등기를 마친 경우, 을이 통정허위표시자로부터 실질적으로 부동산을 양수하고 또 이를 양수함에 있어 통정허위표시자 명의의 각 가등기 및 이에 기한 본등기의 원인이 된 각 의사표시가 허위표시임을 알지 못하였다면, 갑은 선의의 제3자인 을에 대하여는 그 각 가등기 및 본등기의 원인이 된 각 허위표시가 무효임을 주장할 수 없고, 따라서 을에 대한 관계에서는 그 각 허위표시가 유효한 것이 되므로 그 각 허위표시를 원인으로 한 각 가등기 및 본등기와 이를 바탕으로 그 후에 이루어진 을 명의의 소유권 이전등기도 유효하다는 이유로, 을이 선의라 하더라도 을에 대하여 갑이 부동산의 소유권자임을 주장할 수 있다고 한 원심판결을 파기하였다(대판 1996. 4. 26, 94다12074).

4. 부동산의 이중매도인이 배임죄로 처벌받았을지라도 민사사건에서는 이중매매가 통정허위표시에 기한 무효의 법률행위라고 판단할 수 있는지 여부(적극)

형법상 배임죄에서 재산상의 손해의 유무는 법률적 판단에 의하여 당해 배임행위가 무효라 하더라도 경제적인 관점에서 파악하여 배임행위로 인하여 본인에게 현실적인 손해를 가하였거나 실해발생 위험을 초래한 경우에는 재산상의 손해를 가한 때에 해당되어 배임죄를 구성하는 것이라고 볼 것이므로 매도인이 형사사건에서 이중매매로 인하여 배임죄로 처벌받았다 하여 민사사건에서 매매계약이 통정허위표시에 기한 무효의 법률행위라고 판단할 수 없는 것은 아니다(1993. 4. 27. 제1부 판결, 92다51747 소유권이전등기말소).

5. 공동매수인에게 명의신탁한 부동산 소유지분에 대한 권리를 확보하기 위하여 경료한 근저당권설정등기는 통정허위표시에 의한 것이거나 피담보채권이 없는 것이어서 무효인지 여부(소극)

공동으로 매수하고 공유자에게 명의신탁한 부동산이 공유자에 의하여 임의로 처분되거나 그의 채권자들에 의하여 강제집행되는 등의 사유로 공유자에 의하여 자기지분이 침해될 경우에 공유자에 대하여 가지게 되는 장래의 조건부 손해배상청구권 또는 부당이득반환청구권을 담보하기 위하여 근저당설정등기를 경료하였다면 이는 공유자 사이의 합치된 진정한 의사표시에 기하여 경료된 것이지 강제집행을 면탈할 목적으로 통정하여 한 허위의 의사표시라고 볼 수 없으며 또 장래에 발생할 특정의 조건부채권을 피담보채권으로 하고 있어서 피담보채권이 존재하지 않는다고도 볼 수 없다(1993. 5. 25. 제2부 판결, 93다6362 근저당권설정등기말소).

6. 모회사의 기능직사원이 사무직으로 직종변경되면 신설 자회사로 가겠다고 하여 모회사에서 퇴직하고 자회사로 입사하는 절차를 밟은 데 대하여 위 퇴직이 통정허위표시이거나 근로기준법위반으로 무효가 되지 아니한다 한 사례

모회사의 기능직사원이 사무직으로 직종변경되면 신설 자회사로 가겠다고 하여 모회사에서 퇴직하고 자회사로 입사하는 절차를 밟은 데 대하여 위 퇴직이 통정허위표시이거나 근로기준법위반으로 무효가 되지 아니한다(1993. 6. 11. 제3부 판결, 92다19316 퇴직금).

7. 매매계약의 대금이 적극적 은닉행위를 수반하는 허위표시인 경우 그 매매계약의 효력

매도인이 경영하던 기업이 부도가 나서 그가 주식을 매도할 경우 매매대금이 모두 채권자 은행에 귀속될 상황에 처하자 이러한 사정을 잘 아는 매수인이 매매계약서상의 매매대금은 형식상 금 8,000원으로 하고 나머지 실질적인 매매대금은 매도인의 처와 상의하여 그에게 적절히 지급하겠다고 하여 매도인이 그와 같은 주식매매계약을 체결한 경우, 매매계약상의 대금 8,000원이 적극적 은닉행위를 수반하는 허위표시라 하더라도 실지 지급하여야 할 매매대금의 약정이 있는 이상 위 매매대금에 관한 외형행위가 아닌 내면적 은닉행위는 유효하고 따라서 실지매매대금에 의한 위 매매계약은 유효하다(1993. 8. 27. 제3부 판결, 93다12930 주권반환).

8. 통정허위표시와 사해행위의 관계

채무자의 법률행위가 통정허위표시인 경우에도 채권자취소권의 대상이 되고, 한편 채권자취소권의 대상으로 된 채무자의 법률행위라도 통정허위표시의 요건을 갖춘 경우에는 무효라고 할 것이다(대판 1998. 2. 27, 97다50985).

9. 약속어음발행행위와 통정허위표시

가. 채무자 또는 그 대리인의 유효한 작성촉탁과 집행인낙의 의사표시에 터잡아 작성된 공정증서를 집행권원으로 하는 금전채권에 대한 강제집행절차에서, 비록 그 공정증서에 표시된 청구권의 기초가 되는 법률행위에 무효사유가 있다고 하더라도 그 강제집행절차가. 청구이의의 소 등을 통하여 적법하게 취소·정지되지 아니한 채 계속 진행되어 채권압류 및 전부명령이 적법하게 확정되었다면, 그 강제집행절차가 반사회적 법률행위의 수단으로 이용되었다는 등의 특별한 사정이 없는 한, 단지 이러한 법률행위의 무효사유를 내세워 확정된 전부명령에 따라 전부채권자에게 피전부채권이 이전되는 효력 자체를 부정할 수는 없고, 다만 위와 같이 전부명령이 확정된 후 그 집행권원인 집행증서의 기초가 된 법률행위 중 전부 또는 일부에 무효사유가 있는 것으로 판명된 경우에는 그 무효 부분에 관하여는 집행채권자가 부당이득을 한 셈이 되므로, 그 집행채권자는 집행채무자에게, 위 전부명령에 따라 전부받은 채권 중 실제로 추심한 금전 부분에 관하여는 그 상당액을 반환하여야 하고, 추심하지 아니한 나머지 부분에 관하여는 그 채권 자체를 양도하는 방법에 의하여 반환하여야 한다.

나. 집행채무자의 채권자가 그 집행채권자를 상대로 부당이득금 반환채권을 대위행사하는 경우 집행채무자에게 그 반환의무를 이행하도록 청구할 수도 있지만, 직접 대위채권자에게 이행하도록 청구할 수도 있다고 보아야 하는데, 이

와 같이 채권자대위권을 행사하는 채권자에게 변제수령의 권한을 인정하더라도 그것이 채권자 평등의 원칙에 어긋난다거나 제3채무자를 이중 변제의 위험에 빠뜨리게 하는 것이라고 할 수 없다.

다. 어음행위에 민법 제108조가 적용됨을 전제로, 실제로 어음상의 권리를 취득하게 할 의사는 없이 단지 채권자들에 의한 채권의 추심이나 강제집행을 피하기 위한 약속어음 발행행위가 통정허위표시로서 무효라고 한 원심의 판단을 수긍한 사례(대판 2005. 4. 15, 2004다70024).

10. 통정허위표시와 불법원인급여와의 관계

가. 통정한 허위표시에 의하여 외형상 형성된 법률관계로 생긴 채권을 가압류한 경우, 그 가압류권자는 허위표시에 기초하여 새로운 법률상 이해관계를 가지게 되므로 민법 제108조 제2항의 제3자에 해당한다고 봄이 상당하고, 또한 민법 제108조 제2항의 제3자는 선의이면 족하고 무과실은 요건이 아니다.

나. 강제집행을 면할 목적으로 부동산에 허위의 근저당권설정등기를 경료하는 행위는 민법 제103조의 선량한 풍속 기타 사회질서에 위반한 사항을 내용으로 하는 법률행위로 볼 수 없다.

다. 근저당권은 그 담보할 채무의 최고액만을 정하고, 채무의 확정을 장래에 보류하여 설정하는 저당권으로서, 계속적인 거래관계로부터 발생하는 다수의 불특정채권을 장래의 결산기에서 일정한 한도까지 담보하기 위한 목적으로 설정되는 담보권이므로 근저당권설정행위와는 별도로 근저당권의 피담보채권을 성립시키는 법률행위가 있어야 한다.

라. 근저당권이 있는 채권이 가압류되는 경우, 근저당권설정등기에 부기등기의 방법으로 그 피담보채권의 가압류사실을 기입등기하는 목적은 근저당권의 피담보채권이 가압류되면 담보물권의 수반성에 의하여 종된 권리인 근저당권에도 가압류의 효력이 미치게 되어 피담보채권의 가압류를 공시하기 위한 것이므로, 만일 근저당권의 피담보채권이 존재하지 않는다면 그 가압류명령은 무효라고 할 것이고, 근저당권을 말소하는 경우에 가압류권자는 등기상 이해관계 있는 제3자로서 근저당권의 말소에 대한 승낙의 의사표시를 하여야 할 의무가 있다(대판 2004. 5. 28, 2003다70041).

11. 실제로는 전세권설정계약을 체결하지 않았으면서도 임차보증금반환채권을 담보할 목적 등으로 임차인과 임대인의 합의에 따라 임차인 명의로 전세권설정등기를 마친 경우, 통정허위표시의 무효를 주장할 수 없는 '선의의 제3자'의 범위

실제로는 전세권설정계약을 체결하지 아니하였으면서도 임대차계약에 기한 임차보증금반환채권을 담보할 목적 또는 금융기관으로부터 자금을 융통할 목적으로 임차인과 임대인 사이의 합의에 따라 임차인 명의로 전세권설정등기를 경료한 경우에, 위 전세권설정계약이 통정허위표시에 해당하여 무효라 하더라도 위 전세권설정계약에 의하여 형성된 법률관계에 기초하여 새로이 법률상 이해관계를 가지게 된 제3자에 대하여는 그 제3자가 그와 같은 사정을 알고 있었던 경우에만 그 무효를 주장할 수 있다. 그리고 여기에서 선의의 제3자가 보호될 수 있는 법률상 이해관계는 위 전세권설정계약의 당사자를 상대로 하여 직접 법률상 이해관계를 가지는 경우 외에도 그 법률상 이해관계를 바탕으로 하여 다시 위 전세권설정계약에 의하여 형성된 법률관계와 새로이 법률상 이해관계를 가지게 되는 경우도 포함된다(대판 2013. 2. 15, 2012다49292).

12. 금융기관의 여신제한 등의 규정을 회피하기 위하여 제3자가 금융기관과 자신을 주채무자 또는 연대보증인으로 하는 금전소비대차계약을 체결한 경우, 위 소비대차계약이 통정허위표시인지 여부(원칙적 소극) 및 위 소비대차계약을 통정허위표시로 보기 위한 요건

통정허위표시가 성립하기 위해서는 의사표시의 진의와 표시가 일치하지 아니하고 그 불일치에 관하여 상대방과 사이에 합의가 있어야 하는데, 제3자가 금전소비대차약정서 등 대출관련 서류에 주채무자 또는 연대보증인으로서 직접 서명·날인하였다면 제3자는 자신이 그 소비대차계약의 채무자임을 금융기관에 대하여 표시한 셈이고, 제3자가 금융기관이 정한 여신제한 등의 규정을 회피하여 타인으로 하여금 제3자 명의로 대출을 받아 이를 사용하도록 할 의사가 있었다거나 그 원리금을 타인의 부담으로 상환하기로 하였더라도, 특별한 사정이 없는 한 이는 소비대차계약에 따른 경제적 효과를 타인에게 귀속시키려는 의사에 불과할 뿐, 그 법률상의 효과까지도 타인에게 귀속시키려는 의사로 볼 수는 없으므로 제3자의 진의와 표시에 불일치가 있다고 보기는 어렵다고 할 것인바, 구체적 사안에서 위와 같은 특별한 사정의 존재를 인정하기 위해서는, 금융기관이 명의대여자와 사이에 당해 대출에 따르는 법률상의 효과까지 실제 차주에게 귀속시키고 명의대여자에게는 그 채무부담을 지우지 않기로 약정 또는 양해하였음이 적극적으로 입증되어야 한다(대판 2015. 2. 12, 2014다41223).

◆ 법률행위의 내용의 중요부분에 착오가 있는 경우 그 행위의 취소의 가부

제 109 조 【착오로 인한 의사표시】

① 의사표시는 법률행위의 내용의 중요부분에 착오가 있는 때에는 취소할 수 있다. 그러나 그 착오가 표의자의 중대한 과실로 인한 때에는 취소하지 못한다.

② 전항의 의사표시의 취소는 선의의 제3자에게 대항하지 못한다.

■ § 109. 착 오

• (다수설)표시상 효과의사≠내심적 효과의사
(곽윤직)표시≠진의(착오가 없었더라면 가졌을 것으로 생각되는 의사)

• 착오의 태양 : ① 표시상의 착오-표시행위 자체를 잘못하는 것 "표시의사"가 없음
② 내용상의 착오-표시행위가 가지는 내용적 의미에 관하여 착오가 있는 경우
③ 동기의 착오-의사표시를 하게 된 동기의 착오

• 중요부분의 착오 : ① 객관적 요건 : 일반인 입장
② 주관적 요건 : 표의자 입장-착오를 알았더라면 의사표시를 하지 않았을 정도로 중요한 것
③ 태 양 : 토지의 현황, 경계의 착오, 토지시가의 착오

• 효 과 : ① 원칙 : 중요부분의 착오가 있는 때에 취소할 수 있다.
② 예외 : 착오가 표의자의 중대한 과실에 기인하는 때에는 비록 중요부분의 착오가 있더라도 표의자는 그의 의사표시를 착오를 이유로 취소하지 못한다.

• 관련법조 : [주식인도와 착오] 상법 §320, [상호계산과 착오] 상법 §75

1. 착오의 의의 및 태양

착오란 의사와 표시의 불일치에 대해서 표의자가 알지 못하는 것이다. 표의자가 알지 못하는 점에서 심리유보(비진의표시)나 허위표시와 다르다. 표의자

를 보호하여야 할 이유가 있기 때문에 상대방과의 이해조정을 꾀하기 위한 문제가 특히 복잡하다. 착오는 다음과 같은 모습으로 나눌 수 있다.

(1) 표시상의 착오

표시행위 자체를 실수하였기 때문에 진의와 표시와의 사이에 불일치를 가져온 것으로서 오기, 오담 등이다(2만원이라 쓸 의사로 3만원이라고 쓴 실수). 그리고 표시기관의 착오라고 일컬어지는 것이 있는데(사자가 잘못 말한 경우), 이것도 표시상의 착오의 일종이다.

(2) 내용의 착오

표시행위의 의미를 실수한 것을 말한다. 예컨대, 파운드와 달러가 동일가치라고 오신하여 100파운드로 쓸 생각으로 100달러라고 쓴 것과 같은 것이다.

(3) 동기(연유)의 착오

① 의 의

의사표시를 하는 동기(연유)에 착오가 있는 것을 말한다. 예컨대 철도가 부설될 것이라고 믿고 토지를 고가로 매수한 것과 같은 것이다. 동기의 착오는 당연히 다루어지는 문제이나 엄밀하게 말하면 이것은 착오로 되지 않는다. 왜냐하면 이 경우에는 의사와 표시가 일치하고 있기 때문이다. 말하자면 그것은 의사를 형성시킨 동기(연유)가 사실과 다른 것이라고 할 수 있다.

② 동기의 착오의 법적 취급

제109조 1항은 '법률행위의 내용'에 착오가 있는 경우에만 착오를 이유로 의사표시를 취소할 수 있도록 규정하고 있는바, '법률행위의 동기'에 착오가 있는 경우에도 착오를 이유로 의사표시를 취소할 수 있는지가 문제된다. 이와 관련하여 학설이 대립되고 있다.

가. 학 설

동기표시설은 동기는 법률행위의 내용이 아니므로 동기의 착오는 법적인 의미가 있는 착오일 수 없는 것이 원칙이고, 다만 예외적으로 동기가 표시되고 상대방이 알고 있는 경우에는 동기가 법률행위의 내용이 되어 착오를 이유로 취소할 수 있다고 한다(곽윤직 등 다수설)

동기포함설은 제109조가 정한 착오의 개념에 동기의 착오도 포함되기 때문에 표시 여하를 불문하고 제109조의 요건을 갖추면 취소할 수 있다고 본다. 즉 동기가 표시되었거나 상대방이 이를 알고 있는지에 관계없이 동기의 착오를 이유로 의사표시를 취소할 수 있다는 견해로서, 실제 문제되는 착오의 대부분은 동기의 착오라는 점을 강조한다(김용한).

제109조 유추적용설은 동기의 착오를 원칙적으로 착오에 의한 취소의 범주에서 제외하면서, 다만, 동기의 착오 중 '거래에 있어서 중요한 사람 또는 물건의 성질에 대한 착오 및 이에 준하는 착오'는 실제 거래에 있어서 표시상의 착오 및 내용의 착오와 동등한 가치를 가지고 있는 것이기 때문에 이러한 착오에 한하여 제109조를 유추적용 할 수 있다고 본다(이영준).

동기배제설은 동기의 착오는 비록 동기가 표시되었어도 취소사유로 되지 않는다고 본다. 그러나 동기의 착오가 상대방에 의하여 악용된 경우에는 사기에 의한 의사표시(제110조)나 신의칙(제2조)에 따라 구제받을 수 있다고 한다(송덕수).

나. 판 례

표의자가 '스스로' 동기에 착오를 일으켜 계약을 체결한 사안에서, 당사자 사이에 그 동기를 계약의 내용으로 삼은 때에 한하여 착오를 이유로 취소할 수 있다고 한다(대판 1979. 3. 27, 78다2493). 한편, 동기가 '상대방'에 의하여 유발된 경우에는 표시 여부를 불문하고 착오를 이유로 취소할 수 있다고 한다(대판 1978. 7. 11, 78다719 ; 1992. 2. 25, 91다38419). 이 때도 제109조의 나머지 요건(중요부분, 무중과실)을 갖추어야 취소할 수 있다는 점을 주의하여야 한다.

③ 쌍방에 공통하는 동기의 착오 문제

1) 문제점

계약을 체결함에 있어 당사자 쌍방이 일치하여 일정한 사정에 대하여 착오에 빠진 경우, 일방이 착오에 빠진 경우와는 달리 계약내용을 개별적인 관계에 맞게 수정하는 것이 당사자의 진정한 의사에 부합할 수 있고, 또한 제

109조는 당사자 쌍방의 공통하는 동기의 착오를 예정한 규정이 아니기 때문에 기존의 동기의 착오이론을 그대로 적용하기는 어려움이 있어 이러한 경우 그 해결방법이 문제된다.

2) 학 설

가. 법률행위의 보충적 해석에 의해 해결하는 견해(이영준, 윤진수)

먼저 법률행위의 보충적 해석을 통해 당사자 쌍방에게 공통하는 동기의 착오가 없었더라면 당사자들이 합의하였을 내용으로 계약을 수정하고 수정이 불가능한 경우에는 당초의 계약에 의해 불이익을 입는 자가 제109조의 요건하에 의사표시를 취소할 수 있다고 한다.

나. 주관적 행위기초론에 의해 해결하는 견해(송덕수, 김상용, 김학동)

당사자 사이에 '공통하는 결정적인 관념 또는 확실한 기대'는 주관적 행위기초를 이루는데, 여기에 착오를 일으킨 당사자를 계약에 묶어 두는 것은 신의칙에 반한다고 한다. 이러한 경우 공통의 동기의 착오에 의하여 불이익하게 계약을 체결한 당사자는 계약으로부터 벗어날 권리를 가진다(탈퇴권). 다만 착오에 의하여 유익하게 된 당사자가 계약을 당사자 쌍방의 착오가 없었더라면 합의하였을 내용으로 수정하려 한다면 상대방은 이에 따라야 하며 탈퇴할 수 없다고 본다.

다. 판 례

판례는 매매계약을 체결하면서 매도인이 부담해야 할 양도소득세를 당초 쌍방이 예상한 금액의 한도에서 매수인이 부담하기로 특약을 하였는데, 사실은 쌍방이 착오에 빠졌던 관계로 이를 초과한 세금이 부과된 사안에서, "매도인이 착오를 일으키게 된 원인을 매수인측이 제공하였으므로 매도인이 착오를 이유로 위 계약을 취소할 수 있다"고 하면서 "매도인이 부담하여야 할 세금의 액수가 예상액을 초과한다는 사실을 알았더라면 매수인이 초과세액까지도 부담하기로 약정하였으리라는 특별한 사정이 인정될 수 있을 때에는 매도인으로서는 매수인에게 초과세액 상당의 청구를 할 수 있다고 해석함이 당사자의 진정한 의사에 합치할 것이므로 매도인에게 위와 같은 세액에 관한 착오가 있었다는 이유만으로 매매계약을 취소하는 것은 허용되지 않는다"(대판 1994. 6. 10, 93다24810)고 하여 보충적 해석에 의해 해결하는 견해와 동일한 태도를 취한바 있고, 최근에는 이를 보다 명확히 하였다(대판 2006. 11. 23, 2005다13288)

【핵심사항】

<동기의 착오를 이유로 법률행위를 취소하기 위한 요건>

가. 동기의 착오가 법률행위의 내용의 중요부분의 착오에 해당함을 이유로 표의자가 법률행위를 취소하려면 그 동기를 당해 의사표시의 내용으로 삼을 것을 상대방에게 표시하고 의사표시의 해석상 법률행위의 내용으로 되어 있다고 인정되면 충분하고 당사자들 사이에 별도로 그 동기를 의사표시의 내용으로 삼기로 하는 합의까지 이루어질 필요는 없지만, 그 법률행위의 내용의 착오는 보통 일반인이 표의자의 입장에 섰더라면 그와 같은 의사표시를 하지 아니하였으리라고 여겨질 정도로 그 착오가 중요한 부분에 관한 것이어야 한다.

나. 매매대상 토지 중 20~30평 가량만 도로에 편입될 것이라는 중개인의 말을 믿고 주택신축을 위하여 토지를 매수하였고 그와 같은 사정이 계약체결 과정에서 현출되어 매도인도 이를 알고 있었는데 실제로는 전체 면적의 약 30%에 해당하는 197평이 도로에 편입된 경우, 동기의 착오를 이유로 매매계약을 취소할 수 있다(대판 2000. 5. 12, 20010다12259).

2. 법률행위의 중요부분의 착오의 의미 및 태양

(1) 법률행위의 중요부분의 착오

이상과 같은 착오가 있는 경우에 그러한 법률행위의 중요부분에 착오가 있는 경우에만 그것을 취소할 수 있다. 법률행위의 중요부분이란 것은 반드시 명료한 것은 아니지만 그것에 대한 착오가 없었다면 본인뿐만 아니라 보통 일반인도 이와 같은 의사표시를 하지 않았을 것이라고 할 수 있는 정도의 중요함을 말한다. 중요부분의 착오인가의 여부는 각각의 사안에 대하여 구체적으로 결정하여야 하지만 중요한 예를 이하에서 기술하면 다음과 같다.

① 사람에 대한 동일성의 착오는 개인에게 중점을 둔 법률행위, 예컨대 증여, 신용매매 등은 중요부분의 착오가 된다. 그러나 현실매매와 같이 상대방이 누구이냐를 중요시하지 않는 경우에는 사람에 대한 동일성의 착오는 중요부분의 착오로 되지 않는다.

② 목적물의 동일성에 대한 착오도 일반적으로 중요부분의 착오로 된다(이것은 내용의 착오도 된다).

③ 사람의 신분·자산에 관한 착오도 그 신분·자산이 중요한 의미를 갖는 법률행위에 있어서는 중요부분의 착오로 된다. 대금을 현금으로 지불할 자력이 있다고 오신하고 그 자에게 판 것과 같은 경우이다. 그러나 많은 경우 동기의 착오에 해당되므로 표시되어 있는가의 여부가 문제가 된다.

④ 물건의 성질·내력에 관한 착오는 ③과 같이 생각해도 무방하다. 타마를 수태한 양마로 오신하고 산 경우이다.

⑤ 물건의 수량·가격 등에 관해서는 그 정도가 거래상 중요한 것으로 되는 경우에만 중요부분의 착오로 된다. 법률행위의 성질, 예컨대 연대보증을 보통의 보증으로 잘못 안 경우에는 중요부분의 착오로 된다.

구분	내 용	
사람에 관한 착오	(1) 사람의 동일성에 관한 착오	① 사람을 중요시하는 법률행위에 있어서는 중요한 부분의 착오가 된다(예: 증여·신용매매·임차·위임·고용 등). ② 현실매매와 같은 경우의 사람의 동일성의 착오는 중요부분의 착오가 아니다.
	(2) 사람의 신분·경력·직업·자산상태 등에 관한 착오	① 그러한 것이 중요한 의의를 가지는 경우는 중요부분의 착오가 된다. ② 동기의 착오에 해당하는 경우가 많다.
목적물에 대한 착오	(1) 목적물의 동일성에 관한 착오	일반적으로 중요부분의 착오가 된다.
	(2) 물건의 성장·내력 등에 관한 착오	일반적으로 동기의 착오로서 거래상 중요한 의미를 가지고 또한 표시된 때에는 중요부분의 착오가 된다(예: 동기의 성능, 광구의 품질, 가축의 수태 능력 등).
	(3) 물건의 수량·가격 등에 관한 착오	물건의 객관적인 가격이나 예상수량과 큰 차이가 있는 경우에는 중요부분의 착오가 된다.
	(4) 법률상태에 관한 착오	예컨대, 제2심에서 승소판결을 알지 못하여 화해한 경우에는 중요부분의 착오가 된다.
기타	법률행위의 성질에 관한 착오 예컨대, 임대차를 사용대차인 줄 알았거나 연대보증을 보통의 보증으로 잘못 안 경우 등에는 중요부분의 착오가 성립한다(판례).	

(2) 동기의 착오에 해당하는 경우

① 매수인이 목적물의 시가를 모르고 매수하는 경우(대판 1985. 4. 23, 84다카890)

② 매매에서 매도인이 목적물의 시가를 몰라서 대금과 시가에 차이가 생긴 경우(대판 1955. 7. 7, 4288민상66)

③ 매수인이 토지에 대한 전용허가를 받기 위해서는 관계법률에 의한 사업계획의 승인을 받는 등 복잡한 절차를 거쳐야 한다는 사실을 모르고 곧바로 벽돌공장을 지을 수 있는 것으로 잘못 안 경우(대판 1997. 4. 11, 96다31109)

④ 회사가 소속차량 운전수의 과실로 타인에게 상해를 입힌 것으로 오인하고 손해배상 책임이 있는 것으로 착오를 일으켜 부상자의 병원에 대한 치료비지급채무를 연대보증한 경우(대판 1975. 4. 22, 75다387)

3. 효 과

중요부분의 착오라 하더라도 표의자에게 중대한 과실이 있는 경우에는 표의자는 착오를 이유로 하여 그의 의사표시를 취소할 수 없다.

즉, 법률행위의 내용의 중요부분에 착오가 있는 때에는 그 의사표시를 취소할 수 있으나 그 착오가 표의자의 중대한 과실로 인한 때에는 취소하지 못하는 것인 바, 여기서 '중대한 과실'이라 함은 표의자의 직업, 행위의 종류, 목적 등에 비추어 보통 요구되는 주의를 현저히 결여한 것을 의미한다(대판 2003. 4. 11, 2002다70884). 예컨대 주식매매를 영업으로 하는 자가 회사의 정관을 조사하지 않는 경우이다(조고판 1922. 10. 24.).

법률행위의 중요부분에 착오가 있는 때에, 표의자는 중대한 과실이 없는 한 그 행위를 취소할 수 있게 된다. 그러나 그 취소로써 선의의 제3자에게 대항하지 못한다. 이는 거래의 안전을 위한 것이다.

한편, 독일민법은 표의자가 착오를 이유로 취소한 경우에 표의자가 상대방에게 신뢰이익의 배상책임을 지는 것으로 규정하고 있는데, 현행민법은 이러한 내용의 규정을 두고 있지 않다. 표의자에게 '중과실'이 있는 경우에는 표의자는 착오를 이유로 취소할 수 없으므로 이러한 신뢰이익의 배상책임을 인정할 수 없다고 본다(통설). 다만 표의자에게 '경과실'이 있는 경우에는 견해가 나뉘고 있다. 다수설은 명문의 규정은 없지만, 계약체결상의 과실책임(제535조) 규정을 유추적용하여 상대방이 입은 신뢰이익의 배상을 인정하는 것이 형평에 맞는 것이라고 주장한다. 소수설은 명문의 규정이 없는 점에서 이를 인정하기는 어렵다고 한다.

판례는 아직까지 제535조를 유추적용하여 손해배상책임을 인정한 예는 없으며 한편, 불법행위책임과 관련하여 "불법행위에 의한 손해배상책임이 성립하기 위해서는 가해자의 고의 또는 과실 이외에 행위의 위법성이 요구된다고 할 것인바, 제109조에서 중과실이 없는 착오자의 착오를 이유로 한 의사표시의 취소를 허용하고 있는 이상, 표의자가 과실로 인하여 착오에 빠져 계약보증서를 발급한 것이나 그 착오를 이유로 보증계약을 취소한 것이 위법하다고 할 수는 없다"고 판시한 바 있다(대판 1997. 8. 22, 97다13023).

다음으로 본조의 적용범위가 문제되는데, 가족법상의 행위에 대해서는 심리유보나 허위표시와 마찬가지로 본조의 적용없이 친족편의 규정에 따라 무효가 된다(제815조, 제883조). 또 재산법상의 행위에 있어서도 행위의 외형을 신뢰하여 신속·대량의 거래가 이루어지고, 그 위에 다수의 이해관계가 형성되는 행위에 있어서는 표의자 보호의 착오이론은 커다란 제한을 받지 않으면 안될 것이다. 상법은 주식의 인수에 관하여 이 입장을 취하고 있다(상법 제320조). 즉 회사성립 후에는 착오를 이유로 하여 그 인수를 취소하지 못한다.

4. 관련문제(착오규정과 다른 규정과의 경합문제)

(1) 사기(제110조)와 착오의 경합 여부

통설과 판례는 선택적 경합을 인정한다. 즉, 사기에 의해 기망을 당하게 되면 착오가 발생하는데, 이때 그 착오는 중요부분의 착오가 아니어도 사기에 의한 의사표시로서 취소할 수 있다(대판 1969. 6. 24, 68다1749)

(2) 담보책임과 착오의 경합 여부

통설은 담보책임규정은 착오규정에 대해 법조경합관계에 있다고 한다. 즉, 담보책임에 관한 규정이 특칙으로서 착오보다 우선하여 적용된다고 본다(법률관계를 조속히 안정시키려는 담보책임의 단기제척기간의 취지중시).

반면, 사기와 담보책임의 경합여부에 대해서는 통설과 판례는 선택적 경합을 긍정한다.

(3) 해제와 착오취소의 경합 여부

판례는 "매도인이 매수인의 중도금지급채무불이행을 이유로 매매계약을 적법하게 해제한 후라도 매수인으로서는 상대방이 한 계약해제의 효과로서 발생하는 손해배상책임을 지거나 매매계약에 따른 계약금의 반환을 받을 수 없는 불이익을 면하기 위해서 착오를 이유로 한 취소권을 행사하여 매매계약 전체를 무효로 돌릴 수 있다"(대판 1996. 12. 6, 95다24982)고 하여 경합을 긍정한다.

[착 오]

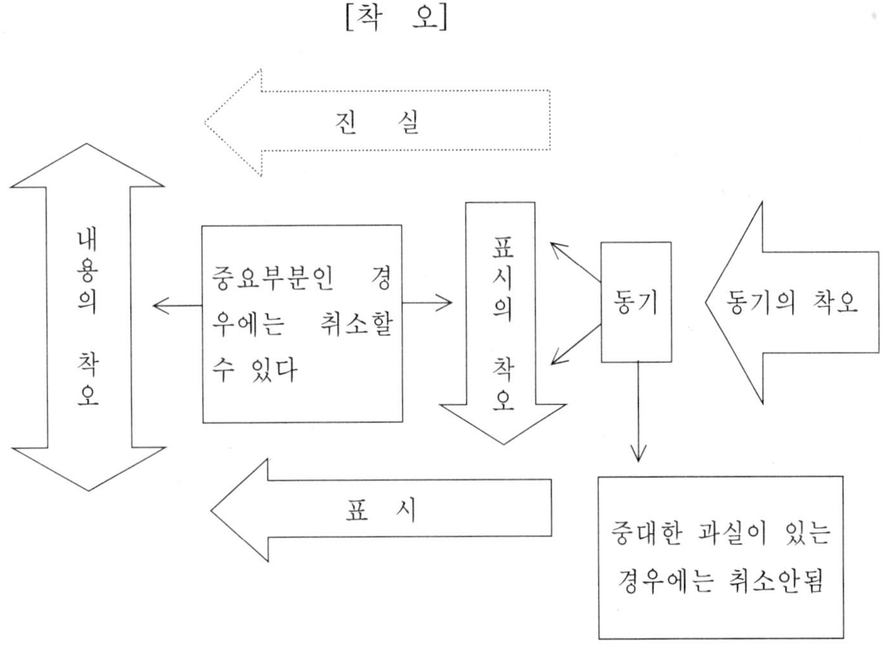

▣ 핵심판례 ▣

■ [착오로 인한 의사표시]

1. 주택건설사업계획 승인에 붙여진 기부채납 조건 및 그 이행으로 경료된 토지소유권이전등기가 당연무효이거나 또는 취소될 사유는 아니라고 본 사례

주택건설사업계획 승인에 붙여진 기부채납의 조건은 행정행위의 부관 중 '부담'에 해당하는 것으로서, 그 조건에 하자가 있다고 하더라도 그 하자가 기부채납의 조건을 당연무효로 할 만한 사유에 해당한다고 볼 수는 없고, 또 그와 같은 행정처분의 부관에 근거한 기부채납 행위가 당연무효이거나 취소될 사유는 못 된다고 한 사례(1996. 1. 23. 판결, 95다3541 소유권이전등기말소)

2. 동기의 착오를 이유로 법률행위를 취소하기 위한 요건

동기의 착오가 법률행위의 내용의 중요부분의 착오에 해당함을 이유로 표의자가 법률행위를 취소하려면 그 동기를 당해 의사표시의 내용으로 삼을 것을 상대방에게 표시하고 의사표시의 해석상 법률행위의 내용으로 되어 있다고 인정되면 충분하고 당사자들 사이에 별도로 그 동기를 의사표시의 내용으로 삼기로 하는 합의까지 이루어질 필요는 없지만, 그 법률행위의 내용의 착오는 보통 일반인이 표의자의 입장에 섰더라면 그와 같은 의사표시를 하지 아니하였으리라고 여겨질 정도로 그 착오가 중요한 부분에 관한 것이어야 한다(대판 1998. 2. 10, 97다44737).

3. 부동산의 매매에 있어 시가에 관한 착오가 법률행위의 중요부분에 관한 착오인지 여부(소극)

부동산의 매매에 있어 시가에 관한 착오는 그 동기의 착오에 불과할 뿐 법률행위의 중요부분에 관한 착오라고는 할 수 없다(1991. 2. 12. 제2부 판결, 90다17927 소유권이전등기).

4. 시가 산업기지개발사업을 실시하기 위해 토지를 취득함에 있어 일부가 그 사업대상토지에 편입된 토지는 무조건 잔여지를 포함한 전체토지를 협의매수하기로 하여 지주들에게는 잔여지가 발생한 사실 등을 알리지 아니한 채 전체토지에 대한 손실보상협의요청서를 발송하고 매수협의를 진행함에 따라 지주들이 그 소유토지 전부가 사업대상에 편입된 것 등으로 잘못 판단하고 시의 협의매수에 응한 것에 대하여 그 의사표시의 동기에 착오가 있었음을 이유로 취소할 수 있다고 본 사례

시가 산업기지개발사업을 실시하기 위해 토지를 취득함에 있어 일부가 그 사업대상토지에 편입된 토지는 무조건 잔여지를 포함한 전체토지를 협의매수하기로 하여 지주들에게는 잔여지가 발생한 사실 등을 알리지 아니한 채 전체토지에 대한 손실보상협의요청서를 발송하고 매수협의를 진행함에 따라 지주들이 그 소유토지 전부가 사업대상에 편입된 것 등으로 잘못 판단하고 시의 협의매수에 응한 것에 대하여 그 의사표시의 동기에 착오가 있었음을 이유로 취소할 수 있다(1991. 3. 27. 제1부 판결, 90다카27440 토지소유권이전등기).

5. 가. 금융기관이 신용보증기금에게 연체가 발생하여 신용보증 제한대상이 되는 기업에 대한 거래상황확인서를 발급함에 있어서 아무런 연체가 없는 것처럼 기재함으로써 위 기금이 신용보증을 하게 된 경우 신용보증행위의 중요부분에 관한 동기의 착오인지 여부(적극)

신용보증기금법 제1조, 제6조, 제27조, 제28조, 제31조의 2의 각 규정 취지에 비추어 볼 때 신용보증기금은 일반 금융기관과는 달리 신용보증 대상기업의 신용상태가 그 신용보증을 함에 있어 중요한 요인이 된다고 할 수 있는 것으로서 같은 법 제24조에 따라 위 기금이 작성하여 재무부장관의 승인을 얻어 시행하는 위 기금이 업무방법서 제10조 제1항 제2호 및 그 위임에 따라 제정 시행된 연체의 범위에 대한 규정(신용보증심사운용요령 제17조 제1항)에 정한 신용보증 제한 대상인 연체가 발생한 기업에 대하여 금융기관이 위 기금에게 보증대상기업의 거래관계를 확인하는 거래상황확인서를 발급함에 있어서 아무런 연체가 없는 것처럼 기재하여 위 기금이 그 거래상황확인서를 믿고 신용보증을 하게 되었다면 신용보증에 있어 보증 대상기업의 신용 유무는 위 기금의 보증에 관한 의사표시의 중요한 결정 동기를 이루는 것인 만큼 위 기금이 보증 제한기업에 해당되는 기업을 금융기관의 잘못된 통보 내용에 따라 보증 제한기업이 아닌 것으로 오신하고 신용보증을 한 것이고 위 기금의 그와 같은 동기에 관한 착오는 위 신용보증행위의 중요부분에 관한 것이라고 봄이 타당하다.

나. 위 “가”항의 경우 위 기금의 신용보증심사운용요령 등에 규정된 심사기준에 금융기관 연체대출금의 보유 여부가 거래신뢰도를 측정하기 위한 사항의 하나로서 전체 배점 중 불과 5%의 점수가 배정되어 있다 하더라도 신용보증을 함에 있어 그 동기에 관한 착오가 여전히 중요부분에 해당된다고 한 사례

위 “가”항의 경우 위 기금의 신용보증심사운용요령 등에서 신용보증 대상여부에 대한 심사기준에 관하여 대상기업의 재무상태, 사업성, 거래신뢰, 업력, 경영자능력 등으로 구분하여 놓고 각 그 요소마다 그 중요성에 따른 배점을 하여 둠에 있어 금융기관 연체대출금의 보유 여부는 위 요소 중 거래신뢰도를 측정하기 위한 사항의 하나로서 전체 배점 중 5%의 점수가 배정되어 있다 하여도 이러한 사정만으로는 위 기금이 신용보증을 함에 있어 그 동기에 관한 착오가 중요부분에 해당된다는 위 인정을 뒤집기에는 부족하다(1992. 2. 25. 제2부 판결, 91다38419 보증채무금).

6. 가. 민법 제109조 제1항 단서 소정의 "중대한 과실"의 의미

민법 제109조 제1항 단서에서 규정하고 있는 "중대한 과실"이라 함은 표의자의 직업, 행위의 종류, 목적 등에 비추어 보통 요구되는 주의를 현저하게 결여한 것을 말한다.

나. 공장을 경영하는 자가 공장이 협소하여 새로운 공장을 설립할 목적으로 토지를 매수함에 있어 토지상에 공장을 건축할 수 있는지 여부를 관할관청에 알아보지 아니한 과실이 "가"항의 "중대한 과실"에 해당한다고 한 사례

공장을 경영하는 자가 공장이 협소하여 새로운 공장을 설립할 목적으로 토지를 매수함에 있어 토지상에 공장을 건축할 수 있는지 여부를 관할관청에 알아보지 아니한 과실이 "가"항의 "중대한 과실"에 해당한다(1993. 6. 29. 제1부 판결, 92다38881 계약금등).

7. 토지경계에 관한 착오를 법률행위의 중요부분에 관한 착오라고 본 사례

외형적인 경계(담장)을 기준으로 하여 갑, 을 사이에 인접토지에 관한 교환계약이 이루어졌으나 그 경계가 실제의 경계와 일치하지 아니함으로써 결국 을이 그 소유대지와 교환으로 제공받은 갑의 대지 또한 대부분이 을의 소유인 것으로 판명되었다면, 이는 토지의 경계(소유권의 귀속)에 관한 착오로서 특단의 사정이 없는 한 법률행위의 중요부분에 관한 착오라고 봄이 상당하다(1993. 9. 28. 제1부 판결, 93다31634 소유권이전등기, 31641(반소) 건물철거등).

8. 기술신용보증기금이 금융부실거래자인 갑을 을로 오인하고 신용보증을 한 경우 법률행위의 중요부분에 착오가 있는 것으로 본 사례

"금융기관의 불량거래처에 대한 정보교환 및 규제 규약"에 따라 금융부실거래자로 규제되어 자기의 이름으로는 대출이나 신용보증을 받을 수 없게 된 갑이 동생인 을 명의로 기업을 경영하면서 을의 주민등록증에 자기 사진을 붙이고 을 명의의 인감도장과 인감증명서 및 사업자등록증을 소지하여 을로 행세하고, 나아가 신용보증을 신청할 때에도 을 명의로 신청하였으므로, 기술신용보증기금이 을을 보증대상기업의 경영주로 오인하고 그에 대한 신용조사를 한 다음 신용보증의 신청인이 갑이라는 사실을 알았더라면 신용보증을 체결하지 아니하였을 것이 명백하고, 갑이 금융부실거래자가 아니라 신용 있는 자로 착각하여 위 신용보증을 하게 된 것으로서, 이는 법률행위의 중요부분에 착오가 있는 경우에 해당한다(1993. 10. 22. 제3부 판결, 93다14912 보증채무금).

9. 가. 매수인이 부담하기로 한 양도세액의 착오를 이유로 매도인이 매매계약을 취소할 수 있는지 여부

매도인의 대리인이, 매도인이 납부하여야 할 양도소득세 등의 세액이 매수인이 부담하기로 한 금액뿐이므로 매도인의 부담은 없을 것이라는 착오를 일으키지 않았더라면 매수인과 매매계약을 체결하지 않았거나 아니면 적어도 동일한 내용으로 계약을 체결하지는 않았을 것임이 명백하고, 나아가 매도인이 그와 같이 착오를 일으키게 된 계기를 체공한 원인이 매수인측에 있을 뿐만 아니라 매수인도 매도인이 납부하여야 할 세액에 관하여 매도인과 동일한 착오에 빠져 있었다면, 매도인의 위와 같은 착오는 매매계약의 내용의 중요부분에 관한 것에 해당한다.

나. 부동산의 양도에 부과될 세액의 착오가 민법 제109조 소정의 착오에서 제외되는지 여부

부동산의 양도가 있은 경우에 그에 대하여 부과될 양도소득세 등의 세액에 관한 착오가 미필적인 장래의 불확실한 사실에 관한 것이라도 민법 제109조 소정의 착오에서 제외되는 것은 아니다.

다. 위 "가"항의 경우, 추가로 세금이 부과되는 사실을 알았더라면 매수인이 그것까지 부담하기로 약정하였으리라고 인정되는 경우에 그 취소가 인정되는지 여부

위 "가"항의 경우에, 매도인이 부담하여야 할 세금의 액수가 예상액을 초과한다는 사실을 알았더라면 매수인이 초과세액까지도 부담하기로 약정하였으리라는 특별한 사정이 인정될 수 있을 때에는 매도인으로서는 매수인에게 초과세액 상당의 청구를 할 수 있다고 해석함이 당사자의 진정한 의사에 합치할 것이므로 매도인에게 위와 같은 세액에 관한 착오가 있었다는 이유만으로 매매계약을 취소하는 것은 허용되지 않는다.

라. 멸실된 건물에 대한 소유권이전등기말소청구의 적부

건물이 멸실된 경우에 멸실된 건물에 대한 등기용지는 폐쇄될 운명에 있으므로, 그 건물에 관하여 경료된 소유권이전등기가 원인무효로 될 사정이 있다 하여도 그 건물의 종전의 소유자로서는 등기부상의 소유명의자에게 그 말소등기를 소구할 이익이 없다(1994. 6. 10. 제3부 판결, 93다24810 약정금).

<판례전문(1994. 6. 10, 93다24810)>

[원고, 피상고인] 오정숙

[소송대리인 변호사] 윤일영

[피고, 상고인] 주식회사 경남은행

[소송대리인 변호사] 허정훈 외 1인

[원심판결] 부산고등법원 1993. 4. 14. 선고, 92나11329 판결

[주 문] 1. 원심판결 중 건물에 관한 부분을 파기하고 이 부분 사건을 부산고등법원에 환송한다.

2. 피고의 나머지 상고를 기각한다.

3. 위 상고가 기각된 부분의 상고비용은 피고의 부담으로 한다.

[이 유] 상고이유를 본다.

1. 상고이유 제1점 및 제2점에 대하여 기록을 살펴보면 피고 은행이 피고가 부도소득세, 방위세 및 주민세 등도 전액 매수인인 피고가 부담하는 조건으로 매매계약을 체결하는 경우에는 과세관청이 피고가 부담하는 세금도 과세표준의 산출근거인 양도가액에 포함시켜 또다시 양도소득세 등을 부과하게 되어 피고가 부담할 세금의 액수가 거듭 늘어나고 그 액수를 확정할 수 없게 되는 문제점이 생기기 때문에 이를 예방하기 위하여 원래의 매매대금에 대한 양도소득세 등의 세금과, 피고가 위 세금을 부담할 경우 이를 양도가액에 포함시킴으로써 추가로 납부하여야 할 세금까지만을 피고가 부담하고, 다시 그로 인하여 추가로 부과되는 세금은 피고가 부담하지 않겠다는 점을 명확하게 하기 위한 것임을 알 수 있으므로, 위의 특약이 계산한 세액 자체가 잘못 산출되어 위 액수를 초과하는 세금이 부과되는 경우까지도 예상하여 이는 원고의 부담으로 한다는 취지로 볼 수는 없다고 할 것이니, 원심이 같은 취지에서 원고의 대리인인 소외 최규진은 이 사건 부동산의 양도와 관련하여 원고가 납부하여야 할 양도소득세 등의 세액이 금 532,399,720원뿐이고 이를 피고가 부담할 것이므로 원고의 세금부담은 전혀 없을 것으로 착오를 일으켜 이 사건 매매계약을 체결한 것이고, 매매대금의 20퍼센트 이상을 상회하는 추가세금이 부과되는 것까지 무시하고 위 매매계약을 체결한 취지는 아니라고 인정한 것은 정당하다 할 것이다. 그 외에 원심이 소론과 같이 원고는 추가로 부과되는 세금이 있더라도 이를 피고가 부담할 것으로 믿고 이 사건 계약을 체결하였다고 판시한 바는 없으므로 원심의 위와 같은 사실인정이 채증법칙에 위배된다거나 또는 원심이 인정한 바 없는 사실을 원심이 인정하였다 하여 이를 다투는 논지는 이유 없다 할 것이다.

그리고 원심은 피고의 지배인인 정복윤이 원고에게 계약서에 명기된 금 532,399,720원을 넘는 세금이 부과되더라도 이 또한 피고가 부담하겠다는 취지의 말을 한 사실을 인정하고는 있으나, 그로 인하여 피고가 원고에게 그와 같은 의무를 부담하게 되었다고 판단한 취지는 아니라고 할 것이며 그러한 판단자체는 수긍할 수 있다고 할 것이다. 원심이 인정한 계약체결의 경과에 의하면 위 정복윤이 위 계약을 체결함에 있어서는 피고 은행 본점의 지시를 받아 계약을 체결한 것으로서 위 정복윤 단독으로 추가세액의 부담 여부에 관한 사항을 결정할 권한을 가지고 있지 않았고 위 최규진도 그와 같은 사실을 알았다고 보일 뿐만 아니라 원고와 피고 쌍방은 이 사건 매매와 관련하여 원고가 부담하여야 할 세액의 액수를 확인하여 그 액수가 위 금 532,399,721원인 것으로 믿고 이를 초과하는 세금이 부과되지는 않으리라고 생각하여 계약을 체결한 것이라고 할 것이므로 위 정복윤이 그와 같이 말한 사실이 있다 하더라도 그것만으로 실제의 세액이 위 액수를 넘는 경우에도 피고가 이를 부담하기로 하는 명시적인 합의가 있었다고는 하기 어려운 것이기 때문이다. 그러므로 원심이 피고에게 위와 같은 의무가 있다고 판단하였음을 전제로 하여 원심이 착오로 인한 취소를 인정한 것이 심리미진 내지 이유모순이라고 주장하는 논지도 이유 없다.

2. 상고이유 제3점에 대하여

위 원심인정 사실에 의하면 원고의 대리인인 위 최규진이 원고가 납부하여야 할 양도소득세 등의 세액이 피고가 부담하기로 한 금 532,399,720원뿐이므로 원고의 부담은 없을 것이라는 착오를 일으키지 않았더라면 피고와 이 사건 매매계약을 체결하지 않았거나 아니면 적어도 동일한 내용으로 계약을 체결하지는 않았을 것임이 명백하고, 나아가 원고가 그와 같이 착오를 일으키게 된 계기를 제공한 원인이 피고측에 있을 뿐만 아니라 피고도 원고가 납부하여야 할 세액에 관하여 원고와 동일한 착오에 빠져 있었다는 사정을 고려하면 원고의 위와 같은 착오는 이 사건 매매계약의 내용의 중요부분에 관한 것에 해당한다고 할 것이고(당원 1978. 7. 11. 선고, 78다719 판결 ; 1990. 7. 10. 선고, 90다카7460 판결;1991. 8. 27. 선고, 91다11308 판결 등 참조), 따라서 원고로서는 다른 특별한 사정이 없는 한 위 착오를 이유로 위 매매계약을 취소할 수 있다고 보아야 할 것이며, 부동산의 양도가 있은 경우에 그에 대하여 부과될 양도소득세 등의 세액에 관한 착오가 미필적인 장래의 불확실한 사실에 관한 것이어서 민법 제109조 소정의 착오에서 제외되는 것이라고도 말할 수 없다(당원 1981. 11. 10. 선고, 80다2475 판결 참조).

다만 위 원심확정 사실에 의하면 위 계약상 피고가 부담할 세액을 금 532,399,720원으로 한정한 것은 원고와 피고가 다 같이 원고가 이 사건 부동산의 양도로 인하여 납부의무를 지게 될 세금의 액수가 위 금액뿐인 것으로 잘못 안 데 기인한 것임이 명백하므로, 원고와 피고가 초과한다는 사실을 알았더라면 피고가 위 초과세액까지도 부담하기로 약정하였으리라는 특별한 사정이 인정될 수 있을 때에는 원고로서는 피고에게 위 초과세액 상당의 청구를 할 수 있다고 해석함이 당사자의 진정한 의사에 합치할 것이므로 그와 같은 사정이 인정될 때에는 원고가 피고에게 위 초과세액의 지급을 청구함은 별론으로 하고 원고에게 위와 같은 세액에 과한 착오가 있었다는 이유만으로 위 매매계약을 취소하는 것은 허용되지 않는다고 보아야 할 것임은 소론과 같고, 또 피고의 지점장으로서 위 매수업무를 실제 담당하였던 위 정복윤은 제1심에서, 피고가 원고에게 추가로 세금이 부과될 것이라는 사정을 알았더라면 그 추가세액까지 부담하였으리라는 취지로 증언하고 있기는 하다.

그러나 이 사건의 경우에는 원고에게 추가로 부과된 세액이 피고가 당초에 부담하기로 하였던 액수에 거의 육박하는 금 377,802,450원의 거액에 이를 뿐만 아니라 기록에 의하면 위와 같이 원고에게 추가로 세금이 부과되자 원고가 위 계약상 피고측이 위 추가로 부과된 세금도 부담할 의무가 있다고 주장하여 피고측에게 그 납부를 촉구하였으나 피고는 위 매매계약서에 기재된 금액 외에는 더 이상

세금을 부담할 의무가 없다고 다투어 원고가 이 사건 소송에 이르게 된 점(기록 제307장, 제340장 등 참조, 이 사건 제1심은 위 추가세액 상당의 지급을 구하는 원고의 주위적 청구에 대하여 위와 같은 피고의 주장을 받아들여 이를 기각하였으나 이 부분에 대하여는 원고가 항소하지 아니하였다)등에 비추어보면 원고가 부담하여야 할 세금의 액수가 위 금액을 초과한다는 사실을 피고가 알았다하여도 그 액수를 불문하고 이를 부담하기로 약정하였을 것이라고 단정하기는 어렵다 할 것이어서 결국 원심이 원고의 착오를 이유로 한 취소의 주장을 받아들인데 소론과 같이 민법 제109조 소정의 착오에 관한 법리를 오해한 위법이 있다고 할 수 없다. 논지는 이유 없다.

3. 상고이유 제5점에 대하여

앞에서 살펴본 제반 사정, 특히 원고가 추가로 부과된 세액을 피고가 부담하여 줄 것을 요구하였으나 피고가 이를 거부하여 원고가 이 사건 소송에 이르게 된 점에 비추어 보면, 소론과 같이 피고가 이 사건 부동산을 매수하여 그 중 건물을 철거하고 새로운 건물을 신축하여 사용하고 있다고 하더라도 원고가 착오를 이유로 위 매매계약을 취소하고 위 부동산에 관한 피고 명의의 소유권이전등기의 말소를 청구하는 것이 신의성실의 원칙에 어긋난다거나 권리의 남용에 해당한다고 볼 수 없다. 같은 취지로 판단한 원심판결은 정당하고 논지는 이유 없다.

4. 상고이유 제4점에 대하여

건물이 멸실된 경우에 멸실된 건물에 대한 등기용지는 폐쇄될 운명에 있다 할 것이므로 그 건물에 관하여 경료된 소유권이전등기가 원인무효로 될 사정이 있다 하여도 그 건물의 종전의 소유자로서는 등기부상의 소유명의자에게 그 말소등기를 소구할 이익이 없다고 할 것이다(당원 1961. 11. 9. 선고, 4293민상765 판결 참조). 그런데 피고는 원심에서부터 위와 같이 이 사건 건물은 피고에 의하여 이미 철거되었다고 주장하고 있으므로 원심으로서는 이와 같이 이 사건 건물이 이미 철거되어 멸실된 것인지의 여부를 심리하여 그러한 사실이 판명되는 경우에는 직권으로 원고의 이 사건 소 중 위 건물 부분에 관한 피고 명의의 소유권이전등기의 말소를 구하는 부분을 각하하였어야 할 것인데 원심이 이에 이르지 아니하고 위 부분 청구까지 인용하였음은 소의 이익에 관한 법리를 오해하고 심리를 다하지 아니하여 판결에 영향을 미친 위법을 범한 것이라 할 것이니 이 점을 지적하는 논지는 이유 있다.

5. 이에 원심판결 중 건물에 관한 부분을 파기하고 이 부분 사건을 원심법원에 환송하며 피고의 나머지 상고는 이유 없어 이를 기각하고 이 부분 상고비용은 피고의 부담으로 하기로 하여 관여법관의 일치된 의견으로 주문과 같이 판결한다.

대법관 김상원(재판장) 윤영철

박준서(주심)

참조판례

가. 대법원 1978. 7. 11. 선고, 78다719 판결(공1978, 10978)
1990. 7. 10. 선고, 90다카7460 판결(공1990, 1693)
1991. 8. 27. 선고, 91다11308 판결(공1991, 2422)

나. 대법원 1981. 11. 10. 선고, 80다2475 판결(공1982,41)

다. 대법원 1992. 4. 28. 선고, 91다46885(공1992,1713)

라. 대법원 1961. 11. 9. 선고, 4293민상765 판결
1992. 3. 31. 선고, 91다39184 판결(공1922, 1414)

◈ 사기, 강박에 의한 의사표시의 취소 가부

제 110 조【사기, 강박에 의한 의사표시】

① 사기나 강박에 의한 의사표시는 취소할 수 있다.

② 상대방 있는 의사표시에 관하여 제3자가 사기나 강박을 행한 경우에는 상대방이 그 사실을 알았거나 알 수 있었을 경우에 한하여 그 의사표시를 취소할 수 있다.

③ 제2항의 의사표시의 취소는 선의의 제3자에게 대항하지 못한다.

■ § 110. 하자가 있는 의사표시

• 사기에 의한 의사표시 : ① 사기자의 고의→기망행위→착오→의사표시
② 효과
상대방의 사기 : 표의자는 그 의사표시를 취소 할 수 있다
제 3 자의 사기 : 상대방이 그 사실을 알았거나 알 수 있었을 경우에 한하여 그 의사표시를 취소할 수 있다. 선의의 제3자에게 대항하지 못한다.

• 강박에 의한 의사표시 : ① 강박자의 강박→공포심→의사표시
② 효과 : 사기에 의한 의사표시와 동일하다

• 관련법조 : [사기, 강박과 형벌] 형법 §350, [보험과 고지의무] 상법 §651

Ⅰ. 사기에 의한 의사표시

1. 의 의

사기에 의한 의사표시란 타인에게 기망당하여 착오에 빠진 결과로서 행한 의사표시이다. 사기에 의한 의사표시는 타인의 기망행위로 말미암아 착오에 빠지게 된 결과 어떠한 의사표시를 하게 되는 경우이므로, 거기에는 의사와 표시와의 불일치가 있을 수 없고 단지 의사형성과정, 즉 의사표시의 동기에 착오가 있는 것에 불과하다(대판 2005. 5. 27, 2004다43824). 그 때문에 다음과 같은 요건이 필요하다.

(1) 사기자의 고의 : 기망으로 착오에 빠지게 하고, 그 착오로 인하여 의사표시를 하도록 하게 하는 고의(이중의 고의)를 말한다. 사기자는 표의자의 상대방인 경우와 기타 제3자인 경우로 구분할 수 있다.

(2) 기망행위 : 진실이 아닌 사실을 진실로서 표시한 행위이다. 허위의 진술, 진실의 은폐, 경우에 따라서는 침묵과 의견 혹은 평가의 진술을 포함한다.

더욱이 이러한 기망행위는 사회의 일반거래관념에 비추어 위법한 것이어야 한다. 사회생활상 통상적으로 방임된 흥정이나 노점상의 과다설명 등은 기망행위가 되지 않는다. 따라서 침묵이나 의견, 평가의 진술은 위법성을 결하는 경우가 많을 것이다.

(3) 표의자가 착오에 빠질 것 : 이 경우의 착오는 법률행위의 내용의 중요부분의 착오일 것을 요하지 않는다.

(4) 이 착오를 바탕으로 의사표시를 할 것 : 즉, 착오와 의사표시 사이에 원인, 결과의 관계가 있을 것을 요한다.

2. 효 과

이상과 같은 요건이 충족된 사기에 의한 의사표시는 취소할 수 있다. 즉 표의자가 그 결과에 만족하는 때에는 의사표시의 효력에 영향이 없으나 표의자가 민법의 보호를 받으려고 하면 그 의사표시를 취소하여 효력을 부정할 수가 있다.

사기에 의한 의사표시가 취소할 수 있는 것에 대하여 사기와 관계없는 상대방이나 제3자를 보호하기 위한 다음의 두가지 제도를 두고 있다.

첫째, 제3자의 사기, 즉 의사표시의 상대방 이외의 자가 사기를 했을 때에는 상대방이 그 사실을 알았거나 알 수 있었을 경우에 한하여 취소할 수 있다. 제3자의 의미와 관련하여 판례는 상대방의 대리인 등 상대방과 동일시 할 수 있는 자는 제3자가 아니라고 하며(대판 1998. 1. 23, 96다41496) 사기행위를 한 자와 상대방 사이의 관례를 종합적으로 고찰하여 그 사기행위에 있어서 상대방이 자신의 행위와 마찬가지로 그의 결과를 책임져야 할 만한 '밀접한 관계'에 있는가의 여부에 따라 결정하여야 한다고 한다(대판 2004. 4. 16, 2004다94).

둘째, 사기에 의한 의사표시를 취소한 경우에도 그 취소한 결과를 선의의 제3자에게 주장할 수 없다.

예컨대 갑이 을에게 기망당하여 부당하게 싼 값으로 부동산을 매각했음을 이유로 그것을 취소한 경우라 하더라도 그 사정을 알지 못하는 병이 그 부동산을 전득한 때에는 갑은 병으로부터 그것을 회복할 수가 없고, 단지 을에게 그 부동산을 갈음하여 손해배상을 청구할 수 있음에 그친다. 여기에서 말하는 선의의 제3자란 위에서 기술한 부동산의 선의전득자처럼 사기에 의한 의사표시의 당사자 및 포괄승계인 이외의 자 가운데 착오로 인한 의사표시로 말미암아 생긴 법률관계에 의거하여 새로운 이해관계를 맺은 자를 말하며, 사기에 의한 행위에서 자연적으로 이익을 얻은 자, 예컨대 1번저당권이 사기로 인해 방기된 경우의 2번저당권자는 여기서 말하는 제3자는 아니라고 해석한다. 이 규정은 실제적으로 중요한 의의를 갖고 있다.

여기서 주의할 것은 갑이 을에게 기망당하여 부동산을 을에게 매각한 후에 그것을 취소하였음에도 갑이 등기를 그대로 두고 있는 것을 기화로 하여 을이 그것을 병에게 전매한 경우 통설과 판례는 동적 거래안전을 위해서 취소한 후에 그 상대방과 법률행위를 한 제3자도 선의이면 보호된다고 한다(대판 1975. 12. 23, 75다5331). 즉 취소 전·후를 불문하고 선의자라면 보호될 수 있다고 보며 이러한 해석은 비진의표시, 허위표시, 착오취소의 경우에도 적용될 수 있다는 것이 통설의 태도이다.

끝으로 사기로 인해 생긴 착오가 법률행위의 내용의 중요부분에 존재하는 때는 표의자에게 중대한 과실이 없는 한 표의자 스스로 취소할 수도 있다(제109조).

3. 관련문제(다른 규정과의 경합여부)

(1) 담보책임과의 경합

통설과 판례는 사기와 담보책임의 경합을 긍정한다. 판례는 '제569조가 타인의 권리의 매매를 유효로 규정한 것은 선의의 매수인의 신뢰이익을 보호하기 위한 것이므로, 매수인이 매도인의 기망에 의하여 타인의 물건을 매도인의 것으로 잘못 알고 매수한다는 의사표시를 한 것이고 만일 타인의 물건인줄 알았더라면 매수하지 아니하였을 사정이 있는 경우에는 매수인은 제110조에 의하여 매수의 의사표시를 취소할 수 있다'(대판 1973. 10. 23,

73다268)고 한다.

(2) 불법행위책임과의 경합

통설과 판례는 사기와 불법행위의 경합을 긍정한다. 판례는 '법률행위가 사기에 의한 것으로 취소의 대상이 됨과 동시에 불법행위를 구성하는 경우 취소의 효과로 생기는 부당이득반환청구권과 불법행위로 인한 손해배상청구권의 관계는 경합하여 병존하는 것이므로, 채권자는 어느 것이라도 선택하여 행사할 수 있지만 중첩적으로 행사할 수는 없다'(대판 1993. 4. 27, 92다56087)고 한다.

II. 강박에 의한 의사표시

1. 의 의

강박에 의한 의사표시란 타인의 강박행위에 의하여 공포심을 일으키고 그것을 바탕으로 한 의사표시를 말한다. 강박에 의한 의사표시를 성립시키기 위한 요건을 열거하면 다음과 같다.

(1) 강박자의 고의 : 강박하여 공포심을 가지게 하고 그 공포심으로 인하여 의사표시를 하게 하려는 고의(이중의 고의)가 필요하다. 강박자는 표의자의 상대방이거나 그 외 제3자이거나 묻지 않는다.

(2) 강박행위가 있을 것 : 강박행위란 해악을 표시하여 상대방으로 하여금 공포심을 가지게 하는 행위를 말한다. 해악은 재산적 해악이나 비재산적 해악이거나를 불문하고, 또 장래의 것이거나 현재의 것이거나를 묻지 않는다. 침묵도 경우에 따라서는 강박행위가 될 수 있다. 강박행위가 사회적으로 위법시될 수 있을 것을 요하는 것은 사기의 경우와 같다. 이 점에 있어서 자주 문제가 되는 것은 범죄를 고소, 고발하겠다고 위협하는 것이다.

원칙적으로 부정행위에 대한 고소, 고발은 그것이 「부정한 이익을 목적으로 하는 것이 아닌 때에는 정당한 권리행사가 되어 위법하다고 할 수 없으나」, 「부정한 이익의 취득을 목적으로 하는 경우에는 위법한 강박행위가 되는 경우가 있고」, 「목적이 정당하다 하더라도 행위나 수단 등이 부당한 때에는 위법성이 있는 경우」가 있을 수 있다(대판 2000. 3. 23, 99다64049 ; 대판 1992. 12. 24, 92다25120).

(3) 표의자가 강박의 결과 공포심을 일으킬 것.

(4) 공포심에 의하여 의사표시를 할 것 : 강박에 의한 의사표시라고 하려면 상대방이 불법으로 어떤 해악을 고지함으로 말미암아 공포를 느끼고 의사표시를 한 것이어야 한다(대판 2003. 5. 13, 2002다73708·73715). 공포심과 의사표시 사이에 인과관계가 있어야 한다.

【핵심사항】

<강박에 의한 법률행위가 무효로 되기 위한 요건>

강박에 의한 법률행위가 하자 있는 의사표시로서 취소되는 것에 그치지 않고 나아가 무효로 되기 위하여는, 강박의 정도가 단순한 불법적 해악의 고지로 상대방으로 하여금 공포를 느끼도록 하는 정도가 아니고, 의사표시자로 하여금 의사결정을 스스로 할 수 있는 여지를 완전히 박탈한 상태에서 의사표시가 이루어져 단지 법률행위의 외형만이 만들어진 것에 불과한 정도이어야 한다(대판 2003. 5. 13, 2002다73708·73715).

2. 효 과

이러한 요건을 구비한 강박에 의한 의사표시의 효과는 앞에서 살펴본 사기에 의한 의사표시의 효과와 동일하다.

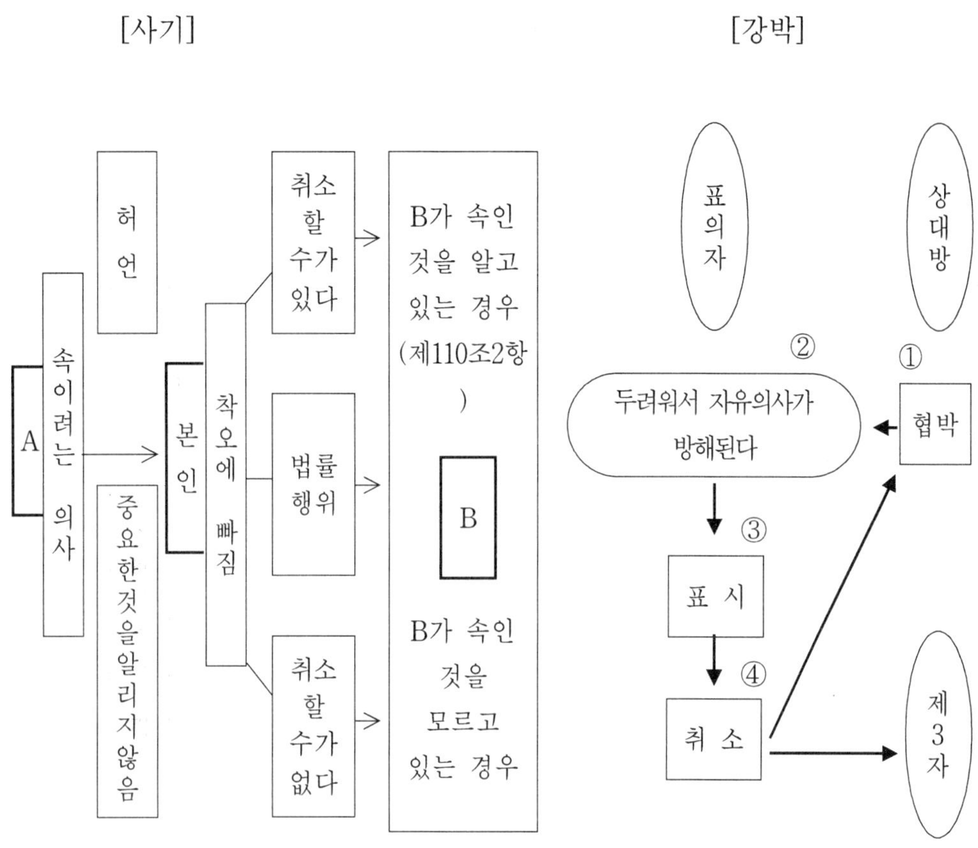

▣ 핵심판례 ▣

■ [사기, 강박에 의한 의사표시]

1. 제3자의 기망행위에 의하여 신원보증서류에 서명날인한다는 착각에 빠진 상태로 연대보증의 서면에 서명날인한 경우, 그와 같은 행위에 민법 제110조 제2항에 정한 사기에 의한 의사표시의 법리가 적용되는지 여부(소극)

사기에 의한 의사표시란 타인의 기망행위로 말미암아 착오에 빠지게 된 결과 어떠한의사표시를 하게 되는 경우이므로 거기에는의사와 표시의 불일치가 있을 수 없고 단지 의사의 형성과정, 즉 의사표시의 동기에 착오가 있는 것에 불과하며, 이 점에서 고유한 의미의 착오에 의한 의사표시와 구분되는데, 신원보증서류에 서명날인한다는 착각에 빠진 상태로 연대보증의 서면에 서명날인한 경우, 결국 위와 같은 행위는 강학상 기명날인의 착오(또는 서명의 착오), 즉 어떤 사람이 자신의 의사와 다른 법률효과를 발생시키는 내용의 서면에, 그것을 읽지 않거나 올바르게 이해하지 못한 채 기명날인을 하는 이른바 표시상의 착오에 해당하므로, 비록 위와 같은 착오가 제3자의 기망행위에 의하여 일어난 것이라 하더라도 그에 관하여는 사기에 의한 의사표시에 관한 법리, 특히 상대방이 그러한 제3자의 기망행위 사실을 알았거나 알 수 있었을 경우가 아닌 한 의사표시자가 취소권을 행사할 수 없다는 민법 제110조 제2항의 규정을 적용할 것이 아니라, 착오에 의한 의사표시에 관한 법리만을 적용하여 취소권 행사의 가부를 가려야 한다(대판 2005. 5. 27, 2004다43824).

2. 보증보험계약의 법적 성질 및 보험자가 보험계약자의 기망을 이유로 보증보험계약을 취소한 경우, 그 취소로써 피보험자에게 대항할 수 있는지 여부(한정 소극)

보증보험은 보험계약자인 채무자의 채무불이행으로 인하여 채권자가 입게 되는 손해의 전보를 보험자가 인수하는 것을 내용으로 하는 손해보험으로서, 형식적으로 채무자의 채무불이행을 보험사고로 하는 보험계약이지만 실질적으로는 보증의 성격을 가지고 보증계약과 같은 효과를 목적으로 하고, 이행보증보험과 같은 경우 피보험자는 보증보험에 터잡아 물품공급계약을 체결하거나 이미 체결한 물품공급계약에 따른 물품인도의무를 이행하는 것이 보통이므로, 일반적으로 타인을 위한 보험계약에서 보험계약자의 사기를 이유로 보험자가 보험계약을 취소하는 경우 보험사고가 발생하더라도 피보험자는 보험금청구권을 취득할 수 없는 것과는 달리, 보증보험계약의 경우 보험자가 이미 보증보험증권을 교부하여 피보험자가 그 보증보험증권을 수령한 후 이에 터잡아 새로운 계약을 체결하거나 이미 체결한 계약에 따른 의무를 이행하는 등으로 보증보험계약의 채권담보적 기능을 신뢰하여 새로운 이해관계를 가지게 되었다면 그와 같은 피보험자의 신뢰를 보호할 필요가 있으므로, 주채무자에 해당하는 보험계약자가 보증보험계약을 체결함에 있어서 보험자를 기망하였다는 이유로 보험자가 보증보험계약 체결의 의사표시를 취소하였다 하더라도, 이미 그 보증보험계약의 피보험자인 채권자가 보증보함계약의 채권담보적 기능을 신뢰하여 새로운 이해관계를 가지게 되었다면, 피보험자가 그와 같은 기망행위가 있었음을 알았거나 알 수 있었던 경우이거나, 혹은 피보험자와 보험자 사이에 피보험자가 보험자를 위하여 보험계약자가 제출하는 보증보험계약 체결소요 서류들이 진정한 것인지 등을 심사할 책임을 지고 보험자는 그와 같은 심사를 거친 서류만을 확인하고 보증보험계약을 체결하도록 미리 약정이 되어 있는데, 피보험자가 그와 같은 서류심사에 있어서 필요한 주의의무를 다하지 아니한 과실이 있었던 탓으로 보험자가 보증책임을 이행한 후 구상권을 확보할 수 없게 되었다는 등의 특별한 사정이 없는 한 그 취소를 가지고 피보험자에게 대항할 수 없다(대판 2001. 2. 13, 99다13737).

3. 가. 1980. 9. 당시 시에 대한 금원기부 등 행위가 국가보안사령부 예하 보안부대의 강박으로 인한 것이라 하여 취소할 수 있는 법률행위에 해당한다고 본 사례

비상계엄하에 있던 1980. 9. 당시 시에 대한 금원기부 등 행위가 제3자인 국가보안사령부 예하 보안부대의 강박으로 인한 것이고 시도 이를 알았거나 알 수 있었다 하여 취소할 수 있는 법률행위에 해당한다.

나. 위 "가"항의 경우 위 보안부대의 강박에 의하여 의사표시를 한 자의 외포상태가 제6공화국 출범시까지 지속된 것으로 본 원심판결을 심리미진, 채증법칙위반 등의 위법으로 파기한 사례

위 "가"항의 경우 국군보안사령부가 제5공화국의 출범과 그 이후의 권력유지에 중추적인 역할을 담당하였다는 사정만으로는 당초 위 보안부대의 강박으로 인하여 생긴 외포상태가 제6공화국이 출범한 1988. 2. 25.경까지 그대로 지속되었다고 단정할 수는 없는데도 이와 달리 제6공화국 출범에 이르러서야 외포상태를 벗어났다고 본 원심판결을 심리미진, 채증법칙위반 등의 위법으로 파기한다(1991. 9. 10. 제2부 판결, 91다18989 부당이득금반환).

4. 가. 근로자에 대한 전직 또는 전보발령권의 법적 성질과 그 한계

근로자에 대한 전직이나 전보는 피용자가 제공하여야 할 근로의 종류와 내용 또는 장소 등에 변경을 가져온다는 점에서 피용자에게 불이익한 처분이 될 수도 있으나 이는 원칙적으로 사용자의 권한에 속하는 것이므로 업무상 필요한 범위 안에서는 상당한 재량을 인정하여야 할 것이고, 전직명령이 근로기준법 제27조 제1항이나 제105조의 규정에 위반되거나 권리남용에 해당한다는 등 특별한 사정이 없는 한 무효라고는 할 수 없다.

나. 근로자에 대한 징계해고 처분을 함에 있어서의 '정당한 이유'의 의미와 취업규칙 등에서 동일한 징계사유에 대하여 여러 종류의 징계가 가능한 것으로 규정한 경우 징계처분의 선택이 자유재량행사인지 여부

사용자가 근로자에 대하여 징계해고 처분을 함에 있어서의 '정당한 이유'라 함은 사회통념상 고용관계를 계속시킬 수 없을 정도로 근로자에게 책임이 있는 사유가 있는 경우를 말하고, 한편 취업규칙 등에서 징계사유를 규정하면서 동일한 사유에 대하여 여러 등급의 징계가 가능한 것으로 규정한 경우에 그 중 어떤 징계처분을 선택할 것인지는 징계권자의 재량에 속한다고 할 것이지만 이러한 재량은 징계권자의 자의적이고 편의적인 것에 맡겨져 있는 것이 아니며, 징계사유와 징계처분과의 사이에 사회통념상 상당하다고 인정되는 균형의 존재가 요구되고, 경미한 징계사유에 대하여 가혹한 제재를 과하는 것은 징계권의 남용으로서 무효라고 할 것이다.

다. 16년 이상 성실히 근무한 근로자가 공장의 신정연휴기간에 감시근무자로 지원하여 근무를 수행하다가 공장 밖에서 음주하고 들어와 잠든 행위에 대하여 징계면직한 처분이 징계권의 일탈이라고 본 사례

16년 이상 성실히 근무하여 온 근로자가 공장이 휴무한 신정연휴기간에 감시근무자로 자원출근하여 도난, 화재예방 등의 임무를 수행하다가 교대시간을 얼마 남겨두지 아니한 상황에서 공장 밖에서 음주하고 들어와 잠든 행위에 대하여 징계면직한 처분이 징계권의 일탈이라고 본다.

라. 반장인 근로자가 전직명령에 동의하고 이임인사를 하던 중 그 소속 반원들이 야간근무 중 집단취침하는 바람에 전직명령이 취소되고 인사위원회에 회부되어 무보직상태가 되자 곧바로 사직원을 제출한 것에 대하여 사용자의 강박에 의한 사직이라고 할 수 없다고 한 사례

공장의 냉연기계 정비반장인 근로자가 조관기계 정비반장으로의 이직명령에 동의하고 전임준비를 마친 다음 이임인사를 하고 있을 때 그 소속 반원들의 야간근무중 집단 취침 행위가 발생하는 바람에 그 책임을 물어 위 전직명령이 취소되고 인사위원회에 회부되어 무보직상태가 되자 곧바로 사직원을 제출한 것에 대하여 사용자의 강박에 의한 사직이라고 할 수 없다(1991. 10. 25. 제3부 판결, 90다20428 해고무효확인).

5. 가. 교환계약에 의해 건물의 임차권을 양수한 자가 그 임차권이 기간만료된 후 건물의 소유자와 새로운 임대차계약을 체결하였다면 위 교환계약이 사기로 적법히 취소되었다 해도 이에 따른 임차권양도인의 건물반환청구권은 소멸되었다고 본 사례

교환계약에 의해 건물의 임차권을 양수한 자가 그 임차권이 기간만료된 후 건물의 소유자와 새로운 임대차계약을 체결하였다면 위 교환계약이 사기로 적법히 취소되었다 해도 이에 따른 임차권양도인의 건물반환청구권은 소멸되었다고 본다.

나. 사기의 의사표시에 의해 건물을 명도하여 준 경우 피해자가 점유회수의 소권을 가지는지 여부(소극)

사기의 의사표시에 의해 건물을 명도해 준 것이라면 건물의 점유를 침탈당한 것이 아니므로 피해자는 점유회수의 소권을 가진다고 할 수 없다(1992. 2. 28. 제3부 판결, 91다17443 건물명도).

6. 근로자가 합동수사본부에 불법연행되어 가혹한 신문을 받고 강요에 의하여 사직서를 제출하게 되어 당시의 분위기에서는 복직을 위한 법적 조치를 취하는 것을 기대할 수 없었더라도 이른바 6·29 선언때까지 억압적 사회분위기가 계속되었다거나 위 근로자가 복직을 위한 소를 제기할 수

없을 정도의 외포상태가 지속되었다고 단정할 수는 없다고 한 사례

근로자가 합동수사본부 소속 수사관들에 의하여 불법연행, 감금되어 가혹한 신문을 받은 후 사용자측의 강요에 의하여 외포된 상태에서 사직서를 제출하게 되어 당시의 억압적 분위기에서는 복직을 위한 법적 조치를 취하는 것은 기대할 수 없었다고 하더라도 1987년의 이른바 6·29 선언때까지 그와 같은 업악적인 사회분위기가 계속되었다거나 위 근로자에게 강박에 의한 의사표시를 취소하고 복직을 위한 소를 제기할 수 없을 정도의 외포상태가 지속되었다고 단정할 수는 없다(1992. 8. 14. 제3부 판결91다29811 면직처분무효확인).

7. 가. 1980. 5. 실시된 비상계엄이 해제되어 헌정질서를 회복한 1981. 1. 21. 이후에는 비상계엄 하에서 언론사의 주식을 양도한 양도인들이 강박으로 인한 외포상태에서 벗어났다고 본 사례

1980. 5. 실시된 비상계엄이 해제되어 헌정질서를 회복한 1981. 1. 21. 이후에는 비상계엄 하에서 언론사의 주식을 양도한 양도인들이 강박으로 인한 외포상태에서 벗어났다고 본다.

나. 국가가 광주민주화운동관련자나 정화계획에 의하여 해직된 공무원 등에게 보상 등을 하여 주면서 "가"항의 주식양도인들의 주식인수청구를 인용하지 아니한 것은 헌법 제10조, 제11조에 위반되는지 여부(소극)

국가가 광주민주화운동관련자보상등에 관한 법률과 1980년 해직공무원의 보상등에 관한 특별조치법에 따라 광주민주화운동관련자나 국가보위비상대책위원회의 정화계획에 의하여 해직된 공무원 등에게 보상 등을 하여 주었다고 하더라도, 위 "가"항의 주식양도인의 주식인수청구를 인용하지 아니한 것이 헌법 제10조나 제11조에 위반된다고 볼 수 없다(1993. 2. 23. 제2부(타) 판결, 92다14632 주식인도).

8. 가. 영업양도계약이 사기에 의한 것으로 취소된 경우 양수인이 인수한 비품들로 이익을 얻었다고 볼 수 있는지 여부(소극)

영업양도계약이 사기로 인한 것으로서 취소되었다면 양수인이 양수한 물건들은 반환되어야 할 것이므로 양수인이 위 물건들로써 어떤 이득을 얻었다고 볼 수 없다.

나. 법률행위가 사기에 의한 것으로 취소의 대상이 됨과 동시에 불법행위를 구성하는 경우 취소의 효과로 생기는 부당이득반환청구권과 불법행위로 인한 손해배상청구권의 관계(=경합관계) 및 중첩적 행사의 가부(소극)

법률행위가 사기에 의한 것으로 취소되는 경우에 그 법률행위가 동시에 불법행위를 구성하는 때에는 취소의 효과로 생기는 부당이득반환청구권과 불법행위로 인한 손해배상청구권은 경합하여 병존하는 것이므로, 채권자는 어느 것이라도 선택하여 행사할 수 있지만 중첩적으로 행사할 수는 없다(1993. 4. 27. 제2부 판결, 92다56087 손해배상(기)).

9. 가. 상품의 허위, 과장광고가 기망행위가 되는 경우

상품의 선전, 광고에 있어 다소의 과장이나 허위가 수반되는 것은 그것이 일반 상거래의 관행과 신의칙에 비추어 시인될 수 있는 한 기망성이 결여된다고 하겠으나, 거래에 있어서 중요한 사항에 관하여 구체적 사실을 신의성실의 의무에 비추어 비난받을 정도의 방법으로 허위로 고지한 경우에는 기망행위에 해당한다.

나. 대형백화점의 이른바 변칙세일이 기망행위에 해당한다고 한 사례

대형백화점의 이른바 변칙세일이 기망행위에 해당한다(1993. 8. 13. 제3부 판결, 92다52665 손해배상(기)등).

10. 노조분회장에게 상해를 가한 형사사건에서 유리한 처분을 받기 위하여 피해자의 요구대로 사직서를 작성·교부한 행위가 강박에 의한 의사표시이거나 공서양속위반행위가 아니라고 본 사례

노조분회장에게 상해를 가한 형사사건에서 유리한 처분을 받기 위하여 피해자의 요구대로 사직서를 작성·교부한 행위가 강박에 의한 의사표시이거나 공서양속위반행위가 아니라고 본다(1994. 2. 8. 제1부 판결, 93누16099 부당노동행위구제재심판정취소).

11. 가. 갑이 지능이 박약한 을을 꾀어 돈을 빌려주어 유흥비로 쓰게 하고 실제 준 돈의 두 배 가량을 채권최고액으로 하여 자기 처인 병 앞으로 근저당권을 설정한 사안에서, 갑의 기망을 이유로 한 을의 근저당권설정계약취소의 의사표시가 금전소비대차계약을 포함한 전체에 대한 취소의 효력이 있다고 한 사례

갑이 지능이 박약한 을을 꾀어 돈을 빌려주어 유흥비로 쓰게 하고 실제 준 돈의 두배 가량을 채권최고액으로 하여 자기 처인 병 앞으로 근저당권을 설정한 사안에서, 근저당권설정계약은 독자적으로 존재하는 것이 아니라 금전소비대차계약과 결합하여 그 전체가 경제적, 사실적으로 일체로서 행하여진 것이고 더욱이 근저당권설정계약의 체결원인이 되었던 갑의 기망행위는 금전소비대차계약에도 미쳤으므로 갑의 기망을 이유로 한 을의 근저당권설정계약취소의 의사표시는 법률행위의 일부무효이론과 궤를 같이 하는 법률행위의 일부취소의 법리에 따라 소비대차계약을 포함한 전체에 대하여 취소의 효력이 있다.

나. "가"항의 경우 취소의 결과 발생한 병의 근저당권설정등기말소의무와 을의 부당이득반환의무는 동시이행관계에 있다고 본 사례

"가"항의 경우 취소의 결과 발생한 병의 근저당권설정등기말소의무와 을의 부당이득반환의무는 동시이행관계에 있다(1994. 9. 9. 제2부 판결, 93다31191 근저당권설정등기말소).

<판례전문(대판 1994. 9. 9, 93다31191)>

[원고, 피상고인] 박주병

[소송대리인 변호사] 박은수 외 2인

[피고, 상고인] 유귀옥

[원심판결] 대구지방법원 1993. 5. 21. 선고, 93나133 판결

[주 문] 원심판결을 파기하고 사건을 대구지방법원 합의부에 환송한다.

[이 유] 상고이유를 본다.

1. 원심판결 이유에 의하면, 원심은 거시증거에 의하여 원고는 60 내지 65 정도의 지능지수를 가진 자로서 기본적인 의사소통은 가능하나 기억력 및 집중력 등에 상당한 정도의 제한을 보여 자신의 집주소, 주민등록번호 등을 기억하지 못하며, 한글 해독능력도 국민학교 저학년생의 수준으로 자기 행위의 결과를 인식, 판단하여 정상적인 의사결정을 할 수 있는 의사능력이 전혀 없다고 할 정도는 아니나 그러한 능력이 박약하여 통상인의 경우에 비하여 정신적 능력 또는 지능이 박약한 사실, 소외 추성식은 원고와 같은 마을에 거주하고 있어 원고가 앞서 본 바와 같이 정신적 능력이 박약한 자라는 사실을 잘 알고 있으면서 이러한 점을 이용하여 원고로 하여금 그 소유의 부동산을 타에 매도하거나 근저당권을 설정하게 하는 등의 방법으로 금원을 마련하게 하여 위 금원을 편취하거나 원고와 함께 유흥비로 사용하기로 마음먹고 행정서사 사무실을 경영하고 있던 소외 문윤수를 찾아가게 되었는바, 위 문윤수는 위 추성식과 함께 자신을 찾아온 원고의 정신능력이 박약하다는 사실을 알고 1989. 10. 19.부터 1990. 4. 30.까지 사이에 여러 차례에 걸쳐 원고 소유의 이 사건 부동산에 근저당권을 설정하게 하고 위 문윤수 또는 그 처인 피고를 대여자 명의로 하여 주로 피고의 자금으로 판시와 같이 합계 금 9,600,000원 가량을 대여한 사실, 그 과정에서 위 문윤수는 1990. 3. 6. 그 동안 원고에게 대여하여 준 금원과 같은 날 대여하는 금원을 합하여 임의로 대여금액을 금 14,500,000원으로 정한 후 이를 담보하기 위하여 같은 달 이 사건 각 부동산에 관하여 경료되어 있던 판시 각 근저당권설정등기를 말소하고 원고와의 사이에 피고를 위한 근저당권설정계약을 체결하여 이에 따라 피고가 이 사건 각 부동산에 관하여 피고 명의로 원심판결 별지등기목록 제1, 2 기재의 근저당권설정등기를 경료하였고, 같은 해 4. 30. 같은 날 대여하는 금원을 임의로 금 4,000,000원으로 정한 후 이를 담보하기 위하여 같은 해 5. 1. 원고와의 사이에 피고를 위한 근저당권설정계약을 체결하여 이에 따라 피고가 이 사건 각 부동산에 관하

여 피고 명의로 위 목록 제3기재의 근저당권설정등기를 경료한 사실을 인정하고, 위 문윤수가 원고에게 대여한 금액은 7회에 걸쳐 선이자, 등기설정비용, 소개료 등의 명목으로 공제한 금원을 합하여 합계 금 18,500,000원이라고 피고의 주장에 대하여는 이에 부합하는 판시 증거는 믿기 어렵고 달리 위 주장을 인정한 증거가 없다면서 이를 배척한 다음, 위 인정사실에 의하면 원고와 위 문윤수 사이의 제3자인 피고를 위한 위 각 근저당권설정계약은 당시 요약자인 위 문윤수의 원고에 대한 기망에 의하여 체결되었다고 할 것이므로, 원고의 위 각 근저당권설정계약 취소의 의사표시가 기재된 1992. 4. 7.자 준비서면이 같은 날인 원심 제7차 변론기일에서 피고에게 진술됨으로써 위 각 근저당권설정계약은 적법하게 취소되었다고 판단하였다.

2. 관계증거를 기록과 대조하여 검토하여 보면, 원심이 위 문윤수가 원고에게 대여한 금원을 금 9,600,000원 가량으로 인정하고, 위 금액을 넘어 금 18,500,000원을 대여하였다는 피고의 주장을 배척한 조치는 정당한 것으로 수긍이 가고, 거기에 심리를 다하지 아니한 채 채증법칙을 위반하여 사실을 잘못 인정한 위법이 있다고 할 수 없다.

3. 그러나 이 사건 근저당권설정계약은 그 자체로서 독자적으로 존재하는 것이 아니라 그 피담보채권의 발생원인이 된 금전소비대차계약과 결합하여 그 전체가 경제적, 사실적으로 일체로서 행하여진 것으로 그 하나가 다른 하나의 조건이 되어 어느 하나의 존재 없이는 당사자가 다른 하나를 의욕하지 않았을 것으로 보이고, 더욱이 이 사건의 경우에는 원고가 금전차용행위의 의미도 제대로 모르면서 추성식과 문윤수의 꾀임에 빠져 당장 돈이 생겨 이를 마음대로 쓸 수 있다는 점에 현혹된 나머지 자신의 전답에 담보권을 설정하고 고리의 사채를 빌려 이를 추성식이 마음대로 유흥비에 탕진하도록 한 것이어서 비록 실제로 원고에게 금원이 교부된 부분이 있다고 하더라도 그 부분에 관하여 원고가 정상적인 사리판단에 의해 차용하기를 의욕했다고는 할 수 없어 이 사건 근저당권설정계약의 체결원인이 되었던 위 문윤수의 기망행위는 금전소비대차계약에도 미쳤다 할 것이므로 원고의 이 사건 근저당권설정계약에 대한 취소의 의사표시는 법률행위의 일부무효이론과 궤를 같이하는 법률행위 일부취소의 법리에 따라 소비대차계약을 포함하는 전체에 대한 취소의 효력이 있다 할 것이고, 그 결과 피고가 원고에 대하여 부담하게 될 근저당권설정등기말소의무는 원고가 피고에 대하여 부담하게 될 부당이득반환의무와 동시이행관계에 있다고 봄이 상당하다. 따라서 이와 결론을 달리 한 원심판결에는 계약취소 및 동시이행에 관한 법리를 오해하여 판결에 영향을 미친 위법이 있다 할 것이므로 이 점을 지적하는 논지는 이유있다.

4. 그러므로 원심판결을 파기하고 사건을 원심법원에 환송하기로 하여 관여법관의 일치된 의견으로 주문과 같이 판결한다.

대법관　이용훈(재판장)　박만호

박준서(주심)　김형선

참조판례

가. 대법원 1987. 4. 28. 선고, 86다카1802 판결(공1987, 881)
1990. 3. 9 선고, 89다카15342 판결(공1990, 866)
나. 대법원 1976. 4. 27. 선고 75다1241 판결(공1976, 9130)

12. 부동산 분양계약에 있어서 분양자가 수분양자의 전매이익에 영향을 미칠 가능성이 있는 사항들에 관하여 분양자가 가지는 정보를 밝혀야 할 신의칙상의 의무가 있는지 여부(원칙적 소극) 및 그러한 정보를 고지하지 아니한 것이 부작위에 의한 기망에 해당하는지 여부

분양자가 수분양자가 전매이익을 노리고 분양을 받으려는 것을 알면서 수분양자로 하여금 전매이익의 발생 여부나 그 액에 관하여 거래관념상 용납될 수 없는 방법으로 잘못 판단하게 함으로써 분양계약에 이르게 하였다는 등의 특별한 사정이 없는 한, 분양자에게 그 대립당사자로서 스스로 이익을 추구하여 행위하는 수분양자에 대하여 최초분양인지, 전매분양인지를 포함하여 수분양자의 전매이익에 영향을 미칠 가능성이 있는 사항들에 관하여 분양자가 가지는 정보를 밝혀야 할 신의칙상의 의무가 있다거나, 나아가 그러한 정보를 밝혀 고지하지 아니하면 그것이 부작위에 의한 기망에 해당하여 민법 제110조 제1항에서 정하는 사기가 된다고 쉽사리 말할 수 없다(대판 2010. 2. 25, 2009다86000).

13. 은행이 고객에게 이른바 제로 코스트(zero cost) 구조의 장외파생상품을 판매하는 경우, 그 상품 구조 내에 포함된 옵션(option)의 이론가, 수수료 및 그로써 발생하는 마이너스 시장가치에 대하여 고지하여야 할 의무가 있는지 여부(원칙적 소극)

일반적으로 재화나 용역의 판매자가 자신이 판매하는 재화나 용역의 판매가격에 관하여 구매자에게 그 원가나 판매이익 등 구성요소를 알려주거나 밝혀야 할 의무는 없다. 이러한 이치는 은행이 고객으로부터 별도로 비용이나 수수료를 수취하지 아니하는 이른바 제로 코스트(zero cost) 구조의 장외파생상품 거래를 하는 경우에도 다르지 않다. 또한 은행이 장외파생상품 거래의 상대방으로서 일정한 이익을 추구하리라는 점은 시장경제의 속성상 당연하므로 누구든지 이를 예상할 수 있다. 따라서 달리 계약 또는 법령 등에 의하여 가격구성요소의 고지의무가 인정되는 등의 특별한 사정이 없는 한 은행은 고객에게 제로 코스트의 장외파생상품 구조 내에 포함된 옵션(option)의 이론가, 수수료 및 그로 인하여 발생하는 마이너스 시장가치에 대하여 고지하여야 할 의무가 있다고 할 수 없고, 이를 고지하지 아니하였다고 하여 그것이 고객에 대한 기망행위가 된다거나 고객에게 당해 장외파생상품 거래에서 비용이나 수수료를 부담하지 않는다는 착오를 일으킨다고 볼 수도 없다(대판 2013. 9. 26, 2013다26746 전원합의체 판결).

◈ 의사표시의 효력발생시기

제 111 조【의사표시의 효력발생시기】

① 상대방이 있는 의사표시는 상대방에게 도달한 때에 그 효력이 생긴다.

② 의사표시자가 그 통지를 발송한 후 사망하거나 제한능력자가 되어도 의사표시의 효력에 영향을 미치지 아니한다.

■ § 111. 의사표시의 효력발생

- 도달주의(원칙), 발신주의(예외)
- 예 외 : 발신주의
  ① 제한능력자의 상대방의 최고에 대한 확답
  ② 사원총회 소집의 통지
  ③ 무권대리인의 상대방의 최고에 대한 확답
  ④ 채무인수인에 대한 채권자의 승낙
  ⑤ 격지자간의 계약의 승낙통지
- 관련법조 : [계약성립에 관한 특칙] 상법 §51, §53, [송달효력 발생시기] 민소 §189, §196, [수표의 경우] 수표법 §33

1. 의의 및 입법주의

상대방 있는 의사표시, 특히 격지자에 대한 의사표시에 있어서는 상대방의 입장에서 보아 의사표시의 효력발생 시기가 언제인가는 중대한 문제이다. 그런데 격지자인 상대방에 대한 의사표시는 일반적으로 표의자의 표백(예컨대, 편지를 쓰는 일), 그 발신(편지의 투함), 상대방에의 도달(우편의 배달), 그 요지(편지를 읽는 것)의 단계를 거친다. 그렇다면 어떤 단계를 효력발생의 시기로 할 것인가? 표백과 요지는 일방당사자의 개인적 사정에 지나치게 기울여져 있어 적당하지 않다. 이리하여 발신주의로 할 것인가 도달주의로 할 것인가의 문제가 된다.

여기에는 일장일단이 있다. 발신주의는 신속을 중시하는 경우에 합당하나 도달주의는 그렇지 못하다. 그러나 전자는 상대방이 사전에 의사표시가 자기를 향하여 발신되는 것을 예기할 수 있는 경우가 아니면 불측의 손해를 입게 될 우려가 있음에 반하여 후자에는 이러한 염려는 없다. 그리하여 민법은 도달주의를 원칙으로 하고, 특수한 경우에만 발신주의를 취하고 있다(제531조 등).

총칙편	① 제한능력자의 상대방의 최고에 대한 확답(제15조) ② 사원총회소집의 통지(제71조) ③ 무권대리인의 상대방의 최고에 대한 확답(제131조)
채권편	① 채무인수인에 대한 채권자의 승낙(제455조) ② 격지자간의 계약의 승낙통지(제531조)

2. 도달주의의 원칙

민법에서 도달주의라 하는 것은 상대방있는 의사표시는 그 통지가 상대방에게 도달한 때로부터 그 효력이 생긴다라는 것인데 여기에서 말하는 「도달」이란 어떠한 것을 말하는 것인가? '격지'란 의사표시가 도달하기 위해서는 사회통념상 문제가 될 정도의 시간을 필요로 한다는 의미이고, 물리적인 공간적 격지와 일치하지 않는다(따라서 전화로서의 회화는 대화자이다). 대화자간의 의사표시에 대해서는 도달주의의 원칙이 채택되어져 있다.

도달이란 객관적으로 보아 상대방이 요지할 수 있는 상태에 들어간, 즉 상대방의 지배권내에 들어간 것을 말한다. 따라서, 예컨대 우편함에 투입되거나 동거 가족이나 친족에게 교부되었다면 상대방이 그것을 읽을 것을 필요로 하지 않는다.

관청이나 회사에의 도달도 종종 문제가 되는데 사실상의 관계자가 수령하면 되고, 반드시 원칙상 수령권한있는 자에게 교부할 필요는 없다. 예컨대 간혹 회사의 사무실에 있는 이사의 딸이 송달부에 도장을 찍어 사자에게 건네주고, 책상서랍 속에 편지를 넣어둔 것은 도달한 것으로 보아야 할 것이다. 한편 이러한 도달주의의 원칙은 격지자·대화자를 불문하고 적용된다.

【쟁점사항】

<도달에 대한 입증책임>

도달에 대한 입증책임은 그 도달을 주장하는 자에게 있다.

ㄱ) 반송되지 아니한 내용증명 우편물의 송달추정 여부

재건축조합을 탈퇴한다는 의사표시가 기재된 내용증명 우편물이 발송되고 달리 반송되지 아니하였다면 특별한 사정이 없는 한 이는 그 무렵에 송달되었다고 봄이 상당하다(대판 2000. 10. 27, 2000다20052)

ㄴ) 우편법의 규정에 따라 우편물이 배달되었다고 하여 의사표시의 통지가 상대방에게 도달된 것으로 볼 수 있는지 여부

우편법 소정의 규정에 따라 우편물이 배달되었다고 하여 언제나 상대방 있는 의사표시의 통지가 상대방에게 도달하였다고 볼 수는 없으며, 등기우편물에 기재된 사무소에서 본인의 사무원임을 확인한 후 우편물을 교부하였다는 우편집배원의 진술이나 우편법 등의 규정을 들어 그 등기우편물의 수령인을 본인의 사무원 또는 고용인으로 추정할 수는 없다(대판 1997. 11. 25, 97다31281).

ㄷ) 일간신문에 공고를 낸 경우 상대방이 그 공고를 알았다고 인정할 수 있는지 여부

일간신문에 공고를 낸 경우에는 상대방이 그 공고를 알았다고 인정할 수 없고, 그 공고된 의사표시가 실제로 상대방에게 도달되었다는 점을 따로 입증하여야 한다(대판 1964. 10. 30, 64다65).

3. 도달주의의 효과

의사표시의 불착이나 연착은 표의자의 불이익에 속한다. 즉 사정에 의해 불착하면 효력은 생기지 않는다. 의사표시는 그 도달이 있기까지는 철회할 수가 있다. 다만 철회의 통지는 의사표시의 도달 전이어야 하든가 적어도 의사표시와 동시에 도달하지 않으면 안된다. 의사표시의 도달 후에는 설령 상대방측의 요지전이라 하더라도 이미 철회할 수가 없다. 표의자가 발신 후에 사망하거나 또는 능력을 상실하였더라도 의사표시에는 아무런 영향을 미치지 않는다.

도달은 이미 성립한 의사표시의 효력발생요건일 뿐이기 때문이다. 따라서 표의자가 발신 후 사망한 때에는 상속인에 대하여 효력이 승계된다.

[도달주의·발신주의]

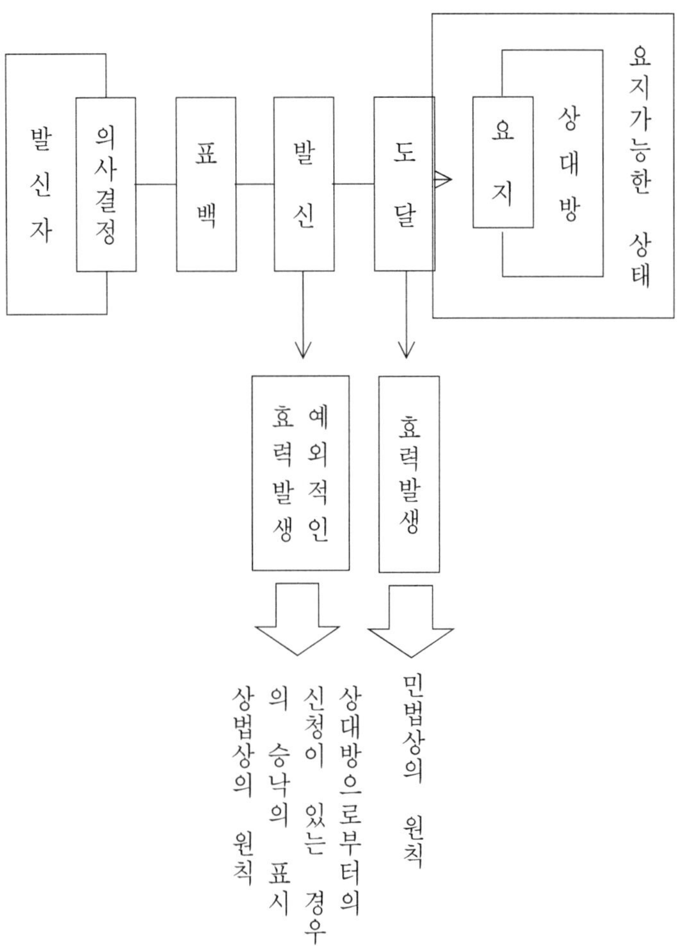
발신자
의사결정
표백
발신
도달
요지
상대방
요지가능한 상태
예외적인 효력발생
효력발생
상대방으로부터의 신청이 있는 경우의 승낙의 표시
상법상의 원칙
민법상의 원칙

▣ 핵심판례 ▣

■ [의사표시의 효력발생시기]

1. 채권양도의 통지가 채무자에게 도달되었다고 보기 위해서는 채무자가 이를 현실적으로 수령하였거나 그 내용을 알았을 것까지 요하는지 여부(소극)

채권양도의 통지는 채무자에게 도달됨으로써 효력을 발생하는 것이고, 여기서 도달이라 함은 사회관념상 채무자가 통지의 내용을 알 수 있는 객관적 상태에 놓여졌다고 인정되는 상태를 지칭한다고 해석되므로, 채무자가 이를 현실적으로 수령하였다거나 그 통지의 내용을 알았을 것까지는 필요로 하지 않는다(대판 1997. 11. 25, 97다31281).

2. 가. 예약계약의 성립 요건 및 금융기관의 직원이 받은 돈을 입금하지 않고 횡령한 경우 예금계약의 성립여부

예금계약은 예금자가 예금의 의사를 표시하면서 금융기관에 돈을 제공하고 금융기관이 그 의사에 따라 그 돈을 받아 확인을 하면 그로써 성립하며, 금융기관의 직원이 그 받은 돈을 금융기관에 입금하지 아니하고 이를 횡령하였다고 하더라도 예금계약의 성립에는 아무런 소장이 없다.

나. 예금주가 예금유치인을 통하여 추가금리를 지급받기로 하고 예금한 경우, 예금주와 은행간의 예금계약의 성립 여부

예금주가 예금에 있어 그 대가로 은행 소정 금리 외에 예금유치인을 통하여 추가금리를 지급받기로 하였다 하더라도 그것이 은행직원과 예금유치인들 간에 은행의 예금고를 높임으로써 그 은행직원의 실적을 올리기 위한 방편으로 이루어진 것으로서 예금주에게 통장까지 전달된 것이라면 예금주와 은행간의 예금계약의 성립을 부인할 수는 없다(1996. 1. 26. 판결, 95다26919 신탁금반환).

3. 가. 상표법 제23조 제1항 제3호 본문 소정의 "대리인 또는 대표자"의 의의

상표법 제73조 제1항 제7호는 상표등록취소 심판사유의 하나로 "제23조 제1항 제3호 본문에 해당하는 상표가 등록된 경우에 그 상표에 관한 권리를 가진 자가 당해 상표등록일부터 5년 이내에 취소심판을 청구한 경우"를 들고 있고, 같은 법 제23조 제1항 제3호 본문은 "조약당사국에 등록된 상표 또는 이와 유사한 상표로서 그 상표에 관한 권리를 가진 자의 대리인이나 대표자 또는 상표등록 출원일 전 1년 이내에 대리인이나 대표자이었던 자가 상표에 관한 권리를 가진 자의 동의를 받지 아니하는 등 정당한 이유 없이 그 상표의 지정상품과 동일 또는 유사한 상품을 지정상품으로 상표등록 출원한 경우"라고 규정하고 있는바, 위 규정의 입법취지에 비추어 볼 때 여기서 말하는 "대리인 또는 대표자"라 함은 대리점, 특약점, 위탁판매업자, 총대리점 등 널리 해외에 있는 수입선(輸入先)인 상표소유권자의 상품을 수입하여 판매, 광고하는 자를 가리킨다고 보아야 할 것이다.

나. 영문계약서에 의한 계약해지조항을 도달주의에 입각하여 해석한 원심의 판단을 정당한 것으로 본 사례

대리점계약을 위한 영문계약서상의 계약해지에 관한 조항(…this Agreement may be terminated at any time by either party by serving on the other party six month's notice in writing.)을 "일방 당사가 상대방에게 계약해지서를 발송한 날로부터 6개월이 경과한 때에는 동 계약은 해지된다"고 해석해야 한다는 주장은 독단적인 것으로 받아들일 수가 없고 계약해통고서가 상대방에게 송달된 때로부터 6개월이 경과한 때 종료된다고 해석한 원심의 판단을 정당한 것으로 본 사례(1996. 2. 13. 판결, 95후1241 상표등록취소).

4. 우편물이 등기취급의 방법으로 발송된 경우 그 무렵 수취인에게 배달되었다고 볼 것인지 여부

우편법 등 관계 규정의 취지에 비추어 볼 때 우편물이 등기취급의 방법으로 발송된 경우 반송되는 등의 특별한 사정이 없는 한 그 무렵 수취인에게 배달되었다고 보아야 한다(1992. 3. 27. 제3부 판결, 91누3819 개인택시운송사업면허거부처분취소).

5. 가. 피해자가 공동음주유흥을 위하여 차량소유자에게 무면허음주운행을 하게 하였다는 사정만으로 자동차손해배상보장법에 의한 손해배상책임을 구할 수 없는 공동운행자에 해당한다고 볼 수 없다 한 사례

피해자가 공동음주유흥을 위하여 차량소유자에게 무면허음주운행을 하게 하였다는 사정만으로 자동차손해배상보장법에 의한 손해배상책임을 구할 수없는 공동운행자에 해당한다고 볼 수 없다.

나. 운전면허취소처분 이후 적법한 통지 또는 공고가 없는 동안의 운전이 자동차종합보험약관상의 무면허운전인지 여부(소극)

운전면허의 취소는 도로교통법시행령 제53조 소정의 적법한 통지 또는 공고가 없으면 효력을 발생할 수 없으므로 운전면허취소처분 이후 적법한 통지 또는 공고가 없는 동안의 자동차운전은 자동차종합보험약관상의 무면허운전이라고 할 수 없다.

다. 운전면허증을 회수당하여 소지하지 아니한 채 운전한 것이 위 "나"항의 "무면허운전"에 해당하는지 여부(소극)

운전면허증을 회수당하여 소지하지 아니한 채 운전한 것이 위 "나"항의 "무면허운전"에 해당한다고 할 수 없다.

라. 통상우편의 방법으로 발송되었다는 사실만으로 상당기간 내에 도달하였다고 인정할 수 있는지 여부(소극)

통상우편의 방법으로 발송되었다는 사실만으로 상당기간 내에 도달하였다고 인정하기에 부족한다.

마. 자동차임의보험의 약관에 의하여 피해자에게 인정되는 직접청구권의 법적 성질(=보험자의 병존적 손해배상채무인수)

자동차임의보험의 약관에 의하여 피해자에게 인정되는 직접청구권의 법적 성질은 보험금이 아니라 보험자가 피보험자의 피해자에 대한 손해배상채무를 병존적으로 인수한 것이다.

바. 보험회사가 소송의 결과에 따라 판결금액을 배상하도록 한 자동차종합보험약관 제15조 단서는 피해자가 직접청구권을 행사하여 보험회사를 상대로 소송을 제기하는 경우에도 적용되는지 여부(적극)

보험회사가 대인사고로 지급책임을 지는 금액의 한도에 관하여 자동차종합보험약관 제15조는 원칙적으로 약관의 보험금지급기준에 의하여 산출한 금액을 기준으로 하되, 다만 소송이 제기되었을 경우에는 확정판결에 의하여 피보험자가 피해자에게 배상하여야 할 금액(지연배상금 포함)을 기준으로 하도록 규정하고 있는바, 약관규정의 단서는 피해자가 피보험자를 상대로 소송을 제기하는 경우뿐만 아니라 직접청구권을 행사하여 보험회사를 상대로 소송을 제기하는 경우에도 적용된다(1993. 5. 11. 제2부 판결, 92다2530 손해배상(자)).

6. 우편법에 따른 우편물의 배달과 상대방 있는 의사표시의 도달 여부

우편법 제31조, 제34조, 같은 법 시행령 제42조, 제43조의 규정취지는 우편사업을 독점하고 있는 국가가 배달위탁을 받은 우편물의 배달방법을 구체적으로 명시하여 그 수탁업무의 한계를 명백히 한 것으로서 위 규정에 따라 우편물이 배달되면 우편물이 정당하게 교부된 것으로 인정하여 국가의 배달업무를 다하였다는 것일 뿐 우편물의 송달로써 달성하려고 하는 법률효과까지 발생하는 것은 아니므로 위 규정에 따라 우편물이 배달되었다고 하여 언제나 상대방 있는 의사표시의 통지가 상대방에게 도달하였다고 볼 수는 없다(1993. 11. 26. 제3부 판결, 93누17478 유흥접객영업정지처분취소).

◈ 상대방이 무 제한능력자인 때에는 이에 대하여 한 의사표시는 어떠한 효력이 있는가?

제 112 조【제한능력자에 대한 의사표시의 효력】

의사표시의 상대방이 의사표시를 받은 때에 제한능력자인 경우에는 의사표시자는 그 의사표시로써 대항할 수 없다. 다만, 그 상대방의 법정대리인이 의사표시가 도달한 사실을 안 후에는 그러하지 아니하다.

■ § 112. 의사표시의 수령능력

- 타인의 의사표시의 내용을 이해할 수 있는 능력
- 원칙 : 의사표시의 상대방이 제한능력자인 경우 표의자는 그 제한능력자에 대하여 의사표시로써 대항하지 못한다.
- 예외 : 상대방이 제한능력자이더라도 그의 법정대리인이 의사표시의 도달을 안 후에는 표의자도 그 의사표시로써 대항할 수 있다.

의사표시의 도달이란 상대방이 요지할 수 있는 상태에 놓여지는 것이기 때문에 상대방이 그것을 요지할 수 있을 정도의 능력을 가지고 있지 않으면 도달이라고 할 수가 없으므로 의사표시는 효력이 생기지 않는다. 이 능력을 의사표시의 수령능력이라 한다. 수령능력은 타인의 의사표시를 이해할 수 있는 능력이기 때문에 스스로 의사를 결정하고 발신하는 능력인 행위능력보다 정도가 다소 낮아도 괜찮다고 할 수 있다. 그러나 제한능력자를 보호하는 취지에서 민법은 모든 제한능력자를 수령무능력자로 하고 있는 것이다(제112조).

즉 의사표시의 수령무능력자에 대한 의사표시는 그 법정대리인이 그 도달한 사실을 알 때까지는 표의자는 그 효력발생을 주장할 수 없는 것으로 하고 있다. 그러나 수령무능력자가 도달을 주장하는 것을 방해하지는 않는다.

한편 미성년자나 피한정후견인도 일정한 경우에는 행위능력이 인정되는데, 이 경우에는 당연히 수령능력을 갖는다고 해석한다. 수령능력은 행위능력보다도 정도가 낮기 때문이다.

◆ 과실없이 상대방이나 그 소재를 알지 못한 경우의 의사표시는 어떠한 방법에 의하여야 하는가?

제 113 조 【의사표시의 공시송달】

표의자가 과실없이 상대방을 알지 못하거나 상대방의 소재를 알지 못하는 경우에는 의사표시는 민사소송법 공시송달의 규정에 의하여 송달할 수 있다.

■ § 113. 의사표시의 공시송달

- 요　　건 : ① 상대방을 알지 못하거나 또는 상대방의 소재를 알지 못하여야 한다.
  ② 상대방 또는 그의 소재를 알지 못하는데 표의자에게 과실이 없을 것
- 공시송달의 방법 : 민사소송법 §195
- 효　　과 : 공시송달에 의한 의사표시는 게시한 날로부터 2주일이 경과한 때에 상대방에게 도달한 것으로 본다.
- 관련법조 : 민소 §194~§196

상대방 있는 의사표시는 도달에 의하여 그 효력이 발생한다(제111조). 따라서 표의자가 과실없이 상대방을 알지 못하거나 또는 상대방의 소재를 알지 못하는 경우에는 의사표시의 효력을 발생하게 할 수 없게 된다.

그리하여 민법은 이런 난점을 해소하기 위하여 민사소송법상의 공시송달의 방법에 의하여 의사표시의 효력을 생기게 할 수 있다고 규정하고 있다.

제 3 절 대 리

대리라 함은 타인(대리인)이 본인의 이름으로 법률행위(의사표시)를 하거나 또는 의사표시를 수령함으로써 그 법률효과가 직접 본인에게 생기게 하는 제도를 말한다. 이를「직접대리」라고도 부른다. 본래 의사표시의 효과는 그것을 행하는 표의자 자신에 관하여 생기는 것이 원칙이다. 그런데 이「법률효과의 표의자에의 귀속」이라는 원칙에 대하여 중대한 예외가 되는 것이 대리이며, 그것은 대리인의 의사표시의 효과가 본인에게 귀속하는 점에서「법률효과의 표의자 이외의 자에의 귀속」을 일어나게 하는 제도이다.

위의 설명은「민법상의 대리」에 관한 것이다. 이「민법상의 대리」와 구별할 것은「민사소송법상의 대리」이다. 즉 민사소송법상의 대리는 당사자의 이름으로 그에 갈음하여 자기의 의사결정에 따라 소송행위를 하거나 상대방 또는 법원의 소송행위를 받는 것을 말하며, 이러한 방법으로 소송행위를 하고 또는 수령하는 자를 소송상의 대리인이라고 한다.

◈ 대리인이 한 행위의 효력이 본인에게 직접 귀속되기 위한 요건

제 114 조【대리행위의 효력】

① 대리인이 그 권한내에서 본인을 위한 것임을 표시한 의사표시는 직접 본인에게 대하여 효력이 생긴다.

② 전항의 규정은 대리인에게 대한 제3자의 의사표시에 준용한다.

■ § 114. 현명주의

- 대리행위시 그 행위가 본인을 위한 것임을 표시→행위의 타인성 표시=현명
- 수동대리에 있어서는 상대방 쪽에서 본인에 대한 의사표시임을 표시하여야 한다.
- 현명주의 : 법률관계명확, 거래안전, 그러나 거래의 신속을 해하고 노출을 꺼리는 본인에게 부적절
- 관련법조 : [임의대리인] 상 §11, §749, §765, 특허 §5, 신안 §3, 디자인보호법 §6, [본인을 위한 것임을 표시] 상 §48, [대리상] 상 §87

대리란 광의로 타인(본인)을 대신하여 어떤 행위를 하는 것을 말하지만 민법 총칙편에 정해진 대리란 대리인이 본인을 위한다는 것을 나타내어 의사표시를 하거나 의사표시를 받아 그 법률효과가 본인에게 직접 생기게 하는 것을 말한다(제114조~제136조). 근대법에서 완성된 제도로서 본인의 행동범위를 넓게 확장하고, 또한 의사능력이 없는 자 등에게 대리인에 의한 거래의 길을 열어 주어 사적 자치를 확장・보완한다. 대리의 종류로는 임의대리・법정대리・공동대리・복대리・쌍방대리・무권대리・표현대리 등이 있다.

대리의 법률상의 특색을 보면 다음과 같다.

(1) 대리인이 본인과 대립하는 지위에서 대리권을 가진다. 이 점에서는 대표와 다르다. 즉 법인의 이사는 법인을 위하여 여러 가지 의사표시를 하거나 의사표시를 받는데 그 방법이나 효과는 대리의 경우와 다를 바가 없지만 대리인이라고 하지 않고 대표자라고 한다.

(2) 대리인의 행위는 어디까지나 대리인의 의사에 의한 독자적인 행위이다. 이 점에서 타인을 위하여 의사표시에 관계하나 표의자 또는 의사표시를

받는 자의 보조자에 불과한 고문·상담역·사자 등과도 다르다.

(3) 대리인이 권한 내에서 행한 행위의 효과(권리·의무)는 모두 직접 본인에게 귀속한다. 이 점에서 어떤 사람이 다른 사람을 개입시켜 물건을 점유하는 이른바 간접점유(제194조)와도 다르다.

(4) 대리는 의사표시를 하는 것(능동대리)과 의사표시를 받는 것(수동대리)에 한한다. 따라서 불법행위와 사무관리의 대리는 인정되지 않는다.

(5) 원금보증이 없는 투자신탁을 취급하는 회사는 타인(투자자)을 위하여 증권류의 거래(의사표시)를 한다. 더욱이 그 거래에 의한 이익이나 손실은 모두 투자자에게 귀속하지만 그 거래는 회사가 자기의 이름으로 행한다. 따라서 효과도 법률상으로는 회사에 귀속하므로 대리와는 다르다. 그러나 법률상으로는 어떻든 사실상으로는 대리와 같으므로 이와 같은 경우를 간접대리라고 하기도 한다.

(6) 법률행위 중에는 성질상 본인 스스로의 의사결정을 요하는 것이 있다. 혼인·입양·유언 등의 신분행위가 그 예인데 이러한 종류의 행위에는 대리가 허용될 수 없다. 그리고 재산상의 행위에도 특별한 이유로 대리행위가 금지된 것이 있다(근로기준법 제53조 1항).

(7) 대리인은 본인을 위한 것임을 표시하여 행위하는 것이 원칙이지만, 상행위의 대리에는 이것이 불필요하다(상법 제48조).

<table>
<tr><th colspan="6">법정대리인과 임의대리인의 다른점</th></tr>
<tr><th colspan="2">대리권이 소멸하는 사유</th><th rowspan="2">대리인이 대리인을 선임하는 경 우</th><th rowspan="2">대리인의 능력</th><th rowspan="2">어떤 경우에 대리인이 선임되는가</th><th rowspan="2"></th></tr>
<tr><th>특별한 원인</th><th>공통의 원인</th></tr>
<tr><td>친권의 상실
후견인의 사임
후견인의 해임
후견인의 결격</td><td rowspan="2">본인의 사망
대리인의 사망
성년후견의 개시 또는 파산
(제127조)</td><td>자유로이 할 수가 있다(제122조).</td><td>법률로서 정하여져 있다
(성년자에 한한다)</td><td>미성년자
피성년후견인
피한정후견인
부재자
상속인의 부존재</td><td>법정대리</td></tr>
<tr><td>위임의 종료
위임의 해제
(제128조)</td><td>본인의 승낙이나 부득이한 경우가 아니면 할 수 없다
(제121조)</td><td>제한능력자라도 할 수 있다
(제117조)</td><td>수권행위에 의함</td><td>임의대리</td></tr>
</table>

▣ 핵심판례 ▣

■ [대리행위의 효력]

1. 갑이 자기 이외의 연립주택 소유자들이 매각추진위원회를 구성하여 을로 하여금 원매자를 물색하게 하고 일정대금 수준이면 매각에 동의한다는 내용의 동의서에 서명날인하였다는 말을 듣고 을을 찾아가 동의서에 서명무인하여 주었다면 특별한 사정이 없는 한 을에게 자신을 대리하여 연립주택을 매도할 권한을 수여한 것이라고 본 사례

갑이 자기 이외의 연립주택 소유자들이 매각추진위원회를 구성하여 을로 하여금 원매자를 물색하게 하고 일정대금 수준이면 매각에 동의한다는 내용의 동의서에 서명날인하였다는 말을 듣고 을을 찾아가 동의서에 서명무인하여 주었다면 특별한 사정이 없는 한 을에게 자신을 대리하여 연립주택을 매도할 권한을 수여한 것이라고 본다(1992. 10. 13. 제2부 판결, 92다25427 소유권이전등기)

2. 통칭 매니저의 대리권의 범위는 연주자의 연주활동의 주선이나 연주에 관하여 공연장확보, 공연비용 또는 출연료결정, 연주일정의 확정 등에만 미칠 뿐 공연계약에 관하여는 대리권이 없다 한 사례

통칭 매니저의 대리권의 범위는 연주자의 연주활동의 주선이나 연주에 관하여 공연장확보, 공연비용 또는 출연료결정, 연주일정의 확정 등에만 미칠 뿐 공연계약에 관하여는 대리권이 없다(1993. 5. 14. 제3부 판결, 93다4618, 4625(병합) 가압류이의).

3. 매매계약체결 당시 매도인을 보조하여 계약서와 영수증에 날인한 데 불과한 사람에게 매도인이 중도금이나 잔금수령권한까지 있는 매매계약체결에 관한 대리권을 묵시적으로 수여한 것으로 볼 수 없다고 하여 원심판결을 파기한 사례

매매계약체결 당시 매도인을 보조하여 계약서와 영수증에 날인한 데 불과한 사람에게 매도인이 중도금이나 잔금수령권한까지 있는 매매계약체결에 관한 대리권을 묵시적으로 수여한 것으로 볼 수 없다고 하여 원심판결을 파기한다(1993. 6. 11. 제3부 판결, 93다7938 소유권이전등기말소).

4. 가. 미성년자의 재산에 관한 법정대리인의 법률행위와 미성년자를 위한 행위라는 추정

미성년자의 법정대리인의 법률행위는 미성년자를 위하여 한 행위를 추정되므로 후견인의 피후견인 재산에 관한 처분행위는 피후견인인 미성년자를 대리하여 한 행위로서 미성년자에 대하여 그 효과가 발생한다.

나. 개정 민법 시행에 따른 이혼한 모의 친권의 부활과 후견인의 임무종료

1991. 1. 1.부터 개정된 민법이 시행되면서 이혼한 모의 친권제한에 관한 구 민법(1990. 1. 13. 법률 제4199호로 개정되기 전의 것) 제909조 제5항이 삭제되고, 부칙(1990. 1. 13.) 제9조가 규정됨으로써 이혼으로 인하여 모가 친권을 상실하고 후견이 개시된 경우라도 개정된 민법의 시행일부터 모의 친권이 부활되어 모가 전혼인 중의 자에 대하여 친권자로 되고 후견인의 임무는 종료된다(1994. 4. 29. 제3부 판결, 94다1302 소유권이전등기).

<판례전문(1994. 4. 29. 94다1302)>

[원고, 상고인] 김유진

[소송대리인 변호사] 최기만

[원고, 피상고인] 황 하 외 1인

[소송대리인 변호사] 심일동 외 1인

[원심판결] 서울민사지방법원 1993. 12. 10. 선고, 93나33394 판결

[주　　문] 상고를 기각한다.

상고비용은 원고의 부담으로 한다

[이 유] 1. 상고이유 제1, 4점을 함께 본다.

원심판결 이유에 의하면, 원심은 그 거시증거에 의하여 소외 망 김민수가 소외 최명주와 혼인하여 1972. 3. 1. 원고를 출생하였다가 위 최명주와 협의이혼한 후 1986. 9. 21. 사망함으로써 원고가 위 망인의 단독상속인이 된 사실, 위 망인의 아버지인 소외 김재철이 위 망인의 사망 후 위 망인 명의로 소유권이전등기가 경료되어 있던 이 사건 부동산에 관하여 위 망인의 명의로 그 소유권이전등기신청에 소요되는 서류들을 작성하여 피고 황의하 앞으로 소유권이전등기를 경료하였으며, 그 후 위 등기에 터잡아 피고 김형준 앞으로 소유권이전등기가 경료된 사실을 인정한 다음, 위 망인의 단독상속인으로서 원고의 소유로 된 이 사건 부동산에 관한 피고 황의하 명의의 소유권이전등기는 위 김재철이 위 망인의 사망 후 아무런 권한 없이 위 망인 명의로 등기신청을 하여 이루어진 것으로서 원임무효의 등기이고, 이에 터잡아 이루어진 피고 김형준 명의의 소유권이전등기 역시 원인무효의 등기로서 말소되어야 한다는 원고의 주장에 대하여, 1990. 1. 13. 법률 제4199호로 개정되기 이전의 민법 제909조 제5항에 의하면, 부모가 이혼한 경우에 그 모는 전혼인 중에 출생한 자의 친권자가 되지 못한다고 규정하고 있어, 위 망인이 사망함에 따라 원고에 대하여는 친권자가 없게 되어 민법 제928조, 제932조, 제935조의 각 규정에 의하여 조부인 위 김재철이 원고의 후견인으로서 원고의 재산을 관리하고 그 재산에 관한 법률행위에 대하여 원고를 대리하게 되었으므로, 원고의 후견인인 위 김재철이 원고의 재산인 이 사건 부동산에 관하여 피고 황의하 앞으로 소유권이전등기를 경준하여 준 이상 위 김재철의 이러한 처분행위는 피후견인인 원고를 대리하여 한 행위로서 원고에 대하여 그 효과가 발생한다고 보아야 할 것이라고 판단하여 원고의 위 주장을 배척하였다.

미성년자의 법정대리인의 법률행위는 미성년자를 위하여 한 행위로 추정된다 할 것이므로(당원 1962. 12. 27. 선고, 62다815 판결 참조), 이와 반대되는 증거가 없는 이 사건에 있어서, 같은 취지에서 위 김재철의 위 처분행위가 피후견인인 원고를 대라하여 한 행위로서 원고에 대하여 그 효과가 발생한다고 판단한 원심의 조치는 정당한 것으로 수긍이 가고, 거기에 소론과 같은 대리에 관한 법리오해의 위법이 있다 할 수 없다. 논지는 이유 없다.

그리고 위 망인의 사망 당시 원고에게 직계혈족으로서 위 김재철 외에도 외조부가 있었음을 전제로 한 주장 및 원고의 후견인으로서 한 위 김재철의 위 처분행위가 피후견인인 원고의 재산조사와 목록작성을 완료하기 전의 것으로서 긴급필요한 경우에 해당하지 않으므로 무권대리행위라는 주장은 모두 당심에 이르러 비로소 주장하는 사유이므로 상고이유로 삼을 수 없다.

2. 상고이유 제2, 3, 5점을 함께 본다.

(1) 1991. 1. 1.부터 개정된 민법이 시행되면서 이혼한 모의 친권제한에 관한

위 제909조 제5항이 삭제되고, 부칙 제9조에서 "구법에 의하여 개시된 친권에 관하여도 이 법 시행일부터 이 법의 규정을 적용한다"고 규정됨으로써 이혼으로 인하여 모가 친권을 상실하고 후견이 개시된 경우라도 위 개정된 민법의 시행일부터는 모의 친권이 부활되어 모가 전혼인 주의 자에 대하여 친권자로 되고 후견인의 임무는 종료된다고 보아야 할 것이므로, 같은 취지에서 위 최명주가 원고의 모로서 1991. 1. 1.부터 원고에 대하여 친권을 행사할 수 있게 되었다고 판단한 원심의 조치는 정당하고, 거기에 소론과 같은 법정대리권에 관한 법령해석의 위법이 있다 할 수 없다. 논지는 이유 없다.

(2) 기록을 살펴본 바, 원심이 그 거시증거에 의하여 위 최명주가 1991. 3. 29. 위 망인 명의의 서류들을 위조하여 이 사건 부동산을 권한 없이 처분하였다는 혐의로 위 김재철 및 피고 황의하를 고소하였다가 그 수사진행 중 같은 해 5. 13. 위 김재철과 사이에 동인으로부터 원고에 대한 학비보조금 명목으로 금 12,000,000원을 같은 해 6. 30.까지 지급받기로 약정한 다음 위 고소를 취소한 사실, 위 김재철이 1992. 1. 23. 위 약정한 금원 및 이에 대한 그동안의 지연이자를 합산한 금 12,285,887원을 위 최명주에게 지급한 사실, 이 사건 부동산은 1981년 위 망인이 이를 취득할 당시의 매수가격이 금 12,600,000원 정도이고, 1988. 5.경 피고 황의하가 피고 김형준에게 처분할 당시의 그 매도가격이 금 20,000,000원 정도였던 사실을 인정한 다음, 이에 터잡아 위 최명주는 원고의 친권자로서 원고의 학비보조금으로 금 000,000원을 위 김재철로부터 지급받은 대신에 동인의 위 처분행위를 추인하였다고 봄이 상당하고, 일단 추인된 법률행위는 이를 다시 취소할 수 없는 것이라고 판단하여 위 김재철이 위 처분행위를 함에 있어서 민법 제950조 제1항 제3호에 의한 친족회의 동의가 없었으므로 같은 조 제2항에 따라 위 처분행위를 취소한다는 원고의 주장을 배척한 조치는 정당한 것으로 수긍이 가고, 거기에 소론과 같은 이유모순 내지 채증법칙위반, 추인에 관한 법리오해의 위법이 있다고 할 수 없다. 논지는 이유 없다.

그 밖에 추인에 관한 법리오해의 위법이 있다는 취지로 소론이 들고 있는 사유들은 모두 독자적인 견지에서 원심판단을 탓하는 것에 불과하여 이유 없다.

그러므로 상고를 기각하고 상고비용은 패소자의 부담으로 하여 관여법관의 일치된 의견으로 주문과 같이 판결한다.

대법관 박준서(재판장) 김상원

윤영철(주심) 박만호

참조판례

대법원 1962. 12. 27. 선고, 62다815 판결

◈ 대리인이 본인을 위하여 한 것을 표시하지 아니하고 법률행위를 한 경우 그 효과의 귀속자

제 115 조【본인을 위한 것임을 표시하지 아니한 행위】

대리인이 본인을 위한 것임을 표시하지 아니한 때에는 그 의사표시는 자기를 위한 것으로 본다. 그러나 상대방이 대리인으로서 한 것임을 알았거나 알 수 있었을 때에는 전조 제1항의 규정을 준용한다.

■ § 115. 현명하지 아니한 행위

- 본조본문 : ① 의의 : 대리의사 존부 불구하고 대리인 자신이 행위의 당사자로 본다.
  - ② 근거 : 대리적 효과의사설 의사통지설
- 본조단서 : ① 의의 : 대리인과 법률행위를 한 상대방을 보호할 필요가 없는 때
  - ② 알았거나 알 수 있었을 때 기준 : 구체적 경우에 따른 사실판단 문제
- 관련법조 : [특칙] 상 §48

대리인이 대리행위를 하는 경우에는 상대방에게 본인을 위한 것임을 표시하여야 한다(제114조 1항). 이것을 현명주의라고 부른다. 우리 민법은 거래의 상대방을 보호하기 위하여 이 주의를 채택하고 있다. 본인을 위한 것임을 표시한다는 것은 그 행위의 법률효과를 본인에게 귀속시키려는 의사이므로 비록 대리인이 마음속으로 자기의 이익을 도모할 생각이었다고 하더라도 그것만으로 대리행위가 무효로 되는 것은 아니다. 대리인이 대리의사를 표명하지 않을 경우, 즉 현명하지 않고 행하여진 대리인의 행위는 대리행위가 될 수 없고 대리인 자신을 위하여 행한 것으로 본다. 이 법조문은 대리인이 자신의 내심적 의사와 표시가 일치하지 않음을 이유로 착오를 주장할 수 없다는 것을 밝힌 것이다.

그러나 원래 현명주의는 대리인의 입장에서 행동하는 것이라는 것을 상대방에게 알리기 위한 것이므로, 그러한 것을 상대방이 알거나 또는 알 수 있는 상태에 있으면 현명하지 않더라도 그 행위는 대리행위로서 효력을 발생한다.

현명주의의 취지는 상대방이 대리인에 대하여 의사표시를 하는 경우에도 마

찬가지로 적용되어, 상대방이 대리인에게 본인을 위한 것임을 표시하지 않으면 본인에 대하여 효력을 발생하지 않는다(제114조 2항). 상법상의 대리에는 상거래의 개성의 희박성 때문에 현명주의를 취하지 않는다. 즉 상행위의 대리에 대하여는 「본인을 위하여 행한다는 것을 표시하지 아니하여도 그 행위는 본인에 대하여 효력이 생긴다」고 하는 예외규정이 있다(상법 제48조).

어음행위에 있어서는 법률관계의 형식성 때문에 현명주의가 채택되고 있다(어음법 제8조, 수표법 제11조). 본인을 위한 것임을 표시하는 의사표시는 명시적일 필요는 없으며 묵시적이라도 좋다. 수동대리의 경우에는 상대방이 대리인에 대하여 대리의사를 표시하여야 한다고 해석하여야 한다(제114조 2항). 이 경우 대리인이 현명하여 수령하는 것은 불가능·불필요하기 때문이다.

▣ 핵심판례 ▣

■ [본인만을 위한 것임을 표시하지 아니한 행위]

1. 본인을 위한 것임을 표시하지 않은 경우 대리 또는 표현대리의 법리가 적용될 수 있는지 여부

종중으로부터 임야의 매각과 관련한 권한을 부여받은 갑이 임야의 일부를 실질적으로 자기가 매수하여 그 처분권한이 있다고 하면서 을로부터 금원을 차용하고 그 담보를 위하여 위 임야에 대하여 양도담보계약을 체결한 경우, 이는 종중을 위한 대리행위가 아니어서 그 효력이 종중에게 미치지 아니하고, 민법 제126조의 표현대리의 법리가 적용될 수도 없다(대판 2001. 1. 19. 99다 67598).

2. "해동화재해상보험주식회사 대구영업소장 박경자"란 기재가 회사를 대리한 배서로서 유효한지 여부

이 사건 어음은 그 수취인이 박경자 개인이지만 보험료지급을 위하여 피고 보험주식회사의 대구영업소장인 동인에게 발행한 것이고, 위 박경자가 위 어음을 소외인에게 배서할 때 "피고 회사 대구영업소장 박경자"라고 기재하여 배서한 이상, 내심의 의사와 무관하게 배서양수인 원고에 대한 관계에 있어서는 피고 회사 대구영업소장 자격으로 배서한 것으로 봄이 어음의 문언증권성에 비추어 타당하다고 할 것이고, 또 어음행위의 대리의 방식에 있어서도 어음의 문면으로 보아 본인을 위하여 어음행위를 한다는 취지를 인식할 수 있을 정도의 표시가 있으면 대리관계의 표시로 보아야 할 것인바, "해동화재해상보험주식회사 대구영업소장 박경자"란 표시는 피고 회사의 대리관계 표시로서 적법하다고 볼 것이다(1984. 4. 10. 제2부 판결, 83다카315 약속어음금).

◈ 대리에 있어서 의사표시의 요건의 결정기준

제 116 조 【대리행위의 하자】

① 의사표시의 효력이 의사의 흠결, 사기, 강박 또는 어느 사정을 알았거나 과실로 알지 못한 것으로 인하여 영향을 받을 경우에 그 사실의 유무는 대리인을 표준하여 결정한다.

② 특정한 법률행위를 위임한 경우에 대리인이 본인의 지시에 좇아 그 행위를 한 때에는 본인은 자기가 안 사정 또는 과실로 인하여 알지 못한 사정에 관하여 대리인의 부지를 주장하지 못한다.

■ § 116. 대리행위의 하자

- 대리에 있어서 법률행위의 당사자는 대리인이므로 의사표시에 관한 요건은 대리인에 관하여 정한다. 그러나 대리행위의 하자에서 생기는 효과는 본인에게 귀속한다.
- 대리에 있어서 선의, 악의가 법률행위에 영향을 미치는 경우 비록 대리인이 선의이더라도 그 본인이 악의 이면, 선의의 보호를 받을 수 없다.

1. 원 칙

대리행위의 법률효과는 본인에게 귀속되지만, 그 법률행위의 당사자는 대리인이다. 따라서 의사표시에 관한 요청은 본인이 아니라 대리인에 관하여 판단하여야 한다. 그래서 본조는 「의사표시의 효력이 의사의 흠결, 사기, 강박 또는 어느 사정을 알았거나 과실로 알지 못한 것으로 인하여 영향을 받을 경우에 그 사실의 유무는 대리인을 표준으로 하여 결정한다고 주의적으로 규정하고 있다.

이처럼 의사표시에 관한 요건은 대리인을 표준으로 하여 정하게 되나, 대리행위의 하자에서 생기는 효과는 본인에게 귀속하게 된다.

2. 예 외

한편, 선의·악의가 법률행위의 효력에 영향을 미치는 경우에 있어서 대리인은 선의이고 본인이 악인이라면 본인은 선의라는 것을 주장할 수 없다. 그래서 본조는「특정한 법률행위를 위임한 경우에 대리인이 본인의 지시에 좇아 그 행위를 한 때에는 본인은 자기가 안 사정 또는 과실로 인하여 알지 못한 사정에 관하여 대리인의 부지를 주장하지 못한다」고 규정하고 있다. 예를 들면, 하자를 알고 있었던 본인은 대리인이 그 사실을 알지 못하였다 하더라도, 하자담보의 책임을 상대방에게 물을 수 없다.

[대리와 사자]

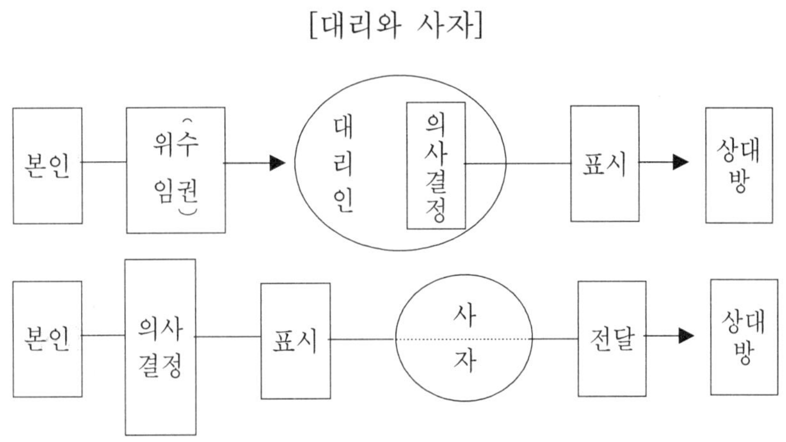

▣ 핵심판례 ▣

■ [대리행위의 하자]

1. 가. 매수인의 착오를 인정하여 매매계약을 취소할 수 있다고 한 원심판결을 채증법칙 위반을 이유로 파기한 사례

매수인의 착오를 인정하여 매매계약을 취소할 수 있다고 한 원심판결을 채증법칙 위반을 이유로 파기한 사례

나. 매수인이 대리인을 통하여 매매계약을 체결한 경우, 매수인 본인에게 계약 내용, 잔금 지급 내역 등에 관하여 착오가 있었다 하더라도 이를 이유로 매매계약을 취소할 수 없다고 볼 여지가 있다고 한 사례

매수인이 대리인을 통하여 분양택지 매수지분의 매매계약을 체결한 경우, 대리행위의 하자의 유무는 대리인을 표준으로 판단하여야 하므로, 대리인이 매도인과 분양자와의 매매계약에 있어서 매수인의 1인으로서 그 계약 내용, 잔금의 지급 기일, 그 지급 여부 및 연체 지연손해금 액수에 관하여 잘 알고 있었다고 인정되는 때에는, 설사 매수인이 연체 지연손해금 여부 및 그 액수에 관하여 모른 채로 대리인에게 대리권을 수여하여 매도인과의 사이에 그 매매

계약을 체결하였다고 하더라도, 매수인으로서는 그 자신의 착오를 이유로 매도인과 매매계약을 취소할 수는 없게 되었다고 볼 여지가 있다고 한 사례(1996. 2. 13. 판결, 95다41406 계약금반환등).

2. 대리행위의 하자 유무(대리인 표준)

대리인이 본인을 대리하여 매매계약을 체결함에 있어서 매매대상 토지에 관한 저간의 사정을 잘 알고 그 배임행위에 가담하였다면, 대리행위의 하자 유무는 대리인을 표준으로 판단하여야 하므로, 설사 본인이 미리 그러한 사정을 몰랐거나 반사회성을 야기한 것이 아니라고 할지라도 그로 인하여 매매계약이 가지는 사회질서에 반한다는 장애사유가 부정되는 것은 아니다(대법원 1998. 2. 27. 선고 97다45532 판결).

3. 사자에 의한 의사표시의 하자유무(본인표준)

사자에 의한 의사표시의 경우는 물론 본인이 결정한 의사를 대리인으로 하여금 표시한 경우에는 그 의사표시는 대리행위가 아니므로 오로지 본인에 대하여서만 그 지·부지, 착오 등이 문제가 된다(대판 1967. 4. 18. 66다661).

◈ 무능력자도 대리인이 될 수 있는지 여부

제 117 조 【대리인의 행위능력】

대리인은 행위능력자임을 요하지 아니한다.

■ § 117. 대리인의 행위능력

- 대리인의 행위능력 불요
- 임의대리뿐 아니라 법정대리에도 적용됨

대리를 할 수 있는 지위에 있는 자를 대리인이라고 한다. 대리는 본인을 대신하여 의사표시를 하는 제도이므로 대리인은 본인의 의사를 단순히 전달하는 사자와는 다르다. 대리인의 행위는 그 효과만이 본인에게 귀속하므로 법인의 행위 그 자체가 되는 법인의 대표와도 다르다. 대리인은 스스로 의사표시를 할 수 있는 의사능력이 있어야 함은 물론이지만 행위능력은 없어도 무방하다. 왜냐하면 대리행위의 효과는 직접 본인에게 귀속하고 대리인 자신에게는 미치지 않으므로 대리인은 능력자임을 요하지 않는다. 즉 대리인이 제한능력자로서 대리행위를 하더라도 제한능력자의 이익이 침해될 염려는 없기 때문이다. 또한 제한능력자의 대리행위에는 법정대리인의 동의를 요하지 않는다.

따라서 대리인이 제한능력자였다는 이유만으로는 본인이나 대리인은 물론 법정대리인도 그 대리행위를 취소할 수 없다. 다만 민법은 본인의 이익을 보호하기 위하여 제한능력자가 법정대리인이 되는 것을 금지하는 특칙을 정하는 경우가 많다(제937조 참조).

◈ 권한을 정하지 아니한 대리인이 할 수 있는 행위

제 118 조【대리권의 범위】

권한을 정하지 아니한 대리인은 다음 각호의 행위만을 할 수 있다.

1. 보존행위
2. 대리의 목적인 물건이나 권리의 성질을 변하지 아니하는 범위에서 그 이용 또는 개량하는 행위

■ § 118. 대리권의 범위

- 보존행위 : 가옥수선, 소멸시효중단, 미등기부동산의 등기
- 이용행위 : 물건임대, 금전의 이자부대여-재산의 수익을 꾀하는 행위
- 개량행위 : 사용가치, 교환가치증대
- 처분행위 ×
- 관련법조 : [대리권, 대표권] 상 §11, §87, §207~§210, §254, §269, §273, §278, §389, §394, §562, §567, §570, §761, §762, §773 이하

대리인이 본인을 위하여 할 수 있는 행위의 범위가 대리권의 범위이다. 법정대리권과 임의대리권으로 나누어 기술한다.

1. 법정대리권의 범위

법정대리권은 법률규정의 직접적용으로 부여되는 것이므로 그 범위는 각각의 규정에 따라 개별적으로 정하여진다.

예를 들면 친권자와 후견인은 친권과 후견에 복종하는 자의 일반재산에 관한 법률행위를 원칙적으로 할 수 있는 권한을 갖고(제902조, 제949조), 부재자의 재산관리인과 상속재산의 관리인은 원칙적으로 그 재산에 관한 통상의 관리행위(보존·이용·개량의 각 행위)를 할 권한을 갖는다고 하는 것 등이다(제25조, 제102조 3항).

· 법정대리인의 분류

법정대리권 발생요인	구체적인 예
1) 본인에 대하여 일정한 지위에 있는 자가 당연히 대리인이 되는 경우	일상가사대리권을 가지는 부부(제827조) 친권자(제911조, 제920조)
2) 본인 이외의 일정한 지정권자의 지정으로 대리인이 되는 경우	지정후견인(제931조) 지정유언집행자(제1093조, 제1094조)
3) 법원이 선임하는 자가 대리인이 되는 경우	부재자의 재산관리인(제23조, 제24조) 상속재산관리인(제1023조, 제1040조, 제1044조, 제1047조, 제1053조 등 참조) 유언집행자(제1096조)

2. 임의대리권의 범위

임의대리권의 범위는 수권행위에 의해 결정된다.

본인은 대리인에 대하여 일정한 상대방 또는 불특정인을 상대방으로 하여 일정사항에 관한, 혹은 일정범위의 사항에 관해서 포괄적인 대리권을 수여하는 것이므로 대리권의 범위는 결국 수권행위의 해석에 따라 결정된다.

그러나 대리권의 범위 외의 사항에 대해서는 상대방은 표현대리(제125조, 126조, 129조)가 성립하지 않는 한 본인에게 그 책임을 물을 수 없기 때문에 수권행위의 해석에 의해 대리권의 범위가 어떻게 정해지는가는 상대방으로서 대단히 중요한 이해관계를 가져온다.

수권행위를 해석하여도 대리권의 범위가 명확하지 않는 경우도 있다. 민법은 이것을 예상하여 특별히 본조를 준비하고 이러한 경우의 대리권의 범위를 한정했다. 즉 보존 · 이용 · 개량의 3행위로 제한한 것이다.

(1) 보존행위 : 가옥의 수선과 같이 재산을 현상대로 유지할 것을 목적으로 하는 행위이고, 대리인은 이것을 무제한으로 할 수 있다.

기한이 도래한 채무의 변제와 같이 재산의 전체로서 보아 현상유지라고 인정되는 처분행위를 포함한다고 해석한다. 부패할 우려가 있는 물건을 싸게 처분하는 경우도 여기에 속한다.

(2) 이용행위 : 물건을 임대하거나 금전을 이자부로 빌려주고 있는 것과 같이 재산의 수익을 꾀하는 행위이다.

대리권은 객체의 성질을 변경시키지 않는 범위 내에서만 할 수 있다고 해석된다.

(3) 개량행위 : 가옥에 조작을 가하거나 무이자 금전소비대차를 이자부로 변경하는 것과 같이 재산의 본질에 변경을 가하지 않고 재산의 사용가치와 교환가치의 증가를 도모하는 것을 목적으로 하는 행위이다.

이용·개량행위는 대리의 목적인 물건 또는 권리의 성질을 변경시키지 않는 범위 내에서만 대리인은 행사를 할 수 있으나, 그 성질이 변하였는가의 여부는 사회 거래통념에 의해 구체적인 경우에 따라서 결정하게 된다.

· 범위불명의 경우 대리권의 범위

행 위	범 위	내 용	구체적인 예
1) 보존행위	무제한으로 가능	재산의 가치를 현상 그대로 유지하는 것을 목적으로 하는 행위	가옥의 수선, 소멸시효의 중단, 미등기부동산의 등기, 기한이 도래한 채무의 변제, 채권의 추심
2) 이용행위	대리의 목적인 물건 또는 권리의 성질을 변하지 않는 범위 내에서 가능	재산의 수익을 도모하는 행위	물건의 임대, 금전의 이자부대여
3) 개량행위		사용가치 또는 교환가치를 증가하는 행위	가옥의 장식·설비, 무이자의 금전소비대차를 이자부로 하는 행위

이러한 범위 내의 행위는 그 행위의 결과로서 간혹 본인에게 불이익이 생기는 일이 있어도 대리권의 범위 내의 행위임에는 변함이 없고 대리행위에 영향을 미치는 것도 아니다.

본인에게 불이익을 줌으로 해서 대리인이 본인에게 대하여 어떠한 책임을 부담하는가는 대리인과 본인과의 내부관계의 문제로서 처리될 뿐이다.

반대로 이러한 범위 외에 속하는 것으로 보이는 행위로써 본인이 이익을 받은 일이 있다 하더라도 그것은 당연히 대리행위로 되지 않으므로 본인이 그 무권대리행위를 추인함에 의해(제130조, 제133조) 적법한 대리행위가 될 뿐이다.

<참고사항>

※ 법정대리와 임의대리

1. 공통점

① 자기계약, 쌍방대리 금지

② 대리권 남용이론

③ 현명주의

④ 대리행위의 하자 기준

2. 차이점

① 대리권발생 및 범위

임의대리의 발생과 그 범위는 수권행위에 의하고, 법정대리는 수권행위가 아닌 법률의 규정 등에 의한다.

② 대리인의 행위능력 필요 여부

임의대리인은 행위능력이 불필요하나, 법정대리인의 경우에는 명문의 규정으로 행위능력을 요하는 경우가 있고(제937, 910, 948, 1098조), 명문의 규정이 없더라도 행위능력이 필요하다는 견해가 유력하다(곽윤직).

③ 복임권

법정대리인은 복임권이 있으나, 임의대리인은 원칙적으로 복임권이 없고 본인의 승낙이나 부득이한 사유가 있는 경우에만 복임권이 있다(제120, 122조).

④ 표현대리의 인정 범위

법정대리에는 제125조가 적용되지 않는다는 것이 판례의 입장이다.

※ 임의대리권의 발생원인(수권행위)

1. 개 념

임의대리권의 발생원인으로서 대리권의 수여가 수권행위이다. 수권행위가 기초적인 내부관계와 함께 이루어지는 경우에 있어서 다음과 같은 문제가 논의된다.

2. 개념상 분리여부

수권행위와 기초적인 내부관계(위임, 고용 등)가 개념상 분리된다는 것에는 견해대립이 없다.

3. 독자성 인정여부

대리권은 대리인이 본인에 대하여 일정한 법률행위를 할 의무를 부담하는 경우에 그 의무의 이행수단으로 주어지는 경우가 많다. 그러나 이론상 대리는 기초적 법률관계와는 별개의 것으로 반드시 결합되어 있는 것은 아니기 때문에 수권행위는 기초적 법률관계와는 독자성이 인정된다고 할 것이다(독자성 긍정설, 판례).

이에 대해 소수설로 독자성 부정설이 주장된다.

4. 유인성, 무인성 인정여부

기초적 내부관계(위임, 고용 등)가 무효, 취소, 해제된 경우 수권행위가 그 영향을 받아 소급적으로 실효되는지 여부에 관한 문제이다. 이는 기초적 법률관계가 수권행위와 별도로 행하여지거나, 기초적 법률관계는 무효, 취소의 사유가 있으나 수권행위에는 그 사유가 없는 경우, 수권행위와 기초적 법률관계가 동시에 행해졌더라도 취소의 사유가 대리인 측에만 있는 경우에 문제된다.

① 무인론 : 제3자 보호와 거래안전을 위해 무인성을 인정하는 견해로서 수권행위는 영향을 받지 않는다. 따라서 대리행위는 유권대리가 된다.

② 유인론 : 수권행위에 영향을 미쳐 수권행위도 소급적으로 실효된다는 견해로서 대리행위는 무권대리가 된다. 다만, 거래의 안전을 위하여 이미 대리행위가 이루어진 경우라면 수권행위 실효의 소급효가 제한되어 장래에 대해서만 수권행위가 실효된다고 보아 유권대리가 된다는 해석을 하고 있다(상대적 유인론).

③ 수권행위 이분론 : 내부적 수권은 유인성을 갖지만 외부적 수권은 무인성을 갖는다는 견해로서 기초적 내부관계가 실효되면 표현대리가 문제되고(제129조) 상대방이 기초적 내부관계의 하자를 알았거나 알 수 있었다면 외부적 수권도 부정되어 무권대리가 된다는 견해이다.

3. 공동대리의 경우

수인의 대리인이 공동으로만 대리할 것이 허용된, 이른바 공동대리에 있어서는 각대리인이 공동으로 하지 않으면 대리의 효과가 발생하지 않기 때문에 각대리인은 그 한도에서 대리권이 제한되게 된다.

그러나 공동대리인의 1인이 단독으로 대리행위를 한 때에는 제126조의 적용을 받아 표현대리가 성립하는 일이 많다.

공동대리에서 대리인이 공동으로 대리행위를 하여야 한다는 것은 그 대부분이 적극적인 의사표시를 하는 경우에 대비한 것이기 때문에 상대방의 의사표시를 수령하는 이른바 수동대리에 대해서는 공동대리의 1인이라도 단독으로 대리할 수 있는 것으로 해석된다.

수인의 대리인이 있는 때에 이를 단독대리로 볼 것인가 공동대리로 볼 것인가는 수권행위의 해석 또는 법률규정에 의해 결정되지만 일반적으로는 단독대리로 볼 수 있다(제119조).

▣ 핵심판례 ▣

■ [대리권의 범위]

1. 예금계약의 체결을 위임받은 자의 대리권에 그 예금을 담보로하여 대출을 받거나 이를 처분할 수 있는 대리권이 포함되는지 여부

예금계약의 체결을 위임받은 자가 가지는 대리권에 당연히 그 예금을 담보로 하여 대출을 받거나 이를 처분할 수 있는 대리권이 포함되어 있는 것은 아니다(대판 1995. 8. 22, 94다59042).

2. 부동산을 매수할 권한을 수여받은 대리자에게 그 부동산을 처분할 대리권도 있는지 여부

법률행위에 의하여 수여된 대리권은 그 원인된 법률관계의 종료에 의하여 소멸하는 것이므로 특별한 다른 사정이 없는 한 부동산을 매수할 권한을 수여받은 대리인에게 그 부동산을 처분할 대리권도 있다고 볼 수 없다(1991. 2. 12. 제2부 판결, 90다7364 토지소유권이전등기등).

3. 예금계약 체결을 위임받은 자가 가지는 대리권에 당연히 그 예금을 담보로 하여 대부를 받거나 이를 처분할 수 있는 대리권이 포함되는지 여부(소극)

예금계약의 체결을 위임받은 자가 가지는 대리권에 당연히 그 예금을 담보로 하여 대부를 받거나 기타 이를 처분할 수 있는 대리권이 포함되어 있는 것은 아니다(1992. 6. 23. 제2부 판결, 91다14987 정기예금).

4. 가. 일반적으로 임의대리권은 상대방의 의사표시를 수령하는 대리권을 포함하는지 여부

임의대리에 있어서 대리권의 범위는 수권행위(대리권수여행위)에 의하여 정하여지는 것이므로 어느 행위가 대리권의 범위내의 행위인지의 여부는 개별적인 수권행위의 내용이나 그 해석에 의하여 판단할 것이나, 일반적으로 말하면 수권행위의 통상의 내용으로서의 임의대리권은 그 권한에 부수하여 필요한 한도에서 상대방의 의사표시를 수령하는 이른바 수령대리권을 포함하는 것으로 보아야 한다.

나. 매매계약을 체결한 대리권을 수여받은 대리인은 중도금 등을 수령할 권한도 있는지 여부

부동산의 소유자로부터 매매계약을 체결할 대리권을 수여받은 대리인은 특별한 사정이 없는 한 그 매매계약에서 약정한 바에 따라 중도금이나 잔금을 수령할 권한도 있다고 보아야 한다(1994. 2. 8. 제1부 판결, 93다39379 소유권이전등기).

◈ 대리인이 수인인 때 본인을 대리하는 자

제 119 조【각자대리】

대리인이 수인인 때에는 각자가 본인을 대리한다. 그러나 법률 또는 수권행위에 다른 정한 바가 있는 때에는 그러하지 아니한다.

■ § 119. 공동대리

- 수인이 공동으로만 대리
- 수동대리 경우 : 다수설 : 단독으로 수령권한 있음.
곽윤직 : 공동으로 수령요함.
cf. 상 §12(공동지배인)
- 위반 → 무권대리행위
- 각자대리의 원칙
- 관련법조 : 상 §208②, §269, §389③, §562④, 형소 §27②

공동대리는 수인의 대리인이 공동으로만 대리할 수 있는 경우이다. 따라서 공동대리에 있어서 대리인의 한 사람이 대리행위에 참여하지 않거나 또는 한 사람의 대리의 의사표시에 결함이 있는 때에는 그 대리행위는 유효하지 않거나 대리행위 자체에 하자있는 것이 된다. 그러므로 각 대리인에게는 공동대리가 그 대리권에 대한 제한이 된다. 그러나 수인의 대리인이 있더라도 법규나 수권계약에서 특히 공동대리로 할 것을 정하고 있지 않는 경우에는 각자의 단독으로 대리할 권한을 가지는 것이라고 해석된다. 수동대리에 있어서도 공동으로만 상대방의 의사표시를 수령하여야 하는가에 관해서는 상대방보호와 거래안전보호라는 입장에서 이를 부정하는 견해와 공동대리가 능동대리에 한정되는 것이 아니라는 입장에서 긍정하는 견해(다수설)가 대립하고 있다(상법 제12조 2항).

또 수인의 대리인이 있는 경우에는 공동대리로 한다는 법률의 규정이나 수권행위의 특별한 정함이 없는 한 원칙적으로 단독대리이며 대리인 각자가 단독으로 본인을 대리한다. 공동대리의 제한에 위반하여 1인의 대리인이 단독으로 대리행위를 한 경우에는 권한을 넘는 무권대리행위가 된다.

◈ 임의대리인이 복대리인을 선임할 수 있는 경우

제 120 조【임의대리인의 복임권】

대리권이 법률행위에 의하여 부여된 경우에는 대리인은 본인의 승낙이 있거나 부득이한 사유있는 때가 아니면 복대리인을 선임하지 못한다.

■ § 120. 임의대리인의 복임권

- 원칙적으로 없다
- 본인의 승낙이 있거나 부득이한 사유가 있는 때 예외적으로 인정
- 선임시는 선임, 감독책임부담
- 관련법조 : [복대리] 상법 §11②, [소송과 복대리] 민소 §90②-4호, §91

1. 복대리인

(1) 의 의

복대리인이란 대리인이 그의 권한 내의 행위를 하게 하기 위하여 대리인의 권한으로, 즉 그의 이름으로 선임한 본인의 대리인을 말한다. 대리인이 복대리인을 선임하더라도 대리인의 대리권은 소멸하지 않고 병존한다. 따라서 동일한 법률행위에 관하여 본인・대리인・복대리인의 행위가 경합될 수도 있다.

(2) 지 위

복대리인은 본인의 대리인이다(제123조 1항). 즉, 우리 민법은 '대리인의 대리인'제도를 인정하지 않는다.

2. 임의대리인의 복대리인 선임의 요건

대리인이 복대리인을 선임할 수 있는 권능을 복임권이라고 한다. 법정대리의 경우에는 언제나 복임권이 인정되나 임의대리의 경우에는 원칙적으로 인정되지 않으며 본인의 승낙이 있거나 부득이한 사유가 있을 경우에 한하여 인정되는 데 불과하다. 복임권에 의거하여 복대리인을 선임한 경우에는 대리인은 본인에게 대하여 그 선임・감독에 관한 책임이 있다(제121조).

[복대리]

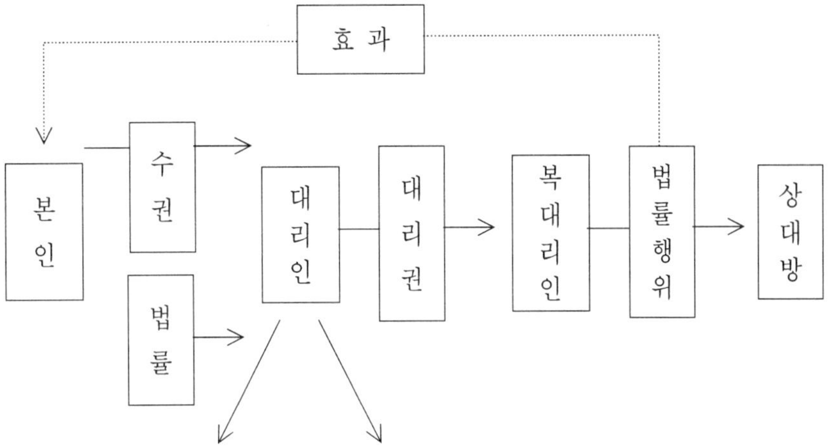

효 과

본인 — 수권 / 법률 → 대리인 — 대리권 → 복대리인 — 법률행위 → 상대방

임 의 대 리	법 정 대 리
본인의 승낙이 있는 경우, 급박하여 대리불능. 본인의 승낙을 받을 시간이 없을때	언제라도 복대리인을 선임할 수 있다

▣ 핵심판례 ▣

■ [임의대리인의 복대리인 선임]

1. 가. 임의대리인의 복대리인의 선임에 관하여 본인의 묵시적 승낙이 있다고 보아야 할 경우

대리의 목적인 법률행위의 성질상 대리인 자신에 의한 처리가 필요하지 아니한 경우에는 본인이 복대리 금지의 의사를 명시하지 아니하는 한 복대리인의 선임에 관하여 묵시적인 승낙이 있는 것으로 보는 것이 타당하다.

나. 오피스텔 분양업무는 성질상 대리인 자신에 의한 처리가 필요한 경우에 해당된다고 한 사례

오피스텔 분양업무는 그 성질상 분양을 위임받은 대리인이 광고를 내거나 그 직원 또는 주변의 부동산중개인을 동원하여 분양사실을 널리 알리고, 분양사무실을 찾아온 사람들에게 오피스텔의 분양가격, 교통 등 입지조건, 오피스텔의 용도, 관리방법 등 분양에 필요한 제반 사항을 설명하고 청약을 유인함으로써 분양계약을 성사시키는 것으로서 대리인의 능력에 따라 본인의 분양사업의 성공 여부가 결정되는 것이므로, 사무처리의 주체가 별로 중요하지 아니한 경우에 해당한다고 보기 어렵다고 한 사례(1996. 1. 16. 판결, 94다30690 분양대금반환).

2. 채권자를 특정하지 아니한 채 부동산을 담보로 제공하여 금원을 차용해 줄 것을 위임한 자의 의사에 '복대리인선임에 관한 승낙'이 포함되어 있다고 본 사례

갑이 채권자를 특정하는 아니한 채 부동산을 담보로 제공하여 금원을 차용해 줄 것을 을에게 위임하였고, 을은 이를 다시 병에게 위임하였으며, 병은 정에게 위 부동산을 담보로 제공하고 금원을 차용하여 을에게 교부하였다면, 을에게 위 사무를 위임한 갑의 의사에는 '복대리인 선임에 관한 승낙'이 포함되어 있다고 봄이 타당하다(1993. 8. 27. 제3부 판결, 93다21156근저당권설정등기말소).

◆ 대리인이 복대리인을 선임한 경우의 책임

제 121 조【임의대리인의 복대리인선임의 책임】

① 전조의 규정에 의하여 대리인이 복대리인을 선임한 때에는 본인에게 대하여 그 선임감독에 대한 책임이 있다.

② 대리인이 본인의 지명에 의하여 복대리인을 선임한 경우에는 그 부적임 또는 불성실함을 알고 본인에게 대한 통지나 그 해임을 태만한 때가 아니면 책임이 없다.

■ § 121. 임의대리인의 복대리인 선임시 책임

- 선임시는 선임, 감독책임의 부담
- 이 때에는 본인이 지명한 자가 부적임 또는 불성실함을 알고 본인에 대한 통지나 그 해임을 태만한 때에 한하여 책임을 진다.

임의대리인은 본인의 의사에 따른(본인에게 신뢰받고 있는) 대리인이며 언제라도 사임할 수 있기 때문에(제689조) 원칙적으로 복임권은 인정되지 않는다. 다만「본인의 승낙이 있을 때」또는「부득이한 사유가 있을 때」에 한하여 복임권이 인정된다(제120조).

부득이한 사유란, 예컨대 본인의 장기부재를 이유로 대리인이 사임할 수 없는 경우 등이다.

임의대리인의 복임권이 이와 같이 제한되는 반면에 대리인이 복대리인에 대하여 본인에게 부담하는 책임은 복대리인의 선임 및 감독에 관한 사항만으로 한정된다. 또 대리인이 본인의 지명에 따라 복대리인을 선임한 때는 그 책임이 경감되고 복대리인이 부적임 또는 불성실한 자인 것을 알면서 본인에게 통지 또는 그 해임을 태만한 때가 아니면 그 책임을 부담하지 않는다(제121조 2항).

◆ 법정대리인의 복임권

제 122 조【법정대리인의 복임권과 그 책임】

법정대리인은 그 책임으로 복대리인을 선임할 수 있다. 그러나 부득이한 사유로 인한 때에는 전조 제1항에 정한 책임만이 있다.

■ § 122. 법정대리인의 복임권

- 과실유무 묻지 않고 모든 책임부담→일종의 사용자책임(§756)에 해당
- 부득이한 사유에 한하여 경감

법정대리인은 언제나 복임권을 가지고 있다. 법정대리인은 법률의 규정의 직접적용에 의한 대리인뿐만 아니라(본인의 의사에 의한 대리인은 아니다), 그 권한은 총괄적이며 광범위하고 또 사임이 용이하지 않은 경우가 많기 때문에 언제나 복임권을 갖는다고 하는 것이다.

그러나 그 반면 임의대리인과는 달리 복대리인의 선임, 감독에 대해서만 본인에게 책임을 부담하는 것이 아니라 복대리인의 과실있는 행위에 대해서도 전면적으로 그 책임을 부담하여야 한다. 다만 부득이한 사유가 있어서 복대리인을 선임한 때에는 그 책임은 임의대리인의 책임의 범위로 경감된다.

◈ 복대리인의 권한

제 123 조【복대리인의 권한】

① 복대리인은 그 권한 내에서 본인을 대리한다.

② 복대리인은 본인이나 제3자에 대하여 대리인과 동일한 권리의무가 있다.

■ § 123. 복대리인의 권한

- 복대리인은 대리권의 범위를 초과할 수 없다.
- 대리권이 소멸하면 복대리권도 소멸한다.
- 복대리인을 선임한 후에도 대리인의 대리권은 존속한다.
- 상대방과 본인에 대하여는 복대리인도 대리인과 대등한 지위를 갖는다.

복대리인은 대리인에 의하여 선임된 자이기 때문에 대리인의 감독에 복종하고 대리인의 대리권한 내의 행위만을 행할 수 있고, 그 권한 내의 행위에 대해서 직접 본인을 대리한다.

1. 복대리인과 상대방과의 관계

복대리인은 대리인의 대리인은 아니고, 또 대리인도 복대리인에게 대리권을 양도한 것이 아니기 때문에 그 권한 내에서는 대리인과 복대리인은 각각 독립하여 본인을 대리하게 한다. 복대리인은 본인의 대리인이므로 상대방에 대한 관계에 있어서도 대리인과 동일한 권리의무를 갖는다. 본인의 이름으로 대리행위를 하는 것이므로 대리인이 누구인가를 상대방에게 표시할 필요는 없다.

복대리인이 본인의 이름으로 나타내지 않고 의사표시를 한 때는 복대리인 자신을 위하여 한 것으로 간주해 버리고(제115조), 또 복대리인이 한 대리행위에 하자가 있는 때에도 그 하자의 유무는 복대리인에 대해서 결정하게 된다(제116조).

2. 복대리인과 본인의 관계

복대리인은 대리인에 의해 그 이름으로 선임된 자이기 때문에 복대리인과 본인과의 사이에는 복대리인은 본인의 대리인인 것 외에 이론적으로는 어떠한 내부관계도 발생할 리가 없다.

그러나 민법은 복대리제도 운영의 편의상 복대리인은 본인에 대하여 대리인과 동일한 권리의무를 갖는다고 하고 있다.

복대리인의 대리행위의 효과가 직접 본인에게 귀속하는 것은 대리인의 경우와 완전히 같기 때문에 본인과 대리인간의 내부관계를 본인과 복대리인에게도 발생시키는 것이 본인으로서도 복대리인으로서도 편리한 점이 많다고 보기 때문이다. 그 결과로서 예컨대 본인과 대리인간에 내부관계로서 위임관계가 있으면 복대리인은 대리인에 대한 내부관계와는 별도로 위임에 의거한 권리의무(제684조, 제686조, 제688조 등)를 직접으로 본인에 대하여 취득하게 된다.

◈ 자기계약과 쌍방대리의 금지

제 124 조【자기계약, 쌍방대리】

대리인은 본인의 허락이 없으면 본인을 위하여 자기와 법률행위를 하거나 동일한 법률행위에 관하여 당사자 쌍방을 대리하지 못한다. 그러나 채무의 이행은 할 수 있다.

■ § 124. 자기계약과 쌍방대리의 금지

- 원 칙 : 금지 → 본인의 보호
- 예 외 : 자기의 승낙, 채무의 이행 - 허용
- 채무의 이행 : 다툼이 있는 채무, 기한미도래 채무, 대물변제 등은 허용되지 않음.
- 위 반 : 무권대리(추인 ⇒ 유효)
- 관련법조 : [이익상반행위특칙] 상 §211, §269, §394, §563, [사원 또는 이사의 자기거래] 상 §199, §269, §398,§ 613②

1. 자기계약

자기계약은 법률행위의 당사자의 일방이 한편으로는 상대방을 대리하여 자기와 계약을 체결하게 하는 것이다. 즉 자기 혼자서 본인의 대리인도 되고 계약의 나머지 일방의 당사자도 되는 것이다. 상대방대리라고도 한다. 자기계약은 본인의 이익이 침해될 위험이 있기 때문에 쌍방대리와 더불어 금지되어 있다. 따라서 본인의 이익을 해치지 않는 경우에는 금지되지 않는다. 본조는 그 예로서 채무의 이행을 들고 있으나, 그에 한하지 않고 주식의 명의개서, 친권자의 미성년자에 대한 증여 등도 본인의 이익을 해치지 않기 때문에 금지되지 않는다. 또한 본인이 사전 또는 사후에 자기계약을 허락한 경우에는 그 계약은 물론 유효하다.

2. 쌍방대리

갑의 대리인 을이 병의 대리인도 겸하여 을 한 사람이 갑과 병간의 계약을 체결하는 경우이다. 본조는 본인의 이익을 해할 우려가 있기 때문에 원칙적으로 이것을 금지한다. 다만 본인의 이익을 해하지 않는 경우에는 예외로 하고 있다. 본조는 그 예로서 단순한 채무의 이행을 들고 있으나, 그에 한하지 않고 주식의 명의개서·등기신청 등도 이에 포함시킨다. 또한 본인이 쌍방대리를 허락한 때에는 유효하며 허락이 없는 경우에도 절대무효로 되는 것이 아니고 무권대리행위로서 취급되어 그 추인이 인정된다. 그리고 법정대리인도 쌍방대리의 제약을 받으며 법정대리인인 친권자와 그 자 사이에 이해가 상반되는 행위를 함에는 친권자는 법원에 그 자의 특별대리인의 선임을 청구하여야 한다는 특칙이 있다(제921조 1항).

법인의 이사가 제3자의 대리인으로서 당해 법인과 거래하는 경우에도 쌍방대리와 유사한데 이런 경우에도 특별대리인을 선임하여야 한다는 규정이 있다(제64조). 한편 회사의 대표기관에 대하여는 이사회의 승인 등을 요건으로 하므로 쌍방대리의 제한규정은 적용되지 않는다(상법 제199조, 제269조, 제398조, 제564조 3항).

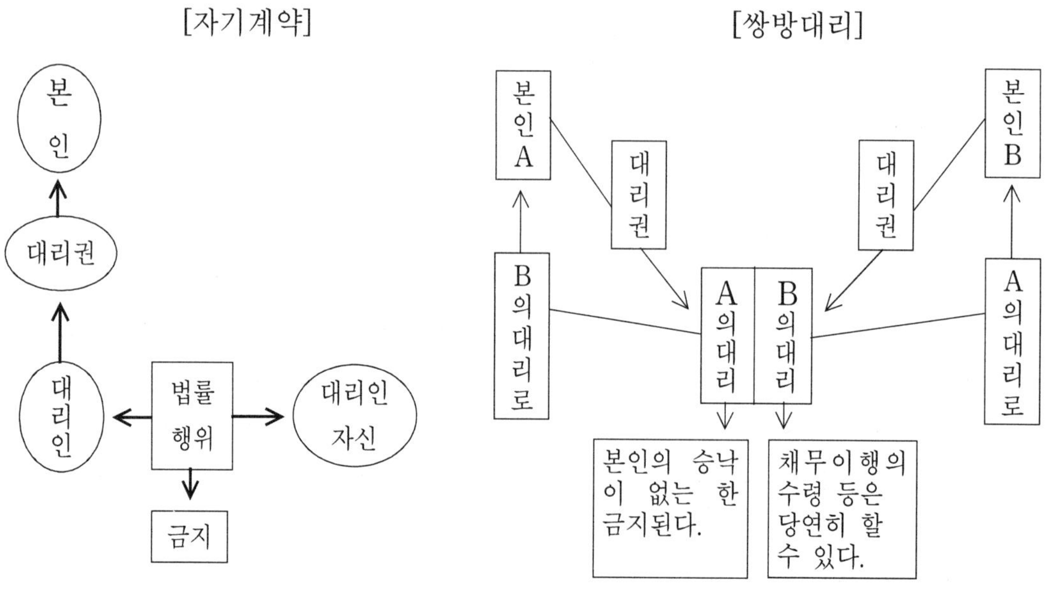

▣ 핵심판례 ▣

■ [자기계약, 쌍방대리]

1. 가. 증여부동산의 인도없이 소유권이전등기만이 된 경우 증여계약의 이행 종료여부(적극)

부동산의 증여에 있어서는 목적 부동산을 인도받지 아니하여도 그에 대한 소유권이전등기절차를 마침으로써 그 이행이 종료되어 수증자는 그로써 확정적으로 그 소유권을 취득한다.

나. 법정대리인인 친권자의 그 자에 대한 증여행위와 이해상반행위 여부(소극)

법정대리인인 친권자가 부동산을 매수하여 이를 그 자에게 증여하는 행위는 미성년자인 자에게 이익만을 주는 행위이므로 친권자와 자사이의 이해상반행위에 속하지 아니하고, 또 자기계약이지만 유효하다.

다. 법정대리인인 친권자가 그 자 소유부동산을 타인에게 증여한 행위를 친권의 남용이라고 한 예

법정대리인인 친권자가 그 자인 원고(미성년자) 소유의 이 건 부동산을 그 장남인 피고에게 증여할 당시 원고는 이미 19년 5월 남짓하여 수 개월이 지나면 성년이 될 나이에 있었고, 원고가 위 처분행위를 강력히 반대하였으며, 위 처분행위도 원고를 위한 것이 아니라 그 장남인 피고만을 위한 것으로서 위 처분행위로 원고는 아무런 대가도 지급받지 못한 점 등이 인정되므로, 원고의 법정대리인인 친권자가 이 건 부동산을 피고에게 증여한 행위는, 당시 피고가 이미 성년에 달하여 소위 이해상반행위에는 해당하지 않으나, 친권의 남용에 의한 것이라 할 것이므로 위 행위의 효과는 원고에게 미치지 아니한다(1981. 10. 13. 제1부 판결, 81다649 소유권이전등기).

2. 경매에 쌍방대리가 적용된 사안

민법 제124조는 "대리인은 본인의 허락이 없으면 본인을 위하여 자기와 법률행위를 하거나 동일한 법률행위에 관하여 당사자 쌍방을 대리하지 못한다."고 규정하고 있으므로 부동산 입찰절차에서 동일물건에 관하여 이해관계가 다른 2인 이상의 대리인이 된 경우에는 그 대리인이 한 입찰은 무효이다(대법원 2004. 2. 13. 자 2003마44 결정).

3. 소송대리인의 쌍방대리행위가 유효한 경우

변호사법 제31조 제1호의 규정에 위반한 변호사의 소송행위에 대하여는 상대방 당사자가 법원에 대하여 이의를 제기하는 경우 그 소송행위는 무효이고 그러한 이의

를 받은 법원으로서는 그러한 변호사의 소송관여를 더 이상 허용하여서는 아니 될 것이지만, 다만 상대방 당사자가 그와 같은 사실을 알았거나 알 수 있었음에도 불구하고 사실심 변론종결시까지 아무런 이의를 제기하지 아니하였다면 그 소송행위는 소송법상 완전한 효력이 생긴다(대법원 2003. 5. 30. 선고 2003다15556 판결).

◆ 대리권 수여의 표시를 한 본인의 책임 범위

제 125 조【대리권수여의 표시에 의한 표현대리】

제3자에 대하여 타인에게 대리권을 수여함을 표시한 자는 그 대리권의 범위내에서 행한 그 타인과 그 제3자간의 법률행위에 대하여 책임이 있다. 그러나 제3자가 대리권 없음을 알았거나 알 수 있었을 때에는 그러하지 아니하다.

■ § 125. 대리권 수여의 표시에 의한 표현대리

• 요 건 : ① 본인이 제3자에 대하여 어떤 자에게 대리권을 수여하였음을 표시(통지)하여야 한다.
② 위의 통지에서 대리인으로 표시된 자, 즉 무권대리인이 그 통지에서 수여한 것으로 표시된 대리권의 범위내의 대리행위를 하였어야 한다.
③ 대리행위는 통지를 받은 상대방과의 사이에서 한 것이어야 한다.
④ 상대방은 선의, 무과실이어야 한다.
⑤ 본조의 적용이 있는 것은 임의대리에 국한한다.

• 효 과 : 본인은 무권대리인의 대리행위에 대하여 책임이 있다.
• 관련법조 : [표현대리], 상 §14, §16, §37, [표현대표] 상 §395, §567

1. 표현대리

(1) 표현대리의 의의

대리권이 없음에도 불구하고 대리인으로서 행위한 자, 즉 무권대리인이 본인과의 사이에 있어서 상대방에게는 대리권이 있다고 오신하기 쉬울 정도로 밀접한 관계를 갖고, 그것에 의하여 상대방이 대리권이 있다고 믿고 거래한 것 같은 경우를 표현대리라고 한다.

(2) 표현대리의 이론적 근거

표현대리의 법리는 거래의 안전을 위하여 어떠한 외관적 사실을 야기한

데 원인을 준 자는 그 외관적 사실을 믿음에 정당한 사유가 있다고 인정되는 자에 대하여는 책임이 있다는 일반적인 '권리외관 이론'에 그 기초를 두고 있다(대판 1998. 5. 29, 97다55317).

(3) 표현대리의 성립요건

① 대리인에게 대리권이 없음에도 불구하고 있는 것과 같은 외관이 존재하여야 한다. 그러한 외관은 대리권의 성립·범위·존속에 관하여 존재할 수 있다.

② 상대방이 대리권의 외관을 믿음에 있어 그 믿음을 보호할 만한 가치가 있어야 한다. 민법이 상대방의 '선의·무과실'(제125조, 제129조) 혹은 '정당한 이유'(제126조)를 요구하는 것은 그러한 표현이다.

(4) 표현대리의 종류

표현대리에는 ① 대리권 수여의 표시에 의한 표현대리(제125조), ② 권한을 넘은 표현대리(제126조), ③ 대리권 소멸 후의 표현대리(제129조) 등 3가지 유형이 있다.

【쟁점사항】

<표현대리는 무권대리인지 여부>

표현대리가 무권대리인가의 문제는 표현대리가 성립하는 경우에 표현대리에 관한 민법의 규정만 적용되는가, 아니면 무권대리에 관한 규정도 적용되는가와 관련된다. 이에 관해서는 견해가 대립된다.

ㄱ) 학 설

학설은 표현대리를 무권대리의 일종으로 보고 따라서 표현대리에 관한 규정과 무권대리에 관한 규정의 중복적용을 긍정하는 것이 통설이다. 다만 무권대리인의 상대방에 대한 책임에 관한 규정인 제135조의 적용에 한해서는 이를 부정하는 견해와 긍정하는 견해로 나뉜다.

ㄴ) 판례의 태도

판례는 기본적으로 표현대리를 무권대리로 파악한다. 즉 판례는 '유권대리에 있어서는 본인이 대리인에게 수여한 대리권의 효력에 의하여 법률효과가 발생하는 반면, 표현대리에 있어서는 대리권이 없음에도 불구하고, 법률이 특히 거래 상대방 보호와 거래안전 유지를 위하여 본래 무효인 무권대리행위의 효과를 본인에게 미치게 한 것으로서 표현대리가 성립된다고 하여 무권대리의 성질이 유권대리로 전환되는 것은 아니다'라고 하였다(대판(전원합의체) 1983. 12. 13, 83다타1489)

2. 대리권 수여의 표시에 의한 표현대리

(1) 의 의

본인 갑이 을에 대하여 병을 대리인으로 한다는 뜻을 표시했으나 아직 수권행위가 성립되기 전에 을이 병을 갑의 정당한 대리인으로 믿고 거래한 경우이다.

이것은 임의대리에 대해서만 적용된다는 것이 통설과 판례의 태도이다. 법정대리인은 법인의 선임에 따른 것이 아니기 때문에 어떤 자에게 법정대리권을 수여한다는 취지를 본인이 상대방에게 통지한다 하더라도 의미가 없다.

<참고사항>

※ 법정대리에 제125조의 표현대리가 성립할 수 있는지 여부

1. 부정설(통설)

법정대리인은 본인에 의하여 선임되는 것은 아니므로 본인이 어떤 자에게 법정대리권을 주었다는 뜻을 통지한다는 것은 있을 수 없기 때문에 법정대리에는 적용되지 않는다는 견해이다(곽윤직). 또한 거래안전의 보호보다 무능력자의 보호가 우선한다는 것이 민법의 기본적 태도이기 때문에 법정대리인 중에 무능력자의 법정대리인에는 제125조가 적용될 수 없다는 견해도 있다(이영준).

2. 긍정설(소수설)

거래상대방을 보호할 필요가 있고 가족관계등록부기재나 공고를 대리권수여의 통지로 볼 수 있으므로 제125조의 표현대리가 성립할 수 있다는 견해이다.

3. 판 례

대법원은 "호적상으로만 친권자로 되어 있는 자를 믿고 거래한 때에는 상대방은 보호받지 못한다(대판 1955. 5. 12. 4287민상208)"라고 판시하였고 이에 대

해서는 일반적으로 부정설의 태도라고 평가된다.

(2) 성립요건

가. 대리권을 수여하였다는 표시를 하였을 것

대리권 수여의 표시에 의한 표현대리는 본인과 대리행위를 한 자 사이의 기본적인 법률관계의 성질이나 그 효력의 유무와는 관계가 없이 어떤 자가 본인을 대리하여 제3자와 법률행위를 함에 있어 본인이 그 자에게 대리권을 수여하였다는 표시를 제3자에게 한 경우에 성립하는 것이다(대판 2001. 8. 21, 2001다31264).

통설은 대리권 수여 표시의 법적 성질을 수권행위가 있었다는 '관념의 통지'로 보나, 소수설(이영준)은 외부적 수권행위로서 의사표시라고 본다.

대리권 수여 표시의 방법에는 제한이 없다. 위임장을 작성하는 것이 보통이지만, 구두로 하든 묵시적으로 하든 상관없다.

판례는 다음의 두 가지 경우에는 대리권 수여의 표시가 있는 것으로 의제한다.

① 위임장을 포함하여 부동산에 관한 등기서류(등기필증·인감증명서 등)를 교부한 경우(대판 1966. 1. 25, 65다2210).

② 본인이 타인에게 자신의 명의를 사용하도록 허락한 명의대여(대판 1987. 3. 24, 86다카1348).

특정상대방에 대한 표시라도 좋고 불특정다수인에 대한 광고의 방법에 의해 표시하여도 좋다. 본인이 대리인이 될 자를 통하여 행해져도 무방하다. 그러나 표현대리를 주장할 수 있는 상대방은 통지를 받은 상대방에 한한다.

광고의 방법에 의하여 불특정 다수인에게 통지된 때에는 모든 제3자가 보호되지만 통지가 특정의 상대방에 대하여 이루어진 경우에는 그것을 신뢰한 통지를 받은 상대방 이외의 제3자가 무권대리인과 거래하여도 보호되지 않는다. 예컨대 상대방이 기재되지 않은 백지위임장으로 표시된 것과 같은 경우에는 본인은 특정의 상대방에게 표시할 의사였다 하더라도 일반 제3자도 보호되어야 한다.

이 통지는 대리인이 대리행위를 하기 전에는 철회할 수 있다. 그러나 철회의 효과를 발생시키기 위해서는 상대방이 그 철회를 알 수 있도록 하여야 한다. 상대방이 그 철회를 몰랐거나 알 수 없었는데 대하여 무과실인 때에는 본인은 역시 표현대리의 책임을 부담하지 않으면 안된다.

나. 표시된 대리권의 범위 내에서 대리행위를 하였을 것

본조는 '그 대리권의 범위 내에서' 한 행위에 대해 본인의 그 책임을 지는 것으로 규정하고 있으므로, 표시된 대리권의 범위를 넘은 경우에는 본조가 적용되지 않는다. 만일 이 범위를 넘어서 대리행위를 하는 경우에는 제126조의 표현대리가 된다.

다. 상대방이 선의·무과실일 것

대리인이 무권대리인인 것에 관하여 상대방이 선의(무권대리를 몰랐을 것), 무과실일 것을 필요로 한다. 상대방의 악의·과실에 관한 입증책임은 본인에게 있다고 해석되고 있다(이설없음).

(3) 효 과

표현대리라고 인정되면 본인은 그 책임을 지지 않으면 안된다. 즉 무권대리행위라는 것을 이유로 그 효과가 자기에게 미치지 않는다고 주장할 수는 없다.

본인은 무권대리행위에 의해 그 행위의 효과로서의 권리의무를 취득하지 않을 수 없게 된다. 그러나 반대로 상대방이 무권대리행위임을 이유로 하여 철회하는 것은 가능하고(제134조) 본인이 이것을 피하려면 무권대리행위를 추인하면 된다(제130조).

표현대리제도는 상대방이 유효한 대리행위라고 주장하는 것에 대하여 본인이 무권대리행위라고 주장하는 것을 인정할 수 없다는 제도인 것이다.

본조의 표현대리가 성립하기 위해서는 표현대리인의 무권대리행위가 본인이 표시한 대리권의 범위 내의 행위일 것을 필요로 하지만 그 범위를 초월한 행위는 제126조의 적용을 받는다고 볼 수 있다.

또 판례가 거래의 안전을 위하여 본조의 적용을 외견상 대리권수여의 표시가 있었던 것과 같이 볼 수 있는 경우에까지 확장하여 미친다고 하는 것이 주목된다(대판 1964. 4. 7, 63다638, 대판 1964. 11. 17, 64다1020).

[표현대리]

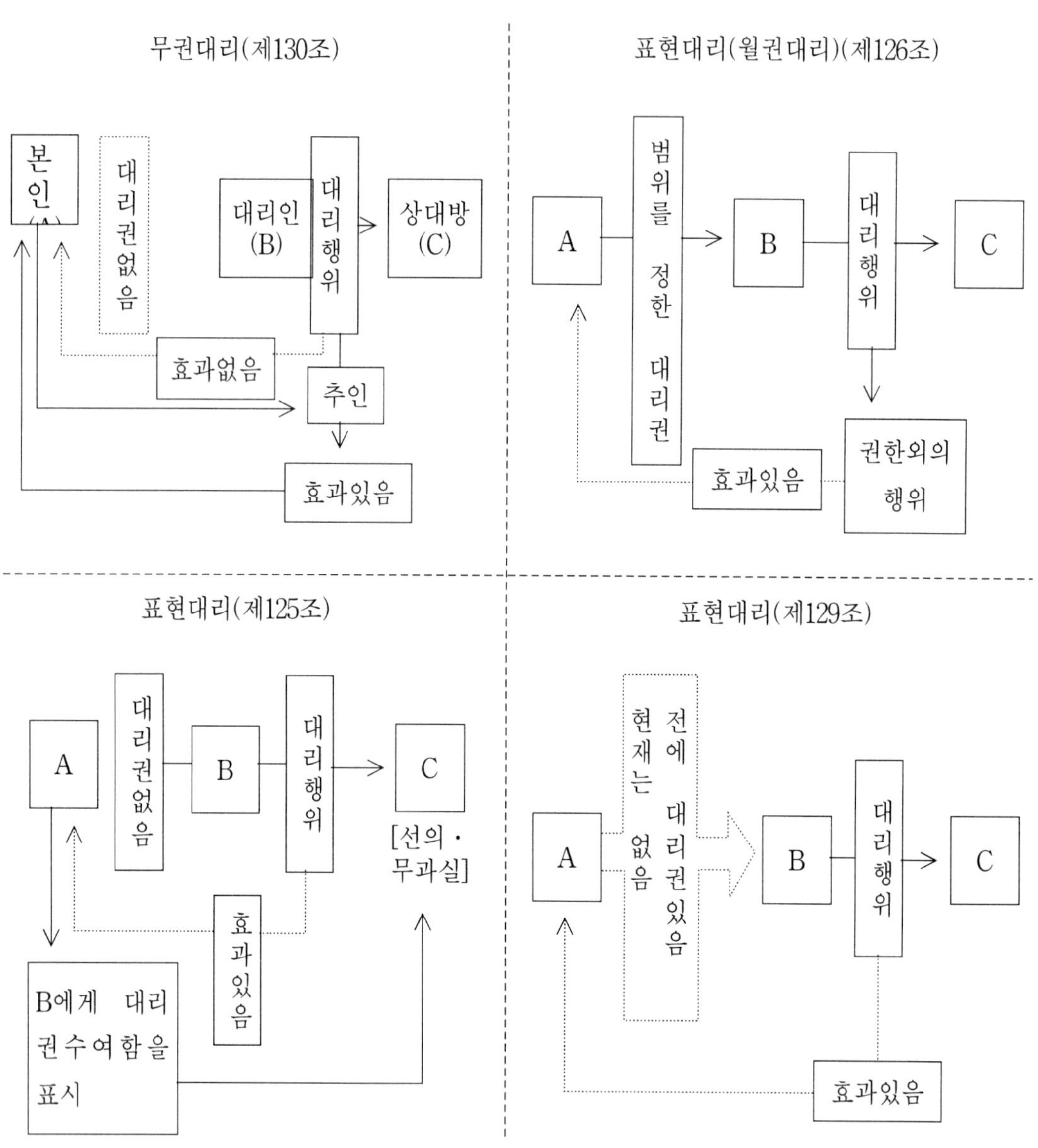
무권대리(제130조)
본인(A)
대리권없음
대리인(B)
대리행위
상대방(C)
효과없음
추인
효과있음
표현대리(월권대리)(제126조)
A
범위를 정한 대리권
B
대리행위
C
효과있음
권한외의 행위
표현대리(제125조)
A
대리권없음
B
대리행위
C
[선의·무과실]
효과있음
B에게 대리권수여함을 표시
표현대리(제129조)
A
전에 대리권있음
현재는 없음
B
대리행위
C
효과있음

▣ 핵심판례 ▣

■ [대리권수여의 표시에 의한 표현대리]

1. 민법 제125조 소정의 대리권 수여의 표시에 의한 표현대리의 성립요건

민법 제125조가 규정하는 대리권 수여의 표시에 의한 표현대리는 본인과 대리행위를 한 자 사이의 기본적인 법률관계의 성질이나 그 효력의 유무와는 관계가 없이 어떤 자가 본인을 대리하여 제3자와 법률행위를 함에 있어 본인이 그 자에게 대리권을 수여하였다는 표시를 제3자에게 한 경우에 성립하는 것이고, 이때 서류를 교부하는 방법으로 민법 제125조 소정의 대리권 수여의 표시가 있었다고 하기 위하여는 본인을 대리한다고 하는 자가 제출하거나 소지하고 있는 서류의 내용과 그러한 서류가 작성되어 교부된 경위나 형태 및 대리행위라고 주장하는 행위의 종류와 성질 등을 종합하여 판단하여야 할 것이다(대판 2001. 8. 21. 2001다31264).

2. 해외체류중인 남편의 부동산을 처분한 아내가 남편의 대리인이라고 믿을 정당한 이유가 있다고 한 예

소외(갑)이 해외체류중인 남편(을)의 대리인으로 부동산을 매수하여 (을)의 이름으로 소유권이전등기를 하였다가 위 (을)의 인감도장과 그 부동산의 등기권리증 및 부동산명의 변경용 인감증명서를 소외 (병)에게 교부하여 (병)이 그 명의로 소유권이전등기를 마친 것이라면 위 (병)으로서는 (갑)에게 본 건 부동산에 대하여 (을)을 대리할 대리권이 있다고 믿을 만한 정당한 이유가 있었다고 볼 것이다(1984. 11. 27. 제1부 판결, 84다310, 84다카1283 소유권이전등기말소).

3. 명의사용에 대한 묵인

가. 민법 제125조가 규정하는 대리권 수여의 표시에 의한 표현대리는 본인과 대리행위를 한 자 사이의 기본적인 법률관계의 성질이나 그 효력의 유무와는 직접적인 관계가 없이 어떤 자가 본인을 대리하여 제3자와 법률행위를 함에 있어 본인이 그 자에게 대리권을 수여하였다는 표시를 제3자에게 한 경우에는 성립될 수가 있고, 또 본인에 의한 대리권 수여의 표시는 반드시 대리권 또는 대리인이라는 말을 사용하여야 하는 것이 아니라 사회통념상 대리권을 추단할 수 있는 직함이나 명칭 등의 사용을 승낙 또는 묵인한 경우에도 대리권 수여의 표시가 있은 것으로 볼 수 있다.

나. 호텔 등의 시설이용 우대회원 모집계약을 체결하면서 자신의 판매점, 총대리점 또는 연락사무소 등의 명칭을 사용하여 회원모집 안내를 하거나 입회계약을 체결하는 것을 승낙 또는 묵인하였다면 민법 제125조의 표현대리가 성립할 여지가 있다는 이유로, 위 모집계약을 준위탁매매의 위임으로, 그 입회계약을 준위탁매매로 단정한 원심을 법리오해 및 심리미진으로 파기한 사례(대법원 1998. 6. 12. 선고 97다53762 판결).

4. 제125조의 법정대리에의 적용여부(소극)

호적상으로만 친권자로 되어 있는 자를 믿고 거래한 때에는 상대방은 보호받지 못한다(대판 1955. 5. 12. 4287민상208).

◈ 대리인이 그 권한을 넘는 행위를 한 때 본인이 제3자에 대하여 책임을 지는 경우

제 126 조【권한을 넘은 표현대리】

대리인이 그 권한 외의 법률행위를 한 경우에 제3자가 그 권한이 있다고 믿을 만한 정당한 이유가 있는 때에는 본인은 그 행위에 대하여 책임이 있다.

■ § 126. 대리권 범위를 초과한 표현대리

- 요　　건 : ① 대리인이 권한 밖의 법률행위를 하였어야 한다.
  ② 상대방은 선의이고 무과실이어야 한다.
  ③ 임의대리, 법정대리 모두에 적용된다.
- 효　　과 : 본인은 대리인의 권한 밖의 행위에 대하여 책임이 있다.
- 관련법조 : [대리권제한과 선의의 제3자] 상 §8②, §11③, §209②, §269, §389③, §567, §775, 민소 §2③, §83, §84②

1. 의 의

본조가 적용되어 본인이 책임을 부담하는 경우는 무권대리인이 당해행위에 대해서는 대리권이 없으나 이것 이외에 어떠한 범위의 대리권을 가지고 있는 경우이다. 즉, 대리권의 범위를 넘었으나 그 범위 내의 것으로 믿을 만한 대리권 범위의 외관이 존재하는 경우에 관한 것이다.

대리인이 대리권의 범위를 초월하여 행위한 경우에도 제3자(상대방)가 대리인에게 그 행위를 할 권한이 있다고 믿고, 그리고 구체적·객관적으로 보아서 그렇게 믿은 것도 무리가 아니라고 생각되는 정당한 사유가 있을 때에는 본인은 그 무권대리행위에 대해서 책임을 부담하지 않으면 안되는 것이다.

2. 요 건

(1) 대리인이 권한 외의 법률행위를 하였을 것

가. 기본 대리권의 존재

대리인이 '권한 외'의 행위를 한 경우에 본조가 적용되므로 대리인은 최소한 일정한 범위의 대리권은 반드시 가지고 있어야 한다.

민법 제126조의 표현대리는 현재에 대리권을 가진 자가 그 권한을 넘는 경우에 성립되고, 과거에 가졌던 대리권을 넘는 경우에는 적용이 없다(대판 1979. 3. 27, 79다234).

대리권이 전혀 없는 자의 대리행위에 대해서는 다른 종류의 표현대리가 성립하는 일은 있어도 본조의 적용은 없다. 그러나 구체적인 사정에 있어서는 어떠한 대리권의 수여가 있었는가, 그 범위를 초월하였는가를 알지 못하는 일이 적지 않다.

자주 문제가 되는 것은 본인의 인장이 사용된 경우이다. 예컨대 단지 인장의 보관을 위탁한 것에 지나지 않는 경우나, 혼인신고나 사망신고를 하기 위하여 인장을 교부함에 불과한 때에는 대리권의 수여를 수반한다고 볼 수 없지만 부동산의 매각에 관련하여 교부하거나 본인의 가산을 보관하기 위하여 교부한 때에는 무엇인가의 대리권의 수여가 있는 것이라고 보아도 무방하다. 판단을 위한 하나의 기준으로서 인장의 교부가 어떠한 경우에 거래와 관련성을 갖는가 하는 것이 문제된다.

어떠한 대리권의 수여가 있는 한 본조는 대리권수여에 의해 처리되어야 할 행위와 완전히 다른 행위를 한 경우에도 적용된다. 거래의 안전이란 취지에서이다. 예컨대, 본인의 가사처리에 관한 대리권을 수여받은 자가 본인이 담보에 제공한 부동산을 채권자가 처분하는 데 대해 승인한 경우에도 본조의 표현대리가 성립한다.

이와 같이 거래의 상대방을 보호한다는 취지에서는 표현대리인의 대리권은 권한이 있는 대리행위를 한 때에만 존재할 필요는 없고 일찍이 대리권이 있었으나 행위시에 소멸하고 없는 경우에도 본조가 적용되는 것으로 하여 왔다. 즉 본인에게서 차재하는 대리권을 수여받아 실인을 보관하고 있는 자가 그후 그 도장을 사용하여 본인을 자기의 차금의 연대보증인으로 한 사안에서 본인은 책임을 부담하여야 한다고 보는 견해도 있다.

【쟁점사항】

<기본대리권이 수여되었다고 볼 수 있는지 여부가 문제되는 경우>

ㄱ) 사실행위를 기본대리권으로 할 수 있는지 여부

권한을 넘은 표현대리가 성립하기 위하여는 무권대리인에게 법률행위에 관한 기본대리권이 있어야 하는바, 증권회사로부터 위임받은 고객의 유치, 투자상담 및 권유 등의 업무는 사실행위에 불과하므로 이를 기본대리권으로 하여서 제126조의 표현대리가 성립할 수 없다(대판 1992. 5. 26, 91다32190).

ㄴ) 표현대리권을 기본대리권으로 할 수 있는지 여부

제125조와 제129조의 표현대리가 성립하는 경우, 그 표현대리권의 범위를 넘어 대리행위를 한 경우에도 권한을 넘은 표현대리가 성립하는 것으로 보는 것이 판례의 입장이다(대판 1970. 3. 24, 70다98).

ㄷ) 부부간의 일상가사대리권

부부는 일상의 가사에 관하여 서로 대리할 수 있는 권한(제827조 1항)인 일상가사대리권을 기본으로 하여 본조가 적용될 수 있는지가 문제된다. 이에 관해서는 긍정설(통설)과 부정설(소수설)이 대립되는데, 판례는 긍정설의 입장을 취한다(대판 1981. 6. 23, 80다609).

다만 판례는 처가 제3자를 남편으로 가장시켜 관리서류를 위조하여 남편 소유의 부동산을 담보로 금원을 대출받은 경우, 남편에 대한 민법 제126조 소정의 표현대리 책임을 부정하였다(대판 2002. 6. 28, 2001다49814).

ㄹ) 공법상의 행위도 기본대리권으로 할 수 있는지 여부

자기명의의 영업허가를 구청에 내달라고 부탁하면서 인감도장을 교부하거나, 등기신청을 부탁하는 경우처럼, 공법상의 행위를 기본대리권으로 삼을 수 있다(대판 1965. 3. 30, 65다44).

나. 대리행위의 방식을 취할 것

표현대리도 대리행위의 방식을 취하는 것을 전제로 하므로, 대리행위의 방식을 취하지 않은 경우에는 본조가 적용되지 않는다. 따라서 대리인이 본인 소유의 부동산에 대해 등기서류 등을 가지고 있음을 기화로 하여 자기명의로 원인무효의 등기를 한 후 이를 제3자에게 매도한 경우에는 그 계약의 당사자는 대리인과 제3자로서 그 대리인이 본인의 대리인으로서 그러한 계약을 하였다고 볼 수 없으므로 본조의 표현대리가 성립하지 않는다(대판 1972. 5. 23, 71다2365).

▣ 핵심판례 ▣

■ **자기가 본인인 것처럼 기망하여 본인 명의로 직접 법률행위를 한 경우 제126조의 표현대리가 성립하는지 여부**

민법 제126조의 표현대리는 대리인이 본인을 위한다는 의사를 명시 혹은 묵시적으로 표시하거나 대리의사를 가지고 권한 외의 행위를 하는 경우에 성립하고, 사술을 써서 위와 같은 대리행위의 표시를 하지 아니하고 단지 본인의 성명을 모용하여 자기가 마치 본인인 것처럼 기망하여 본인 명의로 직접 법률행위를 한 경우에는 특별한 사정이 없는 한 위 법조 소정의 표현대리는 성립될 수 없다(대판 2002. 6. 28, 2001다49814).

(2) 제3자가 그러한 권한이 있다고 믿을 만한 정당한 이유가 있을 것

정당한 이유의 의미와 판단기준, 시기에 대하여 견해가 대립한다.

가. 통설·판례

① 다른 표현대리와 마찬가지로 선의, 무과실을 의미한다고 한다.

② 보통인, 일반인을 기준으로 객관적으로 판단한다.

③ 판단시기는 법률행위 당시, 즉 계약성립당시의 사정을 기준으로 판단하고 법률행위 이후의 사정을 고려해서는 안된다고 한다(대판 2000. 2. 11. 99다47525).

나. 소수설(이영준)

① 다른 경우와 달리 선의, 무과실을 의미하는 것이 아니고 그 보다 훨씬 엄격하게 객관적으로 판단하여야 한다고 한다.

② 판단기준은 보통인이 아니라 이성인을 기준으로 객관적으로 판단하여야 한다고 한다.

③ 판단시기도 법률행위 당시가 아니라 사실심 변론종결시점에서 사후적 사정도 종합적으로 고려하여 판단하여야 한다고 한다.

(3) 적용범위

본조에서 말하는 표현대리는 제125조의 경우와 달리 임의대리뿐만 아니라 법정대리에도 적용된다.

상대방은 무권대리인에게 정당한 대리권이 있다고 믿음에 대해서 정당한 이유가 있었는가의 여부를 판단함에 있어서 본인의 행위에 구속될 필요가 없는 이상 법정대리인에게도 적용된다는 것은 당연하다고 할 수 있다.

3. 효 과

본조에 대한 표현대리가 성립하면 본인이 그 책임을 부담하여야 하는 것은 제125조의 경우와 같다. 표현대리가 성립하는 경우에 그 본인은 표현대리행위에 의하여 전적인 책임을 져야 하고, 상대방에게 과실이 있다고 하더라도 과실상계의 법리를 유추적용하여 본인의 책임을 경감할 수 없다(대판 1996. 7. 12, 95다49554).

<참고사항>

※ 일상가사대리권과 표현대리(제126조)

1. 일상가사대리권을 기본대리권으로 하여 제126조의 표현대리가 성립할 수 있는지 여부
   ① 긍정설(통설, 판례)
   ② 부정설(김주수) : 대리권이 아닌 대표권이라고 보기 때문이다. 다만, 표현대리를 유추적용한다.
2. 표현대리의 인정범위(제126조의 정당한 이유의 내용)
 (1) 학 설
   ① 제1설
   일상대리권을 법정대리권으로 이해하면서 이를 기본대리권으로 하여 부부사이의 일반적 법률행위에 대하여 제126조의 적용을 인정한다. 다만 인정의 범위에 관하여 다시 견해가 나뉜다.
   가. 일상가사의 범위 내의 행위로 믿을 만한 정당한 이유가 있을 때에 한하여 적용을 긍정하는 견해(곽윤직)
   나. 문제의 행위에 특별수권이 있었다고 믿을 만한 정당한 이유가 있는 경우에 제126조의 적용을 긍정하는 견해(이영준)
   ② 제2설(유추적용설, 김주수)
   일상가사대리권은 일종의 대표권이기 때문에 이를 제126조 기본대리권으

로 볼 수 없으며, 따라서 이를 근거로 한 제126조의 직접적용은 부정한다. 다만, 부부가 공동생활을 영위함에 있어서 개별적, 구체적인 일상가사의 범위가 일반적, 추상적인 일상가사의 범위와 일치하지 않는 경우에 한하여 표현대리의 취지를 유추 적용하여, 일상가사대리의 범위 내라고 믿음에 정당한 이유가 있는 경우, 즉 일반적, 추상적 일상가사의 범위 내에서만 제3자를 보호하고, 그 밖의 행위에 대해서는 별도의 대리권의 수여가 있는 경우에 한하여 그것을 기초로 하여 제126조의 표현대리를 적용하여야 한다는 입장이다.

③ 제3설(적용부정설, 김학동)

일상가사대리권은 그 범위가 일상가사로 한정되어 있는데 실제 문제가 되는 사안인 부동산처분행위, 보증계약 등의 경우 일상가사의 범위를 벗어난 행위임을 누구나 알 수 있으므로 상대방의 신뢰는 언제나 정당한 이유가 없다고 하여 표현대리를 적용하지 않는다.

(2) 판 례

타인의 채무에 대한 보증행위는 그 성질상 아무런 반대급부 없이 오직 일방적으로 불이익만을 입는 것인 점에 비추어 볼 때, 남편이 처에게 타인의 채무를 보증함에 필요한 대리권을 수여한다는 것은 사회통념상 이례에 속하므로, 처가 특별한 수권 없이 남편을 대리하여 위와 같은 행위를 하였을 경우에 그것이 민법 제126조 소정의 표현대리가 되려면 처에게 일상가사대리권이 있었다는 것만이 아니라 상대방이 처에게 남편이 그 행위에 관한 대리의 권한을 주었다고 믿었음을 정당화할 만한 객관적인 사정이 있어야 한다(대법원 1998. 7. 10. 선고 98다18988 판결).

[권한외의 대리행위]

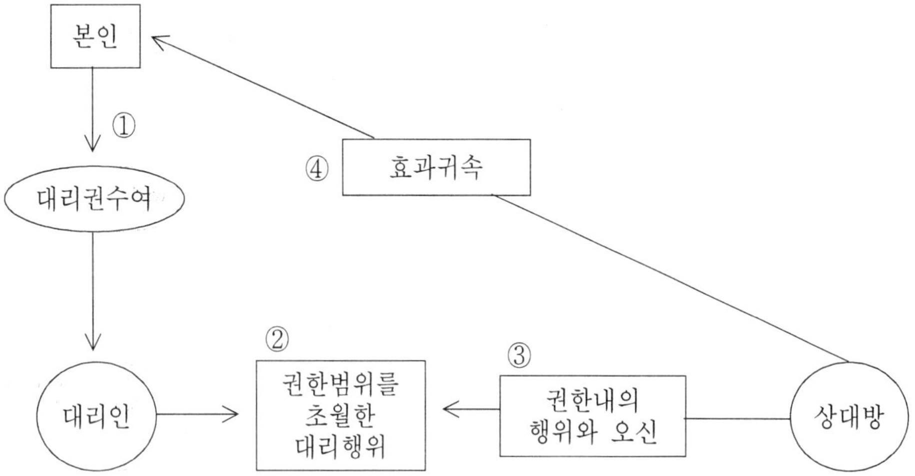

본인

① 대리권수여

④ 효과귀속

대리인

② 권한범위를 초월한 대리행위

③ 권한내의 행위와 오신

상대방

▣ 핵심판례 ▣

■ [권한을 넘은 표현대리]

1. 사업수행에 필요한 자금을 조달하는 과정에서 보증용으로 사용할 수 있도록 인감 등을 넘겨준 경우 금전소비대차계약을 체결함에 있어서 대리할 권한이 있다고 볼 수 있는지 여부(적극)

갑 스스로 을에게 친분관계 등에 터잡아 그의 사업수행에 필요한 자금을 조달하는 과정에서 보증용으로 사용할 수 있도록 자신의 인감 등을 넘겨줌으로써 을이 그 권한을 남용하여 발생할 거래안전에 미칠 위험성은 상당 정도 갑에게도 책임 있는 사유로 유발되었고, 더구나 갑이 종전에도 약속어음의 할인에 즈음하여 병의 직접 확인전화를 받고 을의 사업자금 조달을 위하여 보증을 한다는 취지에서 배서를 한 사실을 인정까지 해준 것이라면 병으로서는 을이 갑으로부터 두터운 신뢰를 받고 있어 갑을 대리할 수 있는 적법한 권한을 보유하고 있던 것으로 능히 생각할 수 있었다고 할 것이므로 병이 을에게 그와 금전소비대차계약을 체결함에 있어서 갑을 대리할 권한이 있었다고 믿었고 또 이와 같이 믿은 데에 상당한 이유가 있었다고 보아 민법 제126조 소정의 표현대리의 성립을 인정하였다(대판 2003. 4. 11, 2003다7173 · 7183).

2. 대리인이 수권의 범위를 넘어 어음행위를 한 경우, 본인은 수권의 범위 내에서 어음상의 채무를 부담하는지 여부(적극)

어음행위의 대리 또는 대행권한을 수여받은 자가 그 수권의 범위를 넘어 어음행위를 한 경우에 본인은 그 수권의 범위 내에서는 대리 또는 대행자와 함께 어음상의 채권을 부담한다(대판 2001. 2. 23, 2000다45303 · 45310).

3. 아버지가 아들의 채무에 대한 담보 제공을 위하여 아들에게 인감도장과 인감증명서를 교부한 행위가 복임권을 포함하여 채무 담보를 위한 일체의 대리권을 준 것이라고 본 사례

아버지가 아들의 채무에 대한 담보 제공을 위하여 아들에게 인감도장과 인감증명서를 교부한 사안에서, 아들에게 복임권을 포함하여 채무담보를 위한 일체의 대리권을 부여한 것이라고 보아, 그 아들로부터 다시 그 인감도장과 인감증명서를 교부받아 제3자가 이를 이용하여 타인에게 설정하여 준 근저당권설정등기가 유효하다고 본 사례(1996. 2. 9. 판결, 95다10549 근저당권설정등기말소).

4. 처가 승낙없이 남편 소유의 부동산에 근저당권을 설정한 경우 표현대리의 성립여부 및 그 정을 알게 된 남편이 그 정산에 관하여 항의하다가 그 후 합의가 결렬된 경우, 무권대리의 추인인정 여부

가. 일상가사대리권 외에 별도의 기본대리권이 있는 처가 근저당권 설정등기에 필요한 각종 서류를 소지하고 있는 데다가 그 인감증명서가 본인인 남편이 발급받은 것이고, 남편이 스스로 처에게 인감을 보냈음을 추단할 수 있는 문서와 남편의 무인이 찍힌 위임장 및 주민등록증 등을 제시하는 등 남편이 처에게 대리권을 수여하였다고 믿게 할 특별한 사정까지 있었다면, 그 상대방으로서는 처가 남편을 대리할 적법한 권한이 있었다고 믿은 데 정당한 이유가 있다.

나. 처가 타인으로부터 금원을 차용하면서 승낙 없이 남편 소유 부동산에 근저당권을 설정한 것을 알게 된 남편이, 처의 채무변제에 갈음하여 아파트와 토지를 처가 금전을 차용한 자에게 이전하고 그 토지의 시가에 따라 사후에 정산하기로 합의한 후 그 합의가 결렬되어 이행되지 않았다고 하더라도, 일단 처가 차용한 사채를 책임지기로 한 이상 남편은 처의 근저당권 설정 및 금원 차용의 무권대리행위를 추인한 것이다(대판 1995. 12. 22, 94다450989).

5. 부분적 포괄대리권을 가진 상업사용인이 특정된 영업이나 특정된 사항에 속하지 않는 행위를 한 경우, 영업주가 책임을 지기 위한 요건

부분적 포괄대리권을 가진 상업사용인이 특정된 영업이나 특정된 사항에 속하지 않는 행위를 한 경우 영업주가 책임을 지기 위하여는 민법상의 표현대리의 법리에 의하여 그 상업사용인과 거래한 상대방이 그 상업사용인에게 그 권한이 있다고 믿을 만한 정당한 이유가 있어야 한다(대판 1999. 7. 27, 99다12932).

6. 민법 제126조의 표현대리 규정이 법정대리에도 적용되는지 여부(적극)

민법 제126조 소정의 권한을 넘는 표현대리 규정은 거래의 안전을 도모하여 거래상대방의 이익을 보호하려는 데에 그 취지가 있으므로 법정대리라고 하여 임의대리와는 달리 그 적용이 없다고 할 수 없고, 따라서 한정치산자의 후견인이 친족회의 동의를 얻지 않고 피후견인의 부동산을 처분하는 행위를 한 경우에도 상대방이 친족회의 동의가 있다고 믿은 데에 정당한 사유가 있는 때에는 본인인 한정치산자에게 그 효력이 미친다(대판 1997. 6. 27, 97다3828).

7. 민법상 표현대리 규정이 어음행위의 위조에 관하여 유추적용되기 위한 요건

다른 사람이 본인을 위하여 한다는 대리문구를 어음상에 기재하지 않고 직접 본인 명의로 기명날인을 하여 어음행위를 하는 이른바 기관방식 또는 서명대리 방식의 어음행위가 권한 없는 자에 의하여 행하여졌다면 이는 어음행위의 무권대리가 아니라 어음의 위조에 해당하는 것이기는 하나, 그 경우에도 제3자가 어음행위를 실제로 한 자에게 그와 같은 어음행위를 할 수 있는 권한이 있다고 믿을 만한 사유가 있고, 본인에게 책임을 질 만한 사유가 있는 때에는 대리방식에 의한 어음행위의 경우와 마찬가지로 민법상의 표현대리 규정을 유추적용하여 본인에게 그 책임을 물을 수 있다(대판 2000. 3. 23, 99다50385).

8. 자동차소유권이전등록을 위임하면서 인감을 교부하는 한편 부동산의 2분의 1 지분에 관한 등기권리증과 나머지 2분의 1 지분에 대하여 본인 앞으로 지분권이전등기를 경료할 수 있는 인낙조서등본을 교부한 본인에게 동 부동산에 대한 가등기담보설정계약에 관하여 표현대리의 책임을 긍정한 사례

본인이 그 직원에게 자동차소유권이전등록을 위임하면서 인감을 교부하는 한편 부동산의 2분의 1지분에 관한 등기권리증과 나머지 이전등기를 경료할 수 있는 인낙조서등본을 교부하였다면 동 부동산에 관한 지분이전등기를 신청하는데 필요한 대리권을 수여하였다고 보아야 할 것이고, 가등기담보권의 설정은 채무자뿐만 아니라 제3자가 물상보증을 위하여도 할 수 있는 것으로서, 위 직원이 동 부동산에 대한 가등기담보설정계약 당시 권리증서와 인감 및 인감증명, 위임장 등 동 부동산의 처분에 필요한 모든 서류를 소지하고 있었다면 비록 그 인감과 인감증명이 그 용도가 다르거나 부당히 작성된 것이라도 동 직원에게 위 부동산에 대한 가등기담보설정계약을 체결할 대리권이 있는 것으로 믿을 만한 정당한 이유가 있다고 보아야 할 것이다(1991. 2. 12. 제2부 판결, 88다카21647 배당이의).

9. 부동산을 매수할 권한을 수여받은 대리인에게 부동산을 처분할 대리권까지 있다고 믿을만한 정당한 이유가 있다고 보지 아니한 사례

법률행위에 의하여 수여된 대리권은 그 원인된 법률관계의 종료에 의하여 소멸하는 것이므로, 특별한 다른 사정이 없는 한, 본인을 대리하여 부동산을 매수할 권한을 수여받은 대리인에게 그 부동산을 처분할 대리권까지 있다고는 볼 수 없는 것이 원칙이다(당원 1957. 10. 21. 선고, 4290민상461, 462 판결: 1987. 4. 28. 선고, 85다카971 판결 등 참조). 따라서 주영훈이 원고로부터 이 사건 부동산을 매수할 대리권만을 수여받은 만큼, 그가 위 피고들 3인과 간에 이 사건 부동산을 매수하기로 매매계약을 체결함으로써 그 대리권은 이미 소멸하였다고 할 것이므로, 원고를 대리하여 이 사건 부동산을 매수한 주영훈으로부터(그것도 3년 이상이나 지난 뒤에) 이 사건 부동산을 다시 매수하게 된 피고 김종규로서는, 주영훈에게 원고를 대리하여 이 사건 부동산을 처분할 권한까지 있는 지의 여부에 대하여 관심을 가지고 조금 더 확실한 방법으로 확인하고 조사하여 보았어야 할 것임에도 불구하고, 이원본의 대리인이라고 자칭하는 주영훈의 거짓말에 속은 탓인지, 주영훈에게 그와 같은 대리권이 있는지의 여부에 대하여는 아무런 확인조사도 하여 보지 아니한 채(위 피고가 매매계약을 체결할 때 작성된 을제2호증 매매계약서에는 매도인 이원본의 주소가 창녕군 부곡면 부곡리 283의2로 기재되어 있었으므로, 같은 군 같은 면 거문리에 거주하는 위 피고가 조금만 세심하게 주의를 기울였더라면 주영훈에게 이 사건 부동산을 처분할 대리권이 없었음을 용이하게 알 수도 있었을 것으로 보인다), 3년 이상 전의 매매대금 62,100,000원의 6할도 못되는 금 36,225,000원에 매수하기로 매매계약을 체결하였으니, 위 피고에게는 타인의 대리인으로부터 부동산을 매수하는 사람으로서 일반적으로 기울여야 할 주의의무를 게을리한 잘못이 있었다고 하지 않을 수 없고, 따라서 원심이 판시한 바와 같이 사정만으로는 위 피고가 주영훈에게 원고(또는 이원본)를 대리하여 이 사건 부동산을 매도할 권한까지 있다고 믿을 만한 정당한 이유가 있었다고는 볼 수 없는 것이다(1991. 2. 12. 제2부 판결, 90다7364 토지소유권이전등기등).

10. 가. 선박부품납품계약에 있어 권한을 넘은 표현대리가 성립한다고 본 사례

이 사건 선박부품의 주문과정, 그 후의 부품납품 및 대금결제 등 일련의 과정에 비추어 볼 때 원고가 납품한 위 선박부품이 사실상 위 박경조 개인소유의 선박수리에 사용되었다 하더라도 원고는 위 선박부품을 주문받을 당시 현대수산을 대표하는 위 박경조의 지시를 받은 위 현대수산 공무과 차장이던 위 위창만이 평소와 같이 이 사건 선박부품 주문에 관하여도 현대수산으로부터 적법한 권한을 수여받는 것으로 믿을 만한 정당한 사유가 있었다고 본다.

나. 공동경영자로서 상회위가 되는 행위로 인하여 부담하게 되는 채무의 성질

공동경영자로서 상법 제57조에 따른 상행위가 되는 행위로 인하여 물품대금 채무를 부담한 경우에는 이를 연대하여 부담할 책임이 있다(1991. 3. 27. 제2부 판결, 90다7173 물품대금).

11. 물품공급계약에 따른 갑의 채무에 관하여 을의 대리인이라는 갑과 사이에 체결된 그 연대보증계약에 있어 을이 직접 발급받은 보증용 인감증명서와 재산세 납부증명서를 소지하고 있었다는 사실만으로는 갑에게 을을 대리할 권한이 있었다고 믿을 만한 정당한 이유가 있다고 볼 수 없다고 한 사례

물품공급계약에 따른 거래로 말미암아 갑이 부담하게 될 채무에 관하여 을의 대리인이라는 갑과 사이에 그 연대보증계약을 체결하면서 을이 대리권을 수여하였는지의 여부를 확인하지 아니한 가운데 을이 직접 발급받은 보증용 인감증명서와 재산세 납부증명서를 소지하고 있었다는 사실만으로는 갑에게 을을 대리하여 연대보증계약을 체결한 권한이 있었다고 믿을 만한 정당한 이유가 있다고 볼 수 없다 하여 표현대리의 성립을 부인한다(1992. 2. 25. 제2부 판결, 91다490 물품대금).

12. 모가 부동산의 공유자(공동상속인)로서 매매계약 당시 부동산 전부를 관리하고 있었으나 자 명의의 인감도장이나 인감증명서, 위임장 등의 서류조차 구비하지 않은 채 자의 상속지분을 대리권 없이 처분한 경우 표현대리의 성부(소극)

모가 부동산의 공유자(공동상속인)로서 매매계약 당시 부동산 전부를 관리하고 있었다는 사실만으로는 부동산 매수인이 모가 자의 상속지분의 매도처분에 관한 대리권이 있다고 믿을 만한 정당한 이유가 있었다고 인정하기에 부족할뿐더러 위 매매계약시 모가 자 명의의 인감도장이나 인감증명서, 위임장 등 서류조차 전혀 구비하고 있지 아니하였다면 위 매수인이 모를 자의 대리인이라 믿은 데 과실이 있어 매수인의 표현대리 주장은 허용될 수 없다(1992. 6. 9. 제2부 판결, 92다11473 소유권이전등기).

13. 은행인 갑이 병 등 명의로 정기예금계약을 체결한 을과 사이에 위 예금을 담보로 대출계약을 체결하면서 을이 근질권설정계약서 등 관련 계약서들에 병 등의 서명 및 무인까지 하도록 한 경우에 있어 을에게 병 등을 대리하여 근질권설정계약의 체결 등을 할 권한이 있다고 믿는 데에 과실이 있다 하여 권한을 넘은 표현대리가 성립할 수 없다고 한 사례

은행인 갑과 사이에 을이 병 등의 명의로 정기예금계약을 체결한 후 병 등 명의로 연대보증계약 및 위 정기예금에 관한 근질권설정계약을 체결하면서 바로 대출을 신청하자 갑이 을에게 구비서류를 작성케 하면서 연대보증계약서, 근질권설정계약서들 중 병 등의 서명날인 부분에 을이 서명하고 소지중이던 병 등의 인장을 날인한 후 병 등의 이름 뒤에 무인까지 하도록 그대로 두었고 나아가 제3자담보제공상담표, 연대보증상담표 등에 갑측에서 병 등의 연대보증의사를 직접 확인하였다고 기재하고 이를 확인하는 취지의 담당자의 서명날인까지 첨가하는 등 하였다면 갑이 을에게 병 등을 대리하여 위 담보대출계약, 근질권설정계약의 체결이나 예금거래의 중도해약을 할 권한이 있다고 믿었다 하더라도 그와 같이 믿는 데에 과실이 있다고 할 것이어서 민법 제126조 소정의 권한을 넘은 표현대리가 성립할 수 없다(1992. 6. 23. 제2부 판결,91다14987 정기예금).

14. 승용차할부매매계약과 보증보험계약상 갑의 연대보증인이 되기로 한 을이 백지의 보증보험약정서상 연대보증인란에 인감도장을 날인하고 갑에게 인감증명서와 인감도장을 건네주었는데 갑이 병을 구입자로 하여 할

부매매계약 및 보증보험계약을 체결한 경우 권한을 넘은 표현대리의 성립을 인정한 사례

승용차할부매매계약과 보증보험계약상 갑의 연대보증인이 되기로 한 을이 백지의 보증보험약정서상 연대보증인란에 인감도장을 날인하고 갑에게 인감증명서와 인감도장을 건네주었는데 갑이 병을 구입자로 하여 할부매매계약 및 보증보험계약을 체결한 경우 권한을 넘은 표현대리의 성립을 인정한다(1992. 10. 13. 제2부 판결, 92다31781 구상금).

15. 갑이 을로부터 매수한 임야를 자기 소유라 하여 매도한 경우 권한을 넘은 표현대리가 적용되는지 여부(소극)

갑이 을의 대리인으로서 매매계약을 체결하였다면 표현대리 문제가 나올는지 몰라도 갑이 을로부터 매수한 임야를 자기 소유라 하여 매도한 이상 매매계약의 당사자는 갑이고 을은 당사자가 아니므로 권한을 넘은 표현대리 이론을 여기에 적용할 수 없다(1992. 11. 13. 제3부(마) 판결, 92다33329 소유권이전등기말소).

16. 가. 대리행위의 표시를 하지 아니하고 자기가 본인인 것처럼 기망하여 본인 명의로 직접 법률행위를 한 경우 민법 제126조의 표현대리의 성부(한정소극)

민법 제126조의 표현대리는 대리인이 본인을 위한다는 의사를 명시 혹은 묵시적으로 표시하거나 대리의사를 가지고 권한 외의 행위를 하는 경우에 성립하고, 사술을 써서 대리행위의 표시를 하지 아니하고 단지 본인의 성명을 모용하여 자기가 마치 본인인 것처럼 기망하여 본인 명의로 직접 법률행위를 한 경우에는 특별한 사정이 없는 한 위 법조 소정의 표현대리는 성립할 수 없다.

나. 법인으로부터 아파트에 관한 일체의 관리권한을 위임받아 본인으로 가장하여 아파트를 임대한 바 있는 대리인이 다시 본인으로 가장하여 임차인에게 아파트를 매도하였다면 권한을 넘은 표현대리의 법리를 유추적용할 수 있는지 여부(적극)

본인으로부터 아파트에 관한 임대 등 일체의 관리권한을 위임받아 본인으로 가장하여 아파트를 임대한 바 있는 대리인이 다시 자신을 본인으로 가장하여 임차인에게 아파트를 매도하는 법률행위를 한 경우에는 권한을 넘은 표현대리의 법리를 유추적용하여 본인에 대하여 그 행위의 효력이 미친다고 볼 수 있다(1993. 2. 23. 제2부(가) 판결, 92다52436 소유권이전청구권양도확인).

17. 가. 어음행위의 표현대리에 있어서 민법 제126조 소정의 "제3자"

권한을 넘은 표현대리에 관한 민법 제126조의 규정에서 제3자라 함은 당해 표현대리행위의 직접 상대방이 된 자만을 자칭하는 것이고, 이는 위 규정을 배서와 같은 어음행위에 적용 또는 유추적용할 경우에 있어서도 마찬가지로 보아야 할 것이며, 약속어음의 배서행위의 직접 상대방은 그 배서에 의하여 어음을 양도받은 피배서인만을 가리키고 그 피배서인으로부터 다시 어음을 취득한 자는 민법 제126조 소정의 제3자에는 해당하지 아니한다.

나. 민법 제418조 제2항에서의 상계의 수동채권

민법 제418조 제2항을 적용하기 위하여는 채권자에 대하여 채권을 가지고 있는 연대채무자가 이를 가지고 자신의 채권자에 대한 채무와 상계할 수 있음이 전제가 되어야 하고, 또 위 조항에 의하여 다른 연대채무자가 상계권을 행사하는 경우에도 그 상계의 수동채권은 여전히 원래의 상계권자인 연대채무자의 채무이며(다만 위 채무가 소멸하면 그 효과로서 상계권을 행사하는 다른 연대채무자의 채무도 같이 소멸하는 것일 뿐이다) 실제로 상계권을 행사하는 다른 연대채무자의 채권자에 대한 채무가 직접 상계의 수동채권이 되는 것은 아니다.

다. 민법 제418조 제2항이 부진정연대채무에도 적용되는지 여부

부진정연대채무에 있어서 부진정연대채무자 1인이 한 상계가 다른 부진정연대채무자에 대한 관계에 있어서도 공동면책의 효력 내지 절대적 효력이 있는 것인지는 별론으로 하더라도, 부진정연대채무자 사이에는 고유의 의미에 있어서의 부담부분이 존재하지 아니하므로 위와 같은 고유의 의미의 부담부분의 존재를 전제로 하는 민법 제418조 제2항은 부진정연대채무에는 적용되지 아니하는 것으로 봄이 상당하고, 따라서 부진정연대채무에 있어서는 한 부진정연대채무자가 채권자에 대하여 상계할 채권을 가지고 있음에도 상계를 하지 않고 있다 하더라도 다른 부진정연대채무자가 그 채권을 가지고 상계를 할 수는 없는 것이로 보아야 한다.

라. 배서가 위조된 어음을 취득한 자의 과실비율이 70%라고 본 원심판결을 파기한 사례

배서가 위조된 어음을 취득한 자의 과실비율이 70%라고 본 원심판결을 파기한 사례

마. "조선무약" 명의의 배서를 "조선무약" 명의의 배서로 잘못 알고 취득함으로써 입은 손해와 "조선무약" 직원의 문의에 대해 잘못 알고 위 배서가 진정한 것이라고 답변한 것과의 사이에 인과관계를 인정한 사례

원고가 약속어음을 할인함에 있어 조선무약합자회사 명의의 매서를 조선무약합자회사 명의의 배서로 오인한 과실이 있고, 조선무약합자회사의 직원들도 원고측의 문의에 대하여 어음에 대하여 조선무약합자회사 명의로 배서가 된 것으로 잘못 알고 그 배서가 진정한 것이라고 답변하였다 하더라도 원고가

사실과 다른 답변을 믿고 어음을 취득한 이상 그에 따른 원고의 손해와 조선무약합자회사의 직원들의 위법행위 사이에 법률적인 인과관계를 부정할 수는 없다(1994. 5. 27. 제3부 판결, 93다21521 손해배상(기)).

18. 기본대리권과 대리행위의 관련성 여부(소극)

본조의 표현대리는 문제된 법률행위와 수여받은 대리권 사이에 아무런 관계가 없는 경우에도 적용이 있다(대법원 1963.11.21. 63다418).

19. 상대방의 과실여부 판단 기준

표현대리에 있어서 표현대리인이 대리권을 갖고 있다고 믿는 데 상대방의 과실이 있는지 여부는 계약성립 당시의 제반사정을 객관적으로 판단하여 결정하여야 하고 표현대리인의 주관적 사정을 고려하여서는 안된다(대법원 1989. 4. 11. 선고 88다카13219 판결).

20. 판단의 기준이 되는 사람

민법상의 표현대리에 관한 규정이 어음행위의 위조에 관하여 유추 적용되기 위하여서는 상대방이 위조자에게 어음행위를 할 권한이 있다고 믿거나 피위조자가 진정하게 당해 어음행위를 한 것으로 믿은 것만으로는 부족하고, 그와 같이 믿은 데에 정당한 사유가 있어야 하는바, 이러한 정당한 사유는 어음행위 당시에 존재한 여러 사정을 객관적으로 관찰하여 보통인이면 유효한 행위가 있었던 것으로 믿는 것이 당연하다고 보여지면 이를 긍정할 수 있지만, 어음 자체에 위조자의 권한이나 어음행위의 진정성을 의심하게 할 만한 사정이 있는데도 불구하고 그 권한 유무나 본인의 의사를 조사·확인하지 아니하였다면 상대방의 믿음에 정당한 사유가 있다고 하기 어렵다(대법원 2000. 2. 11. 선고 99다47525 판결).

21. 증명책임

계약체결의 대리권을 상대방을 특정하여 부여할 수 있는 것이며 본조에의한 표현대리 행위로 인정된다는 점의 주장 및 입증책임은 그것을 유효하다고 주장하는 자에게 있는 것이다(대법원 1968.6.18. 선고 68다694 판결).

22. 정당한 이유의 판단시기

거래상대방이 후견인으로서 상당기간 피후견인의 재산을 관리하여 왔다고 할지라도 후견인을 상대로 중요한 재산적 가치를 가지는 한정치산자의 부동산을 매수하는 자로서는 친족회의 동의가 있었는지 여부를 확인하였어야 할 것인데도 막연히 부동산 중개업자를 통하여 거래상대방이 후견인으로 선임된 후 1년 이상 부동산의 관리를 전담하여 온 사실만을 확인하였을 뿐 친족회의 동의에 관하여는 전혀 확인하지 아니하였다면, 매수인은 후견인을 상대로 거래하는 자로서 마땅히 해야 할 주의를 다하지 못한 과실이 있다고 하지 않을 수 없으며, 또한 권한을 넘은 표현대리에 있어서 정당한 이유의 유무는 대리행위 당시를 기준으로 하여 판정하여야 하고 매매계약 성립 이후의 사정은 고려할 것이 아니므로, 피후견인이 위 매매로 인한 소유권이전등기를 경료하기에 앞서 그 거래에 관한 친족회원의 선임 및 친족회의 소집에 관한 법원의 심판을 받았고 그에 따라 작성된 친족회 의사록을 후견인으로부터 교부받았다고 할지라도 이로써 후견인이 매매 당시 친족회의 동의를 받았다고 믿을 만한 정당한 이유가 된다고 볼 수 없다고 한 사례(대법원 1997. 6. 27. 선고 97다3828 판결).

23. 민법 제126조의 표현대리 규정이 법정대리에도 적용되는지 여부(적극)

민법 제126조 소정의 권한을 넘는 표현대리 규정은 거래의 안전을 도모하여 거래상대방의 이익을 보호하려는 데에 그 취지가 있으므로 법정대리라고 하여 임의대리와는 달리 그 적용이 없다고 할 수 없고, 따라서 한정치산자의 후견인이 친족회의 동의를 얻지 않고 피후견인의 부동산을 처분하는 행위를 한 경우에도 상대방이 친족회의 동의가 있다고 믿은 데에 정당한 사유가 있는 때에는 본인인 한정치산자에게 그 효력이 미친다(대법원 1997. 6. 27. 선고 97다3828 판결).

◆ 대리권의 소멸사유

제 127 조【대리권의 소멸사유】

대리권은 다음 각호의 어느 하나에 해당하는 사유가 있으면 소멸된다.

1. 본인의 사망
2. 대리인의 사망, 성년후견의 개시 또는 파산

■ § 127. 대리권의 소멸

- 공통된 소멸사유 : ① 본인-사망
  ② 대리인-사망, 성년후견 개시, 파산
- 법정대리에 특유한 소멸사유 : 법률의 규정(§22②, §23, §909⑥, §924①, §925 등)
- 임의대리에 특유한 소멸사유 : 기본관계의 소멸, 수권행위의 철회
- 관련법조 : [상사대리와 본인사망] 상 §50, [대리권 소멸과 대항] 상 §13, [소송에 있어서 대리권 소멸] 민소 §63, §95~§97, [특허법상 특칙] 특허 §8, 신안 §3, 디자인보호법 §10

1. 법정대리·임의대리에 공통한 소멸원인

(1) 본인의 사망 : 법정대리에서는 본인의 사망으로 더 이상 대리할 필요가 없고, 임의대리에서는 본인이 신임한 대리인을 상속인의 대리인으로 계속한다는 것은 부당하기 때문에 본인의 사망으로 대리권은 소멸한다. 그러나 이에 다음과 같은 예외가 있다.

즉 ① 급박한 사정이 있는 경우에는 대리권의 원인된 법률관계사무처리를 할 수 있을 때까지 대리권도 존속한다고 할 것이다(제691조 참조, 통설).

② 본조 제1호는 임의규정으로 볼 수 있으므로 대리권불소멸에 관한 합의는 인정될 수 있다.

③ 상행위의 위임에 의한 대리권은 본인의 사망으로 인하여 소멸하지 않는다(상법 제50조).

④ 소송대리권은 당사자의 사망에 의하여 소멸하지 않는다(민사소송법 제95조).

(2) 대리인의 사망 : 대리인이 사망한 후에 그의 상속인으로 하여금 대리인이 되게 하는 것은 옳지 못하기 때문이다.

(3) 대리인의 성년후견의 개시 또는 파산 : 피성년후견인도 의사능력이 있는 한 대리인이 될 수 있다(제117조). 그러나 대리인으로 활동하고 있는 자가 후에 성년후견이 개시되어 피성년후견인이 되는 경우에는 대리권의 발생의 기초인 신임관계가 없어지므로 대리권은 소멸하게 된다. 대리인의 파산의 경우도 위와 마찬가지이다.

구 분	소 멸 원 인
1) 대리권소멸의 일반적 사유(제127조)	① 본인의 사망 ② 대리인의 사망, 성년후견의 개시 또는 파산
2) 대리인·복대리인 간의 수권관계의 소멸	대리인이 복대리인 선임행위를 철회하는 경우
3) 대리인의 대리권소멸로 인한 복대리권 소멸	① 본인의 사망 ② 대리인의 사망·성년후견의 개시·파산 ③ 임의대리에 있어서 원인된 법률관계의 종료 및 수권행위의 철회

2. 특유한 소멸원인

(1) 법정대리의 경우 : 법정대리에 특유한 소멸원인은 민법에 개별적으로 규정하고 있다(제22조 2항, 제23조, 제924조, 제927조, 제937조, 제939조 등).

(2) 임의대리의 경우 : ① 임의대리권은 원인된 법률관계의 종료로써 소멸한다(제128조 전단). 수권행위는 대리의 원인된 법률관계와는 별개의 것이나, 양자는 서로 수단과 목적의 관계에 있으므로 그 운명을 같이 하게 한 것이다. 그런데 이 규정은 임의규정이므로 특약에 의하여 본인은 원인된 법률관계가 종료한 후에도 대리권만을 존속시킬 수도 있다.

② 한편 임의대리권은 그 원인된 법률관계의 종료 전에 수권행위의 철회에 의하여서도 소멸한다(동조 후단).

③ 명문의 규정은 없으나, 수권행위는 신임관계를 바탕으로 하므로 본인의 파산은 임의대리권을 소멸시킨다고 해석된다.

◈ 원인된 법률관계의 종료에 의한 임의대리권의 소멸

제 128 조【임의대리의 종료】

법률행위에 의하여 수여된 대리권은 전조의 경우 외에 그 원인된 법률관계의 종료에 의하여 소멸한다. 법률관계의 종료 전에 본인이 수권행위를 철회한 경우에도 같다.

■ § 128. 임의대리에 특유한 소멸사유

- 원인된 법률관계의 종료
- 수권행위의 철회

임의대리권은 원인된 법률관계의 종료로써 소멸한다. 수권행위는 대리의 원인된 법률관계와는 별개의 것이나, 양자는 서로 수단과 목적의 관계에 있으므로 그 운명을 같이하게 한 것이다. 그런데 이 규정은 임의규정이므로 특약에 의하여 본인은 원인된 법률관계가 종료한 후에도 대리권만을 존속시킬 수도 있다. 한편 임의대리권은 그 원인된 법률관계의 종료 전에 수권행위의 철회에 의하여서도 소멸한다.

명문의 규정은 없으나, 수권행위는 신임관계를 바탕으로 하므로 본인의 파산은 임의대리권을 소멸시킨다고 해석된다.

· 무권대리의 상대방과 제한능력자의 상대방의 최고 비교

	제한능력자의 상대방	무권대리의 상대방
① 최고의 성질	의사의 통지	의사의 통지
② 최고의 상대방	법정대리인, 능력자가 된 후의 능력자	본인
③ 최고기간	1개월 이상	상당한 기간
④ 최고의 효과	확답없으면 추인간주(제15조①, ②) 특별절차를 요하는 경우에는 확답없으면 취소간주(제15조③)	확답없으면 거절간주(제131조)
⑤ 추인의 확답의 발효시기	최고기간 내의 발신시	최고기간 내의 발신시

◈ 대리권이 소멸한 후에 대리인이 대리행위를 한 경우의 효과

제 129 조【대리권소멸 후의 표현대리】

대리권의 소멸은 선의의 제3자에게 대항하지 못한다. 그러나 제3자의 과실로 인하여 그 사실을 알지 못한 때에는 그러하지 아니하다.

■ § 129. 대리권소멸 후의 표현대리

- 요　　건 : ① 대리인이 이전에는 대리권을 가지고 있었으나 대리행위를 할 때에는 그 대리권이 소멸하고 있어야 한다.
  ② 상대방은 선의, 무과실이어야 한다.
  ③ 임의대리, 법정대리의 쌍방에 적용된다.
- 효　　과 : 본인은 상대방에 대하여 대리권의 소멸을 대항하지 못한다.
- 관련법조 : [대리권, 대표권소멸과 등기] 상 §13, §180-4, 5, §183, §37, §317 ②-8~10, ③, §760, [소송과 대리권 소멸] 민소 §63, §97

1. 의 의

갑의 대리인이었던 병의 대리권이 소멸한 후에 아직 병에게 대리권이 있다고 믿은 을이 병과 거래를 한 경우, 을이 병의 대리권 소멸에 대해서 선의·무과실인 바, 갑은 을에게 대리권소멸로써 대항할 수가 없다. 병이 가졌던 대리권은 반드시 계속적인 것일 필요는 없고 개별적인 대리행위인 것이라도 무방하다.

2. 요 건

(1) 과거에 존재하였던 대리권이 소멸하였을 것

대리인이 전에는 대리권을 가지고 있었으나 대리행위를 할 때에는 그 대리권이 이미 소멸하였어야 한다. 따라서 수권행위가 무효·취소된 경우에는 본조가 적용되지 않는다.

(2) 상대방은 선의·무과실일 것

상대방은 과거의 대리권의 존재를 인식하고 이에 기해 현재도 대리권을 가진다고 믿은 데에 과실이 없어야 한다.

상대방 을이 병의 대리권소멸에 대해서 악의·과실인 것의 입증책임은 본인에게 있다.

규정의 형식에서 보면 대리권소멸에 관한 선의·무과실인 것의 입증책임은 상대방에게 있는 것처럼 보이지만 상대방의 선의는 추정된다.

3. 적용범위

본조의 표현대리도 임의대리에 대해서 뿐만 아니라 법정대리에 대해서도, 예컨대 미성년인 자가 성년에 달한 후에 종전의 친권자가 자를 무권대리한 것과 같은 경우에 대해서도 적용되고(대판 1975. 1. 28, 74다1199, 공보② 1975. 8295) 그 효과로써 본인이 그 책임을 부담하여야 하는 것은 제126조의 표현대리의 경우와 같다.

4. 효 과

본인은 상대방에 대하여 대리권의 소멸을 대항하지 못한다.

▣ 핵심판례 ▣

■ [대리권소멸후의 표현대리]

1. 대리인이 대리권 소멸 후 선임한 복대리인과 상대방사이의 법률행위에도 민법 제129조의 표현대리가 성립하는지 여부(적극)

표현대리의 법리는 거래의 안전을 위하여 어떠한 외관적 사실을 야기한 데 원인을 준 자는 그 외관적 사실을 믿음에 정당한 사유가 있다고 인정되는 자에 대하여는 책임이 있다는 일반적인 권리외관 이론에 그 기초를 두고 있는 것인 점에 비추어 볼 때, 대리인이 대리권 소멸 후 직접 상대방과 사이에 대리행위를 하는 경우는 물론 대리인이 대리권 소멸 후 복대리인을 선임하여 복대리인으로 하여금 상대방과 사이에 대리행위를 하도록 한 경우에도, 상대방이 대리권 소멸사실을 알지 못하여 복대리인에게 적법한 대리권이 있는 것으로 믿었고 그와 같이 믿은 데 과실이 없다면 민법 제129조에 의한 표현대리가 성립할 수 있다(대판 1998. 5. 29, 97다55317).

2. 유권대리의 주장에 표현대리의 주장이 포함되는지 여부 등

가. 유권대리에 관한 주장 가운데 표현대리의 주장이 포함되는지 여부 (소극)

대리권이 있다는 것과 표현대리가 성립하는 것은 그 요건사실이 다르므로 유권대리의 주장이 있으면 표현대리의 주장이 당연히 포함되는 것은 아니고 이 경우 법원이 표현대리의 성립 여부까지 판단해야 하는 것은 아니다.

나. 무권대리행위에 대하여 이의제기 없이 장시간 방치한 것을 추인으로 볼 수 있는지 여부(소극)

무권대리행위에 대하여 본인이 그 직후에 그것이 자기에게 효력이 없다고 이의를 제기하지 아니하고 이를 장시간에 걸쳐 방치하였다고 하여 무권대리행위를 추인하였다고 볼 수 없다(대판 1990. 3. 27, 다카181).

3. 민법 제129조의 표현대리로 인정되는 경우에 그 표현대리의 권한을 넘는 대리행위가 있을 때 민법 제126조의 표현대리가 성립될 수 있는지 여부

민법 제129조의 대리권 소멸 후의 표현대리로 인정되는 경우에, 그 표현대리의 권한을 넘는 대리행위가 있을 때에는 민법 제126조의 표현대리가 성립될 수 있다(대판 1979. 3. 27, 79다234).

4. 정당한 권한에 의하여 작성된 매도증서와 위임장 인감증명서 등 등기신청에 필요한 서류를 소지하고 있는 경우 특별한 사정이 없는 한 대리권이 있다고 믿을 만한 정당한 사유가 있는지 여부

정당한 권원에 의하여 작성된 매도증서, 위임장, 인감증명서 등 등기신청에 필요한 모든 서류를 구비하여 소지하고 있다면 특별한 사유가 없는 한 대리권이 있다고 믿을 만한 정당한 사유가 있다 할 것이고 설사 대리권이 소멸되었다 하더라도 상대방이 선의의 제3자로서 과실이 없었다면 본인은 대리권의 소멸을 상대방에게 대항할 수 없다(대판 1962. 10. 18, 62다535).

5. 대리권소멸 후의 표현대리에 관한 법리오해의 위법이 있다고 원심판결을 파기한 사례

원고가 피고 상호신용금고의 차장으로 있던 소외인의 권유에 따라 피고와 신용부금계약을 맺고 1회 불입금을 불입하자 소외인이 위 1회 불입금은 피고 금고에 입금하였으나 그 후 동인은 피고 금고를 사직하고서도 위 신용부금계약증서를 원고가 동인에게 맡겨두고 있음을 기화로 그 후에도 7회에 걸쳐 계속 원고로부터 원고의 사무실 등에서 위 불입금을 교부받아 피고 금고에 입금치 않고 이를 횡령한 경우, 피고 금고로서도 그 사이 원고에 대하여 위 불입금의 지급독촉이나 약관에 따른 부금계약의 해제조치도 없이 그대로 방치해두었고 위 소외인이 원고에게 한 것과 같이 고객에서 부금가입을 권유하거나 수금을 하기 위하여 자주 자리를 비우는 자였다면 비록 원고가 다른 거래관계로 피고 금고 사무실에 자주 드나들었고 그 때마다 위 소외인이 그 자리에 없었다 하더라도 원고로서는 위 소외인이 피고 금고를 사직한 사실을 모른데 대한 어떤 과실이 있었다고 보기 어렵다(1986. 8. 19. 제2부 판결, 86다카529 부금반환).

6. 제129조는 과거에 존재하였던 대리권이 소멸된 이후에만 문제되는지 여부 (적극)

기본적인 어떠한 대리권이 없는 자에 대하여는 제126조의 대리권한의 유월 또는 제129조의 소멸 후의 표현대리관계는 성립할 여지가 없는 것이다(대판 1974. 5. 14. 73다148).

◈ 무권대리인이 대리인이라고 하여 타인과 한 계약의 효력 여부

제 130 조【무권대리】

대리권 없는 자가 타인의 대리인으로 한 계약은 본인이 이를 추인하지 아니하면 본인에 대하여 효력이 없다.

■ § 130. 추인권

- 추 인 : 효력이 생기느냐 않느냐가 불확정한 행위에 관하여 그 행위의 효과를 자기에게 직접 발생케하는 것을 목적으로 하는 의사표시
- 추인의 의사표시는 무권대리인에게 하든 상대방에게 하든 관계없으나 무권대리인에게 추인한 경우에는 상대방이 이를 알지 못하면 추인의 효과를 주장하지 못한다.
- 관련법조 : [어음행위와 무권대리] 어음법 §8, §77②, 수표법 §11

1. 의 의

대리권이 없음에도 불구하고 대리인이라고 칭하고 행한 행위를 무권대리행위라고 한다. 본인을 위한 것임을 표시하면서 한 행위임에도 대리권을 갖지 않은 경우이다. 따라서 전혀 대리권을 갖지 않은 경우와 대리권은 있으나 당해행위에 대해서 대리권을 갖지 않은, 즉 대리권의 범위를 초월한 월권행위인 경우도 포함된다.

2. 효 과

대리권없이 행해진 행위의 효과는 본인에게 귀속하지 않는다. 또 대리행위로써 본인의 명의로 한 것이기 때문에 무권대리인 자신에게도 그 효과가 귀속하지 않는다. 결국 무권대리행위의 효과는 본인 또는 무권대리인에게도 발생하지 않게 되므로 상대방으로서는 무권대리인에 대한 불법행위의 책임을 물을 수 있게 되는 것에 불과할 뿐이다.

(1) 본인의 추인

그러나 무권대리에 의해 성립된 계약의 효과는 당연하게는 본인에 대하

여 미치지 않지만 본인은 그 계약을 추인함으로써 유권대리와 같은 효과를 발생시킬 수 있다.

무권대리가 언제나 본인에게 불이익을 일으킨다고는 할 수 없고 본인이 그 행위의 효과의 귀속을 의욕하는 때에 그것을 인정하여도 불합리하지 않기 때문에 본인의 추인을 인정한 것이다.

가. 추인의 성질 및 추인권자

무권대리행위는 그 효력이 불확정상태에 있다가 본인의 추인 유무에 따라 본인에 대한 효력발생 여부가 결정되는 것인 바, 그 무권대리행위의 추인은 무권대리행위가 있음을 알고 그 행위의 효과를 자기에게 귀속시키도록 하는 단독행위이다(대판 1995. 11. 14, 95다28090).

추인권자는 본인, 법정대리인(대판 1982. 12. 14, 80다1872,1873), 본인의 상속인(본인이 사망한 경우) 등 포괄승계인인데, 본인이 파산한 경우에는 파산관재인이 추인권자이다(대판 2004. 1. 15, 2003다56625).

나. 추인의 방법 및 상대방

추인은 명시적으로 뿐만 아니라 묵시적인 방법으로도 가능하며 그 의사표시는 무권대리인이나 그 상대방 어느 쪽에 하여도 무방하다(대판 2001. 11. 9, 2001다44291). 그런데 추인을 상대방에게 하면 추인의 효력은 곧바로 생기나, 무권대리인에게 하는 경우에는 상대방이 추인이 있음을 알지 못하는 때에는 상대방에 대하여 추인의 효과를 주장하지 못한다(제132조). 따라서 상대방은 그때까지 자신의 의사표시를 철회할 수 있다(제134조). 물론 상대방이 본인의 추인이 있었음을 주장하는 것은 무방하다(대판 1981. 4. 14, 80다2314)

다. 일부추인의 여부

무권대리의 추인은 의사표시의 전부에 대하여 행하여져야 하고, 그 일부에 대하여 추인을 하거나 그 내용을 변경하여 추인을 하였을 경우에는 상대방의 동의를 얻지 못하는 한 무효이다(대판 1982. 1. 26, 81다카549). 왜냐하면 일부에 대하여 추인을 긍정하면 법률관계가 복잡해질 뿐만 아니라 단독행위에 조건을 붙이는 것은 상대방의 동의가 없으면 원칙적으로 효력을 발생할 수 없기 때문이다.

라. 추인의 효과

무권대리의 추인이 있으면 처음부터(소급하여) 유권대리행위였던 것과 같은 효과가 생긴다. 즉 무권대리행위가 소급하여 유효가 된다(제133조). 그렇다고 추인이 사후에 대리권을 수여하는 것은 아니기 때문에 무권대리가 유권대리로 전환되는 것은 아니다. 그러나 추인의 소급효는 제3자의 권리를 해하지 못한다.

(2) 본인의 추인거절

무권대리는 본인이 이를 방치하더라도 본인에게 효력이 생기지 않지만, 본인은 적극적으로 추인의 의사가 없음을 통지하여 무권대리를 확정적으로 무효로 할 수 있다.

본인의 추인거절이 있으면 무권대리행위는 무효인 것으로 확정되어 본인은 다시 추인할 수 없으며, 상대방도 최고권(제131조)이나 철회권(제134조)을 행사할 수 없게 된다.

【쟁점사항】

<추인으로 볼 수 있는지 여부가 문제되는 경우>

(1) 추인으로 인정되는 경우

ㄱ) 무권리자인 문중 명의로 그것도 대표자로 사칭한 자에 의하여 부동산매매계약이 체결된 후 진정한 소유자가 그 권리자임을 주장하여 매수인으로부터 중도금을 직접 수령한 경우(대판 1992. 2. 28, 91다15584)

ㄴ) 무권대리인이 매도한 부동산을 본인이 명도하여 주고 8년간이나 이의를 제기하지 않은 경우(대판 1968. 11. 19, 68다1795·1796)

ㄷ) 본인이 무권대리인의 어음교환행위를 추인한 경우 무권대리인이 어음교환을 위하여 한 배서행위도 추인한 것으로 볼 수 있다(대판 1984. 8. 12, 94다14186).

ㄹ) 무권대리인이 상호신용금고로부터 대출받은 사실을 알고도 3년이 지나도록 아무런 이의를 제기하지 않고, 그 동안 지급의 연기를 구하고 채무의 일부를 변제한 경우(대판 1991. 1. 25, 90다카26812)

ㅁ) 무권대리인이 임대차계약을 체결한 것에 대해 본인이 무권대리인에게 차임의 일부를 지급한 경우(대판 1984. 12. 11, 83다카1531)

ㅂ) 무권대리인이 차용한 금원의 변제기일에 채권자가 본인에게 그 변제를 독촉하자 본인이 그 유예를 요청한 경우(대판 1973. 1. 30, 72다2309, 2310)

ㅅ) 본인과 상대방사이의 매매계약을 무권대리인이 자의로 해제한 후 반환받은 금원으로 매수한 대지의 등기관계서류를 본인이 위 무권대리인으로부터 교부받아 이를 자기 남편명의로 위 대지에 관한 소유권이전등기를 경료한 경우에는, 본인은 무권대리인이 한 매매계약의 해제행위를 추인한 것으로 볼것이다(대판 1979. 12. 28, 79다1824)

(2) 추인으로 인정되지 않은 경우

ㄱ) 부가 자와 공동상속한 거주가옥의 부지를 자의 대리권 없이 매도하고 사망한 후 자가 매수인에게 그 매매대금 상당액을 지급하기로 약정한 것만으로 망부의 무권대리행위를 추인한 것으로 볼 수 없다(대판 1991. 7. 9, 91다261).

ㄴ) 권한 없는 종중 재산의 처분행위에 대하여 종중 측에서 장기간 고소나 민사소송을 제기하지 않았고, 생활곤란으로 처분한 것이라고 이해하여 왔다는 등의 말을 다수의 종중원들이 했다는 사유만으로 처분행위을 묵시적으로 추인했다고 볼 수 없다(대판 1991. 5. 24, 90도2190).

ㄷ) 처가 부의 부동산을 임의로 매도하고 그 매매대금으로 부의 채무를 변제하였는데, 부가 10년간 이의를 제기하지 않은 경우(대판 1967. 12. 18, 67다2294, 2295)

ㄹ) 본인이 변론기일내에 불출석하여 매매사실에 관하여 의제자백을 한 것으로 간주되는 경우(대판 1982. 7. 13, 81다648)

▣ 핵심판례 ▣

■ [무권대리]

1. 부가 자와 공동상속한 거주가옥의 부지를 자의 대리권 없이 매도하고 사망한 후 자가 매수인에게 그 매매대금상당액을 지급하기로 약정한 것만으로 망부의 무권대리행위를 추인한 것으로 볼 수 없다고 한 사례

부가 자와 공동상속한 거주가옥의 부지를 자의 대리권 없이 매도하고 사망한 후 자가 매수인에게 그 매매대금상당액을 지급하기로 약정한 것만으로 망부의 무권대리행위를 추인한 것으로 볼 수는 없다(1991. 7. 9. 제1부 판결, 91다261 소유권이전등기)

2. 무권대리행위를 추인하였거나 추인한다는 취지가 포함되어 있다고 본 사례

피고 갑, 을이 원고에게 그들의 공동소유인 토지에 관하여 취득시효완성으로 인한 소유권이전등기의무를 부담하게 되자 피고 갑이 피고 을의 동의나 승낙없이 위 토지 전부에 대하여 병에게 채무담보를 위한 가등기 및 본등기를 경료한 경우, 병 명의의 각 등기가 경료됨으로써 위 소유권이전등기의무가 이행불능되었다는 피고들의 주장에는 피고 을이 피고 갑의 무권대리행위를 추인하였거나 추인한다는 취지가 포함되어 있다고 보아야 한다(1991. 7. 26. 제3부 판결, 91다8104 소유권이전등기).

3. 무권리자의 처분행위에 대한 권리자의 추인의 효과와 그 방법

무권리자가 타인의 권리를 자기의 이름으로 또는 자기의 권리로 처분한 경우에, 권리자는 후일 이를 추인함으로써 그 처분행위를 인정할 수 있고, 특별한 사정이 없는 한 이로써 권리자 본인에게 위 처분행위의 효력이 발생함은 사적 자치의 원칙에 비추어 당연하고, 이 경우 추인은 명시적으로 뿐만 아니라 묵시적인 방법으로도 가능하며 그 의사표시는 무권대리인이나 그 상대방 어느 쪽에 하여도 무방하다(대판 2001. 11. 9, 2001다44291).

4. 무권리자인 문중 명의로 그것도 대표자로 사칭한 자에 의하여 부동산 매매계약이 체결된 후 진정한 소유자가 그 권리자임을 주장하여 매수인으로부터 중도금을 직접 수령하였다면 위 매매계약에 따른 처분행위가 소유자에 대하여도 그 효력이 미친다고 한 사례

무권리자인 문중 명의로 그것도 대표자로 사칭한 자에 의하여 부동산 매매계약이 체결된 후 진정한 소유자가 그 권리자임을 주장하여 매수인으로부터 중도금을 직접 수령하였다면 위 매매계약에 따른 처분행위가 소유자에 대하여도 그 효력이 미치게 되고 따라서 소유자에게 매매을 원인으로 한 소유권이전등기의무가 발생한다(1992. 2. 28. 제3부 판결, 91다15584 소유권보존등기말소등).

5. 권한 없는 종중재산 처분행위에 대하여 종중측에서 장기간 고소나 민사소송을 제기하지 않았고, 생활곤란으로 처분한 것이라고 이해하여 왔다는 등의 말을 다수의 종중원들이 했다는 사유만으로 처분행위에 대한 묵시적 추인이 있다고 볼 수 있는지 여부(소극)

권한 없이 종중 소유 부동산을 타인에게 매각처분한 사실을 알고서도 종중측에서 10년이 넘도록 형사고소나 소유권회복을 위한 민사소송을 제기하지 않았다거나, 문장을 비롯한 여러 종중원들이 그 동안 종중 부동산 처분행위를 생활이 곤란해서 그런 것이라고 수차 이해하여 왔다는 등의 말을 했다는 사유만으로는 종중이 위 부동산 처분행위를 묵시적으로 추인하였다고 인정하기 어렵다(1991. 5. 24. 제3부 판결, 90도2190 가. 특정경제범죄가중처벌 등에 관한 법률위반, 나. 위증).

6. 가. **본인이 무권대리인의 어음교환행위를 추인한 경우 무권대리인이 어음교환을 위하여 한 배서행위도 추인한 것으로 해석할 것인지 여부**

어음교환행위가 주로 갑 회사에 대한 자금융통을 위하여 행하여진 것으로서 을 회사의 직원인 병이 어음을 교환함에 있어 갑 회사가 을 회사의 대외적 신용을 이용하여 그 어음을 용이하게 할인할 수 있도록 하기 위하여 권한 없이 을 회사 명의의 배서를 한 것이라면 그 배서행위는 실질적으로는 어음교환의 한 과정에 불과한 것이므로, 을 회사가 무권대리인인 병의 어음교환행위를 추인하였다면 거기에는 다른 특별한 사정이 없는 한 병이 어음교환을 위하여 한 배서행위도 추인하여 그 배서를 유효한 것으로 하겠다는 의사도 포함된 것으로 해석함이 상당하다.

나. **타인 발행의 어음으로 상호 대가적 어음교환을 한 자는 그 어음금에 관하여 민법상 지급보증을 한 것이라고 본 사례**

갑 회사가 발행하여 을 회사에 교부한 약속어음과 을 회사가 갑 회사에게 교부한 정 회사 발행의 약속어음이 서로 대가관계에 있는 것으로서 어음교환이 행하여진 경우 그 원인관계에 비추어 볼 때 갑·을 회사 사이에 각자 상대방에게 교부한 어음에 대하여 지급기일에 그 지급을 담보하기로 하는 어음금 지급보증의 특약이 있었다고 봄이 상당하다고 한 원심판결을 어음법상의 어음보증이 아니라 민법상의 보증으로 본 것으로 해석하여 수긍한 사례(1994. 8. 12. 제3부 판결, 94다14186 부당이득).

7. **승용차할부매매계약과 보증보험계약상 갑의 연대보증인이 되기로 한 을이 백지의 보증보험 약정서상 연대보증인란에 인감도장을 날인하고 갑에게 인감증명서와 인감도장을 건네주었는데 갑이 병을 구입자로 하여 할부매매계약 및 보증보험계약을 체결한 경우 권한을 넘은 표현대리의 성립을 인정한 사례**

승용차할부매매계약과 보증보험계약상 갑의 연대보증인이 되기로 한 을이 백지의 보증보험약정서상 연대보증인란에 인감도장을 날인하고 갑에게 인감증명서와 인감도장을 건네주었는데 갑이 병을 구입자로 하여 할부매매계약 및 보증보험계약을 체결한 경우 권한을 넘은 표현대리의 성립을 인정한다(1992. 10. 13. 제2부 판결, 92다31781 구상금).

8. **갑이 을로부터 매수한 임야를 자기 소유라 하여 매도한 경우 권한을 넘은 표현대리가 적용되는지 여부(소극)**

갑이 을의 대리인으로서 매매계약을 체결하였다면 표현대리 문제가 나올는지 몰라도 갑이 을로부터 매수한 임야를 자기 소유라 하여 매도한 이상 매매계약의 당사자는 갑이고 을은 당사자가 아니므로 권한을 넘은 표현대리 이론을 여기에 적용할 수 없다(1994. 11. 13. 제3부(마) 판결, 92다33329 소유권이전등기말소).

9. 대리권의 흠결이 있는 공정증서 중 집행인낙에 대한 추인의 방식

공정증서상의 집행인낙의 의사표시는 공증인가 합동법률사무소 또는 공증인에 대한 채무자의 단독 의사표시로서 성규의 방식에 따라 작성된 증서에 의한 소송행위이어서, 대리권 흠결이 있는 공정증서 중 집행인낙에 대한 추인의 의사표시 또한 당해 공정증서를 작성한 공증인가 합동법률사무소 또는 공증인에 대하여 그 의사표시를 공증하는 방식으로 하여야 하므로, 그러한 방식에 의하지 아니한 추인행위가 있다 한들 그 추인행위에 의하여는 채무자가 실체법상의 채무를 부담하게 됨은 별론으로 하고 무효의 채무명의가 유효하게 될 수는 없다(대법원 2006. 3. 24, 2006다2803).

10. 무효행위 또는 무권대리 행위의 추인이 묵시적으로 가능한지 여부(적극) 및 묵시적 추인을 인정하기 위한 요건

무효행위 또는 무권대리 행위의 추인은 무효행위 등이 있음을 알고 행위의 효과를 자기에게 귀속시키도록 하는 단독행위로서 의사표시의 방법에 관하여 일정한 방식이 요구되는 것이 아니므로 묵시적인 방법으로도 할 수 있지만, 묵시적 추인을 인정하기 위해서는 본인이 그 행위로 처하게 된 법적 지위를 충분히 이해하고 그럼에도 진의에 기하여 행위의 결과가 자기에게 귀속된다는 것을 승인한 것으로 볼 만한 사정이 있어야 할 것이다(대법원 2014. 2. 13, 2012다112299).

<판례전문(대판 1994. 8. 12, 94다14186)>

[원고, 피상고인] 케이제이산업주식회사

[소송대리인 변호사] 김정수

[피고, 상고인] 고합상사주식회사

[소송대리인 변호사] 이보환

[원심판결] 서울고등법원 1994. 1. 27. 선고, 93나23055 판결

[주 문] 상고를 기각한다. 상고비용은 피고의 부담으로 한다.

[이 유] 상고이유를 본다.

1. 상고이유 제1점에 대하여

원심은 그 판시사실에 비추어 볼 때 원심판시 별지 1기재 2, 3, 4번 약소어음의 발생지는 모두 서울특별시라고 봄이 상당하다고 하여 위 각 약속어음은 어음요건을 모두 갖춘 어음이라고 판시하였는바, 원심의 위한 같은 판단은 수긍이 가고 거기에 소론과 같이 어음법상의 필요적 기재사항에 관한 법리를 오해한 위법이 있다고 할 수 없으므로 논지는 이유 없다.

2. 상고이유 제2점에 대하여

원심은, 위 각 약속어음 중 2, 3번 어음의 경우에는 피고 회사 명의의 배서가 적법하게 이루어진 것은 아니니 피고 회사가 제1심 제7차 변론기일에 피고 회사의 수입부차장인 소외 우기철이 한 위 각 어음과 원고 회사가 발행한 각 액면금액이 동일한 어음과의 교환행위를 추인하였으므로 위 각 배서는 피고 회사의 배서로서 효력이 있다고 판시하고 있는바, 위 어음교환행위는 주고 원고 회사에 대한 자금융통을 위하여 행하여진 것으로서 위 우기철이 위 어음을 교환함에 있어 원고 회사가 피고 회사에 대외적 신용을 이용하여 그 어음들을 용이하게 할인할 수 있도록 하기 위하여 피고 회사 명의의 배서를 한 것으로 보이므로 그 배서행위는 실질적으로는 어음교환의 한 과정에 불과한 것이라고 할 것이다. 따라서 피고 회사가 무권대리인의 위 우기철의 위 각 어음교환행위를 추인하였다면 거기에는 다른 특별한 사정이 없는 한 동인이 어음교환을 위하여 한 배서행위도 추인하여 그 배서를 유효한 것으로 하겠다는 의사도 포함된 것으로 해석함이 상당하다고 할 것인바, 이와 같은 취지로 본 원심의 판시는 정당한 것으로 보이고 거기에 소론과 같이 석명권행사를 게을리함으로써 의사표시의 해석을 잘못한 위법이 있다고 할 수 없으므로 논지는 이유 없다.

3. 상고이유 제3점에 대하여

원심판결 이유에 의하면, 원심은 그 판시사실을 인정한 다음, 원·피고 회사 사이에 그동안 150억원 상당의 어음거래가 있었고 이 사건과 같은 어음교환 거래도 2, 3회 있었으나 모두 문제없이 결제된 점, 이 사건에서 원고 회사가 발생하여 피고 회사에 교부한 원심판시 별지 2 기재 4장의 약속어음(별지 1의 1번 어음의 액면금은 금 102,460,355원이고 별지2의 1번 어음의 액면금은 금 102,460,333원으로 그 차이를 무시하여되 될 정도이며 나머지 별지 1의 2 내지 4번 어음과 별지 2의 2 내지 4의 각 해당번호의 약속어음의 액면과 동일하고, 지급일은 4장 모두 각 해당어음끼리 동일하다)과 소외 회사가 발생하여 피고 회사가 원고 회사에게 교부한 별지 1기재 약속어음 4장은 서로 대가관계에 있는 것으로서 원고 회사가 발행한 어음은 모두 결제되어 피고 회사는 위 어음금 상당의 이득을 취한 점, 소외 회사 발행의 위 약속어음이 부도된 뒤 피고 회사의 원고 회사 담당자인 위 우기철이나 관리담당이사인 소외 장두용, 영업관리부 차장인 소외 김정한이 모두 부도가 난 소외 회사 발생의 위 약속어음금에 대하여 피고 회사가 소외 회사에 대하여 가지고 있는 담보물을 처분하여 이를 변상할 것을 약정한 점 등에 비추어 보면, 이 사건에서와 같이 상호 대가관계에 있는 어음교환의 경우에는 상대방에게 교부된 어음에 대하여 지급기일에 그 지급을 담보하기로 하는 어음금지급보증의 특약이 있었다고 봄이 상당하다고 하여 결국 피고 회사는 원고 회사에게 별지 1 기재 1번의 약속어음 액면금 102,460,355원도 지급할 의무가 있다고 판시하였다.

원심이 일정한 사실관계에 비추어 보면 위와 같은 원심의 판단은 정당한 것으로 보여지고 거기에 소론과 같은 어음금 지급보증에 관한 법리를 오해한 위법이 있다고 할 수 없고, 또한 위 판시취지는 그 판시와 같은 어음교환이 행하여진 경우에는 그 원인관계에 비추어 볼 때 각자 상대방에게 교부한 어음에 대하여 지급기일을 담보하기로 하는 보증특약이 있었다고 봄이 상당하다는 것으로서 어음법상의 어음보증으로 본 것이 아니라 민법상의 보증으로 본 것이라는 해석되는바, 논지가 원심이 어음법상의 보증을 인정한 것이라는 전제하에 어음보증의 요건을 갖추지 못하였다고 비난하는 취지까지 포함된 것이라면 이는 원심판결의 취지를 오해한 것이라고 할 것이므로 논지는 모두 이유 없다.

4. 그러므로 상고를 기각하고 상고비용은 패소의 부담으로 하기로 하여 관여법관의 일치된 의견으로 주문과 같이 판결한다.

대법관 안용득(재판관) 천경송
지창권 신성택(주심)

◈ 무권대리인이 대리인이라 하여 타인과 계약을 한 경우에 그 타인이 본인에게 행사할 수 있는 권리

제 131 조【상대방의 최고권】

대리권 없는 자가 타인의 대리인으로 계약을 한 경우에 상대방은 상당한 기간을 정하여 본인에게 그 추인여부의 확답을 최고할 수 있다. 본인이 그 기간 내에 확답을 발하지 아니한 때에는 추인을 거절한 것으로 본다.

■ § 131. 최고권

- 최고는 본인에 대하여 무권대리행위를 추인하느냐 않느냐의 확답을 독촉하는 행위를 말한다.
- 최 고 권 : 발신주의 → 상당한 기간동안 본인이 확답을 발하지 않을 때 추인 거절간주

무권대리행위를 추인하는 것도, 추인을 거절하는 것도 본인의 자유이다. 따라서 본인이 추인도 거절도 하지 않고 있는 동안은 상대방은 지극히 불안정한 지위에 놓여진다.

이 때문에 본조는 상대방의 최고권을 인정했다. 상대방의 최고권은 무권대리의 본인에게만 행사할 수 있고 상대방의 선의, 악의를 불문한다. 이 점이 선의의 상대방에게만 인정되는 철회권과 구별되는 점이다. 제한능력자의 상대방이 행사하는 최고권(제15조)과 같은 취지의 것으로서 일정기간 내에 무권대리행위를 추인할 것인가의 여부를 확답하도록 본인에게 최고하고 기간내에 확답을 하지 않으면 추인을 거절한 것으로 본다. 이 경우에 무권대리인은 결국 상대방에 대하여 이행 또는 손해배상책임을 지는 것으로 된다.

◆ 무권대리행위에 대한 추인 · 거절의 의사표시를 하여야 할 대상

제 132 조【추인 · 거절의 상대방】

추인 또는 거절의 의사표시는 상대방에 대하여 하지 아니하면 그 상대방에 대항하지 못한다. 그러나 상대방이 그 사실을 안 때에는 그러하지 아니한다.

■ § 132. 추인, 거절의 상대방

- 추인, 거절은 단독행위이므로 의사표시의 요건을 갖추어야만 한다. 그러나 추인에는 특별한 방식이 요구되지 않으므로 명시적 혹은 묵시적으로도 가능.
- 추인, 거절의 의사표시는 무권대리인에게 하든 또는 그 무권대리행위의 상대방에 대하여 하든, 어느 편이라도 좋다. 그러나 상대방에 대하여 하는 경우에는 추인, 거절으로서의 효력이 완전히 생기지만, 무권대리인에 대하여 하는 경우에는 상대방이 추인, 거절이 있었음을 알지 못하는 때에는 이에 대하여 추인, 거절의 효과를 주장하지 못한다.

추인은 무권대리행위의 효과를 직접 본인에게 귀속시키게 할 것을 목적으로 한 의사표시로서 그 의사표시의 상대방은 무권대리인이거나 상대방이거나를 불문한다(대판 1981. 4. 14. 80다2314, 공보⑥ 1981, 13898). 또 묵시적이건 명시적이건 상관없다.

단지, 무권대리인에 대하여 추인한 경우에는 상대방이 그 추인이 있은 것을 알 때까지는 상대방에 대하여 추인의 효과를 주장할 수 없다. 상대방의 철회권이 소멸하지 않는 것이다.

이에 반하여 무권대리인에 대해서는 완전한 효과를 발생하여 무권대리인이 받은 이익의 반환을 청구할 수 있다.

<참고사항>

무권대리와 상속

1. 문제점

무권대리인이 본인을 상속하거나 본인이 무권대리인을 상속한 경우와 같이 무권대리인의 지위와 본인의 지위가 동일인에게 귀속한 경우에 본인의 추인권 또는 추인거절권에 어떠한 영향을 미치는지가 문제된다. 즉, 동일인에게 귀속된 경우 본인의 지위에서 추인을 거절하면 무권대리인의 지위에서 이행책임을 부담할 수 밖에 없는데, 그러한 추인 거절이 가능한지가 문제되는 것이다.

2. 무권대리인이 본인을 상속한 경우

(1) 당연유효설

상속으로 무권대리인의 행위는 당연히 유효하게 되고, 본인의 지위에서 추인권을 거절할 수 없다고 보는 견해이다. 그 근거와 관련하여 ① 무권대리인은 추인거절권을 행사하더라도 제135조의 책임을 지기 때문에 곧바로 유효로 보는 것이 간명하다는 견해(곽윤직)와 ② 본인의 자격에서 추인을 거절하는 것은 신의칙에 반하기 때문이라는 견해(김주수, 고상룡) 등이 있다.

(2) 비당연유효설(병존설)

당연히 유효로 되는 것은 아니고 양 지위는 병존한다고 보는 견해이다. 그 근거와 관련하여 ① 본인의 지위에서 추인을 거절하는 것은 신의칙에 반한다는 견해(이영준)와 ② 추인을 거절할 수는 있으나 제135조의 책임을 진다는 견해 등으로 나뉜다.

(3) 판 례

"갑이 대리권 없이 을 소유 부동산을 병에게 매도하여 부동산소유권이전등기등에관한특별조치법에 의하여 소유권이전등기를 마쳐주었다면 그 매매계약은 무효이고 이에 터잡은 이전등기 역시 무효가 되나, 갑은 을의 무권대리인으로서 민법 제135조 제1항의 규정에 의하여 매수인인 병에게 부동산에 대한 소유권이전등기를 이행할 의무가 있으므로 그러한 지위에 있는 갑이 을로부터 부동산을 상속받아 그 소유자가 되어 소유권이전등기이행의무를 이행하는 것이 가능하게 된 시점에서 자신이 소유자라고 하여 자신으로부터 부동산을 전전매수한 정에게 원래 자신의 매매행위가 무권대리행위여서 무효였다는 이유로 정 앞으로 경료된 소유권이전등기가 무효의 등기라고 주장하여 그 등기의 말소를 청구하거나 부동산의 점유로 인한 부당이득금의 반환을 구하는 것은 금반언의 원칙이나 신의성실의 원칙에 반하여 허용될 수 없다"고 판시(대판 1994. 9. 27, 94다20617)하여 당연히 유효로 보지는 않지만 무권대리로서 무효임을 주장하는 것은 신의칙에 반하여 허용될 수 없다는 입장이다.

3. 본인이 무권대리인을 상속한 경우

(1) 당연유효설

본인의 지위에서 추인을 거절하여도 신의칙에 반하지 않지만, 무권대리인으로서의 책임도 상속하므로 결국 무권대리행위는 유효하게 되고 추인을 거절할 수 없다고 본다.

(2) 비당연유효설(병존설)

본인의 지위에서 추인을 거절할 수도 있으나, 이때는 무권대리인으로서의 책임을 부담한다.

(3) 결 론

결국 본인이 무권대리인을 상속한 경우에는 어느 견해에 의하든 추인거절이 신의칙에 반하지는 않는다고 본다.

▣ 핵심판례 ▣

■ [추인, 거절의 상대방]

1. 종중재산을 무권대리(대표)행위에 의하여 처분하고 종중이 사후에 추인한 경우 처분행위가 소급하여 유효하게 되는지 여부(적극)

종중 소유 부동산을 무권대리(대표)행위에 의하여 처분한 경우 종중이 사후에 무권대리인에 대하여 처분행위를 추인하였다면 처분행위는 처음부터 소급하여 유효해진다(1991. 5. 24. 제3부 판결, 90도2190 가. 특정경제범죄가중처벌 등에 관한 법률위반, 나. 위증).

2. 무권리자가 권리자를 상속한 경우

무권리자가 권리자인 타인의 재산을 매도한 후에 매도인인 무권리자가 그 재산을 상속받으면 매수인에게 그 계약의 이행으로서 그 재산권을 이전하여 줄 의무가 있다(대판 1966. 4. 6, 66다267).

3. 권리자가 무권리자를 상속한 경우

채권자가 채무자 소유의 부동산에 대하여 강제경매신청을 하여 자녀들 명의로 이를 경락받았다면 그 소유자는 경락인인 자녀들이라 할 것이므로, 채권자가 그 후 채무자와 사이에 채권액의 일부를 지급받고 자녀들 명의의 소유권이전등기를 말소하여 주기로 합의하였다 하더라도 이는 일종의 타인의 권리의 처분행위에 해당하여 비록 양자 사이에서 위 합의는 유효하고 채권자는 자녀들로부터 위 부동산을 취득하여 채무자에게 그 소유권이전등기를 마쳐주어야 할 의무를 부담하지만 자녀들은 원래 부동산의 소유자로서 타인의 권리에 대한 계약을 체결한 채무자에 대하여 그 이행에 관한 아무런 의무가 없고 이행을 거절할 수 있는 자유가 있었던 것이므로, 채권자의 사망으로 인하여 자녀들이 상속지분에 따라 채권자의 의무를 상속하게 되었다고 하더라도 그들은 신의칙에 반하는 것으로 인정할 만한 특별한 사정이 없는 한 원칙적으로 위 합의에 따른 의무의 이행을 거절할 수 있다고 한 사례(대판 2001. 9. 25, 99다19698)

◈ 본인이 무권대리인의 계약을 추인한 때 그 효력의 발생시기

제 133 조【추인의 효력】

추인은 다른 의사표시가 없는 때에는 계약시에 소급하여 그 효력이 생긴다. 그러나 제3자의 권리를 해하지 못한다.

■ § 133. 추인의 효력

- 추인이 있으면 무권대리행위는 처음부터 유권대리행위이었던 것과 마찬가지의 법률효과를 발생한다.
- 추인의 소급효는 제3자의 권리를 해하지 못한다.
  즉, 제3자의 권리를 해하는 범위에서는 소급효가 제한된다.

추인이 있으면 계약은 처음부터 유효한 것이 된다. 무권대리인이 한 등기도 유효하게 된다. 다만 본인·상대방의 계약으로 소급효를 배제하고 계약의 효력을 장래에 향하여서만 생기게 할 수도 있고, 또 추인의 소급효는 제3자의 권리를 해할 수 없다는 제한을 받는다.

그러나 이와 같은 경우에는 거의 없을 것이다. 제3자와의 권리의 우열은 당해 권리에 대한 대항요건의 유무로써 결정되는 일이 많기 때문이다. 본인이 적극적으로 추인을 거절하는 것은 물론 가능하다. 적극적으로 추인을 거절하면 무권대리행위는 본인에 대하여 효력을 발생하지 않는 것으로 확정되고, 이후 본인은 다시 추인할 수 없다.

거절의 의사표시의 상대방과 효력은 추인의 경우와 같다(제132조). 더구나 여기서 말하는 추인은 취소할 수 있는 행위의 추인(제143조)과는 다르다. 무권대리행위의 추인은 본인에 대하여 무효인 것을 유효로 하는 행위이고, 취소할 수 있는 행위의 추인은 일단 유효하게 성립한 행위의 효과를 확정시키는 행위이다.

▣ 핵심판례 ▣

■ [추인의 효력]

1. 가. 부동산의 공유지분을 갑과 함께 공동상속한 을이 공유지분 전체가 자기 명의로 등기됨을 기화로 갑의 동의 없이 타인에게 매도하고 등기까지 한 경우, 갑이 공유지분권을 상실하지는 않았더라도 을은 갑이 자신의 지분권매매의 추인을 전제로 자기 지분에 상응한 매매대금의 반환을 청구하면 이를 반환하여야 할 것이라고 한 사례

계쟁부동산의 공동소유자 중 1인이 사망하여 그의 지분을 갑과 을이 상속하였는데, 병이 위 부동산에 관하여 허위의 보증서와 확인서에 의하여 자신과 을 및 다른 공동소유자의 아들 명의로 임야소유권이전등기 등에 관한 특별조치법에 따라 소유권이전등기를 한 후, 뒤늦게 알게 된 을이 병을 상대로 소유권이전등기말소청구의 소를 제기하여 승소의 확정판결을 얻어 병 명의의 3분의 1 지분소유권이전등기의 말소등기를 마친 다음 위 부동산에 대한 2분의 1 지분이 자기의 단독 명의로 소유권이전등기되어 있음을 기화를 갑의 동의 없이 이를 정 등에게 매도하여 그들 명의로 소유권이전등기를 마쳤다면, 갑은 법률상 그가 상속한 공유지분권을 상실하였다고 볼 수 없고, 을과 정 등을 상대로 갑의 공유지분권에 대한 소유권이전등기의 말소를 청구하여 등기명의를 회복할 수 있다 하더라고 을은 정 등으로부터 받은 매매대금 중 갑의 공유지분권에 관한 부분은 법률상 원인 없이 취득한 것으로서, 갑이 자신의 공유지분권매매의 추인을 전제로 하여 반환을 청구하는 경우에는 이를 반환하여야 할 것이라고 한다.

나. 타인의 권리를 자기의 이름으로 처분한 후 본인이 추인한 경우 처분행위의 효력이 본인에게 미치는지 여부

타인의 권리를 자기의 이름으로 처분하거나 또는 자기의 권리로 처분한 경우 본인이 후일 그 처분행위를 인정하면 특별한 사유가 없는 한 그 처분행위의 효력이 본인에게 미친다(1992. 9. 8. 제1부 판결, 92다15550 부당이득금반환).

2. 종중의 대표자가 아닌 자가 종중 소유 토지를 임의 처분한 데 대하여 종중이 이를 묵시적으로 추인하였다고 볼 수 없다고 한 사례

종중의 대표자 아닌 갑이 종중 소유 토지를 임의처분하여 그 매도대금을 당시 갑이 대표자로 있던 종회 소유의 다른 부동산에 관하여 설정된 근저당권의 피담보채무를 변제하는데 전부 사용하였고, 종중원들의 대다수가 갑의 토지 처분사실을 거의 알지 못하여 이 사건 제소시까지 아무런 이의를 제기하지 아니하였다면, 갑이 위 토지를 임의처분한 데 대하여 종중이 이를 묵시적으로 추인하였다고는 볼 수 없다(1992. 9. 14. 제3부 판결, 91다46830 소유권이전등기말소).

3. 무권리자인 문중 명의로 부동산 매매계약이 체결된 후 진정한 소유자가 그 권리자임을 주장하여 매수인으로부터 중도금을 직접 수령하였다면 위 매매계약에 따른 처분행위가 소유자에 대하여도 그 효력이 미치는지 여부

무권리자인 문중 명의로 그것도 대표자로 사칭한 자에 의하여 부동산 매매계약이 체결된 후 진정한 소유자가 그 권리자임을 주장하여 매수인으로부터 중도금을 직접 수령하였다면 위 매매계약에 따른 처분행위가 소유자에 대하여 그 효력이 미치게 되고 따라서 소유자에게 매매를 원인으로 한 소유권 이전등기의무가 발생한다(대판 1992. 2. 28, 91다15584).

4. 증권회사의 고객이 그 직원의 임의매매를 묵시적으로 추인하였는지 여부의 판단방법

무권대리행위는 그 효력이 불확정 상태에 있다가 본인의 추인 유무에 따라 본인에 대한 효력발생 여부가 결정되는 것으로서, 추인은 무권대리행위가 있음을 알고 그 행위의 효과를 자기에게 귀속시키도록 하는 단독행위인바, 증권회사의 고객이 그 직원의 임의매매를 묵시적으로 추인하였다고 하기 위하여는 자신이 처한 법적 지위를 충분히 이해하고 진의에 기하여 당해 매매의 손실이 자기에게 귀속된다는 것을 승인하는 것으로 볼 만한 사정이 있어야 할 것이고, 나아가 임의매매를 사후에 추인한 것으로 보게 되면 그 법률효과는 모두 고객에게 귀속되고 그 임의매매행위가 불법행위를 구성하지 않게 되어 임의매매로 인한 손해배상청구도 할 수 없게 되므로, 임의매매의 추인, 특히 묵시적 추인을 인정하려면, 고객이 임의매매 사실을 알고도 이의를 제기하지 않고 방치하였는지 여부, 임의매수에 대해 항의하면서 곧바로 매도를 요구하였는지 아니면 직원의 설득을 받아들이는 등으로 주가가 상승하기를 기다렸는지, 임의매도로 계좌에 입금된 그 증권의 매도대금(예탁금)을 인출하였는지 또는 신용으로 임의매수한 경우 그에 따른 그 미수금을 이의 없이 변제하거나, 미수금 변제독촉에 이의를 제기하지 않았는지 여부 등의 여러 사정을 종합적으로 검토하여 신중하게 판단하여야 할 것이다(대판 2002. 10. 11, 2001다59217).

◆ 대리권 없는 자와 계약을 한 상대방이 그 계약을 철회할 수 있는지 여부

제 134 조【상대방의 철회권】

대리권 없는 자가 한 계약은 본인의 추인이 있을 때까지 상대방은 본인이나 그 대리인에 대하여 이를 철회할 수 있다. 그러나 계약 당시에 상대방이 대리권 없음을 안 때에는 그러하지 아니하다.

■ § 134. 철회권

- 철회는 무권대리행위의 상대방이 무권대리인과의 사이에서 맺은 계약을 확정적으로 무효로 하는 행위이며, 이 철회가 있으면 그 후 본인은 무권대리행위를 추인하지 못하게 된다.
- 철회는 ① 본인의 추인이 있기 전에 ② 본인이나 그 무권대리인에 대하여 하여야 한다. 그리고 ③ 이 철회권은 선의의 상대방에게만 인정된다.

상대방은 무권대리행위의 철회권을 가지며, 상대방은 철회로써 무권대리행위를 무효인 것으로 확정할 수 있다. 철회가 있으면 그후 본인이 추인하는 것은 허용되지 않는다. 철회의 의사표시는 본인 또는 무권대리인 어느 쪽에 대하여 하든 상관없다.

그러나 철회권이 주어진 것은 무권대리행위인 것을 알지 못하는 상대방을 보호하기 위한 것이기 때문에 계약당시 무권대리인 것을 안 상대방에게는 철회권이 없다.

상대방이 철회를 하면 무권대리인과 맺은 계약은 확정적으로 무효가 된다. 따라서 이 철회권은 형성권이다. 상대방이 철회를 하면 본인은 무권대리행위를 추인할 수 없다.

◈ 무권대리인이 계약을 한 경우에는 그 대리권을 증명하지 못하거나 본인의 추인을 얻지 못한 때 지는 책임

제 135 조【상대방에 대한 무권대리인의 책임】

① 다른 자의 대리인으로서 계약을 맺은 자가 그 대리권을 증명하지 못하고 또 본인의 추인을 받지 못한 경우에는 그는 상대방의 선택에 따라 계약을 이행할 책임 또는 손해를 배상할 책임이 있다.

② 대리인으로서 계약을 맺은 자에게 대리권이 없다는 사실을 상대방이 알았거나 알 수 있었을 때 또는 대리인으로서 계약을 맺은 사람이 제한능력자일 때에는 제1항을 적용하지 아니한다.

■ § 135. 무권대리인의 상대방에 대한 책임

- 책임발생의 요건 : ① 추인이 없을 것
  ② 철회가 없을 것
  ③ 상대방이 선의, 무과실일 것
  ④ 무권대리인이 행위능력자일 것
- 책임의 내용 : ① 무과실 책임
  ② 상대방의 선택을 좇아 이행 또는 손해배상의 책임을 진다.
- 관련법조 : [자칭사원책임] 상 §215, §281, [어음행위의 경우] 어음법 §8, §72 ②, 수표법 §11

무권대리행위는 대리권이 없음에도 불구하고 대리인으로서 한 행위이기 때문에 그 효과가 당연히 본인에게 귀속하는 것은 아니다. 그러나 대리의사로써 한 행위이기 때문에 무권대리인에게도 당연히 효과가 귀속되어야 할 이유가 없다.

그렇게 되면 무권대리행위를 진실한 대리행위로 믿고 거래한 상대방에게 불측의 손해가 발생할 위험이 생기게 된다.

또한 상대방의 거래의 목적은 무권대리인에 대한 불법행위의 책임을 물으려는 것은 아니다. 물론 본인이 추인하거나 상대방이 취소하거나 또는 표현대리로 볼 수 있는 경우는 문제가 없다. 그렇지 않을 때에는 대리제도의 신용유지와 거래의 상대방보호란 견지에서 어떠한 대책이 필요하게 되고, 그 때문에 민법은 이와 같은 경우 무권대리인에게 특별한 책임을 과한 것이다.

(1) 상대방에 대한 책임

거래의 안전을 보호하기 위하여 무권대리인에게는 중한 무과실 책임이 부과된다. 즉 무권대리인이 본인의 추인을 얻을 수 없고, 또한 그 대리권의 존재를 증명할 수 없으면 상대방의 선택에 따라 이행 또는 손해배상의 책임을 부담하지 않으면 안된다.

거래의 안전이란 취지에서는 선의의 상대방을 보호하는 것으로 충분하며, 따라서 대리권의 부존재를 상대방이 알았거나 알 수 있었던 경우에는 무권대리인은 그 책임을 면한다. 상대방의 악의 또는 과실에 대한 주장, 증명책임은 무권대리인에게 있다(대판 1962. 4. 12, 61다1021).

무권대리인이 제한능력자인 때에도 무권대리인은 책임을 면한다. 제한능력자인 경우에도 책임을 진다면 제한능력자 보호의 취지에 반하게 되기 때문이다. 따라서 제한능력자가 법정대리인 또는 후견인의 동의를 얻어 행위한 경우에는 책임이 발생한다고 해석하여야 한다.

무권대리에 대해 상대방이 악의인 경우 및 무권대리인이 제한능력자인 경우를 제외하면 무권대리인에게는 전술한 책임이 발생된다. 상대방은 무권대리행위인 것을 적극적으로 증명할 필요가 없고, 또 무권대리인의 고의 또는 과실의 존재도 필요없다.

무권대리인은 당해행위가 본인에 관하여 효력을 발생하였더라면 본인이 상대방에 대하여 부담하였을 것과 같은 내용의 책임을 부담하는가? 또는 이행이익 전부에 대한 손해배상책임을 부담하는가?

이 양 책임 중의 어느 쪽이 발생하는가는 상대방의 선택에 의해 정해진다(제380조 이하 참조).

상대방이 계약 그 자체를 취소한 때에는 무권대리인의 상대방에 대한 책임은 발생되지 않고, 또 본인이 무권대리행위를 추인한 때에는 처음부터 유효한 대리행위로 되어 역시 무권대리인의 책임은 생기지 않는다. 결국 무권대리인에게 본조에 의한 책임이 생기는 것은 본인의 추인도 상대방으로부터 취소도 없는 경우이다.

(2) 본인에 대한 책임

본인이 무권대리행위를 추인하지 않으면 본인에게는 그에 따른 어떠한 법률효과도 귀속하지 않는다. 그러나 그 행위에 의해 사실상 본인에게 불이익이 생기는 일이 있으면 본인에 대한 불법행위가 성립할 것이다. 그러나 그것은 무권대리의 특유한 문제는 아니다. 본인이 추인한 경우 본인과 무권대리인과의 관계는 사무관리에 준하여 처리하는 것이 적당하다.

▣ 핵심판례 ▣

■ [무권대리인의 상대방에 대한 책임]

1. 배상액의 예정특약에 의한 손해배상액청구의 소에서 계약해제권 행사유무의 심리요부

매도인의 무권대리인인 피고와 매수인인 원고간에 피고가 매도인의 의무를 일정기일까지 이행하지 못할 경우 손해배상으로 계약금을 1천만원 외에 금 2천만원을 덧붙여 지급하기로 약정한 후 피고가 위 의무를 이행하지 못하여 원고가 피고에 대하여 3천만원의 손해배상을 소구하고 있는 경우, 원고의 이 사건 매매계약 해제권행사로 인한 손해배상청구가 아님이 분명하므로 원심이 원고의 위 매매계약에 대한 해제권행사에 관하여 심리판단하지 아니하였다 하여 심리미진 또는 이유불비의 위법이 있다고는 할 수 없다(1983. 11. 22. 제1부 판결, 83다카1442 손해배상).

2. 대리권한 없이 타인의 부동산을 매도한 자가 그 부동산을 상속한 후 소유자의 지위에서 자신의 대리행위가 무권대리로 무효임을 주장하여 등기말소 등을 구하는 것이 금반언원칙이나 신의칙상 허용될 수 없는지 여부

갑이 대리권 없이 을 소유 부동산을 병에게 매도하여 부동산소유권이전등기 등에 관한 특별조치법에 의하여 소유권이전등기를 마쳐주었다면 그 매매계약은 무효이고 이에 터잡은 이전등기 역시 무효가 되나, 갑은 을의 무권대리인으로서 민법 제135조 제1항의 규정에 의하여 매수인인 병에게 부동산에 대한 소유권이전등기를 이행할 의무가 있으므로 그러한 지위에 있는 갑이 을로부터 부동산을 상속받아 그 소유자가 되어 소유권이전등기이행의무를 이행하는 것이 가능하게 된 시점에서 자신이 소유자라고 하여 자신으로부터 부동산을 전전매수한 정에게 원래 자신의 매매행위가 무권대리행위여서 무효였다는 이유로 정 앞으로 경료된 소유권이전등기가 무효의 등기라고 주장하여 그 등기의 말소를 청구하거나 부동산의 점유로 인한 부당이익금의 반환을 구하는 것은 금반언의 원칙이나 신의성실의 원칙에 반하여 허용될 수 없다(1994. 9. 27. 제1부 판결, 94다20617 소유권이전등기말소).

3. 무권대리인의 상대방이 갖는 계약의 이행 또는 손해배상청구권의 소멸시효의 가산점

타인의 대리인으로 계약을 한 자가 그 대리권을 증명하지 못하고 또 본인의 추인을 얻지 못한 때에는 상대방의 선택에 좇아 계약의 이행 또는 손해배상의 책임이 있는 것인바, 이 상대방이 가지는 계약이행 또는 손해배상청구권의 소멸시효는 그 선택권을 행사할 수 있는 때로부터 진행한다 할 것이고 또 선택권을 행사할 수 있는 때라고 함은 대리권의 증명 또는 본인의 추인을 얻지 못한 때라고 할 것이다(대판 1965. 8. 24, 64다11456).

◆ 상대방 있는 단독행위에서 무권대리인이 한 행위에 대해 계약의 무권대리인에 관한 규정을 준용하기 위한 요건

제 136 조【단독행위와 무권대리】

단독행위에는 그 행위 당시에 상대방이 대리인이라 칭하는 자의 대리권 없는 행위에 동의하거나 그 대리권을 다투지 아니한 때에 한하여 전6조의 규정을 준용한다. 대리권없는 자에 대하여 그 동의를 얻어 단독행위를 한 때에도 같다.

■ § 136. 단독행위의 무권대리

- 상대방 없는 단독행위 : 언제나 절대무효이며, 본인의 추인이 있더라도 아무런 효력이 생기지 않는다.
- 상대방 있는 단독행위 : 원칙적으로 무효이다. 그러나 예외적으로
  ① 능동대리에 있어서 상대방이 대리권 없이 행위를 하는데 동의하거나 또는 대리권을 다투지 아니한 때에는 계약과 마찬가지의 효과를 발생한다.
  ② 수동대리에 있어서는 무권대리인의 동의를 얻어 행위를 한 때에 한하여 계약과 마찬가지의 효과가 생긴다.

단독행위의 무권대리는 능동대리, 수동대리 어느 경우에도 원칙적으로 무효이다.

단독행위는 1인의 의사표시만으로 성립하는 것이기 때문에 추인을 인정하면 부당하게 본인의 이익에 치우치는 결과를 일으킬 우려가 있고 또 수동대리에서 항상 무권대리인에게 중한 책임을 과하는 것도 타당하지 않기 때문이다. 이 원칙은 상대방 없는 단독행위에는 예외없이 적용되고 본인의 추인은 효력을 발생시키지 않으며 무권대리인의 책임도 생기지 않는다. 단지 상대방 있는 단독행위에 대해서는 폭넓은 예외가 있다. 즉 능동대리에 있어서 대리권 없는 자가 행위한 것(예를 들면 무권대리인이 본인을 대신하여 계약을 해제한 것)에 상대방이 동의하거나 대리권을 다투지 않은 때 및 수동대리에서 무권대리인의 동의를 받은 상대방이 단독행위를 한 경우에는 계약의 무권대리와 같이 취급된다. 이것은 그 실질에 있어서 계약인 때와 큰 차이가 없기 때문이다.

제 4 절 무효와 취소

민법은 법률행위의 성립요건이나 유효요건을 규정함에 있어서, 그들 요건을 갖추지 못하는 법률행위를 혹은 무효라 하고, 혹은 취소할 수 있는 것으로 정하고 있다. 예컨대 의사무능력자의 법률행위·목적이 불능인 법률행위·강행규정에 위반하는 법률행위·반사회질서의 법률행위·불공정한 법률행위·허위표시 등은 모두 무효이고, 제한능력자의 행위·착오에 의한 의사표시·사기 강박에 의한 의사표시 등은 취소할 수 있다.

법률행위 또는 의사표시가 무효라든가 취소할 수 있다는 것은 의사표시 또는 법률행위로서의 효과가 완전히 발생하지 않는다는 것을 말한다. 그런데 법률행위나 의사표시에 관하여 그 법률효과의 발생이 불완전한 것으로 되는 경우에, 그 모습은 무효와 취소에 한하지 않으며, 그 밖에도 조건(해제조건·법정조건)·기한(종기)·해제(법정해제·약정해제)나 해지 등이 있다. 그 가운데서 가장 중요한 법률행위 또는 의사표시의 무효와 취소에 관하여 민법은 제137조 내지 제146조에서 일반적 통칙을 두고 있는 것이다. 조건과 기한은 법률행위의 부관으로서 제147조 이하에 따로 규정되어 있고, 해제와 해지에 관하여는 채권편 제543조 이하에 규정되어 있다.

[무효와 취소]

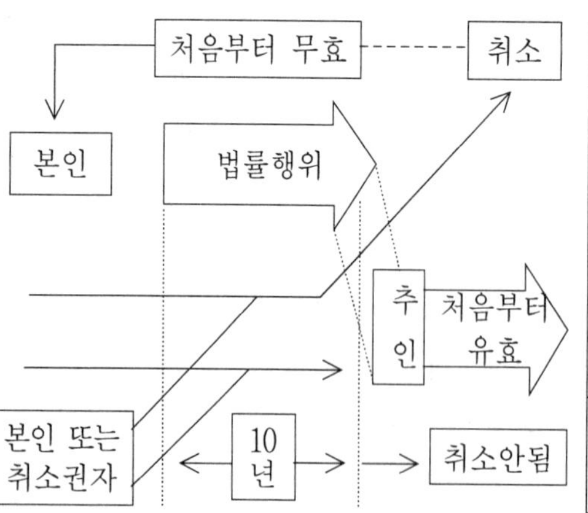

[무효와 취소의 비교]

무효	취소
효력없는 것으로 되는 것에 특정인의 주장이 필요없이 당연히 효력없음	특정인의 주장(취소행위) 있어야 효력이 없음
처음부터 효력없는 것으로 취급됨	취소권을 행사하기 전에는 효력이 있는 것으로 취급됨
그대로 두어도 효력이 없는 것에 변함없음	그대로 두면 무효로 할 수 없게 됨

◈ 법률행위의 일부가 무효인 때에 나머지 부분의 효력 여부

제 137 조【법률행위의 일부무효】

법률행위의 일부분이 무효인 때에는 그 전부를 무효로 한다. 그러나 그 무효부분이 없더라고 법률행위를 하였을 것이라고 인정될 때에는 나머지 부분은 무효가 되지 아니한다.

■ § 137. 일부무효

- 독일민법 §139, 스위스채무법 §20
- 원칙적으로 그 전부를 무효로 한다.
- 다만 그 무효부분이 없더라도 법률행위를 하였으리라 인정될 때에는 나머지 부분은 유효이다
- 주 의 : 일정한 일부무효의 경우에 법률이 그 무효부분만을 무효로 한다는 경우가 있다(§385, §591①, §651).

1. 일부무효의 의의

일부무효란 법률행위 가운데 일부분만이 무효로 되는 것이다. 법률행위의 일부분에 관하여서만 무효원인이 있어도 전부무효로 되는 것이 원칙이지만, 그 무효부분이 없더라도 법률행위를 하였을 것이라고 인정될 때에는 그 부분만 일부무효가 되고 나머지 부분은 무효가 되지 않는다. 그러나 나머지 부분만으로써는 그 목적을 이룰 수 없는 경우에는 전부를 무효로 하게 된다. 일부무효의 법리가 적용되기 위해서는 다음과 같은 요건을 갖추어야 한다.

2. 일부무효의 요건

(1) 법률행위의 일체성과 분할가능성이 있을 것

당사자가 법률행위의 여러 부분을 하나의 전체로서 의욕한 경우에 일체성이 인정되고 그 여러 부분이 각각 분할가능성이 인정되어야 일부무효의 법리가 적용될 수 있다.

(2) 가상적 의사가 인정될 것

'가상적 의사'가 인정되어야 한다. 이는 현실적인 의사, 실재하는 의사가

무효부분이 없더라도 나머지 부분만으로 법률행위를 하였을 것이 아니라는 점에서 무효행위의 추인과는 다르다. 가상적 의사의 존부의 판단시점은 현재가 아닌 법률행위 당시를 기준으로 한다.

3. 일부무효의 효과

법률행위의 일부분이 무효인 경우 원칙적으로 전부가 무효이나 위 요건을 갖춘 경우에는 그 일부분만은 유효하다. 유효가 되는 시점은 법률행위 당시로 소급한다. 일부무효에 관한 제137조는 임의규정이므로 당사자의 의사에 의해 배제가 가능하다(대판 2004. 6. 11, 2003다1601). 또한 법률에 특별한 규정이 있는 경우(일부만을 무효인 것으로 규정)에도 본조는 적용되지 않는다(제385조, 584조, 591조, 651조 등).

<참고사항>

* 무효의 종류*

1. 재판상 무효

   재판을 통해서만 무효를 주장할 수 있는 경우로서 민법에는 없으나 상법상 회사설립 무효의 소(상법 제184조), 회사합병 무효의 소(상법 제236조)가 있다.

2. 절대적 무효와 상대적 무효

   절대적 무효란 누구에 대해서도 무효를 주장할 수 있는 경우를 말한다. 그 예로 의사무능력, 제103조 또는 제104조 위반, 강행법규위반, 제606조 내지 제608조에 위반된 경우 등이 있다.

   반면, 상대적 무효란 당사자 사이에서는 무효이지만 그 무효를 선의의 제3자에게 대항하지 못하는 경우를 말한다. 그 예로 비진의표시가 무효로 되는 경우(제107조 2항), 통정허위표시(제108조 2항) 등이 있다.

3. 확정적 무효와 유동적 무효

   사후에 어떤 요건이 갖추어진 경우라도 소급적으로 유효하게 되지 않는 경우를 '확정적 무효'라고 하며 요건을 갖추지 못하여 현재는 무효이지만 사후에 특별한 요건을 갖춘 경우 법률행위 당시로 소급하여(혹은 장래를 향하여) 유효로 되는 경우를 '유동적 무효'라고 한다. 대리행위, 무권리자의 처분행위가 유동적 무효의 예이다.

▣ 핵심판례 ▣

■ [법률행위의 일부무효]

1. 일부무효의 법리의 적용범위 및 강행법규와의 관계 등

가. 강행법규에 위반한 자가 스스로 그 약정의 무효를 주장하는 것이 신의칙에 위반되는 권리의 행사라는 이유로 그 주장을 배척한다면, 이는 오히려 강행법규에 의하여 배제하려는 결과를 실현시키는 셈이 되어 입법취지를 완전히 몰각하게 되므로 달리 특별한 사정이 없는 한 위와 같은 주장은 신의칙에 반하는 것이라고 할 수 없고, 한편 신의성실의 원칙에 위배된다는 이유로 그 권리의 행사를 부정하기 위해서는 상대방의 신의를 공여하였다거나 객관적으로 보아 상대방이 신의를 가짐이 정당한 상태에 있어야 하며, 이러한 상대방의 신의에 반하여 권리를 행사하는 것이 정의관념에 비추어 용인될 수 없는 정도의 상태에 이르러야 한다.

나. 민법 제137조는 임의규정으로서 의사자치의 원칙이 지배하는 영역에서 적용된다고 할 것이므로, 법률행위의 일부가 강행법규인 효력규정에 위반되어 무효가 되는 경우 그 부분의 무효가 나머지 부분의 유효·무효에 영향을 미치는가의 여부를 판단함에 있어서는 개별 법령이 일부무효의 효력에 관한 규정을 두고 있는 경우에는 그에 따라야 하고, 그러한 규정이 없다면 원칙적으로 민법 제137조가 적용될 것이나 당해 효력규정 및 그 효력규정을 둔 법의 입법취지를 고려하여 볼 때 나머지 부분을 무효로 한다면 당해 효력규정 및 그 법의 취지에 명백히 반하는 결과가 초래되는 경우에는 나머지 부분까지 무효가 된다고 할 수는 없다.

다. 상호신용금고의 담보제공약정이 효력규정인 구 상호신용금고법 제18조의 2 제4호에 위반하여 무효라고 하더라도, 그와 일체로 이루어진 대출약정까지 무효로 된다고는 할 수 없다.

라. 효력규정인 강행법규에 위반되는 계약을 체결한자가 그 약정의 효력이 부인된다는 사실을 알지 못한 탓에 그 약정에 따라 변제수령권을 갖는 것처럼 외관을 갖게 된 자에게 변제를 한 경우에는, 특별한 사정이 없는 한 그 변제자가 채권의 준점유자에게 변제수령권이 있는 것으로 오해한 것은 법률적인 검토를 제대로 하지 않은 과실에 기인한 것이라고 할 것이다(대판 2004. 6. 11, 2003다1601).

2. 채무의 일부불능으로 인한 계약 해제에 관한 법리를 오해한 위법이 있다는 이유로 원심판결을 파기한 사례

계약의 일부의 이행의 불능인 경우에는 이행이 가능한 나머지 부분만의 이행으로 계약의 목적을 달할 수 없을 경우에만 계약 전부의 해제가 가능하다고 할 것인데도, 원심이 이행이 가능한 부분만의 이행으로 계약의 목적을 달할 수 있는지 여부에 관하여 전혀 심리·판단도 하지 않은 채 이행불능을 이유로 한 계약 해제를 인용한 것은, 심리미진의 잘못이 있거나 채무의 일부불능으로 인한 계약의 해제에 관한 법리를 오해한 위법이 있다고 하여 원심판결을 파기한 사례(1996. 2. 9. 판결, 94다57817 손해배상(기)).

3. 가. 허가를 받지 아니한 국토이용관리법상 규제구역 내의 토지매매계약의 효력 유무(소극)

국토이용관리법상의 규제구역 내의 토지매매계약은 관리관청의 허가를 받아야만 그 효력이 발생하고 그 허가를 받기 전에는 채권적 효력도 발생하지 아니하여 무효이다.

나. 국토이용관리법상 규제구역 내의 토지와 지상건물을 일괄하여 매매한 경우 토지에 대한 매매거래허가가 있기 전에 건물만의 소유권이전등기를 명할 수 있는지 여부

민법 137조는 법률행위의 일부분이 무효인 때에는 그 전부를 무효로 하되, 그 무효 부분이 없더라도 법률행위를 하였을 것이라고 인정될 때에는 나머지 부분은 무효가 되지 아니한다고 규정하고 있는바, 국토이용관리법상의 규제구역 내의 토지와 건물을 일괄하여 매매한 경우 일반적으로 토지와 그 지상건물은 법률적인 운명을 같이하는 것이 거래의 관행이고, 당사자의 의사나 경제의 관념에도 합치되는 것이므로 토지에 관한 당국의 거래허가가 없으면 건물만이라도 매매하였을 것이라고 볼 수 있는 특별한 사정이 인정되는 경우에 한하여 토지에 대한 매매거래허가가 있기 전에 건물만의 소유권이전등기를 명할 수 있다고 보아야 할 것이고, 그렇지 않은 경우에는 토지에 해한 거래허가가 있어 그 매매계약의 전부가 유효한 것으로 확정된 후에 토지와 함께 이전등기를 명하는 것이 옳을 것이다(1992. 1. 13. 제1부 판결, 92다16836 소유권이전등기).

4. 매매목적토지 중 일부만이 토지거래허가대상인 경우 토지거래허가를 받지 아니한 매매계약의 효력

건설부의 토지거래규제업무처리지침 등에 의하면 1필의 토지가 거래허가대상 지역과 거래허가대상지역이 아닌 곳으로 나뉘어 있을 경우에는 거래된 그 1필의 토지 중 면적이 큰 쪽의 부분을 기준으로 하여 허가 여부가 결정된다고 규정되어 있으므로 이 사건 임야에 관한 매매계약은 그 목적물의 대부분이 자연녹지지역으로서 관할관청으로부터의 토지거래허가를 받아야 하는데도 허가를 받지 못하였다면 효력이 없고, 설사 위 지침 등이 행정내규로서 법규로서의 효력이 없고, 따라서 위 매매계약이 그 목적물 중 자연녹지지역에 관한 부분에 관하여서만 무효라고 하더라도, 민법 제137조에 따라서 원칙적으로 위 매매계약 전부가 무효가 되며, 다만 그 무효부분이 없더라도 위 매매계약을 체결하였을 것이라고 인정될 때에 한하여 나머지 부분은 무효가 되지 아니한다(1993. 12. 14. 제2부 판결, 93다45930 소유권이전등기).

5. 가. 국토이용관리법상 거래허가를 받기 전에 매매계약의 불이행을 이유로 한 손해배상청구의 가부

국토이용관리법상의 규제구역 내의 토지매매계약은 관할관청의 허가를 받아야만 그 효력이 발생하고 허가를 받기 전에는 매매계약의 채권적 효력도 전혀 발생하지 아니하여 무효이므로 권리의 이전 또는 설정에 관한 어떠한 내용의 이행청구도 할 수 없는 것이고, 따라서 채무불이행으로 인한 손해배상청구도 할 수 없다.

나. 토지거래규제구역 내의 토지와 지상건물을 일괄하여 매매한 경우 토지에 대한 매매거래허가 전에 건물에 대한 이전등기청구의 가부

일반적으로 토지와 그 지상의 건물은 법률적인 운명을 같이 하게 하는 것이 거래의 관행이고 당사자의 의사나 경제의 관념에도 합치되므로 토지거래규제구역 내의 토지와 지상건물을 일괄하여 매매한 경우 매수인이 토지에 관한 당국의 거래허가가 없으면 건물만이라도 매수하였을 것이라고 볼 수 있는 특별한 사정이 인정되는 경우를 제외하고는 토지에 대한 매매거래허가를 받기 전의 상태에서는 지상건물에 대하여도 그 거래계약 내용에 따른 이행청구 내지 채무불이행으로 인한 손해배상 청구를 할 수 없다(1994. 1. 11. 제21부 판결, 93다22043 부동산인도등).

6. 간척지에 대한 임차권과 장차 불하받게 되는 특정의 토지의 매매계약에 있어 임차권의 양도가 무효로 되는 경우 계약전부가 무효로 되는지 여부

매매의 대상에 장차 불하받게 되는 특정의 토지 외에 양도인이 경작하던 간척지에 대한 임차권이 포함되어 있는 것으로 인정된다고 하여도 임차권의 대상이 되는 토지는 불하되기 전의 간척중인 토지로서 이 토지에 대한 임차권의 양도만이 거래허가의 대상이 되는 것이므로, 이에 대한 토지거래허가가 없었다고 하여 당연히 양도계약 전부가 무효로 된다고 할 수 없는 바, 법률행위의 내용이 불가분의 경우에는 그 일부분이 무효일 때에도 일부 무효의 문제는 생기지 아니하나, 분할이 가능한 경우에는 민법 제137조의 규정에 따라 그 전부가 무효로 될 때도 있고, 그 일부만 무효로 될 때도 있기 때문이다(1994. 5. 24. 제2부 판결, 93다58332 소유권이전등기).

7. 가. 증권거래법 제52조 제1호를 위반한 투자수익보장약정의 효력(무효) 및 표현대리 규정 준용 여부(소극)

증권회사 또는 그 임·직원의 부당권유행위를 금지하는 증권거래법 제52조 제1호는 공정한 증권거래질서의 확보를 위하여 제정된 강행법규로서 이에 위배되는 주식거래에 관한 투자수익보장약정은 무효이고, 투자수익보장이 강행법규에 위반되어 무효인 이상 증권회사의 지점장에게 그와 같은 약정을 체결할 권한이 수여되었는지 여부에 불구하고 그 약정은 여전히 무효이므로 표현대리의 법리가 준용될 여지가 없다.

나. 증권거래법 제107조를 위반한 일임매매약정의 효력(유효)

일임매매의 제한에 관한 증권거래법 제107조는 고객을 보호하기 위한 규정으로서 증권거래에 관한 절차를 규정하여 거래질서를 확립하려는 데 그 목적이 있는 것이므로, 고객에 의하여 매매를 위임하는 의사표시가 된 것임이 분명한 이상 그 사법상 효력을 부인할 이유가 없고, 그 효력을 부인할 경우 거래상대방과의 사이에서 법적 안정성을 심히 해하게 되는 부당한 결과가 초래되므로, 일임매매에 관한 증권거래법 제107조 위반의 약정도 사법상으로는 유효하다.

다. 일체로 체결된 주식매매거래계좌설정약정, 투자수익보장약정 및 일임매매약정중 투자수익보장약정이 무효인 경우, 그에 불구하고 나머지 약정은 유효하다고 본 사례

주식투자가와 증권회사 사이에 주식매매거래계좌설정약정 및 투자수익보장약정, 일임매장약정이 일체로서 체결되었으나 그 중 투자수익보장이 무효인 경우, 약정 당시 고객이 투자수익보장약정이 무효임을 알았거나 알 수 있었다고 보여질 뿐 아니라 주식매매거래계좌설정약정 및 일임매매약정에 기하여 주식거래가 계속되어 새로운 법률관계가 계속적으로 형성되어 왔다면, 투자수익보장약정이 무효라고 하여 주식매매거래계좌설정약정이나 일임매매약정까지 무효가 된다고 할 수는 없다고 한 사례(1996. 8. 23. 판결, 94다38199 손해배상(기)).

8. 매매계약이 일부무효인 경우 매도인이 계약해제를 위하여 하는 이행최고의 방법과 매수인이 무효인 부분이 없더라도 계약을 유지하고자 할 경우 그에 상응한 자신의 채무를 이행하지 않으면 이행지체의 책임을 지는지 여부(적극)

매매계약 중 일부만 무효이고 나머지는 유효인 경우 매도인은 매매계약 전부가 유효한 것으로 알고 있는 매수인에게 이행의 최고를 함에 있어서는 계약의 일부이행이 불능임을 알리고 이행이 가능한 나머지 부분의 이행의 제공을 하여 이행의 최고를 하여야지 이를 부인하거나 무시하고 한 이행의 최고는 적법하다고 할 수 없고, 매수인으로서는 계약의 전부무효를 주장할 수 있는 경우에는 그 이행을 거부하는 것이 당연하다고 하겠으나, 무효인 부분이 없더라도 계약을 유지하고자 할 경우에는 그에 상응한 자신의 채무는 이행하는 것이 옳고 그렇게 하지 아니하면 이행지체의 책임을 진다고 보는 것이 상당하다(대판 1992. 4. 14, 91다43527).

9. 복수 당사자 사이의 합의 중 일부 당사자의 의사표시가 무효인 경우

복수 당사자 사이의 합의 중 일부 당사자의 의사표시가 무효인 경우 나머지 당사자 사이의 합의가 유효한지 여부의 판단기준은 제137조에 정한 바에 따라 당사자가 그 무효부분이 없더라도 법률행위를 하였을 것이라고 인정되는지의 여부에 의하여 판정되어야 할 것이고, 그 당사자의 의사는 실재하는 의사가 아니라 법률행위의 일부분이 무효임을 알았다면 당사자 쌍방이 이에 대비하여 의욕하였을 가정적 의사이다(대판 1996. 2. 27, 95다38875).

10. 변호사 아닌 자에 대한 대가지급의 약정과 소송대리인 선임권한의 위임

변호사가 아닌 자에게 승소에 대한 대가지급약정과 소송대리인 선임권한을 위임한 경우 무효인 부분은 대가지급약정만이다(대판 1987. 4. 28, 86다카1802).

◈ 무효인 법률행위가 다른 법률행위의 요건을 구비하고 있는 경우 그 법률행위의 효력

제 138 조【무효행위의 전환】

무효인 법률행위가 다른 법률행위의 요건을 구비하고 당사자가 그 무효를 알았더라면 다른 법률행위를 하는 것을 의욕하였으리라고 인정될 때에는 다른 법률행위로서 효력을 가진다.

■ § 138. 무효행위의 전환

- 갑이라는 행위로서는 무효인 법률행위가 을이라는 행위로서의 요건을 갖추고 있는 경우에 무효인 갑행위를 을행위로서 그 효력을 인정하는 것이 무효행위의 전환이다.

1. 의 의

어떤 행위가 의도된 대로의 효과는 발생하지 않았으나 타행위로서 유효하게 되는 일이 있다. 이 경우에 타행위의 요건, 특히 그 방식을 갖추고 있지 않으면 안된다. 이것을 무효행위의 전환이라고 한다.

방식을 결한 비밀증서유언도 자필증서유언으로서의 요건을 구비하고 있으면 전자로서는 무효이지만 후자로서는 유효한 것으로 볼 수 있다(제1071조).

방식을 결한 약속어음이 차용증서로 전환되는 것도 그 예이다. 이와 같은 법리는 어떤 행위로써 의도된 사회적 목적을 타행위에 의해서 달성할 수 있는 경우에는 당사자의 목적달성에 협력한다는 취지에서 생긴 것이다.

무효행위의 전환은 의사표시의 해석과는 다르다. 후자의 경우에는 표시된 의사만을 고려하는 것인데 대하여 전자의 경우에는 추정적, 가정적 의사까지도 고려하는 것을 허용한다.

2. 요 건

(1) 일단 성립한 법률행위가 무효일 것

(2) 다른 법률행위로서의 요건을 갖출 것

다른 법률행위란 원래의 법률행위보다 작은 것으로서 내포될 수 있는 것이어야 한다는 견해가 있다(이영준). 따라서 압류명령이 송달을 흠결하여 무효인 경우 채권양도로 전환될 수 없다고 한다.

한편, 불요식행위로의 전환은 자유롭게 인정된다. 그러나 요식행위로의 전환은 어음과 같이 일정한 형식 그 자체를 필요로 하는 요식행위로의 전환은 인정될 수 없으나, 확정적인 의사를 서면에 나태내는 것을 필요로 하는 요식행위로의 전환은 인정된다(이를테면, 허위의 친생자신고를 입양신고로, 혼인 외의 자를 혼인 중의 자로 신고한 것을 인지신고로 효력을 인정하는 것).

(3) 가정적 의사가 인정될 것

무효임을 알았더라면 다른 법률행위를 하는 것을 의욕하였으리라고 인정되는 가정적 의사가 인정되어야 한다. 가정적 의사의 판단시점은 전환시가 아니라 법률행위 당시를 기준으로 한다.

3. 효 과

이상의 요건을 갖추면 다른 법률행위로서의 효력이 발생한다. 즉, 무효인 행위가 새롭게 유효가 되는 것은 아니다. 다른 법률행위로서 효력이 발생하는 시점은 애초 법률행위가 행해졌던 때이다. 이와 관련하여 판례는 혼인 외의 출생자를 허위로 혼인 중 출생자로 출생신고 한 경우 그 출생신고는 무효이지만 인지신고로서의 효력은 인정할 수 있다고 하며(대판 1976. 10. 26, 76다2189) 타인의 자를 자기의 자로서 출생신고 한 경우 출생신고는 무효이나 입양의 실질적 요건을 갖춘 경우 입양신고로서의 효력은 인정할 수 있다(대판 1977. 7. 26, 77다492 ; 대판 2000. 6. 9, 99므1633)고 한다.

▣ 핵심판례 ▣

■ [무효행위의 전환]

1. 가. **증여자에게 납부통지만 하였을 뿐 납세고지가 없는 상태에서 증여자의 재산에 대하여 한 압류처분의 효력 유무(소극)**

증여자에게 상속세법시행령 제39조에 의한 납세통지만 하였을 뿐 달리 국세징수법 제9조에 따른 납세고지가 없었다면 아직 적법한 과세처분이 없어 증여세의 연대납세의무가 발생할 수 없는 것이므로 이와 같은 경우에는 세무서장이 징수권을 행사하여 증여자의 재산에 대하여 한 압류처분은 그 하자가 중대하고도 명백하여 당연무효라 할 것이다.

나. **당초부터 무효인 압류가 그 압류등기 후에 체납액이 발생하였다고 하여 유효한 것으로 전환되는지 여부(소극)**

국세징수법 제47조 제2항에 의하여 압류가 그 압류이 등기를 한 후에 발생한 체납액에 대하여도 효력을 미치기 위하여는 그 압류가 유효하게 존속함을 전제로 한다고 할 것이고 압류가 당초부터 무효인 경우에는 그 압류등기 후에 체납액이 발생하였다고 하여 바로 그 체납액에 대한 압류로서 유효한 것으로 전환되는 것은 아니다.

다. **무효인 압류처분에 기한 공매처분의 효력**

무효인 압류처분에 기한 공매처분 역시 당연무효의 처분이고, 공매처분이 무효인 이상 이에 대해 이의신청 등을 제기하지 아니한 사실만 가지고 그 처분이 유효하게 되었다 할 수 없다(1991. 6. 28. 제2부 판결, 89다카28133 소유권이전등기등).

2. 가. **다른 기업의 사업부문의 일부를 양수하면서 그 부문에 근무하는 근로자들에 대한 권리의무도 함께 포괄승계받기로 약정한 경우 해고 또는 면직처분의 효력을 다투는 해고근로자와의 근로관계도 승계하는지 여부(소극)**

다른 기업의 사업부문의 일부를 양수하는 계약을 체결하면서 그 물적 시설과 함께 그 사업부문에 근무하는 근로자들에 대한 권리의무도 함께 포괄승계받기로 약정한 경우에는 원칙적으로 해당 근로자와의 근로관계는 영업양수인에게 승계되는 것이지만 이때 승계되는 근로관계는 계약체결일 현재 실제로 그 영업부문에서 근무하다가 해고 또는 면직된 근로자로서 해고 및 면직처분의 효력을 다투는 근로자와의 근로관계까지 승계하는 것은 아니다.

나. **직권해임, 직권휴직 및 징계해임의 어느 한 처분이 무효이나 다른 처분으로서는 정당한 사유 및 절차적 요건을 갖춘 경우 전환의 가부(소극)**

직권해임, 직권휴직 및 징계해임은 모두 근로자에게 불리한 신분적 조치를 규정한 것으로서 각 사유 및 절차를 달리하므로 어느 한 처분이 정당한 사유나 절차의 흠결로 인하여 무효인 경우 다른 처분으로서 정당한 사유 및 절차적 요건을 갖추었다 하더라도 다른 처분으로서의 효력을 발휘할 수 없다(1993. 5. 25. 제1부 판결, 91다41750 해고무효확인).

3. 매매계약이 약정된 매매대금의 과다로 말미암아 '불공정한 법률행위'에 해당하여 무효인 경우에도 무효행위의 전환에 관한 민법 제138조가 적용될 수 있는지 여부(적극)

매매계약이 약정된 매매대금의 과다로 말미암아 민법 제104조에서 정하는 '불공정한 법률행위'에 해당하여 무효인 경우에도 무효행위의 전환에 관한 민법 제138조가 적용될 수 있다. 따라서 당사자 쌍방이 위와 같은 무효를 알았더라면 대금을 다른 액으로 정하여 매매계약에 합의하였을 것이라고 예외적으로 인정되는 경우에는, 그 대금액을 내용으로 하는 매매계약이 유효하게 성립한다. 이때 당사자의 의사는 매매계약이 무효임을 계약 당시에 알았다면 의욕하였을 가정적(가정적) 효과의사로서, 당사자 본인이 계약 체결시와 같은 구체적 사정 아래 있다고 상정하는 경우에 거래관행을 고려하여 신의성실의 원칙에 비추어 결단하였을 바를 의미한다. 이와 같이 여기서는 어디까지나 당해 사건의 제반 사정 아래서 각각의 당사자가 결단하였을 바가 탐구되어야 하는 것이므로, 계약 당시의 시가와 같은 객관적 지표는 그러한 가정적 의사의 인정에 있어서 하나의 참고자료로 삼을 수는 있을지언정 그것이 일응의 기준이 된다고도 쉽사리 말할 수 없다. 이와 같이 가정적 의사에 기한 계약의 성립 여부 및 그 내용을 발굴·구성하여 제시하게 되는 법원으로서는 그 '가정적 의사'를 함부로 추단하여 당사자가 의욕하지 아니하는 법률효과를 그에게 또는 그들에게 계약의 이름으로 불합리하게 강요하는 것이 되지 아니하도록 신중을 기하여야 한다(대법원 2010. 7. 15, 2009다50308).

4. 임금 지급에 갈음하여 사용자가 제3자에 대한 채권을 근로자에게 양도하는 약정의 효력(=원칙적 무효) 및 위 약정이 '임금 지급을 위한 것'으로서 효력을 갖기 위한 요건

임금은 법령 또는 단체협약에 특별한 규정이 있는 경우를 제외하고는 통화로 직접 근로자에게 전액을 지급하여야 한다(근로기준법 제43조 제1항). 따라서 사용자가 근로자의 임금 지급에 갈음하여 사용자가 제3자에 대하여 가지는 채권을 근로자에게 양도하기로 하는 약정은 전부 무효임이 원칙이다. 다만 당사자 쌍방이 위와 같은 무효를 알았더라면 임금의 지급에 갈음하는 것이 아니라 지급을 위하여 채권을 양도하는 것을 의욕하였으리라고 인정될 때에는 무효행위 전환의 법리(민법 제138조)에 따라 그 채권양도 약정은 '임금의 지급을 위하여 한 것'으로서 효력을 가질 수 있다(대법원 2012. 3. 29, 2011다101308).

◆ 무효인 법률행위를 추인한 경우 그 효력이 생기는지 여부

제 139 조【무효행위의 추인】

무효인 법률행위는 추인하여도 그 효력이 생기지 아니한다. 그러나 당사자가 그 무효임을 알고 추인한 때에는 새로운 법률행위로 본다.

■ § 139. 무효행위의 추인

- 원 칙 : 추인금지
- 예 외 : 당사자가 그의 행위가 무효임을 알고서 이를 추인하는 때에는 새로운 법률행위를 한 것으로 본다.
- 소급효 없음

1. 의 의

무효행위의 추인에 대해서는 소급적 추인과 비소급적 추인으로 나누어 설명할 필요가 있다.

(1) 소급적 추인 : 무효행위를 행위당시부터 유효하게 하는 추인은 원칙적으로 인정될 수 없다. 무효의 효과는 절대적이어서 누구라도 그것을 존중하지 않으면 안되기 때문이다. 무효인 행위는 누구에 대해서도 무효이므로 추인의 대상이 아니라고 설명할 수 있다. 그러나 당사자가 합의하여 무효인 행위를 당초부터 유효하다고 하는 것은 가능하다(제139조는 임의규정).

이와 같은 합의는 당사자 사이에만 구속력이 있다(독일민법 제141조 2항 참조). 또 타인의 행위를 추인한 경우에 그 행위의 효력은 처음으로 소급하여 발생한다(독일민법 제184조 참조).

제139조는 임의규정이므로 무효행위는 당사자 사이에서는 소급하여 효력이 있는 것으로 할 수 있고, 그 무효행위는 채권행위일 수도 물권행위일 수도 있다(통설, 대판 1949. 3. 22, 4281민상361).

(2) 비소급적 추인 : 앞에서 기술한 바와 같이 소급적 추인은 원칙적으로 인정되지 않고 추인이 있으면 새로운 법률행위를 한 것으로 간주한다. 새로운 행위를 한 것으로 간주되기 때문에 추인은 새로운 행위에 필요한

요건을 구비하고 있어야만 한다. 따라서 요식행위인 경우에는 그 방식을 거치지 않은 경우에는 추인이 있어도 새로운 행위를 한 것으로 간주할 수 없다. 또 새로운 법률행위를 한 것으로 간주되기 위해서는 행위의 무효를 알면서 한 추인이어야 한다.

그러나 불요식행위인 경우에는 행위자체가 재생될 필요는 없으므로 추인할 수 있는 요건만의 추인이 있으면 충분하다 추인할 때에는 먼저 무효원인이 제거되어 있어야 하기 때문에 무효원인이 제거될 수 없는 행위, 예컨대 공서양속 위반행위는 추인을 하여도 유효한 행위가 될 수 없다.

2. 신분행위의 추인

소급적 추인을 인정할 수 없다는 본조는 신분행위에는 적용되지 않는다. 이전에는 신분행위에도 이 본조의 적용이 있는 것으로 되어 그 결론이 신분행위의 요식성에 의해 지지되었다. 그렇지만 신분행위의 요식성이 반드시 추인을 배척하는 것이 아니라는 것은 민법 자체에서 시사하고 있는 바이고(제819조, 제884조, 제886조), 또 신분행위에 있어서는 언제나 사실이 선행하고 신분행위는 그 사실을 선언확정하는 것에 불과한 것이다. 따라서 무효인 신분행위는 누구에게 대해서도 무효라고 말해버릴 수 없는 것이고 오히려 신분행위에 선행된 사실을 존중하여야 할 것이 요구된다(사실주의). 대법원도 무효인 신분행위의 추인에는 제139조의 적용을 부정하면서 소급효를 인정하고 있다(대판 1965. 12. 28, 65므61).

▣ 핵심판례 ▣

■ [무효행위의 추인]

1. 원인무효의 등기의 경유사실을 알고서 장기간 이의를 한바 없다는 사유만으로 이를 추인한 것으로 볼 수 있는지 여부(소극)

원인무효인 등기의 경유사실을 알고서 장기간 이의를 한바 없다는 사유만으로 이를 추인한 것으로 볼 수 없다(1991. 3. 27. 제2부 판결, 90다17552 토지소유권이전등기말소등).

2. 원고 종중이 스스로 부적법한 종중회의의 결의를 원고 종중의 결의로서 유효한 것으로 인정하고 위 결의에 터잡아 한 명의산탁계약이 유효하다고 주장하여 신탁해지를 원인으로 한 소유권이전등기청구소송을 제기한 경우 위 결의가 원고 종중의 결의로서 부적법하다는 이유만을 내세워 원고의 청구를 배척한 조치의 당부

원고 종중이 스스로 부적법한 종중회의의 결의를 원고 종중의 결의로서 유효한 것으로 인정하고 위 결의에 터잡아 한 명의신탁계약이 유효하다고 주장하여 신탁해지를 원인으로 한 소유권이전등기청구소송을 제기하였다면 위 회의에서 한 결의나 이에 터잡은 명의신탁의 약정이 효력이 없었던 것이라고 하여도, 원고는 이를 추인함을 전제로 하여 위 소를 제기한 것이거나 또는 위 소로써 이를 묵시적을 추인한 것이라고 볼 수 있는데도, 위 결의가 원고 종중의 결의로서 부적법하다는 이유만을 내세워 원고의 청구를 배척한 원심판결에 원고의 주장취지를 잘못 이해하여 심리를 미진하였거나 이유불비 아니면 판단유탈의 위법이 있다(1991. 5. 28. 제1부 판결, 90다16252 소유권이전등기).

3. 무효인 가등기를 유효한 등기로 전용키로 한 약정에 의하여 그 가등기가 소급하여 유효한 등기로 전환되는지 여부(소극)

무효인 법률행위는 당사자가 무효임을 알고 추인할 경우 새로운 법률행위를 한 것으로 간주할 뿐이고 소급효가 없는 것으로 무효인 가등기를 유효한 등기로 전용키로 한 약정은 그때부터 유효하고 이로써 위 가등기가 소급하여 유효한 등기로 전환될 수 없다(1992. 5. 12. 제2부 판결, 91다 26546 가등기말소).

4. 세무서장이 용도폐지도 되지 않은 국유재산을 잡종재산으로 오인하여 매각한 경우 그 매도행위의 효력 유무(소극) 및 이를 국세청이 관리청으로 등기한 후 매수인에게 소유권이전등기를 경료해 주면 무효인 매도행위를 추인한 것으로 볼 수 있는지 여부(소극)

세무서장이 공공용 행정재산으로서 용도폐지도 되지 않은 국유재산을 잡종재산으로 오인하여 매각하였다면 그 매도행위는 무효라고 할 것이고, 이를 국세청이 관리청을 국세청으로 등기한 후 매수인에게 소유권이전등기를 경료해 주었다고 하여 무효인 매도행위를 추인한 것으로 볼 수 없다(1992.7. 14. 제1부 판결, 92다12971 토지소유권이전등기말소등기).

5. 가. 무효인 개정 보수규정에 의한 퇴직금을 받은 근로자들로부터 아무런 이의가 없었다는 사실이 퇴직금 지급이 정당하다는 근거가 되는지 여부(소극)

보수규정이 개정된 후 이 개정된 무효의 보수규정에 의한 퇴직금을 받은 근로자들로부터 아무런 이의가 없었다는 사실은 그와 같이 퇴직금이 지급된 것이 정당하다는 근거가 될 수 없다.

나. 사용자(공사)나 노동조합 모두 단체협약 체결 당시에는 종전의 보수규정의 개정이 무효임을 모르고 있었다가, 그 후 다른 정부자산기관이 종전에 한 취업규칙 개정이 무효하는 판결이 나오자 비로서 사용자나 근로자들이 종전의 개정 보수규정이 무효인 사실을 알게 되었다고 본 사례

사용자(한국방송공사)나 노동조합 모두 단체협약을 체결할 당시에는 종전의 보수규정의 개정이 무효라는 사실 자체를 모르고 있었다가, 그 후 한국도로공사나 대한주택공사 등 정부투자기관이 종전에 한 취업규칙의 개정이 무효라는 판결이 나오자 비로소 위 사용자나 근로자들이 종전에 개정된 보수규정이 무효인 사실을 알게 되었다고 본다.

다. 노동조합이나 근로자들이 단체협약 체결 당시 그때 시행중이던 보수규정이 유효하다고 여기고 있었던 사실만으로 무효인 종전의 보수규정의 개정을 추인하였다고 볼 수 있는지 여부(소극)

노동조합이나 근로자들이 단체협약 체결 당시 그때 시행중이던 보수규정이 유효하다고 여기고 있었던 사실만으로 무효인 종전의 보수규정의 개정을 추인하였다고 볼 수는 없다(1992. 9. 14. 제3부 판결, 91다46922 퇴직금).

6. 공동상속인 중 1인이 권한 없이 다른 상속인들의 상속지분을 처분하여 제3자 명의로 소유권이전등기가 되었는데도 정당한 상속지분권자인 상속인이 제3자를 상대로 말소등기청구소송을 제기하지 않았다거나 소제기 후 취하하였다 하여 권한 없이 한 처분행위를 묵시적 또는 명시적으로 추인하였다고 볼 수 없다고 한 사례

공동상속인 중 1인이 권한 없이 다른 상속인들의 상속지분을 처분하여 제3자 명의로 소유권이전등기가 되었는데도 정당한 상속지분권자인 상속인이 제3자를 상대로 말소등기청구소송을 제기하지 않았다거나 소제기 후 취하하였다 하여 권한 없이 한 처분행위를 묵시적 또는 명시적으로 추인하였다고 볼 수 없다(1992. 11. 10. 제1부(나) 판결, 92다21425 소유권이전등기말소).

7. 근로자들에게 불이익하게 변경된 퇴직금지급규정의 개정이 사후의 소급적인 추인에 의하여 유효하게 되었다고 볼 수 없다 한 사례

근로자들에게 불이익하게 변경된 퇴직금지급규정의 개정이 사후의 소급적인 추인에 의하여 유효하게 되었다고 볼 수 없다(1993. 6. 11. 제3부 판결, 92다19316 퇴직금).

8. 묵시적 추인 주장을 배척한 원심을 파기한 사례

임야가 소외인에 의해 처분되고, 필지에 따라서는 수차례 전전매매된 상태에서 소유자들 측에서 이에 대한 특별한 이의를 제기하지도 아니한 채 선대 분묘를 타처에 이장하기까지 하였다면, 소유자들의 그와 같은 일련의 행위는 그들의 형인 소외인의 권한 없이 처분하였다고 평가될 소지가 충분하였다고 하여, 묵시적 추인 주장을 배척한 원심을 파기환송한다(1993. 7. 13. 제1부 판결, 93다19146 소유권이전등기).

9. 당사자가 법률행위의 존재를 알고 그 유효함을 전제로 하여 이에 근거한 후속행위를 한 것만으로 법률행위를 묵시적으로 추인하였다고 볼 수 있는지 여부(소극) 및 무효인 법률행위에 대한 묵시적 추인을 인정하기 위한 요건

무효인 법률행위를 추인에 의하여 새로운 법률행위로 보기 위하여서는 당사자가 이전의 법률행위가 무효임을 알고 그 행위에 대하여 추인하여야 한다. 한편 추인은 묵시적으로도 가능하나, 묵시적 추인을 인정하기 위해서는 본인이 그 행위로 처하게 된 법적 지위를 충분히 이해하고 그럼에도 진의에 기하여 그 행위의 결과가 자기에게 귀속된다는 것을 승인한 것으로 볼만한 사정이 있어야 할 것이므로 이를 판단함에 있어서는 관계되는 여러 사정을 종합적으로 검토하여 신중하게 하여야 한다. 위와 같은 법리를 고려하면, 당사자가 이전의 법률행위가 존재함을 알고 그 유효함을 전제로 하여 이에 터 잡은 후속행위를 하였다고 해서 그것만으로 이전의 법률행위를 묵시적으로 추인하였다고 단정할 수는 없고, 묵시적 추인을 인정하기 위해서는 이전의 법률행위가 무효임을 알거나 적어도 무효임을 의심하면서도 그 행위의 효과를 자기에게 귀속시키도록 하는 의사로 후속행위를 하였음이 인정되어야 할 것이다(대법원 2014. 3. 27, 2012다106607).

◈ 법률행위를 취소할 수 있는 자

제 140 조【법률행위의 취소권자】

취소할 수 있는 법률행위는 제한능력자, 착오로 인하거나 사기·강박에 의하여 의사표시를 한 자, 그의 대리인 또는 승계인만이 취소할 수 있다.

■ § 140. 취소권자

- 무능력자 제한능력자
- 사기, 강박에 의한 의사표시를 한 자
- 착오에 의한 의사표시를 한 자
- 대리인 : ① 법정대리인
  ② 임의대리인 : 취소권에 대한 수권을 요함
- 승계인 : ① 포괄승계인 : 상속인, 포괄수증자, 합병회사
  ② 특정승계인

민법은「취소권」을 여러가지 의미로 사용하고 있다. 의사표시 이외의 취소권(예 : 금치산자선고의 취소권), 의사표시의 취소권이라도 의사표시의 하자나 무능력을 원인으로 하지 않은 취소권(예 : 사해행위의 취소권, 서면에 의하지 않은 증여의 취소권, 부부간의 계약의 취소권) 등이 그것이다.

민법총칙이「무효 및 취소」란 표제하에서 정한 취소권은 이러한 취소권과는 다르고 의사표시의 하자나 무능력을 원인으로 한 의사표시의 효력을 소급적으로 소멸시키는 권리이다.

취소권은 유효하게 성립한 행위의 효력을 소급하여 소멸시키는 것으로 권리변동을 목적으로 하는 권리이기 때문에 형성권이다.

채권자 취소권이 사해된 채권자 혹은 총채권자와의 관계에서만 행위의 효력을 부인하고 이러한 자를 위하여 재산의 반환을 요구할 것을 내용으로 하는 채권적 청구권인 것과는 다르다.

취소권을 갖는 자는 제한능력자, 하자있는 의사표시를 한 자, 이러한 자의 대리인 또는 승계인이다. 제한능력자는 의사능력이 있는 동안 법정대리인의 동의를 얻지 않고 단독으로 취소할 수 있다.

◆ 법률행위를 취소한 경우 그 법률행위가 무효로 되는 시점

제 141 조 【취소의 효과】

취소한 법률행위는 처음부터 무효인 것으로 본다. 다만, 제한능력자는 그 행위로 인하여 받은 이익이 현존하는 한도에서 상환할 책임이 있다.

■ § 141. 취소의 효과

- 소 급 효 : 처음부터 무효
- 제한능력자의 취소를 제외하고는 선의의 제3자에게 대항하지 못한다.
- 제한능력자는 그 행위에 의하여 받은 이익이 현존하는 한도에서 상환할 책임이 있다.

1. 소급적 무효

취소가 있기까지 유효하게 성립한 행위는 취소에 의하여 처음부터 무효인 것으로 된다.

취소를 바탕으로 한 무효는 절대적으로 무효인 까닭에 누구에게도 그 무효를 주장할 수 있다. 따라서 전득자 등의 제3자에 대해서도 목적물의 반환을 청구할 수 있게 된다. 다만 사기에 의한 취소는 선의의 제3자에게 대항할 수 없다(제110조 3항).

2. 이득반환의무

(1) 원 칙

취소된 법률행위는 처음부터 무효인 것으로 보기 때문에 법률행위의 내용이 전혀 실현되지 않는 경우에는 일단 발생한 채무는 이행할 필요가 없게 된다. 그러나 이미 그 실현행위가 행하여진 경우에는 원상에 회복하여야 한다. 그것은 원상회복의무가 아닌 부당이득반환의무로서 이해된다.

따라서 부당이득의 일반법리에 의하여 당사자 사이의 문제를 해결하여야 할 것이다.

(2) 제한능력자의 반환범위에 관한 특칙

본조는 제한능력자를 보호하기 위해서 제한능력자의 반환범위에 관한 특칙을 두어, 제한능력자는 악의인 때에도「현존하는 이익의 한도」에서 반환하면 된다고 하고 있다.

「이익이 현존하는 한도」란 받은 이익이 그대로의 모양으로 혹은 모양을 변화시켜(예 : 받은 목적물의 매각금) 남아있는 경우를 말한다.

제한능력자가 수취한 금액을 차금으로 지불 또는 생활비로 지불한 경우도 이익은 남아 있다고 한다. 제한능력자가 받은 이익을 낭비하거나 훼멸, 투기 또는 무상양도한 경우에는 현존 이익이 없는 것으로 한다.

▣ 핵심판례 ▣

■ [취소의 효과]

1. 어떤 법률행위를 한 당사자 쌍방이 각기 그 법률행위를 하였으나 그 취소사유가 없는 경우 그 법률행위의 효력상실 여부

갑·을 사이의 결손금배상채무의 액수를 확정하는 합의가 있은 후 갑은 합의가 강박에 의하여 이루어졌다는 이유를 들어, 을은 착오에 의하여 합의를 하였다는 이유를 들어 각기 위 합의를 취소하는 의사표시를 하였으나, 위 합의에 각각 주장하는 바와 같은 취소사유가 있다고 인정되지 아니하는 이상, 갑·을 쌍방이 모두 위 합의를 취소하는 의사표시를 하였다는 사정만으로는, 위 합의가 취소되어 그 효력이 상실되는 것은 아니다(1994. 7. 29. 제3부 판결, 93다58431 손해배상(기)).

<판례전문(1994. 7. 29. 93다58431)>

[원고, 피상고인] 진오동

[피고, 상고인] 주식회사 한국생필체인 외 1인

[피고들 소송대리인 변호사] 황진호

[원심판결] 부산고등법원 1993. 10. 22. 선고, 92나1902 판결

[주 문] 상고를 모두 기각한다.

상고비용은 피고인들 부담으로 한다.

[이 유] 피고들 소송대리인의 상고이유를 본다.

기록에 의하여 관계증거를 살펴보면, 원고가 피고회사에게 금 128,237,747원을 배상하여야 함에도 불구하고 피고들은 착오에 의하여 원고와의 사이에서 원고가 피고회사에게 배상하여야 할 액수를 금 66,200,000원으로 확정하는 1985. 1. 20.자 합의를 하였으므로 위 합의는 취소되어야 한다는 피고들의 주장을 배척한 원심의 조치는 정당하고, 거기에 소론과 같이 채증법칙에 위배하여 증거가치의 판단을 그르친 위법이 있다고 할 수 없다.

기록을 살펴보면 소론과 같이 원고는 위 1985. 1. 20.자 합의가 강박에 의하여 이루어졌다는 이유를 들어 위 합의를 취소하는 의사표시를 하였고, 피고들은 착오에 의하여 위 합의를 하였다는 이유를 들어 위 합의를 취소하는 의사표시를 하였음을 알 수 있으나, 위 합의에 각각 주장하는 바와 같은 취소사유가 있다고 인정되지 아니하는 이상, 원고와 피고들 쌍방이 모두 위 합의를 취소하는 의사표시를 하였다는 사정만으로는 위 합의가 취소되어 그 효력이 상실되는 것은 아니므로 이와 다른 주장을 하는 소론은 이유 없다.

또 원고들 피고들 어느 일방이 1985. 1. 20.자 합의의 효력을 소멸시키기로 하는 청약을 하였고 상대방이 이를 승낙하였거나 쌍방이 일치된 내용으로 위 합의의 효력을 상실키로 하는 의사표시를 하여 위 합의의 효력을 상실키로 쌍방의 새로운 합의가 있었다면, 위 합의의 효력이 상실되는 것이라 할 것이나, 원심이 적법하게 인정한 바와 같이 위 합의 이후에 원고 및 피고들 사이에는 서로 그 확정된 결손금이 실제보다 많거나 적다고 판단하여 상대방에게 그 금액을 감액 또는 증여해 줄 것을 요구하였으나 서로 상대방의 요구를 받아들이지 아니하여 새로이 결손금을 확정해내지 못하였을 뿐만 아니라 그 후 원고 및 피고들 사이에 벌어진 소송에서 원고가 감액 주장을 함에 대하여 피고들은 위 합의를 들어 그 주장을 거부한다면, 원고와 피고들 사이에 위 합의의 효력을 소멸시키기로 하는 새로운 합의가 이루어졌다고 볼 수도 없으므로, 같은 취지로 판단한 원심은 정당하고 거기에 소론과 같은 위법이 있다고 할 수 없다. 논지는 모두 이유 없다.

그러므로 상고를 모두 기각하고 상고비용은 패소자의 부담으로 하여 관여법관의 일치된 의견으로 주문과 같이 판결한다.

대법관 지창권(재판장) 천경송(주심)
안용득 신성택

참조판례

대법원 1992. 6. 23. 선고, 92다4160, 4147 판결(공1992, 2252)

2. 미성년자가 신용카드거래 후 신용카드 이용계약을 취소한 경우의 법률관계

미성년자가 신용카드발행인과 사이에 신용카드 이용계약을 체결하여 신용카드거래를 하다가 신용카드 이용계약을 취소하는 경우 미성년자는 그 행위로 인하여 받은 이익이 현존하는 한도에서 상환할 책임이 있는바, 신용카드 이용계약이 취소됨에도 불구하고 신용카드회원과 해당 가맹점 사이에 체결된 개별적인 매매계약은 특별한 사정이 없는 한 신용카드 이용계약취소와 무관하게 유효하게 존속한다 할 것이고, 신용카드발행인이 가맹점들에 대하여 그 신용카드사용대금을 지급한 것은 신용카드 이용계약과는 별개로 신용카드발행인과 가맹점 사이에 체결된 가맹점 계약에 따른 것으로서 유효하므로, 신용카드발행인의 가맹점에 대한 신용카드이용대금의 지급으로써 신용카드회원은 자신의 가맹점에 대한 매매대금 지급채무를 법률상 원인 없이 면제받는 이익을 얻었으며, 이러한 이익은 금전상의 이득으로서 특별한 사정이 없는 한 현존하는 것으로 추정된다(대법원 2005. 4. 15. 선고 2003다60297, 60303, 60310, 60327 판결).

3. 법정대리인의 동의 없이 신용구매계약을 체결한 미성년자가 그 동의 없음을 이유로 위 계약을 취소하는 것이 신의칙에 위배되는지 여부(소극)

행위무능력자 제도는 사적자치의 원칙이라는 민법의 기본이념, 특히, 자기책임 원칙의 구현을 가능케 하는 도구로서 인정되는 것이고, 거래의 안전을 희생시키더라도 행위무능력자를 보호하고자 함에 근본적인 입법 취지가 있는바, 행위무능력자 제도의 이러한 성격과 입법 취지 등에 비추어 볼 때, 신용카드 가맹점이 미성년자와 신용구매계약을 체결할 당시 향후 그 미성년자가 법정대리인의 동의가 없었음을 들어 스스로 위 계약을 취소하지는 않으리라고 신뢰하였다 하더라도 그 신뢰가 객관적으로 정당한 것이라고 할 수 있을지 의문일 뿐만 아니라, 그 미성년자가 가맹점의 이러한 신뢰에 반하여 취소권을 행사하는 것이 정의관념에 비추어 용인될 수 없는 정도의 상태라고 보기도 어려우며, 미성년자의 법률행위에 법정대리인의 동의를 요하도록 하는 것은 강행규정인데, 위 규정에 반하여 이루어진 신용구매계약을 미성년자 스스로 취소하는 것을 신의칙 위반을 이유로 배척한다면, 이는 오히려 위 규정에 의해 배제하려는 결과를 실현시키는 셈이 되어 미성년자 제도의 입법 취지를 몰각시킬 우려가 있으므로, 법정대리인의 동의 없이 신용구매계약을 체결한 미성년자가 사후에 법정대리인의 동의 없음을 사유로 들어 이를 취소하는 것이 신의칙에 위배된 것이라고 할 수 없다(대법원 2007. 11. 16, 2005다71659).

◈ 취소할 수 있는 법률행위의 취소의 방법

제 142 조 【취소의 상대방】

취소할 수 있는 법률상의 상대방이 확정된 경우에는 그 취소는 그 상대방에 대한 의사표시로 하여야 한다.

■ § 142. 취소의 상대방

• 본래의 법률행위의 상대방

취소권의 행사는 취소권자의 단독의사표시에 의하여 성립된다. 취소하여야 하는 행위에 대하여 상대방이 있는 경우에는 상대방에 대한 의사표시로써, 상대방이 없는 경우에는 객관적인 취소의 의사표시로 인정할 수 있는 행위로써 판단한다. 취소의 의사표시는 소송 기타 특별한 형식을 필요로 하지 않는다. 이행의 거절, 이행한 것의 반환청구 등 묵시의 의사표시도 무방하다.

▣ 핵심판례 ▣

■ [취소의 상대방]

1. 법률행위를 취소하는 의사표시의 방법

법률행위의 취소는 상대방에 대한 의사표시로 하여야 하나 그 취소의 의사표시는 특별히 재판상 행하여짐이 요구되는 경우 이외에는 특정한 방식이 요구되는 것이 아니고, 취소의 의사가 상대방에 의하여 인식될 수 있다면 어떠한 방법에 의하더라도 무방하다고 할 것이고, 법률행위의 취소를 당연한 전제로 한 소송상의 이행청구나 이를 전제로 한 이행거절 가운데는 취소의 의사표시가 포함되어 있다고 볼 수 있다(1993. 9. 14. 제1부 판결, 93다13162 소유권이전등기).

2. 법률행위 일부취소의 요건과 효력

가. 하나의 법률행위의 일부분에만 취소사유가 있는 경우에 그 법률행위가 가분적이거나 그 목적물의 일부가 특정될 수 있다면, 그 나머지 부분이라도 이를 유지하려는 당사자의 가정적 의사가 인정되는 경우 그 일부만의 취소도 가능하고, 또 그 일부의 취소는 법률행위의 일부에 관하여 효력이 생긴다고 할 것이나, 이는 어디까지나 어떤 목적 혹은 목적물에 대한 법률행위가 존재함을 전제로 한다.

나. 매매계약 체결시 토지의 일정부분을 매매대상에서 제외시키는 특약을 한 경우, 이는 매매계약의 대상 토지를 특정하여 그 일정부분에 대하여는 매매계약이 체결되지 않았음을 분명히 한 것으로써 그 부분에 대한 어떠한 법률행위가 이루어진 것으로는 볼 수 없으므로, 그 특약만을 기망에 의한 법률행위로서 취소할 수는 없다(대판 1993. 3. 26, 98다56607).

◈ 취소할 수 있는 법률행위의 추인방법 및 그 효과

제 143 조【추인의 방법 · 효과】

① 취소할 수 있는 법률행위는 제140조에 규정한 자가 추인할 수 있고 추인 후에는 취소하지 못한다.

② 전조의 규정은 전항의 경우에 준용한다.

■ § 143. 추인의 방법, 효과

- 추인권자 = 취소권자
- 추인의 방법 : 취소의 방법과 같다
- 추인의 효과 : 추인한 후에는 다시는 취소하지 못한다(확정적 유효)

취소권은 추인과 존속기간의 경과에 의해 소멸한다. 추인이란 취소권을 포기하고 취소할 수 있는 행위의 효력을 확정시키는 행위를 말한다.

추인은 이행의 제공, 기한의 유예 등 묵시의 의사표시로써도 상관없으나 민법은 이것과는 별도로 법률상 추인으로 인정할 수 있는 경우에 관해서 규정하고 있다(제145조).

취소할 수 있는 법률행위는 추인, 즉 그 법률행위를 취소하지 않겠다는 의사표시에 의하여 확정적으로 유효한 것으로 된다. 이는 취소권의 포기와 같은 의미이다.

취소할 수 있는 법률행위를 추인할 수 있는 자는 취소권자, 즉 제한능력자, 하자있는 의사표시를 한 자, 이들의 대리인 또는 승계인 등이다.

이러한 추인은, 취소할 수 있는 법률행위의 상대방이 확정되어 있는 경우에는 상대방에 대한 의사표시로써 한다(본조 제2항, 제142조).

이렇게 하여 추인권자가 취소할 수 있는 법률행위를 추인하게 되면, 이제는 취소할 수 없게 되어 법률행위는 확정적으로 유효하게 된다.

◈ 취소할 수 있는 법률행위를 추인할 수 있는 시기

제 144 조【추인의 요건】

① 추인은 취소의 원인이 소멸된 후에 하여야만 효력이 있다.

② 제1항은 법정대리인 또는 후견인이 추인하는 경우에는 적용하지 아니한다.

■ § 144. 추인의 요건

- 취소의 원인이 소멸된 후에 할 것(법정대리인은 예외)
- 취소할 수 있는 것임을 알고서 추인할 것

제110조에 규정된 자의 추인은 취소의 원인이 종료한 후에 하여야 하며, 그렇지 않으면 추인의 효력이 없다(대판 1982. 6. 8, 81다107, 공보⑦ 1982, 634).

따라서 제한능력자는 능력자로 된 후에 착오·사기·강박으로 의사표시를 한 자는 그 상태를 벗어난 후에 추인하여야 그 효력이 발생한다. 다만 제한능력자 가운데 미성년자·피한정후견인은 능력자로 되기 전에도 법정대리인 또는 후견인의 동의를 얻어 추인할 수 있다. 그리고 법정대리인은 위와 같은 아무런 제한 없이 취소할 수 있는 법률행위를 추인할 수 있다.

한편, 위에서 본 바와 같이 추인은 취소권의 포기와 같은 것이므로 추인권자는 그 행위가 취소할 수 있는 것임을 알고 추인하여야 그 효력이 발생한다고 보아야 할 것이다. 이는 명문의 규정은 없어도 당연한 것이다.

구민법 제124조 2항은 금치산자가 능력을 회복한 후에 추인하는 경우에 관하여 이를 인정하고 있었다.

▣ 핵심판례 ▣

■ [추인의 요건]

1. 가. 지급거절선언의 방법

수표의 지급거절선언은 수표자체에 기재하여야 하고 수표가 아닌 지편에 되어 있는 지급인의 지급거절선언은 가사 그 지편이 수표에 부착되어 간인까지 되어있는 경우라 하더라도 부적법하다.

나. 취소원인이 종료되기 전에 한 추인의 효력

강박에서 벗어나지 아니한 상태에 있으면 취소의 원인이 종료되기 전이므로 이 때에 한 추인은 그 효력이 없다(1982. 6. 8. 제3부 판결, 81다107 수표금).

2. 가. 취소할 수 있는 의사표시를 취소한 후 다시 추인한 경우, 그 추인의 성질과 추인할 수 있는 조건

취소한 법률행위는 처음부터 무효인 것으로 간주되므로 취소할 수 있는 법률행위가 일단 취소된 이상 그 후에는 취소할 수 있는 법률행위의 추인에 의하여 이미 취소되어 무효인 것으로 간주된 당초의 의사표시를 다시 확정적으로 유효하게 할 수는 없고, 다만 무효인 법률행위의 추인의 요건과 효력으로서 추인할 수는 있으나, 무효행위의 추인은 그 무효 원인이 소멸한 후에 하여야 그 효력이 있고, 따라서 강박에 의한 의사표시임을 이유로 일단 유효하게 취소되어 당초의 의사표시가 무효로 된 후에 추인한 경우 그 추인이 효력을 가지기 위하여는 그 무효 원인이 소멸한 후일 것을 요한다고 할 것인데, 그 무효 원인이란 바로 위 의사표시의 취소사유라 할 것이므로 결국 무효 원인이 소멸한 후란 것은 당초의 의사표시의 성립 과정에 존재하였던 취소의 원인이 종료된 후, 즉 강박 상태에서 벗어난 후라고 보아야 한다.

나. 1980. 5. 실시된 비상계엄하에서 합동수사단 수사관 등의 강박에 의하여 국가에 대해 재산 양도의 의사표시를 한 경우, 강박 상태가 종료된 시점(=비상계엄의 해제시)

1980. 5. 실시된 비상계엄하의 합동수사단 수사관 등의 강박에 의하여 국가에 대하여 재산 양도의 의사표시를 한 자에 대한 강박의 상태가 종료된 시점은 전국적으로 실시되고 있었던 비상계엄이 해제되어 헌정질서가 회복된 1981. 1. 21. 이후이다(대법원 1997. 12. 12. 선고 95다38240 판결).

3. 한정치산자가 한 '쌍방이 원만히 합의하였으므로 고소를 취소한다'는 내용의 고소취소장을 검찰 및 법원에 제출한 것이 취소할 수 있는 행위의 추인에 해당하는지 여부(소극)

한정치산자가 '횡령혐의로 고소한 바 있으나 쌍방 원만히 합의하였을 뿐만 아니라 피고소인이 범행에 대하여 깊이 반성하고 있으므로 고소 취소한다'는 내용의 고소취소장을 작성하여 제출할 때에도 아직 한정치산선고를 취소받기 전이므로 여전히 한정치산자로서 독립하여 추인할 수 있는 행위능력을 가지고 있지 못하였을 뿐더러, 고소 취소는 어디까지나 수사기관 또는 법원에 대하여 고소를 철회하는 의사표시에 지나지 아니하고 또 고소취소장에 기재된 문면의 내용상으로도 고소인이 매수인에 대하여 가지는 매매의 취소권을 포기한 것으로 보기 어렵다(대법원 1997. 6. 27. 선고 97다3828 판결).

◆ 취소할 수 있는 법률행위를 추인한 것으로 보게 하는 사유

제 145 조【법정추인】

취소할 수 있는 법률행위에 관하여 전조의 규정에 의하여 추인할 수 있는 후에 다음 각호의 사유가 있으면 추인한 것으로 본다. 그러나 이의를 보류한 때에는 그러하지 아니하다.

1. 전부나 일부의 이행
2. 이행의 청구
3. 경개
4. 담보의 제공
5. 취소할 수 있는 행위로 취득한 권리의 전부나 일부의 양도
6. 강제집행

■ § 145. 법정추인

- 취소할 수 있는 행위에 관하여 일반적으로 추인이라고 인정할 수 있는 일정한 사실이 있는 때에는 취소권자의 추인의사의 유무를 묻지 않고서, 법률상 당연히 추인이 있었던 것으로 보아 버리는 것
- 이행의 청구(취소권자)
- 권리의 양도(취소권자)
  제외 : 취소권, 손해배상청구권
- 전부나 일부의 이행 : 이의를 보류한 때는 제외
- 경 개
- 담보의 제공
- 강제집행

1. 의 의

취소할 수 있는 법률행위에 대한 추인은 상대방에 대한 의사표시로써 행하는데, 그것은 반드시 명시적으로 하여야 하는 것은 아니다. 여기서 추인유무가 불명확하게 되어 문제가 될 수 있다. 그리하여 민법은 일반적으로 추인으로 볼 수 있는 일정한 사실이 존재하는 경우에, 추인권자의 추인의사의 유무

를 묻지 않고 법률상 당연히 추인이 있었다고 간주하는 제도를 두고 있다. 이것이 법정추인이다.

2. 요건 및 사유

(1) 요 건

법정추인으로 인정되기 위해서는 다음 두 가지 요건을 갖추어야 한다. 즉, ① 추인의 요건을 갖춘 후, 즉 취소의 원인이 종료한 후에 법정추인의 사유가 있어야 하고, ② 취소권자가 이의를 보류하지 않았어야 한다. 그러나 추인권자가 취소권의 존재를 알고 있을 필요는 없다. 이는 이 제도의 취지상 당연한 것이다.

(2) 사 유

법정추인으로 간주할 수 있는 사유로는 다음과 같은 것이 있다. 즉, 전부나 일부의 이행, 이행의 청구, 경개, 담보의 제공, 취소할 수 있는 행위로 취득한 권리의 전부나 일부의 양도, 강제집행 등이다.

사 유	내 용
1) 전부나 일부의 이행	① 취소권자가 이행한 경우와 ② 상대방의 이행을 수령한 경우를 포함
2) 이행의 청구	① 취소권자가 청구한 경우에 한하고, ② 취소권자가 상대방으로부터 청구받은 경우는 불포함
3) 경 개	취소권자가 채권자 또는 채무자로서 취소할 수 있는 행위에 의하여 생긴 채권 또는 채무를 소멸시키고, 그에 갈음하여 새로운 채권 또는 채무를 발생케 하는 계약을 체결한 경우
4) 담보의 제공	① 취소권자가 채무자로서 담보를 제공하거나 채권자로서 담보를 제공받은 경우 ② 담보는 물적 담보(질권·저당권 등)나 인적 담보(보증·연대보증 등)를 불문
5) 취소할 수 있는 행위로 취득한 권리의 전부나 일부의 양도	① 취소권자가 양도하는 경우에 한한다. ② 취소함으로써 발생하게 될 장래의 채권(장차 취소한다면 발생하게 될 손해배상청구권 등)의 양도는 불포함 ③ 그러나 취소할 수 있는 행위로 취득한 권리 위의 제한적 권리(제한물권·임대권 등)를 설정하는 것은 포함된다.
6) 강제집행	① 취소권자가 채권자로서 집행하는 경우와 ② 취소권자가 채무자로서 집행을 받는 경우도 포함된다(통설). 이때는 취소권자가 채무자로서 소송상 이의를 주장할 수 있음에도 불구하고 이를 하지 아니한 때문이다(판례는 반대).

※비 고	이상의 행위를 추인할 수 있은 후에 이의를 보류하지 않고 하여야 법정추인이 된다(제 145조 단서).

[법정추인]

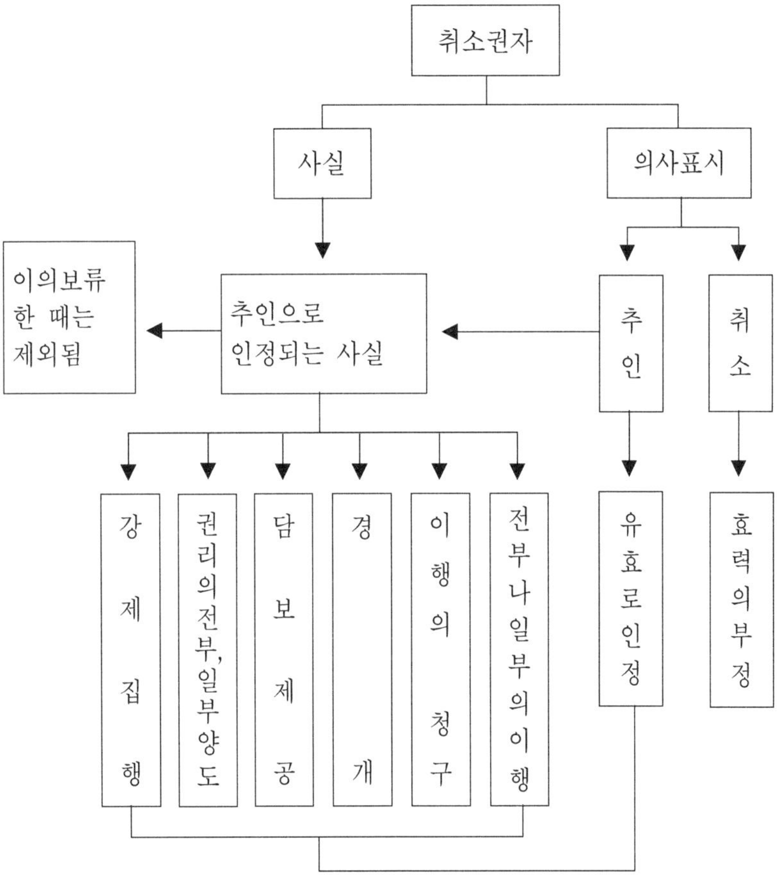

취소권자
사실
의사표시
이의보류 한 때는 제외됨
추인으로 인정되는 사실
추인
취소
강제집행
권리의 전부, 일부양도
담보제공
경개
이행의 청구
전부나 일부의 이행
유효로 인정
효력의 부정

▣ 핵심판례 ▣

■ [법정추인]

일시에 여러장의 당좌수표를 발행하는 경우 매 수표의 발행행위는 각각 독립된 별개의 법률행위이고 그 수표금 채무도 수표마다 별개의 채무가 되는 것이다.

일시에 여러장의 당좌수표를 발행하는 경우 매 수표의 발행행위는 각각 독립된 별개의 법률행위이고 그 수표금 채무도 수표마다 별개의 채무가 되는 것이라 할 것이므로 이 사건 당좌수표 3매와 함께 원고에게 발행, 교부한 당좌수표가 거래은행에서 지급되게 하였다고 하여 위 당좌수표3매의 발행행위를 추인하였거나 법정추인 사유에 해당한다는 원고의 재항변을 배척한 원심의 조치는 정당하다(1996. 2. 23. 판결, 94다58438 수표금).

◆ 취소권의 행사기간

제 146 조【취소권의 소멸】

취소권은 추인할 수 있는 날로부터 3년 내에, 법률행위를 한 날로부터 10년 내에 행사하여야 한다.

■ § 146. 취소권의 단기소멸

- 추인할 수 있는 날 : 3년 경과
- 법률행위를 한 날 : 10년 경과
- 제척기간

본조는 취소권의 존속기간에 관하여 규정한 것이다. 취소권은 추인할 수 있는 날로부터 3년, 행위시부터 10년 경과함으로써 소멸한다.

· 소급효 있는 행위와 소급효 없는 행위

소급효 있는 행위	소급효 없는 행위
1) 실종선고의 취소(제29조) 2) 제한능력자의 법률행위의 취소(제5조②, 제10조, 제13조) 3) 착오에 의한 의사표시의 취소(제109조) 4) 사기·강박에 의한 의사표시의 취소(제110조) 5) 무권대리행위의 추인(제133조) 6) 소멸시효의 완성(제167조) 7) 선택채권에 있어서의 선택(제386조) 8) 상계(제493조) 9) 계약의 해제(제548조) 10) 이혼의 취소(제838조) 11) 인지(제860조) 12) 상속재산의 분할(제1015조)	1) 미성년자의 영업허락의 취소(제8조②) 2) 부재자재산관리명령의 취소(제22조) 3) 법인설립허가의 취소(제38조) 4) 무효행위의 추인(제139조). 예외가 가능 5) 기한부 법률행위의 효력 (제152조) 6) 혼인의 취소(제824조) 7) 인지의 취소(제861조) 8) 입양의 취소(제897조) 9) 조건의 성취(제147조). 예외가 가능(제147조③)

어떠한 기간이 시효기간이며 어떤 기간이 제척기간인가는 민법의「시효에 의하여」라고 하고 있는가에 의해서 결정할 수 있다고 한다. 시효는 원래 시간의 경과에 의해 자기에게 유리한 증거수단을 상실한 의무자에게 일정한 시간의 경과를 내용으로 한 법정의무를 주어 그를 보호함과 동시에 법원이 직면하는 채증상의 곤란을 제거할 것을 목적으로 하는 것이기 때문에 시효에 의해 소멸하는 것은 소송과정에서 구체화된 권리, 요컨대 청구권뿐이고 취소권과 같은 형성권은 본래 시효에 걸리지 않는 것이라고 하여야 한다. 취소권은 1회의 행위로써 목적을 달성하고 소멸하는 권리이므로 시효의 중요한 요소인 중단은 형성권에 대해서는 생각할 수 없다.

취소권은 그 행사에 의해 권리변동의 효과를 발생시키고 권리관계의 안정을 현저하게 해할 수 있는 것이기 때문에 3년 내지 10년이란 기간은 모두 권리관계의 안정을 꾀하기 위해서 마련된 권리의 존속기간, 즉 제척기간이라고 해석하여야 한다.

▣ 핵심판례 ▣

■ [취소권의 소멸]

1. 취소권 행사의 제척기간의 기산점 등

가. 민법 제146조 소정의 취소권 행사의 제척기간의 기산점

민법 제146조 전단은 "취소권은 추인할 수 있는 날로부터 3년 내에 행사하여야 한다."고 규정하는 한편, 민법 제144조 제1항에서는 "추인은 취소의 원인이 종료한 후에 하지 아니하면 효력이 없다."고 규정하고 있는 바, 위 각 규정의 취지와 추인은 취소권의 포기를 내용으로 하는 의사표시인 점에 비추어 보면, 민법 제146조 전단에서 취소권의 제척기간의 기산점으로 삼고 있는 '추인할 수 있는 날'이란 취소의 원인이 종료되어 취소된 행사에 관한 장애가 없어져서 취소권자가 취소의 대상인 법률행위를 추인할 수도 있고 취소할 수도 있는 상태가 된 때를 가리킨다고 보아야 한다.

나. 강박에 의하여 증여 후 증여를 원인으로 한 소유권 이전등기를 하기로 제소전 화해를 하여 그 화해조서에 기하여 소유권 이전등기가 경료된 경우, 증여의 취소의 제척기간의 가산점(=제소전 화해조사를 취소하는 준재심사건 판결의 확정일)

계엄사령부 합동조사본부 수사관들이 강박에 의하여 부동산에 관한 증여계약

이 이루어진 후 증여를 원인으로 한 소유권 이전등기를 하기로 재소전 화해를 하여 그 화해조서에 기하여 소유권 이전등기가 경료된 경우, 비상계엄령의 해제로 강박상태에서 벗어난 후 위 증여계약을 취소한다 하더라도, 위 제소전 화해조서의 기판력이 존속하는 동안에는, 재산권을 원상회복하는 실효를 거둘 수 없어 강박에 의하여 이루어진 부동산에 관한 증여계약을 취소하는 데 법률상 장애가 존속되고 있다고 보아야 하고, 따라서 제소전 화해조서를 취소하는 준재심사건 판결이 확정되어 위 제소전 화해조서의 기판력이 소멸된 때부터 민법 제146조 전단에 규정한 3년의 취소기간이 진행된다고 봄이 상당하다(대판 1998. 11. 27, 98다7421).

2. 후견인이 친족회의 동의 없이 피후견인의 부동산을 매도한 경우, 그 취소권의 행사방법

미성년자 또는 친족회가 민법 제950조 제2항에 따라 제1항의 규정에 위반한 법률행위를 취소할 수 있는 권리는 형성권으로서 민법 제146조에 규정된 취소권의 존속기간은 제척기간이라고 보아야 할 것이지만, 그 제척기간 내에 소를 제기하는 방법으로 권리를 재판상 행사하여야만 되는 것은 아니고, 재판 외에서 의사표시를 하는 방법으로도 권리를 행사할 수 있다고 보아야 한다(1993. 7. 27. 제2부 판결, 92다52795 소유권이전등기말소).

3. 친족회가 추인 할 수 있는 날의 의미

친족회가 추인할 수 있는 날이란 친족회원이 매매사실을 안 날이 아니고 동인이 매매사실을 들은 후 지체없이 친족회 소집절차를 밟았더라면 친족회 소집이 가능한 날이라고 보아야 하며 또한 친족회가 실제로 소집된 날로 볼 것도 아니다(대법원 1979.11.27. 선고 79다396 판결).

제 5 절 조건과 기한

법률행위의 부관이라는 말은 두 가지의 뜻으로 쓰이는 수가 있다. 넓은 의미에 있어서는 법률행위에 부수하는 약관(원래 약관은 법령이나 계약 등에서 정하여진 약정 하나하나의 조항을 일컫는 말이다.)이라는 의미에서 이자약관·담보약관·환매약관·면책약관 등을 가리키는 수가 있다. 그러나 좁은 의미에 있어서는 법률행위에 부수하는 독립한 약관이 아니라, 법률행위의 효과의 발생 또는 소멸에 관하여 이를 제한하기 위하여 당해 법률행위의 내용으로서 부과되는 약관을 가리킨다. 일반적으로 법률행위의 부관이라고 하면 후자, 즉 좁은 의미로 이해되고 있다.

법률행위를 함에 있어서 그 효과를 곧 발생시키지 않고, 장차 일정한 사실관계가 성립하는 때에 발생시키기를 원하는 경우가 있는가 하면, 한편 일단 효과가 발생하기를 원하지만, 장차 일정한 사실관계가 성립하는 때에는 그 효과를 소멸시키기를 원하는 수도 있다. 이러한 경우에, 그러한 의사는 효과의사의 내용의 일부를 이루는 것이므로, 사적 자치 내지 계약 자유의 원칙에서 본다면, 이를 인정하여 당사자가 원한대로의 효과가 발생하도록 조력하는 것이 당연하다고 할 수 있다. 여기서 법률효과의 발생과 소멸에 관한 법률행위의 부관이라는 것이 일찍부터 인정되어 오고 있다.

위와 같은 법률행위의 부관에는 조건과 기한 및 부담의 세 가지가 있다. 그 가운데에서 민법은 조건과 기한에 관하여서만 일반적 규정을 두고 있다. 즉 민법은 부담부 증여와 부담부 유증에 관한 특별규정을 두고 있지만(제561조, 제1088조), 부담을 법률행위의 부관이라는 생각에서 규정하고 있지는 않다. 또한 부담이 법률행위의 부관이라는 점에서 조건·기한과 공통점이 있으나, 그 밖에는 이들에 공통된 원칙이 있지는 않다.

조건 및 기한은 효과의사의 내용으로 이루는 것이므로, 구체적인 경우에 어떠한 사실이 조건 또는 기한으로 되어 있느냐, 또는 그것은 효력이 있느냐의 여부 등은 모두 법률행위 해석의 문제이다. 따라서 법률행위 해석의 일반론에 따라서 해결된다. 다만 민법은 조건 및 기한에 관하여 그의 합리적인 기준을 규정하고 있다.

[조 건]

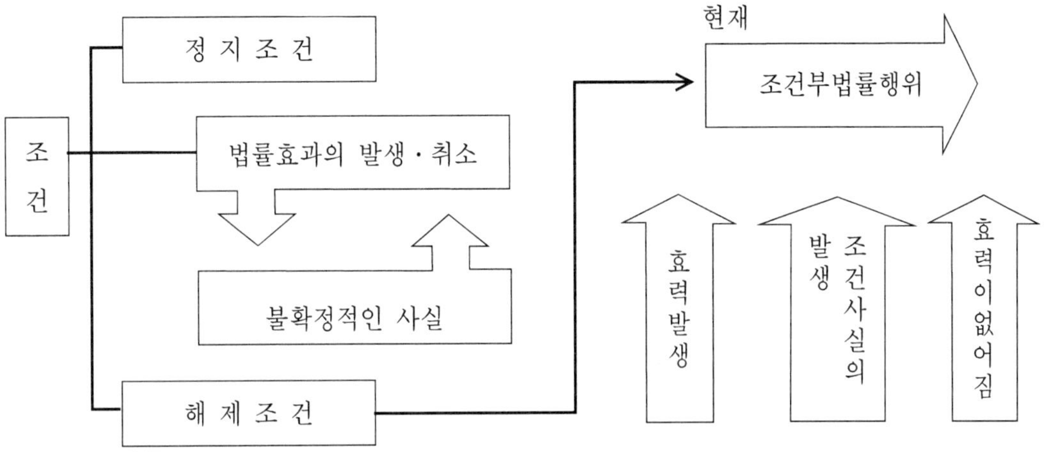

조건
정지조건
법률효과의 발생·취소
불확정적인 사실
해제조건
현재
조건부법률행위
효력발생
조건사실의 발생
효력이없어짐

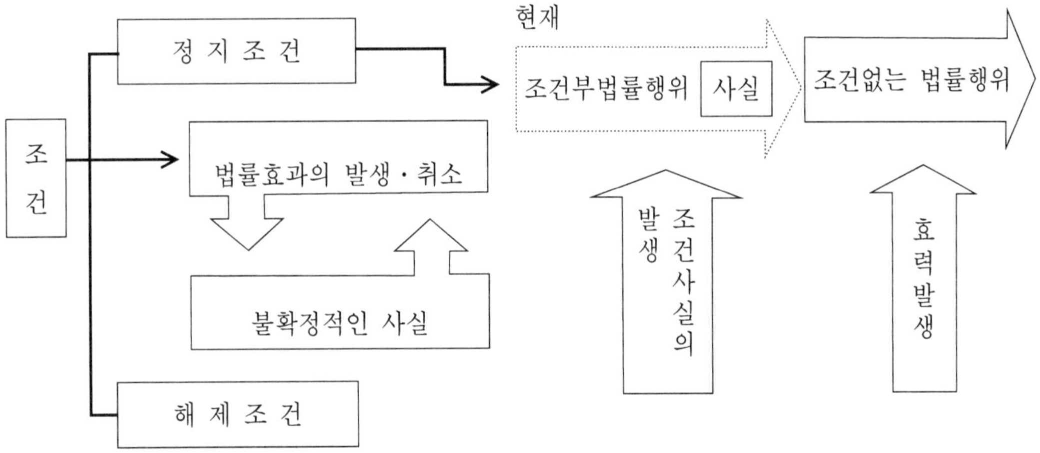

조건
정지조건
법률효과의 발생·취소
불확정적인 사실
해제조건
현재
조건부법률행위
사실
조건없는 법률행위
조건사실의 발생
효력발생

◈ 조건부법률행위의 효력발생 시점

제 147 조 【조건성취의 효과】

① 정지조건 있는 법률행위는 조건이 성취한 때로부터 그 효력이 생긴다.

② 해제조건 있는 법률행위는 조건이 성취한 때로부터 그 효력을 잃는다.

③ 당사자가 조건성취의 효력을 그 성취 전에 소급하게 할 의사를 표시한 때에는 그 의사에 의한다.

■ § 147. 조건의 성부확정후의 효력

- 조건성취의 효력은 원칙적으로 소급하지 않는다
- 정지조건이 성취되면 법률효과는 그 성취된 때부터 발생한다
- 해제조건인 경우에는 조건이 성취된 때로부터 법률효과는 소멸한다. 그러나 당사자의 의사표시로 소급효를 주는 것은 상관없다. 즉 당사자가 조건성취의 효력을 그 성취전에 소급하게 할 의사를 표시한 때에는 그 의사에 의한다.

1. 조건의 의의 및 성질

(1) 조건의 의의

당사자가 법률행위의 효력의 발생 또는 소멸을 장래의 불확정한 사실, 즉 조건의 성부에 의존하게 한 때, 그 법률행위을 조건부법률행위라고 한다. 조건부법률행위의 효력은 법률행위의 일반원칙에 따라 정해지지만 다만 그 발생·소멸에 관한 한 일반 법률행위와 다른 취급을 받는다.

(2) 조건의 성질

조건은 법률행위의 효력의 발생 또는 소멸을 장래의 불확실한 사실의 성부에 의존케 하는 법률행위의 부관으로서 법률행위에 있어서의 효과의사와 일체적인 내용을 이루는 의사표시 그 자체이고, 따라서 조건의사가 법률행위의 내용으로 외부에 표시되어야 한다(대판 2000. 10. 27, 2000다30349).

2. 조건의 종류

(1) 정지조건과 해제조건

조건의 가장 기본적인 구별이다.

정지조건은 법률행위의 효력발생을 장래의 불확실한 사실에 의존케 하는 조건이고, 해제조건은 법률행위의 효력의 소멸을 조건에 의존케 하는 조건이다.

(2) 수의조건과 비수의조건

<table>
<tr><th></th><th>조 건</th><th>정의 및 구체적인 예</th><th>효 과</th></tr>
<tr><td rowspan="2">수의조건</td><td>순수수의조건</td><td>당사자 일방의 의사에만 의존하는 조건(예 : 내 마음이 내키면 시계를 주겠다)</td><td>무 효
(견해대립)</td></tr>
<tr><td>단순수의조건</td><td>결국은 당사자 일방의 의사로 결정되지만, 그 외에 의사결정에 기한 사실상태의 성립도 있어야만 하는 경우의 조건(예 : 내가 독일에 여행하면 시계를 주겠다)</td><td>유 효</td></tr>
<tr><td rowspan="2">비수의조건</td><td>우성조건</td><td>조건의 성부가 당사자의 의사와는 관계없이 자연의 사실, 제3자의 의사나 행위에 의하여 그 성부가 결정되는 조건(예 : 내일 비가 온다면)</td><td>유 효</td></tr>
<tr><td>혼성조건</td><td>조건의 성부가 당사자 일방의 의사 뿐만 아니라 그 밖에 제3자의 의사에 의하여서도 결정되는 조건(예 : 네가 갑녀와 혼인하다면)</td><td>유 효</td></tr>
</table>

(3) 가장조건

외관상으로는 조건의 모습을 띠고 있지만 조건으로 인정되지 못하는 것을 총칭하여 가장 조건이라고 하는데, 다음의 4가지가 있다.

① 법정조건 : 법률행위의 효력발생을 위해 법률이 특별히 요구하는 요건을 말한다. 예컨대 법인설립시에 주무관청의 허가(제32조), 일정한 토지나 임야 등의 매매에 대한 허가 등이 이에 해당한다.

② 불법조건 : 조건이 선량한 풍속 기타 사회질서에 위반한 것인 때에는, 그 조건만이 아니라 그 법률행위 전부가 무효로 된다.

③ 기성조건 : 조건이 법률행위 성립 당시에 이미 실현된 경우를 말한다. 기성조건이 정지조건이면 '조건없는 법률행위'가 된다(제151조 2항). 기성조건이 해제조건이면 그 법률행위는 무효가 된다(동조 2항).

④ 불능조건 : 불능조건은 조건이 법률행위의 성립 당시에 이미 성취할 수 없는 경우를 말한다. 불능조건이 해제조건이면 '조건 없는 법률행위'가 되고, 정지조건이면 그 법률행위는 무효가 된다(제151조 3항).

3. 조건을 붙일 수 없는 행위

(1) 조건에 친하지 않는 행위

법률행위의 효력이 확정적으로 발생하거나 그 존속이 안정되어야 하는 법률행위에는 조건을 붙일 수 없다. 이것을 조건에 친하지 않은 행위라고 한다. 이에는 ① 혼인·입양·인지·상속의 포기 등 신분상의 행위, ② 단독행위(제493조 1항), ③ 객관적 획일성이 요구되는 어음·수표행위, ④ 근로계약 등이 해당된다.

(2) 효 과

조건과 친하지 않은 법률행위에 조건을 붙이면, 법률에 다른 규정이 없는 한, 법률행위 전체가 무효로 된다.

4. 조건의 성취

조건이 된 사실이 발생하는 것을 조건의 성취라고 한다. 조건부법률행위의 효력은 조건의 성취 혹은 불성취에 의존한다. 정지조건부 법률행위(예, 전임되면 이 집을 판다)는 조건이 성취되면 효력이 발생되고 불성취이면 효력이 생기지 않는다. 해제조건부 법률행위(예, 실업하면 송금을 중지한다)는 조건이 성취되면 효력이 소멸하고 불성취라면 소멸하지 않는다.

조건성취의 효과는 조건의 성취, 혹은 불성취가 확정된 때에 발생하고 원칙적으로 소급하지 않는다. 그러나 당사자가 그 효과를 소급시킬 의사를 표시한 때에는 그에 따른다.

소급의 효과는 제3자에 대하여서는 미치지 않는다.

[조 건]

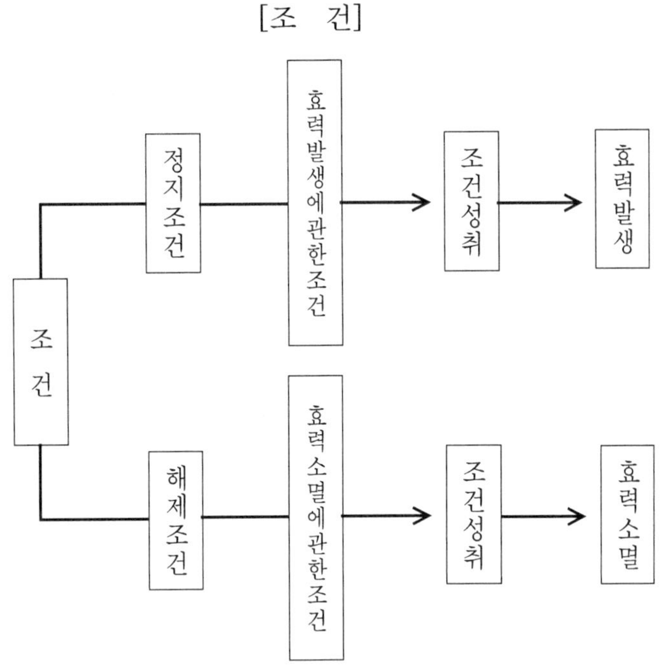

▣ 핵심판례 ▣

■ [조건성취의 효과]

1. 이미 부담하고 있는 채무의 변제에 관하여 일정한 사실이 부관으로 붙여진 경우 그 부관의 법적 성질(=불확정기한)

가. 부관이 붙은 법률행위에서 부관에 표시된 사실이 발생하지 아니하면 채무를 이행하지 아니하여도 된다고 보는 것이 상당한 경우에는 조건으로 보아야 하고, 표시된 사실이 발생한 때에는 물론이고 반대로 발생하지 아니하는 것이 확정된 때에도 그 채무를 이행하여야 한다고 보는 것이 상당한 경우에는 표시된 사실의 발생 여부가 확정되는 것을 불확정기한으로 정한 것으로 보아야 한다.

나. 이미 부담하고 있는 채무의 변제에 관하여 일정한 사실이 부관으로 붙여진 경우에는 특별한 사정이 없는 한 그것은 변제기를 유예한 것으로서 그 사실이 발생한 때 또는 발생하지 아니하는 것으로 확정된 때에 기한이 도래한다(대판 2003. 8. 19, 2003다 24215).

2. 해제조건부 계약인지 여부에 관한 채증법칙 위반을 이유로 원심판결을 파기한 사례

회사 채권자가 회사의 경영 정상화를 위한 투자 약정을 한 후 자신의 그 회사에 대한 대여금 채권에 대한 연대보증을 해주지 않으면 투자하지 않겠다고 하여 그 회사의 대표이사가 연대보증을 한 경우, 그 연대보증계약은 회사 채권자가 약정 투자금을 투자하지 않을 것을 해제조건으로 하는 조건부 계약이라고 볼 수는 없다고 한 원심판결을 채증법칙의 위반을 이유로 파기한 사례(1996. 2. 9. 판결, 95다47756 보증채무금).

3. 토지 매수인이 그 토지상에 신축한 연립주택에 관하여 소유권보존등기를 마친 후 그 일부 세대에 대하여 토지매수인 명의로 소유권이전등기를 마쳐주면 이를 담보로 대출을 받아 토지대금을 지급하겠다는 제의가 정지조건인지 여부(소극)

토지 매도인이 토지대금의 지급을 담보하기 위하여 토지 매수인이 그 토지상에 신축한 연립주택에 관하여 소유권 보존등기를 마친 후 그 일부 세대에 대하여 토지 매수인 명의로 소유권 이전등기를 마쳐주면 이를 담보로 대출을 받아 토지대금을 지급하겠다는 토지 매수인의 제의에 따라 소유권 이전등기를 마쳐준 경우, 그 소유권 이전의 합의는 토지 매수인이 그 일부 세대를 담보로 대출을 받아 토지대금을 지급하는 것을 정지조건으로 한 법률행위가 아니라 토지 매도인이 소유권 이전등기를 마쳐주는 선이행채무를 부담하고 이에 대하여 토지 매수인이 토지대금을 지급하는 반대채무를 부담하는 것을 내용으로 하는 무조건의 쌍무계약이다(대판 2000. 10. 27, 2000다30349).

4. 어떠한 법률행위가 정지조건부 법률행위에 해당한다는 사실에 대한 주장입증책임

어떠한 법률행위가 조건의 성취시 법률행위의 효력이 발생하는 소위 정지조건부 법률행위에 해당한다는 사실은 그 법률행위로 인한 법률효과의 발생을 저지하는 사유로서 그 법률효과의 발생을 다투려는 자에게 주장입증책임이 있다(1993. 9. 28. 제1부 판결, 93다20832 소유권이전등기).

5. 임대주택건설촉진법에 의하여 건설된 아파트의 임차권 양도계약의 효력

임대주택건설촉진법에 의하여 건설된 아파트의 임차권 양도가 같은 법에 의하여 금지되는 것이라 하여도 임차권 양도계약 자체는 그 당사자 사이에서는 유효한 것이므로 임차권의 양도가 금지되었다는 사정만으로 임차권 양도계약이 해제조건부라고 볼 수도 없다(1993. 11. 9. 제2부 판결, 92다43128 손해배상(기)).

6. 장차 경계측량을 하여 상대방의 토지를 침범한 사실이 확인되는 것을 조건으로 건물철거를 약정한 것만으로는 그때에 철거의무를 승인한 것이라

고 할 수 없다고 한 사례

갑이 건물 철거 및 대지 인도를 약정한 것이 장차 경계측량을 하여 갑의 건물이 을의 토지를 침범한 사실이 확인된다는 장래의 사실을 조건으로 한 것이라면 위 조건이 기성조건이어서 무조건의 철거의무를 승인한 것이라 할 수 없고 위 침범은 20년의 점유취득시효가 완성된 후에 제1심 법원의 측량감정결과에 의하여 비로소 확인되었고 정지조건이 있는 법률행위는 조건이 성취된 때로부터 효력이 발생하는 것이므로 위와 같은 조건부의 철거 의사표시만으로 그때에 갑이 을에 대하여 철거의무를 승인한 것이라고 할 수 없다(1993. 11. 9. 제1부 판결, 93다25790(본소) 건물철거등, 25806(반소) 소유권이전등기).

7. 혼인중 부부의 협의이혼을 전제로 한 재산분할약정의 성질 및 그 후 혼인관계가 존속하거나 재판상 이혼이 이루어진 경우에도 재산분할협의의 효력이 발생하는지 여부(소극)

재산분할에 관한 협의는 혼인중 당사자 쌍방의 협력으로 이룩한 재산의 분할에 관하여 이미 이혼을 마친 당사자 또는 아직 이혼하지 않은 당사자 사이에 행하여지는 협의를 가리키는 것인바, 그 중 아직 이혼하지 않은 당사자가 장차 협의상 이혼할 것을 약정하면서 이를 전제로 하여 위 재산분할에 관한 협의를 하는 경우에 있어서는, 특별한 사정이 없는 한, 장차 당사자 사이에 협의상 이혼이 이루어질 것을 조건으로 하여 조건부 의사표시가 행하여지는 것이라 할 것이므로, 그 협의 후 당사자가 약정한대로 협의상 이혼이 이루어진 경우에 한하여 그 협의의 효력이 발생하는 것이지, 어떠한 원인으로든지 협의상 이혼이 이루어지지 아니하고 혼인관계가 존속하게 되거나 당사자 일방이 제기한 이혼청구의 소에 의하여 재판상이혼(화해 또는 조정에 의한 이혼을 포함한다.)이 이루어진 경우에는, 위 협의는 조건의 불성취로 인하여 효력이 발생하지 않는다(대법원 2003. 8. 19. 선고 2001다14061 판결).

◈ 조건부권리의 침해금지

제 148 조【조건부권리의 침해금지】

조건 있는 법률행위의 당사자는 조건의 성부가 미정한 동안에 조건의 성취로 인하여 생길 상대방의 이익을 해하지 못한다.

■ § 148. 조건부권리의 소극적 보호

- 조건부권리의 침해금지
- 조건부권리의 침해 : 위법, 무효
- 조건부권리 : 기대권, 희망권, 가등기를 할 수 있다.
- 기한부권리에도 똑같이 적용

조건부법률행위의 당사자는 조건의 성부가 미정인 동안에 조건의 성취로 인하여 그 행위로부터 발생될 상대방의 이익을 해할 수 없다. 분설하면 다음과 같다.

(1) 조건부권리의 침해는 원칙적으로 불법행위가 된다. 예컨대 상대방이 고의·과실로 인하여 조건부권리의 목적물을 멸실·훼손한 경우에는 권리침해를 이유로 하여 손해배상을 청구할 수 있다.

(2) 조건부권리가 목적물의 처분행위에 의해 침해된 경우에는 그 처분행위는 무효이다(독일민법 제161조 참조).

(3) 본조는「법률행위의 당사자」가 조건부권리를 침해할 수 없다는 표현을 쓰고 있으나 조건부권리는 일종의 배타적인 권리이며 제3자도 이를 침해할 수 없다고 해석하여야 한다. ① 제3자의 침해, 예컨대 제3자에 의한 목적물의 훼손인 경우에는 권리자는 제3자에게 대하여 손해배상을 청구할 수 있다. ② 제3자의 처분행위, 예컨대 제3자의 목적물에 대한 강제집행도 무효이다(독일민법 제161조 참조 ; 이영섭, 장경학, 김기선, 방순원, 김·안, 곽윤직).

(4) 이상의 효력은 조건이 성부미정인 동안에 발생하는 것이다.

◈ 조건부권리의 처분의 가부

제 149 조【조건부권리의 처분 등】

조건의 성취가 미정한 권리의무는 일반규정에 의하여 처분, 상속, 보존 또는 담보로 할 수 있다.

■ § 149. 조건부권리의 적극적 보호

- 조건부권리 : 기대권, 희망권, 가등기 가능
- 기한부권리에도 똑같이 적용
- 적극적 보호 : 처분, 상속, 보존(가등기), 담보(담보제공) 가능
- 관련법조 : [보존] 부동산등기법 §3

조건의 성취가 미정인 조건부권리는 일반규정에 따라서 처분·상속·보존 또는 담보할 수 있는 권리이다.

'일반규정에 의하여'란 조건성취로 인하여 취득하는 권리, 즉 무조건의 권리와 동일한 방법에 의하여란 의미이다.

조건부권리를 처분하는 경우에는 조건성취의 가능성 여부에 따라 그 가격이 다를 것이다. 조건부채권은 상속재산에 포함된다(제1035조 2항, 제1113조 2항).

보존의 방법으로서는 등기라든가 시효의 중단 등이 있다.

조건성취의 의무의 이행을 담보하기 위하여 저당을 설정할 수 있고, 또 보증인을 세울 수 있다. 조건부권리를 압류하는 것도 가능하다.

◈ 신의성실에 반한 행위로써 조건을 성취시킨 경우의 효력

제 150 조【조건성취, 불성취에 대한 반신의행위】

① 조건의 성취로 인하여 불이익을 받을 당사자가 신의성실에 반하여 조건의 성취를 방해한 때에는 상대방은 그 조건이 성취한 것으로 주장할 수 있다.

② 조건의 성취로 인하여 이익을 받을 당사자가 신의성실에 반하여 조건을 성취시킨 때에는 상대방은 그 조건이 성취하지 아니한 것으로 주장할 수 있다.

■ § 150. 반신의행위

- 조건성취의 주장 가능 : 1항
- 조건불성취의 주장 가능 : 2항

1. 요 건

조건의 성취, 불성취로 불이익을 받을 자가 신의칙에 반하는 방법으로 조건의 성취를 방해하거나 조건을 성취시킨 경우에는, 성취된 것으로 또는 그 조건을 성취되지 않은 것으로 주장 할 수 있다.

2. 효 과

(1) 조건성취의 의제

상대방은 조건이 성취한 것으로 주장할 수 있다. 즉 조건이 성취된 것으로 간주되는 것은 아니며, 상대방이 주장한 때에 조건성취의 효과가 발생한다.

조건이 성취된 것으로 의제되는 시기는 상대방의 위 주장을 전제로 하여 신의 성실에 반하는 행위가 없었다면 조건이 성취되었으리라고 추산되는 때이다(대판 1998. 12. 22. 98다42356).

(2) 조건불성취의 의제

조건의 성취로 인하여 이익을 받을 당사자가 신의성실에 반하여 조건을 성취시킨 때에는, 상대방은 그 조건이 성취하지 아니한 것으로 주장할 수 있다.

▣ 핵심판례 ▣

■ [조건성취, 불성취에 대한 반신의행위]

1. 채무초과 상태에 빠진 채무자가 장래의 채권에 대한 전부명령에 의한 강제집행이 개시된 사실을 알고서 장래의 채권의 조건성취나 기한의 도래를 방해하는 행위를 한 경우, 전부명령에 의한 채권에 대한 강제집행을 방해한 것이 되는지 여부(적극)

채권자가 집행력 있는 채무명의에 터잡아 강제집행을 개시한 것을 알면서 채무자가 그 강제집행의 목적물을 손괴·은닉하는 등의 방법으로 그 강제집행의 실행을 방해하였다면 그 행위는 그 집행채권자에 대하여 불법행위를 구성하게 되는 것이며 그 이치는 강제집행의 목적물이 금전채권인 경우에도 마찬가지로 적용될 터인바, 금전채권에 대한 집행의 한 방법인 압류·전부명령은 실질적으로 채권자평등주의 원칙의 예외를 이루는 집행방법으로서, 조건부 채권이나 기한부 채권 등 장래의 채권에 대한 전부명령의 경우 전부명령이 채무자와 제3채무자에게 송달되어 확정되면 전부의 효력이 생기고 조건의 성취나 기한의 도래에 따라 그 채권이 구체화되는 데에 따라 그의 효력범위가 특정되는 것이기에, 채무초과 상태에 빠진 채무자가 그 전부명령에 의한 강제집행 개시사실을 알고서 그 조건성취나 기한의 도래를 방해하는 행위를 하였다면 그 행위는 전부명령에 의한 채권에 대한 강제집행을 방해한 것이 된다(대판 2002. 1. 25, 99다53902).

2. 해제조건의 성취를 방해한 경우에 해당되지 아니한다고 한 원심판결을 수긍한 사례

해제조건의 성취로 인하여 불이익을 받을 당사자가 그 귀책사유로 인하여 해제조건의 성취를 방해한 경우에 해당되지 아니한다고 한 원심판결을 수긍한 사례(1996. 1. 23. 판결, 94다21665 선수금).

<판례전문(1996. 1. 23(94다21665)>

[원고, 피상고인] 김풍구

[피고, 상고인] 신해도 외 1인(피고들 소송대리인 동서 법무법인 담당변호사 박

우동)

[원시판결] 부산고법 1994. 4. 1. 선고93나212 판결

[주 문] 상고를 모두 기각한다. 상고비용은 피고들의 부담으로 한다.

[이 유] 상고이유를 본다.

원심판결 이유에 의하면, 원심은 청과물 수입, 판매업자인 원고가 1991. 5.경 수출입 대행업자인 소외 주식회사 아주무역진흥공사(이하 소외 회사라 한다)와의 사이에 원고가 필리핀으로부터 바나나를 수입하기 위한 수입대행업체를 체결하였는데 그 판시와 같은 경위로 약정된 선적기일까지 바나나의 선적이 이루어지지 않게 되자, 원고가 그 판시 수출업자에게 지급한 선수금 및 선박운임에 대하여 소외 회사가 그 반환책임을 인정하되 소외 회사가 바나나의 수입을 다시 추진하여 같은 해 7. 31.까지 바나나를 인도하고(그 후 같은 해 8.8.까지로 연장되었다), 만일 이를 인도하지 못하는 경우에는 원고에게 다음날까지 위 선수금과 선박운임을 반환하기로 약정하고, 피고 신해도는 같은 날, 피고 서영락과 같은 달 29. 소외 회사의 원고에 대한 위 반환채무를 각 연대보증한 사실을 인정한 다음, 이 사건 선수금 및 운임 상당의 금전 반환채무는 소외 회사가 원고에게 1991. 8. 8.까지 같은 품종과 수량의 바나나를 인도할 것을 해제조건을 하는 것으로 볼 수 있으나, 원고로서는 위 해제조건이 성취된다 하여도 위 선수금 및 선박운임에 해당하는 금액만큼 수입한 바나나를 인도받는 셈이 되어 이를 금전으로 반환받는 경우에 비해 아무런 불이익을 받는 것이 없으며, 원고가 신용장을 개설하지 아니한 것은 원고와 소외 회사의 사이에 원고가 신용장의 개설에 있어서 신용장상의 원산지를 제외한 일체의 압의사항에 대하여 소외 회사의 요청에 따라 응하기로 합의된 바 있는데 원고와 소외 회사 사이에 신용장상의 내용에 관하여 합의가 되지 아니하였기 때문인 것이므로, 위 신용장이 개설되지 아니한 것이 전적으로 원고의 책임이라고 볼 수 없고, 따라서 원고가 비록 신용장을 개설하지 아니하여 소외 회사가 이 사건 물품을 수입하여 인도할 수 없게 되었다 하더라도 이는 해제조건의 성취로 인하여 불이익을 받을 당사가 그 귀책사유로 인하여 이를 방해한 경우에 해당되지 아니한다고 판단하고 있는바, 기록에 비추어 살펴볼 때, 원심의 사실인정 및 판단은 정당하고 거기에 소론과 같은 계약문서의 해석 및 민법 제150조 제1항에 관한 법리오해, 채증법칙 위반, 심리미진 등이 위법이 있다 할 수 없다. 논지는 이유 없다.

그러므로 상고를 모두 기각하고 상고비용은 패소자들의 부담으로 하기로 하여 관여 법관의 일치된 의견으로 주문과 같이 판결한다.

대법관 이임수(재판장) 김석수

정귀호(주 심) 이돈희

◆ 불법조건, 기성조건을 붙인 법률행위의 효력

제 151 조【불법조건, 기성조건】

① 조건이 선량한 풍속 기타 사회질서에 위반한 것인 때에는 그 법률행위는 무효로 한다.

② 조건이 법률행위의 당시 이미 성취한 것인 경우에는 그 조건이 정지조건이면 조건없는 법률행위로 하고 해제조건이면 그 법률행위는 무효로 한다.

③ 조건이 법률행위의 당시에 이미 성취할 수 없는 것인 경우에는 그 조건이 해제조건이면 조건없는 법률행위로 하고 정지조건이면 그 법률행위는 무효로 한다.

■ § 151. 불법조건, 기성조건

- 불법조건 : 법률행위가 무효임
  예) 아편을 가져오면 1억을 주겠다.
- 기성조건, 불능조건 : 조건이 아님
  예) 내일 동쪽에서 해가 뜨면~ : 기성조건
  내일 서쪽에서 해가 뜨면~ : 불능조건
- 기성조건이나 불능조건은 조건은 아니나 법률행위의 효력은 무효가 되기도 하고 조건없이 유효가 되기도 함

민법은 엄밀하게는 조건이라고 할 수 없는 외관상의 조건에 대해서도 주의규정을 두고 있다.

(1) 조건의 성부가 법률행위당시 이미 확정되어 있는 것을 기성조건이라 한다. 조건이 성취되고 있는 경우는 그 조건이 정지조건이면 법률행위는 무조건으로 되고 해제조건이면 무효이다.
조건이 이미 성취할 수 없는 것으로 확정되어 있는 경우에는 그 조건이 정지조건이면 법률행위는 무효로 되고 해제조건이면 무조건으로 된다.
어떻든 기성조건은 조건이 아니고 이것에 기한 법률행위는 단순하게 유효

하든가, 아니면 전연무효(완전무효)이다.

(2) 조건을 붙었기 때문에 법률행위 전체가 불법성을 띤 경우에 그 조건을 불법조건이라 한다. 본조는 이러한 경우의 법률행위를 무효로 하지만 불법성의 유무는 조건을 포함한 법률행위 전체에 의하여 결정되어야 하며 조건만을 따로 떼어서 논하는 것은 무의미하다. 예컨대 도둑질하면 제명한다는 규약, 첩관계를 정리하기 위해서 위자료를 보낸다는 계약 등은 유효하다.

(3) 조건의 성취가 불능한 것을 불능조건이라 한다. 불능한 정지조건을 붙인 법률행위는 무효이고 불능한 해제조건을 붙인 법률행위는 조건없는 법률행위가 된다.

조 건	구 분	효 과
기성조건 (제151조②)	정지조건 해제조건	조건없는 법률행위 법률행위가 무효
불능조건 (제151조③)	정지조건 해제조건	법률행위가 무효 조건없는 법률행위

불능인가의 여부는 불법행위 성립시를 표준으로 하여 정한다. 이때 이후에는 조건불성취의 문제를 일으키는 데 불과하다. 또 채무자의 의사만에 의거하여 성부가 결정되는 정지조건(수의조건의 일종)이 붙은 법률행위는 이로부터 발생하는 채권관계를 극도로 불안정·불확정하게 하기 때문에 무효로 한다.

· 조건을 붙일 수 없는 법률행위

구분	근 거	구 체 적 인 예
공익상불허	조건을 붙이는 것이 강행법규나 사회질서에 위반하는 결과가 되므로	1) 혼인·이혼·입양·파양·인지·상속의 승인 또는 포기 등의 신분상의 행위 2) 어음행위·수표행위(특히 거래안전의 요구가 강하다)
사익상불허	조건을 붙임으로써 상대방의 지위를 현저히 불리하게 하므로	1) 주로 단독행위에 조건을 붙일 수 없음이 원칙(상계·해제·해지·취소·추인·환매 등) 2) 채무의 면제·유증과 같이 상대방에게 이익만을 주는 단독행위에는 조건을 붙일 수 있다. 상대방의 동의가 있는 경우에도 가능하다.

▣ 핵심판례 ▣

■ [불법조건, 기성조건]

토지거래허가구역 안의 대지에 대하여 매매계약을 체결함에 있어 계약당사자 사이에 토지거래허가를 받지 못할 경우 매매계약을 무효로 하기로 하는 약정을 한 경우 위 매매계약의 효력 유무(소극)

국토이용관리법 제21조의 2 제1항, 제21조의 3 제1항, 제7항, 같은 법 시행령 제23조, 같은 법 제31조의 2의 각 규정을 종합해 보면, 위 법의 취지는 관할 도지사의 거래허가 전에 당사자 사이에 채권적 구속력을 가지는 계약의 체결을 금지하여 투기억제, 지가폭등의 진정 등의 목적을 달성하기 위한 것으로서 관할 도지사의 허가를 받기 전의 매매계약은 위 법 제21조의 3 제7항에 의하여 또는 위 법 제31조의 2에 위배된 범법행위로서 그 효력이 없다고 보는 것이 상당하므로 토지거래허가구역 안에 있는 대지에 대하여 매매계약을 체결함에 있어 계약당사자 사이에 대지에 대한 토지거래허가를 받지 못할 경우 매매계약을 무효로 하기로 하는 약정을 하였다면 이는 토지거래 불허가를 해제조건으로 하는 매매계약으로서 위 법 제21조의 3 제7항 또는 같은 법 제31조의 2에 위배되어 무효이다(1991. 6. 14. 제3부 판결, 91다7620 위약금).

◆ 기한이 있는 법률행위의 효력발생 시점

제 152 조 【기한도래의 효과】

① 시기있는 법률행위는 기한이 도래한 때로부터 그 효력이 생긴다.

② 종기있는 법률행위는 기한이 도래한 때로부터 그 효력을 잃는다.

■ § 152. 기한의 종류

- 확정기간 : 1996. 1. 1.부터 임대차한다.
  불확정기한 : 갑의 사망시에 지급한다.
- 시기 : 1996. 1. 1.부터 ⇒ 효력발생
  종기 : 1996. 12. 31.까지 ⇒ 효력소멸

기한은 법률행위효력의 발생, 소멸 또는 채무의 이행을 장래 발생할 것이 확실한 사실에 의존하게 하는 법률행위의 부관이다. 조건은 그 성취여부가 불확실한 데 반하여 기한은 발생사실이 확실하다. 예를 들어「비가 오면」은 언젠가 비가 올 것이므로 기한이지만,「10월 이내에 비가 오면」은 불확실하므로 조건이다. 기한은 도래시기가 언제인지 확실한 확정기한과 언제 도래할지 확실하지 않은 불확정 기한의 두 가지가 있다.「내년 2월 1일」은 확정기한이며,「갑이 사망하는 날」은 불확정기한이 된다. 그리고 법률행위의 효력의 발생 또는 채무의 이행에 관한 기한을 시기라 하고, 법률행위의 효력소멸에 관한 기한을 종기라 한다.「내년 2월 1일부터 생활비를 지급하겠다」고 할 때에는 내년 2월 1일은 시기가 되지만,「갑이 사망할 때까지 생활비를 지급하겠다」고 약속하였을 때 갑의 사망이라는 사실은 종기가 된다.

▣ 핵심판례 ▣

■ [기한도래의 효과]

1. 불확정한 사실을 발생한 때를 이행기로 정한 경우 그 기한의 도래여부에 대한 판단

당사자가 불확정한 사실이 발생한 때를 이행기한으로 정한 경우에 있어서 그 사실이 발생한 때는 물론 그 사실의 발생이 불가능하게 된 때에도 이행기한은 도래한 것으로 보아야 한다(1989. 6. 27. 제1부 판결, 88다카10579 분양대금).

2. 임대기한을 '본 건 토지를 임차인에게 매도할 때'까지로 약정한 경우에 기간의 약정이 없는 임대차 계약인가 여부

임대차 계약을 체결함에 있어 임대기한을 '본 건 토지를 매도할 때'까지로 정하였다면 별다른 사정이 없는 한 그것은 도래할지의 여부가 불확실한 것이므로 기한을 정한 것이라고 볼 수 없으니 위 임대차계약은 기간의 약정이 없는 것이라고 해석함이 상당하다(대판 1974. 5. 14, 73다631).

◆ 기한의 이익을 그 기한의 도래 전에 포기할 수 있는지 여부

제 153 조 【기한의 이익과 그 포기】

① 기한은 채무자의 이익을 위한 것으로 추정한다.

② 기한의 이익은 이를 포기할 수 있다. 그러나 상대방의 이익을 행하지 못한다.

■ § 153. 기한의 이익

- 기한의 이익 ⇒ 채무자(추정)
- 기한의 이익의 포기 : 상대방 있는 단독행위
- 기한의 이익의 상실 : 채권자보호 ⇒ 즉시이행청구
- 관련법조 : 상 §259, §269, §542①, §613①, 어음 §40②

1. 의 의

기한의 이익이란 법률행위에 기한이 도래하지 않음에 의하여 당사자가 받는 이익이다. 어느편 당사자가 기한의 이익을 갖는가는 법률행위의 성질에 따라 다르다.

(1) 채권자만이 기한의 이익을 갖는 경우 : 예컨대 반환기를 정한 임치의 경우에는 수치인은 기한내에 수탁물을 반환할 수 없다(제698조 본문). 따라서 임치가 무상이면 반환기까지 임치가 존속하는 것은, 임치인에게는 이익이 될지라도 수치인에게는 아무런 이익도 돌아오지 않는다.

(2) 채권자·채무자 쌍방이 기한의 이익을 갖는 경우 : 예컨대 이자부 소비대차가 성립된 때에는 반환기가 도래하기까지 차주는 반환을 청구당하지 않는 것에 대한 이익을 갖게 되고 대주도 이자를 수취하는 이익을 갖는다.

(3) 채무자만 이익을 갖는 경우 : 무이자소비대차인 때에는 차주는 반환기 도래까지 반환을 청구당하지 않는 것에 대한 이익을 갖지만 대주는 어떠한 이익도 갖지 못한다. 실제 문제로서는 (3)의 경우가 가장 많기 때문에 본조는 기한의 이익은 채무자를 위하여 존재하는 것으로 추정한다.

따라서 채권자는 특약 혹은 법률행위의 성질상 그 추정이 배치될 경우에는 자기에게 기한의 이익이 있다는 것을 주장하여 입증하여야 한다.

2. 기한의 이익의 포기·상실

기한의 이익은 이를 포기할 수 있다. 포기는 상대방 있는 단독행위이며 기한도래와 동일한 효력을 발생시키는 것이다.

따라서 채무자가 기한의 이익을 포기하고 이행을 제공한 경우에 채권자가 그것을 거절하면 수령지체가 된다. 단 어음에 대해서는 만기 전의 지급을 수령할 의무는 존재하지 않는다(어음법 제40조 1항).

기한의 이익을 포기함으로써 상대방의 이익을 해하는 것은 허용되지 않는다(제153조 2항).

이것은 상대방의 이익을 해하는 경우에는 포기가 허용되지 않는다는 것을 의미하는 것이 아니라 포기하는 것에 의해 생길 손실을 배상하면 포기해도 좋다는 취지이다.

당사자의 일방만이 기한의 이익을 갖는 경우에 이것을 포기하는 것은 문제가 없다. 예컨대 무상임치의 임치인과 무이자 소비대차의 차주는 기한 전에 언제라도 기한의 이익을 포기하고 목적물의 반환을 요구하거나 목적물을 반환할 수 있다. 이 경우에 만일 상대방이 손실을 입으면 배상하여야 한다. 당사자 쌍방이 기한의 이익을 갖는 경우, 예컨대 이자부 정기예금계약이 있는 경우에도 은행은 기한의 이익을 포기하고 예금을 반환할 수 있다.

채무자는 파산선고를 받은 때(채무자 회생 및 파산에 관한 법률 제425조), 담보를 손상·감소·멸실한 때(보증인의 살해는 이에 준한다) 담보를 공여할 의무가 있음에도 불구하고 공여치 않은 때에는 기한의 이익을 상실한다(제388조).

그 어느 것도 채무자에게 신용이 없게 되어 채권자로 하여금 기한도래시까지 청구를 유예하게 하는 것은 부당하다고 인정할 수 있는 경우이다.

당사자가 일정한 사실이 있을 때에는 기한의 이익을 상실한다는 뜻의 특약을 하면 그에 따른다.

기한의 이익이 상실하는 결과, 기한이 도래한 것으로 간주되어 즉시 이행한다는 뜻의 청구를 할 수 있게 된다.

▣ 핵심판례 ▣

■ [기한의 이익과 그 포기]

1. 기한이익과 상실의 특약의 성격 등 기한이익 상실의 특약은 형성권적 기한이익 상실의 특약으로 추정되는지 여부(적극)

기한이익 상실의 특약은 그 내용에 의하여 일정한 사유가 발생하면 채권자의 청구 등을 요함이 없이 당연히 기한의 이익이 상실되어 이행기가 도래하는 것으로 하는 정지조건부 기한이익 상실의 특약과 일정한 사유가 발생한 후 채권자의 통지나 청구 등 채권자의 의사행위를 기다려 비로소 이행기가 도래하는 것으로 하는 형성권적 기한이익 상실의 특약의 두가지로 대별할 수 있고, 기한이익 상실의 특약이 위의 양자 중 어느 것에 해당하느냐는 당사자의 의사해석의 문제이지만 일반적으로 기한이익 상실의 특약이 채권자를 위하여 둔 것인 점에 비우어 명백히 정지조건부 기한이익 상실의 특약이라고 볼 만한 특별한 사정이 없는 이상 형성권적 기한이익 상실의 특약으로 추정하는 것이 타당하다(대판 2002. 9. 4, 2002다28340).

2. 가. 대금지급 방법으로 교부받은 어음이 부도될 것이 예상되는 경우, 이행기 도래 전에 이행지체를 원인으로 한 계약해제의 가부(소극)

계약해제권의 발생사유인 이행지체라 함은 채무의 이행이 가능한데도 채무자가 그 이행기를 초과한 것을 말하고 그 이행기 도래 전에는 이행지체란 있을 수 없으므로, 채무이행의 방법으로 교부한 어음이 지급기일에 지급불능이 예상된다 하더라도 잔대금의 이행기일이 경과하지 않은 이상 기한의 이익을 보유하고 있다 할 것이므로 바로 잔대금지급을 최고하고 계약을 해제할 수 없다.

나. 매매대금채무의 이행방법으로 제3자발생의 어음을 교부한 경우, 어음지급기일을 매매대금이행기로 본 사례

원, 피고 사이에 체결한 매매계약의 잔대금지급방법으로 제3자발행의 어음을 교부하면서 이 어음이 모두 지급되면 원고 앞으로 매매목적물의 소유권이전등기를 경료하기로 약정한 경우에는 동 매매계약의 잔대금 이행기일은 위 어음의 지급기일이라고 봄이 상당하다(1982. 12. 14. 제1부 판결, 82다카861 손해배상).

3. 형성권적 기한이익 상실의 특약이 있는 할부채무에 있어서 소멸시효의 기산점

형성권적 기한이익 상실의 특약이 있는 경우에는 그 특약은 채권자의 이익을 위한 것으로서 기한이익의 상실 사유가 발생하였다고 하더라도 채권자가 나머지 전액을 일시에 청구할 것인가 또는 종래대로 할부변제를 청구할 것인가를 자유로이 선택할 수 있으므로, 이와 같은 기한이익 상실의 특약이 있는 할부채무에 있어서는 1회의 불이행이 있더라도 각 할부금에 대해 그 각 변제기의 도래시마다 그 때부터 순차로 소멸시효가 진행하고 채권자가 특히 잔존 채무 전액의 변제를 구하는 취지의 의사를 표시한 경우에 한하여 전액에 대하여 그 때부터 소멸시효가 진행한다(대법원 2002. 9. 4. 선고 2002다28340 판결).

◈ 기한부권리와 준용규정

제 154 조 【기한부권리와 준용규정】

제148조와 제149조의 규정은 기한있는 법률행위에 준용한다.

■ § 154. 기한부권리

- 조건부권리의 규정준용 : 조건부권리의 침해금지(§148), 조건부권리의 처분 등 (§149)
- 다만 채무의 이행에 기한이 붙은 경우에는 채권·채무는 이미 발생하고 있으므로 문제삼을 필요가 없다
- 관련법조 : [권리침해와 손해배상] §750

본조는 기한부권리자의 지위는 조건부권리자의 지위에 비교하여 한층 더 확실한 것이기 때문에 조건부 권리자에게 기대권적 보호를 부여한다는 뜻의 규정을(제148조, 제149조) 기한부 권리자에게도 준용하고 있다. 따라서 조건성취 전의 법률행위의 효력과 기한 도래 전의 효력과의 사이에는 전혀 차이가 없다.

제 6 장 기 간

기간이라 함은 어느 시점에서 어느 시점까지의 계속된 시간을 말한다. 바꾸어 말하면 두시점 사이의 시간의 흐름을 계속적으로 본 것이, 즉 기간이다. 이 기간은 이른바「기일」과는 구별하여야 한다. 기일이라는 것은 시간의 경과에 있어서의 어느 특정의 시점을 가리키는 것으로서, 그 곳에는 계속의 관념이 없다. 그러나 기일이 반드시 순간을 의미하는 것은 아님을 주의하여야 한다. 보통은 「일」로서 표시된다. 이 때의 1일은 시간의 계속으로서가 아니라 통일된 불가분의 한 단위로서 생각하는 것이다.

법률사실로서의 시간은 이른바「사건」에 속한다. 그런데 시간만이 법률요건이 되는 경우는 없지만, 다른 법률사실과 결합해서 법률요건의 중요한 법률사실이 되는 경우는 많다. 예컨대 성년·최고기간·실종기간·기한·시효 등은 그 예이다.

기간을 정하는 법령이나 재판상의 처분 또는 법률행위에 의하여 기간의 계산방법까지도 정하고 있으면, 물론 그것에 의하게 되나, 이를 정하고 있지 않은 경우를 위하여 민법은 보충적으로 계산방법을 규정하고 있다(제155조). 민법의 이에 관한 규정은 사법관계뿐만 아니라, 공법관계에도 적용된다.

◆ 기간의 계산에 관한 규정의 적용범위

제 155 조 【본장의 적용범위】

기간의 계산은 법령, 재판상의 처분 또는 법률행위에 다른 정한 바가 없으면 본장의 규정에 의한다.

■ § 155. 기간의 계산방법

- 기　　간 : 일정한 시점에서 일정한 시점까지 계속된 시간
- 기간의 계산 : ① 법령, 재판상처분, 법률행위 → ② 민법의 규정
- 관련법조 : 상 §63, 어음 §36, §37, §72~§74, §77①-9, 수표 §30, §60~§62, 민소 §170~§172, 비송 §10, 형 §83~§86, 형소 §66~§67, 가족관계등록 §37, 특허 §14, 신안 §3, 디자인 §16, 국회 §168

기간이란 어떤 시점에서 다른 시점까지의 시간적인 거리를 말한다. 기간에는 각종의 법률효과가 주어져 있다. 예컨대 연령, 시효 등에 대한 관계와 같다. 기간을 정하기 위해서 그 결정방법이 법령 등에서 정하여져 있는 경우와 계약 등에서 당사자가 정하고 있는 경우에는 그것에 의하나 방법을 정하고 있지 않는 경우에는 본장의 규정에 따른다. 따라서 기간의 계산에 관한 민법의 규정은 강행규정이 아니다. 본장의 규정은 공법적인 관계에 관해서도 적용된다.

◆ 기간을 시 · 분 · 초로 정한 때의 기산점

제 156 조 【기간의 기산점】

기간을 시, 분, 초로 정한 때에는 즉시로부터 기산한다.

■ § 156. 자연적 계산방법

- 정확, 불편 → 단기간에 적용
- 즉시 기산, 시계
- 관련법조 : 형소 §66①

시(시간) 이하의 단위에서 기간을 정한 경우, 예컨대 3시간이라든가 30분이란 경우에는 그 시(즉시)로부터 기산하고 정해진 시간 그대로 계산한다. 이 계산방법을 자연적 계산방법이라 한다.

◆ 기간의 초일을 산입하지 아니하는 경우

제 157 조【기간의 기산점】

기간을 일, 주, 월 또는 년으로 정한 때에는 기간의 초일은 산입하지 아니한다. 그러나 그 기간이 오전영시로부터 시작하는 때에는 그러하지 아니하다.

■ § 157. 역법적 계산방법

- 달 력
- 부정확, 불편 → 장기간에 적용
- 기 산 점 : 초일불산입의 원칙
- 관련법조 : 가족관계등록 §37, 어음 §73, §77①-9, 수표 §61, 형소 §66①

1. 원 칙

예컨대 3일간이라든가 3개월간이라고 하는 때에는 역에 따라서(일로 환산하지 않고) 계산한다. 이것을 역법적 계산방법이라 한다. 즉 초일은 산입하지 않고 익일부터 계산한다. 예컨대 5월 10일 월요일 아침에 「오늘부터 10일간」이라든가 「오늘부터 1개월간」이라고 한 경우, 10일은 산입하지 않고 11일부터 기산한다. 그 의미는 1일의 단수는 잘라버린다(만 24시간 아닌 일은 하루에 세지 않는다)는 것이다. 따라서 단수를 생기게 하지 않는 경우는 초일을 산입하게 된다. 예컨대 위의 예에서 5월 10일 아침에 13일부터 5일간이라 한 때는 13일을 초일로 하여 계산한다.

2. 예 외

① 기간이 오전 0시부터 시작하는 때에는 초일을 산입한다. 이때에는 초일에 단수가 없으므로 이를 하루로 계산하는 것이 당연하다.

② 연령의 계산에는 단축적 계산법을 채택하여, 출생일을 산입한다(제158조).

▣ 핵심판례 ▣

■ [기간의 기산점]

1. 가. 중앙당에 한 탈당신고의 효력

정당법 제20조 제1항, 제23조 제1항에 의하면 당원이 그 소속지구당에 탈당신고서를 제출하지 아니하면 중앙당에 이를 제출하였다고 하더라도 탈당의 효력은 발생하지 않는다.

나. 국회의원선거법 제27조 제6항 소정의 "선거일 공고일로부터"의 의미와 초일불산입의 원칙

국회의원선거법 제27조 제6항의 소정의 "선거일 공고일로부터"라 함은 "선거일을 공고한 날의 오전 영시로부터"를 의미하는 것으로 해석되므로 민법 제157조 단서에 해당되어 초일불산입을 규정한 같은 조 본문은 적용되지 않는다(1989. 3. 10. 제3부 판결, 88수85 국회의원선거무효).

2. 근로자의 평균임금을 산정함에 있어 사유가 발생한 날의 산입 여부(소극)

근로기준법 제19조 제1항 전단은 "평균임금이라 함은 이를 산정하여야 할 사유가 발생한 날 이전 3월간에 그 근로자에 대하여 지급된 임금의 총액을 그 기간의 총일수로 제한 금액을 말한다."고 규정하고 있는바, 위의 사유가 발생한 날 이전 3월간의 기산에 있어서 사유 발생한 날인 초일은 산입하지 않아야 한다(1996. 7. 9. 판결, 96누5469 유족급여 등 부지급처분취소).

3. 초일 불산입의 원칙에 대한 예외 약정의 가부(적극)

민법 제157조는 "기간을 일, 주, 월 또는 년으로 정한 때에는 기간의 초일은 산입하지 아니한다" 고 규정하여 초일 불산입을 원칙으로 정하고 있으나, 민법 제155조에 의하면 법령이나 법률행위 등에 의하여 위 원칙과 달리 정하는 것도 가능하다(대법원 2007.8.23. 선고 2006다62942 판결).

◈ 연령계산의 기산점

제 158 조【연령의 기산점】

연령계산에는 출생일을 산입한다.

■ § 158. 연령계산

- 연령계산의 기산점 : 출생일 산입
- 1965. 11. 3.생 → 성년? 1985. 11. 2. 24 : 00

기간계산의 원칙에는 예외가 있는데, 연령계산에 있어서는 초일을 산입하도록 되어 있다.

연령은 책력에 따라서 계산하는데(제160조), 초일을 산입치 않는 민법상 기간의 일반적 계산방법과는 달리 초일, 즉 출생일부터 기산한다. 따라서 가령 4월 1일 출생한 자는 여섯 번째의 생일날 전일인 3월 31일이 만료함으로써 만6세가 된다. 그 밖에 일정한 연령에 이르면 공법상·사법상의 자격·능력을 취득하는 요건이 되는 일이 많다(선거권·행위능력의 취득 따위).

◈ 기간을 일, 주, 월 또는 년으로 정한 때의 기간이 만료되는 시점

제 159 조【기간의 만료점】

기간을 일, 주, 월 또는 년으로 정한 때에는 기간말일의 종료로 기간이 만료한다.

■ § 159. 기간의 만료점

- 기간을 일, 주, 월, 년으로 정한 때 ⇒ 기간말일의 종료로 기간이 만료
- 관련법조 : 상 §63

기간의 만료점이란 기간계산이 끝나는 시점이다. 기간이 시·분·초를 단위로 한 때에는 정해진 시·분·초의 종료로써 만료점으로 하고(자연법적 계산방법), 일·주·월·년을 단위로 하는 경우에는 말일의 종료를 만료점으로 한다(역법적 계산방법). 말일의 종료라 함은 말일의 오후 12시가 경과함을 말한다. 기간의 말일이 공휴일에 해당한 때에는 기간은 그 익일로 만료한다. 일의 경우에는 당해 말일을 만료점으로 하고 주·월·년의 경우에는 역에 따라 계산하고 최후의 기산일의 당해일의 전일을 만료점으로 한다. 월 또는 년으로 정한 경우에 최종의 월에 당해 일이 없는 때에는 그 월의 말일로 기간이 만료한다(제157조, 제160조). 말일이 토요일 또는 공휴일에 해당할 때에는 기간은 그 익일로 만료한다(제161조).

▣ 핵심판례 ▣

■ [기간의 만료점]

가. 수입선다변화품목의 지정 등에 관한 상공부 고시 제91-2호의 법적 성질 및 효력발생요건

수입선다변화품목의 지정 및 그 수입절차 등에 관한 1991. 5. 13.자 상공부 고시 제91-21호는 그 근거가 되는 대외무역법시행령 제35조의 규정을 보충하는 기능을 가지면서 그와 결합하여 대외적인 구속력이 있는 법규명령으로서의 효력을 가지는 것으로서 그 시행절차에 관하여 대외무역관리규정은 아무런 규정을 두고 있지 않으나, 그 자체가 법령은 아니고 행정규칙에 지나지 않으므로 적당한 방법으로 이를 일반인 또는 관계인에게 표시 또는 통보함으로써 그 효력이 발생한다.

나. 위 고시 부칙 제2조 소정의 "시행일"의 만료시점

입법관행 및 자구해석상 "이전"이라 함은 기산점이 되는 일시를 포함하는 표현이고, 또 민법 제159조는 기간을 "일"로 정한 때에는 기간말일의 종료로 기간이 만료한다고 규정하여 기간의 말일에 관하여 초일의 경우와 마찬가지로 연장적 계산법을 채택하고 있으므로 어떤 행위를 하여야 하는 종기 또는 유효기간이 만료되는 시점을 "시행일" 또는 "공고일"이라고 하여 "일"로 정하였다면 그 기간의 만료점은 그날 오후 12시가 된다고 할 것이고, 따라서 위 고시 제91-21호 부칙 제2조를 위 법리에 따라 해석하면 수입승인을 받은 자가 위 고시의 시행일인 1991. 5. 13. 24:00까지 신용장 개설을 하지 아니하면 그날 24:00에 수입승인의 효력이 상실된다는 취지로 풀이된다(1993. 11. 23. 제2부 판결, 93도662 관세법위반).

◈ 기간을 주, 월 또는 년으로 정한 때의 기간계산방법

제 160 조【역에 의한 계산】

① 기간을 주, 월 또는 년으로 정한 때에는 역에 의하여 계산한다.

② 주, 월 또는 년의 처음으로부터 기간을 기산하지 아니하는 때에는 최후의 주, 월 또는 년에서 그 기산일에 해당한 날의 전일로 기간이 만료한다.

③ 월 또는 년으로 정한 경우에 최종의 월에 해당일이 없는 때에는 그 월의 말일로 기간이 만료한다.

■ § 160. 역에 의한 기간의 만료점

- 달력에 의한 계산 : 주, 월, 년이 단위가 된 경우
- 주, 월 또는 년의 처음부터 기간을 기산하지 아니하는 때에는 최후의 주, 월 또는 년에서 그 기산일에 해당한 날의 전일로 기간이 만료한다.
- 월 또는 년으로 정한 경우에 최종의 월에 해당일이 없는 때에는 그 월의 말일로 기간이 만료한다.
- 관련법조 : 어음 §36, 민소 §170, 형소 §66②

주 · 월 · 년이 단위가 된 경우에는 이상의 원칙하에서 역에 따라 계산하고 최후의 월 또는 년에서 그 기산점에 해당하는 일의 전일로써 말일로 한다(만료점).

그런데 이와 같은 계산에서 최후의 월에 해당일이 없는 수가 있을 수 있다. 예컨대 1월 30일에 「오늘부터 1개월」이라 한 경우에 해당일은 2월 30일이라는 날이 되어 해당일이 없게 된다. 이때에는 그 월의 말일(2월 28일)로써 말일로 한다.

◈ 기간의 말일이 토요일 또는 공휴일에 해당하는 때의 기간의 만료점

제 161 조【공휴일 등과 기간의 만료점】

기간의 말일이 토요일 또는 공휴일에 해당한 때에는 기간은 그 익일로 만료한다.

■ § 161. 공휴일의 기간의 만료점

- 기간의 말일이 토요일 또는 공휴일에 해당하는 때→기간은 그 다음날로 만료한다
- 관련법조 : 상 §63, 어음 §72, §77①-9, 수표 §60, 민소 §170, 형소 §66③, 국경일에 관한 법률, 관공서의 공휴일에 관한 규정

말일이 토요일 또는 공휴일에 해당하면 그 다음날로 만료한다. 그러나 기간의 초일이 공휴일인 경우에는 그 적용이 없으며(대판 1982. 2. 23, 81누204), 공휴일이 기간 도중에 있는 경우에도 마찬가지이다.

본 조문은 2007년 12월 21일에 '토요일'을 추가하는 것으로 개정되었다. 국민의 권리행사 및 의무이행이 용이하도록 기간의 말일이 토요일 또는 공휴일에 해당하는 경우에는 기간은 그 익일로 만료하도록 한 것이다.

▣ 핵심판례 ▣

■ [공휴일과 기간의 만료점]

국세기본법상 이의신청결의기간의 말일이 공휴일인 경우 그 기간의 만료일

국세기본법 제4조는 "이 법 또는 세법이 규정하는 기간의 계산은 이 법 또는 세법에 특별한 규정이 있는 것을 제외하고는 민법에 의한다"고 규정되어 있고 국세기본법 또는 다른 세법에 이의신청에 대한 민법 제161조의 규정에 따라 기간의 말일이 공휴일에 해당한 때에는 기간은 그 익일로 만료한다(1987. 10. 13. 제1부 판결, 87누53 양도소득세부과처분취소).

제 7 장　소멸시효

일정한 사실상태가 오랫동안 지속한 경우에, 그 상태가 진실한 권리관계에 합치하느냐 않느냐를 묻지 않고서, 그 사실상태를 그대로 존중하여, 이로써 권리관계를 인정하려는 제도가 이른바「시효」(Verjährung)이다. 바꾸어 말하면 일정한 사실상태가 일정한 기간 동안 계속됨으로써 법률상 일정한 효과, 즉 권리의 취득 또는 권리의 소멸을 일어나게 하는 법률요건이 시효이다.

시효에는「취득시효」(erwerbende Verjährung, 보통 Ersitzung이라고 함)와「소멸시효」(erlöschende Verjährung 또는 단순히 Verjährung이라고 함)가 있다.

취득시효는 어떤 사람이 마치 그가 권리자인 것과 같이 권리를 행사하고 있는 사실상태가 일정한 기간(시효기간) 동안 계속한 경우에, 그와 같은 권리행사라는 외관의 사실상태를 근거로 하여, 그 사람이 과연 진실로 권리자이냐 아니냐를 묻지 않고서, 처음부터 그 자가 권리자이었던 것으로 인정해 버리는 제도이다.

소멸시효는 권리자가 그의 권리를 행사할 수 있음에도 불구하고 일정한 기간(시효기간) 동안 그 권리를 행사하지 않는 상태, 즉 권리 불행사의 상태가 계속된 경우에, 그 자의 권리를 소멸시켜 버리는 시효이다. 주의할 것은, 소멸시효의 효력을 어떻게 이해하느냐에 따라서 소멸시효에 대한 이해가 달라진다는 점이다. 소멸시효의 효력에 관하여는 학설이 크게 나뉘어져 있다. 즉, 다수설은 시효기간의 완성으로 권리는 당연히 소멸하는 것으로 해석하지만, 소수설은 권리의 소멸을 주장할 수 있는 권리가 생길 뿐이라고 한다. 그리고, 취득시효의 반사작용으로 권리소멸이 있게 되나, 그것은 소멸시효가 아님을 유의하여야 한다.

<참고사항>

※ 시효와 제척기간

1. 기 준

(1) 법문에 '소멸시효로 인하여', '시효로 인하여 소멸한다' 등으로 표현되어 있으면 소멸시효로 본다(특히 판례의 태도는 법문에 충실한 해석을 하고 있다).

(2) 형성권의 행사기간은 제척기간 이다(형성권을 행사하면 곧바로 법률효과가 발생하고 소멸시효의 중단의 문제가 없기 때문이다).

2. 문제되는 경우

(1) 상속재산의 승인, 포기의 취소권(1024조 1항)과 유증의 승인, 포기의 취소권(1075조 2항)에 대한 기간제한은 제척기간으로 보는 것이 통설적 입장이다.

(2) 유류분 반환청구권의 행사기간(1117조)을 학설은 제척기간으로 본다. 다만 판례는 법문에 따라 소멸시효기간으로 본다(대판 1993. 4. 13. 92다3595).

(3) 선박우선특권의 소멸시효도 학설은 제척기간으로 이해하지만, 판례는 소멸시효로 본다(대판 1981. 2. 24. 80다2029).

(4) 불법행위에 기한 손해배상청구권(766조)

① 1항의 3년 기간은 소멸시효라고 보는 데 견해가 일치한다.

② 2항의 10년 기간에 대해서는 통설은 제척기간으로 보지만, 판례는 소멸시효라고 본다.

3. 제척기간의 법적 성질

(1) 출소기간설(통설)

이 견해는 기간 내에 재판상 행사되어야 기간을 준수한 것으로 이해한다.

(2) 재판외 권리행사기간설(판례)

판례의 입장으로서 기간 내에 재판 외라도 권리를 행사하면 되고 반드시 재판상 청구를 하여야만 청구권이 보전되는 것은 아니라고 본다. 다만 판례는 제204조 3항과 205조 2항 소정의 점유보호청구권의 행사기간은 제척기간임에도 불구하고 예외적으로 출소기간을 정한 것으로 본다(대판 2002. 4. 26. 2001다8097 · 8103).

4. 소멸시효와 제척기간의 차이점

(1) 시효는 소급효가 있지만(167조), 제척기간은 소급효가 없다.

(2) 시효의 '중단', '정지'는 제척기간에서 인정되지 않는다(통설, 판례). 이에 대

하여 시효의 정지에 대하여는 제168조의 천재 기타 사변으로 인한 정지는 준용하자는 소수설이 주장되고 있다.

(3) 시효의 이익포기는 제척기간에서 인정되지 않는다. 제척기간의 만료로써 해당권리는 당연히 소멸하기 때문이다.

(4) 소멸시효의 '기산점'은 변론주의 사항(대판 1995. 8. 25. 94다35886)이지만, 제척기간은 직권조사사항(대판 1996. 9. 20. 96다25)이다.

(5) 제척기간은 절대적 소멸, 즉 기간이 경과하면 당연히 권리행사가 불가능하다. 이는 소멸시효의 완성에 관한 절대적 소멸설과 같은 점이나 상대적 소멸설과는 다른점이다.

(6) 소멸시효는 법률행위에 의해 단축 또는 경감할 수 있으나(제184조 2항), 제척기간은 자유로이 단축 할 수 없다는 것이 통설이다.

◆ 채권 및 재산권의 소멸시효

제 162 조【채권, 재산권의 소멸시효】

① 채권은 10년간 행사하지 아니하면 소멸시효가 완성한다.

② 채권 및 소유권 이외의 재산권은 20년간 행사하지 아니하면 소멸시효가 완성한다.

■ § 162. 소멸시효의 기간

- 민사채권 : 10년
- 상사채권 : 5년
- 기타 재산권 : 20년
- 소멸시효에 걸리지 않는 권리 : ① 소유권
  ② 점유권
  ③ 담보물권
  ④ 일정한 법률관계에 의존하는 권리-대리권, 상린권, 공유물분할청구권
- 관련법조 : [예외] 상 §122, §64, 어음 §70, §77①-8, 수표 §51, 국세기본법 §27, 지방세기본법 §39, 국가재정법 §96, 지방재정법 §82, [부인권 소멸시효] 채무자 회생 및 파산에 관한 법률 §112

1. 소멸시효의 의의

시효란 일정한 사실상태가 오랫동안 계속한 경우에 그 상태가 진실한 권리관계에 합치되느냐의 여부를 불문하고 그 사실상태를 그대로 인정하는 제도이다. 소멸시효는 제척기간과 구별되는데, 통설은 조문상에 '소멸시효' 내지는 '시효로 인하여 소멸한다'라고 표현되어 있으면 그 기간을 소멸시효로 보고, 그렇지 않은 것은 제척기간으로 해석한다. 시효에는 권리자가 그의 권리를 행사할 수 있음에도 불구하고 일정한 기간동안 그의 권리를 행사하지 않는 상태가 계속한 경우에그 자의 권리를 소멸시켜버리는 소멸시효와 권리행사의 외관인 점유가 계속됨으로써 권리를 취득하는 효과를 생기게 하는 취득시효가 있다.

2. 소멸시효의 기간

모든 채권은 10년간 행사하지 아니한 때에는 시효에 의하여 소멸한다. 또 채권과 소유권을 제외한 재산권은 20년간 행사하지 아니하고 방치하면 시효에 의하여 소멸된다.

3. 소멸시효에 걸리는 권리

소유권 외의 재산권은 모두 소멸시효에 걸리는 것이 원칙이지만 상린권 · 점유권 · 물권적 청구권 · 담보물권은 소멸시효에 걸리지 않는다.

【쟁점사항】

<소멸시효에 걸리는지 여부가 문제되는 경우>

ㄱ) 근저당권 설정약정에 의한 근저당권 설정등기청구권

그 피담보채권이 될 채권과 별개로 소멸시효에 걸린다(대판 2004. 2. 13, 2002다7213).

ㄴ) 합의해제에 따른 매도인의 원상회복청구권

매매계약이 합의해제된 경우에도 매수인에게 이전되었던 소유권은 당연히 매도인에게 복귀하는 것이므로 합의해제에 따른 매도인의 원상회복청구권은 소유권에 기한 물권적 청구권이라고 할 것이고 이는 소멸시효의 대상이 되지 아니한다(대판 1982. 7. 27, 80다2968).

· 소멸시효에 걸리지 않는 권리

권리	해설
① 소 유 권	소유권은 존속기간의 제한이 없는 항구성을 가진다(제162조②).
② 물권적 청구권	1) 소유권에 기한 것이든 제한물권에 기한 것이든 모두 소멸시효에 걸리지 않는다는 견해(통설) 2) 제한물권에 기한 것만 소멸시효에 걸린다는 견해 3) 모두 소멸시효에 걸린다는 견해
③ 신분권	1) 신분권은 진실관계를 보다 존중하므로 소멸시효에 걸리지 않는다. 2) 신분권의 규정 중에는 행사기간이 정해져 있는 것이 있다(예 : 상속회복청구권).
④ 점유권	점유권은 일정한 사실상태가 있으면 언제나 존재하고, 그 사실상태가 소멸하면 당연히 소멸하는 권리이므로 소멸시효의 문제가 생길 여지가 없다.

⑤ 채권적 청구권 (등기청구권)	1) 채권적 청구권은 당연히 소멸시효에 걸리나, 채권적 청구권 중에서 특히 등기청구권에 대한 판례는 "만일에 매수인이 목적물을 인도받고 있으면, 그 등기청구권은 소멸시효에 걸리지 않는다"고 한다(대판 1976. 11. 6. [76다148], 공보③1976, 9462) 2) 학설은 일반적으로 판례의 타당성을 의심한다.
⑥ 담보물권	담보물권(저당권·질권·유치권)은 피담보채권이 존속하는 한 독립하여 소멸시효에 걸리지 않는다.
⑦ 항변권	1) 항변권은 상대방이 청구권을 행사하지 않으면 구체적으로 발생하지 않는 권리이므로 소멸시효에 걸리지 않는다. 2) 그러나 상대방이 이 청구권을 행사하였을 때에는 20년의 소멸시효에 걸린다(이설있음).
⑧ 일정한 법률관계에 의존하는 권리	예컨대 상린관계(제215조 이하), 공유물분할청구권(제268조 이하) 등은 그 기초가 되는 권리관계가 존속하는 동안은 독립하여 소멸시효에 걸리지 않는다.
⑨ 형성권	1) 민법은 「시효로 인하여」 라고 명언하고 있더라도 형성권에 관한 한, 그 존속기간은 언제나 제척기간이라고 해석하는 견해(다수설). 2) 형성권이라도 「시효로 인하여」 라는 문구가 있으면 시효기간이라고 보는 견해(이영섭).

4. 소멸시효 완성의 효과

소멸시효완성의 효과에 관하여는 소멸시효가 완성함으로써 관리자체가 절대적으로 소멸한다는 절대적 소멸설과 권리자체가 소멸하는 것이 아니라 다만 시효로 인하여 이익을 받는 당사자에게 권리의 소멸을 주장할 수 있는 권리를 발생시킬 따름이라고 하는 상대적 소멸설이 대립한다. 이에 의하면 소멸시효는 당사자가 권리의 소멸을 주장(소멸시효의 수용)함으로써 비로소 권리가 소멸한다. 그리고 당사자는 소멸시효로 인하여 받는 이익을 포기(소멸시효이익의 포기) 할 수도 있다. 소멸시효는 그 기산일에 소급하여 효력이 생긴다(제167조).

[상사채권과 민사채권의 소멸시효기간의 대비]

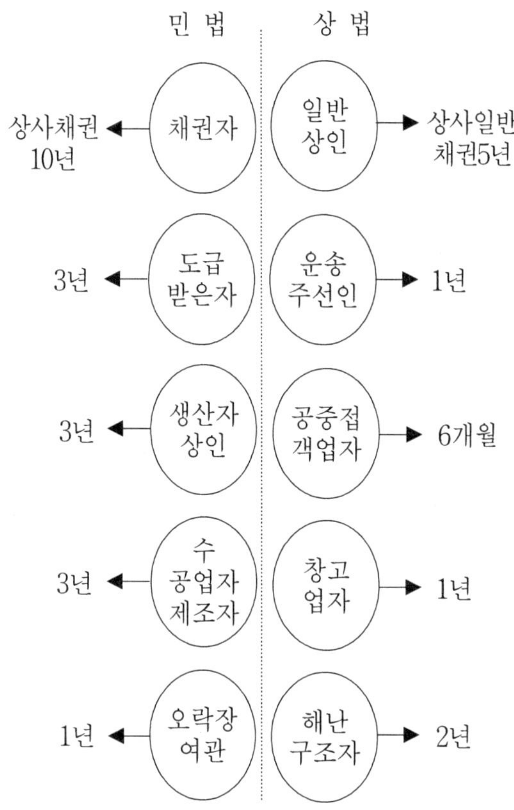

소멸시효기간과 채권의 종류	
20년	채권·소유권이외의 재산권 (제162조 2항)
10년	채권·확정판결에 의한 채권 (제162조·165조)
3년	이자, 부양료, 급료, 의·약료, 수급자채권, 변호료, 변리료, 공증인, 계리사의 보수, 상인의 상품대가, 수공업자·제조업자의 채권(제163조)
1년	숙박료, 음식료, 입장료, 의복·침구, 제사용구사용료, 연예인의 보수, 교육비, 기숙사비, 하숙비(제164조)

▣ 핵심판례 ▣

■ [채권, 재산권의 소멸시효]

1. 상행위에 해당하는 부동산 매매계약의 무효를 이유로 이미 지급한 매매대금 상당액을 부당이득으로서 반환을 구하는 경우, 그 청구권의 소멸시효기간(=10년)

가. 법인의 내부적인 법률관계가 개입되어 있어 제3자인 청구권자가 권리의 발생 여부를 객관적으로 알기 어려운 상황에 있고 과실 없이 이를 알지 못한 경우, 청구권의 소멸시효의 기산점(=객관적으로 청구권의 발생을 알 수 있게 된 때).

나. 주식회사인 부동산매수인이 의료법인인 매도인과 부동산 매매계약의 이행으로서 그 매매대금을 매도인에게 지급하였으나. 매도인 법인을 대표하여 위 매매계약을 체결한 대표자의 선임에 관한 이사회 결의가 부존재하는 것으로 확정됨에 따라 위 매매계약이 무효로 되었음을 이유로 민법의 규정에 따라 매도인에게 이미 지급하였던 매매대금 상당액의 반환을 구하려는 부당이득 반환청구의 경우, 거기에 상거래 관계와 같은 정도로 신속하게 해결할 필요성이 있다고 볼 만한 합리적인 근거도 없으므로 위 부당이득 반환청구권에는 상법 제64조가 적용되지 아니하고, 그 소멸시효기간은 민법 제162조 제1항에 따라 10년이다(대판 2003. 4. 8, 2002다64597・64964).

2. 인도 받아 점유하고 있는 매수부동산에 대한 소유권이전등기청구권의 시효소멸진행 여부(소극)

소유권이전등기청구권은 채권적 청구권이므로 10년의 소멸시효에 걸리지만 매수인이 매매목적물인 부동산을 인도받아 점유하고 있는 이상 매매대금의 지급 여부와는 관계없이 그 소멸시효가 진행되지 아니한다(1991. 3. 22. 제3부 판결, 90다9797 소유권이전등기).

3. 소멸시효 주장을 원용할 수 있는 자의 범위

소멸시효가 완성된 경우 이를 주장할 수 있는 사람은 시효로 인하여 채무가 소멸되는 결과 직접적인 이익을 받는 사람에 한정되므로, 채무자에 대한 일반 채권자는 자기의 채권을 보전하기 위하여 필요한 한도내에서 채무자를 대위하여 소멸시효 주장을 할 수 있을 뿐 채권자의 지위에서 독자적으로 소멸시효의 주장을 할 수 없다(대판 1997. 12. 26, 97다22676).

4. 소멸시효주장을 원용할 수 있는 자

소멸시효는 이에 의하여 직접 이익을 받는 채무자는 물론이고 그 채무자에 대한 채권자도 자기의 채권을 보전하기 위하여 필요한 경우에는 이를 원용할 수 있으나 채무자에 대하여 무슨 채권이 있는 것도 아닌 자는 소멸시효주장을 대위 원용할 수 없다(1991. 3. 27. 제2부 판결, 90다17552 토지소유권이전등기말소등).

5. 가. 소멸시효의 주장과 그 주장을 할 수 있는 자

소멸시효에 있어서 그 시효기간이 만료되면 권리는 당연히 소멸하지만 그 시효의 이익을 받는 자가 소송에서 소멸시효의 주장을 하지 아니하면 그 의사에 반하여 재판할 수 없고, 시효이익을 받는 자는 시효기간 만료로 인하여 소멸하는 권리의 의무자를 말한다.

나. 원고가 병, 을, 갑을 순차 대위하여 피고에게 원인무효인 소유권이전등기 등의 말소를 구하는 소송에서 피고가 을에 대한, 또 병의 을에 대한 각 소유권이전등기청구권이 시효소멸하였다는 항변을 할 수 없다고 본 사례

갑이 그 소유 임야를 을에게 매도하고 을은 병에게, 병은 원고에게 각 증여하였는데 위 임야의 지적공부가 멸실되자 정이 근거없이 그 명의의 소유권보존등기의 회복등기를 경료한 후 사망하여 피고 앞으로 상속을 원인으로 한 소유권이전등기가 마쳐진 경우, 원고가 병, 을 갑을 순차 대위하여 피고에게 원인무효인 위 소유권보존등기와 소유권이전등기의 말소를 구하는 소송에서 피고는 을의 갑에 대한 또 병의 을에 대한 각 소유권이전등기청구권이 시효말소하였다는 항변을 할 수 없다(1991. 7. 26. 제3부 판결, 91다5631 소유권보존등기말소등).

6. 부동산의 매수인이 목적물을 인도받아 사용수익하다가 그 점유를 상실한 경우 이전등기청구권에 관한 소멸시효의 진행 여부(적극)

부동산의 매수인이 매매목적물을 인도받아 사용수익하고 있는 경우에는 그 매수인의 이전등기청구권은 소멸시효에 걸리지 아니하나, 매수인이 그 목적물의 점유를 상실하여 더 이상 사용수익하고 있는 상태가 아니라면 그 점유상실시점으로부터 매수인의 이전등기청구권에 관한 소멸시효는 진행한다(1992. 7. 24. 제3부 판결, 91다40924 소유권이전등기말소).

7. 징발재산정리에 관한 특별조치법 제20조 소정의 환매권의 법적 성질과 환매권 행사로 발생한 소유권이전등기청구권의 소멸시효기간

징발재산정리에 관한 특별조치법 제20조 소정의 환매권은 일종의 형성권으로서 위 환매권은 재판상이든 재판외이든 그 제척기간 내에 이를 일단 행사하면 그 형식적 효력으로 매매의 효력이 생기는 것이고 그 후 다시 환매의 의사표시를 하였다고 하더라도 이미 발생한 환매의 효력에는 어떠한 영향이 미치는 것이 아니고, 또한 위 환매권의 행사로 발생한 소유권이전등기청구권은 환매권을 행사한 때로부터 일반채권과 같이 민법 제162조 제1항 소정의 10년 소멸시효기간이 진행된다(1992. 10. 13. 제1부 판결, 92다4666 소유권이전등기).

8. 가. 구임야대장에 된 소유권이전등록 기재의 효력

구 임야대장규칙(1920. 8. 23. 조선총독부령 제113호) 제2조에 의하여 준용되던 구 토지대장 규칙(1914. 4. 25. 조선총독부령 제45호) 제2조에 의하면 소유권이전에 관여하는 등기공무원의 통지기 없으면 임야대장에 이를 등록할 수 없도록 규정되어 있으므로 당시의 임야대장에 망 신의 명의로 소유권이전된 것으로 등재되어 있다면 그 임야에 관하여 위 일시에 그 명의로 소유권이전등기가 이루어졌는데 그 후 등기부가 멸실되었다고 볼 것이고 그 임야가 미등기부동산이라고 단정할 수는 없다.

나. 진정한 명의의 회복을 구하는 소유권이전등기청구권이 소멸시효의 대상이 되는지 여부

등기부가 소실된 경우에는 소실회복등기를 할 수가 있을 것이나 그 회복등기를 하지 아니하고 그 부동산에 관하여 매도인의 상속인 명의로 이미 소유권보존등기가 되어 있다면 매수인 또는 그 상속인은 위 매도인의 상속인을 상대로 위 등기의 멸실회복에 대신하여 소유권이전등기절차의 이행을 구할 수 있고 이는 진정한 명의의 회복을 구하는 것으로서 시효로 인하여 소멸하는 권리가 아니다(1993. 8. 24. 제2부 판결, 92다43975 소유권이전등기).

9. 피담보채무 소멸을 이유로 하는 양도 담보권자에 대한 소유권이전등기청구권이 소멸시효의 대상이 되는지 여부

공사금 등 채권의 담보를 위하여 공유수면매립면허를 양도받으면서 장차 그 명의로 취득하게 되는 매립지 중 일부를 처분하여 자신의 위 채권에 충당하는 등의 방법으로 채권을 정산받으며 그 나머지 매립지는 원래 매립면허자에게 양도하기로 약정한 후 공유수면매립공사를 완성하여 준공인가를 받음으로써 공유수면매립법 제14조의 규정에 따라 매립지의 소유권을 취득한 경우 그는 위 채권의 담보목적의 범위 내에서 위 매립지의 소유권을 취득한 것이고 대내적으로는 그 소유권이 원래의 매립면허자에게 남아 있다고 봄이 상당하므로, 그 후 공사시행자 자신의 명의로 취득한 위 매립지 중 일부를 처분하여 원래의 면허자에 대한 위 채권의 만족을 얻었다면 원래의 면허자는 피담보채무의 소멸을 이유로 나머지 매립지에 관한 소유권이전등기절차이행을 청구할 수 있고 이와 같은 등기청구권은 소멸시효의 대상이 되지 않는다(1993. 12. 21. 제1부 판결, 91다41170 소유권이전등기등).

10. 가. 농지분배 후에 작성된 농지소표의 증명력

어떤 토지에 관하여 농지분배가 이루어졌다 하여 농지소표가 작성되어 있다면, 그것이 비록 농지개혁법에 의한 농지의 분배 당시가 아니라 그 후의 어느 시점에 작성된 것이라고 할지라도 위조되었다거나 허위내용의 것이라는 점이 객관적, 합리적인 증거에 의하여 인정되는 등의 특별한 사정에 의하여 그 증명력이 배척되지 않는 한 그에 의하여 같은법 시행령 제32조에 의한 분배농지확정절차가 적법하게 거쳐진 것으로 추정된다.

나. 농지수분배자의 권리가 소멸시효의 대상이 되는지 여부

농지분배처분은 행정처분으로서 그 효력이 적법한 절차에 의하여 부인되지 않는 한 그 처분과는 별도로 수분배자의 권리가 소멸한다고 할 수 없고, 또 이는 수분배자가 현실로 그 농지를 점유하는지의 여부와도 무관한 것이어서 수분배자가 장기간 상환을 지연하였다 하더라도 워낼의 분배처분은 유효하되, 단지 상환이 완료되지 아니한 상태로 남아 있을 뿐이므로 수분배자의 권리가 시효로 인하여 소멸한다고 할 수 없다(1993. 12. 21. 제1부 판결, 92다7603 소유권이전등기등).

11. 가. 보험자가 공동불법행위자 중 1인과의 보험계약에 따라 피해자에게 손해를 배상한 경우 보험자대위에 의하여 다른 공동불법행위자에 대한 구상권을 취득하는지 여부

공동의 불법행위로 피해자에게 가한 손해를 연대하여 배상할 책임이 있는 공동불법행위자 중의 1인과 체결한 보험계약에 따라 보험자가 피해자에게 그 손해배상금을 보험금액으로 모두 지급함으로써 공동불법행위자들이 공동면책된 경우에, 보험금액을 지급한 보험자는 상법 제682조 소정의 보험자대위에 의하여 그 공동불법행위자가 공동면책됨으로써 다른 공동불법행위자의 부담부분에 대하여 행사할 수 있는 구상권을 취득한다.

나. 위 “가”항의 구상권이 소멸시효의 기산점과 기간

위 “가”항의 구상권의 소멸시효의 기산점과 그 기간은 대위에 의하여 이전되는 권리자체를 기준으로 판단하여야 하며 위와 같은 구상권은 그 소멸시효에 관하여 법률에 따로 정한 바가 없으므로 일반원칙으로 돌아가 일반 채권과 같이 그 소멸시효는 10년으로 완성된다고 해석함이 상당하고 그 기산점은 구상권이 발생한 시점, 즉 구상권자가 현실로 피해자에게 지급한 때이다(1994. 1. 11. 제1부 판결, 93다32958 구상금).

12. 보증채무의 소멸시효기간 등

가. 주채무에 관한 판결이 확정되어 소멸시효가 10년으로 된 경우, 보증채무의 소멸시효기간

민법 제165조가 판결에 의하여 확정된 채권, 판결과 동일한 효력이 있는 것에 의하여 확정된 채권은 단기의 소멸시효에 해당한 것이라도 그 소멸시효는 10년으로 한다고 규정하는 것은 당해 판결 등의 당사자 사이에 한하여 발생하는 효력에 관한 것이고 채권자와 주채무자 사이의 판결 등에 의해 채권이 확정되어 그 소멸시효가 10년으로 되었다 할지라도 위 당사자 이외의 채권자와 연대보증인 사이에 있어서는 위 확정판결 등은 그 시효기간에 대하여는 아무런 영향도 없고 채권자의 연대보증인의 연대보증채권의 소멸시효기간은 여전히 종전의 소멸시효기간에 따른다.

나. 민법 제440조 규정의 취지

보증채무가 주채무에 부종한다 할지라도 보증채무는 주채무와는 별개의 독립된 채무의 성질이 있고 민법 제440조가 "주채무자에 대한 시효의 중단은 보증인에 대하여 그 효력이 있다"라고 규정하고 있으나 이는 보증채무의 부종성에 기한 것이라기보다는 채권자 보호 내지 채권담보의 확보를 위한 특별규정으로서 이 규정은 주채무자에 대한 시효중단의 사유가 발생하였을 때는 그 보증인에 대한 별도의 중단조치가 이루어지지 아니하여도 동시에 시효중단의 효력이 생기도록 한 것에 불과하고 중단된 이후의 시효기간까지가 당연히 보증인에게도 그 효력을 미치는 것은 아니다(대판 1986. 11. 25, 86다카1569).

13. 부동산을 매수한 자가 그 목적물을 인도받은 경우에 매수인의 등기청구권이 소멸시효에 걸리는지 여부(소극)

시효제도의 존재이유에 비추어 보아 부동산 매수인이 그 목적물을 인도받아서 이를 사용수익하고 있는 경우에는 그 매수인을 권리 위에 잠자는 것으로 볼 수도 없고 또 매도인 명의로 등기가 남아 있는 상태와 매수인이 인도받아 이를 사용수익하고 있는 상태를 비교하면 매도인 명의로 잔존하고 있는 등기를 보호하기 보다는 매수인의 사용수익상태를 더욱 보호하여야 할 것이므로 그 매수인의 등기청구권은 다른 채권과는 달리 소멸시효에 걸리지 않는다고 해석함이 타당하다(대판 1976. 11. 6. 76다148).

<판례전문(1976. 11. 6. 76다148)>

[전 문]

[원고, 상고인] 황병조 소송대리인 변호사 안명기

[피고, 피상고인] 서울특별시

[원판결] 서울고등법원 1975.12.17. 선고 75나1449 판결

[주 문] 원판결을 파기하고, 사건을 서울고등법원에 환송한다.

[이 유] 원고 소송대리인의 상고이유를 판단한다.

원심판결 이유에 의하면 원심은 그 적시한 증거에 의하여 원고는 이건 토지를 피고의 전소유자이던 김포군으로부터 매수하였고, 위 토지 소재지가 피고시에 편입되므로써 동 토지를 승계취득하여 피고시 명의로 소유권이전등기를 경료한 사실을 인정한 후 따라서 피고시는 원고에게 위 매매를 원인으로 한 소유권이전등기 절차를 이행할 의무가 있다고 전제한 후 피고소송대리인의 이건 등기청구권이 시효소멸되었다는 취지의 항변에 대하여 민법상 매수인의 등기청구권은 채권적

권리로써 그 권리를 행사할 수 있는 날로부터 10년이 경과되면 시효로 인하여 소멸하는 것이므로 원고는 이건 토지를 1962.12.29 매수하였음에도 불구하고 10년이 도과된 이후인 1975. 2. 26 이 사건 제소를 하였으므로 원고의 이 사건 등기청구권은 시효기간의 만료로 소멸되었다는 취지로 판단하여 원고의 이건 등기이전청구를 배척하였다.

그러나 시효제도는 일정기간 계속된 사회질서를 유지하고 시간의 경과로 인하여 곤난하게 되는 증거·보전으로부터의 구제 내지는 자기권리를 행사하지 않고 소위 권리위에 잠자는 자는 법적 보호에서 이를 제외하기 위하여 규정된 제도라 할 것인 바, 토지나 건물등 부동산을 매수한 자가 아직 자기명의로 그 소유권이전등기를 경료하지 못하였으나, 그 매매 목적물의 인도(명도)를 받아 이를 사용수익 하고 있는 경우에는 물권변동에 있어서 형식주의를 취하는 우리의 법제상으로 보아 매수인에게 법률상의 소유권은 이전된 것이 아니므로 매수인의 등기청구권은 채권적 청구권에 불과하여 소멸시효 제도의 일반 원칙에 따르면 매매목적물을 인도받은 매수인의 등기청구권도 소멸시효에 걸린다고 할 것이지만 부동산 매매에 있어서 거래 당사자의 채권채무의 내용은 다른 경우와 달라서 목적물의 인도와 등기이전이라는 두가지 형태로 나누어져 있어서 비록 부동산거래의 공시방법을 여행시킬 목적으로 규정된 법률상으로는 등기이전이 물권변동의 요건일 뿐 목적물의 인도는 그 요건이 아니라 할 것이니 매매의 목적물은 부동산 자체이고 등기는 다만 부동산의 거래상황을 공시하기 위한 등기법상의 절차에 불과하므로 부동산의 매수인으로서 그 목적물을 인도받아서 이를 사용수익하고 있는 경우에는 위 시효제도의 존재이유에 비추어 보아 그 매수인을 권리위에 잠자는 것으로 볼 수도 없고, 또 매도인의 명의로 등기가 남아있는 상태와 매수인이 인도받아 이를 사용수익하고 있는 상태를 비교하면 매도인 명의로 잔존하고 있는 등기를 보호하기 보다는 매수인의 사용수익 상태를 더욱 보호하여야 할 것이며 만일 이러한 경우의 등기청구권도 다른 일반채권과 동일하게 소멸시효에 걸린다면 매도인의 등기이전의무가 소멸되는데 그치는 것이 아니고 더나아가 매도하여 기히 매수인에게 인도까지 완료한 매매목적물이 매도인에게 환원되어야 하는 결과가 되어 비록 그 책임이 매수인의 등기 청구권행사의 태만에 있다고는 할지라도 우리나라 부동산 거래의 현실정에 비추어 심히 불합리하다고 아니할 수 없다. 따라서 부동산을 매수한 자가 그 목적물을 인도받은 경우에는 그 매수인의 등기청구권은 다른 채권과는 달리 소멸시효에 걸리지 않는다고 해석함이 타당하다. 그런데 원심판결에 의하면 원고가 이건 매매목적물을 인도받았는지 그 여부에 대하여 심리판단하지 않고 있는바, 원고가 이건 토지를 인도받았다면 위 설시와 같은 이유로 이건 등기청구권은 소멸시효에 걸리지 아니한다고 할 것임에도 불구하고 원심이 위와 같이 판단한 조치는 등기청구권의 소멸시효에 관한 법리를 오해한 위법이 있다할 것이니 논지는 결국 이유있어 관여법관의 일치된 의견으로 원판결을 파기 환송하기로 하였으나 대법원판사 이영섭, 주재황, 양병호,안병수, 라길조, 김용철 및 대법원판사 홍순엽, 김윤행의 각 별항과 같은 별개의견이 있으므로 이를 첨부하여 주문과 같이 판결한다.

대법원판사 이영섭, 동 주재황, 동 양병호, 동 안병수, 동 라길조, 동 김용철의 별개의견은 다음과 같다.

다수 의견은 토지와 건물에 관한 매매를 할 경우에 매수인이 가지는 소유권이 전등기청구권은 채권적 권리라고 설시하면서, 매수인이 이미 목적물의 인도나 명도를 받지않고 있는 경우에는 그 등기청구권은 소멸시효의 대상인 권리가 되지마는 그 인도나 명도를 받고있는 경우에는 그 설시와 같은 여러이유를 들어 그 등기청구권은 소멸시효의 대상인 권리가 될 수 없다고 설시하고 있다. 그러나 우리 법제상 위와 같은 등기청구권이 매매목적물의 인도나 명도를 받은 경우와 받지 아니하고 있는 경우를 가려서 그와같이 해석할 수 있는 법적근거를 찾아볼 수 없으니 위 등기청구권은 그 인도나 명도를 받은 여부에 불구하고 채권적 권리로서 모두 소멸시효의 대상이 된다고 보아야 할 것이다. 다만 매수인이 그 매매계약의 이행으로서 목적물의 인도나 명도를 받고 있으면 달리 특별한 사유가 없는한 매도인은 매수인에 대한 위 등기의무의 존재를 승인하였고, 그 승인의 상태는 계속하고 있다고 보아야 할 것이다. 그러므로 본건의 경우 매도인인 피고가 매수인인 원고에게 본건 토지를 의무의 이행으로서 인도하였고, 그 상태가 계속하고 있다면 달리 특별한 사유가 없는 한 피고는 원고에 대한 그 소유권이전등기의무의 존재를 승인하였고, 그 상태가 계속하고 있다고 보아야 할 것이니 위 인도시까지 위 등기청구권이 시효의 완성으로 이미 소멸된 것이 아니라면, 인도로써 그 청구권의 소멸시효는 중단되고 그 상태는 계속되어 있다고 보아야 할 것이다. 따라서 원심으로서는 본건 토지가 매수인인 원고에게 인도되었는지의 여부를 심리하고 아울러 위에서 말한 특별한 사유가 있는지의 여부를 심리하여 피고의 이건 등기청구권의 소멸시효 완성의 항변의 적부를 가렸어야 할 것이다.

요컨대, 원심판결은 이점에 있어 심리를 다하지 못하므로써 판결결과에 영향을 미친 위법이 있다 할 것이니 원심판결을 파기하여 원심법원에 환송하기로 하는 다수의견과 그 결론을 같이하는 바이나 그 설시이유를 위와 같이 달리하는 바이다.

대법원판사 홍순엽, 김윤행의 별개 의견은 다음과 같다.

다수의견과 위 별개의견은 다같이 부동산을 매수한 자가 가지는 소유권이전등기 청구권은 원인행위인 채권행위로부터 발생하고 따라서 그 성질은 채권적 청구권이라는 전제에 서면서 다만 다수의견은 그 등기청구권은 원칙적으로 소멸시효에 걸린다고 할 것이지만 매수인이 그 매매목적물에 관하여 인도(명도)를 받은 경우에는 시효제도의 성질상 다른 채권과는 달리 소멸시효에 걸리지 않는다고 설시하고 있고, 위 별개의견은 등기청구권은 매매목적물의인도여부에 불구하고 당연히 소멸시효의 대상이 되지만 매수인이 매매목적물의 인도를 받고 있다면 특별한 사유가 없는한 매도인은 매수인에 대한 등기의무의 존재를 승인하였고, 그 승인상태가 계속되고 있다고 보아 소멸시효가 중단되는 것이라고 설시하고 있다.

그러나 부동산의 매매와 같은 법률행위에 의한 경우에 있어서 매수인이 매도인에 대하여 가지는 등기청구권은 그 원인 행위인 채권행위로부터 발생한다고 볼 것이 아니라 당사자 사이에 그 목적 부동산의 소유권을 이전한다는 합의 즉 이른바 물권적 합의가 있어 이 합의로부터 당연히 소유권 이전등기청구권이 발생한다고 봄이 상당할 것이고, 따라서 그 성질은 다분히 물권적인 것에 가깝다고 보아야 할 것이다.

이와같이 등기청구권이 물권적 합의에 그 발생근거가 있다고 본다면 적어도 시효제도에 관한 한 등기청구권은 그 자체가 독립하여 소멸시효의 대상이 될 수 없는 것이라고 생각한다.

이 점에서 다수의견과 위 별개의견에 결론을 같이 하면서 그 설시 이유만을 달리하는 바이다.

대법관 민복기(재판장) 홍순엽 이영섭 주재황 김영세 민문기 양병호 한환진 임항준 안병수 김윤행 이일규 강안희 라길조 김용철

14.. 부동산 매수인이 부동산을 인도받아 사용, 수익하다가 제3자에게 그 부동산을 처분하고 점유를 승계하여 준 경우, 소유권이전등기청구권의 소멸시효 진행 여부(소극)

[다수의견]

부동산의 매수인이 그 부동산을 인도받은 이상 이를 사용·수익하다가 그 부동산에 대한 보다 적극적인 권리 행사의 일환으로 다른 사람에게 그 부동산을 처분하고 그 점유를 승계하여 준 경우에도 그 이전등기청구권의 행사 여부에 관하여 그가 그 부동산을 스스로 계속 사용·수익만 하고 있는 경우와 특별히 다를 바 없으므로 위 두 어느 경우에나 이전등기청구권의 소멸시효는 진행되지 않는다고 보아야 한다.

[반대의견]

부동산의 매수인이 매매목적물을 인도받아 이를 사용·수익하고 있는 동안에는 그 소유권이전등기청구권의 소멸시효가 진행하지 않는다고 보아야 할 것이나, 매수인이 목적물의 점유를 상실하여 더 이상 사용·수익하고 있는 상태가 아니라면, 매도인에 대한 관계에서 권리의 주장 내지 행사가 계속되고 있다고 볼 만한 사정이 없고, 비록 매수인이 그 부동산을 다른 사람에게 처분하고 인도하여 준 경우라고 하더라도 그 처분은 타인의 권리를 전매한 것에 불과할 뿐이고 그 소유권을 처분 내지 행사하였다고 볼 수는 없으며, 그 인도 또한 매수인이 새로운 매매계약에 따른 자신의 의무를 이행한 것에 지나지 아니할 뿐만 아니라 오히려

그 점유를 이전함으로써 목적물에 대한 사용·수익의 상태에서 벗어나게 된 것이어서 위 처분 내지 인도를 가리켜 매도인에 대한 관계에서 권리 행사라고 볼 수도 없는 것이므로, 점유의 상실원인이 무엇이든지 간에 점유 상실 시점으로부터 그 이전등기청구권의 소멸시효가 진행한다고 봄이 상당하다.

[보충의견]

부동산의 매수인의 매도인에 대한 소유권이전등기청구와 인도청구는 일반적으로 그 자체가 채권이라고 이해되고 있으나 그 법률적 성질은 소유권을 이전받을 매수인의 채권에 기한 채권적 권리 행사인 것으로서 매수인이 이전등기청구를 하거나 또는 인도청구를 하는 것은 모두 매수채권을 행사하였다는 점에서 동일하고, 또한 매수인이 부동산을 인도받음으로써 인도에 관한 채권행사는 일단 완료된 것이고 그 이후 이를 점유·사용하는 것은 매수채권 행사 자체가 계속되는 것이 아니고 그 권리 행사 결과의 상태가 유지되는 것 뿐이므로 목적물을 매수인 본인이 점유·사용하든지 또는 제3자에 양도하여 점유·사용하게 하든지 매수인의 인도청구권 행사의 결과에 따른 상태는 마찬가지로 유지되고 있어 권리 행사의 상태가 관건이 되는 시효 적용에서 이를 구별할 필요가 없다(대법원 1999. 3. 18. 선고 98다32175 전원합의체 판결).

<판례전문(1999. 3. 18. 선고 98다32175 전원합의체 판결)>

[원고,상고인] 이종창

[피고,피상고인] 조기성

[원심판결] 대전지법 1998. 5. 29. 선고 97나8425 판결

[주 문] 원심판결을 파기하고 사건을 대전지방법원 본원 합의부에 환송한다.

[이 유] 원고의 상고이유를 판단한다.

1. 원심판결 이유에 의하면, 원심은, 피고가 1970. 3. 11. 소외 망 김용진에게 원심판결 청구취지 기재 임야들의 각 17분의 1 지분(이하 이 사건 임야라고 한다)을 매도 및 인도하였고 위 망인이 1971. 12. 29. 원고에게 이 사건 임야를 매도 및 인도한 사실을 인정하고, 따라서 이 사건 임야에 관하여 피고는 위 망인의 상속인들인 제1심 공동피고 한자옥 등 9인에게 위 1970. 3. 11. 매매를 원인으로 한 소유권이전등기절차를, 위 한자옥 등 9인은 원고에게 위 1971. 12. 29. 매매를 원인으로 한 소유권이전등기절차를 각 이행할 의무가 있다고 일단 판시한 후, 위 망인의 피고에 대한 소유권이전등기청구권이 시효소멸되었다는 피고 소송대리인의 항변에 대하여, 부동산 매수인이 매매목적물을 인도받아 사용·수익하고 있는 경우에는 그의 이전등기청구권은 소멸시효에 걸리지 아니하지만 매수인이 그 목적물의 점유를 상실하여 더 이상 사용·수익하고 있는 상태가 아니라면 그 점유 상실 시점으로부터 매수인의 이전등기청구권에 관한 소멸시효는 진행한다고 보아

위 망인이 원고에게 이 사건 임야를 인도하여 점유를 상실한 1971. 12. 29.경부터 10년이 경과하였으므로 위 망인의 피고에 대한 소유권이전등기청구권은 시효소멸하였다고 판단하여 원고의 이 사건 소유권이전등기청구를 배척하였다.

2. 그러나 시효제도는 일정 기간 계속된 사회질서를 유지하고 시간의 경과로 인하여 곤란해지는 증거보전으로부터의 구제를 꾀하며 자기 권리를 행사하지 않고 소위 권리 위에 잠자는 자는 법적 보호에서 이를 제외하기 위하여 규정된 제도라 할 것인바, 부동산에 관하여 인도, 등기 등의 어느 한 쪽만에 대하여서라도 권리를 행사하는 자는 전체적으로 보아 그 부동산에 관하여 권리 위에 잠자는 자라고 할 수 없다 할 것이고, 매수인이 목적 부동산을 인도받아 계속 점유하는 경우에는 그 소유권이전등기청구권의 소멸시효가 진행하지 않는다는 것이 당원의 확립된 판례인바(당원 1976. 11. 6. 선고 76다148 전원합의체 판결, 1988. 9. 13. 선고 86다카2908 판결, 1990. 12. 7. 선고 90다카25208 판결 등 참조), 부동산의 매수인이 그 부동산을 인도받은 이상 이를 사용·수익하다가 그 부동산에 대한 보다 적극적인 권리 행사의 일환으로 다른 사람에게 그 부동산을 처분하고 그 점유를 승계하여 준 경우에도 그 이전등기청구권의 행사 여부에 관하여 그가 그 부동산을 스스로 계속 사용·수익만 하고 있는 경우와 특별히 다를 바 없으므로 위 두 어느 경우에나 이전등기청구권의 소멸시효는 마찬가지로 진행되지 않는다고 보아야 할 것이다(당원 1976. 11. 23. 선고 76다546 판결, 1977. 3. 8. 선고 76다1736 판결, 1988. 9. 27. 선고 86다카2634 판결 참조). 이와 다른 취지의 당원 1996. 9. 20. 선고 96다68 판결, 1997. 7. 8. 선고 96다53826 판결, 1997. 7. 22. 선고 95다17298 판결의 견해는 이를 변경하기로 한다.

3. 결국 위 망인이 이 사건 임야를 인도받아 사용·수익하다가 원고에게 이 사건 임야를 처분하고 그 점유를 승계하여 준 사실을 인정하면서도 위 망인의 피고에 대한 소유권이전등기청구권이 시효소멸하였다고 판단하여 원고의 이 사건 청구를 배척한 원심의 조치에는 소멸시효에 관한 법리오해로 인하여 판결의 결과에 영향을 미친 위법이 있다 할 것이고, 이 점을 지적하는 상고이유의 주장은 이유 있다.

그러므로 원심판결을 파기하고, 사건을 원심법원에 환송하기로 하여, 대법관 이돈희, 김형선, 신성택, 송진훈, 조무제를 제외한 관여 대법관들의 일치된 의견으로 주문과 같이 판결한다.

대법관 이돈희, 김형선, 신성택, 송진훈, 조무제의 반대의견은 다음과 같다.

1. 다수의견은, 부동산의 매수인이, 그 부동산을 인도받은 이상, 이를 사용·수익하다가 그 부동산에 대한 보다 적극적인 권리 행사의 일환으로 다른 사람에게 그 부동산을 처분하고 그 점유를 승계하여 준 경우에도 그 이전등기청구권의 행사 여부에 관하여 그가 그 부동산을 스스로 계속 사용·수익만 하고 있는 경우와 특별히 다를 바 없으므로, 위 두 어느 경우에나 이전등기청구권의 소멸시효는 마찬가지로 진행되지 않는다고 보면서, 이러한 견해에 어긋나는 당원 1996. 9. 20.

선고 96다68 판결, 1997. 7. 8. 선고 96다53826 판결, 1997. 7. 22. 선고 95다17298 판결은 변경되어야 한다고 하고 있다.

그러나 다수의견의 이러한 견해는 법률행위를 원인으로 한 소유권이전등기청구권과 그 소멸시효에 관한 법리를 오해한 데에서 비롯된 것으로 볼 수밖에 없어 찬성할 수 없으므로, 다음과 같은 반대의견을 표시하는 것이다.

즉, 부동산의 매수인이 매매목적물을 인도받아 이를 사용·수익하고 있는 동안에는 그 소유권이전등기청구권의 소멸시효가 진행하지 않는다고 보아야 할 것이나, 매수인이 목적물의 점유를 상실하여 더 이상 사용·수익하고 있는 상태가 아니라면 점유의 상실원인이 무엇이든지 간에 점유 상실 시점으로부터 그 이전등기청구권에 관한 소멸시효가 진행한다고 봄이 상당하다.

2. 그 논거는 다음과 같다.

가. 의사주의를 취하던 의용민법하에서 부동산의 매수인은 매매계약만으로도 부동산의 소유권을 취득하고 그 이전등기는 대항요건에 불과하므로, 매수인은, 인도받은 부동산의 점유를 상실한 경우에도, 그 소유권에 기한 등기청구권을 갖는다고 해석할 수 있었다. 그러나 형식주의를 취하는 현행 민법하에서 등기는 법률행위로 인한 부동산 물권변동의 효력발생요건으로서, 부동산의 매수인은 그 이전등기를 경료하여야만 소유권을 취득할 수 있으므로, 그 등기청구권은, 부동산의 인도 여부를 불문하고, 매매계약에 기한 채권적 청구권으로 볼 수밖에 없으며, 이는 민법 부칙 제10조 제1항의 규정에 비추어 보더라도 의문의 여지가 없다.

따라서 부동산 매수인의 등기청구권은 일반 채권과 마찬가지로 소멸시효에 걸린다 할 것이지만, 부동산의 매수인이 매매목적물을 인도받아 이를 사용·수익하고 있는 경우에는, 시효제도의 존재이유가 영속된 사실상태를 존중하고 권리 위에 잠자는 자를 보호하지 않는다는 데에 있고, 특히 소멸시효에 있어서는 후자의 의미가 강할 뿐만 아니라, 매수인의 매매목적물에 대한 사용·수익이 매도인의 매매계약상 의무의 이행에 터잡은 것임에 비추어, 그러한 매수인을, 매매계약의 상대방인 매도인에 대한 관계에서는, 권리 위에 잠자는 것이라고 볼 수는 없으므로, 매수인의 부동산에 대한 점유·사용이 계속되는 동안에는 그 이전등기청구권의 소멸시효가 진행하지 않는다고 해석할 여지가 있다 할 것이다.

그러나, 매수인이 목적물의 점유를 상실하여 더 이상 사용·수익하고 있는 상태가 아니라면, 매도인에 대한 관계에서 권리의 주장 내지 행사가 계속되고 있다고 볼 만한 사정이 없고, 비록 매수인이 그 부동산을 다른 사람에게 처분하고 인도하여 준 경우라고 하더라도, 그 처분은 타인의 권리를 전매한 것에 불과할 뿐이고 그 소유권을 처분 내지 행사하였다고 볼 수는 없으며, 그 인도 또한, 매수인이 새로운 매매계약에 따른 자신의 의무를 이행한 것에 지나지 아니할 뿐만 아니라, 오히려 그 점유를 이전함으로써 목적물에 대한 사용·수익의 상태에서 벗어나게 된 것이므로 위 처분 내지 인도를 가리켜 매도인에 대한 관계에서 권리 행사라고 볼 수도 없는 것이므로, 점유의 상실원인이 무엇이든지 간에 점유 상실 시점으로부터 그 이전등기청구권의 소멸시효가 진행한다고 봄이 상당하다.

나. 다수의견에 의하면, 소멸시효제도 및 등기제도의 근본취지와 상충되는 다음과 같은 문제점이 따르게 된다.

(1) 다수의견은 그와 같이 해석하는 이유로서, 부동산에 관하여 등기, 인도 등의 어느 한 쪽만에 대하여서라도 권리를 행사하는 자는 전체적으로 보아 그 부동산에 관하여 권리 위에 잠자는 것이라고 할 수 없고, 매수인이 인도받아 사용·수익하던 부동산을 보다 적극적인 권리 행사의 일환으로 다른 사람에게 처분하고 그 점유를 승계하여 준 경우에도 그 이전등기청구권의 행사 여부에 관하여 그가 그 부동산을 스스로 계속 사용·수익만 하고 있는 경우와 특별히 다를 바 없다고 한다.

그러나 소멸시효는 객관적으로 권리가 발생하여 그 권리를 행사할 수 있는 때로부터 진행하고 그 권리를 행사할 수 없는 동안만 진행하지 아니하며, 권리자가 재판상 그 권리를 행사하는 등 권리 위에 잠자는 것이 아님을 표명한 때에는 시효중단사유가 되고, 그러한 사유가 종료한 때로부터 새로이 소멸시효가 진행되는 점에 비추어 볼 때, 시효의 진행을 방해하거나 시효의 대상으로 삼을 수 없는 정도의 권리의 행사가 있다고 하려면, 적어도 시효소멸의 대상이 된 권리를 그 채무자에 대한 관계에서 행사하고 있는 상태가 계속되고 있다고 볼 수 있어야 할 것이다. 그런데, 매수인이 인도받은 부동산을 제3자에게 처분하고 그 점유를 이전하여 준 것은, 제3자와의 매매계약에 따른 의무의 이행일 뿐이고, 그 계약과 무관한 매도인에 대하여 권리를 행사하였다고는 도저히 볼 수 없으며, 다수의견은 채권관계와 물권관계의 구별을 간과하거나 외면하려는 것이 아닌지 의아스럽다. 가사 백보를 양보하여 위 처분을 매도인에 대한 권리의 행사로 본다고 하더라도, 그 권리의 행사가 위 처분 이후로도 계속되고 있다고 볼 수 없음은 명백하다.

(2) 또한 다수의견이, 부동산이 전매된 경우, 위와 같이 이론적으로 근거가 박약함에도 불구하고, 매수인이 부동산을 계속하여 사용·수익하고 있는 경우와 마찬가지로 그 이전등기청구권의 소멸시효가 진행하지 않는다고 해석하는 데에는, 매도인보다는 최종 매수인을 두텁게 보호하여야 할 현실적 필요성이 강하게 요청됨을 전제로 하는 것으로 여겨진다.

생각건대, 현행 민법의 시행 초기에는, 의사주의를 취하던 의용민법의 영향이 잔존하여 매수인이 매도인으로부터 등기권리증과 부동산의 인도를 받으면 소유권을 취득한 것으로 관념하여 그 이전등기를 게을리하는 경향이 있었으므로, 부동산을 인도받은 매수인의 등기청구권을 다른 채권과 달리 보아 소멸시효의 대상에서 제외할 필요성이 강하게 대두되었고, 당원은 위 전원합의체 판결 등을 통하여, 부동산의 매수인이 매매목적물을 인도받아 사용·수익하는 동안에는 그 이전등기청구권은 소멸시효에 걸리지 아니한다고 해석함으로써 위와 같은 현실적 요청과 소멸시효제도의 존재이유라는 상충하는 두 이념의 조화를 꾀하였다. 그런데, 오늘날의 부동산거래에서는 형식주의를 취하는 현행 민법이 정착되어 부동산을 전매한 때로부터 10년의 시효기간이 경과하도록 이전등기를 경료하지 아니하는 경우는 매우 드물게 되었고, 그 동안 간이한 방법으로 실체적 권리관계에 부합하는 등기를 할 수 있도록 하는 각종 특별법이 시행되었으며, 최근에는 이를 강제하는 부동산실명제가 실시되기에 이른 점에 비추어, 미등기인 채로 부동산을 전전 매수한 자를 특별히 보호하여야 할 필요성도 그만큼 줄어들었다 할 것이다.

또한, 현행 민법이 형식주의를 채택하여 실체관계에 부합하는 부동산등기를 장려하고 있고, 나아가 법률의 규정에 의하여 부동산물권을 취득함에는 등기를 요하지 아니하나, 등기를 하지 아니하면 이를 처분하지 못하도록 하여, 부동산등기가 물권변동의 과정을 정확히 반영하도록 함으로써 거래의 안전을 도모하고 있음에 비추어 볼 때, 부동산 매수인이 그 이전등기를 경료하지 아니하여 소유권을 취득한 바가 없는 상태에서 이를 처분하였음에도 불구하고 그 등기청구권이 여전히 소멸시효에 걸리지 않는다고 보는 것은 등기의 공시기능을 현저하게 약화시키는 결과를 초래하여 형식주의를 취하는 현행 민법의 체계 및 부동산등기제도의 이념과도 맞지 아니한다 할 것이다.

다. 다수의견이, 부동산에 대한 점유를 상실한 시효취득자의 이전등기청구권이 소멸시효에 걸리는지에 관한 당원의 종래 입장과 조화될 수 있는 것인지에 대하여도 우려하지 않을 수 없다.

당원은, 부동산에 대한 취득시효기간이 만료되면 그 당시의 점유자가 소유자에 대하여 소유권이전등기청구권을 취득하고, 취득시효 완성 당시의 점유자로부터 점유를 승계한 현 점유자는 전 점유자의 소유자에 대한 소유권이전등기청구권을 대위행사할 수 있을 뿐, 직접 자기에게 취득시효 완성을 원인으로 한 소유권이전등기를 청구할 권원이 없으며(당원 1995. 3. 28. 선고 93다47745 전원합의체 판결 참조), 부동산의 시효취득자가 부동산을 양도하여 점유의 승계가 이루어진 사안에서, 부동산에 대한 점유취득시효 완성을 원인으로 하는 소유권이전등기청구권도 채권적 청구권으로서, 취득시효가 완성된 점유자가 그 부동산에 대한 점유를 계속하는 한 소멸시효가 진행하지 아니하나, 그 점유를 상실한 때로부터 10년간 이를 행사하지 아니하면 소멸시효가 완성한다(당원 1995. 12. 5. 선고 95다24241 판결, 1996. 3. 8. 선고 95다34866, 34873 판결 등 참조)고 본다.

그런데, 다수의견과 같이, 부동산의 처분과 그에 따른 점유의 승계를 부동산에 대한 점유·사용보다 적극적인 권리 행사의 일환으로 파악하여 이와 같은 경우에도 그 이전등기청구권의 소멸시효가 진행하지 아니한다고 본다면, 위와 같이 취득시효 완성 당시의 점유자가 부동산을 처분하고 그 점유를 이전하여 준 경우에 그의 소유자에 대한 이전등기청구권도 소멸시효에 걸리지 아니한다고 보아야 할 것이다. 따라서 위 판례들은, 이를 변경하는 것이 아닌 한, 다수의견과 실질적으로 저촉될 뿐만 아니라 형평에도 맞지 아니하므로, 다수의견은 이러한 불합리한 결과를 신중히 고려하였어야 할 것이다.

3. 이상의 이유로 다수의견에는 찬동할 수 없고, 다수의견이 변경하여야 한다는 당원 1996. 9. 20. 선고 96다68 판결, 1997. 7. 8. 선고 96다53826 판결, 1997. 7. 22. 선고 95다17298 판결들은, 위에서 본 바와 같이 부동산 물권변동에 관한 우리 민법의 체계가 의사주의에서 형식주의로 바뀌고, 그로부터 상당 기간이 경과하여 부동산등기의 실태와 그에 관한 법의식이 변화한 최근의 현실상황을 반영한 것으로서 그대로 유지함이 옳으며, 오히려 다수의견과 견해를 같이하는 당원 1976. 11. 23. 선고 76다546 판결, 1977. 3. 8. 선고 76다1736 판결, 1988. 9. 27. 선고 86다카2634 판결은, 의사주의를 취하던 의용민법의 영향이 잔존하던 시기의 이론과 현실에 터잡은 것으로서 이들을 폐기하여야 할 것이다. 이와 정반대의 견해를 취하는 다수의견은 현행 민법의 이론적 체계와도 맞지 아니할 뿐만 아니라, 시대의 조류에도 역행하는 것으로서 부당하다고 하지 않을 수 없다.

대법관 박준서의 다수의견에 대한 보충의견은 다음과 같다.

1. 부동산의 매수인은 매도인에 대하여 소유권이전등기청구권과 인도청구권을 행사하게 된다. 위 이전등기청구와 인도청구는 일반적으로 그 자체가 채권이라고 이해하고 있으나 그 법률적 성질은 소유권을 이전받을 매수인의 채권에 기한 채권적 권리 행사인 것이고 따라서 매수인이 이전등기청구를 하거나 또는 인도청구를 하는 것은 모두 매수채권을 행사하였다는 점에서 동일한 것이다.

또한 매수인이 인도받음으로써 인도에 관한 채권행사는 일단 완료된 것이고 그 이후 이를 점유·사용하는 것은 매수채권 행사 자체가 계속되는 것이 아니고 그 권리 행사 결과의 상태가 유지되는 것 뿐이므로 목적물을 매수인 본인이 점유·사용하든지 또는 제3자에 양도하여 점유·사용하게 하든지 매수인의 인도청구권 행사의 결과에 따른 상태는 마찬가지로 유지되고 있어 권리 행사의 상태가 관건이 되는 시효 적용에서 이를 구별할 필요가 없는 것이다. 더욱이 어느 경우에나 매수인의 이전등기청구권 행사 여부에 관하여 하등 다른 점이 없음은 물론이다.

매수인이 10년간 이전등기청구권을 행사하지 않는 경우에 그 이전등기청구권이 시효로 소멸한다고 통상적으로 표현하지만 정확히 분석하면 시효소멸의 대상은 채권적 청구권이 아니고 그 기초가 되는 채권 자체이므로 매매로 인한 매수인의 채권이 소멸하여 인도청구도 불가능하게 되는 것이다.

따라서 반대의견이 주장하는 것처럼 (을)이 (갑)으로부터 부동산을 매수 인도받아 점유하다가 미등기 상태로 다시 (병)에게 전매 인도한지 10년이 경과한 경우 (을)의 (갑)에 대한 소유권이전등기청구권이 시효소멸한다고 하면 이는 (갑)에 대한 위 매매로 인한 (을)의 채권이 시효소멸한 것이 되어 (갑)이 매도를 부인하며 소유권에 기하여 (병)에게 인도청구를 하는 경우 (병)은 (을)을 대위하여 (갑)에게 매수인으로서 인도를 구할 지위에 있음을 내세워 이를 거절하려 하여도 (병)이 대위할 (을)의 채권이 소멸하여 그 인도를 거부할 수 없게 될 것이다.

위 당원 1976. 11. 6. 선고 전원합의체 판결은 세세한 논리설명은 생략하였으나 이러한 점에 착안하여 위와 같은 경우 이전등기청구권의 시효소멸을 인정하면 매수인이 그 목적물을 매도인에게 환수당하는 불합리한 결과를 초래한다고 이미 적절히 지적하고 있는 것이다.

2. 위 전원합의체 판결은 사안 자체는 부동산의 매수인이 목적물을 인도받아 사용·수익하고 있는 경우이었으나 모름지기 판례란 구체적인 사건에서 선언된 일반 법리를 뜻하는 것인바, 위 전원합의체 판결은 「따라서 부동산을 매수한 자가 그 목적물을 인도받은 경우에는 그 매수인의 등기청구권은 다른 채권과는 달리 소멸시효에 걸리지 않는다고 해석함이 타당하다.」고 판시하고 있으므로 위 전원합의체 판례를 적용함에 있어 매수인이 인도받은 후 계속 점유를 필요로 한다고 해석할 수 없을 것이다.

물론 위 전원합의체 판결이 위 판례의 법리를 채택하는 근거의 하나로서 「부동산의 매수인으로서 그 목적물을 인도받아서 이를 사용·수익하고 있는 경우에는 위 시효제도의 존재이유에 비추어 보아 그 매수인을 권리 위에 잠자는 것으로 볼 수도 없고」라고 설시하고 있으나 이는 그 사안이 매수인이 점유·사용중이었으므로 그 사안에 부합되게 설시한 것 뿐이지 매수인이 인도받아 처분하여 점유를 이전한 때부터는 권리 위에 잠자는 자에 해당된다고 차별화하는 취지는 아니다. 위 전원합의체 판결은 판례가 되는 결론 부분의 위 일반 법리에서 「부동산을 매수한 자가 그 목적물을 인도받아 점용하는 경우에는」이라고 설시하지 않고 「부동산을 매수한 자가 그 목적물을 인도받은 경우에는」이라고 설시하고 있다는 점을 주목해야 할 것이다.

따라서 위 전원합의체 판결을 유지하는 한 다수의견이 지적하는 판례의 견해는 마땅히 변경되어야 하는 것이다.

대법원장 윤관(재판장) 천경송 정귀호 박준서(주심) 이돈희 김형선 지창권 신성택 이용훈 이임수 송진훈 서성 조무제

15. 취득시효가 완성된 점유자가 점유를 상실한 경우, 시효 완성으로 인한 소유권이전등기청구권의 소멸시효 진행 여부(적극)

토지에 대한 취득시효 완성으로 인한 소유권이전등기청구권은 그 토지에 대한 점유가 계속되는 한 시효로 소멸하지 아니하고, 그 후 점유를 상실하였다고 하더라도 이를 시효이익의 포기로 볼 수 있는 경우가 아닌 한 이미 취득한 소유권이전등기청구권은 바로 소멸되는 것은 아니나, 취득시효가 완성된 점유자가 점유를 상실한 경우 취득시효 완성으로 인한 소유권이전등기청구권의 소멸시효는 이와 별개의 문제로서, 그 점유자가 점유를 상실한 때로부터 10년간 등기청구권을 행사하지 아니하면 소멸시효가 완성한다(대법원 1996. 3. 8. 선고 95다34866,34873 판결).

◈ 3년의 기간의 경과로 소멸되는 권리

제 163 조 【3년의 단기소멸시효】

다음 각호의 채권은 3년간 행사하지 아니하면 소멸시효가 완성한다.

1. 이자, 부양료, 급료, 사용료 기타 1년 이내의 기간으로 정한 금전 또는 물건의 지급을 목적으로 한 채권
2. 의사, 조산사, 간호사 및 약사의 치료, 근로 및 조제에 관한 채권
3. 도급받은 자, 기사 기타 공사의 설계 또는 감독에 종사하는 자의 공사에 관한 채권
4. 변호사, 변리사, 공증인, 공인회계사 및 법무사에 대한 직무상 보관한 서류의 반환을 청구하는 채권
5. 변호사, 변리사, 공증인, 공인회계사 및 법무사의 직무에 관한 채권
6. 생산자 및 상인이 판매한 생산물 및 상품의 대가
7. 수공업자 및 제조자의 업무에 관한 채권

■ § 163. 3년의 단기소멸시효

- 이자, 부양료, 급료, 사용료 기타 1년 이내의 기간으로 정한 금전 또는 물건의 지급을 목적으로 한 채권
- 의사, 조산사, 간호사 및 약사의 치료, 근로 및 조제에 관한 채권
- 도급받은 자, 기사 기타 공사의 설계 또는 감독에 종사하는 자의 공사에 관한 채권
- 변호사, 변리사, 공증인, 공인회계사 및 법무사에 대한 직무상 보관한 서류의 반환을 청구하는 채권
- 변호사, 변리사, 공증인, 공인회계사 및 법무사의 직무에 관한 채권
- 생산자 및 상인이 판매한 생산물 및 상품의 대가
- 수공업자 및 제조자의 업무에 관한 채권
- 단기소멸시효이더라도 판결이 확정된 때에는 시효기간이 10년으로 된다

3년의 단기소멸시효에 걸리는 권리는 다음과 같다.

(1) 이자, 부양료, 급료 기타 1년 이내의 기간으로 정한 금전 또는 물건의

지급을 목적으로 한 채권.

① 1년 이내의 기간으로 정한 채권이란 1년 이내의 정기로 지급되는 채권을 의미하며 변제기가 1년 이내의 채권이라는 뜻이 아니다(대판 1965. 2. 16. 64다1731, 대판 1980. 2. 12. 79다2169. 공보⑤1980, 12649).

② 정기금채권의 시효기간에 관한 규정은 없으나 최후의 변제기로부터 10년의 시효로 소멸한다고 봄이 타당하다.

③ 근로기준법의 적용을 받은 임금채권의 소멸시효 기간은 3년이다(근로기준법 제41조).

(2) 의사 · 조산사 · 간호사 및 약사의 치료, 근로 및 조제에 관한 채권.

이는 의사 등의 직업적 활동인 노무제공에 대한 대가에 관련된 채권이다.

(3) 도급받은 자, 기사 기타 공사의 설계 또는 감독에 종사하는 자의 공사에 관한 채권.

이에 대한 채권은 공사의 완성을 목적으로 하는 계약에 기한 보수청구권 또는 비용상환 청구권 등이다. 특약이 없는 한 공사완료시부터 시효가 진행한다.

(4) 변호사 · 변리사 · 공증인 · 공인회계사 및 법무사에 대한 직무상 보관한 서류의 반환을 청구하는 채권.

시효기간의 기산점은 변호사의 경우는 사건종료시이며 공증인의 경우는 유언서의 작성 등 직무종료시이다.

(5) 변호사 · 변리사 · 공증인 · 공인회계사 및 법무사의 직무에 관한 채권

(6) 생산자 및 상인이 판매한 생산물 및 상품의 대가.

판례는 전매를 목적으로 한 자에 대한 판매에도 적용된다고 판시하고 있다(대판 1963. 4. 18. 63다92).

(7) 수공업자 및 제조자의 업무에 관한 채권.

여기의 수공업자란 재봉사, 이발사 등을 말한다. 제조업자란 표구사, 신발제작사, 가구제조자 등을 말한다.

▣ 핵심판례 ▣

■ [3년의 단기소멸시효]

1. 3년의 단기소멸시효가 적용되는 민법 제163조 제6호의 '상인이 판매한 상품의 대가'의 의미

3년의 단기소멸시효가 적용되는 민법 제163조 제6호 소정의 '상인이 판매한 상품의 대가'란 상품의 매매로 인한 대금 그 자체의 채권만을 말하는 것으로서, 상품의 공급 자체와 등가성 있는 청구권에 한한다.

2. 금전채무의 이행지체로 발생하는 지연손해금이 3년의 단기소멸시효의 대상인지 여부(소극)

금전채무의 이행지체로 인하여 발행하는 자연손해금은 그 성질이 손해배상금이지 이자가 아니며, 민법 제163조 제1호의 1년 이내의 기간으로 정한 채권도 아니므로 3년간의 단기소멸시효의 대상이 되지 아니한다(대판 1995. 10. 13. 94다57800).

3. 보증보험계약에 따른 지연이자채권이 단기소멸시효의 대상이 되는지 여부

굴삭기 할부대금 지급에 관한 보증보험계약에 따라 보험계약자가 보험회사에게 지급하기로 한 지연이자는 보험계약자가 보험회사의 보험금 지급액에 대한 구상채무의 이행을 지체함으로써 발생한 손해배상금이지 이자가 아니고, 민법 제163조 제1호 소정의 1년 이내의 기간으로 정한 금전 또는 물건의 지급을 목적으로 하는 채권에도 해당되지 아니므로, 그 지급채권은 단기소멸시효의 대상이 된다고 볼 수 없다(1993. 9. 10. 제3부 판결, 93다20139 구상금).

4. 가. 낙찰계의 계불입금채권이 단기소멸시효의 대상이 되는지 여부

낙찰계는 계주의 개인사업으로 운영되는 상호신용금고법 제2조 소정의 상호신용계에 유사한 무명계약의 일종인데 매월 낙찰받아 계금을 수령한 계원이 불입할 불입금을 공제한 나머지를 균등분할한 금액을 계불입금으로 불입하는 것은 계주로부터 대여받은 금원에 해당하는 계금에 관한 원리금변제의 성질을 가지고 있다고 새겨야 할 것이고, 따라서 계불입금채권은 채권관계가 일시에 발생하여 확정되고 변제방법에 있어서 매월 분할변제로 정하여진 것에 불과하여 기본이 되는 정기금채권에 기한 채권이라고 할 수 없기 때문에 3년의 소멸시효가 적용되는 채권이라고 할 수 없고, 계불입금채권을 원금부분과 이자부분으로 나누어 이자부분에 관하여만 3년의 소멸시효가 적용된다고 할 것도 아니다.

나. 계주가 여러 개의 계를 운영하여 가계를 꾸려 온 경우의 계불입금채권의 성질

계주가 여러 개의 낙찰계를 운영하여 얻은 수입으로 가계를 꾸려 왔다 할지라도 계주가 상인적 방법에 의한 영업으로 계를 운영한 것이 아니라면 계주를 상법 제5조 제1항 소정의 의제상인이나 같은 법 제46조 제8호 소정의 대금, 환금 기타 금융거래를 영업으로 운영한 것에 해당한다고 볼 수 없으므로 위 계불입금채권을 5년의 소멸시효가 적용되는 상사채권으로 볼 수 없다(1993. 9. 10. 제3부 판결, 93다21705 계금).

◈ 1년의 기간의 경과로 소멸되는 권리

제 164 조【1년의 단기소멸시효】

다음 각호의 채권은 1년간 행사하지 아니하면 소멸시효가 완성한다.

1. 여관, 음식점, 대석, 오락장의 숙박료, 음식료, 대석료, 입장료, 소비물의 대가 및 체당금의 채권
2. 의복, 침구, 장구 기타 동산의 사용료의 채권
3. 노역인, 연예인의 임금 및 그에 공급한 물건의 대금채권
4. 학생 및 수업자의 교육, 의식 및 유숙에 관한 교주, 숙주, 교사의 채권

■ § 164. 1년의 소멸시효

- 여관, 음식점, 대석, 오락장의 숙박료, 음식료, 대석료, 입장료, 소비물의 대가 및 체당금의 채권
- 의복, 침구, 장구 기타 동산의 사용료의 채권
- 노역인, 연예인의 임금 및 그에 공급한 물건의 대금채권
- 학생 및 수업자의 교육, 의식 및 유숙에 관한 교주, 숙주, 교사의 채권
- 단기소멸시효이더라도 판결이 확정된 때에는 시효기간이 10년으로 된다

1년의 단기소멸시효에 걸리는 채권은 다음과 같다.

(1) 여관, 음식점, 대석, 오락장의 숙박료, 음식료, 대석료, 입장료, 소비물의 대가 및 체당금의 채권

(2) 의복, 침구, 장구 기타 동산의 사용료의 채권

(3) 노역인, 연예인의 임금 및 그에 공급한 물건의 대금채권.
여기의 노역인이란 목수, 미장이, 정원사 등을 일컫는다.

(4) 학생 및 수업자의 교육, 의식 및 유숙에 관한 교주, 숙주, 교사의 채권

· 단기소멸시효 기간

3년의 소멸시효(제163조)	1년의 소멸시효(제164조)
1. 이자, 부양료, 급료, 사용료, 기타 1년 이내의 기간으로 정한 금전 또는 물건의 지급을 목적으로 한 채권 2. 의사, 조산사, 간호사 및 약사의 치료, 근로 및 조제에 관한 채권 3. 도급받은 자, 기사 기타 공사의 설계 또는 감독에 종사하는 자의 공사에 관한 채권 4. 변호사, 변리사, 공증인, 공인회계사 및 법무사에 관한 직무상 보관한 서류의 반환을 청구하는 채권 5. 변호사, 변리사, 공증인, 공인회계사 및 법무사의 직무에 관한 채권 6. 생산자 및 상인이 판매한 생산물 및 상품의 대가 7. 수공업자 및 제조자의 업무에 관한 채권	1. 여관, 음식점, 대석, 오락장의 숙박료, 음식료, 대석료, 입장료, 소비물의 대가 및 체당금의 채권 2. 의복, 침구, 장구 기타 동산의 사용료 채권 3. 노역인, 연예인의 대금 및 그에 공급한 물건의 대금채권 4. 학생 및 수업자의 교육, 의식 및 유숙에 관한 교주, 숙주, 교사의 채권
※「판결에 의하여 확정된 채권은 단기의 소멸시효에 해당한 것이라도 그 소멸시효는 10년으로 한다」(제165조 참조)	

▣ 핵심판례 ▣

■ [1년의 단기소멸시효]

1. 회사에 대한 노임채권에 관하여 준소비대차계약이 체결된 경우의 소멸시효기간

민법 제164조 제3호 소정의 단기소멸시효의 적용을 받는 노임채권이라도 채권자인 원고와 채무자인 피고 회사 사이에 위 노임채권에 관하여 준소비대차의 약정이 있었다면 동 준소비대차계약은 상인인 피고 회사가 영업을 위하여 한 상행위로 추정함이 상당하고, 이에 의하여 새로이 발생한 채권은 상사채권으로 5년의 상사시효의 적용을 받게 된다(1981. 12. 22. 제2부 판결, 80다1363 대여금).

2. 민법 제164조 각 호에서 개별적으로 정하여진 채권의 채권자가 그 채권의 발생원인이 된 계약에 기하여 상대방에 대하여 부담하는 반대채무가 1년의 단기소멸시효기간의 적용을 받는지 여부(소극)

일정한 채권의 소멸시효기간에 관하여 이를 특별히 1년의 단기로 정하는 민법 제164조는 그 각 호에서 개별적으로 정하여진 채권의 채권자가 그 채권의 발생원인이 된 계약에 기하여 상대방에 대하여 부담하는 반대채무에 대하여는 적용되지 아니한다. 따라서 그 채권의 상대방이 그 계약에 기하여 가지는 반대채권은 원칙으로 돌아가, 다른 특별한 사정이 없는 한 민법 제162조 제1항에서 정하는 10년의 일반소멸시효기간의 적용을 받는다(대판 2013. 11. 14, 2013다65178).

◈ 판결 및 판결과 동일한 효력 있는 것에 의하여 확정된 채권의 소멸시효

제 165 조【판결 등에 의하여 확정된 채권의 소멸시효】

① 판결에 의하여 확정된 채권은 단기의 소멸시효에 해당한 것이라도 그 소멸시효는 10년으로 한다.

② 파산절차에 의하여 확정된 채권 및 재판상의 화해, 조정 기타 판결과 동일한 효력이 있는 것에 의하여 확정된 채권도 전항과 같다.

③ 전2항의 규정은 판결확정 당시에 변제기가 도래하지 아니한 채권에 적용하지 아니한다.

■ § 165. 판결등으로 확정된 권리

- 판결에 의하여 확정된 채권
- 재판상의 화해, 조정 기타 판결과 동일한 효력이 있는 것(청구의 인락조서, 확정된 지급명령)에 의하여 확정된 채권
- 그러나 확정될 당시에 아직 이행기가 도래하지 않은 채권(기한부채권에 관하여 기한이 도래하기전에 확정판결을 받은 경우)에는 위의 규정은 적용되지 않는다
- 관련법조 : [단기시효기간] 상 §64, 어음 §70, §77①-8, 수표 §51, [확정판결 및 이와 동일한 효력] 민소 §220, §474

판결 등으로 확정된 권리의 소멸시효는 다음과 같다.

본조는 판결에 의하여 확정된 채권은 단기의 소멸시효에 해당하는 것이라도 그 소멸시효는 10년으로 하고 있다(대판 1981. 3. 24. 80다1888, 1889. 공보⑥ 1981, 13840).

또, 파산절차에 의하여 확정된 채권 및 재판상의 화해·조정 기타 판결과 동일한 효력이 있는 것(청구의 인락조서, 확정된 지급명령)에 의하여 확정된 채권도 10년의 시효에 걸린다. 그러나 위와 같은 규정은 판결확정당시에 변제기가 도래하지 않는 채권에는 적용되지 않는다.

1. 취 지

단기소멸시효가 적용되는 채권이라도 판결에 의하여 채권의 존재가 확정되면 그 성립이나 소멸에 관한 증거자료의 일실 등으로 인한 다툼의 여지가 없어지고, 법률관계를 조속히 확정할 필요성도 소멸하며, 채권자로 하여금 단기소멸시효 중단을 위해 여러 차례 중단절차를 밟도록 하는 것은 바람직하지 않기 때문이다(대판 2006. 8. 24. 2004다26287,26294).

본 규정은 10년 보다 단기였던 것이 10년으로 연장된다는 의미이지 그 보다 장기인 것이 감축된다는 의미는 아니다. 또한 시효에 걸리지 않던 것이 시효에 걸리게 된다는 의미도 아니다(대판 1981. 3. 24. 80다1888, 1889).

2. 기판력 있는 확정판결만을 의미한다.

따라서 확정되지 않은 판결, 예를 들어 가집행 선고부 판결의 경우는 이에 해당하지 않는다.

3. 시효연장의 효과는 상대적이다.

따라서 판결 등의 당사자에게만 연장된다. 단, 시효중단의 효력은 당연히 보증인에게도 미친다(제440조).

4. 기판력이 발생한 시점, 즉 재판이 확정된 때로부터 새로운 시효가 진행한다(178조 2항).

▣ 핵심판례 ▣

■ [판결등에 의하여 확정된 채권의 소멸시효]

자동차종합보험보통약관에 의하여 피해자가 보험회사에 대하여 직접 청구하는 보험금액청구권의 성질(=상법 제662조 소정의 보험금액청구권) 및 소멸시효기간(=2년)

자동차종합보험보통약관에 피보험자가 피해자에게 지는 손해배상액이 판결에 의하여 확정되는 등의 일정한 경우에는 피해자가 보험회사에 대하여 직접 보험금의 지급을 청구할 수 있도록 규정되어 있다 하더라도, 위 약관에 의하여 피해자에게 부여된 보험회사에 대한 보험금액청구권은 상법 제662조 소정의 보험금액청구권에 다름 아니므로 이를 2년간 행사하지 아니하면 소멸시효가 완성된다(1993. 4. 13. 제1부 판결, 93다3622 보험금).

◈ 소멸시효가 진행하는 시점

제 166 조【소멸시효의 기산점】

① 소멸시효는 권리를 행사할 수 있는 때부터 진행한다.

② 부작위를 목적으로 하는 채권의 소멸시효는 위반행위를 한 때부터 진행한다.

■ § 166. 소멸시효의 기산점

- 권리를 행사할 수 있는 때부터 진행된다.
- 기한부권리 : ① 확정 기한부-기한도래시
  ② 불확정 기한부-객관적으로 기한도래시, 채권자쪽의 기한도래에 관한 지, 부지, 과실유무불문
- 기한의 정함이 없는 권리 : ① 채권-채권이 발생한 때
  ② 기타 권리-권리가 발생한 때
- 일정기간, 상당기간 도과 후 청구할 수 있는 권리 : 전제가 되는 청구, 해지통고를 할 수 있는 때부터 소정의 유예기간 경과후부터
- 할부금채권 : 1회 불이행시부터 시효진행
- 정지조건부권리 : 조건이 성취한 때부터
- 부작위채권 : 위반행위를 한 때부터
- 선택채권 : 선택권 행사 가능시부터
- 동시이행항변권이 붙은 채권 : 이행기 도래시부터

1. 의 의

소멸시효는 객관적으로 권리가 발생하여 그 권리를 행사할 수 있는 때로부터 진행하고 그 권리를 행사할 수 없는 동안은 진행하지 않는 바, '권리를 행사할 수 없는' 경우라 함은 그 권리행사에 법률상의 장애사유. 예컨대 기간의 미도래나 조건 불성취 등이 있는 경우를 말하는 것이고, 사실상 권리의 존재나 권리행사 가능성을 알지 못하였고 알지 못함에 과실이 없다고 하여도 이러한 사유는 법률상 장애사유에 해당하지 않는다(대판 2005. 4. 28, 2005다3113).

시효가 완성되기 위해서는 점유 혹은 준점유 또는 권리의 불행사라는 사실상태가 일정기간 계속될 것을 필요로 한다. 그리고 그 기간은 법정되어 있기

때문에 구체적인 경우마다 언제부터 그 기간을 계산하는가, 요컨대 시효의 기산점(시효기간진행의 출발시점)은 시효완성의 유무를 결정하는데 있어서 중요한 의의를 갖는다.

2. 각종 권리의 시효기산점

권리의 종류	시효기산점
① 확정기한부 권리	기한도래시부터
② 불확정기한부 권리	채권자의 기한도래에 관한 지·부지를 불문하고 기한이 객관적으로 도래한 때부터
③ 기한을 정하고 있지 않은 권리	1) 채권의 성립시부터 2) 채무불이행에 의한 손해배상청구권은 본래 채권의 변형물에 불과하므로 본래의 채권을 행사할 수 있는 때로부터 시효기산(다만, 판례는 이와는 달리 채무불이행시부터 시효기산)
④ 정지조건부 권리	조건의 성취시부터
⑤ 부작위채권	1) 위반행위를 한 때부터 2) 채무자의 위반행위가 없는 한 채권자가 적극적으로 채권을 행사할 수 없기 때문이다.
⑥ 청구 또는 해지통고를 한 후 일정기간이나 상당기간이 지나야 청구할 수 있는 권리	청구나 해지통고를 할 수 있는 때로부터 상당한 기간(제603조②)이나 일정한 기간(제635조, 제659조, 제660조)이 경과한 때로부터 시효가 진행한다고 해석하는데 이설이 없다.
⑦ 할부금채권	할부금채권(월, 년부 등)에 있어서 1회라도 변제를 게을리하면 곧 전부의 청구를 할 수 있다는 특약을 한 경우 1) 1회의 불이행으로 잔액전부에 관한 시효가 그 때부터 당연히 개시한다는 견해(통설)와 2) 채권자가 잔액전부에 대한 청구의 의사표시를 한 때부터라는 견해로 나뉨.
⑧ 형성권 행사로 인하여 발생한 채권	형성권 행사로부터 생기는 채권적 권리(원상회복청구권·부당이득반환청구권·손해배상청구권 등)의 소멸시효에 관해 1) 체적기간의 취지가 법률관계의 신속한 안정에 있으므로 형성권행사기간 중에 그 채권적 권리도 행사하여야 한다는 견해(통설), 2) 그러한 청구권은 형성권의 행사로 인하여 발생한 권리이므로 형성권을 행사한 때부터 진행한다는 견해로 나뉨.
⑨ 불법행위로 인한 채권	불법행위시부터
⑩ 동시이행의 항변권이 붙은 채권	이행기의 도래시부터
⑪ 물권	권리발생시부터

시효의 기산점은 법률이 특히 정하고 있는 때에는 그것에 의하지만 일반적으로 취득시효에 있어서는 시효의 이익을 받을 자가 권리자답게 행동하기 시작한 때, 소멸시효에 있어서는 권리자가 권리를 행사할 수 있음에도 불구하고 행사하지 아니하는 상태가 시작된 때이다. 더욱이 시효기간은 일 이하의 단위로서 정해진 것은 아니기 때문에 상술한 것과 같은 상태가 오전 0시부터 시작된 경우를 제외하고 이러한 상태의 개시점이 속하는 날의 익일부터 기산한다(제157조). 이하에서 기산점이라든가 언제 어느 때로부터라든가 하는 것은 모두 이 의미이다.

(1) 취득시효의 기산점

소유권의 취득시효의 기산점은 법정의 요건을 구비한 점유를 개시한 때이다(제245조, 제246조). 소유권 이외의 재산권의 취득시효의 기산점은 법정의 요건을 구비한 타주점유(유치권·질권 등 점유를 수반하는 권리의 경우), 또는 준점유(기타의 경우)를 개시한 때이다(제248조 참조).

(2) 소멸시효의 기산점

소멸시효의 기산점은 당해 권리를 행사할 수 있는 때이다.

① 채권의 경우

확정기한있는 채권은 기한도래의 때이다. 불확정기한있는 채권은 기한도래의 때이고 채권자 또는 채무자가 기한의 도래를 알고 있는가는 불문한다. 이 점 채무자가 지체에 빠지는 시기와는 다르다(제387조). 정지조건부 또는 시기부채권에 있어서는 조건성취 또는 시기도래의 사이다. 기한을 정하지 아니한 채권에 있어서는 채권성립시이며(즉시로 권리행사를 할 수 있는 것이기 때문에) 채무자가 지체에 빠질 때(제387조)는 아니다.

청구 또는 해지통고 후 일정기간 또는 상당기간의 경과를 거쳐 비로소 현실적으로 청구할 수 있는 채권의 경우에는(예, 제603조 2항 참조), 채권자가 청구나 신청을 할 수 있는 때로부터 일정기간 또는 상당기간이 경과한 때가 기산점이다.

할부금채권에 대해서는 1회의 변제를 태만히 하면 즉시 전부의 지불을 청구할 수 있다는 특약이 있는 경우와 같이 일정한 사실이 있으면 그 때부터 시효가 진행한다고 하는 견해가 유력하지만 판례는 형성권적 기한이익 상실의 특약이 있는 할부채무에 있어서는 1회의 불이행이 있더라도 각 할부금에 대해 그 각 변제기의 도래시마다 그 때부터 순차로 소멸시효가 진행하고, 채권자가 특히 잔존채무 전액의 변제를 구하는 취지의 의사를 표시한 경우에 한하여 전액에 대하여 그 때부터 소멸시효가 진행한다고 한다(대판 2002. 9. 4, 2002다28340).

특수한 태양의 채권으로서 부작위 채권에 있어서는 채무자가 위반행위를 한 때가 시효기산점이다. 부작위채권은 위반행위가 있어야 비로소 현실적으로 행사할 수 있는 것이기 때문이다(독일민법 제198조).

② 채권·소유권 이외의 재산권의 경우

채권과 같이 당해권리를 행사할 수 있는 때이다. 물론 계속적인 행사나 특정타인의 협력을 필요로 하지 아니하는 권리에 있어서는 권리의 행사가 가능하기 때문에 행사하지 아니하는 상태가 시작된 때가 기산점이다.

(3) 구체적 사례

가. 면직처분의 근거가 된 법률의 위헌결정과 소멸시효의 기산점

헌법재판소에 의하여 면직처분의 근거가 된 법률 규정이 위헌으로 결정되어 위헌결정의 소급효로 인하여 면직처분이 당연무효가 되고 그 면직처분이 불법행위에 해당되는 경우라도, 그 손해배상청구권은 위헌결정이 있기 전까지는 법률 규정의 존재라는 법률상 장애로 인하여 행사할 수 없었다고 보아야 할 것이므로 소멸시효의 기산점은 위헌결정일로부터 진행되는 것이고, 이러한 법리는 그 법률이 위헌결정 당시에는 실효되었다 할지라도 그 법률 규정으로 인한 면직처분의 효력이 그대로 지속되는 경우에도 마찬가지이다(대판 1996. 7. 12, 94다52195)

나. 동시이행항변권부 채권의 소멸시효의 기산점

부동산에 대한 매매대금 채권이 소유권이전등기청구권과 동시이행의 관계에 있다고 할지라도 매도인은 매매대금의 지급기일 이후 언제라도 그

대금의 지급을 청구할 수 있는 것이며, 다만 매수인은 매도인으로부터 그 이전등기에 관한 이행의 제공을 받기까지 그 지급을 거절할 수 있는 데 지나지 아니하므로 매매대금 청구권은 그 지급기일 이후 시효의 진행에 걸린다(대판 1991. 3. 22, 90다9797).

다. 매매로 인한 부동산 소유권 이전채무의 이행불능으로 인한 손해배상채권의 소멸시효의 기산점

매매로 인한 부동산 소유권 이전채무가 이행불능됨으로써 매수인이 매도인에 대하여 갖게 되는 손해배상채권은 그 부동산 소유권의 이전채무가 이행불능된 때에 발생하는 것이고 그 계약체결일에 생기는 것은 아니므로 위 손해배상채권의 소멸시효는 계약체결일 아닌 소유권 이전채무가 이행불능된 때부터 진행한다(대판 1990. 11. 9, 90다카22513).

라. 과세처분의 취소를 구하였으나 재판과정에서 그 과세처분이 무효로 밝혀진 경우 오납금 반환청구권의 소멸시효의 기산점(=오납시)

과세처분의 취소를 구하였으나 재판과정에서 그 과세처분이 무효로 밝혀졌다고 하여도 그 과세처분은 처음부터 무효이고 무효선언으로서의 취소판결이 확정됨으로써 비로소 무효로 되는 것은 아니므로 오납시부터 그 반환청구권의 소멸시효가 진행된다(대판 1992. 3. 31, 91다32053).

(4) 시효의 중단이 있는 경우

취득시효・소멸시효 공통의 문제로서 유효한 시효의 중단이 있으면 그때까지 진행되어 온 시효는 무효가 되나 중단사유가 종료하면 새로이 시효가 진행한다. 이 새로운 시효의 기산점은 중단사유가 종료한 때이다(제178조 1항). 즉 승인(제168조 3호)에 있어서는 승인의 통지가 상대방에게 도달한 때이고 압류・가압류 및 가처분에 있어서는 그 절차가 완료된 때이다. 재판상의 청구에서는 재판확정시가 기산점이다(제178조 2항).

▣ 핵심판례 ▣

■ [소멸시효의 기산점]

1. 형성권적 기한이익 상실의 특약이 있는 할부채무에 있어서 소멸시효의 기산점

형성권적 기한이익 상실의 특약이 있는 경우에는 그 특약은 채권자의 이익을 위한 것으로서 기한이익의 상실사유가 발생하였다고 하더라도 채권자가 나머지 전액을 일시에 청구할 것인가 또는 종래의 할부변제를 청구할 것인가를 자유로이 선택할 수 있으므로, 이와 같은 기한이익 상실의 특약이 있는 할부채무에 있어서는 1회의 불이행이 있더라도 각 할부금에 대해 그 각 변제기의 도래시마다 그 때부터 순차로 소멸시효가 진행하고 채권자가 특히 잔존채무 전액의 변제를 구하는 취지의 의사를 표시한 경우에 한하여 전액에 대하여 그때부터 소멸시효가 진행한다(대판 2002. 9. 4, 2002다28340).

2. 가해행위와 이로 인한 손해의 발생 사이에 시간적 간격이 있는 불법행위에 기한 손해배상채권에 있어 소멸시효의 기산점이 되는 '불법행위를 안 날'의 의미

가해행위와 이로 인한 현실적인 손해를 발생 사이에 시간적 간격이 있는 불법행위에 기한 손해배상채권에 있어서 소멸시효의 기산점이 되는 '불법행위를 안 날'이라 함은 단지 관념적이고 부동적인 상태에서 잠재하고 있던 손해에 대한 인식이 있었다는 정도만으로는 부족하고 그러한 손해가 그 후 현실화된 것을 안 날을 의미한다(대판 2001. 1. 19, 2000다11836).

3. 부정경쟁방지법 제10조 제1항 소정의 영업비밀 침해행위의 금지 및 예방청구권의 소멸시효 기산점

민법 제166조 제2항의 규정에 의하면 부작위를 목적으로 하는 채권의 소멸시효는 위반행위를 한 때로부터 진행한다는 점 및 부정경쟁방지법 제14조의 규정 내용 등에 비추어 보면, 부정경쟁방지법 제10조 제1항이 정한 영업비밀 침해행위의 금지 또는 예방을 청구할 수 있는 권리의 경우, 그 소멸시효가 진행하기 위하여는 일단 침해행위가 개시되어야 하고, 나아가 영업비밀 보유자가 그 침해행위에 의하여 자기의 영업상의 이익이 침해되거나 또는 침해될 우려가 있는 사실 및 침해행위자를 알아야 한다(1996. 2. 13. 결정, 95마594 기술생산독점권사용및모조품판매금지가처분).

4. 사립학교 교원이 그 임용과 관련된 비리행위에 의해 교원으로 임용된 경우 징계시효의 기산점

사립학교 교원이 그 임용 이전에 한 행위는 원칙적으로 재직중의 징계사유로 삼을 수 없다할 것이나 사립학교 교원 임용과 관련된 비위행위와 같이 비록 임용전의 행위라 하더라도 이로 인하여 임용 후의 교원으로서의 품위를 손상하게 된 경우에는 사립학교법 제61조 제1항 제3호 소정의 징계사유로 삼을 수 있다고 봄이 상당하고, 또한 사립학교 교원이 그 임용과 관련한 비위행위에 의하여 사립학교 교원으로 임용되었다면 그 신분을 취득하기까지의 일련의 행위가 사립학교법상의 징계사유에 해당한다 할 것이므로 사립학교법 제66조의 2 제1항에서 정하는 징계 시효의 기산점도 임용전의 비위행위시가 아니라 교원으로 임용된 때로부터 기산하여야 할 것이다(1996. 3. 8. 판결, 95누18536 해임처분취소).

5. 부동산매매계약에 있어서 소유권이전등기청구권과 동시이행의 관계에 있는 매매대금채권의 소멸시효

부동산에 대한 매매대금 채권이 소유권이전등기청구권과 동시이행 관계에 있다고 할지라도 매도인은 매매대금의 지급기일 이후 언제라도 그 대금의 지급을 청구할 수 있는 것이며, 다만 매수인은 매도인으로부터 그 이전등기에 관한 이행의 제공을 받기까지 그 지급을 거절할 수 있는데 지나지 아니하므로 매매대금 청구권은 그 지급기일 이후 시효의 진행이 개시된다(1991. 3. 22. 제3부 판결, 90다9797 소유권이전등기).

6. 취득시효가 완성된 점유자가 점유를 상실한 경우, 시효완성으로 인한 소유권 이전등기청구권의 소멸시효 진행 여부(적극)

토지에 대한 취득시효 완성으로 인한 소유권 이전등기청구권은 그 토지에 대한 점유가 계속되는 한 시효로 소멸하지 아니하고, 그 후 점유를 상실하였다고 하더라도 이를 시효이익의 포기로 볼 수 있는 경우가 아닌 한 이미 취득한 소유권이전등기청구권은 바로 소멸되는 것은 아니나, 취득시효가 완성된 점유자가 점유를 상실한 경우 취득시효 완성으로 인한 소유권 이전등기청구권의 소멸시효는 이와 별개의 문제로서, 그 점유자가 점유를 상실한 때로부터 10년간 등기청구권을 행사하지 아니하면 소멸시효가 완성한다(대판 1996. 3. 8, 95다34866).

7. 부동산 매수인이 부동산을 인도받아 점유하거나 점유승계한 경우, 소유권 이전등기청구권의 소멸시효 진행 여부(소극)

가. 부동산 매수인이 부동산을 인도받아 스스로 계속 점유하는 경우, 소유권 이전등기청구권의 소멸시효 진행 여부(소극)

시효제도는 일정기간 계속된 사회질서를 유지하고 시간의 경과로 인하여 곤란해지는 증거보전으로부터의 구제를 꾀하여 자기 권리를 행사하지 않고 소위 권리 위에 잠자는 자는 법적 보호에서 이를 제외하기 위하여 규정된 제도라 할 것인 바, 부동산에 관하여 인도, 등기 등의 어느 한 쪽에 대하여서라도 권리를 행사하는 자는 전체적으로 보아 그 부동산에 관하여 권리 위에 잠자는 자라고 할 수 없다 할 것이므로, 매수인이 목적 부동산을 인도받아 계속 점유하는 경우에는 그 소유권 이전등기청구권의 소멸시효가 진행하지 않는다.

나. 부동산 매수인이 부동산을 인도받아 사용·수익하다가 제3자에게 그 부동산을 처분하고 점유를 승계하여 준 경우, 소유권 이전등기청구권의 소멸시효 진행 여부(소극)

부동산의 매수인이 그 부동산을 인도받은 이상 이를 사용·수익하다가 그 부동산에 대한 보다 적극적인 권리행사의 일환으로 다른 사람에게 그 부동산을 처분하고 그 점유를 승계하여 준 경우에도 그 이전등기청구권의 행사 여부에 관하여 그가 그 부동산을 스스로 계속 사용·수익만 하고 있는 경우와 특별히 다를 바 없으므로 위 두 어느 경우에나 이전등기청구권의 소멸시효는 진행되지 않는다고 보아야 한다(대판 1999. 3. 18, 98다32175).

8. 가. 소멸시효가 진행하지 않는 '권리를 행사할 수 없는' 경우의 의미

소멸시효는 객관적으로 권리가 발생하여 그 권리를 행사할 수 있는 때로부터 진행하고 그 권리를 행사할 수 없는 동안만은 진행하지 않는바, '권리를 행사할 수 없는' 경우라 함은 그 권리행사에 법률상의 장애사유, 예컨대 기간의 미도래나 조건불성취 등이 있는 경우를 말하는 것이고, 사실상 권리의 존재나 권리행사가능성을 알지 못하였고 알지 못함에 과실이 없다고 하여도 이러한 사유는 법률상 장애사유에 해당하지 않는다.

나. 과세처분이 당연무효에 해당하는지 여부를 현실적으로 판단하기 어렵다거나 당사자에게 처음으로 과세처분의 취소소송과 부당이득반환청구소송을 동시에 제기할 것을 기대할 수 없다는 사유가 권리행사의 법률상 장애사유인지 여부(소극)

과세처분의 하자가 중대하고 명백하여 당연무효에 해당하는 여부를 당사자로서는 현실적으로 판단하기 어렵다거나, 당사자에게 처음부터 과세처분의 취소소송과 부당이득반환청구소송을 동시에 제기할 것을 기대할 수 없다고 하여도 이러한 사유는 법률상 장애사유가 아니라 사실상의 장애사유에 지나지 않는다.

다. 과세처분의 취소를 구하였으나 재판과정에서 그 과세처분이 무효로 밝혀진 경우 오납금반환청구권의 소멸시효의 기산점(=오납시)

과세처분의 취소를 구하였으나 재판과정에서 그 과세처분이 무효로 밝혀졌다고 하여도 그 과세처분은 처음부터 무효이고 무효선언으로서의 취소판결이 확정됨으로써 비로서 무효로 되는 것은 아니므로 오납시부터 그 반환청구권의 소멸시효가 진행한다(1992. 3. 31. 전원합의체결, 91다32053 부당이득금).

9. 양도소득세부과징수권의 소멸시효의 기산점(=과세표준확정신고기간만료일의 다음날)

구 소득세법(1976. 12. 22. 법률 제2933호로 개정되기 전의 것)하에서 토지의 양도대금을 1975. 5. 5.까지 전액 수령하였다면 위 토지의 양도시기는 늦어도 1975.

5. 5.로 보아야 할 것이고, 과세권자로서는 위의 양도소득에 대하여 그 과세표준 확정신고기간만료일의 다음날인 1976. 3. 1.부터 양도소득세의 부과징수를 할 수 있었다고 보아야 할 것이므로, 이때부터 위의 양도소득에 대한 양도소득세부과징수권의 소멸시효가 진행된다(1992. 9. 14. 제3부 판결, 92누8194 양도소득세등부과처분취소).

10. 가. 소멸시효가 진행하지 아니하는 "권리를 행사할 수 없는 때"의 의의

소멸시효에서 권리를 행사할 수 없는 때라 함은 권리행사에 법률상의 장애사유, 예컨대 기간의 미도래나 조건불성취 등이 있는 경우를 말하는 것이고 사실상 권리의 존부나 권리행사의 가능성을 알지 못하였거나 알지 못함에 과실이 없다는 사유는 법률상 장애사유에 해당한다고 할 수 없다.

나. 피보험자가 피해자에게 지는 손해배상액이 판결에 의하여 확정됨에 따라 피해자가 보험회사에 대하여 직접 보험금의 지급을 청구하는 직접청구권의 소멸시효의 기산점(=확정판결이 있은 때)

피보험자가 피해자에게 지는 손해배상액이 판결에 의하여 확정되는 등의 경우에 피해자가 보험회사에 대하여 직접 보험금의 지급을 청구할 수 있다는 자동차종합보험보통약관의 규정에 따라 피해자가 보험회사에 대하여 판결금액 상당의 보험금액을 직접 청구하는 소송을 제기한 경우 이 직접청구권의 소멸시효는 확정판결이 있은 때로부터 기산된다.

다. 대법원전원합의체판결에서 무면허운전에 관한 종전의 견해를 변경함으로써 피해자의 보험회사에 대한 보험금액 직접청구권의 소멸시효도 위 대법원판결이 있은 때로부터 기산할 것인지 여부(소극)

대법원전원합의체판결에서 무면허운전에 관한 종전의 견해를 변경한 바 있다 하여 이로써 피해자가 보험회사에 대하여 보험금액 직접청구권을 행사함에 있어 법률상 장애가 있었다 할 수 없으므로 그 소멸시효가 위 대법원판결이 있은 때로부터 기산된다 할 수 없다(1993. 4. 13. 제1부 판결, 93다3622 보험금).

11. 보험사고 발생 여부가 객관적으로 분명하지 아니한 경우에 있어서 보험금액청구권의 소멸시효의 기산점

특별한 다른 사정이 없는 한 원칙적으로 보험금액청구권의 소멸시효는 보험사고가 발생한 때로부터 진행한다고 해석하는 것이 상당하지만, 보험사고가 발생한 것인지의 여부가 객관적으로 분명하지 아니하여 보험금액청구권자가 과실없이 보험사고의 발생한 때로부터 보험금액청구권의 소멸시효가 진행한다고 해석하는 것은 보험금액청구권자에게 너무 가혹하여 사회정의와 형평의 이념에 반할 뿐만 아니라 소멸시효제도의 존재이유에 부합된다고 볼 수도 없으므로, 이와 같이 객관적으로 보아 보험사고가 발생한 사실을 확인할 수 없는 사정이 있는 경우에는 보험금액청구권자가 보험사고의 발생을 알았거나 알 수 있었던 때로부터 보험금액청구권의 소멸시효가 진행한다고 해석하는 것이 타당하다(1993. 7. 13. 제2부 판결, 92다39822 보험금).

12. 점포명도의무와 동시이행 관계에 있는 청약금반환채권의 소멸시효의 기산점

점포의 임대차 청약을 하면서 청약금을 지급하고 점포에 입주하여 점유하였으나 임대차계약의 체결이 거절된 경우 점포임대차 청약금반환채권이 점포명도의무와 동시이행 관계에 있다 하더라도 청약금반환의무자는 청약자로부터 점포명도의무의 이행제공을 받을 때까지 청약금의 지급을 거절할 수 있는데 지나지 아니하므로 청약금반환채권은 청약에 대한 거절이 확정된 때 이후로부터 소멸시효가 진행한다(1993. 12. 14. 제2부 판결, 93다27314 부당이득금).

13. 양도담보설정자의 정산금청구권의 소멸시효의 기산점

양도담보설정자의 정산금청구는 처분정산의 경우에는 담보부동산이 환가되어야 비로서 그 권리행사가 가능한 것이므로 정산금청구권은 담보부동산의 환가시를 시점으로 하여 소멸시효가 진행된다(1994. 5. 24. 제1부 판결, 93다44975 청산금).

14. 면직처분의 근거법률이 위헌 결정되고 그 처분이 불법행위에 해당되는 경우, 그 손해배상청구권의 소멸시효의 기산점(위헌결정일)

헌법재판소에 의하여 면직처분의 근거가 된 법률 규정이 위헌으로 결정되어 위헌결정의 소급효로 인하여 면직처분이 당연무효가 되고 그 면직처분이 불법행위에 해당되는 경우라도, 그 손해배상청구권은 위헌결정이 있기 전까지는 법률 규정의 존재라는 법률상 장애로 인하여 행사할 수 없었다고 보아야 할 것이므로 소멸시효의 기산점은 위헌결정일로부터 진행되는 것이고, 이러한 법리는 그 법률이 위헌결정 당시에는 실효되었다 할지라도 그 법률 규정으로 인한 면직처분의 효력이 그대로 지속되는 경우에도 마찬가지이다(1996. 7. 12. 판결, 94다52195 임금등).

15. 계속적 물품공급계약에 기하여 발생한 외상대금채권의 소멸시효의 기산점

계속적 물품공급계약에 기하여 발생한 외상대금채권은 특별한 사정이 없는 한 발생한 때로부터 3년이 경과함으로써 소멸시효가 완성된다고 볼 것이지 거래 종료일부터 기산하여야 한다고 할 수 없다.(대판 1992. 1. 21, 91다10152)

16. 의사의 치료에 관한 채권의 소멸시효의 기산점

가. 민법 제163조 제2호 소정의 '의사의 치료에 관한 채권'에 있어서는, 특약이 없는 한 그 개개의 진료가 종료될 때마다 각각의 당해 진료에 필요한 비용의 이행기가 도래하여 그에 대한 소멸시효가 진행된다고 해석함이 상당하고, 장기간 입원 치료를 받는 경우라 하더라도 다른 특약이 없는 한 입원 치료 중

에 환자에 대하여 치료비를 청구함에 아무런 장애가 없으므로 퇴원시부터 소멸시효가 진행된다고 볼 수는 없다.

나. 환자가 수술 후 후유증으로 장기간 입원 치료를 받으면서 병원을 상대로 의료과오를 원인으로 한 손해배상청구 소송을 제기하였다 하더라도, 그러한 사정만으로는 환자를 상대로 치료비를 청구하는 데 법률상으로 아무런 장애가 되지 아니하므로 치료비 채권의 소멸시효가 퇴원시부터 진행한다거나 위 손해배상청구 소송이 종결된 날로부터 진행한다고 볼 수는 없다고 한 사례.

다. 소멸시효의 중단사유로서의 승인은 시효이익을 받을 당사자인 채무자가 그 권리의 존재를 인식하고 있다는 뜻을 표시함으로써 성립하는 것이므로 이는 소멸시효의 진행이 개시된 이후에만 가능하고 그 이전에 승인을 하더라도 시효가 중단되지는 않는다고 할 것이고, 또한 현존하지 아니하는 장래의 채권을 미리 승인하는 것은 채무자가 그 권리의 존재를 인식하고서 한 것이라고 볼 수 없어 허용되지 않는다고 할 것이다.

라. 진료계약을 체결하면서 "입원료 기타 제요금이 체납될 시는 병원의 법적 조치에 대하여 아무런 이의를 하지 않겠다."고 약정하였다 하더라도, 이로써 그 당시 아직 발생하지도 않은 치료비 채무의 존재를 미리 승인하였다고 볼 수는 없다고 한 사례.

마. 의사가 환자에게 부담하는 진료채무는 질병의 치료와 같은 결과를 반드시 달성해야 할 결과채무가 아니라 환자의 치유를 위하여 선량한 관리자의 주의의무를 가지고 현재의 의학수준에 비추어 필요하고 적절한 진료조치를 다해야 할 채무 즉, 수단채무라고 보아야 할 것이므로, 위와 같은 주의의무를 다하였는데도 그 진료 결과 질병이 치료되지 아니하였다 하더라도 치료비는 청구할 수 있다.

바. 의사가 환자의 치유를 위하여 선량한 관리자의 주의의무를 가지고 현재의 의학수준에 비추어 필요하고 적절한 진료조치를 다한 이상 이는 진료채무의 본지에 따른 것으로 수술 결과 환자의 질병이 치료되지 아니하고 후유증이 남게 되었다 하더라도 수술에 따른 치료비를 청구할 수 있다 할 것이고, 그 후유증이 의사의 치료상의 과실로 인한 것이라고 볼 수 없는 이상 의사에게 그로 인한 손해전보의 책임이 있다고 볼 수 없으므로 후유증이 나타난 이후에 증세의 회복 내지 악화 예방을 위하여 이루어진 진료에 관한 비용도 청구할 수 있다고 한 사례.

사. 의사의 설명의무 위반을 인정하면서도 치료비 청구와 관련하여서는 의사가 진료채무의 본지에 따른 선량한 관리자로서의 주의의무를 다했다고 판단하였다 하더라도 서로 모순되는 사실을 인정한 것이라고 볼 수 없다(대판 2001. 11. 9, 2001다52568).

17. 물상보증인의 채무자에 대한 구상권의 소멸시효의 기산점

물상보증은 채무자 아닌 사람이 채무자를 위하여 담보물권을 설정하는 행위이고 채무자를 대신해서 채무를 이행하는 사무의 처리를 위탁받는 것이 아니므로, 물상보증인이 변제 등에 의하여 채무자를 면책시키는 것은 위임사무의 처리가 아니고 법적 의미에서는 의무 없이 채무자를 위하여 사무를 관리한 것에 유사하다. 따라서 물상보증인의 채무자에 대한 구상권은 그들 사이의 물상보증위탁계약의 법적 성질과 관계없이 민법에 의하여 인정된 별개의 독립한 권리이고, 그 소멸시효에 있어서는 민법상 일반채권에 관한 규정이 적용된다(대판 2001. 4. 24, 2001다6237)

18. 법인의 경우 불법행위로 인한 손해배상채권의 소멸시효의 기산점

가. 상호신용금고의 대표이사가 재직 당시 동일인에 대한 대출 한도를 초과하여 돈을 대출하면서 충분한 담보를 확보하지 아니하는 등 그 임무를 해태하여 상호신용금고로 하여금 대출금을 회수하지 못하게 하는 손해를 입게 한 경우, 회수하지 못한 대출금 중 동일인 대출 한도를 초과한 금액에 해당하는 손해를 상법 제399조에 따라 상호신용금고에게 배상할 책임이 있다.

나. 상법 제399조 소정의 이사의 책임은 상법 제400조의 규정에 따라 총주주의 동의로 이를 면제할 수 있는데, 이 때 총주주의 동의는 묵시적 의사표시의 방법으로 할 수 있고 반드시 명시적, 적극적으로 이루어질 필요는 없으며, 실질적으로는 1인에게 주식 전부가 귀속되어 있지만 그 주주 명부상으로만 일부 주식이 타인 명의로 신탁되어 있는 경우라도 사실상의 1인 주주가 한 동의도 총주주의 동의로 볼 것이다.

다. 법인의 경우 불법행위로 인한 손해배상청구권의 단기소멸시효의 기산점인 '손해 및 가해자를 안 날'을 정함에 있어서 법인의 대표자가 법인에 대하여 불법행위를 한 경우에는 법인과 그 대표자는 이익이 상반하게 되므로 현실로 그로 인한 손해배상청구권을 행사하리라고 기대하기 어려울 뿐만 아니라 일반적으로 그 대표권도 부인된다고 할 것이므로 단지 그 대표자가 그 손해 및 가해자를 아는 것만으로는 부족하고, 적어도 법인의 이익을 정당하게 보전할 권한을 가진 다른 임원 또는 사원이나 직원 등이 손해배상청구권을 행사할 수 있을 정도로 이를 안 때에 비로소 위 단기소멸시효가 진행한다.

라. 상호신용금고의 대표이사가 충분한 담보를 확보하지 아니하고 동일인 대출한도를 초과하여 대출함으로써 상호신용금고가 그 대출금을 회수하지 못한 경우, 사실상의 1인 주주인 그 대표이사로부터 상호신용금고의 100%주식과 경영권을 양수한 자 및 새로운 경영진도 상호신용금고의 이익을 정당하게 보전할 권한을 가진 자로서 손해배상청구권을 행사할 수 있는 자의 범위에 포함된다고 할 것이고, 이들이 상호신용금고의 기존의 부실채권액을 실사를 통하여 확인한 시점에서 상호신용금고도 손해 및 가해자를 안 것으로 본 사례.

마. 채권자가 동일한 목적을 달성하기 위하여 복수의 채권을 갖고 있는 경우, 채권자로서는 그 선택에 따라 권리를 행사할 수 있되, 그 중 어느 하나의 청구

를 한 것만으로는 다른 채권 그 자체를 행사한 것으로 볼 수는 없으므로, 특별한 사정이 없는 한 다른 채권에 대한 소멸시효 중단의 효력은 없다.

[6] 상법 제399조에 기한 손해배상청구의 소를 제기한 것이 일반 불법행위로 인한 손해배상청구권에 대한 소멸시효 중단의 효력은 없다고 한 사례(대판 2002. 6. 14, 2002다11441)

19. 대상청구권의 소멸시효의 기산점

가. 우리 민법은 이행불능의 효과로서 채권자의 전보배상청구권과 계약해제권 외에 별도로 대상청구권을 규정하고 있지 않으나 해석상 대상청구권을 부정할 이유가 없다고 할 것인데, 매매의 일종인 경매의 목적물인 토지가 경락허가결정 이후 하천구역에 편입되게 됨으로써 소유자의 경락자에 대한 소유권이전등기의무가 이행불능이 되었다면 경락자는 소유자가 하천구역 편입으로 인하여 지급받게 되는 손실보상금에 대한 대상청구권을 행사할 수 있다.

나. 대상청구권은 특별한 사정이 없는 한 매매 목적물의 수용 또는 국유화로 인하여 매도인의 소유권이전등기의무가 이행불능 되었을 때 매수인이 그 권리를 행사할 수 있다고 보아야 할 것이고 따라서 그 때부터 소멸시효가 진행하는 것이 원칙이라 할 것이나, 국유화가 된 사유의 특수성과 법규의 미비 등으로 그 보상금의 지급을 구할 수 있는 방법이나 절차가 없다가 상당한 기간이 지난 뒤에야 보상금청구의 방법과 절차가 마련된 경우라면, 대상청구권자로서는 그 보상금청구의 방법이 마련되기 전에는 대상청구권을 행사하는 것이 불가능하였던 것이고, 따라서 이러한 경우에는 보상금을 청구할 수 있는 방법이 마련된 시점부터 대상청구권에 대한 소멸시효가 진행하는 것으로 봄이 상당할 것인바, 이는 대상청구권자가 보상금을 청구할 길이 없는 상태에서 추상적인 대상청구권이 발생하였다는 사유만으로 소멸시효가 진행한다고 해석하는 것은 대상청구권자에게 너무 가혹하여 사회정의와 형평의 이념에 반할 뿐만 아니라 소멸시효제도의 존재이유에 부합된다고 볼 수 없기 때문이다.

다. 채무자가 수령하게 되는 보상금이나 그 청구권에 대하여 채권자가 대상청구권을 가지는 경우에도 채권자는 채무자에 대하여 그가 지급받은 보상금의 반환을 청구하거나 채무자로부터 보상청구권을 양도받아 보상금을 지급받아야 할 것이나, 어떤 사유로 채권자가 직접 자신의 명의로 대상청구의 대상이 되는 보상금을 지급받았다고 하더라도 이로써 채무자에 대한 관계에서 바로 부당이득이 되는 것은 아니라고 보아야 할 것이다(대판 2002. 2. 8, 99다23901).

◆ 소멸시효완성의 효과

제 167 조 【소멸시효의 소급효】

소멸시효는 그 기산일에 소급하여 효력이 생긴다.

■ § 167. 소멸시효의 소급효

- 소멸시효는 그 기산일에 소급하여 효력이 생긴다.
- 소멸시효로 채무를 면하게 되는 자는 기산일 이후에 이자를 지급할 필요가 없다.
- 소멸하는 채권이 그 소멸시효가 완성하기 전에 상계할 수 있었던 것이면 채권자는 상계를 할 수 있다.

1. 의 의

소멸시효가 완성되면 그 효력은 그 기산일에 소급하여 발생한다(제167조). 소멸시효로 채무를 면하게 되는 자는 기산일 이후의 이자를 지급할 필요가 없다(이설없음). 또 시효로 소멸하는 채권이 소멸시효가 완성하기 전에 상계할 수 있었던 것이라면 채권자는 상계할 수 있다(제495조).

2. 소멸시효완성 주장을 원용할 수 있는 자의 범위

(1) 시효원용권자

소멸시효가 완성된 경우 이를 주장할 수 있는 사람(시효원용권자)는 시효로 인하여 채무가 소멸함으로써 '직접적인 이익을 받는 사람'에 한정된다.

(2) 판례가 긍정한 경우

① 피담보채무 소멸로 인한 물상보증인

타인의 채무를 담보하기 위하여 자기의 물건에 담보권을 설정한 물상보증인은 채권자에 대하여 물적 유한책임을 지고 있어 그 피담보채권의 소멸에 의하여 직접 이익을 받는 관계에 있으므로 소멸시효의 완성을 주장할 수 있다(대판 2004. 1. 16, 2003다30890)

② 담보가등기가 설정된 부동산을 취득한 제3자

소멸시효를 원용할 수 있는 사람은 권리의 소멸에 의하여 직접 이익을 받는 사람에 한정되는바, 채권담보의 목적으로 매매예약의 형식을 빌어 소유권이전청구권 보전을 위한 가등기가 경료된 부동산을 양수하여 소유권이전등기를 마친 제3자는 당해 가등기담보권의 피담보채권의 소멸에 의하여 직접 이익을 받는 자이므로, 그 가등기담보권에 의하여 담보된 채권의 채무자가 아니더라도 그 피담보채권에 관한 소멸시효를 원용할 수 있고, 이와 같은 직접수익자의 소멸시효 원용권은 채무자의 소멸시효 원용권에 기초한 것이 아닌 독자적인 것으로서 채무자를 대위하여서만 시효이익을 원용할 수 있는 것은 아니며, 가사 채무자가 이미 그 가등기에 기한 본등기를 경료하여 시효이익을 포기한 것으로 볼 수 있다고 하더라도 그 시효이익의 포기는 상대적 효과가 있음에 지나지 아니하므로 채무자 이외의 이해관계자에 해당하는 담보 부동산의 양수인으로서는 여전히 독자적으로 소멸시효를 원용할 수 있다(대판 1995. 7. 11, 95다12446).

③ 채권자취소소송에서의 수익자

소멸시효를 원용할 수 있는 사람은 권리의 소멸에 의하여 직접 이익을 받는 자에 한정되는바, 사해행위취소소송의 상대방이 된 사해행위의 수익자는, 사해행위가 취소되면 사해행위에 의하여 얻은 이익을 상실하고 사해행위취소권을 행사하는 채권자의 채권이 소멸하면 그와 같은 이익의 상실을 면하는 지위에 있으므로, 그 채권의 소멸에 의하여 직접 이익을 받는 자에 해당하는 것으로 보아야 한다(대판 2007. 11. 29, 2007다54849)

(3) 판례가 부정한 경우

① 채무자의 일반채권자

채무자에 대한 일반 채권자는 자기의 채권을 보전하기 위하여 필요한 한도 내에서 채무자를 대위하여 소멸시효 주장을 할 수 있을 뿐 채권자의 지위에서 독자적으로 소멸시효의 주장을 할 수 없다(대판 1997. 12. 26, 97다22676).

② 채권자대위소송의 제3채무자

채권자가 채권자대위권을 행사하여 제3자에 대하여 하는 청구에 있어서, 제3채무자는 채무자가 채권자에 대하여 가지는 항변으로 대항할 수 없고, 채권의 소멸시효가 완성된 경우 이를 원용할 수 있는 자는 원칙적으로는 시효이익을 직접 받는 자뿐이고, 채권자대위소송의 제3채무자는 이를 행사할 수 없다(대판 2004. 2. 12, 2001다10151).

◈ 소멸시효의 중단사유

제 168 조【소멸시효의 중단사유】

소멸시효는 다음 각호의 사유로 인하여 중단된다.

1. 청 구
2. 압류 또는 가압류, 가처분
3. 승 인

■ § 168. 소멸시효의 중단사유

- 청 구 : ① 재판상 청구. ② 지급명령. ③ 화해를 위한 소환. ④ 임의 출석(소액사건심판). ⑤ 파산절차참가. ⑥ 최고
- 압류, 가압류, 가처분
- 승 인
- 관련법조 : [기타 중단사유] 어음 §80①, 수표 §64①, 국가재정법 §96, 지방재정법 §83, 국세기본법 §28, 지방세기본법 §40

1. 시효중단의 의의

시효의 중단이란 시효의 진행중에 시효의 기초가 되는 사실상태의 계속이 중단되는 어떤 사실(권리자의 권리행사 · 의무자의 의무승인)이 발생했을 경우에 시효기간의 진행을 중단시키는 것을 말한다. 시효가 중단되면, 이미 진행한 시효기간은 효력을 전부 상실하게 되며, 그 중단사유가 종료하였을 때로부터 다시 시효기간을 계산하게 된다(제178조). 제척기간에 있어서는 소멸시효와 같이 기간의 중단이 있을 수 없다(대판 2003. 1. 10, 2000다26425).

이는 일정한 사유가 있는 경우에는 그 사유가 종료된 때로부터 일정기간 내에는 소멸시효가 완성되지 않도록 하는 소멸시효의 정지와 구별된다(제179조 내지 182조).

2. 시효중단사유

시효중단사유로서 민법이 정하고 있는 법정중단사유는 다음과 같다.

(1) 청 구

권리자가 시효의 완성으로 이익을 얻은 자에 대하여 그의 권리내용을 주장하는 것이다. 즉 재판상의 청구인 소의 제기와 권리자가 의무자에 대하여 의무의 이행을 촉구하는 최고 등이 주요한 것이고 그 밖에도 지급명령·화해를 위한 소환·임의출석·파산절차의 참가(제170조, 제174조) 등이 있다. 다만 최고는 이를 한 후에 6개월 이내에 다시 소의 제기나 강제집행 등의 강력한 중단행위를 하여야 한다.

<참고사항>

재판상 청구의 의미

1. 문제점

재판상 청구의 의미와 관련하여 견해가 대립된다.

2. 권리행사설(통설과 판례)

시효중단제도는 권리자가 권리를 주장함으로써 시효의 기초인 사실상태를 깨뜨리는 데 그 이유가 있으므로, 그 권리행사가 재판에서 어떠한 형태로 또는 어떠한 방식으로 행하여지는가에 구애될 필요가 없다는 견해이다. 이 견해는 재판상 청구를 기판력이 미치는 범위에 제한하지 않으며 응소 등도 재판상 청구에 해당한다고 본다.

3. 권리확정설

재판의 대상인 소송물에 국한하여 시효중단을 인정하려는 견해이다. 이 견해는 재판상 청구를 기판력이 미치는 범위에 제한한다.

(2) 압류, 가압류, 가처분

압류는 확정판결, 기타의 채무명의에 기하여 행하는 강제집행이며 가압류와 가처분은 강제집행을 보전하는 수단이다.

압류·가압류·가처분을 독립된 시효중단사유로 한 것은 이것들은 반드시 재판상 청구를 전제로 하지 않을 뿐만 아니라, 또 판결이 있더라도 그 후 새로이 진행하는 시효를 저지할 필요가 있기 때문이다.

압류·가압류·가처분은 그 집행을 신청한 때에 시효중단의 효력이 발생한다는 것이 통설이다.

【쟁점사항】

채권자가 채무자의 제3채무자에 대한 채권을 압류 또는 가압류한 경우에 채무자에 대한 채권자의 채권에 관하여 시효중단의 효력이 생긴다고 할 것이나, 압류 또는 가압류된 채무자의 제3채무자에 대한 채권에 대하여는 민법 제168조 제2호 소정의 소멸시효 중단사유에 준하는 확정적인 시효중단의 효력이 생긴다고 할 수 없다(대판 2003. 5. 13, 2003다16238).

(3) 승 인

승인이란 시효의 이익을 받을 자가 시효에 의하여 권리를 잃게 될 자에 대하여 그 권리의 존재를 인식하고 있다는 것을 표시하는 행위이다(제177조). 이는 의사표시가 아닌 '관념의 통지'로서 처분권은 불필요하고 관리권만 있으면 족하다. 반면, 시효완성 후의 승인은 시효이익의 포기로서 의사표시이고, 처분권이 필요하다.

소멸시효 중단사유로서의 승인은 시효이익을 받을 당사자인 채무자가 소멸시효의 완성으로 권리를 상실하게 될 자 또는 그 대리인에 대하여 그 권리가 존재함을 인식하고 있다는 뜻을 표시함으로써 성립한다고 할 것이며, 그 표시의 방법은 아무런 형식을 요구하지 아니하고, 또한 명시적이건 묵시적이건 불문한다(대판 2000. 4. 25, 98다63193).

▣ 핵심판례 ▣

■ [소멸시효의 중단사유]

1. 근저당권 설정등기청구의 소 제기가 그 피담보채권이 될 채권에 대한 소멸시효 중단사유로 되는지 여부(적극)

가. 근저당권 설정약정에 의한 근저당권 설정등기청구권은 그 피담보채권이 될 채권과 별개로 소멸시효에 걸린다.

나. 원고의 근저당권 설정등기청구권의 행사는 그 피담보채권이 될 금전채권의 실현을 목적으로 하는 것으로서, 근저당권 설정등기청구의 소에는 그 피담보채권이 될 채권의 존재에 관한 주장이 당연히 포함되어 있는 것이고, 피고로서도 원고가 원심에 이르러 금전지급을 구하는 청구를 추가하기 전부터 피담보채권이 될 금전채권의 소멸을 항변으로 주장하여 그 채권의 존부에 관한

실질적 심리가 이루어져 그 존부가 확인된 이상, 그 피담보채권이 될 채권으로 주장되고 심리된 채권에 관하여는 근저당권 설정등기청구의 소의제기에 의하여 피담보채권이 될 채권에 관한 권리의 행사가 있은 것으로 볼 수 있으므로, 근저당권 설정등기청구의 소의 제기는 그 피담보채권의 재판상의 청구에 준하는 것으로서 피담보채권에 대한 소멸시효중단의 효력을 생기게 한다(대판 2004. 2. 13, 2002다7213).

2. 소 제기에 응소한 경우 시효중단사유의 해당 여부 등

가. 피고로서 응소하여 적극적으로 권리를 주장하고 그것이 받아들여진 경우 시효중단사유인 재판상의 청구에 해당하는지 여부(적극)

취득시효를 주장하는 자가 원고가 되어 소를 제기한 데 대하여 권리자가 피고로서 응소하고 그 소송에서 적극적으로 권리를 주장하여 그것이 받아들여진 경우에는 민법 제247조 제2항에 의하여 취득시효기간에 준용되는 민법 제168조 제1호, 제170조 제1항에서 시효중단사유의 하나로 규정하고 있는 재판상 청구에 포함된다.

나. 시효를 주장하는 자의 소제기에 대한 응소한 것만으로 시효중단의 주장 없이 시효중단의 효력이 발생하는지 여부(소극)

시효를 주장하는 자가 원고가 되어 소를 제기한 경우에 있어서, 피고가 응소행위를 하였다고 하여 바로 시효중단의 효과가 발생하는 것은 아니고, 변론주의 원칙상 시효중단의 효과를 원하는 피고로서는 당해 소송 또는 다른 소송에서의 응소행위로서 시효가 중단되었다고 주장하지 않으면 아니되고, 피고가 변론에서 시효중단의 주장 또는 이러한 취지가 포함되었다고 볼 만한 주장을 하지 아니하는 한, 피고의 응소행위가 있었다는 사정만으로 당연히 시효중단의 효력이 발행한다고 할 수는 없는 것이나, 응소행위로 인한 시효중단의 주장은 취득시효가 완성된 후라도 사실심 변론종결 전에는 언제든지 할 수 있다(대판 2003. 6. 13, 2003다17927 · 17934).

3. 납입고지에 의한 변상금징수권자의 권리행사에 의하여 이미 발생한 소멸시효중단의 효력소멸여부

소멸시효의 중단은 소멸시효의 기초가 되는 권리의 불행사라는 사실상태와 맞지 않은 사실이 생긴 것을 이유로 소멸시효의 진행을 차단케 하는 제도인 만큼, 납입고지에 의한 변상금징수권자의 권리행사에 의하여 이미 발생한 소멸시효중단의 효력은 그 부과처분이 취소(쟁송취소에 의한 것이든 또는 직권취소에 의한 것이든 불문한다)되었다 하여 사라지지 아니한다(1996. 3. 8. 판결, 95누12804 국유재산무단사용변상금부과처분취소).

4. 소유권이전등기절차를 이행해 줄 채무의 존재를 승인함으로써 소멸시효완성으로 인한 이익을 포기한 사실을 추인할 수 있다고 한 사례

갑이 1977. 2. 8. 을로부터 토지를 매수한 후 그 토지가 분할되고 그 일부가 토지구획정리사업으로 인하여 환지되었는데 을이 갑의 사망후 위 매매계약에 기한 소유권이전등기청구권의 소멸시효가 완성된 이후인 1989. 5.경 갑의 형에게 "위 환지된 토지 등은 자신과 관계가 없는 것이니까 조카들에게 주어 청산금을 납부하고 해결하도록 하라"고 하면서 위 환지 확정으로 인한 청산금고지서에 해당하는 청산금조서를 건네주어 갑의 자가 이를 소지하게 되었다면 을은 토지에 관하여 소유권이전등기절차를 이행해 줄 채무의 존재를 승인함으로써 위 소멸시효완성으로 인한 이익을 포기한 사실을 추인할 수 있다(1992. 3. 27. 제3부 판결, 91다44872 소유권이전등기).

5. 가. 시효중단사유로서의 재판상 청구에 권리가 발생한 기본적 법률관계에 관한 확인청구가 포함되는지 여부(적극)

시효제도의 존재이유는 영속된 사실상태를 존중하고 권리 위에 잠자는 자를 보호하지 않는다는 데에 있고 특히 소멸시효에 있어서는 후자의 의미가 강하므로, 권리자가 재판상 그 권리를 주장하여 권리 위에 잠자는 것이 아님을 표명한 때에는 시효중단사유가 되는바, 이러한 시효중단사유로서의 재판상의 청구에는 그 권리 자체의 이행청구나 확인청구를 하는 경우만이 아니라, 그 권리가 발생한 기본적 법률관계에 관한 확인청구를 하는 경우에도 그 법률관계의 확인청구가 이로부터 발생한 권리의 실현수단이 될 수 있어 권리 위에 잠자는 것이 아님을 표명한 것으로 볼 수 있을 때에는 그 기본적 법률관계에 관한 확인청구도 이에 포함된다고 보는 것이 타당하다.

나. 과세처분의 취소 또는 무효확인청구의 소가 조세환급을 구하는 부당이득반환청구권의 소멸시효중단사유인 재판상 청구에 해당하는지 여부(적극)

일반적으로 위법한 행정처분의 취소, 변경을 구하는 행정소송은 사권을 행사하는 것으로 볼 수 없으므로 사권에 대한 시효중단사유가 되지 못하는 것이나, 다만 오납한 조세에 대한 부당이득반환청구권을 실현하기 위한 수단이 되는 과세처분의 취소 또는 무효확인을 구하는 소는 그 소송물이 객관적인 조세채무의 존부확인으로서 실질적으로 민사소송인 채무부존재확인의 소와 유사할 뿐 아니라, 과세처분의 유효 여부는 그 과세처분으로 납부한 조세에 대한 환급청구권의 존부와 표리관계에 있어 실질적으로 동일당사자인 조세부과권자와 납세의무자 사이의 양면적 법률관계라고 볼 수 있으므로, 위와 같은 경우에는 과세처분의 취소 또는 무효확인청구의 소가 비록 행정소송이라고 할지라도 조세환급을 구하는 부당이득반환청구권의 소멸시효중단사유인 재판상 청구에 해당한다고 볼 수 있다.

6. 가. 연대보증인 겸 물상보증인 소유의 부동산이 압류된 경우 압류사실을 통지하지않더라도 시효중단의 효력이 발생하는지 여부

채권자가 연대보증인 겸 물상보증인 소유의 담보부동산에 대하여 임의경매의 신청을 하여 경매개시 결정에 따른 압류의 효력이 생겼다면 채권자는 그 압류의 사실을 통지하지 아니하더라도 연대보증인 겸 물상보증인에 대하여 시효의 중단을 주장할 수 있다.

나. 주채무의 시효중단 여부

시효의 중단은 시효중단 행위에 관여한 당사자 및 그 승계인 사이에 효력이 있는 것이므로 위와 같은 경우에도 연대보증인 겸 물상보증인은 보증채무의 부종성에 따라 주채무가 시효로 소멸되었음을 주장할 수는 있는 것으로서, 주채무자에 대한 시효중단의 사유가 없는 이상 연대보증인 겸 물상보증인에 대한 시효중단의 사유가 있다 하여 주채무까지 시효중단되었다고 할 수는 없다.

다. 주채무자에 대하여 시효중단의 효력을 갖기 위해 경매개시 결정의 통지방법

경매절차에서 이해관계인인 주채무자에게 경매개시 결정이 송달되었다면 주채무자는 민법 제176조의 의하여 당해 피담보채권의 소멸시효 중단의 효과를 받는다고 할 것이나, 민법 제176조의 규정에 따라 압류사실이 통지된 것으로 볼 수 있기 위하여는 압류사실을 주채무자가 알 수 있도록 경매개시 결정이나 경매기일통지서가 교부송달의 방법으로 주채무자에게 송달되어야만 하는 것이지, 이것이 우편송달(발송송달)이나 공시송달의 방법에 의하여 채무자에게 송달됨으로써 채무자가 압류사실을 알 수 없었던 경우까지도 압류사실이 채무자에게 통지되었다고 볼 수 있는 것은 아니다(대판 1994. 1. 11, 93다21477).

7. 납세의무자로부터 소득세법 소정의 자산양도차익예정신고나 과세표준확정신고가 없어서 과세관청이 양도사실을 모르고 있었다는 사유가 소멸시효 진행에 영향을 미치는지 여부(소극)

납세의무자로부터 소득세법 소정의 자산양도차익예정신고나 과세표준확정신고가 없어서 과세관청이 위 토지의 양도에 인한 소유권이전등기가 경료되기까지는 그 양도사실을 모르고 있었다 하더라도 그와 같은 사유는 권리행사를 할 수 없는 법률상의 장애사유에는 해당하지 아니하므로 양도소득세부과징수권의 소멸시효진행에는 아무런 영향을 미치지 못한다(1992. 9. 14. 제3부 판결, 92누8194 양도소득세등부과처분취소).

8. 가. 원인채권의 지급을 확보하기 위한 방법으로 어음이 수수된 경우, 원인채권의 행사가 어음채권의 소멸시효를 중단시키는 효력이 있는지 여부(소극)

원인채권의 지급을 확보하기 위한 방법으로 어음이 수수된 경우에 원인채권과 어음채권은 별개로서 채권자는 그 선택에 따라 권리를 행사할 수 있고, 원인채권에 기하여 청구를 한 것만으로는 어음채권 그 자체를 행사한 것으로 볼 수 없어 어음채권의 소멸시효를 중단시키지 못한다.

나. 원인채권의 지급을 확보하기 위한 방법으로 어음이 수수된 경우, 어음채권의 행사가 원인채권의 소멸시효를 중단시키는 효력이 있는지 여부(적극)

원인채권의 지급을 확보하기 위한 방법으로 어음이 수수된 경우, 이러한 어음은 경제적으로 동일한 급부를 위하여 원인채권의 지급수단으로 수수된 것으로서 그 어음채권의 행사는 원인채권을 실현하기 위한 것일 뿐만 아니라, 어음채권의 소멸시효는 어음금 청구소송에 있어서 채무자의 인적 항변사유에 해당하는 관계로 채권자가 어음채권의 소멸시효를 중단하여 두어도 채무자의 인적 항변에 따라 그 권리를 실현할 수 없게 되는 불합리한 결과가 발생하게 되므로, 채권자가 원인채권에 기하여 청구를 한 것이 아니라 어음채권에 기하여 청구를 하는 반대의 경우에는 원인채권의 소멸시효를 중단시키는 효력이 있다고 봄이 상당하고, 이러한 법리는 채권자가 어음채권을 피보전권리로 하여 채무자의 재산을 가압류함으로써 그 권리를 행사한 경우에도 마찬가지로 적용된다(대판 1999. 6. 11. 99다16378).

9. 보험회사가 보험가입자를 위하여 피해자에게 치료비의 일부를 지급하고 합의를 시도한 경우의 효과

보험가입자를 위한 포괄적 대리권이 있는 보험회사가 입원비와 수술비, 통원치료비 등을 피해자에게 지급하고 또 보험가입자에게 손해배상책임이 있음을 전제로 하여 손해배상금으로 일정 금원을 제시하는 등 합의를 시도하였다면 보험회사는 그때마다 손해배상채무를 승인하였다고 할 것이므로 그 승인의 효과는 보험가입자에게 미친다(1993. 6. 22. 제2부 판결, 93다18945 손해배상(자)).

10. 채무자가 채권자로부터 채권을 양도한 사실이 없다는 취지의 진술서를 교부받은 경우 승인으로 볼 수 있는지 여부(적극)

채권양수인이라고 주당하는 자가 채무자를 상대로 제기한 양수금 청구소송에서 채무자가 채권자로부터 채권을 양도한 사실이 없다는 취지의 진술서를 작성·교부받아 이를 증거로 제출하여 승소판결을 받은 경우, 채무자는 채권자로부터 위 진술서를 교부받음으로써 채무를 승인하였으므로 그 무렵 소멸시효가 중단되었다고 본다(대판 2000. 4. 25, 98다63193).

11. 사용자가 피용자에게 산업재해보험급여를 받는데 필요한 증명을 하여 준 것이 손해배상채무를 승인한 것으로 볼 수 있는지 여부(소극)

피용자가 산업재해보험급여를 받는데 필요한 증명을 요구함에 따라 회사가 산업재해보상보험법시행령 제34조 제2항의 규정에 따라 사업주로서 그 증명을 하여 준 것 또는 같은 조 1항의 규정에 의하여 그 보험급여청구의 절차에 조력하여 준 것만으로 회사가 피용자 등에 대하여 손해배상채무가 있음을 승인하였던 것으로 볼 수는 없다(1993. 7. 27. 제2부 판결, 93다357 손해배상(산)).

12. 구 부동산등기법(1983. 12. 31. 법률 제3692호로 개정되기 전의 것) 제37조 제2항의 가등기가처분이 소멸시효의 중단사유가 되는지 여부

구 부동산등기법(1983. 12. 31. 법률 제3692호로 개정되기 전의 것) 제37조 제2항의 가등기가처분은 통상의 민사소송법상의 가처분과는 그 성질을 달리하는 것이므로, 이러한 가등기가처분은 민법 제168조 제2호에서 말하는 소멸시효의 중단사유의 하나인 가처분에 해당한다고 할 수 없다(1993. 9. 14. 제1부 판결, 93다16758 가등기에 기한 본등기).

13. 채권자가 피고로서 응소하여 적극적으로 권리를 주장하고 그것이 받아들여진 경우 시효중단사유인 재판상의 청구에 해당하는지 여부

민법 제168조 제1호, 제170조 제1항에서 시효중단사유의 하나로 규정하고 있는 재판상의 청구라 함은, 통상적으로 권리자가 원고로서 시효를 주장하는 자를 피고로 하여 소송물인 권리의 소의 형식으로 주장하는 경우를 가리키지만, 이와 반대로 시효를 주장하는 자가 원고가 되어 소를 제기한 데 대하여 피고로서 응소하여 그 소송에서 적극적으로 권리를 주장하고 그것이 받아들여진 경우도 마찬가지로 이에 포함되는 것으로 해석함이 타당하다(1993. 12. 21. 전원합의체판결, 92다47861 채무부존재확인).

<판례전문(대판 1993. 12. 21, 92다47861)>

[원고, 상고인] 서순복

[피고, 피상고인] 김만성

[원심판결] 춘천지방법원 1992.9.25. 선고 92나2176 판결

[주 문] 상고를 기각한다.

상고비용은 원고의 부담으로 한다.

[이 유] 상고이유를 본다.

1. 민법 제168조 제1호 , 제170조 제1항에서 시효중단사유의 하나로 규정하고 있는 재판상의 청구라 함은, 통상적으로는 권리자가 원고로서 시효를 주장하는 자를 피고로 하여 소송물인 권리를 소의 형식으로 주장하는 경우를 가리키지만, 이와 반대로 시효를 주장하는 자가 원고가 되어 소를 제기한 데 대하여 피고로서 응소하여 그 소송에서 적극적으로 권리를 주장하고 그것이 받아들여진 경우도 마찬가지로 이에 포함되는 것으로 해석함이 타당하다.

원래 시효는 법률이 권리 위에 잠자는 자의 보호를 거부하고 사회생활상 영속되는 사실상태를 존중하여 여기에 일정한 법적효과를 부여하기 위하여 마련한 제도이므로, 위와 같은 사실상의 상태가 계속되던 중에 그 사실상태와 상용할 수 없는 다른 사정이 발생한 때에는 더 이상 그 사실상태를 존중할 이유가 없게 된다는 점을 고려하여, 이미 진행한 시효기간의 효력을 아예 상실케 하려는 데에 곧 시효중단을 인정하는 취지가 있는 것인바(당원 1979. 7. 10. 선고 79다569 판결 참조), 권리자가 시효를 주장하는 자로부터 제소당하여 직접 응소행위로서 상대방의 청구를 적극적으로 다투면서 자신의 권리를 주장하는 것은 자신이 권리위에 잠자는 자가 아님을 표명한 것에 다름 아닐 뿐만 아니라, 계속된 사실상태와 상용할 수 없는 다른 사정이 발생한 때로 보아야 할 것이므로, 이를 민법이 시효중단사유로서 규정한 재판상의 청구에 준하는 것으로 보더라도 전혀 시효제도의 본지에 반한다고 말할 수는 없다 할 것이다.

당원은 종전에 권리자가 피고가 되어 응소행위로서 한 권리의 주장은 소멸시효 내지 소유권의 취득시효에 준용되는 시효중단사유인 위 같은 법조 소정의 재판상의 청구에 해당하지 않는다는 취지로 여러차례 판시한 바 있으나(당원 1971. 3. 23. 선고 71다37 판결; 1974. 11. 12. 선고 74다416, 417 판결 ; 1978. 4. 11. 선고 76다2476 판결; 1979. 6. 12. 선고 79다573 판결 등 참조), 이러한 판례들의 견해는 모두 이 사건 판결에 저촉되므로 이를 폐기하기로 한다.

2. 이 사건에서 원심이 적법하게 확정한 바에 따르면, 원고는 1976. 3. 12. 피고로부터 금 4,700,000원을, 변제기는 그 해 12. 11.로 정하여 차용하면서 그 담보를 위하여 이 사건 부동산에 관하여 피고 앞으로 채권최고액을 위 금 4,700,000원으로 한 근저당권설정등기를 마쳐 주었으나, 그 후 원고가 1981. 8. 20. 피고를 상대로 위 피담보채권인 대여금채권이 부존재함을 이유로 위 근저당권설정등기의 말소청구소송을 제기함에 따라 피고가 이에 적극적으로 응소하여 원고 청구기각의 판결을 구하고 위 대여금채권이 유효하게 성립된 것이어서 이를 피담보채권으로 하는 위 근저당권설정등기는 유효하다는 내용의 답변내용을 제출한 결과, 그 소송의 제1심 법원에서 1981. 12. 17. 피고의 위 주장을 받아들여 원고 패소판결을 선고하고, 그 후 원고의 항소기각판결을 거쳐 1982. 12. 14. 대법원에서 원고의 상고허가신청기각결정에 의하여 위 판결이 그대로 확정되기에 이르렀다는 것인바, 사실관계가 그러하다면 피고가 위 전소송에서 응소하여 한 위 담보목적의 대여금 채권의 존재에 관한 주장은 소멸시효의 중단사유가 되는 재판상의 청구에 준하는 것이므로, 위 채권에 대하여는 피고의 위 응소행위에 의하여 일단 소멸시효의 진행이 중단되었다가 위 재판이 확정된 1982. 12. 14.부터 새로이 그 시효가 진행된다고 봄이 옳다 할 것이다.

결국 원심이 이와 같은 취지에서 위 대여금채권이 시효소멸한 것임을 전제로 하여 대여금채무의 부존재확인 내지 근저당권설정등기의 말소등기 절차이행을 구하는 원고의 이 사건 청구를 모두 배척한 조치는 정당한 것으로 수긍이 되고, 거기에 소론과 같은 법리오해 등의 위법이 있음을 찾아 볼 수 없다. 논지는 이유 없다.

3. 그러므로 상고를 기각하고 상고비용은 패소자인 원고의 부담으로 하기로 하여 관여 법관 전원의 일치된 의견으로 주문과 같이 판결한다.

대법원장 윤관(재판장) 김상원 배만운 안우만 김주한 윤영철(주심) 김용준 김석수 박만호 천경송 정귀호 안용득 박준서

14. 일부청구와 시효중단

청구의 대상으로 삼은 채권 중 일부만을 청구한 경우에도 그 취지로 보아 채권 전부에 관하여 판결을 구하는 것으로 해석되는 경우에는 그 동일성의 범위 내에서 그 전부에 관하여 시효중단의 효력이 발생하고, 이러한 법리는 특정 불법행위로 인한 손해배상채권에 대한 지연손해금청구의 경우에도 마찬가지로 적용된다(대판 2001. 9. 28. 99다72521).

15. 흠있는 소제기와 시효중단

채권양도는 구 채권자인 양도인과 신 채권자인 양수인 사이에 채권을 그 동일성을 유지하면서 전자로부터 후자에게로 이전시킬 것을 목적으로 하는 계약을 말한다 할 것이고, 채권양도에 의하여 채권은 그 동일성을 잃지 않고 양도인으로부터 양수인에게 이전되며, 이러한 법리는 채권양도의 대항요건을 갖추지 못하였다고 하더라도 마찬가지인 점, 민법 제149조의 "조건의 성취가 미정한 권리의무는 일반규정에 의하여 처분, 상속, 보존 또는 담보로 할 수 있다."는 규정은 대항요건을 갖추지 못하여 채무자에게 대항하지 못한다고 하더라도 채권양도에 의하여 채권을 이전받은 양수인의 경우에도 그대로 준용될 수 있는 점, 채무자를 상대로 재판상의 청구를 한 채권의 양수인을 '권리 위에 잠자는 자'라고 할 수 없는 점 등에 비추어 보면, 비록 대항요건을 갖추지 못하여 채무자에게 대항하지 못한다고 하더라도 채권의 양수인이 채무자를 상대로 재판상의 청구를 하였다면 이는 소멸시효 중단사유인 재판상의 청구에 해당한다고 보아야 한다(대판 2005. 11. 10. 2005다41818).

16. 최고와 시효중단

가. 채권자가 채무자의 제3채무자에 대한 채권을 압류 또는 가압류한 경우에 채무자에 대한 채권자의 채권에 관하여 시효중단의 효력이 생긴다고 할 것이나, 압류 또는 가압류된 채무자의 제3채무자에 대한 채권에 대하여는 민법 제168조 제2호 소정의 소멸시효 중단사유에 준하는 확정적인 시효중단의 효력이 생긴다고 할 수 없다.

나. 소멸시효 중단사유의 하나로서 민법 제174조가 규정하고 있는 최고는 채무자에 대하여 채무이행을 구한다는 채권자의 의사통지(준법률행위)로서, 이에는 특별한 형식이 요구되지 아니할 뿐 아니라 행위 당시 당사자가 시효중단의

효과를 발생시킨다는 점을 알거나 의욕하지 않았다 하더라도 이로써 권리 행사의 주장을 하는 취지임이 명백하다면 최고에 해당하는 것으로 보아야 할 것이므로, 채권자가 확정판결에 기한 채권의 실현을 위하여 채무자의 제3채무자에 대한 채권에 관하여 압류 및 추심명령을 받아 그 결정이 제3채무자에게 송달이 되었다면 거기에 소멸시효 중단사유인 최고로서의 효력을 인정하여야 한다(대판 2003. 5. 13. 2003다16238).

17. 사망한 사람을 대상으로 한 가압류와 시효중단 가부

가. 채권자와 주채무자 사이의 확정판결에 의하여 주채무가 확정되어 그 소멸시효 기간이 10년으로 연장되었다 할지라도 그 보증채무까지 당연히 단기소멸시효의 적용이 배제되어 10년의 소멸시효기간이 적용되는 것은 아니고, 채권자와 연대보증인 사이에 있어서 연대보증채무의 소멸시효기간은 여전히 종전의 소멸시효기간에 따른다.

나. 사망한 사람을 피신청인으로 한 가압류신청은 부적법하고 그 신청에 따른 가압류결정이 내려졌다고 하여도 그 결정은 당연 무효로서 그 효력이 상속인에게 미치지 않으며, 이러한 당연 무효의 가압류는 민법 제168조 제1호에 정한 소멸시효의 중단사유에 해당하지 않는다.

다. 상속채무를 부담하게 된 상속인의 행위가 단순히 피상속인의 사망신고 및 상속등기를 게을리 함으로써 채권자로 하여금 사망한 피상속인을 피신청인으로 하여 상속부동산에 대하여 당연 무효의 가압류를 하도록 방치하고 그 가압류에 대하여 이의를 제기하지 않거나 피상속인의 사망 사실을 채권자에게 알리지 않은 정도에 그치고, 그 밖에 달리 채권자의 권리 행사를 저지·방해할 만한 행위를 하지 않았다면 상속인의 소멸시효 완성 주장은 권리남용에 해당하지 않는다(대판 2006. 8. 24. 2004다26287, 26294).

◆ 시효중단의 효력범위

제 169 조 【시효중단의 효력】

시효의 중단은 당사자 및 그 승계인간에만 효력이 있다.

■ § 169. 시효중단의 효력

- 지금까지 경과한 시효기간은 무효로 된다.
- 시효중단의 효력은 당사자와 승계인 사이에만 미친다.
- 관련법조 : [특칙] 어음 §71, 77②-8, 수표 §52

시효중단사유의 발생으로 인하여 지금까지 진행된 시효기간은 무효가 된다. 단 시효중단의 효과는 상대적이어서 원칙적으로 당사자 및 그 승계인 사이에 대해서만 효과가 미친다. 이 때 당사자라 함은 중단행위에 관여한 당사자를 가리키고 시효의 대상인 권리 또는 청구권의 당사자는 아니며, 따라서 시효의 대상인 권리의 권리자 또는 그 상대방인 의무자가 여러 사람이더라도 중단에 관여하지 않은 권리자 또는 의무자에게는 중단의 효력이 미치지 않는다. 승계인이라 함은 시효중단에 관여한 당사자로부터 중단의 효과를 받는 권리를 그 중단효과 발생 이후에 승계한 자를 뜻하고, 포괄승계인은 물론 특정승계인도 이에 포함된다(대판 1997. 4. 25, 96다46484).

중단된 시효는 그 중단사유가 종료한 때부터 다시 진행을 시작한다(제178조 1항). 예컨대 재판상의 청구에 관해서는 「재판이 확정된 때」부터 새로이 진행한다(제178조 2항).

▣ 핵심판례 ▣

■ [시효중단의 효력]

1. 잡종지인 국유재산이 도로부지로 결정고시되었다는 것만으로는 시효취득의 대상이 되지않는 국유의 행정재산이라고 할 수는 없고 위와 같은 사유로 시효가 중단된다고 할 수도 없다고 한 사례

국유재산법상 행정재산이라 함은 국가가 소유하는 재산으로서 직접 공용, 공공용 또는 기업용으로 사용하거나 사용하기로 결정한 재산을 말하고, 도로는 도로로서의 형태를 갖추어야 하고 도로법에 따른 노선의 지정 또는 형태를 갖추어야 하고 도로

법에 따른 노선의 지정 또는 인정의 공고 및 도로구역결정 고시가 있는 때로부터 또는 도시계획법 또는 도시재개발법 소정의 절차를 거쳐 도로를 설치하였을 때로부터 공공용물로서 공용개시행위가 있다고 할 것이므로 잡종지인 국유재산이 도로부지로 결정 고시되었다는 것만으로는 시효취득의 대상이 되지 않는 국유의 행정재산이라고 할 수는 없고 위와 같은 사유로 시효가 중단된다고 할 수도 없다(1996. 3. 12. 판결, 95다7369 소유권이전등기등).

2. 가. 연대보증인 겸 물상보증인 소유의 부동산이 압류된 경우 압류사실을 통지하지 않더라도 시효중단의 효력이 발생하는지 여부

채권자가 연대보증인 겸 물상보증인 소유의 담보부동산에 대하여 임의경매의 신청을 하여 경매개시결정에 따른 압류의 효력이 생겼다면 채권자는 그 압류의 사실을 통지하지 아니하더라도 연대보증인 겸 물상보증인에 대하여 시효의 중단을 주장할 수 있다.

나. 위 “가”항의 경우 주채무의 시효중단 여부

시효의 중단은 시효중단행위에 관여한 당사자 및 그 승계인 사이에 효력이 있는 것이므로 위 “가”항과 같은 경우에도 연대보증인 겸 물상보증인은 보증채무의 부종성에 따라 주채무가 시효로 소멸되었음을 주장할 수는 있는 것으로서, 주채무자에 대한 시효중단의 사유가 없는 이상 연대보증인 겸 물상보증인에 대한 시효중단의 사유가 있다 하여 주채무까지 시효중단되었다고 할 수는 없다(1994. 1. 11. 제1부 판결, 93다21477 연대보증인).

3. 가. 한 개의 채권 중 일부만을 청구한 경우 시효중단의 효력발생범위

한 개의 채권 중 일부에 관하여만 판결을 구한다는 취지를 명백히 하여 소송을 제기 한 경우에는 소제기에 의한 소멸시효 중단의 효력이 그 일부에 관하여만 발생하고, 나머지 부분에는 발생하지 아니하지만 비록 그 중 일부만을 청구한 경우에도 그 취지로 보아 채권 전부에 관하여 판결을 구하는 것으로 해석된다면 그 청구액을 소송물인 채권의 전부로 보아야 하고, 이러한 경우에는 그 채권의 동일성의 범위 내에서 그 전부에 관하여 시효중단의 효력이 발생한다고 해석함이 상당하다.

나. 신체의 훼손으로 인한 손해배상청구 사건에서 앞으로 법원의 신체감정절차를 거친 후 그 결과에 따라 청구금액을 확정하겠다는 뜻을 소장에 객관적으로 명백히 표시한 경우 소제기에 따른 시효중단의 효력이 손해배상청구권 전부에 대하여 미친다고 한 사례

신체의 훼손으로 인한 손해의 배상을 청구하는 사건에서는 그 손해액을 확정하기 위하여 통상 법원의 신체감정을 필요로 하기 때문에, 앞으로 그러한 절차를 거친 후 그 결과에 따라 청구금액을 확장하겠다는 뜻을 소장에 객관적으로 명백히 표시한 경우에는, 그 소제기에 따른 시효중단의 효력은 소장에 기재된 일부 청구액뿐만 아니라 그 손해배상청구권 전부에 대하여 미친다.

4. 민법 제169조 소정의 "승계인"의 의미

민법 제169조 소정의 "승계인"이라 함은 시효중단에 관여한 당사자로부터 중단의 효과를 받는 권리를 그 중단효과 발생 이후에 승계한 자를 가리킨다(1994. 6. 24. 제3부 판결, 94다7737 소유권이전등기말소).

<판례전문(대판 1994. 6. 24. 94다77371)>

[원고, 피상고인] 범어사

[피고, 상고인] 대우정밀공업주식회사

[소송대리인 변호사] 심훈종 외 5인

[원심판결] 서울고등법원 1993. 12. 23. 선고, 93나26474 판결

[주 문] 상고를 기각한다.

상고비용은 피고의 부담으로 한다.

[이 유] 상고이유를 본다.

민법 제169조 소정의 '승계인'이라 함은 시효중단에 관여한 당사자로부터 중단의 효과를 받는 권리를 그 중단효과 발생 이후에 승계한 자를 가리키는 것이다(다원 1973. 2. 18. 선고, 72다1549 판결 참조).

위 '승계인'을 위와 같은 취지로 보고, 원고가 소외 대한민국을 상대로 이 사건 토지에 관한 원심 판시의 소유권이전등기말소청구소송을 제기한 1980. 2. 6.에 대한민국의 이 사건 토지에 관한 취득시효의 진행은 중단되었다고 할 것이고, 대한민국으로부터 위 시효중단 발생 이후인 1981. 12. 31. 이 사건 토지를 매수하여 1982. 1. 1. 이를 인도받고 1985. 11. 8. 소유권이전등기를 경료받은 피고는 대한민국의 승계인으로서 위 시효중단의 효과를 받는다고 판단한 원심은 정당하고, 거기에 소론과 같이 민법 제169조 소정의 승계인에 관한 법리를 오해한 위법이 없다. 논지는 이유 없다.

그러므로 상고를 기각하고 상고비용은 패소자의 부담으로 하기로 하여 관여법관의 일치된 의견으로 주문과 같이 판결한다.

대법관 김상원(재판장) 윤영철

박준서(주심)

5. 경매신청에 의한 연대채무자 1인의 소유부동산에 대한 압류에 따른 시효중단의 효력

가. 채권자의 신청에 의한 경매개시결정에 따라 연대채무자 1인의 소유 부동산이 압류된 경우, 이로써 위 채무자에 대한 채권의 소멸시효는 중단되지만, 압류에 의한 시효중단의 효력은 다른 연대채무자에게 미치지 아니하므로, 경매개시결정에 의한 시효중단의 효력을 다른 연대채무자에 대하여 주장할 수 없다.

나. 채권자가 연대채무자 1인의 소유 부동산에 대하여 경매신청을 한 경우, 이는 최고로서의 효력을 가지고 있고, 연대채무자에 대한 이행청구는 다른 연대채무자에게도 효력이 있으므로, 채권자가 6월 내에 다른 연대채무자를 상대로 재판상 청구를 하였다면 그 다른 연대채무자에 대한 채권의 소멸시효가 중단되지만, 이로 인하여 중단된 시효는 위 경매절차가 종료된 때가 아니라 재판이 확정된 때로부터 새로 진행된다(대법원 2001. 8. 21. 선고 2001다22840 판결).

6. 부진정연대채무에 있어서 채무자 1인에 대한 이행청구에 따른 시효중단의 효력

부진정연대채무에 있어 채무자 1인에 대한 이행의 청구는 타 채무자에 대하여 그 효력이 미치지 않으므로, 하천구역으로 편입된 토지의 소유자가 서울특별시장에게 보상금지급 청구를 하였다 하더라도 부진정연대채무관계에 있는 국가에 대하여 시효중단의 효과가 발생한다고 할 수 없다(대법원 1997. 9. 12. 선고 95다42027 판결).

7. 동일한 목적을 달성하기 위한 복수의 채권 중 어느 하나의 채권행사와 시효중단의 효력

가. 상호신용금고의 대표이사가 재직 당시 동일인에 대한 대출 한도를 초과하여 돈을 대출하면서 충분한 담보를 확보하지 아니하는 등 그 임무를 해태하여 상호신용금고로 하여금 대출금을 회수하지 못하게 하는 손해를 입게 한 경우, 회수하지 못한 대출금 중 동일인 대출 한도를 초과한 금액에 해당하는 손해를 상법 제399조에 따라 상호신용금고에게 배상할 책임이 있다.

나. 상법 제399조 소정의 이사의 책임은 상법 제400조의 규정에 따라 총주주의 동의로 이를 면제할 수 있는데, 이 때 총주주의 동의는 묵시적 의사표시의 방법으로 할 수 있고 반드시 명시적, 적극적으로 이루어질 필요는 없으며, 실질적으로는 1인에게 주식 전부가 귀속되어 있지만 그 주주 명부상으로만 일부 주식이 타인 명의로 신탁되어 있는 경우라도 사실상의 1인 주주가 한 동의도 총주주의 동의로 볼 것이다.

다. 법인의 경우 불법행위로 인한 손해배상청구권의 단기소멸시효의 기산점인 '손해 및 가해자를 안 날'을 정함에 있어서 법인의 대표자가 법인에 대하여 불법행위를 한 경우에는 법인과 그 대표자는 이익이 상반하게 되므로 현실로 그로 인한 손해배상청구권을 행사하리라고 기대하기 어려울 뿐만 아니라 일반적으로 그 대표권도 부인된다고 할 것이므로 단지 그 대표자가 그 손해 및 가해자를 아는 것만으로는 부족하고, 적어도 법인의 이익을 정당하게 보전할 권한을 가진 다른 임원 또는 사원이나 직원 등이 손해배상청구권을 행사할 수 있을 정도로 이를 안 때에 비로소 위 단기소멸시효가 진행한다.

라. 상호신용금고의 대표이사가 충분한 담보를 확보하지 아니하고 동일인 대출한도를 초과하여 대출함으로써 상호신용금고가 그 대출금을 회수하지 못한 경우, 사실상의 1인 주주인 그 대표이사로부터 상호신용금고의 100%주식과 경영권을 양수한 자 및 새로운 경영진도 상호신용금고의 이익을 정당하게 보전할 권한을 가진 자로서 손해배상청구권을 행사할 수 있는 자의 범위에 포함된다고 할 것이고, 이들이 상호신용금고의 기존의 부실채권액을 실사를 통하여 확인한 시점에서 상호신용금고도 손해 및 가해자를 안 것으로 본 사례.

마. 채권자가 동일한 목적을 달성하기 위하여 복수의 채권을 갖고 있는 경우, 채권자로서는 그 선택에 따라 권리를 행사할 수 있되, 그 중 어느 하나의 청구를 한 것만으로는 다른 채권 그 자체를 행사한 것으로 볼 수는 없으므로, 특별한 사정이 없는 한 다른 채권에 대한 소멸시효 중단의 효력은 없다.

바. 상법 제399조에 기한 손해배상청구의 소를 제기한 것이 일반 불법행위로 인한 손해배상청구권에 대한 소멸시효 중단의 효력은 없다고 한 사례(대법원 2002. 6. 14. 선고 2002다11441 판결)

8. 피해자의 보험자에 대한 직접청구권과 피보험자의 보험자에 대한 보험금청구권의 관계

상법 제724조 제2항에 의하여 피해자가 보험자에게 갖는 직접청구권과 피보험자의 보험자에 대한 보험금청구권은 별개의 청구권이므로, 피해자의 보험자에 대한 손해배상청구에 의하여 피보험자의 보험자에 대한 보험금청구권의 소멸시효가 중단되는 것은 아니라고 한 사례(대법원 2006. 4. 13. 선고 2005다77305,77312 판결)

◆ 재판상의 청구에 관하여 중단의 효력이 생기지 않는 경우

제 170 조 【재산상의 청구와 시효중단】

① 재판상의 청구는 소송의 각하, 기각 또는 취하의 경우에는 시효중단의 효력이 없다.

② 전항의 경우에 6월 내에 재판상의 청구, 파산절차참가, 압류 또는 가압류, 가처분을 한 때에는 시효는 최초의 재판상 청구로 인하여 중단된 것으로 본다.

■ § 170. 재판상의 청구

- 재판상 청구란 소를 제기하는 것을 말한다.
- 이행의 소, 확인의 소, 형성의 소 등 어느 것이든지 소의 종류는 묻지 않는다.
- 재판상의 청구가 있더라도 소의 각하, 기각, 취하가 있으면 시효중단의 효력은 없다.
- 그러나 위의 경우 6개월 내에 재판상의 청구, 파산절차 참가, 압류, 가압류, 가처분 등을 한 때에는 시효는 중단된 것으로 본다.
- 관련법조 : [시효중단의 효력발생시기] 민소 §265, 어음 §80, 수표 §64, [소취하] 민소 §266~§268

재판상의 청구는 소송을 제기하는 것을 말한다. 소송제기시에 중단의 효력이 생기지만(민소 제265조) 소송의 각하·기각·취소의 경우에는 중단의 효력이 생기지 않는다. 공유자나 공동상속인 중 1인의 제소로 인한 시효중단의 효력은 타소유자나 공동상속인에게는 미치지 아니한다(대판 1979. 6. 26. 79다639, 공보④ 1979, 12042, 대판 1967. 1. 24. 66다2279).

소는 본소이든 반소이든 불문하고 채권자가 피고로서 응소하여 그 소송에서 적극적으로 권리를 주장하고 그것이 받아들여진 경우 또는 피고가 현실적으로 권리를 행사하여 응소한 때에 재판상 청구에 준하여 시효중단의 효과를 인정하는 것이 통설과 판례의 태도이다(대판 2006. 6. 16, 2005다25632).

▣ 핵심판례 ▣

■ [재판상의 청구와 시효중단]

1. 가. 약속어음의 배서인으로서의 담보책임을 묻다가 사망한 발행인의 상속인으로서의 책임을 묻는 소로 청구원인을 변경한 경우 당초의 제소가 변경된 청구원인에 대하여도 시효중단의 효력이 있는지 여부(소극)

약속어음의 소지인이 당초 제출한 소장에 기재된 청구원인은 피고에 대여 배서인으로서 어음금을 지급할 것을 구하는 것으로서 그 소장의 제출로써 그 후 피고에 대하여 발행인의 상속인으로서 어음금 중 상속비율에 해당하는 돈의 지급을 구하는 변경된 청구권인에 대하여는 시효중단의 효력이 생긴다고 보기 어렵다.

나. 채권의 지급을 확보하기 위하여 발행된 약속어음의 최후 소지인이 어음상의 권리를 상실한 경우 바로 이득상환청구권이 발생하는지 여부(소극)

어음법에 의한 이득상환청구권이 발생하기 위하여는 모든 어음상 또는 민법상의 채무자에 대하여 각 권리가 소멸되어야 하는 것인바, 원인관계에 있는 채권의 지급을 확보하기 위하여 발행된 약속어음이 전전양도되어 최후의 소지인이 어음상의 권리를 상실한 경우라도 원인채무는 그대로 존속하는 것이므로 발행인이 바로 어음금액 상당의 이득을 얻고 있다고는 할 수 없다(1993. 3. 23. 제2부 판결, 92다50942 약속어음금).

2. 가. 학교법인이 학교를 양도하면서 교직원에 대한 권리의무도 포괄적으로 양도한 경우, 양도 전에 면직되어 그 처분의 효력을 다투는 자와의 근로관계도 승계되는지 여부

학교법인이 경영하는 학교의 시설일체를 다른 학교법인에 양도하는 계약을 체결하면서 양수법인과의 사이에 학교의 물적 시설과 함께 학교에 근무하는 교직원들에 대한 권리의무도 함께 포괄적으로 양도·양수하기로 약정한 경우에는 원칙적으로 해당 교원과의 근로관계는 양수법인에게 승계되는 것이지만, 이때 승계되는 근로관계는 계약체결일 현재 실제로 그 학교에서 근무하고 있는 교직원과의 근로관계만을 의미한다고 할 것이고, 다른 특별한 사정이 없는 한 계약체결일 이전에 해당 학교에 근무하다가 해임 또는 면직된 교직원으로서 그 해임 또는 면직처분의 효력을 다투는 교직원과의 근로관계)까지 승계하는 것은 아니다.

나. 의원면직처분무효확인의 소의 제기가 급여청구에 대한 시효중단사유가 되는지 여부

교직원의 학교법인을 상대로 한 의원면직처분무효확인청구의 소도 교직원의 학교법인에 대한 급여청구의 한 실현수단이 될 수 있어 소멸시효의 중단사유로서의 재판상 청구에 해당한다(1994. 5. 10. 제1부 판결, 93다21606 급여청구).

3. 채권자의 응소행위와 재판상 청구 해당여부

민법 제168조 제1호, 제170조 제1항에서 시효중단사유의 하나로 규정하고 있는 재판상의 청구라 함은, 통상적으로는 권리자가 원고로서 시효를 주장하는 자를 피고로 하여 소송물인 권리를 소의 형식으로 주장하는 경우를 가리키지만, 이와 반대로 시효를 주장하는 자가 원고가 되어 소를 제기한 데 대하여 피고로서 응소하여 그 소송에서 적극적으로 권리를 주장하고 그것이 받아들여진 경우도 마찬가지로 이에 포함되는 것으로 해석함이 타당하다(대법원 2006.6.16. 선고 2005다25632 판결).

4. 피담보채무의 채무자 아닌 물상보증인에 대한 채권자의 응소행위와 재판상 청구 해당여부

타인의 채무를 담보하기 위하여 자기의 물건에 담보권을 설정한 물상보증인은 채권자에 대하여 물적 유한책임을 지고 있어 그 피담보채권의 소멸에 의하여 직접 이익을 받는 관계에 있으므로 소멸시효의 완성을 주장할 수 있는 것이지만, 채권자에 대하여는 아무런 채무도 부담하고 있지 아니하므로, 물상보증인이 그 피담보채무의 부존재 또는 소멸을 이유로 제기한 저당권설정등기 말소등기절차이행청구소송에서 채권자 겸 저당권자가 청구기각의 판결을 구하고 피담보채권의 존재를 주장하였다고 하더라도 이로써 직접 채무자에 대하여 재판상 청구를 한 것으로 볼 수는 없는 것이므로 피담보채권의 소멸시효에 관하여 규정한 민법 제168조 제1호 소정의 '청구'에 해당하지 아니한다(대법원 2004. 1. 16. 선고 2003다30890 판결).

5. 피고의 응소행위가 있었다는 사정만으로 시효중단의 효력이 발생하는지 여부

시효를 주장하는 자가 원고가 되어 소를 제기한 경우에 있어서, 피고가 응소행위를 하였다고 하여 바로 시효중단의 효과가 발생하는 것은 아니고, 변론주의 원칙상 시효중단의 효과를 원하는 피고로서는 당해 소송 또는 다른 소송에서의 응소행위로서 시효가 중단되었다고 주장하지 않으면 아니되고, 피고가 변론에서 시효중단의 주장 또는 이러한 취지가 포함되었다고 볼 만한 주장을 하지 아니하는 한, 위와 같은 피고의 응소행위가 있었다는 사정만으로 당연히 시효중단의 효력이 발생한다고 할 수는 없다(대법원 1997. 2. 28. 선고 96다26190 판결).

◆ 파산절차참가에 관한 시효중단의 효력이 없는 경우

제 171 조 【파산절차참가와 시효중단】

파산절차참가는 채권자가 이를 취소하거나 그 청구가 각하된 때에는 시효중단의 효력이 없다.

■ § 171. 파산절차 참가

- 채권자가 파산재단의 배당에 참가하기 위하여 그의 채권을 신고하는 것이 파산절차참가이다.
- 파산재단의 배당에 참가하기 위한 채권의 신고는 시효중단의 효력이 있다.
- 그러나 신고를 취소하거나 각하한 때에는 중단의 효력이 없다.
- 파산선고신청, 강제집행절차에 있어서 배당요구 등도 시효중단의 효력이 있다(통설).

파산절차 참가는 채권자가 파산재단의 배당에 참가하기 위하여 그의 채권을 신고하는 것을 말한다(채무자의 회생 및 파산에 관한 법률 제447조). 이 신고에 의해 확정된 채권이 채권자표에 기재되면 확정판결과 동일한 효력이 있다(동법 제460조). 파산절차참가신고가 있으면 시효중단의 효력이 있다. 그러나 채권자가 이를 취소하거나 또는 그 청구가 각하된 때에는 시효중단의 효력이 없다.

◈ 지급명령에 관하여 시효중단의 효력이 없는 경우

제 172 조【지급명령과 시효중단】

지급명령은 채권자가 법정기간내에 가집행신청을 하지 아니함으로 인하여 그 효력을 잃은 때에는 시효중단의 효력이 없다.

■ § 172. 지급명령

- 지급명령은 독촉절차이며 보통의 소송절차에 의하지 않고서 간이, 신속하게 채권자로 하여금 그의 권리를 행사케 하기 위하여 인정된 간이한 절차이다.
- 지급명령신청→이의신청→보통의 판결절차……시효중단의 효력 있음.
- 지급명령신청→이의신청 없을 때→지급명령은 확정판결과 같은 효력
- 관련법조 : [지급명령] 민소 §464

금전 기타 대체물이나 유가증권의 일정한 수량의 지급을 목적으로 하는 청구에 대하여는 법원은 채권자의 신청에 의하여 지급명령을 내릴 수 있고(민소법 제464조), 동 신청서를 관할법원에 제출하였을 때 시효중단의 효력이 생긴다. 지급명령에 대하여 적법한 이의신청을 하면 지급명령을 신청한 때에 소를 제기한 것으로 보므로(민소법 제472조), 시효중단의 효력은 계속된다.

민법 제172조는 채권자의 가집행신청이 없으면 지급명령에 시효중단의 효력이 없다고 규정하고 있으나, 민사소송법의 개정으로 채권자의 가집행신청제도가 삭제되어 그 규정은 무의미해졌다고 할 것이다.

◈ 화해를 위한 소환 및 임의출석시 시효중단의 효력이 발생하지 않는 경우

제 173 조【화해를 위한 소환, 임의출석과 시효중단】

화해를 위한 소환은 상대방이 출석하지 아니하거나 화해가 성립되지 아니한 때에는 1월 내에 소를 제기하지 아니하면 시효중단의 효력이 없다. 임의출석의 경우에 화해가 성립되지 아니한 때에도 그러하다.

■ § 173. 화해를 위한 소환, 임의출석

- 화해신청→화해성립……시효중단의 효력이 있음.
- 화해신청→화해불성립, 불출석……1월이내에 소를 제기치 않으면 중단의 효력이 없음.
- 임의출석→화해성립……시효중단의 효력이 있음.
- 임의출석→화해불성립……1월이내에 소를 제기치 않으면 시효중단이 효력이 없음.
- 관련법조 : [화해를 위한 소환] 민소 §385

(1) 화해를 위한 소환 : 화해(민소 제385조)를 신청하면 소멸시효는 중단된다. 다만 상대방이 출석하지 아니하거나 화해가 성립되지 아니한 때에는 1월 내에 소를 제기하지 아니하면 시효중단의 효력이 없다.

(2) 임의출석 : 화해가 성립되지 아니한 때에는 1월 내에 소를 제기하지 아니하면 중단의 효력이 없다.

◈ 최고를 한 경우 시효중단의 효력이 생기기 위한 요건

제 174 조【최고와 시효중단】

최고는 6월 내에 재판상의 청구, 파산절차참가, 화해를 위한 소환, 임의출석, 압류 또는 가압류, 가처분을 하지 아니하면 시효중단의 효력이 없다.

■ § 174. 최 고

- 의사의 통지로서의 최고→재판외의 청구
- 최고후 6월내에 재판상의 청구나 압류, 가압류, 가처분등을 하지 않으면 시효중단의 효력이 없다.
- 관련법조 : 산업재해보상보험법 §112②, 국가재정법 §96, 국세기본법 §28①-2, 지방세기본법 §40①-2

최고란 채권자가 채무자에 대하여 채무의 이행을 청구하는 재판 외의 행위(의사의 통지)로서 상대방에게 도달한 때에 시효중단의 효과가 발생한다. 아무런 형식을 요하지 않는다. 단 최고는 상술한 5가지의 중단방법에 비하여 시효중단의 효력이 약하다. 최고 후 6월 내에 제170조 내지 제173조의 중단방법 중 어느 것을 취하든가, 또는 압류·가압류 혹은 가처분의 절차를 취하지 아니하면 중단의 효력이 없다.

최고 후 6월 내에 또다시 최고를 하여도 중단의 효력은 인정되지 않는다. 따라서 최고는 시효완성과 아주 근사하게 되어 다른 강력한 중단방법을 취할 여유를 마련하기 위하여 응급조치로서 사용되는 예가 많다.

최고를 여러번 거듭하다가 재판상 청구 등을 한 경우에, 시효중단의 효력은 항상 최초의 최고시에 발생하는 것이 아니라, 재판상 청구 등을 한 시점을 기준으로 하여 이로부터 소급하여 6개월 이내에 한 최고만 그 효력을 가진다(대판 1983. 7. 12, 83다카437).

▣ 핵심판례 ▣

■ [최고와 시효중단]

1. 채권압류 및 추심명령의 송달이 피압류채권의 제3 채무자에 대한 최고로서 효력이 있는지 여부(적극)

소멸시효 중단사유의 하나로서 민법 제174조가 규정하고 있는 최고는 채무자에 대하여 채무이행을 구한다는 채권자의 의사통지(준법률행위)로서, 이에는 특별한 형식이 요구되지 아니할 뿐 아니라 행위 당시 당사자가 시효중단의 효과를 발생시킨다는 점을 알거나 의욕하지 않았다 하더라도 이로써 권리행사의 주장을 하는 취지임이 명백하다면 최고에 해당하는 것으로 보아야 할 것이므로, 채권자가 확정판결에 기한 채권의 실현을 위하여 채무자의 제3 채무자에 대한 채권에 관하여 압류 및 추심명령을 받아 그 결정이 제3 채무자에게 송달이 되었다면 거기에 소멸시효 중단사유인 최고로서의 효력을 인정하여야 한다(대판 2003. 5. 13, 2003다16238).

2. 가. 토지 소유자가 그 토지를 분할측량하여 분할등기를 하고, 점유자에게 토지의 인도를 요구하거나 위 토지에 대한 세금을 납부하였다 하여 점유의 평온성이 깨지지 않는다고 한 사례

토지 소유자가 그 토지를 분할측량하여 분할등기를 하고, 점유자에게 토지의 인도를 요구하거나 위 토지에 대한 세금을 납부하였다 하여 점유의 평온성이 깨어지지 않는다.

나. 위 "가"항의 경우 소유자가 점유자에게 토지를 인도해 줄 것을 통지한 것은 최고에 해당한다고 볼 수 있다고 한 사례

위 "가"항의 경우 소유자가 점유자에게 토지를 인도해 줄 것을 통지한 것은 최고에 해당한다고 볼 수 있다(1992. 6. 23. 제1부 판결, 92다12698 소유권이전등기, 12704 토지인도(반소)).

3. 제174조의 6월의 기간의 기산점

소멸시효제도 특히 시효중단제도는 그 제도의 취지에 비추어 볼 때 이에 관한 기산점이나 만료점은 원권리자를 위하여 너그럽게 해석하는 것이 상당하므로 민법 제174조 소정의 시효중단사유로서의 최고도 채무이행을 최고받은 채무자가 그 이행의무의 존부 등에 대하여 조사를 해 볼 필요가 있다는 이유로 채권자에 대하여 그 이행의 유예를 구한 경우에는 채권자가 그 회답을 받을 때까지는 최고의 효력이 계속된다고 보아야 하고 따라서 같은 조 소정의 6월의 기간은 채권자가 채무자로부터 회답을 받은 때로부터 기산되는 것이라고 해석하여야 한다(대법원 1995.5.12. 선고 94다24336 판결).

◆ 압류, 가압류, 가처분을 한 경우 시효중단의 효력이 소멸되는 경우

제 175 조【압류, 가압류, 가처분과 시효중단】

압류, 가압류 및 가처분은 권리자의 청구에 의하여, 또는 법률의 규정에 따르지 아니함으로 의하여 취소된 때에는 시효중단의 효력이 없다.

■ § 175. 압류, 가압류, 가처분

- 압류, 가압류, 가처분에 의한 시효중단의 효력은 그 명령을 신청하는 때에 생긴다.
- 압류, 가압류, 가처분의 명령은 권리자의 청구에 의하여 또는 법률의 규정에 따르지 않았기 때문에 취소된 때에는 시효중단의 효력이 없다.

민법은 제168조 제2호에서 압류·가압류·가처분을 시효중단의 사유로 규정하고 있다. 본조는 압류·가압류·가처분에 관하여 시효중단의 효력이 없어지는 경우를 규정한 것이다. 압류는 가장 강력한 권리의 실행행위로서 확정판결 기타의 채무명의(집행명의)에 기하여 하는 강제집행행위이며, 가압류·가처분은 강제집행이 불능하거나 또는 현저하게 곤란하게 될 우려가 있을 경우에 집행기관에 의하여 이 강제집행을 보전케 하는 수단이므로, 모두 다같이 권리의 실행행위이다. 그러므로 제168조의 규정에 의하여 압류·가압류·가처분이 권리자의 청구에 의하여 취소되거나 또는 법률의 규정에 위반함으로써 취소된 때에는 그 압류·가압류·가처분을 한 효력이 없는 것이기 때문에 이 경우에는 시효중단의 효력도 없어지는 것이다.

◈ 압류, 가압류, 가처분을 한 것을 통지하지 아니하였을 때 시효중단의 효력이 발생하는지 여부

제 176 조【압류, 가압류, 가처분과 시효중단】

압류, 가압류 및 가처분은 시효의 이익을 받은 자에 대하여 하지 아니한 때에는 이를 그에게 통지한 후가 아니면 시효중단의 효력이 없다.

■ § 176. 압류, 가압류, 가처분

- 압류는 확정판결 기타의 채무명의에 기하여 행하는 강제집행이며, 가장 강력한 권리의 실행행위이다.
- 가압류와 가처분은 강제집행을 보전하는 수단이므로 역시 권리의 실행행위이다.
- 압류, 가압류, 가처분의 집행행위가 시효의 이익을 받을 자에 대하여 하지 않은 때에는 이를 그에게 통지한 후가 아니면 중단의 효력이 없다.

본조는 압류, 가압류, 가처분에 의한 시효중단의 효력이 없어지는 경우를 규정한 것이다.

압류, 가압류, 가처분은 어느 것이나 권리의 실행행위이다. 시효중단의 효력이 생기는 시기는 집행행위시이다.

이러한 명령은 권리자의 청구에 의하여, 또는 법률의 규정에 따르지 아니하므로 인하여 취소된 때에는 중단의 효력이 없다. 또 이러한 절차를「시효의 이익을 받을 자」이외의 자(예 : 물상보증인)에 대하여 행사하였을 때에는 그것을 시효의 이익을 받을 자(위의 예에서 채무자)에서 통지함으로써 그 자에 대한 시효중단의 효력을 발생할 수 있다.

▣ 핵심판례 ▣

■ [압류, 가압류, 가처분과 시효중단]

1. 가. 가압류의 집행보전의 효력이 존속하는 동안 가압류에 의한 시효중단의 효력이 계속되는지 여부(적극)

민법 제168조에서 가압류를 시효중단사유로 정하고 있는 것은 가압류에 의하여 채권자가 권리를 행사하였다고 할 수 있기 때문인데 가압류에 의한 집행보전의 효력이 존속하는 동안은 가압류 채권자에 의한 권리행사가 계속되고 있다고 보아야 할 것이므로 가압류에 의한 시효중단의 효력은 가압류의 집행보전의 효력이 존속하는 동안은 계속된다.

나. 가압류의 피보전채권에 관하여 본안의 승소판결이 확정된 경우, 가압류에 의한 시효중단의 효력이 소멸되는지 여부(소극)

민법 제168조에서 가압류와 재판상의 청구를 별도의 시효중단사유로 규정하고 있는데 비추어 보면, 가압류의 피보전채권에 관하여 본안의 승소판결이 확정되었다고 하더라도 가압류에 의한 시효중단의 효력이 이에 흡수되어 소멸된다고 할 수 없다(대판 2000. 4. 25, 2000다11102).

2. 주채무자에 대하여 시효중단의 효력을 갖기 위한 경매개시결정의 통지 방법

경매절차에서 이해관계인인 주채무자에게 경매개시결정이 송달되었다면 주채무자는 민법 제176조에 의하여 당해 피담보채권의 소멸시효중단의 효과를 받는다고 할 것이나, 민법 제176조의 규정에 따라 압류사실이 통지된 것으로 볼 수 있기 위하여는 압류사실을 주채무자가 알 수 있도록 경매개시결정이나 경매기일통지서가 교부송달의 방법으로 주채무자에게 송달되어야만 하는 것이지, 이것이 우편송달(발송송달)이나 공시송달의 방법에 의하여 채무자에게 송달됨으로써 채무자가 압류사실을 알 수 없었던 경우까지도 압류사실이 채무자에게 통지되었다고 볼 수 있는 것은 아니다(1994. 1. 11. 제1부 판결, 93다21477 연대보증금).

3. 배당요구와 시효중단

가. 원인채권의 지급을 확보하기 위하여 어음이 수수된 당사자 사이에서 채권자가 어음채권을 피보전권리로 하여 채무자의 재산을 가압류함으로써 그 권리를 행사한 경우에는 그 원인채권의 소멸시효를 중단시키는 효력이 있고, 이러한 법리는 채권자가 어음채권을 청구채권으로 하여 채무자의 재산을 압류함으로써 그 권리를 행사한 경우에도 마찬가지이며, 한편 집행력 있는 채무명의 정본을 가진 채권자는 이에 기하여 강제경매를 신청할 수 있으며, 다른 채권자의 신청에 의하여 개시된 경매절차를 이용하여 배당요구를 신청하는 행위도

채무명의에 기하여 능동적으로 그 권리를 실현하려고 하는 점에서는 강제경매의 신청과 동일하다고 할 수 있으므로, 부동산경매절차에서 집행력 있는 채무명의 정본을 가진 채권자가 하는 배당요구는 민법 제168조 제2호의 압류에 준하는 것으로서 배당요구에 관련된 채권에 관하여 소멸시효를 중단하는 효력이 생긴다고 할 것이고, 따라서 원인채권의 지급을 확보하기 위하여 어음이 수수된 당사자 사이에 채권자가 어음채권에 관한 집행력 있는 채무명의 정본에 기하여 한 배당요구는 그 원인채권의 소멸시효를 중단시키는 효력이 있다.

나. 다른 채권자가 신청한 부동산경매절차에서 이미 소멸시효가 완성된 어음채권을 원인으로 하여 집행력 있는 채무명의를 가진 채권자가 배당요구를 신청하고, 그 경매절차에서 부동산의 경락대금이 배당요구채권자에게 배당되어 그 채무의 일부변제에 충당될 때까지 채무자가 아무런 이의를 진술하지 아니하였다면, 경매절차의 진행을 채무자가 알지 못하였다는 등 다른 특별한 사정이 없는 한 채무자는 어음채권에 대한 소멸시효 이익을 포기한 것으로 볼 수 있고, 그 때부터 그 원인채권의 소멸시효기간도 다시 진행한다고 봄이 상당하다(대법원 2002. 2. 26. 선고 2000다25484 판결).

◆ 시효중단의 효력이 있는 승인에 상대방의 처분능력이나 권한을 요하는지 여부

제 177 조【승인과 시효중단】

시효중단의 효력있는 승인에는 상대방의 권리에 관한 처분의 능력이나 권한있음을 요하지 아니한다.

■ § 177. 승 인

- 승인이라 함은 시효의 이익을 받을 당사자가 시효로 말미암아 권리를 잃는 자에 대하여 상대방의 권리를 인정한다고 표시하는 것이다.
- 채권자의 승인 : 관념의 통지
- 승 인 : ① 묵시적 승인-증서의 재작성이나 지급, 일부변제, 담보제공 등
  ② 명시적 승인

승인이란 시효의 이익을 받을 당사자가 시효로 인하여 권리를 잃을 자에 대하여 그 권리의 존재를 알고 있다는 것을 표시하는 행위(관념의 통지)이다. 승인에는 특별한 형식을 요하지 않기 때문에 지불유예신청이나 청산인이 하는 채권신고의 최고(제89조) 등은 승인이 된다. 그러나 승인은 준법률행위로서 표시를 필요로 하기 때문에, 예컨대 채무자가 그 장부에 이자를 기입하여 원금에 이월하는 절차를 밟았다 하더라도 시효중단의 효력이 없다.

승인함에는 시효의 이익을 받을 자가 그 처분의 능력 또는 권한을 실제로 가지고 있을 것을 요하지 않는다.

승인은 권리존재의 인식의 표시이므로 그것에 의하여 승인자가 시효의 이익을 잃게 되는 것이지만 그것은 그 효과의사에 의거하는 것은 아니기 때문이다. 그러나 그 권리에 대해서 관리능력 또는 권한을 가지고 있을 것을 요한다. 반면, 시효완성 후의 승인은 시효이익의 포기로서 의사표시이고, 처분권이 필요하다.

채무승인증서

년 월 일자 차용증서로써 금 원, 이에 대한 년 월 일로부터 년 월까지의 이자변제의 건 년 월까지 유예하여 주는 데 대하여는 다시 동일한 비율의 이자를 붙여 반드시 변제할 것을 약속하고 이에 채무승인증서를 제출합니다.

서기 년 월 일

과수업 정 인 식 ㊞

주 소

비료상회 한 주 석 귀하

채무승인증서

일금 원정 1960년 1월부터 동년 12월 31일까지 ○○상품의 매수대금 합계액

위 변제기 1962년 6월 30일

본인이 귀하에게 대하여 위의 채무를 부담하는 것을 승인합니다.

서기 년 월 일

고 영 준 ㊞

주 소

김 영 호 귀하

▣ 핵심판례 ▣

■ [승인과 시효중단]

1. 가. 3년의 단기소멸시효가 적용되는 민법 제163조 제6호의 "상인이 판매한 상품의 대가"의 의미

3년의 단기소멸시효가 적용되는 민법 제163조 제6호 소정의 "상인이 판매한 상품의 대가"란 상품의 매매로 인한 대금 그 자체의 채권만을 말하는 것으로서, 상품의 공급 자체와 등가성 있는 청구권에 한한다.

나. 위탁자의 위탁매매인에 대한 이득상환청구권이나 이행담보책임 이행청구권의 소멸시효

위탁자의 위탁상품 공급으로 인한 위탁매매인에 대한 이득상환청구권이나 이행담보책임 이행청구권은 위탁자의 위탁매매인에 대한 상품 공급과 서로 대가관계에 있지 아니하여 등가성이 없으므로 민법 제163조 제6호 소정의 "상인이 판매한 상품의 대가"에 해당하지 아니하여 3년의 단기소멸시효의 대상이 아니고, 한편 위탁매매는 상법상 전형적 상행위이며 위탁매매인은 당연히 상인이고 위탁자도 통상 상인일 것이므로, 위탁자의 위탁매매인에 대한 매매 위탁으로 인한 위의 채권은 다른 특별한 사정이 없는 한 통상 상행위로 인하여 발생한 채권이어서 상법 제64조 소정의 5년의 상사소멸시효의 대상이 된다.

다. 소멸시효 완성 전에 채무의 일부가 변제된 경우, 소멸시효의 중단 여부

시효완성 전에 채무의 일부를 변제한 경우에는, 그 수액에 관하여 다툼이 없는 한 채무승인으로서의 효력이 있어 시효중단의 효과가 발생한다(1996. 1. 23. 판결, 95다39854 물품대금).

<판례전문(대판 1996. 1. 23. 판결, 95다39854)>

[원고, 피상고인 겸 부대상고인] 한국신용유통 주식회사(소송대리인 변호사 백준현)

[피고, 상고인 겸 부대상고인] 정진옥 외 1인

[원심판결] 서울지법 1995. 7. 4. 선고 94나61153 판결

[주 문] 원심판결 중 원고 패소 부분을 파기하고 이 부분 사건을 서울지방법원 합의부에 환송한다. 피고들의 상고를 모두 기각한다. 상고기각 부분에 관한 상고비용은 피고들의 부담으로 한다.

[이 유] 1. 피고들의 상고이유를 본다.

이 사건 할부판매로 인하여 발생한 피고들의 원고에 대한 할부대금납부 책임에 관한 원심의 사실인정은 기록에 비추어 보면 정당하고, 거기에 상고이유에서 주장하는 바와 같은 심리미진 또는 채증법칙 위반으로 인한 사실오인의 위법이 없으므로 피고들의 상고는 이유 없다.

2. 원고의 부대상고 이유를 본다.

가. 원심이 원고 회사 광명지점과 피고들 사이의 거래종료일을 1987. 4.경으로 인접한 조치는 기록에 비추어 볼 때 정당하고, 거기에 채증법칙 위반으로 인한 사실오인의 위법이 없으므로 이를 비난하는 상고논지는 이유 없다.

나. 3년의 단기소멸시효가 적용되는 민법 제163조 제6호 소정의 '상인이 판매한 상품의 대가'란 상품의 매매로 인한 대금 그 자체의 채권만을 말하는 것으로서 상품의 공급 자체와 등가성 있는 청구권에 한한다고 해석하여야 할 것이다.

위탁매매에 있어서 위탁자가 매도위탁을 위한 위탁매매인에게 하는 상품의 공급은 매도인이 민법 제568조 소정의 매매계약 의무를 이행하기 위하여 매수인에게 하는 상품의 공급과는 의미가 다른 것이어서, 위탁매매인은 상품 그 자체를 계약상 자신의 청구 이행의 목적으로 취득하는 것이 아니라 위임업무 처리과정에서 보수를 지급받을 뿐이므로 위탁매매 소멸시효 항변은 이유 없게 될 것이므로, 원심으로서는 위 일자의 일부 변제가 광명지점 거래잔대금 채권에 대한 변제인지와 수액에 관하여는 다툼이 없었는지의 여부를 심리하였어야 할 것이다{원고가 일부 변제의 증거로 제출한 갑 제1호증의 1(농협통장 표지)의 개설일은 '91. 11. 5.'로 되어 있음에 비하여 갑 제1호증의 2(농협통장 입금내역)에는 이 개설일자보다 빠른 1990. 10. 30.자 거래내역이 기재되어 있어 통장의 토지와 입금내역이 맞는 것인지가 의심스러우므로 이 점도 원고에게 석명을 구하여 밝혀 보아야 할 것이다.}.

그럼에도 불구하고, 원심이 이에 관하여 아무런 심리도 하지 아니한 채 원고의 재항변을 배척한 것은 채무승인에 관한 법리오해로 판결에 영향을 미친 위법을 저질렀다고 할 것이므로 이를 지적하는 논지는 이유 있다 할 것이다.

3. 그러므로, 원심판결 중 원고 패소 부분을 파기하고 이 부분 사건을 원심법원에 환송하며, 피고들의 상고를 모두 기각하고 상고비용은 패소자들의 부담으로 하기로 하여 관여 법관의 일치된 의견으로 주문과 같이 판결한다.

대법관 이임수(재판장) 김석수

정귀호(주심) 이돈희

2. 승인의 상대방

가. 형사소송은 피고인에 대한 국가형벌권의 행사를 그 목적으로 하는 것이므로, 피해자가 형사소송에서 소송촉진등에관한특례법에서 정한 배상명령을 신청한 경우를 제외하고는 단지 피해자가 가해자를 상대로 고소하거나 그 고소에 기하여 형사재판이 개시되어도 이를 가지고 소멸시효의 중단사유인 재판상의 청구로 볼 수는 없다.

나. 소멸시효 중단사유로서 승인은 시효이익을 받을 당사자인 채무자가 소멸시효의 완성으로 권리를 상실하게 될 자 또는 그 대리인에 대하여 그 권리가 존재함을 인식하고 있다는 뜻을 표시함으로써 성립하는 것인바, 검사 작성의 피의자신문조서는 검사가 피의자를 신문하여 그 진술을 기재한 조서로서 그 작성형식은 원칙적으로 검사의 신문에 대하여 피의자가 응답하는 형태를 취하여 피의자의 진술은 어디까지나 검사를 상대로 이루어지는 것이어서 그 진술기재 가운데 채무의 일부를 승인하는 의사가 표시되어 있다고 하더라도, 그 기재 부분만으로 곧바로 소멸시효 중단사유로서 승인의 의사표시가 있은 것으로는 볼 수 없다(대법원 1999. 3. 12. 선고 98다18124 판결)

3. 면책적 채무인수와 시효중단

가. 면책적 채무인수라 함은 채무의 동일성을 유지하면서 이를 종래의 채무자로부터 제3자인 인수인에게 이전하는 것을 목적으로 하는 계약으로서, 채무인수로 인하여 인수인은 종래의 채무자와 지위를 교체하여 새로이 당사자로서 채무관계에 들어서서 종래의 채무자와 동일한 채무를 부담하고 동시에 종래의 채무자는 채무관계에서 탈퇴하여 면책되는 것일 뿐이므로, 인수채무가 원래 5년의 상사시효의 적용을 받던 채무라면 그 후 면책적 채무인수에 따라 그 채무자의 지위가 인수인으로 교체되었다고 하더라도 그 소멸시효의 기간은 여전히 5년의 상사시효의 적용을 받는다 할 것이고, 이는 채무인수행위가 상행위나 보조적 상행위에 해당하지 아니한다고 하여 달리 볼 것이 아니다.

나. 면책적 채무인수가 있은 경우, 인수채무의 소멸시효기간은 채무인수와 동시에 이루어진 소멸시효 중단사유, 즉 채무승인에 따라 채무인수일로부터 새로이 진행된다(대법원 1999. 7. 9. 선고 99다12376 판결).

4. 사전승인의 가부

소멸시효의 중단사유로서의 승인은 시효이익을 받을 당사자인 채무자가 그 권리의 존재를 인식하고 있다는 뜻을 표시함으로써 성립하는 것이므로 이는 소멸시효의 진행이 개시된 이후에만 가능하고 그 이전에 승인을 하더라도 시효가 중단되지는 않는다고 할 것이고, 또한 현존하지 아니하는 장래의 채권을 미리 승인하는 것은 채무자가 그 권리의 존재를 인식하고서 한 것이라고 볼 수 없어 허용되지 않는다고 할 것이다(대법원 2001. 11. 9. 선고 2001다52568 판결).

◈ 시효가 중단된 경우 시효기간의 계산방법

제 178 조【중단 후의 시효진행】

① 시효가 중단된 때에는 중단까지에 경과한 시효기간은 이를 산입하지 아니하고 중단사유가 종료한 때로부터 새로이 진행한다.

② 재판상의 청구로 인하여 중단한 시효는 전항의 규정에 의하여 재판이 확정된 때로부터 새로이 진행한다.

■ § 178. 중단 후의 시효진행

- 새로이 시효기간이 진행된다.
- 재판상의 청구로 중단된 때에는 그 절차가 끝났을 때로부터 새로이 진행
- 압류, 가압류, 가처분으로 중단된 때에는 그 절차가 끝났을 때로부터 새로이 진행
- 승인으로 중단된 때에는 승인이 상대방에게 도달한 때로부터 새로운 시효기간을 계산하게 된다.
- 관련법조 : [동종규칙] 어음 §80②, 수표 §64②, [특칙] 국세기본법 §28②, 지방세기본법 §40②

시효는 그 중단원인의 사실이 계속하고 있는 동안은 진행을 시작하지 아니하고 그 사유가 종료한 때로부터 새로 시작하는 것이다.
재판상의 청구로 인하여 중단된 시효는 그 재판이 확정된 때부터 진행된다.

▣ 핵심판례 ▣

■ [중단 후의 시효진행]

가. 회사정리절차참가에 의하여 중단되었던 보증채무의 소멸시효 진행개시 시점

회사정리절차참가는 정리채권자 또는 정리담보권자의 권리행사로서의 실질을 가지는 것으로서 회사정리법 제5조의 규정에 의하여 그 참가행위에 인정되는 시효중단의 효력은 정리회사의 채무를 주채무로 하는 보증채무에도 미치는 것이고, 그 효력은 위 참가라는 권리행사가 계속되는 한 그대로 유지된다고 할 것이므로 정리계획이 인가되었다가 결국 그 계획수행의 가망이 없음이 명백하여 정리절차

폐지결정이 내려진 경우에는 그 폐지결정확정시에 채권자의 정리절차에 있어서의 권리행사가 종료되는 것이므로 중단되었던 보증채무의 소멸시효는 그때부터 다시 진행을 개시한다.

나. 회사정리계획에 의한 정리채권의 변경이 보증인의 보증책임에 효력을 미치는지 여부

회사정리법 제240조, 제2항에 의하면 정리채권자는 정리계획과 관계없이 보증인에 대하여는 언제든지 본래의 채권을 청구하고 집행을 할 수 있으며 정리계획에 의하여 정리채권의 수액이나 변제기가 변경되었다 하더라도 그것은 보증인의 보증책임에 대하여는 아무런 효력을 마치지 아니한다(1988. 2. 23. 제3부 판결, 87다2055 보증채무금등).

◈ 제한능력자를 위한 시효의 정지

제 179 조【제한능력자와 시효정지】

소멸시효의 기간만료 전 6개월 내에 제한능력자에게 법정대리인이 없는 경우에는 그가 능력자가 되거나 법정대리인이 취임한 때부터 6개월 내에는 시효가 완성되지 아니한다.

■ § 179. 제한능력자를 위한 정지

- 소멸시효의 기간만료전 6월내에 제한능력자의 법정대리인이 없는 때에는, 그가 능력자가 되거나 또는 법정대리인이 취임한 때로부터 6월내에는 시효가 완성하지 않는다.

(1) 시효기간이 완성될 무렵에 이르러 시효를 중단시키는 것이 불가능하거나 곤란한 사유가 있는 경우에 시효의 완성을 유예시키는 제도를 시효정지라고 한다. 이 제도는 권리의 불행사가 권리자의 태만으로 인한 것이라고 할 수 없는 경우에 권리자를 보호하고자 하는 것이다.
시효의 중단과 달리 이미 진행한 시효기간이 무효가 되지 아니하고 정지사유의 종료 후 일정기간이 경과되면 시효가 완성한다.

(2) 시효기간 만료전 6월 내에 제한능력자에게 법정대리인이 없는 때에는 그 자가 능력자로 되거나 법정대리인이 취임한 때로부터 6월 내에는 이러한 자에 대하여 시효가 완성되지 않는다.

[시효의 정지]

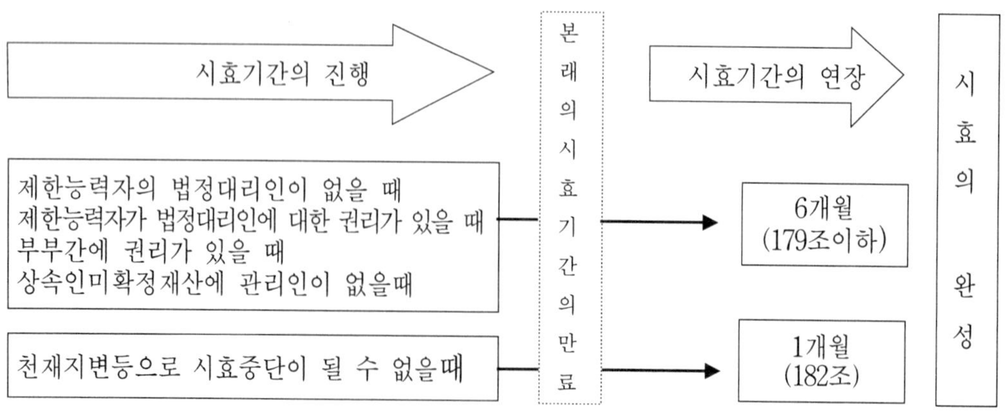

◆ 제한능력자를 위한 시효정지, 혼인관계의 종료에 의한 정지

제 180 조【재산관리자에 대한 제한능력자의 권리, 부부 사이의 권리와 시효정지】

① 재산을 관리하는 아버지, 어머니 또는 후견인에 대한 제한능력자의 권리는 그가 능력자가 되거나 후임 법정대리인이 취임한 때부터 6개월 내에는 소멸시효가 완성되지 아니한다.

② 부부 중 한쪽이 다른 쪽에 대하여 가지는 권리는 혼인관계가 종료된 때부터 6개월 내에는 소멸시효가 완성되지 아니한다.

■ § 180. 제한능력자를 위한 시효정지, 혼인관계의 종료에 의한 시효정지

- 재산을 관리하는 부모 또는 후견인에 대한 제한능력자의 권리는 그가 능력자가 되거나 또는 후임의 법정대리인이 취임한 때로부터 6월내에는 소멸시효가 완성하지 아니한다.
- 부부의 일방의 타방에 대한 권리는 혼인관계의 종료한 때로부터 6월 내에는 소멸시효가 완성하지 않는다.

제한능력자가 그 재산을 관리하는 부·모 또는 후견인에 대하여 갖는 권리에 관해서는 그 자가 능력자로 되거나 후임의 법정대리인이 취임한 날로부터 6월 내에 시효가 완성되지 않는다.

「제한능력자의 권리」라고 하는 것은 제한능력자가 갖는 채권이 소멸시효에 걸리는 경우뿐만 아니라 제한능력자가 갖는 권리가 취득시효에 의하여 재산관리인에게 취득되는 경우를 포함한다.

부부의 일방이 다른 일방에 대하여 갖는 권리에 관해서는 혼인해소시로부터 6월 내에는 시효가 완성되지 않는다.

부부 사이에는 시효중단의 절차를 밟는다는 것은 실제상 용이하지 않다는 점을 고려한 것이다.

◈ 상속재산에 관한 권리에 대해 소멸시효가 완성하지 않는 기간

제 181 조【상속재산에 관한 권리와 시효정지】

상속재산에 속한 권리나 상속재산에 대한 권리는 상속인의 확정, 관리인의 선임 또는 파산선고가 있는 때로부터 6월 내에는 소멸시효가 완성하지 아니한다.

■ § 181. 상속재산에 관한 시효정지

- 상속재산에 속하는 권리나 상속재산에 대한 권리는, 상속인의 확정, 관리인의 선임 또는 파산선고가 있는 때로부터 6월내에는 소멸시효가 완성하지 않는다.

상속인이 확정되지 아니하고 상속재산의 관리인이 판명되지 아니한 경우에는 상속승인으로 상속인이 확정, 상속인의 부존재에서 관리인의 선임, 또는 상속재산에 대한 파산선고가 있는 때로부터 6월 내에는 시효가 완성되지 아니한다.

◆ 천재 기타 사변의 경우 시효가 정지되는 기간

제 182 조【천재 기타 사변과 시효정지】

천재 기타 사변으로 인하여 소멸시효를 중단할 수 없을 때에는 그 사유가 종료한 때로부터 1월 내에는 시효가 완성되지 아니한다.

■ § 182. 사변에 의한 시효정지

- 천재 기타 사변으로 말미암아 소멸시효를 중단할 수 없을 때에는, 그 사유가 종료한 때로부터 1월내에는 시효가 완성하지 않는다.
- 관련법조 : [불가항력으로 인한 기간신장] 어음 §54, 수표 §47

시효의 기간만료시에 이르러 천재 기타 피할 수 없는 사변으로 인하여 시효를 중단할 수 없을 때에는 그 사유가 종료된 때로부터 1월 내에는 시효가 완성되지 아니한다. 여기서 사변이란 천재에 견줄 수 있는 전쟁·폭동·교통두절 등을 말하고 권리자의 질병과 같은 주관적인 것은 이에 해당하지 않는다.

◈ 주된 권리의 소멸시효가 완성되면 종속된 권리에도 효력이 미치는지 여부

제 183 조【종속된 권리에 대한 소멸시효의 효력】

주된 권리의 소멸시효가 완성된 때에는 종속된 권리에 그 효력이 미친다.

■ § 183. 종속된 권리에 대한 소멸시효 완성의 노력

- 주된 권리의 소멸시효가 완성한 때에는 종속된 권리에 그 효력이 미친다.
- 예컨대, 원본채권이 시효소멸하면 이자채권도 역시 시효로 소멸하게 된다.
- 부종성의 원리

주된 권리가 기간의 만료로 인하여 시효로 소멸한 때에는 종속된 권리만이 독립하여 존재할 수 없다는 뜻이다.

종속된 권리의 예로는 이자·지연배상금·과실 등이 이에 해당한다. 예컨대 이자채권은 원본채권에 종속된 권리인데 원본채권을 10년간 행사하지 아니하여 시효소멸한 때에는 그 효력은 이자채권에도 미치기 때문에 따라서 이자채권도 소멸하는 것이다.

▣ 핵심판례 ▣

1. 원심이 진정성립이 의심되거나 신빙성이 결여된 각 서증에 대한 진정성립에 대하여 심리하여 보지 아니한 채 이들을 채용하여 사실을 인정한 조치는 심리미진 내지 채증법칙위반의 위법을 저지른 것이라고 하여 원심판결을 파기한 사례

당사자가 제출한 매도증서가 그 중요한 기재요소인 매수인 또는 매매목적 부동산의 표시와 등기필 취지의 기재 및 등기소 접수인의 압날 등이 담겨있는 후면부분이 인위적으로 절취되어 존재하지 않는 데다가 매매목적 부동산목록이 기재되어 있는 별지 부분에도 아무런 간인의 흔적이 남아 있지 아니하고 매도증서와 별지가 지질, 투명도, 규격 등에 있어서 서로 차이가 나는 점 등에 위 문서의 진정성립이 의심되고, 등기소요서류라고 보아 취신한 소유권이전등기촉탁서 등도, 그 기재내용과 같이 군수가 당시의 지방법원 출장소에 대하여 지방세체납처분에의한 공매절차에 따라 경락받은 자 명의로서 소유권이전등기절차를 촉탁하였다면 이는 마땅히 위 출장소측에서 송부받아 보관하고 있어야 할 성질의 문서인데 사인이 이를 소지하고 있다는 것은 그 제출자 등이 그 입수경위를 분명히 밝히지 아니하고 있는 사정에서는 매우 이례적인 것임에 비추어 볼 때 그 신빙성에 관하여 합리적인 의심을 배제하기 어렵다면, 원심이 진정성립이 의심되거나 신빙성이 결여된 위 각 서증에 대한 진정성립에 대하여 심리하여 보지 아니한 채 위 서류들을 채용하여 사실을 인정한 조치는 심리미진 내지 채증법칙위반의 위법을 저지른 것이라고 하여 원심판결을 파기한 사례(1992. 5. 8. 제3부 판결, 91다41019 소유권보존등기말소등).

2. 가. 지방자치단체의 무허가건물철거와 관련된 시영아파트분양권 부여 등의 업무가 사경제주체로서의 활동인지 여부

도로가설 등 공사로 인한 무허가건물의 강제철거와 관련하여 이루어지는 시나 구 등 지방자치단체의 철거건물 소유자에 대한 시영아파트분양권 부여 및 세입자에 대한 지원대책 등의 업무는 지방자치단체의 공권력 행사 기타 공행정 작용과 관련된 활동으로 볼 것이지 사경제주체로서 하는 활동이라고 볼 수 없다.

나. 서로 다른 매매대금이 기재된 서류들을 모두 증거로 채택하면서도 그 이유에 대한 아무런 심리 및 설시 없이 일부 서증에 의한 금액을 매매대금으로 인정한 원심판결을 심리미진, 채증법칙위배의 위법이 있다고 한 사례

각 매매계약금 및 영수증상의 매매대금과 각 조사설문서 및 진술서상의 매매대금에 차이가 나는 경우 그 연유에 대하여 살펴보고 나아가 어느 금액이 진정한 매매대금인지 판단하였어야 함에도 서로 다른 매매대금이 기재되어 있는 위 서증들을 모두 증거로 채택하면서도 그 이유에 대하여는 아무런 심리 및 설시없이 위 매매계약서 및 영수증에 의한 금액을 매매대금으로 인정한 원심판결에는 심리를 다하지 아니한 채 채증법칙을 위배하여 그 매매대금을 인정한 위법이 있다고 한 사례.

다. 구청 세무공무원이 무허가건물 세입자들에 대한 시영아파트 입주권의 매매행위를 하여 금원을 편취한 후 구청 주택정비계장으로 부임한 경우, 시·구에 손해배상책임을 물을 수 있는지 여부

구청 세무1과 소속 공무원의 기망으로 시영아파트 입주권을 매수하여 대금상당액을 편취당하였다면 그 공무원이 그 후 시영아파트 분양업무 등을 담당하는 구청주택정비계장이 되었다고 하더라도 그러한 손해는 그 공무원의 직무와 관련된 손해라고 할 수 없어 시·구에게 책임을 물을 수는 없다(1994. 9. 30. 제2부 판결, 94다11767 손해배상(기)).

3. 원본채권과 손해배상청구권

본래의 공사비채권이 시효소멸되었다면 그 채권이 이행불능이 되었음을 이유로 하는 손해배상청구권 역시 허용될 수 없다(대법원 1987.6.23. 선고, 86다카

2549 판결).

4. 공동불법행위자의 구상권과 피해자의손해배상청구권

공동불법행위자의 다른 공동불법행위자에 대한 구상권은 피해자의 다른 공동불법행위자에 대한 손해배상채권과는 그 발생 원인 및 성질을 달리하는 별개의 권리이고, 연대채무에 있어서 소멸시효의 절대적 효력에 관한 민법 제421조의 규정은 공동불법행위자 상호간의 부진정연대채무에 대하여는 그 적용이 없으므로, 공동불법행위자 중 1인의 손해배상채무가 시효로 소멸한 후에 다른 공동불법행위자 1인이 피해자에게 자기의 부담 부분을 넘는 손해를 배상하였을 경우에도, 그 공동불법행위자는 다른 공동불법행위자에게 구상권을 행사할 수 있다(대법원 1997. 12. 23. 선고 97다42830 판결).

5. 금전채권의 원금 일부가 변제된 후 나머지 부분에 대하여 소멸시효가 완성된 경우, 시효완성의 효력이 미치는 이자 또는 지연손해금의 범위

이자 또는 지연손해금은 주된 채권인 원본의 존재를 전제로 그에 대응하여 일정한 비율로 발생하는 종된 권리인데, 하나의 금전채권의 원금 중 일부가 변제된 후 나머지 원금에 대하여 소멸시효가 완성된 경우, 가분채권인 금전채권의 성질상 변제로 소멸한 원금 부분과 소멸시효 완성으로 소멸한 원금 부분을 구분하는 것이 가능하고, 이 경우 원금에 종속된 권리인 이자 또는 지연손해금 역시 변제로 소멸한 원금 부분에서 발생한 것과 시효완성으로 소멸된 원금 부분에서 발생한 것으로 구분하는 것이 가능하므로, 소멸시효 완성의 효력은 소멸시효가 완성된 원금 부분으로부터 그 완성 전에 발생한 이자 또는 지연손해금에는 미치나, 변제로 소멸한 원금 부분으로부터 그 변제 전에 발생한 이자 또는 지연손해금에는 미치지 않는다(대판 2008. 3. 14, 2006다2940).

◈ 시효의 이익을 미리 포기할 수 있는지 여부 및 소멸시효기간의 변경의 가부

제 184 조【시효의 이익의 포기 기타】

① 소멸시효의 이익은 미리 포기하지 못한다.

② 소멸시효는 법률행위에 의하여 이를 배제, 연장 또는 가중할 수 없으나 이를 단축 또는 경감할 수 있다.

■ § 184. 소멸시효의 이익의 포기

- 소멸시효완성전의 포기 : ① 원칙적 사전포기금지
  ② 배제, 연장, 가중특약-무효
  감축, 경감특약 - 유효
- 소멸시효완성후의 포기 : 유효
- 시효이익의 포기의 효과는 상대적이다. 예컨대, 주채무자가 시효이익을 포기할지라도 보증인에게는 영향을 미치지 않으며, 연대채무자중의 한 사람이 포기하여도 다른 연대채무자에게는 영향을 미치지 아니한다.

1. 시효이익의 포기의 의의

시효제도는 영속한 사실상태로써 권리관계를 인정하는 공익적 제도이지만 민법은 시효이익을 받을 것을 의욕하지 않는 자에게까지 시효로 인한 이익을 강요하지는 아니하고 있다. 즉 시효이익을 받지 않겠다는 의사표시, 즉 시효이익의 포기도 인정된다. 포기에 의하여 시효의 효과가 발생하지 아니하는 것으로 확정된다. 시효이익의 포기는 시효완성 전과 시효완성 후로 나누어 살펴볼 필요가 있다.

2. 시효완성전의 포기

시효완성전에 시효의 이익을 포기하는 것은 인정되지 아니한다. 시효이익의 사전포기를 인정하는 것은 영속된 사실상태로 존중하려는 시효제도의 목적이 타인의 의사에 의하여 미리 배척되는 것이 되어 부당하고, 또 권리자가 자기의 권리행사를 태만히 한 결과 당하게 되는 불이익에서 벗어나기 위하여 약자인 의무자에게 포기를 강제할 우려가 있기 때문이다. 같은 취지에서 시효의 완성을 곤란하게 하는 특약(예 : 시효기간의 연장)도 무효이다. 반면 시효기간을 단축하는 등 시효의 완성을 용이하게 하는 특약은 일반적으로 유효하다. 단, 그 때문에 소액채권자의 이익을 부당하게 압박하는 경우가 있다면 제103조 위반의 문제가 발생할 수 있다.

3. 시효완성후의 포기

시효완성후에 그 이익을 포기하는 것은 유효하다(본조 제1항의 반대 해석). 시효완성후의 포기는 시효제도의 공익적 입장과 개인의 의사를 조화하는 관점에서 완성 전의 포기와 같은 폐해가 없기 때문에 인정되는 것이다.

4. 포기의 방법

시효이익의 포기는 시효의 이익을 받지 아니한다는 취지의 의사표시이기 때문에 포기가 있었는가의 여부는 의사표시 해석의 문제이다. 판례는 '채무자가 소멸시효 완성 후 채무를 일부 변제한 때에는 그 액수에 관하여 다툼이 없는 한 그 채무 전체를 묵시적으로 승인한 것으로 보아야 하고, 이 경우 시효완성의 사실을 알고 그 이익을 포기한 것으로 추정된다'고 한다(대판 2001. 6. 12. 2001다3580). 이에 대해 판례의 태도는 경험칙에 오히려 벗어나는 것이라는 학설의 비판이 강하다.

5. 포기의 효과

시효이익의 포기의 효과는 상대적이다. 즉 포기할 수 있는 자가 다수인 때에는 1인(예 : 주된 채무자)이 포기하더라도 이것은 타인(보증인)에게 영향을 미치지 아니한다. 시효의 이익을 받는가의 여부는 각 당사자의 독립된 의사에 따라 결정하는 것이 시효제도의 취지에 합치하기 때문이다. 판례는 채권자의 제소기간연장 요청에 동의한 것은 시효이익의 포기가 아니라고 한다(대판 1987. 6. 23. 86다카2107).

6. 포기의 능력과 권한

시효이익을 포기함에는 처분의 능력 또는 권한을 필요로 한다. 이는 권리를 취득하고 의무를 면할 수 있는 지위를 상실하는 것이 되기 때문이다.

[시효의 원용과 포기]

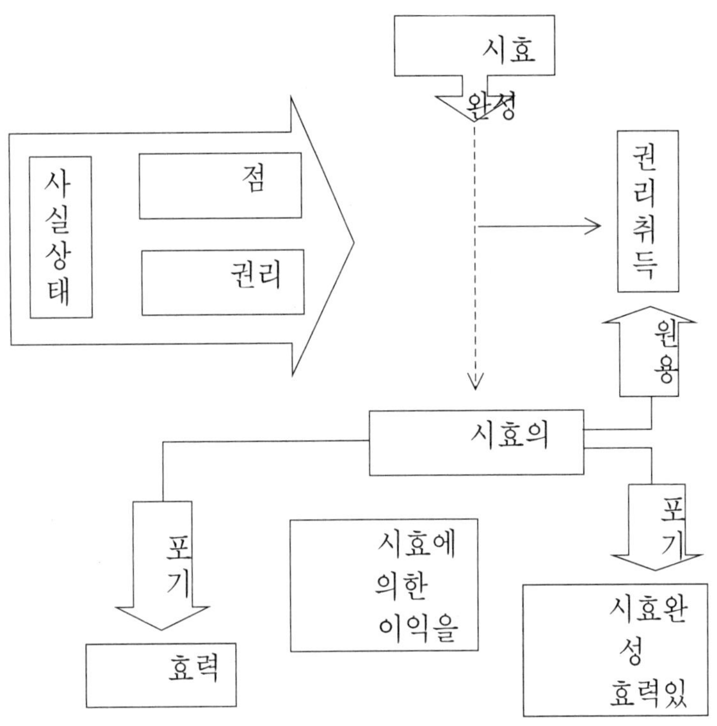

▣ 핵심판례 ▣

■ [시효의 이익의 포기 기타]

1. 소멸시효가 완성된 채무를 피담보채무로 하는 근저당권의 실행시 채권자가 아무런 이의를 제기하지 않은 것을 시효이익의 포기로 볼 수 있는지 여부(적극)

채무자가 소멸시효 완성 후 채무를 일부 변제한 때에는 그 액수에 관하여 다툼이 없는 한 그 채무 전체를 묵시적으로 승인한 것으로 보아야 하고, 이 경우 시효완성이 사실을 알고 그 이익을 포기한 것으로 추정되므로, 소멸시효가 완성된 채무를 피담보채무로 하는 근저당권이 실행되어 채무자 소유의 부동산이 경락되고 그 대금이 배당되어 채무의 일부 변제에 충당될 때까지 채무자가 아무런 이의를 제기하지 아니하였다면, 경매절차의 진행을 채무자가 알지 못하였다는 등 다른 특별한 사정이 없는 한, 채무자는 시효완성의 사실을 알고 그 채무를 묵시적으로 승인하여 시효의 이익을 포기한 것으로 보아야 한다(대판 2001. 6. 12, 2001다3580).

2. 부동산 점유취득시효완성 후에 점유자가 소유작에게 그 부동산을 매수하자고 제의한 일이 있었다는 것만으로 타주점유로 전환되거나 시효의 이익을 포기하였다고 볼 수 있는지 여부(소극)

점유로 인한 부동산 소유권의 취득기간이 경과한 뒤에 점유자가 소유자에게 그 부동산을 매수하자고 제의한 일이 있었다는 것만으로는 점유자가 위 부동산이 그 점유자의 소유임을 승인하여 타주점유로 전환되었다거나 시효의 이익을 포기하였다고는 보기 어렵다(1992. 9. 1. 제2부 판결, 92다26543 소유권이전등기).

3. 취득시효 완성 후 그 사실을 모르고 권리를 주장하지 않기로 하였다가 후에 시효주장을 하는 것이 신의칙에 반하는지 여부(적극)

취득시효 완성 후에 그 사실을 모르고 당해 토지에 관하여 어떠한 권리도 주장하지 않기로 하였다 하더라도 이에 반하여 시효주장을 하는 것은 특별한 사정이 없는 한 신의칙상 허용되지 않는다(대판 1998. 5. 22, 96다24101).

4. 가. 점유자가 취득시효기간 완성 후 점유를 상실하면 소유권이전등기청구권이 소멸되는지 여부

점유자가 취득시효기간이 완성된 후에 점류를 상실하였다 하더라도 점유의 상실이 시효이익을 포기한 것이라고 인정되지 아니하는 한 취득시효기간의 완성으로 인하여 이미 취득한 소유권이전등기청구권은 소멸되지 아니한다.

나. 점유자가 취득시효기간 완성 후 계쟁토지에 대한 점유사실이나 토지의 존재사실조차 모른 채 다른 토지들을 매매하는 기회에 계쟁토지에

대한 점유까지 이전하여 주었다면 취득시효 완성으로 인한 소유권이전등기청구권의 행사를 포기하였다고 볼 수 없다고 한 사례

점유자가 취득시효기간 완성 후 계쟁토지에 대한 점유사실이나 토지의 존재사실조타 모른 채 다른 토지들을 매매하는 기회에 계쟁토지에 대한 점유까지 이전하여 주었다면 취득시효 완성으로 인한 소유권이전등기청구권의 행사를 포기하였다고 볼 수 없다(1992. 11. 13. 제3부(다) 판결, 92다14083 소유권이전등기).

5. 소유권이전등기청구권의 소멸시효기간이 지난 후 등기의무자가 소유권이전등기를 해 주기로 약정한 경우 시효이익의 포기로 볼 것인지 여부(한정적극)

소유권이전등기청구권의 소멸시효기간이 지난 후에 등기의무자가 소유권이전등기를 해 주기로 약정(합의)한 바 있다면 다른 특단의 사정이 없는 한 이는 시효이익을 포기한 것으로 보아야 할 것이다(1993. 5. 11. 제1부 판결, 93다12824 소유권이전등기).

6. 국유 잡종지에 대한 취득시효기간이 만료된 후 국유재산대부계약을 체결한 경우 취득시효완성의 이익을 포기한 것으로 본 사례

국유 잡종지 점유자의 취득시효기간이 만료된 후 점유자와 대한민국이 위 토지에 관하여, 점유자는 위 토지에 관한 연고권을 주장하지 아니한다는 내용을 추가한 국유재산대부계약을 체결하였고, 점유자가 위 대부료와 대부계약전까지 토지를 권원없이 점용한 데에 대한 변상금을 납부하였다면 점유자는 위와 같은 내용의 대부계약을 체결하는 방법으로 그 시효완성 이후에 취득시효완성의 이익을 포기하는 적극적인 의사표시를 한 것으로 봄이 상당하다(1993. 8. 27. 제3부 판결, 93다21330 소유권이전등기).

7. 소멸시효의 완성 후 채무의 일부 변제로 인한 시효이익 포기의 효력이 미치는 범위

동일당사자간에 계속적인 거래로 인하여 같은 종류를 목적으로 하는 수개의 채권관계가 성립되어 있는 경우에 채무자가 특정채무를 지정하지 아니하고 그 일부인 변제를 한 때에도 다른 특별한 사정이 없다면 잔존채무에 대하여도 승인한 것으로 보아 시효중단이나 포기의 효력을 인정할 수 있을 것이나, 그 채무가 별개로 성립되어 독립성을 갖고 있는 경우에는 일률적으로 그렇게만 해석할 수는 없을 것이고, 특히 채무자가 가압류 목적물에 대한 가압류를 해제받을 목적으로 피보금채권을 변제하는 경우에는 특별한 사정이 없는 한 피보금채권으로 적시되지 아니한 별개의 채무에 대하여서까지 소멸시효의 이익을 포기한 것이라고 볼 수는 없을 것이다(1993. 10. 26. 제1부 판결, 93다14936 대여금).

8. 가. 점유자가 취득시효기간의 만료로 소유권 이전등기청구권을 취득한 후

점유를 상실한 경우, 그 소유권 이전등기청구권이 소멸되는지 여부

원래 취득시효제도는 일정한 기간 점유를 계속한 자를 보호하여 그에게 실체법상의 권리를 부여하는 제도이므로, 부동산을 20년 간 소유의 의사로 평온·공연하게 점유한 자는 민법 제245조 제1항에 의하여 점유부동산에 관하여 소유자에 대한 소유권 이전등기청구권을 취득하게 되며, 점유자가 취득시효기간의 만료로 일단 소유권 이전등기청구권을 취득한 이상, 그 후 점유를 상실하였다고 하더라도 이를 시효이익의 포기로 볼 수 있는 경우가 아닌 한, 이미 취득한 소유권 이전등기청구권은 소멸되지 아니한다.

나. 취득시효기간 만료 당시의 점유자로부터 점유를 승계한 현 점유자가 전 점유자의 취득시효 완성의 효과를 주장하여 직접 자기에게 소유권 이전등기를 청구할 권원이 있는지 여부

전 점유자의 점유를 승계한 자는 그 점유 자체와 하자만을 승계하는 것이지 그 점유로 인한 법률효과까지 승계하는 것은 아니므로 부동산을 취득시효기간 만료 당시의 점유자로부터 양수하여 점유를 승계한 현 점유자는 자신의 전 점유자에 대한 소유권 이전등기청구권을 보전하기 위하여 전 점유자의 소유자에 대한 소유권 이전등기청구권을 대위행사할 수 있을 뿐, 전 점유자의 취득시효 완성의 효과를 주장하여 직접 자기에게 소유권 이전등기를 청구할 권원은 없다(대판 1995. 3. 28, 93다47745).

9. 토지소유자의 보상금 지급요구에 대하여 시가 추후 소방도로를 개설할 때 보상대책을 검토하겠다는 취지의 회신을 하고 시의회에서 향후 예산이 확보되는 대로 매수할 계획이라는 취지의 회신을 한 것만으로 시가 취득시효이익을 포기하였다고 보기 어렵다고 한 원심의 조치를 수긍한 사례

토지소유자의 보상금 지급요구에 대하여 시가 추후 소방도로를 개설할 때 보상대책을 검토하겠다는 취지의 회신을 하고 시의회에서 향후 예산이 확보 되는대로 매수할 계획이라는 취지의 회신을 한 것만으로 시가 취득시효이익을 포기하였다고 보기 어렵다고 한 원심의 조치를 수긍한 사례(1994. 5. 13. 제3부 판결, 93다56213 부당이득금반환).

<판례전문(1994. 5. 13. 93다56213)>

[원고, 상고인] 이영수

[소송대리인 변호사] 서병길

[피고, 피상고인] 경주시

[소송대리인 변호사] 최명호

[원심판결] 대구지방법원 1993. 10. 20. 선고, 93다6278 판결

[주 문] 상고를 기각한다.

상고비용은 원고의 부담으로 한다.

[이 유] 상고이유를 본다.

1. 제1점에 대하여

취득시효에 있어서의 자주점유의 요건인 소유의 의사는 객관적으로 점유권원의 성질에 의하여 그 존부를 결정하는 것이나 다만 그 점유권원의 성질이 분명하지 않을 때에는 민법 제197조 제1항에 의하여 자주점유로 추정되고, 위와 같은 자주점유의 추정은 국가나 지방자치단체가 점유하는 도로의 경우에도 적용되는 것이고 그 도로개설 당시 도로법이나 도시계획법 등 관계법령에 규정된 절차에 따라 적법하게 점유권원을 취득한 사실이 인정되지 않는다고 하더라도 이런 사실만으로 자주점유의 추정이 번복되어 그 점유권원의 성질상 타주점유라고 볼 수는 없는 것이다(당원 1992. 6. 9. 선고, 92다8446 판결 등 참조).

원심은 피고가 1958. 12. 20.경부터 이 사건 토지를 도로부지로 점유, 사용하여 온 사실 등을 인정한 다음, 피고는 이 사건 토지를 소유의 의사로 점유하여 온 것으로 추정되므로 1958. 12. 20.부터 20년이 경과함으로써 취득시효가 완성되었다고 판단하였는바, 기록에 의하여 살펴보면 원심의 인정판단은 위와 같은 견해에 입각한 것으로 보여 옳게 수긍이 가고, 거기에 소론과 같이 자주점유에 관한 법리를 오해한 위법이 있다 할 수 없으며, 소론 판례들은 사안을 달리하여 이 사건에 적절한 선례가 되지 아니한다. 논지는 이유 없다.

2. 제2점에 대하여

원심은 원고의 시효이익 포기의 주장에 대하여, 갑 제4 내지 6호증의 각 기재와 증인 유춘숙의 일부 증언에 의하면, 원고가 1990. 4. 23.경 피고에게 이 사건 토지에 대한 보상금의 지급을 요구하는 최고서를 제출하자 피고는 같은 해 5. 1. 이 사건 토지가 도시계획상 소방도로계획선에 포함되어 있어 추후 소방도로를 개설할 때 보상대책을 검토하겠다는 취지의 회신을 하고, 경주시의회에서는 1992. 3. 19. 원고에게 향후 예산이 확보되는 대로 매수할 계획이라는 취지의 회신을 보낸 사실을 인정할 수 있으나, 위와 같은 사실만으로 피고가 그 점유로 인한 취득시효의 이익을 포기하였다고 보기 어렵다고 판단하였다.

위 각 회신의 내용이 원심이 확정한 바와 같다면, 이는 반드시 이 사건 토지에 대한 원고의 소유권을 승인한다는 것이 아니라, 이 사건 토지가 보상대상에 해당한다면 보상을 하겠다는 방침을 회사한 취지로도 볼 수 있을 뿐만 아니라, 이 사건 토지가 보상대상에 해당한다면 보상을 하겠다는 방침을 회사가 취지로도 볼 수 있을 뿐만 아니라, 더구나 경주시의회의 회신은 포기권한 없는 자의 답변에 불과한 것이고, 한편 기록에 의하여 살펴보면 원심이 소론 주장과 같이 원고 등이 피고시의 담당자를 수시로 방문하여 보상을 요구할 때마다 그 담당자가 보상해 주겠다고 답변하였다는 사실을 인정하지 아니한 조치도 수긍이 가는데다가, 피고가 달리 시효완성에 따른 등기청구권을 포기하겠다는 등의 적극적인 의사표시를 하였다고 볼 만한 증거도 찾아 볼 수 없는바, 사정이 이러하다면 원고의 시효이익 포기의 주장을 배척한 원심의 결론은 정당한 것으로 수긍이 가고, 거기에 소론이 지적하는 바와 같이 채증법칙에 위배하거나 석명권을 적절히 행사하지 아니하고 심리를 다하지 아니한 위법이 있다할 수는 없다. 논지도 이유 없다.

3. 그러므로 상고를 기각하고 상고비용은 패소자의 부담으로 하기로 하여 관여법관의 일치된 의견으로 주문과 같이 판결한다.

대법관 윤영철(재판장) 김상원
박만호 박준서(주심)

10. 가. 헌법재판소의 위헌결정의 효력이 위헌결정 이후에 제소된 일반사건에 미치는지 여부

헌법재판소의 위헌결정은 그 결정 이후에 당해 법률 또는 법률의 조항이 재판의 전제가 되었음을 이유로 법원에 제소된 경우에도 미친다.

나. 일본인 소유 영리법인의 소유재산이 귀속재산인지 여부

귀속재산처리법 제2조 제3항은 일본인 소유의 영리법인에 대하여는 그 주식 또는 지분이 귀속된 것으로 간주한다고 규정하고 있으므로, 일본인 소유의 영리법인이 소유하던 부동산 등 재산은 귀속재산에서 제외된다.

다. 점유취득시효기간 경과 후 국유재산대부계약을 체결하고 그 매수를 제외한 사실만으로 위 시효기간 중의 점유가 타주점유라든가 시효이익을 포기한 것으로 볼 수 있는지 여부

20년이 넘도록 평온 공연하게 국가 소유의 토지를 점유해 왔다면 그 점유는 자주점유로 추정되는데, 그 후 그 토지에 관하여 국유재산대부계약을 체결하고 나아가 그 매수를 제의한 사실만으로 위 기간 중의 점유가 타주점유라거나 시효이익을 포기한 것으로 인정하기는 어렵다(1994. 9. 27. 제1부 판결, 94다22309 토지소유권이전등기).

11. 소멸시효 완성 후의 채무 일부 변제와 시효이익의 포기 추정 가부

채무자가 소멸시효 완성 후 채무를 일부 변제한 때에는 그 액수에 관하여 다툼이 없는 한 그 채무 전체를 묵시적으로 승인한 것으로 보아야 하고, 이 경우 시효완성의 사실을 알고 그 이익을 포기한 것으로 추정되므로, 소멸시효가 완성된 채무를 피담보채무로 하는 근저당권이 실행되어 채무자 소유의 부동산이 경락되고 그 대금이 배당되어 채무의 일부 변제에 충당될 때까지 채무자가 아무런 이의를 제기하지 아니하였다면, 경매절차의 진행을 채무자가 알지 못하였다는 등 다른 특별한 사정이 없는 한, 채무자는 시효완성의 사실을 알고 그 채무를 묵시적으로 승인하여 시효의 이익을 포기한 것으로 보아야 한다(대법원 2001. 6. 12. 선고 2001다3580 판결).

12. 시효이익의 포기의 상대방

시효이익의 포기와 같은 상대방 있는 단독행위는 그 의사표시로 인하여 권리에 직접적인 영향을 받는 상대방에게 도달하는 때에 효력이 발생한다 할 것인바, 취득시효완성으로 인한 권리변동의 당사자는 시효취득자와 취득시효완성 당시의 진정한 소유자이고, 실체관계와 부합하지 않는 원인무효인 등기의 등기부상 소유명의자는 권리변동의 당사자가 될 수 없는 것이므로, 결국 시효이익의 포기는 달리 특별한 사정이 없는 한 시효취득자가 취득시효완성 당시의 진정한 소유자에 대하여 하여야 그 효력이 발생하는 것이지 원인무효인 등기의 등기부상 소유명의자에게 그와 같은 의사를 표시하였다고 하여 그 효력이 발생하는 것은 아니라 할 것이다(대법원 1994. 12. 23. 선고 94다40734 판결).

13. 원금채무는 소멸시효가 완성되지 않았으나 이자채무의 소멸시효가 완성된 상태에서 채무자가 채무를 일부 변제한 경우, 원금채무를 승인하고 이자채무의 시효이익을 포기한 것으로 추정되는지 여부(원칙적 적극) 및 이 경우 변제충당의 방법

원금채무에 관하여는 소멸시효가 완성되지 아니하였으나 이자채무에 관하여는 소멸시효가 완성된 상태에서 채무자가 채무를 일부 변제한 때에는 액수에 관하여 다툼이 없는 한 원금채무에 관하여 묵시적으로 승인하는 한편 이자채무에 관하여 시효완성의 사실을 알고 그 이익을 포기한 것으로 추정되며, 채무자의 변제가 채무 전체를 소멸시키지 못하고 당사자가 변제에 충당할 채무를 지정하지 아니한 때에는 민법 제479조, 제477조에 따른 법정변제충당의 순서에 따라 충당되어야 한다(대판 2013. 5. 23, 2013다12464).

제2편 물 권

제 2 편 물 권

제2편 물권편(제185조 내지 제372조)은 총칙 · 점유권 · 소유권 · 지상권 · 지역권 · 전세권 · 유치권 · 질권 · 저당권의 9장 188개조로 되어 있다. 그 규정하는 바는 민법이 인정하는 8종의 물권의 내용과 그의 보호, 그리고 이들 물권의 변동 내지 득실변경에 관한 것이다. 간단히 살펴본다면 다음과 같다.
제1장 「총칙」(185조~제191조)에서는 물권법정주의(제185조), 물권의 변동(제186조~제190조), 그리고 물권의 소멸원인 중의 혼동(제191조)에 관하여 규정하고 있다. 그 중, 물권의 변동에 관한 것은 사회적으로 또한 법률적으로 대단히 중요한 의의를 가지는 것이나, 조문은 불과 5개조뿐이어서, 이를 보충하기 위한 판례가 상당히 쌓여 있다.

제2장 「점유권」(제192조~제210조)은 어떤 물건을 사실상 지배하고 있을 때(즉 점유하고 있을 때)에 이에 대하여 법은 여러 가지의 효과가 발생하는 것으로 하고 있는데, 이들 여러 효과가 발생하는 원천으로서 상정되는 권리이다. 따라서, 일반적으로 물권은, 어떤 물건을 현재 지배하고 있느냐를 묻지 않고서, 그것을「지배할 수 있는 권리」, 즉 관념적인 권리인데 대하여, 점유권은「현재 지배하고 있다는 사실」을 바탕으로 하여서만 인정되는 권리인 것이다.

제3장 「소유권」(제211조~제278조)은 어떤 물건을 전면적으로 지배할 수 있는 권리이다. 바꾸어 말하면 물건이 가지는 사용가치, 따라서 또한 교환가치의 전부에 관하여 지배를 미칠 수 있는 권리이며, 그것은 사유재산제도의 지주이고, 또한 물권법의 근간을 이룬다.

제4장 「지상권」(제279조~제290조) · 제5장「지역권」(제291조~제302조) · 제6장「전세권」(제303조~제319조)은 용익물권이라고 한다. 이들은 소유권의 내용을 이루는 사용 · 수익의 권능, 즉 사용가치의 지배라는 권능의 일부가 소유권으로부터 분리되어서 독립한 권리로 되어 있는 것이다.

제7장 「유치권」(제320조~제328조) · 제8장「질권」(제329조~제355조) · 제9장「저당권」(제356조~제372조)은 담보물권이라고 한다. 이들은 채권담보, 즉

채권 변제의 확보를 목적으로 하는 데서 「담보물권」이며, 또한 소유권의 내용을 이루는 사용가치와 교환가치에 대한 전면적 지배권능 중 교환가치에 대한 지배권능의 전부 또는 그 일부만이 분리되어서 그것에 대한 독립한 지배권으로 되어 있으므로 담보「물권」인 것이다.

주의할 것은, 민법은 전세권도 일종의 담보물권으로 하고 있다. 그러나 전세권은 본래는 용익물권이고, 다만 전세권이 소멸하는 경우에 전세권자의 전세금 반환을 확보해 주기 위하여 우선변제적 효력을 인정한 것이어서, 말하자면 그의 기본성격은 역시 용익물권인 데에 있다고 하여야 한다. 즉 전세권의 담보물권성은 전세권자보호를 위한 부수적·종적인 것에 지나지 않는다.

민법은 물권편 외에도, 실질적으로는 물권법에 속하는 특별법이 있다. 이들 특별법은 상당히 풍부하며, 특히 다음과 같은 것은 중요한 법률들이다. (1) 물권 일반 및 용익물권에 관한 것으로서는 부동산등기법·부동산등기특별조치법·집합건물의 소유 및 관리에 관한 법률·주택임대차보호법 등이 있다. (2) 담보물권에 관한 것으로서는 각종의 이른바 비전형담보제도의 규율을 목적으로 하는 「가등기담보 등에 관한 법률」과 이른바 재단저당을 인정하는 공장 및 광업재단 저당법이 중요하고, 또한 동산저당을 인정하는 자동차 등 특정동산 저당법 등도 주목할 법률들이다. 또한 2010년 6월 제정된 동산·채권 등의 담보에 관한 법률은 동산·채권·지적재산권을 목적으로 하는 담보제도를 창설하고 이를 공시할 수 있도록 규정하고 있는 법률이다. (3) 일반물권법과 밀접한 관계가 있는 것으로는 광업권·조광권을 정하는 광업법, 어업권을 정하는 수산업법이 있다. (4) 상법에는 상사에 관한 유치권·질권에 대하여 민법에 대한 특칙이 정하여져 있고, 또한 민법에서는 인정하지 않는 법정담보권인 우선특권에 관하여 정하고 있다. 그 밖에 (5) 비유체적 이익에 대한 배타적 지배권인 저작권·특허권·상표권·디자인권·실용신안권 등을 정하는 저작권법·특허법·상표법·디자인보호법·실용신안법 등도 넓은 의미에서는 물권법에 속한다고 할 수 있을 것이다.

제 1 장 총 칙

본장에서는 물권법정주의(제185조)·물권의 변동(제186조~제190조)·혼동(제191조) 등에 관하여 규정하고 있다.

◈ 물권을 당사자가 임의로 창설할 수 있는지 여부

제 185 조【물권의 종류】

물권은 법률 또는 관습법에 의하는 외에는 임의로 창설하지 못한다.

■ § 185. 물권 법정주의

- 공시의 원칙을 관철 : 거래의 안전, 보호
- 물권의 종류, 내용 : 법률 또는 관습법
- 법 률 : 행정입법(명령, 규칙)은 불포함
- 관 습 법 : 관습법상의 법정지상권, 분묘기지권, 양도담보권
- 강행규정
- 관련법조 : [물권의 준거법] 국제사법 §19, [타법률에 규정된 물권] 상 §58, §91, §111, §120, §147, §800②, §861, §871, 공장 및 광업재단 저당법 §3, §4, §12, §54, 자동차 등 특정동산 저당법 §3, 수산업법 §16, 광업법 §12①, 입목 §3②, §6, 유료도로법 §11, 내수면어업법 §7

1. 물권법정주의

(1) 의 의

본조는 물권법정주의를 규정한 것이다.

물권의 종류 및 그 내용은 법률이 정한 것에 한하고 당사자가 자유로이 다른 물권을 창설하거나 법정된 물권에 법률의 규정과 다른 내용을 추가하

는 것 등은 허용하지 아니한다. 이것을 물권법정주의라고 하고 본조는 「물권은 법률 또는 관습법에 의하는 외에는 임의로 창설하지 못한다」라고 규정하고 있다.

물권법정주의가 채용된 이유는 첫째, 물권법에서의 공시원칙의 관철의 문제에 귀착한다. 물권은 채권과 달리 일정한 물건을 직접지배하는 배타적인 권리이기 때문에 물권의 존부 및 내용여부는 직접 제3자의 이해에 관계하는 바 크다.

따라서 모든 물권은 제3자가 명확하게 확인하도록 어떠한 표상을 구비할 필요가 있다. 이것이 물권법에서의 공시의 원칙이다. 공시의 방법으로서는 점유와 등기가 있다.

점유를 가지고 당사자가 자유로이 창설하는 각종물권에 대해서 그 표상방법으로 하는 것은 불가능하다. 등기에 의하면 확실한 표상은 할 수 있으나, 당사자가 창설한 모든 물권을 기재하는 것은 등기의 기술상 매우 곤란하고, 기재할 수 있다 하더라도 등기의 이용은 극히 복잡하고 번거로운 것이다. 그러므로 물권의 존부·내용 등을 정확하게 공시하고 원만한 재산거래를 가능하게 하기 위해서는 물권의 종류와 내용을 합리적으로 한정시켜 몇 개의 유형으로 함에 그치고 당사자로 하여금 이러한 유형 중 어느 것을 선택하는 자유만을 남겨두는 것이 타당하다.

둘째, 봉건제도하에 있었던 토지에 관한 복잡한 권리관계를 정리하여 토지에 관한 권리를 단순화하고 근대적 부동산거래의 요청에 부응한다는 연혁적인 이유이다. 봉건제도하에서는 예컨대 상토권(경작권)과 저토권(공납징수권)이 있었던 풍습으로 인하여, 동일한 토지에 대하여 각종의 권리를 기층적으로 병존시켜 복잡한 권리관계를 만들고 있었으나 근대법은 이러한 것들을 폐지 또는 정리하여 자유로운 소유권과 약간의 제한물권만을 인정하도록 하여 부동산 거래의 자유와 원활을 기한다는 근대에로의 개혁을 완수한 것이다.

(2) 물권 성립의 근거

물권은 법률과 관습법에 의해서만 성립한다. 따라서 물권관계의 법원은 법률과 관습법에 한정된다.

본조의 「법률」 이라고 하는 것은 헌법에서 말하는 법률만을 의미하고 명령 기타 규칙은 포함하지 아니한다. 민법제정당시 종래의 관습물권을 가능한 한 성문화하였으나(예: 전세권), 입법기술상의 제약으로 종래의 모든 관습물권을 성문화할 수는 없었으며, 또한 민법제정 후에도 새로운 경제발달로 새로운 관습물권의 성립이 예상되므로 본조에서 입법상 관습물권을 인정한 것이다.

판례상 인정된 관습물권으로는 분묘기지권과 관습법상의 법정지상권 등이 있다.

▣ 핵심판례 ▣

■ 미등기 무허가건물의 양수인에게 소유권에 준하는 관습상 물권이 존재하는지 여부(소극) 및 신축 건물을 매수하였으나 아직 소유권이전등기를 갖추지 못한 자가 그 건물의 불법점거자에 대하여 직접 자신의 소유권 등에 기하여 명도를 청구할 수 있는지 여부(소극)

미등기 무허가건물의 양수인이라 할지라도 그 소유권이전등기를 경료받지 않는 한 그 건물에 대한 소유권을 취득할 수 없고, 그러한 상태의 건물 양수인에게 소유권에 준하는 관습상의 물권이 있다고 볼 수도 없으므로, 건물을 신축하여 그 소유권을 원시취득한 자로부터 그 건물을 매수하였으나 아직 소유권이전등기를 갖추지 못한 자는 그 건물의 불법점거자에 대하여 직접 자신의 소유권 등에 기하여 명도를 청구할 수는 없다(대판 2007. 6. 15, 2007다11347).

(3) 물권의 종류강제와 내용강제

「창설하지 못한다」란 전혀 새로운 종류의 물권을 창설하는 것은 물론 법률에서 정하여진 물권에 있어서도 법이 정한 것과 다른 내용이나 효력을 부여할 수 없다는 의미이다.

(4) 본조에 위반하는 법률행위의 효력

본조는 강행규정이며, 이에 위반하는 법률행위는 무효이다. 예컨대 지상권의 양도를 금지하는 특약을 하였다 하더라도 그것은 무효이며, 지상권자는 지상권을 제3자에게 양도할 수 있다. 다만 본조 위반의 법률행위에 관해 민법 자체에서 특별히 규정하고 있는 때에는 그 규정에 의한다(예 : 제 280조 2항 등).

2. 물권의 종류

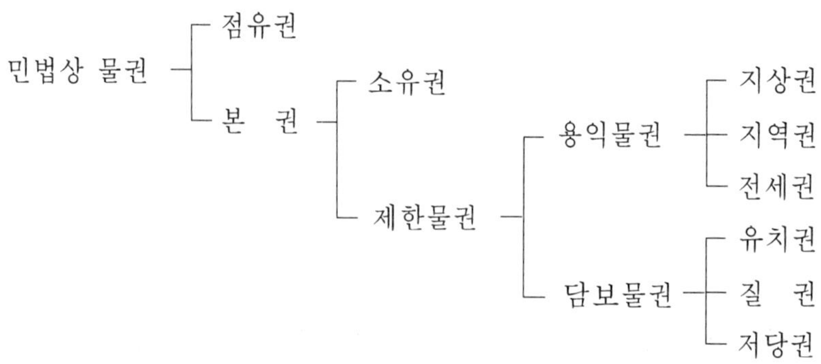

(1) 점유권과 본권

점유란 물건에 대한 '사실상의 지배'를 말한다. 민법은 실질적 권리인 본권, 즉 점유할 수 있는 권리의 유무와는 관계없이, 사회질서유지 등의 목적에서 점유라는 사실상의 지배를 보호하기 위해서 점유권이라는 권리를 인정하고 있다. 이에 대해 점유권 이외의 물권은 법률상 물건을 지배할 수 있는 권리로서 물건의 사실적 지배의 유무와는 관계가 없다. 점유권 이외의 물권을 본권이라 한다. 본권은 다시 소유권과 제한물권으로 구분된다.

(2) 소유권과 제한물권

소유권은 객체인 물건을 전면적으로 완전하게 지배하는 권리, 즉 물건이 가지는 사용가치·교환가치의 전부를 지배할 수 있는 권리이다. 이에 반해 제한물권은 물건을 한정된 목적을 위해서만 이용할 수 있는 물권, 즉 일면적 지배를 내용으로 하는 물건이다. 제한물권은 원칙적으로 타인의 물건 위에 성립하는 것으로서 타물권이라고도 한다.

(3) 용익물권과 담보물권

제한물권에는 일정의 제한된 범위 내에서 타인의 물건을 직접적으로 사용·수익하는 용익물권과, 채권의 담보를 목적으로 하는 담보물권이 있다.

용익물권에는 지상권, 지역권, 전세권이 있고, 담보물권에는 유치권, 질권, 저당권이 있다.

3. 물권의 일반적 효력

(1) 우선적 효력

우선적 효력이란 어떤 권리가 다른 권리에 우선하는 효력을 의미하는데, 물권의 우선적 효력에는 다른 물권에 대한 우선적 효력과 채권에 대한 우선적 효력이 있다.

1) 물권 상호간

① 기 준

물권은 배타적인 지배권이므로 원칙적으로 동일한 물건 위에 같은 내용의 물권이 동시에 성립할 수 없다.

② 양립 불가능한 물권

두 개 이상의 소유권(또는 지상권이나 전세권)이 동일한 물건 위에 동시에 성립할 수는 없다.

③ 양립 가능한 물권

내용이 다른 물권은 병존할 수 있다. 예컨대 동일한 토지 위에 소유권과 제한물권, 지상권과 저당권, 전세권과 저당권, 저당권과 저당권이 성립할 수 있다. 물권이 동일한 물건 위에 병존하는 경우에는 시간적으로 먼저 성립한 물권이 우선한다.

④ 점유권

점유권은 물권이지만 현재의 사실상의 지배관계에 기한 권리이기 때문에 우선적 효력이 없다.

2) 채권에 우선하는 효력

① 원 칙

어떤 물건에 대해 물권, 채권이 병존하는 경우, 원칙적으로 물권은 시간적 선·후, 성립시기를 불문하고 채권에 우선한다.

② 채권에 대한 물권의 우선적 효력은 경매절차 및 파산절차에서도 그대로 관철

경매절차에서는 제3자 이의의 소, 파산절차에서는 소유권자의 경우 환취권(파산재단에 들어있는 재산을 소유권자가 되찾아오는 권리), 담보물권자의 경우 별제권(다른 채권자에 우선하여 변제받을 권리)을 행사할 수 있다.

③ 성립의 선, 후를 불문하고 채권이 우선하는 경우

① 근로기준법상 임금채권(3개월), 퇴직금채권(3년)

② 주임법상 또는 상가임대차보호법상 소액보증금 최우선변제권

④ 물권과 동일하게 시간적 선후에 따라 우열이 결정되는 채권

① 조세채권(단, 그 물건 자체에 대한 조세인 당해세는 언제나 최우선)

② 등기된 부동산 임차권(제 621, 622조)

③ 주임법상 또는 상가임대차보호법상 대항력을 갖춘 임차권

④ 주임법상 또는 상가임대차보호법상 대항력과 확정일자를 갖춘 보증금반환채권

⑤ 가등기에 의해 순위가 보전된 청구권이 본등기를 갖춘 경우

(2) 물권적 청구권

1) 종 류

① 점유보호청구권(204조 내지 207조)

② 본권에 기한 청구권(213조, 214조)

③ 반환청구권이 없는 것 : 지역권과 저당권

④ 유치권에는 규정이 없고(유치권은 점유상실로 인하여 소멸, 제328조), 점유보호청구권만이 인정된다.

⑤ 질권에도 규정이 없는데 입법상 불비로서 당연히 질권에 기해서도 물권적 청구권이 인정된다는 견해(통설)와 질권에 기한 물권적 청구권은 인정될 수 없고 점유보호청구권만이 인정된다는 견해가 대립한다.

2) 성 질

물권설과 채권설이 대립하고 있었으나, 현재의 통설은 물권에 부종하는 특수한 청구권이라는 입장이다. 물권과 언제나 운명을 함께 하므로 물권적 청구권만 따로 존속한다든가 물권적 청구권만을 독립하여 양도할 수는 없다(대판 1980. 9. 9. 80다7. 소송상 물권적 청구권을 행사하던 중 소유목적물을 양도한 자는 더 이상 소유권에 관한 물권적 청구권을 행사할 수 없으므로 그 소송은 유지될 수 없다).

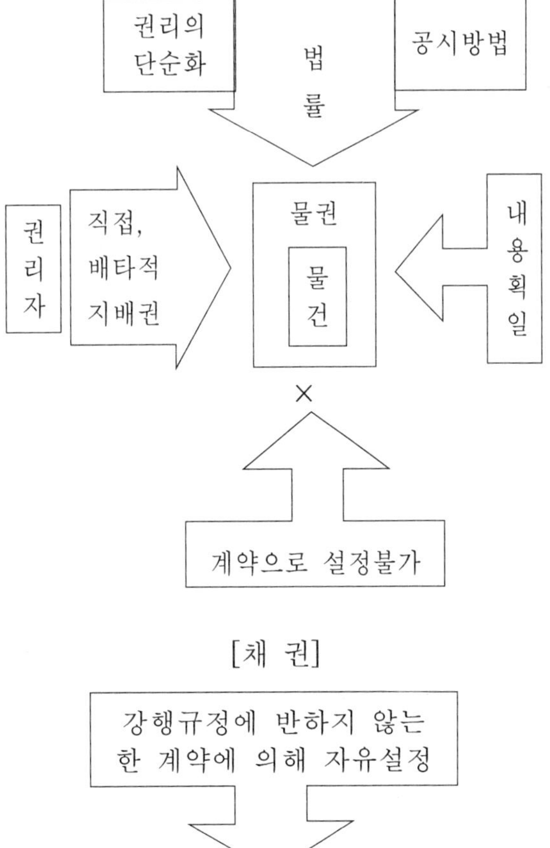

<참고사항>

※ 물권적 청구권의 본질과 비용부담

물권적청구권의 본질이 상대방의 행위를 청구할 수 있는 권리인지, 물권자의 회복행위에 대해 상대방의 소극적인 인용을 청구하는 권리인지 여부가 문제된다. 또한 물권적청구권을 행사하는 경우 그 비용을 물권자가 부담할 것인지, 상대방이 부담할 것인지 여부도 문제된다. 이러한 본질의 문제와 비용부담의 문제를 동일한 것으로 볼 것인지, 아니면 달리 볼 것인지 여부도 견해가 나뉜다.

[사례]

A의 토지 위에 이웃에 사는 B토지의 돌담이 폭우에 의해 무너진 경우 A와 B는 서로 어떤 권리를 주장 할 수 있고 이때 비용은 누가 부담할 것인가?

1. 학 설

(1) 물권적 청구권의 본질과 비용부담의 문제를 동일하게 파악하는 견해들

① 행위청구권설 : 물권적 청구권은 행위청구권이므로 언제나 상대방이 비용을 부담하여야 한다는 견해이다. 언제나 먼저 권리를 주장한 자에게 우선권을 준다는 점에서 부당하다는 비판이 있다.

② 행위청구권수정설, (방해물)소유자책임설(김증한, 김학동) : 원칙적으로 행위청구권이므로 상대방이 비용을 부담하지만, 상대방이 자기의사로써 점유한 것이 아니라면 방해물 소유자의 청구권은 인용청구권으로 수정되고 따라서 자신이 비용을 부담해야 한다는 견해이다. 방해물 소유자에게만 이렇게 해석하는 근거가 불분명하다는 비판이 있다.

③ 유책조건부행위청구권설(책임설, 곽윤직) : 원칙적으로 모두 행위청구권이지만 상대방에게 귀책사유가 없다면 인용청구권으로 수정되고 자신이 스스로 비용을 부담해야 한다는 견해이다.

④ 순수한 인용청구권설 : 언제나 인용청구권이고 스스로 비용을 부담한다는 견해이나, 현재 이를 주장하는 학자는 없다.

(2) 이원설(물권적 청구권의 성질과 비용부담의 문제를 분리하여 판단하는 견해)

① 변제비용부담설 : 물권적 청구권의 본질은 언제나 행위청구권이고 비용

부담의 문제는 第473조 규정을 유추하여 결정하여야 한다는 견해이다. 즉, 원칙적으로 채무자라고 볼 수 있는 상대방이 부담하나, 상대방의 행위와 전혀 무관하게 물권이 침해된 경우 第473조 단서에 따라 비용만 물권자가 부담한다는 것이다.

② 인용청구권설(김용한) :물권적 청구권의 본질은 인용청구권이고 비용부담은 원칙적으로 귀책사유있는 자가 부담하지만 양자에게 귀책사유가 없다면 공평하게 공동부담해야 한다는 견해이다.

(3) 점유설정의사 부정설(양창수, 이은영)

사례에서 토지 소유자 A는 B에 대해 방해제거청구를 할 수 있지만, 돌담의 소유자인 B는 A에 대해 소유권에 의한 반환청구권을 행사할 수 없다는 견해로서 이 경우에는 B에게 신의칙이나 인지사용청구권(第216조)을 근거로 수거허용청구권을 인정한다. 소유물 반환청구권은 그 상대방이 그 소유물에 대한 점유자인데(第213조 참조) A에게는 점유의 주관적 요건으로서 점유설정의사가 없어 점유자가 아니므로 애초에 소유물 반환청구권을 행사할 수 가 없고 따라서 물권적 청구권의 상호충돌 문제가 발생할 여지가 없다는 것이다. 비용부담은 민법상 일반원칙에 따라 해결한다(비용상환(第203조), 부당이득, 사무관리, 불법행위).

2. 판 례

판례는 비용부담에 관하여는 태도를 명백히 밝힌 바가 없다. 그러나 물권적 청구권의 본질을 상대방의 적극적인 행위를 청구하는 권리라고 명백히 밝히고 있다(대판 1999. 7. 27. 98다47528).

▣ 핵심판례 ▣

■ [물권의 종류]

1. 법률이 인정하지 않는 새로운 종류의 물권의 창설이 허용되는지 여부 (소극)

민법 제185조는, "물권은 법률 또는 관습법에 의하는 외에는 임의로 창설하지 못한다."고 규정하여 이른바 물권법정주의를 선언하고, 물권법의 강행규정은 이를 중핵으로 하고 있으므로, 법률(성문법과 관습법)이 인정하지 않는 새로운 종류의 물권을 창설하는 것은 허용되지 아니한다(대판 2002. 2. 26, 2001다64165).

2. 분묘기지권의 범위

분묘기지권은 분묘를 수호하고 봉사하는 목적을 달성하는 데 필요한 범위 내에서 타인의 토지를 사용할 수 있는 권리를 의미하는바, 신청인의 선대분묘 전면은 경사가 별로 없고 비교적 평탄하여 석축을 쌓지 않더라도 분묘를 보존하는데 있어 아무런 지장이 없는 것으로 보이므로 신청인이 계쟁토지에 석축공사를 시행하는 행위는 선대분묘를 수호하고 봉사하는 목적을 달성하는데 반드시 필요한 범위 내의 것이라고 단정할 수 없다(1993. 7. 16. 제3부 판결, 93다210 석축공사방해금지가처분).

3. 분묘의 확장이나 석물 등의 설치가 종전 분묘의 분묘기지권이 미치는 범위 내의 토지에서 이루어졌다고 본 원심판결을 파기한 사례

분묘의 확장이나 석물 등의 설치가 종전 분묘의 분묘기지권이 미치는 범위 내의 토지에서 이루어졌다고 본 원심판결을 파기한 사례(1994. 4. 12. 제1부 판결, 92다54944 분묘철거등).

4. 가. 분묘기지권의 존속기간

분묘기지권의 존속기간에 관하여는 민법의 지상권에 관한 규정에 따를 것이 아니라 당사자 사이에 약정이 있는 등 특별한 사정이 있으면 그에 따를 것이며, 그러한 사정이 없는 경우에는 권리자가 분묘의 수호와 봉사를 계속하며 그 분묘가 존속하고 있는 동안은 분묘기지권은 존속한다고 해석함이 타당하므로 민법 제281조에 따라 5년 간이라고 보아야 할 것은 아니다.

나. 분묘기지권이 미치는 범위

분묘기지권은 분묘의 기지 자체뿐만 아니라 그 분묘의 설치목적인 분묘의 수호 및 봉사에 필요한 범위 내에서 분묘의 기지 주위의 공지를 포함한 지역에까지 미치는 것이고, 그 확실한 범위는 각 구체적인 경우에 개별적으로 정하여야 하고 매장 및 묘지 등에 관한 법률 제4조 제1항 후단 및 같은 법 시행령 제2조 제2항의 규정이 분묘의 점유면적을 1기당 20평방미터로 제한하고 있으나, 여기서 말하는 묘지의 점유면적이라 함은 분묘의 기지면적만을 가리키며 분묘기지 외에 분묘의 수호 및 제사에 필요한 분묘기지 주위의 공지까지 포함한 묘지면적을 가리키는 것은 아니므로 분묘기지권의 범위가 위 법령이 규정한 제한면적 범위 내로 한정되는 것은 아니다(1994. 8. 26. 제2부 판결, 94다28970 분묘철거등).

<판례전문(1994. 8. 26. 94다28970)>

[원고, 상고인] 차부혜

[소송대리인 변호사] 백형구

[피고, 피상고인] 김봉현

[소송대리인 변호사] 김성만

[원심판결] 서울민사지방법원 1994. 5. 10. 선고, 94나4034 판결

[주 문] 상고를 기각한다.

상고비용은 원고의 부담으로 한다.

[이 유] 1. 상고이유 제1점에 대하여

분묘기지권의 존속기간에 관하여는 민법의 지상권에 관한 규정에 따를 것이 아니라 당사자 사이에 약정이 있는 등 특별한 사정이 있으면 그에 따를 것이며, 그러한 사정이 없는 경우에는 권리자가 분묘의 수호와 봉사를 계속하며 그 분묘가 존속하고 있는 동안은 분묘기지권은 존속한다고 해석함이 타당하다 할 것인바(당원 1982. 1. 26. 선고, 81다1220 판결 참조), 원심이 이와 같은 취지에서 이 사건 분묘기지권의 존속기간은 민법 제281조에 따라 5년 간이라고 보아야 한다는 원고의 주장을 배척하였음은 옳고, 거기에 소론과 같은 분묘기지권의 존속기간에 관한 법리오해의 위법이 없으므로, 논지는 이유가 없다.

2. 상고이유 제2, 3점에 대하여

분묘기지권은 분묘의 기지 자체뿐만 아니라 그 분묘의 설치목적인 분묘의 수호 및 제사에 필요한 범위 내에서 분묘의 기지 주위의 공지를 포함한 지역에까지 미치는 것이고, 그 확실한 범위는 각 구체적인 경우에 개별적으로 정하여야 할 것이다. 그리고 매장 및 묘지 등에 관한 법률 제4조 제1항 후단 및 같은 법시행령 제2조 제2항의 규정이 분묘의 점유면적을 1기당 20평방미터로 제한하고 있으나, 여기서 말하는 분묘의 점유면적이라 함은 분묘의 기지면적만을 가리키며 분묘기지 외에 분묘의 수호 및 제사에 필요한 분묘기지 주위의 공지까지 포함한 묘지면적을 가리키는 것은 아니므로 분묘기지권의 범위가 위 법령이 규정한 위 제한면적 범위 내로 한정되는 것은 아니라 할 것인바(당원 1988. 2. 23. 선고, 86다카2919 판결 및 1986. 3. 25. 선고, 85다카2496 판결 등 참조), 원심이 같은 입장에서 그 판시 증거를 종합하여 이 사건 분묘 2기와 각 석물의 위치 및 이 사건 임야의

현황 등으로 미루어 보아 그 판시 임야부분은 위 분묘 2기를 수호 관리하기 위하여 필요한 범위 내로서 이 사건 분묘기지권은 위 임야부분 전부에 미친다고 인정·판단하였음은 옳고, 거기에 소론과 같은 분묘기지권의 범위에 관한 법리오해 및 심리미진의 위법이 없으므로 논지들 또한 모두 이유가 없다.

3. 이에 상고를 기각하고 상고비용은 패소한 원고의 부담으로 하기로 관여법관의 의견이 일치되어 주문과 같이 판결한다.

대법관 김형선(재판장) 박만호(주심)
박준서 이용훈

참조판례

가. 대법원 1982. 1. 26. 선고, 81다1220 판결(공1982, 301)
1992. 6. 9. 선고, 92다4587 판결(공1992, 2122)

나. 대법원 1986. 3. 25. 선고, 85다카2496 판결(공1986, 701)
1988. 2. 23. 선고, 86다카2919 판결(공1988, 572)
1993. 7. 16. 선고, 93다219 판결(공1993하, 2287)
1994. 4. 12. 선고, 92다54944 판결(공1994상, 1414)

◈ 법률행위에 의한 부동산물권변동의 효력발생 요건

제 186 조【부동산물권변동의 효력】

부동산에 관한 법률행위로 인한 물권의 득실변경은 등기하여야 그 효력이 생긴다.

■ § 186. 법률행위에 의한 물권변동

- 성립요건주의, 독법주의
- 물권행위
- 등 기
- 적용범위 : 점유권과 유치권을 제외한 민법이 인정하는 부동산물권의 법률행위에 의한 모든 물권변동
- 강행규정
- 형식주의 원칙
- 관련법조 : 부동산등기법

1. 물권변동의 의의

물권의 변동은 물권의 발생・변경・소멸을 말한다.

(1) 물권의 취득

가. 원시취득

원시취득이란 타인의 물권에 기초함이 없이 원시적으로 물권을 취득하는 것을 말한다. 즉, 전에 없었던 물권이 새로이 발생하는 것을 말한다. 건물의 신축, 취득시효(제245조 이하), 선의취득(제249조), 선점(제252조), 유실물 습득(제253조), 매장물발견(제254조), 첨부(제256조) 등이 이에 속한다.

나. 승계취득

승계취득이란 타인의 물권에 기초하여 이를 취득하는 것으로서, 그 타인이 가지고 있던 물권 이상의 것을 취득하지 못한다. 즉, 타인이 무권리자이면 권리를 취득할 수 없고, 그 권리에 제한이나 하자가 있으면 이를 그

대로 승계한다.

① 이전적 승계·설정적 승계 : 이전적 승계는 종전 권리자에게 속하고 있던 물권의 그 동일성을 유지하면서 신권리자에게 이전되는 것으로서, 매매·상속에 의한 취득이 이에 속한다. 이에 대해 설정적 승계는 A의 소유권에 기초하여 지상권이나 전세권을 설정하는 경우처럼 소유권의 사용·수익·처분의 권능 중 일부를 취득하는 것을 말한다.

② 특정승계·포괄승계 : 특정승계는 개개의 권리가 각각의 취득원인에 의해 취득하는 것을 말한다(예 : 매매 등). 이에 대해 포괄승계는 하나의 취득원인에 의해 다수의 권리가 일괄해서 취득되는 것으로서, 상속·포괄유증·회사의 합병 등에 의한 취득이 이에 해당된다.

(2) 물권의 변동

물권의 변동이란 물권이 그 동일성을 잃지 않으면서 그 주체·내용·작용에 변경이 생기는 것을 말한다.

(3) 물권의 상실

물권의 상실에는 목적물의 멸실, 소멸시효, 물권의 포기처럼 물권이 절대적으로 소멸하는 경우와 물권의 양도처럼 상대적으로 소멸하는 것이 있다.

2. 물권변동에 관한 입법주의

(1) 의사주의(대항요건주의)

물권변동은 당사자의 의사표시만으로 일어나고 그밖에 다른 어떤 특별한 요건(형식)을 필요로 하지 않는다는 입법주의이다. 의사주의하에서는 공시방법은 물권변동을 제3자에게 대항(주장)하기 위한 요건에 지나지 않는다. 의사주의는 개인주의 사상에 입각한 것으로서 사적 자치에 부합하고, 거래를 신속하게 할 수 있다는 장점이 있으나, 외부에서 그 물권변동을 정확히 인식할 수 없고, 또한 법률관계가 대내적·대외적으로 분열되어 복잡해지고, 거래안전을 해할 수 있다는 단점이 있다.

(2) 형식주의(성립요건주의)

물권변동은 당사자의 의사표시만으로 발생하지 않고, 반드시 일정한 형식

(공시)을 필요로 한다는 입법주의이다. 따라서 형식주의하에서는 공시방법을 갖추지 않는 한 당사자 사이에서는 물론 제3자에 대한 관계에서도 물권변동이 일어나지 않는다. 형식주의는 물권변동의 시기가 명확하고, 법률관계가 대내적·대외적으로 분열되지 않으므로 법률관계가 그만큼 명확하고, 거래안전을 확보할 수 있다는 장점이 있으나, 형식의 구비를 강요하므로 거래의 신속성을 해하고, 등기를 하지 않은 매수인의 지위를 어떻게 보호할 것인가 하는 문제점이 있다.

3. 우리 민법의 태도

본조는「부동산에 관한 법률행위로 인한 물권의 득실변경은 등기하여야 그 효력이 생긴다」고 규정함으로써 법률행위에 의한 부동산물권변동에 관하여 이른바 형식주의, 성립요건주의(독법주의)의 원칙을 취하고 있음을 선언하고 있다. 본조의 부동산물권변동은 법률행위로 인한 것에 한하고 법률행위로 인하지 않는 것(즉 법률의 규정에 의한 것)은 등기없이 효력이 생기고 이에 관하여는 제187조에서 따로 규정한다. 그리고 본조에 있어서 부동산의 물권변동을 목적으로 하는 물권행위는 이른바 물권적 의사표시만을 의미하지 않으며 등기없이 그 효력이 생기지 않는 점을 고려하여 등기까지를 그 요건으로 봄이 타당하다.

부동산물권변동의 효력요건인 등기는 동산물권변동의 효력요건인 목적물의 점유·인도(제188조)에 대응하는 것이며 부동산물권변동에 있어서는 목적부동산의 인도는 그 효력요건이 아니다. 이와 같이 본조의 원칙은 법률행위로 인한 부동산물권의 득실변경에 관하여 적용된다. 여기서 득실변경이란 물권의 발생·변경·소멸을 의미하며 이것을 물권의 주체를 중심으로 볼 때는 물권의 취득·변경·상실을 말한다. 그리고 물권변동에 등기를 요구하는 부동산물권은 소유권·지상권·지역권·전세권·저당권·권리질권의 6종이다(부동산등기법 제2조). 그러나 부동산물권 중에서 점유권·유치권은 그 성질상 등기를 요하지 않으므로 본조의 원칙이 적용되지 않는다.

4. 부동산물권의 공시방법으로서의 등기

(1) 부동산등기의 의의

등기란 국가기관인 등기관이 법정의 절차에 따라 부동산의 상황과 그 권리관계를 등기부라는 공적 장부에 기재하는 것 또한 그러한 기재 자체를 말한다.

(2) 등기의 분류

구 분	종 류	내 용
대 상	사실의 등기	부동산의 표시에 관한 사항을 기재하는 등기(표제부에 하는 등기)
	권리의 등기	부동산의 권리관계를 기재하는 등기(갑구란, 을구란에 하는 등기)
성 질	보존등기	미등기부동산에 소유자의 신청으로 처음으로 행해지는 소유권 등기
	권리변동등기	보존등기를 기초로 해서 그 후에 행해지는 권리변동에 관한 등기
형 식	주등기 (독립등기)	표제부의 표시번호란 또는 갑구, 을구의 순위번호란에 독립한 번호를 붙여서 하는 독립등기
	부기등기	독립한 번호를 갖지 못하고 기존 주등기의 번호를 그대로 사용하여 그 아래 부기 및 몇 호로 행해지는 등기
내 용	기입등기	새로운 등기원인에 의해 새로운 사항을 기입하는 등기(예 소유권보존등기, 소유권이전등기, 저당권설정등기)
	경정등기	신청인 또는 등기관의 착오로 인하여 등기의 불일치 또는 탈루(脫漏)가 있어 등기와 실체관계의 '원시적 불일치'를 시정하는 등기
	변경등기	등기와 기존의 등기에 사항의 변경이 생겨서 등기와 실체관계의 '후발적 불일치'를 시정하기 위해 하는 등기
	말소등기	등기에 대응하는 실체관계가 존재하지 않는 경우 기존의 등기 전부를 말소하고 그 취지를 기재하는 등기
	멸실등기	기존의 등기된 토지나 건물이 전부 멸실된 경우에 행해지는 등기
	회복등기	실체관계에 부합하는 기존의 등기가 부당하게 말소된 경우(말소회복등기) 또는 멸실된 경우(멸실회복등기)에 이를 재현·회복하는 등기
효 력	종국등기	등기 본래의 효력 즉 물권변동의 효력을 발생하게 하는 등기(본등기)
	예비등기	등기 본래의 효력인 물권변동과는 직접 관계가 없고, 간접적으로 이에 대비해서 행해지는 등기(가등기, 예고등기)

(3) 등기의 효력

가. 권리변동적 효력(창설적 효력)

물권행위와 부합하는 등기가 있으면 부동산에 관한 물권변동이 생긴다. 주의할 것은 물권변동은 등기를 신청한 때가 아니라 실제로 등기부에 기재된 때에 발생한다.

나. 대항적 효력

부동산 제한물권(지상권, 지역권, 전세권, 저당권)과 부동산 임차권이나 환매권에 관해서는 일정한 사항(존속기간, 지료, 이자와 그 지급시기 등)을 등기할 수 있는데 이를 등기하면 당사자 이외의 제3자에 대해서도 대항할 수 있다.

다. 순위확정적 효력

같은 부동산에 관하여 설정된 수 개의 권리의 순위관계는 법률이 다른 규정이 없으면 등기의 전후 내지 선후에 의해 정해진다. 등기의 전후는 동구(同區)에서는 순위번호에 의하고, 별구(別區)의 등기는 접수번호에 의한다. 부기등기의 순위는 주등기의 순위에 의한다.

라. 추정적 효력

1) 의 의

어떤 등기가 있으면 등기된 바와 같은 실체적 권리가 존재하는 것으로 추정되는 효력이 인정되는데, 이를 등기의 추정력이라 한다.

2) 추정력의 범위

① 물적 범위

ㄱ) 등기된 권리가 등기명의자에게 귀속하는 것으로 추정되고, 또한 그 등기에 의하여 물권변동이 유효하게 성립한 것으로 추정된다.

ㄴ) 어느 부동산에 관하여 등기가 경료되어 있는 경우 특별한 사정이 없는 한 그 원인과 절차에 있어서 적법하게 경료된 것으로 추정된다. 따라서 전 등기명의인이 미성년자이고 당해 부동산을 친권자에게 증여하는 행위가 이해상반행위라 하더라도 일단 친권자에게 이전등기가 경료된

이상 특별한 사정이 없는 한, 그 이전등기에 관하여 필요한 절차를 적법하게 거친 것으로 추정된다(대판 2002. 2. 5. 2001다72029).

② 인적 범위

부동산에 관하여 소유권이전등기가 마쳐져 있는 경우 그 등기명의자는 제3자에 대하여서 뿐만 아니라 그 전 소유자에 대하여서도 적법한 등기원인에 의하여 소유권을 취득한 것으로 추정된다(대판 2000. 3. 10. 99다65462).

③ 관련문제

ㄱ) 등기명의자가 등기원인 행위의 태양이나 과정을 다소 다르게 주장한다고 하여 그 추정력이 깨지는지 여부

부동산에 관하여 소유권 이전등기가 마쳐져 있는 경우 그 등기명의자는 제3자에 대하여서 뿐만 아니라, 그 전 소유자에 대하여서도 적법한 등기원인에 의하여 소유권을 취득한 것으로 추정되고, 한편 부동산 등기는 현재의 진실한 권리상태를 공시하면 그에 따른 과정이나 태양을 그대로 반영하지 아니하였어도 유효한 것으로서, 등기명의자가 전 소유자로부터 부동산을 취득함에 있어 등기부상 기재된 등기원인에 의하지 아니하고 다른 원인으로 적법하게 취득하였다고 하면서 등기원인 행위의 태양이나 과정을 다소 다르게 주장한다고 하여 이러한 주장만 가지고 그 등기의 추정력이 깨진다고 할 수는 없을 것이므로, 이러한 경우에도 이를 다투는 측에서 등기명의자의 소유권 이전등기가 전 등기명의인의 의사에 반하여 이루어진 것으로서 무효라는 주장・입증을 하여야 한다(대판 2000. 3. 10. 99다65462).

ㄴ) 구 부동산소유권 이전등기 등에 관한 특별조치법에 따라 등기를 마친자가 취득원인에 관하여 보증서나 확인서에 기재된 것과 다른 주장을 한다는 사유만으로 등기의 추정력이 깨지는지 여부(소극)

구 부동산소유권 이전등기 등에 관한 특별조치법(1992. 11. 30. 법률 제4502호, 실효)에 따라 등기를 마친자가 보증서나 확인서에 기재된 취득원인이 사실과 다른 취득원인에 따라 권리를 취득하였음을 주장하는 때에는, 특별한 사정이 없는 한 위의 사유만으로 특별조치법에 따라 마쳐진 등기의 추정력이 번복된다고 볼 수는 없으며, 그 밖의 자

료에 의하여 새로이 주장된 취득원인 사실에 관하여도 진실이 아님을 의심할 만큼 증명되어야 그 등기의 추정력이 번복된다(대판 2005. 4. 29. 2005다2189).

ㄷ) 구 부동산소유권 이전등기 등에 관한 특별조치법에 의한 보증인이 권리변동관계를 잘 알지 못한 채 보증서를 작성하여 주었다는 사유만으로 위 특별조치법에 따른 등기의 추정력이 깨지는지 여부

구 부동산소유권 이전등기 등에 관한 특별조치법(1992. 11. 30. 법률 제4502호, 실효)에 의한 보증인이 권리변동관계를 잘 알지 못한 채 등기명의인이 주장하는 권리변동관계를 보증한다는 내용의 보증서를 작성하여 주었다는 사유만으로는 그 등기의 추정력이 전복되지 아니한다(대판 2005, 4. 29. 2005다2189).

(4) 등기청구권

가. 의 의

등기는 원칙적으로 부동산물권변동의 당사자, 즉 등기권리자와 등기의무자의 공동신청에 의해 행해지는 것이기 때문에 등기권리자가 단독으로 등기신청을 할 수는 없고, 등기의무자에 대해 등기신청에 협력할 것을 청구할 수 있다. 이 권리를 '등기청구권'이라 한다. 등기청구권은 사법상의 권리이므로, 당사자가 등기관에 대해 등기사항을 등기부에 기재할 것을 요구하는 공법(등기절차법)상의 권리인 등기신청과 구별된다.

나. 등기인수청구권의 인정여부

본래 등기청구권은 등기권리자가 등기의무자에게 등기신청에 협력할 것을 청구하는 것인데, 반대로 등기의무자가 등기권리자에게 등기이전을 해갈 것을 청구할 수 있는지가 문제된다.

판례는 이를 인정하여 "통상의 채권채무관계에서는 채권자가 수령을 지체하는 경우 채무자는 공탁 등에 의한 방법으로 채무부담에서 벗어날 수 있으나 등기에 관한 채권채무관계에서는 이러한 방법을 사용할 수 없으므로, 등기의무자가 자기 명의로 있어서는 안될 등기가 자기 명의로 있음으로 인하여 사회 생활상 또는 법상 불이익을 받을 우려가 있는 경우에는 소의 방법으로 등기권리자를 상대로 등기를 인수받아 갈 것을 구하고, 그

판결을 받아 등기를 강제로 실현할 수 있도록 한 것이다"(대판 2001. 2. 9. 2000다60708)라고 하였다.

【쟁점사항】

<등기청구권이 소멸시효에 걸리는지 여부>

판례는 등기청구권을 채권적 청구권으로 보고 따라서 원칙적으로 10년의 소멸시효에 걸린다고 본다. 그러나 다음의 경우에는 소멸시효에 걸리지 않는다고 하였다.

ㄱ) 부동산 매수인이 부동산을 인도받아 계속 사용하는 경우

시효제도는 일정기간 계속된 사회질서를 유지하고 시간의 경과로 인하여 곤란해지는 증거보전으로부터 구제를 꾀하여 자기 권리를 행사하지 않고 소위 권리 위에 잠자는 자는 법적 보호에서 이를 제외하기 위하여 규정된 제도라 할 것인 바, 부동산에 관하여 인도, 등기 등의 어느 한 쪽만에 대하여서라도 권리를 행사하는 자는 전체적으로 보아 그 부동산에 관하여 권리 위에 잠자는 자라고 할 수 없다 할 것이므로, 매수인이 목적 부동산을 인도받아 계속 점유하는 경우에는 그 소유권이전등기청구권의 소멸시효가 진행되지 않는다(대판 1976. 11. 6. 76다148).

ㄴ) 부동산 매수인이 부동산을 인도받아 이를 사용·수익하다가 타인에게 그 부동산을 처분하고 점유를 승계하여 준 경우

부동산의 매수인이 그 부동산을 인도받은 이상 이를 사용·수익하다가 그 부동산에 대한 보다 적극적인 권리행사의 일환으로 다른 사람에게 그 부동산을 처분하고 그 점유를 승계하여 준 경우에도 그 이전등기청구권의 행사 여부에 관하여 그가 그 부동산을 스스로 계속 사용·수익만 하고 있는 경우와 특별히 다른 바 없으므로 위 두 어느 경우에나 이전등기청구권의 소멸시효는 진행되지 않는다고 보아야 한다(대판 1999. 3. 18. 98다32175).

<점유취득시효의 경우>

토지에 대한 취득시효 완성으로 인한 소유권이전등기청구권은 그 토지에 대한 점유가 계속되는 한 시효로 소멸하지 아니하고, 그 후 점유를 상실하였다고 하더라도 이를 시효이익의 포기로 볼 수 있는 경우가 아닌 한 이미 취득한 소유권이전등기청구권은 바로 소멸되는 것은 아니나, 취득시효가 완성된 점유자가 점유를 상실한 경우 취득시효 완성으로 인한 소유권이전등기청구권의 소멸시효는 이와 별개의 문제로서, 그 점유자가 점유를 상실한 때로부터 10년간 등기청구권을 행사하지 아니하면 소멸시효가 완성한다(대법원 1996. 3. 8. 선고 95다34866,34873 판결).

[물권변동의 공시원칙]

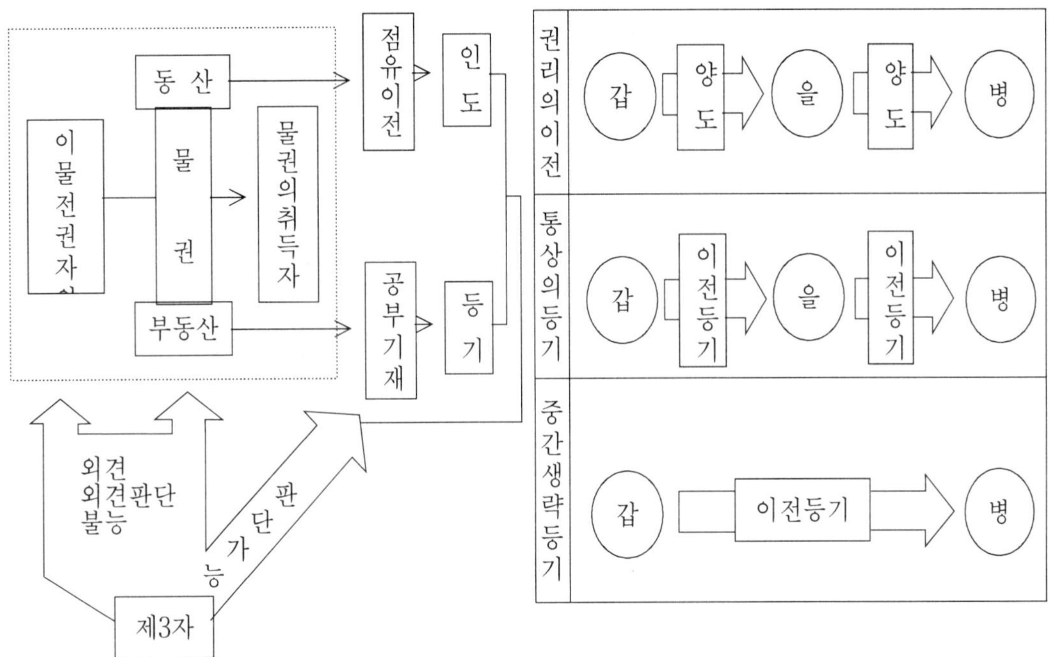

[예고등기]

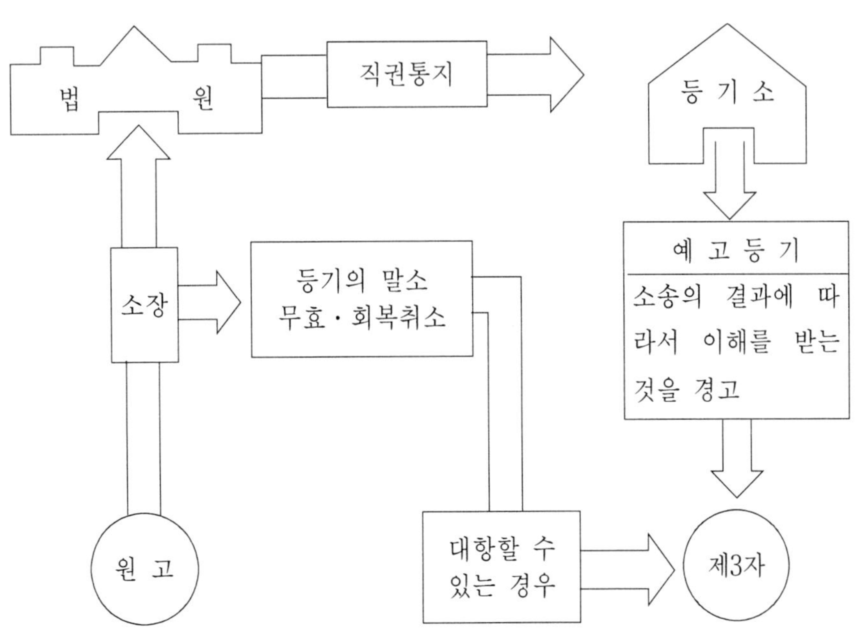

* 예고등기는 등기의 공신력이 인정되지 않는 우리 법제에서 제3자 내지 거래의 안전을 보호하기 위해 채용된 제도이다. 그러나 예고등기가 된 부동산에 대하여 일반인이 거래를 꺼리는 문제가 있으며, 집행을 방해할 목적으로 소송을 제기하여 예고등기가 행해지는 등의 폐해가 지적되어 2011년 부동산등기법 개정시 예고등기 제도를 폐지하였다.

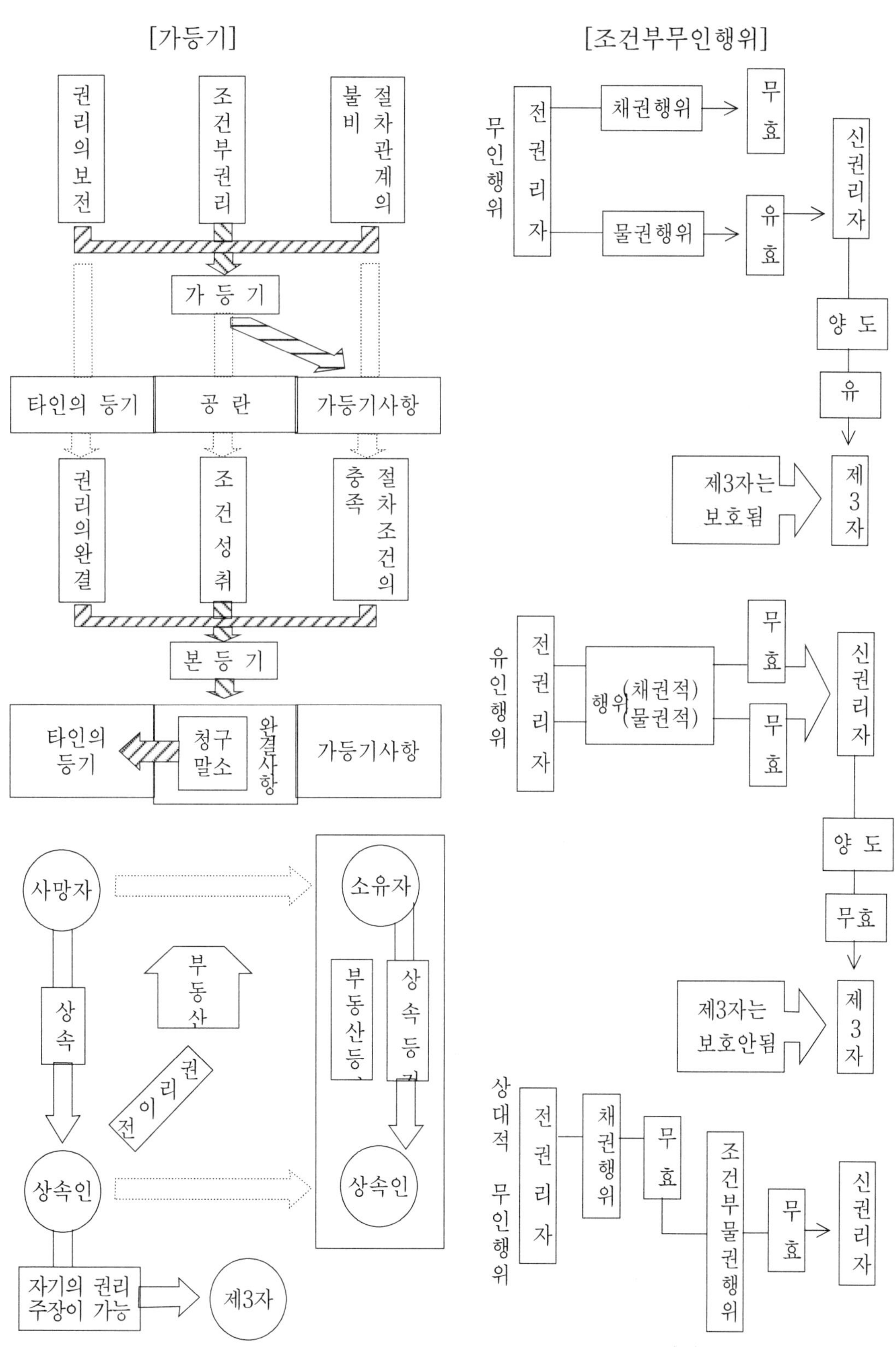
[가등기]
권리의보전
조건부권리
절차관계의 불비
가 등 기
타인의 등기
공 란
가등기사항
권리의완결
조건성취
절차조건의 충족
본 등 기
타인의 등기
청구 말소
완결사항
가등기사항
사망자
소유자
부동산
상속
부동산등기
상속등기
권리이전
상속인
상속인
자기의 권리 주장이 가능
제3자
[조건부무인행위]
무인행위
전권리자
채권행위
무효
물권행위
유효
신권리자
양 도
유
제3자는 보호됨
제3자
유인행위
전권리자
행위(채권적)(물권적)
무효
무효
신권리자
양 도
무효
제3자는 보호안됨
제3자
상대적 무인행위
전권리자
채권행위
무효
조건부물권행위
무효
신권리자

[등기청구권 · 등기권리자 · 등기의무자]

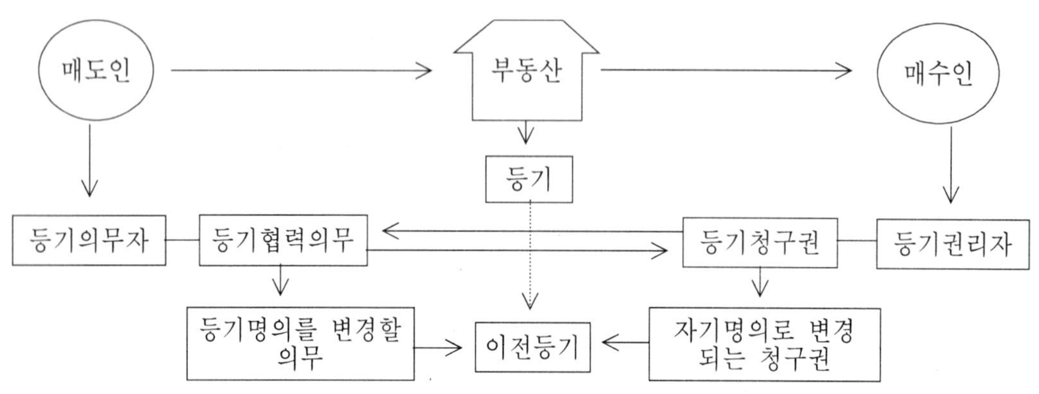

[지방법원장 · 등기공무원 · 법무사]

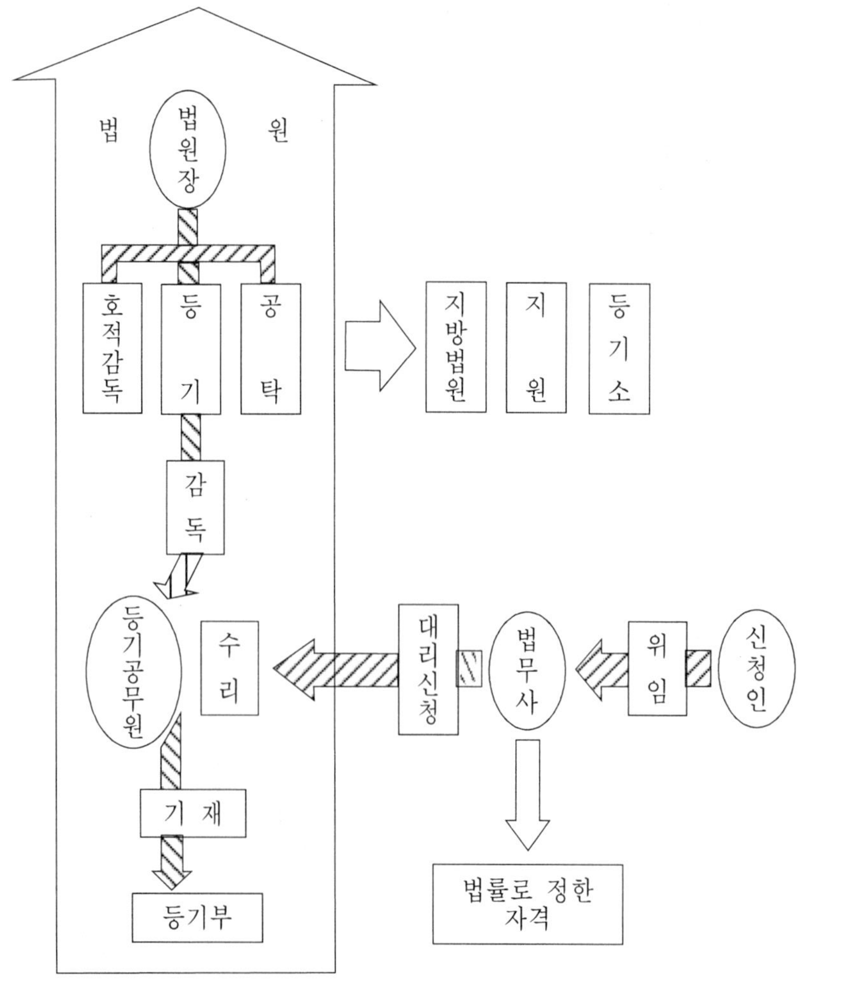

<참고사항>

※ 공시의 원칙과 공신의 원칙

1. 공시의 원칙

(1) 의 의

물권의 변동이나 내용을 외부에 표시해야 한다는 원칙을 의미한다. 성립요건주의와 대항요건주의가 있다. 거래안전의 사전 예방적 보호를 그 취지로 한다.

(2) 현행법상 공시제도

① 부동산물권의 공시방법 : 등기

② 동산물권의 공시방법 : 점유 내지는 인도(단, 선박, 자동차, 항공기, 일정한 건설기계 등은 성질은 동산이지만 법률상 동산으로 취급되어 등기 또는 등록으로 공시한다.)

③ 수목의 집단, 미분리과실 등에 관한 관습법상 인정되는 공시방법 : 명인방법

④ 채권양도의 통지, 승낙

⑤ 증권의 배서, 교부

2. 공신의 원칙

(1) 의 의

공시를 신뢰한 자가 있는 경우에 그 공시가 실체관계에 합치하지 않더라도 마치 공시된 대로 권리가 존재하는 것으로 의제하여 그 자의 신뢰를 보호해 주는 외관보호제도, 동적 거래안전 보호제도이다. 이는 무권리자의 처분행위를 신뢰한 경우 예외적으로 보호해 주겠다는 것으로서 진정한 권리자의 희생이 뒤따르기 때문에 정적 안전과 충돌되는 측면이 있다.

(2) 현행법상의 공신의 원칙

① 동산선의취득제도(제249조), 유가증권의 선의취득(선의, 무중과실)

② 채권의 준점유자 변제(제470조. 선의, 무과실), 영수증 소지가 변제(제471조. 선의, 무과실), 지시채권 소지인에 대한 변제(제518조. 선의, 무중과실)

③ 표현대리제도

④ 표시주의 원칙

3. 우리민법의 태도

동산, 부동산 전부 공시의 원칙을 지켜야 하나 공신의 원칙은 동산만 인정(선의취득)하고 있다.

※ 등기부와 대장의 관계

1. 등기부 : 권리의 기재, 신청주의, 부동산등기법이 근거법령

부동산의 권리관계와 사실관계를 공시하는 공적 장부로 토지등기부와 건물등기부 2종이 있다.

2. 대장 : 사실의 기재, 직권주의, 지적법이 근거법령

국가가 과세 등을 위해 부동산의 물리적 현황을 파악한 공적 장부로 토지대장과 임야대장이 있고(지적법), 건물에 관한 것으로서 건축물대장(건축법)이 있다.

3. 양자의 불일치의 시정

① 상호 의존관계에 있다. 우리 법은 대장과 등기부를 이원화 하고 있다.

② 권리관계(갑구, 을구의 기재사항)가 불일치하면 등기부가 기준이 되고 대장을 수정한다.(부등법 56조 2항). 따라서 직권으로 수정한다.

③ 부동산의 상황 내지 동일성 등 사실이 불일치하면 대장이 기준이 되고 등기부를 수정한다(부등법 56조 1항). 따라서 신청을 해야 수정이 된다.

※ 이중보존등기의 문제

1. 학 설

(1) 절차법설

보존등기의 선후가 기준이라는 견해로서 뒤에 된 것은 절차상 위법하여 무조건 무효라는 견해이다. 중복 등기를 무효로 하지 않는다면 선행등기를 믿고 거래한 선의의 제3자에게 불측의 손해를 가할 우려가 있다는 것이다.

(2) 실체법설

실체관계를 따져서 실체관계에 부합하는 것이 유효하다는 견해이다. 등기의 본질적 기능은 부동산에 대한 실제적 권리관계를 공시하는 데에 있고 등기의 형식적 절차요건은 이러한 등기의 기능을 뒷받침하기 위한 데에 불과한 것이므로 실체관계에 부합하는 등기를 유효한 등기로 보자는 것이다.

(3) 절충설(이상태, 김상용)

절차법설을 기본으로 하되, 먼저 행하여진 보존등기가 실체적 유효요건을 흠결하였고 나중에 행하여진 보존등기가 실체적 유효요건을 갖춘 경우 뒤의 보존등기가 유효라는 견해이다.

2. 판 례

(1) 표제부의 표시란의 이중보존등기

실체법설에 따라 등기의 선후와 무관하게 부동산의 실제 상황과 부합하는 것이 유효(대판 1978. 6. 27. 77다405)

(2) 사항란의 이중보존등기

① 등기명의인이 동일한 경우 : 절차법설

동일 부동산에 관하여 등기용지를 달리하여 동일인 명의로 소유권보존등기가 중복되어 등재되어 있는 경우에는 1물1용지주의를 채택하고 있는 부동산등기법상 시간적으로 뒤에 경료된 중복등기는 그것이 실체권리 관계에 부합되는 여부를 가릴 것 없이 무효이다(대법원 1979.1.16. 선고 78다1648 판결).

② 등기명의인이 다른 경우 : 실체법설에서 절차법설에 가까운 절충설로 판례 변경.

먼저 이루어진 소유권보존등기가 원인무효가 되지 않는 한 뒤에 된 소유권보존등기는 비록 그 부동산의 매수인에 의해서 이루어진 경우라 하더라도 무효이다(대판 1990. 11. 27. 87다카2961 전합).

(3) 멸실회복등기의 중복(전원합의체)

[다수의견]

동일 부동산에 관하여 등기명의인을 달리하여 중복된 소유권보존등기가 경료된 경우에는 먼저 된 소유권보존등기가 원인무효가 되지 아니하는 한 나중에 된 소유권보존등기는 1부동산1용지주의를 채택하고 있는 현행 부동산등기법 아래에서는 무효라고 해석함이 상당하고, 동일 부동산에 관하여 중복된 소유권보존등기에 터잡아 등기명의인을 달리하는 각 소유권이전등기가 경료된 경우에 등기의 효력은 소유권이전등기의 선후에 의하여 판단할 것이 아니고 각 소유권이전등기의 바탕이 된 소유권보존등기의 선후를 기준으로 판단하여야 하며, 그 이전등기가 멸실회복으로 인한 이전등기라 하여 달리 볼 것은 아니고, 한편 동일 부동산에 관하여 하나의 소유권보존등기가 경료된 후 이를 바탕으로 순차로 소유권이전등기가 경료되었다가 그 등기부가 멸실된 후 등기명의인을 달리하는 소유권이전등기의 각 회복등기가 중복하여 이루어진 경우에는 중복등기의 문제는 생겨나지 않고 멸실 전 먼저 된 소유권이전등기가 잘못 회복등재된 것이므로 그 회복등기 때문에 나중 된 소유권이전등기의 회복등기가 무효로 되지 아니하는 것이지만, 동일 부동산에 관하여 등기명의인을 달리하여 멸실회복에 의한 각 소유권이전등기가 중복등재되고 각 그 바탕이 된 소유권보존등기가 동일등기인지 중복등기인지, 중복등기라면 각 소유권보존등기가 언제 이루어졌는지가 불명인 경우에는 위 법리로는 중복등기의 해소가 불가능하므로 이러한 경우에는 적법하게 경료된 것으로 추정되는 각 회복등기 상호간에는 각 회복등기일자의 선후를 기준으로 우열을 가려야 한다.

[별개의견]

1부동산1용지주의는 소유권보존등기에 의하여 등기부가 개설되는 경우에만 적용될 것이 아니고, 멸실회복등기에 의하여 등기부가 개설되는 경우에도 동일하게 요청되는 원리이므로, 일단 하나의 부동산에 관하여 멸실회복등기가 경료되어 등기부가 개설된 후에는 새로운 멸실회복등기신청이 비록 진정한 소유자에 의하여 이루어진 것이라 하더라도 마찬가지로 부동산등기법 제55조 제2호에 의하여 각하되어야 하며, 잘못하여 중복된 멸실회복등기가 경료됨으로써 복수의 등기부가 개설된 경우에 있어서도 등기명의인을 달리하여 중복된 소유권보존등기가 경료된 경우와 마찬가지로 먼저 된 멸실회복등기가 다른 사유로 원인무효가 되지 않는 한 원래 각하되었어야 할 나중 된 멸실회복등기를 무효로 하는 것으로 해석하여야 할 것으로서, 다수의견이 동일 부동산에 관하여 등기명의인을 달리하는 멸실회복된 각 소유권이전등기의 바탕이 된 각 소유권보존등기가 동일등기인지 중복등기인지, 중복등기라면 각 소유권보존등기가 언제 이루어졌는지가 밝혀지지 아니한 경우에 한정하여 멸실 후 회복된 소유권이전등기의 회복등기일자를 기준으로 하여 회복등기의 우열을 가려야 한다고 한 점에는 찬성할 수 없다(대법원 2001. 2. 15. 선고 99다66915 전원합의체 판결).

(4) 무효인 중복등기에 기하여는 등기부취득시효가 불가능

민법 제245조 제2항은 부동산의 소유자로 등기한 자가 10년간 소유의

의사로 평온·공연하게 선의이며 과실 없이 그 부동산을 점유한 때에는 소유권을 취득한다고 규정하고 있는바, 위 법 조항의 '등기'는 부동산등기법 제15조가 규정한 1부동산 1용지주의에 위배되지 아니한 등기를 말하므로, 어느 부동산에 관하여 등기명의인을 달리하여 소유권보존등기가 2중으로 경료된 경우 먼저 이루어진 소유권보존등기가 원인무효가 아니어서 뒤에 된 소유권보존등기가 무효로 되는 때에는, 뒤에 된 소유권보존등기나 이에 터잡은 소유권이전등기를 근거로 하여서는 등기부취득시효의 완성을 주장할 수 없다(대법원 1996. 10. 17. 선고 96다12511 전원합의체 판결).

※ 중간생략등기의 문제

이미 경료된 중간생략등기의 유효성과 중간생략등기의 직접청구권 인정여부를 판례가 구별하여 판단하고 있으므로 이를 나누어서 살펴본다.

1. 이미 경료된 중간생략 등기의 유효성

(1) 학설

① 무조건 유효설 : 처분권부여설(무권리자의 처분이라도 권리자의 동의를 얻어서 한 때에는 유효하다는 독일민법규정을 원용하는 견해), 물권적 기대권론(물권적 기대권의 양도라고 이론을 구성하는 견해)

② 제한적 유효설 : 합의조건부 유효설, 채권양도설

③ 무효설 : 물권행위와 등기가 일치하지 아니하므로 무효라는 견해

(2) 판례

최종 양수인이 중간생략등기의 합의를 이유로 최초 양도인에게 직접 중간생략등기를 청구하기 위하여는 관계 당사자 전원의 의사합치가 필요하지만, 당사자 사이에 적법한 원인행위가 성립되어 일단 중간생략등기가 이루어진 이상 중간생략등기에 관한 합의가 없었다는 이유만으로는 중간생략등기가 무효라고 할 수는 없다(대법원 2005. 9. 29. 선고 2003다40651 판결).

2. 중간생략등기청구권 인정여부(직접청구권)

(1) 학 설

학설은 이미 경료된 중간생략등기의 유효성에 관한 문제와 중간생략등기청구권의 문제를 일반적으로는 구별하지 않는다. 따라서

① 무효설의 경우는 중간생략등기청구권을 부정
② 무조건 유효설의 경우 중간자의 동의 불문하고 등기청구권을 인정
③ 제한적 유효설 중 합의조건부 유효설은 합의가 있어야 등기청구권을 인정하고, 채권양도설은 통지, 승낙 등이 있는 경우 등기청구권을 인정

(2) 판 례

부동산의 양도계약이 순차 이루어져 최종 양수인이 중간생략등기의 합의를 이유로 최초 양도인에게 직접 그 소유권이전등기청구권을 행사하기 위하여는 관계당사자 전원의 의사합치, 즉 중간생략등기에 대한 최초 양도인과 중간자의 동의가 있는 외에 최초의 양도인과 최종의 양수인 사이에도 그 중간등기생략의 합의가 있었음이 요구된다(대법원 1994.5.24. 선고 93다47738 판결).

3. 소유권이전등기청구권의 양도에 의한 중간생략등기

부동산의 매매로 인한 소유권이전등기청구권은 물권의 이전을 목적으로 하는 매매의 효과로서 매도인이 부담하는 재산권이전의무의 한 내용을 이루는 것이고, 매도인이 물권행위의 성립요건을 갖추도록 의무를 부담하는 경우에 발생하는 채권적 청구권으로 그 이행과정에 신뢰관계가 따르므로, 소유권이전등기청구권을 매수인으로부터 양도받은 양수인은 매도인이 그 양도에 대하여 동의하지 않고 있다면 매도인에 대하여 채권양도를 원인으로 하여 소유권이전등기절차의 이행을 청구할 수 없고, 따라서 매매로 인한 소유권이전등기청구권은 특별한 사정이 없는 이상 그 권리의 성질상 양도가 제한되고 그 양도에 채무자의 승낙이나 동의를 요한다고 할 것이므로 통상의 채권양도와 달리 양도인의 채무자에 대한 통지만으로는 채무자에 대한 대항력이 생기지 않으며 반드시 채무자의 동의나 승낙을 받아야 대항력이 생긴다(대법원 2005. 3. 10. 선고 2004다67653,67660 판결).

※ 실체관계에 부합하는 등기

1. 의 의

등기가 유효하려면 실질적으로는 물권적 합의에 부합하여야 하고, 형식적으로는 부동산등기법이 정하는 절차상의 요건을 갖추어 적법하게 경료되어야 하나, 이 요건에 하자가 있는 경우에도 그것이 실체적 권리관계에 부합하는

경우에는 유효한 것으로 인정되어야 한다는 것이 소위 '실체관계에 부합하는 등기이론'이다.

2. 인정하는 이유

부동산 등기는 현재의 권리관계를 정확히 공시하면 충분하다는 것과 등기경제, 거래안전보호 등을 이유로 이를 인정한다.

3. 효 과

등기는 유효, 즉 물권변동이 일어나기 위해서는 등기가 하자가 없어야 하는데 실체관계에 부합하는 등기이론은 이러한 등기의 하자를 치유시켜주는 것이다.

▣ 핵심판례 ▣

■ [부동산물권변동의 효력]

1. 법인이나 법인격 없는 사단 명의로 경료된 구 농지개혁사업 정리에 관한 특별조치법에 기한 소유권이전등기가 실체법상 권리관계에 부합하는 등기라고 추정되는지 여부(소극)

구 농지개혁사업 정리에 관한 특별조치법(1995. 12. 22. 법률 제4817호 농지법 부칙 제2조 제2호로 폐지) 제9조 제2항에 의하면 분배농지의 권리를 양수 또는 전매할 수 있는 자는 구 농지개혁법(1994. 12. 22. 법률 제4817조 농지법 부칙 제2조 제1호로 폐지) 제3조의 규정에 의한 농가이어야 하고 동법에서 말하는 농가는 자연인에 한하는 것으로 해석되므로, 법인이나 법인격 없는 사단으로서는 구 농지개혁사업 정리에 관한 특별조치법 소정의 절차에 따른 소유권이전등기를 경료할 수 없었던 것이 명백하다. 따라서 농가가 아닌 법인이나 법인격 없는 사단의 명의로 경료된 특별조치법에 기한 소유권이전등기는 적법한 절차에 의하여 마쳐진 것이라고 볼 수 없으므로 실체법상 권리관계에 부합하는 등기라는 추정력은 깨지는 것으로 보아야 할 것이다(대판 2007. 5. 10, 2007다3612).

2. 구 부동산소유권 이전등기 등에 관한 특별조치법에 의하여 경료된 등기의 추정력

구 부동산소유권 이전등기에 관한 특별조치법(1977. 12. 31. 법률 제3094호, 실효)에 따라 마쳐진 등기는 실체적 권리관계에 부합하는 등기로 추정되고, 위 특별조치법 소정의 보증서나 확인서가 허위 또는 위조된 것이라거나 그 밖의 사유로 적법하게 등기된 것이 아니라는 입증이 없는 한 그 소유권 보존등기나 이전등기의 추정력은 번복되지 않는다(대판 2002. 3. 15, 2001다77352 등).

3. 경정등기의 신청에 있어서 '등기상 이해관계 있는 제3자'의 의미 및 판단 기준

경정등기의 신청에 있어서 등기상 이해관계가 있는 제3자가 있을 경우에는 신청서에 그 승낙서 또는 그에 대항할 수 있는 재판의 등본을 반드시 첨부하여야 하는 바, 이 때 등기상 이해관계 있는 제3자라 함은 기존등기에 존재하는 착오 또는 오류를 바로잡는 경정등기를 허용함으로써 손해를 입게 될 위험성이 있는 등기상의 권리자를 의미하고, 그와 같은 손해를 입게 될 위험성은 등기의 형식에 의하여 판단하고 실질적으로 손해를 입을 염려가 있는지 여부는 고려의 대상이 되지 아니한다(대판 1998. 4. 9, 98마40).

4. 부동산등기법 제29조에 따라 등기의무자가 등기권리자를 상대로 등기를 인수받아 갈 것을 구할 수 있는지 여부(적극)

부동산등기법은 등기는 등기권리자와 등기의무자가 공동으로 신청하여야 함을 원칙으로 하면서도<제28조>, 제29조에서 '판결에 의한 등기는 승소한 등기권리자 또는 등기의무자만으로' 신청할 수 있도록 규정하고 있는 바, 위 법조에서 승소한 등기권리자 외에 등기의무자도 단독으로 등기를 신청할 수 있게 한 것은, 통상의 채권채무 관계에서는 채권자가 수령을 지체하는 경우 채무자는 공탁 등에 의한 방법으로 채무부담에서 벗어 날 수 있으나 등기에 관한 채권채무 관계에 있어서는 이러한 방법을 사용할 수 없으므로, 등기의무자가 자기 명의로 있어서는 안될 등기가 자기명의로 있음으로 인하여 사회생활상 또는 법상 불이익을 입을 우려가 있는 경우에는 소의 방법으로 등기권리자를 상대로 등기를 인수받아 갈 것을 구하고 그 판결을 받아 등기를 강제로 실현할 수 있도록 한 것이다(대판 199. 3. 18, 98다32175).

5. 1개의 등기용지에 등재된 수개의 건물 중 일부가 중복등기인 경우, 그 등기의 효력

1개의 등기용지에 등재된 수개의 건물 중 일부가 중복등기에 해당되어 무효인 경우, 그 등기부중 해당건물 부분만 무효라고 판단하는 것이 1부동산1용지주의에 위배된다고 볼 수 없다(1996. 1. 23. 판결, 95다42379 소유권보존등기말소).

6. 구토지대장상 소유자란의 '갑 사정, 1963. 8. 5. 신고의거 을'이라는 기재만으로 그 토지가을 소유라는 사실 또는 을이 갑으로부터 매수하였다는 사실을 인정하기에 부족하다고 한 사례

구토지대장상 소유자란의 '갑 사정, 1963. 8. 5. 신고의거 을'이라는 기재만으로 그 토지가을 소유라는 사실 또는 을이 갑으로부터 매수하였다는 사실을 인정하기에 부족하다(1991. 3. 22. 제3부 판결, 90다13482 소유권확인).

7. 미등기임야에 관하여 임야조사부에 사정명의인 갑, 적요란에 "종중재산"이라고 기재되어 있고, 6·25사변 이후 지적공부를 복구함에 있어 지적공

부 복구공시조서에 소유자가 종중이라고 지재하였고 그에 따라 구토지대장 소유자란에 사정명의인 갑, 다음 행에 종중재산이라고 기재되었다면 위 임야에 대한 명의신탁계약은 적어도 지적복구 전에 해지되었다고 한 사례

미등기임야에 관하여 임야조사부에 사정명의인 갑, 적요란에 "종중재산"이라고 기재되어 있고, 6·25사변 이후 지적공부를 복구함에 있어 지적공부 복구공시조서에 소유자가 종중이라고 지재하였고 그에 따라 구토지대장 소유자란에 사정명의인 갑, 다음 행에 종중재산이라고 기재되었다면 위 임야에 대한 명의신탁계약은 적어도 지적복구 전에 해지되었다고 본다(1991. 12. 13. 제3부 판결, 90다14676 소유권이전등기말소).

8. 타인을 통하여 부동산을 매수하면서 매수인 명의를 타인으로 한 경우의 매매당사자(=타인) 및 매도인이 신탁관계의 종료를 이유로 타인에 대하여 소유권이전등기를 거부할 수 있는지 여부

타인을 통하여 부동산을 매수함에 있어 매수인 명의를 그 타인 명의로 하기로 하였다면 이와 같은 매수인 명의의 신탁관계는 그들 사이의 내부적인 관계에 불과한 것이고 대외적으로는 그 타인의 매매당사자라고 할 것이므로 달리 특별한 사정이 없는 한 그 사람은 타인과의 내부적인 신탁관계의 종료를 이유로 매도인에 대하여 직접 소유권이전등기를 청구할 수 없고 매도인도 그와 같은 이유를 들어 그 타인에 대한 등기의 이전을 거부할 수 없다(1993. 4. 23. 제3부 판결, 92다909 소유권이전등기).

9. 조선임야조사령(폐지)에 의한 임야조사서의 소유자란에 "국"으로 기재되었으나 연고자의 기재가 있는 경우 국가 소유로 사정된 것으로 추정함의 당부(소극)

임야조사서의 소유자란에 "국"으로 기재되고 연고자란에 연고자의 이름이 기재되어 있는 때에는 그 후 위 임야조사서에 기하여 임야의 소유자와 경계를 사정하는 과정에서 국유로 사정되었다고 추정하기는 어려울 것이고, 오히려 연고자로 기재된 자가 삼림법 제19조의 신고를 하지 아니하여 국유로 된 것이라면 연고자의 소유로 사정되었을 가능성이 더 크다고 보아야 할 것이다(1993. 4. 23. 제3부 판결, 92다43548 소유권보존등기말소등).

10. 가. 동일 부동산에 대한 명의수탁자가 수인인 경우 수탁자 상호간이 지분이전으로 인하여 명의신탁관계가 소멸되는지 여부(소극)

동일 부동산에 대한 명의수탁자가 수인인 경우 대외적으로는 수탁자 상호간에 관계를 공유관계로 보아야 할 것이나, 내부관계인 신탁자와 수탁자 전원의 상호관계에서는 수탁자는 소유권 또는 지분권이 자기에게 있음을 주장할 수 없고, 수인의 수탁자는 신탁자를 위하여 등기명의를 보유하는 의사나 지위를 가진다고 볼 것이므로 수탁자 상호간의 지분이전으로 인하여 신탁자에 대한 명의신탁관계가 소멸된다고 할 수 없다.

나. 수인이 하나의 명의신탁계약에 의하여 공유등기를 한 후 공동명의수탁자들 사이에 지분이전이 이루어진 경우 새로 이전된 대로의 지분에 따른 신탁관계가 존속하는지 여부(적극)

수인이 하나의 명의신탁계약에 의하여 부동산의 소유 명의만을 수탁받으면서 공유등기를 한 경우 공동명의수탁자들이 그 지분을 이전하는 것은 특별한 사정이 없는 한 수탁자들이 대외적인 소유형태를 변경하는 것일 뿐 명의신탁관계를 해소시키는 처분행위가 아니므로 지분이전이 신탁자의 의사에 반하여 이루어진 것이라 하더라도 신탁자가 신탁관계를 종료시키는 등의 특별한 사정이 없는 한 종전의 명의수탁자의 지위가 승계되어 새로 이전된 대로의 지분에 따른 신탁관계는 여전히 존속한다(1993. 4. 27. 제1부 판결, 92다47823 토지소유권이전등기).

11. 가. 소유권이전등기의 추정력은 전소유자에 대하여도 미치는지 여부(적극)

부동산에 관하여 소유권이전등기가 마쳐져 있는 경우에는 등기명의자는 제3자에 대하여서 뿐 아니라 전소유자에 대하여서도 적법한 등기원인에 의하여 소유권을 취득한 것으로 추정되는 것이므로 이를 다투는 측에서 무효사유를 주장, 입증하여야 한다.

나. 부동산등기명의자가 등기원인행위의 태양이나 과정을 다소 다르게 주장한다 하여 추정력이 깨어지는지 여부(소극)

부동산등기는 현재의 진실한 권리상태를 공시하면 그에 이른 과정이나 태양을 그대로 반영하지 아니하여도 유효한 것이므로 소유권이전등기가 전 소유자의 의사에 반하여 이루어진 것이 아니라면 명의자가 등기원인행위의 태양이나 과정을 다소 다르게 주장한다고 하여 이러한 주장만 가지고 그 등기의 추정력이 깨어진다고 할 수 없다(1993. 5. 11. 제1부 판결, 92다46059 소유권이전등기말소).

12. 가. 명의신탁자가 명의신탁해지 없이 수탁자의 원인무효로 인한 소유권이전등기말소청구권을 대위행사할 수 있는지 여부(적극)

명의신탁자는 수탁자에 대하여 신탁계약상의 채권이 있으므로 명의신탁의 해지 없어도 그 채권을 보전하기 위하여 수탁자가 가지고 있는 원인무효로 인한 소유권이전등기말소절차이행청구권을 대위행사할 수 있다.

나. 부동산소유권이전등기 등에 관한 특별조치법에 의하여 경료된 등기의 추정력이 번복되는 경우 및 보증서 등의 허위성의 입증정도

부동산소유권이전등기 등에 관한 특별조치법에 의하여 경료된 소유권이전등기는 같은 법 소정의 적법한 절차에 의한 것으로 실체관계에 부합하는 등기로 추정되므로 그 등기의 말소를 소구하는 자에게 추정번복의 주장입증 책임이 있지만, 상대방이 등기의 기초가 된 보증서나 확인서의 실체적 기재내용이 허위임을 자인하거나 실체적 기재내용이 진실이 아님을 의심할 만큼 증명이 된 때에는 그 추정력이 번복된 것으로 보아야 하고 보증서 등의 허위성의 입증정도가 법관이 확신할 정도가 되어야만 하는 것은 아니다(1993. 5. 11. 제1부 판결, 92다52870 토지소유권이전등기말소).

13. 농지분배에 의한 상환완료를 원인으로 한 소유권이전등기의 추정력

어떤 토지에 관하여 상환완료를 원인으로 한 소유권이전등기가 경료되어 있다면 그에 대한 농지분배절차는 일응 적법하게 된 것으로 추정되고 수분배자가 농지분배 당시를 전후하여 그 토지를 점유경작한 것으로 추정된다(1993. 5. 14. 제3부 판결, 92다45773 토지소유권이전등기말소).

14. 명의신탁자인 종중이 사정명의인인 수탁자에게 실질적인 소유권을 주장할 수 있는지 여부(소극)

임야의 사정명의를 수탁받은 자는 대외적으로 토지사정의 법리상 사정으로 인하여 임야의 소유권을 취득한다 하더라도 대내적으로는 명의신탁자에 대한 명의수탁자로서의 지위에 있다 할 것이므로 신탁자는 사정명의인인 수탁자에게 그 임야에 대한 실질적인 소유권을 주장할 수 있다(1993. 5. 25. 제2부 판결, 92다47694 소유권보존등기말소).

15. 민유임야이용구분조사서의 권리추정력 유무(소극)

민유임야이용조사서는 도가 민유임야의 이용실태를 조사하여 민유림조성사업의 자료로 사용하고자 하는 행정목적으로 작성된 문서일 뿐 소유권변동을 나타내는 대장은 아니므로 그 기재사실에 권리변동의 추정력을 인정할 수 없다(1993. 5. 25. 제1부 판결, 93다2322 부동산소유권확인).

16. 조선임야조사령에 의한 임야조사서에 국 소유로서 연고자인 갑에게 대부중인 것으로 기재되어 있고 경기도보에 갑에게 조림목적으로 대부된 것으로 기재되어 있는 임야에 대한 등기부가 멸실된 후 을 명의로 새로 경료된 소유권보존등기의 추정력 유무(소극)

조선임야조사령에 의한 임야조사서에 국 소유로서 연고자인 갑에게 대부중인 것으로 기재되어 있고 경기보도에도 갑에게 조림목적으로 대부된 것으로 기재되어 있는 임야는 조림사업을 마친 후 갑이 양여받아 등기까지 마친 것으로 추인할 수 있으므로 그에 대하여 등기부가 멸실된 후 갑 아닌 을 명의로 경료된 소유권 보존등기는 추정력이 없다(1993. 6. 8. 제2부 판결, 92다17884 소유권보존등기말소등).

17. 가. 상호명의신탁에 대하여 1필지 전체에 관하여 공유지분등기가 경료된 경우 그 공유지분이전등기가 경료되면 1필지 전부에 대한 권리가 유효하게 이전되는지 여부(적극)

상호명의신탁에 의한 수탁자의 등기로서 1필지 전체에 관하여 공유지분등기를 경료한 경우 외부관계에 있어서는 1필지 전체에 관하여 적법하게 공유관계가 성립되어 그 공유지분이전등기는 1필지 전부에 유효하게 이전될 수 있다.

나. 명의신탁된 부동산이 제3자에게 처분된 경우 취득자는 신탁재산에 대한 소유권을 적법히 취득하고 명의신탁관계는 소멸하는지 여부(한정적극)

부동산을 명의신탁한 경우에는 소유권이 대외적으로는 수탁자에게 귀속하는 것이므로 수탁자가 수탁부동산을 제3자에게 처분하였을 때에는 그 처분행위가 무효 또는 취소되는 등의 사유가 없는 한 제3취득자는 신탁재산에 대한 소유권을 적법히 취득하고 명의신탁관계는 소멸된다(1993. 6. 8. 제2부 판결, 92다19634 공유물분할).

18. 소송물의 동일성 여부 등

가. 소유권이전등기 말소청구소송의 소송물과 말소등기에 갈음한 진정명의회복을 원인으로 한 소유권 이전등기청구소송의 소송물이 동일한지 여부(적극)

진정한 등기명의의 회복을 위한 소유권 이전등기청구는 이미 자기 앞으로 소유권을 표상하는 등기가 되어 있었거나 법률에 의하여 소유권을 취득한 자가 진정한 등기명의를 회복하기 위한 방법으로 현재의 등기명의인을 상대로 그 등기의 말소를 구하는 것에 갈음하여 허용되는 것인데, 말소등기에 갈음하여 허용되는 진정명의회복을 원인으로 한 소유권 이전등기청구권과 무효등기의 말소청구권은 어느 것이나 진정한 소유자의 등기명의를 회복하기 위한 것으로서 실질적으로 그 목적이 동일하고 두 청구권 모두 소유권에 기한 방해배제청구권으로서 그 법적 근거와 성질이 동일하므로 그 소송물은 실질상 동일한 것으로 보아야 한다.

나. 소유권 이전등기 말소청구소송의 확정판결의 기판력은 후소인 진정한 등기명의의 회복을 위한 소유권 이전등기청구소송 및 위 확정된 전소의 말소등기청구권의 존재 여부를 선결문제로 하는 근저당권 설정등기 등의 말소등기청구소송에 미친다고 한 사례

소유권 이전등기 말소소송의 승소 확정판결에 기하여 소유권 이전등기가 말

소된 후 순차 제3자 명의로 소유권 이전등기 및 근저당권 설정등기 등이 마쳐졌는데 위 말소된 등기의 명의자가 현재의 등기명의인을 상대로 진정한 등기명의의 회복을 위한 소유권 이전등기청구와 근저당권자 등을 상대로 그 근저당권 설정등기 등의 말소등기청구 등을 하는 경우 현재의 등기명의인 및 근저당권자 등은 모두 위 확정된 전 소송의 사실상 변론종결 후의 승계인으로서 위 확정판결의 기판력은 그와 실질적으로 동일한 소송물인 진정한 등기명의의 회복을 위한 소유권 이전등기청구 및 위 확정된 전소의 말소등기청구권의 존재 여부를 선결문제로 하는 근저당권 설정등기 등의 말소등기청구에 모두 미친다(대판 2003. 3. 28. 2000다24856).

19. 가. 택지개발계획을 승인함에 있어 이해관계자의 의견을 듣지 아니하거나 토지소유자에 대한 통지를 하지 아니한 하자가 있다는 이유로 수용재결의 취소를 구할 수 있는지 여부(소극)

건설부장관이 택지개발계획을 승인함에 있어서 토지수용법 제15조에 의한 이해관계자의 의견을 듣지 아니하였거나, 같은 법 제16조 제1항 소정의 토지소유자에 대한 통지를 하지 아니한 하자는 중대하고 명백한 것이 아니므로 사업인정 자체가 당연무효라고 할 수 없고, 이러한, 하자는 수용재결의 선행처분인 사업인정단계에서 다투어야 할 것이므로 쟁송기간이 도과한 이후에 위와 같은 하자를 이유로 수용재결의 취소를 구할 수 없다.

나. 명의신탁된 토지의 수용에 따른 손실보상청구권자

부동산을 명의신탁한 경우 대외적으로는 수탁자가 소유자이므로 명의신탁된 토지의 수용에 따른 손실보상청구권은 등기부상 소유명의자인 명의수탁자에게 귀속된다.

다. 소송촉진 등에 관한 특별법 제3조가 행정소송사건에도 적용되는지 여부(적극)

법정이율에 관한 특례조항인 소송촉진 등에 관한 특별법 제3조에 동 조항이 민사소송사건에만 적용된다고 규정되어 있지 않으므로 동 조항은 민사소송사건뿐만 아니라 공법상의 법률관계에 관한 행정소송사건에도 적용된다.

라. 수용대상토지에 대하여 구 국토이용관리법 제29조 제3항(1989. 4. 1. 법률 제4120호로 삭제), 같은 법시행령 제48조 제1항(1989. 8. 18. 대통령령 제12751호로 삭제) 소정의 5개 지목 이외의 지목으로 추가 구분하여 표준지가 선정, 고시되어 있는 경우 그와 다른 지목의 토지를 표준지로 선정할 수 있는지 여부(소극)

기준지가 고시된 지역 내에 있는 토지로서 지목이 전, 답, 대지, 임야, 잡종지 등 5개 지목이 아닌 기타 지목의 토지를 수용하는 경우 그 지목에 해당하는 일단의 토지의 면적이 표준지 선정대상지역 면적의 1/10 이상이 되는 관계로 별도의 지목으로 추가구분하여 표준지가 선정, 고시되어 있는 때에는 그 수용대상토지에 대하여는 추가구분되어 선정, 고시된 동일 지목의 표준지의 기준지가를 기준으로 하여 보상금을 산정하여야 하고, 그 토지의 표준지가 선정, 고시되어 있음에도 불구하고 다른 지목의 표준지로 선정하는 것은 표준지 선정목적에 위배되어 허용되지 아니한다(1993. 6. 29. 제1부 판결, 91누2342 토지수용재결처분취소등).

20. 명의신탁의 방법에 의한 농지분배의 효력

타인의 명의를 빌려서 농지분배를 받게 하는 이른바 명의신탁의 방법은 무효라 할 것이므로 갑과 을 사이에 실질적으로는 갑이 농지분배를 받으면서도 명의상으로는 을이 농지분배받기로 약정하였다고 하더라도 토지의 농지개혁법상 수분배자는 을이고 위 명의신탁 약정은 무효이다(1993. 7. 13. 제1부 판결, 93다494 소유권이전등기).

21. 부동산소유권의 명의신탁이 해지된 후 수탁자가 한 소유권보존등기의 효력

명의신탁의 효과로 토지대장 등에 소유자로 등재되었을 뿐 아직 등기를 취득하지 아니한 경우에 있어서 신탁자가 명의신탁을 해지하였음에도 불구하고 그 후 수탁자가 토지대장 등의 기재에 바탕하여 수탁자 명의로 소유권보존등기를 경료하였다면 그 등기는 원인무효의 등기이다(1993. 7. 13. 제1부 판결, 93다531 소유권확인).

22. 가. 임야소유권이전등기 등에 관한 특별조치법에 의하여 경료된 등기의 추정력이 번복되는 경우 및 보증서 등의 허위성의 입증정도

임야소유권이전등기 등에 관한 특별조치법에 의한 등기는 같은 법 소정의 적법한 절차에 따라 마쳐진 것으로서 실체관계에 부합하는 등기로 추정되므로 그 등기의 말소를 소구하는 자에게 추정 번복의 주장입증책임이 있지만, 상대방이 등기의 기초가 된 보증서나 확인서에 실체적 기재내용이 허위임을 자인하거나 실체적 기재내용이 진실이 아님을 의심할 만큼 증명이 된 때에는 등기의 추정력은 번복된 것으로 보아야 하고 보증서 등의 허위성의 입증정도가 법관이 확신할 정도가 되어야만 하는 것은 아니다.

나. 같은 법에 의하여 경료된 등기의 추정력이 번복되었다고 보아야 할 사례

위 보증서상의 보증인이 임야의 소유관계를 잘 알지 못하면서도 단지 위원장의 말만 믿고 보증서에 날인하였다는 취지로 진술하고 있다면 위 보증인의 진술은 이미 그 자체로서 보증서가 허위임을 뒷받침하는 것이므로, 위 보증서의 권리변동의 원인에 관한 실체적 기재내용이 진실이 아님을 의심할 만큼 증명이 되었다고 볼 것이다(1993. 7. 13. 제1부 판결, 93다1381 소유권이전등기말소등).

23. 가. 부동산소유권이전등기 등에 관한 특별조치법에 의하여 경료된 등기의 추정력이 번복되는 경우

임야소유권이전등기 등에 관한 특별조치법에 의하여 경료된 등기는 동법 소정의 적법한 절차에 따라 마쳐진 것으로서 실체적 권리관계에도 부합하는 등기로 추정되는 것이므로, 이와 같은 추정을 번복하기 위하여는 그 등기의 기초가 된 동법 소정의 보증서나 확인서가 위조되었거나 허위로 작성된 것이라든지 그 밖의 사유로 적법하게 등기된 것이 아니라는 것을 주장, 입증하여야 하고, 허위의 보증서나 확인서라 함은 권리변동의 원인이 되는 실체적 기재내용이 진실이 아니 것을 의미하는 것이다.

나. 부적법한 종중 대표자의 신청에 의하여 이루어진 실체관계에 부합하는 등기의 효력

종중 대표자의 선임결의에 하자가 있다 하더라도 등기가 실체권리관계에 부합하는 이상, 부적법한 대표자의 등기신청에 의하여 이루어졌다는 이유로 무효의 등기라고 할 수는 없다(1993. 7. 16. 제3부 판결, 92다53910 소유권보존등기말소).

24. 위법한 경정등기에 터잡아 실체관계에 부합하는 제3자 명의의 소유권이전등기가 마쳐진 경우 그 등기의 효력

등기명의인의 경정등기는 그 명의인의 동일성이 인정되는 범위를 벗어나는 것이면 허용될 수 없는 것으로서, 가사 등기명의자가 무권리자라고 하더라도 그 명의인을 다른 사람으로 바꾸는 것을 경정등기의 방법으로 할 수는 없는 것이나, 명의인의 동일성이 인정되지 않는 위법한 경정등기라도 이에 터잡아 제3자 명의의 소유권이전등기가 마쳐진 경우에 그 등기가 실체관계에 부합하는 것이라면 그 등기는 유효한 것으로 된다(1993. 7. 27. 제1부 판결, 93다7945 소유권이전등기).

25. 가. 부동산등기특별조치법 제7조 제1항 소정 목적에 의한 계약명의 신탁약정의 효력

부동산특별조치법 제7조 제1항, 제8조의 규정 자체에 의하더라도 등기신청의 원인행위인 같은 법 제7조 제1항 소정의 목적에 의한 계약명의인 신탁약정 자체가 금지된다고는 해석할 수 없으므로 그와 같은 명의신탁약정이 그 사법적 법률행위의 효력까지 부인되는 것은 아니다.

나. 국토이용관리법상의 신고의무에 위반한 거래계약의 효력

국토이용관리법 소정의 토지거래신고구역에 관한 규정은 단속법규에 불과한 것이어서 이에 위반한 거래계약의 사업적 효력까지 부인되는 것은 아니다

(1993. 8. 13. 제3부 판결, 92다42651 토지소유권이전등기).

26. 부동산소유권이전등기등에 관한 특별조치법에 의한 등기의 추정력이 번복되는 경우

부동산소유권이전등기 등에 관한 특별조치법에 의한 등기는 같은 법 소정의 적법한 절차에 따라 경료된 것으로서 실체관계에 부합하는 등기로 추정되므로 그 등기의 말소를 소구하는 자에게 위 추정 번복의 주장, 입증책임이 있으나, 상대방이 그 등기의 기초가 된 보증서나 확인서의 실체적 기재내용이 허위임을 자인하거나 그 실체적 기재내용이 진실이 아님을 의심할 만큼 증명이 된 때에는 그 등기의 추정력은 번복된다(1993. 9. 14. 제1부 판결, 93다7143 소유권보존등기말소).

27. 가. 부동산소유권이전등기 등에 관한 특별조치법에 의하여 경료된 소유권이전등기의 추정력이 번복되는 경우

부동산소유권이전등기 등에 관한 특별조치법에 의하여 소유권이전등기가 경료된 경우 그 등기는 일반적으로 그 법에 규정된 절차에 따라 적법하게 된 것으로서 실체적 권리관계에도 부합하는 등기로 추정되는 것이나, 그 등기의 기초가 된 위 특별조치법상의 보증서나 확인서가 위조되었다거나 허위로 작성된 것이라든지 그 밖의 다른 어떤 사유로 인하여 그 등기가 위 특별조치법에 따라 적법하게 된 것이 아니라는 점이 주장 입증되면 그와 같은 추정은 번복된다.

나. 취득시효가 완성된 점유자는 소유자를 대위하여 제3자 앞으로 경료된 원인무효의 소유권이전등기의 말소를 청구할 수 있는지 여부

취득시효가 완성된 후 점유자가 그 등기를 하기 전에 경료된 제3자 명의의 등기가 원인무효인 경우에는 점유자는 취득시효 완성 당시의 소유자를 대위하여 위 제3자 앞으로 경료된 원인무효인 등기의 말소를 구함과 아울러 위 소유자에게 취득시효 완성을 원인으로 한 소유권이전등기를 구할 수 있다(1993. 9. 14. 제1부 판결, 93다12268 소유권이전등기말소).

28. 등기말소청구에 있어서, 제3자가 처분행위에 개입된 경우 그 제3자에게 전등기명의인을 대리할 권한이 없었다는 등의 무효사실에 대한 입증책임의 소재

전등기명의인의 직접적인 처분행위에 의한 것이 아니라 제3자가 그 처분행위에 개입된 경우 현등기명의인이 그 제3자가 전등기명의인의 대리인이라고 주장하더라도 현등기명의인의 등기가 적법히 이루어진 것으로 추정되므로 그 등기가 원인무효임을 이유로 말소를 청구하는 전등기명의인으로서는 그 반대사실 즉, 제3자에게 전등기명의인을 대리할 권한이 없었다든지 또는 그 제3자가 전등기명의인의 등기서류를 위조하였다는 등의 무효사실에 대한 입증책임을 진다(1993. 10.

12. 제1부 판결, 93다18914 근저당권말소등기).

29. 가. **임야소유권이전등기 등에 관한 특별조치법에 의하여 경료된 등기의 추정력**

임야소유권이전등기 등에 관한 특별조치법(법률 제211호, 실효)에 의하여 경료된 등기는 같은 법 소정의 보증서와 확인서가 허위로 작성되거나 위조되었다든지 그 밖에 다른 사유로 인하여 그 등기가 같은 법에 따라 적법하게 경료된 것이 아니라는 점이 주장입증되지 않는 한 실체적 권리관계에 부합되는 유효한 등기로 추정된다.

나. **같은 법 제3조 규정의 취지**

같은 법 제3조가 1960. 1. 1.전에 법률행위로 인하여 사실상 양도된 것에 한하여 같은 법에 따라서 등기할 수 있음을 규정한 것이 아니라, 같은 법이 시행될 당시 법률행위로 인하여 사실상 양도되었으나 소유권이전등기를 하지 아니하였거나 소유권보존등기가 되어 있지 않은 임야에 관하여도 같은 법에 따라서 등기할 수 있도록 규정한 취지이다(1993. 10. 12. 제2부 판결, 93다34374 소유권이전등기말소).

30. 가. **임야소유권이전등기 등에 관한 특별조치법에 의하여 경료된 소유권보존등기의 추정력이 번복되는 경우 및 보증서 등의 허위성의 입증정도**

임야소유권이전등기 등에 관한 특별조치법(법률 제2111호, 실효)에 의하여 경료된 소유권보존등기는 동법 소정의 적법한 절차에 따라 마쳐진 것으로서 실체관계에 부합하는 등기로 추정되므로 그 등기의 말소를 소구하는 자에게 추정 번복의 주장입증책임이 있지만, 상대방이 그 등기의 기초가 된 보증서나 확인서의 실체적 기재내용이 허위임을 자인하거나 그 실체적 기재내용이 진실이 아님을 의심할 만큼 증명이 된 때에는 그 등기의 추정력은 번복된 것으로 보아야 하고, 보증서 등의 허위성을 입증정도가 법관이 확신할 정도가 되어야만 하는 것은 아니다.

나. **구임야대장상 소유자변동 기재의 효력**

구 임야대장규칙(1920. 8. 23. 조선총독부령 제113호)에 의하여 준용된 구 토지대장규칙(1914. 4. 25. 조선총독부령 제45호) 제2조 제1호의 규정에 의하며, 소유권이전에 관한 사항은 등기관리의 통지가 없으면 임야대장에 등록하지 아니한다고 규정되어 있으므로, 구 임야대장상 소유자변동의 기재는 위 규정에 따라 등기공무원의 통지에 의하여 이루어진 것이라고 보지 않을 수 없으므로 그 임야대장에 소유권이 이전된 것으로 등재되어 있다면 특별한 사정이 없는 한 그 명의로 소유권이전등기가 마쳐져 있었고 따라서 동인이 그 무렵 소유권을 취득하였다고 인정된다(1993. 10. 26. 제2부 판결, 93다5383

토지소유권보존등기말소).

31. 구 부동산소유권이전등기 등에 관한 특별조치법에 의하여 경료된 등기의 추정력이 번복되는 경우 및 보증서 등의 허위성의 입증정도

구 부동산소유권이전등기 등에 관한 특별조치법(법률 제3562호, 실효)에 의하여 경료된 등기는 동법 소정의 적법한 절차에 따라 마쳐진 것으로서 실체적 권리관계에 부합하는 등기로 추정되는 것이므로, 이와 같은 추정을 번복하기 위하여는 그 등기의 기초가 된 위 특별조치법 소정의 보증서나 확인서가 위조되었거나 허위로 작성된 것이라든지 그 밖의 사유로 적법하게 등기된 것이 아니라는 것을 주장, 입증하여야 하지만, 상대방이 등기의 기초가 된 보증서나 확인서의 실체적 기재내용이 허위임을 자인하거나 실체적 기재내용의 진실이 아님을 의심할 만큼 증명이 된 때에는 등기의 추정력은 번복된 것으로 보아야 하고, 보증서 등의 허위성의 입증정도가 법관이 확신할 정도가 되어야만 하는 것은 아니다(1993. 10. 26. 제2부 판결, 93다5826 소유권이전등기말소).

32. 가. 임야소유권이전등기 등에 관한 특별조치법에 의하여 경료된 등기의 추정력이 번복되는 경우 및 보증서 등의 허위성의 입증정도

임야소유권이전등기 등에 관한 특별조치법에 의한 등기는 같은 법 소정의 적법한 절차에 따라 마쳐진 것으로서 실체관계에 부합하는 등기로 추정되므로 그 등기의 말소를 소구하는 자에게 추정 번복의 주장입증책임이 있지만, 상대방이 등기의 기초가 된 보증서나 확인서의 실체적 기재내용이 허위임을 자인하거나 실체적 기재내용이 진실이 아님을 의심할 만큼 증명이 된 때에는 등기의 추정력은 번복된 것으로 보아야 하고 보증서 등의 허위성의 입증정도가 법관이 확신할 정도가 되어야만 하는 것은 아니다.

나. 같은 법에 의하여 경료된 등기의 추정력이 번복되었다고 보아야 할 사례

위 보증서상의 보증인이 임야의 소유관계를 잘 알지 못하면서도 단지 위원장의 말만 믿고 보증서에 날인하였다는 취지로 진술하고 있다면 위 보증인의 진술은 이미 그 자체로서 보증서가 허위임을 뒷받침하는 것이므로, 위 보증서의 권리변동의 원인에 관한 실체적 기재내용이 진실이 아님을 의심할 만큼 증명이 되었다고 볼 것이다(1993. 7. 13. 제1부 판결, 93다1381 소유권이전등기말소등).

33. 가. 임야대장상 사정과 재결이 병기되어 있으나 임야대장의 공유자연명부에 재결에 의한 공유자의 명단이 기재되어 있고 재결결과가 관보에 공시된 경우 사정의 효력

임야대장상 사정과 재결의 기재가 병기되어 있다 하더라도 임야대장의 공유자연명부에 재결에 의하여 소유자로 확정된 공유자들의 명단이 기재되어 있을 뿐만 아니라 그러한 재결의 결과가 관보에 의하여 공시됨으로써 재결이 있었음이 명백한 경우에는 재결에 의하여 사정이 취소되었다고 보아야 하고 재결 전에 사정명의자가 사망하였다 하더라도 재결의 효력에는 영향이 없다.

나. 부동산 소유자가 다수의 수탁자에게 하나의 명의신탁계약에 의하여 명의신탁한 경우 신탁자와 수탁자들의 상호관계

부동산의 명의신탁이라 함은 당사자간의 신탁에 관한 채권계약에 의하여 신탁자가 실질적으로는 그의 소유에 속하는 부동산의 등기명의를 실체적인 거래관계가 없는 수탁자에게 매매 등의 형식으로 이전하여 두는 것을 일컫는 것이니 만큼, 신탁자는 수탁자에 대한 관계에 있어서 등기 없이 그 부동산에 대한 실직적인 소유권을 내세울 수 있는 것이며, 그 부동산이 공유물인 경우 공유자가 다수의 수탁자에게 하나의 명의신탁계약에 의하여 소유명의를 신탁하였다면 그 신탁자와 수탁자 상호관계에서 수탁자는 신탁자에 대하여는 물론 그들 상호간에 있어서도 그 부동산의 소유권 또는 지분권이 자기에게 있음을 주장할 수 없고, 신탁자는 사정 내지 재결명의나 소유권이전등기명의에 관계없이 그 부동산이 자신의 소유임을 주장할 수 있다(1993. 11. 9. 제2부 판결, 92다31699 손해배상(기)).

34. 1974. 12. 31. 후의 법률행위를 원인으로 구 부동산소유권이전등기 등에 관한 특별조치법에 의하여 경료된 소유권이전등기의 추정력

구 부동산소유권이전등기 등에 관한 특별조치법(법률 제3094호, 실효)에 의하여 소유권이전등기를 할 수 있는 부동산은 매매, 증여, 교환 등의 법률행위가 1974. 12. 31. 이전에 이루어진 것에 한하므로 피고가 1978. 6. 1. 부동산을 매수하였다면 피고 명의의 소유권이전등기는 위 특별조치법 소정의 적법한 절차에 따라 이루어진 것으로 볼 수 없고 따라서 그 추정력은 번복된다(1993. 11. 9. 제2부 판결 93다36851 소유권이전등기말소).

35. 건축허가명의를 신탁하기로 하는 합의가 있은 경우 부동산소유명의의 신탁에 관한 합의가 있은 것으로 볼 수 있는지 여부

신축된 건물에 관한 소유권보존등기는, 사용검사필증이 교부된 후 건축허가를 받은 건축주를 소유자로 하여 건축물대장이 작성되면 그 대장에 소유자로 등재되어 있는 사람이 그 대장의 등본을 첨부하여 등기를 신청함으로써 경료되는 것이, 부동산등기법과 건축법 등 관계법령에 규정된 원칙적인 절차인 점을 감안하여 볼 때, 실건축주가 타인과의 합의에 따라 그 타인의 명의로 건축허가를 받아 건물을 준공하고 사용검사필증까지 교부받았다면, 특별한 다른 사정이 없는 한 그 건물에 관한 소유권보존등기도 그 타인의 명의로 경료하기로 약정한 것으로 봄이 상당하다(1993. 12. 14. 제2부 판결, 93다19139 근저당권설정등기말소).

36. 임야소유권이전등기 등에 관한 특별조치법에 의한 소유권보존등기의 추정력 및 그 번복방법과 주장입증책임

임야소유권이전등기 등에 관한 특별조치법(법률 제2111호, 실효)에 의하여 소유권보존등기가 경료된 임야에 관하여는 그 임야를 사정받은 사람이 따로 있는 것으로 밝혀진 경우라도 그 등기는 위 법 소정의 적법한 절차에 따라 마쳐진 것으로서 실체적 권리관계에 부합하는 등기로 추정되므로 위 법에 의하여 경료된 소유권보존등기의 말소를 소구하는 자는 그 소유권조본등기명의자가 임야대장의 명의변경을 함에 있어 첨부한 원인증서인 위 법 소정의 보증서와 확인서가 허위 내지 위조되었다던가 그 밖에 어떤 사유로 인하여 그 보존등기가 위 법에 따라 적법하게 이루어진 것이 아니라는 주장과 입증을 하여야 한다(1994. 1. 25. 제2부 판결, 93다50192 부동산소유권보존등기말소).

37. 원인무효인 등기를 유용하기로 하는 합의의 등기상 이해관계인에 대한 효력

갑과 을 사이에 을의 갑에 대한 채무담보조로 을 소유의 부동산에 이미 경료되어 있던 병 명의의 원인무효인 근저당권설정등기에 터잡아 이전등기를 경료하는 방법을 취하기로 합의하여 갑 앞으로 근저당권이전의 부기등기를 한 경우 갑과 을 사이의 위와 같은 합의는 원인무효인 병 명의의 근저당권설정등기에 터잡아 역시 원인무효의 등기가 될 수밖에 없는 갑 명의로 경료될 근저당권이전등기를 유용하기로 하는 합의에 불과한 것으로서, 이러한 등기유용에 관한 합의는 그 유용하기로 한 갑 명의의 근저당권이전등기를 경료되기 이전에 이미 위 부동산에 대하여 처분금지가처분을 하여 둠으로써 등기상의 이해관계를 가지게 된 정에 대한 관계에 있어서는 그 효력이 없다(1994. 1. 28. 제부 판결, 93다31702 토지소유권이전등기등).

38. 수인의 수탁자들 사이의 지분이전과 명의신탁 관계

수인의 수탁자 사이의 관계는 대외적으로는 공유이나 수탁자는 신탁자에게는 수탁 부동산의 소유권을 주장하지 못하는 관계상 수탁자들 사이에 지분의 이전이 있어 그 명의자가 바뀌더라도 신탁자가 신탁관계를 종료시키는 등의 특별한 사정이 없는 한 새로운 명의자와 신탁자 사이에 여전히 명의신탁관계가 성립하는 것이다(1994. 2. 8. 제1부 판결, 92다31675 소유권이전등기말소등).

39. 토지를 사정받은 사람이 따로 있고 그가 양도사실을 부인하는 경우 소유권보존등기의 추정력 유무

소유권보존등기의 명의인은 소유자로 추정받으나 그 토지를 사정받은 사람이 따로 있고 그가 양도사실을 부인할 경우에는 그 보존등기가 구 임야소유권이전등기 등에 관한 특별조치법이나 구 부동산소유권이전등기 등에 관한 특별조치법에 의하여 경료된 것이 아닌 한, 그 추정력은 깨어지는 것이므로 그 보존등기명의인이 구체적으로 실체관계에 부합한다거나 그 승계취득사실을 주장, 입증하지 못하는 한 그 등기는 원인무효이다(1994. 2. 8. 제2부 판결, 93다6607 소유권보존등기말소등).

40. 채권담보계약에 있어서 담보권의 명의를 제3자로 한 경우 담보권명의자가 기존의 채권을 포기할 권리를 갖는지 여부

채권의 담보를 위하여 담보계약을 체결함에 있어서 그 담보권의 명의를 제3자로 한 경우에 그 담보권명의자는 그 피담보채권을 수령하고 그 담보권을 실행하는 등의 권한을 가지는 것이지만 특별한 수권이 없는 한 그 담보계약 자체의 합의해제나 그 피담보채권의 포기와 같은 담보계약상의 권리가 아닌 기존의 채권을 포기할 권리는 갖지 않는다고 해석함이 상당하다(1994. 2. 8. 제2부 판결, 93다19153 소유권이전등기말소, 19160(병합)).

41. 등기의무자 아닌 자를 상대로 한 등기말소청구의 소의 적부

등기의무자, 즉 등기부상의 형식상 그 등기에 의하여 권리를 상실하거나 기타불이익을 받을 자(등기명의인이거나 그 포괄승계인)가 아닌 자를 상대로 한 등기의 말소절차이행을 구하는 소는 당사자적격이 없는 자를 상대로 한 부적법한 소이다(1994. 2. 25. 제3부 판결, 93다39225 소유권이전등기말소).

42. 최종 양수인이 중간생략등기의 합의를 이유로 최초 양도인에게 직접 소유권이전등기청구권을 행사하기 위한 요건

부동산의 양도계약이 순차 이루어져 최종 양수인이 중간생략등기의 합의를 이유로 최초 양도인에게 직접 그 소유권이전등기청구권을 행사하기 위하여는 관계당사자 전원의 의사합치, 즉 중간생략등기에 대한 최초 양도인과 중간자의 합의가 있는 외에 최초의 양도인과 최종의 양수인 사이에도 그 중간등기생략의 합의가 있었음이 요구된다(1994. 5. 24. 제1부 판결, 93다47738 소유권이전등기).

43. 종중이 사실상 양수한 토지에 관하여 종중의 대표자가 보증인의 1인으로 된 확인서에 기한 구 부동산소유권이전등기 등에 관한 특별조치법에 의한 등기의 추정력

구 부동산소유권이전등기 등에 관한 특별조치법의 규정 취지에 비추어 볼 때 위 법이 요구하는 3인의 보증인들은 위 법에 의하여 등기를 하고자 하는 확인서 발급신청인 이외의 제3자를 의미하는 것이라고 해석하여야 할 것이고 따라서 보증인을 위촉된 본인이 자신 또는 자신이 대표자로 있는 종중이 사실상 양수한 토지에 관하여 위 특별조치법에 의한 등기를 경료하고자 할 경우는 자신은 당해 토지에 관한 보증인이 될 수 없다고 봄이 상당하므로 확인서 발급신청 종중의 대표 자신이 위 특별조치법상 보증인의 1인으로 된 보증서 및 이에 기한 확인서에 의하여 경료된 위 특별조치법에 의한 등기는 절차상 위법한 등기로서 적법상의 추정을 받을 수 없다(1994. 3. 8. 제1부 판결, 93다7884 소유권이전등기말소).

44. 임야원도에 괄호를 붙여 성명이 기재된 자는 삼림법(1908. 1. 21. 법률 제1호, 폐지) 제19조에 의하여 신고를 하지 아니한 국유임야의 특별연고자로서 조선총독으로부터 당해 임야를 양여받았을 가능성이 크다고 한 사례

임야원도에 괄호를 붙여 성명이 기재된 자는 삼림법(1908. 1. 21. 법률 제1호, 폐지) 제19조에 의하여 신고를 하지 아니한 국유임야의 특별연고자로서 조선총독으로부터 당해 임야를 양여받았을 가능성이 크다고 한 사례(1994. 3. 11. 제3부 판결, 93다60519 토지소유권이전등기)

45. 부동산에 관한 매매계약의 당사자 사이에 매매계약서를 작성하면서 매수인 명의를 제3자 앞으로 하기로 약정한 경우 매수인과 제3자 사이에 신탁관계가 존속하는 한 매도인으로서는 제3자가 위 계약에 따른 이행을 청구하는 것을 용인하기로 약정하였다고 본 사례

부동산에 관한 매매계약의 당사자 사이에 매매계약서를 작성하면서 매수인 명의를 제3자 앞으로 하기로 약정한 경우 매수인과 제3자 사이에 신탁관계가 존속하는 한 매도인으로서는 제3자가 위 계약에 따른 이행을 청구하는 것을 용인하기로 약정하였다고 본 사례(1994. 3. 25. 제3부 판결, 93다57155 소유권이전등기).

46. 지분권의 대상인 목적토지도 없이 등기부상으로만 존재하는 지분권을 경락받은 경우의 효력

토지의 소유자가 토지 전부를 매도한 후 지분권의 대상인 목적토지도 없이 등기부상으로만 존재하고 있는 지분권을 가지고 있는 경우, 이러한 지분은 그 대상토지가 없는 허무의 것이므로 그 지분을 강제경매절차에서 경락받았다고 하더라도 무효이다(1994. 4. 15. 제3부 판결, 93다46353 소유권이전등기).

<판례전문(1994. 4. 15. 93다46353)>

[원고, 피상고인] 최종희

[피고, 상고인] 정현구

[소송대리인 변호사] 박원철

[원심판결] 수원지방법원 1993. 7. 20. 선고, 91나5591 판결

[주　　문] 상고를 기각한다.

상고비용은 피고의 부담으로 한다.

[이　　유] 상고이유를 본다.

제1점에 대하여

기록을 검토하여 보면, 분할 전 평택시 소사동 산 15 임야 6단 7무보(이하 모토지라도 한다. 이하의 토지는 모두 모토지에서 분할된 것이므로 지번만 기재한다)

중 후에 산 15의 2 임야(92의 3 전으로 등록전환)로 분할된 부분은 농지개혁법 시행 당시 농지로 개간된 토지로 위 법의 시행으로 국가에 매수된 후 소외 이희종이 분배받아 1960. 8. 10. 상환은 완료함으로써 위 이후 이희종의 상속인인 소외 이문수가 위 산 15의 2 임야 부분의 소유권을 취득하였으므로, 모토지에 관하여 원심 공동피고 이종무가 1960. 2. 18. 경료된 소유권보존등기 중 위 산 15의 2 임야 부분은 원인무효라고 판단한 원심의 조치는 정당하고, 거기에 소론과 같이 중복등기에 관한 법리를 오해하였거나 심리를 다하지 아니한 위법이 있다고 할 수 없다. 논지는 이유 없다.

제2점에 대하여

토지의 소유자가 토지 전부를 매도한 후 지분권의 대상인 목적토지도 없이 등기부상으로만 존재하고 있는 지분권을 가지고 있는 경우, 이러한 지분은 그대상토지가 없는 허무의 것이므로 그 지분은 강제경매절차에서 경락받았다고 하더라도 무효라고 할 것이다(당원 1993. 3. 26. 선고, 92다48888 판결; 1992. 3. 10. 선고, 91다34929 판결; 1990. 5. 25. 선고, 89다카14998 판결 등 참조).

같은 취지에서 원시이 거시증거에 의하여 인정한 판시와 같은 경위로 인하여 위 이종무가 이 사건 토지에 대하여 등기부상 가지고 있던 11/67 지분은 허무의 것이고, 따라서 위 이종무의 위 11/67 지분을 경락받고 이를 원인으로 경료한 피고의 이 사건 지분이전등기는 무효라고 판단하였음은 정당하고 거기에 소론과 같은 법리오해의 위법이 있다고 할 수 없다. 논지도 이유 없다.

제3점에 대하여

이 사건 토지에 관한 피고의 위 지분이전등기가 무효인 한, 원고가 그 말소를 구하는 것을 가리켜 신의칙이나 정의와 형평의 원칙에 반한다고 할 수 없다. 논지 역시 이유 없다.

그러므로 상고를 기각하고 상고비용은 패소자의 부담으로 하기로 하여 관여법관의 일치된 의견으로 주문과 같이 판결한다.

대법관 윤영철(재판장) 김상권
박만호 박준서(주심)

참조판례

대법원 1987. 5. 12. 선고, 86다카1686 판결(공1987, 961)
1990. 5. 25. 선고, 89다카 14998 판결(공1990, 1361)
1992. 3. 10. 선고, 91다34929 판결(공1992, 1285)

47. 임야조사서의 소유자란에 "국"으로 기재되고, 연고자란에 특정개인의 주소, 성명이 기재되어 있는 경우, 연고자로 기재된 자가 임야의 소유자로 사정받은 것이라고 인정하기 위한 전제 요건

구 조선임야조사령(1918. 5. 1. 제령 제5호, 폐지) 제3조, 제10조, 구 조선임야조사령시행규칙 (1918. 5. 총령 제38호, 폐지) 제1조, 제9조의 각 규정을 종합하여 보면 위 조사령에 의하여 작성된 임야조사서상의 소유자란에 "국"으로 기재되고, 그 연고자란에 특정 개인의 주소, 성명이 함께 기재되어 있는 경우에 있어서, 연고자로 기재된 자가 구 삼림법(융희 2.1.21. 법률 제1호) 제19조에 의한 지적의 계출을 하지 아니하여 국유로 귀속된 임야의 종전 소유자 내지 그 상속인이라면 위 조사령 제10조의 규정에 따라 임야의 사정 당시 연고자의 소유로 사정되었을 가능성이 크다고 할 것임은 물론이지만, 그렇지 않고 그가 이와 다른 내용의 연고관계를 가지는 자에 속하는 경우라면 별다른 사정이 없는 한 위 임야가 그 연고자의 소유로 사정되었다고 추단하기는 어려우며, 더욱이 구 조선임야조사령시행수속(1918. 11. 26. 조선총독부 훈령 제59호 폐지) 제79조에 의하면, 임야조사서의 기재방법에 있어 위 조사령 제10조의 규정에 따라 민유로 사정하여야 할 국유임야의 연고자의 씨명, 주소는 이를 소유자의 씨명, 주소란에 기재하고, 그 비고란에 "지적계출 없음"이라고 기재하여야 한다고 규정하고, 그 별첨 제9호 양식(임야조사서 용지)의 비고란의 기재방법에 대한 설명에서도 이 점을 분명히 하고 있는바, 위와 같이 임야조사서상에 소유자는 "국", 연고자는 특정 개인으로 각 기재되고, 그 비고란에도 "지적계출 없음"이라는 뜻이 전혀 기재되어 있지 않다면, 그 기재방법을 위 지침대로 따르지 않은 연유가 따로 밝혀지지 않는 한 해당 임야가 같은 법 제19조의 규정에 따른 지적의 계출이 없었기 때문에 국유로 귀속된 것이고, 나아가 연고자로 기재된 자기 종전 소유자 내지 그 상속인의 지위에서 임야의 소유자로 사정받은 것이라고 보기는 곤란하다(1994. 6. 24. 제3부 판결, 94다13152 소유권이전등기).

<판례전문(1994. 6. 24. 94다13152)>

[원고, 피상고인] 서재국 외 8인

[원고들 소송대리인 변호사] 변선종 외 1인

[피고, 상고인] 대한민국

[원심판결] 수원지방법원 1994. 1. 18. 선고, 93나8327 판결

[주 문] 원심판결을 파기하고 사건을 수원지방법원 합의부에 환송한다.

[이 유 피고 수송수행자의 상고이유를 본다.

1. 원심판결 이유에 의하면, 원심은 그 거시증거에 의하여 조선임야조사령에 따라 작성된 이 사건 임야에 대한 임야조사서상에 그 소유자는 피고 국으로, 연고

자는 소외 서윤보로, 신고 또는 통지연월일은 일본국 연호 대정 8(1919). 4. 20.로 각 기재되어 있고, 위 임야 위에는 위 서윤보의 모인 경주김시의 묘가 있으며, 소외 서정민이 위 서윤보의 선대때부터 이를 관리하여 온 사실, 위 서윤보가 1920. 3. 5. 사망하여 소외 서천만이 단독으로, 또 그가 1975. 12. 15. 사망하여 원고들이 공동으로, 차례로 재산상속을 한 사실을 인정한 다음, 위 인정사실에 의하면 이 사건 임야는 원래 사실상 위 서윤보의 소유이었는데 그가 삼림법(융희 2년 법률 제1호) 제19조에 의한 지적의 계출을 하지 아니하여 위 임야가 국유로 귀속되었다가, 그가 위 임야조사령의 시행당시 종전의 소유자로서 연고 신고를 함으로써, 그 소유자 및 경계를 사정하는 과정에서 같은 령 제10조에 의하여 연고자인 위 서윤보의 소유로 사정된 것으로 보아야 할 것이고 따라서 이 사건 임야는 위 서윤보가 원시취득하여 원고들에게 상속된 것이라는 취지로 판단하였다.

2. 조선임야조사령(1918. 5. 1. 제령 5호, 이하 조사령이라고 함) 제3조에서는, "임야의 소유자는 도장관이 정하는 기간 내에 씨명 또는 명칭, 주소 및 임야의 소재와 지적을 부윤 또는 면장에게 신고하여야 한다. 국유임야에 대하여 조선총독이 정하는 연고를 가진 자는 전항의 규정에 준하여 신고하여야 한다. 이 경우에 있어서는 그 연고도 신고하여야 한다. 전항의 규정에 의한 연고자가 없는 국유임야에 대하여는 보관관청이 조선총독이 정하는 바에 의하여 제1항에 규정하는 사항을 부윤 또는 면장에게 통지하여야 한다"고 규정하고, 이에 따라 조선임야조사령시행규칙(1918. 총령 제38호) 제1조에서 위 조사령 제3조 소정의 '국유임야에 대하여 조선총독이 정하는 연고를 가진 자'로서, '고기 또는 역사의 증명하는 바에 의하여 임야에 연고를 가진 사찰'(제1호), '융의 2년 제1호 삼림법 제19조의 규정에 의한 지적의 계출을 하지 아니하여 국유로 귀속된 임야의 종전 소유자 또는 그 상속인'(제2호), '개간, 목축, 조림 또는 공작물의 건설을 위하여 임야를 차수받은 자'(제3호), '융희 2년 법률 제1호 삼림법 시행 전에 적법하게 점유를 하여 인속금양을 하는 자'(제4호), '국유임야에 있어서 입회의 관행을 가진 자'(제5호), '부분림의 분수의 권리를 가진 자'(제6호) 등을 각 열거규정하고 있으며, 한편으로 위 조사령 제10조에서는 "융희 2년 법률 제1호 삼림법 제19조의 규정에 의하여 지적의 계축을 하지 아니하여 국유로 귀속된 임야는 구 소유자 또는 그 상속인의 소유로 이를 사정하여야 한다"라고 규정하고, 위 조사령시행규칙 제9조에서는 위 조사령 제10조에 규정한 임야의 사정을 구하는 자는 위 조사령 제3조의 신고와 동시에 그 뜻을 도장관에게 원출하여야 한다고 규정하고 있다.

이러한 제반 규정들의 내용을 종합하여 보건대, 위 조사령에 의하여 작성된 임야조사서상의 소유자란에 '국'으로 기재되고, 그 연고자란에 특정 개인의 주소, 성명이 함께 기재되어 있는 경우에 있어서, 위 연고자로 기재된 자가 구 삼림법 제19조에 의한 지적의 계출을 하지 아니하여 국유로 귀속된 임야의 종전 소유자 내지 그 상속인이라면 위 조사령 제10조의 규정에 따라 위 임야의 사정 당시 그 연고자의 소유로 사정되었을 가능성이 크다고 할 것임은 물론이지만(당원 1989. 8. 8. 선고, 88다카27195 판결 참조), 그렇지 않고 그가 이와 다른 내용의 연고관계를 가지는 자에 속하는 경우라면 별다른 사정이 없는 한 위 임야가 그 연고자의 소유로 사정되었다고 추단하기는 어렵다. 따라서 위 임야조사서상에 연고자로 기재된 자가 그 임야에 관하여 구체적으로 어떤 내용의 연고를 가지고 있었는지를 분명히 가려보지도 않고, 위와 같은 임야조사서상의 기재만에 터잡아 곧바로 위 연고자가 위 구 삼림법 제19조에 의한 지적의 계출을 하지 아니하여 국유로 귀속된 임야의 종전 소유자 내지 그 상속인으로서, 소관 당국에 위와 같은 내용의 연고관계를 신고함에 따라 그가 소유권자의 사정과정에서 위 임야의 소유자로 사정받게 된 것이라고 인정할 수는 없다 할 것이다.

더욱이 위 조사령에 의한 임야의 조사사무의 구체적인 절차에 관한 지침으로 마련된 조선임야조사령시행수속(1918. 11. 26. 조선총독부 훈령 제59호) 제79조에 의하면, 임야조사서의 기재방법에 있어 위 조사령 제10조의 규정에 따라 민유로 사정하여야 할 국유임양의 연고자의 씨명, 주소는 이를 소유자의 씨명, 주소란에 기재하고, 그 비고란에 '지적계출 없음'이라고 기재하여야 한다고 규정하고, 그 별첨 제9호 양식(임야조사서 용지)의 비고란의 기재방법에 대한 설명에서도 이 점을 분명히 하고 있는바, 위와 같은 임야조사서상에 소유자는 '국', 연고자는 특정 개인으로 각 기재되고, 그 비고란에도 '지적계출 없음'이라는 뜻이 전혀 기재되어 있지 않다고 한다면, 그 기재방법을 위 지침대로 따르지 않은 연유가 따로 밝혀지지 않는 한, 해당 임야가 구 삼림법 제19조의 규정에 따른 지적의 계출이 없었기 때문에 국유로 귀속된 것이고, 나아가 위 연고자로 기재된 자가 종전 소유자 내지 그 상속인의 지위에서 위 임야의 소유자로 사정받은 것이라고 보기는 여간 곤란하다 아니할 수 없다.

3. 이 사건에 돌이켜 보건대, 기록에 의하면 이 사건 임야에 관하여 임야조사서상 그 소유자란에 피고(국), 연고자란에 위 서윤보의 주소, 성명이 나란히 등재되고, 그 신고 및 통지 연월일란에 1919. 4. 20.로 기재되어 있음은 원심이 인정한 바와 같으나, 그 밖에 위 임야가 원래 구 삼림법 제19조에 의한 지적의 계출을 하지 아니하여 국유로 귀속된 임야로서, 위 서윤보가 종전 소유자 내지 그 상속인이었다거나, 그가 위 임야조사 당시 실제로 위와 같은 내용의 연고관계를 신고하고 또는 자기 앞으로서 사정을 구하는 취지의 연고임야소유권사정원을 제출하였다고 볼만한 아무런 사정도 없고, 특히 위 임야조사서상에는 이 사건 임야의 인근에 있는 다른 여러 필지의 임야들과는 달리 위 임야의 해당 비고란에 '지적계출 없음'이라는 뜻이 전혀 기재되어 있지도 아니함을 알 수 있다.

이와 같은 사정을 종합하여 보면, 이 사건 임야는 위 서윤보의 개인 소유로 사정된 것이라기 보다는 오히려 피고(국)의 소유로 사정된 것이고, 위 서윤보는 단순히 연고권자로 신고, 조사되었을 가능성이 매우 크다고 여겨진다.

그럼에도 불구하고, 원심은 이 사건 임야에 대한 임야조사서상에 위 서윤보가 연고자로 기재되어 있다는 점만에 의하여 곧 그가 위 임야의 소유자로 사정받은 것이라고 인정하였으니, 거기에는 조선임야조사령 소정의 임야사정에 관한 법리를 오해하였거나 채증법칙을 위배하여 사실관계의 인정을 그르친 잘못이 있다 할 것이므로, 이 점을 지적하는 논지는 이유있다.

4. 그러므로 원심판결을 파기하고, 사건을 다시 심리판단하게 하기 위하여 원심법원에 환송하기로 하여 관여법관의 일치된 의견으로 주문과 같이 판결한다.

대법관 박준서(재판장) 김상원
윤영철(주 심)

참조판례

대법원 1989. 8. 8. 선고, 88다카27195 판결(공1989, 1353)
1993. 4. 23. 선고, 92다43548 판결(공1993하, 1531)
1994. 4. 26. 선고, 93다26304 판결

48. 주책개량재개발조합의 정관에 토지, 건물의 소유자와 별도로 무허가건축물 소유자에게도 조합원 자격을 부여하고 있는 경우 무허가건축물 소유자의 의미와 판단기준

주택개량재개발조합의 정관에서 재개발사업시행구역 안의 토지, 건물의 소유자에게 조합원의 자격을 부여하는 것으로 규정하면서 이와는 별도로 일정한 요건을 갖춘 무허가건축물을 소유한 자에 대하여는 그 소유임을 증명하는 경우에 한하여 조합원의 자격을 부여하는 것으로 규정하고 있다면, 무허가건축물에 관하여는 그 보존등기조차 사실상 불가능하다는 점과 조합원의 자격에 관하여 무허가건축물의 소유자를 허가건축물의 소유자와 구별하여 따로 규정하고 있는 정관의 규정형식에 비추어 볼 때, 무허가건축물에 관하여는 그 사실상의 소유자에게 조합원의 자격을 부여한 것이라고 해석하여야 할 것이고, 무허가건축물이 전전양도되어 최종양수인이 사실상 소유자로서 사용, 수익하는 경우에는 그 최종양수인만이 조합원의 자격을 취득한다고 할 것인지, 물권변동에 원칙적으로 등기를 요하도록 하고 있는 민법의 규정상 최초의 신축자에게 여전히 그 법률상의 소유권이 귀속된다고 하여 신축자가 조합원으로서의 자격을 취득한다고 해석할 것은 아니며, 이 경우 사실상의 소유자인 여부의 판단은 당해 무허가건축물의 양수 경위, 점유 및 사용관계, 재산세 등의 납세 여부 및 무허가건축물관리대장상의 등재 여부, 당해 무허가건축물이 주거용인 경우에는 그 소재지에 주민등록을 하였는지 여부 등을 종합적으로 고려하여 판단하여야 한다(1994. 6. 28. 제1부 판결, 93다40249 분양권확인).

<판례전문(1994. 6. 28. 93다40249)>

[원고, 피상고인] 김우분

[피고, 상고인] 신정 제6구역 1지구대 주택개량재개발조합

[피고 보조참가인] 김순덕

[소송대리인 변호사] 강현중

[원심판결] 서울고등법원 1993. 7. 14. 선고, 92나68327 판결

[주 문] 상고를 기각한다.

상고비용은 피고의 부담으로 한다.

[이 유] 상고이유를 본다.

주택개량재개발조합의 정관에서 재개발사업시행구역 안의 토지, 건물의 소유자에게 조합원의 자격을 부여하는 것으로 규정하면서 이와는 별도로 일정한 요건을 갖춘 무허가건축물을 소유한 자에 대하여는 그 소유임을 증명하는 경우에 한하여 조합원의 자격을 부여하는 것으로 규정하고 있다면, 무허가건축물에 관하여는 그 보존등기절차 사실상 불가능하다는 점과 조합원의 자격에 관하여 무허가건축물의 소유자를 허가건축물의 소유자와 구별하여 따로 규정하고 있는 정관의 규정형식에 비추어 볼 때, 무허가건축물에 관하여는 그 사실상의 소유자에게 조합원의 자격을 부여한 것이라고 해석하여야 할 것이고, 무허가건축물이 전전양도되어 최종양수인이 사실상 소유자로서 사용, 수익하는 경우에는 그 최종양수인만이 조합원의 자격을 취득한다고 할 것이지, 물권변동에 원칙적으로 등기를 요하도록 하고 있는 민법의 규정상 최초의 신축자에게 여전히 그 법률상의 소유권이 귀속된다고 하여 신축자가 조합원으로서의 자격을 취득한다고 해석할 것은 아니며, 이 경우 사실상의 소유자인 여부의 판단은 당해 무허가건축물의 양수경위, 점유 및 사용관계, 재산세 등의 납세 여부 및 무허가건추물관리대장상의 등재 여부, 당해 무허가건축물이 주거용인 경우에는 그 소재지에 주민등록을 하였는지 여부 등을 종합적으로 고려하여 판단하여야 할 것이다.

원심판결 이유에 의하면, 원심은 이러한 취지에서 피고 조합의 정관 제7조에서 조합원 자격의 하나로 규정하고 있는 무허가건축물 소유자는 사실상의 소유자를 의미하는 것이라고 전제한 다음, 피고 조합의 사업시행구역 안에 있는 이 사건 무허가건물은 원래 소외 차용오가 신축하여 거주하다가 1979. 1. 4. 소외 장도상에게 양도하여 장도상이 무허가건축물관리대장상의 명의를 위 차용오 앞으로 그대로 둔 채 사실상의 소유자로서 이를 사용하다가 11. 20.경 이를 원고에게 매도하여 인도하였고, 그 이후 원고가 이 사건 무허가건물의 소재지로 주민등록을 옮겨 거주하면서 이를 사용하고 있는데, 위 양수 당시 무허가건축물관리대장상의 소유명의는 여전히 신축자인 위 차용오 명의로 둔 채, 과세대장상의 소유명의만 원고로 변경하여 취득세를 납부하고, 1988. 1. 28. 무허가건축물관리대장상의 소유명의

가 피고 보조참가인 앞으로 변경될 때까지 원고가 당해 무허가건물에 대한 재산세를 납부하여 왔으며, 한편, 피고보조참가인은 1982. 2. 1. 위 장도상에게 변제기까지 원리금이 변제되지 아니할 때에는 이 사건 무허가건물을 명도받기로 하였다가, 원리금이 변제되지 아니하자 1987. 6.경에 이르러 비로소 그것이 자기 소유라고 주장하면서 원고에게 그 인도를 요구하다가 1988. 1. 21. 위 장도상으로부터 무허가건축물관리대장상의 명의변경에 필요한 서류를 받아 자신의 명의로 소유명의를 변경한 뒤, 주민등록을 옮기고 재산세 등을 납부하였으나 이 사건 건물을 점유한 바는 없다고 사실 인정을 한 다음, 그렇다면 무허가건축물관리대장상의 명의에 불구하고 이 사건 무허가건물의 사실상의 소유자는 피고보조참가인이 아니라 원고이고, 따라서 원고가 피고 조합의 조합원자격이 있다고 판단하고 있는바, 기록에 비추어 살펴볼 때, 이러한 원심의 사실인정과 판단은 정당하고, 거기에 민법의 소유권의 개념에 관한 법리오해, 채증법칙위배나 이유불비의 위법이 있다고 할 수 없다. 논지는 모두 이유 없다.

그러므로 상고를 기각하고 상고비용은 패소자의 부담으로 하기로 하여 관여법관의 일치된 의견으로 주문과 같이 판결한다.

대법관 김주한(재판장) 배만운
김석수 정귀호(주심)

49. 등기가 실체관계에 부합하는 것의 의미

등기가 실체관계에 부합한다고 하는 것은 그 등기절차에 어떤 하자가 있더라도 진실한 권리관계와 합치한다는 것을 말하며, 그 등기원인이 매매로서 매매대금이 전부 지급되지 아니하였다면, 그 대금완불 전에 미리 소유권이전등기를 하기로 하는 특약이 없는 한, 그 등기로써 실체관계에 부합한다고 할 수는 없다(1994. 6. 28. 제1부 판결, 93다55777 소유권이전등기말소).

<판례전문(1994. 6. 28. 93다55777)>

[원고, 피상고인] 김인숙

[소송대리인 변호사] 이일영

[피고, 상고인] 이철용

[소송대리인 변호사] 김태현

[환송판결] 대법원 1993. 6. 11. 선고, 93다7938 판결

[원심판결] 수원지방법원 1993. 9. 28. 선고, 93나6246 판결

[주 문] 상고를 기각한다.

상고비용은 피고의 부담으로 한다.

[이　　유] 상고이유 제1, 2점에 관하여 본다.

원심판결 이유에 의하면, 원심은 원·피고가 이 사건 매매계약을 체결할 때에 계약당사자가 아닌 소외 윤병보가 계약체결장소에 자리를 함께 하여 원고 대신 피고와 그 계약내용을 협의하고, 계약서 및 계약금영수증 등에 원고의 인장을 날인한 일이 있다 하더라도 위 소외인을 원고의 대리인으로 볼 수 없는 것이라고 판단하고 있는바, 기록에 비추어보면 원심의 판단은 정당한 것으로 수긍할 수 있고, 거기에 소론 주장과 같은 당사자 사이의 다툼 없는 사실과 다른 사실을 인정한 위법 내지 다툼 없는 사실의 취지를 오해한 위법이나 판단유탈, 이유불비의 위법 등이 있다 할 수 없다. 논지는 이와 다른 견해에서 원심을 비난하는 것으로서 받아들일 수 없다.

상고이유 제3점을 본다.

원심판결 이유에 의하면, 원심은 원고가 소외 윤병보의 중도금 수령행위를 추인하고, 그에게 잔대금의 수령권한을 부여하였다는 피고주장에 부합하는 설시 증거들을 믿을 수 없다는 이유로 이를 배척하고 있는바, 기록을 통하여 살펴볼 때 이러한 원심의 증거취사는 정당한 것으로 수긍이 간다(논지가 들고 있는 갑 제6호증의 25의 기재내용은 그 주장에 부합하는 것이라고 할 수 없다). 논지는 원심의 전권에 속하는 증거의 취사선택과 사실인정을 비난하는 것에 지나지 아니하여 받아들일 수 없다.

상고이유 제4점에 관하여 본다.

위조 또는 절취된 등기관계서류에 의하여 경료된 이전등기는 그것이 실체관계에 부합하는 것이 아닌 한, 원인을 결여한 무효의 등기라고 할 것이고, 등기가 실체관계에 부합한다고 하는 것은 그 등기절차에 어떤 하자가 있다고 하더라도 진실한 권리관계와 합치한다는 것을 말하며, 그 등기원인이 매매로서 매매대금이 전부 지급되지 아니하였다면, 그 대금완불 전에 미리 소유권이전등기를 하기로 하는 특약이 없는 한, 그 등기로써 실체관계에 부합한다고 할 수는 없다고 할 것이므로(당원 1992. 2. 28. 선고, 91다30149 판결), 위조 또는 절취된 등기관계서류에 의하여 경료된 피고 명의의 이 사건 소유권이전등기에 관하여, 원심이 원고와 피고 사이의 매매계약이 적법하게 성립된 것임을 인정하면서도 피고가 그 매매계약상의 대금지급채무를 전부 이행한 것으로 볼 수 없다는 이유로, 그 등기가 실체관계에 부합한다는 피고의 주장을 배척한 조치는 정당하고, 거기에 소론과 같은 이유모순이나 등기의 효력에 관한 법리를 오해한 위법이 있다고 할 수 없다. 소론 판례는 이 사건에 적절한 것이 아니다. 논지는 이유 없다.

그러므로 상고를 기각하고 상고비용은 패소자의 부담으로 하기로 하여 관여법관의 일치된 의견으로 주문과 같이 판결한다.

대법관 김주한(재판장) 배만운
김석수 정귀호(주심)

참조판례

대법원 1985. 4. 9. 선고, 84다카130, 131 판결(공1985, 716)
1992. 2. 28. 선고, 91다30149 판결(공1992, 1158)

50. 가. 부동산소유권이전등기부에 관한 특별조치법 제6조에 의하여 경료된 소유권보존등기의 추정력

부동산소유권이전등기 등에 관한 특별조치법 제6조에 의하여 소유권보존등기를 경료한 경우 그 등기는 동법 소정의 절차에 따라 적법하게 마쳐진 것으로서 실체적 권리관계에 부합하는 등기로 추정되고 동법 제10조 소정의 보증서와 확인서가 허위 작성 또는 위조되었다든가 그 밖에 다른 어떤 사유로 인하여 그 소유권보존등기가 적법하게 이루어진 것이 아니어서 그 등기명의자가 무권리자라는 것이 입증되지 않는 한 그 소유권보존등기의 추정력은 깨어지지 않는다.

나. 위 항의 소유권보존등기의 원인이 된 위 법 소정의 보증서나 확인서상의 매도인 명의나 매수일자가 실제와 다른 경우와 동 보존등기의 추정력의 복멸 여부(소극)

동법에 의한 소유권보존등기는 토지대장 등의 소유명의인으로부터 직접 양수받은 경우뿐만 아니라 제3자를 거쳐 양수한 경우에도 허용된다고 할 것이므로 위 보증서나 확인서상의 매도인 명의 매수일자의 기재가 실제와 달리 되어 있다고 하더라도 그것으로는 그 등기의 적법 추정력이 깨어진다고 할 수 없다(1991. 2. 8. 제3부 판결, 90다카28221 소유권이전등기말소).

51. 부동산등기부상의 표시에 따라 지번과 지적으로 표시하고 1필지의 토지를 양도하였으나 그 양도된 토지의 실측상의 지적이 등기부상 표시된 것보다 넓은 경우 그 넘은 토지부분에 대한 소유권의 귀속

부동산등기부상의 표시에 따라 지번과 지적을 표시하고 한 필지의 토지를 양도한 경우에 그 양도된 토지의 실측상의 지적이 등기부상 표시된 것보다 넓은 경우에는 당사자가 양도의 목적 토지인 한 필지 토지의 면적이나 경계에 관한 착오를 이유로 취소(구 민법 때에는 무효, 그러나 그 무효도 표의자만이 주장할 수 있다)하지 않는 한 등기부상의 지적을 넘는 토지 부분은 양도된 지번과 일체를 이루는 것으로서 양수인의 소유에 속하는 양도행위시에 표시한 평수 구역 가운데 명시되지 않았다는 이유로 양수인의 소유권취득을 부정할 수 없는 것이다(1991. 3. 22. 제3부 판결, 91다3185 소유권확인).

52. 가. 부동산소유이전등기 등에 관한 특별조치법에 의하여 경료된 소유권 보존등기의 추정력

부동산소유권이전등기 등에 관한 특별조치법에 의하여 소유권보존등기가 경료된 경우에는 그 등기는 위 법 소정의 적법한 절차에 따라 마쳐진 것으로서 실체적 권리관계에 부합하는 등기로 추정되는 것이므로 위 법에 의하여 경료된 등기의 말소를 소구하는 자는 위 법 소정의 보증서 및 확인서가 허위 내지 위조되었다든가 그밖에 어떤 사유로 인하여 그 등기가 적법하게 이루어진 것이 아니라는 주장과 입증을 하여야 한다.

나. 위 법에 따라 위촉된 보증인은 적법한 보증인으로 추단되는지 여부 (적극)

위 법에 따라 행정관청에 의한 보증인으로 위촉되었다면 특별한 사정이 없는 한 동인은 같은 법상의 적법한 보증인으로 추단된다.

다. 위 법상 보증인의 자격에 필요한 주거요건의 개념

위 법 시행령 제5조에서 말하는 "부동산소재지 리·동에 계속하여 10년 이상 주거하고 있는 자"라는 의미는 같은 법에서 보증을 요구하는 취지 등에 비추어 "부동산 소재지 리·동을 계속하여 10년이상 생활의 본거지로 하고 있는 자"를 뜻하는 것으로 새김이 온당할 것이어서 주민등록법에 의한 주민등록지의 개념과는 반드시 일치한다고 할 수 없다(1991. 3. 27. 제2부 판결, 90다11271 소유권보존등기말소등).

53. 일반농지의 소유권이전등기 등에 관한 특별조치법에 의한 소유권이전등기의 추정력과 원래의 등기명의인 사망일자 이후로 된 등기원인 매매일자

일반농지의 소유권이전등기 등에 관한 특별조치법에 의한 소유권이전등기는 적법한 절차에 따라 마쳐진 것으로서 실체적 권리관계에 부합하는 등기로 추정되고, 이와 같은 소유권이전등기는 등기명의인으로부터 직접 양수한 경우뿐 아니라 제3자를 거쳐 양수한 경우에도 허용되는 것이므로 위 특별조치법에 의하여 등기를 마친 자의 원인매매일자가 원래의 등기명의인의 사망일자보다 후라고 하여도 이것만으로 그 등기의 추정력이 깨지는 것이라고 할 수 없다(1991. 3. 27. 제1부 판결, 91다728 토지소유권이전등기말소).

54. 부동산소유권이전등기 등에 관한 특별조치법에 의하여 경료된 소유권보존등기의 추정력과 그 번복을 위한 주장 입증방법

부동산소유권이전등기 등에 관한 특별조치법에 의하여 소유권보존등기가 경료된 토지에 관하여는 그 토지를 사정받은 사람이 따로 있는 것으로 밝혀진 경우라 하더라도 그 등기는 위 법 소정의 적법한 절차에 따라 한 것으로서 실체적 권리관계에 부합하는 등기로 추정받는 것이므로 그 추정을 깨뜨리기 위하여는 등기 및 토지대장명의변경의 원인증서가 되는 위 법 소정의 보증서나 확인서가 허위 내지 위조되었다든가 그밖에 다른 어떤 사유로 인하여 그 등기가 위 법에 따라 적법하게 이루어진 것이 아니라는 점에 주장입증하여야 하는 것이고, 이 주장 입증의 책임은 등기의 무효를 주장하는 쪽에 있다(1991. 3. 27. 제2부 판결, 91다3741 소유권보존등기말소).

55. 토지 7필지에 관한 매매계약이 체결된 후 계쟁토지에 관하여도 매매를 원인으로 한 소유권이전등기가 마쳐졌으나 그 토지가 매매목적물인 7필지에 포함되지 아니한 것이 확실하고 등기가 매수인 앞으로 넘어간 뒤에도 계속 매도인 측이 자기 소유물처럼 점유사용하고 있는 경우, 위 소유권이전등기가 매도인측 주장과 같이 착오에 의해 이전등기된 것이라고 추정하여야 한다고 본 사례

토지 7필지에 관한 매매계약이 체결된 후 계쟁토지에 관하여도 매매를 원인으로 한 소유권이전등기가 마쳐졌으나 그 토지가 매매목적물인 7필지에 포함되지 아니한 것이 확실하고 등기가 매수인 앞으로 넘어간 뒤에도 계속 매도인 측이 자기 소유물처럼 점유사용하고 있다면, 매수인측에서 위 토지에 대하여 소유권을 행사하지 못하게 된 사연 또는 그 토지를 달리 매수 취득한 경로를 주장입증하지 못하는 한 그 소유권이전등기는 매도인측 주장과 같이 착오에 의해 이전등기된 것이라고 추정하여야 한다(1991. 5. 14. 제1부 판결, 91다6801 토지소유권이전등기말소).

56. 가. 교회의 예배당 건물과 그 부지를 소속교단의 명의로 등기한 것이 소속교단에 대한 신표 등의 취지로써 한 것으로서 일종의 명의신탁에 해당한다고 본 사례

교회의 예배당 건물과 그 부지를 소속교단의 명의로 등기한 것이 소속교단에 대한 신표 등의 취지로써 한 것으로서 일종의 명의신탁에 해당한다.

나. 재단법인의 기본재산에 편입한 명의신탁부동산의 반환을 위한 이전등기를 함에 있어 주무관장의 허가를 요하는지 여부

재단법인의 기본재산에 관한 사항은 정관의 기재사항으로서 기본재산의 변경은 정관의 변경을 초래하기 때문에 주무관장의 허가를 받아야 하고, 따라서 기존의 기본재산을 처분하는 행위는 물론 새로이 기본재산으로 편입하는 행위도 주무관장의 허가가 있어야 유효하고, 또 일단 주무관장의 허가를 얻어 기본재산에 편입하여 정관 기재사항의 일부가 된 경우에는 비록 그것이 명의신탁관계에 있었던 것이라 하더라고 이것을 처분(반환)하는 것은 정관의 변경을 초래하는 점에 있어서는 다를 바 없으므로 주무관장의 허가 없이 이를 이전등기할 수는 없다(1991. 5. 28. 제1부 판결, 90다8558 소유권이전등기).

57. 가. 부동산소유권이전등기 등에 관한 특별조치법에 의한 소유권이전등기의 추정력이 번복되는 허위의 보증서 및 확인서의 의미

부동산소유권이전등기 등에 관한 특별조치법에 의한 소유권이전등기는 동법 소정의 적법한 절차에 따라 마쳐진 등기로 추정되지만 허위의 보증서 및 확인서에 터잡아 경료되었다고 인정되는 경우에는 위와 같은 추정은 번복되고, 여기에서 허위라 함은 그 권리변동의 원인이 되는 기재내용이 진실이 아님을 뜻한다.

나. 위 소유권이전등기의 추정력이 번복되지 않았다고 본 원심판결에 위 특별조치법 소정의 보증서 및 확인서의 허위 여부에 관한 증거의 가치판단을 그르치거나 법리를 오해하여 위 등기에 잘못 추정력을 부여한 위법이 있다 하여 파기한 사례

위 소유권이전등기의 추정력이 번복되지 않았다고 본 원심판결에 위 특별조치법 소정의 보증서 및 확인서의 허위 여부에 관한 증거의 가치판단을 그르치거나 법리를 오해하여 위 등기에 잘못 추정력을 부여한 위법이 있다 하여 파기환송한다(1991. 6. 28. 제3부 판결, 91다9954 소유권이전등기말소등).

58. 가. 등기권리증의 소지사실과 명의신탁에 관한 증명력

일반적으로 부동산의 소유자 명의만을 다른 사람에게 신탁하는 경우에 등기권리증과 같은 권리관계를 증명하는 서류는 실질적 소유자인 명의신탁자가 소지하는 것이 상례라 할 것이므로, 명의수탁자라고 지칭되는 자가 이러한 권리관계서류를 소지하고 있다면 그 소지 경위 등에 관하여 납득할 만한 설명이 없는 한 이는 명의신탁관계의 인정에 방해가 된다고 보지 않을 수 없다.

나. 농민이 자신의 돈으로 매수한 자경농지를 매수시부터 지금까지 그 등기권리증을 소지하고 있는 농민이 아닌 자에게 명의신탁하여 둔 것이라고 인정한 원심판결에 증거가치의 판단을 그르치어 사실인정을 잘못한 위법이 있다 하여 파기한 사례

농민이 경작할 농지를 매수하여 그 소유명의를 농민이 아닌 자에게 신탁한다는 것은 이례에 속하는 일이고, 또한 그 소유명의자가 그 등기권리증을 매수시부터 지금까지 소지하고 있는데도 농민이 자신의 돈으로 매수한 자경농지의 소유권이전등기만을 농민이 아인 자에게 명의신탁하여 둔 것이라고 인정한 원심판결에 증거가치의 판단을 그르치어 사실인정을 잘못한 위법이 있다 하여 파기환송한다(1991. 6. 28. 제3부 판결, 91다12615 소유권이전등기, 12622(반소) 대지인도등).

59. 매도증서 등에 소유자이던 미성년자의 법정대리인(부)으로부터 매수하였다고 함에 따른 대리관계가 나타나 있지 않다는 사유만으로 매수인 명의

소유권이전등기의 적법추정력이 깨어지는지 여부(소극)

매도증서 등에 소유자이던 미성년자의 법정대리인(부)으로부터 매수하였다고 함에 따른 대리관계가 나타나 있지 않다는 사유만으로 매수인 명의 소유권이전등기의 적법추정력이 깨어지지 아니한다(1991. 7. 9. 제2부 판결, 91다11001 소유권이전등기말소).

60. 등기부가 멸실된 후 회복되지 아니한 경우에 있어 그 멸실전 경료된 소유권이전등기에 추정력을 인정한 사례

특정 부동산에 관하여 당초 사정명의인으로부터 전전매도된 끝에 원고의 피상속인 명의로 소유권이전등기가 적법하게 경료되어 있었으나 6.25사변으로 그에 관한 지적공부 및 등기부가 멸실되었으며 그 후 지적이 복구되었으나 새로 작성된 토지대장상의 소유권자란이 소유자 미복구로 비어 있었고, 그 등기부는 회복되지 아니하고 있던 중 위 사정 명의인의 재산상속인인 피고들이 국가를 상대로 위 부동산의 소유권확인청구소송을 제기하여 승소확정판결을 받아 피고들 명의로 소유권보존등기를 마쳤다면 위 부동산은 원고의 소유로 추정되고, 피고들 명의의 위 소유권보존등기는 그 실체관계에 부합하는 점에 관한 주장, 입증이 없는 한 원인을 결여한 무효의 등기로 되는 것이다(1991. 9. 13. 제3부 판결, 91다21237 소유권보존등기말소등).

61. 명시적인 명의신탁의 계약은 없었다고 하여도 묵시적인 명의신탁의 합의가 있었다고 본 사례

원고가 그의 장남인 피고 명의로 건축허가를 받아 원고 소유의 대지 위에 원고의 자금으로 이 사건 건물을 신축하였는데 제3자의 가압류 촉탁등기가 있어 그 후 피고 명의로 보존등기가 마쳐졌고, 피고는 이 사실을 알고도 근래에 이르기까지 아무런 이의를 하지 아니하였다면, 특별한 사정이 없는 한 이 사건 건물은 원고의 소유이고, 원·피고 사이에 명시적인 명의신탁의 계약이 없었다고 하여도 묵시적인 명의신탁의 합의가 있었다고 볼 수 있다(1991. 10. 8. 제1부 판결, 91다23769 부동산소유권보존등기말소등).

62. 동일 부동산에 관하여 등기명의인을 달리하여 중복된 소유권보존등기가 경료된 경우 뒤에 경료된 소유권보존등기의 효력

동일 부동산에 관하여 등기명의인을 달리하여 중복된 소유권보존등기가 경료된 경우에는 먼저 이루어진 보존등기가 원인무효가 되지 아니하는 한 뒤에 된 소유권보존등기는 비록 그 부동산의 매수인에 의하여 이루어진 경우에도 무효라고 할 것이다(1991. 10. 8. 제2부 판결, 91다25116 소유권이전등기말소등).

63. 가. 동일 부동산에 관하여 멸실 회복의 소유권이전등기가 경료된 다음 등기명의인을 달리하여 소유권보존등기가 경료된 경우 그 효력관계

동일 부동산에 관하여 등기명의인을 달리하여 중복된 소유권보존등기가 경료된 경우에는 먼저 이루어진 등기가 원인무효가 되지 아니하는 한 뒤에 이루어진 등기를 무효로 보아야 하며 이는 먼저 이루어진 등기가 멸실 회복된 소유권이전등기의 경우라도 그 해석을 달리할 이유가 없다.

나. 위 "가"항에서 먼저 이루어진 등기의 멸실 회복된 소유권이전등기가 실체관계에 부합하지 아니한 원인무효의 등기라는 점에 대한 입증책임

위 "가"항의 경우 먼저 이루어진 등기인 멸실 회복된 소유권이전등기가 실체관계에 부합하지 아니한 원인무효의 등기라는 점에 대한 입증책임은 이를 다투는 측에게 있다.

다. 소유권보존등기의 추정력이 깨어지는 사유와 소유권이전등기의 추정력

소유권보존등기의 추정력은 그 보존등기 명의인 이외의 자가 당해 토지를 사정받은 것으로 밝혀지면 깨어지는 것이어서 등기명의인이 그 구체적인 승계취득사실을 주장, 입증하지 못하는 한 그 등기의 원인무효로 되는 것이지만 소유권이전등기의 경우에는 그와 같은 사실만으로 등기의 추정력이 깨어진다고 볼 수 없다(1991. 10. 11. 제3부 판결, 91다20159 소유권이전등기말소).

64. 명의신탁자가 수탁자를 대위하여 제3자에 대하여 직접 법률상 원인 없이 부동산을 점유하였음을 이유로 한 임료 상당의 부당이득반환청구권을 주장할 수 있는지 여부(소극)

부동산의 명의신탁자는 제3자에 대하여 직접 그 소유권 및 이에 따른 점유사용권을 주장할 수 없고, 제3자가 법률상 원인 없이 점유함으로 인한 임료 상당의 부당이득반환청구권은 수탁자를 대위하여서도 주장할 수 없다(1991. 10. 22. 제2부 판결, 91다17207 부당이득금).

65. 부동산소유권이전등기 등에 관한 특별조치법에 의한 소유권이전등기가 그 매도자 아닌 그 전소유자로부터 직접 매수한 것으로 되어 있는 보증서나 확인서에 터잡았다 해도 위 등기의 추정력이 깨어지지 않는다고 한 사례

갑 소유의 부동산이 장남인 을에게 증여되고 병은 위 을로부터 이를 매수하였다면 부동산소유권이전등기 등에 관한 특별조치법(실효)에 의하여 병 앞으로 이루어진 등기가 비록 을이 아닌 갑으로부터 병이 직접 매수한 것으로 되어 있는 보증서나 확인서에 터잡은 것이라 하더라도 그것만으로는 위 등기의 추정력을 깨뜨릴 수 없다(1991. 10. 22. 제2부 판결, 91다26454 소유권이전등기말소).

66. 국토이용관리법 제21조의 3 제1항 소정의 규제구역 내의 토지에 관하여 명의신탁 해지로 인한 소유권이전등기청구를 하는 경우에도 위 법 소정

의 "토지 등의 거래계약"으로 보아 관할도지사의 허가를 받아야 하는지 여부(소극)

국토이용관리법 제21조의 3 제1항은 규제구역 내에 있는 토지에 관하여 소유권 또는 지상권 기타 사용, 수익을 목적으로 하는 권리로서 대통령령이 정하는 권리를 이전 또는 설정(대가를 받고 이전 또는 설정하는 경우에 한한다)하는 계약(예약을 포함한다. 이 "토지 등의 거래계약"이라 한다)을 체결하고자 하는 당사자는 공동으로 대통령령이 정하는 바에 의하여 관할 도지사의 허가를 받아야 한다고 규정하고 있으므로 비록 규제구역 내에 있는 토지라 하더라도 대가관계 없이 신탁자의 일방적인 의사표시에 의하여 이루어지는 명의신탁 해지로 인한 소유권이전등기청구는 위의 "토지 등의 거래계약"에 해당하지 아니한다(1991. 10. 25. 제3부 판결, 91다29378 신탁해지로 인한 토지소유권이전등기).

67. 조선임야조사령에 의한 임야조사서의 소유자란에 "국"으로 기재되었으나 연고자의 기재가 있는 경우 국가 소유로 사정된 것으로 추정함의 당부(소극)

조선임야조사령 제3조, 제10조, 같은령시행규칙 제1조 제2호, 삼림법 제19조(융희 2. 1. 21. 법률 제1호) 등의 규정에 비추어 볼 때 임야조사서의 소유자란에 "국"으로 기재되고 그 연고자란에 연고자의 이름이 기재되어 있다면, 그 후 위 임야조사서에 기하여 임야의 소유자와 경계를 사정하는 과정에서 국유로 사정되었다고 추정하기는 어려울 것이고, 오히려 연고자로 기재된 자가 위와 같이 산림법 제19조의 신고를 하지 아니하여 국유로 된 것이라면 연고자의 소유로 사정되었을 가능성이 더 크다고 할 것이다(1992. 2. 25. 제1부 판결, 91다26065 소유권보존등기말소).

68. 부동산소유권이전등기 등에 관한 특별조치법의 적용대상이 아닌 부동산에 대하여 매매일자를 소급하여 허위로 보증서와 확인서를 발급받아 소유권이전등기를 경료한 경우 부적법한 등기라고 본 사례

공동재산상속인들 명의로 소유권이전등기가 되어 있던 부동산을 1980. 6. 말경 그 상속인 중 1인으로부터 매수하고서도, 1974. 12. 31. 이전의 법률행위로 인하여 사실상 양도된 부동산을 그 적용 대상으로 하고 있는 부동산소유권이전등기 등에 관한 특별조치법에 따라 소유권이전등기를 하기 위하여, 그 매매일자를 1973. 3. 15.로 소급하여 허위로 기재한 매매계약서를 만든 다음, 공동상속인들 전부로부터 위 부동산을 매수한 것처럼 허위의 보증서와 확인서를 발급받아 소유권이전등기를 하였다면 그 소유권이전등기는 부적법한 등기라고 본다(1992. 2. 25. 제2부 판결, 91다44605 소유권이전등기말소).

69. 가. 실체적 권리관계에 부합하는 등기의 의미

등기가 실체적 권리관계에 부합한다고 하는 것은 그 등기절차에 어떤 하자가 있더라도 진실한 권리관계와 합치되는 것을 말하며, 매매대금 전액이 지급되었다고 하더라도 소유권이전등기청구권을 행사할 권능이 없거나 매매대금 완불 전에 그 소유권이전등기를 하기로 하는 특약이 없는 경우 그 등기로써 결코 실체적 권리관계에 부합한다고 할 수 없다.

나. 회사정리절차의 개시결정 당시 매매계약상의 대금지급의무가 완전히 속행되지 아니한 경우 매도인인 정리회사의 관리인이 계약의 해제나 계약속행의 청구를 선택하기 전에 상대방이 임의로 계약을 속행하거나 관리인에게 계약의 속행을 청구할 수 있는지 여부(소극)

회사정리법 제103조 제1, 2항의 규정에 의하면 매수인이 매도인인 정리회사에 대한 회사정리절차의 개시결정 당시 매매계약상의 대금지급의무를 완전히 이행하지 아니한 경우 정리회사의 관리인에게 이 매매계약에 관하여 그 계약의 해제나 그 속행의 청구를 선택할 권리가 있다 할 것이므로 위 매매계약의 운명은 관리인의 선택권 행사에 관한 재량에 따르게 되어 있고, 그 상대방은 관리인이 계약의 이행을 선택하거나 계약의 해제권이 포기된 것으로 간주되기까지는 임의로 변제를 하는 등 계약을 속행하거나 관리인에게 계약의 속행을 청구할 수 없다.

다. 위 "나"항의 경우 정리회사 관리인이 상대방 앞으로 경료된 등기의 말소를 소구하고 있는 것을 소장부본의 송달로 계약해제의 의사표시를 한 것이라고 본 사례

위 "나"항의 경우 정리회사 관리인이 상대방 앞으로 경료된 등기의 말소를 구하고 있다면 관리인의 의사는, 매매계약의 속행을 선택할 의사가 없고, 오히려 그 계약의 해제를 선택하는 것, 즉 소장부본의 송달로 상대방에게 회사정리법 제103조 제1항 소정의 해제의 의사효시를 한 것이라고 본다(1992. 2. 28. 제3부 판결, 91다30149 소유권이전등기말소).

70. 가. 부동산소유권이전등기 등에 관한 특별조치법에 의하여 경료된 소유권이전등기의 추정력과 이의 번복을 위한 주장·입증방법

부동산소유권이전등기 등에 관한 특별조치법에 의하여 경료된 소유권이전등기는 그 법에 규정된 절차에 따라 적법하게 된 것으로서 실체적 권리관계에도 부합하는 등기로 추정되는 것이므로, 이와 같은 추정을 번복하기 위하여는 그 등기의 기초가 된 위 특별조치법 소정의 보증서나 확인서가 위조되었거나 허위로 작성된 것이라든지 그 밖의 사유로 적법하게 등기된 것이 아니라는 것을 주장·입증하여야 한다.

나. 원고가 위 특별조치법 소정의 보증서 기재의 매매사실이 없다고 주장한 데 대하여, 피고들이 명의신탁을 해제하면서 소유권이전등기를 경료하게 된 것이라고 주장한 경우 이는 위 보증서가 허위임을 자백한

것으로 볼 것은 아니므로 위 증거의 추정력이 번복되었다고는 볼 수 없다고 한 사례

원고가 위 특별조치법에 의하여 경료된 소유권이전등기의 원인에 관하여 보증서에 기재된 바와 같이 갑이 을에게 계쟁토지를 매도한 사실이 없다고 주장한 데 대하여, 피고들이 단순히 그 주장을 부인하는 데서 그치지 아니하고 나아가 계쟁토지는 본래 을이 갑에게 편의상 명의신탁하여 두었던 것인데 그 명의신탁을 해제하면서 위 소유권이전등기를 경료하게 된 것이라는 취지로 주장한 바 있다 하더라도, 이는 보증서가 허위라는 원고의 주장을 적극적으로 부인한 것으로 볼 것이지 위 보증서가 허위임을 자백한 것으로 볼 것은 아니므로 이로써 위 소유권이전등기의 추정력이 번복되었다고는 볼 수 없다(1992. 3. 27. 제3부 판결, 91다47253 소유권이전등기말소).

71. 가. 소유권보존등기가 된 종전건물의 소유자가 이를 헐어 내고 건물을 신축한 경우에 있어 종전건물에 관하여 마쳐진 원인무효의 소유권이전등기 등의 말소를 구할 소의 이익이 있는지 여부(적극)

소유권보존등기가 되었던 종전건물의 소유자가 이를 헐어내고 건물을 신축한 경우에 있어 종전건물에 대한 멸실등기를 하고 새 건물에 대한 소유권보존등기를 하기 위하여 종전건물에 대한 소유권보존등기를 터잡아 마쳐진 원인무효의 소유권이전등기 등의 말소를 청구할 소의 이익이 있다.

나. 위 "가"항에 있어 종전건물의 등기부에 근저당권설정등기를 하고 후에 그 표제부 표시를 새 건물로 변경등기한 경우 새 건물에 대한 등기로서 유효한지 여부(소극)

위 "가"항의 경우 새 건물에 대한 근저당권을 설정할 의사를 가지고 종전건물의 등기부에 근저장권설정등기를 하고, 후에 그 표제부표시를 새 건물로 변경등기하였다고 하여 새 건물에 대한 등기로서 유효하게 된다고 할 수 없다(1992. 3. 31. 제1부 판결, 91다39184 토지소유권이전등기말소).

72. 가. 종중이 부동산에 관하여 개인 명의로 사정을 받은 경우 그것이 명의신탁에 기한 것이라도 사정명의인이 위 부동산의 소유권을 원시적·창설적으로 취득하는지 여부(적극)

종중이 부동산에 관하여 개인 명의로 사정을 받았다면, 설사 그것이 종중의 명의신탁에 기한 것이었다고 하더라도, 사정명의인이 위 부동산의 소유권을 원시적·창설적으로 취득하는 것이라고 보아야 한다.

나. 임야소유권이전등기 등에 관한 특별조치법에 의한 소유권보존등기 명의자가 허위의 보증서에 의한 것이라도 그 부동산의 소유권 중 자신의 법정상속분에 해당하는 공유지분을 대습상속받은 것이라면 상속받은 위 고유지분의 범위 내에서는 원인무효의 등기라고 할 수 없

다고 한 사례

계쟁부동산의 사정명의자인 갑이 사망하기 전에 그의 장남인 을이 이미 사망하였고 병이 을의 차남이었다면, 병은 을의 법정상속분 중 그에 대한 자신의 법정상속분에 해당하는 부분에 관하여는 을의 순위에 갈음하여 갑의 상속인이 되는 것이므로, 상속부동산의 소유권 중 위와 같은 자신의 법정상속분에 해당하는 공유지분을 대습상속받았다고 보아야 하고, 그렇다면 병이 위 부동산에 관하여 농지위원들로부터 이를 매수하였다는 내용의 허위의 보증서를 발급받아 임야소유권이전등기를 경료하였다 하여도 위 소유권보존등기는, 적어도 병이 상속받은 공유지분의 범위 내에서는 실체적 권리관계에 부합하는 것이어서 원인이 없는 무효의 등기라고 할 수는 없다(1992. 6. 23. 제2부 판결, 92다3472 소유권이전등기말소).

73. 가. 임야소유권이전등기 등에 관한 특별조치법이나 부동산소유권이전등기 등에 관한 특별조치법에 의한 소유권보존등기의 추정력과 그 복멸을 위한 주장, 입증방법

임야소유권이전등기 등에 관한 특별조치법(법률 제2111호, 실효)이나 부동산소유권이전등기 등에 관한 특별조치법(법률 제3094호, 실효)에 의하여 소유권보존등기가 이루어진 경우에는 그 임야를 사정받은 사람이 따로 있다든가 임야대장이나 토지대장에 등기명의인에 앞서 다른 사람의 소유명의로 등재되어 있는 경우라도 그 등기는 위 법 소정의 적법한 절차에 따라 마쳐진 것으로서 실체적 권리관계에 부합하는 등기로 추정된다 할 것이므로 위 법에 의하여 경료된 소유권보존등기의 말소를 소구하려는 자는 그 소유권보존등기 명의자가 위 법 소정의 보증서와 확인서가 허위작성 내지 위조되었다든가 그 밖에 다른 사유로 인하여 그 보존등기가 적법하게 이루어진 것이 아니라는 주장과 입증을 하여야 한다.

나. 위 “가”항의 소유권보존등기의 원인이 된 보증서나 확인서상의 매도인 명의나 매수일자의 기재가 실제와 달리 되어 있다는 것만으로 그 등기의 적법 추정력이 깨어지는지 여부(소극)

위 “가”항의 소유권보존등기는 임야대장 등의 소유명의인으로부터 직접 양수받은 경우 뿐만 아니라 제3자를 거쳐 양수한 경우에도 허용된다고 할 것이므로 그 원인증서인 보증서나 확인서상의 매도인 명의나 매수일자의 기재가 실제와 달리 되어 있다고 하더라도 그것만으로는 그 등기의 적법 추정력이 깨어진다고 할 수 없다.

다. 위 “나”항의 보증서 등의 허위성 여부가 다투어지고 있는 소송과정에서 보존등기 명의자가 자기에 대한 양도인이나 그 이전의 양도인들이 토지대장상의 소유명의자로부터의 취득경위를 명백히 주장하지 못한다는 것만으로 보증서와 확인서가 허위작성된 것으라고 할 수

있는지 여부

위 “나”항의 보증서 등의 허위성 여부가 다투어지고 있는 소송과정에서 보존등기 명의자가 자기에 대한 양도인이나 그 이전의 양도인들이 임야대장이나 토지대장상의 소유명의자로부터 이어받은 취득경위를 명백히 주장하지 못한다고 하더라도 특별한 사정이 없는 한 그것만으로는 그 등기의 원인증서인 보증서와 확인서가 허위작성된 것이라고 할 수 없다.

라. 갑이 이미 자신과 을 명의로 소유권보존등기가 경료된 임야에 관하여 자신과 을로부터 매수하였다는 내용의 보증서와 확인서에 터잡아 단독명의로 보존등기를 경료하였으나 갑 등이 을로부터 매수한 바 없고 원소유자로부터 전전 승계취득한 병으로부터 매수취득하였다고 주장하고 있다면 위 보증서 등의 내용은 허위라고 한 사례

이미 갑과 을 명의로 소유권보존등기가 경료되어 있던 임야에 관하여 경료된 갑 명의의 소유권보존등기는 갑이 그 자신과 을로부터 매수하여 사실상 소유하고 있음을 보증한다는 내용의 보증서와 확인서에 터잡아 부동산소유권이전등기 등에 관한 특별조치법(법률 제3094호, 실효)에 의하여 임야대장상의 소유명의를 변경한 후 갑 단독명의로 경료한 것인데 갑이나 그로부터 등기를 이어받은 자들은 모두 갑이 그 당시 위 임야의 등기부상 소유명의자인 을로부터 위 임야를 매수한 바는 없고 위 임야를 원소유자로부터 전전매수한 병으로부터 다시 매수하였다고 주장하고 있어 위 갑 등은 위 보증서 등이 허위라고 주장을 시인하고 있고, 또 기록상 이에 부합되는 자료가 보이기도 한다면 위 보증서 및 확인서의 기재 내용은 진실에 반하여 허위라고 하지 않을 수 없다(1992. 6. 23. 제1부 판결, 92다8965 소유권이전등기말소).

74. 가. 구임야대장상 소유자 변동의 기재가 등기공무원의 통지에 의하여 이루어진 것이라고 볼 것인지 여부(적극)

구임야대장규칙(1920. 8. 23. 조선총독부령 제113호) 제2조에 의하여 준용되던 구 토지대장규칙(1914. 4. 25. 조선총독부령 제45호) 제2조에 의하면, “소유권이전에 관한 사항은 등기관리의 통지가 없으면 임야대장에 등록하지 아니한다”고 규정되어 있으므로, 구임야대장상 소유자 변동의 기재는 위 규정에 따라 등기공부원의 통지에 의하여 이루어진 것이라고 보지 않을 수 없다.

나. 국유(전귀속)임야대장에 귀속재산으로 기재되어 있는 임야가 1945. 8. 9. 현재 일본인의 소유라고 볼 것인지 여부(적극)

6·25사변으로 멸실되기 전의 임야대장에 터잡아 전국의 귀속임야를 기재한 귀속임야대장이 만들어졌고, 이를 근거로 1952. 7. 26.자 국유화결정이 이루어졌으며, 이 결정이 이루어지자 그 대상 임야들을 귀속임야국유화대장, 귀속재산국유화조치대장, 국유화결정귀속임야대장, 국유(전귀속)임야대장에 기

재한 데 이어, 재무부와 농림부의 의로 국유화결정귀속임야대장의 정비작업이 이루어진 것이므로, 국유(전귀속)임야대장은 결국 6·25사변으로 멸실되기 전의 임야대장에 터잡아 이루어졌다고 할 수 있고, 따라서 위 임야대장 중 소유자란에 기재에 부여된 권리추정력은 국유(전귀속)임야대장에도 그대로 이어진다고 할 수 있으므로 국유(전귀속)임야대장에 귀속재산으로 기재되어 있는 임야는 1945. 8. 9. 현재 일본인의 소유라고 봄이 타당하다.

다. 임야세명기장의 권리추정력 유무(소극)

임야세명기장은 조세부과의 행정목적으로 작성된 문서에 불과하여 권리추정의 효력이 없다.

라. 임야세명기장에 터잡아 작성된 문서의 권리추정력 유무(소극)

권리추정력이 없는 임야세명기장에 터잡아 작성된 문서에도 권리추정의 효력이 없다.

마. 6·25사변으로 멸실되었다가 관할 행정관청이 행정의 편의를 위하여 복구한 임야대장상 소유자란의 기재가 소유권의 귀속을 증명하는 자료로 될 수 있는지 여부(소극)

구 지적법(1975. 12. 31. 법률 제2801호로 개정되기 전의 것) 시행 당시에는 멸실된 임야대장의 복구에 관한 절차가 전혀 없었음로 임야대장의 관할 행정관청이 행정의 편의를 위하여 복구한 임야대장은 적법하게 복구된 것이라고 할 수 없고, 따라서 그 소유자란의 기재는 소유권의 귀속을 증명하는 자료가 될 수 없다(1992. 6. 26. 제3부 판결, 92다12216 소유권보존등기말소).

75. 가. 멸실회복등기절차에 의한 소유권이전등기의 추정력

부동산등기부에 소유권이전의 등기가 경료되어 있는 경우 그 등기명의자는 등기원인에 의하여 적법한 소유권을 취득한 것으로 확인받는 것이고, 이러한 법리는 그 소유권이전의 등기가 등기부 멸실 후의 회복등기절차에 의하여 이루어진 경우에도 다를 바 없다.

나. 전등기의 접수일자, 접수번호 및 원인일자가 “불명”으로 기재된 멸실회복등기의 추정력

멸실에 의한 회복등기가 등기부에 기재되어 있다면 별다른 사정이 없는 한 이는 등기공무원에 의하여 적법하게 수리되고 처리된 것이라고 추정함이 타당하고, 전등기의 접수일자 및 접수번호, 원인일자 등이 “불명”으로 기재되어 있다는 것만으로는 위 회복등기절차에 무슨 하자가 있는 것으로 볼 수 없을 것이므로, 위와 같은 사정만으로 회복등기의 추정력이 깨어진다고 할 수 없다(1992. 7. 10. 제3부 판결, 92다9340 소유권이전등기말소).

76. 가. 일반농지의 소유권이전등기 등에 관한 특별조치법에 의하여 할 수 있는 소유권이전등기

일반농지의 소유권이전등기 등에 관한 특별조치법(법률 제1657호, 실효)에 의하여 할 수 있는 소유권이전등기는 같은 법 제1조, 민법 부칙 제10조의 취지에 비추어 보면, 그 법률행위가 민법 시행일 전에 이루어진 것에 한한다고 해석된다.

나. 갑이 주장하는 권리변동의 원인일자와 매도인이 갑 명의의 소유권이전등기의 원인증서인 보증서나 확인서의 기재와 다를 뿐만 아니라, 갑의 주장대로 매매가 1963. 10.에 이루어졌다면 위 특별조치법에 의하여 등기할 수 있는 경우에도 해당하지 아니하므로 갑 명의의 위 등기는 그 추정력이 없다고 한 사례

위 특별조치법에 의한 갑 명의의 소유권이전등기의 원인증서인 보증서나 확인서의 내용은 갑이 1955. 10. 7. 이를 매수하였다는 것인 반면, 소송에서의 갑의 주장내용은, 계쟁부동산의 소유자가 1951년경에 사망하고 을이 단독상속인이 되어 위 부동산을 상속받았는데, 그 후 상속등기를 마치기 전인 1963. 10.경에 갑이 을로부터 이를 매수하였다는 것이어서 권리변동의 원인일자와 매도인이 위 보증서나 확인서의 기재와 부합하지 아니할 뿐만 아니라, 갑의 주장대로 매매가 1963. 10.에 이루어졌다면 이는 위 특별조치법에 의하여 등기할 수 있는 경우에도 해당하지 아니하므로 갑 명의의 위 등기는 그 추정력이 없다(1992. 7. 10. 제3부 판결, 92다11459 소유권이전등기말소).

77. 가. 임야의 사정명의를 수탁받은 자들과 이들의 재산상속인들 명의로 경료된 소유권보존등기가 적법한 등기인지 여부(적극)

임야의 사정명의를 수탁받은 자들과 이들의 재산상속인들 명의로 소유권보존등기가 마쳐졌다면 위 등기명의자들은 대내적으로 명의신탁자에 대한 명의수탁자로서의 지위에 있다고 하더라도 대외적으로는 토지사정의 법리상 위 임야가 사정으로 인하여 그들의 소유로 된 것이라고 할 것이므로 그 후 위 사정인들 중 사망한 자들의 재산상속인 및 생존한 사정인들 명의로 경료된 위 임야에 관한 소유권보존등기는 적법한 등기라고 할 것이다.

나. 임야에 관하여 명의수탁자로부터 제3자 앞으로 임야소유권이전등기 등에 관한 특별조치법에 의한 허위의 보증서와 확인서에 기하여 등기가 경료되었으나 그것이 임야의 실직적 소유자의 의사에 의하여 이루어진 경우 실체적 권리관계에 부합하는 등기인지 여부(적극)

명의수탁자로부터 제3자 앞으로 경료된 임야에 관한 등기가 비록 임야소유권이전등기 등에 관한 특별조치법에 의한 허위의 보증서와 확인서에 기하여 경료된 것이라고 하더라도 임야의 실질적 소유자의 의사에 의하여 이루어진 이상 실체적 권리관계에 부합하는 등기라고 하지 않을 수 없다(1992. 7. 28. 제2부 판결, 91다29897 소유권이전등기).

78. 전등기의 접수년월일 및 번지란이 불명으로 기재된 멸실회복등기의 추정력

멸실에 의한 회복등기가 등기부에 기재되었다면 별다른 사정이 없는 한 이는 등기공무원에 의하여 적법하게 수리되고 처리된 것이라고 일응 추정함이 타당하고, 전등기의 접수년월일 및 번호란이 불명으로 기재되어 있다는 것만으로는 회복등기절차에 하자가 있는 것으로 볼 수 없다(1992. 8. 18. 제1부 판결, 92다8736 소유권이전등기말소등).

79. 가. 갑과 을 앞으로 등기가 이루어진 뒤 을이 미성년자인 갑의 모의 동의를 얻어 돈을 차용하기 위하여 병 앞으로 등기명의를 신탁하였다가 그 명의신탁을 해지하면서 갑의 소유지분에 관하여도 을 앞으로 등기를 마쳤다면 을의 지분을 초과하는 부분에 관하여는 갑과 을 사이에 명의신탁의 묵시적 합의가 있었다 할 것이라고 한 사례

갑과 을 앞으로 소유권보존등기가 이루어졌다가 을이 당시 미성년자였던 갑의 친권자인 모의 동의를 얻어 그 등기명의를 병 앞으로 이전한 다음 이를 담보로 하여 돈을 차용하였다가 변제하고 병에 대한 명의신탁을 해지하여 그 등기명의를 회복함에 있어서 편의상 갑의 소유지분에 관하여도 을 앞으로 등기를 마쳤다면 을 소유의 지분을 초과하는 부분에 관하여는 공동소유자들인 갑과 을 사이에 명의신탁의 묵시적인 합의가 있었다 할 것이다.

나. 명의수탁자의 점유가 자주점유인지 여부

등기명의가 신탁되었다면 특별한 사정이 없는 한 명의수탁자의 부동산에 관한 점유는 그 권원의 성질상 자주점유라고 할 수 없다(1992. 8. 18. 제2부 판결, 92다20415 소유권이전등기).

80. 가. 종중재산이 여러 사람에게 명의신탁된 경우 수탁인들 상호간의 소유관계(=공유관계)

종중재산이 여러 사람에게 명의신탁된 경우 수탁인들 상호간에는 형식상 공유관계가 성립한다.

나. 종중 위토의 명의수탁자 중의 한 사람이 위토를 점유한 경우 수탁지분을 넘는 부분을 소유할 의사로 점유하였다고 볼 것인지 여부

종중 위토의 명의수탁자 중의 한 사람이 그 위토를 점유하였다고 하여도 다른 사정이 없는 한 이는 종중을 위하여 종중의 위토로 점유하였다고 볼 것이지 그 수탁지분을 넘는 부분을 소유할 의사로 점유하였다고 볼 것은 아니다(대법 1991. 9. 8. 제1부 판결, 92다18184 소유권이전등기말소).

81. 토지를 사정받은 사람이 따로 있고 그가 양도사실을 부인하는 경우 임야소유권이전등기 등에 관한 특별조치법이나 부동산소유권이전등기 등에 관한 특별조치법에 의하지 않은 소유권보존등기의 추정력 유무(소극)

소유권보존등기의 명의인은 소유자로 추정받으나 그 토지를 사정받은 사람은 따로 있고 그가 양도사실을 부인할 경우에는 그 등기가 구 임야소유권이전등기 등에 관한 특별조치법이나 구 부동산소유권이전등기 등에 관한 특별조치법에 의하여 경료된 것이 아닌 한 그 추정력은 깨어지는 것이므로 등기명의인이 구체적으로 실체관계에 부합한다거나 그 승계취득사실을 주장·입증하지 못하는 한 그 등기는 원인무효이다(1992. 9. 22. 제1부 판결, 91다42852 소유권보존등기말소등).

82. 시가 갑 소유 토지에 대하여 환산등록시 공무원의 착오로 과소하게 기재된 토지대장상 면적을 기준으로 환지예정지지정처분을 하고, 갑과 을은 종전토지의 등기부 표시에 맞추어 매매계약을 체결하여 을 앞으로 소유권이전등기를 경료한 후 환지확정이 되었다면 환지에서 누락된 부분에 대하여 손해를 입은 자는 을이지 갑이 아니라고 한 사례

관계공무원이 갑소유 토지의 토지대장상의 면적을 평방미터로 환산등록하는 과정에서 계산착오로 992평방미터 부족으로 잘못 기재하였는데, 시가 위 토지를 포함한 일대의 토지구획정리사업을 시행하면서 위 토지에 대하여 토지대장에 기재된 면적을 기준으로 하여 환지예정지지정처분을 하였고, 그 후 갑과 을이 토지대장상 잘못 기재된 면적을 기준으로 하여 환지예정지가 지정된 것을 알지 못한 채 매매목적물을 등기부 표시란의 기재에 맞추어 종전토지의 지번과 지적으로 표시한 매도증서를 작성하여 매매계약을 체결하여 을 앞으로 소유권이전등기를 경료한 다음 환지처분공고에 의하여 환지확정이 되었다면, 종전토지 중 992평방미터를 갑과 을 사이의 매매계약의 대상물로 삼지 않았다고 하더라도 이 부분마저 을 앞으로 소유권이전등기가 경료된 이상 이 토지부분은 대외적으로 을의 소유라 할 것이어서 시가 환지처분공고에 의하여 위 토지부분에 관한 소유권을 상실시키는 손해를 입혔다고 하더라고 그 손해를 입은 자는 을이지 갑이 아니다(1992. 9. 25. 제3부 판결, 92다2691 손해배상(기), 2707(독립당사자참가)).

83. 사망자를 상대로 한 확정판결에 기하여 경료되었으나 실체적 권리관계에 부합하는 소유권이전등기의 효력 유무(적극)

사망자를 상대로 한 확정판결에 기하여 소유권이전등기를 한 경우라 하더라도 실체적 권리관계에 부합한다면 이를 유효라 할 것이다(1992. 9. 25. 제3부 판결, 92다21258 토지소유권이전등기).

84. 등기명의인 표시변경(경정)의 등기가 등기명의인의 동일성을 해치는 방법으로 행하여져서 등기가 타인을 표상하는 결과에 이른 경우 원래의 등기명의인이 새로운 등기명의인을 상대로 변경(경정)등기의 말소를 구할 수 있는지 여부(적극)

등기명의인의 표시변경(경정)의 등기는 등기명의인의 동일성이 유지되는 범위 내에서 등기부상의 시를 실제와 합치시키기 위하여 행하여지는 것에 불과할 뿐 어떠한 권리변동을 가져오는 것이 아니므로 등기가 잘못된 경우에도 등기명의인은 다소 소정의 서면을 갖추어 경정등기를 하면 되는 것이고 따라서 거기에는 등기의무자의 관념이 있을 수 없으나, 등기명의인의 표시변경(경정)의 등기가 등기명의인의 동일성을 해지는 방법으로 행하여져서 등기가 타인을 표상하는 결과에 이르렀다면 이 경우에는 원래의 등기명의인은 새로운 등기명의인을 상대로 변경(경정)등기의 말소를 구할 수밖에 없다(1992. 11. 13. 제3부(마) 판결, 92다39167 등기명의인주소경정등기).

85. 토지구획정리사업시행자가 처분한 체비지를 매수인으로부터 다시 매수하여 공시방법으로 점유까지 갖춘 자의 권리관계

토지구획정리사업시행자가 처분한 체비지를 매수한 자로부터 다시 매수하여 공시방법인 점유까지 갖춘 매수인을 물권사유의 사용수익권을 취득하였다가 환지처분공고익일에 토지구획정리사업법 제62조 제6항의 규정에 따라 소유권을 원시적으로 취득하게 된다(1993. 2. 12. 제3부(다) 판결, 92다15635 소유권이전등기등).

86. 동일부동산에 관하여 등기명의인을 달리하여 중복하여 경료된 소유권보존등기의 효력

동일부동산에 관하여 등기명의인을 달리하여 중복된 소유권보존등기가 마쳐진 경우 먼저 이루어진 소유권보존등기가 원인무효로 되지 않는 한 뒤에 된 소유권보존등기는 그것이 실체적 권리관계에 부합한다 하더라도 무효이다(1993. 2. 12. 제3부(다) 판결, 92다28297 소유권보존등기말소).

87. 동일성이 있는 양 건물에 대하여 각기 소유권보존등기가 경료된 경우의 효력

먼저 경료된 등기부상의 표시에 합치되는 당초의 건물의 증·기축으로 인하여 현재의 건물로 변형되었다고 하더라도 양 건물의 동일성이 인정되는 한 당초의 건물에 대한 등기는 증·기축으로 인한 변경등기를 거치기 전이라도 현재의 건물을 표상하는 유효한 등기라고 할 것이므로, 먼저 경료된 보존등기가 원인무효가 되지 아니하는 한 현재의 건물에 대하여 다시 경료된 보존등기는 이중등기로서 무효이다(1993. 2. 23. 제1부(나) 판결, 92다36397 토지소유권이전등기말소등).

88. 임야대장에 사정의 기재와 재결의 기재가 차례로 병기되어 있으나 임야대장의 공유자연명부에 재결을 거친 소유자 명단이 구체적을 기재되어 있고 재결의 결과가 관보에 공시된 경우 사정의 효력 유무(소극)

조선임야조사령의 관계규정의 해석상 같은 령 제8조 소정의 사정이 있은 후 같은 조 제4항 소정의 공시기간이 만료되고 60일 이내에 사정이 불복하는 재결신청이 없이 사정이 확정된 경우 그 확정된 사항을 임야대장에 등록하는 것으로 풀이되므로 원칙적으로 임야대장에 사정의 기재가 있으면 재결의 기재가 있을 수 없고 재결의 기재가 있으면 사정의 기재가 있을 수 없는 것이지만, 임야대장상에 사정의 기재와 재결의 기재가 차례로 병기되어 있다면 재결의 기재는 불실의 기재로 보아야 할 것이나 임야대장의 공유자연명부에 재결을 거친 소유자 명단이 구체적으로 기재되어 있고 그러한 재결의 결과가 관보에 의하여 공시됨으로써 재결이 있었음이 객관적으로 명백히 입증되는 경우에는 재결에 의하여 사정이 적법하게 취소되었다고 보아야 할 것이다(1993. 3. 12. 제3부(카) 판결, 92다51372 토지소유권이전등기).

89. 명의수탁자의 공동상속인 중 한 사람이 자신의 상속지분을 다른 상속인에게 양도하고 지분권이전등기를 경료한 다음 사망한 경우, 다른 상속인이 망인의 명의수탁자로서의 지위를 승계하는지 여부(소극)

명의수탁자의 공동상속인 중 한 사람(갑)이 자신의 상속지분을 다른 상속인(을)에게 양도하고 그 앞으로 지분권이전등기가지 마쳐 주었다면 그 후 갑의 사망으로 수탁부동산에 대한 갑의 명의수탁자로서의 지위가 을에게 승계될 수는 없다(1993. 4. 13. 제2부 판결, 92다35967 소유권이전등기말소등).

90. 가. 대물반환의 예약 내지 양도담보 약정에 해당하는 것을 곧바로 매매계약이 성립된 것으로 잘못 해석한 원심판결을 파기한 사례

당사자간에 채무금을 1개월 내에 변제하지 못할 경우에는 채무액을 아파트의 매매대금으로 하여 소유권이전등기를 한다고 약정한 경우, 당사자가 그 약정을 하게 된 동기나 경위 및 그 내용 등에 비추어 그 약정은 채무자가 채권자에 대한 채무를 1개월 내에 변제하지 못할 경우에는 채무의 변제에 갈음하여 채권자에게 아파트를 양도한다는 취지로서, 이는 곧 대물반환의 예약 내지 양도담보의 약정에 해당하는 것으로 보아야 한다는 이유로, 이를 매매계약이 성립된 것으로 본 원심판결을 파기한 사례

나. 대물반환의 예약 내지 양도담보 약정에 의한 소유권이전등기 의무자가 그 부동산에 관한 다른 근저당권설정등기 말소를 청구할 수 있는지 여부(적극)

당사자 사이에 부동산에 관한 대물반환의 예약 내지는 양도담보의 약정을 맺은 경우, 채무자는 채권자에게 그 피담보채무를 변제함으로써 약정에 따른 소유권이전등기절차 이행의무 자체를 소멸시킬 수도 있고, 나아가 채권자 앞으로 소유권이전등기가 경료된 후에는 채권자로부터 청산금 채권을 변제받을 때까지 채권자 앞으로 경료된 소유권이전등기의 말소를 청구할 수 있으므로(가등기담보등에 관한 법률 제11조), 채무자가 채권자에게 소유권이전등기절차 이행의무를 부담한다는 이유만으로 채무자의 그 부동산에 관한 근저당권설정등기 말소청구가 허용될 수 없다고 단정할 수는 없다.

다. 과거의 특정 시점의 채무액 존부 확인을 구하는 소의 적법 여부 (소극)

확인의 소는 다른 특별한 사정이 없는 한 분쟁의 당사자간에 현재의 권리 또는 법률관계에 관하여 즉시 확정할 이익이 있는 경우에 허용될 뿐 일반적으로 과거의 법률관계는 확인의 소의 대상이 될 수 없으므로, 과거의 특정 시점을 기준으로 한 채무부존재 확인 청구는 과거의 법률관계의 확인을 구하는 것에 불과하여 확인의 이익을 인정할 수 없다(1996. 5. 10. 판결, 94다35565, 35572 소유권이전등기등·채무부존재확인등).

91. 가. 채권자 아닌 제3자 명의의 근저당권설정등기의 효력(한정 유효)

근저당권은 채권담보를 위한 것이므로 원칙적으로 채권자와 근저당권자는 동일인이 되어야 하고, 다만 제3자를 근저당권 명의인으로 하는 근저당권을 설정하는 경우 그 점에 관하여 채권자와 채무자 및 제3자 사이에 합의가 있고, 채권양도, 제3자를 위한 계약, 불가분적 채권관계의 형성 등 방법으로 채권이 그 제3자에게 실질적으로 귀속되었다고 볼 수 있는 특별한 사정이 있는 경우에 한하여 제3자 명의의 근저당권설정등기도 유효하다.

나. 무효등기의 유용에 관한 묵시적 합의 내지 추인이 인정되는 경우

무효등기의 유용에 관한 합의 내지 추인은 묵시적으로도 이루어질 수 있으나, 위와 같은 묵시적 합의 내지 추인을 인정하려면 무효등기 사실을 알면서 장기간 이의를 제기하지 아니하고 방치한 것만으로는 부족하고 그 등기가 무효임을 알면서도 유효함을 전제로 기대되는 행위를 하거나 용태를 보이는 등 무효등기를 유용할 의사에서 비롯되어 장기간 방치된 것이라고 볼 수 있는 특별한 사정이 있어야 한다.

다. 근저당권설정등기가 채권자 아닌 제3자 명의로 경료된 후 채권자가 근저당권이전의 부기등기를 경료받은 경우, 위 근저당권설정등기가 실체관계에 부합하는지 여부(한정 적극)

등기가 실체적 권리관계에 부합한다고 하는 것은 그 등기절차에 어떤 하자가 있더라도 진실한 권리관계와 합치되는 것을 의미하는바, 채권자가 채무자와 사이에 근저당권설정계약을 체결하였으나 그 계약에 기한 근저당권설정등기가 채권자가 아닌 제3자의 명의로 경료되고 그 후 다시 채권자가 위 근저당권설정등기에 대한 부기등기의 방법으로 위 근저당권을 이전받았다면 특별한 사정이 없는 한 그 때부터 위 근저당권설정등기는 실체관계에 부합하는 유효한 등기로 볼 수 있다.

라. 채권자 아닌 제3자 명의의 근저당권설정등기가 경료된 부동산에 소유권이전청구권 가등기가 경료되고 그 후 다시 채권자 명의로 위 근저당권이전의 부기등기가 경료된 사안에서, 위 근저당권설정등기는 실체관계에 부합하는 유효한 등기라고 볼 수 없다고 한 사례

채권자 아닌 제3자 명의의 근저당권설정등기가 경료된 부동산에 소유권이전 청구권 가등기가 경료되고 그 후 다시 채권자 명의의 위 근저당권이전의 부기등기가 경료된 사안에서, 채권자는 위 부기등기가 경료된 시점에 비로소 근저당권을 취득하는데, 부기등기의 순위가 주등기의 순위에 의하도록 되어 있는 부동산등기법 제6조 제1항에 따라 등기부상으로는 채권자가 위 제3자 명의의 근저당권설정등기가 경료된 시점에 근저당권을 취득한 것이 되어 위 가등기보다 그 순위가 앞서게 되므로, 결국 위 근저당권설정등기는 실체관계에 부합하는 유효한 등기라고 볼 수 없다고 한 사례(대법원 2007.1.11. 선고 2006다50055 판결).

◈ 부동산물권취득에 있어서 등기를 요하지 않는 경우

제 187 조 【등기를 요하지 아니하는 부동산물권취득】

상속, 공용징수, 판결, 경매 기타 법률의 규정에 의한 부동산에 관한 물권의 취득은 등기를 요하지 아니한다. 그러나 등기를 하지 아니하면 이를 처분하지 못한다.

■ § 187. 법률행위에 의하지 않은 물권변동

- 상속, 공용징수, 판결, 경매
- 기타의 법률의 규정
- 등기없이 생기는 물권변동
- 단, 처분시 등기하여야 한다.
- 예 외 : 부동산물권의 점유취득시효(제245조)의 경우는 법률규정에 의한 물권변동이나 등기하여야 효력이 생김
- 관련법조 : [물권득실준거법] 국제사법 §12

1. 의의 및 취지

(1) 의 의

본조는 「상속 · 공용징수 · 판결, 경매 기타 법률의 규정에 의한 부동산에 관한 물권의 취득은 등기를 요하지 아니한다. 그러나 등기를 하지 아니하면 이를 처분하지 못한다」 고 규정한다. 이것은 법률행위로 인하지 않는 부동산물권변동에 관한 원칙을 선언한 것이며, 제186조의 등기주의(형식주의)에 대응하는 규정이다.

• 등기없이 효력이 생기는 물권변동(법률의 규정에 의한 경우)

구 분	내 용
법률행위로 인하지 않는 취득	① 상속, 공용징수, 판결, 경매(제187조) ② 법정지상권(제305조, 제366조, 입목법 제6조) ③ 관습법상의 법정지상권(대판 1970. 7. 20. [70다729] ④ 법정저당권의 취득(제649조) ⑤ 법정대위로 인한 저당권의 이전(제368조, 제482조) ⑥ 분배농지의 상환취득(판례) ⑦ 포괄적 승계, 주물취득에 따른 종물취득
사실행위로 인한 원시취득	건물의 신축
법률행위로 인하지 않는 소멸	① 목적물의 멸실. ② 혼동(제191조). ③ 소멸시효의 완성(절대적 소멸설에 의함). ④ 용익물권의 존속기간만료로 인한 소멸. ⑤ 피담보채권의 소멸에 의한 저당권의 소멸
기타에 의한 변동	법률행위의 무효·취소로 인한 물권의 복귀(유인론을 취하는 판례에 따를 때)

(2) 본조의 취지

민법이 법률행위로 인하지 않는 부동산물권변동에 관하여 예외적으로 등기를 요하지 않는다고 규정한 이유는 첫째, 등기가 성질상 불가능한 경우(예 : 상속)가 있으며, 둘째, 입법정책적 이유로 인한 경우(예 : 판결·공용징수), 그리고 법률관계의 공백상태의 발생을 방지하기 위한 것(예 : 상속·제48조의 경우) 등으로 나누어 볼 수 있다.

본조에서 물권의 취득이라고만 규정하나, 물권의 변경이나 소멸의 경우에도 등기를 필요로 하지 않는다고 보는 것이 통설이다(이설없음). 그리고 본조에 의하여 등기없이 물권을 취득하였더라도 이를 다시 처분하려면 단서에 의하여 등기를 하지 않으면 안된다. 따라서 이 처분금지에 위반하여 취득한 물권의 등기를 하지 않은 채로 이를 처분하면, 그 처분은 효력이 생기지 않으며 무효라고 할 것이다. 그러나 이에 관하여는 상당히 많은 예외가 학설·판례에 의하여 인정되고 있는바, 사례를 들어 살펴보기로 한다.

상속인이 상속에 의하여 취득한 부동산을 타인에게 양도하는 경우에는 본래 본조 단서에 의하여 먼저 상속등기를 한 후 처분하여야 할 것이다. 그런데 직접 피상속인으로부터 양수인에게 이전등기를 한 경우에도 그 등기는 현재의 실체관계에 합치되는 것이며, 또한 누구의 이익도 해하는 것이 아니므로 유효한 물권변동이 생긴다고 할 것이다.

건물을 신축한 자는 등기없이 소유권을 원시취득 하지만(대판 1965. 4. 6, 65다113), 그것을 처분할 때에는 일단 건물의 보존등기를 거친 후에 그것을 양수인에게 이전하고 등기를 해 주어야 할 것이다. 그러나 양수인이 직접 보존행위를 한 때에도 그 등기를 유효하고 양수인이 적법하게 소유권을 취득하게 된다고 봄이 통설(방순원, 최식, 김현태, 김중한, 이영준, 곽윤직, 반대설 : 장경학)이며, 이러한 경우는 일종의 중간생략등기의 효력의 문제라고도 하겠다.

등기부상에 전혀 기재되어 있지 아니한 부동산 또는 아직 소유권 보존등기가 행해져 있지 아니한 부동산을 미등기부동산이라고 한다.

미등기의 토지는 희소하지만 건물의 경우 건물의 신축으로 언제나 우선 미등기건물로서 성립하는 것이다.

법률행위로 인한 부동산에 관한 물권의 득실변경은 등기를 성립요건으로 하기 때문에(제186조) 등기하여야 그 효력이 발생하나, 물권의 거래에 의한 득실변경이 전혀 없는 경우, 예컨대 신축건물 위에 전혀 새롭게 발생한 부동산에 대한 원시적 소유권을 취득한 자(예 : 스스로 건물을 신축한 자)는 등기없이 그 소유권을 취득한다.

건물은 거래관념상 건물로 인정할 수 있을 정도로 완성됨에 따라 비로소 독립한 부동산이 된다. 그러므로 갑이 건축에 착수하고 아직 건물이라고는 인정할 수 없는 상태에서 을에게 양도하고, 을이 건물을 완성시킨 경우에는 을은 건물을 완성한 때에 당연히 건물 소유권을 원시취득하고 등기없이 누구에게나 그 소유권을 주장할 수 있다. 즉 을이 아직 등기하지 않고 있는 사이에 갑 혹은 기타의 자가 제멋대로 자기명의로 보존등기를 하거나, 제3자에게 이전등기를 하여도 어느 쪽이나 모두 실질관계없는 등기이고, 또 등기에 공신력도 없기 때문에 을이 우선한다.

판례도 "자기의 비용과 노력으로 건물을 신축한 자는 그 건축허가가 타인의 명의로 된 여부에 관계없이 그 소유권을 원시취득하게 되는바, 따라서 건축주의 사정으로 건축공사가 중단된 미완성의 건물을 인도받아 나머지 공사를 하게 된 경우에는 그 공사의 중단 시점에 이미 사회통념상 독립한 건물이라고 볼 수 있는 정도의 형태와 구조를 갖춘 경우가 아닌 한 이를 인도받아 자기의 비용과 노력으로 완공한 자가 그 건물의 원시취득자가 된다"고 한다.

이에 반하여 갑이 을에게 양도할 당시 이미 건물이라고 인정될 정도가 되어 있을 때에는 을은 등기하지 않으면 소유권을 취득할 수 없다.

즉, 을이 등기하기 전에 갑이 병에게 이중양도하고 병이 먼저 등기해버리면, 병이 을에 우선한다.

이상과 같은 문제는 도급에 의한 건물건축의 경우(이것이 건축의 보통의 경우이지만)에도 쉽게 발생한다. 즉, 특약 기타에 의하여 건물의 소유권은 처음(건물이라고 볼 수 있는 정도가 된 순간)부터 도급인에게 귀속하는 경우라면 도급인은 등기없이 제3자에게 대항할 수 있다. 이에 반하여 나중에 도급인에게도 이전된다고 하는 경우라면 도급인은 등기하지 않고 수급인이 스스로 등기하여 제3자에게 양도하면 그 제3자에게 대항할 수 없게 된다.

미등기부동산에 관한 소유권이전의 경우에 요구되는 등기는 양도인의 명의로 보존등기를 하고, 그 위에 양수인에게 이전등기를 하는 것이 원칙이다.

그러나 양수인이 직접 자기명의로 보존등기를 해버려도 그 등기는 현재의 진실한 권리상태를 나타내고 있기 때문에 유효하다고 하겠다.

2. 제187조의 적용범위

(1) 상 속

상속은 피상속인의 사망으로 인하여 개시된다(제997조). 따라서 피상속인의 사망과 동시에 부동산은 등기 없이 상속인의 소유로 된다. 상속에 준하는 포괄유증(제1078조), 회사합병(상법 제239조, 제269조, 제530조, 제603조) 등으로 인한 포괄승계에 의한 부동산물권의 취득에 관해서도 등기를 요하지 않는다. 포괄유증의 경우에는 유언의 효력이 생긴 때, 회사합병의 경우에는 합병의 효과가 생긴 때에 부동산물권변동이 생긴다.

(2) 공용징수

공용징수(=공용수용)는 공익사업을 위하여 개인의 소유권 기타의 재산권을 법률의 힘에 의해 강제적으로 취득하는 것이다. 수용으로 인해 수용자는 원칙적으로 등기 없이 권리를 취득하고 반면에 피수용자의 권리는 소멸한다. 공용징수에 의한 부동산물권변동의 시기는 협의수용인 경우에는 협의에 의해 정해지는 시점, 재결수용인 경우에는 재결에서 정한 시점이다(공익사업을위한토지등의취득및보상에관한법률 제29조, 30조, 45조 1항).

(3) 판 결

판결에는 이행판결, 확인판결, 형성판결이 있는데 제187조에서 말하는 판결은 형성판결만을 의미하므로 형성판결에 한해서 등기를 요하지 않는다. 예를 들면 공유물분할의 판결(제269조 제1항), 사해행위를 취소하는 판결(제406조), 상속재산분할의 판결(제1013조 제2항) 등이 형성판결에 속한다. 판결에 의한 물권변동의 시기는 판결이 확정된 때이다.

【쟁점사항】

<제187조의 '판결'의 의미>

ㄱ) 제187조에서 이른바 판결이라 함은 판결 자체에 의하여 부동산물권 취득의 형성적 효력이 발생하는 경우를 말하는 것이고 당사자 사이에 이루어진 어떠한 법률행위를 원인으로 하여 부동산 소유권이전등기절차의 이행을 명하는 것과 같은 내용의 판결 또는 소유권이전의 약정을 내용으로 하는 화해조서는 이에 포함되지 않는다(대법원 1965. 8. 17, 64다1721).

ㄴ) 매매등 법률행위를 원인으로 한 소유권이전등기절차 이행의 소에서의 승소판결은 부동산물권취득이라는 형성적 효력이 없어 민법 제187조에서 말하는 판결에 해당하지 않으므로 승소판결에 따른 소유권이전등기를 경료할 때까지는 부동산의 소유권을 취득한다고 볼 수 없다(대법원 1982. 10. 12, 82다129).

(4) 경 매

제187조에서 말하는 경매는 공경매만을 의미한다. 이에는 민사집행법의

강제집행절차에 의한 강제경매와 담보권실행 등을 위한 임의경매 및 국세징수법에 의한 임의경매 등이 있다. 경매에 의해 경락인이 소유권을 취득하는 시기는 대금지급기일에 그 대금을 완납한 때이다.

(5) 기타 법률의 규정

① 신축건물의 소유권의 원시취득

② 물건의 멸실로 인한 물권의 상실

③ 법정지상권의 취득

④ 피담보채권의 소멸로 인한 저당권의 소멸(제369조)

⑤ 법정지상권의 취득(제305조, 제366조)

⑥ 관습법상의 법정지상권의 취득, 관습법상의 분묘기지권의 취득

⑦ 법정저당권의 취득(제649조)

⑧ 포락(浦落)에 의한 토지소유권의 소멸

(6) 점유취득시효 완성자

이는 법률의 규정에 의해 물권의 변동이 생기는 경우이지만, 제245조는 등기를 하여야 물권을 취득할 수 있다고 규정하고 있다.

▣ 핵심판례 ▣

■ [등기를 요하지 아니하는 부동산물권취득]

1. 건축주가 타인 명의의 건축허가로 건축을 한 경우 준공된 건물의 소유권의 귀속

건축주가 타인 명의의 건축허가로 건축을 한 경우 준공된 건물의 소유권은 건축주가 원시취득한다(1991. 2. 12. 제1부 판결, 90다15174 건물명도).

2. 위토 내지 묘산(宗山)이라는 사실만으로 종중소유라고 볼 수 있는지 여부(소극)

어느 토지가 특정묘의 위토로 되는 경우의 그 특정묘와 관계있는 종중이 그 소유권을 취득하여 위토 설정을 한 경우와 후손 중의 어느 개인이 개인소유의 토지를 특정선조묘의 위토로 설정하는 경우 등이 있을 수 있으므로 위토 또는 묘산(宗山)이라는 사실만으로 이를 종중의 소유로 볼 수 없다(1991. 9. 13. 제3부 판결, 91다14062 소유권이전등기).

3. 민법시행 전 취득시효가 완성된 부동산에 대한 민법시행 후의 권리관계

부동산의 점유로 인한 소유권의 취득은 법률의 규정에 의한 물권의 취득으로서 이른바 원시취득에 속하는 것이지만 민법 제245조가 등기를 점유로 인한 부동산 소유권 취득의 요건으로 규정하고 있는 점과 같은 법 부칙 제10조 제3항 등에 비추어 보면, 민법 시행일 전의 시효완성으로 인한 부동산 소유권의 취득은 민법이 시행된 후에도 같은 법 부칙 제2조 단서에 의하여 구법에 의하여 생긴 효력에 영향을 미치지 아니할 뿐 그 요건을 달리하고 있는 민법 제245조에 의한 점유로 인한 부동산 소유권 취득으로서의 효력이 인정되는 것이라고는 볼 수 없으므로 민법 제187조가 적용될 여지가 없다(1991. 10. 22. 제2부 판결, 90다16283 소유권확인).

4. 토지소유권의 상실의 원인이 되는 '포락'의 의미

토지소유권의 상실 원인이 되는 포락이라 함은 토지가 바닷물이나 적용 하천의 물에 개먹어 무너져 바다나 적용하천에 떨어져 그 원상복구가 불가능한 상태에 이르렀을 때를 말하고, 그 원상회복의 불가능 여부는 포락 당시를 기준으로 하여 물리적으로 회복이 가능한지 여부를 밝혀야 함은 물론, 원상회복에 소요될 비용, 그 토지의 회복으로 인한 경제적 가치 등을 비교 검토하여 사회통념상 회복이 불가능한 여부를 기준으로 하여야 하는 것으로서, 복구 후 토지가액 보다 복구공사비가 더 많이 들게 되는 것과 같은 경우에는 특별한 사정이 없는 한 사회통념상 그 원상복구가 불가능하게 되었다고 볼 것이며, 또한 원상복구가 가능한지 여부는 포락 당시를 기준으로 판단하여야 하므로 그 이후의 사정은 특별한 사정이 없는 한 이를 참작할 여지가 없는 것이다(대법원 2000. 12. 8, 89다11687).

5. 농지개혁법에 의한 국가의 농지소유권취득에 대항요건으로서 등기가 필요한지 여부(소극)

국유 또는 농지개혁법 제6조 소정의 것을 제외한 농지는 농지개혁법의 공포와 동시에 당연히 정부가 매수하여 소유권을 취득하는 것이고 국가의 소유권취득을 원시취득으로서 대항요건으로서의 등기를 필요로 하지 아니한다(1993. 2. 12. 제3부(다) 판결, 92다28297 소유권보존등기말소).

6. 민법 제187조에 해당하지 아니하는 일반적인 부동산증여에 있어서 증여자가 소유권이전등기 전에 사망한 경우 그 부동산이 상속재산에 속하는지 여부(적극)

법률행위로 인한 부동산 물권변동에 관하여 형식주의를 취하고 있는 우리 법제하에서 민법 제187조의 경우를 이용한 증여가 아닌 일반적인 부동산의 증여에 있어서 부동산의 취득일은 증여에 따른 소유권이전등기를 한 때이며 증여가 서면에 의한 것이거나 수증자가 부동산을 인도받아 사용·수익하고 있더라도 소유권이전등기를 마치지 아니한 이상 부동산을 취득한 것으로 볼 수 없으므로 그러한 상태에서 소유자이던 증여자가 사망한 경우에는 그 부동산은 상속재산에 속한다(1992. 11. 27. 제3부 판결, 92누4529 상속세부등부과처분취소).

7. 조선특별연고삼림양여령(대정 15.4.5. 제령 7호)에 따라 임야를 양여받았으나 1965. 12. 31.까지 소유권이전등기를 하지 아니한 경우 소유권을 상실하는지 여부(적극)

조선특별연고삼림양여령(대정 15.4.5. 제령 7호)에 따라 임야를 양여받은 경우, 위 양여는 민법 제187조 소정의 "법률의 규정에 의한 부동산 물권의 취득"이 아니라 일종의 증여이므로, 양수인이나 상속인이 1965. 12. 31.까지 이에 관한 소유권이전등기를 아니하였다면 민법 부칙 제10조 제1항에 따라 그 소유권을 상실하게 된다(1993. 6. 25. 제3부 판결, 92다14458 소유권보존등기말소).

8. 토지조사령에 따라 조제된 지적원도에 소유자로 성명이 기재되어 있는 경우 그 사람이 토지를 사정받은 것으로 추정되는지 여부

어떤 토지의 지적원도에 어떤 사람의 성명이 기재되어 있는 사실이 인정된다면, 그와 같은 사실은 그 사람이 그 토지의 소유자로 사정을 받은 것으로 짐작케 하는 유력한 자료가 되는 것이기는 하지만, 토지의 지번·지목·지적·소유자 등 토지의 조사에 관한 사항을 토지조사부에 기재하는 외에 지적원도에 지번·지목·지적과 함께 소유자의 성명까지 병기한 것은 법령의 근거 없이 행정의 편의를 위한 것으로 보이므로, 지적원도에 사람의 성명이 기재되어 있는 사실만으로 그 사람이 그 토지의 소유자로 사정을 받은 사실이 추정된다고 볼 수는 없다(1993. 10. 12. 제2부 판결, 93다29181 소유권보존등기말소등).

9. 토지조사부 소유자란 등재의 추정력

토지조사부상의 소유자란에 소유자로 등재된 자는 반드시 토지사정을 거쳐 그 소유권이 확정된 것이라고 단정할 수는 없으나, 재결에 의하여 사정내용이 변경되었다는 등의 반증이 없는 한 그 토지의 소유자로 사정받고 그 사정이 확정된 것으로 추정된다(1993. 10. 12. 제1부 판결, 93다30037 소유권확인등).

10. 기업자가 과실 없이 등기부상 소유명의자를 피수용자로 하여 한 토지수용의 효력

토지수용의 경우 기업자가 과실 없이 진정한 토지소유자를 알지 못하여 등기부상 소유명의자를 토지소유자로 보고 그를 피수용자로 하여 매수협의에 따른 수용절차를 마쳤다면, 그 수용의 효과를 부인할 수 없게 되어 수용목적물의 소유자가 누구임을 막론하고 이미 가지고 있던 소유권은 소멸함과 동시에 기업자가 완전하고 확실하게 그 권리를 취득하게 된다(1993. 11. 12. 제3부 판결, 93다34756 소유권이전등기등).

11. 갑이 을의 대지를 매수하여 주택을 건축하되 그 대지대금의 담보를 위하여 건축허가 및 등기를 을 명의로 한 경우, 갑으로부터 건물을 임차한 병에 대한 을의 명도청구의 가부(소극)

건축주가 타인의 대지를 매수하여 연립주택을 신축하면서 대지 소유자와의 합의에 따라 대지 매매대금 채무의 담보를 위하여 그 연립주택에 관한 건축허가 및 그 소유권보존등기를 대지 소유자의 명의로 하여 두었다면, 완성된 연립주택은 일단 이를 건축한 건축주가 원시적으로 취득한 후 대지 소유자 명의로 소유권보존등기를 마침으로써 담보 목적의 범위내에서 대지 소유자에게 그 소유권이 이전되었다고 보아야 하고, 이러한 경우 원시취득자인 건축주로부터 연립주택을 적법하게 임차하여 입주하고 있는 임차인에 대하여 대지 소유자가 그 소유자임을 내세워 명도를 구할 수는 없다(1996. 6. 28. 판결, 96다9218 건물소유권명도).

12. 귀속재산의 매수를 원인으로 한 소유권취득에도 등기를 요하는지 여부

귀속재산처리법에 의한 관재기관의 매각행위는 행정처분으로서 같은법 제22조의 규정취지에 비추어 매수자가 그 매수대금을 완납하면 그 소유권은 등기를 필요로 하지 아니하고 자동적으로 매수자에게 이전된다(대판 1984. 12. 11. 84다카557 전원합의체 판결)

<판례전문(대판 1984. 12. 11. 84다카557 전원합의체 판결)>

[원고, 상고인] 이규익 소송대리인 변호사 이영섭

[피고, 피상고인] 대한민국 외 1인

[원심판결] 서울고등법원 1984. 2. 9. 선고 83나3522 판결

[주 문] 원심판결을 파기하고, 사건을 서울고등법원에 환송한다.

[이 유] 원고 소송대리인의 상고이유를 본다.

원심판결 이유에 의하면, 원심은 원고의 이 사건 청구원인 즉 원고가 1956. 9. 1 피고 대한민국으로부터 귀속재산인 이 사건 토지를 대금 320,000환(당시 화폐)에 매수하고, 1961. 3. 29까지 그 대금을 모두 지급하여 위 토지에 관한 소유권을 취득하였음에도 피고 대한민국은 그 후인 1976. 12. 10 이를 다시 피고 이규철에게 매도하고, 같은 피고명의로 소유권이전등기를 경료하였으니, 피고 이규철명의의 소유권이전등기는 원인무효의 등기라 할 것이고, 따라서 피고 이규철은 원고에게 위 소유권이전등기의 말소, 그 지상건물의 철거 및 위 토지의 인도를, 피고 대한민국은 위 토지에 관하여 1956. 9. 1자 매매를 원인으로 하는 소유권이전등기절차를 각 이행하여 줄 의무가 있다는 원고의 주장에 대하여 판시하기를 귀속재산처리법에 의한 귀속재산의 매수취득은 민법 제187조가 정한 법률의 규정에 의한 것은 아니므로, 귀속재산인 부동산을 매수한 자가 그 대금을 완납하였더라도 민법 제186조에 따라 등기를 경료하지 아니하면 그 매수한 부동산의 소유권을 취득할 수 없다고 한 다음, 가사 원고가 그 주장과 같이 1956. 9. 1 피고 대한민국으로부터 이 사건 토지를 매수하고 1961. 3. 29까지 그 대금을 완납하였다 하더라도, 원고가 이 사건 토지에 관하여 소유권이전등기를 경료하지 아니한 이상 원고는 이 사건 토지의 소유권을 취득하지 못하였다 할 것이고, 또 원고 주장과 같이 피고 대한민국이 이를 다시 피고 이규철에게 매도하고 그 소유권이전등기를 경료하였다면 피고 대한민국의 원고에 대한 소유권이전등기의무는 특별한 사정이 없는 한 이행불능 상태에 있다 할 것이라고 판시하고 원고의 청구를 모두 배척하였다.

그러나 귀속재산처리법에 의한 관재기관의 매각행위는 행정처분으로서 같은 법 제22조의 규정취지에 비추어 매수자가 그 매수대금을 완납하면 그 소유권은 등기를 필요로 하지 아니하고 자동적으로 매수자에게 이전된다고 할 것이다 (당원 1962. 2. 15. 선고 4294행상126 판결; 1962. 8. 30. 선고 62누67 판결; 1963. 9. 12. 선고 63누32 판결; 1968. 5. 21. 선고 68다416 판결; 1980. 4. 22. 선고 80다164 판결; 1981. 7. 14. 선고 80다2289 판결들 참조) 이에 저촉되는 당원1966. 10. 25. 선고 66다1437 판결; 1967. 10. 23. 선고 67다1555 판결; 1968. 6. 4. 선고 67다763 판결; 1968. 11. 19. 선고 67다1211 판결들은 이를 폐기하기로 한다. 결국 원심이 귀속재산의 매수인은 그 대금을 완납하더라도 등기를 하지 아니한 이상 그 소유권을 취득할 수 없다는 전제아래 원고의 청구를 배척한 조처는 귀속재산을 매각한 경우의 소유권이전 시기에 관한 법리를 오해함으로써 판결결과에 영향을 미친 위법을 저질렀다고 할 것이므로 이 점에 관한 논지는 이유있다.

이에 원심판결을 파기하고, 다시 심리판단하게 하기 위하여 사건을 원심인 서울고등법원에 환송하기로 하여 관여법관 전원의 일치된 의견으로 주문과 같이 판결한다.

대법관 유태흥(재판장) 이일규 정태균 강우영 이성렬 전상석 이정우 윤일영 김덕주 신정철 이회창 오성환 김형기

13. 주택조합명의의 건축허가와 건물소유권의 원시취득 여부

가. 주택조합은 그 소유자금으로 조합원의 건물을 신축 분양하는 것이 아니라 공정에 따라 조합원으로부터 각자 부담할 건축자금을 제공받아 조합원의 자금으로 건축하는 것이므로 특단의 사정이 없는 한 건축절차의 편의상 조합명의로 그 건축허가와 준공검사를 받았다고 하더라도 이때부터 그 건물의 소유권(다만 조합주택 중 일반인에게 분양되는 경우의 그 부분 및 복리시설을 별론으로 하여야 한다)은 건축자금의 제공자인 조합원들이 원시취득한 것으로 보아야 한다.

나. 과세관청이 주택조합에 대하여 "가"항과 같은 조합아파트의 취득세를 부과한 경우, 그 부과처분의 하자가 중대한 것이라고 하더라도, 주택조합이 그 조합아파트의 건축에 있어 사업계획승인을 받은 사업주체로 되어 있었고, 그 명의로 가사용승인까지 받는 등 취득주체를 오인할 객관적인 사정이 존재하는 점을 고려하여 보면 그 하자가 반드시 명백한 것이라고는 볼 수 없으므로, 과세관청의 위 부과처분이 당연무효라고 보기는 어렵다고 한 사례(대판 1995.1.24. 94다47797)

14. 농지의 상환완료와 소유권취득의 등기 여부

농지의 수분배자는 상환을 완료하면 민법 제187조 소정의 법률의 규정에 의한 부동산에 관한 물권의 취득으로서 등기를경유하지 아니하여도 소유권을 취득한다(대판 1983.3.22. 83다4).

15. 제187조 단서를 위반한 등기의 효력

가. 수복지구내소유자미복구토지의복구등록과보존등기등에관한특별조치법에 의하여 소유권보존등기가 경료된 토지에 관하여 비록 그 등기명의인 이전에 다른 소유자가 있었다 하더라도 그 등기는 같은 법 소정의 적법한 절차에 따라 마쳐진 것으로서 실체적 권리관계에도 부합하는 등기로 추정되는 것이므로, 이와 같은 추정을 번복하기 위하여는 그 등기의 기초가 된 같은 법 소정의 보증서나 확인서가 위조되었다거나 허위로 작성된 것이라든지 그 밖의 사유로 적법하게 등기된 것이 아니라는 것을 주장·입증하여야 하나, 상대방이 등기의 기초가 된 보증서의 실체적 기재내용이 허위임을 자인하거나 실체적 기재내용이 진실이 아님을 의심할 만큼 증명이 된 때에는 등

기의 추정력은 번복된 것으로 보아야 하고, 보증서 등의 허위성의 입증정도가 법관이 확신할 정도가 되어야만 하는 것은 아니다.

나. 취득시효에 있어서 자주점유라 함은 소유자와 동일한 지배를 사실상 행사하려는 의사를 가지고 하는 점유를 의미하는 것이지, 법률상 그러한 지배를 할 수 있는 권한, 즉 소유권을 가지고 있거나 소유권이 있다고 믿고서 하는 점유를 의미하는 것은 아니며, 또 자주점유의 내용인 소유의 의사는 점유권원의 성질에 따라 가려져야 하나 점유권원의 성질이 분명하지 아니한 때에는 민법 제197조 제1항의 규정에 의하여 점유자는 소유의 의사로 평온, 공연하게 점유한 것으로 추정되므로 점유자에게 적극적으로 그 점유권원이 자주점유임을 주장·입증할 책임이 있는 것은 아니고 점유자의 점유가 타주점유임을 주장하는 상대방에게 이를 입증할 책임이 있는 것이다.

다. 민법 제187조 단서가 등기 없이 취득한 부동산물권은 등기를 하지 않으면 이를 처분하지 못한다고 규정하고 있는 취지는, 같은 조 본문에 의하여 부동산물권을 등기 없이 취득하였더라도 그 권리자가 이를 법률행위에 의하여 처분하려면 미리 물권의 취득을 등기하고 그 후에 그 법률행위를 원인으로 하는 등기를 경료하여야 한다는 당연한 원칙을 선언한 것에 불과하고, 따라서 부동산물권을 등기 없이 취득한 자가 자기 명의의 등기 없이 이를 처분한 경우 그 처분의 상대방은 부동산물권을 취득하지 못한다는 것일 뿐, 그 처분행위의 채권적 효력까지 부인할 수는 없다(대판 1994.10.21. 93다12176).

◈ 동산물권변동의 효력발생요건

제 188 조 【동산물권 양도의 효력, 간이인도】

① 동산에 관한 물권의 양도는 그 동산을 인도하여야 효력이 생긴다.

② 양수인이 이미 그 동산을 점유한 때에는 당사자의 의사표시만으로 그 효력이 생긴다.

■ § 188. 동산물권의 변동

- 성립요건주의
- 물권행위, 인도
- 인 도 : 현실의 인도, 간이인도 점유개정, 목적물 반환청구권의 양도
- 관련법조 : [특수한 동산과 등기], 상 §743, §765, §871, [증권교부와 인도] 상 §133, §57, §820

1. 인도를 필요로 하는 물건 및 물권변동

본조는「동산에 관한 물권의 양도는 그 동산을 인도하여야 효력이 생긴다」고 규정하여, 동산물권변동의 공시방법은 인도임을 명시함과 동시에 인도에 의하여 동산물권변동의 효력이 생긴다고 하여 형식주의 내지 성립요건주의의 원칙을 선언하고 있다.

인도를 공시방법으로 하는 권리의 객체는 독립하여 거래의 객체가 될 수 있는 동산이다. 단 상법상 등기를 필요로 하는 선박의 거래는 등기를 제3자에 대한 대항요건으로 하고(상법 제743조), 자동차·항공기 등의 물권변동은 등록을 해야 그 효력이 생기므로(자동차관리법 제5조, 자동차저당법 제5조, 항공기저당법 제5조), 인도가 아니라 등록이 그 공시방법이다.

또한 종물은 주물의 처분에 따르기 때문에(제100조 2항), 부동산에 대한 소유권이나 저당권의 등기가 종물인 동산의 물권변동의 간접적인 성립요건이 된다.

그리고 선하증권·화물상환증·창고증권 등이 발행된 경우, 이러한 증권에 의하여 표상된 상품거래는 증권의 교부로 그 상품의 인도와 같은 효력이 생긴

다(상법 제133조 · 제157조 · 제820조).

인도를 성립요건으로 하는 권리는 소유권뿐이다. 동산물권 중에서 점유권 · 유치권 · 질권은 점유가 권리의 발생 · 존속의 요건이므로 다시 인도를 공시방법으로 할 필요가 없기 때문이다. 인도를 필요로 하는 물권변동은 본조 제1항의 규정대로 양도, 즉 법률행위로 인한 이전이다. 양도 이외의 승계취득인 상속의 경우에는 상속개시와 동시에 점유도 승계된다(제193조). 또한 동산의 원시취득에 있어서는 당연히 점유의 취득을 수반하든가(시효취득<제245조>, 선점<제252조>, 유실물습득<제253조>), 인도를 요건으로 할 필요가 없기 때문에(매장물발견<제254조>, 부합<제257조>) 인도를 필요로 하지 않는다.

【쟁점사항】

<동산의 인도가 이루어졌는지 여부에 대한 판단기준>

동산의 인도가 이루어졌는지 여부는 사회관념상 목적물에 대한 양도인의 사실상의 지배인 점유가 동일성을 유지하면서 양수인의 지배로 이전되었다고 평가할 수 있는지 여부에 달려있다 할 것인 바, 현실의 인도가 있었다고 하려면 양도인의 동산에 대한 사실상의 지배가 동일성을 유지한 채 양수인에게 완전히 이전되어 양수인은 목적물에 대한 지배를 계속적으로 확고하게 취득하여야 하고, 양도인은 동산에 대한 점유를 완전히 종결하여야 한다(대판 1999. 6. 22, 99다7602).

2. 인도의 의의 및 유형

본조에서 말하는「인도」란 목적물에 대한 점유의 이전, 요컨대 물건에 대한 사실상의 지배의 이전을 말한다.「인도」란 원래 목적물에 대한 현실적이고 직접적인 지배의 이전을 의미하는 것이었으나, 근대에 있어서의 활발한 상품거래의 필요에 부응하기 위한 성립요건으로서의 인도는 점유권의 관념적인 이전에 이르기까지 그 의미가 넓어졌다. 결국 동산물권변동의 성립요건으로서의 인도에는 다음과 같은 네 가지 모습이 있다.

(1) 현실의 인도 : 양도인의 동산에 대한 현실적이고 직접적인 지배력을 양수인에게 이전하는 것이다. 어떠한 경우에 지배력의 이전이 있었다고 보는가는 사회통념에 의하여 판단되어야 한다. 예컨대 물건을 본인 또는 사용인에게 교부한다거나 주거에 배달하는 등은 현실의 인도가 된다.

(2) 간이인도 : 양수인이 이미 목적물을 소지하고 있는 경우에는 점유권양도의 의사표시만으로 양수인은 점유권을 취득한다. 예컨대 갑 소유의 동산을 임차하고 있는 을이 그 임차물의 소유권을 양수한 경우에는 일단 목적물을 반환하고 소유권이전을 위하여 다시 인도를 받을 필요가 없이, 갑·을 사이에서 점유권이전의 합의를 하는 것으로 충분하다. 이러한 경우에는 점유권양도의 의사표시는 원칙적으로 소유권양도의 의사표시와 동시에 존재하는 것으로 해석된다.

【쟁점사항】

<간이인도에 의한 점유취득과 동산의 선의취득의 가부>

동산의 선의취득에 필요한 점유의 취득은 이미 현실적인 점유를 하고 있는 양수인에게는 간이인도에 의한 점유취득으로 그 요건은 충족된다(대판 1981. 8. 20, 80다2530).

(3) 점유개정 : 제189조에서 설명하기로 한다.

(4) 목적물반환청구권의 양도 : 제190조에서 설명하기로 한다.

▣ 핵심판례 ▣

■ [부동산물권양도의 효력, 간이인도]

1. 가. 피고인과 갑 간에 갑이 임야의 입목을 벌채하는 등의 공사를 완료하면 피고인은 벌채한 원목을 인도하기로 하는 계약이 성립되어 갑이 계약상의 의무를 다 이행하였는데 피고인이 이를 갑에게 인도하지 아니하고 타인에게 매도한 행위가 절도죄를 구성하지 아니한다고 본 사례

피고인과 갑 간에 "갑이 임야의 입목을 벌채하는 등의 공사를 완료하면 피고인은 갑에게 그 벌채한 원목을 인도한다"는 계약이 성립되고 갑이 위 계약상 의무를 모두 이행하였더라도 그것만으로 위 원목의 소유권이 바로 갑에게 귀속되는 것이 아니라 별도로 그 소유자인 피고인이 갑에게 위 원목에 관한 소유권이전의 의사표시를 하고 이를 인도함으로써 비로소 그 소유권이전의 효력이 생기는 것이므로, 아직 피고인이 갑에게 위 원목에 관한 소유권이전의 의사표시를 하고 이를 인도하지 아니한 채 이를 타인에게 매도한 행위는 자기 소유물건의 처분행위에 불과하여 절도죄를 구성하지 아니한다고 본 사례

나. 권리행사방해죄의 구성요건 중 타인의 "권리"에 점유를 수반하지 아니하는 채권도 포함되는지 여부(적극)

권리행사방해죄의 구성요건 중 타인의 "권리"란 반드시 제한물권만을 의미하는 것이 아니라 물건에 대하여 점유를 수반하지 아니하는 채권도 이에 포함된다(1991. 4. 26. 제3부 판결, 90도1958 절도).

2. 소유권 유보부 동산 매매계약의 법적 성질과 그 목적물의 소유권 귀속관계

동산의 매매계약을 체결하면서, 매도인이 대금을 모두 지급받기 전에 목적물을 매수인에게 인도하지만 대금이 모두 지급될 때까지는 목적물의 소유권은 매도인에게 유보되며 대금이 모두 지급된 때에 그 소유권이 매수인에게 이전된다는 내용의 이른바 소유권 유보의 특약을 한 경우, 목적물의 소유권을 이전한다는 당사자 사이의 물권적 합의는 매매계약을 체결하고 목적물을 인도한 때 이미 성립하지만 대금이 모두 지급되는 것을 정지조건으로 하므로, 목적물이 매수인에게 인도되었다고 하더라도 특별한 사정이 없는 한 매도인은 대금이 모두 지급되는 것을 정지조건으로 하므로, 목적물이 매수인에게 인도되었다고 하더라도 특별한 사정이 없는 한 매도인은 대금이 모두 지급될 때까지 매수인뿐만 아니라 제3자에 대하여도 유보된 목적물의 소유권을 주장할 수 있으며, 이와 같은 법리는 소유권 유보의 특약을 한 매매계약이 매수인의 목적물 판매를 예정하고 있고, 그 매매계약에서 소유권 유보의 특약을 제3자에 대하여 공시한 바 없고, 또한 그 매매계약이 종류물을 목적물로 하고 있다 하더라도 다를 바 없다(대판 1999. 9. 7, 99다30534).

◈ 양도인이 점유를 계속하는 경우에도 양수인이 동산에 관한 물권을 인도받은 것으로 볼 수 있는 경우

제 189 조【점유개정】

동산에 관한 물권을 양도하는 경우에 당사자의 계약으로 양도인이 그 동산의 점유를 계속하는 때에는 양수인이 인도받은 것으로 본다.

■ § 189. 점유개정

- 간편한 인도방법
- 동산물권 양도에서 양도인이 종래의 점유를 계속
- 양도인이 양수인의 점유매개자로서 직접점유
- 양도인과 양수인 사이에 점유매개관계 설정함으로써 양수인에게 간접점유 취득

양도인이 현실의 인도를 하지 아니하고 양수인의 직접점유자로서 점유를 계속하는 경우, 예컨대 갑이 소유동산을 을에게 매각하고 계속 을로부터 임차하는 때에는 양도인(갑)이 양수인(을)을 위하여 그 직접점유자로서 점유한다는 뜻의 의사표시를 하는 것에 의하여 양수인은 점유권을 취득한다.

양도인이 양수인을 위하여 점유하는 것은 보관·임차 등의 계약관계에 의거하는 경우가 많겠지만 반드시 특정 계약관계를 필요로 하는 것은 아니고, 또 계약관계가 존재하는 경우에는 그 계약이 무효라 하더라도 점유개정은 성립한다.

▣ 핵심판례 ▣

■ [점유개정]

1. 가. 집합물 전체를 하나의 재산권으로 하는 담보권설정의 여부(적극)

재고상품, 제품, 원자재 등과 같은 집합물을 하나의 물건으로 보아 이를 일정기간 계속하여 채권담보의 목적으로 삼으려는 이른바 집합물에 대한 양도담보권설정계약에 있어서는 그 목적등산을 종류, 장소 또는 수량지정 등의 방법에 의하여 특정할 수만 있다면 그 집합물 전체를 하나의 재산권으로 하는 담보권의 설정이 가능하다.

나. 이른바 집합물양도담보권의 설정과 점유개정

위와 같이 집합물에 대한 양도담보권설정계약이 이루어지면 그 집합물을 구성하는 개개의 물건이 변동되거나 변형되라도 한 개의 물건으로서의 동일성을 잃지 아니한 채 양도담보권의 효력은 항상 현재의 집합물 위에 미치는 것이고 따라서 그러한 경우에 양도담보권자가 담보권설정계약 당시 존재하는 집합물을 점유개정의 방법으로 그 점유를 취득하면 그 후 양도담보설정자가 그 집합물을 이루는 개개의 물건을 반입하였다 하더라도 그 때마다 별도의 양도담보권설정계약을 맺거나 점유개정의 표시를 하여야 하는 것은 아니다(1988. 12. 27. 제4부 판결, 87누1043 법인세등부과처분취소).

2. 점유개정에 의한 이중양도

동산소유자가 2중으로 매도하고 각 점유개정의 방법으로 매도인이 점유하는 경우 매수인들 간에 있어서는 후에 현실 인도받은 자만이 소유권을 취득한다(대법원 1975. 1. 28. 선고 74다1564 판결).

3. 점유개정에 의한 이중양도담보

가. 동산에 대하여 점유개정의 방법으로 양도담보를 설정한 경우, 양도담보의 효력 및 환가절차

동산에 대하여 점유개정의 방법으로 양도담보를 일단 설정한 후에는 양도담보권자나 양도담보설정자가 그 동산에 대한 점유를 상실하였다고 하더라도 그 양도담보의 효력에는 아무런 영향이 없다 할 것이고, 양도담보권 실행을 위한 환가절차에 있어서는 환가로 인한 매득금에서 환가비용을 공제한 잔액 전부를 양도담보권자의 채권변제에 우선 충당하여야 하고 양도담보설정자의 다른 채권자들은 양도담보권자에 대한 관계에 있어서 안분배당을 요구할 수 없다.

나. 동산에 대하여 점유개정의 방법으로 이중양도담보를 설정한 경우, 처음의 양도담보권자가 배타적으로 담보권을 주장할 수 있는지 여부(적극) 및 뒤의 양도담보권자의 양도담보의 목적물 처분행위가 불법행위를 구성하는지 여부(적극)

동산에 대하여 점유개정의 방법으로 이중양도담보를 설정한 경우 원래의 양도담보권자는 뒤의 양도담보권자에 대하여 배타적으로 자기의 담보권을 주장할 수 있으므로, 뒤의 양도담보권자가 양도담보의 목적물을 처분함으로써 원래의 양도담보권자로 하여금 양도담보권을 실행할 수 없도록 하는 행위는, 이중양도담보 설정행위가 횡령죄나 배임죄를 구성하는지 여부나 뒤의 양도담보권자가 이중양도담보 설정행위에 적극적으로 가담하였는지 여부와 관계없이, 원래의 양도담보권자의 양도담보권을 침해하는 위법한 행위이다(대법원 2000. 6. 23. 선고 99다65066 판결).

4. 점유개정에 의한 이중양도담보의 설정과 후순위 채권자의 담보권 취득여부

가. 점유개정의 방법으로 동산에 대한 이중의 양도담보설정계약이 체결된 경우, 뒤에 설정계약을 체결한 후순위 채권자가 양도담보권을 취득할 수 있는지 여부(소극)

금전채무를 담보하기 위하여 채무자가 그 소유의 동산을 채권자에게 양도하되 점유개정의 방법으로 인도하고 채무자가 이를 계속 점유하기로 약정한 경우 특별한 사정이 없는 한 그 동산의 소유권은 신탁적으로 이전되는 것에 불과하여, 채권자와 채무자 사이의 대내적 관계에서는 채무자가 소유권을 보유하나 대외적인 관계에서의 채무자는 동산의 소유권을 이미 채권자에게 양도한 무권리자가 되는 것이어서 다시 다른 채권자와 사이에 양도담보설정계약을 체결하고 점유개정의 방법으로 인도하더라도 선의취득이 인정되지 않는 한 나중에 설정계약을 체결한 채권자로서는 양도담보권을 취득할 수 없는데, 현실의 인도가 아닌 점유개정의 방법으로는 선의취득이 인정되지 아니하므로 결국 뒤의 채권자는 적법하게 양도담보권을 취득할 수 없다.

나. 동산을 목적으로 하는 유동 집합물 양도담보설정계약을 체결함과 동시에 채무불이행시 강제집행을 수락하는 공정증서를 작성한 후 양도담보권자가 그 집행증서에 기하여 강제경매를 실시하는 경우, 그 경매절차에 압류를 경합한 양도담보설정자의 다른 채권자가 양도담보권자에 대한 관계에서 압류경합권자나 배당요구권자로 인정될 수 있는지 여부(소극)

동산을 목적으로 하는 유동 집합물 양도담보설정계약을 체결함과 동시에 채무불이행시 강제집행을 수락하는 공정증서를 작성한 경우, 양도담보권자로서는 그 집행증서에 기하지 아니하고 양도담보계약내용에 따라 이를 사적으로 타에 처분하거나 스스로 취득한 후 정산하는 방법으로 현금화할 수도 있지만, 집행증서에 기하여 담보목적물을 압류하고 강제경매를 실시하는 방법으로 현금화할 수도 있는데, 만약 후자의 방식에 의하여 강제경매를 실시하는 경우, 이러한 방법에 의한 경매절차는 형식상은 강제집행이지만, 그 실질은 일반 강제집행절차가 아니라 동산양도담보권의 실행을 위한 환가절차로서 그 압류절차에 압류를 경합한 양도담보설정자의 다른 채권자는 양도담보권자에 대한 관계에서 압류경합권자나 배당요구권자로 인정될 수 없고, 따라서 환가로 인한 매득금에서 환가비용을 공제한 잔액은 양도담보권자의 채권변제에 우선적으로 충당하여야 한다(대법원 2005. 2. 18. 선고 2004다37430 판결).

◈ 제3자가 점유하고 있는 동산에 대한 물권의 양도방법

제 190 조 【목적물반환청구권의 양도】

제3자가 점유하고 있는 동산에 관한 물권을 양도하는 경우에는 양도인이 그 제3자에 대한 반환청구권을 양수인에게 양도함으로써 동산을 인도한 것으로 본다.

■ § 190. 목적물반환청구권의 양도

- 양도인이 제3자에게 점유시키고 있는 목적물, 즉 간접점유의 관계에 있는 물건을 그대로 양도하고자 할 경우에 양도인이 그 제3자에 대한 반환청구권을 양수인에게 양도하면 그 동산의 인도가 있는 것이 되고 따라서 동산물권이 양도되는 것

양도인이 제3자에 의하여 점유하는 물건을 그대로 양도하는 경우, 예컨대 갑이 을에게 맡겨두고 있는 물건을 그대로 병에게 양도할 때 등이다. 이때는 양도인(갑)이 직접점유자(을)에 대한 반환청구권을 양수인(병)에게 양도하면 인도가 있은 것으로 되어 양수인(병)이 목적물의 소유권을 취득한다.

양도되는 반환청구권은 채권적 청구권이라고 보는 것이 통설·판례(대판 2000. 9. 8, 99다58471)의 태도이다.

따라서 그 양도에 관하여는 지명채권양도의 대항요건을 갖추어야 한다.

▣ 핵심판례 ▣

■ [목적물반환청권의 양도]

1. 가. 국제항공운송 관계에 적용될 법규

국제항공운송에 관한 법률관계에 대하여는 일반법인 민법에 대한 특별법으로서 우리 정부도 가입한 1955년 헤이그에서 개정된 바르샤바협약(이하 개정된 바르샤바협약이라 한다)이 우선 적용되어야 한다.

나. 바르샤바협약 제1조 제2항 소정의 "체약국"의 의미

개정된 바르샤바협약 제1조 제2항에서 사용하고 있는 용어인 "체약국"이란 개념은 바르샤바협약과 헤이그의정서에 모두 가입한 국가는 물론, 대한민국과 같이 바르샤바협약에는 가입하지 않고 있다가 헤이그의정서에 가입함으로써 바르샤바협약에 가입한 효력이 발생한 국가와 바르샤바 협약에는 가입하였으나 헤이그의정서에는 아직 가입하지 아니한 국가를 모두 포함하는 것으로 보아야 한다.

다. 국제항공운송인에 대해 항공운송중에 생긴 화물훼손으로 인한 손해배상을 소구하기 위한 요건

바르샤바협약 제24조 제1항의 규정에 비추어 국제항공운송인 대하여 그 항공운송중에 생긴 화물훼손으로 인한 손해배상을 소구함에 있어서는그 계약불이행을 청구원인으로 하는 것이든 불법행위를 청구원인으로 하는 것이든 모두 바르샤바협약에 정하여진 조건 및 제한 내에서만 가능하다.

라. 국제항공운송인이 화물의 손괴를 미리 알고 있는 경우, 서면에 의한 이의없이 소를 제기할 수 있는지 여부

바르샤바협약 제26조 제1항의 규정은 채무불이행을 원칙으로 한 손해배상청구의 소에 있어서 수하인이 화물손괴가 있었음을 주장하는 경우 채무의 본지에 따른 이행을 하였다는 점에 관한 입증책임을 부담하는 운송인이 그 화물을 송하인으로부터 인도받은 상태대로 수하인에게 인도하였음을 입증하기가 곤란한 경우가 많음을 감안하여 수하인이 이의없이 화물을 수취한 사실 자체가 채무의 본지에 따른 이행에 대한 일응의 증거(prima facie evidence)가 됨을 규정한 것일 뿐 화물손괴의 사실을 모르고 있었던 운송인에 대하여서만 이의가 필요가 것임을 전제로 한 규정이라고 할 수 없을 뿐만 아니라 같은 조 제4항에서 수하인이 서면에 대한 이의를 함이 없이 소를 제기할 수 있는 경우는 운송인에게 사기가 있는 경우에 한한다고 명백히 규정하고 있으므로 운송인이 화물의 손괴를 미리 알고 있었다 하더라도 서면에 의한 이의없이 소를 제기할 수 있다고 볼 수 는 없다.

마. 바르샤바협약 제26조 제3항의 소정의 "운송증권"의 의미

바르샤바협약 제2장에서 운송증권으로 승객항공표와 수하물표 및 항공운송장만을 들고 있고 동 협약 제26조 제3항이 이의의 방법으로 운송증권에의 유보 이외에도 별개의 서면발송을 규정하고 있음에 비추어 동 조항에서 들고 있는 운송증권은 승객항공표와 수하물표 및 항공운송장만을 자칭하는 것으로 해석된다.

바. 항공운송인이 운송물을 보세창고에 반입한 후 반출에 필요한 서류를 화주에게 교부한 경우, 운송물의 인도 여부

수입화물을 운송한 운송인이 그 운송물을 자신이 지정한 보세창고에 반입한 후 그 반출에 필요한 서류를 화주에게 교부하였다면 운송인은 이로써 그 운송물에 대한 인도를 완료한 것으로 보아야 한다(1986. 7. 22. 제3부 판결, 82다카1372 구상금).

2. 주권의 선의취득방법으로써 반환청구권의 양도

주권의 점유를 취득하는 방법에는 현실의 인도(교부) 외에 간이인도, 반환청구권의 양도가 있으며, 양도인이 소유자로부터 보관을 위탁받은 주권을 제3자에게 보관시킨 경우에 반환청구권의 양도에 의하여 주권의 선의취득에 필요한 요건인 주권의 점유를 취득하였다고 하려면, 양도인이 그 제3자에 대한 반환청구권을 양수인에게 양도하고 지명채권 양도의 대항요건을 갖추어야 한다(대법원 2000. 9. 8. 선고 99다58471 판결).

◆ 소유권과 다른 물권이 동일인에게 귀속된 때의 그 다른 물권의 효력 여부

제 191 조 【혼동으로 인한 물권의 소멸】

① 동일한 물건에 대한 소유권과 다른 물권이 동일한 사람에게 귀속한 때에는 다른 물권은 소멸한다. 그러나 그 물권이 제3자의 권리의 목적이 된 때에는 소멸하지 아니한다.

② 전항의 규정은 소유권 이외의 물권과 그를 목적으로 하는 다른 권리가 동일한 사람에게 귀속한 경우에 준용한다.

③ 점유권에 관하여는 전2항의 규정을 적용하지 아니한다.

■ § 191. 혼 동

- 서로 대립하는 두 개의 법률상의 지위 또는 자격이 동일인에게 귀속하는 것
- 소유권과 제한물권의 혼동 : ① 원칙-제한물권이 소멸
  ② 예외-제3자(본인포함)의 권리의 목적인 때는 소멸치 않음
- 제한물권과 다른 권리와의 혼동
- 점유권, 광업권, 지시채권 무기명채권 등은 혼동으로 소멸하지 않음

본조는 물권 일반에 공통되는 소멸원인의 하나인 혼동에 관한 규정이다.

• 물권변동의 태양

<table>
<tr><td rowspan="4">물권의 발 생</td><td>원시취득
(절대적 발생)</td><td colspan="3">ex) 시효취득 · 선의취득 · 무주물선점 · 유실물습득 · 매장물 발견</td></tr>
<tr><td rowspan="3">승계취득
(상대적 발생)</td><td rowspan="2">이전적 승 계</td><td>포괄승계</td><td>ex) 상속 · 포괄유증 · 회사의 합병 등에 의한 소유권 취득</td></tr>
<tr><td>특정승계</td><td>ex) 매매에 의한 소유권 취득</td></tr>
<tr><td>설정적 승 계</td><td colspan="2">ex) 지상권 · 저당권 등 제한물권의 설정</td></tr>
<tr><td rowspan="4">물권의 변 경</td><td>주체의 변경</td><td colspan="3">타면에서 보면 물권의 승계이다. 공유물분할에 의하여 물권자의 수적 변경이 있는 수도 있다.</td></tr>
<tr><td rowspan="2">내용의 변경</td><td>질 적 변 경</td><td colspan="2">ex) 물건의 멸실로 물권적 청구권이 손해배상청구권으로 변하는 것</td></tr>
<tr><td>양 적 변 경</td><td colspan="2">ex) ㉠ 물권의 객체가 예컨대 첨부에 의해 증가하는 것,
㉡ 소유권의 객체에 제한물권이 설정되어 소유권의 내용이 감소하는 것,
㉢ 이미 설정되어 있는 제한물권이 소멸하여 소유권의 내용이 증가하는 것</td></tr>
<tr><td>작용의 변경</td><td colspan="3">이는 질적 변경의 일종으로 볼 수도 있다.
ex) 저당권의 순위가 변경되는 것.</td></tr>
<tr><td rowspan="2">물권의 소 멸</td><td>절대적 소멸
(객관적 소멸)</td><td colspan="3">ex) 목적물의 멸실, 소멸시효, 물권의 포기 등에 의한 물권의 소멸</td></tr>
<tr><td>상대적 소멸
(주관적 소멸)</td><td colspan="3">물권 자체는 소멸하지 않고 물권의 주체만이 변경되는 경우
ex) 물권의 양도에 의하여 양도인이 물권을 상실하는 것</td></tr>
</table>

병존시켜 둘 필요가 없는 두 개의 법률상의 지위가 동일인에게 귀속되는 것을 혼동이라고 한다. 혼동은 물권의 소멸원인의 하나이다(채권의 혼동에 대해서는 제507조 참조). 두 개의 지위를 존속시키는 것이 무의미할 경우 하나의 지위가 한 쪽에 흡수되어 소멸한다.

1. 소유권과 제한물권과의 혼동

동일한 물건에 대한 소유권과 제한물권이 동일인에게 귀속되는 경우(예 : 저당권자가 목적물의 소유권을 취득한 때)에는 그 제한물권은 혼동에 의하여 소멸한다.

단, 다음에 설명하는 바와 같이 두 개의 지위를 병존시켜둘 필요가 있는 경우에는 예외적으로 소멸하지 아니한다.

(1) 그 물건이 제3자의 권리의 목적이 된 때 : 예컨대 갑소유의 토지에 대하여 을이 지상권을 , 그 다음에 병이 동일토지에 대한 저당권을 취득하고 있을 때 을이 토지의 소유권을 취득하더라도 종래 가지고 있던 지상권은 소멸하지 아니하고, 그 후 병의 저당권이 실행되더라도 을은 경락인에 대하여 지상권만은 유보할 수 있다.

이것은 원래 담보부 물건 위에 권리를 취득한 제3자(상기 예의 병)가 부당하게 유리해지는 것을 방지하려는 취지이다. 그러므로 만약 을의 지상권이 병의 저당권에 대항할 수 없는 것이면(지상권설정이 저당권설정 후에 있는 경우) 혼동의 예외가 되지 않고 소멸한다.

(2) 혼동한 제한물권이 제3자의 권리의 목적인 때 : 예컨대 갑의 소유토지에 대해서 을이 지상권을 가지고 있고, 이 지상권에 대하여 병이 저당권을 가지고 있는 경우에는 을이 갑으로부터 소유권을 취득하더라도 을의 지상권은 소멸하지 않는다. 그러므로 병은 을의 지상권에 대한 저당권을 실행할 수 있다. 이는 제3자의 권리의 목적을 부당하게 혼동으로 소멸시켜서는 아니되기 때문이다.

2. 제한물권과 그것을 목적으로 한 권리의 혼동

소유권 이외의 물권과 그것을 목적으로 한 타권리가 동일인에게 귀속된 경우(예 : 지상권상의 저당권자가 그 지상권을 취득한 때)에는 소유권 이외의 물권을 목적으로 한 권리(설례의 저당권)는 혼동에 의해 소멸한다. 단지 다음의 경우는 예외가 된다.

(1) 소유권 이외의 물권이 제3자의 권리의 목적인 때 : 예컨대 갑의 지상권 위에 을이 대항력있는 임차권을 가지고 있고 그 후 병이 갑의 지상권 위에 저당권 설정을 한 경우에는 을이 갑으로부터 그 지상권을 취득하더라도 을의 임차권은 소멸하지 아니한다(병의 저당권은 임차권의 부담을 안은 지상권에 대한 그것이다).

(2) 혼동한 권리가 제3자의 권리의 목적인 때 : 예컨대 갑의 지상권 위에 을

이 저당권을 가지고 있고, 그 저당권 위에 병이 질권을 가지고 있는 경우에는 을이 갑으로부터 그 지상권을 취득하더라도 그 저당권은 소멸하지 아니한다(병의 질권은 존속한다).

3. 혼동하지 아니하는 권리

권리의 성질에 따라서는 혼동으로 소멸하지 아니하는 권리가 있다.

(1) 점유권

점유권은 혼동으로 인하여 소멸하지 않는다(제191조3항). 점유권은 점유라는 사실을 보호하는 권리로서 다른 모든 권리에 대하여 독자적인 존재의의를 갖기 때문이다.

(2) 소멸할 권리가 제3자의 권리의 목적인 경우

혼동으로 소멸하는 물권이 제3자의 권리의 목적이 된 때에는 그 물권은 혼동으로 인해 소멸하지 않는다(제191조 1항 단서, 제2항).

예를 들면 갑 소유 토지에 을이 1번 저당권을, 병이 2번 저당권을 갖고 있는 경우에, 을이 갑 소유의 토지소유권을 취득한 경우에 을의 1번 저당권은 소멸하지 않는다.

(3) 본인의 이익을 위해 그 제한물권을 존속시킬 필요가 있는 경우

어떠한 물건에 대한 소유권과 다른 물권이 동일한 사람에게 귀속한 경우 그 제한물권은 혼동에 의하여 소멸하는 것이 원칙이지만, 본인 또는 제3자의 이익을 위하여 그 제한물권을 존속시킬 필요가 있다고 인정되는 경우에는 민법 제191조 제1항 단서의 해석에 의하여 혼동으로 소멸하지 않는다고 보아야 할 것이다. 즉 A부동산에 관해 갑이 근저당권을 취득한 후 을이 가압류등기를 경료 한 다음 근저당권자인 갑이 A부동산을 매수하여 소유권을 취득한 경우에 있어서 갑의 근저당권이 혼동으로 소멸하게 된다면 가압류채권자 을이 이로 인하여 부당한 이득을 얻게 되는 반면 근저당권자인 갑이 손해를 보게 되는 불합리한 결과가 되므로 갑의 근저당권은 A부동산의 소유권 취득에도 불구하고 혼동으로 소멸하지 않는다(대법원 1998. 7. 10, 98다18643).

(4) 기 타

그 외 광업권과 같이 토지소유권과는 전혀 무관계하게 독립하여 있는 특수한 권리도 소유권과 혼동하여 소멸하는 일은 없다.

4. 혼동의 효과의 절대성

혼동이 생기면 공시 없이 당연히 소멸한다. 혼동으로 인한 물권의 소멸은 절대적이기 때문에 혼동 이전의 상태로 복귀하더라도 일단 소멸한 권리는 부활하지 않는다. 예컨대 저당권자가 소유권을 취득하고 그 이후에 그것을 다시 전소유자에게 양도하더라도 저당권은 부활하지 않는다. 단, 혼동을 생기게 한 원인이 부존재하거나 무효, 취소, 해제 등으로 실효된 경우 소멸된 물권은 부활한다(통설, 판례). 즉, 근저당권자가 소유권을 취득하면 그 근저당권은 혼동에 의하여 소멸하지만 그 뒤 그 소유권 취득이 무효인 것이 밝혀지면 소멸하였던 근저당권은 당연히 부활한다(대판 1971. 8. 31. 71다1386).

▣ 핵심판례 ▣

1. 부동산에 대한 소유권과 임차권이 동일인에게 귀속하더라도 임차권이 혼동에 의하여 소멸하지 않는 경우

부동산에 대한 소유권과 임차권이 동일인에게 귀속하게 되는 경우 임차권은 혼동에 의하여 소멸하는 것이 원칙이지만, 그 임차권이 대항요건을 갖추고 있고 또한 그 대항요건을 갖춘 후에 저당권이 설정된 때에는 혼동으로 인한 물권소멸 원칙의 예외규정인 민법 제191조 제1항 단서를 준용하여 임차권은 소멸하지 않는다(대판 2001. 5. 15, 2000다12693).

2. 지상권자가 양도담보권자가 된 경우와 혼동

원고가 피고 갑, 을로부터 금원을 차용함에 있어 그 담보조로 원고 소유 부동산에 관하여 지상권설정등기를 경료한 후 다시 위 피고들을 포함한 6인으로부터 금원을 차용하면서 양도담보를 내용으로 하는 제소전 화해조서의 집행에 의하여 같은 부동산에 관하여 피고 갑, 을을 포함한 6인 공동명의의 소유권이전등기가 경료되었다고 하더라도 원고와 위 피고들 사이에 있어서는 그 소유권은 의연히 원고에게 남아있는 것이므로 동 피고들 명의의 지상권지분이 혼동으로 소멸되는 것은 아니다(대법원 1980. 12. 23. 선고 80다2176 판결).

3. 제한물권이 혼동에 의하여 소멸하지 않는 경우

어떠한 물건에 대한 소유권과 다른 물권이 동일한 사람에게 귀속한 경우 그 제한물권은 혼동에 의하여 소멸하는 것이 원칙이지만, 본인 또는 제3자의 이익을 위하여 그 제한물권을 존속시킬 필요가 있다고 인정되는 경우에는 민법 제191조 제1항 단서의 해석에 의하여 혼동으로 소멸하지 않는다(대법원 1998. 7. 10. 선고 98다18643 판결).

4. 물권과 채권의 혼동가부

채권은 채권과 채무가 동일한 주체에 귀속한 때에 한하여 혼동으로 소멸하는 것이 원칙이므로, 어느 특정의 물건에 관한 채권을 가지는 자가 그 물건의 소유자가 되었다는 사정만으로는 채권과 채무가 동일한 주체에 귀속한 경우에 해당한다고 할 수 없어 그 물건에 관한 채권이 혼동으로 소멸하는 것은 아닌바, 토지를 을에게 명의신탁하고 장차의 소유권이전의 청구권 보전을 위하여 자신의 명의로 가등기를 경료한 갑이, 을에 대하여 가지는 가등기에 기한 본등기청구권은 채권으로서, 갑이 을을 상속하거나 을의 가등기에 기한 본등기 절차 이행의 의무를 인수하지 아니하는 이상, 갑이 가등기에 기한 본등기 절차에 의하지 아니하고 을로부터 별도의 소유권이전등기를 경료받았다고 하여 혼동의 법리에 의하여 갑의 가등기에 기한 본등기청구권이 소멸하는 것은 아니다(대법원 1995. 12. 26. 선고 95다29888 판결).

5. 혼동의 실효

근저당권자가 소유권을 취득하면 그 근저당권은 혼동에 의하여 소멸하지만 그뒤 그 소유권취득이 무효인 것이 밝혀지면 소멸하였던 근저당권은 당연히 부활한다(대법원 1971. 8. 31. 선고 71다1386 판결).

제 2 장 점 유 권

점유라는 사실에 대하여 법률은 여러 가지의 법률효과를 인정하고 있다. 이들 여러 효과는 각각 일정한 근거에 기하여 점유라는 사실 그 자체에 주어지는 것이라는 법률구성을 한다면「점유」라는 개념 외에 따로이「점유권」이라는 개념을 인정할 필요가 없을 것이다(독일민법은 이러한 법률구성을 취한다). 그런데 민법은 이들 여러 효과를 발생케 하는 원천으로서「점유권」이라는 것을 상정하여, 여러 효과는 이 점유권에서 흘러나오는 것이라는 구성을 하고 있다. 그러므로 우리 민법의 논리에 따른다면 점유라는 사실에 기하여, 바꾸어 말하면 점유를 법률요건으로 하여서 점유권이 발생하고, 이 점유권으로부터 여러 가지의 법률효과가 발생하는 것이 된다(우리 민법과 같은 구성을 취하지 않는 독일민법에 있어서는 "Besitz"라는 용어는 우리 민법의「점유」뿐만 아니라「점유권」도 표시하는 것이 된다. 거기서는 "Besitzrecht"라는 용어는 보통은「점유법」, 즉 점유에 관한 법규를 통틀어서 가리키는 데 쓰고 있다. 그러나「점유할 수 있는 권리」"Recht zum Besitz"의 뜻으로 사용되는 수도 있음을 주의하여야 한다).

민법은 점유권도 물권의 일종으로 구성하고 있으나, 다른 물권과는 그 법률적 성질이 크게 다르다. 즉, 일반적으로 근대법에 있어서의 물권은 물건을 실제로 사실상 지배하고 있느냐 않느냐를 묻지 않고서, 현실적인「지배를 할 수 있는」관념적인 권리인 데에 그 본질이 있는 것이나, 점유권은 현재 사실상 지배하고 있다는 데서 생기고, 또한 사실상의 지배를 상실하면 소멸하므로, 객체를「지배할 수 있는」권리는 아니다. 그러므로 점유권은 민법이 특히 물권의 일종으로 하고 있기는 하지만, 본래의 물권과는 크게 다르다는 점을 주의하여야 한다.

위와 같이 우리 민법은 점유권을 일종의 물권으로서 규정하고 있으나,「점유권」에 관한 제192조 내지 제210조의 규정을 개별적으로 검토해 볼 때에, 각 조문에 있어서의 점유(권)의 개념 및 법적 기능은 반드시 동일하지는 않으며, 이들을 단일한「점유권」의 개념에 의하여 파악하기가 곤란하다. 예컨대 민법 제197조 내지 제203조의 7개조는 모두 소유권의 변동이나 효과에 관한 것이며, 소유권과는 다른 별개의 물권으로서 구성되는 점유권과는 직접 관계가 없는 규정들이다. 좀 자세히 적는다면 제197조 내지 제199조는 취득시효의 요건으로서의 점유에 관한 규정이고, 제200조는 동산물권의 선의취득에 관한 규정이며, 제201조 내지 제203조는 물권적 반환청구권의 효과에 관한 규정이다. 점유를 독자적인 물권으로 할 필요는 소유권에 기초를 두고 있지 않은 일정한 청구권, 즉 점유보호청구권에 관하여 그 기초가 될 권리의 존재를 상정하는 경우에 한한다. 그러므로 민법상 본래의 의미에 있어서의 「점유권」에 관한 규정은 제192조 내지 제196조와 제204조 내지 제209조뿐이다.

점유권과 구별하여야 할 개념에 「점유할 수 있는 권리」 또는 「점유할 권리」가 있다. 이들은 점유하는 것을 법률상 정당하게 하는 권리를 말하며, 「본권」이라고 한다. 물건의 사용가치의 지배를 목적으로 하는 권리(소유권·전세권·지상권·임차권 등)는 모두 이 권리, 즉 본권을 포함하고 있다. 절도범과 같이 점유권은 가지고 있지만 점유할 권리, 즉 본권을 갖지 않는 자가 있는 반면, 도난당한 피해자와 같이 점유할 권리는 가지고 있으나 점유권은 없는 자가 있다.

◈ 점유권의 취득과 소멸

제 192 조【점유권의 취득과 소멸】

① 물건을 사실상 지배하는 자는 점유권이 있다.

② 점유자가 물건에 대한 사실상의 지배를 상실한 때에는 점유권이 소멸한다. 그러나 제204조의 규정에 의하여 점유를 회수한 때에는 그러하지 아니하다.

■ § 192. 점유권의 취득과 소멸

- 점 유 ⇨ 사실상의 지배(객관설)
- 점유의 소멸 : 사실상 지배의 상실

1. 점유의 의의

점유란 물건에 대한 사실상의 지배를 말한다. 사실상 지배라 함은 사회통념상 물건이 어떤 사람의 지배하에 있다고 하는 객관적인 관계를 말한다. 사실상의 지배는 그 지배를 정당화하는 권리(소유권이나 임차권 등과 같은 본권)에 의해 이루어지기도 하고, 훔쳐 온 경우와 같이 아무 권리도 없이 단순히 사실상의 지배를 하고 있는데 불과한 경우도 있다. 그러나 우리 민법은 실질적인 권리인 본권의 유무를 떠나서, 즉 현존하는 지배관계가 어떠한 이유에서 발생했는가에 대하여 일체 불문하고 일단 그 사실상의 지배관계를 보호하고 사회의 평화와 질서를 유지하기 위하여 점유라는 지배의 사실적 외형에 점유권이라는 물권을 인정하고 여러 가지 법적 효과를 부여하고 있다. 이것이 점유제도이다.

점유가 성립하려면 사실적 지배 위에 주관적 의사를 필요로 하는가에 관하여 주관설(Savigny, Windscheid, Dernburg, 불란서민법, 구민법)과 객관설(Jhering, Bekker, 독일민법, 스위스민법)이 나누어져 있지만 현실의 지배사실이 있으면 그것으로 충분하다. 유의할 점은 점유의 효과를 의욕하는 점유의사는 불필요하지만 적어도 사실적 지배관계를 가지려는 점유설정의사는 필요하다는 것이다(통설). 점유설정의사는 일반적 의사로서 구체적이며 개별적인 의사는 아니다(따라서 부재중 배달되는 상품, 우편함에 투입된 우편물에 대해서도 점유는 인정됨). 또한 점유설정의사는 법률효과를 의욕할 필요는 없다는 점에서 자연적 의사로 족하다. 따라서 행위능력이 불필요하며 미성년자라도 단독으로 점유를 할 수 있다는 것이 통설의 태도이다. 이에 대해 판례는 미성년자인 상속인이 자주점유를 하는지 문제된 사안에서 "점유권은 상속인에게 이전되는 것이므로 피고의 아버지가 토지를 점유하고 있다가 사망한 경우 피고가 10세 남짓 밖에 되지 않더라도 그의 상속인이라면 아버지가 점유하고 있었던 토지는 그의 사망으로 인하여 당연히 피고의 점유가 되는 것이어서 상속토지에 대한 그의 점유가 자주점유가 아니라고 할 수 없다(대판 1990. 12. 26. 90다5733)"고 판시한 바 있으나, 미성년자인 상속인이 점유를 계속하는지 문제된 사안에서는 "점유권은 점유권자의 사망으로 인하여 상속인에게 이전(승계)하는 것이고(민법 제193조) 상속인이 미성년자인 경우에는 그 법정대리인을 통하여 점유권을 승계받아 점유를 계속할 수 있는 것이며 점유의 계속은 추정된다(대판 1989.4.11. 88다카8217)"고 한 바 있어 판례의 태도는 명확하지 않은 것으로 보인다.

한편, 물건에 물리적 힘을 미칠 수 있을지라도 점유보조자는 점유할 수 없으며, 반대로 물리적 실력행사는 미치지 아니할지라도 간접점유에는 점유가 인정된다.

2. 점유의 판단기준

물건에 대한 점유란 사회관념상 어떤 사람의 사실적 지배에 있다고 보이는 객관적 관계를 말하는 것으로서 사실상 지배가 있다고 하기 위하여서는 반드시 물건을 물리적·현실적으로 지배하는 것만을 의미하는 것이 아니고, 물건과 사람과의 시간적·공간적 관계와 본권관계, 타인 지배의 가능성 등을 고려하여 사회관념에 따라 합목적으로 판단하여야 한다(대판 1992. 11. 10, 92다37710).

3. 관련문제

(1) 건물 소유자가 현실적으로 건물을 점거하고 있지 않은 경우에도 그 부지에 대한 점유를 인정할 것인지 여부

사회통념상 건물은 그 부지를 떠나서는 존재할 수 없는 것이므로 건물의 부지가 된 토지는 그 건물의 소유자가 점유하는 것으로 볼 것이고, 이 경우 건물의 소유자가 현실적으로 건물이나 그 부지를 점거하고 있지 아니하고 있더라도 그 건물의 소유를 위하여 그 부지를 점유한다고 보아야 한다(대판 2003. 11. 13, 2002다57935).

(2) 건물의 소유명의자가 아닌 자가 건물을 점유하는 경우 그 건물의 부지도 점유하는 것으로 볼 수 있는지 여부

미등기건물을 양수하여 건물에 관한 사실상의 처분권을 보유하게 됨으로써 그 양수인이 건물부지 역시 아울러 점유하고 있다고 볼 수 있는 등의 다른 특별한 사정이 없는 한 건물의 소유명의자가 아닌 자로서는 실제로 그 건물을 점유하고 있다고 하더라도 그 건물의 부지를 점유하는 자로는 볼 수 없다(대판 2003. 11. 13, 2002다57935).

(3) 건물 공유자 중 일부만이 건물을 점유하고 있는 경우 그 건물의 부지를 공유자 전원이 공동으로 이를 점유하고 있는 것으로 볼 수 있는지 여부

건물 공유자 중 일부만이 당해 건물을 점유하고 있는 경우라도 그 건물의 부지는 건물 소유를 위하여 공유명의자 전원이 공동으로 이를 점유하고 있는 것으로 볼 것이며, 건물 공유자들이 건물부지의 공동점유로 인하여 건물부지에 대한 소유권을 시효취득하는 경우라면 그 취득시효 완성을 원인으로 한 소유권 이전등기청구권은 당해 건물의 공유지분 비율과 같은 비율로 건물 공유자들에게 귀속된다(대판 2003. 11. 13, 2002다57935).

(4) 미성년자는 법정대리인을 통하지 않고 단독으로 점유권을 취득할 수 있는지 여부

점유권은 점유권자의 사망으로 인하여 상속인에게 이전(승계)하는 것이고(민법 제193조) 상속인이 미성년자인 경우에는 그 법정대리인을 통하여 점유권을 승계받아 점유를 계속할 수 있는 것이며 점유의 계속은 추정된다(대판 1989.4.11. 88다카8217).

▣ 핵심판례 ▣

■ [점유권의 취득과 소멸]

1. 가. 건물소유자의 그 부지에 대한 점유관계

사회통념상 건물은 그 부지를 떠나서는 존재할 수 없는 것이고, 건물의 소유자는 현실로 건물이나 그 대지를 점거하고 있지 않더라도 그 건물의 소유를 위하여 그 부지를 점유한다고 보아야 한다.

나. 담보목적으로 건물소유권보존등기를 경료받은 자의 건물부지에 대한 점유관계

건물에 관한 소유권보존등기가 제3자에 대한 채권을 담보하기 위하여 한 것이라고 하여도 건물이 서 있는 토지의 소유자에 대한 관계에 있어서는 보존등기명의인이 건물의 소유권자이고 그 부지의 점유자라고 할 것이고, 위 제3자가 그 건물에 거주하고 있다고 하여도 마찬가지이다(1991. 6. 25. 제1부 판결, 91다10329 임대료).

2. 명의신탁등기 사실만으로 명의수탁자가 당연히 부동산을 점유하는 것으로 볼 수 있는지 여부(소극)와 점유가 인정되는 명의수탁자의 점유의 성질(=타주점유) 및 명의신탁자가 점유를 계속하는 경우, 등기부 취득시효에 있어 명의수탁자의 등기명의를 명의신탁자의 것으로 볼 수 있는지 여부(소극)

명의신탁에 의하여 부동산의 소유자로 등기된 자는 그 사실만으로 당연히 부동산을 점유하는 것으로 볼 수 없음은 물론이고 설사 그 점유가 인정된다고 하더라도 그 점유권원의 성질상 자주점유라 할 수 없는 것이고, 한편 명의신탁자가 스스로 점유를 계속하면서 등기명의를 수탁자에게 이전한 경우에 수탁자의 등기명의를 신탁자의 등기명의와 동일한 것으로 볼 수는 없다(대판 2002. 4. 26, 2001다8097 · 8103).

3. 사실상 공동묘지화한 상태가 된 부동산 등에 대하여 시 명의의 소유권이전등기를 경료하고 시유재산대장에도 공공용재산으로 등재하기까지 하였다면 구체적인 이용행위가 없었다 하더라도 그 등기한 때부터는 시가 소유의 의사로 점유한 것으로 볼 수 있다고 한 사례

사실상 공동묘지화한 상태가 된 부동산등에 대하여 시 명의로 소유권이전등기를 경료하고 시유재산대장에도 이를 공공용재산으로 등재하기까지 하였다면 위 부동산들에 대하여 시의 구체적인 이용행위가 없었다 하더라도 시는 재산담당직원으로 하여금 이를 계속 관리하는 상태에 두고 있었다고 볼 수가 있으며 따라서 그 등기한 때로부터는 시가 위 부동산들을 소유자로서 점유하고 있는 것으로 볼 수

있다(1991. 10. 8. 제2부 판결, 90다카23677 소유권이전등기).

4. 가. 사실상 도로로 사용하고 있는 사유지에 대한 시의 점유를 인정하고 부당이득반환을 명한 사례

오래전부터 자연스럽게 도로로 형성되어 사용되고 있는 토지에 대해 시의 신청에 의하여 건설부장관이 소로망확정고시를 하였고 그 무렵 시가 위 토지상에 포장공사를 하여 일반인과 차량의 통행에 제공하여 사실상 도시계획사업을 실시한 것과 다름없는 효과를 얻음으로써 그 때부터 이를 점유하면서 상수도, 맨홀, 전신주 등을 설치하고 도로 보수공사를 시행하는 등 사용 관리하고 있다면 달리 특별한 사정이 없는 한 시는 법률상 원인없이 이 사건 토지를 사용하여 그 차임 상당의 이득을 얻고 토지 소유자에게 동액 상당의 손해를 입게 한 것이다.

나. 위 "가"항의 경우 시를 상대로 "시가 위 토지를 매수할 때까지"로 기간을 정한 장래의 차임 상당 부당이득반환을 구할 수 있는지 여부(소극)

위 "가"항의 경우 토지 소유자가 시를 상대로 "시가 위 토지를 매수할 때까지"로 기간을 정한 장래의 차임 상당 부당이득반환청구는 장차 시가 위 토지를 매수하거나 수용하게 될는지 또한 그 시점이 언제 도래할지 불확실할 뿐만 아니라 시가 매수하거나 수용하지 아니하고 도로폐쇄조치를 하여 점유사용을 그칠 수도 있고 소유자가 위 토지를 계속하여 소유하지 못할 수도 있는 것이어서 위 장래의 기간한정은 의무불이행의 사유가 그 때까지 계속하여 존속한다는 보장이 성립되지 아니하는 불확실한 시점이라 아니할 수 없을 것이므로 이에 대한 장래의 이행을 명할 수는 없다(1991. 10. 8. 제2부 판결, 91다17139 토지사용료).

5. 가. 물건에 대한 점유의 의미와 임야에 대한 점유의 이전과 계속의 판단기준

물건에 대한 점유란 사회관념상 어떤 사람의 사실적 지배에 있다고 보여지는 객관적 관계를 말하는 것으로서 사실상의 지배가 있다고 하기 위하여는 반드시 물건을 물리적, 현실적으로 지배하는 것만을 의미하는 것이 아니고, 물건과 사람과의 시간적, 공간적관계와 본권관계, 타인 지배의 배제 가능성 등을 고려하여 사회관념에 따라 합목적적으로 판단하여야 할 것이며, 특히 임야에 대한 점유의 이전이나 점유의 계속은 반드시 물리적이고 현실적인 지배를 요한다고 볼 것은 아니고 관리나 이용의 이전이 있으면 인도가 있었다고 보아야 하고, 임야에 대한 소유권을 양도하는 경우라면 그에 대한 지배권도 넘겨지는 것이 거래에 있어서 통상적인 형태라고 할 것이며, 점유의 계속은 추정되는 것이다.

나. 임야를 매수하고 그 전부에 대한 이전등기를 마치고 인도받은 경우 그 임야 전부에 대한 인도와 점유가 있었다고 볼 수 있는지 여부

임야를 매수하고 그 전부에 대한 이전등기를 마치고 인도받았다면 특별한 사정이 없는 한 그 임야 전부에 대한 인도와 점유가 있었다고 보는 것이 상당하다(1992. 6. 23. 제1부 판결, 91다38266 소유권이전등기등).

6. 갑이 을에 대하여 토지의 인도를 명하는 가처분결정을 받아 집행함으로써 그 토지가 갑에게 인도된 경우 그 후 위 토지에 대한 을의 점유를 방해하여서는 아니된다는 결정을 구하는 가처분신청사건에 있어 위 토지를 을이 점유하는 것으로 볼 것인지 여부(적극)

갑이 을에 대하여 토지의 인도를 명하는 가처분결정을 받아 집행함으로써 그 토지가 갑에게 인도되었다고 하더라도, 그 후 위 토지에 대한 을의 점유를 방해하여서는 아니된다는 결정을 구하는 가처분신청사건에서는 그와 같은 잠정적인 이행상태의 실현은 고려함이 없이 위 토지를 을이 점유하는 것으로 보아야 한다(1992. 6. 26. 제2부 판결, 92마401 점유방해예방가처분).

7. 국가나 지방자치단체가 도로를 점유하고 있는지 여부의 판단기준

도로법 등의 적용을 받지 않는 사실상의 도로에 있어서 국가가 지방자치단체 이외의 자, 예컨대 주민들이 자조사업으로 사실상 도로를 개설하거나 기존의 도로에 개축 또는 유지, 보수공사를 시행한 경우에는 국가나 지방자치단체에서 그 공사비의 상당부분을 부담하고 공사 후에도 도로의 유지, 보수를 담당하면서 공중의 교통에 공용되고 있는 등의 사정이 인정되지 아니하는 한 그 도로의 사실상 지배주체를 국가나 지방자치단체로 보기 어려울 것이나, 국가나 지방자치단체가 그 도로를 시공하여 개설하거나 또는 이미 형성되어 있는 기존의 도로에 대하여 확장, 도로포장 또는 하수도설치 등 도로의 개축 또는 유지, 보수공사를 시행하여 일반 공중의 교통에 공용한 때에는 그 도로는 국가나 지방자치단체의 사실상 지배하에 있다고 보아 그가 점유·관리하는 도로로 보아야 한 것이다(1992. 10. 9. 제3부 판결, 92다9692 부당이득금).

8. 가. 도시계획법상의 미관지구 안의 토지소유자가 법령상의 제한 때문에 건축물과 건축선 사이의 토지를 사실상 독점적·배타적으로 점유사용할 수 없게 되었다는 사정만으로 국가나 지방자치단체가 그 토지를 점유한다고 볼 것인지 여부(소극)

미관지구 안의 토지소유자가 도시계획법상 미관지구 안에서 건축물을 건축하는 경우에 미관도로변의 건축선으로부터 3m 이상을 띄어서 건축하여야 된다는 제한에 따라 건축물을 건축한 결과 건축물과 건축선 사이의 토지를 사실상 독점적·배타적으로 점유사용할 수 없게 되었다는 사정만으로 국가나 당해 지방자치단체가 그 토지를 점유하고 있는 것으로 볼 수는 없다.

나. 아시안게임에 대비한 마라톤코스로 지정된 인근도로상으로 토사 등이 유입되는 것을 막기 위하여 관청에서 계쟁도로의 관리청인 시가 계쟁토지에 인도를 개설하여 점유하고 있다고 볼 수 없다 한 사례

아시안게임에 대비한 마라톤코스로 지정된 인근도로상으로 토사 등이 유입되는 것을 막기 위하여 관청에서 계쟁토지 위에 석축을 쌓고 보도블럭을 깔아 현재 인근 주민들의 통행로로 이용되고 있다는 사정만으로 계장도로의 관리청인 시가 계쟁토지에 인도를 개설하여 점유하고 있다고 볼 수 없다(1993. 5. 11. 제2부 판결, 92다19064 토지인도등).

9. 차도와 인도는 특별한 사정이 없는 한 일체가 되어 하나의 도로를 이루는 것임에도 국가가 국도로 편입한 차도부분만 점유하고 인도부분은 점유하지 않는다고 인정한 원심판결을 심리미진의 위법이 있다는 이유로 파기한 사례

차도와 인도는 특별한 사정이 없는 한 일체가 되어 하나의 도로를 이루는 것임에도 국가가 국도로 편입한 차도부분만 점유하고 인도부분은 점유하지 않는다고 인정한 원심판결을 심리미진의 위법이 있다는 이유로 파기환송한다(1993. 5. 11. 제1부 판결, 92다54449 토지인도등).

10. 국가나 지방자치단체가 도로를 점유하는 형태

국가나 지방자치단체가 도로를 점유하는 형태는 도로관리청으로서의 점유와 사실상의 지배주체로서의 점유로 나누어 볼 수 있는바 기존의 사실상 도로에 도로법에 의한 노선인정의 공고 및 도로구역의 결정이 있거나 도시계획법에 의한 도시계획사업의 시행으로 도로설정이 된 때에는 이때부터 도로관리청으로서의 점유를 인정할 수 있으나 이러한 도로법 등에 의한 도로설정행위가 없더라도 국가나 지방자치단체가 종전부터 일반공중의 교통에 사실상 공용되거나 또는 공용되지 않던 사유지상에 사실상 필요한 공사를 하여 도로로서의 형태를 갖춘 다음 그 토지를 여전히 또는 비로소 일반공중의 교통에 공용한 때에는 이때부터 그 도로는 국가나 지방자치단체의 사실상 지배하에 있는 것으로 보아 사실상 지배주체로서의 점유를 인정할 수 있다(1993. 8. 24. 제2부 판결, 92다19804 토지소유권확인등).

11. 사실상 도로에 대한 지방자치단체의 점유인정 여부

종전부터 사실상 일반의 통행에 공용되던 토지에 대하여 인근주민들이 이른바 새마을사업의 일환으로 도로포장공사나 하수도 설치공사 등을 함에 있어서, 지방자치단체 등이 공사비나 공사자재 등 재정적 지원을 하는 경우, 그 재정적 보조가 전체공사의 상당부분을 차지할 뿐 아니라 그 공사 이후 개설되는 도로가 일반 공중의 교통이 공용되는 공도로 쓰이고, 지방자치단체 등이 그 도로의 개축, 유지, 재해복구 등의 관리를 담당하게 되는 경우에는, 도로개설의 형식적인 주관자가 누구이냐에 관계없이 지방자치단체 등은 도로화된 그 토지의 점유 관리를 하게 된다고 보는 것이 상당하다(1993. 9. 28. 제1부 판결, 93다17041 부당이득금).

12. 건물의 소유권이 양도된 경우 그 부지의 점유자

사회통념상 건물은 그 부지를 떠나서는 존재할 수 없는 것이므로 건물의 부지가 된 토지는 그 건물의 소유자가 점유하는 것으로 볼 것이고, 건물의 소유권이 양도된 경우에는 건물의 종전의 소유자가 건물의 소유권을 상실하였음에도 불구하고 그 부지를 계속 점유할 별도의 독립된 권원이 있는 등의 특별한 사정이 없는 한 그 부지에 대한 점유도 함께 상실하는 것으로 보아야 하며, 이 경우에 건물의 종전의 소유자가 그 건물에 계속 거주하고 있는 건물의 새로운 소유자는 현실적으로 건물이나 그 부지를 점거하고 있지 아니하고 있더라도 결론은 마찬가지이다(1993. 10. 26. 제2부 판결, 93다2483 토지소유권이전등기).

13. 추녀 수직하 부분의 점유자

추녀 수직하 부분의 토지는 특별한 사정이 없는 한 건물 점유자가 점유하는 것으로 볼 것이나 추녀 아랫부분을 인접 건물에 거주하고 있던 사람들이 텃밭으로서 점유하고 있었던 경우에는 위 추녀의 소유자는 그 아랫부분 토지를 점유한 것으로 볼 수 없다(1994. 3. 22. 제1부 판결, 93다9362 건물철거등, 9378(반소) 소유권이전등기).

14. 지방자치단체가 도시계획상 계획도로선을 설정하고 이러한 계획선에 저촉되는 대지부분에 대하여 건축허가를 하지 아니하여 그 저촉되는 부분이 사실상 통행로로 쓰이게 된 경우 지방자치단체의 대지부분 점유 여부

지방자치단체가 도시계획상 계획도로선을 설정하고 이러한 계획선에 저촉되는 대지부분에 대하여 건축허가를 하지 아니하여, 대지소유자가 그 저촉되는 부분을 제외한 나머지 대지부분에 건물을 신축한 관계로 그 저촉되는 부분이 사실상 그 건물의 이용자 및 일반인의 통행로로 쓰이게 된 것만으로는 지방자치단체가 위 대지부분을 점유한다고 볼 수 없다(1994. 4. 26. 제1부 판결, 93다23039 부당이익금).

<판례전문(대판 1994. 4. 26. 제1부 판결, 93다23039 부당이익금)>

[원고, 상고인] 강종수

[피고, 피상고인] 부산직할시

[소송대리인 변호사] 김태조

[원심판결] 부산지방법원 1993. 4. 15. 선고, 92나13346 판결

[주 문] 상고를 기각한다.

상고비용은 원고의 부담으로 한다.

[이 유] 상고이유를 본다

지방자치단체가 도시계획상 계획도로선을 설정하고 이러한 계획선에 저촉되는 대지부분에 대하여 건축허가를 하지 아니하여, 대지소유자가 그 저촉되는 부분을 제외한 나머지 대지부분에 건물을 신축한 관계로 그 저촉되는 부분이 사실상 그 건물의 이용자 및 일반인의 통행로로 쓰이게 된 것만으로는 지방자치단체가 위 대지부분을 점유한다고 볼 수 없다.

원심판결에 의하면, 원심은 원고가 그 소유의 3필지의 토지상에 상가건물을 신축하기 위하여 건축허가를 신청하였으나 위 토지 위에 계획도로선이 그어진 관계로 그에 저촉되는 부분은 건축허가가 나지 아니하게 되어 위 계획도로선에 저촉되는 이 사건 대지를 공터로 남겨두고 상가건물의 건축허가를 받아 이를 준공한 사실, 원고가 위 건물을 완성한 후 이 사건 대지를 포함하여 신축건물과 기존의 인도 사이의 부분이 빈터로 남아 있어 외관상 보기에 좋지 아니하다는 이유로 그 스스로의 비용으로 보도블럭을 깔아 기존인도와 연결시켜 위 상가건물의 입주자, 출입자 및 일반인들의 통행에 제공하고 있는 사실을 인정한 후, 사실관계가 이와 같다면, 피고가 이 사건 대지 위에 도로를 개설하여 관리함으로써 이를 점유하고 있다고 볼 수 없을 뿐만 아니라, 원고가 이 사건 대지에 대한 독점적이고 배타적인 사용수익권을 포기하였다고도 볼 것이므로 이 사건 대지가 일반인의 통행로의 일부로 사용되고 있다 하여 원고에 어떤 손실이 생겼다고 할 수 없는 것이라고 판단하였다.

기록에 비추어 보면, 원심이 이 사건에서 다툼이 되고 있는 대지부분을 피고가 점유하고 있는 것이라는 원고의 주장을 그 판시와 같은 이유로 배척한 것은 정당한 것으로 수긍할 수 있고, 거기에 소론이 주장하는 바와 같은 채증법칙에 위배하여 사실을 그릇 인정한 위법 등이 있다 할 수 없고, 다만 원심이 원고가 위 대지부분에 보도블럭을 깔아 그 인접대지상에 건축한 상가건물의 입주자나 이용자들을 위하여 공로를 마련하여 줄 처지였고 기왕에 계획 도로선에 저촉된 위 대지부분이 위와 같은 통행로로서 적합할 뿐 아니라 위 통행로가 있음으로써 위 상가건물의 효용가치가 확보되어 있는 상황인지의 여부 등을 심리하여 아니한 채 원고가 자신의 비용으로 보도블럭을 깔았다는 사실만을 들어 사용수익권을 포기하였다고 판단한 것은 잘못이라 할 것이나 결국 피고 시가 위와 같은 계획도로선을 설정하여 이에 저촉되는 이 사건 대지에 대하여 건축허가를 하지 아니함으로써 이 사건 대지에 사실상도로로 이용되고 있다는 사정만으로 피고 시가 이 사건 대지위에 도로를 개설, 관리하여 이를 점유하고 있는 것으로 볼 수 없다고 한 원심의 판단은 정당하므로 논지는 이유 없다.

그러므로 상고를 기각하고 상고비용은 패소자의 부담으로 하기로 하여 관여법관의 일치된 의견으로 주문과 같이 판결한다.

대법관 김주환(재판장) 배만운
김석수 정귀호(주심)

참조판례

대법원 1973. 7. 10. 선고, 72다2279 판결
1981. 3. 24. 선고, 80다3084 판결(공1981, 13847)
1988. 1. 12. 선고, 87다카2387 판결(공1988, 406)

15. 가. 국가·지방자치단체의 적법절차에 의하지 아니한 도로개설과 자주점유추정의 번복 여부

자주점유의 추정은 국가나 지방자치단체가 점유하는 도로의 경우에도 적용되는 것이고, 그 도로개설 당시 도로법이나 도시계획법 등 관계법령에 규정된 절차에 따라 적법하게 점유권원을 취득한 것으로 인정되지 않는다는 사실만으로 자주점유의 추정이 번복되어 그 점유권원의 성질상 타주점유라고 볼 수 없다.

나. 국가·지방자치단체가 도로를 점유하는 형태

국가나 지방자치단체가 도로를 점유하는 형태는 도로관리청으로서의 점유와 사실상의 지배주체로서의 점유로 나누어 볼 수 있는바, 기존의 사실상의 도로에 도로법에 의한 노선인정의 공고 및 도로구역의 결정이 있거나 도시계획법에 의한 도시계획사업의 시행으로 도로설정이 된 때에는 이때부터 도로관리청으로서의 점유를 개시한 것으로 인정할 수 있고, 이러한 도로법 등에 의한 도로의 설정행위가 없더라도 국가나 지방자치단체가 기존의 사실상 도로에 대하여 확장, 도로 포장 또는 하수도 설치 등 도로의 개축 또는 유지보수공사를 시행하여 일반 공중의 교통에 공용한 때에는 이때부터 그 도로는 국가는 지방자치단체의 사실상 지배하에 있는 것으로 보아 사실상 지배주체로서의 점유를 개시한 것으로 인정할 수 있으며, 여기에서 기존의 사실상의 도로에 도로법에 의한 도로구역의 결정이 있는 때라 함은 도로관리청이 도로법에 의하여 행한 도로구역의 결정이 있는 때를 말하므로 도시계획법에 의한 도시계획(도로시설)결정이 있는 때는 여기에 포함되지 아니한다.

다. 건설부장관의 도시계획결정고시가 있는 때로부터 시가 도로를 점유한 것으로 본 원심판결을 파기한 사례

건설부장관의 도시계획결정고시가 있은 때로부터 시가 도로를 점유한 것으로 본 원심판결을 파기한 사례(1994. 9. 9. 제2부 판결, 94다23951 부당이득금반환)

<판례전문(대판 1994. 9. 9. 제2부 판결, 94다23951)>

[원고, 상고인] 김노동

[소송대리인 변호사] 장문호

[피고, 피상고인] 부산직할시

[소송대리인 변호사] 이인수

[원심판결] 부산고등법원 1994. 4. 15. 선고, 93나9422 판결

[주 문] 원심판결을 파기하고, 사건을 부산고등법원에 환송한다.

[이 유] 1. 상고이유(기간도과 후에 제출된 상고이유보충서의 기재는 상고이유를 보충하는 범위 내에서)를 판단한다.

가. 자주점유의 추정은 국가나 지방자치단체가 점유하는 도로의 경우에도 적용되는 것이고, 그 도로개설 당시 도로법이나 도시계획법 등 관계법령에 규정된 절차에 따라 적법하게 점유권원을 취득한 것으로 인정되지 않는다고 하더라도 이런 사실만으로 자주점유의 추정이 번복되어 그 점유권원의 성질상 타주점유라고 볼 수는 없다는 것이 당원의 견해이다(당원 1991. 6. 28. 선고, 89다카12176 판결 : 1992. 6. 9. 선고, 92다8446 판결 등 참조). 소론은 이와 반대의 견해를 전제로 하여 원심판결을 비난하는 것에 지나지 않는다. 논지는 이유 없다.

나. (1) 원심판결 이유에 의하면 원심은, 원심판결 별지 제1토지와 제2토지(이하 “이 사건 토지”라고 한다)는 소외 나라에 의하여 1925. 1. 13. 그 지목이 도로로 변경되어 그 무렵부터 사실상의 도로로서 일반의 통행에 제공되어 오던 토지의 사실, 그 후 1963. 1. 1. 행정구역의 변경에 의하여 이 사건 토지가 경남 동래구 사상면에서 피고 시로 편입되자, 피고 사는 1967. 12. 22. 도로법에 의하여 기점을 부산진구 주례동 주례삼거리, 종점을 부산진구 구포동 구포주유소로 하는 이 사건 토지가 포함된 노폭 200m, 연장 6.5km의 노선인정 공고를 하고, 이에 따라 건설부장관이 1968. 1. 29. 도로구역의 결정고시를 한 것으로 사실을 인정한 다음, 피고 시는 건설부장관의 위 결정고시가 있은 날인 1968. 1. 29.부터 도로관리청으로서 이 사건 토지를 점유한 것으로 보아야 하므로 그때부터 기산하여 20년이 경과한 1988. 1. 29. 이 사건 토지를 시효취득하였다고 판단하였다.

(2) 국가나 지방자치단체가 도로를 점유하는 형태는 도로관리청으로서의 점유와 사실상의 지배주체로서의 점유로 나누어 볼 수 있는바, 기존의 사실상의 도로에 도로법에 의한 노선인정의 공고 및 도로구역의 결정이 있거나 도시계획법에 의한 도시계획사업의 시행으로 도로설정이 된 때에는 이때부터 도로관리청으로서의 점유를 개시한 것으로 인정할 수 있고, 이러한 도로법 등에 의한 도로의 설정행위가 없더라도 국가나 지방자치단체가 기존의 사실상 도로에 대하여 확장, 도로 포장 또는 하수도 설치 등 도로의 개축 또는 유지보수공사를 시행하여 지배하에 있는 것으로 보아 사실상 지배주체로서의 점유를 개시한 것으로 보아 사실상

지배하에 있는 것으로 보아 사실상 지배주체로서의 점유를 개시한 것으로 보아 사실상 지배주체로서의 점유를 개시한 것으로 인정할 수 있다 할 것이며(당원 1992. 10. 27. 선고, 91다35649 판결 : 1993. 8. 24. 선고, 92다19804 판결 등 참조), 여기에서 기존의 사실상의 도로에 도로법에 의한 도로구역의 결정이 있는 때라 함은 도로관리청이 도로법에 의하여 행한 도로구역의 결정이 있는 때를 말하는 것이므로 도시계획법에 의한 도시계획(도로시설)결정이 있는 때는 여기에 포함되지 아니한다 할 것이다.

따라서 건설부장관이 1968. 1. 29. 도시계획법에 의하여 행한 위 도시계획결정(원심이 위 도시계획결정을 도로구역의 결정이라고 잘못 표현한 것으로 보인다)은 도로관리청이 도로법에 의하여 행한 도로구역의 결정이라고 할 수 없으므로, 건설부장관의 위 결정고시가 있은 때로부터 피고 시가 이 사건 토지를 도로로서 점유한 것으로 본 원심판결에는 도로의 점유에 의한 취득시효에 있어서의 점유개시에 관한 법리를 오해한 위법이 있다 할 것이니, 이 점을 지적하는 논지는 이유 있다.

2. 그러므로 원심판결을 파기하고 이 사건을 부산고등법원에 환송하기로 하여 관여법관의 일치된 의견으로 주문과 같이 판결한다.

대법관　박만호(재판장)　박준서

김형선(주 심)　이용훈

참조판례

가. 대법원 1991. 6. 28. 선고, 89다카12176 판결(공1991, 2012)

1991. 7. 12. 선고, 91다6139 판결(공1991, 2149)

1992. 6. 9. 선고, 92다8446 판결(공1992, 2125)

나. 대법원 1992. 10. 27. 선고, 91다35649 판결(공1992, 3242)

1993. 2. 23. 선고, 92다34155 판결(공1993상, 1063)

1993. 8. 24. 선고, 92다19804 판결(공1993하. 2572)

16. 가. 국가 또는 지방자치단체가 사실상 지배주체로서 도로를 점유하게 된 경우, 그 토지에 대하여 부당이득액 산정의 기초가격과 기대이율

국가 또는 지방자치단체가 종전부터 일반 공중의 통행로로 사실상 공용되고 있던 토지에 대하여 도로법 등에 의한 도로설정을 하여 도로관리청으로서 점유하거나 사실상 필요한 공사를 하여 도로로서의 형태를 갖춘 다음 사실상 지배주체로서 도를 점유하게 된 경우, 그 토지에 대한 임료 상당의 부당이득액을 산정하기 위한 기초가격은 도로로 편입될 당시의 현실적 이용 상황인도로로 제한 받는 상태, 즉 도로인 현황대로 감정평가하여야 하고, 토지의 부당이득액을 산정함에 있어 그 요소가 되는 기대이율(임료율)은 국공채이율, 은행의 장기대출금리, 일반시중의 금리, 정상적인 부동산거래이윤율, 국유재산법과 지방재정법이 정하는 대부료율 등을 참작하여 결정하여야 한다.

나. 일반국도로 노선인정 공고 및 도로구역 결정 고시가 있은 경우, 그 도로의 유지·관리를 담당하는 지방자치단체의 사실상의 점유가 배제되는지 여부(소극)

국가가 도로법에 의한 일반국도로의 노선인정 공고 및 도로구역 결정 고시를 함으로써 도로설정이 되었음에도 그 이후 지방자치단체의 점유관리행위가 계속된 경우에, 국가가 그와 같은 도로설정 행위로써 사실상 지배주체인 지방자치단체의 점유관리를 배제할 의사가 있었다고 보여지는 등 특별한 사정이 없는 한, 국가의 도로설정 행위 이후에도 여전히 도로의 유지·관리를 담당하고 있는 지방자치단체의 점유는 계속된다고 봄이 상당하다(1996. 5. 28. 판결, 96다6479 부당이익금반환).

17. 점유설정의사의 요부

점유권은 상속인에게 이전되는 것이므로 피고의 아버지가 토지를 점유하고 있다가 사망한 경우 피고가 10세 남짓 밖에 되지 않더라도 그의 상속인이라면 아버지가 점유하고 있었던 토지는 그의 사망으로 인하여 당연히 피고의 점유가 되는 것이어서 상속토지에 대한 그의 점유가 자주점유가 아니라고 할 수 없다(대판 1990. 12. 26. 90다5733)

<비교판례>

점유권은 점유권자의 사망으로 인하여 상속인에게 이전(승계)하는 것이고(민법 제193조) 상속인이 미성년자인 경우에는 그 법정대리인을 통하여 점유권을 승계받아 점유를 계속할 수 있는 것이며 점유의 계속은 추정된다(대판 1989. 4. 11. 88다카8217).

18. 건물 소유자가 현실적으로 건물이나 그 부지를 점거하고 있지 않더라도 그 부지를 점유한다고 보아야 하는지 여부(적극) 및 미등기건물을 양수하여 건물에 대한 사실상의 처분권을 보유하게 된 양수인이 그 건물의 부지도 함께 점유하는지 여부(적극)

사회통념상 건물은 그 부지를 떠나서는 존재할 수 없는 것이므로 건물의 부지가 된 토지는 그 건물의 소유자가 점유하는 것으로 볼 것이고, 이 경우 건물의 소유자가 현실적으로 건물이나 그 부지를 점거하고 있지 아니하고 있더라도 그 건물의 소유를 위하여 그 부지를 점유한다고 보아야 하며, 미등기건물을 양수하여 건물에 관한 사실상의 처분권을 보유하게 된 양수인은 건물부지 역시 아울러 점유하고 있다고 볼 수 있다(대판 2010. 1. 28,2009다61193).

◈ 점유권이 상속인에게 이전되는지 여부

제 193 조 【상속으로 인한 점유권의 이전】

점유권은 상속인에 이전한다.

■ § 193. 점유권의 상속

- 상속에 의하여 피상속인의 점유가 그대로 상속인에게 이전하느냐?
  : 독일 보통법시대의 논쟁, 독일, 프랑스, 스위스 등의 민법은 명문으로 인정
- 그 결과 피상속인의 사망으로 상속이 개시되면, 피상속인이 점유하고 있었던 물건은 당연히 상속인의 점유가 된다.
- 상속인이 상속에 의하여 당연히 승계하는 점유 및 점유권은 피상속인이 가지고 있었던 것과 같다.

점유권이 상속되는가의 여부에 대해서도 독일 보통법시대에 크게 다루어진 바 있으나, 프랑스민법(제724조), 독일민법(제857조), 스위스민법(제560조) 등에서는 명문으로 이를 긍정한다.

구민법은 규정을 두고 있지 않았으나, 현행민법은「점유권은 상속인에 이전한다」는 명문의 규정을 두고 있다. 그 결과 상속이 개시되면 피상속인이 점유하고 있던 물건은 당연히 상속인의 점유가 되고, 관리를 개시한다거나 상속개시의 사실을 알고 있을 것 등은 문제가 되지 않는다. 또한 상속인은 피상속인의 점유의 성질과 하자를 그대로 승계한다.

단, 상속인의 점유취득을 불능케 하는 사유가 있는 경우(예 : 물건이 피상속인과 함께 바닷속 깊이 빠져버렸을 때)에는 점유권도 승계할 수 없다고 하겠다.

한편, 상속 자체가 점유변경의 새로운 권원이 될 수 있는지와 관련하여 통설과 판례는 이를 부정한다(대판 2004. 9. 24. 2004다27273). 그런데 점유의 분리·병합(제199조)이 상속의 경우에도 적용되는지에 대해서는 다수설(곽윤직 등)은 상속인이 스스로 사실상의 지배를 취득한 때로부터 점유를 분리·병합할 수 있는 것으로 보아, 피상속인의 하자 있는 점유를 승계하지 않고 자신의 하자 없는 점유만을 주장할 수 있다고 하는 반면, 소수설(이영준)은 상속인이 사실상의 점유를 취득한다고 해도 이는 제193조의 관념적 점유가 구체화되는 것에 불과할 뿐 새로운 권원을 취득하는 것은 아니기 때문에 제199조는 상속의 경우에는 적용

될 수 없다고 한다. 판례는 이와 관련하여 “상속에 의하여 점유권을 취득한 경우에는 상속인이 새로운 권원에 의하여 자기 고유의 점유를 시작하지 않는 한 피상속인의 점유를 떠나 자기만의 점유를 주장할 수 없고, 선대의 점유가 타주점유인 경우 선대로부터 상속에 의하여 점유를 승계한 자의 점유도 그 성질 내지 태양을 달리하는 것이 아니어서 특단의 사정이 없는 한 그 점유가 자주점유로 될 수 없고, 그 점유가 자주점유가 되기 위하여는 점유자가 소유자에 대하여 소유의 의사가 있는 것을 표시하거나 새로운 권원에 의하여 다시 소유의 의사로써 점유를 시작하여야 한다(대판 2004. 9. 24. 2004다27273) ”고 하여 소수설과 태도를 같이하고 있다.

▣ 핵심판례 ▣

■ [상속으로 인한 점유권의 이전]

1. 상속에 의하여 점유권을 취득한 자가 피상속인의 점유를 떠나 자기만의 점유를 주장할 수 있는지 여부

상속에 의하여 점유권을 취득한 경우에는 상속인은 새로운 권원에 의하여 자기 고유의 점유를 개시하지 않는 피상속인의 점유를 떠나 자기만의 점유를 주장할 수 없다(1992. 9. 22. 제2부 판결, 92다22602 건물철거, 22619(반소) 소유권이전등기).

2. 상속에 의하여 점유권을 취득한 자의 점유시기

상속에 의하여 점유권을 취득한 경우에는 상속인은 새로운 권원에 의하여 자기 고유의 점유를 개시하지 않는 한 피상속인의 점유를 떠나 자기만의 점유를 주장할 수 없다(1993. 9. 14. 제2부 판결, 93다10989 소유권이전등기).

◆ 간접점유가 인정되는 경우

제 194 조【간접점유】

지상권, 전세권, 질권, 사용대차, 임대차, 임치 기타의 관계로 타인으로 하여금 물건을 점유하게 한 자는 간접으로 점유권이 있다.

■ § 194. 간접점유

- 점유매개관계에 의하여 직접점유를 하는 자에 의하여 매개되는 점유
- 성립요건 : ① 특정인의 직접점유
  ② 직접점유자의 점유권은 간접점유자로부터 유래한 것일 것
- 효 과 : ① 간접점유자의 점유권 - 취득시효 진행, 점유 보호청구권 인정, 자력구제권 부인
  ② 점유의 태양의 표준 - 직접 점유자의 점유가 표준

1. 의 의

본조는 「지상권, 전세권, 질권, 사용대차, 임대차, 임치 기타의 관계로 타인으로 하여금 물건을 점유하게 한 자는 간접으로 점유권이 있다」고 규정하여 간접점유를 인정하고 있다.

예컨대 지상권설정자는 지상권자에게 목적물을 점유하게 하였으므로, 이러한 법률관계에 기하여 지상권자가 직접 점유권을 가진다는 것이다. 이와 같이 어떤 자가 일정한 법률관계에 의하여 타인에게 점유를 이전할 경우에 그 자에게 인정되는 점유를 간접점유라고 하며, 이는 직접점유에 대립하는 개념이다. 이러한 간접점유의 기초가 되는 법률관계를 점유매개관계라 하고 이에 기해 직접점유를 하는 자를 점유매개자(Besitzmittler)라고 한다.

2. 존재이유

간접점유자에게도 점유권을 인정하는 이유는 무엇인가? 타인을 통해서 물건에 대한 사실상의 지배를 행사하고 있는 자는 법률상 보호할 필요가 있다고 보기 때문이다. 즉, 간접점유자의 점유를 매개하는 직접점유자의 점유권은 간

접점유자의 권리로부터 전래한 것이고, 직접점유자를 하위점유자라 한다면 간접점유자는 상위점유자로서의 지위를 갖고 있는 것이다. 점유매개관계에 기하여 점유가 직접점유자에게 옮겨지지만 간접점유자는 반환청구권이 있어서 그러한 법률관계가 없어지면 결국은 물건을 도로 찾아오게 되므로 사회관념상 물건이 완전히 간접점유자의 지배로부터 이탈하였다고 볼 수 없고, 간접적으로나마 물건을 지배하고 있다고 하겠다. 따라서 법률은 이를 인정함으로써 간접점유자의 이익도 보호하려는 것이 간접점유제도의 존재이유이다.

3. 성립요건

간접점유의 성립요건은 다음과 같다.

(1) 특정인의 직접점유가 있어야 한다. 따라서 물건을 직접 사실상 지배하는 것은 직접점유자뿐이고 간접점유자는 그러한 지배가 없다. 여기서 특정인이란 이른바 점유매개자를 의미하며, 간접점유자와 일정한 법률관계에 서는 자이다. 그리고 직접점유자의 점유는 타주점유이어야 한다. 즉, 소유의 의사로서 하는 점유가 아니다. 직접점유자는 점유를 하는 점에서 점유보조자와는 구별된다.

(2) 직접점유자의 점유권은 간접점유자로부터 전래한 것이어야 한다. 간접점유자로부터 점유권이 전래하기 위하여는 직접점유자와 간접점유자 사이에는 일정한 법률관계가 있어야 하며, 이를 점유매개관계라고 한다. 이러한 점유매개관계란 일시적으로 타인으로 하여금 점유할 수 있는 권리·의무를 발생케 하는 법률관계를 말하며, 반드시 반환청구관계가 있어야 한다. 이러한 법률관계로서 본조는 지상권·전세권·질권·사용대차·임대차·임치를 예시하고 있으며, 기타 계약(도급계약, 물건운송계약, 위탁매매계약), 법률의 규정(유치권, 친권, 후견), 또는 국가행위(파산재단의 관리, 강제관리) 등이 포함된다. 점유매개관계는 중첩적으로 있을 수 있고(예 : 갑이 을에게 임대한 후, 을이 다시 병에게 전대하면 두 개의 점유매개관계가 성립한다), 후술하는 바와 같이 반드시 유효할 필요는 없다.

(3) 그리고 간접점유자는 직접점유자에 대하여 반환청구권을 가져야 한다. 이러한 반환청구권은 언제나 채권적 반환청구권이며, 이 청구권의 존재는 절대적 요건이다. 이러한 반환청구권만 있으면 점유매개관계를 인정

할 수 있으므로 점유매개관계 자체가 유효할 필요는 없다. 즉 점유매개관계가 법률상 부존재하거나(예 : 임대차 계약이 종료된 후), 무효의 경우(예 : 불법점유자가 임대하고 임차인이 악의인 경우)에도 반환청구권은 존재하며, 이때에는 부당이득에 기한 점유의 반환청구권(채권적청구권)이 발생한다고 하겠다.

4. 효 과

간접점유자도 점유권을 가지므로, 점유에 관한 규정이 성질상 적용될 수 없는 경우를 제외하고 간접점유자에게도 적용된다. 즉, 동산물권변동의 요건이 갖추어지고(제188조), 점유보호청구권이 발생하며(제207조), 취득시효(제245조 이하)가 진행되는 등의 효력이 간접점유자에게도 발생한다. 특히 주의할 점은 다음과 같다.

(1) 직접점유자가 그 점유를 침탈당하거나 방해당하고 있는 경우에는 간접점유자도 점유보호청구권을 가진다(제207조 1항). 그러나 직접점유자에 의해 간접점유자가 침해된 경우(예 : 임차인이 점유물을 횡령하여 제3자에게 처분한 경우)에는 간접점유자의 점유보호청구권은 인정되지 않는다.

점유물을 침탈당한 경우에 간접점유자는 침탈자에 대하여 자기에게 반환할 것을 청구하지는 못하고, 직접점유자에게 반환할 것을 청구할 수 있을 뿐이다. 그러나 직접점유자가 물건의 반환을 받을 수 없거나, 받기를 원하지 않는 때에는 자기에게 반환할 것을 청구할 수 있다(제207조 2항).

(2) 제3자의 직접점유자에 대한 침해가 있는 경우에 간접점유자도 자력구제권이 인정되는가에 관하여는 학설이 갈라져 부정설이 다수설이긴 하나, 이를 인정하여도 직접점유자에게 피해가 없고, 간접점유자의 반환청구권을 보호하기 위하여도 이를 인정하는 것이 타당하므로 긍정설도 유력하다.

(3) 직접점유자에 대한 관계에 있어서는 간접점유자는 점유보호청구권이나 자력구제권을 행사할 수 없고, 다만 간접점유의 기초가 되는 법률관계, 즉 점유매개관계 또는 물권에 기한 청구권을 행사할 수 있을 뿐이다. 그러나 직접점유자는 간접점유자에 대하여 간접점유의 기초가 되는 법률

관계에서 발생하는 청구권을 행사할 수 있을 뿐만 아니라, 점유보호청구권과 자력구제권도 행사할 수 있다.

▣ 핵심판례 ▣

■ [간접점유]

1. 점유매개관계는 법률의 규정, 국가행위에 의해서도 발생하는지 여부(적극)

취득시효의 요건인 점유는 직접점유뿐만 아니라 간접점유도 포함하는 것이고, 점유매개관계는 법률의 규정, 국가행위 등에 의해서도 발생하는 것인데, 자연공원법의 개정으로 국립공원관리공단이 설립되어 1987. 7. 1.부터 북한산 국립공원의 관리업무가 지방자치단체에서 위 공단에 인계되어 그 후부터 공단이 당해 임야를 포함한 북한산 국립공원의 관리업무를 수행하였다고 하더라도, 동법에서 지방자치단체는 당해 행정구역 안에 있는 국립공원의 관리에 사용된 토지 등의 부동산을 위 공단으로 하여금 무상으로 사용하게 할 수 있다고 규정하고 있음에 비추어, 지방자치단체는 그 임야에 관하여 국립공원관리동단에게 반환을 청구할 수 있는 지위에 있고, 따라서 1987. 7. 1. 이후에는 그 임야에 대하여 간접점유를 취득하였다고 할 것이다(대판 1998. 2. 24, 96다8888).

2. 점유자가 토지를 자주점유하던 중 군 당국이 민간인 출입을 통제한 경우, 원점유자의 점유의 계속 여부

토지 점유자가 토지를 자주점유하던 중 군 당국이 그 토지에 대하여 민간인의 출입을 통제한 경우, 그 기간 동안의 국가의 점유는 군사상 필요에 의한 일시적인 것으로서 원점유자의 토지에 대한 지배를 전적으로 배제하려는 것이 아니라 군사상 필요가 없어지면 원점유자에게 점유를 반환할 것을 승인하고 있었던 것이므로 성질상 소유의 의사가 없는 타주점유이고, 원점유자는 직접점유자인 국가를 통하여 간접적으로 그 토지를 계속 점유하였다고 할 것이다(1996. 1. 26. 판결, 95다49097 소유권보존등기말소등).

3. 농지개혁법상 무효인 소작관계에 기하여 소작인을 점유매개자로 하여 농지를 간접적으로 점유하고 있는 자와 부동산시효취득에 있어서의 점유

농지를 소작을 준 것이 농지개혁법상 무효라 하더라도 소작인들을 점유매개자로 하여 간접적으로 이를 점유하고 있고 또 그들을 상대로 그 농지의 반환을 청구할 수 있는 지위에 있는 한 위 간접점유자의 시효취득에 있어서의 점유 자체를 부정할 수 없다(1991. 10. 8. 제2부 판결, 91다25116 소유권이전등기말소등).

4. 불법점유를 이유로 한 건물명도 청구의 상대방

불법점유를 이유로 한 건물명도 청구를 하려면 현실적으로 불법점유하고 있는 사람을 상대로 하여야 할 것이나 그렇지 않는 경우에는 간접점유자를 상대로 명도를 청구할 수 있다(대판 1983. 5. 10, 81다187).

5. 직접점유자가 간접점유자의 의사에 반하여 점유를 양도한 경우의 효과

직접점유자가 임의로 점유를 타에 양도한 경우에는 점유이전이 간접점유자의 의사에 반한다 하더라도 간접점유자의 점유가 침탈된 경우에 해당하지 않는다(대판 1993.3.9. 92다5300)

6. 공작물의 간접점유자인 소유자의 책임여부

화재가 공작물 자체의 설치 보존상의 하자에 의하여 직접 발생한 경우에 그로 인한 손해배상 책임에 대하여는 민법 제758조 제1항 소정의 공작물 점유자 내지 소유자의 책임이 인정되지만, 그와 같은 경우에도 간접점유자인 건물의 소유자는 직접점유자가 손해 방지에 필요한 주의를 해태하지 아니한 경우에 한하여 비로소 책임을 지게 된다(대판 1995. 10. 13. 94다36506).

7. 매수인이 소유권유보부 매매의 목적물을 타인의 직접점유를 통하여 간접점유 하던 중 그 타인의 채권자가 그 채권의 실행으로 그 목적물을 압류한 사안에서, 매수인이 민사집행법 제48조 제1항에 정한 '목적물의 인도를 막을 수 있는 권리'를 가진다고 한 사례

매수인이 소유권유보부 매매의 목적물을 타인의 직접점유를 통하여 간접점유 하던 중 그 타인의 채권자가 그 채권의 실행으로 그 목적물을 압류한 사안에서, 매수인은 그 강제집행을 용인하여야 할 별도의 사유가 있지 아니한 한 소유권유보 매수인 또는 정당한 권원 있는 간접점유자의 지위에서 민사집행법 제48조 제1항에 정한 '목적물의 인도를 막을 수 있는 권리'를 가진다고 한 사례(대판 2009. 4. 9, 2009다1894).

◈ 타인의 지시를 받아 물건에 대한 사실상 지배를 하는 경우 점유자로 되는 자

제 195 조【점유보조자】

가사상, 영업상 기타 유사한 관계에 의하여 타인의 지시를 받아 물건에 대한 사실상의 지배를 하는 때에는 그 타인만을 점유자로 한다.

■ § 195. 점유보조자

- 가사상, 영업상 기타 유사한 관계에 의하여 타인의 지시를 받아 물건을 사실상 지배하는 자
- 점유보조자의 요건 : ① 물건에 대한 사실상의 지배를 행사
  ② 점유보조관계의 존재
- 점유보조자의 지위 점유주만이 점유자이므로 점유보조자에게 점유보호청구권은 인정되지 않으나 자력구제권은 있다.
- 점유보조자 지위의 종료, 점유보조관계의 종료

1. 의 의

점유는 본인이 직접 하는 경우가 보통이나, 타인을 통해서 하는 경우가 있다. 이때 본인과 타인과의 법률관계의 성질에 따라 사실상 지배의 관계도 차이가 생긴다. 만일 본인과 그 타인과의 관계가 임대차관계처럼 대등한 관계인 때에는 그 타인은 직접점유를 가지고 본인은 간접점유(제194조)를 가지게 된다. 그러나 그들의 관계가 본인의 지시를 받게 되는 경우에는 그 타인은 점유매개인에 불과하고, 본인만이 점유권을 갖게 된다. 이런 경우의 타인을 점유보조자라 하며, 이 자에게는 점유권이 인정되지 않는다. 본조는「가사상·영업상 기타 유사한 관계에 의하여 타인의 지시를 받아 물건에 대하여 사실상의 지배를 하는 때에는 그 타인만을 점유자로 한다」고 규정하여 점유보조자를 인정하고, 이러한 점유보조자의 사실상의 지배를 보호하지 않는다.

2. 점유보조자제도의 존재이유

점유보조자에 의한 사실상의 지배를 보호하지 않는 이유는 무엇인가? 만일

에 점유보조자도 점유자로서 보호한다면, 그는 점유자로서의 권리를 제3자에 대하여 뿐만 아니라, 상위자인 점유주에 대해서도 주장할 수 있게 되므로 상위자의 지시권이 상실되고 양자간의 지배·종속관계가 깨어지게 된다. 이렇게 되면 점유질서를 파괴하게 될 우려가 있으므로 점유보조자는 점유자로서 보호될 이익이 없다는 데 점유보조자제도의 존재이유가 있다고 하겠다.

예컨대 가정부가 주인의 주택을 지키고 있더라도 점유자로서 보호받지 못하며, 주인에 대하여 점유권을 주장할 수는 없는 것이다.

3. 성립요건

점유보조관계가 성립하려면 첫째, 점유보조자가 점유주를 위하여 물건에 대한 사실상 지배를 하고 있어야 하며, 둘째, 점유보조자와 점유자(점유주) 사이에는 전자가 후자의 지시에 따라야 할 관계, 즉 점유보조관계가 있어야 한다. 여기서 지시에 따라야 할 관계란 채권·채무의 대등적 관계가 아니라 명령·복종의 종속관계를 말한다. 본조는 가사상(예 : 가정부·머슴 등) 또는 영업상(예 : 점원·직공·사환 등)의 관계를 예시하고, 이 밖에도 타인의 지시를 받는 유사한 관계에도 일반적으로 점유보조관계를 인정하고 있다. 이러한 종속관계가 성립하는 기초는 사법상의 계약일 수도 있고 친족법상의 관계일 수도 있고, 공법상의 법률관계일 수도 있다. 이들 종속관계는 유효할 필요는 없고, 계속적일 필요도 없다. 일시적인 관계라도 무방하다. 또한 사회적 종속관계는 외부로부터 인식할 수 있는 것일 필요도 없다(통설).

처는 부의 점유보조자인가가 문제이나 남녀평등의 원칙상 부부사이에는 종속관계가 있다고 할 수 없으므로 아내는 남편의 점유보조자라 할 수 없고 가사상의 물건에 대해서는 부부가 공동으로 사용하는 한도에서는 부부의 공동점유에 속한다는 것이 통설이다. 다만 판례는 처를 공동점유자로 본적이 있는 반면 점유보조자로 본 적도 있어 일관되어 있지는 않다(대판 1998. 6. 26. 98다16456 ; 대판 1980. 7. 8. 79다1928)

법인의 점유도 인정할 수 있음은 물론이다. 따라서 이사와 같은 법인의 대표기관이 법인을 위하여 물건을 사실상 지배하게 되면 그것도 곧 법인의 점유가 된다. 이때에 법인의 기관은 점유보조자는 아니라는 것이 통설과 판례의 태도이다. 그러나 법인의 기관이 법인에 대하여 점유권을 행사할 수는 없다

하겠으므로 일종의 점유보조자의 지위에 있다고 보는 견해도 존재한다. 다만, 감사의 점유는 법인의 점유가 아니다(1965. 2. 16, 64다1513). 자기 물건에 대한 점유보조자가 될 수도 있다.

또한 자기의 물건에 대해서도 점유보조자가 될 수 있다. 즉 부모가 어린아이에게 물건을 준 경우 그 어린이는 소유자인 동시에 그 물건의 유지 및 관리를 받는 한에 있어서는 점유보조자가 될 수 있다는 것이 통설의 태도이다.

4. 효 과

점유보조자는 비록 물건을 사실상 지배한다 하더라도 점유자는 아니고, 점유주만이 점유자로서 보호된다. 따라서 점유보조자는 점유주에 관해서뿐만 아니라, 제3자에 대한 관계에 있어서도 점유권에 기한 여러 효력은 인정되지 않는다. 예컨대 점유보조자는 점유물방해제거청구권을 행사할 수 없다(대판 1976. 9. 28. 76다1588, 공보③1976, 9370). 그리고 점유보조자(회사의 직원 등)는 소유물반환청구권의 성질을 가지는 퇴거청구의 상대방이 될 수 없다(대판 2001. 4. 27. 2001다13983).

그러나 점유주를 충분히 보호하기 위하여 점유보조자도 자력구제권(제209조)을 행사할 수 있다는 것이 통설이다(독일민법 제860조 참조). 단, 자신의 자력구제권이 아니라 점유주의 자력구제권을 점유주를 위해 행사하는 것이다.

본조는 사실상 지배를 행사하는 때라고 규정하고 있으나, 사실상 지배의 취득이나 상실의 경우에도 적용된다(예 : 가정부가 시장에서 물건을 구입한 경우 주인은 그 물건에 대한 점유권을 취득한다).

점유취득시 선의냐 악의냐 및 과실 유무의 판단기준과 관련하여 원칙적으로 '점유주'가 판단기준이 되어 점유주가 악의인 경우 점유보조자가 선의이더라도 악의의 점유가 된다. 점유주가 선의이고 점유보조자가 악의인 경우에도 점유주의 불이익으로 돌아가 점유는 악의의 점유가 된다.

5. 소 멸

점유보조관계는 점유보조자가 점유를 상실하거나 점유보조관계의 종료로 소멸한다. 그러나 점유보조관계는 점유보조자 자신의 의사의 변경(점유보조관계를 끝낸다는 의사)만으로 끝나지 않으며, 종료의 의사는 외부에서 명백히 인식할 수 있도록 표시되어야 한다.

▣ 핵심판례 ▣

1. 처가 부(夫) 등과 함께 토지 및 건물을 점유·사용하면서 소유자의 명도요구를 거부하고 있는 경우, 소유자에 대한 관계에서 단순한 점유보조자인지 여부(소극)

처가 아무런 권원 없이 토지와 건물을 주택 및 축사 등으로 계속 점유·사용하여 오고 있으면서 소유자의 명도요구를 거부하고 있다면 비록 그 시부모 및 부(夫)와 함께 이를 점유하고 있다고 하더라도 처는 소유자에 대한 관계에서 단순한 점유보조자에 불과한 것이 아니라 공동점유자로서 이를 불법점유하고 있다고 봄이 상당하다(대판 1998. 6. 26, 98다16456·16463).

2. 동거가족을 불법점유자로 본 사례 및 미등기 건물 매수인의 불법점유자에 대한 건물명도 청구방법

가. 건물을 원시취득한 소외인의 동거가족들은 그 점유보조자에 불과하지만 소외인이 건물을 매도하고 퇴거하였음에도 불구하고 그 동거가족인 피고들이 그 건물이 소외인의 소유가 아니라고 주장하면서 소외인의 의사에 반하여 건물부분을 점유하고 있다면 피고들은 소외인에 대한 관계에서 불법점유자이다.

나. 원고가 미등기 건물을 매수하였으나 소유권이전등기를 하지 못한 경우에는 위 건물의 소유권을 원시 취득한 매도인을 대위하여 불법점유자에 대하여 명도청구를 할 수 있고 이때 원고는 불법점유자에 대하여 직접 자기에게 명도할 것을 청구할 수도 있다(대판 1980. 7. 8, 79다1928).

3. 고속국도의 관리청인 건설교통부장관이 한국도로공사로 하여금 그 권한의 일부를 대행하게 한 경우 고속국도의 점유자

고속국도법의 각 규정에 의하면 고속국도의 관리청인 건설부장관을 고속국도에 관한 그의 권한의 일부를 한국도로공사로 하여금 대행하게 할 수 있고, 이 경우 한국도로공사를 당해 고속국도의 관리청으로 본다고 규정하고 있는 점에 비추어보면, 한국도로공사는 위 법규에 따라 건설부장관이 정하는 범위 내에서 건설부장관을 대행하는 것에 불과하여 독립한 점유주체로 될 수 없고, 건설부장관을 기관으로 하는 대한민국의 점유보조자에 불과하다(대판 1995. 2. 14, 94다28994·29003).

4. 점유보조자가 퇴거청구의 상대방이 되는지 여부

주식회사의 직원으로서 회사의 사무실로 사용하고 있는 건물부분에 대한 점유보조자에 불과할 뿐 독립한 점유주체가 아닌 직원들은 소유물반환청구의 성질을 가지는 퇴거청구의 독립한 상대방이 될 수는 없는 것이다(대판 2001. 4. 27. 2001다13983).

5. 부가 농지를 동거가족인 미혼의 딸 갑이름으로 분배받아 경작하는 경우에 갑은 점유권에 터잡은 방해배제청구권이 있는지 여부

부가 농지를 동거가족인 미혼의 딸“갑”이름으로 분배받아 경작하게 되었다면 그 토지는 수분배자명의만을 “갑”에게 명의신탁한데 불과하고 실제에 있어서는 부가 이를 분배받아 점유경작하고 있다 할 것이고 “갑”은 부의 점유보조자에 지나지 않는다 할 것이므로 이 사건 토지에 대한 점유권이 있다함에 터잡은 “갑”의 가처분신청(점유방해배제)은 그 피보전권리를 인정할 증거가 없다(대판 1976. 9. 28. 76다1588).

◈ 점유권의 양도방법

제 196 조 【점유권의 양도】

① 점유권의 양도는 점유물의 인도로 그 효력이 생긴다.

② 전항의 점유권의 양도에는 제188조 제2항, 제189조, 제190조의 규정을 준용한다.

■ § 196. 점유권의 취득

- 원시취득 : 무주물의 선점, 유실물의 습득
- 승계취득 : ① 포괄승계 : 상속, 유증
  ② 특정승계 : 의사표시에 의한 인도 - 현실의인도, 간이인도, 점유개정, 반환청구권의 양도
- 점유의 승계인은 그의 선택에 따라 자기의 점유만을 주장할 수도 있고, 자기의 점유와 전점유자의 점유를 함께 주장할 수도 있다.

점유권의 양도는 점유물의 인도에 의하여 성립된다. 이것을 현실의 인도라고 한다.

점유물의 인도, 다시 말해서 물건에 대한 사실적 지배와 현실적 이전은 적절한 방법으로 행할 수 있다. 동산의 경우에는 대체로 장소의 이전, 부동산의 경우에는 이용·관리의 이전으로 행해진다.

본조는 지배의 사실적 이전이 없더라도, 추상적인 법률관계를 변경함으로써 점유가 이전된 것으로 보고, 다음과 같은 3가지 경우에는 의사표시만으로 점유권을 양도할 수 있다고 인정한다.

(1) 간이인도 : 양수인이 이미 물건을 점유하고 있는 경우에는 당사자의 양도의 의사표시만으로 인도한 것으로 된다(제188조 2항 준용). 이는 물건의 수수를 되풀이 하는 번거로움을 피하기 위해 인정된다. 간이인도는 양수인이 점유보조자처럼 독립된 점유를 하지 않는 경우(예 : 점원이 업무용으로 사실상 지배하는 물건을 점주로부터 양수받는 경우)에도 외관상 점유자와 다르지

않으므로 확장적용된다.

(2) 점유개정 : 양도인이 물건을 양도한 이후에도 계속하여 물건을 점유하는 경우에는, 양도인은 향후 양수인을 위하여 그 물건을 점유한다는 뜻의 의사표시를 함으로써 점유권을 양도할 수 있다(제189조 준용).
이 경우에는 점유권을 양도함에 있어서 양수인, 양도인 사이에 임대차, 임치 기타 점유매개관계를 설정하여야 한다.

(3) 목적물반환청구권의 양도 : 제3자가 점유하고 있는 동산을 양도하는 경우에는 양도인이 그 제3자에 대한 반환청구권을 양수인에게 양도함으로써 동산의 점유권 양도의 효력이 발생한다(제190조 준용). 이때 양수인이 취득하는 것은 간접점유가 된다. 양도인·양수인 사이에서 점유권양도의 합의에 의하여 반환청구권이 이전하므로 제3자의 승낙은 필요하지 않다.

▣ 핵심판례 ▣

■ [점유권의 양도]

1. 매도인에게 부동산의 처분권한이 있는지 여부를 조사하지 않은 매수인에게 그 부동산 점유에 대해 과실이 있는지 여부(적극)

가. 물건에 대한 점유란 사회관념상 어떤 사람의 사실적 지배에 있다고 보이는 객관적 관계를 말하는 것으로서, 사실상의 지배가 있다고 하기 위하여는 반드시 물건을 물리적·현실적으로 지배하는 것만을 의미하는 것이 아니고, 물건과 사람과의 시간적·공간적 관계와 본권관계, 타인 지배의 가능성 등을 고려하여 사회관념에 따라 합목적적으로 판단하여야 하며, 특히 임야에 대한 점유의 이전이나 점유의 계속은 반드시 물리적이고 현실적인 지배를 요한다고 볼 것은 아니고 관리나 이용의 이전이 있으면 인도가 있었다고 보아야 하고, 임야에 대한 소유권을 양도하는 경우라면 그에 대한 지배권도 넘겨지는 것이 거래상 통상적인 형태라고 할 것이다.

나. 등기부 취득시효에서 선의·무과실은 등기에 관한 것이 아니고 점유 취득에 관한 것으로서 그 무과실에 관한 입증책임은 시효취득을 주장하는 쪽에 있다.

다. 부동산을 취득한 자는 부동산을 양도하는 자가 처분할 권한이 있는지 여부를 조사하여야 하며, 이를 조사하였더라면 양도인에게 처분권한이 없음을 알 수 있었음에도 불구하고 이러한 조사를 하지 아니하고 양수하였다면 그 부동산의 점유에 대하여 과실이 있다고 하지 않을 수 없다(대판 1997. 8. 22, 97다2665).

2. 건물의 양도와 그 부지에 대한 점유의 이전 여부(적극)

사회통념상 건물은 그 부지를 떠나서는 존재할 수 없는 것이므로 건물의 부지가 된 토지는 그 건물의 소유자가 이를 점유하는 것으로 볼 것이고, 건물소유자가 그 건물소유권을 타에 넘겨 주었을 때에는 다른 특별한 사정이 없는 한 그 부지에 대한 점유도 함께 넘겨주었다고 할 것이다. 따라서 갑이 토지를 매수하여 소유권이전등기를 하지 않고 그 지상에 건물을 신축하여 거주하다가 동 건물만을 타에 양도한 경우에 갑은 그 건물부지를 점유하지 아니하게 되었다고 할 것이니, 갑이 동 건물양도 후에도 동 부지를 계속 점유함을 전제로 하는 시효취득의 항변은 이유가 없다(대판 1981. 9. 22, 80다2718).

◆ 점유자의 자주 · 선의 · 평온 · 공연한 점유의 추정

제 197 조【점유의 태양】

① 점유자는 소유의 의사로 선의, 평온 및 공연하게 점유한 것으로 추정한다.

② 선의의 점유자라도 본권에 관한 소에 패소한 때에는 그 소가 제기된 때로부터 악의의 점유자로 본다.

■ § 197. 점유의 태양

- 소유의 의사
- 선의, 평온, 공연
- 선의의 점유자라도 본권에 관한 소에서 패소한 때에는 그 소가 제기된 때부터 악의의 점유자로 간주된다.

본조는 점유의 태양에 대하여 규정하고 있다.

1. 자주점유 · 타주점유(Eigenbesitz, Fremdbesitz)

(1) 의 의

자주점유란 소유의 의사를 가지고 하는 점유이다. 이에 비해 타주점유란 소유의 의사가 없는 점유, 즉 타인이 소유권을 가지고 있다는 것을 전제로 하는 점유이다. 권원의 성질상 자주점유인지 타주점유인지 판단할 수 없는 경우에는 자주점유로 추정한다. 소유의 의사란 소유권자로서의 배타적 지배를 사실상 행사하려고 하는 의사를 말한다. 법률상 지배권원(소유권)을 가지고 있거나 있다고 믿어야 하는 것은 아니다. 따라서 소유자는 아니지만 잘못해서 소유자라고 믿고서 점유하고 있는 자, 혹은 물건을 절취한 자는 소유의사를 가지기 때문에 자주점유자이다. 그러나 지상권자 · 전세권자 · 질권자 · 임차인 · 수치인 등은 소유자가 따로 있다는 것을 전제로 점유하고 있기 때문에 타주점유자이다. 양자의 구별실익은 취득시효(제245조), 무주물 선점(제252조) · 점유자의 회복자에 대한 책임(제202조) 등에서 볼 수 있다.

점유자의 점유가 소유의 의사가 있는 자주점유인지 아니면 소유의 의사가 없는 타주점유인지의 여부는 점유자의 내심의 의사에 의하여 결정되는 것이 아니라 점유 취득의 원인이 된 권원의 성질이나 점유와 관계가 있는 모든 사정에 의하여 외형적·객관적으로 결정되어야 한다(대법원 1997. 8. 21, 95다28625).

【쟁점사항】

<자주점유 추정이 번복되는 경우>

ㄱ) 점유자가 점유 개시 당시 소유권 취득의 원인이 될 수 있는 법률행위 등이 없다는 것을 알면서 무단점유한 것이 입증된 경우

점유자가 스스로 매매 등과 같은 자주점유의 권원을 주장한 경우 이것이 인정되지 않는다는 이유만으로 자주점유의 추정이 번복된다거나 또는 점유 권원의 성질상 타주점유로 볼 수는 없다 할 것이나, 점유자가 성질상 소유의 의사가 없는 것으로 보이는 권원에 바탕을 두고 점유를 취득한 사실이 증명되었거나, 점유자가 타인의 소유권을 배제하여 자기의 소유물처럼 배타적 지배를 행사하는 의사를 가지고 점유하는 것으로 볼 수 없는 객관적 사정, 즉 외형적·객관적으로 보아 점유자가 타인의 소유권을 배척하고 점유할 의사를 갖고 있지 아니하였던 것이라고 볼 만한 사정이 증명된 경우에 그 추정은 깨지는 것이고, 점유자가 점유개시 당시 소유권 취득의 원인이 될 수 있는 법률행위 기타 법률요건 없이 그와 같은 법률요건이 없다는 사실을 잘 알면서 타인 소유의 부동산을 무단점유한 것이 입증된 경우에도 특별한 사정이 없는 한 점유자는 타인의 소유권을 배척하는 점유할 의사를 갖고 있지 않다고 보아야 할 것이므로 이로써 소유의 의사가 있는 점유라는 추정은 깨졌다고 보아야 한다(대판 2003. 8. 22, 2001다23225·23232).

ㄴ) 타인의 토지 위에 분묘를 설치 또는 소유하는 경우

타인의 토지 위에 분묘를 설치 또는 소유하는 자는 그 분묘의 보존 및 관리에 필요한 범위 내에서만 타인의 토지를 점유하는 것이므로 점유권원의 성질상 소유의 의사가 추정되지 아니한다(대판 1994. 11. 8, 94다31549).

ㄷ) 공유 부동산의 경우

공유 부동산은 공유자 한 사람이 전부를 점유하고 있다고 하여도 다른 특별한 사정이 없는 한 권원의 성질상 다른 공유자의 지분비율 범위 내에서는 타주점유이다(대판 1996. 7. 26, 95다51861).

ㄹ) 주무관청의 허가 없이는 처분할 수 없는 재산임을 알고 한 점유의 경우

법령상 주무관청의 허가가 있는 경우에 한하여 처분이 허용되고 그 허가 없이는 처분이 금지된 부동산에 대하여 처분허가가 없다는 것을 알면서 점유하는 자는 이미 자신이 그 부동산의 진정한 소유자의 소유권을 배제하고 마치 자기의 소유물처럼 배타적 지배를 할 수 없다는 것을 알면서 점유하는 자이므로 점유개시 당시에 그 부동산에 대하여 소유자의 소유권을 배제하고 자기의 소유물처럼 배타적 지배를 행사한다는 의사가 있었다고 볼 수 없다(대판 1998. 5. 8, 98다2945).

ㅁ) 취득시효에 있어서 자주점유 추정이 번복되는 경우

민법 제197조 제1항에 의하며, 물건의 점유자는 소유의 의사로 점유한 것으로 추정되므로 점유자가 취득시효를 주장하는 경우에 있어서 스스로 소유의 의사를 입증할 책임은 없고, 오히려 그 점유자의 점유가 소유의 의사가 없는 점유임을 주장하여 점유자의 취득시효의 성립을 부정하는 자에게 그 입증책임이 있는 것이고, 따라서 점유자가 성질상 소유의 의사가 없는 것으로 보이는 권원에 바탕을 두고 점유를 취득한 사실이 증명되었거나, 점유자가 타인의 소유권을 배제하여 자기의 소유물처럼 배타적 지배를 행사하는 의사를 가지고 점유하는 것으로 볼 수 없는 객관적 사정, 즉 외형적·객관적으로 보아 점유자가 타인의 소유권을 배척하고 점유할 의사를 갖고 있지 아니하였던 것이라고 볼 만한 사정이 증명된 경우에 그 추정이 깨진다.

(2) 자주점유에 대한 입증책임

민법 제197조 제1항에 의하여 물건의 점유자는 소유의 의사로 점유한 것으로 추정되므로 점유자의 점유가 소유의 의사 없는 타주점유임을 주장하는 상대방에게 타주점유에 대한 입증책임이 있다(대판 2003. 8. 22, 2001다23225·23232).

2. 악의점유·선의점유

점유자가 자기에게 정당한 권원(본권)이 없다는 사실을 알면서도 점유하고 있는 상태를 악의의 점유라고 한다(예 : 절도범인). 반면에 정당한 권원이 없다는 사실을 모르고 점유하는 상태를 선의의 점유라고 한다(예 : 착각하여 타인의 구두를 바꿔 신은 것). 정당한 권원이 없다는 사실을 확신하지 않는 경우, 즉

의심을 하면서도 이를 점유하고 있는 경우에는 악의의 점유로 된다. 양자를 구분하는 실익은 취득시효에 있어서 악의는 20년 이상의 기간의 경과를 요하는 반면에 선의는 10년 이상이면 족하다고 하는 데에 있다(민법 제245조). 그리고 동산의 즉시취득이 선의의 점유에 한하여 적용되고 있다는 점(제249조)과 점유회복자에 대한 반환범위(제203조) 등에 양자의 차이가 있다. 그밖에 점유자의 과실취득(제201조)·점유자의 책임(제202조)·점유자의 비용상환청구(제203조) 등에도 차이가 있다. 점유자가 선의·악의인지가 불분명한 경우에는 점유자는 선의로 점유하고 있는 것으로 추정된다. 그러나 선의점유자가 본권에 관한 소에서 패소하면 그 소가 제기된 때에 소급하여 악의이었던 것으로 간주된다(대판 1974. 6. 25, 74다128, 공보② 1974, 7959).

▣ 핵심판례 ▣

■ [점유의 태양]

1. 부동산을 매도하여 인도의무를 지는 매도인의 점유의 성질(=타주점유) 및 상속에 의한 점유승계시 점유태양의 승계 여부(적극) 및 그 점유가 자주점유로 되기 위한 요건

가. 부동산을 다른 사람에게 매도하여 그 인도의무를 지고 있는 매도인의 점유는 특별한 사정이 없는 한 타주점유로 변경된다.

나. 상속에 의하여 점유권을 취득한 경우에는 상속인이 새로운 권원에 의하여 자기 고유의 점유를 시작하지 않는 한 피상속인의 점유를 떠나 자기만의 점유를 주장할 수 없고, 선대의 점유가 타주점유인 경우 선대로부터 상속에 의하여 점유를 승계한 자의 점유도 그 성질 내지 태양을 달리하는 것이 아니어서 특단의 사정이 없는 한 그 점유가 자주점유로 될 수 없고, 그 점유가 자주점유가 되기 위하여는 점유자가 소유자에 대하여 소유의 의사가 있는 것을 표시하거나 새로운 권원에 의하여 다시 소유의 의사로써 점유를 시작하여야 한다(대판 2004. 9. 24, 2004다27273).

2. 가. 자주점유의 추정이 번복되는 경우

부동산 취득시효의 요건인 점유자의 소유의 의사유무는 점유권원의 성질에 의하여 정해져야 하고 그 권원이 명백하지 아니할 때에는 민법 제197조 제1항에 의하여 점유자는 소유의 의사로 추정되나, 이처럼 점유자에게 소유의 의사가 있는 것으로 일단 추정된다 하더라도 점유자가 타인의 소유권을 배제하여 자기의 소유물처럼 배타적 지배를 행사하는 의사를 가지고 점유하는 것으로 볼 수 없는 객관적 사정, 즉 점유자가 진정한 소유자라면 통상 취하지 아니할 태도를 나타내거나 소유자라면 당연히 취했을 것으로 보이는 행동을 하지 아니한 경우 등 외형적, 객관적으로 보아 점유자가 타인의 소유권을 배척하여 점유할 의사를 갖지 아니하였던 것으로 볼 사정이 증명된 때에는 소유의 의사로 점유하였다는 추정은 번복된다.

나. 점유자가 담당공무원에게 국유토지를 점유 중임을 인정하고 매수의사를 명백히 표시하는 등의 객관적 사정에 비추어, 자주점유의 추정이 번복되었다고 본 사례

점유자가 담당공무원의 조사에 응하여 국유토지를 점유 중임을 인정하고 매수의사를 명백히 표시하였으며, 그 이후 국유재산매수신청서를 제출하고 구청장의 변상금부과처분에 대하여 감액 등만을 주장할 뿐 그 처분 자체를 다투지 아니하고 점유 토지의 매수의사를 적극 표시하고 있는 점 등의 객관적 사정에 비추어, 특별한 사정이 없는 한 그 점유자의 자주점유의 추정은 깨어졌다고 본 사례(1996. 1. 26. 판결, 95다28502 소유권이전등기).

3. 가. 하천의 명칭과 구간을 고시한 것만으로 구 하천법(1971. 1. 19. 개정 전의 것) 제12조 단서 소정의 하천구역의 인정이 있은 것으로 볼 수 있는지 여부(소극)

하천의 명칭과 구간을 고시한 것만으로 구 하천법(1971. 1. 19. 개정 전의 것) 제12조 소정의 하천구역의 인정이 있은 것으로 볼 수 없다.

나. 지방자치단체의 준용하천의 점유가 권원의 성질상 타주점유에 해당한다 하여 시효취득의 주장을 배척한 사례

지방자치단체의 준용하천의 점유가 권원의 성질상 타주점유에 해당한다 하여 시효취득의 주장을 배척한다(1991. 5. 28. 제1부 판결, 91다8531 토지인도등).

4. 가. 취득시효에 있어서 자주점유의 요건인 소유의 의사에 대한 입증책임

취득시효에 있어서 자주점유의 요건인 소유의 의사를 객관적으로 점유권원의 성질에 의하여 그 존부를 결정하여야 하나 그 점유권원의 성질이 불분명한 때에는 민법 제197조 제1항에 의하여 자주점유는 추정되므로, 점유자가 스스로 자주점유를 뒷받침할 점유권원의 성질을 주장입증할 책임이 없고, 위 법률상 추정을 번복하여 타주점유임을 주장하는 상대방에게 타주점유에 대한 입증책임이 있다.

나. 점유자가 주장한 점유권원이 인정되지 않는 경우 자주점유 추정의 번복 여부(소극)

점유자가 스스로 매매 등과 같은 점유권원의 권원을 주장하였으나 이것이 인정되지 않는 경우에도 자주점유의 추정이 번복된다거나 또는 점유권원의 성질상 타주점유로 볼 수 없다.

다. 취득시효에 있어서 자주점유의 의미

취득시효에 있어서 자주점유라 함은 소유자와 동일한 지배를 하려는 의사를 가지고 있는 점유를 의미하는 것인지 법률상 그러한 지배를 할 수 있는 권원, 즉 소유권을 가지고 있거나 또는 소유권이 있다고 믿고서 하는 점유를 의미하는 것은 아니다.

라. 소외인이 매수한 대지를 피고조합이 그 출장소 건물의 부지로 점유하던 중 위 소외인이 출장소장으로부터 위 대지가 그의 소유임을 확인하고 그에게 이전등기하여 주겠다는 취지의 각서를 교부받았다는 등의 사정만으로 피고의 위 대지에 대한 점유가 원고에 대한 관계에 있어 타주점유로 변환하는 것은 아니라고 한 사례

소외인이 매수한 대지를 피고조합이 그 출장소 건물의 부지로 점유하던 중 위 소외인이 출장소장으로부터 위 대지가 그의 소유임을 확인하고 그에게 이전등기하여 주겠다는 취지의 각서를 교부받았다는 등의 사정만으로 피고의 위 대지에 대한 점유가 원고에 대한 관계에 있어 타주점유로 변환하는 것은 아니라고 본다(1991. 7. 9. 제1부 판결, 90다18838 토지소유권이전등기말소).

5. 민법 제197조 제2항 소정의 '본권에 관한 소'에 소유권 침해를 이유로 한 부당이득 반환청구소송이 포함되는지 여부(적극)

가. 민법 제201조 제1항에 의하면, 선의의 점유자는 점유물의 과실을 취득한다고 규정되어 있고, 민법 제197조 제1항에 의하면, 점유는 선의인 것으로 추정되도록 규정되어 있으나, 같은 조 제2항에는 선의의 점유자라도 본권에 관한 소에 패소한 때에는 그 소가 제기된 때로부터 악의의 점유자로 본다고 규정되어 있는 바, 위 민법 제197조 제2항의 취지와 부당이득 반환에 관한 민법 제749조 제2항의 취지등에 비추어 볼 때, 여기서의 본권에 관한 소에는 소유권에 기하여 점유물의 인도나 명도를 구하는 소송은 물론 부당점유자를 상대로 점유로 인한 부당이득의 반환을 구하는 소송도 포함된다.

나. 원고가 소유권에 기하여 피고를 상대로 부동산의 불법점유를 이유로 한 부동산 반환청구 및 점유기간 동안의 부당이득 반환청구를 한 경우, 부당이득 반환청구에 민법 제201조 제1항, 제197조 제1항을 적용함에 있어서는 소유권에 기한 부동산 반환청구가 변론종결 전에 소유권이 상실되었음을 이유로 배척된다고 하더라도, 법원으로서는 소유권 상실 이전 기간의 부당이득 반환청구

와 관련하여 원고의 소유권의 존부와 피고의 점유 권원의 유무 등을 가려서 그 청구의 당부를 판단하고, 원고의 부당이득 주장이 이유 있는 것으로 판단된다면 민법 제201조 제1항, 제197조 제1항에도 불구하고 적어도 그 소 제기일부터는 피고의 점유를 악의로 의제하여 피고에 대하여 부당이득의 반환을 명하여야 한다(대판 2002. 11. 22, 2001다6213).

6. 취득시효 완성 후 제3자 앞으로 경료된 소유권 이전등기가 원인무효인 경우, 점유자가 시효취득을 주장할 수 있는지 여부(적극) 및 제3자가 취득시효 완성 당시 소유자의 상속인인 경우 직접 제3자에 대하여 취득시효 완성을 원인으로 한 소유권 이전등기를 구할 수 있는지 여부(적극)

취득시효가 완성된 후 점유자가 그 등기를 하기 전에 제3자가 소유권 이전등기를 경료한 경우에는 점유자는 그 제3자에 대하여는 시효취득을 주장할 수 없는 것이 원칙이기는 하지만 이는 어디까지나 그 제3자 명의의 등기가 적법 유효함을 전제로 하는 것으로서 위 제3자 명의의 등기가 원인무효인 경우에는 점유자는 취득시효 완성 당시의 소유자를 대위하여 위 제3자 앞으로 경료된 원인무효인 등기의 말소를 구함과 아울러 위 소유자에게 취득시효 완성을 원인으로 한 소유권이전등기를 구할 수 있고, 또 위 제3자가 취득시효 완성 당시의 소유자의 상속인인 경우에는 그 상속분에 한하여는 위 제3자에 대하여 직접 취득시효 완성을 원인으로 한 소유권이전등기를 구할 수 있다(대판 2002. 3. 15, 2001다77352·77369).

7. 가. 취득시효에 있어서 자주점유의 내용인 소유의 의사에 대한 입증책임

취득시효의 요건이 되는 자주점유의 내용인 소유의 의사는 점유권원의 성질에 따라 가려져야 하나 점유의 권원의 성질이 분명하지 아니한 때에는 민법 제197조 제1항의 규정에 의하여 점유자는 소유의 의사로 평온, 공연하게 점유한 것으로 추정되므로 점유자에게 적극적으로 그 점유권원이 자주점유임을 주장입증할 책임이 있는 것은 아니고 점유자의 점유가 타주점유임을 주장하는 상대방에게 이를 입증할 책임이 있다.

나. 점유자가 주장한 점유권원이 인정되지 않는 경우 자주점유 추정의 번복 여부(소극)

점유자가 주장한 점유권원이 인정되지 않는다는 사실만으로 자주점유의 추정이 번복되어 타주점유가 된다고는 볼 수 없다.

다. 지방자치단체가 점유권원을 취득하지 아니한 채 사유지를 도로로 개설하여 점유하는 경우에는 소유의 의사로 점유한 것으로 추정되지 아니하고 타주점유에 그친다고 본 원심판결에 취득시효의 요건이 되는 자주점유의 법리를 오해한 위법이 있다 하여 파기한 사례

지방자치단체가 점유권원을 취득하지 아니한 채 사유지를 도로로 개설하여 점유하는 경우에는 소유의 의사로 점유한 것으로 추정되지 아니하고 타주점유에 그친다고 본 원심판결에 취득시효의 요건이 되는 자주점유의 법리를 오해한 위법이 있으므로 파기환송한다(1991. 7. 12. 제3부 판겨루, 91다6139 부당이득금반환).

8. 지상건물과 함께 그 대지를 매수취득하여 점유를 개시함에 있어서 착오로 인접토지의 일부를 그가 매수한 대지에 속하는 것으로 믿고 점유하여 온 경우 그 점유를 자주점유로 볼 수 있는지 여부(적극)

시효취득에 있어서 자주점유의 요건이 되는 소유의 의사는 점유취득의 원인이 되는 점유 권원의 성질에 의하여 객관적으로 결정되는 것이므로 지상건물과 함께 그 대지를 매수취득하여 점유를 개시함에 있어서 매수인이 인접토지와의 경계선을 정확하게 확인하여 보지 아니하여 착오로 인접토지의 일부를 그가 매수취득한 대지에 속하는 것으로 믿고 점유를 하여 왔다 하더라도 위 인접토지의 일부를 현실적으로 인도받아 점유하고 있는 이상 위 인접토지에 대한 점유 역시 소유의 의사에 기하여 한 것이라고 보아야 할 것이다(대판 1992. 5. 26, 92다2844).

9. 취득시효에 있어서 자주점유의 요건인 소유의 의사의 추정

취득시효에 있어서 자주점유의 요건인 소유의 의사는 객관적으로 점유취득의 원인이 된 점유권원의 성질에 의하여 그 존부를 결정하여야 하고 점유권원의 성질이 분명하지 아니한 때에는 민법 제197조 제1항에 의하여 점유자는 소유의 의사로 점유한 것으로 추정을 받게 되는 것이다(1991. 10. 25. 제3부 판결, 91다27273 구거철거 및 토지인도등).

10. 학교법인의 기본재산을 매수한 사람이 관할청의 허가 없이 계약이 체결된 사실을 알면서 그 목적물을 인도받아 점유를 개시한 경우 자주점유의 인정 여부(소극)

학교법인의 기본재산을 매수한 사람이 관할청의 허가 없이 계약이 체결된 사실을 알면서 그 목적물을 인도받아 점유를 개시하였다면 이러한 경우의 점유는 자주점유로 인정할 수 없다(1992. 5. 8. 제3부 판결, 91다37751 소유권이전등기).

11. 임야가 바위 덩어리로 되어 있어 특별한 관리를 요하지 않는다면 매수인이 위 임야를 매수하고 매수대금을 지급한 무렵에 이를 인도 받아 점유하여 왔다고 인정함이 경험법칙에 합치되고, 위 임야를 매수하고 그 대금을 완불하였으면서도 이를 인도받거나 점유하지 않는다는 것은 오히려 이례에 속한다고 한 사례

매수의 대상이 된 임야가 바위 덩어리로 되어 있어 특별한 관리를 필요로 하지 않는다면, 위 임야를 점유함에 있어서는 구체적이고도 현실적인 그리고 지속적인 지배가 있어야만 하고 그러한 현실적인 점유의 승계가 있어야만 인도가 있었다고 볼 수 있는 것은 아니므로, 특별한 사정이 없는 한 매수인이 위 임야를 매수하고 매매대금을 지급한 무렵에 위 임야를 인도받아 점유하여 왔다고 인정하는 것이 경험법칙에 합치된다고 볼 것이고, 위 임야를 매수하고 그 대금을 완불하였으면서도 이를 인도받거나 점유하지 않는다는 것은 오히려 이례에 속한다(1992. 6. 9. 제1부 판결, 92다6853 토지소유권이전등기).

12. 가. 취득시효에 있어서의 자주점유의 추정

취득시효에 있어서의 자주점유의 요건인 소유의 의사는 객관적으로 점유권원의 성질에 의하여 그 존부를 결정하는 것이나 다만 그 점유권원의 성질이 분명하지 않을 때에는 민법 제197조 제1항에 의하여 자주점유로 추정된다.

나. 국가나 지방자치단체가 점유하는 도로의 개설 당시 도로법이나 도시계획법 등 관례법령에 따라 적법하게 점유권원을 취득한 사실이 인정되지 않는다는 것만으로 자주점유의 추정이 번복되는지 여부(소극)

자주점유의 추정은 국가나 지방자치단체가 점유하는 도로의 경우에도 적용되는 것이고 그 도로개설 당시 도로법이나 도시계획법 등 관계법령에 규정된 절차에 따라 적법하게 점유권원을 취득한 사실이 인정되지 않는다고 하더라도 이런 사실만으로 자주점유의 추정이 번복되어 그 점유권원의 성질상 타주점유라고 볼 수는 없는 것이다(1992. 6. 9. 제1부 판결, 92다8446 부당이익금).

13. 가. 취득시효에서 자주점유의 내용인 소유의 의사에 대한 입증책임

취득시효의 요건이 되는 자주점유의 내용인 소유의 의사는 점유권원의 성질에 의하여 가려져야 하나 점유권원의 성질이 분명하지 않은 때에는 민법 제197조 제1항의 규정에 의하여 점유자는 소유의 의사로 평온·공연하게 점유하는 것으로 추정되므로, 점유자에게 적극적으로 그 점유권원의 성질상 자주점유임을 입증할 책임이 있는 것이 아니라 점유자의 점유가 타주점유임을 주장하는 상대방에게 이를 입증할 책임이 있는 것이다.

나. 위 "가"항의 경우 그 입증의 정도

위 "가"항의 경우 타주점유에 관한 입증의 정도는 본래 소유의 의사가 타인의 소유권을 배제하여 자기의 소유물처럼 배타적 지배를 행사하는 의사를 말하는 것임을 비추어 지상권, 전세권, 임차권 등과 같은 전형적인 타주점유의 권원만이 아니라 타인의 소유권을 배제하는 것으로 볼 수 없는 객관적 사정을 증명함으로써 족하다.

다. 국가나 지방자치단체가 점유중인 개인 소유의 토지에 대하여 공공용재산으로서의 취득절차를 밟는 등 점유권원을 취득한 사실이 인정되지 않는다는 것만으로 타주점유라고 볼 수 있는지 여부(소극)

국가나 지방자치단체가 점유중인 개인 소유의 토지에 대하여 매수 또는 기부채납 등 공공용재산으로서의 취득절차를 밟는 등 점유권원을 취득한 사실이 인정되지 않는다는 것만으로는 그 점유권원의 성질상 타주점유라고 볼 수 없다(1992. 6. 23. 제1부 판결, 92다11961 부당이득금).

14. 부동산을 매도하여 인도의무를 지고 있는 매도인의 점유가 타주점유인지 여부

부동산을 타인에게 매도하여 그 인도의무를 지고 있는 매도인의 점유는 특별한 사정이 없는 한 타주점유로 변경된다(1992. 9. 14. 제3부 판결, 92다20064 토지소유권이전등기말소).

15. 가. 취득시효에 있어서 자주점유의 요건인 소유의 의사에 대한 입증책임

취득시효에 있어서 자주점유의 요건인 소유의 의사의 존부에 관하여 그 점유권원의 성질이 분명하지 않을 때에는 민법 제197조 제1항에 의하여 소유의 의사로 점유한 것으로 추정되므로 점유자 스스로 그 점유권원의 성질상 자주점유임을 입증할 책임이 없고 그 점유가 타주점유임을 주장하는 상대방에게 이를 입증할 책임이 있는 것이다.

나. 위 "가"항의 경우 입증의 정도

위 "가"항의 경우 소유의 의사라 함은 타인의 소유권을 배제하여 자기의 소유물처럼 배타적 지배를 행사하는 의사를 말하므로 지상권, 전세권, 임차권 등과 같은 전형적인 타주점유의 권원에 의한 점유가 아니라도 타인의 소유권을 배제하여 자기의 소유물처럼 배타적 지배를 행사하는 의사를 가지고 점유하는 것으로 볼 수 없는 객관적 사정이 인정되는 때에는 자주점유의 추정은 번복된다.

다. 함께 도로부지에 편입된 인근 토지에 대하여 군 앞으로 소유권이전등기가 되었음에도 계쟁토지는 토지분할 등 절차 후 한참 뒤에야 지목이 도로로 변경되었을 뿐 군 앞으로 등기되지 않은 채 남아 있었고, 군이 비치한 신·구 토지대장에도 제3자가 소유자로 등제되어 있는 점 등에 비추어 군의 자주점유의 추정이 번복되었다고 본 사례

함께 도로부지에 편입된 인근 토지에 대하여는 군 앞으로 소유권이전등기가 되었음에도 계쟁토지는 토지분할 등 절차 후 한참 뒤에야 지목이 도로로 변경되었을 뿐 군 앞으로 등기되지 않은 채 남아있었고, 군이 비치된 신·구 토지대장에도 제3자가 소유자로 등재되어 있는 점 등에 비추어 군의 자주점유의 추정이 번복되었다고 본다(1992. 10. 9. 제3부 판결, 92다27799 토지보상금, 27805(반소) 소유권이전등기).

16. 타인의 임야에 분묘를 설치한 경우 분묘의 기지를 소유의 의사로 점유하는 것으로 보아야 하는지 여부(소극)

타인 소유의 임야에 분묘 설치되어 있다 하여 분묘를 설치한 자가 분묘의 기지를 반드시 소유의 의사로 점유하고 있는 것으로 보아야 하는 것은 아니다(1992.

11. 10. 제2부(가) 판결, 92다37710 소유권보존등기말소).

17. 가. 타주점유의 권원에 의한 점유가 아니라도 자주점유의 추정이 번복될 수 있는 객관적 사정

자주점유의 권원에 의한 점유가 아니라도 타인의 소유권을 배제하여 자기의 소유물처럼 배타적 지배를 행사하는 의사를 가지고 점유하는 것으로 볼 수 없는 객관적인 사정, 즉 점유자가 진정한 소유자라면 통상 취하지 아니할 태도를 나타내거나 소유자라면 당연히 취했을 것으로 보이는 행동을 취하지 아니한 경우 등 외형적, 객관적으로 보아 점유자가 타인의 소유권을 배척하여 점유할 의사를 갖지 아니하였던 것으로 볼 사정이 증명된 때에는 자주점유의 추정이 번복된다.

나. 취득시효를 주장하는 점유대지에 관하여 종전의 민사소송이나 사기피의사건에서 이를 매수하지 아니하여 자신의 소유가 아니라고 주장하거나 진술한 내용 등에 비추어 자주점유의 추정이 번복된다고 한 사례

취득시효를 주장하는 점유대지에 관하여 종전의 민사소송이나 사기피의사건에서 이를 매수하지 아니하면 자신의 소유가 아니라고 주장하거나 진술한 내용 등에 비추어 자주점유의 추정이 번복된다(1993. 4. 9. 제3부 판결, 92다40914 건물철거등, 40921(반소) 지분권이전등기).

18. 지방자치단체의 도로를 개설하고 지목을 도로로 변환하여 공중의 통행에 제공한 이 도로를 보수, 포장하면서 점유·사용한 경우 도로부지에 대한 점유의 성질(=자주점유)과 지방자치단체가 관계 법령에 따른 절차를 밟지 아니한 사정으로 자주점유의 추정이 번복되는지 여부(소극)

군이 도로를 개설하고 지목을 도로로 변환하여 일반인의 통행에 제공한 이래 계속 도로를 보수하고 시멘트포장을 하는 등으로 점유하여 오다가 군으로부터 분할설치된 다른 지방자치단체인 시가 위 도로부지들을 점유하여 왔다면 군은 위 도로부지를 소유의 의사로 점유하여 왔다고 볼 것이며 설사 군이 관계 법령에 따른 적법한 절차를 밟지 아니하였다고 하더라도 위 자주점유의 추정은 번복되지 아니한다(1993. 4. 13. 제1부 판결, 92다45506 부당이득금).

19. 타주점유자가 그 명의로 소유권이전등기를 경료한 것만으로 자주점유로 전환되었다고 할 수 있는지 여부(소극)

타주점유가 자주점유로 전환되기 위하여는 타주점유자가 새로운 권원이 기하여 다시 소유의 의사를 가지고 점유를 시작하거나 자기에게 점유를 시킨 자에 대하여 소유의 의사가 있음을 표시하여야 할 것이고, 타주점유자가 그 명의로 소유권이전등기를 경료하였다 하여 그것만으로 소유의 의사를 표기하여 자주점유로 전환되었다고 볼 수 없다(1993. 4. 27. 제1부 판결, 92다51723 소유권이전등기말소등, 51730(반소) 소유권이전등기).

20. 수용토지를 고속도로 부지로 점유 사용해 온 국가가 수용보상금 중 일부를 지급하지 않았다고 하여 자주점유의 추정이 번복되거나 보상금 중 미지급액을 지급하겠다는 통지를 하였다고 하여 그때부터 자주점유가 타주점유로 전환되는지 여부(소극)

수용토지를 한국도로공사를 통하여 고속도로 부지로 점유 사용해 온 국가가 수용보상금중 일부를 지급하지 않았다고 하여 자주점유의 추정이 번복되거나 보상금 중 미지급액을 지급하겠다는 통지를 하였다고 하여 그때부터 자주점유가 타주점유로 전환되는 것은 아니다(1993. 5. 14. 제3부 판결, 92다51433 부당이득금).

21. 가. 농림부장관의 사용목적변경인허처분이 취소되지 아니한 상태에서 지방자치단체에서 한 농지분배의 효력

농림부장관이 농지개혁법 제6조 제1항 제4호와 같은 법 시행령 제9조에 따라 토지에 관하여 사용목적의 변경을 인허하고 그 사용목적변경인허처분이 취소되지 아니한 상태에서 같은 법 소정의 자경농가도 아닌 지방자치단체에게 한 농지분배는 당연무효이다.

나. 위 농지부배처분에 위 사용목적변경인허처분의 취소처분이 포함되어 있다고 볼 수 있는지의 여부

위의 경우에 농지분배한 처분에 농림부장관의 사용목적변경인허처분을 취소하는 처분이 당연히 포함되어 있다고 볼 수도 없다.

다. 무효인 법률행위에 의하여 그것이 무효임을 알고 부동산을 취득하여 점유한 자의 점유의 성질

무효인 법률행위로 인하여 부동산을 취득한 사람이 그 법률행위가 무효임을 알면서 부동산을 인도받아 점유하기 시작한 때에는 특별한 다른 사정이 없는 한 소유의 의사로 점유를 개시한 것으로 볼 수 없다.

라. 타주점유자가 자신의 명의로 소유권이전등기를 경료한 것만으로 자주점유로 전환되었다고 볼 수 있는지 여부

점유자가 새로운 권원으로 인하여 다시 소유의 의사로 점유를 개시하거나 자기에게 점유를 하게 한 사람에게 소유의 의사가 있음을 표시하지 않으면 그 점유의 성질이 변하지 않는다고 보아야 할 것인바, 타주점유자가 자신의 명의로 소유권이전등기를 경료한 것만으로는 소유자에 대하여 소유의 의사가 있음을 표시함으로써 자주점유로 전환되었다고 볼 수 없다(1993. 7. 13. 제2부 판결, 93다1039 소유권이전등기말소).

22. 가. 무효인 법률행위에 의하여 그것이 무효임을 알고 부동산을 취득하여 점유한 자의 점유의 성질

무효인 법률행위에 의하여 부동산을 취득하여 점유하게 된 자가 그 법률행위가 무효임을 안 때에는 일반적으로 그 점유의 시초에 있어 소유의 의사로 점유한 것으로 볼 수 없다.

나. 타주점유자가 자신의 명의로 소유권이전등기를 경료한 것과 자주점유로의 전환 여부

타주점유가 자주점유로 전환되기 위하여는 새로운 권원에 의하여 다시 소유의 의사로 점유하거나 자기에게 점유시킨 자에게 소유의 의사가 있음을 표시하지 않으면 그 점유의 성질이 변하지 않는다고 보아야 할 것인바, 이때 타주점유자가 그 명의로 소유권이전등기를 경료한 것만으로는 점유시킨 자에 대하여 소유의 의사를 표시함으로써 자주점유로 전환되었다고 볼 수 없다.

다. 농지개혁법 제6조 제1항 제4호에 의하여 농지사용목적변경을 신청할 수 있는 교육기관등은 농지의 소유자여야 하는지 여부

농지개혁법 제6조 제1항 제4호에 의하여 농지사용목적변경을 신청할 수 있는 교육기관 등은 농지의 소유자임을 요하는 것이 아니다(1993. 7. 16. 제3부 판결, 92다377871 소유권이전등기말소).

23. 부동산매도인의 점유의 성질

부동산을 타인에게 매도하여 그 인도의무를 지고 있는 매도인의 점유는 특별한 사정이 없는 한 타주점유로 변경된다(1993. 8. 24. 제2부 판결, 92다43975 소유권이전등기).

24. 점유권원의 성질이 불명한 경우의 입증책임의 소재와 그 입증의 정도

점유권원의 성질이 분명하지 아니한 때에는 점유자는 소유의 의사로 점유한 것으로 추정되므로, 점유자 스스로가 그 점유권원의 성질에 의하여 자주점유임을 입증할 책임은 없고, 위 법률상의 추정을 번복하여 타주점유를 주장하는 상대방에게 타주점유에 대한 입증책임이 있는 것이며, 여기서 점유자의 상대방이 타주점유임을 입증하기 위하여는 적어도 점유자가 타인의 소유권을 배제하여 자기의 소유물처럼 배타적 지배를 행사하는 의사를 가지고 점유하는 것으로 볼 수 없는 객관적인 사정이 있음을 입증하여야 한다(1993. 8. 27. 제3부 판결, 93다17829 토지소유권이전등기등).

25. 취득시효에 있어서 자주점유의 추정 번복을 위한 입증의 정도

민법 제197조 제2항의 소유의사의 추정은 점유자가 점유의 성질상 소유의 의사가 없었던 것으로 볼 권원에 터잡아 점유를 취득한 사실이 증명되거나 또는 경험칙상 소유의 의사가 없었던 것으로 볼 사정 즉 점유자가 점유 중에 참다운 소유자라면 통상적으로 취하지 않을 태도를 나타내거나 소유자라면 당연히 취했을 것으로 보이는 행동을 하지 않은 경우 등 외형적 객관적으로 보아 점유자가 타인의 소유권을 배척하여 점유할 의사를 갖지 않았던 것으로 볼 사정이 증명되었을 때에는 깨어진다(1993. 11. 9. 제2부 판결, 93다28768 소유권이전등기).

26. 화전정리사업의 시행으로 화전민 정착을 위하여 주어진 사유지인 대토에 대한 점유가 타주점유라고 본 사례

이 사건 토지의 점유자들이 이 사건 토지로 이주하게 된 것이 강원도가 시행한 화전정리사업의 시행으로 인한 것이고, 이 사건 토지가 국공유지가 아니라 사유지라면 화전정리에 관한 법률 제1조, 제8조, 제11조, 제12조의 규정에 비추어 볼 때 화전정리사업의 일환으로 이 사건 토지를 농경지로 조성한 위 점유자들에게 경작권만 주어진 것이라고 할 것이니 그들의 점유는 그 권원의 성질상 타주점유이고, 다른 특별한 사정이 없는 한 그 경작지 중 일부 토지 위에 그들이 가옥을 건축하여 입주하고 있다고 하여 그 점유의 성질이 자주점유로 변환된다고 할 수는 없다(1994. 1. 28. 제3부 판결, 93다15847 건출철거등).

27. 타주점유자가 그의 아들 명의로 소유권이전등기를 경료한 것만으로 자주점유로 전환되었다고 볼 수 있는지 여부

타주점유자가 그의 아들의 명의로 점유 부동산에 관한 소유권이전등기를 경료하였다 하여 그것만으로 소유의 의사를 표시하여 자주점유로 전환되었다고 볼 수는 없다(1994. 2. 8. 제2부 판결, 92다47526 소유권이전등기말소).

28. 자주점유의 추정이 번복되는 경우

자주점유에 있어서 소유의 의사라 함은 타인의 소유권을 배제하여 자기의 소유물처럼 배타적 지배를 행사하는 의사를 말하는 것이므로 지상권, 전세권, 임차권 등과 같은 전형적인 타주점유의 권원에 의한 점유가 아니라도 타인의 소유권을 배제하여 자기의 소유물처럼 배타적 지배를 행사하는 의사를 가지고 점유하는 것으로 볼 수 없는 객관적 사정이 증명되었을 때에는 자주점유의 추정은 번복된다(1994. 2. 25. 제3부 판결, 93다50505 소유권이전등기).

29. 군이 토지소유자의 승낙 없이 토지를 점유하면서 보상금의 지급을 요구하는 토지소유자에게 “현재로는 재정형편상 보상금 지급에 어려움이 많다”고 답변한 경우 그 점유가 타주점유라고 본 사례

군이 토지소유자의 승낙 없이 토지를 점유하면서 보상금의 지급을 요구하는 토지소유자에게 “현재로는 재정형편상 보상금 지급에 어려움이 많다”고 답변한 경우 그 점유가 타주점유라고 본 사례(1994. 3. 11. 제3부 판결, 93다58462 부당이득금반환등, 93다58479(반소) 소유권이전등기).

30. 국가소유의 토지를 점유하던 자가 관리청과 토지에 관한 대부계약을 체결한 경우 그 이후의 점유는 타주점유로 볼 것인지 여부

국가소유의 토지를 점유하던 자가 관리청과 토지를 대부받기로 하는 내용의 계약을 체결하고 토지를 점유하여 왔다면, 위 대부계약이 체결된 이후부터의 점유는 타주점유로 볼 것이다(1994. 4. 12. 제2부 판결, 93다62287 소유권이전등기).

31. 국유재산인 토지를 대부받은 자로부터 그 토지를 매수한 자의 점유가 자주점유라고 본 원심판결을 파기한 사례

국유재산인 토지를 대부받은 자로부터 그 토지를 매수한 자의 점유가 자주점유라고 본 원심판결을 파기한 사례(1994. 4. 26. 제2부 판결, 94다4523 토지소유권이전등기).

<판례전문(1994. 4. 26. 94다4523)>

[원고, 피상고인] 백복기

[피고, 상고인] 대한민국

[원심판결] 전주지방법원 1993. 12. 2. 선고, 93나4154 판결

[주 문] 원심판결을 파기하고, 사건을 전주지방법원 합의부에 환송한다.

[이 유] 상고이유를 본다

원심판결 이유에 의하면, 원심은 원판시 이 사건 토지(원심판결 별지도면 기재 중 아래로부터 2행 '400의 2'는 '402의 2'의 오기임이 분명하다)는 국유인데 원고가 1969. 11. 9. 소외 백진택으로부터 이를 매수한 이래 현재까지 점유하고 있는 사실을 인정한 다음 원고는 20년이 지난 1989. 11. 9. 이 사건 토지를 시효에 의하여 취득하였다고 판시하고, 이 사건 토지에 대한 원고의 점유는 자주점유라 할 수 없다는 피고의 주장에 대하여 소외 백진택은 이 사건 토지가 피고의 소유라는 것을 알면서 이를 개간하여 점유, 경작한 사실, 원고는 위 백진택의 사촌동생인 사실은 인정할 수 있으나 위 인정사실만으로는 원고의 자주점유의 추정이 깨어진다고 보기 어렵고, 오히려 그 판시증거들을 종합하면 피고가 1924년경 이 사건 토지 부근을 통과하는 하천(용암천)을 설치하면서 생긴 토사들을 이 사건 토지상에 쌓아 둔 채 방치한 것을 소외 백진택이 1945년 이후 개간하여 경작한 사실, 피고는 4. 3. 당시 시행중이던 농경지 조성법(법률 제1872호)에 따라 위 백진택에게 이 사건 토지에 대한 개간준공인가를 내주고, 1968. 6. 24. 원심판시와 같이 이 사건 토지의 지목을 전으로 변경한 사실을 엿볼 수 있을 뿐이므로 피고의 위 주장은 이유 없다고 배척하고 있다.

그러나 기록과 원심판결 이유에 의하면 이 사건 토지는 1924년경 준용하천인 용암천 직강공사시에 생긴 토사를 쌓아 둔 채 방치하였던 것인데 1945년경부터 소외

백진택이 개간하여 경직한 사실, 피고는 1968. 4. 3. 당시 시행 중이던 농경지조성법(법률 제1872호)에 의하여 위 백진택에게 위 토지에 대한 개간준공인가를 내주고 1968. 6. 24. 그 지목이 모두 하천에서 전으로 변경(김제군 공덕면 동계리 402의 2는 등기부상으로만 답으로 남아 있다)된 국유재산인 사실, 전라북도지사는 1987. 11. 경 침수방지 및 홍수배제를 위하여 이 사건 토지를 포함한 일대의 토지 762ha에 관하여 농촌근대화촉진법에 따른 공덕지구 배수개선사업계획을 확정 고시하고, 전주농지개량조합 및 동진농지개량조합으로 하여금 사업시행을 하게 함에 있어 이 사건 토지를 제방출조예정지에 편입하는 등 사업을 연차적으로 시행하였는데, 공사구역 내의 제수문 아래쪽으로는 전주농지개량조합에 의하여, 위쪽에서는 동진농지개량조합에 의하여 제방축조공사가 각 실시되고 있었던 사실을 알 수 있다.

이상 보아온 사실과 농경지조성법 제13조 제1항 제3호, 제14조 제1항 제2호, 제18조, 제20조 등의 각 규정을 종합하여 보면 이 사건 토지는 소외 백진택이 1968. 4. 3. 위 법에 의하여 개간준공인가를 받기 전에 국유미간지의 대부 또는사용허가를 받고 계속 사용하여 오다가 위 법에 의하여 개간허가 및 준공인가를 받은 것으로 보이고 그렇다면 위 배수개선사업이 완료되는 경우 이 사건 토지는 준용하천구역에 속하게 될 것임을 추인할 수 있다. 그리고 원고는 1969. 11. 9. 이 사건 토지를 소외 백진택으로부터 매수하여 점유를 개시하였다고 주장하고 있는데(소장 참조), 기록에 의하면 이 사건에서 그 매매계약서를 제축하지 못하고 있으므로 원고는 위 백진택의 4촌동생으로서 이러한 사정을 알고 점유를 승계하였을 가능성이 크다고 보아야 할 것이다.

그러므로 원고의 이 사건 토지에 대한 점유가 자주점유라고 하기 위하여는 이 사건 토지의 내력과 현황, 원고가 위 백진택으로부터 위 토지를 매수한 것이라면 국유지의 대부 또는 사용허가를 받은 자로서의 지위만을 매수한 것인지 아니면 위 토지가 위 백진택의 소유로 알고 속아서 매수한 것인지 여부, 원고가 이 사건 토지를 매수하고 지급한 금액이 얼마이며 그 대금이 소유권을 취득하는 금액으로서 상당한 것인지 여부 등을 심리하여야 할 것이다.

원심이 위에서 설시한 점에 관하여 전혀 심리함이 없이 그 판시사실만 인정하여 원고의 점유가 자주점유라고 할 수 없다는 피고의 주장을 배척하였음은 취득시효에 관한 법리오해, 아니면 심리미진과 채증법칙위반으로 판결에 영향을 미친 위법을 저지른 것이라고 하지 않을 수 없으니 이 점을 지적하는 논지는 이유 있다.

그러므로 나머지 상고이유에 대한 판단을 생략한 채 원심판결을 파기하고 사건을 원심법원에 환송하기로 하여 관여법관의 일치된 의견으로 주문과 같이 판결한다.

대법관 천경송(재판장) 안우만(주심)
김용준 안용득

32. 타인 소유 대지 위에 무단건축된 건물임을 알면서 이를 매수하여 점유한 경우에도 자주점유로 추정되는지 여부

매수한 건물이 타인 소유인 대지 위에 무단히 건립된 것임을 알면서도 이를 매수한 후 증축하여 그 대지부분을 점유, 사용하여 왔다고 하더라도 이는 권원의 성질상 자주점유에 해당한다(1994. 4. 29. 제3부 판결, 93다18327 가건물철거등, 18334(병합)).

<판례전문(1994. 4. 29. 93다18327)>

[원고, 피상고인] 장준택 외 1인

[원고들 소송대리인] 변호인 장재형

[원고, 상고인] 한정애 외 13인

[피고들 소송대리인 변호사] 이명섭

[원심판결] 서울고등법원 1993. 3. 10. 선고, 91나50428, 91나50435(병합) 판결

[주 문] 원심판결을 파기하고 사건을 서울고등법원에 환송한다.

[이 유] 상고이유를 본다

1. 원심판결의 요지

원심판결 이유에 의하면 원심은, 이 사건 제1호 건물은 소외 정홍섭이 이 사건 대지상에 신축한 것으로서 소외 망 윤치면이 1967. 경 위 정홍섭으로부터 매수하여 소유하고, 이 사건 제2호 건물은 서울특별시 1964. 5. 7. 신축하여 소외 황봉수를 거쳐 소외 김병례가 1965. 경 이를 매수하여 소유함으로써 위 윤치면과 김병례가 위 각 건물의 대지부분을 20년 이상 점유하여 시효취득하였다는 피고들의 항변에 대하여, 위 윤치면이나 김병례가 그 당시 이 사건 제1호 및 제2호 건물을 소유하고 그 대지부분을 점유하였다는 점에 대하여는 그에 일부 부합하는 듯한 증거들은 믿기 어렵고, 오히려 그 채택증거에 의하면, 위 윤치면이 점유, 사용하였다고 주장하는 건물과 이 사건 제1호 건물 및 위 김병례가 점유, 사용하였다고 주장하는 건물과 이 사건 제2호 건물은 각기 그 건물에 대한 등기부상의 대지 지번이 상이하고, 또한 그 건물의 건평, 구조 등에 있어서 현저한 차이가 있어 그것이 서로 동일하다거나 또한 이 사건 대지에서 등기부상의 그 건물부분을 특정할 수도 없는 사실이 인정되므로, 그와 같은 건물에 대한 윤치면 또는 서울특별시 명의의 등기가 마쳐져 있다는 사실만을 가지고 그 지번, 건평, 구조 등이 전혀 다른 위 제1호 건물 전체를 위 윤치면이 1967. 경에 위 제2호건물 전체를 위 김병례가 1965.경에 각기 매수하여 그 대지 부분을 점유하였다고 보기 어렵고 그 밖에 달리 그들이 위 제1호 건물 및 제2호 건물 전체와 대지부분을 그 당시부터 점유, 사용하여 왔다고 인정할 만한 증거가 없을 뿐만 아니라, 오히려 6·25사변 이후 등기부의 멸실 등으로 이 사건 대지의 소유자가 뚜렷이 나타나지 아니하자 일

부 피난민들이 대지 소유자의 동의나 승낙 없이 위 대지상에 무단히 건물나을 짓고 거주하다가 위 윤치면이나 김병례에게 위 등기부상의 건물을 각 매도하여 위 윤치면과 김병례는 그 건물들이 건물 소유자가 아닌 타인 소유의 대지 위에 무단히 건립된 것임을 잘 알면서도 여러 해에 걸쳐 무단 증축 등을 거듭한 끝에 위 제1호건물과 제2호건물을 완성하여 그 대지부분을 무단 점유하여 온 사실이 엿보일 뿐이므로 위 윤치면과 김병례가 무단 증축 전 그 일부분의 건물을 점유, 사용하였다고 하더라도 그 부분대지에 대한 점유는 점유권원의 성질상 타주점유에 해당되어 그 점유가 자주점유임을 전제로 한 피고들의 이 부분 항변은 어느 모로 보나 이유 없다고 판단하였다.

2. 상고이유 제1점에 대하여

기록과 원심판결의 위 사실인정에 의하면, 원심은 위 윤치면과 김병례가 전 소유자인 정홍섭과 황봉수로부터 각 매수한 등기부상의 서울특별시 강동구 길동 산 75 지상 제1호 목조시멘트 와즙 평가전 주택 건평 10평 및 같은 지상 흙벽돌조 와즙 평가건 주택 건평 10평 1홉의 각 건물이 이 사건 대지상에 존재하였던 사실을 인정하면서, 다만 그것이 현재의 이 사건, 제1, 2호 건물과 그 구조 및 건평에 차이가 있어 서로 동일하다고 할 수 없거나, 이 사건 제1, 2호 건물 가운데에서 위 등기부상에 등재된 각 건물부분을 특정할 수 없다는 사실을 인정한 것일 뿐으로서, 결코 위 윤치면과 김병례가 매수한 위 각 등기부상의 건물이 이 사건대지 위에 존재하지 아니한 것으로 인정한 취지가 아님이 명백하다.

논지는 필경 원심의 사실인정을 잘못 이해한 나머지 이를 비난하는 것으로서 받아들일 수 없다.

3. 상고이유 제2점에 대하여

취득시효에 있어서 자주점유라 함은 소유의 의사, 즉 소유자와 동일한 지배를 사실상 행사하려는 의사를 가지고 하는 점유를 의미하고(당원 1991. 7. 9. 선고, 90다18838 판결 참조), 그 소유의 의사 유무는 점유권원의 성질에 의하여 정해져야 하나 그 권원의 성질이 분명치 아니한 때에도 자주점유로 추정되므로(당원 1987. 4. 14. 선고, 85다카2230 판결 : 1992. 12. 8. 선고, 91다42494 판결 각 참조), 원심이 인정하고 있는 바와 같이 위 윤치면과 김병례가 그들이 매수한 위 등기부상의 건물이 타인 소유인 이 사건 대지 위에 무단히 건립된 것임을 알면서도 이를 매수한 후 증축하여 그 대지부분을 점유, 사용하여 왔다고 하더라도 이는 권원의 성질상 자주점유에 해당한다고 할 것이다(당원 1992. 12. 22. 선고, 92다43654 판결 참조).

원심판결에는 자주점유에 관한 법리를 오해하여 판결에 영향을 미친 위법이 있다 할 것이므로 이를 지적하는 논지는 이유 있다.

4. 그러므로 원심판결을 파기하고, 사건을 다시 심리·판단하게 하기 위하여 원심법원에 환송하기로 하여 관여법관의 일치된 의견으로 주문과 같이 판결한다.

대법관 박만호(재판장) 김상원(주심)
윤영철 박준서

참조판례

대법원 1987. 4. 14. 선고, 85다카2230 판결(공 1987, 779)
1992. 12. 22. 선고, 92다43654 판결(공 1993상, 486)
1993. 1. 26. 선고, 92다50775 판결(공 1993상, 866)

33. 자주점유하는 토지 위에 건물을 건축하고 과수나무를 식재하였다는 사정만으로 자주점유로 전환되지 아니한다고 한 사례

타인 소유의 토지를 소유의 의사 없이 점유하던 자가 그 지상에 단지 그 소유의 건물을 건축하여 건축물관리대장에 등재하였다거나 토지 위에 과수나무를 식재하고, 그 지상건물을 과수원의 농막으로 사용하고 있다는 사정만으로는 소유자에 대하여 소유의 의사를 표기하였거나 새로운 권원으로 점유를 개시한 것으로 볼 수 없다(1994. 4. 29. 제3부 판결, 94다1449 소유권이전등기).

34. 자주점유의 추정이 번복되는 경우

취득시효에 있어서 자주점유 여부는 점유권원의 성질에 의하여 결정되는 것이고 다만 점유권원의 성질이 분명하지 아니하다면 민법 제197조 제1항에 의하여 그 점유는 자주점유로 추정되는 것이지만, 타인의 소유권을 배제하여 자기의 소유물처럼 배타적 지배를 행사하는 의사를 가지고 점유하는 것으로 볼 수 없는 객관적 사정이 증명된 때에는 자주점유의 추정력은 번복된다(1994. 6. 14. 제1부 판결, 93다37397 소유권이전등기).

<판례전문(1994. 6. 14. 93다37397)>

[원고, 상고인] 김상서

[소송대리인 변호사] 조성래

[피고, 피상고인] 대한민국

[원심판결] 부산지방법원 1993. 7. 1. 선고, 92나9057 판결

[주 문] 상고를 기각한다.

상고비용은 원고의 부담으로 한다.

[이 유] 상고이유를 판단한다.

취득시효에 있어서 자주점유 여부는 점유권원의 성질에 의하여 결정되는 것이고 다만 점유권원의 성질이 분명하지 아니하다면 민법 제197조 제1항에 의하여

그 점유은 자주점유로 추정되는 것이지만, 타인의 소유권을 배제하여 자기의 소유물처럼 배타적 지배를 행사하는 의사를 가지고 점유하는 것으로 볼 수 없는 객관적 사정이 증명된 때에는 자주점유의 추정력은 번복된다고 할 것이다(당원 1990. 11. 13. 선고, 90다카21381, 21398 판결 : 1991. 2. 22. 선고, 90다15808 판결 : 1993. 4. 9. 선고, 92다40914, 40921 판결 등 참조).

원심판결 이유에 의하면, 원심은 그 거시의 증거에 의하여 원고가 그 판시 토지들이 국유재산인 줄 알면서 이를 무단점유해 왔으며, 위 토지들을 국가로부터 불허받기를 원하였으나 자력이 미치지 못하여 불하받지 못하고 있다가 일부 토지에 대하여 사용수익허가를 받기 위한 국유재산대부신청을 함으로써 대부계약의 체결을 원하는 의사표시를 하기까지 한 사실을 인정한 다음, 원고의 이 사건 점유는 그 권원의 성질상 타주점유라 할 것이라고 판단하고 있는 바, 원심이 취사, 선택한 증거들을 기록에 비추어 살펴보면, 원심의 사실인정은 수긍되고, 이에 소론과 같은 채증법칙위배나 증거 없이 사실을 인정하는 등의 위법이 있다 할 수 없고, 사실관계가 원심이 확정한 바와 같다면, 이 사건의 경우 자주점유의 추정력이 깨어진다고 볼 만한 객관적인 사정이 있었다고 봄이 합당할 것이므로, 같은 취지에서 원고의 취득시효 주장을 배척한 원심판단은 옳은 것으로 수긍할 수 있고, 이에 소론과 같은 자주점유에 관한 법리오해의 위법, 이유모순이나 이유불비 등의 위법이 있다 할 수 없다. 이 점에 대한 논지도 이유 없다.

그러므로 상고를 기각하고 상고비용은 패소자의 부담으로 하기로 하여 관여법관의 일치된 의견으로 주문과 같이 판결한다.

대법관 김주한(재판장) 배만운
김석수 정귀호(주심)

참조판례

대법원 1991. 2. 22. 선고, 90다15808 판결(공 1991, 1054)
1993. 4. 9. 선고, 92다40921 판결(공 1993상, 1361)
1994. 2. 25. 선고, 93다50505 판결(공 1994상, 1097)

35. 도로부지의 자주점유 추정

취득시효에 있어서의 자주점유의 요건인 소유의 의사는 객관적으로 점유권원의 성질에 의하여 그 존부를 결정하는 것이나 다만 그 점유권원의 성질이 분명하지 않을 때에는 민법 제197조 제1항에 의하여 자주점유로 추정되는바, 위와 같은 자주점유의 추정은 국가나 지방자치단체가 점유하는 도로의 경우에도 적용되는 것이고 그 도로개설 당시 도로법이나 도시계획법 등 관계법령에 규정된 절차에 따라 적법하게 점유권원을 취득한 사실이 인정되지 않는다고 하더라도 이 사실만으로 자주점유의 추정이 번복되어 그 점유권원의 사실상 타주점유라고 볼 수는 없다(1994. 8. 26. 제3부 판결, 93다61222 부당이득금반환).

<판례전문(1994. 8. 26. 93다61222)>

[원고, 상고인] 김유복

[소송대리인 변호사] 김병하

[피고, 피상고인] 광주직할시

[원심판결] 광주고등법원 1993. 11. 19. 선고, 93나5696 판결

[주 문] 상고를 기각한다.

상고비용은 원고의 부담으로 한다.

[이 유] 원고소송대리인의 상고이유(상고이유서 제출기간이 지난 뒤에 제출한 상고이유보충서에 기재된 보충상고이유는 상고이유를 보충하는 한도 내에서)에 대하여 판단한다.

취득시효에 있어서의 자주점유의 요건인 소유의 의사는 객관적으로 점유권원의 성질에 의하여 그 존부를 결정하는 것이나 다만 그 점유권원의 성질이 분명하지 않을 때에는 민법 제197조 제1항에 의하여 자주점유로 추정되는바 위와 같은 자주점유의 추정은 국가나 지방자치단체가 점유하는 도로의 경우에도 적용되는 것이고, 그 도로개설 당시 도로법이나 도시계획법 등 관계법령에 규정된 절차에 따라 적법하게 점유권원을 취득한 사실이 인정되지 않는다고 하더라도 이 사실만으로 자주점유의 추정이 번복되어 그 점유권원의 성질상 타주점유라고 볼 수는 없는 것이다(당원 1992. 6. 9. 선고, 92다8446 판결 참조).

원심은 거시증거에 의하여 판시사실을 인정한 다음 전라남도와 피고의 이 사건 토지에 대한 점유는 자주점유로 추정되므로 1945. 8. 15. 경부터 기산하여 20년이 경과한 날에 이 사건 토지에 대한 피고의 점유취득시효가 완성되었다고 판단하였는바 관계증서 및 기록과 위에서 본 법리에 비추어 보면, 원심의 위와 같은 인정 판단은 정당한 것으로 수긍이 가고, 원심판결에 소론과 같은 법리오해 등의 위법이 있다고 볼 수 없다. 소론이 내세우는 당원의 판결들은 이 사건에 원용하기에 적절한 것이 아니다. 논지는 모두 이유가 없다.

그러므로 상고를 기각하고 상고비용은 패소자의 부담으로 하기로 관여법관의 의견이 일치되어 주문과 같이 판결한다.

대법관 신성택(재판장) 천경송
안용득(주 심) 지창권

참조판례

대법원 1992. 6. 9. 선고, 92다8446 판결(공 1992, 2125)
1993. 1. 26. 선고, 92다50775 판결(공 1993상, 866)
1993. 4. 13. 선고, 92다45506 판결(공 1993상, 1386)

36. 가. 부동산소유권이전등기 등에 관한 특별조치법에 의한 등기의 원인행위일자가 1973. 12. 31. 이후로 인정되는 경우의 추정력

부동산소유권이전등기 등에 관한 특별조치법(법률 제3094호, 실효)에 의하여 할 수 있는 등기는 같은 법 제3조의 취지에 비추어 볼 때 그 원인행위인 매매, 증여, 교환 등 법률행위가 1974. 12. 31. 이전에 이루어진 것에 한한다고 해석되므로, 그 원인행위일자가 그 이후로 인정되는 경우에는 그 등기에 그 기재내용대로의 추정력이 없다.

나. 공유자 1인이 공유토지 전부를 점유하는 경우 전체 토지를 자주점유하는 것으로 볼 것인지 여부

공유토지는 공유자 1인이 그 전부를 점유하고 있다고 하여도 달리 특별한 사정이 없는 한 다른 공유자의 지분비율의 범위 내에서는 타주점유라고 볼 수 밖에 없다(1994. 9. 9. 제2부 판결, 94다13190 소유권확인등).

37. 가. 소유권이전등기 말소청구 소송의 당사자 또는 그 승계인이 아니어서 그로 인한 시효중단의 효력이 미치지 않는다고 한 사례

갑이 을의 피상속인인 병을 상대로 토지에 관한 소유권이전등기 말소청구의 소를 제기하여 승소 확정판결을 받아 그 판결에 기하여 병 명의의 소유권이전등기를 말소하고 갑 명의의 소유권보존등기를 마쳤으며 그 후 정이 갑을 상대로 소유권보존등기 말소청구의 소를 제기하였다 하더라도, 갑이 병을 상대로 제기한 소송과의 관계에서 정이 민법 제169조가 규정하는 갑의 승계인이 되었다고 볼 수 없으므로, 정이 갑을 상대로 한 제소로부터 정과 병 사이에 시효중단의 효력이 생길 수 없다고 한 사례

나. 부동산 매수인의 점유 개시 후 그 매매가 무효임이 밝혀진 경우, 그 점유의 성질이 타주점유로 변하는지 여부(소극)

부동산을 매수하여 이를 점유하게 된 자는 그 매매가 무효가 된다는 사정이 있음을 알았다는 등의 특단의 사정이 없는 한 그 점유의 시초에 소유의 의사로 점유한 것이며, 나중에 매도자에게 처분권이 없었다는 등의 사유로 그 매매가 무효인 것이 밝혀졌다 하더라도 그와 같은 점유의 성질이 변하는 것은 아니다(1996. 5. 28. 판결, 95다40328 토지소유권보존등기말소등).

38. 자주점유 추정을 번복하기 위한 구체적 방법

점유자의 점유가 소유의 의사 있는 자주점유인지 아니면 소유의 의사 없는 타주점유인지의 여부는 점유자의 내심의 의사에 의하여 결정되는 것이 아니라 점유취득의 원인이 된 권원의 성질이나 점유와 관계가 있는 모든 사정에 의하여 외형적·객관적으로 결정되어야 하는 것이기 때문에 점유자가 성질상 소유의 의사가 없는 것으로 보이는 권원에 바탕을 두고 점유를 취득한 사실이 증명되었거나, 점유자가 타인의 소유권을 배제하여 자기의 소유물처럼 배타적 지배를 행사하는 의사를 가지고 점유하는 것으로 볼 수 없는 객관적 사정, 즉 점유자가 진정한 소유자라면 통상 취하지 아니할 태도를 나타내거나 소유자라면 당연히 취했을 것으로 보이는 행동을 취하지 아니한 경우 등 외형적·객관적으로 보아 점유자가 타인의 소유권을 배척하고 점유할 의사를 갖고 있지 아니하였던 것이라고 볼 만한 사정이 증명된 경우에도 그 추정은 깨어진다(대법원 2006. 4. 27. 선고 2004다38150, 38167, 38174, 38181 판결).

39. 가. 점유자가 점유 개시 당시 소유권 취득의 원인이 될 수 있는 법률행위 기타 법률요건 없이 그와 같은 법률요건이 없다는 사실을 알면서 타인 소유의 부동산을 무단점유한 것이 입증된 경우, 자주점유 추정의 번복 여부(적극)

민법 제197조 제1항에 의하면 물건의 점유자는 소유의 의사로 점유한 것으로 추정되므로 점유자가 취득시효를 주장하는 경우에 있어서 스스로 소유의 의사를 입증할 책임은 없고, 오히려 그 점유자의 점유가 소유의 의사가 없는 점유임을 주장하여 점유자의 취득시효의 성립을 부정하는 자에게 그 입증책임이 있는 것이고, 부동산 점유취득시효에 있어서 점유자의 점유가 소유의 의사 있는 자주점유인지 아니면 소유의 의사 없는 타주점유인지 여부는 점유자의 내심의 의사에 의하여 결정되는 것이 아니라 점유 취득의 원인이 된 권원의 성질이나 점유와 관계가 있는 모든 사정에 의하여 외형적·객관적으로 결정되어야 하는 것이기 때문에 점유자가 성질상 소유의 의사가 없는 것으로 보이는 권원에 바탕을 두고 점유를 취득한 사실이 증명되었거나, 점유자가 타인의 소유권을 배제하여 자기의 소유물처럼 배타적 지배를 행사하는 의사를 가지고 점유하는 것으로 볼 수 없는 객관적 사정, 즉 점유자가 진정한 소유자라면 통상 취하지 아니할 태도를 나타내거나 소유자라면 당연히 취했을 것으로 보이는 행동을 취하지 아니한 경우 등 외형적·객관적으로 보아 점유자가 타인의 소유권을 배척하고 점유할 의사를 갖고 있지 아니하였던 것이라고 볼 만한 사정이 증명된 경우에도 그 추정은 깨어지는 것이므로, 점유자가 점유 개시 당시에 소유권 취득의 원인이 될 수 있는 법률행위 기타 법률요건이 없이 그와 같은 법률요건이 없다는 사실을 잘 알면서 타인 소유의 부동산을 무단점유한 것임이 입증된 경우에도 특별한 사정이 없는 한 점유자는 타인의 소유권을 배척하고 점유할 의사를 갖고 있지 않다고 보아야 할 것이어서 이로써 소유의 의사가 있는 점유라는 추정은 깨어진다.

나. 토지 매수인이 매매계약에 의하여 목적 토지의 점유를 취득한 경우, 그 계약이 타인의 토지의 매매에 해당하여 곧바로 소유권을 취득할 수 없다는 사실만으로 자주점유의 추정이 번복되는지 여부(한정 소극) 및 등기를 수반하지 아니한 점유임이 밝혀졌다는 사정만으로 타주점유로 볼 것인지 여부(소극)

[다수의견]

현행 우리 민법은 법률행위로 인한 부동산 물권의 득실변경에 관하여 등기라는 공시방법을 갖추어야만 비로소 그 효력이 생긴다는 형식주의를 채택하고 있음에도 불구하고 등기에 공신력이 인정되지 아니하고, 또 현행 민법의 시행 이후에도 법생활의 실태에 있어서는 상당기간 동안 의사주의를 채택한 구 민법에 따른 부동산 거래의 관행이 잔존하고 있었던 점 등에 비추어 보면, 토지의 매수인이 매매계약에 의하여 목적 토지의 점유를 취득한 경우 설사 그것이 타인의 토지의 매매에 해당하여 그에 의하여 곧바로 소유권을 취득할 수 없다고 하더라도 그것만으로 매수인이 점유권원의 성질상 소유의 의사가 없는 것으로 보이는 권원에 바탕을 두고 점유를 취득한 사실이 증명되었다고 단정할 수 없을 뿐만 아니라, 매도인에게 처분권한이 없다는 것을 잘 알면서 이를 매수하였다는 등의 다른 특별한 사정이 입증되지 않는 한, 그 사실만으로 바로 그 매수인의 점유가 소유의 의사가 있는 점유라는 추정이 깨어지는 것이라고 할 수 없고, 민법 제197조 제1항이 규정하고 있는 점유자에게 추정되는 소유의 의사는 사실상 소유할 의사가 있는 것으로 충분한 것이지 반드시 등기를 수반하여야 하는 것은 아니므로 등기를 수반하지 아니한 점유임이 밝혀졌다고 하여 이 사실만 가지고 바로 점유권원의 성질상 소유의 의사가 결여된 타주점유라고 할 수 없다.

[보충의견]

등기를 수반하지 아니한 채 소유권이전 목적의 법률행위만에 의한 부동산의 점유는 그 권원의 성질상 타주점유라고 보아야 한다는 반대견해가 타당하기 위하여는, 점유취득시효제도가 법률행위에 의한 부동산소유권취득의 제도일 것과 점유취득기간 완성의 효과로서 점유자가 등기 없이 그 부동산의 소유권을 취득하게 되는 장치가 전제되어야 할 것인데, 점유취득시효제도가 법률행위로 인한 부동산 물권취득제도가 아니라 법률의 규정에 의한 부동산 물권취득제도인 점에 관하여는 이견이 없고, 한편 점유로 인한 부동산물권의 취득은 법률의 규정에 의한 물권변동이지만 민법 제187조의 예외로서 점유기간 완성 후에 등기를 하여야 비로소 그 물권의 취득이 이루어지도록 마련되어 있어서 시효기간을 완성시킨 점유자로서는 그 완성으로써 등기 없이 바로 그 점유부동산의 소유권을 취득하게 되는 것이 아니라 채권적 청구권인 당해 부동산의 소유권이전등기청구권을 취득함에 그치는 것이고, 또한 반대의견처럼 점유취득시효완성을 주장하는 사람이 등기를 수반하는 점유를 하는 것을 그 시효완성의 요건으로 삼는다면 그 시효완성 후에라야 그 시효기간 완성의 효과로서 등기청구권을 취득하게 되는 점유취득시효제도에 있어서 그 등기를 할 수 있기 위한 요건으로서 등기를 수반해야 한다는 순환론적 모순에 빠지고 만다.

[반대의견]

민법은 제245조 제1항에서 "20년간 소유의 의사로 평온, 공연하게 부동산을 점유하는 자는 등기함으로써 그 소유권을 취득한다."고 규정하고, 제197조 제1항에서 "점유자는 소유의 의사로 선의, 평온 및 공연하게 점유한 것으로 추정한다."고 규정하고 있는바, 여기에서 '소유의 의사'라 함은 점유자가 타인의 소유권을 배제하여 자기의 소유물처럼 배타적으로 지배하는 의사를 말하는 것으로서, 점유자의 점유가 이러한 소유의 의사가 있는 자주점유인지 아니면 소유의 의사가 없는 타주점유인지 여부는 점유자의 내심의 의사에 의하여 결정되는 것이 아니라 점유권원의 성질이나 점유와 관계가 있는 모든 사정에 의하여 외형적·객관적으로 결정되어야 하는 것이고, 또한 여기에서 점유권원이라 함은 점유를 정당화하는 법적 원인이 되는 사실관계라는 의미로 이해할 수 있고, 이러한 점유권원에는 매매, 임대차 등과 같은 법률행위를 비롯하여 무주물 선점, 매장물 발견 등과 같은 비법률행위 또는 상속, 공용징수, 판결, 경매 기타 법률의 규정에 의한 물권의 취득 사유 등도 있을 수 있는바, 어떠한 부동산 점유의 권원이 등기를 수반하지 아니한 매매 등 소유권이전 목적의 법률행위로 밝혀졌다면, 그 점유에 대하여는 민법 제197조 제1항이 규정하는 자주점유의 추정은 더 이상 유지될 여지가 없어지고, 나아가 부동산 물권 변동에 관하여 의사주의가 아닌 형식주의를 취하고 있음이 명백한 현행 민법 아래에서 그러한 점유는 권원의 성질상 타주점유로 보아 이로 인한 소유권의 취득시효를 부정하여야 할 것이다(대법원 2000. 3. 16. 선고 97다37661 전원합의체 판결).

<판례전문(2000. 3. 16. 97다37661)>

[원고, 상고인] 양선자

[피고, 피상고인] 이동훈

[원심판결] 창원지법 1997. 7. 4. 선고 97나1338 판결

[주 문] 상고를 기각한다. 상고비용은 원고의 부담으로 한다.

[이 유] 상고이유를 판단한다.

1. 채증법칙 위반 등의 상고이유에 대하여

원심판결 이유를 기록에 비추어 살펴보면, 원심이 그 판결에서 채용하고 있는 증거들을 종합하여, 거제시 남부면 저구리 447 대 552㎡(이하 '이 사건 토지'라고 한다)에 관하여 1929. 12. 16. 소외 망 양영혁 명의로 소유권보존등기가 마쳐지고,

1990. 7. 23. 원고, 소외 양영자, 양형도, 양형자, 김행련, 양경희, 양경임, 양경인, 양경진, 양경원 공동명의로 1957. 10. 2. 상속을 원인으로 한 소유권이전등기가 마쳐진 사실, 이 사건 토지는 소외 김종대가 1965년 1월경 소외 망 조병옥으로부터 매수하여 파, 시금치 등의 채소를 재배하며 경작하다가 같은 해 5월경 그 위에 원심 판시와 같은 건물을 신축하여 그 부지 및 마당으로 점유·사용하다가 1985년 5월경 피고에게 이 사건 토지 및 위 건물을 매도하였으며 그 이후 피고가 그 지상의 건물 및 장독대 등을 소유하면서 계속 점유·사용하고 있는 사실을 인정한 조치는 수긍이 가고, 거기에 경험칙에 반하는 증거판단을 하는 등 채증법칙을 위반한 위법이 없으며 심리를 다하지 아니한 위법도 없다. 이 부분 상고이유는 받아들일 수 없다.

2. 자주점유 추정의 번복 등에 관한 상고이유에 대하여

원심판결 이유에 의하면, 원심은 위에서 인정한 바와 같은 사실관계에 터잡아 소외 김종대가 이 사건 토지를 매수하여 점유하기 시작한 1965년 1월경부터 이 사건 토지를 소유의 의사로 평온, 공연하게 점유하였다고 추정되고, 김종대가 망 양영혁 소유인 이 사건 토지를 망 조병옥으로부터 매수하여 그 점유를 취득하였다고 하더라도 그 사실만으로는 김종대의 이 사건 토지에 대한 점유를 타주점유라고 볼 수 없으며, 1985. 1. 31. 이 사건 토지에 관한 김종대의 점유취득시효가 완성되었으므로, 김종대에 대한 위 매매를 원인으로 한 소유권이전등기청구권을 보전하기 위하여 원고를 포함한 이 사건 토지의 공유자들에 대하여 김종대를 대위하여 위 취득시효 완성을 원인으로 한 소유권이전등기절차를 구할 지위에 있는 피고에게 원고가 이 사건 토지의 소유권에 기하여 그 지상 건물 등의 철거를 구하는 것은 신의칙에 반한다는 피고의 항변을 받아들여, 원고가 공유물의 보존행위로서 그 지상 건물 등의 철거를 구하는 이 사건 청구를 배척하고 있다.

민법 제197조 제1항에 의하면 물건의 점유자는 소유의 의사로 점유한 것으로 추정되므로 점유자가 취득시효를 주장하는 경우에 있어서 스스로 소유의 의사를 입증할 책임은 없고, 오히려 그 점유자의 점유가 소유의 의사가 없는 점유임을 주장하여 점유자의 취득시효의 성립을 부정하는 자에게 그 입증책임이 있는 것이고, 부동산 점유취득시효에 있어서 점유자의 점유가 소유의 의사 있는 자주점유인지 아니면 소유의 의사 없는 타주점유인지 여부는 점유자의 내심의 의사에 의하여 결정되는 것이 아니라 점유 취득의 원인이 된 권원의 성질이나 점유와 관계가 있는 모든 사정에 의하여 외형적·객관적으로 결정되어야 하는 것이기 때문에 점유자가 성질상 소유의 의사가 없는 것으로 보이는 권원에 바탕을 두고 점유를 취득한 사실이 증명되었거나, 점유자가 타인의 소유권을 배제하여 자기의 소유물처럼 배타적 지배를 행사하는 의사를 가지고 점유하는 것으로 볼 수 없는 객관적 사정, 즉 점유자가 진정한 소유자라면 통상 취하지 아니할 태도를 나타내거나 소유자라면 당연히 취했을 것으로 보이는 행동을 취하지 아니한 경우 등 외형적·객관적으로 보아 점유자가 타인의 소유권을 배척하고 점유할 의

사를 갖고 있지 아니하였던 것이라고 볼 만한 사정이 증명된 경우에도 그 추정은 깨어지는 것이므로, 점유자가 점유 개시 당시에 소유권 취득의 원인이 될 수 있는 법률행위 기타 법률요건이 없이 그와 같은 법률요건이 없다는 사실을 잘 알면서 타인 소유의 부동산을 무단점유한 것임이 입증된 경우에도 특별한 사정이 없는 한 점유자는 타인의 소유권을 배척하고 점유할 의사를 갖고 있지 않다고 보아야 할 것이어서 이로써 소유의 의사가 있는 점유라는 추정은 깨어진다고 할 것임은 상고이유에서 지적하는 바와 같다(대법원 1997. 8. 21. 선고 95다28625 전원합의체 판결 등 참조).

그러나 현행 우리 민법은 법률행위로 인한 부동산 물권의 득실변경에 관하여 등기라는 공시방법을 갖추어야만 비로소 그 효력이 생긴다는 형식주의를 채택하고 있음에도 불구하고 등기에 공신력이 인정되지 아니하고, 또 현행 민법의 시행 이후에도 법생활의 실태에 있어서는 상당기간 동안 의사주의를 채택한 구 민법에 따른 부동산 거래의 관행이 잔존하고 있었던 점 등에 비추어 보면, 토지의 매수인이 매매계약에 의하여 목적 토지의 점유를 취득한 경우 설사 그것이 타인의 토지의 매매에 해당하여 그에 의하여 곧바로 소유권을 취득할 수 없다고 하더라도 그것만으로 매수인이 점유권원의 성질상 소유의 의사가 없는 것으로 보이는 권원에 바탕을 두고 점유를 취득한 사실이 증명되었다고 단정할 수 없을 뿐만 아니라, 매도인에게 처분권한이 없다는 것을 잘 알면서 이를 매수하였다는 등의 다른 특별한 사정이 입증되지 않는 한, 그 사실만으로 바로 그 매수인의 점유가 소유의 의사가 있는 점유라는 추정이 깨어지는 것이라고 할 수 없다(대법원 1993. 10. 12. 선고 93다1886 판결, 1996. 3. 22. 선고 95다53768 판결 등 참조). 그리고 민법 제197조 제1항이 규정하고 있는 점유자에게 추정되는 소유의 의사는 사실상 소유할 의사가 있는 것으로 충분한 것이지 반드시 등기를 수반하여야 하는 것은 아니므로 등기를 수반하지 아니한 점유임이 밝혀졌다고 하여 이 사실만 가지고 바로 점유권원의 성질상 소유의 의사가 결여된 타주점유라고 할 수도 없을 것이다. 만일 이와 반대의 입장에 선다면 이는 등기부취득시효 제도만을 인정하고 있는 일부 외국의 법제와 달리 우리 민법이 점유취득시효 제도를 인정하고 있는 그 취지 자체를 부정하는 결과에 이르를 것이다.

더욱이 이 사건에 있어서와 같이 목적 토지를 매수한 시기가 현행 민법이 시행된 후 얼마 지나지 않은 1965년 1월 무렵이고 특히 그 토지가 현행 민법에 따른 부동산 거래의 관행이 비교적 늦게 정착되었다고 할 농촌지역에 소재하고 있는 점을 보태어 보면, 원심이 인정한 사실관계에서 본 바와 같이 김종대에게 이 사건 토지를 매도한 망 조병옥이 등기부상 소유자가 아니어서 김종대가 그에 의하여 바로 이 사건 토지의 소유권을 유효하게 취득할 수 없기는 하나, 기록상 김종대가 망 조병옥에게 이 사건 토지에 대한 처분권한이 없다는 것을 잘 알면서 매매에 이르렀다고 볼 자료가 없는 이상 망 조병옥이 이 사건 토지의 등기부상 소유자가 아니라는 사정만으로 김종대의 점유가 점유권원의 성질상 소유의 의사가 없는 것으로 보이는 권원에 바탕을 둔 것이라고 할 수 없을 뿐만 아니라, 김종대가 매매 당시 매도인에게 처분권한이 없음을 알고 있었다고 추단할 수도 없다고 할 것이므로 그에 의하여 소유의 의사가 있는 점유라는 추정이 깨어진다고 할 수 없다.

그렇다면 이 사건 토지에 대한 김종대의 점유가 자주점유라는 추정은 깨어지지 않았다고 할 것이므로 같은 취지로 판단하여 원고의 이 사건 청구를 배척한 원심의 조치는 수긍이 가고, 거기에 이유불비 또는 부동산 점유취득시효에 있어서 자주점유의 추정에 관한 법리오해 등 상고이유에서 지적하는 바와 같은 위법이 없다. 이 부분 상고이유도 받아들일 수 없다.

3. 그러므로 상고를 기각하고, 상고비용은 상고인인 원고의 부담으로 하기로 하여 주문과 같이 판결한다. 이 판결 제2항의 판단에 대법관 이돈희, 대법관 김형선, 대법관 송진훈의 반대의견이 있는 외에는 관여 대법관들의 견해가 일치되었으며, 대법관 조무제의 다수의견에 대한 보충의견이 있다.

4. 대법관 조무제의 다수의견에의 보충의견은 다음과 같다.

반대의견은, 요컨대, 법률행위로 인한 부동산 물권의 변동에 관하여 형식주의를 취하는 우리 민법 아래에서, 등기를 수반하지 아니한 채 소유권 이전 목적의 법률행위만에 의한 부동산의 점유는 그 권원의 성질상 타주점유라고 보아야 하고 자주점유에 관하여 다른 견해를 표시한 대법원 판례들은 변경되어야 한다는 취지이다.

그러한 반대견해가 타당하기 위하여서는, 점유취득시효 제도가 법률행위에 의한 부동산 소유권 취득의 제도일 것과 점유취득기간 완성의 효과로서 점유자가 등기 없이 그 부동산의 소유권을 취득하게 되는 규정적 장치가 전제되어야 할 것이다.

그런데 점유로 인한 부동산 소유권의 취득시효 제도는 법률행위로 인한 부동산 물권취득제도가 아니라 법률의 규정에 의한 부동산 물권의 취득제도로 이해되고 그의 법적 성격에 관한 이러한 풀이에는 이견이 없다.

나아가 덧붙이자면, 민법 제245조 제1항이 점유자는 그의 시효기간 완성 후 등기를 함으로써 그 점유 부동산의 소유권을 취득한다고 규정하고 있지만 그 규정 때문에 점유취득시효 제도의 법적 성격을 법률행위에 의한 물권변동으로 볼 수 있는 것도 아니다.

그리고 점유로 인한 부동산 물권의 취득은 법률의 규정에 의한 물권변동이지만 민법 제187조의 예외로서 점유기간 완성 후에 등기를 하여야 비로소 그 물권의 취득이 이루어지도록 마련되어 있어서, 시효기간을 완성시킨 점유자로서는 그 완성으로써 등기 없이 바로 그 점유 부동산의 소유권을 취득하게 되는 것이 아니라, 채권적 청구권인 당해 부동산의 소유권이전등기청구권을 취득함에 그치는 것이다(대법원 1981. 9. 22. 선고 80다3121 판결, 1980. 9. 24. 선고 79다2129 판결들 참조).

반대의견처럼 점유취득시효 완성을 주장하는 사람이 등기를 수반하는 점유를 하는 것을 그 시효 완성의 요건으로 삼는다면 그 시효 완성 후에라야 그 시효기간 완성의 효과로서 등기청구권을 취득하게 되는 점유취득시효 제도에 있어서 그 등기를 할 수 있기 위한 요건으로서 등기를 수반해야 한다는 순환론적 모순에 빠지고 마는 것이다.

이와 같이 어느 모로 보아도 취득시효에서의 점유권원에 등기가 수반되어야 할 근거는 찾아볼 수 없다 할 것임에도, 점유권원인 법률행위의 성격에 치중한 나머지 점유취득시효 제도를 법률행위에 의한 부동산 소유권 취득제도와 마찬가지로 민법 제186조의 규정과 관련지우는 반대견해는 입법론으로서는 별론으로 하더라도 해석론으로서는 불합리한 면을 지니고 있다 하겠다.

따라서 점유권원이 등기를 수반하는 경우에만 소유의 의사로 보아야 한다는 논거에서 자주점유의 해석에 관하여 반대견해가 시도하는 새로운 해석 태도는 위에서 본 불합리성을 피할 수 없다 하겠고, 반대의견이 그러한 불합리성을 띤다는 사실 자체가 반면으로 다수의견의 정당성을 뒷받침해 준다고 할 것이다.

그러므로 자주점유란 소유자와 동일한 지배를 하려는 의사를 가지고 하는 점유를 의미할 뿐 소유권자의 지위에서 하는 점유라던가 소유권이 있다고 믿고 하는 점유를 의미하는 것이 아니라는 취지인 대법원 1996. 10. 11. 선고 96다23719 판결을 비롯한 수많은 판례들은 존중되어야 하고 그들이 변경될 필요는 없다고 본다.

5. 다수의견 중 자주점유 추정의 번복 등에 관한 판단에 대하여 대법관 이돈희, 대법관 김형선, 대법관 송진훈의 반대의견은 다음과 같다.

가. 민법은 제245조 제1항에서 "20년간 소유의 의사로 평온, 공연하게 부동산을 점유하는 자는 등기함으로써 그 소유권을 취득한다."고 규정하고, 제197조 제1항에서 "점유자는 소유의 의사로 선의, 평온 및 공연하게 점유한 것으로 추정한다."고 규정하고 있는바, 여기에서 '소유의 의사'라고 함은 점유자가 타인의 소유권을 배제하여 자기의 소유물처럼 배타적으로 지배하는 의사를 말하는 것으로서, 점유자의 점유가 이러한 소유의 의사가 있는 자주점유인지 아니면 소유의 의사가 없는 타주점유인지 여부는 점유자의 내심의 의사에 의하여 결정되는 것이 아니라 점유권원의 성질이나 점유와 관계가 있는 모든 사정에 의하여 외형적·객관적으로 결정되어야 하는 것이다(대법원 1997. 8. 21. 선고 95다28625 전원합의체 판결 등 참조). 또한, 여기에서 점유권원이라 함은 점유를 정당화하는 법적 원인이 되는 사실관계라는 의미로 이해할 수 있고, 이러한 점유권원에는 매매, 임대차 등과 같은 법률행위를 비롯하여 무주물 선점, 매장물 발견 등과 같은 비법률행위 또는 상속, 공용징수, 판결, 경매 기타 법률의 규정에 의한 물권의 취득 사유 등도 있을 수 있는바, 어떠한 부동산 점유의 권원이 등기를 수반하지 아니한 매매 등 소유권이전 목적의 법률행위로 밝혀졌다면, 그 점유에 대하여는 민법 제197조 제1항이 규정하는 자주점유의 추정은 더 이상 유지될 여지가 없어지고, 나아가 부동산 물권의 변동에 관하여 의사주의가 아닌 형식주의를 취하고 있음이 명백한 현행 민

법 아래에서 그러한 점유는 권원의 성질상 타주점유로 보아 이로 인한 소유권의 취득시효를 부정하여야 할 것이다. 그 이유는 다음과 같다.

나. 먼저, 부동산 소유권에 관한 점유취득시효의 요건인 점유를 앞서 본 권원과의 관계에서 고찰하여 볼 때, 권원이 없음이 밝혀진 경우와 권원의 존부가 불분명한 경우 및 권원이 있음이 밝혀진 경우로 나누어 볼 수 있고, 권원이 있음이 밝혀진 경우도 그 권원의 성질이 불분명한 경우와 분명한 경우로 다시 나눌 수 있을 것인바, 이들 중에서 자주점유의 추정이 깨어지지 아니하는 것은 권원의 존부가 불분명한 경우와 권원이 있어도 그 성질이 불분명한 경우라고 할 것이고, 이와는 달리 권원의 성질이 분명한 경우에는 그 성질에 따라 자주점유 여부가 명백히 가려질 것이므로 자주점유의 추정은 더 이상 유지될 수 없는 것이다. 따라서 어떠한 부동산의 점유권원이 등기를 수반하지 아니한 매매 등 소유권이전 목적의 법률행위로 밝혀졌다면, 이는 점유권원의 성질이 분명한 경우에 해당하므로 그에 따라 자주점유인지 여부를 가리면 되고, 거기에서 또 다시 민법 제197조 제1항에 따른 자주점유의 추정 문제로 돌아갈 것은 아니다.

다. 그러면 과연 어떠한 부동산의 점유권원이 등기를 수반하지 아니한 매매 등 소유권이전 목적의 법률행위로 밝혀진 경우 그 점유를 자주점유로 보아야 할 것인가? 아니면 타주점유로 보아야 할 것인가? 이 점에 관하여 구 민법이 적용되던 시절부터 매매, 교환, 증여 등 소유권 이전을 목적으로 하는 법률행위는 그 성질상 자주점유의 권원이라고 보는 견해가 통설이고, 현행 민법하에서도 이러한 견해를 전제로 한 대법원 1992. 12. 8. 선고 91다42494 판결 등 상당수의 판례가 있음은 사실이다. 그러나 이러한 견해는 다음과 같은 이유에서 변경되어야 할 것이다.

(1) 취득시효는 예외적인 제도이므로 그 요건은 엄격하게 해석되어야 하고, 따라서 그 요건의 하나인 '소유의 의사'를 판별하기 위하여 점유권원의 성질을 규명함에 있어서도 엄격한 태도를 취하여야 할 것이다. 또한, '소유의 의사'란 앞서 본 바와 같이 외형적·객관적으로 '소유하는 의사'를 의미할 뿐, 주관적으로 '소유하려는 의사'를 의미하지는 않는 것인바, 이는 타인의 부동산을 임차하여 점유하는 자가 장래에 이를 소유하려는 의도를 가지고 있다고 하더라도 그 권원의 성질상 타주점유에 불과하다는 점에 비추어 보아도 분명하다.

그런데 구 민법의 의사주의하에서는 소유권이전 목적의 법률행위가 이루어지면 이로써 곧바로 소유권이전의 효력이 발생하므로(구 민법 제176조), 이러한 법률행위에 의하여 부동산을 점유한 경우 그 점유가 권원의 성질상 자주점유에 해당한다고 보는 데에 아무런 문제도 없지만, 현행 민법은 구 민법과는 달리 등기라는 공시방법을 갖추어야만 법률행위로 인한 부동산 물권의 득실변경의 효력이 생긴다는 형식주의를 채택하고 있으므로(민법 제186조), 현행 민법 아래에서는 위와 같은 논리가 그대로 유지될 수는 없다. 오히려 소유권이전 목적의 법률행위에 의하여 부동산을 점유하였다고 하더라도 궁극적인 소유권이전의 효력발생요건인 등기를 도외시하고서는 그 점유를 자주점유라고 할 수 없다고 함이 정당한 논리적 귀결이며, 등기를 하지 아니한 부동산 매수인이 장차 등기를 하여 당해 부동산을 소유하려는 목적이나 의도를 가지고 있다고 하더라도 이러한 목적이나 의도를 소유의 의사와 동일시할 수는 없음은 물론이고 그러한 목적이나 의도가 권원의 성질을 좌우할 수도 없는 것이다. 그리고 매매계약 자체를 의사주의하에서와 같이 자주점유의 권원으로 보는 것은 소유권이전의 외관을 갖추지 못한 사실관계를 소유권이전의 외관이 있는 것으로 의제하여 이와 동일하게 취급하려는 것으로서, 이는 물권취득에 관한 규정의 강행법규성에 반할 뿐만 아니라, 공시의 원칙을 취한 형식주의의 입법취지에도 역행하는 것이라고 생각된다.

따라서 종래의 견해는 우리 민법의 부동산 물권관계에 관한 등기제도와 형식주의의 취지를 정당하게 고려하지 아니한 채 구 민법적 사고방식을 타성적으로 답습한 것은 아닌지 검토할 필요가 있다고 할 것이고, 현행 민법이 종래의 의사주의를 버리고 형식주의를 채택한 이상, 등기를 수반하지 아니한 소유권이전 목적의 법률행위만에 의한 부동산의 점유는 소유권이전의 효력발생요건인 등기를 도외시함으로써 여전히 타인 소유의 부동산을 점유하는 것에 불과하여 그 권원의 성질상 외형적·객관적으로 소유의 의사가 결여된 타주점유라고 볼 수밖에 없다.

(2) 또한, 소유의 의사 자체를 자연적·사실적 의사라고 보더라도 그 존부를 객관적으로 판단함에 있어서는 규범적 고려가 필요하다.

이 점에 관하여 대법원은, 소유권 관계 공부가 멸실되었음을 기화로 허위 내용의 관계 서류에 의하여 소유권회복등기를 한 것만으로는 그 등기명의자가 회복등기를 마친 때부터 소유의 의사로 점유하였다고 볼 수 없다고 하고(대법원 1983. 3. 8. 선고 80다3198 판결 등 참조), 매도인이 무권리자이거나 행정청의 인가를 받지 못하였다는 등의 이유로 점유취득의 원인인 매매 등의 법률행위가 무효인 경우에 매수인이 그 무효인 사실을 알았다면 자주점유가 아니라고(대법원 1976. 11. 9. 선고 76다486 판결 등 참조) 누차 판시하여 왔다. 그런데 이와 같은 사안에 있어서 자연적·사실적 의사만을 기준으로 할 때에는 점유자에게 당해 부동산에 대한 소유 의사가 있어 보이고 또한 그것도 통상의 경우에 비하여 의욕의 정도가 더욱 강하다고 할 것이지만, 판례는 이 경우 자주점유를 인정하는 것이 부당하다는 규범적 고려를 하여 자주점유의 추정이 깨어지거나 타주점유라고 판단한 것인바, 이러한 판례의 태도를 그 연장선 위에서 검토하여 보면, 등기하지 아니한 부동산 매수인의 점유도 역시 타주점유로 보아야 마땅할 것이다. 왜냐하면 형식주의를 취한 현행 민법이 적용되는 상황에서 등기하지 아니한 부동산 매수인은 매매로 인한 소유권이전의 효력이 발생하지 아니한다는 사실을 능히 알고 있다 할 것이어서, 결국 그가 등기를 하지 아니한 것은 의사주의하에서 매매가 무효로서 소유권을 취득할 수 없다는 사정을 알고 있다는 것과 비교하여 그 법적 평가가 다를 것이 없다고 보아야 하기 때문이다.

(3) 나아가, 부동산에 대하여 소유자가 할 수 있는 것과 같은 배타적 지배를 행

사한다는 의미는 당해 부동산의 사용가치와 교환가치 전부를 배타적으로 지배하는 것을 뜻하는바, 소유권등기를 하지 아니한 채 부동산을 점유하는 매수인으로서는 그 부동산의 사용가치를 배타적으로 지배하는 의사가 있을지는 몰라도 담보권을 설정하는 등 그 부동산의 교환가치를 제대로 지배할 수는 없고, 오늘날의 경제생활에 있어서 토지의 교환가치가 갖는 의미는 과거에 비하여 그 비중이 더욱 크다고 할 것이므로, 이러한 매수인에게 '온전한 소유의 의사'가 있다고 보기도 어려운 것이며, 다른 한편, 매수인이 무권리자나 무권대리인 등으로부터 토지를 매수하여 점유하고 있는 경우에, 당해 토지에 관하여 등기를 갖추고 이를 담보로 제공하여 교환가치를 지배하고 있는 진정한 소유자를 보호할 필요가 더욱 큰 반면, 매수하였으면서도 법이 요구하는 등기를 갖추지 아니한 자를 보호할 필요는 그다지 크다고 할 수 없을 것이다.

(4) 한편, 현행 민법이 시행된 이래 40년이 지나고 있고 등기에 관한 국민의 법의식도 상당히 향상된 오늘날 부동산의 매수인은 당연히 소유권이전등기를 하여야만 당해 부동산을 배타적으로 지배할 수 있다고 생각할 것이고, 소유권등기를 하지 아니한 채로 소유자가 할 수 있는 것과 같은 배타적 지배를 하려는 의사를 갖는 경우란 극히 예외에 해당할 것이다. 이러한 현상은, 앞서 본 법의식이 규범적으로 반영되어 1990. 8. 1. 제정된 부동산등기특별조치법이 부동산의 소유권 이전을 내용으로 하는 계약을 체결한 자에게 소정의 기간 내에 소유권이전등기를 신청하도록 규정함과 동시에 상당한 사유 없이 이를 위반하는 경우에는 과태료를 부과하는 외에 일정한 경우에는 형벌까지 부과하고 있음에 비추어 보아도 더욱 분명하다. 이러한 측면에서도 종래의 견해는 변경되어야 하고, 이제 그 시점이 도래하였다고 본다.

(5) 구체적 정의나 타당성의 측면에서 보더라도, 소유권등기를 하지 아니한 채 부동산을 점유하고 있는 매수인을 취득시효 제도에 의하여 굳이 보호할 것은 아니라고 생각된다.

점유자가 정당한 매수인이라면 그의 소유권 취득은 매매를 원인으로 한 소유권이전등기를 함으로써 충분하고, 특히 이 경우 매수인의 이전등기청구권은 그 소멸시효도 진행하지 아니한다는 것이 대법원의 입장이므로(대법원 1999. 3. 18. 선고 98다32175 전원합의체 판결 등 참조), 매수인이 당해 부동산의 진정한 소유자에 대하여 매매의 효력을 주장할 수 없는 특별한 경우에만 비로소 점유취득시효가 그 효용을 발휘할 것이다. 그런데 이러한 매수인을 두텁게 보호하는 것이 정의에 합당한지는 의문이 아닐 수 없는 반면, 예컨대 멀리 떨어져 있는 임야 등과 같이 현실적인 점유·사용을 계속적으로 유지하기가 곤란하거나 그것이 큰 의미가 없는 토지에 관하여 소유권등기를 마쳐두고 있는 진정한 소유자가 소멸시효에 걸리지도 아니하는 소유권을 상실하게 되는 것이 정의에 부합하는 것이라고는 도저히 볼 수 없을 것이다.

또한, 과거 부동산의 진정한 매수인이 매매 사실의 입증 자료를 확보하지 못한 경우에 점유취득시효 제도가 어느 정도 진정한 매수인의 구제에 기여를 하였던 점은 부정하기 어려울 것이지만, 다른 한편, 진정한 매수인의 대부분은 등기권리증이라도 보관하는 것이 보통이고 그 동안 수차에 걸쳐 시행된 부동산소유권이전등기등에관한특별조치법 등에 의하여 등기를 함으로써 구제되었다는 사정 또한 간과되어서는 아니 될 것이다. 그럼에도 불구하고 여전히 등기를 수반하지 아니한 부동산 매수인의 점유를 자주점유로 본다면, 이는 진정한 매수인의 구제보다는 매매를 빙자한 점유자의 부당한 권리취득을 용인하는 결과가 될 것이다.

(6) 부동산 물권변동에 관하여 형식주의를 채택하고 있는 다른 나라들의 제도와 비교하여 보더라도 부동산에 대한 점유취득시효는 그 인정 범위를 좁히는 것이 바람직한 방향이다. 독일에서는 부동산에 관한 등기를 하지 않은 자의 단순한 점유취득시효는 아예 인정하지 아니하고 등기부취득시효만을 규정하고 있을 뿐이며, 스위스에서는 등기부취득시효를 정규적인 취득시효로 규정하되, 부동산 자체가 등기부에 등기되지 아니하였거나 등기부상 소유자를 알 수 없거나 또는 소유자로 등기된 자가 취득시효기간 개시 당시에 사망하였거나 실종선고를 받은 경우에 한하여 엄격한 요건 아래에서만 점유취득시효를 인정하고 있을 뿐이다.

(7) 현행 민법이 부동산 물권변동에 관하여 형식주의를 취하면서 등기부취득시효 이외에 별도로 점유취득시효에 관한 규정을 두고 있다고 하더라도 그 결론이 달리지는 것은 아니다. 왜냐하면 매수인이 등기를 하지 아니한 채 매매 목적 부동산을 점유하고 있는 경우는 다음과 같은 경우와 분명히 구별되고, 이러한 경우가 바로 현행 민법이 부동산에 관하여 등기부취득시효 이외에 점유취득시효를 별도로 규정한 취지로 보아야 하기 때문이다.

그 예로는, 우선 점유권원이나 그 성질이 밝혀지지 아니한 경우는 물론이고 그 외에 ① 매수인이 매매 목적 토지에 관하여 소유권이전등기를 하였지만, 착오로 인접한 타인의 토지의 일부까지 매수한 것으로 믿고 이를 함께 점유하는 경우, ② 실제로는 A토지를 매수하였는데, 그 토지를 등기부상 B토지로 착각하여 B토지에 관하여 소유권이전등기를 하고 A토지를 점유한 경우, ③ 매매 목적 토지에 관하여 소유권이전등기를 하고 이를 점유하였는데, 그 이전등기가 중복등기 중 후등기에 해당하여 무효인 경우, ④ 착오로 작성된 지적도에 기초한 등기가 표상하는 토지를 매수하고 이전등기까지 한 다음, 착오로 작성된 지적도의 경계대로 당해 토지를 점유한 경우, ⑤ 무권리자인 등기명의인으로부터 부동산을 매수하여 소유권이전등기를 하고 점유한 매수인이 선의이지만 과실이 있는 경우, ⑥ 상속, 공용징수, 판결, 경매 기타 법률의 규정에 의한 물권의 취득 사유를 권원으로 부동산을 점유한 경우 등을 열거할 수 있다.

라. 그런데 다수의견은, 현행 민법이 부동산 물권변동에 관하여 형식주의를 취하면서도 등기에 공신력이 인정되지 아니한다는 점을 내세우나, 등기의 공신력은 이 사건에서 문제가 된 점유취득시효 외에 별도의 소유권 취득원인인 선의취득과 관련하여 거래의 동적 안전을 보호하려는 취지의 제도로서, 부동산 매매 등의 권

원의 성질을 논함에 있어 등기의 공신력이 문제될 여지는 없는 것일 뿐만 아니라, 등기에 공신력이 인정되지 아니한다고 하여 점유의 태양이 달라질 수도 없는 것임은 동산의 경우와 비교하여 보면 자명하므로, 합당한 근거가 되지 못한다고 할 것이다.

또한 다수의견은, 현행 민법의 시행 이후에도 상당한 기간 동안 의사주의를 채택한 구 민법에 따른 부동산 거래의 관행이 잔존하고 있었던 점과 이 사건 토지의 매수 시기가 현행 민법이 시행된 후 얼마 지나지 않은 시점인 점 및 이 사건 토지가 부동산 거래의 관행이 비교적 늦게 정착된 농촌지역에 소재하고 있는 점을 그 논거로 삼고 있으나, 이는 부동산 물권변동에 관한 현행 민법의 규정이 강행규정으로서 이른바 부동산 거래의 관행을 이유로 배제될 수 없다는 점과 부동산 점유취득시효의 요건인 '소유의 의사'가 가지는 규범적 측면을 간과한 것일 뿐만 아니라, 이러한 다수의견에 의하더라도 현행 민법에 따른 부동산 거래의 관행이 정착되고 있는 추세에 비추어 과연 그러한 논거가 언제까지 유지될 수 있을 것인지도 의문이 아닐 수 없다. 점유권원의 성질은 거래의 관행이나 시간의 경과 또는 부동산의 소재지에 따라 변하는 것은 아닐 것이다.

나아가 다수의견은, 민법 제197조 제1항에 따라 추정되는 소유의 의사는 사실상 소유할 의사가 있는 것으로 충분하고 반드시 등기를 수반하여야 하는 것은 아니라는 점을 논거로 내세우고 있으나, 민법 제197조나 제245조 등에서 규정한 '소유의 의사'를 '사실상 소유할 의사'로 볼 민법상 근거가 없음은 물론이고 그 개념조차도 모호할 뿐만 아니라, 이 사건이 앞서 본 여러 점유권원들 가운데서 부동산 물권변동에 관하여 별도로 등기가 요구되는 소유권이전 목적의 법률행위를 그 점유권원으로 하는 사안이라는 점을 간과하고 있는 것으로 보이며, 다수의견 가운데 점유자가 점유 개시 당시에 소유권 취득의 원인이 될 수 있는 법률행위 기타 법률요건이 없이 그러한 사실을 잘 알면서 타인 소유의 부동산을 무단점유한 것임이 입증된 경우 자주점유가 인정되지 아니한다고 하거나, 매도인에게 처분권한이 없다는 것을 잘 알면서 이를 매수한 경우에는 자주점유가 아니라고 한 설시 부분과 어떻게 서로 조화될 수 있는지도 의문이다. 또한, 우리 민법이 부동산에 관하여 점유취득시효 제도를 둔 취지와 그 적용 사례는 앞서 본 바와 같으므로, 반대의견이 점유취득시효제도 자체를 부정하는 것이 아님은 더 말할 나위도 없는 것이다.

자주점유의 추정과 점유권원의 성질과의 관계는 앞에 나항에서 밝혀 보았거니와 다수의견은 이 양자의 문제를 혼동하고 있다는 비난을 면하기 어려울 것이다.

한편 다수의견의 보충의견은, 민법 제245조 제1항이 부동산 점유취득시효가 완성되었더라도 그 점유자가 등기를 함으로써 소유권을 취득한다고 규정하고 있는 점에 비추어 보면, 위와 같이 등기의 수반을 거론하는 반대의견은 논리적 모순에 빠져 있을 뿐만 아니라, 점유취득시효 제도를 법률행위에 의한 물권변동 사유로 잘못 파악하고 있다는 취지인 것으로 보인다.

그러나 반대의견은 민법 제245조 제1항의 등기의 원인을 법률행위로 보는 것이 아니고 그 등기의 원인이 되는 취득시효 완성의 성립요건 중에 하나인 점유자의 '소유의 의사'를 확정함에 있어 당해 점유권원이 매매 등 법률행위로 밝혀진 경우에 형식주의를 취한 현행 민법하에서 등기를 도외시하고는 그 법률행위를 자주점유의 권원이라고 할 수 없고 타주점유의 권원으로 보아야 한다는 것일 뿐이다. 앞서 밝힌 바와 같이 자주점유와 관련하여 등기를 수반하여야 하는 점유권원은 법률행위인 경우로서, 그 부동산을 점유하는 자가 당해 법률행위를 원인으로 등기까지 마쳤다면 이로써 당해 부동산의 소유권을 취득하는 것이 원칙이고, 이와 달리 점유취득시효가 문제되는 경우는 앞에 다. (7)항에서 이미 예시한 바와 같은 바, 그 가운데에 ⑤를 제외한 나머지 경우에는 취득시효가 완성된 부동산에 관하여 점유자가 취득시효 완성을 원인으로 하여 등기를 함으로써 비로소 소유권을 취득하게 됨이 분명하고, ⑤의 경우에는 그 등기가 실체관계에 부합하게 되는 것일 뿐이다. 필경 보충의견은 반대의견의 취지를 오해한 것이 아닌가 생각된다.

마. 돌이켜 이 사건에 관하여 살피건대, 원심이 확정한 사실관계 및 기록에 의하면, 이 사건 토지에 관하여는 1929. 12. 16. 소외 망 양영혁 명의로 소유권보존등기가 마쳐지고, 1990. 7. 23. 원고 등의 명의로 1957. 10. 2.자 상속을 원인으로 한 소유권이전등기가 되었다는 것인데, 소외 김종대는 1965년 1월경 양영혁 등 진정한 권리자가 아닌 소외 조병옥으로부터 이 사건 토지를 매수하여 이를 점유하여 왔지만 소유권이전등기를 한 바가 전혀 없고, 그러한 상태에서 피고가 다시 1985년 5월경 이 사건 대지를 김종대로부터 매수하였다는 것이다.

사정이 이러하다면, 이 사건 토지에 대한 김종대의 점유권원은 등기를 수반하지 아니한 매매로 밝혀졌다고 할 것이므로, 여기에 민법 제197조 제1항의 자주점유 추정 규정은 적용될 여지가 없고, 이러한 점유는 그 권원의 성질상 타주점유로 보아야 할 것이니 이러한 점유를 전제로 하는 피고의 취득시효 주장은 이를 받아들여서는 아니 될 것이다.

그럼에도 불구하고, 원심이 이 사건 토지에 대한 김종대의 점유취득시효가 피고의 매수 이전에 이미 완성되었다는 이유를 내세우면서 피고가 김종대에 대한 소유권이전등기청구권을 보전하기 위하여 김종대를 대위하여 원고 등에게 위 취득시효의 완성을 주장할 수 있는 지위에 있다고 판단한 것은 부동산 점유취득시효 및 자주점유에 관한 법리를 오해한 위법을 저질렀다고 할 것이므로, 이 점을 지적하는 상고이유의 주장을 받아들여 원심판결을 파기하고 사건을 원심법원에 환송함이 마땅하다고 할 것이다.

대법원장 최종영(재판장) 법관이돈희 김형선(주심) 지창권 신성택 이용훈 이임수 송진훈 서성 조무제 유지담 윤재식 이용우

40. 구분소유적 공유관계에서 어느 특정 부분만을 소유·점유하는 공유자가 매매 등 종전의 공유지분권과는 별도의 자주점유가 가능한 권원에 의하여 다른 공유자가 소유·점유하는 특정 부분을 취득하여 점유를 개시하였다고 주장하는 경우, 취득 권원이 인정되지 않는다는 사유만으로 자주점유의 추정이 번복된다거나 점유권원의 성질상 타주점유라고 할 수 있는지 여부(소극)

공유부동산의 경우에 공유자 중의 1인이 공유지분권에 기초하여 부동산 전부를 점유하고 있다고 하여도 다른 특별한 사정이 없는 한 권원의 성질상 다른 공유자의 지분비율의 범위 내에서는 타주점유라고 할 것이다. 그렇지만 이와 달리 구분소유적 공유관계에서 어느 특정된 부분만을 소유·점유하고 있는 공유자가 매매 등과 같이 종전의 공유지분권과는 별도의 자주점유가 가능한 권원에 의하여 다른 공유자가 소유·점유하는 특정된 부분을 취득하여 점유를 개시하였다고 주장하는 경우에는 타인 소유의 부동산을 매수·점유하였다고 주장하는 경우와 달리 볼 필요가 없으므로, 취득 권원이 인정되지 않는다고 하더라도 그 사유만으로 자주점유의 추정이 번복된다거나 점유권원의 성질상 타주점유라고 할 수 없고, 상대방에게 타주점유에 대하여 증명할 책임이 있다(대판 2013. 3. 28, 2012다68750).

◈ 점유가 계속되는 것으로 추정되는 경우

제 198 조【점유계속의 추정】

전후양시에 점유한 사실이 있는 때에는 그 점유는 계속한 것으로 추정한다.

■ § 198. 점유의 계속추정

- 점유의 계속
- 전후양시에 점유한 사실이 있으면 그 점유는 계속한 것으로 추정한다.

전후양시에 점유한 사실이 있는 때에는 점유는 그동안 계속한 것으로 추정된다. 따라서 반대사실, 즉 점유가 중단된 사실이 증명되지 않는 한 점유자는 스스로 이를 입증할 필요없이 당연히 전후의 양시기간에 계속하여 점유한 것으로 된다.

사회의 사실상태를 일단 정당시하여 이를 보호하고 사회의 질서와 평화를 유지하려고 하는 점유제도의 제도적 의의에 비추어 보아 극히 타당하고 당연한 규정이다.

본조 수정의 점유계속의 추정은 동일인이 전후 양 시점에 점유한 것이 증명된 때에만 적용되는 것이 아니고, 전후 양 시점에 소유자가 다른 경우에도 점유의 승계가 입증되는 한 점유계속은 추정된다(대판 1996. 9. 20, 96다24279).

▣ 핵심판례 ▣

■ [점유계속의 추정]

1. 건물의 일부가 타인의 토지 위에 무단 건립된 사실을 알면서 건물의 매수·점유한 경우, 그 건물 부지에 대한 점유가 자주점유인지 여부

자주점유라 함은 소유의 의사, 즉 소유자와 동일한 지배를 사실상 행사하려는 의사를 가지고 하는 점유를 의미하고, 그 소유의 의사유무는 권원의 성질에 의하여 정해져야 하나 그 권원의 성질이 분명하지 아니한 때에도 자주점유로 추정되므로, 건물의 일부가 타인 소유인 토지 위에 무단히 건립된 것임을 알면서도 이를 매수한 후 그 토지 중 일부분을 건물의 부지로서 점유·사용하여 왔다고 하더라도,

다른 특별한 사정이 없는 한 그 점유자의 점유는 권원의 성질상 오히려 자주점유에 해당한다(1996. 1. 26. 판결, 95다863, 870 건물철거등·소유권이전등기).

2. 매수인이 매수점유하는 토지의 소유권을 취득할 수 없게 된 경우 자주점유의 추정 여부(적극)

점유에 있어 소유의 의사 유무는 점유취득의 원인인 권원에 의하여 외형적, 객관적으로 정해져야 하는 것이므로 토지매수인이 매매계약에 기하여 목적토지의 점유를 취득한 경우에는 그 매매가 설사 타인의 토지에 매매로서 그 소유권을 취득할 수 없다 하여도 다른 특별한 사정이 없는 이상 매수인의 점유는 소유의 의사로서 하는 것이라고 해석되는 것이다(1990. 11. 27. 제2부 판결, 90다카27280 소유권이전등기).

3. 전후 양 시점의 점유자가 다른 경우에도 점유계속 추정이 되는지 여부(적극)

민법 제198조 소정의 점유계속추정은 동일인이 전후 양 시점에 점유한 것이 증명된 때에만 적용되는 것이 아니고 전후 양 시점의 점유자가 다른 경우에도 점유의 승계가 입증되는 한 점유계속은 추정된다(대법원 1996. 9. 20. 선고 96다24279,24286 판결).

◈ 점유승계의 주장

제 199 조【점유의 승계의 주장과 그 효과】

① 점유자의 승계인은 자기의 점유만을 주장하거나 자기의 점유와 전점유자의 점유를 아울러 주장할 수 있다.

② 전점유자의 점유를 아울러 주장하는 경우에는 그 하자도 계승한다.

■ § 199. 점유의 분리, 병합

- 점유의 승계인은 자기의 점유만을 주장할 수도 있고, 자기의 점유와 전점유자의 점유를 함께 주장할 수도 있다.
- 이와같이 전주의 점유를 주장하는 때에는 전주의 점유의 하자도 승계된다.

점유를 승계한 자가 전주의 점유를 아울러 주장하는 것을 점유의 병합이라 하고, 전주의 점유를 분리하여 자기고유의 점유만을 주장하는 것을 점유의 분리라고 한다. 점유권 승계의 효과로써 문제가 된다.

점유의 병합·분리는 승계인의 자유이다. 점유가 승계되어 사실상태가 계속된 경우에는 그것을 계속된 하나의 사실상태로 보거나 각인을 위한 독립된 사실상태로 볼 수도 있기 때문이다.

전주가 수인인 경우에는 직전의 전주의 점유만을 병합할 수도 있고, 모든 전주의 점유를 병합하는 것도 자유이다.

전주의 점유를 병합하는 이익은, 예컨대 취득시효에 있어서 자기의 것은 3년에 불과하지만, 전주의 점유를 합하여 10년이 된다고 하는 경우에 존재한다.

그러나 전주의 점유를 병합하는 경우에는 악의·과실 기타 하자까지도 승계하는 것이기 때문에, 하자 때문에 발생하는 불이익까지도 받는 것이 된다.

<참고사항>

※ 상속의 경우 점유의 분리·병합(제199조)이 적용되는지에 대해서

상속 자체가 점유변경의 새로운 권원이 될 수 없다는 것에는 통설, 판례가 일치한다(대판 2004. 9. 24. 2004다27273). 그런데 점유의 분리·병합이 상속의 경우에도 적용되는지에 대해서는 견해가 대립된다.

1. 학 설

(1) 다수설

상속인이 '스스로' 사실상의 지배를 취득한 때로부터 점유를 분리·병합할 수 있는 것으로 보아, 피상속인의 하자 있는 점유를 승계하지 않고 자신의 하자 없는 점유만을 주장할 수도 있다고 한다.

(2) 소수설

상속인이 사실상의 점유를 취득한다고 해도 이는 제193조의 관념적 점유가 구체화되는 것에 불과할 뿐 새로운 권원을 취득하는 것은 아니기 때문에 제199조는 상속의 경우에는 적용될 수 없다고 한다.

2. 판 례

상속에 의하여 점유권을 취득한 경우에는 상속인이 새로운 권원에 의하여 자기 고유의 점유를 시작하지 않는 한 피상속인의 점유를 떠나 자기만의 점유를 주장할 수 없고, 선대의 점유가 타주점유인 경우 선대로부터 상속에 의하여 점유를 승계한 자의 점유도 그 성질 내지 태양을 달리하는 것이 아니어서 특단의 사정이 없는 한 그 점유가 자주점유로 될 수 없고, 그 점유가 자주점유가 되기 위하여는 점유자가 소유자에 대하여 소유의 의사가 있는 것을 표시하거나 새로운 권원에 의하여 다시 소유의 의사로써 점유를 시작하여야 한다(대법원 2004. 9. 24. 선고 2004다27273 판결).

▣ 핵심판례 ▣

■ [점유의 승계의 주장과 그 효과]

1. 가. 점유승계인이 전점유자의 점유를 아울러 주장하는 경우 전점유자의 점유개시시점을 임의로 선택할 수 있는지 여부(소극)

점유승계인이 전점유자의 점유를 아울러 주장하는 경우에 전점유자의 점유개시시점을 임의로 선택할 수 없다.

나. 점유자가 계쟁토지의 인접토지매수 후 계쟁토지부분 위에 옹벽을 쌓고 토지건물을 건축하였다면, 계쟁토지부분의 점유개시시점은 인접토지의 소유권을 취득한 때가 아니라 옹벽과 토지건물을 건축한 때라고 한 사례

점유자가 계쟁토지의 인접토지매수 후 계쟁토지부분 위에 옹벽을 쌓고 토지건물을 건축하였다면, 계쟁토지부분의 점유개시시점은 인접토지의 소유권을 취득한 때가 아니라 옹벽과 토지건물을 건축한 때라고 한 사례(1992. 9. 22. 제1부 판결, 92다21968 가건물철거등, 21975(빈손)).

2. 갑, 을의 점유의 승계를 주장한 전소의 기판력이 을만의 점유의 승계를 주장한 후소에 미치지 않는다고 한 사례

원고가 "피고의 갑, 을의 점유를 전전승계한 원고에게 취득시효완성을 원인으로 한 소유권이전등기절차를 이행하라"는 소를 제기하였다가 그 소송에서 "원고 주장에 의하더라도 취득시효완성 당시의 점유자는 을이므로 그로부터 토지를 매수한 원고가 직접 피고에 대하여 시효취득을 원인으로 한 소유권이전등기절차 이행을 구할 수는 없다"는 이유로 청구기각의 판결을 선고받고 그 판결이 확정된 후,을 이래의 점유를 승계하였음을 이유로 시효취득을 원인으로 한 소유권이전등기절차의 이행을 구하는 경우 후소는 위 확정판결의 사안과는 취득시효의 기초가 되는 점유의 주체와 시효완성시기 및 시효취득으로 인한 효과의 귀속자를 달리하는 것으로서 양자를 동일한 소송이라 할 수 없고, 따라서 위 확정판결의 기판력에 저촉되는 것이라 할 수 없다(1994. 2. 8. 제1부 판결, 93다41303 소유권이전등기).

3. 점유로 인한 소유권이전등기청구권의 취득 및 소멸 등

가. 점유자가 취득시효기간의 만료로 소유권 이전등기청구권을 취득한 후 점유를 상실한 경우, 그 소유권 이전등기청구권이 소멸되는지 여부

원래 취득시효제도는 일정한 기간 점유를 계속한 자를 보호하여 그에게 실체법상의 권리를 부여하는 제도이므로, 부동산을 20년 간 소유의 의사로 평온·공연하게 점유한 자는 민법 제245조 제1항에 의하여 점유부동산에 관하

여 소유자에 대한 소유권 이전등기청구권을 취득하게 되며, 점유자가 취득시효기간의 만료로 일단 소유권 이전등기청구권을 취득한 이상, 그 후 점유를 상실하였다고 하더라도 이를 시효이익의 포기로 볼 수 있는 경우가 아닌 한, 이미 취득한 소유권 이전등기청구권은 소멸되지 아니한다.

나. 취득시효기간 만료 당시의 점유자로부터 점유를 승계한 현 점유자가 전 점유자의 취득시효 완성의 효과를 주장하여 직접 자기에게 소유권 이전등기를 청구할 권원이 있는지 여부

전 점유자의 점유를 승계한 자는 그 점유 자체와 하자만을 승계하는 것이지 그 점유로 인한 법률효과까지 승계하는 것은 아니므로 부동산을 취득시효기간 만료 당시의 점유자로부터 양수하여 점유를 승계한 현 점유자는 자신의 전 점유자에 대한 소유권이전등청구권을 보전하기 위하여 전 점유자의 소유자에 대한 소유권 이전등기청구권을 대위행사할 수 있을 뿐, 전 점유자의 취득시효 완성의 효과를 주장하여 직접 자기에게 소유권이전등기를 청구할 권원은 없다(대판 1995. 3. 28, 93다47745).

4. 전자의 점유개시일을 기산일로 한 점유승계의 시효취득 주장 속에 후자의 점유개시일을 기산일로 한 주장도 있는지 밝혀보아야 한다고 한 사례

부동산에 대한 점유가 순차 승계된 경우 전자의 점유개시일을 기산일로 한 시효취득 주장속에 후자의 점유개시일을 기산일로 한 시효취득 주장도 있는지 밝혀보아야 한다고 한 사례(1994. 7. 29. 제3부 판결, 93다11234 소유권이전등기말소).

<판례전문(1994. 7. 29. 93다11234)>

[원고, 피상고인]　박수미자

[소송대리인 변호사]　남두희

[피고, 상고인]　이용갑

[소송대리인 변호사]　서정우

[원심판결]　대구지방법원 1993. 1. 29. 선고, 92나8727 판결

[주　　문]　원심판결을 파기한다.

사건을 대구지방법원 합의부에 환송한다.

[이　　유]　피고소송대리인의 상고이유에 대하여 판단한다.

1. 원심판결 이유에 의하면, 원심은 분할 전의 경북 울진군 기성면 기성리 461 임야 15,954평은 원래 원고와 소외 박선옥의 선대인 소외 망 박홍철의 소유였는데, 위 박홍철이 1961. 7. 19. 사망하여 원고와 위 박선옥이 위 망인의 재산을 공동상속한 사실, 위 기성리 461 임야 15,954평은 1979. 10. 20. 같은 리 461의 2 내지 8 임야, 같은 해 12.3. 같은 리 461의 9, 10 임야, 1989. 3. 29. 같은 리 461의 11 임야가 각 분할되어 나가는 등 분할을 거듭하여 같은 리 461 임야 46,832㎡로 되었다가, 다시 같은 해 5.19. 같은 리 461의 12 임야 165㎡가 분할되어 나가 같은

리 461 임야 46,667㎡로 되었고, 같은 해 9.7. 원심판결의 별지목록 기재의 각 임야(이하 이 사건 임야라고 한다)로 분할된 사실, 위 기성리 461 임야 46,832㎡에 관하여 대구지방법원 울진등기소 1989. 3. 31. 접수 제2957호로 망 정학봉 명의의 1943. 2. 25. 매매를 원인으로 한 소유권이전등기 및 같은 등기소 같은 날 접수 제2958호로 원심공동피고 김부술 명의의 1959. 1. 9. 매매를 원인으로 한 소유권이전등기가 각 경료되었다가 다시 위 임야 중 46,832분의 46,667 지분에 관하여 같은 등기소 1989. 4. 3. 접수 제3060호로 제1심공동피고 송수경, 김영숙 명의의 소유권이전등기가 경료되었고, 위 임야 중 일부가 이와 같이 같은 리 461의 12 임야 165㎡로 분할된 이후 같은 리 461 임야 46,667㎡에 관하여 같은 등기소 1989. 6. 2. 접수 제4970호로 위 송수경, 김영숙 명의의 같은 날 공유물분할을 원인으로 한 소유권이전등기가 경료되었다가 같은 등기소 같은 해 6. 19. 접수 제5315호로 피고 명의의 같은 달 2. 매매를 원인으로 소유권이전등기가 경료된 사실, 그런데 위 망 정학봉 및 위 김부술 명의의 위 각 소유권이전등기는 위 김부술이 위 박홍철이 사망한 이후인 1988. 경 위 망 박홍철 및 위 정학봉을 상대로 하여 대구지방법원 영덕지원 88가단1726호로 위 기성리 461 임야 46,832㎡에 관하여 위 망 박홍철은 위 망 정학봉에게 1943. 2. 25. 매매를 원인으로 한, 위 망 정학봉은 위 김부술에게 1959. 1. 9. 매매를 원인으로 한 소유권이전등기절차를 이행하라는 내용의 소를 제기하여 승소판결을 받고 그 확정판결에 기하여 경료한 사실 등을 각 인정한 다음 위 김부술이 이 사건 임야를 시효취득하였으므로 이 사건 임야에 관한 위 김부술 명의의 위 소유권이전등기는 실체관계에 부합하는 유효한 등기이고, 이에 터잡아 이루어진 피고에 이르기까지의 각 소유권이전등기 또한 유효한 등기라는 피고의 항변에 대하여, 거시증거를 종합하면 위 망 박홍철이 1945. 경 만주로 떠난 후 위 망 정학봉의 선대인 소외 망 정계언이 위 임야를 점유 관리하여 왔고 그 후 위 정학봉이 일본에서 귀국하여 이를 위 김부술에게 매도하여 위 김부술이 위 전자의 점유를 승계하여 20년 이상 위 임야를 점유 관리해 온 사실은 이를 인정할 수 있으나, 한편 거시증거를 종합하면, 위 정계언은 위 박홍철로부터 그가 만주에서 다시 돌아 올때까지 위 임야의 관리를 부탁받고 이를 점유하게 된 사실이 인정되므로 위 정계언 내지 정학봉이 피고 주장과 같은 시효취득의 요건이 되는 점유를 개시할 시초에 있어서의 위 점유는 타주점유에 해당한자 할 것이므로, 이를 지적하는 원고의 재항변은 이유 있고 따라서 피고의 시효취득에 관한 항변은 이유 없다고 판단하였다.

2. 그러나 기록에 의하여 피고의 시효취득에 관한 주장을 살펴보면, 피고는 위 김부술이 1959. 1. 9.부터 이 사건 임야를 송유의 의사로 계속 점유하여 왔으므로 위 김부술이 위 점유일로부터 기산하여 20년이 되는 날에 이 사건 임야를 시효취득하였다는 주장도 하고 있다고 볼 여지가 있으므로 원심으로서는 이 점을 밝혀서 주장내용을 분명하게 한 후 심리판단하여야 할 것이므로 이 점을 지적하는 논지는 이유가 있다.

3. 그러므로 원심판결을 파기하고 다시 심리판단하게 하기 위하여 사건을 원심법원에 환송하기로 관여법관의 의견이 일치되어 주문과 같이 판결한다.

대법관 신성택(재판장) 천경송
안용득(주 심) 지창권

5. 점유자의 승계인이 자기의 점유만을 주장하는 경우, 전 점유자의 점유가 타주점유라 하더라도 현 점유자의 점유는 자주점유로 추정되는지 여부(적극)

점유의 승계가 있는 경우 전 점유자의 점유가 타주점유라 하여도 점유자의 승계인이 자기의 점유만을 주장하는 경우에는 현 점유자의 점유는 자주점유로 추정된다(대법원 2002. 2. 26. 선고 99다72743 판결).

◈ 점유자가 점유물에 대하여 행사하는 권리의 적법 추정

제 200 조【권리의 적법의 추정】

점유자가 점유물에 대하여 행사하는 권리는 적법하게 보유한 것으로 추정한다.

■ § 200. 권리의 적법 추정

- 권리의 적법의 추정 : 등기로 공시되는 부동산물권에는 적용되지 않는다.
- 반증을 들어 깨뜨려질 때까지 정당한 것으로 다루어진다는 소극적인 것
- 점유자의 이익, 불이익 불문
- 제3자도 원용
- 대세효가 인정되는 것은 아니다.

점유제도는 본권관계에서 분리하여 현재의 사실상태의 보호를 목적으로 한다. 대부분의 경우, 점유는 본권에 의해 진실한 사실상태에 합치한다. 그리하여 본조는 점유자를 점유물 위에 행사하는 권리를 적법하게 갖는 것으로 추정했다.

(1) 점유가 갖는 권리추정의 효력은 게르만법의 Gewere의 작용을 승계한 것이다. Gewere는 물건에 대한 지배권의 표상이고, Gewere를 동반한 물건의 지배는 일단 정당한 것이 된다.

이 연혁에서도 명확한 것처럼, 점유에 권리추정의 효력이 주어진 것은 점유가 물권을 표상하고 있기 때문이다. 물권이 표상으로서의 작용을 담당하는 것은 근대법하에서는 점유뿐만은 아니다. 등기도 이같은 적용을 담당하는 것이다.

• possessio와 Gewere의 구별

<table>
<tr><td>
1. Possessio
(1) 유 래
"어느 누구도 자기가 가지는 이상의 권리를 남에게 줄 수 없다"라는 로마법에서 유래하며 공신의 원칙을 부정한다.
(2) 내 용
사실성과 진실한 권리를 절단하여 사실을 존재하는 그대로 보호하여 사회평화를 유지한다는 것이다
(3) Possessio를 승계한 로마법적 요소
1) 선의자의 과실수취권 2) 비용상환청구권 3) 점유보호청구권
4) 공 유 5) 지역권 6) 점유의 소와 본권의 소와의 구별
7) 소유권과 제한물권의 구별
※ 우리민법 제201조~제208조는 Possessio적 요소임
</td></tr>
<tr><td>
2. Gewere
(1) 유 래
"손이 손을 지켜야 한다"는 게르만법의 원칙에서 유래하며, 공신의 원칙을 인정한다.
(2) 내 용
사실성과 진실한 권리와의 긴밀성을 전제로 하여 그 표상으로서의 점유의 효력을 인정한다.
(3) Gewere를 승계한 게르만법적 요소
1) 점유의 권리추정력 2) 선의취득 3) 간접점유 4) 자력구제권
5) 공신의 원칙과 공시의 원칙 6) 동산과 부동산의 구별
7) 부동산 등기제도
</td></tr>
</table>

따라서 점유를 바탕으로 한 권리추정의 적용범위는 동산 및 등기하지 아니한 부동산에 한정되고, 등기된 부동산에 대해서는 등기에 권리추정 효력을 인정하여야 한다(독일민법 제891조 참조).

(2) 점유자가 적법하게 보유한 것으로 추정되는 권리는 점유물 위에 행사하는 모든 종류의 권리이다. 물권뿐만 아니라 채권도 포함된다. 예컨대 소유자로

서 점유하는 자는 소유권을, 임차인으로서 점유하는 자는 임차권을 적법하게 갖는 것으로 추정된다.

점유자는 소유의 의사로 점유하는 것으로 추정되기 때문에(제197조) 반증이 없는 한 점유자는 일단 소유권을 갖는 것으로 추정되는 것이다.

그러나 이 추정이 모든 사람에 대하여 효력을 발생하는가 하는 것은 문제이다. 소유자의 권리를 취득하여 점유하는 자는 소유자에 대해서는 추정을 원용할 수 없다고 해석하여야 한다(스위스민법 제931조 참조).

예컨대 임차인이 소유자와의 사이에 임차권의 존부에 관하여 다툼이 있는 때에는 일반원칙에 의하여 입증책임을 정할 것이지, 현재 점유하고 있다는 사실만으로는 적법한 임차인이라고 추정될 수 없다.

(3) 추정의 효력은 반증을 들어서 번복될 때까지 정당한 것으로 다투어진다는 소극적인 것에 지나지 않는다. 따라서 이 추정을 원용하여 적극적으로 자기가 권리자라는 것을(예 : 등기신청) 주장할 수 없다.

추정의 효력은 점유자뿐만 아니라 제3자에게도 미친다. 예컨대 점유자로부터 물건을 임차하고 있는 자는 진정한 소유자로부터의 반환청구에 대하여, 임대인이 소유자로서 받은 추정을 원용할 수 있다.

추정은 점유자의 이익 또는 불이익을 묻지 않고 추정된다. 예컨대 점유자는 소유자 아닌 것에 대한 반증을 지시하지 않는 한, 조세 기타의 부담을 면할 수 없다.

▣ 핵심판례 ▣

■ [권리의 적법의 추정]

1. 점유자의 권리추정 규정의 부동산물권에 대한 적용 여부

점유자의 권리추정의 규정은 특별한 사정이 없는 한 부동산물권에 대하여는 적용되지 아니하고, 다만 그 등기에 대하여서만 추정력이 부여된다(1982. 4. 13. 제2부 판결, 81다780 소유권이전등기).

2. 제200조의 추정의 인적 범위로 점유자의 전자에게도 인정되는지 여부(소극)

다른 사람의 물건을 점유하는 자는 그 점유가 불법이 아니라는 것을 주장하려면 전점유자에 대하여도 그 점유가 정당한 권원에 의한 것임을 주장, 증명하여야 한다(대판 1964. 12. 8. 64다714).

◆ 점유자의 과실취득권

제 201 조【점유자와 과실】

① 선의의 점유자는 점유물의 과실을 취득한다.

② 악의의 점유자는 수취한 과실을 반환하여야 하며 소비하였거나 과실로 인하여 훼손 또는 수취하지 못한 경우에는 그 과실의 대가를 보상하여야 한다.

③ 전항의 규정은 폭력 또는 은비에 의한 점유자에 준용한다.

■ § 201. 과실 취득권

- 선의의 점유자 : ① 선의의 점유자는 점유물에서 생기는 과실을 취득할 수 있다.
  ② 폭력 또는 은비에 의한 점유자는 선의이더라도 악의의 점유자로 다루어진다.
  ③ 선의의 점유자라도 본권에 관한 소에서 패소한 때에는 그 소가 제기된 때부터 악의의 점유자로 간주된다.
- 악의의 점유자 : 수취한 과실을 반환해야 할 뿐 아니라 이미 소비했거나 과실로 수취하지 못한 과실의 대가를 보상하여야 한다.

1. 선의점유자의 과실취득권

(1) 의 의

점유할 권리 없이 타인의 물건을 점유하는 자는 그 물건으로부터 산출되는 과실을 취득할 수 없음이 원칙이다. 그런데 본권이 있는 것으로 믿은 선의의 점유자는 점유물로부터 산출되는 과실을 수취하여 소비하는 것이 보통이므로, 후에 본권자에게 원물을 반환하는 경우에 과실까지 반환케 하는 것은 가혹하다는 점에서, 본조는 선의의 점유자가 점유물의 과실을 취득하는 것으로 정한 것이다.

(2) 요 건

1) 제201조 제1항은 "선의의 점유자는 점유물의 과실을 취득한다."라고 규정하고 있는바, 여기서 선의의 점유자라 함은 과실수취권을 포함하는 권원이 있다고 오신한 점유자를 말하고, 다만 그와 같은 오신을 함에는 오신할 만한 정당한 근거가 있어야 한다. 그리고 민법 제197조에 의하여 점유자는 선의로 점유한 것으로 추정되고, 권원 없는 점유였음이 밝혀졌다고 하여 곧 그 동안의 점유에 대한 선의의 추정이 깨어졌다고 볼 것은 아니다(대법원 2000. 3. 10, 99다63350).

그 점유는 자주점유이든 타주점유이든 묻지 않는다. 과실수취권을 가지는 권원이 있는 것으로 믿은 점유이면 족하다. 선의 점유 여부를 정하는 시기는 천연과실의 경우는 원물로부터 분리할 때이지만, 법정과실의 경우는 선의가 존속한 일수에 비례하여 과실을 취득한다.

2) 무과실의 요부

가. 학 설

① 불요설(다수설)

오신한 데 과실이 있더라도 제201조 1항의 적용을 받는다는 견해이다. 명문의 규정이 없음을 이유로 한다.

② 필요설(소수설)

과실이 있는 점유자는 본조의 적용을 받지 못한다는 견해이다.

나. 판 례

이에 대해 대법원 판시의 '오신할 만할 정당한 근거'를 과실과 동일하게 평가하여 판례는 무과실 필요설을 취하고 있다고 평가하는 견해도 있으나, 판례는 무과실을 필요로 한다고 명백히 밝힌 바 없고, 다만 오신만으로는 부족하고 그 오신에 정당한 근거가 필요하다고 설시하고 있다.

(3) 수취권의 의미

1) 통설, 판례(대판 1967. 11. 28. 67다2272)

적극적인 취득권의 부여로 이해한다. 수취한 과실 전부의 소유권을 확정적으로 취득한다는 견해이다. 따라서 소비하지 않은 것이 있어도 반환할 필요가 없다.

2) 소수설

소비한 것은 반환하지 않아도 되지만, 현존하는 과실은 반환해야 한다는 견해이다.

(4) 불법행위 책임과의 경합여부

1) 긍정설(다수설, 판례)

선의 점유자에게 과실이 있다면 점유자에게 불법행위 책임을 추궁할 수 있다는 견해이다(대판 1966. 7. 19. 66다994).

2) 부정설

이를 긍정하면 선의 점유자를 보호하려는 본조의 입법취지가 무색해지므로 부정해야 한다는 견해이다.

2. 악의점유자의 과실반환의무

악의 점유자는 과실을 반환하여야 하며, 동시에 이미 소비하였거나 과실로 인하여 훼손 또는 수취하지 못한 경우에는 그 과실의 대가를 보상할 의무를 부담한다.

본조는 폭력 또는 은비에 의한 점유자에게 준용된다. 본조는 부당이득의 악의수익자에 관한 규정(제748조 2항)의 특칙이라 할 수 있다.

3. 본조의 적용범위

소유권에 기한 물권적 청구권을 행사할 경우뿐만 아니라, 점유를 전제로 한 원물반환이 문제되는 부당이득에서도 그 반환에 관한 특별규정으로서 제201조,202조,203조가 적용된다는 것이 통설과 판례이다.

(1) 법률행위가 무효, 취소되어 원물의 반환이 문제되는 경우

① 제201조 등이 적용된다는 것이 통설과 판례이다. 따라서 무효나 취소사유에 대해 선의였던 점유자는 차임상당의 부당이득(사용대가)을 반환하지 않아도 된다.

② 쌍무계약이 취소된 경우 선의의 매수인에게 제201조가 적용되어 과실취득권이 인정되는 이상 선의의 매도인에게도 제587조의 유추적용에 의하여 대금의 운용이익 내지 법정이자의 반환을 부정함이 형평에 맞다는 것이 판례이다(대판 1993. 5. 14. 92다45025).

(2) 해제된 경우

이 때는 제201조 등이 적용되지 않고 원상회복에 관한 규정인 제548조가 적용된다는 것이 통설과 판례이다(대한 2000.6. 9. 2000다9123). 따라서 매수인은 선, 악을 불문하고 사용이익을 전부 반환해야 하며, 매도인도 대금을 반환할 때 받은 날로부터 이자를 가산하여 반환해야 한다(제548조 2항).

【쟁점사항】

<악의의 점유자가 반환하여야 할 범위>

타인 소유물의 권원 없이 점유함으로써 얻은 사용이익을 반환하는 경우 민법은 선의 점유자를 보호하기 위하여 제201조 제1항을 두어 선의 점유자에게 과실수취권을 인정함에 대하여, 이러한 보호의 필요성이 없는 악의 점유자에 관하여는 민법 제201조 제2항을 두어 과실수취권이 인정되지 않는다는 취지를 규정하는 것으로 해석되는 바, 따라서 악의 수익자가 반환하여야 할 범위는 민법 제748조 제2항에 따라 정하여지는 결과 그는 받은 이익에 이자를 붙여 반환하여야 하며, 위 이자의 이행지체로 인한 지연손해금도 지급하여야 한다. 판례는 한국전력공사가 권원 없이 타인 소유 토지의 상공에 송전선을 설치함으로써 토지를 사용·수익한 경우, 구분지상권에 상응하는 임료 상당의 부당이득금에 대하여 점유일 이후의 법정이자 및 그 이자에 대한 지연손해금을 인정하였다(대판 2003. 11. 14, 2001다61869).

▣ 핵심판례 ▣

■ [점유자와 과실]

1. 가. 선의의 점유자가 점유물의 점유·사용으로 얻은 이득을 반환하여야 하는지 여부

민법 제201조 제1항에 의하면 선의의 점유자는 점유물의 과실을 취득한다고 규정하고 있는바, 건물을 사용함으로써 얻은 이득은 그 건물의 과실에 준하

는 것이므로, 선의의 점유자는 비록 법률상 원인 없이 타인의 건물을 점유·사용하고 이로 말미암아 그에게 손해를 입혔다고 하더라도 그 점유·사용으로 인한 이득을 반환할 의무는 없다.

나. 점유자가 선의로 인정될 여지가 있다고 하여, 건물의 점유·사용으로 얻은 이득의 반환을 명한 원심판결을 심리미진 등을 이유로 파기한 사례

점유자가 선의로 인정될 여지가 있다고 하여, 건물의 점유·사용으로 얻은 이득의 반환을 명한 원심판결을 심리미진 등을 이유로 파기한 사례(1996. 1. 26. 판결, 95다44290 건물명도 및 임료).

2. 선의점유자가 법률상 원인 없이 타인의 토지를 사용함으로써 얻은 이익을 반환하여야 하는지 여부

토지를 사용함으로써 얻은 이득은 그 토지로 인한 과실과 동시할 것이므로, 민법 제201조 제1항에 의하여 선의의 점유자는 비록 법률상 원인 없이 타인의 토지를 점유·사용하고 이로 말미암아 그에게 손해를 입혔다 하더라도 그 점유·사용으로 인한 이득을 그 타인에게 반환할 의무는 없다(대판 1995. 5. 12, 95다573).

3. 가. 민법 제201조 제1항 소정의 "선의의 점유자"의 의미

민법 제201조 제1항에 의하여 과실취득권이 있는 선의의 점유자란 과실취득권을 포함하는 권원(소유권, 지상권, 임차권 등)이 있다고 오신한 점유자를 말하고, 그와 같은 오신을 함에는 오신할 만한 근거가 있어야 한다.

나. 수명이 공동으로 법률상 원인없이 타인의 재산을 사용한 경우의 부당이득반환채무의 성질(불가분채무)

수명이 공동으로 법률상 원인없이 타인의 재산을 사용한 경우의 부당이득의 반환채무는 특별한 사정이 없는 한 불가분적 이득의 상환으로서 불가분채무라 할 것이고, 불가분채무는 각 채무자가 채무 전부를 이행할 의무가 있고, 1인의 채무이행으로 다른 채무자도 그 의무를 면하게 된다(1981. 8. 20. 제3부 판결, 80다2587 부당이득금반환).

4. 타인 소유물을 권원 없이 점유함으로써 얻은 사용이익을 반환하는 경우, 민법 제748조 제2항과 제201조 제2항의 반환범위의 관계

타인 소유물을 권원 없이 점유함으로써 얻은 사용이익을 반환하는 경우 민법은 선의 점유자를 보호하기 위하여 제201조 제1항을 두어 선의 점유자에게 과실수취권을 인정함에 대하여, 이러한 보호의 필요성이 없는 악의 점유자에 관하여는 민법 제201조 제2항을 두어 과실수취권이 인정되지 않는다는 취지를 규정하는 것으로 해석되는바, 따라서 악의 수익자가 반환하여야 할 범위는 민법 제748조 제2항에 따라 정하여지는 결과 그는 받은 이익에 이자를 붙여 반환하여야 하며, 위 이자의 이행지체로 인한 지연손해금도 지급하여야 한다(대법원 2003. 11. 14. 선고 2001다61869 판결).

5. 원고가 소유권에 기하여 피고를 상대로 부동산의 불법점유를 이유로 한 부동산반환청구 및 점유기간 동안의 부당이득반환청구를 한 경우, 원고의 부당이득 주장이 이유 있는 것으로 판단된다면 민법 제201조 제1항, 제197조 제1항에도 불구하고 적어도 그 소제기일부터는 피고의 점유를 악의로 의제하여 피고에 대하여 부당이득의 반환을 명하여야 한다고 본 사례

원고가 소유권에 기하여 피고를 상대로 부동산의 불법점유를 이유로 한 부동산반환청구 및 점유기간 동안의 부당이득반환청구를 한 경우, 부당이득반환청구에 민법 제201조 제1항, 제197조 제1항을 적용함에 있어서는 소유권에 기한 부동산반환청구가 변론종결 전에 소유권이 상실되었음을 이유로 배척된다고 하더라도, 법원으로서는 소유권 상실 이전 기간의 부당이득반환청구와 관련하여 원고의 소유권의 존부와 피고의 점유 권원의 유무 등을 가려서 그 청구의 당부를 판단하고, 원고의 부당이득 주장이 이유 있는 것으로 판단된다면 민법 제201조 제1항, 제197조 제1항에도 불구하고 적어도 그 소제기일부터는 피고의 점유를 악의로 의제하여 피고에 대하여 부당이득의 반환을 명하여야 한다(대법원 2002. 11. 22. 선고 2001다6213 판결).

◈ 점유물의 멸실 · 훼손에 대한 책임

제 202 조【점유자의 회복자에 대한 책임】

점유물이 점유자의 책임있는 사유로 인하여 멸실 또는 훼손한 때에는 악의의 점유자는 그 손해의 전부를 배상하여야 하며 선의의 점유자는 이익이 현존하는 한도에서 배상하여야 한다. 소유의 의사가 없는 점유자는 선의인 경우에도 손해의 전부를 배상하여야 한다.

■ § 202. 점유물의 멸실, 훼손

- 악의의 점유자 : 손해의 전부를 배상할 책임
- 선의의 점유자 : 현존이익의 한도내에서 배상책임
- 타주점유자는 선의이더라도 악의의 점유자로 다루어진다.

점유물이 점유자의 귀책사유로 인하여 멸실 또는 훼손된 때에는 악의의 점유자는 그 회복자에 대하여 그 손해의 전부를 배상할 의무를 부담한다.

멸실이란 물리적 멸실의 경우뿐만 아니라「점유자의 점유상실로 인한 주관적 반환불능의 경우도 포함한다」고 하겠다.

선의의 점유자는 그 멸실 또는 훼손으로 현재의 이익을 받은 한도 내에서 회복자에 대해 배상할 의무를 부담한다. 단 소유의 의사없는 점유자는 그것이 선의라 하더라도 전부배상할 책임을 진다.

<참고사항>

※ 불법행위와의 경합여부

1. 통설, 판례(1961. 6. 29. 4293민상704)

   동조가 불법행위의 규정을 배제하는 것은 아니므로, 서로 경합하는 관계에 있다고 하는 견해이다.

2. 소수설

   제202조가 점유자 보호를 위한 특칙이므로, 불법행위책임을 따로 추궁할 수는 없다는 견해이다.

◈ 점유자가 점유물의 보존 · 개량을 위해 지출한 비용의 반환청구의 범위

제 203 조【점유자의 상환청구권】

① 점유자가 점유물을 반환할 때에는 회복자에 대하여 점유물을 보존하기 위하여 지출한 금액 기타 필요비의 상환을 청구할 수 있다. 그러나 점유자가 과실을 취득한 경우에는 통상의 필요비는 청구하지 못한다.

② 점유자가 점유물을 개량하기 위하여 지출한 금액 기타 유익비에 관하여는 그 가액의 증가가 현존한 경우에 한하여 회복자의 선택에 좇아 그 지출 금액이나 증가액의 상환을 청구할 수 있다.

③ 전항의 경우에 법원은 회복자의 청구에 의하여 상당한 상환기간을 허여할 수 있다.

■ § 203. 점유자의 비용지출

- 필 요 비 : 전액상환청구
- 유 익 비 : 가액의 증가가 현존하는 범위내에서 상환청구
- 점유자의 비용상환청구권 : 선의, 악의 불문한다.

1. 의 의

점유자가 점유물을 반환할 경우에는 회복자에 대하여 그 물건을 위하여 지출한 비용의 상환을 청구할 수 있다. 상환을 청구할 수 있는 것은 필요비와 유익비에 한정되고, 어떻게 쓰여졌건 사치비 등은 포함되지 아니한다.

점유자의 필요비 또는 유익비상환청구권은 점유자가 회복자로부터 점유물의 반환을 청구받거나 회복자에게 점유물을 반환할 때에 비로소 회복자에 대하여 행사할 수 있다(대판 1994. 9. 9, 94다4592).

2. 비용상환청구권의 내용

(1) 필요비

필요비는 점유자의 선의·악의를 불문하고 전액배상을 청구할 수 있다. 필요비란 물건의 상태를 유지하고, 또는 그 물건에 대한 권리를 보존하기 위하여 당연히 지출하여야 하는 비용을 말한다. 수선비·공조공과 등이 그 예이다.

필요비는 통상필요비와 특별필요비로 나뉜다. 통상의 필요비란 물건이 존재하는 통상과정에서 필요되는 비용으로서 점유자가 과실을 취득한 경우에는 점유자는 이와 같은 필요비의 상환을 청구할 수 없다.

특별필요비란 일반적으로 예기할 수 없는 사정, 예컨대 천재, 지변 등에 의하여 지출되는 비용이며, 점유자는 언제나 이러한 비용의 상환을 청구할 수 있다.

유익비와 달리 법원이 기한을 허여 할 수 없다(제203조 3항의 반대해석). 그리고 불법점유자가 아니라면 유치권을 행사할 수 있다(제320조 2항 참조).

(2) 유익비

유익비에 대해서도 점유자는 언제나 그 비용의 상환을 청구할 수 있지만 본조는 범위, 기타의 점에서 필요비와는 약간의 차이를 두었다.

즉, 유익비는 그 지출에 의한 가격의 증가가 현존하는 경우에 한하여 회복자의 선택에 좇아 점유자가 지출한 금액, 또는 증가액의 상환을 청구할 수 있다. 이것은 유익비의 지출이 회복자에게 주고있는 이익을 중심으로 하여 회복자측의 이익을 고려한 것이다.

유익비의 상환청구는 악의의 점유자도 할 수 있으나 이 경우에도 법원은 회복자의 청구에 의하여 상당한 상환기간을 허여할 수 있다.

기간을 허여한 경우에는 점유자는 유익비의 상환이 없는 것을 이유로 하여 점유물을 유치할 수 없다.

이와 같은 상환청구의 대상이 된 유익비란 가치의 증가를 위하여 지출된 비용을 말한다. 예컨대 가옥에 가스설비를 설치한 비용과 같은 것이다. 본조의 비용상환청구권에 관한 규정은 점유자가 정당한 법률관계에 의거하지 아니하고 점유한 경우에 그 실익이 있다.

한편, 불법점유자가 아닌 한 유치권을 행사할 수 있다. 단, 법원이 기한을 허여할 수 있다(제203조 3항).

【쟁점사항】

<점유자가 유익비를 지출할 당시 계약관계 등 적법한 점유 권원을 가진 경우 계약관계 등의 상대방이 아닌 점유회복 당시의 상대방에 대하여 민법 제203조 제2항에 따른 지출비용의 상환을 구할 수 있는지 여부>

민법 제203조 제2항에 의한 점유자의 회복자에 대한 유익비 상환청구권은 점유자가 계약관계 등 적법하게 점유할 권리를 가지지 않아 소유자의 소유물 반환청구에 응하여야 할 의무가 있는 경우에 성립되는 것으로서, 이 경우 점유자는 그 비용을 지출할 당시의 소유자가 누구이었는지 관계없이 점유회복 당시의 소유자, 즉 회복자에 대하여 비용상환청구권을 행사할 수 있는 것이나, 점유자가 유익비를 지출할 당시 계약관계 등 적법한 점유의 권원을 가진 경우에 그 지출비용의 상환에 관하여는 그 계약관계를 규율하는 법조항이나 법리 등이 적용되는 것이어서, 점유자는 그 계약관계 등의 상대방에 대하여 해당 법조항이나 법리에 따른 비용상환청구권을 행사할 수 있을 뿐 계약관계 등의 상대방이 아닌 점유회복 당시의 소유자에 대하여 민법 제203조 제2항에 따른 지출비용의 상환을 구할 수는 없다(대판 2003. 7. 25, 2001다64752).

3. 반환청구의 당사자

(1) 청구권자

1) 현재의 점유자가 청구권자

전 점유자가 투입한 비용을 현재의 점유자가 상환청구할 수 있다고 보는 것이 다수설이다. 이에 대하여 점유승계 비용에 포함되어 있는 지를 구체적으로 검토해 보아야 한다는 견해도 있다.

2) 중요판례

유효한 도급계약에 기하여 수급인이 도급인으로부터 제3자 소유 물건의 점유를 이전받아 이를 수리한 결과 그 물건의 가치가 증가한 경우, 도급인 이외에 수급인도 민법 제203조에 의한 비용상환청구권을 행사할 수 있는 비용지출자에 해당하는지 여부(소극)

유효한 도급계약에 기하여 수급인이 도급인으로부터 제3자 소유 물건의 점유를 이전받아 이를 수리한 결과 그 물건의 가치가 증가한 경우, 도급인이 그 물건을 간접점유하면서 궁극적으로 자신의 계산으로 비용지출과정을 관리한 것이므로, 도급인만이 소유자에 대한 관계에 있어서 민법 제203조에 의한 비용상환청구권을 행사할 수 있는 비용지출자라고 할 것이고, 수급인은 그러한 비용지출자에 해당하지 않는다고 보아야 한다(대법원 2002. 8. 23. 선고 99다66564,66571 판결).

(2) 상환의무자

1)현재의 소유자가 상환의무자

현재의 소유자가 전소유자의 반환범위에 속하는 것을 포함하여 함께 책임을 진다는 것이 통설과 판례이다.

2) 중요판례

점유자가 유익비를 지출할 당시 계약관계 등 적법한 점유권원을 가진 경우 계약관계 등의 상대방이 아닌 점유회복 당시의 상대방에 대하여 민법 제203조 제2항에 따른 지출비용의 상환을 구할 수 있는지 여부(소극)

민법 제203조 제2항에 의한 점유자의 회복자에 대한 유익비상환청구권은 점유자가 계약관계 등 적법하게 점유할 권리를 가지지 않아 소유자의 소유물반환청구에 응하여야 할 의무가 있는 경우에 성립되는 것으로서, 이 경우 점유자는 그 비용을 지출할 당시의 소유자가 누구이었는지 관계없이 점유회복 당시의 소유자 즉 회복자에 대하여 비용상환청구권을 행사할 수 있는 것이나, 점유자가 유익비를 지출할 당시 계약관계 등 적법한 점유의 권원을 가진 경우에 그 지출비용의 상환에 관하여는 그 계약관계를 규율하는 법조항이나 법리 등이 적용되는 것이어서, 점유자는 그 계약관계 등의 상대방에 대하여 해당 법조항이나 법리에 따른 비용상환청구권을 행사할 수 있을 뿐 계약관계 등의 상대방이 아닌 점유회복 당시의 소유자에 대하여 민법 제203조 제2항에 따른 지출비용의 상환을 구할 수는 없다(대법원 2003. 7. 25. 선고 2001다64752 판결).

▣ 핵심판례 ▣

■ [점유자의 상환청구권]

1. 가. 유익비상환청구권이 인정되나 그 상환액에 관한 입증이 없을 경우 법원이 취하여야 할 조치

점유자의 회복자에 대한 유익비상환청구권이 인정된다면 그 상환액에 관한 점유자의 입증이 없더라도 법원은 이를 이유로 유익비상환청구를 배척할 것이 아니라 석명권을 행사하여 점유자에 대하여 상환액에 관한 입증을 촉구하는 등 상환액에 관하여 심리판단하여야 한다.

나. 점유자의 회복자에 대한 유익비상환청구권이 발생하는 시기

점유자가 회복자로부터 점유물의 반환을 청구받거나 회복자에게 점유물을 반환한 때에 비로소 회복자에 대하여 민법 제203조 제2항 소정의 유익비반환청구권이 발생한다(1993. 12. 28. 제2부 판결, 93다30471소유권이전등기, 30488(반소) 경계확정등).

2. 유익비 상환청구가 있는 경우 실제 지출한 비용과 현존하는 증가액을 모두 산정하여야 하는지 여부(적극)

유익비 상환청구에 관하여 민법 제203조 제2항은 "점유자가 점유물을 개량하기 위하여 지출한 금액 기타 유익비에 관하여는 그 가액의 증가가 현존한 경우에 한하여 회복자의 선택에 좇아 그 지출금액이나 증가액의 상환을 청구할 수 있다."고 규정하고 있고, 민법 제626조 제2항은 "임차인이 유익비를 지출한 경우에는 임대인은 임대차 종료시에 그 가액의 증가가 현존한 때에 한하여 임차인의 지출한 금액이나 그 증가액을 상환하여야 한다."고 규정하고 있으므로, 유익비의 상환범위는 점유자 또는 임차인이 유익비로 지출한 비용과 현존하는 증가액 중 회복자 또는 임대인이 선택하는 바에 따라 정하여진다고 할 것이고, 따라서 유익비 상환의무자인 회복자 또는 임대인의 선택권을 위하여 그 유익비는 실제로 지출한 비용과 현존하는 증가액을 모두 산정하여야 할 것이다(대판 2002. 11. 22, 2001다40381).

3. 가. 하천부지의 점용허가를 받은 자가 권원 없이 점유·사용하는 자에 대하여 직접 부당이득의 반환을 구할 수 있는지 여부

하천부지의 점용허가를 받은 사람은 그 하천부지를 권원 없이 점유·사용하는 자에 대하여 직접 부당이득의 반환 등을 구할 수 있다.

나. 점유자가 필요비 · 유익비 상환청구권을 행사할 수 있는 시기

민법 제203조 제1항, 제2항에 의한 점유자의 필요비 또는 유익비상환청구권은 점유자가 회복자로부터 점유물의 반환을 청구받거나 회복자에게 점유물을 반환한 때에 비로소 회복자에 대하여 행사할 수 있다.

다. 부대상고를 제기할 수 있는 시한

부대상고를 제기할 수 있는 시기는 항소심에서의 변론종결시에 대응하는 상고이유서 제출기간 만료시라고 봄이 상당하다(1994. 9. 9. 제2부 판결, 94다4592 부당이득금반환).

4. 가. 증축 부분이 기존 건물에 부합되는지 여부에 대한 판단 기준

건물이 증축된 경우에 증축 부분의 기존 건물에 부합 여부는 증축 부분이 기존건물에 부착된 물리적 구조뿐만 아니라, 그 용도와 기능면에서 기존 건물과 독립한 경제적 효용을 가지고 거래상 별개의 소유권의 객체가 될 수 있는지의 여부 및 증축하여 이를 소유하는 자의 의사 등을 종합하여 판단하여야 한다.

나. 독립된 부동산으로서의 '건물'의 요건

독립된 부동산으로서의 건물이라고 함은 최소한의 기둥과 지붕 그리고 주벽이 이루어지면 법률상 건물이라고 할 수 있다.

다. 미등기 무허가건물의 양수인에게 소유권 내지는 소유권에 준하는 관습상 물권이 존재하는지 여부(소극)

미등기 무허가건물의 양수인이라 할지라도 그 소유권이전등기를 경료받지 않은 한 건물에 대한 소유권을 취득할 수 없고, 그러한 건물의 취득자에게 소유권에 준하는 관습상의 물권이 있다고 볼 수 없다.

라. 소유권에 기한 미등기 무허가건물 반환청구에 점유권에 기한 반환청구의 취지도 포함되는지 여부(소극)

소유권에 기하여 미등기 무허가건물의 반환을 구하는 청구취지 속에서 점유권에 기한 반환청구권을 행사한다는 취지가 당연히 포함되어 있다고 볼 수는 없고, 소유권에 기한 반환청구만을 하고 있음이 명백한 이상 법원에 점유권에 기한 반환청구도 구하는지의 여부를 석명할 의무가 있는 것은 아니다(1996. 6. 14. 판결, 94다53006 가건물철거등).

◈ 점유자가 점유물을 침탈당한 경우의 구제방법

제 204 조【점유의 회수】

① 점유자가 점유의 침탈을 당한 때에는 그 물건의 반환 및 손해의 배상을 청구할 수 있다.

② 전항의 청구권은 침탈자의 특별승계인에 대하여는 행사하지 못한다. 그러나 승계인이 악의인 때에는 그러하지 아니하다.

③ 제1항의 청구권은 침탈을 당한 날로부터 1년 내에 행사하여야 한다.

■ § 204. 점유물반환청구권

- 요　　건 : 점유침탈, 고의, 과실불필요, 상호침탈 경우, 침탈자의 특별승계인은 악의인 경우에 한하여
- 내　　용 : 물건의 반환 및 손해 배상을 청구하는 것
- 제척기간 : 1년(판례는 이 제척기간을 출소기간으로 해석)

1. 의 의

본조는 점유물반환청구권에 관하여 규정한 것이다.

점유자가 점유의 침탈을 당한 때에는 그 물건의 반환과 손해배상을 청구할 수 있는데, 이 가운데 반환청구권을 점유물반환청구권이라 하며 점유회수청구권이라고도 한다. 점유보호청구권의 일종이며, 물권적 반환청구권의 성질을 가진다.

2. 요 건

(1) 점유의 침탈

1) 점유를 침탈당하였어야 한다. 침탈이란 점유자가 '그의 의사에 의하지 않고서' 점유를 빼앗긴 것을 말한다. 따라서 사기에 의해 물건을 인도한 경우는 침탈에 해당하지 않는다(대판 1992. 2. 28, 91다17443).

그리고 간접점유의 경우에는 직접점유자가 그 점유를 침탈당했어야 한다. 즉 직접점유자가 임의로 점유를 타인에게 양도한 경우, 점유이전이 간접점유자의 의사에 반한다 하더라도 간접점유자의 점유가 침탈된 경우에 해당하지 않는다(대판 1993. 3. 9, 92다5300).

2) 상호침탈의 문제

점유물반환청구권을 행사할 수 있는 자가 점유물을 침탈하여 회수 해버린 경우에 침탈당한 점유자가 다시 점유물 반환청구권을 행사할 수 있는 지의 문제이다. 즉, 점유보호청구권이 양자 모두에게 인정되어 서로 충돌 될 경우이다. 이에 대하여 침탈당한 자가 다시 점유보호청구권을 행사할 수는 없다는 것이 통설이다. 즉, 정당한 권리자에게 권리가 귀속된다는 것이다. 무익한 소송의 순환은 낭비라는 것이 그 근거이다.

(2) 반환청구의 상대방

이 반환청구권의 상대방은 현재 점유하고 있는 자이다. 자기의 의사로 점유를 이전하였거나 빼앗긴 물건이 매매 등에 의하여 침탈자로부터 선의의 특별승계인(예컨대 매수인)에게 이전되었을 경우에는 원칙적으로 그 권리를 행사할 수 없게 된다. 그리고 간접점유자는 그 물건의 직접점유자에게 반환할 것을 청구할 수 있으며 점유자가 그 물건의 반환을 받을 수 없거나 받지 않을 때에는 자신에게 반환할 것을 청구할 수 있다(제207조 2항). 손해가 있으면 상대방에게 고의나 과실이 있는 경우에 한해서 그 배상을 요구할 수가 있다. 그러나 여기서 손해배상청구권은 점유보호청구권의 내용은 아니고 불법행위의 효과에 불과하다.

· 점유보호청구권의 내용

	본문	요건	예	목적물	청구내용	행사기간
점유물반환청구권	§204	점유자가 점유의 침탈을 당한 경우	타인이 동산(시계)을 훔쳐간 때	주로 동산	물건의 반환	침탈을 당한 날로부터 1년을 경과하면 물건의 반환을 청구할 수 없다(§204②③).

점유물방해제거청구권	§205	점유자가 아직 점유를 하고 있으나, 그 점유가 부분적으로 침해된 경우	타인이 점유하는 토지의 일부에 무단으로 판자집을 지은 경우	주 로 부동산	방해의 제거	방해가 존속하는 동안, 다만 침해자의 공사 착수한 후 1년을 경과하거나 공사완성 후에는 방해제거를 청구하지 못한다(§205③).
점유물방해예방청구권	§206	점유의 방해를 받을 염려가 있는 경우	이웃의 축대가 자기 집으로 무너질 염려가 있는 때		방해의 예방	방해를 받을 염려가 있는 동안, 다만 침해자의 공사착수 후 1년을 경과하거나, 공사완성 후에는 방해예방을 청구할 수 없다(§206②).

3. 제척기간

점유물반환청구권은 침탈당한 날로부터 1년 내에 행사하여야 한다(제204조 3항).

【쟁점사항】

<점유물반환청구권의 행사기간이 출소기간인지 여부>

민법 제204조 제3항과 제205조 제2항에 의하면 점유를 침탈당하거나 방해를 받은 자의 침탈자 또는 방해자에 대한 청구권은 그 점유를 침탈당한 날 또는 점유의 방해행위가 종료된 날로부터 1년 내에 행사하여야 한는 것으로 규정되어 있는데, 여기에서 제척기간의 대상이 되는 권리는 형성권이 아니라 통상의 청구권인 점과 점유의 침탈 또는 방행의 상태가 일정한 기간을 지나게 되면 그대로 사회의 평온한 상태가 되고 이를 복구하는 것이 오히려 평화질서의 교란으로 볼 수 있게 되므로 일정한 기간을 지난 후에는 원상회복을 허용하지 않는 것이 점유제도의 이상에 맞고 여기에 점유의 회수 또는 방해제거 등 청구권에 단기의 제척기간을 두는 이유가 있는 점 등에 비추어 볼 때, 위의 제척기간은 재판 외에서 권리행사하는 것으로 족한 기간이 아니라 반드시 그 기간 내에 소를 제기하여야 하는 이른바 출소기간으로 해석함이 상당하다(대판 2002. 4. 26, 2001다8097 · 8103).

▣ 핵심판례 ▣

■ [점유의 회수]

1. 지입차주가 관리·운영하고 있던 지입차량을 지입회사가 임의로 자신의 점유로 이전한 사안에서, 그 이전 행위가 사회통념상 허용 가능한 상당성이 있어 위법성이 없다고 한 사례

지입차주가 관리·운영하고 있던 지입차량을 지입회사가 임의로 자신의 점유로 이전한 사안에서, 전후의 제반 사정에 비추어 그 점유이전 행위가 사회통념상 허용될 수 있을 정도의 상당성이 있어 위법성이 없다고 한 사례(1996. 2. 9. 판결, 95다11207 손해배상(기)).

<판례전문(1996. 2. 9. 95다11207)>

[원고, 상고인] 박종신(소송대리인 변호사 남명진)

[피고, 피상고인] 한경운수 주식회사

[원심판결] 서울민사지법 1995. 1. 29. 선고 94나19487 판결

[주 문] 상고를 기각한다. 상고비용은 원고의 부담으로 한다.

[이 유] 상고이유를 본다

1. 피고 회사가 서울 관악경찰서 관내의 파출소로부터 이 사건 차량이 장기간 불법주차된 채 방치되어 있으니 빨리 치우라는 연락을 받고 원고가 관리운영 중이던 이 사건 차량을 운전하여 와서 보관하게 되었다는 점에 관한 원심의 사실인정은 관계증거와 기록에 의하여 살펴보면 모두 수긍이 가고, 거기에 소론과 같은 채증법칙 위반의 위법이 있다고 할 수 없다.

2. 이 사건 차량에 관한 위수탁관리운영계약(이른바 지입계약)의 내용에 비추어 보면, 위 계약서 제15조의 취지는 원고가 제세공과금 등을 3개월 이상 연체한 경우 피고는 원고에게 그 납입을 최고한 다음 위 차량의 반환을 청구할 수 있고 또한 반환받은 차량을 임의로 처분하여 체납금에 충당할 수 있다는 취지로서 유효하다고 한 원심의 판단도 옳게 여겨지고, 소론과 같이 위 조항이 적법한 집행절차에 의하지 아니하고 피고가 실력으로 차량을 회수하여 처분할 수 있는 자력구제를 허용한 것으로 해석할 것은 아니라 할 것이므로, 이 점을 다투는 논지도 이유 없다.

3. 원심이 적법하게 확정한 사실관계에 의하면, 피고 회사는 이 사건 차량을 지입받은 대외적인 소유권자로서 매매할부금이나 제세공과금 등의 납부의무는 물론 차량의 불법주차로 인한 책임도 스스로 부담하는 자로서, 원고가 1년이 넘는 기간 동안 매매할부금, 제세공과금 등을 체납하여 그 액수가 차량의 시가를 상회하게 된 상황에서, 이 사건 차량이 장기간 불법주차된 채 방치되어 있으니 빨리 치

우라는 경찰관서의 연락을 받고 이를 운전하여 와서 보관하기에 이르렀고, 그 이후 원고에게 차량 보관 사실을 알리면서 체납된 금액을 상환하고 차량을 찾아갈 것을 통지하였으나 원고가 응하지 않았다는 것인바, 위에서 본 바와 같이 피고는 계약에 의하여 원고에게 이 사건 차량의 반환을 요청하고 이를 임의로 처분할 수 있는 지위에 있었던 점과, 피고가 이 사건 차량을 보관하게 된 경위와 목적, 점유취득 이후 원고와의 관계 등 제반 사정에 비추어 보면, 원고의 점유하에 있던 이 사건 차량을 피고의 점유로 이전한 피고의 행위는 사회통념상 허용될 수 있을 정도의 상당성이 있는 것으로서 위법성이 없다고 하여야 할 것이고, 위 점유 이전 당시 피고 회사의 직원이 소론과 같이 차량 유리를 깨뜨리고 들어가 배선을 조작하는 방법으로 차량을 운전하였다 하더라도 이를 달리 볼 수 없다 할 것이다.

원심이 피고의 위 행위를 원고로부터 이 사건 차량을 탈취한 것이라고 볼 수 없다고 판단한 것은 이와 같은 취지에서 한 것으로 보여지므로 정당하고, 또한 그 판단은 점유를 침탈당하였다는 원고의 주장사실 자체를 배척한 취지임이 분명하므로, 원심판단에 소론과 같이 점유권에 기인한 소를 본권에 관한 사유로써 판단한 법리오해나 이유불비, 이유모순 등의 위법이 있다고 할 수 없다.

4. 원심이 피고가 이 사건 차량을 보관 중 위 김진영에게 인도한 것은 원고와의 계약내용에 따른 정당한 처분권의 행사라는 취지로 판단함에 있어서, 차량 처분권에 관한 위 계약조항의 성질은 양도담보와 유사한 담보권 약정이라고 풀어 설시한 것은 판결의 결과에 아무런 영향이 없는 부가적인 판단에 불과하므로, 그 설시의 잘못을 지적하는 논지도 받아들일 수 없다. 논지는 모두 이유 없다.

그러므로 상고를 기각하고, 상고비용은 패소자의 부담으로 하기로 하여 관여법관의 일치된 의견으로 주문과 같이 판결한다.

대법관 안용득(재판장) 천경송
지창권 신성택(주심)

2. 직접점유자가 간접점유자의 의사에 반하여 점유를 양도하였다면 간접점유자의 점유가 침탈된 경우에 해당하는지 여부(소극)

직접점유자가 임의로 점유를 타에 양도한 경우에는 점유이전이 간접점유자의 의사에 반한다 하더라도 간접점유자의 점유가 침탈된 경우에 해당하지 않는다(1993. 3. 9. 제2부(차) 판결, 92다5300 건물명도).

3. 물건에 대한 점유의 의미와 판단 기준

점유라고 함은 물건이 사회통념상 그 사람의 사실적 지배에 속한다고 보여지는 객관적 관계에 있는 것을 말하고 사실상의 지배가 있다고 하기 위하여는 반드시 물건의 물리적, 현실적으로 지배하는 것만을 의미하는 것이 아니고 물건과 사람과의 시간적, 공간적 관계와 본권관계, 타인지배의 배제가능성 등을 고려하여 사회관념에 따라 합목적적으로 판단하여야 한다(1996. 8. 23. 판결, 95다8713 공사대금).

4. 침탈자가 본권을 가지고 있으면 점유권에 의한 반환청구를 할 수 없는지 여부(소극)

점유자의 의사에 반하여 불법으로 그 점유를 자기에게 옮긴 자는 점유를 침탈한 자에 해당하며, 점유물에 대하여 침탈자가 소유권 기타의 본권을 가지고 있거나 점유자가 점유할 법률상 정당한 권리를 가지지 않는 사실은 점유의 침탈자에 대한 점유회수의 청구권에 아무런 영향이 없다고 할 것이다(대판 1962. 1. 25. 4294민상793).

5. 이미 점유를 상실한 점유침탈자에 대한 점유회수청구권 행사의 가부(소극)

임차인 갑이 임차보증금의 반환을 요구하며 임차물을 유치하던 중 임차물 관리인 을이 그 점유를 침탈하여 점유·사용하다가 임대인으로부터 이를 다시 임차한 병에게 이전한 경우, 을은 이미 점유를 상실하였고 또 병을 통하여 간접점유하고 있다고도 할 수 없어 갑의 을에 대한 명도청구는 배척될 수밖에 없고, 을이 갑의 점유를 침탈한 당사자라거나 병이 소송을 인수한 후에도 탈퇴하지 않고 있다고 하여 달리 볼 것은 아니다(대법원 1995. 6. 30. 선고 95다12927 판결).

◈ 점유자가 점유의 방해를 받은 때의 구제방법

제 205 조【점유의 보유】

① 점유자가 점유의 방해를 받은 때에는 그 방해의 제거 및 손해의 배상을 청구할 수 있다.

② 전항의 청구권은 방해가 종료한 날로부터 1년 내에 행사하여야 한다.

③ 공사로 인하여 점유의 방해를 받은 경우에는 공사착수 후 1년을 경과하거나 그 공사가 완성한 때에는 방해의 제거를 청구하지 못한다.

■ § 205. 점유물방해제거청구권

- 요 건 : 점유의 방해, 고의, 과실불필요
- 내 용 : 방해의 제거 및 손해배상
- 제척기간 : 1년

본조는 점유물방해제거청구권에 관하여 규정한 것이다.

점유자가 점유의 방해를 받은 때에는 점유방해의 제거와 손해의 배상을 청구할 수 있다. 방해제거청구권의 성립요건은 방해이고 반환청구권의 경우에는 침탈이다. 방해와 침탈의 차이는 점유자가 점유를 잃었는가 아닌가에 있는 것이다. 방해란 기존의 점유상태에 대한 부분적인 침해를 말한다. 방해는 대체로 부동산의 점유에 대해서 볼 수 있다. 예컨대 타인 점유의 토지에 무단으로 건물을 짓는다거나 또는 경작하는 경우가 그것이다.

방해가 어떠한 의미에서도 점유자의 의사에 의거하여 발생한 것이 아니어야 한다.

방해의 제거를 청구하는 경우에는 방해자의 고의·과실은 요건이 되지 않지만, 손해배상을 요구하는 경우에는 방해자의 고의·과실이 요건이 된다. 악의의 점유자라도 방해제거청구권을 갖는다. 방해자가 본권을 가지고 있어도 청구권을 행사할 수 있음은 반환청구권의 경우와 같다.

방해제거청구권은 방해의 제거와 손해배상을 내용으로 한다. 방해의 제거란

건물을 철거하거나 농작물을 수거하도록 하여 방해를 배제하고 원상에 회복시키는 것이다. 이러한 조치는 누가 하여야 하는가, 누구의 비용으로 이러한 조치를 할 수 있는가에 대해서는 학설이 나뉘고 있지만, 상대방의 인용에 의해 목적을 달성할 수 있는 경우를 제외하고, 기타 모든 경우에 점유자는 상대방의 비용으로써 방해를 제거할 수 있는 것으로 해석한다.

방해가 불가항력으로 인한 경우에도 상대방의 지배영역 내에서 생긴 방해의 제거에 대해서는 상대방이 비용을 부담하여야 하기 때문이다.

방해제거청구권은 방해상태가 계속되는 한 언제든지 행사할 수 있고, 방해가 종료되면 행사할 수 없으므로 제척기간 규정은 방해제거청구권에는 적용이 없다. 따라서 손해배상청구에 대해서만 적용이 있고 방해가 존재하고 있는 동안, 또는 방해가 제거된 후 1년 이내에 제소하지 않으면 안된다.

양청구는 모두 방해가 공사에 의거한 것인 경우에는 공사착수시로부터 1년을 경과하거나, 공사가 준공된 때에는 방해제거를 청구하지 못한다.

▣ 핵심판례 ▣

■ [점유의 보유]

1. 시효취득자가 점유 취득시효의 완성을 원인으로 하여 소유권 이전등기를 청구하면서 그와 동시에 시효완성 후 토지소유자가 설치한 담장의 철거를 청구한 경우, 담장철거 청구의 권원(=점유권에 기한 방해배제청구권)

취득시효가 완성된 점유자는 점유권에 기하여 등기부상의 명의인을 상대로 점유방해의 배제를 청구할 수 있다 할 것인데, 시효취득자가 점유 취득시효의 완성을 원인으로 하여 소유권 이전등기를 청구하면서, 그와 동시에 시효완성 후에 토지소유자가 멋대로 설치한 담장 등의 철거를 구하고 있을 뿐, 소유권에 기한 방해배제청구권에 기하여 위 담장 등의 철거를 구한 바 없고, 오히려 "토지소유자가 기존의 담장을 허물고 새로운 담장을 쌓은 것은 시효취득자의 점유를 침탈한 행위에 해당한다."고 주장하였으며, 원심의 변론종결 직전에는 소유권에 기한 주장은 하지 아니하고 담장 등 철거 청구도 시효취득에 의하여서만 구하는 것이라고 진술하였는 바, 그렇다면 시효취득자는 점유권에 기한 방해배제청구권의 행사로서 토지소유자를 상대로 담장 등의 철거를 청구하고 있는 것으로 보아야 한다(대판 2005. 3. 2,. 2004다23899 · 23905).

2. 가. 점유권에 기한 방해배제청구권의 성립요건

점유권에 의한 방해배제청구권(점유보유청구권)은 물건 자체에 대한 사실상의 지배상태를 점유침탈 이외의 방법으로 침해하는 방해행위가 있을 때 성립된다.

나. 점유를 방해할 염려나 위험성 유무의 판단기준

방해예방청구권(점유보전청구권)에 있어서 점유를 방해할 염려나 위험성이 있는지의 여부는 구체적인 사정하에 일반경험법칙에 따라 객관적으로 판정되어야 할 것이다(1987. 6. 9, 제2부 판결, 86다카2942 점유물방해제거등).

3. 방해제거뿐만 아니라 원상회복청구도 할 수 있는지 여부(소극)

점유자는 방해의 제거(방해가 현존하는 경우에만 가능) 및 손해의 배상을 청구할 수 있어도 원상회복을 청구할 수는 없다(대판 1959. 1. 8. 4291민상583).

◆ 점유자가 점유의 방해를 받을 염려가 있을 때의 구제방법

제 206 조【점유의 보전】

① 점유자가 점유의 방해를 받을 염려가 있는 때에는 그 방해의 예방 또는 손해배상의 담보를 청구할 수 있다.

② 공사로 인하여 점유의 방해를 받을 염려가 있는 경우에는 전조 제3항의 규정을 준용한다.

■ § 206. 점유물방해예방청구권

- 요 건 : 점유의 방해받을 염려
- 내 용 : 방해의 예방 또는 손해배상의 담보
- 제척기간 : 언제든지 공사에 의한 위험 1년

본조는 점유물방해예방청구권에 관하여 규정하고 있는 것이다.

점유자가 점유를 방해당할 염려가 있는 경우에는 방해의 예방 또는 손해배상의 담보를 청구할 수 있다.

방해의 염려란, 장래 방해를 일으킬 위험을 말한다. 실제로는 상린관계에 있는 부동산에 관하여 발생하는 것이 보통이다.

방해예방청구권의 내용은 방해의 예방 또는 손해배상의 담보이다. 방해의 예방으로는 낡은 건물을 제거 또는 개수하던가, 위험한 공사를 정지 또는 변경시킨다든가, 호우로 인하여 붕괴할 위험이 있는 토지에 배수를 설치하는 등 여러가지 예를 생각할 수 있다.

점유자는 방해제거청구권에 있어서와 같이 원칙적으로 상대방의 비용으로 이러한 행위를 할 수 있는 것이다.

손해배상의 담보를 제공시키는 데는 방해의 염려가 방해자의 고의·과실에 의하여 발생될 것을 요건으로 하지 아니한다. 이 담보는 불법행위에 의한 손해배상청구권의 담보는 아니고, 장래에 발생할지도 모르는 손해에 대비하여 사전에 미리 제공케한 담보로 보아야 하기 때문이다. 이 청구권은 방해의 위험이 있는 동안에는 언제나 행사할 수 있으나 공사에 의한 위험에 있어서는 공사착수시로부터 1년이 경과하거나, 또는 공사가 준공된 후에는 행사할 수 없다.

◈ 간접점유자에게도 점유보호청구권이 인정되는지 여부

제 207 조【간접점유의 보호】

① 전3조의 청구권은 제194조의 규정에 의한 간접점유자도 이를 행사할 수 있다.

② 점유자가 점유의 침탈을 당한 경우에 간접점유자는 그 물건을 점유자에게 반환할 것을 청구할 수 있고 점유자가 그 물건의 반환을 받을 수 없거나 이를 원하지 아니하는 때에는 자기에게 반환할 것을 청구할 수 있다.

■ § 207. 간접점유자의 점유보호청구권

• 점유물반환청구권 : 간접점유자가 반환청구권을 행사하는 경우
→ 원칙 : 직접점유자에게 반환할 것을 청구
예외 : 직접점유자가 반환 받을 수 없거나 원하지 않는 때에 한하여 간접점유자 본인에게 반환할 것을 청구

• 점유물방해제거청구권

• 점유물방해예방청구권

본조는 간접점유자를 보호하기 위한 규정이다.

점유자와 물건 사이에 타인을 개재함이 없이 점유자가 물건을 직접으로 지배하거나 점유보조자를 통하여 지배하는 것을 직접점유라고 한다. 반면에 어떤 자가 타인과의 일정한 법률관계에 기하여 그 타인에게 점유를 이전한 경우에 그에게 인정되는 점유가 간접점유이다. 사회에는 소유자가 소유물을 자신이 소지하고 있는 경우도 있지만, 그것을 타인에게 소지케 하고 자기는 그것을 관념상으로 지배하고 있는 경우가 있다. 예를 들면 건물의 소유자 갑이 그 건물을 을에게 임대하고 있는 경우에 을은 직접점유자이고 갑은 간접점유자이다. 갑은 을을 매개로 하여 점유를 하고 있으므로 갑의 점유를 간접점유(대리점유)라고 하며 을은 점유매개자(Besitzmittler)가 된다. 이와 같이 점유는 중복하여 성립할 수 있다. 간접점유가 성립하려면 ① 점유매개자가 물건을 점유할 것과, ② 간접

점유자와 점유매개자 사이에 지상권·전세권·질권·사용대차·임대차·임치 기타의 관계, 즉 물건의 반환청구권의 존재를 전제로 하여 점유매개관계가 존재할 것을 필요로 한다(제194조). 이러한 관계가 없는 도난에 있어서의 피해자와 도범 사이에는 간접점유는 성립하지 않는다. 간접점유도 점유이므로 간접점유자는 원칙적으로 점유보호청구권 등 점유권의 모든 효력이 인정된다. 이 점에서 점유보조자와는 다르다.

즉 직접점유자가 그 점유를 침탈하거나 방해당하고 있는 경우에는 간접점유자도 점유보호청구권을 가진다. 그러나 직접점유자에 의해 간접점유자가 침해된 경우(예 : 임차인이 점유물을 횡령하여 제3자에게 처분한 경우)에는 간접점유자의 점유보호청구권은 인정되지 않는다.

점유물을 침탈당한 경우에 간접점유자는 침탈자에 대하여 자기에게 반환할 것을 청구하지는 못하고, 직접점유자에게 반환할 것을 청구할 수 있을 뿐이다. 그러나 직접점유자가 물건의 반환을 받을 수 없거나, 받기를 원하지 않는 때에는 자기에게 반환할 것을 청구할 수 있다.

◆ 점유권에 기인한 소와 본권에 기인한 소의 관계

제 208 조【점유의 소와 본권의 소와의 관계】

① 점유권에 기인한 소와 본권에 기인한 소는 서로 영향을 미치지 아니한다.

② 점유권에 기인한 소는 본권에 관한 이유로 재판하지 못한다.

■ § 208. 점유의 소와 본권의 소

- 점유의 소와 본권의 소는 서로 영향을 미치지 않는다.
- 점유의 소는 본권에 관한 이유로 재판하지 못한다.
- 본권의 소를 점유에 관한 이유로 재판할 수 없다.
- 관련법조 : [소송시청구병합] 민소 §253

점유의 소는 점유보호청구권을 행사하는 소이다. 점유의 소에는 점유회수·보유·보전의 소가 있다. 점유의 소는 점유할 권리의 유무에 관계없이 현재의 물적 지배를 침해당한 자는 누구나 점유소권을 가진다. 이에 대하여 소유권·지상권·전세권 등의 실질적 권리에 의한 소를 본권의 소라고 부른다. 점유의 소는 사회질서의 유지를 목적으로 하므로, 양자는 별개의 것으로 취급되며 서로 영향을 미치지 아니한다. 따라서 법원은 점유의 소에 대하여 본권에 관한 이유로 판단하여 재판해서는 안된다. 예컨대 소유자가 그의 점유물을 빼앗긴 경우에는 점유권에 기한 점유물반환청구의 소와 소유권에 기한 소유물반환청구의 소를 제기할 수 있다. 본권의 소 이외의 점유의 소를 따로 인정하고 있는 이유는 물적 지배관계에 대한 사회질서를 유지하기 위한 데 있는 것이다. 자력구제의 금지원칙은 점유소권에 의하여 제도적 보장이 가능하다 하겠다.

◆ 점유자의 자력방위권과 자력탈환권

제 209 조【자력구제】

① 점유자는 그 점유를 부정히 침탈 또는 방해하는 행위에 대하여 자력으로써 이를 방위할 수 있다.

② 점유물이 침탈되었을 경우에 부동산일 때에는 점유자는 침탈 후 직시 가해자를 배제하여 이를 탈환할 수 있고 동산일 때에는 점유자는 현장에서 또는 추적하여 가해자로부터 이를 탈환할 수 있다.

■ § 209. 점유자의 자력구제

- 예외적 권리
- 자력방위권
- 자력탈환권

1. 의 의

본조는 자력구제에 관한 규정이다.

일반적으로 자기의 이익이나 권리를 방어·확보·회복하기 위하여 국가기관에 의하지 않고 스스로 자력을 행사하는 것을 말한다. 형법상으로는 자구행위라 하고 국제법에서는 자조행위라고 한다. 오늘날 법치국가에 있어서는 자력구제란 원칙상 허용되지 않는다. 그러나 국가기관의 구제절차를 기다리다가는 도저히 회복할 수 없는 손해가 발생할 것이 명백·절박한 상황하에서, 자기의 생명·신체·명예·재산 등을 수호하기 위한 정당방위나 긴급피난은 예외적으로 허용되고 있다. 그러나 법률요건을 벗어난 자력구제는 위법성이 조각되지 않으며, 따라서 자력구제자체가 위법한 불법행위가 되어 손해배상의 책임을 져야 한다. 우리나라는 사법일반에 관한 자력구제를 인정하지 않고, 오직 점유자에게만 일정한 경우에 허용하고 있다. 다만 본권에 기한 자력구제도 인정하는 것이 학계의 다수설이다.

2. 내 용

민법이 정하는 것은 점유자의 자력구제권은 자력방위권과 자력탈환권의 두 가지이다. 자력구제권은 직접점유자와 점유보조자에 인정된다. 그러나 간접점유자의 자력구제권에 대하여는 긍정설과 부정설(통설)이 대립한다.

(1) 자력방위권 : 점유자가 그 점유를 부정히 침탈 또는 방해당하는 경우 자력으로써 이를 방위할 수 있는 권리이다. 이 경우 위법성이 조각된다. 그러나 침해가 아직 끝나지 않고 침탈로 점유가 아직 상실되지 않은 때에 한한다. 그러나 위법성조각에 필요한 요건이 없음에도 불구하고 있다고 오신하여 자구행위를 한 자가 있다면, 민법상의 규정은 없지만 착오에 과실이 없다고 할지라도 상대방에 대하여 손해배상의 의무를 지는 것으로 해석된다(독일민법 제229조).

(2) 자력탈환권 : 불법한 자력에 의하여 점유가 침탈된 경우에는 실력으로써 이를 탈환할 수 있는 권리이다. 그러나 이 자력탈환권의 행사에는 시간적 한계가 있다. 즉 동산의 경우에는 가해자가 현장에 있거나, 또는 이를 추적한 때에만 실력으로써 탈환할 수 있고, 부동산의 점유침탈에 대하여는 침탈후 즉시 가해자를 배제하여 점유를 회복하여야 한다. 그리고 오상자력탈환의 경우에는 착오에 과실이 없다고 할지라도 상대방에 대하여 손해배상의 의무를 지는 것으로 해석된다.

3. 자력구제권을 가지는 자

자력구제권을 가지는 자는 점유자이고, 점유보조자도 점유주를 위하여 자력구제권을 행사할 수 있다(통설). 간접점유자도 자력구제권을 가지는지에 대해서 이를 부정하는 견해와 긍정하는 견해가 대립된다(통설).

▣ 핵심판례 ▣

■ [자력구제]

1. 점유자의 자력방위권을 규정한 민법 제209조 제1항 소정의 "직시"의 의미 및 점유를 침탈당한 후 상당한 시간이 흘러도 점유자가 침탈사실을 몰랐다면 자력탈환권을 행사할 수 있는지 여부(소극)

민법 제209조 제1항에 규정된 점유의 자력방위권은 점유의 침탈 또는 방해의 위험이 있는 때에 인정되는 것인 한편, 제2항에 규정된 점유자의 자력탈환권은 점유가 침탈되었을 때 시간적으로 좁게 제한된 범위 내에서 자력으로 점유를 회복할 수 있다는 것으로서, 위 규정에서 말하는 "직시"란 '객관적으로 가능한 한 신속히' 또는 '사회관념상 가해자를 배제하여 점유를 회복하는데 필요하다고 인정되는 범위안에서 되도록 속히'라는 뜻으로 해석할 것이므로 점유자가 침탈사실을 알고 모르고와는 관계없이 침탈을 당한 후 상당한 시간이 흘렀다면 자력탈환권을 행사할 수 없다(1993. 3. 26. 제3부 판결, 91다14116 손해배상(기)).

2. 병을 상대로 한 점포명도판결에 기하여 을이 점유하고 있는 점포에 대한 명도집행을 단행하자 즉시 을이 자력으로 점유를 회복한 경우 자력구제에 해당하는지 여부

갑이 병을 상대로 점포에 관한 점유이전금지가처분결정을 받아 그 집행을 한 다음 병을 상대로 하여 받은 본안판결에 기하여 을이 위 점포에 소유주들과 사이에 임대차계약을 체결하고서 인도를 받아 적법하게 점유하고 있던 위 점포에 대하여 명도집행을 단행하였다면 위 가처분이나 본안판결의 효력이 미칠 수 없는 을에 대하여 그가 점유하고 있던 위 점포에 대하여 명도집행을 단행한 것은 위법하고 이러한 위법한 강제집행에 의하여 부동산의 명도를 받는 것은 공권력을 빌려서 상대방의 점유를 침탈하는 것이 되므로 을이 위 강제집행이 일응 종료한 후 불과 2시간 이내에 자력으로 그 점유를 탈환한 것은 민법상의 점유자의 자력구제권의 행사에 해당한다(대법원 1987.6.9. 선고, 86다카1683 판결).

◈ 점유에 관한 규정의 준점유에의 준용

제 210 조【준점유】

본장의 규정은 재산권을 사실상 행사하는 경우에 준용한다.

■ § 210. 준점유

- 재산권을 사실상 행사하는 것
- 요 건 : ① 준점유의 객체는 재산권이다.
  ② 재산권을 사실상 행사하여야 한다.
- 효 과 : ① 점유의 규정준용
  ② 선의취득은 준점유에는 적용되지 않는다. 다만, 채권의 준점유자에 대한 변제는 유효하다(§470).

1. 의 의

민법은「물건」에 대한 사실상의 지배를 점유로서 보호하고 있다. 그런데「재산권」에 관하여서도 어떤 자가 권리자가 아니면서도 권리자와 같이 행동하고, 일반 제3자도 그 자를 권리자로 생각하는 일이 있다. 여기서 물건 이외의 이익도 이를 사실상 지배하고 있는 경우에는 점유에 있어서와 마찬가지의 보호를 줄 필요가 있는 것이다. 이러한 보호를 목적으로 하는 제도가 준점유이다. 민법은「재산권을 사실상 행사」하는 것을 준점유라 하여 점유에 관한 규정을 이것에 준용하고 있다.

2. 준점유의 요건

본조의 준점유의 요건은 재산권을 사실상 행사하는 것이다. 첫째로, 준점유의 객체는 재산권이다. 그러나 물건에 대한 사실상의 지배, 즉 점유를 수반하는 재산권(소유권・지상권・전세권・질권・임차권 등)에 관하여는 준점유가 성립할 여지가 없게 되므로(이들에게 있어서는 점유의 보호가 있다), 결국 준점유의 객체는 점유를 수반하지 않는 권리(채권・무체재산권 등)에 한하게 된다. 그리고 재산권에 한하므로 신분권에는 준점유가 인정되지 않는다.

둘째로, 이들 재산권을 「사실상 행사」하여야 한다. 사실상 행사한다고 하는 것은, 점유제도가 물건의 사실적 지배의 외형을 보호하는 제도인 것과 같이 준점유는 재산권의 사실적 지배의 외형을 보호하려는 것이므로, 점유를 수반하지 않는 재산권이 사실상 어떤 자에게 귀속하는 것과 같이 보이는 외관을 가지는 것을 의미한다고 하여야 한다. 그러므로 재산권이 어떤 자의 사실적 지배하에 있다고 인정할 수 있는 객관적 사정이 있으면 준점유는 성립한다고 하여야 한다. 따라서 채권증서를 소지하거나, 예금증서와 인장을 소지하고 있으면, 채권의 준점유가 있게 된다. 취소권·해제권 등에 관하여는 어떤 자가 이러한 권리를 포함하는 법률적 지위의 승계자라고 사실상 인정되는 경우에, 이들 권리의 준점유가 있다고 할 것이다.

3. 준점유의 효력

준점유의 효력은 점유의 효력과 같다. 즉 준점유에는 점유의 규정이 준용된다. 따라서 권리의 추정·과실의 취득·비용상환·점유보호청구권 등의 효력은 준점유에 관하여서도 발생한다. 채권의 준점유에 관하여는 변제자보호를 위한 제470조의 규정이 실제에 있어서 대단히 중요한 의의를 가진다. 그러나 제470조는 준점유의 상태를 신뢰한 자의 보호를 목적으로 하는 것이고, 본조와는 입법의 취지를 달리하는 것으로 주의를 요한다.

▣ 핵심판례 ▣

■ [준점유]

가. 예금주가 예금유치인을 통하여 추가금리를 지급받기로 하고 예금한 경우 예금주와 은행간의 예금계약의 성부

예금주가 예금에 있어 그 대가로 은행 소정금리 외에 예금유치인을 통하여 추가금리를 지급받기로 하였다 하더라도 그것이 은행직원과 예금유치인들 간에 은행의 예금고를 높임으로써 그 은행직원의 실적을 올리는 한편 예금유치인이 같은 은행으로부터 대출상의 특혜를 받기 위한 방편으로 이루어진 것으로서 예금주에게 통장까지 전달된 것이라면 예금주와 은행간의 예금계약의 성립을 부인하여 이를 단순한 예금주와 유치인간의 대차관계라고만 볼 수 없다.

나. 예금채권의 준점유자로 보기 위한 요건

채권의 준점유자라고 하려면 채권의 사실상 귀속자와 같은 외형을 갖추어야 하므로 예금채권의 준점유자는 예금통장과 그에 찍힌 인영과 같은 인장을 소지하여야 한다(1985. 12. 24. 제1부 판결, 95다카880 예금).

제3장 소 유 권

소유권은 물건을 전면적으로 지배할 수 있는 권리이며, 다음과 같은 특성을 가지고 있다.

(1) 권리의 성격을 본다면, 소유권은「관념성」을 가진다. 즉 게르만법에 있어서의 게베에레적 소유와 같이 물건에 대한 현실적 지배와 결합되어 있지 않으며, 현실적 지배(즉 점유)와는 분리되어서 물건을「지배할 수 있는」관념적인 물적 지배로서 구성되어 있다. 권리의 내용에 있어서는 다음과 같은 특성을 가진다.

(2) 전면성 : 소유권의 내용이 되는 물적 지배의 권능은 물건이 가지는 사용가치와 교환가치의 전부에「전면적」으로 미친다. 이 점에서 일부의 권능을 가지는 데 지나지 않는 제한물권과 다르다.

(3) 단일성 : 소유권은 그가 가지는 여러 가지의 권능(사용·수익·처분 등)의 집합이 아니며, 그러한 권능은 원천인 혼일한 지배권능에서 흘러 나오는 것이다. 소유권과 제한물권이 동일인에게 귀속하면, 제한물권이 혼동으로 소멸하는 것은 이 때문이다.

(4) 탄력성 : 소유권은 지상권 기타의 제한물권에 의한 제한을 받으면, 그 권능의 행사는 중지되고, 이른바「허유권」또는「공허한 소유권」(nuda proprietas)이 되어 버리지만, 그러한 제한은 유한이며, 그것이 해소되면 곧 본래의 원만한 상태로 되돌아간다. 이것을 소유권의「탄력성」이라고 한다.

(5) 항구성 : 소유권 자체의 존립에 관하여는 존속기간의 제한이 없으며, 또한 소멸시효에도 걸리지 않는다(제162조). 이것을 소유권의「항구성」이라고 한다.

(6) 권리의 객체를 본다면, 소유권의 객체는 물건에 한한다. 따라서 예컨대 채권에 관하여는 소유권이 성립하지 못한다.

제 1 절　소유권의 한계

소유권에 관한 사조가 근대초에는 절대적인 것으로 보아, 그 제한은 마치 필요악과 같이 생각하였으나, 현대에 들어와서는 소유권도 사회적 제약을 받는 것이어서 공공의 복리를 위하여 필요한 경우에는 제한할 수 있는 것으로 인식하게 되었다. 그리하여 오늘날에 와서는 공공의 복리라는 명분 아래 소유권을 제한하고 있는 것이다. 법률상 소유권이 어떻게 제한되고 있는지를 살피기로 한다.

첫째, 헌법에서 재산권의 제한에 관한 여러 규정을 두고 있다. 즉「재산권의 행사는 공공복리에 적합하도록 하여야」하며(헌법 제23조 2항), 공공복리를 위하여 필요한 경우에는 권리의 본질적 내용을 침해하지 않는 한도에서 법률로써 제한할 수 있음을 선언하고(헌법 제37조 ②), 또한 법률로써「공공필요에 의한 재산권의 수용·사용 또는 제한」을 할 수 있는 것으로 하고 있다(헌법 23조 ③). 그리고「국토의 효율적이고 균형있는 이용·개발과 보전을 위하여 법률이 정하는 바에 의하여 그에 필요한 제한과 의무를 과할 수 있다」고도 규정하고 있다(헌법 제122조). 그밖에도 천연자원은 국유를 원칙으로 하고(헌법 제120조), 농지의 소작을 금하고, 그의 임대차나 위탁경영은 법률로 정하는 바에 의하여서만 인정되며(헌법 제121조 ①·②), 국방상 또는 국민경제상 긴절한 필요가 있는 때에는 법률에 의하여 사기업을 국유 또는 공유로 이전하거나 그 경영을 통제·관리할 수 있다고까지 규정하고 있다(헌법 제126조). 이들 규정에 의하여 사유재산제도, 특히 토지소유권이 수정 내지 제한될 가능성이 큰 폭으로 인정되어 있는 점이 주목된다.

둘째, 민법도 위와 같은 헌법의 정신을 이어 받아서 제2조에서 「권리의 행사와 의무의 이행은 신의에 좇아 성실히 하여야 한다. 권리는 남용하지 못한다」고 하고, 다시 제211조에서 소유권을, 구민법(동법 제206조)은「자유로이」행사할 수 있는 권리라고 하고 있었던 것을「자유로이」를 삭제하여,「법률의 범위내에서 그 소유물을 사용·수익·처분할 권리」라고 규정하고 있다.

그리고 헌법(제23조·제37조·제120조·제121조·제122조·제126조 참조)과 민법(제211조 참조)은「법률」로써 소유권을 제한할 수 있는 것으로 하고 있다. 따라서「명령」에 의한 제한은 할 수 없음은 물론이다. 그리고 소유권을 법률로써 제한한다 하여도 거기에는 한계와 조건이 있음을 잊어서는 안된다. 즉 사유재산제도를 부정하거나 소유권의 본질적 내용을 침해하는 제한은 허용되지 않으며(헌법 제37조 ② 참조), 또한 제한에 의하여 소유권을 침해하게 되는 때에는 반드시 손실보상을 하여야 한다(헌법 제23조 ③). 헌법에 근거하여 제정된 소유권을 제한하는 법률은 일일이 들을 틈이 없을 정도로 매우 많으며, 그 대부분은 토지소유권의 제한에 관한 것이다. 그 제한의 모습은 다음에서 보는 바와 같은 다섯가지로 나누어 볼 수 있다. 주요한 제한법률을 중심으로 하여 나누어 보면 다음과 같다.

(1) 종래 주로 논의된 소유권의 제한은 그의 행사에 관하여서이다. 그러나 우리나라에서는 소유 자체를 제한하는 특수한 경우가 있으며, 이는 소유권에 대한 제한으로서는 가장 엄격한 것이다. 이와 같은 소유 자체를 제한하는 법률로서는 「농지법」과 「택지소유상한에 관한 법률」을 들 수 있다. 농지법에 의할 때 농지는 원칙적으로 자기의 농업경영에 이용하거나 이용할 자만이 소유할 수 있다(동법 제6조). 또한 일정한 자는 농지를 소유할 수는 있으나 그 상한이 정해져 있다(동법 제7조). 반면, 택지의 원활한 공급과 국민의 공평한 택지소유를 유도할 목적으로 일정 규모이상의 택지소유제한과 택지초과소유자에 대한 부담금의 부과 등을 주요내용으로 하는 「택지소유상한에 관한 법률」은 1989년 12월에 제정되어 1990년 3월부터 시행되었으나, 시장경제원리의 제한과 경제주체의 자율성 저해 등의 문제가 제기되어 왔으며, 특히 어려운 경제여건 하에서 택지의 초과소유부담금은 개인·기업 등 택지소유자의 경제적 부담을 가중시키므로 이러한 문제점을 해소하고, 택지거래를 활성화시킴으로써 경제적 어려움의 극복에 도움이 될 수 있도록 하기 위하여 1998년 9월 19일 폐지되었다. 그러나 1999년 4월 29일 헌법재판소는 폐지되기 전 시행되던 「택지소유상한에 관한 법률」 전부에 대하여 위헌결정을 내렸다. 위헌 결정의 이유를 소개하면 다음과 같다.

첫째, 재산권은 개인이 각자의 인생관과 능력에 따라 자신의 생활을 형성하도록 물질적·경제적 조건을 보장해 주는 기능을 하는 것으로서, 재산권의 보장은 자유실현의 물질적 바탕을 의미하고, 특히 택지는 인간의 존엄과 가치를 가진 개인의 주거로서, 그의 행복을 추구할 권리와 쾌적한 주거생활을 할 권리를 실현하는 장소로 사용되는 것이라는 점을 고려할 때, 소유상한을 지나치게 낮게 책정하는 것은 개인의 자유실현의 범위를 지나치게 제한하는 것이라고 할 것인데, 소유목적이나 택지의 기능에 따른 예외를 전혀 인정하지 아니한 채 일률적으로 200평으로 소유상한을 제한함으로써, 어떠한 경우에도, 어느 누구라도, 200평을 초과하는 택지를 취득할 수 없게 한 것은, 적정한 택지공급이라고 하는 입법목적을 달성하기 위하여 필요한 정도를 넘는 과도한 제한으로서, 헌법상의 재산권을 과도하게 침해하는 위헌적인 규정이다.

둘째, 법 시행 이전부터 소유하고 있는 택지까지 법의 적용대상으로 포함시킨 것은 입법목적을 실현하기 위하여 불가피한 조치였다고 보여지지만, 택지는 소유자의 주거장소로서 그의 행복추구권 및 인간의 존엄성의 실현에 불가결하고 중대한 의미를 가지는 경우에는 단순히 부동산투기의 대상이 되는 경우와는 헌법적으로 달리 평가되어야 하고, 신뢰보호의 기능을 수행하는 재산권 보장의 원칙에 의하여 보다 더 강한 보호를 필요로 하는 것이므로, 택지를 소유하게 된 경위나 그 목적 여하에 관계 없이 법 시행 이전부터 택지를 소유하고 있는 개인에 대하여 일률적으로 소유상한을 적용하도록 한 것은, 입법목적을 달성하기 위하여 필요한 정도를 넘는 과도한 침해이자 신뢰보호의 원칙 및 평등원칙에 위반된다.

셋째, 경과규정에 있어서, "법 시행 이전부터 개인의 주거용으로 택지를 소유하고 있는 경우"를, "법 시행 이후에 택지를 취득한 경우"나 "법 시행 이전에 취득하였다고 하더라도 투기목적으로 취득한 택지의 경우"와 동일하게 취급하는 것은 평등원칙에 위반된다.

넷째, 10년만 지나면 그 부과율이 100%에 달할 수 있도록, 아무런 기간의 제한도 없이, 매년 택지가격의 4% 내지 11%에 해당하는 부담금을 계속적으로 부과할 수 있도록 하는 것은, 짧은 기간 내에 토지재산권을 무상으로 몰수하는 효과를 가져오는 것이 되어, 재산권에 내재하는 사회적 제약에 의하여 허용되는 범위를 넘는 것이다.

다섯째, 부담금 납부의무자가 건설교통부장관에게 매수청구를 한 이후 실제로 매수가 이루어질 때까지의 기간 동안에도 부담금을 납부하여야 하도록 하는 것은 입법목적을 달성하기 위하여 필요한 수단의 범위를 넘는 과잉조치로서, 최소침해성의 원칙에 위반되어 재산권을 과도하게 침해하는 것이다.

여섯째, 택지소유의 상한을 정한 법 제7조 제1항, 법 시행 이전부터 이미 택지를 소유하고 있는 택지소유자에 대하여도 택지소유 상한을 적용하고 그에 따른 처분 또는 이용·개발의무를 부과하는 부칙 제2조, 그리고 부담금의 부과율을 정한 법 제24조 제1항이 위헌으로 결정된다면 법 전부를 시행할 수 없다고 인정되므로, 헌법재판소법 제45조 단서의 규정취지에 따라 법 전부에 대하여 위헌결정을 하는 것이 보다 더 합리적이다.

(2) 일정한 재화에 관하여는 그 유통이 제한되거나, 또는 국가의 특별한 감독·통제를 받는다. 즉, 일정재화의 거래에 있어서, 당사자는 계약의 체결 여부나 계약내용의 결정에 있어서는 자유가 인정되나, 그 계약이 유효하려면 일정한 관청의 허가나 증명 또는 관청에의 신고 등을 필요로 하는 일련의 경우가 있다. 열거하면 다음과 같다. ① 농지의 취득에는 농지 소재지를 관할하는 시장·구청장·읍장·면장이 발급하는 농지취득자격증명이 있어야 하고(농지법 제8조), ② 토지거래 허가구역 안에 있는 토지에 관한 소유권·지상권을 이전 또는 설정하는 계약을 체결하고자 하는 당사자는 시장·군수·구청장의 허가를 받아야 한다(국토의 계획 및 이용에 관한 법률 제118조). ③ 또한 학교법인의 기본 재산을 처분할 때에는 관할청의 허가가 필요하고(사립학교법 제28조), ④ 공익법인의 기본재산을 처분할 때에는 주무관청의 허가를 받아야 한다(공익법인법 제11조). ⑤ 또한 전통사찰의 재산의 처분에는 문화체육관광부 장관의 허가가 있어야 한다(전통사찰의 보존 및 지원에 관한 법률 제9조).

(3) 타인의 침해를 인용하여야 할 의무를 수반하는 수가 대단히 많다. 바꾸어 말하면 일정한 경우에는, 비록 형식적으로는 소유권의 침해인 것과 같은 외관을 보여 주지만, 소유권이 이를 배척할 힘을 가지지 않는 수가 있다. 그러한 것으로서 민법의 상린관계에도 많이 있으나(제216조·제217조·제218조·제219조·제226조·제227조·제230조 등), 특히 특별법에 의한 이러한 종류의 소유권의 제한이 대단히 많다. 몇 개를 예시하면(극히 일부분임을 주의하여야 한다), 토지수용법(제2조 참조)·도시계획법(제5조 참조)·소방법(제55조 참조)·도로법(제48조 내지 제51조 참조)·수도법(제19조 참조)·측량법(제10조 내지 제13조 참조)·하천법(제43조 내지 제46조 참조)·산림

법(제103조 참조)·광업법(제83조 내지 제90조 참조)·수산업법(제61조 내지 63조 참조) 등을 들 수 있다.

(4) 권능을 자유로이 행사하지 않을 의무를 수반하는 수도 적지 않다. 즉, 형식적으로는 소유권의 내용이 되는 것이지만, 일정한 경우에는 소유권자가 이를 할 수 있는 힘을 가지지 못하게 된다. 민법에도 이에 관한 규정이 있으나(제212조·제241조·제242조·제243조·제244조 등), 특별법에도 적지 않게 있다. 국토이용관리법(제14조 내지 제21조 참조)·도시계획법(제4조 참조)·산림법(제6조·제13조·제18조·제21조·제53조·제59조·제62조·제68조·제90조·제92조·제97조·제98조 등)·문화재보호법(제17조 내지 제21조·제26조 참조)·전염병예방법(제39조·제41조 참조)·의료법(제50조 참조)·건축법(제9조 내지 제41조 참조) 등은 그 예이다. 그밖에, 경제정책적 견지에서 거래가 제한되는 수가 있는데(국토이용관리법 제21조의 2 내지 제21조의 17, 산림법 제111조 내지 제112조의 2, 초지법 제14조 내지 제15조의 2 등 참조), 이는 위의 소유자의 처분의 자유를 제한하는 것이라고 할 수 있다.

(5) 적극적인 행위를 하여야 할 의무를 수반하는 수가 있다. 그러나 이에 속하는 예가 비교적 적음은 그 제한의 성질상 당연하다고 할 것이다. 민법에는 역시 상린관계에서 상당수 찾아 볼 수 있으며(제227조·제229조·제230조·제237조 등), 특별법으로서는 일정한 설비를 명하는 건축법·조림 등을 명하는 산림법은 그 예이다.

◆ 소유권의 내용과 제한

제 211 조【소유권의 내용】

소유자는 법률의 범위내에서 그 소유물을 사용, 수익, 처분할 권리가 있다.

■ § 211. 소유권의 내용과 제한

- 소유권의 내용 : 법률의 범위내에서 사용, 수익, 처분
- 소유권의 제한 : ① 제한의 필요-소유권절대의 원칙이 낳은 폐해
  ② 제한의 성격-소유권 관념자체에 내재
  ③ 제한의 목적-개인의 이익, 일반공동생활의 이익, 국가적 이익
  ④ 제한의 근거-입법에 의한 제한, 법해석에 의한 제한, 소유자 자신에 의한 제한
  ⑤ 제한의 태양 - 부작위의무, 인용의무, 작위의무

1. 토지소유권의 내용

소유권의 내용에 관하여, 본조는「소유자는 법률의 범위 내에서 그 소유물을 사용·수익·처분할 권리가 있다」고 규정하고 있다.

사용·수익이라 함은 목적물을 물질적으로 사용하거나 또는 목적물로부터 생기는 과실을 회수하는 것으로서 그것은 물건이 가지는 사용가치를 실현하는 것이다. 소유자 자신이 사용·수익할 수 있음은 물론이며 대차관계를 설정해서 타인에게 그 권한을 위양하여도 좋다. 대차관계를 설정해서 소유자가 대가(지대·차임·이자 등)를 받는 때에는 법정과실을 취득하는 것이어서 역시 수익의 한 모습이 된다.

처분이라 함은 물건이 가지는 교환가치를 실현하는 것이다. 처분에는 물건의 소비·변형·개조·파괴 등의 사실적 처분과 양도·담보설정 기타의 법률적 처분이 있으나 소유자는 이들 어느 것이나 이를 할 수 있는 것이다. 위와 같은 소유자의 권리는「법률의 범위내」에서 할 수 있다.

2. 소유권의 제한

(1) 의 의

헌법은 "모든 국민의 재산권은 보장된다. 그 내용과 한계는 법률로 정한다"고 규정하고 있다(헌법 제23조 제1항). 한편 민법에서는 소유권은 법률의 범위 내에서 인정된다고 규정하고 있다(제211조). 따라서 법률의 규정에 의해서 소유권의 내용을 제한할 수 있으며, 사법적 제한과 공법적 제한이 있다. 또한 소유권은 법해석에 의해서도 제한할 수 있다. 즉 법원은 권리남용의 법리나 신의성실의 원칙에 의해서 소유권의 행사를 제한할 수 있다. 즉 법원은 권리남용의 법리나 신의성실의 원칙에 의해서 소유권의 행사를 소극적으로 제한하거나 공공복리를 내세워 적극적으로 소유권의 행사를 제한할 수 있다. 그러나 소유권을 법률로써 제한하더라도 일정한 한계가 있다. 즉 사유재산제도를 부정하거나, 소유권의 본질적인 내용을 침해하는 것은 허용되지 않으며, 또한 그러한 제한에 의해 소유권을 침해하는 경우에는 손실보상을 해야 한다(헌법 제23조 제3항).

(2) 소유권의 제한을 규정하고 있는 법률

가. 민법상의 제한

상린관계에 관한 규정(제216조～제244조)

나. 공법상의 제한

① 소유 자체를 제한하는 경우 : 농지법은 자기의 농업경영에 이용하거나 이용할 자가 아니면 농지를 소유하지 못하게 하고 있다(동법 제6조).

② 거래를 제한하는 경우 : 산림법은 일정한 임야의 매매에는 그 소재지를 관할하는 시장 등의 '임야매매증명'을 받아야 하는 것으로 하고 있다(동법 제111조).

[소유권]

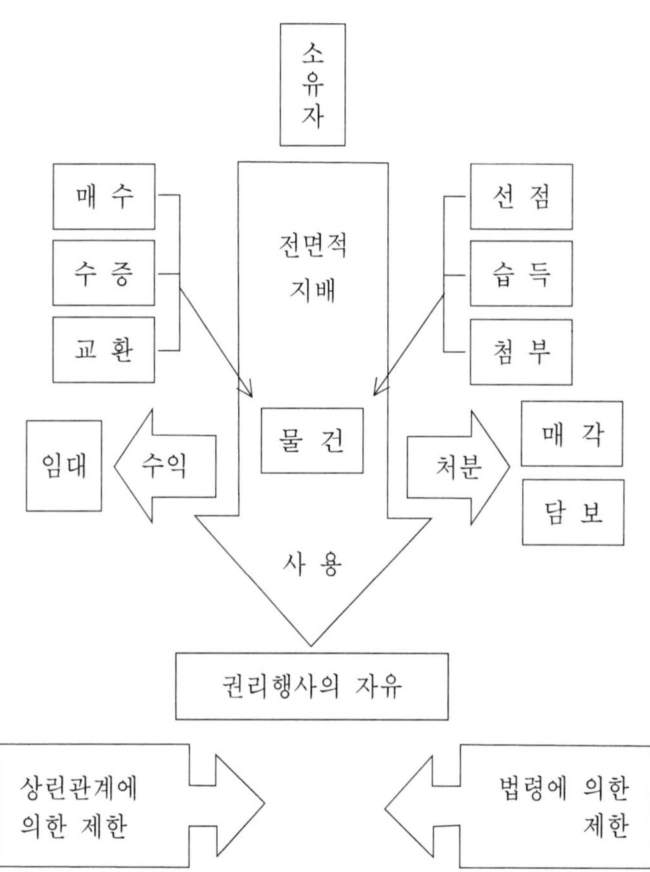
소유자
전면적 지배
매수
수증
교환
선점
습득
첨부
물건
임대
수익
처분
매각
담보
사용
권리행사의 자유
상린관계에 의한 제한
법령에 의한 제한

▣ 핵심판례 ▣

■ [소유권의 내용]

1. 건물에 대한 철거처분권자

가. 건물철거는 그 소유권의 종국적 처분에 해당되는 사실행위이므로 원칙으로는 그 소유자(민법상 원칙적으로는 등기명의자)에게만 그 철거처분권이 있다 할 것이고, 예외적으로 건물을 전 소유자로부터 매수하여 점유하고 있는 등 그 권리의 범위 내에서 그 점유 중인 건물에 대하여 법률상 또는 사실상 처분을 할 수 있는 지위에 있는 자에게도 그 철거처분권이 있다.

나. 미등기건물에 대한 양도담보계약상의 채권자의 지위를 승계하여 건물을 관리하고 있는 자는 건물의 소유자가 아님은 물론, 건물에 대하여 법률상 또는 사실상 처분권을 가지고 있는 자라고 할 수도 없다 할 것이어서 건물에 대한 철거처분권을 가지고 있는 자라고 할 수 없다(대판 2003. 1. 24, 2002다61521).

2. 가. 포락으로 인하여 토지소유권이 소멸되기 위한 사정과 이와 같은 사정에 대한 입증책임의 소재(=사권 소멸의 주장자)

하천에 인접한 토지가 홍수로 인한 하천유수의 범람으로 침수되어 토지가 황폐화되거나 물밑에 잠기거나 항시 물이 흐르고 있는 상태가 계속되고 그 원장복구가 사회통념상 불가능하게 되면 소위 포락으로 인하여 소유권은 영구히 소멸되는 것이고, 이와 같은 사정은 사권의 소멸을 주장하는 자가 입증하여야 한다.

나. 신·구 하천법에 있어서 하천구역을 정하는 방법의 차이

구 하천법(1971. 1. 19. 법률 제2292호로 개정되기 전의 것) 제2조, 제4조 및 제12조에 의하면, 하천의 구역은 관리청이 이를 인정·고시함으로써 비로소 정하여지는 것이고, 사실상 토지가 하상화되었다 하더라도 이러한 특별한 절차가 없이 당연히 하천구역으로는 될 수 없지만 현행 하천법에 의하면 하천구역은 관리청이 이를 특별히 인정·고시하는 것이 아니라, 하천법이 스스로 그 제2조 제1항 제2호에서 하천구간 내의 토지 중에서 일정한 토지를 하천구역으로 인정하고 있으므로 위 법조에 해당하는 구역은 당연히 하천구역이 된다고 할 것이다.

다. 구 하천법(1971. 1. 19. 법률 제2292호로 개정되기 전의 것)에 의거한 건설부 고시에 의한 하천구역 인정·고시의 효력

구 하천법(1971. 1. 19. 법률 제2292호로 개정되기 전의 것) 제12조, 같은법시행령(1963. 12. 16. 각령 제1753호) 제8조의 2의 규정에 근거를 둔 1964. 6. 1.자 건설부고시 제897호 "건설부장관이 관리하는 하천의 구역 인정의 건" 제1

항에 의한 하천구역에 관한 인정·고시는 위 구 하천법 제12조 단서에 의한 하천구역결정에 관한 관계도면이 정비될 때까지의 잠정적 조치이고, 이와 같은 인정구역은 위 시행령에서 정한 하천구역 인정의 기준 내에 속하고 있으므로, 위 건설부 고시에 해당되는 한 비록 그 인정·고시에 해당 지번이나 지역에 관한 표시가 없더라도 구 하천법에 의한 절차에 따라 인정·고시한 하천구역으로서의 효력에는 영향이 없다고 할 것이다.

라. 어느 토지 부분이 그 위치한 하천 빈도수위 측점의 1년 빈도수위보다 높은 곳에 위치하여 홍수가 났을 때에도 물이 잠기지 아니하였다면 그 토지는 사권이 소멸되는 하천구역에 해당되지 않는다고 한 사례

어느 토지 부분이 그 위치한 하천 빈도수위 측점의 1년 빈도수위보다 높은 곳에 위치하여 홍수가 났을 때에도 물이 잠기지 아니하였다면 그 토지는 사권이 소멸되는 하천구역에 해당되지 않는다(1992. 6. 9. 제2부 판결, 91다43640 소유권확인등).

3. 가. 토지의 해면의 경계선을 정하는 기준(=토지 일대의 약최고만조위)

지적법시행령 제26조 제1항은 "경계를 새로이 정하기 위하여 토지의 구획이 되는 지형, 지물 또는 지상구조물을 경계로 설정할 때에는 다음 각 호의 기준에 따라야 한다"고 규정하고, 그 제3호에서 "토지가 해면에 접하는 경우에는 최대만조위가 되는 선"을 규정하고 있으므로, 토지와 해면의 경계선은 그 토지 일대의 약최고만조위(해면이 가장 많이 올라간 상태)를 기준으로 삼아야 하고, 소조평균만조위(소조 대의 평균조수 높이)를 토지와 해면의 경계선으로 삼아야 한다거나, 토지가 항상 해면 아래에 있어야만 포락을 인정할 수 있다고는 할 수 없다.

나. 포락된 토지가 다시 성토된 경우 종전의 소유자가 다시 소유권을 취득하는지 여부(소극)

한번 포락되어 해면 아래에 잠김으로써 복구가 심히 곤란하여 토지로서의 효용을 상실하면 종전의 소유권이 영구히 소멸되고, 그 후 포락된 토지가 다시 성토되어도 종전의 소유자가 다시 소유권을 취득할 수는 없다(1992. 9. 25. 제3부 판결, 92다24677 토지인도).

4. 가. 송전철탑이 설치되어 있는 사정을 알면서 대지를 매수한 매수인은 소유권의 행사가 제한된 상태를 용인하였거나 시가보다 저렴한 가격으로 매수한 것으로 추정되는지 여부(소극)

지대 위에 송전철탑이 설치되어 있는 사정을 알면서 지대를 매수하였다 하여 매수인이 그와 같이 소유권의 행사가 제한된 상태를 용인하였거나 그로 인하여 시가보다 저렴한 가격으로 매수한 것으로 추정되는 것은 아니다.

나. 대지 위에 권원 없이 송전철탑이 설치되어 철탑의 기지 및 인접토지 위에 건축물의 축조 등이 어렵게 된 경우 손해액은 사용불능면적의 가격에 기대이율을 곱하여 산출한 차임액을 기준으로 하여 산정한 원심의 조치를 수긍한 사례

지대 위에 권원 없이 송전철탑이 설치되어 철탑의 기지 및 인접토지 위에 건축물의 축조 등이 어렵게 된 경우 손해액은 사용불능면적의 가격에 기대이율을 곱하여 산출한 차임액을 기준으로 산정한 원심의 조치는 수긍한다(1993. 3. 23. 제2부 판결, 92다39372 토지사용료).

5. 상당기간 만조시에는 수심 약 2m 정도의 바닷물에 잠기고 간조시에는 갯벌이었던 해변토지가 거액의 도비로 방조제가 축조된 후 성토·정지된 사안에서, 해면상의 포락으로 종전 토지소유자들의 소유권이 상실되었다는 항변을 배척한 원심판결을 심리미진을 이유로 파기한 사례

상당기간 만조시에는 수심 약 2m 정도의 바닷물에 잠기고 간조시에는 갯벌이었던 해변토지가 거액의 도비로 방조제가 축조된 후 성토·정지된 사안에서, 해면상의 포락으로 종전 토지소유자들의 소유권이 상실되었다는 항변을 배척한 원심판결을 심리미진을 이유로 파기한 사례(1994. 9. 27. 제1부 판결, 94다12500 건물철거등).

◈ 토지소유권의 효력이 미치는 범위

제 212 조【토지소유권의 범위】

토지의 소유권은 정당한 이익있는 범위 내에서 토지의 상하에 미친다.

■ § 212. 토지소유권의 상하의 범위

- 정당한 이익이 있는 범위내 : 스위스민법 계수
- 지하의 광물은 광업권의 객체가 되는 한 토지소유권에 포함되지 않음
- 지하수 : ① 자연히 용출하는 지하수-토지소유자가 자유로이 사용, 단 관습법상 유수사용권
  ② 인공적으로 용출케 한 지하수-타인의 이용권을 침해하지 않는 한도
- 관련법조 : [제한] 광업법 §4, §5, 하천법 §4

1. 상하에 대한 범위

본조는「토지의 소유권은 정당한 이익있는 범위 내에서 그 토지의 상하에 미친다」라고 규정한다. 토지소유권이 토지의 완전한 이용을 보장하는 것인 이상 그 목적을 위하여는 지표의 이용은 어느 정도 그 상하의 지배까지도 필요로 하기 때문이다(건물건축을 위한 지상공간의 이용과 우물을 파기 위한 지하지반의 이용 등이다).

여기서「정당한 이익이 있는 범위내」란「사람이 지배할 수 있는 한도내」라고 하겠으며(대판 1961. 10. 19. 4293민상 204). 가령 상공을 날아가는 항공기의 통과라든가 지하 깊은 곳에 터널이 통과하는 것은 소유자가 거부할 수 없다.

소유권은 사회공동생활의 향상발전을 위하여 주어진 권리에 지나지 않기 때문이다. 토지의 이용과 관계없이 공중·지하에서의 타인의 이용을 거부하고 이를 배척하려고 할 때에는 권리남용의 문제(제2조 2항)를 일으키는 결과가 될 것이다.

2. 지중물

토지소유권은 입체적으로 공중·지하에 미치는 것이기 때문에, 지중에 있는 토석·암석 등은 모두 독립된 존재가 아니고 토지의 일부를 구성하게 된다. 그러나 금·은·동·철광·석탄·석유 등의 이른바 법정광물에 대해서는 이를 채굴하고 채득할 수 있는 권리(광업권)를 국민에게 부여하는 권능을 국가가 가지고 있기 때문에(광업법 제2조) 토지소유권자라 하더라도 광업권에 의하지 아니하고 임의로 채굴할 수 없다(광업법 제4조). 이러한 광물은 아직 채굴되지 않고 토지의 일부를 이루고 있는 동안에도 토지소유권의 범위에서 배제되어 특별한 물건으로 취급되고 있다.

3. 지하수

지표를 흐르는 유수에 관해서는 상린관계에서 자세한 규정을 두고 있으나(제221~236조), 지하수에 관해서는 민법에는 특별규정이 없고, 지하수법(1993년 12월 10일 법률 제4599호)이 특별법으로 제정되어 있다. 지하수는 종래의 판례에서 토지의 구성부분으로 보고 다음과 같이 토지소유권이 거기에 미친다고 해석하고 있다.

(1) 자연히 솟아 나온 지하수 : 토지소유자는 자기소유지에서 솟아 나온 지하수를 자유로 사용할 수 있다. 그러나 그 물이 타인의 토지로 흘러내리는 경우에는 유수로 되어 이미 본래 솟아나온 토지소유권의 내용으로부터 독립한다. 따라서 일반 유수와 마찬가지로 하류연안의 토지소유자의 이용권을 용출지의 소유자라 하더라도 이를 침해하지 못한다.

지하수이용권의 성질과 관련하여 다수설은 토지소유자의 지하수 이용권은 토지소유권의 권능이나, 토지소유자 아닌 자가 지하수 이용권을 가질 때에는 인역권과 유사한 독립한 물권이라고 한다(타인의 토지를 특정인의 편익에 제공하는 권리). 이에 대하여 자기소유, 타인소유를 묻지 않고 지하수 이용권은 인역권 유사의 관습법상 원천·수도사용권이라는 독립한 물권이라는 견해(김학동)도 있다.

(2) 인공적으로 뽑아 낸 지하수 : 토지소유자는 자기소유지를 파고 지하수를 퍼내어 사용할 수 있으나 타인의 이용권을 침해하지 않는 한도에서 사용해야 한다(제236조 참조). 만일 이 한도를 넘어 사용한 경과로 타인의

이용권을 침해하게 되면 권리남용이 되어 불법행위의 책임을 지게 된다.

(3) 온천은 지하수의 일종이나 다수인이 함께 이용하므로 공공성이 크기 때문에 그것이 용출하는 지반과 분리하여 독립된 물권의 객체가 되는가가 문제된다. 그런데 판례는 온천수는 공용수, 생활용수는 아니기 때문에 상린관계에 관한 제235조 내지 제236조는 적용되지 않는다고 하면서 독립한 물권의 객체가 아닌 토지의 구성부분이고, 온천권은 관습법상 인정되는 물권이 아니라는 입장을 취하고 있다(대판 1970. 5. 26. 69다1239).

▣ 핵심판례 ▣

■ [토지소유권의 범위]

1. 토지의 경계확정방법

지적법에 의하여 어떤 토지가 지적공부에 1필의 토지로 등록되면 그 토지의 경계는 다른 특별한 사정이 없는 한 이 등록으로써 특정되고, 지적공부를 작성함에 있어 기점을 잘못 선택하는 등의 기술적인 착오로 말미암아 지적공부상의 경계가 진실한 경계선과 다르게 잘못 작성되었다는 등의 특별한 사정이 있는 경우에는 그 토지의 경계는 지적공부에 의하지 않고 실제의 경계에 의하여 확정하여야 한다(대판 2000. 5. 26, 98다15446).

2. 가. 지적도상의 경계와 현실의 경계가 다른 경우, 경계 확정 기준

지적법에 의하면 어떤 토지가 지적공부에 1필지의 토지로 등록되면 그 토지는 특별한 사정이 없는 한 이 등록으로써 특정되므로, 지적도를 작성함에 있어서 기술적 착오로 말미암아 지적도상의 경계선이 진실한 경계선과 다르게 작성되었다는 등의 특별한 사정이 없는 한 그 토지 소유권의 범위는 현실의 경계에 관계없이 지적공부상의 경계에 의하여 확정되어야 한다.

나. 경계복원측량의 측량 방법 및 기초점이 지적 등록 당시와 동일한지 여부는 관건적 요증 사실에 해당하여, 이 점에 관한 변론재개 신청을 거부한 것은 심리미진이라는 이유로 원심판결을 파기한 사례

경계복원측량의 측량 방법 및 기초점이 지적 등록 당시와 동일한지 여부는 그 입증의 여하에 따라 판결의 결과가 달라질 수도 있는 관건적 요증사실에 해당할 뿐 아니라, 이는 지적공부 소관청에 대한 사실조회 또는 감정인에 대한 환문 등의 방법으로 쉽게 조사할 수 있는 사항이라고 보여지므로, 원심으로서는 당사자 사이의 분쟁을 적절하고 공평하게 해결하기 위하여 변론의 개재를 허용하고 입증의 기회를 부여하는 등으로 충분한 심리를 다하였어야 한다는 이유로 원심판결을 파기한 사례(1996. 2. 9. 판결, 95다2333 건물철거).

3. 가. 조선임야조사령(폐지)에 의한 사정 당시 임야조사서에 임야조사원도와 달리 한 필지 임야의 한쪽 부분이 빠진 것으로 잘못 표시되어 사정된 경우 그 사정된 임야소유권의 범위

조선임야조사령(폐지)에 의한 사정 당시(가) 내지 (라)부분으로 이어진 한 필지 임야로 조사되어 임야조사원도에 그와 같이 경계가 표시되었는데 임야조사서에는 위 임야가 위 (라)부분을 뺀 나머지만의 면적뿐인 것으로 잘못 표시되어 특정인 명의로 사정된 경우 위 임야는 위 (라)부분을 포함한 전체로 경계가 확정되어 그 전체가 위 특정인의 소유의 사정되었다 할 것이다.

나. 위 "가"항의 경우 위 임야에 대한 공적공부 멸실 후 위 한쪽 부분을 뺀 나머지 부분만으로 임야대장과 임야도가 복구된 상태에서 위 임야를 복구된 지적공부 표시대로 표시하여 받은 소유권확정소송의 승소 확정판결에 기하여 소유권보존등기를 한 경우의 소유권의 범위

위 "가"항의 경우 위 임야에 대한 지적공부가 모두 멸실되고 그것들이 복구되면서 임야대장상 면적이 여전히 (라)부분을 뺀 나머지 부분의 면적으로 표시되어 있을 뿐만 아니라 임야도에 위 (라)부분은 위 임야와 관계없는 별개의 필지인 것처럼 경계선이 그어졌다면 이제와서는 효력있는 관련 지적공부상의 임야가 원래의 실제의 토지와는 그 면적과 경계가 너무나 심하게 차이가 나서 누구나 이 공부상의 표시가 실제의 토지 전체를 나타내는 것이라고 할 수는 없는 반면 임야대장상의 토지표시와 임야도의 토지경계가 정확하게 일치하게 되었으므로 이러한 상태에서 새로운 임야대장과 임야도의 표시에 맞게 토지가 표시되어 소유권확인소송이 제기되고 그 확정판결에 기하여 현재의 지적공부 표시대로 부동산을 표시하여 보존등기신청이 되고 이에 의하여 보존등기되었다면 본래는 전체의 토지에 대하여 보존등기를 신청하려 한 것이지만 지적공부상의 오류를 바로잡는 절차를 번거롭게 생각하여 우선 이 절차를 생략하고 보존긍기신청부터 한 것이라는 등의 특단의 사정이 없는 한 이 등기신청은 현재의 지적공부가 표시하는 대로의 경계에 따라 표시된 부동산부분을 한 필지로 보고 그 부분에 대하여만 보존등기를 신청한 것이고 그렇게 등기된 것으로 보아야 한다(1991. 9. 10. 제1부 판결, 91다1103 소유권확인).

4. 지적공부에 등록된 토지소유권의 범위 확정방법과 지적공부 아닌 분할측량원도에 의한 측량감정결과에 의하여 토지소유권의 경계를 확정할 수 있는지 여부(소극)

지적법에 의하여 어떤 토지가 지적공부에 1필지의 토지로 등록되면 그 토지의 소재, 지번, 지목, 지적 및 경계는 다른 특별한 사정이 없는 한 이 등록으로써 특정되고 그 소유권의 범위는 현실의 경계와 관련 없이 공부상의 경계에 의하여 확정되는 것이고, 지적공부가 아닌 분할측량원도에 의한 측량감정결과에 의하여 토지소유권의 경계를 확정할 수는 없다(1992. 5. 12. 제2부 판결, 91다31180 건물철거등).

5. 기술적인 착오로 지적도상의 경계선이 잘못 작성된 경우 토지소유권 범위의 결정기준(=진실한 경계선)

지적법에 의하여 어떤 토지가 지적공부에 1필지의 토지로 등록되면 그 토지의 소재, 지번, 지적 및 경계는 다른 특별한 사정이 없는 한 이 등록으로써 특정되고 소유권의 범위는 현실의 경계와 관계없이 공부상의 경계에 의하여 확정되는 것이나, 지적도를 작성함에 있어서 기점을 잘못 선택하는 등 기술적인 착오로 말미암아 지적도상의 경계선이 진실한 경계선과 다르게 작성되었다는 등과 같은 특별한 사정이 있는 경우에는 그 토지의 경계는 실제의 경계에 의하여야 할 것이다(1993. 4. 13. 제2부 판결, 92다52887 토지인도).

6. 가. 지적공부에 등록된 인접한 토지 사이의 경계의 확정을 구하는 소송에 있어서 경계확정방법

지적공부에 등록된 각 필지에 있어 그 토지의 소재, 지번, 지목, 지적, 경계는 이 등록으로 특정되므로 인접한 토지 사이의 경계의 확정을 구하는 소송에서의 경계를 확정함에 있어서도 지적도가 기술적 착오로 잘못 작성되었다는 등의 특별한 사정이 없는 한 지적도상의 경계에 의하여야 한다.

나. 지적도의 재제조과정에서 지적도가 잘못 작성되어 경계의 표시에 오류가 있음을 쉽게 확인할 수 있는 경우에까지 경계정정을 위하여 측량이 필요한지 여부

지적법 제38조 제1항, 제25조 제2항, 제19조 제1항에 의하면 경계정정을 위하여는 측량을 하도록 규정하고 있으나 지적도의 재조제과정에서 지적도가 잘못 작성되어 종전의 지적도와 재제조된 지적도만을 대조하여 보더라도 경계의 표시에 오류가 있음을 쉽게 확인할 수 있고 또 따로 측량을 하지 않더라도 그 오류를 쉽게 정정할 수 있는 경우에까지 경계정정을 하기 위하여 측량을 할 필요는 없다.

다. 시효취득 여부가 토지경계확정소송에서 심리할 대상인지 여부

토지경계확정의 소는 인접하는 토지의 경계확정을 구하는 소이고 그 토지에 관한 소유권의 범위나 실체상 권리의 확인을 목적으로 하는 것은 아니므로 당사자가 토지 일부를 시효취득하였는지의 여부는 토지경계확인소송에서 심리할 대상이 되지 못한다(1993. 10. 8. 제3부 판결, 92다44503 경계확정).

7. 경계복원측량의 방법

경계침범 여부가 문제로 되어 지적도상의 경계를 실지에 복원하기 위하여 행하는 경계복원측량은 등록할 당시의 측량방법과 동일한 방법으로 하여야 하는 것이므로, 경계복원측량을 함에 있어서는 첫째 등록 당시의 측량방법에 따르고, 둘째 측량 당시의 기초점을 기준으로 하여야 하고, 따라서 비록 등록 당시의 측량방법이나 기술이 발전되지 못하여 정확성이 없었다 하더라도 등록 당시의 측량방법에 의하여 하는 것이지, 보다 정밀한 측량방법이 있다 하여 그 방법에 의하여 측량할 수는 없다(1994. 2. 8. 제2부 판결, 92다47359 건물철거등).

8. 1필의 토지 중 일부만을 매매 목적물로 삼은 경우, 그 소유권 범위의 확정방법

지적공부에 1필지로 등록된 토지의 경계는 특별한 사정이 없는 한 이 등록으로써 특정되고 그 소유권의 범위도 현실의 경계와 관계없이 공부상 경계에 의하여 확정되며, 이러한 토지가 매매의 목적이 된 경우 그 목적물의 범위 역시 공부상 경계에 의하여 확정됨이 원칙이지만, 이는 어디까지나 그 토지가 지적공부에 1필지로서 등록되어 있음을 전제로 한 것일 뿐이므로, 1필지의 토지 중 일부만을 매매의 목적물로 삼은 경우에도 항상 그와 같은 법리가 엄격하게 적용된다고 볼 수는 없고, 오히려 이러한 경우에는 구체적인 증거에 터잡아 그 목적물의 범위를 확정하여야 한다(1996. 7. 30. 판결, 94다30324 건물철거등).

9. 새로운 지하수 개발 및 취수로 인하여 인근 토지 소유자의 기존 생활용수에 장해가 생기거나 장해의 염려가 있는 경우, 인근 토지 소유자의 생활용수 방해제거 및 예방청구권의 유무(적극)

토지의 소유권은 정당한 이익이 있는 범위 내에서 토지의 상하에 미치므로 토지 소유자는 법률의 제한 범위 내에서 그 소유 토지의 지표면 아래에 있는 지하수를 개발하여 이용할 수 있다 할 것이나, 소유권 방해제거·예방청구권에 관한 민법 제214조의 규정과 용수장해로 인한 용수권자의 손해배상청구권 및 원상회복청구권에 관한 민법 제236조의 규정을 종합하여 보면, 어느 토지 소유자가 새로이 지하수 개발공사를 시행하여 설치한 취수공 등을 통하여 지하수를 취수함으로 말미암아 그 이전부터 인근 토지 내의 원천에서 나오는 지하수를 이용하고 있는 인근 토지 소유자의 음료수 기타 생활상 필요한 용수에 장해가 생기거나 그 장해의 염려가 있는 때에는, 생활용수 방해를 정당화하는 사유가 없는 한 인근 토지 소유자는 그 생활용수 방해의 제거(원상회복)나 예방을 청구할 수 있다(대법원 1998. 4. 28. 선고 97다48913 판결).

◈ 소유물반환청구권의 행사

제 213 조【소유물반환청구권】

소유자는 그 소유에 속한 물건을 점유한 자에 대하여 반환을 청구할 수 있다. 그러나 점유자가 그 물건을 점유할 권리가 있는 때에는 반환을 거부할 수 있다.

■ § 213. 소유물반환청구권

• 요 건 : ① 청구권의 주체-점유를 잃은 소유자
② 청구권의 상대방-현재 그 물건을 점유함으로써 소유자의 점유를 방해하고 있는 자
③ 입증책임 - 청구자 : 소유권의 존재와 상대방의 점유사실
상대방 : 자기의 점유가 정당한 권리에 의함을 입증

• 내 용 : ① 소유물의 반환청구
② 점유이전의 비용문제
③ 점유침탈자와 소유자의 관계-점유에 관한 규정, 불법행위, 부당이득에 관한 규정으로 해결

본조는 소유물반환청구권에 관한 규정이다.

· 물권과 물권적 청구권

구 분	소유물 반환청구	방해제거 예방청구	점유보호청구	상린관계
소유권	○	○	○	○
지상권	○	○	○	○
지역권	×	○	×	○
전세권	○	○	○	○
유치권	×	×	○	▽ (부동산인경우)
질 권	▽ (학설상)	▽	○	×
저당권	×	○	×	×

1. 성립요건

(1) 청구권자

청구권자(원고)는 점유를 상실하고 있는 소유자이다. 여기서 소유자는 법적인 의미에서의 소유자를 말하고, 점유물반환청구권(제204조)의 경우와는 달리 소유자가 일단 점유를 취득하였을 것을 요건으로 하지 않는다. 즉 양도인으로부터 부동산의 소유명의를 넘겨 받고 아직 점유를 이전받지 못한 경우에도 불법점유자에 대해 이 청구권을 행사할 수 있다. ① 점유상실의 판정기준시점은 사실심의 구두변론 종결시이다. ② 소유자가 간접점유를 하고 있는 경우에 직접점유자에 대하여 반환을 청구할 수 있음은 물론이며 간접점유자가 점유를 제3자에게 빼앗긴 때에는 그 제3자에 대하여서도 반환을 청구할 수 있다.

【쟁점사항】

<소유물반환청구권을 행사할 수 있는 '소유자'에 해당하는지가 문제되는 경우>

ㄱ) 미등기매수인

미등기매수인은 소유자에 해당하지 않는다.

ㄴ) 명의신탁의 경우

명의신탁의 경우에는 원칙적으로 신탁자가 소유자가 된다(부동산 실권리자의 명의등기에 관한 법률 제4조).

ㄷ) 공유자

공유자는 공유물을 점유하고 있는 제3자에 대하여 자기에게 그 전부의 반환을 청구할 수 있다(통설·판례).

(2) 청구의 상대방

청구의 상대방(피고)는 현재 그 물건을 점유함으로써 소유자의 점유를 방해하고 있는 자이다. ① 점유방해사실의 판정기준시는 사실심의 구두변론 종결시이다. ② 상대방은 제3자의 이름으로 점유하는 자(예 : 법인의 대표자로서 점유하는 자)라도 무방하다. 또 제3자를 직접점유자(임차인 등)로 하여 점유하는 자(임대인 등)라 하더라도 괜찮다. 단, 이 경우 반환청구의 내용은 동일하지 않다. 즉 소유자는 상대방이 스스로 현실의 점유를 반환할 수 있는 경우(임차인으로부터 즉시 회복받을 수 있는 경우)에는 상대방에 대하여 반환청구를 하고 그렇지 않은 경우에는, 직접점유자에 대하여 상대방이 갖는 반환청구권의 양도를 청구할 수 있는데 그친다. 또 소유자는 점유의 직접반환을 청구할 수 있다. 단, 상대방이 점유하여야 할 권리를 갖고 있으며 직접점유자는 소유자에게 대항할 권리를 갖지 않은 경우(예 : 임차인이 무단전대한 경우)에는 소유자는 직접점유자에 대하여 상대방에게 반환하도록 청구할 수 있음에 그친다고 해석된다. ③ 상대방의 점유취득이 고의·과실에 의한 것인가 혹은 점유취득이 자기의 행위에 의거하였는가는 불문한다. ④ 단 상대방이 자기의 점유할 권리(임차권·질권 등)를 가지고 있지 않을 것을 요한다. 여기서 '점유할 권리' 즉 점유를 정당하게 하는 권리에는 물권(지상권, 전세권, 질권, 유치권), 임차권과 같은 채권, 동시이행항변권 등이 포함된다. 또한 부동산의 매수인은 설사 등기를 하지 않았다고 하더라도 인도받은 목적물을 점유할 권리가 있으며, 따라서 매도인은 소유권에 기한 반환청구권을 행사할 수 없다. 이는 매수인으로부터 다시 전매한 자도 같다(대판 2001. 12. 11. 2001다45355 ; 대판 1998. 6. 26. 97다42823 ; 대판 1988. 4. 25. 87다카1682). 이러한 사유가 존재하는 경우에는 반환청구권이 존재하고 상대방이 항변권을 갖는 것에 불과한 것이 아니라 반환청구권 그 자체가 성립하지 않는다고 해석된다.

2. 내 용

(1) 이 내용은 목적물의 점유를 피침탈자인 소유자자신에 대하여 이전(인도·명도)할 것을 청구하는 것이다. 소유자가 간접점유를 하고 있는 경우에도 같다. 목적물의 점유 그 자체의 인도를 청구할 수 있는 것을 원칙으로 하지만 상대방이 간접점유에 의하여 점유하는 경우에는 반환청구권의 양도를 청구할 수 있음에 불과한 경우가 있는 것에 대해서는 전술한 바와 같다.

(2) 상대방은 적극적인 행위를 할 의무가 있는가? 다시 말하자면, 점유이전의 비용은 소유자와 상대방 어느 쪽이 부담하여야 하는가? 상대방이 부담하여야 한다(적극적 행위를 하여야 한다)고 하는 것이 통설(김기선, 장경학, 이영준)이다(판례도 동지의 견해를 전제로 한다). 또는 원칙적으로 통설을 취하면서, 상대방이 스스로의 의사로 점유를 취득한 것이 아

닌 경우에는 예외적으로 소유자가 비용을 부담하고, 상대방에 대하여 인용을 요구할 수 있을 뿐이라고 하는 수정설(방순원, 김증한)이 있다.

이에 대해서는 물권적 청구권의 내용은「언제나」청구권자가 스스로의 비용으로 회복하는 것을 상대방이 인용할 것을 청구하는 것이고 비용부담은 불법행위 기타 계약법의「책임」의 원리에 의해 결정하여야 한다고 하는 학설(김용한) 또는 이것과 그 논리적 바탕을 같이 하면서 방해상태가 상대방의 귀책사유에 의거한 경우에는 물권적 청구권의 내용으로서 상대방의 비용으로 회복할 것을 청구할 수 있다는 설(김현태, 곽윤직)이 유력하게 주장되고 있다. 이렇게 학설이 나뉜 것은 물권적 청구권에 관한 이해의 차이 및 실제상의 해결에 대한 평가의 차이가 그 이유일 것이다.

여기에서는 다음과 같은 이유에서 수정설에 따르고 싶다. 즉, 소유권의 방해가 타인의 소유물에서 발생하고 있는 경우에는 반대설에 의하면 반드시 타당한 해결을 구할 수는 없다(갑의 소유지를 무효인 매매에 의해 을에게 이전하고 다시 병에게로 이전된 후 병이 거기에 건물을 축조한 경우, 갑의 비용으로 물건을 제거하게 하는 것은 타당하지 않다).

또한 물권은 물건의 지배를 내용으로 하지만 타인에 대한 관계에서 그 행위를 청구하는 권리로 전환하는 것도 그 이론적 배신은 아니다. 통설의 원칙에 찬성하지만 수정이 필요하다. 왜냐하면 통설에 따르면 상대방이 스스로의 의사에 의하여 점유를 취하는 것이 아닌 경우에도 상대방에게 비용부담을 명할 수 있게 되어 형평을 결하기 때문이다. 이와 같은 경우에는 청구권자는 상대방에 대하여 청구권자가 물건을 가지고 가는 것을 인용하도록 청구할 수 있을 뿐이라고 해석하여야 할 것이다.

[목적물반환청구권]

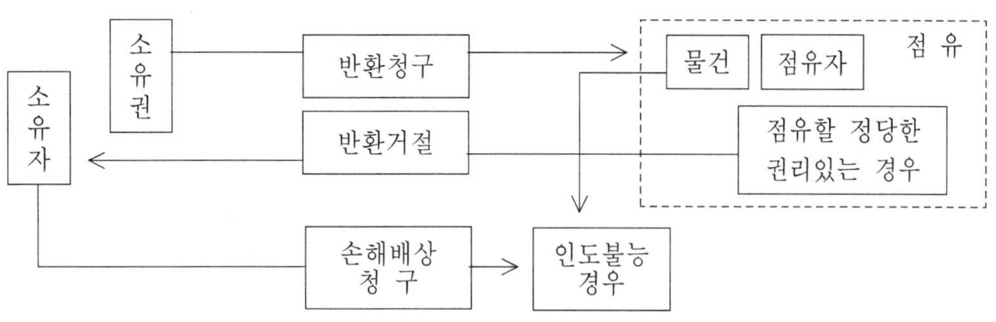

[물권적 청구권]

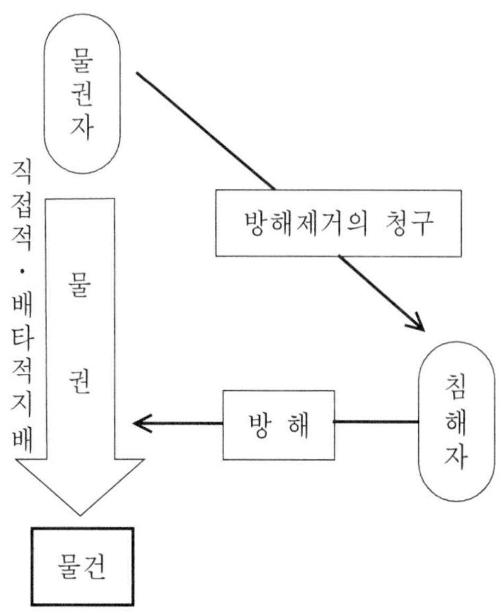

▣ 핵심판례 ▣

■ [소유물반환청구권]

1. 가. 채권적 청구권에 기한 건물명도소송의 변론종결 후에 피고로부터 건물의 점유를 취득한자에게 판결의 기판력이나 집행력이 미치는지 여부(소극)

건물명도소송에서의 소송물인 청구가 물권적 청구 등과 같이 대세적인 효력을 가진 경우에는 그 판결의 기판력이나 집행력이 변론종결 후에 그 재판의 피고로부터 그 건물의 점유를 취득한 자에게도 미치나 그 청구가 대인적인 효력밖에 없는 채권적 청구만에 그친 때에는 위와 같은 점유승계인에게 위의 효력이 미치지 아니한다.

나. 전차권을 양수하여 다시 전대차계약을 체결한 자가 그 양도인을 대위하여 점포의 점유자를 상대로 한 점포명도청구소송에서 승소판결을 받았으나 그 소송의 변론종결 후 그가 점포를 양도한 경우 점포를 양수한 자에 대한 점포명도를 구할 소송상의 이익 유무(적극)

원고가 갑으로부터 을에 대한 점포의 전차권을 양도받고 다시 을과 전대차계약을 맺은 다음, 그 점포를 점유하고 있는 병을 상대로 갑으로부터 양수한 전차권을 보전하기 위하여 갑을 대위하여 점포의 명도청구소송을 제기하여 승소판결을 받았으나 병이 그 사건의 변론 종결 후에 마음대로 피고에게 위 점포를 양도함으로써 피고가 이를 점유하고 있는 경우 원고의 위 소송에서의 청구는 채권적 청구이므로 피고에 대하여는 그 판결의 기판력과 집행력이 미치지 아니하고, 따라서 그 승소판결만으로 피고에 대하여 명도집행을 할 수 없게 된 원고로서는 피고를 상대로 다시 위 점포의 명도를 구할 소송상의 이익이 있다(1991. 1. 15. 제1부 판결, 90다9964 점포명도).

2. 불법점유를 이유로 한 건물명도 청구의 상대방 및 임차토지상의 가건물을 임대차 종료시 임대인에게 증여하기로 약정한 경우와 임차인의 유익비 상환청구권

가. 불법점유를 이유로 한 건물명도 청구를 하려면 현실적으로 불법점유하고 있는 사람을 상대로 하여야 할 것이나 그렇지 않은 경우에는 간접점유자를 상대로 명도를 청구할 수 있다.

나. 토지임대차계약을 체결함에 있어서 임차인이 토지 위에 정구장 시설 및 그 부대시설인 가건물 등을 임차인의 비용으로 설치, 건축하여 정구장을 운영하되 임대차가 종료되었을 때에는 주위시설물 및 가건물을 임대인에게 증여하기로 약정한 사실이 인정된다면 이는 임차인이 유익비 상환청구를 할 수 없다는 취지를 약정한 것으로 볼 것이다(대판 1983. 5. 10, 81다187).

3. 신탁자가 수탁자를 대위함이 없이 제3자에 대하여 직접 신탁재산에 대한 침해의 배제를 구할 수 있는지 여부

재산을 타인에게 신탁한 경우 대외적인 관계에 있어서는 수탁자만이 소유권자로서 그 재산에 대한 제3자의 침해에 대하여 배제를 구할 수 있으며, 신탁자는 수탁자를 대위하여 수탁자의 권리를 행사할 수 있을 뿐 직접 제3자에게 신탁재산에 대한 침해의 배제를 구할 수 없다(대법원 1979. 9. 25. 선고 77다1079 전원합의체 판결).

<판례전문(대법원 1979. 9. 25. 선고 77다1079 전원합의체 판결)>

[원고, 상고인] 최홍묵 소송대리인 변호사 김용진

[피고, 피상고인] 이인환 외 1인 소송대리인 변호사 이택돈

[원 판 결] 서울고등법원 1977. 5. 12. 선고 76나2651 판결

[주 문] 상고를 기각한다.

상고 소송비용은 원고의 부담으로 한다.

[이 유] 원고 소송대리인의 상고이유를 판단한다.

제1점에 대하여,

원심판결의 청구취지는 원고의 피고 학교법인 장훈학원에 대한 주위적 청구취지를, 피고 학교법인 장훈학원은 피고 이인환에게 서울 서대문구 녹번동 산 40 임야 2정 1반 2무보중 8분지 3 지분에 관하여 서울민사지방법원 서대문등기소 1961. 12. 13 접수 제40382호로서 경료된 소유권이전등기 및 같은 등기소 1965. 5. 5 접수 제12815호로서 경료된 소유권이전등기의 각 말소등기절차를 이행하라는 것으로 기재하고 있는데 기록에 의하면 원고는 동 피고에 대하여 직접(피고 이인환을 대위하지 아니하고) 위 부동산에 대한 동 피고 명의의 위 각 소유권이전등기의 말소등기 절차의 이행을 구하고 있음이 명백하므로(원고 대리인 이 원심에 제출하여 변론시 진술한 각 준비서면 기재 참조) 원심판결에 원고의 청구취지가 잘못 기재되어 있음은 논지가 지적하는 바와 같으나 위 청구취지의 오기는 이 건에 있어서 원심 판결 결과에 아무런 영향을 미쳤다고 할 수 없으므로 논지는 이유없음에 돌아가서 받아들일 바 못된다.

제2, 3점에 대하여,

원심은 피고 이인환은 원고의 선대 소외 망 최동택으로부터 이 사건 임야의 소유 명의를 신탁받은 등기명의자인데 동 피고는 피고 장훈학원을 상대로 위 임야에 대한 동 피고 명의 소유권이전등기가 원인무효라는 이유로 그 말소등기 청구 소송을 제기하고 원고가 위 소송에서 피고 이인환을 위하여 보조참가 하였던 바, 1972. 2. 10 위 임야에 대한 피고 이인환으로부터 피고 장훈학원 앞으로 경료된

위 소유권이전등기는 원고의 상속지분에 해당되는 8분지 3 지분에 대해서는 실체적 권리관계에 부합하는 등기로서 유효하나 그 나머지 8분지 5지분에 관하여는 효력이 없다고 하여 동 부분에 대한 말소를 명하는 판결(69나70 소유권이전등기말소사건)이 선고되고, 그 시경 동 판결이 확정된 사실을 인정한 다음 현재 피고 장훈학원 앞으로 남아 있는 위 임야의 8분지 3 지분에 관한 소유권이전등기가 원고 주장과 같이 원인무효라면 원고는 위 임야에 대한 명의신탁자의 지위에서 위 원인무효 등기의 말소를 직접 구할 수는 있다고 할 것이나 위에서 인정한 바와 같이 피고 이인환이가 피고 장훈학원을 상대로 동일한 내용으로 위 임야 전부에 관한 소유권이전등기의 말소를 구하는 소송을 제기하고 원고가 위 소송에서 보조참가를 하여 소송을 수행한 결과 위 임야중 위 8분지 3 지분이 유효한 등기라 하여 피고 이인환의 패소로 확정되었다면 위 임야의 신탁자인 원고로서는 피고 장훈학원을 상대로 다시 위 소송과 동일한 내용으로 위 등기의 말소를 구할 수는 없는 것이라 하여 원고의 위 청구부분을 배척하고 원고의 피고 이인환에 대한 청구 부분에 관하여는 원고가 소유권이전등기를 구하고 있는 위 임야의 8분지 3 지분은 이미 피고 이인환이가 피고 장훈학원을 상대로 한 위 등기의 말소를 구하는 소송에서 위 등기가 유효한 등기임이 판결에 의하여 확정되었으며 또한 원고가 피고 장훈학원을 상대로 한 위 등기의 말소를 구하는 부분이 받아들여지지 아니하는 사실은 앞서 판단한 바와 같으므로 원고가 달리 위 임야중 8분지 3 지분에 대한 소유권이전등기가 피고 이인환 명의로 환원되었다는 점에 관한 주장과 입증이 없는 이 건에서 원고의 피고 이인환에 대한 청구 역시 이유없다고 판단하였다.

그러나 원심판결에 의하면 원심은 이 건 임야가 소외 윤기형으로부터 1960. 2. 20 소외 임혁재 앞으로, 동 소외인으로부터 같은 달 26.피고 이인환 앞으로, 다시 1961. 12. 13 같은 피고로부터 재단법인 장훈학원 앞으로 순차 각 매매를 원인으로 소유권이전등기가 경료되었다가 위 학원의 조직변경을 원인으로 피고 학교법인 장훈학원 명의로 이전등기가 경료된 사실은 당사자 간에 다툼이 없는 사실로 확정하고 그 거시의 증거에 의하여 이 건 임야는 소외 최동택이가 위 소외 윤기형으로부터 대물변제조로 받아서 피고 이인환에게 명의신탁하여 위와 같이 동 피고 명의로 소유권이전등기가 경료되었으며 그 후 위 최동택의 사망으로 원고가 그의 상속인의 1인이 된 사실을 적법하게 확정하였는데 원래 재산을 타인에게 신탁한 경우에는 대외적인 관계에 있어서는 수탁자만이 소유권자로서 그 재산에 대한 제3자의 침해에 대하여 그의 배제를 구할 수 있다고 할 것이고 신탁자는 수탁자에 대한 권리를 보존하기 위하여 필요하다며는 수탁자를 대위해서 수탁자의 권리를 행사할 수 있다고 할 것이고 또 그로써 신탁관계에 관한 신탁자의 지위는 그 보존에 부족함이 없다고 하여야 할 것이므로 신탁자가 수탁자를 대위함이 없이 제3자에 대하여 직접 신탁재산에 대한 그 침해의 배제를 구할 수 있다고 하지 않으면 안될 이론상 또는 사실상의 필요가 있다고 할 수 없을 뿐만 아니라 신탁관계를 이유로 하면서 수탁자를 제쳐 놓고 신탁자가 직접 제3자에 대하여 신탁재산의 권리자로서 그 권능을 행사하는 것을 시인하려는 것은 불필요하게 신탁관계를 흐리게 하고 그로 인한 법률관계를 복잡하게 하는 결과만을 초래하게 될 것이니 원고는 이 건 임야를 피고 이인환에게 명의신탁하였다는 것을 이유로 동 피고를 대위함이 없이 직접 피고 장훈학원에 대하여 동 피고 명의의 이 건 소유권이전등기의 말소절차의 이행을 구할 수 없다고 할 것이다. 그런데 이 건에 있어서 원고는 직접(피고 이인환을 대위함이 없이) 피고 장훈학원에 대하여 이 건 청구를 하고 있음이 명백하니 (기록에 의하면 원고 대리인은 이 점을 특히 힘주어 주장하고 있음이 역역하다) 원고 청구를 배척한 원심의 판결 중 원고는 명의신탁자의 지위에서 직접 피고 장훈학원을 상대로 이 건 원인무효 등기의 말소를 구할 수 있다는 점과 피고 이인환이 피고 장훈학원 상대로 이 사건 청구와 동일한 내용으로 위 임야 전부에 관한 소유권이전등기의 말소를 구하는 소송을 제기하고 원고가 보조참가를 하여 소송을 수행한 결과 위 임야중 8분지 3 지분에 대하여는 유효한 등기라 하여 피고 이인환의 패소로 확정되었으니 원고는 피고 장훈학원을 상대로 동일한 내용으로 위 등기의 말소를 구할 수 없다는 부분은 그 설시에 있어서 적절한 바가 못된다 하겠으나 이 허물은 이 건에 있어서 결국 원고의 이 건 청구를 배척한 판결 결과에는 영향을 미칠 바 못되는 것이라고 할 것이고, 기타 피고 이인환에 대한 청구를 배척한 조처도 능히 수긍이되므로 결국 논지는 이유없다고 할 것이므로 신탁에 관해서 위 견해와 의견을 달리하는 종래의 당원의 각 판례는 본 판결로서 변경하기로 하고 소송비용의 부담에 관해서는 민사소송법 제95조, 제89조에 의하고 관여 법관의 일치된 의견으로 주문과 같이 판결한다.

대법관 이영섭(재판장) 주재황 민문기 양병호 임항준 안병수 김윤행 이일규 강안희 라길조 김용철 유태흥 정태원 서윤홍

4. 지상권을 설정한 토지 소유자가 불법점유자에 대하여 물권적청구권을 행사할 수 있는가 여부

지상권을 설정한 토지소유권자는 불법점유자에 대하여 물권적청구권을 행사할 수 있다(대법원 1974. 11. 12. 선고 74다1150 판결).

5. 미등기 건물매수인의 불법점유자에 대한 건물 명도청구방법

원고가 미등기 건물을 매수하였으나 소유권이전등기를 하지 못한 경우에는 위 건물의 소유권을 원시취득한 매도인을 대위하여 불법점유자에 대하여 명도청구를 할 수 있고 이때 원고는 불법점유자에 대하여 직접 자기에게 명도할 것을 청구할 수도 있다(대법원 1980. 7. 8. 선고 79다1928 판결).

6. 목적물을 현실적으로 점유하고 있지 않은 자를 상대로 불법점유를 이유로 명도 또는 인도 청구를 할 수 있는지 여부(소극)

불법점유를 이유로 하여 그 명도 또는 인도를 청구하려면 현실적으로 그 목적물

을 점유하고 있는 자를 상대로 하여야 하고 불법점유자라 하여도 그 물건을 다른 사람에게 인도하여 현실적으로 점유를 하고 있지 않은 이상, 그 자를 상대로 한 인도 또는 명도청구는 부당하다(대법원 1999. 7. 9. 선고 98다9045 판결).

7. 소유권이전등기를 경료받기 전에 토지를 인도받은 매수인으로부터 다시 토지를 매수하여 점유·사용하고 있는 자에 대하여 매도인이 토지 소유권에 기한 물권적 청구권을 행사할 수 있는지 여부(소극)

토지의 매수인이 아직 소유권이전등기를 경료받지 아니하였다 하여도 매매계약의 이행으로 그 토지를 인도받은 때에는 매매계약의 효력으로서 이를 점유·사용할 권리가 생기게 된 것으로 보아야 하고, 또 매수인으로부터 위 토지를 다시 매수한 자는 위와 같은 토지의 점유·사용권을 취득한 것으로 봄이 상당하므로 매도인은 매수인으로부터 다시 위 토지를 매수한 자에 대하여 토지 소유권에 기한 물권적청구권을 행사할 수 없다(대법원 1998. 6. 26. 선고 97다42823 판결).

◆ 소유물방해제거청구권 · 방해예방청구권의 행사

제 214 조【소유물방해제거, 방해예방청구권】

소유자는 소유권을 방해하는 자에 대하여 방해의 제거를 청구할 수 있고 소유권을 방해할 염려있는 행위를 하는 자에 대하여 그 예방이나 손해배상의 담보를 청구할 수 있다.

■ § 214. 소유물방해제거청구권, 소유물방해예방청구권

- 소유물방해제거청구권 : ① 청구권의 주체-소유권의 내용의 실현이 점유의 상실 이외의 방법으로 방해되고 있는 자
  ② 청구권의 상대방-현재 방해상태를 일으켜 놓고 있는 자(귀책사유불문)
  ③ 내용-방해의 제거를 청구하는 것
- 소유물방해예방청구권 : ① 청구권의 주체-방해가 될 염려가 있는 소유권자
  ② 청구권의 상대방-장차 소유권을 방해하는 행위를 할 염려가 있는 자
  ③ 내용-방해예방청구 또는 손해배상의 담보(선택적 청구만 가능)

본조는 소유물방해제거청구권과 소유물방해예방청구권에 관한 규정이다.

Ⅰ. 소유물 방해제거청구권

1. 성립요건

(1) 청구권자

청구권자(원고)는 소유권내용의 실현을 점유침해 이외의 방법으로 현실적으로 방해당하고 있는 법률상 소유자이다(소유권의 양도가 있으면 양수인이 청구권자가 된다).

(2) 청구의 상대방

상대방(피고)는 '현재'의 방해상태를 일으키고 있는 자이다. 고의 · 과실 기

타 귀책사유의 존부, 방해상태가 자기의 행위에 의거하였는가 등은 문제가 되지 않는다. 따라서 과거에 방해하였더라도 현재 그 방해상태를 지배하는 지위에 있지 않으면 상대방이 되지 않는다(대판 1991. 6. 11. 91다11278).

(3) 객관적인 방해상태가 존재할 것

① 점유침탈 이외의 방법에 의할 것(실제적으로는 부동산에 대하여 일어나는 일이 많다). ② 소유물이 현존하고 있을 것. 주의할 것은 소유물이 멸실한 때에는 방해제거청구권이 성립하지 않는다는 점이다. ③ 소유권의 행사가 제한을 받고 있는 결과(상린관계의 규정이나 특별법 등에 의하여), 타인의 침해를 인용하지 않으면 안되는 경우에는 본 청구권은 성립하지 아니하며, 또 방해제거청구가 소유권의 남용(제2조 2항)으로 된 경우에도 본청구권은 성립하지 않는다.

2. 내 용

방해의 제거를 청구하는 것이다. 이는 방해결과의 제거를 의미하는 것이 아니라 '현재 지속되고 있는 방해의 원인을 제거'하는 것을 그 내용으로 한다.

▣ 핵심판례 ▣

■ 소유권에 기한 방해배제청구권에 있어서 '방해'의 의미 및 그 내용

가. 소유권에 기한 방해배제청구권에 있어서 '방해'라 함은 현재에도 지속되고 있는 침해을 의미하고, 법익 침해가 과거에 일어나서 이미 종결된 경우에 해당하는 '손해'의 개념과는 다르다 할 것이어서, 소유권에 기한 방해배제청구권은 방해결과의 제거를 내용으로 하는 것이 되어서는 아니되며(이미 손해배상의 영역에 해당한다 할 것이다) 현재 계속되고 있는 방해의 원인을 제거하는 것을 내용으로 한다.

나. 쓰레기 매립으로 조성한 토지에 소유권자가 매립에 동의하지 않은 쓰레기가 매립되어 있다 하더라도 이는 과거의 위법한 매립공사로 인하여 생긴 결과로서 소유권자가 입은 손해에 해당한다 할 것일 뿐, 그 쓰레기가 현재 소유권에 대하여 별도의 침해를 지속하고 있다고 볼 수 없으므로 소유권에 기한 방해배제청구권을 행사할 수 없다(대판 2003. 3. 28, 2003다5917).

Ⅱ. 소유물방해예방청구권

1. 성립요건

(1) 청구권자(원고)는 소유권내용의 완전한 향수를 방해당할 염려가 있는 소유자이다.

(2) 상대방(피고)은 장래 청구권자의 소유권내용의 완전한 향수를 방해할 염려가 있는 자이다.

(3) 상대방이 방해할 염려가 존재할 것. ① 소유물 반환청구권 및 소유물 방해제거청구권은 현재에 방해상태가 일어나고 있는 경우에 관한 것이다. 그런데 장래에 방해상태가 발생할 가능성이 극히 큰 경우에 대해서도 현재에 발생되고 있지 않은 이상 예방조치를 취할 수 없다고 하는 것은 물권의 보호에 충분하다고 할 수 없다. 그리하여 방해가 발생할 가능성이 극히 큰 경우에는 이를 예방하기 위한 청구권이 인정됨은 당연하다고 하겠다. ② 문제는 어느 정도의 염려가 있는 것을 요하는 가이다. 단순히 염려가 있다고 하는 것으로 족하다고 한다면, 예방청구의 범위가 지나치게 확대된다. 통설에 의하면 객관적으로 보아서 지극히 강한 큰 염려일 것을 요하지만, 한번 현실적으로 침해를 일으키고 그것이 다시 반복될 우려가 있는 경우(독일민법 제1004조 참조)에 한정되지 아니한다.

판례는 이와 관련하여 "소유물방해예방청구권은 방해의 발생을 기다리지 않고 현재 예방수단을 취할 것을 인정하는 것이므로, 그 방해의 염려가 있다고 하기 위하여는 방해예방의 소에 의하여 미리 보호받을 만한 가치가 있는 것으로서 객관적으로 근거 있는 상당한 개연성을 가져야 할 것이고 관념적인 가능성만으로는 이를 인정할 수 없다(대판 1995. 7.14. 94다50533) "고 판시한 바 있다.

2. 내 용

(1) 방해의 염려를 발생시킬 원인을 제거하고 침해를 미연에 방지할 조치를 취하도록 청구하는 것이다. 상대방의 부작위를 청구하는(예 : 방풍림을 벌채하지 않을 것) 것도 있으며, 작위를 청구하는 것도 있다(예 : 붕괴방

지공사).

(2) 비용부담에 대해서는 소유물반환청구권(제213조)에 관해서 기술한 것과 같이 다툼이 있다.

(3) 위와 같은 방해예방청구권과 손해배상의 담보의 청구는 두 가지를 모두 청구하지는 못하고 어느 한가지만을 선택하여 청구할 수 있을 뿐이다. 그리고 손해배상의 담보청구에 관하여는 점유물방해예방청구권(제206조 참조)의 내용과 같다.

▣ 핵심판례 ▣

■ **[소유물방해제거, 방해예방청구권]**

1. 토지소유자가 그 지상에 건축된 건물의 소유자에게 부지의 불법점유를 이유로 퇴거할 것을 청구할 수 있는지 여부(소극)

건물의 소유자가 그 건물의 소유를 통하여 타인 소유의 토지를 점유하고 있다고 하더라도 그 토지소유자로서는 그 건물의 철거와 그 대지 부분의 인도를 청구할 수 있을 뿐, 자기 소유의 건물을 점유하고 있는 자에 대하여 그 건물에서 퇴거할 것을 청구할 수는 없다(대판 1999. 7. 9, 98다57457·57464).

2. 건물부지의 소유자가 그 토지를 취득하기 이전에는 담보권자였고, 건물의 소유권보존등기가 제3자에 대한 채권을 담보하기 위한 것이며 위 제3자가 그 건물에 거주하고 있다는 사정을 알고 그 토지를 매수한 경우 건물의 보존등기명의자에게 임료상당의 손해배상청구를 할 수 있는지 여부(적극)

건물부지의 소유자가 그 토지를 취득하기 이전에는 담보권자였고, 건물의 소유권보존등기가 제3자에 대한 채권을 담보하기 위한 것이며 위 제3자가 그 건물에 거주하고 있다는 사정을 알고 그 토지를 매수하였다고 하여 건물의 보존등기명의에게 임료상당의 손해배상청구를 할 수 없는 것이 아니다(1991. 6. 25. 제1부 판결, 91다10329 임대료).

3. 인접대지 위의 건물의 건축 등으로 토지나 건물 소유자의 객관적으로 인정된 생활이익이 침해되고 그 침해가 사회통념상 일반적인 수인의 한도를 넘는 경우, 소유권에 기하여 건물의 건축금지 방해제거 및 예방을 위한 청구를 할 수 있는지 여부(적극) 및 그 요건

어느 토지나 건물의 소유자가 종전부터 향유하고 있던 경관이나 조망, 조용하고 쾌적한 종교적 환경 등이 그에게 하나의 생활이익으로서의 가치를 가지고 있다고 객관적으로 인정된다면 법적인 보호의 대상이 될 수 있는 것이므로, 인접대지 위에 건물의 건축 등으로 그와 같은 생활이익이 침해되고 그 침해가 사회통념상 일반적으로 수인할 정도를 넘어선다고 인정되는 경우에는 위 토지 등의 소유자는 그 소유권에 기하여 건물의 건축금지 등 방해의 제거나 예방을 위하여 필요한 청구를 할 수 있고, 위와 같은 청구를 하기 위한 요건으로서 반드시 위 건물이 문화재보호법이나 건축법 등의 관계규정에 위반하여 건축되거나 또는 그 건축으로 인하여 그 토지 안에 있는 문화재 등에 대하여 직접적인 침해가 있거나 그 우려가 있을 것을 요하는 것은 아니다(대판 1999. 7. 27, 98다47528).

4. 토지소유자가 그 지상의 시소유인 가압장건물의 철거로써 얻는 이익보다 시의 손실이 월등히 많고 위 건물이 세워져 있음을 알고 토지를 매수했다 해도 그 건물철거청구가 권리남용에 해당한다고 볼 수 없다고 한 사례

시소유인 가압장건물의 시설을 이전하는 데 막대한 비용이 소요되므로, 위 건물의 철거로써 부지의 소유자가 얻을 수 있는 이익보다 시의 손실이 월등히 많을 뿐만 아니라, 급수대상지역 주민들과 사회에 큰 영향을 미치게 된다고 하더라도, 또 토지소유자가 위 가압장건물이 세워져 있음을 알면서 위 토지를 매수하였다고 하더라도, 위 가압장 건물의 철거를 청구하는 것이 권리남용에 해당하거나 신의성실의 원칙에 위배된다고 볼 수 없다(1991. 9. 24. 제2부 판결, 91다21664 건물철거등).

5. 등기명의인 표시변경의 부기등기에 의하여 등기부상의 표시가 실지 소유관계를 표상하고 있지 않은 경우 진실한 소유자의 등기명의인에 대한 등기말소청구의 가부

현재 등기명의인 표시변경의 부기등기에 의하여 등기부상의 표시가 실지 소유관계를 표상하고 있는 것이 아니라면 진실한 소유자가 그 소유권에 터잡아 표시상의 소유명의자를 상대로 그 소유권에 장애가 되는 등기의 말소청구를 하는 것은 소유권의 내용인 침해배제청구권의 정당한 행사이다(1993. 10. 8. 제3부 판결, 93다28867 근저당권설정등기말소).

6. 등기명의인과 동일성이 없는 자의 신청에 따라 등기명의인 표시변경등기가 이루어진 경우

가 "사건이 등기할 것이 아닌 때"에 해당하는지 여부

부동산등기법 제55조 제2호가 정한 "사건이 등기할 것이 아닌 때"란 등기신청이 그 취지 자체로 보아 법률상 허용할 수 없음이 명백한 경우를 말하므로 등기명의인과 동일성이 없는 자의 신청에 따라 허위 또는 무효인 서류를 근거로 등기명의인 표시변경등기가 이루어졌다는 사유로 위 법조 제8호 소정의 "신청서에 필요한 서면을 첨부하지 아니한 때"에 해당할 뿐 위 제2호에 해당하지 아니한다.

나. 위 “가”항의 경우 잘못된 등기의 정정방법

위 “가”항의 경우 원래의 등기명의인은 새로운 등기명의인을 상대로 그 변경등기의 말소를 구할 수밖에 없다(1993. 11. 29. 제3부 결정, 93마1645 등기공무원의 처분에 대한 이의).

7. [1] 물권적 청구권의 이행불능으로 인한 전보배상청구권이 인정되는지 여부(소극)

[다수의견] 소유자가 자신의 소유권에 기하여 실체관계에 부합하지 아니하는 등기의 명의인을 상대로 그 등기말소나 진정명의회복 등을 청구하는 경우에, 그 권리는 물권적 청구권으로서의 방해배제청구권(민법 제214조)의 성질을 가진다. 그러므로 소유자가 그 후에 소유권을 상실함으로써 이제 등기말소 등을 청구할 수 없게 되었다면, 이를 위와 같은 청구권의 실현이 객관적으로 불능이 되었다고 파악하여 등기말소 등 의무자에 대하여 그 권리의 이행불능을 이유로 민법 제390조상의 손해배상청구권을 가진다고 말할 수 없다. 위 법규정에서 정하는 채무불이행을 이유로 하는 손해배상청구권은 계약 또는 법률에 기하여 이미 성립하여 있는 채권관계에서 본래의 채권이 동일성을 유지하면서 그 내용이 확장되거나 변경된 것으로서 발생한다. 그러나 위와 같은 등기말소 청구권 등의 물권적 청구권은 그 권리자인 소유자가 소유권을 상실하면 이제 그 발생의 기반이 아예 없게 되어 더 이상 그 존재 자체가 인정되지 아니하는 것이다. 이러한 법리는 선행소송에서 소유권보존등기의 말소등기청구가 확정되었다고 하더라도 그 청구권의 법적 성질이 채권적 청구권으로 바뀌지 아니하므로 마찬가지이다.

[대법원장 양승태, 대법관 이상훈, 대법관 김용덕의 별개의견] 청구권이 발생한 기초가 되는 권리가 채권인지 아니면 물권인지와 무관하게 이미 성립한 청구권에 대하여는 그 이행불능으로 인한 전보배상을 인정하는 것이 법리적으로 불가능하지 아니하며, 이를 허용할 것인지는 법률 정책적인 결단이므로, 이미 대법원에서 이를 허용하여 채권에 못지않게 물권을 보호하는 견해를 취한 것은 구체적 타당성 면에서 옳고, 확정판결을 거쳐 기판력이 발생되어 있는 경우에는 더욱 그러하다고 보이며, 장기간 이와 같은 견해를 유지하여 온 판례들을 뒤집어 물권 내지는 물권자의 보호에서 후퇴하여야 할 이론적·실무적인 필요성이 없다. 따라서 선행소송에서 본래적 급부의무인 소유권보존등기 말소등기절차를 이행할 의무가 현존함이 확정된 경우, 그 이행불능 또는 집행불능에 따른 전보배상책임을 인정하는 것이 가능하다.

[2] 국가 명의로 소유권보존등기가 경료된 토지의 일부 지분에 관하여 갑 등 명의의 소유권이전등기가 경료되었는데, 을이 등기말소를 구하는 소를 제기하여 국가는 을에게 원인무효인 등기의 말소등기절차를 이행할 의무가 있고 갑 등 명의의 소유권이전등기는 등기부취득시효 완성

을 이유로 유효하다는 취지의 판결이 확정되자, 을이 국가를 상대로 손해배상을 구한 사안에서, 소유권보존등기 말소등기절차 이행의무의 이행불능으로 인한 손해배상책임을 인정한 원심판결에는 법리오해 등 위법이 있다고 한 사례

국가 명의로 소유권보존등기가 경료된 토지의 일부 지분에 관하여 갑 등 명의의 소유권이전등기가 경료되었는데, 을이 등기말소를 구하는 소를 제기하여 국가는 을에게 원인무효인 등기의 말소등기절차를 이행할 의무가 있고 갑 등 명의의 소유권이전등기는 등기부취득시효 완성을 이유로 유효하다는 취지의 판결이 확정되자, 을이 국가를 상대로 손해배상을 구한 사안에서, 갑 등의 등기부취득시효 완성으로 토지에 관한 소유권을 상실한 을이 불법행위를 이유로 소유권 상실로 인한 손해배상을 청구할 수 있음은 별론으로 하고, 애초 국가의 등기말소의무 이행불능으로 인한 채무불이행책임을 논할 여지는 없고, 또한 토지의 소유권 상실로 인한 손해배상을 구하는 을의 청구에 대하여 당사자가 주장하지 아니한 소유권보존등기 말소등기절차 이행의무의 이행불능으로 인한 손해배상책임을 인정할 수 없음에도, 이와 달리 손해배상책임을 인정한 원심판결에 법리오해와 처분권주의 위반의 위법이 있다고 한 사례(대법원 2012. 5. 17. 선고 2010다28604 전원합의체 판결).

◆ 수인이 1채의 건물을 구분하여 소유하고 있는 경우의 법률관계

제 215 조【건물의 구분소유】

① 수인이 한 채의 건물을 구분하여 각각 그 일부분을 소유한 때에는 건물과 그 부속물중 공용하는 부분은 그의 공유로 추정한다.

② 공용부분의 보존에 관한 비용 기타의 부담은 각자의 소유부분의 가액에 비례하여 분담한다.

■ § 215. 집합건물의 구분소유

- 집합건물의 공용부분 : 공유물 → 분할금지
- 특별법에 의한 규제 : 집합건물의 소유 및 관리에 관한 법률
- 관련법조 : [건물의 구분등기] 부동산등기규칙 §96~§99

1. 민법의 규정

본조는 1동의 건물을 수인이 구분하여 각각 그 일부를 소유하는 경우에 그들 소유자 상호간의 관계를 규정하고 있다. 그것은 건물의 일부가 경제적으로 독립한 건물과 동일한 효용을 가지고 또한 사회관념상 독립한 건물로 다루어지는 경우에 그 위에 독립한 소유권을 인정하는 것으로, 일반적으로 「구분소유권」이라고 불린다. 이러한 구분소유권에 있어서의 그 구분은 세로(종)의 구분에 한하지 않고 가로(횡)의 구분, 즉 계층구분도 포함함은 물론이다. 구분소유권의 득실에 관하여서도 부동산물권변동의 일반원칙이 적용됨은 물론이며 부동산등기법은 1동의 건물을 수인이 구분하여 소유하는 경우와 각 부분의 등기방법을 규정하고 있다(부동산등기규칙 제96조 내지 제99조).

구분소유자간의 상린관계로서 본조가 규정하는 내용은 다음과 간다. 건물의 구분소유권이 생긴 경우에 건물의 공용부분(예컨대, 공통의 벽·계단 등) 및 건물부속물의 공용부분(예컨대, 공동의 문·우물 등)은 각 구분소유자 전원의 공유에 속하는 것으로 추정된다. 주의할 것은 이들 공용부분은 그 자체가 독립된 건물로서의 효용이 있는 것이 아니어서 그에 대한 구분소유권은 인정되지 않는다는 것이 판례이다(대판 1967. 11. 21. 67다638 참조). 그 효과는 원칙

적으로 공유의 규정에 의하여 정하여지나 다음과 같은 두 개의 예외가 있다. ① 각 공유자는 단독으로 분할을 청구할 수 없고(제268조 3항) 분할하려면 공유자 전원의 합의가 있어야 한다. ② 공용부분의 보존에 관한 비용(수선비 등) 기타의 부담은 각자의 소유부분의 가액에 비례하여 분담한다(제215조 2항).

2. 특별법에 의한 규제

구분소유권에 관한 본조는 위에서 본 바와 같이 극히 간단한 것이어서 매우 불충분한 것이다. 본래 본조항은 건물의 고층화를 알지 못하던 때에 규모가 작은 건물을 세로(종)로 구분하는 경우을 염두에 두고 규정한 것에 지나지 않는다. 그런데 1960년대 후반 이후에 경제발전에 따른 인구의 도시집중현상이 일어나자 주택문제해결의 한 방책으로서 중·고층의 분양아파트먼트나 연립주택 등의 공동주택이 급속히 보급되었다. 그리고 그러한 공동주택에서는 수십 또는 수백에 이르는 많은 구분소유관계의 성립을 흔히 볼 수 있게 되었다. 이런 상황 아래에서 본조의 규정만으로는 도저히 그들 구분소유관계를 합리적으로 규율할 수 없게 되어 어떤 조치를 필요로 하게 되었다. 여기서 제정을 보게 된 것이「집합건물의 소유 및 관리에 관한 법률(1984년 4월 10일 법률 제3725호)」이다(부동산등기법도 그에 따라 수정을 받았음은 물론이다). 이 법률의 제정으로 동법과 내용에 있어서 중복되는 본조는 그 존재의의를 잃게 되었으며, 삭제되어야 할 것이다.

<참고사항>

*집합건물의소유및관리에관한법률 쟁점 정리

1. 전유부분

1) 구분소유권의 객체

구분소유권이라 함은 1동의 건물 중 구조상 구분된 수개의 부분이 독립한 건물로서 사용될 수 있을 때 그 각 부분을 목적으로 하는 소유권을 말한다(집합건물법 제2조 1호). 이러한 구분소유권의 객체가 되는 것은 전유부분만이고, 공용부분은 구분소유권의 객체가 될 수 없다(집합건물법 제2조 1호).

2) 구분소유권의 대상이 되기 위한 요건

구분소유권이라 함은 1동의 건물 중 구조상 구분된 수개의 부분이 독립한 전유부분은 구조상, 이용상(기능상) 독립성이 있어야 하고(객관적 요건), 구분소유자의 구분의사가 있어야 한다(주관적 요건).

2. 공용부분

1) 공용부분의 종류

① 법정공용부분(지붕, 계단. 지하실, 소화시설 등)
그 성질상 당연히 공용부분으로, 등기가 불필요

② 규약공용부분(관리인실, 노인회관 등)
구조상으로는 전유부분이지만 규약에 의하여 공용부분이 된 경우로, 등기가 필요

2) 공용부분의 성질

① 공용부분은 원칙적으로 구분소유자의 전원의 공유에 속하고 공용에 제공되나, 일부 사람만의 공용에 제공됨이 명백한 경우에는 그들 사이에서만 공유가 될 수 있다(집합건물법 제10조 1항).

② 공용부분에 대한 공유지분은 전유부분과 분리하여 처분할 수 없다(집합건물법 제13조).

③ 공유자가 공용부분에 관하여 다른 공유자에 대하여 가지는 채권은 그의 특별승계인에 대해서도 행사가 가능하다(집합건물법 제18조)

④ 공용부분은 공유임에도 분할청구를 할 수 없다.

⑤ 공용부분은 각 구분소유자가 지분비율이 아닌 용도에 따라 사용가능

⑥ 공용부분에 대한 지분은 전유부분의 면적 비율에 의함

3. 대지사용권

구분소유자는 일종의 건물소유자로서 건물의 대지를 이용할 권리가 있어야 한다. 그 권리를 대지사용권이라 한다(집합건물법 제2조 6호). 대지사용권은 토지소유권의 공유지분인 것이 보통이나, 지상권 또는 임차권일 수도 있다. 이러한 대지사용권이 등기된 것을 대지권이라 한다. 대지사용권은 전유부분의 처분에 따르고, 규약에 특별한 정함이 없는 한 전유부분과 분리하여 처분할 수 없다(집합건물법 제20조). 위 규정의 취지는 집합건물의 전유부분과 대지사용권이 분리되는 것을 최대한 억제하여 대지사용권 없는 구분소유권의 발생을 방지함으로써 집합건물에 관한 법률관계의 안정과 합리적 규율을 도모하려는 데 있다.

4. 구분소유자의 경매청구권

구분소유자가 건물보존에 해로운 행위 기타 건물의 관리 및 사용에 관하여

공동의 이익에 반하는 행위를 한 경우 일정한 요건하에서 당해 구분소유자의 전유부분 및 대지사용권의 경매를 명할 것을 청구할 수 있다(집합건물법 제45조 1항).

5. 관리조직

구분소유자 전원으로 관리단을 구성한다(집합건물법 제23조 1항). 또한 관리단은 특별한 조직행위가 없어도 구분소유관계가 존재하면 당연히 성립한다. 이와 관련하여 판례는 "집합건물인 상가의 구분소유자 일부만이 주주가 되어 설립한 주식회사가 그 상가를 관리하였다고 하더라도 이는 상법상의 회사에 불과하고, 전체 구분소유자들을 구성원으로 하여야만 하는 집합건물의소유및관리에 관한법률 소정의 집합건물의 관리단으로 볼 수는 없다(대판 2002. 10. 11. 2002다43851)"고 한다.

▣ 핵심판례 ▣

■ [건물의 구분소유]

1. 1동의 건물을 구분건물로 할 것인지 여부의 결정기준

1동의 건물 중 구분된 각 부분이 구조상, 이용상 독립성을 가지고 있는 경우에 그 각 부분을 1개의 구분건물로 하는 것도 가능하고, 그 1동 전체를 1개의 건물로 하는 것도 가능하기 때문에, 이를 구분건물로 할 것인지 여부는 특별한 사정이 없는 한 소유자의 의사에 의하여 결정된다고 할 것이므로, 구분건물이 되기 위하여는 객관적, 물리적인 측면에서 구분건물이 구조상, 이용상의 독립성을 갖추어야 하고, 그 건물을 구분소유권의 객체로 하려는 의사표시, 즉 구분행위가 있어야 하는 것으로서, 소유자가 기존 건물에 증축을 한 경우에도 증축부분이 구조상, 이용상의 독립성을 갖추었다는 사유만으로 당연히 구분소유권이 성립된다고 할 수는 없고, 소유자의 구분행위가 있어야 비로소 구분소유권이 성립된다고 할 것이며, 이 경우에 소유자가 기존건물에 마쳐진 등기를 이와 같이 증축한 건물의 현황과 맞추어 1동의 건물로서 증축으로 인한 건물표시변경등기를 경료한 때에는 이를 구분건물로 하지 않고 그 전체를 1동의 건물로 하려는 의사였다고 봄이 상당하다(대판 1999. 7. 27, 98다35020).

2. 건물의 지하 1층 상가에 위치한 자동차승강장이 구조상 건물전체를 위한 공용부분이라고 본 사례

원심판결의 이유를 기록과 대조하여 살펴보면 원고들은 이 사건 건물 중 지하 1층 상가점포만을 각 위치(호수) 및 면적을 특정하여 분양받은 것이고 다만 그 소유권이전등기를 함에 있어 편의상 피고는 이 사건 지하 1층을 이 사건 건물의 나머지 부분과 분리하여 독립된 구분소유권의 객체로 하여 피고명의로 소유권보본존등기를 경료한 후 원고들에게 각 분양면적에 비례하여 지분소유권이전등기를 경료한 사실이 인정되고 이 사건 건물의 자동차승강장은 구조상 이 사건 건물 전체를 위한 공용부분으로 보아야 할 것이고 원고들이 이 사건 건물의 지하 1층 점포를 각 분양받고 또 위 자동차승강장이 지하 1층에 위치하고 있다 하더라도 이 점만으로 원고들이 위 자동차승강장 부분에 관하여 이 사건 건물의 지하 1층을 제외한 나머지 부분의 소유자들을 배제한 채 배타적으로 사용할 수는 없다 할 것이므로 같은 취지의 원심판단은 수긍이 되고 거기에 소론과 같은 소유권이전등기의 효력에 관한 법리오해나 채증법칙위배로 인한 사실오인, 석명권불행사 등의 위법이 있다고 할 수 없다(1991. 9. 10. 제1부 판결, 91다2984 손해배상(기)).

3. 가. 건물의 일부분이 구분소유권의 객체가 되기 위한 요건(=구조상의 독립성)

건물의 일부분이 구분소유권의 객체가 될 수 있으려면 그 부분이 구조상으로나 이용상으로 다른 부분과 구분되는 독립성이 있어야 하고, 건물의 주택, 점포, 차고 등으로의 이용상황 내지 이용형태에 따라 구조상의 독립성 판단의 엄격성에 차이가 있을 수 있으나 구조상의 독립성은 주로 소유권의 목적이 되는 객체에 대한 물적 지배의 범위를 명확히 할 필요성 때문에 요구된다고 할 것이므로 구조상의 구분에 의하여 구분소유권의 객체범위를 확정할 수 없는 경우에는 구조상의 독립성이 있다고 할 수 없다.

나. 지하 1층, 지상 5층 건물의 지하실 837.65㎡ 중 면적이 19.83㎡로 등기되어 있는 109호 부분은 등기신청시에 다른 부분과 구분, 격리시킬 수 있는 시설이 존재하지 아니하여 독립한 건물로서의 용도에 제공될 수 있는 상태에 있지 아니하므로 그에 관한 구분소유의 등기는 무효라고 한 사례

지하 1층, 지상 5층 건물의 지하실 837.65㎡ 중 면적이 19.83㎡로 등기되어 있는 109호 부분은 등기신청시에 다른 부분과 구분, 격리시킬 수 있는 시설이 존재하지 아니하여 독립한 건물로서의 용도에 제공될 수 있는 상태에 있지 아니하므로 그에 관한 구분소유의 등기는 무효이다(1993. 3. 9. 제1부(자) 판결, 92다41214 점유방해금지).

4. 가. 건물의 일부분이 구분소유권의 객체가 되기 위한 요건

건물의 일부분이 구조상으로나 이용상으로 다른 부분과 구분되는 독립성이 있으면 구분소유권의 객체로 될 수 있다 할 것인바, 건물의 증축부분이 기존 건물 부분과 벽으로 구분되어 있고 기존 건물 부분과 무관한 용도로 사용되고 있다면 구조상으로나 이용상으로 독립되어 있고 구분소유권의 객체가 될 수 있다.

나. 건물 임차인이 자신의 비용을 들여 증축한 부분의 소유권을 임대인에게 귀속시키기로 한 약정의 효력(유효)

건물 임차인이 자신의 비용을 들여 증축한 부분을 임대인 소유로 귀속시키기로 하는 약정은 임차인이 원상회복의무를 면하는 대신 투입비용의 변상이나 권리주장을 포기하는 내용이 포함된 것으로서 특별한 사정이 없는 한 유효하므로, 그 약정이 부속물매수청구권을 포기하는 약정으로서 강행규정에 반하여 무효라고 할 수 없고 또한 그 증축 부분의 원상회복이 불가능하다고 해서 유익비의 상환을 청구할 수도 없다(1996. 8. 20. 판결, 94다44705, 44712 건물명도등・소유권보존등기말소).

5. 아파트의 전 입주자가 체납한 관리비가 아파트 관리규약의 정함에 따라 그 특별승계인에게 승계되는지 여부(=공용부분에 한하여 승계)

[다수의견]

아파트의 관리규약에서 체납관리비 채권 전체에 대하여 입주자의 지위를 승계한 자에 대하여도 행사할 수 있도록 규정하고 있다 하더라도, '관리규약이 구분소유자 이외의 자의 권리를 해하지 못한다.'고 규정하고 있는 집합건물의소유및관리에관한법률(이하 '집합건물법'이라 한다) 제28조 제3항에 비추어 볼 때, 관리규약으로 전 입주자의 체납관리비를 양수인에게 승계시키도록 하는 것은 입주자 이외의 자들과 사이의 권리・의무에 관련된 사항으로서 입주자들의 자치규범인 관리규약 제정의 한계를 벗어나는 것이고, 개인의 기본권을 침해하는 사항은 법률로 특별히 정하지 않는 한 사적 자치의 원칙에 반한다는 점 등을 고려하면, 특별승계인이 그 관리규약을 명시적, 묵시적으로 승인하지 않는 이상 그 효력이 없다고 할 것이며, 집합건물법 제42조 제1항 및 공동주택관리령 제9조 제4항의 각 규정은 공동주택의 입주자들이 공동주택의 관리・사용 등의 사항에 관하여 관리규약으로 정한 내용은 그것이 승계 이전에 제정된 것이라고 하더라도 승계인에 대하여 효력이 있다는 뜻으로서, 관리비와 관련하여서는 승계인도 입주자로서 관리규약에 따른 관리비를 납부하여야 한다는 의미일 뿐, 그 규정으로 인하여 승계인이 전 입주자의 체납관리비까지 승계하게 되는 것으로 해석할 수는 없다. 다만, 집합건물의 공용부분은 전체 공유자의 이익에 공여하는 것이어서 공동으로 유지・관리해야 하고 그에 대한 적정한 유지・관리를 도모하기 위하여는 소요되는 경비에 대한 공유자 간의 채권은 이를 특히 보장할 필요가 있어 공유자의 특별승계인에게 그 승계의사의 유무에 관계없이 청구할 수 있도록 집합건물법 제18조에서 특별규정을 두고 있는바, 위 관리규약 중 공용부분 관리비에 관한 부분은 위 규정에 터잡은 것으로서 유효하다고 할 것이므로, 아파트의 특별승계인은 전 입주자의 체납관리비 중 공용부분에 관하여는 이를 승계하여야 한다고 봄이 타당하다.

[별개의견]

아파트 관리규약은 자치법규로서 집합건물법 제42조 제1항 및 공동주택관리령 제9조 제4항에 따라 구분소유자는 물론 그 특별승계인에게도 효력이 미치는바, 집합건물은 다수의 사람이 공동으로 소유·사용하는 건물이므로, 헌법이나 다른 법령의 규정에 어긋나지 아니하는 한, 규약을 통하여 구분소유자나 그 특별승계인의 권리에 일정한 제한을 가하는 것이 허용된다. 규약으로 '구분소유자 이외의 자'의 권리를 해하지 못하도록 한 집합건물법 제28조 제3항의 규정에서 말하는 '구분소유자'에는 규약 제정 당시의 구분소유자뿐만 아니라 규약이 제정된 뒤 구분소유자가 된 사람도 포함되므로, 규약으로 구분소유자의 특별승계인의 권리를 제한하는 것이 위 규정에 어긋나는 것이 아니다. 집합건물법 제18조는 특별승계인으로 하여금 전유부분에 관한 관리비를 승계하도록 할 수 없다는 근거규정이 될 수 없으며, 다수의견과 같이 전 입주자의 체납 관리비 중 공유부분에 관한 것만 특별승계인에게 승계된다고 보는 경우, 공유부분과 전유부분에 관한 관리비의 명확한 구분이 어려워 또다른 분쟁을 일으킬 수 있고, 전 소유자로부터 전유부분에 관한 체납 관리비의 징수가 사실상 불가능하여 그 부담이 관리비의 상승 등을 통하여 당해 전유부분과 아무런 관련이 없는 다른 구분소유자들에게 전가된다는 현실적인 문제도 발생하므로, 아파트의 전 입주자가 체납한 관리비는 공유부분과 전유부분을 구분하지 아니하고 전부 그 특별승계인에게 승계된다고 할 것이다.

[반대의견]

집합건물법 제18조가 구분소유자의 특별승계인의 채무부담을 근거지우는 규정이라고 보는 것은 입법 취지에 맞지 않는 해석이고, 집합건물법 제27조 제1항에서 관리단이 그의 재산으로 채무를 완제할 수 없는 때에는 구분소유자는 지분비율에 따라 관리단의 채무를 변제할 책임을 진다는 취지를 규정하고, 제2항에서 구분소유자의 특별승계인은 승계 전에 발생한 관리단의 채무에 관하여도 책임을 진다는 취지를 규정하고 있는 점에 비추어 볼 때, 우리 집합건물법은 승계 전의 구분소유자의 미납관리비를 공용부분의 것이든지 전유부분의 것이든지 묻지 않고 그의 특별승계인에게 개별적으로 채무부담 지우지 아니하되, 관리단의 재산으로 변제불능의 결과가 야기될 때에야 구분소유자 전원에게 분할변제책임을 지우는 제도를 택하고 있는 것으로 해석된다. 특별승계인에 대하여 승계 전 구분소유자의 관리비채무를 부담시키는 것은 일면의 구체적 타당성에 치중한 나머지 위헌적 소지가 우려되는 등 법적 안정성을 해치게 될 것이다(대법원 2001. 9. 20. 선고 2001다8677 전원합의체 판결).

<판례전문(대법원 2001. 9. 20. 선고 2001다8677 전원합의체 판결)>

[원고, 피상고인] 박규태

[피고, 상고인] 극동아파트 입주자대표회의

[원심판결] 서울지법 2000. 12. 21. 선고 2000나52393 판결

[주 문] 원심판결을 파기하고, 사건을 서울지방법원 본원 합의부에 환송한다.

[이 유] 1. 원심판결의 요지

원심판결 및 원심이 일부 인용한 제1심판결 이유에 의하면 원심은, 원고가 1998. 12. 11. 피고 관리의 이 사건 아파트를 경락받아 같은 달 30일 그 대금을 납부하였는데, 이 사건 아파트의 전 소유자인 소외 정인석이 같은 해 1월부터 12월까지의 관리비(이 사건에서는 공동주택관리령 제3조 제1항 제3호 소정의 '관리비'에 사용료, 공과금 등의 개념이 모두 포함된, 각 입주자에게 현실적으로 부과되는 관리비 명목의 모든 비용을 의미하는 것으로 사용한다)와 이에 대한 연체료로 합계 금 2,693,170원을 체납한 사실 (다툼이 없는 사실), 공동주택관리령 제9조 제1항은 "공동주택의 입주자 등은 공동주택의 관리 또는 사용에 관한 공동주택관리규약을 정하여야 한다.", 제9조 제3항 제3호는 "관리규약의 내용에는 입주자 등의 권리 및 의무, 관리비, 사용료 및 특별수선충당금의 세대별 부담액 산정방법, 징수, 보관, 예치 및 그 사용절차와 이를 납부하지 아니한 자에 대한 조치가 포함되어야 한다.", 제9조 제4항은 "관리규약은 입주자의 지위를 승계한 자에 대하여도 그 효력이 있다."고 각 규정하고 있는데, 위와 같은 공동주택관리령의 규정에 따라 제정된 이 사건 아파트의 공동주택관리규약은 제6조에서 "관리규약은 입주자의 지위를 승계한 자에 대하여도 그 효력이 있다."고 하는 한편, 제13조 제1항에서는 "관리주체는 관리비, 사용료 및 특별수선충당금에 대한 채권은 입주자의 지위를 승계한 자에 대하여도 행사할 수 있다."고 규정하고 있는 사실을 인정한 다음, 다음과 같은 근거에 기하여 원고는 전 입주자의 체납관리비를 승계하지 아니한다고 판단하였다.

가. 이 사건 관리규약의 해석에 관하여

체납관리비를 승계되는 것으로 하지 않으면 이에 대한 처리가 불가능한 것이라고 할 수도 없을 뿐만 아니라 승계인으로 하여금 전 입주자의 관리비 체납사실을 미리 알 수 있도록 하는 아무런 제도적 장치도 없고 승계되는 체납관리비의 액수의 한도도 없는 상황에서, 승계인의 의사 여하 또는 그 선의, 악의를 불문하고 전 입주자의 체납관리비를 승계하도록 하여 승계인에게 불측의 재산상 손해를 입게 할 수 있는 이 사건 관리규약 제13조 제1항의 규정은, 관리비의 원활한 징수를 통한 공동주택의 효율적 관리 및 대다수 입주자들의 이익 보호라는 목적을 이루기 위한 수단으로서의 적정성을 갖추지 못하였을 뿐만 아니라 피해의 최소성원칙에도 어긋나 헌법상 기본권 제한의 한계로서의 비례의 원칙을 일탈하여 승계인의 재산권의 본질적 내용을 침해하는 것이다.

또한, 위 규약 제6조 및 제13조 제1항이 전 입주자의 사용·수익과 관련하여 발생한 체납관리비까지도 새로운 입주자의 의사에 반하여 입주자 전체의 집단 의사로 승계시킬 수 있다고 해석되는 것이라면, 이는 당사자의 승낙 없이 타인의 채무를 강제로 인수시키는 결과가 되는 반면, 일정 목적물의 점유 또는 소유에

의하여 공동체가 구성되고 특정 구성원이 그 소유 목적물의 사용·수익으로 인한 채무를 불이행함으로써 그 공동체 구성원 전체에게 귀속되어야 할 손해에 대하여 그 특정 구성원의 채무와 관계없이 단순히 그 목적물만을 취득한 자에게 그 특정 구성원의 채무를 부담시키는 것이 공공의 이익을 실현하는 것이라고 볼 수도 없으므로, 위 규정은 사적 자치의 원칙에 반하거나 사회적 타당성을 잃은 것이라 할 것이다.

결국, 위 관리규약은 헌법상 요구되는 비례의 원칙에 위반하여 승계인의 재산권을 과도하게 침해할 뿐만 아니라 사적 자치의 원칙에 반하거나 사회적 타당성을 잃은 것이기 때문에, 민법 제103조 소정의 선량한 풍속 기타 사회질서에 위반되어 그 효력이 없다.

나. 공동주택관리령의 해석에 관하여

공동주택관리령 제9조 제4항 및 이 사건 관리규약 제6조와 같은 규정은 공동주택의 입주자들이 공동생활의 질서유지와 주거생활의 향상을 위하여 공동주택의 관리, 사용 등의 사항에 관하여 관리규약으로 정한 내용은 그것이 승계 이전에 제정된 것이라고 하더라도 승계인에 대하여 효력이 있다는 뜻으로서 관리비와 관련하여서는 승계인도 입주자로서 관리규약에 따른 관리비를 납부하여야 한다는 의미로 해석될 뿐, 동 규정에 의하여 승계인이 전 입주자의 체납관리비까지도 승계하여 부담하는 것으로 해석되지는 않는다고 할 것이며, 그렇지 아니하고 위 공동주택관리령의 규정에 의하여 승계인에게 전 입주자의 체납관리비 채무가 승계되는 것으로 해석된다고 한다면, 위 규정은 앞에서 본 바와 마찬가지의 이유로 기본권 제한의 한계로서의 비례의 원칙을 일탈하여 승계인의 재산권을 과도하게 침해함으로써 재산권의 본질적 내용을 침해하는 위헌적인 규정이라고 아니할 수 없다.

다. 집합건물의소유및관리에관한법률(이하 '집합건물법'이라고 약칭함) 제18조의 해석에 관하여

집합건물법 제18조가 "공유자가 공용부분에 관하여 다른 공유자에 대하여 가지는 채권은 그 특별승계인에 대하여도 행사할 수 있다."고 규정하고 있기는 하나, 피고의 체납관리비 채권은 이 사건 아파트의 전 소유주의 전유부분의 사용에 따른 대가관계에서 발생한 것으로서 '공용부분에 관하여 가지는 채권'이 아닐 뿐만 아니라, 피고는 자치적 관리기구일 뿐 이 사건 아파트의 공용부분에 대하여 지분을 가진 공유자로 볼 수도 없으므로, 집합건물법 제18조의 규정에 의해 원고가 전 소유자의 관리비 채무를 승계한다고 할 수도 없다.

라. 승계의사 존재 여부

원고가 이 사건 아파트의 관리비가 연체되었음을 알고 경매를 통하여 낮은 가격에 이 사건 아파트를 취득하였다고 하여도, 관리비 연체사실을 알고 있었다는 사실만으로 그 납부의무를 승계할 의사가 있었다고 볼 수 없다.

2. 대법원의 판단

가. 이 사건 관리규약 및 공동주택관리령의 해석에 관하여

이 사건 관리규약 제13조 제1항은, 체납관리비 채권 전체에 대하여 입주자의 지위를 승계한 자에 대하여도 행사할 수 있도록 규정되어 있기는 하지만, 관리규약이 구분소유자 이외의 자의 권리를 해하지 못한다고 규정하고 있는 집합건물법 제28조 제3항에 비추어, 관리규약으로 전 소유자의 체납관리비를 양수인에게 승계시키도록 하는 것은 입주자 이외의 자들과 사이의 권리, 의무에 관련된 사항으로서 입주자들의 자치규범인 관리규약 제정의 한계를 벗어나는 것인 점, 개인의 기본권을 침해하는 사항은 법률로 특별히 정하지 않는 한 사적 자치의 원칙에 반한다는 점 등에 비추어, 특별승계인이 그 관리규약을 명시적, 묵시적으로 승인하지 않는 이상 그 효력이 없다고 할 것이며, 위 관리규약 제6조와 공동주택관리령 제9조 제4항 및 별개의견이 지적하고 있는 집합건물법 제42조 제1항의 각 규정은 공동주택의 입주자들이 공동주택의 관리, 사용 등의 사항에 관하여 관리규약으로 정한 내용은 그것이 승계 이전에 제정된 것이라고 하더라도 승계인에 대하여 효력이 있다는 뜻으로서, 관리비와 관련하여서는 승계인도 입주자로서 관리규약에 따른 관리비를 납부하여야 한다는 의미일 뿐, 그 규정으로 인하여 승계인이 전 입주자의 체납관리비까지 승계하게 되는 것으로 해석할 수는 없다 할 것이다.

같은 취지의 이 부분 원심의 판단은 정당하고 거기에 상고이유로서 주장하는 취지와 같은 법리오해 등의 위법이 있다고 할 수 없다(다만, 뒤에서 보는 바와 같이 집합건물법 제18조를 해석하면 그 취지에 따라 위 관리규약 제13조 제1항이 제정된 것으로 볼 수 있게 되어 위 규약 중 공용부분 관리비에 관한 부분은 유효하게 되므로 그 범위 내에서 원심의 이 판단 부분은 위법하게 된다).

나. 집합건물법 제18조의 해석에 관하여

구 민법(1958. 2. 22. 법률 제471호로 제정된 현행 민법에 의하여 폐지된 법률) 제254조는 "공유자의 1인이 공유물에 관하여 다른 공유자에 대하여 가지고 있는 채권은 그 특정승계인에 대하여도 주장할 수 있다."고 규정되어 있었으나 현행 민법에서 이 부분이 삭제되었다가, 그 후 집합건물법이 제정되면서 다시 삭제되었던 위 구 민법의 규정과 같은 집합건물법 제18조를 두게 된 것인바, 집합건물의 공용부분은 전체 공유자의 이익에 공여하는 것이어서 공동으로 유지·관리해야 하고 그에 대한 적정한 유지·관리를 도모하기 위하여는 소요되는 경비에 대한 공유자간의 채권은 이를 특히 보장할 필요가 있어 공유자의 특별승계인에게 그 승계의사의 유무에 관계없이 청구할 수 있도록 특별규정을 둔 것으로서, 이는 구분소유권을 타인에게 매각하는 등의 행위를 통해 공용부분에 대한 책임을 회피하는 것을 방지하면서도 다른 한편, 공용부분에 대한 비용과 관계없는 전 소유자의 전유부분에 대한 체납관리비에 대해서까지 이를 제3자에게 승계시키는 것은 특별승계인에게 지나친 손해를 입게 하는 것이 되므로 그 조화를 꾀하고, 집합건물의 특별승계가 이루어질 경우 체납관리비에 대한 공시제도가 마련되지 않아 특별승

계인에게 발생할 수 있는 불이익도 고려하여 승계되는 채무의 범위를 공용부분 관리비에 한정하려는 규정으로 보아야 할 것이다.

그리고 비록 피고와 같은 관리단은 집합건물법 제18조가 규정한 공유자는 아니라고 할지라도, 원래 각 공유자는 민법의 공유관계 규정에 따라 공용부분을 관리하여야 하고 자기 지분을 넘는 비용을 지출한 공유자는 그렇지 아니한 다른 공유자에 대하여 이를 청구할 수 있는데 (민법 제266조 참조), 집합건물의 구분소유자의 단체인 피고와 같은 관리단 등이 행사하는 공용부분에 대한 관리비 징수권은 위와 같은 각 공유자의 청구권에 기초하여 부여된 것이라고 할 것이므로, 피고는 집합건물법 제18조 소정의 채권을 행사할 수 있는 공유자에 준한 지위를 가진다고 보아도 무방할 것이다.

또, 목적의 정당성과 필요성에 비추어 공용부분 관리비에 대하여 특별승계인에게 법률로 이를 승계시키는 것이 비례의 원칙을 일탈하여 재산권의 본질적 내용을 침해한 것이라고 볼 수 없다.

한편 위와 같이 해석하면, 경매 목적물의 법적 부담으로 인해 경락인이 불측의 손해를 입게 될 우려가 있다고 하나, 이러한 문제는 공용부분 관리비에 국한되는 것이 아니고 경매 목적물에 하자가 있는 때에도 일어날 수 있는 문제로서 이는 경매제도상 불가피한 현상이고, 경락인이 구분소유 건물을 경락받을 때 전 소유자의 관리비 체납 여부에 대하여 조사하는 것도 불가능하다고 할 수는 없으며 그 밖에 이 사건 아파트관리비를 공용부분과 전유부분에 관한 것으로 구분하는 것 또한 불가능하다고는 보이지 않는다.

그렇다면 이 사건 관리규약 제13조 제1항 중 공용부분 관리비에 관한 부분은 집합건물법 제18조에 터잡은 것으로서 유효하다고 할 것이므로, 이 사건 아파트의 특별승계인인 원고는 전 입주자의 체납관리비 중 공용부분에 관하여는 이를 승계하여야 한다고 봄이 타당하다.

따라서 원심으로서는 이 사건 체납관리비 중 어느 항목이 공용부분에 관한 것인지 더 심리하여 그에 해당하는 관리비는 원고에게 승계된다고 판단하여야 할 것임에도 불구하고, 이에 이르지 아니한 원심판결에는 아파트 전 소유자의 체납관리비에 대한 특별승계인의 책임에 관한 법리를 오해한 결과 이 점에 대한 심리를 다하지 아니한 위법이 있다고 할 것이므로, 이를 지적하는 취지의 상고이유의 주장은 이유 있다.

다. 주택건설촉진법 제3조 제4호, 제38조 제1항, 공동주택관리령 제3조 제1항, 제10조 제6항, 제11조 등 관련 법령의 규정과 이 사건 관리규약 등을 종합하면, 피고도 이 사건 관리비의 부과, 징수 주체에 해당한다고 할 것이므로(앞에서 본 바와 같이 피고는 원심에 이르기까지, 피고가 이 사건 아파트의 관리주체인 점에 대하여는 다투지 아니하였다), 이 점에 관한 상고이유의 주장은 받아들이지 않는다.

3. 결 론

그러므로 원심판결을 파기하고, 사건을 다시 심리·판단하게 하기 위하여 이를 원심법원에 환송하기로 하여 주문과 같이 판결하는바, 이 판결에는 대법관 서성, 대법관 유지담, 대법관 이용우의 별개의견이 있고, 대법관 조무제의 반대의견이 있는 이외에는 관여 대법관들의 의견이 일치되었다.

4. 대법관 서성, 대법관 유지담, 대법관 이용우의 별개의견은 다음과 같다.

가. 집합건물의소유및관리에관한법률(아래에서는 '집합건물법'이라고 한다) 제28조 제1항, 구 공동주택관리령(1998. 12. 31. 대통령령 제16069호로 개정되기 전의 것, 아래에서도 같다) 제9조 제1항에 따라 제정된 이 사건 아파트관리규약은 집합건물법 제42조 제1항, 공동주택관리령 제9조 제4항에 따라 이 사건 아파트를 경락받은 원고에게도 효력이 미친다. 그런데 이 사건 아파트관리규약 제13조 제1항은 "관리주체는 관리비, 사용료 및 특별수선충당금에 대한 채권은 입주자의 지위를 승계한 자에 대하여도 행사할 수 있다."고 규정하고 있으므로, 다른 특별한 사정이 없는 한 원고는 이 사건 아파트의 특별승계인으로서 전 소유자가 체납한 관리비를 납부할 의무가 있다.

나. (1) 다수의견은 이 사건 아파트 관리규약 제13조 제1항 중 전유부분에 관한 체납 관리비의 승계를 규정한 부분이 ① 규약으로 구분소유자 이외의 자의 권리를 해하지 못한다는 집합건물법 제28조 제3항에 비추어 관리규약 제정의 한계를 벗어나고, ② 개인의 기본권을 침해하는 내용으로서 사적 자치의 원칙에 어긋나므로, 특별승계인이 그 규약을 명시적 또는 묵시적으로 승인하지 아니하는 이상, 그 효력이 없다고 한다.

(2) 집합건물법 제23조 제1항에 따라 구분소유자 전원으로 구성되는 관리단은 권리능력 없는 사단이고, 관리단집회에서 정하는 규약은 자치법규로서 집합건물법 제42조에 따라 구분소유자는 물론 그 특별승계인이나 점유자에게도 효력이 미친다. 집합건물은 다수의 사람이 공동으로 소유하며 사용하는 건물이므로, 규약을 통하여 구분소유자나 그 특별승계인 또는 점유자의 권리에 일정한 제한을 가하는 것은, 그러한 제한이 헌법이나 다른 법령의 규정에 어긋나지 아니하는 한, 허용된다.

(3) 집합건물법 제28조 제3항이 규약으로 '구분소유자 이외의 자'의 권리를 해하지 못한다고 규정하고 있는 것은, 일반적으로 합의의 효력은 당해 합의의 당사자와 그 포괄승계인에게만 미친다는 당연한 원칙을 확인하고 있는 것이고, 이 규정에서 말하는 '구분소유자'에는 규약 제정 당시의 구분소유자뿐만 아니라 규약이 제정된 뒤 구분소유자가 된 사람도 포함되므로, 규약으로 구분소유자의 특별승계인의 권리를 제한하는 것이 집합건물법 제28조 제3항에 어긋나지 아니한다. 구분소유자의 특별승계인은 구분소유권을 취득함으로써 당연히 관리단의 구성원이 되므로, 관리단이 정한 규약이나 승계 당시 효력이 있는 관리단집회의 결의는 그에 대하여 효력이 미쳐야 하고, 집합건물법 제42조 제1항은 이러한 법리를

규정하고 있다. 다수의견과 같은 논리를 관철한다면 규약 제정 당시의 구분소유자 이외에 그 특별승계인이나 점유자의 권리를 제한하는 규약의 규정은 모두 그 제정의 한계를 벗어난다는 결과가 되고, 이러한 결론이 집합건물법 제42조와 어긋남은 물론 현실적으로도 부당한 결과를 초래하는 점에는 별도의 설명이 필요 없다.

(4) 또한, 집합건물의 구분소유권을 취득하는 것은 공동생활을 전제로 하는 관리단에 가입하는 것이고, 이러한 단체 내에서의 공동생활에 필요하고 상당한 범위 안에서 관리규약을 통하여 사적 자치에 일정한 제한을 두는 것은 선량한 풍속 기타 사회질서에 위배되지 아니한다. 특별승계인이 규약에 따라 전 소유자의 체납관리비를 승계하더라도, 실제에 있어서는 전 소유자의 관리비 체납 액수를 손쉽게 파악하여 구분소유권 취득가액에서 이를 공제함으로써 체납관리비에 대한 부담을 간단히 해소할 수 있고, 또 전 소유자의 체납관리비를 납부한 경우에는 구상권을 행사하여 전 소유자로부터 이를 상환받을 수 있다. 따라서 이러한 규약의 규정은 재산권의 본질적 내용을 침해하지 아니하고 비례의 원칙에도 어긋나지 아니한다.

(5) 아울러 구분소유자의 특별승계인이 구분소유권을 취득함으로써 관리단에 가입하는 것은 곧 규약과 관리단집회의 기존 결의를 최소한 묵시적으로 승인한 것이라고 보아야 한다. 다수의견과 같이 특별승계인이 관리단의 구성원이 되는 것과는 별도로 규약을 명시적 또는 묵시적으로 승인하지 아니하면 규약의 효력이 특별승계인에게 미치지 아니한다고 보는 것은, 구분소유자 상호간의 이해관계를 조정함으로써 집합건물의 유지와 관리를 목적으로 하는 집합건물법의 입법 취지에는 물론 집합건물법 제42조 제1항에도 어긋난다.

다. (1) 다수의견은 집합건물법 제18조에 따라 구분소유자의 특별승계인에게 승계되는 채무의 범위가 공용부분에 관한 체납관리비에 한정된다고 보고 있다.

(2) 그러나 집합건물법 제18조에 따라 공용부분에 관한 관리비가 특별승계인에게 당연히 승계된다고 하더라도, 그 반대해석으로 전유부분에 관한 관리비가 특별승계인에게 승계되어서는 아니 되고 따라서 관리규약으로 특별승계인이 이를 승계하는 규정을 둘 수 없다고 해석할 수는 없다. 관리비는 건물 전체의 유지·관리를 위하여 사용되고 건물의 전체 가치에 포함되거나 앞으로 사용하기 위한 재산으로서, 관리비의 징수는 집합건물의 유지와 관리를 위하여 반드시 필요하며, 구분소유자 중 일부가 관리비를 납부하지 아니하면 그것은 결국 다른 구분소유자들의 부담으로 돌아간다. 이러한 체납관리비의 징수방법 중 하나로 이 사건 아파트 관리규약과 같이 특별승계인으로 하여금 이를 승계하도록 하더라도, 특별승계인은 위에서 본 바와 같이 구분소유권 취득과정에서 그 부담을 쉽게 해소할 수 있으므로, 특별승계인에게 체납관리비 납부의무를 승계하도록 하는 것이 지나친 부담을 지우는 것이 아니다. 집합건물법 제18조는 특별승계인으로 하여금 전유부분에 관한 관리비를 승계하도록 할 수 없다는 근거규정이 될 수 없다.

라. 한편, 다수의견과 같이 전 소유자의 체납관리비 중 공유부분에 관한 것은 특별승계인에게 승계되나 전유부분에 관한 것은 승계될 수 없다고 보는 경우, 공유부분과 전유부분에 관한 관리비의 명확한 구분이 어려워 또다른 분쟁을 일으킬 수 있고, 전 소유자로부터 전유부분에 관한 체납관리비의 징수가 사실상 불가능하여 그 부담이 관리비의 상승 등을 통하여 당해 전유부분과 아무런 관련이 없는 다른 구분소유자들에게 전가된다는 현실적인 문제도 발생한다.

마. 그러므로 이 사건 아파트의 전 소유자가 체납한 관리비는 공유부분과 전유부분을 구분하지 아니하고 전부 그 특별승계인인 원고에게 승계된다. 따라서 원심판결은 파기되어야 하지만, 전유부분에 관한 체납관리비는 특별승계인에게 승계되지 아니한다는 다수의견에는 찬동할 수 없다.

5. 대법관 조무제의 반대의견은 다음과 같다.

가. 머리말

(1) 이 사건에서의 논점은 집합건물 구분소유자의 특별승계인은 그 구분소유자의 미납관리비채무를 승계부담해야 하는가의 여부, 즉, 집합건물법 제42조 제1항과 공동주택관리령 제9조의 위임을 받은 이 사건 관리규약 제13조 또는 집합건물법 제18조의 규정이 그 채무부담의 근거가 될 수 있는가 하는 것이다.

본 견해는 그 규정들 중 집합건물법 제42조 제1항, 공동주택관리령 제9조, 그 관리규약 제13조가 그 채무부담의 근거가 된다고 하는 별개의견의 논거에 찬성하지 아니하면서 별개의견의 그 논거에 대한 반론에 있어서는 원심의 판단을 지지한 다수의견과 견해를 같이 하므로 여기에서 그 부분은 재론하지 아니하고 다만, 집합건물법 제18조의 부분에 관하여만 논의하고자 한다.

(2) 사법(사법)체계에서 법률관계의 변동, 특히 채무의 발생은 당사자의 법률행위에 의하거나 법률의 규정에 근거하여야 하고 그 중 법률의 규정을 근거로 삼는 경우에는 헌법 제23조, 제37조 등 관련규정의 정신에서 보아 그 근거조항의 내용과 한계가 명시된 규정에 의하여야 될 이치이다.

그런데 다수의견은 집합건물법 제18조에 근거하여 공유자의 특별승계인인 원고가 승계 전의 공유자가 미납한 공동주택관리비 중 공용부분에 관한 수액을 납부할 채무를 진다고 해석하며, 별개의견은 같은 규정에 근거하더라도 그 특별승계인이 공유부분의 관리비는 물론 전유부분의 관리비조차 납부할 채무를 진다고 한다.

그러나 본 의견은 그 제18조를 특별승계인의 채무부담의 근거가 되는 규정으로 삼을 수 없다고 보는바, 그것은 그 제18조의 해석론에서 그러한 결론이 나올 뿐만 아니라 관련 규정 등 제반 사정을 종합 검토할 때 그렇다고 판단되기 때문이다.

나. 다수의견과 별개의견의 논거에 대한 의문

(1) 집합건물법 제18조의 해석과 관련하여

(가) '공유자'의 해석

집합건물법 제10조 제1항은 공용부분은 구분소유자 전원의 공유에 속한다고 하므로 공용부분의 공유자는 구분소유자를 가리키고 있다.

따라서 관리단이나 입주자대표회의 등(다음에는 '관리단'이라고만 쓴다)은 공유자에 해당되지 아니한다. 즉, 관리단은 구분소유자처럼 공용부분에 대한 지분권(제12조), 사용권(제11조, 다만 공동주택관리령 제3조 제5항의 예외 규정은 별론), 의결권(제15조)을 갖지 않으며 부담·수익(제17조)에도 참여할 지위에 있지 못하다.

집합건물법 제10조에 의하여 일부의 구분소유자만의 공유에 제공되는 것임이 명백한 공용부분은 그들 구분소유자만의 공유에 속하는 것인바, 이러한 일부 공용부분의 경우 관리단이 그 부분 공유자에 속하지 아니하는 것을 상정해 보면 그 점이 더욱 분명해진다.

나아가, 가령 관리단이 그 제18조의 공유자에 포함된다고 보아 다수의견처럼 관리단이 특별승계인에 대하여 공용부분 관리비의 납부를 청구할 권리가 생긴다고 한다면, 그 법문의 해석상 당연히 관리단 아닌 진정한 공유자인 구분소유자도 관리비 지급청구권을 가진다고 해석되어야 할 터이다.

그러나 구분소유자는 특별승계인에 대하여 자신에게 관리비를 지급하도록 청구할 근거는 갖지 못하는 것이고, 또한 관리단에게 관리비를 지급하라고 청구할 수도 없는 것이니(주택건설촉진법 제38조 제12항 참조), 구분소유자인 공유자는 그러한 지급청구를 할 권리가 없는 셈이 된다.

결국, 다수의견이나 별개의견의 해석론은 그 제18조가 거기에 명정된 진정한 공유자는 행사할 수 없는 권리를 그 규정상 공유자에 속하지도 아니하는 관리단만이 지급청구할 근거규정이 된다는 결론에 이르게 되는 것이다.

(나) '공용부분에 관한 채권'의 해석

관리비는 공용부분에 관한 것(청소비, 오물수거비, 소독비, 승강기유지비, 공용부분 난방비, 공용부분 급탕비, 수선유지비)과 일반관리비(인건비, 제사무비, 교통통신비, 제세공과금, 피복비, 교육훈련비, 차량유지비, 부대비용) 그리고 전유부분에 관한 것(전기료, 수도료, 하수도료, 세대난방료, 급탕료, TV수신료 등)으로 나눌 수 있는바(주택건설촉진법 제38조 제13항, 공동주택관리령 제15조 참조), 그 중 일반관리비는 공용부분에만 관한 것도 아니고 전유부분에만 관한 것도 아니어서 그것을 공유부분의 것과 전유부분의 것으로 구분한다는 것은 불가능하다.

이러한 실정임에도 그 제18조가 공용부분에 관한 관리비만을 특별승계인에게 부담시키려 한 근거조항이라고 새기는 다수의견의 해석은 입법자가 명확하게 구분될 수도 없는 수액만을 특별승계인에게 부담시키는 근거로서 그 조항을 설정하였다고 보는 결과로 되어 입법자의 의도와 맞지 않는 것이다.

(다) 그 제18조가 적용되는 구체적 사례와 입법 취지

일부 공용부분에 적용될 경우가 많을 것으로서 공용부분에 새로운 시설을 하거나 기존시설의 수리를 하는 때에는 공동주택관리령 제15조 제4항에 따라 거기에 든 비용을 관리단이 지출함이 통상이겠으나 긴급한 필요 등의 사유가 생겨 공유자 중의 1인이 대신 지급한 경우 그 공유자는 다른 공유자의 부담부분에 관하여 상환청구권을 취득할 것인바, 그 이후에 그 부담자의 특별승계인이 생긴 때에는 그 특별승계인은 장차 그 시설 등을 공유 사용할 본인이므로 그에게 전 소유자의 그 부담을 승계시켜도 부당한 취급이라고 할 수 없을 뿐더러 법률관계의 간명을 꾀할 필요성은 절실하므로 이 규정이 설정된 것으로 보인다.

이 규정에 따라 권리행사가 용이하게 되는 결과 공유자의 공용부분에 관한 체당 등 공유자의 협력이 촉진되어 공용부분의 관리가 더욱 원활해질 것이 예상되는바, 이 조항의 입법 취지에는 이러한 점도 포함되어 있다고 생각된다.

(2) 집합건물법 제27조 제1항, 제2항이 별도로 설정되어 있다는 사정과 관련하여

한편, 집합건물법 제27조는 제1항에서 관리단이 그의 재산으로 채무를 완제할 수 없는 때에는 구분소유자는 지분비율에 따라 관리단의 채무를 변제할 책임을 진다는 취지를 규정하고, 제2항에서 구분소유자의 특별승계인은 승계 전에 발생한 관리단의 채무에 관하여도 책임을 진다는 취지를 규정하고 있다.

관리비채권은 전유부분, 공유부분의 것을 막론하고 관리단에 수입으로 귀속된다. 그리고 관리업무를 위하여 관리단이 한 행위에 따른 비용부담도 채무로서 관리단에 귀속된다.

관리단이 구분소유자에 대한 관리비를 징수한 끝에 무자력인 자나 관리비를 미납한 채 전유부분을 다른사람에게 양도하고 잠적한 자의 발생 등의 사유로 집행불능이 누적된 나머지 관리단이 제3자에 대하여 채무초과로 된 때에 대비하여, 그 제27조는 구분소유자 전원에게 지분비율에 따른 분할변제책임을 지우면서 특별승계인에게도 승계 전에 발생한 관리단의 채무에 대하여 같은 책임을 승계시키고 있다. 이 때 초과된 이 채무가 특별승계가 된 구분소유자의 것이든지 아니든지, 전유부분에 관한 것으로 생긴 것이든지 공용부분에 관한 것으로 생긴 것이든지 불문함은 물론이다.

이와 같이 관리단의 채무 중 변제능력을 초과하는 부분에 관하여 구분소유자 전원의 책임으로 돌리고 그의 원인이 된 특별승계인 개인에게 전 책임을 지우지 아니하는 그 제27조의 규정이 별도로 설정되어 있다는 사정을 상기할 때, 그 제18조의 규정이 관리단이 특별승계인에 대해 승계 전의 미납관리비 지급청구권을 행사할 수 있는 근거규정은 되지 못하는 것을 알 수 있게 된다.

다수의견이나 별개의견에 따른다면 결과적으로 구분소유자의 특별승계인은 그 구분소유자의 관리단에 대한 채무에 대하여 전 책임을 지고 나서도 또 관리단의 변제불능채무에 대하여도 지분비율에 따른 분할책임을 져야 하는 실로 부당한 대우를 받게 된다.

(3) 유사입법례와의 대비해석의 면에서

우리 집합건물법과 유사한 입법례인 일본의 '건물의구분소유등에관한법률' 제7조 제1항은 우리 집합건물법 제18조와 같은 문안의 규정을 설정한 데다가 이어서 덧붙여 "관리자 또는 관리법인이 그의 직무 또는 업무를 행함에 있어 구분소유자에 대하여 갖는 채권에 대하여도 같다."고 명정하기 때문에 그 법제에서는 그 규정이 특별승계인의 채무부담 근거조항으로 해석되는 것이며, 반대로 입법 당시 유사한 조항을 의도적으로 설정하지 않은 것으로 보이는 우리법 규정에서는 같은 해석을 할 도리가 없을 것이다.

요컨대, 위의 제27조의 명문규정이 있는 반면 위의 제18조의 문면에서 관리단 관련 조항을 설정하지 아니한 입법태도야말로 그 제18조의 규정은 관리단이 특별승계인에 대하여 관리비채권을 행사할 근거규정이 아님을 분명히 보여주는 것이라고 하겠다.

(4) 관련자 지위의 공평성의 면에서

관리비채무를 대납한 사람은 원채무자인 전(전)공유자에게 구상할 수 있음은 당연하다. 그런데 다수의견이나 별개의견처럼 해석하면 특별승계인이 전 공유자의 미납부 관리비를 납부한 후 전 공유자의 소재를 찾아내어 그 구상권을 행사하거나 소구하여야 할 것이다. 특히, 경매나 공매절차에 의한 특별승계인의 경우, 그러한 권리행사를 스스로 한다는 것이 용이하지 아니함은 쉽게 짐작된다.

반면에, 관리단은 전 공유자의 전출 등 사항을 파악하고 있어 그의 전출소재지 등 관련정보를 보유하고 있을 뿐만 아니라 재판상, 재판 외에서 그러한 업무를 본무로 삼는 관리인이 선임되어 있어서 (집합건물법 제25조 제1항, 공동주택관리령 제3조 제1항 참조) 그 징수업무처리가 용이하므로 구상권행사의 실제에서의 공평성으로 보아도 다수의견과 별개의견의 해석은 부당하다고 여겨지는 것이다.

다. 맺는말

요컨대, 우리 집합건물법은 승계 전의 구분소유자의 미납관리비를 공용부분의 것이든지 전유부분의 것이든지 묻지 않고 그의 특별승계인에게 개별적으로 채무부담 지우지 아니하되, 관리단의 재산으로 변제불능의 결과가 야기될 때에야 구분소유자 전원에게 분할변제책임을 지우는 제도를 택하고 있는 것이다.

집합건물에서의 다수거주자의 원활한 공동생활을 규율하기 위하여 관리비채권의 징수확보에 의한 해결의 필요성은 수긍되고 그를 위한 해결책으로서 제시된 다수의견이나 별개의견 해석론상의 의중을 이해 못하는 바는 아니나, 별개의견이나 다수의견처럼 관리규약 제13조나 집합건물법 제18조를 특별승계인에 대하여 승계 전 공유자의 관리비채무를 부담시키는 근거규정으로 풀이하는 경우에는 일면의 구체적 타당성에 치중한 나머지 위헌적 소지가 우려되는 등으로 법적 안정성을 해치게 된다고 보아 본 의견은 그 견해들에 동조하지 아니하는 것이다.

그러므로 원심의 판단은 옳고, 피고의 상고는 공유부분 관리비 부분이나 전유부분 관리비 부분을 가릴 것 없이 전부 기각됨이 마땅하다.

대법원장 최종영(재판장) 송진훈 서성 조무제 유지담 윤재식(주심) 이용우 배기원 강신욱 이규홍 이강국 손지열 박재윤

6. 전유부분과 대지사용권의 분리처분금지규정의 적용범위

가. 아파트와 같은 대규모 집합건물의 경우, 대지의 분・합필 및 환지절차의 지연, 각 세대당 지분비율 결정의 지연 등으로 인하여 전유부분에 대한 소유권이전등기만 수분양자를 거쳐 양수인 앞으로 경료되고, 대지지분에 대한 소유권이전등기는 상당기간 지체되는 경우가 종종 생기고 있는데, 이러한 경우 집합건물의 건축자로부터 전유부분과 대지지분을 함께 분양의 형식으로 매수하여 그 대금을 모두 지급함으로써 소유권 취득의 실질적 요건은 갖추었지만 전유부분에 대한 소유권이전등기만 경료받고 대지지분에 대하여는 위와 같은 사정으로 아직 소유권이전등기를 경료받지 못한 자는 매매계약의 효력으로써 전유부분의 소유를 위하여 건물의 대지를 점유・사용할 권리가 있는바, 매수인의 지위에서 가지는 이러한 점유・사용권은 단순한 점유권과는 차원을 달리하는 본권으로서 집합건물의소유및관리에관한법률 제2조 제6호 소정의 구분소유자가 전유부분을 소유하기 위하여 건물의 대지에 대하여 가지는 권리인 대지사용권에 해당한다고 할 것이고, 수분양자로부터 전유부분과 대지지분을 다시 매수하거나 증여 등의 방법으로 양수받거나 전전 양수받은 자 역시 당초 수분양자가 가졌던 이러한 대지사용권을 취득한다.

나. 집합건물의소유및관리에관한법률의 규정내용과 입법취지를 종합하여 볼 때, 대지의 분・합필 및 환지절차의 지연, 각 세대당 지분비율 결정의 지연 등의 사정이 없었다면 당연히 전유부분의 등기와 동시에 대지지분의 등기가 이루어졌을 것으로 예상되는 경우, 전유부분에 대하여만 소유권이전등기를 경료받았으나 매수인의 지위에서 대지에 대하여 가지는 점유・사용권에 터잡아 대지를 점유하고 있는 수분양자는 대지지분에 대한 소유권이전등기를 받기 전에 대지에 대하여 가지는 점유・사용권인 대지사용권을 전유부분과 분리 처분하지 못할 뿐만 아니라, 전유부분 및 장래 취득할 대지지분을 다른 사람에게 양도한 후 그 중 전유부분에 대한 소유권이전등기를 경료해 준 다음 사후에 취득한 대지지분도 전유부분의 소유권을 취득한 양수인이 아닌 제3자에게 분리 처분하지 못한다 할 것이고, 이를 위반한 대지지분의 처분행위는 그 효력이 없다(대법원 2000. 11. 16. 선고 98다45652,45669 전원합의체 판결)

<판례전문(대법원 2000. 11. 16. 선고 98다45652,45669 전원합의체 판결)>

[원고(반소피고), 피상고인] 원고 (소송대리인 변호사 박상기)

[피고(반소원고), 상고인] 피고 1 (소송대리인 변호사 이종욱)

[피고, 상고인] 피고 2 (소송대리인 변호사 이종욱)

[원심판결] 서울지법 1998. 7. 31. 선고 98나10259, 10266 판결

[주 문] 상고를 모두 기각한다. 상고비용은 피고들(반소원고 포함)의 부담으로 한다.

[이 유] 1. 상고이유 제1점에 대하여

가. 집합건물의소유및관리에관한법률(이하 '집합건물법'이라 한다)은, 제20조에서, 구분소유자의 대지사용권은 그가 가지는 전유부분의 처분에 따르고(제1항), 구분소유자는 규약으로써 달리 정하지 않는 한 그가 가지는 전유부분과 분리하여 대지사용권을 처분할 수 없으며(제2항), 위 분리처분금지는 그 취지를 등기하지 아니하면 선의로 물권을 취득한 제3자에 대하여 대항하지 못한다(제3항)고 규정하고 있는바, 위 규정의 취지는 집합건물의 전유부분과 대지사용권이 분리되는 것을 최대한 억제하여 대지사용권 없는 구분소유권의 발생을 방지함으로써 집합건물에 관한 법률관계의 안정과 합리적 규율을 도모하려는 데 있다고 할 것이다.

한편 아파트와 같은 대규모 집합건물의 경우, 대지의 분·합필 및 환지절차의 지연, 각 세대당 지분비율 결정의 지연 등으로 인하여 전유부분에 대한 소유권이전등기만 수분양자를 거쳐 양수인 앞으로 경료되고, 대지지분에 대한 소유권이전등기는 상당기간 지체되는 경우가 종종 생기고 있는 데, 이러한 경우 집합건물의 건축자로부터 전유부분과 대지지분을 함께 분양의 형식으로 매수하여 그 대금을 모두 지급함으로써 소유권 취득의 실질적 요건은 갖추었지만 전유부분에 대한 소유권이전등기만 경료받고 대지지분에 대하여는 앞서 본 바와 같은 사정으로 아직 소유권이전등기를 경료받지 못한 자는 매매계약의 효력으로써 전유부분의 소유를 위하여 건물의 대지를 점유·사용할 권리가 있다고 하여야 할 것인바, 매수인의 지위에서 가지는 이러한 점유·사용권은 단순한 점유권과는 차원을 달리하는 본권으로서 집합건물법 제2조 제6호 소정의 구분소유자가 전유부분을 소유하기 위하여 건물의 대지에 대하여 가지는 권리인 대지사용권에 해당한다고 할 것이고, 수분양자로부터 전유부분과 대지지분을 다시 매수하거나 증여 등의 방법으로 양수받거나 전전 양수받은 자 역시 당초 수분양자가 가졌던 이러한 대지사용권을 취득한다고 할 것이다(대법원 1995. 3. 14. 선고 93다60144 판결, 1998. 6. 26. 선고 97다42823 판결 등 참조).

그리고 앞서 본 집합건물법의 규정내용과 입법취지를 종합하여 볼 때, 대지의 분·합필 및 환지절차의 지연, 각 세대당 지분비율 결정의 지연 등의 사정이 없었다면 당연히 전유부분의 등기와 동시에 대지지분의 등기가 이루어졌을 것으로 예상되는 경우, 전유부분에 대하여만 소유권이전등기를 경료받았으나 매수인의

지위에서 대지에 대하여 가지는 점유·사용권에 터잡아 대지를 점유하고 있는 수분양자는 대지지분에 대한 소유권이전등기를 받기 전에 대지에 대하여 가지는 점유·사용권인 대지사용권을 전유부분과 분리 처분하지 못할 뿐만 아니라, 전유부분 및 장래 취득할 대지지분을 다른 사람에게 양도한 후 그 중 전유부분에 대한 소유권이전등기를 경료해 준 다음 사후에 취득한 대지지분도 전유부분의 소유권을 취득한 양수인이 아닌 제3자에게 분리 처분하지 못한다 할 것이고, 이를 위반한 대지지분의 처분행위는 그 효력이 없다고 봄이 상당하다 할 것이다.

이와 달리, 전유부분과 함께 그 대지지분을 매수하고 그 대금을 모두 지급하는 등 하여 대지지분 취득의 실질적 요건을 다 갖추었으나 등기절차상의 사유로 대지지분에 대한 소유권 이전등기를 경료하지 못한 매수인의 지위에서 가지는 권리가 집합건물법 제2조 제6호 소정의 대지사용권에 해당하지 아니한다는 대법원 1996. 12. 20. 선고 96다14661 판결은 위 견해와 저촉되는 한도에서 이를 폐기하기로 한다.

나. 원심판결 이유 및 기록에 의하면, 피고 1(반소원고, 이하 ' 피고 1'라 한다)이 아들인 피고 2 명의로 이 사건 아파트 전유부분(이하 '이 사건 아파트'라 한다)과 그 대지지분을 소외 임광토건 주식회사로부터 분양받아 대지지분에 대하여는 아직 대지권 등기가 이루어지지 아니하여 소유권이전등기를 경료받지 못한 채, 1990. 1. 23. 이 사건 아파트에 대하여만 피고 2 명의로 소유권이전등기를 경료받았는데, 피고 2가 1992. 4. 23. 처인 원고(반소피고, 이하 '원고'라 한다)와 협의이혼을 하기로 하면서 위자료 지급에 갈음하여 이 사건 아파트와 그 대지지분을 원고에게 양도하기로 하고 1992. 4. 25. 협의이혼을 한 후 같은 달 27일 원고에게 이 사건 아파트에 대하여만 증여를 원인으로 한 소유권이전등기를 경료하여 주고 이를 명도한 사실, 그런데 피고 1이 1994년 2월경 피고 2를 상대로 이 사건 대지지분에 대하여 명의신탁해지를 원인으로 한 소유권이전등기청구의 소를 제기하여 의제자백에 기한 승소판결을 받은 다음 피고 2를 대위하여 위 대지지분에 대하여 피고 2 명의로 소유권이전등기를 경료하고 이어 피고 1 명의로 소유권이전등기를 경료한 사실을 알 수 있다.

그렇다면, 앞서 본 법리에 비추어 볼 때, 피고 2는 이 사건 아파트에 대한 소유권이전등기를 경료받을 당시 그 대지지분에 대한 소유권이전등기를 경료받지는 못하였지만 이를 분양받아 그 대금을 모두 지급한 매수인의 지위에서 이 사건 아파트를 소유하기 위하여 대지에 대하여 가지는 점유·사용권인 대지사용권을 취득하였고, 원고 역시 피고 2로부터 이 사건 아파트와 대지지분을 증여받아 그 아파트에 대한 소유권이전등기를 경료함으로써 이와 같은 대지사용권을 취득하였다 할 것이고, 따라서 이 사건 아파트의 구분소유자였던 피고 2는 원고에게 그 전유부분에 대한 소유권이전등기를 경료해 준 다음 사후에 취득한 이 사건 대지지분을 전유부분의 소유자인 원고가 아닌 제3자에게 분리 처분하지 못하고, 이를 위반하여 대지지분을 처분하였다 하더라도 그 처분행위는 효력이 없다고 할 것이며,

이러한 법리는 피고 2가 이 사건 대지지분에 대한 명의신탁이 해지됨에 따라 피고 1에 대하여 이 사건 대지지분에 대한 소유권이전등기 의무를 부담하게 되어 그 의무를 이행하는 경우에도 마찬가지로 적용된다고 할 것이다.

다. 원심판결은 그 이유 설시에 있어 부적절한 점이 없지 아니하나 이 사건 대지지분에 대하여 분리처분금지가 적용되어 피고 1 앞으로 마쳐진 이 사건 대지지분에 대한 소유권이전등기가 무효라고 본 결론에 있어서는 정당하다고 할 것이고, 거기에 대지사용권의 분리처분금지에 관한 법리를 오해한 위법이 있다고 할 수 없다.

이 부분 상고이유의 주장은 이유 없다.

2. 상고이유 제2점에 대하여

앞서 본 바와 같이 피고 1 앞으로 경료된 이 사건 대지지분의 소유권이전등기가 무효인 이상, 피고 1이 이 사건 대지지분을 유효하게 취득하였음을 전제로 하여 원고에 대하여 이 사건 대지지분에 대한 차임 상당의 부당이득금의 반환을 구하는 피고 1의 반소청구는 그 이유가 없다 할 것이므로, 같은 취지에서 피고 1의 반소청구를 배척한 원심의 조치도 정당하고, 거기에 부당이득금 산정에 관한 법리오해 등의 위법이 있다고 할 수 없다.

이 부분 상고이유의 주장도 이유 없다.

3. 그러므로 상고를 모두 기각하고, 상고비용은 패소자의 부담으로 하기로 하여 대법관들의 일치된 의견으로 주문과 같이 판결한다.

대법원장 최종영(재판장) 송진훈 서성 조무제 유지담 윤재식(주심) 이용우 배기원 강신욱 이규홍 이강국 손지열 박재윤

7. 구분건물의 전유부분에 대한 소유권이전등기만 경료되고 대지지분에 대한 소유권이전등기가 경료되기 전에 전유부분만에 관하여 설정된 저당권의 효력범위

집합건물의소유및관리에관한법률 제20조 제1항, 제2항과 민법 제358조 본문의 각 규정에 비추어 볼 때, 집합건물의 대지의 분·합필 및 환지절차의 지연, 각 세대당 지분비율 결정의 지연 등으로 인하여 구분건물의 전유부분에 대한 소유권이전등기만 경료되고 대지지분에 대한 소유권이전등기가 경료되기 전에 전유부분만에 관하여 설정된 저당권의 효력은, 대지사용권의 분리처분이 가능하도록 규약으로 정하였다는 등의 특별한 사정이 없는 한, 그 전유부분의 소유자가 나중에 대지지분에 관한 등기를 마침으로써 전유부분과 대지권이 동일 소유자에게 귀속하게 되었다면 당연히 종물 내지 종된 권리인 그 대지사용권에까지 미친다(대법원 2001. 9. 4. 선고 2001다22604 판결).

8. 집합건물의소유및관리에관한법률 제49조에 의하여 의제된 합의 내용인 재건축 결의의 내용의 변경을 위한 의결정족수

재건축 결의에 따라 설립된 재건축조합은 민법상의 비법인 사단에 해당하므로 그 구성원의 의사의 합의는 총회의 결의에 의할 수밖에 없다고 할 것이나, 다만 집합건물의소유및관리에관한법률 제49조에 의하여 의제된 합의 내용인 재건축 결의의 내용을 변경함에 있어서는 그것이 구성원인 조합원의 이해관계에 미치는 영향에 비추어 재건축 결의시의 의결정족수를 규정한 같은 법 제47조 제2항을 유추적용하여 조합원 5분의 4 이상의 결의가 필요하다고 할 것이다(대법원 2005. 4. 21. 선고 2003다4969 전원합의체 판결).

<판례전문(대법원 2005. 4. 21. 선고 2003다4969 전원합의체 판결)>

[원고(선정당사자), 상고인] 임헌숙

[원고, 상고인] 김순화 외 8인 (소송대리인 법무법인 태평양 담당변호사 나천수 외 1인)

[피고, 피상고인] 화곡주공시범 재건축주택조합 (소송대리인 법무법인 길 담당변호사 이영수 외 4인)

[원심판결] 서울고법 2002. 12. 13. 선고 2002나1309 판결

[주 문] 상고를 모두 기각한다.

상고비용은 원고들이 부담한다.

[이 유] 1. 상고이유 제1점에 관하여

집합건물의소유및관리에관한법률(이하 '집합건물법'이라 한다) 제49조에 의하면, 재건축의 결의에 찬성한 각 구분소유자, 재건축의 결의의 내용에 따른 재건축에 참가할 뜻을 회답한 각 구분소유자 및 구분소유권 또는 대지사용권을 매수한 각 매수지정자(이들의 승계인을 포함한다)는 재건축 결의의 내용에 따른 재건축에 합의한 것으로 본다고 규정하고 있는바, 재건축의 결의가 유효하게 성립한 후에는 재건축 결의에 찬성한 구분소유자 등으로 구성되는 단체에 의하여 재건축 사업이 실행되는 것이므로 집합건물법상의 규약, 집회 및 관리단에 대한 규정은 원칙적으로 적용되지 아니하고, 단체의 성격에 따라 민법상의 조합 또는 사단법인에 관한 규정이 적용된다 할 것이다. 그런데 재건축 결의에 따라 설립된 재건축조합은 민법상의 비법인 사단에 해당하므로(대법원 2001. 5. 29. 선고 2000다10246 판결 등 참조) 그 구성원의 의사의 합의는 총회의 결의에 의할 수밖에 없다고 할 것이나, 다만 위 의제된 합의 내용인 재건축 결의의 내용을 변경함에 있어서는 그것이 구성원인 조합원의 이해관계에 미치는 영향에 비추어 재건축 결의시의 의결정족수를 규정한 집합건물법 제47조 제2항을 유추적용하여 조합원 5분의 4 이상의 결의가 필요하다고 할 것이다 .

이와 달리 집합건물법 제49조에 의하여 재건축에 관한 합의가 이루어진 경우, 그 의제된 합의의 내용인 재건축 결의의 내용을 변경함에 있어서는 조합원 전원의 합의가 필요하다고 한 대법원 1998. 6. 26. 선고 98다15996 판결은 이 판결의 견해와 저촉되는 한도에서 변경하기로 한다.

원심이 재건축 결의의 내용을 변경함에는 재건축 결의시의 특별다수의 정족수를 준용하여 조합원 5분의 4 이상의 결의에 의하여야 한다고 판단하였음은 위의 법리에 따른 것으로 정당하고, 거기에 상고이유의 주장과 같은 재건축 결의의 변경을 위한 의결정족수에 관한 법리오해의 위법이 없다.

2. 상고이유 제2점에 관하여

집합건물법 제41조 제1항은 "이 법 또는 규약에 의하여 관리단집회에서 결의할 것으로 정한 사항에 관하여 구분소유자 및 의결권의 각 5분의 4 이상의 서면에 의한 합의가 있는 때에는 관리단집회의 결의가 있는 것으로 본다."고 규정하고 있고, 재건축의 결의는 집합건물법 제47조 제1항에 의하여 관리단집회에서 결의할 수 있는 사항이므로, 이러한 재건축의 결의는 집합건물법 제41조 제1항에 의한 서면결의가 가능하다고 할 것이고 (대법원 1999. 8. 20. 선고 98다17572 판결 참조), 나아가 재건축조합은 대체로 그 조합원의 수가 많고, 재건축에 대한 관심과 참여 정도가 조합원에 따라 현격한 차이가 있으며, 재건축의 과정이 장기간에 걸쳐 복잡하게 진행될 뿐만 아니라 재건축 대상인 건물이 일단 철거된 후에는 조합원의 주거지가 여러 곳으로 분산되는 등의 사정이 있음에 비추어, 재건축 결의의 내용을 변경하는 것도 집합건물법 제41조 제1항을 유추적용하여 서면합의에 의할 수 있다고 할 것이다 .

그리고 재건축 결의 내용의 변경에 집합건물법 제41조 제1항을 유추적용할 필요성에 관한 앞의 사정들과 집합건물법이 서면합의에 의한 관리단집회의 결의를 인정하면서 서면합의의 요건이나 그 절차 및 방법 등에 관하여 아무런 제한을 하고 있지 않은 점에 비추어 볼 때, 의결정족수에 영향을 미칠 우려가 있을 정도의 조합원들의 참여기회가 원천적으로 배제된 채 서면합의가 이루어지거나 조합원 5분의 4 이상의 자의에 의한 합의가 성립되었다고 인정할 수 없을 정도의 중대한 하자가 있는 등 특별한 사정이 없는 한 서면합의에 의한 재건축 결의 내용의 변경은 유효하다고 보아야 할 것이다 .

기록에 의하면, 이 사건 2001. 6. 3.자 서면결의는 조합원들이 가장 큰 관심을 갖는 동·호수 추첨을 위한 소집통지를 받고 총회에 참석한 기회에 동의서에 서명날인하는 방식으로 이루어졌고, 당시 조합원 총원 781명 중 764명이 참석하여 참석하지 못한 조합원은 17명에 불과하며, 그것이 비록 총회장 입구에서 급히 행해졌다 하더라도 동의서에 기재된 내용은 이미 설명회나 그 이전의 찬반투표를 통하여 거의 모든 조합원이 잘 알고 있는 사항이고, 동의서에 서명날인을 거부함으로써 반대의사를 표시할 수 있는 상황이었음에 비추어(참석조합원 764명 중 78명은 동의서를 제출하지 않았다.) 조합원의 의사에 반하여 서명날인이 이루어진 것으로 볼 수 없으며, 나아가 서면합의의 효력을 부정하여야 할 위와 같은 특별한 사정이 있는 것으로 보기도 어렵다.

그렇다면 원심이 2001. 6. 3.에 개최된 총회장 입구에서 동의서를 배부하는 방법으로 이루어진 이 사건 서면결의가 부적법하다고 볼 수 없다고 판단하였음은 정당하고, 거기에 상고이유의 주장과 같은 서면결의에 관한 법리오해의 위법이 없다.

3. 결 론

그러므로 상고를 모두 기각하고, 상고비용은 패소자들이 부담하는 것으로 하여 주문과 같이 판결한다.

이 판결에는 상고이유 제2점 중 이 사건 서면결의의 효력 부분에 관하여 대법관 김영란의 반대의견이 있는 외에는 관여 대법관의 의견이 일치하였다.

4. 대법관 김영란의 반대의견은 다음과 같다.

가. 집합건물법 제47조 소정의 재건축 결의는 같은 법 제41조 제1항에 의한 서면결의가 가능하다는 것이 당원의 견해이고(대법원 1999. 8. 20. 선고 98다17572 판결 참조), 재건축 결의의 내용을 변경하는 것도 재건축 결의에 준하는 결의로 보여지므로 집합건물법 제41조 제1항을 유추적용하여 서면결의로 재건축 결의의 내용을 변경할 수 있다는 점에 대하여는 다수의견과 견해를 같이 한다.

나. 그러나 이 사건 서면결의가 유효하다고 본 다수의견에는 다음과 같은 이유에서 찬성할 수 없다.

(1) 우선 서면결의의 요건에 대하여 본다.

서면결의는 총회를 소집, 개최함이 없이 서면에 의한 합의를 함으로써 총회의 의결이 있는 것으로 보는 것으로서 조합원의 의사표시는 의안에 대한 찬성과 반대 내지 기권 등 어느 쪽에 대한 택일적 선택의 형식을 택할 수밖에 없고 원안을 수정하여 결의한다는 것이 사실상 불가능하여 여러 조합원의 의사를 모아 토론하는 것을 박탈하는 변칙적인 의사결정방법이 되므로 그 요건은 엄격하여야 할 것이다.

구체적으로 조합원 총회에서 일정 사항에 관하여 서면으로 결의할 것을 의결하였거나, 조합원 총회에서 충분한 토의나 설명이 이루어진 다음 그 의안에 관하여 서면에 의한 결의가 이루어지는 경우 또는 재건축의 진행과정에서 조합원들이 그 내용을 충분히 숙지하고 있는 사항에 대하여 총회소집을 포기하고 간이·신속하게 의사결정을 해야 할 긴박한 필요가 있는 등의 특별한 사정이 있어야 하고, 절차적으로도 적법하게 소집된 조합원 총회에서의 결의와 동일시할 정도가 되도록 조합원 전원에게 서면결의서가 보내져야 하고, 서면결의서에 각 의안에 대하여 찬성·반대·기권을 선택하여 기재할 수 있어야 하며, 의결권을 행사하는 조합원의 의사에 의한 것임을 인정할 수 있도록 조합원의 서명 또는 기명, 날인이 있어야 할 것이다.

그러므로 예컨대, 총회소집이 그다지 어렵지 않음에도 의안에 반대하는 조합원들의 총회 출석권, 발언권과 같은 권리를 박탈할 목적으로 서면결의를 시도하는 경우, 총회 소집권자가 의안에 찬성하는 자에게만 서면결의서를 보내고 반대하는 자들에게는 서면결의서를 보내지 않는 방법으로 서면결의가 이루어진 경우 등은 조합원 총회를 형해화시키는 경우임이 명백하여 그 서면결의가 유효하다고 인정할 수 없다.

(2) 다음으로 이 사건 서면결의의 유효성에 대하여 본다.

기록에 의하면, 이 사건 서면결의는 피고 조합이 2001. 6. 3.에 개최된 동·호수 추첨을 위한 피고 조합의 정기총회 총회장 입구에서 사전 예고 없이 총회에 참석하는 조합원들에게 동의서를 배부하여 조합원의 서명날인을 받은 후 총회의장에 입장시키는 방식으로 이루어진 것이고, 그 동의서의 내용은 "본인은 1995년 6월 재건축 결의시 결의서에 첨부한 서류에서 건물철거 및 신건물 건축에 소요되는 비용분담과 신건물 구분소유권 귀속에 관한 사항 등에 대하여 동의하였고 1999년 5월 15일 정기총회에서 조합규약에 기한 가계약(안)에 찬성하여 가결한 바 있고, 그 후 (주)대우건설과의 본계약 및 분양계약에 의하여 구체적 내용이 아래와 같이 확정된 것을 인정하고 이의가 없습니다."고 부동문자로 인쇄된 동의서의 하단부분에 조합원의 서명날인만을 하도록 되어 있을 뿐, 위 의안에 대하여 찬성·반대의 의사표시를 선택할 수 없게 되어 있는 사실을 인정할 수 있다.

사정이 이러하다면, 이 사건 서면결의는 사전 예고 없이 이루어진 것이므로, 조합원들이 그 내용을 숙지하고 있는 사항으로서 총회소집을 포기하고 간이·신속하게 의사결정을 해야 할 긴박한 필요가 있어야 하는데, 서면결의의 대상이 되는 가계약서의 내용에 대하여 찬성하는 측과 반대하는 측과의 대립이 있어 1999. 5. 15. 총회에서 결의를 하였으나 조합원 5분의 4 이상의 찬성을 얻지 못하였던 것이어서 조합원이라면 대부분 그 내용을 숙지하고 있었다고는 보이지만, 총회의 소집을 포기하고 간이·신속하게 의사결정을 해야 할 긴박한 필요가 있는지 여부를 알 수 있는 자료는 없고, 오히려 앞에서 인정한 사실에 의하면, 동·호수 추첨을 위한 총회의장에서 참석한 조합원들에게 서면결의가 필요한 사정을 충분히 설명을 한 후에 결의를 하는 것이 가능하였던 것으로 보이므로, 이 사건 서면결의는 총회소집이 어렵지 않은데도 의안에 반대하는 조합원들이 총회에 출석하여 발언하는 것을 봉쇄하기 위하여 서면결의가 시도된 전형적인 경우로 보인다.

나아가 절차적인 면에서도 조합원 총회에 불참한 일부 조합원에게는 그 이후에라도 서면결의서를 보내준 바 없으므로 조합원 전원을 그 대상으로 삼지 않았음이 분명하고, 배부된 동의서에 서명날인하여 제출하면 의안에 찬성한 것이 되므로 그 동의서의 형식도 제대로 갖추어지지 아니한 것이어서 이 사건 서면결의는 유효한 형식을 갖춘 것이라고 할 수 없다.

그리고 다수의견의 관점에서 보아도 이 사건 서면결의에는 조합원 5분의 4 이상의 자의에 의한 합의가 성립되었다고 인정할 수 없을 정도의 중대한 하자가 있다고 못 볼 바 아니다.

왜냐하면, 앞서 인정한 사실관계에 의할 때 이 사건 서면결의는 그 동안 찬성하는 조합원과 반대하는 조합원 사이의 대립이 있어 오던 사항에 관한 것이므로 조합원들의 가장 큰 이해관계인 동·호수 추첨을 위한 총회의장에서 충분히 설명한 후 결의하였어야 하고, 또 그렇게 할 수 있었음에도, 총회의장에 입장하는 조합원들에게 동의서를 제출하는 이유에 대한 충분한 설명 없이 동의서에 서명날인한 후 총회의장에 입장하도록 하고, 그렇게 함으로써 의안에 동의한 것이 되는 방법을 이용한 것이기 때문이다.

다. 그런데도 원심이 피고 조합이 2001. 6. 3.에 개최된 총회장 입구에서 동의서를 배부하는 방법으로 이 사건 서면결의가 이루어진 사실은 인정되나, 그러한 사실을 들어 이 사건 서면결의 절차가 부적법하다고 볼 수 없다고 판단한 것은 서면결의의 유효성에 관한 법리를 그르쳤거나 이에 대한 심리를 다하지 아니한 채 판단함으로써 판결에 영향을 미친 위법을 저지른 경우에 해당한다고 할 것이므로, 이 점을 지적하는 상고이유의 주장은 이유 있어 원심판결은 파기되어야 할 것이다.

대법원장　최종영(재판장) 유지담(주심) 윤재식 이용우 배기원 강신욱 이규홍 이강국 박재윤 고현철 김용담 김영란 양승태

◈ 토지의 소유자가 인지를 사용할 수 있는 경우

제 216 조【인지사용청구권】

① 토지소유자는 경계나 그 근방에서 담 또는 물건을 축조하거나 수선하기 위하여 필요한 범위내에서 이웃 토지의 사용을 청구할 수 있다. 그러나 이웃사람의 승낙이 없으면 그 주거에 들어가지 못한다.

② 전항의 경우에 이웃사람이 손해를 받은 때에는 보상을 청구할 수 있다.

■ § 216. 인지사용청구권

- 상대방 : 인지이용자, 즉 토지소유자, 지상권자, 전세권자, 임차인등
- 이웃주거에 들어가려면 이웃에 사는 사람의 승낙을 요한다. 판결을 얻어 승낙에 갈음할 수 없다.
- 관련법조 : [주거침입죄] 형 §319

본조의 청구권은 토지소유자가 경계나 그 근방에서 담 또는 건물을 축조하거나 이를 수선하기 위하여 인정된다.

이웃사람(토지소유자, 지상권자, 임차인 등)이 인지에 들어가는 것을 승낙하지 않은 경우에는 승낙에 대신하는 판결(제389조 1항)을 구하여야 한다는 견해(곽윤직)와, 이에 반하여 이웃사람은 토지사용에 대한 인용의무가 있으므로 승낙에 갈음하는 판결은 받을 필요조차 없다는 견해가 있다.

<참고사항>

* 상린관계

1. 의의 및 성질

독립된 권리가 아니라 소유권의 내용임. 판례는 상린관계규정을 임의규정으로 보는 것으로 평가되나 학설은 대립됨

2. 적용범위

소유권자에게만 인정되는 것은 아니며 소유권에 관하여 규정이 있고, 지상권자와 전세권자에게 준용되고 있다(제290조, 319조). 명문규정은 없으나 부동산 임차권에도 유추적용 된다는 것이 통설이다. 판례는 토지소유자와 민간지상파

방송사업자 사이에도 상린관계에 관한 규정을 유추적용한 바 있다(대판 2003. 11. 28. 2003다43322)

3. 상린관계와 지역권의 비교

(1) 인접성이 필요한지 여부

상린관계는 인접하는 부동산소유권 상호간의 이용관계를 조절함을 목적으로 하나 지역권에서는 승역지와 요역지가 인접해 있을 필요는 없다.

(2) 발생

상린관계는 법률의 규정에 의해 당연히 인정되고 등기가 불필요 하나 지역권은 계약에 의해 인정되고 등기가 필요하다.

(3) 적용범위

상린관계는 부동산과 물의 이용관계를 조절하는 반면, 지역권은 토지만의 이용관계를 조절

(4) 소멸시효

상린관계는 소멸시효와 무관하나 지역권은 소멸시효에 걸린다

◆ 토지소유자의 생활방해의 금지

제 217 조【매연 등에 의한 인지에 대한 방해금지】

① 토지소유자는 매연, 열기체, 액체, 음향, 진동 기타 이에 유사한 것으로 이웃 토지의 사용을 방해하거나 이웃 거주자의 생활에 고통을 주지 아니하도록 적당한 조치를 할 의무가 있다.

② 이웃 거주자는 전항의 사태가 이웃 토지의 통상의 용도에 적당한 것인 때에는 이를 인용할 의무가 있다.

■ § 217. 생활방해(임밋시온)의 금지

- 공해문제 : 환경정책기본법
- 임밋시온의 의의 : 매연, 열기체, 액체, 음향, 진동 기타 유사한 것이 다른 토지로부터 발산, 유입하여 토지의 사용을 방해하거나 또는 거주자의 생활에 고통을 주는 것, 또는 방사된 유해한 간섭 그 자체
- 임밋시온 규제에 관한 입법주의 : ① 상린관계문제(독, 스위스)
  ② 불법행위의 한 유형(미, 영, 불, 일)
  ③ 우리민법-상린관계문제
- 금지의 대상 : ① 불가양물 또는 일정한 토지이용과 불가피적으로 결합되어 있는 간섭
  ② 적극적으로 방산되는 것이어야 하며 소극적인 간섭은 제외
  ③ 토지사용방해 또는 생활방해
  ④ 토지의 통상의 용도에 적당한 정도초과
- 임밋시온의 효과 : ① 물권에 기한 물권적청구권
  ② 불법행위에 의한 손해배상청구
- 관련법조 : 환경정책기본법

1. 의 의

본조는 인지의 사용을 방해하거나 이웃 사람의 생활에 고통을 주는 사업을

하는 토지소유자의 의무를 규정한 것이다.

어떤 토지나 그 위에 시설물(공장·건물 기타의 공작물)로부터 발산된 매연·개스·음향·진동 등의 간섭이 이웃의 다른 토지에 침입 내지 유입함으로서 그 이웃 토지의 소유자나 이용자에 침해를 주는 일이 있다. 한 토지로부터 이웃 토지로의 그러한 간섭은 산업 특히 중화학공업의 발전이나 인구의 도시 집중과 더불어 오늘날 더욱 빈번해지는 경향이 있다. 이러한 유해한 간섭을 발산하여 이웃 토지의 이용을 방해하거나, 또는 그 주거자에게 피해를 주는 것을 가리켜 영미법에서는「생활방해」(nuisance)라고 부르고, 프랑스민법에서는「근린폐해」(troubles de Voisinage)라 일컫고, 독일민법에서는「임밋시온」(Immission)이라고 한다.

구민법은 생활방해에 관한 규정을 가지고 있지 않았으며 다만 학설·판례가 권리남용의 법리에 의하여 인용의 정도를 넘는「생활방해」가 있는 때에는 불법행위가 성립함을 인정하고 있었다. 민법은 독일민법 제906조를 본받아서 본조를 두었다.

우리 민법이 본조를 둔 것은 매우 의의있는 일이다.「생활방해」내지「공해」에 대한 사법적 구제방법으로는 독일·스위스와 같이 상린관계의 문제로서 파악하는 것이 불란서나 영미에서와 같이 불법행위의 한 유형으로서 처리하는 것이 있다. 우리 민법은 두말할 것 없이 전자의 입장에서 문제를 처리하려는 것이 그의 기본적 태도라 하겠다.

2. 요 건

(1) 매연, 열기체, 액체, 진동 기타 이와 유사한 것에 의한 생활방해

기타 이와 유사한 것의 의미에 대해 다수설은 이를 불가양물이라고 하면서 불가양물이 아닌 돌, 탄환, 지표상을 흐르는 액체 등은 이에 해당될 수 없고, 이에 의해 침해된 자는 본조가 아닌 물권적 청구권을 행사하여 그 방해를 배제해야 된다고 한다. 그리고 적극적으로 방산되어야 하므로 빛, 조망 등을 벽 기타 장애물로 차단함으로써 일조권이나 조망권을 침해하는 경우처럼 소극적·수동적으로 영향을 미치는 경우에는 생활방해에 해당되지 않는다고 한다(곽윤직). 따라서 이 경우에도 제214조에 의한 방해제거청구권의 대상이 된다. 이에 대해 반대하는 입장도 있다(이영준). 또한 일설은 물리적·화학적 방법으로 영향을 미쳐야 하므로 관념상의 영향(정신적 침해, 사창가나 야외목욕탕을 설치함으로써 이웃 거주자의 수치심을 유발하는 경우, 영안실을 경영함으로써 이웃 거주자의 공포심을 유발하는 경우) 만으로는 생활방해에 해당하지 않는다고 한다. 다만 인격권에 의한 보호는 가능하다(양창수). 예컨대 주위에 영안실, 사창가가 있다는 것만으로는 생활방해에 해당하지 않으며 소음 등이 발생하여야 한다는 것이다. 이에 대해 반대하는 견해도 있다(이영준).

(2) 이웃토지의 사용을 방해하거나 이웃거주자의 생활에 고통을 줄 것

이웃 토지는 인접해 있을 필요는 없다. 따라서 폭파작업장으로부터 나오는 소음 또는 진동은 그 작업장으로부터 멀리 떨어져 있다하더라도 생활방해가 될 수 있다. 생활고통의 판정은 피해자의 주관적 기준에 의해서가아니라 객관적인 사회통념에 따라 모든 사정을 종합적으로 고려하여 판단한다(대판 1974. 12. 24. 68다1489). 이 때 인·허가관계 등 공법상 기준에의 적합여부도 하나의 고려요소가 되는데 절대적 요소는 아니다(대판 1997. 10. 28. 95다15599).

(3) 인용의무

생활방해는 수인한도를 넘는 것이어야 한다. 즉, 토지의 통상적인 용도에 적당한 정도를 초과하지 않는 경우에는 이웃토지소유자가 인용해야 한다. 제217조 2항의 규정에 있는 '이웃토지'의 용도에 적당한 것일 때의 이웃토지의 의미에 대해서는 학설의 대립이 있다(피해지설, 가해지설, 절충설, 참고로 민법개정안은 가해지설로 입법화함).

3. 효 과

(1) 생활방해방지조치의무와 조치청구권(제217조 1항)

생활방해로 인정되면 토지소유자는 이웃 토지의 사용을 방해하거나 이웃 거주자의 생활에 고통을 주지 아니하도록 적당한 조치를 하여야 한다.

(2) 방해제거청구권과 방해예방청구권

생활방해로 인정되면 방해제거청구권을 행사할 수 있다. 방해예방청구권을 행사할 수 있는지와 관련하여서는 통설과 판례(대판 1974. 12. 24. 68다 1489)는 이를 긍정하나 부정하는 소수설도 있다.

(3) 불법행위로 인한 손해배상청구권

생활방해 등이 제750조의 요건을 충족하는 경우에는 불법행위로 인한 손해배상을 청구할 수도 있다.

▣ 핵심판례 ▣

■ [생활방해의 금지]

1. 대학교의 교육환경 저해 등을 이유로 그 인접 대지 위의 24층 아파트 건축공사 금지 청구를 인용한 사례 및 그 인정 기준

인접 대지 위에 건축중인 아파트가 24층까지 완공되는 경우, 대학교 구내의 첨단과학관에서의 교육 및 연구 활동에 커다란 지장이 초래되고 첨단과학관 옥상에 설치된 자동기상관측장비 등의 본래의 기능 및 활용성이 극도로 저하되며 대학교로서의 경관·조망이 훼손되고 조용하고 쾌적한 교육환경이 저해되며 소음의 증가 등으로 교육 및 연구 활동이 방해받게 된다면, 그 부지 및 건물을 교육 및 연구시설로서 활용하는 것을 방해받게 되는 대학교측으로서는 그 방해가 사회통념상 일반적으로 수인할 정도를 넘어선다고 인정되는 한 그것이 민법 제217조 제1항 소정의 매연, 열기체, 액체, 음향, 진동 기타 이에 유사한 것에 해당하는지 여부를 떠나 그 소유권에 기하여 그 방해의 제거나 예방을 청구할 수 있고, 이 경우 그 침해가 사회통념상 일반적으로 수인할 정도를 넘어서는지 여부는 피해의 성질 및 정도, 피해이익의 공공성과 사회적 가치, 가해행위의 태양, 가해행위의 공공성과 사회적 가치, 방지조치 또는 손해회피의 가능성, 공법적 규제 및 인·허가 관계, 지역성, 토지이용의 선후 관계 등 모든 사정을 종합적으로 고려하여 판단하여야 한다(법원 1995.9.15. 선고 95다23378 판결).

2. 일조방해행위가 사법상 위법한 가해행위로 평가되기 위한 요건

가. 건물의 신축으로 인하여 그 이웃 토지상의 거주자가 직사광선이 차단되는 불이익을 받은 경우에 그 신축행위가 정당한 권리행사로서의 범위를 벗어나 사법상 위법한 가해행위로 평가되기 위해서는 그 일조방해의 정도가 사회통념상 일반적으로 인용하는 수인한도를 넘어야 한다.

나. 건축법 등 관계 법령에 일조방해에 관한 직접적인 단속법규가 있다면 그 법규에 적합한지 여부가 사법상 위법성을 판단함에 있어서 중요한 판단자료가 될 것이지만, 이러한 공법적 규제에 의하여 확보하고자 하는 일조는 원래 사

법상 보호되는 일조권을 공법적인 면에서도 가능한 한 보증하려는 것으로서 특별한 사정이 없는 한 일조권 보호를 위한 최소한도의 기준으로 봄이 상당하고, 구체적인 경우에 있어서는 어떠한 건물 신축이 건축 당시의 공법적 규제에 형식적으로 적합하다고 하더라도 현실적인 일조방해의 정도가 현저하게 커 사회통념상 수인한도를 넘은 경우에는 위법행위로 평가될 수 있다.

다. 일조방해 행위가 사회통념상 수인한도를 넘었는지 여부는 피해의 정도, 피해이익의 성질 및 그에 대한 사회적 평가, 가해 건물의 용도, 지역성, 토지이용의 선후관계, 가해 방지 및 피해 회피의 가능성, 공법적 규제의 위반 여부, 교섭 경과 등 모든 사정을 종합적으로 고려하여 판단하여야 한다.

라. 고층 아파트의 건축으로 인접 주택에 동지를 기준으로 진태양시(진태양시) 08:00~16:00 사이의 일조시간이 2분~150분에 불과하게 되는 일조 침해가 있는 경우, 그 정도가 수인한도를 넘었다는 이유로 아파트 높이가 건축 관련 법규에 위반되지 않았음에도 불구하고 불법행위의 성립을 인정한 사례(대법원 2000. 5. 16. 선고 98다56997 판결)

3. 조망이익이 법적인 보호의 대상이 되기 위한 요건

어느 토지나 건물의 소유자가 종전부터 향유하고 있던 경관이나 조망이 그에게 하나의 생활이익으로서의 가치를 가지고 있다고 객관적으로 인정된다면 법적인 보호의 대상이 될 수 있는 것인바, 이와 같은 조망이익은 원칙적으로 특정의 장소가 그 장소로부터 외부를 조망함에 있어 특별한 가치를 가지고 있고, 그와 같은 조망이익의 향유를 하나의 중요한 목적으로 하여 그 장소에 건물이 건축된 경우와 같이 당해 건물의 소유자나 점유자가 그 건물로부터 향유하는 조망이익이 사회통념상 독자의 이익으로 승인되어야 할 정도로 중요성을 갖는다고 인정되는 경우에 비로소 법적인 보호의 대상이 되는 것이라고 할 것이고, 그와 같은 정도에 이르지 못하는 조망이익의 경우에는 특별한 사정이 없는 한 법적인 보호의 대상이 될 수 없다(대법원 2004. 9. 13. 선고 2003다64602 판결).

◆ 토지소유자의 타인의 토지를 이용한 수도 등 시설권

제 218 조【수도 등 시설권】

① 토지소유자는 타인의 토지를 통과하지 아니하면 필요한 수도, 송수관, 가스관, 전선 등을 시설할 수 없거나 과다한 비용을 요하는 경우에는 타인의 토지를 통과하여 이를 시설할 수 있다. 그러나 이로 인한 손해가 가장 적은 장소와 방법을 선택하여 이를 시설할 것이며 타토지의 소유자의 청구에 의하여 손해를 배상하여야 한다.

② 전항에 의한 시설을 한 후 사정의 변경이 있는 때에는 타토지의 소유자는 그 시설의 변경을 청구할 수 있다. 시설변경의 비용은 토지소유자가 부담한다.

■ § 218. 수도등 시설권

- 토지소유자는 타인의 토지를 통과하지 않으면 필요한 수도, 송수관, 가스관, 전선 등을 시설할 수 없거나, 또는 과다한 비용을 요하는 경우에는 타인의 토지를 통과하여 이를 시설할 수 있다.
- 이와 같은 시설을 위하여 타인의 토지를 사용하는 경우에는 토지소유자에게 주는 손해가 가장 적은 장소와 방법을 선택하여 시설하여야 한다.

토지소유자는 타인이 토지를 통과하지 않으면 필요한 수도·송수관·가스관·전선 등을 시설할 수 없거나 또는 과다한 비용을 요하는 경우에는, 타인의 토지를 통과하여 이를 시설할 수 있다. 이를 위하여 타인의 토지를 사용함에 있어서는 되도록 토지소유자에게 손해가 적은 장소의 방법을 선택해야 할 뿐만 아니라, 손해를 준 경우에는 이를 보상하여야 한다.

그러나 실제에 있어서는 이러한 시설을 개인이 할 수 있는 경우는 상당히 제한되어 있어서 민법의 규정이 적용되는 일은 적다(전기사업법 제4조 참조).

▣ 핵심판례 ▣

■ [수도 등 시설권]

민법 제218조 제2항 소정의 시설변경청구권의 발생요건인 사정변경 유무의 판단기준

시설변경청구는 당초에는 적법한 권원에 의하여 시설된 송수관 등을 사후에 발생한 시설통과지 소유자의 사정변경 때문에 시설통과권자의 비용으로 변경시설토록 하는 것이므로 그 같은 사정변경 유무는 시설통과지 소유자의 주관적 의사에 따라 결정할 것이 아니라 객관적으로 시설을 변경하는 것이 타당한지의 여부에 의하여 결정할 것이다(1982. 5. 25. 제2부 판결, 81다1(본소), 2(권리승계참가), 3(반소) 공사방해금지등).

◈ 토지소유자가 주위의 토지를 통행할 수 있는 경우

제 219 조【주위 토지통행권】

① 어느 토지와 공로 사이에 그 토지의 용도에 필요한 통로가 없는 경우에 그 토지소유자는 주위의 토지를 통행 또는 통로로 하지 아니하면 공로에 출입할 수 없거나 과다한 비용을 요하는 때에는 그 주위의 토지를 통행할 수 있고 필요한 경우에는 통로를 개설할 수 있다. 그러나 이로 인한 손해가 가장 적은 장소와 방법을 선택하여야 한다.

② 전항의 통행권자는 통행지소유자의 손해를 보상하여야 한다.

■ § 219. 주위토지통행권

- 어느 토지와 공로와의 사이에 그 토지의 용도에 필요한 통로가 없는 경우에 그 토지소유자는 공로에 출입하기 위하여 이웃토지를 통행할 수 있고, 필요한 경우에는 통로를 개설할 수도 있다.
- 이 경우 손해가 가장 적은 장소와 방법을 선택하여야 하며, 통행 또는 통로 개설로 인하여 통행지 소유자에게 손해를 주었을 경우에는 통행권자는 그 손해를 보상하여야 한다.

1. 의 의

어느 토지와 공로와의 사이에 그 토지의 용도에 필요한 통로가 없어서 주위의 토지를 통행하거나 또는 통로를 개설하지 않고서는 공로에 출입할 수 없는 경우, 또는 공로에 통하려면 과다한 비용을 요하는 때에는 그 토지소유자는 주위의 토지를 통행할 수 있고 필요한 경우에는 통로를 개설할 수 있다. 예컨대, 어느 토지가 다른 토지에 의하여 둘러싸여져 있거나 지소·하천·해양에 의하지 않고서는 외부에 나갈 수 없는 때 또는 험한 낭떠러지가 있어서 그 토지와 공로가 심하게 고저를 이루고 있는 경우 등에는 토지소유자는 공로에 이르기 위하여 인지를 사용하거나 필요한 통로를 둘 수 있다는 것이다. 본조는 「토지의 용도에 필요한 통로」를 개설할 수 있다고 하였으므로 토지의 이용방법에 따라서는 보행에 필요한 통로로서 충분한 경우도 있겠지만, 경우에 따라서는 우마차·자동차 또는 대형트럭 등을 사용할 수 있는 통로를 개설할 수도 있음은 물론이다.

2. 관련문제

(1) 기존 통로가 있는 경우에는 주위지통행권을 행사할 수 없는지 여부

주위토지통행권은 어느 토지가 타인소유의 토지에 둘러싸여 공로에 통할 수 없는 경우뿐만 아니라, 이미 기존의 통로가 있더라도 그것이 당해 토지의 이용에 부적합하여 실제로 통로로서의 충분한 기능을 하지 못하고 있는 경우에도 인정된다(대판 1994. 6. 24, 94다14193).

(2) 타인의 토지를 통과하지 않으면 과다한 비용을 요하는 경우 타인의 토지를 통과할 수 있는지 여부

토지소유자는 타인의 토지를 통과하지 아니하면 필요한 수도, 유수관, 가스관, 전선 등을 시설할 수 없거나 과다한 비용을 요하는 경우에는 타인의 토지를 통과하여 이를 시설할 수 있다고 할 것이므로 통행지 소유자는 위와 같은 요건이 갖추어진 수도 등 시설에 대하여 그 철거를 구할 수 없다(대판 2003. 8. 19, 2002다53469).

(3) 장래의 이용상황까지 대비하여 통행로를 정할 수 있는지 여부

주위지통행권의 범위는 사회통념에 비추어 쌍방토지의 지형적·위치적 형상 및 이용관계, 부근의 지리상황, 상린지 이용자의 이해득실 기타 제반 사정을 참작한 뒤 구체적 사례에 응하여 판단하여야 하고, 현재의 토지의 용법에 따라 이용의 범위에서 인정되는 것이지 장래의 이용상황까지 미리 대비하여 통행로를 정한 것은 아니다(대판 1996. 11. 29, 96다33433).

(4) 통행료 부분에 사용·수익의 제한이라는 부담이 있는 사정을 알면서 그 토지의 소유권을 취득한 자는 수인의무가 있는지 여부

통행료 부분에 사용·수익의 제한이라는 부담이 있다는 사정을 알면서 그 토지의 소유권을 승계취득한 자는, 다른 특별한 사정이 없는 한 원칙적으로 그 토지에 대한 독점적·배타적 사용·수익을 주장할 만한 정당한 이익을 갖지 않는다 할 것이어서 원소유자와 마찬가지로 분할토지의 소유자들의 무상통행을 수인하여야 할 의무를 진다(대판 1998. 3. 10, 97다47118).

(5) 나중에 공로가 개설된 경우 통행권이 소멸하는지 여부

일단 주위지통행권이 발생하였다고 하더라도 나중에 그 토지에 접하는 공로가 개설됨으로써 주위지통행권을 인정할 필요성이 없어진 때에는 그 통행권은 소멸한다(대판 1998. 3. 10, 97다47118).

▣ 핵심판례 ▣

■ [주위토지통행권]

1. 공로에 통하는 기존 통로가 있는 경우 주위토지통행권의 인정 여부(한정 적극) 및 주위토지통행권의 통행지 소유자가 주위토지통행권자에 대하여 그 통행권이 미치는 범위 내의 통로 부분의 인도를 구하거나 그 통로에 설치된 시설물의 철거를 구할 수 있는지 여부(한정 소극)

가. 주위토지통행권은 어느 토지가 타인 소유의 토지에 둘러싸여 공로에 통할 수 없는 경로뿐만 아니라, 이미 기존의 통로가 있더라도 그것이 당해 토지의 이용에 부적합하여 실제로 통로로서의 충분한 기능을 하지 못하고 있는 경우에도 인정된다.

나. 다른 사람의 소유 토지에 대하여 상린관계로 인한 통행권을 가지고 있는 사람은 그 통행권의 범위 내에서 그 토지를 사용할 수 있을 뿐이고 그 통행지에 대한 통행지 소유자의 점유를 배제할 권능까지 있는 것은 아니므로 그 통행지 소유자는 그 통행지를 전적으로 점유하고 있는 주위토지 통행권자에 대하여 그 통행지의 인도를 구할 수 있다고 할 것이나, 주위토지통행권자는 필요한 경우에는 통행지상에 통로를 개설할 수 있으므로, 모래를 깔거나, 돌계단을 조성하거나, 장해가 되는 나무를 제거하는 등의 방법으로 통로를 개설할 수 있으며 통행지 소유자의 이익을 해하지 않는다면 통로를 포장하는 것도 허용된다고 할 것이고, 주위토지통행권자가 통로를 개설하였다고 하더라도 그 통로에 대하여 통행지 소유자의 점유를 배제할 정도의 배타적인 점유를 하고 있지 않다면 통행지 소유자가 주위토지통행권자에 대하여 주위토지통행권이 미치는 범위 내의 통로 부분의 인도를 구하거나 그 통로에 설치된 시설물의 철거를 구할 수 없다.

다. 토지소유자는 타인의 토지를 통과하지 아니하면 필요한 수도, 유수관, 가스관, 전선 등을 시설할 수 없거나 과다한 비용을 요하는 경우에는 타인의 토지를 통과하여 이를 시설할 수 있다고 할 것이므로 통행지 소유자는 위와 같은 요건이 갖추어진 수도 등 시설에 대하여 그 철거를 구할 수 없다(대판 2003. 8. 19, 2002다53469).

2. 주위토지통행권이 장래 건축허가에 필요한 범위의 노폭까지 보장되어야 하는지 여부(소극)

주위토지통행권은 주위토지소유자는 그 토지에 대한 독점적 사용권을 제한하는 권리로서 인접한 토지소유자간의 이해를 조정하는 데 목적이 있으므로, 사람이 출입하고 다소의 물건을 공로로 운반할 정도의 폭만 확보할 수만 있다면 주위토지소유자의 손해가 가장 적은 장소와 방법을 선택하여야 하는 것이고, 이에 더 나아가 위요지소유자에게 장래 그 토지에 건축을 할 것에 대비하여 건축허가에 필요한 폭의 통행로를 미리 보장하고 주위토지소유자로 하여금 이를 수인하도록 하는 것까지를 그 내용으로 하는 것은 아니다(1991. 5. 28. 제1부 판결, 91다9961 주위토지통행권확인, 9978(반소) 통행료등(반소)).

3. 가. 무상주위통행권에 관한 민법 제220조의 적용범위

분할 또는 토지의 일부 양도로 인하여 공로에 통하지 못하는 토지가 생긴 경우에 그 포위된 토지를 위한 통행권은 분할 또는 일부 양도 전의 종전토지에만 있고, 그 경우 통행에 대한 보상의 의무가 없다고 하는 민법 제220조의 규정은 직접 분할자, 일부 양도의 당사자 사이에만 적용되고 포위된 토지 또는 피통행지의 특정승계인의 경우에는 주위토지통행권에 관한 민법 제219조의 일반원칙으로 돌아가 통행권의 유무를 가려야 한다.

나. 민법 제219조에 정한 주위토지통행권의 범위

민법 제219조에 정한 주위토지통행권의 범위는 사람이 겨우 통행할 수 있는 정도로 제한되는 것이 아니고 통행자가 주택에 출입하여 일상생활에 영위하는데 필요한 범위의 노폭까지는 인정되어야 한다.

다. 불법점유임을 전제로 한 손해배상만을 구하고 있는 경우에 있어 민법 제219조에 의한 손해배상청구 여부에 대한 석명권을 행사하지 아니한 조처의 적부(적극)

민법 제219조에 의한 손해배상을 명할 것인지의 여부와 그 범위는 당사자의 청구와 입증에 의하여 결정하여야 하므로, 토지의 점유가 불법점유임을 전제로 그에 대한 손해배상을 구하고 있을 뿐 위 법규정에 의한 손해배상을 구하지 않고 있다면 법원이 그에 대한 청구를 권유하고 입증을 촉구하는 등의 석명권을 행사하지 아니한 조처에 심리미진의 위법이 있다 할 수 없다(1991. 7. 23. 제2부 판결, 90다12670 건물철거등, 12678(반소) 주위토지통행권확인).

4. 종전부터 자연발생적으로 또는 도로예정지로 편입되어 사실상 일반공중의 통행로로 사용되어 온 토지의 소유자가 자신의 토지를 불법점유하고 있는 제3자에 대하여 물권적 청구권을 행사하거나 제3자의 점유로 인한 부당이득의 반환을 청구할 수 있는지 여부

종전부터 자연발생적으로 또는 도로예정지로 편입되어 사실상 일반공중의 통행로로 볼 경우에도, 일반공중의 통행을 방해하지 않는 범위 내에서는 토지소유자로서 그 토지를 처분하거나 사용·수익할 권능을 상실하지 않는다고 할 것이므로, 그 토지를 불법점유하고 있는 제3자에 대하여 물권적 청구권을 행사하여 토지의 반환 내지 방해의 제거, 예방을 청구할 수 있다고 할 것이나, 특별한 사정이 없는 한 토지소유자는 그 이후에도 토지을 독점적, 배타적으로 사용·수익할 수는 없고, 따라서 제3자가 그 토지를 불법 점유하였다 하더라도 이로 인하여 토지소유자에게 어떠한 손실이 생긴다고 할 수 없어 그 점유로 인한 부당이득의 반환을 청구할 수는 없다(대판 2001. 4. 13, 2001다8493).

5. 가. 민법 제219조 소정의 주위토지통행권을 취득한 자의 허락을 얻어 사실상 통행하고 있는 자에 대하여 주위토지 소유자가 손해의 보상을 청구할 수 있는지 여부(소극)

민법 제219조는 어느 토지와 공로 사이에 그 토지의 용도에 필요한 통로가 없는 경우에 그 토지소유자에게 그 주위의 토지통행권을 인정하면서 그 통행권자로 하여금 통행지 소유자의 손해를 보상하도록 규정하고 있는 것이므로 통행권자의 허락을 얻어 사실상 통행하고 있는 자에게는 그 손해의 보상을 청구할 수 없다.

나. 민법 제219조 2항 소정의 보상해야 할 손해의 수액을 정함에 있어 시가보다 저렴한 가격에 통행지에 취득한 사실 및 사도로서의 이용상황을 함께 고려한 원심의 조치를 수긍한 사례

민법 제219조 제2항 소정의 주위토지통행권자가 통행지 소유자에게 보상해야 할 손해의 수액을 정함에 있어 통행지 소유자가 이미 조성된 도로임을 알면서 시가보다 저렴한 가격으로 취득한 사실 및 사도로서의 이용상황을 함께 고려한 원심의 조치를 수긍한다(1991. 9. 10. 제2부 판결, 91다19623 토지통행금지등).

6. 가. 어느 토지에 이미 통로가 있더라도 그것이 좁아서 그 토지의 용도에 적당하지 아니한 경우 주위토지통행권의 인정 여부(적극)

주위토지통행권은 어느 토지가 타인 소유의 토지에 둘러싸여 이미 통로가 있더라도 그것이 좁아서 그 토지의 용도에 부적당한 경우에도 인정된다.

나. 폭 1.3미터 내지 1.5미터 정도의 통로가 위요지의 이용을 위하여 필요한 범위 내의 것이라고 한 사례

폭 1.3미터 내지 1.5미터 정도의 통로가 위요지의 이용을 위하여 필요한 범위 내의 것이다(1992. 3. 31. 제2부 판결, 92다1025 출입금지).

7. 가. 주위토지통행권의 인정범위에 대한 판단기준과 그 범위결정에 있어 반드시 주위토지 소유자의 손해을 감정하여야 하는지 여부(소극)

주위토지통행권을 인정함에 있어 그 범위는 주위토지 소유자의 손해가 가장 적은 장소와 방법의 범위 내에서 인정하여야 하는바, 주위토지 소유자의 손해가 가장 적은 장소인지 여부는 결국 사회통념에 비추어 쌍방 토지의 지형적, 위치적 형상 및 이용관계, 부근의 지리상황, 상린지 이용자의 이해득실 기타 제반사정을 참작한 뒤 구체적 사례에 응하여 판단하는 것으로 족하고, 반드시 주위토지 소유자의 손해를 감정하여야 하는 것은 아니다.

나. 주위토지통행권의 확인을 구하는 특정의 통로부분이 민법 제219조 소정의 요건을 충족하지 않고 다른 토지부분에 주위토지통행권이 인정되는 경우 그 청구의 인용 여부(소극)

주위토지통행권의 확인을 구하기 인하여서는 통행의 장소와 방법을 특정하여 청구취지로써 이를 명시하여야 하고, 또한 민법 제219조 소정의 요건을 주장·입증하여야 하며, 따라서 주위토지통행권이 있음을 주장하여 확인을 구하는 특정의 통로부분이 민법 제219조 소정의 요건을 충족한다고 인정되지 아니할 경우에는 다른 토지부분에 주위토지통행권이 인정된다고 할지라도 원칙적으로 그 청구를 기각할 수 밖에 없다(1992. 7. 24. 제3부 판결, 91다47086 건물철거등, 47093(반소) 통행권확인등).

8. 상린관계로 인한 통행권을 가지는 자가 통행지를 배타적으로 점유하는 경우 통행지 소유자가 그 인도를 청구할 수 있는지 여부

다른 사람의 토지에 대하여 상린관계로 인한 통행권을 가지는 사람은 그 통행권의 범위 내에서(가장 손해가 적은 장소와 방법을 가려) 그 토지를 사용할 수 있고, 토지소유자는 이를 수인할 의무가 있으나, 이 경우 통행지에 대한 소유자의 점유까지 배제되는 것은 아니므로, 통행권자가 통행지를 통행함에 그치지 아니하고 이를 배타적으로 점유하고 있다면, 통행지 소유자는 통행권자에 대하여 그 인도를 청구할 수 있다(1993. 8. 24. 제1부 판결, 93다25479 건물철거등).

9. 가. 이른바 맹지가 택지초과소유부담금 부과대상인지 여부

주위가 모두 다른 사람 소유의 토지로 둘러싸여 도로에 접하는 부분이 전혀 없는 이른바 맹지는 건축법상의 건축허가를 할 수 없는 토지이므로 택지소유상한에 관한 법률 제20조 제1항 제3호 소정의 "건축법에 의하여 주변의 건축이 금지된 관대지"에 해당하여 택지초과소유부담금 부과대상에서 제외된다.

나. 건축법상 건축과 관련한 노폭 등의 제한규정과 주위토지통행권

건축법에 건축과 관련하여 도로에 관한 폭 등의 제한규정이 있다 하더라도 이는 건축신축이나 증·개축 허가시 그와 같은 범위의 도로가 필요하다는 행정법규에 불과할 뿐 위 규정만으로 당연히 포위된 토지 소유자에게 그 반사적 이익으로서 건축법에서 정하는 도로의 폭이나 면적 등과 일치하는 주위토지통행권이 바로 생긴다고 할 수 없다(1994. 2. 25. 제3부 판결, 93누20498 택지초과소유부담금부과처분취소).

10. 가. 공로에 통하는 기존 통로가 있는 경우 주위토지통행권의 인정 여부

주위토지통행권은 어느 토지가 타인 소유의 토지에 둘러싸여 공로에 통할 수 없는 경우 뿐만 아니라, 이미 기존의 통로가 있더라도 그것이 당해 토지의 이용에 부적합하여 실제로 통로로서의 충분할 기능을 하지 못하고 있는 경우에도 인정된다.

나. 행정재산인 토지에 대하여 주위토지통행권을 인정할 수 있는지 여부

지방재정법 제74조 제1항, 제82조 제1항에 의하면 공유재산은 지방자치단체의 장의 허가 없이 사용 또는 수익을 하지 못하고, 또 그 중 행정재산에 관여하는 사권을 설정할 수 없게 되어 있음은 물론이나, 민법상의 상린관계의 규정은 인접하는 토지 상호간의 이용관계를 조정하기 위하여 인지소유자에게 소극적인 수인의무를 부담시키는데 불과하므로, 그중의 하나인 민법 제219조 소정의 주위토지통행권이 위에서 말하는 사권의 설정에 해당한다고 볼 수 없고, 또 그러한 법정의 통행권을 인정받기 위하여 특별히 행정당국의 허가를 받아야 하는 것이라고도 할 수 없다(1994. 6. 24. 제3부 판결, 94다14193 주위토지통행권확인등).

<판례전문(대판 1994. 6. 24. 94다14193)>

[원고, 피상고인] 박순길

[피고(탈퇴)] 서울특별시

[피고인수참가인, 상고인] 도봉구

[소송대리인 변호사] 신영무

[원심판결] 서울고등법원 1994. 2. 1. 선고, 93나24652 판결

[주 문] 상고를 기각한다.

상고비용은 피고인수참가인의 부담으로 한다.

[이 유] 상고이유를 본다.

1. 주위토지통행권은 어느 토지가 타인 소유의 토지에 둘러싸여 공로에 통할

수 없는 경우 뿐만 아니라, 이미 기존의 통로가 있더라도 그것이 당해 토지의 이용에 부적합하여 실제로 통로로서의 충분한 기능을 하지 못하고 있는 경우에도 인정된다고 할 것이다.

원심이 인용한 제1심판결의 판시이유를 기록에 의하여 살펴본바, 원고 소유의 이 사건 토지로부터 북쪽의 공로에 이르는 사실상 통행로가 존재하기는 하나, 원고가 이를 통행할 아무런 권원도 없거니와 그 통행로만으로는 위 토지의 이용에 매우 부적합한 상태임을 전제로 원고에게 피고 소유의 이 사건 구거부분에 대하여 주위토지통행권이 있다고 본 원심의 조치를 수긍할 수 있고, 거기에 무슨 법리오해나 사실오인의 위법이 있음을 찾아 볼 수 없다. 논지는 이유 없다.

2. 지방재정법 제74조 제1항, 제82조 제1항에 의하면 공유재산은 지방자치단체의 장의 허가 없이 사용 또는 수익을 하지 못하고, 또 그 중 행정재산에 관하여는 사권을 설정할 수 없게 되어 있음은 물론이나, 민법상의 상린관계의 규정은 인접하는 토지 상호간의 이용관계를 조정하기 위하여 인지소유자에게 소극적인 수인의무를 부담시키는데 불과하므로, 그중의 하나인 민법 제219조 소정의 주위토지통행권이 위에서 말하는 사권의 설정에 해당한다고 볼 수 없고, 또 그러한 법정의 통행권을 인정받기 위하여 특별히 행정당국의 허가를 받아야 하는 것이라고도 할 수 없다.

따라서 이와 같은 취지의 원심판단은 옳고 거기에 소론과 같은 법리오해의 잘못이 있다 할 수 없다. 논지도 이유 없다.

3. 그러므로 상고를 기각하고 상고비용은 패소자의 부담으로 하여 관여법관의 일치된 의견으로 주문과 같이 판결한다.

대법관 박준서(재판장) 김상원
윤영철(주 심)

참조판례

가. 대법원 1992. 3. 31. 선고, 92다1025 판결(공1992, 1421)
1992. 12. 22. 선고, 91다36311 판결(공1993상, 582)

11. 주위토지통행권자가 민법 제219조 제1항 본문에 따라 통로를 개설하는 경우, 통행지 소유자가 부담하는 의무의 내용 및 그 통로개설·유지비용과 통행지 소유자의 손해의 부담자(=주위토지통행권자)

주위토지통행권자가 민법 제219조 제1항 본문에 따라 통로를 개설하는 경우 통행지 소유자는 원칙적으로 통행권자의 통행을 수인할 소극적 의무를 부담할 뿐 통로개설 등 적극적인 작위의무를 부담하는 것은 아니고, 다만 통행지 소유자가 주위토지통행권에 기한 통행에 방해가 되는 담장 등 축조물을 설치한 경우에는 주위토지통행권의 본래적 기능발휘를 위하여 통행지 소유자가 그 철거의무를 부담한다. 그리고 주위토지통행권자는 주위토지통행권이 인정되는 때에도 그 통로개설이나 유지비용을 부담하여야 하고, 민법 제219조 제1항 후문 및 제2항에 따라 그 통로개설로 인한 손해가 가장 적은 장소와 방법을 선택하여야 하며, 통행지 소유자의 손해를 보상하여야 한다(대법원 2006.10.26. 선고 2005다30993 판결).

12. 토지의 불법점유자가 그토지상에 소유건물을 가졌다하여 위요지통행권이나 통행지역권의 시효취득 주장을 할 수 있는지 여부

위요지 통행권이나 통행지역권은 모두 인접한 토지의 상호이용의 조절에 기한 권리로서 토지의 소유자 또는 지상권자 전세권자등 토지사용권을 가진자에게 인정되는 권리라 할 것이므로 위와 같은 권리자가 아닌 토지의 불법점유자는 토지소유권의 상린관계로서 위요지 통행권의 주장이나 통행지역권의 시효취득 주장을 할 수 없다(대법원 1976.10.29. 선고 76다1694 판결).

13. 주위토지의 현황이나 구체적 이용상황에 변동이 생긴 경우, 기존의 확정판결 등이 인정한 통행장소와 다른 곳을 통행로로 삼아 다시 통행권확인 등의 소를 제기하는 것이 위 확정판결 등의 기판력에 저촉된다고 할 것인지 여부(소극)

주위토지통행권은 통행을 위한 지역권과는 달리 통행로가 항상 특정한 장소로 고정되어 있는 것은 아니고, 주위토지의 현황이나 사용방법이 달라졌을 때에는 주위토지 통행권자는 주위토지 소유자를 위하여 보다 손해가 적은 다른 장소로 옮겨 통행할 수밖에 없는 경우도 있으므로, 일단 확정판결이나 화해조서 등에 의하여 특정의 구체적 구역이 위 요건에 맞는 통행로로 인정되었더라도 그 이후 그 전제가 되는 포위된 토지나 주위토지 등의 현황이나 구체적 이용상황에 변동이 생긴 경우에는 민법 제219조의 입법 취지나 신의성실의 원칙 등에 비추어 구체적 상황에 맞게 통행로를 변경할 수 있는 것이고, 그 과정에서 포위된 토지와 주위토지의 각 소유자 간에 원만한 합의가 이루어지지 아니하는 경우 일방이 상대방에 대하여 기존의 확정판결이나 화해조서 등이 인정한 통행장소와 다른 곳을 통행로로 삼아 주위토지통행권의 확인이나 통행방해의 배제·예방 또는 통행금지 등을 소로써 구하더라도 그 청구가 위 확정판결이나 화해조서 등의 기판력에 저촉된다고 볼 수 없다(대법원 2004. 5. 13. 선고 2004다10268 판결).

14. 무상주위통행권에 관한 민법 제220조의 규정이 분할자 또는 일부 양도의 당사자가 무상주위통행권에 기하여 이미 통로를 개설해 놓은 후의 포위된 토지 또는 피통행지의 특정승계인에게도 적용되는지 여부(소극)

무상주위통행권에 관한 민법 제220조의 규정은 토지의 직접 분할자 또는 일부 양도의 당사자 사이에만 적용되고 포위된 토지 또는 피통행지의 특정승계인에게는 적용되지 않는바, 이러한 법리는 분할자 또는 일부 양도의 당사자가 무상주위통행권에 기하여 이미 통로를 개설해 놓은 다음 특정승계가 이루어진 경우라 하더라도 마찬가지라 할 것이다(대법원 2002. 5. 31. 선고 2002다9202 판결).

15. 토지의 일부 양도에 있어 주위토지통행권에 관한 민법 제220조의 적용 범위

동일인 소유의 토지의 일부가 양도되어 공로에 통하지 못하는 토지가 생긴 경우에 포위된 토지를 위한 주위토지통행권은 일부 양도 전의 양도인 소유의 종전 토지에 대하여만 생기고 다른 사람 소유의 토지에 대하여는 인정되지 아니하며, 또 무상의 주위토지통행권이 발생하는 토지의 일부 양도라 함은 1필의 토지의 일부가 양도된 경우뿐만 아니라 일단으로 되어 있던 동일인 소유의 수필의 토지 중 일부가 양도된 경우도 포함된다(대법원 2005. 3. 10. 선고 2004다65589, 65596 판결).

16. 무상으로 통행해 온 주위토지통행권자에 대한 통행료 청구가 신의칙에 위배되어 허용될 수 없다고 본 사례

토지 소유자가 토지를 매수할 때 통로 부분은 주위의 토지 소유자들을 위해 무상으로 통행에 제공된 사실을 용인하고 그 상태에서 이를 매수한 것이라고 봄이 상당한 경우라면 통로 주위대지를 매수한 이래 줄곧 통로 부분을 무상으로 통행해 온 주위대지 소유자에 대하여 단지 통로의 소유자라는 이유만으로 통행료를 청구하는 것은 신의칙에 위배되어 허용될 수 없다고 본 사례(대법원 1992. 2. 11. 선고 91다40399 판결).

◆ 분할 · 일부양도에서의 특칙

제 220 조【분할 · 일부양도와 주위통행권】

① 분할로 인하여 공로에 통하지 못하는 토지가 있는 때에는 그 토지소유자는 공로에 출입하기 위하여 다른 분할자의 토지를 통행할 수 있다. 이 경우에는 보상의 의무가 없다.

② 전항의 규정은 토지소유자가 그 토지의 일부를 양도한 경우에 준용한다.

■ § 220. 주위 토지통행권

- 원래는 공로에 통하고 있었던 토지가 분할 또는 일부의 양도로 공로에 통하지 못하는 토지로 된 경우에는 그 토지소유자는 다른 분할자 또는 양수인의 토지를 통행할 수 있고, 제3자의 토지를 통행하지는 못한다.
- 그리고 이때에는 보상의 의무가 없다.

원래 공로에 통하고 있던 토지를 분할 혹은 일부양도함으로서 공로에 통하지 못하게 된 토지가 된 경우에는 그 토지소유자는 공로에 출입하기 위하여 다른 분할자나 양수인의 토지 또는 잔존부분의 토지를 통과할 수 있다. 다만 이때에는 보상의 의무가 없다.

포위된 토지의 소유자는 다른 분할자 또는 양도인 소유의 종전의 토지를 통행할 수 있을 뿐, 그에 인접한 타인의 토지를 통행할 권리는 없다(대판 1970. 5. 12, 70다3307).

공유토지를 분할하는 경우 분할 당사자 사이에서는 언제나 무상통행권이 인정된다. 한편, 분할토지의 특별승계인이 있는 경우 판례는 "무상주위토지통행권에 관한 민법 제220조의 규정은 토지의 직접 분할자 또는 일부양도의 당사자 사이에만 적용되므로 포위된 토지 또는 피통행지의 특정승계인의 경우에는 주위토지통행권에 관한 일반원칙으로 돌아가 그 통행권을 따로 정하여야 한다(대판 2002. 5. 31. 2002다9202)"라고 판시하여 유상통행권이 된다고 본다.

▣ 핵심판례 ▣

■ [분할, 일부양도와 주위통행권]

1. 주위토지통행권에 관한 민법 第220조의 적용범위

동일인 소유의 토지의 일부가 양도되어 공로에 통하지 못하는 토지가 생긴 경우에 포위된 토지를 위한 주위토지통행권은 일부 양도전의 양도인 소유의 종전토지에 대하여만 생기고 다른 사람 소유의 종전토지에 대하여만 생기고 다른 사람 소유의 토지에 대하여는 인정되지 아니하며, 또 무상의 주위토지통행권이 발생하는 토지의 일부 양도라 함은 1필지의 토지의 일부가 양도된 경우뿐만 아니라 일단으로 되어 있던 동일인 소유의 수필의 토지 중 일부가 양도된 경우도 포함된다(1993. 12. 14. 제2부 판결, 93다22906 통행방해배제).

2. 원소유자에 의하여 사용수익권이 포기된 통행로 부분을 승계취득한 자의 수인의무

토지의 원소유자가 토지를 분할·매각함에 있어서 토지의 일부를 분할된 다른 토지의 통행로로 제공하여 독점적·배타적인 사용수익권을 포기하고 그에 따라 다른 분할토지의 소유자들이 그 토지를 무상으로 통행하게 된 후에 그 통행로 부분에 사용수익의 제한이라는 부담이 있다는 사정을 알면서 그 토지의 소유권을 승계취득한 자는, 다른 특별한 사정이 없는 한 원칙적으로 그 토지에 대한 독점적·배타적 사용수익을 주장할 만한 정당한 이익을 갖지 않는다 할 것이어서 원소유자와 마찬가지로 분할토지의 소유자들의 무상통행을 수인하여야 할 의무를 진다(대법원 1998. 3. 10. 선고 97다47118 판결).

◈ 자연유수에 관한 고지소유자와 저지소유자의 권리의무

제 221 조【자연유수와 승수의무와 권리】

① 토지소유자는 이웃 토지로부터 자연히 흘러오는 물은 막지 못한다.

② 고지소유자는 이웃 저지에 자연히 흘러내리는 이웃저지에서 필요한 물을 자기의 정당한 사용범위를 넘어서 이를 막지 못한다.

■ § 221. 자연적 배수

- 토지소유자는 이웃토지로부터 자연히 흘러오는 물을 막아서는 안된다.
- 고지소유자는 이웃저지에 자연히 흘러내리는 이웃저지에서 필요한 물을 자기의 정당한 사용범위를 넘어서 이를 막지 못한다.

자연적 배수의 경우, 저지소유자가 자연히 흘러오는 물을 막아서는 안되며 고지소유자도 정당한 사용범위를 넘어서 흘러내려 가는 물을 막지 못한다. 인공적 배수를 위하여 타인의 토지를 사용하는 것은(예 : 처마물이 이웃에 직접 낙하하는 경우) 원칙적으로 금지된다(제225조).

▣ 핵심판례 ▣

■ [자연유수와 승수의무와 권리]

1. 민법 221조 1항 소정 자연유수의 승수의무의 범위

민법 221조 1항 소정의 자연유수의 승수의무란 토지소유자는 다만 소극적으로 이웃 토지로부터 자연히 흘러오는 물을 막지 못한다는 것 뿐이지 적극적으로 그 자연유수의 소통을 유지할 의무까지 토지소유자로 하여금 부담케 하려는 것은 아니다(대법원 1977.11.22. 선고 77다1588 판결).

2. 낮은 토지의 소유자가 지반고를 높이거나 제방을 쌓아 높은 토지로부터 자연히 흘러오는 우수의 흐름을 막은 경우, 승수의무 위반인지 여부

낮은 곳의 토지 소유자가 자신의 토지에 성토하여 지반고를 높이거나 제방을 쌓았기 때문에 종전에 높은 곳으로부터 자연히 흘러오는 우수의 흐름을 막게 되었다면, 이는 민법 제221조 제1항 소정의 승수의무를 위반한 것이다.

◈ 자연유수가 저지에서 막힌 경우 고지소유자의 소통공사권

제 222 조 【소통공사권】

흐르는 물이 저지에서 폐색된 때에는 고지소유자는 자비로 소통에 필요한 공사를 할 수 있다.

■ § 222. 소통공사권

- 흐르는 물이 저지에서 막힌 때에는 고지의 소유자는 자비로 소통에 필요한 공사를 할 수 있다.
- 그러나 비용부담에 관하여 특별한 관습이 있으면 그 관습에 따른다.

자연유수가 저지에서 막힌 때에는 고지소유자는 자비로 소통에 필요한 공사를 하여야 한다. 그리고 고지소유자는 소통공사에 필요한 범위내에서 저지에 출입할 권리가 있으며 이 공사로 인하여 저지소유자에게 손해를 준다하더라도 그것을 배상할 필요는 없을 것이다.

◈ 저수·배수·인수를 위한 공작물에 대한 공사청구권

제 223 조【저수, 배수, 인수를 위한 공작물에 대한 공사청구권】

토지소유자가 저수, 배수 또는 인수하기 위하여 공작물을 설치한 경우에 공작물의 파손 또는 폐색으로 타인의 토지에 손해를 가하거나 가할 염려가 있는 때에는 타인은 그 공작물의 보수, 폐색의 소통 또는 예방에 필요한 청구를 할 수 있다.

■ § 223. 인공적 배수

- 갑지에서 저수, 배수 또는 인수하기 위하여 설치한 공작물이 파손 또는 폐색하여 을지에 손해를 주거나 줄 염려가 있는 때에는, 을지의 소유자는 갑지소유자에 대하여 그 공작물의 보수 또는 폐색의 소통이나 예방에 필요한 청구를 할 수 있다.
- 이때의 비용은 갑지소유자가 부담하나 비용부담에 관한 특별한 관습이 있으면 그 관습에 따른다.

A지에서 저수, 배수 또는 인수하기 위하여 설치한 공작물이 파손 또는 폐색되어 B지에 손해를 주거나 줄 염려가 있는 때에는 B지의 소유자는 A지의 소유자에 대하여 그 공작물의 보수 또는 폐색의 소통이나 예방에 필요한 청구를 할 수 있다.

◆ 고지소유자가 유수를 위하여 공사 등을 할 경우의 비용부담

제 224 조【관습에 의한 비용부담】

제2조의 경우에 비용부담에 관한 관습이 있으면 그 관습에 의한다.

■ § 224. 관습이 강행법규에 우선하는 경우

- 소통공사권
- 저수, 배수, 인수의 경우 공작물설치비용

즉 고지의 소유자가 유수를 위하여 저지에 공사를 할 경우(제222조)와 인지의 소유자가 토지소유자에 대하여 공작물의 수선 또는 예방공사를 시킬 경우(제223조)에 그 비용의 부담에 관하여 관습이 있는 때에는 그 관습에 의한다.

◈ 토지소유자의 처마물 낙하에 대한 시설의무

제 225 조【처마물에 대한 시설의무】

토지소유자는 처마물이 이웃에 직접 낙하하지 아니하도록 적당한 시설을 하여야 한다.

■ § 225. 처마물에 대한 시설의무

- 물을 인공적 시설에 의하여 타인의 토지에 버리는 것은 원칙적으로 금지된다.
- 토지소유자는 처마물이 이웃에 직접 낙하하지 않도록 적당한 시설을 하여야 한다.

자연히 내리는 비나 눈이 처마 기타의 공작물을 설치함으로써 이웃 토지에 직접 낙하하도록 하는 것은 금지된다. 왜냐하면 권리의 행사는 신의에 의하여 성실히 하여야 하는 것인데 빗물 등이 이웃에 직접 낙하하도록 하는 처마의 시설은 이웃 토지소유자의 권리를 고의로 침해하는 것이며 따라서 그것은 권리의 남용이 되기 때문이다.

◆ 고지소유자의 여수소통권

제 226 조【여수소통권】

① 고지소유자는 침수지를 건조하기 위하여 또는 가용이나 농·공업용의 여수를 소통하기 위하여 공로, 공류 또는 하수도에 달하기까지 저지에 물을 통과하게 할 수 있다.

② 전항의 경우에는 저지의 손해가 가정 적은 장소와 방법을 선택하여야 하며 손해를 보상하여야 한다.

■ § 226. 여수소통권

- 예외적으로 인공적 배수가 인정되는 경우가 있다.
- 고지소유자는 침수지를 건조하기 위하여 또는 가용이나 농·공업용의 여수를 소통하기 위하여 공로, 공류 또는 하수도에 이르기까지 저지에 물을 통과하게 할 수 있다.
- 그 장소와 방법은 저지를 위하여 가장 손해가 적은 것을 선택하여야 하고, 손해가 있으면 이를 보상하여야 한다.

여수소통권이란 고지대의 토지소유자가 침수지를 건조하기 위하여 또는 가용이나 농·공업용의 여수를 소통하기 위하여 공로·공류 또는 지하도에 이르기까지의 낮은 지대에 물을 통과하게 할 수 있는 권리이다. 인공적 배수를 위하여 타인의 토지를 사용하는 것은 원칙적으로 금지되지만 예외가 인정되는 경우이다. 여수소통을 위한 장소와 방법은 저지대의 손해가 가장 적은 곳을 선택하여야 하며, 손해가 있으면 그 손해는 보상하여야 한다.

▣ 핵심판례 ▣

■ [여수소통권]

민법 제226조 여수소통권의 적용 요건 및 민법 제227조 소정의 공작물의 시설자의 의미

가. 민법 제226조는 고지소유자에게 여수소통을 위하여 공로, 공류 또는 하수도에 달하기까지의 저지에 물을 소통할 권리를 인정하면서 동시에 고지소유자에게 그에 따른 저지소유자의 손해를 보상할 의무가 있음을 정하고 있는 규정이므로, 그 규정이 적용되기 위하여는 고지소유자가 여수소통을 위하여 저지소유자의 토지를 통과하여 사용할 것이 요구된다.

나. 민법 제227조는 토지소유자가 소유지 상의 물을 소통하기 위하여 이웃 토지소유자 시설의 공작물을 사용할 수 있고 그 경우 토지소유자는 이웃 토지소유자에 대하여 그 이익을 받는 비율로 공작물의 설치보존 비용을 분담하여야 한다고 규정하고 있는바, 여기서 말하는 공작물의 시설자는 이웃 토지소유자로 한정되지는 않으나 단순히 공작물을 시설한 것만으로는 부족하고 이에 대한 정당한 권리를 갖는 자를 의미한다(대법원 2003. 4. 11. 선고 2000다11645 판결).

◈ 토지소유자의 유수용공작물의 사용권

제 227 조 【유수용공작물의 사용권】

① 토지소유자는 그 소유지의 물을 소통하기 위하여 이웃 토지소유자의 시설한 공작물을 사용할 수 있다.

② 전항의 공작물을 사용하는 자는 그 이익을 받는 비율로 공작물의 설치와 보존의 비용을 분담하여야 한다.

■ § 227. 유수용공작물사용권

- 토지소유자는 그 소유지의 물을 소통하기 위하여 고지 또는 저지의 소유자가 시설한 공작물을 사용할 수 있다.
- 그러나 그와 같이 타인의 공작물을 사용하는 때에는 이익을 받는 비율로 공작물의 설치와 보존의 비용을 분담하여야 한다.
- 관련법조 : 하수도법

유수사용권이란 토지소유자가 이웃 토지로부터 흘러들어오는 물을 음료·관개·유수·동력 등의 용도에 제공하기 위하여 사용하는 권리이다. 즉 자연히 흐르는 물은 저지소유자에게 필요한 것일 때에는 고지소유자는 자기의 정당한 사용범위를 넘어서 흘러내리는 물을 막을 수 없다(제221조 2항). 또한 토지소유자가 자기 소유지의 물을 소통하기 위하여 고지나 저지의 소유자가 시설한 공작물을 사용할 수 있다. 다만 이러한 타인의 공작물을 사용하는 자는 그 이익을 받는 비율로 공작물의 설치와 보존의 비용을 분담하여야 한다. 하천법 등의 공수법에도 유수사용권에 관한 규정이 정비되어 있으나 간혹 분쟁을 발생시킨다. 더욱이 최근에는 농림수산을 위한 사용과 수력발전을 위한 사용이 충돌을 일으키는 경우가 있으므로 그 입법적 해결이 요망되고 있다.

▣ 핵심판례 ▣

■ 第227조 소정의 공작물의 시설자의 의미

민법 제227조는 토지소유자가 소유지 상의 물을 소통하기 위하여 이웃 토지소유자 시설의 공작물을 사용할 수 있고 그 경우 토지소유자는 이웃 토지소유자에 대하여 그 이익을 받는 비율로 공작물의 설치보존 비용을 분담하여야 한다고 규정하고 있는바, 여기서 말하는 공작물의 시설자는 이웃 토지소유자로 한정되지는 않으나 단순히 공작물을 시설한 것만으로는 부족하고 이에 대한 정당한 권리를 갖는 자를 의미한다(대법원 2003. 4. 11. 선고 2000다11645 판결).

◈ 토지소유자의 여수급여청구권

제 228 조【여수급여청구권】

토지소유자는 과다한 비용이나 노력을 요하지 아니하고는 가용이나 토지이용에 필요한 물을 얻기 곤란한 때에는 이웃 토지소유자에게 보상하고 여수의 급여를 청구할 수 있다.

■ § 228. 여수급여청구권

- 토지소유자는 가용이나 토지이용에 필요한 물을 얻기 곤란한 때에는 이웃토지 소유자에게 보상하고, 여수의 급여를 요구할 수 있다.
- 관련법조 : [재산권의 공공성] 헌법 §23②

토지소유자는 과다한 비용이나 노력을 요하지 않고서는 가용이나 토지이용에 필요한 물을 얻기 곤란한 때에는 이웃 토지소유자에게 보상하고 식수의 급여를 청구할 수 있다. 물이 남아 돌아가는 자가 물이 부족해서 곤란을 받고 있는 자에게 나누어주지 않는 것은 사회공동생활에 있어서의 협동정신에 어긋나는 것이기 때문이다.

◈ 구거 기타 소류지 소유자의 수류의 변경의 제한

제 229 조【수류의 변경】

① 구거 기타 수류지의 소유자는 대안의 토지가 타인의 소유인 때에는 그 수로나 수류의 폭을 변경하지 못한다.

② 양안의 토지가 수류지소유자의 소유인 때에는 소유자는 수로와 수류의 폭을 변경할 수 있다. 그러나 하류는 자연의 수로와 일치하도록 하여야 한다.

③ 전2항의 규정은 다른 관습이 있으면 그 관습에 의한다.

■ § 229. 수류변경권

- 구거 즉 개골창으로 된 도랑 기타의 수류지의 소유자는 대안의 토지가 타인의 소유에 속하는 경우에는 그 수로나 수류의 폭을 변경하지 못한다.
- 그러나 양안의 토지가 수류지소유자의 소유인 때에는 소유자는 수로와 수류의 폭을 변경할 수 있다. 그러나 이 때에 그 하류는 자연의 수류에 일치하도록 하여야 한다.
- 이상의 어느 경우에나 다른 관습이 있으면 그것에 따른다.

수류변경권이란 구거, 즉 개골창으로 된 도랑 기타 수류지의 소유자가 양안의 토지소유자인 경우에 수로와 수류의 폭을 변경할 수는 있는 권리이다. 그러나 하류는 자연의 수로에 일치하도록 하여야 한다. 그러나 대안의 토지가 타인의 소유인 때에는 그 수로나 수류의 폭을 변경하지 못한다. 다만 이러한 규정들은 다른 관습이 있으면 그 관습에 의한다.

◈ 수류지 소유자가 둑을 설치할 경우 이를 타인의 토지에 접촉하게 할 권리

제 230 조【둑의 설치, 이용권】

① 수류지의 소유자가 둑을 설치할 필요가 있는 때에는 그 둑을 대안에 접촉하게 할 수 있다. 그러나 이로 인한 손해를 보상하여야 한다.

② 대안의 소유자는 수류지의 일부가 자기 소유인 때에는 그 둑을 사용할 수 있다. 그러나 그 이익을 받는 비율로 둑의 설치, 보존의 비용을 분담하여야 한다.

■ § 230. 둑의 설치 및 이용

- 수류지의 소유자가 언, 즉 둑을 설치할 필요가 있는 때에는 그 언을 대안에 접촉하게 할 수 있다. 그러나 이로 인하여 생긴 손해에 대하여는 보상하여야 한다.
- 대안의 소유자는 수류지의 일부가 그의 소유에 속하는 때에는 그 언을 사용할 수 있다. 그러나 이익을 받는 비율로 언의 설치, 보존의 비용을 분담하여야 한다.

수류지의 양안이 자기소유인 때에는 대안에 언, 즉 둑을 설치할 수 있음은 물론이나 대안이 타인의 소유인 때에는 일단 승낙을 받아야 한다.

만약 승낙이 없는 때에는 유수를 사용하지 못하게 되어 공공의 이익에 반하기 때문에 언을 설치하기 위하여 필요한 경우에는 타인의 대안지라도 사용할 수 있다.

그러나 둑을 설치함으로써 타인의 토지에 손해를 가하였으면 그 손해를 보상하여야 한다.

◈ 공유하천의 연안에서 농·공업을 경영하는 자의 공유하천용수권의 범위

제 231 조【공유하천용수권】

① 공유하천의 연안에서 농·공업을 경영하는 자는 이에 이용하기 위하여 타인의 용수를 방해하지 아니하는 범위 내에서 필요한 인수를 할 수 있다.

② 전항의 인수를 하기 위하여 필요한 공작물을 설치할 수 있다.

§ 231. 공유하천용수권

- 공유하천의 연안에서 농·공업을 경영하는 자는 이에 이용하기 위하여 타인의 용수를 방해하지 않는 범위안에서 필요한 인수를 할 수 있다.
- 또한 그러한 인수를 위하여 필요한 공작물을 설치할 수 있다.

공유하천용수권은 공유하천의 연안에서 농공업을 경영하는 자가 그 농공업에 이용하기 위하여 그 공유하천으로부터 인수하는 권리이다. 다만 타인의 용수를 방해하지 않는 범위 내에서 인수할 수 있다. 또한 인수를 위하여 필요한 공작물을 설치할 수 있다. 이는 종래 관습법상의 물권으로 인정되어 온 것을 성문화한 것이다. 그 법적 성질은 독립물권설(최식, 방순원, 김증한, 이영준)과 상린권설(곽윤직, 장경학)이 대립된다. 공유하천용수권이 다른 관습이 있으면 그 관습에 따른다(제234조).

▣ 핵심판례 ▣

■ [공유하천용수권]

1. 인접한 신, 구 염전의 해수용수권의 내용

기존의 염전에 인접하여 그 보다 낮은 지대에 새 염전을 개설하려는 자는 기존염전의 소유자 또는 경영자와의 사이에 약정 등 특별한 사정이 없는 한 기존염전의 염제조를 위한 기득의 해수용수권을 침해하지 아니하는 방법으로 새 염전을 설치, 경영하여야 하고, 기존염전이 소유자 또는 경영자가 종전의 방법으로 해수를 인수 또는 배수함으로써 새 염전에 침해를 주었다 하더라도 그것이 기존염전의 염제조에 필요한 통상적인 용수권의 행사로서 다년간 관행되어 온 종전의 방법과 범위를 초과하지 않는 것이라면 새 염전의 개설 경영자는 이를 수인할 의무가 있다.

2. 공유수면관리법 제4조 제1항 제4호 소정의 관할관청허가와 기득의 용수권행사

공유수면에서의 인수 또는 수주에는 관할관청의 허가가 있어야 하지만 그것이 피고들의 기득의 용수권행사를 수인할 위치에 있는 원고로서 국유의 갑문과 구거를 사용하여 인수하는 피고들의 행위를 금지할 권원이 될 수는 없다.

3. 기득용수권의 범위 내의 인수로 인한 손해와 그 보상청구의 당부

기득의 용수권의 범위 내의 인수행위는 정당한 권리의 행사로서 위법성이 있을 수 없고, 그 과정에서 비록 타인이 손해를 받게 될 우려가 있다 하더라도 이를 예방하는 일은 그 타인의 일일 뿐 아니라 설사 그 타인이 손해를 보았다 하더라도 용수권자에게 그 손해의 배상을 구할 수 없다(1983. 3. 8. 제2부 판결, 80다2658 인수금지등).

◈ 상류의 용수권자가 하류연안의 용수권을 침해할 경우의 구제방법

제 232 조【하류연안의 용수권보호】

전조의 인수나 공작물로 인하여 하류연안의 용수권을 방해하는 때에는 그 용수권자는 방해의 제거 및 손해의 배상을 청구할 수 있다.

■ § 232. 공유하천용수권

- 공유하천용수권은 공유하천의 연안에서 농·공업을 경영하는 자에게는 누구에게나 인정되는 권리이다.
- 따라서 상류에서의 용수로 하류에서의 용수를 방해하지는 못한다.
- 만일에 상류의 용수권자의 인수나 공작물로 인하여 하류연안의 용수권이 방해당하는 경우에는 그 하류연안의 용수권자는 방해의 제거 및 손해의 배상을 청구할 수 있다.

공유하천은 공동의 이익을 취하여 존재하는 것이므로 그 사용방법은 공동복리에 반하지 않는 범위 내에서 행사하여야 한다. 하류연안의 공유하천용수자가 그 인수나 공작물의 설치로 인하여 하류연안의 용수권을 실질적으로 방해하는 경우에는 방해의 제거와 불법행위로 인한 손해배상을 청구할 수 있다.

▣ 핵심판례 ▣

■ 공유하천의 상류에서 인수하는 자의 용수로 인해 하류의 농토의 관계용수에 부족이 생긴 경우 하류의 용수권을 침해하였다고 볼 수 있는지 여부

공유하천의 상류에서 인수하는 자가 농지의 관객에 필요한 한도내에서 용수권이 있다면 그 인수로 인하여 하류에 위치한 보를 사용하는 농토의 관계용수에 부족이 생겼다 하여도 하류에서 인수하는 용수권을 침해하였다고 할 수 없다(대판 1977. 11. 8, 77다1064).

◈ 공작물 등의 소유자나 그 이익을 받은 자의 공유하천용수권에 관한 권리의무의 승계

제 233 조 【용수권의 승계】

농, 공업의 경영에 이용하는 수로 기타 공작물의 소유자나 몽리자의 특별승계인은 그 용수에 관한 전소유자나 몽리자의 권리의무를 승계한다.

■ § 233. 공유하천용수권의 승계

• 공유하천용수권자가 수로 기타의 공작물이나 기업을 양도하면, 그 특별승계인은 전주의 용수에 관한 권리의무를 승계한다.

농공업의 경영에 이용하는 수로 기타 공작물 등은 이를 타인에게 매매·증여를 할 수 있음은 물론이나 이것을 매수 또는 수증한 특별승계인은 전소유자의 권리의무를 그대로 승계한다. 즉 본조는 공유하천용수권의 승계를 인정함으로써 특별승계인을 보호하고자 하는 것이다.

▣ 핵심판례 ▣

■ **해수용수권**

기존의 염전에 인접하여 그보다 낮은 지대에 염전을 개설하려는 자는 기존 염전의 소유자 또는 경영자와의 사이에 약정 등 특별한 사정이 없는 한 기존 염전의 염 제조를 위한 기득의 해수용수권을 침해하지 아니하는 방법으로 새 염전을 설치·경영하여야 하고, 기존 염전의 소유자 또는 경영자가 종전의 방법으로 해수를 인수 또는 배수함으로써 새 염전에 침해를 주었다 하더라도 그것이 기존 염전의 염 제조에 필요한 통상적인 용수권의 행사로서 다년간 관행되어 온 종전의 방법과 범위를 초과하지 않는 것이라면 새 염전의 개설 경영자는 이를 수인할 의무가 있다(대판 1983. 3. 8, 80다2658).

◈ 第231조~第233조의 규정과 다른 관습의 적용순위

제 234 조【용수권에 관한 다른 관습】

전3조의 규정은 다른 관습이 있으면 그 관습에 의한다.

■ § 234. 용수권에 관한 다른 관습의 효력

- 공유하천용수권에 관하여 앞의 것과 다른 관습이 있으면 그 관습에 의한다.
- 공유하천용수권의 법률적 성질에 관하여는 관습법상 성립한 독립의 물권이라고 보는 견해(판례, 다수설)와 일종의 상린권이라고 보는 견해(소수설)로 대립된다.

제231조의 공유하천의 연안에 농공업을 경영하는 자의 인수권과 공작물의 설치권, 제232조의 인수나 공작물로 인하여 하류연안의 용수권을 방해한 때에 용수권자의 방해제거 및 손해배상청구권, 제233조의 용수권의 특별승계인의 권리·의무에 관한 규정 등과 같이 다른 관습이 있는 경우에는 이 관습이 우선하여 적용되는 것이다.

◆ 상린자의 지하용수권의 범위

제 235 조【공용수의 용수권】

상린자는 그 공용에 속하는 원천이나 수도를 각 수요의 정도에 응하여 타인의 용수를 방해하지 아니하는 범위 내에서 각각 용수할 권리가 있다.

■ § 235. 지하수 이용의 보호

- 지하수를 토지소유자뿐만 아니라 이웃 사람들도 이용하고 있는 경우에, 그 지하수를 이용하는 상린자들은 각자의 수요에 따라 타인의 용수를 방해하지 않는 범위내에서 각각 용수할 수 있다.
- 관련법조 : [온천의 이용허가] 온천법 §16

공용수의 용수권은 원천으로부터 용출하는 물 또는 수도로부터 유출하는 물을 이용하는 권리이고, 여기서 원천이라 함은 지하수가 용출하는 것을 말하는데 자연히 용출하는 경우와 인공적으로 우물을 파서 용출시키는 경우가 있다. 그리고 수도라 함은 파이프를 통하여 물을 인도하는 시설을 말한다. 그러나 공공단체가 시설·운영하는 공영수도는 이에 포함되지 않는다.

◈ 건축 기타의 공사로 인하여 타인의 원천이나 수도에 장해를 발생하게 한 자의 손해배상 및 원상회복의무

제 236 조【용수장해의 공사와 손해배상, 원상회복】

① 필요한 용도나 수익이 있는 원천이나 수도가 타인의 건축 기타 공사로 인하여 단수, 감수 기타 용도에 장해가 생긴 때에는 용수권자는 손해배상을 청구할 수 있다.

② 전항의 공사로 인하여 음료수 기타 생활상 필요한 용수에 장해가 있을 때에는 원상회복을 청구할 수 있다.

■ § 236. 지하수 이용의 보호

- 필요한 용도나 수익이 있는 원천이나 수도가 타인의 건축 기타의 공사로 인하여 단수, 감수 기타 용도에 장해가 생긴 때에는 용수권자는 손해배상을 청구할 수 있다.
- 위의 공사로 인하여 음료수 기타 생활상 필요한 용수에 장해가 있을 때에는 원상회복을 청구할 수 있다.

음료수 기타 생활상 하루라도 없어서는 안되는 용수가 단수, 감수 또는 혼탁화되어 생활에 지장이 있을 때에는 그 공사자에게 원상회복을 청구할 수 있는 것이다. 그러나 타인의 공사 등으로 단지 원천이나 수도의 용도에 장해가 생긴 때에는 용수권자는 그 공사자에 대하여 손해배상을 청구할 수 있을 뿐이고 원상회복을 청구할 수 없다.

▣ 핵심판례 ▣

1. 어느 토지소유자가 새로이 지하수 개발공사를 시행하여 지하수를 취수함으로써 인근 토지소유자의 생활용수에 장해가 생긴 경우 그 생활용수방해의 제거 등을 청구할 수 있는지 여부

토지의 소유권은 정당한 이익이 있는 범위 내에서 토지의 상하에 미치므로 토지소유자는 법률의 제한 범위 내에서 그 소유토지의 지표면 아래에 있는 지하수를 개발하여 이용할 수 있다할 것이나, 민법 제214조의 규정과 제236조의 규정을 종합하여 보면, 어느 토지 소유자가 새로이 지하수 개발공사를 시행하여 설치한 취수공 등을 통하여 지하수를 취수함으로 말미암아 그 이전부터 인근 토지 내의 원천에서 나오는 지하수를 이용하고 있는 인근 토지소유자의 음료수 기타 생활상 필요한 용수에 장해가 생기거나 그 장해의 염려가 있는 때에는, 생활용수방해를 정당화하는 사유가 없는 한(토지소유자가 지하수 개발에 대하여 행정청으로부터 '먹는 물 관리법'에 의한 허가를 받었다고 하여 생활방해가 정당화 되는 것은 아니다) 인근 토지소유자는 그 생활용수방해의 제거(원상회복)이나 예방(공사의 중지)을 청구할 수 있다(대판 1988. 4. 28, 97다48913).

2. 온천수가 공용수 또는 생활용수에 해당하는지 여부

온천에 관한 권리를 관습법상의 물권이라고 볼 수 없고, 또한 온천수는 민법 제235조, 제236조 소정의 공용수 또는 생활상 필요한 용수에 해당하지 아니한다(대판 1970. 5. 26, 69다1239).

◆ 인접하여 토지를 소유한 자의 경계표나 담의 설치방법

제 237 조【경계표, 담의 설치권】

① 인접하여 토지를 소유한 자는 공동비용으로 통상의 경계표나 담을 설치할 수 있다.

② 전항의 비용은 쌍방이 절반하여 부담한다. 그러나 측량비용은 토지의 면적에 비례하여 부담한다.

③ 전2항의 규정은 다른 관습이 있으면 그 관습에 의한다.

■ § 237. 경계에 관한 상린관계

- 경계표나 담의 설치비용은 쌍방이 절반부담
- 측량비용은 토지면적에 비례
- 관련법조 : [특칙] 건축 §31의2, [경계표훼손] 형 §370

본조는 상린자의 경계표나 담의 설치권과 그 비용의 부담에 관하여 규정한 것이다.

1. 경계는 이미 확정되어 있어야 하며, 경계표나 담의 설치로 경계가 정하여지는 것은 아니다. 따라서 경계에 관하여 다툼이 있으면 경계확인의 소에 의하여 결정하여야 한다.

2. 경계표나 담장의 재료는 협의되면 벽돌·암석 등 어떠한 재료이든 제한이 없으나, 서로 협의가 되지 않아 단독으로 설치할 경우에는 통상의 재료를 사용하여야 한다. 만약 그 일방이 보통 이상의 재료를 사용하여도 상대방의 승낙이 없는 때에는 그 초과액은 이를 상환받을 수 없다.

3. 경계표와 담장의 설치에 관한 권리의 내용은 먼저 상대방에 대하여 청구를 하고, 그에 응하지 않는 때에는 그 상대방을 피고로 하여 법원에 그 협력을 구할 수 있는 것이나, 이 경우에 인지소유자의 비용으로써 제3자에게 할 것을 소구할 수 있다. 그리고 경계표나 담장설치의 비용은 상린자가 각각 평등하게 부담하는 것이나, 측량의 비용은 토지의 광협에 따라서 차이가 있으므로 그 면적에 비례하여 부담한다. 그리고 또 위의 규정은 다른 관습이 있으면 그 관습에 의한다.

◆ 인지소유자가 경계표 등을 통상과 달리 시설하는 경우

제 238 조【담의 특수시설권】

인지소유자는 자기의 비용으로 담의 재료를 통상보다 양호한 것으로 할 수 있으며 그 높이를 통상보다 높게 할 수 있고 또는 방화벽, 기타 특수시설을 할 수 있다.

■ § 238. 담의 설치에 있어서 그 종류

- 담의 설치에 있어서 그 종류는 경계표의 경우와 같다.
- 다만, 상린자 중의 한 사람이 비용의 증액을 부담한다면, 통상보다 양호한 재료를 쓰거나 높이를 보다 더 높게 하거나, 또는 방호벽 기타의 특수시설을 할 수 있다.

본조는 상린자 사이에서의 특수한 담장의 설치권을 규정한 것이다.

1. 상린자 갑·을간에 의견이 합치한 때에는 담장의 재료나 담장의 높이는 합의한 대로 설치되는 것이나, 만약 합의되지 않는 경우에는 일방의 상린자인 갑은 자기의 비용으로서 통상의 경우보다 좋은 재료를 사용하고, 또 보통의 담장보다 높게 하거나, 방화벽 기타 도난방지 등을 위한 특수시설도 할 수 있는 것이다.

2. 갑은 을의 의견을 무시하고 자기 의견대로 담장을 설치할 수는 있으나, 을에 대하여는 통상의 경우 담장 설치에 필요한 비용의 부담액 이상의 상환을 청구할 수 없으며, 초과액은 결국 자기의 부담이 되는 것이다.

◈ 경계에 설치된 경계표·담 등의 소유관계

제 239 조【경계표 등의 공유추정】

경계에 설치된 경계표, 담, 구거 등은 상린자의 공유로 추정한다. 그러나 경계표, 담, 구거 등이 상린자일방의 단독비용으로 설치되었거나 담이 건물의 일부인 경우에는 그러하지 아니하다.

■ § 239. 경계표 등의 상린관계

- 경계표, 담, 구거 등은 공유로 추정
- 다만, 분할청구 못함

상린자는 공동비용으로 통상의 경계표나 담을 설치할 수 있고, 이러한 시설은 상린자의 공유로 추정함이 원칙이다. 상린관계 중 가장 적극적인 공동이용을 규정한 것이라 하겠다.

다만 그 성질상 공유물분할청구는 허용되지 않는다.

경계표란 경계를 표시하는 물건이다. 토지소유자는 인지소유자와 공동비용으로서 계표를 설정할 수 있다(제237조). 경계표의 설치 및 보존비용은 상린자가 평등하게 이를 분담한다.

◆ 수목의 가지와 뿌리가 경계를 넘는 경우의 효과

제 240 조【수지, 목근의 제거권】

① 인접지의 수목가지가 경계를 넘은 때에는 그 소유자에 대하여 가지의 제거를 청구할 수 있다.

② 전항의 청구에 응하지 아니한 때에는 청구자가 그 가지를 제거할 수 있다.

③ 인접지의 수목뿌리가 경계를 넘은 때에는 임의로 제거할 수 있다.

■ § 240. 경계를 넘는 수지, 목근에 관한 상린관계

- 가지제거청구
- 불응시 청구자가 가지제거 가능, 제거된 가지는 제거자가 소유
- 나무뿌리는 임의 제거가능

수지·목근의 제거권은 경계선을 넘어온 인지의 나뭇가지 또는 뿌리에 대하여 인정된다.

그리고 제거한 가지나 뿌리는 제거한 상린자에게 속한다고 하여야 할 것이다. 가지가 경계선을 넘은 때에는 그 소유자로 하여금 제거하게 하고 뿌리가 경계선을 넘은 때에는 임의로 제거할 수 있으며 또 가지의 제거를 청구하였으나 이에 응하지 않는 때는 청구자가 직접 가지를 제거할 수 있다.

【서식】 수목의 가지 제거 청구서

수목의 가지 제거 청구서

본문의 주택에 인접한 귀하 소유지의 수목이 근래 극히 무성하여 그 가지가 경계선을 넘어 본인의 지소내까지 연장되고 토지사용상 장해가 적지 아니하므로 본인 가내에 연장된 부분의 가지를 월 일까지 제거하여 주시기를 민법 제240조 제1항에 의하여 청구하는 바이며, 만약 기한 내에 제거하지 않으면 동조 제2항에 의하여 본인이 제거할 것을 이에 통고합니다.

서기 년 월 일

주소

김 선 중 ㊞

주소

정 경 복 귀하

◆ 토지소유자의 심굴금지

제 241 조【토지의 심굴금지】

토지소유자는 인접지의 지반이 붕괴할 정도로 자기의 토지를 심굴하지 못한다. 그러나 충분한 방어공사를 할 때에는 그러하지 아니하다.

■ § 241. 토지의 심굴에 관한 상린관계

• 토지소유자는 인접지의 지반이 무너질 정도로 자기의 토지를 깊이 파지 못한다.
• 그러나 충분한 방어공사를 한 때에는 깊이파도 무방하다.

토지소유자는 충분한 방어공사 없이는 인접지의 지반이 붕괴할 정도로 자기의 토지를 깊이 파지 못한다. 이러한 경우는 토지소유자가 물권적 청구권이나 손해배상청구권을 행사할 수 있으므로 특별히 문제될 것이 없다. 이 규정은 단순한 주의규정에 불과한 것이라 하겠다.

◈ 경계선 부근의 건축 제한

제 242 조【경계선부근의 건축】

① 건물을 축조함에는 특별한 관습이 없으면 경계로부터 반미터 이상의 거리를 두어야 한다.

② 인접지소유자는 전항의 규정에 위반한 자에 대하여 건물의 변경이나 철거를 청구할 수 있다. 그러나 건축에 착수한 후 1년을 경과하거나 건물이 완성된 후에는 손해배상만을 청구할 수 있다.

■ § 242. 경계선으로부터 일정한 거리를 두어야 할 의무

- 건 물 : 경계로부터 반미터 이상
- 관련법조 : [특칙] 건축법 §44, §46, §47, §60, §61

건물을 축조하려면 경계로부터 「반미터」 이상의 거리를 두어야 한다. 그러나 특별한 관습이 있으면 그에 의한다.

반미터 거리를 두지 않고서 건축을 하려고 하는 자가 있으면 인지의 소유자는 그 건물의 변경이나 철거를 청구할 수 있다. 그러나 건축에 착수한 후 1년을 경과하거나 건물이 완성된 후에는 손해배상만을 청구할 수 있다. 무제한으로 건물의 철거와 변경을 청구하는 것을 인정하여 완성된 건물을 부수도록 하는 것은 건축자를 위해서나 또는 사회경제상으로도 불이익하므로 두게 된 제한이다. 건물이 경계를 넘어서 축조된 경우에 관해서는 민법에 규정이 없다. 이에 관하여 자세한 규정을 두고 있는 독일민법(제912조 이하)을 본받아서 곧 이의를 제출하지 않으면 보상(즉 지대)을 청구할 수 있을 뿐이라고 해석하는 것이 통설(곽윤직, 방순원, 최식, 김현태, 김증한)이다. 우물을 파거나 용수, 하수 또는 오물 등을 저치할 지하시설을 하는 때에는 경계로부터 「2미터」 이상의 거리를 두어야 하며 저수지, 구거 또는 지하실의 공사에는 경계로부터 그 깊이의 반 이상의 거리를 두어야 한다.

▣ 핵심판례 ▣

■ [경계선부근의 건축]

가. 경계로부터 법정거리를 두지 않고 세워진 건물의 철거청구는 건축허가처분에 대한 이의로써도 가능한지 여부

경계로부터 민법 제242조, 제244조에 다른 법정거리를 두지 않고 세워진 건물의 철거 등을 구하는 이 사건 청구에 관하여 피고가 이 사건 소는 건물이 완성된 후에 제기된 것이므로 부적법하다는 항변을 하였는 바, 원심이 원고가 법정제척기간내에 소 제기의 방법이 아닌 건축허가처분에 대한 이의를 함으로써 이 사건과 같은 주장을 한 사실을 확정하고 위 피고의 항변을 배척하였음은 정당하다.

나. 법정거리 안에 세워진 건물 부분의 철거청구가 권리남용에 해당한다고 한 사례

이 사건 건물은 민법 제242조 소정의 확보거리 0.5미터를 다 두지 못하고 원고 소유 대지로부터 30센티미터를 두고 세워져 있어 동 건물의 각층마다 1.2평씩만이 법정거리 내에 들어있는 바 동건물이 건축된지 수년이 지난 지금 법정거리안에 있는 건물부분을 철거하는 것은 원고에게는 거의 어떠한 이익도 가져오지 못하고 오히려 사회, 경제적으로 보나 상린관계의 취지에서 보나 이를 철거한다는 것은 적절하지 아니하므로 원고의 위 건물부분에 철거청구는 권리의 사회성에 비추어 권리남용에 해당한다.

다. 사회통념상 인용범위 내의 일조권 침해로 인한 정신적 고통에 대한 위자료청구권유무

이웃 토지상의 건물로 인하여 직사광선이 차단되는 불이익을 받는 경우에 그것이 사회통념상 일반적으로 인용할 정도를 넘지 않는 한 이를 감수할 것이므로 이로 인하여 입는 정도의 고통은 감내하여야 한다(1982. 9. 14. 제2부 판결, 80다2859 건물철거등).

◈ 차면시설을 하여야 하는 경우

제 243 조【차면시설의무】

경계로부터 2미터 이내의 거리에서 이웃 주택의 내부를 관망할 수 있는 창이나 마루를 설치하는 경우에는 적당한 차면시설을 하여야 한다.

■ § 243. 차면시설의무

• 경계로부터 2미터 이내 거리에 창 등이 있을 때

경계로부터 「2미터」 이내의 거리에서 이웃 주택의 내부를 관망할 수 있는 창이나 마루를 설치하는 경우에는 적당한 차면시설을 하여야 한다. 위의 「2미터」의 거리는 창이나 마루의 인지에 가장 가까운 곳에서부터 직선으로 경계선에 이르기까지를 측정한다.

◈ 우물을 파거나 지하시설을 하는 때의 일정한 거리를 유지하여야 할 의무

제 244 조 【지하시설 등에 대한 제한】

① 우물을 파거나 용수, 하수 또는 오물 등을 저치할 지하시설을 하는 때에는 경계로부터 2미터 이상의 거리를 두어야 하며 저수지, 구거 또는 지하실공사에는 경계로부터 그 깊이의 반이상의 거리를 두어야 한다.

② 전항의 공사를 함에는 토사가 붕괴하거나 하수 또는 오액이 이웃에 흐르지 아니하도록 적당한 조처를 하여야 한다.

■ § 244. 경계선으로부터 일정한 거리를 두어야 할 의무

- 건물 이외의 공작물 : 우물, 용수등 저장지하시설은 경계로부터 2미터 이상, 저수지 등의 공사는 경계로부터 그 깊이의 반이상

우물, 용수, 하수 또는 오액을 저치할 지하시설을 하는 때에는 경계로부터 2m 이상 저수지, 개골창으로 된 도랑 또는 지하실 등 공사에는 경계로부터 그 깊이의 반이상의 거리를 둘 것을 요한다. 또 이러한 공사를 함에는 토사가 붕괴하거나 하수 또는 불결한 오액 같은 것이 인지에 흐르지 않도록 적당한 시설을 하여야 하는 것이다.

▣ 핵심판례 ▣

■ [지하시설 등에 대한 제한]

지하시설을 하는 경우에 있어서 경계로부터 두어야 할 거리에 관한 사항 등을 규정한 민법 제244조가 강행규정인지 여부(소극)

지하시설을 하는 경우에 있어서 경계로부터 두어야 할 거리에 관한 사항 등을 규정한 민법 제244조는 강행규정이라고는 볼 수 없으므로 이와 다른 내용의 당사자간의 특약을 무효라고 할 수 없다(1982. 10. 26. 제3부 판결, 80다1634 손해배상).

<참고사항>

※ 관습이 우선하는 것

1. 비용부담에 관한 관습우선
   ① 흐르는 물이 저지에서 막힌 경우 유수소통공사비용(제222조)
   ② 저수, 배수, 인수를 위한 공작물에 대한 공사비용(제223조)
   ③ 경계표, 담의 설치비용과 측량비용(제237조)
2. 그 외 다른 관습우선
   ① 수류변경금지(제229조)
   ② 공유하천용수권 및 용수권 승계(제234조)
   ③ 경계선 부근의 건축시 반미터 이상 거리 규정(제242조 1항)
   ④ 특수지역권(제302조)

제 2 절 소유권의 취득

소유권의 취득원인으로서 가장 중요한 것이 법률행위임은 다 아는 사실이다. 그밖에 상속·토지수용 등에 의하여서도 소유권은 취득된다. 법률행위에 의한 소유권취득에 관하여는 법률행위에 의한 물권변동의 원칙이 그대로 적용되며, 상속에 관하여는 상속법에서, 그리고 토지수용은 행정법에서 각각 설명된다.

법률규정에 의한 것으로 본절 제245조 내지 제261조에서 취득시효, 선의취득, 무주물선점, 유실물습득, 매장물발견, 부합, 혼화, 가공 등 특수한 소유권취득원인에 관해 규정하고 있다. 이것들은 어느 것이나 소유권의 원시취득에 관련된 것이다. 그러나 오늘날 소유권을 취득하는 것은 대부분 매매, 상속 등에 의한 승계적 취득에 의해 이루어지는 것이 보통이고, 기존의 소유권과 관계없이 원시적으로 소유권이 취득되는 것은 예외적인 경우이다.

◆ 부동산소유권의 취득시효의 요건

제 245 조【점유로 인한 부동산소유권의 취득기간】

① 20년간 소유의 의사로 평온, 공연하게 부동산을 점유하는 자는 등기함으로써 그 소유권을 취득한다.

② 부동산의 소유자로 등기한 자가 10년간 소유의 의사로 평온, 공연하게 선의이며 과실없이 그 부동산을 점유한 때에는 소유권을 취득한다.

■ § 245. 부동산소유권의 취득시효

- 점유취득시효 : 20년간 소유의 의사로 평온, 공연하게 부동산을 계속하여 점유한 자는 등기함으로써 소유권을 취득한다.
- 등기부취득시효 : 부동산의 소유자로 등기한 자는 10년간 소유의 의사로 평온, 공연하게 선의, 무과실로 그 부동산을 점유한 때에는 소유권을 취득한다.
- 관련법조 : [국유재산상의 취득시효의 배제] 국유재산법 §7②

1. 취득시효

(1) 의 의

일정한 기간 동안 계속된 사실상태를 존중하여 그것이 진실한 권리관계와 일치하는가의 여부를 묻지 않고 그 사실상태를 권리관계로 승격시켜 권리를 취득하게 하는 것이 취득시효이며, 소멸시효와 대립되는 개념이다.

(2) 시효로 취득할 수 있는 권리

취득시효에 의해 취득될 수 있는 권리는 소유권과 그 밖의 재산권(지상권, 계속되고 표현된 지역권, 전세권, 질권 및 이와 유사한 광업권, 무체재산권 등)이다(제248조). 그러나 다음의 경우에는 성질상 또는 법률상 취득시효가 인정되지 않는다. 첫째, 점유를 수반하지 않는 저당권에는 취득시효가 인정되지 않는다. 둘째, 직접 법률의 규정에 의하여 성립하는 점유권, 유치권은 취득시효가 인정되지 않는다. 셋째, 한번 행사하면 소멸하는 권리인 취소권, 환매권, 해제권 등은 취득시효의 대상이 되지 않는다. 넷째, 일정한 신분관계를 전제로 하는 권리인 부양을 받을 권리는 취득시효의 대상이 되지 않는다.

(3) 취득시효의 대상

취득시효의 대상은 부동산(제245조)과 동산(제246조)에 한하지 않고, 점유를 수반하는 기타의 재산권(제248조)도 포함된다.

【쟁점사항】

<취득시효의 대상이 되는지가 문제되는 경우>

ㄱ) 자기의 소유물

구민법이 취득시효의 대상을 타인의 물건으로 한정한 것과 달리 민법 제245조는 단순히 부동산으로 정하고 있을 뿐이어서, 자기의 소유물에 대해서도 취득시효가 인정될 수 있는지가 문제된다. 판례는, "취득시효는 당해 부동산을 오랫동안 계속하여 점유한다는 사실상태를 인정한 경우에 권리관계로 높이려고 하는 데는 그 존재이유가 있는 점에 비추어 보면, 시효취득의 목적물은 타인의 부동산임을 요하지 않고 자기 소유의 부동산이라도 시효취득의 목적물이 될 수 있다고 할 것이고, 취득시효를 규정한 민법 제245조가 '타인의 물건인 점'을 규정에서 빼놓은 것도 같은 취지에서라고 할 것이다"라고 하였다(대판 2001. 7. 13, 2001다17572).

ㄴ) 국유재산

국유재산은 잡종재산을 제외하고는 시효취득의 대상이 되지 않는다(국유재산법 제5조 2항).

ㄷ) 분필되지 않는 1필의 토지의 일부

이에 대해서 취득시효가 인정된다. 다만 그 부분이 다른 부분과 구분되어 시효취득자의 점유에 속한다는 것을 인식하기에 족한 객관적인 징표가 계속하여 존재할 것을 요건으로 한다(대판 1993. 12. 14, 93다5581).

2. 제245조의 의의

본조는 부동산소유권의 취득시효에 관한 규정이다.

본조는 「20년간 소유의 의사로 평온, 공연하게 부동산을 점유하는 자는 등기함으로써 그 소유권을 취득하고, 부동산의 소유자로 등기한 자가 10년간 소유의 의사로 평온·공연하게 선의·무과실로 그 부동산을 점유한 때에는 소유권을 취득한다」고 규정하고 있다.

이와 같은 우리 민법은 부동산소유권의 취득시효에 있어서 점유취득시효(장기취득시효)와 등기부취득시효(단기취득시효)의 두가지를 모두 인정하고 있는데(장경학은 장기취득시효와 단기취득시효로 구분하고 있다), 이는 다른 입법례에서 볼 수 없는 특색이라 하겠다(구민법은 점유취득시효만을 인정할 뿐이고, 독일민법(제900조, 제937조 이하, 제1033조)은 등기부취득시효만이 있을 뿐이다).

· 취득시효제도

<table>
<tr><th colspan="3">종류 / 요건</th><th>소유의사</th><th>평온</th><th>공연</th><th>선의</th><th>무과실</th><th>시효기간</th><th>등기</th><th>조문</th></tr>
<tr><td rowspan="4">소유권</td><td rowspan="2">부동산</td><td>점유취득시효</td><td>○</td><td>○</td><td>○</td><td></td><td></td><td>20년</td><td>요건이다</td><td>§245①</td></tr>
<tr><td>등기부취득시효</td><td>○</td><td>○</td><td>○</td><td>○</td><td>○</td><td>10년</td><td>이미되어있다</td><td>§245②</td></tr>
<tr><td rowspan="2">동산</td><td>일반취득시효</td><td>○</td><td>○</td><td>○</td><td></td><td></td><td>10년</td><td></td><td>§246①</td></tr>
<tr><td>선의취득시효</td><td>○</td><td>○</td><td>○</td><td>○</td><td>○</td><td>5년</td><td></td><td>§246②</td></tr>
<tr><td colspan="3">기타의 재산권</td><td colspan="7">§245·§246에 따른다.</td><td>§248</td></tr>
</table>

3. 취득시효의 요건

(1) 공통요건

가. 평온·공연한 점유

모든 취득시효에 공통적으로 요구되는 요건은 첫째로 일정한 요건을 갖춘「점유」이다. 점유는 소유의 의사를 가지고 있는 이른바「자주점유」이어야 하고 또한「평온·공연한 점유」이어야 한다. 점유자는 소유의 의사로 평온·공연하게 점유한 것으로 추정된다(제197조 1항).

여기서 평온한 점유가 구체적으로 무엇이냐가 문제된다. 판례(대판 1982. 3. 9, 81다172, 공보⑦ 1982, 425)는 「본조 소정의 '평온'의 점유라 함은 점유자가 그 점유를 취득 또는 보유하는데 법이 허용하지 아니하는 강폭행위를 쓰지 않는 것을 의미하고, 그 점유가 불법이라고 주장하는 자로부터 이의를 받거나 소유권을 위요하여 분쟁이 있었다는 사실만 가지고 곧 그 점유가 평온하지 않았다고는 할 수 없다」고 판시하였다.

나. 자주점유

소유의 의사로 점유하는 것, 자주점유이어야 한다.

점유자의 점유가 소유의 의사 있는 자주점유인지 아니면 소유의 의사 없는 타주점유인지의 여부는 점유자의 내심의 의사에 의하여 결정되는 것이 아니라 점유취득의 원인이 된 권원의 성질이나 점유와 관계가 있는 모든 사정에 의하여 외형적·객관적으로 결정되어야 하는 것이기 때문에 점유자가 성질상 소유의 의사가 없는 것으로 보이는 권원에 바탕을 두고 점유를 취득한 사실이 증명되었거나, 점유자가 타인의 소유권을 배제하여 자기의 소유물처럼 배타적 지배를 행사하는 의사를 가지고 점유하는 것으로 볼 수 없는 객관적 사정, 즉 점유자가 진정한 소유자라면 통상 취하지 태도를 나타내거나 소유자라면 당연히 취했을 것으로 보이는 행동을 취하지 아니한 경우 등 외형적·객관적으로 보아 점유자가 타인의 소유권을 배척하고 점유할 의사를 가지고 있지 아니하였던 것이라고 볼 만한 사정이 증명된 경우에도 그 추정은 깨어진다고 할 것이다(대법원 2000. 3. 24, 99다56765).

(2) 점유취득시효의 요건

가. 20년간의 평온·공연한 점유

평온·공연한 자주점유가 20년간 계속되어야 한다. 20년의 점유에 관해서는 점유의 승계가 인정되고(제199조), 또 전후 양시에 점유한 사실이 있는 때에는 그 점유는 계속한 것으로 추정된다(제198조).

【쟁점사항】

<점유취득시효의 기산점>

ㄱ) 시효기간 중 등기명의인이 동일하고 취득자의 변동이 없는 경우

취득시효를 주장하는 자는 점유기간 중에 소유자의 변동이 없는 토지에 관하여

는 취득시효의 기산점을 임의로 선택할 수 있고, 취득시효를 주장하는 날로부터 역산하여 20년 이상의 점유 사실이 인정되고 그것이 자주점유가 아닌 것으로 밝혀지지 않는 한 취득시효를 인정할 수 있다(대판 1994. 3. 22, 93다46360).

ㄴ) 시효기간 중 등기명의인의 변경과 취득자의 변동이 있는 경우

취득시효는 그 기간 동안 등기명의자가 동일하고 취득자의 변동이 없는 경우가 아닌 한 그 기초되는 점유의 개시일로부터 기산하여야 하고 임의로 기산일을 정할 수 없다(대판 1989. 4. 25, 88다카3618).

ㄷ) 취득시효 기산일은 임의로 선택할 수 있는지 여부

취득시효기간의 계산에 있어 그 점유개시의 기산일은 임의로 선택할 수 없으나 그 등기명의인에 변경이 없는 경우에는 취득시효 완성을 주장할 수 있는 시점에서 보아 소요기간이 경과된 사실만 확정되면 족하다(대판 1991. 7. 26, 91다8104).

나. 등 기

취득시효는 법률행위가 아니므로 등기를 필요로 하지 않는 것이 원칙이지만, 본조는 그 등기를 하여야 소유권을 취득하는 것으로 하였다.

취득시효기간 완성 후(後) 아직 그것을 원인으로 소유권이전등기를 경료하지 아니한 자는 종전 소유자로부터 그 부동산에 대한 등기부상 소유명의를 넘겨받은 제3자에 대하여 시효취득을 주장할 수 없으나 취득시효기간 만료 전(前)에 등기명의를 넘겨받은 시효완성 당시의 등기명의자에 대하여는 그 소유권취득을 주장할 수 있다(대판 1989. 4. 11, 88다카5843, 88다카5850).

(3) 등기부취득시효의 요건

가. 평온·공연·선의·무과실의 자주점유

등기부취득시효에서는 부동산의 소유자로 등기한 자가 10년간 선의·무과실로 부동산을 점유하여야 한다(제245조 2항). 점유자가 이미 소유자로 등기되어 있어야 하고, 선의·무과실의 점유이어야 하며, 그 기간이 10년인 점에서 점유취득시효와 다르다.

▣ 핵심판례 ▣

■ **등기부 취득시효에 있어서 선의·무과실이 요구되는 시점**

등기부 취득시요에 있어서 선의·무과실은 등기에 관한 것이 아니고 점유의 취득에 관한 것이므로, 등기경료 이전부터 점유를 하여 온 경우에는 그 점유개시 당시를 기준으로 그 점유의 개시에 과실이 없었는지 여부에 관하여 심리판단하여야 한다(대판 1994. 11. 11, 93다28089).

나. 10년의 등기 및 점유

등기부취득시효의 요건으로서 '부동산의 소유자로 등기한 자'라 함은 적법 유효한 등기일 필요는 없고 원인무효의 등기라도 무방하다(대판 1994. 2. 8, 93다23367). 그리고 선의·무과실은 등기에 관한 것이 아니고 점유취득에 관한 것이다(대판 1998. 1. 20, 96다48527).

【쟁점사항】

<등기부취득시효에 있어서 소유권을 취득하는 자는 10년간 반드시 그의 명의로 등기되어 있어야 하는지 여부>

등기부취득시효에 관하여 민법 제245조 제2항은 "부동산의 소유자로 등기한 자가 10년간 소유의 의사로 평온, 공연하게 선의이며 과실 없이 그 부동산을 점유한 때에는 소유권을 취득한다."고 규정하고 있는데, 위 규정에 의하여 소유권을 취득하는 자는 10년간 반드시 그의 명의로 등기되어 있어야 하는 것은 아니고 앞 사람의 등기까지 아울러 그 기간동안 부동산의 소유자로 등기되어 있으면 된다(대판 2001. 1. 16, 98다20110).

▣ 핵심판례 ▣

■ [점유로 인한 부동산소유권의 취득기간]

1. 부동산 점유취득시효 완성으로 인한 소유권 취득의 법적 성질(=원시취득) 및 취득시효기간이 완성되었으나 점유자 앞으로 등기가 마쳐지지 않는 경우, 그 부동산에 설정된 소유권 이전등기청구권 가등기에 의하여 보전된 매매예약상의 권리의 소멸여부(소극)

부동산 점유취득시효는 20년의 시효기간이 완성된 것만으로 점유자가 곧바로 소유권을 취득하는 것은 아니고 민법 제245조에 따라 점유자 명의로 등기를 함으로써 소유권을 취득하게 되며, 이는 원시취득에 해당하므로 특별한 사정이 없는 한 원소유자의 소유권에 가하여진 각종 제한에 의하여 영향을 받지 아니하는 완전한 내용의 소유권을 취득하게 되고, 이와 같은 소유권 취득의 반사적 효과로서 그 부동산에 관하여 취득시효의 기간이 진행 중에 체결되어 소유권 이전등기청구권 가등기에 의하여 보전된 매매예약상의 매수인의 지위는 소멸된다고 할 것이지만, 시효기간이 완성되었다고 하더라도 점유자 앞으로 등기를 마치지 아니한 이상 전 소유권에 붙어 있는 위와 같은 부담은 소멸되지 아니한다(대판 2004. 9. 24, 2004다31463).

2. 점유자가 소유자로부터 보상 요구를 받고 차후 보상하겠다고 회답한 경우, 자주점유의 추정이 번복되었다고 본 사례

토지에 대한 취득시효기간이 경과한 후에 점유자가 여러 차례에 걸친 소유자의 보상 요구를 받고, 재정 형편이 어려워 당장 보상은 불가능하나 차후 도시계획도로 확장시 매입 보상하겠다는 내용의 회답을 함으로써 토지에 대한 소유자의 소유권을 승인하였다면, 그 점유자가 토지에 대한 점유를 개시할 때 소유자의 의사로 점유하기 시작하였다는 추정은 번복된다고 본 사례(1996. 1. 26. 판결, 95다17441 부당이득금반환).

3. 누군가에게 사정된 토지에 대하여 국유재산으로 등기를 마친 경우 국가에게 소유권이 귀속되는지 여부 등

가. 구 토지조사령에 따라 토지조사부가 작성되어 누군가에게 사정된 토지를 국가가 무주부동산으로 취급하여 국유재산법령의 절차를 거쳐 국유재산으로 등기를 마친 경우, 국가에게 소유권이 귀속되는지 여부(소극)

구 토지조사령(1912. 8. 13. 제령 제2호)에 의한 토지의 사정명의인은 당해 토지를 원시취득하므로 적어도 구 토지조사령에 따라 토지조사부가 작성되어 누군가에게 사정되었다면 그 사정명의인 또는 그의 상속인이 토지의 소유자가 되고, 따라서 설령 국가가 이를 무주부동산으로 취급하여 국유재산법령의 절차를 거쳐 국유재산으로 등기를 마치더라도 국가에게 소유권이 귀속되지 않는다.

나. 토지를 사정받은 자가 따로 있는 경우, 소유권 보존등기의 추정력

토지에 관한 소유권 보존등기의 추정력은 그 토지를 사정받은 사람이 따로 있음이 밝혀진 경우에는 깨지고 등기명의인이 구체적으로 그 승계취득 사실을 주장·입증하지 못하는 한 그 등기는 원인무효이다(대판 2005. 5. 26, 2002다43417).

4. 가. 공공용 재산이 행정재산으로 되는 경우 및 지목이 도로이고 국유재산대장에 등재되어 있다는 사정만으로 그 토지가 행정재산에 해당하는지 여부

도로와 같은 인공적 공공용 재산은 법령에 의하여 지정되거나 행정처분으로서 공공용으로 사용하기로 결정한 경우, 또는 행정재산으로 실제로 사용하는 경우의 어느 하나에 해당하여야 행정재산으로 되는 것이므로, 토지의 지목이 도로이고 국유재산대장에 등재되어 있다는 사정만으로는 바로 그 토지가 도로로서 행정재산에 해당한다고 판단할 수는 없다.

나. 토지의 일부에 대한 시효취득의 인정 요건

1필의 토지의 일부 부분이 다른 부분과 구분되어 시효취득자의 점유에 속한다는 것을 인식하기에 족한 객관적인 징표가 계속하여 존재하는 경우에는 그 일부 부분에 대한 시효취득을 인정할 수 있다(1996. 1. 26. 판결, 95다24654 소유권이전등기).

5. 가. 구 지적법 시행 당시 당사자의 신고에 의해 복구된 임야대장상 소유자란 기재의 추정력

6·25 전쟁 중 멸실된 임야대장이 구 지적법(1975. 12. 31. 법률 제2801호로 개정되기 전의 것) 시행 당시 당사자의 신고에 의하여 복구되었다면 그 복구된 임야대장상 소유자란의 기재는 소유권의 귀속을 증명하는 자료가 될 수는 없으나, 이에 당해 토지의 소유권이 이러한 임야대장의 소유자란에 기재된 자에게 귀속된 것으로 추정할 수 없다는 것에 지나지 아니하므로, 그 임야대장에 특정인이 사정받은 것으로 기재된 경우 그 명의로 사정되었다고 인정할 자료로도 삼을 수 없는 것이라고 할 수는 없다.

나. 공공사업시행자의 협의매수에 의한 토지 취득행위의 법적 성질

공공사업의 시행자가 토지수용법에 의하여 그 사업에 필요한 토지를 취득하는 경우 그것이 협의에 의한 취득이고 토지수용법 제25조의2의 규정에 의한 협의 성립의 확인이 없는 이상, 그 취득행위는 어디까지나 사경제 주체로서 행하는 사법상의 취득으로서 승계취득한 것으로 보아야 할 것이고, 재결에 의한 취득과 같이 원시취득한 것으로 볼 수는 없다.

다. 민통선 북방에 있는 임야를 6·25 전후부터 타지에 살면서 현지인을 통하여 관리하여 옴으로써 시효취득하였다는 주장을 배척한 원심판결

을, 심리미진 등을 이유로 파기한 사례

민간인 출입통제선 북방에 있는 임야를 6·25 전후부터 타지에 살면서 현지인을 통하여 계속 관리하여 옴으로써 이를 시효취득하였다는 주장을 배척한 원심판결을, 심리미진 등을 이유로 파기한 사례

6. 취득시효 완성 후 소유자의 부동산 처분행위가 불법행위로 되기 위한 요건 및 제3자가 그 처분행위에 적극 가담한 경우 그 처분행위의 효력(무효)

부동산에 관한 취득시효가 완성된 후 취득시효를 주장하거나 이로 인한 소유권이전등기청구를 하기 이전에는 등기명의인인 부동산 소유자로서는 특별한 사정이 없는 한 취득시효 사실을 알 수 없으므로 이를 제3자에게 처분하였다 하더라도 불법행위가 성립할 수 없으나, 부동산의 소유자가 취득시효의 완성사실을 알 수 있는 경우에 부동산 소유자가 부동산을 제3자에게 처분하여 소유권 이전등기를 넘겨줌으로써 취득시효 완성을 원인으로 한 소유권 이전등기의무가 이행불능에 빠지게 되어 취득시효 완성을 주장하는 자가 손해를 입었다면 불법행위를 구성한다 할 것이며, 부동산을 취득한 제3자가 부동산 소유자의 이와 같은 불법행위가 적극 가담하였다면 이는 사회질서에 반하는 행위로서 무효이다.

7. 가. 등기부시효취득의 요건인 무과실에 관한 입증책임

부동산에 대한 등기부시효취득의 요건인 무과실에 관한 입증책임은 그 시효취득을 주장하는 사람에게 있다.

나. 매도인의 목적부동산에 대한 처분권한 유무를 조사하지 아니한 매수인의 점유에 대한 과실 유무

부동산을 매수하는 사람으로서는 특별한 사정이 없는 한 매도인에게 그 부동산을 처분할 권한이 있는지 여부를 조사하여야 할 것이고, 그 조사를 하였더라도 매도인에게 처분권이 없음을 알 수 있었을 것임에도 그와 같은 조사를 하지 아니하고 매수하였다면 부동산의 점유에 대하여 과실이 없다고 할 수 없다.

다. 종중 명의로 등기된 부동산을 매수함에 있어 매도인이 제시한 위조된 종중약관과 매도결의서의 내용을 제대로 살피지 아니한 과실로 매도인에게 처분권한 없음을 알지 못하고 점유하였다고 하여 등기부시효취득 주장을 배척한 사례

성립에 다툼이 없는 갑 제20호 증(판결)의 기재에 의하면 원고종중은 고령신씨의 신선용의 11세손인 이정공 신식을 공동선조로 하는 문중이고 성립에 다툼이 없는 갑 제9호증(가승보)과 피고가 제출한 을 제3호증(11세 식계의 생존중인 성년자 명의)의 기재에 의하면 소외인은 신선용의 23세손으로서 11세 신식의 생종중인 성년자손이 176명으로 되어 있음을 알 수 있는데, 소외인이 소급하여 임의로 작성하였다는 정관(갑 제1호증)등이 원심이 인정한 바와 같

이 소외인과 그의 아들들만의 명의로 되어 있다면(갑 제1호증에 의하면 정관은 소외인과 신상우, 신장우, 신진우, 신정일, 신형우의 6인만으로 되어 있다) 피고가 소외인이 제시하였다는 정관이나 결의서의 내용을 살펴보고 소외인에게 이 사건 토지를 처분할 권한이 있었는지 알아 보았다면 피고로서는 특별한 사정이 없는 한 소외인이 제시한 정관이나 결의서가 허위이고 소외인에게 이 사건 토지의 처분권한이 없었음을 알 수 있었다고 보아야 할 것이다(당원 1990. 10. 16. 선고, 90다카16792 판결 참조). 그렇다면 원심판결에는 등기부취득시효의 요건으로서의 무과실에 대한 입증책임에 관한 법리를 오해하였거나, 아니면 심리를 미진하고 채증법칙을 위배하여 무과실을 인정한 위법이 있다고 할 것이고 이는 판결에 영향을 미치는 것임을 논지는 이유있다(1991. 2. 12. 제1부 판결, 90다13178 토지소유권이전등기말소등기).

8. 취득시효가 완성된 토지가 수용된 경우, 그 수용보상금에 대한 시효취득자의 권리의 내용 및 행사방법

취득시효가 완성된 토지가 수용됨으로써 취득시효 완성을 원인으로 하는 소유권이전등기의무가 이행불능이 된 경우에는 그 소유권 이전등기 청구권자가 대상청구권의 행사로서 그 토지의 소유자가 토지의 대가로서 지급받은 수용보상금의 반환을 청구할 수 있다고 하더라도, 시효취득자가 직접 토지의 소유자를 상대로 공탁된 토지수용 보상금의 수령권자가 자신이라는 확인을 구할 수는 없다(대판 1995. 7. 28, 95다2074).

9. 취득시효 완성 전에 이전등기 원인이 발생하였으나 취득시효 완성 후에 이전등기를 경료한 자에 대한 시효취득 주장의 가부(소극)

부동산에 대한 점유취득시효가 완성되었다고 하더라도 이를 등기하지 아니하고 있는 사이에 그 부동산에 관하여 제3자에게 소유권 이전등기가 마쳐지면 점유자는 그 제3자에게 대항할 수 없는 것이고, 이 경우 제3자의 이전등기 원인이 점유자의 취득시효 완성 전의 것이라 하더라도 마찬가지이다(대판 1998. 7. 10, 97다45402).

10. 점유로 인한 부동산소유권의 시효취득이 완성된 것만으로 등기 없이 소유권의 확인을 구할 수 있는지 여부(소극)

점유로 인한 부동산소유권의 시효취득이 완성된 경우라고 하더라도 등기함으로써 그 소유권을 취득하는 것이므로 등기 없이 그 취득기간이 경과하였다는 사유만으로 소유권의 확인을 구할 수 없다(1991. 5. 28. 제1부 판결, 91다5716 소유권확인).

11. 취득시효완성 후 그 등기 전에 제3자에게 소유권이전등기가 경료되었다가 그 후 취득시효완성 당시의 소유자에게로 소유권이 회복된 경우 시효취득의 주장 가부(적극)

부동산에 대한 점유로 인한 소유권취득시효가 완성되었다 하더라도 이를 등기하지 않고 있는 사이에 그 부동산에 관하여 제3자에게로 소유권이전등기가 경료되면 점유자가 그 제3자에게는 그 시효취득으로 대항할 수 없으나, 그로 인하여 점유자가 취득시효완성 당시의 소유자에 대한 시효취득으로 인한 소유권이전등기청구권을 상실하게 되는 것은 아니고 위 소유자의 점유자에 대한 소유권이전등기의무가 속행불능으로 된 것이라고 할 것인데, 그 후 어떠한 사유로 취득시효완성 당시의 소유자에게로 소유권이 회복되면 그 소유자에게 시효취득의 효과를 주장할 수 있다(1991. 6. 25. 제2부 판결, 90다14225 건물명도).

12. 가. 귀속재산처리법에 의한 귀속재산 매각행위의 법적 성질

행정관청이 국유재산을 매각하는 것은 사업상의 매매계약일 수도 있으나 귀속재산처리법에 의하여 귀속재산을 매각하는 것은 행정처분이지 사업상의 매매가 아니다.

나. 해산한 공익법인의 잔여재산이 국가에 귀속되는 경우 취득시효완성으로 인한 소유권이전등기의무도 국가에 귀속되는지 여부(소극)

공익법인의 설립운영에 관한 법률 제13조에 해산한 공익법인의 잔여재산은 정관이 정하는 바에 의하여 국가 또는 지방자치단체에 귀속된다고 규정되어 있고, 공익법인의 정관에 법인을 해산하였을 때의 잔여재산은 국가에 귀속한다고 규정되어 있다고 하여 공익법인의 취득시효완성으로 인한 소유권이전등기의무까지 국가에 귀속된다고 할 수 없다(1991. 6. 25. 제1부 판결, 91다10435 소유권이전등기).

13. 지방자치단체(시)가 사유토지의 지목을 전에서 도로로 변경함과 아울러 관계법령에 따른 적법한 절차를 밟지 아니한 채 그 토지 위에 도로를 개설하여 그 점유를 하여 온 것에 대하여 시효취득을 인정한 사례

지방자치단체(시)가 사유토지의 지목을 전에서 도로로 변경함과 아울러 그 토지 위에 도로를 개설하여 일반공중의 통행에 제공하면서 그 점유를 하여 왔다면 그 토지에 대한 점유는 특별한 사정이 없는 한 소유의 의사로써 평온, 공연하게 계속된 것으로 확정되고 설사 지방자치단체(市)가 위 도로개설 당시 토지구획정리사업법이나 도로법 등 관계법령에 다른 적법한 절차를 밟지 아니하여 그 점유의 권원이 인정되지 않는다 하더라도 그러한 사유만으로 위와 같은 자주점유의 추정이 번복된다거나 점유권원의 성질상 타주점유에 해당한다고는 볼 수 없다고 하여 시효취득을 인정한다(1991. 6. 28. 제3부 판결, 89다카12176 부당이득금).

14. 가. 취득시효 기산일의 임의선택 가부

취득시효기간의 계산에 있어 그 점유개시의 기산일은 임의로 선택할 수 없으나 그 등기명의인에 변경이 없는 경우에는 취득시효완성을 주장할 수 있는 시점에서 보아 소요기간이 경과된 사실만 확정되면 족하다.

나. 점유의 계속과 취득시효완성으로 인한 소유권이전등기청구권의 시효소멸 여부(소극)

토지에 대한 취득시효완성으로 인한 소유권이전등기청구권은 그 토지에 대한 점유가 계속되는 한 시효로 소멸되지 아니한다(1991. 7. 26. 제3부 판결, 91다8104 소유권이전등기).

15. 민법 제245조 제1항의 '부동산을 점유하는 자'의 의미와 구민법하 증여받아 토지를 점유하여 온 경우에 있어 취득시효의 기산점

민법 제245조 제1항의 '부동산을 점유하는 자'라 함은 다른 사람의 부동산을 아무 권리없이 점유하는 사람은 물론 구민법상 제3자에게 대항할 수 없는 소유권에 기하여 점유하는 사람도 포함되므로 구민법하 토지를 증여받아 바로 점유를 시작하였으나 그 소유권이전등기를 경료받지 못하였다면 그때부터 점유취득시효의 기초가 되는 점유가 개시된 것으로 보아야 한다(1991. 9. 10. 제2부 판결, 91다19272, 19289(반소) 소유권이전등기등).

16. 시효취득의 기초가 되는 점유의 시기의 인정과 점유승계의 경우 취득시효 기산점의 선택

취득시효의 기초가 되는 점유가 법정기간 이상으로 계속되는 경우, 취득시효는 그 기초가 되는 점유가 개시된 때를 기산점으로 하여야 하고 취득시효를 주장하는 사람이 임의로 기산일을 선택할 수 없으나 점유가 순차 승계된 경우에 있어서는 취득시효의 완성을 주장하는 자는 자기의 점유만을 주장하거나 또는 자시의 점유와 전 소유자의 점유를 아울러 주장할 수 있는 선택권이 있는 것이고, 전 점유자의 점유를 아울러 주장하는 경우에는 어느 단계의 점유자의 점유까지를 아울러 주장할 것인가도 이를 주장하는 사람에게 선택권이 있다(1991. 10. 22. 제1부 판결, 91다26577, 26584(반소) 건물소유권보존등기말소등).

17. 국가가 압류한 부동산이 민법 제245조 소정의 점유로 인한 부동산소유권 시효취득의 대상이 될 수 있는지 여부(적극)

국가가 압류한 부동산이라도 민법 제245조 제1항 소정의 점유로 인한 부동산소유권 시효취득의 대상이 될 수 있다(1991. 10. 22. 제2부 판결, 91다28153 토지소유권이전등기).

18. 가. 성명불상자의 소유물에 대한 시효취득의 가부(적극)

시효로 인한 부동산 소유권의 취득은 원시취득으로서 취득시효의 요건을 갖추면 곧 등기청구권을 취득하는 것이고 또 타인의 소유권을 승계취득하는 것이 아니어서 시효취득의 대상이 반드시 타인의 소유물이어야 하거나 그 타인의 특정되어 있어야 하는 것은 아니므로 성명불상자의 소유물에 대하여 시효취득을 인정할 수 있다.

나. 채권자대위권 행사의 요건인 '채무자가 스스로 그 권리를 행사하지 않을 것'의 의미와 미등기 토지에 대한 시효취득자가 성명불상자인 소유자를 대위하여 등기의 말소를 구할 수 있는지 여부(적극)

채권자대위권 행사의 요건인 '채무자가 스스로 그 권리를 행사하지 않을 것'이라 함은 채무자의 제3채무자에 대한 권리가 존재하고 채무자가 그 권리를 행사하고 있지 아니하는 것을 의미하고, 여기서 권리를 행사할 수 있는 상태에 있다는 뜻은 권리행사를 할 수 없게 하는 법률적 장애가 없어야 한다는 뜻이며 채무자 자신에 관한 현실적인 장애까지 없어야 한다는 뜻은 아니고 채무자가 그 권리를 행사하지 않는 이유를 묻지 아니하므로 미등기 토지에 대한 시효취득자가 제3자 명의의 소유권보존등기가 원인무효라 하여 그 등기의 말소를 구하는 경우에 있어 채무자인 진정한 소유자가 성명불상자라 하여도 그가 위 등기의 말소를 구하는데 어떤 법률적 장애가 있다고 할 수는 없어 그 채무자대위권 행사에 어떤 법률적 장애가 될 수 없다(1992. 2. 25. 제2부 판결, 91다9312 토지소유권이전등기말소등).

19. 하천구역 아닌 토지부분에 대하여 국가가 등기부를 폐쇄하고 소유권보존등기를 마쳤다면 그 부분의 점유를 선의·무과실로 보기 어렵고, 그 부분이 제내지가 되었다고 점유의 태양이 달라지는 것도 아니라고 하여 위 토지부분에 대한 등기부취득시효 주장을 배척한 사례

하천구역이라고 볼 수 없는 토지부분에 대하여까지 국가가 종전등기부를 폐쇄하고 소유권보존등기를 마친 것이라면 설사 이 부분에 대한 점유가 있었다 하더라도 그 점유가 선의, 무과실이라고 보기 어렵고, 제방 축조로 토지가 제내지가 되었다 하여 그 점유의 태양이 달라지는 것도 아니라고 하여 위 토지부분에 대한 등기부취득시효의 주장을 배척한다(1992. 6. 9. 제2부 판결, 91다43640 소유권확인등).

20. 부동산 매매에 있어 매도인이 등기부상의 소유명의자와 동일인인 경우 등기부의 기재가 유효한 것으로 믿고 매수한 사람에게 과실이 있는지 여부

부동산을 매수하는 사람은 매도인에게 그 부동산을 처분할 권한이 있는지 여부를 알아보아야 하는 것이 원칙이고, 이를 알아보았더라면 무권리자임을 알 수 있었을 때에는 과실이 있다고 보아야 할 것이나, 매도인이 등기부상의 소유명의자와 동일인인 경우에는 그 등기부나 다른 사정에 의하여 매도인의 소유권을 의심할 수 있는 여지가 엿보인다면 몰라도 그렇지 아니한 경우에는 등기부의 기재가 유효한 것으로 믿고 매수한 사람에게 과실이 있다고 말할 수는 없다(1992. 6. 23. 제1부 판결, 91다38266 소유권이전등기등).

21. 가. 취득시효제도의 의의와 당해 부동산의 소유자가 시효취득을 저지하기 위하여 취하여야 할 조치

취득시효는 부동산에 대하여 소유의 의사로써 하는 사실적 지배(점유)가 일정기간 지속되는 경우 그 상태가 진실한 권리관계에 부합하는지 여부를 묻지 않고 그 점유자에게 소유권을 취득하게 하는 제도로서, 그 부동산의 소유자는 그 소유권을 주장하거나 다른 사람이 소유권을 주장하는 것을 방어하는 것만으로는 그 권리행사를 다하였다고 할 수 없고, 그 점유자의 점유를 배제하거나 그 점유의 태양을 변경시킴으로써 그 소유권취득기간의 진행을 막아야 할 것이며, 그렇지 않으면 그 시효의 진행을 중단시켜야 한다.

나. 자주점유의 의미

자주점유란 소유의 의사, 즉 소유자와 동일한 지배를 사실상 행사하려는 의사를 가지고 있는 점유를 의미하는 것이지 그러한 지배를 할 수 있는 법률상의 권원을 가지거나 소유권이 있다고 믿고서 하는 점유만을 의미하는 것은 아니다.

다. 토지 소유자가 그 토지를 분할측량하여 분할등기를 하고, 점유자에게 토지의 인도를 요구하거나 위 토지에 대한 세금을 납부하였다 하여 점유의 평온성이 깨어지지 않는다고 한 사례

토지 소유자가 그 토지를 분할측량하여 분할등기를 하고, 점유자에게 토지의 인도를 요구하거나 위 토지에 대한 세금을 납부하였다 하여 점유의 평온성이 깨어지지 않는다(1992. 6. 23. 제1부 판결, 92다12689 소유권이전등기, 12704 토지인도(반소)).

22. 토지대장상 소유명의자 아닌 남편으로부터 미등기토지를 증여받아 점유를 개시하였으나, 이를 남편의 재산으로 믿을 상당한 이유가 있었고, 토지대장상 소유명의자는 이미 오래 전에 사망한 자로서 그의 상속인 등 어느 누구도 소유권을 주장하는 등 이의를 제기한 것이 없었다면 위 수증자의 점유개시행위에 과실이 없다고 본 사례

갑에게 계쟁토지를 증여한 을이 토지대장상 소유명의자가 아니었고 또한 갑 앞으로의 토지대장상 소유자명의변경 및 소유권보존등기가 정당한 절차에 의하지 않고 이루어졌을 것으로 의심되는 점이 있다하더라도, 갑이 위 토지를 남편인 을이 선대로부터 분재받은 재산으로 믿을 상당한 이유가 있었고, 위 토지가 미등기토지이며 그 토지대장상 소유명의자는 이미 오래 전에 사망한 자로서 갑의 점유개시를 전후하여 장기간 그의 상속인들이나 그 밖의 어느 누구도 위 토지에 대한 소유권을 주장하거나 을 또는 갑의 점유에 대하여 이의를 제기한 적이 없었다는 등의 사정이 있었다면, 갑이 을로부터 위 토지를 증여받아 그 소유로 믿고 선의로 소유를 개시하는 자체에는 과실이 없다(1992. 8. 14. 제3부 판결, 92다14724 소유권이전등기말소).

23. 소유자의 변동이 없는 토지에 관하여 점유의 기산점을 임의로 선택하여 점유시효취득을 주장할 수 있는지 여부(적극)

소유자의 변동이 없는 토지에 관하여 점유시효취득을 주장함에 있어서는 그 점유의 기산점을 어디에 두든지간에 그 시효기간이 경과한 사실만 확정되면 이를 인정할 수 있다(1992. 9. 8. 제2부 판결, 92다20941 소유권이전등기말소, 20958(반소) 소유권이전등기).

24. 취득시효완성에 의한 등기 전에 소유권이전등기를 경료하여 부동산 소유권을 취득한 자에 대한 시효취득 주장 가부

취득시효완성에 의한 등기를 하기 전에 먼저 소유권이전등기를 경료하여 부동산 소유권을 취득한 제3자에 대하여는 그 제3자 명의의 등기가 무효가 아닌 한 시효취득을 주장할 수 없다(1992. 9. 25. 제3부 판결, 92다21258 토지소유권이전등기).

25. 가. 징발 당시 갑이 징발대상토지에서 경작을 하고 있었다면 갑이 이전부터 토지를 점유한 것으로 볼 수 있을 것이므로 취득시효 주장의 당부를 판단함에 있어 갑이 그 후 이를 대리점유한 것인지 여부를 살펴보아야 한다고 한 사례

징발 당시 갑이 징발대상토지에서 경작을 하고 있었다면 갑이 이전부터 토지를 점유한 것으로 볼 수 있을 것이므로 취득시효 주장의 당부를 판단함에 있어 갑이 그 후 이를 대리점유한 것인지 여부를 살펴보아야 한다.

나. 소유자의 변동이 없는 토지에 관하여 취득시효의 기산점을 임의 선택할 수 있는지 여부(적극)

취득시효를 주장하는 자는 소유자의 변동이 없는 토지에 관하여는 취득시효의 기산점을 임의로 선택할 수 있고, 취득시효를 주장하는 날로부터 역산하여 20년 이상의 점유사실이 인정되고 그것이 자주점유가 아닌 것으로 밝혀지지 않는 한 취득시효를 인정할 수 있다.

다. 법원이 당사자의 주장과 상관없이 취득시효의 기산일을 확정할 수 있는지 여부(적극)

취득시효의 기산일은 당사자의 주장과는 상관없이 법원이 소송자료에 의하여 확정하여야 한다(1992. 11. 10. 제1부(아) 판결, 92다20774 소유권보존등기말소등).

26. 가. 행정재산이 시효취득의 대상이 되는지 여부(소극)

행정재산은 공용폐지시까지 시효취득의 대상이 될 수 없다.

나. 국유재산법 제5조 제2항 규정을 잡종재산에 대하여 적용하는 것이 위헌이라는 헌법재판소결정으로 인하여 행정재산에 대한 점유에 영향이 있는지 여부(소극)

헌법재판소 1991. 5. 13.자, 89헌가97 결정은 민법상의 시효취득 규정의 적용을 배제한 국유재산법 제5조 제2항 규정을 잡종재산인 국유재산에 대하여 적용하는 것이 위헌이라는 것이지 행정재산에 대하여 민법의 시효취득의 규정의 적용을 배제하는 것이 위헌이라는 것이 아니므로 위 결정으로 인하여 행정재산에 대하여 공용폐지가 있기까지의 점유에 어떤 영향이 있는 것은 아니다(1992. 11. 20. 제1부(바) 판결, 92다25489 소유권이전등기).

27. 가. 취득시효 기산점의 임의선택 가부(한정적극)

부동산의 점유자는 소급하여 20년 이상 점유한 사실만 입증하면 다른 반대의 사정이 없는 한 20년 이전의 기산점을 선택하여 취득시효의 완성을 주장할 수 있다고 보아야 하고, 반드시 점유의 최초 개시일이 구체적으로 언제라도 확정되어야 할 필요는 없다.

나. 취득시효에 있어 점유기간 중 부동산 소유권자에 변동이 있는 경우 취득시효 기산점의 임의선택 가부(소극) 및 이와 같은 경우 법원이 당사자의 주장에 구애됨이 없이 진정한 점유의 개시시기를 인정할 수 있는지 여부(적극)

부동산 소유권의 취득시효기간이 만료되었다 하더라도 등기를 하지 아니한 경우에는 당해 부동산을 취득하여 등기를 마치거나 법률의 규정에 의하여 당해 부동산을 취득한 제3자에 대하여는 이를 주장할 수 없는 것이므로, 점유기간 중에 당해 부동산의 소유권자에 변동이 있는 경우에는 취득시효를 주장하는 자가 임의로 기산점을 선택하거나 소급하여 20년 이상 점유한 사실만 내세워 시효완성을 주장할 수 없고, 이와 같은 경우에는 법원이 당사자의 주장에 구애됨이 없이 소송자료에 의하여 인정되는 바에 따라 진정한 점유의 개시시기를 인정하고 그에 터잡아 취득시효 주장의 당부를 판단하여야 한다(1992. 11. 20. 제1부(아) 판결, 92다29740 소유권이전등기말소등).

28. 가. 등기부취득시효에서 점유개시의 무과실에 대한 입증책임의 소재(=주장자)

등기부취득시효에 있어서는 점유의 개시에 과실이 없었음을 필요로 하고, 그 입증책임은 주장자에게 있다.

나. 부동산 매매에 있어 매도인이 등기부상 소유명의자가 아닌데도 매수인이 소유명의자에 대하여 확인하거나 매도인에게 처분권한이 있는지 여부를 확인하지 아니한 경우 점유개시의 과실 유무(적극)와 매수부동산의 점유취득 당시 과실이 있었으나 그 후 매도인이 등기명

의를 취득한 경우 무과실로 전환되는지 여부(소극)

부동산 매매에 있어서 등기부상 명의인이 매도인 아닌 제3자인 경우에는 거래관념상 매도인의 권한에 대하여 의심할 만한 사정이 있다고 할 것이므로, 매수인은 등기부상 소유명의자에 대하여 진부를 확인하거나 매도인에게 처분권한이 있는지 여부에 관하여 확인하지 아니하는 한 부동산을 인도받아 선의로 점유하였다고 하여도 과실 없이 점유를 개시하였다고 볼 수 없고, 또한 위와 같은 과실이 부동산을 매수하여 점유를 취득할 당시에 존재하였다면 그 후 매도인이 등기명의를 취득하였다고 하더라도 무과실로 전환된다고 할 수 없다(1992. 11. 13. 제3부(카) 판결, 92다30245 소유권이전등기말소).

29. 가. 귀속재산에 대한 점유의 성질(=타주점유) 및 1964. 12. 31.까지 매각되지 아니한 귀속재산을 그전부터 매수하여 점유해 온 경우 자주점유로 전환되는 시점(=1965. 1. 1.)

귀속재산처리법 소정의 귀속재산에 대한 점유는 권원의 성질상 타주점유에 해당한다고 보아야 할 것이지만, 구 귀속재산처리에 관한 특별조치법(1963. 5. 29. 법률 제1346호, 실효) 제2조 제1호 및 부칙 제5조에 의하여 1964. 12. 말일까지 매매계약이 체결되지 아니한 귀속재산은 1965. 1. 1.부터 국유로 됨으로써, 그 이전부터 귀속재산인 토지를 매수하여 점유하여 온 경우에는 같은 날로부터 자주점유로 전환된다.

나. 귀속재산인 부동산에 대하여 1954. 12. 31.부터의 자주점유 사실이 인정되지 않는다 하여 1975. 1. 1.자 취득시효완성 주장을 배척한 원심판결을, 귀속재산이 국유로 된 1965. 1. 1.부터 20년 간 자주점유하였는지 여부를 가려보지 아니한 원심미진의 위법이 있다는 이유로 파기한 사례

귀속재산인 부동산에 대하여 1954. 12. 31.부터의 자주점유 사실이 인정되지 않는다 하여 1975. 1. 1.자 취득시효완성 주장을 배척한 원심판결을, 귀속재산이 국유로 된 1965. 1. 1.부터 20년 간 자주점유하였는지 여부를 가려보지 아니한 원심미진의 위법이 있다는 이유로 파기환송한다(1993. 2. 23. 제2부(타) 판결, 92다26819 소유권확인등).

30. 가. 취득시효에 있어서 자주점유의 의미(=소유자와 동일한 지배를 하려는 의사를 가지고 하는 점유)

취득시효에 있어서 자주점유라 함은 소유자와 동일한 지배를 하려는 의사를 가지고 하는 점유를 의미하는 것이지 법률상 그러한 지배를 할 수 있는 권원, 즉 소유권을 가지고 있거나 또는 소유권이 있다고 믿고서 하는 점유를 의미하는 것은 아니다.

나. 취득시효완성 후 제3자 앞으로 소유권이전등기가 됨으로써 취득시효완성을 원인으로 한 소유권이전등기의무가 속행불능으로 되었다는 점이 직권조사사항인지 여부(소극)

취득시효완성 후 제3자 앞으로 소유권이전등기가 되어 취득시효완성을 원인으로 한 소유권이전등기의무가 이행불능이라는 점은 법원이 직권으로 조사하여야 할 성질의 것이 아니다(1993. 4. 9. 제3부 판결, 92다41498 소유권이전등기).

31. 가. 1975. 12. 31. 법률 제2801호로 전문 개정된 지적법이 시행되기 이전에 복구된 구토지대장에 기재된 소유자에 관한 사항의 권리추정력 유무(소극)

1975. 12. 31. 법률 제2801호로 전문 개정된 지적법이 시행되기 이전에 소관청이 아무런 법적 근거 없이 과세의 편의상 임의로 복구한 구토지대장에 소유자 이름이 기재되어 있다 하더라도 그 소유자에 관한 사항은 권리추정력을 인정할 수 없다.

나. 법원은 취득시효의 기산일을 당사자의 주장과 상관없이 소송자료에 의하여 확정하여야 하는지 여부(적극)

점유취득시효를 주장하는 기간 동안 토지 소유자의 변동이 없었다면 점유의 기산점을 어디에 두든지 간에 증거에 의하여 시효기간이 경과한 사실만 확정되면 이를 인용할 수 있고 또 취득시효의 기산일은 당사자간의 주장과는 상관없이 법원이 소송자료에 의하여 확정하여야 한다(1993. 4. 13. 제1부 판결, 92다44947 토지소유권보존등기말소).

32. 타주점유하는 토지 위에 새로이 과수원을 조성하였다는 사정만으로는 자주점유로 전환되지 아니한다고 한 사례

타주점유하는 토지 위에 새로이 과수원을 조성하였다는 사정만으로는 자주점유로 전환되지 아니한다(1993. 4. 27. 제2부 판결, 92다34520 소유권보존등기말소).

33. 가. 제3자를 점유매개자로 하여 농지를 간접적으로 점유하는 온 자가 농민이 아닌 경우 자주점유의 가부(적극)

제3자를 점유매개자로 하여 농지를 간접적으로 점유하여 온 자가 농민이 아니라 하더라도 시효취득에 있어서의 자주점유를 부정할 수 없다.

나. 농지를 시효취득하는 경우 농지개혁법 제19조 제2항의 적용 여부(소극)

시효취득은 원시취득이어서 농지개혁법 제19조 제2항의 적용이 없다(1993. 4. 27. 제1부 판결, 93다5000 소유권이전등기말소).

34. 제자리환지의 경우 종전 토지의 특정부분의 점유가 환지예정지 지정을 전후하여 동일하다고 볼 수 있는지 여부(소극)

종전 토지의 특정부분을 점유하고 있던 중 취득시효완성 전에 환지예정지 지정이 있고 환지가 확정된 경우 그것이 제자리환지라고 할지라도 종전 토지의 특정부분은 환지예정지 지정을 전후하여 동일하다고 볼 수 없으므로 그 부분의 점유자가 환지예정지 지정 이전에도 환지예정지나 환지된 토지상의 당해 특정부분을 점유하였다고 볼 수 없다(1993. 5. 14. 제3부 판결, 92다30306 건물철거등).

35. 부동산에 대한 점유취득시효가 완성하였으나 아직 소유권이전등기를 경료하지 아니한 자에 대한 소유명의자의 부당이득반환청구의 가부(소극)

부동산에 대한 취득시효가 완성되면 점유자는 소유명의자에 대하여 취득시효완성을 원인으로 한 소유권이전등기절차의 이행을 청구할 수 있고 소유명의자는 이에 응할 의무가 있으므로 점유자가 그 명의로 소유권이전등기를 경료하지 아니하여 아직 소유권을 취득하지 못하였다고 하더라도 소유명의자는 점유자에 대하여 점유로 인한 부당이득반환청구를 할 수 없다(1993. 5. 25. 제2부 판결, 92다51280 부당이득금).

36. 민법 제245조의 평온·공연한 점유의 의의와 점유가 불법이라고 주장하는 자로부터 임료지급이나 매수를 요구받는 등의 분쟁으로 점유의 평온·공연성이 상실되는지 여부(소극)

민법 제245조에 규정된 평온한 점유라 함은 점유자가 점유를 취득 또는 보유하는데 있어 법률상 용인될 수 없는 강폭행위를 쓰지 아니하는 점유이고, 공연한 점유라 함은 은비의 점유가 아닌 점유를 말하는 것이므로 점유가 불법이라고 주장하는 자로부터 수차에 걸쳐 임료를 지급하거나 점유부동산을 매수할 것을 요구받는 등으로 분쟁이 있었다 하더라도 그러한 사실만으로는 그 점유가 평온, 공연성이 상실된다고 할 수 없다(1993. 5. 25. 제2부 판결, 92다52764 소유권이전등기, 52771(반소) 토지인도등).

37. 사인이 국가와의 교환약정에 기하여 종전에 도로였던 계쟁토지부분에 변소를 지어 이를 점유하였다면 계쟁토지부분은 묵시적으로 공용폐지되었다고 봄이 상당하여 시효취득의 대상이 될 수 있다고 한 사례

사인이 국가와의 교환약정에 기하여 종전에 도로였던 계쟁토지부분에 변소를 지어 이를 점유하였다면 계쟁토지부분은 묵시적으로 공용폐지되었다고 봄이 상당하여 시효취득의 대상이 될 수 있다(1993. 6. 22. 제2부 판결, 92다29030 소유권이전등기).

38. 행정재산이 사실상 공용 또는 공공용에 제공되지 않는 것과 공용폐지

행정재산은 공용폐지가 되지 아니하는 한 사법상 거래의 대상이 될 수 없으므로 취득시효의 대상도 되지 아니하고, 또한 행정재산이 사실상 공용 또는 공공용에 제공된 바 없다 하여 당연히 공용폐지가 되었다고 할 수는 없다(1993. 7. 27. 제1부 판결, 92다49973 토지소유권보존등기말소).

39. 공유지분 등기를 경료하고 특정부분을 점유한 경우 등기부취득시효 완성의 범위

공유자의 1인이 공유부동산 중 특정부분만을 점유하여 왔다면 그 특정부분에 대한 공유지분의 범위 내에서만 민법 제245조 제2항에서 말하는 "부동산의 소유자로 등기한 자"와 "부동산을 점유한 때"라는 등기부취득시효의 요건을 구비한 경우에 해당될 뿐이고 그 나머지 부분은 이에 해당하지 않는다(1993. 8. 27. 제3부 판결, 93다4250 소유권이전등기말소).

40. 부동산 시효취득자의 무효인 등기명의자에 대한 권리주장 방법

부동산의 점유로 인한 시효취득자는 취득시효완성 당시의 진정한 소유자에 대하여 소유권이전등기청구권을 가질 뿐이므로, 시효취득자는 무효인 등기명의자에 대하여 취득시효완성 당시의 진정한 소유자에 대하여 가지는 소유권이전등기청구권으로서 위 소유자를 대위하여 원인무효인 소유권이 전등기의 말소를 구할 수 있음은 별론으로 하고 시효취득을 원인으로 한 소유권이전등기를 청구할 수는 없다(1993. 9. 14. 제2부 판결, 93다10989 소유권이전등기).

41. 가. 취득시효기간 경과 후에 소유권을 취득한 자에 대한 시효취득 주장 가부

점유로 인한 부동산소유권의 취득기간이 경과하였다고 하더라도 부동산을 점유하는 자가 자신의 명의로 등기하지 않고 있는 사이에 먼저 제3자의 명의로 소유권이전등기가 경료되어 버리면 특별한 사정이 없는 한 점유자가 그 제3자에 대하여는 시효취득을 주장할 수 없다.

나. 취득시효기간 경과 후에 소유자의 공동상속인 중의 한 사람이 다른 상속인의 상속분을 양수한 경우 시효완성 후의 새로운 이해관계인에 해당하는지 여부

점유로 인한 부동산 소유권취득기간이 경과한 후에 원래의 소유자의 지위를 승계한 공동상속인 중의 한 사람이 다른 상속인의 상속분을 양수하였다고 하여 그 상속분을 양수한 상속인이 시효가 완성된 후의 새로운 이해관계인이 아니라고 볼 수 없다(1993. 9. 28. 제2부 판결, 93다22883 소유권이전등기).

42. 가. 무권리자로부터 토지를 매수한 자의 점유의 성질

토지매수인이 매매계약이 기하여 목적토지의 점유를 취득한 경우에는 그 매매가 설사 타인의 토지의 매매로서 그 소유권을 취득할 수 없다고 하더라도 다른 특별한 사정이 없는 이상 매수인의 점유는 소유의 의사로서 하는 것이라고 해석된다.

나. 농민 아닌 사람이 농지를 시효취득할 수 있는지 여부

농지개혁법이 농민이 아닌 사람의 농지의 취득을 점면적으로 금지하고 있지는 아니할뿐 아니라 농민이 아닌 사람의 점유로 인한 농지소유권의 시효취득을 금지하고 있지 않으므로 농민이 아닌 사람도 농지를 시효취득할 수 있다.

다. 농지의 시효취득에 있어서 농지개혁법 제19조 제2항의 적용 여부

시효취득은 원시취득이어서 농지개혁법 제19조 제2항의 적용이 없다(1993. 10. 12. 제1부 판결, 93다1886 소유권이전등기말소).

43. 허위의 보증서와 확인서에 의한 소유권이전등기와 점유의 과실

구 부동산소유권이전등기 등에 관한 특별조치법(법률 제3094호, 실효)에 의한 소유권이전등기가 허위의 보증서와 확인서에 의하여 경료되었다면 그 부동산에 대한 등기명의자의 점유에는 과실이 없었다고 할 수 없다(1993. 11. 9. 제2부 판결, 93다28966 소유권이전등기말소).

44. 부동산의 등기부시효취득에 있어서 점유와 과실이 없다는 것의 의미

민법 제245조 제2항에서 정한 부동산의 등기부시효취득을 인정함에 있어 점유의 과실이 없다고 함은 그 점유의 개시시에 과실이 없으면 된다는 취지이다(1993. 11. 23. 제2부 판결, 93다21132 소유권이전등기말소등).

45. 가. 소유자의 변동이 없는 토지에 관하여 취득시효의 기산점을 임의로 선택할 수 있는지 여부

취득시효를 주장하는 자는 소유자의 변동이 없는 토지에 관하여는 취득시효의 기산점을 임의로 선택할 수 있고, 취득시효를 주장하는 날로부터 역산하여 20년 이상의 점유사실이 인정되고 그 점유가 자주점유가 아닌 것으로 밝혀지지 않는 한 취득시효를 인정할 수 있다.

나. 귀속재산인 토지를 매수하여 점유하여 온 경우 자주점유로 환원되는 시점

귀속재산을 매수하여 점유하여 온 경우 그 토지가 귀속재산처리에 관한 특별조치법(1963. 5. 29. 법률 제1346호, 실효) 제2조 제1호, 부칙 제5조에 의하여 국유재산으로 된 1965. 1. 1.부터는 그 토지에 대한 점유는 자주점유로 환원된다.

다. 헌법재판소의 위헌결정의 효력이 위헌결정 이후에 제소된 일반사건에 미치는지 여부

헌법재판소의 위헌결정의 효력은 위헌제청을 한 사건, 위헌결정이 있기 전에 이와 동종의 위헌 여부에 관하여 헌법재판소에 위헌여부심판제청을 하였거나 법원에 위헌여부심판제청신청을 한 경우의 당해 사건과 따로 위헌제청신청은 아니하였지만 당해 법률 또는 법률의 조항이 재판이 전제가 되어 법원에 계속중인 사건뿐만 아니라 위헌결정 이후에 위와 같은 이유로 제소된 일반사건에도 미친다.

라. 국유 잡종지에 대한 취득시효기간 경과 후 국유재산대부계약을 체결하였다 하더라도 취득시효완성의 이익을 포기한 것으로 볼 수 없다고 한 사례

점유자가 1965. 1. 1.부터 자주점유를 개시하였고 그 20년 경과 후 국가와의 사이에 점유토지에 관하여 대부계약을 체결하고 소정의 대부료를 지급하였다 하더라도, 점유자가 달리 시효완성에 따른 등기청구권을 포기하겠다는 등의 적극적인 의사표시를 하지 않았다면 위와 같은 사실만으로는 위 토지에 대한 점유자의 점유가 타주점유로 전환되었거나 점유자가 그 시효이익을 포기하였다고 볼 수 없다(1993. 11. 26. 제3부 판결, 93다30013 소유권이전등기).

46. 매각부동산이 귀속재산이라고 믿고 국가와 귀속재산불하계약을 체결한 자의 자주점유 시점

귀속재산의 매수자가 그 불하대금의 상환을 완료한 날로부터 그 불하받은 부분에 대한 점유는 자주점유로 보아야 할 것이며, 나아가 당해 매각부동산이 귀속재산이 아니라고 하더라도 매수자가 그 부동산이 귀속재산이라고 믿고 국가와 귀속재산불하계약을 체결하였다면 귀속재산불하의 경우와 마찬가지로 매수자가 그 부동산을 자주점유하게 된 것은 불하대금의 상환을 완료한 때로부터라고 보아야 한다(1993. 12. 7. 제1부 판결, 93다34107 소유권이전등기).

47. 등기부취득시효를 주장하는 자가 자신의 등기기간만을 주장하는 경우에 법원이 전점유자의 등기기간까지 포함하여 취득시효가 완성되었는지를 판단할 필요가 있는지 여부

민법 제245조 제2항의 규정에 의한 소유권의 취득을 주장하는 경우에 자신이 부동산의 소유자로 등기한 기간만을 주장할 것인지, 또는 전점유자가 부동산의 소유자로 등기한 기간까지 아울러 주장할 것인지는 같은 법조항의 규정에 의한 소유권의 취득을 주장하는 당사자가 선택하여야 되는 것이므로, 당사자가 자신이 부동산의 소유자로 등기한 기간만으로 소유권의 취득을 주장한 경우에는, 법원으로서는 당사자가 한 그 주장에 대하여만 판단하면 되는 것이지, 그 주장이 인정되지 않는다고 하여 당사자가 주장하지도 아니한 전점유자가 부동산의 소유자로 등기한 기간까지 포함하여 점유로 인한 부동산소유권의 취득기간이 경과하였는지의 여부를 판단할 필요는 없다(1993. 12. 14. 제2부 판결, 93다43361 소유권이전등기말소).

48. 귀속재산에 대한 점유의 성질 및 귀속재산인 토지가 타에 매각된 이후에 있어서 자주점유의 추정

귀속재산처리법의 관계규정에 비추어 귀속재산에 대한 점유는 그 권원의 성질상 타주점유에 해당하는 것으로 보는 것이므로 귀속재산인 토지가 타에 매각되어 귀속재산의 성격을 잃게 되었다면 그 이후 그 토지에 대한 점유는 자주점유로 추정된다(1993. 12. 28. 제2부 판결, 93다37090 토지소유권이전등기).

49. 가. 국가가 국유재산법 제5조 제2항에 대한 위헌결정 전까지 위 법조항을 유효하고 믿었기 때문에 시효중단의 조치를 취하지 아니하였다는 사유만으로 부동산점유취득시효가 중단 또는 정지되는지 여부

국가로서는 국유재산법 제5조 제2항이 시행된 때부터 헌법재판소가 1991. 5. 13. 위 법조항을 같은 법의 국유재산 중 잡종재산에 대하여 적용하는 것은 헌법에 위반된다는 위헌결정을 할 때까지는 국유재산법 제5조 제2항이 잡종재산에 대하여도 적용되는 것으로 믿고 있었기 때문에 시효중단 등의 조치를 취하지 아니하였다고 하더라도, 그와 같은 사유만으로는 그 기간 동안은 점유로 인한 부동산소유권취득기간의 진행이 중단되거나 정지된다고 볼 수 없다.

나. 위 법조항의 규정취지가 일반에게 알려져 있다고 하여 종전의 자주점유가 타주점유로 전환되는지 여부

국유재산법 제5조 제2항의 규정취지가 일반에게 알려져 있다고 하여 그것만으로는 종전의 자주점유를 하던 사람이 타주점유를 하게 되었다고 볼 수 없다.

다. 사립학교의 교지로 사용하여 온 국유지가 행정재산인지 여부

사립학교 교지 등으로 계속 사용되어 온 토지가 국가가 행정목적을 위하여 공용이나 공공용으로 사용하고 있는 국유재산법 제4조 제2항 소정의 행정재산이라고 볼 수 없다(1993. 12. 28. 제2부 판결, 93다45237 소유권이전등기).

50. 등기부취득시효의 요건으로서의 "소유자로 등기한 자"의 의미

등기부취득시효의 요건으로서의 소유자로 등기한 자라 함은 적법 유효한 등기를 마친 자일 필요는 없고 무효의 등기를 마친 자라도 상관없다(1994. 2. 8. 제2부 판결, 93다23367 소유권이전등기).

51. 가. 점유자가 주장한 점유권원이 인정되지 않는 경우 자주점유 추정의 번복 여부

취득시효에 있어서 자주점유의 요건인 소유의 의사는 객관적으로 점유권원의 성질에 의하여 그 존부를 결정하여야 하나 그 점유권원의 성질이 분명하지 아니한 때에는 민법 제197조 제1항에 의하여 자주점유는 추정되므로, 점유자가 스스로 자주점유를 뒷받침할 점유권원의 성질을 주장 입증할 책임은 없고, 위와 같은 추정을 번복하여 타주점유임을 주장하는 상대방에게 타주점유에 대한 입증책임이 있는 것이며, 점유자가 스스로 매매 등과 같은 자주점유의 권원을 주장하였으나 이것이 인정되지 않는 경우에도 자주점유의 추정이 번복된다거나 또는 점유권원의 성질상 타주점유로 볼 수 없다.

나. 취득시효완성 후 그 등기 전에 제3자에게 소유권이전등기가 마쳐졌다가 그 후 취득시효환성 당시의 소유자에게로 소유권이 회복된 경우 시효취득의 주장 가부

부동산에 대한 점유로 인한 소유권취득시효가 완성되었다 하더라도 이를 등기하지 않고 있는 사이에 그 부동산에 관하여 제3자에게로 소유권이전등기가 마쳐지면 점유자가 그 제3자에게는 그 시효취득으로 대항할 수 없으나, 그로 인하여 점유자가 취득시효완성 당시의 소유자에 대한 시효취득으로 인한 소유권이전등기청구권을 상실하게 하는 것은 아니고 단지 위 소유자의 점유자에 대한 소유권이전등기의무가 이행불능으로 되는 것뿐이므로, 그 후 어떠한 사유로 취득시효완성 당시의 소유자에게로 소유권이 회복되었다면 점유자는 그 소유자에게 시효취득의 효과를 주장할 수 있다(1994. 2. 8. 제1부 판결, 93다42016 소유권이전등기).

52. 취득시효완성 후 토지소유자에 변동이 있고, 소유자가 변동된 시점을 새로운 기산점으로 삼아도 다시 취득시효기간이 완성되는 경우 취득시효의 완성을 주장할 수 있는지 여부

취득시효를 주장하는 자는 점유기간 중에 소유자의 변동이 없는 토지에 관하여는 취득시효 기산점을 임의로 선택할 수 있고, 취득시효를 주장하는 날로부터 역산하여 20년 이상의 점유 사실이 인정되고 그것이 자주점유가 아닌 것으로 밝혀지지 않는 한 취득시효를 인정할 수 있는 것이고, 이는 취득시효완성 후 토지소유자에 변동이 있어도 당초의 점유자가 계속 점유하고 있고 소유자가 변동된 시점을 새로운 기산점으로 삼아도 다시 취득시효의 점유기간이 완성되는 경우에도 역시 타당하므로 시효취득을 주장하는 점유자로서는 소유권 변동시를 새로운 취득시효의 기산점으로 삼아 취득시효의 완성을 주장할 수 있다(1994. 3. 22. 전원합의체판결, 93다46360 건물철거등).

<판례전문(1994. 3. 22. 93다46360)>

[원고, 상고인] 최형열 소송대리인 법무법인 중앙국제법률특허사무소 담당변호사 최승욱 외 3인

[피고, 피상고인] 태안군

[원심판결] 대전지방법원 1993. 7. 30. 선고 93나775 판결

[주 문] 상고를 기각한다,

상고비용은 원고의 부담으로 한다.

[이 유] 상고이유를 본다.

1. 제1점에 대하여

취득시효를 주장하는 자는 점유기간 중에 소유자의 변동이 없는 토지에 관하여는 취득시효의 기산점을 임의로 선택할 수 있고, 취득시효를 주장하는 날로부터 역산하여 20년 이상의 점유사실이 인정되고 그것이 자주점유가 아닌 것으로 밝혀지지 않는 한 취득시효를 인정할 수 있는 것임은 당원의 확립된 견해이고, 이는 취득시효완성 후 토지소유자에 변동이 있어도 당초의 점유자가 계속 점유하고 있고 소유자가 변동된 시점을 새로운 기산점으로 삼아도 다시 취득시효의 점유기간이 완성되는 경우에도 역시 타당하다 할 것이므로 시효취득을 주장하는 점유자로서는 소유권변동시를 새로운 취득시효의 기산점으로 삼아 취득시효의 완성을 주장할 수 있다고 보아야 할 것이다.

만약 이와 달리 당초의 점유자가 제3취득자의 등기 후에도 계속 점유함으로써 다시 취득기간이 완성되었는데도 시효취득할 수 없다고 한다면 일단 취득시효기간이 경과한 후 제3자명의로 이전등기된 부동산은 새로운 권원에 의한 점유가 없는 한 영구히 시효취득의 대상이 아니게 되고 시효기간 경과 후의 제3취득자는 시효취득의 대상이 되지 아니하는 부동산을 소유하게 됨으로써 보통의 소유자보다도 더 강력한 보호를 받게 되며, 이경우에는 취득시효제도가 사실상 부인되는 결과가 초래되어 부당하다 할 것이다.

당원이 취득시효완성을 주장하는 자가 임의로 그 기산점을 선택하지 못하도록 한 취지는 시효취득을 주장하는 자가 임의로 그 기산점을 선택하게 한다면 시효완성 후에 등기명의를 취득한 자를 시효완성 당시의 등기명의 취득자로 볼 수 있게 되어 시효완성을 주장하는 당사자는 등기를 하지 않고도 언제나 제3취득자에 대하여 시효완성으로 인한 등기청구를 할 수 있게 되므로 등기제도의 기능을 몹시 약화시키고 부동산에 관한 거래의 안전을 해할 우려가 있으므로 이를 방지하자는 데 있는 것임에(당원 1976. 6. 22. 선고 76다487,488 판결 참조) 반하여 이 사건과 같이 취득시효완성 후 제3자가 등기를 취득하였지만 그 등기 후 현재까지 소유자의 변동 없이 20년간 자주점유 함으로써 다시 취득시효가 완성되었다는 새로운 법률관계가 형성된 경우에는 취득시효의 기산점을 제3자의 취득등기시로 한다 하더라도 등기제도의 기능을 약화시키거나 부동산거래의 안전을 해할 우려는 없다 할 것이고 오히려 장기간의 사실상태를 존중하여 권리관계로까지 높인다는 본래의 시효제도의 취지에 부합된다 할 것이다.

따라서 이와 취지를 달리하는 당원 1982. 11. 9. 선고 82다565 판결은 이를 폐기하기로 한다.

원심판결 이유에 의하면 원심은 피고의 태안교육청 산하 남면국민학교가 1929. 6. 20. 개교한 이래 피고가 늦어도 1946. 3.경부터 현재까지 계속하여 이 사건 토지를 위 학교의 교장, 교사 관사대지 및 원예실습장으로 사용함에 있어 소유의 의사로 점유하여 왔고, 한편 원고가 1970. 6. 12. 이 사건 토지에 관한 소유권보존등기를 한 이후에도 그 점유 태양의 변동 없이 점유하여 오고 있는 사실을 인정한 다음, 취득시효가 완성된 후 계쟁토지의 소유자가 제3자로 변동된 경우라고 하더라도 당초의 점유자가 계속하여 계쟁토지를 점유하고 있을 뿐만 아니라 계쟁토지의 소유자가 제3자로 변동된 시점을 새로운 취득시효의 기산점으로 삼아도 또다시 시효기간이 완성되는 경우에 있어서는 점유자는 제3자에 대하여 그의 소유권취득시를 취득시효의 기산점으로 하여 취득시효의 완성을 주장할 수 있다고 해석함이 상당하므로 피고는 1990. 6. 12(원심의 1990. 7. 12.은 오기로 보인다).자 취득시효완성을 원인으로 이 사건 토지의 소유권이전등기청구권을 취득하였다고 할 것이고 그 효과는 점유시에 소급하는 것이므로 이와 같은 지위에 있는 피고에 대하여 취득시효기간 중의 이 사건 토지에 대한 점유사용으로 인한 부당이득을 구함은 신의칙에 반하여 허용할 수 없다고 판단하였는 바, 이와 같은 원심판단은 정당하여 수긍할 수 있고 거기에 소론이 지적하는 취득시효의 기산점에 관한 법리오해의 위법은 없다. 논지는 이유 없어 받아들일 수 없다.

2. 제2점에 대하여

원심판결이 들고 있는 증거들을 기록과 대조하여 보면 충남 태안군 남면 소재 남면국민학교는 1929. 6. 20. 개교한 학교로서 피고는 늦어도 1946. 3.경 당시 소유자인 소외 최봉호로부터 이 사건 계쟁토지부분을 증여받은 사실을 인정한 원심의 조치는 정당하여 수긍이 가고 거기에 소론이 주장하는 증여사실에 관한 심리미진이나 채증법칙위반의 위법이 없다.

논지는 원심의 전권에 속하는 증거의 취사선택과 사실의 인정을 비난하는 것에 지나지 않아 받아들일 수 없다.

3. 이에 상고를 기각하고, 상고비용은 패소자의 부담으로 하기로 관여 법관 전원의 의견이 일치되어 주문과 같이 판결한다.

대법원　장윤관(재판장) 김상원(주심) 배만운 안우만 김주한 윤영철 김용준 김석수 박만호 천경송 정귀호 안용득 박준서

53. 가. 행정재산이 취득시효의 대상이 되기 위한 요건

행정재산은 공용이 폐지되지 않는 한 사법상 거래의 대상이 될 수 없으므로 취득시효의 대상이 되지 않는다.

나. 행정재산이 본래의 용도에 사용되지 않고 있으면 용도폐지의 의사표시가 있는 것으로 볼 수 있는지 여부

공용폐지의 의사표시는 명시적이든 묵시적이든 상관이 없으나 적법한 의사표시가 있어야 하고, 행정재산이 사실상 본래의 용도에 사용되지 않고 있다는 사실만으로 용도폐지의 의사표시가 있었다고 볼 수는 없으며, 원래의 행정재산이 공용폐지되어 취득시효의 대상이 된다는 사실에 대한 입증책임은 시효취득을 주장하는 자에게 있다(1994. 3. 22. 제1부 판결, 93다56220 소유권이전등기).

54. 취득시효완성 사실을 알면서 소유자로부터 그 부동산을 매수하여 소유권이전등기를 마친자에게 취득시효완성을 원인으로 한 소유권이전등기의무가 있는지 여부

점유취득시효완성을 원인으로 한 소유권이전등기의무를 부담하는 자는 취득시효기간완성 당시의 소유자이고, 취득시효완성 사실을 알면서 소유자로부터 그 부동산을 매수하여 소유권이전등기를 마친 자라고 하더라도, 소유자와의 사이에서 소유자의 소유권이전등기의무를 인수하여 이행하기로 묵시적 또는 명시적으로 약정하였다는 등의 특별한 사정이 인정되지 않는 한, 위의 의무를 승계한다고 볼 수는 없다(1994. 4. 12. 제2부 판결, 93다50666 건물철거등, 50673(반소) 소유권이전등기).

55. 가. 등기부취득시효의 요건으로서의 등기가 유효한 등기임을 요하는지 여부

등기부취득시효의 요건으로서 소유자로 등기한 자라 함은 적법 유효한 등기를 마친 자일 필요가 없다.

나. 1필지의 토지를 2인이 공동매수하여 공동명의로 등기한 뒤 공유물의 관리방법으로 구분 점유하고 있다면 토지 전체를 등기부시효취득하였다고 보아야 한다고 한 사례

1필지의 토지를 2인이 공동매수하여 공동명의로 등기한 뒤 공유물의 관리방법으로 구분 점유하고 있다면 토지 전체를 등기부시효취득하였다고 보아야 한다고 한 사례(1994. 4. 26. 제1부 판결, 93다16765 토지인도등).

56. 증여받지 아니한 토지를 증여받은 것으로 오신한 경우 등기부시효취득 가부

증여받지 아니한 토지를 증여받은 것으로 오신하고 그 토지에 관하여 일방적으로 증여받았다는 확인서를 작성하여 부동산소유권이전등기 등에 관한 특별조치법에 의한 소유권이전등기를 경료한 경우에는 그 소유권이 있다고 믿은 데 과실이 없다 할 수 없으므로 그 토지의 소유권을 등기부시효취득할 수 없다(1994. 4. 26. 제1부 판결, 93다56060 소유권이전등기말소).

<판례전문(1994. 4. 26. 93다56060)>

[원고, 피상고인] 송화영

[피고, 상고인] 대전직할시 동구(등기부상 표시 대덕군)

[소송대리인 변호사] 박종복

[원심판결] 대전지방법원 1993. 10. 13. 선고, 93나4456 판결

[주　　문] 상고를 기각한다.

상고비용은 피고의 부담으로 한다.

[이　　유] 상고이유를 본다.

1. 원심판결 이유에 의하면 원심은 제1심 판결 이유를 원용하여, 원고를 비롯한 판시 소호리 주민들이 마을총회를 개최하여 기존의 농로를 확장하는 방식으로 도로를 개설하기로 결의하고 원고 등 도로부지에 편입되는 토지의 소유자들로부터 용지편입승낙서를 발급받아 대덕군에 제출함으로써 위 도로가 개설되기에 이르렀다고 하더라도 이는 원고가 자기 소유의 토지에 대한 독점적이고 배타적인 사용수익권을 포기하고 그 위에 도로를 개설하여 소호리 주민들이 무상으로 통행할 수 있는 권한을 부여하는 취지에 불과하고 이로써 그 소유권 자체를 증여하기로 하였다고 할 수 없다고 인정 판단하였는바, 원심의 위 판시는 결국 피고가 이 사건 토지를 원고로부터 증여받았다고 인정할 만한 증거가 없다는 취지로서 기록에 대조하여 살펴볼 때 이를 수긍할 수 있고, 또한 기록에 의하면 피고는 위 용지편입승낙서를 증거로 제시조차 하지 아니하였고, 1977. 7.경 작성한 부락총회결의서는 보존시한이 넘어 폐기되어 존재하지 않는다고 밝힌 바 있으므로(제1심 제13차 변론조서) 원심판결에 소론과 같은 심리미진이나 판단유탈의 위법이 있다고 할 수 없다.

2. 원심판결 이유에 의하면 원심은, 위에서 인정한 바에 의하면 원고는 단지 이 사건 토지에 대한 배타적인 사용수익권을 포기하고 소호리 주민들에게 무상으로 통행할 수 있는 권한을 부여한 데 불과하므로 대덕군이 위 토지 위에 도로를 개설하고 점유하였다 하더라도 이는 권원의 성질상 소유의 의사로 점유한 것이라고 볼 수 없고 또한 대덕군이 일방적으로 증여받았다는 확인서를 작성하여 부동산소유권이전등기 등에 관한 특별조치법에 의한 이전 등기를 경료하였다고 하여 점유의 성질이 타주점유에서 자주점유로 변한다고 볼 수도 없다고 판시하여 피고의 등기부시효취득 항변을 배척하였다.

피고가 증여받지 아니한 토지를 증여받은 것으로 오신하고 그 토지에 관하여 일방적으로 증여받았다는 확인서를 작성하여 위 특별조치법에 의한 소유권이전등기를 경료한 경우에는 그 소유권이 있다고 믿은 데 과실이 없다 할 수 없으므로 그 토지의 소유권을 등기부시효취득할 수는 없다 할 것이다.

따라서 원심의 이유설시는 적절하지 아니하나 피고의 등기부시효취득 항변을 배척한 결론은 정당하고 논지는 이유 없음에 돌아간다 할 것이다.

그러므로 상고를 기각하고 상고비용은 패소자의 부담으로 하기로 하여 관여법관의 일치된 의견으로 주문과 같이 판결한다.

대법관 정귀호(재판관) 배만운
김주한(주 심) 김석수

57. 취득시효완성으로 인한 소유권이전등기청구소송에 있어서, 전소와 점유권원, 점유개시 시점을 달리 주장하는 후소가 전소와 소송물을 달리하는지 여부

취득시효완성으로 인한 소유권이전등기청구소송에 있어서, 전소에서의 대물변제를 받았다는 주장과 후소에서의 증여를 받았다는 주장은 모두 부동산을 소유의 의사로 점유한 것인지를 판단하는 기준이 되는 권원의 성질에 관한 주장으로서 이는 공격방어방법의 차이에 불과하고, 취득시효의 기산점은 법률효과의 판단에 관하여 직접 필요한 주요사실이 아니고 간접사실에 불과하여 법원으로서는 이에 관한 당사자의 주장에 구속되지 아니하고 소송자료에 의하여 진정한 점유의 시기를 인정하여야 하는 것으므로, 그러한 점유권원, 점유개시 시점과 그로 인한 취득시효완성일을 달리 주장한다고 하더라도, 그러한 주장의 차이를 가지고 별개의 소송물을 구성한다고 할 수 없다(1994. 4. 15. 제3부 판결, 93다60120 소유권이전등기).

<판례전문(1994. 4. 15. 93다60120)>

[원고, 상고인] 나정애

[소송대리인 변호사] 김찬진 외 1인

[피고, 피상고인] 정수원 외 1인

[원심판결] 서울민사지방법원 1993. 10. 19. 선고, 93나12274 판결

[주 문] 상고를 기각한다.

상고비용은 원고의 부담으로 한다.

[이 유] 상고이유를 본다.

원심판결 이유에 의하면, 원심은 그 거시증거를 종합하여, 원고가 1968. 11. 15. 원고의 소외 임종석에 대한 대여금채권의 대물변제조로 이 사건 토지부분을 위 임종석의 아들로서 그 등기부상 소유자이던 소외 임승학으로부터 양도받아 그때부터 이를 소유의 의사로 평온, 공연하게 점유하여 1988. 11. 15. 취득시효가 완성되었다고 주장하면서 피고들을 상대로 서울지방법원 의정부지원 90가단9094호로 이 사건 토지부분에 관하여 1988. 11. 15. 취득시효완성을 원인으로 한 소유권이전등기청구의 소를 제기하여 위 법원에서 원고승소의 판결이 선고되었으나, 피고들

의 항소로 서울고등법원에서 원고가 소유의 의사로 이 사건 토지부분을 점유한 것으로 볼 수 없다는 이유로 위 제1심판결을 취소하고 원고의 청구를 기각하는 판결이 선고되었으며, 이에 원고가 다시 상고하였지만 대법원에서 상고를 기각하는 판결이 선고됨으로써 위 항소심판결이 확정된 사실을 인정한 다음, 이 사건에서 원고가 1968. 11. 14. 위 임종석 내지 임승학으로부터 이 사건 토지부분을 증여받아 그때부터 소유의 의사로 이를 점유하여 1988. 11. 14. 취득시효가 완성되었다고 주장하면서 피고들을 상대로 이 사건 토지부분에 관하여 1988. 11. 14. 취득시효완성을 원인으로 한 소유권이전등기절차의 이행을 구하고 있는데 대한 피고의 기판력 항변에 대하여, 전소에서의 대물변제를 받았다는 주장과 이 사건 소에서의 증여를 받았다는 주장은 모두 부동산을 소유의 의사로 점유한 것인지를 판단하는 기준이 되는 권원의 성질에 관한 주장으로서 이는 공격방어 방법의 차이에 불과하고, 취득시효의 기산점은 법률효과의 판단에 관하여 직접 필요한 주요사실이 아니고 간접사실에 불과하여 법원으로서는 이에 관한 당사자의 주장에 국속되지 아니하고 소송자료에 의하여 진정한 점유의 시기를 인정하여야 하는 것이므로, 그러한 주장의 차이를 가지고 별개의 소송물을 구성한다고 할 수 없다는 취지로 판단하여 피고의 이 사건 기판력 항변을 받아들였다.

원심의 위와 같은 인정판단은 정당하고 거기에 소론과 같은 기판력의 범위, 소송물, 시효취득에 관한 법리오해의 위법은 없다. 논지는 이유 없다.

그러므로 상고를 기각하고 상고비용은 패소자의 부담으로 하여 관여법관의 일치된 의견으로 주문과 같이 판결한다.

대법관 박준서(재판장) 김상원
윤영철(주 심) 박만호

참조판례

대법원 1982. 6. 22. 선고, 80다2671 판결(공1982. 678)

58. 가. 문화재보호구역 내의 국유토지가 시효취득의 대상이 되는지 여부

문화재보호구역내의 국유토지는 "법령의 규정에 의하여 국가가 보존하는 재산", 즉 국유재산법 제4조 제3항 소정의 "보존재산"에 해당하므로 구 국유재산법(1994. 1. 5. 법률 제4698호로 개정되기 전의 것) 제5조 제2항에 의하여 시효취득의 대상이 되지 아니한다.

나. 도로구역이 결정·고시되어 공사가 진행중인 경우에 위 구역 내에 있지만 아직 공사가 진행되지 아니한 국유토지가 시효취득의 대상이 되지 않는다고 한 사례

이 사건 토지에 관하여 도로구역의 결정, 고시 등의 공물지정행위는 있었지만 아직 도로의 형태를 갖추지 못하여 완전한 공공용물이 성립되었다고는 할 수 없으므로 일종의 예정공물이라고 볼 수 있는데, 국유재산법 제4조 제2항 및 같은 법 시행령 제2조 제1항, 제2항에 의하여 국가가 1년 이내에 사용하기로 결정한 재산도 행정재산으로 간주하고 있는 점, 도시계획법 제82조가 도시계획구역 안의 국유지로서 도로의 시설에 필요한 토지에 대하여는 도시계획으로 정하여진 목적 이외의 목적으로 매각 또는 양도할 수 없도록 규제하고 있는 점, 위 토지를 포함한 일단의 토지에 관하여 도로확장공사가 진행중인 점 등에 비추어 보면 이와 같은 경우에는 예정공물인 토지도 일종의 행정재산인 공공용물에 준하여 취급하는 것이 타당하다고 할 것이므로 구 국유재산법(1994. 1. 5. 법률 제4698호로 개정되기 전의 것) 제5조 제2항이 준용되어 시효취득의 대상이 될 수 없다(1994. 5. 10. 제1부 판결, 93다23442 소유권이전등기).

59. 부동산등기명의인으로부터 부동산을 매수하여 점유한 자에게 과실이 있는지 여부

부동산을 매수하는 사람은 매도인에게 부동산을 처분할 권한이 있는지 여부를 알아 보아야 하는 것이 원칙이고, 이를 알아보았더라면 무권리자임을 알 수 있었을 때에는 과실이 있다고 보아야 할 것이나, 매도인이 등기부상의 소유명의자와 동일인인 경우에는 등기부나 다른 사정에 의하여 매도인의 소유권을 의심할 수 있는 여지가 엿보인다면 몰라도 그렇지 않은 경우에는 등기부의 기재가 유효한 것으로 믿고 매수한 사람에게 과실이 있다고 할 수 없다(1994. 6. 28. 제2부 판결, 94다7829 소유권이전등기말소등).

<판례전문(1994. 6. 28. 94다7829)>

[원고, 피상고인] 이경수 외 4인

[원고들 소송대리인 변호사] 박형일

[피고, 상고인] 이정엽 외 1인

[피고들 소송대리인 변호사] 이영준 외 1인

[원심판결] 춘천지방법원 1993. 11. 12. 선고, 93나1774 판결

[주 문] 원심판결을 파기하고 사건을 춘천지방법원 합의부에 환송한다.

[이 유] 1. 피고들 소송대리인의 상고이유 제2점을 본다.

기록에 의하여 원심이 취사한 관계증거를 살펴보면, 소론이 지적하는 점(이 사건 임야는 소외 망 이국재, 이춘석의 소유로 남아 있었다는 점)에 관한 원심의 인정판단은 정당한 것으로 수긍이 되고, 거기에 소론과 같이 채증법칙에 위반하여 사실을 잘못 인정한 위법이 있다고 할 수 없다. 논지는 이유 없다.

2. 같은 상고이유 제1점을 본다.

원심판결 이유에 의하면 원심은, 피고 이기화가 이 사건 임야를 매수하여 1979. 7. 16. 소유권이전등기를 마치고 점유를 개시하였다가 피고 이정엽이 이를 증여받아 1989. 2. 9. 소유권이전등기를 마치고 점유를 승계한 이래 현재까지 점유를 계속하여 옴으로써 점유개시 및 등기일로부터 10년이 되는 1989. 7. 16. 시효취득하였으니 이 사건 임야에 관한 피고 이정엽 명의의 소유권이전등기는 실체적 권리관계에 부합하는 유효한 것이라는 피고들의 항변(원심은 피고 이정엽만이 이와 같은 항변을 할 것으로 보았으나 기록에 의하면 피고들이 모두 이와 같은 항변을 한 것으로 봄이 상당하다)에 대하여, 위 주장과 같이 1979. 7. 16. 이래 현재까지 등기명의가 이어져 오고 있는 사실은 인정되나, 가사 같은 기간 피고 이기화와 피고 이정엽이 이 사건 임야를 점유하여 왔다고 하더라도 이 사건 임야가 원래 원고들의 선조인 소외 망 이국재와 이춘석의 소유였는데 소외 이종익이 권원없이 소유권보존등기를 마친 이상 그에 터잡아 마쳐진 등기명의자인 소외 이주영으로부터 이 사건임야를 매수함에 있어 이기화가 이 사건 임야를 매수할 때 그와 같은 조사확인을 하였다거나 달리 위 피고가 점유를 개시함에 있어 과실이 없었다는 점에 관한 아무런 주장입증이 없으므로 위 항변은 이유없다고 판단하였다.

그러나 부동산을 매수하는 사람은 매도인에게 그 부동산을 처분할 권한이 있는지 여부를 알아 보아야 하는 것이 원칙이고, 이를 알아보았더라면 무권리자임을 알 수 있었을 때에는 과실이 있다고 보아야 할 것이나, 매도인이 등기부상의 소유명의자와 동일인인 경우에는 그 등기부나 다른 사정에 의하여 매도인의 소유권을 의심할 수 있는 여지가 엿보인다면 몰라도 그렇지 않은 경우에는 등기부의 기재가 유효한 것으로 믿고 매수한 사람에게 과실이 있다고 말할 수는 없는 것이다(당원 1992. 6. 23. 선고, 91다38266 판결; 1992. 2. 14. 선고, 91다1172 판결 각 참조).

이 사건에 있어서 원심이 인정한 바와 같이 피고 이기화가 등기부상의 소유명의자인 소외 이주영으로부터 이 사건 임야를 매수하였다면, 등기부나 다른 사정에 의하여 위 이주영의 소유권을 의심할 만한 특별한 사정이 없는 한 피고 이기화에게 과실이 없다고 보아야 할 것인바, 기록을 살펴보아도 위와 같은 특별한 사정을 인정할 만한 자료를 찾아볼 수 없다.

그럼에도 불구하고 원심이 그 판시와 같은 이유를 들어 피고 이기화가 과실 없이 이 사건 임야에 대한 점유를 개시하였다고 볼 수 없다고 판단한 것은 등기부시효취득에 있어서의 무과실에 관한 법리를 오해한 위법을 저지른 것이고, 이는 판결에 영향을 미쳤음이 명백하므로, 이 점을 지적하는 논지는 이유 있다.

3. 그러므로 원심판결을 파기환송하기로 하여 관여법관의 일치된 의견으로 주문과 같이 판결한다.

대법관 안우만(재판장) 김용준
천경송(주 심) 안용득

참조판례

대법원 1992. 2. 14. 선고, 91다1172 판결(공1992, 1005)
1992. 6. 23. 선고, 91다38266 판결(공1992, 2239)
1993. 9. 29. 선고, 93다16369 판결(공1993하, 2957)

60. 자연공물이 시효취득의 대상이 되기 위한 요건

자연의 상태 그대로 공공용에 제공될 수 있는 실체를 갖추고 있는 이른바 자연공물은 자연력 등에 의한 현상변경으로 공공용에 제공될 수 없게 되고 그 회복이 사회통념상 불가능하게 되지 아니한 이상 공물로서의 성질이 상실되지 않고 따라서 시효취득의 대상이 되지 아니한다(1994. 8. 12. 제3부 판결, 94다12593 소유권이전등기).

<판례전문(1994. 8. 12. 94다12593)>

[원고, 피상고인] 박인숙 외 4인

[원고들 소송대리인 변호사] 김택정

[피고, 상고인] 대한민국

[원심판결] 춘천지방법원 1994. 1. 14. 선고, 93나2975 판결

[주 문] 원심판결을 파기하고 사건을 춘천지방법원 합의부에 환송한다.

[이 유] 피고소송수행자의 상고이유를 본다.

1. 원심판결 이유의 요지

(1) 속초시 장사동 452 유지 2,572평방미터(이하 이 사건토지라 한다)는 지번, 지목, 지적 경정 전에는 강원도 고성군 토성면 사진리 217 지소 778평 이었는데 위 토지는 토지조사부에 '국' 소유로 기재된 사실 위 토지는 1977. 6. 23. 지소에서 유지로 지목이 변경되었고, 1982. 8. 25. 이 사건 토지에 관하여 피고 명의로 소유권보존등기가 마쳐진 사실, 소외 망 이상민이 1938년경부터 습지로서 황무지였던 이 사건토지 중 원심판결 별지도면 표시 (나)부분을 논으로 개간하여 경작하다가 1945. 8. 15. 이전 그 차남인 소외 망 박영순에게 증여하여 그가 위 부분을 점유, 경작하여 온 사실 등을 인정한 다음 위 인정사실에 의하면 위 박영순은 그 점유개시일로부터 20년이 경과한 후임이 명백한 늦어도 1965. 8. 15.에도 이 사건토지 중 위 (나)부분을 시효취득하였다.

(2) 이 사건 토지가 1982. 8. 25. 건설부에서 재무부로 말소관청이 이관된 사실을 인정할 수 있으나 이와 같은 사실만으로 이 사건 토지가 위 이관이전에는 행정재산이었다고 단정할 수 없고, 또 이 사건 토지의 지목이 지소나 유지로 되어 있었다고 하여 그것만으로 행정재산이라고 할 수 없으며, 다만 이 사건 토지의 현상이 소(沼)로서 공유수면에 해당한다면 공공용에 공하는 소위 자연공물로서 행정재산의 일종인 공공용재산이라고 할 수 있으나 자연공물은 자연적 상태에 의하여 공물의 성질을 취득하는 것과 똑같이 자연적 상태가 바뀜에 따라 특별한 용도폐지의 의사표시가 없더라도 공물로서의 성질을 상실하는 것이며, 가사 위 박강민이 이 사건 토지를 논으로 개간한 1938년경 이전에 이 사건 토지가 소로서 공유수면에 해당하였다 하더라도 위 인정사실에 의하면 그 이후에는 더 이상 곡유수면의 형태를 유지하지 못하고 현재에 이르렀다 할 것이므로 결국 위 박영순의 취득시효기간이 진행된 이후에는 이 사건 행정재산이라고 할 수 없고 달리 이 사건 토지가 행정재산이라는 점에 관한 입증이 없으므로, 이 사건 토지는 공공용에 제공되는 소류지로서 행정재산이었는데 1982. 2. 25. 용도폐지되어 그 이후 잡종재산이 되었으므로 그 이전에는 시효취득의 대상이 될 수 없다는 피고의 항변은 이유 없다.

2. 당원의 판단

(1) 먼저 이 사건 토지가 원래 공공용에 제공된 행정재산이었는가에 관하여 살핀다.

원심이 인정한 바와 같이 지적공부상 이 사건 토지의 지목이 지소 또는 유지로 기재되어 있다면, 특별한 사정이 없는 한, 이 사건 토지의 현황은 원래 물이 고이는 지소 또는 유지(지적법 부칙 제2조에 의하여 종전 지적공부상의 지소라는 지목은 유지로 변경되었다)이었다고 보아야 할 것이고, 원심이 채용한 갑 제5, 6호증의 각 1의 기재에 의하면 이 사건 토지의 현황은 원래 습지로서 황무지이었다는 원심의 인정사실과는 달리 위 박영순이 이 사건토지를 점유하기 전에 이 사건 토지는 유지이었다는 것이고, 한편 원심이 채용한 증거에 의하면 이 사건 토지는 영랑호에 인접해 있고 주변에 있는 토지는 전답인 사실을 알 수 있는바, 그러하다면 이 사건 토지에 고인 물은 위 전답들의 공동용수원으로 사용되었다고 추인하기에 어렵지 아니하고 따라서 이 사건 토지는 원래 공공용으로 제공된 행정재산이었다고 볼 여지가 충분히 있다고 할 것이다.

그럼에도 불구하고 원심이 이 사건 토지가 원래 공공용에 제공된 행정재산이었다는 사실을 인정할 수 없다는 취지로 판단한 것은 채증법칙에 위배하였거나 필요한 심리를 다하지 아니하여 판결에 영향을 미친 위법을 저지른 것이므로, 이 점을 지적하는 취지의 논지는 이유 있다.

(2) 다음 위 박영순이 이 사건 토지에 대한 점유를 개시할 당시의 이 사건 토지의 용도와 상황에 관하여 살펴본다.

자연의 상태 그대로 공공용에 제공될 수 있는 실체를 갖추고 있는 이른바 자연공물은 자연력 등에 의한 현상변경으로 공공용에 제공될 수 없게 되고, 그 회복이 사회통념상 불가능하게 되지 아니한 이상, 공물로서의 성질이 상실되지 않고, 따라서 시효취득의 대상이 되지 아니하는 것인바, 이 사건에 있어서 원심이 인정한 바와 같이 이 사건 토지가 1938년경에는 습지로서 황무지 상태였다고 하더라도, 이 사건 토지가 원래 유지이었다가 자연력 등에 의하여 위와 같이 현상이 변경된 것이라면 유지로의 회복이 사회통념상 불가능하게 된 것이라고 인정되지 않는 한 이 사건 토지는 공물로서의 성질을 상실하는 것이라고 볼 수 없는 것인데, 원심이 인정한 위와 같은 사실만으로는 이 사건 토지가 공물로서의 성질을 상실하였다고 단정할 수는 없고, 원심이 채용한 증거에 의하더라도 이 사건 토지가 1938년경 이미 유지로의 회복이 사회통념상 불가능하게 될 정도로 자연적 현상이 변경되었다고 단정하기는 어렵다. 오히려 원심이 채용한 갑 제5, 6호증의 각 1의 기재 등에 의하면 1938년 이후에도 위 박영순이 이 사건 토지를 점유하기 전에는 이 사건 토지의 현상은 유지이었는데 위 박영순이 이 사건 토지를 임의로 논으로 개간한 사실이 엿보이는바, 만약 사실관계가 이와 같다면 위 박영순이 이 사건 토지에 대한 점유를 개시할 당시에 이 사건 토지는 공물로서의 성질을 상실하지 않았다고 볼 여지가 있다고 할 것이다.

따라서 원심이 위 박영순이 이 사건 토지에 대한 점유를 개시할 당시에 이 사건 토지가 공물로서의 성질을 상실하여 시효취득의 대상이 된다는 취지로 판단한 것은 공물의 소멸에 관한 법리를 오해하여 필요한 심리를 다하지 아니하여 판결에 영향을 미친 위법을 저지른 것이므로, 이 점을 지적하는 취지의 논지는 이유 있다.

3. 그러므로 원심판결을 파기환송하기로 하여 관여법관의 일치된 의견으로 주문과 같이 판결한다.

대법관 지창권(재판장) 천경송(주심)
안용득 신성택

참조판례

대법원 1983. 6. 14. 선고, 83다카181 판결(공1983, 1082)

61. 취득시효완성 후 대부계약을 체결하고 대부료 등을 납부한 경우 점유취득시효의 중단 여부

토지에 대한 점유취득시효가 완성되었다면 그 뒤에는 더 이상 취득시효의 중단 문제가 생길 여지가 없으므로, 비록 점유자가 취득시효완성 후 국가와의 사이에 토지에 관한 대부계약을 체결하고 국가에 그 대부료 등을 납부하였다고 하더라도 그것이 점유자가 국가의 소유임을 승인한 것이라든가 또는 국가가 점유자에게 위 대부료 등을 부과한 행위가 최고에 해당한다고 하여 점유자의 점유취득시효가 중단되었다고는 할 수 없다(1994. 8. 26. 제3부 판결, 94다3193 소유권이전등기).

<판례전문(1994. 8. 26. 94다3193)>

[원고, 피상고인] 허영길

[소송대리인 변호사] 이재호

[피고, 상고인] 대한민국

[원심판결] 부산지방법원 1993. 11. 26. 선고, 93나11842 판결

[주 문] 상고를 기각한다.

상고비용은 피고의 부담으로 한다.

[이 유] 상고이유를 본다.

1. 기록에 의하면, 원고가 이 사건 토지를 1967. 5. 20 소외 이주식으로부터 매수하고 그 무렵 이를 인도받아 그 이래 그 지상에 있던 가옥 부지 등으로 계속 점유, 사용하여 오고 있는 사실을 인정한 원심의 조처를 수긍할 수 있고, 거기에 소론과 같이 채증법칙을 어긴 위법이 있다고 할 수 없다.

2. 원심판결 이유에 의하면 원심은 원고가 귀속재산으로서 귀속재산처리에 관한 특별조치법에 의하여 1965. 1. 1. 국유로 된 이 사건 토지를 위 1967. 5. 20.부터 소유의 의사로 평온 공연하게 점유하여 온 것으로 추정하고 그로부터 20년이 경과한 1987. 5. 20. 그 점유취득시효가 완성되었다고 인정판단하였는바, 이와 같은 이 사건 토지에 대한 원고의 점유취득시효가 1987. 5. 20. 완성되었다고 한다면 그 뒤에는 더 이상 취득시효의 중단문제가 생길 여지가 없다 할 것이므로, 비록 원고가 위 취득시효 완성 후인 원심판시 일시경 피고와의 사이에 이 사건 토지에 관한 대부계약을 체결하고 피고에게 그 대부료 등을 납부하였다고 하더라도 소론 주장과 같이 이를 가리켜 원고가 피고의 소유임을 승인한 것이라든가 또는 피고가 원고에게 위 대부료 등을 부과한 행위가 최고에 해당한다고 하여 원고의 점유취득시효가 중단되었다고는 할 수 없을 것이다. 원심의 설시는 이와 그 이유를 달리 하나 이 부분을 배척한 결론은 결과적으로 옳고, 여기에 소론과 같은 법리오해의 위법이 없으므로 논지는 이유 없다.

3. 그러므로 상고를 기각하고 상고비용은 패소자의 부담으로 하기로 하여 관여법관의 일치된 의견으로 주문과 같이 판결한다.

대법관 안용득(재판장) 천경송
지창권 신성택(주심)

참조판례

대법원 1992. 12. 22. 선고, 92다46097 판결(공1993상, 588)

1993. 8. 27. 선고, 93다21330 판결(공1993하, 2627)
1993. 11. 26. 선고, 93다30013 판결(공1994, 196)

62. 가. 토지 소유자 변동 이후의 전 점유자의 점유기간을 통산하여 20년이 경과한 경우, 전 점유자의 점유기간 중 임의의 시점을 기산점으로 선택할 수 있는지 여부(적극)

취득시효기간 중 계속해서 등기명의자가 동일한 경우에는 그 기산점을 어디에 두든지 간에 취득시효의 완성을 주장할 수 있는 시점에서 보아 그 기간이 경과한 사실만 확정되면 충분하므로, 전 점유자의 점유를 승계하여 자신의 점유기간과 통산하면 20년이 경과한 경우에 있어서도 전 점유자가 점유를 개시한 이후의 임의의 시점을 그 기산점으로 삼아 취득시효의 완성을 주장할 수 있고 이는 소유권에 변동이 있더라도 그 이후 계속해서 취득시효기간이 경과하도록 등기명의자가 동일하다면 그 소유권 변동 이후 전 점유자의 점유기간과 자신의 점유기간을 통산하여 20년이 경과한 경우에 있어서도 마찬가지이다.

나. 법원은 취득시효의 기산점을 당사자의 주장과 상관없이 소송자료에 의하여 확정하여야 하는지 여부(적극)

취득시효의 기산점은 법률효과의 판단에 관하여 직접 필요한 주요사실이 아니고 간접사실에 불과하므로 법원으로서는 이에 관한 당사자의 주장에 구속되지 아니하고 소송자료에 의하여 점유의 시기를 인정할 수 있다(대법원 1998. 5. 12. 선고 97다34037 판결).

63. 구분소유적 공유관계에 있는 토지 중 공유자 1인의 특정 구분소유 부분에 관한 점유취득시효가 완성된 후 다른 공유자의 특정 구분소유 부분이 다른 사람에게 양도되고 그에 따라 토지 전체의 공유지분에 관한 지분이전등기가 경료된 경우, 점유자가 취득시효의 기산점을 임의로 선택하여 주장할 수 있는지 여부(소극)

구분소유적 공유관계에 있는 토지 중 공유자 1인의 특정 구분소유 부분에 관한 점유취득시효가 완성된 경우 다른 공유자의 특정 구분소유 부분이 다른 사람에게 양도되고 그에 따라 토지 전체의 공유지분에 관한 지분이전등기가 경료되었다면 대외적인 관계에서는 점유취득시효가 완성된 특정 구분소유 부분 중 다른 공유자 명의의 지분에 관하여는 소유 명의자가 변동된 경우에 해당하므로, 점유자는 취득시효의 기산점을 임의로 선택하여 주장할 수 없다(대법원 2006.10.12. 선고 2006다44753 판결).

64. 시효취득자가 점유취득시효의 완성을 원인으로 하여 소유권이전등기를 청구하면서 그와 동시에 시효완성 후 토지소유자가 설치한 담장의 철거

를 청구한 경우, 담장철거청구의 권원(=점유권에 기한 방해배제청구권)

취득시효가 완성된 점유자는 점유권에 기하여 등기부상의 명의인을 상대로 점유방해의 배제를 청구할 수 있다 할 것인데, 시효취득자가 점유취득시효의 완성을 원인으로 하여 소유권이전등기를 청구하면서, 그와 동시에 시효 완성 후에 토지소유자가 멋대로 설치한 담장 등의 철거를 구하고 있을 뿐, 소유권에 기한 방해배제청구권에 기하여 위 담장 등의 철거를 구한 바 없고, 오히려 "토지소유자가 기존의 담장을 허물고 새로운 담장을 쌓은 것은 시효취득자의 점유를 침탈한 행위에 해당한다."고 주장하였으며, 원심의 변론종결 직전에는 소유권에 기한 주장은 하지 아니하고 담장 등 철거 청구도 시효취득에 의하여서만 구하는 것이라고 진술하였는바, 그렇다면 시효취득자는 점유권에 기한 방해배제청구권의 행사로서 토지소유자를 상대로 담장 등의 철거를 청구하고 있는 것으로 보아야 한다(대법원 2005. 3. 25. 선고 2004다23899,23905 판결).

65. 가. 취득시효에 있어서 자주점유 여부에 대한 입증책임의 소재 및 자주점유 추정이 번복되는 경우

민법 제197조 제1항에 의하면, 물건의 점유자는 소유의 의사로 점유한 것으로 추정되므로 점유자가 취득시효를 주장하는 경우에 있어서 스스로 소유의 의사를 입증할 책임은 없고, 오히려 그 점유자의 점유가 소유의 의사가 없는 점유임을 주장하여 점유자의 취득시효의 성립을 부정하는 자에게 그 입증책임이 있는 것이고, 따라서 점유자가 성질상 소유의 의사가 없는 것으로 보이는 권원에 바탕을 두고 점유를 취득한 사실이 증명되었거나, 점유자가 타인의 소유권을 배제하여 자기의 소유물처럼 배타적 지배를 행사하는 의사를 가지고 점유하는 것으로 볼 수 없는 객관적 사정, 즉 외형적·객관적으로 보아 점유자가 타인의 소유권을 배척하고 점유할 의사를 갖고 있지 아니하였던 것이라고 볼 만한 사정이 증명된 경우에 그 추정이 깨어진다.

나. 취득시효 완성 후 제3자 앞으로 경료된 소유권이전등기가 원인무효인 경우, 점유자가 시효취득을 주장할 수 있는지 여부(적극) 및 제3자가 취득시효 완성 당시 소유자의 상속인인 경우 직접 제3자에 대하여 취득시효 완성을 원인으로 한 소유권이전등기를 구할 수 있는지 여부(적극)

취득시효가 완성된 후 점유자가 그 등기를 하기 전에 제3자가 소유권이전등기를 경료한 경우에는 점유자는 그 제3자에 대하여는 시효취득을 주장할 수 없는 것이 원칙이기는 하지만 이는 어디까지나 그 제3자 명의의 등기가 적법유효함을 전제로 하는 것으로서 위 제3자 명의의 등기가 원인무효인 경우에는 점유자는 취득시효 완성 당시의 소유자를 대위하여 위 제3자 앞으로 경료된 원인무효인 등기의 말소를 구함과 아울러 위 소유자에게 취득시효 완성을 원인으로 한 소유권이전등기를 구할 수 있고, 또 위 제3자가 취득시효 완성 당시의 소유자의 상속인인 경우에는 그 상속분에 한하여는 위 제3자에 대하여 직접 취득시효 완성을 원인으로 한 소유권이전등기를 구할 수 있다.

다. 취득시효 완성 사실을 아는 부동산의 소유자가 그 부동산을 처분하는 행위가 불법행위를 구성하는지 여부(적극) 및 그 부동산의 취득자가 그와 같은 처분행위에 적극 가담한 경우, 그 취득자 명의의 소유권이전등기의 효력(=무효)

부동산 소유자가 취득시효가 완성된 사실을 알고 그 부동산을 제3자에게 처분하여 소유권이전등기를 넘겨줌으로써 취득시효 완성을 원인으로 한 소유권이전등기의무가 이행불능에 빠지게 되어 시효취득을 주장하는 자가 손해를 입었다면 불법행위를 구성한다고 할 것이고, 부동산을 취득한 제3자가 부동산 소유자의 이와 같은 불법행위에 적극 가담하였다면 이는 사회질서에 반하는 행위로서 무효라고 할 것이다.

라. 취득시효 완성 후 경료된 무효인 제3자 명의의 등기에 대하여 시효완성 당시의 소유자가 무효행위를 추인하여도 그 제3자 명의의 등기는 무효라고 한 사례

취득시효 완성 후 경료된 무효인 제3자 명의의 등기에 대하여 시효완성 당시의 소유자가 무효행위를 추인하여도 그 제3자 명의의 등기는 그 소유자의 불법행위에 제3자가 적극 가담하여 경료된 것으로서 사회질서에 반하여 무효라고 한 사례.

마. 구 부동산소유권이전등기등에관한특별조치법에 의하여 경료된 등기의 추정력

구 부동산소유권이전등기에관한특별조치법(1977. 12. 31. 법률 제3094호, 실효)에 따라 마쳐진 등기는 실체적 권리관계에 부합하는 등기로 추정되고, 위 특별조치법 소정의 보증서나 확인서가 허위 또는 위조된 것이라거나 그 밖의 사유로 적법하게 등기된 것이 아니라는 입증이 없는 한 그 소유권보존등기나 이전등기의 추정력은 번복되지 않는다(대법원 2002. 3. 15. 선고 2001다77352,77369 판결).

66. 부동산의 점유로 인한 취득시효 완성 당시 그 부동산의 등기부상 소유명의자의 등기가 원인 무효의 흠결이 있으나 진정한 소유자를 상대로 제기한 소유권이전등기 청구소송의 확정판결에 기하여 경료된 경우, 시효취득자가 그 등기부상 소유명의자를 상대로 취득시효를 원인으로 한 소유권이전등기를 청구할 수 있는지 여부(적극)

부동산의 점유로 인한 시효취득자는 취득시효 완성 당시의 소유자에 대하여 소유권이전등기를 청구할 수 있다고 할 것인바, 취득시효 완성 당시 그 부동산의 등기부상 소유명의자의 등기가 원인 무효의 흠결이 있다 하더라도 그 등기명의 소유자가 진정한 소유자를 상대로 제기한 소유권이전등기 청구소송의 기판력 있는 확정판결에 의하여 소유권이전등기를 경료하였던 것이고, 따라서 시효취득자가 진정한 소유자를 대위하여 등기부상 소유자를 상대로 위 등기의 말소를 구하는 것은 위 판결의 기판력 때문에 극히 어려운 것이고, 그 등기명의를 둔 채 진정한 소유자를 상대로 시효취득을 원인으로 한 이전등기를 구하여 판결을 받더라도 위 등기가 말소되지 않는 한 그 판결이 이행될 수 없는 것이라면 특별한 사정이 없는 한 시효취득자는 그 등기부상 소유명의자를 상대로 취득시효를 원인으로 한 소유권이전등기를 청구할 수 있다고 보아야 할 것이다(대법원 1999. 7. 9. 선고 98다29575 판결).

67. 가. 점유자가 취득시효기간의 만료로 소유권이전등기청구권을 취득한 후 점유를 상실한 경우, 그 소유권이전등기청구권이 소멸되는지 여부

나. 취득시효기간 만료 당시의 점유자로부터 점유를 승계한 현 점유자가 전 점유자의 취득시효 완성의 효과를 주장하여 직접 자기에게 소유권이전등기를 청구할 권원이 있는지 여부

[다수의견]

가. 원래 취득시효제도는 일정한 기간 점유를 계속한 자를 보호하여 그에게 실체법상의 권리를 부여하는 제도이므로, 부동산을 20년 간 소유의 의사로 평온·공연하게 점유한 자는 민법 제245조 제1항에 의하여 점유부동산에 관하여 소유자에 대한 소유권이전등기청구권을 취득하게 되며, 점유자가 취득시효기간의 만료로 일단 소유권이전등기청구권을 취득한 이상, 그 후 점유를 상실하였다고 하더라도 이를 시효이익의 포기로 볼 수 있는 경우가 아닌 한, 이미취득한 소유권이전등기청구권은 소멸되지 아니한다.

나. 전 점유자의 점유를 승계한 자는 그 점유 자체와 하자만을 승계하는 것이지 그 점유로 인한 법률효과까지 승계하는 것은 아니므로 부동산을 취득시효기간 만료 당시의 점유자로부터 양수하여 점유를 승계한 현 점유자는 자신의 전 점유자에 대한 소유권이전등기청구권을 보전하기 위하여 전 점유자의 소유자에 대한 소유권이전등기청구권을 대위행사할 수 있을 뿐, 전 점유자의 취득시효 완성의 효과를 주장하여 직접 자기에게 소유권이전등기를 청구할 권원은 없다.

[반대의견]

가. 점유취득시효기간이 만료된 이후 부동산에 대한 점유를 상실한 사람은 그 상실원인이 무엇이든지 간에 등기부상 소유자를 상대로 시효취득을 주장하여 소유권이전등기를 청구할 수 없다.

나. 취득시효기간 만료 후 부동산에 대한 점유승계가 이루어진 경우에는 점유를 승계한 현 점유자는, 민법 제199조 제1항에 의하여 자기의 점유와 전 점유자의

점유를 아울러 주장할 수 있으므로, 승계한 점유의 시초부터 현재까지 자기가 점유를 계속한 경우와 동일하게 전 점유자를 대위할 필요 없이, 등기부상 소유자에 대하여 직접 취득시효 완성을 원인으로 한 소유권이전등기를 청구할 수 있다고 봄이 상당하다(대법원 1995.3.28. 선고 93다47745 전원합의체 판결).

68. 취득시효가 완성된 토지가 수용된 경우, 그 수용보상금에 대한 시효취득자의 권리의 내용 및 행사 방법

취득시효가 완성된 토지가 수용됨으로써 취득시효 완성을 원인으로 하는 소유권이전등기 의무가 이행불능이 된 경우에는 그 소유권이전등기 청구권자가 대상청구권의 행사로서 그 토지의 소유자가 토지의 대가로서 지급받은 수용보상금의 반환을 청구할 수 있다고 하더라도, 시효취득자가 직접 토지의 소유자를 상대로 공탁된 토지수용보상금의 수령권자가 자신이라는 확인을 구할 수는 없다(대법원 1995. 7. 28. 선고 95다2074 판결).

69. 명의신탁된 부동산에 대한 점유취득시효 완성 후 그 소유권이전등기가 경료되기 전에 명의신탁이 해지되고 새로운 명의신탁이 이루어져 그 소유명의가 새로운 명의수탁자에게 이전된 경우, 새로운 명의수탁자에 대하여 시효취득을 주장할 수 있는지 여부(소극)

명의신탁된 부동산에 관하여 그 점유자의 점유취득시효 완성 후 그 소유권이전등기를 경료하기 전에 위 명의신탁이 해지되고 새로운 명의신탁이 이루어져 그 소유 명의가 점유취득시효 완성 당시의 명의수탁자로부터 새로운 명의수탁자에게로 이전된 경우, 위 소유 명의의 이전이 무효가 아닌 이상 새로운 명의수탁자는 위 점유취득시효 완성 후에 소유권을 취득한 자에 해당하므로, 위 점유자는 그에 대하여 시효취득을 주장할 수 없다(대법원 2000. 8. 22. 선고 2000다21987 판결).

70. 가. 부동산 소유자가 취득시효가 완성된 부동산을 제3자에게 처분한 경우, 불법행위의 성부

취득시효가 완성된 후 점유자가 그 취득시효를 주장하거나 이로 인한 소유권이전등기청구를 하기 이전에는, 특별한 사정이 없는 한 그 등기명의인인 부동산 소유자로서는 그 시효취득 사실을 알 수 없는 것이므로, 이를 제3자에게 처분하였다고 하더라도 불법행위가 성립하는 것은 아니다.

나. 부동산 인도청구소송의 진행 중 점유자로부터 취득시효의 항변이나 반소의 제기가 있었다는 것만으로는, 소유자가 상대방의 시효취득 사실을 알았다고 볼 수 없다고 한 사례

부동산 소유자가 부동산을 처분하기 위하여 먼저 점유자를 상대로 그 인도를 구하는 소송을 제기하여 이를 진행하고 있던 중에, 상대방이 취득시효의 항변을 한다거나 반소를 제기하였다는 것만으로는 그 부동산 소유자가 상대방의 시효취득 사실을 알았다고 할 수 없고, 더구나 상대방의 시효취득을 원인으로 한 반소청구가 제1심에서 기각된 마당에는 더욱 그러하다고 한 사례.

다. 부동산 소유자가 취득시효가 완성된 부동산을 제3자에게 처분한 경우, 채무불이행 책임의 성부

부동산 점유자에게 시효취득으로 인한 소유권이전등기청구권이 있다고 하더라도 이로 인하여 부동산 소유자와 시효취득자 사이에 계약상의 채권·채무관계가 성립하는 것은 아니므로, 그 부동산을 처분한 소유자에게 채무불이행 책임을 물을 수 없다(대법원 1995.7.11. 선고 94다4509 판결).

71. 점유로 인한 취득시효기간이 만료된 후 점유자가 이를 원인으로 소유권이전등기청구 등의 권리행사를 하거나 원소유자가 취득시효완성 사실을 알고 점유자의 권리취득을 방해하려고 하는 등의 사정이 없는 경우, 점유자 명의로 소유권이전등기가 경료되기 전까지는 원소유자가 소유자로서 적법한 권리를 행사할 수 있는지 여부(적극)

타인의 토지를 20년간 소유의 의사로 평온·공연하게 점유한 자는 등기를 함으로써 비로소 그 소유권을 취득하게 되므로 점유자가 원소유자에 대하여 점유로 인한 취득시효기간이 만료되었음을 원인으로 소유권이전등기청구를 하는 등 그 권리행사를 하거나 원소유자가 취득시효완성 사실을 알고 점유자의 권리취득을 방해하려고 하는 등의 특별한 사정이 없는 한 원소유자는 점유자 명의로 소유권이전등기가 마쳐지기까지는 소유자로서 그 토지에 관한 적법한 권리를 행사할 수 있다(대법원 2006.5.12. 선고 2005다75910 판결).

72. 국유재산법상 국유재산에 대한 취득시효가 완성되기 위해서는 그 국유재산이 취득시효기간 동안 계속하여 시효취득의 대상이 될 수 있는 일반재산이어야 하는지 여부(적극) 및 행정재산이 기능을 상실하여 본래의 용도에 제공되지 않는 상태에 있으면 곧바로 취득시효의 대상이 되는 일반재산이 된다고 볼 것인지 여부(소극)

국유재산법 제7조 제2항은 "행정재산은 민법 제245조에도 불구하고 시효취득의 대상이 되지 아니한다"라고 규정하고 있으므로, 국유재산에 대한 취득시효가 완성되기 위해서는 그 국유재산이 취득시효기간 동안 계속하여 행정재산이 아닌 시효취득의 대상이 될 수 있는 일반재산이어야 한다. 또 행정재산이 기능을 상실하여 본래의 용도에 제공되지 않는 상태에 있다 하더라도 관계 법령에 의하여 용도폐지가 되지 아니한 이상 당연히 취득시효의 대상이 되는 일반재산이 되는 것은 아니고, 공용폐지의 의사표시는 묵시적인 방법으로도 가능하나 행정재산이 본래의 용도에 제공되지 않는 상태에 있다는 사정만으로는 묵시적인 공용폐지의 의사표시가 있다고 볼 수도 없다(대법원 2010. 11. 25. 선고 2010다58957 판결).

◆ 동산의 시효취득의 요건

제 246 조【점유로 인한 동산소유권의 취득기간】

① 10년간 소유의 의사로 평온, 공연하게 동산을 점유한 자는 그 소유권을 취득한다.

② 전의 점유가 선의이며 과실없이 개시된 경우에는 5년을 경과함으로써 그 소유권을 취득한다.

■ § 246. 동산소유권의 취득시효

- 선의, 무과실 : 5년
- 악의, 과실 : 10년

본조는 점유로 인한 동산소유권의 취득시효를 규정한 것이다.

일정한 요건을 갖춘 점유가 일정기간(시효기간) 동안 계속되어야 함은 부동산 소유권의 취득시효에 있어서와 마찬가지이다. 즉 소유의 의사로 평온·공연하게 점유하여야 한다. 부동산의 경우와 다른 점은 점유자가 악의인 때에는 시효기간은 10년이고, 선의·무과실인 때에는 5년이다. 후자의 경우에 선의·무과실은 점유를 개시한 때에 있으면 충분하다는 것이 명문으로 규정되어 있다. 그 효과에 있어서는 점유를 개시한 때에 소급하여 원시적으로 소유권을 취득한다(제247조 1항 참조).

◆ 시효로 인한 소유권취득의 효력발생 시점

제 247 조 【소유권취득의 소급효, 중단사유】

① 전2조의 규정에 의한 소유권취득의 효력은 점유를 개시한 때에 소급한다.

② 소멸시효의 중단에 관한 규정은 전2조의 소유권취득기간에 준용한다.

■ § 247. 소유권취득의 효과

- 점유를 개시한 때에 소급하여 원시취득
- 소멸시효의 중단에 관한 규정은 취득시효에 준용

소유권취득의 효력은 점유를 개시한 때에 소급한다. 취득시효로 인한 소유권취득의 효력을 점유를 개시한 때에 소급하도록 하는 것은 영속된 사실관계를 그대로 권리관계로 높임으로써 사회의 법률관계의 안정을 꾀하려는 취득시효제도의 취지에 맞는 것이다. 따라서 점유자는 취득시효기간 동안에 얻은 과실 기타의 이익을 정당한 권원에 의하여 얻은 것으로 되어 원소유자에게 이를 상환할 필요가 없다. 그리고 중단의 효력에 관한 규정은 소멸시효의 중단의 규정(166조 이하 178조까지)이 준용된다. 또 소멸시효의 정지에 관한 규정은 준용한다는 규정이 없으나 이를 배척할 이유가 없으므로 취득시효에도 유추적용해야 한다는 데 이설이 없다.

<참고사항>

※ 원시취득인지 여부

1. 학 설

(1) 원시취득설(통설)

취득시효의 효과와 관련하여 원시취득으로 보는 견해로서 이에 의하면 종전의 권리제한은 소멸하게 된다. 다만, 점유자가 지역권을 용인하면서 점유취득시효를 완성시킨 경우에는 지역권은 존속할 수 있다고 한다. 원시취득이므로 법리상 보존등기를 하여야 하나 편의상 이전등기를 한다.

(2) 승계취득설

원시취득설과 달리 승계취득으로 파악함으로써 종전의 권리제한이 유지된다고 보는 견해이다.

2. 판 례

판례 또한 원시취득설을 취한다고 평가된다.

⇒ 부동산점유취득시효는 20년의 시효기간이 완성한 것만으로 점유자가 곧 바로 소유권을 취득하는 것은 아니고 민법 제245조에 따라 점유자 명의로 등기를 함으로써 소유권을 취득하게 되며, 이는 원시취득에 해당하므로 특별한 사정이 없는 한 원소유자의 소유권에 가하여진 각종 제한에 의하여 영향을 받지 아니하는 완전한 내용의 소유권을 취득하게 되고, 이와 같은 소유권취득의 반사적 효과로서 그 부동산에 관하여 취득시효의 기간이 진행중에 체결되어 소유권이전등기청구권가등기에 의하여 보전된 매매예약상의 매수인의 지위는 소멸된다고 할 것이지만, 시효기간이 완성되었다고 하더라도 점유자 앞으로 등기를 마치지 아니한 이상 전 소유권에 붙어 있는 위와 같은 부담은 소멸되지 아니한다(대법원 2004. 9. 24. 선고 2004다31463 판결).

▣ 핵심판례 ▣

■ [소유권취득의 소급효, 중단사유]

1. 1945. 8. 9. 당시 일본국민의 소유로 등기되어 있는 부동산을 자주점유하고 있었던 경우 위 점유가 군정청 법령 제33호가 시행됨으로써 타주점유로 변경되어 취득시효 기간의 진행이 중단되는지 여부(적극)

1945. 8. 9. 당시 일본국민의 소유로 등기되어 있던 부동산을 자주점유하던 점유자는 재조선미국육군사령부군정청 법령 제33호(폐지)가 시행된 이후에는 조선군정청에 대하여 그 재산을 보관할 의무를 부담하게 되고, 따라서 비록 종전에 그 재산을 자주점유하였다고 하더라도, 그 이후에는 권원의 성질상 타주점유로 변경되어 취득시효기간의 진행이 중단된다(1991. 10. 22. 제2부 판결, 91다29507 토지소유권이전등기).

2. 종중이 적법한 대표자 아닌 자가 제기하여 수행한 소송을 추인한 경우 소송에 의한 시효중단의 효력이 발생하는 시점(=소제기시)

종중이 적법한 대표자 아닌 자가 제기하여 수행한 소송을 추인하였다면 그 소송은 소급하여 유효한 것이고, 가사 종중의 소제기 당시에 그 대표자의 자격에 하자가 있다고 하더라도 이 소가 각하되지 아니하고 소급하여 유효한 것으로 인정되는 한 이에 의한 시효중단의 효력도 유효하다고 볼 것인지 소송행위가 추인될 때에 시효가 중단된다고 볼 것이 아니다(1992. 9. 8. 제1부 판결, 92다18184 소유권이전등기말소).

3. 가. 소유권이전등기의 말소 등을 구하는 소의 취하 후 6월 내에 다시 취하된 소와 동일한 내용의 소를 제기하였다면 취득시효의 진행은 최초의 재판상 청구일에 중단되었다고 한 사례

소유권이전등기의 말소 등을 구하는 소의 취하 후 6월 내에 다시 취하된 소와 동일한 내용의 소를 제기하였다면 취득시효의 진행은 최초의 재판상 청구일에 중단되었다.

나. 병합된 토지 등기부의 갑구 사항란에 "…동일한 등기 있음"이라고 기재되어 있는 경우 병합 전 토지에 관한 소유권이전등기가 그대로 이기된 것으로 볼 수 있는지 여부(적극)

부동산등기법 제98조 제1항, 제3항, 제96조 제4항의 규정에 비추어 볼 때, 어느 토지가 다른 토지들과 함께 합병되면서 합병된 토지 등기부의 갑구 사항란에 합병된 토지에 관한 권리의 전사로서 "…동일한 등기 있음"이라고 기재되어 있다면, 합병된 토지의 등기부상 갑구 사항란의 전사등기에 의하여 합병 전 토지에 관한 소유권이전등기로 그대로 함께 이기된 것으로 보아야 할 것이다(1992. 9. 14. 제3부 판결, 91다46830 소유권이전등기말소).

4. 부동산취득시효기간 완성 전에 등기부상 소유명의의 변경이 중단사유가 되는지 여부(소극)

점유로 인한 부동산소유권의 시효취득에 있어 취득시효의 중단사유는 종래의 점유상태의 계속을 파괴하는 것으로 인정될 수 있는 사유라야 할 것인바, 취득시효기간의 완성 전에 등기부상의 소유명의가 변경되었다 하더라도 이로써 종래의 점유상태가 계속이 파괴되었다고 할 수 없으므로 이는 취득시효의 중단사유가 될 수 없다(1993. 5. 25. 제2부 판결, 92다52764 소유권이전등기, 52771(반소) 토지인도등).

5. 시효기간진행중 또는 그 완성 후에 수차례에 걸쳐 국유재산 대부계약을 체결하고 대부료를 납부하여 온 경우 대부계약에 의하여 국가소유임을 승인하고 시효이익을 포기한 것으로 본 사례

시효기간 진행중 또는 그 완성 후에 여러 차례에 걸쳐 국유재산 대부계약을 체결하고 매년 대부료를 납부하여 왔다면 그 대부계약에 의하여 토지가 국가의 소유임을 승인하고 임차인의 지위에서 이를 점유함으로써 시효완성의 이익을 받지 않겠다는 의사를 분명히 표시한 것으로 보아야 하고, 그 대부계약체결에 아무런 하자가 없었다면 이러한 의사표시에 의하여 새로운 법률질서가 형성되었다고 볼 것이므로 이러한 경우에 있어서까지 다시 시효완성을 주장하는 자를 보호하여야 할 이유는 없다고 한 사례(1994. 9. 9. 제2부 판결, 93다49918 소유권확인).

6. 시효취득자가 원소유자에 의하여 취득시효가 완성된 토지에 설정된 근저당권의 피담보채무를 변제한 후 변제액 상당에 대하여 원소유자에게 구상권을 행사하거나 부당이득 반환청구권을 행사할 수 있는지 여부(소극)

원소유자가 취득시효의 완성 이후 그 등기가 있기 전에 그 토지를 제3자에게 처분하거나 제한물권의 설정, 토지의 현상 변경 등 소유자로서의 권리를 행사하였다 하여 시효취득자에 대한 관계에서 불법행위가 성립하는 것이 아님은 물론 위 처분행위를 통하여 그 토지의 소유권이나 제한물권 등을 취득한 제3자에 대하여 취득시효의 완성 및 그 권리취득의 소급효를 들어 대항할 수도 없다 할 것이니, 이 경우 시효취득자로서는 원소유자의 적법한 권리행사로 인한 현상의 변경이나 제한물권의 설정 등이 이루어진 그 토지의 사실상 혹은 법률상 현상 그대로의 상태에서 등기에 의하여 그 소유권을 취득하게 된다. 따라서 시효취득자가 원소유자에 의하여 그 토지에 설정된 근저당권의 피담보채무를 변제하는 것은 시효취득자가 용인하여야 할 그 토지상의 부담을 제거하여 완전한 소유권을 확보하기 위한 것으로서 그 자신의 이익을 위한 행위라 할 것이니, 위 변제액 상당에 대하여 원소유자에게 대위변제를 이유로 구상권을 행사하거나 부당이득을 이유로 그 반환청구권을 행사할 수는 없다(대법원 2006. 5. 12. 선고 2005다75910 판결).

7. [1] 부동산 점유취득시효 완성 후 제3자 명의의 소유권이전등기가 마쳐진 경우, 그 소유권 변동시를 새로운 기산점으로 삼아 2차 취득시효의 완성을 주장할 수 있는지 여부(적극)

부동산에 대한 점유취득시효가 완성된 후 취득시효 완성을 원인으로 한 소유권이전등기를 하지 않고 있는 사이에 그 부동산에 관하여 제3자 명의의 소유권이전등기가 경료된 경우라 하더라도 당초의 점유자가 계속 점유하고 있고 소유자가 변동된 시점을 기산점으로 삼아도 다시 취득시효의 점유기간이 경과한 경우에는 점유자로서는 제3자 앞으로의 소유권 변동시를 새로운 점유취득시효의 기산점으로 삼아 2차의 취득시효의 완성을 주장할 수 있다.

[2] 새로이 2차 점유취득시효가 개시되어 그 취득시효기간이 경과하기 전에 등기부상 소유명의자가 변경된 경우, 그 취득시효 완성 당시의 등기부상 소유명의자에게 시효취득을 주장할 수 있는지 여부(적극)

[다수의견]

취득시효기간이 경과하기 전에 등기부상의 소유명의자가 변경된다고 하더라도 그 사유만으로는 점유자의 종래의 사실상태의 계속을 파괴한 것이라고 볼 수 없어 취득시효를 중단할 사유가 되지 못하므로, 새로운 소유명의자는 취득시효 완성 당시 권리의무 변동의 당사자로서 취득시효 완성으로 인한 불이익을 받게 된다 할 것이어서 시효완성자는 그 소유명의자에게 시효취득을 주장할 수 있는바, 이러한 법리는 새로이 2차의 취득시효가 개시되어 그 취득시효기간이 경과하기 전에 등기부상의 소유명의자가 다시 변경된 경우에도 마찬가지로 적용된다고 봄이 상당하다.

[대법관 박일환, 대법관 김능환, 대법관 신영철의 반대의견]

(가) 우리 민법은 법률행위로 인한 물권변동은 등기하여야 한다는 이른바 형식주의를 취하고 부동산의 점유취득시효에 관하여도 등기함으로써 소유권을 취득한다고 규정하고 있으므로, 등기가 아니라 점유에 기하여 법률관계가 정해지도록 하는 것은 예외적으로 제한된 범위 내에서만 허용된다고 보는 것이 바람직하다.

(나) 다수의견은 이른바 형식주의를 채택한 우리 민법 아래에서 거래의 안전을 심각하게 침해하는 결과를 초래할 수 있다. 우리 민법의 점유취득시효제도가 어떻게 운용되어야 할 것인지에 관하여 이미 종전 대법원 판결이 "무릇 점유취득시효제도란 권리 위에 잠자는 자를 배제하고 점유사용의 현실적 상황을 존중하자는 제도이기는 하지만, 이는 극히 예외적인 상황하에서만 인정되어야 할 것이고, 이를 지나치게 넓게 인정하는 것은 타인의 재산권을 부당히 침해할 요소가 큰 것이므로, 법이 진정한 재산권을 보호하지 못하는 결과가 되어 온당치 않다고 보이고, 따라서 그 취득요건은 극히 엄격히 해석하여야 할 것"이라는 판시를 한 바 있고, 이는 현재에도 유효하다.

(다) 다수의견은 1차 점유취득시효가 완성된 후에 등기부상의 소유명의자가 변경된 경우에 그 등기부상의 명의 변경 시점을 새로이 점유취득시효의 기산점으로 볼 수 있는 근거 내지 이유에 대한 설명이 없다. 만일 1차 점유취득시효가 완성된 후에 등기부상의 소유명의자가 변경된 경우, 만일 당초의 점유자가 그와 같은 등기부상 소유자의 변경 사실을 잘 알면서도 감히 점유를 개시한 것이라면 이는 타주점유에 해당하는 것으로 보아야 하고, 그렇지 아니하고 당초의 점유자가 등기부상 소유자의 변경 사실을 알지 못한 채 점유를 계속한 것이라면 그 등기부상 소유자의 변경 시점을 새로운 점유의 기산점으로 볼 아무런 이유가 없다(대법원 2009. 7. 16. 선고 2007다15172 전원합의체 판결).

◈ 소유권 이외의 재산권의 취득시효

제 248 조 【소유권 이외의 재산권의 취득시효】

전3조의 규정은 소유권 이외의 재산권의 취득에 준용한다.

■ § 248. 소유권 이외의 재산권의 취득시효

- 소유권의 취득시효에 관한 규정이 적용
- 제외⇒저당권, 유치권, 점유권, 취소권, 환매권, 해제권 등
- 지역권은 계속되고 표현된 것에 한하여 취득시효의 대상이 된다.

소유권 이외의 재산권의 취득시효에는 기술한 소유권의 취득시효에 관한 규정(제245조 내지 제247조)이 준용된다. 따라서 점유를 수반하는 권리에 있어서는 점유가 요건이나, 점유를 수반하지 않는 권리(무체재산권 등)에 있어서는 준점유가 요건이고, 재산권의 목적물이 부동산이냐 동산이냐, 또한 등기·등록과 같은 공시방법의 유무에 따라서 시효기간은 20년·10년·5년이 될 것이다. 이들 기간을 정하는 데 있어서 선의·무과실이 작용하게 될 것임은 물론이다.

▣ 핵심판례 ▣

■ [소유권 이외의 재산권의 취득시효]

1. **가. 평온한 점유 및 공연한 점유의 의미**

   평온한 점유란 점유자가 점유를 취득 또는 보유하는데 있어 법률상 용인될 수 없는 강폭행위를 쓰지 않는 점유이고, 공연한 점유란 은비의 점유가 아닌 점유를 말한다.

   나. 관습상 분묘기지권의 시효취득 요건 및 등기의 요부(소극)

   타인 소유의 토지에 소유자의 승낙없이 분묘를 설치한 경우에는 20년간 평온, 공연하게 그 분묘의 기지를 점유하면 지상권 유사의 관습상의 물권인 분묘기지권을 시효로 취득하는데, 이러한 분묘기지권은 봉분 등 외부에서 분묘의 존재를 인식할 수 있는 형태를 갖추고 있는 경우에 한하여 인정되고, 평장되어 있거나 암장되어 있어 객관적으로 인식할 수 있는 외형을 갖추고 있지 아

니한 경우에는 인정되지 않으므로, 이러한 특성상 분묘기지권은 등기 없이 취득한다(1996. 6. 14. 판결, 96다14036 분묘굴이).

2. 공작물의 소유를 위한 지상권의 점유취득시효의 요건

타인의 토지에 관하여 공작물의 소유를 위한 지상권의 점유취득시효가 인정되려면, 그 토지의 점유사실 외에도 그것이 임대차나 사용대차관계에 기한 것이 아니라 지상권자로서의 점유에 해당함이 객관적으로 표시되어 계속되어야 하고, 그 입증책임은 시효취득을 주장하는 자에게 있으며, 그와 같은 요건이 존재하는가의 여부는 개별사건에서 문제된 점유개시와 공작물의 설치경위, 대가관계, 공작물의 종류와 구조, 그 후의 당사자간의 관계, 토지의 이용상태 등을 종합하여 그 점유가 지상권자로서의 점유에 해당한다고 볼 만한 실질이 있는지의 여부에 의하여 판단하여야 한다(대판 1996. 12. 23, 96다7984).

3. 통행지역권의 시효취득 요건

민법 제294조는 지역권은 계속되고 표현된 것에 한하여 같은 법 제245조의 규정을 준용한다고 규정하고 있으므로 점유로 인한 지역권 취득기간의 만료로 통행지역권을 시효취득하려면 요역지의 소유자가 타인의 소유인 승역지 위에 통로를 개설하여 그 통로를 사용하는 상태가 위 제245조에 규정된 기간 동안 계속되어야 한다(대판 1991. 10. 22, 90다16283).

◆ 동산의 선의취득의 요건

제 249 조【선의취득】

평온, 공연하게 동산을 양수한 자가 선의이며 과실없이 그 동산을 점유한 경우에는 양도인이 정당한 소유자가 아닌 때에도 즉시 그 동산의 소유권을 취득한다.

■ § 249. 선의취득

• 의　　의 : 동산에 대하여 상대방이 점유를 신뢰하여 그 물건을 거래상 양수한 자는 설사 상대방이 무권리자라 할지라도 그 동산에 대한 권리(소유권, 질권)를 유효하게 취득하는 제도

• 선의취득의 요건 : ① 선의취득이 인정되는 것은 동산에 한한다.
② 거래행위에 의하여 동산을 취득하여야 한다. 상속, 포괄유증등으로 포괄승계한 경우에는 선의취득은 적용되지 않는다.
③ 상대방에게 처분권이 없음에도 불구하고 오신한 경우에 한한다.
④ 평온, 공연, 선의, 무과실이어야 한다.
⑤ 동산에 도품 또는 유실물이어서는 아니된다.

• 선의취득의 효과 : ① 원시취득
② 소유권과 질권취득
③ 부당이득반환의 의무를 부담하지 않는다.

• 관련법조 : [유가증권 선의취득] 어음 §16②, §77①-1, 수표 §21, 상 §65, §359, [본조등을 적용하는 경우] 공장 및 광업재단저당법 §7

1. 선의취득의 의의 및 취지

(1) 선의취득의 의의

동산의 점유자가 무권대리자인 경우에도 상대방이 그가 권리자인 줄 알고 양수한 때에는 그 동산의 소유권을 취득하는데, 이를 선의취득이라 한다.

예를 들면 갑의 소유인 시계를 을이 빌려서 사용하고 있는 경우에 병이 그 시계를 을의 소유물인 줄 믿고 매입했을 때, 을을 소유자라고 오신한 병은 그 소유권을 취득하게 된다는 것이 선의취득이다.

(2) 선의취득제도의 취지

민법 제249조의 동산 선의취득제도는 동산을 점유하는 자의 권리외관을 중시하여 이를 신뢰한 자의 소유권 취득을 인정하고 진정한 소유자의 추급을 방지함으로써 거래의 안전을 확보하기 위하여 법이 마련한 제도이다. 따라서 위 법조 소정의 요건이 구비되어 동산을 선의취득한 자는 권리를 취득하는 반면 종전소유자는 소유권을 상실하게 되는 법률효과가 법률의 규정에 의하여 발생되므로, 선의취득자가 임의로 이와 같은 선의취득 효과를 거부하고 종전 소유자에게 동산을 반환받아 갈 것을 요구할 수 없다(대판 1998. 6. 12, 98다6800).

2. 선의취득의 요건

(1) 목적물은 동산일 것

선의취득이 인정되는 것은 동산에 한한다. 동산이라도 점유가 아닌 등기나 등록으로 공시되는 동산(선박, 자동차, 항공기 등)은 선의취득의 대상이 되지 않는다. 금전도 동산이나 가치의 표상으로서 유통되므로 선의취득의 적용이 없다(다수설).

(2) 양도인에 관한 요건

가. 점유를 하고 있을 것

양도인은 동산을 점유하고 있어야 한다. 직접점유, 간접점유, 자주점유, 타주점유를 묻지 않는다.

나. 무권리자일 것

양도인은 양도한 동산에 관해 무권리자이어야 한다. 소유권이 없는 경우(예 : 임차인, 수치인 등) 뿐만 아니라 처분권이 없는 경우도 포함한다. 판례는 가압류된 동산을 소유자가 타인에게 매도한 경우에 선의취득을 인정하였다(대판 1966. 11. 22, 66다1545).

(3) 양수인에 관한 요건

가. 유효한 거래행위(동산의 양수)가 있을 것

선의취득은 거래안전을 보호하는 제도이므로 거래행위가 있어야 한다. 즉, 거래행위에 의해 동산을 양수하였어야 한다. 매매·증여·질권설정·대물변제·양도담보계약·경매 등이 이에 해당하며, 유상·무상을 묻지 않는다. 다만, 그 거래행위는 소유권이전(질권설정 포함)을 목적으로 하는 것이므로, 물품보관소에서 자신의 물건인 것으로 오인하고 타인의 물건을 받는 경우에는 이에 해당하지 않는다. 거래행위는 특정승계에 한하므로 상속이나 회사의 합병과 같은 포괄승계로 인한 취득의 경우에는 선의취득이 인정되지 않는다.

그리고 양도인이 무권리자라는 점을 제외하고는 위 거래행위는 유효하게 성립한 것이어야 한다(대판 1995. 6. 29, 94다2207). 거래행위가 무능력·의사의 흠결 기타 무효나 취소의 원인이 있어 실효된 때에는 선의취득은 성립하지 않는다.

나. 점유를 할 것

양수인이 점유를 취득하는 방법으로는 현실의 인도, 간이인도, 목적물반환청구권의 양도 등이 인정된다. 판례는 간이인도에 의한 점유취득으로 선의취득의 요건이 충족된다고 한다(대판 1981. 8. 20, 80다2530).

그리고 양수인의 점유는 선의·무과실이어야 한다.

【쟁점사항】

<점유개정의 방법으로 선의취득을 인정할 수 있는지 여부>

금전채무를 담보하기 위하여 채무자가 그 소유의 동산을 채권자에게 양도하되 점유개정의 방법으로 인도하고 채무자가 이를 계속 점유하기로 약정한 경우 특별한 사정이 없는 한 그 동산의 소유권은 신탁적으로 이전되는 것에 불과하여, 채권자와 채무자 사이의 대내적 관계에서는 채무자가 소유권을 보유하나 대외적인 관계에서의 채무자는 동산의 소유권을 이미 채권자에게 양도한 무권리자가 되는 것이어서 다시 다른 채권자와 사이에 양도담보 설정계약을 체결하고 점유개정의 방법으로 인도하더라도 선의취득이 인정되지 않는 한 나중에 설정계약을 체결한 채권자로서는 양도담보권을 취득할 수 없는데, 현실의 인도가 아닌 점유개정의 방법으로는 선의취득이 인정되지 아니하므로 결국 뒤의 채권자는 적법하게 양도담보권을 취득할 수 없다 (대판 2005. 2. 18, 200437430).

3. 선의취득의 효과

① 선의취득의 요건이 갖추어지면 양수인은 즉시 거래의 목적이 된 동산의 물권을 취득한다. 여기에서 물권은 소유권과 질권을 말한다(제249조, 제343조).

② 선의취득은 원시취득이라는 것이 통설의 입장이다. 양도인이 무권리자임에도 불구하고 권리를 취득하기 때문이다. 이에 대하여 승계취득이라고 보는 견해도 존재한다.

4. 원소유자의 부당이득반환청구권

(1) 소유권에 기한 물권적 반환청구권

일물일권주의 원칙상 선의취득자가 소유권을 취득하면 원소유자의 소유권이 상실되므로 원소유자는 선의취득자에게 소유권에 기한 물권적 반환청구권을 행사 할 수 없다.

(2) 부당이득반환청구권

1) 유상으로 선의취득한 경우

원소유자는 '유상'으로 선의취득한 자에게는 부당이득반환청구권을 행사할 수 없다. 따라서 목적물이 도품이나 유실물이 아니라면 원소유자가 선의취득자에게 반환을 청구할 수 있는 법적근거는 없다.

2) 무상으로 선의취득한 경우

선의취득자가 '무상'으로 선의취득을 한 경우, 학설의 일부는 원소유자가 선의취득자에게 선의취득으로 인한 이익을 부당이득으로 반환을 청구할 수 있다고 한다. 이는 명문의 규정에는 없고, 공평의 원칙에 기초하여 독일민법을 유추하여 인정하고자 하는 것이다.

[즉시취득]

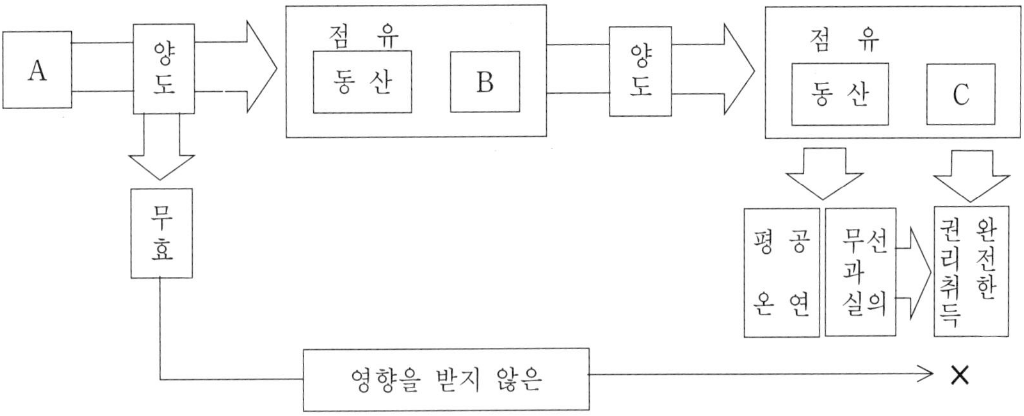

A → 양도 → 점유 (동산, B) → 양도 → 점유 (동산, C)

양도 → 무효 → 영향을 받지 않은 → ×

점유 (동산, C) → 평온 공연 / 선의 무과실 → 완전한 권리취득

▣ 핵심판례 ▣

■ [선의취득]

1. 동산 소유권 유보부 매매의 매수인이 제3자에게 위 동산을 보관시킨 경우, 매수인이 그 점유반환청구권을 양수인에게 양도하고 지명채권 양도의 대항요건을 갖추면 동산의 선의취득에 필요한 점유의 취득요건을 충족하는지 여부(적극)

양도인이 소유자로부터 보관을 위탁받은 동산을 제3자에게 보관시킨 경우에 양도인이 그 제3자에 대한 반환청구권을 양수인에게 양도하고 지명채권 양도의 대항요건을 갖추었을 때에는 동산의 선의취득에 필요한 점유의 취득요건을 충족한다(대판 1991. 1. 26, 97다48906).

2. 채무자 이외의 자의 소유에 속하는 동산을 경매절차에서 경락받아 동산의 소유권을 선의취득한 경우, 그 동산의 매득금의 귀속자 등

가. 채무자 이외의 자의 소유에 속하는 동산을 경매한 경매절차에서 그 동산을 경락받아 경락대금을 납부하고 이를 인도받은 경락인이 동산의 소유권을 선의취득한 경우 그 동산의 매득금은 채무자의 것이 아니어서 채권자가 이를 배당을 받았다고 하더라도 채권은 소멸하지 않고 계속 존속하므로, 배당을 받은 채권자는 이로 인하여 법률상 원인 없는 이득을 얻고 소유자는 경매에 의하여 소유권을 상실하는 손해를 입게 되었다고 할 것이니 그 동산의 소유자는 배당을 받은 채권자에 대하여 부당이득으로서 매당받은 금원의 반환을 청구할 수 있다.

나. 채무자 이외의 자의 소유에 속하는 동산을 경매하여 그 매득금을 배당받은 채권자가 그 동산을 경락받아 선의취득자의 지위를 겸하고 있는 경우, 배당받은 채권자가 법률상 원인 없이 이득을 한 것은 배당액이지 선의취득한 동산이 아니므로, 동산의 전 소유자가 임의로 그 동산을 반환받아 가지 아니하는 이상 동산 자체를 반환받아 갈 것을 요구할 수는 없고 단지 배당금을 부당이득으로 반환할 수밖에 없다(대판 1998. 6. 12, 98다6800).

◈ 도품 또는 유실물에 대한 선의취득 적용배제

제 250 조【도품, 유실물에 대한 특례】

전조의 경우에 그 동산이 도품이나 유실물인 때에는 피해자 또는 유실자는 도난 또는 유실한 날로부터 2년 내에 그 물건의 반환을 청구할 수 있다. 그러나 도품이나 유실물이 금전인 때에는 그러하지 아니하다.

■ § 250. 도품 또는 유실물에 관한 특칙

- 무상반환 : 피해자가 또는 유실자는 2년내에 무상으로 물건의 반환청구 가능
- 현 금 : 무조건 선의취득 인정
- 관련법조 : [유실물] 유실물법, 수난구호법, [유가증권의 경우] 어음 §16②, §77①, 수표 §21, 상 §65, §359, [본조등을 적용하는 경우] 공장 및 광업재단 저당법 §7

게르만 법의「손이 손을 지킨다」(Hand wahre Hand.)의 원칙은 타인(을)을 신뢰하여 그에게 Gewere를 준 자(갑)는 을에 대해서만 반환을 청구할 수 있으나 을이 신뢰를 배신하고 제3자(병)에게 Gewere를 이전한 경우에는 병에게 반환을 청구할 수 없다는 것이다.

이와 같은 원칙을 반대로 해석하면 도품, 유실물과 같이 원주 갑의 의사에 의하지 않고 점유를 이탈한 물건에 대해서는 갑은 어디까지라도 그 소재를 추급하여(예 : 을이 탈취 또는 습득하여 병에게 점유를 옮긴 경우에는 병에 대하여) 그 반환을 청구할 수 있는 것이 된다.

본조가 도품·유실물에 대하여 제249조의 예외를 규정하여 원주의 회복청구권이 2년에 걸쳐 존속한다고 한 것은 위와 같은 게르만법사상의 흔적이다. 도품이란 강도·절도 등에 의하여 탈취된 물건을 말하고 점유자의 의사에 의거하여 그 점유를 벗어난 사기·횡령당한 물건은 포함되지 아니한다.

유실물이란 점유자의 의사에 의하지 아니하고 그 점유를 이탈한 도품이외의 물건을 말하지만 제253조의 규정에 의하여 습득자가 소유권을 취득한 후에는 본조는 적용되지 아니한다. 도품·유실물이 된 때로부터 2년간, 도품 또는 유실

물의 소유권은 누구에게 귀속하는가? 원소유자 귀속설에 의하면 소유권은 원소유자에게 귀속하고 본조의 회복은 단순한 점유회복에 불과하다고 한다. 만약 소유권이 선의취득자에게 있고 그 점유권을 회복할 수 있다고 한다면 소유자 아닌 피해자와 유실자(예 : 임차인 · 수탁자)는 처음부터 가지고 있지 않은 권리를 회복할 수 있다는 것이 되어 불합리하다고 한다.

이에 대하여 유력한 학설인 선의취득자귀속설에 의하면 도품, 유실물이라 하더라도 양수인은 '즉시' 선의취득한다. 따라서 원소유자가 제250조에 기하여 2년내에 반환청구할 수 있는 법적근거는 소유권에 기한 물권적 청구권이 아니라(원소유자는 소유권을 상실하므로), 제250조가 독자적으로 규정한 법정의 특별한 원상회복청구권이다. 이에 의하면 선의 취득자는 소유권을 취득하므로 반환하기까지 사용에 따른 이익을 부당이득으로 하여 반환할 필요가 없다.

본조에 의한 회복은 무상을 원칙으로 하지만 취득자가 도품 · 유실물을 경매, 공개시장(점포의 의미) 또는 동종의 물건을 판매하는 상인(예 : 행상인)에게 선의로 매수한 때에는 대가의 변제가 필요하게 된다(제251조).

이것은 단순히 취득자에게 대가의 변상이 없는 경우에 반환을 거절할 수 있는 항변권을 부여한 것에 그치지 않고 회복자에 대한 대가변상청구권을 부여한 것이라는 것이 통설 · 판례(대판 1972. 5. 23. 72다115)의 입장이다. 원래 본조의 규정은 원시 게르만법의 「손이 손을 지킨다」는 원칙에 유래된 것으로서 근대적 거래실정에 적합하지 않고(수표법 제21조는 거래가 빈번한 유가증권에 대해서 본조의 예외를 배제한다), 가능한 한 그 적용범위를 제한해야 하기 때문이다.

[선의취득]

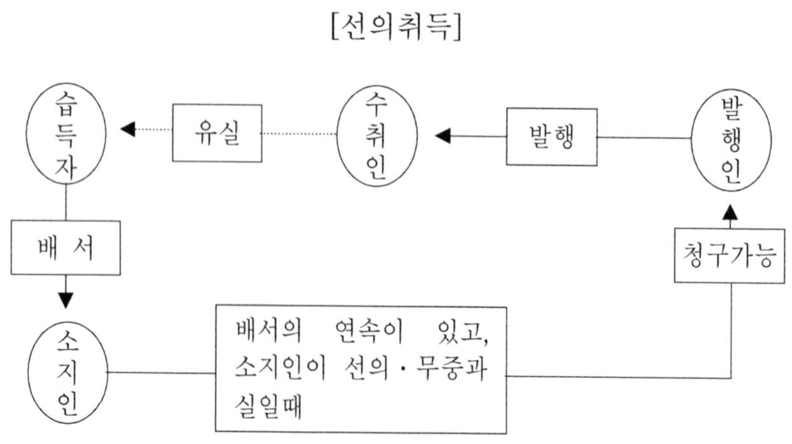

▣ 핵심판례 ▣

■ [도품, 유실물에 대한 판례]

가. 수탁자가 횡령한 물건이나 점유보조자 내지 소지기관이 횡령한 물건이 민법 제250조, 제251조 소정의 도품, 유실물에 해당하는지 여부(소극)

민법 제250조, 제251조 소정의 도품, 유실물이란 원권리자로부터 점유를 수탁한 사람이 적극적으로 제3자에게 부정 처분한 경우와 같은 위탁물 횡령의 경우는 포함되지 아니하고 또한 점유보조자 내지 소지기관의 횡령처럼 형사법상 절도죄가 되는 경우도 형사법과 민사법의 경우를 동일시해야 하는 것은 아닐 뿐만 아니라 진정한 권리자와 선의의 거래 상대방 간의 이익형량의 필요성에 있어서 위탁물 횡령의 경우와 다를 바 없으므로 이 역시 민법 제250조의 도품, 유실물에 해당되지 않는다.

나. 민법 제251조가 무과실을 그 요건으로 하고 있는지 여부(적극)

민법 제251조는 민법 제249조와 제250조를 전제로 하고 있는 규정이므로 무과실도 당연히 요건이라고 해석하여야 한다(1991. 3. 22. 제3부 판결, 91다70 동산인도).

◆ 양수인이 도품 · 유실물을 공개시장 또는 동종류의 물건을 판매하는 상인에게서 선의로 매수한 경우의 특례

제 251 조【도품, 유실물에 대한 특례】

양수인이 도품 또는 유실물을 경매나 공개시장에서, 또는 동종류의 물건을 판매하는 상인에게서 선의로 매수한 때에는 피해자 또는 유실자는 양수인이 지급한 대가를 변상하고 그 물건의 반환을 청구할 수 있다.

■ § 251. 도품 및 유실물에 대한 특칙

- 2년내에 경매되거나 공개시장에서 매각된 경우에는 댓가를 변제하여야만 그 물건의 반환을 청구할 수 있다.
- 그러나 고물상, 전당포주에 대해서는 1년내에 무상반환청구
- 관련법조 : 공장 및 광업재단 저당법 §7

도품이나 유실물처럼 권리자의 의사에 의하지 않고 점유가 이탈된 동산의 경우는 거래의 안전도 중요하지만, 양수인이 도품이나 유실물을 경매나 공개시장 등에서 매수한 때에는 양수인의 보다 강한 신뢰가 존재하므로, 이때에는 양수인이 지급한 대가를 변상하고 그 물건의 반환을 청구할 수 있도록 하였다.

다만 양수인이 물건의 반환을 청구하려면 도품 또는 유실물을 경매나 공개시장 또는 동종류의 물건을 판매하는 상인에게서 선의 · 무과실로 매수하였어야 한다.

본조가 취득자에게 대가변상의 청구권을 준 것이냐, 아니면 대가의 변상이 있기까지 반환청구를 거절할 수 있는 항변권을 준 것이냐가 문제되는데, 통설 · 판례는 전자로 해석한다(대판 1972. 5. 23, 72다115). 따라서 수사과정에서 그 물건이 압수되어 소유자에게 교부된 경우에도 양수인은 대가의 변상을 청구할 수 있다.

◆ 무주의 동산이나 부동산 등의 소유권의 귀속자

제 252 조 【무주물의 귀속】

① 무주의 동산을 소유의 의사로 점유한 자는 그 소유권을 취득한다.

② 무주의 부동산은 국유로 한다.

③ 야생하는 동물은 무주물로 하고 사양하는 야생동물도 다시 야생상태로 돌아가면 무주물로 한다.

■ § 252. 무주물의 선점

- 무주물의 동산을 소유의 의사로 점유한 자는 그 소유권을 취득한다.
- 무주의 동산에는 야생하는 동물, 고생물의 화석, 유기된 파손물, 새, 고기, 광구밖에 돌출된 광물을 들 수 있다.
- 사육하는 야생물도 야생동물로 돌아가면 무주물이 된다.
- 무주의 부동산은 국유이므로 선점의 대상이 아니다.
- 관련법조 : [특칙] 수산업법 §1~§7, [분리광물과 무주의 동산] 광업법 §5, [미채굴광물] 광업법 §4, [국유화] 국유재산법 §12

무주의 동산, 예컨대 야생동물, 타인이 유기한 물건 등은 소유의 의사로 점유함으로써(소유권을 취득하려는 의사가 아니라 소유자가 하는 것과 같은 사실적 지배를 하려는 의사이면 충분하다. 점유보조자나 점유개시자에 의한 선점도 가능하다) 소유권을 취득한다.

무주의 부동산은 국고에 귀속되고 선점의 목적물이 되지 않는다.

야생하는 동물은 무주물이며 사육하는 야생동물이 다시 야생상태로 돌아가면 무주물이 된다. 미채굴의 광물은 광업법에 의거하지 않으면 채굴하지 못하므로 선점의 목적이 되지 못한다(광업법 제4조).

▣ 핵심판례 ▣

■ 특정인 명의로 사정된 토지의 소유자가 행방불명되어 생사여부를 알 수 없는 경우 그 토지는 무주부동산이 되어 국가소유로 귀속되는지 여부

특정인 명의로 사정된 토지는 특별한 사정이 없는 한 사정명의자나 그 상속인의 소유로 추정되고, 토지의 소유자가 행방불명되어 생사여부를 알 수 없다 하더라도 그가 사망하고 상속인도 없다는 점이 입증되거나, 그 토지에 대하여 민법 제1053조 내지 제1058조에 의한 국가귀속절차가 이루어지지 아니한 이상, 그 토지가 바로 무주부동산이 되어 국가소유로 귀속되는 것이 아니며, 무주부동산이 아닌 한 국유재산법 제8조에 의한 무주부동산의 처리절차를 밟아 국유재산으로 등록되었다 하여 국가소유로 되는 것도 아니다(대판 1999. 2. 23. 98다59132).

◆ 유실물에 대한 소유권의 취득

제 253 조【유실물의 소유권취득】

유실물은 법률에 정한 바에 의하여 공고한 후 6개월 내에 그 소유자가 권리를 주장하지 아니하면 습득자가 그 소유권을 취득한다.

■ § 253. 유실물습득

- 유실물 : 점유자의 의사에 의하지 않고 그 점유를 떠난 물건으로 도품이 아닌 것
- 유실물에 준하는 것(유실물법) : 범죄자가 놓고 간 것으로 인정되는 물건, 착오로 인하여 점유한 물건, 타인이 놓고간 물건, 일실한 가축
- 표류물, 침몰품은 수난구호법의 적용을 받는다.
- 관련법조 : 유실물법, [유실물등 횡령] 형 §360, §361

유실물이란 점유자의 의사에 기하지 않고서 그의 점유를 떠난 물건으로서 도품이 아닌 것을 말한다. 범죄자가 놓고 간 것으로 인정되는 물건, 착오로 인하여 점유한 물건, 타인이 놓고 간 물건, 일실한 가축은 유실물에 준한다(유실물법 제11조 · 제12조).

유실물(유실물법 제11조 · 제12조)은 습득자가 그것을 경찰관서에 신고하고(유실물법 제1조 · 제11조) 경찰관서는 유실물법의 규정에 따라 공고한 후, 6개월 이내에 소유자가 권리를 주장하지 않으면 습득자가 그 권리를 취득한다. 이것이 습득에 의한 소유권의 취득이다(본조 및 유실물법 제9 · 14 · 15조 참조). 참고로 2013년 4월 5일 개정 전 민법에서는 유실물에 대하여 공고 후 1년 내에 소유자가 권리를 주장하지 않으면 습득자가 소유권을 가진다고 규정하고 있었다. 그러나 20년 전 최초로 유실물 규정이 제정된 때와는 달리 현재는 교통 · 통신망의 발달로 유실물이 소유자에게 반환되는 기간이 짧아지고 있으며, 유실물 중 고가의 전자기기 등은 시간이 지날수록 가치가 하락하므로 습득자의 권리를 보다 빨리 인정할 필요가 있는 점을 고려하여 유실물의 소유권이 습득자에게 귀속되

는 기간을 1년에서 6개월로 단축한 것이다.

습득자가 자기의 물건으로서 점유한 때에는 취득시효의 문제가 되고, 자기의 물건으로서 타인에게 양도한 경우에는 선의취득의 문제를 발생시킨다.

표류물 및 침몰품도 성질상 유실물이지만 이에 대해서는 수난구호법(1994. 12. 22. 법률 제4793호 전문개정)에 특별한 규정이 있었다(수난구호법 제28조 이하). 다만, 1999년의 개정으로 해당규정이 삭제되었다.

유실자 또는 소유자 기타 유실물의 회복청구권을 가진 자가 판명된 경우에는, 습득자는 습득물을 반환하고 유실물가격의 100분의 5 내지 100분의 20 범위내에서 보상금을 받을 권리를 취득한다(유실물법 제4조·제9조, 수난구호법 제32조 참조. 보상금 결정방법은 유실자의 자유에 맡기고 있으나 당사자 사이에 분쟁이 있으면 법원의 결정에 의함).

◈ 매장물 발견자의 소유권취득의 요건

제 254 조【매장물의 소유권취득】

매장물은 법률에 정한 바에 의하여 공고한 후 1년내에 그 소유자가 권리를 주장하지 아니하면 발견자가 그 소유권을 취득한다. 그러나 타인의 토지 기타 물건으로부터 발견한 매장물은 그 토지 기타 물건의 소유자와 발견자가 절반하여 취득한다.

■ § 254. 매장물 발견

- 매장물, 예) 고분속의 발굴물
- 타인 토지 기타 물건에서 발굴한 매장물은 토지 물건의 소유자와 발견자가 2분의 1의 지분으로 공유한다.
- 관련법조 : [특별법] 유실물법 §13~§15, 문화재보호법 §42~§48

매장물, 즉 토지 기타의 물건 속에 포장되어 소유자가 누구인가를 용이하게 식별할 수 없는 물건(이 점에서 매장물은 무주물과 구별된다)을 발견(존재를 최초로 인식한 것이며 점유를 필요로 하지 아니한다)한 자가 그것을 관서에 신고하는 때의 절차는 유실물의 경우와 동일하다.

1년의 공고기간이 경과하면 발견자는 당연히 매장물의 소유권을 취득한다. 지하공사를 위한 노동자가 발견한 때에는 경우를 나누어 생각할 필요가 있다. 매장물 발견을 위하여 고용된 노동시간 내에 발견한 경우에는 발견자는 사용자(고용주)이고, 다른 목적으로(예 : 건물공사) 노무에 종사하던 중에 발견한 것이면 노동자가 발견자가 된다. 또 수급인이 발견하면 특약이 없는 한 수급인이 발견자라고 해석된다.

또 타인의 물건 가운데 매장되어 있는 것을 발견한 때에는 그 소유자와 발견자는 절반씩 소유권을 취득한다.

매장물이 문화재인 경우에는 그 물건은 국유로 된다(제255조 1항).

◆ 문화재를 발견한 자의 권리

제 255 조【문화재의 국유】

① 학술, 기예 또는 고고의 중요한 재료가 되는 물건에 대하여는 제252조 제1항 및 전2조의 규정에 의하지 아니하고 국유로 한다.

② 전항의 경우에 습득자, 발견자 및 매장물이 발견된 토지 기타 물건의 소유자는 국가에 대하여 적당한 보상을 청구할 수 있다.

■ § 255. 문화재의 국유

- 습득 발견한 매장물이 학술, 기예 또는 고고의 중요한 자료가 되는 것인 때에는 국유가 된다.
- 습득자 및 발견자와 포장물의 소유자는 국가에 대하여 적당한 보상을 청구할 수 있다.
- 문화재보호법(§43~§49)에 자세한 규정이 있다.

선점·습득·발견의 목적물이 학술·기예 또는 고고를 위한 중요한 자료가 되는 이른바 문화재인 경우에는 습득자, 발견자 및 포장물의 소유자는 그 가격에 상당하는 보상금을 청구할 수 있을 뿐이고 소유권은 국가에 귀속된다(문화재보호법 제43조~제49조).

◈ 부동산에 부합한 물건의 소유권 귀속

제 256 조 【부동산에의 부합】

부동산의 소유자는 그 부동산에 부합한 물건의 소유권을 취득한다. 그러나 타인의 권원에 의하여 부속된 것은 그러하지 아니하다.

■ § 256. 부동산의 부합

부합의 의의 : 소유자를 각각 달리하는 수개의 물건이 결합하여 1개의 물건이 되는 것

- 원　　칙 : 부합물의 소유권도 부동산소유자에게 귀속한다.
- 예　　외 : ① 임차인, 전세권자 등이 권원에 의해 부합한 때 ⇒ 부합시킨 자의 소유
  ② 부합시킨 것이 건물의 구성요소인 때 ⇒ 건물소유자의 소유
- 관련법조 : 신탁법 §28

부동산에 타인의 물건이 종속하여「부합」한 때에는 부동산에의 부합을 일으키고 부동산의 소유자가 그 물건의 소유권을 취득한다. 여기서 부동산에 부합한다는 것은 부동산에 부착, 결합하여 사회관념상 하나의 부동산으로 인정되는 것을 말한다. 건물에 동산을 부착시킨다거나 토지에의 파종 또는 시비·식재 등이 여기에 해당된다. 이와 같이 부동산에 부합하는 물건은 동산에 한한다는 것이 통설(반대의 소수설로는 김현태, 김기선 등이 있음)이나, 판례에는 부동산도 포함된다고 보는 경우가 있다(대판 1962. 1. 31. 4294 민상 445).

이러한 부합의 효력에는 하나의 예외가 있다. 즉 부합이 「권원」있는 자(타인의 부동산에 물건을 부속시켜 이를 이용할 수 있는 권리를 가진 자로서 지상권자·임차권자 등)의 행위에 의한 경우에는 부동산소유자도 그 자의 권리를 박탈할 수 없다. 이는 권원있는 자가 부속시킨 물건의 소유권은 부동산소유권에 흡수되지 않고 그 자의 소유권으로 존속한다는 의미이다. 따라서 적법한 임차인이 심은 나무는 토지에 부합하지 않지만 불법점거자가 심은 것은 토지에 부합한다.

[첨 부]

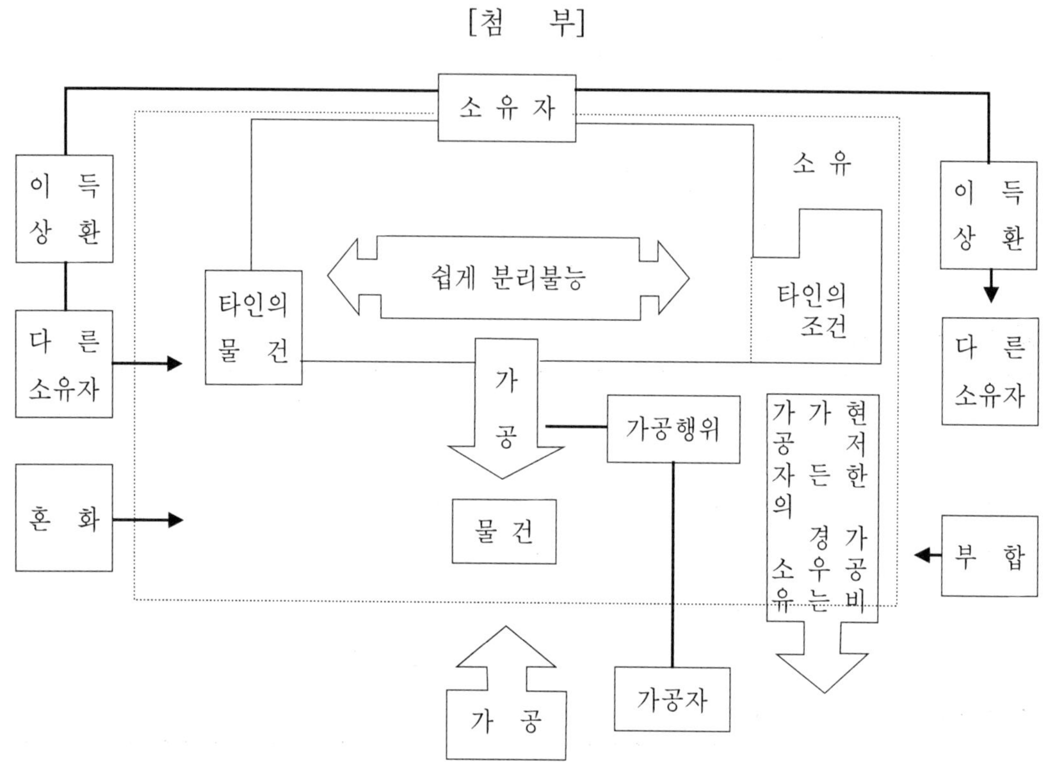

< 참고사항>

※ 건물 증축의 법리

1. 쟁점사항 : 타인소유의 건물을 증축한 경우 증개축한 부분의 소유권자

건물의 증, 개축부분이 독립성을 상실하여 건물의 구성부분으로 되는 때에는 권원의 유무에 관계없이 제256조 단서를 적용할 여지는 없게 된다. 이 경우 건물의 증, 개축자는 보상청구권이나 유익비상환청구권을 갖는다.

그러나 부속하는 건물의 증, 개축부분이 독립성(증축건물의 개수의 판단은 건물의 물리적 구조의 독립성, 용도·기능상의 독립성 및 증축자 의사 등을 기준으로 함이 판례이다)을 가지는 경우에는 권원의 유무에 의해 기존건물에 부합이 되는지 문제된다.

2. 학 설

(1) 통 설

증, 개축할 권원과 독립성이 있을 때에는 건물의 구분소유관계가 성립하게 된다. 즉 구분소유권이 성립되는 경우에는 처음부터 건물 증, 개축자의 소유가 된다. 따라서 건물의 임차인이 건물소유자의 승낙을 얻지 않고 기존건물에 독립건물을 증축한 경우 즉 민법 제256조 단서의 '권원에 의하여 부속된 물건'이 아닌 경우에는 임차인의 소유권은 인정되지 않고 기존건물에 부합되어기존건물의 소유자가 증축건물의 소유권도 취득한다.

(2) 소수설(김증한, 김학동, 정권섭, 조원철)

증축부분이 독립한 건물로 인정되면 그 건물은 권원 유무를 불문하고 증축한 사람의 소유로 된다. 그러나 증축부분이 독립한 건물로 인정되지 않으면 그 부분은 권원 유무를 불문하고 기존건물의 소유자에게 귀속한다.

3. 판 례

(1) 임차인이 임차한 건물에 그 권원에 의하여 증축을 한 경우에 증축된 부분이 부합으로 인하여 기존 건물의 구성 부분이 된 때에는 증축된 부분에 별개의 소유권이 성립할 수 없으나, 증축된 부분이 구조상으로나 이용상으로 기존 건물과 구분되는 독립성이 있는 때에는 구분소유권이 성립하여 증축된 부분은 독립한 소유권의 객체가 된다(대법원 1999. 7. 27. 선고 99다14518 판결).

(2) 건물이 증축된 경우에 증축 부분이 기존건물에 부합된 것으로 볼 것인가 아닌가 하는 점은 증축 부분이 기존건물에 부착된 물리적 구조뿐만 아니라, 그 용도와 기능의 면에서 기존건물과 독립한 경제적 효용을 가지고 거래상 별개의 소유권 객체가 될 수 있는지의 여부 및 증축하여 이를 소유하는 자의 의사 등을 종합하여 판단하여야 한다(대법원 2002. 10. 25. 선고 2000다63110 판결).

▣ 핵심판례 ▣

■ [부동산에의 부합]

1. 증축부분이 기존건물에 부합되는지 여부에 대한 판단기준 및 기존건물에 부합된 증축부분이 기존건물에 대한 경매절차에서 경매목적물로 평가되지 아니한 경우 경락인이 증축부분의 소유권을 취득하는지 여부(적극)

가. 건물이 증축된 경우에 증축부분이 기존건물에 부합된 것으로 볼 것인가 아닌가 하는 점은 증축부분이 기존건물에 부착된 물리적 구조뿐만 아니라 그 용

도와 기능의 면에서 기존건물과 독립한 경제적 효용을 가지고 거래상 별개의 소유권 객체가 될 수 있는지의 여부 및 증축하여 이를 소유하는 자의 의사 등을 종합하여 판단하여야 한다.

나. 기존건물 및 이에 접한 신축건물 사이의 경계벽체를 철거하고 전체를 하나의 상가건물로 사용한 경우, 제반 사항에 비추어 신축건물이 기존건물에 부합되어 1개의 건물이 되었다고 볼 수 있다.

다. 건물의 증축부분이 기존건물에 부합하여 기존건물과 분리하여서는 별개의 독립건물로서 효용을 가지지 못하는 이상, 기존건물에 대한 경매절차에서 경매목적물로 평가되지 아니하였다 하더라도, 경락인은 부합된 증축부분의 소유권을 취득한다(대판 2002. 5. 10, 99다24256).

2. 공유수면의 빈지에 옹벽을 쌓고 토사를 다져 넣어 축조한 공작물이 사실상 매립지와 같은 형태를 가지게 된 경우 위 공작물만이 독립한 소유권의 객체로 될 수 있는지 여부

공유수면의 빈지에 파일을 박고 대석과 콘크리트 등으로 옹벽을 쌓은 후 토사 등을 다져 넣어 축조된 공작물이 사실상 매립지와 같은 형태를 가지게 된 경우 위 공작물은 공유수면의 빈지에 정착되어 그 구성부분으로서의 일부가 되었다 할 것이므로 독립한 소유권의 객체가 될 수 없다(1994. 4. 12. 제1부 판결, 93다53801 공작물소유권확인등).

3. 가. 택지소유상한에 관한 법률시행령 제13조 제5호가 모법에 반하는지 여부

택지소유상한에 관한 법률시행령 제13조 제5호가 경매에 의한 택지의 취득을 계약 외의 원인으로 보고 있는 것은 경매는 일면에 있어서는 사법상의 매매의 성질을 보유하고 있기는 하나 다른 한편으로는 법원이 소유자의 의사에 관계없이 소유자의 소유물을 처분하는 공법상의 처분으로서의 성질을 아울러 가지고 있다는 점에 근거한 것이므로 위 규정이 계약 외의 원인으로 경매를 해당시켜 택지취득의 제한을 받지 않도록 하고 있는 택지소유상한에 관한 법률 제14조를 적용하게 한 것은 정당하고 그것이 모법에 반하여 무효인 것이라고 볼 수 없다.

나. 택지소유상한에 관한 법률 제10조, 제14조의 위헌 여부

택지소유상한에 관한 법률 제10조와 제14조의 규정은 모든 개인이나 법인에게 적용되는 것으로서 다만 개인이나 법인의 택지취득의 방법 여하에 따라 그 법적 규율을 달리하고 있는 것에 불과함이 그 문언상 명백하고 따라서 경매에 의하여 같은 법에 의한 제한을 받지 아니하고 택지를 취득할 수 있는 가능성은 누구에게나 개방되어 있다고 할 것이며 달리 위 규정이 일정한 개인이나 집단을 유리하게 할 목적으로 제정되었다거나 그 규정의 실제 적용에 있어서 일정한 개인이나 집단만을 유리하게 하는 효과를 가진다고 보여지지도 아니하여 위 규정이 계약에 의하여 택지를 취득하는 개인이나 법인과 경매에 의하여 택지를 취득하는 개인이나 법인을 차별하는 것이라고는 할 수 없으므로 위 규정이 헌법 제11조 소정의 평등의 원칙에 어긋나는 것은 아니다.

다. 지하 굴착공사에 의한 콘크리이트 구조물은 건축공사를 시행할 경우에 활용할 수 있는 것으로서 객관적으로 부동산의 가액을 현저히 증가시키는 것이므로 부동산을 평가함에 있어 고려하여야 한다고 한 사례

지하 굴착공사에 의한 콘크리이트 구조물은 토지의 구성부분으로서 토지의 일부로 간주될 뿐 아니라 부동산에 건축공사를 시행할 경우에 이를 활용할 수 있는 것으로서 객관적으로 부동산의 가액을 현저히 증가시키는 것이므로 부동산을 평가함에 있어서는 이를 고려하여야 한다고 한 사례(1994. 4. 22. 제3부 결정, 93마719 부동산경락허가결정).

4. 가. 증축건물의 기존건물에 부합 여부의 판단기준

건물이 증축된 경우에 증축부분의 기존 건물에 부합 여부는 증축부분이 기존 건물에 부착된 물리적 구조 뿐만 아니라, 그 용도와 기능의 면에서 기존건물과 독립한 경제적 효용을 가지고 거래상 별개의 소유권의 객체가 될 수 있는지의 여부 및 증축하여 이를 소유하는 자의 의사 등을 종합하여 판단하여야 한다.

나. 저당권의 효력이 미치는 저당부동산의 종물이 되는 건물의 범위

저당권의 효력이 미치는 저당부동산의 종물이라 함은 민법 제100조가 규정한 종물과 같은 의미로서, 어느 건물이 주된 건물의 종물이기 위하여는 종물의 상용에 이바지되어야 하는 관계가 있어야 하는바, 여기에서 주물의 상용에 이바지한다 함은 종물 그 자체의 경제적 효용을 다하게 하는 것을 말하는 것이며, 종물의 소유자나 이용자의 상용에 공여되고 있더라도 주물 그 자체의 효용과는 직접 관계없는 물건은 종물이 아니다(1994. 6. 10. 제3부 판결, 94다11606 배당이익).

<판례전문(1994. 6. 10. 94다11606)>

[원고, 상고인] 주식회사 한국외환은행

[소송대리인 법무법인] 태평양합동법률사무소

[담당변호사] 김인섭 외 3인

[피고, 피상고인] 농협협동조합중앙회

[소송대리인 변호사] 정경철

[원심판결] 서울고등법원 1994. 1. 19. 선고, 93나26610 판결

[주 문] 원심판결의 원고 패소부분 중 원심판결 첨부 별지목록 기재 제3건물의 경락대금에 관한 배당이의부분을 파기하고, 이 부분 사건을 서울고등법원으로 환송한다.

원고의 나머지 상고를 기각한다.

상고기각부분의 상고비용은 원고의 부담으로 한다.

[이 유] 상고이유를 본다.

1. 부합에 대한 법리오해의 점에 관하여 건물이 증축된 경우에 증축부분에 부착된 물리적 구조 뿐만 아니라, 그 용도와 기능의 면에서 기존건물과 독립한 경제적 효용을 가지고 거래상 별개의 소유권의 객체가 될 수 있는지의 여부 및 증축하여 이를 소유하는 자의 의사 등을 종합하여 판단하여야 할 것이다(당원 1992. 12. 8. 선고, 92다26772, 26789 판결; 1991. 4. 12. 선고, 90다11967 판결; 1988. 2. 23. 선고, 87다카600 판결 각 참조).

그런데 원심이 적법하게 확정한 바와 같이 소외 주식회사 천일산업이 피혁가공원단의 생산을 위하여 원심판시 제1, 2건물을 건축한 후 제1건물의 북쪽벽과 남쪽벽을 이용하여 그에 덧붙여 경량철골조의 가건물형식으로 그 판시 제4, 5건물을 증축하고 거기에 그 판시와 같이 피혁가공원단의 생산공정의 일부에 사용되는 기계를 설치하여 이를 이용하고 있고, 위 제4, 5건물의 각 면적이나 감정가격이 제1건물의 면적 및 감정가격보다 그 판시와 같이 작고 낮다면 위 증축부분인 위 제4, 5건물의 그 물리적 구조뿐만 아니라 경제적 효용의 면에서 보더라도 그 증축시에 기존건물인 위 제1건물에 부합하여 이와 일체를 이루었다 할 것이고, 거래상 독립하여 별개의 소유권의 객체가 되기는 어렵다고 보여지므로 원심이 위 제4, 5건물이 위 제1건물에 부합된 것으로 판단한 조치는 정당한 것으로 수긍이 가고, 그 과정에 소론과 같은 부합에 관한 법리오해의 위법이 있다 할 수 없다. 논지는 이유 없다.

2. 종물에 관한 법리오해의 점에 관하여

원심판결 이유에 의하여, 원심은 그 거시증거에 의하여, 위 천일산업이 위 제1, 2건물에서 목할저생산업과 피혁가공업을 함께 하다가 원심판시와 같이 위 제1, 2건물 및 공장기계일부에 관하여 피고 앞으로 공장저당법 제7조에 의한 근저당권을 설정하여 피혁가공업으로 업종을 단일화하고 규모을 확산하면서 완제품을 생산하기 위하여 부족한 공정을 보충할 수 있는 기계를 설치하려고 그 판시와 같이 별도의 독립된 건물이기는 하나 보일러 배관이 위 제1건물과 연결된 위 제3건물을 신축하여 위 제1건물의 부속건물로 등기를 한 다음 그 판시와 같이 위 제1 내지 3 건물 및 기계일부에 관하여 원고 앞으로 공장저당법 제7조에 의한 근저당권을 설정하였으며 위 제3건물의 일부에 위 피혁가공공정의 일부로 늘림기, 면고르기의 기계를 설치하였으며 나머지 부분에는 남녀탈의장 2칸, 남녀샤워실 2칸, 기숙사 및 화장실 2칸이 있는 사실 및 위 각 건물들의 감정가격은 그 판시와 같은 사실을 인정한 다음, 이에 의하면 비록 위 제3건물이 위 제1건물과 크기가 비슷하고 감정가격이 더 높다 하더라도 위 제1건물에는 위 제2, 4, 5건물이 부합되어 있고, 위 제3건물의 탈의장, 샤워시설 등이 위 제1, 2, 4, 5건물의 경제효용을 다하는데 도움이 되며 같은 대지 안에 생산공정의 일관화를 위하여 건축되어 하나의 공장으로 사용되고 있는 점에 비추어 위 제3건물을 위 제1건물의 종물로 봄이 상당하므로 위 제1, 2건물에 설정된 피고의 근저당권의 효력은 위 제3건물에도 미친다고 판시하고 있다.

그러나 저당권의 효력이 미치는 저당부동산의 종물이라 함은 민법 제100조가 규정하는 종물과 같은 의미로서 어느 건물이 주된 건물의 종물이기 위하여는 주물의 사용에 이바지 되어야 하는 관계가 있어야 하는바, 여기에서 주물의 상용에 이바지한다 함은 주물 그 자체의 경제적 효용을 다하게 하는 것을 말하는 것으로서 주물의 소유자나 이용자의 상용에 공여되고 있더라도 주물 그 자체의 효용과는 직접 관계없는 물건은 종물이 아니며(당원 1988. 2. 23. 선고, 87다카600 판결; 1985. 3. 26. 선고, 84다카269 판결 각 참조), 또한 경매목적물과 동일지번상에 건립되어 있다는 것만으로 그의 종물이거나 부속건물이라 할 수 없고, 가옥대장 등 공부상에 경매목적건물의 부속건물이라 기재되어 있다 하여 그것을 곧 그 건물에 부합되었다거나 종물로서 저당권의 효력이 미칠 건물이었다고 단정할 수 없다(당원 1966. 10. 5. 자, 66마222 결정 참조).

기록에 의하면(1심의 현정검증결과도면 등, 기록 488면), 위 제3건물 그 자체의 면적이 480평방미터나 되는 독립된 건물로서, 그 안에 일부 탈의실, 샤워실, 화장실이 있긴는 하나 공장으로 쓰이는 부분이 1/2을 넘고 있다고 보여지고, 위 제3건물의 감정 가격도 금 120,960,000원으로서 위 5동의 전체 건물가액 금 316,962,560원의 1/3을 초과하는 등 그 자체만으로도 독립적인 공장의 구조를 갖추고 있다고 볼 여지가 있어 위 제3건물이 위 제1건물과 보일러배관이 연결되어 있고 위 제1건물의 부속건물로 등기가 되어 있으며 위 제1, 2, 4, 5건물과 하나의 공장으로 사용되고 있다는 사정만으로 위 제3건물을 제1, 2 4, 5건물의 종물로 단정할 수는 없으므로 원심으로서는 위 제3건물의 내부구조의 변경이 용이한지 여부와 위 제3건물 중 공장으로 사용되는 면적의 크기 등을 심리 확정한 다음 위 제3건물 자체가 독립된 공장으로서의 경제적 효용을 갖추고 있는지 여부를 판단하여야 함에도 이에 이르지 아니한 채 위 제3건물이 위 제1, 2, 4, 5건물의 종물로 보아 위 제1, 2건물에 관한 피고의 근저당권의 효력이 위 제3건물에 미친다고 본 원심의 조치에는 심리를 다하지 아니하였거나 종물에 관한 법리를 오해하여 판결에 영향을 미친 위법이 있다 할 것이다. 이 점을 지적하는 논지는 이유 있다.

이에 원심판결의 원고 패소부분 중 위 제3건물의 경락대금에 관한 배당이의부분을 파기하고, 이 부분사건을 다시 심리 판단하게 하기 위하여 원심법원으로 환송하기로 하고, 원고의 나머지 상고를 기각하고 상고기각부분의 상고비용은 패소자의 부담으로 하기로 관여법관의 의견이 일치되어 주문과 같이 판결한다.

대법관 윤영철(재판장) 김상원(주심)
박준서

참조판례

가. 대법원 1991. 4. 12. 선고 90다11967 판결(공1991, 1370)

◆ 동산과 동산이 부합한 경우의 소유권 귀속

제 257 조 【동산간의 부합】

동산과 동산이 부합하여 훼손하지 아니하면 분리할 수 없거나 그 분리에 과다한 비용을 요할 경우에는 그 합성물의 소유권은 주된 동산의 소유자에게 속한다. 부합한 동산의 주종을 구별할 수 없는 때에는 동산의 소유자는 부합 당시의 가액의 비율로 합성물을 공유한다.

■ § 257. 동산의 부합

- 본조의 요건을 갖추면 소유권은 주된 동산의 소유자에 속한다.
- 주종을 구별할 수 없는 때에는 부합당시의 가액의 비율로 합성물을 공유한다.
- 관련법조 : 신탁 §28

각자 다른 소유자에게 속하는 수 개의 동산이 부합하여 이를 분리하려고 하면 훼손하거나 또는 과다한 경비를 필요로 하는 정도에 이르른 경우에는 그 합성물의 소유권은 원칙적으로 주된 동산의 소유자에게 귀속한다.

만일 주종을 구별할 수 없는 때에는 부합당시의 각동산의 가액의 비율에 따라 그 물건을 공유한다.

◈ 동산과 동산이 혼화하여 식별할 수 없는 경우의 소유권 귀속

제 258 조【혼 화】

전조의 규정은 동산과 동산이 혼화하여 식별할 수 없는 경우에 준용한다.

■ § 258. 혼 화

- 동산의 부합에 관한 규정준용
- 관련법조 : 신탁 §28

곡물·금전 등의 고형물의 혼합 및 유류·주류 등의 유동물의 융화를 병칭하여 혼화라 한다. 혼화·융화는 모두 각기 다른 소유자에게 속하는 물건이 혼화하여 식별할 수 없게 된 때에 성립한다. 동산의 부합과 완전히 똑같은 법률효과를 발생시킨다.

◆ 타인의 동산에 가공을 한 경우 그 물건의 소유권 귀속

제 259 조【가 공】

① 타인의 동산에 가공한 때에는 그 물건의 소유권은 원재료의 소유자에게 속한다. 그러나 가공으로 인한 가액의 증가가 원재료의 가액보다 현저히 다액인 때에는 가공자의 소유로 한다.

② 가공자가 재료의 일부를 제공하였을 때에는 그 가액은 전항의 증가액에 가산한다.

■ § 259. 가 공

- 타인의 노동에 가공을 가하여 새로운 물건을 만들어내는 것
- 임의규정
- 가공은 동산에 한하여 인정된다.

가공이란 타인의 동산에 대하여 노력을 가함으로써 그것을 변경하여 사회관념상 새로운 물건으로 인정되는 물건을 제작하는 것을 말한다. 제작물의 소유권은 원칙적으로 재료 소유자에게 귀속된다. 그러나 가공으로 인한 가액의 증가가 원재료의 가격보다 현저하게 다액인 경우 및 가공자가 재료의 일부를 제공한 경우에 그 재료의 가액을 가공으로 인하여 증가한 가액에 합산하여 그것이 타인의 재료의 가액보다 현저히 다액인 때에는 예외적으로 가공자에게 그 소유권이 귀속한다.

이와 같은 민법의 태도는 소유권의 귀속을 결정함에 있어서 노력보다도 재료에 중점을 두어 소유권의 귀속을 결정하려는 사고방식을 나타낸 것으로 볼 수 있으나 가공물제작의 중심을 이루는 오늘날의 공장노동조직에 있어서는(여기에서는 가공물의 가격이 재료의 가격보다 현저하게 다액인 것이 보통이다) 제작물 소유권의 귀속은 고용계약에 의해 결정되는 것으로 볼 수 있다.

따라서 그 결과가 노동자에게 불리한 것이 되면 문제의 해결은 노동계약 내지 노동관계의 근본으로 소급하여 논의되어져야 하므로 가공의 규정에 관한 법적원리를 이에 적용할 여지는 전혀 없다.

◈ 첨부에 의해 동산의 소유권이 소멸할 경우 그 동산을 목적으로 한 다른 권리의 소멸 여부

제 260 조【첨부의 효과】

① 전4조의 규정에 의하여 동산의 소유권이 소멸한 때에는 그 동산을 목적으로 한 다른 권리도 소멸한다.

② 동산의 소유자가 합성물, 혼화물 또는 가공물의 단독소유자가 된 때에는 전항의 권리는 합성물, 혼화물 또는 가공물에 존속하고 그 공유자가 된 때에는 그 지분에 존속한다.

■ § 260. 첨부의 효과

- 강행규정
- 첨부의 결과 소멸된 구물건위의 제3자의 권리보호
- 첨부에 의하여 동산의 소유권이 소멸한 때에는 그 동산을 목적으로 한 다른 권리도 소멸한다.
- 이 때에 구물건의 소유자가 신물건의 단독소유권을 취득한 때에는 구물건위에 있었던 제3자의 권리는 법률상 당연히 신물건위에 존속한다.
- 구물건의 소유자가 신물건의 공유자가 된 경우에는 제3자의 권리는 그 공유지분위에 존속한다.
- 관련법조 : 신탁 §28

첨부에 의하여 소멸한 물건 위에 있었던 권리는 소멸하는 것이 원칙이지만, 소멸한 물건의 소유자가 합성물·혼화물 또는 가공물의 단독소유자가 된 때에는 그 위에 존재하는 권리는 합성물·혼화물·가공물 위에 존속하고, 공유자가 된 때에는 공유지분 위에 존속한다.

그리고 합성물·혼화물·가공물의 소유자가 되지 않은 경우에는 그 물건 위의 권리가 담보물권인 이상 물상대위의 원칙(제342조, 제370조)에 따라 구소유자가 받은 보상금을 위해 권리를 행사할 수 있게 된다(제261조).

<참고사항>

※ 첨부(부합, 혼화, 가공)의 중심적 효과

1. 복구청구 불가에 관한 규정(=1개의 물권의 존재)
   첨부(부합, 혼화, 가공 세 가지를 통틀어서 첨부라고 한다)에 있어 핵심적인 효과로서 강행규정
2. 소유권의 귀속관계에 관한 규정
   임의규정으로 본다.
3. 당사자의 이해조정에 관한 규정(제261조)
   소멸된 권리자의 보상청구에 관한 것으로 임의규정으로 본다.
4. 제3자의 권리 보호에 관한 규정(제260조)
   소멸된 물건에 대한 제3자의 권리는 원칙적으로 소멸(혼동이나 권리의 포기와 다른 점)하지만, 권리대상 물건의 소유자가 새로운 물건의 소유자가 되거나 공유자가 된 경우 제3자의 권리는 새로운 물건이나 공유지분에 존속하게 된다. 이는 강행규정으로 보는 것이 일반적이다.

◈ 첨부로 인하여 소멸하는 구물건의 소유자의 권리

제 261 조【첨부로 인한 구상권】

전5조의 경우에 손해를 받은 자는 부당이득에 관한 규정에 의하여 보상을 청구할 수 있다.

■ § 261. 첨부의 효과

- 임의규정
- 첨부결과 소멸된 구물건 소유자의 손실보상청구권
- 부당이득반환청구권
- 관련법조 : 신탁 §28

첨부로 인한 새로운 소유권의 귀속이 결정되므로 발생하는 당사자의 이해의 조절에 대해서는 손실을 받은 자는 부당이득에 관한 규정에 의하여 보상을 청구할 수 있게 하고 있다.

첨부에 의한 소유권 취득은 법률의 규정에 근거한 것이지만, 당사자간의 공평을 위해 부당이득에 관한 규정에 따라 구물건의 소유자에게 보상청구권을 부여한 것이다. 다만 첨부의 취지상 그 보상청구는 금전으로만 할 수 있으며, 원상회복에 의한 보상청구는 허용되지 않는다.

본조에 의한 보상청구권은 원칙적으로 다른 청구권을 배제하지 않는다.

제 3 절 공동소유

공동소유는 하나의 물건을 2인 이상의 다수인이 공동으로 소유하는 것을 말하는데, 그 다수인의 주체 사이의 법률관계에 따라 공유·합유·총유라는 세가지 형태가 있다.

공동소유의 형태별 특징

구 분	공 유	합 유	총 유
지분의 처분	자 유	전원 동의(판례)	지분이 없다.
공 유 물 의 분할청구권	자 유	존속하는 동안 불가	금 지
사용·수익	각자 공유물 전부를 지분의 비율로 사용·수익	지분비율, 조합계약	정관 기타의 규약에 좇아 각자가 사용·수익
처분(변경)	전원의 동의	전원의 동의	사원총회 결의
관리행위	지분의 과반수	조합원의 과반수 (제265조 유추)	사원총회
보존행위	각자	각자	총회결의 얻어야(판례)

◆ 물건의 공유

제 262 조【물건의 공유】

① 물건이 지분에 의하여 수인의 소유로 된 때에는 공유로 한다.

② 공유자의 지분은 균등한 것으로 추정한다.

■ § 262. 공유의 법률적 성질

- 1개의 소유권이 분량적으로 분할되어 수인에게 속하는 것(통설, 판례)을 공유라 한다.
- 지 분 : 하나의 소유권의 분량적 일부분
- 지분의 비율 : 법률의 규정 또는 공유자의 의사표시로 정하여지지만, 이에 의하여 정해지지 않는 경우는 균등한 것으로 추정한다.
- 관련법조 : [특수한 공유] 상 §756~§768, 신탁 §50, 광업 §30, 수산업 §23, 특허 §33②, §37, 상표 §48, 신안 §22의3, 디자인보호법 §54, [지분과 등기] 부동산등기법 §48, [지분처분제한] 상 §756, 수산업 §23①

1. 공유의 의의

공유란 물건의 지분에 의하여 수인의 소유로 귀속되고 있는 공동소유의 형태이다. 공유의 법적 성질에 대하여는 다수인이 하나의 소유권을 분량적으로 분할하여 소유하는 상태라는 견해(방순원, 최식, 김기선, 김증한, 장경학, 곽윤직)가 통설(양적 분할설)이다. 이에 대하여 각 공유자가 1개의 소유권씩을 가지고 있고, 단지 각 소유권이 일정한 비율로 제한되고 있는 것이라는 다수소유권경합설도 주장되고 있다.

이들 다수인을 공유자라고 하며, 공유는 공동소유의 형태 가운데 가장 개인적 색채가 강하다(개인주의적 공동소유형태). 즉 공유에 있어서 수인은 한 개의 물건을 공동으로 소유하지만 공유자들 사이에는 어떠한 인적 결합관계나 단체적 통제가 없다. 따라서 목적물에 대한 각공유자의 지배권능은 서로 완전히 자주·독립적이다. 공유는 당사자의 의사나 법률규정에 의하여 성립한다.

각자가 가지는 지배권능을 지분이라 하는데, 이 지분권은 질적으로는 독립소유권과 다름없다.

2. 공유의 성립

(1) 법률행위에 의한 경우

법률행위에 의해 공유가 성립하려면 수인이 하나의 물건을 공유하기로 하는 합의와 공시방법으로 동산인 경우에는 공동점유(제188조), 부동산인 경우에는 공동등기가 있어야 한다.

(2) 법률의 규정에 의한 경우

① 타인의 물건 속에서의 매장물 발견(제254조 단서)

② 주종을 구별할 수 없는 동산의 부합·혼화(제257조·제258조)

③ 공유물의 과실(제102조)

④ 건물의 구분소유에서 공용부분(제215조)

⑤ 경계에 설치된 경계표·담·구거(제239조)

⑥ 공동상속 및 공동의 포괄적 유증(제1006조, 제1078조)

·공유의 등기

등기번호	제62호	

표 제 부 (부동산의 표시)	
표시 번호	표 시 란
일 번	접수 서기 1970년 6월 27일 서울특별시 마포구 공덕동 15번지 대69평

갑 구 (소유권)

순 위 번 호	사 항 항 란
일 번	보 존 접수 서기 1970년 6월 27일 제○○○호 소유자 지분 3분의 0.5 ○ ○ ○ 서울특별시 ○○구 ○○동 ○○번지 지분 3분의 0.5 ○ ○ ○ 서울특별시 ○○구 ○○동 ○○번지 지분 3분의 2 ○ ○ ○ 서울특별시 ○○구 ○○동 ○○번지
이 번	지분 이전 접수 서기 1972년 5월 2일 제○○○호 원인 서기 1972년 4월 9일 공유지분 매매 목적 공유자 ○○○의 지분이전(3분의 2) 특약 서기 1973년 12월 2일까지를 기한으로 하는 환매의 특약 취득자 ○ ○ ○ 서울특별시 ○○구 ○○동 ○○번지

※ ① 공유등기를 하였더라도 위 예와 같이 지분등기를 하지 않으면 공유자의 지분은 균등한 것으로 다루어진다.

② 위 공유자 3인은 마포구 공덕동 175번지 소재 대지 69평에 대해 각각 0.5/3, 0.5/3, 2/3의 지분을 갖는데(지분등기는 이와 같이 소유권의 분수적 비율로서 표시, 등기한다), 여기서 주의할 점은 그 지분이 69평에 대한 어떤 특정부분을 소유하게 되는 관계가 아니라, 지분은 각각 공유물 전체, 즉 69평에 대해서 관념적으로 효력이 전부 미치되 다만 그 중에서(즉 어느 부분인지 특정하지 않고) 0.5/3, 0.5/3, 2/3 만큼의 개별 소유권을 갖는다는 것으로 구성된다는 점이다.

[공유와 합유·총유의 비교]

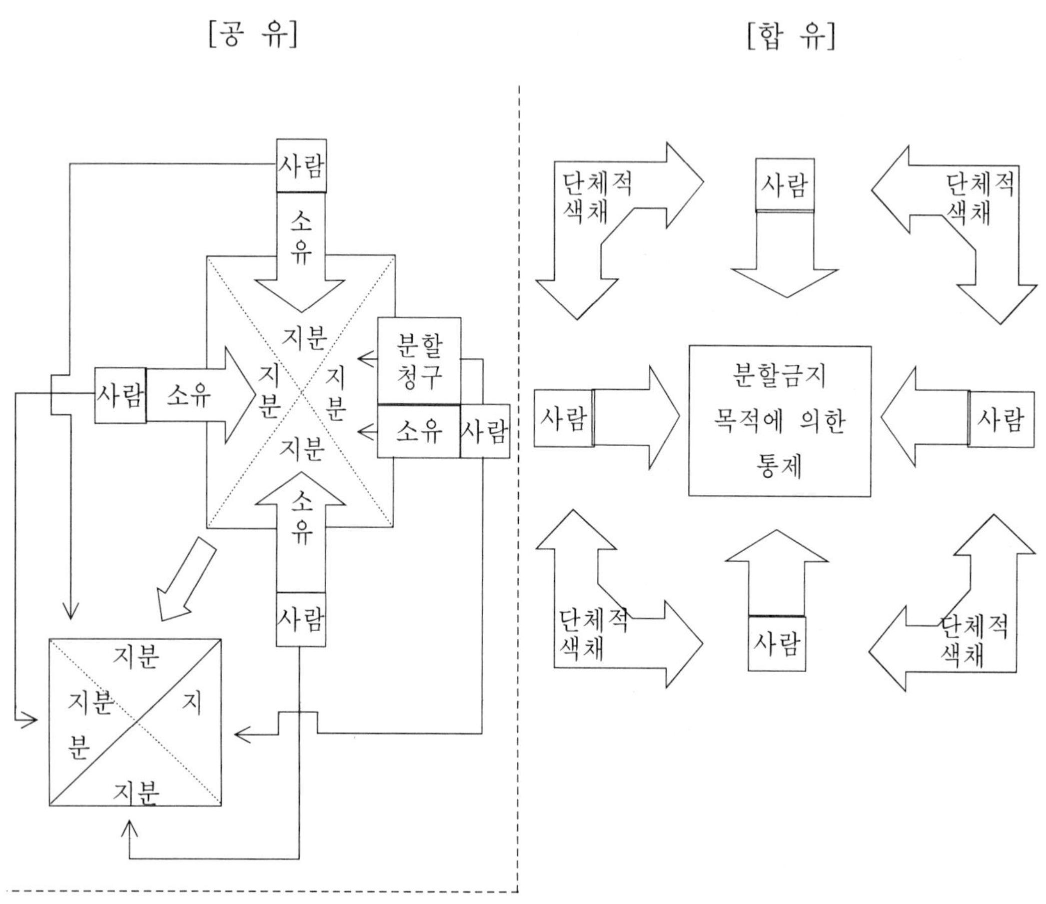
[공 유]
[합 유]
사람
소유
지분
분할
청구
사람
소유
지
분
지
분
지분
소유
사람
소유
사람
지분
지분
지
분
지분
단체적
색채
사람
단체적
색채
분할금지
목적에 의한
통제
사람
사람
단체적
색채
사람
단체적
색채

▣ 핵심판례 ▣

■ [물건의 공유]

1. 수개 필지의 토지가 1개의 토지로 합동환지 된 경우 종전토지의 일부 또는 전부의 특정부분을 단독으로 소유하던 자가 환지된 토지 중 일부를 배타적으로 점유사용할 수 있는지 여부(소극)

수개 필지의 토지 일부 또는 전부를 수인이 각 특정부분을 단독으로 소유하였다 하더라도 그것이 1개의 토지로 합동환지된 경우에는 그 수인은 종전토지에 상응하는 비율대로 환지된 토지를 공유하게 되므로 그 수인의 각 필지에 대한 종전의 단독소유관계는 해소되고 그 이후부터는 실질적인 환지에 대한 공유지분권을 주장할 수 있고, 1필지의 토지를 공유하는 자는 누구를 막론하고 그 중 일부 토지를 배타적으로 사용할 수는 없으므로, 결국 종전토지의 특정부분 소유자들도 그 토지가 합동환지된 후에는 그에 대하여 공유지분권만을 주장할 수 있을 뿐 그 중 일부를 배타적으로 점유사용할 수 없다(1991. 5. 28. 제1부 판결, 91다5983 건물퇴거).

2. 이른바 구분소유적 공유관계에 있는 대지의 지분권을 공유자로부터 양수한 자가 그 양도인인 공유자가 제3자에게 부담하고 있던 지상권설정계약상의 채무를 당연히 승계하는지 여부(소극)

이른바 구분소유적 공유관계에 있는 대지의 지분권을 공유자로부터 양수한 자가 그 양도인인 공유자가 제3자에게 부담하고 있던 지상권설정계약상의 채무를 당연히 승계한다고 할 수 없다(1991. 7. 26. 제3부 판결, 90다16672 손해배상(기)등).

3. 가. 공유지가 제자리(감평)환지되어 위치 및 지형이 별로 변경됨이 없이 종전 토지의 위치와 지형을 유지하고 있다면 공유자가 환지의 특정부분을 배타적으로 사용 수익할 수 있는지 여부

공유지가 제자리(감평)환지된 경우 공유자들이 환지 중 일부분을 각 특정소유하여 그 부분에 대하여 상호명의신탁관계에 있다고 할 수 있거나 공유자들간에 상호 묵시적으로 각 종전의 사용상태를 그대로 유지 사용수익하기로 하였다는 등 특별한 사정이 없으면 종전의 토지에 상응하는 비율로 종전의 소유자들이 환지에 대하여 공유지분을 취득하게 되는 것이고, 환지가 소위 제자리환지이고 위치 및 지형이 별로 변경됨이 없이 종전 토지의 위치와 지형을 유지하고 있다고 해서 그로써 공유자가 환지의 특정부분을 배타적으로 사용 수익할 수는 없다.

나. 종전에 관계서류를 첨부한 신청에 대하여 건축허가를 해준바 있던 행정청이 같은 토지에 대한 새로운 건축허가신청에 대하여 관계서류의 제출을 촉구함이 없이 바로 이를 첨부하지 아니하였음을 이유로 그 허

가를 반려한 경우 행정에 대한 신뢰의 원칙이나 금반언의 원칙에 위배되는지 여부(소극)

종전에 건축허가를 신청하면서 건축법시행규칙 제2조 제1항 제1호에서 요구하는 건축할 대지의 범위를 증명하는 서류(대지의 소유자나 그 사용에 관한 권리를 증명하는 서류를 포함)를 첨부한 바 있으며 행정청이 위 신청에 대한 허가를 한 바 있다 하더라도 같은 토지에 대한 새로운 허가를 신청하는 경우에 그 첨부가 면제된다거나 행정청에게 관계서류 제출을 촉구할 의무가 있다 할 수 없을 뿐만 아니라 행정청이 종전과 같이 허가를 하여야 할 기속을 받는다고도 할 수 없다 할 것이어서 종전에 관계서류를 첨부한 신청에 대하여 건축허가를 해준바 있던 행정청이 건축허가신청에 대하여 위 관계서류의 제출을 촉구함이 없이 바로 이를 첨부하지 아니하였음을 이유로 그 허가를 반려하였다 하더라도 위와 같은 사유만으로는 그 처분이 행정에 대한 신뢰의 원칙이나 금반언의 원칙에 위배된다고 할 수 없다(1992. 5. 12. 제2부 판결, 91누11018 건축허가신청불허처분취소).

4. 가. 수인에 대한 부동산의 명의신탁에 있어 수탁자 상호간의 소유형태(=공유관계)

수인에 대한 부동산의 명의신탁에 있어 수탁자 상호간의 소유형태는 단순한 공유관계에 있다.

나. 종친회가 그 소유의 토지를 종원들에게 명의신탁하기로 하여 종손과 종원 등 2인 명의로 사정을 받아 두었다가 위 종손이 사망하여 그 후손들이 그 재산을 순차 상속한 경우 위 토지에 대한 공동사정명의인들의 관계나 그 상속인들의 관계는 단순한 공유관계에 있어 각 공유자가 그 지분에 대하여 권리를 주장할 수 있다고 한 사례

종친회가 그 소유의 토지를 종원들에게 명의신탁하기로 하여 종손과 종원 등 2인 명의로 사정을 받아 미등기의 상태로 있다가 위 종손이 사망하여 그 후손들이 그 재산을 순차 상속한 경우 위 토지에 대한 공동사정명의인인 위 종손과 종원의 관계나 그들의 상속인들의 관계는 단순한 공유관계에 있어 각 공유자가 그 지분에 대하여 권리를 주장할 수 있다(1992. 7. 14. 제2부 판결, 90다15341 소유권이전등기말소).

5. 제자리환지예정지의 특정부분에 대하여 증여가 이루어진 경우 수승자가 취득하게 되는 권리

제자리환지예정지의 특정부분에 대하여 증여가 이루어진 경우 수증자는 종전토지 또는 환지확정된 토지의 지분을 취득하는 것이 아니라 위 특정부분의 구분소유적 소유권을 취득하는 것이다(1992. 9. 14. 제3부 판결, 92다22381 소유권이전등기).

6. 가. 수인이 각각 특정부분을 소유하던 여러 필지의 토지가 1개의 토지로 합동환지된 경우 환지된 토지에 대한 소유관계(=종전토지 소유비율에 따른 공유) 및 종전토지의 소유자가 합동환지된 토지의 특정부분을 배타적으로 사용할 수 있는지 여부(소극)

여러 필지의 토지의 일부 또는 전부를 수인이 특정부분을 나누어 단독으로 소유하였다 하더라도 그것이 1개의 토지로 합동환지된 경우에는 특별한 사정이 없는 한 수인은 종전토지에 상응하는 비율에 따라 환지된 토지를 공유하게 되고, 1필지의 토지를 공유하는 자는 그중 일부토지를 배타적으로 사용할 수 없는 것이므로, 결국 종전토지의 특정부분 소유자는 그 토지가 합동환지된 후에는 공동지분권만을 주장할 수 있을 뿐 일부를 배타적으로 점유 사용할 수 없다.

나. 공유자 1인이 공유토지 전부를 점유하고 있는 경우 다른 공유자의 지분비율의 범위 내에서의 점유의 성질(=타주점유)

공유토지는 공유자 1인이 전부를 점유하고 있다고 하여도 다른 특별한 사정이 없다면 권원의 성질상 다른 공유자의 지분비율의 범위 내에서는 타주점유라고 볼 수밖에 없다(1993. 2. 23. 제1부(아) 판결, 92다38904 지료).

7. 타인 소유의 토지 위에 설치되어 있는 공작물을 철거할 의무가 있는 수인을 상대로 공작물의 철거를 구하는 소송이 필요적공동소송인지 여부(소극)

타인 소유의 토지 위에 설치되어 있는 공작물을 철거할 의무가 있는 수인을 상대로 공작물의 철거를 구하는 소송이 필요적공동소송이 아니다(1993. 2. 23. 제2부(타) 판결, 92다49218 건물철거등).

8. 특정부분을 구분소유하면서 상호명의신탁으로 공유등기 하였다가 토지가 분할되어 한 쪽 토지에 대한 등기가 중복등기로 말소됨으로써 그 토지에 관한 상호명의신탁관계가 소멸된 경우 나머지 분할토지에 관한 명의신탁관계도 당연히 소멸되는지 여부(소극)

토지의 각 특정부분을 구분하여 소유하면서 상호명의신탁으로 공유등기를 해 둔 경우 그 토지가 분할되면 분할된 각 토지에 종전토지의 공유등기가 전사되어 상호명의신탁관계가 그대로 존속되는 것이고, 분할된 토지의 한 쪽 토지에 대한 등기가 중복등기로서 말소됨으로써 그 토지에 관한 상호명의신탁관계가 소멸되었다고 하여도 나머지 분할토지에 관한 명의신탁관계가 당연히 소멸되는 것은 아니다(1993. 4. 27. 제2부 판결, 92다42460 공유물분할, 42477(반소) 소유권이전등기말소).

9. 공유지가 제자리환지(감평)되어 종전 토지의 위치와 지형을 별 변경 없이 유지하고 있다면 공유자가 환지의 특정부분을 배타적으로 사용·수익할

수 있는지 여부(소극)

제자리환지(감평)된 경우 공유자들이 환지 중 일부분을 각 특정소유하여 그 부분에 대하여 상호명의신탁관계에 있다고 할 수 있거나 공유자들 간에 상호 묵시적으로 각자 종전의 사용상태를 그대로 유지하기로 하였다는 등 특별한 사정이 없으면 종전의 토지에 상응하는 비율로 종전의 소유자들이 환지에 대하여 공유지분을 취득하게 되는 것이고, 환지가 제자리환지이고 위치 및 지형이 별로 변경됨이 없이 종전 토지의 위치와 지형을 유지하고 있다고 하더라도 그로써 공유자가 환지의 특정부분을 배타적으로 사용·수익할 수는 없다(1993. 5. 14. 제3부 판결, 92다30306 건물철거등).

10. 토지를 구분 특정하여 소유하면서 지분소유권이전등기를 한 경우 제3자에 대한 법률관계

토지 전부를 구분 특정하여 소유하고 있다고 하더라도 지분소유권이전등기가 경료되어 있는 이상 특별한 사정이 없는 한 공유자들 외의 제3자에 대한 관계에 있어서는 그 지분의 범위 내에서만 토지에 대한 권리를 행사할 수 있을 뿐이다(1993. 11. 23. 제2부 판결, 93다22326 사용료등).

11. 구분소유적 공유관계에 있는 자가 자신의 특정 소유가 아닌 부분에 건물을 신축한 경우 관습상 법정지상권의 성립 여부

갑과 을이 대지를 각자 특정하여 매수하여 배타적으로 점유하여 왔으나 분필이 되어 있지 아니한 탓으로 그 특정부분에 상응하는 지분소유권이전등기만을 경료하였다면 그 대지의 소유관계는 처음부터 구분소유적 공유관계에 있다 할 것이고, 또한 구분소유적 공유관계에 있어서는 통상적인 공유관계와는 달리 당사자 내부에 있어서는 각자가 특정매수한 부분은 각자의 단독 소유로 되었다 할 것이므로, 을은 위 대지 중 그가 매수하지 아니한 부분에 관하여는 갑에게 그 소유권을 주장할 수 없어 위 대지 중 을이 매수하지 아니한 부분지상에 있는 을 소유의 건물부분은 당초부터 건물과 토지의 소유자가 서로 다른 경우에 해당되어 그에 관하여는 관습상의 법정지상권이 성립될 여지가 없다(1994. 1. 28. 제3부 판결, 93다49871 가건물철거등).

12. 가. 외국인이 주거용 아닌 근린생활시설이나 위락시설 및 숙박시설인 건물을 취득함에 있어서 내무부장관의 허가를 받아야 하는지 여부

나. 부동산의 1/2 지분 공유자 겸 나머지 지분의 명의수탁자가 제3자에게 자신의 소유지분 중 1/2 지분에 대한 대물변제의 약정을 하면서 명의신탁자의 지분까지 확인하는 내용의 문서를 작성한 경우 그 합의의 효력

다. 공유물의 소수지분권자가 다른 공유자와의 협의 없이 자신의 지분 범위를 초과하여 공유물의 전부 또는 일부를 배타적으로 점유하고

있는 경우 다른 소수지분권자가 공유물의 보존행위로서 공유물의 인도나 명도를 청구할 수 있는지 여부

[다수의견]

가. 주거용이 아닌 근린생활시설이나 위락시설 및 숙박시설인 건물이라고 하더라도, 외국인이 그와 같은 건물의 소유권을 취득함에 있어서 내무부장관의 허가를 받아야 하는 것은 아니다.

나. 부동산의 1/2 지분 공유자 겸 나머지 1/2 지분의 명의수탁자 갑이 을과 자신의 지분 1/2 중 1/2 지분(전체의 1/4 지분)에 관하여 대물변제의 약정을 하면서 명의신탁자 갑의 지분까지 확인하는 내용의 문서를 작성하였다면, 위와 같은 합의의 취지는 단순히 갑이 을에게 지분을 양도하는 것에 그치는 것이 아니라, 나아가 갑, 을 ,병 3인의 각 지분의 비율을 확인하고 그들 사이에서는 각자의 지분의 비율을 확인하고 그들 사이에서는 각자의 지분의 비율에 따라서만 권리를 주장하기로 하는 뜻까지 포함하는 것이라고 봄이 상당하므로 자신의 지분 중 일부를 을에게 이전하여 줄 의무가 있는 갑으로서는 을에 대한 관계에서 단지 1/4 지분에 관하여만 권리를 주장할 수 있다.

다. 지분을 소유하고 있는 공유자나 그 지분에 관한 소유권이전등기청구권을 가지고 있는 자라고 할지라도 다른 공유자와의 협의 없이는 공유물을 배타적으로 점유하여 사용·수익할 수 없는 것이므로, 다른 공유권자는 자신이 소유하고 있는 지분이 과반수에 미달되더라도 공유물을 점유하고 있는 자에 대하여 공유물의 보존행위로서 공유물의 인도나 명도를 청구할 수 있다.

[반대의견 1]

소수지분권자가 다른 공유자와의 협의 없이 공유물의 전부 도는 일부를 배타적으로 점유하여 사용·수익하고 있더라도, 아무런 권한도 없이 불법으로 점유하는 경우와는 달라, 적어도 그 자신이 소유하고 있는 지분의 범위 내에서는, 공유물 전부를 사용·수익할 권한이 있어서 그 권한에 기하여 공유물을 점유하고 있는 것으로 인정되기 때문에 적법한 것이고, 다만 그 지분의 비율을 초과하는 한도 내에서만 위법하게 점유(사용·수익)하고 있는 것으로 보아야 할 것이므로 일부 소수지분권자가 공유물을 독점적·배타적으로 점유하고 있는 위법한 상태를 시정한다는 명목으로 다른 소수지분권자로 하여금 공유물을 점유하고 있는 소수지분권자에 대하여 공유물 전부를 자기에게 명도할 것을 청구할 수 있도록 허용하는 것은, 결국 그 소수지분권자가 가지고 있는 "지분의 비율에 따른 사용·수익권"까지 근거없이 박탈하고 역시 자신이 소유하고 있는 지분의 범위 내에서만 공유물을 점유할 권한밖에 없는 다른 소수지분권자로 하여금 공유물을 전부 점유하게 하는 부당한 결과를 가져오게 되는 것이므로, 공유물인 건물 등을 점유하고 있는 소유지분권자에 대하여 다른 소수지분권자가 그 건물 등의 명도를 청구하는 것이 공유물의 보존행위에 속한다고 볼 수 없다.

[보통의견 1]

소수지분권자가 공유물의 전부나 일부를 자기의 지분범위를 넘어서 다른 공유자의 사용·수익을 배제하고 독점적으로 사용·수익한다면, 이러한 소수지분권자의 점유상태는 전체적으로 보아(비록 지분범위 내에서는 사용·수익권이 있으나) 법의 보호를 받을 수 없는 부적법한 것이라 할 수밖에 없고 따라서 소수지분권자라고 할지라도 이러한 위법사태를 시정하고 공유물의 현상을 적절한 상태로 유지·보존하기 위한 필요가 있으면, 공유물을 점유하고 있는 소수지분권자에 대하여 공유물 전부의 명도청구를 할 수 있다고 보는 것이 법질서유지의 관점에서나 민법 제265조 단서의 취지에 비추어 정당하다.

[보통의견 2 및 반대의견 2]

가. 다수의견 "나"항의 문서는 갑, 을 간에 지분의 일부를 대물변제기로 약정하면서 그 전제로서 사실상 지분표시를 한 것뿐으로, 거기에 다른 공유자인 병이 참여한 것은 아니므로 이는 병과 을 사이에 효력이 있는 것이고, 이것만 가지고 갑이 을에게 그의 지분 4분의 1의 권리만 행사하고 병으로부터 명의신탁과 관리위임을 받은 4분의 2 지분은 행사하지 아니하기로 약정하였다고 인정할 수 없다.

이 경우 갑은 병의 지분 4분의 2의 명의수탁자로서의 권리를 행사할 수 있고, 또 병의 갑에 대한 관리위임계약이 해지되었다고 인정되지 않고 있는 이 사건에서 병의 지분에 대한 관리행위도 할 수 있다고 보지 않을 수 없어 갑은 그의 지분과 병의 지분을 합하여 과반수로 공유물의 관리에 관한 사항을 결정할 수 있으며, 따라서 공유물의 관리방법이나 관리를 위하여서도 을에게 명도를 청구할 수 있다.

나. 보존행위는 당해 공유물의 멸실, 훼손을 방지하고 적절하게 유지 보존하기 위한 것이므로 이는 공유물의 관리 이전의 문제로서 공유지분의 많고 적음에 관계없이 할 수 있고 제3자에 대하여 할 수 있음은 물론이고 필요한 경우에는 다른 공유자에 대하여도 할 수 있을 것이며, 그 보존행위의 형태는 수선, 유지 , 보관 등 여러 가지가 있을 수 있으나 필요한 경우에는 인도나 명도도 청구할 수 있다. 다만, 공유자는 원래 당해 공유물 전부를 그 지분의 비율에 따라 사용·수익할 권리가 있는 것이므로 다른 공유자가 하고 있는 점유의 인도를 구하는 경우에는 일률적으로 보존행위에 해당한다 안한다 말할 수 없고, 그 인도를 구하는 이유를 살펴서 이것이 보존행위에 해당하는지 여부를 판단하여야 한다(1994. 3. 22. 전원합의체판결, 93다9392 소유권이전등기, 9408(반소) 공동투자이익금반환).

13. 가. 과반수 지분의 공유자로부터 사용·수익을 허락받은 점유자에 대하여 소수 지분의 공유자가 점유배제를 구할 수 있는지 여부(소극)

공유자 사이에 공유물을 사용·수익할 구체적인 방법을 정하는 것은 공유물의 관리에 관한 사항으로서 공유자의 지분의 과반수로써 결정하여야 할 것이고, 과반수 지분의 공유자는 다른 공유자와 사이에 미리 공유물의 관리방법에 관한 협의가 없었다 하더라도 공유물의 관리에 관한 사항을 단독으로 결정할 수 있으므로, 과반수 지분의 공유자가 그 공유물의 특정 부분을 배타적으로 사용·수익하기로 정하는 것은 공유물의 관리방법으로서 적법하다고 할 것이므로, 과반수 지분의 공유자로부터 사용·수익을 허락받은 점유자에 대하여 소수 지분의 공유자는 그 점유자가 사용·수익하는 건물의 철거나 퇴거 등 점유배제를 구할 수 없다.

나. 과반수 지분의 공유자로부터 공유물의 특정 부분의 사용·수익을 허락받은 점유자는 소수지분권자에 대하여 그 점유로 인하여 법률상 원인 없이 이득을 얻고 있다고 볼 수 있는지 여부(소극)

과반수 지분의 공유자는 공유자와 사이에 미리 공유물의 관리방법에 관하여 협의가 없었다 하더라도 공유물의 관리에 관한 사항을 단독으로 결정할 수 있으므로 과반수 지분의 공유자는 그 공유물의 관리방법으로서 그 공유토지의 특정된 한 부분을 배타적으로 사용·수익할 수 있으나, 그로 말미암아 지분은 있으되 그 특정 부분의 사용·수익을 전혀 하지 못하여 손해를 입고 있는 소수지분권자에 대하여 그 지분에 상응하는 임료 상당의 부당이득을 하고 있다 할 것이므로 이를 반환할 의무가 있다 할 것이나, 그 과반수 지분의 공유자로부터 다시 그 특정 부분의 사용·수익을 허락받은 제3자의 점유는 다수지분권자의 공유물관리권에 터잡은 적법한 점유이므로 그 제3자는 소수지분권자에 대하여도 그 점유로 인하여 법률상 원인 없이 이득을 얻고 있다고는 볼 수 없다(대법원 2002. 5. 14. 선고 2002다9738 판결).

14. 가. 과반수 지분을 갖지 못한 공유자가 부동산을 임의로 타에 임대한 경우 타공유자에 대한 부당이득 또는 불법행위의 성부(적극)

부동산의 1/7 지분 소유권자가 타공유자의 동의없이 그 부동산을 타에 임대하여 임대차보증금을 수령하였다면, 이로 인한 수익 중 자신의 지분을 초과하는 부분에 대하여는 법률상 원인없이 취득한 부당이득이 되어 이를 반환할 의무가 있고, 또한 위 무단임대행위는 다른 공유지분권자의 사용, 수익을 침해한 불법행위가 성립되어 그 손해를 배상할 의무가 있다.

나. 위 "가"항의 경우 반환 또는 배상해야 할 범위

위 "가"항의 경우 반환 또는 배상해야 할 범위는 위 부동산의 임대차로 인한 차임 상당액이라 할 것으로서 타공유자는 그 임대보증금 자체에 대한 지분비율 상당액의 반환 또는 배상을 구할 수는 없다.

다. 위 "가"항의 경우 보존행위를 하기 위한 전제로서 공유자가 수령한 임대차보증금 중 자신의 지분비율 상당액의 지급을 구할수 있는지 여

부(소극)

위 "가"항의 경우 공유물의 보존행위란 공유물의 현상을 유지하기 위하여 이를 침해하는 제3자에게 그 배제를 구하는 행위를 말하므로 그 행위의 전제로서 공유자가 수령한 임대차보증금 중 자신의 지분비율 상당액의 지급을 구할 수 없다(대법원 1991. 9. 24. 선고 91다23639 판결).

◈ 공유지분의 처분과 공유물의 사용·수익

제 263 조【공유지분의 처분과 공유물의 사용·수익】

공유자는 그 지분을 처분할 수 있고, 공유물 전부를 지분의 비율로 사용, 수익할 수 있다.

■ § 263. 공유물의 사용

- 공유물의 사용 : 각 공유자는 공유물의 전부를 지분의 비율로 사용, 수익할 수 있다.
- 지분은 각자가 임의로 처분할 수 있다.

1. 공유지분의 처분

각 공유자가 가지는 지분의 처분은 자유이며(지분처분의 자유), 원칙적으로 언제든지 목적물의 분할을 청구하여 공동소유관계를 폐지함으로써 완전한 개인적인 단독소유권으로 전환할 수 있다(제268조 1항 : 분할청구의 자유). 다만 목적물이 동일하기 때문에 그 행사에 제약을 받고 있는데 지나지 않는다. 지분은 보통의 소유권과 실질적으로 같은 것이어서, 본조는 공유자가 그 지분을 자유로이, 즉 다른 공유자의 동의 없이도 처분(양도·담보제공·포기 등) 할 수 있도록 규정한다. 공유자끼리 그 지분을 교환하는 것도 지분의 처분에 해당하므로 다른 공유자의 동의를 요하지 않는다(대판 1972. 5. 23. 71다2760).

지분이 양도된 경우, 종전 공유자의 지위는 그대로 양수인에게 승계된다. 다만 공유자 상호간에 이미 발생한 채권·채무 등은 각 공유자에게 속하며, 양수인에게 승계되지 않는다(통설). 다만 집합건물의 소유 및 관리에 관한 법률 제18조는 이에 관한 특칙을 두어 "공유자가 공용부분에 관하여 다른 공유자에 대하여 가지는 채권은 그 특별승계인에 대하여도 행사할 수 있다"고 규정하고 있다.

2. 공유물의 사용·수익

공유자는 공유물 전부를 지분의 비율로 사용·수익할 수 있다.

【쟁점사항】

<어느 공유자가 공유물의 전부 또는 일부를 배타적·독점적으로 사용할 수 있는지 여부>

토지의 공유자는 각자의 지분비율에 따라 토지 전체를 사용·수익할 수 있지만, 그 구체적인 사용·수익 방법에 관하여 공유자들 사이에 지분 과반수의 합의가 없는 이상, 1인이 특정 부분을 배타적으로 점유·사용할 수 없는 것이므로, 공유자 중의 일부가 특정 부분을 배타적으로 점유·사용하고 있다면, 그들은 비록 그 특정 부분의 면적이 자신들의 지분비율에 상당하는 면적범위 내라고 할지라도, 다른 공유자들 중 지분은 있으나 사용·수익은 전혀 하지 않고 있는 자에 대하여는 그 자의 지분에 상응하는 부당이득을 하고 있다고 보아야 할 것인 바, 이는 모든 공유자는 공유물 전부를 지분의 비율로 사용·수익할 권리가 있기 때문이다(대판 2001. 12. 11. 2000다13948).

▣ 핵심판례 ▣

■ [공유지분의 처분과 공유물의 사용, 수익]

1. 가. **소유자를 달리할 수필지의 토지에 대하여 한 필지의 환지가 지정된 경우의 사용수익관계**

소유자를 달리한 수필지의 토지에 대하여 적법하게 한 필지의 환지가 지정된 경우에는 종전의 수필지의 소유권은 한 필지에 그대로 이행되는 결과 특별한 사정이 없으면 종전의 토지에 상응하는 비율에 따라서 종전의 소유자들은 환지에 대하여 공유지분을 취득하게 되는 것이라 할 것이며 이는 제자리환지에 있어서도 동일하다 할 것인바 계쟁환지가 이른바 제자리환지이고 위치 및 지형도 별로 변경됨이 없이 종전토지의 위치와 지형을 유지하고 있다고 하더라도 그로써 공유자의 한 사람이 그 환지의 특정부분을 배타적으로 사용, 수익할 수 있는 정당한 이유가 될 수는 없다.

나. **과반수 공유지분을 가진 자가 그 공유토지의 특정된 한 부분을 배타적으로 사용수익할 것을 정하는 것이 공유물의 관리방법으로서 적법한지 여부(적극)**

부동산에 관하여 과반수 공유지분을 가진 자는 공유자 사이에 공유물의 관리방법에 관하여 협의가 미리 없었다 하더라도 공유물의 관리에 관한 사항을 단독으로 결정할 수 있으므로 공유토지에 관하여 과반수지분권을 가진 자가 그 공유토지의 특정된 한 부분을 배타적으로 사용수익할 것을 정하는 것은 공유물의 관리방법으로서 적법하다.

다. 위 "나"항의 경우 그 특정된 한 부분이 그 지분비율에 상당하는 면적의 범위 내라 해도 위 부동산을 전혀 사용수익하지 아니하고 있는 다른 공유자에 대하여 그 지분에 상응하는 부당이득 반환의무가 있는지 여부(적극)

위 "나"항의 경우 비록 그 특정된 한 부분이 자기의 지분비율에 상당하는 면적의 범위 내라 할지라도 다른 공유자들 중 지분은 있으나 사용수익은 전혀 하고 있지 아니함으로써 손해를 입고 있는 자에 대하여는 과반수 지분권자를 포함한 모든 사용수익을 하고 있는 공유자는 그 자의 지분에 상응하는 부당이득을 하고 있다고 보아야 할 것인바 이는 모든 공유자는 공유물 전부를 지분의 비율로 사용수익할 수 있기 때문이다(1991. 9. 24. 제2부 판결, 88다카 33855 부당이득금반환).

2. 공유물의 소수지분권자가 다른 공유자와의 협의 없이 자신의 지분범위를 초과하여 공유물의 전부 또는 일부를 배타적으로 점유하고 있는 경우 다른 소수지분권자가 공유물의 보존행위로서 공유물의 인도나 명도를 청구할 수 있는지 여부

지분을 소유하고 있는 공유자나 그 지분에 관한 소유권 이전등기청구권을 가지고 있는 자라고 할지라도 다른 공유자와의 협의 없이는 공유물을 배타적으로 점유하여 사용·수익할 수 없는 것이므로, 다른 공유권자는 자신이 소유하고 있는 지분이 과반수에 미달되더라도 공유물을 점유하고 있는 자에 대하여 공유물의 보존행위로서 공유물의 인도나 명도를 청구할 수 있다(대판 1994. 3. 22, 93다9392·93다9408).

3. 부동산의 1/2 지분 공유자 겸 나머지 지분의 명의수탁자가 제3자에게 자신의 소유지분 중 1/2 지분에 관한 대물변제의 약정을 하면서 명의신탁자의 지분까지 확인하는 내용의 문서를 작성한 경우 그 합의의 효력

부동산의 1/2 지분 공유자 겸 나머지 1/2 지분의 명의수탁자 갑이 을과 자신의 지분 1/2 중 1/2 지분(전체의 1/4 지분)에 관하여 대물변제의 약정을 하면서 명의신탁자 병의 지분까지 확인하는 내용의 문서를 작성하였다면, 위와 같은 합의의 취지는 단순히 갑이 을에게 지분을 양도하는 것에 그치는 것이 아니라, 나아가 갑, 을, 병 3인의 각 지분의 비율을 확인하고 그들 사이에서는 각자의 지분의 비율에 따라서만 권리를 주장하기로 하는 뜻까지 포함하는 것이라고 봄이 상당하므로 자신의 지분 중 일부를 을에게 이전하여 줄 의무가 있는 갑으로서는 을에 대한 관계에서 단지 1/4 지분에 관하여만 권리를 주장할 수 있다(대판 1994. 3. 22, 93다9392).

4. 가. 공유물의 지분권자가 타지분권자와의 협의 없이 공유물을 점유사용할 수 있는지 여부(소극) 및 이에 대한 다른 지분권자의 배타적 사용의 배제청구 가부(적극)

공유자 사이에 공유물을 사용수익을 구체적인 방법을 정하는 것은 공유물의 관리에 관한 사항으로서 공유자의 과반수로써 결정할 것임은 민법 제265조가 규정한 바로서, 공유물의 지분권자는 타지분권자와의 협의가 없는 한 그 공유물의 일부라 하더라도 이를 자의적, 배타적으로 독점사용할 수 없고, 나머지 지분권자는 공유물 보존행위로서 그 배타적 사용의 배제를 구할 수 있다.

나. 공유물의 지분권자가 확정판결의 집행을 통하여 공유물의 일부를 독점적, 배타적으로 점유사용하던 자로부터 그 부분을 인도받았다는 사실만으로 위 지분권자에게 독점적, 배타적 사용수익권이 인정되는지 여부(소극)

공유물의 지분권자가 공유물의 보존행위로서 공유물의 일부를 독점적, 배타적으로 점유사용하던 자를 배제하고 확정판결의 집행을 통하여 그 부분을 인도받았다고 하더라도 그러한 사실만으로 위 지분권자에게 이에 대한 독점적, 배타적 사용이익권이 인정되는 것은 아니다(1992. 6. 13. 92마290).

◈ 공유물의 처분 · 변경의 제한

제 264 조【공유물의 처분, 변경】

공유자는 다른 공유자의 동의없이 공유물을 처분하거나 변경하지 못한다.

■ § 264. 공유물의 처분, 변경

- 공유물의 처분, 변경 : 전원의 동의
- 합유와 동일

지분과는 달리 공유물은 동시에 다른 공유자지분의 객체가 되므로 한 사람의 공유자가 단독으로 처분 · 변경하지 못한다. 따라서 공유자 1인이 공유물 전부를 처분하거나 변경하는 행위는 무효이다. 다만 그 경우에도 자기의 지분범위 내에서는 처분권이 있으므로 그 한도에서는 유효하다. 판례는 "공유자 중 1인이 다른 공유자의 동의 없이 그 공유토지의 특정부분을 매도하여 타인 명의로 소유권이전등기가 마쳐졌다면 그 매도부분 토지에 관한 소유권이전등기는 처분공유자의 공유지분 범위 내에서는 실체관계에 부합하는 유효한 등기라고 하였다(대판 1994. 12. 2, 93다1596).

▣ 핵심판례 ▣

■ [공유물의 처분, 변경]

복수채권자가 담보의 목적으로 공동명의로 가등기를 경료한 경우, 매매예약완결권의 귀속관계 및 그 본등기의 속행을 구하는 소송형태(=필요적 공동소송)

복수채권자의 채권을 담보하기 위하여 그 복수채권자와 채무자가 채무자소유의 부동산에 관하여 복수채권자 전원을 공동매수인으로 하는 매매예약을 체결하고 그에 따른 소유권이전등기청구권보전의 가등기를 경료한 경우에 복수채권자는 매매예약완결권을 준공동소유하는 관계에 있다고 풀이할 것이고 매매예약완결권의 행사, 즉 채무자에 대한 매매예약완결의 의사표시 및 이에 따른 가등기에 기한 소유권이전등기의 이행을 구하는 소의 제기는 매매예약완결권의 보존행위가 아니라 그 처분행위라 할 것이므로 매매예약완결의 의사표시는 채무자에 대하여 복수채권자 전원에 의하여 공동으로 행사되어야 하고 채권자가 채무자에 대한 매매예약완결에 따른 매매목적물의 가등기에 기한 소유권이전의 본등기절차의 이행을 구하는 소는 필요적 공동소송으로서 매매예약완결권을 준공동소유하고 있는 복수채권자 전원이 제기하여야 한다(1985. 5. 28. 제1부 판결, 84다카2188 대여금).

◆ 공유물의 관리 · 보존의 방법

제 265 조【공유물의 관리, 보존】

공유물의 관리에 관한 사항은 공유자의 지분의 과반수로써 결정한다. 그러나 보존행위는 각자가 할 수 있다.

■ § 265. 공유물의 관리

- 이용, 개량 : 지분의 과반수
- 보존 : 단독
- 관련법조 : [특칙] 상 §756, §761, 주택건설촉진법 §38

공유물의 관리, 즉 이용 · 개량에 관한 사항은 공유자지분의 과반수로써 결정한다. 다만 보존행위는 공유자전원에게 이익이 되므로 각공유자가 단독으로 할 수 있다.

1. 공유물의 관리

(1) 의 의

공유물의 관리는 공유물을 이용 · 개량하는 행위로서, 공유물의 처분이나 변경에 이르지 않는 것을 말한다. 공유물의 관리에 관한 사항은 공유자의 지분의 과반수(공유자의 과반수가 아님)로써 정한다.

본조는 임의규정이며 공유자 사이에 다른 약정이 있으면 그에 따른다.

(2) 관련문제

가. 공유자 간의 공유물에 대한 사용·수익·관리에 관한 특약이 특정승계인에게 승계되는지 여부

공유자 간의 공유물에 대한 사용 · 수익 · 관리에 관한 특약은 공유자의 특정승계인에 대하여도 당연히 승계된다고 할 것이나, 민법 제265조는 "공유물의 관리에 관한 사항은 공유자의 지분의 과반수로써 결정한다."라고 규정하고 있으므로, 위와 같은 특약 후에 공유자에 변경이 있고 특약을 변경할 만한 사정이 있는 경우에는 공유자의 지분의 과반수의 결정으로 기존특약을 변경할 수 있다(대판 2005. 5. 12, 2005다1827).

나. 과반수 공유지분권자가 그 공유물의 특정 부분을 배타적으로 사용·수익할 것을 정하는 것이 공유물의 관리방법으로서 적법한지 여부

공유자 사이에 공유물을 사용·수익할 구체적인 방법을 정하는 것은 공유물의 관리에 관한 사항으로서 공유자의 지분의 과반수로써 결정하여야 할 것이고, 과반수의 지분을 가진 공유자는 다른 공유자와 사이에 미리 공유물의 관리방법에 관한 협의가 없었다 하더라도 공유물의 관리에 관한 사항을 단독으로 결정할 수 있으므로, 과반수의 지분을 가진 공유자가 그 공유물의 특정 부분을 배타적으로 사용·수익하기로 정하는 것은 공유물의 관리방법으로서 적법하며, 다만 그 사용·수익의 내용이 공유물의 기존의 모습에 본질적 변화를 일으켜 '관리' 아닌 '처분'이나 '변경'의 정도에 이르는 것이어서는 안 될 것이고, 예컨대 다수지분권자라 하여 나대지에 새로이 건물을 건축한다든지 하는 것은 '관리'의 범위를 넘는 것이 될 것이다(대판 2001. 11. 27, 2000다33638·33645).

2. 공유물의 보존

(1) 의 의

공유물의 보존행위는 공유물의 멸실·훼손을 방지하고 그 현상을 유지하기 위하여 하는 사실적·법률적 행위이다.

(2) 관련문제

가. 어느 공유자의 보존권 행사가 다른 공유자의 이해와 충돌되는 경우 보존행위로 볼 수 있는지 여부

어느 공유자와 보존권을 행사하는 때에 그 행사의 결과가 다른 공유자의 이해와 충돌되는 때에는 그 행사는 보존행위로 될 수 없다(대판 1995. 4. 7, 93다54736).

나. 제3자가 공유물을 방해하는 경우 공유자 단독으로 방해의 제거를 청구할 수 있는지 여부

제3자(또는 공유자의 1인)가 공유물에 대해 방해하는 경우 공유지분의 성질 내지는 보존행위를 근거로 공유자는 단독으로 그 방해의 제거를 청구할 수 있다는 것이 통설·판례의 태도이다.

다. 공유자는 공유물의 보존행위로서 다른 공유자에 대해 공유물의 반환청구를 할 수 있는지 여부

공유자는 다른 공유자의 협의 없이는 공유물을 배타적으로 점유하여 사용·수익할 수 없는 것이므로, 다른 공유자는 자신이 소유하고 있는 지분이 과반수에 미달되더라도 공유물을 점유하고 있는 자에 대하여 공유물의 보존행위로서 공유물의 인도나 명도를 청구할 수 있다(대판 1994. 3. 22, 93다9392·9408).

라. 공유자 1인이 전원의 이름으로 이전등기를 청구하는 것이 보존행위에 해당하는지 여부

수인이 어느 부동산을 매수한 경우에 공유자 각자는 자신의 지분에 대해 그 등기를 청구할 수 있지만 공유자 1인이 공유자 전원의 이름으로 이전등기를 청구하는 것은 보존행위의 범주을 넘는 것으로서 허용되지 않는다(대판 1961. 5. 4, 4292민상853).

▣ 핵심판례 ▣

■ [공유물의 관리, 보존]

1. 가. 소송절차 중단 상태에서 제기되어 부적법한 상소를 수계신청을 통하여 치유할 수 있는지 여부(적극)

소송절차가 중단된 상태에서 제기된 상소는 부적법한 것이지만, 상소심 법원에 수계신청을 하여 그 하자를 치유시킬 수 있다.

나. 소송대리인이 있는 당사자가 소송 계속중 사망한 경우, 소송절차의 중단 여부 및 그 중단 시점

당사자가 사망하였으나 그를 위한 소송대리인이 있는 경우에는 소송절차가 중단되지 아니하고, 그 소송대리인은 상속인들 전원을 위하여 소송을 수행하게 되어 그 사건의 판결은 상속인들 전원에 대하여 효력이 있다고 할 것이며, 다만 심급대리의 원칙상 그 판결정본이 소송대리인에게 송달된 때에는 소송절차가 중단된다.

다. 공동상속인들 중의 일부가 공유물에 대한 보존행위로서 공동상속재산에 관한 원인무효등기의 전부 말소를 구할 수 있는지 여부(적극)

공동상속재산은 상속인들의 공유이고, 또 부동산의 공유자인 한 사람은 그 공유물에 대한 보존행위로서 그 공유물에 관한 원인 무효의 등기 전부의 말소를 구할 수 있다.

라. 확정판결에 의하여 소유권이전등기가 마쳐진 경우, 원인무효를 이유로 그 말소등기절차의 이행을 구하는 것이 확정판결의 기판력에 저촉되는지 여부(적극)

판결이 형식적으로 확정되면 그 내용에 다른 기판력이 생기므로, 소유권이전등기절차를 명하는 확정판결에 의하여 소유권이전등기가 마쳐진 경우에, 다시 원인무효임을 내세워 그 말소등기절차의 이행을 청구함은 확정된 이전등기청구권을 부인하는 것이어서 기판력에 저촉된다.

마. 확정판결에 의하여 지분소유권 이전등기를 넘겨준 공유자 중 1인이, 공유물의 보존행위로서 자신의 지분에 관한 소유권이전등기의 말소등기 절차를 구할 수 있는지 여부(소극)

공유자 중 1인의 지분에 관하여 확정판결에 따라 타인 앞으로 소유권이전등기를 마친 경우, 그 공유자는 확정판결의 기판력에 의하여 더 이상 말소청구를 할 수 없게 된 자신의 공유지분에 관한 한, 보존행위로서도 그 소유권이전등기의 말소를 구할 수 없다(1996. 2. 9. 판결, 94다61649 소유권이전등기말소).

2. 공유토지의 소수지분권자가 나머지 과반수 지분을 시효취득하여 소유권이전등기를 경료받을 지위에 있는 점유자에 대하여 점유배제를 청구할 수 있는지 여부(소극)

공유토지에 대하여 점유취득시효가 완성된 후 취득시효 완성 당시의 공유자들 일부로부터 과반수에 미치지 못하는 소수 지분을 양수취득한 제3자는 나머지 과반수 지분에 관하여 취득시효에 의한 소유권 이전등기를 경료받아 과반수 지분권자가 될 지위에 있는 시효취득자(점유자)에 대하여 지상건물의 철거와 토지의 인도 등 점유배제를 청구할 수 없다(대판 2001. 11. 27, 2000다33638 · 33645).

3. 과반수 지분 공유자의 소수 지분 공유자에 대한 점유배제 여부 등

가. 과반수 지분의 공유자로부터 사용·수익을 허락받은 점유자에 대하여 소수 지분의 공유자가 점유배제를 구할 수 있는지 여부(소극)

공유자 사이에 공유물을 사용·수익할 구체적인 방법을 정하는 것은 공유물의 관리에 관한 사항으로서 공유자의 지분의 과반수로써 결정하여야 할 것이고, 과반수 지분의 공유자는 다른 공유자와 사이에 미리 공유물의 관리방법에 관한 협의가 없었다 하더라도 공유물의 관리에 관한 사항을 단독으로 결정할 수 있으므로, 과반수 지분의 공유자가 그 공유물의 특정 부분을 배타적으로 사용·수익하기로 정하는 것은 공유물의 관리방법으로서 적법하다고 할 것이므로, 과반수 지분의 공유자로부터 사용·수익을 허락받은 점유자에 대하여 소수 지분의 공유자는 그 점유자가 사용·수익하는 건물의 철거나 퇴거 등 점유배제를 구할 수 없다.

나. 과반수 지분의 공유자로부터 공유물의 특정 부분의 사용·수익을 허락받은 점유자는 소수 지분권자에 대하여 그 점유로 인하여 법률상 원인 없이 이득을 얻고 있다고 볼 수 있는지 여부(소극)

과반수 지분의 공유자는 공유자와 사이에 미리 공유물의 관리방법에 관하여 협의가 없었다 하더라도 공유물의 관리에 관한 사항을 단독으로 결정할 수 있으므로 과반수 지분의 공유자는 그 공유물의 관리방법으로서 그 공유토지의 특정된 한 부분을 배타적으로 사용·수익할 수 있으나, 그로 말미암아 지분은 있으되 그 특정 부분의 사용·수익을 전혀 하지 못하여 손해를 입고 있는 소수 지분권자에 대하여 그 지분에 상응하는 임료 상당의 부당이득을 하고 있다 할 것이므로 이를 반환할 의무가 있다 할 것이나, 그 과반수 지분의 공유자로부터 다시 그 특정 부분의 사용·수익을 허락받은 제3자의 점유는 다수 지분권자의 공유물 관리권에 터잡은 적법한 점유이므로 그 제3자는 소수 지분권자에 대하여도 그 점유로 인하여 법률상 원인 없이 이득을 얻고 있다고 볼 수 없다(대판 2002. 5. 14, 2002다9738).

4. 가. 과반수 지분을 갖지 못한 공유자가 부동산을 임의로 타에 임대한 경우 타공유자에 대한 부당이득 또는 불법행위의 성부(적극)

부동산의 1/7 지분 소유권자가 타공유자의 동의없이 그 부동산을 타에 임대하여 임대차보증금을 수령하였다면, 이로 인한 수익 중 자신의 지분을 초과하는 부분에 대하여는 법률상 원인없이 취득한 부당이득이 되어 이를 반환할 의무가 있고, 또한 위 무단임대행위는 다른 공유지분권자의 사용, 수익을 침해한 불법행위가 성립되어 그 손해를 배상할 의무가 있다.

나. 위 "가"항의 경우 반환 또는 배상해야 할 범위

위 "가"항의 경우 반환 또는 배상해야 할 범위는 위 부동산의 임대차로 인한 차임 상당액이라 할 것으로서 타공유자는 그 임대보증금 자체에 대한 지분비율 상당액의 반환 또는 배상을 구할 수는 없다.

다. 위 "가"항의 경우 보존행위를 하기 위한 전제로서 공유자가 수령한 임대차보증금 중 자신의 지분비율 상당액의 지급을 구할 수 있는지 여부(소극)

위 "가"항의 경우 공유물의 보존행위란 공유물의 현상을 유지하기 위하여 이를 침해하는 제3자에게 그 배제를 구하는 행위를 말하므로 그 행위의 전제로서 공유자가 수령한 임대차보증금 중 자신의 지분비율 상당액의 지급을 구할 수 없다(1991. 9. 24. 제2부 판결, 91다23639 전세보증금).

5. 공유자의 1인이 공유물에 관한 보존행위로서 제3자에 대하여 등기 전부의 말소를 구할 수 있는지 여부(적극)

부동산의 공유자의 1인은 당해 부동산에 관하여 제3자 명의로 원인무효의 소유권이전등기가 경료되어 있는 경우 공유물에 관한 보존행위로서 제3자에 대하여 그 등기 전부의 말소를 구할 수 있다(1993. 5. 11. 제1부 판결, 92다52870 토지소유권이전등기말소).

6. 구분소유적 공유관계에 있는 자가 전체토지에 대하여 제3자의 방해행위의 배제를 구할 수 있는지 여부

1필지의 토지 중 일부를 특정하여 매수하고 다만, 그 소유권이전등기는 그 필지 전체에 관하여 공유지분권이전등기를 한 경우에는 그 특정부분 이외의 부분에 관한 등기는 상호 명의신탁을 하고 있는 것으로서, 그 지분권자는 내부관계에 있어서는 특정부분에 한하여 소유권을 취득하고 이를 배타적으로 사용, 수익할 수 있고, 다른 구분소유자의 방해행위에 대하여는 소유권에 터잡아 그 배제를 구할 수 있으나, 외부관계에 있어서는 1필지 전체에 관하여 공유관계가 성립되고 공유자로서의 권리만을 주장할 수 있는 것이므로, 제3자의 방해행위가 있는 경우에는 자기의 구분소유 부분뿐 아니라 전체토지에 대하여 공유물의 보존행위로서 그 배제를 구할 수 있다(1994. 2. 8. 제1부 판결, 93다42986 건물철거등).

7. 위토경작계약의 해지가 관리행위인지 여부(적극)

'위토경작계약의 해지'는 관리행위라고 할 수 있는 것이므로 특단의 사정이 없는 한 본조 본문에 의하여 공유자 과반수의 결의가 필요하다 할 것이다(대판 1964. 9. 22. 64다288).

◆ 공유물의 관리비용 기타 의무의 부담방법

제 266 조【공유물의 부담】

① 공유자는 그 지분의 비율로 공유물의 관리비용 기타 의무를 부담한다.

② 공유자가 1년 이상 전항의 의무이행을 지체한 때에는 다른 공유자는 상당한 가액으로 지분을 매수할 수 있다.

■ § 266. 공유물에 대한 부담

- 공유물의 관리비용 기타의 의무는 각 공유자가 그 지분의 비율로 이를 부담한다.
- 공유자가 이러한 의무의 이행을 1년이상 지체한 때에는 다른 공유자는 상당한 가액으로 그 자의 지분을 매수할 수 있다.
- 관련법조 : [특칙] 상 §757, §761

공유물의 관리비용 기타 의무는 각 공유자가 그 지분의 비율로 이를 부담한다. 공유자가 이러한 의무의 속행을 1년 이상 지체한 때에 다른 공유자는 상당한 가액으로 그 자의 지분을 매수할 수 있다. 이 지분매수청구권은 형성권이지만 의사표시만으로는 행사할 수 없고, 매수대상이 되는 지분 전부의 매매대금을 제공한 다음에 매수청구권을 행사하여야 한다(대판 1992. 10. 9, 92라다25656).

▣ 핵심판례 ▣

■ [공유물의 부담]

1. 민법 제266조 제2항의 규정에 의하여 공유자가 다른 공유자의 의무속행지체를 이유로 지분의 매수청구권을 행사함에 있어 먼저 매수대상지분 전부의 매매대금을 제공하여야 하는지 여부(적극)

민법 제266조 제2항의 규정에 의하여 공유자가 다른 공유자의 의무이행지체를 이유로 그 지분의 매수청구권을 행사함에 있어서는 매수대상이 되는 지분 전부의 매매대금을 제공한 다음 매수청구권을 행사하여야 한다(1992. 10. 9. 제3부 판결, 92다25656 소유권이전등기).

2. 공유토지의 과반수지분권자가 다른 공유자와 협의없이 단독으로 관리행위를 할 수 있는지 여부(적극) 및 그로 인한 관리비용의 다른 공유자 및 제3자와의 관계에 있어서의 부담관계

공유토지의 과반수지분권자는 다른 공유자와 협의없이 단독으로 관리행위를 할 수가 있으며 그로 인한 관리비용은 공유자의 지분비율에 따라 부담할 의무가 있으나, 위와 같은 관리비용의 부담의무는 공유자의 내부관계에 있어서 부담을 정하는 것일 뿐, 제3자와의 관계는 당해 법률관계에 따라 결정된다고 할 것이고, 따라서 과반수지분권자가 관리행위가 되는 정지공사를 시행함에 있어 시공회사에 대하여 공사비용은 자신이 정산하기로 약정하였다면 그 공사비를 직접 부담해야 할 사람은 과반수지분권자만이라 할 것이고, 다만 그가 그 공사비를 지출하였다면 다른 공유자에게 그의 지분비율에 따른 공사비만을 상환청구할 수 있을 뿐이다(대법원 1991.4.12. 선고 90다20220 판결).

3. 공유자중 1인이 공유물의 보존을 위한 소송을 하면서 일방적으로 변호사비용으로 그 공유토지의 4할을 주기로 보수약정을 하였으나 그 약정이 다른 공유자의 의사에도 합치한 것으로 인정한 사례

토지공유자의 한 사람이 공유물의 보존을 위한 소송을 하면서 소송비용은 변호사가 부담하고 그 소송에서 승소확정이 되면 그 소송비용과 보수로서 위 토지중 약 4할을 지급키로 하는 보수약정을 한 경우 위 소송제기시 타공유자의 생사가 불명인 상태였고 시효취득을 중단시키기 위하여 위와 같은 제소가 시급한 사정이었음에도 제소하는 공유자로서는 변호사비용을 마련할 길이 없었다는 부득이한 사정에서 위 약정이 이루어진 것이고 위 변호사보수등 채무는 공유자 상호간의 내부관계에 있어서는 위 부동산 전부의 보전을 위하여 필요한 것으로 공유자들은 위 소송에 의하여 이익을 얻는다고 할 것이므로 성질상 불가분채무에 속하고 그 밖에 타공유자가 제소하더라도 달리 별다른 방안이 있을 수 없던 사정등에 비추어 보면 위 보수약정은 다른 공유자의 의사에도 합치될 뿐만 아니라 승락의 의사가 있었다고 봄이 사회통념상 신의칙에 맞는 해석이다(대법원 1985.4.9. 선고 83다카1775 판결).

◆ 지분의 포기 또는 상속인 없이 공유자가 사망한 경우 지분의 처리

제 267 조 【지분포기 등의 경우의 귀속】

공유자가 그 지분을 포기하거나 상속인 없이 사망한 때에는 그 지분은 다른 공유자에게 각 지분의 비율로 귀속한다.

■ § 267. 지분의 탄력성

- 공유자 가운데 어느 한 사람이 그의 지분을 포기하거나 상속인 없이 사망한 때에는 그 자의 지분은 다른 공유자에게 각 지분의 비율로 귀속한다.

본조는 지분의 탄력성을 인정하여 공유자의 1인이 그 지분을 포기하거나 상속인 없이 사망한 때에는 그 지분은 다른 공유자에게 그 지분의 비율로 귀속한다고 규정하고 있다. 지분의 탄력성이란 지분의 하나가 소멸하면 다른 지분은 그 범위에서 종래의 제한으로부터 벗어나 본래의 단독소유권으로 접근하게 되는 것을 말한다. 그러나 구분건물소유자가 갖는 대지사용권에 관한 지분에 관하여는 본조의 적용이 배제된다(집합건물의 소유 및 관리에 관한 법률 제22조). 이는 전유부분과 대지사용권과의 일체성을 관철하기 위한 것이다.

◆ 공유물분할의 자유

제 268 조【공유물의 분할청구】

① 공유자는 공유물의 분할을 청구할 수 있다. 그러나 5년 내의 기간으로 분할하지 아니할 것을 약정할 수 있다.

② 전항의 계약을 갱신한 때에는 그 기간은 갱신한 날로부터 5년을 넘지 못한다.

③ 전2항의 규정은 제215조, 제239조의 공유물에는 적용하지 아니한다.

■ § 268. 공유물의 분할

- 분할청구 : 형성권
- 공유물분할의 자유
- 분할금지의 특약 : 5년내(갱신가능)
- 그러나 건물을 구분소유하는 경우의 공유부분, 경계선상의 경계표 등에 관하여는 분할의 자유가 인정되지 않는다.
- 관련법조 : [분할제한] 상 §756 이하

1. 의 의

본조는 공유물의 분할청구를 규정한 것이다.

민법은 로마법 이래 개인주의적 입장에서 될 수 있는 한 빨리 공유관계를 해소시켜 단독소유로 환원하려는 태도를 취하고 있다.

이를 위하여 각 공유자에게는 당사자간에 특별한 관계가 존재하는 경우(제215조, 제239조에 의한 공유)를 제외하고는 분할청구의 자유가 인정된다.

분할청구의 법적 성질과 관련하여 통설과 판례(대판 1981.3.24. 80다1888)는 형성권으로 보고 있다. 즉, 분할청구라는 일방적 의사표시에 의해 각 공유자들 관계는 분할을 협의해야 할 관계로 전환된다. 주의할 것은 분할청구 즉시 공유물이 분할되는 것은 아니라는 점이다. 협의분할의 경우에는 분할등기시, 판결에 의한 분할의 경우에는 판결확정시(형성판결, 제187조)에 분할된다. 그리고 공유물분할청구권은 공유관계가 존재하는 한 독립하여 소멸시효에 걸리지 않는다(대판 1981.3.24. 80다1888).

불분할계약으로 분할을 금지한 경우에도 그 기간은 5년을 넘지 못한다(이 계약은 갱신할 수가 있으나, 그 기간도 갱신한 날로부터 5년을 초과할 수 없다)고 규정하고 있다.

2. 공유물 분할의 제한

(1) 분할할 수 없는 경우

① 건물의 구분소유에서 공용부분(제215조)

② 경계에 설치된 담, 구거 등

(2) 분할이 일정기간 제한되는 경우

① 공유자의 약정으로 5년 내의 기간으로 분할하지 않기로 정할 수 있고(제268조 1항 단서), 이를 갱신할 수 있지만 그 기간은 갱신한 날로부터 5년을 넘지 못한다(제268조 2항).

② 부동산의 공유에서는 분할금지의 특약을 등기하여야 하고, 그 등기가 없는 때에는 지분의 양수인에게 다른 공유자는 위 특약을 주장할 수 없다. 동산의 경우에도 특정승계인에게 분할금지특약의 효력이 미친다고 본다(통설).

③ 피상속인은 유언으로 상속개시의 날로부터 5년을 경과하지 아니하는 기간 내에서 상속재산의 분할을 금지할 수 있다(제1012조). 또한 구분소유에 있어서 공용부분과 대지(분할금지, 지분권포기금지 등 특별규정이 있음), 경계표, 담 등은 분할이 제한된다.

④ 구분소유적 공유자 간의 공유물분할청구도 허용되지 않는다. 이 경우에는 명의신탁해지를 원인으로 한 지분이전등기를 청구하여야 한다(대판 1992.2.9. 92다44216). 또한 공동명의수탁자 간의 공유물분할 청구도 허용되지 않는다(대판 1993.2.9. 92다37482). 그러나 판례는 공동명의수탁자간의 공유물분할이 어떠한 경로로든 일단 이루어지면 그 분할의 효력을 부정하지는 않는다는 점을 주의할 필요가 있다(대판 1999.6.17. 98다58443).

▣ 핵심판례 ▣

■ [공유물의 분할청구]

1. 공유물분할의 대상

민법 제268조가 규정하는 공유물의 분할은 공유자 상호간의 지분의 교환 또는 매매를 통하여 공유의 객체를 단독 소유권의 대상으로 하여 그 객체에 대한 공유관계를 해소하는 것을 말하므로 분할의 대상이 되는 것은 어디까지나 공유물에 한한다(대판 2002. 4. 12, 2002다4580).

2. 공동명의수탁자들 사이에 공유물분할이 허용되는지 여부(소극)

공동며의수탁을 받은 경우 수탁자들이 수탁받은 부동산에 대하여 공유물분할을 하는 것은 명의신탁의 목적에 반하고 신탁자가 명의신탁을 한 취지에도 어긋나는 것이고, 특히 종중의 재산을 보존하고 함부로 처분하지 못하게 하기 위하여 다수의 종중원에게 공동으로 명의신탁한 경우에는 더욱 그 취지에 반하는 것으로서 허용되지 아니한다(1993. 2. 9. 제1부(아) 판결, 92다37482 공유물분할).

3. 구분소유적 공유관계의 성립요건 등

가. 구분소유적 공유관계는 어떤 토지에 관하여 그 위치와 면적을 특정하여 여러 사람이 구분소유하기로 하는 약정이 있어야만 적법하게 성립할 수 있고, 공유자들 사이에 그 공유물을 분할하기로 약정하고 그 때부터 각자의 소유로 분할된 부분을 특정하여 각자 점유·사용하여 온 경우에도 구분소유적 공유관계가 성립할 수 있지만, 공유자들 사이에서 특정 부분을 각각의 공유자들에게 배타적으로 귀속시키려는 의사의 합치가 이루어지지 아니한 경우에는 이러한 관계가 성립할 여지가 없다.

나. 분할 전 임야가 3필지로 분할되어 그 중 1필지의 임야에 대하여만 분할 전 공유자들 중 한 사람의 채권자에 대한 채권을 담보하기 위하여 지상권 설정등기가 경료되고, 위 지상권 설정등기를 보완하기 위하여 공유지분 확인서가 작성된 경우, 공유자들 사이에서 구분소유적 공유관계를 설정하기로 하는 의사의 합치가 있었다고 볼 수 없다(대판 2005. 4. 29, 2004다71409).

4. 부동산의 공동명의 수탁자가 그 부동산에 관하여 신탁자의 의사에 반하여 공유물분할을 한 후 경료한 각 그 지분이전등기의 효력

부동산의 공동명의수탁자들이 그 부동산에 대하여 공유물분할을 하고 각 그 지분을 서로 이전하여 단독소유로 하는 것은 수탁자들이 대외적인 소유형태를 변경하는 것일 뿐 명의신탁관계를 소멸시키는 수탁부동산의 처분행위가 아니므로 비록 그 공유물분할이 신탁자의 의사에 반한 것이더라도 그것이 신탁자에 대한 반사회적인 배임행위가 된다거나 그 지분이전등기가 원인없는 무효의 등기라고는 할 수 없다(대법원 1987.2.24. 선고 86다215,86다카1071 판결).

5. 여러 필지의 토지의 각 일부 지분을 명의신탁받은 명의수탁자가 임의로 명의신탁관계가 없는 다른 공유자들과의 공유물분할의 협의에 따라 그 중 특정 토지를 단독으로 소유하고 나머지 토지에 대한 지분을 다른 공유자에게 이전한 경우, 그 특정 토지 전부에 대하여 명의신탁관계가 존속하는지 여부(적극)

[다수의견]

여러 필지의 토지의 각 일부 지분을 명의신탁받은 명의수탁자가 임의로 명의신탁관계가 없는 다른 공유자들과의 공유물분할의 협의에 따라 특정 토지를 단독으로 소유하고 나머지 토지에 대한 지분을 다른 공유자에게 이전한 경우, 명의수탁자가 특정 토지를 단독으로 소유하게 된 것은 형식적으로는 다른 공유자들의 지분의 등기명의를 승계취득한 것과 같은 형태를 취하고 있으나 실질적으로는 명의신탁받은 여러 필지의 토지에 분산되어 있는 지분을 분할로 인하여 취득하는 특정 토지에 집중시켜 그에 대한 소유 형태를 변경한 것에 불과하다고 할 것이므로, 그 공유물분할이 명의신탁자의 의사와 관계없이 이루어진 것이라고 하더라도 명의신탁자와 명의수탁자 사이의 명의신탁관계는 위 특정 토지 전부에 그대로 존속한다고 보아야 한다.

[반대의견]

명의신탁자로부터 여러 필지의 토지의 각 일부 지분의 소유 명의를 신탁받은 명의수탁자가 임의로 위 부동산에 관하여 명의신탁관계가 없는 다른 공유자들과 공유물분할 협의의 형식으로 특정 토지를 제외한 나머지 토지에 관한 명의수탁자의 각 지분을 다른 공유자들에게 이전하고 위 특정 토지에 관한 다른 공유자들의 각 지분을 이전받았다면, 그 법률관계는 위 특정 토지를 제외한 나머지 토지에 관한 명의수탁자의 명의수탁지분에 관한 한, 명의수탁자가 그 지분을 처분한 것이라 할 것이니, 이로써 위 특정 토지를 제외한 나머지 토지에 관한 명의신탁자와 명의수탁자의 사이의 명의신탁관계는 소멸되었다 할 것이고, 위 특정 토지를 제외한 나머지 토지에 관한 명의수탁자의 수탁지분이 위 특정 토지에 옮겨져 명의신탁관계가 그대로 존속하는 것이라고 할 수 없다(대법원 1999. 6. 17. 선고 98다58443 전원합의체 판결).

<판례전문(대법원 1999. 6. 17. 선고 98다58443 전원합의체 판결)>

[원고, 상고인겸피상고인] 김해김씨 삼현파 여산종중

[피고, 피상고인겸상고인] 망 김종건의 소송수계인 최갑선 외 9인 (피고들 소송대리인 변호사 최순규)

[피고, 피상고인] 김태민

[환송판결] 대법원 1997. 12. 9. 선고 96다30656 판결

[원심판결] 전주지법 1998. 10. 23. 선고 98나782 판결

[주 문] 원심판결 중 원고 패소 부분을 파기하고, 이 부분 사건을 전주지방법원 본원 합의부에 환송한다. 피고 김태민을 제외한 나머지 피고들의 상고를 모두 기각한다.

[이 유] 상고이유를 판단한다.

1. 가. 원심판결 이유에 의하면, 원심이 확정한 사실관계는 다음과 같다.

원고 종중은 그 소유의 이 사건 분할 전 임야 2필지에 관하여 1919. 4. 18.과 같은 달 25.에 종중원인 김홍록, 김영진, 김재원, 김현수, 김정환 또는 김홍록, 김영진, 김재원, 김현수에게 소유 명의를 신탁하여 사정받았다.

원고 종중의 사실상의 대표자로서 종중의 재산을 관리하고 있던 김종건이 1970. 8. 26. 및 같은 해 9. 30. 당시 시행중이던 임야소유권이전등기등에관한특별조치법에 의하여 이 사건 임야 2필지에 관하여 위 사정명의인들 중 아들이 없이 사망한 김정환을 제외한 나머지 사정명의인들의 후손인 김종건, 김용봉, 김두붕, 김윤성 공동명의로 각 소유권이전등기를 경료하였다.

그 후 김윤성은 1986. 12. 13. 이 사건 임야 중 그의 4분의 1 지분을 김태욱에게 매도하여 김태욱 명의의 지분이전등기를 경료하여 주었고, 김용봉의 상속인인 김양원은 1989. 5. 4. 그의 4분의 1 지분을 김홍국에게 매도하고 김홍국 명의의 지분이전등기를 경료하여 주었으며, 김두붕의 상속인인 김광호는 1990. 1. 16. 그의 4분의 1 지분을 김영옥에게 매도하고 김영옥 명의의 지분이전등기를 경료하여 주었다(이 사건 임야 외에 원고 종중 소유의 다른 24필지의 토지에 관하여도 위와 같은 경위로 김종건, 김홍국, 김영옥, 김태욱의 공동명의의 소유권이전등기가 경료되었다.).

김종건, 김홍국, 김영옥, 김태욱은 1991. 4. 1. 이 사건 임야를 비롯한 26필지의 토지에 관하여 공유물분할의 협의를 하면서 이 사건 임야를 김종건의 단독소유로 하기로 하였고, 이에 따라 이 사건 임야에 관한 김홍국, 김영옥, 김태욱의 각 지분이 김종건에게 이전되었다.

나. 원심은 위와 같은 사실관계를 바탕으로 하여, 이 사건 임야에 대하여 김종건, 김용봉, 김두붕, 김윤성의 공동명의로 소유권보존등기를 경료한 것은 사정명의인들로부터 명의수탁자를 변경한 것에 불과하고, 또 김종건이 김용봉, 김두붕, 김윤성의 명의수탁자의 지위를 모두 승계하였으니, 김종건의 상속인들인 피고들은 원고 종중에게 이 사건 임야 중 각 그 법정상속분에 따라 이 사건 소장부본 송달일자 명의신탁해지를 원인으로 한 소유권이전등기절차를 이행할 의무가 있다는 원고의 주장에 대하여, 이 사건 임야에 대하여 김종건, 김용봉, 김두붕, 김윤성 명의로 소유권보존등기를 경료한 김종건의 행위는 원고 종중 대표자의 지위에서 이 사건 임야에 관한 명의수탁자를 변경하여 김종건 등 4인에게 그 소유 명의를

새롭게 신탁하였다고 봄이 상당하다 할 것이므로, 이 사건 임야의 명의수탁자인 김종건의 지위를 상속한 피고들은 이 사건 임야 중 원래부터 김종건 명의로 되어 있던 4분의 1 지분에 대하여는 각 그 법정상속분에 따라 위 명의신탁해지를 원인으로 한 소유권이전등기절차를 이행할 의무가 있다 할 것이나, 그 나머지 4분의 3 지분에 대하여는 공유물분할의 협의에 따라 이 사건 임야를 김종건의 단독소유로 하기로 하여 제3취득자인 김홍국, 김영옥, 김태욱의 각 지분이 김종건에게 이전된 것이므로 김종건이 유효하게 소유권을 취득하였다고 판단하여 이를 배척하고 있다.

2. 원고의 상고이유에 대하여

원심판결 이유에서 확정한 사실관계에 의하면, 이 사건 임야를 비롯한 26필지 토지의 명의수탁자의 1인인 김종건이 그 각 4분의 1 지분에 대한 소유권을 적법하게 취득한 제3취득자들인 김홍국, 김영옥, 김태욱과의 사이의 공유물분할의 협의에 따라 이 사건 임야를 김종건의 단독소유로 하기로 하고 이 사건 임야에 관한 김홍국 등 3인의 지분을 이전받는 형식을 취하여 그 단독소유명의로 등기하였음이 분명하다.

따라서 김종건이 이 사건 임야를 단독소유하게 된 것은 형식적으로는 제3취득자들의 지분의 등기명의를 승계취득한 것과 같은 형태를 취하고 있으나 실질적으로는 원고 종중으로부터 명의신탁받은 이 사건 임야를 비롯한 26필지의 토지에 분산되어 있는 지분을 분할로 인하여 취득하는 이 사건 임야에 집중시켜 그에 대한 소유 형태를 변경한 것에 불과하다고 할 것이므로, 그 공유물분할이 원고 종중의 의사와 관계없이 이루어진 것이라고 하더라도 원고 종중과 김종건 사이의 명의신탁관계는 이 사건 임야 전부에 그대로 존속한다고 보아야 할 것이다(대법원 1987. 2. 24. 선고 86다215, 86다카1071 판결 참조).

그럼에도 불구하고, 원심이 이와 달리 그 판시와 같은 이유로 이 사건 임야 중 4분의 3 지분에 대하여는 김종건이 유효하게 소유권을 취득하여 명의신탁관계가 해소되었음을 전제로 원고의 청구를 배척한 조치는 명의신탁에 관한 법리를 오해하여 판결에 영향을 미친 위법을 저질렀다고 하지 않을 수 없다. 상고이유 중 이 점을 지적하는 부분은 이유 있다.

3. 피고 김태민을 제외한 나머지 피고들의 상고이유에 대하여

원심판결의 이유를 기록에 비추어 살펴보면, 원심이 위에서 본 바와 같은 사실을 인정하여 피고들에 대하여 이 사건 임야의 지분 4분의 1에 관한 명의신탁해지를 원인으로 한 소유권이전등기절차이행을 명한 조치는 수긍이 가고, 거기에 경험칙에 반하는 증거 판단을 하여 채증법칙을 위반한 잘못이 없다. 상고이유는 받아들일 수 없다.

4. 그러므로 원심판결 중 원고 패소 부분을 파기하여 이 부분 사건을 다시 심리·판단케 하기 위하여 원심법원에 환송하고, 피고 김태민을 제외한 나머지 피

고들의 상고는 모두 기각하기로 하는바, 이 판결에는 제2항의 판단에 관하여 대법관 정귀호, 대법관, 김형선, 대법과 이임수, 대법관 송진훈의 반대의견이 있는 이외에는 관여 대법관들의 의견이 일치되었다.

5. 대법관 정귀호, 대법관 김형선, 대법관 이임수, 대법관 송진훈은 위 '2. 원고의 상고이유에 대하여' 한 판단에 대하여 의견을 달리한다.

원고로부터 이 사건 임야를 비롯한 26필지의 토지의 각 4분의 1 지분의 소유명의를 신탁받은 김종건이 위 부동산에 관하여 명의신탁관계가 없는 다른 공유자들인 김홍국 등과 공유물분할 협의의 형식으로 이 사건 임야를 제외한 다른 토지(이하 이 사건 임야를 제외한 다른 토지를 '다른 토지'라고 줄여쓴다)에 관한 김종건의 각 4분의 1 지분을 위 김홍국 등 다른 공유자들에게 이전하고 이 사건 임야에 관한 위 김홍국 등의 각 4분의 3 지분을 이전받았다면, 그 법률관계는 다른 토지에 관한 김종건의 명의수탁지분에 관한 한, 김종건이 그 지분을 처분한 것이라 할 것이니, 이로써 다른 토지에 관한 원고와 김종건과의 사이의 명의신탁관계는 소멸되었다 할 것이고, 다른 토지에 관한 김종건의 수탁지분이 이 사건 임야에 옮겨져 명의신탁관계가 그대로 존속하는 것이라고 할 수 없다. 원고 종중이 김종건에게 소유명의를 신탁하였던 것은 이 사건 임야의 각 4분의 1지분일 뿐, 그 나머지 각 4분의 3 지분에 관하여는 애당초 명의를 신탁한 사실이 없었으므로, 그 지분 4분의 3에 관하여(또는 이 사건 임야 전체에 관하여) 명의신탁관계가 존속한다고 말할 수는 없다.

김종건이 공유물분할의 형식으로 위 26필의 토지에 분산되어 있던 그 명의수탁지분을, 다수의견이 설명하는 바와 같이, '이 사건 임야에 집중시켜 그 소유 형태를 변경한 것에 불과하다'고 하더라도, 그러한 공유물분할의 합의가 명의신탁자인 종중의 의사와 관계없이 이루어진 이 사건에 있어서는, 다른 토지의 지분에 관한 명의신탁관계가 이 사건 임야(지분이거나 전체이거나)에 관한 명의신탁관계로 되는 것은 아니라고 할 것이다. 다수의견이 원용하고 있는 대법원 1987. 2. 24. 선고 86다215, 86다카1071 판결은 '부동산의 공동명의수탁자'가 그 명의수탁받은 1필의 특정 토지에 대하여 이를 2필지로 나누어 각 그 지분을 서로 이전하여 단독소유로 하는 공유물분할을 한 사안에서, 이는 수탁자들이 대외적인 소유 형태를 변경하는 것일 뿐, 이를 들어 명의신탁관계를 소멸시키는 수탁부동산의 처분행위라고는 볼 수 없다는 이치를 밝힌 것으로서, 김종건이 다른 공유자인 김홍국 등과 공동명의수탁관계에 있는 것도 아니고 또 문제된 이 사건 임야에 관하여 전혀 현물분할이 이루어진 바도 없다는 점에서 위 판례는 이 사건의 경우와는 그 사안이 전혀 다르므로, 이 사건의 경우에 원용할 수 있는 근거가 될 수 없다.

또 명의수탁받은 부동산이 그 수탁명의자의 임의의 처분행위에 의하지 아니하고, 토지수용이나 그와 유사한 법률관계에 의하여 수탁명의자의 의사와 관계없이 그 수탁부동산이 제3자에게 이전되고 그에 대한 보상금 등이 지급되는 경우에 그 보상금 등이 명의신탁자와 명의수탁자와의 내부관계에서 명의신탁자에게 귀속된다 하여, 명의수탁자의 임의처분행위가 개재된 이 사건의 경우에도 이 사건 임야에 관하여 처음부터 없었던 명의신탁관계가 존속하는 것이라고 할 수는 없다.

김종건이 다른 토지에 대한 그 명의수탁지분을 다른 사람에게 양도하면서 그 대가로 이 사건 임야에 대한 다른 사람의 지분을 취득한 행위는 도의적으로 비난받아 마땅하다 할 것이고, 또한 다른 토지의 지분의 처분에 대하여 별도의 손해배상책임을 추궁하는 것보다는, 다른 토지에 대한 명의신탁관계가 이 사건 임야에 관하여 그대로 존속하는 것으로 보아 그 명의신탁해지에 따른 소유권이전등기를 넘기게 하는 것이 간편한 해결방법이 될 수도 있을 것이라는 점에서 다수의견이 일리가 없는 바 아니나, 이러한 논리는 오랜 세월 동안 수많은 사건을 통하여 확립되어 온 명의신탁관계의 종료에 관한 판례법 이론과는 근본적으로 어긋나는 것이어서 수용할 수가 없다.

그러므로, 이 사건 임야전부에 관하여 원고 종중과 김종건과의 사이에 명의신탁관계가 있음을 전제로 한 원고의 청구를 일부 배척한 원심의 판단은 정당하고, 그에 불복하는 원고의 상고는 이유 없다고 할 것이다.

대법원장 윤관(재판장) 정귀호(주심) 박준서 이돈희 김형선 지창권 신성택 이용훈 이임수 송진훈 서성 조무제 변재승

6. 공유물분할청구권이 공유관계와는 별도로 시효 소멸하는지 여부

공유물분할청구권은 공유관계에서 수반되는 형성권이므로 공유관계가 존속하는 한 그 분할청구권만이 독립하여 시효소멸될 수 없다(대법원 1981.3.24. 선고 80다1888,1889 판결).

◆ 재판에 의한 공유물분할

제 269 조【분할의 방법】

① 분할의 방법에 관하여 협의가 성립되지 아니한 때에는 공유자는 법원에 그 분할을 청구할 수 있다.

② 현물로 분할할 수 없거나 분할로 인하여 현저히 그 가액이 감손될 염려가 있는 때에는 법원은 물건의 경매를 명할 수 있다.

■ § 269. 분할의 방법

- 협의에 의한 분할 : 현금분할, 대금분할, 가격배상
- 재판에 의한 분할 : 협의가 성립하지 않을 것, 형성의 소, 필요적 공동소송
  판결의 내용 : 현물분할이 원칙

각 공유자는 언제든지 공유물의 분할을 청구할 수 있다는 것은 위에서 본 바와 같다. 이 청구권은 형성권이라고 해석한다. 요컨대, 공유자는 분할청구권이란 형성권을 행사함으로써 각 공유자 사이에는 분할의 협의를 하여야 할 의무를 부담하는 효과가 일어나는 것이다. 그리고 만약 분할협의가 성립되지 않은 때에는(분할방법에 대한 불일치뿐만 아니라 협의에 협조하지 않은 경우도 포함된다), 법원에 대한 분할청구의 소에 의하여 분할할 수 있게 된다(이 점에 대하여, 분할청구권의 소에 의하여 분할할 수 있는 권리를 지칭하고 재판외의 분할협의는 사적자치의 원칙에 따라 인정되는 사항이라고 하는 의견도 있다. 그러나 통설(곽윤직, 방순원, 최식, 김현태, 장경학, 김증학)은 본문과 같이 해석하고 있다.

1. 협의에 의한 분할

분할청구가 행해지는 경우에는 각 공유자는 그 방법에 대해서 협의하여야 한다. 협의는 공유자 전원의 참가를 필요로 한다. 분할협의가 성립된 때에는 분할의 내용은 자유이며 분할의 비율도 지분에 따를 필요가 없다. 그러나 대체로 다음과 같은 세 가지 방법이 취해진다.

① 현물분할이란, 예컨대 토지를 분할하여 나누는 따위이며 가장 보편적인

방법이다.

② 대금분할이란 공유물을 매각하여 그 대금을 분배하는 방법이다. 이 경우 매각과 동시에 각 공유자는 대금채권을 분할하여 취득하는 것이 원칙이다(제408조).

③ 가격배상에 의한 분할, 즉 공유자 중의 1인이 공유물에 대하여 단독소유권을 취득하고 그 가격을 다른 공유자에게 배상하는 방법이다. 이 경우에 있어서는 결국 지분권의 매매가 행해진 것에 지나지 않기 때문에 지분의 이전과 가격의 지분에 대해서는 모두 매매이론에 따르게 된다(따라서 각 공유자에게 등기이전의무가 생긴다).

④ 위 세가지 방법이 혼합될 수 있음은 물론이고, 공유물 일부에 대해서만 분할을 할 수도 있다.

2. 재판에 의한 분할

(1) 요 건

공유자가 법원에 분할을 청구하기 위해서는 그 전제로 공유자 사이에 협의가 성립되지 않아야 한다(제269조 1항). 따라서 공유자간에 분할에 관한 협의가 성립된 때에는 재판상 분할청구는 인정되지 않는다(대판 1967. 11. 14, 67다1105). 설사 그 협의 후에 일부 공유자가 분할에 따른 이전등기에 협조하지 않거나 분할에 관하여 다툼이 있더라도, 그 분할된 부분에 대한 소유권이전등기를 청구하거나 소유권확인을 구하여야 하고, 재판상 분할을 청구하는 것은 허용되지 않는다(대판 1995. 1. 12, 94다30348).

(2) 소의 성질

공유물분할 청구의 소는 판결의 확정만으로 물권변동의 효과가 발생하는 형식적 형성의 소이다. 또 이 소는 분할을 청구하는 공유자가 원고가 되어 다른 공유자 전부를 공동피고로 하여야 하는 고유필수적 공동소송이다(대판 2003. 12. 12, 2003다44615·44622).

(3) 분할의 방법

재판에 의한 공유물 분할은 각 공유자의 지분에 따른 합리적인 분할을 할 수 있는 한 현물분할을 하는 것이 원칙이나, 현물분할이 불가능하거나 분할로 인하여 현저한 가액감소의 우려가 있는 경우에는 경매하여 대금을 분할한다(제269조 2항). 대금분할에 있어 '현물로 분할할 수 없다.'는 요건은 이를 물리적으로 엄격하게 해석할 것은 아니고, 공유물의 성질, 위치나 면적, 이용상황, 분할 후의 사용가치 등을 비추어 보아 현물분할을 하는 것이 곤란하거나 부적당한 경우를 포함한다 할 것이고, '현물로 분할을 하게 되면 현저히 그 가액이 감소될 염려가 있는 경우'라는 것도 공유자의 한 사람이라도 현물분할에 의하여 단독으로 소유하게 될 부분의 가액이 분할 전의 소유지분 가액보다 현저하게 감손될 염려가 있는 경우도 포함된다(대판 2002. 4. 12, 2002다4580). 다만 '특별한 사정'이 있다면 가격배상도 현물분할의 한 방법으로서 가능하다(대판 1990. 8. 28. 90다카7620). 또한 여러 사람이 공유하는 물건을 현물분할하는 경우에는 분할을 원하지 않는 나머지 공유자는 그대로 공유로 남는 방법도 허용된다(대판 2004. 7. 22. 2004다10183).

▣ 핵심판례 ▣

■ [분할의 방법]

1. 공유물 분할청구의 소가 고유필수적 공동소송인지 여부(적극) 및 고유필수적 공동소송에 있어서 공동소송인 중 일부가 상소를 제기한 경우 상소심의 심판범위

공유물 분할청구의 소는 분할을 청구하는 공유자가 원고가 되어 다른 공유자 전부를 공동피고로 하여야 하는 고유필수적 공동소송이고, 공동소송인과 상대방 사이에 판결의 합일확정을 필요로 하는 고유필수적 공동소송에 있어서는 공동소송인 중 일부가 제기한 상소는 다른 공동소송인에게도 그 효력이 미치는 것이므로 공동소송인 전원에 대한 관계에서 판결의 확정이 차단되고 그 소송은 전체로서 상소심이 이심되며, 상소심판결의 효력은 상소를 하지 아니한 공동소송인에게 미치므로 상소심으로서는 공동소송인 전원에 대하여 심리·판단하여야 한다(대판 2003. 12. 12, 2003다44615·44622).

2. 공유물 분할청구소송의 적법 여부 등

가. 명의신탁한 주식에 관하여 명의신탁자로서 준공유하는 명의수탁자에 대한 주권의 인도 또는 양도청구 권능의 분할을 구하는 공유물 분할청구소송의 적법 여부(소극)

민법 제268조가 규정하는 공유물의 분할은 공유지분의 교환 또는 매매로 공유의 객체를 단독 소유권의 대상으로 하여 그 객체에 대한 공유관계를 해소하는 것을 말하므로 분할의 대상이 되는 것은 어디까지나 권리의 객체인 공유물이고, 그 권리에 내재하거나 그로부터 파생하는 권능은 이를 분할할 수 없다고 할 것이므로, 명의신탁한 주식에 관하여 명의신탁자로서 준공유하는 명의수탁자에 대한 주권의 인도 또는 양도청구 권능의 분할을 구하는 공유물 분할청구의 소는 권리보호의 자격을 결하여 부적법하다.

나. 주식의 공유자가 공유물 분할의 소를 제기할 이익의 유무

주식의 공유자들 사이에 공유 주식을 분할하는 판결이 확정되면 그 공유자들 사이에서는 별도의 법률행위를 할 필요 없이 자신에게 귀속된 주식에 대하여 주주로서의 권리를 취득하는 것이고, 이와 같이 공유물 분할의 방법에 의하여 주식을 취득한 자는 회사에 대하여 주주로서의 자격을 보유하기 위하여 자기가 그 주식의 실질상의 소유자라는 것을 증명하여 단독으로 명의개서를 청구할 수 있으므로, 주식의 공유자로서는 공유물 분할의 판결의 효력이 회사에 미치는지 여부와 관계없이 공유주식을 분할하여 공유관계를 해소함으로써 분할된 주식에 대한 단독소유권을 취득하기 위하여 공유물 분할의 소를 제기할 이익이 있다(대판 2000. 1. 28, 98다17183).

3. 공유물 분할의 소에 있어서 공유물 분할의 방법 및 공유물을 공유자 중의 1인 단독소유 또는 수인의 공유로 하고 다른 공유자에 대하여는 가격배상만 하는 방법의 공유물 분할이 가능하지 여부(적극)

가. 공유물 분할의 소는 형성의 소로서 공유자 상호간의 지분의 교환 또는 매매를 통하여 공유의 객체를 단독 소유권의 대상으로 하여 그 객체에 대한 공유관계를 해소하는 것을 말하므로, 법원은 공유물 분할을 청구하는 자가 구하는 방법에 구애받지 아니하고 자유로운 재량에 따라 공유관계나 그 객체인 물건의 제반 상황에 따라 공유자의 지분비율에 따른 합리적인 분할을 하면 된다.

나. 공유관계의 발생원인과 공유지분의 비율 및 분할된 경우의 경제적 가치, 분할방법에 관한 공유자의 희망 등의 사정을 종합적으로 고려하여 당해 공유물을 특정한 자에게 취득시키는 것이 상당하다고 인정되고, 다른 공유자에게는 그 지분의 가격을 취득시키는 것이 공유자 간의 실질적인 공평을 해치지 않는다고 인정되는 특별한 사정이 있는 때에는 공유물을 공유자 중의 1인의 단독소유 또는 수인의 공유로 하되 현물을 소유하게 되는 공유자로 하여금 다른 공유자에 대하여 그 지분의 적정하고도 합리적인 가격을 배상시키는 방법에 의한 분할도 현물분할의 하나로 허용된다(대판 2004. 10. 14, 2004다30583).

4. 공유물분할의 소에 있어서 공유물분할방법

공유물분할의 소에 있어서 법원은 공유관계나 그 객체인 물건의 제반 상황을 종합고려한 합리적인 방법으로 지분비율에 따른 분할을 명하여야 하고, 지분비율은

원칙적으로 지분에 따른 가액(교환가치)의 비율에 의하여야 하며, 목적물의 형상이나 위치, 이용상황이나 경제적 가치가 균등하지 아니한 때에는 원칙적으로 경제적 가치가 지분비율에 상응하도록 조정하여 분할을 명하여야 하지만 현물분할이 가능하고 또 그 필요도 있음에도 공유자 상호간에 지분가액에 상응하는 합리적인 현물분할방법이 없는 등의 사유가 있을 때에는 금전으로 경제적 가치의 과부족을 조정하게 하는 방법도 고려할 수 있다(1992. 11. 10. 제2부(가) 판결, 92다39105 공유물반환).

5. 공유물분할의 소에 있어서 현물분할의 방법

공유물분할의 소에 있어서 법원은 공유관계나 그 객체인 물건의 제반 상황을 종합고려한 합리적인 방법으로 지분비율에 따른 분할을 명하여야 할 것이고, 여기에서의 지분비율은 원칙적으로 지분에 따른 가액(교환가치)의 비율에 의하여야 할 것이므로, 목적물의 형상이나 위치, 이용상황이나 경제적 가치가 균등하지 아니할 때에는 원칙적으로 경제적 가치가 지분비율에 상응하도록 조정하여 그 분할을 명하여야 한다(1993. 8. 27. 제3부 판결, 93다13445 고유물반환).

6. 가. 공유물분할의 방법

재판에 의하여 공유물을 분할하는 경우에는 법원은 현물로 분할하는 것이 원칙이고, 현물로 분할 할 수 없거나 현물로 분할을 하게 되면 현저히 그 가액이 감손될 염려가 있는 때에 비로소 물건의 경매를 명하여 대금분할을 할 수 있는 것이므로, 위와 같은 사정이 없는 한 법원은 각 공유자의 지분비율에 따라 공유물을 현물 그대로 수개의 물건으로 분할하고 분할된 물건에 대하여 수개의 물건으로 분할하고 분할된 물건에 대하여 각 공유자의 단독소유권을 인정하는 판결을 하여야 하는 것이고, 그 분할의 방법은 당사자가 구하는 방법에 구애받지 아니하고 법원의 재량에 따라 공유관계나 그 객체인 물건의 제반 상황에 따라 공유자의 지분비율에 따른 합리적인 분할을 하면 되는 것이고, 여기에서 공유지분비율에 따른다 함은 지분에 따른 가액비율에 따름을 의미한다.

나. 토지의 현물분할 방법

토지를 분할하는 경우에는 원칙적으로는 각 공유자가 취득하는 토지의 면적이 그 공유지분의 비율과 같아야 할 것이나, 반드시 그렇게 하지 아니하면 안되는 것은 아니고, 토지의 형상이나 위치, 그 이용상황이나 경제적 가치가 균등하지 아니할 때에는 이와 같은 제반 사정을 고려하여 경제적 가치가 지분비율에 상응되도록 분할하는 것도 허용된다.

다. 금전으로 경제적 가치의 과부족을 조정하는 분할방법과 일부 공유자는 공유로 남는 분할방법의 가부

일정한 요건이 갖추어진 경우에는 공유자 상호간에 금전으로 경제적 가치의 과부족을 조정하게 하여 분할을 하는 것도 현물분할의 한 방법으로 허용되고, 여러 사람이 공유하는 물건을 현물분할하는 경우에는 분할을 원하지 않는 나머지 공유자는 공유로 남는 방법도 허용된다(1993. 12. 7. 제1부 판결, 93다27819 공유물분할).

7. 이미 분할에 관한 협의가 성립된 경우, 공유물분할의 소를 제기하거나 유지함이 허용되는지 여부

공유물분할은 협의분할을 원칙으로 하고 협의가 성립되지 아니한 때에는 재판상 분할을 청구할 수 있으므로 공유자 사이에 이미 분할에 관한 협의가 성립된 경우에는 일부 공유자가 분할에 따른 이전등기에 협조하지 않거나 분할에 관하여 다툼이 있더라도 그 분할된 부분에 대한 소유권이전등기를 청구하든가 소유권확인을 구함은 별문제이나 또다시 소로써 그 분할을 청구하거나 이미 제기한 공유물분할의 소를 유지함은 허용되지 않는다(대법원 1995.1.12. 선고 94다30348,94다30355 (반소)판결).

8. 가. 공유물분할의 현물분할원칙 및 대금분할에 있어 '현물로 분할할 수 없거나 현물로 분할하게 되면 현저히 그 가액이 감손될 염려가 있는 때'의 의미

재판에 의한 공유물분할은 각 공유자의 지분에 따른 합리적인 분할을 할 수 있는 한 현물분할을 하는 것이 원칙이나, 대금분할에 있어 '현물로 분할할 수 없다'는 요건은 이를 물리적으로 엄격하게 해석할 것은 아니고, 공유물의 성질, 위치나 면적, 이용상황, 분할 후의 사용가치 등에 비추어 보아 현물분할을 하는 것이 곤란하거나 부적당한 경우를 포함한다 할 것이고, '현물로 분할을 하게 되면 현저히 그 가액이 감손될 염려가 있는 경우'라는 것도 공유자의 한 사람이라도 현물분할에 의하여 단독으로 소유하게 될 부분의 가액이 분할 전의 소유지분 가액보다 현저하게 감손될 염려가 있는 경우도 포함한다.

나. 공유물분할청구소송에서 원래의 공유자들이 각 지분의 일부 또는 전부를 제3자에게 양도하고 지분이전등기까지 마친 경우 그 제3자에 대한 관계에서의 지분의 기준(=등기부상의 지분) 및 등기부상 지분과 실제의 지분이 다른 경우 원래의 공유자들 사이에서의 지분의 기준(=실제의 지분)

공유물분할청구소송에 있어 원래의 공유자들이 각 그 지분의 일부 또는 전부를 제3자에게 양도하고 그 지분이전등기까지 마쳤다면, 새로운 이해관계가 형성된 그 제3자에 대한 관계에서는 달리 특별한 사정이 없는 한 일단 등기부상의 지분을 기준으로 할 수밖에 없을 것이나, 원래의 공유자들 사이에서는 등기부상 지분과 실제의 지분이 다르다는 사실이 인정된다면 여전히 실제의 지분을 기준으로 삼아야 할 것이고 등기부상 지분을 기준으로 하여 그 실제의 지분을 초과하거나 적게 인정할 수는 없다(대법원 2001. 3. 9. 선고 98

다51169 판결).

9. 공유물분할의 소송절차 또는 조정절차에서 공유자 사이에 공유토지에 관한 현물분할의 협의가 성립하여 조정이 성립한 경우, 물권변동의 효력 발생 시기

[다수의견] 공유물분할의 소송절차 또는 조정절차에서 공유자 사이에 공유토지에 관한 현물분할의 협의가 성립하여 그 합의사항을 조서에 기재함으로써 조정이 성립하였다고 하더라도, 그와 같은 사정만으로 재판에 의한 공유물분할의 경우와 마찬가지로 그 즉시 공유관계가 소멸하고 각 공유자에게 그 협의에 따른 새로운 법률관계가 창설되는 것은 아니고, 공유자들이 협의한 바에 따라 토지의 분필절차를 마친 후 각 단독소유로 하기로 한 부분에 관하여 다른 공유자의 공유지분을 이전받아 등기를 마침으로써 비로소 그 부분에 대한 대세적 권리로서의 소유권을 취득하게 된다고 보아야 한다.

[대법관 민일영의 반대의견] 공유물분할의 소에서 공유부동산의 특정한 일부씩을 각각의 공유자에게 귀속시키는 것으로 현물분할하는 내용의 조정이 성립하였다면, 그 조정조서는 공유물분할판결과 동일한 효력을 가지는 것으로서 민법 제187조 소정의 '판결'에 해당하는 것이므로 조정이 성립한 때 물권변동의 효력이 발생한다고 보아야 한다(대법원 2013. 11. 21. 선고 2011두1917 전원합의체 판결).

◆ 공유물분할로 인한 담보책임

제 270 조【분할로 인한 담보책임】

공유자는 다른 공유자가 분할로 인하여 취득한 물건에 대하여 그 지분의 비율로 매도인과 동일한 담보책임이 있다.

■ § 270. 공유자 사이의 담보책임

- 지분의 비율로 매도인과 동일한 담보책임
- 매매교환과 동일

(1) 분할의 효과는 소급하지 아니한다. 그러나 공동상속재산의 분할에 대해서는 소급효가 인정된다(민법 제1015조). 이는 상속의 효과가 상속개시시에 일어난다는 상속법상의 원칙상 당연하다.

(2) 담보책임 : 공유물의 분할은 그 실질에 있어서 각 공유자가 갖는 지분권의 일부의 교환 내지 매매이기 때문에 각 공유자는 다른 공유자가 분할에 의하여 취득한 물건에 대하여 매도인과 같이 그 지분의 비율에 따라 담보책임을 진다.

담보책임의 내용인 대금감액과 손해배상은 언제나 가능하겠지만, 해제의 경우는 협의에 의한 분할일 때에는 해제할 수 있으나 재판상의 분할인 경우에는 곤란하다 하겠다.

재판의 결과를 해제에 의하여 뒤집는다는 것은 정당하지 않기 때문이다.

(3) 분할의 효과로서 문제가 되는 것은 분할이 지분상의 담보물권에 미치는 영향이다. 분할에 소급효가 인정되지 아니하는 점과 분할에 즈음하여 담보권자의 이익을 공급하는 방법이 인정되어 있지 않은 점을 생각하면, 공유물의 분할은 원칙적으로 지분권 위의 담보물권에 영향을 미치지 않는다고 해석하여야 할 것이다.

즉 지분 위에 담보물권이 설정되어 있는 지분권자가 공유물 전부를 취득한 경우에는 담보물권은 여전히 종래의 지분권이 위에 존속한다(제191조 1항 단서의 유추).

또 반대로 공유물이 전부 타인에게 귀속한 경우에도 담보물권은 타인에게 귀속한 물건의 지분권 위에 존속한다. 그러나 이러한 경우에는 담보물권자는 공유자가 받은 대금 또는 가격 위에 물상대위의 규정에 따라서(제342조·제370조) 권리를 행사할 수 있다고 해석된다.

더욱이 담보물권이 설정되어 있는 공유물이 수인에게 분속된 경우에도 담보물권이 설정되어 있는 지분권은 소멸되지 않고 존속한다(위의 경우와 같다. 제191조 1항 단서 유추).

담보물권은 여전히 다수의 지분권 위에 지분의 비율에 따라 존속하는 것이 된다. 또한 공유물에 대한 용익물권에 관해서도 담보물권과 동일하게 해석하여야 할 것이다.

▣ 핵심판례 ▣

■ [분할로 인한 담보책임]

부동산의 공유지분위에 근저당권이 설정된 후 그 공유부동산이 분할된 경우 저당권이 근저당권설정자에게 할당된 부분에 집중되는지 여부

갑, 을의 공유인 부동산 중 갑의 지분위에 설정된 근저당권 등 담보물권은 특단의 합의가 없는 한 공유물분할이 된 뒤에도 종전의 지분비율대로 공유물 전부의 위에 그대로 존속하고 근저당권설정자인 갑 앞으로 분할된 부분에 당연히 집중되는 것은 아니므로, 갑과 담보권자 사이에 공유물분할로 갑의 단독소유로 된 토지부분 중 원래의을 지분부분을 근저당권의 목적물에 포함시키기로 합의하였다고 하여도 이런 합의가 을의 단독소유로된 토지부분 중 갑 지분부분에 대한 피담보채권을 소멸시키기로 하는 합의까지 내포한 것이라고는 할 수 없다(대법원 1989. 8. 8. 선고 88다카24868 판결).

<참고사항>

*구분소유적 공유

1. 의 의

1필의 토지 중 위치, 평수가 특정된 일부를 양수하였음에도 분필에 의한 소유권이전등기를 하지 않고 편의상 필지 전체평수에 대한 양수부분의 면적의 비율에 상응하는 공유지분이전등기를 경료한 경우를 이른바 구분소유적 공유라고 한다. 구분소유적 공유관계는 구분소유하기로 하는 약정이 있어야만 적법하게 성립한다.

2. 상호명의신탁관계의 성립

구분소유적 공유관계에 있는 경우, 각자는 자기가 양수한 부분 중 상대방의 지분비율에 해당하는 만큼을 상대방에게 명의신탁함과 동시에 상대방이 양수한 부분 중 자신의 지분비율에 해당하는 만큼을 상대방으로부터 명의신탁받은 관계에 있는바 이를 상호명의신탁이라 한다(대판 1995.10.12. 95다26131).

3. 대내적 관계

내부관계에 있어서는 특정부분에 한하여 소유권을 취득하고 이를 배타적으로 사용, 수익할 수 있고, 다른 구분소유자의 방해행위에 대하여는 소유권에 터잡아 그 배제를 구할 수 있다. 구분소유적 공유관계를 해소하기 위해서는 공유물분할을 하지 않고 명의신탁을 해지하는 방법에 의한다.

4. 대외적 관계

외부관계에 있어서는 1필지 전체에 관하여 공유관계가 성립하여 공유자로서의 권리만을 주장할 수 있는 것이므로, 제3자의 방해행위가 있는 경우 자기의 구분소유 부분뿐만 아니라 전체토지에 대하여 공유물의 보존행위로서 그 배제를 청구할 수 있다(대판 1994.2.8. 93다42986). 또한 제3자의 공유토지에 대한 불법점유로 인한 부당이득반환청구는 청구자의 지분비율에 관하여만 인정된다.

5. 구분소유적 공유관계의 승계 및 소멸

1필지의 토지의 일부를 특정하여 양도받고 양도인의 의사에 기하여 양수인이 그 양수부분을 초과한 전체에 관하여 공유지분이전등기를 필한 경우 그 특정부분 이외의 부분에 관한 등기는 상호 명의신탁관계에 의한 수탁자의 등기로서 유효하고 위 특정부분이 전전 양도되고 그에 따라 공유지분등기도 전전 경료되면 위와 같이 상호 명의신탁한 지위도 전전 승계되어 최초의 양도인과 위 특정부분의 최후의 양수인과 사이에 명의신탁관계가 성립된다(대판 1991.5.10. 90다20039).

6. 관련판례

(1) 구분소유적 공유관계의 성립요건

구분소유적 공유관계는 어떤 토지에 관하여 그 위치와 면적을 특정하여 여러 사람이 구분소유하기로 하는 약정이 있어야만 적법하게 성립할 수 있고, 공유자들 사이에 그 공유물을 분할하기로 약정하고 그 때부터 각자의 소유로 분할된 부분을 특정하여 각자 점유·사용하여 온 경우에도 구분소유적 공유관계가 성립할 수 있지만, 공유자들 사이에서 특정 부분을 각각의 공유자들에게 배타적으로 귀속시키려는 의사의 합치가 이루어지지 아니한 경우에는 이러한 관계가 성립할 여지가 없다(대판 2005.4.29. 2004다71409).

(2) 구분소유적 공유관계에 있는 자가 전체토지에 대하여 제3자의 방해행위의 배제를 구할 수 있는지 여부

1필지의 토지 중 일부를 특정하여 매수하고 다만 그 소유권이전등기는 그 필지 전체에 관하여 공유지분권이전등기를 한 경우에는 그 특정부분 이외의 부분에 관한 등기는 상호 명의신탁을 하고 있는 것으로서, 그 지분권자는 내부관계에 있어서는 특정부분에 한하여 소유권을 취득하고 이를 배타적으로 사용, 수익할 수 있고, 다른 구분소유자의 방해행위에 대하여는 소유권에 터잡아 그 배제를 구할 수 있으나, 외부관계에 있어서는 1필지 전체에 관하여 공유관계가 성립되고 공유자로서의 권리만을 주장할 수 있는 것이므로, 제3자의 방해행위가 있는 경우에는 자기의 구분소유 부분뿐 아니라 전체토지에 대하여 공유물의 보존행위로서 그 배제를 구할 수 있다(대판 1994.2.8. 93다42986).

◆ 수인이 조합체로서 물건을 소유하는 경우의 소유형태

제 271 조【물건의 합유】

① 법률의 규정 또는 계약에 의하여 수인이 조합체로서 물건을 소유하는 때에는 합유로 한다. 합유자의 권리는 합유물 전부에 미친다.

② 합유에 관하여는 전항의 규정 또는 계약에 의하는 외에 다음 3조의 규정에 의한다.

■ § 271. 합유의 법률적 성질

- 조합의 재산을 소유하는 형태
- 합유의 성립 : 계약 또는 법률의 규정
- 합유관계 : 합유자의 권리는 합유물 전부에 미친다.
- 관련법조 : [법률규정의 합유 예] 신탁 §50

1. 합유의 의의

합유란 법률의 규정 또는 계약에 의하여 수인이 조합체로서 물건을 소유하는 공동소유의 형태이다. 여기의 조합체란 이른바 합수적(gesamten Hand) 조합을 말하며, 그것은 동일목적에 의하여 결합되고 있으나 그 단체성은 약하며, 각 구성원의 개성이 단체 속에 전면적으로 흡수되는 정도까지는 이르지 못한 것을 말한다. 이 점에서 법인이나 권리능력없는 사단과는 다르다.

합유에 있어서도 합유자는 지분을 갖는다. 그러나 합유에 있어서 합유지분은 공동의 목적을 달성하기 위한 단체적 구속을 받기 때문에 합유관계가 지속되는 한, 이를 자유롭게 처분할 수 없으며, 합유물의 분할을 청구할 수 없다는 점에서 공유와 다르다.

합유자의 권리, 즉 지분은 합유물의 전부에 미친다. 합유자의 지분의 내용은 계약에 의하여 정하여지나 그러한 계약이 없으면 제272조 내지 제274조의 원칙에 의하여 적용된다. 따라서 제272조 내지 제274조의 규정은 임의규정이다.

수인이 부동산을 공동으로 매수한 경우, 매수인들 사이의 법률관계는 공유관계로서 단순한 공동매수인에 불과하여 매도인은 매수인 수인에게 그 지분에 대한 소유권이전등기 의무를 부담하는 경우도 있을 수 있고, 그 수인을 조합원으로 하는 동업체에서 매수한 것으로서 매도인이 소유권 전부의 이전의무를 그 동업체에 대하여 부담하는 경우도 있을 수 있다(대판 2002.6.14. 2000다30622).

【쟁점사항】

<조합체가 합유등기를 하지 아니하고 그 대신 조합원들 명의로 각 지분에 관한 공유등기를 한 경우의 법률관계>

민법 제271조 제1항은 "법률의 규정 또는 계약에 의하여 수인이 조합체로서 물건을 소유하는 때에는 합유로 한다. 합유자의 권리는 합유물 전부에 미친다."고 규정하고 (이는 물권법상의 규정으로서 강행규정이고, 따라서 조합체의 구성원인 조합원들이 공유하는 경우에는 조합체로서 물건을 소유하는 것으로 볼 수 없다), 민법 제704조는 "조합원의 출자 기타 조합재산은 조합원의 합유로 한다."고 규정하고 있으므로, 동업을 목적으로 한 조합이 조합체로서 또는 조합재산으로서 부동산의 소유권을 취득하였다면, 민법 제271조 제1항의 규정에 의하여 당연히 그 조합체의 합유물이 되고(이는 민법 제187조에 규정된 '법률의 규정에 의한 물권의 취득'과는 아무 관계가 없다. 따라서 조합체가 부동산을 법률행위에 의하여 취득한 경우에는 물론 소유권이전등기를 요한다), 다만, 그 조합체가 합유등기를 하지 아니하고 그 대신 조합원들 명의로 각 지분에 관하여 공유등기를 하였다면, 이는 그 조합체가 조합원들에게 각 지분에 관하여 명의신탁한 것으로 보아야 한다(대판 2002. 6. 14, 2000다30622).

2. 합유의 성립

법률의 규정 또는 계약(조합계약)에 의하여 성립한다. 계약에 의해 합유가 성립하는 전형적인 것은 민법상의 조합(제704조)과 계(稧)이다. 법률의 규정에 의해 합유가 성립하는 것으로는 수탁자 수인의 신탁재산(신탁법 제45조)과 공동광업권자의 광업권(광업법 제19조 제6항, 제34조 제1항)이 있다.

3. 합유관계의 내용

합유자의 권리, 즉 합유지분은 합유물 전부에 미친다(제271조 제1항). 합유관계의 내용은 일단 합유자 사이의 약정에 따라야 할 것이나, 그러한 특별한 약정이 없으면 다음의 원칙에 의한다.

① 합유물의 보존행위는 각자가 할 수 있으나, 합유물의 처분·변경에는 합

유자 전원의 동의가 있어야 한다(제272조).

여기서 제272조와 제706조의 관계가 문제된다. 이와 관련하여 판례는 "조합재산의 처분・변경에 관한 행위는 다른 특별한 사정이 없는 한 조합의 특별사무에 해당하는 업무집행이며, 업무집행조합원이 수인 있는 경우에는 조합의 통상사무의 범위에 속하지 아니하는 특별사무에 관한 업무집행은 민법 제706조 제2항에 따라 원칙적으로 업무집행조합원의 과반수로써 결정한다(대판 2000.10.10. 2000다28506)"고 판시하여 민법 제706조 2항이 민법 제272조의 특별규정임을 명확히 하였다.

② 합유지분의 처분에는 합유자 전원의 동의가 있어야 한다(제273조 제1항). 합유자 전원의 동의가 없는 지분의 처분은 무효이다. 위 제273조 1항의 규정에도 불구하고 '전체로서의 조합체 재산'에 대한 합유지분의 처분이 가능한지에 대해 학설은 대립하는데, 판례는 합유자 전원의 동의가 있으면 합유지분의 처분이 가능하다고 보고, 다만 동의 없이 처분하면 무효라고 한다(대판 1970.12.29. 69다22). 또한 조합에 있어서 조합원이 타 조합원의 '동의'를 얻어 '조합의 지분'을 양도한 경우에 양수인은 특별한 약정이 없는 한 그 조합원의 조합에 대한 권리의무를 승계한 것이라고 한다(대판 1958.2.6. 4290민상693).

③ 합유자는 합유물의 분할을 청구하지 못한다(제273조 제2항). 즉 합유관계에서는 합유물분할청구권이 존재할 수 없다. 다만, 조합이 해산되어 청산되는 경우에는 분할절차가 존재할 수 있고, 이 경우에는 공유물 분할절차를 준용한다(제274조 2항).

▣ 핵심판례 ▣

■ [물건의 합유]

1. 합유자 중 일부가 사망한 경우 소유권의 귀속

부동산의 합유자 중 일부가 사망한 경우 합유자 사이에 특별한 약정이 없는 한 사망한 합유자의 상속인은 합유자로서의 지위를 승계하는 것이 아니므로 해당 부동산은 잔존 합유자가 2인 이상일 경우에는 잔존 합유자의 합유로 귀속되고 합유자가 1인인 경우에는 잔존 합유자의 단독소유로 귀속된다(1994. 2. 25. 제3부 판결, 93다39225 소유권이전등기말소).

2. 수인이 부동산을 공동으로 매수한 경우, 매수인들 사이의 법률관계

가. 부동산의 소유자가 동업계약(조합계약)에 의하여 부동산의 소유권을 투자하기로 하였으나 아직 그의 소유로 등기가 되어 있고 조합원의 합유로 등기되어 있지 않다면, 그와 조합 사이에 채권적인 권리의무가 발생하여 그로 하여금 조합에 대하여 그 소유권을 이전할 의무 내지 그 사용을 인용할 의무가 있다고 할 수는 있지만, 그 동업계약을 이유로 조합계약 당사자 아닌 사람에 대한 관계에서 그 부동산이 조합원의 합유에 속한다고 할 근거는 없으므로, 조합원이 아닌 제3자에 대하여는 여전히 소유자로서 그 소유권을 행사할 수 있다.

나. 동업 목적의 조합체가 부동산을 조합재산으로 취득하였으나 합유등기가 아닌 조합원들 명의로 공유등기를 하였다면 그 공유등기는 조합체가 조합원들에게 각 지분에 관하여 명의신탁한 것에 불과하므로 부동산 실권리자 명의등기에 관한 법률 제4조 제2항 본문이 적용되어 명의수탁자인 조합원들 명의의 소유권 이전등기는 무효이어서 그 부동산 지분은 조합원들의 소유가 아니기 때문에 이를 일반채권자들의 공동담보에 공하여지는 책임재산이라고 볼 수 없고, 따라서 조합원들 중 1인이 조합해서 탈퇴하면서 나머지 조합원들에게 그 지분에 과한 소유권 이전등기를 경료하여 주었다 하더라도 그로써 채무자인 그 해당 조합원의 책임재산에 감소를 초래한 것이라고 할 수 없으므로, 이를 들어 일반채권자를 해하는 사해행위라고 볼 수는 없으며, 그에게 사해의 의사가 있다고 볼 수도 없다.

3. 업무집행조합원이 수인 있는 경우, 특별사무에 관한 업무집행으로서의 조합재산 처분·변경의 방법

가. 조합재산의 처분·변경에 관한 행위는 다른 특별한 사정이 없는 한 조합의 특별사무에 해당하는 업무집행이며, 업무집행조합원이 수인 있는 경우에는 조합의 통상사무의 범위에 속하지 아니하는 특별사무에 관한 업무집행은 민법 제706조 제2항에 따라 원칙적으로 업무집행조합원의 과반수로써 결정한다.

나. 조합의 임원회의 결의로 그 조합재산인 채권을 타인에게 양도한 경우, 그 조합 임원들이 조합의 업무집행조합원들이고 그 채권의 양도는 조합의 특별사무에 해당하는 조합재산의 처분이라는 이유로 그 임원회의 과반수 결의로 이루어진 채권의 양도는 유효한 업무집행이라고 본 사례(대법원 2000. 10. 10. 선고 2000다28506, 28513 판결).

4. 합유자가 지분을 포기한 경우 그 지분권의 귀속관계 및 그에 따른 지분이전등기가 경료되지 않은 경우 지분을 포기한 합유자는 제3자에 대한 관계에서 여전히 지분권자로서의 지위를 갖는지 여부(적극)

합유지분 포기가 적법하다면 그 포기된 합유지분은 나머지 잔존 합유지분권자들에게 균분으로 귀속하게 되지만 그와 같은 물권변동은 합유지분권의 포기라고 하는 법률행위에 의한 것이므로 등기하여야 효력이 있고 지분을 포기한 합유지분권자로부터 잔존 합유지분권자들에게 합유지분권 이전등기가 이루어지지 아니하는 한 지분을 포기한 지분권자는 제3자에 대하여 여전히 합유지분권자로서의 지위를 가지고 있다고 보아야 한다(대법원 1997. 9. 9. 선고 96다16896 판결).

◈ 합유물 처분 변경 또는 보존의 방법

제 272 조【합유물의 처분·변경과 보존】

합유물을 처분 또는 변경함에는 합유자 전원의 동의가 있어야 한다. 그러나 보존행위는 각자가 할 수 있다.

■ § 272. 합유물의 보존, 관리, 변경, 처분

- 공유와 동일
- 합유물을 처분 또는 변경함에는 합유자 전원의 동의가 있어야 한다.
- 그러나 보존행위는 각자가 할 수 있다.

합유물을 처분 또는 변경하는 데는 합유자 전원의 동의를 요하지만 그 보존행위는 각자가 할 수 있다(대판 1960. 5. 5, 4292 민상 191). 또한 합유물에 대한 지분의 처분에도 합유자 전원의 동의를 요한다(제273조 1항, 지분의 양도와 동의에 관한 판례<대판 1961. 7. 20, 4293 민상 669>, 합유자전원의 동의없이 한 지분매매는 무효라는 판례<대판 1970. 12. 29. 69다22>).

▣ 핵심판례 ▣

■ [합유물의 처분, 변경과 보존]

1. 가. **공유수면매립면허 공동명의자의 권리의무의 귀속(=합유) 및 합유물에 관한 소송이 보존행위가 아닌 한 필요적공동소송인지 여부(적극)**

공유수면매립법에 따라서 수인이 공동명의로 공유수면매립면허를 받은 경우에, 그들이 법 또는 법에 의하여 발하는 명령의 규정에 의하여 가지는 권리의무는 그들의 합유에 속하는 것으로서, 합유물에 관한 소송은 보존행위가 아닌 한 원칙적으로 소송의 목적이 합유자 전원에 대하여 합일적으로 확정되어야 하는 필요적공동소송이다.

나. **면허관청의 인가를 받지 않은 공유수면매립면허로 인한 권리의무양도약정의 효력 유무(소극)**

공유수면매립법 제20조 제1항 및 같은법시행령 제29조 제1항 등 관계법령의 규정내용과 공유수면매립의 성질 등에 비추어 볼 때, 공유수면매립의 허가로 인한 권리의무의 양도·양수에 있어서의 면허관청의 인가는 효력요건으로서, 위 각 규정은 강행규정이라고 할 것인바, 위 면허의 공동명의자 사이의 면허로 인한 권리의무양도약정은 면허관청의 인가를 받지 않은 이상 법률상 아무런 효력도 발생할 수 없다.

다. 공유수면매립면허의 공동명의자 갑이 다른 공동명의자 을에게 면허로 인한 권리의무를 양도하기로 약정하였으나 이에 관한 인가를 받지 않은 상태에서 효력이 상실된 후, 위 면허의 효력을 공동명의로 소급하여 회복시키는 면허관청의 처분에 대하여 을 혼자서 제기한 그 취소나 무효확인을 청구하는 소의 적부

공유수면매립면허의 공동명의자 갑이 다른 공동명의자 을에게 면허로 인한 권리의무를 양도하기로 약정하였으나 이에 관한 인가를 받지 않은 상태에서 면허의 효력이 상실된 후 면허관청이 공유수면매립면허의 효력을 공동명의로 소급하여 회복시키는 처분을 하자 을 혼자서 위 처분의 취소나 무효확인을 청구하는 소송을 제기한 경우, 위 양도약정은 법률상 효력이 없어 위 면허는 갑, 을의 합유에 속하는 것이고 그에 관한 권리에 대한 위의 제소는 보존행위라고 볼 수 없으므로 위 소는 당사자적격에 흠결이 있는 부적법한 것이다 (1991. 6. 25. 제2부 판결, 90누5184 공유수면매립면허등허가처분취소).

2. 동업약정에 따라 토지를 공동매수한 경우, 공동매수인이 각자 자기 지분에 관한 소유권이전등기청구를 할 수 있는지 여부

동업약정에 따라 동업자 공동으로 토지를 매수하였다면 그 토지는 동업자들을 조합원으로 하는 동업체에서 토지를 매수한 것이므로 그 동업자들은 토지에 대한 소유권이전등기청구권을 준합유하는 관계에 있고, 합유재산에 관한 소는 이른바 고유필요적공동소송이라 할 것이므로 그 매매계약에 기하여 소유권이전등기의 이행을 구하는 소를 제기하려면 동업자들이 공동으로 하지 않으면 안된다(1994. 10. 25. 제1부 판결, 93다54064 소유권이전등기).

3. 합유재산의 보존행위를 각 합유자 단독으로 할 수 있도록 한 취지 및 민법상 조합인 공동수급체가 경쟁입찰에 참가하였으나 다른 경쟁업체가 낙찰자로 선정되자 그 공동수급체의 구성원 중 1인이 낙찰자 선정 무효확인의 소를 제기하는 것이 합유재산의 보존행위에 해당하는지 여부(적극)

합유재산의 보존행위는 합유재산의 멸실·훼손을 방지하고 그 현상을 유지하기 위하여 하는 사실적·법률적 행위로서 이러한 합유재산의 보존행위를 각 합유자 단독으로 할 수 있도록 한 취지는 그 보존행위가 긴급을 요하는 경우가 많고 다른 합유자에게도 이익이 되는 것이 보통이기 때문이다. 민법상 조합인 공동수급체가 경쟁입찰에 참가하였다가 다른 경쟁업체가 낙찰자로 선정된 경우, 그 공동수급체의 구성원 중 1인이 그 낙찰자 선정이 무효임을 주장하며 무효확인의 소를 제기하는 것은 그 공동수급체가 경쟁입찰과 관련하여 갖는 법적 지위 내지 법률상 보호받는 이익이 침해될 우려가 있어 그 현상을 유지하기 위하여 하는 소송행위이므로 이는 합유재산의 보존행위에 해당한다(대법원 2013. 11. 28. 선고 2011다80449 판결).

◆ 합유지분의 처분 · 합유물의 분할금지

제 273 조【합유지분의 처분과 합유물의 분할금지】

① 합유자는 전원의 동의없이 합유물에 대한 지분을 처분하지 못한다.

② 합유자는 합유물의 분할을 청구하지 못한다.

■ § 273. 합유자의 지분

- 조합재산 전부
- 개개의 합유물
- 합유에서는 지분을 처분하는 데도 전원의 동의를 요하며, 합유물의 분할을 청구하지 못한다.

1. 합유지분의 처분금지

합유지분은 조합재산에 대한 조합원의 권리·의무의 총체로서, 그 비율은 조합계약에서 정하는 것이 보통이지만, 그 약정이 없는 때에는 출자가액에 비례하여 결정된다(제711조 1항). 이 점에서 지분의 비율이 균등한 것으로 추정되는 공유의 경우와는 다르다(제262조 2항). 합유자의 지분은 공유자의 그것과는 다르며 합유관계가 해소할 때까지는 잠재적으로 존재할 뿐이다. 그래서 합유자는 합유물의 분할을 청구하지 못하며, 전원의 동의없이 합유물에 대한 지분을 처분하지 못한다.

2. 합유물의 분할금지

합유자는 합유물의 분할을 청구하지 못한다(제273조 2항).

3. 관련문제

(1) 합의지분 포기의 경우 이를 등기하여야 하는지 여부

합유지분의 포기가 적법하다면 그 포기된 합유지분은 나머지 잔존 합유지분권자들에게 균분으로 귀속하게 되지만, 그와 같은 물권변동은 합유지분의 포기라고 하는 법률행위에 의한 것이므로 등기하여야 효력이 있고, 그 등기가 이루어지지 않는 한 지분을 포기한 지분권자는 제3자에 대하여 여전히 합유지분권자로서의 지위를 가진다(대판 1997. 9. 9, 96다16896).

(2) **부동산의 합유자 중 일부가 사망한 경우 그 부동산의 귀속**

부동산의 합유자 중 일부가 사망한 경우, 합유자 사이에 특별한 약정이 없는 한 사망한 합유자의 상속인은 합유자로서의 지위를 승계하지 못하므로, 해당 부동산은 잔존 합유자가 2인 이상일 경우에는 잔존 합유자의 합유로 귀속되고, 잔존 합유자가 1인인 경우에는 잔존 합유자의 단독소유로 된다(대판 1994. 2. 25, 93다39225).

▣ 핵심판례 ▣

■ **[합유지분의 처분과 합유물의 분할금지]**

1. 의장권의 공유관계의 법적 성질

의장의 공유관계는 민법 제273조에 규정된 합유에 준하는 이른바 준공유관계라 할 것이다.

2. 조합지분의 양도의 효력

조합에 있어서 조합원이 타 조합원의 동의를 얻어 조합의 지분을 양도한 경우에 양수인은 특별한 약정이 없는 한 그 조합원의 조합에 대한 권리의무를 승계한 것이라고 할 것이다(대판 1958. 2. 6. 4290민상693).

3. 조합지분권만의 양도가부

조합재산에 대한 각 조합원의 지분은 조합원의 자격에 수반하는 것으로 조합원의 자격을 떠나서 조합재산에 대한 지분권이란 생각할 수 없는 것이고, 조합원의 지분은 조합의 목적과 단체성에 의하여 제한을 받아 조합원의 자격과 분리하여 지분권만을 임의로 처분할 수 없다고 보아야 한다(대판 1960. 11. 10. 4292민상837).

◆ 합유의 종료사유

제 274 조【합유의 종료】

① 합유는 조합체의 해산 또는 합유물의 양도로 인하여 종료한다.

② 전항의 경우에 합유물의 분할에 관하여는 공유물의 분할에 관한 규정을 준용한다.

■ § 274. 합유관계의 종류

- 조합재산이 없게 된 때
- 조합체가 해산한 때

합유는 조합체의 해산 또는 합유물의 양도로 인하여 종료한다. 조합체의 해산은 부득이한 사유가 있는 때에는 각 조합원이 청구할 수 있고(제720조) 합유물의 양도에는 합유자전원의 동의가 있어야 한다(제272조).

그리고 조합체의 해산으로 합유관계는 종료되고 합유재산을 분할하게 되는데 그 분할에는 공유물의 분할에 관한 규정이 준용된다.

조합체가 해산되는 경우에 곧 합유관계가 종료하는 것이 아니고, 청산절차로서 합유물의 분할이 완료된 때에 비로소 합유가 종료된다.

◆ 법인이 아닌 사단의 사원이 집합체로서 물건을 소유하는 경우 소유형태

제 275 조【물건의 총유】

① 법인이 아닌 사단의 사원이 집합체로서 물건을 소유할 때에는 총유로 한다.

② 총유에 관하여는 사단의 정관 기타 계약에 의하는 외에 다음 2조의 규정에 의한다.

■ § 275. 총 유

- 총유의 법률적 성질 : 법인이 아닌 사단의 소유형태
- 총유의 주체 : 법인이 아닌 사단(예 : 종중, 동창회, 학회, 정당, 교회)
- 임의규정

총유란 법인 아닌 사단의 사원이 집합체로서 물건을 소유하는 공동소유의 형태이다. 법인 아닌 사단이란 공동목적을 위하여 다수인의 집합체를 이루고 있으나 법인격이 없는 것을 말한다(권리능력없는 사단). 민법은 법인설립의 실질적 요건을 완화하였으므로 이러한 집합체가 법인격을 취득하기는 어렵지 않을 터이나 혈연적 집단이 종중(대판 1972. 8. 22, 72다882)·문중, 종교집단인 교회(대판 1973. 1. 16, 72다2070) 등은 법인 아닌 사단에 속한다. 판례는 난민들이 공동으로 제방 등을 축조한 경우에, 이의 소유권은 권리능력없는 사단인 자활정착단체의 총유에 속하며(대판 1969. 4. 22, 68다757), 지역조합체인 동도 비법인이므로 동소유재산도 그의 총유에 속한다고 했다(대판 1958. 2. 16, 4289 민상 617). 총유는 그 기초가 인적 결합체인 집합체를 이루고서 물건을 소유한다는 점에서 보통의 소유와는 다르다. 총유로서의 소유권에서는 소유권의 기능이 두 개로 구분되어 총유물의 관리·처분의 기능은 사단에 속하고 사용·수익의 권능은 각 사원이 가진다. 합유도 그 기초에 조합체라는 인적 결합체가 있으나, 그 단체성이 약하고 구성원의 개별성이 강한 점에서 총유의 기초인 법인격없는 사단과는 다르다.

총유관계는 사단의 정관 기타의 계약에 의하여 규율되나 그러한 것에 정하지 않은 때에는 민법의 규정(제276조·제277조)에 의한다. 따라서 이러한 본조의

규정은 임의규정이다.

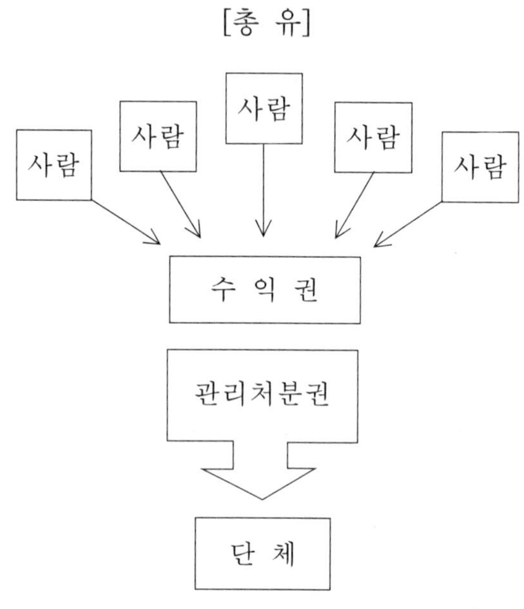

▣ 핵심판례 ▣

■ [물건의 총유]

1. 종중재산의 소유관계(=종중원의 총유) 및 관리·처분방법

종중 소유의 재산은 종중원의 총유에 속하는 것이므로 그 관리 및 처분은 종중규약이 정하는 바가 있으면 이에 따라야 할 것이고, 그 점에 관한 종중규약이 없으면 종중총회의 결의에 의하여야 한다(1992. 10. 13. 제2부 판결, 92다27034 소유권보존등기말소등).

2. 5형제가 종산을 구입하여 부모 묘소를 쓰기로 합의하고 그중 자력이 있는 4형제가 돈을 모아 임야를 매수하여 맏형 명의로 소유권이전등기를 경료하고 부모 등의 묘소를 설치한 경우 위 임야는 부를 중시조로 하는 종중의 종산으로 보존하기 위하여 매수한 것으로서 4형제의 총유라고 한 사례

5형제가 종산을 구입하여 부모 묘소를 쓰기로 합의하고 그중 자력이 있는 4형제가 돈을 모아 임야를 매수하여 맏형 명의로 소유권이전등기를 경료하고 부모 등의 묘소를 설치한 경우 위 임야는 부를 중시조로 하는 종중의 종산으로 보존하기 위하여 매수한 것으로서 4형제의 총유이다(1992. 10. 27. 제2부 판결, 91다11209 소유권이전등기).

3. 리 명의로 사정된 부동산의 권리관계

임야에 관하여 임야조사령에 의하여 리 소유로 신고되고 공동목장예정지로 조사된 뒤 리 명의로 사정이 이루어졌다면 위 임야는 사정에 의하여 리 주민들의 총유로 확정되었다고 할 것이고 비법인사단으로서의 리는 행정구역단위에 지나지 아니하는 리와는 그 법적 성질을 달리하는 것이므로 행정구역인 리가 지방자치법에 실시에 따라 읍, 면 또는 군의 소속기관이 되었다고 하여 비법인사단으로서의 리의 소유에 속하는 재산이 읍, 면 또는 군의 소유로 바뀌는 것은 아니다(1994. 2. 8. 제1부 판결, 93다173 소유권보존등기말소).

4. 토지 매수인이 그 토지에 사후 자신의 분묘를 설치하게 한 경우, 그 토지 소유권의 귀속관계

토지 매수인이 그 토지에 사후 자신의 분묘를 설치하게 한 경우에는, 후손 중의 1인이 개인의 자금으로 분묘지를 단독 매수하여 조상의 분묘를 설치한 경우와는 달리, 장손에게 단독 상속시켜 후에 용이하게 처부할 수 있게 하기보다는 오히려 자신을 공동 선조로 하는 종중의 총유 재산으로 하여 자손들로 하여금 영구 보존하게 할 의사였다고 봄이 우리의 전통적 사고에 부합한다(1996. 6. 11. 판결, 96다7403 토지소유권이전등기).

5. 법인 아닌 사단의 구성원 개인이 총유재산의 보존을 위한 소를 제기할 수 있는지 여부(소극)

민법 제276조 제1항은 "총유물의 관리 및 처분은 사원총회의 결의에 의한다.", 같은 조 제2항은 "각 사원은 정관 기타의 규약에 좇아 총유물을 사용·수익할 수 있다."라고 규정하고 있을 뿐 공유나 합유의 경우처럼 보존행위는 그 구성원 각자가 할 수 있다는 민법 제265조 단서 또는 제272조 단서와 같은 규정을 두고 있지 아니한바, 이는 법인 아닌 사단의 소유형태인 총유가 공유나 합유에 비하여 단체성이 강하고 구성원 개인들의 총유재산에 대한 지분권이 인정되지 아니하는 데에서 나온 당연한 귀결이라고 할 것이므로 총유재산에 관한 소송은 법인 아닌 사단이 그 명의로 사원총회의 결의를 거쳐 하거나 또는 그 구성원 전원이 당사자가 되어 필수적 공동소송의 형태로 할 수 있을 뿐 그 사단의 구성원은 설령 그가 사단의 대표자라거나 사원총회의 결의를 거쳤다 하더라도 그 소송의 당사자가 될 수 없고, 이러한 법리는 총유재산의 보존행위로서 소를 제기하는 경우에도 마찬가지라 할 것이다(대법원 2005. 9. 15. 선고 2004다44971 전원합의체 판결).

<판례전문(대법원 2005. 9. 15. 선고 2004다44971 전원합의체 판결)>

[원고, 피상고인] 양종태 (소송대리인 변호사 장일환 외 1인)

[원고보조참가인] 남원양씨병사공파종중

[피고, 상고인] 대한민국

[원심판결] 전주지법 2004. 7. 22. 선고 2003나7527 판결

[주 문] 원심판결을 파기하고, 사건을 전주지방법원 본원 합의부에 환송한다.

[이 유] 1. 원심의 인정과 판단

원심판결 이유에 의하면, 원심은 그 채택 증거를 종합하여 원고 보조참가인의 대표자였던 양만영은 원고 보조참가인 종중을 대표하여, 피고에게 원고 보조참가인 종중 소유의 이 사건 토지를 매도하고 1999. 2. 24. 공공용지협의취득을 원인으로 하여 피고 명의의 소유권이전등기를 마친 사실, 원고 보조참가인의 규약에는 종중재산의 매도에 관한 사항은 총회의 의결을 거치도록 규정하는데(제14조), 위 양만영은 위 토지매도를 위한 총회결의를 함에 있어 600여 종원들에게 아무런 소집통지도 아니한 채 1998. 7. 7. 자신과 잘 아는 양영석, 양영준, 양정훈, 양권철 등 약 10여 명의 종원들을 자신의 집에 모아 놓고 "이 사건 토지에 대한 토지보상금과 제반사 처리에 관한 일체를 양만영에게 위임한다."는 결의를 하고 참석하지도 않은 양관영, 양성영, 양세영, 양화영, 양정기 등이 참여한 것으로 총회의결서를 작성하고, 이에 터잡아 1999. 1. 15. "이 사건 토지에 대한 처분권한을 양만영에게 위임한다."는 임원결의서를 작성한 다음, 이를 매도원인서류로 피고에게 교부하여 준 사실, 원고 보조참가인의 종중원 중 원고 등이 주축이 되어 양만영의 위와 같은 재산처분에 반발하여 2002. 11. 14.(음력 10. 10.) 시제를 마친 후 종중총회를 개최하여 원고를 종중 대표자로 선임하고, 위 양만영이 처분한 이 사건 토지 등 종중재산을 환수하기로 결의한 사실을 인정한 다음, 양만영이 적법한 종중총회의 결의를 거치지 않고 매도하였으므로 피고 명의의 소유권이전등기는 원인무효인바, 원고는 원고 보조참가인 종중의 종원으로서 종중결의를 받아 보존행위로서 위 등기의 말소를 청구할 수 있다고 판단하여 원고의 청구를 인용하였다.

2. 대법원의 판단

상고이유에 대한 판단에 앞서 직권으로 판단한다.

민법 제276조 제1항은 " 총유물의 관리 및 처분은 사원총회의 결의에 의한다.", 같은 조 제2항은 " 각 사원은 정관 기타의 규약에 좇아 총유물을 사용·수익할 수 있다." 라고 규정하고 있을 뿐 공유나 합유의 경우처럼 보존행위는 그 구성원 각자가 할 수 있다는 민법 제265조 단서 또는 민법 제272조 단서와 같은 규정을 두고 있지 아니한바, 이는 법인 아닌 사단의 소유형태인 총유가 공유나 합유에 비하여 단체성이 강하고 구성원 개인들의 총유재산에 대한 지분권이 인정되지 아니하는 데에서 나온 당연한 귀결이라고 할 것이다 .

따라서 총유재산에 관한 소송은 법인 아닌 사단이 그 명의로 사원총회의 결의를 거쳐 하거나 또는 그 구성원 전원이 당사자가 되어 필수적 공동소송의 형태로 할 수 있을 뿐 그 사단의 구성원은 설령 그가 사단의 대표자라거나 사원총회의

결의를 거쳤다 하더라도 그 소송의 당사자가 될 수 없고, 이러한 법리는 총유재산의 보존행위로서 소를 제기하는 경우에도 마찬가지라 할 것이다. 이와 달리 법인 아닌 사단의 대표자 개인 또는 구성원 일부가 총유재산의 보존을 위한 소를 제기할 수 있다고 판시한 대법원 1958. 2. 6. 선고 4289민상617 판결, 1960. 5. 5. 선고 4292민상191 판결, 1966. 3. 15. 선고 65다2465 판결, 1975. 5. 27. 선고 73다47 판결, 1977. 3. 8. 선고 76다1029 판결, 1980. 12. 9. 선고 80다2045, 2046 판결, 1992. 2. 28. 선고 91다41507 판결, 1994. 4. 26. 선고 93다51591 판결 등은 이 판결의 견해와 저촉되는 범위에서 이를 변경하기로 한다.

따라서 원고 보조참가인 종중의 구성원에 불과한 원고 개인이 총유재산의 보존행위로서 제기한 이 사건 소가 적법함을 전제로 한 원심의 판단은 총유재산에 관한 소송에 있어서 당사자적격에 관한 법리를 오해함으로써 판결 결과에 영향을 미친 위법이 있다고 할 것이다.

3. 결 론

그러므로 상고이유에 관한 판단을 생략한 채 원심판결을 파기하고, 사건을 다시 심리·판단하게 하기 위하여 원심법원에 환송하기로 하여 관여 대법관의 일치된 의견으로 주문과 같이 판결한다.

대법원장 최종영(재판장) 유지담 윤재식 이용우 배기원(주심) 강신욱 이규홍 이강국 박재윤 고현철 김용담 김영란 양승태

6. 교회가 그 총유재산에 대한 보존행위로서 소송을 하는 경우 교인총회의 결의를 거쳐야 하는지 여부(적극) 및 이와 관련하여 민법 제75조 제1항이 법인 아닌 사단에도 유추적용될 수 있는지 여부(적극)

총유물의 보존에 있어서는 공유물의 보존에 관한 민법 제265조의 규정이 적용될 수 없고, 특별한 사정이 없는 한 민법 제276조 제1항의 규정에 따라 사원총회의 결의를 거쳐야 하므로 (대법원 1994. 10. 25. 선고 94다28437 판결 참조), 법인 아닌 사단인 교회가 그 총유재산에 대한 보존행위로서 소송을 하는 경우에도 특별한 사정이 없는 한 교인 총회의 결의를 거쳐야 한다. 이와 관련하여 “총회의 결의는 민법 또는 정관에 다른 규정이 없으면 사원 과반수의 출석과 출석사원의 의결권의 과반수로써 한다”는 민법 제75조 제1항의 규정은 법인 아닌 사단에 대하여도 유추적용될 수 있다(대법원 2007. 12. 27. 선고 2007다17062 판결).

◆ 총유물의 관리 · 처분과 사용 · 수익

제 276 조【총유물의 관리 · 처분과 사용 · 수익】

① 총유물의 관리 및 처분은 사원총회의 결의에 의한다.

② 각 사원은 정관 기타의 규약에 좇아 총유물을 사용, 수익할 수 있다.

■ § 276. 총유관계

- 총유물의 관리, 처분 : 사단
- 총유물의 사용, 수익 : 사원

1. 총유물의 관리 · 처분

총유물의 관리 · 처분은 사원총회의 결의에 의하고 총유물의 사용 · 수익은 정관 기타의 규약에 좇아 사원이 할 수 있다.

총유물의 관리 및 처분이란 총유물 그 자체에 관한 이용 · 개량 행위나 법률적 · 사실적 처분행위를 의미한다(대판 2007. 4. 19, 2004다60072 · 60089).

【쟁점사항】

<총유물의 관리·처분 행위에 해당하는지가 문제되는 경우>

ㄱ) 비법인사단이 타인 간의 금전채무를 보증하는 행위를 총유물의 관리 · 처분행위로 볼 수 있는지 여부(소극)

민법 제275조, 제276조 제1항에서 말하는 총유물의 관리 및 처분이라 함은 총유물 그 자체에 관한 이용 · 개량행위나 법률적 · 사실적 처분행위를 의미하는 것이므로, 비법인사단이 타인 간의 금전채무를 보증하는 행위는 총유물 그 자체의 관리 · 처분이 따르지 아니하는 단순한 채무부담행위에 불과하여 이를 총유물의 관리 · 처분행위라고 볼 수는 없다. 따라서 비법인사단인 재건축조합의 조합장이 채무보증계약을 체결하면서 조합규약에서 정한 조합 임원회의 결의가 거치지 아니하였다거나 조합원총회 결의를 거치지 않았다고 하더라도 그것만으로 바로 그 보증계약이 무효라고 할 수는 없다. 다만, 위와 같은 경우에 조합 임원회의의 결의 등을 거치도록 한 조합규약은 조합장의 대표권을 제한하는 규정에 해당하는 것이므로, 거래 상대방이 그와 같은 대표권 제한 및 그 위반 사실을 알았거나 과실로 인하여 이를 알지 못한 때에는 그 거래행위가 무효로 된다고 봄이 상당하며, 이 경우 그 거래 상대방이 대표권 제한 및 그 위반 사실을 알았거나 알지 못한 데에 과실이 있다는 사정은 그 거래의 무효를 주장하는 측이 이를 주장·입증하여야 한다[대판 2007. 4. 19, 2004다60072·60089(전원합의체)].

ㄴ) 재건축조합이 재건축사업의 시행을 위하여 설계용역계약을 체결하는 행위가 총유물의 관리 및 처분행위에 해당하는지 여부(소극)

주택건설촉진법에 의하여 설립된 재건축조합은 민법상의 비법인사단에 해당하고, 총유물의 관리 및 처분에 관하여는 정관이나 규약에 정한 바가 있으면 이에 따라여 하고, 그에 관한 정관이나 규약이 없으면 사원총회의 결의에 의하여 하는 것이므로 정관이나 규약에 정함이 없는 이상 사원총회의 결의를 거치지 않은 총유물의 관리 및 처분행위는 무효라고 할 것이나, 총유물의 관리 및 처분행위라 함은 총유물 그 자체에 관한 법률적·사실적 처분행위와 이용·개량행위를 말하는 것으로서 재건축조합이 재건축사업의 시행을 위하여 설계용역계약을 체결하는 것은 단순한 채무부담행위에 불과하여 총유물 그 자체에 대한 관리 및 처분행위라고 볼 수 없다(대판 2003. 7. 22, 2002다64780).

2. 총유물의 사용·수익

총유물의 사용·수익의 권능은 개개의 사원에게 귀속되는데, 이는 정관 기타 규약에 따라 정할 수 있다.

▣ 핵심판례 ▣

■ [총유물의 관리, 처분과 사용, 수익]

1. 총유물의 보존방법 및 종중원들이 총회의 결의없이 총유물에 관한 타인 명의의 소유임의 확인을 구하는 소의 적부(소극)

총유물의 보존에 있어서는 공유물의 보존에 관한 민법 제265조의 규정은 적용될 수 없고, 특별한 사정이 없는 한 그 관리에 관한 민법 제276조 제1항의 규정에 따라 사원총회의 결의를 거쳐야 하는 것인바, 종중원들이 총회의 결의 없이 보존행위로서 총유물에 관한 타인 명의의 소유권이전등기가 원인무효라고 주장하면서 그 말소등기와 종중 소유임의 확인을 구하는 것은 부적법하다(1992. 2. 28. 제3부 판결, 91다41507 소유권이전등기말소등).

2. 가. 어촌계의 각 계원이 어촌계 총회의 결의 없이 직접 어촌계에 대하여 어업권의 소멸에 따른 손실보상금 중 자기 지분의 분배를 청구할 수 있는지 여부(소극)

어촌계는 계원들이 공동목적을 위하여 조직한 법인 아닌 사단으로서 어업권은 물론 그 소멸에 따른 손실보상금도 특별한 사정이 없는 한 어촌계의 총유에 속한다고 할 것이므로, 총유물인 위 손실보상금의 처분은 정관 기타 규약에서 달리 정하지 않는 한 계원총회의 결의에 의하여야 할 것인바, 수산업협동조합법시행령 제10조 제1항 제7호 및 어업계의 정관이 어업계의 어업권 또는 부동산 기타 재산의 취득 및 처분은 총회의 결의를 얻도록 규정하고 있고 또 위 정관이 어촌계가 해산한 경우에 있어서의 청산 또는 잔여재산의 처분도 총회의 결의사항으로 규정하고 있으므로, 어촌계가 해산된 여부와 관계없이 위 손실보상금은 어촌계 총회의 결의에 의하여서만 이를 분배할 수 있고 이러한 총회의 결의가 없는데도 민법상 조합이 해산된 경우에 있어서의 잔여재산처분에 관한 민법 제724조 제2항을 유추적용하여 각 계원이 직접 어촌계에 대하여 자기 지분의 분배를 청구할 수는 없다고 보아야 한다.

나. 위 “가”항에 있어 총회의 소집 또는 결의절차에 하자가 있거나, 그 결의의 내용이 현저하게 불공정한 경우 각 계원의 권리구제방법

위 “가”항에 있어 각 계원은 총회의 소집 또는 결의절차에 하자가 있거나, 그 결의의 내용이 각 계원의 어업 의존도, 멸실한 어업시설 등 제반 사정을 참작한 손실 정도에 비추어 현저하게 불공정한 경우에 그 결의의 부존재 또는 무효확인을 소구함으로써 그 권리를 구제받을 수 있을 것이다(1992. 7. 14. 제1부 판결, 92다534 어업보상금).

3. 종중재산의 관리 및 처분방법

가. 종중 소유의 재산은 종중원의 총유에 속하는 것이므로 그 관리 및 처분에 관하여 먼저 종중규약에 정한 바가 있으면 이에 따라야 하고, 그 점에 관한 종중규약이 없으면 종중총회의 결의에 의하여야 하므로 비록 종중대표자에 의한 종중재산의 처분이라고 하더라도 그러한 절차를 거치지 아니한 채 한 행위는 무효이다.

나. 종중회칙상 종중재산은 종중총회의 결의를 거쳐야만 처분할 수 있음에도 종중재산의 처분에 관한 적법한 총회결의나 이사회 위임결의 또는 그와 같은 내용의 종중회칙의 변경 없이 종중회장이 종중이사회를 개최하여 임의로 이사회를 구성하고 종중재산의 처분을 이사회결의만으로 가능하도록 임의로 정관을 변경하여 이에 따라 개최한 이사회에서 종중재산의 처분을 결의한 후 종중재산을 처분한 경우, 그 종중재산의 처분은 무효이다(대판 2000. 10. 27, 2005다22881).

4. 총유재산에 관한 신탁해지를 원인으로 한 소유권이전등기청구의 소의 법적 성질

총유재산에 관한 소유권이전등기청구의 소는 그 원인이 명의신탁해지이고 명의신탁자가 법인이 아닌 사단의 일부 구성원이며, 또한 구성원총회의 결의에 의하여 명의신탁해지를 한 경우라고 하더라도 이는 단순히 총유재산을 보존하는 행위라고 할 수는 없고, 채권(내부적 소유권)의 물권화를 실현시키는 행위라는 점에서 처분행위라 할 것이다(1994. 5. 24. 제1부 판결, 92다50232 토지소유권이전등기).

5. 종중총회에서 종원에게 재산을 분배하기로 결의한 후의 종원의 분배금청구권

비법인사단인 종중의 토지에 대한 수용보상금은 종원의 총유에 속하고, 위 수용보상금의 분배는 총유물의 처분에 해당하므로 정관 기타 규약에 달리 정함이 없는 한 종중총회의 분배결의가 없으면 종원이 종중에 대하여 직접 분배청구를 할 수 없으나, 종중 토지에 대한 수용보상금을 종원에게 분배하기로 결의하였다면, 그 분배대상자라고 주장하는 종원은 종중에 대하여 직접 분배금의 청구를 할 수 있다(1994. 4. 26. 제1부 판결, 93다32446 배분금).

6. 법인 아닌 사단의 구성원 개인이 총유재산의 보존을 위한 소를 제기할 수 있는지 여부(소극)

민법 제276조 제1항은 "총유물의 관리 및 처분은 사원총회의 결의에 의한다.", 같은 조 제2항은 "각 사원은 정관 기타의 규약에 좇아 총유물을 사용·수익할 수 있다."라고 규정하고 있을 뿐 공유나 합유의 경우처럼 보존행위는 그 구성원 각자가 할 수 있다는 민법 제265조 단서 또는 제272조 단서와 같은 규정을 두고 있지 아니한바, 이는 법인 아닌 사단의 소유형태인 총유가 공유나 합유에 비하여 단체성이 강하고 구성원 개인들의 총유재산에 대한 지분권이 인정되지 아니하는 데에서 나온 당연한 귀결이라고 할 것이므로 총유재산에 관한 소송은 법인 아닌 사단이 그 명의로 사원총회의 결의를 거쳐 하거나 또는 그 구성원 전원이 당사자가 되어 필수적 공동소송의 형태로 할 수 있을 뿐 그 사단의 구성원은 설령 그가 사단의 대표자라거나 사원총회의 결의를 거쳤다 하더라도 그 소송의 당사자가 될 수 없고, 이러한 법리는 총유재산의 보존행위로서 소를 제기하는 경우에도 마찬가지라 할 것이다(대법원 2005. 9. 15. 선고 2004다44971 전원합의체 판결).

<판례전문(대법원 2005. 9. 15. 선고 2004다44971 전원합의체 판결)>

[원고, 피상고인] 양종태 (소송대리인 변호사 장일환 외 1인)

[원고보조참가인] 남원양씨병사공파종중

[피고, 상고인] 대한민국

[원심판결] 전주지법 2004. 7. 22. 선고 2003나7527 판결

[주 문] 원심판결을 파기하고, 사건을 전주지방법원 본원 합의부에 환송한다.

[이 유] 1. 원심의 인정과 판단

원심판결 이유에 의하면, 원심은 그 채택 증거를 종합하여 원고 보조참가인의 대표자였던 양만영은 원고 보조참가인 종중을 대표하여, 피고에게 원고 보조참가인 종중 소유의 이 사건 토지를 매도하고 1999. 2. 24. 공공용지협의취득을 원인으로 하여 피고 명의의 소유권이전등기를 마친 사실, 원고 보조참가인의 규약에는 종중재산의 매도에 관한 사항은 총회의 의결을 거치도록 규정하는데(제14조), 위 양만영은 위 토지매도를 위한 총회결의를 함에 있어 600여 종원들에게 아무런 소집통지도 아니한 채 1998. 7. 7. 자신과 잘 아는 양영석, 양영준, 양정훈, 양권철 등 약 10여 명의 종원들을 자신의 집에 모아 놓고 "이 사건 토지에 대한 토지보상금과 제반사 처리에 관한 일체를 양만영에게 위임한다."는 결의를 하고 참석하지도 않은 양관영, 양성영, 양세영, 양화영, 양정기 등이 참여한 것으로 총회의결서를 작성하고, 이에 터잡아 1999. 1. 15. "이 사건 토지에 대한 처분권한을 양만영에게 위임한다."는 임원결의서를 작성한 다음, 이를 매도원인서류로 피고에게 교부하여 준 사실, 원고 보조참가인의 종중원 중 원고 등이 주축이 되어 양만영의 위와 같은 재산처분에 반발하여 2002. 11. 14.(음력 10. 10.) 시제를 마친 후 종중총회를 개최하여 원고를 종중 대표자로 선임하고, 위 양만영이 처분한 이 사건 토지 등 종중재산을 환수하기로 결의한 사실을 인정한 다음, 양만영이 적법한 종중총회의 결의를 거치지 않고 매도하였으므로 피고 명의의 소유권이전등기는 원인무효인바, 원고는 원고 보조참가인 종중의 종원으로서 종중결의를 받아 보존행위로서 위 등기의 말소를 청구할 수 있다고 판단하여 원고의 청구를 인용하였다.

2. 대법원의 판단

상고이유에 대한 판단에 앞서 직권으로 판단한다.

민법 제276조 제1항은 " 총유물의 관리 및 처분은 사원총회의 결의에 의한다.", 같은 조 제2항은 " 각 사원은 정관 기타의 규약에 좇아 총유물을 사용·수익할 수 있다." 라고 규정하고 있을 뿐 공유나 합유의 경우처럼 보존행위는 그 구성원 각자가 할 수 있다는 민법 제265조 단서 또는 민법 제272조 단서와 같은 규정을 두고 있지 아니한바, 이는 법인 아닌 사단의 소유형태인 총유가 공유나 합유에 비하여 단체성이 강하고 구성원 개인들의 총유재산에 대한 지분권이 인정되지 아니하는 데에서 나온 당연한 귀결이라고 할 것이다 .

따라서 총유재산에 관한 소송은 법인 아닌 사단이 그 명의로 사원총회의 결의를 거쳐 하거나 또는 그 구성원 전원이 당사자가 되어 필수적 공동소송의 형태로 할 수 있을 뿐 그 사단의 구성원은 설령 그가 사단의 대표자라거나 사원총회의 결의를 거쳤다 하더라도 그 소송의 당사자가 될 수 없고, 이러한 법리는 총유재

산의 보존행위로서 소를 제기하는 경우에도 마찬가지라 할 것이다. 이와 달리 법인 아닌 사단의 대표자 개인 또는 구성원 일부가 총유재산의 보존을 위한 소를 제기할 수 있다고 판시한 대법원 1958. 2. 6. 선고 4289민상617 판결, 1960. 5. 5. 선고 4292민상191 판결, 1966. 3. 15. 선고 65다2465 판결, 1975. 5. 27. 선고 73다47 판결, 1977. 3. 8. 선고 76다1029 판결, 1980. 12. 9. 선고 80다2045, 2046 판결, 1992. 2. 28. 선고 91다41507 판결, 1994. 4. 26. 선고 93다51591 판결 등은 이 판결의 견해와 저촉되는 범위에서 이를 변경하기로 한다.

따라서 원고 보조참가인 종중의 구성원에 불과한 원고 개인이 총유재산의 보존행위로서 제기한 이 사건 소가 적법함을 전제로 한 원심의 판단은 총유재산에 관한 소송에 있어서 당사자적격에 관한 법리를 오해함으로써 판결 결과에 영향을 미친 위법이 있다고 할 것이다.

3. 결 론

그러므로 상고이유에 관한 판단을 생략한 채 원심판결을 파기하고, 사건을 다시 심리·판단하게 하기 위하여 원심법원에 환송하기로 하여 관여 대법관의 일치된 의견으로 주문과 같이 판결한다.

대법원장 최종영(재판장) 유지담 윤재식 이용우 배기원(주심) 강신욱 이규홍 이강국 박재윤 고현철 김용담 김영란 양승태

7. 비법인사단이 타인 간의 금전채무를 보증하는 행위를 총유물의 관리 처분행위로 볼 수 있는지 여부(소극) 및 비법인사단인 재건축조합의 조합장이 채무보증계약을 체결하면서 조합규약에서 정한 조합 임원회의 결의 등 절차를 거치지 않은 경우, 그 보증계약의 효력(원칙적 유효)

[다수의견]

민법 제275조, 제276조 제1항에서 말하는 총유물의 관리 및 처분이라 함은 총유물 그 자체에 관한 이용·개량행위나 법률적·사실적 처분행위를 의미하는 것이므로, 비법인사단이 타인 간의 금전채무를 보증하는 행위는 총유물 그 자체의 관리·처분이 따르지 아니하는 단순한 채무부담행위에 불과하여 이를 총유물의 관리·처분행위라고 볼 수는 없다. 따라서 비법인사단인 재건축조합의 조합장이 채무보증계약을 체결하면서 조합규약에서 정한 조합 임원회의 결의를 거치지 아니하였다거나 조합원총회 결의를 거치지 않았다고 하더라도 그것만으로 바로 그 보증계약이 무효라고 할 수는 없다. 다만, 이와 같은 경우에 조합 임원회의의 결의 등을 거치도록 한 조합규약은 조합장의 대표권을 제한하는 규정에 해당하는 것이므로, 거래 상대방이 그와 같은 대표권 제한 및 그 위반 사실을 알았거나 과실로 인하여 이를 알지 못한 때에는 그 거래행위가 무효로 된다고 봄이 상당하며, 이 경우 그 거래 상대방이 대표권 제한 및 그 위반 사실

을 알았거나 알지 못한 데에 과실이 있다는 사정은 그 거래의 무효를 주장하는 측이 이를 주장·입증하여야 한다.

[대법관 김영란, 김황식, 박일환의 별개의견]

법인 아닌 사단의 보증채무 부담행위는 결국 장래의 총유물의 처분행위와 같은 것이고 따라서 여기에도 총유물의 관리·처분에 관한 법리가 적용되어야 한다는 취지의 반대의견의 견해 및 거기서 들고 있는 논거들에 대하여 기본적으로 찬성한다. 그런데 통상 아파트재건축사업을 시행함에 있어 새로운 아파트를 신축하기 위하여는 시공업자의 선정부터 공사도급계약의 체결, 설계와 공사 시공 및 완공에 이르기까지 재건축조합으로서는 많은 의사결정과 법률행위들을 하여야 하는데, 그러한 아파트 신축과 관련한 주요한 사항들에 관하여 조합원총회에서 결의를 함에 있어서는, 그 아파트 신축과 관련하여 통상적으로 예상 가능한 세부적이고 구체적인 일련의 행위(이 사건에서는 보증채무 부담행위 포함)들이 계속 진행되는 것을 당연한 전제로 하는 것으로서, 그 결의 속에는 그에 따른 세부적이고 구체적인 일련의 행위들에 대한 결의까지 함께 이루어진 것이라고 봄이 상당하다.

[대법관 이홍훈, 전수안의 반대의견]

(가) 비법인사단이 부담하는 채무가 총유물 그 자체 또는 재산권 그 자체에 해당하지 않는다고 해서 곧바로 비법인사단이 타인 간의 금전채무를 보증하는 행위가 민법 제276조 제1항에서 말하는 총유물의 관리·처분에 해당하지 않는다고 단정하기는 어렵다. 왜냐하면 비법인사단이 부담하는 보증채무가 자연채무가 아닌 한, 그러한 보증채무 부담행위는 그 채무 변제를 위한 책임재산과 별도로 생각할 수 없기 때문이다. 그 채무의 변제기가 도래하고 주채무자가 채무를 이행하지 않으면 비법인사단은 자신이 보유하고 있는 현금이나 총유물을 처분하여 그 채무를 만족시켜야 하므로 결국 보증채무 부담행위는 비법인사단의 총유물의 처분으로 연결될 수밖에 없다. 그렇다면 비법인사단의 보증채무 부담행위는 장래의 총유물의 처분행위와 같다고 보아야만 한다.

(나) 총유물 자체의 관리·처분이 따르는 채무부담행위와 그렇지 않은 채무부담행위가 명확하게 구별되는 것은 아니다. 비법인사단이 현재 보유하고 있는 금전 또는 장래에 보유하게 될 금전도 총유물에 속함은 당연하고, 이러한 금전 처분행위도 정관 기타 규약에 달리 정함이 없는 한 사원총회의 결의에 의하지 않으면 무효라고 하여야 한다. 그런데 비법인사단이 현재 또는 장래에 보유하는 금전을 유상 또는 무상으로 지급하기로 하는 행위와 금전채무 보증행위가 실질적으로 다르다고 보아, 전자는 사원총회의 결의를 요한다고 하고 후자는 그럴 필요가 없다고 하는 것이 타당한지 의문이 든다. 총유물의 관리·처분을 수반하지 않는 금전채무 부담행위는 생각하기 어려우므로 현재 또는 장래에 보유하는 금전을 유상 또는 무상으로 지급하기로 하는 행위와 금전채무 부담행위는 결국 실질적으로 같다고 보아야 한다.

(다) 비법인사단이 채무로부터 벗어나기 위한 소송을 함에 있어서도 사원총회의 결의를 요한다고 한다면 비법인사단이 채무를 부담하는 행위는 더욱더 사원총회의 결의를 요한다고 보아야 한다.

(라) 비법인사단의 거래행위를 둘러싸고 발생하는 거래의 안전 문제는 총유물의 관리·처분에 관한 우리 민법과 대법원판례의 입장을 총체적으로 재검토하여 해결하거나 비법인사단으로 하여금 법인격을 취득하도록 유도하여 해결할 일이지 채무부담행위가 총유물의 관리·처분에 해당하지 않는다고 하는 방법으로 해결할 것은 아니다.

(마) 그렇다면 비법인사단의 대표자가 그 사단의 이름으로 채무를 보증하는 계약을 체결하는 경우에도 총유물의 관리·처분에 관한 법리가 적용된다고 하여야 하고, 비법인사단인 재건축조합의 조합장이 보증계약을 체결함에 있어 조합규약에서 정한 조합 임원회의 결의를 거치지 아니하였다면 그 보증계약은 효력이 없다고 보아야 한다.

[반대의견에 대한 대법관 이홍훈의 보충의견]

타인 간의 금전채무를 보증하는 계약은 단순한 채무부담행위에 불과하여 총유물의 처분행위에 해당하지 아니하므로, 재건축조합의 대표자가 조합규약에 위반하여 보증계약을 체결하였다고 하더라도 바로 무효라고 할 수는 없다고 보는 다수의견의 해석은 총유에 관하여 조합원들이 선택한 규약 내용과 민법의 입법자가 선택한 공동소유의 형태와 내용에 모두 실질적인 수정을 가하는 것이어서 해석의 범위를 넘어서는 것이다. 총유물 처분행위의 개념을 다수의견과 같이 해석하게 되면, 총유에 있어서 비법인사단의 자율성을 보장하려는 민법 제275조 제2항의 입법 취지에 반할 뿐만 아니라, 비법인사단의 소유관계를 총유로 규정함으로써 비법인사단 자체의 존속과 그 구성원들의 이익보호를 도모하고자 한 입법자의 선택에도 어긋나며, 법률의 통일적인 해석과 적용도 곤란해지게 된다(대법원 2007. 4. 19. 선고 2004다60072, 60089 전원합의체 판결).

<판례전문(대법원 2007. 4. 19. 선고 2004다60072, 60089 전원합의체 판결)>

[원고(반소피고)] 원고 주식회사

[원고 승계참가인, 상고인] 참가인 (소송대리인 법무법인 그린 담당변호사 이정신외 3인)

[피고(반소원고), 피상고인] 피고 재건축주택조합 (소송대리인 변호사 김동균)

[원심판결] 서울고법 2004. 10. 12. 선고 2003나82152, 82169(반소) 판결

[주 문] 원심판결의 원고 승계참가인 패소 부분 중 금 355,498,591원 및 이에 대한 지연손해금 부분을 파기하고, 이 부분 사건을 서울고등법원에 환송한다.

[이 유] 상고이유를 본다.

1. 석명권행사 및 변론주의와 관련한 상고이유에 대하여

소송에서 당사자가 부주의 또는 오해로 인하여 명백히 간과한 법률상의 사항이 있거나 당사자의 주장이 법률상의 관점에서 보아 불명료 또는 불완전하거나 모순이 있는 경우, 법원은 적극적으로 석명권을 행사하여 당사자에게 의견진술의 기회를 부여하여야 한다(대법원 2002. 1. 25. 선고 2001다11055 판결 참조).

기록에 의하면, 원고(반소피고, 이하 '원고' 라고 한다) 승계참가인이 피고(반소원고, 이하 '피고' 라고 한다)에 대하여 보증채무의 이행을 구하는 이 사건에서, 피고는 비법인사단에 해당하는 피고의 조합장이 한 보증행위가 총유물 관리·처분에 해당하므로 조합규약 또는 민법 규정에 의하여 조합원총회의 결의를 거쳐야 하는데 위 보증행위에 관하여 그 결의를 받지 아니하였으니 무효라는 취지로 항변하고, 이에 대하여 원고 승계참가인은 조합규약상 보증계약의 체결은 조합원총회의 결의사항이 아니라 조합 임원회의 결의사항에 해당하며, 그 결의를 거쳤다는 취지로 다투었음을 알 수 있다.

소송관계가 이러하다면, 원심 재판장이 피고에게 조합장의 보증행위에 조합 임원회의 결의가 있었는지에 관하여 석명을 구한 것은 소송관계를 분명하게 하고 법률상 사항을 간과하지 않도록 하기 위한 적법한 석명권의 행사라고 할 것이고, 나아가 피고가 조합장의 보증행위에 관하여 조합원총회는 물론 조합 임원회의조차 개최한 사실이 없다고 석명함에 따라, 원심이 피고 조합 임원회의 결의의 존부에 관하여 판단한 조치는 절차적으로 정당하다 할 것이며, 거기에 상고이유에서 주장하는 바와 같은 석명권 행사상의 위법이나 변론주의 원칙을 위반한 잘못이 없다고 할 것이다.

2. 조합규약 해석과 관련한 상고이유에 대하여

원심판결 이유에 의하면, 피고의 조합규약 제21조(이하 '이 사건 규약' 이라고 한다)는 '예산으로 정한 사항 외에 조합원의 부담이 될 계약 등에 관한 사항' 을 조합 임원회의 결의사항으로 규정하고 있고, 한편 피고가 소외 주식회사(이하 '소외 회사' 라고 한다)에게 아파트신축공사를 도급 주었는데, 원고가 2000. 9. 1. 소외 회사로부터 아파트신축공사 중 토목공사를 대금 8억여 원으로 정하여 하도급받게 되자, 피고의 조합장은 2001. 1. 30. 소외 회사의 원고에 대한 하도급공사대금 채무에 대하여 보증(이하 '이 사건 보증' 이라고 한다)을 한 사실을 알 수 있으며, 원심은 이와 같은 사실관계를 기초로 하여 이 사건 보증계약이 '예산으로 정한 사항 외에 조합원의 부담이 될 계약 등에 관한 사항' 에 해당함을 전제로 이 사건 규약에서 정한 조합 임원회의 결의를 거쳐야 하는 것으로 판단하였다.

위 사실 관계에 의하면, 피고가 이 사건 보증에 따라 부담한 원고에 대한 보증채무는 피고의 소외 회사에 대한 아파트신축공사대금 채무와는 별개의 독립한 채무라 할 것이고, 아파트신축공사대금이 실제로 남아 있는 범위 내에서만 보증채무를 이행하거나 소외 회사에 지급할 아파트신축공사대금에서 보증채무 상당액을 미리 공제하기로 약정하였다는 등의 특별한 주장·입증이 없는 한, 피고는 이 사

건 보증으로 인하여 소외 회사에 대한 아파트신축공사대금 채무의 잔존 여부와 무관하게 하도급공사대금을 지급하여야 할 부담을 지게 되었다 할 것이다.

따라서 이 사건 보증계약은 이 사건 규약에서 정한 '예산으로 정한 사항 외에 조합원의 부담이 될 계약 등에 관한 사항'에 해당한다 할 것이므로, 같은 취지의 원심 판단은 정당하고, 거기에 상고이유에서 주장하는 바와 같은 조합규약 해석에 관한 위법이 없다.

3. 총유물 관리·처분과 관련한 상고이유에 대하여

민법 제275조, 제276조 제1항은 총유물의 관리 및 처분에 관하여는 정관이나 규약에 정한 바가 있으면 그에 의하되 정관이나 규약에서 정한 바가 없으면 사원총회의 결의에 의하도록 규정하고 있으므로, 이러한 절차를 거치지 아니한 총유물의 관리·처분행위는 무효라 할 것이고, 이 법리는 민법 제278조에 의하여 소유권 이외의 재산권에 대하여 준용되고 있다. 그런데 위 법조에서 말하는 총유물의 관리 및 처분이라 함은 총유물 그 자체에 관한 이용·개량행위나 법률적·사실적 처분행위를 의미하는 것이므로, 타인 간의 금전채무를 보증하는 행위는 총유물 그 자체의 관리·처분이 따르지 아니하는 단순한 채무부담행위에 불과하여 이를 총유물의 관리·처분행위라고 볼 수는 없다 할 것이다. 따라서 종전에 이와 견해를 달리하여 단순히 채무를 보증하는 경우에도 총유물 관리·처분의 법리가 적용된다고 판시한 대법원 2001. 12. 14. 선고 2001다56256 판결은 이를 변경하기로 한다.

원심이 적법하게 확정한 사실에 의하면 피고 조합장이 이 사건 보증을 함에 있어서 이 사건 규약에 따른 조합 임원회의 결의를 거치지 아니한 사실을 알 수 있으나, 이 사건 보증계약은 수급인인 소외 회사와 하수급인인 원고 사이의 금전채무를 보증하는 것에 불과하여 총유물의 관리·처분행위에 해당하지 아니하므로 총유물 관리·처분에 관한 법리가 적용될 수 없고, 따라서 이 사건 규약에서 정한 조합 임원회의 결의를 거치지 아니하였다거나 조합원총회 결의를 거치지 않았다고 하더라도 그것만으로 바로 이 사건 보증계약이 무효라고 할 수는 없다 할 것이다. 다만, 이와 같은 경우에 조합 임원회의 결의를 거치도록 한 이 사건 규약은 그 조합장의 대표권을 제한하는 규정에 해당하는 것이므로, 거래 상대방이 그와 같은 대표권 제한 및 그 위반 사실을 알았거나 과실로 인하여 이를 알지 못한 때에는 그 거래행위가 무효로 된다고 봄이 상당하며, 이 경우 그 거래 상대방이 대표권 제한 및 그 위반 사실을 알았거나 알지 못한 데에 과실이 있다는 사정은 그 거래의 무효를 주장하는 측이 이를 주장·입증하여야 할 것이다(대법원 2003. 7. 22. 선고 2002다64780 판결 참조).

그런데 원심은 거래상대방인 원고가 이 사건 보증계약에 관한 피고 조합장의 대표권 제한 및 그 위반 사실을 알았거나 이를 알지 못한 데에 과실이 있는지 여부에 관하여 심리하지도 아니한 채, 이 사건 보증이 총유물 관리·처분에 해당된다는 전제 아래 피고 조합장이 임원회의 결의 없이 보증을 하였다는 이유만으로 바로 이 사건 보증계약을 무효라고 판단하고 말았으니, 이러한 원심의 조치에는 총유물의 관리·처분 및 비법인사단의 대표권 제한에 관한 법리를 오해하여 판결에 영향을 미친 위법이 있다 할 것이다.

4. 결 론

그러므로 원심판결의 원고 승계참가인 패소 부분 중 상고범위 내인 금 355,498,591원 및 이에 대한 지연손해금 부분을 파기하고, 이 부분 사건을 다시 심리·판단하게 하기 위하여 원심법원에 환송하기로 하여 주문과 같이 판결한다. 이 판결에는 위 3.항에 관하여 대법관 김영란, 대법관 김황식, 대법관 박일환의 별개의견과 대법관 이홍훈, 대법관 전수안의 반대의견이 있는 외에는 관여 법관의 의견이 일치되었고, 대법관 이홍훈의 반대의견에 대한 보충의견이 있다.

5. 대법관 김영란, 대법관 김황식, 대법관 박일환의 별개의견

가. 다수의견은, 총유물의 관리 및 처분이라 함은 총유물 그 자체에 관한 이용·개량행위나 법률적·사실적 처분행위를 의미하는 것이므로, 법인 아닌 사단이 타인간의 금전채무를 보증하는 행위는 총유물 그 자체의 관리·처분이 따르지 아니하는 단순한 채무부담행위에 불과하여 이를 총유물의 관리·처분행위라고 볼 수 없고, 따라서 이 사건 보증채무 부담행위는 총유물의 관리·처분행위라고 할 수 없어 이에 관하여 조합 규약에 의한 임원회의 결의를 거치지 않았다는 이유로 이를 바로 무효라고 할 수는 없다고 판단하고 있다.

나. 그러나 위와 같은 취지의 다수의견의 견해에는 찬성할 수 없으며, 오히려 법인 아닌 사단의 보증채무 부담행위는 결국 장래의 총유물의 처분행위와 같은 것이고 따라서 여기에도 총유물의 관리·처분에 관한 법리가 적용되어야 한다는 취지의 반대의견의 견해 및 거기서 들고 있는 논거들에 대하여 기본적으로 찬성을 한다.

다. 그런데 통상 아파트재건축사업을 시행함에 있어 새로운 아파트를 신축하기 위하여는 시공업자의 선정부터 공사도급계약의 체결, 설계와 공사 시공 및 완공에 이르기까지 재건축조합으로서는 많은 의사결정과 법률행위들을 하여야 하는바, 그러한 아파트 신축과 관련한 주요한 사항들에 관하여 조합원총회에서 결의를 함에 있어서는, 그 아파트 신축과 관련하여 통상적으로 예상 가능한 세부적이고 구체적인 일련의 행위들이 계속 진행되는 것을 당연한 전제로 하는 것으로서, 그 결의 속에는 그에 따른 세부적이고 구체적인 일련의 행위들에 대한 결의까지 함께 이루어진 것이라고 봄이 상당할 것이다.

위와 같은 법리 및 기록에 비추어 살펴보면, 이 사건의 경우 피고가 소외 회사를 시공회사로 선정하거나 소외 회사와 사이에 이 사건 아파트신축공사에 관한 공사도급계약을 체결하는 데 대하여 피고의 조합원총회 또는 조합 규약에서 정한 임원회의 결의가 있었던 것으로 보이고, 이는 그와 같은 시공회사 선정 내지 공사도급계약에 따라 이 사건 아파트신축공사가 계속 추진되는 것을 당연한 전제로

하는 것으로서, 그 결의 속에는 이 사건 아파트신축공사가 원활하게 진행되게 하기 위하여 필요한 경우 피고가 소외 회사의 공사하수급업자에 대한 하도급대금지급채무를 보증하는 행위를 허용하는 취지의 결의도 포함된 것이라고 봄이 상당하고, 나아가 이 사건 보증채무를 부담하게 된 경위와 방법 및 그 내용 등에 비추어 볼 때 이 사건 보증채무 부담행위는 당시 이 사건 아파트신축공사가 원활하게 진행되게 하기 위하여 필요한 조치로 보인다.

그렇다면 원심판결 중 이 사건 보증채무의 부담행위가 총유물의 관리 처분행위에 해당하고, 피고가 이 사건 보증채무를 부담함에 있어서는 조합 규약이 정하는 바에 따라 임원회의 결의가 필요하다고 판단한 부분은 정당하나, 한편 이 사건 보증채무 부담행위에 관하여 조합원총회 내지 임원회의 결의가 없었다고 판단한 부분에는 조합원총회 내지 임원총회의 결의에 관한 법리오해로 인하여 판결에 영향을 미친 위법이 있다 할 것이고, 상고이유의 주장 중에는 이를 지적하는 취지의 주장도 포함되어 있다고 볼 것이다.

라. 따라서 원심판결은 이러한 위법 때문에 파기되어야 할 것이고, 다수의견 역시 원심판결을 파기하여야 한다는 점에 있어서는 결론을 같이 하여 그 결론에는 찬성하나, 그 파기의 이유에 관하여는 위와 같이 견해를 달리하므로 별개의견으로 이를 밝힌다.

6. 대법관 이홍훈, 대법관 전수안의 반대의견

가. 다수의견은, 민법 제276조 제1항 및 제278조에서 말하는 총유물의 관리 및 처분이라 함은 총유물 그 자체에 관한 이용·개량행위나 법률적·사실적 처분행위를 의미하는 것이므로 타인 간의 금전채무를 보증하는 행위는 총유물 그 자체의 관리·처분이 따르지 아니하는 단순한 채무부담행위에 불과하여 이를 총유물의 관리·처분행위라고 볼 수는 없다고 한다.

나. 그러나 위와 같은 다수의견에는 다음과 같은 이유로 찬성할 수 없다.

(1) 다수의견은, 비법인사단의 타인에 대한 금전채무가 민법 제276조 제1항의 총유물에 해당하지 아니하고 민법 제278조의 재산권에도 해당하지 아니함을 전제로 한다고 할 것인바, 민법 제276조 제1항 및 민법 제278조를 문리대로 해석하면 비법인사단의 금전채무는 비법인사단이 소유하는 총유물이나 보유하는 재산권에 해당하지 않는 것으로 보이기는 한다.

그러나 비법인사단이 부담하는 채무가 총유물 그 자체 또는 재산권 그 자체에 해당하지 않는다고 해서 곧바로 비법인사단이 타인 간의 금전채무를 보증하는 행위가 민법 제276조 제1항에서 말하는 총유물의 관리·처분에 해당하지 않는다고 단정하기는 어렵다. 왜냐하면 비법인사단이 부담하는 보증채무가 자연채무가 아닌 한, 그러한 보증채무 부담행위는 그 채무 변제를 위한 책임재산과 별도로 생각할 수 없기 때문이다. 그 채무의 변제기가 도래하고 주채무자가 채무를 이행하지 않으면 비법인사단은 자신이 보유하고 있는 현금이나 총유물을 처분하여 그 채무를 만족시켜야 하므로 결국 보증채무 부담행위는 비법인사단의 총유물의 처분으로 연결될 수밖에 없다. 그렇다면 비법인사단의 보증채무 부담행위는 장래의 총유물의 처분행위와 같다고 보아야만 한다. 대법원은 비법인사단이 현재 보유하고 있는 물건의 처분행위뿐 아니라 장래에 보유하게 될 물건의 처분행위도 총유물의 관리·처분에 해당한다고 판시한 바 있는데(대법원 2002. 9. 10. 선고 2000다96 판결, 2006. 1. 27. 선고 2004다45349 판결 등 참조), 보증채무 부담행위는 결국 장래의 총유물의 처분행위와 같게 보아야 하므로 다수의견은 위와 같은 대법원의 종전 판례와 모순되는 것으로 보인다.

(2) 다수의견은, 타인 간의 금전채무를 보증하는 행위는 총유물 그 자체의 관리·처분이 따르지 아니하는 단순한 채무부담행위에 불과하여 이를 총유물의 관리·처분행위로 볼 수 없다고 한다. 그러나 총유물 자체의 관리·처분이 따르는 채무부담행위와 그렇지 않은 채무부담행위가 명확하게 구별되는 것은 아니다. 대법원은 어촌계의 총유인 어업권의 상실에 따른 손실보상금은 특별한 사정이 없는 한 어촌계의 총유에 속하므로 그 계원총회의 결의에 의하여만 이를 분배할 수 있다고 하였고(대법원 1992. 7. 14. 선고 92다534 판결, 1995. 8. 22. 선고 94다31020 판결 등 참조), 비법인사단인 종중의 토지에 대한 수용보상금은 종원의 총유에 속하고 위 수용보상금의 분배는 총유물의 처분에 해당하므로 정관 기타 규약에 달리 정함이 없는 한 종중원 총회의 분배결의가 없으면 종원이 종중에 대하여 직접 분배청구를 할 수 없다고 하였다(대법원 1994. 4. 26. 선고 93다32446 판결 참조). 비법인사단이 현재 보유하고 있는 금전 또는 장래에 보유하게 될 금전도 총유물에 속함은 당연하다고 할 것이고 위와 같은 판례에 의하면 이러한 금전 처분행위도 정관 기타 규약에 달리 정함이 없는 한 사원총회의 결의에 의하지 않으면 무효라고 하여야 한다. 그런데 위와 같이 비법인사단이 현재 또는 장래에 보유하는 금전을 유상 또는 무상으로 지급하기로 하는 행위와 금전채무 보증행위가 실질적으로 다르다고 보아, 전자는 사원총회의 결의를 요한다고 하고 후자는 그럴 필요가 없다고 하는 것이 타당한지 의문이 든다. 앞서 본 것처럼 총유물의 관리·처분을 수반하지 않는 금전채무 부담행위는 생각하기 어려울 것이므로 현재 또는 장래에 보유하는 금전을 유상 또는 무상으로 지급하기로 하는 행위와 금전채무 부담행위는 결국 실질적으로 같다고 보아야 한다.

(3) 또한, 우리 대법원은 비법인사단인 재건축조합의 조합원들이 그 재건축조합과 건설회사 사이에 체결된 공사도급계약 등의 무효확인을 구하는 것은 결국 준총유에 속하는 비법인사단의 채권·채무관계에 관한 소송으로 달리 특별한 사정이 없는 한 민법 제276조 제1항 소정의 사원총회의 결의를 거쳐야 한다고 하였는바(대법원 1996. 10. 25. 선고 95다56866 판결 참조), 다수의견은 위 대법원판결과도 모순된다. 위 판결이 '채권·채무관계에 관한 소송'이라고는 하였지만 공사도급계약에 의하여 취득한 채권은 포기하거나 행사하지 않으면 될 터이므로 공사도급계약의 무효확인을 구하는 목적은 결국 그로 인하여 부담하게 된 채무로부터 벗어나기 위한 것이다. 그런데 대법원은 위와 같이 비법인사단의 채무관계에 관

한 소송은 사원총회의 결의를 거쳐야 한다고 하였다. 비법인사단이 채무로부터 벗어나기 위한 소송을 함에 있어서도 사원총회의 결의를 요한다고 한다면 비법인사단이 채무를 부담하는 행위는 더욱더 사원총회의 결의를 요한다고 보아야 한다.

(4) 다수의견은, 비법인사단의 금전채무 보증행위를 총유물의 관리·처분에 해당한다고 하여 비법인사단의 대표자가 정관 기타 규약에서 정한 절차나 사원총회의 결의 없이 한 보증행위를 무효라 하게 되면 비법인사단과 거래하는 선의의 제3자의 이익을 침해하게 된다는 인식을 바탕으로 하고 있는 것으로 보인다. 그런데 비법인사단을 둘러싼 법률관계에서 거래의 안전이 문제되는 것은 우리 민법이 비법인사단의 물건 소유관계를 총유로 규정하고 있는 데에 기인한 부득이한 결과라고 할 것이다. 민법의 총유에 관한 규정과 대법원의 확립된 판례에 따르면, 비법인사단의 대표자가 한 행위일지라도 정관 기타 규약에서 정한 절차를 거치지 않았거나 정관 기타 규약이 없는 경우 사원총회의 결의를 거치지 아니한 총유물의 관리·처분행위는 상대방의 선의 여부에 관계없이 무효가 되므로 그 결과 비법인사단의 이익은 보호받게 되는 반면 그들과 거래한 상대방의 이익은 침해받게 되어 거래의 안전이 침해될 위험성이 있다.

그러나 비법인사단이 보증채무를 부담하여 소극재산의 증가를 초래하는 행위는 총유물을 처분하여 적극재산의 감소를 가져오는 행위와 결과에 있어서 동일하다는 점을 고려하면, 보증채무 부담행위를 총유물의 관리·처분에 해당하지 않는다고 해석하는 방법으로 거래의 안전 보호를 꾀하는 것은 지나치게 형식논리에 치우친 것이라고 볼 수밖에 없다. 예컨대, 1만 원짜리 총유물을 처분하는 경우에는 사원총회의 결의를 거쳐야 유효한데 1억 원의 채무를 부담하는 행위에 대하여는 상대방이 선의인 한 유효하다고 보는 것은 형평에 맞지 않는 해석이다. 앞서 본 것처럼 채무부담행위가 필연적으로 책임재산인 총유물의 처분으로 연결된다고 보면 채무부담행위가 총유물의 관리·처분행위가 아니라고 하기는 어렵다. 따라서 비법인사단의 거래행위를 둘러싸고 발생하는 거래의 안전 문제는 총유물의 관리·처분에 관한 우리 민법과 대법원판례의 위와 같은 입장을 총체적으로 재검토하여 해결하거나 비법인사단으로 하여금 법인격을 취득하도록 유도하여 해결할 일이지 채무부담행위가 총유물의 관리·처분에 해당하지 않는다고 하는 방법으로 해결할 것은 아니다.

다. 그렇다면 비법인사단의 대표자가 그 사단의 이름으로 채무를 보증하는 계약을 체결하는 경우에도 총유물의 관리·처분에 관한 법리가 적용된다고 하여야 하고, 이러한 해석이 앞서 본 일련의 대법원판례의 입장과 조화되는 것이라고 생각한다. 이와 같은 취지로 판시한 대법원 2001. 12. 14. 선고 2001다56256 판결은 정당하고 따라서 변경될 것은 아니다.

앞서 본 법리에 비추어 볼 때, 피고의 조합장이 한 이 사건 보증계약은 피고의 총유물의 처분행위라고 보아야 한다. 그런데 피고의 조합규약 제21조는 "예산으로 정한 사항 외에 조합원의 부담이 될 계약 등에 관한 사항은 임원회의 결의를 거쳐야 한다." 라고 규정하고 있는바, 이 규정은 바로 민법 제275조 제2항에서 말하는 정관 기타 규약으로 총유물의 관리 및 처분에 관하여 정하고 있는 경우에 해당한다. 그러므로 피고의 조합장으로서는 이 사건 보증계약을 체결함에 있어 피고의 임원회의 결의를 거쳐야만 하는 것이고, 만약 그러한 결의를 거치지 아니하였다면 이 사건 보증계약은 효력이 없다고 보아야 한다.

원심은 같은 취지에서 이 사건 보증계약은 무효라고 판단하였는바, 거기에 상고이유로 주장하는 바와 같은 총유물의 관리·처분에 관한 법리오해 등의 위법이 있다고 볼 수 없다.

7. 대법관 이홍훈의 반대의견에 대한 보충의견

대법관 이홍훈은 다음과 같이 반대의견을 보충하고자 한다.

가. 우리 민법 제275조 제1항은 비법인사단의 물건에 대한 소유관계를 총유로 규정하고, 같은 조 제2항은 총유에 관하여는 정관 기타 규약에 의하는 외에 민법 제276조, 제277조의 규정에 의한다고 규정하고 있다. 따라서 비법인사단의 정관 기타 규약에 총유에 관한 어떠한 규정이 있는 경우에는 먼저 그 규정에 의하여야 하는 것이고, 총유물의 관리 및 처분은 사원 총회의 결의에 의한다는 민법 제276조 제1항의 규정은 정관 기타 규약에 정함이 없는 경우에 한하여 적용되는 임의규정에 불과하다.

이 사건에서 피고의 조합규약 제21조는 "예산으로 정한 사항 외에 조합원의 부담이 될 계약 등에 관한 사항은 임원회의 결의를 거쳐야 한다." 라고 규정하고 있다. 따라서 위 규정의 범위 내에서는 민법 제276조 제1항이 적용될 여지가 없다고 보아야 한다.

그런데 피고의 조합장이 한 이 사건 보증계약은 바로 '조합원의 부담이 될 계약'에 해당함이 분명하고 이는 채무부담행위로서 총유물의 처분행위에 해당하므로, 임원회의의 결의를 거치거나 추인을 받아야만 효력이 생기게 되는 것이다.

나. 근래에 이르러 법인에 못지않게 왕성한 사회 경제적 활동을 하면서도 법인격을 취득하지 못한 다양한 형태의 사단들이 생겨나고 있다. 그런데 비법인사단의 거래행위시마다 그에 관하여 정관 기타 규약에 정함이 있는지를 살펴보고, 만약 정함이 없는 경우에는 그것이 총유물의 관리 처분행위에 해당하는 것인지를 생각해보고 거기에 해당하는 경우에는 사원총회의 결의를 거치도록 요구하게 되면, 그 절차가 매우 번거로울 뿐만 아니라 상대방과의 관계에서 거래의 안전을 해치게 되는 것은 사실이다.

그러나 이는 비법인사단의 공동소유관계를 총유로써 규율하고자 하는 우리 민법을 제정한 입법자의 선택에 따라 발생하는 불가피한 결과일 뿐이다. 만약 그와 같은 절차의 불편을 피하고 거래의 안전을 도모하고자 한다면 비법인사단의 구성원들이 자신에게 맞는 다른 유형의 인적 결합형태로 변경하거나 법인격을 취득하는 것이 옳을 것이다. 예를 들면, 도시 및 주거환경정비법상의 주택재건축사업 등의 정비사업을 시행하기 위한 정비사업조합에 관하여 도시 및 주거환경정비법 제

18조 제1항이 “조합은 법인으로 한다.” 고 규정한 것은, 총유의 방법으로는 규율하기 적합하지 않은 사단에게 법인격을 부여함으로써 위와 같은 문제를 입법적으로 해결하고자 한 것이라고 볼 수 있다(그리고 우리 민법 제275조 제2항과 제276조 제1항하에서도, 비법인사단과의 거래 상대방의 안전을 보호하기 위한 합리적인 해석방법이 있기는 하다. 그것은, 정관 기타 규약에 총유에 관하여 정함이 있는 사실 또는 그러한 정함은 없지만 총유물의 관리 처분행위에 해당하여 사원총회의 결의를 거쳐야만 하는 사실과 비법인사단의 대표자가 이에 위반하여 총유물의 관리 처분행위를 하는 것이란 사실을, 거래 상대방이 알았거나 과실로 인하여 알지 못한 때에 한하여 그 거래행위를 무효로 보고, 그렇지 아니한 경우에는 무효로 보지 않는 해석방법이다. 그러나 위와 같이 해석하기 위해서는 지금까지 대법원의 확립된 판례, 즉 비법인사단의 대표자가 한 행위일지라도 정관 기타 규약에서 정한 절차를 거치지 않았거나 정관 기타 규약이 없는 경우 사원총회의 결의를 거치지 아니한 총유물의 처분행위는 상대방의 선의 여부에 관계없이 무효가 된다는 종전의 수많은 판례들의 입장을 바꾸어야 하는 문제가 있다. 이는 총유 및 거래의 안전 보호에 관한 우리 민법의 규정과 대법원판례들을 총체적으로 재검토하여 정하여야 할 문제이므로, 여기서는 거래의 안전 보호를 위하여 위와 같은 해석방법이 있음을 제시하는 데 그치고자 한다).

다. 다수의견은, 타인 간의 금전채무를 보증하는 계약은 단순한 채무부담행위에 불과하여 총유물의 처분행위에 해당하지 아니하므로, 피고 조합 규약 제21조에 위반하여 이 사건 보증계약을 체결하였다고 하더라도 바로 무효라고 할 수는 없다고 보고 있다. 그러나 위와 같은 해석은, 총유에 관하여 피고의 조합원들이 선택한 규약 내용과 민법의 입법자가 선택한 공동소유의 형태와 내용에 모두 실질적인 수정을 가하는 것이어서 해석의 범위를 넘어서는 것이다. 피고의 조합원들은 이 사건 보증계약과 같은 채무부담행위가 “조합원의 부담이 될 계약”으로서 총유물의 처분행위에 해당한다고 생각하고 피고 조합 규약 제21조를 규정하였음이 분명하고, 그와 같이 보는 것이 사회일반의 상식과 거래의 통념에도 부합하는 것이다. 그런데 총유물 처분행위의 개념을 다수의견과 같이 해석하게 되면, 피고 조합 규약 제21조에 위반된 거래행위의 효력을 당초 위 규약 조항의 취지와 다르게 보게 되어 총유에 있어서 비법인사단의 자율성을 보장하려는 민법 제275조 제2항의 입법 취지에 반할 뿐만 아니라, 비법인사단의 소유관계를 총유로 규정함으로써 비법인사단 자체의 존속과 그 구성원들의 이익보호를 도모하고자 한 입법자의 선택에도 어긋나며, 법률의 통일적인 해석과 적용도 곤란해지게 된다.

라. 이상과 같은 이유로, 비법인사단에게 채무를 부담시키는 행위가 총유물의 처분행위에 해당하지 아니한다고 좁혀서 해석하려는 다수의견에는 동의할 수 없다.

대법원장 이용훈(재판장) 고현철 김용담 김영란 양승태(주심) 김황식 박시환
김지형 이홍훈 박일환 김능환 전수안 안대희

◆ 총유물에 관한 권리의무의 상실

제 277 조 【총유물에 관한 권리의무의 득상】

총유물에 관한 사원의 권리의무는 사원의 지위를 취득상실함으로써 취득상실된다.

■ § 277. 총유물에 관한 사원의 권리의무

- 총유물에 관한 사원의 권리의무는 사원의 지위를 취득상실함으로써 당연히 취득상실된다.
- 사원의 권리 : 총유물의 관리처분에 참여할 수 있는 것, 총유물의 사용, 수익

총유물에 관한 사원의 권리의무는 사원의 지위를 취득·상실함으로써 취득·상실한다. 사원의 권리의 주요한 것은 총유물의 관리·처분에 참여하며 그것을 사용·수익할 수 있는 것이다.

총유에 관하여 각 사원이 지분을 가지느냐에 관하여 민법은 규정하고 있지 않다. 이에 반해 공유와 합유의 경우에는 지분에 관하여 명문의 규정이 있다(제262조·제263조·제267조). 따라서 총유에는 공유나 합유가 있어서와 같은 지분이란 있을 수 없다고 할 것이다. 이에 대하여 「총유물에 관한 사원의 권리의무」란 의미에서는 총유지분도 있다고 하는 반대설이 있다. 그러나 반대설에서 말하는 지분은 공유나 합유의 지분과는 의미가 다르다. 그러므로 공유와 합유에서와 같은 지분은 총유에는 인정할 수 없다는 전설의 주장이 반대설에 의해 완전히 배제되는 것은 아닐 것이다. 양설은 지분의 의미에 차이가 있기 때문이다.

◆ 소유권 이외의 재산권을 공동소유하는 경우의 법률관계

제 278 조 【준공동소유】

본절의 규정은 소유권 이외의 재산권에 준용한다. 그러나 다른 법률에 특별한 규정이 있으면 그에 의한다.

■ § 278. 준공동소유

- 소유권 이외의 재산권에 대한 공동소유
- 준공유, 준합유, 준총유
- 지상권, 전세권, 지역권, 저당권, 주식, 광업권, 저작권, 특허권, 어업권
- 민법의 공동소유에 관한 규정이 준용
- 관련법조 : 상 §333, §489, §558, 광업 §30, 수산업 §23, 특허 §99, 저작권 §15 등

수인이 공동으로 소유권 이외의 재산권을 소유하는 것을 준공동소유라고 한다. 그것은 소유권의 공동소유와 비슷하기 때문이다. 공동소유에 관한 규정은 준공동소유에도 준용한다. 따라서 공동소유에 공유 · 합유 · 총유의 세 가지가 있듯이 준공동소유에도 준공유 · 준합유 · 준총유의 세 가지가 있다.

준공동소유가 인정되는 소유권 이외의 재산권의 주요한 것은 지상권 · 전세권 · 지역권 · 저당권 등 민법상의 물권과 주식 · 광업권 · 저작권 · 특허권 · 어업권(어업권의 준공유. 대판 1953. 2. 21. 4285 민상 118) 등이다. 채권에 관해서도 준공유는 성립하나 채권의 내용과 효력에 관해서는 불가분채권의 규정(제409조~제412조 참조)에 의하여야 하며 채권에 대한 지배(예, 채권에서 생기는 과실 기타 수익의 분배, 채권의 보존 · 이용방법의 결정, 그 비용의 부담, 채권의 처분 등)에 관해서만 준공동소유로서 각각 관계되는 규정의 적용을 받게 된다.

준공동소유에 대해서 민법의 공동소유의 규정이 준용되나 다른 법률에 특별한 규정이 있으면 그에 의한다. 특별법의 중요한 것으로는 상법(제333조의 주식의 공유, 제489조 2항 사채의 공유, 제558조 유한회사 사원의 지분의 공유), 저작권법, 특허법, 광업법, 수산업법 등이 있다.

▣ 핵심판례 ▣

■ **수인이 시기를 달리하여 채권의 일부씩을 대위변제하고, 근저당권 일부이전의 부기등기를 경료한 경우의 법률관계**

채권의 일부에 대하여 대위변제가 있는 때에는 대위자는 민법 제483조 1항에 의하여 그 변제한 가액에 비례하여 채권자의 권리를 행사할 수 있으므로, 수인이 시기를 달리하여 채권의 일부씩을 대위변제하고 근저당권 일부이전의 부기등기를 각 경료한 경우 그들은 각 일부대위자로서 그 변제한 가액에 비례하여 근저당권을 준공유하고 있다고 보아야 하고, 그 근저당권을 실행하여 배당함에 있어서는 다른 특별한 사정이 없는 한 각 변제채권액에 비례하여 안분배당을 하여야 한다(대판 2001. 1. 19, 2000다37319).

<참고사항>

*명의신탁

1. 명의신탁의 의의 및 구별개념

신탁자가 소유권을 보류하여 관리, 수익하면서 공부상의 소유명의만을 수탁자로 하여 두는 것을 명의신탁이라 함. 이는 허위표시와는 구별됨. 결국 법률행위 해석의 문제가 됨.

2. 명의신탁의 대상

공부상 표시가 가능한 권리에 대해서만 가능. 동산 자체는 공부상 그 소유관계가 공시될 수 없으므로 명의신탁이 성립될 여지가 없음. 한편, 부실법상의 명의신탁의 대상은 '부동산에 관한 소유권 기타 물권'이므로 종래 판례에 의한 명의신탁의 대상보다 좁다.

3. 명의신탁의 유효성

허위표시가 아닌 민법상의 신탁행위로서 유효하다는 것이 통설과 판례의 태도. 판례는 대내적으로는 신탁자가 소유자이고 대외적으로는 수탁자가 소유자라는 신탁적 소유권 이전설을 취함

4. 대내관계

신탁자는 수탁자에 대해 등기 없이도 소유권을 주장할 수 있고 자신의 소유권을 다투는 수탁자를 상대로 소유권확인을 구할 수도 있음(대판 1977.10.11. 77다1316). 명의신탁 당사자 중 일방이 사망한 경우 상속인과의 사이에서 명의신탁관계는 그대로 존속함.

5. 대외관계

대외적으로는 수탁자가 소유자가 된다. 수탁자로부터 소유권을 이전받은 제3자는 원칙적으로 선,악 불문하고 소유권을 취득함. 다만, 수탁자의 배임행위에 적극 가담한 경우 제103조 위반으로서 무효이고 신탁자는 명의신탁을 해지하고 채권자대위권을 행사하여 소유명의를 회복할 수 있다(대판 1974.6.25. 74다423).

6. 명의신탁의 해지

1) 의 의

명의신탁의 해지란 장래를 향하여 명의신탁의 효과를 소멸시키는 것으로서, 신탁자는 언제든지 일방적으로 명의신탁을 해지할 수 있음. 판례는 수탁자가 수인인 경우 일부의 수탁자에 대해서만 해지의 의사표시를 한 경우, 그 일부에 대해서만 해지의 효과가 발생한다고 보아 해지의 불가분성의 예외를 인정한다(대판 1979. 5. 22. 73다467).

2) 해지의 효과

① 채권적 효과설

물권행위의 독자성과 무인성을 인정하는 입장에서 주장됨. 해지를 하여도 소유권을 당연히 복귀하지는 않고 소유권을 회복시켜 줄 의무만 발생. 등기를 회복하기 전에 수탁자로부터 등기를 이전받은 제3자는 선, 악의를 불문하고 보호됨.

② 물권적 효과설

물권행위의 무인성을 부정하는 견해로서 해지로 인해 소유권은 당연히 복귀하고, 제3자는 선의인 경우에 한하여 예외적으로 제548조 1항 단서를 유추적용 함으로써 보호됨.

③ 내외관계 구별설(판례)

내부적 소유권은 당연히 복귀하고, 외부적 소유권은 등기를 회복해야 복귀한다고 봄. 등기를 회복하기 전에 수탁자로부터 이전등기를 경료받은 제3자는 선,악의를 불문하고 보호됨

3) 해지 후에 경료된 수탁자 명의의 등기효력

명의신탁 계약이 체결된 후 수탁자 명의로 등기가 경료되기 전에 명의신탁 계약이 해지된 경우 그 후에 수탁자 명의로 이전등기가 경료되더라도 이는 원인무효의 등기이고, 위 수탁자로부터 등기를 양수받은 제3자의 등기 역시

원인무효라는 것이 판례(대판 1993. 7. 13. 93다531).

*부동산실권리자명의등기에관한법률(이하 부실법이라 칭함)

1. 원 칙

명의신탁약정은 무효(제4조 1항). 그 약정에 기한 물권변동도 무효(제4조 2항). 다만, 그러한 무효를 가지고 제3자에게 대항할 수 없다(제4조 3항, 제3자의 선,악의 불문). 이 때 제3자라 함은 명의신탁 약정의 당사자 및 포괄승계인 이외의 자로서 명의수탁자가 물권자임을 기초로 그와의 사이에 직접 새로운 이해관계를 맺은 자를 말한다(대판 2004. 8. 30. 2002다48771). 계약명의신탁에서 매도인이 선의인 경우에는 예외적으로 물권변동이 유효하여 수탁자가 소유권을 취득(제4조 2항 단서).

2. 부실법의 적용범위 및 적용제외

부실법은 소유권뿐만 아니라 기타 물권도 규율(제2조 1호). 그러나 부실법은 양도담보, 가등기담보, 상호명의신탁은 포함하지 않음. 또한 종중, 배우자의 경우 일정한 경우 특례인정(제8조).

제 4 장 지 상 권

지상권은 타인의 토지에서 건물 기타의 공작물이나 수목을 소유하기 위하여 그 토지를 사용할 수 있는 용익물권이다. 즉 그것은 물권으로 구성되어 있는 일종의 차지권인 것이다.

지상권은 다음과 같은 성질을 가지고 있다.

① 지상권은 타인의 토지를 사용하는 물권이다. 지상권은 1필지의 일부에도 설정이 가능하다.

② 지상권은 건물 기타 공작물이나 수목을 소유하는 것을 목적으로 하는 권리이다. 공작물이란 가옥, 교량, 연못, 동상, 기념비, 광고탑, 전주, 담, 궤도, 터널, 철관, 지하철, 기타 지상·지하 및 공간에 인공적으로 설치된 모든 시설을 말한다. 수목이란 식목의 대상이 되는 것을 의미하고, 경작의 대상이 되는 것은 포함하지 않는다고 보는 것이 다수설의 태도이다(따라서 과수나 뽕나무를 위한 지상권은 성립 안 됨). 이에 대해 민법은 수목의 종류에 대해 특별히 제한하고 있지 않기 때문에 다수설에 반대하는 견해(곽윤직)와 농지임대차를 금지하는 농지법의 취지를 살려 농지법의 대상이 되는 수목은 포함되지 않는다는 소수설이 있다(김학동).

③ 지상권은 토지사용을 본체로 한다. 따라서 현재 공작물이 없거나 멸실된 경우도 지상권은 유효하게 존속한다.

④ 지료(토지이용대가)는 반드시 지급하여야 하는 것은 아니다. 즉, 지료는 지상권의 요소가 아니다. 즉, 무상의 지상권도 인정된다. 그러나 전세권에서는 전세금의 지급, 임차권에서는 차임의 지급이 요소이다.

◆ 지상권의 내용

제 279 조【지상권의 내용】

지상권자는 타인의 토지에 건물 기타 공작물이나 수목을 소유하기 위하여 그 토지를 사용하는 권리가 있다.

■ § 279. 지상권

- 지 상 권 : 건물 기타 공작물이나 수목을 소유하기 위하여 타인의 토지를 사용할 수 있는 용익물권
- 성 질 : ① 타인의 토지를 사용하는 물권이다(지하에도 미침).
  ② 건물 기타 공작물이나 수목의 소유를 목적으로 하는 권리이다.
  ③ 지료는 요소가 아니다.
  ④ 직접 토지를 지배하는 권리이다.
- 관련법조 : [지상권등기] 부동산등기법 §3-2, §69, [법정지상권] 입목 §6, [지상권설정제한] 도로법 §4, [지상권에 대한 분쟁] 민사조정법

1. 지상권의 의의 및 성질

지상권이란 타인의 토지에 건물 기타 공작물이나 수목을 소유하기 위하여 그 토지를 사용하는 물권을 말한다(제279～재290조). 토지의 전면적 지배권인 소유권을 제한하여 일면적으로 지배하는 제한물권이며, 그 가운데 용익물권에 속한다. 이러한 지상권의 내용은 당사자가 임대차계약(임차권)을 체결하여 채권적 관계에 의하여도 동일한 목적을 달성할 수 있다. 또한 실제로도 지주에게는 우선적 효력·물권적 청구권·처분권한 등에서 임대차계약이 유리하므로 지상권을 설정하기보다는 임대차계약에 의하며, 일반적으로 지상권이라고 하는 것도 대부분은 임차권에 불과하다. 지상권의 취득은 지상권설정계약에 의하여 취득하는 것이 보통이지만 유언과 지상권양도 등의 법률행위에 의하여 취득하는 경우도 있으며 법률상 당연히 지상권의 존재가 인정되는 법정지상권도 있다. 우리 민법은 지상권의 최장존속기간의 규정은 없으며 다만 지상물의 종류와 구조 등에 따라 30년·15년·5년의 최단존속기간의 제한만을 두

고 있다(제280조 1항). 만약 설정행위에 의하여 이 기간보다 단축된 기간을 정한 경우에는 그 존속기간을 각 종류에 해당하는 최단기간까지 연장한다(제280조 2항).

지상권은 물권이므로 양도성·임대성이 있고 담보로 제공할 수 있다. 또한 지상권이 소멸한 때에는 지상권설정자는 언제든지, 또 지상권을 일정한 조건하에 상대방에 대하여 지상물 매수청구권을 행사하여 지상권을 유지하거나, 투하자본을 회수할 수 있다(제283조 2항, 제285조 2항). 지료는 지상권의 요소는 아니지만 그 약정을 등기하면 지상권의 내용으로 되어 물권적 효력이 있다. 지상권의 소멸원인은 토지의 멸실·존속기간의 만료·소멸시효(제162조 2항)·혼동(제191조)·토지의 수용·지상권에 우선하는 저당권의 실행으로 인한 경매 등과 같은 물권일반에 걸쳐 공통된 사유와 지상권설정권자의 소멸청구(제287조)·지상권의 포기(제153조 2항 단서, 제371조 2항)·지상권소멸에 대한 약정사유의 발생 등과 같은 지상권에만 특유한 사유가 있다.

2. 지상권의 취득

(1) 법률행위에 의한 취득

지상권은 토지소유자와 지상권을 취득하려는 자 사이의 지상권설정계약과 그 등기에 의하여 성립한다. 지상권 등기에는 지상권 설정의 목적과 범위를 기재하고, 등기원인에 존속기간·지료와 그 지급시기의 약정이 있는 때에는 이를 기재하여야 한다(부동산등기법 제136조).

설정계약 이외에 유언과 지상권의 양도에 의해서도 지상권을 승계취득할 수 있고, 이 경우에도 그 등기를 하여야 효력이 발생한다.

지상권에 있어서 지료의 지급은 그의 요소가 아니어서 지료에 관한 유상약정이 없는 이상 지료의 지급을 구할 수 없다(대판 1999. 9. 3, 99다24874).

(2) 법률의 규정에 의한 취득

상속, 판결, 경매, 공용징수, 취득시효 기타 법률의 규정에 의해 지상권을 취득한다. 법률의 규정에 의한 취득은 등기를 요하지 않는다(제187조). 건물을 소유하기 위하여 그 건물부지를 평온·공연하게 20년 간 점유함으로써 건물부지에 대한 지상권을 시효취득한 경우에 법률의 규정에 의한 취득이나 등기해야 효력이 생긴다(제248조, 제245조 제1항).

3. 법정지상권

(1) 법정지상권의 의의

토지와 지상건물이 동일인에게 귀속하고 있었으나 경매 기타의 사유로 토지와 지상건물이 소유자가 각각 달라진 때에 건물소유자를 보호하기 위해서 법률의 규정에 의해 당연히 인정되는 지상권이 법정지상권이다. 법률의 규정에 의한 취득이므로 등기를 요하지 않는다(제187조).

(2) 취득요건

제366조에 의한 법정지상권 또는 관습에 의한 법정지상권이 인정되려면 동일인의 소유에 속하는 토지와 그 위에 있는 건물의 경매 기타 적법한 원인행위로 인하여 그 소유자를 달리하는 경우이어야한다.

따라서 토지와 그 위의 건물의 소유자가 각각 달리하고 있던 중 토지 또는 건물만이 경매 기타 원인으로 다시 다른 사람에게 소유권이 이전되는 경우에는 인정할 수 없다(대판 1988. 9. 27, 88다카4017).

(3) 법정지상권이 성립하는 경우

건물에 전세권설정 후 토지소유자가 변경된 때(제305조)	· 대지와 건물이 동일한 소유자에 속한 경우에 건물에 전세권을 설정한 때에는 그 대지소유권의 특별승계인은 전세권 설정자에 대하여 지상권을 설정한 것으로 본다. 그러나 지료는 당사자의 청구에 의하여 법원이 이를 정한다. · 전항의 경우에 대지소유자는 타인에게 그 대지를 임대하거나 이를 목적으로 한 지상권 또는 전세권을 설정하지 못한다.
저당권실행으로 소유자가 달라진 때(제366조)	저당물의 경매로 인하여 토지와 그 지상건물이 다른 소유자에 속한 경우에는 토지소유자는 건물소유자에 대하여 지상권을 설정한 것으로 본다. 그러나 지료는 당사자의 청구에 의하여 법원이 이를 정한다. ※ 토지에 저당권이 설정된 이후에 그 토지에 축조된 건물에는 법정지상권의 성립을 인정하지 않는다(통설 · 판례). 다만 일괄경매청구권(제365조)을 인정하고 있을 뿐이다.

가등기담보권 등이 실행되어 소유자가 달라진 때(가등기담보 등에 관한 법률 제10조)	토지 및 그 지상의 건물이 동일한 소유자에게 속하는 경우에 그 토지 또는 건물에 대하여 제4조 제2항의 규정에 의한 소유권을 취득하거나 담보가등기에 기한 본등기가 행하여진 경우에는 그 건물의 소유를 목적으로 그 토지 위에 지상권이 설정된 것으로 본다.
토지와 입목의 소유자가 어떤 원인으로 달라진 때(입목에 관한 법률 제6조)	입목의 경매 기타 사유로 인하여 토지와 그 입목이 각각 다른 소유자에게 속하게 되는 경우에는 토지소유자는 입목소유자에 대하여 지상권을 설정한 것으로 본다.

4. 특수지상권

(1) 구분지상권

구분지상권이란 건물 기타 공작물을 소유하기 위하여 타인의 토지의 지하 또는 지상의 공간을 그 상하의 범위를 정하여 사용하는 지상권을 말한다(제289조의 2). 구분지상권은 토지의 입체적 이용을 통한 사회경제적 효용 증대를 위해 인정되는 것으로 수목의 소유를 목적으로는 설정할 수 없다. 지상권의 목적이 된 토지에 다시 구분지상권을 설정하는 것도 가능한데 다만 대상토지에 다른 권리(지상권, 지역권, 전세권, 저당권, 대항력 있는 임차권 등)가 있을 때에는 그 권리자 전원의 승낙을 얻어야만 구분지상권의 설정이 가능하다. 나머지 법률관계는 지상권의 규정을 그대로 준용한다.

(2) 분묘기지권

가. 의의 및 성질

타인의 토지에 분묘를 설치한 때에는 그 분묘기지에 대하여 지상권에 유사한 일종의 물권을 취득하는바, 이를 분묘기지권이라 한다. 이는 관습법상 인정되는 지상권 유사의 물권으로서 분묘기지의 소유권을 취득하는 것은 아니라는 것이 판례의 태도이다.

나. 성립요건

분묘기지권은 ① 토지소유자의 승낙을 얻어 그의 소유지 안에 분묘를 설치한 때 ② 타인 소유의 토지에 그의 승낙 없이 분묘를 설치한 경우에는 20년간 공연·평온하게 그 분묘의 기지를 점유함으로써 분묘기지권을 시효로 취득하는 경우③ 자기 토지에 분묘를 설치하고 자신의 토지를 양도한 경우에 성립한다.

타인 소유의 토지에 소유자의 승낙 없이 분묘를 설치한 경우에는 20년간 평온·공연하게 그 분묘의 기지를 점유하면 지상권 유사의 관습상의 물권인 분묘기지권을 시효로 취득하는데, 이러한 분묘기지권은 봉분 등 외부에서 분묘의 존재를 인식할 수 있는 형태를 갖추고 있는 경우에 한하여 인정되고, 평장되어 있거나 암장되어 있어 객관적으로 인식할 수 있는 외형을 갖추고 있지 아니한 경우에는 인정되지 않으므로, 이러한 특성상 분묘기지권은 등기 없이 취득한다(대판 1996. 6. 14, 96다14036).

다. 존속기간

분묘기지권의 존속기간에 관하여는 민법의 지상권에 관한 규정에 따를 것이 아니라 당사자 사이에 약정이 있는 등 특별한 사정이 있으면 그에 따를 것이며, 그러한 사정이 없는 경우에는 권리자가 분묘의 수호나 봉사를 계속하면 그 분묘가 존속하고 있는 동안은 분묘기지권은 존속한다고 해석함이 타당하므로 민법 제281조에 따라 5년간이라고 보아야 할 것은 아니다(대판 1994. 8. 26, 94다28970).

또 분묘가 멸실된 경우라고 하더라도 유골이 존재하여 분묘의 원상회복이 가능하여 일시적인 멸실에 불과하다면 분묘기지권은 소멸하지 않고 존속하고 있다고 해석함이 상당하다(대판 2007. 6. 28. 2005다44114).

라. 내 용

분묘기지권자는 분묘를 수호하고 봉사하는 목적을 달성하는 데 필요한 범위내에서 타인의 토지를 사용할 수 있다.

따라서 분묘기지권은 분묘가 설치된 기지만이 아니라, 분묘의 수호 및 제사를 봉사하는 데 필요한 주위의 빈 땅에도 효력이 미친다. 또한 분묘부분이 침해당한 때에는 그 침해의 배제를 청구할 수 있다.

마. 귀속주체

분모의 수호, 관리나 봉제사에 대하여 현실적으로 또는 관습상 호주 상속인인 종손이 그 권리를 가지고 있다면 그 권리는 종손에게 전속하는 것이고 종손이 아닌 다른 후손이나 종중에서 관여할 수 없다고 할 것이나(대판 1959.4.30. 58다182), 공동선조의 후손들로 구성된 종중이 선조 분묘를 수호, 관리하여 왔다면 분묘의 수호, 관리권 내지 분묘기지권은 종중에게 귀속한다(대판 2007.6.28. 2005다44114).

바. 지 료

언제나 무상은 아니다. 설정 유형에 따라 유상 또는 무상이 가능하다. 시효취득한 경우에는 무상이라는 것이 판례의 태도이다(대판 1995.2.28. 94다37912).

(3) 관습법상의 법정지상권

가. 의의 및 취지

동일한 소유자에게 속하였던 토지와 건물 중 어느 하나가 매매 기타의 원인으로 각각 소유자가 달라진 경우에, 특히 그 건물을 철거한다는 특약이 없는 한 건물의 소유자는 그 토지 위에 관습법상의 법정지상권을 취득한다. 이는 토지와 건물을 별개의 부동산으로 취급하고 있는 현행법제상 건물소유를 위한 대지사용권을 보장하여 건물의 사회경제적 효용을 유지하기 위하여 인정되는 것이다. 또한 관습법상의 요건을 갖춘 경우에는 통상 건물의 소유자로 하여금 토지를 계속 사용하게 하려는 것이 당사자의 의사로 볼 수 있다는 점에서도 그 인정근거를 찾을 수 있다(대판 2002. 6. 20. 2002다9660). 관습법상의 법정지상권은 민법의 지상권에 관한 규정이 적용된다.

나. 성립요건

① 토지와 건물이 동일인의 소유에 속하였어야 한다.

즉, 동일인의 소유에 속하였던 토지와 건물이 매매, 증여, 강제경매, 국세징수법에 의한 공매 등으로 그 소유권자를 달리하게 된 경우에 그 건물을 철거한다는 특약이 없는 한 건물소유자는 그 건물의 소유를 위하여 그 부지에 관하여 관습상의 법정지상권을 취득하는 것이고, 그 건물은 건물로서의 요건을 갖추고 있는 이상 무허가건물이거나 미등기건물이거나를 가리지 않는다(대판 1988. 4. 12, 98다카2404). 또한 관습상의 법정지상권의 성립 요건인 해당 토지와 건물의 소유권의 동일인에의 귀속과 그 후의 각기 다른 사람에의 귀속은 법의 보호를 받을 수 있는 권리변동으로 인한 것이어야 하므로, 원래 동일인에게의 소유권 귀속이 원인무효로 이루어졌다가 그 뒤 그 원인무효임이 밝혀져 그 등기가 말소됨으로써 그 건물과 토지의 소유자가 달라지게 된 경우에는 관습상의 법정지상권을 허용할 수 없다는 것이 판례의 태도이다(대판 1999. 3. 26. 93다48871).

② 매매 기타의 원인(매매, 증여, 강제경매, 국세징수법에 의한 공매 등)으로 각각 소유자가 달라져야 한다.

여기서의 '기타 원인'으로 판례상 인정되는 것으로 대물변제, 강제경매, 국세체납처분에 의한 공매, 공유물분할, 귀속재산의 불하 등이 있다. 다만, 환지처분의 경우에는 환지의 성질상 관습법상의 법정지상권의 성립을 부정하는 것이 판례의 태도이다(대판 2001. 5. 8. 2001다4101). 그러나 저당권 실행에 의한 경매의 경우에는 제366조에 의한 법정지상권이 성립한다.

③ 당사자 사이에 그 건물을 철거한다는 특약이 없어야 한다.

관습법상의 법정지상권은 임의규정으로 포기의 특약은 유효하다. 이러한 건물을 철거하기로 하는 합의가 있었다는 등의 특별한 사정의 존재에 관한 주장입증책임은 그러한 사정의 존재를 주장하는 쪽에 있다(대판 1988. 9. 27. 87다카279). 한편, 제366조의 법정지상권은 강행규정임에 유의하여야 한다. 대지상의 건물만을 매수하면서 대지에 관한 임대차계약을 체결하였다면 위 건물매수로 인하여 취득하게 될 관습법상의 법정지상권을 포기하였다고 보는 것이 판례이다(대판 1991. 5. 14. 91다1912).

④ 등기는 요하지 않는다.

건물소유자는 법정지상권 취득 당시의 토지소유자에 대하여서뿐만 아니라 토지의 전득자에게도 등기 없이 이 권리를 주장할 수 있다(대판 1988. 9. 27. 87다카279). 단, 처분시에는 제187조 단서에 따라 설정등기를 하고 처분하여야 한다(대판 1971. 1. 26. 70다2576)

다. 내 용

관습법상의 법정지상권은 다른 특별한 사정이 없는 한 법정지상권과 동일하므로 민법의 지상권에 관한 규정을 적용한다.

라. 관련문제

1) 관습법상의 법정지상권이 성립된 후에 건물이 증축된 경우 증축된 건물에 대해 관습상의 법정지상권이 성립되는지 여부

관습법상의 법정지상권이 성립된 토지에 대하여는 법정지상권자가 건물의 유지 및 사용에 필요한 범위를 벗어나지 않는 한 토지를 자유로이 사용할 수 있는 것이므로, 지상건물이 법정지상권이 성립한 이후에 증축되었다 하더라도 그 건물이 관습법상의 법정지상권이 성립하여 법정지상권자에게 점유·사용할 권한이 있는 토지 위에 있는 이상 이를 철거할 의무는 없다(대판 1995. 7. 28, 95다9075).

2) 미등기 건물을 그 대지와 함께 매도한 후 그 대지에만 소유권이전등기가 경료되었다가 후에 대지와 건물이 그 소유명의를 달리하게 된 경우 관습상의 법정지상권이 성립하는지 여부

관습상의 법정지상권은 동일인의 소유이던 토지와 그 지상건물이 매매 기타 원인으로 인하여 각각 소유자를 달리하게 되었으나 그 건물을 철거한다는 등의 특약이 없으면 건물소유자로 하여금 토지를 계속 사용하게 하려는 것이 당사자의 의사라고 보아 인정되는 것이므로 토지의 점유·사용에 관하여 당사자 사이에 약정이 있는 것을 볼 수 있거나 토지소유자가 건물의 처분권까지 함께 취득한 경우에는 관습상의 법정지상권을 인정할 까닭이 없다 할 것이어서, 미등기 건물을 그 대지와 함께 매도하였다면 비록 매수인에게 그 대지에 관하여만 소유권 이전등기가 경료되고 건물에 관하여는 등기가 경료되지 아니하여 형식적으로 대지와 건물이 그 소유 명의자를 달리하게 되었다 하더라도 매도인에게 관습상의 법정지상권을 인정할 이유가 없다(대판 2002. 6. 20, 2002다9660).

3) 토지공유자의 한 사람이 다른 공유자의 지분 과반수의 동의를 얻어 건물을 건축한 후 토지와 건물의 소유자가 달라진 경우 관습법상의 법정지상권이 성립하는지 여부

토지공유자의 한 사람이 다른 공유자의 지분 과반수의 동의를 얻어 건물을 건축한 후 토지와 건물의 소유자가 달라진 경우 토지에 관하

여 관습법상의 법정지상권이 성립하는 것으로 보게 되면 이는 토지 공유자의 1인으로 하여금 자신의 지분을 제외한 다른 공유자의 지분에 대하여서까지 지상권 설정의 처분행위를 허용하는 셈이 되어 부당하다(대판 1993. 4. 13, 92다55765).

<참고사항>

*관습법상 법정지상권자로부터 건물을 양수한 자의 법적지위

1. 건물소유권양수인이 법정지상권을 취득하는지 여부

법정지상권을 취득한 자가 그 건물의 소유권을 제3자에게 양도하는 경우, 건물에 대한 이전등기뿐만 아니라 지상권 양도 합의와 이전을 위한 등기를 갖추어야만 법정지상권을 취득한다는 것이 통설과 판례(대판 1995. 4. 11. 94다39925). 다만, 건물 양수인이 건물을 경매로 취득한 것이라면 경매의 경우에는 물권변동에 등기가 불필요하므로 경락인은 관습법상의 법정지상권을 이전등기 없이도 당연히 취득(대판 1979. 8. 28. 79다1087)

2. 건물양수인의 지상권취득 방법

양도인의 토지소유자에 대한 지상권설정등기청구권을 대위행사하여 양도인에게 등기를 경료하게 한 이후 자신에게 지상권이전등기할 것을 청구

3. 토지소유자의 양수인에 대한 건물철거청구 가부

양수인은 법정지상권을 취득할 지위에 있기 때문에 대지소유자가 소유권에 기하여 건물철거를 구하는 것은 지상권의 부담을 용인하고 그 설정등기 절차를 이행할 의무가 있는 자가 그 권리자를 상대로 한 청구라 할 것이어서 신의칙상 인정될 수 없다는 것이 판례의 확립된 태도(대판 1981. 9. 8. 80다2873). 학설은 제213조 단서의 점유할 권리를 인정하여 건물철거청구를 부정.

4. 불법행위책임 및 부당이득반환청구 가부

위와 같은 취지로 토지소유자는 건물양수인에게 불법행위책임을 물을 수 없다고 함. 건물양수인의 토지점유가 불법점유는 아니기 때문. 다만, 건물양수인은 지료가 결정되기 전까지 차임상당의 부당이득반환의무가 있음(대판 1988. 9. 27. 87다카279).

*건물의 증·개축, 신축과 법정지상권

1. 법정지상권 성립 전(저당권 실행 전)에 건물을 신축·재축한 경우

판례는 "민법 제366조 소정의 법정지상권이 성립하려면 저당권 설정 당시 저

당권의 목적이 되는 토지 위에 건물이 존재하여야 하는데, 저당권 설정 당시의 건물을 그 후 개축·증축한 경우는 물론이고 그 건물이 멸실되거나 철거된 후 재건축·신축한 경우에도 법정지상권이 성립하며, 이 경우 신건물과 구건물 사이에 동일성이 있거나 소유자가 동일할 것을 요하는 것은 아니라 할 것이지만, 그 법정지상권의 내용인 존속기간·범위 등은 구건물을 기준으로 하여야 할 것이다(대판 2001. 3. 13. 2000다48517)"라고 판시하여 이 때도 법정지상권의 성립을 긍정하고, 다만, 그 범위와 내용은 구건물을 기준으로 한다고 함. 다만, 공동저당에 있어서 최근 판례는 "동일인 소유의 토지와 그 지상 건물에 관하여 공동저당권이 설정된 후 그 건물이 철거되고 다른 건물이 신축된 경우, 저당물의 경매로 인하여 토지와 신축건물이 서로 다른 소유자에게 속하게 되면 민법 제366조 소정의 법정지상권이 성립하지 않는다(대판 2003. 12. 18. 98다43601)"고 하여 토지·건물의 공동저당에 있어서는 법정지상권의 성립을 부정함.

2. 법정지상권이 성립된 후에 건물신축 등을 한 경우

이에 대해 구건물과 신건물 사이에 동일성을 요구하는 종전판례가 있었는데, 그 이후 동일성을 요구하지 않는 판례가 나와 판례의 태도는 불명확함. 최근 판례는 "제366조 소정의 법정지상권이나 관습법상의 법정지상권이 성립한 후에 건물을 개축 또는 증축하는 경우는 물론 건물이 멸실되거나 철거된 후에 신축하는 경우에도 법정지상권은 성립하나, 다만 그 법정지상권의 범위는 구건물을 기준으로 한다(대판 1997. 1. 21. 96다40080)"고 판시.

[지상권 · 임차권 · 전세권]

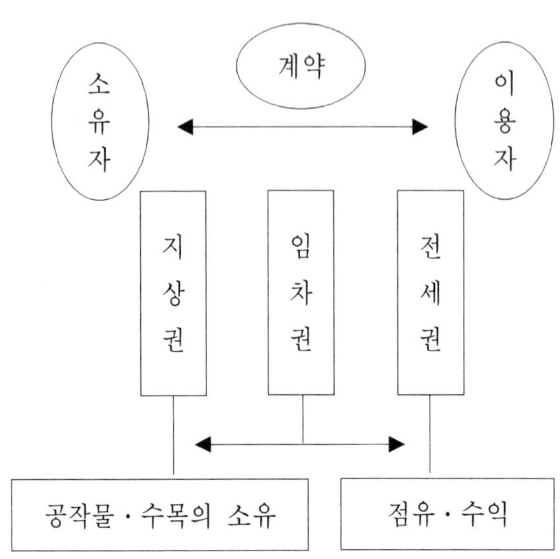

▣ 핵심판례 ▣

■ [지상권의 내용]

1. 토지에 관하여 저당권과 함께 지상권을 취득하는 경우, 당해 지상권의 효용 및 방해배제청구권의 내용

가. 토지에 관하여 저당권을 취득함과 아울러 그 저당권의 담보가치를 확보하기 위하여 지상권을 취득하는 경우, 특별한 사정이 없는 한 당해 지상권은 실행될 때까지 제3자가 용익권을 취득하거나 목적토지의 담보가치를 하락시키는 침해행위를 하는 것을 배제함으로써 저당 부동산의 담보가치를 확보하는데에 그 목적이 있다고 할 것이므로, 그와 같은 경우 제3자가 비록 토지소유자로부터 신축 중인 지상건물에 관한 건축주 명의를 변경받았다 하더라도, 그 지상권자에게 대항할 수 있는 권원이 없는 한 지상권자로서는 제3자에 대하여 목적토지 위에 건물을 축조하는 것을 중지하도록 요구할 수 있다.

나. 토지 위에 건물을 신축 중인 토지소유자가 토지에 관한 근저당권 및 지상권 설정등기를 경료한 후 제3장에게 위 건물에 대한 건축주 명의를 변경하여 준 경우, 제3자가 지상권장에게 대항할 수 있는 권원이 없는 한 지상권자는 제3자에 대하여 목적토지 위에 건물을 축조하는 것을 중지하도록 요구할 수 있다(대판 2004. 3. 29, 2003마1753).

2. 법정지상권 또는 관습상의 지상권이 발생한 경우, 토지 소유자가 지료를 확정하는 재판 전에 법원의 지료결정을 전제로 지료급부 이행의 소를 제기할 수 있는지 여부(적극) 및 법원이 지료급부 이행소송의 판결이유에서 정한 지료에 관한 결정의 효력

가. 법정지상권 또는 관습에 의한 지상권이 발생하였을 경우에 토지의 소유자가 지료를 청구함에 있어서 지료를 확정하는 재판이 있기 전에는 지료의 지급을 소구할 수 없는 것은 아니고, 법원에서 상당한 지료를 결정할 것을 전제로 하여 바로 그 급부를 구하는 청구를 할 수 있다 할 것이며, 법원도 이 경우에 판결의 이유에서 지료를 얼마로 정한다는 판단을 하면 족하다.

관습상의 법정지상권에 대하여는 다른 특별한 사정이 없는 한 민법의 지상권에 관한 규정을 준용하여야 할 것이므로 지상권자가 2년분 이상의 지료를 지급하지 아니하였다면 관습상의 법정지상권도 민법 제287조에 따른 지상권 소멸청구의 의사표시에 의하여 소멸한다.

나. 토지소유자가 지상권자의 지료연체를 이유로 지상권 소멸청구를 하여 지상권이 소멸된 경우 지상물 매수청구권의 인정 가부(소극)

민법 제283조 제2항 소정의 지상물 매수청구권은 지상권이 존속기간의 만료로 인하여 소멸하는 때에 지상권자에게 갱신청구권이 있어 그 갱신청구를 하였으나 지상권 설정자가 계약갱신을 원하지 아니할 경우 행사할 수 있는 권리이므로, 지상권자의 지료연체를 이유로 토지소유자가 그 지상권 소멸청구를 하여 이에 터잡아 지상권이 소멸된 경우에는 매수청구권이 인정되지 않는다(대판 2003. 12. 26, 2002다61934).

3. 미등기 건물을 대지와 함께 양수한 자가 대지에 관하여서만 소유권 이전등기를 경료한 상태에서 대지의 경매로 소유자가 달라지게 된 경우, 관습법상의 법정지상권 취득 여부(소극)

미등기 건물을 그 대지와 함께 양수한 사람이 그 대지에 관하여서만 소유권 이전등기를 넘겨받고 건물에 대하여는 그 등기를 이전받지 못하고 있는 상태에서 그 대지가 경매되어 소유자가 달라지게 된 경우에는, 미등기 건물의 양수인은 미등기 건물을 처분할 수 있는 권리는 있을지언정 소유권은 가지고 있지 아니하므로 대지와 건물이 동일인의 소유에 속한 것이라고 볼 수 없어 법정지상권이 발생할 수 없다(대판 1998. 4. 24, 98다4798).

4. 관습에 의한 법정지상권이 있는 건물의 경락인이 토지의 전득자에게 지상권으로 대항할 수 있는지 여부

관습에 의한 법정지상권이 있는 건물의 경락인은 경매시에 경락 후 건물을 철거하는 등의 매각조건 아래 경매되었다는 등 특별한 사정이 없는 한 건물의 경락취득과 함께 그 지상권도 당연히 취득하였다고 할 것이므로 그 지상권으로써 토지

소유권을 전득한 자에게 대항할 수 있다(1991. 6. 28. 제3부 판결, 90다16214 건물철거등).

5. 가. 분묘의 의의

분묘란 그 내부에 사람의 유골, 유해, 유발 등 시신을 매장하여 사자를 안장한 장소를 말하고, 장래의 묘소로서 설치하는 등 그 내부에 시신이 안장되어 있지 않은 것을 분묘하고 할 수 없다.

나. 분묘기지권의 성립요건

분묘기지권이 성립하기 위하여는 봉분 등 외부에서 분묘의 존재를 인식할 수 있는 형태를 갖추고 있어야 하고, 평장되어 있거나 암장되어 있어 객관적으로 인식할 수 있는 외형을 갖추고 있지 아니한 경우에는 분묘기지권이 인정되지 아니한다(1991. 10. 25. 제2부 판결, 91다18040 묘소철거금지).

6. 분묘기지권의 존속기간 및 분묘기지권이 미치는 범위

가. 분묘기지권의 존속기간에 관하여는 민법의 지상권에 관한 규정에 따를 것이 아니라 당사자 사이에 약정이 있는 등 특별한 사정이 있으면 그에 따를 것이며, 그러한 사정이 없는 경우에는 권리자가 분묘의 수호와 봉사를 계속하며 그 분묘가 존속하고 있는 동안은 분묘기지권은 존속한다고 해석함이 타당하므로 민법 제281조에 따라 5년 간이라고 보아야 할 것은 아니다.

나. 분묘기지권은 분묘의 기지 자체뿐만 아니라 그 분묘의 설치목적인 분묘의 수호 및 제사에 필요한 범위 내에서 분묘의 기지 주위의 공지를 포함한 지역에까지 미치는 것이고, 그 확실한 범위는 각 구체적인 경우에 개별적으로 정하여야 하고 매장 및 묘지 등에 관한 법률 제4조 제1항 후단 및 같은 법 시행령 제2조 제2항의 규정이 분묘의 점유면적을 1기당 20평방미터로 제한하고 있으나, 여기서 말하는 분묘의 점유면적이라 함은 분묘의 기지면적만을 가리키며 분묘기지 외에 분묘의 수호 및 제사에 필요한 분묘기지 주위의 공지까지 포함한 묘지면적을 가리키는 것은 아니므로 분묘기지권의 범위가 위 법령이 규정한 제한면적 범위 내로 한정되는 것은 아니다(대판 1994. 8. 26, 94마28970).

7. 분묘기지권에 그 효력이 미치는 지역적 범위 내에서 기존의 분묘에 단분(單墳)형태로 합장하여 새로운 분묘를 설치할 권능이 포함되어 있는지 여부(소극)

분묘기지권은 분묘를 수호하고 봉제사하는 목적을 달성하는 데 필요한 범위 내에서 타인의 토지를 사용할 수 있는 권리를 의미하는 것으로서, 이 분묘기지권에는 그 효력이 미치는 지역의 범위 내라고 할지라도 기존의 분묘 외에 새로운 분묘를 신설할 권능은 포함되지 아니하는 것이므로, 부부 중 일방이 먼저 사망하여 이미 그 분묘가 설치되고 그 분묘기지권이 미치는 범위 내에서 그 후에 사망한 다른 일방을 단분(單墳)형태로 합장하여 분묘를 설치하는 것도 허용되지 않는다(대판 2001. 8. 21, 2001다28367).

8. 분묘의 기지에 대한 지상권 유사의 물권인 관습상의 법정지상권은 권리자가 의무자에 대하여 그 권리 포기의 의사표시 외에 점유도 포기하여야만 그 권리가 소멸하는지 여부(소극)

분묘의 기지에 대한 지상권 유사의 물권인 관습상의 법정지상권이 점유를 수반하는 물권으로서 권리자가 의무자에 대하여 그 권리를 포기하는 의사표시를 하는 외에 점유까지도 포기하여야만 그 권리가 소멸하는 것은 아니다(1992. 6. 23. 제2부 판결, 92다14762 관습상의 분묘기지권확인).

9. 가. 건물에 대한 저당권의 효력이 그 건물의 소유를 목적으로 한 지상권에도 미치는지 여부(적극)

민법 제358조 본문은 “저당권의 효력은 저당부동산에 부합된 건물과 종물에 미친다”고 규정하고 있는바, 이 규정은 저당부동산에 종된 권리에도 유추적용되어 건물에 대한 저당권의 효력은 그 건물의 소유를 목적으로 하는 지상권에도 미친다고 보아야 할 것이다.

나. 위 “가”항의 경우 건물의 경락인이 등기 없이도 지상권을 취득하는지 여부

위 “가”항의 경우 건물에 대한 저당권이 실행되어 경락인이 그 건물의 소유권을 취득하였다면 경락 후 건물을 철거한다는 등의 매각조건하에서 경매되었다는 등 특별한 사정이 없는 한 그 건물 소유를 위한 지상권도 민법 제187조의 규정에 따라 등기 없이 당연히 경락인이 취득하고, 따라서 경락인은 종전의 지상권자를 상대로 지상권이전등기절차의 이행을 구할 수 있다고 보아야 할 것이며, 그 이행을 구하는 소가 소의 이익이 없다고도 볼 수 없다.

다. 위 “나”항의 경우 경락인으로부터 건물을 취득한 자가 경락인을 대위하여 지상권이전등기를 청구할 수 있는지 여부

위 “나”항의 경우 경락인이 건물을 제3자에게 양도한 때에는 특별한 사정이 없는 한 민법 제100조 제2항의 유추적용에 의하여 건물과 함께 종된 권리인 지상권도 양도하기로 한 것으로 봄이 상당하다 할 것이니, 위 건물 양수인은 그 지상권이전등기청구권을 보전하기 위하여 경락인을 대위하여 종전의 지상권자에게 지상권이전등기절차의 이행을 구할 수 있다(1992. 7. 14. 제2부 판결, 92다527 지상권이전등기).

10. 수족관 건물의 소유를 위하여 그 국유부지에 관하여 관습상 법정지상권을 취득하였다면 국유재산 대부기간 만료 후 계속하여 위 부지를 사용하는데 정당한 사유가 있다고 할 수 있는지 여부(적극)

수족관 건물의 소유를 위하여 그 부지일부에 관하여 관습상 법정지상권을 취득하였다면 그 후 대부기간이 만료된 뒤에도 계속하여 위 부지를 사용한 데에는 정당한 사유가 있다고 볼 수 있다(1993. 2. 12. 제3부(마) 판결, 92도3234 국유재산법위반).

11. 가. 아파트 시공회사가 수위실을 건축하고 그 부지를 타인에게 매도한 경우 관습법상의 법정지상권을 취득하는지 여부(적극)

아파트 시공회사가 토지를 매수하여 소유권이전등기를 경료한 후 아파트 수위실을 축조하여 이를 아파트 소유자들에게 미등기상태로 양도함과 동시에 그 토지부분에 대한 영구사용권을 부여한 다음 토지를 제3자에게 처분하였다면 토지와 수위실은 시공회사의 소유에 속하였다가 토지가 제3자에게 매도됨으로써 대지와 건물이 각기 소유자를 달리하게 된 경우에 해당하므로 시공회사는 수위실의 소유를 목적으로 한 관습법상의 법정지상권을 취득하였다고 할 것이다.

나. 위 "가"항의 경우 관습법상의 법정지상권은 지상구조물인 자전거보관소와 철봉이 있는 토지에는 미치지 아니하고 수위실의 대지에서만 미친다고 한 사례

위 "가"항의 경우 관습법상의 법정지상권은 지상구조물인 자전거보관소와 철봉이 있는 토지에는 미치지 아니하고 수위실의 대지에서만 미친다(1993. 2. 23. 제2부(타) 판결, 92다49218 건물철거등).

12. 대지 및 지상건물이 함께 매도되었으나 대지에 관하여만 소유권이전등기가 마쳐진 경우 관습상 법정대지권의 인정 여부

대지와 그 지상의 건물이 원래 갑의 소유였는데, 갑이 대지와 건물을 을에게 매도하고, 을은 건물에 관하여는 소유권이전등기를 하지 아니하고 대지에 관하여만 그 이름으로 소유권이전등기를 경료함으로써 건물의 소유명의가 갑명의로 남아 있게 되어 형식적으로 대지와 건물이 그 소유명의자를 달리하게 된 것이라면 대지와 건물의 점유사용 문제는 그 매매계약 당사자 사이의 계약에 따라 해결할 수 있는 것이므로 갑과 을 사이에 있어서는 관습에 의한 법정지상권을 인정할 필요는 없다(1993. 12. 28. 제2부 판결, 93다26687 건물철거등).

13. 건물이 장차 철거될 것임을 예상하면서 건축한 경우에도 관습상의 법정지상권이 생기는지 여부

토지와 건물이 동일인의 소유이었다가 매매 기타의 원인으로 그 소유자가 달라지게 된 경우에는 특히 그 건물을 철거한다는 특약이 없는 이상 건물소유자는 토지소유자에 대하여 관습상의 법정지상권을 취득하게 되는 것이나, 토지의 소유자가 건물을 건축할 당시 이미 토지를 타에 매도하여 소유권을 이전하여 줄 의무를 부담하고 있었다면 토지의 매수인이 그 건축행위를 승낙하지 않는 이상 그 건물은 장차 철거되어야 하는 운명에 처하게 될 것이고 토지소유자가 이를 예상하면서도 건물을 건축하였다면 그 건물을 위한 관습상의 법정지상권은 생기지 않는다고 보아야 할 것이다(대법원 1994.12.22. 선고 94다41072,94다41089(반소) 판결).

14. 원래 동일인에게의 소유권 귀속이 원인무효로 이루어졌다가 그 원인이 무효임이 밝혀져 그 등기가 말소됨으로써 건물과 토지의 소유자가 달라지게 된 경우, 관습상의 법정지상권의 성립 여부(소극)

관습상의 법정지상권의 성립 요건인 해당 토지와 건물의 소유권의 동일인에의 귀속과 그 후의 각기 다른 사람에의 귀속은 법의 보호를 받을 수 있는 권리변동으로 인한 것이어야 하므로, 원래 동일인에게의 소유권 귀속이 원인무효로 이루어졌다가 그 뒤 그 원인무효임이 밝혀져 그 등기가 말소됨으로써 그 건물과 토지의 소유자가 달라지게 된 경우에는 관습상의 법정지상권을 허용할 수 없다(대법원 1999. 3. 26. 선고 98다64189 판결).

15. 토지와 건물이 동일한 소유자에게 속하였다가 매매 기타 원인으로 인하여 양자의 소유자가 다르게 되었으나 당사자 사이에 건물 철거의 합의가 있는 경우, 건물 소유자의 관습상의 법정지상권 취득 여부(소극)

가. 토지와 건물이 동일한 소유자에게 속하였다가 건물 또는 토지가 매매 기타 원인으로 인하여 양자의 소유자가 다르게 되었더라도, 당사자 사이에 그 건물을 철거하기로 하는 합의가 있었던 경우에는 건물 소유자는 토지 소유자에 대하여 그 건물을 위한 관습상의 법정지상권을 취득할 수 없다.

나. 건물 철거의 합의가 관습상의 법정지상권 발생의 소극적 요건이 되는 이유는 그러한 합의가 없을 때라야 토지와 건물의 소유자가 달라진 후에도 건물 소유자로 하여금 그 건물의 소유를 위하여 토지를 계속 사용케 하려는 묵시적 합의가 있는 것으로 볼 수 있다는 데 있고, 한편 관습상의 법정지상권은 타인의 토지 위에 건물을 소유하는 것을 본질적 내용으로 하는 권리가 아니라, 건물의 소유를 위하여 타인의 토지를 사용하는 것을 본질적 내용으로 하는 권리여서, 위에서 말하는 '묵시적 합의'라는 당사자의 추정 의사는 건물의 소유를 위하여 '토지를 계속 사용한다'는 데 중점이 있는 의사라 할 것이므로, 건물 철거의 합의에 위와 같은 묵시적 합의를 깨뜨리는 효력, 즉 관습상의 법정지상권의 발생을 배제하는 효력을 인정할 수 있기 위하여서는, 단지 형식적으로 건물을 철거한다는 내용만이 아니라 건물을 철거함으로써 토지의 계속 사용을 그만두고자 하는 당사자의 의사가 그 합의에 의하여 인정될 수 있어야 한다.

다. 토지와 건물의 소유자가 토지만을 타인에게 증여한 후 구 건물을 철거하되 그 지상에 자신의 이름으로 건물을 다시 신축하기로 합의한 경우, 그 건물 철거의 합의는 건물 소유자가 토지의 계속 사용을 그만두고자 하는 내용의 합의로 볼 수 없어 관습상의 법정지상권의 발생을 배제하는 효력이 인정되지 않는다고 한 사례(대법원 1999. 12. 10. 선고 98다58467 판결).

16. 가. 건물에 대한 저당권의 효력이 그 건물의 소유를 목적으로 한 지상권에도 미치는지 여부(적극) 및 그 건물 양도시 지상권도 함께 양도되는지 여부(적극)

저당권의 효력이 저당부동산에 부합된 물건과 종물에 미친다는 민법 제358조 본문을 유추하여 보면 건물에 대한 저당권의 효력은 그 건물에 종된 권리인 건물의 소유를 목적으로 하는 지상권에도 미치게 되므로, 건물에 대한 저당권이 실행되어 경락인이 그 건물의 소유권을 취득하였다면 경락 후 건물을 철거한다는 등의 매각조건에서 경매되었다는 등 특별한 사정이 없는 한, 경락인은 건물 소유를 위한 지상권도 민법 제187조의 규정에 따라 등기 없이 당연히 취득하게 되고, 한편 이 경우에 경락인이 건물을 제3자에게 양도한 때에는, 특별한 사정이 없는 한 민법 제100조 제2항의 유추적용에 의하여 건물과 함께 종된 권리인 지상권도 양도하기로 한 것으로 봄이 상당하다.

나. 지료에 관한 약정을 등기하지 않은 경우, 토지소유자가 구 지상권자의 지료연체 사실을 지상권 양수인에게 대항할 수 있는지 여부(소극)

지료액 또는 그 지급시기 등 지료에 관한 약정은 이를 등기하여야만 제3자에게 대항할 수 있으므로, 지료의 등기를 하지 않은 이상 토지소유자는 구 지상권자의 지료연체 사실을 들어 지상권을 이전받은 자에게 대항하지 못한다.

다. 법정지상권에 관한 지료가 결정되지 않은 경우, 토지소유자가 2년 이상 지료지급 지체를 이유로 지상권 소멸청구를 할 수 있는지 여부(소극)

민법 제366조 단서의 규정에 의하여 법정지상권의 경우 그 지료는 당사자의 협의나 법원에 의하여 결정하도록 되어 있는데, 당사자 사이에 지료에 관한 협의가 있었다거나 법원에 의하여 지료가 결정되었다는 아무런 입증이 없고 법정지상권에 관한 지료가 결정된 바 없다면, 법정지상권자가 지료를 지급하지 않았다고 하더라도 지료 지급을 지체한 것으로는 볼 수 없으므로 법정지상권자가 2년 이상의 지료를 지급하지 아니하였음을 이유로 하는 토지소유자의 지상권 소멸청구는 이유가 없다(대법원 1996. 4. 26. 선고 95다52864 판결).

17. 미등기건물을 대지와 함께 매수하였으나 대지에 관하여만 소유권이전등기를 넘겨받고 대지에 대하여 저당권을 설정한 후 저당권이 실행된 경우, 민법 제366조 소정의 법정지상권이 성립하는지 여부(소극)

가. 민법 제366조의 법정지상권은 저당권 설정 당시에 동일인의 소유에 속하는 토지와 건물이 저당권의 실행에 의한 경매로 인하여 각기 다른 사람의 소유에 속하게 된 경우에 건물의 소유를 위하여 인정되는 것이므로, 미등기건물

을 그 대지와 함께 매수한 사람이 그 대지에 관하여만 소유권이전등기를 넘겨받고 건물에 대하여는 그 등기를 이전 받지 못하고 있다가, 대지에 대하여 저당권을 설정하고 그 저당권의 실행으로 대지가 경매되어 다른 사람의 소유로 된 경우에는, 그 저당권의 설정 당시에 이미 대지와 건물이 각각 다른 사람의 소유에 속하고 있었으므로 법정지상권이 성립될 여지가 없다.

나. 관습상의 법정지상권은 동일인의 소유이던 토지와 그 지상건물이 매매 기타 원인으로 인하여 각각 소유자를 달리하게 되었으나 그 건물을 철거한다는 등의 특약이 없으면 건물 소유자로 하여금 토지를 계속 사용하게 하려는 것이 당사자의 의사라고 보아 인정되는 것이므로 토지의 점유·사용에 관하여 당사자 사이에 약정이 있는 것으로 볼 수 있거나 토지 소유자가 건물의 처분권까지 함께 취득한 경우에는 관습상의 법정지상권을 인정할 까닭이 없다 할 것이어서, 미등기건물을 그 대지와 함께 매도하였다면 비록 매수인에게 그 대지에 관하여만 소유권이전등기가 경료되고 건물에 관하여는 등기가 경료되지 아니하여 형식적으로 대지와 건물이 그 소유 명의자를 달리하게 되었다 하더라도 매도인에게 관습상의 법정지상권을 인정할 이유가 없다(대법원 2002. 6. 20. 선고 2002다9660 전원합의체 판결).

<판례전문(대법원 2002. 6. 20. 선고 2002다9660 전원합의체 판결)>

[원고, 피상고인] 유상이 (소송대리인 변호사 이동근)

[피고, 상고인] 윤금자 (소송대리인 변호사 임동언 외 2인)

[원심판결] 서울지법 2002. 1. 11. 선고 2001나36992 판결

[주 문] 상고를 기각한다. 상고비용은 피고의 부담으로 한다.

[이 유] 1. 민법 제366조의 법정지상권은 저당권 설정 당시에 동일인의 소유에 속하는 토지와 건물이 저당권의 실행에 의한 경매로 인하여 각기 다른 사람의 소유에 속하게 된 경우에 건물의 소유를 위하여 인정되는 것이므로, 미등기건물을 그 대지와 함께 매수한 사람이 그 대지에 관하여만 소유권이전등기를 넘겨받고 건물에 대하여는 그 등기를 이전 받지 못하고 있다가, 대지에 대하여 저당권을 설정하고 그 저당권의 실행으로 대지가 경매되어 다른 사람의 소유로 된 경우에는, 그 저당권의 설정 당시에 이미 대지와 건물이 각각 다른 사람의 소유에 속하고 있었으므로 법정지상권이 성립될 여지가 없다(대법원 1987. 12. 8. 선고 87다카869 판결, 1989. 2. 14. 선고 88다카2592 판결, 1991. 8. 27. 선고 91다16730 판결 등 참조).

또한, 관습상의 법정지상권은 동일인의 소유이던 토지와 그 지상건물이 매매 기타 원인으로 인하여 각각 소유자를 달리하게 되었으나 그 건물을 철거한다는 등의 특약이 없으면 건물 소유자로 하여금 토지를 계속 사용하게 하려는 것이 당

사자의 의사라고 보아 인정되는 것이므로 토지의 점유·사용에 관하여 당사자 사이에 약정이 있는 것으로 볼 수 있거나 토지 소유자가 건물의 처분권까지 함께 취득한 경우에는 관습상의 법정지상권을 인정할 까닭이 없다 할 것이어서, 미등기건물을 그 대지와 함께 매도하였다면 비록 매수인에게 그 대지에 관하여만 소유권이전등기가 경료되고 건물에 관하여는 등기가 경료되지 아니하여 형식적으로 대지와 건물이 그 소유 명의자를 달리하게 되었다 하더라도 매도인에게 관습상의 법정지상권을 인정할 이유가 없다고 할 것이다(대법원 1987. 7. 7. 선고 87다카634 판결, 1992. 4. 10. 선고 91다40610 판결, 1998. 4. 24. 선고 98다4798 판결 등 참조).

이와 달리, 대지와 그 지상의 미등기건물을 양도하여 대지에 관하여만 소유권이전등기를 경료하고 건물에 관하여는 소유권이전등기를 경료하지 못하고 있다가 양수인이 대지에 설정한 저당권의 실행에 의하여 대지의 소유자가 달라지게 된 경우에 그 저당권설정 당시 양도인 및 양수인이 저당권자에게 그 지상건물을 철거하기로 하는 등의 특약을 한 바가 없다면 양도인이 그 지상건물을 위한 관습상의 법정지상권을 취득한다는 견해를 표명한 대법원 1972. 10. 31. 선고 72다1515 판결은 이와 저촉되는 한도 내에서 이를 폐기하기로 한다.

2. 원심이 확정한 사실관계에 의하면, 피고는 구명회로부터 이양순을 거쳐 순차로 제1심판결 주문 기재 대지의 지분 및 그 지상의 미등기건물을 일괄하여 매수하였으나 위 대지의 지분에 관하여만 소유권이전등기를 경료받고 건물에 관하여는 이전등기를 경료받지 못하고 있다가 위 대지의 지분에 관하여 설정한 근저당권의 실행에 의한 경매로 위 대지의 지분의 소유권이 원고에게 이전되었다는 것이므로, 앞에서 설시한 법리에 비추어 보면 피고 또는 구명회는 위 미등기건물을 위한 법정지상권이나 관습상의 법정지상권을 취득할 수 없다 할 것이고, 따라서 피고가 구명회를 대위하여 관습상의 법정지상권을 행사할 수도 없다고 할 것이다.

원심이 같은 취지에서 피고의 법정지상권에 관한 항변을 배척한 것은 정당한 것으로 수긍할 수 있고, 거기에 상고이유로 주장하는 바와 같이 관습상의 법정지상권에 관한 법리오해 등의 위법이 있다고 할 수 없다.

3. 그러므로 상고를 기각하고, 상고비용은 패소자의 부담으로 하기로 하여 대법관 전원의 일치된 의견으로 주문과 같이 판결한다.

대법원장 최종영(재판장) 송진훈 서성 조무제 변재승 유지담 윤재식(주심) 이용우 배기원 강신욱 이규홍 손지열 박재윤

18. 토지공유자의 한 사람이 다른 공유자의 지분 과반수의 동의를 얻어 건물을 건축한 후 토지와 건물의 소유자가 달라진 경우 관습법상의 법정지상권의 성부(소극)

토지공유자의 한 사람이 다른 공유자의 지분 과반수의 동의를 얻어 건물을 건축한 후 토지와 건물의 소유자가 달라진 경우 토지에 관하여 관습법상의 법정지상권이 성립되는 것으로 보게 되면 이는 토지공유자의 1인으로 하여금 자신의 지분을 제외한 다른 공유자의 지분에 대하여서까지 지상권설정의 처분행위를 허용하는 셈이 되어 부당하다(대법원 1993.4.13. 선고 92다55756 판결).

19. 민법 제366조 소정의 법정지상권은 저당권 설정 당시의 건물과 재건축 또는 신축된 건물 사이에 동일성이 없어도 성립하는지 여부(적극) 및 그 내용인 존속기간·범위 등의 기준(구건물)

민법 제366조 소정의 법정지상권이 성립하려면 저당권 설정 당시 저당권의 목적이 되는 토지 위에 건물이 존재하여야 하는데, 저당권 설정 당시의 건물을 그 후 개축·증축한 경우는 물론이고 그 건물이 멸실되거나 철거된 후 재건축·신축한 경우에도 법정지상권이 성립하며, 이 경우 신건물과 구건물 사이에 동일성이 있거나 소유자가 동일할 것을 요하는 것은 아니라 할 것이지만, 그 법정지상권의 내용인 존속기간·범위 등은 구건물을 기준으로 하여야 할 것이다(대법원 2001. 3. 13. 선고 2000다48517, 48524, 48531 판결).

20. 동일인 소유의 토지와 그 지상 건물에 관하여 공동저당권이 설정된 후 그 건물이 철거되고 다른 건물이 신축된 경우, 저당물의 경매로 인하여 토지와 신축건물이 서로 다른 소유자에게 속하게 되면 민법 제366조 소정의 법정지상권이 성립하는지 여부(소극)

[다수의견]

동일인의 소유에 속하는 토지 및 그 지상 건물에 관하여 공동저당권이 설정된 후 그 지상 건물이 철거되고 새로 건물이 신축된 경우에는 그 신축건물의 소유자가 토지의 소유자와 동일하고 토지의 저당권자에게 신축건물에 관하여 토지의 저당권과 동일한 순위의 공동저당권을 설정해 주는 등 특별한 사정이 없는 한 저당물의 경매로 인하여 토지와 그 신축건물이 다른 소유자에 속하게 되더라도 그 신축건물을 위한 법정지상권은 성립하지 않는다고 해석하여야 하는바, 그 이유는 동일인의 소유에 속하는 토지 및 그 지상 건물에 관하여 공동저당권이 설정된 경우에는, 처음부터 지상 건물로 인하여 토지의 이용이 제한 받는 것을 용인하고 토지에 대하여만 저당권을 설정하여 법정지상권의 가치만큼 감소된 토지의 교환가치를 담보로 취득한 경우와는 달리, 공동저당권자는 토지 및 건물 각각의 교환가치 전부를 담보로 취득한 것으로서, 저당권의 목적이 된 건물이 그대로 존속하는 이상은 건물을 위한 법정지상권이 성립해도 그로 인하여 토지의 교환가치에서 제외된 법정지상권의 가액 상당 가치는 법정지상권이 성립하는 건물의 교환가치에서 되찾을 수 있어 궁극적으로 토지에 관하여 아무런 제한이 없는 나대지로서의 교환가치 전체를 실현시킬 수 있다고 기대하지만, 건물이 철거된 후 신축된 건물에 토지와 동순위의 공동저당권이 설정되지 아니하였는데도 그 신축건물을 위한 법정지상권이 성립한다고 해석하게 되면, 공동저당권자가 법정지상권이 성립하는 신축건물의 교환가치를 취득할 수 없게 되는 결과 법정지상권의 가액 상당 가치를 되찾을 길이 막혀 위와 같이 당초 나대지로서의 토지의 교환가치 전체를 기대하여 담보를 취득한 공동저당권자에게 불측의 손해를 입게 하기 때문이다.

[반대의견]

민법 제366조가 법정지상권제도를 규정하는 근본적 취지는 저당물의 경매로 인하여 토지와 그 지상건물이 다른 사람의 소유에 속하게 된 경우에 건물이 철거됨으로써 생길 수 있는 사회경제적 손실을 방지하려는 공익상 이유에 있는 것이지 당사자 어느 한편의 이익을 보호하려는 데 있는 것이 아니고, 법정지상권은 저당권설정 당사자의 의사와 관계없이 객관적 요건만으로써 그 성립이 인정되는 법정물권인바, 저당권자가 그 설정 당시 가졌던 '기대'가 어떤 것이었느냐에 의하여 법정지상권의 성립 여부를 달리 판단하는 다수의견은 법정지상권 성립요건의 객관성 및 강제성과 조화되기 어렵고, 토지와 건물 양자에 대하여 공동으로 저당권이 설정된 경우, 원칙적으로 그 공동저당권자가 토지에 관하여 파악하는 담보가치는 법정지상권의 가치가 제외된 토지의 가치일 뿐이고, 건물에 관하여 파악하는 담보가치는 건물 자체의 가치 외에 건물의 존속에 필요한 법정지상권의 가치가 포함된 것이며, 법정지상권은 그 성질상 건물에 부수하는 권리에 불과하므로 구건물이 멸실되거나 철거됨으로써 건물저당권 자체가 소멸하면, 공동저당권자는 건물 자체의 담보가치는 물론 건물저당권을 통하여 파악하였던 법정지상권의 담보가치도 잃게 되고, 이에 따라 토지 소유자는 건물저당권의 영향에서 벗어나게 된다고 보는 것이 논리적으로 합당하다. 그러므로 토지 소유자는 그 소유권에 기하여 토지 위에 신건물을 재축할 수 있고, 그 후 토지저당권이 실행되면 신건물을 위한 법정지상권이 성립하며, 다만 그 내용이 구건물을 기준으로 그 이용에 일반적으로 필요한 범위로 제한됨으로써 공동저당권자가 원래 토지에 관하여 파악하였던 담보가치, 즉 구건물을 위한 법정지상권 가치를 제외한 토지의 담보가치가 그대로 유지된다고 보아야 하고, 이것이 바로 가치권과 이용권의 적절한 조절의 모습이다.

[다수의견쪽 보충의견]

민법 제366조가 '저당물의 경매로 인하여 토지와 그 지상건물이 다른 소유자에게 속한 경우'라고 규정하여, 마치 경매 당시에 건물이 존재하기만 하면 법정지상권이 성립할 수 있는 것처럼 규정하고 있지만 위 조문의 해석상 법정지상권이 성립하기 위하여 저당권설정 당시 토지상에 건물이 존재하여야 하고, 따라서 나대지에 저당권설정 후 설정자가 그 지상에 건물을 신축 후 경매로 토지와 건물의 소유자가 달라진 경우에는 그 신축건물을 위한 법정지상권의 성립을 부정하는 것이 판례·통설인바, 이는 이러한 경우에도 건물보호라는 공익적 요청을 고려하여 법정지상권의 성립을 허용하면 당초 건물 없는 토지의 교환가치를 기대한 저당권자의 기대 내지 의사에 반하기 때문에 이러한 당사자의 의사를 고려한 것으로 볼 수 있고, 이를 미루어 보아 법정지상권제도가 당사자의 의사를 전혀 도외시한 채 건물보호라는 공익적 요청에 의한 것이라고만 할 수는 없으며, 단독저당, 공동저당 어느 경우나 원칙적으로 저당권설정 당시 존재하던 건물이 헐린 후 재축된 신건물에 대하여는 물권법정주의의 원칙상 법정지상권이 성립될 수 없지만 예외적으로 그 성립을 인정하여도 저당권자의 의사 내지 기대에 반하지 아니하는 경우(단독저당이 여기에 해당한다)에 국한하여 건물보호를 위하여 법정지상권의 성립범위를 확장해석하는 것은 법정지상권의 성립요건의 객관성이나 강제성과는 관련이 없다(대법원 2003. 12. 18. 선고 98다43601 전원합의체 판결).

<판례전문(대법원 2003. 12. 18. 선고 98다43601 전원합의체 판결)>

[원고, 상고인겸피상고인] 석관동에이(A)지구 재건축조합 (소송대리인 변호사 장희목)

[피고, 피상고인] 백재호

[피고, 피상고인겸상고인] 서성문

[원심판결] 서울고법 1998. 7. 14. 선고 97나1176 판결

[주 문] 원심판결을 전부 파기하고, 사건을 서울고등법원에 환송한다.

[이 유] 1. 원심의 판단

가. 원심은 그 판시 증거들을 종합하여, 이 사건 대지 위에는 단층주택이 건축되어 있었는데, 위 대지 및 단층주택을 매수하여 소유권을 취득한 피고 백재호는 1989. 2. 11. 위 대지 및 단층주택을 공동담보로 제공하여 개봉단위농업협동조합 앞으로 근저당권설정등기를 마쳐 주었다가, 그 후 1991. 12. 5. 위 근저당권의 실행에 의하여 위 대지 및 단층주택에 관한 임의경매절차가 개시된 사실, 그런데 피고 백재호는 그 전인 1991. 9. 30.경 피고 서성문에게 위 단층주택의 철거와 이 사건 3층 주택의 신축공사를 도급주었는데, 피고 서성문은 1991. 10.경 위 단층주택을 철거하고 이 사건 3층 주택(이하 '이 사건 신축건물'이라 한다)의 신축공사를 시행하여 1992. 3.경 완공하였으나, 준공검사를 받지는 못하고 있고, 이 사건 신축건물은 피고들이 일부씩 나누어 점유하고 있는 사실, 한편, 위 임의경매절차에서는 위 단층주택이 이미 철거되었다는 이유로 위 단층주택에 대한 경매절차는 취소되고, 이 사건 대지에 대한 경매절차만이 속행되어 1992. 4. 23. 김영숙이 이 사건 대지를 경락받은 사실, 그 후 이 사건 대지의 소유권은 위 김영숙으로부터 유춘자를 거쳐 1994. 10. 11. 원고에게로 순차 이전된 사실, 원고는 1994. 9. 6. 피고 서성문으로부터 이 사건 신축건물을 대금 1억 3,800만 원에 매수하기로 약정하고 계약금 2,000만 원을 피고 서성문에게 지급한 후, 이 사건 신축건물이 피고 백재호의 소유라는 취지의 이 사건 제1심판결이 선고되자 다시 1997. 12. 18. 피고

백재호로부터 이 사건 신축건물을 대금 1억 4,400만 원에 매수하기로 약정하고 계약금 1,500만 원을 피고 백재호에게 지급한 사실을 인정하였다.

나. 원심은 위와 같은 사실관계에 터잡아, (1) 원고의 피고 백재호에 대한 청구에 대하여는, 이 사건 신축건물의 소유자가 피고 백재호인 점에는 당사자 사이에 다툼이 없다고 전제한 후, 저당물의 경매로 인하여 저당권설정 당시 동일인의 소유에 속하던 토지와 그 지상건물이 각각 다른 사람의 소유에 속하게 된 경우에는 그 지상건물 소유자는 민법 제366조에 따라 법정지상권을 취득하고 이는 저당권 설정 당시 존재하던 건물이 철거되고 새로운 건물이 신축된 경우에도 마찬가지라는 이유로 피고 백재호의 법정지상권에 기한 항변을 받아들여 원고의 주위적 청구인 건물철거 및 대지인도청구를 배척한 다음, 이 사건 신축건물에 관한 매매계약의 이행으로서 그 매매잔대금의 지급과 상환으로 이 사건 신축건물의 명도와 이 사건 대지의 인도를 구하는 원고의 예비적 청구를 인용하였고, (2) 원고의 피고 서성문에 대한 청구에 대하여는, 이 사건 신축건물은 피고 서성문이 원시취득한 것이라고 판단한 후, 피고 백재호에 대한 판단에서와 같은 법리로 이 사건 신축건물을 위한 법정지상권이 성립한다고 보아 원고의 주위적 청구인 건물철거 및 대지인도청구와 이 사건 신축건물에 관한 매매계약의 불이행으로 인한 원상회복 및 손해배상청구를 모두 배척하고, 이 사건 신축건물에서의 퇴거를 구하는 제1 예비적 청구도 배척한 다음, 원고와 피고 서성문 사이의 이 사건 신축건물에 관한 매매계약의 이행으로서 그 매매잔대금의 지급과 상환으로 이 사건 신축건물의 명도와 이 사건 대지의 인도를 구하는 제2 예비적 청구를 인용하였다.

2. 이 법원의 판단

가. 원고의 피고 백재호에 대한 청구에 관하여

(1) 동일인의 소유에 속하는 토지 및 그 지상건물에 관하여 공동저당권이 설정된 후 그 지상건물이 철거되고 새로 건물이 신축된 경우에는, 그 신축건물의 소유자가 토지의 소유자와 동일하고, 토지의 저당권자에게 신축건물에 관하여 토지의 저당권과 동일한 순위의 공동저당권을 설정해 주는 등 특별한 사정이 없는 한, 저당물의 경매로 인하여 토지와 그 신축건물이 다른 소유자에 속하게 되더라도 그 신축건물을 위한 법정지상권은 성립하지 않는다고 해석함이 상당하다. 왜냐하면, 동일인의 소유에 속하는 토지 및 그 지상건물에 관하여 공동저당권이 설정된 경우에는, 처음부터 지상건물로 인하여 토지의 이용이 제한 받는 것을 용인하고 토지에 대하여만 저당권을 설정하여 법정지상권의 가치만큼 감소된 토지의 교환가치를 담보로 취득한 경우와는 달리, 공동저당권자는 토지 및 건물 각각의 교환가치 전부를 담보로 취득한 것으로서, 저당권의 목적이 된 건물이 그대로 존속하는 이상은 건물을 위한 법정지상권이 성립해도 그로 인하여 토지의 교환가치에서 제외된 법정지상권의 가액상당가치는 법정지상권이 성립하는 건물의 교환가치에서 되찾을 수 있어 궁극적으로 토지에 관하여 아무런 제한이 없는 나대지로서의 교환가치 전체를 실현시킬 수 있다고 기대하지만, 건물이 철거된 후 신축된 건물

에 토지와 동순위의 공동저당권이 설정되지 아니 하였는데도 그 신축건물을 위한 법정지상권이 성립한다고 해석하게 되면, 공동저당권자가 법정지상권이 성립하는 신축건물의 교환가치를 취득할 수 없게 되는 결과 법정지상권의 가액상당가치를 되찾을 길이 막혀 위와 같이 당초 나대지로서의 토지의 교환가치 전체를 기대하여 담보를 취득한 공동저당권자에게 불측의 손해를 입게 하기 때문이다.

이와 달리, 동일인의 소유에 속하는 토지와 그 지상건물에 관하여 공동저당권이 설정된 후 그 지상건물이 철거되고 새로 건물이 신축된 경우에도 그 후 저당권의 실행에 의하여 토지가 경락됨으로써 대지와 건물의 소유자가 달라지면 언제나 토지에 관하여 신축건물을 위한 법정지상권이 성립된다는 취지의 대법원 1990. 7. 10. 선고 90다카6399 판결, 1992. 6. 26. 선고 92다9388 판결, 1993. 6. 25. 선고 92다20330 판결, 2000. 12. 12. 선고 2000다19007 판결, 2001. 3. 13. 선고 2000다48517, 48524, 48531 판결의 견해는, 위와 저촉되는 한도 내에서 이를 변경하기로 한다.

(2) 이 사건에서, 피고 백재호의 소유이던 이 사건 대지 및 그 지상 단층주택에 관하여 개봉단위농업협동조합의 공동저당권이 설정된 후, 위 단층주택이 철거되고 이 사건 신축건물이 신축되었으나, 그 신축건물에 관하여 개봉단위농업협동조합이 이 사건 대지에 대한 것과 동일한 순위의 공동저당권을 설정받지 못하였으므로, 이 사건 대지에 대한 저당권의 실행에 의하여 이 사건 대지와 그 지상의 이 사건 신축건물이 각각 다른 사람의 소유에 속하게 되었다고 하더라도, 이 사건 신축건물을 위한 법정지상권은 성립되지 아니한다고 할 것이다.

그럼에도 불구하고 원심은, 피고 백재호가 이 사건 대지상에 신축된 건물을 위한 법정지상권을 취득한 것으로 보고, 원고의 피고 백재호에 대한 주위적 청구인 이 사건 신축건물의 철거 및 이 사건 대지의 인도청구를 모두 배척하고 말았으니, 원심판결에는 토지와 그 지상건물의 공동저당에 있어서의 법정지상권의 성립에 관한 법리를 오해하여 판결에 영향을 미친 위법이 있다고 할 것이다. 이 점을 지적하는 상고이유의 주장은 이유 있다.

나. 원고의 피고 서성문에 대한 청구에 관하여

(1) 일반적으로 자기의 노력과 재료를 들여 건물을 건축한 사람이 그 건물의 소유권을 원시취득하는 것이지만, 도급계약에 있어서는 수급인이 자기의 노력과 재료를 들여 건물을 완성하더라도 도급인과 수급인 사이에 도급인 명의로 건축허가를 받아 소유권보존등기를 하기로 하는 등 완성된 건물의 소유권을 도급인에게 귀속시키기로 합의한 것으로 보여질 경우에는 그 건물의 소유권은 도급인에게 원시적으로 귀속된다(대법원 1990. 4. 24. 선고 89다카18884 판결, 1992. 3. 27. 선고 91다34790 판결 등 참조).

(2) 기록에 의하면, 피고 백재호가 1991. 9. 30. 피고 서성문에게 이 사건 신축건물의 신축공사를 도급함에 있어, 건물완공 후 이를 임대하여 얻는 수입으로 먼저 공사대금에 충당하고 나머지는 피고 백재호가 가지기로 하고 그 중개비용 및 세

금은 피고 백재호가 부담하기로 약정하였고(기록 502면), 건물완공 직후인 1992. 7. 8.에는 피고들 사이에서, 이 사건 신축건물에 관하여 피고 백재호의 이름으로 준공검사를 받아 준공하고 피고 백재호는 소유권보존등기를 필한 후 융자금 1억원을 받아 피고 서성문에게 지급하기로 약정하였음을 엿볼 수 있는바, 이러한 각 약정은 이 사건 신축건물의 소유권을 공사도급인인 피고 백재호에게 귀속시키는 것을 당연한 전제로 하고 있는 것이라고 보아야 할 것이므로 이 사건 신축건물은 피고 백재호가 원시취득한 것으로 볼 여지가 충분하다고 할 것이다.

그럼에도 불구하고 피고 서성문이 이 사건 신축건물의 소유권을 원시취득한 것으로 단정한 원심판결에는 신축건물의 소유권의 귀속에 관한 법리를 오해하였거나 심리를 다하지 아니하여 판결에 영향을 미친 위법이 있다고 할 것이다.

(3) 또 원고는 이 사건 신축건물이 피고 서성문의 소유임을 전제로 피고 서성문에 대하여 이 사건 신축건물의 철거와 이 사건 대지의 인도를 구하고, 만약 법정지상권이 인정되어 원고의 청구가 배척되는 경우에는 이 사건 신축건물에 대한 매매계약을 원인으로 하여 매매잔대금의 지급과 상환으로 이 사건 신축건물의 명도와 이 사건 대지의 인도를 구한다고 주장하는 한편, 다시 이 사건 신축건물이 피고 백재호의 소유임을 전제로 피고 서성문에 대하여 매매계약의 해제로 인한 원상회복 및 손해배상의 청구와 이 사건 신축건물에서의 퇴거를 구하고 있어서 위 양 청구가 서로 모순되는 관계에 있는 청구라고 할 것임에도 불구하고, 원심은 원고의 주장내용을 제대로 정리하지 아니한 채 이 사건 신축건물이 피고 서성문의 소유임을 전제로 원고의 제2 예비적 청구를 제외한 나머지 청구들을 모두 배척함으로써 이유모순 또는 이유불비의 위법을 범하였다고 할 것이다. 이 점을 지적하는 상고이유의 주장은 이유 있다(원고의 피고 서성문에 대한 청구 중 이 사건 신축건물의 철거와 이 사건 대지의 인도청구 부분을 배척한 원심의 결론은 타당하다고 할 것이나 원고의 모순된 주장을 정리한 후 이 부분 사건을 다시 심리·판단함이 상당하므로 이 부분 사건 전부를 파기하기로 한다).

(4) 한편, 원고가 피고 서성문에 대하여 매매계약의 이행으로서의 건물명도 등을 구하는 제2 예비적 청구는, 원고가 그 청구에 이른 전후 사정에 비추어 이 사건 신축건물이 피고 서성문의 소유이지만 같은 피고의 항변 등으로 인하여 주위적 청구인 건물철거 등의 청구가 배척되는 경우에 대비한 예비적 청구라고 봄이 상당하다고 할 것이므로, 만일 이 사건 신축건물이 피고 백재호의 소유이고 피고 서성문의 소유가 아니라고 판단되는 경우에는, 피고 서성문에 대한 원고의 위 제2 예비적 청구에 관하여 나아가 판단할 것이 아니라는 점을 아울러 지적하여 둔다.

3. 그러므로 원고의 나머지 상고이유 및 피고 서성문의 상고이유에 대하여 나아가 판단할 필요없이, 원심판결을 전부 파기하고, 사건을 다시 심리·판단하게 하기 위하여 원심법원에 환송하기로 하여 주문과 같이 판결하는바, 이 판결 제2의 가.항 판단에 관하여 대법관 조무제, 이강국, 박재윤, 김용담의 반대의견이 있는 외에는 관여 대법관들의 의견이 일치되었고, 다수의견에는 아래 5항과 같은

대법관 배기원의 보충의견이 있다.

4. 위 제2의 가.항의 판단에 관한 대법관 조무제, 이강국, 박재윤, 김용담의 반대의견은 다음과 같다.

가. 민법 제366조가 법정지상권제도를 규정하는 근본적 취지는, 저당물의 경매로 인하여 토지와 그 지상건물이 다른 사람의 소유에 속하게 된 경우에 건물이 철거됨으로써 생길 수 있는 사회경제적 손실을 방지하려는 공익상 이유에 있는 것이지, 당사자 어느 한편의 이익을 보호하려는 데 있는 것이 아니다 (대법원 1966. 9. 6. 선고 65다2587 판결 참조). 그리고 법정지상권이 성립하려면 저당권의 설정 당시 저당권의 목적이 되는 토지 위에 건물이 존재하고 있어야 하고, 저당권설정 당시에 건물이 존재하였던 이상, 후에 건물이 개축 증축되는 경우는 물론이요 건물이 멸실되거나 철거된 후 재축 신축되는 경우에도 법정지상권이 성립하는 데 지장이 없으며, 이 경우 신 건물과 구 건물 사이에 동일성이 있을 것을 요하지 아니하고, 다만 그 법정지상권의 내용인 존속기간, 범위 등이 구 건물을 기준으로 하여 그 이용에 일반적으로 필요한 범위로 제한된다고 함은, 일찍부터 대법원이 선언하여 온 법리이다(대법원 1991. 4. 26. 선고 90다19985 판결, 1997. 1. 21. 선고 96다40080 판결 등 참조).

나. 그런데 다수의견은 위와 같은 법리 자체를 정면에서 부정하지는 않으면서도, 동일인의 소유에 속하는 토지와 건물 중 토지만에 대하여 저당권이 설정된 경우와 달리, 토지와 건물 양자에 대하여 공동으로 저당권이 설정된 경우(이른바 공동저당권의 경우)에만은 특별한 사정이 없는 한 경매로 인하여 토지와 신축건물이 다른 소유자에 속하게 되더라도 그 신축건물을 위한 법정지상권이 성립하지 않는다고 보아야 하고, 그 이유는 공동저당권자의 담보가치 파악에 관한 '기대' 및 법정지상권이 성립하는 경우 공동저당권자가 입게 되는 '불측의 손해' 때문이라고 설명한다. 그러나 이러한 다수의견에는 다음과 같은 이유에서 찬성할 수 없다.

(1) 민법 제366조가 규정하는 법정지상권의 일반적인 성립요건은 ① 저당권설정 당시 건물의 존재, ② 토지와 건물 소유자의 동일성, ③ 토지와 건물의 일방 또는 쌍방에 관한 저당권설정, ④ 경매로 인한 건물과 토지에 대한 소유의 분리라고 할 수 있는데, 이들은 객관적인 사실만으로 구성되어 있으므로, 법정지상권은 저당권설정 당사자의 의사와 관계없이 객관적 요건만으로써 그 성립이 인정되는 법정물권이다 . 당사자 간의 특약으로 저당목적물인 토지에 대하여 법정지상권을 배제하는 약정을 하였더라도 그 특약의 효력이 부정되는 것(대법원 1988. 10. 25. 선고 87다카1564 판결 참조)도 같은 이유에서이다. 그런데 다수의견은 유독 저당권자가 그 설정 당시 가졌던 '기대'가 어떤 것이었느냐에 의하여 법정지상권의 성립 여부를 달리 판단하고 있으니, 우선 이 점에 있어서 법정지상권 성립요건의 객관성 및 강제성과 조화되기 어렵다고 생각된다.

(2) 토지와 건물 양자에 대하여 공동으로 저당권이 설정된 경우, 원칙적으로 그

공동저당권자가 토지에 관하여 파악하는 담보가치는 법정지상권의 가치가 제외된 토지의 가치일 뿐이고, 건물에 관하여 파악하는 담보가치는 건물 자체의 가치 외에 건물의 존속에 필요한 법정지상권의 가치가 포함된 것이며(토지와 건물이 따로 경매되는 경우에는 그러한 결과가 실제로 나타나고, 다수의견도 이 점에서 법정지상권의 가치만큼 감소된 토지의 교환가치는 법정지상권이 성립하는 건물의 교환가치에서 되찾을 수 있다고 표현한다), 법정지상권은 그 성질상 건물에 부수하는 권리에 불과하다. 따라서 구건물이 멸실되거나 철거됨으로써 건물저당권 자체가 소멸하면, 공동저당권자는 건물 자체의 담보가치는 물론 건물저당권을 통하여 파악하였던 법정지상권의 담보가치도 잃게 되고, 이에 따라 토지소유자는 건물저당권의 영향에서 벗어나게 된다고 보는 것이 논리적으로 합당하다. 그러므로 토지소유자는 그 소유권에 기하여 토지 위에 신건물을 재축할 수 있고, 그 후 토지저당권이 실행되면 위 가.항에서 살펴본 법리에 따라 신건물을 위한 법정지상권이 성립하며, 다만 그 내용이 구건물을 기준으로 그 이용에 일반적으로 필요한 범위로 제한됨으로써 공동저당권자가 원래 토지에 관하여 파악하였던 담보가치, 즉 구건물을 위한 법정지상권 가치를 제외한 토지의 담보가치가 그대로 유지된다고 보는 것이 옳다. 이것이 바로 가치권과 이용권의 적절한 조절의 모습이다. 공동저당권자가 당초 나대지로서의 토지의 교환가치 전체를 '기대'하면서 담보를 취득하였었다고 설명하는 다수의견은, 그 실질에 있어서 공동저당권자가 원래 토지에 관하여 파악하였던 담보가치를 무리하게 확장하는 것이라고 아니할 수 없다. 또한 다수의견에 따라 법정지상권의 성립 자체를 부정하게 되면, 원래 건물저당권을 통하여 법정지상권의 담보가치를 파악하였을 뿐인 공동저당권자의 '기대'가 그 건물저당권 자체의 소멸에도 불구하고 토지의 이용권을 실질적으로 지배하는 불합리한 결과에 이르게 된다. 이것은 가치권과 이용권의 조절이 아니라, 이용권에 대한 가치권의 압도를 의미한다. 다수의견이 내세우는 공동저당권자의 이른바 '기대'에 대하여 그와 같이 막강한 힘을 부여할 수는 없다.

(3) 이러한 다수의견의 문제점은 손해배상제도를 적용시켜 보면 더욱 쉽게 이해할 수 있다. 즉 다수의견은 이 사건과 같은 경우 법정지상권이 성립하게 되면 공동저당권자가 '기대'에 어긋나는 '불측의 손해'를 입을 수 있다고 하지만, 공동저당권자가 '불측의 손해'를 입게 되는 근본적인 이유는 법정지상권이 성립하기 때문이 아니라, "구건물의 멸실 철거 및 신건물의 재축"이라는 예측하지 못한 사태가 발생하였기 때문이다. 또한 위와 같은 사태가 현실적으로 발생한 이상, 공동저당권자로서는 건물 자체의 담보가치를 상실하는 것은 물론 건물저당권을 통하여 파악하였던 법정지상권의 담보가치도 상실하는 손해를 전면적으로 입게 되는 것이 원칙이고, 다수의견이 내세우는 '불측의 손해'라는 것은 위와 같이 전면적으로 발생하는 손해 중 법정지상권의 가치에 상응하는 부분에 불과한 것이다. 그리고 이러한 공동저당권자의 손해는 통상의 경우 불법행위나 채무불이행으로 말미암은 것이므로, 그 전보 문제는 손해배상제도의 적용을 통하여 해결하는 것이 옳다. 그런데 다수의견에 따르게 되면 법정지상권의 부정이라는 용익물권제도의 역이용을 통

하여 공동저당권자가 입게 되는 손해의 전보를 꾀함으로써, 법정지상권의 가치에 상응하는 손해 자체가 아예 발생하지 않는 것, 더 정확하게는 발생할 수 없는 것으로 의제되는 결과에 이른다. 그리고 이로 말미암아 구건물이 멸실 또는 철거되고 신건물이 재축되지 않은 채 토지가 나대지로 남게 된 경우와 비교하여 별 차이가 없는 상태가 인위적으로 만들어질 뿐만 아니라, 전체 손해에서 법정지상권의 가치에 상응하는 손해만 별도로 분리되어 불법행위나 채무불이행의 귀책사유와는 무관하게 타에 전가되는 불합리한 현상이 나타난다. 나아가 공동저당권자에게 나대지의 담보가치를 확보해 주기 위하여 다수의견과 같이 법정지상권의 성립을 부정한다고 하더라도, 토지 위에 신건물이 현실적으로 존재하고 있는 이상, 그 토지의 담보가치가 순수한 나대지(최대한의 활용이 가능하다)의 경우와 결코 같을 수는 없으므로, 공동저당권자가 나대지로서 담보가치를 실현할 것으로 기대한다거나 그 기대에 맞는 결과가 실현된다는 것도 일종의 의제에 불과하다.

(4) 저당권자가 담보가치에 관하여 가지는 '기대'의 내용은 저당권이 토지에만 설정된 것인지 아니면 토지와 건물에 설정된 것인지라고 하는 외형만에 의하여 단정할 수는 없다. 오히려 위와 같은 저당권의 외형 이외에도 저당목적물의 현상과 가치, 피담보채권의 액수, 저당권자가 법정지상권의 제한이 있는 토지만의 경매로 만족을 얻을 수 있는지 여부 등을 종합해 보아야만 실제의 '기대'가 어떤 것이었는지를 제대로 파악할 수 있을 것이다. 먼저 토지와 지상건물 중 토지에 대하여만 저당권이 설정된 경우를 보면, 저당권자가 건물의 멸실이나 철거를 예상하여 토지만을 나대지로 평가하는 경우가 있고, 건물이 무허가(미등기)인 관계로 저당권을 취득하지 못한 채 그 건물에 관하여 별도의 양도담보약정을 함으로써 토지와 건물 전체의 담보가치를 파악하려 하는 경우(위에서 든 대법원 1988. 10. 25. 선고 87다카1564 판결의 사안 참조)도 있다. 다음으로, 토지와 건물 양자에 대하여 공동저당권이 설정된 경우에도 그 저당권자가 구건물의 멸실이나 철거 및 신건물의 재축을 예상하여 담보가치를 파악하는 경우도 있다. 특히 구건물이 멸실되거나 철거되어 신건물이 재축될 정도라면 구건물 자체의 담보가치는 대부분 미미할 것인데, 그러한 경우 구건물을 저당목적물에 포함시켰는지 여부에 의하여 법정지상권의 성립 여부를 정반대로 보아야 할 수밖에 없을 정도로 결정적인 '기대'의 차이가 과연 존재하는지는 의문이라 아니할 수 없다. 다수의견은 "구건물의 멸실 철거 및 신건물의 재축"이라는 쟁점 상황의 구체적 측면을 떠나서 일반적으로 저당권자가 파악하는 담보가치의 추상적 기준만을 가지고 쟁점을 해결하려는 것으로 보인다. 나아가 공동저당권이 설정된 경우라 하더라도 법정지상권의 제한이 있는 상태로 토지를 평가하여 배당을 한 결과 저당권자가 충분히 만족을 얻는 경우에는 다수의견이 내세우는 '불측의 손해'조차 없으니 법정지상권의 성립을 부정할 이유가 없다. 그럼에도 불구하고 다수의견은 일률적으로 공동저당권자의 경우에는 토지와 건물 전체의 담보가치 실현을 기대하는 반면, 토지만의 저당권자의 경우에는 법정지상권의 가치만큼 감소된 토지의 담보가치 실현을 기대할 뿐이라고 단정한 나머지, 결국 저당권의 외형에만 의존하여 법정지상

권의 성립 여부를 판단하고 있으니, 이는 다수의견이 근본적 논거로 삼고 있는 저당권자의 담보가치에 대한 '기대' 자체를 올바르게 파악하지 못하여 구체적 타당성에서 벗어나게 될 위험이 많은 이론이라고 아니할 수 없다.

(5) 저당물 자체에 대한 침해행위가 일어나는 경우, 저당권자는 우선 그 침해행위의 초동 단계에서 채무자의 기한의 이익을 상실시키고(민법 제388조 제1호), 물권적청구권을 행사하여 그 원상회복을 요구함으로써 자신이 입게 될 더 이상의 손해 확대를 막을 수 있다. 또한 저당물의 가액이 현저히 감소된 경우, 저당권자는 민법 제362조에 기하여 원래의 저당물에 갈음할 수 있는 상당한 담보의 제공청구권을 행사함으로써 감소된 담보가치를 보충할 수 있다. 그리고 대법원 1998. 4. 28.자 97마2935 결정은 공동저당권자가 민법 제365조에 의하여 그 토지와 신건물의 일괄경매를 청구할 수 있다고 판시함으로써, 이 사건과 같은 경우 법정지상권의 성립이 인정되더라도 공동저당권자가 일괄경매를 활용하여 그 법정지상권의 성립으로 인한 손해를 전보받는 효과(토지와 신건물이 동일 소유자에게 귀속되므로, 토지의 평가에서 법정지상권에 해당하는 가치가 제외되지 않는다)를 거둘 수 있게 하고 있다. 그럼에도 불구하고 다수의견이 '불측의 손해'를 내세워 법정지상권의 성립 자체를 부정하는 것은 다른 관계 당사자에 비하여 저당권자만을 지나치게 보호하는 것이라고 아니할 수 없다.

(6) 오늘날 토지와 그 지상 건물을 소유하고 있는 사람이 토지와 건물에 관하여 공동저당권을 설정하는 경우는 적지 않다. 또한 낡은 가옥을 헐고 연립주택이나 다세대주택을 재축하는 경우도 흔한 일이므로, 이 사건 쟁점이 문제되는 사안 역시 적지 않고 그에 얽힌 이해관계도 매우 다양하리라고 예상된다. 그런데 토지와 건물에 공동저당권이 설정되는 경우 그 저당권자의 '기대'를 추단하는 요소는 사안에 따라 제각기 다를 수밖에 없고, 더구나 공동저당권자가 입을 수 있다는 '불측의 손해'가 실제로 없는 경우도 있을 수 있는데도 불구하고, 공동저당권의 외형을 갖추었다는 이유만으로 토지에만 저당권이 설정된 경우와는 정반대로 법정지상권의 성립을 일률적으로 부정한다면 큰 혼란을 야기할 수 있다. 특히 연립주택이나 다세대주택인 신건물이 다수의 서민들에게 분양되거나 임대된 경우, 다수의견을 취하여 법정지상권의 성립을 부정하게 되면 많은 피해자를 양산하여 공익을 해하는 결과에 이를 위험성이 높다.

다. 이상에서 살펴본 바와 같이, 다수의견은, 토지와 지상건물이 공동으로 저당권의 목적이 된 경우에 한하여, 저당권자의 '기대'나 '불측의 손해'라는 주관적 의제적이고 모호한 요소를 근거로 삼아, 구건물의 멸실 철거 후 재축된 신건물에 관한 법정지상권의 성립을 부정하는 내용이어서, 그 이론적 근거가 희박하고 구체적 타당성 및 법적 안정성과도 조화되지 않는 견해라고 생각되므로 여기에 찬성할 수 없다. 다수의견이 변경하고자 하는 판례는 변경할 것이 아니라 유지하여야 한다고 믿는다.

한 마디 부언한다면, 구건물이 철거되고 그보다 훨씬 큰 규모의 신건물이 축조된 경우에 구건물을 기준으로 그 존립에 필요하였던 범위 안에서만 법정지상권을 긍정하는 종전의 판례에 의하면, 우선 이미 없어져버린 구건물의 규모를 새삼스럽게 확정하기가 어렵고, 가사 확정할 수 있다 하더라도 신건물 중 구건물의 범위를 초과하는 부분은 철거될 수밖에 없고 잔존 부분만으로는 건물로서의 기능을 유지하지 못하게 되어 결국 건물의 유지라는 공익적 요청도 충족하지 못할 뿐더러, 법률관계를 복잡하게 하고 소송진행을 어렵게 한다는 문제점이 지적되고 있다는 점이다. 그러나 이러한 문제점에 대하여는, 차라리 일정한 경우에 신건물 전체에 관하여 법정지상권을 넓혀 인정하는 방향으로 종전 판례를 변경하는 길을 모색함이 온당한 것이지, 반대로, 공동저당권이라는 한 가지 이유만으로 신건물에 관하여 일률적으로 법정지상권을 부정함으로써 어떤 경우에도 신건물을 철거할 수밖에 없도록 하는 것은 옳지 않을 것이다.

5. 대법관 배기원의 다수의견쪽 보충의견은 다음과 같다.

민법 제366조가 '저당물의 경매로 인하여 토지와 그 지상건물이 다른 소유자에게 속한 경우'라고 규정하여, 마치 경매당시에 건물이 존재하기만 하면 법정지상권이 성립할 수 있는 것처럼 규정하고 있지만, 위 조문의 해석상 법정지상권이 성립하기 위하여 저당권설정당시 토지상에 건물이 존재하여야 하고, 따라서 나대지에 저당권설정 후 설정자가 그 지상에 건물을 신축 후 경매로 토지와 건물의 소유자가 달라진 경우에는 그 신축건물을 위한 법정지상권의 성립을 부정하는 것이 판례·통설인바, 이는 이러한 경우에도 건물보호라는 공익적 요청을 고려하여 법정지상권의 성립을 허용하면 당초 건물 없는 토지의 교환가치를 기대한 저당권자의 기대 내지 의사에 반하기 때문에 이러한 당사자의 의사를 고려한 것으로 볼 수 있고, 이를 미루어 보아 법정지상권제도가 당사자의 의사를 전혀 도외시한 채 건물보호라는 공익적 요청에 의한 것이라고만 할 수는 없다 .

한편, 물권법정주의에 입각한 위 조문의 엄격한 해석에 의하면 경매로 인하여 건물과 토지 소유권이 분리될 때까지 당초의 건물이 그대로 존재할 경우에만 그 건물을 위한 법정지상권이 성립될 수 있고, 구건물이 헐린 후 신건물이 신축되더라도 그 신건물은 설정당시 존재하던 건물이 아니어서 원칙적으로 그 신건물을 위한 법정지상권이 성립될 수 없다. 그럼에도 불구하고 판례·학설이 단독저당의 경우(건물 있는 토지만이 저당권의 목적이 된 경우)에는 건물이 멸실 내지 철거된 후 신축된 건물에 대하여도 구건물의 범위에서 법정지상권의 성립을 인정하는데 거의 일치하고 있는바(반대의견이 가.항 말미에 내세운 90다19985 판결도 이러한 사안에 대한 것이다), 이는 신건물을 보호하고자 하는 공익적 요청에 부합할 뿐 아니라 그렇게 확장 해석해도 애당초 건물 있는 토지의 교환가치를 파악하여 저당권설정을 한 저당권자의 기대 내지 의사에 반하지 않기 때문이다. 이에 반하여, 공동저당의 경우에는 위 2.의 가(1)항에서 본 바와 같이 신건물을 위한 법정지상권의 성립을 인정하게 되면 궁극적으로 나대지로서의 토지교환가치 전체를 파악하고 저당권설정을 한 공동저당권자의 기대 내지 의사에 반하기 때문에 재축된 신건물에까지 법정지상권이 성립하는 것으로 확장해석할 수는 없다. 이처럼 단독저당의 경우와 공동저당의 경우를 달리 해석하는 것이 당사자 특히 저당권자의 기대 내지 의사를 고려하면서 건물보호라는 공익적 요청을 달성하려고 하는 법정지상권제도의 입법취지에도 부합한다.

반대의견은 단독저당과 공동저당에 있어서의 당사자의 기대 내지 의사가 위와 같이 전혀 다르다는 것을 간과한 채 어느 경우에나 구건물이 헐리고 신건물이 재축될 경우 형식적으로는 같은 외양을 갖추고 있으니 당사자의 의사 내지 기대를 고려함이 없이 신건물 보호라는 공익적 이유에서 법정지상권이 성립하는 것으로 해석을 하여야 하고 다수의견처럼 저당권자의 기대 내지 의사에 따라 전자의 경우에는 법정지상권의 성립을 인정하면서 후자의 경우에는 법정지상권의 성립을 부정하는 것은 법정지상권의 성립요건의 객관성과 강제성에 반하는 듯이 설명한다. 그러나 단독저당, 공동저당 어느 경우나 원칙적으로 저당권설정 당시 존재하던 건물이 헐린 후 재축된 신건물에 대하여는 물권법정주의의 원칙상 법정지상권이 성립될 수 없지만, 예외적으로 그 성립을 인정하여도 저당권자의 의사 내지 기대에 반하지 아니하는 경우(단독저당이 여기에 해당한다)에 국한하여 건물보호를 위하여 법정지상권의 성립범위를 확장해석 하는 것은 법정지상권의 성립요건의 객관성이나 강제성과는 관련이 없다. 오히려 반대의견이 법정지상권의 성립요건의 하나로 '저당권설정 당시 건물의 존재'를 내세우면서도 단독저당, 공동저당 어느 경우에나 공익상 이유로 저당권설정 당시 존재한 바 없는 신건물에 대하여까지 법정지상권이 성립한다고 해석하는 것은, 마치 나대지에 저당권설정 후 건물이 신축된 경우에 공익상 이유로 신축건물을 위한 법정지상권의 성립을 인정하여야 한다고 주장하는 것처럼 물권법정주의와 정면으로 배치된다 할 것이다.

대법원장　최종영(재판장) 조무제 변재승 유지담 윤재식 이용우 배기원(주심)
　　　　　강신욱 이규홍 이강국 박재윤 고현철 김용담

◈ 지상권의 존속기간

제 280 조 【존속기간을 약정한 지상권】

① 계약으로 지상권의 존속기간을 정하는 경우에는 그 기간은 다음 연한보다 단축하지 못한다.

1. 석조, 석회조, 연와조 또는 이와 유사한 견고한 건물이나 수목의 소유를 목적으로 하는 때에는 30년
2. 전호 이외의 건물의 소유를 목적으로 하는 때에는 15년
3. 건물 이외의 공작물의 소유를 목적으로 하는 때는 5년

② 전항의 기간보다 단축한 기간을 정한 때에는 전항의 기간까지 연장한다.

■ § 280. 지상권의 존속기간

- 최장기간 : 제한없음
- 최단기간 : 지상권의 존속기간을 약정하는 경우에, 그 기간은 다음의 연한보다 단축하지 못한다.
  ① 석조, 석회조, 연와조 또는 이와 비슷한 견고한 건물이나 수목의 소유를 목적으로 하는 때에는 30년
  ② 그밖의 건물의 소유를 목적으로 하는 때에는 15년
  ③ 건물 이외의 공작물의 소유를 목적으로 하는 때에는 5년
- 설정행위로 위와 같은 기간보다 짧은 기간을 정한 때에는 그 존속기간을 위의 최단기간까지 연장한다.
- 관련법조 : [존속기간등기] 부동산등기법 §69

계약으로 지상권의 존속기간을 정하는 경우에는 최단기간의 제한이 있다. 지상권의 목적에 따라 30년(석조시멘트조, 연와조), 15년(석조 등은 제외), 5년(공작물의 소유) 이하로 단축하지 못한다. 이 기간보다 단축한 기간을 정한 때에는 위의 최단기간까지 연장한다. 최단 존속기간에 관한 규정은 지상권자가 그 소유의 건물 등을 건축하거나 수목을 식재하여 토지를 이용할 목적으로 지상권을 설정한 경우에만 그 적용이 있고 기존 건물의 사용을 목적으로 지상권을 설정

한 경우에는 그 적용이 없다(대판 1996. 3. 22. 95다49318).

민법상 최장기간의 제한은 없기 때문에 존속기간을 영구 무제한으로 할 수 있는지가 다투어지고 있다. 지상권의 존속기간을 무기한으로 정할 수 있는지와 관련하여 판례는 영구의 지상권을 인정한다(대판 2001. 5. 29, 99다66410).

【쟁점사항】

<지상권의 존속기간을 영구로 약정할 수 있는지 여부>

민법상 지상권의 존속기간은 최단기만이 규정되어 있을 뿐 최장기에 관하여는 아무런 제한이 없으며, 존속기간이 영구(永久)인 지상권을 인정할 실제의 필요성되 있고, 이러한 지상권을 인정한다고 하더라도 지상권의 제한이 없는 토지의 소유권을 회복할 방법이 있을 뿐만 아니라, 특히 구분지상권의 경우에는 존속기간이 영구라고 할지라도 대지의 소유권을 전면적으로 제한하지 아니한다는 점 등에 비추어 보면, 지상권의 존속기간을 영구로 약정하는 것도 허용된다(대판 2001. 5. 29, 99다66410).

▣ 핵심판례 ▣

■ [존속기간을 약정한 지상권]

1. 가. 민법 제280조 제1항 제1호 소정의 견고한 건물인지 여부의 판단기준

민법 제280조 제1항 제1호가 정하는 견고한 건물인가의 여부는 그 건물이 갖는 물리, 화학적 외력, 화재에 대한 저항력 또는 건물해체의 난이도 등을 종합하여 판단하여야 한다.

나. 민법 제281조 제2항의 적용요건

민법 제281조 제2항은 당사자가 지상권설정의 합의를 함에 있어서 다만 그 존속기간을 정하지 아니하고 지상권을 설정할 토지상에 소유한 공작물의 종류와 구조가 객관적으로 확정되지 않을 경우에 한하여 적용이 있는 것이므로 비록 무허가 또는 미등기건물이라 하더라도 그 건물의 종류와 구조가 확정되어 있는 경우에는 적용되는 것이 아니고 이러한 경우에는 민법 제281조 제1항에 의하여 존속기간을 정하여야 한다.

다. 무허가 또는 미등기건물을 소유하기 위한 관습상의 법정지상권 취득 여부

동일인의 소유에 속하였던 토지와 건물이 매매, 증여, 강제경매, 국제징수법에

의한 공매 등으로 그 소유권자를 달리하게 된 경우에 그 건물을 철거한다는 특약이 없는 한 건물소유자는 그 건물의 소유를 위하여 그 부지에 관하여 관습상의 법정지상권을 취득하는 것이고, 그 건물은 건물로서의 요건을 갖추고 있는 이상 무허가건물이나 미등기건물이거나를 가리지 않는다(1988. 4. 12. 제2부 판결, 87다카2404 건물철거).

2. 기존 건물의 사용을 목적으로 지상권이 설정된 경우, 지상권의 최단 존속기간에 관한 민법 제280조 제1항 제1호가 적용되는지 여부(소극)

민법 第280조 제1항 제1호가 석조·석회조·연와조 또는 이와 비슷한 견고한 건물이나 수목의 '소유를 목적으로 하는' 지상권의 경우 그 존속기간은 30년보다 단축할 수 없다고 규정하고 있음에 비추어 볼 때, 같은 법조 소정의 최단 존속기간에 관한 규정은 지상권자가 그 소유의 건물 등을 건축하거나 수목을 식재하여 토지를 이용할 목적으로 지상권을 설정한 경우에만 그 적용이 있다(대법원 1996. 3. 22. 선고 95다49318 판결).

◆ 지상권의 존속기간을 약정하지 아니한 경우

제 281 조 【존속기간을 약정하지 아니한 지상권】

① 계약으로 지상권의 존속기간을 정하지 아니한 때에는 그 기간은 전조의 최단존속기간으로 한다.

② 지상권설정 당시에 공작물의 종류와 구조를 정하지 아니한 때에는 지상권은 전조 제2호의 건물의 소유를 목적으로 한 것으로 본다.

■ § 281. 설정행위로 기간을 정하지 않은 경우

- 최단 존속기간으로 한다.
- 지상권설정당시에 공작물의 종류와 구조를 정하지 않은 경우에는 그 지상권의 존속기간은 15년이다.
- 관련법조 : 부동산등기법 §69

설정행위로 존속기간을 정하지 않은 때에는 그 기간은 위 제280조의 최단존속기간으로 한다. 그리고 설정 당시 공작물의 종류와 구조를 정하지 아니한 때에는 그 지상권은 위의 15년의 기간에 해당하는 건물의 소유를 목적으로 한 것으로 본다.

지상권의 최장기의 제한에 관한 명문의 규정이 없으므로 영구무제한의 지상권도 설정할 수 있다는 것이 다수설(방순원, 최식, 장경학)이다. 소수설(김기선, 김증한, 곽윤직)은 이를 부정한다. 그 이유로는 소유권이 허유권으로 되어 그 탄력성을 잃게 되어 부당하고 존속기간을 무제한으로 등기한 때에는 기간의 약정이 없는 것으로 보고, 지상권자의 갱신청구권과 매수청구권을 인정하고 있으므로 부당한 결과를 초래하지 않는다는 점을 든다. 판례는 영구 무제한의 지상권 약정도 가능하다는 태도를 취하고 있다(대판 2001. 5. 29. 99다66410).

▣ 핵심판례 ▣

■ [존속기간을 약정하지 아니한 지상권]

1. 분묘기지권(분묘수호를 위한 유사지상권)의 존속기간

분묘수호를 위한 유사지상권(분묘기지권)의 존속기간에 관하여는 민법의 지상권에 관한 규정에 따를 것이 아니라, 당사자 사이에 약정이 있는 등 특별한 사정이 있으면 그에 따를 것이며, 그런 사정이 없는 경우에는 권리자가 분묘의 수호와 봉사를 계속하는 한 그 분묘가 존속하고 있는 동안은 분묘기지권은 존속한다고 해석함이 상당하다(1982. 1. 26. 제1부 판결, 81다1220 분묘기기권의 존속기간확인청구).

2. 지상권의 존속기간을 영구로 약정할 수 있는지 여부(적극)

민법상 지상권의 존속기간은 최단기만이 규정되어 있을 뿐 최장기에 관하여는 아무런 제한이 없으며, 존속기간이 영구(영구)인 지상권을 인정할 실제의 필요성도 있고, 이러한 지상권을 인정한다고 하더라도 지상권의 제한이 없는 토지의 소유권을 회복할 방법이 있을 뿐만 아니라, 특히 구분지상권의 경우에는 존속기간이 영구라고 할지라도 대지의 소유권을 전면적으로 제한하지 아니한다는 점 등에 비추어 보면, 지상권의 존속기간을 영구로 약정하는 것도 허용된다(대법원 2001. 5. 29. 선고 99다66410 판결).

◆ 지상권의 처분

제 282 조 【지상권의 양도, 임대】

지상권자는 타인에게 그 권리를 양도하거나 그 권리의 존속기간내에서 그 토지를 임대할 수 있다.

■ § 282. 지상권의 양도, 임대

- 투하자본의 회수, 지상권의 처분
- 지상권자는 지상권을 양도할 수 있고, 또한 존속기간 내에서 그 토지를 임대할 수 있다.
- 강행규정

본조는 지상권 처분의 자유를 규정하여 투하자본을 회수할 수 있는 기능을 수행한다. 투하자본회수에서 임차권과 다른 점은 다음과 같다.

지상권은 양도성이 있어서 지상권자가 임의로 양도·임대·담보로 제공할 수 있지만, 임차권은 임대인의 동의없이 양도·전대할 수 없다. 따라서 지상권 양도금지, 임대금지, 담보금지의 특약은 지상권자에게 불리한 것으로서 효력이 없다(제289조. 편면적 강행규정). 이에 반해 전세권 양도금지의 특약은 유효하다는 점을 유의하여야 한다(제306조 단서).

· 지상권과 임차권의 비교

	지 상 권	임 차 권
(1) 권리의 성질	물권(§279 이하)	채권(§618 이하)
(2) 대항력	제3자에 대한 대항력 유	제3자에 대한 대항력 무 (단, 등기된 임차권은 대항력이 있다(§621))
(3) 투하자본의 회수	㉠ 양도, 임대, 담보 자유로이 함(§282) ㉡ 지상물의 수거와 매수청구(§283 · §285)	㉠ 양도, 전대는 임차인의 동의 요(§629) ㉡ 지상권과 동일(§654 · §615 · §643)

(4) 존속기간	㉠ 최단기간의 제한(§280) ㉡ 약정이 없을 때는 30년·15년·5년(§281) ㉢ 법정갱신에 관한 규정없음	㉠ 최장기간의 제한 없음(임대차 존속 기간을 규정하고 있던 §651에 대하여 2013.12.26. 헌법재판소에서 위헌결정) ㉡ 약정이 없을 때 언제든지 해지통고 가능 ㉢ 법정갱신 인정(§639)
(5) 대가관계	㉠ 지료를 요소로 하지 않음 ㉡ 지료의 약정은 가능 ㉢ 지료증감청구권(§286) ㉣ 2년 이상 지료연체-지상권소멸청구(§287)	㉠ 차임이 요소이다. ㉡ 지상권과 동일(§628) ㉢ 2기의 차임액연체-해지통고(§640·§641)

◆ 지상권자의 계약갱신청구권, 지상물매수청구권

제 283 조【지상권자의 갱신청구권, 매수청구권】

① 지상권이 소멸한 경우에 건물 기타 공작물이나 수목이 현존한 때에는 지상권자는 계약의 갱신을 청구할 수 있다.

② 지상권설정자가 계약의 갱신을 원하지 아니하는 때에는 지상권자는 상당한 가액으로 전항의 공작물이나 수목의 매수를 청구할 수 있다.

■ § 283. 갱신청구권, 지상물매수청구권

- 갱신청구권 : 존속기간의 만료로 인하여 지상권이 소멸한 경우에 인정
- 지상물매수청구권 : 지상권설정자가 지상권자의 갱신계약을 거절한 때 인정

지상권의 존속기간의 만료로 지상권이 소멸한 경우에 건물 기타 공작물이나 수목이 현존한 때에는 지상권자는 계약의 갱신을 청구할 수 있다. 즉 지상권자의 토지소유자가 계약의 갱신을 원하지 않을 때에는 지상권자는 상당한 가액으로 지상물의 매수를 청구할 수 있다.

1. 갱신청구권

지상권자의 갱신청구권은 '존속기간만료'로 인해 지상권이 소멸한 경우에만 인정된다. 즉, 지상권자의 의무위반으로 설정자가 지상권 소멸청구를 한 경우에는 갱신청구권이 인정되지 않는다(통설과 판례). 갱신청구권은 형성권이 아니라 청구권에 불과하므로 설정자의 승낙이 있어야 하고 갱신을 등기하여야 한다. 청구의 상대방은 행사 당시의 토지소유자이며 청구당시 지상물이 현존하고 있을 것을 그 요건으로 한다.

2. 지상물매수청구권

지상권자의 갱신청구에 대하여 상대방이 이에 응하면 지상권은 갱신되는 것이고, 응하지 않으면 비로서 지상권자가 지상물매수청구권을 행사할 수 있다. 지상물매수청구권은 갱신청구권과는 달리 형성권이다. 따라서 행사하면 즉시 매매계약이 체결된 것으로 본다. 이때 지상물은 설정자의 동의를 얻어 설치하였거나 설정자로부터 매수한 것일 필요는 없다(전세권자, 임차인의 부속물매수

청구권과의 차이점). 한편, 관습상의 법정지상권도 지상물매수청구권이 인정된다는 것이 판례의 태도이다(대판 1993.6.29. 93다10781). 지상권의 존속기간과 갱신에 관한 규정은 편면적 강행규정이므로 지상권자에게 불리한 약정은 효력이 없다(제289조).

▣ 핵심판례 ▣

■ [지상권자의 갱신청구권, 매수청구권]

1. 지료연체를 이유로 지상권소멸청구를 해서 지상권이 소멸한 경우 지상물매수청구권이 인정되는지 여부

지상권자의 지상물매수청구권은 지상권이 존속기간의 만료로 인하여 소멸하는 때에 지상권자에게 갱신청구권이 있어 그 경신청구를 하였으나 지상권설정자가 계약갱신을 거절한 때에 행사할 수 있는 권리이므로, 지상권자의 지료연체를 이유로 토지소유자가 그 지상권소멸청구를 해서 지상권이 소멸한 경우에는 지상물매수청구권이 인정되지 않는다(대판 1993. 6. 29, 93다10781).

<관련판례>

임차인의 채무불이행을 이유로 토지임대차 계약이 해지된 경우 지상물매수청구권의 인정 여부(소극)

공작물의 소유 등을 목적으로 하는 토지임대차에 있어서 임차인의 채무불이행을 이유로 계약이 해지된 경우에는 임차인은 임대인에 대하여 민법 제283조, 제643조에 의한 매수청구권을 가지지 아니한다(대법원 2003. 4. 22. 선고 2003다7685 판결).

2. 관습상의 법정지상권도 2년분 이상의 지료를 연체할 경우 민법 제287조에 따른 지상권소멸청구의 의사표시에 의하여 소멸하는지 여부(적극)

관습상의 법정지상권에 대하여는 다른 특별한 사정이 없는 한 민법의 지상권에 관한 규정을 준용하여야 할 것이므로 지상권자가 2년분 이상의 지료를 지급하지 아니하였다면 관습상의 법정지상권도 민법 제287조에 따른 지상권소멸청구의 의사표시에 의하여 소멸한다(대법원 1993. 6. 29. 선고 93다10781 판결).

◆ 지상권설정계약을 갱신하는 경우의 지상권의 존속기간

제 284 조 【갱신과 존속기간】

당사자가 계약을 갱신하는 경우에는 지상권의 존속기간은 갱신한 날로부터 제280조의 최단존속기간보다 단축하지 못한다. 그러나 당사자는 이보다 장기의 기간을 정할 수 있다.

■ § 284. 계약 갱신과 존속기간

- 존속기간이 만료되면 당사자는 그 기간을 갱신할 수 있다.
- 이 때에 갱신기간은 제280조의 최단기간보다 단기로 약정하지는 못한다.

갱신 후의 존속기간도 설정계약 때와 같이 최단기간의 제한을 받으며 갱신한 날로부터 제280조의 최단기간보다 단축하지 못하나 그 기간보다 장기의 기간을 정할 수는 있다.

지상권의 존속기간에 관한 위의 규정은 강행법규이므로 이에 위반하는 계약으로 지상권자에게 불리한 것은 그 효력이 없다(제289조).

◈ 지상권이 소멸한 경우의 효과

제 285 조 【수거의무, 매수청구권】

① 지상권이 소멸한 때에는 지상권자는 건물 기타 공작물이나 수목을 수거하여 토지를 원상에 회복하여야 한다.

② 전항의 경우에 지상권설정자가 상당한 가액을 제공하여 그 공작물이나 수목의 매수를 청구한 때에는 지상권자는 정당한 이유없이 이를 거절하지 못한다.

■ § 285. 지상물수거의무와 지상물매수청구권

- 지상물수거권 : 지상권자는 지상물철거의무가 있다.
- 지상물매수청구권 : 토지소유자(형성권) 지상권자

1. 지상물수거의무

지상권자는 건설한 건물 기타의 공작물 또는 식재한 수목의 소유권을 가진다. 그러므로 지상권이 소멸한 때에는 지상권자는 그 토지를 설정 당시의 원상과 같이 회복하여 이를 반환하고 자기의 소유물인 공작물·수목 등을 수거하여야 한다. 그러나 이 경우에 지상권설정자인 토지의 소유자가 상당한 가액을 지급하여 매수할 것을 청구한 때에는 지상권자는 정당한 이유없이 이를 거절할 수 없다.

2. 지상물매수청구권

지상권설정자는 상당한 가액을 제공하여 지상물의 매수를 청구할 수 있다. 이 경우 지상권자는 정당한 이유없이 이를 거절하지 못한다(제285조 2항). 이 청구권의 성질은 형성권이며, 그 매수의 의사표시만으로 매매계약에 유사한 관계가 성립한다. 다만 그 의사표시만으로는 부족하고 '상당한 가액의 제공'이 있어야 한다.

▣ 핵심판례 ▣

■ [수거의무, 매수청구권]

토지소유자의 승낙을 받아 건물을 신축한 자의 관습에 의한 법정지상권 유무(소극)

토지의 소유자로부터 토지사용승낙을 받아 건물을 신축하고 그에 대한 경작료를 납부하여 온 경우에는 관습에 의한 법정지상권이 성립할 여지가 없고 따라서 그에 기한 건물의 매수청구권도 발생하지 아니한다(1990. 10. 30. 제1부 판결, 90다카26003 건물철거).

◆ 지상권자와 지상권설정자가 지료증감청구를 할 수 있는 경우

제 286 조 【지료증감청구권】

지료가 토지에 관한 조세 기타의 증감이나 지가의 변동으로 인하여 상당하지 아니하게 된 때에는 당사자는 그 증감을 청구할 수 있다.

■ § 286. 지료증감청구권

- 강행규정, 형성권
- 지료액이 결정된 후 토지에 관한 조세 기타의 부담의 증감이나 지가의 변동으로 종래의 지료액이 불합리한 것으로 되는 때에는 당사자는 서로 그 증감을 청구할 수 있다.

지상권에는 정기적으로 지료를 지급하는 경우가 많으나 이 지료가 반드시 지상권의 요소는 아니다. 그러나 당사자가 지료의 지급을 약정한 경우에는 지상권자는 지료지급의무를 부담한다. 이때 지료는 정기급으로 하거나 일시급으로 하거나 상관이 없다.

지료액은 원칙적으로 당사자의 협정에 의하여 정하여진다. 그런데 지상권의 존속기간은 상당히 장기이기 때문에 그 동안에 조세 기타의 부담의 증감이나 지가의 변동으로 지료액이 부당하게 되는 수가 있을 수 있다. 이러한 경우를 위하여 본조는 양당사자에게 지료의 증감청구권을 인정하고 있다. 이 지료증감청구권은 형성권이라고 새기는데 학설은 일치하고 있다. 따라서 토지소유자가 증액청구를 하거나 또는 지상권자가 감액청구를 하면 곧 지료는 증액 또는 감액되고, 지상권자는 그 증감된 지료를 지급할 의무를 부담하게 된다. 그러나 이러한 증감청구에 대하여 상대방이 다투는 경우에는 결국 법원이 결정하게 될 것이나 이때에 법원이 결정해 주는 지료의 증감은 그 증감청구를 한 때에 소급하여 효력이 생긴다. 그러나 결정될 때까지는 종래의 지료액 또는 감액된 지료액을 지급하여도 지료의 체납이 되지 않는다고 해석하는 것이 통설이다.

▣ 핵심판례 ▣

1. 지상권에 있어서 유상인 지료에 관한 약정을 제3자에게 대항하기 위하여는 이를 등기하여야 하는지 여부(적극)와 지료에 관하여 등기되지 않은 경우에는 지료증액청구권도 발생하지 않는지 여부(적극)

지상권에 있어서 유상인 지료에 관하여 지료액 또는 그 지급시기 등의 약정은 이를 등기하여야만 그 뒤에 토지소유권 또는 지상권을 양수한 사람 등 제3자에게 대항할 수 있고, 지료에 관하여 등기되지 않은 경우에는 무상의 지상권으로서 지료증액청구권도 발생할 수 없다(대판 1999. 9. 3. 99다24874).

2. 타인 소유 토지에 분묘를 설치한 경우, 분묘기지권의 시효취득 여부 및 지료지급여부

가. 타인 소유의 토지에 소유자의 승낙 없이 분묘를 설치한 경우에는 20년간 평온, 공연하게 그 분묘의 기지를 점유함으로써 분묘기지권을 시효로 취득한다.

나. 지상권에 있어서 지료의 지급은 그 요소가 아니어서 지료에 관한 약정이없는 이상 지료의 지급을 구할 수 없는 점에 비추어 보면, 분묘기지권을 시효취득하는 경우에도 지료를 지급할 필요가 없다고 해석함이 상당하다(대법원 1995. 2. 28. 선고 94다37912 판결).

3. 가. 법정지상권에 관한 지료가 결정되지 않은 경우, 지료 지급이 2년 이상 연체되었다는 이유로 지상권소멸청구를 할 수 있는지 여부(소극) 및 지료에 관한 당사자 사이의 약정 혹은 법원의 결정이 제3자에게도 효력이 미치기 위한 요건

법정지상권의 경우 당사자 사이에 지료에 관한 협의가 있었다거나 법원에 의하여 지료가 결정되었다는 아무런 입증이 없다면, 법정지상권자가 지료를 지급하지 않았다고 하더라도 지료 지급을 지체한 것으로는 볼 수 없으므로 법정지상권자가 2년 이상의 지료를 지급하지 아니하였음을 이유로 하는 토지소유자의 지상권소멸청구는 이유가 없고, 지료액 또는 그 지급시기 등 지료에 관한 약정은 이를 등기하여야만 제3자에게 대항할 수 있는 것이고, 법원에 의한 지료의 결정은 당사자의 지료결정청구에 의하여 형식적 형성소송인 지료결정판결로 이루어져야 제3자에게도 그 효력이 미친다.

나. 토지의 양수인이 지상권자의 지료 지급이 2년 이상 연체되었음을 이유로 지상권소멸청구를 함에 있어서 종전 소유자에 대한 연체기간의 합산을 주장할 수 있는지 여부(소극)

민법 제287조가 토지소유자에게 지상권소멸청구권을 부여하고 있는 이유는 지상권은 성질상 그 존속기간 동안은 당연히 존속하는 것을 원칙으로 하는 것이나, 지상권자가 2년 이상의 지료를 연체하는 때에는 토지소유자로 하여

금 지상권의 소멸을 청구할 수 있도록 함으로써 토지소유자의 이익을 보호하려는 취지에서 나온 것이라고 할 것이므로, 지상권자가 그 권리의 목적이 된 토지의 특정한 소유자에 대하여 2년분 이상의 지료를 지불하지 아니한 경우에 그 특정의 소유자는 선택에 따라 지상권의 소멸을 청구할 수 있으나, 지상권자의 지료 지급 연체가 토지소유권의 양도 전후에 걸쳐 이루어진 경우 토지양수인에 대한 연체기간이 2년이 되지 않는다면 양수인은 지상권소멸청구를 할 수 없다(대법원 2001. 3. 13. 선고 99다17142 판결).

4. 가. 건물에 대한 저당권의 효력이 그 건물의 소유를 목적으로 한 지상권에도 미치는지 여부(적극) 및 그 건물 양도시 지상권도 함께 양도되는지 여부(적극)

저당권의 효력이 저당부동산에 부합된 물건과 종물에 미친다는 민법 제358조 본문을 유추하여 보면 건물에 대한 저당권의 효력은 그 건물에 종된 권리인 건물의 소유를 목적으로 하는 지상권에도 미치게 되므로, 건물에 대한 저당권이 실행되어 경락인이 그 건물의 소유권을 취득하였다면 경락 후 건물을 철거한다는 등의 매각조건에서 경매되었다는 등 특별한 사정이 없는 한, 경락인은 건물 소유를 위한 지상권도 민법 제187조의 규정에 따라 등기 없이 당연히 취득하게 되고, 한편 이 경우에 경락인이 건물을 제3자에게 양도한 때에는, 특별한 사정이 없는 한 민법 제100조 제2항의 유추적용에 의하여 건물과 함께 종된 권리인 지상권도 양도하기로 한 것으로 봄이 상당하다.

나. 지료에 관한 약정을 등기하지 않은 경우, 토지소유자가 구 지상권자의 지료연체 사실을 지상권 양수인에게 대항할 수 있는지 여부(소극)

지료액 또는 그 지급시기 등 지료에 관한 약정은 이를 등기하여야만 제3자에게 대항할 수 있으므로, 지료의 등기를 하지 않은 이상 토지소유자는 구 지상권자의 지료연체 사실을 들어 지상권을 이전받은 자에게 대항하지 못한다.

다. 법정지상권에 관한 지료가 결정되지 않은 경우, 토지소유자가 2년 이상 지료지급 지체를 이유로 지상권 소멸청구를 할 수 있는지 여부(소극)

민법 제366조 단서의 규정에 의하여 법정지상권의 경우 그 지료는 당사자의 협의나 법원에 의하여 결정하도록 되어 있는데, 당사자 사이에 지료에 관한 협의가 있었다거나 법원에 의하여 지료가 결정되었다는 아무런 입증이 없고 법정지상권에 관한 지료가 결정된 바 없다면, 법정지상권자가 지료를 지급하지 않았다고 하더라도 지료 지급을 지체한 것으로는 볼 수 없으므로 법정지상권자가 2년 이상의 지료를 지급하지 아니하였음을 이유로 하는 토지소유자의 지상권 소멸청구는 이유가 없다(대법원 1996. 4. 26. 선고 95다52864 판결).

◈ 지상권설정자가 지상권의 소멸을 청구할 수 있는 경우

제 287 조【지상권소멸청구권】

지상권자가 2년 이상의 지료를 지급하지 아니한 때에는 지상권설정자는 지상권의 소멸을 청구할 수 있다.

■ § 287. 지료체납의 효과

- 강행규정, 형성권
- 지상권자가 2년 이상의 지료를 지급하지 않은 때에는 설정자는 지상권의 소멸을 청구할 수 있다.
- 관련법조 : [지료등기] 부동산등기법 §69

지상권자가 2년 이상의 지료를 지급하지 아니한 때에는 지상권설정자는 지상권의 소멸을 청구할 수 있다. 여기서 「2년 이상의 지료를 지급하지 아니한 때」라 함은 체납된 지료액이 2년분 이상이 되는 것을 말한다. 따라서 계속해서 2년분의 지료를 체납한 경우는 물론이며 1년분의 지료를 체납하고 몇 년 후에 다시 1년분의 지료를 체납하여 합해서 2년분의 지료가 체납된 경우도 이에 해당한다.

▣ 핵심판례 ▣

■ [지상권소멸청구권]

1. 법정지상권의 지료액수가 판결에 의하여 정하여졌지만 지체된 지료가 판결확정 전후에 걸쳐 2년분 이상일 경우 토지소유자의 지상권소멸청구의 가부(적극)

법정지상권이 성립되고 지료액수가 판결에 의하여 정해진 경우 지상권자가 판결확정 후 지료의 청구를 받고도 책임 있는 사유로 상당한 기간 동안 지료의 지급을 지체한 때에는 지체된 지료가 판결확정의 전후에 걸쳐 2년분 이상일 경우에도 토지소유자는 민법 제287조에 의하여 지상권의 소멸을 청구할 수 있다(1993. 3. 12. 제3부(사) 판결, 92다44749 건물철거등).

2. 가. 관습상의 법정지상권도 2년분 이상의 지료를 연체할 경우 민법 제287조에 따른 지상권소멸청구의 의사표시에 의하여 소멸하는지 여부(적극)

관습상의 법정지상권에 대하여는 다른 특별한 사정이 없는 한 민법의 지상권에 관한 규정을 준용하여야 할 것이므로 지상권자가 2년분 이상의 지료를 지급하지 아니하였다면 관습상의 법정지상권도 민법 제287조에 따른 지상권소멸청구의 의사표시에 의하여 소멸한다.

나. 토지소유자가 지상권자의 지료연체를 이유로 지상권소멸청구를 하여 지상권이 소멸된 경우 지상물매매청구권의 인정 가부(소극)

민법 제283조 제2항 소정의 지상물매수청구권은 지상권이 존속기간의 만료로 인하여 소멸하는 때에 지상권자에게 갱신청구권이 있어 그 갱신청구를 하였으나 지상권설정자가 계약갱신을 원하지 아니할 경우 행사할 수 있는 권리이므로, 지상권자의 지료연체를 이유로 토지소유자가 그 지상권소멸청구를 하여 이에 터잡아 지상권이 소멸된 경우에는 매수청구권이 인정되지 않는다(1993. 6. 2. 제1부 판결, 93다10781 지료금).

◈ 지상권이 저당권의 목적인 경우 지상권설정자의 지상권소멸청구의 효력발생요건

제 288 조【지상권소멸청구와 저당권자에 대한 통지】

지상권이 저당권의 목적인 때 또는 그 토지에 있는 건물, 수목이 저당권의 목적이 된 때에는 전조의 청구는 저당권자에게 통지한 후 상당한 기간이 경과함으로써 그 효력이 생긴다.

■ § 288. 지상권소멸의 통지

- 지상권이 저당권의 목적으로 되어 있는 경우 또는 그 토지위에 있는 건물이나 수목이 저당권의 목적으로 되어 있는 경우에는 설정자의 지상권소멸청구는 저당권자에게 그것을 통지한 후 상당한 기간이 경과함으로써 비로소 그 효력이 생긴다.

지상권소멸의 청구는 그 지상권이나 지상물에 저당권의 설정이 없는 때에는 그 효력이 즉시 발생하나 본조와 같이 그 지상권 또는 지상물인 건물이나 수목이 저당권의 목적이 되고 있는 경우에는 이 저당권자의 이익도 고려하여야 하므로 저당권자에 대하여 지상권소멸의 통지를 한 후 상당한 기간이 경과함으로써 그 청구의 효력이 발생한다. 지상권을 저당권의 목적으로 하거나 또는 지상물을 저당권의 목적으로 하였는데, 지상권소멸청구에 의해 지상권이 소멸하게 되면 저당권자는 그 목적인 지상권을 잃고, 또 지상권 없는 지상물을 목적으로 한 것이 되어 저당권자에게 극히 불리한 결과를 가져오기 때문이다.

◆ 지상권에 관한 제280조~제287조의 강행규정성

제 289 조【강행규정】

제280조 내지 제287조의 규정에 위반되는 규약으로 지상권자에게 불리한 것은 그 효력이 없다.

■ § 289. 강행규정

- 지상권자의 갱신청구권
- 지료증감청구권
- 지료체납의 효과
- 지상물수거권
- 지상권의 최단존속기간
- 지상물매수청구권
- 지상권의 양도, 임대
- 위 규정은 지상권자를 위한 편면적 강행규정으로, 이에 위반하여 지상권자에게 불리한 약정은 무효이다.

본조는 제280조 내지 제287조의 규정은 강행규정임을 선언한 것이다. 그러므로 이 조항에 배치되는 규약은 원칙적으로 무효일 것이나 이러한 규정은 경제적 약자인 지상권자의 이익을 보호하기 위한 강행규정이므로 여기에 저촉되더라도 지상권자에게 유리한 경우에는 그 효력이 존속하도록 한 것이다.

예컨대 제287조에서 토지소유자의 지상권소멸청구권은 2년 이상의 지료미지급의 경우에 한하여 토지소유자가 지상권소멸청구를 할 수 있다고 규정하고 있으나, 당사자의 지상권설정규약으로 3년 이상 지료미지급인 경우에 지상권의 소멸을 청구할 수 있다고 약정한 경우에는 이것은 지상권자에게 유리한 내용이므로 그 효력이 있는 것이다.

◆ 구분지상권

제 289 조의 2【구분지상권】

① 지하 또는 지상의 공간은 상하의 범위를 정하여 건물 기타 공작물을 소유하기 위한 지상권의 목적으로 할 수 있다. 이 경우 설정행위로써 지상권의 행사를 위하여 토지의 사용을 제한할 수 있다.

② 제1항의 규정에 의한 구분지상권은 제3자가 토지를 사용·수익할 권리를 가진 때에도 그 권리자 및 그 권리를 목적으로 하는 권리를 가진 자 전원의 승낙이 있으면 이를 설정할 수 있다. 이 경우 토지를 사용·수익할 권리를 가진 제3자는 그 지상권의 행사를 방해하여서는 아니된다. <본조신설 1984. 4. 10.>

■ § 289의2. 구분지상권

- 토지의 지하 또는 지상의 공간을 계층적으로 구분한 부분에 설정하는 지상권
- 구분지상권의 설정 : 물권적합의+등기
- 구분지상권의 효력 : ① 지상권 규정의 준용
  ② 토지이용의 조절 : 특약, 상린관계규정의 준용
  ③ 권리행사의 방해금지
  ④ 부속공작물 : 구분지상권에 기하여 토지에 부속된 공작물은 §256단서의 적용으로 토지에 부합하지 않는다(구분지상권자가 소유).
- 구분지상권의 등기, 부동산등기법 §69(개정) : 승낙서-제3자의 승낙서(등기신청시 서류에 첨부), 제3자의 승낙을 구분지상권의 성립요건
- 관련법조 : [등기] 부동산등기법 §69, [공용부분] 집합건물의 소유 및 관리에 관한 법률 §10~§19

구분지상권이란 지하 또는 지상의 공간의 상하의 범위를 정하여 건물 기타 공작물의 소유를 위하여 그 구분된 층을 사용하는 것을 내용으로 하는 지상권

이다(1984년 4월 10일의 개정으로 신설하였다). 즉 지하의 일부분을 수평으로 구분하여 또는 지상공간의 일부분을 수평으로 구분하여 그 한정된 부분(즉, 구분층)을 지상권의 객체로 할 수 있다는 것이다. 예컨대, 고가시설 · 공중케이블 · 고압송전선 · 지하철 · 지하상가 등을 설치할 때 종래의 지상권을 비롯한 토지이용권에 의해서는 만족할 수 없는 점을 보충하여, 토목 · 건축기술의 발전에 따른 토지의 각 층의 병행적 · 효율적 이용을 법적으로 가능케 한 것이다.

· 구분지상권 설정등기 예

(1) 지하의 경우

(을구)

일	지상권 설정 접수 1981년 8월 20일 제198호 원인 1981년 8월 13일 설정계약 목적 지하철도 소유 범위 토지의 남쪽 끝지점을 포함한 수평선을 기준으로 하여 지하 15미터로부터 35미터 사이 존속기간 50년 지상권자 서울특별시 ㊞

(2) 공간의 경우

(을구)

일	지상권 설정 접수 1981년 8월 20 제1989호 원인 1981년 8월 13일 설정계약 목적 고가철도 소유 범위 토지의 서북간 ○○지점을 포함한 수평면을 기준으로 하여 지상 15미터로부터 지상 35미터 사이 존속기간 50년 지상권자 서울특별시 ㊞

▣ 핵심판례 ▣

■ [구분지상권]

1. 토지소유자가 송전선이 설치된 토지를 농지로만 이용해 왔음에도, 그 토지 상공에 대한 구분지상권에 상응하는 임료 상당액의 손해 발생을 인정한 원심판결을 수긍한 사례

토지소유자가 송전선이 설치된 토지를 농지로만 이용하여 왔다고 하더라도, 그 소유권을 행사함에 있어 아무런 장애를 받지 않았다고 할 수 없고 그 송전선의 가설로 인하여 그 토지 상공에 대한 구분지상권에 상응하는 임료 상당의 손해를 입었다고 한 원심판결을 수긍한 사례(1996. 5. 14. 판결, 94다54283 부당이득금).

2. 구분지상권의 양도

가. 상가아파트 건물의 1층 옥상 위에 일정 층수까지 건물을 추가로 신축하기 위한 공간을 사용할 수 있는 내용의 구분지상권을 가진 자가 건물 1층 위에 2·3층에 해당하는 건물을 준공하여 이를 분양하면서 수분양자에게 2·3층 건물의 존립 및 사용·수익에 필요한 구분지상권도 일체로서 양도한 것으로 본 사례.

나. 민법상 지상권의 존속기간은 최단기만이 규정되어 있을 뿐 최장기에 관하여는 아무런 제한이 없으며, 존속기간이 영구(영구)인 지상권을 인정할 실제의 필요성도 있고, 이러한 지상권을 인정한다고 하더라도 지상권의 제한이 없는 토지의 소유권을 회복할 방법이 있을 뿐만 아니라, 특히 구분지상권의 경우에는 존속기간이 영구라고 할지라도 대지의 소유권을 전면적으로 제한하지 아니한다는 점 등에 비추어 보면, 지상권의 존속기간을 영구로 약정하는 것도 허용된다(대법원 2001. 5. 29. 선고 99다66410 판결).

◆ 지상권자간 또는 지상권자와 인지소유자와의 관계에 상린관계에 관한 규정의 준용

제 290 조【준용규정】

① 제213조, 제214조, 제216조 내지 제244조의 규정은 지상권자간 또는 지상권자와 인지소유자간에 이를 준용한다.

② 제280조 내지 제289조 및 제1항의 규정은 제289조의 2의 규정에 의한 구분지상권에 관하여 이를 준용한다. <신설 1984. 4. 10.>

■ § 290. 준용규정

- 물권적청구권, 상린관계 : 지상권에서 준용된다.
- 구분지상권 : 지상권에 관한 모든 규정도 준용된다.

지상권은 토지를 사용하는 권리이기 때문에, 인접 토지 사이의 이용의 조절을 목적으로 하는 상린관계의 규정(제216조~제244조)은 지상권자 사이 또는 지상권자와 인지소유자와의 사이에 준용된다.

(1) 물권적청구권(제213조, 제214조)과 상린관계(제216조~제244조)의 규정은 지상권에서도 준용된다.

(2) 구분지상권에도 지상권에 관한 모든 규정(제280조~제289조, 제290조 1항)도 준용된다.

제5장 지역권

지역권은 설정행위에서 정한 일정한 목적을 위하여 타인의 토지를 자기의 토지의 편익에 이용하는 부동산 용익물권의 일종이다. 지역권은 로마법의 역권(servitus)에 유래하는 제도이며, 역권에는 인역권(예컨대 갑이 을의 토지에서 낚시나 수렵을 하는 권리 등)과 지역권으로 나누어지나 우리민법은 구민법과 마찬가지로 지역권만 인정한다.

지역권은 토지와 토지의 관계이다. 지역권의 편익에 이용되는 토지를 승역지라 하고, 편익을 얻는 토지를 요역지라 한다. 예를 들면 갑이 자기의 토지로부터 주변의 도로를 통행하기 위해 이웃 을의 토지를 통행하는 지역권으로 설정할 수 있다. 이 경우 편익을 얻는 토지인 갑의 토지를 요역지라 하고, 편익을 주는 토지인 이웃 을의 토지를 승역지라 한다.

지역권은 반드시 토지소유자간에만 성립하는 것은 아니고 지상권자, 전세권자, 임차권자도 지역권을 설정할 수 있다. 요역지는 1필의 토지이어야 하며, 1필의 토지 일부만을 위해 지역권을 설정할 수는 없다. 그러나 승역지는 1필의 토지일 필요가 없으며, 토지의 일부 위에도 지역권은 성립할 수 있다.

◈ 지역권의 내용

제 291 조【지역권의 내용】

지역권자는 일정한 목적을 위하여 타인의 토지를 자기토지의 편익에 이용하는 권리가 있다.

■ § 291. 지역권

- 설정행위에서 정한 일정한 목적을 위하여 타인의 토지를 자기의 토지의 편익에 이용하는 부동산 용익물권의 일종
- 요역지와 승역지 두 개의 토지사이의 관계
- 관련법조 : [지역권등기] 부동산등기법 §3-3, §70, §71, [지역권목적 및 범위] 부동산등기법 §70, §71

1. 지역권의 의의

지역권이란 설정행위에 의하여 정하여진 목적의 범위 내에서 갑 토지의 편익을 위하여 을 토지를 이용하는 권리, 예컨대 갑 토지를 위하여 을 토지로부터 인수하거나 을 토지를 통행하거나 하는 권리이다.

갑 토지를 요역지, 을 토지를 승역지라고 한다. 이러한 목적을 달성하기 위하여 갑은 필요한 토지를 을에게 임차할 것인가?

토지임차권의 경우에는, 임대인 을은 토지의 이용권을 완전히 잃은 결과가 되어 버리고 만다. 이에 반하여 지역권에 있어서는 승역지소유자 을은 지역권의 작용을 방해하지 아니하는 범위 내에서 여전히 그 토지를 이용할 수 있을 뿐만 아니라 승역지에 대한 물권으로서, 또 요역지소유권에 종속한 권리로서 존속하여 흡사 갑의 소유권의 내용이 확장된 것 같은 결과를 초래한 것이다.

2. 지역권과 상린관계의 차이

이와 같이 지역권은 양지의 이용을 조절하면서 공동이용의 이상을 실현시키

려고 한 것이다. 이에 대하여 상린관계는 상린자의 토지이용에 대해서 양자의 이해조절을 목적으로 하는 권리이다.

상린자가 서로 소유권의 이용을 다하기 위해서는 소유권의 내용을 일정한 범위에서 제한하거나 각자가 일정한 범위에서 협력할 필요가 있게 되었다. 그리하여 민법은 최소한도에서 소유권자 상호간의 이용을 달성케 하는 상린관계를 설정했다.

상린관계가 상린자간에 법률상 당연히 인정되어 소유권의 내용의 확장·제한에 의한 상호이용의 조절인 데 대하여 지역권은 당사자간의 계약에 따라 임의로 설정된 조절관계이며, 또 단순히 상린자간에서만 성립하는 권리는 아니다.

상 린 관 계	지 역 권
인접부동산(토지·건물)	토지(요역지와 승역지)
법률상 당연히 발생	계약에 의하여 발생, 등기에 의하여 효력
반드시 인접	인접할 필요가 없다
최소한도의 요구를 법정	
소멸시효에 걸리지 않고 처분할 수 없다	소멸시효 20년에 걸리고, 계속되고 표현된 지역권은 시효취득이 가능하다.

따라서 전자는 소유권내용 그 자체의 확장·제한인 것에 반하여, 후자는 소유권에 종속된 물권으로서의 성질을 갖는다.

위와 같은 지역권의 내용은 상린관계의 내용을 확장하거나 제한한 것이 대부분이나, 상린관계는 서로 인접한 토지 사이의 이용을 최소한도로 조절하는 것이기 때문에 이에 관한 규정은 강행규정인 경우가 적지 않다.

예컨대 토지의 소유자에게 주위토지통행권 인정(제219조), 경계선 부근의 공사를 위하여 인지에 출입할 권리인정(제216조)과 같은 규정이다. 따라서 이 통행권이나 출입권의 제한을 내용으로 하는 지역권을 설정하는 것은 허용되지 않는다고 하겠다.

[지역권]

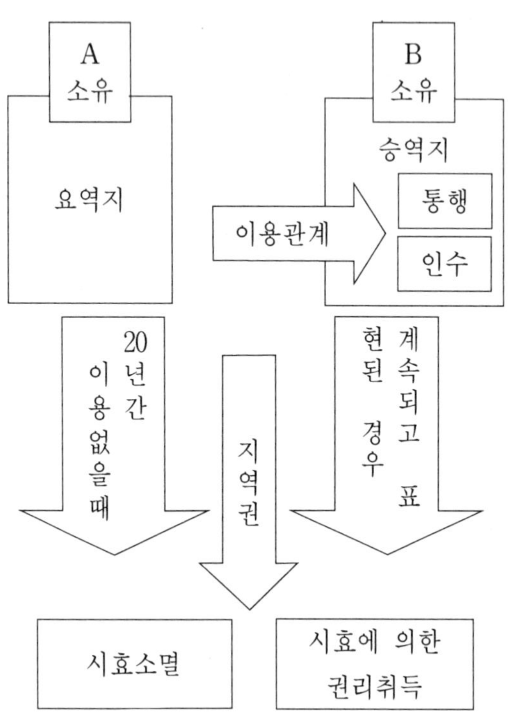

▣ 핵심판례 ▣

■ [지역권의 내용]

가. 도로법 제5조의 적용을 받는 도로

도로법 제5조의 적용을 받는 도로는 적어도 도로법에 의한 노선인정과 도로구역결정 또는 이에 준하는 도시계획법 소정절차를 거친 도로를 말하므로 이러한 절차를 거친 바 없는 도로에 대하여 도로법 제5조를 적용할 여지가 없다.

나. 토지에 대한 통행지역권을 주장하기 위하여 그 토지의 통행으로 편익을 얻는 요역지가 있음을 주장, 입증하여야 하는지 여부(적극)

지역권은 일정한 목적을 위하여 타인의 토지를 가지의 토지에 편익에 이용하는 용익물권으로서 요역지와 승역지 사이의 권리관계에 터잡은 것이므로 어느 토지에 대하여 통행지역권을 주장하려면 그 토지의 통행으로 편익을 얻는 요역지가 있음을 주장, 입증하여야 한다(1992. 12. 8. 제1부 판결, 92다22725 보상금).

◆ 지역권과 요역지 소유권의 관계

제 292 조【부종성】

① 지역권은 요역지 소유권에 부종하여 이전하며, 또는 요역지에 대한 소유권 이외의 권리의 목적이 된다. 그러나 다른 규정이 있는 때에는 그 약정에 의한다.

② 지역권은 요역지와 분리하여 양도하거나 다른 권리의 목적으로 하지 못한다.

■ § 292. 수반성(부종성)

- 요역지 소유권의 처분은 지역권의 처분을 수반한다. 즉 요역지소유권이 이전되거나 또는 다른 권리의 목적으로 된 때에는 지역권도 그와 법률적 운명을 같이한다. 그러나, 다른 약정이 있는 때에는 그 약정에 의한다.
- 지역권은 요역지와 분리하여 양도하거나 다른 권리의 목적으로 하지 못한다.
- 관련법조 : [부종성의 배제] 부동산등기법 §70, [본조준용] 공장저당법 §24②

1. 의 의

지역권의 취득은 법률행위에 의한 취득과 시효에 의한 취득이 있다. 법률행위에 의한 취득은 설정행위에 의한 원시취득과 양도행위에 의한 승계취득으로 나뉜다.

승계취득은 언제나 요역지의 소유권·지상권 등의 양도에 부수하여 이전하여, 요역지로부터 분리하여 지역권만 이전할 수는 없다.

지역권은 요역지에 편익을 제공하도록 승역지에 지배를 미치는 권리로서, 성질상 요역지소유권으로부터 분리된 지역권 자체만으로는 그 효용을 발휘할 수 없다. 양자는 일체로 결합되어 운용되어져야만 그 경제적 효용을 발휘할 수 있다.

본조는 이러한 취지에서 요역지소유권의 처분은 지역권의 처분을 수반하며(부종성), 지역권은 요역지소유권으로부터 분리하여 양도하거나 또는 다른 권리의 목적으로 하지 못하는 것으로 규정하고 있다.

2. 지역권의 성질

(1) 비배타적·공용적 성질

지상권이나 전세권은 토지의 사용목적이 법률에 의하여 한정되어 있지만, 지역권의 토지사용목적에는 아무런 제한이 없다. 지역권에 의한 토지사용은 제한적이고 승역지소유자도 지역권행사에 필요한 범위 내에서 일정한 의무를 부담하는 것이므로 승역지의 소유권의 용익권능이 전면적으로 배제되는 것은 아니다.

따라서 지역권은 승역지에 대한 배타적 점유가 인정되는 것이 아니므로 물권적 청구권에 있어서 방해제거청구권과 방해예방청구권은 인정되나 반환청구권은 인정되지 않는다(제301조).

(2) 부종성

① 지역권은 요역지의 편익을 위해서 존재하는 종된 권리이므로 요역지와 분리하여 지역권만을 양도할 수는 없고, 당연히 요역지의 소유권이 이전되면 당사자간의 설정행위로써 특약이 없는 한 지역권도 당연히 함께 이전된다(수반성).

② 지역권은 요역지에 대한 소유권 이외의 권리의 목적이 된다(제292조 제1항). 즉 요역지 위에 지상권, 전세권 또는 임차권 등이 설정되면 이들 이용권자들은 지역권을 행사할 수 있으며, 요역지에 저당권이 설정되면 당연히 지역권에도 그 효력이 미친다. 지역권이 요역지의 소유권 또는 이용권에 수반하는 성질을 지역권의 수반성이라 한다. 이러한 지역권의 수반성을 배제하는 특약을 할 수 있으나, 등기하지 않으면 제3자에 대해 대항할 수 없다(부동산등기법 제70조).

③ 지역권은 그 존속을 위해서도 요역지 및 승역지의 존재를 전제로 하기 때문에, 요역지로부터 분리하여 지역권만을 따로 양도하거나 다른 권리의 목적으로 하지 못한다(제292조 제2항). 이를 지역권의 부종성이라 한다.

(3) 불가분성

제293조의 조문해석에서 설명하기로 한다.

◆ 지역권의 불가분성

제 293 조【공유관계, 일부양도와 불가분성】

① 토지공유자의 1인은 지분에 관하여 그 토지를 위한 지역권 또는 그 토지가 부담한 지역권을 소멸하게 하지 못한다.

② 토지의 분할이나 토지의 일부양도의 경우에는 지역권은 요역지의 각 부분을 위하여 또는 그 승역지의 각 부분에 존속한다. 그러나 지역권이 토지의 일부분에만 관한 것인 때에는 다른 부분에 대하여는 그러하지 아니하다.

■ § 293. 지역권의 불가분성

- 토지공유자의 1인은, 그의 지분에 관하여 그 토지를 위한 지역권 또는 그 토지가 부담하는 지역권을 소멸하게 하지 못한다.
- 토지의 분할이나 그의 일부양도의 경우에는 지역권은 요역지의 각 부분을 위하여 또는 승역지의 각 부분위에 존속한다.
- 그러나 지역권의 성질상 토지의 일부에만 관한 것인 때에는 그 일부분에 관하여서만 존속한다.

1. 의 의

본조는 지역권의 성질인 불가분성을 규정한 것인데, 지역권은 요역지 전부를 위하여 승역지전부를 이용할 수 있으며 공유나 분할의 경우에 관계자 전부에 대하여 효력을 가진다(불가분성 : 제295조).

2. 내 용

(1) 공유자 1인의 지분으로 인한 지역권 소멸금지(제293조)

① 요역지가 수인의 공유인 경우에 토지공유자의 1인은 그의 지분에 관하여 그 토지를 지역권 또는 그 토지가 부담하는 지역권을 소멸하게 하지 못한다(제293조 제1항). 각 공유자가 지역권을 분할하여 행사할

수는 없으므로 공유자가 그 지분만에 관한 지역권을 소멸시킨다는 것은 있을 수 없기 때문이다.

② 토지의 분할이나 토지의 일부가 양도되어 각각 소유자를 달리하게 된 때에도 지역권은 소멸하지 않고 요역지의 각 부분을 위하여 또는 승역지의 각 부분 위에 존속한다. 그러나 지역권이 성질상 토지의 일부에만 관한 것인 때에는 그 일부분에 관해서만 존속한다(제293조 제2항).

③ 공유자의 1인이 지역권을 취득한 때에는 다른 공유자도 이를 취득한다(제295조 1항). 따라서 어느 공유자에 대한 취득시효의 중단은 지역권을 행사하고 있는 공유자 모두에 대해 하여야 그 효력이 있다(제295조 2항).

④ 요역지의 공유자의 1인이 소멸시효를 중단하거나 그 1인에 관하여 소멸시효의 정지사유가 있으면 그 중단·정지는 다른 공유자를 위하여 그 효력이 있다(제295조).

(2) 요역지 또는 승역지의 일부가 분할 또는 양도된 경우 지역권의 존속

지역권은 요역지의 편익을 위하여 승역지를 이용하는 권리이다. 따라서 요역지 또는 승역지가 분할되거나 일부양도된 경우에는 지역권은 요역지의 각 부분을 위하여 또는 승역지의 각 부분에 존속한다. 그러나 지역권의 성질상 토지의 일부만에 관한 것인 때에는 그 일부만을 위하여 또는 그 일부에만 존속한다(제293조 2항).

◆ 지역권의 시효취득

제 294 조 【지역권취득기간】

지역권은 계속되고 표현된 것에 한하여 제245조의 규정을 준용한다.

■ § 294. 시효에 의한 지역권의 취득

- 계속되고 표현된 지역권에 한하여 시효취득의 대상이 된다.
- 등기
- 통로가 설치된 통행지역권, 지상에 노출된 인수지역권

지역권의 시효취득은 계속되고 표현된 것, 즉 지역권의 행사를 중단 없이 외부로부터 인정할 수 있는 것, 예컨대 통로를 개설한 통행지역권, 지표에 나타나 있는 수로에 의한 인수지역권 같은 것에 한정된다.

아직 통로가 개설되지 아니한 통행지역권과 같은 표현적이긴 하지만 계속적인 것이 아니기 때문에 지역권의 시효취득은 인정되지 아니한다. 또 표현되지 아니한 지역권도 시효취득의 대상이 될 수 없다.

이것은 예컨대 지하수를 지표에 나타나지 않은 관에 의하여 인수하는 인수지역권과 같은 경우이다. 생각건대 그 행사의 사실은 승역지이용자에게 인식되어 있지 않기 때문에 지역권의 발생을 인정하여야 하는 것은 아니기 때문이다.

이웃하는 사람이 통로를 개설하지 아니하여 공지를 통행하고 그것이 자연히 통로가 되어버린 것과 같은 경우에는 통행지역권의 시효취득은 인정되지 아니한다고 하였다(대판 1966. 9. 6, 66다2305). 이것은 이웃의 정의에서 침묵하고 있는 경우가 대부분이므로 법률관계로까지 높여야 하는 것은 아니기 때문이다.

그리고 통로개설이 이루어진 경우에도 그 개설은 요역지소유자의 노력으로 이루어져야 한다고 하는 것이 판례의 태도이다.

지역권의 시효취득에도 역시 시효취득의 일반요건을(제245조) 필요로 하는 것은 물론이다.

▣ 핵심판례 ▣

■ [지역권취득기간]

1. 통행지역권의 시효취득 요건

지역권은 계속되고 표현된 것에 한하여 민법 제245조의 규정을 준용하도록 되어 있으므로, 통행지역권은 요역지의 소유자가 승역지 위에 도로를 설치하여 승역지를 사용하는 객관적 상태가 민법 제245조에 규정된 기간이 계속된 경우에 한하여 그 시효취득을 인정할 수 있다(대판 2001. 4. 13, 2001다8493).

2. 가. 통행지역권의 시효취득 요건

"지역권은 계속되고 표현된 것에 의하여 제245조의 규정을 준용한다"고 규정하고 있는 민법 제294조에 따라서 점유로 인한 지역권 취득기간의 만료로 통행지역권을 취득하려면 요역지의 소유자가 타인의 소유인 승역지 위에 통로를 개설하여야 한다.

나. 요역지 소유권의 시효취득과 승역지에 대한 통행지역권의 시효취득

요역지를 20년간 점유한 자가 점유로 인한 부동산 소유권의 취득기간이 만료되어 그 소유권을 취득하였다면 민법 제247조에 따라 그 소유권취득의 효력은 점유를 개시한 때에 소급하는 것이므로 요역지의 시효취득자가 그 점유개시 당시 승역지 위에 도로를 개설하거나 그 후 20년간 승역지를 도로로 점유·사용한 것은 요역지의 소유자로서 행한 사실행위라고 보아야 한다(1991. 10. 22. 제2부 판결, 90다16283 소유권확인).

3. 통행지역권의 시효취득요건

민법 제294조의 규정에 의하여 지역권은 계속되고 표현된 것에 한하여 민법 제245조의 규정을 준용하도록 되어 있으므로, 통행지역권은 요역지의 소유자가 승역지 위에 도로를 설치하여 승역지를 사용하는 객관적 상태가 민법 제245조에 규정된 기간 계속된 경우에 한하여 그 시효취득을 인정할 수 있다(1992. 9. 8. 제1부 판결, 92다20385 토지경계확인).

4. 통행지역권의 시효취득요건

민법 제294조는 "지역권은 계속되고 표현된 것에 한하여 제245조의 규정을 준용한다"고 규정하고 있으므로 점유로 인한 지역권취득시효기간의 만료로 통행지역권을 취득하기 위해서는 요역지의 소유자가 타인의 소유인 승역지 위에 통로를 개설하였을 것을 요건으로 한다(1993. 5. 11. 제1부 판결, 91다46861 출입방해금지등).

5. 토지의 불법점유자가 그 토지상에 소유 건물을 가졌다 하여 위요지통행권

이나 통행지역권의 시효취득 주장을 할 수 있는지 여부

위요지통행권이나 통행지역권은 모두 인접한 토지의 상호이용의 조절에 기한 권리로서 토지의 소유자 또는 지상권자 전세권자 등 토지사용권을 가진 자에게 인정되는 권리라 할 것이므로 위와 같은 권리자가 아닌 토지의 불법점유자는 토지소유권의 상린관계로서 위요지통행권의 주장이나 통행지역권의 시효취득 주장을 할 수 없다(대판 1976. 10. 29, 76다1694).

◈ 지역권의 불가분성

제 295 조【취득과 불가분성】

① 공유자의 1인이 지역권을 취득한 때에는 다른 공유자도 이를 취득한다.

② 점유로 인한 지역권 취득기간의 중단은 지역권을 행사하는 모든 공유자에 대한 사유가 아니면 그 효력이 없다.

■ § 295. 지역권의 취득시효와 불가분성

- 공유자의 1인이 지역권을 취득한 때에는 다른 공유자도 이를 취득한다.
- 점유에 의한 지역권의 취득시효의 중단은 지역권을 행사하는 모든 공유자에 대하여서 하지 않으면 효력이 없다.
- 지역권을 행사하는 공유자가 수인이 있는 경우에는 그 1인에 대하여 시효정지의 원인이 있더라도 시효는 각 공유자를 위하여 진행하는 것이 된다.

공유자를 위한 지역권이 시효취득이 되기 위해서는 공유자의 1인을 위한 취득시효가 완성되면 충분하고 다른 공유자도 이를 취득한다.

따라서 공유자에 대한 시효중단은 지역권을 행사할 수 있는 권원에 대한 사유가 아니면 그 효력을 발생하지 않는다.

◆ 지역권 소멸시효의 중단 또는 정지의 불가분성

제 296 조 【소멸시효의 중단, 정지와 불가분성】

요역지가 수인의 공유인 경우에 그 1인에 의한 지역권 소멸시효의 중단 또는 정지는 다른 공유자를 위하여 효력이 있다.

■ § 296. 소멸시효의 중단, 정지

- 요역지가 수인의 공유로 되어 있는 경우에, 그 1인을 위한 소멸시효의 중단 또는 정지가 있는 때에는 이 중단 또는 정지의 사유는 다른 공유자를 위하여서도 효력이 있으며, 소멸시효는 전 공유자를 위하여 완성하지 않는다.

소멸시효에 있어서도 지역권의 불가분적 성질에 의하여 그 법률관계를 동일하게 확정하고, 그 이익은 전체에 미치며 손해는 1인에 그친다는 원칙이 적용되는 것이다. 즉 공유로 되어 있는 요역지를 위한 지역권이 시효에 의하여 소멸하려고 하는 경우에 공유자의 1인을 위하여 지역권 소멸시효의 중단 또는 정지가 있는 때에는 이 사유는 다른 공유자를 위해서도 효력이 생기고 소멸시효는 전 공유자를 위하여 완성하지 않는 것으로 된다. 그리고 지역권은 20년간 행사하지 않음으로써 소멸시효에 걸린다.

◆ 용수지역권에 관한 특칙

제 297 조【용수지역권】

① 용수승역지의 수량이 요역지 및 승역지의 수요에 부족한 때에는 그 수요정도에 의하여 먼저 가용에 공급하고 다른 용도에 공급하여야 한다. 그러나 설정행위에 다른 약정이 있는 때에는 그 약정에 의한다.

② 승역지에 수개의 용수지역권이 설정된 때에는 후순위의 지역권자는 선순위의 지역권자의 용수를 방해하지 못한다.

■ § 297. 용수지역권

- 승역지의 수량이 요역지 및 승역지의 수요에 부족한 때에는 그 수요 정도에 의하여 먼저 가용에 공급하고, 그 나머지를 다른 용도에 공급하여야 한다.
- 그러나 설정행위에 의하여 이것과 다른 사용방법을 정할 수 있다.
- 이 특약을 가지고 제3자에게 대항하려면 등기하여야 한다.
- 승역지에 수개의 용수지역권이 설정된 때에는 후순위의 지역권자는 선순위의 지역권자의 용수를 방해하지 못한다(주의적 규정).
- 관련법조 : [타약정과 등기] 부동산등기법 §70, [권리순위] 부동산등기법 §4

당사자가 지역권을 설정함에 있어서 미리 그 수량이 부족하게 되는 경우에 대비하여 별도의 약정을 한 때엔 물론 이에 따라야 할 것이나, 그러한 약정이 없는 경우에는 요역지 및 승역지의 각 수요에 응하되 첫째로는 이것을 가용에 공급하고 그 나머지를 농·공업 및 다른 용도에 공급하여야 한다. 그리고 동일한 승역지 위에 수개의 용수지역권을 설정한 경우에는 후순위의 지역권자는 선순위의 지역권자의 권리를 해할 수 없으므로 선순위 권리자의 물의 사용을 방해할 수 없다(지역권의 배타성).

▣ 핵심판례 ▣

■ 용수권과 용익물권으로서의 용수지역권

원고들이 인접 유지(溜池)를 20년간 평온, 공연, 계속, 표현되게 점용관리하면서 간척답들을 부하여 무상으로 배수를 받아온 것을 이유로 용수지역권 설정등기절차를 구하는 경우에 원고의 주장이 자기 농경지의 배수를 받아온 인접유지의 물 자체를 사용할 권리로서의 용수권인지 또는 용익물권으로서 용수지역권인지를 가려 심리판단하여야 할 것인 바, 원심은 막연히 유지의 물 자체를 사용할 권리를 지역권으로 주장할 수 없다고 판단하였음은 판단유탈 내지 심리미진의 위법이 있다 할 것이다(대판 1977. 5. 24, 74다383).

◈ 승역지소유자의 특별승계인의 의무

제 298 조【승역지소유자의 의무와 승계】

계약에 의하여 승역지소유자가 자기의 비용으로 지역권의 행사를 위하여 공작물의 설치 또는 수선의 의무를 부담한 때에는 승역지소유자의 특별승계인도 그 의무를 부담한다.

■ § 298. 승역지 이용자의 의무

- 지역권자의 행위를 인용하고 일정한 이용을 하지 않을 부작위의무
- 계약에 의하여 승역지소유자가 자기의 비용으로 지역권의 행사를 위하여 공작물의 설치 또는 수선의 의무를 부담한 때에는 승역지소유자의 특별승계인도 그 의무를 부담한다.
- 그러나 특별승계인에게 대항하기 위해서는 등기하여야 한다.
- 관련법조 : [특별약정과 등기] 부동산등기법 §70

지역권의 행사에 관하여 필요한 공작물의 설치나 수선은 통상 요역지의 소유자가 하여야 할 것이지만, 때에 따라서는 설정행위나 또는 특별한 계약으로써 승역지의 소유자가 지역권행사를 위하여 필요한 공작물을 설치하거나 또는 수선하여야 하는 의무를 부담할 때가 있다. 그 의무는 승역지를 양도한 경우에는 그 토지와 함께 이전하여 승계인의 부담으로 되는 것이다. 이 경우 특별승계인에게 대항하기 위해서는 등기를 하여야 한다(부동산등기법 제70조).

◆ 승역지소유자의 의무변제

제 299 조【위기에 의한 부담면제】

승역지의 소유자는 지역권에 필요한 부분의 토지소유권을 지역권자에게 위기하여 전조의 부담을 면할 수 있다.

■ § 299. 지역권의 위기

- 위기는 토지소유권을 지역권자에게 이전한다는 일방적 의사표시이며 지역권자에 대하여서 하여야 하고, 또한 등기를 하여야 그 효력이 생기게 됨은 물론이다.
- 승역지의 소유자는 지역권에 필요한 부분의 토지소유권을 위기하여 제298조의 부담을 면할 수 있다.
- 위기에 의하여 소유권이 지역권자에게 이전하는 경우에는 지역권은 혼동으로 소멸하게 된다.

지역권의 소멸사유에는 요역지 또는 승역지의 멸실·포기·혼동 등 물권 일반의 소멸원인과 위기, 승역지의 시효취득 등 지역권에 특유한 소멸원인이 있다.

승역지의 소유자가 전조와 같은 의무를 영구적으로 자기소유의 토지 위에 부담하는 것은 불편한 경우가 있다. 이런 경우에는 언제든지 그 지역에 필요한 부분의 소유권을 지역권자에게 위기하여 그 부담을 면할 수 있는 것으로 함이 오히려 편리하므로 본조와 같이 규정한 것이다. 위기로 인해서 소유권이 지역권자에게 이전되면 혼동에 의해 지역권은 소멸하게 된다. 여기 '위기'란 승역지를 지역권자의 처분에 맡기기 위하여 그 소유권을 포기한다는 의미이며, 단순한 포기가 아니다. 위기는 물권적 단독행위로서, 승역지의 토지부분에 대해 지역권자 앞으로 소유권이전등기를 하여야 그 효력이 생긴다(제186조).

◆ 승역지 소유자의 공작물의 사용

제 300 조【공작물의 공동사용】

① 승역지의 소유자는 지역권의 행사를 방해하지 아니하는 범위 내에서 지역권자가 지역권의 행사를 위하여 승역지에 설치한 공작물을 사용할 수 있다.

② 전항의 경우에 승역지의 소유자는 수익정도의 비율로 공작물의 설치, 보존의 비용을 분담하여야 한다.

■ § 300. 공작물의 공동사용

- 승역지의 소유자는 지역권의 행사를 방해하지 않는 범위안에서 지역권자가 지역권의 행사를 위하여 승역지에 설치한 공작물을 사용할 수 있다.
- 그러나 수익의 정도의 비율로 공작물의 설치, 보존의 비용을 분담하여야 한다.

승역지의 소유자는 요역지의 소유자가 그 지역권을 행사하기 위하여 승역지 위에 설치한 공작물을 자기도 사용할 수 있다. 그러나 이로 인하여 지역권자의 이익을 방해하여서는 안된다. 즉 방해가 되지 않는 범위내에서 그 공작물을 지역권자와 함께 사용할 수 있는 것이다. 그리고 이 경우에는 승역지의 소유자는 그 이익을 받는 비율에 응하여 공작물의 설치 및 보존의 비용을 분담하여야 한다. 그 분담에 다툼이 있는 때에는 법원에 소구하여 그 판결에 의한다.

◈ 지역권에 기한 물권적 청구권

제 301 조【준용규정】

제214조의 규정은 지역권에 준용한다.

■ § 301. 지역권에 기한 물권적청구권

- 방해제거청구권과 방해예방청구권이 인정
- 그 요건, 내용등은 모두 소유권에 준한다.

본조는 지역권에 의거한 물권적 청구권에 관한 규정이다. 지역권은 일정한 범위 내에서 승역지를 직접 지배할 수 있는 물권이므로, 그 지배권이 방해된 경우에는 이것을 배제할 것을 청구하는 물권적 청구권을 갖는다. 그러나 지역권은 물건을 지배하는 권리가 아니기 때문에 소유물반환청구권은 그 성질상 있을 수 없고, 따라서 본조는 방해제거 및 방해예방에 관한 규정만을 준용한 것이다.

◆ 관습에 의한 특수지역권의 성립

제 302 조【특수지역권】

어느 지역의 주민이 집합체의 관계로 각자가 타인의 토지에서 초목, 야생물 및 토사의 채취, 방목 기타의 수익을 하는 권리가 있는 경우에는 관습에 의하는 외에 본장의 규정을 준용한다.

■ § 302. 특수지역권

- 일정한 지역의 주민이 집합체의 관계로 일정한 토지에서 초목·야생물 및 토사의 채취 방목 기타 공동으로 수익하는 관습상의 권리
- 토지의 총유
- 토지수익권의 준총유
- 사회적 작용 : ① 자연경제시대의 농촌주민의 생활의 기초
② 커다란 폐해수반
- 특수토지수익권의 규율 : ① 토지의 총유형태-민법의 총유에 관한 규정
② 토지수익권의 준총유 형태

특수지역권이라 함은 어느 지역의 주민이 집합체의 관계로 각자가 타인의 토지에 초목·야생물 및 토사의 채취·방목 기타의 수익을 하는 권리를 말한다. 이를 총유적 토지이용권(김증한)·특수토지수익권(장경학, 최식)·입회권(방순원, 김기선) 등이라고도 부른다. 특수지역권은 토지수익권으로서 제한물권이며 인역권의 일종이다. 이 권리는 양도와 상속이 불가능하다. 관습에 의해 취득할 때는 등기가 불필요하고, 계약에 의해 취득할 때는 등기가 필요하다. 이러한 토지수익권은 목적토지의 소유권이 ① 수익을 하는 어느 지역의 주민전체의 총유에 속하는 형태와, ② 일정지역의 주민의 총유에 속하지 않고 타인(국가 기타 공·사법인 및 개인 등)의 소유에 속하는 형태로 나누어진다. ①은 토지의 총유로 민법의 총유에 관한 규정을 적용하며 ②는 지역권을 적용하면 되지만 실질적으로 준총유에 귀속되므로 마찬가지로 총유에 관한 규정을 준용할 여지가 크다(제278조). 다만 민법의 규정과 다른 관습이 있으면 관습이 우선적으로 적용된다.

▣ 핵심판례 ▣

■ [특수지역권]

지방자치단체의 시효취득 주장에 토지소유자가 독점적, 배타적 사용수익권을 포기했다는 주장이나 지방자치단체가 관습에 의한 지역권 등을 시효취득했다는 주장이 포함되어 있는지 여부

지방자치단체의 소유권 시효취득의 주장에 지방자치단체가 토지에 포장공사나 하수도공사를 하기 이전에 토지소유자가 이미 일반 주민에 대하여 도로로서 통행할 수 있는 권한을 부여함으로써 위 토지에 대한 독점적이고 배타적인 사용수익권을 포기하였다는 주장이나 지방자치단체가 관습에 의한 지역권 또는 민법 제302조 소정의 특수지역권을 시효취득하였다는 등의 주장이 포함되어 있다고 할 수 없다(1993. 8. 24. 제2부 판결, 92다26000 부당이득금반환).

제 6 장 전 세 권

1. 전세권의 의의

전세권은 전세금을 지급하고 타인의 부동산을 그의 용도에 좇아 사용·수익하며 목적부동산으로부터 전세금의 우선변제를 받을 수 있는 용익물권이지만 담보물권으로서의 특질도 아울러 가지고 있는 특수한 물권이다.

2. 전세권의 법적 성질

(1) 타물권

전세권의 목적물은 타인의 부동산(토지 또는 건물)이다. 다만 농경지는 전세권의 목적이 될 수 없다(제303조 제2항). 부동산 일부, 즉 1필의 토지 일부 또는 건물의 일부에도 전세권을 설정할 수 있다. 다만 부동산의 일부가 전세권의 목적이 된 때에는 등기신청서에 그 도면을 첨부하여야 한다(부동산등기법 제139조).

(2) 용익물권

전세권은 목적부동산을 점유하여 그 용도에 따라 사용·수익하는 권리이다. 따라서 전세권에도 상린관계의 규정이 준용된다(제319조). 또한 전세권이 침해되는 경우에는 물권적 청구권이 인정된다(제319조, 제213조, 제214조).

(3) 담보물권성

전세권자는 전세금에 관해 우선변제권이 인정된다. 전세권자는 부동산 전부에 대하여 후순위권리자 기타 채권자보다 전세금의 우선변제를 받을 권리가 있고(제303조 제1항), 전세권설정자가 전세금의 반환을 지체한 때 전세권자는 전세목적물의 경매를 청구할 수 있다(제318조).

전세권이 담보물권적 성격도 가지는 이상 부종성과 수반성이 있으므로 전세권을 그 담보하는 전세금반환채권과 분리하여 양도하는 것은 허용되지 않는다(대판 1999. 2. 5, 97다33997).

◆ 전세권의 내용

제 303 조【전세권의 내용】

① 전세권자는 전세금을 지급하고 타인의 부동산을 점유하여 그 부동산의 용도에 좇아 사용·수익하며, 그 부동산 전부에 대하여 후순위권리자 기타 채권자보다 전세금의 우선 변제를 받을 권리가 있다. <개정 1984. 4. 10.>

② 농경지는 전세권의 목적으로 하지 못한다.

■ § 303. 전세권의 법률적 성질

- 전세권 : 전세금을 지급하고 타인의 부동산을 그 용도에 좇아 사용, 수익하는 용익물권임과 동시에 전세금의 우선변제를 받을 수 있는 권리
- 타인의 부동산에 관한 권리
- 전세금(요소) : 보증금, 신용의 수수
- 용익물권
- 상린관계의 규정이 준용됨
- 담보물권성 : 우선변제권, 경매청구권
- 관련법조 : [전세권등기] 부동산등기법 §3-4, §72, [전세권과 별제권] 채무자회생 및 파산에 관한 법률 §411, [전세권에 관한 분쟁] 민사조정법

1. 전세권의 특징

전세권은 전세금을 지급하고서 타인의 부동산을 그의 용도에 좇아 사용·수익하는 용익물권이며, 전세권이 소멸하면 목적부동산으로부터 전세금의 우선변제를 받을 수 있는 효력이 인정되는 것이다. 말하자면 그것은 용익물권이지만, 한편으로는 담보물권으로서의 특질도 아울러 가지고 있는 특수한 물권이다. 그러나 전세권의 기본성격은 어디까지나 용익물권인 데에 있다고 하여야 하며 담보물권으로서의 성질이 인정된다고 하여도, 그것은 전세권자의 전세금반환청구권을 확보해 준다는 정책적 고려에 의한 것이어서 전세권의 담보물권성은 부수적·종적인 것에 지나지 않음을 유의하여야 한다.

이러한 민법의 전세권은 외국의 입법례에서는 찾아볼 수 없는 우리의 특유한 제도이며 민법에 있어서의 이채로운 존재라고 할 수 있다. 그것은 종래 일종의 채권계약으로서 관행되어 온 이른바 「전세」라고 건물임대차를 물권의 일종으로서 신설·성문화한 것이며, 물권법에 있어서의 다른 제도들처럼 본래 서구제국에서 형성·발달해 온 제도를 그대로 계수한 것이 아니다. 우리 사회에서 발달한 특유한 제도라는 데에 특별한 의의가 있다. 다만, 농경지는 전세권의 목적으로 하지 못하도록 규정하고 있다(제303조 2항).

2. 전세권의 취득

(1) 설정계약과 등기

전세권은 부동산 소유자와 전세권을 취득하려는 자 사이의 설정계약과 등기에 의해 취득하는 것이 일반적이다. 이외에도 전세권의 양도·상속 등을 통해서도 취득할 수 있다.

전세금의 지급은 전세권의 요소이며(제303조 1항), 그 금액은 등기하여야 한다(부동산등기법 제139조 1항). 따라서 설정계약과 등기 외에 전세금의 지급이 있을 때에 비로소 전세권이 성립한다. 전세금은 전세권의 요소로서 반드시 지급되어야 하고 전세금을 지급하지 않는다는 특약을 하더라도 전세권은 성립하지 않는다.

(2) 관련문제

가. 전세금이 현실적으로 수수되어야만 전세권이 성립하는지 여부

전세금의 지급은 전세권 성립의 요소가 되는 것이지만 그렇다고 하여 전세금의 지급이 반드시 현실적으로 수수되어야만 하는 것은 아니고 기존의 채권으로 전세금의 지급에 갈음할 수도 있다(대판 1995. 2. 10, 94다18508).

나. 전세 목적물이 양도되었을 때 양수인의 지위

1) 학 설

① 전세권설정자 지위 승계 부정설(이상태, 송덕수)

전세금은 고액인 경우가 많은데 당연승계를 인정하면 양수인이 무자력인 경우에 전세권자가 막대한 손해를 입을 수 있다. 또한 전세금반환채무의 인수는 전세권자의 승낙을 필요로 하는 채무인수의 문제로 해결하여야 한다고 보는 견해이다.

② 전세권설정자 지위 승계긍정설(양창수, 이은영)

승계를 긍정하면서 나아가 구소유자는 원칙적으로 면책된다고 한다. 전세권자는 경매청구권이 있으므로 목적물의 양수인이 전세권설정자의 지위를 면책적으로 인수하는 법적 구성을 취한다 해도 전세권자는 불리할 것이 없다고 본다. 그리고 유익비상환청구권(310조)규정을 보면 민법이 전세권자가 '소유자'에게 청구 할 수 있도록 이미 규정하고 있고 소멸청구(311조), 갱신청구(312조), 전세금증감청구(312조의2), 원상회복·매수청구(316조) 등도 전세권자와 목적물 소유자간의 관계에서 의미를 가지는 규정이라고 한다.

2) 판 례

전세권이 성립한 후 목적물의 소유권이 이전되는 경우에 있어서 전세권 관계가 전세권자와 전세권설정자인 종전 소유자와 사이에 계속 존속되는 것인지 아니면 전세권자와 목적물의 소유권을 취득한 신 소유자와 사이에 동일한 내용으로 존속되는지에 관하여 민법에 명시적인 규정은 없으나, 전세목적물의 소유권이 이전된 경우 민법이 전세권 관계로부터 생기는 상환청구, 소멸청구, 갱신청구, 전세금증감청구, 원상회복, 매수청구 등의 법률관계의 당사자로 규정하고 있는 전세권설정자 또는 소유자는 모두 목적물의 소유권을 취득한 신 소유자로 새길 수밖에 없다고 할 것이므로, 전세권은 전세권자와 목적물의 소유권을 취득한 신 소유자 사이에서 계속 동일한 내용으로 존속하게 된다고 보아야 할 것이고, 따라서 목적물의 신 소유자는 구 소유자와 전세권자 사이에 성립한 전세권의 내용에 따른 권리의무의 직접적인 당사자가 되어 전세권이 소멸하는 때에 전세권자에 대하여 전세권설정자의 지위에서 전세금반환의무를 부담하게 되고, 구 소유자는 전세권설정자의 지위를 상실하여 전세금반환의무를 면하게 된다고 보아야 하고, 전세권이 전세금 채권을 담보하는 담보물권적 성질을 가지고 있다고 하여도 전세권은 전세금이 존재하지 않으면 독립하여 존재할 수 없는 용익물권으로서 전세금은 전세권과 분리될 수 없는 요소이므로 전세권 관계로 생기는 위와 같은 법률관계가 신 소유자에게 이전되었다고 보는 이상, 전세금 채권 관계만이 따로 분리되어 전 소유자와 사이에 남아 있다고 할 수는 없을 것이고, 당연히 신 소유자에게 이전되었다고 보는 것이 옳다(대법원 2000. 6. 9. 선고 99다15122 판결).

▣ 핵심판례 ▣

■ [전세권의 내용]

1. 전세권의 담보물권적 성격과 전세금 반환채권을 전세권과 분리하여 양도할 수 있는지 여부(한정 적극) 및 그 분리양도시 전세권의 소멸 여부(적극)

전세권이 담보물권적 성격도 가지는 이상 부종성과 수반성이 있는 것이므로 전세권을 그 담보하는 전세금 반환채권과 분리하여 양도하는 것은 허용되지 않는다고 할 것이나, 한편 담보물권의 수반성이란 피담보채권의 처분이 있으면 언제나 담보물권도 함께 처분된다는 것이 아니라 채권담보라고 하는 담보물권제도의 존재 목적에 비추어 볼 때 특별히 사정이 없는 한 피담보채권의 처분에는 담보물권의 처분도 당연히 포함된다고 보는 것이 합리적이라는 것일 뿐이므로, 피담보채권의 처분이 있음에도 불구하고 담보물권의 처분이 따르지 않는 특별한 사정이 있는 경우에는 채권양수인은 담보물권이 없는 무담보의 채권을 양수한 것이 되고 채권의 처분에 따르지 않은 담보물권은 소멸한다(대판 1999. 2. 5, 97다33997).

2. 건물 일부만에 관하여 전세권이 설정되었다가 그 건물이 집합건물로 된 후 그 전세권이 구분건물의 전유부분만에 관한 전세권으로 이기된 경우, 그 전세권의 효력은 그 대지권에까지 미치는지 여부

집합건물이 되기 전의 상태에서 건물 일부만에 관하여 전세권이 설정되었다가 그 건물이 집합건물로 된 후 그 전세권이 구분건물의 전유부분만에 관한 전세권으로 이기된 경우, 구분소유자가 가지는 전유부분과 대지사용권의 분리처분이 가능하도록 규약으로 정하는 등의 특별한 사정이 없는 한, 그 전유부분의 소유자가 대지사용권을 취득함으로써 전유부분과 대지권이 동일 소유자에게 귀속하게 되었다면 위 전세권의 효력은 그 대지권에까지 미친다. 대지사용권에 대한 전세권의 효력은 대지사용권이 성립함으로써 비로소 미치게 되는 것이므로 이것은 대지사용권이 성립하기 전에 그 토지에 관하여 이미 저당권을 가지고 있는 자의 권리를 해쳐서는 안되기 때문이다(대판 2002. 6. 14, 2001다68389).

3. 가. 주택임대차보호법상 임차인의 대항력과 우선변제권의 상호관계

임차인의 보호를 위한 주택임대차보호법 제3조 제1항, 제2항, 제3조의 2 제1항, 제2항, 제4조 제2항, 제8조 제1항, 제2항 규정들의 취지에 비추어, 위 규정의 요건을 갖춘 임차인은 임차주택의 양수인에게 대항하여 보증금의 반환을 받을 때까지 임대차관계의 존속을 주장할 수 있는 권리와 보증금에 관하여 임차주택의 가액으로부터 우선변제를 받을 수 있는 권리를 겸유하고 있다고 해석되고, 이 두가지 권리 중 하나를 선택하여 행사할 수 있다.

나. 주택임대차보호법상 대항력을 갖춘 임차인이 전세권자로서 배당절차에 참가하여 전세금의 일부에 대하여 우선변제를 받은 경우 나머지 보증금에 기한 대항력 행사 가부

주택임대차인으로서의 우선변제를 받을 수 있는 권리와 전세권자로서 우선변제를 받을 수 있는 권리는 근거규정 및 성립요건을 달리하는 별개의 것이므로 주택임대차보호법상 대항력을 갖춘 임차인이 임차주택에 관하여 전세권설정등기를 경료하였다거나 전세권자로서 배당절차에 참가하여 전세금의 일부에 대하여 우선변제를 받은 사유만으로는 변제받지 못한 나머지 보증금에 기한 대항력 행사에 어떤 장애가 있다고 볼 수 없다(1993. 12. 24. 제3부 판결, 93다39676 건물명도).

◆ 타인의 토지에 있는 건물에 전세권을 설정한 때의 전세권의 효력

제 304 조【건물의 전세권, 지상권, 임차권에 대한 효력】

① 타인의 토지에 있는 건물에 전세권을 설정한 때에는 전세권의 효력은 그 건물의 소유를 목적으로 한 지상권 또는 임차권에 미친다.

② 전항의 경우에 전세권설정자는 전세권자의 동의없이 지상권 또는 임차권을 소멸하게 하는 행위를 하지 못한다.

■ § 304. 타인의 토지위에 건물에 대한 전세권

- 타인의 토지위에 있는 건물에 전세권을 설정한 경우에는 그 건물의 사용, 수익을 확보하기 위하여 전세권의 효력은 그 건물의 소유를 목적으로 한 지상권이나 임차권에도 미친다.
- 이를 위해 전세권설정자는 지상권이나 임차권을 전세권자의 동의없이 소멸시키지 못한다.

본조는 타인의 토지에 있는 건물에 전세권을 설정한 때 전세권의 효력에 관한 규정이다.

전세권의 목적물이 토지인 때나 또는 건물인 때라도 그 건물이 대지소유자의 소유에 속한 때에는 별다른 문제가 없는 것이며, 전세권자는 그 대지나 건물의 소유에 필요한 범위 내에서 그 토지를 사용할 수 있다. 따라서 이 경우의 전세권설정자, 즉 건물의 소유자는 당연히 전세권자의 건물의 사용에 협력하여야 하며 함부로 전세권자의 동의없이 자기가 가졌던 그 토지에 대한 지상권이나 또는 임차권을 소멸하게 행위를 할 수 없다.

위 제301조 1항 소정의 '미친다'는 의미에 대해 전세권자가 임차권과 지상권에 대해서도 당연히 전세권을 취득한다고 보는 견해도 있으나, 다수설은 전세권자가 그 토지를 함께 이용할 수 있음을 의미하는 것에 불과하다고 본다.

전세권설정자가 전세권자의 동의를 구하여 지상권이나 전세권을 소멸시킨 때에는 전세권도 그 존속기간에 상관없이 그 효력을 잃는다.

• 지상권 · 전세권 · 임차권의 비교

	지 상 권	전 세 권	임 차 권
① 원상회복유무	지상권자의 원상회복 의무 유	전세권자의 원상회복의무 유	임차인의 원상회복 의무 유
② 매수청구인	지상권설정자의 지상물 매수청구권 유	전세권 설정자의 부속물 매수청구권 유	임대인에게는 부속물 매수청구권 없음
③ 갱신청구인	지상권자의 갱신청구권 유	전세권자에게는 갱신청구권 없음. 다만 건물 전세권자에게는 법정갱신이 인정됨	임차인은 갱신청구권이 있을 뿐만 아니라 법정갱신도 인정됨
④ 지상물 매수청구권	지상권자의 지상물 매수청구권 인정됨	전세권자에게는 지상물 매수청구권이 없음. 다만 동의·매수한 경우 부속물 매수청구권이 인정됨	토지임차인은 지상물 매수청구권이 있으나 건물 기타 공작물 임차인은 동의·매수한 경우에 부속물 매수청구권만 인정됨
⑤ 필요비 반환청구권	지상권자는 필요비반환청구권은 없고 유익비반환청구권만 있음(명문규정 없고, 해석상)	전세권자는 필요비반환청구권이 없고 유익비반환청구권만 있음(제310조)	임차인은 필요비·유익비반환청구권이 모두 있음(제626조)

◈ 법정지상권의 성립

제 305 조【건물의 전세권과 법정지상권】

① 대지와 건물이 동일한 소유자에 속한 경우에 건물에 전세권을 설정한 때에는 그 대지소유권의 특별승계인은 전세권설정자에 대하여 지상권을 설정한 것으로 본다. 그러나 지료는 당사자의 청구에 의하여 법원이 이를 정한다.

② 전항의 경우에 대지소유자는 타인에게 그 대지를 임대하거나 이를 목적으로 한 지상권 또는 전세권을 설정하지 못한다.

■ § 305. 법정지상권

- 전세권설정 후 토지소유자만이 변경된 때에 건물소유자(전세권설정자)는 법정지상권을 취득함
- 성립요건 : ① 건물에 전세권설정 당시에 대지와 건물이 동일소유자에게 속할 것
  ② 토지소유권이 타인에게 이전되거나 또는 건물이 경매됨으로써 토지와 건물의 소유자가 달라질 것(건물이 경매되는 경우는 규정이 없으나 이때에도 잠재적 이용관계의 현실화가 필요)
- 내 용 : ① 법정지상권은 건물소유자가 취득하는 것이고, 전세권자는 취득 못함
  ② 대지소유자는 타인에게 그 대지를 임대하거나 지상권, 전세권을 설정할 수 없음
- 관련법조 : [저당권과 법정지상권] 입목 §6

1. 의 의

본조는 건물의 전세권 설정으로 법정지상권이 인정되는 경우로 토지와 건물이 동일소유자에게 속하는 경우에 건물에 대해서만 전세권을 설정한 후 토지소유자가 변경된 경우이다.

동일인의 소유에 속했던 토지와 건물의 한 쪽이 매매 기타의 원인으로 인하

여 그 소유자를 각각 달리하여 된 때에 당사자 사이에 특약이 없는 이상 건물소유자는 그 건물소유를 위하여 법률상 당연히 취득하게 되는 지상권이 「법정지상권」이다. 토지뿐만 아니라 건물도 독립된 부동산으로 인정되는 우리 법제의 특수성에서 오는 결함을 보충하기 위하여 마련된 제도이다.

2. 요 건

① 전세권설정 당시 대지와 건물이 동일한 소유자에게 속하여야 한다.

② 그후 대지소유권의 변동으로 대지와 건물의 소유자가 다르게 되어야 하고, 이때 그 변동원인은 묻지 않는다.

③ 대지를 처분할 때에 당사자 사이에 건물의 소유를 위한 대지사용계약이 체결되지 않아야 한다. 체결된 경우에는 그 의사를 무시하면서까지 법정지상권의 성립을 의제할 수 없기 때문이다.

3. 효 과

법정지상권을 취득하는 것은 전세권자가 아니라 건물의 소유자이다. 건물소유자가 법정지상권을 취득함으로써 건물의 전세권이 법정지상권에도 효력이 미치고, 이를 통하여 건물전세권자가 보호를 받게 되는 것이다.

◆ 전세권처분의 자유와 제한

제 306 조【전세권의 양도, 임대 등】

전세권자는 전세권을 타인에게 양도 또는 담보로 제공할 수 있고 그 존속기간 내에서 그 목적물을 타인에게 전전세 또는 임대할 수 있다. 그러나 설정행위로 이를 금지한 때에는 그러하지 아니하다.

■ § 306. 전세권의 처분

- 처분의 자유 : 투하자본의 회수수단
- 양도, 담보제공, 전전세, 임대할 수 있다.
- 처분금지의 특약 : 등기해야만 대항력이 있다.

본조는 전세권자의 투하자본의 회수방법의 하나인 전세권의 처분에 관한 규정이다.

설정행위에서 금지되지 않는 한, 전세권자는 전세권을 타인에게 양도 또는 담보로 제공할 수 있으며, 그 존속기간 내에서 그 목적물을 타인에게 전전세·임대할 수 있다. 그러나 설정행위로 이를 금지한 때에는 이러한 처분행위를 할 수 없다.

【쟁점사항】

<전세권 설정등기를 마친 민법상의 전세권을 존속기간 만료 후에 양도할 수 있는지 여부>

전세권 설정등기를 마친 민법상의 전세권은 그 성질상 용익물권적 성격과 담보물권적 성격을 겸비한 것으로서, 전세권의 존속기간이 만료되면 전세권의 용익물권적 권능은 전세권 설정등기의 말소 없이도 당연히 소멸하고 단지 전세금 반환채권을 담보하는 담보물권적 권능의 범위 내에서 전세금의 반환시까지 그 전세권 설정등기의 효력이 존속하고 있다 할 것인데, 이와 같이 존속기간의 경과로서 본래의 용익물권적 권능이 소멸하고 담보물권적 권능만 남은 전세권에 대해서도 그 피담보채권인 전세금 반환채권과 함께 제3자에게 이를 양도할 수 있다 할 것이지만 이 경우에는 민법 제450조 제2항 소정의 확정일자 있는 증서에 의한 채권양도절차를 거치지 않는 한 위 전세금 반환채권의 압류·전부 채권자 등 제3자에게 위 전세보증금 반환채권의 양도사실로써 대항할 수 없다(대판 2005. 3. 25, 2003다35659).

· 전전세와 전대차의 비교

전 전 세	전 대 차
원전세권설정자의 동의 불요(단, 금지특약 가능)	임대인의 동의 요
전전세권자는 직접적으로 원전세권설정자에게 아무런 권리·의무를 가지지 못함	동의있는 전대차인의 전차인은 직접 임대인에 대하여 의무를 부담
전세권이 소멸하면 전전세권도 소멸(부종성이 엄격)	동의얻어 전대차한 경우 임대인과 임차인의 합의로 계약을 종료한 경우에도 전차인의 권리는 소멸하지 않음(부종성의 완화)

▣ 핵심판례 ▣

1. 전세기간 만료 후에 전세권 양도계약 및 전세권 이전의 부기등기가 이루어진 것만으로 전세금 반환채권의 양도에 관해 통지 등이 있다고 볼 수 있는지 여부

전세기간 만료 이후 전세권 양도계약 및 전세권 이전의 부기등기가 이루어진 것만으로는 전세금 반환채권의 양도에 관하여 확정일자 있는 통지가 승낙이 있었다고 볼 수 없어 이로써 제3자인 전세금 반환채권의 압류·전부 채권자에게 대항할 수 없다(대판 2005. 3. 25, 2003다35659).

2. 저당권의 목적물인 전세권이 소멸한 경우 저당권의 소멸 여부 등

가. 전세권이 기간만료로 종료된 경우 전세권은 전세권설정등기의 말소등기 없이도 당연히 소멸하고, 저당권의 목적물인 전세권이 소멸하면 저당권도 당연히 소멸하는 것이므로 전세권을 목적으로 한 저당권자는 전세권의 목적물인 부동산의 소유자에게 더 이상 저당권을 주장할 수 없다.

나. 전세권에 대하여 저당권이 설정된 경우 그 저당권의 목적물은 물권인 전세권 자체이지 전세금반환채권은 그 목적물이 아니고, 전세권의 존속기간이 만료되면 전세권은 소멸하므로 더 이상 전세권 자체에 대하여 저당권을 실행할 수 없다. 이러한 경우에는 민법 제370조, 제342조 및 민사집행법 제273조에 의하여 저당권의 목적물인 전세권에 갈음하여 존속하는 것으로 볼 수 있는 전세금반환채권에 대하여 압류 및 추심명령 또는 전부명령을 받거나 제3자가 전

세금반환채권에 대하여 실시한 강제집행절차에서 배당요구를 하는 등의 방법으로 자신의 권리를 행사하여 비로소 전세권설정자에 대해 전세금의 지급을 구할 수 있게 된다는 점, 원래 동시이행항변권은 공평의 관념과 신의칙에 입각하여 각 당사자가 부담하는 채무가 서로 대가적 의미를 가지고 관련되어 있을 때 그 이행에 있어서 견련관계를 인정하여 당사자 일방은 상대방이 채무를 이행하거나 이행의 제공을 하지 아니한 채 당사자 일방의 채무를 이행을 청구할 때에는 자기의 채무이행을 거절할 수 있도록 하는 제도인 점, 전세권을 목적물로 하는 저당권의 설정은 전세권의 목적물 소유자의 의사와는 상관없이 전세권자의 동의만 있으면 가능한 것이고, 원래 전세권에 있어 전세권설정자가 부담하는 전세금반환의무는 전세금반환채권에 대한 제3자의 압류 등이 없는 한 전세권자에 대해 전세금을 지급함으로써 그 의무이행을 다할 뿐이라는 점에 비추어 볼 때, 전세권저당권이 설정된 경우에도 전세권이 기간만료로 소멸되면 전세권설정자는 전세금반환채권에 대한 제3자의 압류 등이 없는 한 전세권자에 대하여만 전세금반환의무를 부담한다고 보아야 한다(대판 1999. 9. 17, 98다31301)

3. 전세기간 만료 후에 그 저당권을 실행하는 방법

전세권에 대하여 설정된 저당권은 민사소송법 제724조 소정의 부동산경매절차에 의하여 실행하는 것이나, 전세권의 존속기간이 만료되면 전세권의 용익물권적 권능이 소멸하기 때문에 더 이상 전세권 자체에 대하여 저당권을 실행할 수 없게 되고, 이러한 경우는 민법 제370조, 제342조 및 민사소송법 제733조에 의하여 저당권의 목적물인 전세권에 갈음하여 존속하는 것으로 볼 수 있는 전세금반환채권에 대하여 추심명령 또는 전부명령을 받거나(이 경우 저당권의 존재를 증명하는 등기부등본을 집행법원에 제출하면 되고 별도의 채무명의가 필요한 것이 아니다), 제3자가 전세금반환채권에 대하여 실시한 강제집행절차에서 배당요구를 하는 등의 방법으로 자신의 권리를 행사할 수 있을 뿐이다(대판 1995. 9. 18, 95마684).

4. 임차보증금 반환채권을 담보할 목적으로 임대인과 임차인 및 제3자 사이의 합의에 따라 제3자 명의로 경료된 전세권 설정등기의 효력

전세권은 다른 담보권과 마찬가지로 전세권자와 전세권 설정자 및 제3자 사이에 합의가 있으면 그 전세권자의 명의를 제3자로 하는 것도 가능하므로, 임대차 계약에 바탕을 두고 이에 기한 임차보증금 반환채권을 담보할 목적으로 임대인, 임차인 및 제3자 사이의 합의에 따라 제3자 명의로 경료된 전세권 설정등기는 유효하다(대판 2005. 5. 26, 2003다12311).

◆ 전세권양수인의 권리의무

제 307 조【전세권양도의 효력】

전세권양수인은 전세권설정자에 대하여 전세권양도인과 동일한 권리의무가 있다.

■ § 307. 전세권의 양도

- 양수인이 전세권설정자에 대하여 양도인과 동일한 권리, 의무를 가지게 된다.
- 전세물 명도이전에 전세계약 자체와 분리하여 전세금반환채권을 양도하더라도 유효하다(판례).

전세권양수인의 전세권설정자에 대한 권리·의무는 전세권양도인(원래의 전세권자)과 동일하다. 양도의 방법은 부동산물권변동의 일반원칙에 의한다(제186조). 전세권양도의 대금에 관하여는 아무런 제한이 없다. 따라서 이때 설정자에게 지급된 전세금의 액보다 고액이더라도 상관없다. 다만 이 때에도 양수인이 전세권소멸시에 설정자에게 반환을 청구할 수 있는 전세금은 양도인이 전세권설정시에 설정자에게 지급된 등기된 금액에 한한다.

전세권은 담보물권적 성격도 가지므로 전세권을 그 담보하는 전세금반환채권과 분리하여 이를 양도할 수는 없다. 반면 전세금반환채권의 양도는 담보물권의 수반성의 성질상 원칙적으로 전세권의 양도를 수반하는 것으로 해석된다(대판 1999. 2. 5, 97다33997).

◈ 전세권의 목적물을 전전세 또는 임대한 경우 전세권자의 책임

제 308 조【전전세 등의 경우의 책임】

전세권의 목적물을 전전세 또는 임대한 경우에는 전세권자는 전전세 또는 임대하지 아니하였으면 면할 수 있는 불가항력으로 인한 손해에 대하여 그 책임을 부담한다.

■ § 308. 임대나 전전세의 경우 전세권자의 책임

- 임대나 전전세의 경우 이를 하지 않았을 경우 면할 수 있는 불가항력으로 인한 손해에 대해 책임을 부담한다.
- 관련법조 : [질권자책임] §336

본조는 전세권의 목적물을 전전세 또는 임대한 경우의 전세권자의 책임에 관한 규정이다.

전전세란 전세권자가 전세권을 기초로 하여 그 전세기간 내에서 그 전세권을 목적으로 하는 전세권을 다시 설정하는 것을 말한다(제306조). 그러나 이는 설정행위로 금지할 수 있다. 일종의 전세권이므로 물권적 합의로 설정하면 등기를 하여야 한다. 전세금지급은 전전세에 있어서도 반드시 지급되어야 한다. 전세금에 대하여는 학설의 대립이 있지만 원전세금을 넘지 않아야 한다는 것이 다수설(곽윤직, 최식, 이영섭)이다. 원전세권을 기초로 하기 때문이다. 이에 대해 소수설은 전전세금 제한에 관한 명문의 규정이 없음을 근거로 하여 원전세금을 초과할 수 있다고 한다. 이러한 견해 대립과 무관하게 전전세권자는 원전세금을 초과하는 부분은 원전세권설정자에게 주장 할 수 없다는 점은 견해 대립이 없다. 즉, 전전세권자가 우선변제권을 행사할 때 원전세권자가 가지는 우선변제권의 범위내에서만 우선변제를 청구할 수 있다.

전전세가 설정되어도 원전세권은 소멸하지 않는다. 그러나 전세권자는 전전세하지 않았더라면 면할 수 있었을 불가항력으로 인한 손해에 대하여서도 그 책임을 부담한다. 전전세권이 존속하는 동안에 전세권자는 전전세의 기초가 되는 전세권을 소멸시키는 행위를 하지 못하지만 행하지 않는 범위에서는 처분행위를 할 수 있다. 전세권이 소멸하면 전전세권도 소멸한다. 전전세권자도 경매권을 행사할 수 있다(제318조).

<참고사항>

※ 전세권양도와 전전세의 차이점

1. 원전세권 소멸 여부

   양도에서는 소멸하지만, 전전세에서는 존속한다.

2. 책임가중 여부

   양도에서는 가중이 없지만, 전전세에서는 책임이 가중된다.

3. 권리·의무의 주체

   양도에서는 양수인이 직접 설정자에게 권리와 의무를 갖지만, 전전세에서는 전전세권자가 원전세권자에게만 권리·의무를 갖고 원전세권 설정자와는 무관계하다.

4. 원전세권과의 독립성

   양도에서는 당연히 독립적이나, 전전세에서는 종속적이다. 따라서 원전세권 소멸시 전전세권은 소멸하게 된다.

◈ 전세권자의 목적물의 현상유지 및 수선의무

제 309 조 【전세권자의 유지, 수선의무】

전세권자는 목적물의 현상을 유지하고 그 통상의 관리에 속한 수선을 하여야 한다.

■ § 309. 목적물의 유지, 수선의무

- 전세권설정자 : 목적물의 사용, 수익을 방해해서는 안 될 인용의 의무(소극적 의무)
- 전세권자 : 목적물의 현상을 유지하고 통상의 관리에 속한 수선을 해야할 의무→필요비 상환청구권 부인
- 관련법조 : [임대차의 경우] §623, [전세권자의 상환청구권] §310

본조가 전세권과 임대차와의 뚜렷한 구별점이다. 채권인 임대차계약에서는 임대인이 차임을 받고 대여한 것으로 임차인이 목적물을 사용·수익함에 지장이 없을 정도로 수선하여 줄 의무가 있으나 물권인 전세권은 이와 반대로 그 목적물의 사용권리자인 전세권자가 목적물의 현상유지와 수선관리의무를 부담하는 것이다. 따라서 전세권자는 필요비의 상환을 청구하지 못한다.

◆ 전세권자의 유익비 상환청구권

제 310 조 【전세권자의 상환청구권】

① 전세권자가 목적물을 개량하기 위하여 지출한 금액 기타 유익비에 관하여는 그 가액의 증가가 현존한 경우에 한하여 소유자의 선택에 좇아 그 지출액이나 증가액의 상환을 청구할 수 있다.

② 전항의 경우에 법원은 소유자의 청구에 의하여 상당한 상환기간을 허여할 수 있다.

■ § 310. 유익비상환청구권

- 가액의 증가가 현존한 때
- 전세권자는 증가액 또는 지출액의 상환을 청구할 수 있다.
- 상당한 상환기간 허여
- 관련법조 : [점유자의 유익비상환청구권] §203②③, [임차인의 상환청구권] §626

전세권자가 점유하고 사용 및 수익하는 목적물인 가옥 또는 토지를 이용·개량하기 위하여 통상의 필요비 이외의 유익비를 지출한 경우에 그 목적물 위에 증가한 가액이 현존하는 경우에 한하여 소유자(전세권설정자)의 선택에 좇아 그 지출한 비용이나 증가한 가액의 상환을 청구할 수 있다.

유익비상환청구권은 목적물에 관하여 생긴 채권으로서 전세권자는 그 상환을 받을 때까지 목적물에 대해 유치권을 행사할 수 있다(제320조 1항).

◆ 전세권설정자의 전세권 소멸청구

제 311 조【전세권의 소멸청구】

① 전세권자가 전세권설정계약 또는 그 목적물의 성질에 의하여 정하여진 용법으로 이를 사용·수익하지 아니한 경우에는 전세권설정자는 전세권의 소멸을 청구할 수 있다.

② 전항의 경우에는 전세권설정자는 전세권자에 대하여 원상회복 또는 손해배상을 청구할 수 있다.

■ § 311. 전세권의 소멸청구

- 전세권자 : 용법에 따르지 않은 사용·수익 경우, 즉시 소멸청구 가능
- 전세권설정자 : 소멸청구권의 성질→형성권설(다수설), 채권적청구권설(소수설)
- 관련법조 : [사용수익] §303, [소멸청구와 말소등기] §186, [담보물권 소멸청구] §324③, §343, [사용대차해지] §610③

전세권자는 목적물을 사용·수익할 권리가 있으나 그 사용·수익권은 설정계약의 내용 또는 그 목적물의 성질에 의하여 정하여진 방법에 의하여 이를 사용·수익할 의무가 있다. 만약 전세권자가 이 의무에 위반하여 그 목적물을 사용·수익한 경우 전세권설정자는 전세권의 소멸을 청구할 수 있다. 이러한 경우에 전세권설정자는 전세권자에게 그로 인한 원상회복 또는 손해배상의 청구를 할 수 있다.

◈ 전세권의 존속기간

제 312 조【전세권의 존속기간】

① 전세권의 존속기간은 10년을 넘지 못한다. 당사자의 약정기간이 10년을 넘는 때에는 이를 10년으로 단축한다.

② 건물에 대한 전세권의 존속기간을 1년 미만으로 정한 때에는 이를 1년으로 한다. <신설 1984. 4. 10.>

③ 전세권의 설정은 이를 갱신할 수 있다. 그 기간은 갱신한 날로부터 10년을 넘지 못한다.

④ 건물의 전세권설정자가 전세권의 존속기간 만료 전 6월부터 1월까지 사이에 전세권자에 대하여 갱신거절의 통지 또는 조건을 변경하지 아니하면 갱신하지 아니한다는 뜻의 통지를 하지 아니한 경우에는 그 기간이 만료된 때에 전전세권과 동일한 조건으로 다시 전세권을 설정한 것으로 본다. 이 경우 전세권의 존속기간은 그 정함이 없는 것으로 본다. <신설 1984. 4. 10.>

■ § 312. 전세권의 존속기간

- 최장기간 : 10년을 넘지 못한다(갱신기간도 동일).
- 최단기간 : 건물에 대한 전세권의 존속기간은 1년미만으로 하지 못한다.
- 건물의 전세권에 있어서의 법정갱신 : 주택임대차와 동일
- 전세권자에게 계약갱신청구권과 필요비 상환청구권은 인정되지 아니한다.
- 관련법조 : [지상권 존속기간] §280, §281, [전세권 소멸행위제한] §371②, [임대차 존속기간] §651, [소멸통고] §313, [목적물멸실과 전세권소멸] §314

전세권존속시기는 10년을 한도로 하며 갱신할 수 있지만 역시 10년을 넘지 못한다. 당사자의 약정기간이 10년을 넘는 경우에는 10년으로 단축된다. 건물에 대한 전세권 약정기간은 최소한 1년이어야 하며, 1년 미만으로 약정한 경우에는 1년 존속기간을 약정한 것으로 다루어진다. 존속기간을 약정하지 않은 경우에는 각당사자는 언제든지 상대방에 대하여 전세권의 소멸을 통고할 수 있으며, 상대

방의 전세권은 이 통고를 받은 후 6월이 경과하면 소멸한다. 그러나 아직도 전세의 대부분은 채권관계로 남아있는 실정이다. 이러한 채권적 전세 가운데는 민법의 임대차규정이 적용되는 것과 그밖의 주택임대차보호법의 적용을 받는 것이 있다.

▣ 핵심판례 ▣

■ [전세권의 존속기간]

전세권의 묵시적 갱신과 그 등기의 요부(소극)

전세권의 법정갱신(민법 제312조 제4항)은 법률의 규정에 의한 부동산에 관한 물권의 변동이므로 전세권갱신에 관한 등기를 필요로 하지 아니하고 전세권자는 그 등기없이도 전세권설정자나 그 목적물의 취득한 제3자에 대하여 그 권리를 주장할 수 있다(1989. 7. 11. 제1부 판결, 88다카21029 건물명도).

◈ 전세금증감청구의 요건

제 312 조의 2 【전세금증감청구권】

전세금이 목적부동산에 관한 조세·공과금 기타 부담의 증감이나 경제사정의 변동으로 인하여 상당하지 아니하게 된 때에는 당사자는 장래에 대하여 그 증감을 청구할 수 있다. 그러나 증액의 경우에는 대통령령이 정하는 기준에 따른 비율을 초과하지 못한다. <본조신설 1984. 4. 10.>

■ § 312. 전세금증감청구권

- 전세권은 토지를 점유할 권리를 포함
- 물권적 청구권
- 관련법조 : 민법 제312조의 2 단서의 시행에 관한 규정

전세권이 성립한 후 전세금의 증액이나 감액을 할 수 있는가? 본법은 처음에는 이에 관하여 아무런 규정을 두고 있지 않았으나, 1984년 4월 10일자의 본법 개정시에 본조를 신설하여 명문으로 인정하였다. 본조에 의하면 전세금이 목적부동산에 관한 조세·공과금 기타 부담의 증감이나 경제사정의 변동으로 상당하지 않게 된 때에는 당사자는 장래에 대하여 그 증감을 청구할 수 있다. 그러나 증액의 경우에는 대통령령이 정하는 기준에 따른 비율을 초과하지 못한다.

증감청구권은 형성권이라는 견해가 다수설이다. 그리고 전세금이 증감되는 때에도 이를 등기하여야 제3자에게 대항할 수 있음은 물론이다.

본조의 단서에 의하여 공포된 대통령령, 즉 민법 제312조의 2 단서의 시행에 관한 규정(1984. 9. 1. 제11493호)의 내용은 다음과 같다.

첫째로, 증액청구의 비율은 약정전세금의 20분의 1을 초과하지 못한다(동령 제2조). 둘째로, 증액청구는 전세권설정계약일 또는 증액일로부터 1년 내에는 이를 하지 못한다(동령 제3조).

◆ 전세권의 존속기간을 약정하지 아니한 경우의 전세권 소멸통고

제 313 조【전세권의 소멸통고】

전세권의 존속기간을 약정하지 아니한 때에는 각 당사자는 언제든지 상대방에 대하여 전세권의 소멸을 통고할 수 있고 상대방이 통고를 받은 날로부터 6월이 경과하면 전세권은 소멸한다.

■ § 313. 소멸통고

- 존속기간을 약정하지 아니한 때
- 언제든지 상대방에 대하여 소멸통고 가능
- 6개월이 경과하면 전세권 소멸
- 관련법조 : [소멸통고와 말소등기] §186, [기간의 약정없는 계속된 계약관계의 해지] §603②, §613②, §635, §660, §699, §716

본조는 기간의 정함이 없는 전세권에 대한 그 소멸통고에 관한 규정인데 존속기간을 약정하지 않은 경우에는 각당사자는 언제든지 상대방에 대하여 전세권의 소멸을 통고할 수 있으며, 상대방의 전세권은 이 통고를 받은 후 6월이 경과하면 소멸한다. 그러나 아직도 전세의 대부분은 채권관계로 남아있는 실정이다. 이러한 채권적 전세 가운데는 민법의 임대차규정이 적용되는 것과 그밖의 주택임대차보호법의 적용을 받는 것이 있다.

◈ 불가항력으로 인해 목적부동산이 멸실된 경우의 전세권 소멸

제 314 조【불가항력으로 인한 멸실】

① 전세권의 목적물의 전부 또는 일부가 불가항력으로 인하여 멸실된 때에는 그 멸실된 부분의 전세권은 소멸한다.

② 전항의 일부 멸실의 경우에 전세권자가 그 잔존 부분으로 전세권의 목적을 달성할 수 없는 때에는 전세권설정자에 대하여 전세권 전부의 소멸을 통고하고 전세금의 반환을 청구할 수 있다.

■ § 314. 목적부동산의 멸실

- 전부멸실의 경우
- 일부멸실의 경우 : ① 불가항력에 의한 일부멸실
  ② 전세권자의 귀책사유에 의한 일부멸실-일부멸실에 있어서 잔존부분만으로는 목적을 달성할 수 없을 경우 설정자에게 전세권전부의 소멸을 통고할 수 있다.
- 관련법조 : [전세물멸실] §315, [임차물멸실과 차임감액해지] §627

1. 전부멸실의 경우

(1) 불가항력에 의한 멸실 : 전세권 소멸(제314조)

(2) 전세권자의 귀책사유로 인한 멸실 : 전세권 소멸. 단, 전세권자가 손해배상해야한다(제315조 1항).

2. 일부멸실의 경우

(1) 불가항력에 의한 멸실

① 잔존부분으로 목적달성 가능시

잔존부분에 전세권이 존속하고 멸실 부분에 대하여 전세권이 소멸한다(제314조 1항). 따라서 전세권 소멸된 부분만큼 전세금 감액이 인정된다(통설).

② 잔존부분으로 목적달성 불가시

전세권 전부의 소멸청구가 가능한다. 이 경우 즉시 소멸한다. 제314조 2항에서는 소멸'통고'라고 되어 있으나 '청구'라고 이해하여야 한다.

(2) 전세권자 귀책사유로 멸실

전세권설정자는 잔존부분만으로 전세권의 목적을 달성 할 수 없는 경우뿐만 아니라 전세권의 목적을 달성할 수 있는 때라도 전세권자의 귀책을 이유로 전세권 전부의 소멸을 청구할 수 있음에는 의문이 없다(제311조 1항 참조).

① 목적달성 가능시

잔존부분에 전세권이 존속하고(일부멸실된 부분은 소멸), 전세금 감액이 인정되지 않는다는 것이 통설이다. 전세금은 손해배상을 담보하기 때문이다. 그리고 손해배상도 해야한다고 본다.

② 목적달성 불가시

전세권자는 전부 소멸청구가 가능하다고 보는 것이 통설이다. 이 경우 전세권존속은 무의미 하기 때문이다. 단, 손해배상은 해야한다고 본다.

▣ 핵심판례 ▣

■ 건물 중 일부를 목적으로 한 전세권의 경락으로 소멸한 경우 존속기간이 남아 있는 건물의 다른 부분을 목적으로 한 전세권까지 경락으로 소멸하는지 여부(소극)

건물의 일부를 목적으로 하는 전세권은 그 목적물인 건물 부분에 한하여 그 효력을 미치므로, 이 사건 건물 중 일부(4, 5, 6층 전부)를 목적으로 한 전세권이 이 사건 경락으로 인하여 소멸한다고 하더라도, 위 전세권보다 나중에 설정된 전세권이 위 전세권의 목적물로 되어 있지 아니한 건물 부분(2층 전부 및 지하 2층 중 동쪽 66㎡)을 목적물로 하고 있었던 이상 위와 같은 사정만으로는 아직 존속기간이 남아 있는 건물의 다른 부분을 목적으로 한 전세권까지 경락으로 인하여 소멸한다고 볼 수는 없다(대판 2000. 2. 25, 98다50869).

◆ 전세권자의 손해배상책임

제 315 조【전세권자의 손해배상책임】

① 전세권의 목적물의 전부 또는 일부가 전세권자에 책임있는 사유로 인하여 멸실된 때에는 전세권자는 손해를 배상할 책임이 있다.

② 전항의 경우에 전세권설정자는 전세권이 소멸된 후 전세금으로써 손해의 배상을 충당하고 잉여가 있으면 반환하여야 하며, 부족이 있으면 다시 청구할 수 있다.

■ § 315. 전세권자의 손해배상책임

- 전세권자에게 책임있는 사유로 멸실한 경우 전세권자는 손해를 배상할 책임이 있다.
- 전세권설정자는 전세금으로 손해의 배상에 충당하고 나머지가 있으면 반환하여야 하나, 부족하면 그 부족액을 청구할 수 있다.
- 관련법조 : [불법행위] §750, [불가항력으로 인한 전세물멸실] §314, [전세금반환과 목적물 인도등의 동시이행] §317

전세금은 「보증금」의 성질도 가지고 있다.

본래 보증금이라는 것은 부동산, 특히 건물임대차에 부수하여 임차인의 차임 기타의 채무를 담보할 목적으로 임차인으로부터 임대인에게 교부되는 금전이며 임차인의 채무불이행이 있으면 임대인은 이로부터 우선적으로 변제를 받는 것이다. 그러나 이 보증금은 순전히 관행상의 제도이며 민법은 보증금의 수수에 관한 하등의 규정도 두고 있지 않다. 따라서 이러한 보증금의 성질에 관하여 종래 학설상 많은 견해가 대립하고 있었으나, 통설은 정지조건부반환채무를 수반하는 금전소유권의 이전이라고 한다. 전세금이 그 본질에 있어서 보증금의 일종임은 의심이 없다.

보증금과 비교하면서 전세금의 성질을 밝혀 본다면, 전세금은 전세권자의 채무를 담보하기 위하여 교부되는 금전이다.

본조는 전세권자에게 책임있는 사유로 전세권의 목적물의 전부 또는 일부가 멸실한 경우에 전세금으로써 그 손해의 배상에 충당할 수 있음을 규정하고 있다.

▣ 핵심판례 ▣

■ **전세권자의 실화로 인하여 가옥을 소실케 하여 그 반환의무를 이행할 수 없게 된 경우 전세권자의 책임**

전세권자는 전세물인 가옥을 선량한 관리자의 주의로써 보관할 의무가 있고 계약이 해지되면 전세물을 반환하여야 하는 채무를 지는 것이므로 전세권자의 실화로 인하여 가옥을 소실케 하여 그 반환의무를 이행할 수 없게 된 때에는 한편으로는 과실로 인하여 전세물에 대한 소유권을 침해한 것으로써 불법행위가 되는 동시에 한편으로는 과실로 인하여 채무를 이행할 수 없게 됨으로써 채무불이행이 되는 것이다(대판 1967. 12. 5, 67다2251).

◆ 존속기간 만료로 전세권이 소멸한 경우 전세권자의 권리의무

제 316 조【원상회복의무, 매수청구권】

① 전세권이 그 존속기간의 만료로 인하여 소멸한 때에는 전세권자는 그 목적물을 원상에 회복하여야 하며, 그 목적물에 부속시킨 물건은 수거할 수 있다. 그러나 전세권설정자가 그 부속물건의 매수를 청구한 때에는 전세권자는 정당한 이유없이 거절하지 못한다.

② 전항의 경우에 그 부속물건이 전세권설정자의 동의를 얻어 부속시킨 것인 때에는 전세권자는 전세권설정자에 대하여 그 부속물건의 매수를 청구할 수 있다. 그 부속물건이 전세권설정자로부터 매수한 것인 때에도 같다.

■ § 316. 부속물의 수거

• 부속물수거권(전세권자)
• 부속물 매수청구권 : ① 설정자의 매수청구권-형성권
② 전세권자의 매수청구권-동의를 얻어 부속시켰거나 설정자로부터 매수한 때
• 관련법조 : [전세권 존속기간] §312, [원상회복 및 매수청구] §285, §283, §615, §654, §643~§647

본조는 전세권자의 목적물원상회복의무와 전세권설정자의 매수청구권에 관한 규정이다.

전세권이 소멸한 경우에 전세권자는 그 가옥 또는 토지를 설정당시와 같은 상태로 회복하여 이를 반환하여야 하고, 그 가옥·토지에 부속시킨 자기의 소유물을 당연히 수거할 수 있다. 그러나 이 경우에 전세권설정자가 그 부속건물의 매수를 청구한 때에는 전세권자는 정당한 이유없는 한 이를 거절할 수 없다.

◈ 전세권의 소멸과 동시이행

제 317 조【전세권의 소멸과 동시이행】

전세권이 소멸한 때에는 전세권설정자는 전세권자로부터 그 목적물의 인도 및 전세권설정등기의 말소등기에 필요한 서류의 교부를 받는 동시에 전세금을 반환하여야 한다.

■ § 317. 동시이행

- 당사자사이의 공정위해
- 전세권설정자는 전세권자로부터 전세권 목적물인도와 말소등기 위한 서류교부 받는 동시에 전세금을 반환
- 관련법조 : [전세권 소멸] §311~§314, [동시이행의 항변권] §536

본조는 전세권이 소멸한 때의 당사자의 권리의무를 규정한 것이다.

(1) 전세권자는 전세권설정자에 대하여 그 목적물인 건물이나 토지를 인도하고, 또 전세권의 설정등기를 말소하기 위하여 필요한 서류에 날인하여 이를 교부하는 동시에 전세금을 반환받을 수 있다.

(2) 전세권설정자는 전세권자에 대하여 전세금을 반환하여 목적물의 인도를 받고, 또 전세권의 설정등기를 말소함에 필요한 서류의 교부를 받을 수 있다.

(3) 그리고 전세권자와 전세권설정자의 이와 같은 권리의무는 동시이행의 관계에 있다. 따라서 전세권자는 전세권설정자가 전세금을 반환할 때까지 점유하고 있는 목적물의 반환을 거절할 수 있음은 물론이고, 또한 전세권의 말소등기에 필요한 서류에 날인하여 이를 교부할 의무도 없는 것이다.

▣ 핵심판례 ▣

■ [전세권의 소멸과 동시이행]

1. 전세권자로부터 전세권 목적물을 인도받은 전세권 설정자가 전세권자에 대하여 전세권 설정등기의 말소와 동시이행을 주장하면서 전세금의 반환을 거부하는 경우, 전세권 설정자에게 전세금에 대한 이자 상당액의 부당이득 반환의무가 있는지 여부(소극)

전세권 설정자는 전세권이 소멸한 경우 전세권자로부터 그 목적물의 인도 및 전세권 설정등기의 말소 등기에 필요한 서류의 교부를 받는 동시에 전세금을 반환할 의무가 있을 뿐이므로, 전세권자가 그 목적물을 인도하였다고 하더라도 전세권 설정등기의 말소등기에 필요한 서류를 교부하거나 그 이행의 제공을 하지 아니하는 이상, 전세권 설정자는 전세금의 반환을 거부할 수 있고, 이 경우 다른 특별한 사정이 없는 한 그가 전세금에 대한 이자 상당액의 이득을 법률상 원인 없이 얻는다고 볼 수 없다(대판 2002. 2. 5, 2001다62091).

2. 실제로는 전세권 설정계약이 없음에도 불구하고 임차보증금 반환채권을 담보할 목적으로 임차인과 임대인, 제3자 사이의 합의에 따라 제3자 명의로 전세권 설정등기를 경료한 후 그 전세권에 대하여 근저당권이 설정된 경우, 임대인이 그와 같은 사정을 알지 못한 근저당권자에게 위 전세권 설정계약이 통정허위표시에 해당한다 하여 무효를 주장할 수 있는지 여부(소극)

실제로는 전세권 설정계약이 없음에도 불구하고 임대차 계약에 기한 임차보증금 반환채권을 담보할 목적으로 임차인과 임대인, 제3자 사이의 합의에 따라 제3자 명의로 전세권 설정등기를 경료한 후 그 전세권에 대하여 근저당권이 설정된 경우, 가사 위 전세권 설정계약만 놓고 보아 그것이 통정허위표시에 해당하여 무효라고 한다 하더라도, 이로써 위 전세권 설정계약에 의하여 형성된 법률관계를 토대로 별개의 법률원인에 의하여 새로운 법률상 이해관계를 갖게 된 근저당권자에 대해서는 그와 같은 사정을 알고 있었던 경우에만 그 무효를 주장할 수 있다.

◆ 전세권자의 경매청구권

제 318 조【전세권자의 경매청구권】

전세권설정자가 전세금의 반환을 지체한 때에는 전세권자는 민사집행법의 정한 바에 의하여 전세권의 목적물의 경매를 청구할 수 있다.

■ § 318. 전세금의 우선변제권

- 일반채권자에 대하여는 언제나 우선
- 민사소송법에 의한 전세권의 목적물의 경매
- 단순히 한 사람의 채권자라는 자격에서 변제받을 수도 있다.
- 임의환가의 특약도 유효

(1) 전세금 반환이 지체된 때에는 전세권자에게 경매를 청구할 권리가 있다(민사집행법 제264조 이하의 담보권실행경매). 그리고 후순위권리자 기타 채권자보다 전세금의 우선변제를 받을 권리가 있다..

(2) 경매청구의 요건
전세권자가 전세목적물에 대한 경매를 청구하려면 전세권설정자가 전세금의 반환을 지체하여야 한다.

<참고사항>

※ 전세금의 우선변제권

1. 전세권자의 우선적 지위

(1) 대항력이 없는 일반채권자보다 언제나 선순위이다.
대항력이 있는 채권(등기된 임차권, 주임법상 우선변제권이 있는 임차권)과는 성립순위에 따른다.

(2) 전세권설정자의 파산시 별제권을 갖는다.

2. 저당권과의 순위

(1) 배당순위는 설정등기의 순위에 따른다.

(2) 전세권자가 '최선순위'의 저당권자와 비교해서 선순위라면 전세권은 소멸하지 않고 전세권자의 용익권능은 상실하지 않는다. 즉, 경락인에게 대항할 수 있다. 다만, 이때 전세권자가 담보권자로서 배당요구를 하면 순위에

따라 우선변제를 받을 수 있고, 전세권은 소멸한다(민사집행법 제91조4항, 제268조).

구 민사소송법 제608조 2항은 전세권이 선순위이더라도 전세권이 존속기간을 정함이 없거나 6개월 이내에 존속기간이 만료할 경우라면 경락에 의해 전세권은 소멸하는 것으로 규정하였으나 개정된 민사집행법은 위 규정을 삭제 하였다.

【쟁점사항】

<목적물 일부에 대한 전세권자의 경매청구권>

1. 문제의 소재

목적물 일부에 대해서만 전세권을 가지는 자가 그 목적물 전부에 대해 경매를 청구할 수 있는지 여부가 문제된다.

이와 무관하게 일부에 대한 전세권자도 목적물 전부로부터 우선변제권을 갖는다는 점은 학설과 판례가 일치한다.

2. 학 설

(1) 부정설(곽윤직)

전세권의 목적물이 아닌 나머지 부분에 대해서는 경매를 청구할 수 없다고 한다. 따라서 분할 등기를 한 후에 그 목적부분에 대해서만 경매를 청구해야 한다고 하는 견해이다. 다만, 목적물의 분할이 불가능한 경우나 저당권도 설정되어 있는 경우에는 전부에 대해서도 경매를 청구할 수 있다는 예외를 인정한다.

(2) 긍정설(이영준)

제303조 1항 후단의 취지를 살리기 위해 전부에 대한 경매청구가 가능하다는 견해이다. 다만, 구분소유권의 객체가 되는 경우에는 전세권설정자는 경매개시결정에 대한 이의신청을 통해 그 나머지 부분에 대한 경매를 취소시킬 수 있다고 한다.

3. 판 례

부정설처럼 전부에 대한 경매청구는 불가능 하다는 태도이다. 다만, 부정설과 달리 판례는 목적물의 분할이 불가능하여 전세권 목적부분만의 경매신청이 불가능하더라도 전부에 대한 경매청구가 불가능하다고 한다(대판2001. 7. 2. 2001마212).

◈ 전세권에 물권적 청구권과 상린관계의 규정이 준용

제 319 조【준용규정】

제213조, 제214조, 제216조 내지 제244조의 규정은 전세권자간 또는 전세권자와 인지소유자 및 지상권자간에 이를 준용한다.

■ § 319. 준용규정

- 물권적 청구권의 준용 : 반환청구권, 방해제거청구권, 방해예방청구권의 세 가지가 모두 인정됨
- 상린관계의 준용 : 다만 경계선상에 설치된 경계표, 담, 구거에 관한 공유추정의 규정은 전세권설정후에 전세권자가 설치한 것에 관하여서만 준용된다.

전세권에도 물권적청구권(제213조, 제214조)과 상린관계의 규정이 준용된다(제216조~제244조). 이 규정은 전세권자간 또는 전세권자와 인지소유자 및 지상권자간에 준용된다. 물권적 청구권에 있어서 그 요건이나 내용에 관하여는 소유권에 의한 물권적청구권과 같다. 상린관계에 있어서 경계선상에 설치된 경계표, 담, 구거에 관한 공유추정의 규정은 전세권설정 후에 전세권자가 설치한 것에 관하여서만 적용된다고 본다.

제7장 유 치 권

1. 담보물권

(1) 담보물권의 의의

담보물권은 채권담보를 위하여 물건이 가지는 교환가치의 지배를 목적으로 하는 것이며, 민법상 유치권・질권・저당권의 세 가지가 있다.

법정담보물권	유치권	타인의 물건 또는 유가증권을 점유한 자는 그 물건이나 유가증권에 관하여 생긴 채권이 변제기에 있는 경우에는 변제를 받을 때까지 그 물건 또는 유가증권을 유치할 수 있는 법률상 당연히 성립하는 담보물권(제320조)
	법정질권	토지나 건물 등의 임대인이 그 임대차에 관한 채권에 의하여 그 토지나 건물의 사용에 부속한 동산 등을 압류한 때 성립하는 담보물권(제648조, 제650조)
	법정저당권	토지임대인의 변제기가 경과한 최후 2년의 차임채권에 의하여 그 지상에 있는 임차인 소유의 건물을 압류한 때 성립하는 담보물권(제649조)
약정담보물권	질 권	채권의 담보로 채무자 또는 제3자가 제공한 동산 또는 재산권을 점유하고 채무자가 변제하지 않을 때 그 질물(質物)로부터 우선변제를 받을 수 있는 담보물권(제329조, 제345조)
	저당권	채무자 또는 제3자가 채무의 담보로 제공한 부동산을 점유하지 않고 후일 채무자의 변제가 없는 경우 그 목적물로부터 우선변제를 받을 수 있는 담보물권(제356조)

・유치권・질권・저당권의 비교

담보물권 / 내용	유 치 권	질 권	저 당 권
성 립	일정한 요건을 갖출 때 당연성립(§320①) <법정담보물권>	당사자 간의 약정 + 인도(§330)…동산인 경우 양도(§336)…권리인 경우 <약정담보물권>	당사자 간의 약정 + 등기(§186) <약정담보물권>
목 적 물	물건(동산, 부동산) 유가증권(§320①)	동산(§329) 재산권(§345)	부동산(§356)
본 질 적 효 력	유치적효력(§320①)・점유를 요건으로 함	유치적 효력(§335) + 우선변제적효력(§329) ・점유를 요건으로 함	우선변제적 효력(§356) ・점유를 요건으로 하지 않음
경 매 권	있음(§320①)	있음(§338①)	있음(§363)
간 이 변 제충당권	법원의 허가를 얻어 할 수 있음(§322②)	법원의 허가를 얻어 할 수 있음(§338②)	없음
물권대위성	없음	있음(§342)	있음(§370)

(2) 담보물권의 특성

가. 부종성

담보물권의 부종성이란 담보물권은 그 존재나 이전에 있어서 피담보채권의 존재나 이전에 종속하는 것을 말한다. 즉 채권이 성립하지 않으면 담보물권이 성립할 수 없고 채권이 소멸하면 담보물권도 소멸한다. 담보물권이란 원래 채권자가 갖는 채권을 담보하는 것이 목적이므로 채권(이를 피담보채권이라고 함)이 없으면 담보물권도 소멸한다. 법정담보물권(유치권)에 있어서는 부종성이 엄격하게 적용되나, 약정담보물권(질권, 저당권)에 있어서는 부종성이 다소 완화된다. 즉, 채권이 현존하지 않더라도 장래에 성립하게 될 경우에도 그러한 장래의 채권을 담보하기 위하여 담보물권의 설정을 인정한다(제357조의 근저당제도).

→ 담보물권에서 부종성이 절대적인 것은 아니다. 부종성이 완화되는 경우도 있다(근저당).

나. 수반성

피담보채권이 그 동일성을 유지하면서 제3자에게 이전되면 담보물권도 그에 따라서 이전한다. 예를 들면 채권자 갑이 채무자 을에게 1000만원을 빌려주고 을의 부동산에 저당권을 설정한 후 갑이 을에 대한 채권을 병에게 양도하면 병은 저당권부의 채권을 양수받는다. 즉 채권이 가는 곳에 담보물권도 따라간다.

다. 물상대위성

① 담보물권의 목적물의 멸실, 훼손, 공용징수 등으로 채권자가 받게 되는 금전 기타 가치적 변형물(보험금·보상금청구권 등)에 대하여 담보물권의 효력이 미치는 것을 말한다.

② 물상대위성은 우선변제적 효력이 있는 담보물권에만 적용되므로 우선변제적 효력이 없는 유치권에서는 그 적용이 없다. 유치권은 목적물을 유치함으로써 채무의 변제를 간접적으로 강제하는 담보물권일 뿐 목적물의 교환가치로부터 우선변제를 받는 권리가 아니기 때문이다.

라. 불가분성

담보물권자는 피담보채권의 전부를 변제받을 때까지 목적물의 전부에 관하여 그 권리를 행사할 수 있는 것을 말한다. 피담보채권의 일부가 변제·상계에 의해 소멸하여도 잔액이 남아 있는 한, 담보물의 전부에 담보물권의 효력이 미친다.

마. 유치적 효력

유치권과 질권에 있고 저당권이 없다.

2. 유치권

(1) 의 의

유치권은 타인의 물건 또는 유가증권을 점유한 자가 그 물건이나 유가증권에 관하여 생긴 채권을 가지는 경우에 그 채무의 변제를 받을 때까지 그 물건 또는 유가증권을 유치할 수 있는 권리이다.

(2) 유치권의 성질

가. 점유물권성

① 유치권자는 목적물의 소유권이 누구에게 속하든 채권의 변제가 있을 때까지 유치할 수 있다. 따라서 유치권의 목적물의 소유권이 이전되었더라도 유치권은 영향을 받지 않는다.

② 유치권이 성립하려면 점유가 있어야 하고, 점유를 잃으면 유치권도 소멸하고(제328조), 단지 점유물반환청구권(제204조 제1항)에 의해 그 점유를 회복해야 한다.

나. 담보물권성

① 법정담보물권 : 유치권은 일정한 요건이 존재하는 경우 법률상 당연히 성립하는 법정담보물권이다. 이 점에서 당사자간의 계약에 의해 발생하는 약정담보물권인 질권 및 저당권과 다르다.

② 부종성 : 유치권의 존재는 채권의 존재를 전제로 한다. 유치권의 부종성은 담보물권 중에서 가장 엄격하게 적용되며, 채권이 성립하지 않거나 소멸하면 유치권도 그에 따라 불성립 또는 소멸한다. 즉 채권이 없는데 유치권만을 인정할 필요가 없기 때문이다.

③ 수반성 : 채권이 이전하면 이에 따라 유치권도 당연히 이전한다.

④ 불가분성 : 채권의 일부변제에 의하여 유치권은 소멸하지 않으며, 피담보채권(담보되는 채권)의 완전한 변제를 받을 때까지 유치권자는 유치물의 전부에 대하여 유치권을 행사할 수 있다.

[담보물권]

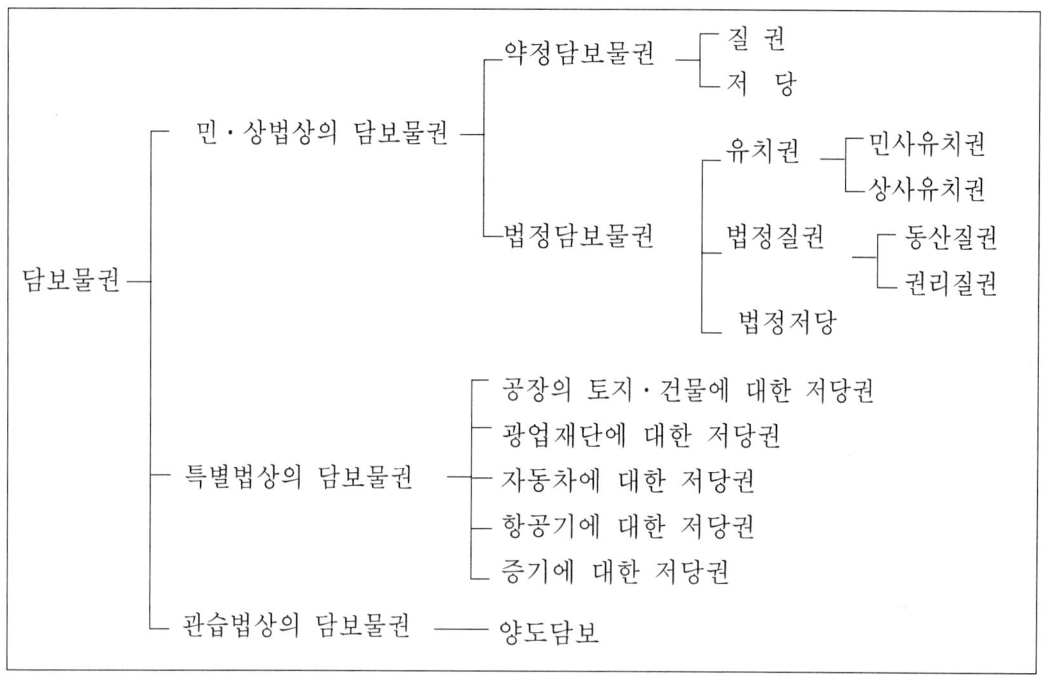
담보물권
민·상법상의 담보물권
약정담보물권
질 권
저 당
법정담보물권
유치권
민사유치권
상사유치권
법정질권
동산질권
권리질권
법정저당
특별법상의 담보물권
공장의 토지·건물에 대한 저당권
광업재단에 대한 저당권
자동차에 대한 저당권
항공기에 대한 저당권
증기에 대한 저당권
관습법상의 담보물권
양도담보

◈ 유치권의 내용

제 320 조【유치권의 내용】

① 타인의 물건 또는 유가증권을 점유한 자는 그 물건이나 유가증권에 관하여 생긴 채권이 변제기에 있는 경우에는 변제를 받을 때까지 그 물건 또는 유가증권을 유치할 권리가 있다.

② 전항의 규정은 그 점유가 불법행위로 인한 경우에 적용하지 아니한다.

■ § 320. 유치권

- 법정담보물권
- 부종성
- 수반성
- 불가분성
- 물상대위성은 인정되지 않음
- 관련법조 : [상사유치권] 상 §58, §91, §111, §120, §147, §800②

1. 의 의

유치권은, 예컨대 시계상이 시계수선대금을 받을 때까지 그 수선한 시계를 유치하여 반환을 거절하거나, 임차인이 임대물에 가한 필요비의 상환을 받을 때까지 임차물의 반환을 거절할 수 있는 것과 같이 타인의 물건(시계·임차물)의 점유자(시계상·임차인)가 그 물건에 관하여 생긴 채권(수선대금청구권·필요비상환청구권)의 변제를 받을 때까지 그 물건을 유치하여 채무자(수선의뢰인·임대인)의 변제를 간접적으로 강제하는 법정담보물권이다. 그런데 점유가 불법행위에 의하여 시작된 것이어서는 안된다. 불법행위에 의하여 점유를 취득한 자에게는 유치권을 인정하여 그의 채권을 보호할 이유나 필요가 없기 때문이다.

2. 유치권의 성립요건

(1) 유치권의 목적물

유치권의 목적물이 될 수 있는 것은 동산, 부동산 또는 유가증권이다. 유치권의 성립에 있어서 부동산유치권의 경우에 등기를 요하지 않으며, 유가증권유치권의 경우에 배서를 요하지 않는다. 목적물은 채무자뿐만 아니라 제3자의 소유에 속한 것이라도 상관없다.

물권의 일부가 거래상 다른 부분과 분할이 가능한 때에는 그 일부에 대한 유치권도 성립한다(대판 1968. 3. 5, 67다2786). 또 건물임차인이 건물에 관한 유익비상환청구권에 터잡아 취득하게 되는 유치권은 임차건물의 유지, 사용에 필요한 범위 내에서 임차대지 부분에도 효력이 미친다(대판 1980. 10. 14, 79다1170).

(2) 채권과 목적물 사이의 견련관계

채권이 유치권의 목적물에 관하여 생긴 것이어야 한다. 이를 채권과 목적물의 견련관계라 한다. 이러한 견련성은 다음과 같은 경우에 인정된다.

가. 채권이 목적물 자체로부터 발생한 경우

① 채권이 목적물의 원인으로 해서 발생한 것이어야 한다. 예를 들면 목적물에 지출한 비용상환청구권(제203조), 목적물로부터 받은 손해배상청구권 등이 이에 해당한다.

② 반면에 채권이 목적물 자체를 목적으로 하는 경우에는 견련관계는 인정되지 않는다. 따라서 임대차에 있어서 임차인이 임대인에게 가지는 보증금반환청구권에 관하여 임차목적물의 유치권이 성립되지 않는다. 즉 보증금반환청구권은 임차물을 목적으로 하여 성립하는 것이지 임차물에 관하여 생긴 채권이 아니므로 유치권의 발생원인이 되지 않는다.

【쟁점사항】

<목적물과 관련하여 생긴 채권이라고 볼 수 있는지 여부가 문제되는 경우>

ㄱ) 임차인의 임차보증금 반환청구권이나 손해배상청구권

건물의 임대차에 있어서 임차인의 임대인에게 지급한 임차보증금 반환청구권이나 임대인이 건물시설을 아니하기 때문에 임차인에게 건물을 임차목적대로 사용못한 것을 이유로 하는 손해배상청구권은 모두 민법 제320조 소정의 소위 그 건물에 관하여 생긴 채권이라 할 수 없다(대판 1976. 5. 11, 75다1305).

ㄴ) 임차인의 부속물매수청구권

임차인의 부속물매수청구권은 그가 건물 기타 공작물을 임대차한 경우에 생기는 것(본법 제646조)이고, 보증금반환청구권은 본조에서 말하는 그 건물(유가증권)에 관하여 생긴 채권이 아니기 때문에, 토지임차인은 임차지상에 해 놓은 시설물에 대한 매수청구권과 보증금반환청구권으로서 임대인에게 임차물인 토지에 대한 유치권을 주장할 수 없다(대판 1977. 12. 13, 77다115).

ㄷ) 도급인의 채무불이행에 의한 수급인의 손해배상채권

도급에서 수급인은 공사대금채권에 대한 공사목적물에 유치권을 가지는데, 그 대금에 대한 지연배상채권, 즉 도급인의 채무불이행에 의한 수급인의 손해배상채권은 본래의 공사대금채권의 연장에 지나지 않으므로, 이것 역시 위 공사목적물에 대해 생긴 채권으로서 유치권을 행사할 수 있다(대판 1976. 9. 28, 76다582).

나. 채권이 목적물의 반환청구권과 동일한 법률관계 또는 사실관계로부터 발생한 경우

예컨대 매매계약이 이행된 뒤 취소된 경우에 매수인의 대금반환채권과 매도인의 목적물반환청구권(취소라는 동일한 법률관계), 우연히 서로 물건을 바꾸어 간 경우에 상호간의 물권반환청구권(물건을 바꾸어 간 동일한 사실관계) 등으로서, 이때에는 매수인은 대금을 반환받을 때까지 목적물에 대해 유치권을, 후자의 경우에는 자신의 물건을 반환받을 때까지 상대방의 물건에 대해 유치권을 취득한다.

(3) 변제기의 도래

채권이 변제기에 있어야 한다(제320조 제1항). 채권의 변제기가 도달하기

이전에는 유치권은 성립하지 않는다. 변제기 이전에 유치권이 발생한다고 하면 변제기 이전에 채무이행을 강제하는 결과가 되기 때문이다.

(4) 목적물의 적법한 점유

유치권자는 타인의 물건이나 유가증권을 점유하고 있어야 한다. 즉 점유는 계속되어야 한다. 유치권자가 목적물의 점유를 잃으면 유치권은 당연히 소멸한다(제328조). 또한 그 점유는 불법행위로 인한 것이 아니어야 한다(제320조 제2항). 예를 들어 건물임차인이 임대차계약이 종료되거나 해지된 경우에도 그 부동산을 인도하지 않고 계속 점유하는 자(불법점유)는 그 기간 동안에 필요비나 유익비를 지출했더라도 그 비용상환청구권에 관해서는 유치권은 인정되지 않는다.

【쟁점사항】

<공사금 채권에 기한 공장건물 유치권자가 경락인에 의한 부당한 점유침탈을 원인으로 점유회수의 소를 제기한 경우 유치권자의 점유를 인정할 수있는지 여부>

공장 신축공사 공사잔대금 채권에 기한 공장건물의 유치권자가 공장건물의 소유 회사가 부도가 난 다음에 그 공장에 직원을 보내 그 정문 등에 유치권자가 공장을 유치·점유한다는 안내문을 게시하고 경비용역회사와 경비용역계약을 체결하여 용역경비원으로 하여금 주야 교대로 2인씩 그 공장에 대한 경비·수호를 하도록 하는 한편, 공장의 건물 등에 자물쇠를 채우고 공장 출입구 정면에 대형 컨테이너로 가로막아 차량은 물론 사람들의 공장출입을 통제하기 시작하고 그 공장이 경락된 다음에도 유치권자의 직원 10여 명을 보내 그 공장 주변을 경비·수호하게 하고 있었다면, 유치권자가 그 공장을 점유하고 있었다고 볼 여지가 충분하다는 이유로, 유치권자의 점유를 인정하지 아니한 원심판결을 파기하였다(대판 1996. 8. 23, 95다8713).

(5) 유치권을 배제하는 특약이 없을 것

당사자간에 유치권의 발생을 배제하는 특약이 있으면 유치권은 발생하지 않는다. 유치권은 법정담보물권이나 채권자 이익을 보호하기 위한 채권담보의 수단에 불과하므로 유치권의 발생을 배제하는 특약은 유효하다. 따라서 채권을 성립시키면서 유치권을 배제하는 특약, 사전이나 사후에 유치권을 포기하는 특약 등은 모두 효력이 있다.

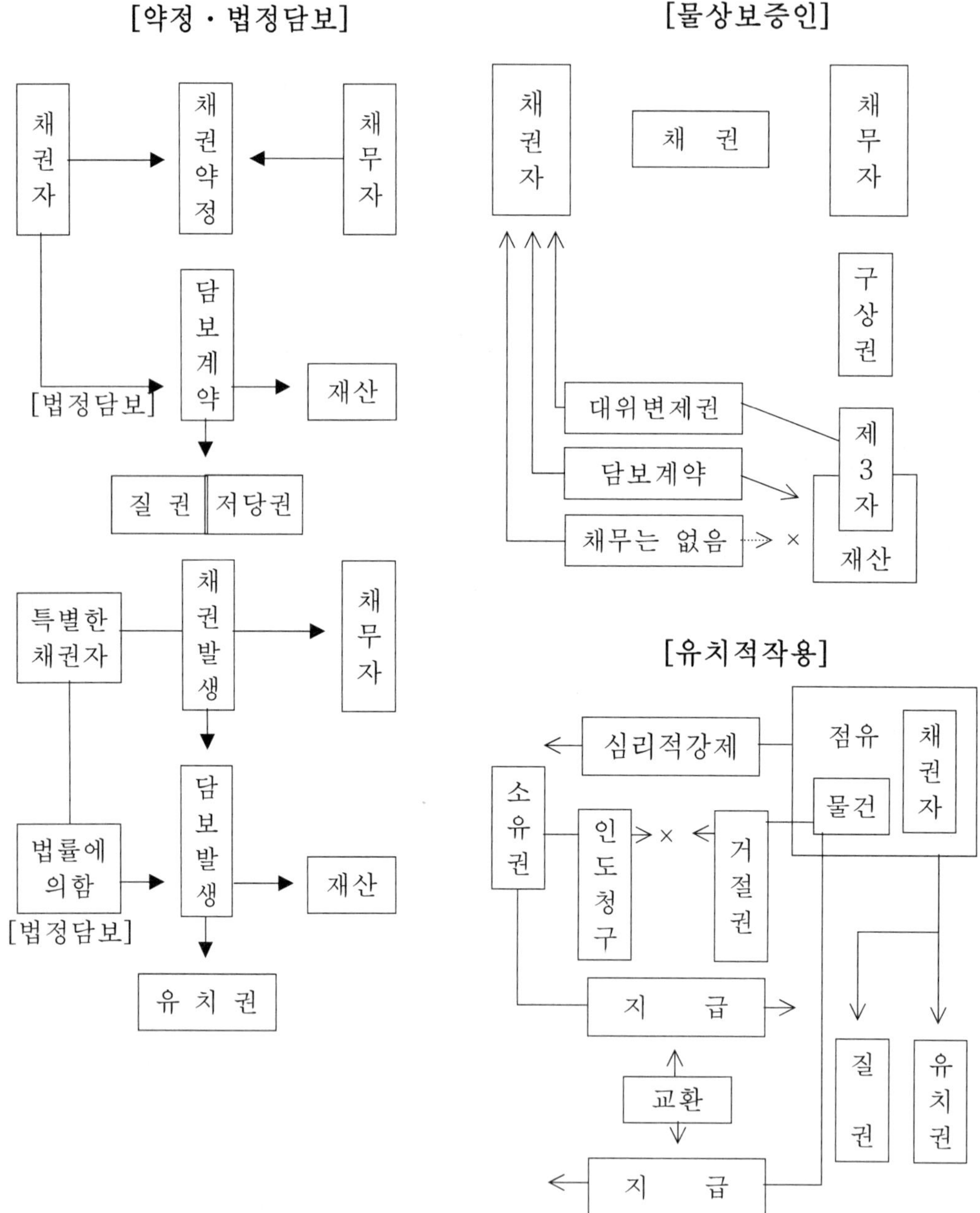

▣ 핵심판례 ▣

■ [유치권의 내용]

1. 수급인은 공사대금을 지급받을 때까지 수급인의 재료와 노력으로 건축된 수급인 소유의 기성부분에 대하여 유치권을 가지는지 여부(소극)

유치권이 타물권인 점에 비추어 볼 때 수급인의 재료와 노력으로 건축되었고 독립한 건물에 해당되는 기성부분은 수급인의 소유라 할 것이므로 수급인은 공사대금을 지급받을 때까지 이에 대하여 유치권을 가질 수 없다(1993. 3. 26. 제3부 판결, 91다14116 손해배상(기)).

2. 유치권자가 경락인에 대하여 피담보채권자의 변제를 청구할 수 있는지 여부(소극)

민사소송법 제728조에 의하여 담보권의 실행을 위한 경매절차에 준용되는 같은 법 제608조 제3항은 경락인은 유치권자에게 그 유치권으로 담보하는 채권을 변제할 책임이 있다고 규정하고 있는바, 여기에서 '변제할 책임이 있다'는 의미는 부동산상의 부담을 승계한다는 취지로서 인적 채무까지 인수한다는 취지는 아니므로, 유치권자는 경락인에 대하여 그 피담보채권의 변제가 있을 때까지 유치목적물인 부동산의 인도를 거절할 수 있을 뿐이고 그 피담보채권의 변제를 청구할 수는 없다(대판 1996. 8. 23, 95다8713).

3. 유치권 항변이 인용되는 경우 그 물건에 관하여 생긴 채권의 변제와 상환으로 물건의 인도를 명하는지 여부

물건의 인도를 청구하는 소송에 있어서 유치권 항변이 인용되는 경우에는 그 물건에 관하여 생긴 채권의 변제와 상환으로 그 물건의 인도를 명하여야 한다(대판 1969. 11. 25, 69다1592).

4. 유치권자의 점유하에 있는 유치물의 소유자 변동 후 유치권자가 유치물에 관하여 새로이 유익비를 지급하여 그 가격의 증가가 현존하는 경우에 이 유익비에 대하여도 유치권을 행사할 수 있는지 여부

가. 유치권자의 점유하에 있는 유치물의 소유자가 변동하더라도 유치권자의 점유는 유치물에 대한 보존행위로서 하는 것이므로 적법하고 그 소유자 변동 후 유치권자가 유치물에 관하여 새로이 유익비를 지급하여 그 가격의 증가가 현존하는 경우에는 이 유익비에 대하여도 유치권을 행사할 수 있다.

나. 유치권자가 유치물에 대한 보존행위로서 목적물을 사용하는 것은 적법행위이므로 불법점유로 인한 손해배상책임이 없는 것이다(대판 1972. 1. 31, 71다2414).

5. 건물신축 도급계약에서 완성된 신축 건물에 하자가 있고 하자 및 손해에 상응하는 금액이 공사잔대금액 이상이어서 도급인이 하자보수청구권 등에 기하여 수급인의 공사잔대금 채권 전부에 대하여 동시이행 항변을 한 경우, 수급인이 공사잔대금 채권에 기한 유치권을 행사할 수 있는지 여부 (원칙적 소극)

수급인의 공사대금채권이 도급인의 하자보수청구권 내지 하자보수에 갈음한 손해배상채권 등과 동시이행의 관계에 있는 점 및 피담보채권의 변제기 도래를 유치권의 성립요건으로 규정한 취지 등에 비추어 보면, 건물신축 도급계약에서 수급인이 공사를 완성하였더라도, 신축된 건물에 하자가 있고 그 하자 및 손해에 상응하는 금액이 공사잔대금액 이상이어서, 도급인이 수급인에 대한 하자보수청구권 내지 하자보수에 갈음한 손해배상채권 등에 기하여 수급인의 공사잔대금 채권 전부에 대하여 동시이행의 항변을 한 때에는, 공사잔대금 채권의 변제기가 도래하지 아니한 경우와 마찬가지로 수급인은 도급인에 대하여 하자보수의무나 하자보수에 갈음한 손해배상의무 등에 관한 이행의 제공을 하지 아니한 이상 공사잔대금 채권에 기한 유치권을 행사할 수 없다고 보아야 한다(대법원 2014. 1. 16. 선고 2013다30653 판결).

◆ 유치권의 불가분성

제 321 조【유치권의 불가분성】

유치권자는 채권 전부의 변제를 받을 때까지 유치물 전부에 대하여 그 권리를 행사할 수 있다.

■ § 321. 불가분성

- 담보물권자는 피담보채권의 전부를 변제를 받을 때까지 목적물의 전부에 관하여 그 권리를 행사할 수 있다는 원칙으로 담보물권의 효력을 강대하게 하기 위하여 인정되는 것이다.
- 민법은 유치권에 관하여 이를 규정하고 다른 담보물권에 준용하고 있다.
- 예외 : 공동저당
- 관련법조 : 유실물법 §3

담보물권의 불가분성이란 채권자가 채권전부의 변제를 받을 때까지 목적물 전체에 대해 담보물권을 행사할 수 있다는 것이다.

우리 민법에서는 유치권에 이에 관한 규정을 두고, 이것을 기타 2종류의 담보물권에 준용한다(제343 · 제370조).

불가분성은 예전에는 담보물권의 근본적 원리로까지 생각되었던 것이나, 현재에는 담보물권의 효력을 강화하기 위하여 주어진 성격이며, 담보물권의 성질에서 필연적으로 도출된 것은 아니라고 이해되고 있다.

또 이 성격은 일단 성립한 담보물권의 존속에 관한 문제이고, 발생에 있어서까지 적용되는 것은 아니다. 따라서 채권의 일부에 대해서만 담보물권을 인정할 수 있는 것은 당연하다.

◆ 유치권자의 경매 · 간이변제충당권

제 322 조【경매, 간이변제충당】

① 유치권자는 채권의 변제를 받기 위하여 유치물을 경매할 수 있다.

② 정당한 이유있는 때에는 유치권자는 감정인의 평가에 의하여 유치물로 직접 변제에 충당할 것을 법원에 청구할 수 있다. 이 경우에는 유치권자는 미리 채무자에게 통지하여야 한다.

■ § 322. 경매권과 우선변제권

- 경매권
- 우선변제권은 없으나, 실제에 있어서 우선변제권이 있는 것과 다르지 않다.
- 예외적으로 우선변제권이 인정되는 경우 : ① 간이변제충당
  ② 과실수취 후 변제충당
  ③ 별제권
- 관련법조 : [본조의 준용] 유실물 §3

1. 경매권

유치권자는 채권의 변제를 받기 위하여 유치물을 경매할 수 있다(민사집행법 제274조). 구민법에는 규정이 없어서 다툼이 있었으나 현행민법은 명문의 규정을 두어 경매권을 인정하고 있다.

유치권자가 우선변제권을 가지지 않는다는 점에 관하여는 이론이 없다. 다른 담보물권에 관한 규정(제329조 · 제356조)과 유치권에 관한 제320조를 비교해 본다면 유치권자에 우선변제권이 없음은 명백하다. 그러나 채권자 또는 경락인 등의 제3자가 목적물의 인도를 받으려면 유치권자에게 변제를 하여야 하므로, 실제에 있어서는 우선변제권이 있는 것과 같다.

2. 간이변제충당권

유치권자가 채권의 변제를 받기 위하여는 언제나 경매에 의하여야만 한다면, 경매는 많은 비용이 들고 그 절차가 번거로와서 부적당한 경우가 적지 않다. 이러한 경우를 위해 본조는 유치물로써 직접 변제에 충당하는 간편한 방

법을 인정하는데, 이때에는 예외적으로 우선변제권이 인정되는 것이다.

이러한 간이변제충당에는 다음과 같은 요건이 필요하다. ① 정당한 이유가 있을 것. 예컨대 목적물의 가치가 적은 것이어서 많은 비용이 들어가 경매가 부적당하다든가, 경매에 의하여 적당한 가격에 경락되기 어려운 경우 등이다. ② 법원에 청구할 것. 유치권자는 반드시 법원에 신청하여 그 허가의 결정을 얻어야 한다(비송사건절차법 제56조). ③ 목적물의 가치는 감정인이 이를 평가한다. ④ 유치권자는 간이변제충당을 법원에 청구하기 전에 여러 채무자에게 그 뜻을 통지하여야 한다. 이상과 같은 요건을 갖추어 간이변제충당을 허가하는 결정이 있게 되면 유치권자는 유치물의 소유권을 취득한다. 유치권자는 그의 소유권취득과 동시에 평가액의 한도에서 변제를 받는 것이 되고 채권은 소멸한다. 평가액이 채권액을 초과하는 때에는 그 초과액은 유치권자가 이를 채무자에게 변제하여야 하고, 그 반대의 경우에는 채무자가 그 부족액을 채권자, 즉 유치권자에게 변제하여야 한다.

▣ 핵심판례 ▣

1. 채무자소유의 부동산에 강제경매개시 결정의 기입등기가 경료되어 압류의 효력이 발생한 이후에 채무자가 부동산에 관한 공사대금 채권자에게 그 점유를 이전함으로써 유치권을 취득하게 한 경우, 점유자가 유치권을 내세워 경매절차의 매수인에게 대항할 수 있는지 여부

채무자소유의 건물 등 부동산에 강제경매개시 결정의 기입등기가 경료되어 압류의 효력이 발생한 이후에 채무자가 위 부동산에 관한 공사대금 채권자에게 그 점유를 이전함으로써 그로 하여금 유치권을 취득하게 한 경우, 그와 같은 점유의 이전은 목적물의 교환가치를 감소시킬 우려가 있는 처분행위에 해당하여 민사집행법 제92조 제1항, 제83조 제4항에 따른 압류의 처분금지효에 저촉되므로 점유자로서는 위 유치권을 내세워 그 부동산에 관한 경매절차의 매수인에게 대항할 수 없다(대판 2005. 8. 19, 2005다22688).

2. 유치물의 간이변제충당의 요건인 정당한 이유의 존부에 관한 판단 기준

유치물의 처분에 관하여 이해관계를 달리하는 다수의 권리자가 존재하거나 유치물의 공정한 가격을 쉽게 알 수 없는 등의 경우에는 민법 제322조 제2항에 의하여 유치권자에게 유치물의 간이변제충당을 허가할 정당한 이유가 있다고 할 수 없다(대법원 2000. 10. 30. 자 2000마4002 결정).

◆ 유치권자의 과실수취권

제 323 조【과실수취권】

① 유치권자는 유치물의 과실을 수취하여 다른 채권보다 먼저 그 채권의 변제에 충당할 수 있다. 그러나 과실이 금액이 아닌 때에는 경매하여야 한다.

② 과실은 먼저 채권의 이자에 충당하고 그 잉여가 있으면 원본에 충당한다.

■ § 323. 과실수취권

- 다른 채권보다 먼저 변제에 충당할 수 있다.
- 수취한 과실은 먼저 채권의 이자에 충당하고 나머지가 있으면 원본에 충당하여야 한다.
- 과실이 금전이 아닌 때에는 경매, 환가해서 충당하여야 한다.
- 관련법조 : [본조준용] 유실물 §3

유치권은 원칙적으로 우선변제권을 갖고 있지 않지만, 유치물에서 생긴 과실에 대해서는 그 과실을 수취하여 그것으로 우선변제를 받을 수 있다. 과실에는 자연과실뿐만 아니라 법정과실도 포함되기 때문에(제101조 참조) 그 어느 쪽으로도 가능하지만, 법정과실을 수취하기 위해서 유치물을 타인에게 임대할 때에는 채무자의 승낙을 얻어야 한다(제324조 2항).

과실이 금전인 때에는 환가의 필요가 없으므로 즉시 채권의 변제에 충당할 수가 있으나, 금전이 아닌 때에는 경매하여야 한다. 또 과실을 변제에 충당함에는 먼저 채권의 이자에 충당하고 다음에 잔액이 있으면 원본에 충당하여야 한다.

◈ 유치권자의 의무

제 324 조【유치권자의 선관의무】

① 유치권자는 선량한 관리자의 주의로 유치물을 점유하여야 한다.

② 유치권자는 채무자의 승낙없이 유치물의 사용·대여 또는 담보제공을 하지 못한다. 그러나 유치물의 보존에 필요한 사용은 그러하지 아니하다.

③ 유치권자가 전2항의 규정에 위반한 때에는 채무자는 유치권의 소멸을 청구할 수 있다.

■ § 324. 유치권자의 의무

- 선관주의의무
- 유치권자는 채무자의 승낙없이 유치물을 사용, 대여, 담보제공을 하지 못한다.
- 의무위반의 효과 : 채무자는 유치권의 소멸을 청구할 수 있다.
- 관련법조 : [본조준용] 유실물 §3

유치권자는 선량한 관리자의 주의로 목적물을 점유할 것을 요하고 채무자(채무자와 유치물의 소유자가 다른 경우에는 소유자)의 승낙없이 목적물의 보존의 범위를 넘어서 사용·임대하거나 담보에 제공할 수 없다. 선량한 관리자의 주의의무란 어떠한 물건이나 사무를 관리함에 있어서, 그 직업 또는 지위에 있는 자에게 일반적으로 요구되는 정도의 주의를 하여야 할 의무를 말한다. 이상의 보관의무에 위반한 때에는 채무자는 유치권의 소멸을 청구할 수 있다. 이 청구권은 형성권이며 단독적 물권행위이다.

◈ 유치권자가 유치물에 관하여 비용을 지출한 경우의 상환청구권

제 325 조【유치권자의 상환청구권】

① 유치권자가 유치물에 관하여 필요한 지출한 때에는 소유자에게 그 상환을 청구할 수 있다.

② 유치권자가 유치물에 관하여 유익비를 지출한 때에는 그 가액의 증가가 현존한 경우에 한하여 소유자의 선택에 좇아 그 지출한 금액이나 증가액의 상환을 청구할 수 있다. 그러나 법원은 소유자의 청구에 의하여 상당한 상환기간을 허여할 수 있다.

■ § 325. 비용상환청구권

- 필요비상환청구권
- 유익비상환청구권
- 관련법조 : [본조준용] 유실물 §3

유치권자가 목적물을 보존하기 위한 필요비를 지출한 때에는 소유자에게 그 상환을 청구할 수 있다.

유익비에 대해서는 제한이 있다. 유익비는 그 가액의 증가가 현존하는 때에 한하여 소유자의 선택에 좇아서 그 지출한 금액이나 증가액의 상환을 청구할 수 있다.

그리고 이 유익비의 상환에 대해서는 법원은 소유자의 청구에 의하여 상당한 상환기간을 허여할 수 있다. 이 경우에는 상환기간이 허여된 유익비에 관해서는 유치권을 행사할 수 없게 된다.

◆ 유치권의 행사와 소멸시효의 진행

제 326 조【피담보채권의 소멸시효】

유치권의 행사는 채권의 소멸시효의 진행에 영향을 미치지 아니한다.

■ § 326. 피담보채권의 소멸

- 담보물권에 공통하는 소멸사유
- 유치권의 행사는 소멸시효의 진행을 중단하지 않는다.
- 관련법조 : [본조준용] 유실물 §3

유치권은 주된 채권을 담보하는 종된 권리에 지나지 않으므로 종된 권리인 유치권을 행사하여도, 즉 유치물건을 점유하고 인도를 거부하더라도 이것으로써 주된 채권의 행사가 되지 않는다. 이와 같은 유치권의 행사는 주된 채권의 소멸시효를 중단시키는 효력이 없으므로 유치권을 행사하여도 채권의 소멸시효는 진행하는 것이다. 그리고 유치권과 같은 담보물권은 종된 권리이므로 주된 채권의 소멸로 인하여 소멸한다.

◆ 타담보제공과 유치권 소멸

제 327 조【타담보제공과 유치권소멸】

채무자는 상당한 담보를 제공하고 유치권의 소멸을 청구할 수 있다.

■ § 327. 다른 담보의 제공과 유치권의 소멸청구

- 다른 담보의 제공에는 유치권자의 승낙이나 승낙에 갈음하는 판결이 있어야 한다.
- 채무자는 상당한 담보를 제공하여 유치권의 소멸을 청구할 수 있다.
- 관련법조 : [본조준용] 유실물 §3

유치권은 채권의 이행을 담보하기 위하여 인정된 것이기 때문에 채무자는 상당한 담보를 제공하여 유치권의 소멸을 청구할 수 있다.

담보의 종류에는 제한이 없으므로 물적담보이든 인적담보이든 이를 묻지 않는다. 그러나 유치권의 소멸청구 자체는 채무자의 일방적 의사표시로써 충분하나, 담보의 제공자체를 유치권자의 승낙을 요하므로 결국 유치권자의 승낙 또는 이에 갈음할 판결이 있어야 한다.

▣ 핵심판례 ▣

■ 유치물에 대하여 이해관계를 가진 채무자나 유치물의 소유자는 상당한 담보가 제공되어 있더라도 유치권 소멸청구의 의사표시를 할 수 없는지 여부

유치물의 가격이 채권액에 비하여 과다한 경우에는 채권액 상당의 가치가 있는 담보를 제공하면 족하다고 할 것이고, 한편 당해 유치물에 관하여 이해관계를 가지고 있는 자인 채무자나 유치물의 소유자는 상당한 담보가 제공되어 있는 이상 유치권 소멸청구의 의사표시를 할 수 있다(대판 2001. 12. 11, 2001다59866).

◈ 점유의 상실로 인한 유치권소멸

제 328 조【점유상실과 유치권소멸】

유치권은 점유의 상실로 인하여 소멸한다.

■ § 328. 점유의 상실

- 유치권은 점유의 상실로 인하여 소멸한다.
- 그러나, 점유물 반환청구권에 의하여 점유를 회복한 때에는 유치권도 소멸하지 않았던 것이 된다.

유치권은 물건의 점유를 기초로 한 권리이기 때문에 점유의 상실로 인하여 소멸한다. 유치권자의 점유는 직접점유이든 간접점유이든 묻지 않는다. 특히 유치권자가 소유자의 승낙없이 목적물을 임대 또는 담보 제공하여도 유치권이 소멸하지 않음을 주의하여야 한다.

▣ 핵심판례 ▣

■ [점유상실과 유치권소멸]

공사금 채권에 기한 공장 건물 유치권자가 경락인에 의한 부당한 점유 침탈을 원인으로 점유회수의 소를 제기한 사안에서, 유치권자의 점유를 인정하지 아니한 원심판결을 파기한 사례

공장 신축공사 공사잔대금채권에 기한 공장 건물의 유치권자가 공장 건물의 소유회사가 부도가 난 다음에 그 공장에 직원을 보내 그 정문 등에 유치권자가 공장을 유지·점유한다는 안내문을 게시하고 경비용역회사와 경비용역계약을 체결하여 용역경비원으로 하여금 주야 교대로 2인씩 그 공장에 대한 경비·수호를 하도록 하는 한편 공장의 건물 등에 자물쇠를 채우고 공장 출입구 정면에 대형 컨테이너로 가로막아 차량은 물론 사람들의 공장 출입을 통제하기 시작하고 그 공장이 경락된 다음에도 유치권자의 직원 10여 명을 보내 그 공장 주변을 경비·수호하게 하고 있었다면, 유치권자가 그 공장을 점유하고 있었다고 볼 여지가 충분하다는 이유로 유치권자의 점유를 인정하지 아니한 원심판결을 파기한 사례(1996. 8. 23. 판결, 95다8713 공사대금).

제 8 장 질 권

질권은 채권자가 그 채권의 담보로서 채무자 또는 제3자(물상보증인)로부터 받은 동산 또는 재산권의 채무의 변제가 있을 때까지 유치함으로써 채무의 변제를 간접적으로 강제하는 동시에 변제가 없는 때에는 그 목적물로부터 우선적으로 변제를 받는 권리이다. 민법의 질권에는 동산질권과 권리질권의 두 가지가 있다.

내용 / 구분	목 적 물	공 시 방 법	질권의 실행방법	본질적 효력
동산질권	모든 양도성 있는 동산(제331조). 단 선박·자동차·항공기·건설기계는 특별법에 의해 질권의 목적이 되지 못하고 저당권의 목적이 됨.	동산의 「인도」(제188조, 제190조). 단 유치적 효력을 관철하기 위해 점유개정에 의한 인도는 할 수 없음(제332조).	경매(제338조 1항) 예외적으로 간이변제 충당(제338조 2항)	유치적 효력(제335조) + 우선변제적 효력(제338조)
권리질권	양도성 있는 재산권(제345조). 단 부동산의 사용·수익을 목적으로 하는 권리는 저당권의 목적이 될 수 있을 지언정(제371조), 권리질권의 목적은 되지 못한다(제345조 단서). 결국 양도성 있는 재산권의 대표적인 것으로는 「채권」.	「권리의 양도」방법을 따름(제346조). 채권에 있어서는 그 종류에 따라, ① 지명채권의 경우(제347조, 제349조, 제450조) ② 증권적 채권의 경우 지시채권(제350조, 제523조) 무기명채권(제351조, 제523조) ③ 담보물권부채권의 경우 저당권부채권(제348조) 질권부채권	(1) 채권의 직접청구(제353조). ① 채권이 금전채권인 경우에는 채권액에 한해 직접청구하고 그것을 곧 우선변제에 충당(제353조 2항). ② 채권이 목적물(동산)인도청구권인 경우에는 그 동산을 인도받아 질권을 행사(이때부터 동산질권으로 변경)(제353조 4항). (2) 민사소송법상의 집행(제354조)	주로 우선변제적 효력

제 1 절 동산질권

동산질권이란 동산을 목적으로 하는 질권을 말하는데, 서민의 금융수단으로 중요한 작용을 한다. 동산질권은 당사자 사이에서 질권설정계약 내지 질계약과 목적물인 동산의 인도에 의해 설정된다.

동산질권은 인도, 즉 점유를 공시방법으로 삼는다. 다만 질권의 유치적 효력을 실현하기 위해 점유개정의 방식은 허용되지 않는다. 질권자는 채권의 변제를 받을 때까지 이를 유치할 수 있고, 또 채권의 변제를 받기 위해 경매 등의 절차를 통해 우선변제를 받을 수 있다(제329조, 제338조).

◆ 동산질권의 내용

제 329 조【동산질권의 내용】

동산질권자는 채권의 담보로 채무자 또는 제3자가 동산을 점유하고 그 동산에 대하여 다른 채권자보다 자기채권의 우선변제를 받을 권리가 있다.

■ § 329. 동산질권의 성립

- 질권설정계약과 동산의 인도
- 법률의 규정(예외)

동산질권은 질권자가 그 채권의 담보로 채무자 또는 제3자로부터 받은 물건을 채무의 변제가 있을 때까지 유치하여 채권의 변제를 간접적으로 강제함과 동시에 변제가 없는 경우에는 그 물건의 가격으로써 우선변제를 받을 수 있는 약정담보물권이다.

동산질권은 저당권과 같이 당사자간의 계약에 의하여 성립하는 약정담보물권이므로, 다같이 물적담보를 수수시키려는 경제적 요청에 부응할 것을 그 작용으로 한다. 그러나 양자의 본질적 차이는 동산질권이 목적물의 점유를 담보설정자로부터 빼앗는 것인 데 반하여 저당권에 있어서는 목적물을 담보설정자의 점유하에 두고 이용을 계속시킨다는 점이다.

[질 권]

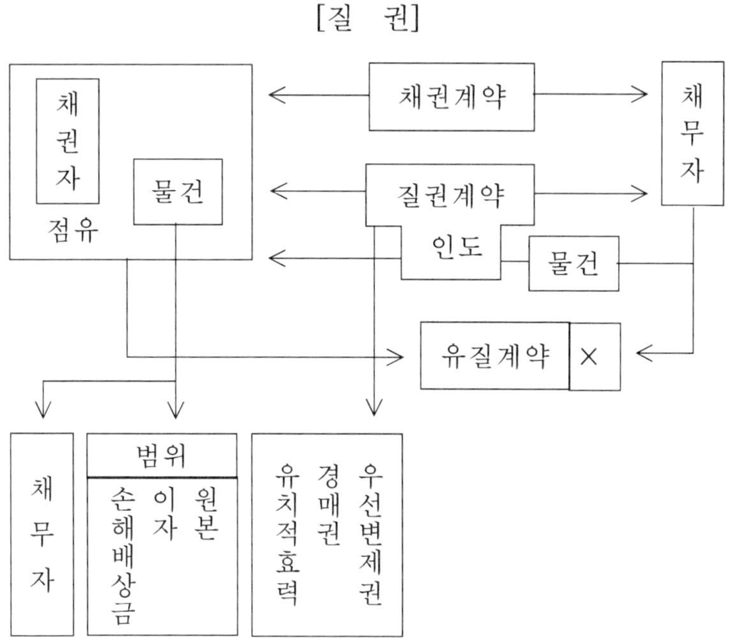

▣ 핵심판례 ▣

■ [동산질권의 내용]

회사의 대표이사가 교체됨에 따라 종전 대표이사는 연대보증인에서 제외시키고 새로운 대표이사를 연대보증인으로 하는 새로운 어음거래약정을 하였더라도 전 대표이사가 제공한 물적담보책임이 소멸되는 것은 아니라고 본 예

일정의 어음거래약정 기간 동안 채권자로부터 할인받은 어음이 모두 결제된 것으로 장부처리가 되었다고 하더라도 그것이 현금 등의 입금으로 기존의 어음거래상의 채무를 모두 소멸시켜 그 거래관계를 종료시키는 것이 아니고 소위 어음대환 내지 어음개서의 형식을 취한 것 뿐이라면, 그 직후에 채무자 회사의 대표이사가 교체됨에 따라 종전의 대표이사를 연대보증인에서 제외시키고 새로운 대표이사를 새로이 연대보증인으로 삼을 의도로 채권자와 사이에 새로운 어음거래약정서가 작성되었더라도 연대보증인이 다를 뿐 약정내용이 동일하고 종전부터의 어음거래로 인하여 변동되어온 채권채무가 그대로 유지된 채 어음거래가 계속되어 온 이상 종전의 대표이사의 연대보증기간이 만료되었다 하여 동인이 제공한 물적담보책임이 그 시점에서 종료되었다고 보기 어려울 뿐만 아니라 가사 동인의 물적담보책임이 그 시점에서 종료된다고 보더라도 본래의 채무가 소멸되는 것은 아니다 (1986. 8. 19. 제2부 판결, 85다카357 주권반환등).

◆ 질권의 성립요건

제 330 조【설정계약의 요물성】

질권의 설정은 질권자에게 목적물을 인도함으로써 그 효력이 생긴다.

■ § 330. 목적동산의 인도

- 물권변동에 관한 성립요건주의의 일반원칙의 당연한 적용
- 질권의 설정은 질권자에게 목적물을 인도함으로써 그 효력이 생긴다.
- 관련법조 : [인도] 상 §132, §133, §157, §159, §861

동산질권은 동산을 질권의 목적으로 하는 담보물권이며, 원칙적으로 채권자와 질권설정자간에 채권을 담보하기 위한 질권설정계약을 맺음으로써 성립한다. 따라서 당사자간에 양도할 수 있는 동산에 대하여 이것을 질권의 목적으로 한다는 합의가 있어야 함은 말할 필요도 없다. 질권설정계약의 일방 당사자는 채권자이고 타방은 질권설정자이다.

질권설정자는 채무자인 것이 보통이지만 반드시 채권자에 한정할 필요는 없고 제3자(물상보증인)더라도 상관없다.

질권에 의하여 담보된 채권은 그 목적을 불문하기 때문에 금전을 목적으로 하는 채권뿐만 아니라 특정물의 급부를 목적으로 하는 채권이나 일정한 행위를 목적으로 하는 채권이라도 무방하다. 또 현재에 존재하는 채권에 한하지 않고 기한부채권이나 조건부채권 또는 장래에 발생될 채권을 위해서도 현재에 있어서 질권을 유효하게 성립시킬 수 있다.

<참고사항>

※ 제330조의 '인도'의 의미

제330조에서 '인도함으로써' 효력이 있다고 규정하고 있는데 이에 대한 해석과 관련하여 견해가 나뉜다.

1. 통 설

물권변동의 성립요건주의를 취하는 결과 인도가 필요할 뿐 동 조항은 무의미한 조항이라고 해석하는 견해이다(성립요건주의 : 질권설정의 합의+인도). 즉, 질권설정계약은 요물계약이 아니라는 것이다.

2. 소수설

동 조항을 근거로 질권설정계약은 요물계약이라고 보는 견해이다.

※ 질권자의 점유상실과 질권의 소멸여부

1. 질물의 점유 침탈

(1) 질권설정자가 침탈한 경우 : 질권소멸하지 않는다.

① 질권설정계약에 기한 반환청구권을 긍정한다. 기한의 이익의 상실 주장도 가능하다.

② 점유보호청구권으로 회수 가능하다. 직접점유자는 간접점유자에 대해 점유보호청구권을 행사할 수 있기 때문이다.

③ 질권에 기한 물권적 청구권은 부정설과 긍정설이 대립한다. 긍정설이 통설이다.

(2) 제3자가 침탈한 경우 : 점유회수하면 소멸하지 않는다.

① 점유보호청구권을 긍정한다. 단, 1년의 제한이 있다. 그리고 선의의 특별승계인에게는 행사할 수 없다.

② 질권에 기한 물권적 청구권은 부정설과 긍정설이 대립하고, 긍정설이 통설이다.

③ 채권자대위권 행사가 가능하다. 즉, 질권설정자의 소유권에 기한 물권적청구권을 대위행사할 수 있다.

2. 질물을 사취당한 경우 또는 유실한 경우

(1) 질권설정자가 사취한 경우 또는 유실물을 습득한 경우

① 질권설정계약에 기한 반환청구권이 긍정된다.

② 점유보호청구권은 부정된다. 사취의 경우에는 점유의 침탈이 아니기 때문이다.

③ 질권에 기한 물권적 청구권을 긍정하는 견해가 통설이다.

(2) 제3자가 사취한 경우

① 질권에 기한 물권적 청구권을 긍정하는 견해가 통설이다.

② 점유보호청구권은 부정된다. 점유의 침탈이 아니기 때문이다.

③ 채권자대위권의 행사가 가능하다. 질권설정자의 물권적청구권을 대위행사 할 수 있다.

3. 질권자가 스스로 질권설정자에게 점유를 반환한 경우

질권이 소멸한다는 것이 통설이다. 제332조(점유개정금지)의 취지가 질권의 유치적 효력 확보에 있는 만큼, 질권자가 스스로 점유를 반환하는 경우에는 질권의 포기인바, 질권이 소멸된다.

◆ 동산질권의 목적물

제 331 조【질권의 목적물】

질권은 양도할 수 없는 물건을 목적으로 하지 못한다.

■ § 331. 동산질권의 목적물(질물)

- 양도할 수 없는 동산(국보, 아편)은 질권의 목적이 될 수 없다.
- 국가의 정책에 의하여 질권의 목적이 될 수 없는 경우 : 등기된 선박, 소형선박, 자동차, 항공기, 일정한 건설기계 등
- 관련법조 : [양도성이 없는 물건] 마약 §6, §12, §13, §21, §32, §34, 형법 §214 이하, [질권설정이 금지 또는 통제된 물건] 상 §789, §790, 자동차 등 특정동산 저당법 §9

질권의 효력으로써 질권자는, 채무자가 채무를 변제하지 않을 때에는 목적물을 매각하여 그 가액에 의하여 우선변제를 받는 것이므로 그 목적물은 반드시 매각·양도할 수 있는 것이라야 한다.

양도성이 없는 물건으로는 위조통화·마약 등과 같은 금제품이나 거래가 금지되는 문화재 등을 들 수 있다. 또 동산이지만 선박·자동차·항공기·건설기계처럼 등록원부가 마련된 것은 특별법에 의한 질권이 아닌 저당권의 목적이 된다(상법 제789조·제790조, 자동차 등 특정동산 저당법 제9조).

그리고 압류금지물이 언제나 동산질권의 목적물이 될 수 없는 것은 아니다. 압류금지물은 양도금시를 위한 것과 채무자 보호를 위한 것이 있는데 채무자보호를 위한 압류금지물에 대하여는 질권을 설정할 수 있다(예를 들어, 채무자에게 필요한 의복, 침구, 가구 등 생활 필수품은 압류하지 못하지만 이것은 채무자가 스스로 처분하는 것까지 금지하는 것은 아니다).

◈ 질권설정자에 의한 대리점유(점유개정)의 금지

제 332 조 【설정자에 의한 대리점유의 금지】

질권자는 설정자로 하여금 질물의 점유를 하게 하지 못한다.

■ § 332. 점유개정의 금지

• 근 거 : 공신의 원칙 강화(소수설), 유치적 효력확보(다수설)
• 성 질 : 질권의 효력발생요건(소수설), 질권의 존속요건이기도 하다.

본조는 질권의 설정에 관하여 점유개정을 금지한다고 규정한 것이다.

동산질권의 설정에 요구되는 인도는 현실의 인도에 한정되지 않고 간이인도는 물론 목적물반환청구권의 양도에 의한 이전으로도 가능하다. 단, 소유권의 이전과는 달리 점유개정은 허용되지 아니한다.

질권설정에 점유개정을 허용하지 아니한 이유는 질권공시의 이상의 관철과 유치적 효력의 확보에 있다고 말할 수 있으나 질권보다도 더욱 강대한 소유권 이전의 공시방법에 대해서조차 점유개정으로 충분하다고 하고, 또한 점유개정에 의한 동산의 양도담보가 유효한 것으로 되어 있는 이상, 점유의 이전을 질권의 공시방법으로 채택한 것은 그다지 의미있는 것은 아니며, 오히려 유치적 작용에 중점을 두고 있다고 보아야 할 것이다(현재 이설없음). 따라서 점유개정금지의 취지상 질권자가 질권설정자에게 자신의 의사에 기해 질물을 반환한 경우 질권은 소멸된다.

◆ 수개의 채권을 담보하기 위하여 1개의 동산 위에 수개의 질권을 설정한 경우의 순위

제 333 조 【동산질권의 순위】

수개의 채권을 담보하기 위하여 동일한 동산에 수개의 질권을 설정한 때에는 그 순위는 설정의 선후에 의한다.

■ § 333. 동산질권의 순위 결정기준

- 동산질권자는 질물로부터 다른 채권자보다 먼저 자기의 채권의 우선변제를 받을 권리가 있다.
- 동산질권 상호간에 있어서는 그 순위는 설정의 선후에 의한다.
- 질권설정자가 파산한 때에는 질권자는 별제권을 가진다(채무자 회생 및 파산에 관한 법률§411).

질권의 병존은 이론상으로나 실제상으로나 가능한 것이기 때문에 그 우선순위를 정하지 않으면 안된다.

병존하는 질권을 평등한 지위에 두게 되면 우선변제를 받는 것을 목적으로 하는 질권의 경제적 요청에 부응할 수가 없기 때문이다. 질권에 있어서도 선순위의 권리가 후순위의 권리에 앞선다는 원리가 요구되기 때문에 먼저 성립한 질권이 후에 성립한 권리에 우선하게 된다.

본조도 동산질권의 순위에 대해서「수개의 채권을 담보하기 위하여 동일한 동산에 수 개의 질권을 설정한 때에는 그 순위는 설정의 선후에 의한다」라는 명분의 규정을 두고 있다. 기타 재산권 위에 설정된 질권의 순위에 관해서는 민법에 별도의 규정을 두고 있지 않으나 그 순위는 각각에 대해 정해져 있는 성립요건이 구비된 때의 선후에 의하여 결정된다.

이상의 표준에 의하여 병존하는 질권의 순위가 결정되고 선순위자는 우선하여 변제를 받는다. 그러나 이 질권의 순위는 고정적인 것은 아니며 선순위질권이 변제 기타의 이유로 인하여 소멸하면 후순위질권은 당연히 그 순위가 향상된다. 또 선순위권자도 그 순위만을 절대적으로 포기할 수 있다.

그러나 동산질권 및 채권질에 있어서는 순위변경에 관한 적당한 공시방법이 없기 때문에 절대적 포기 및 순위양도는 불가능하다고 해석한다.

◈ 질권으로 담보하는 채권의 범위

제 334 조【피담보채권의 범위】

질권은 원본, 이자, 위약금, 질권실행의 비용, 질물보존의 비용 및 채무불이행 또는 질물의 하자로 인한 손해배상의 채권을 담보한다. 그러나 다른 약정이 있는 때에는 그 약정에 의한다.

■ § 334. 질권의 피담보채권의 범위

- 원본, 이자, 위약금, 질권실행의 비용, 질권보존의 비용, 채무불이행에 의한 손해배상, 질물의 하자로 생긴 손해배상
- 저당권보다 넓다.
- 질권실행의 비용에는 경매비용을 제외한다.

설정계약에서 특약을 하지 아니하면 원본, 이자, 위약금, 질권실행의 비용, 질물보존의 비용 및 채무불이행 또는 질물의 하자로 인한 손해배상채권에 미친다. 이 범위는 저당권의 경우에 비하여 상당히 넓다. 채권에서는 질권설정자가 목적물 또는 채권증서를 인도하기 때문에 동일목적물 위에 질권이 경합하는 경우가 비교적 적어서 다른 채권자를 해할 우려가 거의 없기 때문이다.

1. 질권은 원본, 이자, 위약금, 질권실행비용, 질물보존비용, 채무불이행 또는 질물의 하자로 인한 손해배상의 채권을 담보한다(334조).

① 동 규정은 임의규정이다(제334조 단서).

② 저당권과 달리 지연배상은 1년 분에 한하지 않는다. 즉, 저당권보다 피담보채권의 범위가 넓다. 질권은 후순위 권리자들의 이해관계가 크지 않기 때문이다.

2. 불가분성

피담보채권의 전부를 변제받을 때까지 질물 전부에 대해서 질권을 행사할 수 있다(제343조에서 제321조 유치권규정을 준용).

◆ 질권자의 질물을 유치할 권리

제 335 조 【유치적효력】

질권자는 전조의 채권의 변제를 받을 때까지 질물을 유치할 수 있다. 그러나 자기보다 우선권이 있는 채권자에게 대항하지 못한다.

■ § 335. 유치적 효력

- 유치권에 있어서와 원칙적으로 같다.
- 목적물이 다른 채권자에 의하여 경매되는 때에는 질권자는 집행관에게 목적물의 인도를 거절할 수 있다.
- 질권자의 유치적 효력은 자기보다 우선권이 있는 채권자에게 대항하지 못한다.
- 선박채권자의 우선특권은 질권에 우선한다. 그러나 회사사용인의 일반우선특권은 질권에 우선하지 못한다.
- 관련법조 : [우선권을 가지는 채권자] 상 §788, §777, 국세기본법 §35~§37, 지방세기본법 §71

채권자는 그 채권의 변제를 받을 때까지 질권을 유치할 수 있다. 이 유치할 수 있는 권리는 유치권과 달리 그 질권에 우선하는 채권자에게는 대항할 수 없다.

이와 같은 질권자에 우선하는 채권을 가진 채무자에 의하여 질물이 경매에 부쳐진 때에는 질권자는 배당에 참여하여 자기의 순위에 따른 변제를 받을 수 있을 뿐이고, 자기의 채권전부에 대한 변제가 없다는 것을 이유로 그 물건의 인도를 거절할 수 없다.

◈ 질권자의 전질의 효과

제 336 조【전질권】

질권자는 그 권리의 범위 내에서 자기의 책임으로 질물을 전질할 수 있다. 이 경우에는 전질을 하지 아니하였으면 면할 수 있는 불가항력으로 인한 손해에 대하여도 책임을 부담한다.

■ § 336. 동산질권자의 전질권

- 승낙전질 : 설정자의 승낙을 얻어서 하는 전질
- 책임전질 : 그러한 승낙없이 하는 전질
- 관련법조 : [특칙] 담보부사채신탁법 §63

1. 의 의

본조는「질권자는 그 권리의 범위 내에서 자기의 책임으로 질물을 전질할 수 있다. 이 경우에는 전질을 하지 아니하였으면 면할 수 있는 불가항력으로 인한 손해에 대하여도 책임을 부담한다」고 규정하고 있다.

이것이 전질이다. 이 제도는 질권자가 일단 질물에 고정시킨 자금을 피담보채권의 변제 전에 다시 유동시킬 수 있도록 하기 위한 것이다.

질권자는 질권부채권을 양도함에 의하여서도 투하자본의 회수를 꾀할 수 있으나 전질의 방법을 채택하면 기존의 관계에 중대한 변경을 가하지 아니하고 용이하게 자금을 조달할 수 있기 때문에 전질이 거래계에서 차지하는 지위는 지극히 크다.

제343조에 의하여 유치권에 관한 제324조가 준용되는 결과, 질권자는 질권설정자의 승낙이 없으면 전질할 수 없다고 하는 주장이 있다(곽윤직).

그러나 원래 질권과 유치권과는 그 성질이 현저히 다르기 때문에 제324조를 준용하는 것으로서 즉시 이러한 결론으로 도출할 수는 없고, 이렇게 해석하는 것은 전술한 바와 같은 전질의 기능을 충분히 발휘시킬 수 있는 이유가 아니기 때문에 이 설을 취할 수 없다. 따라서 본조의 전게규정은 일정한 요건과 책임하에 승낙없는 전질을 인정한 것으로 해석하여야 한다(판례).

2. 종 류

승낙있는 전질이 인정되는 것은 당연하지만, 이 경우는 본법에서 말하는 이른바 전질과는 달리 그 요건과 효과는 오직 전질승낙의 내용에 의해 정해져야 하는 것이다.

종류	성 질	성 립 요 건	효 과
책임전질	(이론구성) 채권·질권 공동입질설(다수설)	1) 원질권자와 전질권자 사이에 물권적 합의와 질권의 인도가 있을 것 2) 전질권은 원질권의 범위내일 것(§336) 3) 질권자가 채무자에게 전질의 사실을 통지하거나 채무자가 승낙할 것(§337)	1) 질권자는 전질을 하지 않았더라면 생기지 않았을 불가항력에 의한 손해도 배상할 책임(§336) 2) 질권자는 질권을 포기하거나 원채무자의 채무를 면제하지 못한다. 3) 전질의 사실을 채무자에게 통지하면 일정한 자에 대해서 대항할 수 있다(§337). 4) 전질권자는 자기의 채권의 변제를 받을 때까지 질물을 유치할 수 있다. 5) 전질권자가 전질권을 실행하려면 자기의 채권외에 원질권자와 채권도 변제기가 도래하고 있어야 한다. 6) 원질권이 소멸하면 전질권도 소멸한다.
승낙전질	질물재입질설(다수설)	1) 질물소유자의 승낙이 필요하다. 2) 승낙전질은 원질권자의 질권이나 피담보채권과 무관하므로 원질권의 범위에 의한 제한이 없다. 3) 책임전질에서와 같이 통지를 할 필요가 없다.	1) 불가항력에 의한 손해배상의무를 부담하지 않음. 2) 승낙전질은 원질권과의 무관계한 신질권이므로 원질권설정자는 자기의 채무를 원질권자에게 변제해서 실권을 소멸시킬 수 있다. 그러나 원질권이 소멸하여도 전질권자의 질권에는 영향이 없다.

3. 책임전질의 법적 성격

(1) 승낙없는 전질을 인정하여야 하는가에 대해서는 이미 상술한 바 있지만, 그 성질은 어떻게 이해하여야 하는가?

1) 문제점

승낙전질은 질물의 재입질로서 동산질권이라고 보는 것이 일반적이나 책임전질의 법적성질에 대하여는 다툼이 있다. 현재 우리나라에서는 질물재입질설과 채권질권공동입질설(통설)이 대립하고 있고, 그 외 우리나라에서 주장하는 학자는 없으나 질권입질설과 해제조건부 질권양도설이 있다.

2) 학 설

① 질물재입질설

질권자가 자기의 책임하에 질물 위에 다시 새로운 질권을 설정하는 것이라는 견해이다. '질물'을 전질할 수 있다는 제336조의 법문의 충실한 해석을 하는 견해이다.

이 견해에 대하여는 소유자도 아닌 질권자에게 타인의 소유물에 대한 처분권을 부여하게 되는 결과가 된다는 점, 질권이 아닌 질물을 입질한 것으로 보므로 전질이 원질의 범위를 초과하여도 무방하다는 결론에 이르게 되어 제336조에 반하게 된다는 점, 질권을 피담보채권과 단절된 순수한 가치권으로 파악하려는 관념에 기초하고 있는 것이어서 담보물권의 부종성에 반하는 해석이 될 우려가 있다는 등의 비판이 있다.

② 채권질권공동입질설(통설)

질권과 피담보채권 모두를 전질의 목적으로 한다는 견해이다. 이 견해에 따르면 책임전질은 채권질권의 일종이 된다. 책임전질의 대항요건으로 원채무자에 대한 통지나 승낙을 요하는 것(제337조)은 원채권도 입질의 목적물이 된다는 전제하에서 규정한 것이라는 점과 담보물권의 부종성에 의하여 채권과 담보권을 분리처분할 수 없다는 요건에 대해 질권에도 예외를 인정할 수 없다는 점 등을 근거로 하기 때문에 담보물권의 부종성에 가장 충실한 입장이다.

이 견해에 대하여는 책임전질이 질권부채권과 사실상 같게 되는데 굳이 책임전질의 규정을 둘 필요가 있는가 하는 비판이 존재한다. 이러한 비판에 대하여 책임전질에서는 질권자의 책임을 가중시키기 위한 것이라고 설명한다(제336조).

(2) 전질은 전질계약 및 질물의 점유이전에 의하여 성립한다. 단 전질권의 피담보채권액은 원질권의 피담보채권액을 초과할 수 없으며 전질권의 존속기간은 원질권의 존속기간일 것이 필요하다. 전질의 목적이 원질권이 파악한 담보가치인 것으로 미루어 보아 당연하다.

원질권자는 자기의 책임으로 전질을 할 수 있는 것이며 전질을 하지 않았더라면 생기지 않았을 불가항력으로 인한 손해에 대해서도 배상책임을 진다.

원질권자는 자기가 파악한 담보가치를 전질권자에게 부여한 범위 내에서 소멸시키지 아니할 구속을 받는다. 따라서 원질권자는 그 피담보채권이 전질권의 범위를 초과한 경우에만 질권을 실행할 수 있고, 또 그 초과액의 범위 내에서만 변제를 받을 수 있다.

전질권자는 자기채권의 변제기에 도래하더라도 원질권의 채권이 변제기에 달하지 아니하면 전질권을 실행할 수 없다.

전질권의 실행으로 인하여 받은 매득금은 먼저 전질권자의 우선변제에 충당하고 잔여분이 있으면 그것으로 원질권자인 변제에 충당하게 된다.

◆ 전질로써 채무자·보증인 등에게 대항하기 위한 요건

제 337 조【전질의 대항요건】

① 전조의 경우에 질권자가 채무자에게 전질의 사실을 통지하거나 채무자가 이를 승낙함이 아니면 전질로써 채무자, 보증인, 질권설정자 및 그 승계인에게 대항하지 못한다.

② 채무자가 전항의 통지를 받거나 승낙을 한 때에는 전질권자의 동의없이 질권자에게 채무를 변제하여도 이로써 전질권자에게 대항하지 못한다.

■ § 337. 전질의 대항요건

- 전질의 사실을 채무자에게 통지하면 일정한 자에 대해서 대항할 수 있다.
- 관련법조 : §346, §349, §352, §450, §451

본조는 전질의 대항요건에 관한 규정이다.

원질권의 채무자가 원질권자에 대해서 한 변제는 원질권자가 변제를 받을 수 없는 범위에 있어서는 유효한 변제로서의 효력을 발생하지 아니한다. 단, 이 효과를 원질권의 채무자에게 대항하기 위해서는 원질권자로부터 채무자에게 이전시 통지를 하든가 채무자의 승낙을 얻을 것을 요한다.

책임전질의 경우 전질권은 원질권의 운명을 따르므로 원질권의 소멸에 의하여 소멸한다. 이에 반하여 승낙전질은 원질권 소멸시에도 전질권이 존속한다.

◆ 질권자의 경매권 · 간이변제충당권

제 338 조【경매, 간이변제충당】

① 질권자는 채권의 변제를 받기 위하여 질물을 경매할 수 있다.

② 정당한 이유있는 때에는 질권자는 감정인의 평가에 의하여 질물로 직접 변제에 충당할 것을 법원에 청구할 수 있다. 이 경우에는 질권자는 미리 채무자 및 질권설정자에게 통지하여야 한다.

■ § 338. 질권자가 우선변제권을 행사하는 방법

- 원　　칙 : 경매
- 간이한 변제방법
- 관련법조 : [허가신청절차] 비송 §56, §59, 담보부사채신탁법 §71

질권자는 채무자가 기한에 변제하지 않은 때에는 질물을 경매환가처분에 붙여 그 대금에서 우선변제를 받을 권리가 있다. 동산질에 대해서는 간이한 방법까지도 정하고 있다. 즉, 경매에는 번잡한 절차와 막대한 비용을 요하므로 비교적 가격이 낮은 동산이나 공정가격이 있는 동산에 대해서도 경매에 의하도록 하는 것은 타당하지 않기 때문에 동산질권자는 정당한 이유가 있는 경우에 한하여 감정인의 평가에 따라 질물로써 즉시 변제에 충당시키는 것을 법원에 청구할 수 있는 것으로 했다.

위와 같은 방법에 의하지 않은 유질계약은 질권자가 폭리를 탐할 우려가 있기 때문에 금지되고 있다(제339조).

【서식】 질물로 변제에 충당하는 청구통지서

질물로 변제에 충당하는 청구통지서

년 월 일 귀하와 본인 사이에 체결한 대금 및 동산질권계약서에 의하여 원금 및 이자 원의 변제기가 경과하였음에도 불구하고 오늘날에 이르기까지 변제치 않으므로 본인은 질권을 실행하고 질물 ○○을 경매하여야 할 것이나, 위 질물의 경매절차비용은 질물의 시가에 비하여 과대할 뿐만 아니라 질물의 거래에 공정시세가 있는 것이므로 민법 제338조에 의하여 법원에 청구하여 감정인의 평가에 따라 직접 질물로써 채무의 변제에 충당함이 쌍방의 이익인 것으로 생각되옵기 오는 월 일 ○○ 지방법원에 위 청구를 할 예정임을 민법 제338조에 의하여 통지합니다.

서기 년 월 일

주소

질권자 김 석 종 ㊞

주소

채무자 박 영 식 귀하

◈ 채무변제기 전의 계약으로 변제에 가름하여 질물의 소유권을 취하는 행위 등의 금지

제 339 조【유질계약의 금지】

질권설정자는 채무변제기전의 계약으로 질권자에게 변제에 갈음하여 질물의 소유권을 취득하게 하거나 법률에 정한 방법에 의하지 아니하고 질물을 처분할 것을 약정하지 못한다.

■ § 339. 유질계약

- 채무변제기 전에 유질계약은 금지
- 채무변제기 후에 유질계약은 가능
- 상법상의 질권, 전당포 영업법상의 질권에는 유질계약이 허용됨
- 관련법조 : [특칙] 상 §59

1. 의 의

질권설정자는 질권설정계약과 동시에, 또는 변제기 전의 계약으로 질권자에게 변제에 가름하여 질물의 소유권을 취득하게 하거나, 기타 법률이 정한 방법에 의하지 않고서 질물을 처분케 할 것을 약정할 수 없다고 한다.

이것이 이른바 유질계약 금지이다. 다시 말해, 채무불이행의 경우 질권자에게 변제에 가름하여 질물의 소유권을 취득하게 하거나 법률에서 정한 방법에 의하지 않고 질물을 처분할 것을 내용으로 하는 계약이 유질계약이다. 본조는 이 유질계약을 금지한 규정이며, 그 이유는 이를 허용하면 궁박한 상태에 있는 채무자가 근소한 금액을 융통하기 위하여 고가인 질물의 제공을 강요당하게 되고, 질권자에게 폭리를 취득시키는 것이 되기 때문에, 이를 억제하여 경제적 약자인 채무자를 보호하도록 하는데 있다. 유질계약은 그 내용여하를 불문하고 모두 무효가 된다.

질권설정계약과 유질계약과는 일단 별개의 행위라고 생각하기 때문에 질권설정계약에 유질약관이 첨부되어 있는 경우에 있어서도 유질약관만을 무효로 하고 질권설정계약은 유효하다고 해석하여야 할 것이다.

질권설정계약까지도 무효로 하게 되면 담보권이 없는 채권이 성립하기 때문에 이와 같이 이해하는 것이 질권자의 이익에도 일치하기 때문이다. 다만, 질권자에게 질물의 소유권을 취득하게 하는 경우에 한정되지 않으며 법률에 정한 방법에 의하지 않고 질물을 처분하게 하는 계약도 무효가 된다.

따라서 질권설정자와 질권자간에 질권설정계약과 동시에, 또는 그 변제기 전에 채무불이행의 경우에는 일정한 가격으로 이것을 매도한다고 하는 것과 같은 계약을 체결한 경우에도 무효이다. 그러나 변제기 후에 있어서는 질물로서 채무의 변제에 충당한다는 것을 약정하더라도 대물변제로서 유효하게 된다.

2. 유질이 인정되는 경우

유질금지는 민법상의 원칙이지만 상법은 상행위로 인하여 발생한 채권을 담보하기 위하여 설정된 채권에 대해서 유질계약을 인정하고 있다(상법 제59조).

상법이 상행위에 의하여 생긴 채권을 담보하기 위한 질권에 관해서 유질을 인정한 것은 상행위의 당사자는 그 경제적 지위에 심한 차이가 없고, 그 행위는 모두 신중한 계획에 의거하여 행해지기 때문에 당사자의 자유의사에 맡기는 것이 지당하다고 생각했기 때문이다.

생각건대, 유질금지의 원칙은 경제적 약자인 채무자를 채권자의 폭리행위로부터 지키기 위하여 인정된 것인데, 상술한 바와 같이 상법 등에 의해 파괴되고 있는 것은 바로 이것을 관철할 수 없는 사회적·경제적 요구가 있기 때문이다.

유질계약을 모두 무효로 하게 되면, 질물의 가액이 질권액에 상응하는 경우에도 경매에 의하지 않으면 변제를 받을 수 없다고 하는 부당한 결과가 발생된다. 또 질권설정에 대신하여 양도담보의 방법을 취함으로써 유질계약의 금지를 사실상 회피하는 것도 가능하기 때문에 형식적으로 변제기의 전후를 나누어 변제기 전의 유질계약은 일률적으로 무효로 할 것이 아니라, 각 구체적인 경우에 관하여 폭리행위에 해당하는가의 여부를 검토하고, 폭리행위라고 인정되는 때에는 제104조에 의하여 이를 무효로 하는 것이 합리적이라는 주장도 유력하다.

◆ 질물 이외의 다른 재산으로부터 변제받은 경우

제 340 조【질물 이외의 재산으로부터의 변제】

① 질권자는 질물에 의하여 변제를 받지 못한 부분의 채권에 한하여 채무자의 다른 재산으로부터 변제를 받을 수 있다.

② 전항의 규정은 질물보다 먼저 다른 재산에 관한 배당을 실시하는 경우에는 적용하지 아니한다. 그러나 다른 채권자는 질권자에게 그 배당금액의 공탁을 청구할 수 있다.

■ § 340. 질물이외의 일반재산으로부터 강제집행

- 질물에 의하여 변제를 받지 못한 부분의 채권에 한하여 채무자의 다른 재산으로부터 변제를 받을 수 있다.
- 제 한 : 질물보다 먼저 채무자의 다른 재산에 대한 배당을 실시하는 경우에는 질권자는 그 배당에 참가할 수 있다. 그러나 다른 채권자는 질권자에게 그 배당금액의 공탁을 청구할 수 있다.
- 관련법조 : 공탁법

질권자는 질물의 대가로서 채권의 변제에 부족한 경우에 한하여 채무자의 일반재산으로부터 변제받을 수 있다. 그러나 만약 질물보다 먼저 다른 재산의 배당을 실시하는 경우에는 질권자는 먼저 일반재산의 배당에 가입하여 자기의 채권의 전부에 대하여 변제를 받을 수 있다. 그러나 다른 채권자는 질권자에게 그 배당금액을 공탁시킬 수 있다. 즉, 본조는 자신이 경매를 청구한 것이 아니라 '타인'이 채무자의 일반재산에 먼저 경매청구를 한 경우, 담보권자를 보호하기 위하여 질권자 등 담보권자는 채권전액을 가지고 배당에 참가할 수 있으나 다른 채권자의 청구가 있으면 질권자 등은 그 배당액을 공탁해야 함을 규정하고 있는 것이다.

한편, 질권자가 담보목적물에 대한 집행없이 일반재산에 대하여 경매를 신청한 경우 이에 대하여 누가 이의를 할 수 있는가가 문제된다. 동조의 취지가 일반채권자만을 보호하기 위한 것이므로 채무자의 일반채권자만이 이의를 제기할 수 있고 채무자는 이의할 수 없다는 견해(곽윤직 등 다수설))와 동조의 취지를 확장해석하여 채무자도 보호하기 위한 것이라는 점에서 일반채권자뿐만 아니라 채무자도 이의를 할 수 있다는 견해가 대립된다.

◈ 타인의 채무를 담보하기 위하여 질권을 설정한 자의 구상권

제 341 조【물상보증인의 구상권】

타인의 채무를 담보하기 위한 질권설정자가 그 채무를 변제하거나 질권의 실행으로 인하여 질물의 소유권을 잃은 때에는 보증채무에 관한 규정에 의하여 채무자에 대한 구상권이 있다.

■ § 341. 물상보증인의 구상권

- 물상보증인 : 타인의 채무를 위하여 자기의 재산 위에 질권을 설정하는 자
- 구상의 범위 : 보증인에 있어서와 같다.

물상보증인은 채무자에 대한 관계에 있어서 채무자의 채무를 변제하여야 할 책임을 부담하지 않는 점에서 보증인과 전혀 다르지만, 채무자가 변제하지 않는 경우에 변제 또는 담보권의 실행으로 인하여 채무자로 하여금 그 채무를 모면하도록 하는 점에서 보증인과 동일하다.

이러한 이유에서 본조는 보증채무에 관한 규정에 의할 수 있는 것으로 하고 있다. 따라서 물상보증인이 채무자의 부탁을 받고 물상보증계약을 체결했는가, 혹은 채무자의 의사에 반하여 계약을 체결했는가에 따라 각각 위임사무처리의 비용 또는 사무관리의 비용에 대한 구상의 범위가 결정된다(제441조~제444조).

◆ 질권자가 물상대위권을 행사하기 위한 요건

제 342 조【물상대위】

질권은 질물의 멸실, 훼손 또는 공용징수로 인하여 질권설정자가 받을 금전 기타 물건에 대하여도 이를 행사할 수 있다. 이 경우에는 그 지급 또는 인도전에 압류하여야 한다.

■ § 342. 물상대위

- 대위목적물 : 질물의 멸실, 훼손 또는 공용징수로 인하여 질권설정자가 받을 금전 기타의 물건의 지급청구권 또는 인도청구권
- 질권자가 위와 같은 대표물위에 그 권리를 행사하려면 질권설정자가 금전 기타의 물건을 지급 또는 인도받기 전에 압류하여야 한다.

담보물권의 목적물이 멸실·훼손·공용징수 등으로 그 목적물에 갈음하는 금액 기타의 물건이 목적물소유자에게 귀속하게 된 경우에, 담보물권이 그 목적물에 갈음하는 것에 존속하는 성질을 담보물권의 물상대위성이라고 한다(제342조, 제355조, 제370조). 담보물권은 목적물의 전체를 목적으로 하는 권리가 아니라 주로 그의 교환가치를 취득하는 것을 목적으로 하는 권리이므로 비록 그 목적물이 멸실 또는 훼손되더라도 그 교환가치를 대표하는 것이 그대로 존재하는 때에는 담보물권은 다시 이 가치의 대표물 위에 존속하는 것으로 하는 것이 담보물권의 본질에 적합할 것이다. 그러나 교환가치의 취득을 목적으로 하지 않는 유치권에 있어서는 물상대위의 원칙이 적용되지 못한다. 즉 물상대위성은 우선변제적 효력이 있는 담보물권에만 인정되는 것이다. 그리고 물상대위성을 갖는 담보물권 사이에서도 그 작용적 차이가 크다.

민법은 동산질권에 관하여 이를 규정하고, 다시 권리질권과 저당권에 준용하고 있다(제355조, 제370조).

담보물권자가 물상대위권을 행사하려면, 담보물권 설정자가 금전 기타의 물건을 지급 또는 인도받기 전에 압류하여야 한다. 다시 말해 물상대위는 물상보증인이 취득한 대표물의 인도청구권 또는 지급청구권에 그 효력이 미치는 것이며,

지급된 금전 등에는 효력을 미치지 못한다.

담보물권설정자의 재산에 혼입된 후에까지 이를 인정하면, 일반재산에 대한 우선권을 인정하는 것이 되어 제도의 취지에 반하기 때문이다. 따라서 대금의 지급 또는 인도 전에 압류하여야 한다.

여기서 압류를 하는 이유가 무엇인지에 대해 견해가 대립되고 있다. 특정설보전설은 '압류는 목적물의 특정성을 유지하기 위한 것'이므로 반드시 담보권자가 스스로 압류할 필요는 없고 제3자가 압류한 경우라도 물상대위가 가능하다고 한다(통설과 판례). 특정성은 압류권자가 누구인가에 따라서 좌우되는 것은 아님을 그 논거로 한다. 이에 대하여 압류는 담보물권자의 우선권을 보장하기 위한 것으로서, 반드시 담보물권자가 압류해야 한다는 우선권보장설도 있다.

물상대위권의 행사는 물상대위권의 목적인 채권 등을 압류한 다음 또는 압류와 동시에 추심명령 또는 전부명령을 신청하는 방법으로 행하며 물상대위권의 권리실행은 늦어도 배당요구의 종기(민사집행법 제247조)까지는 하여야만 우선변제권이 확보되며, 그 이후에는 그런 권리가 없다는 것이 판례의 태도이다(대판 1994. 11. 22. 94다25728).

▣ 핵심판례 ▣

■ [물상대위]

1. 공동용지의 취득 및 손실보상에 관한 특별법에 의한 토지의 협의취득에 따라 토지소유자가 받을 보상금에 대한 동 토지의 저당권자의 물상대위의 가부(소극)

공공용지의 취득 및 손실보상에 관한 특례법에 따라 저당권이 설정된 토지의 취득에 관하여 토지소유자와 사업시행자 사이에 협의가 성립된 경우에 동 토지의 저당권자는 토지소유자가 수령할 보상금에 대하여 민법 제370조, 제342조에 의한 물상대위를 할 수 없다(1981. 5. 26. 제1부 판결, 80다2109 전부금).

2. 민법 제342조 후문의 '저당권자가 물상대위권을 행사하기 위하여는 저당권 설정자가 지급받을 금전 기타 물건을 지급 또는 인도 전에 압류하여야 한다.'는 규정의 취지

민법 제370조에 의하여 저당권에 준용되는 제342조 후문이 "저당권자가 물상대위권을 행사하기 위하여서는 저당권 설정자가 지급받을 금전 기타 물건의 지급 또는 인도 전에 압류하여야 한다."라고 규정한 취지는, 물상대위의 목적이 되는 금전 기타 물건의 특정성을 유지하여 제3자에게 불측의 손해를 입히지 아니하려는 데 있는 것이므로, 저당목적물의 변형물인 금전 기타 물건에 대하여 이미 제3자가 압류하여 그 금전 또는 물건이 특정된 이상 저당권자는 스스로 이를 압류하지 않고서도 물상대위권을 행사할 수 있다(1996. 7. 12. 판결, 96다21058 부당이득반환금).

3. 저당권자가 물상대위권에 기하여 수용재결로 인한 손실보상금청구권을 추급할 수 있는 시한

물상대위권자의 압류 전에 양도 또는 전부명령 등에 의하여 보상금 채권이 타인에게 이전된 경우라도 보상금이 직접 지급되거나 보상금지급청구권에 관한 강제집행절차에 있어서 배당요구의 종기에 이르기 전에는 여전히 그 청구권에 대한 추급이 가능하다(대법원 2000. 6. 23. 선고 98다31899 판결).

4. 저당권자가 물상대위권을 행사하여 우선변제를 받기 위한 권리실행방법

민법 제370조, 제342조 단서가 저당권자는 물상대위권을 행사하기 위하여 저당권설정자가 받을 금전 기타 물건의 지급 또는 인도 전에 압류하여야 한다고 규정한 것은 물상대위의 목적인 채권의 특정성을 유지하여 그 효력을 보전함과 동시에 제3자에게 불측의 손해를 입히지 않으려는 데 있는 것이므로, 저당목적물의 변형물인 금전 기타 물건에 대하여 이미 제3자가 압류하여 그 금전 또는 물건이 특정된 이상 저당권자가 스스로 이를 압류하지 않고서도 물상대위권을 행사하여 일반채권자보다 우선변제를 받을 수 있으나, 그 행사방법으로는 민사소송법 제733조에 의하여 담보권의 존재를 증명하는 서류를 집행법원에 제출하여 채권압류 및 전부명령을 신청하는 것이거나 민사소송법 제580조 제1항에 의하여 배당요구를 하는 것이므로, 이러한 물상대위권의 행사에 나아가지 아니한 채 단지 수용대상토지에 대하여 담보물권의 등기가 된 것만으로는 그 보상금으로부터 우선변제를 받을 수 없다(대법원 1998. 9. 22. 선고 98다12812 판결).

◈ 유치권에 관한 규정의 준용

제 343 조【준용규정】

제249조 내지 제251조, 제321조 내지 제325조의 규정은 동산질권에 준용한다.

■ § 343. 유치권에의 준용

- 과실수취권
- 유치물의 관리 및 사용
- 비용상환청구권
- 동산의 선의취득과 도품, 유실물에 대한 예외규정, 불가분성

동산질권은 유치권과 공통된 성질을 가지고 있기 때문에 유치권에 있어서의 과실수취권(제323조), 유치물의 관리 및 사용(제324조), 비용상환청구권(제325조)에 관한 규정은 모두 질권에 준용된다.

그밖의 동산의 선의취득과 도품, 유실물에 대한 예외규정(제249조 내지 제251조), 불가분성(제321조), 유치권자의 경매청구권, 간이변제충당권(제322조) 등은 질권특유의 성질 또는 담보물권 일반의 성질에 의하여 준용되는 것이다. 또한 명문의 규정이 없으나 질권의 행사와 피담보채권의 소멸시효와의 관계에 관한 제326조도 준용된다고 보아야 할 것이다.

▣ 핵심판례 ▣

■ [준용규정]

동산질권 선의취득요건으로서의 '선의, 무과실'의 입증책임

동산질권을 선의취득하기 위하여는 질권자가 평온, 공연하게 선의이며 과실없이 목적동산을 취득하여야 하고, 그 취득자의 선의, 무과실은 동산질권자가 입증하여야 한다(1981. 12. 22. 제3부 판결, 80다2910 동산인도).

◈ 법정질권

제 344 조【타법률에 의한 질권】

본절의 규정은 다른 법률의 규정에 의하여 설정된 질권에 준용한다.

■ § 344. 법정질권

- 법정질권이 인정되는 경우 : 토지임대인의 법정질권, 건물 등의 임대인의 법정질권
- 피담보채권 : 임대인의 임대차에 관한 채권
- 법정질권의 목적물 : 임차인소유의 일정한 동산과 과실
- 목적물의 채권자가 압류해야 성립
- 동산질권의 규정이 준용
- 관련법조 : 상 §59

본조는 법정질권에 대하여 규정하고 있다.

질권은 원칙적으로 당사자 사이의 계약에 의하여 성립하는 약정담보물권이다. 그러나 예외적으로 일정한 경우에는 법률상 당연히 질권이 성립한다. 이를 법정질권이라 한다. 민법상 법정질권이 인정되는 경우는 모두 부동산임차인의 채권에 관한 것으로 토지임대인의 법정질권(제648조)과 건물 등의 임대인의 법정질권(제650조)이 있다.

제 2 절 권리질권

재산권을 목적으로 하는 질권을 권리질권이라고 한다. 이미 로마법에서도 채권질을 비롯하여 각종의 재산권의 입질이 인정되었으나 프랑스민법은 각종의 재산권을 무체동산으로서 파악하여 그 입질을 동산질권에 포함시키고 있기 때문에 권리질권이라는 독립한 질권을 인정하고 있지 않다. 그러나 독일민법(제1273조 내지 제1296조), 스위스민법(제899조 내지 제906조)은 모두 권리질권에 관하여 자세한 규정을 두고 있다.

권리질권은 양도할 수 있는 '재산권'을 목적으로 하는데, 그 대상이 물건이 아닌 권리라는 점에서 그 권리의 양도방식에 의하여 공시방법으로 삼는다(제346조).

◆ 권리질권의 목적물

제 345 조【권리질권의 목적】

질권은 재산권을 그 목적으로 할 수 있다. 그러나 부동산의 사용, 수익을 목적으로 하는 권리는 그러하지 아니하다.

■ § 345. 권리질권

- 재산권을 목적으로 하는 질권
- 금융의 매개로서 저당권과 비슷한 작용
- 권리목적설(권리질권도 질권의 일종)이 통설
- 목 적 : 양도성 있는 재산권(채권, 주주권, 무체재산권 등)
- 관련법조 : 상 §338 이하, §559, 어음 §19, 특허 §121, 디자인보호법 §108, 신안 §28, 저작 §54, [질권의 목적으로 될 수 없는 재산권] 근로기준법 §86, 산업재해보상보험법 §88②, 공무원연금법 §32, 사립학교교직원연금법 §40, 수산업 §16③, 공장 및 광업재단 저당 §12②, 민 §292②, 상 §789, §790, 자동차 등 특정동산 저당법 §9, 광업 §11

1. 의 의

채권·주식 등 양도할 수 있는 재산권은 유체물과 마찬가지로 질권의 목적이 될 수 있다. 이와 같이 재산권을 목적으로 하는 질권을 권리질권이라고 한다.

질권은 원래 유체물에 관하여 인정되고 발달한 것이며 무체의 재산 위에도 질권의 성립이 인정된 것은 비교적 최근의 일이다.

2. 긍정되는 권리

채권, 주식, 무체재산권 등 금전적인 평가가 가능하고 양도성이 있는 재산권이 권리질권의 목적물이 된다. 장래의 채권, 조건부 채권, 선택채권 등도 권리질권의 목적이 되며 질권자 자신에 대한 채권도 가능하다(은행이 정기예금자에게 대출해 줄 때 정기예금 위에 질권취득하는 경우).

3. 부정되는 권리

성질상(초상화 채권) 또는 법률상(공무원의 연금청구권, 부양청구권) 양도성이 없는 채권, 의사표시에 의해 양도가 금지된 채권(제449조 2항)은 권리질권의 목적으로 할 수 없다. 단, 의사표시에 의한 양도금지는 선의의 제3자에게 대항할 수 없으므로 질권자가 선의이면 질권취득이 가능하다(제449조 2항 단서). 또한 부동산의 사용, 수익을 목적으로 하는 지상권, 전세권, 임차권 등도 권리질권의 목적으로 할 수 없으며 자동차, 선박 등 저당권의 목적이 되는 것도 권리질권의 목적으로는 할 수 없다고 본다.

▣ 핵심판례 ▣

■ 주권발행 전 주식에 대한 질권설정의 가부 및 적용법규

주권발행 전의 주식에 대한 양도도 인정되고, 주식발행 전 주식의 담보제공을 금하는 법률규정도 없으므로 주권발행 전 주식에 대한 질권설정도 가능하다고 할 것이지만, 상법 제328조 제1항은 기명주식을 질권의 목적으로 하는 때에는 주권을 교부하여야 한다고 규정하고 있으나, 이는 주권이 발행된 기명주식의 경우에 해당하는 규정이라고 해석함이 상당하므로, 주권발행 전의 주식입질에 관여하는 상법 제338조 제1항의 규정이 아니라 권리질권 설정의 일반원칙인 민법 제345조로 돌아가 그 권리의 양도방법에 의하여 질권을 설정할 수 있다고 보아야 한다(대판 2000. 8. 16, 99그1).

◆ 권리질권의 설정방법

제 346 조【권리질권의 설정방법】

권리질권의 설정은 법률에 다른 규정이 없으면 그 권리의 양도에 관한 방법에 의하여야 한다.

■ § 346. 권리질권의 설정방법

- 법률에 다른 규정이 없으면 그 권리의 양도에 관한 방법에 의함
- 관련법조 : 상 §338, §557, §559, 어음 §11, §77①-1, 수표 §14

본조는 권리질권의 설정에는 법률에 다른 규정이 없으면, 그 권리의 양도에 관한 방법에 의하여야 한다고 규정하고 있다. 본조는 법률에 다른 규정이 없는 때에 한해 '권리의 양도'로써 질권설정의 공시방법으로 삼자는 데 그 의의가 있다. 이 규정을 둔 것은 권리질권의 목적이 되는 권리는 유체물과 달라서 그 권리의 존재나 처분을 공시하는 방법이 각각 특이하고, 이 공시방법의 특이성은 양도의 경우나 입질의 경우가 같기 때문이다. 권리질의 본질 또는 법적성질이 일종의 권리양도이기 때문에 그런 것이 아님을 주의하여야 한다.

◈ 채권질권의 성립요건

제 347 조【설정계약의 요물성】

채권을 질권의 목적으로 하는 경우에 채권증서가 있는 때에는 질권의 설정은 그 증서를 질권자에게 교부함으로써 그 효력이 생긴다.

■ § 347. 지명채권의 입질

- 설정을 목적으로 하는 합의와 목적물의 인도에 의하여 성립
- 채권을 질권의 목적으로 하는 경우 채권증서가 있으면 그 증서를 질권자에게 교부하여야 효력이 생긴다.
- 관련법조 : [주식입질] 상 §338

채권을 질권의 목적으로 하는 경우에 채권증서(예 : 차용증서·예금통장·지시채권증서)가 있는 때에는 질권의 설정은 그 증서를 질권자에게 교부함으로써 그 효력이 생긴다. 그러나 본조는 지명채권에는 그대로 적용되나 무기명채권·지시채권 등에는 특칙이 있으므로 그 적용이 배제된다.

지명채권의 입질에는 채권증서가 있으면 그 증서를 교부하여야 그 효력이 생긴다. 채권증서는 단순한 채권의 증거방법에 불과하나 그 증서의 존재가 일응 채권의 존재를 추정케 함은 마치 동산물권에 있어서의 점유에 해당하므로 법률은 이 증서의 교부로써 목적물의 인도에 갈음하는 것으로 한다. 그러나 이러한 채권증서가 없는 때에는 결국 합의만으로 설정된다. 여기서 주의할 것은 채권질권에 있어서 채권증서의 교부는 설정자로부터 채권의 이용, 즉 처분을 빼앗는 것이 아니며 공시방법으로서 따로 대항요건이 규정되어 있으므로(제349조), 제322조는 채권질권에 준용할 만한 실질적 이유가 없게 된다. 따라서 지명채권의 입질에 있어서 증서의 교부에는 점유개정도 무방하고, 또한 증서를 반환하더라도 질권의 소멸을 초래하지 않는다는 것이 통설(곽윤직)이다. 결국, 채권질권은 그 설정합의만으로 성립한다.

◈ 저당권부채권을 질권의 목적으로 한 경우 질권의 효력이 저당권에 미치게 하기 위한 요건

제 348 조【저당채권에 대한 질권과 부기등기】

저당권으로 담보한 채권을 질권의 목적으로 한 때에는 그 저당권등기에 질권의 부기등기를 하여야 그 효력이 저당권에 미친다.

■ § 348. 저당권부채권의 입질

- 부기등기하여야 한다.
- 관련법조 : 부동산등기법 §3-6, §5

저당권부채권을 질권의 목적으로 하는 경우에는 그 저당권등기에 질권을 설정했다는 부기등기를 하여야만 질권의 효력이 저당권에도 미친다(부동산등기법 제76조 참조).

담보물권에는 부종성이 있기 때문에 저당권부채권 위에 질권을 설정하면 그 저당권도 등기를 불문하고 권리질권의 목적이 된다고 할 것이다. 그러나 이렇게 되면 공시의 원칙에 어긋나게 되므로 본조는 특칙을 둔 것이다. 따라서 이 부기등기가 없으면 질권자는 무담보채권에 관하여서만 질권을 취득하는 것이 된다. 저당권에 의해 담보된 채권도 지명채권이므로 그 양도의 방식에 의해 질권을 설정할 수 있고, 또 담보물권의 수반성에 의해 그 저당권도 채권질권의 목적이 되는 것이지만, 본조는 공시의 원칙을 관철하기 위해 그 저당권등기에 부기등기를 하여야 질권의 효력이 미치는 것으로 특칙을 정한 것이다.

◆ 지명채권을 입질한 경우 제3채무자 등에 대하여 대항하기 위한 요건

제 349 조 【지명채권에 대한 질권의 대항요건】

① 지명채권을 목적으로 한 질권의 설정은 설정자가 제450조의 규정에 의하여 제3채무자에게 질권설정의 사실을 통지하거나 제3채무자가 이를 승낙함이 아니면 이로써 제3채무자 기타 제3자에게 대항하지 못한다.

② 제451조의 규정은 전항의 경우에 준용한다.

■ § 349. 지명채권의 입질에 대한 대항요건

- 통지, 승낙
- 확정일자 있는 증서로써
- 관련법조 : [기명국채입질] 국채법 §9

지명채권의 입질을 가지고 제3채무자 기타의 제3자에 대항하기 위하여는 제3채무자에게 질권의 설정을 통지하거나 또는 제3채무자가 이를 승낙하여야 할 뿐만 아니라, 제3채무자 이외의 제3자에게 대항하기 위하여는 이 통지나 승낙은 확정일자 있는 증서로서 하여야 한다(제450조(지명채권양도의 대항요건) 준용). 이는 채권양도의 대항요건과 같다. 통지나 승낙의 방법·효력(제451조 참조) 등도 채권양도에 있어서와 같다.

▣ 핵심판례 ▣

■ **채권양도나 채권에 대한 질권설정에 있어서 채무자가 이의를 보류하지 않은 승낙을 한 경우, 양수인 또는 질권자에게 대항할 수 없는 항변사유의 범위**

민법 제349조 제1항은 지명채권을 목적으로 한 질권의 설정은 설정자가 제450조의 규정(지명채권 양도의 대항요건)에 의하여 제3채무자에게 질권설정의 사실을 통지하거나 제3채무자가 이를 승낙함이 아니면 이로써 제3채무자 기타 제3자에게 대항하지 못한다고 하고, 제2항은 제451조의 규정은 전항에 준용한다고 하고 있으며, 제451조 제1항은 채무자가 이의를 보류하지 아니하고 승낙을 한 때에는 양도인에게 대항할 수 있는 사유로서 양수인에게 대항하지 못한다고 하고 있으므로, 채권양도나 채권에 대한 질권설정에 있어서 채무자가 이의를 보류하지 않은 승낙을 한 경우, 채무자는 질권설정자에게 대항할 수 있는 사유로서 질권자에게 대항할 수 없고, 이 경우 대항할 수 없는 사유는 협의의 항변권에 한하지 아니하고, 넓게 채권의 성립, 존속, 행사를 저지하거나 배척하는 사유를 포함한다(대판 2002. 3. 29, 2000다13887).

◆ 지시채권에 대한 질권의 설정방법

제 350 조【지시채권에 대한 질권의 설정방법】

지시채권을 질권의 목적으로 한 질권의 설정은 증서에 배서하여 질권자에게 교부함으로써 그 효력이 생긴다.

■ § 350. 지시채권의 입질

- 배서 + 교부
- 관련법조 : [유가증권의 양도, 입질] 상 §130, §157, §820, 어음 §11①, §19①, §77①, 수표 §14

지시채권의 입질은 그 양도에 있어서와 같이 증서에 배서하여 질권자에게 교부하여야 효력이 생긴다(제350조・제508조 참조).

여기서 지시채권이란 지시증권이라고도 하며, 특정한 자 또는 그 자로부터 지시(즉 배서)에 의하여 권리의 이전을 교부받은 자에게 변제할 증권적 채권을 말하는데, 증서로 따져서 보면 지시증권이다.

◈ 무기명채권에 대한 질권의 설정방법

제 351 조【무기명채권에 대한 질권의 설정방법】

무기명채권을 목적으로 한 채권의 설정은 증서를 질권자에게 교부함으로써 그 효력이 생긴다.

■ § 351. 무기명채권의 입질

- 교부
- 관련법조 : §523

무기명채권이란 상품권·무기명공채·승차권과 같이 증권면 위에 채권자의 이름을 쓰지 않고 증권의 정당한 소지인에게 변제하여야 할 증권적인 채권이며, 그 성립·존속·행사 등에는 증권을 필요로 하는 것이다.

무기명채권에 있어서도 질권의 설정은 그 양도와 마찬가지로 증서를 질권자에게 교부함으로써 효력이 생긴다(제351조, 제523조 참조)

	권리질권의 대상	효력 요건	대항 요건
채권	무기명채권	교부	점유의 계속
	지명채권	교부	통지·승낙(증서)
	지시채권	배서, 교부	배서, 교부
	저당부채권	부기등기	
	무기명주식	교부	점유의 계속
	기명주식 약식질권설정 등록질권	교부 주주명부와 주권의 기재	점유의 계속 점유의 계속
	기명사채	교부	사채원부에 기재
무체재산권	특허·실용신안·디자인·상표	등록	
	저작·출판권	질권설정계약	등록

◈ 질권설정자의 질권의 목적된 권리의 소멸 금지 등

제 352 조【질권설정자의 권리처분제한】

질권설정자는 질권자의 동의없이 질권의 목적된 권리를 소멸하게 하거나 질권자의 이익을 해하는 변경을 할 수 없다.

■ § 352. 질권설정자의 권리처분의 제한

- 채권증서점유 : 채권자체의 유치적 효력은 희박
- 질권설정자와 제3채무자는 채권질권에 의하여 구속된다. 즉, 질권설정자는 질권자의 동의없이 질권의 목적인 권리를 소멸하게 하거나 질권자의 이익을 해하는 변경을 할 수 없다.
- 관련법조 : §362, [기한의 이익상실] §388-①

1. 질권설정자에 대한 구속력

본조는 질권설정자의 권리처분에 대한 제한을 규정한 것이다.

질권설정자가 질권자의 동의없이 질권의 목적으로 된 권리를 소멸시키거나, 질권자를 해하는 변경으로 인하여 손해를 발생하게 한 경우에는 불법행위가 성립하므로 질권자는 질권설정자에 대하여 그로 인한 손해배상을 청구할 수 있다.

질권자는 추심기능 및 환가권을 가지고 있으므로(제353조, 제354조), 이를 보호하기 위해 본조는 질권설정자(입질채권의 채권자)는 질권자의 동의없이 질권의 목적이 된 권리를 소멸하게 하거나 질권자의 이익을 해치는 변경을 할 수 없는 것으로 정한 것이다. 따라서 설정자는 채권을 추심하거나 변제의 수령·면제·상계·경계를 할 수 없고, 자신의 채무자를 상대로 이행청구의 소를 제기할 수도 없다.

이 때 '시효중단을 위한 이행의 소'를 제기할 수 있는지가 문제되는데, 이를 부정하는 것이 통설의 태도이다. 반면, '시효중단을 위해 확인의 소'를 제기하는 것까지 금지되는 것은 아니다.

2. 제3채무자에 대한 구속력

제3채무자의 경우 제352조와 같은 규정은 없으나, 질권설정의 통지를 받거나 이를 승낙한 후에는 질권설정자에게 입질채권을 변제할 수 없다고 해야 한다. 판례는 제352조에 위반한 질권설정자의 행위의 효력을 상대적 무효로 보고 있다. 즉 질권설정자와 제3채무자가 질권의 목적된 권리를 소멸하게 하는 행위를 하였다고 하더라도 이는 '질권자에 대한 관계에 있어 무효'일 뿐이어서 특별한 사정이 없는 한 질권자가 아닌 제3자가 그 무효의 주장을 할 수는 없다고 한다(대판 1997. 11. 11. 97다35375). 또한 질권설정자가 제3채무자에게 채무를 면제하더라도 질권자에게만 효력이 없는 것이 되고 질권설정자와 제3채무자 사이에 대하여는 채무면제의 효력이 없는 것이 아니다.

▣ 핵심판례 ▣

■ **민법 제352조에 위반한 질권설정자의 행위의 효력**

민법 제352조가 질권설정자는 질권자의 동의 없이 질권의 목적된 권리를 소멸하게 하거나 질권자의 이익을 해하는 변경을 할 수 없다고 규정한 것은 질권자가 질권의 목적인 채권의 교환가치에 대하여 가지는 배타적 지배권능을 보호하기 위한 것이므로, 질권설정자와 제3채무자가 질권의 목적된 권리를 소멸하게 하는 행위를 하였다고 하더라도 이는 질권자에 대한 관계에 있어 무효일 뿐이어서 특별한 사정이 없는 한 질권자 아닌 제3자가 그 무효의 주장을 할 수는 없다(대법원 1997. 11. 11. 선고 97다35375 판결).

◆ 채권질의 실행방법

제 353 조【질권의 목적이 된 채권의 실행방법】

① 질권자는 질권의 목적이 된 채권을 직접청구할 수 있다.

② 채권의 목적물이 금전인 때에는 질권자는 자기채권의 한도에서 직접청구할 수 있다.

③ 전항의 채권의 변제기가 질권자의 채권의 변제기보다 먼저 도래한 때에는 질권자는 제3채무자에 대하여 그 변제금액의 공탁을 청구할 수 있다. 이 경우에 질권은 그 공탁금에 존재한다.

④ 채권의 목적물이 금액 이외의 물건인 때에는 질권자는 그 변제를 받은 물건에 대하여 질권을 행사할 수 있다.

■ § 353. 채권의 직접청구

- 채권질의 실행방법 : 채권의 직접청구, 민사소송법이 정하는 집행방법
- 채권의 목적물이 금전인 때에는 질권자는 자기채권의 한도내에서 직접청구할 수 있다.
- 채권의 목적물이 금전이외의 물건인 때 질권자는 그 변제를 받은 물건에 대하여 질권을 가진다.
- 관련법조 : [등록주식 질권자의 지급청구] 상 §340, 어음 §19①, §77①-1, 상 §340②, 공탁법

(1) 채권자는 질권의 목적이 된 채권을 직접 청구할 수 있다. 여기서 「직접」이라 함은 질권설정자의 위임을 요하지 않으며, 또한 재판상 청구하여야 하는 것도 아니고, 채권자가 자기의 이름으로써 청구하는 것을 의미한다. 그러나 그 효과는 그 채권의 채권자에게 귀속되는 것이지(따라서 그 채권은 변제된 것으로 된다) 당연히 질권자의 채권에 충당되는 것은 아니다. 질권자가 제3채무자에 대해 직접청구권을 행사할 경우 제3채무자는 질권설정자에 대해 가지고 있던 항변사유를 가지고 대항할 수 있는지가 문제되는바, 채권질권설정의 통지가 있는 경우에는 제3채무자에게 도달할 때까지 생긴 사유로써 질권자에게 대항할 수 있고, 제3채무자가 이의를 유보하고

승낙한 경우에도 질권자에게 대항할 수 있음에는 의문이 없다(제451조 참조). 다만, 이의를 유보하지 아니하고 승낙한 경우 질권자에게 대항할 수 없음이 원칙인데, 그 범위는 협의의 항변권에 한하지 아니하고 넓게 채권의 성립, 존속, 행사를 저지하거나 배척하는 사유를 포함하며 나아가 이의를 유보하지 않고 승낙을 하였더라도 질권자가 악의 또는 중과실의 경우에 해당하면 그러한 질권자의 신뢰는 보호할 필요가 없기 때문에 승낙 당시까지 질권설정자에게 생긴 사유로 질권자에게 대항할 수 있다(대판 2002. 3. 29. 2000다13887).

(2) 채권의 목적물이 금전인 때에는 질권자는 자기의 채권액에 대한 부분에 한하여 직접 청구하고 변제에 충당할 수 있다. 이 경우에 피담보채권과 입질채권이 모두 변제기에 있는 때에는 질권자는 곧 자기의 이름으로써 채권을 추심할 수 있으나, 입질채권의 변제기가 피담보채권의 변제기 전에 도래한 때에는 질권자는 아직 직접 청구를 하지 못함은 물론이다. 그러나 피담보채권의 변제기까지 제3채무자의 변제를 연기시키는 것은 질권자에게 불이익이 될 염려가 있고, 또한 설정자로 하여금 곧 질권자에게 변제케 하는 것도 타당하다고 할 수 없다. 그러므로 본조는 이러한 경우에는 질권자는 제3채무자로 하여금 그 변제금액을 공탁하게 할 수 있다고 함으로써 당사자 사이의 이익의 조화를 꾀하였다. 이 경우에는 질권은 그 후 그 공탁금(좀더 정확하게는 입질채권의 채권자가 가지는 공탁금청구권) 위에 존속한다.

(3) 채권의 목적물이 금전 이외의 물건인 때에는 추심한 물건으로써 직접 변제에 충당할 수 없으므로 채권자는 변제로서 받은 물건 위에 질권을 가지는 것으로 하고 있나. 따라서 종래의 채권질권은 이때부터 목적물에 대한 질권설정합의가 없어도 동산질권으로 존속하고 그 실행방법도 동산질권의 그것에 따르게 된다. 만일에 그 물건이 부동산인 때에는 어떻게 되는가? 기술한 바와 같이 본조는 부동산질권은 이를 배제하고 있으므로, 결국 그러한 부동산의 급부를 목적으로 하는 채권은 채권질권의 목적이 되지 못한다고 하는 수밖에 없을 것이다.

(4) 채권의 목적이 물건, 즉 동산의 급부 이외의 급부인 때에도 본조가 적용되는지 의심스럽다. 그러나 이 경우에도 질권자는 그 채권을 추심하여 그 급부의 가치의 잔액을 설정자에게 반환하여야 하고, 또한 급부의 결과 유체

물을 얻을 때에는 질권은 그 후에는 그 유체물 위에 존속한다고 해석하여야 할 것이다.

▣ 핵심판례 ▣

1. 채권질권의 효력범위 및 그 실행방법

질권의 목적이 된 채권이 금전채권인 때에는 질권자는 자기채권의 한도에서 질권의 목적이 된 채권을 직접 청구할 수 있고, 채권질권의 효력은 질권의 목적이 된 채권의 지연손해금 등과 같은 부대채권에도 미치므로 채권질권자는 질권의 목적이 된 채권과 그에 대한 지연손해금 채권을 피담보채권의 범위에 속하는 자기채권액에 대한 부분에 한하여 직접 추심하여 자기채권의 변제에 충당할 수 있다(대판 2005. 2. 25, 2003다40668).

2. 예금보험공사가 예금자 등의 부보금융기관에 대한 예금 등 채권과 예금 등 채권의 질권자가 부보금융기관에 대하여 지고 있는 채무를 구 예금자보호법에 의하여 상계할 수 있는지 여부

구 예금자보호법(2002. 12. 26. 법률 제6807호로 개정되기 전의 것) 제35조의 6은 “공사는 예금자 등을 대신하여 보험금 지급공고일 현재 각 예금자 등의 예금 등 채권(예금자 등이 타인을 위하여 당해 부보금융기관에 대하여 담보로 제공하고 있는 예금 등 채권을 제외한다)과 각 예금자 등이 해당 부보금융기관에 대하여 지고 있는 채무(보증채무를 제외한다)를 상계할 수 있다.”고 규정하고 있는 바, 예금 등 채권의 질권자는 예금자보호법상의 ‘예금자 등’에 포함되지 아니하므로 예금보험공사가 예금자 등의 부보금융기관에 대한 예금 등 채권과 질권자가 부보금융기관에 대하여 지고 있는 채무를 위 규정에 의하여 상계할 수 없다(대판 2005. 11. 25, 2004다39092).

◆ 민사집행법에 정한 집행방법에 의한 질권의 실행

제 354 조【동전】

질권자는 전조의 규정에 의하는 외에 민사집행법에 정한 집행방법에 의하여 질권을 실행할 수 있다.

■ § 354. 민사집행법이 정하는 집행방법

- 채권의 추심
- 전부
- 환가
- 관련법조 : [상사질과 유질] 상 §59

채권질권자는 전술한 채권의 직접청구 외에 민사집행법이 정하는 집행방법에 의하여 질권을 실행할 수 있다. 채권의 추심·전부 및 환가의 세 수단이 이것이다(민집 제223조 내지 제251조). 그 어느 것에 의하든 질권의 실행으로서 하는 집행이므로 판결, 그 밖의 집행권원을 필요로 하지 않음은 물론이다.

민사집행법에 의한 집행방법은 민법에 의한 채권의 직접 청구를 할 수 없는 경우, 예컨대 주식에 의한 질권의 실행으로서 환가를 하는 경우에 특히 그 실익이 있다.

◆ 동산질권에 관한 규정의 준용

제 355 조【준용규정】

권리질권에는 본절의 규정외에 동산질권에 관한 규정을 준용한다.

■ § 355. 준용규정

- 채권질권에 관하여서도 §339가 적용
- 금전채권의 입질에 있어서는 허용

본조는 권리질권에 동산질권의 규정을 준용할 것을 규정한 것이다.

원래 질권은 동산질권에서 발생한 것이며, 또 민법은 구법과 달라 질권의 총칙을 폐지하고 질권에 관한 일반원칙은 동산질권의 절에 규정하였다. 따라서 권리질권에 관한 본절의 규정은 모두 동산질권에 관한 특별규정이므로 본절에 규정하지 않은 것은 동산질권에 관한 규정을 준용하는 것이다.

대표적인 준용규정으로 제339조의 유질계약의 금지규정을 들 수 있다. 따라서 권리질권에서도 유질계약은 금지된다. 그러나 금전채권의 입질에 있어서는 피담보채권의 한도 내에서 변제에 갈음하여 입질채권을 질권자에게 이전할 것을 미리 약속하는 것이 허용된다고 본다(통설). 왜냐하면 민법 제353조 제2항에 의하여 채권의 목적물이 금전인 때에는 질권자는 자기채권의 한도에서 직접 청구를 할 수 있는데, 피담보채권의 한도 내에서 변제에 갈음하여 입질채권을 질권자에게 이전할 것을 미리 약속하는 것은 실질적으로는 직접청구와 같기 때문이다.

제 9 장 저 당 권

저당권은 채무자 또는 제3자(물상보증인)가 채무의 담보로 제공한 부동산 기타의 목적물을 채권자가 질권에 있어서와 같이 제공자로부터 인도받지 않고서 그 목적물을 다만 관념상으로만 지배하여 채무의 변제가 없는 경우에 그 목적물로부터 우선변제를 받는 담보물권이다.

저당권은 다음과 같은 성질을 가지고 있다.

① 저당권은 당사자간의 합의에 의해 성립하는 약정담보물권이다(제356조). 다만 예외적으로 법률의 규정에 의해 성립하는 법정담보물권이 있다(제649조). 법률의 규정에 의해 당연히 성립하는 유치권과는 다르다.

② 저당권은 목적물로부터 다른 채권자에 앞서 우선변제를 받는 것을 본체로 하는 담보물권이다.

③ 저당권은 목적물의 점유를 설정자(채무자 또는 제3자)가 그대로 보유하는 담보물권이므로 따라서 저당권의 존재는 반드시 등기 또는 등록 등에 의해 공시되어야 한다.

④ 저당권도 담보물권이므로 담보물권으로서의 성질을 갖는다. 즉 타물권, 부종성, 수반성, 불가분성, 물상대위성을 갖는다.

◈ 저당권의 내용

제 356 조【저당권의 내용】

저당권자는 채무자 또는 제3자가 점유를 이전하지 아니하고 채무의 담보로 제공한 부동산에 대하여 다른 채권자보다 자기채권의 우선변제를 받을 권리가 있다.

■ § 356. 저당권의 법률적 성질

- 저당권의 특질 : ① 약정담보물권 : 설정계약+등기……성립
  ② 우선변제권
  ③ 점유를 이전하지 않음→공시방법을 요건으로 한다.
- 담보물권으로서의 통유성 : ① 제한물권성
  ② 부종성
  ③ 수반성
  ④ 불가분성
  ⑤ 물상대위성
- 관련법조 : 담보부사채신탁법, [저당권과 등기] 부동산등기법 §3-5, §75~§80, [특별저당권] 상 §787①, §744②, 광업 §11, 공장 및 광업재단 저당 §3, §4, §10, §12, §21, §40, §41, 수산업 §16②, 자동차 등 특정동산 저당법, 입목

1. 저당권의 의의

저당권은 전술한 바와 같이 채권자가 채무자 또는 제3자(물상보증인)로부터 채무의 담보로 제공된 물건을 그 자의 사용·수익에 위임하면서 채무의 변제가 없는 경우에 목적물이 갖는 교환가치에 의하여 우선적 변제를 받는 담보물권이다. 질권과 함께 약정담보물권을 구성하고, 상호협력하여 물적담보의 수수라는 경제적 요청에 부응할 것을 의도한 것이지만, 저당권은 목적물을 계속 설정자의 점유에 머무르게 하는 점에 있어서는 질권과 근본적으로 다르다. 저당권은 질권과 같은 유치적 작용을 담당할 수 없다. 그러나 저당권설정자가

목적물의 사용가치를 유보하고 그 교환가치만을 저당권자에게 부여하는 것은 재화로 하여금 이중의 효과를 발휘시키는 것이라고 해도 좋다.

그리고 이것을 저당권자측에서 보면 목적물의 이용가치는 소유자의 수중에 두어 실현케 하고, 스스로는 단순히 목적물의 교환가치만을 파악하고 이를 기초로 하여 이자의 획득을 기도할 수 있게 된다.

이와 같이 저당권은 목적물의 물질적 사용을 직접 문제삼지 아니하고, 그 가치만을 객체로 한 권리이며, 소위 물질권에 대한 가치권의 순수한 1형태로 볼 수 있다.

2. 저당권의 성립

저당권은 당사자간의 합의에 의해 성립하는 약정담보물권이므로, '원칙적'으로 당사자간의 저당권 설정에 관한 합의와 등기에 의해 성립한다(제186조). 그러나 '예외적'으로 법률의 규정에 의해 당연히 성립하는 법정담보물권이 있고(제649조), 또 법률의 규정에 의해 저당권설정청구권이 인정되어 그 설정청구권을 행사하여 저당권이 성립하는 경우가 있다(제666조).

(1) 저당권설정계약

① 저당권은 약정담보물권이므로 채권자와 채무자(또는 제3자)의 저당권 설정의 합의와 등기에 의해 성립한다(제186조).

② 계약의 당사자는 저당권자와 저당권설정자이다. 저당권자는 저당권을 취득할 자로서 피담보채권의 채권자에 한정되는 것이 원칙이다. 반면 저당권설정자는 피담보채권의 채무자에 한하지 않고 제3자(물상보증인)라도 가능하다. 저당권설정행위는 처분행위이므로 처분권이 있어야 하며, 조건과 기한을 붙일 수 있다.

【쟁점사항】

<채권자 아닌 제3자 명의로 설정된 저당권의 효력>

채권과 그를 담보하는 저당권은 담보물권의 부수성에 의하여 원칙적으로 그 주체를 달리할 수 없으나, 채권담보를 위하여 저당권을 설정하는 경우 제3자 명의로 저당권등기를 하는데 대하여 채권자와 채무자 및 제3자 사이에 합의가 있었고, 나아가 제3자에게 그 채권이 실질적으로 귀속되었다고 볼 수 있는 특별한 사정이 있는 경우에는 제3자 명의의 저당권등기도 유효하다(대판 1995. 9. 26, 94다33583).

(2) 저당권의 설정등기

① 법률행위로 인한 부동산물권변동의 원칙에 따라 저당권설정계약 외에도 등기를 해야 비로소 저당권이 성립한다.

② 등기하여야 할 사항은 채권자, 채무자(물상보증인의 경우), 채권액, 변제기, 이자 및 그 발생시기 또는 지급시기, 원본 또는 이자의 지급장소, 제358조 단서(저당권의 효력이 미치는 범위의 특약)의 약정이 있는 경우에는 그 약정, 채권이 조건부인 때에는 그 조건의 내용 등이다(부동산등기법 제75조 1항).

③ 선순위저당권등기가 불법말소된 후 후순위저당권에 의해 실행된 경우 등기는 효력발생요건일 뿐이지 효력존속요건은 아니므로 저당권은 소멸되지 않고 존속한다는 것이 통설과 판례의 태도이다. 따라서 선순위저당권은 불법말소 되더라도 여전히 존속하는 것이 되는데 후순위저당권이 이미 실행되어 경락되고 후순위저당권자가 경락대금으로부터 우선 배당을 받아버린 경우 판례에 의하면 "선순위저당권은 불법말소되었다는 이유로 소멸되지는 않지만, 존속하더라도 후순위저당권이 실행되면 선순위저당권도 역시 소멸되기 때문에 그와 같은 경우 선순위저당권은 당연히 소멸되는 것이고, 다만 경락대금에 대한 우선변제권은 선순위자에게 있기 때문에 후순위저당권자에게 부당이득반환청구권을 행사하여 배당금의 반환을 청구할 수 있다(대판 1998. 10. 2. 987다27197)"고 한다.

(3) 저당권의 객체(목적물)

① 저당권은 채권자가 목적물을 점유하는 것을 요소로 하지 않으므로 반드시 등기·등록이 가능한 것에 한하여 설정할 수 있다.

② 민법에 규정된 것으로는 토지, 건물(제356조)과 지상권, 전세권(제371조 제1항)이다.

③ 그리고 민법 이외의 법률에서 규정된 것으로는 등기된 선박(상법 제787조), 등기된 입목의 집단(입목법 제3조), 자동차 · 등록된 건설기계, 소형선박, 등록된 항공기 및 경량항공기(자동차 등 특정동산 저당법

제3조), 광업권(광업법 제11조), 어업권(수산업법 제16조), 공장재단 또는 공장(공장 및 광업재단 저당법), 광업재단(공장 및 광업재단 저당법) 등이 있다.

(4) 저당권의 피담보채권

저당권을 설정하여 담보할 수 있는 채권자의 채권에는 아무런 제한이 없다(제356조). 금전채권이 보통이지만 금전 이외의 급부를 목적으로 하는 채권도 무방하다. 이때에도 그 채무를 이행하지 않는 때에는 종국에는 금전채권(손해배상채권)으로 되기 때문이다. 다만 피담보채권이 금전채권이 아닌 경우에는 등기부에 '채권의 가격'을 기재하여야 한다(부동산등기법 제77조).

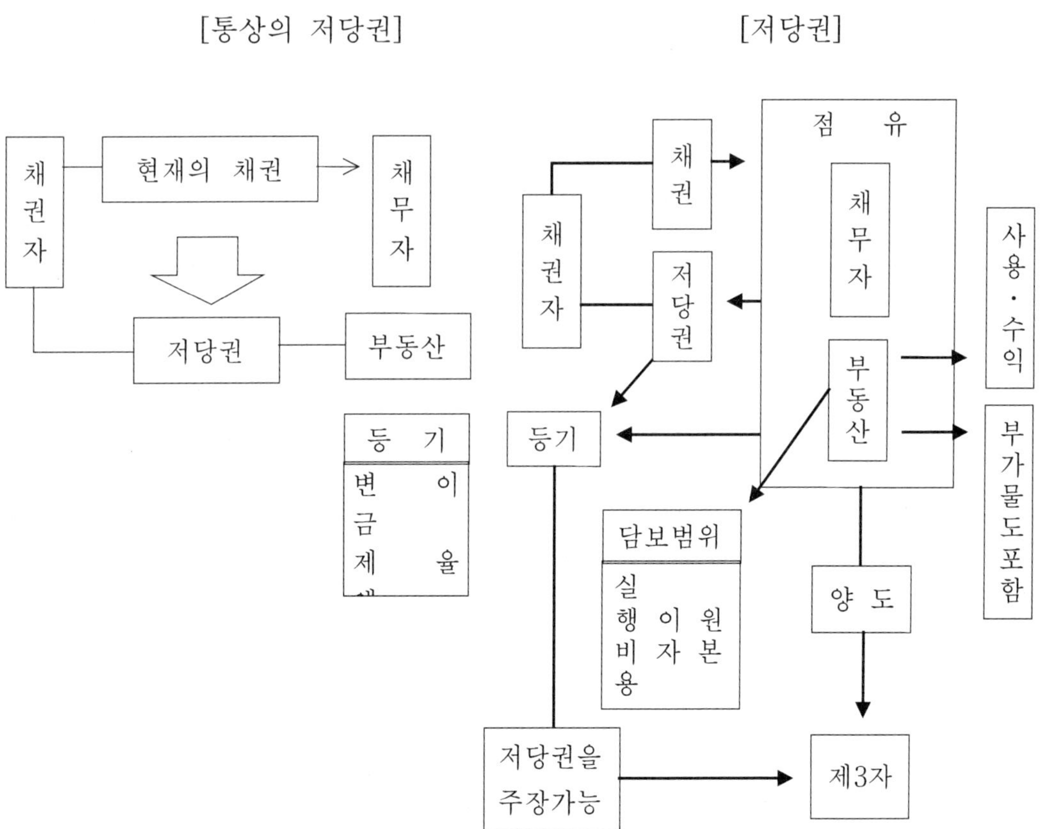

▣ 핵심판례 ▣

■ [저당권의 내용]

1. 구건물 멸실 후 동일성이 없는 신건물이 신축된 경우 구건물에 대한 근저당권에 기하여 진행된 임의경매절차에서 경락인이 신건물의 소유권을 취득할 수 있는지 여부(소극)

구건물이 멸실 후에 신건물이 신축되었고 구건물과 신건물 사이에 동일성이 없는 경우 멸실된 구건물에 대한 근저당권설정등기는 무효이며 이에 기하여 진행된 임의경매절차에서 신건물을 경락받았더라도 그 소유권을 취득할 수 없다(1993. 5. 25. 제2부 판결, 92다15574 부당이득금반환).

2. 부동산 매매대금의 지급을 담보하기 위하여 당사자 간의 합의에 의하여 소유권 이전등기를 매수인에게 경료하지 않은 상태에서 목적 부동산 위에 근저당권자를 매도인이 지정하는 제3자로 채무자를 매도인으로 하는 근저당권을 설정한 경우, 그 근저당권 설정등기가 담보물권의 부수성에 반하여 무효인지 여부(=제한적 유효)

[다수의견]

근저당권은 채권담보를 위한 것이므로 원칙적으로 채권자와 근저당권자는 동일인이 되어야 하지만, 제3자를 근저당권 명의인으로 하는 근저당권을 설정하는 경우 그 점에 대하여 채권자와 채무자 및 제3자 사이에 합의가 있고, 채권양도, 제3자를 위한 계약, 불가분적 채권관계의 형성 등 방법으로 채권이 그 제3자에게 실질적으로 귀속되었다고 볼 수 있는 특별한 사정이 있는 경우에는 제3자 명의의 근저당권설정등기도 유효하다고 보아야 할 것이고, 한편 부동산을 매수한 자가 소유권이전등기를 마치지 아니한 상태에서 매도인인 소유자의 승낙 아래 매수 부동산을 타에 담보로 제공하면서 당사자 사이의 합의로 편의상 매수인 대신 등기부상 소유자인 매도인을 채무자로 하여 마친 근저당권설정등기는 실제 채무자인 매수인의 근저당권자에 대한 채무를 담보하는 것으로서 유효하다고 볼 것인바, 위 양자의 형태가 결합된 근저당권이라 하여도 그 자체만으로는 부종성의 관점에서 근저당권이 무효라고 보아야 할 어떤 질적인 차이를 가져오는 것은 아니라 할 것이다. 그리고 매매잔대금 채무를 지고 있는 부동산 매수인이 매도인과 사이에 소유권이전등기를 경료하지 아니한 상태에서 그 부동산을 담보로 하여 대출받는 돈으로 매매잔대금을 지급하기로 약정하는 한편, 매매잔대금의 지급을 위하여 당좌수표를 발행·교부하고 이를 담보하기 위하여 그 부동산에 제1 순위 근저당권을 설정하되, 그 구체적 방안으로서 채권자인 매도인과 채무자인 매수인 및 매도인이 지정하는 제3자 사이의 합의 아래 근저당권자를 제3자로, 채무자를 매도인으로 하기로 하고, 이를 위하여 매도인이 제3자로부터 매매잔대금 상당액을 차용하는 내용의 차용금증서를 작성·교부하였다면, 매도인이 매매잔대금 채권의 이전 없이 단순히 명의만을 제3자에게 신탁한 것으로 볼 것은 아니고, 채무자인 매수인의 승낙 아래 매매잔대금 채권이 제3자에게 이전되었다고 보는 것이 일련의 과정에 나타난 당사자들의 진정한 의사에 부합하는 해석일 것이므로, 제3자 명의의 근저당권설정등기는 그 피담보채무가 엄연히 존재하고 있어 그 원인이 없거나 부종성에 반하는 무효의 등기라고 볼 수 없다.

[반대의견]

매도인이 부동산을 매도하면서 잔대금 채권의 지급확보를 위하여 매도인과 제3자 사이에 아무런 금전 대차관계가 없음에도 불구하고 형식상 제3자로부터 금전을 차용한다는 내용의 차용금증서를 작성하고 그 제3자 명의의 근저당권을 설정하였다면, 아무리 당사자들의 일련의 행위를 종합적으로 파악하더라도 이를 가리켜 '매도인이 차용금증서를 작성·교부하는 방법으로 매매잔대금 채권을 제3자에게 양도하고 채무자는 그 양도를 승낙함으로써 그 매매잔대금 채권이 제3자에게 이전'되었다고 해석할 수는 없다 할 것이다. 한편, 근저당권설정등기에 '본래 채권자라고 되어야 할 소유자인 자가 채무자로 되는 것'을 허용하게 되면 이는 마치 우리 민법이 채택하지 않은 독일 민법의 유통저당권이나 토지채무제도를 승인하는 것과 같은 결과로 되므로, 이 때에는 부종성의 관점에서 그 근저당권을 무효라고 보아야 하고 이를 유효로 하는 것은 비록 당사자간의 의사의 합치가 있다 하더라도 그에 의한 새로운 제도의 창설을 금지하는 물권법의 대원칙인 물권법정주의에 반하게 되어 허용될 수 없다 할 것이다. 그리고 다수의견이 채권자 아닌 제3자를 근저당권 명의로 하여 근저당권을 설정하는 경우 그 점에 대하여 채권자와 채무자 및 제3자 사이에 합의가 있고, 채권이 제3자에게 이전 또는 실질적으로 귀속되었다고 볼 수 있는 특별한 사정이 있으면 제3자 명의의 설정등기도 유효하다고 보는 것은 부동산실권리자명의등기에관한법률이 규정한 부동산 물권에 관한 명의신탁금지를 잠탈하는 것으로 보아야 할 것이다(대법원 2001. 3. 15. 선고 99다48948 전원합의체 판결).

<판례전문(대법원 2001. 3. 15. 선고 99다48948 전원합의체 판결)>

[원고, 피상고인] 농업협동조합 중앙회 (소송대리인 변호사 이기창)

[피고, 상고인] 임인선 (소송대리인 법무법인 동인천 담당변호사 동상홍)

[원심판결] 서울고법 1999. 7. 22. 선고 98나16502 판결

[주 문] 원심판결을 파기하고, 사건을 서울고등법원에 환송한다.

[이 유] 상고이유를 본다.

1. 원심판결 이유에 의하면, 원심의 사실인정과 판단의 요지는 다음과 같다.

가. 원심의 인정 사실

(1) 소외 채수헌, 채수선(이하 '채수헌 등'이라 한다)은 1996. 11. 29. 소외 주식회사 적성연와(이하 '적성연와'라 한다)에 그들 소유의 이 사건 대지를 계약금 5,000만 원, 중도금 및 잔대금 각 2억 원, 합계 4억 5,000만 원에 매도하면서, 적성연와가 그 명의로 소유권이전등기를 경료하기 전에 이 사건 대지를 금융기관에 담보로 제공하여 대출받는 돈으로 중도금 및 잔대금을 지급하기로 하되, 잔대금의 지급을 담보하기 위하여 액면 2억 원의 당좌수표를 발행·교부함과 아울러 이 사건 대지에 채수헌 등이 지정하는 사람 명의로 채권최고액을 2억 원으로 하는 근저당권설정등기를 마치기로 약정하였다.

(2) 이에 따라 채수헌 등은 1996. 12. 5. 그들과 피고 사이에 아무런 금전대차 관계가 없음에도 불구하고 형식상 그들이 채수헌의 처인 피고로부터 2억 원을 이율 연 2할 5푼으로 정하여 차용한다는 내용의 차용금증서(갑 제3호증)를 작성하고, 같은 날 이를 피담보채권으로 하여 이 사건 대지에 관하여 채무자를 채수헌 등, 근저당권자를 피고, 채권최고액을 2억 원으로 하는 근저당권설정등기(이하 '제1 순위 근저당권'이라 한다)를 마친 후, 적성연와로부터 액면 2억 원의 당좌수표를 발행·교부받으면서 1997. 3. 18.까지 잔대금 2억 원을 지급받기로 하고, 적성연와에 근저당권설정등기에 필요한 일체의 서류를 교부하였다.

(3) 적성연와는 채수헌 등으로부터 교부받은 근저당권설정서류를 이용하여 원고에게 이 사건 대지에 관하여 1996. 12. 17. 채무자를 소외 한상천, 근저당권자를 원고, 채권최고액을 2억 6,000만 원으로 하는 근저당권설정등기(이하 '제2 순위 근저당권'이라 한다)와 같은 달 24일 채무자를 소외 주식회사 신세계합판(이하 '신세계합판'이라 한다), 근저당권자를 원고, 채권최고액을 2억 6,000만 원으로 하는 근저당권설정등기(이하 '제3 순위 근저당권'이라 한다)를 각 마쳐 주고, 같은 달 18일과 27일 원고로부터 한상천 및 신세계합판 명의로 합계 4억 원을 대출받았다. 그러나 적성연와는 채수헌 등에게 잔대금 2억 원을 지급하지 아니하였고, 채수헌 등에게 발행·교부한 액면 2억 원의 당좌수표도 지급거절되었다.

(4) 한편, 한상천 및 신세계합판과 그들 명의를 빌려 금원을 대출받은 적성연와가 원고에 대한 대출원리금 채무의 이행을 지체하자, 원고는 제2, 3 순위 근저당의 실행으로 경매신청을 하여 그 경매절차에서 이 사건 대지는 1997. 10. 30. 4억 4,410만 원에 낙찰되었다.

(5) 원고는 경매신청권자 겸 제2, 3 순위 근저당권자로서 경매법원에 한상천 및 신세계합판에 대한 대여원리금 채권 합계 462,691,933원의 배당을 구하는 채권계산서를 제출하였고, 피고는 제1 순위 근저당권자로서 경매법원에 채수헌 등에 대한 대여원리금 채권 248,904,109원의 배당을 요구하는 채권계산서를 제출하였다.

(6) 경매법원은 1997. 11. 26. 실시한 배당기일에서 낙찰대금 4억 4,410만 원 및 이에 대한 이자 648,202원 합계 444,748,202원의 배당할 금액에서 집행비용 5,269,630원을 공제한 나머지 439,478,572원을 실제 배당할 금액으로 하여, 제1 순위 근저당권자인 피고에게 1순위로 그 배당요구액 중 채권최고액인 2억 원을, 교

부청구권자인 인천광역시 남동구에 2순위로 73,180원 전액을, 경매신청권자 겸 제2, 3 순위 근저당권자인 원고에게 3순위로 나머지 금액인 239,405,392원을 배당하는 내용의 배당표를 작성하였고, 같은 날 원고는 경매법원에 피고에 대한 배당액 전액에 관하여 이의를 제기하였다.

나. 원심의 판단

위와 같은 인정 사실에 터잡아 원심은, 이 사건 대지에 관하여 마쳐진 제1 순위 근저당권은 채수헌 등의 적성연와에 대한 2억 원의 매매잔대금 채권의 지급담보를 위한 것임에도 불구하고, 채권자인 채수헌 등을 채무자로 하고 채무자인 적성연와와 사이에 아무런 채권·채무관계가 없는 피고를 채권자로 하여 마쳐진 것으로서 담보물권의 부수성에 반하는 무효의 등기라 할 것이어서, 경매절차에서 피고 명의의 제1 순위 근저당권이 유효하게 성립된 것임을 전제로 하여 그에게 1 순위로 배당된 2억 원은 그 전액이 배당요구금액 462,691,933원 중 239,405,392원만을 2순위로(3순위의 오기이다) 배당받은 원고에게 추가배당되어야 하고, 이와 달리 배당하는 것으로 작성된 경매법원의 배당표는 부당하므로, 그 중 피고에 대한 배당액 2억 원을 삭제하고 원고에 대한 배당액 239,405,392원을 439,405,392원으로 경정하여야 할 것이라는 이유로, 원고의 청구를 기각한 제1심판결을 취소하고, 원고의 청구를 인용하였다.

2. 이 법원의 판단

가. 근저당권은 채권담보를 위한 것이므로 원칙적으로 채권자와 근저당권자는 동일인이 되어야 하고, 다만 제3자를 근저당권 명의인으로 하는 근저당권을 설정하는 경우 그 점에 대하여 채권자와 채무자 및 제3자 사이에 합의가 있고, 채권양도, 제3자를 위한 계약, 불가분적 채권관계의 형성 등 방법으로 채권이 그 제3자에게 실질적으로 귀속되었다고 볼 수 있는 특별한 사정이 있는 경우에는 제3자 명의의 근저당권설정등기도 유효하다고 보아야 할 것이다(대법원 1995. 9. 26. 선고 94다33583 판결, 2000. 1. 14. 선고 99다51265, 51272 판결, 2000. 12. 12. 선고 2000다49879 판결 등 참조). 그리고 부동산을 매수한 자가 소유권이전등기를 마치지 아니한 상태에서 매도인인 소유자의 승낙 아래 매수 부동산을 타에 담보로 제공하면서 당사자 사이의 합의로 편의상 매수인 대신 등기부상 소유자인 매도인을 채무자로 하여 마친 근저당권설정등기는 실제 채무자인 매수인의 근저당권자에 대한 채무를 담보하는 것으로서 유효하다(대법원 1980. 4. 22. 선고 79다1822 판결, 1999. 6. 25. 선고 98다47085 판결 등 참조) 고 함이 이 법원의 견해이다.

그리고 이러한 견해를 취하는 이상, 그 양자의 형태가 결합된 근저당권이라 하여도, 그 자체만으로는 부종성의 관점에서 근저당권이 무효라고 보아야 할 어떤 질적인 차이를 가져오는 것은 아니라고 보아야 할 것이다.

나. 원심이 인정한 사실에 기록에 의하여 인정되는 사정들을 종합하여, 피고를 근저당권자로 한 제1 순위 근저당권을 설정하게 된 경위와 그 설정 당시 매매잔대금 채권의 이전에 관련된 당사자들의 의사를 해석하여 보면, 채수헌 등에게 2

억 원의 매매잔대금 채무를 지고 있는 이 사건 대지의 매수인인 적성연와가 그 매도인인 채수헌 등과 사이에 소유권이전등기를 경료하지 아니한 상태에서 이 사건 대지를 담보로 하여 대출받는 돈으로 매매잔대금을 지급하기로 약정하는 한편, 그 매매잔대금의 지급을 위하여 액면 2억 원의 당좌수표를 발행·교부하고 이를 담보하기 위하여 이 사건 대지에 제1 순위 근저당권을 설정하되, 그 구체적 방안으로서 채권자인 채수헌 등과 채무자인 적성연와 및 피고 등 3자 사이의 합의 아래 근저당권자를 피고로, 채무자를 채수헌 등으로 하기로 하였는데, 이를 위하여서는 피고에게 채권을 이전할 필요가 있었으므로, 채수헌 등이 피고로부터 매매잔대금과 같은 금액인 2억 원을 차용하는 내용의 차용금증서를 작성·교부하는 방법으로 피고에게 매매잔대금 채권을 귀속시키고 채무자인 적성연와가 이를 승낙함으로써 그 매매잔대금 채권이 피고에게 이전되었다고 풀이함이 상당하다.

채수헌 등이 차용금증서를 근저당권자로 될 피고에게 작성·교부하는 방법으로 피고에게 매매잔대금 채권을 이전시킨 것은 피고 명의의 제1 순위 근저당권을 설정하고자 함이 그 동기 내지 계기가 된 것은 사실이지만, 그렇다고 하여 그 차용금증서에 부합하는 금전대차관계가 없다는 점에 주목하여 제1 순위 근저당권이 제3자인 피고에게 매매잔대금 채권의 이전 없이 단순히 명의만을 신탁한 것으로 볼 것은 아니고, 채무자의 승낙 아래 매매잔대금 채권이 피고에게 이전되었다고 보는 것이 일련의 과정에 나타난 당사자들의 진정한 의사에 부합하는 해석일 것이다.

의사표시와 관련하여, 당사자에 의하여 무엇이 표시되었는가 하는 점과 그것으로써 의도하려는 목적을 확정하는 것은 사실인정의 문제이고, 인정된 사실을 토대로 그것이 가지는 법률적 의미를 탐구 확정하는 것은 이른바 의사표시의 해석으로서, 이는 사실인정과는 구별되는 법률적 판단의 영역에 속하는 것이다. 그리고 어떤 목적을 위하여 한 당사자의 일련의 행위가 법률적으로 다듬어지지 아니한 탓으로 그것이 가지는 법률적 의미가 명확하지 아니한 경우에는 그것을 법률적인 관점에서 음미, 평가하여 그 법률적 의미가 무엇인가를 밝히는 것 역시 의사표시의 해석에 속한다.

원심의 판단처럼, 제1 순위 근저당권이 단순히 채권자인 채수헌 등을 채무자로 하고 채무자인 적성연와와 사이에 채권·채무관계가 없는 피고를 채권자로 하여 마쳐진 것이라고 보아 담보물권의 부수성에 반하는 무효의 근저당권이라고 단정하는 것은, 제1 순위 근저당권의 설정 경위에 관하여 원심도 인정하고 있는 당사자들의 일련의 행위를 평가·해석하면서 이를 종합적으로 파악하지 아니하고 원심의 인정 사실에 나타나거나 기록상 알 수 있는 당사자의 진정한 의사를 외면한 결과라고 할 수밖에 없다.

따라서 이 사건 제1 순위 근저당권이 담보하는 채무는 적성연와의 피고에 대한 2억 원의 매매잔대금 채무라고 보아야 할 것인바, 적성연와가 피고에게 매매잔대금을 지급하지 아니한 이상, 피고 명의의 제1 순위 근저당권설정등기는 그 피담보채무가 엄연히 존재하고 있어 그 원인이 없거나 부종성에 반하는 무효의 등기라고 볼 수 없다.

다. 그럼에도 불구하고, 제1 순위 근저당권설정등기가 채권자인 채수헌 등을 채무자로 하고 채무자인 적성연와와 사이에 채권·채무관계가 없는 피고를 채권자로 하여 마쳐진 것으로서 담보물권의 부종성에 반하여 무효라고 단정한 원심판결에는 의사표시의 해석을 그르치거나, 담보물권의 부종성에 관한 법리를 오해한 위법이 있고, 이는 판결 결과에 영향을 미쳤음이 분명하다. 상고이유 중 이 점을 지적하는 부분은 이유 있다.

3. 결 론

그러므로 원심판결을 파기하고, 사건을 다시 심리·판단하게 하기 위하여 원심법원에 환송하기로 하여 주문과 같이 판결하는바, 이 판결에는 대법관 조무제, 대법관 윤재식, 대법관 이용우의 반대의견이 있는 외에는 관여 대법관들의 의견이 일치되었다.

4. 다수의견에 대한 대법관 조무제, 대법관 윤재식, 대법관 이용우의 반대의견은 다음과 같다.

첫째로 다수의견은 원심이 인정한 사실관계를 그대로 받아들이면서 의사표시와 관련하여, 어떤 목적을 위하여 한 당사자의 일련의 행위가 법률적으로 다듬어지지 아니한 탓으로 그것이 가지는 법률적 의미가 명확하지 아니한 경우에는 그것을 법률적인 관점에서 음미·평가하여 그 법률적 의미가 무엇인가를 밝히는 것 역시 의사표시의 해석에 속하고, 원심의 판단처럼 제1 순위 근저당권이 단순히 채권자인 채수헌 등을 채무자로 하고 채무자인 적성연와와 사이에 채권·채무관계가 없는 피고를 채권자로 하여 마쳐진 것이라고 보아 담보물권의 부수성에 반하는 무효의 근저당권이라고 단정하는 것은, 제1 순위 근저당권의 설정 경위에 관하여 원심도 인정하고 있는 당사자들의 일련의 행위를 평가·해석하면서 이를 종합적으로 파악하지 아니하고 원심의 인정 사실에 나타나거나 기록상 알 수 있는 당사자의 진정한 의사를 외면한 결과로 보인다고 하고 있는바, 당사자의 일련의 행위가 법률적으로 다듬어지지 아니한 탓으로 그것이 가지는 법률적 의미가 명확하지 아니한 경우에는 그것을 법률적인 관점에서 음미·평가하여 그 법률적 의미가 무엇인가를 밝히는 것 역시 의사표시의 해석에 속하고, 당사자들의 일련의 행위를 평가·해석함에 있어 이를 종합적으로 파악하여야 함은 다수의견이 지적한 바와 같지만, 원심이 인정한 것처럼 이 사건에서 근본적으로는 채수헌 등이 적성연와에 이 사건 부동산을 매도하면서 그 잔대금 채권의 지급확보를 위하여 채수헌 등과 그 처인 피고 사이에 아무런 금전 대차관계가 없음에도 불구하고 형식상 피고로부터 2억 원을 차용한다는 내용의 차용금증서를 작성하고 원심 판시와 같은 근저당권을 설정하였다고 인정하는 이상, 아무리 당사자들의 일련의 행위를 종합적으로 파악하더라도 이를 가리켜 '채수헌 등이 차용금증서를 작성·교부하는 방법으로 매매잔대금 채권을 피고에게 양도하고 채무자인 적성연와는 그 양도를 승낙함으로써 그 매매잔대금 채권이 피고에게 이전'되었다고 해석할 수는 없다 할 것이다. 오히려 다수의견이 뒤에 나오는 부종성이론과의 충돌을 피하기 위하여 의도적으로 당사자들의 의사를 왜곡하여 의제하려는 것으로 보는 것이 보다 실체에 가깝다고 하여야 할 것이다.

다수의견이 이 사건에서 채권자에 대하여만 설명하고 채무자가 바뀐 데 대하여는 아무런 설명도 못하고 있는 이유도 이 점을 뒷받침하여 주고 있다.

둘째로 다수의견은 대법원판례를 그 정당성의 근거로 인용하고 있으므로 이에 대하여 보기로 한다.

가. 다수의견이 들고 있는 대법원판례들의 경우는 채권자 또는 채무자 일방만을 제3자 명의로 한 경우로 보이는바, 이 사건의 경우에는 이와 달리 채권자와 채무자 쌍방을 모두 제3자로 한 경우이고, 소유자인 채권자가 채무자로 된 이례적인 경우이어서 다수의견이 인용한 판례의 사안과는 현격히 다르다. 또한 다수의견이 지적한 판례들의 경우에는 이 사건에서와 같이 직접적으로 이해관계를 갖는 제3자가 있는 경우로는 보이지 아니하나 이 사건의 경우에는 직접적인 이해관계를 가진 제3자가 있어서 선뜻 위 판례들이 드는 이유로 같은 결론에 이를 수도 없다고 보인다. 결국 위 판례들은 이 사건에 원용하기에 적절한 선례라고 보기 어렵다.

나. 우리 민법은 저당권제도에 관하여 독일 민법과 달리 유통저당권이나 토지채무제도를 채택하지 아니하고 보전저당권제도만을 인정하고 있어서 저당권의 부종성에 관하여 독일보다는 훨씬 엄격한 입장을 취하고 있다.

그 때문에 다수의견이 인용한 판례들의 생성과정에 있어서도 자연 부종성이론에 반하는 여부가 문제되어 왔으나 판례는 거래계의 실정과 구체적 타당성을 이유로 부종성이론을 점차 완화하여 왔다고 할 수 있다. 그러나 종전의 판례들의 경우에는 비록 부종성이론을 완화하였다고 하지만 그 근간까지는 허물지 아니하였다고 할 수 있을 것이나 이 사건과 같이 근저당권설정등기에 '본래 채권자라고 되어야 할 소유자인 자가 채무자로 되는 것'을 허용하게 되면 이는 마치 우리 민법이 채택하지 않은 독일 민법의 유통저당권이나 토지채무제도를 승인하는 것과 같은 결과로 된다. 이렇게 되면 다수의견과는 달리 이 때에는 부종성의 관점에서 근저당권이 무효라고 보아야 할 질적인 차이를 가져오고 이를 유효로 하는 것은 비록 당사자 간의 의사의 합치가 있다 하더라도 그에 의한 새로운 제도의 창설을 금지하는 물권법의 대원칙인 물권법정주의에 반하게 되어 허용되어서는 안 된다.

다수의견은 아마도 이제는 거래계의 실정이나 구체적 타당성에 비추어 부종성이론에 너무 연연함이 없이 이를 대폭 수정하여 해석·운용하는 것이 바람직하고도 필요한 때가 되었다고 생각하고 있는지 모르겠으나 만일 그러하다면 이는 입법에 의하여 해결하여야 할 일이지 그렇다고 하여 해석에 의해 이를 도모할 일이 아니다. 이와 같은 해석은 여전히 해석 밖의 영역에 속한다고 하여야 할 것이기 때문이다.

셋째로 다수의견이 인용한 대법원판례들에 관하여는 채권자 또는 채무자만을 제3자 명의로 한 경우라도 종전에는 저당권의 부종성이론과의 관계에서만 문제되어 왔지만 이제 부동산실권리자명의등기에관한법률이 공포되어 시행되고 있는 이상 위 법률의 저촉문제도 새롭게 검토하여 보아야 한다.

다수의견이 들고 있는 채권자를 제3자 명의로 근저당권을 설정하는 경우에 관한 판례는 근저당권은 채권담보를 위한 것이므로 원칙적으로 채권자와 근저당권자는 동일인이 되어야 하고, 다만 제3자를 근저당권 명의인으로 하여 근저당권을 설정하는 경우 그 점에 대하여 채권자와 채무자 및 제3자 사이에 합의가 있고, 채권양도, 제3자를 위한 계약, 불가분적 채권관계의 형성 등의 방법으로 채권이 그 제3자에게 이전 또는 실질적으로 귀속되었다고 볼 수 있는 특별한 사정이 있는 경우에는 제3자 명의의 근저당권설정등기도 유효하다고 보아야 할 것이라고 하고 있으나 이제 위 법률과의 관계에서 '채권이 그 제3자에게 이전 또는 실질적으로 귀속되었다고 볼 수 있는 특별한 사정'의 실체가 무엇인지, 그러한 애매한 표현을 통하여 위 법률에서 규정한 명의신탁금지를 잠탈하는 것이 아닌지 살펴보아야 한다.

이 사건의 경우 이 점을 살펴보면, 원심의 인정 사실과 이미 위에서 밝힌 대로 이 사건 부동산이 채수헌 등의 명의로 되어 있어 형식상 채수헌 등을 채무자로 하여 근저당권을 설정할 수밖에 없게 된 바람에 다수의견이 이를 유효한 것으로 이론구성하는 과정에서 부득이 채권자까지 바뀌었다고 해석될 수 있는 경우라고 주장하는 것으로 보여 위 법률이 규정한 부동산 물권에 관한 명의신탁금지에 저촉된다고 보아야 할 것이다.

다수의견은 사실관계를 이와 같이 우회하여 파악하여 위 법률의 규정을 비켜나갈 수 있을 것으로 보는 듯하나, 구체적 타당성을 추구하는 다수의견의 충정을 이해 못하는 바는 아니나 그렇다고 그로써 그 견해가 정당화될 수는 없다고 생각한다.

결국, 이 사건 대지에 관하여 마쳐진 제1 순위 근저당권은 채수헌 등의 적성연와에 대한 2억 원의 매매잔대금 채권의 지급담보를 위한 것임에도 불구하고, 채권자인 채수헌 등을 채무자로 하고 채무자인 적성연와와 사이에 아무런 채권·채무관계가 없는 피고를 채권자로 하여 마쳐진 것으로서 담보물권의 부수성에 반하는 무효의 등기라고 본 원심판결은 그 설시에 다소 미흡한 점이 있다 하더라도 그 결론에 있어서는 정당하다 할 것이므로, 그대로 유지되어야 한다고 본다.

대법원장 최종영(재판장) 송진훈(주심) 서성 조무제 유지담 윤재식 이용우 배기원 강신욱 이규홍 이강국 손지열 박재윤

3. 근저당권설정등기가 불법 말소된 후 목적 부동산이 경매절차에서 경락된 경우, 그 근저당권의 소멸 여부(적극)

부동산에 관하여 근저당권설정등기가 경료되었다가 그 등기가 위조된 등기서류에 의하여 아무런 원인 없이 말소되었다는 사정만으로는 곧바로 근저당권이 소멸하는 것은 아니라고 할 것이지만, 부동산이 경매절차에서 경락되면 그 부동산에 존재하였던 근저당권은 당연히 소멸하는 것이므로, 근저당권설정등기가 원인 없이 말소된 이후에 그 근저당 목적물인 부동산에 관하여 다른 근저당권자 등 권리자의 경매신청에 따라 경매절차가 진행되어 경락허가결정이 확정되고 경락인이 경락대금을 완납하였다면, 원인 없이 말소된 근저당권은 이에 의하여 소멸한다.

근저당권설정등기가 위법하게 말소되어 아직 회복등기를 경료하지 못한 연유로 그 부동산에 대한 경매절차에서 피담보채권액에 해당하는 금액을 전혀 배당받지 못한 근저당권자로서는 위 경매절차에서 실제로 배당받은 자에 대하여 부당이득반환 청구로서 그 배당금의 한도 내에서 그 근저당권설정등기가 말소되지 아니하였더라면 배당받았을 금액의 지급을 구할 수 있을 뿐이고, 이미 소멸한 근저당권에 관한 말소등기의 회복등기를 위하여 현소유자를 상대로 그 승낙의 의사표시를 구할 수는 없다(대법원 1998. 10. 2. 선고 98다27197 판결).

◆ 근저당이란 무엇인가?

제 357 조【근저당】

① 근저당은 그 담보할 채무의 최고액만을 정하고 채무의 확정을 장래에 보류하여 이를 설정할 수 있다. 이 경우에는 그 확정될 때까지의 채무의 소멸 또는 이전은 저당권에 영향을 미치지 아니한다.

② 전항의 경우에는 채무의 이자는 최고액 중에 산입한 것으로 본다.

■ § 357. 근저당

- 계속적인 거래관계로부터 발생하는 불특정다수의 채권을 장래의 결산기에 있어서 일정한 한도액까지 담보하기 위하여 설정하는 저당권
- 부종성의 예외
- 이자는 최고액에 포함된 것으로 본다.
- 관련법조 : [저당권] §356, [채무소멸] §460~§507, [채권이자] §449, §480, §481, [저당권과 이자] §360

1. 의의와 설정

근저당은 계속적 거래관계(예 : 은행과 고객과의 사이에 맺는 당좌대월계약, 도매상과 소매상인간의 계속적 상품 공급관계)에서 생기는 다수의 불특정채권을 장래의 결산시기에 있어서 일정한 최고액까지만 담보하기 위하여 설정된 저당권이다. 피담보채권이 아직 확정되지 않고 또 현재 존재하지 않는다는 점에 특이성이 있다.

근저당은 당좌대월계약에서 볼 수 있듯이 대금·입금할 때마다 저당권의 설정·말소의 등기를 하는 번거로운 절차를 생략하고 신속하고 간편하게 융자할 수 있고 부종성을 완화하고 있기 때문에 오늘날의 신용거래의 요구에 알맞은 담보형식이며, 현행민법전 시행 이전부터 널리 거래계에서 관행되어 오던 제도로써, 현행민법은 이를 명문으로 규정하고 있다.

근저당권의 설정도 부동산물권변동의 일반원칙에 따라 설정합의와 등기에 의하여 성립한다(제186조).

등기에는 근저당과 채권의 최고한도액을 명시하여야 하나(부동산등기법 제75조 2항), 존속기간의 기재는 임의에 속하며, 그 기간의 확정을 장래에 유보할 수도 있다(대판 1959. 5. 14, 4291 민상 564).

2. 피담보채권의 범위

(1) 의 의

근저당권은 증감변동하는 채권의 결산기에 있어서의 일정한 최고액까지를 담보하며 거래중 채권액이 최고액을 넘거나 또는 변제·상계 등으로 인하여 없어지더라도 저당권에 영향을 미치지 않는다. 이와 같이 근저당에 있어서는 채권의 성립·소멸에 의한 부종성이 요구되지 않으며, 이것이 근저당권의 보통저당권에 대한 근본적인 차이점이라 하겠다.

따라서 근저당의 효력은 설정계약에서 정한 최고액의 범위 내에서 결산기에 현존하는 채권액의 전액에 미친다. 말을 바꾸면 근저당권에 있어서의 피담보채권의 범위는 최고액범위 내의 결산기의 채권총액이라 하겠다.

그런데 채권의 이자는 최고액 중에 산입한 것으로 보게 되므로, 원본과 이자를 합한 총액이 최고액을 넘으면 그 초과부분은 담보되지 못한다. 여기서 근저당권의 최고액에는 제360조가 규정하는 것 중 원본과 이자를 제외한 나머지도 포함되느냐가 문제된다. 위약금이나 손해배상은 이자와 그 기능적 성질이 다르다고 할 수 없기 때문에 모두 최고액에 포함된다고 하겠다.

그러나 근저당권 실행의 비용은 최고액에 포함되지 않는다는 것이 판례의 입장이다(대판 1971. 4. 6, 71다26, 대결 1971. 5. 15, 71마251).

이러한 판례의 태도에 대하여 이를 반대하는 학설도 있으나, 근저당권에 의한 피담보채권의 범위는 최고액에 한정되므로, 이 최고액은 당사자간의 계속적인 거래관계에서 발생하는 채권의 한도액으로 보는 것이 타당하며, 채무자의 채무불이행으로 야기되는 저당권실행의 비용까지 그 최고액에 포함할 필요는 없다 하겠으므로 판례의 태도는 옳다 하겠다.

(2) 관련문제

가. 근저당권이 피담보채권이 확정되기 전에 발생한 원본채권에 관하여 확정 후에 발생하는 이자나 지연손해금 채권이 그 근저당권에 의하여 담보되는지 여부

근저당권자의 경매신청 등의 사유로 인하여 근저당권의 피담보채권이 확정되었을 경우, 확정 이후에 새로운 거래관계에서 발생한 원본채권은 그 근저당권에 의하여 담보되지 아니하지만, 확정 전에 발생한 원본채권에 관하여 확정 후에 발생하는 이자나 지연손해금 채권은 채권최고액의 범위 내에서 근저당권에 의하여 여전히 담보되는 것이다(대판 2007. 4. 26, 2005다38300).

나. 근저당권의 물상보증인이 채권최고액을 초과하는 부분까지 변제할 의무가 있는지 여부

근저당권의 물상보증인은 민법 제357조에서 말하는 채권의 최고액만을 변제하면 근저당권설정등기의 말소청구를 할 수 있고 채권최고액을 초과하는 부분의 채권액까지 변제할 의무가 있는 것이다(대판 1974. 12. 10, 74다998).

다. 채무액이 근저당 채권최고액을 초과하는 경우 채무자 등이 채무일부의 변제로써 근저당권의 말소를 구할 수 있는지 여부

채무자의 채무액이 근저당 채권최고액을 초과하는 경우에 채무자 겸 근저당권설정자가 그 채무의 일부인 채권최고액과 지연손해금 및 집행비용만을 변제하였다면 채권전액의 변제가 있을 때까지 근저당권의 효력은 잔존 채무에 미치는 것이므로 위 채무일부의 변제로써 위 근저당권의 말소를 청구할 수 없다(대판 1981. 11. 10, 80다2712).

라. 근저당권의 채무의 범위나 채무자가 변경된 경우 피담보채권의 범위

근저당권은 피담보채무에 대한 부종성이 완화되어 있는 관계로 피담보채무가 확정되기 이전이라면 채무의 범위나 또는 채무자를 변경할 수 있는 것이고, 채무의 범위나 채무자가 변경된 경우에는 당연히 변경 후의 범위에 속하는 채권이나 채무자에 대한 채권만이 당해 근저당권에 의하여 담보되고, 변경 전의 범위에 속하는 채권이나 채무자에 대한 채권은 그 근저당권에 의하여 담보되는 채무의 범위에서 제외된다(대판 1999. 5. 14, 97다15777·15784).

마. 근저당권자의 채권총액이 채권최고액을 초과하는 경우, 근저당권자 와 채무자 겸 근저당권설정자 사이에서 근저당권의 효력이 미치는 범위

원래 저당권은 원본, 이자, 위약금, 채무불이행으로 인한 손해배상 및 저당권의 실행비용을 담보하는 것이며, 채권최고액의 정함이 있는 근저당권에 있어서 이러한 채권의 총액이 그 채권최고액을 초과하는 경우, 적어도 근저당권자와 채무자 겸 근저당권설정자와의 관계에 있어서는 위 채권 전액의 변제가 있을 때까지 근저당권의 효력은 채권최고액과는 관계없이 잔존채무에 여전히 미친다.

3. 피담보채권의 확정

전술한 바와 같이 근저당권의 피담보채권은 유동·교체하는 특색을 가지고 있으나, 그러한 상태는 언젠가 종료해서 피담보채권의 범위가 확정되어야 하는데, 이것이 바로 피담보채권의 확정의 문제이다.

근저당권의 존속기간 또는 기본적 거래관계의 결산기를 정한 때에는 그런 기간의 만료나 결산기가 도래한 때에 이 채권은 확정된다. 이때 당사자가 확정시기를 다시 연정할 수 있다고 하겠으나, 제3자의 권리를 해하지는 못한다고 하겠다(대판 1961. 12. 14, 4293민상893). 근저당권의 존속기간을 정하지 아니한 때에는 다른 특약이 없는 한 당사자는 기본계약 또는 설정계약을 언제든지 해지함으로써 피담보채권을 확정시킬 수 있다(대판 2002. 5. 24. 2002다7176)). 이러한 해지에는 사정변경의 원칙이 적용될 수 있다(특히 물상보증인에 의한 경우가 문제될 것이다).

근저당권자 스스로가 경매를 신청한 경우에는 '경매신청시'에 피담보채권이 확정되고 경매개시결정이 있은 후 경매신청을 취하해도 또한 같다(대판 2002.11.26. 2001다73022). 반면, 후순위권리자 또는 일반채권자에 의하여 경매가 신청된 경우 선순위근저당권의 피담보채권은 '경락대금 완납시'에 확정된다(대판 1999. 9. 21. 99다26085).

이와 같이 피담보채권이 확정되면 그 이후에 발생하는 채권은 담보될 수 없다(대판 1988. 10. 1, 87다카545, 공보⑱1988, 1400). 그리고 피담보채권이 확정되면, 근저당권은 불특정채권의 담보권이라는 성격을 상실하고 보통의 저당권으로 전환하며(대판 1963. 2. 7, 62다796), 그 실행에 있어서도 보통저당권과 마찬가지이다.

【쟁점사항】

ㄱ) 근저당 거래관계가 계속되는 관계로 근저당권의 피담보채권이 확정되지 아니하는 동안에 채권의 일부가 대위변제된 경우, 근저당권이 대위변제자에게 이전되는지 여부

근저당권은 계속적인 거래관계로부터 발생·소멸하는 불특정 다수의 채권 중 그 결산기에 잔존하는 채권을 일정한 한도액의 범위 내에서 담보하는 것으로서 그 거래가 종료하기까지 그 피담보채권은 계속적으로 증감·변동하는 것이므로, 근저당 거래관계가 계속되는 관계로 근저당권의 피담보채권이 확정되지 아니하는 동안에는 그 채권의 일부가 대위변제되었다 하더라도 그 근저당권이 대위변제자에게 이전될 수 없다(대판 2000. 12. 26, 2000다54451).

ㄴ) 근저당권 설정 후 부동산 소유권이 이전된 경우 근저당권 설정자인 종전의 소유자도 피담보채무의 소멸을 이유로 근저당권 설정등기의 말소를 청구할 수 있는지 여부

근저당권이 설정된 후에 그 부동산의 소유권이 제3자에게 이전된 경우에는 현재의 소유자가 자신의 소유권에 기하여 피담보채무의 소멸을 원인으로 그 근저당권 설정등기의 말소를 청구할 수 있음은 물론이지만, 근저당권 설정자인 종전의 소유자도 근저당권 설정계약의 당사자로서 근저당권 소멸에 따른 원상회복으로 근저당권자에게 근저당권 설정등기의 말소를 구할 수 있는 계약상 권리가 있으므로 이러한 계약상 권리에 터잡아 근저당권자에게 피담보채무의 소멸을 이유로 하여 그 근저당권 설정등기의 말소를 청구할 수 있다고 봄이 상당하고, 목적물의 소유권을 상실하였다는 이유만으로 그러한 권리를 행사할 수 없다고 볼 것은 아니다(대판 1994. 1. 25, 93마16338).

<참고사항>

*포괄근저당

1. 의 의

포괄근저당이란 채권자와 채무자 사이에 당좌대월계약과 같은 기초적인 계속적 계약조차도 특정하지 않고서 채권자가 채무자에 대하여 취득하는 모든 채권을 담보하는 근저당을 말한다.

2. 유 형

(1) 무제한적 포괄근저당

현재 및 장래에 발생할 일체의 채권,채무를 담보한다는 취지의 근저당.

(2) 제한적 포괄근저당

기본계약을 열거하고 그와 관련하여 생기는 채권, 채무 기타 일체의 채무를 담보한다는 취지의 근저당.

3. 유효성

(1) 단순유효설(김증한, 김학동,김 용한, 김재형)

계약자유의 원칙과 거래 실무계에서도 포괄근저당이 이용되고 있다는 점을 근거로 무제한적 포괄근저당도 유효하다고 한다.

(2) 한정적 유효설(곽윤직, 김상용)

제한적 포괄근저당은 유효하며, 무제한적 포괄근저당의 '기타 모든 채무'라는 표현은 은행과 거래 사이에 생기는 채무를 의미하는 것으로 해석하여 그 유효성을 인정하는 견해.

(3) 확대한정적 유효설(이영준)

제한적 포괄근저당은 유효하며, 무제한적 포괄근저당의 '기타 모든 채무'의 의미는 거래와 밀접한 관계에서 발생하는 불법행위로 인한 손해배상청구권이나 부당이득반환청구권까지도 포함한다고 보는 견해.

(4) 무효설(배병일)

이 견해는 포괄근저당이 근저당권의 성립에 관한 부종성 원칙을 무의미하게 하여 무효라고 함.

(5) 판 례

명시적으로 판시한 적은 없음. 유효를 전제로 피담보채권의 범위만 문제삼고 있는데 학설의 일부는 판례의 입장을 단순유효설로 평가하기도 함(이영준, 송덕수, 이은영).

[근저당]

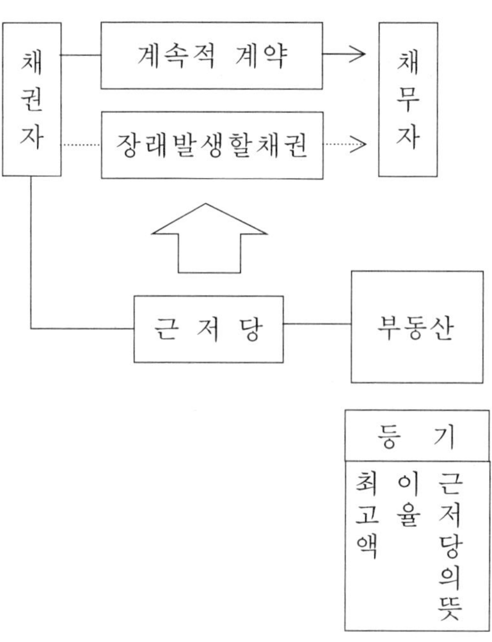

▣ 핵심판례 ▣

■ [근저당]

1. 제3자 명의의 근저당권설정등기의 효력 유무(한정 적극)

근저당권은 채권담보를 위한 것이므로 원칙적으로 채권자와 근저당권자는 동일인이 되어야 하지만, 제3자를 근저당권 명의인으로 하는 근저당권을 설정하는 경우 그 점에 대하여 채권자와 채무자 및 제3자 사이에 합의가 있고, 채권양도, 제3자를 위한 계약, 불가분적 채권관계의 형성 등 방법으로 채권이 그 제3자에게 실질적으로 귀속되었다고 볼 수 있는 특별한 사정이 있는 경우에는 제3자 명의의 근저당권설정등기도 유효하다고 보아야 할 것이다(대판 2007. 2. 23, 2006도5074).

2. 근저당권에 의한 경매신청 후 발생한 원금 채권도 그 근저당권에 의하여 담보되는지 여부(소극)

근저당권자가 피담보채권 중 일부만을 청구금액을 하여 경매신청을 한 경우 그 나머지 부분에 대하여 배당기일까지 청구금액을 확정할 수 있다 하여도 이는 경매신청시까지 이미 발생한 원금 채권 및 그에 대한 경매신청 후의 지연손해금 채권에 대한 것이고 경매신청 이후에 발생한 원금채권은 그 근저당권에 의하여 담보되지 아니한다(1991. 9. 10. 제1부 판결, 91다17979 채무부존재확인등).

3. 근저당권의 피담보채무의 확정시기 등을 근저당 부동산의 소유권을 취득한 제3자가 원용할 수 있는지 여부 등

가. 근저당권의 피담보채무의 확정시기와 피담보채무의 확정에 관한 근저당권 설정자의 권한을 근저당 부동산의 소유권을 취득한 제3자가 원용할 수 있는지 여부(적극)

근저당권이라 함은 그 담보할 채권의 최고액만을 정하고 채무의 확정을 장래에 유보하여 설정하는 저당권을 말하고, 이 경우 그 피담보채무가 확정될 때까지의 채무의 소멸 또는 이전은 근저당권에 영향을 미치지 아니하므로, 근저당 부동산에 대하여 소유권을 취득한 제3자는 피담보채무가 확정된 이후에 그 확정된 피담보채무를 채권최고액의 범위 내에서 변제하고 근저당권의 소멸을 청구할 수 있다고 할 것인바, 피담보채무는 근저당권 설정계약에서 근저당권의 존속기간을 정하거나 근저당권으로 담보되는 기본적인 거래계약에서 결산기를 정한 경우에는 원칙적으로 존속기간이나 결산기가 도래한 때에 확정되지만, 이 경우에도 근저당권에 의하여 담보되는 채권이 전부 소멸하고 채무자가 채권자로부터 새로이 금원을 차용하는 등 거래를 계속할 의사가 없는 경우에는, 그 존속기간 또는 결산기가 경과하기 전이라 하더라도 근저당권 설정자는 계약을 해제하고 근저당권 설정등기의 말소를 구할 수 있고, 존속기간이나 결산기의 정함이 없는 때에는 근저당권 설정자가 근저당권자를 상대로 언제든지 해지의 의사표시를 함으로써 피담보채무를 확정시킬 수 있으며, 이러한 계약의 해제 또는 해지에 관한 권한은 근저당 부동산의 소유권을 취득한 제3자도 원용할 수 있다고 할 것이다.

나. 근저당 부동산의 소유권을 취득한 제3자가 피담보채무의 일부를 대위변제하면서 근저당권의 말소를 요구한 경우, 피담보채무를 확정시키려는 의사표시가 포함된 것으로 볼 수있는지 여부(적극)

근저당 부동산을 매수하고 소유권 이전등기를 경료한 제3자가 근저당권자에게 피담보채무의 일부를 대위변제하면서 피담보채무의 소멸을 이유로 근저당권의 말소를 요구한 경우, 그 의사표시에는 근저당 부동산의 소유권을 취득한 제3자로서 근저당권 설정계약을 해지하고 피담보채무를 확정시키고자 하는 의사표시가 포함되어 있다고 볼 수 있으므로 근저당권의 피담보채무는 설정계약에서 정한 바에 따라 확정된다(대판 2001. 11. 9, 2001다47528).

4. 가. 근저당권설정계약상의 채무의 범위나 채무자가 변경된 경우 변경 전의 범위에 속하는 채권이나 채무자에 대한 채권이 피담보채무에서 제외되는지 여부(적극)

근저당권은 당사자 사이에 계속적인 거래관계로부터 발생하는 불특정채권을 어느 시기에 계산하여 잔존하는 채무를 일정한 한도액 범위 내에서 담보하는 저당권으로서 보통의 저당권과 달리 발생 및 소멸에 있어 피담보채무에 대한 부종성이 완화되어 있는 관계로 피담보채무가 확정되기 이전이라면 채무의 범위나 또는 채무자를 변경할 수 있는 것이고, 채무의 범위나 채무자가 변경된 경우에는 당연히 변경 후의 범위에 속하는 채권이나 채무자에 대한 채권만이 당해 근저당권에 의하여 담보되고, 변경 전의 범위에 속하는 채권이나 채무자에 대한 채권은 그 근저당권에 의하여 담보되는 채무의 범위에서 제외되는 것이다.

나. 근저당권의 확정시기(=경매신청시) 및 근저당권자가 경매신청을 실제로 하지는 않고 다만 경배신청을 하려는 태도를 보인 데 그친 경우 근저당권이 확정되는지 여부(소극)

근저당권자가 피담보채권의 불이행을 이유로 경매신청을 한 경우에는 경매신청시에 근저당권이 확정되고 근저당권이 확정되면 그 후에 발생한 원금채권은 그 근저당권에 의하여 담보되지 않는다 할 것이나, 근저당권자가 경매신청을 실제로 한 것이 아니고 다만 경매신청을 하려는 태도를 보인데 그친 것이라면 이로써 근저당권이 확정되었다고 볼 수 없다(1993. 3. 12. 제3부(사) 판결, 92다48567 근저당권설정등기말소).

5. 가. 구 회사정리법 제240조 제2항에 정한 '회사 이외의 자가 정리채권자 또는 정리담보권자를 위하여 제공한 담보'의 의미 및 정리담보권자는 회사정리절차 개시 전에 정리회사로부터 저당부동산의 소유권을 취득한 제3취득자가 있더라도 그 부동산에 대하여 정리계획으로 변경되기 전의 피담보채권에 기초하여 저당권을 실행할 수 있는지 여부(적극)

구 회사정리법(2005. 3. 31. 법률 제7428호 채무자 회생 및 파산에 관한 법률 부칙 제2조로 폐지) 제240조 제2항은 정리계획에 따라 정리회사의 채무가 면책되거나 변경되더라도 물상보증인 등의 의무는 면책되거나 변경되지 아니한다는 취지를 규정한 것으로, 여기서 '회사 이외의 자가 정리채권자 또는 정리담보권자를 위하여 제공한 담보'는 정리채권자 등이 정리회사에 대한 채권을 피담보채권으로 하여 제3자의 재산상에 가지고 있는 담보물권을 말하므로, 정리담보권자는 회사정리절차 개시 전에 정리회사로부터 저당부동산에 대한 소유권을 취득한 제3취득자가 있다고 하더라도 그 부동산에 대하여는 정리계획으로 변경되기 전의 당초 약정에 기한 피담보채권에 기초하여 채권최고액을 한도로 저당권을 실행할 수 있다.

나. 근저당권의 피담보채권이 채무자 또는 제3자의 변제 등으로 일부 소멸하였으나 그 잔존액이 채권최고액을 초과하는 경우, 근저당권의 목적이 된 부동산의 제3취득자가 그 부동산에 의하여 부담하는 자신의 책임이 위 변제 등으로 감축되었음을 주장할 수 잇는지 여부(소극)

근저당권의 목적이 된 부동산의 제3취득자는 근저당권의 피담보채무에 대하여 채권최고액을 한도로 당해 부동산에 의한 담보적 책임을 부담하므로, 제3취득자로서 채무자 또는 제3자의 변제 등으로 피담보채권이 일부 소멸하였다고 하더라도 잔존 피담보채권이 채권최고액을 초과하는 한 담보 부동산에 의한 자신의 책임이 그 변제 등으로 인하여 감축되었다고 주장할 수 없다(대판 2007. 4. 26, 2005다38300).

6. 존속기간의 약정이 없는 근저당권의 피담보채무의 확정과 제3취득자의 근저당권소멸청구

계속적 거래계약에 기한 채무를 담보하기 위하여 존속기간의 약정이 없는 근저당권을 설정한 경우에 그 거래관계가 종료됨으로써 피담보채무로 예정된 원본채무가 더 이상 발생할 가능성이 없게 된 때에는 그 때까지 잔존하는 채무가 근저당권에 의하여 담보되는 채무로 확정되는 것이며, 이 경우에 근저당권이 확정될 당시 피담보채무가 존재하지 않는다면 저당목적물의 소유권을 취득한 제3자도 근저당권자에 대하여 그 근저당권의 소멸을 청구할 수 있다(1993. 12. 14. 제2부 판결, 93다17959 근저당권말소).

7. 기간의 약정이 없는 근저당권의 피담보채무의 확정

계속적 거래계약에 기한 채무를 담보하기 위하여 기간의 정함이 없이 근저당권을 설정한 후 그 거래관계가 종료되었고, 더 이상의 원본채무를 부담하게 될 사정도 없게 된 때에는 그때까지 잔존하는 채무가 근저당권에 의하여 담보되는 채무로 확정된다 할 것이고, 근저당권이 확정될 당시에 피담보채무가 존재하지 않는다면 근저당권을 설정한 채무자나 물상보증인은 근저당권자에 대한 의사표시로써 피담보채권의 확정을 구할 수 있고, 그 확정 당시에 그것이 존재하지 않게 되었다면 근저당권의 말소를 구할 수 있다(1994. 4. 26. 제1부 판결, 93다19047 근저당권말소).

8. 부동산등기부의 사항란에 기재된 근저당권 설정등기 접수일자의 변경을 구하는 것이 소의 이익이 있는지 여부

부동산등기부의 사항란에 기재된 근저당권 설정등기의 접수일자는 등기가 접수된 날을 나타내는 하나의 사실기재에 불과하고 권리에 관한 기재가 아니므로 그 접수일자의 변경을 구하는 것은 구체적인 권리 또는 법률관계에 관한 쟁송이라 할 수 없고, 또 등기의 접수일자는 실체적 권리관계와 무관한 것으로서 그 변경에 등기권리자와 등기의무자의 관념이 있을 수 없어 이행청구의 대상이 될 수 없으므로, 소의 이익이 없어 부적법하다(대판 2003. 10. 24, 2003다13260).

9. 근저당권이 유효하기 위하여 근저당권설정행위와 별도로 근저당권의 피담보채권을 성립시키는 법률행위가 필요한지 여부(적극)

근저당권은 그 담보할 채무의 최고액만을 정하고, 채무의 확정을 장래에 보류하여 설정하는 저당권으로서, 계속적인 거래관계로부터 발생하는 다수의 불특정채권을 장래의 결산기에서 일정한 한도까지 담보하기 위한 목적으로 설정되는 담보권이므로 근저당권설정행위와는 별도로 근저당권의 피담보채권을 성립시키는 법률행위가 있어야 한다(대법원 2004. 5. 28. 선고 2003다70041 판결).

10. 근저당권자의 채권총액이 채권최고액을 초과하는 경우, 근저당권자와 채무자 겸 근저당권설정자 사이에서 근저당권의 효력이 미치는 범위

원래 저당권은 원본, 이자, 위약금, 채무불이행으로 인한 손해배상 및 저당권의 실행비용을 담보하는 것이며, 채권최고액의 정함이 있는 근저당권에 있어서 이러한 채권의 총액이 그 채권최고액을 초과하는 경우, 적어도 근저당권자와 채무자 겸 근저당권설정자와의 관계에 있어서는 위 채권 전액의 변제가 있을 때까지 근저당권의 효력은 채권최고액과는 관계없이 잔존채무에 여전히 미친다(대법원 2001. 10. 12. 선고 2000다59081 판결).

11. 후순위 근저당권자가 경매를 신청한 경우, 선순위 근저당권자의 피담보채권액이 확정되는 시기(=경락대금 완납시)

당해 근저당권자는 저당부동산에 대하여 경매신청을 하지 아니하였는데 다른 채권자가 저당부동산에 대하여 경매신청을 한 경우 민사소송법 제608조 제2항, 제728조의 규정에 따라 경매신청을 하지 아니한 근저당권자의 근저당권도 경락으로 인하여 소멸하므로, 다른 채권자가 경매를 신청하여 경매절차가 개시된 때로부터 경락으로 인하여 당해 근저당권이 소멸하게 되기까지의 어느 시점에서인가는 당해 근저당권의 피담보채권도 확정된다고 하지 아니할 수 없는데, 그 중 어느 시기에 당해 근저당권의 피담보채권이 확정되는가 하는 점에 관하여 우리 민법은 아무런 규정을 두고 있지 아니한바, 부동산 경매절차에서 경매신청기입등기 이전에 등기되어 있는 근저당권은 경락으로 인하여 소멸되는 대신에 그 근저당권자는 민사소송법 제605조가 정하는 배당요구를 하지 아니하더라도 당연히 그 순위에 따라 배당을 받을 수 있고, 이러한 까닭으로 선순위 근저당권이 설정되어 있는 부동산에 대하여 근저당권을 취득하는 거래를 하려는 사람들은 선순위 근저당권의 채권최고액 만큼의 담보가치는 이미 선순위 근저당권자에 의하여 파악되어 있는 것으로 인정하고 거래를 하는 것이 보통이므로, 담보권 실행을 위한 경매절차가 개시되었음을 선순위 근저당권자가 안 때 이후의 어떤 시점에 선순위 근저당권의 피담보채무액이 증가하더라도 그와 같이 증가한 피담보채무액이 선순위 근저당권의 채권최고액 한도 안에 있다면 경매를 신청한 후순위 근저당권자가 예측하지 못한 손해를 입게 된다고 볼 수 없는 반면, 선순위 근저당권자는 자신이 경매신청을 하지 아니하였으면서도 경락으로 인하여 근저당권을 상실하게 되는 처지에 있으므로 거래의 안전을 해치지 아니하는 한도 안에서 선순위 근저당권자가 파악한 담보가치를 최대한 활용할 수 있도록 함이 타당하다는 관점에서 보면, 후순위 근저당권자가 경매를 신청한 경우 선순위 근저당권의 피담보채권은 그 근저당권이 소멸하는 시기, 즉 경락인이 경락대금을 완납한 때에 확정된다고 보아야 한다(대법원 1999. 9. 21. 선고 99다26085 판결).

12. 근저당권의 피담보채무가 확정되기 전에는 채무의 범위나 채무자의 변경이 가능한지 여부(적극) 및 근저당권의 채무의 범위나 채무자가 변경된 경우, 변경 전의 범위에 속하는 채권이나 채무자에 대한 채권은 그 근저당권의 피담보채무에서 제외되는지 여부(적극)

근저당권은 당사자 사이의 계속적인 거래관계로부터 발생하는 불특정채권을 어느 시기에 계산하여 잔존하는 채무를 일정한 한도액 범위 내에서 담보하는 저당권으로서 보통의 저당권과 달리 발생 및 소멸에 있어 피담보채무에 대한 부종성이 완화되어 있는 관계로 피담보채무가 확정되기 이전이라면 채무의 범위나 또는 채무자를 변경할 수 있는 것이고, 채무의 범위나 채무자가 변경된 경우에는 당연히 변경 후의 범위에 속하는 채권이나 채무자에 대한 채권만이 당해 근저당권에 의하여 담보되고, 변경 전의 범위에 속하는 채권이나 채무자에 대한 채권은 그 근저당권에 의하여 담보되는 채무의 범위에서 제외된다(대법원 1999. 5. 14. 선고 97다15777, 15784 판결).

13. 근저당권자가 피담보채무의 불이행을 이유로 경매신청을 한 경우, 근저당권의 피담보채무액의 확정 시기(=경매신청시) 및 경매개시결정이 있은 후 경매신청이 취하되면 채무확정의 효과가 번복되는지 여부(소극)

근저당권자가 피담보채무의 불이행을 이유로 경매신청을 한 경우에는 경매신청시에 근저당 채무액이 확정되고, 그 이후부터 근저당권은 부종성을 가지게 되어 보통의 저당권과 같은 취급을 받게 되는바, 위와 같이 경매신청을 하여 경매개시결정이 있은 후에 경매신청이 취하되었다고 하더라도 채무확정의 효과가 번복되는 것은 아니다(대법원 2002. 11. 26. 선고 2001다73022 판결).

14. 근저당권을 가지고 있는 채권자에게 그 근저당권의 피담보채권이 확정되기 전에 채무의 일부를 대위변제한 자가 그 근저당권의 피담보채권 확정 후 그 근저당권 내지 그 실행으로 인한 경락대금에 대하여 취득하는 권리 범위

변제할 정당한 이익이 있는 자가 채무자를 위하여 채권의 일부를 대위변제할 경우에 대위변제자는 변제한 가액의 범위 내에서 종래 채권자가 가지고 있던 채권 및 담보에 관한 권리를 법률상 당연히 취득하게 되는 것이므로, 채권자가 부동산에 대하여 근저당권을 가지고 있는 경우에는, 채권자는 대위변제자에게 일부 대위변제에 따른 저당권의 일부 이전의 부기등기를 경료해 주어야 할 의무가 있다 할 것이나, 이 경우에도 채권자는 일부 변제자에 대하여 우선변제권을 가지고 있다 할 것이고, 근저당권이라고 함은 계속적인 거래관계로부터 발생하고 소멸하는 불특정다수의 장래채권을 결산기에 계산하여 잔존하는 채무를 일정한 한도액의 범위 내에서 담보하는 저당권이어서, 거래가 종료하기까지 채권은 계속적으로 증감변동하는 것이므로, 근저당 거래관계가 계속중인 경우 즉, 근저당권의 피담보채권이 확정되기 전에 그 채권의 일부를 양도하거나 대위변제한 경우 근저당권이 양수인이나 대위변제자에게 이전할 여지는 없다 할 것이나, 그 근저당권에 의하여 담보되는 피담보채권이 확정되게 되면, 그 피담보채권액이 그 근저당권의 채권최고액을 초과하지 않는 한 그 근저당권 내지 그 실행으로 인한 경락대금에 대한 권리 중 그 피담보채권액을 담보하고 남는 부분은 저당권의 일부이전의 부기등기의 경료 여부와 관계없이 대위변제자에게 법률상 당연히 이전된다(대법원 2002. 7. 26. 선고 2001다53929 판결).

15. 근저당권설정자와 채무자가 동일하고 민사집행법 제148조에 따라 배당받을 채권자나 제3취득자가 없는 상황에서 근저당권자의 채권액이 근저당권의 채권최고액을 초과하는 경우, 매각대금 중 근저당권의 채권최고액을 초과하는 부분의 처리

민사집행법상 경매절차에 있어 근저당권설정자와 채무자가 동일한 경우에 근저당권의 채권최고액은 민사집행법 제148조에 따라 배당받을 채권자나 저당목적 부동산의 제3취득자에 대한 우선변제권의 한도로서의 의미를 갖는 것에 불과하고, 그 부동산으로써는 그 최고액 범위 내의 채권에 한하여서만 변제를 받을 수 있다는 이른바 책임의 한도라고까지는 볼 수 없다. 그러므로 민사집행법 제148조에 따라 배당받을 채권자나 제3취득자가 없는 한 근저당권자의 채권액이 근저당권의 채권최고액을 초과하는 경우에 매각대금 중 그 최고액을 초과하는 금액이 있더라도 이는 근저당권설정자에게 반환할 것은 아니고 근저당권자의 채권최고액을 초과하는 채무의 변제에 충당하여야 한다(대법원 2009. 2. 26. 선고 2008다4001 판결).

◈ 저당권의 효력범위

제 358 조【저당권의 효력의 범위】

저당권의 효력은 저당부동산에 부합된 물건과 종물에 미친다. 그러나 법률에 특별한 규정 또는 설정행위에 다른 약정이 있으면 그러하지 아니한다.

■ § 358. 저당권의 효력이 미치는 범위

- 목적물의 범위(부합물, 종물) : ① 원칙 : 저당권의 효력이 미침
  ② 예외 : 358 단서의 특약, 법률의 규정(256 단서)
- 관련법조 : [부합된 물건] 수산업 §22, 공장 저당 및 광업재단 저당 §3, §4, [종물과 저당권] 상 §787②, [법률의 특별한 규정] 공장 저당 및 광업 재단 저당 §3, §4, 수산업 §22, 입목 §4, [타약정과 등기] 부동산등기 §75

본조는 저당권의 목적의 범위는 어떠한 물건에까지 미치는 것인가를 규정한 것이다.

1. 서 설

저당권은 채권을 담보하기 위하여 목적부동산의 담보가치를 파악하고 있다가, 만일 채무가 이행되지 않으면 목적부동산의 소유권을 처분하여 우선변제를 받아야 하기 때문에 목적물의 소유권에 그 효력이 미친다. 따라서 저당권의 목적물의 범위는 대체로 소유권이 미치는 범위와 일치하는 것이 원칙이다. 이러한 원칙에 따라, 본조도「저당권의 효력은 저당부동산에 부합된 물건과 종물에 미친다」고 규정하고 있다. 다만 당사자의 의사 또는 특별규정에 의하여 그 범위의 확장 또는 축소가 인정된다.

2. 부합물에 대한 저당권의 효력

(1) 원 칙

저당권의 효력은 목적부동산에 결합하여 부동산소유권의 내용을 구성하는 부합물에 미치는 것이 원칙이다. 부합물이란 부동산과 결합하여 물건으

로서의 독립성을 상실한 정도로 되어 거래관념상 부동산의 일부분으로 인정되는 물건이다(대판 1983. 11. 24. 83마469, 공보⑩1984, 254). 예컨대 토지의 수목, 건물의 증축부분, 부속건물 등은 부합물이다. 여기서 그 부합시기가 문제인데, 이에 대하여는 저당권설정의 전후를 묻지 않고 저당권의 효력이 미친다는 것이 통설(이설없음)·판례(대판 1972. 10. 10. 72다1423, 대판 1974. 2. 12. 73다298, 공보② 1974, 7756)이다. 이는 저당권은 그 실행시까지의 목적물의 담보가치를 지배하기 때문이라 하겠다. 또한 판례는 "건물의 증축 부분이 기존건물에 부합하여 기존건물과 분리하여서는 별개의 독립물로서의 효용을 갖지 못하는 이상 기존건물에 대한 근저당권은 민법 제358조에 의하여 부합된 증축 부분에도 효력이 미치는 것이므로 기존건물에 대한 경매절차에서 경매목적물로 평가되지 아니하였다고 할지라도 경락인은 부합된 증축 부분의 소유권을 취득한다(대판 2002. 10. 25. 2000다63110)"고 한다.

(2) 예 외

위와 같은 원칙에 대하여 다음과 같은 예외가 인정된다. ① 법률에 특별규정이 있는 경우이다. 이러한 민법규정으로는 제256조 단서가 있다. 즉 타인의 권원에 의하여 부속시킨 부합물(예 : 지상권자가 심은 나무, 임차인이 가옥에 부속시킨 물건)은 그 타인(지상권자·임차인)의 소유에 속하고 부동산소유권에는 흡수될 수 없으므로 이에는 저당권의 효력이 미치지 못한다. 민법 이외의 특별법에도 예외 규정이 있다. 공장 및 광업 재단 저당법(제3조, 제4조, 제9조), 수산업법(제22조) 등이 그 예이다. ② 설정행위에 다른 약정이 있는 경우이다. 즉 당사자는 설정계약에 의하여 저당권의 효력이 부합물에 미치지 않도록 약정할 수 있다. 그러나 이러한 약정은 등기하여야 제3자에게 대항할 수 있다(부동산등기법 제75조).

3. 종물에 대한 저당권의 효력

저당권의 효력은 저당목적물의 종물에도 미친다. 구민법에는 아무런 규정이 없어 학설·판례가 대립하였으나, 현행민법은 입법적으로 이를 해결한 것이며, 타당한 입법이라 하겠다. 그러므로 종물에 관하여서도 전술한 부합물의 경우와 같다. 즉 종물이 된 시기도 문제되지 않고 종된 권리에도 적용된다는 것이 통설과 판례(대판 1996. 4. 26. 95다52864, 1993. 4. 13. 92다24950)의 태도이다.

4. 저당목적물로부터 분리·반출된 물건에 대한 저당권의 효력

부합물이나 종물이 저당부동산으로부터 분리된 경우, 저당권의 효력이 이에 미치는가가 문제된다. 이런 경우는 두 가지로 나누어 볼 수 있다. 첫째, 부합물이 저당권설정자의 정당한 사유에 의하여 분리된 경우(예 : 정원수의 이식, 건물의 문을 바꿈)에는 분리된 물건은 저당권의 효력에서 벗어난다. 이때에는 부합물의 이용상 목적부동산과의 경제적 결합이 분리되었기 때문이다. 둘째, 부합물이 정당한 이용권의 행사에 의하지 않고 목적부동산으로부터 분리된 경우(예 : 저당산림이 벌채되거나 저당건물이 붕괴된 경우), 다시 말해 저당권의 침해로 인하여 부합물이 분리된 경우에는 저당권의 효력이 미치는가가 문제된다(물론 제3자가 선의취득으로 보호를 받게 된 후에는 문제가 되지 않는다).

이에 대한 입법례는 일치하지 않으며(프랑스민법 제2119조에서는 해석상 저당권의 효력이 분리물에 미치지는 못한다고 하나, 독일민법에서는 <독일민법 제2120조～제2122조> 그 분리된 것을 양도·반출하기 전에 저당권자가 이를 압류하면 저당권의 효력이 이에 존속하는 것으로 규정한다), 현행민법도 명문의 규정이 없기 때문에 학설이 나뉜다. 물상대위설은 분리된 물건은 목적물의 가치의 일부를 대표하는 것이므로, 물상대위의 규정을 준용하여 목적물을 압류하면 저당권의 효력이 미친다고 설명한다(최식). 그러나 현행민법은 물상대위에 관하여 매각대금을 그 객체로 하지 못하도록 규정하고 있는 점으로 보아(제342조), 이 학설의 해석은 무리한 것이라고 하겠다.

이에 대하여 다수설은 공시원칙을 근거로 설명한다. 공시원치설에 의하면 분리된 동산은 목적부동산과 결합하여 공시의 작용이 미치는 한도에서만 저당권의 효력이 미치고, 공시가 미치지 않는다면 저당권의 효력이 미칠 수 없다고 한다. 따라서 이 견해에 의하면 분리되어 이미 반출된 것과 분리물이 비록 저당부동산 위에 존속하고 있더라도 저당부동산과의 동일성을 상실한 때에는 결론적으로 저당권의 효력이 미치지 않는다고 본다. 한편, 분리된 물건이 저당목적물과 사회관념상 일체성이 인정될 수 있을 정도라면 저당권의 효력이 미치지만, 그러지 않다면 저당권의 효력이 미칠 수 없다는 사회관념상의 일체설도 존재한다. 이에 의하면 분리물이 저당부동산 위에 존속한다면 저당권의 효력이 미치나 분리되어 반출된 경우에는 미치지 않는다고 본다.

▣ 핵심판례 ▣

■ [저당권의 효력의 범위]

1. 건물에 대한 저당권의 효력이 그 건물의 소유를 목적으로 한 지상권에도 미치는지 여부(적극)

민법 제358조 본문은 "저당권의 효력은 저당부동산에 부합된 물건과 종물에 미친다"고 규정하고 있는바, 이 규정은 저당부동산에 종된 권리에도 유추적용되어 건물에 대한 저당권의 효력은 그 건물의 소유를 목적으로 하는 지상권에도 미친다고 보아야 할 것이다(1992. 7. 14. 제2부 판결, 92다527 지상권이전등기).

2. 건물에 대한 저당권의 효력이 그 건물의 소유를 목적으로 한 지상권에도 미치는지 여부(적극) 및 그 건물 양도시 지상권도 함께 양도되는지 여부(적극)

저당권의 효력이 저당부동산에 부합된 물건과 종물에 미친다는 민법 제358조 본문을 유추하여 보면 건물에 대한 저당권의 효력은 그 건물에 종된 권리인 건물의 소유를 목적으로 하는 지상권에도 미치게 되므로, 건물에 대한 저당권이 실행되어 경락인이 그 건물의 소유권을 취득하였다면 경락 후 건물을 철거한다는 등의 매각조건에서 경매되었다는 등 특별한 사정이 없는 한, 경락인은 건물 소유를 위한 지상권도 민법 제187조의 규정에 따라 등기 없이 당연히 취득하게 되고, 한편 이 경우에 경락인이 건물을 제3자에게 양도한 때에는, 특별한 사정이 없는 한 민법 제100조 제2항의 유추적용에 의하여 건물과 함께 종된 권리인 지상권도 양도하기로 한 것으로 봄이 상당하다(대법원 1996. 4. 26. 선고 95다52864 판결).

3. 건물에 대한 저당권이 실행되어 경락인이 건물의 소유권을 취득한 경우 건물의 소유를 목적으로 한 토지의 임차권도 건물의 소유권과 함께 경락인에게 이전되는지 여부(적극)

가. 건물의 소유를 목적으로 하여 토지를 임차한 사람이 그 토지 위에 소유하는 건물에 저당권을 설정한 때에는 민법 제358조 본문에 따라서 저당권의 효력이 건물뿐만 아니라 건물의 소유를 목적으로 한 토지의 임차권에도 미친다고 보아야 할 것이므로, 건물에 대한 저당권이 실행되어 경락인이 건물의 소유권을 취득한 때에는 특별한 다른 사정이 없는 한 건물의 소유를 목적으로 한 토지의 임차권도 건물의 소유권과 함께 경락인에게 이전된다.

나. 위 "가" 항의 경우에도 민법 제629조가 적용되기 때문에 토지의 임대인에 대한 관계에서는 그의 동의가 없는 한 경락인은 그 임차권의 취득을 대항할

수 없다고 할 것인바, 민법 제622조 제1항은 건물의 소유를 목적으로 한 토지 임대차는 이를 등기하지 아니한 경우에도 임차인이 그 지상건물을 등기한 때에는 토지에 관하여 권리를 취득한 제3자에 대하여 임대차의 효력을 주장할 수 있음을 규정한 취지임에 불과할 뿐, 건물의 소유권과 함께 건물의 소유를 목적으로 한 토지의 임차권을 취득한 사람이 토지의 임대인에 대한 관계에서 그의 동의가 없이도 임차권의 취득을 대항할 수 있는 것까지 규정한 것이라고는 볼 수 없다(대법원 1993.4.13. 선고 92다24950 판결).

4. 저당권자의 저당목적물에 대한 방해배제청구권의 내용

저당권자는 물권에 기하여 그 침해가 있는 때에는 그 제거나 예방을 청구할 수 있다고 할 것인바, 공장저당권의 목적 동산이 저당권자의 동의를 얻지 아니하고 설치된 공장으로부터 반출된 경우에는 저당권자는 점유권이 없기 때문에 설정자로부터 일탈한 저당목적물을 저당권자 자신에게 반환할 것을 청구할 수는 없지만, 저당목적물이 제3자에게 선의취득되지 아니하는 한 원래의 설치 장소에 원상회복할 것을 청구함은 저당권의 성질에 반하지 아니함은 물론 저당권자가 가지는 방해배제권의 당연한 행사에 해당한다(대법원 1996. 3. 22. 선고 95다55184 판결).

◆ 저당권의 효력이 저당부동산의 과실에 미치게 하기 위한 요건

제 359 조【과실에 대한 효력】

저당권의 효력은 저당부동산에 대한 압류가 있은 후에 저당권설정자가 그 부동산으로부터 수취한 과실 또는 수취할 수 있는 과실에 미친다. 그러나 저당권자가 그 부동산에 대한 소유권, 지상권 또는 전세권을 취득한 제3자에 대하여는 압류한 사실을 통지한 후가 아니면 이로써 대항하지 못한다.

■ § 359. 과 실

- 압류전에는 저당권의 효력이 미치지 않음
- 경매개시결정 후 경매신청을 등기한 때→압류의 효력이 있다.
- 관련법조 : 공장저당 §24①

본조는 과실에 대한 저당권의 효력을 규정한 것이다.

1. 서 설

저당권은 목적물의 사용수익권을 그 설정자에게 맡기면서 채무를 이행하지 않은 경우에는 목적물의 교환가치로부터 우선변제를 받는 권리이므로, 저당권을 설정하였다 하더라도 설정자는 전과 다름없이 목적물의 사용·수익을 계속할 수 있다. 따라서 설정자에게는 당연히 과실수취권이 있고 수취한 과실에 대해서는 원칙적으로 저당권이 미치지 않음은 당연하다.

2. 천연과실

위와 같이 저당권의 효력은 천연과실에 미치지 않는다. 그러나 이 원칙을 무조건 인정한다면 목적물의 소유자가 고의로 경매절차를 지연시켜 과실을 취득하는 폐해가 있을 수 있게 된다. 민법은 이를 방지하기 위하여 저당권의 실행이 착수되어 목적부동산에 대한 압류가 있은 후에는 설정자가 그 부동산으로부터 수취한 과실 또는 수취할 수 있는 과실에 대해서도 저당권의 효력이 미치도록 하였다. 여기서 압류라 함은 민사집행법의 규정(민집 제194조)에 의한 압류뿐만 아니라, 오히려 통상의 저당권에 의거한 경매개시결정이 있고 경매신청을 등기한 경우도 포함하여 말하는 것이다. 다만 그 부동산에 대한 소유권・지상권・전세권을 취득한 제3자에 대하여는 압류한 사실을 통지한 후가 아니면 이로써 대항하지 못하도록 규정하고 있다.

3. 법정과실

본조의 과실에 법정과실도 포함하는가에 대하여 학설은 대립하고 있다. 이를 부정하는 소수설(김기선)은 저당권자는 물상대위의 규정에 의하여 법정과실에 효력을 미칠 수 있다는 것을 근거로 든다. 그러나 현행민법의 물상대위권(제342조)에는 차임과 같은 법정과실은 제외되고 있을 뿐만 아니라, 본조는 과실을 천연과실에 한정시키고 있지도 않으므로 부정설은 근거없는 주장이며, 긍정설인 다수설이 타당하다(동지 ; 곽윤직, 방순원, 최식, 김증한, 장경학). 따라서 천연과실에 관하여 설명한 것은 그대로 법정과실에도 적용된다.

◈ 저당권에 의해 담보되는 채권의 범위

제 360 조 【피담보채권의 범위】

저당권은 원본, 이자, 위약금, 채무불이행으로 인한 손해배상 및 저당권의 실행비용을 담보한다. 그러나 지연배상에 대하여는 원본의 이행기일을 경과한 후의 1년분에 한하여 저당권을 행사할 수 있다.

■ § 360. 피담보채권의 범위

- 원본
- 이자(제한없음)
- 위약금(등기요)
- 채무불이행으로 인한 손해배상→원본의 이행기일 경과후 1년분에 한해 담보됨
- 저당권실행비용 : 경매비용제외
- 관련법조 : [이자등기] 부동산등기법 §75

저당권에 의하여 담보되는 채권의 범위는 질권에 있어서보다는 좁다. 특히 손해배상채권에 관하여 일정한 제한이 있다. 이는 점유를 수반하지 않는 저당권에 있어서는 동일 목적물 위에 제3자가 이해관계를 갖는 일이 많기 때문이다. 그 범위는 구체적으로 다음과 같다.

(1) 원 본 : 원본채권의 금액이 피담보채권으로 되는 것이 보통이나, 원본의 일부로써 피담보채권으로 하는 것도 상관없다. 담보되는 원본의 총액과 변제기·지급장소는 등기하여야 한다(부동산등기법 제75조). 피담보채권이 금액채권이 아닌 경우에는 그 가액을 금전으로 평가하여 이 평가액을 등기하여야 한다(부동산등기법 제77조).

(2) 이 자 : 이자에 관한 특약이 있는 때에는 이율·지급시기·지급장소에 관한 사항은 등기하여야 한다(부동산등기법 제75조). 구민법은 이자의 범위를 만기가 된 최후의 2년분으로 제한하였으나(구민법 제374조 1항), 현행 민법은 이런 제한을 두고 있지 않다. 따라서 이자채권은 저당권에 의하여 무제한으로 담보된다.

(3) 손해배상청구권 : 채무불이행으로 인한 손해배상, 즉 지연배상(지연이자)은 원본의 이행기를 경과한 후의 1년분에 한한다. 이것은 저당권자의 태만으로 시일이 경과하여 지연이자가 늘어나는 경우, 이를 무제한으로 인정한다면 후순위 저당권자를 비롯한 다른 채권자의 이익을 해치게 되기 때문이다.

(4) 위약금 : 위약금이란 채무불이행시 채무자가 채권자에게 지급할 것을 미리 약정한 금액이다(제398조 4항 참조). 그 등기에 관하여는 명문의 규정이 없으나, 등기하지 않으면 저당권에 의하여 담보되지 않는다는 것이 통설이다.

(5) 저당권실행의 비용 : 저당권의 실행에는 부동산감정비용·경매신청등록설 등의 비용이 든다. 이러한 비용도 저당권에 의하여 담보됨을 본조는 명백히 하고 있다. 따라서 저당권의 실행비용은 등기할 필요가 없으며, 당연히 저당권에 의하여 담보된다. 즉 경매절차가 완결된 경우에는 경매법원이 경매대금에서 그 비용을 공제하는 방법을 취한다.

▣ 핵심판례 ▣

■ [피담보채권의 범위]

양도담보의 채무자가 양도담보권자에 대하여 민법 제360조 단서에 따른 피담보채권의 제한을 주장할 수 있는지 여부(소극)

저당권의 피담보채무의 범위에 관하여 민법 제360조가 지연배상에 대하여는 원본의 이행기일을 경과한 후의 1년분에 한하여 저당권을 행사할 수 있다고 규정하고 있는 것은 저당권자의 제3자에 대한 관계에서의 제한이며 채무자나 저당권설정자가 저당권자에 대하여 대항할 수 있는 것이 아니고, 민법 제360조가 양도담보의 경우에 준용된다고 하여도 마찬가지로 해석하여야 할 것인 만큼, 양도담보의 채무자가 양도담보권자에 대하여 민법 제360조에 따른 피담보채권의 제한을 주장할 수는 없는 것이다(1992. 5. 12. 제1부 판결, 90다8855 청산금반환).

◆ 저당권을 피담보채권과 분리하여 처분하는 것의 금지

제 361 조【저당권의 처분제한】

저당권은 그 담보한 채권과 분리하여 타인에게 양도하거나 다른 채권의 담보로 하지 못한다.

■ § 361. 저당권의 처분

- 저당권은 피담보채권에서 분리하여 타인에게 양도하거나 다른 채권의 담보로 하지 못한다.
- 관련법조 : [저당권의 부종성] §356, §357, §359

저당권은 주된 채권의 경제적 목적을 위하는 수단이 되고 저당권으로 담보된 채권이 성립되지 않으면 저당권도 성립되지 않으며, 그 채권이 변제로 소멸하면 저당권도 소멸하고, 또 담보된 채권이 이전되면 저당권도 이에 수반하여 이전되는 것이다. 따라서 저당권도 주된 권리인 피담보채권과 그 운명을 같이하는 것이다. 그래서 민법은 담보물권의 부종성을 철저히 하기 위하여 담보된 채권과 분리하여 타인에게 양도하거나 채권의 담보로 하는 것은 금하였다. 따라서 민법상 저당권을 양도하거나 다른 채권의 담보로 하려면 반드시 그 담보된 채권과 함께 해야 한다. 저당권만의 양도를 목적으로 하는 계약은 무효이며 피담보채권만 양도하면 양수인은 무담보채권을 양수한 것이 되고 저당권은 소멸한다는 것이 통설과 판례의 태도이다.

▣ 핵심판례 ▣

■ 저당권부 채권의 양도시 저당권 이전에 관한 물권적 합의가 채무자나 물상보증인 사이에까지 있어야 하는지 여부

저당권은 피담보채권과 분리하여 양도하지 못하는 것이어서 저당권부 채권의 양도는 언제나 저당권의 양도와 채권양도가 결합되어 행해지므로 저당권부 채권의 양도는 민법 제186조의 부동산 물권변동에 관한 규정과 민법 제449조 내지 제452조의 채권양도에 관한 규정에 의해 규율되므로 저당권의 양도에 있어서도 물권변동의 일반원칙에 따라 저당권을 이전할 것을 목적으로 하는 물권적 합의와 등기가 있어야 저당권이 이전된다고 할 것이나, 이때의 물권적 합의는 저당권의 양도·양수받는 당사자 사이에 있으면 족하고 그 외에 그 채무자나 물상보증인 사이에까지 있어야 하는 것은 아니라 할 것이고, 단지 채무자에게 채권양도의 통지나 이에 대한 채무자의 승낙이 있으면 채권양도를 가지고 채무자에게 대항할 수 있게 되는 것이다(대판 2005. 6. 10, 2002다15412).

◆ 저당권자가 저당권설정자에게 저당물의 보충을 요구할 수 있는 경우

제 362 조【저당물의 보충】

저당권설정자의 책임있는 사유로 인하여 저당물의 가액이 현저히 감소된 때에는 저당권자는 저당권설정자에 대하여 그 원상회복 또는 상당한 담보제공을 청구할 수 있다.

■ § 362. 담보물 보충청구권

- 저당권설정자의 책임있는 사유로 인하여 저당권의 가액이 현저히 감소한 때에는 저당권자는 설정자에 대하여 그 원상회복 또는 상당한 담보제공을 청구할 수 있다.
- 이 청구권을 행사하는 경우에는 손해배상청구나 기한의 이익의 상실에 의한 즉시변제청구는 할 수 없다.
- 관련법조 : [담보물손상, 감소, 멸실] §388-1, [저당권 침해] §370, §214

본조는 저당권의 침해에 대한 구제방법 중 하나인 저당권자의 저당물에 관한 보충청구권에 관한 규정이다.

저당권설정자의 책임있는 사유로 인하여 저당권의 가액이 현저히 감소한 때에는 저당권자는 설정자에 대하여 그 원상회복 또는 상당한 담보제공을 청구할 수 있다. 이 청구권을 행사하는 경우에는 손해배상청구권이나, 기한이익의 상실에 의한 즉시 변제청구권은 행사하지 못한다는 것이 통설이다(이설없음).

• 저당권의 침해에 대한 구제방법

(1) 물권적 청구권	① 침해행위의 제거·예방의 청구 : 저당권자는 물권에 기하여 그 의 침해가 있을 때에는 그 제거나 예방을 청구할 수 있다(§370, §214). 저당권의 침해가 있는 한 비록 목적부동산의 교환가치가 피담보채권을 만족시킬 수 있는 것이라도 발생한다(통설). 다만 저당권자는 목적물을 점유하지 않기 때문에 반환청구권은 부정된다. ② 유해등기의 말소청구 ③ 저당목적물의 일부의 강제집행에 대한 제3자 이의의 소

(2) 손해배상 청구권	손해배상청구권이 발생하는 것은 목적물의 침해로 저당권자가 채권의 완전한 만족을 얻을 수 없게 된 때이다. 손해액의 산정시기는 저당권의 실행을 기다릴 필요없이 그 이전이더라도 불법행위 후 곧 손해배상을 청구할 수 있다(통설).
(3) 채무자에 대한 특별효과	① 담보물보충청구권 : 저당권설정자의 책임있는 사유로 인하여 저당권의 가액이 현저히 감소한 때에는 저당권자는 설정자에 대하여 그 원상회복 또는 상당한 담보제공을 청구할 수 있다(§362). 이 청구권을 행사하는 경우에는 손해배상청구나 기한의 이익의 상실에 의한 즉시변제청구는 할 수 없다(이설없음). ② 기한의 이익의 상실 : 채무자가 담보를 손상감소 또는 멸실하게 한 때에는 기한의 이익을 잃는다(§388). 따라서 저당권자는 곧 변제를 청구할 수 있고 저당권을 실행할 수 있게 된다.

* 위 도표에서 (1), (2)는 제3자의 침해의 경우이고, 채무자의 침해에 대한 구제방법은 (1), (2), (3) 모두 포함된다. 다만, (3)의 담보물보충청구권의 경우에 채무자와 저당권설정자가 다를 때에는 저당권설정자에 대한 구제방법이 된다.

▣ 핵심판례 ▣

■ **저당부동산에 대한 점유가 저당권을 침해한다고 볼 수 있는지 여부**

저당부동산에 대한 점유가 저당부동산의 본래의 용법에 따른 사용·수익의 범위를 초과하여 그 교환가치를 감소시키거나, 점유자에게 저당권의 실현을 방해하기 위하여 점유를 개시하였다는 점이 인정되는 등 그 점유로 인하여 정상적인 점유가 있는 경우의 경락가격과 비교하여 그 가격이 하락하거나 경매절차가 진행되지 않는 등 저당권의 실현이 곤란하게 될 사정이 있는 경우에는 저당권의 침해가 인정될 수 있다(대판 2005. 4. 9, 20053243).

◈ 저당권자가 그 채권의 변제를 받기 위한 경매청구

제 363 조 【저당권자의 경매청구권, 경매인】

① 저당권자는 그 채권의 변제를 받기 위하여 저당물의 경매를 청구할 수 있다.

② 저당물의 소유권을 취득한 제3자도 경매인이 될 수 있다.

■ § 363. 경 매

- 담보권실행경매……민사집행법 제3편
- 경매절차 : ① 경매의 신청. ② 경매개시
  ③ 경매. ④ 경락허가결정
  ⑤ 경락대금의 배당. ⑥ 재경매
- 경락의 효과 : ① 경락인의 권리취득
  ② 경매목적물 위에 다른 권리로서 경매인의 권리보다 후에 등기된 권리는 경락대금의 완납으로 소멸한다.
  ③ 경매의 하자-절차상의 하자 치유, 실체법상의 하자 있어도 경락대금완납하면 소유권 취득가능
- 관련법조 : 민사집행법 §264~§268, 광업 §36, 수산업 §26

1. 담보권실행경매

담보권실행경매는 민사집행법에서 규정하고 있다.

민사집행법상 경매는 확정판결 등 집행권원에 기초하여 하는 강제경매와 질권·저당권 등 담보권에 기초하여 하는 담보권실행경매로 나뉘고, 후자에 관해서는 민사집행법 제3편(담보권실행 등을 위한 경매) 제264조~제268조가 이를 규율한다.

민사집행법에서 담보권실행경매를 새로 규정하면서 용어도 바뀌었다. 즉, 경매 또는 경락은 매각으로, 경매기일은 매각기일로, 최저경매가격은 최저매각가격으로, 경락기일은 매각결정기일로, 경락대금은 매각대금으로, 경락허가는 매

각허가로, 경락인은 매수인으로, 재경매는 재매각으로, 과잉경매는 과잉매각으로 바뀌었다.

강제경매는 공권력에 의하여 확정된 채권의 실현을 국가의 힘에 의하여 하게 되는데 대하여, 담보권실행경매는 저당권설정계약에 의하여 저당권자에게 주어진 환가권의 실행을 국가가 대신 행한다는 점에서 양자는 다르다. 강제경매는 집행권원에 의하여 경매가 되므로 경매절차가 끝나면 채권의 소멸·부존재 등 실체법상의 권리에 하자가 있더라도 경락의 효과에 영향이 미치지 않는다(공신적 효과). 이에 대하여 담보권실행경매의 경우는 경매절차에 관한 하자는 경매절차의 종료로 치유되나, 실체법상의 하자가 있는 때에는 그 경매절차가 진행하는 동안에 이를 다투어서 절차를 정지시키거나 취소케 하여야 하며, 그러한 방법을 취하지 않고 있는 동안에 경락허가결정이 확정되고 경락인이 대금을 완납한 뒤에는 채무자는 경락인의 소유권취득을 다루지 못한다.

2. 저당권실행의 요건

피담보채권이 존재하고, 또한 이행기가 도래하고 있어야 한다. 이 두가지 요건으로 충분하다. 제3취득자에 대한 통지는 요건이 아니다. 다만, 제3취득자에 대하여 목적물 압류를 통지하지 아니하면, 압류 후의 과실취득권을 가지고 그 자에게 대항하지 못한다(제359조 단서). 이행기도래 전의 경매신청도 경락허가결정이 확정되기까지 이행기가 도래하게 되면 이러한 하자도 치유된다는 것이 통설(곽윤직, 최식, 김증한)·판례의 입장이다.

3. 경락의 효과(경락허가결정의 효력)

(1) 경락인의 권리취득

경락의 효과로서 경락인은 경매의 목적이었던 권리를 취득한다. 그 권리의 취득시기는 경락대금을 완납한 때이다(민집 제135조, 제268조). 이것은 경매효과의 확실을 기하기 위함이며 이때의 물권변동은 등기없이 그 효력이 발생한다(제187조).

(2) 경매목적물 위의 다른 권리

목적물 위에 존재하는 권리로서 경매인의 권리보다 후에 등기된 권리는 경락대금의 완납으로 소멸한다. 다만 저당권은 경매인의 권리보다 먼저 등기된 것도 소멸한다. 그러나 유치권자는 그 유치적 효력을 잃지 않으므로 경락인은 유치권자에게 변제하지 않으면 경매목적물의 인도를 받을 수 없다.

(3) 경매의 하자

경락허가결정이 확정되면 절차상의 하자는 치유되며, 실체법상의 하자(즉, 채권·저당권의 무효·소멸·부존재 등)가 있었더라도 경락허가결정이 확정되어 경락인이 대금을 완납한 뒤에는 채무자는 경락인의 소유권취득을 다투지 못함은 기술한 바와 같다(대판 1978. 10. 10. 78다910, 공보④1979, 11551).

▣ 핵심판례 ▣

■ [저당권자의 경매청구권, 경매인]

1. 양도담보권자가 제3채권자에게 그 담보목적물을 다시 양도담보로 제공하는 것이 담보권의 실행인지의 여부

양도담보에 있어서 채권자의 담보권 실행은 당사자의 약정에 따라 환매처분을 하거나 평가하여 정산을 하는 것이므로 채권자가 그 담보목적물을 제3채권자에게 다시 양도담보로 제공하는 것은 담보권의 이용 내지 활용일 뿐 담보권의 실행은 아니다(1981. 1. 27. 제4부 판결, 80다1138 소유권이전등기말소등).

2. 후순위저당권의 실행으로 목적부동산이 경락되어 그 선순위저당권이 함께 소멸한 경우 후순위저당권자에게는 대항할 수 있는 임차권의 효력

후순위저당권의 실행으로 목적부동산이 경락되어 그 선순위저당권이 함께 소멸한 경우 비록 후순위저당권자에게 대항할 수 있는 임차권이더라도 소멸된 선순위저당권보다 뒤에 등기되었거나 대항력을 갖춘 임차권은 함께 소멸하므로 이와 같은 경우의 경락인은 주택임대차보호법 제3조에서 말하는 임차주택의 양수인 중에 포함되지 않는다고 할 것이고, 따라서 임차인은 경락인에 대하여 그 임차권의 효력을 주장할 수 없다(대판 1990. 1. 23, 89다카33043).

3. 임의경매절차에서 신청채권자가 청구금액을 확정할 수 있는지 여부(소극)

담보권 실행을 위한 경매절차에서 신청채권자가 경매신청서에 피담보채권 중 일부만을 청구금액으로 기재하여 경매를 신청하였을 경우에는 다른 특별한 사정이 없는 한 신청채권자가 당해 경매절차에서 배당을 받을 금액은 기재된 채권액을 한도로 확정되고, 그 후 신청채권자가 채권계산서를 제출하는 방법에 의하여 청구금액을 확장할 수 없다(대판 1997. 2. 28, 99마5143).

4. 부동산경매절차에서 부동산을 매수하려는 사람이 매수대금을 자신이 부담하면서 다른 사람의 명의로 매각허가결정을 받기로 약정하여 그에 따라 매각허가가 이루어진 경우, 경매 목적 부동산의 소유권을 취득하는 자(=명의인) 및 매수대금의 실질적 부담자와 명의인 간에 명의신탁관계가 성립하는지 여부(적극)

부동산경매절차에서 부동산을 매수하려는 사람이 매수대금을 자신이 부담하면서 다른 사람의 명의로 매각허가결정을 받기로 그 다른 사람과 약정함에 따라 매각허가가 이루어진 경우 그 경매절차에서 매수인의 지위에 서게 되는 사람은 어디까지나 그 명의인이므로 경매 목적 부동산의 소유권은 매수대금을 실질적으로 부담한 사람이 누구인가와 상관없이 그 명의인이 취득한다고 할 것이고, 이 경우 매수대금을 부담한 사람과 이름을 빌려 준 사람 사이에는 명의신탁관계가 성립한다(대법원 2005. 4. 29. 선고 2005다664 판결).

5. 경매개시절차 개시 전의 근저당권자가 별도로 배당요구를 하지 않은 경우, 배당에서 제외되는지 여부(소극)

부동산을 목적으로 하는 담보권의 실행을 위한 경매절차에서 그 개시 전의 근저당권자는 민사소송법 제728조에 의하여 준용되는 같은 법 제605조에 의한 배당요구를 하지 않았더라도 당연히 배당요구를 한 것과 동일하게 취급되므로, 그러한 근저당권자가 배당요구를 하지 아니하였다 하여도 배당에서 제외하여서는 아니된다(대법원 1996. 5. 28. 선고 95다34415 판결).

◆ 저당부동산에 대하여 소유권, 지상권 또는 전세권을 취득한 제3자의 변제

제 364 조【제3취득자의 변제】

저당부동산에 대하여 소유권, 지상권 또는 전세권을 취득한 제3자는 저당권자에게 그 부동산으로 담보된 채권을 변제하고 저당권의 소멸을 청구할 수 있다.

■ § 364. 제3취득자의 변제

- 피담보채권의 변제
- 저당권 소멸(소유권 보전)
- 채무자에게 상환을 청구함
- 관련법조 : [부동산으로 담보된 채권] §360, [제3자의 채무변제] §469

본조는 저당부동산에 대한 제3취득자는 저당권자에게 그 부동산으로 담보된 채권을 변제하고 저당권의 소멸을 청구할 권리가 있음을 규정한 것이다.

저당부동산에 대하여 소유권이나 지상권 또는 전세권을 취득한 제3자가 저당권자에게 부동산으로 담보된 채권을 변제하고 저당권의 소멸을 청구할 수 있는 것이다(제333조 2항, 제367조, 제369조, 제481조~제485조 참조). 이는 저당권자의 담보가치의 실현에 지장을 주지 않고 동시에 제3자 취득자의 지위를 보호하려는 것으로서 제469조의 경우보다 한층 더 강력한 보호를 하고 있는 것이다.

<참고사항>

*제3취득자의 보호

1. 제3취득자의 의의

   저당권이 설정된 후 저당목적물의 소유권 또는 지상권이나 전세권을 취득한 자

2. 제3취득자의 지위

   제3취득자는 저당권이 설정되어 있더라도 소유권 또는 지상권이나 전세권 등 권리를 취득하고 또 목적물을 용익하는데 전혀 제한을 받지 않는다. 그러나 저당권이 실행되면 제3취득자는 소유권을 상실하거나 지상권, 전세권을 잃게된다.

3. 제3취득자의 보호

(1) 경매인이 될 수 있는 지위(제363조 2항)

저당부동산의 제3취득자는 저당권을 실행하는 경매에 참가하여 경매인이 될 수 있다. 이는 주의적인 규정이다.

(2) 제3취득자의 변제권(제364조)

저당부동산에 소유권, 지상권, 전세권을 취득한 자는 저당권자에게 그 부동산으로 담보된 채권을 변제하고 저당권의 소멸을 청구할 수 있다(제364조). 그런데 제3취득자는 저당목적물에 대한 이해관계 있는 제3자이므로 채무자의 의사에 반하여 제3자 변제가 가능하다(제469조). 제469조에 의해 변제하면 제3취득자는 채무자의 모든 채무를 변제하여야 하나 제364조에 의해 변제할 경우에는 제360조가 정한 피담보채권의 범위만 변제하면 된다. 따라서 지연이자는 1년 분에 한하여 변제하면 된다(제360조 단서).

4. 제3취득자 변제의 효과

(1) '소멸을 청구할 수 있다'는 규정의 의미

피담보채권이 변제로 소멸하면 저당권은 부종성에 의해 당연히 소멸하므로 소멸청구는 무의미하다는 것이 통설.

(2) 변제자의 법정대위(제482조 1항)

제3취득자가 채무자 대신 변제하면 채무자에 대해서 구상권이 발생한다. 제3취득자는 변제할 정당한 이익이 있는 자에 해당하므로 자신의 구상권을 확보하기 위하여 종전 채권자의 권리를 법률의 규정에 의해 당연히 이전받아 채무자에게 행사할 수 있다(법정대위). 그런데 이는 제3취득자가 지상권자나 전세권자일 때만 적용되는 것으로 보아야 한다.

▣ 핵심판례 ▣

■ [제3취득자의 변제]

1. 담보부동산의 제3취득자가 피담보채무의 대위변제시 법정대위권을 포기한 것으로 본 사례

근저당권의 실행으로 인하여 소유권을 상실할 위험성이 내포되어 있는 부동산을 매수하는 제3취득자로서는 특별한 사정이 없는 한 매도인과 위 근저당채무의 처리에 관하여 그 매매대금의 결정이나 지급방법 등에서 어떠한 형태로든지 계산을 끝내고 이를 인수하는 뜻에서 그 부동산의 소유권을 취득하였다고 보는 것이 보통거래에 있어서의 경험칙에 합치되고, 한편 담보부동산의 제3취득자가 피담보채무를 변제했을 때에는 구상권을 취득하는 것이지만 매도인으로부터 피담보채무의 이행을 인수한 경우에는 구상권이 생기지 않는 것인바, 공동 근저당의 목적이 된 부동산을 모두 합한 가격이 그 피담보채권액에는 물론 채권최고액에도 크게 미달하여 그 중 일부 부동산을 매수한 제3취득자로서는 위 근저당권이 실행되는 경우 그 부동산의 소유권을 상실할 뿐만 아니라 그 경락대금에서 근저당채무액 내지 채권최고액에 충당하면 남는 돈이 없음이 충분히 예견되는 상황 아래에서 제3취득자가 근저당권자에게 그 부동산의 감정가액 안팎의 돈으로 근저당채무의 일부를 대위변제하는 대신 근저당권자는 그 부동산에 대한 근저당권을 포기하여 주었다면, 특단의 사정이 없는 한 이후 나머지 공동 근저당부동산에 대한 근저당권의 실행에 의한 경락대금에서 제3취득자가 대위변제자로서 근저당권자와 함께 우선변제를 받을 권리가 있더라도 그 행사를 포기하기로 하는 명시 또는 묵시의 합의가 당사자 사이에서 이루어졌다고 봄이 상당하다(1989. 11. 28. 제2부 판결, 88다카4444 부당이득금반환).

2. 담보목적물의 제3취득자와 같은 지위에 있다고 인정한 사례

소외인이 원고 소유이던 부동산에 관하여 가등기 및 소유권이전등기를 경료하고 이어 피고공사 앞으로 근저당권설정등기를 하였는데, 그후 원고와 위 소외인 간의 전시 가등기 및 본등기에 관한 말소청구소송에서 위 소외인은 원고로부터 일정한 금원을 수령함과 상환으로 그 명의의 전시가등기와 본등기를 말소하되 동 소외인은 피고 공사 앞으로 된 근저당권설정등기의 말소등기절차가 이행되도록 조치하며 원고가 만일 위 금원지급을 이행치 않을 때에는 본등기 부동산은 위 소외인의 소유로 확정되고 원고가 이를 인도한다는 내용의 재판상의 화해를 하였고 그후 위 근저당권설정등기는 그대로 존속한 채 소외인 명의의 가등기와 본등기만이 위 법정화해가 원인이 되어 말소된 경우 원고는 결국 피고 공사와의 관계에 있어서는 담보목적 부동산의 제3취득자와 같은 지위에 있다(대법원 1979. 8. 21. 선고 79다783 판결).

3. 매수인이 매매목적물에 관한 근저당권의 피담보채무 중 일부만을 인수하였는데 매도인은 자신이 부담하는 피담보채무를 모두 이행한 반면 매수인은 인수한 부분을 이행하지 않음으로써 근저당권이 실행되어 매수인이 취득한 소유권을 잃게 된 경우, 매도인은 민법 제576조 소정의 담보책임을 부담하게 되는지 여부(소극)

매매의 목적이 된 부동산에 설정된 저당권의 행사로 인하여 매수인이 취득한 소유권을 잃은 때에는 매수인은 민법 제576조 제1항의 규정에 의하여 매매계약을 해제할 수 있지만, 매수인이 매매목적물에 관한 근저당권의 피담보채무를 인수하는 것으로 매매대금의 지급에 갈음하기로 약정한 경우에는 특별한 사정이 없는 한, 매수인으로서는 매도인에 대하여 민법 제576조 제1항의 담보책임을 면제하여 주었거나 이를 포기한 것으로 봄이 상당하므로, 매수인이 매매목적물에 관한 근저당권의 피담보채무 중 일부만을 인수한 경우 매도인으로서는 자신이 부담하는 피담보채무를 모두 이행한 이상 매수인이 인수한 부분을 이행하지 않음으로써 근저당권이 실행되어 매수인이 취득한 소유권을 잃게 되더라도 민법 제576조 소정의 담보책임을 부담하게 되는 것은 아니다(대법원 2002. 9. 4. 선고 2002다11151 판결).

4. 저당부동산의 제3취득자가 피담보채무를 인수한 경우 민법 제364조를 적용할 수 있는지 여부(소극) 및 저당권설정자와 제3취득자가 매매계약을 체결하면서 매매대금에서 피담보채무를 공제한 잔액을 수수한 경우 제3취득자가 피담보채무를 인수한 것으로 보아 민법 제364조 소정의 저당권소멸청구권을 상실하는지 여부(소극)

저당부동산의 제3취득자가 피담보채무를 인수한 경우에는 그 때부터는 제3취득자는 채권자에 대한 관계에서 채무자의 지위로 변경되므로 민법 제364조의 규정은 적용될 여지가 없을 것이다. 다만, 민법 제364조를 둔 취지가, 저당권설정자가 제3취득자로부터 매매목적물의 대가 전액을 받고서도 저당권자에 대한 피담보채무를 변제하지 않는 경우에 저당권의 실행으로 말미암아 제3취득자의 권리가 상실될 위험이 있으므로, 제3취득자로 하여금 대가 전액을 저당권설정자에 대하여 지급하고 다시 저당권설정자가 그 피담보채무를 변제하게 할 것이 아니라 저당권자에게 직접 담보된 채권을 변제하도록 하게 함으로써 제3취득자의 보호를 도모하고자 한 것이라는 점을 감안해 볼 때, 저당부동산에 관한 매매계약을 체결하는 당사자 사이에 매매대금에서 피담보채무 또는 채권최고액을 공제한 잔액만을 현실로 수수하였다는 사정만을 가지고 언제나 매수인이 매도인의 저당채권자에 대한 피담보채무를 인수한 것으로 보아 제3취득자는 채권자에 대한 관계에서 제3취득자가 아니라 채무자와 동일한 지위에 놓이게 됨으로써 저당부동산의 제3취득자가 원래 행사할 수 있었던 저당권소멸청구권을 상실한다고 볼 수는 없고, 오히려 이러한 매매대금 지급방법상의 약정은 다른 특별한 사정이 없는 한 매매당사자 사이에서는 매수인이 피담보채무 또는 채권최고액에 해당하는 매매대금 부분을 매도인에게 지급하는 것이 아니라 채권자에게 직접 지급하기로 하여 그 매매목적 부동산에 관한 저당권의 말소를 보다 확실하게 보장하겠다고 하는 취지로 그런 약정을 하게 된 것이라고 볼 것이다(대법원 2002. 5. 24. 선고 2002다7176 판결).

5. 저당권설정자의 물상보증인으로부터 저당부동산을 취득한 제3취득자가 저당권이 실행됨으로써 소유권을 상실한 경우, 채무자에 대한 구상권의 성부(적극)

타인의 채무를 담보하기 위하여 저당권을 설정한 부동산의 소유자(물상보증인)로부터 소유권을 양수한 제3자는 채권자에 의하여 저당권이 실행되게 되면 저당부동산에 대한 소유권을 상실한다는 점에서 물상보증인과 유사한 지위에 있다고 할 것이므로, 물상보증의 목적물인 저당부동산의 제3취득자가 채무를 변제하거나 저당권의 실행으로 저당물의 소유권을 잃은 때에는 물상보증인의 구상권에 관한 민법 제370조, 제341조의 규정을 유추적용하여 보증채무에 관한 규정에 의하여 채무자에 대한 구상권이 있다(대법원 1997. 7. 25. 선고 97다8403 판결).

◈ 저당토지 위의 건물에 대한 일괄경매청구권

제 365 조【저당지상의 건물에 대한 경매청구권】

토지를 목적으로 저당권을 설정한 후 그 설정자가 그 토지에 건물을 축조한 때에는 저당권자는 토지와 함께 그 건물에 대하여도 경매를 청구할 수 있다. 그러나 그 건물의 경매대금에 대하여는 우선 변제를 받을 권리가 없다.

■ § 365. 저당지상의 건물에 대한 일괄경매청구권

- 저당지상의 건물에 대한 경매청구권이 인정되나 그 건물의 경매대금에서 우선 변제받을 권리는 없다.
- 관련법조 : 공장 및 광업재단 저당법 §24①

1. 의 의

본조는 저당권을 설정한 후 그 저당지 위에 설정자가 건물을 축조한 경우에 저당권자의 건물에 대한 경매청구권을 규정한 것이다.

건물은 우리 민법상 독립한 부동산이기 때문에 토지에 대한 저당권은 원칙적으로 건물에 미치지 아니한다. 그러나 토지를 목적으로 하는 저당권을 설정한 후 설정자가 저당토지 위에 건물을 축조한 경우에는 저당권자는 토지와 함께 그 건물에 대하여서도 경매를 신청할 수 있다. 이는 저당권의 실행을 쉽게 하기 위한 것이다.

2. 요 건

(1) 저당권설정 당시 지상에 건물이 없을 것

즉, 건물은 토지에 대해 저당권이 설정된 후에 신축된 것이어야 한다. 따라서 저당권설정 당시에 건물의 존재가 예측되고 또한 당시 사회경제적 관점에서 그 가치의 유지를 도모할 정도로 건물의 축조가 진행되어 있는 경우에는 일괄경매청구권이 인정되지 않는다(대판 1987. 4. 28. 86다카2856). 이러한 경우에는 법정지상권의 인정여부만이 문제된다. 한편, 토지와 그 지상 건물의 소유자가 공동저당권을 설정한 후 건물을 철거하고 그 토지상에 새로이 건물을 축조하여 소유하고 있는 경우에는 건물이 없는 나대지상에 저당권을 설정한 후 그 설정자가 건물을 축조한 경우와 마찬가지로 저당권자는 제365조에 의하여 그 토지와 신축건물의 일괄경매를 청구할 수 있다(대결 1998. 4. 28. 97마2935). 또한 토지에 대해 저당권을 설정할 당시에 이미 건물이 존재하고 있는 경우에는 건물소유자에게 토지용익권이 있거나 제366조의 법정지상권이 인정될 것이므로 본조는 적용되지 않는다.

(2) 저당권설정자가 축조하고 소유하는 건물일 것

그리고 위 건물은 저당권설정자가 축조하여 소유하고 있는 경우에 한한다. 따라서 경매당시에도 여전히 건물이 저당권설정자의 소유일 경우에만 인정되기 때문에 저당권설정자가 건물을 축조한 이후 제3자에게 양도한 경우에는 일괄경매청구권이 부정된다. 다만, 저당권설정자로부터 저당토지에 대한 용익권을 설정받은 자가 그 토지에 건물을 축조한 경우라도 그 후 저당권설정자가 그 건물의 소유권을 취득한 경우에는 저당권자는 토지와 함께 그 건물에 대하여 경매를 청구할 수 있다(대판 2003. 4. 11. 2003다3850).

3. 일괄경매청구권의 행사

일괄경매 청구의 여부는 저당권자의 자유이다. 띠리서 일괄경매의 요건을 갖추었다고 하여도 일괄경매 청구는 의무가 아니므로 토지만에 대한 경매청구도 가능하다(대판 1977.4.26. 77다77). 또한 대지만의 매각대금으로 경매비용과 피담보채권을 변제하는데 충분하다 하더라도 일괄경매 청구는 적법하다. 즉 민사집행법상의 과잉경매가 아니다(민집 제124조).

4. 일괄경매의 효력

건물에 대해서는 우선변제권이 없다. 토지와 건물은 동일한 경락인에게 경락되어야 한다. 동조의 취지가 대지사용권 없는 건물을 보호하기 위한 것이기 때문이다.

▣ 핵심판례 ▣

■ [저당지상의 건물에 대한 경매청구권]

1. 민법 제365조에 기한 일괄경매청구권을 설정한 후 그 저당권설정자가 건물을 축조하여 소유하고 있는 경우에 한하는지 여부

민법 제365조가 토지를 목적으로 한 저당권을 설정한 후 그 저당권설정자가 그 토지에 건물을 축조한 때에는 저당권자가 토지와 건물을 일괄하여 경매를 청구할 수 있도록 규정한 취지는, 저당권은 담보물의 교환가치의 취득을 목적으로 할 뿐 담보물의 이용을 제한하지 아니하여 저당권설정자로서는 저당권설정 후에도 그 지상에 건물을 신축할 수 있는데, 후에 그 저당권의 실행으로 토지가 제3자에게 경락될 경우에 건물을 철거하여야 한다면 사회경제적으로 현저한 불이익이 생기게 되어 이를 방지할 필요가 있으므로 이러한 이해관계를 조절하고, 저당권자에게도 저당토지상의 건물의 존재로 인하여 생기게 되는 경매의 어려움을 해소하여 저당권의 실행을 쉽게 할 수 있도록 한데에 있다고 풀이되며, 그러한 규정취지에 비추어보면 민법 제365조에 기한 일괄경매청구권은 저당권설정자가 건물을 축조하여 소유하고 있는 경우에 한한다고 봄이 상당하다(1994. 1. 24. 제3부 판결, 93마1736 부동산경매개시결정에 대한 이의).

2. 저당권설정당시에 저당목적물인 토지상에 건물의 축조가 진행되어 있던 경우 민법 제365조의 적용가부

민법 제365조는 저당권설정자가 저당권을 설정한 후 저당목적물인 토지상에 건물을 축조함으로써 저당권의 실행이 곤란하여지거나 저당목적물의 담보가치의 하락을 방지하고자 함에 그 규정취지가 있다고 할 것이므로, 저당권설정 당시에 건물의 존재가 예측되고 또한 당시 사회경제적 관점에서 그 가치의 유지를 도모할 정도로 건물의 축조가 진행되어 있는 경우에는 위 규정은 적용되지 아니한다(대법원 1987.4.28. 선고 86다카2856 판결).

3. 민법 제365조 소정의 일괄경매청구권의 취지 및 저당권설정자로부터 저당토지에 대한 용익권을 설정받은 자에 의하여 축조된 건물의 소유권을 저당권설정자가 취득한 경우 일괄경매청구가 허용되는지 여부(적극)

민법 제365조가 토지를 목적으로 한 저당권을 설정한 후 그 저당권설정자가 그 토지에 건물을 축조한 때에는 저당권자가 토지와 건물을 일괄하여 경매를 청구할 수 있도록 규정한 취지는, 저당권은 담보물의 교환가치의 취득을 목적으로 할 뿐 담보물의 이용을 제한하지 아니하여 저당권설정자로서는 저당권설정 후에도 그 지상에 건물을 신축할 수 있는데, 후에 그 저당권의 실행으로 토지가 제3자에게 경락될 경우에 건물을 철거하여야 한다면 사회경제적으로 현저한 불이익이 생기게 되어 이를 방지할 필요가 있으므로 이러한 이해관계를 조절하고, 저당권자에게도 저당토지상의 건물의 존재로 인하여 생기게 되는 경매의 어려움을 해소하여 저당권의 실행을 쉽게 할 수 있도록 한 데에 있다는 점에 비추어 볼 때, 저당지상의 건물에 대한 일괄경매청구권은 저당권설정자가 건물을 축조한 경우뿐만 아니라 저당권설정자로부터 저당토지에 대한 용익권을 설정받은 자가 그 토지에 건물을 축조한 경우라도 그 후 저당권설정자가 그 건물의 소유권을 취득한 경우에는 저당권자는 토지와 함께 그 건물에 대하여 경매를 청구할 수 있다(대법원 2003. 4. 11. 선고 2003다3850 판결).

◆ 지상권이 설정된 것으로 억제되는 경우

제 366 조【법정지상권】

저당물의 경매로 인하여 토지와 그 지상건물이 다른 소유자에 속한 경우에는 토지소유자는 건물소유자에 대하여 지상권을 설정한 것으로 본다. 그러나 지료는 당사자의 청구에 의하여 법원이 이를 정한다.

■ § 366. 법정지상권

- 성립요건 : ① 저당권설정 당시의 건물의 존재
  ② 저당권설정 당시의 소유자의 동일성
  ③ 저당권의 설정
  ④ 경매로 소유자가 달라질 것
  ⑤ 특약의 배제(강행규정)
- 성립시기와 등기 : ① 성립시기-토지 또는 그 지상건물의 경매로 그 소유권이 경락인에게 이전하는 때
  ② 등기없이 효력이 생기나 등기없이는 이를 처분하지 못한다.
- 법정지상권의 내용 : ① 건물로서 이용하는데 필요한 한도에서 대지 이외의 부분에도 미친다.
  ② 지료는 당사자의 협의에 의해서 결정하게 되나 협의가 성립하지 못하는 때에는 당사자의 청구로 법원이 이를 정한다.
- 관련법조 : [법정지상권의 다른 경우] 공장 및 광업재단 저당 §24①, 입목 §6

1. 의 의

저당물의 경매로 인하여 토지와 그 지상건물이 다른 소유자에 속한 경우에는 토지소유자는 건물소유자에 대하여 지상권을 설정한 것으로 본다. 이와 같이 저당권실행의 결과 건물소유자를 위하여 법률상 당연히 발생하는 지상권을 법정지상권이라고 한다. 이러한 법정지상권이 인정되는 경우는 위와 같은 저

당권의 경우 외에 전세권의 경우(제305조)와 특별법상의 가등기 담보의 경우(가등기담보 등에 관한 법률 제10조), 그리고 입목저당의 경우(입목에 관한 법률 제6조)가 있다. 또한 판례에 의해 인정되는 관습법상의 법정지상권 등이 있다. 이 중 가장 빈번히 발생하고 중요한 것이 저당권 실행의 경우 발생하는 법정지상권이다. 여기서는 이를 중심으로 살펴보기로 한다.

2. 제도의 이론적 근거

이 제도는 저당권 실행의 결과에 의하여 발생한 건물의 이용권과 토지소유권과의 대립을 조정하려는 것이며, 건물의 존재를 보전하려는 국민경제상의 필요에서 인정되어진 것이다.

원래 우리나라에서 토지와 건물을 별개의 물건으로 취급되고 별개로 거래된다. 그러나 건물은 그 성질상 토지의 이용관계를 동반하지 아니하고는 존립할 수 없는 것이다.

따라서 건물이 거래된 때에는 그 건물은 토지이용권을 수반하는 것으로 보아야 하고, 또한 건물이 있는 토지가 거래된 경우, 그 토지는 건물을 위한 이용권에 의하여 제한된 것으로 보아야 한다.

이와 같이 토지 위에 건물이 존재하는 때에는 토지소유권의 내용을 그 잠재적 관계에 있어서 건물이용을 위한 법익과 기타의 법익으로 분리된 것으로 생각할 수 있다.

물론 토지와 건물이 동일인의 소유인 이상, 이 관계를 현실화하여 분리할 필요는 없다. 또 당사자의 합의에 의하여 그 일방이 양도된 때에는 당사자 스스로 이용권을 설정함으로써 이를 현실화할 수 있는 것이기 때문에, 여기에 법률의 간섭을 가할 필요는 없다.

그러나 토지나 건물의 일방이 저당에 들어가고 그 결과 각각 별개의 소유자에게 속하게 된 경우에는 상술한 잠재적 이용관계를 현실화할 필요가 절실함에도 불구하고 당사자에게는 그렇게 할 기회가 없다. 왜냐하면 저당권설정당시에는 토지와 건물이 동일인에게 귀속한 이상, 건물을 위한 이용권을 설정하는 것은 민법상 불가능하고, 또 경매로 인하여 토지와 건물이 별개의 소유자에게 귀속하게 된 때에는 당사자 사이에서 이용권을 설정하는 것은(설령 이론상 가능하다 하더라도) 사실상 거의 불가능하기 때문이다.

그리하여 민법은 전술한 바의 잠재적 이용관계를 법률상 당연히 현실화하는 것으로 규정한 것이다.

이상이 법정지상권이란 제도를 인정한 이론적 근거이다. 그리고 이 원리를 미루어 생각해보면, 동일인에게 속한 토지와 건물의 하나에만 강제경매가 행해진 경우에도 이 제도가 확장적용되어야 할 것이다.

3. 성립요건

(1) 저당권 설정 당시 건물이 존재할 것

법정지상권이 성립하기 위해서는 첫째, 저당권설정 당시부터 당해 토지 위에 건물이 존재하여야 한다.

건물없이 토지에 저당권이 설정되어 있다가 그 이후에 건물을 세우더라도 법정지상권은 발생되지 않는다(대판 1965. 8. 31. 65다1404, 대판 1971. 9. 28. 71다1238). 지상권의 제한을 받는 토지와 제한을 받지 않는 토지는 그 담보가치에 있어서 심한 차이를 보이는 것이 보통이고, 이러한 경우에 법정지상권을 인정하는 것은 저당권자의 이익을 현저하게 해할 우려가 있기 때문이다. 그러나 법정지상권에 관련된 이 제한은 저당토지의 이용을 방해하는 커다란 장해인 것은 의심의 여지가 없다.

그리하여 토지의 저당권자는 이러한 경우 법정지상권을 승인하든가, 혹은 토지와 건물을 아울러 경매에 부치든가(제365조) 어느 한쪽을 선택하여야 한다는 학설도 있다.

저당권설정당시 저당지상에 존재한 건물이 멸실되어 재축하거나 건물이 낡아서 개축한 경우에도 법정지상권이 성립하는가에 대해서는 통설과 판례는 구건물과 신건물의 동일성을 불문하고 이 경우에도 법정지상권은 성립한다고 한다. 다만 법정지상권의 내용(존속기간, 범위)에 있어 구건물을 기준으로 하여야 하는지 신건물을 기준으로 하여야 하는지에 대해 다툼이 있다. 구건물기준설(통설과 판례)과 신건물기준설(양창수, 이영준)이 그것이다. 신건물을 기준으로 하여 내용을 정한다고 하면 예컨대, 구건물이 견고하지 않은 건물이고 신건물이 견고한 건물인 경우 그 존속기간에 있어서 큰 차이가 있어 저당토지의 담보가치가 차이가 나는 등 저당권자에게 예기치 않은 불이익을 초래할 수 있음을 고려할 때 구건물기준설이 타당하다고 본다. 즉 저당권자는 저당권설정당시의 상태에 구속될 뿐이고, 그 후의 변경된 상태에 따라 불리한 지위에 놓일 이유가 없다.

(2) 토지와 건물이 동일한 소유자에게 속할 것

둘째, 토지와 건물이 저당권설정당시에 동일인에게 귀속하고 있어야 한다.

토지와 건물이 각각 다른 자에게 귀속하는 한 이용관계는 이미 현실화되어 있었을 것이고, 저당권은 이 기초 위에서 성립한 것이기 때문이다.

그러나 설정당시에 동일인에게 속하는 한, 설정 이후에 소유자를 달리하더라도 지장이 없다. 물론 이 경우 어떠한 이용관계가 창설되어 있었을 것이지만 경락의 결과 그 이용관계는 뒤집히고 새로운 법정지상권을 발생시키게 된다.

또 토지 위에 건물이 존재하고 양자가 동일인에게 속하는 것에 관해서는 등기를 필요로 하지 아니한다(대판 1964. 9. 22. 63다62).

(3) 매각 결과 토지 소유자와 건물 소유자가 각각 달라질 것

셋째, 경매로 인한 매각의 결과 토지소유자와 건물소유자가 각각 달라져야 한다. 또 저당권에 의거한 경매뿐만 아니라 법정지상권의 요건을 갖춘 토지 또는 건물을 일반채권자가 강제경매에 부친 경우에도 법정지상권이 성립한다고 해석하여야 한다.

끝으로 법정지상권은 토지와 건물과의 객관적 관계에 의거한 제도이고 당사자의 특약으로 배척할 수 없다고 하는 것이 통설이다.

(4) 법정지상권의 성립 여부가 문제되는 경우

가. 토지에 관한 저당권 설정 당시 토지소유자에 의하여 그 지상에 건물이 건축 중이었던 경우 법정지상권이 성립하는지 여부

민법 제366조의 법정지상권은 저당권 설정 당시 동일인의 소유에 속하던 토지와 건물이 경매로 인하여 양자의 소유자가 다르게 된 때에 건물의 소유자를 위하여 발생하는 것으로서, 토지에 관하여 저당권이 설정될 당시 토지소유자에 의하여 그 지상에 건물을 건축 중이었던 경우 그것이 사회관념상 독립된 건물로 볼 수 있는 정도에 이르지 않았다 하더라도 건물의 규모, 종류가 외형상 예상할 수 있는 정도까지 건축이 진전되어 있었고, 그 후 경매절차에서 매수인이 매각대금을 다 낸 때까지 최소한의 기둥과 지붕 그리고 주벽이 이루어지는 등 독립된 부동산으로서 건물의 요건을 갖추어야 법정지상권의 성립이 인정된다(대판 2004. 2. 13, 2003다29043).

나. 미등기 건물을 대지와 함께 매수하였으나 대지에 관하여만 소유권 이전등기를 넘겨받고 대지에 대하여 저당권을 설정한 후 저당권이 실행된 경우, 민법 제366조 소정의 법정지상권이 성립하는지 여부

민법 제366조의 법정지상권은 저당권 설정 당시에 동일인의 소유에 속하는 토지와 건물이 저당권의 실행에 의한 경매로 인하여 각기 다른 사람의 소유에 속하게 된 경우에 건물의 소유를 위하여 인정되는 것이므로, 미등기 건물은 그 대지와 함께 매수한 사람이 그 대지에 관하여만 소유권 이전등기를 넘겨받고 건물에 대하여는 그 등기를 이전받지 못하고 있다가, 대지에 대하여 저당권을 설정하고 그 저당권의 실행으로 대지가 경매되어 다른 사람의 소유로 된 경우에는, 그 저당권의 설정 당시에 이미 대지와 건물이 각각 다른 사람의 소유에 속하고 있었으므로 법정지상권이 성립될 여지가 없다(대판 2002. 6. 20, 2002다9660).

다. 건물의 등기부상 소유 명의를 타인에게 신탁한 토지소유자가 민법 제366조 소정의 법정지상권을 취득할 수 있는지 여부

건물의 등기부상 소유 명의를 타인에게 신탁한 경우에 신탁자는 제3자에게 그 건물이 자기의 소유임을 주장할 수 없고, 따라서 그 건물과 부지인 토지가 동일인의 소유임을 전제로 한 법정지상권을 취득할 수 없다(대판 2004. 2. 13, 2003다29043).

라. 미등기 건물을 대지와 함께 매도하였으나 대지에 관하여만 매수인 앞으로 소유권 이전등기가 경료된 경우, 관습상의 법정지상권이 성립하는지 여부

관습상의 법정지상권은 동일인의 소유이던 토지와 그 지상건물이 매매 기타 원인으로 인하여 각각 소유자를 달리하게 되었으나 그 건물을 철거한다는 등의 특약이 없으면 건물소유자로 하여금 토지를 계속 사용하게 하려는 것이 당사자의 의사라고 보아 인정되는 것이므로 토지의 점유·사용에 관하여 당사자 사이에 약정이 있는 것으로 볼 수 있거나 토지소유자가 건물의 처분권까지 함께 취득한 경우에는 관습상의 법정지상권을 인정할 까닭이 없다 할 것이어서, 미등기 건물을 그 대지와 함께 매도하였다면 비록 매수인에게 그 대지에 관하여만 소유권 이전등기가 경료되고 건물에 관하여는 등기가 경료되지 아니하여 형식적으로 대지와 건물이 그 소유명의자를 달리하게 되었다 하더라도 매도인에게 관습상의 법정지상권을 인정할 이유가 없다(대판 2002. 6. 20, 2002다9660).

마. 구분소유적 공유관계에 있는 토지의 공유자들이 그 토지 위에 각자 독자적으로 별개의 건물을 소유하면서 그 토지 전체에 대하여 저당권을 설정하였다가 그 저당권의 실행으로 토지와 건물의 소유자가 달라지게 된 경우, 법정지상권의 성립 여부(적극)

공유로 등기된 토지의 소유관계가 구분소유적 공유관계에 있는 경우에는 공유자 중 1인이 소유하고 있는 건물과 그 대지는 다른 공유자와의 내부관계에 있어서는 그 공유자의 단독소유로 되었다 할 것이므로 건물을 소유하고 있는 공유자가 그 건물 또는 토지지분에 대하여 저당권을 설정하였다가 그 후 저당권의 실행으로 소유자가 달라지게 되면 건물소유자는 그 건물의 소유를 위한 법정지상권을 취득하게 되며, 이는 구분소유적 공유관계에 있는 토지의 공유자들이 그 토지 위에 각자 독자적으로 별개의 건물을 소유하면서 그 토지 전체에 대하여 저당권을 설정하였다가 그 저당권의 실행으로 토지와 건물의 소유자가 달라지게 된 경우에도 마찬가지라 할 것이다(대판 2004. 6. 11, 2004다13533).

바. 토지에 관한 저당권 설정 당시 토지소유자에 의하여 그 지상에 건물이 건축 중이었던 경우 그것이 사회관념상 독립된 건물로 볼 수 있는 정도에 이르지 않았다 하더라도 건물의 규모·종류가 외형상 예상할 수 있는 정도까지 건축이 진전되어 있었고, 그 후 경매절차에서 매수인이 매각대금을 다 낸 때까지 최소한의 기둥과 지붕 그리고 주벽이 이루어지는 등 독립된 부동산으로서 건물의 요건을 갖추면 법정지상권이 성립하며, 그 건물이 미등기라 하더라도 법정지상권의 성립에는 아무런 지장이 없는 것이다(대판 2004. 6. 11, 2004다13533).

사. 지상건물이 없는 토지에 관하여 근저당권 설정 당시 근저당권자가 건물의 건축에 동의한 경우 민법 제366조의 법정지상권의 성립 여부

민법 제366조의 법정지상권은 저당권 설정 당시부터 저당권의 목적이 되는 토지 위에 건물이 존재할 경우에 한하여 인정되며, 토지에 관하여 저당권이 설정된 당시 그 지상에 토지소유자에 의한 건물의 건축이 개시되기 이전이었다면, 건물이 없는 토지에 관하여 저당권이 설정될 당시 근저당권자가 토지소유자에 의한 건물의 건축에 동의하였다고 하더라도 그러한 사정이 주관적 사항이고 공시할 수도 없는 것이어서 토지를 낙찰받는 제3자로서는 알 수 없는 것이므로 그와 같은 사정을 들어 법정지상권의 성립을 인정한다면 토지소유권을 취득하려는 제3자의 법적 안정성을 해하는 등 법률관계가 매우 불명확하게 되므로 법정지상권이 성립되지 않는다(대판 2003. 9. 5, 2003다26051).

아. 민법 제366조 소정의 법정지상권은 저당권 설정 당시의 건물과 재건축 또는 신축된 건물 사이에 동일성이 없어도 성립하는지 여부(적극) 및 그 내용인 존속기간·범위 등의 기준(구건물)

민법 제366조 소정의 법정지상권이 성립하려면 저당권 설정 당시 저당권의 목적이 되는 토지 위에 건물이 존재하여야 하는데, 저당권 설정 당시의 건물을 그 후 개축·증축한 경우는 물론이고 그 건물이 멸실되거나 철거된 후 재건축·신축한 경우에도 법정지상권이 성립하며, 이 경우 신건물과 구건물 사이에 동일성이 있거나 소유자가 동일할 것을 요하는 것은 아니라 할 것이지만, 그 법정지상권의 내용인 존속기간·범위 등은 구건물을 기준으로 하여야 할 것이다(대판 2001. 3. 13. 2000다48517,48524,48531).

자. 동일인 소유의 토지와 그 지상 건물에 관하여 공동저당권이 설정된 후 그 건물이 철거되고 다른 건물이 신축된 경우, 저당물의 경매로 인하여 토지와 신축건물이 서로 다른 소유자에게 속하게 되면 민법 제366조 소정의 법정지상권이 성립하는지 여부(소극)

동일인의 소유에 속하는 토지 및 그 지상 건물에 관하여 공동저당권이 설정된 후 그 지상 건물이 철거되고 새로 건물이 신축된 경우에는 그 신축건물의 소유자가 토지의 소유자와 동일하고 토지의 저당권자에게 신축건물에 관하여 토지의 저당권과 동일한 순위의 공동저당권을 설정해 주는 등 특별한 사정이 없는 한 저당물의 경매로 인하여 토지와 그 신축건물이 다른 소유자에 속하게 되더라도 그 신축건물을 위한 법정지상권은 성립하지 않는다고 해석하여야 하는바, 그 이유는 동일인의 소유에 속하는 토지 및 그 지상 건물에 관하여 공동저당권이 설정된 경우에는, 처음부터 지상 건물로 인하여 토지의 이용이 제한 받는 것을 용인하고 토지에 대하여만 저당권을 설정하여 법정지상권의 가치만큼 감소된 토지의 교환가치를 담보로 취득한 경우와는 달리, 공동저당권자는 토지 및 건물 각각의 교환가치 전부를 담보로 취득한 것으로서, 저당권의 목적이 된 건물이 그대로 존속하는 이상은 건물을 위한 법정지상권이 성립해도 그로 인하여 토지의 교환가치에서 제외된 법정지상권의 가액 상당 가치는 법정지상권이 성립하는 건물의 교환가치에서 되찾을 수 있어 궁극적으로 토지에 관하여 아무런 제한이 없는 나대지로서의 교환가치 전체를 실현시킬 수 있다고 기대하지만, 건물이 철거된 후 신축된 건물에 토지와 동순위의 공동저당권이 설정되지 아니 하였는데도 그 신축건물을 위한 법정지상권이 성립한다고 해석하게 되면, 공동저당권자가 법정지상권이 성립하는 신축건물의 교환가치를 취득할 수 없게 되는 결과 법정지상권의 가액 상당 가치를 되찾을 길이 막혀 위와 같이 당초 나대지로서의 토지의 교환가치 전체를 기대하여 담보를 취득한 공동저당권자에게 불측의 손해를 입게 하기 때문이다(대판 2003. 12. 18. 98다43601).

4. 내 용

법정지상권은 건물로서의 이용에 적당한 범위에 미친다. 엄격한 의미에서의 대지에 한정되는 것은 아니라는 점에서 보통의 지상권과 같다.

지료는 당사자의 협의에 따르나, 협의가 성립되지 아니한 경우에는 당사자의 청구에 의하여 법원이 결정한다. 존속기간에 대해서는 그 정함이 없는 것으로 하여 제281조에 따라서 결정된다.

법정지상권은 본조의 규정에 의하여 성립하므로, 법률의 규정에 의한 물권취득이 되고 등기를 필요로 하지 않는다(제187조).

그러나 법정지상권을 취득한 자는 토지소유자에게 지상권의 등기를 청구할 수 있음은 물론이다. 또한 법정지상권의 취득자는 등기없이 토지소유자 또는 그 전득자에게 대항할 수 있으나, 그 법정지상권을 제3자에게 처분하려면 제187조 단서에 의하여 등기하여야 한다. 판례는 처음에는 이러한 등기없이 건물을 전득한 자는 토지소유자에게 지상권을 가지고 대항하지 못한다(대판

1965. 2. 4. 64다1418, 대판 1965. 7. 6. 65다907)고 하였으나, 후에 태도를 바꾸어 법정지상권부 건물의 양수인은 그 양도인이 토지소유자에 대하여 가지고 있던 지상권설정등기청구권을 대위행사할 수 있으며(대판 1981. 9. 8. 80다2873, 공보⑥1981, 14323), 따라서 토지소유자가 소유권에 기한 건물철거를 요구하는 것은 신의칙상 허용되지 않는다고 하고 있다(대판(전) 1985. 4. 9. 84다카1131, 1132, 공보⑫1985, 721).

[법정지상권]

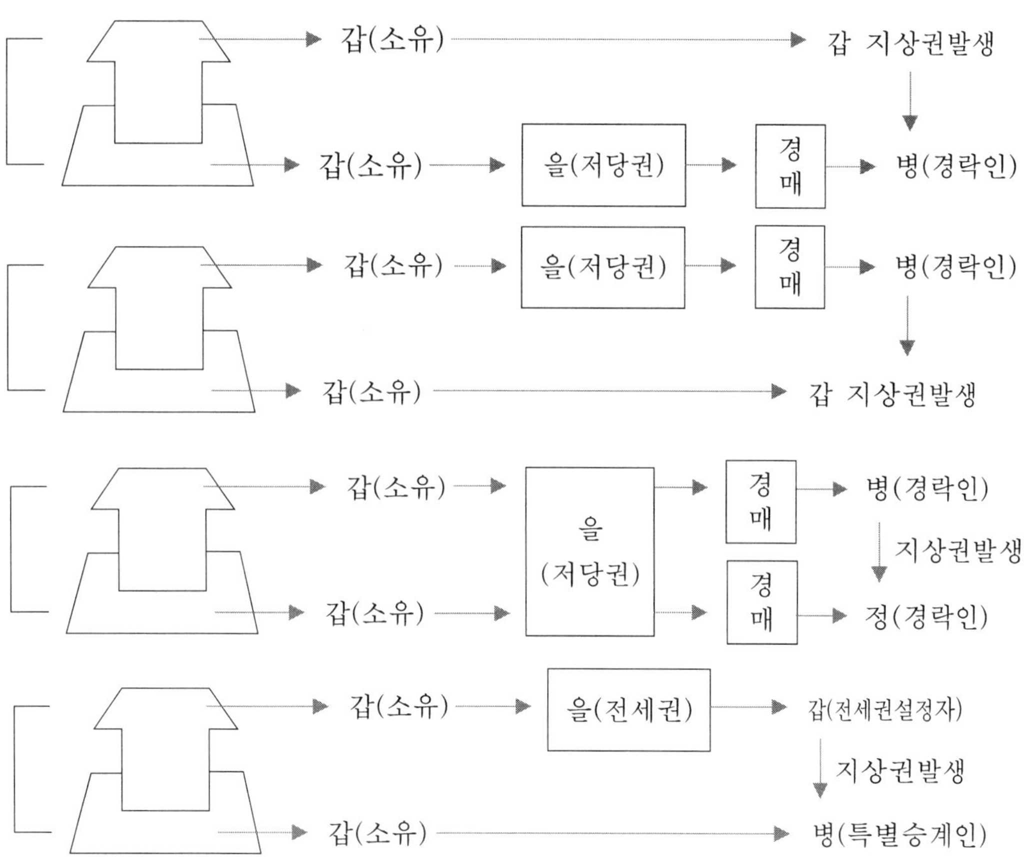

▣ 핵심판례 ▣

■ [법정지상권]

1. 동일인 소유의 토지와 그 지상건물에 관하여 공동저당권이 설정된 후 그 건물이 철거되고 다른 건물이 신축된 경우, 저당물의 경매로 인하여 토지와 신축건물이 서로 다른 소유자에게 속하게 되면 민법 제368조 소정의 법정지상권이 성립하는지 여부(소극)

동일인의 소유에 속하는 토지 및 그 지상건물에 관하여 공동저당권이 설정된 후 그 지상건물이 철거되고 새로 건물이 신축된 경우에는 그 신축건물의 소유자가 토지의 소유자와 동일하고 토지의 저당권자에게 신축건물에 관하여 토지의 저당권과 동일한 순위의 공동저당권을 설정해 주는 등 특별한 사정이 없는 한 저당물의 경매로 인하여 토지와 그 신축건물이 다른 소유자에 속하게 되더라도 그 신축건물을 위한 법정지상권은 성립되지 않는다고 해석하여야 하는 바, 그 이유는 동일인의 소유에 속하는 토지 및 그 지상건물에 관하여 공동저당권이 설정된 경우에는, 처음부터 지상건물로 인하여 토지의 이용이 제한받는 것을 용인하고 토지에 대하여만 저당권을 설정하여 법정지상권의 가치만큼 감소된 토지의 교환가치를 담보로 취득한 경우와는 달리, 공동저당권자는 토지 및 건물 각각의 교환가치 전부를 담보로 취득한 것으로서, 저당권의 목적이 된 건물이 그대로 존속하는 이상은 건물을 위한 법정지상권이 성립해도 그로 인하여 토지의 교환가치에서 제외된 법정지상권의 가액 상당 가치는 법정지상권이 성립하는 건물의 교환가치에서 되찾을 수 있어 궁극적으로 토지에 관하여 아무런 제한이 없는 나대지로서의 교환가치 전체를 실현시킬 수 있다고 기대하지만, 건물이 철거된 후 신축된 건물에 토지와 동순위의 공동저당권자가 법정지상권이 성립되지 아니하였는데도 그 신축건물의 교환가치를 취득할 수 없게 되는 결과 법정지상권의 가액 상당 가치를 되찾을 길이 막혀 위와 같이 당초 나대지로서의 토지의 교환가치 전체를 기대하여 담보를 취득한 공동저당권자에게 불측의 손해를 입게 하기 때문이다(대판 2003. 12. 18, 98나43601).

2. 법정지상권이 건물의 소유권과 분리되어 양도된 경우, 사회질서에 반하는지 여부 및 법정지상권이 건물의 소유에 부속되는 종속적인 권리인지 여부(소극)

가. 아파트 수분양자들은 아파트에 관한 소유권 이전등기청구권을 가지고 있어 그 소유권 이전등기를 경료하게 되면 법정지상권과 함께 해당 건물의 소유권을 취득하게 되는 것이므로, 그와 같은 지위에 있는 자들로 구성된 아파트 입주자대표회의가 그 구성원들이 취득하게 될 아파트 대지권 확보를 위하여 법정지상권을 취득하였다면, 그 법정지상권이 아파트의 소유권과는 분리되어 양도되었다고 하여도 이를 사회질서에 반하여 무효라고 할 수 없다.

나. 민법 제366조 소정의 법정지상권은 토지와 그 토지상의 건물이 같은 사람이 소유에 속하였다가 그 중의 하나가 경매 등으로 인하여 다른 사람의 소유에 속하게 된 경우에 그 건물의 유지, 존립을 위하여 특별히 인정된 권리이기는 하지만 그렇다고 하여 위 법정지상권이 건물의 소유에 부속되는 종속적인 권리가 되는 것이 아니며 하나의 독립된 법률상의 물권으로서의 성격을 지니고 있는 것이기 때문에 건물의 소유자가 건물과 법정지상권 중 어느 하나만을 처분하는 것도 가능하다(대판 2001. 12. 27, 2000다1976).

3. 가. 국유재산의 관리청의 사용료 부과의 성질

국유재산의 관리청이 행정재산의 사용·수익을 허가한 다음 그 사용·수익하는 자에 대하여 하는 사용료 부과는 순전히 사경제주체로서 행하는 사법상의 이행청구라 할 수 없고, 이는 관리청이 공권력을 가진 우월적 지위에서 행한 것으로서 항고소송의 대상이 되는 행정처분이라 할 것이다.

나. 국유재산에 관하여 관습에 의한 법정지상권이 성립된 경우 그 지료 청구방법

국유재산에 관하여 관습에 의한 법정지상권이 성립된 경우 그 지료에 관하여는 당사자의 청구에 의하여 법원이 이를 정한다고 규정한 민법 제366조를 준용하여야 할 것이고, 이때 토지 소유자는 법원에서 상당한 지료를 결정할 것을 전제로 하여 바로 그 급부를 청구할 수 있다(1996. 2. 13. 판결, 95누11023 국유재산사용료부과처분취소).

4. 명의신탁자의 법정지상권 취득 가부(소극)

대지를 매수하였으나 그 명의로 소유권이전등기를 적법하게 마치지 아니하고 이를 타인 명의로 신탁한 경우에는 신탁자는 수탁자 이외의 제3자에게 자기의 소유임을 주장하여 대지와 그 지상 건물이 동일인의 소유임을 전제로 한 법정지상권을 취득할 수 없다(1991. 5. 28. 제2부 판결, 91다7200 건물철거).

5. 관습상 법정지상권을 취득한 자로부터 건물을 양수한 자에 대한 토지소유자의 건물철거청구와 신의칙

토지와 건물을 함께 소유하고 있던 원소유자가 토지를 매도할 때에 그 지상에 건립된 건물을 원소유자는 건물을 위한 관습상의 법정지상권을 취득하였고 그 건물의 양수인은 원소유자로부터 위 건물을 양도받을 때에 위 법정지상권도 함께 양도받은 자로서 원소유자를 대위하여 토지를 매수한 양수인에게 법정지상권설정등기를 청구할 수 있는 위치에 있음이 명백하므로, 토지양수인이 건물양수인에게 위 건물의 철거 등을 청구함은 신의성실의 원칙상 허용되지 않는다(1991. 9. 24. 제1부 판결, 91다21701 건물철거등).

6. 저당권 설정과 동시에 설정하여 준 지상권이 저당권의 실행으로 소멸한 경우에 있어 법정지상권이 발생여부

대지에 대하여 저당권을 설정할 당시 저당권자를 위하여 동시에 지상권을 설정하여 주었다고 하더라도 저당권 설정 당시 이미 그 대지상에 건물을 소유하고 있고 그 건물에 관하여 이를 철거하기로 하는 등 특별한 사유가 없으며, 저당권의 실행으로 그 지상권도 소멸한 경우에는 건물을 위한 법정지상권이 발생하지 않는다고 할 수 없다(1991. 10. 11. 제3부 판결, 91다23462 가건물철거등).

7. 법정지상권의 존속기간

법정지상권의 존속기간은 성립 후 그 지상목적물의 종류에 따라 규정하고 있는 민법 제280조 제1항 소정의 각 기간으로 봄이 상당하고 분묘기지권과 같이 그 지상에 건립된 건물이 존속하는 한 법정지상권도 존속하는 것이라고는 할 수 없다(1992. 6. 9. 제2부 판결, 92다4857 대지인도등).

8. 가. 토지에 관한 저당권 설정 다시 그 지상에 건물이 토지 소유권에 의하여 건축중이었고, 그 건물의 규모, 종류가 외형상 예상할 수 있는 정도까지 건축이 진전되어 있는 경우 법정지상권의 성부(적극)

민법 제366조 소정의 법정지상권은 저당권 설정 당시 동일인의 소유에 속하던 토지와 건물이 경매로 인하여 양자의 소유자가 다르게 된 때에 건물의 소유자를 위하여 발생하는 것으로서, 토지에 관하여 저당권이 설정될 당시 그 지상에 건물이 위 토지 소유자에 의하여 건축중이었고, 그것이 사회관념상 독립된 건물로 볼 수 있는 정도에 이르지 않았다 하더라도 건물의 규모, 종류가 외형상 예상할 수 있는 정도까지 건축이 진정되어 있는 경우에도, 저당권자는 완성될 건물을 예상할 수 있으므로 법정지상권을 인정하여도 불측의 손해를 입는 것이 아니며 사회경제적으로도 건물을 유지할 필요가 인정되기 때문에 법정지상권의 성립을 인정함이 상당하다고 해석된다.

나. 법정지상권을 취득할 지위에 있는 자에 대한 토지 소유자의 소유권에 기한 건물철거청구와 신의성실의 원칙

법정지상권을 취득할 지위에 있는 자에 대하여 토지 소유자가 소유권에 기하여 건물의 철거를 구함은 신의성실의 원칙상 허용될 수 없다(1992. 6. 12. 제3부 판결, 92다7221 건물철거등).

9. 동일소유자에 속하는 대지와 건물에 관하여 근저당권이 설정된 후 그 건물이 철거되고 제3자 소유의 새 건물이 축조된 다음 근저당권의 실행에 의하여 대지와 건물의 소유자가 달라진 경우 위 대지에 새 건물을 위한 법정지상권이 성립하는지 여부(적극)와 그 법정지상권의 범위

동일소유자에 속하는 대지와 건물에 관하여 근저당권이 설정된 후 그 건물이 철거되고 제3자 소유의 새 건물이 축조된 경우에도 그 후 근저당권의 실행에 의하여 대지가 경락됨으로써 대지와 건물의 소유자가 달라지면 위 대지에 새 건물을 위한 법정지상권이 성립되고, 다만 이 경우 그 법정지상권의 내용은 구 건물을 기준으로 하여 그 이용에 일반적으로 필요한 범위 내로 제한된다(1992. 6. 26. 제3부 판결, 92다9388 건물철거등).

10. 토지공유자의 한 사람이 다른 공유자의 지분 과반수의 동의를 얻어 건물을 건축한 후 토지와 건물의 소유자가 달라진 경우 관습법상의 법정지상권의 성부(소극)

토지공유자의 한 사람이 다른 공유자의 지분 과반수의 동의를 얻어 건물을 건축한 후 토지와 건물의 소유자가 달라진 경우 토지에 관하여 관습법상의 법정지상권이 성립되는 것으로 보게 되면 이는 토지공유자의 1인으로 하여금 자신의 지분을 제외한 다른 공유자의 지분에 대하여서까지 지상권설정의 처분행위를 허용하는 셈이 되어 부당하다(1993. 4. 13. 제1부 판결, 92다55756 건물철거등).

11. 가. 동일인 소유의 토지와 지상건물 중 건물양수인이 미등기건물인 관계로 소유권이전등기를 경료하지 못한 사이에 토지에 설정된 저당권이 실행되어 토지와 건물의 소유자가 달라진 경우 양도인이 건물의 소유를 위한 법정지상권을 취득하는지 여부(적극)

동일인의 소유에 속하던 토지와 지상건물 중 건물을 양수한 자가 미등기건물인 관계로 소유권이전등기를 경료하지 못하였다면 그 소유권은 여전히 양도인에게 남아 있다고 할 것이고 그러는 사이에 토지 위에 설정된 저당권이 실행된 결과 토지와 건물의 소유자가 달라진 경우에는 양도인이 건물의 소유를 위한 법정지상권을 취득한다.

나. 건물소유자가 법정지상권을 취득하기에 앞서 건물을 양도한 경우 건물양수인은 양도인 및 그로부터 토지를 매수한 대지소유자에 대하여 차례로 지상권설정등기 및 그 이전등기절차의 이행을 구할 수 있는지 여부(적극)

건물소유자가 건물소유를 위한 법정지상권을 취득하기에 앞서 건물을 양도한 경우에는 특별한 사정이 없는 한 건물과 함께 장차 취득하게 될 법정지상권도 함께 양도하기로 하였다고 보지 못할 바 아니므로 양수인은 채권자 대위의 법리에 따라 양도인 및 그로부터 이 사건 토지를 매수한 대지소유자에 대하여 차례로 지상권설정등기 및 그 이전등기절차의 이행을 구할 수 있다.

다. 법정지상권을 취득할 지위에 있는 자에 대한 대지소유자의 소유권에 기한 건물철거청구와 신의성실의 원칙

법정지상권을 취득할 지위에 있는 건물양수인에 대하여 대지소유자가 건물의 철거를 구하는 것은 지상권의 부담을 용인하고 지상권설정등기절차를 이행할 의무가 있는 자가 그 권리자를 상대로 한 것이어서 신의성실의 원칙상 허용될 수 없다(1991. 5. 28. 제2부 판결, 91다6658 건물철거등).

12. 가. 민법 제366조 소정의 법정지상권은 저당권설정 당시 존재하던 구 건물과 이를 철거하고 신축한 새 건물 사이에 동일성이 없어도 성립하는지 여부(적극)

민법 제366조 소정의 법정지상권은 저당권설정 당시 존재하던 건물을 철거하고 건물을 신축한 경우에도 성립하는 것이며(다만 그 법정지상권의 내용은 구건물을 기준으로 하여 그 이용에 일반적으로 필요한 범위 내로 제한된다) 이 경우 새 건물과 구건물 사이에 동일성이 있음을 요하지 아니한다.

나. 대지와 그 지상건물 중 하나에 대한 소유명의를 타인에게 신탁한 자에 대한 법정지상권의 성부

대지와 소유명의를 타인에게 신탁한 경우에 신탁자는 제3자에게 그 대지가 자기의 소유임을 주장할 수 없고 따라서 대지와 그 지상건물의 동일인의 소유임을 전제로 한 법정지상권을 취득할 수 없다.

다. 민법 제366조의 법정지상권이나 관습법상의 법정지상권은 저당권설정 당시부터 저당권의 목적되는 토지 위에 건물이 존재할 경우에 한하여 인정되는지 여부(적극)

민법 제366조의 법정지상권은 저당권설정 당시부터 저당권의 목적되는 토지 위에 건물이 존재할 경우에 한하여 인정되며 건물 없는 토지에 대하여 저당권이 설정된 후 저당권설정자가 그 위에 건물을 건축하였다가 임의경매절차에서 경매로 인하여 대지와 그 지상건물이 소유자를 달리하였을 경우에는 위 법조 소정의 법정지상권이 인정되지 아니할 뿐만 아니라 관습상의 법정지상권도 인정되지 아니한다(1993. 6. 25. 제3부 판결, 92다20330 건물철거등).

13. 토지를 매수하여 사실상 처분권한을 가지는 자가 그 지상에 건물을 신축한 후 그 건물이 강제경매된 경우 관습상의 법정지상권의 성립 여부

토지를 매수하여 사실상 처분권한을 가지는 자가 그 지상에 건물을 신축하여 건물의 소유권을 취득하였다고 하더라도 토지에 관한 소유권을 취득하지 아니한 이상 토지와 건물이 동일한 소유자에게 속하였다고 할 수 없는 것이므로 이러한 상태의 건물에 관하여 강제경매절차에 의하여 그 소유권자가 다르게 되었다고 하여 건물을 위한 관습상의 법정지상권이 성립하는 것은 아니다(1994. 4. 12. 제1부 판결, 93다56053 건물철거등).

14. 구분소유적 공유관계에 있는 토지의 공유자들이 그 토지 위에 각자 독자적으로 별개의 건물을 소유하면서 그 토지 전체에 대하여 저당권을 설정하였다가 그 저당권의 실행으로 토지와 건물의 소유자가 달라지게 된 경우, 법정지상권의 성립 여부(적극)

공유로 등기된 토지의 소유관계가 구분소유적 공유관계에 있는 경우에는 공유자 중 1인이 소유하고 있는 건물과 그 대지는 다른 공유자와의 내부관계에 있어서는 그 공유자의 단독소유로 되었다 할 것이므로 건물을 소유하고 있는 공유자가 그 건물 또는 토지지분에 대하여 저당권을 설정하였다가 그 후 저당권의 실행으로 소유자가 달라지게 되면 건물 소유자는 그 건물의 소유를 위한 법정지상권을 취득하게 되며, 이는 구분소유적 공유관계에 있는 토지의 공유자들이 그 토지 위에 각자 독자적으로 별개의 건물을 소유하면서 그 토지 전체에 대하여 저당권을 설정하였다가 그 저당권의 실행으로 토지와 건물의 소유자가 달라지게 된 경우에도 마찬가지라 할 것이다(대법원 2004. 6. 11. 선고 2004다13533 판결).

15. 민법 제366조 법정지상권은 저당권 설정당시 지상건물 존립을 전제로 하는지 여부

민법 제366조의 규정은 저당권설정시부터 저당권의 목적되는 토지 위에 건물이 존재할 경우에 한하여 법정지상권이 성립되며 건물없는 토지에 대하여 저당권이 설정되었는데 그 후에 설정자가 그 위에 건물을 건축한 경우에는 법정지상권이 생긴다고 할 수 없다는 종전의 대법원판례는 아직 변경할 필요가 없다(대법원 1978. 8. 22. 선고 78다630 판결).

16. 토지와 함께 공동근저당권이 설정된 건물이 그대로 존속함에도 등기부에 멸실의 기재가 이루어지고 이를 이유로 등기부가 폐쇄된 후 토지에 대하여만 경매절차가 진행되어 토지와 건물의 소유자가 달라진 경우, 건물을 위한 법정지상권이 성립하는지 여부(적극)

민법 제366조의 법정지상권은 저당권 설정 당시에 동일인의 소유에 속하는 토지와 건물이 저당권의 실행에 의한 경매로 인하여 각기 다른 사람의 소유에 속하게 된 경우에 건물의 소유를 위하여 인정되는 것으로서, 이는 동일인의 소유에 속하는 토지 및 그 지상 건물에 대하여 공동저당권이 설정되었으나 그중 하나에 대하여만 경매가 실행되어 소유자가 달라지게 된 경우에도 마찬가지이다. 다만 위와 같이 공동저당권이 설정된 후 그 지상 건물이 철거되고 새로 건물이 신축되어 두 건물 사이의 동일성이 부정되는 결과 공동저당권자가 신축건물의 교환가치를 취득할 수 없게 되었다면, 공동저당권자의 불측의 손해를 방지하기 위하여, 특별한 사정이 없는 한 저당물의 경매로 인하여 토지와 그 신축건물이 다른 소유자에 속하게 되더라도 그 신축건물을 위한 법정지상권은 성립하지 않는다고 볼 것이나, 토지와 함께 공동근저당권이 설정된 건물이 그대로 존속함에도 불구하고 사실과 달리 등기부에 멸실의 기재가 이루어지고 이를 이유로 등기부가 폐쇄된 경우, 저당권자로서는 멸실 등으로 인하여 폐쇄된 등기기록을 부활하는 절차 등을 거쳐 건물에 대한 저당권을 행사하는 것이 불가능한 것이 아닌 이상 저당권자가 건물의 교환가치에 대하여 이를 담보로 취득할 수 없게 되는 불측의 손해가 발생한 것은 아니라고 보아야 하므로, 그 후 토지에 대하여만 경매절차가 진행된 결과 토지와 건물의 소유자가 달라지게 되었다면 그 건물을 위한 법정지상권은 성립한다 할 것이고, 단지 건물에 대한 등기부가 폐쇄되었다는 사정만으로 건물이 멸실된 경우와 동일하게 취급하여 법정지상권이 성립하지 아니한다고 할 수는 없다(대법원 2013. 3. 14. 선고 2012다108634 판결).

◈ 저당물의 제3취득자가 비용을 지출한 경우의 비용반환청구권

제 367 조 【제3취득자의 비용상환청구권】

저당물의 제3취득자가 그 부동산의 보존, 개량을 위하여 필요비 또는 유익비를 지출한 때에는 제203조 제1항, 제2항의 규정에 의하여 저당물의 경매대가에서 우선 상환을 받을 수 있다.

■ § 367. 제3취득자의 비용상환청구권

- 필요비, 유익비 상환청구권
- 경락대금에서 우선상환을 받을 수 있다.

저당물의 제3취득자가 그 저당부동산의 개량·보존을 위하여 필요비 및 유익비를 지출한 경우에는 이로 인하여 그 저당부동산의 가액은 보존되고, 또 증가한 것이므로 그 부동산이 경매된 경우에는 그 대가에서 우선적으로 상환받는다. 그리고 그 비용상환의 방법은 제203조 1항·2항의 규정에 의한다.

제367조의 비용상환청구권이 인정되는 저당물의 제3취득자에 소유권자가 포함되는지가 문제된다. 통설은 소유권을 취득한 제3자는 자신의 물건에 비용을 투입한 것이라는 이유로 비용상환청구권자에 포함시키지 않는 반면, 판례는 "민법 제367조가 저당물의 제3취득자가 그 부동산에 관한 필요비 또는 유익비를 지출한 때에는 저당물의 경매대가에서 우선상환을 받을 수 있다고 규정한 취지는 저당권설정자가 아닌 제3취득자가 저당물에 관한 필요비 또는 유익비를 지출하여 저당물의 가치가 유지·증가된 경우, 매각대금 중 그로 인한 부분은 일종의 공익비용과 같이 보아 제3취득자가 경매대가에서 우선상환을 받을 수 있도록 한 것이므로 저당물에 관한 지상권, 전세권을 취득한 자만이 아니고 소유권을 취득한 자도 민법 제367조 소정의 제3취득자에 해당한다(대판 2004. 10. 15. 2004다36604)"고 한다.

▣ 핵심판례 ▣

■ **민법 제367조의 규정취지 및 저당물에 관한 소유권을 취득한 자도 위 규정의 제3취득자에 해당하는지 여부(적극)**

가. 민법 제367조가 저당물의 제3취득자가 그 부동산에 관한 필요비 또는 유익비를 지출한 때에는 저당물의 경매대가에서 우선상환을 받을 수 있다고 규정한 취지는 저당권 설정자가 아닌 제3취득자가 저당물에 관한 필요비 또는 유익비를 지출하여 저당물의 가치가 유지·증가된 경우, 대각대금 중 그로 인한 부분은 일종의 공익비용과 같이 보아 제3취득자가 경매대가에서 우선상환을 받을 수 있도록 한 것이므로 저당물에 관한 지상권, 전세권을 취득한 자만이 아니고 소유권을 취득한 자도 민법 제367조 소정의 제3취득자에 해당한다.

나. 건물의 증축비용을 투자한 대가로 건물에 대한 지분 이전등기를 경료받았으나 저당권의 실행으로 그 권리를 상실한 자는 건물에 관한 제3취득자로서 필요비 또는 유익비를 지출한 것이 아니므로 저당물의 경매대가에서 우선상환을 받을 수 없다(대판 2004. 10. 15, 2004다36604).

◈ 동일한 채권의 담보로 수 개의 부동산에 저당권을 설정한 경우의 배당방법

제 368 조【공동저당과 대가의 배당, 차순위자의 대위】

① 동일한 채권의 담보로 수 개의 부동산에 저당권을 설정한 경우에 그 부동산의 경매대가를 동시에 배당하는 때에는 각 부동산의 경매대가에 비례하여 그 채권의 분담을 정한다.

② 전항의 저당부동산 중 일부의 경매대가를 먼저 배당하는 경우에는 그 대가에서 그 채권 전부의 변제를 받을 수 있다. 이 경우에는 그 경매한 부동산의 차순위저당권자는 선순위저당권자가 전항의 규정에 의하여 다른 부동산의 경매대가에서 변제를 받을 수 있는 금액의 한도에서 선순위자를 대위하여 저당권을 행사할 수 있다.

■ § 368. 공동저장

- 동일한 채권의 담보를 위하여 수개의 부동산 위에 설정된 저당권
- 실 행 : ① 동시배당
  ② 손차배당-불가분성의 예외
- 물상보증인 또는 제3취득자의 관계(변제자의 대위와 후순위 저당권자의 대위와의 충돌)
  ① 물상보증인을 보호하는 견해(다수설, 일본 판례)
  ② 후순위 저당권자를 보호하는 견해(소수설)
- 관련법조 : [공동저장] 부동산등기법 §78, [저당권순위] §370~§333, [대위와 등기] §187

1. 의의 및 취지

동일한 채권을 담보하기 위하여 수 개의 부동산(예컨대, 수필의 토지 또는 토지와 그 지상건물) 위에 설정된 저당권을 공동저당이라 한다.

우리나라와 같이 토지와 그 위에 건물이 별개의 부동산으로 되어 있고, 또 토지가 세분되어 있는 곳에서는 일개의 채권을 담보하기 위하여 일개의 부동

산만을 저당에 제공하는 단독저당보다도 오히려 동일한 채권의 담보로서 수개의 부동산에 대한 담보가치를 일괄하여 이용하는 것이 보통이다.

공동저당에 있어서는 개개의 저당부동산이 채권의 전액을 담보하고 있으므로 공동저당권자는 임의로 각각의 저당부동산 전부를 동시에 집행하여 변제받을 수 있을 뿐만 아니라, 자기가 선택한 하나의 저당부동산의 경매대가에서 채권전액의 우선변제를 받을 수도 있기 때문에 이 제도는 채권자로서는 극히 유리한 제도라고 할 수 있다. 이상과 같이 이 제도는 공동저당권자에게는 극히 편리하지만, 그 반면에 공동저당권자의 자유선택 여하에 따라서는 각 부동산 위의 후순위저당권자는 중대한 영향을 받게 된다.

그리하여 공동저당권자의 자유선택권을 어느 정도까지 제한하든가 또는 그러한 자유를 인정하면서 후순위 저당권자의 사이에 이해를 조절하는 규정을 둘 필요가 있게 된다.

우리 민법은 후자의 입장을 취하고 있다. 구체적인 것은 다음과 같다.

【쟁점사항】

<민법 제368조의 규정 취지 및 이 조항이 공동근저당권자가 다른 사람이 실행한 경매에서 우선배당을 받는 경우에도 적용되는지 여부(적극)>

민법 제368조 제1항은 공동저당권의 목적물의 전체 환가대금을 동시에 배당하는 동시배당의 경우에 공동저당권자의 실행선택권과 우선변제권을 침해하지 않는 범위 내에서 각 부동산의 책임을 안분시킴으로써 각 부동산상의 소유자와 차순위 저당권자 기타의 채권자의 이해관계를 조절하고, 같은 조 제2항은 대위제도를 규정하여 공동저당권의 목적 부동산 중 일부의 경매대가를 먼저 배당하는 이시배당의 경우에도 최종적인 배당의 결과가 동시배당의 경우와 같게 함으로써 공동저당권자의 실행선택권 행사로 인하여 불이익을 입은 차순위 저당권자를 보호하는 데 그 취지가 있는바, 위 조항들은 공동근저당권의 경우에도 적용되고, 또한 공동근저당권자 스스로 경매를 실행하는 경우는 물론 타인이 실행한 경매에서 우선배당을 받는 경우에도 적용된다(대판 2006.10.27.2005다14502).

<공동저당에 있어서 채무자 소유 부동산 위의 후순위 저당권자의 대위권이 물상보증인 소유의 부동산에까지 미치는지 여부>

채권자가 물상보증인 소유 토지와 공동담보로 주채무자 소유 토지에 1번 근저당권을 취득한 후 이와 별도로 주채무자 소유 토지에 2번 근저당권을 취득한 사안에서, 먼저 주채무자의 토지에 대하여 피담보채무의 불이행을 이유로 근저당권이 실행되어 경매대금에서 1번 근저당권의 피담보채권액을 넘는 금액이 배당된 경우에는, 변제자 대위의 법리에 비추어 볼 때 민법 제368조 제2항은 적용되지 않으므로 후순위(2번) 저당권자인 채권자는 물상보증인 소유 토지에 대하여 자신의 1번 근저당권을 대위행사할 수 없고, 따라서 물상보증인의 근저당권 설정등기는 그 피담보채무의 소멸로 인하여 말소되어야 한다(대판 1996. 3. 8, 95다36596).

2. 공동저당과 대가배당, 후순위자의 대위

(1) 동시배당의 경우

먼저 공동저당의 목적물의 전부가 동시에 경매된 경우에는 각 저당부동산의 가격에 따라 공동저당권자의 채권액을 안분하고, 공동저당권자는 각 저당부동산에 대한 배분액에서 우선변제를 받고, 배분액을 초과한 부분은 후순위 저당권자의 변제에 충당한다.

예컨대 300만원·200만원의 가격인 A, B 토지에 대해서 동시에 배당이 행해진 것과 같은 경우, 공동저당권자의 채권이 300만원이라고 하면 각부동산의 가격에 따라, 180만원·120만원의 채권을 부담하게 되는 A, B의 토지에서 각각의 액의 우선변제를 받는다.

만약 이 규정이 없고 공동저당권자인 갑이 A지만으로부터 300만원 전액의 변제를 받는다고 하면 후순위저당권자인 을의 120만원은 무가치하게 되고, 또 A지로부터 100만원, B지로부터 200만원의 배당을 받는다고 하면 후순위저당권자인 병은 전혀 배당을 받을 수 없는 것이 되므로, 후순위 저당권자 을, 병은 공동저당권자 갑의 자의에 따라 이유없이 이익·불이익을 받는 것이 된다.

(2) 이시배당의 경우

공동저당의 목적물 중의 어느 부동산에 대해서만 경매가 행해지고 그 대가를 배당하는 경우에는 공동저당권자는 그 대가로부터 채권전액에 대한 변제를 받을 수 있다. 따라서 전례에서 A지만이 경매된 경우에는 그 대가

300만원은 전부 갑에게 배당된다.

그러나 본조는 이 경우에 A지의 후순위 저당권자 을을 보호하여 만약 갑이 저당부동산 전부(A지, B지)를 동시에 집행한 경우에 그가 타부동산으로부터 우선변제를 받을 금액, 즉 전례에서 120만원을 한도로 하여 을이 갑을 대위할 수 있는 것으로 한다.

즉, 그후에 B지가 경매된 때에는 을이 먼저 120만원의 우선변제를 받고, 잔액에서 병이 변제를 받는 것이다.

다음에 이 대위는 어떤 부동산으로부터의 배당에 의하여 공동저당권자가 그 채권의 전부를 배당받을 경우뿐만 아니라, 일부의 변제 밖에 받지 못한 경우에도 인정된다는 것이 통설(최식, 김증한, 장경학, 곽윤직)이다. 이렇게 해석하지 않으면 공동저당권자가 어느 부동산의 경매대가 전부로부터 채권의 일부를 변제받은 때에는 그 부동산의 후순위저당권자는 담보권을 상실하는 결과가 되는 반면에 다른 부동산의 후순위저당권자는 대위없는 배당을 받게 되어 유리하게 되는 불균형이 발생하기 때문이다. 다만 공동저당권자가 어느 부동산의 경매대가로부터 피담보채권의 일부만을 배당받은 때에는 잔액까지도 변제받을 때까지 나머지 부동산에 대한 저당권을 행사할 수 있으므로(제370조, 321조), 경매된 부동산의 후순위저당권자는 공동저당권자의 채권이 완제되어 소멸하는 때 비로서 후순위저당권자의 대위권이 생긴다.

즉, 전례에 있어서 갑이 먼저 B지로부터 200만원의 변제를 받았더라도 그는 여전히 100만원의 채권잔액을 가지게 되나, 이 경우에 병은 갑이 이미 A지 위에 가지고 있는 저당권 180만원에 대해 대위할 수 있는 자가 문제인데, 통설에 의하면 A지의 경락대금 300만원은 우선 갑에게 100만원, 다음에 병에게80만원(안분이 행해졌다고 하면 A지로부터 갑이 받을 변제액 180만원에서 100만원을 뺀 금액), 마지막으로 을에게 120만원이란 순서로 배당된다고 하겠다.

공동저당권자가 목적부동산 중의 일개에 대한 저당권을 포기한(즉, 전례에서 갑이 B지만의 공동저당권을 A지 경매 전에 포기하여 을이 대위의 가능성을 잃게 된) 경우에는, 후순위 저당권자의 이익을 해치게 되므로 문제이다. 이때에도 후순위 저당권자의 보호를 위하여 어떠한 조치가 필요할 것이다.

<참고사항>

*물상보증인의 변제자대위와 후순위저당권자와 충돌

1. 문제점

물상보증인은 채무자를 위하여 물적유한책임을 지는 자로서 물상보증인이 제공한 부동산이 경매된 경우 제481조,482조에 의해서 채권자를 대위할 수 있다. 그런데 제368조 2항의 이시배당의 경우 공동저당목적물의 일부를 물상보증인이 제공한 경우 물상보증인의 변제자대위와 후순위저당권자의 제368조 2항 후단의 대위 사이에 충돌이 있게 된다.

2. 물상보증인우선설(변제자대위우선설)

물상보증인은 채무자소유 부동산의 담보력을 신뢰하고 공동저당의 목적물을 제공한 자이므로 그 후에 채무자 소유의 부동산에 후순위 저당권이 설정되었다고 하여 그 기대이익을 박탈할 수 없다고 한다(곽윤직, 김증한).

3. 채무자소유 부동산의 후순위저당권자우선설

물상보증인은 공동저당의 목적물을 제공한 이상 부동산 가액에 비례한 피담보채권의 안분액 만큼은 부담을 질 각오가 되어 있는 자이므로 그 한도에서는 후순위저당권자를 우선시켜야 한다는 견해(이영준, 장경학, 김상용)

4. 판 례

채무자소유 부동산과 물상보증인소유 부동산에 공동저당권이 설정된 경우, 채무자 소유부동산이 먼저 실행되는 경우 공동저당권자가 우선변제를 받더라도 채무자소유 부동산의 후순위저당권자는 물상보증인에게 동 규정에 의한 대위를 주장할 수 없다(대판 1996.3.8. 95다36596)고 하는 반면, 물상보증인 소유의 부동산에 대하여 먼저 경매가 이루어져 그 경매대금의 교부에 의하여 1번저당권자가 변제를 받은 때에는 물상보증인은 채무자에 대하여 구상권을 취득함과 동시에, 민법 제481조, 제482조의 규정에 의한 변제자대위에 의하여 채무자 소유의 부동산에 대한 1번저당권을 취득하고, 이러한 경우 물상보증인 소유의 부동산에 대한 후순위저당권자는 물상보증인에게 이전한 1번저당권으로부터 우선하여 변제를 받을 수 있으며, 물상보증인이 수인인 경우에도 마찬가지라 할 것이므로(이 경우 물상보증인들 사이의 변제자대위의 관계는 민법 제482조 제2항 제4호, 제3호에 의하여 규율될 것이다), 자기 소유의 부동산이 먼저 경매되어 1번저당권자에게 대위변제를 한 물상보증인은 1번저당권을 대위취득하고, 그 물상보증인 소유의 부동산의 후순위저당권자는 1번저당권에 대하여 물상대위를 할 수 있다고 한다.. 따라서 결과적으로 물상보증인 부동산의 후순위저당권자가 채무자소유 부동산의 1순위저당권으로부터 우선하여 변제받게 된다(대판 1994. 5. 10. 93다25417).

[공동저당]

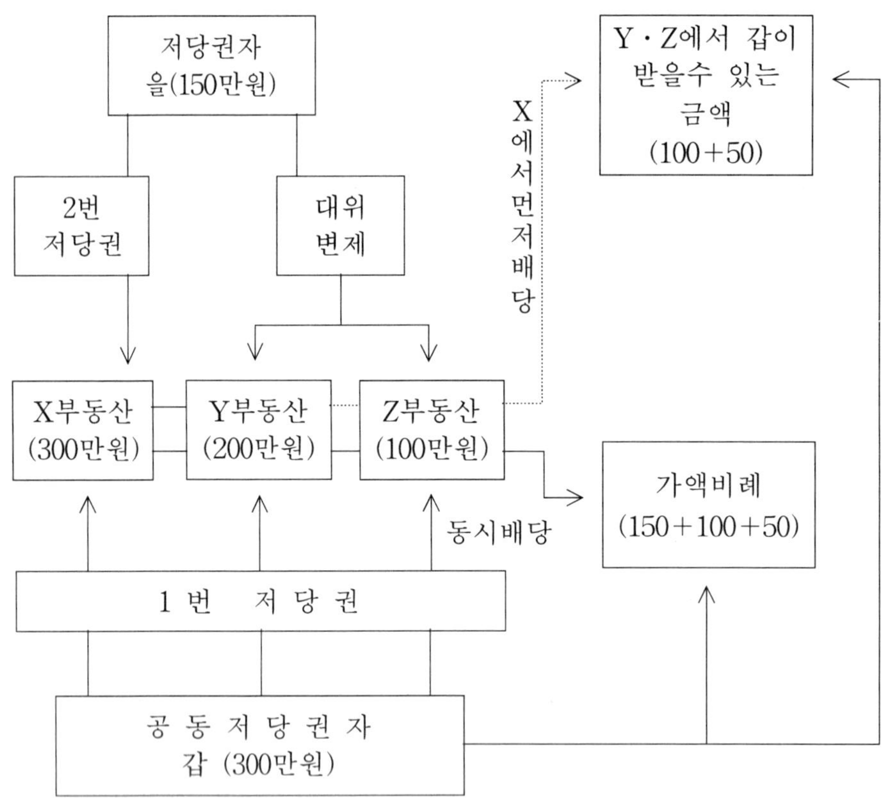

▣ 핵심판례 ▣

■ [공동저당과 대가의 배당, 차순위자의 대위

1. 가. 공동저당물 중 일부만에 대한 저당권실행이 불법행위를 구성하는지 여부(소극)

공동저당권자가 공동저당물 중 일부만에 대하여 저당권을 실행하는 것은 저당권자의 권리에 속하는 것으로 권리남용에 해당하지 아니하는 한 정당하다고 할 것이므로 공동저당물인 토지와 건물 전부에 대하여 경매절차를 진행하던 중 건물에 대한 경락신청을 취하하고 토지에 대해서만 경매를 실행하여 토지소유자가 그에 한 소유권을 상실하였다고 하더라도 불법행위가 된다고 할 수 없다.

나. 대위변제자의 다른 공동저당물 소유자에 대한 변제청구권 유무(소극)

공동저당물 중의 하나의 소유자가 다른 공동저당물의 부담부분을 대위변제한 때 그는 다른 공동저당물의 소유자에 대하여 채권자의 채권 및 그 담보에 관한 권리를 실행하여 변제받을 수 있을 뿐, 다른 공동저당물의 부담부분에 해당하는 전원의 변제청구권을 갖는 것은 아니다(1983. 3. 22. 제1부 판결, 81다43 손해배상).

2. 공동저당물 중 하나만이 경매진행 중 다른 저당권자로부터의 일괄경매신청이 있었다면 반드시 일괄경매하여야 하는지 여부

공동저당권자가 공동저당물 중 일부만에 대하여 저당권을 실행한다고 하더라도 이는 저당권자의 권리에 속하는 것이고 경매법원은 대지와 지상건물이 함께 경매신청이 되어 경매의 목적물이 된 경우에는 그 대지와 그 지상건물의 경제적 사회적인 용도와 효용으로 보아 이를 일괄경매함이 상당하나 그 중 하나만이 경매신청이 된 경우에는 그 부분에 대하여만 경매하여야 하고 그 절차의 진행 중에 다른 저당권자로부터의 일괄경매신청이 있었다 하여 반드시 일괄경매하여야 하는 것은 아니다(대판 1987. 3. 26, 86마341).

3. 동일한 채권의 담보로 부동산과 선박에 대하여 저당권이 설정된 경우, 차순위자의 대위에 관한 민법 제368조 제2항 후문의 규정을 적용 또는 유추적용할 수 있는지 여부(소극)

동일한 채권의 담보로 부동산과 선박에 대하여 저당권이 설정된 경우에는 민법 제368조 제2항 후문의 규정이 적용 또는 유추적용되지 아니하므로 동일한 채권을 담보하기 위하여 부동산과 선박에 선순위 저당권이 설정된 후 선박에 대하여서만 후순위 저당권이 설정된 경우 먼저 선박에 대하여 담보권 실행절차가 진행되어 선순위 저당권자가 선박에 대한 경매대가에서 피담보채권 전액을 배당받음으로써 선박에 대한 후순위 저당권자가 부동산과 선박에 대한 담보권 실행절차가 함께 진행되어 동시에 배당을 하였더라면 받을 수 있었던 금액보다 적은 금액만을 배당받게 되었다고 하더라도 선박에 대한 후순위 저당권자는 민법 제368조 제2항 후문의 규정에 따라 부동산에 대한 선순위 저당권자의 저당권을 대위할 수 없다(대법원 2002. 7. 12. 선고 2001다53264 판결).

4. 공동저당에 있어서 채무자 소유 부동산 위의 후순위 저당권자의 대위권이 물상보증인 소유의 부동산에까지 미치는지 여부(소극)

채권자가 물상보증인 소유 토지와 공동담보로 주채무자 소유 토지에 1번 근저당권을 취득한 후 이와 별도로 주채무자 소유 토지에 2번 근저당권을 취득한 사안에서, 먼저 주채무자의 토지에 대하여 피담보채무의 불이행을 이유로 근저당권이 실행되어 경매대금에서 1번 근저당권의 피담보채권액을 넘는 금액이 배당된 경우에는, 변제자 대위의 법리에 비추어 볼 때 민법 제368조 제2항은 적용되지 않으므로 후순위(2번) 저당권자인 채권자는 물상보증인 소유 토지에 대하여 자신의 1번 근저당권을 대위행사할 수 없고, 따라서 물상보증인의 근저당권설정등기는 그 피담보채무의 소멸로 인하여 말소되어야 한다(대법원 1996. 3. 8. 선고 95다36596 판결).

5. 공동저당에 있어서 후순위저당권자의 대위와 물상보증인의 변제자대위가 충돌하는 경우의 법률관계의 우선순위

공동저당의 목적인 채무자 소유의 부동산과 물상보증인 소유의 부동산에 각각 채권자를 달리하는 후순위저당권이 설정되어 있는 경우, 물상보증인 소유의 부동산에 대하여 먼저 경매가 이루어져 그 경매대금의 교부에 의하여 1번저당권자가 변제를 받은 때에는 물상보증인은 채무자에 대하여 구상권을 취득함과 동시에, 민법 제481조, 제482조의 규정에 의한 변제자대위에 의하여 채무자 소유의 부동산에 대한 1번저당권을 취득하고, 이러한 경우 물상보증인 소유의 부동산에 대한 후순위저당권자는 물상보증인에게 이전한 1번저당권으로부터 우선하여 변제를 받을 수 있으며, 물상보증인이 수인인 경우에도 마찬가지라 할 것이므로(이 경우 물상보증인들 사이의 변제자대위의 관계는 민법 제482조 제2항 제4호, 제3호에 의하여 규율될 것이다), 자기 소유의 부동산이 먼저 경매되어 1번저당권자에게 대위변제를 한 물상보증인은 1번저당권을 대위취득하고, 그 물상보증인 소유의 부동산의 후순위저당권자는 1번저당권에 대하여 물상대위를 할 수 있다(대법원 1994. 5. 10. 선고 93다25417 판결).

◈ 피담보채권의 소멸로 인한 저당권소멸

제 369 조【부종성】

저당권으로 담보한 채권이 시효의 완성 기타 사유로 인하여 소멸한 때에는 저당권도 소멸한다.

■ § 369. 부종성

• 피담보채권이 소멸시효완성으로 소멸하면 그에 따라 저당권도 소멸한다.
• 그러나 저당권만이 단독으로 소멸시효에 걸리는 일은 없다.

저당권은 그 본질에 있어서 주된 채권의 경제적 목적을 달성하기 위한 수단이며, 그 성립, 존속, 소멸에 있어서 주된 권리인 담보되는 채권과 운명을 같이 하고, 따라서 피담보채권이 성립하지 않고는 저당권도 성립할 수 없으며, 그것이 이전되면 이것에 수반하여 이전되고, 그것이 소멸하면 따라서 저당권도 소멸하는 것이다.

그러므로 주된 채권이 시효 기타의 사유로 인하여 소멸하지 않는데 저당권만 소멸한다는 일은 있을 수 없으며, 반드시 주된 채권과 동시가 아니면 소멸하지 않는 것이다.

▣ 핵심판례 ▣

■ [부종성]

1. 근저당권 설정 후 부동산 소유권이 이전된 경우 근저당권설정자인 종전의 소유자도 피담보채무의 소멸을 이유로 근저당권설정등기의 말소를 청구할 수 있는지 여부

근저당권이 설정된 후에 그 부동산의 소유권이 제3자에게 이전된 경우에는 현재의 소유자가 자신의 소유권에 기하여 피담보채무의 소멸을 원인으로 그 근저당권설정등기의 말소를 청구할 수 있음은 물론이지만, 근저당권설정자인 종전의 소유자도 근저당권설정계약의 당사자로서 근저당권소멸에 따른 원상회복으로 근저당권자에게 근저당권설정등기의 말소를 구할 수 있는 계약상 권리가 있으므로 이러한 계약상 권리에 터잡아 근저당권자에게 피담보채무의 소멸을 이유로 하여 그 근저당권설정등기의 말소를 청구할 수 있다고 봄이 상당하고, 목적물의 소유권을 상실하였다는 이유만으로 그러한 권리를 행사할 수 없다고 볼 것이 아니다(1994. 1. 25. 전원합의체판결, 93다16338 근저당권말소).

<판례전문(대판 1994. 1. 25. 전원합의체판결)>

[전 문]

[원고, 상고인] 이선복

[피고, 피상고인] 김영조

[원심판결] 서울고등법원 1992. 12. 30. 선고 91나52134 판결

[주 문] 원심판결을 파기하고 사건을 서울고등법원에 환송한다.

[이 유] 상고이유를 본다.

원심판결 이유에 의하면 원심은 원고가 그 소유이던 이 사건 부동산에 관하여 1989. 9. 27. 및 같은 해 12. 14. 두번에 걸쳐 피고를 근저당권자로 하여 경료된 각 근저당권설정등기의 피담보채무가 변제 및 변제공탁으로 인하여 소멸되었다는 이유로 피고를 상대로 그 말소를 청구한 데 대하여, 근저당권설정등기의 말소를 청구할 수 있는 자는 청구 당시에 있어서의 그 부동산의 소유자 또는 말소등기로 인하여 직접적인 법률상의 이해관계를 가지고 있는 등기부상의 이해관계인에 한정된다고 풀이한 다음, 원고는 위 각 근저당권의 피담보채무가 소멸되었다고 주장하는 시기 이전인 1990. 4. 1. 이 사건 부동산을 소외 김재석에게 매도하고 같은 달 9. 그 소유권이전등기까지 경료하여 주어 그 소유권을 상실하였음에도 불구하고 그 이후에 이 사건 청구를 하였을 뿐만 아니라 원고에게 위 각 근저당권설정등기의 말소를 청구할 등기부상의 직접적인 이해관계 있음을 인정할 만한 아무런 주장, 입증을 찾아볼 수 없다고 하여 원고의 이 사건 청구는 더 나아가 살펴 볼 필요 없이 이유가 없다고 판단하였다.

그러나 이 사건에 있어서와 같이 근저당권이 설정된 후에 그 부동산의 소유권이 제3자에게 이전된 경우에는 현재의 소유자가 자신의 소유권에 기하여 피담보채무의 소멸을 원인으로 그 근저당권설정등기의 말소를 청구할 수 있음은 물론이지만, 근저당권설정자인 종전의 소유자도 근저당권설정계약의 당사자로서 근저당권소멸에 따른 원상회복으로 근저당권자에게 근저당권설정등기의 말소를 구할 수 있는 계약상 권리가 있으므로 이러한 계약상 권리에 터잡아 근저당권자에게 피담보채무의 소멸을 이유로 하여 그 근저당권설정등기의 말소를 청구할 수 있다고 봄이 상당하고(당원 1988. 9. 13. 선고 86다카1332 판결 ; 1993. 9. 14. 선고 92다1353 판결 참조), 목적물의 소유권을 상실하였다는 이유만으로 그러한 권리를 행사할 수 없다고 볼 것은 아니다.

이에 어긋나는 취지의 당원 1962. 4. 26.선고 4294민상 1350 판결은 이로써 폐기하기로 한다.

따라서 이 점을 지적하는 논지는 이유가 있으므로 원심판결을 파기하고 사건을 원심법원에 환송하기로 관여 법관 전원의 의견이 일치되어 주문과 같이 판결한다.

대법원장 윤관(재판장) 김상원 배만운 안우만 김주한 윤영철 김용준 김석수 박만호 천경송 정귀호 안용득 박준서

2. 피담보채무의 소멸 또는 근저당권설정등기의 원인무효를 이유로 근저당권 이전의 부기등기에 대하여 말소를 구할 소의 이익이 있는지 여부(소극) 및 근저당권 이전의 부기등기가 경료된 경우, 근저당권설정등기 말소청구의 상대방(=양수인)

근저당권 이전의 부기등기는 기존의 주등기인 근저당권설정등기에 종속되어 주등기와 일체를 이루는 것이어서, 피담보채무가 소멸된 경우 또는 근저당권설정등기가 당초 원인무효인 경우 주등기인 근저당권설정등기의 말소만 구하면 되고 그 부기등기는 별도로 말소를 구하지 않더라도 주등기의 말소에 따라 직권으로 말소되는 것이며, 근저당권 양도의 부기등기는 기존의 근저당권설정등기에 의한 권리의 승계를 등기부상 명시하는 것 뿐으로, 그 등기에 의하여 새로운 권리가 생기는 것이 아닌 만큼 근저당권설정등기의 말소등기청구는 양수인만을 상대로 하면 족하고 양도인은 그 말소등기청구에 있어서 피고 적격이 없으며, 근저당권의 이전이 전부명령 확정에 따라 이루어졌다고 하여 이와 달리 보아야 하는 것은 아니다(대법원 2000. 4. 11. 선고 2000다5640 판결).

◈ 저당권에 준용되는 민법 규정

제 370 조【준용규정】

제214조, 제321조, 제333조, 제340조, 제341조 및 제342조의 규정은 저당권에 준용한다.

■ § 370. 준용규정

- 물권적 청구권 : 반환청구권은 부정
- 불가분성
- 저당권의 우선순위
- 저당물 이외의 일반재산으로부터의 변제
- 물상보증인의 구상권
- 물상대위

제214조의 소유물방해제거·방해예방청구권, 제321조의 유치권의 불가분성, 제333조의 동산질권의 순위, 제340조의 질물 이외의 재산으로부터의 변제, 제341조의 물상보증인의 청구권, 제342조의 질권자의 물상대위 등에 관한 규정은 저당권에 대하여 이를 준용한다.

▣ 핵심판례 ▣

■ 저당권자도 민법 제214조의 방해제거청구권을 행사할 수 있는지 여부(적극)

저당권자는 물권에 기하여 그 침해가 있는 때에는 그 제거나 예방을 청구할 수 있다고 할 것인바(민법 제370조, 제214조 참조), 공장저당권의 목적 동산이 저당권자의 동의를 얻지 아니하고 설치된 공장으로부터 반출된 경우에는 저당권자는 점유권이 없기 때문에 설정자로부터 일탈한 저당목적물을 저당권자 자신에게 반환할 것을 청구할 수는 없지만, 저당목적물이 제3자에게 선의취득하지 아니하는 한 원래의 설치 장소에 원상회복할 것을 청구함은 저당권의 성질에 반하지 아니함은 물론 저당권자가 가지는 방해배제권의 당연한 행사에 해당한다고 할 것이다(대판 1996. 3. 22, 95다55184).

◈ 지상권, 전세권을 목적으로 하는 저당권의 설정

제 371 조【지상권, 전세권을 목적으로 하는 저당권】

① 본장의 규정은 지상권 또는 전세권을 저당권의 목적으로 한 경우에 준용한다.

② 지상권 또는 전세권을 목적으로 저당권을 설정한 자는 저당권자의 동의 없이 지상권 또는 전세권을 소멸하게 하는 행위를 하지 못한다.

■ § 371. 지상권, 전세권을 목적으로 한 저당권

- 지상권, 저당권도 저당권의 목적이 된다.
- 지상권, 전세권 위에 저당권을 소멸하게 하는 행위를 하지 못한다.
- 관련법조 : [동일한 규정] 공장 및 광업재단 저당법 §24③

본조는 지상권, 전세권을 저당권의 목적으로 한 경우에 본장의 저당권에 관한 규정을 준용할 것을 규정한 것이다.

<참고사항>

※ 저당권과 용익권과의 관계

1. 서 설

저당권은 목적물의 사용·수익을 설정자에게 맡기면서 우선변제를 담보하는 권리이고, 목적물의 물질적 이용권을 취득하는 것은 아니며 오직 교환가치의 지배를 목적으로 하는 권리이다.

따라서 담보물의 사용가치의 지배를 목적으로 하는 용익권과 교환가치를 지배하는 저당권과는 각각 독립하여 병존하고, 재화는 2종의 효력을 발휘할 수 있다. 동시에 저당권자 입장에서도 스스로는 담보물을 이용할 수 없고 보통 저당채권의 이자의 수취를 통하여 간접적이긴 하나 담보물의 수익에 참여해 갈 수 있는 것이기 때문에, 저당권은 가장 합리적인 담보수단이 되고 또한 현저한 발전을 보이고 있는 것이다.

그러나 가치권과 용익권과의 이와 같은 병존도 저당권이 실행의 단계에 들어가면 이 관계는 근저에서부터 흔들린다.

즉, 저당권의 실행인 경매는 설정당시의 상태에서 목적물을 전면적으로 경락인에게 취득시키고, 설정의 수익원은 말할 것도 없고 저당권설정 후에 창설된 용익관계도 원칙적으로 모두 번복되는 것이다.

따라서 저당권과 용익권과의 관계는 용익권이 저당권설정 이후에 창설되었는가의 여부와 또 저당권이 실행의 단계에 달하였는가의 여부에 따라 그 태양을 달리한다.

2. 양자에 관한 현행제도

저당권설정 이전부터 존속한 용익관계는 그 용익이 소유자에 의하여 행해지고 있거나 제3자에 의하여 행해지고 있거나 간에 저당권의 설정으로 인하여 아무런 영향도 받지 아니하고 각각의 이용을 계속할 수 있다.

그러나 저당권이 실행되면 소유자의 용익관계는 경락인에게 대항할 수 없고, 다만 건물에 따른 토지이용이 법정지상권의 보호를 받음에 그친다.

제3자의 용익권은 대항요건을 구비하고 있는 이상 경매에 의하여 깨어지지 않는다.

저당권설정 이후에 있어서도 목적물의 소유자는 스스로 새로운 용익을 개시하거나 타인을 위하여 용익권을 창설할 수 있다. 그러나 소유자의 이용관계는 경락인에게 대항할 수 없을뿐만 아니라, 설정 후에 건설한 건물에 대해서는 법정지상권의 적용을 받을 수도 없다. 또 제3자의 용익권은 설령 등기 기타의 요건을 구비하였다 하더라도 경락인에게 대항할 수 없다.

따라서 이와 같은 이용자의 지위는 매우 불안정한 것이며, 목적물의 이용은 사실상 현저하게 저해된다.

주택임대차보호법이 임대차관계에 특별한 공시수단(주택의 인도와 주민등록)을 인정한 것이나(동법 제3조), 소액보증금(등기없는 전세계약의 전세금도 같다)에 다른 담보물권(저당권을 포함함은 물론이다)보다 우선변제권을 설정하여(동법 제8도), 예외규정을 둔 것은 이용권과 가치권의 조정을 꾀한 것이라 하겠다.

저당권이 실행의 단계에 들어가면 그 효력은 현저하게 강화되며 그 후의 용익관계는 소유자·제3자를 불문하고 일단 제한된다.

즉 경매개시는 목적물에 대한 압류의 효력을 발생시키고 그 후의 임차권은 보호를 받을 수 없다. 또 경매신청의 등기 내지 저당권실행의 통지가 있으면 그때부터 저당권의 효력은 과실에도 미치게 된다.

3. 결 어

이와 같이 저당권과 용익권은 반드시 순서없이 병존할 수 있는 것은 아니며, 저당권에 있어서 재화의 2중의 효력도 이러한 한정된 의미밖에 갖지 않는다. 요컨대 저당권과 용익권과의 대립은 저당권이 가치권이라고 할 수 있음에도 불구하고 교환가치의 지배를 위하여 이용지배의 면에까지 간섭하는 것에 기인한다고 할 수 있다.

바꾸어 말하면 이용권의 존재도 담보가치에 현저하게 영향을 주는 것을 의미한다. 따라서 저당권과 용익권과의 순서는 간단하게 조정될 수 있는 문제는 아니다.

물론 이용권존중의 견지에서 본다면 이용권의 내용에 그 대가의 관계에 있어서 합리적인 한, 가치권인 저당권은 이용에 간여하여야 하는 것이 아님은 당연하다.

그러나 이러한 상태는 이상적인 것이며, 지금 당장 실현될 수 있는 성질의 것은 아니다.

결국 양자의 이상적인 병존은 부동산소유권이 대가징수권으로 전화되고 저당권이 이와 같은 권능의 가치를 지배하는 것으로 될 때에 비로소 실현될 수 있다고 생각할 수 있으며 그것은 소유와 이용과의 조정에 관계된 중대한 문제라고 하지 않을 수 없다.

◆ 다른 법률에 의하여 설정된 저당권에 민법 저당권 규정의 준용

제 372 조【타법률에 의한 저당권】

본장의 규정은 다른 법률에 의하여 설정된 저당권에 준용한다.

■ § 372. 다른 법률에 의하여 설정된 저당권

- 법정저당권
- 특별법에 의한 저당권 : 공장저당, 자동차저당, 항공기저당, 건설기계저당, 선박저당 등
- 관련법조 : 상 §787, 광업 §11, 공장 및 광업 재단 저당법, 자동차 등 특정동산 저당법, 입목에 관한 법률, 산업입지 및 개발에 관한 법률

다른 법률에 의하여 설정된 저당권에는 두 가지의 의미가 있다. 하나는 법정저당권이고, 다른 하나는 상법 기타의 특별법에 의한 저당권이다. 즉 공장 및 광업 재단 저당법에 의한 공장재단저당, 자동차 등 특정동산 저당법에 의한 자동차저당, 항공기저당, 건설기계저당 등이 있다.

법정저당권은 저당자간의 자유로운 설정계약에 의하지 않고 법률의 규정에 의하여 당연히 성립하는 저당권을 말한다.

토지임대인의 임차지상의 임차인소유의 건물에 대한 법정저당권(제649조), 부동산 공사의 수급인의 목적부동산에 대한 저당권의 설정(제666조)이 그 예이며, 그 법정저당권이 설정된 경우에는 당연히 본장의 규정이 준용된다.

그리고 민법은 사법의 기본법이므로 다른 법률의 규정에 의하여 설정된 저당권, 예컨대 상법상의 선박저당, 기타 특별법에 의하여 설정된 저당권에 관하여서도 본장의 규정이 적용된다.

따라서 상법 기타의 특별사법에 저당권에 대한 특별규정이 있는 경우를 제외하고, 아무런 규정도 하지 않은 때에는 보충적으로 본장의 저당권에 관한 규정이 준용되는 것이다.

[저당권의 객체로 할 수 있는 목적물]

민법상 인정되는 것	부동산, 지상권, 전세권
특별법상 인정되는 것	상법상 등기된 선박, 입목등기된 수목의 집단, 광업권, 어업권, 공장재단, 광업재단, 자동차, 항공기, 건설기계
채권인 피담보채권	금전채권, 금전을 목적으로 하는 채권, 장래의 채권

<참고사항>

※ 근대적 저당권제도의 특징

1. 기본적 특징
 · 근대적 저당권은 오로지 재화가 가지는 교환가치만을 중심으로 구성된다.
 · 저당권의 유통성을 확보하는 데 중점이 있다.
 · 부동산 공시제도는 본래 저당권을 공시하기 위한 것이 주된 목적이었다.
 · 현행법상 우리 저당권 제도는 근대적 저당권의 특징에 부합하지 않는다.

2. 공시의 원칙
 (1) 원칙
 · 저당권의 존재는 반드시 등기나 등록으로 공시되어야 한다는 원칙이다.
 · 용익물권이나 다른 담보물권과는 달리 목적물에 대한 점유를 수반하지 않기 때문에 공시의 필요성이 매우 크다.
 (2) 현행법과 예외
 · 현행법도 공시원칙은 인정되고 있다.
 · 다만, 법정저당권은 등기가 불필요하며, 조세우선특권이나 주임법상 최우선변제권이 인정되는 소액보증금 등은 공시없이도 우선권이 인정된다.

3. 특정성의 원칙
 (1) 원칙
 · 저당권은 현존하고 특정된 목적물 위에만 성립할 수 있다는 원칙이다. 이에 의하여 피담보채권이나 저당목적물은 항상 특정되어 등기된다.
 · 따라서 채무자의 전재산상에 인정되는 일반저당권이나 특정한 채권을 보호하기 위하여 특정재산에 당연히 성립하는 법정저당권 등은 원칙적으로 허용되지 않는다.
 (2) 현행법과 예외

· 현행법도 특정성의 원칙을 관철하여 일반저당권을 인정하지 않고 있다.
· 단, 예외적으로 조세우선특권과 임대인에게 일정한 경우 법정저당권을 인정하고 있어 특정성 원칙의 예외를 인정하고 있다.

4. 순위확정의 원칙

(1) 원칙

· 저당권의 순위는 등기 선후에 의해 결정된다.
· 순위는 내려가지도 않고 승진하지도 않는 것이 근대저당법의 특징이다.

(2) 현행법과 예외

· 우리법제상으로도 순위확정의 원칙상 순위가 하강하지는 않는다.
· 다만, 순위승진의 원칙을 채택하고 있어 순위확정의 원칙이 철저히 관철되고 있지는 않다.

5. 독립의 원칙

(1) 부종성의 부인

· 저당권의 피담보채권에의 종속성을 부인하는 것이다. 즉, 피담보채권이 없어도 저당권을 설정할 수 있고 저당권이 소멸되지 않도록 하는 것이다.
· 우리법상 부종성의 원칙은 엄격하여 피담보채권이 없이는 저당권이 존속될 수 없다. 다만, 근저당에 있어서만 예외적으로 부종성이 완화되어 있을 뿐이다.

(2) 소유자 저당제도의 인정

· 저당목적물의 소유자가 자기 스스로 자기 재산에 저당권을 갖는 것을 말한다.
· 부종성을 부인할 경우에 인정할 수 있다.
· 저당권을 증권화시켜 가치권으로 순화시키는 것과 밀접한 관련이 있다.
· 우리법상 부종성 때문에 소유자 저당제도는 인정되지 않고 있다. 다만, 순위승진을 저지시키기 위해 혼동이 일어나지 않는 예외적인 경우에만 소유자가 저당권자가 될 수 있다.

(3) 투자자의 지위 보전

· 후순위저당권자나 일반채권자의 권리실행에 의해 변제받을 것을 강요당하지 않는 것을 의미한다.
· 즉, 후순위저당권 등이 실행된 경우 선순위저당권은 소멸되지 않고 여전히 존속하면서 피담보채권의 이자 등을 계속적으로 받을 수 있도록 하는

것이다.

· 현행법상 후순위저당권등이 실행되어 경락되면 선순위저당권도 소멸하게 되어 있어 선순위저당권자는 경락대금으로부터의 우선변제를 강요당한다.

(4) 일반재산에 대한 집행의 제한

· 저당권자가 저당목적물이 아닌 채무자의 일반재산에 대한 집행을 제한하는 것이다.

· 현행법상 이러한 의미의 독립의 원칙은 부분적으로 채택(제370조, 제340조1항)하고 있다.

(5) 이용권으로부터의 독립

· 저당권이 설정되더라도 저당권과 무관하게 저당권설정자가 목적물에 대한 사용, 수익을 계속할 수 있도록 하는 것이다.

· 현행법상 이러한 독립의 원칙은 채택되고 있다.

6. 유통성의 확보

· 공신의 원칙과 저당권의 증권화가 요구된다.

· 현행법상 둘 다 인정되지 않고 있다.

◎ 비전형담보

(1) 의 의

민법이 규정하는 전형적인 담보물권인 유치권 · 질권 · 저당권 등 3가지의 전형적인 담보물권 외에도 거래계에서는 다른 담보제도를 활용하여 왔는데, 그 대표적인 것이 가등기담보 · 양도담보 · 매도담보의 3가지이다. 이러한 담보를 전형담보인 질권 · 저당권(유치권은 일정한 요건에 해당될 경우에만 성립하는 법정담보물권임)에 대비하여 '비전형담보' 또는 '변칙담보'라 한다.

비전형담보의 특징은 채권담보의 목적으로 목적물에 대한 소유권을 채권자에게 이전하는 것, 즉 전형담보와 같이 제한물권의 형식을 취하는 것이 아니라 소유권이전의 형식을 취한다는 점에 있다.

(2) 유 형

1) 가등기담보

가. 의 의

채권 특히 금전채권을 담보할 목적으로, 채권자와 채무자(또는 제3자) 사이에서 채무자 소유의 부동산을 목적물로 하는 대물변제예약 또는 매매예약 등을 하고, 동시에 채무자의 채무불이행이 있는 경우에 채권자가 그의 예약완결권을 행사함으로써 발생하게 될 장래의 소유권이전청구권을 보전하기 위한 가등기를 하는 경우를 통틀어 가등기담보라고 일컫는다. 요약하면, 채권담보를 위하여 가등기를 이용해서 행하여지는 대물변제예약·매매예약 등이 가등기담보인 것이다.

나. 가등기담보권의 설정

① 가등기담보계약 : 채무를 담보하기 위하여, 그 불이행이 있는 때에는 채무자 또는 제3자에게 속하는 소유권 기타의 권리를 채권자에게 이전할 목적으로 행하여진 대물변제예약 기타의 계약으로서, 그 계약에 의한 채권자의 권리에 관하여 가등기를 할 수 있는 것이 가등기담보계약이다.

이 계약은 채권자와 채무자 사이의 낙성·불요식의 계약으로 하게 된다. 다만, 가등기담보권의 설정자는 채무자에 한하지 않고, 제3자(물상보증인)라도 상관없다.

② 가등기 : 공시방법인 가등기 또는 가등록을 갖추어야 한다. 보통은 가등기를 하는데, 가등기담보 등에 관한 법률은 이 가등기를 '담보가등기'라고 부르고 있다.

다. 가등기담보권의 내용과 실행방법

① 가등기담보권자의 지위(저당권자와 유사한 지위)

ㄱ) 가등기담보권의 실행방법 : 가등기담보권의 실행에는 '권리취득에 의한 실행'과 '경매에 의한 실행'의 두 가지 방법이 있고, 가등기담보권자는 둘 중 하나를 임의로 선택할 수 있다. 특히 후자에서, 가등기담보권자는 목적부동산의 경매를 청구할 수 있

고, 이 경우 가등기담보권을 저당권으로 본다(가등기담보법 제12조 1항).

② 권리취득에 의한 실행

가등기담보권자는 자신이 목적부동산의 소유권을 취득하는 소위 '귀속청산'의 방식을 통해 담보권을 실행할 수 있다.

【쟁점사항】

<'처분정산'형의 담보권 실행이 가등기담보 등에 관한 법률상 허용되는지 여부(소극)>

가등기담보등에관한법률이 제3조와 제4조에서 가등기담보권의 사적 실행방법으로 귀속정산의 원칙을 규정함과 동시에 제12조와 제13조에서 그 공적 실행방법으로 경매의 청구 및 우선변제청구권 등 처분정산을 별도로 규정하고 있는 점, 위 제4조가 제1항 내지 제3항에서 채권자의 청산금 지급의무, 청산기간 경과와 본등기청구, 청산금의 지급의무와 부동산의 소유권이전등기 및 인도 채무의 동시이행관계 등을 순차로 규정한 다음, 제4항에서 제1항 내지 제3항에 반하는 특약으로서 채무자 등에게 불리한 것은 그 효력이 없다(다만, 청산기간 경과 후에 행하여진 특약으로 서 제3자의 권리를 해하지 아니하는 경우는 제외된다.)고 규정하고 있는 점, 나아가 제11조는 채무자 등이 청산금 채권을 변제받을 때까지 그 채무액을 채권자에게 지급하고 그 채권담보의 목적으로 경료된 소유권이전등기의말소를 청구할 수 있다고 규정하고 있는 점 등을 종합하여 보면, 가등기담보권의 사적 실행에 있어서 채권자가 청산금의 지급 이전에 본등기와 담보목적물의 인도를 받을 수 있다거나 청산기간이나 동시이행관계를 인정하지 아니하는 '처분정산'형의 담보권실행은 가등기담보등에관한법률상 허용되지 아니한다(대판 2002. 12. 10, 2002다42001).

ㄱ) 담보권의 실행통지와 청산기간

i) 의 의 : 채권자가 담보계약에 의한 담보권을 실행하여 그 담보목적부동산의 소유권을 취득하기 위하여서는 그 채권의 변제기 후에 '청산금의 평가액'(통지 당시의 목적부동산의 가액에서 민법 제360조에 규정된 채권액과 만일 선순위 담보권 등의 권리가 있는 때에는 그 채권액을 공제한 금

액)을 채무자 등(채무자와 물상보증인 및 담보가등기 후의 제3취득자 포함)에게 통지하고, 그 통지가 채무자 등에게 도달한 날로부터 2월이 경과하여야 한다. 이 경우 청산금이 없다고 인정되는 때에는 그 뜻을 통지하여야 한다(가등기담보법 제4조 1항 후단).

채권자가 가등기담보권을 실행하여 그 담보목적 부동산의 소유권을 취득하기 위하여 채무자 등에게 하는 담보권 실행의 통지에는 채권자가 주관적으로 평가한 통지 당시의 목적부동산의 가액과 피담보채권액을 명시함으로써 청산금의 평가액을 채무자 등에게 통지하면 족하다. 그리고 채권자가 나름대로 평가한 청산금의 액수가 객관적인 청산금의 평가액에 미치지 못한다고 하더라도 담보권 실행의 통지로서의 효력이나 청산기간의 진행에는 아무런 영향이 없고, 다만 채무자 등은 정당하게 평가된 청산금을 지급 받을 때까지 목적부동산의 소유권이전등기 및 인도 채무의 이행을 거절하면서 피담보채무 전액을 채권자에게 지급하고 채권담보의 목적으로 마쳐진 가등기의 말소를 구할 수 있을 뿐이다(대법원 1996. 7. 30. 선고 96다6974, 6981 판결).

ii) 통지흠결시 소유권 취득 여부

가등기담보등에관한법률에 의하면, 가등기담보권자가 담보권실행을 위하여 담보 목적 부동산의 소유권을 취득하기 위하여는 그 채권의 변제기 후에 소정의 청산금 평가액 또는 청산금이 없다고 하는 뜻을 채무자 등에게 통지하여야 하고(제3조 제1항), 이 때의 채무자 등에는 채무자와 물상보증인뿐만 아니라 담보가등기 후 소유권을 취득한 제3취득자가 포함되는 것이므로(제2조 제2호), 위 통지는 이들 모두에게 하여야 하는 것으로서 채무자 등의 전부 또는 일부에 대하여 위 통지를 하지 않으면 청산기간이 진행할 수 없게 되고, 따라서 가등기담보권자는 그 후 적절한 청산금을 지급하거나 실제 지급할 청산금이 없다고 하더라도 가등기에 기한 본등기를 청구할 수 없으며, 설령 편법으로 본등기를 마쳤다고 하더라도 그 소유권을 취득할 수 없다(대판 2002. 4. 23, 2001다81856).

가등기담보권자인 채권자가 청산기간이 경과하기 전 또는 가등기담보등에관한법률 제6조 제1항에 의하여 채무자에게 청산통지를 하였다는 사실 등을 후순위권리자에게 통지하지 아니하고, 채무자에게 청산금을 지급한 경우에는 이로써 후순위권리자에게 대항할 수 없는 것이나, 이러한 채권자의 변제 제한의 효력은 후순위권리자에게만 적용되는 상대적인 것이므로, 후순위권리자는 청산금채권이 아직 소멸하지 않은 것으로 보고 채권자에게 직접 권리를 행사할 수 있고 후순위권리자가 채권자에게 청산금을 지급하여 줄 것을 청구하게 되면 채권자로서는 청산금의 이중 지급의 책임을 면할 수 없다는 취지일 뿐이지, 후순위권리자가 존재한다는 사유만으로 채무자에게 담보권의 실행을 거부할 권원을 부여하는 것은 아니다(대법원 2002. 12. 10. 선고 2002다42001 판결).

ㄴ) 청산금의 지급 : 채권자는 청산금을 채무자 등에게 지급하여야 한다(가등기담보법 제4조 1항 전단). 청산금 청구권자로서 설정자(채무자), 제3취득자, 후순위권리자, 대항력 있는 후순위임차인이 있다. 선순위담보권자는 청구권자에서 제외됨을 주의해야 한다. 이는 가등기담보권자가 권리를 실행하여 소유권을 취득하여도 선순위의 담보권은 소멸하지 않기 때문이다. 설정자가 가등기담보설정 후 목적물을 제3자에게 임대한 경우, 대항력 있는 임차인이라면 담보가등기자 보다 후순위이므로 보증금을 우선변제 받을 수는 없지만, 청산금의 범위내에서 만큼은 목적물 인도의무와 보증금 반환의무가 동시이행의 관계에 있다(가등기담보법 제5조 5항). 그리고 채무자 등의 일반채권자가 청산금채권을 압류 또는 가압류한 경우에는, 채권자는 청산기간이 경과한 후 그 청산금을 채무이행지를 관할하는 지방법원 또는 지원에 공탁하여 그 채무를 면할 수 있다(동법 제8조 1항).

ㄷ) 소유권 취득 : 담보가등기가 경료된 경우에는 청산기간이 경과하여

야 그 가등기에 기한 본등기를 청구할 수 있다(동법 제4조 2항 후단). 청산금이 없는 때에는 소유권이전의 본등기를 갖춘 때에 소유권을 취득한다. 그러나 청산금이 있는 때에는 그 청산금을 지급하거나 공탁을 한 때에는 본등기를 청구할 수 있다. 이때 가등기담보권자의 본등기청구 및 목적물의 인도청구와 청산금의 지급채무는 동시이행의 관계에 선다(동법 제4조 3항).

ㄹ) 제3자 보호 : 채무자는 청산금채권을 변제받을 때까지 채무액을 채권자에게 지급하고 소유권이전등기의 말소를 청구할 수 있다. 단, 변제기로부터 10년이 경과하거나 선의의 제3자가 소유권을 취득한 경우에는 불가능하다(제11조). 이 때 10년의 기간은 제척기간이다(대판 2004. 4. 27. 2003다29968).

2) 양도담보

가. 의 의

양도담보란 채권담보의 목적으로 물건의 소유권(또는 기타의 재산권)을 채권자에게 이전하고 채무자가 이행하지 않는 경우에는 채권자가 그 목적물로부터 우선변제를 받게 되나, 채무자가 이행을 하는 경우에는 목적물을 그 소유자에게 반환하는 방법에 의한 비전형담보를 말한다.

나. 유 형

① 약한 양도담보・강한 양도담보 : 약한 양도담보(외부적 이전형)는 양도담보의 목적물의 소유권이 제3자에 대한 외부관계에서만 양도담보권자에게 이전하고, 당사자 사이의 대내관계에서는 설정자에게 목적물의 소유권이 유보되는 유형의 양도담보를 말한다. 이에 대하여 강한 양도담보(대내외적 이전형)는 목적물의 소유권이 대내・대외관계 모두에 있어서 양도담보권자에게 이전하는 것으로 하는 유형이다.

【쟁점사항】

<가등기담보등에관한법률 제3조, 제4조 소정의 정산절차를 거치지 아니하고 가등기담보권자가 경료한 소유권이전등기가 약한 의미의 양도담보로서의 효력이 있는지 여부>

가등기담보등에관한법률 제3조, 제4조의 각 규정에 비추어 볼 때 위 각 규정을 위반하여 담보가등기에 기한 본등기가 이루어진 경우에는 그 본등기는 무효라고 할 것이고, 설령 그와 같은 본등기가 가등기권리자와 채무자 사이에 이루어진 특약에 의하여 이루어졌다고 할지라도 만일 그 특약이 채무자에게 불리한 것으로서 무효라고 한다면 그 본등기는 여전히 무효일 뿐, 이른바 약한 의미의 양도담보로서 담보의 목적 내에서는 유효하다고 할 것이 아니고, 다만 가등기권리자가 가등기담보등에관한법률 제3조, 제4조에 정한 절차에 따라 청산금의 평가액을 채무자 등에게 통지한 후 채무자에게 정당한 청산금을 지급하거나 지급할 청산금이 없는 경우에는 채무자가 그 통지를 받은 날로부터 2월의 청산기간이 경과하면 위 무효인 본등기는 실체적 법률관계에 부합하는 유효한 등기가 될 수 있을 뿐이다(대판 2002. 6. 11, 99다41657).

② 귀속청산형과 처분청산형

비전형담보의 사적 실행에 따른 청산방식으로는 채권자가 목적물의 가액에서 채권액을 공제한 나머지를 반환하고 그 목적물의 소유권을 취득하는 '귀속청산'과, 제3자에게 목적물을 처분하여 그 환가대금에서 자기채권의 만족을 취하는 '처분청산'의 두 가지 방식이 있다.

비전형담보를 규율하는 가등기담보 등에 관한 법률은 담보권의 실행방법에 관하여 귀속청산의 방식만을 인정하고 있다.

다. 양도담보권의 설정

양도담보권은 그 설정을 목적으로 하는 양도담보계약과 목적권리의 이전에 필요한 공시방법을 갖춤으로써 성립한다.

① 양도담보계약

채권담보의 목적으로 채무자 또는 제3자(물상보증인)의 특정의 재산권을 채권자에게 양도하고, 채무자의 채무불이행시에는 그 재산으로부터 채권을 면제받기로 하는 내용의 계약이다.

ㄱ) 당사자 : 채권자 · 채무자 사이의 낙성 · 불요식의 계약으로 하게 된다. 설정자는 채무자에 한하지 않고 제3자라도 상관없다.

【쟁점사항】

<채무담보를 위해 신축건물의 건축허가 명의를 채권자 명의로 하는 경우 담보권 설정의 합의인지 여부>

채무의 담보를 위하여 채무자가 자기의 비용과 노력으로 신축하는 건물의 건축허가 명의를 채권자 명의로 하였다면 이는 완성될 건물을 양도담보로 제공하기로 하는 담보권 설정의 합의로서, 완성된 건물에 관하여 자신의 명의로 소유권보존등기를 마친 채권자는 채무자가 이행지체에 빠졌을 때에는 담보계약에 의하여 취득한 목적부동산의 처분권을 행사하기 위한 환가절차의 일환으로서 즉, 담보권의 실행으로서 채무자 또는 채무자로부터 적법하게 건물의 점유를 이전받은 주택임차인 등 제3자에 대하여 명도청구를 할 수 있다(대판 2002. 1. 11, 2001다48347).

ㄴ) 목적물 : 특별한 제한이 없으므로 재산적 가치가 있는 것으로서 양도성이 있으면 무엇이든 목적물이 될 수 있다. 따라서 동산 · 부동산은 물론이고, 그 밖에 채권 · 주식 · 무체재산권 등도 모두 목적물이 될 수 있다.

<참고사항>

※ 양도담보의 법적성질

1. 학 설

(1) 담보물권설(통설)

양도담보권이라는 담보물권을 취득하고 소유권은 여전히 대내적이든 대외적이든 설정자에게 있다는 견해이다. 제3자는 선의일 경우에만 예외적으로 보호된다.

(2) 신탁적 소유권이전설

외부적으로는 소유권이 이전하고 내부적으로는 설정자에게 소유권이 있다는 종래태도를 견지하는 견해이다. 다만, 가담법이 제3자는 악의일 경우 보호하지 않고 선의일 경우에만 보호한다는 특칙을 두고 있다고 설명한다.

2. 판 례

가담법 시행 후 부동산양도담보의 법적성질에 대한 대법원은 신탁적소유권이전설을 취한 것도 있긴 하나 다수의 판례는 담보물권설을 취하고 있다. 그러나 동산양도담보에 대해서는 여전히 신탁적소유권이전설을 취하고 있다.

▣ 핵심판례 ▣

■ 유동집합물에 대한 양도담보계약이 체결된 경우, 양도담보권의 효력

가. 돈사에서 대량으로 사육되는 돼지를 집합물에 대한 양도담보의 목적물로 삼은 경우, 그 돼지는 번식, 사망, 판매, 구입 등의 요인에 의하여 증감 변동하기 마련이므로 양도담보권자가 그 때마다 별도의 양도담보권설정계약을 맺거나 점유개정의 표시를 하지 않더라도 하나의 집합물로서 동일성을 잃지 아니한 채 양도담보권의 효력은 항상 현재의 집합물 위에 미치게 되고, 양도담보설정자로부터 위 목적물을 양수한 자가 이를 선의취득하지 못하였다면 위 양도담보권의 부담을 그대로 인수하게 된다.

나. 돈사에서 대량으로 사육되는 돼지를 집합물에 대한 양도담보의 목적물로 삼은 경우, 위 양도담보권의 효력은 양도담보설정자로부터 이를 양수한 양수인이 당초 양수한 돈사 내에 있던 돼지들 및 통상적인 양돈방식에 따라 그 돼지들을 사육·관리하면서 돼지를 출하하여 얻은 수익으로 새로 구입하거나 그 돼지와 교환한 돼지 또는 그 돼지로부터 출산시켜 얻은 새끼돼지에 한하여 미치는 것이지 양수인이 별도의 자금을 투입하여 반입한 돼지에까지는 미치지 않는다.

다. 유동집합물에 대한 양도담보계약의 목적물을 선의취득하지 못한 양수인이 그 양도담보의 효력이 미치는 목적물에다 자기 소유인 동종의 물건을 섞어 관리함으로써 당초의 양도담보의 효력이 미치는 목적물의 범위를 불명확하게 한 경우에는 양수인으로 하여금 그 양도담보의 효력이 미치지 아니하는 물건의 존재와 범위를 입증하도록 하는 것이 공평의 원칙에 부합한다(대판 2004. 11. 12, 2004다22858).

② 목적권리의 이전과 공시방법

ㄱ) 목적권리의 이전 : 양도담보는 권리이전의 형식을 이용해서 채권담보의 목적을 달성하려는 것이므로, 반드시 목적물에 대한 권리가 채권자에게 이전되어야 한다. 양도담보권을 설정하면서 권리를 이전함이 없이 채무불이행이 있으면 양도한다는 계약은 양도담보가 아니고 '대물변제의 예약'에 지나지 않는다.

ㄴ) 공시방법 : 반드시 목적권리의 이전이 있어야 하므로 공시방법도 갖추어야 한다. 목적물이 동산인 때에는 인도가 있어야 한다. 양도담보는 소유권이전의 형식을 이용하는 것이므로 동산소유권이전에 관하여 민법이 인정하는 모든 인도방법이 양도담보권의 설정에도 인정된다. 따라서 점유개정의 방법으로 인도하여도 상관없다(대판 2005. 2. 18, 2004다37430).

부동산이 목적물인 때에는 이전등기를 하여야 한다.

다. 양도담보권의 실행방법

양도담보의 경우에 담보권의 내용과 그 실행방법에 관하여 가등기담보 등에 관한 법률 제4조 2항만이 규정을 두고 있을 뿐이다. 즉 "채권자는 담보부동산에 관하여 이미 소유권이전등기가 경료된 경우에는 청산기간 경과 후 청산금을 채무자 등에게 지급한 때에 목적부동산의 소유권을 취득한다"고 규정하고 있다. 따라서 이 규정에 의해 가등기담보권에서의 권리취득에 의한 실행에 관한 동법 제3조 내지 제11조의 규정은 양도담보에도 그 적용이 있다.

① 담보권의 실행통지와 청산기간

채권자가 담보계약에 의한 담보권을 실행하여 그 담보목적부동산의 소유권을 취득하기 위하여는, 그 채권의 변제기 후에 '청산금의 평가액'(통지 당시의 목적부동산의 가액에서 민법 제360조에 규정된 채권액과 만일 선순위담보권 등의 권리가 있을 때에는 그 채권액을 공제한 가액)을 채무자 등(채무자와 물상보증인 및 담보가등기 후의 제3취득자 포함)에게 통지하고, 그 통지가 채무자 등에게 도달한 날로부터 2월(청산기간)이 경과하여야 한다. 이 경우 청산금이 없다고 인정되는 때에는 그 뜻을 통지하여야 한다(가등기담보법 제3조 1항, 제4조 1항).

채권자는 그가 통지한 청산금의 금액에 관하여 다툴 수 없다(동법 제9조). 즉 설사 실제 평가액이 청산금보다 적더라도 채권자는 그가 통지한 청산금에 구속된다.

【쟁점사항】

<귀속정산에 의한 양도담보권 실행에 있어 담보부동산의 평가액이 피담보채권액에 미달하는 경우의 통지방법>

채권의 담보 목적으로 양도된 재산에 관한 담보권의 실행은 다른 약정이 없는 한 처분정산이나 귀속정산 중 채권자가 선택하는 방법에 의할 수 있는바, 그 재산에 관한 담보권이 귀속정산의 방법으로 실행되어 채권자에게 확정적으로 이전되기 위해서는 채권자가 이를 적정한 가격으로 평가한 후 그 가액으로 피담보채권의 원리금에 충당하고 그 잔액을 반환하거나, 평가액이 피담보채권액에 미달하는 경우에는 채무자에게 그와 같은 내용의 통지를 하는 등 정산절차를 마쳐야 하며, 귀속정산의 통지방법에는 아무런 제한이 없어 구두로든 서면으로든 가능하고, 담보부동산의 평가액이 피담보채권액에 미달하는 경우에는 청산금이 있을 수 없으므로 귀속정산의 통지방법으로 부동산의 평가액 및 채권액을 구체적으로 언급할 필요 없이 그 미달을 이유로 채무자에 대하여 담보권의 실행으로 그 부동산을 확정적으로 채권자의 소유로 귀속시킨다는 뜻을 알리는 것으로 족하다(대판 2001. 8. 24, 2000다15661).

② 청산금의 지급 : 채권자는 청산금을 채무자 등에게 지급하여야 한다(동법 제4조 1항 전단). 또한 채무자 등의 일반채권자가 청산금채권을 압류 또는 가압류한 경우에는, 채권자는 청산기간이 경과한 후 그 청산금을 채무이행지를 관할하는 지방법원 또는 지원에 공탁하여 그 채무를 면할 수 있다.

라. 양도담보권의 효력이 미치는 범위

① 피담보채권의 범위 : 양도담보권의 피담보채권의 범위에 관하여서도 저당권의 피담보채권의 범위에 관한 민법 제360조의 규정이 적용된다(가등기담보법 제3조 1항). 따라서 원본·이자·위약금·채무불이행에 의한 손해배상(1년분에 한함)·실행비용이 피담보채권에 포함되게 된다.

② 목적물의 범위 : 양도담보권의 효력이 미치는 목적물의 범위에 관하여는 설정계약에서 정하게 되겠지만, 부합물·종물 등에 관하여는 민법 제358조의 규정 및 그에 관한 이론이 그대로 적용된다고 하여야 한다.

【쟁점사항】

<건물 소유를 목적으로 한 대지 임차권자가 그 건물을 제3자에게 양도담보로 제공한 경우, 그 건물 부지에 관한 임차권도 함께 양도되는지 여부>

건물 소유를 목적으로 한 대지 임차권을 가지고 있는 자가 위 대지상의 자기소유 건물에 대하여 제3자에 대한 채권담보의 목적으로 제3자 명의의 소유권이전등기를 경료하여 준 이른바 양도담보의 경우에는, 채권담보를 위하여 신탁적으로 양도담보권자에게 건물의 소유권이 이전될 뿐 확정적, 종국적으로 이전되는 것은 아니고 또한 특별한 사정이 없는 한 양도담보권자가 건물의 사용수익권을 갖게 되는 것도 아니므로, 이러한 경우 위 건물의 부지에 관하여 민법 제629조 소정의 해지의 원인인 임차권의 양도 또는 전대가 이루어지지 않았다고 해석함이 상당하다(대판 1995. 7. 25, 94다46428).

3) 매도담보

채권담보의 목적으로 소유권 또는 기타 재산권을 채권자에게 이전하고, 채무자가 이행하지 않는 경우에는 채권자가 그 목적물로부터 우선변제를 받게 되나, 채무자나 이행을 하는 경우에는 목적물을 그 소유자에게 반환하는 방법에 의한 비전형담보를 양도담보라 하는데, 이러한 양도담보 가운데서, 특히 신용의 수수를 매매의 형식으로 행하는 것을 매도담보라 한다. 구체적으로 환매권유보부 매매(환매특약부 매매)와 재매매예약부 매매를 통틀어서 매도담보라고 한다. 이를 매도담보에 있어서는 환매와 재매매의 예약이 각각 채권담보의 수단이 되고 담보의 기능을 한다.

▣ 핵심판례 ▣

1. 가. 가등기담보 채권자가 그의 권리를 보전하기 위하여 가등기담보 채무자의 제3자에 대한 선순위 가등기담보채무를 대위변제하여 가지는 구상금채권도 담보가등기의 피담보채권에 포함되는지 여부(적극)

가등기담보 채권자가 가등기담보권을 실행하기 이전에 그의 계약상의 권리를 보전하기 위하여 가등기담보 채무자의 제3자에 대한 선순위 가등기담보채무를 대위변제하여 구상권이 발생하였다면 특별한 사정이 없는 한 이 구상권도 가등기담보계약에 의하여 담보된다고 보는 것이 상당하다

나. 민사재판에 있어서 관련 민·형사사건의 확정판결의 증명력 및 이를 배척하는 경우 그 구체적인 이유를 설시해야 하는지 여부(소극)

민사재판에 있어서 이와 관련된 다른 민·형사사건 등의 확정판결에서 인정된 사실은 특별한 사정이 없는 한 유력한 증거자료가 되는 것이나, 당해 민사재판에서 제출된 다른 증거내용에 비추어 관련 민·형사사건의 확정판결에서의 사실판단을 그대로 채용하기 어렵다고 인정될 경우에는 이를 배척할 수 있고, 이 경우에 그 배척하는 구체적인 이유를 일일이 설시할 필요는 없다.

다. 가등기담보등에관한법률상 후순위 권리자가 있는 경우의 정산절차 및 가등기담보권자에 의한 정산시 상계가 가능한지 여부(적극)

가등기담보권자가 가등기담보등에관한법률 제3조에서 정한 담보권 실행의 통지를 채무자에게 하고, 후순위 권리자가 있는 경우에는 같은 법 제6조 제1항에서 정한 통지를 한 후 같은 법 제6조 제1항의 통지를 받은 후순위 권리자가 채권자에게 직접 권리를 행사한 바가 없고 또한 청산기간을 경과하게 되면, 채권자는 채무자에게 청산금을 변제할 수 있음은 물론, 채권자가 채무자에 대하여 가등기담보에 의하여 담보되지 아니한 별개의 금전채권을 가지고 있는 경우에는 이것을 자동채권으로 하여 채무자의 청산금채권을 상계할 수 있다(대판 2002. 6. 11, 99다41657)

2. 가. 공사대금채권을 담보할 목적으로 가등기가 경료된 경우 가등기담보등에관한법률이 적용되는지 여부(소극)

가등기담보등에관한법률은 차용물의 반환에 관하여 차주가 차용물에 갈음하여 다른 재산권을 이전할 것을 예약한 경우에 적용되는 것이므로 공사대금채권을 담보할 목적으로 가등기가 경료된 경우에는 위 법률이 적용되지 아니한다(대법원 1992.4.10. 선고 91다45356, 91다45363 판결).

3. 가. 재산권 이전의 예약에 의한 가등기담보에 있어서 예약 당시 선순위 근저당권이 설정되어 있는 경우, '가등기담보 등에 관한 법률'의 적용요건

가등기담보 등에 관한 법률은 재산권 이전의 예약에 의한 가등기담보에 있어서 재산의 예약 당시의 가액이 차용액 및 이에 붙인 이자의 합산액을 초과하는 경우에 적용되는바, 재산권 이전의 예약 당시 재산에 대하여 선순위 근저당권이 설정되어 있는 경우에는 재산의 가액에서 피담보채무액을 공제한 나머지 가액이 차용액 및 이에 붙인 이자의 합산액을 초과하는 경우에만 적용된다.

나. 채권자가 채권담보의 목적으로 가등기를 경료하였다가 변제를 받지 못하여 가등기에 기한 본등기를 경료한 경우, '가등기담보 등에 관한 법률'이 적용되지 않을 경우의 법률관계

가등기담보 등에 관한 법률이 적용되지 않는 경우에도 채권자가 채권담보의 목적으로 부동산에 가등기를 경료하였다가 그 후 변제기까지 변제를 받지 못하여 위 가등기에 기한 소유권이전의 본등기를 경료한 경우에는, 당사자들 사이에 채무자가 변제기에 피담보채무를 변제하지 아니하면 채권채무관계는 소멸하고 부동산의 소유권이 확정적으로 채권자에게 귀속된다는 명시의 특약이 없는 한, 그 본등기도 채권담보의 목적으로 경료된 것으로서 정산절차를 예정하고 있는 이른바 '약한 의미의 양도담보'가 된다. 그리고 이와 같이 약한 의미의 양도담보가 된 경우에는 채무의 변제기가 도과한 후에도 채권자가 담보권을 실행하여 정산절차를 마치기 전에는 채무자는 언제든지 채무를 변제하고 채권자에게 위 가등기 및 그 가등기에 기한 본등기의 말소를 청구할 수 있다(대법원 2006.8.24. 선고 2005다61140 판결).

4. 가등기담보 등에 관한 법률의 적용기준이 되는 대상재산의 가액을 정하는 방법 및 대상재산이 토지로서 법정지상권의 성립가능성이 있는 등 이용상 제한을 받는지 여부가 불분명한 경우 그 가액의 평가방법

가등기담보 등에 관한 법률은 재산권 이전의 예약에 의한 가등기담보에 있어서 그 재산의 예약 당시의 가액이 차용액 및 이에 붙인 이자의 합산액을 초과하는 경우에 적용되는 것인바, 여기에서 말하는 재산의 가액은 원칙적으로 '통상적인 시장에서 충분한 기간 거래된 후 그 대상재산의 내용에 정통한 거래당사자 간에 성립한다고 인정되는 적정가격'이고, 그와 같은 적정가격을 확인하기 어려울 때에는 객관적이고 합리적인 방법으로 평가한 가액이라고 할 것이므로, 대상재산이 토지로서 법정지상권의 성립가능성이 있는 등 토지이용상 제한을 받는지 여부가 불분명한 경우에는 법정지상권의 성립에 관한 사정을 객관적이고 합리적으로 평가하여 그 성립 여부를 판단한 다음 그에 따라 평가한 토지의 가격을 가액으로 봄이 상당하다(대법원 2007.6.15. 선고 2006다5611 판결).

5. 후순위권리자가 존재한다는 사유가 가등기담보의 채무자에게 담보권의 실행을 거부할 권원을 부여하는 것인지 여부

가등기담보권자인 채권자가 청산기간이 경과하기 전 또는 가등기담보등에관한법률 제6조 제1항에 의하여 채무자에게 청산통지를 하였다는 사실 등을 후순위권리자에게 통지하지 아니하고, 채무자에게 청산금을 지급한 경우에는 이로써 후순위권리자에게 대항할 수 없는 것이나, 이러한 채권자의 변제 제한의 효력은 후순위권리자에게만 적용되는 상대적인 것이므로, 후순위권리자는 청산금채권이 아직 소멸하지 않은 것으로 보고 채권자에게 직접 권리를 행사할 수 있고 후순위권리자가 채권자에게 청산금을 지급하여 줄 것을 청구하게 되면 채권자로서는 청산금의 이중 지급의 책임을 면할 수 없다는 취지일 뿐이지, 후순위권리자가 존재한다는 사유만으로 채무자에게 담보권의 실행을 거부할 권원을 부여하는 것은 아니다 (대판 2002. 12. 10, 2002다42001).

6. 점유개정의 방법으로 동산에 대한 이중의 양도담보설정계약이 체결된 경우, 뒤에 설정계약을 체결한 후순위 채권자가 양도담보권을 취득할 수 있는지 여부(소극)

금전채무를 담보하기 위하여 채무자가 그 소유의 동산을 채권자에게 양도하되 점유개정의 방법으로 인도하고 채무자가 이를 계속 점유하기로 약정한 경우 특별한 사정이 없는 한 그 동산의 소유권은 신탁적으로 이전되는 것에 불과하여, 채권자와 채무자 사이의 대내적 관계에서는 채무자가 소유권을 보유하나 대외적인 관계에서의 채무자는 동산의 소유권을 이미 채권자에게 양도한 무권리자가 되는 것이어서 다시 다른 채권자와 사이에 양도담보설정계약을 체결하고 점유개정의 방법으로 인도하더라도 선의취득이 인정되지 않는 한 나중에 설정계약을 체결한 채권자로서는 양도담보권을 취득할 수 없는데, 현실의 인도가 아닌 점유개정의 방법으로는 선의취득이 인정되지 아니하므로 결국 뒤의 채권자는 적법하게 양도담보권을 취득할 수 없다(대판 2005. 2. 18, 2004다37430).

7. 채무를 담보하기 위하여 체결된 집합채권의 양도예약이 당연히 대물변제의 예약으로서의 성질을 갖는 것인지 여부(소극)

채무를 담보하기 위하여 체결된 집합채권의 양도예약이 당연히 대물변제의 예약으로서의 성질을 갖는 것이라고 할 수는 없고, 당사자의 계약내용이 장차 선택권과 예약완결권의 행사로 채권양도의 효력이 발생하는 경우에 그 채권이 다른 채무의 변제를 위한 담보로 양도되는 것을 예정하고 있는지 또는 다른 채무의 변제에 갈음하여 양도되는 것을 예정하고 있는지에 따라 집합채권의 양도담보의 예약 또는 대물변제의 예약으로서의 성질을 가질 수 있고, 그 계약내용이 명백하지 아니한 경우에는 일반적인 채권양도에서와 마찬가지로 특별한 사정이 없는 한 채무변제를 위한 담보로 양도되는 것을 예정하고 있는 집합채권의 양도담보의 예약으로 추정된다(대판 2003. 9. 5, 2002다40456).

8. 채무의 담보를 위하여 채무자가 자기의 비용과 노력으로 신축하는 건물의 건축허가 명의를 채권자 명의로 함으로써 완성될 건물을 양도담보로 제공하기로 하는 담보권 설정 합의시 채무자가 신축건물을 타에 처분하여 그 대금으로 채무변제에 충당하기로 약정하였으나 그 채무변제 충당약정이 실효되거나 해제된 후 채무자의 신축건물의 처분행위가 이루어진 경우, 채권자가 채무자 또는 제3자를 상대로 담보권실행을 위한 신축건물의 명도청구를 할 수 있는지 여부(적극)

채무의 담보를 위하여 채무자가 자기의 비용과 노력으로 신축하는 건물의 건축허가 명의를 채권자 명의로 함으로써 완성될 건물을 양도담보로 제공하기로 하는 담보권 설정 합의시 채무자가 신축건물을 타에 처분하여 그 대금으로 채무변제에 충당하기로 약정한 바가 있고, 그 약정에 기하여 신축건물의 처분행위가 이루어졌다면, 신축건물에 관한 채권자의 담보권은 이미 실행되어 소멸된 것으로 보거나 담보권 주장을 포기한 것으로 볼 여지가 있어 채권자는 채무자 또는 제3자를 상대로 명도청구를 할 수 없다 하겠으나, 그 약정이 신축건물의 처분 이전에 실효되거나 해제되었다면 채권자가 명도청구를 할 수 있음은 당연하다(대판 2002.

1. 11, 2001다48347).

9. 동산에 대하여 점유개정으로 양도담보를 설정한 경우, 양도담보의 효력 등

가. 동산에 대하여 점유개정의 방법으로 양도담보를 설정한 경우, 양도담보의 효력 및 환가절차와 처음의 양도담보권자가 배타적으로 담보권을 주장할 수 있는지 여부(적극)

동산에 대하여 점유개정의 방법으로 양도담보를 일단 설정한 후에는 양도담보권자나 양도담보설정자가 그 동산에 대한 점유를 상실하였다고 하더라도 그 양도담보의 효력에는 아무런 영향이 없다 할 것이고, 양도담보권 실행을 위한 환가절차에 있어서는 환가로 인한 매득금에서 환가비용을 공제한 잔액 전부를 양도담보권자의 채권변제에 우선 충당하여야 하고 양도담보설정자의 다른 채권자들은 양도담보권자에 대한 관계에 있어서 안분배당을 요구할 수 없다.

나. 뒤의 양도담보권자의 양도담보의 목적물 처분행위가 불법행위를 구성하는지 여부(적극)

동산에 대하여 점유개정의 방법으로 이중양도담보를 설정한 경우 원래의 양도담보권자는 뒤의 양도담보권자에 대하여 배타적으로 자기의 담보권을 주장할 수 있으므로, 뒤의 양도담보권자가 양도담보의 목적물을 처분함으로써 원래의 양도담보권자로 하여금 양도담보권을 실행할 수 없도록 하는 행위는, 이중양도담보 설정행위가 횡령죄나 배임죄를 구성하는지 여부나 뒤의 양도담보권자가 이중양도담보 설정행위에 적극적으로 가담하였는지 여부와 관계없이, 원래의 양도담보권자의 양도담보권을 침해하는 위법한 행위이다(대판 2000. 6. 23, 99다65066).

10. 양도담보권자가 담보물을 점유하고 있으면서 그 인도를 거부하는 제3자에 대하여 임료 상당의 손해배상을 구할 수 있는지 여부(소극)

양도담보권자는 담보권의 실행을 위하여 담보채무자가 아닌 제3자에 대하여도 담보물의 인도를 구할 수 있고, 인도를 거부하는 경우에는 담보권 실행이 방해된 것을 이유로 하는 손해배상을 구할 수는 있으나, 그러한 경우에도 양도담보권자에게는 목적 부동산에 대한 사용수익권이 없으므로 임료 상당의 손해배상을 구할 수는 없다(대판 1991. 10. 8, 90다9780).

11. 명의신탁자가 신탁부동산에 관하여 채무의 담보를 하여 채권자 앞으로 소유권이전등기 등을 경료하여 준 경우 피담보채무의 변제 이후에 계약상의 권리에 터잡아 그 등기의 말소를 청구할 수 있는지 여부

채무자가 제3자명의로 신탁하여 소유권등기를 마친 부동산을 채권자에게 담보로 제공하고 채권자 명의로 가등기 및 이에 기한 소유권이전등기를 마쳤다가 그후 그 피담보채무를 모두 변제함으로써 담보권이 소멸된 경우에, 채무자는 명의수탁자를 대위하여 위 부동산의 소유권에 터잡은 말소등기청구권을 행사할 수 있음은 물론, 담보설정계약의 당사자로서 담보권 소멸에 따른 원상회복으로 담보권자에게 담보물의 반환을 구할 수 있는 계약상 권리가 있으므로 이러한 계약상 권리에 터잡아 채권자에게 위 가등기등 담보권등기의 말소를 청구할 수 있다(대판 1988. 9. 13, 86다카1332).

12. 가. **항소심에서 피고의 항소를 일부 받아들여 제1심판결 인용금액을 감액하는 판결을 선고하는 경우 항소심판결선언시까지 소송촉진 등에 관한 특별법 제3조 제1항 소정 이율을 적용할 수 있는지 여부**

항소심에서 피고의 항소를 일부 받아들여 제1심판결 인용금액을 감액하는 판결을 선고한 것이 피고가 항소심판결선고시까지 이행의무의 존부나 범위에 관하여 항쟁하였기 때문이고 또 그 항쟁함이 상당하다고 인정할 때에는 항소심판결선고시까지는 소송촉진등에 관한 특례법 제3조 제1항 소정 이율을 적용하여서는 안된다.

나. **약한 의미의 양도담보에 있어 사실행위에 의한 귀속정산합의의 성립을 부인한 사례**

약한 의미의 양도담보권자가 채무담보목적의 가등기에 기한 미등기 이후 8년여 동안이나 제세공과금을 납부하는 등 실질적 소유권을 행사해 오는 동안 양도담보설정자가 수차에 걸쳐 소유권 귀속에 의한 정산 요청을 하였다는 사정만으로는 사실행위에 의한 귀속정산의 합의가 성립되는 것이라 할 수 없다.

다. **실권 또는 실효의 법리의 의미**

실권 또는 시효의 법리는 법의 일반원리인 신의성실의 원칙에 바탕을 둔 파생원칙인 것으로서, 이는 본래 권리행사의 기회가 있음에도 불구하고 권리자가 장기간에 걸쳐 그의 권리를 행사하지 아니하였기 때문에 의무자인 상대방은 이미 그의 권리를 행사하지 아니할 것으로 믿을 만한 정당한 사유가 있게 되거나 행사하지 아니할 것으로 추인케 할 경우에 새삼스럽게 그 권리를 행사하는 것이 신의성실의 원칙에 반하는 결과가 될 때 그 권리행사를 허용하지 않는 것을 의미한다.

라. **약한 의미의 양도담보에 있어 위 "다"항의 법리에 다른 장기간에 걸친 정산금청구권 불행시 여부를 판단하기 위한 기준시점**

약한 의미의 양도담보에서는 채무의 변제기가 도과한 이후라 할지라도 채권자가 그 담보권을 실행하여 정산을 하기 전에는 채무자는 언제든지 채무를 변제하고 그 채무담보목적의 가등기 및 가등기에 기한 미등기의 말소를 구할 수 있고, 양도담보설정자의 정산금청구는 담보부동산이 환가되어야 비로소 그 권리행사가 가능한 것이므로 금원차용일이나 소유권이전등기시로부터 환가시까지 오랜 기간이 경과되었다 하더라도 이를 이유로 그 권리행사를 허용하지 않을 수는 없는 것이고, 위 법리에 따른 장기간에 걸친 권리 불행시 여부를 판단함에 있어서는 담보부동산의 환가시를 그 시점으로 삼아야 한다.

마. 제한최고이자율이 변경되었다 하여 무효였던 종전의 최고이자율을 초과하는 부분이 유효화되는지 여부

금원대차 당시의 이자제한법과 이자제한법 제1조 제1항의 최고이자율에 관한 규정(대통령령 제4612호) 소정의 최고이자율(연 2할 5푼)을 초과하는 약정이자부분은 무효이므로, 그 후(1980. 1. 12.) 위 규정의 개정으로 최고이자율이 (연 4할로) 변경되었다 하더라도 이자에 관하여 새로운 약정을 하는 등의 특별한 사정이 없는 한 무효였던 종전의 최고이자율(연 2할 5푼)을 초과하는 부분이 변경된 최고이자율(연 4할)까지 되살아나 유효화될 수 없다(1991. 7. 26. 제3부 판결, 90다15488 정산금).

13. 가. 채무담보의 목적으로 가등기와 함께 제소전 화해를 한 후 그 화해조서에 기하여 소유권 이전의 본등기가 이루어진 경우 그 소유권이전등기가 '약한 의미의 양도담보'인지 여부

채권담보의 목적으로 가등기를 경료함과 아울러 변제기까지 원리금을 변제하지 못하면 가등기에 기한 본등기를 담보의 목적으로 이행한다는 내용의 제소전화해를 한 후 채무자가 원리금을 변제하지 아니하여 그 제소전 화해조서에 기하여 소유권이전의 본등기를 한 경우라면, 다른 특단의 사정이 없는 한 그 소유권이전등기는 담보권 실행을 위한 방편으로 경료된 이른바 '약한 의미의 양도담보'의 뜻으로 보아야 한다.

나. 양도담보권자가 담보물을 점유하고 있으면서 그 인도를 거부하는 제3자에 대하여 임료 상당의 손해배상을 구할 수 있는지 여부(소극)

양도담보권자는 담보권의 실행을 위하여 담보채무자가 아닌 제3자에 대하여도 담보물의 인도를 구할 수 있고, 인도를 거부하는 경우에 담보권 실행이 방해된 것을 이유로 하는 손해배상을 구할 수는 있으나, 그러한 경우에도 양도담보권자에게는 목적 부동산에 대한 사용수익권이 없으므로 임료 상당의 손해배상을 구할 수는 없다(1991. 10. 8. 제2부 판결, 90다9780 건물철거등).

14. 가. 채권담보목적의 소유권이전등기나 소유권이전등기청구권의 보전을 위한 가등기가 확정판결로 인하여 경료된 경우 채무자가 확정판결 후에 그 채무액을 모두 변제하였음을 이유로 위 각 등기의 말소를 청구하는 것이 확정판결의 기판력과 저촉되는지 여부(소극)

소유권이전등기나 소유권이전등기청구권의 보전을 위한 가등기가 확정판결로 인하여 경료된 것이라고 하더라도, 위 각 등기가 채권담보를 목적으로 경료된 것인 이상, 채무자가 확정판결 후에 그 채무액을 채권자에게 모두 변제하였음을 이유로 위 각 등기의 말소를 청구하는 것은 확정판결의 기판력과 저촉된다고 볼 수 없다.

나. 피담보채무가 남아 있어 그 채무의 소멸을 이유로 한 소유권이전등기말소청구는 이유없으나, 피담보채무의 변제공탁과정에서 계산상 착오로 채무 전액을 소멸시키지 못하였다면, 위 청구 중에는 확정된 잔존채무의 변제를 조건으로 소유권이전등기의 말소를 구하는 취지도 포함되어 있다고 볼 것이라고 한 사례

소유권이전등기는 담보되는 채무가 아직 남아 있어 피담보채무의 소멸을 이유로 한 소유권이전등기 말소청구는 이유가 없으나, 채무자가 피담보채무를 변제공탁하는 과정에서 계산상의 착오로 채무 전액을 소멸시키지 못하였다고 보인다면, 채무자의 위 청구 중에는 확정된 잔존채무의 변제를 조건으로 위 소유권이전등기의 말소를 청구하는 취지도 포함되어 있다고 볼 것이다(1992. 7. 14. 제2부 판결, 92다16157 소유권이전등기말소등).

15. 가. 채권자가 채권담보의 목적으로 소유권이전청구권보전의 가등기를 경료하였다가 변제를 받지 못하여 본등기를 경료한 경우의 법률관계

채권자가 채권담보의 목적으로 부동산에 가등기를 경료하였다가 그 후 변제기까지 변제를 받지 못하게 되어 위 가등기에 기한 소유권이전의 본등기를 경료한 경우에는 당사자들이 달리 특별한 약정을 하지 아니하는 한 그 본등기도 채권담보의 목적으로 경료된 것으로서 당사자 사이에 정산절차를 예정하고 있는 이른바 "약한 의미의 양도담보"가 된 것으로 보아야 할 것이다.

나. "약한 의미의 양도담보"가 이루어진 경우 채무자가 담보목적물에 대한 가등기 등의 말소를 청구할 수 있는 시적 한계(=정산절차 종료시)

"약한 의미의 양도담보"가 이루어진 경우 채무의 변제기가 도과된 후라고 하더라도 채권자가 담보권을 실행하여 청산절차를 마치기 전에는 채무자는 언제든지 채무를 변제하고 채권자에게 가등기 및 가등기에 기한 본등기의 말소를 청구할 수 있는 것이다(1993. 6. 22. 제2부 판결, 93다7334 소유권이전등기말소등).

16. 차용금채무를 담보하기 위하여 채무자 소유의 부동산에 가등기 및 본등기를 마쳤는데 채무자가 그 부동산에 관하여 처분금지가처분을 한 경우의 법률관계

채무자들의 차용금채무를 담보하기 위하여 부동산에 관하여 채권자 명의의 가등기 및 본등기가 경료되었는데, 채무자들이 아직 위 차용금채무를 변제하지 아니한 상태에서 채무변제를 조건으로 한 말소등기청구권을 보전하기 위하여 위 부동산에 관한 처분금지가처분결정을 얻어 그 가처분 당시까지도 발생하지 아니하였음이 분명하여 위 가처분결정은 담보목적부동산에 대한 담보권행사로서의 처분행위를 방지할 효력이 없는 것이고, 그 후 채권자가 담보권을 행사하여 위 부동산을 처분하고 그 등기까지 마쳤다면 채무자들이 위 차용금채무의 변제를 조건으로 위 각 등기의 말소를 구하는 것은 이행불능상태에 빠졌다 할 것이고, 따라서 위 처분금지가처분의 피보전권리는 소멸되었다 할 것이다(1993. 7. 13. 제1부 판결, 93다20870 사정변경에 의한 가처분결정취소).

17. 양도담보권자가 담보부동산 위에 건물을 신축하거나 제3자에게 근저당권을 설정해 준 것이 담보권실행인지 여부

양도담보에 있어서 채권자의 담보권실행은 당사자의 약정에 따라 환가처분을 하거나 평가하여 정산을 하는 것인바, 채권자가 담보부동산 위에 건물을 신축하였다거나 담보부동산에 관하여 제3자에게 근저당권을 설정해 주었다는 등 사정은 특별한 사정이 없는 한 자기의 담보권을 이용 내지 활용에 불과할 뿐 담보권의 실행으로서의 환가처분으로는 볼 수 없다(1993. 9. 28. 제2부 판결, 92다32814 소유권이전등기말소).

18. 가. 주식의 양도담보권자가 회사에 대하여 주주의 자격을 갖는지 여부

채권담보의 목적으로 주식이 양도되어 양수인이 양도담보권자에 불과하다고 하더라도 회사에 대한 관계는 양도담보권자가 주주의 자격을 갖는다.

나. 주권발행 전후의 주식양도의 방법

주권발행 전의 주식의 양도는 지명채권양도의 일반원칙에 따라 당사자 사이의 의사의 합치만으로 효력이 발생하는 것이지만 주권발행 후의 주식의 양도에 있어서는 주권을 교부하여야만 효력이 발생한다(1993. 12. 28. 제2부 판결, 93다8719 주주총회결의등무효확인).

19. 가등기담보 등에 관한 법률 시행 전에 성립한 약한 의미의 양도담보에 있어서 채무자에게 정산요구권이 인정되는지 여부

가등기담보 등에 관한 법률이 시행되기 전에 성립한 약한 의미의 양도담보에 있어서 채권자는 채무의 변제기가 도과되면 담보부동산의 가액에서 채권의 원리금 등을 공제한 나머지를 채무자에게 반환되고 담보부동산의 소유권을 취득하거나(귀속정산), 담보부동산을 처분하여 그 매각대금에서 채권원리금의 변제에 충당하고 나머지를 채무자에게 반환할 수도 있을 것이나(처분정산), 이는 담보권의 실행을 위하여 채권자에게 부여된 권리이지, 채무자가 채권자에게 적극적으로 위와 같은 정산을 요구할 청구권을 가지는 것은 아니며, 채무자가 변제기가 도과된 이후에도 채권자가 그 담보권을 실행하기 전에는 언제든지 채무를 변제하고, 그 담보목적의 가등기 및 그에 터잡은 본등기의 말소를 구할 수 있을 뿐이고, 채무자가 채무의 변제에 의한 등기의 말소보다는 담보권의 실행을 원하여 채권자에게 채무를 변제하지 아니한 채 담보권을 실행한 후 그 정산금을 지급할 것을 청구할 수는 없으며, 그러한 요구를 한다고 하더라도 이는 정산절차의 이행을 촉구하는 의미밖에 없다(1994. 5. 24. 제1부 판결, 93다44975 정산금).

20. 가. 동산양도담보권자가 집행수락의 공정증서에 기하여 담보목적물에 대한 강제경매를 실행할 경우 그 성질

동산을 목적으로 하는 양도담보설정계약을 체결함과 동시에 채무불이행시 강제집행을 수락하는 공정증서를 작성한 경우, 채무자가 채무를 불이행한 때에는 채권자로서는 위 양도담보권을 실행하기 위하여 담보목적물인 동산을 환가함에 있어서 위 공정증서에 기하지 아니하고 양도담보의 약정 내용에 따라 이를 사적으로 타에 처분하거나 스스로 취득한 후 정산하는 방법으로 환가할 수도 있지만 양도담보목적물을 위 공정증서에 기하여 압류하고 강제경매를 실시하는 방법으로 환가할 수도 있고, 실질적으로 양도담보권자의 담보목적물에 대한 환가를 위한 강제경매는 자기 소유물에 대한 강제집행이라고 볼 수 없는 것이므로 위와 같은 방법의 양도담보권실행을 위한 환가를 허용하여도 동산양도담보의 법리와 모순된다고 할 수도 없다.

나. 위 "가"항의 경우 양도담보설정자의 다른 채권자가 압류를 경합한 경우 평등배당을 요구할 수 있는지 여부

위 "가"항의 방법에 의한 경매절차는 제3자가 그 목적물이 양도담보물임을 인식할 수 있었는지에 관계없이 형식상은 강제경매절차에 따르지만 그 실질은 일반 채권자의 강제집행절차가 아니라 동산양도담보권 실행을 위한 환가절차라고 할 것이므로 위 환가를 위한 압류절차에 압류를 경합한 양도담보설정자의 다른 채권자는 양도담보권자에 대한 관계에서는 압류경합권자나 배당요구권자로 인정될 수 없고, 따라서 위 환가로 인한 매득금에서 환가비용을 공제한 잔액은 양도담보권자의 채권변제에 전액 충당함이 당연하고 양도담보권자와 압류경합자 사이에 각 채권액에 따라 안분비례로 배당할 것이 아니다(1994. 5. 13. 제3부 판결, 93다21910 배당이의).

21. 가. 양도담보권 실행으로서의 목적물 처분시 양도소득세 납세의무자

양도담보권자가 양도담보의 실행으로 양도담보의 목적물을 제3자에게 처분한 경우에 그 담보권자에게 어떤 양도소득이 있다고는 할 수 없으므로 양도담보권자에게 목적물의 처분을 원인으로 하여 양도소득세 등이 부과되었다면 이는 위법한 처분이고, 그로 인한 양도소득세의 본래의 납세의무자는 양도담보설정자라고 보아야 한다.

나. 양도담보권자에 대한 양도소득세 부과처분의 당연무효 여부

양도담보권자에게 부과된 양도소득세 등의 부과처분은 납세의무 없는 자에게 부과된 하자가 있어 위법한 것이기는 하지만 과세관청으로서는 양도담보권자가 그 납세의무자인 것으로 오인할 만한 객관적인 사정이 있는 것이므로 그 하자가 중대명백하여 당연무효인 것이라고 할 수 없다.

다. 양도담보권자가 납부한 양도소득세액의 청산금 공제 가부

양도담보권자에게 대한 과세처분이 확정되고 또 양도담보권자가 양도소득세를 납부한 경우에는 특별한 사정이 없는 한 과세관청으로서는 동일한 양도를 원인으로 하여 양도담보설정자에게 양도소득세부과처분을 하는 경우는 거의 없을 것이므로 이로 인하여 사실상 원래의 납세의무자인 양도담보설정자에 대한 과세처분이 저지되는 결과가 되어 그에게도 이익을 가져오게 되며, 또 그 때문에 국가의 세수에 어떤 차질을 가져오는 것도 아니므로 달리 양도담보설정자에게 또다시 양도소득세 등이 부과될 위험성이 있다는 등의 특별한 사정이 없는 한 양도담보권자로서는 양도담보설정자에게 반환하여야 할 담보목적물의 처분대금에서 이를 공제할 수 있다(1994. 8. 26. 제3부 판결, 93다15267 청산금반환).

<판례전문(1994. 8. 26. 93다15267)>

[원고, 상고인] 최정헌

[소송대리인 변호사] 박창래

[피고, 피상고인] 이필용

[소송대리인 변호사] 김정현

[환송판결] 대법원 1992. 5. 12. 선고, 90다8855 판결

[주 문] 상고를 기각한다.

상고비용은 원고의 부담으로 한다.

[이 유] 상고이유를 본다.

1. 원심은, 원고가 1981. 3. 18. 피고에 대한 채무를 담보하기 위하여 이 사건 토지에 관하여 부천시의 체비지 대장상 소유자 명의를 피고에게 이전하여 주었고, 피고는 1.경 이 사건 토지를 소외 예원실업주식회사에게 금 1,530,000,000원에 매도하여 같은 해 7. 4.경 위 대장상의 명의를 변경하여 주었으며, 피고가 이 사건 토지의 매도에 따른 양도소득세 등의 세금으로 금 150,942,010, 주민세로 금 596,629원, 합계 금 15,538,639원을 납부한 사실을 적법히 확정한 다음, 피고는 위 토지의 매매대금 중에서 그 처분으로 인한 비용인 위 세금 및 원고의 피고에 대한 채무를 공제한 잔액을 반환할 의무가 있다고 판시하고 이어서 피고의 상계항변을 받아들여 결국 원고의 청구를 전부 기각하였다.

2. 이 사건에 있어서와 같이 양도담보권자가 양도담보의 실행으로 양도담보의 목적물을 제3자에게 처분한 경우에 그 담보권자에게 어떤 양도소득이 있다고는 할 수 없으므로 양도담보권자에게 위 목적물의 처분을 원인으로 하여 양도소득세 등이 부과되었다면 이는 위법한 처분임은 소론과 같고(당원 1991. 4. 23. 선고, 90

누8121 판결 등 참조), 그로 인한 양도소득세의 본래의 납세의무자는 양도담보 설정자라고 보아야 할 것이다.

그러나 양도담보권자가 원래는 자신이 부담할 성질의 것이 아닌 양도소득세를 납부하였다고 하더라도 그러한 이유만으로 이를 양도담보설정자에게 반환하여야 할 청산금에서 공제하여서는 안된다고 단정할 수는 없고, 그것이 사회통념에 비추어 상당성이 있다면 이를 공제할 수도 있다고 보아야 할 것이다. 그런데 이와 같이 양도담보권자에게 부과된 양도소득세 등의 부과처분은 납세의무 없는 자에게 부과된 하자가 있어 위법한 것이기는 하지만 과세관청으로서는 양도담보권자가 그 납세의무자인 것으로 오인할 만한 객관적인 사정이 있는 것이므로 그 하자가 중대명백하여 당연무효인 것이라고 할 수는 없고, 다른 한편 양도담보권자에게 대한 과세처분이 확정되고 또 양도담보권자가 양도소득세를 납부한 경우에는 특별한 사정이 없는 한 과세관청으로서는 동일한 양도를 원인으로 하여 양도담보설정자에게 양도소득세부과처분을 하는 경우는 거의 없을 것이므로 이로 인하여 사실상 원래의 납세의무자인 양도담보설정자에 대한 과세처분이 저지되는 결과가 되어 그에게도 이익을 가져오게 되며(이 사건에서도 양도소득세부과의 5년의 제척기간이 경과하도록 원고에 대한 과세처분이 이루어지지 않은 것은 피고가 세금을 납부하였기 때문인 것으로 보여진다), 또 그 때문에 국가의 세수에 어떤 차질을 가져오는 것도 아니므로 달리 양도담보설정자에게 또다시 양도소득세 등이 부과될 위험성이 있다는 등의 특별한 사정이 없는 한 양도담보권자로서는 양도담보설정자에게 반환하여야 할 담보목적물의 처분대금에서 이를 공제할 수 있다고 봄이 상당하다.

따라서 원심이 피고가 원고에게 반환하여야 할 청산금 중에서 피고가 납부한 양도소득세 등의 세액을 공제한 것은 정당하고, 거기에 소론과 같이 양도소득 및 양도담보목적물의 처분비용에 관한 법리를 오해한 위법이 있다고 할 수 없다. 논지는 이유 없다.

3. 이에 상고를 기각하고 상고비용은 패소자인 원고의 부담으로 하여 관여법관의 일치된 의견으로 주문과 같이 판결한다.

대법관 안용득(재판장) 천경송
지창권 신성택(주심)

참조판례

가. 대법원 1991. 1. 29. 선고, 90누7241 판결(공1991, 895)
1991. 4. 23. 선고, 90누8121 판결(공1991, 1535)
1992. 2. 11. 선고, 91누2097 판결(공1992, 1063)

22. 동산양도담보권자의 제3자에 대한 지위

동산에 관하여 양도담보계약이 이루어지고 양도담보권자가 점유개정의 방법으로 인도를 받았다면 그 청산절차를 마치기 전이라 하더라도 담보목적물에 대한 사용수익권은 없지만 제3자에 대한 관계에 있어서는 그 물건의 소유자임을 주장하고 그 권리를 행사할 수 있다(1994. 8. 26. 제2부 판결, 93다44739 제3자이의).

<판례전문(1994. 8. 26. 93다44739)>

[원고, 상고인] 박성복

[피고, 피상고인] 모천오

[원심판결] 전주지방법원 1993. 7. 22. 선고, 93나1476 판결

[주　　문] 원심판결을 파기한다.

사건을 전주지방법원 합의부에 환송한다.

[이　　유] 상고이유를 판단한다.

원심판결 이유에 의하면 원심은 원고가 소외 주식회사 세민(이하 소외 회사라 한다) 소유의 이 사건 계쟁 동산에 관하여 양도담보를 설정하여 점유개정의 형식으로 그 인도를 받았는데 그 후 피고가 소외 회사에 대한 집행력 있는 판결정본에 기하여 이 사건 동산을 압류한 사실을 인정한 후, 양도담보가 설정되더라도 양도담보권자는 그 목적물의 소유권을 취득하는 것이 아니고 소유권은 여전히 양도담보설정자가 가지는 것이며, 양도담보권자는 단순히 양도담보권이라는 담보권만을 취득한다고 할 것이므로 그 피담보채무의 변제기가 도래하였다고 할지라도 청산 등의 권리취득을 위한 일련의 절차를 거치지 않는 한 바로 소유권을 취득하지 못한다고 할 것인데, 원고가 이러한 일련의 절차를 거쳤음을 인정할 아무런 증거가 없는 이 사건에 있어서 원고는 이 사건 동산의 소유자라고 할 수 없으므로 제3자이의의 소에 의하여 위 강제집행의 배제를 구할 수 없다고 하여 원고의 이 사건 청구를 배척하였다.

그러나 원심이 확정한 바와 같이 이 사건 동산에 관하여 양도담보계약이 이루어지고 원고가 점유개정의 방법으로 인도를 받았다면 그 청산절차를 마치기 전이라 하더라도 담보목적물에 대한 사용수익권은 없지만 제3자에 대한 관계에 있어서는 그 물건의 소유자임을 주장하고 그 권리를 행사할 수 있다 할 것이다. 따라서 이 사건 강제집행의 목적물에 관한 양도담보권자인 원고는 강제집행을 한 피고에 대하여 그 소유권을 주장하여 제3자이의의 소를 제기함으로써 그 강제집행의 배제를 구할 수 있다고 하겠다.

그럼에도 불구하고 원심은 양도담보권자는 담보물에 대하여 소유권을 취득하는 것이 아니라 단순히 양도담보권이라는 담보권만을 취득하는 것이라고 하여 원고의 이 사건 청구를 배척하였으니, 원심은 동산의 양도담보에 관한 법리를 오해함

으로써 판결 결과에 영향을 미친 위법을 저질렀다고 하겠다. 상고이유 중 이 점을 지적한 부분은 이유 있다.

그러므로 나머지 상고이유를 판단할 필요 없이 원심판결은 이를 파기하고, 사건을 다시 심리판단하도록 하기 위하여 원심법원에 환송하기로 관여법관의 의견이 일치되어 주문과 같이 판결한다.

대법관 박준서(재판장) 박만호
김형선 이용훈(주심)

23. 가등기담보권의 실행으로 청산절차가 종료된 후 담보목적물에 대하여 사용·수익권을 가지는 자(=채권자)

일반적으로 담보목적으로 가등기를 경료한 경우 담보물에 대한 사용·수익권은 가등기설정자인 소유자에게 있다고 할 것이나, 가등기담보약정은 채무자가 본래의 채무를 이행하지 못할 경우 채권자에게 담보목적물의 소유권을 이전하기로 하는 예약으로서 유상계약인 쌍무계약적 재산권이전약정에 해당하므로 그 성질에 반하지 않는 한 매매에 관한 민법 규정이 준용된다 할 것이고(민법 제567조), 채권자가 가등기담보권을 실행하여 그 담보목적부동산의 소유권을 취득하기 위하여 가등기담보등에관한법률에 따라 채무자에게 담보권 실행을 통지한 경우 청산금을 지급할 여지가 없는 때에는 2월의 청산기간이 경과함으로써 청산절차는 종료되고, 이에 따라 채권자는 더 이상의 반대급부의 제공 없이 채무자에 대하여 소유권이전등기청구권 및 목적물 인도청구권을 가진다 할 것임에도 채무자가 소유권이전등기의무 및 목적물 인도의무의 이행을 지연하면서 자신이 담보목적물을 사용·수익할 수 있다고 하는 것은 심히 공평에 반하여 허용될 수 없으므로 이러한 경우 담보목적물에 대한 과실수취권 등을 포함한 사용·수익권은 청산절차의 종료와 함께 채권자에게 귀속된다고 보아야 한다(대법원 2001. 2. 27. 선고 2000다20465 판결).

24. 가. 가등기 이후 경료된 국세 압류등기의 효력

국세 압류등기 이전에 소유권이전청구권 보전의 가등기가 경료되고 그 후 본등기가 이루어진 경우, 그 가등기가 매매예약에 기한 순위 보전의 가등기라면 그 이후에 경료된 압류등기는 효력을 상실하여 말소되어야 할 것이지만, 그 가등기가 채무담보를 위한 가등기 즉 담보 가등기라면 그 후 본등기가 경료되더라도 가등기는 담보적 효력을 갖는데 그치므로 압류등기는 여전히 유효하므로 말소될 수 없다.

나. 가등기 이후 국세 압류등기가 경료된 사안에서 당해 가등기가 담보 가등기라는 점에 관하여 소명자료가 제출되어 담보 가등기인지의 여

부가 다투어지는 경우, 등기공무원이 당해 가등기를 순위 보전의 가등기로 인정하여 국세 압류등기를 직권말소할 수 있는지 여부(소극) 및 당해 가등기가 담보 가등기인지 여부가 등기부의 등기원인 기재에 의해 결정되는지 여부(소극)

가등기 이후 국세 압류등기가 경료된 사안에서 당해 가등기가 담보 가등기라는 점에 관한 소명자료가 제출되어 담보 가등기인지의 여부에 관하여 이해관계인 사이에 실질적으로 다투어지고 있는 경우에는 가등기에 기한 본등기권자의 태도 여하에 불구하고 형식적 심사권밖에 없는 등기공무원으로서는 당해 가등기를 순위 보전의 가등기로 인정하여 국세 압류등기를 직권말소할 수 없고, 또한 당해 가등기가 담보 가등기인지 여부는 당해 가등기가 실제상 채권담보를 목적으로 한 것인지 여부에 의하여 결정되는 것이지 당해 가등기의 등기부상 원인이 매매예약으로 기재되어 있는지 아니면 대물변제예약으로 기재되어 있는가 하는 형식적 기재에 의하여 결정되는 것이 아니다(대법원 1998. 10. 7. 자 98마1333 결정).

25. 가. 가등기담보권의 실행을 위한 담보권 실행 통지의 방법

채권자가 가등기담보권을 실행하여 그 담보목적 부동산의 소유권을 취득하기 위하여 채무자 등에게 하는 담보권 실행의 통지에는 채권자가 주관적으로 평가한 통지 당시의 목적부동산의 가액과 피담보채권액을 명시함으로써 청산금의 평가액을 채무자 등에게 통지하면 족하다.

나. 채권자가 주관적으로 평가한 청산금 액수가 객관적인 청산금 평가액에 미치지 못하는 경우, 담보권 실행 통지의 효력(유효)

채권자가 나름대로 평가한 청산금의 액수가 객관적인 청산금의 평가액에 미치지 못한다고 하더라도 담보권 실행의 통지로서의 효력이나 청산기간의 진행에는 아무런 영향이 없고, 다만 채무자 등은 정당하게 평가된 청산금을 지급 받을 때까지 목적부동산의 소유권이전등기 및 인도 채무의 이행을 거절하면서 피담보채무 전액을 채권자에게 지급하고 채권담보의 목적으로 마쳐진 가등기의 말소를 구할 수 있을 뿐이다(대법원 1996. 7. 30. 선고 96다6974,6981 판결).

26. 가등기나 소유권이전등기가 금전소비대차나 준소비대차에 기한 차용금반환채무와 그 외의 원인으로 발생한 채무를 동시에 담보할 목적으로 경료되었으나 그 후 금전소비대차나 준소비대차에 기한 차용금반환채무만이 남게 된 경우, 그 가등기담보나 양도담보에 가등기담보등에관한법률이 적용되는지 여부(적극)

가등기담보등에관한법률은 차용물의 반환에 관하여 다른 재산권을 이전할 것을 예약한 경우에 적용되므로 금전소비대차나 준소비대차에 기한 차용금반환채무

이외의 채무를 담보하기 위하여 경료된 가등기나 양도담보에는 위 법이 적용되지 아니하나, 금전소비대차나 준소비대차에 기한 차용금반환채무와 그 외의 원인으로 발생한 채무를 동시에 담보할 목적으로 경료된 가등기나 소유권이전등기라도 그 후 후자의 채무가 변제 기타의 사유로 소멸하고 금전소비대차나 준소비대차에 기한 차용금반환채무의 전부 또는 일부만이 남게 된 경우에는 그 가등기담보나 양도담보에 가등기담보등에관한법률이 적용된다(대법원 2004. 4. 27. 선고 2003다29968 판결).

27. 민법 제607조, 제608조에 위반한 대물변제약정을 하였으나 그에 기한 소유권이전등기를 경료하지 않은 경우, 가등기담보등에관한법률 제3조의 적용 여부(소극) 및 채권자가 양도담보약정을 원인으로 하여 담보목적물에 대한 소유권이전등기절차의 이행을 청구할 수 있는지 여부(적극)

민법 제607조, 제608조에 위반된 대물변제의 약정은 대물변제의 예약으로서는 무효가 되지만 약한 의미의 양도담보를 설정하기로 하는 약정으로서는 유효하되, 다만 그에 기한 소유권이전등기를 미처 경료하지 아니한 경우에는 아직 양도담보가 설정되기 이전의 단계이므로 가등기담보등에관한법률 제3조 소정의 담보권 실행에 관한 규정이 적용될 여지가 없는 한편, 채권자는 양도담보의 약정을 원인으로 하여 담보목적물에 관하여 소유권이전등기절차의 이행을 청구할 수 있다(대법원 1999. 2. 9. 선고 98다51220 판결).

28. 가. 공사잔대금 채권을 담보하기 위하여 체결된 양도담보계약에 기하여 소유권이전등기를 구하는 경우 가등기담보등에관한법률이 적용되는지 여부(소극)

가등기담보등에관한법률은 차용물의 반환에 관하여 다른 재산권을 이전할 것을 예약한 경우에 적용되는 것이므로, 공사잔대금의 지급을 담보하기 위하여 체결된 양도담보계약에 기하여 소유권이전등기를 구하는 경우에는 같은 법이 적용되지 않는다.

나. 양도담보에 기한 소유권이전등기를 경료한 경우의 법률관계

양도담보에 기한 소유권이전등기는 당사자들이 달리 특별한 약정을 하지 아니하는 한 채권담보의 목적으로 경료된 것으로서 당사자 사이에 정산절차를 예정하고 있는 이른바 '약한 의미의 양도담보'가 된 것으로 보아야 한다.

다. 차용금채무의 담보를 위한 양도담보계약이 체결되었으나 그에 따른 소유권이전등기가 경료되지 않은 경우, 가등기담보등에관한법률 소정의 청산절차가 없었음을 이유로 소유권이전등기를 거절할 수 있는지 여부(소극)

차용금채무의 담보를 위한 양도담보계약이 체결되었으나 그에 따른 소유권이전등기가 경료되지 않은 경우, 양도담보는 그 담보계약에 따라 소유권이전등기를 경료함으로써 비로소 담보권이 발생하는 것이므로 채권자는 가등기담보등에관한법률상의 청산절차를 밟기 전에 우선 담보계약에 따른 소유권이전등기절차의 이행을 구하여 소유권이전등기를 받은 다음 같은 법에 따른 청산절차를 밟으면 되고, 따라서 채무자는 같은 법 소정의 청산절차가 없었음을 이유로 그 소유권이전등기절차이행을 거절할 수는 없다(대법원 1996. 11. 15. 선고 96다31116 판결).

29. 부동산을 양도담보한 경우 목적부동산에 대한 임대권한의 귀속자(=양도담보 설정자)

일반적으로 부동산을 채권담보의 목적으로 양도한 경우 특별한 사정이 없는 한 목적부동산에 대한 사용수익권은 채무자인 양도담보 설정자에게 있는 것이므로 설정자와 양도담보권자 사이에 양도담보권자가 목적물을 사용·수익하기로 하는 약정이 없는 이상 목적부동산을 임대할 권한은 양도담보 설정자에게 있다(대법원 2001. 12. 11. 선고 2001다40213 판결).

<참고사항>

※ 소유권 유보부 매매

1. 의 의

매도인이 매매목적물을 매수인에게 인도하되, 자신의 대금채권을 확보하기 위해 매매대금이 모두 지급될 때까지 소유권을 매도인 자신에게 유보하고 대금의 완납이 있으면 자동적으로 소유권이 이전되도록 약정하는 매매를 의미한다.

2. 법적 성질

(1) 학설

1) 정지조건부 소유권이전설(통설)

대금의 완납이라는 정지조건이 성취되면 소유권은 매수인에게 자동이전된다는 견해이다. 매수인은 물권적 기대권을 갖는다고 한다.

2) 담보물권설

소유권은 처음부터 매수인에게 이전되고 매도인은 담보권을 가질 뿐이라는 견해이다.

(2) 판례 : 정지조건부 소유권이전설의 태도

동산의 매매계약을 체결하면서, 매도인이 대금을 모두 지급받기 전에 목적물을 매수인에게 인도하지만 대금이 모두 지급될 때까지는 목적물의 소유권은 매도인에게 유보되며 대금이 모두 지급된 때에 그 소유권이 매수인에게 이전된다는 내용의 소위 소유권유보의 특약을 한 경우, 목적물의 소유권을 이전한다는 당사자 사이의 물권적 합의는 매매계약을 체결하고 목적물을 인도한 때 이미 성립하지만 대금이 모두 지급되는 것을 정지조건으로 하므로, 목적물이 매수인에게 인도되었다고 하더라도 특별한 사정이 없는 한 매도인은 대금이 모두 지급될 때까지 매수인뿐만 아니라 제3자에 대하여도 유보된 목적물의 소유권을 주장할 수 있고, 다만 대금이 모두 지급되었을 때에는 그 정지조건이 완성되어 별도의 의사표시 없이 목적물의 소유권이 매수인에게 이전된다(대법원 1996. 6. 28. 선고 96다14807 판결).

3. 법률관계

(1) 대내관계

사용・수익은 매수인이, 과실취득도 매수인이 한다.

(2) 대외관계

정지조건부 소유권이전설에 의하면 매도인이 소유자이고, 담보물권설에 의하면 매수인이 소유자이다. 따라서 정지조건부 소유권이전설에 의할 때 매수인이 제3자에게 목적물을 처분하면 목적물이 동산인 경우에 한하여 제3자는 선의취득을 할 수 있다.

4. 위험부담의 문제

매수인이 할부대금을 완납하기 전 목적물이 멸실 되면 매수인은 잔대금을 계속 지급해야 하는지가 문제된다. 매수인은 소유권을 취득하지는 못하였지만 목적물을 인도 받아 사용하고 있는 중이었으므로 매수인이 위험을 부담해야 하고 따라서 계속하여 대금을 지급할 의무가 있다는 것이 통설이다.

◎ 동산담보권・채권담보권

1. 동산・채권 등의 담보에 관한 법률의 제정

동산과 채권의 경우 공시방법이 불완전하고, 지적재산권의 경우 「민법」상 질권의 방법으로만 담보로 제공할 수 있어 이들을 담보로 이용하는 데 한계가 있다는 문제가 있었다. 이에 동산・채권・지적재산권을 목적으로 하는 담보제도를 창설하고 이를 공시할 수 있도록 함으로써 거래의 안전을 도모하면서도 자산유동화의 활성화를 통하여 중소기업과 자영업자의 자금

조달에 편의를 제공하고 국민경제의 건전한 발전에 이바지하기 위하여 2010년 6월 10일 「동산·채권 등의 담보에 관한 법률」이 제정되었고, 2012년 6월 11일부터 시행되고 있다.

2. 주요내용

(1) 동산·채권을 목적으로 하는 담보권(법 제3조 및 제34조)

동산(여러 개의 동산 또는 장래에 취득할 동산을 포함한다) 또는 금전의 지급을 목적으로 하는 지명채권(여러 개의 채권 또는 장래에 발생할 채권을 포함한다)을 담보로 제공하고 담보등기를 할 수 있도록 하였다.

(2) 담보권설정자의 자격(법 제3조, 제4조, 제34조 및 제37조)

법인 또는 「상업등기법」에 따른 상호등기를 한 사람만 동산 또는 채권을 목적으로 하는 담보권을 설정할 수 있도록 하고, 담보권설정자의 상호등기가 말소된 경우에도 이미 설정된 담보권의 효력에는 영향을 미치지 않도록 하였다.

(3) 근담보권(법 제5조 및 제37조)

피담보채무의 최고액만을 정하고 채무의 확정을 장래에 보류한 경우에도 동산 또는 채권을 목적으로 하는 담보권을 설정할 수 있고, 이 경우 피담보채권의 확정 전까지 채무의 소멸 또는 이전은 설정된 담보권에 영향을 미치지 않도록 하였다.

(4) 동산 또는 채권을 목적으로 하는 담보권을 설정하려는 자의 명시의무(법 제6조 및 제37조)

담보목적물에 대한 권리관계를 확인하기 어려운 담보권자를 보호하기 위하여 동산 또는 채권을 목적으로 하는 담보권을 설정하려는 자는 담보약정을 할 때 담보목적물의 소유 여부, 담보목적물에 관한 다른 권리의 존재 유무를 명시하도록 하였다.

(5) 담보등기의 효력(법 제7조 및 제35조)

1) 동산담보권의 경우 담보등기부에 등기를 하여야 효력이 발생하고, 동일한 동산에 설정된 동산담보권의 순위는 등기의 순위에 따르며, 동일한 동산에 관하여 담보등기부의 등기와 인도가 행하여진 경우 그에 따른 권리 사이

의 순위는 법률에 다른 규정이 없으면 그 선후에 따르도록 하였다.

2) 채권담보권의 경우 담보등기부에 등기를 한 때에 담보로 제공된 채권의 채무자를 제외한 제3자에게 대항할 수 있도록 하며, 동일한 채권에 관하여 담보등기부의 등기와 「민법」 제349조 또는 제450조 제2항에 따른 통지 또는 승낙이 있는 경우에는 제3채무자 외의 제3자에게 등기와 그 통지의 도달 또는 승낙의 선후에 따라 그 권리를 주장할 수 있도록 하였다.

(6) 담보권의 효력(법 제8조부터 제11조까지, 제13조, 제14조, 제17조, 제19조, 제20조 및 제37조)

1) 담보권자는 담보목적물에 대하여 다른 채권자보다 우선변제를 받을 권리를 가지고, 피담보채권 전부를 변제받을 때까지 담보목적물 전부에 대하여 권리를 행사할 수 있으며, 담보목적물에 부합된 물건과 종물(從物) 및 담보권자가 담보목적물에 대한 압류 또는 인도 청구 후 수취하거나 수취할 수 있는 담보목적물의 과실(果實)에 대하여 권리를 행사할 수 있고, 담보권을 피담보채권과 함께 양도할 수 있도록 하였다.

2) 담보권자는 담보목적물의 멸실, 훼손, 공용징수뿐만 아니라 매각, 임대의 경우에도 물상대위권(物上代位權)을 행사할 수 있고, 담보권설정자의 책임 있는 사유로 인하여 담보목적물의 가액이 현저히 감소된 때에는 담보권설정자에게 그 원상회복 또는 적당한 담보의 제공을 청구할 수 있으며, 제3자의 담보목적물 점유침탈(占有侵奪) 등에 대하여 담보목적물의 반환청구권, 방해제거청구권 및 방해예방청구권을 행사할 수 있도록 하였다.

(7) 담보권의 실행(법 제21조, 제23조, 제27조 및 제29조)

1) 동산담보권의 경우 담보권실행을 위한 경매 외에 취득정산, 처분정산의 실행방법을 인정하였다. 다만, 취득정산 및 처분정산의 경우에는 채무자 등 이해관계인 보호를 위하여 피담보채권의 변제기 도래 후 담보권실행의 방법을 채무자 등 이해관계인에게 통지하고 1개월이 경과하여야만 실행할 수 있도록 하였다. 또한 담보권자에게 채무자 등에 대한 청산금지급의무를 부여하며, 다만 담보목적물의 매각대금 등이 압류 또는 가압류되거나 그에 관하여 권리를 주장하는 자가 있는 경우 담보목적물의 매각대금 등을 공탁하여 그 의무를 면할 수 있도록 하였다.

2) 공동담보의 매각대금을 동시에 배당하는 경우에는 각 담보목적물의 매각대금에 비례하여 그 채권의 분담을 정하도록 하고, 공동담보 중 일부의 매각대금을 먼저 배당하는 경우에는 후순위담보권자가 선순위담보권자의 다른 담보목적물에 대한 권리를 대위하도록 하여 각 담보목적물의 후순위담보권자를 보호하였다.

(8) 담보등기할 수 있는 권리, 담보등기의 신청 및 등기신청의 접수(법 제38조, 제41조 및 제45조)

담보등기는 동산담보권 또는 채권담보권의 설정, 이전, 변경, 말소, 연장에 대하여 하고, 등기신청은 등기권리자와 등기의무자가 공동으로 신청하여야 하나, 등기명의인의 표시변경 또는 경정의 등기 등은 등기명의인 단독으로 신청할 수 있도록 하며, 등기신청은 등기신청정보가 전산정보처리조직에 전자적으로 기록된 때에 접수된 것으로 보고, 등기관이 등기를 마친 경우 그 등기는 접수한 때부터 효력을 발생하도록 하였다.

(9) 담보등기의 존속기간 및 연장등기(법 제49조)

피담보채권의 대부분이 상사채권이고 피담보채권이 소멸되면 담보권도 소멸되는 점 등을 고려하여 이 법에 따른 담보등기의 존속기간은 상사채권의 소멸시효인 5년을 초과할 수 없도록 하되, 담보등기에 관하여 연장등기할 수 있도록 하였다.

(10) 지적재산권담보권의 등록 및 그 효과(법 제58조 및 제59조)

지적재산권자가 동일한 채권을 담보하기 위하여 2개 이상의 지적재산권을 담보로 제공하는 경우 그 지적재산권을 등록하는 공적(公的) 장부에 이 법에 따른 담보권을 등록할 수 있고, 지적재산권담보권 등록을 한 때에는 그 지적재산권에 대한 질권을 등록한 것과 동일한 효력을 부여하였다.

색 인

ㄱ

ㄷ

ㅁ

ㅂ

ㅈ

ㅊ

ㅌ

ㅍ

ㅎ

민법총칙·물권 라이브러리

2쇄 인쇄 2022년 2월 10일
2쇄 발행 2022년 2월 15일

편 저 이기옥
발행인 김현호
발행처 법문북스
공급처 법률미디어

주소 서울 구로구 경인로 54길4(구로동 636-62)
전화 02)2636-2911~2, 팩스 02)2636-3012
홈페이지 www.lawb.co.kr

등록일자 1979년 8월 27일
등록번호 제5-22호

ISBN 978-89-7535-813-5 (13360)

정가 60,000원